Zimmermann · Zivilprozessordnung

# Zivilprozessordnung

mit Gerichtsverfassungsgesetz und Nebengesetzen
Kommentar anhand der höchstrichterlichen Rechtsprechung

von

Dr. Walter Zimmermann
Vizepräsident des Landgerichts Passau a.D.
Honorarprofessor an der Universität Regensburg

mit Hinweisen für die Anwaltspraxis
von Dr. Egon Schneider, Rechtsanwalt in Much

und ZPO-Formularen auf beiliegender CD-ROM
von Dr. Egon Schneider, Rechtsanwalt in Much
Norbert Schneider, Rechtsanwalt in Neunkirchen und
Norbert Monschau, Rechtsanwalt in Erftstadt

8., neu bearbeitete Auflage

ZAP

ISBN 978-3-89655-281-5



LexisNexis Deutschland GmbH, Münster 2008

Ein Unternehmen der Reed Elsevier Gruppe



Druckerei: Bercker, Kevelaer

# Vorwort

Ziel des vorliegenden Kommentars ist, die ZPO zur ersten Information in häufiger auftauchenden Fragen

- anhand der obergerichtlichen Rechtsprechung,
- praxisorientiert und
- möglichst kurz und übersichtlich, soweit das möglich ist,

zu erläutern.

Dabei wurden wegen der angestrebten Kürze und Übersichtlichkeit nur wenige Fundstellen aus der neueren Rechtsprechung und Literatur genannt. Insgesamt habe ich mich bemüht, die herrschende Praxis darzustellen; weitere neue Theorien zu entwickeln, war nicht das Ziel des Kommentars; es hat sich aber vereinzelt ergeben.

Beim GVG und den Einführungsgesetzen sind nur die wichtigeren den Zivilprozess betreffenden Vorschriften kommentiert, bei den EG-Vorschriften ist lediglich der Gesetzestext abgedruckt. Die ZPO-Paragrafenüberschriften sind seit 2002 amtlich; der ZPO-Gesetzestext wurde am 05.12.2005 neu bekannt gemacht.

Seit der 7. Auflage (Stand August 2005) ist die ZPO durch folgende Gesetze und Bekanntmachungen geändert worden:

- G. v. 19.04.2006 (BGBl 2006, 866)
- G. v. 22.12.2006 (BGBl 2006, 3416)
- Pfändungsgrenzenbek. 2007 (BGBl 2007, 64)
- G. v. 26.03.2007 (BGBl 2007, 358)
- G. v. 26.03.2007 (BGBl 2007, 368)
- G. v. 26.03.2007 (BGBl 2007, 370)
- PKHB 2007 (BGBl 2007, 1058)
- ZPO-BerichtigungsG v. 24.07.2007 (BGBl 2007, 1781)

Die Rechtsprechung ist bis Juli 2007 berücksichtigt. Die Hinweise auf Anwaltsgebühren und Gerichtskosten wurden an vielen Stellen ergänzt. Über 4.000 Entscheidungen wurden auf ihre Relevanz durchgesehen. Die Zulassung der Rechtsbeschwerde durch die Reform 2002 hat dazu geführt, dass in vielen Fällen alte Streitfragen durch den BGH für die Praxis geklärt wurden.

Der Kommentar ist in den ersten sechs Auflagen im Verlag C.F. Müller erschienen; seit der 7. Auflage wird das Werk vom ZAP Verlag weitergeführt.

Die 8. Auflage enthält ferner zahlreiche „Praxishinweise“, die von **Rechtsanwalt Dr. Egon Schneider** verfasst wurden; für diese Ergänzungen, die vor allem für den jungen Anwalt gedacht sind, bin ich sehr dankbar.

Jeder Autor verantwortet seinen Teil allein.

Im Anhang sind verschiedene EG-Verordnungen abgedruckt, ferner die Gebühren nach GKG und RVG.

Passau, im August 2007 Walter Zimmermann

# Inhaltsverzeichnis



# Zivilprozessordnung

**Anhang**

# Hinweise zur Benutzung der CD-ROM

## I. Inhalte

Mit der diesem Buch beiliegenden **CD-ROM „Zivilprozessordnung-Formulare“** steht Ihnen eine umfassende ZPO-Formulardatenbank zur Verfügung. Sämtliche Formulare sind über die intuitiv bedienbare LEXsoft®-Software **im Volltext durchsuchbar**.

Eine detaillierte, nach Sachgebieten gegliederte Aufstellung der ZPO-Formulare finden Sie im Anschluss unter „Verzeichnis der Muster auf CD-ROM“. Die insgesamt **293 Formulare** sind entsprechend dem Ablauf des Verfahrens gegliedert, ab Begründung des Mandatsverhältnisses bis hin zu den Rechtsmitteln:

1. Mandatsverhältnis und Prozesskostenhilfe
2. Mahnverfahren
3. Klageerhebung
4. Klagearten, Klageanträge
5. Klagehäufung, Klageänderung, Parteiwechsel
6. Klageerwiderung
7. Streitverkündung
8. Widerklage und Aufrechnung
9. Beweisrecht
10. Sondersituationen im Prozess
11. Besondere Verfahren
12. Wechsel-, Scheck- und Urkundenprozess
13. Zustellungen, Termine, Fristen
14. Nach dem Urteil
15. Klagen betreffend die Urteilswirkungen
16. Rechtsmittel, Rechtsbehelfe

Auch im Kommentar wird (jeweils am Ende der Einzelkommentierung) auf die sachnahen ZPO-Formulare verwiesen. Sie erkennen diese Verweise leicht an dem **CD-ROM-Symbol** am Seitenrand und der grauen Rasterung.

Die ZPO-Formulare sind über Fußnoten mit **Erläuterungen zum taktischen Vorgehen im Einzelfall** versehen. Diese Fußnoten enthalten eine Vielzahl von Praxishinweisen mit speziellen prozesstaktischen Tipps für Rechtsanwälte, die präzise erläutern, wie von Fall zu Fall vorzugehen ist und welche Anträge zu stellen sind. Das Hin- und Herblättern zwischen Formularen und einem separaten Anmerkungs- oder Erläuterungsteil gehört damit der Vergangenheit an.

Zudem sind am Ende eines jeden Formulartextes **Word-Dokumente** ohne Fußnoten hinterlegt, die Sie direkt in Ihrem Textverarbeitungsprogramm bearbeiten können (Dokumente im RTF-Format).

**II. Installation der CD-ROM**

Legen Sie die CD-ROM in Ihr CD-ROM-Laufwerk ein. Sollte die Installation nicht automatisch starten, gehen Sie bitte folgendermaßen vor:

**Alternative 1:**

Steuern Sie über den Windows-Explorer unter „Arbeitsplatz" Ihr CD-ROM-Laufwerk (i.d.R. Laufwerk D) an.

In diesem Ordner finden Sie eine Datei mit der Bezeichnung setup.exe. Öffnen Sie diese Datei mit einem Doppelklick.

**Alternative 2:**

Klicken Sie mit der rechten Maustaste auf das Symbol „Arbeitsplatz", das sich auf Ihrem Desktop befindet, und wählen Sie „Öffnen" aus dem Kontextmenü.

In der folgenden Ansicht wird Ihnen das CD-ROM-Laufwerk angezeigt, in welches Sie die CD-ROM eingelegt haben. Nach einem Rechtsklick auf das betreffende Symbol erscheint ein Kontextmenü, in dem Sie erneut „Öffnen" auswählen. In dem sich öffnenden Fenster finden Sie eine Datei mit der Bezeichnung setup.exe. Wählen Sie sie mit der rechten Maustaste an und klicken Sie auf „Öffnen" aus dem Kontextmenü.

Bei einigen Betriebssystemen wird Ihnen die Endung der Datei setup.exe nicht angezeigt. In diesem Fall sehen Sie drei Dateien mit der Bezeichnung „setup". Die gesuchte Datei erkennen Sie an dem blauen, quadratischen Symbol mit den zwei Pfeilen.

Nun führt das Setup den Installationsvorgang durch. Folgen Sie den Anweisungen auf dem Bildschirm. Am Ende des Installationsvorgangs werden Sie gefragt, ob Sie eine Verknüpfung auf dem Desktop erstellen möchten. Durch diese können Sie das Programm zukünftig direkt von dort aus starten.

**III. Programmstart**

1. **Beim ersten Start** von LEXsoft® öffnet sich das Fenster „Bibliothekenauswahl". Per Doppelklick oder per Klick auf die Schaltfläche „Öffnen" können Sie „Zivilprozessordnung-Formulare" starten.

Beim ersten Aufruf der Datenbank werden Sie zur Eingabe eines **Freischaltcodes** ausgefordert. Bitte tragen Sie hier den Code

**KMTTD**

ein. Bestätigen Sie Ihre Eingabe anschließend durch Betätigen der Schaltfläche „Freischalten".

Sollten Sie zu diesem Zeitpunkt noch nicht den Code eingeben (wollen), können Sie die Datenbank auch zunächst als „Testversion" nutzen und in den nächsten sechs Wochen über den Link „Produktfreischaltung" freischalten. Dieser ist Bestandteil des LEXsoft®-Servicemenüs oben rechts auf dem Bildschirm. Nach abgelaufenem Testzeitraum können Sie das Produkt nur noch über die Bibliothekenauswahl freischalten. Nachdem Sie auf die Schaltfläche „Freischalten" geklickt haben, werden Sie zur Eingabe des Freischaltcodes aufgefordert.

2. **Im Allgemeinen** haben Sie zwei Möglichkeiten, das Programm LEXsoft® zu starten:

- Gehen Sie über Start/Programme/LexisNexis/LEXsoft® oder
- starten Sie LEXsoft® durch einen Doppelklick auf die Verknüpfung auf dem Desktop.

**IV. Erforderliche EDV-Ausstattung**

- Mindestvoraussetzung:
  PC ab 600 MHz, mindestens 128 MB frei verfügbarer Arbeitsspeicher (RAM).
- Empfohlene Konfiguration:
  PC ab 1 GHz, mindestens 512 MB frei verfügbarer Arbeitsspeicher (RAM).
- Festplattenkapazität:
  Bei Komplettinstallation 200 MB Platz auf der Festplatte erforderlich.
- Unterstützte Betriebssysteme:
  Windows2000/XP/2003 Server.

# Verzeichnis der Muster auf CD-ROM

## ZPO-Formulare

### 01. Mandatsverhältnis und Prozesskostenhilfe

#### 01.01. Mandatsverhältnis



#### 01.02. Prozesskostenhilfe

**05. Klagehäufung, Klageänderung, Parteiwechsel**



**06. Klageerwiderung**



**07. Streitverkündung**

## 08. Widerklage und Aufrechnung

### 08.01. Widerklage



### 08.02. Aufrechnung



## 09. Beweisrecht

### 09.01. Beweisbeschluss



### 09.02. Beweisaufnahme



### 09.03. Beweis durch Augenschein



### 09.04. Zeugenbeweis

## 12. Wechsel-, Scheck- und Urkundenprozess

# Abkürzungsverzeichnis

| | |
|---|---|
| aA | anderer Ansicht |
| aaO | am angegebenen Ort |
| Abs. | Absatz |
| Abt | Abteilung |
| abw | abweichend |
| aE | am Ende |
| aF | alte Fassung |
| AFG | Arbeitsförderungsgesetz |
| AG | Amtsgericht, Aktiengesellschaft, AusführungsG |
| AGB | Allgemeine Geschäftsbedingungen; AGB-Gesetz |
| AGegner | Antragsgegner |
| AktG | Aktiengesetz |
| allgM | allgemeine Meinung |
| Alt | Alternative |
| aM | anderer Meinung |
| AMG | Arzneimittelgesetz |
| AnfG | Anfechtungsgesetz |
| Anh | Anhang |
| Anm | Anmerkung |
| AnO, AO | Anordnung |
| AnwBl | Anwaltsblatt (Zs) |
| AnwK | Anwaltkommentar |
| ARB | Allgemeine Bedingungen für die Rechtsschutzversicherung |
| ArbG | Arbeitsgericht |
| ArbGG | Arbeitsgerichtsgesetz |
| Art | Artikel |
| ASt | Antragsteller |
| Aufl | Auflage |
| AUG | Auslandsunterhaltsgesetz |
| ausgeschl | ausgeschlossen |
| ausl | ausländisch |
| AVAG | Anerkennungs- und VollstreckungsausführungsG |
| B/D/P/Z | Binz, Dörndorfer, Petzold, Zimmermann, Gerichtskostengesetz, 2007 |
| BAG | Bundesarbeitsgericht |
| BauR | Baurecht (Zs) |
| BayObLG | Bayerisches Oberstes Landesgericht |

| | |
|---|---|
| BB | Betriebsberater (Zs) |
| Bd | Band |
| beabs | beabsichtigt |
| beauftr | beauftragt |
| BEEG | Bundeselterngeld- und Elternzeitgesetz |
| Bef | Befangenheit |
| befr | befristet |
| begl | beglaubigt |
| begr | begründet |
| Begr | Begründung |
| Bekl | Beklagter |
| Ber | Berufung |
| BerBegr | Berufungsbegründung |
| BerGer | Berufungsgericht |
| BerHG | Beratungshilfegesetz |
| BErzGG | Bundeserziehungsgeldgesetz |
| bes | besonders |
| bestr | bestritten |
| BeurkG | Beurkundungsgesetz |
| Bev | Bevollmächtigter |
| bez | bezüglich |
| BezG | Bezirksgericht |
| BGB | Bürgerliches Gesetzbuch |
| BGBl | Bundesgesetzblatt Teil I, Jahr/Seite |
| BGH | Bundesgerichtshof; Entscheidungssammlung, Band/Seite |
| BGH LM | Lindenmaier/Möhring, Nachschlagewerk des BGH, selber § |
| BGHR | Sammlung BGH-Rspr (Luchterhand Verlag) |
| BJagdG | Bundesjagdgesetz |
| BLAH | Baumbach/Lauterbach/Albers/Hartmann, ZPO-Kommentar |
| BNotO | Bundesnotarordnung |
| BPatG | Bundespatentgericht |
| BRAGO | Bundesrechtsanwaltsgebührenordnung (aufgehoben 01.07.2004) |
| BRAO | Bundesrechtsanwaltsordnung |
| BSG | Bundessozialgericht |
| BSHG | Bundessozialhilfegesetz |
| BT-Drucks | Bundestags-Drucksache |
| BVerfG | Bundesverfassungsgericht |
| BVerfGK | Kammerentscheidungen des BVerfG, Band/Seite |

| | |
|---|---|
| BWNotZ | Zeitschrift für das Notariat in Baden-Württemberg |
| bzw | beziehungsweise |
| ca. | circa |
| cic | culpa in contrahendo |
| DAR | Deutsches Autorecht (Zs) |
| DAV | Der Amtsvormund (Zs) |
| DB (voher Betr.) | Der Betrieb (Zs) |
| DGVZ | Deutsche Gerichtsvollzieherzeitung (Zs) |
| dh | das heißt |
| DNotZ | Deutsche Notarzeitschrift (Zs) |
| DRiG | Deutsches Richtergesetz |
| DRiZ | Deutsche Richterzeitung (Zs) |
| DtZ | Deutsch-Deutsche Rechtszeitschrift |
| DÜG | Diskontsatz-Überleitungsgesetz |
| DZWir | Deutsche Zeitschrift für Wirtschafts- und Insolvenzrecht (Zs) |
| E | Entscheidung |
| eAnO | einstweilige Anordnung |
| EB | Empfangsbekenntnis |
| EGGVG | Einführungsgesetz zum Gerichtsverfassungsgesetz |
| EGMR | Europäischer Gerichtshof für Menschenrechte |
| eigenh | eigenhändig |
| Einl | Einleitung |
| entspr | entsprechend |
| ER | Einzelrichter |
| EStG | Einkommensteuergesetz |
| EuGH | Gerichtshof der Europäischen Gemeinschaft |
| EuGVÜ | Europäisches Gerichtsstands- und Vollstreckungsübereinkommen |
| europ | europäisch |
| eV | eidesstattliche Versicherung |
| eVfg | einstweilige Verfügung |
| evtl | eventuell |
| EZÜ | Europäisches Zustellungsübereinkommen |
| f. | folgender |
| FamG, | FamS Familiengericht, Familiensache |
| FamRÄndG | Familienrechtsänderungsgesetz von 1961 |
| FamRZ | Zeitschrift für das gesamte Familienrecht |
| ff. | und folgende |

| | |
|---|---|
| FG | Freiwillige Gerichtsbarkeit |
| FGG | G über die Freiwillige Gerichtsbarkeit |
| FGPrax | Praxis der freiwilligen Gerichtsbarkeit |
| FS | Festschrift |
| FuR | Familie und Recht |
| G | Gesetz, Gericht |
| GBA | Grundbuchamt |
| GBO | Grundbuchordnung |
| GbR | Gesellschaft bürgerlichen Rechts |
| Geb | Gebühr |
| gem | gemäß, gemeinsam |
| gepf | gepfändet |
| ges | gesamt, gesondert |
| gesetzl. | gesetzlich |
| GG | Grundgesetz |
| ggf | gegebenenfalls |
| ggü | gegenüber |
| GKG | Gerichtskostengesetz |
| Gl | Gläubiger |
| GmbH | Gesellschaft mit beschränkter Haftung |
| GmS | Gemeinsamer Senat |
| grds | grundsätzlich |
| GRUR | Gewerblicher Rechtsschutz und Urheberrecht (Zs) |
| GS | Gemeinschuldner |
| gutgl | gutgläubig |
| GV | Gerichtsvollzieher |
| GVBl | Gesetz- und Verordnungsblatt |
| GVG | Gerichtsverfassungsgesetz |
| GVGA | Gerichtsvollziehergeschäftsanweisung |
| GVKostG | Gerichtsvollzieherkostengesetz |
| GVO | Gerichtsvollzieherordnung |
| GWB | Gesetz gegen Wettbewerbsbeschränkungen |
| Haager ZPAbk | Haager Zivilprozessübereinkommen |
| HaagKindEntfÜbk | Haager Übereinkommen über die zivilrechtlichen Aspekte internationaler Kindesentführung |
| Hdb | Handbuch |
| HGB | Handelsgesetzbuch |
| HinterlO | Hinterlegungsordnung |

| | |
|---|---|
| hL | herrschende Lehre |
| hM | herrschende Meinung |
| HS | Halbsatz |
| HS | Halbsatz |
| HWiG | Haustürwiderrufsgesetz (aufgehoben) |
| HZPA | Haager Abkommen über den Zivilprozess |
| HZPÜ | Haager Übereinkommen über den Zivilprozess (1954) |
| idF | in der Fassung |
| idR | in der Regel |
| ieS | im engeren Sinn |
| iFd | im Falle des |
| iL | in Liquidation |
| inl | inländisch |
| insb | insbesondere |
| InsO | Insolvenzordnung |
| InsVV | Insolventrechtliche Vergütungsverordnung |
| int | international |
| IntFamRVG | Internationales Familienrechtsverfahrensgesetz |
| IPR | Internationales Privatrecht |
| IPRax | Praxis des internat. Privat- und Verfahrensrechts (Zs) |
| iSd | im Sinne des |
| iSv | im Sinne von |
| iÜ | im Übrigen |
| iVm | in Verbindung mit |
| JA | Juristische Arbeitsblätter (Zs) |
| JBeitrO | Justizbeitreibungsordnung |
| JKomG | Justizkommunikationsgesetz |
| JR | Juristische Rundschau (Zs) |
| JuP | Juristische Person |
| JurBüro, | JB Das Juristische Büro (Zs) |
| JuS | Juristische Schulung (Zs) |
| Justiz | Die Justiz, Amtsblatt Baden-Württemberg (Zs) |
| Justizverw | Justizverwaltung |
| JVEG | Justizvergütungs- und -entschädigungsG |
| JVerwKostO | Justizverwaltungskostenordnung |
| JW | Juristische Wochenschrift (Zs) |
| JZ | Juristenzeitung (Zs) |
| Kf | Kostenfestsetzung |

| | |
|---|---|
| KfB | Kostenfestsetzungsbeschluss |
| KfH | Kammer für Handelssachen |
| KG | Kammergericht; Kommanditgesellschaft |
| KJHG | Kinder- und JugendhilfeG |
| Kl | Kläger |
| KO | Konkursordnung (aufgehoben) |
| KostO | Kostenordnung |
| KrG | Kreisgericht |
| KSchG | Kündigungsschutzgesetz |
| KTS | Konkurs-, Treuhand- und Sanierungswesen (Zs) |
| KV | Kostenverzeichnis; Konkursverwalter |
| l. | -lich |
| LAG | Landesarbeitsgericht |
| LG | Landgericht |
| LGVÜ | Lugano-Abkommen |
| Lit | Literatur |
| LM | Lindenmaier/Möhring, BGH-Nachschlagewerk |
| LPartG | Lebenspartnerschaftsgesetz |
| LSG | Landessozialgericht |
| LwVG | G ü d ger. Verfahren in Landwirtschaftssachen |
| LZB | Landeszentralbank |
| mat | materiell |
| MB | Mahnbescheid |
| mdl | mündlich |
| MDR | Monatschrift für Deutsches Recht (Zs) |
| mE | meines Erachtens |
| MedR | Medizinrecht (Zs) |
| MHRG | G zur Regelung der Miethöhe (aufgehoben) |
| minderj | minderjährig |
| MRK | Europ. Menschenrechtskonvention |
| MSA | Minderjährigenschutzabkommen (BGBl 71 II 217) |
| mwN | mit weiteren Nachweisen |
| MwSt | Mehrwertsteuer |
| NdsRpfl | Niedersächsische Rechtspflege (Zs) |
| nF | neue Fassung |
| NI | Nebenintervenient |
| NJW | Neue Juristische Wochenschrift (Zs) |
| NJWE-FER | NJW Entscheidungsdienst Familien- und Erbrecht |

| | |
|---|---|
| NJW-RR | NJW-Rechtsprechungsreport (Zs) |
| notw | notwendig |
| Nr. | Nummer |
| NStZ | Neue Zeitschrift für Strafrecht (Zs) |
| NVwZ | Neue Zeitschrift für Verwaltungsrecht (Zs) |
| NZA | Neue Zeitschrift für Arbeits- und Sozialrecht (Zs) |
| NZB | Nichtzulassungsbeschwerde |
| NZV | Neue Zeitschrift für Verkehrsrecht (Zs) |
| OHG | Offene Handelsgesellschaft |
| OLG | Oberlandesgericht |
| OLGZ | Sammlung der OLG-Entscheidungen (Jahr/Seite) |
| OVG | Oberverwaltungsgericht |
| PaPkG | Preisangaben- und Preisklauselgesetz |
| pers | persönlich |
| PfüB | Pfändungs- und Überweisungsbeschluss |
| phG | persönlich haftender Gesellschafter |
| PKH | Prozesskostenhilfe |
| PKHÄndG | Prozesskostenhilfeänderungsgesetz |
| PKHB | Prozesskostenhilfebekanntmachung |
| PKH-VV | Prozesskostenhilfevordruck-Verordnung |
| PKV | Prozesskostenvorschuss |
| prakt | praktisch |
| PrBev | Prozessbevollmächtigter |
| proz | prozessual |
| PV | Prozessvergleich |
| pVV | positive Vertragsverletzung |
| R | Recht |
| r+s | Recht und Schaden |
| RA | Rechtsanwalt |
| RB | Rechtsbeschwerde |
| rechtskr | rechtskräftig |
| Rev | Revision |
| RevGer | Revisionsgericht |
| RG | Reichsgericht; Entscheidungssammlung, Band/Seite |
| RiAG | Richter am Amtsgericht |
| RiLG | Richter am Landgericht |
| Rm | Rechtsmittel |
| Rpfleger | Der Deutsche Rechtspfleger (Zs) |

| | |
|---|---|
| RPflG | Rechtspflegergesetz |
| Rspr | Rechtsprechung |
| RVG | Rechtsanwaltsvergütungsgesetz |
| Rz | Randziffer |
| s Beweisverfahren | selbständiges Beweisverfahren |
| s.; S. | siehe; Satz, Seite |
| SchlHA | Schleswig-Holsteinische Anzeigen (Zs) |
| SchRegO | Schiffsregisterordnung |
| SchuVVO | Schuldnerverzeichnis-Verordnung |
| SG | Sozialgericht |
| SiL | Sicherheitsleistung |
| sof | sofort, sofortig |
| sog | sogenannte/r/s |
| st | ständig |
| StAG | Staatsangehörigkeitsgesetz |
| StGB | Strafgesetzbuch |
| StJ | Stein/Jonas (ZPO-Kommentar) |
| StPO | Strafprozessordnung |
| str | streitig |
| StrEG | Gesetz über die Entschädigung für Strafverfolgungsmaßnahmen |
| StrG | Streitgegenstand |
| StrGen | Streitgenosse |
| StrVollStrO | Strafvollstreckungsordnung |
| StrW | Streitwert |
| StVG | Straßenverkehrsgesetz |
| StVollzG | Strafvollzugsgesetz |
| SV | Sachverständiger |
| teilw | teilweise |
| tel | telefonisch |
| U, Urt. | Urteil |
| ua | unter anderem |
| umstr | umstritten |
| unerl | unerlaubt |
| unstr | unstreitig |
| Unterbev | Unterbevollmächtigter |
| UnterbrG | Unterbringungsgesetz |
| usw | und so weiter |
| uU | unter Umständen |

| | |
|---|---|
| UWG | Gesetz gegen den unlauteren Wettbewerb |
| v. | von, vom |
| VerbrKrG | Verbraucherkreditgesetz (aufgehoben) |
| Verf | Verfahren |
| Verh | Verhandlung, Verhältnis |
| VermSt | Vermögensteuer |
| Vers | Versicherer/Versicherung |
| versch | verschieden |
| VersR | Versicherungsrecht (Zs) |
| Vertr | Vertreter |
| Vfg | Verfügung |
| VG | Verwaltungsgericht |
| VGH | Verwaltungsgerichtshof |
| vgl | vergleiche |
| VglO | Vergleichsordnung (aufgehoben) |
| VIZ | Zeitschrift für Vermögens- und Investitionsrecht |
| VN | Versicherungsnehmer |
| VoB | Vollstreckungsbescheid |
| vollj | volljährig |
| vollstr | Vollstr vollstreckbar, Vollstreckbarkeit, Vollstreckung |
| Vorb | Vorbemerkung |
| vorl | vorläufig |
| VormG | Vormundschaftsgericht |
| Vors | Vorsitzender |
| VRS | Verkehrsrechts-Sammlung |
| VU | Versäumnisurteil |
| vv | vorläufig vollstreckbar |
| VwGO | Verwaltungsgerichtsordnung |
| WE | Wiedereinsetzung |
| WEG | Wohnungseigentumsgesetz |
| WEigtGem | Wohnungseigentümergemeinschaft |
| WG | Wechselgesetz |
| WM | Wohnungswirtschaft und Mietrecht (Zs) |
| WoBauG | Wohnungsbaugesetz |
| WPM | Wertpapiermitteilungen (Zs) |
| WRP | Wettbewerb in Recht und Praxis (Zs) |
| zB | zum Beispiel |
| ZIP | Zeitschrift für Wirtschaftsrecht (Zs) |

| | |
|---|---|
| ZivK | Zivilkammer |
| ZMR | Zeitschrift für Miet- und Raumrecht |
| ZPO | Zivilprozessordnung |
| ZRHO | Rechtshilfeordnung für Zivilsachen |
| Zs | Zeitschrift (zitiert nach Jahr/Seite) |
| zT | zum Teil |
| zugel | zugelassen |
| zul | zulässig |
| ZuSEG | G über Entschädigungen v. Zeugen und Sachverständigen (aufgehoben 01.07.2004) |
| Zust, zust | Zuständigkeit , zuständig |
| ZustDG | EG-Zustellungsdurchführungsgesetz |
| zutr | zutreffend |
| ZVG | ZwangsversteigerungsG |
| zw | zweifelhaft |
| ZwV | Zwangsvollstreckung |
| zZ | zur Zeit |
| ZZP | Zeitschrift für Zivilprozess (Zs) |

Weitere Abkürzungen: vgl Verzeichnisse bei *Palandt*, BGB-Kommentar.

# Literatur zur ZPO

**Kommentare**

*AK-ZPO,* Alternativkommentar zur ZPO, herausgegeben von Wassermann, bearbeitet von Ankermann und anderen, 1987.

*Baumbach/Lauterbach/Albers/Hartmann,* ZPO, 65. Aufl 2007.

Münchener Kommentar zur ZPO, 2. Aufl 2000/2001, 3. Aufl 2007.

*Musielak,* ZPO, 5. Aufl 2007, bearbeitet von Ball, Becker, Borth, Fischer, Foerste, Grandel, Heinrich, Huber, Lackmann, Musielak, Stadler, Voit, Weth, Wittschier, Wolst.

*Saenger* (Hg), ZPO, 2. Aufl 2007.

*Stein/Jonas,* ZPO, 22. Aufl 2002 ff. bearbeitet von Berger, Bork, Brehm, Grunsky, Leipold, Münzberg, Oberhammer, Roth, Schlosser und Wagner.

*Thomas/Putzo, ZPO,* 28. Aufl 2007, bearbeitet von Thomas, Putzo, Reichold, Hüßtege.

*Wieczorek/Schütze,* ZPO, 3. Aufl 1994 ff., bearbeitet von Ahrens, Becker-Eberhard, Borck, Buchholz, Gamp, Hausmann, Heß, Loeser, W. Lüke, Mansel, Niemann, Olzen, Paulus, Peters, Prütting, Raeschke-Kessler, Salzmann, Schlüter, Schreiber, Schütze, Steiner, Storz, Thümmel, Weber, Weth.

*Zöller, ZPO,* 26. Aufl 2007, bearbeitet von Geimer, Greger, Gummer, Herget, Heßler, Philippi, Vollkommer.

**Lehrbücher, Handbücher, Grundrisse**

*Baumfalk,* ZPO, 2006.

*Brox/Walker,* Zwangsvollstreckungsrecht, 2003.

*Gehrlein,* Zivilprozessrecht, 2003.

*Grunsky,* Zivilprozessrecht, 2005.

*Heintzmann,* Zivilprozeßrecht, 1998/2000.

*Huber,* Das Zivilurteil, 2003.

*Jauernig,* Zivilprozessrecht, 2007.

*Knöringer,* Die Assessorklausur im Zivilprozess, 2005.

*Lackmann,* Zwangsvollstreckungsrecht, 2007.

*Linke,* Internationales Zivilprozessrecht, 2006.

*Lippross,* Vollstreckungsrecht, 2003.

*Lüke,* Zivilprozessrecht, 2006.

*Lüke/Prütting,* ZivilverfahrensR (Lexikon des Rechts), 1995.

*Musielak,* Grundkurs ZPO, 2007.

*Oberheim,* Zivilprozessrecht für Referendare, 2007.

*Paulus,* Zivilprozessrecht, 2004.

*Pukall,* Der Zivilprozess in der Praxis, 2006.

*Rosenberg,* Zivilprozeßrecht, 9. Aufl 1961.

*Rosenberg/Gaul/Schilken,* Zwangsvollstreckungsrecht, 11. Aufl 1997.

*Rosenberg/Schwab/Gottwald,* Zivilprozessrecht, 16. Aufl 2004.

*Schellhammer, Zivilprozess,* 2007.

*Schilken,* Zivilprozessrecht, 2006.

*Schneider,* Die Klage im Zivilprozess, 2007.

*Schneider,* Praxis der neuen ZPO, 2002.

*Schuschke/Walker,* Vollstreckung und vorl. Rechtsschutz, 1999, 2002 (§§ 704-915h; §§ 916-945).

*Steinert/Theede,* Zivilprozess (HRP), 2004.

*Tempel,* Mustertexte zum Zivilprozess, 2006/2007.

*Wieser,* Grundzüge des Zivilprozeßrechts, 2003.

*Zeiss,* Zivilprozessrecht, 2003.

*Zimmermann,* Klage, Gutachten und Urteil, 19. Aufl 2007.

*Zimmermann,* ZPO-Fallrepetitorium, 6. Aufl 2005.

**Spezialliteratur** ist bei den einzelnen Vorschriften genannt.

# Einleitung

**1. Die ZPO unterscheidet (zB in § 40 II):**

**a) Vermögensrechtliche Streitigkeiten:** sie sind gerichtet auf Geld oder Geldwerte im weitesten Sinn. Auch wenn es dem Kl mit seiner Klage ausschließlich um die Verteidigung seiner Ehre geht, kann der Rechtsstreit nach dem Inhalt des Klageanspruchs vermögensrechtl. Charakter haben (BGH NJW 1981, 2062; Echtheit der Anne-Frank-Tagebücher); bloße vermögensrechtl. Reflexwirkungen bleiben außer Betracht. 1

**b) Nichtvermögensrechtliche Streitigkeiten** sind die sonstigen; zB Ehe- und Kindschaftssachen; uU Unterlassungsklagen wegen Verletzung der Ehre (BGH NJW 1991, 847), des allg Persönlichkeitsrechts (BGH NJW 1974, 1470; Brüning-Memorien); uU Streit um Mitgliedschaft in einem Verein (BGH 13, 8); Umbettung einer Leiche (RG 108, 219); einseitige Erledigungserklärung macht die Sache nicht zu einer vermögensrechtl. (BGH VersR 1982, 295). 2

**2. Verfahrensgang, Grundbegriffe, Verfahrensgrundsätze**

Zur Durchsetzung eines Anspruchs kann sich eine Partei uU des Mahnverfahrens (§§ 688 ff.) bedienen oder Klage (§ 253) erheben. Die Klage muss beim örtl. (§§ 12 ff.) und sachl. (AG oder LG) zust Gericht erhoben werden; teils besteht vor dem Gericht Anwaltszwang, § 78. Dem Gericht stehen **verschiedene Verfahrensarten** zur Verfügung: 3

- schriftl. Vorverfahren zunächst und dann Anberaumung eines Haupttermins, § 276;
- sofortige Anberaumung eines „frühen ersten Termins“, in dem evtl die Sache durch Urteil oder sonst erledigt wird, anderenfalls werden weitere Termine durchgeführt; § 275;
- schriftl. Verfahren nach § 128 II; dann entfällt die mdl Verh. Bagatellverfahren nach § 495a.

Beim AG entscheidet ein Richter, beim LG grds eine ZivK (3 Richter, § 75 GVG); im Fall der §§ 348, 348a ein Einzelrichter.

**Amtsbetrieb:** Klage und Ladungen zu Terminen werden von Amts wegen zugestellt (§§ 166 ff., 214, 270, 274), Termine werden von Amts wegen anberaumt (§ 216), auch Zeugen, Sachverständige und Parteien werden von Amts wegen geladen (§§ 141, 377, 402, 450). **Parteibetrieb** (dh die Partei veranlasst die Zustellung) herrscht nur noch bei der Zwangsvollstreckung (§ 750 I 2) und bei als Beschluss ergehenden Arresten und einstweiligen Verfügungen (§§ 922 II, 936). 4

**Dispositionsgrundsatz:** die Parteien haben die Verfügungsbefugnis über das klägerische Begehren; der Antrag bestimmt daher den Umfang der Prüfung (§ 308); Klage und Rm können zurückgenommen werden (§§ 269, 516); Anerkenntnis und Vergleich sind zulässig (§§ 307; 794 I Nr. 1); auch Prozessbeendigung durch übereinstimmende Erledigungserklärung (§ 91a) oder Hinnahme eines VU (§§ 330, 331). Ausnahmen bestehen in Ehe- und Kindschaftssachen, dort gilt zT der **Untersuchungsgrundsatz**, dh der Sachverhalt wird unabhängig vom Parteivorbringen aufgeklärt. 5

**Verhandlungsgrundsatz** (= Beibringungsgrundsatz): nur die Parteien führen den Streitstoff in den Prozess ein und betreiben seine Feststellung (Folgen: keine Verwertung ande- 6 rer Tatsachen, zB privaten Wissens; Unstreitiges ist als wahr zu unterstellen, vgl § 138; keine Beweisaufnahme von Amts wegen); in der Rechtsanwendung und der Beweiswürdigung (§ 286) ist der Richter dagegen frei. Der Verhandlungsgrundsatz ist weitgehend durchbrochen: Einführung weiteren Streitstoffs kann der Richter über §§ 139 (Aufklärung), 141 oder durch Aktenbeiziehung (§ 273 II Nr. 2) veranlassen; offenkundig Unwahres ist unbeachtlich (vgl § 138 I); eine Beweisaufnahme von Amts wegen ist bei Augenschein und Sachverständigengutachten (§§ 144, 287 I 2); Urkundenvorlage (§ 142), Aktenbeiziehung (§ 273 II 2), Parteivernehmung (§§ 448, 287 I 3) grds möglich, sodass nur der Zeugenbeweis noch von einem Beweisantrag der Partei abhängt, aber auch hier durch § 139 I 1 richterliche Initiativen möglich sind.

7 **Mündlichkeitsgrundsatz:** der Rechtsstreit wird grds aufgrund mdl Verhandlungen entschieden, § 128 I, zahlreiche Ausnahmen bestehen.

8 **Unmittelbarkeitsgrundsatz:** die Beweisaufnahme hat vor dem den Rechtsstreit entscheidenden ProzessG zu erfolgen (§§ 355 I), nur in Sonderfällen vor einem beauftragten oder ersuchten Richter; allerdings kommt es nur auf die Identität des Spruchkörpers („2. Zivilkammer") an, sodass ein Richterwechsel nach der Beweisaufnahme grds unschädlich ist (BGH NJW 1960, 1252).

9 **Konzentrationsgrundsatz:** der Rechtsstreit soll beschleunigt erledigt werden. Der Termin soll daher gründlich vorbereitet werden (Anordnungen nach § 273) und so früh wie möglich stattfinden (§ 272 III), Terminverlegungen sind nur ausnahmsweise möglich (§ 227). Die Parteien haben Mitwirkungspflichten (§ 138 I), insb Schriftsätze und Angriffs- und Verteidigungsmittel rechtzeitig vorzubringen (§§ 132, 277, 282); das Gericht kann in vielen Fällen Fristen setzen (§§ 273, 275, 276, 277), verspätetes Vorbringen kann zurückgewiesen werden (§ 296).

10 **Rechtliches Gehör:** vgl Art 103 I GG.

Die Partei hat ein Recht darauf, dass das Gericht ihr Tatsachenvorbringen entgegennimmt und dass ihre Erklärungen berücksichtigt werden. Heilung des Verstoßes: indem das Rechtsmittelgericht das rechtl. Gehör gewährt oder durch Verzicht der Parteien (§ 295). Folgen: bei Verletzung liegt ein Verfahrensfehler vor, die Entscheidung ist mit den gewöhnlichen Rm (Ber, Rev, Beschwerde) angreifbar, ein unstatthaftes Rm wird nicht statthaft, weil das rechtl. Gehör verletzt wurde (BVerfG 60, 96; BGH NJW 1990, 838); es muss aber ein Rm zugelassen werden, wenn die Auslegung der einschlägigen Verfahrensvorschriften dies ermöglicht (BVerfG NJW 1982, 2368); dem ist jetzt durch § 321a Genüge getan. Nach Erschöpfung des Rechtswegs ist die Verfassungsbeschwerde zulässig.

11 **Kein rechtliches Gehör** muss zunächst gewährt werden in Eilverfahren (Arrest und einstw. Verfügung, soweit durch Beschluss erlassen, §§ 921 I, 937 II; eAO; Beweissicherungsverfahren, §§ 491, 494; Pfändung, § 834).

12 **Fallgruppen der Verstöße** (vgl *E. Schumann* NJW 1985, 1134; *Waldner*, Der Anspruch auf rechtliches Gehör, 1989; *Dörr*, Verfassungsbeschwerde in der Prozesspraxis, 1990):

- Falsche Fristen; unklar gesetzt; zu kurze Fristen (zB bei § 283, wenn umfangreiche komplizierte Unterlagen vorgelegt werden; oder bei § 128 II, BVerfG NJW 1983, 2492); Entscheidung vor Ablauf einer gesetzten Äußerungsfrist (BVerfG NJW 1988, 1773); Nichtverlegung von Terminen in Sonderfällen;

- Nichterwägung von Parteivortrag, von Schriftsätzen, übergebenen Anlagen, Behauptungen, die innerhalb gesetzl. oder richterl. Frist eingehen; globale Bezugnahmen können genügen (BVerfG MDR 1986, 288);
- Nichtberücksichtigung von Klage-, Hilfs-, Beweis- und anderen Anträgen (BVerfG NJW 1984, 1026; BVerfG NJW-RR 1996, 183);
- Nichtanhörung des Gegners;
- Nichtanhörung der Partei, zB vor Verwerfung ihrer Berufung als unzul (BGH VersR 1982, 246); vor Verwertung von Vorbringen des Gegners (BVerfG FamRZ 1995, 1561);
- fehlerhafte Anwendung von Präklusionsvorschriften (BVerfG NJW 1983, 1307; 1984, 2203; 1985, 1150).

**Keine Verstöße zB:** ein allg Anspruch auf ein Rechtsgespräch wird nicht begründet 13
(BGH 85, 291); im PKH-Verfahren hat der Antragsgegner kein Anhörungsrecht zu den Angaben über persönl. und wirtschaftl. Verhältnisse des Antragsgegners (§ 117 II 2); Erteilung des Grundbuchauszugs ohne vorherige Anhörung des Grundstückseigentümers (BGH 80, 128).

**Öffentlichkeitsgrundsatz:** zur mdl Verh und zur Beweisaufnahme vor dem ProzessG hat 14
grds jedermann Zutritt, § 169 GVG.

### 3. Der Streitgegenstand

Umfang und Abgrenzung des StrG (= proz Anspruch) sind wichtig für den Umfang der 15
Rechtskraft (nach rechtskräftiger Entscheidung kann derselbe StrG nicht erneut zum Gegenstand eines Prozesses gemacht werden, § 322 I), die Einrede der Rechtshängigkeit (über denselben StrG darf nicht in zwei Prozessen zugleich verhandelt werden, § 261 III Nr. 1), die Klageänderung (Änderung des StrG ist Klageänderung, die nicht immer zul ist, §§ 263, 264), die objektive Klagenhäufung (setzt mehrere StrG voraus, § 260).

Der StrG wird nach hM bestimmt durch **a)** den **Klageantrag** (zB 3000 € zu zahlen) **und b) den dazu gehörigen einheitlichen historischen Lebenssachverhalt** (zB Unfall vom...) (zweigliedriger StrG-Begriff). **Zu a):** Steckt der eine Antrag im anderen als Minus (zB bei Teilklagen), liegen nicht zwei verschiedene StrG vor, sondern sie decken sich teilweise. Es kommt auch nicht auf die materiellrechtl. Anspruchsgrundlagen an, auf die der Kl seine Klage „stützt“: würde bei einem Verkehrsunfall die „auf § 823 BGB gestützte“ Klage abgewiesen, könnte nicht zul eine neue Klage aus § 7 StVG erhoben werden. **Zu b):** Nur der Kl bestimmt den StrG der Klage; der Bekl den der Widerklage. Trotzdem darf man nicht nur auf den „vorgetragenen Sachverhalt“ abstellen, weil sonst ein um weitere Einzelheiten angereicherter Sachverhalt uU ein „anderer“ sein könnte. Auch die Tatsachen, die zur Schlüssigkeit und Substantiierung einer Klage vorzutragen sind, genügen nicht. Was zum „Lebenssachverhalt“ gehört, bestimmt sich vielmehr nach natürl. Betrachtungsweise und der Verkehrsauffassung (BGH NJW 1992, 1173; vgl § 264 StPO); mit dieser offenen Begriffsbestimmung kann dem Einzelfall Rechnung getragen werden. Bsp: Kauft B einen Pkw für 20 000 € und akzeptiert dafür einen Wechsel, sind Klage aus dem Kaufvertrag und aus dem Wechsel (§§ 592 ff.) zwei verschiedene StrG (BGH NJW-RR 1987, 58).

16 **Der Begriff des Streitgegenstands ist umstritten.** Andere Auffassungen: **(1)** Früher wurde eine mat-rechtl. Theorie vertreten: Zahl der StrG deckt sich mit der Zahl der mat-rechtl. Anspruchsgrundlagen. **(2)** Andere sehen das Schwergewicht im Antrag und dem damit erstrebten Klageziel (eingliedriger StrG-Begriff); insb bei Zahlungsklagen müssen aber wegen der sonst fehlenden Unterscheidbarkeit die dazu vorgebrachten Tatsachen zur Auslegung des Antrags herangezogen werden. **(3)** Neuere mat-rechtl. Theorien wollen mehrere mat-rechtl. Ansprüche zu einem zusammenfassen. **(4)** Der BGH lässt den Theorienstreit offen (BGH NJW 2002, 1503; NJW 1992, 1173; 1981, 2306: „Der StrG wird bestimmt von dem Grund des zur Entscheidung gestellten Anspruchs und von dem zugehörigen Lebenssachverhalt, aus dem dieser Anspruch hergeleitet wird, in welchem dieser Elemente auch immer begriffsmäßig der Schwerpunkt zu sehen sein mag"); Fälle, bei denen der Streit eine Rolle spielt, sind in der Praxis sehr selten. Vgl *Horn* JuS 1992, 680; *Beys* ZZP 1992, 145.

17 **4. Prozesshandlungen der Parteien** sind Handlungen, deren Voraussetzungen und Wirkungen vom Prozessrecht geregelt werden, zB Klage, Klagerücknahme, Anerkenntnis, Verzicht, Empfangsbekenntnis, Anträge (Sachanträge betreffen den Inhalt der gewollten Endentscheidung, Prozessanträge das Verfahren, wie Terminsanberaumung, Terminsverlegung), Behauptungen, Angriffs- und Verteidigungsmittel, Einspruch, Ber, Rev, Beschwerde, Rücknahme dieser Handlungen. Prozesshandlungen sind begrifflich von den Rechtsgeschäften, die vom Bürgerlichen Recht geregelt sind (zB Angebot, Annahme, Aufrechnung, Anfechtung, Widerruf, Rücktritt, Kündigung) zu unterscheiden; dasselbe Verhalten kann aber beides enthalten (zB Prozessaufrechnung, vgl §145; Prozessvergleich, vgl §704).

18 **Voraussetzungen einer wirksamen Prozesshandlung:**

- Parteifähigkeit, § 52;
- Prozessfähigkeit, § 52;
- im Anwaltsprozess Vornahme durch einen zugelassenen RA (Postulationsfähigkeit, § 78) oder Genehmigung durch ihn (BGH NJW 1990, 3085);
- Prozessvollmacht, § 78;
- Form: meist ist Einreichen eines Schriftsatzes vorgeschrieben (zB bei Klage, Rechtsmittel), oder Erklärung in mdl. Verh.; sonst sind Prozesshandlungen grds formfrei;
- Zugang (dh in-den-Machtbereich-gelangen) grds bei Gericht;

19 **Prozesshandlungen sind**

- **bedingungsfeindlich** (außer bei innerproz Bedingungen wie beim Hilfsantrag, Hilfswiderklage, uU PKH-Bewilligung);
- **nicht befristbar;**
- **nicht anfechtbar** (nach §§ 119 ff. BGB);
- in Fällen offensichtl. Irrtümer **berichtigungsfähig** (BGH NJW 1988, 2541).
- Sie können **ausgelegt** werden (zB kann eine Beschränkung des ursprüngl. Klageantrags eine Teilrücknahme oder eine Teilerledigung darstellen; §§ 91a, 269).
- **Unwiderruflich** sind Klage, Rm, Anerkenntnis, Klage- und Rm-Rücknahme (Ausnahmen: § 580, BGH NJW 1981, 2194). **Widerruflich** sind dagegen Tatsachenvortrag, Beweisangebote, Vortrag von Rechtsmeinungen.

**5. Prozessverträge** (vgl *Teubner/Künzel* MDR 1988, 720) sind Vereinbarungen zwischen den Parteien eines schon anhängigen oder künftigen Prozesses über das gerichtl. Verfahren. 20

**a) Zulässig** sind zB Verpflichtungen zur Klagerücknahme, zur Rm-Rücknahme, zum Rm-Verzicht, Musterprozessabreden (vgl *Kempf* ZZP Bd 73, 342), Gerichtsstandsvereinbarungen (§§ 38 ff.), Vereinbarungen über Beweislast (vgl aber § 309 nF BGB, früher AGBG), Ausschluss der Klagbarkeit (BGH NJW 1984, 670). Hält sich eine Partei nicht daran, stellt das Gericht auf Einrede hin den vertragsmäßigen Zustand her, weist zB das vertragswidrig eingelegte Rm zurück. 21

**b) Unzulässig** sind zB Vereinbarungen über den Rechtsweg, funktionelle Zust, Zust einer bestimmten ZivK, die richterliche Beweiswürdigung. Denn hier stehen öffentl. Interessen entgegen. 22

**c)** Prozessverträge wirken zwischen den Vertragsparteien und ihren Gesamtrechtsnachfolgern, nicht gegenüber Einzelrechtsnachfolgern. 23

**6. Auslegungskriterien für die ZPO-Vorschriften** sind der Wortlaut, die Zweckmäßigkeit (der Prozess soll gerecht, aber auch möglichst schnell und billig entschieden werden), das Grundgesetz (verfassungskonforme Auslegung). Analogie ist zul. 24

**7. Treu und Glauben im Zivilprozess**

Hat eine Partei den Prozess nicht redlich geführt, versucht die Rspr mit einigen Generalklauseln ein als billigenswert empfundenes Ergebnis zu begründen: arglistige Schaffung einer proz Rechtslage (zB Abtretung an Armen zwecks PKH; künstl. Schaffung von Vermögen zwecks § 23-Zuständigkeit); venire contra factum proprium; Verwirkung; Rechtsmissbrauch (zB wiederholte Richterablehnung); fehlendes Rechtsschutzbedürfnis; Gesichtspunkt der Prozessverschleppung. Vgl *Zeiss* § 33 III. 25

**8. Datenschutz im Zivilprozess**

Vgl *Wagner* ZZP 1995, 193. 26

**9. Mediation im Zivilprozess**

Darunter versteht man außergerichtl. Konfliktlösung durch Konfliktmanagement und konsensuelle Konfliktregelung. Vgl *Strempel* ZZP 1998, 319. 27

**Praxishinweise:** 28

Die Verletzung des Anspruchs auf Gewährung rechtl. Gehörs (Rz 10 ff.) kommt bes häufig vor. Auch Verstöße gegen die Hinweispflicht des § 139 können Art 103 I GG verletzen (*Musielak/Stadler* § 139 Rz 4; *Zöller/Vollkommer* § 321a Rz 10). Ständig zunehmende Bedeutung erlangen daneben Verstöße gegen andere Verfahrensgrundrechte. Sie können Rm eröffnen oder begründen.

**Effektiver Rechtsschutz** (Art 19 IV GG): Anspruch des Bürgers auf möglichst wirksame gerichtl. Kontrolle; keine sachl. nicht zu rechtfertigende Erschwerung des Zugangs zum Gericht (BVerfGE 81, 129). Dagegen wird zB verstoßen bei überraschendem Abweichen von einer höchstrichterl. Rspr (BVerfGE 79, 376 f.) oder durch eine unzumutbare Verfahrensverzögerung (BVerfG FamRZ 2001, 753).

**Gesetzlicher Richter** (Art 101 I 2 GG): Infolge der Erweiterungen der Zust des ER nach der ZPO 2002 kommen Verstöße häufig vor, weil zwingende Regelungen zur Übertragung einer Sache auf das Kollegium oder zur Zul von Beschwerde, Ber oder Rev (§§ 348 III, 348aI, 511 IV, 526 II, 543 II, 568) unbeachtet bleiben.

**Faires Verfahren** (Art 20 III GG, Rechtsstaatsprinzip): Es handelt sich um ein „allgemeines Prozessgrundrecht" (BVerfGE 57, 275; 78, 126). Der Richter muss das Verfahren so gestalten, wie die Parteien es von ihm erwarten dürfen. Er darf sich nicht widersprüchl. verhalten (BVerfGE 69, 387), aus eigenen Fehlern keine Verfahrensnachteile ableiten (BVerfGE 75, 190) und ist zur Rücksichtnahme ggü den Verfahrensbeteiligten verpflichtet (BVerfGE 78, 126).

**Willkürverbot** (Art 3 I GG): Willkürlich ist eine sachl. schlechthin unangemessene Entscheidung (BVerfGE 58, 167), deren fehlerhafte Rechtsanwendung nicht mehr verständl. ist, sodass sich der Schluss aufdrängt, sie beruhe auf sachfremden Erwägungen (BVerfG MDR 2001, 103). Auf Verschulden kommt es nicht an (BVerfGE 86, 63). Die Anwendungsfälle sind zahlreich, etwa ein Verstoß gegen § 139, wenn es um die finanzielle Existenzgrundlage eines Betroffenen geht (BVerfGE 42, 64; MDR 1976, 820), fehlerhafte Vertragsauslegung jenseits anerkannter Auslegungsgrundsätze (BVerfG NJW 1998, 2810), manipulierende Umdeutung von Parteivorbringen (BVerfG ZMR 1999, 224), unhaltbare Beweiswürdigung (BVerfG NJW 1994, 2279). Insbesondere die sich häufenden Verstöße gegen zwingende Vorschriften zur Rm-Zulassung, vor allem wegen „grundsätzlicher Bedeutung", können willkürlich sein (BVerfG FamRZ 2003, 589; NJW 2005, 1931; BVerfGK 2, 202; BGH FamRZ 2003, 697 u. 748; MDR 2003, 646; ZIP 2005, 1239). Gemessen an diesen und weiteren Entscheidungen des BVerfG hat das Willkürverbot – bezogen auf das ProzessR – schon fast den Rang einer verfassungsrechtl. Generalklausel.

Verfassungsbeschwerden haben nahezu konstant eine Erfolgsquote von lediglich 2,5 Prozent. Im Einzelfall ist deshalb zu prüfen, ob eine wesentl. aussichtsreichere Landes-Verfassungsbeschwerde in Betracht kommt (s. *Schneider* MDR 1999, 1036; *Zuck*ZAP Fach 19, S. 413 ff; *Umbach/Clemens/Dollinger*, BVerfGG, § 91 Rz 32 ff.). Die dem GG entsprechenden Vorschriften der Landesverfassungen sind unter dem jeweiligen Artikel des GG genannt bei *v. Mangoldt/Klein/Starck*, GG.

**Gleichheitsgrundsatz** (Art 2 GG): Aus ihm wird das Gebot der prozessualen Waffengleichheit abgeleitet (*S/J/Brehm* Rz 293 vor § 1).

# Zivilprozessordnung

vom 30.1.1877 (RGBl 83)
in der Fassung vom 12.9.1950 (BGBl 533);
zuletzt geändert durch G. v. 24.07.2007 (BGBl 1781)
Gliederungsnummer im BGBl: 310-4.

# Buch 1
# Allgemeine Vorschriften

## Abschnitt 1
## Gerichte

### Vorbemerkung

Zu unterscheiden sind:

**1. Rechtsweg:** vgl Art. 95 GG (ordentl., Verwaltungs-, Finanz-, Arbeits-, Sozialgerichtsbarkeit). Vgl. § 13 GVG. 1

**2. Internationale Zuständigkeit** (dazu *Nagel/Gottwald* IZPR, 6. Aufl 2007): Bei Streitigkeiten mit Auslandsbezug grenzt die int Zust die Zust der deutschen von der der ausl Gerichte ab. Soweit nach §§ 12 ff. ein deutsches Gericht örtl. zuständig ist, ist es idR auch int zuständig (BGH 94, 157). Wichtige Sonderregelungen enthalten die VO (EG) Nr. 44/2001 bzw. das EuGVÜ/LGVÜ (vgl dazu *Bülow/Böckstiegel*, Internationaler Rechtshilfeverkehr in Zivil- und Handelssachen). Fehlt die int Zust, erfolgt Klageabweisung als unzulässig. 2

**3. Interlokale Zuständigkeit:** Grenzte früher Zust der Gerichte der Bundesrepublik Deutschland von denen der DDR ab; wurde damals grds. wie die int Zust behandelt (vgl BGH 84, 17). 3

**4. Örtliche Zuständigkeit:** Besagt, welches von den zahlreichen Amtsgerichten und Landgerichten zuständig ist: vgl. §§ 12-37. Die Gerichtsbezirke (dh welche Orte zu welchem AG, LG gehören) selbst sind landesrechtl. geregelt. 4

**5. Sachliche Zuständigkeit:** Regelt, ob in erster Instanz das AG (§§ 23-23 b GVG) oder das LG (§ 71 GVG) zuständig ist. Bei negativem Kompetenzkonflikt: § 36 Nr. 6. Für bestimmte Sachen (zB. Betreuung, Vormundschaft, Erbschein, Nachlasspflegschaft) ist Anwendung nicht des ZPO-Verfahrens, sondern des Verfahrens der Freiwilligen Gerichtsbarkeit (FGG) vorgeschrieben. 5

**6. Funktionelle Zuständigkeit:** Betrifft zB Abgrenzung der Zust Richter/Rechtspfleger (vgl RPflG)/Urkundsbeamter/Gerichtsvollzieher; Zust im Rechtsmittelzug; sie ist ausschließl. 6

**7. Ausschließliche Zuständigkeit**: Besagt, dass die Parteien nichts Abweichendes vereinbaren können. Es kann entweder nur die sachl. Zust ausschließlich sein, Beispiel: § 71 II GVG (dann kann man die örtl. Zust vereinbaren) oder nur die örtl. Zust (Beispiel: § 29a), oder beide Zust gleichzeitig (Beispiel: §§ 606, 802, 767). 7

**8. Geschäftsverteilung:** Vgl. §§ 21e-g GVG; der Plan ergibt, welcher Amtsrichter bzw. welche von mehreren Zivilkammern, Zivilsenaten die konkrete Sache bearbeitet und mit welchen Richtern und Richterinnen die Kammer usw. besetzt ist. Zuständigkeitsvereinbarungen sind insoweit unzulässig. Legt die Geschäftsstelle die Sache dem danach unzuständigen Richter vor, erfolgt formlose Abgabe. Gesetzlich geregelte Geschäftsverteilungen gibt es im Verh ZivK/Kammer für Handelssachen (§§ 93 ff. GVG; BGH NJW 8

1986, 1179), und beim AG im Verh Allg Prozessabt/Familiengericht (§ 23b GVG; BGH NJW 1978, 1532; 1986, 1178).

9 **9. Behandlung der Zuständigkeit:** Das Gericht prüft von Amts wegen, ob es int, sachl., örtl. und funktionell zuständig ist. Ist dies nicht der Fall, erfolgt uU Verweisung (§§ 281, 506), uU Abgabe an das zust Gericht, andernfalls Klageabweisung, Antragszurückweisung. Wird die Unzuständigkeit übersehen oder falsch beurteilt, sind die Folgen verschieden: manchmal besteht deswegen Anfechtbarkeit, selten Nichtigkeit (zB § 764; § 8 RPflG), oft ist der Fehler belanglos (zB durch § 513 II).

10 **Praxishinweise:**

1. Die Vorschriften über die sachl. Zust sind zwingend, können aber prozesstaktisch umgangen werden. So kann ein amtsgerichtl. Rechtsstreit durch Erweiterung des Klageantrages oder durch Erhebung einer Widerklage an das LG gelangen (§ 506). Die landgerichtliche Zust lässt sich durch Erhebung einer Teilklage beim AG vermeiden. Die amtsgerichtl. Zust von 5 000 € (§ 23 Nr. 1 GVG) kann durch zusätzl. Geltendmachung eines Mahnschreibens mit 0,55 € an Porto überschritten werden. Die örtl. Zust kann durch Gerichtsstandswahl nach § 35 beeinflusst werden.

2. Besondere Regeln sind zu beachten, wenn eine Sache vor der KfH verhandelt werden soll. Der Antrag muss schon in der Klageschrift enthalten sein (§ 96 I GVG). Erweist sich später, dass keine Handelssache (§ 95 GVG) vorliegt, ist auf Antrag des Beklagten an die ZivK zu verweisen (§ 97 I GVG). Umgekehrt kommt eine Verweisung von der ZivK an die KfH in Betracht, wenn eine Handelssache vorliegt. Alle Anträge müssen vor der mdl Verh gestellt werden (§ 101 I GVG). Vor der ordentl. Ber-Kammer kann der Antrag auf Verweisung des Rechtsstreits an die KfH im Ber-Schriftsatz, aber nicht mehr in der BerBegr gestellt werden (GVG Anhang § 100 Rz 1; *Kissel/Mayer*, GVG, § 100 Rz 4). Fehlerhafte Verweisungsbeschlüsse sind entgegen § 102 GVG anfechtbar, wenn ein Verfahrensgrundrecht verletzt wird (Einl Rz 28). Einzelheiten unten GVG Anhang §§ 93 – 114.

3. Fehler beim Beschreiten des **Rechtsweges** führen nicht mehr zur Klageabweisung durch Prozessurteil als unzulässig, sondern zur Verweisung an das Gericht des gegebenen Rechtsweges (§ 17a II 1 GVG; s GVG Anhang).

# Titel 1
# Sachliche Zuständigkeit der Gerichte und Wertvorschriften

## § 1 ZPO Sachliche Zuständigkeit

**Die sachliche Zuständigkeit der Gerichte wird durch das Gesetz über die Gerichtsverfassung bestimmt.**

**1. Zuständigkeit** 1

Sachl. Zust des AG: §§ 23-23c GVG; des LG: § 71 GVG. Funktionelle Zust des LG: § 72 GVG; des OLG: § 119 GVG; des BGH: § 133 GVG. Das BayObLG wurde 2005 „abgeschafft".

**2. Prozessuale Behandlung** der sachl. Zust (5 vor § 1): 2

**a) bei ausschließlicher sachlicher Zuständigkeit** (7 vor § 1); etwa in Amtshaftungssachen (§ 71 II Nr. 2 GVG): Prüfung von Amts wegen und bei Verneinung: Klageabweisung, falls nicht auf Antrag Verweisung erfolgt (§§ 281, 506).

**b) bei Amtsgerichtssachen:** Prüfung durch den Richter und ggf Belehrung, § 504; bei Unzuständigkeit: 3

- bei Rüge der Unzuständigkeit durch Bekl auf Antrag des Kl Verweisung an das LG, § 281;
- stellt der Kl keinen Verweisungsantrag: Abweisung der Klage als unzulässig; vgl § 11;
- rügt der Bekl nicht: § 39 S. 1;
- erweitert der Kläger später die Klage auf über 5 000 €, wird das AG sachl. unzuständig, es erfolgt auf Antrag Verweisung an das LG (§ 506).

**Erschleichen der Zuständigkeit:** werden statt der 6 000 €-Klage vor dem LG zwei 3 000 €-Klagen vor dem AG erhoben, dann hat das nur zur Folge, dass der Kläger bei Obsiegen die Mehrkosten der Zerlegung nicht erstattet erhält (**aA**: Verbindung, § 147, und Verweisung; *BLAH* § 2 Anm. 3; zur Erschleichung in Familiensachen vgl KG FamRZ 1989, 1005).

**c) Sonst § 39 S. 1.** Ermäßigt der Kl beim LG später seine Klageforderung unter 5 000,01 €, berührt dies die sachl. Zust des LG nicht, §§ 4 I, 261 III Nr. 2. 4

**d)** Ist für die beim AG/LG eingereichte Klage das **Arbeitsgericht** zust: § 48 ArbGG, § 17a II GVG (Verweisung an das ArbG nach Anhörung der Parteien auch ohne Antrag). 5

**Praxishinweise:**

Für die Zust ist auf die Schlüssigkeit des Klagevorbringens abzustellen. Sind diese Ausführungen zugleich für die Begründetheit maßgebend (sog doppelt relevante Tatsachen), dann genügt bei der Zuständigkeitsprüfung deren Behauptung (BGHZ 124, 241).

## § 2 ZPO Bedeutung des Wertes

**Kommt es nach den Vorschriften dieses Gesetzes oder des Gerichtsverfassungsgesetzes auf den Wert des Streitgegenstandes, des Beschwerdegegenstandes, der Beschwer oder der Verurteilung an, so gelten die nachfolgenden Vorschriften.**

1 **1.** Der **Streitwert** spielt eine Rolle bei der KostenE (§ 92), bei der Verurteilung wegen §§ 708, 709, bei § 495a. Im GVG wird zB in §§ 23, 71 darauf verwiesen. Es gibt **verschiedene Arten von Streitwerten** (Gegenstandswert, Wert des StrG. Zum StrG-Begriff vgl. Einl Rz 15):

- **Zuständigkeitsstreitwert;** danach richtet sich uU die sachl. Zust (AG oder LG; §§ 23, 71 GVG); Berechnung vgl § 3 Rz 1. Der Klageantrag hat hier zentrale Bedeutung. Bei ausschl. Zust ist der StrW hier belanglos.
- **Gebührenstreitwert:** nach ihm errechnen sich die Gerichtskosten und die RA-Kosten, §§ 22 ff. RVG; § 34 GKG. Er wird zunächst nach §§ 41 ff., 48 GKG berechnet, hilfsweise nach §§ 4-9, 3 ZPO, kann also vom ZustStrW abweichen (zB bei wiederkehrenden Leistungen: ZustStrW uU 3,5-facher Jahresbetrag; § 9; GebStrW uU 1-facher Jahresbetrag, § 42 GKG).
- **Rechtsmittelstreitwert:** von ihm hängt es uU ab, ob ein Rechtsmittel statthaft ist (§§ 511 II, 567 II: „Wert des Beschwerdegegenstandes"). Die Berechnung erfolgt nach §§ 3-9. Die Beschwer der Parteien und ihre Rm-Anträge sind bei Ber/Beschwerde ausschlaggebend.

2 **2.** Die **Werte können differieren:** zB eingeklagt 4 000 € (= ZustStrW, GebStrW für erste Instanz), AG spricht 1 000 € zu (= Wert der Verurteilung, § 708 Nr. 11), Kostenquotelung daher 1/4 zu 3/4 (§ 92). Wert der Beschwer (Zurückbleiben des zuletzt gestellten Antrags gegenüber der Entscheidung) des Kl 3 000 €, des Bekl 1 000 €. Falls der Kläger mit Ber nur weitere 2 000 € anstrebt, der Bekl mit Ber die völlige Klageabweisung, sind beide Ber zul (§ 511 II); GebührenStrW des Ber-Verfahrens 3 000 € (§ 47 GKG). Beschwer und Beschwerdegegenstand können also unterschiedlich hoch sein.

3 **Praxishinweise:**

1. Neben der Festsetzung des StrW für die Zust gibt es die Wertfestsetzung für die Gesetzesgeb (Rz 1) mit Bindung für die Anwaltsvergütung (§ 63 GKG, § 32 I RVG). Eine vorl StrW-Festsetzung (§ 63 I 1 GKG) ist für die Parteien erst nach Kostenfestsetzung beschwerdefähig (§ 63 I 2 GKG), für die Anwälte hingegen schon ab Wertfestsetzung (§ 32 II GVG), weil sie nach §§ 9, 32 I RVG daran schon für die Vorschussanforderung (§ 9 RVG) gebunden sind (OLG Köln AGS 2005, 80 mwN und Anm *Schneider*; *AnwK/RVG/E/Schneider* § 32 Rz 76 ff.; *Mayer/Kroiß/Pukall* RVG, § 32 Rz 76 ff.). Soweit eine aA vertreten wird (*Hartmann* KostG, § 63 Rz 14; OLG Hamm OLG-Report 2005, 351), beruht das auf einem Denkfehler. Gegen den Anwalt kann keine Kostenanforderung (§ 63 II 2 GKG) ergehen. Für ihn gilt nur die lex specialis des § 32 II RVG, anderenfalls er hinsichtlich seiner Gebührenansprüche „vorläufig" rechtlos gestellt würde und „endgültig", wenn beim Mandanten später nichts mehr zu holen wäre.

2. Die §§ 3 – 9 sind entsprechend anzuwenden, soweit eine spezielle Vorschrift im GKG fehlt (§ 48 I 1 GKG). Bei der Wertermittlung ist ein bestimmtes **Prüfungs-Schema** zu beachten:

**Erste Frage**: Vermögensrechtl. (§ 48 GKG) oder nichtvermögensrechtl.?

**Zweite Frage**: Sind für vermögensrechtl. Angelegenheiten spezielle Vorschriften des GKG einschlägig?

**Dritte Frage**: Welche ZPO-Vorschriften kommen lückenschließend in Betracht? –

Diese Prüfungsfolge ist deshalb so wichtig, weil es zwischen GKG und ZPO Bewertungsdivergenzen gibt, zB § 5 ZPO – § 39 GKG.

## Vor § 3 ZPO

**Praxishinweise:**

Der Wert vieler StrG kann nur nach § 3 geschätzt werden. § 3 ist daher die Generalklausel für den Zuständigkeits- und den GebührenStrW, da er die Lücken der §§ 4 – 9 und über § 48 I 1 GKG auch die des Gebührenwerts schließt (§ 2 Rz 3). Für den GebührenStrW werden noch über Jahre und Jahrzehnte die Entscheidungen zum GKG aF maßgebend sein. Dazu muss immer wieder die §§-Nummerierung von alt/neu oder neu/alt umgesetzt werden. Die nachstehende Synopse soll dies erleichtern.

| neues GKG §§ | altes GKG §§ | altes GKG §§ | neues GKG §§ |
|---|---|---|---|
| 39 | 5 ZPO | 5 ZPO | 39 |
| 40 | 15 | 12 | 48 |
| 41 | 16 | 12a | 50 |
| 42 | 17 | 12b | 51 |
| 43 | 22 | 13 | 52 |
| 44 | 18 | 14 | 47 |
| 45 | 19 | 15 | 40 |
| 46 | 19a | 16 | 41 |
| 47 | 14 | 17 | 42 |
| 48 | 12 | 17a | 49 |
| 49 | 17a | 18 | 44 |
| 50 | 12a | 19 | 45 |
| 51 | 12b | 19a | 46 |
| 52 | 13 | 20 | 53 |
| 53 | 20 | 21 | - |
| 54 | 29 | 22 | 43 |
| 55 | 30 | 23 | 61 |
| 56 | 31 | 24 mit 12 VII 3 ArbGG | 62 |
| 57 | 32 | 25 | 63 |
| 58 | 37, 38 | 26 | 64 |

| | | | |
|---|---|---|---|
| 59 | 39 | 27, 28 | - |
| 60 | 48a | 29 | 54 |
| 61 | 23 | 30 | 55 |
| 62 | 24 mit 12 VII 3 ArbGG | 31 | 56 |
| 63 | 25 | 32 | 57 |
| 64 | 26 | 37, 38 | 58 |
| 65 | 48a 2 | 39 | 59 |
| | | 48a | 60, 65 |

## § 3 ZPO Wertfestsetzung nach freiem Ermessen

**Der Wert wird von dem Gericht nach freiem Ermessen festgesetzt; es kann eine beantragte Beweisaufnahme sowie von Amts wegen die Einnahme des Augenscheins und die Begutachtung durch Sachverständige anordnen.**

**Lit:** ***Hillach/Rohs***, Handbuch des Streitwerts in bürgerl. Rechtsstreitigkeiten, 9. Aufl. 1995; ***Schneider***, Streitwert-Kommentar, 2005; ***Dörndorfer***, Streitwert für Anfänger, 2003; ***Anders*** ua, Streitwert-Lexikon, 2002.

1 **1. Berechnung des Zuständigkeitsstreitwerts** (und der davon abhängigen Geb-und RmStrW, vgl § 2 Rz 1): **a)** ist ein Geldbetrag eingeklagt, ist dies (ohne Zinsen, § 4) der StrW; **b)** andernfalls ist in §§ 4-9 zu suchen; weitere Spezialregelungen in §§ 41 ff. GKG, § 182 InsO für den GebührenStrW. **c)** Fehlt eine Sonderregelung, ist § 3 anzuwenden. Dabei kommt es auf das wirtschaftliche **Interesse des Klägers**, nicht des Bekl, an: „freies Ermessen" besagt, dass geschätzt werden kann und dass bez. der Beweisaufnahme insoweit nach HS 2 Schranken bestehen. Parteiangaben zum StrW sind nicht bindend, wohl aber ein wichtiges Indiz. Maßgebender **Zeitpunkt:** § 4 I HS 1. **Verfassungsrecht:** StrW darf nicht so hoch festgesetzt werden, dass es dem Bürger praktisch unmöglich gemacht wird, das Gericht anzurufen (BVerfG NJW 1997, 311); Justizgewährungsanspruch ist verletzt, wenn StrW weit über dem wirtschaftl. Wert festgesetzt wird (BVerfG NJW-RR 2000, 946 bei Löschung einer Sicherungshypothek).

**2. Streitwertfestsetzung**

2 **a) Für die Gebühren: aa) durch Beschluss** des Gerichts (des Amtsrichters, der ZivK, des ER, bei KfH des Vors, § 349 II Nr. 11). **(1) Nach § 63 II GKG** von Amts wegen bzw. auf Anregung des Kostenbeamten; grds zu begründen (jedenfalls in der NichtabhilfeVfg, OLG Hamm Rpfleger 1989, 104), wenn der Wert nicht offenkundig ist. UU ist differenzierende Festsetzung notw; zB StrW bis 12.04. 4 000 €; ab dem 13.04. 2 500 €; oder: StrW für die RA-Terminsgebühr beträgt 5 000 €. Entspricht der StrW einer Kostensumme (zB bei § 91a), genügt diese Feststellung, eine Berechnung ist im Beschluss nicht erforderlich, aber zweckmäßig. Angabe des StrW am Schluss der Urteilsgründe gilt als Beschluss (OLG Koblenz WM 1984, 1581); in den Urteilstenor darf der StrW nicht aufgenommen werden. **(2)** Für die Gebühren erfolgt uU bei Eingang der Klage, wenn kein bestimmter Geldbetrag eingeklagt wird, eine *vorläufige* **Festsetzung**, § 63 I GKG; die Beschwerde dagegen ist nur im Rahmen von § 67 GKG zulässig. **(3) Nach § 33 I, II RVG** auf Antrag der Partei, des RA. Vgl. Rz 5.

**bb) Streitwertbeschwerde:** **(1)** gegen den Festsetzungs-Beschluss nach **§ 63 II GKG** ist gem. § 68 I GKG die Beschwerde statthaft (kein Fall des § 567); beschwerdeberechtigt sind Kl, Bekl, die beteiligten Anwälte, die Staatskasse. Beschwerdewert 200,01 € (§ 68 I 1 GKG) oder Zul (§ 68 I 2 GKG). Berechnung § 567 Rz 13; beim Unterlegenen ist es der Unterschiedsbetrag sämtl. Gebühren (+ MWSt), beim Sieger idR nur die Gebührendifferenz seines RA. **Befristung** der Beschwerde vgl § 68 I 3 GKG. **Weitere Beschwerde**: § 68 I 5 GKG. **(2)** Gegen den Festsetzungs-Beschluss nach **§ 33 I RVG** ist ebenfalls Beschwerde statthaft. Beschwerdewert ab 200,01 € oder bei Zul. **Befristung:** 2 Wochen ab Zustellung, § 33 III 2 RVG. **Weitere Beschwerde**: § 33 VI RVG. Der Anwalt kann namens seiner Partei Beschwerde einlegen oder aus eigenem Beschwerderecht (vgl § 33 III RVG). Die Prozessparteien sind nur durch einen zu hohen StrW, ihre Anwälte (aus eigenem Recht) nur durch einen zu niedrigen StrW beschwert. Will der RA einen höheren StrW, ist er insoweit Gegner seiner Partei, der zum Antrag daher das rechtl. Gehör persönlich zu gewähren ist. **(3)** Für das StrW-Beschwerdeverfahren wird kein eigener StrW festgesetzt, der Beschwerdebeschluss enthält keine KostenE, vgl § 68 III 2 GKG und § 33 IX 2 RVG. Verschlechterung nach § 63 III 1 GKG. 3

**cc)** Eine **Streitwertänderung** ist unzul, wenn dadurch die Kostenverteilung rechtskr Urteile falsch wird, zB wenn bezifferter Betrag und Feststellung eingeklagt werden, Kosten gequotelt werden und dann auf Beschwerde der StrW des Feststellungsantrags geändert werden soll (BGH MDR 1977, 925; OLG Düsseldorf NJW-RR 1992, 1532; OLG Köln OLGZ 1993, 446; **aA** zB OLG Düsseldorf NJW-RR 1992, 1407, hält Änderung des StrW und dann der Kostenentscheidung, § 319, für zul). 4

**dd) Beschluss nach § 33 RVG**, nur falls der RA-GebStrW nicht mit dem Gerichts-GebStrW identisch ist; dagegen befristete Beschwerde, § 33 III 2 RVG (oben Rz 3). 5

**b) Für die Zuständigkeit** erfolgt idR keine Festsetzung des StrW durch Beschluss (vgl §§ 62, 63 I 1 GKG); der Anwalt kann sie nicht mit StrW-Beschwerde anfechten (OLG Stuttgart NJW-RR 2005, 942; OLG Koblenz NJW-RR 2004, 1222). 6

**c) Der Rechtsmittelstreitwert** (§ 511) kann durch gesonderten Beschluss des RmG festgesetzt werden; eine StrW-Beschwerde gegen die Festsetzung durch das *Erstgericht* nützt daher insofern nichts, weil sie das BerGer nicht bindet (BGH NJW-RR 2006, 1146).

**3. Einzelfälle** (frühere DM-Rspr-Beträge wurden 2:1 in Euro umgerechnet) 7

**Abänderungsklage** bei gesetzl. Unterhalt (§ 323): § 42 I, V GKG; bei vertragl. § 9.

**Abgabe einer Willenserklärung:** je nach dem mit der Erklärung angestrebten Erfolg (KG WM 1992, 323).

**Abnahme von Sachen:** Interesse des Kl an Befreiung vom Besitz, zB entgangene oder ersparte Lagerkosten.

**Ablehnung** eines Richters, Sachverständigen: wie Hauptsache bzw Einzelanspruch, auf den sie sich bezieht (BGH NJW 1968, 796; OLG Brandenburg NJW-RR 1999, 1291; OLG München JB 1995, 647); **aA** schätzt zutr nach § 3 auf 10-20% der Hauptsache (OLG Koblenz VersR 1992, 1026); auf 33,3% OLG Bamberg BauR 2000, 773; oder nach § 48 GKG (vgl. OLG Dresden JB 1998, 318: 10%).

**Abrechnung:** Interesse des Kl zu schätzen, zB nach Bruchteil des dann zu erwartenden Geldbetrags.

**Absonderungsrechte** im Insolvenzverfahren: § 6.

**Abtretung:** Klage auf Verurteilung zur Abtretung einer Forderung: nach dem Betrag (BGH NJW-RR 1997, 1562).

**AGB-Kontrolle:** Verbandsklage (§§ 1 ff.. UnterlassungsklagenG, UKlaG, v. 26.11.2001, BGBl 2001, 3173; früher § 13 AGBG) hat 1 500 -2 500 € StrW je Klausel (OLG Frankfurt NJW-RR 1994, 60; OLG Naumburg WM 1995, 547; offen BGH NJW-RR 1998, 1465).

**Anfechtungsklage** nach AnfG: vgl § 6, grds. Forderung des Anfechtenden (BGH WM 1982, 435).

**Anfechtung von Hauptversammlungsbeschlüssen:** Interesse der AG an der Aufrechterhaltung der Beschlüsse (BGH NJW-RR 1992, 1122).

8 **Arrest:** vgl. § 53 I GKG; idR 1/3 des Wertes der Hauptsache (OLG Koblenz JB 1992, 191), bei bes. Bedeutung für den Antragsteller (zB ausl Schuldner) ca 1/2; Kostenpauschale und verbundene Forderungspfändung werden nicht addiert, § 4 (OLG Bamberg JurBüro 1980, 278); **Arrestvollziehung** wie AnO-Wert (OLG Karlsruhe Rpfleger 1999, 509).

9 **Auflassung:** Klage darauf: § 6, Verkehrswert. Sonderfall: Wenn Bekl Auflassung nur wegen *geringfügiger* Gegenforderung verweigert: Schätzung nach § 3 unter Berücksichtigung des Werts der str Forderung, nicht nach § 6 (BGH NJW 2002, 684; OLG Celle NJW-RR 1998, 141; § 6 Rz 1); **aA** Wert der str Forderung (OLG Bamberg JB 1996, 85; OLG Frankfurt NJW-RR 1996, 636; LG Hamburg MDR 1998, 372); **aA** Wert des Grundstücks, dh § 6 (OLG Nürnberg JB 1995, 646; OLG München NJW-RR 1998, 142; OLG Frankfurt NJW-RR 1996, 1471); Löschung einer AuflVormerkung: ca 25 % des Grundstückswerts (OLG Celle JurBüro 1986, 1866).

10 **Aufrechnung:** ZustStrW: nach der Klageforderung, keine Addition (§ 5 Rz 2). GebStrW: bei Primäraufrechnung nach der Klageforderung, keine Addition. Bei Eventualaufrechnung erfolgt uU (wegen der Mehrarbeit) eine Addition, denn § 45 III GKG bestimmt: „Macht der Bekl *hilfsweise* die Aufrechnung mit einer *bestrittenen* Gegenforderung geltend, so erhöht sich der StrW um den Wert der Gegenforderung, *soweit* eine der Rechtskraft fähige Entscheidung über sie ergeht". § 45 III GKG setzt also voraus, dass **(1)** der Bekl die Klageforderung bestreitet, **(2)** der Bekl hilfsweise aufrechnet, **(3)** der Kl diese AufrForderung des Bekl bestreitet und **(4)** das Gericht auch über die AufrForderung entscheidet.

**Beispiele:** Kl klagt 20 000 € aus Werklohn ein. Bekl wendet mangelnde Fälligkeit (Stundung) ein, hilfsweise Aufrechnung mit 10 000 € Gegenforderung aus Kauf; Kl bestreitet den Kaufpreisanspruch. **(a)** Wird wegen der Stundung die Klage abgewiesen, beträgt der StrW 20 000 €; **(b)** Wird zu 12 000 € verurteilt, weil die AufrForderung nur in Höhe von 8 000 € besteht, beträgt der StrW 30 000 € (20 000 + 10 000), weil über die Aufr-Forderung voll entschieden wurde (§ 322 II). Zur Berechnung bei mehreren eventual gestaffelten Aufr-Forderungen vgl Sonnenfeld/Steder Rpfleger 1995, 60.

**Auskunft: in erster Instanz:** vgl *Schulte* MDR 2000, 805. Bruchteil des Hauptanspruchs (BGH GrS NJW 1995, 665), ca. 10-25 % der Hauptsache (BGH FamRZ 2006, 619; KG FamRZ 1996, 500) und zwar höher, wenn die Kenntnisse des Kl geringer sind. In der **Rechtsmittelinstanz:** wenn *der Bekl zur Auskunft verurteilt* wurde, richtet sich der Wert des Beschwerdegegenstandes danach (wichtig für die Ber-Summe), welchen Aufwand an Zeit und Kosten die Erteilung der Auskunft für den Bekl erfordert (BGH FamRZ 1996, 1543); daneben kann ein Geheimhaltungsinteresse des Bekl berücksichtigt werden (BGH NJW-RR 1995, 764; NJW-RR 1997, 1089; NJW 1999, 3049 für Geschäftsunterlagen); außer Betracht bleibt, dass der Bekl die Durchsetzung des Leistungsanspruchs erschweren will (indem er keine Auskunft erteilt), also auch dessen Höhe (BGH GrS NJW 1995, 664; **aA** BGH NJW-RR 1994, 1145 = Vorlagebeschluss); Folge ist, dass der Wert nur wenige hundert Euro beträgt (evtl zuzügl. Steuerberatungskosten, wenn dieser die Auskunft vorbereiten muss, BGH FamRZ 2006, 33; FPR 2002, 161; NJW-RR 1993, 1154), also idR keine Rm-Summe erreicht ist. Wenn *der Kläger abgewiesen* wurde, entspricht seine Beschwer dagegen (wie in erster Instanz) einem Bruchteil des durch die Auskunft vorzubereitenden Leistungsanspruchs (BGH GrS NJW 1995, 664; BGH NJW 1997, 1016: bei Unterhalt nach § 9 zu berechnen). Über **Zugewinn-Auskunft** BGH NJW-RR 2003, 1156. 11

**Ausschließung** aus Verein: § 48 II GKG; für Zust § 3. 12

**Aussetzung:** Beschwerde dagegen: 1/5 der Hauptsache (OLG Koblenz MDR 2006, 289; OLG Frankfurt NJW-RR 1994, 957; OLG Hamburg MDR 2002, 479).

**Bauhandwerkersicherungshypothek:** Vormerkung darauf: 1/3 bis 1/4 der zu sichernden Forderung (LG Leipzig JB 1995, 26). Vgl. § 5 Rz 1.

**Befreiung von Verbindlichkeit:** wie Schuldbetrag (BGH NJW 1974, 2128; NJW-RR 1990, 958).

**Berufsunfähigkeitszusatzversicherung (BUZ):** § 9 ZPO. 3,5facher Jahresbetrag der Rentenleistung, bei Feststellungsklage abzügl. 20 %; 3,5facher Jahresbeitrag minus 20 % bei beantragter Feststellung der Beitragsfreistellung (vgl. BGH NJW-RR 2000, 1266; BGH NJW-RR 2001, 316; VersR 2001, 601.

**Beweisverfahren (§ 485):** sehr str; die Rspr schwankt. **(1)** Eine Meinung nimmt den *vollen* Wert der Hauptsache an bzw den Teil des Hauptsachewerts, auf den sich die Beweiserhebung bezieht (BGH NJW 2004, 3488; OLG Schleswig SchlHA 2005, 279; OLG Düsseldorf BauR 2005, 142), zB die Kosten der Mängelbeseitigung. Geht man davon aus, ist die Frage, worauf es ankommt: **(a)** auf die Behauptung des ASt bei Verfahrenseinleitung (zB OLG Celle NJW-RR 2004, 234; OLG Bamberg BauR 2000, 444; OLG Köln NJW-RR 2000, 802; OLG Hamm DAR 2001, 403); sind beide Parteien vorsteuerabzugsberechtigt: Betrag ohne MWSt (OLG Düsseldorf NJW-RR 1996, 1469); maßgebend sind im Übrigen die Tatsachenbehauptungen des ASt bei Verfahrenseinleitung (§ 4), das Ergebnis des Gutachtens soll ohne Belang sein. Diese ASt-Zahlen sind aber meist laienhaft ins Blaue hinein (und vom RA zu hoch) geschätzt. 12a

**(b)** Besser ist das Abstellen auf eine objektive Bewertung der Hauptsache (OLG Köln NJW-RR 2000, 802), zB nach der späteren Bewertung der Mängelbeseitigungskosten durch den SV (OLG Jena BauR 2000, 1529; OLG Düsseldorf NJW-RR 2003, 1530; KG BauR 2003, 1765; OLG Köln NJW-RR 1997, 1292; *Welte* BauR 2000, 1905; *Zöller/Her-*

*get* § 3 Rz 16), sodass der Wert in manchen Fällen erst nach Gutachtenseingang festzusetzen ist und nicht schon im Beweisbeschluss (vgl BGH NJW 2004, 3488).

**(2)** Die **aA** geht vom Interesse des Antragstellers an der sachkundigen Begutachtung aus, das idR nur einem Bruchteil (ca 50-75 %) davon entspricht (zB OLG Braunschweig BauR 2000, 1907; OLG Düsseldorf BauR 1995, 589; OLG Karlsruhe JB 1992, 559: 80 %; OLG Bamberg JB 1998, 95: 75 % [aufgegeben MDR 2003, 835]; LG Krefeld JB 1992, 418: 66 %; OLG Schleswig MDR 2004, 229: idR 50 %; OLG Düsseldorf NJW-RR 2001, 375: 50 %. Vgl. *Wirges* JB 1997, 565; *Hansens* Rpfleger 1997, 363; *Schneider* MDR 1998, 255; *Knacke* NJW 1986, 36 zur aF). Der Schadensbetrag könne deshalb nicht als StrW angesetzt werden, weil der ASt ja aufgrund des Gutachtens den Schadensbetrag noch nicht erhält bzw vollstrecken kann.

Andererseits ist für die Feststellung seines Interesses wichtig, welchen StW der ASt selbst in der Antragsschrift vorschlägt; wenn durch das beschriebene Erscheinungsbild der Mangel nachvollziehbar ist und nicht aus dem Rahmen fällt, kann dieser Betrag idR als StrW festgesetzt werden (OLG München BauR 1994, 408). Wenn der ASt die Mängelbeseitigungskosten laienhaft auf 60 000 € schätzt, der Gutachter dann aber nur auf 20 000 €, wird man idR den StrW nur auf 20 000 € festsetzen können (vgl. BGH NJW 2004, 3488; umstr, vgl OLG Düsseldorf BauR 2001, 1946; OLG Koblenz MDR 2001, 356; OLG Braunschweig BauR 2000, 1907).

**Bezugsverpflichtung** (zB Bier): § 9, wobei vom Gewinnausfall auszugehen ist (OLG Bamberg JurBüro 1985, 441; 1986, 267); **aA** Umsatzminderung, § 3;

**Buchauszug:** wie Auskunft (BGH NJW 1992, 2020).

**Deckungsklage** (Feststellung) gegen einen Rechtsschutzversicherer: 80 % der Kosten einer Instanz (BGH NJW-RR 2006, 791; OLG Oldenburg VersR 1999, 252; OLG Hamm VersR 1984, 257), nicht aller Instanzen; gegen Haftpflichtversicherer: 80 % des Anspruchs (OLG Hamm JB 1991, 1536).

**Domain**-Freigabe: nach Interesse (OLG Köln NJW-RR 2006, 187).

**Drittwiderspruchsklage**, § 771: Pfandsache (Verkehrswert) oder Forderung (ohne Zinsen/Kosten), das Geringwertigere von beiden, § 6 (BGH WM 1983, 246); aA: § 3 (OLG Karlsruhe FamRZ 2004, 1221).

**Duldung der Wohnungsmodernisierung:** GebührenStrW: Jahresbetrag der möglichen Mieterhöhung bzw Mietminderung; § 41 V GKG; die früheren Streitfragen (vgl § 9) sind erledigt.

**E-bay:** Unterlassung der Bewertung als „Spaßbieter“: 3 000 € (AG Koblenz NJW-RR 2006, 1643).

13 **Ehesachen**: GebührenStrW § 48 III GKG. Beim Dreimonatsnettoeinkommen kommt es auf die Verhältnisse bei der letzten mdl Verh an (str). Wegen § 48 II 1 aber Abzüge: für jedes unterhaltsberechtigte Kind werden 150-250 € abgezogen (vgl OLG Hamm JurBüro 1985, 255); auch Schulden sind Strw-mindernd (für Abzugsfaktor keine hM, vgl *Schneider* Rz 1079); bei Konventionalscheidung bis 25 % Abzug. Zuschlag: umfangreiche Sache; Vermögen wirkt erhöhend (Faktor str; soweit es beim Einkommen mittelbar berücksichtigt wird oder die Vermögensteuerfreibeträge (je Person früher [1995] 120 000 DM; derzeit

wird die VSt nicht erhoben) nicht überschreitet: ohne Ansatz; sonst etwa 2-10% als Zuschlag). – Folgesachen §§ 48 III 3, 46 I GKG und Rz 17.

**Eidesstattliche Versicherung:** Klage auf Abgabe: wie Auskunft (BGH NJW-RR 1992, 1467; vgl BGH NJW 2000, 2113).

**Einsichtgewährung** in bestimmte Unterlagen: wie Auskunft (BGH NJW 1995, 664).

**Einstweilige Anordnungen** bei Anhängigkeit einer Ehesache: vermögensrechtl. Sachen 14
gem § 620 Nr 4, 6-8, 10: StrW nach Betrag usw., StrW für Gericht und RA identisch. Unterhalt (Nr 4, 6): 6-Monatsbetrag; § 53 II 1 GKG. Ehewohnung (Nr 7) Festwert von 2000 € (§ 53 II 2 GKG). Hausratsbenutzung (Nr 7): Festwert von 1200 € (§ 53 II 2 GKG). Benutzung pers Sachen usw. (Nr 8): Interesse, Bruchteil des Sachwerts (§ 48 GKG; § 3 ZPO). PKV (Nr. 10): verlangter Betrag. EAnO nach § 620 Nr 1-3 (Kind) und Nr 5 (Getrenntleben) ist idR gerichtsgebührenfrei (GKG-KV 1421; Ausnahmen KV 1425, also bei § 620c S.1, 641d III); für RA-Geb vgl § 24 S.1 RVG (500 € Kind; 500 € für Getrenntleben); alles wird addiert (entgegen § 48 IV GKG).

**Einstweilige Einstellung der Zwangsvollsttreckung:** § 3; 20% des Hauptsachewerts (BGH WM 1983, 968).

**Einstweilige Verfügung:** § 53 I GKG, § 3. Etwa 1/3 des Hauptsachewertes (zB OLG Frankfurt AnwBl 1984, 94; OLG Bamberg JB 1991, 1690), bei Leistungsverfügungen auf Unterhalt etwa 6 Monatsbeträge (OLG München Jur-Büro 1985, 917; OLG Hamm JB 1991, 1535; **aA** nimmt Jahresbetrag an); in Wettbewerbssachen kommt es an auf Größe und Umsatz des Antragstellers, Stellung des Antragsgegners, Gefährdung des Antragstellers; vgl Rz 24.

**Elterliche Sorge:** § 48 III 3 GKG; § 30 II KostO (isoliertes Verfahren).

**E-Mail**: unbefugte Zusendung von Werbe-E-Mail 4 000 € (LG Lübeck SchlHA 2006, 314).

**Erbrechtliche Klagen:** wirtschaftl. Interesse des Klägers maßgebend: bei Erbteilungs- 15
klage kommt es auf die Erbquote des Klägers an (BGH NJW 1975, 1415); bei Klage auf Feststellung der Nichtigkeit eines Testaments: Interesse des Klägers, nicht Wert des Nachlasses (BGH LM Nr. 11). Eventuell voller Nachlass (BGH ZEV 2007, 134).

**Erledigung der Hauptsache**, vgl § 91a. **(1) Volle übereinstimmende Erledigung:** der 16
StrW sinkt, ab Erledigung nur noch die Summe der bisherigen Kosten. **(2) Teilweise übereinstimmende Erledigung:** StrW sinkt ab Erledigung auf den Wert des nichterledigten Teils (ohne Addition der Prozesskosten des erledigten Teils; der Zinsen, falls Nebenforderung, § 4), BGH 26, 174; NJW 1994, 1869; OLG Köln VersR 1993, 80. Die **aA** addiert Kosten der teilerledigten Hauptsache (OLG Hamm JB 1991, 1122; OLG Koblenz VersR 1993, 325; OLG Brandenburg OLG-NL 1997, 30) und Zinsen. **(3) Volle einseitige Erledigungserklärung des Klägers:** str *(3a)* BGH: ab Erledigungserklärung nur noch die Summe der bis dahin entstandenen Kosten (BGH NJW-RR 2005, 1728; NJW 1986, 589; FamRZ 1990, 1225; OLG Nürnberg JurBüro 2006, 478; OLG Dresden NJW-RR 2001, 428; KG MDR 1999, 380; KG MDR 2004, 116), in Ehrenschutzsachen (BGH NJW 1982, 768) oder bei Erl wegen Aufrechnung des Klägers (BGH WM 1978, 737) aber der bisherige StrW. *(3b)* Die häufig vertretene **aA** nimmt immer den bisherigen StrW an (OLG

München NJW-RR 1996, 956; OLG Köln FamRZ 1995, 1214; OLG Brandenburg NJW-RR 1996, 1472; *Deckenbrock* ua JurBüro 2003, 287) und zwar auch bei Säumnis des Beklagten (OLG Bamberg JurBüro 1987, 264). *(3c)* Zutr. ist mE, den nach einseitiger Erledigung gestellten Feststellungsantrag nach § 3 individuell zu bewerten, meist mit Bruchteil (zB: 50 %) der ursprüngl. Hauptsache (OLG München JB 1995, 644; OLG Frankfurt MDR 1995, 207; OLG Köln JB 1991, 832). **(4) Teilweise einseitige Erledigungserklärung:** StrW ist restl. Hauptsache zuzügl. der auf den erl Teil entfallenden Kosten der Vorinstanzen (BGH NJW-RR 1988, 1465; zur erforderl. Differenzrechnung vgl. BGH (NJW-RR 2005, 1728); bei teilw eEdH und Klageabweisung im Übrigen lehnt BGH (NJW-RR 1993, 765) DiffRechnung ab, Beschwer des Bekl sei nur seine Kostenlast); **aA**: alte Hauptsache; **aA**: Restwert + Wert des Feststellungsantrags (zutr).

17 **Feststellungsklage:** positive: Abschlag von 20 % von der entspr Leistungsklage (BGH NJW-RR 1988, 689); Feststellung des Bestehens einer Lebensversicherung: VersSumme abzüglich 20 % (BGH NJW-RR 1997, 1562); Feststellung des Fortbestehens eines Krankenversicherungsvertrags: 3,5-fache Jahresprämie abzügl. 20 % (LG Hamburg MDR 1997, 1169; nach **aA** Jahresprämie × Kapitalisierungsfaktor anhand der Lebenserwartung des Kl, OLG Saarbrücken VersR 1998, 343); Eigentumsfeststellung §6; bei Verbindung mit Leistungsantrag §5. Negative Feststellung: ohne Abschlag (BGH NJW 1970, 2025), zB Feststellung der Unwirksamkeit einer Darlehenskündigung: voller Darlehensbetrag (BGH NJW 1997, 1787). Vaterschaft §48 III 3 GKG (bei Verbindung mit Regelunterhalt keine Addition, OLG Hamm FamRZ 1984, 820); Bestehen eines freien Mitarbeiterverhältnisses: §3, nicht §12 VII 1 ArbGG (BGH NJW-RR 1986, 676); Nichtigkeit eines Grundstückskaufvertrags: der Kaufpreis (OLG Oldenburg MDR 1996, 101; OLG Frankfurt NJW-RR 2000, 587).

**Feststellung der (Nicht-)Beendigung eines Mietverh:** § 8 (Miete für Restlaufzeit).

**Feststellung des Verzugs:** 0-150 € (BGH MDR 1989, 732); nach Kostenersparnis des Kl, weil er die Ware nicht mehr anbieten muss (LG Essen Jur-Büro 1999, 531).

**Folgesachen:** §§ 46 I, 48 III 3 GKG. Zugewinn zB je nach Betrag. Für Kind-Folgesachen Festwerte von 900 € (§ 48 III 3 GKG). Versorgungsausgleich § 49 GKG. Addition, § 46 I 1 GKG.

**Freistellung:** nach Dauer und Höhe der Last zu schätzen (BGH NJW-RR 1995, 197); **Freigabe** von Verpfändung eines Sparkontos: Guthaben + Zinsen (BGH NJW-RR 1995, 362); von Bürgschaft durch Vermieter: wie Bürgschaftssumme (BGH WuM 2006, 215).

18 **Gebrauchsmuster:** BGH NJW-RR 1991, 957.

**Gegendarstellung:** § 48 II GKG.

**Geldforderung:** wie Nominalbetrag, auch wenn Befriedigungsaussichten gering sind (OLG Frankfurt ZIP 1986, 1063).

**Gesellschaftsrechtliche Klagen:** *Happ/Pfeifer* ZGR 1991, 103.

**Gesamtschuldner:** es wird nicht addiert oder nach der Zahl der Bekl multipliziert (BGH NJW-RR 2004, 638).

**Gläubigeranfechtung:** Forderung und Zinsen, Kosten; § 6 ist zu berücksichtigen (BGH WM 1982, 435).

**Grundbuchberichtigung:** idR Verkehrswert des Grundstücks (AG Köln JB 1995, 368), ohne Abzug dingl. Belastungen (KG MDR 2001, 56; bedenkl.).

**Hausrat:** § 46, 53 GKG und § 100 KostO: nicht der Gesamtwert des Hausrats (OLG Frankfurt JurBüro 1984, 753), sondern der Wert der verlangten Sachen (OLG Nürnberg FamRZ 1998, 310), notfalls 1/2 des Gesamtwerts.

**Haustierhaltung:** Unterlassungsklage des Vermieters, eine Hauskatze in der Mietwohnung zu halten; 750 € (LG Hamburg ZMR 1992, 506), 500 € (LG Hamburg MDR 1993, 90); Hundehaltung 1 500 € (LG München I NZM 2002, 734).

**Herausgabe:** §§ 3, 6.

**Herausgabe einer Bürgschaftsurkunde:** Risiko missbräuchl. Inanspruchnahme (OLG Köln MDR 1994, 101), zB 20-30 % der Forderung (100 %: OLG Dresden BauR 2003, 931). 100 % bei Bürgschaft auf erstes Anfordern, wenn nach dem Vertrag die Verpflichtung bei Rückgabe der Urkunde erlischt (KG BauR 2000, 1380; OLG München BauR 2000, 607).

**Herausgabe eines Kfz-Briefs:** 1/3 des Werts des Kfz, wenn Nutzung nicht beeinträchtigt (OLG Düsseldorf MDR 1999, 891); § 6.

**Herausgabe eines Versicherungsscheins:** Interesse, nicht zwingend wirtschaftl. Wert der Vers-Leistung (BGH NJW-RR 2002, 573).

**Herausgabe eines Vollstreckungstitels:** Interesse des Kl am Besitz ist zu schätzen (BGH NJW 2004, 2904).

**Hilfsantrag: Zuständigkeitsstreitwert** vgl. § 5 Rz 2. **GebührenStrW:** § 45 I 2, 3 GKG: wenn beide Anträge *denselben* Gegenstand betreffen (zB Herausgabe einer Sache, hilfsweise deren Zahlung) zählt nur der höhere Wert (also keine Addition). Betreffen beide Anträge *nicht denselben* Gegenstand, ist zu differenzieren: wird über Haupt- und Hilfsantrag entschieden (dh der Hauptantrag abgewiesen), dann wird addiert; wird nur über den Hauptantrag entschieden (zB ihm stattgegeben), erfolgt keine Addition, nur der Hauptantrag zählt als GebStrW.

**Hilfswiderklage:** § 45 I 1, 2 GKG (vgl OLG Düsseldorf JurBüro 1987, 401); § 5 Rz 2.

**Insolvenzfeststellungsklage:** vgl. § 182 InsO; die voraussichtl. „Konkursdividende" (LAG Köln ZIP 1994, 639) ist durch Auskunft des Insolvenzverwalters zu ermitteln, uU kommt die niedrigste Geb-Stufe in Betracht (BGH NJW-RR 1993, 317; **aA**: 10 %, OLG Frankfurt KTS 1986, 708); Absonderung: § 6. Klage auf Feststellung, dass vorsätzl. begangene unerl Handlung zugrunde liegt (§ 174 II InsO): Abschlag von 75% auf Nennwert (OLG Celle ZinsO 2007, 42); differenzierend OLG Hamm NZI 2007, 249.

**Katzenhaltung:** LG Berlin NZM 2001, 41: 400 € (2 Katzen). **Hundehaltung:** LG Kassel WuM 1998, 294. Vgl „Haustierhaltung".

**Kindschaftssachen (dh Abstammungssachen):** § 640 II; § 48 III 3 GKG.

**Kontokündigung für politische Partei:** § 3, **aA** KontoGeb (LG Lübeck NJW 2001, 82).

**Krankengeldversicherung:** Streit über Fortbestand uU analoge Anwendung von § 9, dh 3,5-fache Jahresprämie (BGH NJW 2000, 2750; OLG Köln MDR 1996, 1194), bei Feststellungsklage abzügl. 20 % (LG Magdeburg VersR 2003, 263).

19 **Kündigung** eines Arbeitsverhältnisses: § 12 VII ArbGG, auch bei Änderungskündigung (LAG München JurBüro 1984, 1399); ob und inwieweit mehrere Ansprüche (zB Weiterbeschäftigung, Lohnfortzahlung) zu addieren sind, ist str (vgl *Wenzel* BB 1984, 1494; bejahend LAG Berlin MDR 1984, 258).

**Lebensversicherung** (Risiko-): Fortbestandsstreit 20% der VersSumme (OLG Hamm NVersZ 2001, 357).

**Löschung von Grundpfandrechten:** Klage auf Zustimmung wie Wert der Belastung (OLG Düseldorf MDR 1999, 506).

**Lohnforderungen:** § 12 VII ArbGG; § 42 III, IV GKG.

**Mahnverfahren:** Erklärt der Kläger nach Zustellung des Mahnbescheids mit LG-StrW die Hauptsache so weit für erledigt, dass für den Restbetrag nur noch das AG zuständig ist (zB: von 10 000 € seien 7 500 € bezahlt worden), ist das AG sachlich zuständig (OLG Frankfurt NJW-RR 1992, 1341).

**Mehrere Ansprüche:** § 5.

20 **Mietstreitigkeiten:** vgl *Gies* NZM 2003, 886; *Bister* NZM 2004, 896. Zust §§8, 29a; §23 Nr.2a GVG. Geb §41 GKG, bei **Wohnraum-Mieterhöhung** nach §558 nF BGB (früher MHRG) Geb-Wert nach §41 V GKG; soweit es auf die Miete ankommt, ist zweifelhaft, ob diese ohne oder mit Umlagen (und: welchen? Heizung?) zu rechnen ist. Dazu jetzt §41 I 2 nF GKG, früher str. Bei Erhöhung von **Geschäftsraummiete** §9 bez. Erhöhungsbetrag für Gebühr und Ber-Summe (OLG Bamberg AnwBl 1984, 94; OLG Köln MDR 1991, 545; dazu *Schneider* MDR 1991, 499), weil §41 V nur Wohnraum nennt (str.). Als **Rechtsmittelsumme** bei Wohnraummieterhöhung nehmen viele den dreifachen Jahresbetrag der Erhöhung an (LG Berlin MDR 1986, 323); andere den 5-fachen (LG Hagen ZMR 1987, 97) oder 1-fachen (LG Köln ZMR 1992, 25) Jahresbetrag; weitere **aA** schätzt zutr. nach §3 frei; das Problem dürfte durch die Neufassung des §9 überholt sein; Erlaubnis der **Untervermietung** Jahresbetrag des wirtschaftl. Vorteils (OLG Celle NZM 2000, 190; KG JurBüro 2006, 258). Klage auf **Duldung von Modernisierung** zwecks Mieterhöhung: vgl. Rz 12; **Parabolantennen:** s. dort; **Klage des Mieters auf Nebenkostenabrechnung:** Wert der maximalen Rückzahlung (OLG Köln JB 1993, 165), nach **aA** 1/3 der Vorauszahlungen (LG Frankfurt NZM 2000, 759). Feststellung, dass Wohnungs-Mieter nicht zur **Mietminderung** berechtigt sei: Jahresbetrag der Minderung abzügl. 20% als GebStrW (§41 V nF GKG; **aA**: §9). Verurteilung des Vermieters zur Mängelbeseitigung: nicht nach deren Kosten, sondern nach 3,5-fachem Jahresbetrag (§9) der aufgrund des Mangels gegebenen Mietminderung (BGH NJW 2000, 3142; betrifft RmStrW); **aA** LG Berlin WuM 2000, 313: nur 1-Jahresbetrag. Klage des Mieters auf **Behebung von Schäden:** Mietminderung für restl. Mietzeit (LG Berlin NJW-RR 1997, 652), sonst Jahresbetrag der Mietminderung (§41 V GKG). **Rechtsmittelstreitwert:** bei Klage auf künftige Miete: §9 ZPO + Rückstand (BGH Rpfleger 2004, 585); bei Klage auf Erhöhung oder Herabsetzung der Miete: §9 und nicht §41 GKG (BGH AnwBl 2003, 597).

**Milchreferenzmenge:** BGH NVwZ-RR 2004, 232.

**Nachbarstreit:** StrW muss nicht zwingend über 600 € liegen (BGH WuM 2006, 396).

**Nebenkostenbelege in Mietsachen:** 10-20% des geltend gemachten Rückforderungsbetrags (LG Köln DWW 1998, 380).

**Nebenforderungen:** § 4.

**Nebenintervention:** bei durchgeführter NI wie Hauptsache, wenn der NI dieselben Anträge wie die Hauptpartei stellt (OLG Hamburg MDR 1985, 588); **aA** stellt auf Interesse des NI am Beitritt ab (OLG Köln MDR 2004, 1025; OLG Nürnberg MDR 2006, 1318); **aA** Interesse am Obsiegen der unterstützten Partei (OLG Hamburg JB 1992, 251). 21

**Nichtigkeit eines Vertrages:** StrW einer Klage auf Feststellung richtet sich nach dem Interesse des Kl an der Befreiung von der ihm nach dem Vertrag obliegenden Leistung ohne Berücksichtigung des Wegfalls der Gegenleistung (OLG Düsseldorf JB 1994, 494).

**Nichtvermögensrechtliche Ansprüche:** § 48 II GKG.

**Nichtzulassungsbeschwerde** (§ 544): für die Gerichtskosten nach dem erfolglosen Teil der Beschwerde; für die außerger Kosten nach der Beschwerde insgesamt, beschränkt auf die Quote, die dem erfolglosen Teil entspricht (BGH NJW 2004, 1048). § 47 III GKG.

**Notweg:** § 7; Notwegrente § 9; Klage auf Einräumung wie Wertsteigerung des herrschenden Grundstücks (OLG Jena JurBüro 1999, 196).

**Ordnungsmittelverfahren:** (§ 890): 1/5-1/3 des Werts des Hauptverfahrens (OLG Karlsruhe WRP 1992, 198).

**Parabolantenne**: Klage des Vermieters auf Beseitigung nach Wertverlust, den der Vermieter durch eine dadurch verursachte optische Beeinträchtigung des Hauses erleidet (BGH NJW 2006, 2639; hier: 300 €); aA: nur Kosten der Beseitigung (LG Kiel WuM 1996, 632). Wurde der Mieter zur Beseitigung verurteilt, ist Beschwerdewert der Beseitigungsaufwand (BGH NJW-RR 2006, 2639); mE ist das Interesse höher (Interesse am Empfang bestimmter Fernsehprogramme).

**Pfandrecht:** § 6.

**Preisangabe:** Verstoß gegen PAngV (KG GRUR-RR 2007, 63).

**Räumung:** § 41 II nF GKG; § 6 ZPO.

**Rechnungslegung:** § 3, ein Bruchteil (zB 20 %, BGH JurBüro 1960, 796) des Hauptanspruchs; Rechtsmittelinstanz: wie Auskunft.

**Rechtswegfrage, § 17a GVG** (Beschwerde): 1/3 der Hauptsache (OLG Jena OLG-NL 1997, 96; OLG Frankfurt NVersZ 2000, 486); Bruchteil der Hauptsache (BGH NJW 1998, 909), **aA** volle Hauptsache (KG VIZ 1998, 266).

**Schmerzensgeld:** vgl. unbezifferte Anträge.

**Stromzähler:** Duldung der Wegnahme: jährl. Stromverbrauch (AG Neuruppin WuM 2005, 596; OLG Köln ZMR 2006, 208); nach OLG Braunschweig NJW-RR 2006, 1584 nur 1/2 Jahr.

**Schuldscheinrückgabe:** OLG Köln NJW-RR 1997, 381 (uU 20-30 % der Forderung).

**Stufenklage** (§ 254): ZustStrW: Addition des Werts sämtl. Stufen, § 5, vgl. § 254 Rz 5 (OLG München MDR 1989, 646); *Schneider* MDR 1991, 199, str. GebStrW: höchster Einzelwert, § 44 GKG. Kommt es nicht mehr zur Bezifferung: Schätzung nach dem Interesse des Kl (OLG Brandenburg FamRZ 2003, 240; OLG Koblenz FuR 2005, 462; KG FamRZ 2007, 69).

**Telefax-Werbung:** Unterlassung 4 000 € (AG Siegburg MDR 2002, 849); mehr als 5 000 € (OLG Hamm BeckRS 2005, 13055).

22 **Testamentsvollstreckung:** Streit über ihre Reichweite vgl BGH NJW-RR 2004, 724; ZEV 2000, 409; Klage gegen TV auf Rechnungslegung vgl. BGH ZEV 2001, 30.

**Unbezifferte Anträge (zB Schmerzensgeld):** Bewertung sehr umstritten: kommt es auf den nach dem Sachvortrag des Kl bei Begründetheit der Klage zuzubilligenden Betrag an (so *zutr* BayObLG NZV 1989, 28)? Oder auf den Betrag, den der Kläger als seine Vorstellung (oder als Mindestbetrag) angibt (so OLG München MDR 1987, 851)? Oder auf den vom Gericht zugesprochenen Betrag (so *Fuchs* JurBüro 1990, 559)? Ein geforderter Mindestbetrag bildet jedenfalls die untere Grenze des StrW (BGH NJW-RR 2004, 102; OLG München VersR 1995, 1117); doch muss der StrW nicht höher als der Mindestbetrag festgesetzt werden (BGH NZV 1996, 194).

**Unterhalt:** § 42 GKG für Gebühren; Auskunftsklage zur Vorbereitung von erstmaliger Geltendmachung nachehelichen Unterhalts: Bruchteil des voraussichtlichen 3,5fachen Jahresbetrags, nicht nur Differenz zum Trennungsunterhalt (BGH FamRZ 1999, 1497).

**Unterlassung:** § 3; von Konkurrenz (OLG Düsseldorf ZMR 1993, 377); von Tennissportlärm (OLG Koblenz NJW 1993, 1661). Im auf Unterlassung gerichteten Verbandsverfahren max 2 500 € je angegriffener Klausel (BGH WuM 2006, 635).

23 **Vergleich:** Es kommt nicht auf den Betrag an, auf den sich die Parteien einigen, sondern auf den Wert der streitigen Ansprüche, die in den Vergleich einbezogen wurden (BGH NJW 1964, 1523); die Bewertung von einbezogenen aber unstreitigen Ansprüchen ist str; ein Abschlag ist gerechtfertigt (vgl *H. Schmidt* AnwBl 1984, 363; für volle Bewertung OLG Nürnberg Jur-Büro 1985, 1395).

**Versicherungsvertrag:** Fortbestehen einer Krankenversicherung: 3,5-fache Jahresprämie (OLG Köln MDR 1996, 1194); vgl. § 9. Fortbestehen einer Kfz-Vers: 3,5-fache Jahresprämie (BGH VersR 2001, 492); Feststellung des Fortbestehens einer LebensVers: Vers-Summe abzügl. 20 % (BGH NJW-RR 1997, 1562). Leistungen aus KrankengeldtageVers bei Arbeitsunfähigkeit: uU 6-Monatsbetrag minus 20% (OLG Karlsruhe ZfS 2006, 647).

**Versorgungsausgleich:** § 49 GKG.

**Vollstreckbarerklärung** ausl Urteile: wie Hauptsache (OLG Zweibrücken JurBüro 1986, 1404).

**Vollstreckungsgegenklage** (§ 767): grds titulierter Betrag ohne Zinsen, Kosten (BGH NJW-RR 1988, 444 und 1992, 190; OLG Karlsruhe FamRZ 2004, 1226), sofern sich nicht aus den Anträgen oder aus der Klagebegr ergibt, dass ZwV nur wegen eines Teilbetrags für unzulässig erklärt werden soll (BGH NJW-RR 2006, 1146).

**Wandelung:** nach dem Interesse des Kl an der Vertragsbeendigung, nicht nach dem Kaufpreis, notfalls 25 % des Kaufpreises (OLG Hamm MDR 1999, 1225).

**Wechselklage:** Nebenforderung § 4 II; Herausgabe § 6.

24 **Wettbewerbssachen:** Rspr ist uneinheitl., es kommt auf die Beeinträchtigung des Kl an (Bedeutung und Größe des Kl und Bekl, Ausmaß der Angriffshandlung, räuml. und zeitl. Gesichtspunkte), seine StrW-Angabe vor Entscheidung ist bei nicht offenkundigen Sachen ein wichtiges Indiz. Kleinere und mittlere Sachen werden mit 5000 – 20000 € bewertet

(30000 DM: OLG Koblenz GRUR-RR 2001, 32), mittlere bis größere mit 25000 – 125000 €. StrW-Herabsetzung nach §12 IV UWG. Vgl *Ulrich* GRUR 1984, 177; *Thesen* MDR 1984, 544; *Schneider* MDR 1984, 545; *Gloy*, Handbuch des Wettbewerbsrechts, 1986, §68.

**Widerklage:** für die Zust wird nicht addiert, § 5 Rz 2. Für den GebStrW besagt § 45 I GKG: Satz 1: „In einer Klage und in einer Widerklage geltend gemachte Ansprüche, die nicht in getrennten Prozessen verhandelt werden, werden zusammengerechnet". Satz 3: „Betreffen die Ansprüche im Fall des Satzes 1 ...*denselben* Gegenstand, ist nur der Wert des *höheren* Anspruchs maßgebend". Unklar ist, wann *derselbe* Gegenstand vorliegt: sicher fallen darunter die bloß leugnenden und deshalb unzul Widerklagen („festzustellen, dass dem Kl die Klagesumme nicht zusteht"); weiteres Beispiel: im Zugewinnausgleichsprozess werden wechselseitige Auskunftsansprüche geltend gemacht (keine Addition., OLG Düsseldorf FamRZ 1994, 640). IÜ ist mE nicht auf die StrG-Theorien abzustellen, sondern nach dem Sinn der Regelung darauf, ob theoretisch nennenswerte Mehrarbeit anfällt, was idR der Fall ist. Die Regelung des § 45 I 3 GKG ist im Vergleich zu § 45 III GKG (Hilfsaufrechnung) freilich inkonsequent.

**Beispiel:**

**(a)** Kl klagt seinen Schaden aus einem Verkehrsunfall ein: 20 000 €. Bekl hält sich für unschuldig und klagt seinen Schaden aus demselben Unfall ein (10 000 €). Verschiedene Gegenstände (obwohl es sich um denselben Unfall handelt!), also ist zu addieren, GebührenStrW 30 000 €. **(b)** Kl klagt 20 000 Kaufpreisforderung ein, Bekl begehrt in der Widerklage die Feststellung der Unwirksamkeit des Kaufvertrages (Wert geschätzt 5 000 €). Falls hier derselbe Gegenstand angenommen wird (so Anders/Gehle AssEx Rz 512), würde nur der höhere zählen; GebStrW wäre 20 000 €; mE liegen verschiedene Gegenstände vor (dass sich der Bekl nicht mit der Inzidentprüfung des Vertrags begnügt, sondern eine rechtskraftfähige Feststellung darüber fordert, erhöht doch den Wert der Sache); dann beträgt der StrW 25 000 €.

**Wohnungseigentum:** StrW der Eigentumsentziehungsklage: Verkehrswert der Wohnung (BGH NJW 2006, 3428; OLG Rostock ZMR 2006, 476).

**Zeugniserteilung:** § 3, etwa ein Bruttomonatseinkommen (LAG Rh.Pfalz NZA 1992, 25
524; LAG Köln MDR 1999, 1336); andere nehmen 500 € an (LAG Hannover AnwBl 1985, 95) oder 250 € (LAG Stuttgart AnwBl 1985, 588) oder 1/4 Monatslohn (LAG Düsseldorf JurBüro 1985, 1702) oder 1/2 (LAG Hamm MDR 1989, 572).

**Zinsen:** vgl § 43 GKG, § 4. 26

**Zug-um-Zug-Leistung:** die Gegenleistung wird nach hM (OLG Bamberg Jur-Büro 1987, 27
748) idR nicht abgezogen; für die Beschwer uU Addition von Teilabweisung und Wert der Zug-um-Zug-Leistung (BGH NJW-RR 1986, 419). Vgl *Bachmann* BauR 1995, 642.

**Zuständigkeitsbestimmung:** 1/4 der Hauptsache (BayObLG JurBüro 1989, 132). 28

## § 4 ZPO Wertberechnung; Nebenforderungen

**(1) Für die Wertberechnung ist der Zeitpunkt der Einreichung der Klage, in der Rechtsmittelinstanz der Zeitpunkt der Einlegung des Rechtsmittels, bei der Verurteilung der Zeitpunkt des Schlusses der mündlichen Verhandlung, auf die das Urteil ergeht, entscheidend; Früchte, Nutzungen, Zinsen und Kosten bleiben unberücksichtigt, wenn sie als Nebenforderungen geltend gemacht werden.**

**(2) Bei Ansprüchen aus Wechseln im Sinne des Wechselgesetzes sind Zinsen, Kosten und Provision, die außer der Wechselsumme gefordert werden, als Nebenforderungen anzusehen.**

1 **1. Absatz 1 Halbsatz 1:** bei späterer Erweiterung der Klage vor dem AG uU Verweisung an das LG nach § 506, nicht aber nur wegen Verbindung (§ 147). Spätere Verminderung des StrG (vgl § 261 III Nr. 2) oder des Wertes, Trennung (§ 145), Erlass eines TeilU (§ 301) ändert an der sachl. Zust des LG nichts mehr. Gebührenstreitwert: §§ 40, 47 GKG.

2 **2. Absatz 1 Halbsatz 2:** Bei der sachl. Zust bleiben sie unberücksichtigt; Früchte §99 BGB; Nutzungen §100 BGB. **Zinsen**, auch wenn sie im Klageantrag ausgerechnet sind und mit der Hauptforderung zu einem einheitlichen Forderungsbetrag zusammengefasst sind (BGH LM Nr.5). Zinsen aus einem nicht oder nicht mehr im Streit stehenden Hauptanspruch sind Hauptforderungen iSd §4 ZPO, auch wenn ein anderer Teil des Hauptanspruchs noch in demselben Rechtzug anhängig ist (BGH NJW 1994, 1869). Über Vorfälligkeitszinsen (vgl BGH NJW 1998, 2060), über Bereicherungszinsen (BGH NJW-RR 2000, 1015). **Kosten:** die Prozesskosten, die vor- und außergerichtl. Kosten (zB für Mahnungen, Porto, Inkassogebühren, Privatgutachten); im **Verkehrsunfallhaftpflichtprozess** sind aber mangels Abhängigkeit zur Hauptforderung (Schaden etc) die vorprozessualen Gutachterkosten und die Unkostenpauschale *keine* Nebenforderungen (BGH NJW 2007, 1752). Die im Vorfeld eines Prozesses angefallene **Geschäftsgebühr** (RVG VV 2300) kann wegen Vorbem 3 (4) VV zusammen mit der Hauptsache eingeklagt werden (BGH NJW 2007, 2048); dann ist sie „Nebenforderung" (*Enders* JurBüro 2004, 57; LG Berlin MDR 2005, 1318); zum Gutachten der RAK vgl §14 II RVG. SV-Kosten können Haupt- oder Nebenforderung sein (OLG München NJW-RR 1994, 1484). **„Als Nebenforderung":** dh die genannten bleiben beim Wert außer Betracht, wenn daneben eine Hauptforderung geltend gemacht wird, Akzessorietät schlüssig behauptet wird, Identität von Prozess und Parteien besteht. Beispiele vgl *Zimmermann* JuS 1991, 234ff.; *Weisbrodt* JB 1995, 115. Erledigt sich die Hauptforderung während des Rechtsstreits, wird die Nebenforderung zur Hauptforderung. – GebührenStrW: §43 GKG.

3 **3. Absatz 2:** gilt nach allgM bei Klagen aus Scheck entspr.

4

**Praxishinweise:**

1. Wird durch TeilU über den Hauptanspruch und durch SchlussU über die Nebenforderung (Zinsen) entschieden, dann ist für die Ber nur der jeweilige VerurteilungsStrW (RmStrW) bestimmend. Die Nebenforderungen werden durch Teilung zu Hauptforderungen. Für die Zulässigkeit der Ber müssen daher bei jedem Urteil die Voraussetzungen des § 511 Abs. 2 gegeben sein.

2. Das Additionsverbot des § 4 Abs. 1 Hs. 2 kann unterlaufen werden, indem gegen einen beklagten StrGen nur auf Zahlung der Hauptsache, gegen den anderen nur auf Zahlung der Zinsen geklagt wird. Dann muss addiert werden (BGH KostRsp. ZPO § 4 Nr. 72; kritisch *N. Schneider*, FS Madert, 2006, S. 211 ff.).

3. Hinsichtlich der Zinsen kommen immer wieder Fehlbewertungen vor, weil die Tilgungsvorschrift des § 367 BGB nicht beachtet wird (so zB AG Hagen JurBüro 1992, 192). Teilzahlungen sind zunächst auf die Kosten, dann auf die Zinsen und erst zuletzt auf die Hauptleistung anzurechnen. Stattdessen wird häufig einfach der verzinsl. Hauptantrag um die volle Teilzahlung heruntergerechnet. Die Folge ist ein zu niedriger StrW mit entsprechend niedrigem Geb-Aufkommen der Anwälte. Darüber hinaus kann von der zutr Berechnung auch die sachl. Zust oder die streitwertabhängige Ber-Fähigkeit abhängen. Begünstigt wird die fehlerhafte Berechnung durch nachlässige Antragsformulierung (Hauptforderung „abzüglich am soundsovielten gezahlter ..."). Der Anwalt sollte die korrekte Berechnung nach § 367 BGB nicht dem Gl überlassen, sondern selbst vornehmen und den Klageantrag rechnerisch genau formulieren.

4. In der ZwV darf der Gl Zahlungen des Schuldners auf nicht titulierte Zinsen verrechnen und wegen der danach verbleibenden Hauptforderung vollstrecken. Einwendungen dagegen kann der Schuldner nur mit der Vollstreckungsgegenklage nach § 767 geltend machen (LG Rottweil DGVZ 1995, 169; *Wieczorek/Schütze/Salzmann* § 754 Rz 14; w. Nachw. bei *StJMünzberg*, 22. Aufl, § 754 Rz 1 Fn. 9).

5. Zur Unzul eines TeilU bei fehlender Tilgungsbestimmung des Schuldners nach § 366 I BGB s § 301 Rz 7.

## § 5 ZPO Mehrere Ansprüche

**Mehrere in einer Klage geltend gemachte Ansprüche werden zusammengerechnet; dies gilt nicht für den Gegenstand der Klage und der Widerklage.**

**1. Zuständigkeitsstreitwert: a) Addiert wird:** grds bei Anspruchs- und Klagenhäufung, vgl §§ 260, 59 ff., auch vermögens- und nichtvermögensrechtl. Sachen; bei der Stufenklage, § 254. Bei Einklagung von Werklohn *und* Eintragung einer Bauhandwerkersicherungshypothek wird addiert (OLG München BauR 2000, 927; aA OLG Nürnberg MDR 2003, 1382); § 6 Rz 1. 1

**b) keine Addition** (der höhere Wert ist jeweils entscheidend): bei Klage und **Widerklage** (auch: Hilfswiderklage), bei Haupt- und **Hilfsantrag** (sachl. Zust richtet sich zunächst nach dem Hauptantrag; bei Hauptantrag 4 000 €, Hilfsantrag 15 000 €, also AG: lässt sich Bekl rügelos ein, bleibt AG auch für den Hilfsantrag zust, § 39; rügt der Bekl und beantragt Kl hilfsweise Verweisung, erfolgt nach Abweisung des Hauptantrags die Verweisung des Hilfsantrages an das LG, vgl *Fleischmann* NJW 1993, 506; nach **aA** [*Zöller/Herget* § 5 Rz 4] soll allein der höhere Wert entscheidend sein: wegen des Eventual-Verh spielt aber der Hilfsantrag *zunächst* überhaupt keine Rolle, auch nicht für die Zust; GebStrW § 45 I 2, 3 GKG); keine Addition ferner bei wirtschaftl. Identität (vgl OLG Oldenburg JurBüro 1987, 596) mehrerer Anträge (auf den StrG kommt es nicht an), zB bei 2

Klage von Gesamtgläubigern oder gegen Gesamtschuldner (BGH NJW 1987, 1148 für Klage von Miteigentümern auf Lärmunterlassung), gegen Bürgen und Schuldner, auf Kaufpreiszahlung und Abnahme, Leistung und Duldung der ZwV, Feststellung des gesamten Rechtsverhältnisses und Leistung eines Teils; mit Zinsen, Kosten nach § 4; mit Aufrechnung; beim AG, wenn zB 4 000 € Mietzins (AG ausschließlich zust, § 29a) und 4 000 € Darlehen eingeklagt werden (AG bleibt zust, *StJSch* Rz 17).

3 **2. Rechtsmittelstreitwert** (§§ 511, 567 II): HS 2 gilt nicht; addiert werden für die Beschwer Klage und Widerklage, wenn eine Partei mit beiden unterliegt, weil hier wirtschaftl. zu rechnen ist. Für die Bestimmung des RevStrW kommt es nicht auf den Wert abtrennbarer Teile an, die einer beschränkten Zulassung zugänglich wären, sondern den Wert der insgesamt erstrebten Abänderung (BGH NJW-RR 2006, 1097).

4 **3. Gebührenstreitwert:** Wenn K die drei Mieter eines Ladens auf restl. Miete als Gesamtschuldner verklagt, dann ist der einfache Betrag der GebStrW; der Anwalt des K erhält ebenfalls RVG-Geb nur aus diesem Wert; der Anwalt der drei Bekl erhält aber einen Geb-Zuschlag (1008 RVG VV; § 7 RVG). § 5 HS 2 gilt für den GebStrW nicht; bei Klage/Widerklage wird uU addiert, vgl § 45 I GKG (bei Hilfswiderklage aber nur, wenn der Eventualfall, für den die Widerklage erhoben ist, eintritt, BGH LM Nr. 11; für die Frage, ob Klage und Widerklage wirtschaftl. identisch sind, kommt es nicht auf den Streitgegenstandsbegriff an; Identität liegt schon vor, wenn das Gericht beiden Ansprüchen nicht nebeneinander stattgeben könnte, BGH NJW 1994, 3292). Bei Aufrechnung, § 45 III GKG; für Haupt- und Hilfsantrag vgl § 45 I 2, 3 GKG; Stufenklage vgl § 44 GKG; nichtvermögensrechtl. Sachen § 48 II GKG; Scheidungs- und Folgesachen § 46, 48, 49 GKG. Bei **nacheinander anhängig gewordenen Ansprüchen** (üEdH + Klageerweiterung) keine Addition, sondern StrW nach Zeitabschnitten (OLG Frankfurt JB 1994, 738).

5

**Praxishinweise:**

Durch §5 Hs. 1 soll erreicht werden, dass die wirtschaftl. Werthäufung bei der StrW-Zuständigkeit berücksichtigt wird. Fehlt es daran, ist die Vorschrift einschränkend auszulegen. Dazu hat die Rspr das Additionsverbot wegen StrG-Identität entwickelt. Mehrere Ansprüche sind nur dann zu addieren, wenn sie einen je eigenen wirtschaftl. Wert haben. Das ist zB nicht der Fall, wenn von Gesamtschuldnern dieselbe Leistung verlangt wird (rechtl. Identität) oder wenn neben einem Zahlungsanspruch die Feststellung des Annahmeverzuges des Bekl beantragt wird (wirtschaftl. Identität). Die Abgrenzung ist oft schwierig und kontrovers (vgl. *Schneider/Herget*, Streitwert-Kommentar, RZ3431ff.).

Zur zul Addition im StrG-Prozess bei Trennung von Hauptsache und Zinsen s. § 4 RZ 4/1).

Zur Wertfestsetzung bei Hilfsanträgen s. § 322 Rn 2.

## § 6 ZPO Besitz; Sicherstellung; Pfandrecht

**[1]Der Wert wird bestimmt: durch den Wert einer Sache, wenn es auf deren Besitz, und durch den Betrag einer Forderung, wenn es auf deren Sicherstellung oder ein Pfandrecht ankommt. [2]Hat der Gegenstand des Pfandrechts einen geringeren Wert, so ist dieser maßgebend.**

**1.** Bei **Rechtsstreit um Besitz** oder Eigentum (allgM) an Sachen: für Zust- und RmStrW, evtl GebStrW: Verkehrswert der Sache (dh Ankaufswert, BGH NJW-RR 1991, 1210), nicht steuerl. Einheitswert, Buchwert usw. Für Herausgabe aus Mietverh Sonderregelung in § 8 ZPO; GebStrW § 41 GKG. Ob auf dem Grundstück lastende Grundpfandrechte vom Verkehrswert abzuziehen sind, ist sehr str (dagegen BGH NJW 1954, 955; KG MDR 2001, 56; OLG Düsseldorf JurBüro 1987, 395). Herausgabe nach Beendigung des Mietverh: GebStrW nach § 41 II 1 GKG. Räumung auch aus anderem Rechtsgrund: GebStrW § 41 II 2 GKG. Bei Herausgabe wegen Rücktritt vom Kaufvertrag will OLG Nürnberg MDR 2004, 966 den § 6 anwenden (Verkehrswert des Grundstücks). Bei einer auf Herausgabe oder Auflassung eines Grundstücks gerichteten Klage sind Grundpfandrechte und sonstige Grundstücksbelastungen nicht wertmindernd zu berücksichtigen, BGH NJW-RR 2001, 518). Wenn Bekl Auflassung nur wegen *geringfügiger* Gegenforderung verweigert: Schätzung nach § 3 unter Berücksichtigung des Werts der str Forderung, nicht nach § 6 (BGH NJW 2002, 684; OLG Karlsruhe JurBüro 2006, 145; **aA** OLG Köln MDR 2005, 298; OLG Hamm MDR 2002, 1458). Vgl § 3 Rz 9. Ebenso wenn nur eine kleine Teilfläche umstritten ist: nur der Teilwert, nicht Wert der ganzen Fläche (OLG Oldenburg MDR 1998, 1406). Bei Streit eines Wohnungseigentümers über Enteignung einer Gemeinschaftsfläche: voller Wert (BGH NJW 2000, 80; zw). Herausgabe eines Kfz-Briefs: uU 1/3 des Werts (OLG Düsseldorf MDR 1999, 891). Zustimmung zur Löschung eines Grundpfandrechts: nach im Grundbuch eingetragenem Nominalwert (OLG Düsseldorf MDR 1999, 506). Klage auf Bewilligung der Bauhandwerkersicherungshypothek: Betrag der Forderung (OLG München BauR 2000, 927; OLG Düsseldorf NZBau 2005, 697). 1

**2. Sicherstellung einer Forderung**, dh eine noch zu leistende Sicherheit: zB durch Hypothek, Grundschuld, Kaution, Bürgschaft, Vormerkung (str), Sicherungsübereignung und -abtretung. 2

**3. Pfandrecht:** gemeint sind schon vorhandene Sicherheiten im weiten Sinne (*StJSch* Rz 21), zB bei Klage auf Rückübereignung nach Beendigung der Sicherungszeit (BGH NJW 1959, 939), Klagen nach §771 (BGH Rpfleger 1959, 112), §805. Beispiele bei §3 Rz 7ff. 3

4

**Praxishinweise:**

Verteidigt sich der Bekl ggü einer Auflassungs- oder Herausgabeklage lediglich mit der Geltendmachung eines Zurückbehaltungsrechts wegen einer geringwertigen Forderung, dann bleibt der Verkehrswert maßgebend; allenfalls ist ein Abschlag davon zu machen (Rz 1). Das kann zu wirtschaftl. unvertretbaren StrW führen. In folgendem Fall (OLG Frankfurt Rpfleger 1970, 354) betrug der Verkehrswert des Grundstücks 184 000 DM, die dem streitigen Zurückbehaltungsrecht zugrundeliegende Forderung lediglich 84 DM. Das OLG Frankfurt hat den StrW auf 184 000 DM festgesetzt! Der

Anwalt des Kl sollte deshalb in derartigen Fällen zur Einhaltung des „sichersten Weges" immer eine negative Feststellungsklage auf Nichtbestehen der Gegenforderung erwägen (vgl OLG Frankfurt JurBüro 1973, 51), um seinen Mandanten bei Prozessverlust vor übermäßigen Erstattungsansprüchen und sich vor einem Regress wegen mangelhafter Beratung zu schützen.

## § 7 ZPO Grunddienstbarkeit

**Der Wert einer Grunddienstbarkeit wird durch den Wert, den sie für das herrschende Grundstück hat, und wenn der Betrag, um den sich der Wert des dienenden Grundstücks durch die Dienstbarkeit mindert, größer ist, durch diesen Betrag bestimmt.**

1 **Beispiele:** Geh- und Fahrtrecht; Klage auf Löschung einer Grunddienstbarkeit, §§ 1018 ff. BGB. In der ersten Instanz kommt es auf den höheren Betrag (nicht: Klägerinteresse) an, in der Rechtsmittelinstanz nur auf das Interesse des RechtsmittelKl (BGH NJW 1957, 790). Klage auf Beseitigung eines **Überbaus:** § 3, nicht § 7 (BGH NJW-RR 1986, 737). Analoge Anwendbarkeit auf **Notweg** ist str (bejaht von OLG Jena JurBüro 1999, 196; vgl aber OLG Stuttgart Rpfleger 1964, 163).

## § 8 ZPO Pacht- oder Mietverhältnis

**Ist das Bestehen oder die Dauer eines Pacht- oder Mietverhältnisses streitig, so ist der Betrag der auf die gesamte streitige Zeit entfallenden Pacht oder Miete und, wenn der 25fache Betrag des einjährigen Entgelts geringer ist, dieser Betrag für die Wertberechnung entscheidend.**

§ 8 neu gefasst durch G v. 19.06.2001 (BGBl 2001, 1149).

**Lit:** ***Bister*** NZM 2004, 896.

1 § 8 gilt nur für **Zuständigkeitsstreitwert** und Beschwer, zB für Ber und NZB wegen § 26 Nr 8 EGZPO (läuft der Vertrag noch zwei Jahre: 2-fache Jahresmiete; läuft er noch 40 Jahre: 25-fache Jahresmiete ist ZustStrW). Für **Gebührenstreitwert** gilt § 41 GKG (BGH NJW-RR 2006, 1004), aber nicht identisch mit § 8; setzt nur ein Räumungsbegehren voraus. Für Zust vgl bei Raummiete ausschließl. Zust des AG in § 23 Nr. 2a GVG, bei Wohnraum § 29a, bei Landpacht das LwVG. Für § 8 bleibt zB Miete beweglicher Sachen und unbebauter Grundstücke, ferner landwirtschaftl. Pachtgrundstücke (BGH NJW-RR 1994, 256). Miete (früher „Mietzins") umfasst grds alle vertraglich vereinbarten Gegenleistungen, auch nicht verbrauchsabhängige Nebenkosten, nicht Heizungs- und Betriebskostenvorauszahlung (BGH NJW-RR 1999, 1385). Bei der Pacht bleiben andere Kosten des Pächters außer Betracht (BGH NJW-RR 2000, 1739). Zum Begriff „streitige Zeit", BGH NJW-RR 1999, 1531: sie beginnt mit der Erhebung der Räumungsklage (BVerfG NZM 2006, 578; BGH NJW-RR 2005, 867); evtl ist die „streitige Zeit" analog § 9 zu bestimmen (BGH NJW-RR 2005, 867), so etwa bei einem Mischmietverhältnis

(Wohnung und Tiefgaragenstellplatz, wobei nur der Stellplatz gekündigt wurde; BGH NZM 2004, 460); überhaupt wenn der Zeitpunkt der Beendigung des Nutzungsrechts ungewiss ist (BVerfG NZM 2006, 578). § 8 ist daher nicht anwendbar, wenn Beendigung des Mietverh *unstreitig* ist (OLG Karlsruhe WM 1994, 338); dann gilt § 6. Bei Räumung und Abriss gilt für den Abriss § 3 (Entfernungskosten; BGH MDR 2005, 1431). § 8 ist auch auf DDR-Nutzungsverträge anwendbar (BGH MDR 2005, 204).

## § 9 ZPO Wiederkehrende Nutzungen oder Leistungen

**[1]Der Wert des Rechts auf wiederkehrende Nutzungen oder Leistungen wird nach dem dreieinhalbfachen Wert des einjährigen Bezuges berechnet. [2]Bei bestimmter Dauer des Bezugsrechts ist der Gesamtbetrag der künftigen Bezüge maßgebend, wenn er der geringere ist.**

§ 9 ist ab 01.03.1993 neu gefasst (G v. 11.01.1993, BGBl 1993, 50).

**Lit:** ***Bister*** NZM 2004, 896.

Für GebStrW gelten §§ 41 (Miete), 42 (Unterhalt), 48 III, 49, 53 II GKG, nur hilfsweise 1 § 9. Für Zust und für RmStrW gilt § 9 (BGH NJW-RR 2006, 1004). Im Kündigungsrechtsstreit mit dem Mieter bemisst sich die Rm-Beschwer nach § 9 (42-fache Monatsmiete), wenn das Mietende offen ist (BGH NZM 2007, 500; ZMR 2007, 441). Das Stammrecht muss bei § 9 im Streit sein, §§ 7, 8 dürfen nicht vorgehen. § 9 gilt zB für Ansprüche aus Leibrenten, Reallasten, Notwegrenten (str), Berufsunfähigkeitszusatzversicherung (BGH VersR 2001, 600; OLG Hamm NJW-RR 2001, 533), Klage auf künftige Beitragsbefreiung (OLG München JurBüro 2000, 416); Räumung einer Mietwohnung (BGH NZM 2007, 355); Verlangen auf Mängelbeseitigung (BGH WuM 2007, 207).

**Satz 1:** Bei Klage auf lebenslängliche (= unbestimmte Dauer) Rente von monatl. 300 € ist 2 zu rechnen: 12 × 300 × 3,5 = 12 600 €. Bei hochbetagten Unfallopfern hat die Rspr früher (als der Faktor 12,5 galt) auf die mutmaßl. Lebensdauer abgestellt (BGH NJW 1962, 1248 für 87-jährigen). **Rückstände:** vor Klageeinreichung fällig gewordene Beträge sind zum 3,5fachen hinzuzurechnen.

**Satz 2:** der Gesamtbetrag wird durch den 3,5-fachen Jahresbetrag begrenzt. **Rechtsmittelstreitwert:** Klage auf künftige Miete nach § 9 ZPO, nicht nach § 41 GKG (BGH NZM 2004, 824); § 9 ZPO bei Mietminderung wegen Mängeln (BGH NZM 2004, 295); § 9 bei Klage auf Mieterhöhung oder Mietherabsetzung (BGH AnwBl 2003, 597). 3

## § 10 ZPO
(weggefallen, jetzt § 513 II)

## § 11 ZPO Bindende Entscheidung über Unzuständigkeit

**Ist die Unzuständigkeit eines Gerichts auf Grund der Vorschriften über die sachliche Zuständigkeit der Gerichte rechtskräftig ausgesprochen, so ist diese Entscheidung für das Gericht bindend, bei dem die Sache später anhängig wird.**

1 Erklärt sich das AG für sachl. unzust und verweist an das LG, ist dieses daran gebunden und umgekehrt, §§ 281, 506, 696, 700. Weist aber ein AG die Klage (mangels Verweisungsantrag) wegen sachl. Unzust ab, dann bindet § 11 das später angerufene LG, dieses darf sich also nicht *auch* für sachl. unzust erklären (und umgekehrt); § 11 verhindert einen negativen Kompetenzkonflikt. Für örtl. Zust gilt § 11 nicht (dafür: § 36 ff.). Ähnl. Regelungen vgl § 17 GVG, § 48 ArbGG.

2

**Praxishinweise:**

Die Entscheidung bindet auch für die Berechnung der Gerichtsgebühren (§ 62 GKG) und der Anwaltsvergütung (§ 32 I RVG), sofern keine Sonderregelung nach §§ 41 ff. GKG besteht.

# Titel 2
# Gerichtsstand

## § 12 ZPO Allgemeiner Gerichtsstand; Begriff

**Das Gericht, bei dem eine Person ihren allgemeinen Gerichtsstand hat, ist für alle gegen sie zu erhebenden Klagen zuständig, sofern nicht für eine Klage ein ausschließlicher Gerichtsstand begründet ist.**

**Lit:** ***Schumann*** JuS 1984, 865.

1 **1.** Wo der **allgemeine Gerichtsstand** ist, dh welches AG oder LG für alle Klagen gegen einen Bekl örtl. zust ist, regeln ua §§ 13-19; es kommt also grds auf den Wohnsitz des Beklagten an. Bei Klage vor einem örtl. unzust Gericht: § 281. Die tatsächl. Voraussetzungen der örtl. Zust (zB Wohnsitz) hat der Kläger, wenn bestritten, zu beweisen, jedenfalls bis zum Schluss der mdl Verh (RG 95, 268). Ob das AG oder das LG zuständig ist, ist eine Frage der sachl. Zust (§ 1).

2 **2. Besondere Gerichtsstände** sind (uU zusätzlich) für jeweils bestimmte Klagen gegeben, vgl §§ 20-35a. Unter mehreren örtl. zust Gerichten kann der Kl wählen, § 35.

**Anspruchskonkurrenz**, gespaltene Zust: vgl § 32 Rz 5.

3 **3.** Ein **Gerichtsstand** kann **ausschließlich** sein (vgl § 40 Rz 2): dann kann nur dort geklagt werden, eine abweichende Vereinbarung (§ 38) ist unwirksam, § 40 II.

4 **4. Sondervorschriften** über örtl. Zust zB: § 26 FernunterrichtsG; § 29c bei Haustürgeschäften; **§ 20 StVG bei Verkehrsunfällen;** § 14 UWG; § 48 VVG (Gerichtsstand der **Versicherungsagentur**); Baulandsachen § 219 II BauGB; Patentstreit § 143 II PatG; § 27 II GebrMG; Kartellsachen §§ 87, 89 GWB; § 35 WZG; §§ 246 ff AktG; § 14 HaftpflichtG; § 20 GebrMG; ferner in der ZPO für Mahnverfahren (§ 689), für Arrest und eVfg (§§ 919, 937, 942), für die ZwV, für Ehe-, Familien-, Kindschaftssachen, für Wechselklagen (§ 603) usw. Im Anwendungsbereich der VO (EG) Nr. 44 /2001 (ab 01.03.2002; früher EuGVÜ) regelt dieses (und nicht die ZPO) teilw den Gerichtsstand.

**5. Landesrechtlich** können uU Zust bei bestimmten Gerichten konzentriert sein (zB § 660 ZPO; § 6 II UnterlassungsklagenG); in Bayern zB durch die GZVJu. Die Ermächtigung hierzu findet sich zT in § 13a GVG. In FGG-Sachen Konzentration der weiteren Beschwerde zB in Bayern auf OLG München, in Rheinland-Pfalz auf OLG Zweibrücken. 5

## § 13 ZPO Allgemeiner Gerichtsstand des Wohnsitzes

**Der allgemeine Gerichtsstand einer Person wird durch den Wohnsitz bestimmt.**

Gemeint ist der **inländische Wohnsitz** (auch eines Ausländers, was nach deutschem Recht beurteilt wird, BGH NJW-RR 1994, 646) nach §§ 7-11 BGB; bei mehrfachem Wohnsitz: § 35. Wohnsitz eines Kindes: § 11 BGB. Allg Gerichtsstand einer Partei kraft Amts (zB Insolvenzverwalter) ist ihr Wohnsitz (BGH NJW 1984, 739; str). Ist der Aufenthaltsort des Bekl unbekannt: öffentl. Zustellung § 185. 1

Bei **Auslandswohnsitz** und Fehlen eines besonderen oder vereinbarten oder nach VO (EG) Nr. 44/2001 (ab 01.03.2002) oder Staatsverträgen gegebenen inl Gerichtsstands muss im Ausland geklagt werden. Die Staatsangehörigkeit spielt keine Rolle. 2

3

**Praxishinweise:**

1. Maßgebend ist der Wohnsitz des Bekl bei Zustellung, unerhebl. ist ein späterer Wohnsitzwechsel (§261 III Nr.2). Abzustellen ist auf das tatsächliche Wohnen, also darauf, wo die Person vorwiegend lebt und schläft (§7 I BGB). IdR ergibt sich das aus der polizeilichen Meldeanschrift, die aber nicht ausschlaggebend ist (BGH NJW-RR 1986, 1083).

2. Minderjährige Kinder haben einen sog abgeleiteten Wohnsitz, nämlich den der Eltern (§ 11 BGB). Bei Trennung der Eltern kann dies zu einem Doppelwohnsitz führen (s. *Zöller/Vollkommer* § 13 Rn 9).

3. Für Kinder wohnsitzloser Eltern gilt nicht der abgeleitete Wohnsitz (§ 13 Rz 3). Sie behalten den elterli. Wohnsitz (*Wieczorete/Schütze/Hausmann* § 16 Rn 14)

## § 14 ZPO
(weggefallen)

## § 15 ZPO Allgemeiner Gerichtsstand für exterritoriale Deutsche

**(1) [1]Deutsche, die das Recht der Exterritorialität genießen, sowie die im Ausland beschäftigten deutschen Angehörigen des öffentlichen Dienstes behalten den Gerichtsstand ihres letzten inländischen Wohnsitzes. [2]Wenn sie einen solchen Wohnsitz nicht hatten, haben sie ihren allgemeinen Gerichtsstand beim Amtsgericht Schöneberg in Berlin.**

**(2) Auf Honorarkonsuln ist diese Vorschrift nicht anzuwenden.**

§ 15 I 2 geändert durch G v. 24.08.2004 (BGBl 2004, 2198).

1 Exterritoriale vgl §§ 18, 19 GVG. Wird ein deutscher Bundeswehroffizier als Militärattaché ins Ausland versetzt, hat er dort Diplomatenstatus (Wiener Übereinkommen v. 1961), genießt dort Exterritorialität und behält daher für die deutsche Mietzinsklage seinen deutschen Wohnsitz nach § 15 I 1 (BGH NJW 2006, 1810). Die besonderen Gerichtsstände (§§ 20 bis 35a) und ein evtl ausl bestehen daneben.

## § 16 ZPO Allgemeiner Gerichtsstand wohnsitzloser Personen

**Der allgemeine Gerichtsstand einer Person, die keinen Wohnsitz hat, wird durch den Aufenthaltsort im Inland und, wenn ein solcher nicht bekannt ist, durch den letzten Wohnsitz bestimmt.**

1 § 16 betrifft Personen, die überhaupt keinen Wohnsitz haben, nicht wenn ein Auslandswohnsitz besteht (OLG Stuttgart Justiz 1999, 16). Über angebl. Wohnsitz in Spanien vgl OLG Hamm OLG-Report 2006, 206. Auslandsberührung: ob ein inl Wohnsitz besteht, wird nach deutschem Recht geprüft, bei Befindlichkeit im Ausland kommt es auf dessen Recht an (RG JW 1937, 821), vgl Art 4 VO (EG) Nr. 44/2001. § 16 gilt auch bei Klagen nach § 323 (BGH NJW-RR 1992, 578) und im Insolvenzverfahren (OLG Köln NZI 2001, 380). Vgl ferner § 20.

2 Für Kinder wohnsitzloser Eltern gilt nicht der abgeleitete Wohnsitz (§ 13 Rz 3/2). Sie behalten den letzten elterlichen Wohnsitz (*Wieczorek/Schütze/Hausmann* § 16 Rz 4).

## § 17 ZPO Allgemeiner Gerichtsstand juristischer Personen

**(1) [1]Der allgemeine Gerichtsstand der Gemeinden, der Korporationen sowie derjenigen Gesellschaften, Genossenschaften oder anderen Vereine und derjenigen Stiftungen, Anstalten und Vermögensmassen, die als solche verklagt werden können, wird durch ihren Sitz bestimmt. [2]Als Sitz gilt, wenn sich nichts anderes ergibt, der Ort, wo die Verwaltung geführt wird.**

**(2) Gewerkschaften haben den allgemeinen Gerichtsstand bei dem Gericht, in dessen Bezirk das Bergwerk liegt, Behörden, wenn sie als solche verklagt werden können, bei dem Gericht ihres Amtssitzes.**

**(3) Neben dem durch die Vorschriften dieses Paragraphen bestimmten Gerichtsstand ist ein durch Statut oder in anderer Weise besonders geregelter Gerichtsstand zulässig.**

1 **Absatz 1** gilt für alle juP des privaten (zB AG, GmbH; auch VorGmbH, OLG Brandenburg MDR 2004, 350) und des öffentl. Rechts (zB Kirchen, Anstalten, Körperschaften), für OHG und KG und alle passiv parteifähigen Vereinigungen und Sondervermögen (Ausnahme Fiskus, § 18), vgl § 50 II; Abs. 1 gilt auch für BGB-Gesellschaft, wenn sie im Rechtsverkehr nach außen auftritt (LG Bonn NJW-RR 2002, 1399; *Zwecker/Breyer* BauR 2001, 705), zB einen Wechsel zeichnet (BGH NJW 2001, 1056; anders früher die allgM, zB BayObLG NJW-RR 1990, 742). Der Sitz ergibt sich idR aus der Satzung. Bei Sitz im

Ausland vgl Art 22 VO(EG) Nr. 44/2001, in Versicherungssachen Art 8 ff. VO(EG) Nr. 44/2001, sonst § 21. Im Arbeitsrecht beachte § 10 ArbGG.

**Absatz 2** meint bergrechtl. Gewerkschaften, die aber alle GmbH oder AG sind (für die arbeitsrechtl. gilt Absatz 1); Behörden iSd Abs. 2 gibt es nicht mehr. 2

**Absatz 3.** Der Gerichtsstand des Sitzes kann durch Satzung nicht abbedungen werden, ein zusätzlicher Gerichtsstand kann aber begründet werden. 3

## § 18 ZPO Allgemeiner Gerichtsstand des Fiskus

**Der allgemeine Gerichtsstand des Fiskus wird durch den Sitz der Behörde bestimmt, die berufen ist, den Fiskus in dem Rechtsstreit zu vertreten.**

**Fiskus:** Bund und Länder, soweit sie nicht hoheitl. handeln; § 18 gilt nicht mehr für Bundespost (Sitz der drei Post-AG: Bonn) und Bundesbahn (Sitz der Deutsche Bahn AG: Frankfurt am Main). Wer den Fiskus jeweils vertritt, ergibt sich unübersichtl. aus Gesetzen und VOen. Vgl *StJSch* § 18 Rz 10 ff.; zweckmäßig ist Anfrage bei der Behörde, mit der verhandelt wurde. Neben dem des § 18 hat der Fiskus auch die besonderen Gerichtsstände, zB nach §§ 21, 29. 1

Der **ausländische Fiskus** wird nach ausl Recht vertreten (BGH 40, 199); wegen Stationierungs- und Truppenschäden vgl Art 12 AG-Natotruppenstatut (*Geißler* NJW 1980, 2617). 2

3

**Praxishinweise:**

Es ist oft schwierig, herauszufinden, welche vertretungsberechtigte Behörde in Bund oder Ländern den Fiskus vertritt (s dazu *MünchKommZPO/Patzina* § 18 Rz 3 ff.). Insoweit ist zu beachten, dass § 17 neben § 18 gilt und zB Gemeinden oder Gemeindeverbände oder andere Körperschaften des öffentlichen Rechts auch an ihrem Sitz verklagt werden können (*Stein/Jonas/Roth* § 18 Rz 3).

## § 19 ZPO Mehrere Gerichtsbezirke am Behördensitz

**Ist der Ort, an dem eine Behörde ihren Sitz hat, in mehrere Gerichtsbezirke geteilt, so wird der Bezirk, der im Sinne der §§ 17, 18 als Sitz der Behörde gilt, für die Bundesbehörden von dem Bundesminister der Justiz, im Übrigen von der Landesjustizverwaltung durch allgemeine Anordnung bestimmt.**

## § 19a ZPO Allgemeiner Gerichtsstand des Insolvenzverwalters

**Der allgemeine Gerichtsstand eines Insolvenzverwalters für Klagen, die sich auf die Insolvenzmasse beziehen, wird durch den Sitz des Insolvenzgerichts bestimmt.**

Eingefügt ab 01.01.1999 durch EGInsO (BGBl 1994, 2911)

1 Klagt der Insolvenzverwalter (zB gegen einen Schuldner des Gemeinschuldners auf Zahlung), gelten die allg Regeln, nicht § 19a. § 19a gilt nur, wenn der Insolvenzverwalter (§ 56 InsO) *massebezogen* verklagt wird (BGH NJW 2003, 2916, Insolvenzmasse §§ 35, 36 InsO). Sitz des Insolvenzgerichts § 3 InsO. Darunter fallen zB Klagen auf Aussonderung (§ 47 InsO), Absonderung (§ 49 InsO), Klagen wegen Masseverbindlichkeiten (§§ 53 ff. InsO), zB aus Handlungen des Verwalters (§ 55 InsO). Hat ein Gläubiger eine Forderung zur Tabelle angemeldet und wird dies bestritten, gilt für die Feststellungsklage § 180 InsO, nicht § 19a ZPO. Klagt der Insolvenzverwalter gegen eine in Thailand wohnende Person auf Rückübertragung (§§ 129 ff. InsO) eines spanischen Grundstücks, ist § 19a nicht einschlägig (BGH NJW 2003, 2916).

## § 20 ZPO Besonderer Gerichtsstand des Aufenthaltsorts

**Wenn Personen an einem Ort unter Verhältnissen, die ihrer Natur nach auf einen Aufenthalt von längerer Dauer hinweisen, insbesondere als Hausgehilfen, Arbeiter, Gewerbegehilfen, Studierende, Schüler oder Lehrlinge sich aufhalten, so ist das Gericht des Aufenthaltsortes für alle Klagen zuständig, die gegen diese Personen wegen vermögensrechtlicher Ansprüche erhoben werden.**

1 Der Anspruch muss mit dem Aufenthalt keinen Zusammenhang haben. Auch bei länger dauernder Haft (BGH NJW 1997, 1154). In EG-Auslandssachen beachte die VO(EG) Nr. 4 4/2001.

## § 21 ZPO Besonderer Gerichtsstand der Niederlassung

**(1) Hat jemand zum Betrieb einer Fabrik, einer Handlung oder eines anderen Gewerbes eine Niederlassung, von der aus unmittelbar Geschäfte geschlossen werden, so können gegen ihn alle Klagen, die auf den Geschäftsbetrieb der Niederlassung Bezug haben, bei dem Gericht des Ortes erhoben werden, wo die Niederlassung sich befindet.**

**(2) Der Gerichtsstand der Niederlassung ist auch für Klagen gegen Personen begründet, die ein mit Wohn- und Wirtschaftsgebäuden versehenes Gut als Eigentümer, Nutznießer oder Pächter bewirtschaften, soweit diese Klagen die auf die Bewirtschaftung des Gutes sich beziehenden Rechtsverhältnisse betreffen.**

1 **1. Voraussetzungen: a) Gewerbebetrieb**, freier Beruf oder Landwirtschaft des Bekl; **b) Niederlassung** von gewisser Dauer, deren Leitung das Recht haben muss, aus eigener Entscheidung Geschäfte abzuschließen (BGH NJW 1987, 3081); zB Bankfiliale, Bahnhof, Postamt, Generalagentur, Reisebüro eines Reiseunternehmens, Filialdirektion einer Versicherung (AG München VersR 2004, 372); vorgespiegelte Niederlassung (OLG Frankfurt DB 2003, 41); die hM lässt mangels Selbstständigkeit *nicht* genügen bloße Verkaufsstellen; Warenlager; Vermittlungsagenturen (BayObLG MDR 1989, 459), falls die Beschränkungen im Innenverh (zB bez Preisgestaltung) nach außen erkennbar sind.

2 **c) Bezug der Klage** darauf: zB dort abgeschlossene Verträge, auch Arbeitsverträge; es genügt, dass die Ansprüche des Kl „aus Geschäften herrühren, welche unmittelbar oder

mittelbar mit Rücksicht auf den Geschäftsbetrieb der Niederlassung geschlossen sind oder doch als eine Folge desselben erscheinen" (RG 30, 328; vgl BGH NJW 1975, 2142). Auch für die Klage des Unfallgeschädigten gegen die KfZ-HaftpflichtVers (AG Köln NJW-RR 1993, 1504); **d) Sonderregelungen:** Art 5 Nr. 5 VO (EG) Nr. 44/2001; § 48 VVG (Gerichtsstand der Versicherungsagentur), § 192 II VVG; § 109 VAG.

**2. Prozess:** Bekl ist nicht die Niederlassung, sondern ihr Inhaber, uU unter der Firma der 3
Niederlassung (BGH 4, 62). Mahnbescheide kann der Inhaber hier nicht beantragen, § 689 (BGH NJW 1998, 132).

4

**Praxishinweise:**

1. Der Gerichtsstand der Niederlassung wird schon dadurch begründet, dass der Bekl den Anschein einer Niederlassung erweckt hat, etwa durch eine irreführende Werbung. Er kann sich dann nicht darauf berufen, dass der Rechtsschein unzutreffend sei, weil nur die Hauptstelle entscheidungsbefugt ist. Allerdings muss der Kläger die den Rechtsschein begründenden Tatsachen darlegen und beweisen (*Stein/Jonas/Roth* § 21 Rz 11).

2. Im Versicherungsrecht gilt die Sondervorschrift des § 48 VVG. Hat ein VersicherungsVertr einen Vertrag vermittelt oder abgeschlossen, kann gegen den Versicherer nur vor dem Gericht geklagt werden, das für den Ort zuständig ist, an dem der Vertreter zur Zeit der Vermittlung oder des Vertragsabschlusses seine gewerbl. Niederlassung hatte. Fehlt es daran, ist sein Wohnsitz maßgebend.

## § 22 ZPO Besonderer Gerichtsstand der Mitgliedschaft

**Das Gericht, bei dem Gemeinden, Korporationen, Gesellschaften, Genossenschaften oder andere Vereine den allgemeinen Gerichtsstand haben, ist für die Klagen zuständig, die von ihnen gegen ihre Mitglieder als solche oder von den Mitgliedern in dieser Eigenschaft gegeneinander erhoben werden.**

**Folge der Regelung** ist, dass **a)** zB jeder Verein, auch ein überregionaler Massenverein, 1
eine Gewerkschaft (BGH 50, 325; NJW 1980, 343), VVaG (hM), an seinem Sitz seine Mitglieder auf Beiträge usw. verklagen kann, auch ausgeschiedene (RG 54, 207), auch Rechtsnachfolger; widerspricht Beklagtenschutz, deshalb str. Bestreitet der Bekl die Mitgliedschaft: § 29 Rz 3; **b)** die Mitglieder dort untereinander klagen können (zB der OHG, KG, gem § 128 HGB; der Anwaltssozietät im Form einer BGB-Ges, OLG Köln NJW 2004, 862); **c)** in Erweiterung des § 22 auch die Kommanditisten gegen die „Initiatoren, Gestalter oder Gründer" wegen Prospekthaftung klagen können (BGH NJW 1980, 1470: denn Zweck des § 22 sei, Streitigkeiten, die die inneren Rechtsbeziehungen einer Gesellschaft betreffen, am Gesellschaftssitz zu konzentrieren). Wo diese Korporation usw. ihren allg Gerichtsstand haben, sagt § 17.

**Sondervorschriften** in §§ 246 ff. AktG, 75 GmbHG, 51 III GenG. 2

## § 23 ZPO Besonderer Gerichtsstand des Vermögens und des Gegenstands

**[1]Für Klagen wegen vermögensrechtlicher Ansprüche gegen eine Person, die im Inland keinen Wohnsitz hat, ist das Gericht zuständig, in dessen Bezirk sich Vermögen derselben oder der mit der Klage in Anspruch genommene Gegenstand befindet. [2]Bei Forderungen gilt als der Ort, wo das Vermögen sich befindet, der Wohnsitz des Schuldners und, wenn für die Forderungen eine Sache zur Sicherheit haftet, auch der Ort, wo die Sache sich befindet.**

**Lit:** ***Wollenschläger*** IPRax 2002, 96.

1 **1. Im Anwendungsbereich der VO (EG) Nr. 44/2001 (bzw EuGVÜ)** ist wegen Art 3 II der § 23 für die int Zust ausgeschlossen, aber nicht für Arrest/eVfg (Art 24), nicht für PfÜB nach § 828 II 2 (OLG Saarbrücken IPRax 2001, 456: nur Drittschuldner, zB Arbeitgeber des Schuldners, hat hier Wohnsitz): auch kann sich uU das örtl. berufene Gericht nach Art 23 VO (EG) Nr. 44/2001 aus § 23 ergeben; bilaterale Abkommen (vgl *StJSchu* Rz 34) erkennen zT auf § 23 gegründete Urteile nicht an.

2 **2. § 23 gilt** auch, wenn der Kl Ausländer ist (hM, *Fischer* RiW/AWD 1990, 794) sowie für Arrest (LG Frankfurt WM 1987, 276), eVfg, ZwV-Klagen (§ 722); Bekl kann eine natürl. oder juP (BAG NJW 1985, 2911) oder der ausl Fiskus (hM) sein. § 23 ist abdingbar (BGH 94, 158).

3 **a) Gerichtsstand des Vermögens:** Voraussetzungen: **aa) Vermögen:** nach hM spielt die Höhe des Vermögens (oder die Relation zum Streitgegenstand) keine Rolle (BGH NJW 1997, 325; NJW 1989, 1431; **aA** OLG Celle NJW 1999, 3722; dazu *Wollenschläger* IPRax 2001, 320). Ein Vollstreckungszugriff muss aber mögl. sein (OLG München NJW 1993, 701). Bei einem Bankkonto muss ein Aktivsaldo vorhanden sein (OLG Hamburg VersR 1994, 746), eine bloße Kontoverbindung genügt nicht. Das Vermögen einer Kapitalgesellschaft kann nicht mit dem ihres Alleingesellschafters gleichgesetzt werden (BGH NJW 1993, 2683). – Die **aA** (*Zöller/Vollkommer* §23 Rz 7 mwN) legt, da der Gerichtsstand int unerwünscht sei, §23 zu Recht einschränkend aus und lässt geringwertiges oder unpfändbares Vermögen nicht genügen, auch dürfe es nicht „unverhältnismäßig geringer sein als der Wert des Streitgegenstandes“. Sicher wäre es ein Missbrauch des §23, wenn eine vergessene Brille den Gerichtsstand für eine Millionenklage begründen könnte; es kann aber andererseits nicht verlangt werden, dass wegen wesentl. Forderungsteile hier erfolgreich vollstreckt werden kann. Kein Gerichtsstand daher, wenn der Wert des hiesigen Vermögens im Verh zum StrG extrem gering ist (OLG Celle NJW 1999, 3722); wenn das Vermögen bestritten bleibt (OLG Saarbrücken NJW 2000, 670). – **Beispiele** für Vermögen: Büroausstattung (BGH NJW-RR 1991, 423); Grundstücke; Bankguthaben; Aktien (OLG Frankfurt NJW-RR 1996, 186); Forderungen beliebiger Art, auch aus Verträgen; Kostenerstattungsansprüche. – Der Kl muss das Vermögen behaupten und, wenn es bestritten wird, beweisen.

4 **bb) Wesentlicher Zeitpunkt:** Zeitpunkt der Klagezustellung; spätere Entfernung des Vermögens schadet nicht (§ 261 III 2).

5 **cc) Ort des Vermögens:** bei körperlichen Gegenständen die Lage; bei Bankguthaben am Sitz der Bank (BGH NJW-RR 1988, 172), § 17; auch der Sitz einer Niederlassung genügt,

§ 21; bei GmbH-Anteilen: Sitz der GmbH, Wohnsitz bzw Sitz der Gesellschafter (OLG Frankfurt MDR 1958, 108). Bei Vermögen an verschiedenen Orten: § 35.

**dd) Hinreichender Inlandsbezug des Rechtsstreits:** er ist erforderl. (BGH NJW 1991, 6
3092; BAG NJW 1997, 3462; anders die frühere BGH-Rspr; dazu *Koch* IPRax 1997, 229; *Schlosser* IPRax 1992, 140). § 23 würde sonst die Absurdität ermöglichen, dass ein in Ecuador wohnhafter Deutscher wegen eines Geschäfts in Ecuador einen anderen in Ecuador wohnenden Deutschen in München verklagen kann, weil dieser hier noch als Miteigentümer eines kleinen Grundstücks im Grundbuch eingetragen ist. Inlandsbezug liegt zB vor: bei inl Aufenthalt des Kl, inl Geschäftstätigkeit des Bekl, Rechts- oder Beweisnähe deutscher Gerichte, Notzuständigkeit (*Mark/Ziegenhain* NJW 1992, 3062). Inlandsbezug entbehrlich bei Verfahren auf Anerkennung einer ausl Entscheidung, wenn der Schuldner hier Vermögen hat (BGH NJW 1997, 325).

**b) Gerichtsstand des Streitobjekts** (wenn nicht zum Vermögen des Bekl gehörig): zB 7
hier verwahrte Sachen. „In Anspruch genommen“: negative Feststellungsklage genügt (BGH NJW 1977, 1637).

8

**Praxishinweise:**

Die Versuchung für Kl und Bekl, den Gerichtsstand des Vermögens zu schaffen oder zu verhindern, ist erfahrungsgemäß groß. Abzuwehren ist daher das Erschleichen der Zust durch Abstellen auf irgendwelche belanglosen oder herbeigeschafften Vermögenswerte oder der Einwand der Unzust durch deren Wegschaffen. Dies lässt sich erreichen, indem § 23 als Gerichtsstand des Vollstreckungszugriffs verstanden wird: Zuständigkeitsbegründendes Vermögen setzt eine Überschuss über die Kosten der ZwV voraus (*Stein/Jonas/Roth* § 23 Rz 15, 33).

## § 23a ZPO Besonderer Gerichtsstand für Unterhaltssachen

**Für Klagen in Unterhaltssachen gegen eine Person, die im Inland keinen Gerichtsstand hat, ist das Gericht zuständig, bei dem der Kläger im Inland seinen allgemeinen Gerichtsstand hat.**

**Klagen:** Leistungs-/Feststellungsklagen von Unterhaltsberechtigten oder -verpflichteten, 1
auch aus Vertrag (BGH NJW 1989, 1356; dazu *Coester-Waltjen* IPRax 1990, 26), auch Abänderungsklagen des Verpflichteten gem § 323 (Bay-ObLG 1985, 19), Arrest, Leistungsverfügung. Kein Gerichtsstand: §§ 12 ff., auch nicht der des § 23. – Ausschließl. Gerichtsstände (§ 606 II 2, §§ 640a, 642) gehen vor. EG-Sonderregelung: Art 5 Nr. 2 VO (EG) Nr. 44/2001.

## § 24 ZPO Ausschließlicher dinglicher Gerichtsstand

**(1) Für Klagen, durch die das Eigentum, eine dingliche Belastung oder die Freiheit von einer solchen geltend gemacht wird, für Grenzscheidungs-, Teilungs- und Besitzklagen ist, sofern es sich um unbewegliche Sachen handelt, das Gericht ausschließlich zuständig, in dessen Bezirk die Sache belegen ist.**

**(2) Bei den eine Grunddienstbarkeit, eine Reallast oder ein Vorkaufsrecht betreffenden Klagen ist die Lage des dienenden oder belasteten Grundstücks entscheidend.**

1 Unbewegliche Sachen vgl §§ 93-96 BGB. **Klagen: a)** Geltendmachung (bestehenden) Eigentums, zB Berichtigung des Grundbuchs, Feststellung des Eigentums, § 985 BGB; Beseitigung überhängender Zweige und Rückschnitt einer Hecke (BayObLG JB 1996, 479); Klage auf Duldung der ZwV in Grundstück aufgrund Anfechtung nach AnfG (OLG Hamm NZI 2002, 575; aA OLG Celle MDR 1986, 1031); nicht: auf Verschaffung des Eigentums zB aus Vertrag. **b)** Geltendmachung dingl. Belastung, zB Nießbrauch (§§ 1030 ff BGB), Grunddienstbarkeiten (§§ 1018 ff. BGB), Hypothek, Grundschuld (Klage auf Kapital, auf Duldung der ZwV gem § 1147 BGB). **c)** Freiheit davon: hier genügt ein schuldrechtl. Anspruch. **d)** Grenzscheidung: §§ 919, 920 BGB; **e)** Teilungsklage: §§ 749, 1008 BGB (nicht bei Auseinandersetzung von Erben, Gesellschaftern). **f)** Besitzklagen: §§ 861, 869 BGB (nicht: auf Einräumung aufgrund Miete oder Kauf).

2 Das Gericht ist uU auf die dingl. Anspruchsgrundlagen beschränkt (gespaltene Zust), vgl § 32 Rz 5. § 24 ist nicht einschlägig, wenn die Klage *nur* den pers Anspruch betrifft (BayOblG JB 2006, 39).

3

**Praxishinweise:**

1. Für die Begründung der Zust kommt es nur auf deren schlüssige Behauptung an, nicht auf den Beweis des Rechts. Wer klagt, ist unerhebl.

2. § 24 gilt auch für eine Widerklage (§ 33 II) oder eine Inzidentklage (§ 256 II).

3. Schuldrechtl. Klagen gegen Eigentümer oder Besitzer können in diesem Gerichtsstand mitverfolgt werden (§ 26). Dem Kl bleibt aber das Wahlrecht des § 35.

4. Der dingl. Gerichtsstand kann nicht durch Vereinbarung oder rügelose Einlassung aufgehoben werden (§ 40 II Nr. 2).

## § 25 ZPO Dinglicher Gerichtsstand des Sachzusammenhanges

**In dem dinglichen Gerichtsstand kann mit der Klage aus einer Hypothek, Grundschuld oder Rentenschuld die Schuldklage, mit der Klage auf Umschreibung oder Löschung einer Hypothek, Grundschuld oder Rentenschuld die Klage auf Befreiung von der persönlichen Verbindlichkeit, mit der Klage auf Anerkennung einer Reallast die Klage auf rückständige Leistungen erhoben werden, wenn die verbundenen Klagen gegen denselben Beklagten gerichtet sind.**

Erweist sich die Hauptklage (§ 24) als unbegründet, bleibt die Zust für die zusammenhängende Klage des § 25. Ob bei verschiedenen Bekl § 36 Nr. 3 anwendbar ist, ist str. Für die isolierte Klage gilt die Zust des § 25 nicht. 1

## § 26 ZPO Dinglicher Gerichtsstand für persönliche Klagen

**In dem dinglichen Gerichtsstand können persönliche Klagen, die gegen den Eigentümer oder Besitzer einer unbeweglichen Sache als solche gerichtet werden, sowie Klagen wegen Beschädigung eines Grundstücks oder hinsichtlich der Entschädigung wegen Enteignung eines Grundstücks erhoben werden.**

Eine dingl. Hauptklage muss (anders als bei § 25) nicht anhängig sein. Die „persönlichen" Klagen sind schuldrechtl. und (nicht unter § 24 fallende) dingl. **a)** zB Nachbarklagen (auch auf Sanierung eines gemeinsamen Weges, OLG Stuttgart NJW-RR 1999, 744), Ersatz (§ 994 BGB), pers Klagen auf Einräumung dingl. Rechte (str), auf Bauhandwerkerhypothek (OLG Braunschweig OLGZ 1974, 211); **b)** Beschädigung, zB §§ 823, 904, 989 BGB, BJagdG; **c)** Enteignung vgl Landesrecht, § 15 Nr. 2 EGZPO. 1

## § 27 ZPO Besonderer Gerichtsstand der Erbschaft

**(1) Klagen, welche die Feststellung des Erbrechts, Ansprüche des Erben gegen einen Erbschaftsbesitzer, Ansprüche aus Vermächtnissen oder sonstigen Verfügungen von Todes wegen, Pflichtteilsansprüche oder die Teilung der Erbschaft zum Gegenstand haben, können vor dem Gericht erhoben werden, bei dem der Erblasser zur Zeit seines Todes den allgemeinen Gerichtsstand gehabt hat.**

**(2) Ist der Erblasser ein Deutscher und hatte er zur Zeit seines Todes im Inland keinen allgemeinen Gerichtsstand, so können die im Absatz 1 bezeichneten Klagen vor dem Gericht erhoben werden, in dessen Bezirk der Erblasser seinen letzten inländischen Wohnsitz hatte; wenn er einen solchen Wohnsitz nicht hatte, so gilt die Vorschrift des § 15 Abs. 1 Satz 2 entsprechend.**

§ 27 begründet einen nicht ausschl., besonderen Gerichtsstand (wichtige Erweiterung in § 28); daneben kann zB im Gerichtsstand der §§ 12, 13 geklagt werden. Allg Gerichtsstand des Erblassers: §§ 13-16, 35. – Sechs Fallgruppen des § 27: **Feststellung des Erbrechts:** zB Feststellung der Nichtigkeit eines Testaments; Geltendmachung der Anfechtung nach § 2078 ff. (wird aber idR im Erbscheinsverfahren berücksichtigt), Erbunwürdigkeitsklage nach § 2342 BGB. Klage gegen **Erbschaftsbesitzer:** Fälle der §§ 2018-2027, 2029, 2037 BGB; bei § 2028 BGB str; auch Auskunftsklage gegen einen sonstigen Besitzer von Erbschaftsgegenständen (OLG Nürnberg OLGZ 1981, 115). 1

**Vermächtnisansprüche:** vgl §2174 BGB. **Sonstige Verfügung:** Auflage (§2192 BGB); Schenkung von Todes wegen (§2301 BGB). **Pflichtteilsansprüche:** §§2303ff. BGB, zB Klage auf Zahlung des Pflichtteils, auf Ergänzung. **Teilung:** zB Auseinandersetzung; Klage auf Einwilligung zu einem vorzulegenden Teilungsplan (§§2042ff. BGB); Ausgleichung gem §2057a BGB (BGH NJW 1992, 364). Für Erbscheinsverfahren (§2353 BGB), Nachlasspflegschaft (§§1960, 1961 BGB) gilt dagegen nicht §27, sondern FGG (§§72, 73 ff.). 2

3 **Absatz 2** betrifft hauptsächlich Deutsche, die bei einer ausl Botschaft beschäftigt waren und hier in der Klinik oder im Ausland verstorben sind.

## § 28 ZPO Erweiterter Gerichtsstand der Erbschaft

**In dem Gerichtsstand der Erbschaft können auch Klagen wegen anderer Nachlassverbindlichkeiten erhoben werden, solange sich der Nachlass noch ganz oder teilweise im Bezirk des Gerichts befindet oder die vorhandenen mehreren Erben noch als Gesamtschuldner haften.**

1 Betrifft Klagen der Gl von Erblasserschulden, Erbfallschulden, gegen Erben; Klage eines Miterben, der selbst NachlassGl ist, gegen andere Miterben (OLG Naumburg ZEV 2006, 33), auch nach Teilung (BayObLG NJW-RR 2004, 944); gegen Nachlasspfleger als gesetzl. Vertreter der „unbekannten" Erben (§§ 1960, 1961 BGB), Nachlassverwalter (§ 1975 BGB), Testamentsvollstrecker, Erbschaftskäufer. **Alt 1:** „befindet": vgl § 23 S 2. Zu **Alt 2** vgl §§ 2058 ff. BGB, es müssen sich keine Nachlassgegenstände im Gerichtsbezirk befinden (BayObLG NJW 1950, 310).

## § 29 ZPO Besonderer Gerichtsstand des Erfüllungsorts

**(1) Für Streitigkeiten aus einem Vertragsverhältnis und über dessen Bestehen ist das Gericht des Ortes zuständig, an dem die streitige Verpflichtung zu erfüllen ist.**

**(2) Eine Vereinbarung über den Erfüllungsort begründet die Zuständigkeit nur, wenn die Vertragsparteien Kaufleute, juristische Personen des öffentlichen Rechts oder öffentlich-rechtliche Sondervermögen sind.**

Letzte Änderung: G v. 22.06.1998 (BGBl 1998, 1474).

**Lit:** ***M. Schmidt*** MDR 1993, 410; ***Einsiedler*** NJW 2001, 1549.

1 **1. Zweck:** § 29 will die Rechtsverfolgung erleichtern, indem er dem Kl gestattet, am Wohnsitz des Bekl oder an dem Ort zu klagen, wo zu erfüllen gewesen wäre. Ausschl. Gerichtsstände gehen aber vor. Bei mehreren Erfüllungsorten: § 35. **§ 29 wird verdrängt** bei Raummiete durch § 29a, bei Haustürgeschäften durch § 29c, bei Fernunterricht durch § 26 FernUSG (ausschließl. Zust). Bei Wechsel- und Scheckklagen geben §§ 603, 605a den Gerichtsstand des Zahlungsorts. *International:* im Geltungsbereich der VO (EG) Nr. 44/2001 vgl Art 5 Nr. 1, auch wenn das Zustandekommen des Vertrags str ist (BGH NJW 1982, 2733); die kaufmännische Vereinbarung des Erfüllungsorts bedarf nicht der Form des Art 23 VO (EG) Nr. 44/2001 (BGH NJW 1985, 560 zu Art 17 EuGVÜ).

2 **2. § 29 erfasst** Streitigkeiten aus einem Vertragsverhältnis im weitesten Sinn (auch wenn der Vertragsschluss selbst streitig ist), zB Ansprüche der Vertragsparteien, ihrer Rechtsnachfolger, der mithaftenden OHG/KG-Gesellschafter auf Haupt- und Nebenforderung, Gewährleistung, Unterlassung, Rücktritt, Schadensersatz, pVV (vgl BGH NJW 1974, 410), Verschulden bei Vertragsschluss (BayObLG VersR 1985, 743; *Küpper* DRiZ 1990, 445; hM; **aA** LG Kiel NJW 1989, 841), Vertragsstrafe, Klagen aus §43 II GmbHG (BGH

NJW-RR 1992, 800). – **Nicht:** aus Bereicherung bei Abwicklung eines nichtigen Vertrages (BGH JZ 1962, 315; BayObLG DB 1990, 2587; str); aus Verf, zB §398 BGB oder §§873, 929 BGB; Erbvertrag; aus gesetzl. Verpflichtungen, zB §§368, 371 BGB (RG 28, 434).

**3. Prüfungsumfang: a)** Ist die Vereinbarung eines Erfüllungsortes str, muss darüber zwecks Feststellung der Zust Beweis erhoben werden. **b)** Wenn die Prüfung der Zust mit der der Begründetheit zusammenfallen würde (sog. *doppelrelevante* Tatsachen), genügt die schlüssige Behauptung des Kl, für die Prüfung der Zust erfolgt keine Beweisaufnahme (BGH NJW 1964, 498); ergibt sich dann, dass der Vertrag nicht zustande gekommen ist, wird die Klage als unbegründet (nicht wegen Unzust) abgewiesen. **c)** Bei § 260 ist für jeden proz Anspruch die örtl. Zust selbstständig zu prüfen; **d) Gespaltene Zuständigkeit**: andere Anspruchsgrundlagen, wie zB § 823 BGB, § 812 BGB, durfte das *nur* nach § 29 zust Gericht nach früher hM nicht prüfen; die frühere Auffassung kann man wegen § 17 II GVG (1991) nicht aufrechterhalten, vgl § 32 Rz 5; wegen § 39 spielt die Frage nur eine Rolle, wenn sich der Bekl auf diese Anspruchsgrundlagen nicht einlässt. 3

**4. Der Erfüllungsort ergibt sich aus** gesetzl. Bestimmungen (deutsches IPR ist anzuwenden, BAG NZA 2005, 297), hilfsweise aus § 269 BGB; es ist zu differenzieren: **a)** beim Personenkreis des § 29 II: aus der Vereinbarung der Parteien, hilfsweise aus den Umständen, hilfsweise Wohnsitz des Schuldners. **b)** bei anderen Personen: aus den Umständen, hilfsweise Wohnsitz des Schuldners. Eine *individuelle* Vereinbarung über einen Erfüllungsort bleibt bei diesem Personenkreis materiellrechtl. bedeutsam; sie kann ferner in die Würdigung der *Umstände* einfließen und so mittelbar den Gerichtsstand beeinflussen (umstr, vgl *Zöller/Vollkommer* § 29 Rz 31). 4

**Einzelfälle:** 5

**Anwaltsvertrag:** Streit um Honorarzahlung: Erfüllungsort ist idR *nicht* der Kanzleisitz (BGH NJW-RR 2004, 932; NJW 2004, 54; anders noch BGH NJW 1991, 3096), sodass am Sitz des Mandanten zu klagen ist (vgl *Prechtel* MDR 2003, 667; *Balthasar* JuS 2004, 571; über Klagen gegen ausländ Mandanten vgl *Neumann/Spangenberg* BB 2004, 901).

Beachte ferner § 34; Kanzleisitz zust für Schadensersatzansprüche gegen den Anwalt aus Schlechterfüllung (BayObLG MDR 1993, 179; AnwBl 2002, 430).

**Arbeitsvertrag:** der Mittelpunkt des Arbeitsverhältnisses (LAG Düsseldorf Rpfleger 1984, 360), idR der Ort des Arbeitsplatzes (BAG NZA 2003, 339).

**Architektenvertrag:** vgl *Koeble* BauR 1997, 191; zu differenzieren: bei Vertrag über *sämtliche* Architektenleistungen: Erfüllungsort ist der Ort des Bauwerks (OLG Frankfurt MDR 1993, 684); bei bloßem Planungsauftrag Ort des Architektur- Büros (OLG Zweibrücken BauR 1990, 513); für Honorarstreit: Wohnsitz des Auftraggebers, falls nur die Fertigung von Ausführungsplänen in Auftrag gegeben war (OLG Köln MDR 1994, 729); jeweils str, **aA** *Werner/Pastor* Bauprozeß 1993, Rz 376: Sitz des Architektur- Büros.

**Arztvertrag:** vgl *Prechtel* MedR 2006, 246. Honorar am Wohnsitz des Patienten (LG Mainz NJW 2003, 1612; *Sonnentag* MedR 2005, 702; vgl BGH NJW 2004, 54 zum RA); **aA:** am Sitz der Praxis (OLG Düsseldorf MedR 2005, 723; *Schinnenburg* MedR 2001, 402). Bei Behandlung im Krankenhaus aber Kliniksitz (BayObLG NJW-RR 2006, 15; LG Bremen VersR 2005, 1260; LG München I MDR 2003, 53; *Hauser* MedR 2006, 332; **aA** LG Osnabrück NJW-RR 2003, 789).

**Bauvertrag:** vgl *Hahn* NZbau 2006, 555; idR Ort des Bauwerks (BGH NJW 1986, 935; OLG Dresden BauR 2004, 1338). Wegen BGH NJW 2004, 54 wohl Bekl-Wohnsitz. Wenn die VOB/B vereinbart ist: § 18 VOB/B (OLG Frankfurt NJW-RR 1999, 604).

**Beherbergungsvertrag:** idR der Ort der Vermietung (Ferienort, Kurort), jedenfalls wenn von der stillschweigenden Absprache „Barzahlung bei Abreise" auszugehen ist (AG Garmisch-Partenkirchen NJW 1971, 762; vgl OLG Nürnberg NJW 1985, 1297); **aA** AG Freyung (MDR 1979, 850), wenn der Gast überhaupt nicht anreist.

5a **Culpa in contrahendo:** Ort, wo der Hauptvertrag zu erfüllen gewesen wäre (BayObLG VersR 1985, 743);

**Darlehensvertrag:** bei Klage auf Darlehensrückzahlung Wohnsitz des Schuldners bei Kreditgewährung (OLG Stuttgart BB 1993, 17), also nicht zwingend der Sitz der Bank.

**Dienstvertrag:** idR der Betriebsitz (BGH ZIP 1985, 157 für GmbH-Geschäftsführer); sonst, wo nach dem Vertrag die Dienste zu leisten sind.

**Energielieferung:** Ort der Abnahme (BGH NJW 2003, 3418).

**Gegenseitiger Vertrag:** für die Verpflichtung jedes Teils ist grds der Leistungsort gesondert zu bestimmen (BayObLG BB 1983, 1696); die Rspr hat aber in einigen Fällen (vgl *Palandt/Heinrichs* § 269 Rz 14) einen gemeinsamen Erfüllungsort anerkannt, zB beim Krankenhausaufnahmevertrag: der Klinikort (OLG Celle NJW 1990, 777); der Internatsort (OLG Hamm NJW-RR 1989, 1530). Der BGH (NJW 2004, 54) verlangt aber inzwischen (anders als früher) für die Annahme eines gemeinsamen Erfüllungsortes *zusätzliche* Umstände, sodass die alte Rspr zweifelhaft ist. (vgl *Stöber* NJW 2006, 2661).

**GmbH-Geschäftsführerhaftung** aus § 43 II GmbHG: Sitz der GmbH (BGH NJW-RR 1992, 800).

5b **Kaufvertrag:** Klagt der Verkäufer auf **Kaufpreiszahlung:** Wohnort/Sitz des Käufers (BGH NJW 1993, 1076); beim Kauf im Laden oder auf einer Kunstauktion (OLG Düsseldorf NJW 1991, 1493) dagegen ist nach den Umständen der Ort des Ladens usw. Erfüllungsort. Ebenso ist es bei der Klage des Verkäufers auf Abnahme Zug um Zug gegen Zahlung. **Rücktritt:** klagt der Käufer auf Rückzahlung Zug um Zug gegen Rücknahme der Kaufsache, ist Erfüllungsort, wo sich die Kaufsache zur Zeit der Rücktrittserklärung *nach dem Vertrag* befinden müsste (BGH NJW 1983, 1479; BayObLG MDR 2004, 646), wo also der Austauschort Ware/Geld war; das ist idR der Wohnsitz des Käufers (aA *Stöber* NJW 2006, 2661: grds Sitz des Verkäufers). Anders bei Umzug: kauft K in Berlin einen Computer und zieht damit nach München, wo er zurücktritt, war und ist Berlin Austauschort; die zufällige Verbringung der Kaufsache begründet keine Zust. Dasselbe gilt, wenn K nach Rücktritt die Sache schon zurückgegeben hat und nur noch auf Rückzahlung klagt (**hM**, *MüKo/Patzina* § 29 Rz 42; AG Münsingen CR 1993, 502; **aA** RG 31, 383) sowie bei schadensersatzrechtl. Rückabwicklung (§ 437 BGB).

Klage des Käufers auf **Kaufpreisrückzahlung** aus § 812 BGB, weil der Vertrag angefochten oder sonst nichtig sei: kein Fall des § 29, zu klagen ist am Wohnsitz des Verkäufers (BGH NJW 1962, 739; BayObLG BB 1990, 2442; **aA** *Zöller/Vollkommer* § 29 Rz 14, weil sich nach der Saldotheorie das Gegenseitigkeitsverh des unwirksamen Vertrages noch auf die Rückabwicklung auswirke). Sonderregelungen in Art 57 des Übereinkommens der

Vereinten Nationen v. 11.04.1980 über Verträge über den **internationalen Warenkauf**, in Kraft seit 01.01.1991.

**Krankenhaus:** Zahlungsklage gegen Patienten → Arztvertrag.

**Leasing, Mietvertrag** über bewegl. Sachen: bei Klage auf Zahlung der Miete: der Wohnsitz des Mieters bei Vertragsabschluss (BGH NJW 1988, 1914). 5c

**Mietvertrag** über Räume: § 29a.

**Posititve Vertragsverletzung:** wo die Nebenverpflichtung zu erfüllen gewesen wäre (str).

**Reisende** (Außendienstmitarbeiter): der Wohnsitz des AN (ArbG Solingen NZA 1994, 480; ArbG Bayreuth NZA 1993, 1055); Sitz des Unternehmens, von wo aus die Personalverwaltung vorgenommen wird (ArbG Pforzheim NZA 1994, 384); str (vgl ArbG Regensburg NZA 1995, 96; *Ostrup* u.a. NZA 1995, 14 ff.)

**Reisevertrag:** für Klage auf Reisepreis: Wohnsitz des Reisenden; Sitz des Reisebüros, wenn dieses ein Zimmer bestellte (BGH NJW-RR 2007, 777); für die Mängel-Klage des Reisenden; kein allg Erfüllungsort am Sitz des Reiseunternehmers; aber über § 12 oder § 21 kann dort geklagt werden.

**Rückabwicklung:** Gerichtsstand des Erfüllungsorts auch bei vertraglichem oder gesetzlichem Rücktrittsrecht, verbraucherschützendem Widerrufsrecht oder Minderung (*Stein/Jonas/Roth* § 29 Rz 16).

**Steuerberaterhonorar:** idR nicht der Kanzleisitz, sondern der Wohnsitz des Mandanten (BGH DStR 2007, 1099; LG Berlin NJW-RR 2002, 207); str vgl BayObLG NJW 2003, 1196.

**Transportvertrag:** bei Klage auf Schadensersatz wegen Transportschäden der Ablieferungsort (*Zöller/Vollkommer* § 29 Rz 25).

**Versicherung:** bei Klage gegen sie vgl § 48 VVG (Agentur-Gerichtsstand); § 21. Beim Direktanspruch aus § 3 PflVersG: § 32.

**Wasserlieferung:** am Ort der Abnahme (BGH NJW 2003, 3418), **aA:** am Ort des Wasserlieferanten (OLG Dresden ZMR 2000, 286). Ebenso bei Energielieferung (BGH aaO).

**Werkvertrag:** Kfz-Reparatur: für die Werklohnforderung Ort der Werkstätte (BayObLG MDR 1981, 583; OLG München DAR 2006, 28).

**Wettbewerbsverbot:** vgl *Bengelsdorf* DB 1992, 1340.

**Wirtschaftsprüfer**: Sitz der zu prüfenden Gesellschaft (LG Bonn BB 2005, 994).

**Wohnungseigentümer:** am Ort der Wohnanlage für Anspruch aus dem Gemeinschaftsverh (OLG Stuttgart ZMR 2000, 336).

**Zug-um-Zug:** Rz 5b.

**5. Abs 2.** Die Vereinbarungen können nur noch Kaufleute usw. schließen, auch formlos, auch durch AGB. IdR liegt der Fall des § 310 BGB vor, sodass die Form des § 305 II nF BGB nicht beachtet werden muss (vgl BGH NJW 1985, 560 zum AGBG), aber nach § 310 BGB Inhaltskontrolle stattfindet. Zum erforderlichen Vortrag vgl § 331 Rz 9. 6

## § 29a ZPO Ausschließlicher Gerichtsstand bei Miet- oder Pachträumen

**(1) Für Streitigkeiten über Ansprüche aus Miet- oder Pachtverhältnissen über Räume oder über das Bestehen solcher Verhältnisse ist das Gericht ausschließlich zuständig, in dessen Bezirk sich die Räume befinden.**

**(2) Absatz 1 ist nicht anzuwenden, wenn es sich um Wohnraum der in § 549 Abs. 2 Nr. 1 bis 3 des Bürgerlichen Gesetzbuchs genannten Art handelt.**

§ 29a I geändert durch G v. 11.01.1993, BGBl 1993, 50; § 29a II geändert durch G v. 19.06.2001 (BGBl 2001, 1149).

1 **1. Im EG-Geltungsbereich** vgl Art. 22 VO (EG) Nr. 44/2001, zB bei Vermietung einer Ferienwohnung in Italien zwischen Deutschen, Streit über Bungalow in Spanien (OLG Düsseldorf IPRax 2000, 547).

2 **2. Systematik:** § 29a ZPO, § 23 Nr. 2a GVG besagen: für **Wohnraummietsachen** ist ausschließl. das Gericht im Bezirk der Räume örtl. zust; streitwertunabhängig immer ausschließl. das AG (§ 23 Nr. 2a GVG). Für **Geschäftsraummietsachen** (Laden, Büro, Gaststätte usw.) ist ebenfalls ausschließl. das Gericht im Bezirk der Räume örtl. zust; je nach StrW kann das ein AG oder LG sein (keine ausschließl. Zust insoweit). **Wohnraum:** wesentl. ist dauernde private Nutzung durch den Mieter selbst, dh der Wohnraumbegriff des BGB (BGH 94, 15); auch für Werkmietwohnungen ist das AG zust (BAG NZA 1990, 539); **Mischmietvertrag** (zB *einheitlicher* Vertrag über Gaststätte mit Wohnung): hier wird zT darauf abgestellt, was *überwiegt* (OLG Karlsruhe NJW-RR 1988, 401); da aber auf diese Weise uU das LG entgegen § 23 Nr. 2a GVG über Wohnraum entscheiden würde, ferner der Begriff des Überwiegens undeutlich ist (Fläche? oder Miethöhe?), es auch sonst nirgends im Zust-Recht auf ein Überwiegen ankommt, darf hierauf nicht abgestellt werden; vielmehr ist immer das AG zust (LG Darmstadt DWW 1993, 20). Anders ist es, wenn getrennte Verträge vorliegen oder bei einem einheitl.Vertrag die Nutzungen trennbar sind, also ein teilbarer StrG vorliegt: dann müssen ggf zwei Räumungsprozesse erhoben werden.

2a **§ 29a ist nicht anwendbar:** auf im Ausland gelegene Räume (hier kann aber evtl gem §§ 12, 13 in Deutschland geklagt werden; Besonderheiten nach EG-Recht vgl Rz 1); auf die Wohnräume des Abs. 2 (vorübergehend vermieteter Wohnraum, zB während einer Auslandsreise; möblierter Wohnraum in der vom Vermieter selbst bewohnten Wohnung, sofern von Einzelpersonen bewohnt; Ferienhäuser, Ferienwohnungen; bestimmter von juP des öffentl. Rechts angemieteter Raum); uU auf Wohnraumplätze (OLG Hamm NJW-RR 1986, 810); auf den Miet- und Pachtzinsbürgen (BGH NJW 2004, 1239; BayObLG NZM 1999, 1141; **aA** AG Köln NZM 1998, 1005); Mietgarantievertrag bei Grundstückskauf (BayObLG NZM 2000, 784).

3 **Erfasste Streitigkeiten:** § 29a ist weit auszulegen; zB Klage auf rückständige Miete, Rückzahlung der Kaution, Ersatz von Verwendungen, Zustimmung zur Mieterhöhung nach § 558b BGB (früher § 2 MHRG), Erstattung mietpreisrechtl. nicht geschuldeter Leistungen (BGH NJW 1984, 1615); Klage des Gl, dem die Mietforderung überwiesen wurde (OLG Karlsruhe NJW-RR 2002, 1167); Arrest und eVfg.

Wird die Räumungsklage *allein* auf **§ 985 BGB** gestützt (zB bei Nichtigkeit des Vertrags), ist ausschließl. Zust nach § 29a nicht gegeben (LG Ravensburg ZMR 1986, 169; *Schneider* MDR 1992, 433; **aA** LG München I ZMR 1987, 271). 4

## § 29b ZPO
(weggefallen durch G v. 26.03.2007)

Die Wohnungseigentumssachen waren früher im Wesentlichen FGG-Sachen. Durch die Reform v. 26.03.2007 (BGBl 2007, 370) sind sie nun hauptsächlich den Amtsgerichten als ProzessG zugewiesen, laufen also grds nach ZPO, ohne Rücksicht auf den Streitwert (§ 23 Nr. 2 c GVG 2007), soweit es um die Fälle § 43 I Nr. 1-4 und 6 WEG 2007 geht. Zweite Instanz ist insoweit nicht mehr jedes LG, sondern das LG am Sitz des OLG (§ 72 GVG 2007). 1

Der bisher in § 29b geregelte Sachverhalt ist nun im Wesentlichen in § 43 WEG 2007 enthalten, der lautet:

"§ 43 WEG Zuständigkeit

Das Gericht, in dessen Bezirk das Grundstück liegt, ist ausschließlich zuständig für

1. Streitigkeiten über die sich aus der Gemeinschaft der Wohnungseigentümer und aus der Verwaltung des gemeinschaftlichen Eigentums ergebenden Rechte und Pflichten der Wohnungseigentümer untereinander;
2. Streitigkeiten über die Rechte und Pflichten zwischen der Gemeinschaft der Wohnungseigentümer und Wohnungseigentümern;
3. Streitigkeiten über die Rechte und Pflichten des Verwalters bei der Verwaltung des gemeinschaftlichen Eigentums;
4. Streitigkeiten über die Gültigkeit von Beschlüssen der Wohnungseigentümer;
5. Klagen Dritter, die sich gegen die Gemeinschaft der Wohnungseigentümer oder gegen Wohnungseigentümer richten und sich auf das gemeinschaftliche Eigentum, seine Verwaltung oder das Sondereigentum beziehen;
6. Mahnverfahren, wenn die Gemeinschaft der Wohnungseigentümer Antragsstellerin ist. Insoweit ist § 689 Abs. 2 der Zivilprozessordnung nicht anzuwenden.“

## § 29c ZPO Besonderer Gerichtsstand für Haustürgeschäfte

**(1) [1]Für Klagen aus Haustürgeschäften (§ 312 des Bürgerlichen Gesetzbuchs) ist das Gericht zuständig, in dessen Bezirk der Verbraucher zur Zeit der Klageerhebung seinen Wohnsitz, in Ermangelung eines solchen seinen gewöhnlichen Aufenthalt hat. [2]Für Klagen gegen den Verbraucher ist dieses Gericht ausschließlich zuständig.**

**(2) § 33 Abs. 2 findet auf Widerklagen der anderen Vertragspartei keine Anwendung.**

**(3) Eine von Absatz 1 abweichende Vereinbarung ist zulässig für den Fall, dass der Verbraucher nach Vertragsschluss seinen Wohnsitz oder gewöhnlichen Aufenthalt**

**aus dem Geltungsbereich dieses Gesetzes verlegt oder sein Wohnsitz oder gewöhnlicher Aufenthalt im Zeitpunkt der Klageerhebung nicht bekannt ist.**

§ 29c wurde eingefügt durch G v. 26.11.2001 (BGBl 2001, 3138, 3180).

1 § 29c gilt für die Geschäfte des § 312 BGB (Verweisung erfasst den ganzen § 312; OLG München VersR 2006, 1517), auch für daraus folgende Ansprüche aus anderen Gesetzen. Eine abweichende Vereinbarung ist unwirksam (§ 40 II), abgesehen von § 29c III. § 29c regelt nur die örtl. Zust, sachl. ist je nach Streitwert das AG oder LG zust. Zeit der Klageerhebung ist die der Zustellung (§ 253 I). Bei Einleitung durch Mahnbescheid ist auf den Zeitpunkt der Abgabe abzustellen (§§ 696 I 1, 700 III). Wohnsitz: §§ 8 ff. BGB. Bei mehreren Verbrauchern mit verschiedenem Wohnsitz: § 36 I Nr. 3. Im Mahnverfahren geht § 689 II 1 vor. Verbraucher ohne Wohnsitz und Aufenthalt können im Gerichtsstand nach §§ 16, 23 oder 29 verklagt werden. Definition des Verbrauchers in § 13 BGB. § 29c gilt für Verbraucherklagen im weitesten Sinn, auch wenn Ansprüche aus cic oder §§ 823, 826 BGB nicht nur ggü der anderen Vertragspartei, sondern auch ggü ihrem Vertreter erhoben werden (BGH NJW 2003, 1190); auch Klage aus GebäudeVers (LG Landshut NJW 2003, 1197).

2 Abs. 3 betrifft zB Gastarbeiter.

## § 30 ZPO Gerichtsstand bei Bergungsansprüchen

**Für Klagen wegen Ansprüchen aus Bergung nach dem Achten Abschnittdes Fünften Buches des Handelsgesetzbuchs gegen eine Person, die im Inland keinen Gerichtsstand hat, ist das Gericht zuständig, bei dem der Kläger im Inland seinen allgemeinen Gerichtsstand hat.**

1 Früherer § 30 aufgehoben ab 01.01.1997; § 30 mit anderem Inhalt neu eingefügt durch 3. SeerechtsÄndG v. 16.05.2001 (BGBl 2001, 898).

## § 31 ZPO Besonderer Gerichtsstand der Vermögensverwaltung

**Für Klagen, die aus einer Vermögensverwaltung von dem Geschäftsherrn gegen den Verwalter oder von dem Verwalter gegen den Geschäftsherrn erhoben werden, ist das Gericht des Ortes zuständig, wo die Verwaltung geführt ist.**

1 ZB Verwaltung von Wohnungseigentum (BAG NJW 1974, 1016), von Immobilien, Wertpapierdepots durch eine Bank. Sondervorschrift zB für Vergütung des Insolvenzverwalters in § 64 InsO.

## § 32 ZPO Besonderer Gerichtsstand der unerlaubten Handlung

**Für Klagen aus unerlaubten Handlungen ist das Gericht zuständig, in dessen Bezirk die Handlung begangen ist.**

**Lit:** ***Ehricke*** (AGB und § 32) ZZP 1998, 145.

**1. Inhalt:** **§ 32** begründet keinen ausschl. Gerichtsstand, wohl aber mittelbar die int Zust (BGH MDR 1971, 111); er hat Bedeutung in Verkehrsunfall-, Wettbewerbs- und Pressesachen. Ähnl. Regelungen vgl **§ 20 StVG**, § 14 HaftpflichtG, § 56 LuftVG, **§ 14 II UWG.** Im EG-Geltungsbereich vgl Art 5 Nr. 3 VO (EG) Nr. 44/2001 (zum EuGVÜ vgl BGH NJW 1988, 1466). Zum Prüfungsumfang vgl § 29 Rz 3. 1

**2. Anwendungsbereich: a)** Klagen aus unerl Handlung sind zB solche aus §§ 823 ff., 858, 992 BGB, 7 StVG, Arzthaftung, Ersatzansprüche wegen Rückrufaktion (OLG Stuttgart NJW-RR 2006, 1362), Verletzung absoluter Rechte (zB Urheber-, Patent-, Warenzeichenrechte), unberechtigter ZwV (zB §§ 717 II, 945), Klagen aus UWG (wahlweise neben dem Gerichtsstand aus § 14 UWG; BGH 15, 338); Direktanspruch des Geschädigten nach § 3 Nr. 1 PflVG (BGH NJW 1983, 1799); Kartellverstöße (BGH LM Nr. 10), §§ 26, 35 GWB (OLG München NJW 1996, 2832), AMG (BGH NJW 1990, 1533). Der Kl muss eine unerl Handlung darlegen (BGH NJW 2002, 1425). Die Klage kann sich auch gegen Rechtsnachfolger, phG, richten. 2

**b) Nicht:** zB Gegendarstellungsanspruch nach PresseG (vgl BGH NJW 1963, 151). 3

**3. Begehungsort** ist sowohl dort, wo der Täter gehandelt hat, als auch, wo der Erfolg eingetreten ist (zu unterscheiden vom Ort, an dem nach Tatbestandsvollendung ledigl. die Schadensfolgen in Erscheinung treten), BGH NJW-RR 1990, 604, zB: bei Verletzung des Persönlichkeitsrechts mit **Presseartikeln:** am Erscheinungsort und überall, wo das Druckwerk „verbreitet" wird, dh entsprechend der Bestimmung des Verlegers und nicht nur zufällig hin gelangt (BGH NJW 1977, 1590); ebenso bei **Wettbewerbshandlungen** durch Anzeigen (OLG Düsseldorf NJW-RR 1988, 232); § 14 II UWG; vgl § 937 Rz 1. Ebenso bei Verletzung im **Internet** (OLG Karlsruhe MDR 1999, 604; KG NJW 1997, 3321; OLG Frankfurt CR 1999, 450; *Danckwerts* GRUR 2007, 104; *Bachmann* IPrax 1998, 179: Tatort ist jeder Ort, wo die Homepage abgerufen werden kann, wo ein abrufender Computer steht). Bei **§ 826-BGB-Klagen gegen Vollstreckungsbescheid** ist Tatort dort, wo der VoB erlassen wurde (OLG Köln NJW-RR 1987, 941; **aA**: Ort der ZwV, also der Wohnsitz des Schuldners, OLG Schleswig NJW-RR 1992, 239; OLG Hamm NJW-RR 1989, 305; OLG Koblenz NJW-RR 1989, 1013); aA: Erlassort + Wohnsitz + Ort der ZwV (OLG Köln InVO 2002, 62). Zur Bank, wo überwiesen wurde, als Tatort vgl BayObLG (MDR 2003, 893). Bei Arzthaftung: Behandlungsort, Wohnort des Patienten (KG NJW 2006, 2336). **Nicht:** Klagen aus § 661a BGB (OLG Dresden OLG-NL 2004, 281). 4

**4. Anspruchskonkurrenz, gespaltene Zuständigkeit:** auf die im Gerichtsstand (nur!) des § 32 erhobene Klage durfte das Gericht *nach früher hM* nur deliktische Anspruchsgrundlagen prüfen, also nicht zB vertragl. oder vertragsähnl. oder § 812 BGB (BGH NJW 1986, 2437; 1971, 564), es sei denn, es ist zwischen den Parteien eine Gerichtsstandsvereinbarung (§ 38) getroffen oder der Bekl hat sich entsprechend rügelos eingelassen (§ 39). Wegen der anderen Anspruchsgrundlagen erfolgt keine Teilverweisung (BGH NJW 1971, 564); wurde die Klage auf alle Anspruchsgrundlagen gestützt, erfolgte nach früher hM ggf (bez § 823 BGB) Abweisung als unbegründet, sonst (bez Vertrag) als unzul (BGH NJW 1974, 411). Dann konnte vor einem (auch) für die anderen Anspruchsgrundlagen (zB nach § 13) zust Gericht die Klage (nur) aus Vertrag erneut erhoben werden (BGH VersR 1978, 59). 5

Diese Meinung hat der BGH wegen des seit 1991 geltenden § 17 II GVG nicht aufrechterhalten (BGH NJW 2003, 828; *Kiethe* NJW 2003, 1294; Nachweise der aA bei BGH NJW 2002, 1425); wenn schon ein Gericht über rechtswegfremde Anspruchsgrundlagen entscheiden muss (was wenig sinnvoll ist), dann kann es wegen des Sachzusammenhangs erst recht über *alle* Anspruchsgrundlagen des eigenen Rechtswegs befinden (was sinnvoll ist); der historische Hintergrund des § 32 ist heute obsolet. Ebenso BayObLG MDR 2003, 1311 (Anfechtung wegen Betrug, dann Klage auf Feststellung der Unwirksamkeit des Vertrags); BayObLG NJW-RR 1996, 508 (im Gerichtsstand des § 32 darf auch über Schadensersatz aus cic mit entschieden werden, wenn derselbe Lebenssachverhalt).

Das UWG kann im Gerichtsstand des § 32 mitgeprüft werden (BGH LM Nr. 1).

6 **Praxishinweise:**

Zur Zust-Begründung genügt die schlüssige Darlegung einer unerl Handlung. Dieser Sachverhalt stützt zugleich den mit der Klage verfolgten mat Anspruch (sog. doppelrelevante Tatsachen). Gelingt deren Beweis nicht, wird die Klage als unbegr, nicht als unzul abgewiesen (BGHZ 142, 240 f.).

## § 32a ZPO Ausschließlicher Gerichtsstand der Umwelteinwirkung

**[1]Für Klagen gegen den Inhaber einer im Anhang 1 des Umwelthaftungsgesetzes genannten Anlage, mit denen der Ersatz eines durch eine Umwelteinwirkung verursachten Schadens geltend gemacht wird, ist das Gericht ausschließlich zuständig, in dessen Bezirk die Umwelteinwirkung von der Anlage ausgegangen ist. [2]Dies gilt nicht, wenn die Anlage im Ausland belegen ist.**

**Lit:** *Pfeiffer* ZZP 1993, 159.

1 § 32a ist nur auf Schäden anzuwenden, die nach dem 01.01.1991 verursacht worden sind (Art 3 UmweltHG). Der Kreis der betroffenen Anlagen ist in BGBl 1990, 2639 aufgezählt. Der Begriff des „Inhabers“ ist unklar; er ist nicht zwingend identisch mit dem Eigentümer oder Betreiber. Die Zust nach § 32a ist ausschl.

## § 32b ZPO Ausschließlicher Gerichtsstand bei falschen, irreführenden oder unterlassenen öffentlichen Kapitalmarktinformationen

**(1) [1]Für Klagen, mit denen**

**1. der Ersatz eines auf Grund falscher, irreführender oder unterlassener öffentlicher Kapitalmarktinformationen verursachten Schadens oder**

**2. ein Erfüllungsanspruch aus Vertrag, der auf einem Angebot nach dem Wertpapiererwerbs- und Übernahmegesetz beruht,geltend gemacht wird, ist das Gericht ausschließlich am Sitz des betroffenen Emittenten, des betroffenen Anbieters von sonstigen Vermögensanlagen oder der Zielgesellschaft zuständig. [2]Dies gilt nicht, wenn sich dieser Sitz im Ausland befindet.**

**(2) [1]Die Landesregierungen werden ermächtigt, durch Rechtsverordnung die in Absatz 1 genannten Klagen einem Landgericht für die Bezirke mehrerer Landgerichte zuzuweisen, sofern dies der sachlichen Förderung oder schnelleren Erledigung der Verfahren dienlich ist. [2]Die Landesregierungen können diese Ermächtigung auf die Landesjustizverwaltungen übertragen.**

§ 32b eingefügt durch KapMuG v. 16.08.2005 (BGBl 2005, 2437).

§ 32b gilt auch für den sog grauen Kapitalmarkt (OLG Koblenz NJW 2006, 3723; aA OLG München ZIP 2006, 1699), auch für Beratungsfehler (LG Hildesheim BB 2006, 2212). Unerheblich ist, ob daneben vertragl. Schadensersatzansprüche geltend gemacht werden (OLG Nürnberg WM 2006, 2079). 1

## § 33 ZPO Besonderer Gerichtsstand der Widerklage

**(1) Bei dem Gericht der Klage kann eine Widerklage erhoben werden, wenn der Gegenanspruch mit dem in der Klage geltend gemachten Anspruch oder mit den gegen ihn vorgebrachten Verteidigungsmitteln in Zusammenhang steht.**

**(2) Dies gilt nicht, wenn für eine Klage wegen des Gegenanspruchs die Vereinbarung der Zuständigkeit des Gerichts nach § 40 Abs. 2 unzulässig ist.**

**1. Allgemeines zur Widerklage:** § 253 Rz 22 ff. **Absatz 1.** Die Auslegung von § 33 ist str; der Streit hat kaum prakt Bedeutung. Nach BGH 40, 187 begründet er für die Widerklage eine besondere Zul-Voraussetzung (nämlich den Zusammenhang), nach der hM (*StJSchu* § 33 Rz 6) ist § 33 eine Zust-Regelung; Argumente sind der Wortlaut (spricht für BGH), die Stellung im Abschnitt „Gerichtsstand" und dass sich § 33 II auf Zust bezieht, die Trennungsmöglichkeit nach § 145 II (spricht für hM). 1

Es ist zu unterscheiden: 2

**a) Vor dem für die Widerklage örtlich zuständigen Gericht** (zB weil der Kl = Wider-Bekl dort seinen Wohnsitz hat, §§ 12 ff.) ist die Widerklage nach hM auch dann zul, wenn kein Zusammenhang mit der Klage besteht; § 33 I ist nicht einschlägig. *Fehlt* der Zusammenhang, kann das Gericht nach § 145 II trennen. Nach **aA** Abweisung der Widerklage wegen § 33 I als unzul.

3 **b) Vor dem für sie örtlich unzuständigen Gericht** ist die Widerklage nur zul, wenn ein Zusammenhang besteht, § 33 I, und wenn für die Widerklage nach §§ 33 II, 40 II eine ZustVereinbarung zul wäre. *Fehlt* der Zusammenhang, kann das Gericht der Hauptklage für die Widerklage durch rügelose Einlassung des Kl zust werden, § 39 (nach der **aA** Heilung des fehlenden Zusammenhangs nach § 295 möglich); lässt sich der Kl nicht ein, erfolgt auf Antrag des Bekl (= WiderKl) Verweisung nach § 281, sonst Widerklageabweisung mangels örtl. Zust.

4 **Internationale Zuständigkeit:** sie kann sich auch aus § 33 ergeben; wer als Ausländer einen Deutschen hier verklagt, muss hinnehmen, dass er vor diesem Gericht wegen eines konnexen Gegenanspruchs in Anspruch genommen wird (BGH MDR 1985, 911). Anders, wenn für die Widerklage ein Gerichtsstand im Ausland vereinbart ist; die Abbedingung des Widerklagegerichtsstandes verliert ihre Wirkung nicht dadurch, dass auch der Kl ein nach der Vereinbarung unzust Gericht angerufen hat (BGH NJW 1981, 2644). Erhebt der Bekl die Widerklage sowohl gegen den Kl als auch gegen einen am Verfahren bisher nicht beteiligten Ausländer X, so ergibt sich die int Zust des Gerichts der Klage für die gegen X gerichtete Widerklage nicht bereits aus § 33 (BGH NJW 1981, 2642), kann sich aber zB aus § 38 oder § 29 ergeben.

Sonderregelung im Anwendungsbereich der VO (EG) Nr. 44/2001: Art 6 Nr. 3.

5 **Zusammenhang (Konnexität):** gemeint ist ein rechtlicher, dies wird aber weit ausgelegt, ähnlich wie bei § 273 BGB. **a)** Zusammenhang mit dem **Klageanspruch:** zB zwischen Anspruch des Kl auf Kaufpreis und des Bekl auf Erstattung der Mängelbeseitigungskosten (BGH 52, 34); gegen Unterhalts-Nachforderungsklage Widerklage auf Abänderung nach § 33 (BGH FamRZ 2004, 1712); **b)** mit (proz, zB § 296 ZPO, und sachl., zB § 393 BGB, zulässigen!) **Verteidigungsmitteln** (Einreden, Einwendungen): zB: rühmt sich der Bekl bei Klage über 2 000 € einer Gegenforderung von 10 000 €, kann er 2 000 € zur Aufrechnung verwenden, wegen 8 000 € Widerklage erheben. **Ungenügend** ist bloße Identität des Beweismittels, zB desselben Zeugen.

6 **Erweiterung des § 33:** wird eine konnexe **Widerklage zugleich gegen den Kläger und eine bisher nicht beteiligte Person** (sachdienl.) erhoben, dann ist zweifelhaft, ob das Gericht nach § 33 für alle Widerbeklagten örtl. zust ist; § 33 begründet für die Drittwiderbeklagten keine örtl. Zust (BGH NJW 2000, 1871; 1993, 2120; BAG NZA 1997, 1071); soweit sie nicht aus allg Bestimmungen (zB §§ 12, 13) folgt, ist Vorgehen nach § 36 Nr. 3 erforderlich (BGH NJW 1991, 2838; die **aA** BGH NJW 1966, 1028 ist aufgegeben). Eine **Drittwiderklage** ist idR zulässig, wenn der von einem Verkehrsunfall betroffene B seinen Schadensersatzanspruch gegen C an D abtritt, und D dann gegen C klagt, worauf C gegen D und B Widerklage wegen *seines* Schadens erhebt (BGH NJW 2007, 1753).

Zur Widerklage iÜ vgl § 253 Rz 22.

7 **2. Absatz 2** besagt, dass Abs. 1 keine örtl. Zust für die Widerklage gibt, wenn die Widerklage eine nichtvermögensrechtl. Streitigkeit betrifft oder wenn für die Widerklage ein anderer ausschließl. Gerichtsstand (zB aus § 29a ZPO) gegeben ist. § 33 II findet bei Haustürgeschäftsklagen keine Anwendung (§ 29c II).

8 **Streitwert.** Für die sachl. Zust vgl § 5 S. 2. Wird beim AG einer Widerklage mit LG-Streitwert eingereicht: § 506. GebStrW: § 45 GKG.

**Gerichtskosten.** Ordnet das Gericht sofortige Trennung von Klage und Widerklage an (§ 145 II), liegt § 45 I 1 GKG nicht mehr vor; für die Widerklage ist die gewöhnliche VerfahrensGeb aus ihrem StrW zu zahlen. Wird nicht getrennt: Für die Widerklage besteht nach § 12 II Nr. 1 GKG keine Gerichtskostenvorauszahlungspflicht. Die GerichtsGeb für die Widerklage ist zwar mit Eingang fällig (§ 6 GKG) und wird in Rechnung gestellt (§ 13 KostVfG), evtl beigetrieben; es darf aber mit der Zustellung der Widerklage nicht bis zum Eingang des Betrags gewartet werden. Für die Zeugen und SV kann vom WiderKl Vorschuss verlangt werden (§§ 379, 402). Für den GebStrW und damit die Höhe der GerichtsGeb ist nach § 45 I GKG zu unterscheiden: **(1)** wenn Klage und Widerklage *denselben* Anspruch betreffen, was selten der Fall ist, erfolgt keine StrW-Addition, sondern der Wert des höheren Anspruchs ist maßgebend (§ 45 I 3 GKG); wenn dies, wie meist, die Klage ist, hat der WiderKl keine weitere GerichtsGeb mehr zu zahlen; **(2)** wenn Klage und Widerklage nicht denselben Anspruch betreffen, wie im Regelfall, werden die Ansprüche addiert. Der WiderKl muss deshalb nicht den vollen Gerichtskostenbetrag aus seinem StrW einzahlen, sondern nur die Betragsspitze. Bei Klage über 30 000 € und Widerklage über 10 000 € beträgt der neue StW ab Eingang der Widerklage 40 000 €. Der Widerkläger muss nur noch die Differenz zwischen 3,0 aus 30 000 € und aus 40 000 € einzahlen, nicht etwa 3,0 aus 10 000 €. 9

10

**Praxishinweise:**

1. § 33 schafft nur einen besonderen Gerichtsstand, regelt also nicht die Zulässigkeit der Widerklage (s. dazu § 253 Rz 23 ff.). Die Vorschrift ist deshalb nicht einschlägig, wenn ohnehin die örtl. Zust für die Widerklage gegeben ist.

2. Der Gerichtsstand kann geändert werden, indem vor dem AG eine den ZustWert überschreitende Widerklage erhoben und Verweisung beantragt wird (§ 506; OLG Zweibrücken NJW-RR 2000, 590).

3. Richtet sich die Widerklage gegen den Kl und eine am Rechtsstreit nicht beteiligte Person (Drittwiderklage), dann ist sie nur iVm der Widerklage auch gegen den Kl zul (BGH NJW 1971, 466; OLG München MDR 1984, 498). Ausnahme: Isolierte Drittwiderklage zul, wenn der vom Zessionar auf Zahlung verklagte Schuldner wegen seiner Ansprüche aus überzahltem Honorar nur gegen den Zedenten allein Widerklage erheben kann, weil der Zessionar insoweit nichts schuldet (BGH MDR 2001, 952); ebenso bei einer Drittwiderklage gegen Gesellschafter einer klagenden Gesellschaft, wenn das Urt. für die Gesellschaft verbindlich und damit vorgreiflich ist (BGHZ 91, 134 f.).

4. Eine Widerklage kann auch prozesstaktisch eingesetzt werden (s. näher *Schneider* MDR 1998, 21). Mit ihrer Erhebung kann zB eine Präklusion verhindert (§ 296 Rz 16, 26) oder im Haftpflichtprozess ein Zeuge ausgeschaltet werden. Risiko! Der Inhaber K einer Kfz-Werkstatt klagt gegen den Halter H Werklohn aus einer Fahrzeugreparatur ein und benennt den Monteur Adam als Zeugen. Der Beklagte will Adam als Zeugen ausschalten und erhebt Widerklage gegen K und Adam. Zum Beweistermin stellt K den Zeugen Bedam, weil sich zwischenzeitlich herausgestellt habe, dass dieser den Pkw repariert habe (§ 360 1). Die Zeugenausschaltung ist missglückt; die Kosten der Klageabweisung betreffend Adam oder der Klagerücknahme trägt H.

5. Tritt der Fahrer eines Pkw seine Ersatzforderung an Gold ab und klagt sodann der Zessionar Gold, der den Zedenten (Fahrer) als Zeugen benennt, kann diesem die Zeugeneigenschaft durch Widerklage entzogen werden (LG Hannover NJW 1988, 1601; aA OLG Zweibrücken VersR 1995, 197).

6. Zulässig ist auch eine Hilfswiderklage, als „echte" für den Fall der Begründetheit der Klage, als „unechte" für den der Klageabweisung. Praktisch wird das besonders, wenn der Bekl auch aufrechnen kann. Beispiel: Hilfsaufrechnung unter der innerproz Bedingung der erfolgreichen Klage, verbunden mit einer Hilfswiderklage für den Fall der Klageabweisung.

7. Gegenüber einer Teilklage ist hilfsweise für den Fall der Klageabweisung eine negative Feststellungs-Widerklage wegen der restlichen Berühmung möglich (BGHZ 132, 397).

8. Schließlich besteht die Möglichkeit, mehrere Widerklageanträge im Eventualverhältnis zu stellen.

9. Widerklageverbote bestehen im Urkunden- und Wechselprozess (§ 595 I) und gegenüber einer einstweiligen Verfügung. Zul aber eine Urkunden-Widerklage im ordentl. Verfahren (BGHZ 149, 226) und eine einstweilige Gegenverfügung (LG Köln MDR 1959, 40).

10. Zul-Mängel der Widerklage sind gem § 295 II oder durch rügelose Einlassung (§ 39) verzichtbar, ausgenommen Widerklageverbote.

11. Nach Schluss der mdl Verh kann keine Widerklage mehr erhoben werden (BGH NJW-RR 1992, 1085).

Formular 139: Klageerwiderung und Widerklage
Formular 140: Klageerwiderung und Negative Feststellungswiderklage
Formular 141: Klageerwiderung und Hilfswiderklage
Formular 142: Klageerwiderung, Widerklage und Drittwiderklage

## § 34 ZPO Besonderer Gerichtsstand des Hauptprozesses

**Für Klagen der Prozessbevollmächtigten, der Beistände, der Zustellungsbevollmächtigten und der Gerichtsvollzieher wegen Gebühren und Auslagen ist das Gericht des Hauptprozesses zuständig.**

1 **Prozessbevollmächtigte:** § 80. Beim RA fehlt für Geb-Klage das Rechtsschutzbedürfnis., wenn der einfachere Weg des § 11 RVG zur Verfügung steht; bei § 11 V RVG, also wenn best Einwendungen gegen die Geb-Festsetzung erhoben werden, ist Klage notwendig; ebenso wenn außergerichtl. vertreten und beraten wurde; beachte: im Prozess muss immer ein Gutachten der Anwaltskammer eingeholt werden, § 14 II RVG. Beistände: § 90. ZustellungsBev: § 184. GV: hier gilt JBeitrO, GVKostG. Für Notare gelten §§ 154, 155

KostO. Für die Vergütungen der Betreuer, Pfleger, Vormünder gilt nicht § 34, sondern § 56g FGG.

**Gebühren und Auslagen:** nur solche, die in einem zivilproz Verfahren (also zB nicht: außergerichtl. Tätigkeit; Vertretung in isoliertem FGG-Verfahren; in Strafsachen) entstanden sind. 2

**Zuständigkeit des § 34:** örtl. und sachl., Gericht der ersten Instanz des Hauptprozesses (war das ein AG: ohne Rücksicht auf StrW-Höhe), aber nicht ausschließl., ggf Wahlrecht (dazu OLG Brandenburg NJW 2004, 780) nach § 35 (mit Bekl-Wohnsitz, §§ 12, 13; mit Erfüllungsort, § 29, dh Wohnsitz des Mandanten, BGH NJW 2004, 54). Welcher Spruchkörper dort zust ist, richtet sich nach der Geschäftsverteilung, in die § 34 nicht eingreift; für die Honorarklage des RA in Familiensachen ist daher die allg Prozessabt des AG/LG zust, nicht das FamilienG (BGH FamRZ 1986, 347; hM); für Honorarklage aus einem Prozess vor der KfH ist AG/LG-ZivK, nicht die KfH zust, weil dies keine Handelssache ist (**aA** hM; offen BGH FamRZ 1986, 349); für Honorarklage aus Arbeitsgerichtsprozess ist nicht nach § 34 das ArbG zust, sondern AG/LG (hM; OLG Zweibrücken JurBüro 1982, 126; BAG NJW 1998, 1092; **aA** LAG Hamburg MDR 1995, 213). 3

## § 35 ZPO Wahl unter mehreren Gerichtsständen

**Unter mehreren zuständigen Gerichten hat der Kläger die Wahl.**

Ist ein Gericht ausschließl. zust, hat der Kl keine Wahl. Im Mahnverfahren können mehrere Antragsteller mit verschiedenen Wohnsitzen (§ 689 II) zwischen den verschiedenen AG wählen (BGH NJW 1978, 321). Ebenso können *mehrere* Kl mit *verschiedenen Wohnsitzen* bei der VollstrAbwehrklage gegen eine not Urkunde wählen (BGH MDR 1992, 301). 1

Die **Wahl wird ausgeübt:** durch Klageerhebung beim zust Gericht, später durch Verweisungsantrag (§ 281); durch den Antrag auf selbst Beweisverfahren, wegen § 486 II 2 (OLG Schleswig SchLHA 2007, 181). Die getroffene Wahl ist unwiderrufl. (BayObLG MDR 1999, 1461). Nach Klageabweisung als unzulässig oder Klagerücknahme (Kostenfolgen durchrechnen!) ist neue Wahl mögl. 2

Durch **Mahnantrag** wird wegen § 690 I Nr. 5 ebenfalls die Wahl ausgeübt, BGH NJW 1993, 1273 (§ 696 Rz 5); gibt der Antragsteller im Mahnantrag als Gericht, das für den späteren Rechtsstreit zust sei, das WohnsitzG (oder ein anderes zust Gericht) an, kann er später nicht mehr Verweisung an das Gericht des Erfüllungsorts beantragen. **Keine Ausübung der Wahl** für die Hauptsache durch Antrag auf Arrest/eVfg. 3

4

**Praxishinweise:**

Das Wahlrecht kann auch durch einen Verweisungsantrag ausgeübt werden mit der Folge, dass dann entgegen § 36 I Nr. 3 die Bestimmung eines gemeinsamen Gerichtsstandes für StrGen ausgeschlossen ist (OLG Düsseldorf MDR 2002, 1209).

## § 35a ZPO Besonderer Gerichtsstand bei Unterhaltsklagen

**Das Kind kann die Klage, durch die beide Eltern auf Erfüllung der Unterhaltspflicht in Anspruch genommen werden, vor dem Gericht erheben, bei dem der Vater oder die Mutter einen Gerichtsstand hat.**

1 Kind: ehel. oder nichtehel. Unterhaltspflicht vgl § 1606 III BGB. § 35a verhindert, dass bei versch Wohnsitz der Eltern das Kind (Vertretung vgl § 1629 BGB) an versch Orten klagen muss; Manipulationen sind aber unzul (OLG Nürnberg FamRZ 1996, 172). Sonderregelung: § 621 II.

## § 36 ZPO Gerichtliche Bestimmung der Zuständigkeit

**(1) Das zuständige Gericht wird durch das im Rechtszug zunächst höhere Gericht bestimmt:**

**1. wenn das an sich zuständige Gericht in einem einzelnen Fall an der Ausübung des Richteramtes rechtlich oder tatsächlich verhindert ist;**

**2. wenn es mit Rücksicht auf die Grenzen verschiedener Gerichtsbezirke ungewiss ist, welches Gericht für den Rechtsstreit zuständig sei;**

**3. wenn mehrere Personen, die bei verschiedenen Gerichten ihren allgemeinen Gerichtsstand haben, als Streitgenossen im allgemeinen Gerichtsstand verklagt werden sollen und für den Rechtsstreit ein gemeinschaftlicher besonderer Gerichtsstand nicht begründet ist;**

**4. wenn die Klage in dem dinglichen Gerichtsstand erhoben werden soll und die Sache in den Bezirken verschiedener Gerichte belegen ist;**

**5. wenn in einem Rechtsstreit verschiedene Gerichte sich rechtskräftig für zuständig erklärt haben;**

**6. wenn verschiedene Gerichte, von denen eines für den Rechtsstreit zuständig ist, sich rechtskräftig für unzuständig erklärt haben.**

**(2) Ist das zunächst höhere gemeinschaftliche Gericht der Bundesgerichtshof, so wird das zuständige Gericht durch das Oberlandesgericht bestimmt, zu dessen Bezirk das zuerst mit der Sache befasste Gericht gehört.**

**(3) [1]Will das Oberlandesgericht bei der Bestimmung des zuständigen Gerichts in einer Rechtsfrage von der Entscheidung eines anderen Oberlandesgerichts oder des Bundesgerichtshofs abweichen, so hat es die Sache unter Begründung seiner Rechtsauffassung dem Bundesgerichtshof vorzulegen. [2]In diesem Fall entscheidet der Bundesgerichtshof.**

Absatz 2, 3 angefügt durch SchiedsVfG 1998.

**Lit:** ***Bornkamm*** NJW 1989, 2713; ***Kemper*** NJW 1998, 3551; ***Schmeel*** MDR 1998, 889; Vossler NJW 2006, 117.

**1. § 36 gilt** in allen Verfahrensarten, auch PKH-Bewilligung (BGH FamRZ 1991, 1172; OLG Dresden FamRZ 1999, 449; OLG Karlsruhe FamRZ 2001, 835), s Beweisverfahren (OLG Zweibrücken NJW-RR 2000, 1084; BayObLG NJW-RR 1998, 814; im Zustbestimmungsverfahren darf die Zulässigkeit des Beweisverfahrens nach § 485 nicht geprüft werden, BayObLG NJW-RR 1999, 1010), Arrest und eVfg, Mahnverfahren, Vollstr-Verfahren (OLG Jena InVO 2001, 256; BayObLG Rpfleger 1983, 288), bei Auslandsberührung (BGH FamRZ 1990, 1224). Verjährungshemmung nach § 204 I Nr 13 BGB (dazu BGH NJW 2004, 3772). 1

**2. Zuständig ist das höhere Gericht (Absatz 1):** „im Rechtszug" kann heißen „im allg Gerichtsaufbau" oder „in der konkreten Verfahrensart". Wenn zwei AG desselben LG-Bezirks infrage kommen: das LG, in Familiensachen das OLG (BGH NJW 1978, 1531; OLG Jena OLG-NL 1999, 211), zwischen AG-LandwirtschaftsG und ProzessG das OLG (BayObLGZ 1986, 51). Zwischen AG verschiedener LG-Bezirke das gemeinsame OLG. Zwischen zwei LG im selben OLG-Bezirk: dieses OLG. Zu den einzelnen Fällen vgl Rz 3 ff. 2

**Absatz 2:** Liegen die streitenden AG, LG in verschiedenen OLG-Bezirken: das OLG, zu dessen Bezirk das zuerst mit der Sache befasste Gericht gehört (Abs. 2; früher war der BGH zust); den Zust-Streit zwischen dem zuerst befassten LG München und LG Köln entscheidet also das OLG München. Wenn Klagen gleichzeitig eingereicht werden: das zuerst tätig gewordene OLG (OLG Frankfurt FamRZ 1999, 25). Streiten zwei OLG über die Zust, ist ebenfalls Abs. 2 einschlägig (BGH MDR 1999, 886; merkwürdig). Bei Abs. 1 Nr. 3 (Wortlaut passt nicht zu Abs. 2) ist nicht etwa der BGH zust (BGH NJW 1999, 221), sondern es kommt auf das Gericht an, an das sich der Antragsteller zuerst wenden will (BayObLG NJW-RR 1999, 1296; OLG Koblenz MDR 1998, 1305 gibt dem ASt ein Wahlrecht: er kann sich an eines der infrage komenden OLGe wenden). Wird nach Mahnbescheid Widerspruch eingelegt, abgegeben, dann ZustStreit: das OLG ist zust, in dessen Bezirk das Gericht seinen Sitz hat, an das das MahnG zuerst abgegeben hat (BayObLG MDR 1999, 115; OLG Köln NJW-RR 1999, 1440). Welcher Senat usw. beim höheren Gericht entscheidet, ist Sache der Geschäftsverteilung, wobei die ges Einrichtung von Familiensenat (vgl BGH NJW 1983, 47; im Einzelnen str) und KfH zu beachten ist. 2a

**Absatz 3:** Der BGH ist nur noch bei Divergenz zust; Vorlage an den BGH nach § 36 III ist nur zul, wenn der BGH das zunächst höhere gemeinschaftl. Gericht ist und die BestimmungsZust eines OLG sich aus § 36 II ergibt (BGH NJW 2000, 3214; 1999, 221; 1999, 1403; dazu *Sommer* NJW 1998, 3551). Bei Streit, ob der OLG-Senat oder der OLG-ER zust ist, entscheidet der Senat analog § 348 II unanfechtbar (BGH NJW 2003, 3636). 2b

**Absatz 1. Nr. 1.** Rechtl. Verhinderung: zB alle Richter sind ausgeschlossen oder abgelehnt, §§ 41, 42. Tatsächl. Verhinderung: zB Überschwemmung. 3

**Nr. 2.** zB bei Zust nach §§ 24, 32. 4

**Nr. 3. Voraussetzungen:** 5

**a) mehrere Personen haben bei verschiedenen Gerichten ihren allgemeinen Gerichtsstand,** §§ 12-18. Die ZPO kennt grds keinen bes Gerichtsstand bei StrGenossenschaft, sondern löst das Problem notfalls über § 36. Nr. 3 ist auch anwendbar, wenn verschiedene sachl. Zust bestehen (BGH NJW 1984, 1624); oder wenn einer der Bekl in einem bes ausschließl. Gerichtsstand verklagt werden müsste (BGH NJW 1987, 439) oder ein Bekl im

Inland nur einen bes Gerichtsstand (zB § 23) hat (BGH NJW 1988, 646); oder teils die ZivK, teils die KfH zuständig wäre (BayObLG NJW-RR 1999, 1010; OLG Schleswig NJW-RR 2003, 1650); allerdings müssen die deutschen Gerichte in der Sache nach deutschem Recht int zust sein (BGH NJW 1980, 2646). Nicht: wenn für *einen* Bekl das Zivil-, für den *anderen* das ArbeitsG zust ist (BGH NJW 1994, 2032).

6 **b) die Beklagten haben keinen gemeinschaftlichen besonderen Gerichtsstand** (im Inland, BayObLG NJW-RR 1990, 893): § 22; § 27 (Erbschaft, dazu BayObLG FamRZ 1999, 1175), §§ 29 (Hauptfall), 32, 35a, 771 ZPO; § 20 StVG; auch darf keine nach §§ 38, 40 zul Vereinbarung vorliegen (BGH NJW 1983, 996);

7 **c) zeitlich:** sie „sollen" verklagt werden; § 36 Nr. 3 gilt (gegen den Wortlaut) auch, wenn zB die StGen schon verklagt sind und einer die örtl. Unzust geltend macht (BGH NJW 1978, 321; BayObLGZ 1993, 170; BayObLG NJW-RR 1994, 890): der Kl (nicht der Bekl, BGH NJW 1987, 439) kann den Antrag nach Nr. 3 stellen oder Verweisung bez dieses Bekl beantragen oder seine Klage insoweit als unzul abweisen lassen. Auch nach Klageabweisung durch ProzessU ist Bestimmung nach Nr. 3 noch zul (BGH NJW 1980, 189); ferner im Mahnverfahren nach Abgabe oder Verweisung (BGH NJW 1978, 1982); weiterhin, damit ein Verweisungsantrag gestellt werden kann (BayObLG NJW-RR 1994, 890). *Nicht mehr zulässig* ist die Bestimmung nach Beweisaufnahme in der Hauptsache oder Klageabweisung durch SachU (BGH NJW 1978, 321) oder wenn gegen *einen* Beteiligten schon durch bindenden Beschluss verwiesen wurde (BAG NJW 1997, 759).

8 **d) „als" Streitgenossen** (§§ 59, 60, 62). Die Streitgenossenschaft muss nicht *tatsächlich* bestehen (str, offen BGH NJW 1986, 3209; vgl BayObLG VersR 1987, 186).

8a **e) Antrag** der klagenden Partei (OLG Köln NJW-RR 2000, 589) ist erforderlich, §37 Rz 1.

9 **f) Besonderheiten:**

**(1)** Sonderregelung in Art. 6 Nr. 1 VO (EG) Nr. 44/2001. **(2)** Nr. 3 ist nicht anwendbar, wenn mehrere Antragsteller mit verschiedenen allg Gerichtsstand einen gemeinsamen Mahnbescheid beantragen wollen; hier können die Antragsteller wählen, § 35 (BGH NJW 1978, 321). **(3)** Die Bindung des bestimmten Gerichts tritt nur ein, wenn die dem Obergericht vorgelegte Klage tatsächlich in diesem Umfang erhoben wird (OLG München NJW-RR 1988, 128). **(4)** Die als StrGen in Anspruch genommenen Personen müssen zumindest einem gemeinschaftl. Gegner gegenüberstehen (BGH NJW 1992, 981); **(5)** Will der Bekl **Widerklage** nicht nur gegen den Kl, sonder auch gegen bisher nicht beteiligten Dritten erheben (Drittwiderklage), ist das Gericht dafür bez des Kl idR aus § 33 zust. § 33 erstreckt sich auf diesen Dritten nicht (§ 33 Rn 6). Infrage kommt § 36 Nr. 3 (BGH NJW 1982, 982; 1993, 2120). Wenn aber für die zu verklagenden StrGen bei einem anderen Gericht ein gemeinschaftl. Gerichtsstand besteht (zB K klagt gegen Bank auf Kfz-Briefherausgabe, Bank erhebt Widerklage gegen K und dessen Frau auf Zahlung des Pkw, beide haften gesamtschuldnerisch, haben gem Wohnsitz) ist Nr. 3 nicht gegeben (BGH NJW 2000, 1871) und darf wegen des Bekl-Schutzes auch nicht ausgeweitet werden. **(6)** § 36 Nr. 3 ist auch für ein s Beweisverfahren anwendbar (BayObLG NJW-RR 1999, 1010); **(7)** § 36 Nr. 3 auch, wenn gegen mehrere Schuldner, denen die zu pfändende Forderung gem zusteht, einheitl. vollstreckt werden soll (BayObLG Rpfleger 1999, 31); **(8)** Mehrere Vollstr-Abwehrklage, §§ 767, 768, 797 V, vgl BGH MDR 1992, 301 und BayObLG

NJW-RR 1993, 511. **(9)** Wenn der Kl zwei Personen (A, B) verklagen will und nur mit einem StrGen (A) einen *ausschließlichen* Gerichtsstand vertragl. vereinbart hat, kann dem A sein Gerichtsstand nicht durch eine Bestimmung genommen werden (BGH NJW 2000, 646). Der Gerichtsstand des A kann dem B nur ausgedrückt werden, wenn ihm das zumutbar ist und ein gemeinschaftl. Gerichtsstand zu keinem Zeitpunkt bestanden hat (BayObLG NJW-RR 2000, 660).

**Nr. 4.** Dingl. Gerichtsstand: § 24. 10

**Nr. 5.** Rechtskräftig für zust erklärt: durch Zwischen- oder EndU. 11

**Welches Gericht wird als zuständig bestimmt?** Bei Nr. 1-5 darf nur ein dem OberG 11a
nachgeordnetes Gericht bestimmt werden; Ausnahme Abs. 2 (dazu § 9 EGZPO).

**Nr. 6. Negativer Kompetenzkonflikt.** Nr. 6 erfasst auch den Streit über die RmZust (zB 12
zwischen LG und OLG, BGH NJW 1979, 719; aber nicht, wenn das LG die Annahme einer Zurückverweisung im Ber-Verfahren verweigert, BGH NJW 1994, 2956).

**Zuständigkeit des Präsidiums:** der Streit, ob die BerZivK oder die erstinstanzl. Kammer des LG zust ist, wird vom Präsidium entschieden (BGH NJW 2000, 80; Rz 16), nicht nach § 36 Nr. 6; ebenso, ob die 3. oder die 5. ZivK zust ist.

**Voraussetzungen bei Nr. 6:**

**a) Verschiedene Gerichte:** also nicht Streit verschiedener Abt, ZivK usw. desselben 13
Gerichts, der vom Präsidium entschieden wird (vgl § 21e GVG); ebenso nicht Streit verschiedener GV. *Eines* der streitenden Gerichte muss zust sein (die entsprechenden Tatsachen ermittelt das OberG aber nicht), BGH NJW 1995, 534.

**b) Rechtskräftig für unzuständig erklärt:** zB durch Verweisung nach § 281 (BGH 14
NJW-RR 1995, 641); Abgabe nach § 621 III oder § 46 I WEG; Zurückverweisung (BGH NJW 1988, 1794); durch ProzessU; durch sonstige verbindl. gewollte Feststellung (BayObLG NJW-RR 1993, 10). Vor Rechtshängigkeit ist eine rechtskr Unzust-Erklärung nicht mögl., sodass ein Vermerk des Richters und formlose Weiterleitung der Akten nicht genügt (BGH NJW-RR 1996, 254; NJW-RR 1994, 645; **aA** BayObLG NJW-RR 1992, 569: Bestimmung vor Rechtshängigkeit, wenn sonst langwieriger ZustStreit); anders bei einem PKH-Verfahren vor Rechtshängigkeit (BGH NJWE-FER 1997, 40; OLG Dresden NJW 1999, 797). Bei ZustStreit zwischen ZivK und KfH genügt es, wenn der Kompetenzstreit den Parteien bekanntgemacht wurde, förml. Beschlüsse sind nicht erforderl. (OLG Brandenburg NJW-RR 2001, 429).

**Keine Unzuständigerklärungen sind:** Weiterleitung an ein anderes Gericht, weil die 15
Sache dort bereits rechtshängig sei (BGH NJW 1980, 290) oder interne, den Parteien nicht bekanntgemachte Verfügungen, durch die eine Sache an ein anderes Gericht abgegeben oder die Übernahme abgelehnt wird (BGH NJW-RR 1992, 1154; FamRZ 1993, 49; BayObLG FamRZ 1998, 376).

**Analoge Anwendung des § 36 Nr. 6** kommt in Betracht, wenn ein ZustStreit schnell 16
beendet werden soll und die Klärung im Rm-Verfahren unzweckmäßig ist. Nicht im Verhältnis Ber-Kammer/erstinstanzl. ZivK, hier entscheidet das Präsidium (BGH NJW 2000, 80; **aA** OLG Oldenburg NJW 1973, 810);

17a **a)** Wird eine Sache vor Klagezustellung an ein anderes AG/LG abgegeben (zB wegen Berichtigung der Bekl-Anschrift) und verweigert das neue Gericht die Übernahme, ist § 36 Nr. 6 entspr anzuwenden (BGH NJW 1983, 1062; abw BGH NJW 1980, 1281).

18 **b)** Bei negativem Kompetenzkonflikt mehrerer unzust Gerichte und ausschließl. Zust eines dritten Gerichts, das seine Zust bisher nicht rechtskräftig geleugnet hat, kann das ausschließl. zust Gericht als zust bestimmt werden (BGH NJW 1978, 1163).

19 **c)** Wenn sich ZivK und KfH desselben LG für unzust erklärt haben: OLG entscheidet (OLG Brandenburg NJW-RR 2001, 429; OLG Frankfurt NJW 1992, 2900; nicht bei bloßer Abgabe, OLG Braunschweig NJW-RR 1996, 1535); AG-Prozessabteilung/AG-FamG: OLG entscheidet (BGH NJW 1978, 153; OLG Dresden OLG-NL 2001, 71); FamG/OLG-Familiensenat: OLG ist zust; ProzessG/WEG-Gericht (BGH NJW 1984, 740; BayObLG NJW-RR 1990, 1431; BayObLG WuM 1994, 110; zur Anfechtung des Abgabebeschlusses BayObLG NJW-RR 1994, 856); FamG/VormundschaftsG: OLG zust (BGH NJW 1981, 126; NJW-RR 1991, 253); NachlassG/VormundschaftsG (OLG Köln FamRZ 1996, 357); ProzessG/VollstrG (Bay-ObLG Rpfleger 1987, 124); zwischen zwei FGG-Gerichten gilt § 5 FGG, wenn es nur um die *örtliche* Zust geht (BGH NJW-RR 1991, 253).

20 **d) Arbeitsgericht:** Nr. 6 gilt im Verhältnis der ordentl. Gerichte zu den ArbG; zu entscheiden hat das obere BundesG (BGH bzw BAG), das zuerst darum angegangen wird (BGH NJW 2001, 3631/3). Ebenso im Verhältnis ArbG/SozialG (BAG NJW 1984, 751).

21 **Welches Gericht wird bei Nr. 6 bestimmt?** Nicht nach freiem Ermessen, sondern grds unter Beachtung der gesetzl. ZustNormen (BGH MDR 1980, 657). Das OLG ermittelt aber keine ZustTatsachen (BGH NJW 1995, 534; dazu *Jauernig* NJW 1995, 2017). Bei ZustStreit nach nicht angenommener Verweisung wird das daran *gebundene* Gericht bestimmt (§ 281 II 2), auch wenn die Verweisung sachl. unrichtig war; ist aber zB die Verweisung ohne rechtl. Gehör des Bekl ergangen oder willkürl., verneint die hM eine Bindungswirkung für das Verfahren nach § 36 Nr. 6 (BGH NJW 1984, 740; BayObLG MDR 1983, 322); ferner bindet eine Verweisung nur, soweit der Bindungswille reicht (vgl § 281 Rz 21). § 261 III 2 (perpetuatio fori) ist zu beachten. Auch ein anderes als die beiden streitenden Gerichte kann als zust erklärt werden (BGH FamRZ 1997, 171). Wird bei Streit zwischen ZivK und KfH die ZivK bestimmt, kann sie uU wegen örtl. Unzust weiterverweisen (OLG Nürnberg MDR 1996, 1068).

22 **3. Kosten.** Bei Ablehnung des Antrags ist eine KostenE (§ 91) zu treffen (BayObLG NJW-RR 2000, 141). **Gerichtsgebühren**: für Entscheidung keine, für Beschwerde GKG-KV 1811. RA: Antrag gehört zum Rechtszug (§ 19 I 2 Nr 3 RVG), Beschwerde RVG VV 3500.

23

**Praxishinweise:**

1. Zu klären ist vorab immer, ob wirklich StrGenossenschaft (§§ 59, 60) besteht oder ob es wegen lediglich ähnlicher Sachverhalte und gleichem wirtschaftl. Hintergrund am inneren Zusammenhang fehlt (KG MDR 2000, 1394).

2. Die ZustBestimmung, wenn StrGen verklagt werden sollen (Rz 2a, 8), ist unklar. Bei verschiedenen OLG ist statt des BGH das zuerst mit der Sache befasste G zust. (§ 36 II). Sollen StrGen verklagt werden (§ 36 I Nr. 3), dann ist aber noch kein Gericht

mit der Sache befasst. Diese Gesetzeslücke wird von der Rspr dahin geschlossen, dass dasjenige OLG zust wird, das zuerst angerufen wird (BayObLG MDR 1999, 115). Der Antragsteller hat folgl. ein Wahlrecht (OLG Koblenz u. Karlsruhe, beide MDR 1998, 1305).

3. Bei einer Klage gegen StrGen im gemeinschaftl. Gerichtsstand bleibt es bei diesem, auch wenn der Bekl widerklagend einen Dritten in Anspruch nehmen will, der keinen Gerichtsstand am Ort der Widerklage hat (BGH MDR 2000, 899).

4. Ist bindend verwiesen worden, dann kann die dadurch begr Zust nicht mehr über § 36 I Nr. 3 geändert werden (OLG Düsseldorf MDR 2002, 1209).

Formular 54: Antrag auf Bestimmung des zuständigen Gerichts

## § 37 ZPO Verfahren bei gerichtlicher Bestimmung

**(1) Die Entscheidung über das Gesuch um Bestimmung des zuständigen Gerichts ergeht durch Beschluss.**

**(2) Der Beschluss, der das zuständige Gericht bestimmt, ist nicht anfechtbar.**

§ 37 I wurde geändert durch G v. 27.07.2001 (BGBl 2001, 1887).

**1. Absatz 1.** Das Gesuch (Antrag, ohne Anwaltszwang; Verjährungshemmung, § 204 Nr. 12 BGB) kann jede Partei stellen, bei § 36 Nr. 3 nur der Kl (BGH NJW 1990, 2751; MDR 1991, 1199); statt eines Antrags **genügt bei § 36 Nr. 5, 6 Vorlage durch ein Gericht** (BGH NJW-RR 1991, 767; BayObLG MDR 1988, 60), bei Nr. 3 nicht (OLG Köln NJW-RR 2000. 589). Entschieden wird (idR nach Gewährung des rechtl. Gehörs, entbehrlich zB bei ZwV-Verfahren; keine Amtsermittlung, BGH FamRZ 1997, 171; idR ohne mdl Verh, § 128 IV; ggf Freibeweis; ist Prozessfähigkeit zweifelhaft, erfolgt deren Prüfung erst durch das zu bestimmende Gericht, BGH MDR 1987, 558) durch Beschluss (vgl Rz 2). 1

**Beschluss: a)** das zust Gericht wird bestimmt, ohne KostenE, Gründe wegen Abs. 2 nicht erforderl.; oder **b)** der Antrag wird zurückgewiesen (zB weil idF § 36 Nr. 3 der Erfüllungsort als bes gem Gerichtsstand ohnehin besteht); mit KostenE (BGH NJW-RR 1987, 757; BayObLG NJW-RR 2000, 141; str), mit Gründen; keine Zulassung der Rechtsbeschwerde (BayObLG MDR 2002, 1333; aA OLG Stuttgart NJW-RR 2003, 1706). **c)** Bei Antragsrücknahme KostenE auf Antrag (BGH NJW-RR 1987, 757; BayObLG JB 1992, 700). 2

**2. Absatz 2.** Nur der eine Bestimmung ablehnende Beschluss des LG ist anfechtbar, mit sof Beschwerde, § 567 I. Der Beschluss des OLG ist nicht anfechtbar (str, Rz 2). 3

# Titel 3
# Vereinbarung über die Zuständigkeit der Gerichte

## § 38 ZPO Zugelassene Gerichtsstandsvereinbarung

**(1) Ein an sich unzuständiges Gericht des ersten Rechtszuges wird durch ausdrückliche oder stillschweigende Vereinbarung der Parteien zuständig, wenn die Vertragsparteien Kaufleute, juristische Personen des öffentlichen Rechts oder öffentlich-rechtliche Sondervermögen sind.**

**(2) [1]Die Zuständigkeit eines Gerichts des ersten Rechtszuges kann ferner vereinbart werden, wenn mindestens eine der Vertragsparteien keinen allgemeinen Gerichtsstand im Inland hat. [2]Die Vereinbarung muss schriftlich abgeschlossen oder, falls sie mündlich getroffen wird, schriftlich bestätigt werden. [3]Hat eine der Parteien einen inländischen allgemeinen Gerichtsstand, so kann für das Inland nur ein Gericht gewählt werden, bei dem diese Partei ihren allgemeinen Gerichtsstand hat oder ein besonderer Gerichtsstand begründet ist.**

**(3) Im Übrigen ist eine Gerichtsstandsvereinbarung nur zulässig, wenn sie ausdrücklich und schriftlich**

**1. nach dem Entstehen der Streitigkeit oder**

**2. für den Fall geschlossen wird, dass die im Klageweg in Anspruch zu nehmende Partei nach Vertragsschluss ihren Wohnsitz oder gewöhnlichen Aufenthaltsort aus dem Geltungsbereich dieses Gesetzes verlegt oder ihr Wohnsitz oder gewöhnlicher Aufenthalt im Zeitpunkt der Klageerhebung nicht bekannt ist.**

Letzte Änderung: G v. 22.06.1998 (BGBl 1998, 1474).

1 **1. Prorogation** ist Vereinbarung eines an sich unzust Gerichts als zust, **Derogation** ist Vereinbarung eines an sich zust Gerichts als unzust. Zust-Vereinbarungen sind grds unwirksam. Ausnahmen bilden zB §§ 38, 39 ZPO; § 48 II ArbGG; vorrangig sind Art 17, 23 VO (EG) Nr. 44/2001 (BayObLG NJW-RR 2002, 359 zu Art 17 I EuGVÜ). Über örtl. Zust ferner § 18 Nr. 1 VOB/B.

2 Eine wirksame Zust-Vereinbarung nach § 38 setzt voraus:

- Zulässigkeit nach einer Alternative des § 38 (6 Alternativen!);
- bestimmtes Rechtsverhältnis, § 40 I;
- vermögensrechtl. Streitigkeit, nur zum Teil bei nichtvermögensrechtl. Streit § 40 II;
- keine ausschließl. Zust, § 40 II;
- das vereinbarte Gericht muss bestimmt, wenigstens bestimmbar, sein.

3 **2. Absatz 1.** Ein an sich unzust Gericht wird zust: **Vereinbarungen sind zulässig** über die örtl., sachl. und int Zust. Es ist Auslegungssache, ob die vereinbarte Zust neben die bestehende Zust tritt (Regelfall; Folge: §35), oder ausschließl. sein soll (also bestehende Zust verdrängt) oder nur subisidiär sein soll (vgl §38 III Nr.2). Es besteht keine Vermutung dafür, dass eine Zust-Vereinbarung ausschließl. Charakter haben soll (KG MDR 1999, 56). **Keine Vereinbarung zulässig:** über die funktionelle Zust (zB Vereinbarung eines OLG als erste

Instanz), die Zust des FamG, der KfH (vgl aber §§96ff. GVG), der FGG-Gerichte, Abweichungen von der Geschäftsverteilung (zB Vereinbarung einer bestimmten ZivK), den Rm-Zug, die Zust der RmG; auch nicht bez des Rechtswegs (Abgrenzung ZivilG/ArbG).

**Vereinbarung der Parteien:** ist ein Vertrag über prozessrechtl. Beziehungen, dessen Zustandekommen sich bei einer vor dem Prozess getroffenen Vereinbarung nach bürgerl. Recht (§§ 145 ff., insbes §§ 119, 123, 134, 138, 139 BGB) richtet (BGH NJW 1968, 1233; 1986, 1439); ausdrückl. oder stillschweigend (setzt ebenfalls eine Willensübereinstimmung voraus, die irgendwie nach außen erkennbar wurde), formfrei. Über Gerichtsstandsklauseln in Verbandssatzungen vgl BGH NJW 1994, 52 und *Bork* ZHR 1993, 48 (§ 1066 analog). Haben die Parteien in einem Vertrag ua einen Gerichtsstand vereinbart, ist im Zweifel (Auslegungsfrage!) anzunehmen, dass dieser auch für einen Rechtsstreit über die Wirksamkeit des ganzen Vertrags gelten soll, § 139 BGB (BGH JR 1960, 264). Die pers Eigenschaft als Kaufmann etc (Rz 7) muss bei Abschluss der Vereinbarung bestehen, späterer Wegfall (zB Herabsinken des Geschäftsumfangs) schadet nicht; auch Sonder- und Gesamtnachfolger (zB Erbe, Insolvenzverwalter, Zessionar) der Kaufleute etc sind daran gebunden (OLG Köln NJW-RR 1992, 571); der phG der OHG ist an die Vereinbarung der OHG gebunden; nicht aber ein Bürge (BayObLG NJW-RR 2000, 660). Die Vereinbarung kann sich bei Kaufleuten auf Privat- oder Handelsgeschäfte beziehen (hM, *Häuser* JZ 1980, 761). Ist „München" vereinbart, ist je nach Gemeindegebiet München I oder II zust (BGH NJW 1996, 3013). 4

**Vereinbarung durch AGB** ist im nichtkaufmännischen Verkehr unwirksam. Im kaufmännischen Verkehr ist sie mögl.: für den Handelsverkehr zwischen Kaufleuten/Unternehmern ist die Formvorschrift nach § 305 II BGB nicht zu wahren (§ 310 I BGB); deshalb schadet es zwar nicht, dass der Verwender einen ausdrückl. Hinweis unterlässt, wenn er auf andere Weise erkennbar seine AGB in den Vertrag einbeziehen will. Unentbehrl. ist aber (falls nicht ein anderer Handelsbrauch vorliegt, § 310 I 2 HS 2 BGB) eine rechtsgeschäftl. Vereinbarung der Parteien über die Einbeziehung der AGB in den Vertrag, also eine zumindest stillschweigende Willensübereinstimmung (BGH 117, 190/194 zur aF). Als ausr wird bei Kaufleuten angesehen, wenn das Verhalten des Verwenders für den Gegner zweifelsfrei so zu verstehen ist, dass die AGB in den konkreten Vertrag einbezogen werden sollen und die andere Partei der Geltung nicht widerspricht (*Rüffert* MDR 1992, 922). Bloße Vermerke auf der Rechnung genügen insoweit nicht (OLG Karlsruhe NJW-RR 1993, 567), auch nicht bei ständiger Geschäftsverbindung (str). Bei laufender Geschäftsverbindung kann es ausreichen, dass bisher immer die AGB *vereinbart* wurden. Bei Klauselwerken mit Kleinstdruck wird man oft davon ausgehen müssen, dass sie nicht gelesen werden, also eine Einbeziehung entfällt (vgl BGH NJW-RR 1986, 1311; str). Überhaupt ist Zurückhaltung angebracht, wenn in AGB vom gesetzl. Leitbild (Schuldnerwohnsitz, Erfüllungsort) abweichende Gerichtsstände „vereinbart" werden, weil sie idR vom Vertragspartner nicht gewollt sind, eine konstruierte Einbeziehung zu zufälligen Ergebnissen führt. Ist die Gerichtsstandsklausel einbezogen, unterliegt sie der Kontrolle nach § 307 BGB, insbes § 307 II Nr. 1 BGB (vgl BGH NJW 1983, 1322 zur aF). 5

Zur Gerichtsstandsvereinbarung nach **Nr. 30.2 ADSp** 1998 vgl BGH 96, 138.

Zur Vereinbarung nach **§ 18 VOB/B** vgl BGH NJW 1985, 2090.

6 **Nach Rechtshängigkeit** ist Prorogation nur noch beschränkt zul, vgl § 261 III Nr. 2. Gerichtsstandsvereinbarung nach Zustellung des Mahnbescheids ist aber wirksam, vgl § 696 I 1 (LG Lüneburg BauR 1999, 514).

7 **Kaufleute:** wer ein Handelsgewerbe in kaufmännischer Weise betreibt (§ 1 II HGB), selbst wenn er nicht ins Handelsregister eingetragen ist; ferner die eingetragenen Kaufleute (§§ 2, 3 II, 5 HGB), auch wenn sie nur Kleinstgewerbe betreiben; ferner OHG, KG; GmbH, AG, KGaA, eG (vgl § 6 HGB); die phG der OHG. **Nicht:** wer zwar ein Gewerbe nach § 1 II ausübt, aber nur in kleinem Umfang, sodass keine kaufmännische Einrichtung erforderl. ist; handwerksmäßig betriebenes Gewerbe; Kommanditisten als solche. – Kaufleute können ferner mittelbar über den Erfüllungsort eine Zust vereinbaren, § 29 II.

8 **Juristische Personen des öffentlichen Rechts:** Körperschaften, Anstalten, Stiftungen des öffentl. Rechts, zB Gemeinden, Kirchen, öffentl. Sparkassen (vgl *Palandt/Heinrichs* Rz 1 vor § 89). **Öffentlich-rechtliches Sondervermögen:** das Bundeseisenbahnvermögen (Art 1 § 4 I ENeuOG). Die Post AG, Postbank AG, Deutsche Telekom AG und Deutsche Bahn AG sind dagegen private AG.

9 **Im Säumnisverfahren** genügt wegen § 331 I 2 die substanziierte und schlüssige Behauptung der Gerichtsstandsvereinbarung *nicht*, die Vereinbarung ist nachzuweisen, also zB die Kaufmannseigenschaft (etwa durch Vorlage eines Handelsregisterauszugs).

10 **3. Absatz 2.** Die Vereinbarung ist hier nicht (wie bei 1) nur zwischen bestimmten Personen zulässig, auch Nichtkaufleute und Ausländer sind berechtigt (BGH NJW 1986, 1439). Für Kaufleute gilt Abs. 2 nicht („ferner“ in Abs.1; OLG Saarbrücken NJW 2000, 670; str), diese können auch ausdrücklich oder stillschweigend gem. Abs.1 int Zust-Vereinbarungen treffen. Formvorschriften: schriftl., §126 BGB (dh unterschrieben); oder schriftl. Bestätigung (sog halbe Schriftform): die Anforderungen daran sind str; man wird wohl ein Schriftstück verlangen müssen, das von der Partei ausgeht, die durch die Vereinbarung im konkreten Fall belastet ist (*Zöller/Vollkommer* Rz 28; str) und in engem Zusammenhang mit dem Vertragsschluss steht (OLG Düsseldorf NJW-RR 1998, 1145).

11 **Voraussetzung der Zulässigkeit der Vereinbarung** ist, dass eine oder beide Parteien keinen allg Gerichtsstand in Deutschland haben, also zB entweder beide Parteien Sitz im Ausland haben oder die eine Sitz im Ausland, die andere im Inland, §§ 12 ff, 17. Hat der Kl einen Wohnsitz im Inland, der Bekl einen Wohnsitz hier *und* in der Schweiz, ist also Abs. 2 nicht anwendbar.

12 **Welches Gericht kann vereinbart werden? a)** wenn beide Parteien Auslandssitz haben: freie Wahl; **b)** hat zumindest eine Partei einen Inlandssitz, kann ein ausl Gericht vereinbart werden; von den inl Gerichten nur das, bei dem diese Partei ihren allg Gerichtsstand (§§ 12 ff., 17) hat oder einen besonderen (§§ 20-35), wo sie also sowieso verklagt werden könnte; **c)** iFd Art 17, 23 VO (EG) Nr. 44/2001 gelten diese Einschränkungen nicht (LG München I NJW 1975, 1607 zum EuGVÜ).

13 **Internationale Zuständigkeit im Übrigen:** Zulässigkeit und Wirkung einer vor dem Prozess getroffenen int Gerichtsstandsvereinbarung beurteilen sich, wenn ein deutsches Gericht angerufen wird, nach deutschem Prozessrecht (dh §§ 38-40; VO (EG) Nr. 44/2001), während das Zustandekommen dieser Vereinbarung sich nach deutschem oder ausl bürgerl. Recht richtet, je nach den Regeln des IPR (BGH NJW 1972, 1622; 1989,

1431; nach der **aA**, *StJL* Rz 44, richtet sich das Zustandekommen nach dem Recht des angerufenen Gerichts, lex fori, da korrespondierende Prozesshandlungen vorlägen). Die Parteien können die ausschl. Zust eines ausl Gerichts vereinbaren, auch wenn dessen Urteil mangels Verbürgung der Gegenseitigkeit in Deutschland nicht anerkannt wird (BGH 49, 124; str). Zu den Voraussetzungen des Ausschlusses deutscher Gerichtsbarkeit, vgl BGH VersR 1998, 208 und BGH BB 1998, 2283.

**Art 17 VO (EG) Nr. 44/2001** lässt in Verbrauchersachen nur eingeschränkt Gerichts- 13a
standsvereinbarungen zu; in sonstigen Fällen ist sie im Rahmen von Art 23 zul; Art 23 ist eng auszulegen (BGH NJW 2001, 1731).

**4. Absatz 3.** IÜ: alle Personen, auch Nichtkaufleute. Ausdrückl.: bloße Bezugnahme auf 14
AGB genügt nicht (BGH NJW 1983, 1322), auch für den Laien muss Klarheit bestehen. Schriftl.: § 126 BGB (str).

**Nr. 1.** Die Streitigkeit ist entstanden, wenn Meinungsverschiedenheiten aufgetreten sind. 15
Die Vereinbarung kann daher nicht zugleich mit dem Vertrag abgeschlossen werden, dessen künftige Streitigkeiten sie regelt (BGH NJW 1986, 1438). Denkbar als beiderseitiger Verweisungsantrag im PKH-Verfahren (BGH NJWE-FER 1997, 88). Nach Rechtshängigkeit ist eine Vereinbarung grds unzul, § 261 III Nr. 2; vgl ferner § 39. – Sondervorschrift: § 26 II Nr. 1 FernUSG.

**Nr. 2.** Alternativen: **(1)** Wohnsitz vgl § 13; Aufenthalt vgl § 16; zB bei Vertrag mit Gast- 16
arbeitern, die in ihre Heimat zurückgehen. **(2)** Nicht bekannter Wohnsitz usw.: zumutbare Nachforschungen des Kl sind notw, vgl § 203. **(3)** Sondervorschriften sind § 29c für Haustürgeschäfte, § 26 II Nr. 2 FernUSG.

Formular 52: Klage bei einer Gerichtsstandsvereinbarung unter Kaufleuten

Formular 53: Gerichtsstandsvereinbarung über die örtliche Zuständigkeit

## § 39 ZPO Zuständigkeit infolge rügeloser Verhandlung

**[1]Die Zuständigkeit eines Gerichts des ersten Rechtszuges wird ferner dadurch begründet, dass der Beklagte, ohne die Unzuständigkeit geltend zu machen, zur Hauptsache mündlich verhandelt. [2]Dies gilt nicht, wenn die Belehrung nach § 504 unterblieben ist.**

**1. Satz 1.** Eine Zust, die man vereinbaren könnte, kann man auch durch rügelose Einlassung 1
schaffen. §39 gilt für die örtl., sachl., int (BGH NJW 1993, 1073; hM) Zust. **Voraussetzungen: a)** vermögensrechtl. und einige nichtvermögensrechtl. Streitigkeiten, §40 II; auch bei Unterhaltsklage, soweit Ehesache nicht anhängig (BGH NJWE-FER 1997, 88); **b)** kein ausschließl. Gerichtsstand, §40 II; **c)** keine rechtzeitige Rüge durch den Bekl. Für §§282 III, 296 III verbleibt neben §39 kein Anwendungsbereich (BGH IPrax 1999, 367; str), weshalb das Fehlen der int Zust noch in der mdl Verh gerügt werden kann. Zust muss nicht innerhalb der Klageerwiderungsfrist gerügt werden (BGH NJW 1997, 398), Rüge vor Verhandeln genügt. Verhandeln zur Hauptsache: dh Stellen des Antrags auf Klageabweisung als unbegründet oder Zustimmung zur Hauptsacheerledigung; also *nicht* nur Verhandeln über Pro-

zessvoraussetzungen, Vergleichsgespräche (OLG Bamberg MDR 1988, 148), Vertagung, Richterablehnung. Unschädl. sind Rüge und vorsorgl. Verhandeln zur Hauptsache. Steht im Protokoll, dass verhandelt wurde, beweist das keine Verh *zur Hauptsache*, §§160, 165 (OLG Brandenburg OLG-NL 1996, 233); Protokollierung ist keine Wirksamkeitsvoraussetzung (OLG Düsseldorf NJW 1991, 1493). Die Rüge kann zurückgenommen werden. Mangels Verhandelns des Bekl kann von einem unzust Gericht kein VU erlassen werden; behauptete Zust-Vereinbarung gilt nicht als zugestanden (§331 I 2). Im schriftl. Verfahren (§128 II) dürfte dem Verhandeln das Schriftsatzeinreichen ab AnO des schriftl. Verfahrens entsprechen (vgl dazu BGH NJW 1970, 198). Rügelose Einlassung soll rechtsmissbräuchl. sein, wenn am Gerichtsort keinerlei Zust besteht (LG Berlin NJW-RR 1997, 378). Im Anwendungsbereich der **VO (EG) Nr.44/2001** gehen deren Art.22 – 24 vor.

2 **2. Satz 2.** Vor dem AG ist der Bekl, wenn durch einen RA vertreten: der RA, bei sachl. oder örtl. Unzust des AG zu belehren gem § 504. Das gilt auch, wenn die Unzust nachträgl. eintritt (Fall des § 506; str). Ist die Belehrung unterblieben, kann der Bekl noch nach Verhandeln zur Hauptsache bis zum Schluss der mdl Verh die Unzust rügen, in höherer Instanz nur noch sehr beschränkt (§ 513 II).

## § 40 ZPO Unwirksame und unzulässige Gerichtsstandsvereinbarung

**(1) Die Vereinbarung hat keine rechtliche Wirkung, wenn sie nicht auf ein bestimmtes Rechtsverhältnis und die aus ihm entspringenden Rechtsstreitigkeiten sich bezieht.**

**(2) [1]Eine Vereinbarung ist unzulässig, wenn**

**1. der Rechtsstreit nichtvermögensrechtliche Ansprüche betrifft, die den Amtsgerichten ohne Rücksicht auf den Wert des Streitgegenstandes zugewiesen sind, oder**

**2. für die Klage ein ausschließlicher Gerichtsstand begründet ist.**

**[2]In diesen Fällen wird die Zuständigkeit eines Gerichts auch nicht durch rügeloses Verhandeln zur Hauptsache begründet.**

§ 40 II 1 geändert durch G v. 27.07.2001 (BGBl 2001, 1887).

1 **1. Absatz 1. Bestimmtes Rechtsverhältnis**, dh eine ausreichende Individualisierung ist notwendig (zB Streitigkeiten aus der Lieferung einer Maschine). Ein Bündel von Rechtsverhältnissen genügt, zB alle Klagen aus dem Geschäftsverkehr der Parteien (**aA** OLG Koblenz ZIP 1992, 1234).

2 **2. Absatz 2.** Eine **Zuständigkeitsvereinbarung** (§ 38) oder rügelose Einlassung (§ 39) ist **unwirksam:**

2a **a)** bei **nichtvermögensrechtlichen Ansprüchen** (vgl Einl Rz 2), die strw-unabhängig dem AG zugewiesen sind (zB Ehe-, Kindschaftssachen; §§23, 23a, 23b GVG); zulässig ist sie seit 2002 bei anderen nichtvermögensrechtl. Sachen, zB Widerruf beleidigender Äußerungen, weil oft unklar ist, ob eine solche Streitigkeit AG-StrW oder LG-StrW hat; oder

**b)** wenn bei einem anderen Gericht örtl. oder sachl. oder int ein **ausschließlicher Gerichtsstand** besteht: 2b

- keine ausschließl. Zust: §23 Nr.2 GVG (Zust des LG kann vereinbart werden, ausgenommen Wohnraummietsachen, §23 Nr.2a); §71 I GVG (AG kann vereinbart werden);
- ausschließl. örtl. Zust: **§ 24 ZPO;** § 14 UWG, §§ 180, 182 InsO; § 29c für Haustürgeschäfte;
- ausschließl. sachl. Zust: § 71 II GVG;
- ausschließl. örtl. *und* sachl. Zust: **§ 29a;** § 689 II; ZwV-Sachen (zB §§ 767 ff., 802).

Besteht die **Ausschließlichkeit nur teilweise** (zB nur örtl.), ist iÜ (zB sachl.) eine Vereinbarung zul. 3

Folge der Unwirksamkeit ist, dass die Unzust bis zum Schluss der mdl Verh (von Amts wegen, §§ 282 III, 296 III gelten nicht) zu berücksichtigen ist (Verweisung, § 281; oder Klageabweisung als unzulässig), in höherer Instanz nur noch beschränkt (vgl §§ 513 II).

## Titel 4
## Ausschließung und Ablehnung der Gerichtspersonen

### § 41 ZPO Ausschluss von der Ausübung des Richteramtes

**Ein Richter ist von der Ausübung des Richteramtes kraft Gesetzes ausgeschlossen:**

**1. in Sachen, in denen er selbst Partei ist oder bei denen er zu einer Partei in dem Verhältnis eines Mitberechtigten, Mitverpflichteten oder Regresspflichtigen steht;**

**2. in Sachen seines Ehegatten, auch wenn die Ehe nicht mehr besteht;**

**2a. in Sachen seines Lebenspartners, auch wenn die Lebenspartnerschaft nicht mehr besteht;**

**3. in Sachen einer Person, mit der er in gerader Linie verwandt oder verschwägert, in der Seitenlinie bis zum dritten Grad verwandt oder bis zum zweiten Grad verschwägert ist oder war;**

**4. in Sachen, in denen er als Prozessbevollmächtigter oder Beistand einer Partei bestellt oder als gesetzlicher Vertreter einer Partei aufzutreten berechtigt ist oder gewesen ist;**

**5. in Sachen, in denen er als Zeuge oder Sachverständiger vernommen ist;**

**6. in Sachen, in denen er in einem früheren Rechtszug oder im schiedsrichterlichen Verfahren bei dem Erlass der angefochtenen Entscheidung mitgewirkt hat, sofern es sich nicht um die Tätigkeit eines beauftragten oder ersuchten Richters handelt.**

§ 41 Nr. 2a eingefügt durch G v. 16.02.2001 (BGBl 2001, 266).

1 **1. Richter:** auch Handelsrichter der KfH.

**Nr. 1. Partei:** Kl, Bekl; auch Mitglied eines nicht eingetragenen Vereins, der Bekl ist; jeder, auf den sich die Rechtskraft erstreckt (§§ 265, 325, 727); Streitgehilfe (§§ 66 ff.), Dritter nach § 75. *Mitberechtigt* etc: §§ 421 ff. BGB, OHG-Gesellschafter, Bürge. *Regresspflicht* vgl Wechsel und § 72. **Nicht:** wem nur der Streit verkündet wurde (vgl BGH NJW-RR 2006, 1221); Mitglied einer juP, einer Gewerkschaft (obwohl kein eingetragener Verein, BAG NJW 1961, 2371).

2 **Nr. 2. Ehe.** „Sachen" sind die der Nr. 1. Ehe der Richterin mit dem RA einer Partei fällt nicht unter § 41, sondern § 42.

**Nr. 2a.** Gemeint sind homosexuelle registrierte Lebenspartner, nicht Mann/Frau in eheähnl. Lebensgemeinschaft.

3 **Nr. 3.** Sachen wie Nr. 1. **Verwandt** usw. vgl §§ 1589 ff. BGB, 383 I Nr. 3 ZPO. **In gerader Linie verwandt:** zB Eltern, ehel., nichtehel. und adoptierte Kinder, Enkel. **In gerader Linie verschwägert:** Schwiegereltern, -sohn, -tochter, -großeltern, Ehemann zum nichtehel. Kind seiner Frau, Ehefrau zum nichtehel. Kind des Mannes. **In Seitenlinie bis zum 3. Grad verwandt:** Schwester, Bruder, Tante, Onkel, Nichte, Neffe. **In Seitenlinie bis zum 2. Grad verschwägert:** Geschwister des Ehegatten und Ehegatten der Geschwister des Richters. – Verwandtschaft zum PrBev genügt nicht.

4 **Nr. 4.** PrBev §81; Beistand §90; Vertr §51. „Gewesen ist" bezieht sich auch auf PrBev usw.; wer als Referendar gem §53 BRAO bestellt war, ist später als Richter ausgeschlossen.

5 **Nr. 5.** Sache wie Nr. 1, einschließl. späterer § 767-Klage, Klage nach Beweissicherung, Wiederaufnahme. Bloße Benennung als Zeuge genügt nicht.

6 **Nr. 6.** Wer entschieden hat, darf im Rm-Verfahren nicht mitwirken. Der RiAG, der zB am AG-Urteil mitgewirkt hat, ist nach seiner Versetzung zum LG im Ber-Verfahren vor dem LG ausgeschlossen; für das Ber-Verfahren darf er aber als beauftragter/ersuchter Richter tätig werden. **Angefochten:** nur Rm (nicht Wiederaufnahmeverfahren, BGH NJW 1981, 1273). **Urteil:** die hM erweitert Nr. 6 und versteht darunter auch die Fälle, bei denen der Richter nur am VU mitwirkte, das (von einem anderen Richter) gem § 343 aufrechterhalten wurde (BAG NJW 1968, 814), oder an der eVfG, die auf Widerspruch aufrechterhalten wurde (OLG München NJW 1969, 754; anders OLG Rostock NJW-RR 1999, 1444). **Mitgewirkt:** gemeint ist die beim Urteilserlass; ungenügend nur Mitwirkung bei Verkündung, bei Beweisbeschluss. **Früherer Rechtszug:** ist nicht das Einspruchsverfahren nach VU, Widerspruchsverfahren nach eVfG, § 767-Klage, Abänderungsklage, bei Zurückverweisung (§§ 538 ff.).

7 **2. Folgen der Ausschließung:** Liegt ein Fall des § 41 vor, vermerkt der Richter dies in den Akten; an seine Stelle tritt dann der nach der Geschäftsverteilung bestimmte Vertreter; hilfsweise gilt § 36 Nr. 1. Ist zweifelhaft, ob § 41 vorliegt: § 48. IÜ können die Parteien den Richter ablehnen, § 42 I. Entscheidungen, an denen der ausgeschl Richter mitgewirkt hat, sind nicht nichtig, nur anfechtbar; Prozesshandlungen der Parteien vor diesem Richter (Klagerücknahme usw.) sind wirksam.

## § 42 ZPO Ablehnung eines Richters

**(1) Ein Richter kann sowohl in den Fällen, in denen er von der Ausübung des Richteramts kraft Gesetzes ausgeschlossen ist, als auch wegen Besorgnis der Befangenheit abgelehnt werden.**

**(2) Wegen Besorgnis der Befangenheit findet die Ablehnung statt, wenn ein Grund vorliegt, der geeignet ist, Misstrauen gegen die Unparteilichkeit eines Richters zu rechtfertigen.**

**(3) Das Ablehnungsrecht steht in jedem Fall beiden Parteien zu.**

**Lit:** ***Schneider***, Befangenheitsablehnung des Richters im Zivilprozess, 2001; ***Schneider*** MDR 2001, 130; 2005, 671; ***G. Vollkommer***, Der ablehnbare Richter, 2001; ***Feiber*** NJW 2004, 650.

**1. Voraussetzungen eines zulässigen Ablehnungsgesuchs:**

**a)** Es muss von einer **Partei** oder dem Streitgehilfen (§ 67) ausgehen; der PrBev hat kein selbstständiges Ablehnungsrecht aus eigener Person (OLG Karlsruhe NJW-RR 1987, 126); 1

**b) Nur bestimmte Richter** sind ablehnbar, nicht eine ZivK usw. oder das Gericht als solches (OLG Brandenburg FamRZ 2001, 290). Namentl. Aufzählung aller Richter macht die Kollektivablehnung noch nicht zul; anders aber, wenn zusätzl. eine auf die jeweilige Person bezogene Begründung beigefügt wird; dafür genügt aber zB nicht „wegen Zugehörigkeit zum OLG“ (BGH NJW 1974, 55). Bei entspr Begründung kann die Ablehnung „der Zivilkammer“ in Ablehnung der einzelnen Mitglieder umgedeutet werden. Namentl. Angabe ist nicht erforderl., zweifelsfreie Bestimmbarkeit des Richters genügt. Ein noch gar nicht zust Richter kann nicht vorsorgl. abgelehnt werden (OLG Zweibrücken FamRZ 2000, 1287). Ablehnung von **Rechtspflegern**: § 10 RPflG; von **Sachverständigen**: § 406; von **Urkundsbeamten**: § 49. **Gerichtsvollzieher** kann man nicht ablehnen (BGH NJW-RR 2005, 149). 2

**c) Rechtzeitigkeit** vgl §§ 43, 44 IV.

**d) Form** des Antrags (Prozesshandlung), Glaubhaftmachung § 44.

**e) Keine entgegenstehende Rechtskraft.** Der geltend gemachte Ablehnungsgrund darf noch nicht verbeschieden sein; unveränderte Wiederholung ist daher unzul, solche mit neuen Beweismitteln ist dagegen zul. 3

**f) Rechtsschutzbedürfnis** (dazu *Günther* MDR 1989, 691); es fehlt, wenn die Instanz mit allen Nebenentscheidungen beendet ist (OLG Hamm NJW 1976, 1701). Missbrauch und damit Unzulässigkeit liegt vor bei Verschleppungsabsicht, sonstigen verfahrensfremden Zwecken (zB nur für die Öffentlichkeit bestimmt), mangelnder Ernstlichkeit, Fehlen jeder verständl. Begründung. 4

**2. Begründet ist das Ablehnungsgesuch** bei Ausschluss vom Richteramt nach § 41 und im Fall des Abs. 2. Nicht notw ist dabei tatsächl. Befangenheit, es genügt die „Besorgnis“. Es kommt auf die Sicht der ablehnenden Partei an (BVerfG NJW 1966, 923). Die Ablehnungsgründe müssen aber objektivierbar sein, es kommt darauf an ob die Gründe aus der Sicht eines vernünftigen Menschen geeignet sind, Misstrauen gegen die Unparteilichkeit 5 zu rechtfertigen. **Folge erfolgreicher Ablehnung:** der Richter ist von weiterer Mitwirkung ausgeschlossen. Die früheren Handlungen und Entscheidungen des abgelehnten Richters werden allein dadurch aber nicht unwirksam oder anfechtbar (BGH NJW-RR 2007, 775).

6 **3. Beispiele** (es kommt aber auf den jeweiligen Einzelfall an):

**Ablehnung der Terminsverlegung**, Rz 17 (BayObLG MDR 1990, 343; OLG Koblenz NJW-RR 1992, 191; dazu *Schneider* AnwBl 2002, 9) genügt grds nicht; ebenso nicht eine plausible Ablehnung einer Terminierung überhaupt (OLG Köln FamRZ 1998, 561).

7 **Aktenzuleitung an die Staatsanwaltschaft** (*Knoche* MDR 2000, 371), zB wegen Verdachts des Versicherungs- oder Prozessbetrugs und Aussetzung deswegen kann Besorgnis der Bef rechtfertigen, wenn sie nur aufgrund Vorbringens *einer* Partei erfolgte (OLG Brandenburg MDR 1997, 779; OLG Frankfurt NJW-RR 1986, 1319; MDR 1984, 499; OLG Hamburg MDR 1989, 1000); andernfalls nicht (KG MDR 2001, 107). Ebenso Aktenzuleitung an das Finanzamt (OLG Hamm FamRZ 1992, 575). Nicht Einholung von Gehaltsauskünften (**aA** OLG Zweibrücken FamRZ 1994, 908); vgl § 643 II.

8 Bei **Aufhebung des Urteils** wegen „Unrichtigkeit“ und Zurückverweisung an den Erstrichter ist dieser nicht befangen (OLG Karlsruhe OLGZ 1984, 102).

9 Die **Ausdrucksweise** des Richters kann Bef begründen (OLG Celle MDR 1988, 970), zB „das sind Kinkerlitzchen“ (OLG Hamburg NJW 1992, 2036); oder der Ton der dienstl. Äußerung (LG Frankfurt NJW-RR 1998, 1764); oder „Es ist mir unmöglich, das Verfahren unbefangen weiterzuführen“ (OLG Karlsruhe MDR 1999, 956); oder ein Protokollvermerk (!), wonach die Ausführungen einer Partei weitschweifig seien (OLG Schleswig SchlHA 1999, 103); oder Randbemerkungen wie „Unsinn“. *Ungenügend* aber: „lasse mich nicht verarschen“ (OLG Köln MDR 1996, 1180); Unterhaltsberechnung „utopische Zahlen“ (OLG Brandenburg FamRZ 1995, 1497); Bezeichnung des Vorgehens als „tricky“ (OLG Düsseldorf AnwBl 1999, 236), Bezeichnung der RA-Ausführungen als „rabulistisch“ (OLG Frankfurt NJW 2004, 621); Anbringen von Fragezeichen, Strichen usw. am Rand der Schriftsätze.

10 Eigenes **Verhalten der ablehnenden Partei** kann die Bef des Richters nicht begr; Beleidigungen gegen den Richter, Strafanzeigen, Dienstaufsichtsbeschwerden gegen ihn machen ihn nicht befangen (OLG Dresden FamRZ 2002, 830; OLG München NJW 1971, 384).

11 **Freundschaft/Feindschaft** mit einer Partei bzw deren PrBev kann Bef begr (*Günther* ZZP 1992, 20; zur Aggression OLG Brandenburg MDR 2000, 47). Bloße Kollegialität (zB Zugehörigkeit von Partei und Richter zum selben OLG, BGH LM Nr. 2; BVerfG NJW 2004, 3550) genügt nicht (zw), wohl aber die Zugehörigkeit zur selben Kammer/Senat (so für ehrenamtl. VG-Richter, VG Freiburg VBlBW 1994, 37); Duzen mit einer Partei kann genügen (OLG Celle DS 2006, 323); dass eine Partei Handelsrichter bei der KfH ist genügt (OLG Karlsruhe MDR 2006, 1185; aA, OLG Schleswig JurBüro 1988, 525; (allgem zur Handelsrichter-Befangenheit *Pfeiffer* ZIP 1994, 769); dass Richter und Partei im selben Rotary Club sind, soll nicht genügen (OLG Frankfurt NJW-RR 1998, 1764; bedenkl.). Ungenügend auch Mitgliedschaft von Richter/Partei im selben Verein (OLG Karlsruhe NJW-RR 1988, 1534), falls der Verein mehrere tausend Mitglieder hat (BGH NJW-RR 2003, 281; WuM 2004, 110; vgl ferner BGH WM 2003, 847). Ehe der Richterin mit RA der Partei rechtfertigt Ablehnung (OLG Jena MDR 2000, 540). Ebenso

Schwägerschaft (vgl KG NJW-RR 2000, 1164; zu eng); ebenso, wenn der Sohn des Richters in der Kanzlei des RA angestellt ist (OLG Schleswig SchlHA 2000, 253). Wenn die Zivilkammer unter Mitwirkung der Richterin R entschied und der Ehemann der R Mitglied des OLG-Senats ist, soll das nicht genügen (BGH NJW 2004, 163; bedenkl.). Ungenügend ist frühere Bekanntschaft (OLG Celle MDR 2007, 105).

**Gerichtsvollzieher:** nicht ablehnbar (BGH NJW-RR 2005, 149). 12

**Gesellschaftlicher Standort** des Richters: idR genügen nicht Mitgliedschaft in einer Partei (BVerfG 43, 128), Zugehörigkeit zu einer Religionsgemeinschaft, Mitgliedschaft in Gewerkschaft (BVerfG NJW 1984, 1874); anders uU, wenn ein bes Bezug zum Streitstoff besteht.

**Hinweise des Richters:** wegen §139 rechtfertigen Hinweise grds keine Ablehnung (BGH 13
NJW 2006, 695); auch nicht ein Hinweis nach §522 II 2 (OLG Oldenburg NJW 2004, 3194); nicht genügt die Anregung, weitere Zeugen zu benennen (OLG Frankfurt NJW 1976, 2025); Vorschläge zur Formulierung eines Unterlassungsantrages (OLG Köln NJW-RR 1993, 1277); Hinweis, dass der Antrag keine Erfolgsaussicht hat (OLG Stuttgart NJW 2001, 1145); Ermahnung der Partei zur Wahrheit und Androhung der Einschaltung der StA (OLG Zweibrücken FamRZ 1993, 576); ob der Hinweis auf **Verjährung** genügt, ist sehr str (nach BGH NJW 2004, 164 rechtfertigt Hinweis auf Verjährung die Ablehnung; **aA** BayObLG NJW 1999, 1875; KG NJW 2002, 1732). Hinweis an Bekl auf mögliche Flucht in die Säumnis begründet Bef (OLG München NJW 1994, 60). Keine Ablehnung, wenn der Richter vor VU-Erlass tel im Büro des säumigen RA nachfragt (LG Berlin AnwBl 1978, 419).

**Humor** berechtigt nicht zur Ablehnung (OLG München NJW 2000, 748: Terminierung einer Familiensache auf 11.11. um 11.11 Uhr).

**Insolvenzverwalter:** nur nach §§ 56-59 InsO (BGH, ZIP 2007, 548).

**Politische Meinungsäußerung** des Richters kann Ablehnung begründen (vgl *Göbel* NJW 14
1985, 1057; *Moll* ZRP 1985, 244; VGH Kassel NJW 1985, 1105). Über Bundesverfassungsrichter vgl BVerG NJW 1999, 132.

**Rechtsansicht:** ihre Äußerung (vgl §§ 139, 278 III) genügt als vorläufige Beurteilung 15
nicht (BayObLG NJW-RR 2000, 748; OLG Oldenburg NJW 2004, 3194; OLG Frankfurt FamRZ 1998, 1120; BAG NJW 1993, 879); auch nicht Meinungsäußerungen auf Fachtagungen (BGH NJW 2002, 2396), Tätigkeit als Referent auf solchen Tagungen; anders, wenn sie als endgültige unabänderl. Meinung zum Ausdruck gebracht wird (BGH BB 1985, 2160). Der Rat des OLG-Richters, eine Ber zurückzunehmen, rechtfertigt keine Bef (OLG Stuttgart MDR 2000, 50); ebenso nicht der Hinweis, der Antrag sei unschlüssig, ohne Erfolgsaussicht (OLG Stuttgart NJW 2001, 1145).

**Sachverständiger:** ihm kann der Streit nicht verkündet werden (§ 72 II); tritt er bei, ist er dadurch nicht nach §§ 406, 41 ausgeschlossen (BGH NJW-RR 2006, 1221).

**Verfahrensfehler** und unrichtige Entscheidungen des Richters geben keinen Ablehnungs- 16
grund, wenn keine unsachl. Einstellung des Richters erkennbar ist (BayObLG WM 1993, 456; OLG Celle NdsRPfl 1999, 341; OLG Schleswig NJW 1994, 1227). Denn Unerfahrenheit bzw Unfähigkeit ist nicht dasselbe wie Bef. **Befangenheit aber bejaht** bei Häufung von Verfahrensfehlern (OLG Schleswig SchlHA 1993, 275); bei wiederholtem Verstoß gegen § 47 (OLG Karlsruhe NJW-RR 1997, 1350); bei Abstreiten des Vorliegens eines

PKH-Antrags (OLG Bamberg FamRZ 1997, 1223); bei merkwürdiger Verfahrensweise (OLG Hamm FamRZ 1999, 936); grundloser Ablehnung, Anträge ins Protokoll aufzunehmen (OLG Köln NJW-RR 1999, 288); grundloser Verweigerung der Akteneinsicht (BayObLG NJW-RR 2001, 642); Nichtbeachtung des Weisung des Rechtsmittelgerichts (OLG München MDR 2003, 1070; OLG Rostock NJW-RR 1999, 1507); irriger Behandlung eines Ablehnungsgesuchs als rechtsmissbräuchl. (OLG Köln NJW-RR 2000, 591; OLG Frankfurt OLG-Report 2006, 929); nachträgl. Änderung einer KostenE unter Verstoß gegen §§ 318, 572 (KG NJW-RR 2006, 1577).

17 **Vergleich.** Vergleichsvorschlag des Richters, der für eine Partei ungünstig ist, berechtigt nicht zur Ablehnung (OLG Karlsruhe DRiZ 1982, 33). Rechtliche Meinungsäußerungen des Richters beim Vergleichsgespräch berechtigen nicht zur Ablehnung (OLG Koblenz NJW-RR 2000, 1376; OLG Zweibrücken FPR 2000, 162; KG MDR 1999, 253).

**Verlegung des Termins:** vgl *Schneider* ZAP Fach 13, 1179. Verweigerung der Verlegung aus sachl. Gründen rechtfertigt keine Ablehnung (OLG Naumburg NJW-RR 2002, 502; OLG Brandenburg FamRZ 2000, 897; OLG Köln NJW-RR 1997, 828; LG Lübeck MDR 1999, 57). Beispiele für Unsachlichkeit OLG Brandenburg NJW-RR 1999, 1291 und OLG Zweibrücken MDR 1999, 113 (weil Sache „unbedeutend" sei); OLG Köln NJW-RR 2000, 591 (keine Verlegung, obwohl umfangreiches Gutachten erst 3 Tage vor dem Termin zuging). Ablehnung aber, wenn erhebl. Verlegungsgründe (§ 227) vorlagen und mit der Ablehnung der Verlegung eine augenfällige Ungleichbehandlung der Parteien zum Ausdruck kommt (KG NJW 2006, 2787). Ansetzen von **fünf Terminen pro 30 Minuten** begründet keine Ablehnung (BGH BauR 2004, 1031).

18 **Veröffentlichungen des Richters** wissenschaftl. Art genügen nicht, wenn die Rechtsfrage abstrakt, losgelöst von einem konkreten Fall und ohne Beziehungen zum vorliegenden Rechtsstreit behandelt wurde (vgl BVerfG NJW 1990, 2458; anders BVerfG NJW 1999, 413; OLG Köln FamRZ 2000, 896; über Kommentarverfasser BSG NJW 1993, 2261); dazu auch BGH WM 2003, 848; Mitautorenschaft von Richter und RA/Insolvenzverwalter in einem Kommentar soll nicht genügen (LG Göttingen NJW 1999, 2826).

**Verzögerliche Sachbehandlung:** Frage des Einzelfalls. Bef bejaht bei stark verzögernder Bearbeitung (OLG Karlsruhe FamRZ 1999, 444; OLG Bamberg FamRZ 2000, 1287), verneint BayObLG FamRZ 1998, 1240; OLG Dresden OLG-NL 2001, 45; OLG Düsseldorf MDR 1998, 1052; OLG Bamberg FamRZ 1998, 1443.

19 **Vorangegangene Tätigkeit** des Richters: nicht genügt, dass durch einen Beweisbeschluss (OLG Köln VersR 1980, 93) oder durch einen PKH-Beschluss (OLG München NJW 1968, 801) oder ein vorausgegangenes eVfg-Verfahren (OLG Hamburg NJW-RR 2002, 789; OLG Saarbrücken OLGZ 1976, 468) oder in einem sonstigen vorangegangenen Prozess (BayObLG WuM 1999, 186) eine best. Rechtsansicht erkennbar wurde. Ebenso nicht Mitwirkung (als Richter) in einem früheren Strafverfahren gegen die Partei (vgl BGH NJW 1968, 710; **aA** OLG Hamm NJW 1970, 568); frühere Tätigkeit in derselben Sache in der zweiten Instanz (OLG Naumburg MDR 1999, 824). Anders frühere Tätigkeit in der Sache als Staatsanwalt (OLG Nürnberg MDR 1963, 602).

**Praxishinweise:** 20

1. Das Ablehnungsgesuch kann schriftl. oder im Termin mdl. angebracht werden. Für den Richter besteht Protokollierungszwang nach § 160 Abs. II. III Nr. 2, IV 1 (*Zöller/Vollkommer* § 44 Rn 1).

2. Verweigerung der Protokollierung verletzt Art. 103 I GG und kann als zusätzl. Ablehnungsgrund geltend gemacht werden (*Schneider* MDR 2005, 671).

3. Das verfassungsrechtl. Willkürverbot (Einl Rn 38) nimmt zunehmend die Bedeutung einer Generalklausel an (s. *Schneider* MDR 2006, 975). Folgerichtig hat das KG (OLGR 2006, 816) die Willkürkontrolle auf das Ablehnungsverfahren angewandt.

4. Angesichts einer zunehmend gegen Wortlaut und ratio des §227 verstoßenden Ablehnung von Verlegungsanträgen (Rz 16) mehren sich die darauf gestützten Ablehnungsgesuche. Ihre Erfolgsaussichten hängen ganz wesentl. davon ab, dass der Verlegungsantrag in tatsächl. und rechtl. Hinsicht erschöpfend begr worden ist (s §227 Rz 12).

5. Unterlässt ein Richter über einen unzumutbar langen Zeitraum die Bearbeitung und Förderung einer Sache, dann kann auch dass eine Bef-Ablehnung rechtfertigen (Rz 18). Die Erfolgsaussichten sind erfahrungsgem gering. Sachdienl. ist daher idR die Einlegung einer Untätigkeitsbeschwerde (zB OLG Saarbrücken NJW-RR 1999, 1290; OLG Jena FamRZ 2003, 1673; w. Nachw. bei *Schneider* MDR 1998, 254).

6. Die Einlegung einer Dienstaufsichtsbeschwerde, die im Schrifttum hin und wieder als gebotene Maßnahme angesehen wird (zB *StJGrunsky* Rz 19 vor § 567), ist schon deshalb verfahrensrechtl. sinnlos, weil der Dienstaufsichtspflichtige wegen der richterl. Unabhängigkeit (Art 97 GG) keine Weisung zu einem konkreten Verfahren erteilen darf (BGH NJW-RR 2005, 424).

7. Eine begr Bef-Ablehnung kann in einem zeitnah geführten weiteren Rechtsstreit erneut die Ablehnung desselben Richters rechtfertigen. Keiner Partei ist es zuzumuten, einem abgelehnten Richter ihr Vertrauen zu schenken (OLG Brandenburg MDR 2000, 47).

8. PrBev lassen es in Ablehnungsverfahren oft an der gewünschten Solidarität fehlen. Sie könnten sich dem Ablehnungsantrag des Kollegen für ihre Partei anschließen (§ 42 III), was erfahrungsgemäß leider nie geschieht. Sie können jedoch ohne Weiteres von einer Stellungnahme absehen. Keinesfalls sollten sie das gerügte Verhalten des Richters abschwächen oder beschönigen.

Formular 219: Richterablehnung wegen persönlicher Kontakte zum Gegner

## § 43 ZPO Verlust des Ablehnungsrechts

**Eine Partei kann einen Richter wegen Besorgnis der Befangenheit nicht mehr ablehnen, wenn sie sich bei ihm, ohne den ihr bekannten Ablehnungsgrund geltend zu machen, in eine Verhandlung eingelassen oder Anträge gestellt hat.**

1 **§43 betrifft** nicht Ablehnung wegen §41. *Kenntnis* der Partei: gleich steht Kenntnis des PrBev (OLG Hamburg MDR 1976, 845), des Vertr (WEG-Verfahren, BayObLG WuM 1994, 298), des gesetzl. Vertr Kennenmüssen genügt nicht. Ablehnungsgrund *geltend machen:* §45. Einlassen in einer Verh ist jedes proz und der Erledigung eines Streitpunkts dienende Handeln der Parteien unter Mitwirkung des Richters (OLG Koblenz MDR 1986, 60), auch Beantworten von richterl. Fragen (OVG Bremen NJW 1985, 823), Stellen von Fragen bei der Beweisaufnahme (OLG Köln NJW-RR 1996, 1339), Abschluss eines Widerrufsvergleichs (OLG Frankfurt FamRZ 1991, 839; BayObLG WuM 1994, 298); entsteht der Ablehnungsgrund in der Verhandlung nach Antragstellung, muss er bis zum Schluss der mdl Verh geltend gemacht werden (OLG Frankfurt MDR 1979, 762). *Anträge gestellt:* §297; auch Vertagungsanträge fallen idR darunter (LG Tübingen MDR 1982, 411; str), nicht solche auf Akteneinsicht (BayObLG NJW-RR 2001, 642), Sitzungspause.

2 Der Verlust des Ablehnungsrechts wirkt nur im Verfahren, in dem sich die Partei eingelassen hat, nicht für andere Verfahren vor diesem Richter; anders ist es, wenn zwischen beiden Verfahren ein tatsächl. und rechtl. Zusammenhang besteht (BGH NJW 2006, 2776; **aA** OLG Koblenz MDR 1986, 60; MDR 1989, 647). Im BGH-Fall ging es um einen Grundstückskaufvertrag: Vorprozess § 767 wegen Vollstr aus der not Urkunde, Ablehnungsgrund ging durch Verhandlung unter. Zweiter Prozess betraf Schadensersatz wegen dieses Vertrags; BGH bejahte einen **„verfahrensübergreifenden“ Verlust** des Ablehnungsrechts.

3 Ist die die Instanz abschließende Entscheidung erlassen, nicht mehr abänderbar und sind keine Nebenentscheidungen mehr zu treffen, ist eine Ablehnung nicht mehr zul (BayObLG MDR 1993, 471).

4 **Praxishinweise:**

Das „Einlassen in eine Verhandlung“ wird von der Rspr äußerst weit gefasst (Rz 1). Das reicht bis hin zur bewusst gestellten „Ablehnungsfalle“ durch den Richter (s. *Schneider*, Befangenheit, § 3 Rz 116). Misstrauen ggü vermeintl. Entgegenkommen des Richters ist angebracht („Dann wollen wir erst einmal die Anträge nehmen“ = Verlust des Ablehnungsrechts). Der sicherste Weg, sich vor dem Verlust des Ablehnungsrechts zu schützen, ist der, nachhaltig zu schweigen, also jeden Anlass zu vermeiden, der als „Einlassung“ gedeutet werden könnte.

## § 44 ZPO Ablehnungsgesuch

**(1) Das Ablehnungsgesuch ist bei dem Gericht, dem der Richter angehört, anzubringen; es kann vor der Geschäftsstelle zu Protokoll erklärt werden.**

**(2) [1]Der Ablehnungsgrund ist glaubhaft zu machen; zur Versicherung an Eides statt darf die Partei nicht zugelassen werden. [2]Zur Glaubhaftmachung kann auf das Zeugnis des abgelehnten Richters Bezug genommen werden.**

**(3) Der abgelehnte Richter hat sich über den Ablehnungsgrund dienstlich zu äußern.**

**(4) Wird ein Richter, bei dem die Partei sich in eine Verhandlung eingelassen oder Anträge gestellt hat, wegen Besorgnis der Befangenheit abgelehnt, so ist glaubhaft zu machen, dass der Ablehnungsgrund erst später entstanden oder der Partei bekannt geworden sei.**

**1. Absatz 1.** Das Gesuch unterliegt nicht dem Anwaltszwang, § 78 V; es kann zurückgenommen werden. Der Richter muss namentl. oder so bezeichnet werden, dass er feststellbar ist. Das Gesuch muss bereits (zumindest in den Kernpunkten) die Begründung enthalten (OLG Köln NJW-RR 1996, 1339). Der Ablehnungsgrund muss substanziiert sein (OLG München, MDR 2006, 1010). Wenn das Gesuch begründet sein kann, ist Gehör der Gegenpartei dazu notw. Zu Protokoll des *Richters* kann das Gesuch nicht formgerecht erklärt werden (BayObLG WuM 1994, 350; str). 1

**2. Absatz 2.** Glaubhaft heisst "überwiegend wahrscheinlich“ (BGH NJW-RR 2007, 776). Glaubhaftmachung (§ 294) erfolgt idR durch Bezugnahme auf das „Zeugnis“ des abgelehnten Richters; dies ist die in **Absatz 3** genannte dienstl. Äußerung des Richters (über Beanstandung scharfer Formulierungen in der Äußerung durch die Dienstaufsicht vgl BGH NJW 1980, 2530). Die Parteien müssen Gelegenheit zur Stellungnahme hierzu haben (Art 103 I GG), BVerfG NJW 1983, 2229. Ist umstritten, was der Richter sagte, ist seine dienstl. Äußerung maßgebend und nicht die anwaltl. Versicherung des RA. Zur dienstl. Äußerung vgl *Schneider* MDR 1998, 454; *Fleischer* MDR 1998, 757. 2

**3. Absatz 4.** Ablehnungsanträge nach Beendigung der Instanz sind unzul. Vgl § 43 Rz 3. 3

4

**Praxishinweise:**

1. Das Ablehnungsgesuch ist formfrei und kann nach § 160 IV in der mdl Verh zu Protokoll erklärt werden. Mögl. ist auch das Überreichen eines Schriftsatzes, den der Anwalt nach kurzer Unterbrechung der Verh handschriftl. verfasst. Wird beides abgelehnt, dann ist das Ablehnungsgesuch auch darauf zu stützen (Gehörsverletzung, Art 103 I GG).

2. Die Ablehnung muss schon im Ablehnungsgesuch begr werden. Das Stellen eines Ablehnungsantrages mit dem Zusatz, die Begr werde nachgereicht, ist kein zul Gesuch (BayObLG WuM 1994, 350; OLG Karlsruhe FamRZ 1996, 1150).

3. Der Anwalt hat aber die Möglichkeit, zu schweigen und nachträgl. einen Ablehnungsantrag mit Begründung einzureichen (BayObLG WuM 1994, 350). Nur muss das vor Schluss der mdl Verh geschehen (§ 296a), setzt also voraus, dass ein weiterer Termin stattfindet.

4. Bis zur Entscheidung über das Ablehnungsgesuch (§ 45) können Gründe einschließl. der Mittel zur Glaubhaftmachung nachgeschoben werden, jedoch nicht mehr im Beschwerdeverfahren (BayObLG MDR 1986, 60; WuM 1993, 768).

5. Der Ausschluss der Glaubhaftmachung durch eV betrifft nur die Partei. Der Anwalt kann anwaltl. oder eidesstattl. versichern. Auch die Vorlage einer von einem Dritten unterschriebenen Erklärung, etwa eines Zeugen oder Zuhörers, ist als Urkundenbeweis (§ 416) taugl.

6. Zur dienstl. Äußerung ist der abgelehnte Richter (§ 44 III) verpflichtet. Sie muss konkret auf die Ablehnungsgründe eingehen und ist dem Ablehnenden zur Stellungnahme zuzuleiten. Dessen PrBev hat sie sorgfältig zu prüfen und Fehler ebenso wie nichtssagende Floskeln („Ich fühle mich nicht befangen" oder gar „Ich bin nicht befangen") zu rügen.

7. Widersprechen sich dienstl. Äußerung und Befangenheitsbegründung, dann ist der Entscheidung die Darstellung des Ablehnenden zugrunde zu legen: Wertungsfragen sind in Zweifelsfällen zugunsten der ablehnenden Partei zu entscheiden (BayObLGZ 1974, 131; weitere Nachw. ZAP-Kolumne Heft 16/2003; *Zöller/Vollkommer* § 44 Rz 4). Darauf muss der Anwalt in seiner Stellungnahme zur dienstl. Äußerung unbedingt hinweisen, da diese Beweislastverteilung erfahrungsgemäß vielen Richtern unbekannt ist, leider sogar dem XI. ZS des BGH (WPM 2003, 848; s *Schneider*, ZAP-Kolumne Heft 16/2203; *Vollkommer* WuB VIIa § 42 ZPO 1.04, S. 88).

8. Nicht wenige Gerichte neigen dazu, bei ihrer Entscheidung – dann ablehnend – isoliert auf einzelne Umstände abzustellen. Geboten ist aber eine zusammenhängende Würdigung, bei der alle sich aus der Gesamtsituation ergebenden Umstände berücksichtigt werden müssen (*Schneider*, Befangenheit, § 3 Rz 192 m. Nachw.). Darauf hat der PrBev zu achten und alle Einzelvorgänge hervorzuheben, die möglicherweise bei einer Gesamtschau beurteilungserhebl. sein können.

## § 45 ZPO Entscheidung über das Ablehnungsgesuch

**(1) Über das Ablehnungsgesuch entscheidet das Gericht, dem der Abgelehnte angehört, ohne dessen Mitwirkung.**

**(2) [1]Wird ein Richter beim Amtsgericht abgelehnt, so entscheidet ein anderer Richter des Amtsgerichts über das Gesuch. [2]Einer Entscheidung bedarf es nicht, wenn der abgelehnte Richter das Ablehnungsgesuch für begründet hält.**

**(3) Wird das zur Entscheidung berufene Gericht durch Ausscheiden des abgelehnten Mitglieds beschlussunfähig, so entscheidet das im Rechtszug zunächst höhere Gericht.**

§ 45 geändert durch G. v. 27.07.2001 (BGBl 2001, 1887).

Lit: ***Schneider*** MDR 2001, 1399.

**1. Ablehnung beim Kollegialgericht** (LG, auch KfH, OLG, BGH); wenn der LG-Einzelrichter (§§ 348, 348a) abgelehnt wird, entscheidet ebenfalls die Kammer, wobei an die Stelle des abgelehnten Richters dessen Vertreter laut Geschäftsverteilungsplan tritt (BGH NJW 2006, 2492; OLG Karlsruhe FamRZ 2006, 1555); es entscheidet also nicht ein anderer ER (so aber OLG Oldenburg NJW-RR 2005, 931). Wenn Vors der KfH abgelehnt wird: der Vertr des Vors + die beiden Handelsrichter laut Geschäftsverteilung (OLG Schleswig SchlHA 2004, 155). 1

**Entscheidung: a) Bei Ablehnung in der Sitzung:** § 47 II; vorerst keine Entscheidung. **b) Sonst:** Es entscheidet – in Ausnahmefällen – die Kammer usw. in der *(alten) Besetzung* mit dem abgelehnten Richter (entgegen Abs. 1), wenn das ganze Gericht („Landgericht Adorf") als solches abgelehnt wird (BGH NJW 1974, 55) oder sonst ein nur der Verschleppung dienendes bzw rechtsmissbräuchl. Gesuch vorliegt (BGH FamRZ 2005, 1826; NJW 1992, 983; SächsVerfGH NJW-RR 1999, 287; OLG Brandenburg FamRZ 2000, 897; OLG Köln NJW-RR 2000, 591; OLG Frankfurt NJW-RR 1989, 569; *Günther* NJW 1986, 288); denn anderenfalls könnten bestimmte Prozesse bei permanenter Wiederholung der Ablehnung wegen der zeitl. Verzögerung durch Entscheidung in anderer Besetzung nie zu Ende gebracht werden. Missbrauch liegt vor, wenn ein nachvollziehbarer Bezug zum konkreten Rechtsstreit fehlt (BVerwG NJW 1997, 3327; vgl § 26a I StPO). Missbrauch zB, wenn Terminsverlegung zu Recht abgelehnt wurde und nun durch Ablehnung erreicht werden soll; in sonstigen taktischen Fällen. Bei Missbrauch kann ein offensichtl. unzul Ablehnungsgesuch auch **einfach unberücksichtigt bleiben** (BGH FamRZ 2005, 1826). 2

**c)** Es entscheidet die ZivK usw. (die KfH mit den Handelsrichtern; der OLG-Senat mit drei Richtern im Falle des § 526, BGH NJW-RR 2007, 776) *in neuer Besetzung* (Abs. 1), wobei an die Stelle des abgelehnten Richters dessen Vertreter laut Geschäftsverteilung (BGH NJW-RR 2007, 932) tritt, in den sonstigen Fällen; hilfsweise (wenn die Vertretungsregelung des Geschäftsverteilungsplans erschöpft ist) das höhere Gericht (Abs. 3). 3

Auch wenn der RiLG die Ablehnung für begründet hält, ist also eine Kammerentscheidung notwendig, die Sache kann nicht einfach mit Aktenvermerk an den Vertreter weitergegeben werden. Bei Gesamtablehnung aller Kammermitglieder kann über die Gesuche einheitl. entschieden werden (OLG Hamburg MDR 1984, 512; **aA** OLG Schleswig NStZ 1981, 489: gestaffelte Einzelverbescheidung). Werden zugleich die Vertr abgelehnt, ist darüber zuerst zu entscheiden (BGH NJW 1968, 710). 4

**2. Ablehnung eines Richters am AG**

**a)** Hält der RiAG die Ablehnung für begr, gewährt er dem Antragsgegner rechtl. Gehör, macht einen entspr Aktenvermerk und gibt die Sache seinem Vertr laut Geschäftsverteilungsplan (Abs. 2 S. 2). Der Vertr ist daran gebunden (OLG Frankfurt FamRZ 1989, 518). 5

**b)** Hält der RiAG die Ablehnung für zweifelsfrei rechtsmissbräuchl., etwa nur der Prozessverschleppung dienend, kann er den Antrag selbst als unzul verwerfen (hM, vgl OLG Koblenz MDR 1985, 850; *Pentz* NJW 1999, 2000; **aA** LG Frankfurt/M NJW-RR 2000, 1086; *Thomas/Putzo* § 45 Rz 1). 6

7 **c)** Hält der RiAG die Ablehnung sonst für unzul/unbegr, legt er die Akten dem RiAG vor, der laut Geschäftsverteilung zur Entscheidung über den Ablehnungsantrag zuständig ist (meist der AG-Direktor), Abs. 2 S. 1; dieser entscheidet. Rm: § 46.

8 **d)** Bei Ablehnung in der Sitzung: § 47 II.

9

**Praxishinweise:**

Kontrovers ist, wer als Kontrollrichter über die Ablehnung eines ER zu entscheiden hat (Rz 1). Das OLG Oldenburg (NJW-RR 2005, 931) bejaht entgegen hM die Zust des Vertreters des ER. Dagegen spricht, dass nach § 45 I „das Gericht, dem der abgelehnte Richter angehört", zust ist. Der ER gehört aber nicht sich selbst an. Außerdem ist das Ablehnungsverfahren kein Erkenntnisverfahren, sodass auch dessen ER-Regelungen nicht gelten. Zweifel können mit der sof Beschwerde (§ 46 II) geklärt werden.

## § 46 ZPO Entscheidung und Rechtsmittel

**(1) Die Entscheidung über das Ablehnungsgesuch ergeht durch Beschluss.**

**(2) Gegen den Beschluss, durch den das Gesuch für begründet erklärt wird, findet kein Rechtsmittel, gegen den Beschluss, durch den das Gesuch für unbegründet erklärt wird, findet sofortige Beschwerde statt.**

§ 46 I wurde geändert durch G v. 27.07.2001 (BGBl 2001, 1887).

1 **1. Verfahren.** Mdl. Verh ist nicht übl. (vgl § 128 IV). Gehör der Gegenpartei zum Gesuch ist nur notwendig, wenn das Gesuch begründet sein kann. Zur dienstl. Äußerung des Richters ist der ablehnenden Partei Gelegenheit zur Stellungnahme zu geben (BVerfG NJW 1968, 1621), jedenfalls wenn Ablehnung des Gesuchs infrage kommt. Die Person des nachrückenden Richters muss dem Antragsteller nicht vor Erlass des Beschlusses mitgeteilt werden (BVerfG NJW 1998, 369). StrW wie Hauptsache (str; § 3 Rz 7).

**2. Entscheidung und Rechtsmittel**

2 **a) Bei Stattgabe:** Beschluss: „Die Ablehnung des RiLG X durch den Bekl wird für begründet erklärt"; ohne Kostenentscheidung, ohne Begründung (aA *Zöller/Vollkommer* § 46 Rz 9), da unanfechtbar, § 46 II 1. Wenn die Gegenpartei kein rechtl. Gehör erhielt, soll entgegen Wortlaut sof Beschwerde statthaft sein (OLG Frankfurt MDR 1979, 940; der Beschluss sei unwirksam, OLG Frankfurt FamRZ 1998, 377; bedenkl.); ebenso bei handgreifl. gesetzwidriger Stattgabe (OLG Oldenburg NJW-RR 1995, 830). Der Richter selbst ist nicht beschwerdeberechtigt, die andere Partei auch nicht.

3 **b) Bei Ablehnung wegen Missbräuchlichkeit:** Beschluss des Amtsrichters, der Kammer etc in *alter* Besetzung (mit dem Abgelehnten, hM, vgl BGH FamRZ 2005, 1826; *Günther* NJW 1986, 289 und § 26a StPO; str): „Das Gesuch des Bekl auf Ablehnung des Richters ... wird als unzulässig verworfen"; ohne KostenE; mit Gründen. Rm wie Rz 4; auch bei

Beschluss des Amtsrichters. Entscheidet das Gericht nach Verwerfung in der Hauptsache, wird bei Ber die Ablehnungsfrage bei Rüge überprüft; bei statthafter Ber daher keine Beschwerde gegen die Verwerfung zul (BGH NJW-RR 2007, 411).

c) **Bei Ablehnung wegen Unbegründetheit** oder sonstiger Unzulässigkeit: Beschluss der Kammer etc in neuer Besetzung (§ 45), zB: „Die Ablehnung des RiLG X wird als unbegründet zurückgewiesen"; ohne KostenE, mit Gründen. Zuzustellen an ASt, § 329 III. 4

(1) Der **Beschluss des RiAG** ist mit sof Beschwerde zum LG anfechtbar (§ 567 ZPO; § 72 GVG; das OLG ist jedoch zust nach § 119 I GVG, also in Familiensachen, oder § 119 III GVG), wo uU der LG-ER entscheidet, § 568. Gegen den Beschwerdebeschluss des LG/OLG (2. Instanz) eventuell Rechtsbeschwerde zum BGH, § 574. **(2)** Der **Beschluss der LG-Zivilkammer** (erste Instanz) ist mit sof Beschwerde zum OLG anfechtbar (§§ 567, 568). Ebenso der Beschluss des LG-ER; darüber entscheidet idR der ER des OLG-Senats (§ 568). Gegen den Beschwerdebeschluss des OLG: Rechtsbeschwerde zum BGH durch BGH-RA, falls vom LG zugelassen, § 574. **(3)** Der Beschluss der LG-Zivilkammer (zweite Instanz), wenn also Befangenheitsgesuch gegen in Ber- oder Beschwerdesache tätigen Richter zurückgewiesen wurde: nur noch Rechtsbeschwerde zum BGH, § 574, falls zugelassen (OLG Köln NJW 2004, 3642; OLG Stuttgart NJW-RR 2003, 494), also nicht mehr weitere Beschwerde zum OLG. **(4)** Der **Beschluss des OLG-Senats** (betr Ablehnung eines OLG-Richters) ist mit Rechtsbeschwerde durch BGH-Anwalt zum BGH anfechtbar, falls vom OLG zugelassen, § 574 (nicht mit sof Beschwerde, vgl *G. Vollkommer* NJW 2001, 1830). Bei Nicht-Zulassung kommen aber Gegenvorstellungen in Betracht (str); ebenso § 321a. Nur in Ausnahmefällen ist Verfassungsbeschwerde zulässig (BVerfG NJW-RR 2007, 409). In FGG-Sachen kein Rechtsmittel (BGH NJW-RR 2003, 644).

**3. Zum Beschwerdeverfahren:** Anwaltszwang gem §§ 569 II, 78. Kein Anwaltszwang daher, wenn im PKH-Verfahren ein LG-Berufungsrichter abgelehnt wird (OLG Brandenburg MDR 2000, 105). Mit der Beschwerde können **keine neuen Ablehnungsgründe** geltend gemacht werden (BayObLG MDR 1986, 60). KostenE: bei erfolgloser Beschwerde nach § 97 I, bei erfolgreicher unterbleibt die KostenE, die Kosten sind solche des Rechtsstreits (OLG Frankfurt NJW-RR 1986, 740; **aA** OLG Celle Rpfleger 1983, 173). Die Kosten des Beschwerdeverfahrens sind erstattungsfähig (BGH NJW 2005, 2233), selbst wenn der RA keinen Schriftsatz eingereicht hat; nach früher hM (OLG Karlsruhe FamRZ 2005, 1490) nicht, da das Verfahren nicht kontradiktorisch sei (unzutr wegen BVerfG NJW 1993, 2229). **Streitwert** des Beschwerdeverfahrens: wie Hauptsache (BGH NJW 1968, 796; **aA** nimmt zutr 1/10 bis 1/3 der Hauptsache an). **Gebühren:** Gericht GKG-KV 1811; RA RVG-VV 3500. 5

**Wegfall des Rechtsschutzbedürfnisses?** Wird ein Richter abgelehnt, die Ablehnung als unbegr zurückgewiesen und entscheidet dann der Richter (entgegen § 47) instanzbeendigend, so ist die sof Beschwerde gegen die Ablehnungszurückweisung unzulässig geworden, das Bedürfnis für eine Entscheidung erloschen, weil sie keine rechtl. Bedeutung mehr hat, sofern Hauptsacheentscheidung unanfechtbar (BGH NJW-RR 2007, 411). Erledigungserklärung zweckmäßig. Ist dagegen Berufung statthaft, wird auf Rüge die Ablehnung nachgeprüft. 6

7

**Praxishinweise:**

1. Ein Ablehnungsgesuch schließt weiteres Tätigwerden des Richters aus (§ 47). Es wirkt jedoch auch bei Erfolg nicht zurück, so dass frühere richterl. Handlung wirksam bleiben (BGH-Report 2007, 219).

2. Bei Zurückweisung des Ablehnungsgesuches durch den Richter selbst und anschließender Entscheidung zur Hauptsache ist in berufungsfähigen Sachen nicht die sof Beschwerde gegeben. Die Partei muss vielmehr im Ber-Verfahren die Ablehnungsrüge erheben, über die dann das BerG zu entscheiden hat. Eine gleichwohl eingelegte sof Beschwerde ist für erledigt zu erklären (BGH-Report 2007, 225).

## § 47 ZPO Unaufschiebbare Amtshandlungen

**(1) Ein abgelehnter Richter hat vor Erledigung des Ablehnungsgesuchs nur solche Handlungen vorzunehmen, die keinen Aufschub gestatten.**

**(2) [1]Wird ein Richter während der Verhandlung abgelehnt und würde die Entscheidung über die Ablehnung eine Vertagung der Verhandlung erfordern, so kann der Termin unter Mitwirkung des abgelehnten Richters fortgesetzt werden. [2]Wird die Ablehnung für begründet erklärt, so ist der nach Anbringung des Ablehnungsgesuchs liegende Teil der Verhandlung zu wiederholen.**

§ 47 II angefügt durch G v. 24.08.2004 (BGBl 2004, 2198).

**Lit:** ***Vossler*** MDr 2006, 1383.

1 **1. Wartepflicht des abgelehnten Richters.** Unter **„Erledigung des Ablehnungsgesuchs“** versteht die hM (OLG Karlsruhe NJW-RR 1997, 1350; BayObLG MDR 1988, 500) die rechtskr Erledigung; bei Zurückweisung der Ablehnung muss also Ablauf der Beschwerdefrist (§ 569) oder die BeschwerdeE abgewartet werden (OLG Koblenz NJW-RR 1992, 1464; **aA** OLG Frankfurt MDR 1992, 409). Bei Einlegung eines unstatthaften Rm gegen die Ablehnung muss nicht gewartet werden (BGH ZIP 2005, 45); ebenso nicht bei rechtsmissbräuchl. Ablehnungen, § 45 Rz 2 (OLG Schleswig SchlHA 2002, 261); auch eine eingelegte Verfassungsbeschwerde muss nicht abgewartet werden (OLG Hamm MDR 1999, 374). *„Keinen Aufschub gestatten“* zB Maßnahmen der Sitzungspolizei, Terminsaufhebung, Arrest und eVfg.

2 **Entgegen der Wartepflicht vorgenommene Handlungen** sind nicht unwirksam, aber mangelhaft: **a)** Wird die Beschwerde später zurückgewiesen, wird der Verfahrensfehler geheilt (KG Rpfleger 1977, 219; OLG Frankfurt OLGZ 1992, 383); **b)** wird später in der Beschwerdeinstanz die Ablehnung für begründet erklärt, liegt kein Fall der §§ 547 Nr. 3,579 I Nr. 3 vor, weil die Ablehnung noch nicht für begründet erklärt „war“; es bleiben nur die gewöhnl. Rechtsbehelfe (Berufung gegen das EndU usw.). **c)** Verstoß gegen § 47 kann ausr Ablehnungsgrund sein (OLG Karlsruhe NJW-RR 1997, 1350).

Bei einer **rechtsmissbräuchlichen Ablehnung** gilt §47 I nicht (BGH NJW-RR 2005, 1226 zum Zuschlags-Beschluss des Rechtspflegers im ZVG-Verf.); vgl §45 Rz 3 und jetzt §47 II. 3

**2. Absatz 2.** Die Neuregelung behandelt einen **Sonderfall des Missbrauchs;** es soll verhindert werden, dass eine Partei einen Termin, zu dem zB zahlreiche Zeugen erschienen sind, nach Belieben „platzen lassen" kann. §47 II gilt ab Aufruf der Sache, nicht erst ab Stellen der Anträge (**aA** *Zöller/Vollkommer* §47 Rz 3). Eine Vertagung wäre immer erforderl., weil die Rechtskraft des Beschlusses über die Ablehnung abgewartet werden muss (Rz 1). Trotz Ablehnung *kann* die Verh fortgesetzt werden, dh die Zeugen werden vernommen. Wird letztl. die Ablehnung für begründet erklärt, ist die Zeugenvernehmung etc zu wiederholen. Ungeklärt ist, wer in diesem Falle die Mehrkosten trägt (§21 I 2 GKG?). 4

5

**Praxishinweise:**

Die 2004 neu gefasste Vorschrift verschlechtert erneut die Rechtsstellung der Parteien. Bei einer Ablehnung „während der Verhandlung" darf der Abgelehnte als gesetzl. Richter „auf Probe" weiter tätig werden, wenn er abschließend entscheiden kann, also nicht ohnehin vertagen muss. Er kann ein EndU verkünden, uU sogar nach Durchführung einer Beweisaufnahme. Dass damit Fakten, nämlich psychologische Zwänge, geschaffen werden, liegt auf der Hand. Auch wenn bei erfolgreicher Ablehnung Zeugen erneut vernommen oder SV angehört werden, besteht kaum Aussicht für eine Berichtigung. Desgleichen wird das Kontroll- oder BeschwerdeG (§§45, 46) sich schwer tun, dem Ablehnungsantrag stattzugeben und damit eine zeitaufwendige und kostspielige Neuverhandlung zu erzwingen. Die Partei ist ggü der Selbstentscheidung des abgelehnten Richters rechtlos gestellt. Ihrem Anwalt bleibt nur, auf die unerfreulichen Auswirkungen einer späteren Bestätigung des Ablehnungsanspruchs hinzuweisen.

## § 48 ZPO Selbstablehnung; Ablehnung von Amts wegen

**Das für die Erledigung eines Ablehnungsgesuchs zuständige Gericht hat auch dann zu entscheiden, wenn ein solches Gesuch nicht angebracht ist, ein Richter aber von einem Verhältnis Anzeige macht, das seine Ablehnung rechtfertigen könnte, oder wenn aus anderer Veranlassung Zweifel darüber entstehen, ob ein Richter kraft Gesetzes ausgeschlossen sei.**

**Lit:** ***Fischer*** AnwBl 2005, 570.

Hält der Richter das Vorliegen von § 41 für zweifelhaft oder einen Ablehnungsgrund (§ 42, zB Freundschaft mit dem Kl) für gegeben, dann macht er einen entspr Aktenvermerk. Dann gilt § 47 entspr. Die Anzeige ist den Verfahrensbeteiligten mitzuteilen und ihnen Gelegenheit zur Stellungnahme zu geben (BVerfG NJW 1993, 2229), weil die Angaben des Richters falsch sein könnten. Zur Entscheidung zust Gericht: § 45; *formlose Weitergabe* der Sache an den Vertreter scheidet aus (anders, wenn die Voraussetzungen des § 41 offensichtlich vorliegen). Die hM nimmt als **Entscheidungsmaßstab** den der §§ 41, 42 (Verunglimpfung des Richters durch Partei vgl OLG Zweibrücken MDR 1994, 1

832; allgemein OLG Saarbrücken NJW-RR 1994, 763); mE liegt eine andere Gewichtung vor, auch ist die Zumutbarkeit für den Richter zu berücksichtigen.

2 **Der Beschluss** enthält keine Kostenentscheidung und wird den Parteien mitgeteilt; er ist unanfechtbar (OLG Bremen FamRZ 1976, 112; VGH Kassel NJW 1994, 1083; dazu *Vollkommer* NJW 1994, 2007).

### § 49 ZPO Urkundsbeamte

**Die Vorschriften dieses Titels sind auf den Urkundsbeamten der Geschäftsstelle entsprechend anzuwenden; die Entscheidung ergeht durch das Gericht, bei dem er angestellt ist.**

1 Das Gericht ist die betreffende ZivK usw., ggf der ER. Ablehnung von Rechtspflegern: § 10 RPflG. Ein **Rechtspfleger** ist zB entspr § 41 Nr. 6 ausgeschlossen von der Entscheidung über die Erinnerung gegen den Kostenansatz, wenn er als Kostenbeamter die Kostenrechnung aufgestellt hat (Bay-ObLG Rpfleger 1974, 393).

## Abschnitt 2
## Parteien

### Vorbemerkung:

1 **1. Parteien des Zivilprozesses** sind der Kl und der Bekl; im Vollstr-Verfahren heißen sie Gläubiger und Schuldner; in anderen Verfahrensarten (Scheidung, Arrest, eVfg usw.) Antragsteller und Antragsgegner. Auf jeder Parteiseite können mehrere Personen stehen (die Streitgenossen); dann entstehen mehrere Prozessrechtsverhältnisse. Der Partei können (was selten geschieht) „Nebenparteien" beitreten (NI, Streithelfer).

2 **2.** Im Zivilprozess gilt das **Zweiparteienprinzip.** Zwei Parteien müssen sich gegenüberstehen; **Insichprozesse** sind grds nicht möglich. Unzul ist daher die Klage einer Filiale desselben Unternehmens gegen eine andere. Beerbt der Kl den Bekl, ist der Prozess beendet; ebenso bei Fusion von juP. Davon gibt es Ausnahmen: zB kann der OHG-Gesellschafter gegen „seine" OHG klagen.

3 **3. Wer ist Partei?** Es gilt der **formelle Parteibegriff**, nicht der materielle; wer eine Forderung einklagt, ist Kl, auch wenn sie ihm nicht zusteht. Wer die Klage erhebt, bestimmt durch die Angaben in der Klageschrift, wer Kl und Bekl ist.

**Einzelfälle:**

4 **a)** Die Bezeichnung ist **auslegungsfähig;** Partei ist grds, wer durch die Parteibezeichnung betroffen sein soll (BGH NJW-RR 1995, 764).

5 **b)** Ungenaue oder unrichtige Bezeichnungen können jederzeit **berichtigt** werden (BGH NJW 1981, 1454); die Identität der Partei muss aber gewahrt bleiben (BGH NJW 1988, 1585). Bei der Frage, wer Bekl ist, kommt es auf die objektive Sicht des Gerichts und des Bekl an (BGH NJW 1998, 1496).

c) **Zustellungsfehler:** Ist der Bekl in der Klage richtig bezeichnet, wird die Klage aber **an eine andere Person zugestellt** (zB wegen Namensähnlichkeit oder Vater statt Sohn), wird diese andere dadurch nicht „Partei" (BGH NJW-RR 1995, 764), sie kann als **Schein-Partei** trotzdem auftreten; verlangen, dass durch Beschluss festgestellt wird, dass sie nicht Partei geworden ist; sie kann gegen ein VU Einspruch einlegen usw. Hat der Kl die falsche Zustellung veranlasst, sind ihm durch Beschluss die Kosten des anderen analog § 91 aufzuerlegen (vgl BGH NJW-RR 1995, 764; OLG Stuttgart NJW-RR 1999, 216; OLG München OLGZ 1985, 73; OLG Brandenburg NJW-RR 1996, 1214; OLG Frankfurt MDR 1985, 676; OLG Düsseldorf MDR 1986, 504), anderenfalls dem sonstigen Veranlasser. 6

d) Ist die **Klage gegen den falschen Beklagten** gerichtet (zB wegen Irrtum über den Namen des Schädigers), wird dieser Partei; die Klage ist aber unbegründet, Rücknahme, evtl Parteiwechsel kommt infrage. 7

e) **Existiert die Partei nicht** (zB Bekl ist bereits verstorben), ist die Klage als unzul abzuweisen; ein ergehendes Urteil wäre wirkungslos. 8

**4. Abgrenzung.** Wer demnach Partei „ist", muss noch nicht die Fähigkeit haben, rechtl. auch Partei sein zu können; dies bestimmt sich nach § 50 I **(Parteifähigkeit).** Nicht jeder Parteifähige kann Prozesshandlungen selbst vornehmen; ob eine Partei die dafür notwendige **Prozessfähigkeit** hat, regelt § 52. Die **Prozessführungsbefugnis** haben grds Gl und Schuldner der eingeklagten Forderung; sie kann zB dem Kl fehlen, wenn er in Insolvenz gefallen ist und eine zur Masse gehörige Forderung einklagen will; dann steht sie einem Dritten zu (sog *Prozessstandschaft*), im Beispiel dem Insolvenzverwalter. Die Prozesshandlungen der partei- und prozessfähigen Partei sind teils nur wirksam, wenn sie von einem Rechtsanwalt vorgenommen werden (Frage der **Postulationsfähigkeit**, § 78). Ein 10-jähriges Kind ist parteifähig (§ 50), es ist aber nicht prozessfähig (§ 52) und muss also durch seine Eltern vertreten werden (§ 51); klagt das Kind vor dem LG, müssen die Eltern einen RA beauftragen (§ 78). Ein 18-jähriger ist selbst partei- und prozessfähig; vor dem AG-Zivilabteilung kann er selbst auftreten (§ 79), vor dem LG nur durch einen RA (§ 79). 9

**5.** Ein **Prozessrechtsverhältnis** als dreiseitiges öffentl.-rechtl. Verh besteht zwischen den Parteien sowie den Parteien und dem Gericht. Weitere praktische Bedeutung hat der Begriff nicht. 10

**6.** Wird die Identität der Partei geändert (zB der Kl erkennt im Prozess, dass sein Vertragspartner nicht B, sondern C war, daher will er statt B den C verklagen), liegt **Parteiänderung** vor; zur Zulässigkeit vgl § 263 Rz 5. 11

**7. Sachlegitimation:** der Kl hat die **Aktivlegitimation**, wenn er zB tatsächl. Gl der eingeklagten Forderung ist; der Bekl hat die **Passivlegitimation**, wenn er der Schuldner ist. Es geht also um Fragen des materiellen Rechts, der Begründetheit der Klage; mit dem Parteibegriff hat das grds nichts zu tun. Sachlegitimation ist von Prozessführungsbefugnis zu unterscheiden: letztere ist eine Voraussetzung der Zulässigkeit der Klage (vgl § 51 Rz 13). 12

Formular 18: Abtretungsvertrag

Formular 19: Hinweisschriftsatz zur prozesstaktischen Abtretung

Formular 55: Antrag auf Berichtigung einer Parteibezeichnung bei Einzelunternehmer

Formular 56: Klagerubrum: Klage einer Gesellschaft bürgerlichen Rechts

## Titel 1
## Parteifähigkeit; Prozessfähigkeit

### § 50 ZPO Parteifähigkeit

**(1) Parteifähig ist, wer rechtsfähig ist.**

**(2) Ein Verein, der nicht rechtsfähig ist, kann verklagt werden; in dem Rechtsstreit hat der Verein die Stellung eines rechtsfähigen Vereins.**

**Lit:** ***Heiderhoff*** ZZP 117, 375; ***Hess*** ZZP 117, 267.

1 **1. Absatz 1. Parteifähigkeit** ist die Fähigkeit, im Urteilsverf Kl oder Bekl sein zu können, in den anderen gerichtl. Verfahren Antragsteller oder Antragsgegner, in der ZwV Gläubiger oder Schuldner. Sie ist Prozessvoraussetzung (Voraussetzung der Zulässigkeit der Klage) und Prozesshandlungsvoraussetzung (zB für wirksame Erledigungserklärung; anders für Erledigungserklärung gerade wegen Erlöschen der Parteifähigkeit, BGH NJW 1982, 238). Parteifähigkeit muss mindestens zur Zeit der letzten mündl. Tatsachenverhandlung vorliegen. Als Prozessvoraussetzung wird der Mangel der Parteifähigkeit von Amts wegen beachtet, weshalb entsprechende Einwände nicht als verspätet zurückgewiesen werden dürfen (BGH NJW 2004, 2523). Einzelheiten § 56.

2 **a) Fehlt sie (oder fällt sie während des Prozesses weg,** BGH NJW 1979, 1592), ist die Klage als unzul abzuweisen. Fällt sie beim Bekl weg, kommt auch Parteiwechsel oder Erledigung der Hauptsache (BGH NJW 1982, 238) infrage, sodass ggf die erloschene Gesellschaft zur Kostentragung verurteilt werden kann. Fehlen der Parteifähigkeit ist in jeder Lage des Verfahrens von Amts wegen zu berücksichtigen; das BerGer darf diesbe-

zügliches (substanziiertes!) Vorbringen daher nicht als verspätet zurückweisen (BGH NJW 2004, 2523).

3 **b) Fehlte sie bei Klageerhebung und tritt sie** während des Prozesses **ein** (zB der klagende Verein wird ins Vereinsregister eingetragen), wird die bisherige Prozessführung geheilt (**aA** Genehmigung notw) und es kann ein SachU ergehen.

4 **c) Wird die Parteiunfähigkeit übersehen** und über die Klage sachl. entschieden: § 579 I Nr. 4 analog (BGH MDR 1959, 121).

5 **d) Streit über die Parteifähigkeit:** ist zB zweifelhaft, ob der Kl parteifähig ist, ist für die Klärung dieser Frage Parteifähigkeit zu unterstellen (BGH NJW-RR 1988, 477); stellt sich die fehlende Parteifähigkeit dann heraus (oder lässt sich die Existenz der Partei nicht feststellen), kommt ZwischenU (§ 280) oder Klageabweisung wegen Unzulässigkeit (OLG Frankfurt NJW-RR 1996, 1213) infrage. Klagepartei hat die Beweislast dafür, dass sie parteifähig ist (LG Essen IPRax 1996, 120: Gesellschaft auf Isle of Man).

**2. Wer ist parteifähig?**

- 6 **Alle Menschen** sind parteifähig, auch Geisteskranke, Minderjährige usw., § 1 BGB. Für Ausländer kommt es auf ihr Heimatrecht an (BGH 51, 27).
- 7 **Juristische Personen des öffentlichen Rechts** sind parteifähig, zB Bund, Länder, Gemeinden, Kreise; Körperschaften; Stiftungen; Handwerkskammern; Industrie- und Handelskammern; Religionsgemeinschaften; Universitäten. Bundesbahn, Bundespost sind jetzt privatrechtl. als Aktiengesellschaften organisiert (vgl *Palandt/Heinrichs* vor § 89). Über katholische Kirchengemeinde vgl OLG Stuttgart NJW-RR 2001, 1697.
- 8 **Juristische Personen des Privatrechts** sind parteifähig, zB GmbH, AG, KGaA, Versicherungsverein auf Gegenseitigkeit, Stiftungen (§ 80 BGB). Eine juP ist (unabhängig von ihrer Löschung im Register) voll beendet und nicht mehr parteifähig, wenn sie aufgelöst worden ist und kein Vermögen mehr besitzt (BGH 74, 213); sie kann jedoch mit der Behauptung, ihr stehe noch ein Anspruch zu (und insoweit habe sie noch Vermögen) einen Aktivprozess führen, gilt insoweit als parteifähig (BGH NJW-RR 1986, 394; str, aA stellt zT auf Registerlöschung ab). Ausl Gesellschaften: Rz 9.
- Die **GmbH in Liquidation** ist nach Ablehnung des Insolvenzantrags mangels Masse solange noch passiv parteifähig, als sie noch Vermögen hat (BGH 94, 108; vgl OLG Düsseldorf NJW-RR 1988, 1184).
- Die von Amts wegen **gelöschte Gesellschaft mit begrenzter Haftung** (§ 141a FGG; früher LöschungsG, Vermögenslosigkeit) ist in einem Rechtsstreit parteifähig, der Ansprüche zum Gegenstand hat, die sich nach der Löschung als vorhanden herausstellen (BGH NJW 1957, 1359; KTS 1989, 857; BAG NJW 1988, 2637; BGH GRUR 1991, 522; VersR 1991, 121; zur Vertretung BGH MDR 1986, 139 und BayObLG NJW-RR 1994, 230: zur gesetzl. Vertretung hat das RegisterG einen Nachtragsliquidator zu bestellen, sofern dessen Kosten gesichert sind; zum Ganzen vgl *Bork* JZ 1991, 841 und *Saenger* GmbHR 1994, 300) oder wenn der Anspruch kein Vermögen voraussetzt (zB Einsicht, Auskunft, Zeugnis). Eine gelöschte, *vermögenslose* GmbH kann keine Ber mehr einlegen (OLG Oldenburg NJW-RR 1996, 160). Die klagende GmbH bleibt aktiv parteifähig, wenn sie während des Rechtsstreites wegen Vermögenslosigkeit gelöscht

wird (OLG Hamm BB 1998, 1654; OLG Hamburg GmbHR 1996, 860); der bedingte Kostenerstattungsanspruch ist Vermögen (OLG Koblenz NJW-RR 2004, 1222). Zur **Vor-GmbH** vgl Rz 14.

9 • **Ausländische juristische Personen und Handelsgesellschaften** sind rechts- und parteifähig, wenn sie dies nach dem Recht ihres tatsächl. Sitzes sind (BGH NJW 1986, 2194; OLG Düsseldorf JZ 2000, 203). Fehlt ein Sitz: Gründungsstaat (OLG Frankfurt NJW-RR 2000, 1226). Ob eine Gesellschaft, die unter dem Schutz der Niederlassungsfreiheit nach Art43 EG-Vertrag steht, und in einem anderen Mitgliedsstaat klagt, rechtsfähig ist, richtet sich nach dem Recht des Staates, in dem sie gegründet wurde (BGH NJW 2003, 1461; dazu *Eidenmüller* JZ 2003, 525; *Weller* IPRax 2003, 324; ferner EuGH NJW 2002, 3614). Eine liechtensteinische AG kann vertragl. Rechte bei uns gerichtl. geltend machen (BGH NJW 2005, 3351). Verlegt eine ausl Gesellschaft, die nach dem Recht des Gründungsstaats als rechtsfähig zu behandeln ist, ihren Sitz nach Deutschland, soll sie vor deutschem Gericht aktiv und passiv parteifähig sein (BGH NJW 2002, 3539).

10 • Die **OHG** ist parteifähig, § 124 I HGB. Partei ist die OHG selbst (obwohl keine juP), nicht die Gesellschafter in ihrer gesamthänderischen Verbindung (BGH 62, 133; str), weshalb ein Prozess zwischen OHG und Gesellschafter mögl. ist; Gesellschafterwechsel ist auf den Prozess ohne Einfluss.

11 • Die **KG** ist parteifähig, §§ 161 II, 124 I HGB. Ist bei verklagter **GmbH & Co KG** die GmbH wegen Vermögenslosigkeit gelöscht, fehlt (mangels „Gesellschaft") der KG die Parteifähigkeit (BGH NJW-RR 1988, 477). Hat die Gesellschaft noch Zahlungsansprüche, endet mit Löschung der GmbH nicht die Parteifähigkeit der KG (LG Berlin ZMR 1998, 497).

12 • Die **Firma des Kaufmanns** ist trotz § 17 II HGB nicht Partei. Parteien sind vielmehr die Firmeninhaber zur Zeit der Klagezustellung. Bei *Inhaberwechsel* während des Prozesses: **a)** auf Kl-Seite: **(1)** Hat der neue Inhaber die Forderung übernommen, gilt § 265; der urspr Kl muss den Klageantrag auf Leistung an den neuen Inhaber ändern; der neue Inhaber könnte nur mit Zustimmung des Bekl an die Stelle des urspr Kl treten. **(2)** Hat er die Forderung nicht übernommen, bleibt der urspr Kl unter seinem bürgerl. Namen Kl; **b)** auf Beklagtenseite bleibt der urspr Inhaber bei Klagezustellung Bekl (OLG Frankfurt BB 1985, 1219), trotz § 25 HGB, die Parteibez ist aber auf den bürgerl. Namen zu ändern; das Urteil ist gegen den urspr Inhaber vollstreckbar, gegen den neuen Inhaber uU nach §§ 727, 731.

13 • **Eingetragene Vereine** (§§ 21 ff, 55 BGB) sind aktiv und passiv parteifähig. **Nicht eingetragene Vereine** sind nur passiv parteifähig, Abs. 2, auch wenn es sich um Massenorganisationen handelt (str, vgl *Jung* NJW 1986, 157; aA *Kempfler* NZG 2002, 411), um Bürgerinitiativen, Siedlergemeinschaften (BGH NJW 1990, 186; **aA** *Schulz* NJW 1990, 1893), sonstige Verbände; hier müssen alle Mitglieder klagen, die Angabe nur des Vereinsnamens in der Klageschrift genügt nicht (hM, vgl LG Marburg NJW-RR 2000, 661; teils wird Geltendmachung durch Treuhänder für möglich gehalten, vgl BGH 42, 213). Für bestimmte Großvereine wie Gewerkschaften macht die Rspr Ausnahmen (Rz 16).

- Die **BGB-Gesellschaft** (§§ 705 ff. BGB), GbR, wurde früher für nicht parteifähig angesehen (BGH 80, 227), alle Gesellschafter mussten klagen bzw verklagt werden. Jetzt sagt der BGH (NJW 2001, 1056 dazu *Scholz* NZG 2002, 153; unter Aufgabe der früheren Rspr; *Wiedemann* JZ 2001, 655; *Timme/Hülk* JuS 2001, 536): die (Außen-)GbR besitzt Rechtsfähigkeit, soweit sie durch Teilnahme am Rechtsverkehr eigene Rechte und Pflichten begründet; in diesem Rahmen ist sie zugleich im Zivilprozess aktiv und passiv parteifähig. Für Forderungen einer GbR ist die GbR Partei, nicht die Gesellschafter als StrGen; haben die Gesellschafter ohne Hinweis auf die Stellung als Gesellschafter geklagt, ist das Rubrum auf die GbR als Klägerin zu berichtigen (BGH NJW-RR 2006, 42). Die GbR ist auch insolvenzfähig, § 11 II Nr. 1 InsO; scheckfähig (BGH NJW 1997, 2754); wechselfähig (BGH NJW 2001, 1056/61); aktiv und passiv parteifähig auch im ArbG-Verfahren (BAG NJW 2005, 1004); grundbuchfähig ist sie nicht (BayObLG NJW-RR 2005, 43). Probleme für den Kl, welcher eine GbR verklagen will, sind: ist ein Zusammenschluss mehrerer tatsächl. als (Außen-)GbR organisiert? Oder handelt es sich zB nur um Gesamtschuldner? Wie kann die Gesellschaft, die ja in keinem Register eingetragen ist und keinen eigenen Namen führen muss, in der Klage zu genau bezeichnet werden, dass später eine Vollstreckung (vgl § 736) mögl. ist? Ist überhaupt Gesellschaftsvermögen vorhanden? Deshalb sollten immer die Gesellschafter mitverklagt werden, *wenn* sie mithaften. 14
- Die **Wohnungseigentümergemeinschaft** nach WEG ist rechtsfähig, soweit sie bei der Verwaltung des gemeinschaftl. Eigentums am Rechtsverkehr teilnimmt (BGH NJW 2005, 2061; NJW 2007, 1952 + 1957). Sie kann klagen und verklagt werden (§10 VI WEG 2007), ohne dass es auf den aktuellen Mitgliederbestand ankommt; eine abgrenzbare Bezeichnung ist aber erforderl. (WEigtGem X-Strasse ... vertr. durch den Verwalter...). Neben der Haftung der WEigtGem kommt eine akzessorische gesamtschuldnerische Haftung der Wohnungseigentümer nur in Betracht, wenn sie sich neben dem Verband „klar und eindeutig auch pers verpflichtet haben" (BGH NJW 2005, 2061/66).
- Der **Nachlass** ist ebenfalls nicht parteifähig (hier müssen die Erben verklagt werden; sind sie unbekannt: die unbekannten Erben, gesetzl. vertreten durch den Nachlasspfleger X; dessen Bestellung muss der Kl vorher beim NachlassG beantragen, § 1961 BGB, außer es ist schon einer nach § 1960 BGB bestellt worden. Auch die **Erbengemeinschaft** ist nicht parteifähig (BGH NJW 2002, 3389).
- Die **Vor-GmbH** (entstanden mit Abschluss des Gesellschaftsvertrags) ist im Rahmen ihrer beschränkten Teil-Rechtsfähigkeit aktiv parteifähig (BGH NJW 1998, 1080; vgl BGH NJW-RR 1999, 1554; OLG Hamm ZIP 2006, 2031). Bei einer „GmbH in iG" (dh in Gründung) kommt es darauf an, ob schon ein Gesellschaftsvertrag existiert; anderenfalls liegt uU nur eine OHG oder BGB-Gesellschaft vor.
- **Politische Parteien** sind nach §3 ParteienG parteifähig, ebenso ihre Landesverbände; bez der Bezirks-, Kreis- und Ortsverbände ist das str (verneint von LG München I Rpfleger 2006, 483; vgl OLG Frankfurt MDR 1984, 1030; OLG Zweibrücken NJW-RR 1986, 181; *Kainz* NJW 1985, 2616; *Maurer* JuS 1992, 296); zur passiven Parteifähigkeit vgl Absatz 2 und Rz 20. Fraktionen können parteifähig sein (LG Bremen NJW-RR 1992, 447). 15
- **Gewerkschaften** sind parteifähig (BGH 42, 210; 50, 325); vgl ferner § 10 ArbGG. Die aktive Parteifähigkeit ihrer Landes- und Bezirksverbände ist str (dagegen BGH MDR 16

1972, 859 für BezVerw der Postgewerkschaft; **aA** OLG Düsseldorf NJW-RR 1986, 1506); zur passiven vgl § 50 II.

17 • Die **Insolvenzmasse** ist nicht parteifähig; Partei kraft Amts ist der Insolvenzverwalter.

18 • **Behörden** sind parteifähig, wenn entspr Vorschriften bestehen.

19 **3. Absatz 2. Nichtrechtsfähige Vereine** sind die nicht ins Vereinsregister eingetragenen. Es muss vorliegen eine auf Dauer berechnete Verbindung einer größeren Anzahl von Personen zur Erreichung eines gemeinsamen Zwecks, nach der Satzung körperschaftl. organisiert, mit Gesamtnamen und auf wechselnden Mitgliederbestand angelegt (BGH LM § 31 BGB Nr. 11). Als Beklagte werden sie durch den Vorstand vertreten, diesem ist die Klage zuzustellen, die Mitglieder können Zeugen sein; nach hM soll er Widerklage erheben können. Zur ZwV vgl § 735.

20 **Beispiele:**
Gewerkschaften, Arbeitgeberverbände, Studentenverbindungen, Ordensniederlassungen. Die Untergliederungen (zB Ortsgruppe) von politischen Parteien und Großvereinen können die Rechtsform eines nichtrechtsfähigen Vereins haben, wenn sie auf Dauer Aufgaben nach außen im eigenen Namen durch eine eigene, dafür handlungsfähige Organisation wahrnehmen (BGH NJW 1984, 2223 für DLRG-Ortsgruppe; OLG Bamberg NJW 1982, 895 für CSU-Ortsverband), also neben ihrer unselbstständigen Tätigkeit für den Hauptverein Aufgaben auch eigenständig wahrnehmen.

21 **4. Analoge Anwendung von Absatz 2:** die Vor-GmbH (zwischen Abschluss des Gesellschaftsvertrags und Registereintragung) kann im Einzelfall eine OHG sein (BayObLG BB 1978, 1685); sonst gilt sie als passiv parteifähig, wenn sie im Rechtsverkehr wie eine juP aufgetreten ist (BGH 79, 241; OLG Hamm WM 1985, 658). Auch ausl (aber hier nicht rechtsfähige) Unternehmungen können passiv parteifähig sein, wenn dies zur Rechtsdurchsetzung erforderl. ist (vgl BGH NJW 1986, 2194; OLG Nürnberg WM 1985, 259; *Rehbinder* IPRax 1985, 324). Auf eine Organisation von Miteigentümern (Waldinteressentenschaft) kann §50 II analog anwendbar sein (BGH 25, 311).

22 **Praxishinweise:**
Wer nicht als Partei vernommen werden darf (§§ 445 ff), kann Zeuge sein. Bei StrGen gilt die Ausnahme, dass jeder über solche Tatsachen als Zeuge vernommen werden darf, die ausschließl. den anderen StrGen betreffen (§ 61 Rz 2, 6).

## § 51 ZPO Prozessfähigkeit; gesetzliche Vertretung; Prozessführung

**(1) Die Fähigkeit einer Partei, vor Gericht zu stehen, die Vertretung nicht prozessfähiger Parteien durch andere Personen (gesetzliche Vertreter) und die Notwendigkeit einer besonderen Ermächtigung zur Prozessführung bestimmt sich nach den Vorschriften des bürgerlichen Rechts, soweit nicht die nachfolgenden Paragraphen abweichende Vorschriften enthalten.**

**(2) Das Verschulden eines gesetzlichen Vertreters steht dem Verschulden der Partei gleich.**

**(3) Hat eine nicht prozessfähige Partei, die eine volljährige natürliche Person ist, wirksam eine andere natürliche Person schriftlich mit ihrer gerichtlichen Vertretung bevollmächtigt, so steht diese Person einem gesetzlichen Vertreter gleich, wenn die Bevollmächtigung geeignet ist, gemäß § 1896 Abs. 2 Satz 2 des Bürgerlichen Gesetzbuchs die Erforderlichkeit einer Betreuung entfallen zu lassen.**

§ 51 III eingefügt durch 2. BtÄndG v. 21.04.2005 (BGBl 2005, 1073).

**1. Absatz 1** nennt drei Fallgruppen: Rz 1, 2, 11. **„Fähigkeit, vor Gericht zu stehen“:** gemeinrechtl. Formel. Gemeint ist die **Prozessfähigkeit**, geregelt in §§ 52, 53, aber nicht im bürgerl. Recht. Zur Ermittlung vgl § 56. 1

**2. Gesetzliche Vertretung Prozessunfähiger.** Ob eine Partei ordnungsgem vertreten ist, wird von Amts wegen überprüft (BAG NZA 2004, 624), also nicht nur bei Rüge. Wer Vertreter ist richtet sich nach mat. Recht (Rz 3 – 10). Partei ist und bleibt der Vertretene; die Kosten treffen den Vertretenen. Ist das 10-jährige Kind bei einem Unfall verletzt worden, klagt es ges vertr durch seine Eltern; beim Prozess vor dem LG müssen die Eltern wiederum einen RA einschalten (Postulationsfähigkeit, § 78). Als **Prozessvoraussetzung** muss die richtige ges Vertretung jedenfalls bei Schluss der mdl Verh vorliegen (fehlt sie: Klageabweisung als unzulässig; BAG NZA 2004, 624), als **Prozesshandlungsvoraussetzung** bei der jeweiligen Handlung (sonst ist die Handlung unwirksam; sie kann aber rückwirkend genehmigt werden). Bei Tod des ges Vertr: § 241. Bei Fehlen: § 57. Die Vertretungsmacht kann ausgebildet sein als **Einzelvertretungsmacht** (einer allein ist berechtigt zur Vertretung) oder als **Gesamtvertretung** (zwei oder mehr sind nur gemeinschaftl. zur Vertretung berechtigt). 2

**Es werden vertreten:**

- **Aktiengesellschaft:** durch den Vorstand, § 78 AktG; uU den Aufsichtsrat (§ 112 AktG; BGH NJW 1987, 234; 2002, 1444); uU beide (§ 246 II AktG). 3
- **Ausländer:** ihre gesetzl. Vertretung richtet sich nach dem jeweiligen ausl Recht (BGH 40, 197 für ausl Fiskus), dh nach dem Recht des Gründungsstaates, vgl § 50 Rz 9 (*Wertenbruch* NZG 2003, 618); bei Staatenlosen: Art. 5 II EGBGB. 4
- **Betreute:** im Rahmen des Aufgabenkreises durch den Betreuer (§§ 1896, 1902 BGB); vgl § 53.
- **Erben, wenn sie unbekannt sind:** uU durch den Nachlasspfleger, §§ 1960, 1961 BGB.
- **EWIV:** idR durch Geschäftsführer, Art 20 EWIV-VO.
- **GmbH:** durch den Geschäftsführer, § 35 GmbHG (Ausnahme § 46 Nr. 8); während ihrer Abwicklung der Liquidator; nach Löschung gem § 141a FGG durch einen vom Registergericht neu zu bestellenden Liquidator (BGH MDR 1986, 139); dazu *Saenger* GmbHR 1994, 300. 5
- **GmbH & Co KG:** durch die Komplementär-GmbH, diese durch den Geschäftsführer;
- **Genossenschaften:** durch den Vorstand, §§ 24, 26 II GenG; im Streit mit Vorstandsmitgliedern: BGH NJW 1998, 1646.
- **BGB-Gesellschaft:** durch sämtl. zur Geschäftsführung berufene Gesellschafter gemeinsam, §§ 709, 714 BGB.

6 • **Insolvenz:** Partei kraft Amts ist der Insolvenzverwalter, er ist als solcher in Klage und Urteilsrubrum aufzuführen („RA X als Insolvenzverwalter im Insolvenzverfahren des Y"), sog Amtstheorie, BGH 38, 282, hM (**aA**: Insolvenzverwalter als Vertr des GS, Vertretertheorie; Insolvenzverwalter als Vertr der Masse, Organtheorie). Er „vertritt" aber weder den Gemeinschuldner noch die Gläubiger noch die Masse. Der Gemeinschuldner kann daher als Zeuge vernommen werden. Vgl § 80 InsO. Zum **vorläufigen Insolvenzverwalter** (früher: Sequester, § 106 KO) vgl §§ 21, 22, 56, 58-66 InsO.

7 • **Juristische Personen des öffentlichen Rechts** (Körperschaften, Anstalten, Stiftungen): hier kommt es auf die jeweiligen Organisationsnormen an; zB wird die Gemeinde nach der BayGemeindeO durch den Ersten Bürgermeister vertreten (nicht durch den Gemeinderat). Zur Vertretung des **Fiskus** von Bund und Ländern vgl *StJSchu* § 18 Rz 8 ff, 51 ff. Der Freistaat Bayern zB wird bei Lohnpfändung als Drittschuldner durch bestimmte Kassen vertreten (§ 5 BayVertrVO). Zweckmäßig ist Anfrage bei der juP, durch wen sie vertreten wird.

• **KG; KG aA:** durch die phG (§§ 161 II, 170 HGB; § 278 AktG).

8 • **minderjährige Kinder:** durch beide Eltern, § 1629 I 2 BGB; ein Elternteil *allein*, wenn er die elterl. Sorge *allein* ausübt (§ 1629 I 3 BGB); wenn der andere Elternteil verstorben ist (§ 1680 BGB); wenn bei Scheidung bzw dauerndem Getrenntleben das FamG einem Elternteil die Sorge allein übertragen hat (§ 1671 BGB); ein Vormund, wenn die Eltern wegen Insichgeschäft usw. ausgeschlossen sind oder ihnen die Vertretung vom FamG entzogen wurde (§ 1629 II BGB).

• **Minderjährige, die nicht unter elterlicher Sorge stehen:** Vormund, Pfleger; §§ 1773, 1793, 1909 BGB; 55 KJHG.

• **Nichteheliche Kinder:** durch die Mutter, § 1626a II BGB; durch beide Eltern, wenn eine formgerechte Sorgeerklärung vorliegt, § 1626a I BGB idF des KindRG; evtl durch Vormund, Pfleger; zur Beistandschaft des Jugendamts vgl § 1716 BGB.

9 • **OHG:** durch die vertretungsberechtigten Gesellschafter, § 125 HGB (BGH 17, 182).

• **Partnerschaft:** durch die Partner (§ 7 III PartnerschaftsG).

• **prozessunfähige Volljährige:** Betreuer, § 1902 BGB; zum Nachweis vgl § 56.

10 • **Stiftung des Privatrechts:** durch den Vorstand, § 86 BGB.

• **Testamentsvollstreckung:** der Testamentvollstrecker klagt als Amtsträger, nicht als Vertreter der Erben. § 2213 BGB: wegen Pflichtteil *nur* Klage gegen Erben (§ 2213 I 3 BGB); Erbe *selbst* kann Anspruch gegen Testamentvollstrecker als Nachlassschuldner geltend machen (BGH NJW-RR 2003, 217).

• **Vereine:** durch den Vorstand, § 26 II BGB.

• **Volljährige** uU durch Betreuer, § 1902 BGB.

• **weitere Parteien kraft Amtes:** Nachlassverwalter (§§ 1981 ff. BGB; zu unterscheiden vom Nachlasspfleger nach §§ 1960, 1961 BGB, welcher Vertr der unbekannten Erben ist); Zwangsverwalter (§ 152 ZVG; dazu BGH NJW-RR 2006, 138); Treuhandanstalt/ BVS für Ansprüche von ehem DDR-Parteien (BGH ZIP 1995, 2016; KG VIZ 1996, 233).

**3. Besondere Ermächtigung (des Vertreters) zur Prozessführung:** der Umfang der ges Vertretungsmacht richtet sich nach den ges Bestimmungen über Betreuung usw. Bes Ermächtigung (zB Genehmigung des VormundschaftsG) ist zB nötig nach § 54, § 607 II. 11

**4. Absatz 2.** Verschulden des gesetzl. Vertr in der Prozessführung wird wie Verschulden des Vertretenen behandelt. Ist der gesetzl. Vertr säumig, kann daher VU gegen die Partei ergehen. § 51 II gilt auch für den Kindschaftsprozess (BGH FamRZ 1993, 308). Zum Verschulden vgl § 233. Ähnliche Regelung in § 85 II für gewillkürte Vertretung. 12

**5. Absatz 3. Vorsoregevollmacht.** Wenn jemand in geschäftsfähigem Zustand (und somit wirksam) einem anderen eine umfassende Vollmacht erteilt (zB eine sog Vorsorgevollmacht) und dann bei ihm eine Betreuung (§ 1896 BGB) anzuordnen wäre, was aber wegen der Vollmacht unterbleibt (§ 1896 II 2 BGB), dann kann der Bevollmächtigte diese Person *im Prozess* nicht vertreten, da er kein *gesetzl.* Vertreter ist (BayObLG FamRZ 1998, 920; str), weshalb Betreuung anzuordnen wäre. Die Neuregelung beseitigt das Problem, sodass kein Betreuer für die Prozessführung zu bestellen ist. 12a

**6. Prozessführungsbefugnis.** Sie ist die Befugnis, einen Prozess als richtige Partei im eigenen Namen zu führen; es handelt sich um eine Prozessvoraussetzung, sie ist von Amts wegen zu prüfen (BGH NJW-RR 1987, 57); ihr Fehlen führt zur Klageabweisung als unzul. Sie ist aber keine Prozesshandlungsvoraussetzung; fehlt sie dem Kl, kann er trotzdem zB wirksam die Klage zurücknehmen. In der ZPO ist die Prozessführungsbefugnis nirgends geregelt. 13

Grds. **haben diese Befugnis die Träger des streitigen Rechtsverhältnisses.** Ist zB K der Gläubiger einer Forderung, B ihr Schuldner, sind K und B grds prozessführungsbefugt; dagegen könnte nicht der außenstehende X den B auf Zahlung an den K verklagen; ihn geht das nichts an, ihm fehlt die Prozessführungsbefugnis, seine Klage wäre unzul. – In manchen Fällen **haben Dritte diese Befugnis**, fremde Ansprüche im eigenen Namen geltend zu machen; dann spricht man von **Prozessstandschaft** (Lit: *Pawlowski* JuS 1990, 378). 14

**7. Gesetzlich zugelassene Fälle von Prozessstandschaft:**

- **bei Parteien kraft Amts** (Insolvenz-, Nachlass-, Zwangsverwalter, Testamentsvollstrecker; zum vorläufigen Insolvenzverwalter vgl Rz 6). Fällt zB ein Gl (GS) in Insolvenz (früher: Konkurs), kann er seine Forderung nicht mehr einklagen, nur der Insolvenzverwalter kann das (§ 80 InsO); der Insolvenzverwalter kann den Anspruch nicht an den GS abtreten, weil dieser trotz Insolvenzeröffnung Rechtsinhaber (zB Eigentümer der Masse) bleibt; uU kann aber Insolvenzverwalter den GS zur Prozessführung ermächtigen (vgl Rz 18), sog. Rückermächtigung (an den Inhaber des mat. Rechts). 15
- **Einzelfälle § 265 ZPO**, §§407 II, 432, 1368, 1422, 2039 BGB (für rechtsfremde oder teilberechtigte Personen); §8 III Nr 2 UWG 2004 (BGH NJW 1983, 1559), §3 UnterlassungsklagenG (früher 13 II AGBG) sog. **Verbandsklage** zum Schutz von Allgemeininteressen. **§1629 III 1 BGB:** betrifft gerichtl. Geltendmachung von Unterhaltsansprüchen minderj. Kinder. Während des Getrenntlebens der Eltern oder der Anhängigkeit der Ehesache erfolgt die Prozessführung gegen den anderen Elternteil nicht in Vertretung des Kindes, sondern in gesetzl. Prozessstandschaft (Klage-Partei ist zB die Mutter, nicht das Kind, vertreten durch die Mutter). Mit Eintritt der Volljährigkeit setzt das Kind den Pro- 16

zess selbst fort (*Rogner* NJW 1994, 3325). Der Verwalter einer **Wohnungseigentümergemeinschaft** hat Befugnisse nach §27 WEG.

17 **8. Gewillkürte Prozessstandschaft** liegt vor, wenn der Rechtsträger durch Rechtsgeschäft die Prozessführungsbefugnis auf einen Dritten überträgt. Sie ist zu unterscheiden von der Abtretung des Anspruchs (§ 398 BGB). Die gew Prozessstandschaft ist eine von Amts wegen zu prüfende Prozessvoraussetzung, ohne ihre Feststellung darf nicht zur Sache entschieden werden (BGH NJW 2000, 738). Eine solche Prozessstandschaft ist nur ausnahmsweise zul.

18 **a) Voraussetzungen** (BGH NJW 1990, 1117; NJW 1988, 1210; NJW-RR 1987, 57; Einzelheiten str):

**aa) Ermächtigung.** Der Kl (= Dritte) muss vom Rechtsträger ermächtigt sein, den dem Rechtsträger zustehenden Anspruch gerichtl. geltend zu machen (sog Drittermächtigung); vgl § 185 I BGB. Die Ermächtigung muss bis zum Schluss der mdl Verh in der Tatsacheninstanz erklärt sein (BGH NJW 1960, 523). Dies kann auch **stillschweigend** erfolgen, zB durch Einverständnis mit der Prozessführung (BGH NJW 1979, 924); durch Anwesenheit in der BerVerh oder durch eine „Abtretung" (BGH NJW-RR 1988, 126), Umdeutung einer unwirksamen Abtretung (BGH NJW 1987, 3121), uU durch Satzung (BGH MDR 1976, 652; NJW 1984, 2220).

19 **bb) Interesse.** Der Kl muss an der Durchsetzung des fremden Rechts ein eigenes schutzwürdiges Interesse haben (BGH NJW 1986, 850; NJW 2000, 738). Das Interesse kann auch darin bestehen, dass der Prozessstandschafter wegen größerer Sachnähe den Rechtsstreit besser als fremde Gl führen kann (BGH NJW 1988, 1210). Bloßes Interesse an Verringerung des Kostenrisikos genügt nicht (BGH NJW 1980, 2461). **Schutzwürdig ist das Interesse** nur dann, wenn der Bekl durch die gewählte Art der Prozessführung nicht unbillig benachteiligt wird (BGH NJW-RR 1988, 126). Dass dann der Rechtsträger Zeuge sein kann, ist nicht unbillig, aber bei der Beweiswürdigung zu berücksichtigen (BGH WM 1987, 1406). Dass der Kostenerstattungsanspruch des Bekl wegen Mittellosigkeit des Prozessstandschafters (Kl) gefährdet ist, ist nicht unbillig, wenn der Rechtsträger finanziell ebenso schlecht gestellt ist wie der Kl (BGH NJW-RR 1988, 126) oder ausr Bankbürgschaften anbietet (BGH NJW 1990, 1117; OLG Saarbrücken NJW-RR 1998, 1605) oder der Vermögensverfall während des Prozesses eintritt (BGH NJW 1995, 3186) oder wenn das Interesse des Abtretenden darauf gerichtet ist, seine Verbindlichkeiten zu vermindern (BGH NJW 1999, 1717; OLG Brandenburg ZMR 1999, 97). Ein **eigenes Interesse fehlt** zB idR, wenn eine überschuldete vermögenslose GmbH, die keine Aussicht hat, die Geschäfte fortzuführen, an die Bank abgetretene Forderungen geltend machen will (BGH NJW 1986, 850; MDR 1989, 536). Die Ermächtigung zur Prozessführung **erlischt** mit der Eröffnung des Insolvenzverfahrens über das Vermögen des Ermächtigenden (BGH NJW 2000, 738 zur KO).

19a **Beispiele für Prozessstandschaft:** Der Verkäufer einer Forderung kann die abgetretene Forderung gerichtl. geltend machen (wegen §§ 437, 453 nF BGB; BGH NJW 1979, 924). Der GmbH-Gesellschafter hat das Interesse für die Geltendmachung von Ansprüchen der GmbH, wenn er an der GmbH hoch beteiligt ist (bei 98 % bejaht, BGH NJW 1965, 1662). Zum schutzwürdigen Eigeninteresse einer **vermögenslosen GmbH** vgl BGH NJW 2003,

2231; OLG Brandenburg NJW-RR 2002, 1703. Alle BGB-Gesellschafter haben schutzwürdiges Interesse für Ansprüche der BGB-Gesellschaft (BGH NJW 1988, 1585; KG MDR 2002, 999; zur Klage *eines* Gesellschafters vgl BGH NJW-RR 2002, 1377: Prüfung, ob Ermächtigung zur Prozessführung); der Verwalter einer Wohnungseigentümergemeinschaft kann durch Mehrheitsbeschluss über § 27 WEG hinaus ermächtigt werden (BGH MDR 1997, 543). Die Eigentümergemeinschaft kann einen einzelnen Eigentümer ermächtigen, wegen Mängeln am Gemeinschaftseigentum Minderungs- oder Schadensersatzklagen zu erheben (BGH 110, 262; BGH 114, 387). Bei der Einziehungsermächtigung genügt das Provisionsinteresse des Ermächtigten (vgl BGH NJW 1988, 1210, hM). Der Insolvenzverwalter kann jedermann, auch den Gemeinschuldner, ermächtigen, wenn dies eine nat Person ist (BGH 35, 180; NJW 1987, 2018); Fall der sog Rückermächtigung, vgl Rz 15. Über ausländ Konkurs- bzw Insolvenzverwalter: BGH NJW 1994, 2549. Bei noch nicht gem § 7 UVG übergegangenen Unterhaltsansprüchen ist gewillkürte Prozessstandschaft möglich (BGH FamRZ 1998, 357). Klagt die Mutter auf das Land übergegangene Unterhaltsansprüche des Kindes ein, ist sie Prozessstandschafterin des Landes (BGH FamRZ 2000, 1358).

**Keine Prozessstandschaft:** Hausverwalter für Mietzinsklagen (LG Kassel NJW-RR 1991, 19b
529; LG Görlitz WM 1997, 682); bei übergegangenen (§ 7 UVG) Unterhaltsansprüchen (OLG Hamm FamRZ 1990, 1369; 1991, 1078; aber zw); der Spediteur kann deliktische Ansprüche des Eigentümers des Frachtguts nicht kraft stillschw Ermächtigung geltend machen (BGH WPM 1998, 2077); bei Unterhaltsleistung durch das Sozialamt kann dieses den nach § 94 I SGB XII übergegangenen Unterhaltsanspruch an den Berechtigten rückabtreten (§ 94 V 1 SGB XII), sodass dieser selbst klagen kann (die Kosten trägt das Sozialamt, § 94 V 2 SGB XII). Keine Prozessstandschaft des Geschädigten wegen Zahlung von Rentenbeiträgen im Falle § 119 SGB X (BGH NJW-RR 2004, 595).

**cc) Abtretbarkeit des Rechts oder seiner Ausübung** (BGH NJW 1964, 2296). Man- 20
gelnde Abtretbarkeit steht aber nicht zwingend entgegen. Obwohl zB der Grundbuch-Berichtigungsanspruch des § 894 BGB nicht selbstständig abtretbar ist, kann er von einem Dritten in gewillkürter Prozessstandschaft geltend gemacht werden (BGH NJW-RR 1988, 126); ebenso bei § 985 (BGH NJW-RR 1986, 158). **Inkassounternehmen** dürfen fremde Forderungen, die sie im Rahmen erlaubter Tätigkeit erworben haben, im eigenen Namen unter Einschaltung eines RA gerichtl. geltend machen (BGH NJW-RR 2001, 1420), das RBerG steht nicht entgegen.

**b) Sonderfälle. Fälle mit Auslandsberührung:** die Zulässigkeit einer gewillkürten Pro- 20a
zessstandschaft beurteilt sich grds nach deutschem Prozessrecht als der lex fori. Nach diesem Recht richtet sich insbesondere, wie das erforderl. eigene Interesse des Prozesstandschafters an der Prozessführung beschaffen sein muss (BGH NJW 1994, 2549).

**Unterhalt/Sozialhilfeträger:** Beachte § 94 SGB XII 2005 (Rz 19); ebenso bei Leistungen nach § 7 Unterhaltsvorschussgesetz (BGH FamRZ 1998, 357).

**Rechtsschutzversicherer:** OLG Köln NJW-RR 1994, 27.

**c) Wirkungen. Klageantrag:** Ob der Ermächtigte (Kl) auf Leistung an sich oder an den 21
Rechtsträger klagen muss, hängt vom mat Recht ab, dh davon, ob der Bekl an den Kl befreiend leisten kann; vgl § 362 II BGB. Grds muss auf Leistung an den Dritten geklagt

werden (vgl BGH FamRZ 2000, 1358). Der Prozesstandschafter darf das Prozessführungsrecht grds nicht auf einen Dritten **weiterübertragen** (BGH NJW 1998, 3205). Die Ermächtigung zur Prozessführung erlischt mit Eröffnung des Insolvenzverfahrens über das Vermögen des Ermächtigenden (BGH NJW 2000, 738). Im Prozess kann der Rechtsträger **Zeuge** sein (BGH NJW-RR 1988, 126); sein Interesse ist aber bei der Beweiswürdigung zu beachten. Ein schutzwürdiges Interesse an einer gewillkürten Prozessstandschaft wird verneint, wenn es dem Ermächtigenden ausschließl. darum geht, die Zeugenrolle einnehmen zu können. Dieser Einwand wird allerdings kaum nachzuweisen sein.

Für **PKH** müssen der Ermächtigte und der Rechtsträger „arm" sein (BGH NJW 1986, 850). Vor einer zweiten Klage des Rechtsträgers ist der Bekl durch die Einrede der **Rechtshängigkeit** geschützt, § 261 III Nr. 1. Werden im Urteil die Prozesskosten dem Kl auferlegt, hat der Rechtsträger dem Kl keine Kosten nach § 91 zu erstatten. Aus dem Rechtsverh zwischen Rechtsträger und Kl kann sich aber ein Freistellungsanspruch ergeben, den der Bekl pfänden kann. Das rechtskräftige Urteil wirkt für und gegen den Rechtsinhaber, wenn er der Prozessführung zugestimmt hat; der Bekl kann also gegen eine Klage des Rechtsträgers die Einrede der **Rechtskraft** erheben (BGH NJW 1980, 2461).

Formular 71: Gesetzliche Prozessstandschaft: Klage eines Testamentsvollstreckers
Formular 72: Klage eines gewillkürten Prozessstandschafters
Formular 73: Prozessübernahme durch den Rechtsnachfolger

## § 52 ZPO Umfang der Prozessfähigkeit

**(1) Eine Person ist insoweit prozessfähig, als sie sich durch Verträge verpflichten kann.**

1 **1. Prozessfähigkeit** ist die rechtl. Fähigkeit, einen Prozess selbst (oder durch einen nach eigenem Willen bestellten Vertr) zu führen und Prozesshandlungen (zB Klage, Rechtsmittel, deren Rücknahme) selbst wirksam vorzunehmen. Wieweit sich jemand durch Verträge verpflichten kann, ergibt sich insb aus §§ 104-115 BGB. Prakt Bedeutung hat nur § 104 Nr 2 BGB: anerkannt ist *partielle* Geschäfts- und damit Prozessunfähigkeit bez eines best Sachgebiets, zB des Scheidungsprozesses, vgl BGH 18, 184; dagegen gibt es keine *relative Prozessfähigkeit*, die nach dem Schwierigkeitsgrad der Geschäfte abzugrenzen ist (BGH NJW 1953, 1342).

2 **a)** Prozessfähig sind **natürliche Personen** ab 18 Jahren. Für Ausländer vgl Art 7 EGBGB, § 55.

**b) Minderjährige von 7-17 Jahren** sind prozessunfähig, es gibt keine beschränkte Prozessfähigkeit ähnl. § 107 BGB; die gesetzl. Vertr können deren Prozessführung aber nachträgl. genehmigen (vgl BGH 23, 207). Einwilligung/Genehmigung der Eltern bez des Geschäfts (§§ 107, 108 BGB) oder Erfüllung mit „Taschengeld" (§ 110 BGB) ändern nichts an der Prozessunfähigkeit; ebenso nicht, dass das Geschäft des Geschäftsunfähigen nach § 105a BGB wirksam ist. Dagegen sind Minderjährige im Rahmen von §§ 112, 113 BGB voll prozessfähig, können auch selbst einen RA beauftragen.

c) **Kinder unter 7 Jahren** werden im Prozess durch Eltern (§ 1629 BGB) vertreten, in bestimmten Fällen durch Vormund (§ 1793 BGB), Pfleger (§ 1909 ff. BGB). **Entmündigung** gibt es nicht mehr; ein im Sinne von § 104 Nr. 2 BGB **Geschäftsunfähiger** wird durch einen vom VormundschaftsG bestellten Betreuer vertreten (§§ 1896, 1902 BGB).

d) **Juristische Personen und Handelsgesellschaften** werden durch ihre Organe vertreten. Vgl § 51 Rz 3.

e) **Sonderregelungen** im Familien- und Betreuungsrecht (§§ 607, 640b; §§ 66, 70a FGG: dazu *Bork* MDR 1991, 97). Die Prozessfähigkeit von Ehegatten ist nicht wegen der Ehe beschränkt.

**2. Die Prozessfähigkeit ist Prozessvoraussetzung;** fehlt sie noch am Ende der mündl. 3
Verh, ist die Klage als unzul abzuweisen (BGH NJW 2000, 289). Sie ist auch Prozesshandlungsvoraussetzung: Prozesshandlungen (wie Klagerücknahme, Anerkenntnis) sind bei Fehlen unwirksam.

- Wird der Prozessunfähige während des Prozesses prozessfähig (zB Minderjähriger wird 4
  volljährig), kann er die bisherige Prozessführung genehmigen (vgl BGH NJW 1983, 2085).
- Fällt die Prozessfähigkeit während des Prozesses weg (zB Eintritt krankhafter Störun- 5
  gen, § 104 Nr. 2 BGB), wird das Verfahren bei Vertretung durch einen PrBev nicht unterbrochen (§ 246; BGH LM Nr. 6), sonst schon (§ 241) und vom gesetzl. Vertr fortgesetzt.
- Wird die Prozessunfähigkeit übersehen und ergeht ein SachU: § 579 I Nr. 4. Wenn die 6
  für die prozessfähig gehaltene Partei, die das Rm gegen ein Urteil zurückgenommen hat, tatsächl. prozessunfähig ist, wird das Urteil rechtskräftig, aber es kann Nichtigkeitsklage erhoben werden, § 579 I Nr. 4 (BGH LM Nr. 3).

**3. Ist die Prozessfähigkeit zweifelhaft**, ist die Geisteskrankheit usw. vom Prozessgericht 7
selbstständig (durch Einholung von Gutachten) von Amts wegen festzustellen (BGH NJW-RR 1986, 157; NJW 1990, 1734; 1996, 1059). Die Anordnung der Begutachtung ist nicht durch Beschwerde anfechtbar (OLG Stuttgart Justiz 2006, 402); anders im FGG-Verfahren wegen § 19 FGG. Den sog *Zulassungsstreit* über die Frage, ob sie prozessfähig ist, kann die Partei ohne den gesetzl. Vertr führen und mit dem Ziel, als prozessfähig behandelt zu werden, Rm einlegen (BGH NJW 1983, 997; dazu *Hager* ZZP Bd 97, 174). Wenn sich nicht klären lässt, ob die Partei geschäftsfähig war, ist sie nach der Rspr als nicht prozessfähig anzusehen (BGH NJW 1996, 1059; OLG Frankfurt NJW-RR 1992, 763; **aA** zutr *Musielak* NJW 1997, 1736).

## § 53 ZPO Prozessunfähigkeit bei Betreuung oder Pflegschaft

**Wird in einem Rechtsstreit eine prozessfähige Person durch einen Betreuer oder Pfleger vertreten, so steht sie für den Rechtsstreit einer nicht prozessfähigen Person gleich.**

Einer natürl. Person kann vom VormG für bestimmte Aufgabenkreise ein **Betreuer** 1
(§ 1896 BGB) bestellt werden (Vertretungsmacht vgl. § 1902 BGB); nach §§ 1911,

1913, 1960 BGB kann einer Person (unbekannter Erbe, unbekannter oder abwesender Beteiligter) ein **Pfleger** bestellt werden. Das wirkt sich auf die Geschäftsfähigkeit nicht aus; es gibt deshalb geschäfts- und geschäftsunfähige Betreute. Der Geschäftsunfähige (§ 104 Nr. 2 BGB) ist ohnehin nicht prozessfähig (§ 52). Der Geschäftsfähige ist trotz Betreuung prozessfähig. Nur beim Geschäftsfähigen stellt sich daher die Frage nach der Konkurrenz der Befugnisse von Betreuer und Betreutem: im Interesse der Rechtsklarheit gibt § 53 die Prozessführung nur dem Betreuer, falls der StrG vom Aufgabenkreis des Betreuers gedeckt ist, § 53 (BGH NJW 1988, 51 zum Pfleger); die durch einen Betreuer vertretene Partei kann deshalb nur durch den Betreuer, nicht selbst, wirksam Ber einlegen (LG Hannover FamRZ 1998, 380). Die mat-rechtl. Verfügungsbefugnis bleibt aber beim Geschäftsfähigen (er kann zB die Forderung erlassen). § 53 verlangt, dass die Person „vertreten" wird. Wenn also der *geschäftsfähige* Betreute einen Prozess führt und der Betreuer nichts davon weiß oder den Betreuten in Kenntnis vom Prozess diesen selbst führen lässt, bleibt er prozessfähig. Klagt der Betreuer von vornherein als Vertreter des Betreuten oder tritt er in dessen Prozess als Vertreter ein (RG 52, 224), verdrängt er ihn. Ob die Betreuung mat-rechtl. (§ 1896 BGB) zu Recht angeordnet wurde, darf das ProzessG nicht prüfen, es ist daran gebunden, kann bei ernsthaften Zweifeln allenfalls diese dem VormG mitteilen und bis zu dessen Entscheidung aussetzen (§ 148).

2 Ist **Betreuung mit Einwilligungsvorbehalt** für den Aufgabenkreis „gerichtliche Auseinandersetzungen" angeordnet (§ 1903 BGB), ist der Betreute grds (Ausn §§ 112, 113 BGB) im betreffenden Bereich nicht prozessfähig (BGH FPR 2002, 460; *Bork* MDR 1991, 97); vgl § 52.

3 Stellt sich erst **im Prozess** die Geschäftsunfähigkeit der Partei heraus, kommt die Bestellung eines vorläufigen Betreuers durch eAnO des VormG (§§ 1896 BGB, 69 f. FGG) auf Anregung des Gerichts oder des Gegners in Betracht. (Vgl § 52 Rz 5).

## § 53a ZPO Vertretung eines Kindes durch Beistand

**Wird in einem Rechtsstreit ein Kind durch einen Beistand vertreten, so ist die Vertretung durch den sorgeberechtigten Elternteil ausgeschlossen.**

Eingefügt durch G v. 04.12.1997 (BGBl 1997, 2846).

1 Auf schriftl. Antrag eines Elternteils kann das Jugendamt Beistand eines Kindes werden (§ 1712 BGB); die elterl. Sorge wird dadurch nicht eingeschränkt (§ 1716 BGB). Um zu verhindern, dass Jugendamt und Elternteil gegensätzl. Erklärungen abgeben, gibt § 53a dem Jugendamt den Vorrang. Der Elternteil kann dies durch Antrag gem § 1715 I 1 BGB verhindern.

## § 54 ZPO Besondere Ermächtigung zu Prozesshandlungen

**Einzelne Prozesshandlungen, zu denen nach den Vorschriften des bürgerlichen Rechts eine besondere Ermächtigung erforderlich ist, sind ohne sie gültig, wenn die Ermächtigung zur Prozessführung im Allgemeinen erteilt oder die Prozessführung auch ohne eine solche Ermächtigung im Allgemeinen statthaft ist.**

Solche Vorschriften des bürgerl. Rechts gibt es nicht mehr. Der gesetzl. Vertr ist also umfassend vertretungsberechtigt. Für materiellrechtl. Rechtsgeschäfte (zB die materiellrechtl. Seite des PV, für Aufrechnung, Anfechtung, Kündigung) sind oft Genehmigungen des VormG erforderlich (Eltern: § 1643 BGB; Vormund: §§ 1821, 1822 BGB; Betreuer, §§ 1908i mit §§ 1821, 1822 BGB; Pfleger: § 1915 BGB). Keine vormundschaftsgerichtl. Genehmigung ist notw bei proz Anerkenntnis, § 307 (BGH JZ 1956, 62 zu § 306); aber für die materiellrechtl. Seite des PV ist eine Genehmigung des VormG erforderl. (§ 1822 Nr. 12 BGB). 1

## § 55 ZPO Prozessfähigkeit von Ausländern

**Ein Ausländer, dem nach dem Recht seines Landes die Prozessfähigkeit mangelt, gilt als prozessfähig, wenn ihm nach dem Recht des Prozessgerichts die Prozessfähigkeit zusteht.**

Die Parteifähigkeit von Ausländern richtet sich nach ausl Recht. Für die Prozessfähigkeit genügt es, wenn sie nach dem Heimatrecht (Art. 7 EGBGB) oder nach der ZPO vorliegt. Ehefrauen, bei denen nach ihrem Heimrecht aufgrund der Ehe die Prozessfähigkeit beschränkt ist, sind also vor deutschen Gerichten voll prozessfähig, ebenso Personen über 18 Jahre. Die gesetzl. Vertretung von ausl Kindern richtet sich nach Art. 19, 20 EGBGB. 1

## § 56 ZPO Prüfung von Amts wegen

**(1) Das Gericht hat den Mangel der Parteifähigkeit, der Prozessfähigkeit, der Legitimation eines gesetzlichen Vertreters und der erforderlichen Ermächtigung zur Prozessführung von Amts wegen zu berücksichtigen.**

**(2) [1]Die Partei oder deren gesetzlicher Vertreter kann zur Prozessführung mit Vorbehalt der Beseitigung des Mangels zugelassen werden, wenn mit dem Verzug Gefahr für die Partei verbunden ist. [2]Das Endurteil darf erst erlassen werden, nachdem die für die Beseitigung des Mangels zu bestimmende Frist abgelaufen ist.**

**1. Parteifähigkeit:** § 50; Prozessfähigkeit: § 52; Legitimation, dh Nachweis der gesetzl. Vertretung: § 51. Bes Ermächtigung: § 51 Rz 11. 1

**2. Das Vorliegen aller Prozessvoraussetzungen** (nicht nur der in § 56 I genannten vier) **ist grds von Amts wegen zu prüfen**, und zwar in jeder Verfahrenslage und in jedem Rechtszug, auch in der Ber-Instanz (BGH NJW 2000, 289) und der Rev-Instanz (BGH NJW 1997, 658); letztere ist an die Tatsachenfeststellungen der Vorinstanzen nicht gebunden, kann auch neues Tatsachenvorbringen dazu (trotz § 559, § 561 aF) berücksichtigen (BGH NJW 2004, 2523), zur Prüfung der Prozessfähigkeit sogar selbst Beweise erheben (BGH NJW-RR 1986, 157). Eine Überprüfung ist aber nur geboten, wenn hinreichende Anhaltspunkte für das Fehlen vorliegen (BGH NJW 2004, 2523; dazu *Engelmann/Pilger* NJW 2005, 716). 2

**3. Beweis.** Amtsprüfung besagt nur, dass die Prüfung von Rügen der Parteien unabhängig ist, nicht aber, dass ohne Anhaltspunkt von Amts wegen ermittelt wird; ergeben sich für 3 das Gericht Zweifel, werden die Parteien darauf hingewiesen, sie können Beweise anbieten, ggf den Mangel beheben (zB eine Zustellung nachholen, BGH NJW-RR 1986, 1119); bei solchen Zweifeln zB an der Geschäfts-/Prozessfähigkeit kann das Gericht auch von Amts wegen zB ein SV-Gutachten einholen (vgl BGH NJW 2000, 289; BGH NJW 1996, 1059) oder sich im Freibeweis selbst überzeugen (BGH NJW 2000, 289; OLG Frankfurt JurBüro 1976, 658), also durch den Eindruck, den die Partei im Termin macht, oder durch Einholung anderer Akten (zB Betreuungsverfahren; Strafverfahren). Die AnO der Begutachtung ist nicht mit Beschwerde anfechtbar (OLG Stuttgart Justiz 2006, 402). Die Partei, die sich auf eigene Prozessunfähigkeit beruft, muss Tatsachen darlegen, aus denen sich ausr Anhaltspunkte dafür ergeben, dass Prozessunfähigkeit vorliegen könnte (BGH NJW 1969, 1574), weil nach der Lebenserfahrung grds von Prozessfähigkeit auszugehen ist. **Unaufklärbarkeit**: Wenn sich auch nach Erschöpfung aller erschließbaren Erkenntnisquellen nicht klären lässt, ob die Partei geschäftsunfähig war, ist die Partei als nicht prozessfähig anzusehen (BGH NJW 1990, 1735; NJW 2000, 289). Zum Verfahren bei Zweifeln an der **Prozessfähigkeit des Anwalts** (anscheinend geisteskranker RA) vgl BVerfG 37, 67. Über Zweifel, ob ein Betreuer materiellrechtl. zu Recht bestellt wurde, vgl § 53 Rz 1.

4 **4. Absatz 2.** Vorläufige Zulassung erfolgt idR durch Beschluss und setzt voraus, dass eine Beseitigung des Hindernisses in absehbarer Zeit mögl. ist.

## § 57 ZPO Prozesspfleger

**(1) Soll eine nicht prozessfähige Partei verklagt werden, die ohne gesetzlichen Vertreter ist, so hat ihr der Vorsitzende des Prozessgerichts, falls mit dem Verzug Gefahr verbunden ist, auf Antrag bis zu dem Eintritt des gesetzlichen Vertreters einen besonderen Vertreter zu bestellen.**

**(2) Der Vorsitzende kann einen solchen Vertreter auch bestellen, wenn in den Fällen des § 20 eine nicht prozessfähige Person bei dem Gericht ihres Aufenthaltsortes verklagt werden soll.**

1 **1. Ist der Beklagte ohne gesetzlichen Vertreter** (Pfleger, Vormund, Geschäftsführer, Betreuer usw.; Notgeschäftsführer, § 29 BGB), kann der Kl zunächst dessen Bestellung im FGG-Verfahren (vgl § 50 FGG; § 1896 BGB; § 1961 BGB) veranlassen. Bestellung nach § 57 ist (entgegen dem Wortlaut) auch mögl., wenn die Prozessunfähigkeit erst im Lauf des Verfahrens erkannt wird (BGH § 56 Nr. 1) oder der gesetzl. Vertr während des Rechtsstreits wegfällt (OLG Stuttgart MDR 1996, 198), zB Tod des Betreuers. Vgl ferner §§ 246, 241. § 57 ist über § 4 InsO im Insolvenzverfahren anwendbar (LG Berlin NZI 2002, 163).

2 **Die Bestellung setzt ua voraus: a)** Antrag (ohne Anwaltszwang); **b)** Gefahr für den Kl, zB weil er einen Arrest beantragen will; **c)** Glaubhaftmachung der Voraussetzungen; für das Fehlen der Prozessfähigkeit muss der Kl zumindest Tatsachen darlegen, aus denen sich ausr Anhaltspunkte ergeben für begr Zweifel (vgl BGH NJW 1966, 2210; 1969, 1574); **d)** vorheriges rechtl. Gehör für den Bekl (Art 103 GG; BSG NJW 1994, 215); **e)** Kein Ermessen des Vors („hat").

**2. Bestellung erfolgt durch Beschluss** (ohne KostenE), Zurückhaltung ist angebracht (Manipulationsgefahr), idR wird ein RA bestellt. Der Beschluss wird den Beteiligten formlos mitgeteilt. Ablehnung ist mit Beschwerde, § 567, anfechtbar; Bestellung ist für den Prozessvertreter unanfechtbar; für den Bekl muss sie schon aus verfassungsrechtl. Gründen mit Beschwerde anfechtbar sein (str, vgl *StJL* Rz 8). 3

**Stellung des Beklagten:** § 53 gilt nicht uneingeschränkt; der Bekl kann Rm einlegen, wenn der Prozessvertreter nicht tätig wird (BGH NJW 1966, 2210). 4

**Stellung des Prozesspflegers:** wie ein gesetzl. Vertr, beschränkt auf den Prozess. Er muss das Amt nicht annehmen. Er hat einen Vergütungsanspruch gegen die Staatskasse, §§ 45, 49 RVG. Vom Bekl kann er Vergütung und Auslagenersatz verlangen (wohl GoA, entspr § 1835 III BGB, LG Landau Rpfleger 2003, 691), auch Vorschuss. Ob Festsetzung der RA-Geb des Prozessvertreters gegen den Bekl nach § 11 RVG möglich ist, ist str (bejahend: *Zöller/Vollkommer* § 57 Rz 8; aA: OLG München Rpfleger 1974, 205, noch zur BRAGO). 5

## § 58 ZPO Prozesspfleger bei herrenlosem Grundstück oder Schiff

**(1) Soll ein Recht an einem Grundstück, das von dem bisherigen Eigentümer nach § 928 des Bürgerlichen Gesetzbuchs aufgegeben und von dem Aneignungsberechtigten noch nicht erworben worden ist, im Wege der Klage geltend gemacht werden, so hat der Vorsitzende des Prozessgerichts auf Antrag einen Vertreter zu bestellen, dem bis zur Eintragung eines neuen Eigentümers die Wahrnehmung der sich aus dem Eigentum ergebenden Rechte und Verpflichtungen im Rechtsstreit obliegt.**

**(2) Absatz 1 gilt entsprechend, wenn im Wege der Klage ein Recht an einem eingetragenen Schiff oder Schiffsbauwerk geltend gemacht werden soll, das von dem bisherigen Eigentümer nach § 7 des Gesetzes über Rechte an eingetragenen Schiffen und Schiffsbauwerken vom 15. November 1940 (RGBl. I S. 1499) aufgegeben und von dem Aneignungsberechtigten noch nicht erworben worden ist.**

Antragsberechtigt sind zB Nachbarn, die auf Einräumung eines Notwegs klagen wollen, Inhaber von Hypotheken, Grundschulden. § 58 betrifft die Zeitspanne zwischen Eintragung des Eigentumsverzichts und des Aneignungsberechtigten als Eigentümer im Grundbuch. Zust Gericht: § 24. ZwV: § 787. 1

# Titel 2
# Streitgenossenschaft

## Vor § 59 ZPO

1

**Praxishinweise:**

1. Der Kl hat die Wahl, StrGen gem oder getrennt zu verklagen. Bei isoliertem Vorgehen kann er zB den anderen StrGen als Zeugen benennen. Vielleicht hofft er auch, bei Einzelvorgehen gegen einen StrGen schneller ein vollstr-fähiges Urteil zu erlangen. In diesem Fall muss er allerdings mit dem Einwand rechnen, er habe gegen das Gebot kostensparender Prozessführung verstoßen (§ 91 Rz 34). Darauf muss der Anwalt den Kl vor Erhebung von Einzelklagen hinweisen (BGH AnwBl. 2004, 251).

2. Die Zulässigkeit der Streitgenossenschaft und die Zulässigkeit der Klage sind selbstständig zu prüfen. Unzul Streitgenossenschaft führt daher nicht zur Unzulässigkeit, sondern ermöglicht Trennung (§ 145) oder Verweisung (§ 281).

3. Das Gericht muss aber nicht trennen, sondern kann auch bei unzul Streitgenossenschaft über § 147 die Verbindung der Prozesse aufrechterhalten.

4. Wird getrennt, ist hinsichtlich der Zulässigkeit der einzelnen Klagen eine neue Prüfung notw. Da dann § 5 nicht mehr anwendbar ist, kann die Zust des LG entfallen.

5. Im Klagerubrum sind die StrGen nicht zusammengefasst zu benennen („Hans Gold und Eheleute Bauer"). Jede Partei ist einzeln aufzuführen, um Unklarheiten bei einer späteren Kostenquotierung zu vermeiden (bei Klageabweisung „Kosten zu je 1/2 Hans Gold und Eheleute Bauer" statt richtig „je 1/3").

## § 59 ZPO Streitgenossenschaft bei Rechtsgemeinschaft oder Identität des Grundes

**Mehrere Personen können als Streitgenossen gemeinschaftlich klagen oder verklagt werden, wenn sie hinsichtlich des Streitgegenstandes in Rechtsgemeinschaft stehen oder wenn sie aus demselben tatsächlichen und rechtlichen Grund berechtigt oder verpflichtet sind.**

## § 60 ZPO Streitgenossenschaft bei Gleichartigkeit der Ansprüche

**Mehrere Personen können auch dann als Streitgenossen gemeinschaftlich klagen oder verklagt werden, wenn gleichartige und auf einem im Wesentlichen gleichartigen tatsächlichen und rechtlichen Grund beruhende Ansprüche oder Verpflichtungen den Gegenstand des Rechtsstreits bilden.**

**Lit:** ***Gottwald*** JA 1982, 64; ***Lindacher*** JuS 1986, 379.

1 **1. Streitgenossenschaft (= subjektive Klagenhäufung)** liegt vor, wenn mehrere Personen auf der Kl- und/oder Bekl-Seite beteiligt sind (ein Kl gegen mehrere Bekl; mehrere Kl gegen

einen oder mehrere Bekl). Die Streitgenossenschaft kann durch gemeinsame Klage begründet werden (ursprüngl. StrGen) oder nachträglich entstehen: durch Prozessverbindung (§147), Eintritt von Gesamtrechtsnachfolgern (zB Bekl wird von drei Miterben beerbt), Parteibeitritt, -erweiterung. Die Streitgenossenschaft endet mit Trennung (§145), TeilU gegen einen StrGen (§301); sonstiges Ausscheiden (zB Klagerücknahme gegen eine Bekl). Der Kl „kann" mehrere Bekl gemeinsam verklagen, er kann jedoch auch mehrere Einzelklagen erheben (Ausnahme: §62 I Alt 2), muss uU aber dann die Mehrkosten tragen (§91 Rz 38). Wichtig ist die Unterscheidung *einfache – notwendige* Streitgenossenschaft (vgl §62 Rz 1). *Aktive* StrGen: mehrere Kl. *Passive* StrGen: mehrere Bekl.

**2. Voraussetzungen** bei einfacher Streitgenossenschaft und notw Streitgenossenschaft iFd 2
§ 62 I Alt 1 (alternativ):

- **Rechtsgemeinschaft** hinsichtlich des StrG (§ 59 Alt 1): zB GesamtGl und -schuldner, Gesamthands- oder Bruchteilseigentümer, Hauptschuldner/Bürge;
- **derselbe Grund** (§ 59 Alt 2): zB mehrere Unfallverletzte klagen gegen Halter und Versicherung (§ 3 Nr. 1, 2 PflVG); Teilgläubiger, -schuldner, mehrere Widersprechende bei § 182 InsO;
- **gleichartige Ansprüche oder Verpflichtungen** (§ 60): zB Ansprüche mehrerer, die gleichartige Verträge geschlossen haben; Klage gegen mehrere Mieter desselben Hauses auf Mieterhöhung; Unterhaltsansprüche mehrerer Kinder aus verschiedenen Ehen gegen den Vater (vgl BGH FamRZ 1986, 660); Betriebsveräußerer und Betriebserwerber (BAG ZIP 1996, 1676).

Die Abgrenzung der einzelnen Fälle voneinander ist überflüssig; die Rspr legt §§ 59, 60 3
weit aus (BGH NJW 1975, 1228), letztlich kommt es nur darauf an, ob:

**a) dieselbe Prozessart** (analog § 260; zB Arrest, Wechselprozess) vorliegt, **b) gemeinsame Verhandlung** und Entscheidung **prozessökonomisch** ist und **c) kein Verbindungsverbot** (§§ 610 II, 640c) besteht.

**3. Getrennte Zulässigkeitsprüfung:**

**a)** Da nur eine äußerl. Verbindung mehrerer Verfahren vorliegt, also mehrere Prozess- 4
rechtsverhältnisse (bei Klage von zwei Kl gegen zwei Bekl: vier), sind die **Prozessvoraussetzungen** (Zust usw.) **für jedes Prozessrechtsverhältnis getrennt zu prüfen.** Ist danach die Klage zB gegen einen von zwei Bekl unzul, ist sie durch TeilU oder im EndU gegen diesen abzuweisen (KostenE vgl § 100), bei Unzust uU abzutrennen und zu verweisen (§ 281). Zur Zust vgl § 36 Nr. 3; § 35a, Art 6 Nr. 1 EuGVÜ bzw VO (EG) Nr. 44/2001.

**b)** Die **Zulässigkeit der Verbindung** (Rz 2) ist sodann von Amts wegen **zu prüfen;** ist 5
die Verbindung unzul, erfolgt Trennung der Prozesse durch Beschluss (§ 145). Beachte § 5: Hat der Kl zwei Bekl auf Zahlung von je 4 000 € verklagt und wird getrennt, ist nach § 23 GVG das AG zust, das LG nach § 39.

6

**Praxishinweis:**

1. Das Tatbestandsmerkmal „im wesentlichen gleichartig" drückt einen inneren Zusammenhang aus. Eine bloße Ähnlichkeit des Geschehensablaufs oder des wirtschaftl. Hintergrundes reicht nicht aus (KG MDR 2000, 1394). Anschaulich OLG Celle

OLGR 2005, 663: Ein Verkehrsunfall, der sich möglicherweise verschlimmernd auf einen früheren Unfall mit HWS-Schleudertrauma auswirkt, begründet keine Streitgenossenschaft.

2. Bei unterschiedl. Gerichtsständen für die StrGen kann nach § 36 Nr. 3 ein G als das zust bestimmt werden. Das gilt für die örtl., sachl. und ausschl. Zust (BGHZ 90, 155).

## § 61 ZPO Wirkung der Streitgenossenschaft

**Streitgenossen stehen, soweit nicht aus den Vorschriften des bürgerlichen Rechts oder dieses Gesetzes sich ein anderes ergibt, dem Gegner dergestalt als Einzelne gegenüber, dass die Handlungen des einen Streitgenossen dem anderen weder zum Vorteil noch zum Nachteil gereichen.**

1 **1.** Es gilt das **Trennungsprinzip**, dh dass die mehreren ProzessrechtsVerh (bei zwei Kl gegen zwei Bekl: K 1 gegen B 1, B 2; K 2 gegen B 1, B 2) voneinander unabhängig sind. **Gemeinsamkeiten** („soweit nicht") bestehen nur insofern, als gemeinsam verhandelt wird und Schriftsätze uU nur in einem Exemplar zugestellt werden müssen (§ 189), ferner bei Parteivernehmung (§ 449). Für die notw StrGen geht § 62 vor. „Vorschriften des bürgerlichen Rechts" iSd. Vorschrift sind zB Gesamtschuldverhältnisse, §§ 422 ff., 428 BGB. Ist ein StrGen zugleich Vertreter des anderen (zB GmbH/Geschäftsführer), will er uU für beide handeln.

**2. Wirkungen bei einfacher Streitgenossenschaft:**

2 **a)** Die StrGen können sich durch einen gemeinsamen oder verschiedene **Prozessbevollmächtigte** vertreten lassen (RA-Gebühren vgl Rz 5).

**b) Fristen** laufen gesondert, jeweils ab Zustellung (§§ 253, 261).

3 **c) Tatsachenfeststellung:** jeder StrGen führt seinen eigenen Prozess formell und inhaltl. getrennt von dem des Anderen (BGH NJW-RR 2003, 1344); der eine StrG kann bestreiten, der andere StrGen nach § 138 III dieselbe Behauptung unbestritten lassen; insofern kann dieselbe Tatsache in dem einen Prozess als festgestellt, in dem andern als nicht festgestellt erachtet werden. Davon abgesehen sind aber Beweise einheitl. zu würdigen (BGH NJW-RR 1992, 253). Erklärungen können als Verhandlungsinhalt bei der Beweiswürdigung auch im anderen Prozessrechtsverhältnis berücksichtigt werden, § 286. Werden von einzelnen StrGen Angriffs- oder Verteidigungsmittel geltend gemacht, ist idR anzunehmen, dass sie für alle StrGen vorgetragen sind, soweit die übrigen nicht selbst eine Erklärung abgeben (BGH LM Nr. 1). Da die StrGen idR einen gemeinsamen RA haben, kommt unterschiedl. Prozessführung in der Praxis kaum vor. **Zeugen:** der einfache StrGen kann über alle Tatsachen als Zeuge vernommen werden, die ausschließl. andere StrGen betreffen (BGH MDR 1984, 47; str, vgl *Lindacher* JuS 1986, 381).

4 **d) Einverständnis** aller StrGen ist bei §§ 128 II, 349 III notw.

**e) Widersprechender Prozessausgang ist möglich:** bei Säumnis des einen StrGen kann gegen ihn allein ein VU ergehen (anders bei notw StrGen), ein StrGen kann allein anerkennen (§ 307), gegen einen StrGen kann die Klage zurückgenommen werden (§ 269), mit einem weiteren StrG kann ein PV geschlossen werden usw. Klagen K 1 und K 2 auf Zahlung von je 3 250 € und erklären dann K 1 und der Bekl die Hauptsache für erledigt (§ 91a), entfällt die LG-Zust nicht (§ 261 III Nr. 2).

**f) Urteil:** gegen einen StrGen kann ein TeilU ergehen (§ 301); idR aber wird einheitl. im EndU über alle Prozesse entschieden (zB bei Klage gegen zwei Bekl: „Der Bekl zu 1 wird verurteilt ...; im Übrigen wird die Klage abgewiesen"). Kosten: § 100. Vorl. Vollstreckbarkeit: jedes Prozessrechtsverhältnis ist gesondert nach §§ 708 ff. zu beurteilen (keine Addition). Streitwert: vgl § 5. Haftung für Gerichtsgebühren: § 31 GKG. RA-Gebühren: beauftragen die beiden Bekl jeweils einen anderen RA, erhalten die beiden RAe ihre üblichen Gebühren (3100 ff. RVG-VV); beauftragen sie denselben RA, erhält dieser nur die einfachen Gebühren mit einem Zuschlag (§ 7 RVG; 1008 RVG-VV). 5

**g) Rechtsmittel** eines Streitgenossen bringen nur seinen Prozess, nicht den Prozess insgesamt in die höhere Instanz. 6

**h) Rechtskraft des Urteils** ist für jeden StrGen gesondert zu beurteilen.

7

**Praxishinweise:**

1. Ein StrGen darf trotz seiner Parteistellung als Zeuge vernommen werden, wenn das Beweisthema Tatsachen betrifft, die ausschließlich ggü dem anderen StrGen erheblich sind (§ 50 Rz 22). Das setzt aber voraus, dass er später auch nicht durch eine Kostenbelastung betroffen werden kann (*Schneider* MDR 1982, 372; *Baumbach/Hartmann* Vor § 373 Rz 22; *Thomas/Putzo* Vor § 373 Rz 7; aA *Zöller/Greger* § 373 Rz 5a). Mit diesem rechtl. Einwand kann die Vernehmung eines StrGen verhindert werden.

2. Eine fehlerhafte Vernehmung des StrGen als Zeuge ist nach § 295 heilbar und durch eine entsprechende Beweiswürdigung auszugleichen (BGH WPM 1968, 1099; 1977, 1007).

## § 62 ZPO Notwendige Streitgenossenschaft

**(1) Kann das streitige Rechtsverhältnis allen Streitgenossen gegenüber nur einheitlich festgestellt werden oder ist die Streitgenossenschaft aus einem sonstigen Grund eine notwendige, so werden, wenn ein Termin oder eine Frist nur von einzelnen Streitgenossen versäumt wird, die säumigen Streitgenossen als durch die nicht säumigen vertreten angesehen.**

**(2) Die säumigen Streitgenossen sind auch in dem späteren Verfahren zuzuziehen.**

**Lit:** ***Wieser*** JuS 2000, 997; ***Wieser*** NJW 2000, 1163.

**1. Übersicht:** Die Frage, ob eine Streitgenossenschaft eine einfache oder eine notw ist, ist nur relevant, wenn es auf die Verschiedenheit der Wirkungen (Rz 8) ankommt; die beiden Fallgruppen der notw StrGen werden zudem teils verfahrensrechtl. verschieden behandelt. Die Streitgenossenschaft kann in demselben Rechtsstreit zwischen einzelnen Parteien eine 1 notw sein, zwischen anderen eine einfache; bei mehreren Ansprüchen (§ 260) kann ebenfalls für den einen Anspruch eine notw für den anderen eine einfache Streitgenossenschaft vorliegen (vgl BGH LM Nr. 2). Bei der Fallgruppe § 62 I Alt 2 bedarf es nicht noch zusätzl. der Zulässigkeitsprüfung nach §§ 59, 60. Die Rspr verneint im Zweifel das Vorliegen einer notw Streitgenossenschaft und lässt nicht genügen, dass aus Gründen der Logik eine einheitl. Entscheidung notw oder wünschenswert wäre (BGH 30, 195; NJW 1985, 385; 1989, 2134).

**2. Notwendige Streitgenossenschaft aus prozessualen Gründen, § 62 I Alt 1:**

2 Der einzelne StrGen kann hier seinen Prozess auch allein führen, das führt dann zur Rechtskrafterstreckung auf die anderen StrGen. Werden daher die Prozesse gleichzeitig geführt, muss das Ergebnis erst recht dasselbe sein. Die Rechtskrafterstreckung bei einem Nacheinander der Prozesse führt also zur notw Streitgenossenschaft bei einem Nebeneinander der Prozesse. Identität des StrG ist zwar notw, genügt aber allein nicht. Auch Gemeinsamkeit von Vorfragen – Präjudizialität – genügt nicht.

**a) Beispiele für Streitgenossenschaft aus prozessualen Gründen**

3 • §§ 243 ff. AktG (mehrere Aktionäre fechten vor dem LG einen Hauptversammlungsbeschluss an), BGH NJW 1993, 1976;
• §§ 178, 179 InsO (ein InsolvenzGl klagt auf Feststellung seiner Forderung zur Insolvenztabelle gegen die bestreitenden Gl G 1 und G 2; Klageabweisung gegen G 1 würde zugunsten aller InsolvenzGl wirken, § 183 S. 1 InsO; Klagestattgabe nur gegen G 1 dagegen würde nur dessen Widerspruch beseitigen); vgl RG 96, 251 zur KO;
• §327: gemeinsame Klage gegen Erben und Testamentsvollstrecker nach §2213 I 1 BGB;
• §§ 640h, 856 IV ZPO.

4 **b) Keine notwendige Streitgenossenschaft** dieser Art liegt daher vor, wenn unterschiedl. Entscheidungen gegenüber den StrGen möglich sind, falls die Prozesse nicht gleichzeitig, sondern nacheinander geführt werden; zB: Schadensersatzklage gegen Kfz-Halter und Kfz-Vers (BGH NJW 1974, 2124; 1978, 2154; 1982, 996; weil trotz § 3 Nr. 8 PflVG zB gegen einen StrGen Risikoausschluss durchgreifen kann; str; nach *Liebscher* NZV 1994, 215 bei Klageabweisung Bindungswirkung zugunsten Vers/VN; bei Entscheidung zulasten von Vers/VN keine Bindungswirkung); Klage gegen OHG (oder KG) und Gesellschafter aus § 128 HGB (keine Identität des StrG; Aufrechnung durch einen StrGen ist mögl.), BGH 54, 251; NJW 1988, 2113; str; Bürge und Hauptschuldner (denn pers Einwendungen gegen den Bürgen sind mögl.; vgl *Gottwald* JA 1982, 69); wenn Miteigentümer auf Unterlassung der Benutzung ihres Grundstücks klagen, § 1011 BGB (BGB NJW 1985, 385; str); § 2039 BGB (vielfältig umstr, vgl *Gottwald* JA 1982, 68; *Lindacher* JuS 1986, 383; BGH NJW-RR 1992, 1151); wenn Miterben einer ungeteilten Erbengemeinschaft gemeinsam klagen (OLG Brandenburg OLG-NL 1998, 261); wenn Nacherben Widerspruchsklage gem § 773 ZPO erheben (BGH NJW 1993, 1582); wenn Arbeitnehmer gegen bisherigen Arbeitgeber und Betriebsübernehmer klagt (BAG NZA 1994, 260). Bei Rechtskrafterstreckung auf den Rechtsnachfolger nach § 325 ist durch § 265 II 1 ausgeschlossen, dass der RNachfolger neben seinem RVorgänger klagt.

**3. Notwendige Streitgenossenschaft aus materiellrechtlichen Gründen, § 62 I Alt 2:** Hier steht die Sach- bzw Prozessführungsbefugnis über ein Recht nur mehreren Beteiligten gemeinsam zu, dem Einzelnen allein nicht, seine Klage müsste durch ProzessU abgewiesen werden (BGH NJW 1962, 633). Klageerhebung nur gegen einzelne StrGen ist aber zul, wenn die übrigen StrGen (zB zur Kostenersparnis) vor Klageerhebung erklärt haben, zu der mit der Klage begehrten Leistung verpflichtet und bereit zu sein (BGH LM Nr.10; OLG München NZG 1999, 440: Gewinnansprüche von KG-Gesellschaftern; BGH NJW 1992, 1101: Störung der Ausübung einer Grunddienstbarkeit durch den Zustand eines in Miteigentum stehenden Grundstücks; einige Miteigentümer hatten die Beseitigungspflicht anerkannt, nur die anderen waren daher zu verklagen). Klageerhebung gegenüber einzelnen StrGen unterbricht nicht die Verjährung gegenüber den anderen StrGen(BGH NJW 1996, 1060). Der Verlust der Gesellschaftereigenschaft hat bei einer GbR keinen Einfluss auf das Fortbestehen der an dieses RVerh anknüpfenden matr notw Streitgenossenschaft (BGH NJW 2000, 291). 5

**a) Beipiele für Streitgenossen aus materiellrechtlichen Gründen**

- **personenrechtliche Gestaltungsklagen:** §§117, 127 HGB: Klage auf Entziehung der Geschäftsführungs- und Vertretungsbefugnis; §133: Klage eines OHG-Gesellschafters auf Auflösung der OHG gegen die widersprechenden Mitgesellschafter, BGH LM §133 Nr.3; §140 HGB: Klage aller übrigen Gesellschafter auf Ausschluss eines Gesellschafters; 6
- **Aktivprozesse (Klagen) von BGB-Gesellschaftern**, Mitgliedern des nicht-rechtsfähigen Vereins, Ehegatten in Gütergemeinschaft iFd § 1450 I BGB, mehreren Testamentsvollstreckern; mehreren Vermietern (OLG Celle NJW-RR 1994, 854); zu §§ 2039, 1011 BGB vgl Rz 4;
- **Passivprozesse von Mitberechtigten**, wenn die eingeklagte Leistung von den mehreren Bekl nur gemeinsam erbracht werden kann; zB wenn gegen Miterben oder Miteigentümer eine Gesamthandschuld geltend gemacht wird, §§747, S.2, 2059 II BGB (BGH NJW 1962, 1722) , etwa Klage auf Auflassung und Eintragungsbewilligung bez eines Nachlassgrundstücks; auf Einräumung eines Notwegs an einem Grundstück, das im Miteigentum steht (BGH NJW 1962, 633); Mieterhöhungsklage gegen mehrere (LG Kiel ZMR 1989, 429); wenn Mitglieder einer Erbengemeinschaft auf Zustimmung zur Grundbuchberichtigung verklagt werden müssen (OLG Naumburg NJW-RR 1998, 308).

**b) Keine notwendige Streitgenossenschaft dieser Art:**

Grds Klagen gegen Gesamtschuldner; bei gem unerlaubter Handlung (§840 BGB); sonstige Passivprozesse gegen Mitberechtigte (§§421, 427, 431, 2058 BGB); Ehegatten als Bekl aus Schlüsselgewaltgeschäften; Klage gegen Mitgesellschafter auf Mitwirkung bei Aufstellung von Bilanzen (BGH WM 1983, 1279; anders uU bei Bilanzfeststellung); Klage gegen Miterben auf Feststellung der Nichtigkeit eines Testaments (BGH NJW 1957, 537); Klagen mehrerer Käufer auf Rückzahlung nach Wandelung (BGH NJW 1990, 2688); Klage des Miterben gegen den Testamentsvollstrecker auf Feststellung der Unwirksamkeit des Teilungsplans (OLG Karlsruhe NJW-RR 1994, 905: Miterben müssen nicht mitverklagt werden). Über Baulandsachen von Miteigentümern vgl. BGH NJW 1997, 2115. 7

**4. Wirkungen bei notwendiger Streitgenossenschaft**

8 **a)** Grundsätzlich bleibt es bei der nur äußerl. Zusammenfassung mehrerer Prozesse; deshalb sind für jedes Prozessrechtsverhältnis (§ 61 Rz 1) die Prozessvoraussetzungen (wie Zust, Prozessfähigkeit) gesondert zu prüfen; ihr Fehlen führt bei § 62 I Alt 1 zur Klageabweisung als unzul gegen den einzelnen StrGen, bei § 62 I Alt 2 zur Klageabweisung als unzul auch iÜ.

9 **b) Termins- und Fristversäumnis eines Streitgenossen** ist nach § 62 unschädlich; es kann also kein VU nur gegen einzelne notw StrGen ergehen. Ergeht es unzulässigerweise doch und wird es rechtskr, ist es wirksam, auch zulasten der anderen StrGen (vgl RG 132, 349; BGH WM 1963, 728).

10 **c) Bestimmte Prozesshandlungen** können **nur gemeinsam** vorgenommen werden, zB Anerkenntnis (§ 307), Geständnis (§ 288). Nimmt sie nur einer gegen den Widerspruch des anderen vor, beenden sie weder seinen Einzel- noch den Gesamtprozess. Versäumen einzelne StrGen den Termin und erkennen die anwesenden StrGen an, vertreten sie insoweit die säumigen StrGen und es kann AnerkenntnisU gegen alle StrGen ergehen. Klagerücknahme (und Erledigung der Hauptsache) eines StrGen ist bei § 62 I Alt 1 zul (hM); aber auch bei § 62 I Alt 2 (OLG Rostock NJW-RR 1995, 381; str, vgl *Lindacher* JuS 1986, 384), wo sie zur Unzulässigkeit der Gesamtklage führt.

11 **d) Kein Teilurteil.** Gegenüber einzelnen aus mat-rechtl. Gründen notw StrGen darf nicht durch TeilU erkannt werden; ein solchermaßen verfahrenswidrig ergangenes TeilU kann jedoch in formelle und mat Rechtskraft erwachsen (BGH MDR 2001, 1046). Einem formell rechtskräftigen Teilurteil gegen einzelne aus materiell-rechtlichen Gründen notwendige StreitGen kommt keine materielle Rechtskraftwirkung gegenüber den anderen notwendigen StreitGen zu (BGH NJW 1996, 1060).

12 **e) Rechtsmittel.** Mit Zustellung beginnt für jeden StrGen eine gesonderte Rm- bzw Einspruchsfrist. Die Ber *eines* StrGen bringt den Prozess insgesamt in die nächste Instanz; die übrigen StrGen sind daher zu dem Ber-Verfahren zuzuziehen, § 62 II. Die Kosten (§ 97 I) treffen aber nur den StrGen, der die Ber eingelegt hat. Legt ein StrGen rechtzeitig, ein anderer verspätet Ber ein, ist seine Ber nicht gesondert zu verwerfen; auf den Säumigen ist Abs. 2 anzuwenden. Hat die Ber des einen StrGen Erfolg, ist das Urteil gegen alle StrGen aufzuheben (RG 157, 33). – Der Gegner der notw Streitgenossenschaft dagegen muss gegen alle StrGen Rm einlegen; versäumt er das Rm gegen einen StrGen, ist sein Rm gegen die anderen StrGen wegen der Rechtskraft gegen den einen StrGen unzul (BGH NJW 1957, 537).

**f) Im Übrigen** vgl § 61 Rz 2 ff.

13 **5. Absatz 2:** die Vertretung des säumigen durch den anwesenden („fleißigen") StrGen dauert fort, bis er sich wieder beteiligt; deshalb ist er weiterhin zu laden.

### § 63 ZPO Prozessbetrieb; Ladungen

**Das Recht zur Betreibung des Prozesses steht jedem Streitgenossen zu; zu allen Terminen sind sämtliche Streitgenossen zu laden.**

1 Bei notw und nicht notw Streitgenossenschaft kann also jeder StrGen Anträge auf Terminsbestimmung stellen. Ladungen vgl § 214.

2

**Praxishinweise:**
Ladung aller StrGen ist geboten, auch wenn einige säumig gewesen sind. Gegen einzelne geladene StGen, die säumig sind, ist bei einfacher Streitgenossenschaft (§ 61) VU zul. Bei notw StrGen steht dem § 62 entgegen, der ein VU bei Nichtladung eines notw Genossen ausschließt.

## Titel 3
## Beteiligung Dritter am Rechtsstreit

### § 64 ZPO Hauptintervention

**Wer die Sache oder das Recht, worüber zwischen anderen Personen ein Rechtsstreit anhängig geworden ist, ganz oder teilweise für sich in Anspruch nimmt, ist bis zur rechtskräftigen Entscheidung dieses Rechtsstreits berechtigt, seinen Anspruch durch eine gegen beide Parteien gerichtete Klage bei dem Gericht geltend zu machen, vor dem der Rechtsstreit im ersten Rechtszug anhängig wurde.**

**Lit:** ***Koussoulis*** ZZP Bd 100, 211; ***Spellenberg*** ZZP 1993, 283 (rechtsvergleichend); ***W. Lüke*** Beteiligung Dritter im Zivilprozeß, 1993; ***Pfeiffer*** ZZP 1998, 131.

1 Hauptintervention ist in der Praxis äußerst selten. *Beispiel:* K verklagt B auf Herausgabe einer Sache. Ein Dritter D meint, dass aufgrund Sicherungsübereignung er Eigentümer sei. D kann dann gegen B vor dem dafür zust Gericht vorgehen, uU auch gegen K und B als StrGen, soweit §§ 59 ff. vorliegen. § 64 geht darüber hinaus:

2 die Klage gegen die beiden Bekl wird von §§ 59 ff. unabhängig gemacht, ein *selbständiger Gerichtsstand* für die Klage wird geschaffen. Es handelt sich um eine Verbindung von zwei Klagen, der Klageantrag richtet sich nach dem Rechtverhältnis, zB gegen den einen Bekl auf Herausgabe, gegen den anderen Bekl auf Feststellung. Der Interventionsprozess (D gegen K, B) und der Hauptprozess (K gegen B) können nach § 147 verbunden werden.

## § 65 ZPO Aussetzung des Hauptprozesses

**Der Hauptprozess kann auf Antrag einer Partei bis zur rechtskräftigen Entscheidung über die Hauptintervention ausgesetzt werden.**

1 Antragsberechtigt sind die Parteien des Hauptprozesses, der Antrag des Hauptintervenienten genügt nicht (hM).

## § 66 ZPO Nebenintervention

**(1) Wer ein rechtliches Interesse daran hat, dass in einem zwischen anderen Personen anhängigen Rechtsstreit die eine Partei obsiege, kann dieser Partei zum Zwecke ihrer Unterstützung beitreten.**

**(2) Die Nebenintervention kann in jeder Lage des Rechtsstreits bis zur rechtskräftigen Entscheidung, auch in Verbindung mit der Einlegung eines Rechtsmittels, erfolgen.**

1 **1. §§ 66-71 räumen einem Dritten das Recht ein, sich** (von sich aus) uU in einen Prozess **einzumischen;** der Dritte (Streithelfer, NI) wird dadurch nicht Partei, das Zweiparteienprinzip wird nicht durchbrochen. Diese Form der Streithilfe aus eigenem Antrieb des Dritten kommt in der Praxis im aktienrechtlichen Anfechtungsprozess (§ 246 III 2 AktG; dazu *Sturm* NZG 2006, 921; *Waclawik* WM 2004, 1361), sonst selten vor: oft weiß der Dritte vom Prozess nichts; die Bindungswirkung des § 68 ist für ihn ungünstig. Besser für den Dritten ist es, den Prozessausgang abzuwarten: gewinnt die zu unterstützende Partei, kommt es ohnehin zu keinem Folgeprozess gegen den Dritten; verliert die Partei und klagt dann gegen den Dritten, kann der Dritte mangels Bindungswirkung alles zu seiner Verteidigung vortragen. – Praktisch häufig ist dagegen, dass eine Prozesspartei einem Dritten den Streit verkündet (§§ 72-74), um ihm so die Bindungswirkung aufzuzwingen.

**2. Voraussetzungen der Nebenintervention**

2 **a) Rechtsstreit:** Klageverfahren, auch in Beweisverfahren (BGH NJW 1997, 859 zu § 72; str), Familien- und Kindschaftssachen, Arrest, eVfg; auch im Mahnverfahren (BGH NJW 2006, 773; str), ZwV.

3 **b) Dessen Anhängigkeit:** ab Einreichung der Klage, Rechtshängigkeit ist nicht erforderl. (BGH NJW 1985, 328); bis zum Ende der Rechtshängigkeit. Beim s Beweisverfahren kann der Beitritt bis zur Verfahrensbeendigung erfolgen (OLG Düsseldorf BauR 2001, 675).

4 **c) Zwischen anderen Parteien:** der OHG können die Gesellschafter beitreten (BGH 62, 133), der AG die Aktionäre, der Gemeinschuldner dem Insolvenzverwalter (Amtstheorie), ein StrGen dem anderen oder dem Gegner (BGH 8, 72; BGH 66, 85), es kann also jemand Bekl sein und zugleich NI beim anderen Mit-Bekl. Der gesetzl. Vertr einer Partei kann dieser nicht beitreten (RG JW 1926, 806); vgl aber Rz 6. Der Beitritt wird durch das Ausscheiden der unterstützten Partei nicht beendet (BGH NJW 2006, 992). Zum Beitritt eines NI zu der von einem streitgenössischem NI eingelegten Berufung vgl. BGH NJW-RR 1999, 285.

**d) Rechtliches Interesse des Nebenintervenienten** am Obsiegen einer Partei: Es ist nur auf Antrag der Hauptpartei und nur im Verfahren nach § 71 zu prüfen (BGH NJW 2006, 773). Tatsächl., ideelles, nur wirtschaftliches Interesse genügt nicht (OLG München BauR 2003, 1438); die Abgrenzung ist oft schwierig. 5

Wichtige **Fallgruppen** sind (vgl *StJL* Rz 18 ff; *Zöller/Vollkommer* Rz 8-13): 6

**(1)** Wenn Regressansprüche des NI oder gegen ihn davon abhängen (zB beim Prozess Käufer – Verkäufer wegen Sachmängel der Regress gegen den Lieferanten des Verkäufers; Gesamtschuldnerausgleich; §§771, 805; Bürgschaft). **(2)** Wird in Prozessstandschaft prozessiert, hat der mat Rechtsträger ein rechtl. Interesse. **(3)** Bei **Abstammungsprozessen** kann zB der angebl. außerehel. Erzeuger dem bekl Kind beitreten (BGH NJW 1982, 1652); die Mutter des bekl Kindes kann beitreten, auch wenn sie bereits als gesetzl. Vertr des Kindes beteiligt ist (OLG Karlsruhe FamRZ 1998, 485). **(4)** Wenn das Urteil gegen den NI Rechtskraft- oder Gestaltungswirkung hätte (zB §129 I HGB; §407 II BGB). **(5)** Wenn aus dem Urteil in das Vermögen des NI vollstreckt werden könnte, zB §25 HGB, §729 II ZPO. **(6)** Der verklagte **Haftpflichtversicherer** kann dem mitverklagten Schädiger beitreten (OLG Düsseldorf VersR 2004, 1020; OLG Köln VRS 1998, 335: Interesse wegen §3 Nr.8 PflVersG) oder, wenn eine Unfallmanipulation des Schädigers behauptet wird (LG Köln VersR 1993, 1095; **aA** OLG Frankfurt ZfS 1994, 361; über weitere proz Möglichkeiten des Haftpflicht-Vers beim manipulierten Unfall vgl *Freyberger* NZV 1992, 391).

**e) Beitritt in der Form des § 70;** der NI muss die Prozesshandlungsvoraussetzungen (Prozessfähigkeit, Postulationsfähigkeit usw.) erfüllen. Der Beitritt kann jederzeit zurückgenommen werden, nicht zustimmungsbedürftig, Kosten der NI § 269 III analog. Die Wirkung des § 68 bleibt trotzdem. 7

Über Prüfung bzw Zulassung der Streithilfe vgl § 71 Rz 1.

**3. Absatz 2.** Erfolgt der Beitritt erst nach Schluss der mdl. Verh, muss nicht wiedereröffnet werden, §§ 156, 296a. Der Streithelfer kann gegen ein Urteil Rm, gegen ein VU Einspruch einlegen (§ 67 Rz 2), auch erst in Verbindung mit seiner Betrittserklärung. 8

**4. Gebühren:** Gericht: keine; Auslagen nach GKG KV 9002. Anwalt der Hauptpartei: keine zusätzliche Geb. RA des Streithelfers: RVG VV 3100. 3104. 9

10

**Praxishinweise:**

Zur umfassenden Beratungspflicht des Anwalts zählt auch der Hinweis auf die Möglichkeit einer Streitverkündung (*Zugehör* Anwaltshaftung, Rz 661 ff.). Der Hinweis ist unerlässlich, wenn erkennbar wird, dass der Mandant Regressansprüche geltend machen kann, deren Voraussetzungen verbindlich gemacht werden können oder deren Verjährung droht (BGH VersR 1993, 1016).

Zur Gefahr der Interessenkollision s. § 72 Rz 10/2.

## § 67 ZPO Rechtsstellung des Nebenintervenienten

**Der Nebenintervenient muss den Rechtsstreit in der Lage annehmen, in der er sich zur Zeit seines Beitritts befindet; er ist berechtigt, Angriffs- und Verteidigungsmittel geltend zu machen und alle Prozesshandlungen wirksam vorzunehmen, insoweit nicht seine Erklärungen und Handlungen mit Erklärungen und Handlungen der Hauptpartei in Widerspruch stehen.**

**Lit.:** *Windel* ZZP 1991, 321.

### 1. Befugnisse des Nebenintervenienten sind:

1 **a) Angriffs- und Verteidigungsmittel geltend zu machen:** Rechtsausführungen; Behaupten, Bestreiten, Beweis anbieten, Einrede der Verjährung erheben (BGH VersR 1985, 80) usw. Er kann Zeuge sein. Der NI kann den im s Beweisverfahren (§ 485) tätigen SV im Hauptprozess ablehnen, wenn ihm die Möglichkeit der Ablehnung im s Beweisverfahren nicht eröffnet ist (BGH NJW-RR 2006, 1312).

2 **b) Prozesshandlungen vorzunehmen:** gegen ein Urteil **Rechtsmittel einlegen**, wobei aber das Rm-Verhalten des NI dem der Partei nicht widersprechen darf, § 67 HS 2 (BGH NJW 1985, 2480; 1988, 712; 1989, 1357). Haben Hauptpartei und NI Ber eingelegt ist über dieses einheitliche Rm einheitl. zu entscheiden (BGH NJW-RR 2006, 644).

3 Beschwer und Rm-Summe müssen in der Person der unterstützten Partei gegeben sein; dem NI muss das Urteil nicht von Amts wegen zugestellt werden, maßgebend ist die **Rechtsmittelfrist**, die für die unterstützte Partei läuft (BGH NJW 1986, 257): wird das Urteil der Partei am 14.02. zugestellt, legt sie am 07.03. Ber ein und verkündet dem Dritten den Streit, worauf dieser am 14.03. beitritt und seinerseits sofort Ber einlegt und am 14.05. begr, ist die Ber zul, obwohl die Partei „ihre" Begründungsfrist versäumt hat (BGH NJW 1985, 2480); denn legen Hauptpartei und ihr Streithelfer (NI) Ber ein, gibt es nur „eine" Ber (BGH NJW-RR 2006, 644; NJW 1982, 2069; BAG ZIP 1991, 334). Auch die fristgerechte Begr der Rev durch den NI genügt (BGH NJW 1999, 2046).

4 Der NI kann das **Versäumnisurteil** abwenden, wenn die unterstützte Partei säumig ist, er aber erscheint.

### 2. Schranken der Befugnisse des Nebenintervenienten:

5 **a) Zeitlich:** Hinnahme der Prozesslage zur Zeit seines Beitritts: der NI ist also gebunden an rügelose Einlassung (§ 39), Heilung (§ 295), Anerkenntnis usw.; kann keine Wiederholung der Beweisaufnahme verlangen; Angriffs- und Verteidigungsmittel, die die unterstützte Partei durch Fristversäumnis verloren hat (§ 296), nicht mehr vorbringen.

6 **b) Inhaltlich:** Erklärungen und Handlungen der unterstützten Parteien haben Vorrang, § 67 HS 2. Deshalb kann der beklagte VN im Haftpflichtprozess Wertangaben des Kl wirksam unstr stellen, auch wenn die beigetretene Versicherung diese bestreitet (OLG Hamm NJW-RR 1998, 679). Untätigkeit der Partei bedeutet keinen Widerspruch; im Zweifel ist keine Unwirksamkeit anzunehmen (BGH NJW 1985, 2480). Der NI darf ferner nicht die Klage zurücknehmen, ändern, für erledigt erklären oder zulasten der Partei einen Vergleich schließen. Im s Beweisverfahren kann der NI nicht mittels § 494a erzwingen,

dass der Antragsteller ihn verklagt (OLG Koblenz NJW-RR 2001, 1726; aA LG Regensburg NZBau 2004, 392).

c) **Rechtsgeschäftliche Willenserklärungen** für die unterstützte Partei kann der NI nicht abgeben, also nicht anfechten, mit Forderung der Partei aufrechnen (BGH LM Nr. 8), Rücktritt erklären. 7

8

**Praxishinweise:**

1. StrGen sind zu allen Terminen zu laden (§ 63). Sie können auch selbstständig ein dem Prozessverhalten der Hauptpartei nicht widersprechendes Rm einlegen, sind dann aber an die für die unterstützte Partei maßgebenden Fristen gebunden (Rz 3).

2. Das Urteil ist ihnen nicht zuzustellen, sodass sie auch nicht den Beginn der Ber-Frist berechnen können. In der Praxis wird aus dem fehlenden Zustellungsgebot nicht selten fehlerhaft gefolgert, der Streithelfer (NI) sei überhaupt nicht über die Verkündung des Urt zu unterrichten. Dadurch wird aber sein Anspruch auf rechtl. Gehör (Art 103 I GG) verletzt. Das Urteil muss ihm formlos übersandt werden (*Wieczorek/Schütze/Mansel* § 67 Rz 75; *Zöller/Vollkommer* § 67 Rz 5). Geschieht das nicht, kommt WE in den vorigen Stand in Betracht. Der dahingehende Antrag hat allerdings nur Erfolg, wenn der NI, der ggü dem Gericht ein Auskunftsrecht hat (*StJBork*, 22. Aufl, § 67 Rz 20), sich um Auskunft bemüht hat (*Zöller/Vollkommer* aaO).

## § 68 ZPO Wirkung der Nebenintervention

**Der Nebenintervenient wird im Verhältnis zu der Hauptpartei mit der Behauptung nicht gehört, dass der Rechtsstreit, wie er dem Richter vorgelegen habe, unrichtig entschieden sei; er wird mit der Behauptung, dass die Hauptpartei den Rechtsstreit mangelhaft geführt habe, nur insoweit gehört, als er durch die Lage des Rechtsstreits zur Zeit seines Beitritts oder durch Erklärungen und Handlungen der Hauptpartei verhindert worden ist, Angriffs- oder Verteidigungsmittel geltend zu machen, oder als Angriffs- oder Verteidigungsmittel, die ihm unbekannt waren, von der Hauptpartei absichtlich oder durch grobes Verschulden nicht geltend gemacht sind.**

**1. Übersicht.** Hat **a)** ein Vorprozess zwischen Kl und Bekl stattgefunden, der mit einer formell rechtskräftigen Entscheidung endete, zB der Verurteilung des Bekl (EndU, auch Grund-, TeilU; nicht PV, übereinstimmende Erledigung), und wurde **b)** im Vorprozess zB vom Bekl dem D wirksam der Streit verkündet, § 74 III (oder ist D von sich aus beigetreten, § 66), und kommt es **c)** dann zu einem Rechtsstreit (zB wegen Regress) zwischen der unterstützten Partei (dem damaligen Bekl und nunmehrigen Kl) und dem D, dann ist im Prozess gegen D (dem sog Folgeprozess) von Amts wegen die Interventionswirkung des Urteils aus dem Vorprozess zu beachten. **d)** Streitverkündung ist auch im **selbstständigen Beweisverfahren** (§ 485) zul; sie hat zur Folge, dass dem Streitverkündeten das Ergebnis der Beweisaufnahme in einem nachfolgenden Prozess entgegengehalten werden kann; sie hat ferner verjährungsunterbrechende Wirkung (BGH NJW 1997, 859); jetzt § 204 I Nr. 6 BGB (Hemmung der Verjährung). 1

**2. Weitere Voraussetzungen der Interventionswirkung**

2 **a) Bei vorangegangener Streitverkündung** (§§ 74 III, 68); vgl § 74 Rz 8.

**b) Bei vorangegangener Streithilfe (§ 66):** der Beitritt muss wirksam gewesen sein. Unschädl. ist, wenn im Vorprozess zB das rechtl. Interesse (§ 66) nicht vorgelegen hat, falls damals die Parteien der Streithilfe nicht widersprochen haben und so eine stillschweigende Zulassung erfolgt ist (BGH WM 1972, 346).

3 **3.** Die Interventionswirkung besteht darin, dass das Gericht im Folgeprozess teilweise an das Urteil im Vorprozess gebunden ist. Einzelheiten vgl § 74 III; § 74 Rz 6 ff.

## § 69 ZPO Streitgenössische Nebenintervention

**Insofern nach den Vorschriften des bürgerlichen Rechts die Rechtskraft der in dem Hauptprozess erlassenen Entscheidung auf das Rechtsverhältnis des Nebenintervenienten zu dem Gegner von Wirksamkeit ist, gilt der Nebenintervenient im Sinne des § 61 als Streitgenosse der Hauptpartei.**

**Lit.:** *Wiesner* ZZP 1999, 439.

1 **1.** Der **streitgenössische Nebenintervenient** hat eine eigentümliche *Doppelstellung:* weniger als eine Partei, mehr als ein gewöhnl. NI. Ob ein NI ein gewöhnl. oder ein streitgenössischer ist, muss nur geprüft werden, wenn der NI von § 67 abweichende Befugnisse ausübt, Rz 3. Seine Zustimmung zur übereinstimmenden Erledigungserklärung ist nicht erforderl. (OLG München MDR 2000, 1152).

2 **2. Beispiel:** der Unfallgeschädigte verklagt den (versicherten) Kfz-Halter. Tritt nun die Kfz-Vers (aus eigenem Antrieb, § 66, oder als Folge der Streitverkündung, § 72) dem Kfz-Halter bei, dann hat sie größere Befugnisse als ein einfacher Nebenintervenient (NI); denn die Rechtskraft der im Hauptprozess Geschädigter gegen Halter erlassenen Entscheidung ist wegen § 3 Nr. 8 PflVG auf das Rechtsverhältnis zwischen Kfz-Versicherung (= NI) und Geschädigtem (= Gegner) von Wirksamkeit.

3 **3.** „Nach den Vorschriften des bürgerlichen Rechts ... von Wirksamkeit": dieser Gesetzeswortlaut ist zu eng (*StJL* Rz 2). Es genügt, dass das Urteil nach mat oder Verfahrensrecht unmittelbar auf die Rechtsbeziehung NI – Gegner (der unterstützten Partei) wirkt; die Fälle decken sich nicht unbedingt mit denen des § 62 (str). Beispiel: BGH NJW-RR 1997, 919 (Haftpflichtversicherer).

„Der NI gilt iSd § 61 **als Streitgenosse** der Hauptpartei", dh des beklagten Kfz-Halters: **das besagt**, dass der streitgenössische NI unabhängig von der unterstützten Partei Prozesshandlungen vornehmen kann, Rm einlegen kann (auch wenn er in erster Instanz nicht beigetreten ist, BGH NJW-RR 1997, 865), nicht Zeuge ist, der Widerspruchsvorbehalt des § 67 HS 2 für ihn nicht gilt, sodass er zugestehen kann, wo die Partei bestreitet (was nach § 286 zu würdigen ist). Das **Urteil** (Kosten: §§ 101 II, 100; BGH BB 2007, 1524; also nicht § 100 I) ist ihm zuzustellen, falls er beigetreten ist (BGH NJW-RR 1997, 865); die **Rechtsmittelfrist** läuft ab der an ihn bewirkten Zustellung. Ist er nicht beigetreten, bleibt ihm nur der Fristrest der Hauptpartei (BGH NJW-RR 1997, 865). Die Einlegung macht ihn nicht zur Partei, Rm-Verzicht der Partei hindert ihn nicht. Der NI „gilt" aber nur als

Partei, er ist nicht Partei, weshalb er nicht die Klage zurücknehmen, ändern, anerkennen (str) usw. kann. Zur proz Stellung des einfachen streitgenössischen NI im Ber-Verfahren vgl BGH NJW-RR 1999, 285.

**Sonderregelung in § 265 II 3:** bei Veräußerung während des Prozesses kann der Erwerber nur einfacher NI sein. 4

**Praktische Bedeutung** hat § 69 bei Abstammungssachen: die Mutter ist im Ehelichkeitsanfechtungsprozess streitgenössische NI (BGH 89, 123), der evtl außerehel. Erzeuger nicht (BGH NJW 1985, 386). Beim Straßenverkehrsunfallprozess des Geschädigten kann die bekl Kfz-Vers dem bekl VN beitreten und das gegen den VN ergangene VU angreifen (OLG Frankfurt VersR 1996, 212; OLG Hamm MDR 1996, 962); die beigetretene Vers kann kann auch für den VN Ber einlegen (OLG Karlsruhe VersR 1998, 386); ein Aktionär kann der Anfechtungsklage eines anderen Aktionärs beitreten (BGH BB 2007, 1524). 5

## § 70 ZPO Beitritt des Nebenintervenienten

**(1) [1]Der Beitritt des Nebenintervenienten erfolgt durch Einreichung eines Schriftsatzes bei dem Prozessgericht und, wenn er mit der Einlegung eines Rechtsmittels verbunden wird, durch Einreichung eines Schriftsatzes bei dem Rechtsmittelgericht. [2]Der Schriftsatz ist beiden Parteien zuzustellen und muss enthalten:**

**1. die Bezeichnung der Parteien und des Rechtsstreits;**

**2. die bestimmte Angabe des Interesses, das der Nebenintervenient hat;**

**3. die Erklärung des Beitritts.**

**(2) Außerdem gelten die allgemeinen Vorschriften über die vorbereitenden Schriftsätze.**

**§ 70 gilt** für die einfache NI (§ 66 ff.), die streitgenössische NI (§ 69) und die Streitverkündung (§§ 72 ff.). 1

**Absatz 1.** Im Anwaltsprozess und bei Beitritt im Rm-Verfahren muss der **Beitrittsschriftsatz** von einem RA unterzeichnet sein, §§78, 129. Die Amtszustellung hat ggf an die Anwälte der beiden Parteien zu erfolgen, §172. Der Beitritt bezieht sich auch ohne ausdrückliche Erklärung über den Beitrittsumfang nur auf die Rückgriffsansprüche, denen sich der Streithelfer nach dem Inhalt der Streitverkündungsschrift und dem zugrunde liegenden Prozessstoff im Falle eines Unterliegens des Streitverkünders ausgesetzt sieht (OLG Düsseldorf NJW-RR 1997, 443); eine Erweiterung des Beitritts ist auch stillschweigend möglich, zB nach einer Klageerweiterung. Ein versäumter Beitritt kann nicht mit einem WE-Gesuch nachgeholt werden (BGH NJW-RR 1991, 229). Die Einlegung der Berufung „namens des Streitverkündeten" kann zugleich dessen Beitritt zum Rechtsstreit enthalten (BGH NJW 1994, 1537; NJW 2001, 1217; enger OLG Hamm NJW-RR 1994, 1277).

**Der Schriftsatz** muss enthalten: **Nr. 1:** Bezeichnung des Rechtsstreits. Für **Nr. 2** genügt die Verweisung auf die Streitverkündung. Nicht nur Schadensersatzpflicht begründet rechtl. Interesse (BGH NJW 1997, 2385); ein bloßes Kosteninteresse genügt jedoch nicht (OLG Hamm BauR 2000, 757). **Nr. 3:** anzugeben ist, welcher Partei (Kl, Bekl?) beigetreten wird. Der Beitritt ist jederzeit ohne Einwilligung rücknehmbar, Form § 269 II, Kosten 2

§ 269 III analog. Anschließend kann man der anderen Partei beitreten. Über Wechsel der unterstützten Partei in der 2. Instanz vgl OLG Köln BauR 2000, 447 und 774. Mangelhafter Inhalt kann nach § 295 heilen (BGH NJW 1976, 292).

**Absatz 2:** vorbereitende Schriftsätze vgl §§ 129 ff.

## § 71 ZPO Zwischenstreit über Nebenintervention

**(1) [1]Über den Antrag auf Zurückweisung einer Nebenintervention wird nach mündlicher Verhandlung unter den Parteien und dem Nebenintervenienten entschieden. [2]Der Nebenintervenient ist zuzulassen, wenn er sein Interesse glaubhaft macht.**

**(2) Gegen das Zwischenurteil findet sofortige Beschwerde statt.**

**(3) Solange nicht die Unzulässigkeit der Intervention rechtskräftig ausgesprochen ist, wird der Intervenient im Hauptverfahren zugezogen.**

1 **1. Liegt eine Beitrittserklärung eines Dritten vor**, wird von Amts wegen das Vorliegen der Prozesshandlungsvoraussetzungen beim NI (zB Partei-, Prozess- und Postulationsfähigkeit) geprüft. Fehlt eine, wird die NI durch Beschluss (hM, **aA** § 71) zurückgewiesen (dagegen s Beschwerde, § 567); sind sie vorhanden, ergeht kein ausdrückl. Beschluss über die Zulassung der NI. Nur auf Rüge der Prozessparteien werden die anderen Voraussetzungen (§ 66 Rz 2), insbesondere das rechtl. Interesse des NI, geprüft (BGH NJW 2006, 773); ihr Fehlen kann aber inzwischen gem § 295 geheilt sein (OLG München BauR 2003, 1438). Für die mdl Verh gilt § 78. Erscheint der NI nicht, ergeht kein VU gegen ihn, sondern es wird nach Sachlage entschieden. Glaubhaftmachung: § 294.

2 **2. Absatz 2.** Das **ZwischenU:** *Zulassung der NI*, ohne KostenE (str); dadurch ist der ASteller beschwert. Eine stillschweigende Zulassung der NI kann in der Auferlegung der Kosten der NI auf den Gegner im EndU liegen (BGH NJW 1963, 2027). Oder: *Zurückweisung der NI*, dem NI werden die Kosten auferlegt (§ 101 I); dadurch sind der NI und die von ihm unterstützte Partei beschwert (OLG Frankfurt NJW 1970, 817; str). **Streitwert:** Interesse des NI am Beitritt (BGH LM Nr. 2). **Selbstständige Beschwerde:** §§ 567 ff.

3 **3. Absatz 3.** Der NI ist zum Verfahren zuzuziehen. Bis zur Rechtskraft vorgenommene Prozesshandlungen bleiben wirksam. Ist er nicht geladen, ist die von ihm unterstützte Partei nicht richtig geladen, ein VU gegen sie kann nicht ergehen. Ist sie geladen, bleibt sie aber aus, kann der erschienene NI ein VU gegen sie abwenden.

## § 72 ZPO Zulässigkeit der Streitverkündung

**(1) Eine Partei, die für den Fall des ihr ungünstigen Ausganges des Rechtsstreits einen Anspruch auf Gewährleistung oder Schadloshaltung gegen einen Dritten erheben zu können glaubt oder den Anspruch eines Dritten besorgt, kann bis zur rechtskräftigen Entscheidung des Rechtsstreits dem Dritten gerichtlich den Streit verkünden.**

**(2) [1]Das Gericht und ein vom Gericht ernannter Sachverständiger sind nicht Dritter im Sinne dieser Vorschrift. [2]§ 73 Satz 2 ist nicht anzuwenden.**

**(3) Der Dritte ist zu einer weiteren Streitverkündung berechtigt.**

§ 72 II eingefügt durch 2. JuMoG v. 22.12.2006 (BGBl. 2006, 3416)

**Lit.:** ***Bischoff*** JurBüro 1984, 969 und MDR 1999, 787; ***Eibner*** JurBüro 1988, 149; ***Kittner*** JuS 1985, 703.

**1. Streitverkündung** liegt vor, wenn eine Prozesspartei (des Prozesses K – B) einen Dritten förmlich von einem anhängigen (Rechtshängigkeit ist nicht erforderlich, BGH NJW 1985, 328) Rechtsstreit benachrichtigt. Sie ist bedingungsfeindlich (BGH MDR 1989, 539), PrHandlung, erfolgt nach §73. Zu den mögl. Reaktionen des Dritten vgl § 74 Rz 1. 1

**Ob die Streitverkündung nach § 72 zulässig ist**, wird im Hauptprozess nicht geprüft, sondern erst – als Voraussetzung der Interventionswirkung nach §§ 74 III, 68 – im Folgeprozess zwischen D und K oder B (BGH NJW 1982, 282; hM): Zum „Rechtsstreit" (Rechtshängigkeit ist nicht erforderl., BGH NJW 1985, 328) vgl § 66 Rz 2. Ob eine Partei auch dem **gerichtlichen Sachverständigen** desselben Rechtstreits (und ggf auch dem Richter!) den Streit verkünden kann, um Haftungsansprüche wegen eines angebl. falschen Gutachtens vorzubereiten, in Wahrheit um ihn zu ängstigen, war zeitweise str; der BGH (NJW 2006, 3214) hat diese Streitverkündung für unzul erklärt und entschieden, dass der streitverkündende Schriftsatz dem SV nicht zuzustellen ist (Zustellung wäre rechtswidrig, BGH NJW 2007, 919). Die Einfügung von **Absatz 2** hält die BGH-Rspr fest; vgl Kaiser NJW 2007, 123. Eine gleichwohl erfolgte Streitverkündung macht den SV nicht befangen. Streitverkündung ist auch im **selbstständigen Beweisverfahren** zul, analog § 72, vgl BGH NJW 1997, 859 (zur Streitfrage vgl *Eibner* BauR 1998, 497) und § 487 Rz 12 mwN; ggn Ausländern vgl Art 6 Nr. 2 EuGVÜ bzw VO (EG) Nr. 44/2001. 2

**Beispiel:**

Hat V den K auf Rückübereignung eines Grundstücks wegen Formmangel des Kaufvertrags verklagt, kann K dem beurkundenden Notar den Streit verkünden, weil er uU gegen ihn Schadensersatzansprüche hat, wenn er den Prozess verliert (vgl RG 145, 135; BGH NJW 1962, 387). Folgen vgl § 74 Rz 6 ff.

Ob ein Partei auch dem **gerichtlichen Sachverständigen** desselben Rechtsstreits (und ggf auch dem Richter!) den Streit verkünden kann, um Haftungsansprüche wegen eines angeblich falschen Gutachtens vorzubereiten, in Wahrheit um ihn zu ängstigen, war zeitweise streitig: der BGH (NJW 2006, 3214) hat diese Streitverkündung für unzulässig erklärt und entschieden, dass der Streitverk.Schriftsatz dem SV nicht zuzustellen ist (Zustellung wäre rechtswidrig, BGH NJW 2007, 919). Die Einführung von **Abs.2** hält die BGH-Rspr fest. Vgl Kaiser NJW 2007, 123. Eine gleichwohl erfolgte Streitverk macht den SV nicht befangen.

**2. Voraussetzungen der Streitverkündung, Absatz 1:** die Einschränkung „auf Gewährleistung oder Schadloshaltung" ist als nicht vorhanden anzusehen (hM), es handelt sich nur um Beispiele; die Streitverkündung (bedingungsfeindlich, BGH MDR 1989, 539) ist vielmehr in allen Fällen zulässig, in denen der Streitverkünder nach der mat-rechtl. Lage grds in einem von zwei Prozessen siegen muss, aber mangels Bindung des Gerichts im zweiten Prozess ein doppelter Prozessverlust möglich ist; §§ 74 III, 68 schaffen diese Bindung. 3

Die Beweislast soll dagegen durch die Streitverkündung nicht verringert werden.

4 **3. Fallgruppen der Ansprüche** zwischen Streitverkünder und Drittem:

**a) Gewährleistung** wegen Sach- und Rechtsmängeln (zB §§ 437 ff. nF, 634 ff. nF BGB; 377, 378 HGB);

5 **b) Schadloshaltung:** wenn die Partei einen Schadensersatz- oder Regressanspruch gegen den Dritten zu haben glaubt (OLG Köln NJW-RR 1991, 1535); zB des Versenders gegen den Spediteur, des Bürgen gegen den Hauptschuldner, des Gesamtschuldners aus § 426 BGB;

6 **c) Besorgnis des Anspruchs eines Dritten:** wenn die Partei glaubt, beim Prozessverlust dem Dritten schadensersatzpflichtig zu sein; weite Auslegung ist geboten (BGH NJW 1992, 1699).

7 **d) Ansprüche aus Alternativverhältnissen**, dh Ansprüche gegen Dritte, die anstelle des Bekl im Vorprozess alternativ als Schuldner in Betracht kommen; zB: U hat Anspruch auf Werklohn entweder gegen V als Vertreter des B oder gegen B, § 164 I,II BGB (BGH NJW 1982, 282); entweder ist der Maurer oder der Isolierer schuld an den Nässeschäden (BGH NJW 1976, 39).

8 **Nicht genügt dagegen:** kumulative (zB Gesamtschuldnerschaft, BGH 8, 80; NJW 1987, 1894) oder subsidiäre Haftung (zB § 839 I 2 BGB), bloße Tatsachenalternativität (A oder B war der Täter). Die Abgrenzung ist schwierig und vom Zweck der Streitverkündung (Rz 3) her zu lösen.

9 **4. Absatz 3. Weiterverkündung.** Prozess K gegen B (zB wegen Herausgabe); der Bekl B verkündet dem D (von dem B die Sache erworben hat) den Streit; dann kann D (auch wenn er nicht beitritt) den **Streit weiter verkünden** an E (= Lieferant des D). E ist dann in einem evtl Folgeprozess D-E gem § 68 gebunden, die Verjährung wird gehemmt, Mängeleinreden werden erhalten. Auch im s Beweisverfahren ist eine solche Weiterverkündung zul (LG Karlsruhe BauR 2000, 441; **aA** LG Berlin BauR 1996, 435).

10

**Praxishinweise:**

1. Auch der eigene StrGen kann ein möglicherweise Regressberechtigter oder Regressverpflichteter sein, sodass auch ihm der Streit verkündet werden kann (*Wieczorek/Schütze/Mansel* § 72 Rz 29; OLG Hamm NJW-RR 1996, 969). Wird das vom PrBev verkannt, kann das zum Anwaltsregress führen.

2. Ein Anwalt, der eine Partei und nach Streitverkündung auch den Streitverkündeten vertreten will, muss darauf achten, nicht in einen Interessengegensatz zu geraten (§43a IV BRAO). Beispiel: Klage gegen den Täter T einer unerl Handlung. Dessen Anwalt bestreitet die Täterschaft und beruft sich auf Haftungsfreiheit nach §827 BGB. Der Kl verkündet deshalb dem Vater V den Streit wegen Verletzung der Aufsichtspflicht (§832 BGB). Dann darf der Anwalt den beitretenden V nicht vertreten, weil dieser nur haftet, wenn T den Haftungsausschluss des §827 BGB nicht beweisen kann. T haftet dann als Täter neben V (§840). T wird nur haftungsfrei, wenn dem V der Beweis nach §827 BGB misslingt. Beide sind an einem unterschiedlichen Ausgang des Rechtsstreits interessiert.

## § 73 ZPO Form der Streitverkündung

**[1]Zum Zwecke der Streitverkündung hat die Partei einen Schriftsatz einzureichen, in dem der Grund der Streitverkündung und die Lage des Rechtsstreits anzugeben ist. [2]Der Schriftsatz ist dem Dritten zuzustellen und dem Gegner des Streitverkünders in Abschrift mitzuteilen. [3]Die Streitverkündung wird erst mit der Zustellung an den Dritten wirksam.**

Der Streitverkündungsschriftsatz ist dem Dritten zuzustellen (S.2); wird der Streit dem SV des 1
Prozesses verkündet (unzul, §72 II 1), darf diesem der Schriftsatz *nicht* zugestellt werden (§72 II 2); geschieht es doch, wird der SV dadurch nicht befangen. Der **Schriftsatz** unterliegt nicht dem Anwaltszwang (BGH NJW 1985, 328). Wurde die Partei aber von einem Anwalt vertreten, muss der RA den Schriftsatz eigenhändig unterzeichnen (BGH NJW 1985, 328). **Grund** der Streitverkündung: der Gewährleistungs-, Regress- usw. Anspruch (§72 Rz 4ff.). Der Schriftsatz hat nur dann verjährungshemmende Wirkung, wenn in *ihm* der Grund der Streitverkündung angegeben ist; die bloße Beifügung von Schriftsatzkopien des Prozesses kann ungenügend sein (BGH MDR 2000, 1271). Die Schrift muss das RVerh so genau bezeichnen, dass der Dritte prüfen kann, ob es angebracht ist, dem Rechtsstreit beizutreten (BGH NJW 2002, 1414). **Lage des Rechtsstreits:** welche Entscheidungen und Beweiserhebungen schon vorliegen, auf wann terminiert ist. Klageabschriften etc müssen nicht mitgeteilt werden, der Adressat hat Akteneinsicht (OLG München MDR 1989, 548). **Zustellung** von Amts wegen ist erforderl. (*Parmentier* BauR 2001, 888; *Schulz* BauR 2001, 327), §§270, 166ff.

**Mängel**, zB fehlende Angaben, Zustellung, können nach § 295 geheilt werden, wenn sie 2
in der ersten mdl Verh des Folgeprozesses nicht gerügt werden (BGH NJW 1976, 292).

Formular 133: Hinweisschreiben an den Mandanten zur beabsichtigten Streitverkündung
Formular 134: Streitverkündungsschrift des Klägers
Formular 135: Streitverkündungsschrift des Beklagten
Formular 136: Streitverkündungsschrift im Selbstständigen Beweisverfahren

## § 74 ZPO Wirkung der Streitverkündung

**(1) Wenn der Dritte dem Streitverkünder beitritt, so bestimmt sich sein Verhältnis zu den Parteien nach den Grundsätzen über die Nebenintervention.**

**(2) Lehnt der Dritte den Beitritt ab oder erklärt er sich nicht, so wird der Rechtsstreit ohne Rücksicht auf ihn fortgesetzt.**

**(3) In allen Fällen dieses Paragraphen sind gegen den Dritten die Vorschriften des § 68 mit der Abweichung anzuwenden, dass statt der Zeit des Beitritts die Zeit entscheidet, zu welcher der Beitritt infolge der Streitverkündung möglich war.**

**1. Der Dritte**, dem der Streitverkündungsschriftsatz zugestellt wird (= Streitverkündungs- 1
empfänger), **hat folgende Möglichkeiten:**

**a) Er kann untätig bleiben, Absatz 2;** gleich steht die Rücknahme des Beitritts. Dann wird er zu den Terminen nicht geladen und erhält auch keine Abschriften der Parteischriftsätze usw. Die Interventionswirkung tritt gegen ihn trotzdem ein, §§ 74 III, 68. Der nicht beitretende einfache oder streitgenössische Streithelfer kann Zeuge sein (vgl *Bischof* JurBüro 1986, 984). Die Streitverkündung wird im Tatbestand nicht erwähnt, der Dritte im Rubrum nicht angeführt.

2 **b) Er kann der Partei**, die ihm den Streit verkündete, **beitreten**, §§ 74 I, 66; dies geschieht durch einen Schriftsatz (§ 70). Dann ist er Streithelfer (= Nebenintervenient, NI). Das ist zweckmäßig, wenn er meint, so den Sieg des Streitverkünders herbeizuführen und einen Folgeprozess gegen sich vermeiden zu können. Ein SV, dem eine Streitverkündung der Partei (zB versehentl.) unzul zugestellt wird, kann nicht beitreten; vgl § 72 II.

3 **Stellung des Nebenintervenienten:** Für den NI besteht nach § 78 Anwaltszwang. Alle Schriftsätze, gerichtl. Verfügungen, Ladungen, Termine sind ihm (wie der Partei) mitzuteilen bzw zuzustellen, vgl § 71 III. Ist er nicht ordnungsgemäß geladen, kann gegen die von ihm unterstützte Partei kein VU ergehen (vgl § 67). Er kann als Zeuge vernommen werden und nicht nach §§ 273 II 3, 141 als Auskunftsperson geladen werden; der streitgenössische NI, der beitritt, kann dagegen nur als Partei vernommen werden. Widerspricht das Vorbringen des Streithelfers dem der von ihm unterstützten Partei, bleibt es unberücksichtigt, § 67 (anders beim streitgenössischen Nebenintervenienten, vgl § 69). Über verspätetes Vorbringen des Streithelfers vgl *Schulze* NJW 1981, 2664; *Fuhrmann* NJW 1982, 979. Im **Urteilstatbestand** wird das Vorbringen des Streithelfers wie das einer Partei behandelt. Im **Urteilsrubrum** wird er bei der unterstützten Partei angeführt („K, Kl ... gegen B, Bekl und D, Streithelfer").

4 **c) Er kann der Gegenpartei beitreten** (BGH 8, 72), rechtl. Interesse nach § 66 ist dann notw; dies wirkt gegenüber dem Streitverkünder wie ein unterlassener Beitritt (BGH NJW 1983, 820). *Doppelte Streitverkündung:* sowohl der Kl wie der Bekl können demselben Dritten den Streit verkünden; der Dritte kann aber nur einer der beiden Parteien beitreten.

5 **d) Er kann abwarten;** wenn der Streitverkünder den Prozess verliert, kann er in Verbindung mit der Einlegung eines Rm erst in der Ber-Instanz beitreten, § 66 II.

6 **2. Die Streitverkündung löst**, wenn sie zul ist (BGH NJW 1982, 281; § 72 Rz 3), ua **folgende Wirkungen aus:**

**a) Materiellrechtliche Folgen:**

- Hemmung der Verjährung, § 204 I Nr. 6 BGB (Einreichen am letzten Tag kann genügen, § 167 BGB); diese Wirkung tritt auch ein, wenn der Streitverkündende im Vorprozess obsiegt (BGH 36, 212).

7 **b) Prozessuale Folgen:**

- im anhängigen Rechtsstreit darf sich der Streithelfer beteiligen;
- im Folgeprozess (§ 72 Rz 2) tritt die Interventions- (= Bindungs-) wirkung ein, §§ 74 III, 68 (auch dann, wenn sich der Streitverkündungsempfänger nicht beteiligte).

8 **3. Die Interventionswirkung**, §§ 74 III, 68, tritt ein, wenn der Streit verkündet wurde, auch wenn der Dritte daraufhin nicht oder erst spät beigetreten ist; ist allerdings sein Bei-

tritt nach §§ 74 I, 71 zurückgewiesen worden (zB mangels rechtl. Interesses), tritt diese Wirkung nicht ein.

9 **a) Voraussetzungen des Eintritts der Interventionswirkung:** die Streitverkündung muss gem § 72 zul gewesen sein; gem § 73 formgerecht erklärt sein. Hier ist jeweils die eventuelle Heilung von Mängeln nach § 295 zu beachten. Ob die Streitverkündung wirksam war, wird erst im Folgeprozess geprüft (BGH NJW 1982, 281).

10 **b) Umfang der Bindung.** Grundsatz: der Dritte muss grds alle tatsächlichen und rechtlichen Grundlagen gegen sich gelten lassen, auf denen das Urteil im Vorprozess beruht; der Wortlaut des § 68 HS 1 „unrichtig entschieden sei" ist insoweit zu eng, die Bindung ergreift nicht nur den Urteilsspruch (BGH NJW 1982, 282; 1992, 1698), ist von der Rechtskraftwirkung zu unterscheiden. Diese Wirkung ist von Amts wegen zu beachten.

- 11 **Nur die tragenden Gründe binden**, nicht Hilfserwägungen, obiter dicta (BGH MDR 2004, 464); was tragend war, wird im Folgeprozess entschieden (BGH aaO; OLG Hamm NJW-RR 1996, 1506; *Vollkommer* NJW 1986, 264). Im Beispiel § 72 Rz 2 bindet nur die Feststellung der obj mangelhaften Beurkundung; das Verschulden und die Amtspflichtverletzung des Notars stehen noch nicht fest. **Überschießende Feststellungen:** Die Interventionswirkung kommt Feststellungen des Erstgerichts, auf denen sein Urteil *nicht* beruht, nicht zu; dabei kommt es nicht auf die Sicht des Erstgerichts an, sondern worauf die Entscheidung obj beruht (BGH MDR 2004, 464).
- 12 Die **Wirkung tritt einheitlich ein**, zwischen günstigen und ungünstigen Teilen des Urteils wird nicht unterschieden (vgl RG 153, 271). Bei einem TeilU im Vorprozess tritt die Bindung nicht nur bez des eingeklagten Teils ein (BGH NJW 1969, 1481).
- 13 Die **Interventionswirkung** besteht nur im Verhältnis Streitverkünder – Dritter, **erfasst nicht den Gegner** des Streitverkünders (BGH NJW-RR 1990, 121). Sie **besteht** weiter **nur zugunsten** („gegen" in Abs. 3), nicht aber zuungunsten der den Streit verkündenden Partei (sind im Vorprozess dem Streitverkünder 2 000 € zugesprochen, ist nicht festgestellt, dass sich der Schaden *nur* auf diesen Betrag beläuft; BGH NJW 1987, 1894 u. 2874).
- 14 Wenn die Hauptpartei im Vorprozess aus Gründen der Beweislast („non liquet") unterlegen ist, dann steht für den Folgeprozess nicht die **logische Alternative** der nicht festgestellten Tatsache fest (BGH NJW 1983, 820; BayObLG ZMR 2004, 684). Im Folgeprozess können sich daraus nachteilige Konsequenzen für den nun beweispflichtigen NI ergeben (BGH aaO).

15 **c) Einschränkungen** (§ 68 HS 2 Alt 1, 2, 3); hierauf muss sich der Dritte im Folgeprozess berufen und ggf die Voraussetzungen beweisen:

- **Bei mangelhafter Prozessführung** des Streitverkünders, soweit sie in die Zeit vor den möglichen Beitritt des Dritten fällt; möglich ist der Beitritt einige Tage nach Zustellung der Streitverkündung (bei Nebenintervention nach § 68 kommt es auf den tatsächl. Beitritt an, bei §§ 74 III, 68 auf den mögl.). Selbst bei Zustellung der Streitverkündung erst kurz vor Urteilserlass kann der Dritte den Mangel noch durch Rm-Einlegung beheben (BGH NJW 1976, 292) und kann sich daher uU auf § 68 HS 2 Alt 1 nicht berufen; anders, wenn die Ber nur geringe Erfolgsaussichten hatte.

16 • **Bei Behinderung des Dritten** durch Erklärungen usw. des Streitverkünders, zB Anerkenntnis, Verzicht, Geständnis; Hinderung am Einlegen eines Rm (vgl § 67 HS 2), Rücknahme des eingelegten Rm, sodass das Rm des Streithelfers gegenstandslos wird (BGH MDR 1988, 44). Anders, wenn die Erklärungen widerrufen oder sonst beseitigt werden können (vgl §§ 138 III, 535).

• **Bei absichtlicher** usw. **Nichtgeltendmachung** durch den Streitverkünder.

17 • Die Bindung tritt ferner nicht ein (von Amts wegen zu beachten), wenn **der Dritte nach § 67 HS 2 gehindert war**, auf den Verlauf des Vorprozesses Einfluss zu nehmen, weil er dort auf die Unterstützung der Hauptpartei beschränkt ist (BGH NJW 1982, 282: Vorprozess des Rollladenlieferanten gegen den Bauherrn auf Zahlung, wobei Bestellung durch den Architekten A unstreitig war; Klageabweisung mangels Vollmacht des A; im Folgeprozess des Lieferanten gegen den A kann A daher noch einwenden, es habe keine Bestellung vorgelegen, nur unverbindl. Verhandlungen).

• Die Interventionswirkung tritt nicht ein, wenn dadurch eine Bindung des Streitverkündeten in einem späteren Verfahren mit *anderem* Rechtsweg (ArbG) herbeigeführt würde (BGH NJW 1993, 2539).

18 **4. Urteil.** Der Dritte wird im Rubrum nur erwähnt, wenn er beigetreten ist, und zwar bei der unterstützten Partei ("... gegen B, Bekl und N, Streithelfer“).

**5. Kosten**

19 **a)** Die Kosten der Streitverkündung treffen grds den Verkünder selbst (OLG München MDR 1989, 548). Lässt sich der Dritte auf die Zustellung der Streitverkündung hin von einem RA beraten, hat er keinen proz Anspruch gegen den Streitverkünder auf Kostenerstattung (*Bischof* JurBüro 1984, 1461).

**b)** Tritt der Dritte bei, vgl § 101.

**c)** Legt der Streithelfer allein Rm ein und unterliegt er, sind ihm (und nicht der Partei) analog § 97 I die Kosten des Rm aufzuerlegen (BGH NJW 1963, 1779). Obsiegt er, trägt die Gegenpartei alle Kosten, §§ 91, 101 I. Legen Partei und Streithelfer Rm ein, gilt § 101 I (uU Quotelung).

20 **d) Vorprozesskosten.** Hat der Kl im Vorprozess dem D den Streit verkündet, dann verloren und nimmt er nun D auf die Hauptsache nebst Vorprozesskosten in Anspruch, dann besteht darauf zwar kein proz Anspruch, wohl aber uU aus mat Recht (zB § 823 BGB, BGH NJW 1971, 134; pVV).

Formular 137: Beitritt des Streithelfers aufseiten des Streitverkündenden
Formular 138: Einrede unzulässiger Streitverkündung im Regressprozess

## § 75 ZPO Gläubigerstreit

[1]**Wird von dem verklagten Schuldner einem Dritten, der die geltend gemachte Forderung für sich in Anspruch nimmt, der Streit verkündet und tritt der Dritte in den Streit ein, so ist der Beklagte, wenn er den Betrag der Forderung zugunsten der streitenden Gläubiger unter Verzicht auf das Recht zur Rücknahme hinterlegt, auf seinen Antrag**

**aus dem Rechtsstreit unter Verurteilung in die durch seinen unbegründeten Widerspruch veranlassten Kosten zu entlassen und der Rechtsstreit über die Berechtigung an der Forderung zwischen den streitenden Gläubigern allein fortzusetzen. [2]Dem Obsiegenden ist der hinterlegte Betrag zuzusprechen und der Unterliegende auch zur Erstattung der dem Beklagten entstandenen, nicht durch dessen unbegründeten Widerspruch veranlassten Kosten, einschließlich der Kosten der Hinterlegung, zu verurteilen.**

Hier geht es darum, dass sich zwei (der Kl und der Dritte) darum streiten, wer der Gl des Bekl ist (zB bei zweifelhafter Abtretung; die streitbefangene und die vom Dritten für sich in Anspruch genommene Forderung müssen identisch sein, BGH NJW 1996, 1673). Der Dritte könnte nach § 64 klagen. Der Beklagte kann sich dem Prozessrisiko durch Hinterlegung des Betrages, § 372 S. 2 BGB, entziehen und den Streit dem Kl und dem Dritten überlassen. Dem entspricht proz § 75, der jedoch nur sehr geringe prakt Bedeutung hat. 1

## § 76 ZPO Urheberbenennung bei Besitz

**(1) [1]Wer als Besitzer einer Sache verklagt ist, die er auf Grund eines Rechtsverhältnisses der im § 868 des Bürgerlichen Gesetzbuchs bezeichneten Art zu besitzen behauptet, kann vor der Verhandlung zur Hauptsache unter Einreichung eines Schriftsatzes, in dem er den mittelbaren Besitzer benennt, und einer Streitverkündungsschrift die Ladung des mittelbaren Besitzers zur Erklärung beantragen. [2]Bis zu dieser Erklärung oder bis zum Schluss des Termins, in dem sich der Benannte zu erklären hat, kann der Beklagte die Verhandlung zur Hauptsache verweigern.**

**(2) Bestreitet der Benannte die Behauptung des Beklagten oder erklärt er sich nicht, so ist der Beklagte berechtigt, dem Klageantrage zu genügen.**

**(3) [1]Wird die Behauptung des Beklagten von dem Benannten als richtig anerkannt, so ist dieser berechtigt, mit Zustimmung des Beklagten an dessen Stelle den Prozess zu übernehmen. [2]Die Zustimmung des Klägers ist nur insoweit erforderlich, als er Ansprüche geltend macht, die unabhängig davon sind, dass der Beklagte auf Grund eines Rechtsverhältnisses der im Absatz 1 bezeichneten Art besitzt.**

**(4) [1]Hat der Benannte den Prozess übernommen, so ist der Beklagte auf seinen Antrag von der Klage zu entbinden. [2]Die Entscheidung ist in Ansehung der Sache selbst auch gegen den Beklagten wirksam und vollstreckbar.**

**Beispiel:** K verklagt B auf Herausgabe (§ 985 BGB). B behauptet, die Sache als Mieter, Entleiher, Verwahrer usw. zu besitzen (§ 868 BGB) und benennt als mittelbaren Besitzer (Vermieter usw.) der Sache den D. D kann dann uU den Prozess anstelle des B übernehmen. Absätze 3, 4 (dazu OLG Zweibrücken Jur-Büro 1983, 1865). „Zu genügen“ in Absatz 2 heißt: der Bekl kann den Kl befriedigen, dh die Sache herausgeben, und haftet deswegen dem Benannten D nicht. 1

§ 76 hat keine praktische Bedeutung.

### § 77 ZPO Urheberbenennung bei Eigentumsbeeinträchtigung

**Ist von dem Eigentümer einer Sache oder von demjenigen, dem ein Recht an einer Sache zusteht, wegen einer Beeinträchtigung des Eigentums oder seines Rechts Klage auf Beseitigung der Beeinträchtigung oder auf Unterlassung weiterer Beeinträchtigungen erhoben, so sind die Vorschriften des § 76 entsprechend anzuwenden, sofern der Beklagte die Beeinträchtigung in Ausübung des Rechtes eines Dritten vorgenommen zu haben behauptet.**

1 Betrifft zB Klagen aus §§ 1004, 1027 BGB, entspr § 12 BGB, § 37 II HGB. Der Bekl behauptet zB, die Beeinträchtigung in Ausübung eines Mietrechts eines Dritten vorgenommen zu haben.

## Titel 4
## Prozessbevollmächtigte und Beistände

### § 78 ZPO Anwaltsprozess

**(1) [1]Vor den Landgerichten und Oberlandesgerichten müssen sich die Parteien durch einen Rechtsanwalt vertreten lassen. [2]Ist in einem Land auf Grund des § 8 des Einführungsgesetzes zum Gerichtsverfassungsgesetz ein oberstes Landesgericht errichtet, so müssen sich die Parteien vor diesem ebenfalls durch einen Rechtsanwalt vertreten lassen. [3]Vor dem Bundesgerichtshof müssen sich die Parteien durch einen bei dem Bundesgerichtshof zugelassenen Rechtsanwalt vertreten lassen. [4]Die Sätze 1 bis 3 gelten entsprechend für die Beteiligten und beteiligte Dritte in Familiensachen.**

**(2) Vor den Familiengerichten müssen sich die Ehegatten in Ehesachen und Folgesachen, Lebenspartner in Lebenspartnerschaftssachen nach § 661 Abs. 1 Nr. 1 bis 3 und Folgesachen und die Parteien und am Verfahren beteiligte Dritte in selbständigen Familiensachen des § 621 Abs. 1 Nr. 8 und des § 661 Abs. 1 Nr. 6 durch einen zugelassenen Rechtsanwalt vertreten lassen.**

**(3) Am Verfahren über Folgesachen beteiligte Dritte und die Beteiligten in selbständigen Familiensachen des § 621 Abs. 1 Nr. 1 bis 3, 6, 7, 9, 10, soweit es sich um ein Verfahren nach § 1600e Abs. 2 des Bürgerlichen Gesetzbuchs handelt, sowie Nr. 12, 13 und des § 661 Abs. 1 Nr. 5 und 7 brauchen sich vor den Oberlandesgerichten nicht durch einen Rechtsanwalt vertreten zu lassen.**

**(4) Das Jugendamt, die Träger der gesetzlichen Rentenversicherungen sowie sonstige Körperschaften, Anstalten oder Stiftungen des öffentlichen Rechts und deren Verbände einschließlich der Spitzenverbände und ihrer Arbeitsgemeinschaften brauchen sich als Beteiligte für die Nichtzulassungsbeschwerde und die Rechtsbeschwerde nach § 621e Abs. 2 nicht durch einen Rechtsanwalt vertreten zu lassen.**

**(5) Diese Vorschriften sind auf das Verfahren vor einem beauftragten oder ersuchten Richter sowie auf Prozesshandlungen, die vor dem Urkundsbeamten der Geschäftsstelle vorgenommen werden können, nicht anzuwenden.**

**(6) Ein Rechtsanwalt, der nach Maßgabe der Absätze 1 und 2 zur Vertretung berechtigt ist, kann sich selbst vertreten.**

§ 78 geändert durch G. v. 23.07.2002 (BGBl 2002, 2850) und G. v. 26.03.2007 (BGBl 2007, 358).

**Lit zur Anwaltshaftung:** ***Borgmann/Jungk/Grams***, Anwaltshaftung, 4. Aufl. 2005; ***Rinsche***, Haftung des Rechtsanwalts und des Notars, 6. Aufl. 1998; ***Vollkommer***, Anwaltshaftungsrecht, 1989; ***Zugehör*** (Hg), Hdb der Anwaltshaftung, 1999.

**Lit zur Reform**: ***Kirchberg*** NJW 2000, 486; ***v. Wietersheim*** MDR 1999, 1367.

**1. Allgemeines. Postulationsfähigkeit** ist die Fähigkeit zu proz Handeln in rechtserhebl. Form; sie ist Prozesshandlungsvoraussetzung (BGH NJW 1980, 2318), nicht Prozessvoraussetzung. Sie muss im Zeitpunkt der Vornahme der Prozesshandlung gegeben sein (BGH NJW 2005, 3773). Im **Parteiprozess** (vgl § 79) hat die prozessfähige Partei diese Fähigkeit selbst, sie kann also selbst Klage erheben, Schriftsätze einreichen, Anträge stellen, vor Gericht auftreten usw. 1

Im **Anwaltsprozess** (§ 78) hat die Partei die Postulationsfähigkeit nicht, sie muss einen RA einschalten, nur er ist postulationsfähig. **Fachanwalt:** Wer RA und zugleich Fachanwalt für ein Spezialgebiet ist, hat keine engeren oder weiteren Befugnisse. Beim FamG kann deshalb jeder RA auftreten, nicht nur ein „Fachanwalt für Familienrecht". **Folgen der Nichtbeachtung:** nimmt die Partei im Anwaltsprozess eine Prozesshandlung selbst vor, ist sie unwirksam; erscheint sie im Termin ohne zugelassenen RA, kann gegen sie ein VU ergehen; die von der Partei im Anwaltsprozess selbst erhobene Klage ist als unzul abzuweisen (in der Praxis wird der Laie darauf hingewiesen und beauftragt dann einen RA oder er nimmt seine „Klage" zurück mit der Gerichtskostenfolge nach GKG KV 1211 Nr. 1). Eine „Belehrungspflicht" besteht aber nicht (BGH NJW 1997, 1989). Das AG muss die Partei daher nicht belehren, wenn sie selbst Ber einlegt (BGH NJW-RR 2005, 1726). Eine rückwirkende Heilung des Mangels ist nicht mögl.: zB wird die von einem Laien beim LG eingelegte Ber nicht zul, wenn sie *nach* Fristablauf von einem RA genehmigt wird (BGH BB 2006, 2779); die Genehmigung muss *vor* Fristablauf erfolgen (und der Text anwaltl. verantwortet werden). Der RA muss prozessfähig sein; zum Verfahren bei **zweifelhafter Prozessfähigkeit** (zB geisteskrank gewordener RA, Betreuungsverfahren über RA) vgl BVerfG NJW 1974, 1279 (ZwischenU analog §§ 71, 387 ist notw). Fällt die Postulationsfähigkeit während des Verfahrens weg, zB durch Berufsverbot nach der BRAO, wird das Verfahren unterbrochen (BGH MDR 1990, 702). 2

**Vertretung des RA:** durch einen Untervertreter, § 52 BRAO; durch einen selbst oder von der Anwaltskammer bestellten allgemeinen Vertreter, § 53 BRAO (der Vertreter kann nur während der Dauer seiner Bestellung wirksam handeln; hat er die Ber-Schrift unterzeichnet und den Auslauf veranlasst, schadet es nicht, wenn sie erst nach Wegfall der Bestellung beim OLG eingeht (OLG Frankfurt NJW 1984, 2896); der allg Vertr muss sich im Schriftsatz nicht als solchen bezeichnen, BGH VersR 1996, 254); Kanzleiabwickler, § 55 BRAO. Der Rechtsreferendar fällt unter § 59 BRAO (Stationsreferendar) oder § 53 IV BRAO (amtl. bestellter Vertr), als sonstiger freier Mitarbeiter unter § 157 und das RBerG. Eine mandatierte RA-Gesellschaft (§ 59 l BRAO) ist *selbst* PrBev. 3

4 **Rechtsbeistände:** vgl Art 1 § 1 RBerG (Schönfelder Nr. 99). Änderung des RBerG ist geplant. Man muss unterscheiden zwischen **a)** Rechtsbeiständen mit „Vollerlaubnis": wer am 27.08.1980 im Besitz einer uneingeschränkten Erlaubnis war, kann Mitglied der örtl. zust RA-Kammer werden (§ 209 BRAO); er hat dann vor dem AG ähnl. Vertretungsrechte wie ein RA (vgl § 25 EGZPO; dazu BGH NJW 2003, 3765); vor dem LG/OLG/BGH darf er nicht auftreten. **b)** Rechtsbeiständen mit Teilerlaubnis: sie können in der mdl Verh vor dem AG nicht auftreten, außer wenn sie als Prozessagenten (§ 157 III) zugelassen sind. Ein Verstoß des Beraters gegen das RBerG führt nicht zur Unwirksamkeit der Prozesshandlung des nicht zugelassenen Rechtsberaters (KG OLGZ 1966, 112).

**Ausländische Anwälte:** vgl *Lach* NJW 2000, 1609. Europäische Anwälte vgl EuRAG v. 09.03.2000/26.03.2007 (BGBl 2000, 182 + 1349); § 5 IV AVAG; das RA-DienstleistungsG und das EignungsprüfungsG sind außer Kraft getreten. Grds kann der dienstleistende europäische RA (EU-Land) in erster und zweiter Instanz als PrBev auftreten (§ 27 I 1 EuRAG), zB beim AG in Nichtfamiliensachen. In Verfahren mit RA-Zwang (zB LG, OLG) darf er nur im Einvernehmen mit einem deutschen beim konkreten Gericht vertretungsbefugten RA handeln (§ 28 EuRAG); zum Nachweis des Einvernehmens vgl § 29 EuRAG.

**Rechtsprofessoren:** können im Anwaltsprozess nur auftreten, wenn sie als Anwälte zugelassen sind (zur Frage, ob dies möglich ist, vgl §§ 7 Nr.11, 14 II Nr. 5 BRAO; BGH NJW-RR 1995, 888); eine gewohnheitsrechtliche Vertretungsbefugnis besteht nicht (VGH München NJW 1988, 2553). Vgl § 157 III und RBeratungsG.

**2. Anwaltszwang**

5 **a) Er besteht bei bestimmten Gerichten: (1) Beim AG-Zivilabteilung** besteht kein RA-Zwang (doch kann sich hier eine Partei von einem RA vertreten lassen, § 79); beim AG-FamG besteht Anwaltszwang im Rahmen von Abs. 2. **(2) Beim LG** (ZivK, KfH, ER) besteht RA-Zwang, in erstinstanzl. und in Ber-Verfahren. Sowohl beim AG-FamG wie beim LG kann jeder RA auftreten, weil es in Abs. 1 heißt: „bei einem" (anders die Rechtslage vor 01.01.2000, wo zwecks Konkurrenzschutz nur ein bei diesem LG zugelassener RA auftreten konnte, sog Lokalisationsprinzip); beim LG etc kein RA-Zwang im Fall des § 78 V. **(3) Beim OLG** und BGH besteht RA-Zwang: beim OLG kann jeder Anwalt auftreten (Neuregelung seit 01.08.2002/01.06.2007). **(4) Vor dem BGH** muss einer der ca 30 beim BGH zugelassenen Anwälte vertreten; für den Bezirksrevisor gilt das nicht (BGH FamRZ 2005, 1164) Beim OLG und BGH kein RA-Zwang im Falle des § 78 V. Für FGG-Sachen (Grundbuch, Nachlass, Betreuung usw.) gilt § 78 nicht (vgl §§ 13, 29 II FGG). **Absatz 1 Satz 3** betrifft das inzwischen „abgeschaffte" BayObLG. – **Übergangsrecht:** wurde durch G. v. 26.03.2007 aufgehoben.

6 **b) Anwaltszwang besteht für die Parteien** (Kl, Bekl) sowie den Nebenintervenienten, Streitverkündeten ab Beitritt, auch wenn es sich um öffentl.-rechtl. Körperschaften handelt. Die Regelung ist formal und führt zur Kostentreiberei: auch rechtskundige Personen, zB Richter, müssen einen RA einschalten, wenn sie vor dem LG, OLG usw. prozessieren wollen; nur Anwälte können sich selbst vertreten (§ 78 Abs. 6).

7 **c) Anwaltszwang besteht bei den Handlungen** vor und ggn dem Gericht, zB Einreichung der Klageschrift, Erklärungen im Prozess (zB Erledigung der Hauptsache), Klagerücknah-

me, Verzicht (BGH WM 1987, 1266), Auftreten in der mdl Verh usw. Der **PKH-Antrag** unterliegt nicht dem Anwaltszwang (§§ 117, 78 V), deshalb kann ein nicht beim BGH zugel RA beim BGH PKH für eine beabsichtigte NZB (§ 544) oder beabs Rechtsbeschwerde (§ 575) beantragen. Eine im Verfahren der Rechtsbeschwerde erhobene Anhörungsrüge (§ 321a) unterliegt aber dem BGH-RA-Zwang (BGH NJW 2005, 2017).Vgl Rz 20. Einen ZwV-Schutzantrag (§§ 544 V 2, 719 II) kann der beim BGH nicht zugel RA nicht stellen (BGH NJW-RR 2004, 936). Handlungen nach Beendigung des Rechtsstreits unterliegen grds nicht dem Anwaltszwang, zB ZwV, StrW-Festsetzungsantrag (OLG Zweibrücken FamRZ 1998, 1031), KF und -erinnerung (OLG München JurBüro 1987, 1088). Außergerichtl. Verträge über den Prozess unterliegen ebenfalls nicht dem Anwaltszwang; zB: Rm-Versprechen (BGH WM 1986, 1061); Vereinbarung der SprungRev vor Erlass des Urteils (BGH MDR 1986, 313), sonst vgl § 566 II.

**d) Zugelassener Rechtsanwalt:** Dies richtet sich nach der BRAO. Unterscheide Zulassung des RA nach der BRAO von der Postulationsfähigkeit. Ein RA kann grds bei allen AG, LG, OLG auftreten; beim BGH ist ein RA nur nach § 172 BRAO zugelassen. **Postulationsfähigkeit:** vgl Rz 5. Nur ein postulationsfähiger RA kann wirksam zum PrBev bestellt werden (BGH FamRZ 2006, 1263). Früher musste der RA, der beim LG einen Prozess verloren hatte und gegen das LG-Urt Ber einlegen wollte, beim OLG (vgl § 519 I) aber noch nicht zugelassen war (zB weil er Berufsanfänger ist), einen beim OLG zugelassenen Anwalt einschalten. Diese Regelung ist jetzt weggefallen. Es bleibt aber dabei, wenn Rev oder Rechtsbeschwerde eingelegt werden soll. Dies kann dies nur ein beim BGH zugel RA. Im Instanzenzug LG-OLG-BGH sind also zwei versch RA notw. Ein RA kann Prozesshandlungen eines nicht zugel RA genehmigen (BGH NJW 1990, 3085). 8

**3. Einzelfälle (teils str):**

**a) Der Prozessvergleich** (§ 794 I Nr. 1) unterliegt dem § 78 (**hM**, offen gelassen BGH NJW 1983, 1433), auch wenn er vor dem ER abgeschlossen wird (BGH FamRZ 1986, 458), oder in der Güteverhandlung (§§ 278, 279); kein Anwaltszwang für den dem Vergleich beitretenden Dritten (BGH NJW 1983, 1433). Kein Anwaltszwang beim Vergleich im PKH-Verfahren (§ 118 I 3), vor dem beauftr/ersuchten Richter, § 78 V (BGH NJW 1980, 2307; hM), vor der AG-Zivilabt. Das KollegialG kann eine Sache zwecks Vergleichsabschluss ohne Anwaltszwang an den beauftr Richter verweisen (hM, OLG Düsseldorf NJW 1975, 2298), aber nicht der ER an sich als beauftr Richter (BGH FamRZ 1986, 458; str). Gerichtl. Genehmigung des anwaltlosen PV über Versorgungsausgleich heilt den Mangel nicht (BGH FamRZ 1991, 679). 9

**b) Die Klagerücknahme** unterliegt grds dem § 78, ebenso der Klageverzicht (BGH NJW 1988, 210). Probleme bereitete früher der Lokalisierungsgrundsatz (Rz 8); das ist jetzt entfallen. Hat die Partei beim LG selbst (unzul) Klage erhoben, kann sie diese Klage selbst wieder zurücknehmen und muss nicht hierzu einen RA einschalten. Hat die Partei selbst beim AG Klage erhoben und wird der Rechtsstreit gem § 506 an das LG verwiesen, kann der Kl die Klage noch ohne RA-Bestellung zurücknehmen (OLG Koblenz MDR 2000, 225). 10

**c) Die Rechtsmittelrücknahme** unterliegt grds § 78. Hat die Partei selbst (unzul) Ber eingelegt, kann sie diese selbst wieder zurücknehmen (BGH NJW-RR 1994, 759); Gerichts- 11 kostenfolge GKG KV 1221. Die KostenE nach Ber-Rücknahme ergeht nun ohne Antrag (§ 516 III 2), sodass die Streitfragen, wer den Antrag stellen kann, entfallen sind.

12 **d) Einstweilige Verfügung:** wurde sie beim LG beantragt und durch Beschluss abgelehnt, besteht für die Beschwerde kein Anwaltszwang (§§ 920 III, 936, 569 III; OLG Karlsruhe NJW-RR 1993, 1470; **hM; aA** OLG Hamm NJW-RR 1997, 763; OLG Frankfurt MDR 1999, 186).

13 **e) Mahnverfahren:** hat das AG nach Einlegung des Widerspruchs die Sache an das LG abgegeben, ist das Verfahren nunmehr beim LG anhängig, es gilt Anwaltszwang (BGH NJW 1979, 1658). Verweist das LG nach § 696 V auf Antrag die Sache an ein anderes Gericht, besteht für den Antrag kein Anwaltszwang, § 281 II 1 (außer bei mdl Verh).

**f) Beschwerdeverfahren:** § 569. Für das Einlegen der sof Beschwerde gegen den Kostenfestsetzungsbeschluss des LG-Rechtspflegers besteht kein Anwaltszwang, vgl §§ 11 I, 13 RPflG, 104 III, 569 III (BGH NJW 2006, 2260; **aA** OLG Frankfurt NJW-RR 1999, 1082).

**g) Verfahren nach dem StrEG:** Anwaltszwang (BGH NJW-RR 1993, 1021). Sof Beschwerde gegen LG-Beschluss, welcher den Zivilrechtszug für unzul erklärt (§ 17a GVG), unterliegt RA-Zwang (OLG Saarbrücken NJW-RR 1998, 1611).

14 **4. Anwaltszwang in Familiensachen, Absatz 2.** Definition der Familiensachen in § 23b I GVG. Zuständiges Gericht ist das AG, Abt FamG (§ 23b GVG). § 78 II unterscheidet 4 Personengruppen: Parteien; Ehegatten; Beteiligte; beteiligte Dritte. Parteien sind meist die Ehegatten, evtl die Landesbehörde nach § 1316 BGB, nicht mehr der Staatsanwalt. Beteiligte: in den FGG-Verfahren außer den Eltern das minderj Kind (vgl § 59 FGG), Jugendamt (§ 50 SGB VIII), Träger der Rentenversicherung bzw Versorgung, Vermieter. Soweit Anwaltszwang besteht, sind **vertretungsberechtigt:** vor dem AG-FamG jeder RA; ebenso beim OLG; beim BGH nur ein beim BGH zugelassener RA.

15 **a) Ehesachen:** Scheidung, Eheaufhebungsklage, Feststellung des Bestehens einer Ehe, Herstellungsklage, Feststellung des Rechts zum Getrenntleben (vgl § 606). Anwaltszwang besteht für die Ehegatten in allen Instanzen, also vor AG, OLG, BGH. Der Antragsgegner bei der Scheidung muss keinen RA beauftragen; Prozesshandlungen kann er dann nicht wirksam vornehmen; ein VU kann trotzdem gegen ihn nicht ergehen, § 612 IV; das Gericht kann ihm aber einen RA beiordnen, § 625. Auch ohne RA ist er anzuhören (§ 613), er kann der Scheidung zustimmen; einen Scheidungsfolgenvergleich kann er nicht abschließen (BGH NJW 1991, 1743; str)

**b) Folgesachen der Scheidung:** Definition in § 623 I (zB elterliche Sorge, Zugewinn auch bei Kleinbeträgen, Versorgungsausgleich). Die **Ehegatten** müssen sich, wenn *Verbund* (§ 623) zwischen der Scheidung und der Folgesache besteht, für alle Folgesachen in allen drei Instanzen durch einen RA (Rz 14) vertreten lassen.

**c) Selbstständige Güterrechtssachen** der Ehegatten (§ 621 I Nr. 8): die Parteien und beteiligte Dritte müssen sich in diesen Sachen (§§ 1363 – 1561 BGB) durch Anwälte vertreten lassen.

**d) Lebenspartnerschaftssachen:** betrifft die homosexuellen, registrierten Partnerschaften nach dem LPartG v. 16.02.2001, nicht die heterosexuellen nicht ehelichen Verbindungen Frau/Mann. Anwaltszwang nur für § 661 I Nr. 1-3 und Folgesachen (wie § 623).

**e) § 78 Absatz 3: Bestimmte selbstständige Familiensachen. Beteiligte Dritte** sind zB StrGen, NI wegen zustimmungsbedürftigen Verfügungen nach § 1365 I BGB (Bereicherung bei unwirksamer Vermögensverfügung des Ehegatten). Für sie gilt in gleichem Umfang der Anwaltszwang. **Beteiligte** sind zB die Eltern. 16

**(a) § 621 I Nr. 1 – 3** (elterl. Sorge, Umgangsrecht, Kindesherausgabe): bei selbstständigen Sachen vor AG, OLG kein Anwaltszwang. Bei Abtrennung der Sorgerechtssache aus dem Verbund wird sie eine selbstständige Familiensache, für die vor AG, OLG kein Anwaltszwang mehr besteht (OLG Köln NJWE-FER 2001, 130).

**(b) § 621 I Nr. 4: Unterhaltspflicht gegenüber Kind:** selbstständige Unterhaltssachen sind vor dem AG-FamG ohne Anwaltszwang, vor dem OLG, BGH sind sie Anwaltsprozesse.

**(c) § 621 I Nr. 5: Unterhaltspflicht gegenüber Ehegatten:** selbstständige Unterhaltssachen vor dem AG-FamG ohne Anwaltszwang, vor dem OLG, BGH sind sie Anwaltsprozesse.

**(d) § 621 I Nr. 6** (Versorgungsausgleich).

**(e) § 621 I Nr. 7** (Ehewohnung, Hausrat). 17

**(f) § 621 I Nr. 8** (Zugewinnausgleich): § 78 II.

**(g) § 621 I Nr. 9** (Stundung des Zugewinnausgleichs).

**(h) § 621 I Nr. 10: Kindschaftssachen** (das sind Abstammungssachen, §640 II). Sie laufen vor dem AG-FamG ohne Anwaltszwang, vor dem OLG, BGH sind sie Anwaltsprozesse. **Ausnahme:** Verfahren nach §1600e II BGB (Vaterschaftsfeststellung gegen verstorbenen Vater), weil dann keine Klage, sondern ein FGG-Verfahren nach §56c FGG vorliegt.

**(i) § 621 I Nr. 11: bestimmte Unterhaltssachen**, §§ 1615k bis 1615m BGB. Vor dem AG-FamG ohne Anwaltszwang, vor dem OLG, BGH sind sie Anwaltsprozesse.

**(j) § 621 I Nr. 12:** bestimmte Eheverfahren.

**(k) § 621 I Nr. 13:** Gewaltschutzsachen.

**(l) § 661 I Nr. 5:** wie § 621 I Nr. 7. 18

**(m) § 661 I Nr. 7:** wie § 621 I Nr. 9.

**f) Absatz 4: Behördenprivileg.** Bestimmte Behörden müssen nicht einmal vor dem BGH (Rechtsbeschwerde, NZB) durch einen dort zugelassenen RA vertreten werden, sondern können selbst (durch ihre Beamten, Angestellten) auftreten; das gilt in Verbundsachen wie in selbstständigen Sachen, weil an Abs. 3 angeschlossen wird; auch der Bezirksrevisor braucht keinen RA (BGH FamRZ 2005, 1164). Die Behörde kann wegen § 79 irgendeinen nicht zugelassenen RA beauftragen (BGH NJW 1993, 1208). Solche Behörden sind: das Jugendamt (§§ 69 ff SGB VIII) in Sorgerechts-, Umgangs-, Kindesherausgabeverfahren, die Träger der ges Rentenversicherung (LVA, BfA, Seekasse, Bundesknappschaft, Körperschaften, Anstalten und Stiftungen des öR, deren Verbände und Spitzenverbände, Landesbanken, kommunale Sparkassen usw.; Erweiterung seit 1.1.1992) beim Versorgungsausgleich. 19

20 **5. Absatz 5. Kein Anwaltszwang besteht:**

**a)** vor dem AG (Ausnahme Absatz II); § 79; **b)** Verfahren vor beauftragtem/ersuchten Richter (§§ 361, 362; nicht mit ER zu verwechseln, § 348; beim ER besteht Anwaltszwang); **c)** Verfahren vor dem Rpfleger (§ 13 RPflG), GV, Urkundsbeamten; **d) Ferner:** zB: Antrag auf Arrest oder eVfg (§§ 920, 936); eAnO (§ 620a II 2, IV); Erklärung der Erledigung der Hauptsache (§ 91a I; OLG Schleswig MDR 1999, 252); Beweissicherung (§ 486 IV); Kostenantrag nach Rücknahme des Beweissicherungsantrags (OLG Frankfurt MDR 1999, 1223); Fristsetzungsantrag nach § 494a (OLG Düsseldorf NJW-RR 1999, 509; **aA** OLG Zweibrücken MDR 1995, 744); PKH (§ 118); Kostenfestsetzung (§§ 103, 107); sof Beschwerde gegen KfB des LG-Rechtspflegers (BGH NJW 2006, 2260; str, Rz 13); Rückgabe der Sicherheit (§§ 109, 715); Richterablehnung (§ 44); Beschwerde gegen Zurückweisung des Ablehnungsantrags eines LG- Richters (OLG Brandenburg MDR 2000, 105); SV-Ablehnung (§ 406); Aussetzungsantrag (§ 248); Verweisungantrag und Zuständigkeitserklärungen (§ 281); Anträge etc bei § 11 VI RVG; **e) Beschwerde** gem § 569 III Nr.1. **f) Arbeitsgericht:** vgl § 11 ArbGG; **g) FGG-Sachen, WEG-Sachen** (BayObLG NJW-RR 1999, 1686): kein Anwaltszwang, ausgenommen uU für die weitere Beschwerde (§ 29 FGG). **h) Landwirtschaftssachen:** § 48 LwVG.

21 **6. Absatz 6. Selbstvertretung.** Der Anwalt kann sich selbst vertreten, zB wenn er sein Honorar einklagt oder wegen Haftung verklagt wird. Gilt auch für den RA als Partei kraft Amts, zB als Insolvenzverwalter, Testamentsvollstrecker, als Betreuer (Kosten: § 1835 III BGB). Zur Kostenerstattung vgl § 91 II 4. Nicht ausdehnbar auf andere rechtskundige Personen (BGH NJW-RR 1987, 1086). Wegen des Zwecks des Anwaltszwangs ist die Regelung mE bedenkl.

## § 78a ZPO
(weggefallen)

## § 78b ZPO Notanwalt

**(1) Insoweit eine Vertretung durch Anwälte geboten ist, hat das Prozessgericht einer Partei auf ihren Antrag durch Beschluss für den Rechtszug einen Rechtsanwalt zur Wahrnehmung ihrer Rechte beizuordnen, wenn sie einen zu ihrer Vertretung bereiten Rechtsanwalt nicht findet und die Rechtsverfolgung oder Rechtsverteidigung nicht mutwillig oder aussichtslos erscheint.**

**(2) Gegen den Beschluss, durch den die Beiordnung eines Rechtsanwalts abgelehnt wird, findet die sofortige Beschwerde statt.**

§ 78b geändert durch G v. 27.07.2001 (BGBl 2001, 1887).

1 **Vertretung geboten:** dazu § 78. **Absatz 1.** „Einen RA nicht findet“: denkbar zB, wenn gegen einflussreiche Personen vorgegangen werden soll, wenn die Partei ein ortsbekannter Querulant ist. Die Partei muss einige Anwälte ersuchen (Ansprechen von nur vier BGH-Anwälten uU ungenügend, BGH NJW-RR 2004, 864), am fehlenden Vorschuss darf das Mandat nicht scheitern. Die Partei muss dem Gericht zumutbare Anstrengungen nachweisen (BGH NJW-RR 1995, 1016), „Mutwillig“ und „aussichtslos“ sind hier

anders als bei § 114 zu verstehen: dort soll die Staatskasse geschützt werden, bei § 78b muss die Partei den RA bezahlen. Aussichtslosigkeit zB, wenn für Nichtzulassungsbeschwerde § 543 II 1 nicht dargetan ist (BGH NJW-RR 2003, 1074). Ungenügend: wenn die Partei mangels Vorschusszahlung keinen RA findet (BGH MDR 2000, 412) oder weil sie keinen ihr hörigen RA findet (vgl BGH NJW 1995, 537). Der stattgebende Beschluss (des Gerichts, nicht des Vors; § 128 IV) spricht aus, dass „ein RA" beizuordnen ist; den RA selbst (nicht eine Sozietät als solche; aber eine RA-Gesellschaft, § 59 BRAO) bestimmt der Vors, § 78c. **Absatz 2**: keine Kostenerstattung, wenn die Beschwerde zurückgewiesen wird (OLG München MDR 1993, 484).

## § 78c ZPO Auswahl des Rechtsanwalts

**(1) Der nach § 78b beizuordnende Rechtsanwalt wird durch den Vorsitzenden des Gerichts aus der Zahl der in dem Bezirk des Prozessgerichts niedergelassenen Rechtsanwälte ausgewählt.**

**(2) Der beigeordnete Rechtsanwalt kann die Übernahme der Vertretung davon abhängig machen, dass die Partei ihm einen Vorschuss zahlt, der nach dem Rechtsanwaltsvergütungsgesetz zu bemessen ist.**

**(3) [1]Gegen eine Verfügung, die nach Absatz 1 getroffen wird, steht der Partei und dem Rechtsanwalt die sofortige Beschwerde zu. [2]Dem Rechtsanwalt steht die sofortige Beschwerde auch zu, wenn der Vorsitzende des Gerichts den Antrag, die Beiordnung aufzuheben (§ 48 Abs. 2 der Bundesrechtsanwaltsordnung), ablehnt.**

§ 78b G v. 05.05.2004 (BGBl 2004, 718/834) und G v. 26.03.2007 (BGBl. 2007, 358).

Vgl §§ 78b, 121 IV und 625 I, III. Beiordnung durch Verfügung, der RA ist zur Übernahme verpflichtet (§ 48 I Nr. 2 BRAO) und hat Anspruch auf die üblichen Geb, auch Vorschuss nach § 9 RVG; bei Nichtzahlung Aufhebung der Beiordnung, § 48 II BRAO. Vollmachtserteilung durch die Partei ist noch notw. Abs. 3: Beschwerde und Aufhebungsantrag nach § 48 II BRAO sind zu unterscheiden. Zulässigkeit der Beschwerde: § 567 ff.; nicht bei Aufhebung der Beiordnung (aA OLG Naumburg NJ 2005, 318). 1

## § 79 ZPO Parteiprozess

**Insoweit eine Vertretung durch Anwälte nicht geboten ist, können die Parteien den Rechtsstreit selbst oder durch jede prozessfähige Person als Bevollmächtigten führen.**

Durch einen RA muss man sich in den Fällen des § 78 I vertreten lassen (**Anwaltsprozess**). In den anderen Fällen, zB in den Zivilsachen des AG (ausgenommen § 78 II), kann die Partei den Rechtsstreit selbst führen (**Parteiprozess**). Sie kann sich im Parteiprozess auch vertreten lassen: zB durch einen RA (auch wenn er bei diesem Gericht nicht zugelassen ist); auch einen ausl RA (§ 28 I EuRAG); durch RA-Gesellschaften, § 59 l BRAO; ein sonstiger Vertr (zB ein Verwandter) braucht uU eine Erlaubnis nach dem RechtsberatungsG. Handwerker können nicht das Inkasso durch die Handwerkskammer vornehmen klassen, § 1 RBerG (*Jahn* NVwZ 2002, 206). Zur Prozessfähigkeit des Vertr vgl § 52. Da 1

Mietervereine eV, Hausbesitzervereine eV usw. selbst prozessfähig sind, können sie beim AG PrBev sein (vgl Art.1 § 7 RBerG), der Verbandsvertreter ist aber nach § 157 in der mdl Verh ausgeschlossen.

Lassen sich die Parteien im „Parteiprozess" durch Anwälte vertreten, wird aus dem Parteiprozess deswegen kein „Anwaltsprozess" (BGH NJW 1993, 1209).

## § 80 ZPO Prozessvollmacht

**(1) Der Bevollmächtigte hat die Bevollmächtigung durch eine schriftliche Vollmacht nachzuweisen und diese zu den Gerichtsakten abzugeben.**

**(2) [1]Das Gericht kann auf Antrag des Gegners die öffentliche Beglaubigung einer Privaturkunde anordnen. [2]Wird der Antrag zurückgewiesen, so ist dagegen kein Rechtsmittel zulässig. [3]Bei der Beglaubigung bedarf es weder der Zuziehung von Zeugen noch der Aufnahme eines Protokolls.**

1 **1. Das Grundverhältnis** zwischen dem Vollmachtgeber und dem Bevollmächtigten ist idR ein Vertrag, zB ein Auftrag, Dienstvertrag, Geschäftsbesorgungsvertrag nach § 675 BGB; einen Anwaltsvertrag als eigenständigen Vertragstyp kennt das BGB nicht. Aus diesem Grundverh ergibt sich zB, dass der Mandant dem RA Honorar und der RA dem Mandanten die Prozessvertretung schuldet (deshalb wird ihm dann die Vollmacht erteilt).

2 Beauftragt ein Mandant eine **Anwaltsozietät**, ist es Auslegungssache, ob der Anwaltsvertrag nur mit dem das Mandat entgegennehmenden RA oder auch mit den Sozien zustande kommt (BGH NJW 1991, 1225); mit den beim StreitG nicht zugelassenen Sozietäts-Mitgliedern kommt jedenfalls kein Vertrag zustande (OLG Düsseldorf MDR 1994, 411); vgl ferner §84.

3 Die **Prozessvollmacht** ist eine spezielle Vollmacht, die zur Prozessführung im Namen des Vertretenen ermächtigt. Die Vollmacht ist vom GrundVerh unabhängig (abstrakt), OLG Hamm NJW 1992, 1174; dh beide enden unterschiedl. (zB kann die Vollmacht widerrufen werden, §§ 168 S. 3, 167 I BGB, obwohl das GrundVerh fortbesteht); das Grundverh kann den RA zB verpflichten, ohne die Zustimmung des Mandanten die Klage nicht zurückzunehmen, die Vollmacht gibt ihm gleichwohl im AußenVerh diese Möglichkeit (§ 83). In der Praxis werden Vordrucke verwendet, oft ohne Angabe des konkreten Rechtstreits, auch Generalvollmachten genügen; nur die Vollmacht für die Scheidung muss einen spez Inhalt haben (§ 609 I).

4 **Erteilung der Vollmacht** (zu unterscheiden vom *Nachweis* der Erteilung!): Vollmacht wird durch *einseitige* empfangsbedürftige Willenserklärung (gegenüber dem PrBev oder dem Gericht oder dem Prozessgegner) erteilt; die Erteilung ist nach hM Prozesshandlung, der Vollmachtgeber muss daher geschäftsfähig, prozessfähig sein (der Minderj. kann sie idR nicht erteilen). Die Beiordnung eines PKH-Anwalts als solche begründet noch keine Vollmacht (BGH NJW 1987, 440); notw ist noch, dass der Mandant dem PKH-RA Vollmacht erteilt. Die Erteilung bedarf keiner Form, ist auch zu Protokoll, mdl bzw durch Telefax und durch schlüssiges Verhalten gegenüber dem Bevollmächtigten, dem Prozessgegner oder dem Gericht möglich und wirksam (BGH FamRZ 1995, 1484).

5 **Nachweis der Bevollmächtigung:** Bei Rechtsanwälten wird die Erteilung der Vollmacht nicht von Amts wegen geprüft; sie müssen wegen § 88 II weder beim AG, noch beim LG, OLG usw. eine schriftl. Vollmacht beifügen oder vorlegen (§ 80 ist insoweit missverständl.). Der Gegner kann aber behaupten, der RA habe keine Vollmacht (dann ist ein Nachweis erforderl., dh Vorlage der schriftl. Vollmacht § 88 I); erst recht kann der angeblich vertretene Mandant vortragen, er habe dem RA keine Vollmacht erteilt. Bei einer solchen Rüge ist das Original der Vollmachtsurkunde vorzulegen (BGH KTS 1997, 666); ein Telefax oder eine Fotokopie reichen hierfür nicht aus (BGH NJW 1994, 2298; dazu *Karst* NJW 1995, 3278). Über Vollmachtsnachweis für Vollstreckbarerkl eines ausl Schiedsspruchs BGH NJW-RR 2002, 933. Fehlt der Nachweis der Vollmacht: § 89. Ein RA, der vom VormG zum Betreuer bestellt wurde, braucht keine weitere Vollmacht mehr (OLG Karlsruhe NJW-RR 1999, 1699). Im **Mahnverfahren** müssen RAe und sonstige Bev ihre Vollmacht nicht nachweisen, § 703. **Nichtanwälte** (zB Verwandte) müssen ihre Vollmacht (bzw Untervollmacht) vorlegen und beifügen (§ 80 I); dies wird von Amts wegen geprüft. Wenn im Urteilsrubrum ein RA als „PrBev" aufgeführt ist, beweist das wegen § 88 nicht, dass er tatsächlich bevollmächtigt war (wichtig für Behörden; für Grundbuchamt, vgl § 925 BGB, dazu abw OLG Naumburg OLG-NL 1998, 78).

6 **Untervollmacht:** der PrBev kann, wenn nichts anderes vereinbart ist, eine andere Person bevollmächtigen, zB der bei einem OLG nicht zugelassene RA einen dort zugelassenen RA. Der UnterBev handelt dann im Namen der Partei, nicht des HauptBev, BGH NJW-RR 2003, 51 (wichtig, wenn der Mandant den UnterBev nicht bezahlt; der PrBev schuldet ihm dann nichts).

7 Der **Bevollmächtigte** (zB der RA) muss prozessfähig sein, aber nicht postulationsfähig; der bei einem OLG nicht zugelassene RA ist daher zwar gegenüber dem OLG bevollmächtigt; er kann aber nur durch einen beim OLG zugelassenen RA als Unterbevollmächtigten tätig werden, soweit RA-Zwang besteht.

8 **2.** Nach **Absatz 2** wird bei Bedenken gegen die Echtheit der Vollmacht eine Frist zur Beibringung einer beglaubigten Vollmacht gesetzt (Notar, § 129 BGB) und der Vertreter uU gem § 89 einstweilen zugelassen. Die Notargebühren trägt der Vollmachtgeber; sie sind nach § 91 erstattungsfähig. Abs. 2 S. 3 ist gegenstandslos.

Formular 1: Allgemeine Mandatsbedingungen
Formular 3: Mandatsbestätigung
Formular 11: Prozessvollmacht
Formular 12: Untervollmacht
Formular 13: Geldempfangsvollmacht
Formular 14: Vollmacht für die außergerichtliche Interessenvertretung
Formular 15: Haftungsbeschränkung durch vorformulierte Vertragsbedingungen
Formular 16: Ablehnung der Mandatsübernahme wegen Interessenkollision

## § 81 ZPO Umfang der Prozessvollmacht

**Die Prozessvollmacht ermächtigt zu allen den Rechtsstreit betreffenden Prozesshandlungen, einschließlich derjenigen, die durch eine Widerklage, eine Wiederaufnahme des Verfahrens, eine Rüge nach § 321a und die Zwangsvollstreckung veranlasst werden; zur Bestellung eines Vertreters sowie eines Bevollmächtigten für die höheren Instanzen; zur Beseitigung des Rechtsstreits durch Vergleich, Verzichtleistung auf den Streitgegenstand oder Anerkennung des von dem Gegner geltend gemachten Anspruchs; zur Empfangnahme der von dem Gegner oder aus der Staatskasse zu erstattenden Kosten.**

Geändert durch G v. 09.12.2004 (BGBl 2004, 3220).

1 Im Anwaltsprozess hat die Prozessvollmacht nach außen einen gesetzl. bestimmten **Umfang;** sie ist eine Art Generalvollmacht. Ergänzung § 82. Ferner ermächtigt die Prozessvollmacht zur Abgabe und Empfangnahme mat-rechtl. Erklärungen, die sich auf den StrG beziehen, wie Anfechtung, Aufrechnung, Rücktritt, Kündigung und Empfang einer Kündigung (BGH NJW-RR 2000, 745), eines weiteren Mieterhöhungsverlangens (BGH NJW 2003, 963), einer Vollstr-Abwehrklage. Die Vollmacht reicht hierbei so weit, wie sich der RA bei vernünftiger, wirtschaftl. Betrachtungsweise nach dem vorprozessualen Streitstoff angesichts des Zwecks, der mit seiner Beauftragung verfolgt wird, zu einer Rechtshandlung im Interesse seines Auftrag- und Vollmachtgebers als ermächtigt ansehen darf; über nicht im Streit befindl. Sachen darf er nicht durch Vergleich verfügen (BGH NJW 1992, 1963); bei Vollmacht für Klage auf Nießbrauchsnutzungen darf er nicht die Löschung des Nießbrauchs bewilligen (BGH NJW 1992, 1963). Der RA darf einen RA für die höhere Instanz bestellen; er kann insoweit ein VertragsVerh zur Partei direkt begründen (BGH FamRZ 2006, 1018). Im AußenVerh ist die Vollmacht nur nach § 83 beschränkbar; im InnenVerh Mandant – RA beliebig. Eine im InnenVerh beschränkte Vollmacht wirkt im AußenVerh bei fehlender Offenlegung unbeschränkt (BGH NJW-RR 2000, 745). § 174 BGB findet keine Anwendung (BGH WuM 2003, 149).

2 Die in der Praxis üblichen **Vordrucke** erweitern die Vollmacht über § 81 hinaus, zB zur Empfangnahme der Hauptsache (uU gefährlich für den Mandanten, Möglichkeit der Unterschlagung). **Sondervollmacht** in Ehesachen: § 609. Parteiprozess: § 83 II.

## § 82 ZPO Geltung für Nebenverfahren

**Die Vollmacht für den Hauptprozess umfasst die Vollmacht für das eine Hauptintervention, einen Arrest oder eine einstweilige Verfügung betreffende Verfahren.**

1 Hauptintervention: § 64. Arrest, eVfg: §§ 916 ff. Gilt auch für Verfahren nach § 620; vgl § 624 I. Umgekehrt umfasst Arrestvollmacht nicht den Hauptprozess.

## § 83 ZPO Beschränkung der Prozessvollmacht

**(1) Eine Beschränkung des gesetzlichen Umfanges der Vollmacht hat dem Gegner gegenüber nur insoweit rechtliche Wirkung, als diese Beschränkung die Beseitigung des Rechtsstreits durch Vergleich, Verzichtleistung auf den Streitgegenstand oder Anerkennung des von dem Gegner geltend gemachten Anspruchs betrifft.**

**(2) Insoweit eine Vertretung durch Anwälte nicht geboten ist, kann eine Vollmacht für einzelne Prozesshandlungen erteilt werden.**

**1. Absatz 1.** Der Mandant kann die Prozessvollmacht im **Innenverhältnis** beliebig 1
beschränken (zB dass der RA kein Rm einlegen darf, keinen Vergleich schließen darf, keinen Rücktritt vom Vertrag erklären darf). Im **Außenverhältnis** ist zu differenzieren: **a)** Eine Beschränkung des ges Umfangs einer Prozessvollmacht durch Ausschluss eines Vergleichs oder eines Anerkenntnisses, Verzichts, dh der in § 83 genannten Fälle, ist gegenüber dem Prozessgegner nur wirksam, wenn sie diesem unzweideutig mitgeteilt wurde (BGH LM Nr. 1). Überschreitet der PrBev diese vom Mandanten in der Vollmachtsurkunde vorgenommene Beschränkung der Vollmacht, ist der PV unwirksam, das AnerkenntnisU nach §§ 551 Nr. 5 oder § 579 I Nr. 4 anfechtbar. **b)** Andere als die in § 83 I genannten Beschränkungen haben dem Gegner und Gericht ggü grds keine Wirkung (die weisungswidrige Rm-Rücknahme, Rm-Verzicht, ist also wirksam, BGH FamRZ 1994, 301; das Vertretungsrecht kann nicht auf die erste Instanz beschränkt werden, BGH NJW 2001, 1356). **c)** Über den Wortlaut des § 83 I hinaus besteht eine Vollmachtsbeschränkung bei Interessenkollision (zB bei Haftpflichtversicherung, vgl BGH 112, 345) und Vollmachtsmissbrauch. **d)** § 83 knüpft an § 81 an, also den *ges* Umfang einer Prozessvollmacht. Die dem RA (auch stillschweigend) erteilte Vollmacht zur Abgabe und Empfangnahme mat-rechtl. Erklärungen ist daher mE durch den Mandanten beliebig beschränkbar. Die im InnenVerh beschränkte Vollmacht (zB kein Empfang von Kündigungen) wirkt aber im Rahmen des Streitgegenstandes im AußenVerh mangels Offenlegung unbeschränkt (BGH NJW-RR 2000, 745); eine im Räumungsprozess erklärte Kündigung ist also wirksam zugegangen.

**Überschreitet der PrBev andere Beschränkungen** (als die in Abs. 1 genannten) im 2
InnenVerh, sind die Prozesshandlungen wirksam (BGH NJW 1991, 1176), der PrBev macht sich aber uU schadensersatzpflichtig.

**2. Absatz 2** betrifft den Parteiprozess (§ 79); zB sog Terminsvollmacht, die zu allen im 3
Termin vorkommenden Prozesshandlungen ermächtigt.

Formular 2: Übertragung als Terminsvertreter durch Hauptbevollmächtigten

## § 84 ZPO Mehrere Prozessbevollmächtigte

**[1]Mehrere Bevollmächtigte sind berechtigt, sowohl gemeinschaftlich als einzeln die Partei zu vertreten. [2]Eine abweichende Bestimmung der Vollmacht hat dem Gegner gegenüber keine rechtliche Wirkung.**

1 ZB bei Bevollmächtigung einer Anwaltssozietät (vgl §80 Rz 2). Zugestellt werden kann an jeden Bevollmächtigten (BGH NJW 1969, 1486), für einen Fristbeginn ist die erste maßgebend. Gesetzl. Gesamtvertretung nach §48 II HGB, 35 II GmbHG geht dem §84 vor. Zeigt sich ein RA an, hierauf ein zweiter RA, enthält das nicht ohne Weiteres den Widerruf der Bestellung des früheren PrBev (BGH FamRZ 2004, 865); es gibt dann zwei PrBev, §84.

## § 85 ZPO Wirkung der Prozessvollmacht

**(1) [1]Die von dem Bevollmächtigten vorgenommenen Prozesshandlungen sind für die Partei in gleicher Art verpflichtend, als wenn sie von der Partei selbst vorgenommen wären. [2]Dies gilt von Geständnissen und anderen tatsächlichen Erklärungen, insoweit sie nicht von der miterschienenen Partei sofort widerrufen oder berichtigt werden.**

**(2) Das Verschulden des Bevollmächtigten steht dem Verschulden der Partei gleich.**

Lit: ***Karl***, Der Bevollmächtigte nach § 85 II (1993).

1 **1. Absatz 1 Satz 1. Grundsatz**: unmittelbare Stellvertretung. Auch materiellrechtl. Erklärungen, die von der Prozessvollmacht umfasst sind (§ 81 Rz 2), fallen darunter (vgl § 164 BGB), zB Aufrechnung, Erlass sowie Kenntnis zB von einem Ablehnungsgrund.

2 **Satz 2:** die mit erschienene Partei kann der Sachdarstellung des Bev im Partei- wie im Anwaltsprozess (§ 137 IV) widersprechen, dann gilt *ihre* Darstellung. „Sofort" heißt: während des Termins.

3 **2. Absatz 2.** Abs.2 ist verfassungsgemäß (BVerfG NJW 2001, 814). **Grundsatz:** Der RA-Fehler wird der Partei zugerechnet, zum Ausgleich bleiben Schadensersatzansprüche der Partei gegen den Anwalt, der meist versichert ist (allerdings mit Selbstbeteiligung). Eine **Exkulpation** ist nicht mögl. Bevollmächtigte iSv Abs.2 sind PrBev und sonstige Vertr und Bevollmächtigte (für gesetzl. Vertr gilt §51 II), vgl Rz 5; der Bev muss nicht RA sein (BGH NJW-RR 2001, 427). Verschulden des Bevollmächtigten wird der Partei zugerechnet und gilt bei den ZPO-Bestimmungen, bei denen es auf Verschulden ankommt, zB §§114 ff: (BGH NJW 2001, 2720), §233 (BGH NJW 2001, 2720), §§296; 337 S.1; 531, 567, §615, als eigenes Verschulden der Partei. Abs.2 ist auch in Status- und Familiensachen anwendbar (BGH FamRZ 1993, 308; bedenklich), bei der Wiedereinsetzung (BGH NJW 2001, 2720), im AsylverfahrensR (BVerfG 2000, 3488; BVerwG NVwZ 2003, 868), im PKH-Recht (BGH NJW 2001, 2720), §5 KSchG (LAG Köln MDR 1999, 772; LAG Düsseldorf NZA-RR 2003, 80). **Keine Zurechnung** der Versäumung der Klage-Frist nach §4 KSchG (LAG Nds BB 2001, 1205; LAG Hamm MDR 1996, 1159; **aA** LAG Nürnberg NZA-RR 2002, 490; LAG Frankfurt BB 1994, 508), von Anfechtungsfristen.

**Voraussetzungen der Zurechnung:** 4

**a) Wirksame Vollmacht.** Daran fehlt es zB, wenn der Mandant geschäftsunfähig war oder wenn dem nach § 121 beigeordneten PKH-Anwalt vom Mandanten noch keine Vollmacht erteilt wurde (BGH NJW 1987, 440) oder wenn das Mandat beendet ist (zB durch Kündigung, BGH VersR 1985, 1185; BFH NJW 2003, 240; Ausnahme allerdings, wenn schuldhaftes Verhalten des RA vorliegt, zB keine geeignete Vorsorge für die Wahrung einer kurz vor dem Ablauf stehenden Rm-Frist getroffen wird, BGH VersR 1992, 378); Mandatsbeendigung; durch Tod des RA: der nach § 54 BRAO best Vertr ist nicht Bev (BGH NJW 1982, 2324); wenn der RA das Mandat noch nicht angenommen hat (BGH FamRZ 1996, 408).

**b) Tätigwerden gerade des Bevollmächtigten:** Bev ist zB der RA, bei einer Anwalts- 5
sozietät (zu unterscheiden von der Bürogemeinschaft) alle der **Sozietät** angehörigen RA (BGH NJW 1995, 1841; FamRZ 1991, 318; einschränkend bei PKH-Anwälten BGH NJW-RR 1991, 2294); die Anwaltsgesellschaft nach §59 1 S.1 BRAO (Verschulden der Organe u. Vertreter wesentl.), auch der Verkehrsanwalt nach §52 BRAO (BGH NJW 1982, 2447), der UnterBev (BGH VersR 1984, 239), UnterVertr (BGH VersR 1984, 239), der vom erstinstanzl. RA beauftragte RA für die höhere Instanz (BGH FamRZ 2006, 1018), Urlaubs-Vertr (OLG Stuttgart MDR 2001, 238), Vertr nach §53 BRAO (BGH NJW 1994, 2957; differenzierend BGH VersR 1982, 770), Stationsreferendar (BGH VersR 1976, 92); NJW 1973, 343); der nicht postulationsfähige PrBev (BGH FamRZ 1998, 1506).

Aber nicht die unselbstständigen **Hilfskräfte des RA.** Deren Verschulden entlastet die Partei, 6
es sei denn, es liegt ein Verschulden des RA bei der Auswahl, Anleitung, Überwachung usw. der Hilfskräfte vor (vgl §233 Rz 10ff.). Die Einordnung von als Angestellten des PrBev tätigen Anwälten (Assessoren) hängt davon ab, ob sie vom PrBev mit der selbstständigen Bearbeitung eines Rechtsstreits betraut worden sind; dann sind sie Bev (BGH VersR 1984, 239 und 443; BAG NJW 1987, 1355). Bedient sich der PrBev eines Assessors als **freien Mitarbeiters**, dann wird dessen Verschulden der Partei zugerechnet, wenn ihm der Prozess vom PrBev zur selbstständigen Bearbeitung übergeben wurde (BGH NJW 2004, 2901). **Ersatzpersonen iSv §181** sind nicht zwingend Bev, zB die Ehefrau (LAG München NJW 1987, 2542).

**c) Verschulden** vgl § 233 Rz 3. 7

8

**Praxishinweise:**

Schädigt der PrBev seine Partei durch eine diese verpflichtende fehlerhafte Prozesshandlung, dann haftet er ihr nach § 280 BGB auf Schadenersatz und nach § 278 BGB auch für seine Hilfspersonen. Soweit es um die rechtl. Beurteilung geht, scheidet ein Mitverschulden der Partei aus (BGH NJW 2002, 1048). Der Mandant ist dann so zu stellen, wie er bei pflichtgemäßem Handeln des Anwalts gestanden hätte. Die Beweislast liegt beim Mandanten, während der Anwalt sich substantiiert entlasten muss.

## § 86 ZPO Fortbestand der Prozessvollmacht

**Die Vollmacht wird weder durch den Tod des Vollmachtgebers noch durch eine Veränderung in seiner Prozessfähigkeit oder seiner gesetzlichen Vertretung aufgehoben; der Bevollmächtigte hat jedoch, wenn er nach Aussetzung des Rechtsstreits für den Nachfolger im Rechtsstreit auftritt, dessen Vollmacht beizubringen.**

1 **Halbsatz 1:** Hat eine Partei wirksam Prozessvollmacht erteilt und wird sie dann prozessunfähig, besteht die Vollmacht fort (BAG MDR 2000, 781). Ist eine Partei durch einen PrBev vertreten und stirbt sie (bzw verliert sie die Prozessfähigkeit oder den gesetzl. Vertr), wird das Verfahren nicht unterbrochen, §§ 246, 241. An die Stelle der Partei treten die Erben, § 1922 BGB. Die dem PrBev erteilte Vollmacht wirkt fort, § 86 (BAG MDR 2000, 781). Der RA könnte also den Prozess ungestört fortsetzen, riskiert im InnenVerh aber Haftung. Deshalb beantragt der RA in der Praxis Aussetzung (§ 246) und erholt Weisungen der Erben. Die Erben können die Vollmacht widerrufen. Tritt der PrBev auf, obwohl die Partei ohne gesettzl. Vertr ist (zB die GmbH ohne Geschäftsführer), ist die Partei gleichwohl richtig iSv § 579 I Nr. 4 vertreten (BGH LM § 52 ZPO Nr. 6; **aA** *Bork* MDR 1991, 99); es ist das Risiko des PrBev, wenn er auftritt. Dies gilt auch, wenn die Prozessfähigkeit *vor* Eintritt der Rechtshängigkeit der Klage wegfällt (BGH NJW 1993, 1654; **aA** *Vollkommer* EWiR 1993, 616). **Veränderung:** dh Erwerb oder Verlust der Prozessfähigkeit, Wechsel oder Wegfall des gesetzl. Vertr. Insolvenzeröffnung führt zum Erlöschen der Vollmacht, § 117 InsO (BGH NJW-RR 1989, 183 zu § 23 KO; OLG Karlsruhe MDR 2005, 231; OLG Köln NJW-RR 2003, 264), soweit die Masse betroffen ist.

2 **Halbsatz 2:** Aussetzung vgl § 246. Für den Nachfolger: zB den Erben, den neuen gesetzl. Vertr.

## § 87 ZPO Erlöschen der Vollmacht

**(1) Dem Gegner gegenüber erlangt die Kündigung des Vollmachtvertrags erst durch die Anzeige des Erlöschens der Vollmacht, in Anwaltsprozessen erst durch die Anzeige der Bestellung eines anderen Anwalts rechtliche Wirksamkeit.**

**(2) Der Bevollmächtigte wird durch die von seiner Seite erfolgte Kündigung nicht gehindert, für den Vollmachtgeber so lange zu handeln, bis dieser für Wahrnehmung seiner Rechte in anderer Weise gesorgt hat.**

1 **1. Absatz 1.** § 87 spricht vom „Gegner"; dasselbe gilt für die Wirkung gegenüber dem Gericht (BGH NJW 2007, 2124; VersR 1985, 1185). Einen „Vollmachtsvertrag" gibt es nicht; gemeint ist das GrundVerh zwischen Mandant und PrBev; es kann nach §§ 671, 675, 627 BGB jederzeit gekündigt werden, womit auch die Vollmacht erlöschen würde, § 168 S. 1 BGB. Die Vollmacht kann auch isoliert widerrufen werden. § 87 bringt im Interesse von Gericht und Gegner Abweichungen:

2 **a) Im Parteiprozess** (also im AG-Prozess auch dann, wenn die Parteien durch RAe vertreten sind, § 79) gilt die Vollmacht erst als erloschen, wenn der Mandant die Kündigung der Vollmacht (bzw des Mandats) dem Gericht und dem Gegner mitgeteilt hat. Wenn der

Mandant die Kündigung *nur* seinem RA mitteilt, genügt das nicht; der RA könnte sie bis dahin noch mit Wirkung im AußenVerh vertreten.

**b) Im Anwaltsprozess** (§ 78) ist *zusätzlich* die namentl. Benennung des neuen (postula- 3
tionsfähigen, BGH NJW 2007, 2124) RA erforderl. (durch den früheren oder den neuen RA), damit der Fortgang des Prozesses sichergestellt ist (BGH NJW 1975, 120). Das gilt aber nur, soweit der Anwaltszwang reicht, nicht zB für das Kostenfestsetzungsverfahren; hier kann ab dem Zeitpunkt, Rz 2, schon nicht mehr an den RA zugestellt werden (vgl OLG Hamm NJW 1982, 1887; OLG Schleswig Jur-Büro 1987, 1547; str). Die Selbst-Bestellung des neuen PrBev allein enthält nicht ohne Weiteres auch den Widerruf der Bestellung des früheren PrBev (BGH FamRZ 2004, 865; NJW 1980, 2309; BSG NJW 2001, 1598), dies müsste eindeutig verlautbart werden; vgl § 84.

**Bis zu diesem Zeitpunkt** müssen alle Zustellungen an den bisherigen PrBev erfolgen, 4
§ 176 (BGH NJW 2007, 2124; *Schmellenkamp* AnwBl 1985, 14); er kann auch aktiv vertreten (BGH 43, 137), zB ein Rm wirksam zurücknehmen. Legt der RA des Bekl das Mandat nieder und teilt dies dem Gericht mit, sodass ein VU gegen den Bekl ergeht, kann dieses VU daher dem bish RA noch wirksam zugestellt werden. Diese Zustellung wird nicht ungeschehen gemacht, indem der RA das ihm zugestellte VU an das Gericht zurückschickt (BGH 43, 135). Besondere Gefahren ergeben sich daraus für die Partei nicht: gibt der RA zB die Zustellung nicht an den Mandanten weiter (er ist dazu verpflichtet, BGH NJW 1980, 999), kommt für diesen Wiedereinsetzung infrage (vgl BGH LM Nr. 1); denn nach Mandatsbeendigung ist der PrBev nicht mehr Vertr iSd § 85 II (BGH VersR 1985, 1186). Ferner hat die Partei uU Schadensersatzansprüche. Bei Insolvenzeröffnung über Mandantenvermögen vgl § 240 Rz 4.

**2. Absatz 2** betrifft nur den Fall, dass der PrBev das Mandat gekündigt (niedergelegt) hat. 5
Abs. 2 berechtigt ihn zum weiteren Handeln (zB Rechtsmitteleinlegung), um eine Haftung abzuwenden, wenn er zur Unzeit gekündigt hat. Das **Handeln des Prozessbevollmächtigten** darf aber **nicht zulasten** des Mandanten gehen, berechtigt also zB nicht zur Empfangnahme der Zustellung eines VU oder KfB (OLG Hamm NJW 1982, 1887; **aA** OLG Bremen NJW-RR 1986, 358).

Formular 4: Mandatsniederlegung gegenüber dem Mandanten (Grundmuster)

Formular 5: Mandatsniederlegung gegenüber dem Mandanten bei Nichtzahlung des Kostenvorschusses

Formular 6: Mandatsniederlegung gegenüber dem Mandanten bei mangelnder Information des Anwalts

Formular 9: Schreiben des neuen Bevollmächtigten an den bisherigen Bevollmächtigten bei Mandatsübernahme

Formular 10: Information des bisherigen Mandanten nach Mandatsniederlegung

Formular 20: Unterrichtung des Mandanten über die Beendigung des Mandats

## § 88 ZPO Mangel der Vollmacht

**(1) Der Mangel der Vollmacht kann von dem Gegner in jeder Lage des Rechtsstreits gerügt werden.**

**(2) Das Gericht hat den Mangel der Vollmacht von Amts wegen zu berücksichtigen, wenn nicht als Bevollmächtigter ein Rechtsanwalt auftritt.**

1 Entgegen dem missverständl. §80 müssen Rechtsanwälte im Zivilprozess keine Vollmacht vorlegen; es genügt, dass sie behaupten, bevollmächtigt zu sein; sie können sich selbst zum PrBev bestellen (BGH NJW 2002, 1728); so auch bei der Forderungsanmeldung im Insolvenzverfahren (§4 InsO). Im **Anwaltsprozess** (§78) wird nur auf (rücknehmbare, OLG Köln NJW-RR 1992, 1162) Rüge geprüft, ob der RA Vollmacht hat **(Absatz 2).** Rüge ist noch in der Rev zul (BGH NJW 2002, 1967). Rügeberechtigt sind die Gegenpartei, der NI, aber auch die eigene Partei (OLG Saarbrücken NJW 1970, 1464; str), die zB zufällig im Sitzungssal bemerkt, dass ein RA für sie unberechtigt auftritt. Weckt ein RA als PrBev selbst Zweifel an seiner Bevollmächtigung, darf das Gericht diese auch von Amts wegen prüfen (BGH NJW 2001, 2095). Wenn im **Parteiprozess** ein RA auftritt, ist es ebenso; tritt dagegen im Parteiprozess zB ein Verwandter als Bev auf, hat er die Vollmacht vorzulegen, was von Amts wegen geprüft wird. Kann der RA (zB des Bekl) auf Rüge nicht sogleich eine schriftl. Vollmacht vorlegen, darf gegen die von ihm vertretene Partei noch kein VU ergehen, §335 I Nr.1 (vgl BGH WM 1977, 821).

2 **Im Übrigen (Absatz 1)** prüft das Gericht von Amts wegen, ob Vollmacht vorliegt und verlangt ggf deren Vorlage (§80); eine Rüge des Gegners ist in jeder Lage (auch noch bei der Kf, ZwV) möglich, sie ist nur eine Anregung zur Amtsprüfung. Der Mangel kann aber inzwischen nach §89 II geheilt sein, sogar noch durch Vollmachtsvorlage in der Ber- (OLG Karlsruhe GRUR 1993, 876) bzw Rev-Instanz (BGH JZ 1997, 855). Wirksame Prozessvollmacht ist Prozesshandlungsvoraussetzung (BGH NJW 1990, 3152). Über Rubrum und Tenor, wenn ein **vollmachtsloser Vertreter** auftritt, vgl *Bandemer* JB 1992, 365. Kosten: §§91, 10; §§89, 4. Sonderregelung §703 (kein Vollmachtsnachweis im Mahnverfahren). Ähnl. Regelung in §56. Im **internationalen Rechtsstreit** gilt Abs.2 HS 2 nicht (*Zöller/Vollkommer* §88 Rz 3a), weil der Vollmachtsmangel ein Anerkennungshindernis ist (Art27 Nr.2 EuGVÜ; Art34 II VO (EG) Nr.44/2001).

3

**Praxishinweise:**

1. Die schriftl. Vollmacht gehört in die Handakten. Nur so lässt sich das Risiko vermeiden, dass der Gegenanwalt sich im Termin überraschend auf den Mangel der Vollmacht beruft und das Zulassungsverfahren nach § 89 in Gang setzt.

2. Im Verfügungsverfahren hilft nicht einmal das. Dort dürfen in der mdl Verh (§§ 921, 924, 936) nur präsente Beweismittel berücksichtigt werden (§§ 920 II, 294). Ob und inwieweit die Rüge der fehlenden Vollmacht unkollegial ist, kann dahinstehen; verfahrensrechtl. ist sie jedenfalls wirksam.

## § 89 ZPO Vollmachtloser Vertreter

**(1) [1]Handelt jemand für eine Partei als Geschäftsführer ohne Auftrag oder als Bevollmächtigter ohne Beibringung einer Vollmacht, so kann er gegen oder ohne Sicherheitsleistung für Kosten und Schäden zur Prozessführung einstweilen zugelassen werden. [2]Das Endurteil darf erst erlassen werden, nachdem die für die Beibringung der Genehmigung zu bestimmende Frist abgelaufen ist. [3]Ist zu der Zeit, zu der das Endurteil erlassen wird, die Genehmigung nicht beigebracht, so ist der einstweilen zur Prozessführung Zugelassene zum Ersatz der dem Gegner infolge der Zulassung erwachsenen Kosten zu verurteilen; auch hat er dem Gegner die infolge der Zulassung entstandenen Schäden zu ersetzen.**

**(2) Die Partei muss die Prozessführung gegen sich gelten lassen, wenn sie auch nur mündlich Vollmacht erteilt oder wenn sie die Prozessführung ausdrücklich oder stillschweigend genehmigt hat.**

**1. Absatz 1.** Die Fälle, in denen der Auftretende die Nichterteilung der Vollmacht zugibt („GoA") werden mit denen, wo der Auftretende Vollmachtserteilung behauptet, gleichbehandelt. 1

**a)** Kann der Vertr auf Verlangen des Gerichts oder auf Rüge des Gegners keine Vollmacht vorlegen, gibt es **verschiedene Möglichkeiten:** **(1)** das Gericht kann vertagen; **(2)** der Vertr kann durch Beschluss (anfechtbar, § 567) zurückgewiesen werden (zB wenn er erklärt, die Vollmacht nicht beibringen zu können); **(3)** ein Beschluss kann (auch stillschweigend) erlassen werden, wonach der Vertr einstweilen zur Prozessführung zugelassen wird und ihm Frist bis zum ... zur Beibringung der Vollmacht gesetzt wird (Sicherheitsleistung, §§ 108, 109, ist nicht üblich). Dann wird mit dem Vertr weiterverhandelt, Zeugen vernommen usw.; der Termin zur Verkündung des EndU darf erst auf einen Zeitpunkt nach Ablauf der vorgenannten Frist bestimmt werden. 2

**b) Wird rechtzeitig** (auch noch nach Fristablauf, vgl § 231 II) die **Vollmacht beigebracht**, kann das EndU in der Sache verkündet werden. 3

**c) Wird die Vollmacht** bis zur Urteilsverkündung **nicht nachgereicht**, werden durch Urteil, wobei im Rubrum die angebl. vertretene Partei steht, **(1)** die vom vollmachtlosen Vertr erhobene Klage als unzul abgewiesen; **(2)** die Kosten des Rechtsstreits dem auferlegt, der das Auftreten des falschen Vertr veranlasst hat (hM; sog Veranlassungsprinzip; **aA**: wegen § 91 immer der Partei): das ist: meist der Vertr selbst (BGH NJW 1983, 883; BGH NJW-RR 2000, 1499); die Partei zB, wenn die erteilte Vollmacht wegen Geschäftsunfähigkeit unwirksam war; oder der Gegner; oder der gesetzl. Vertr; nicht ein am Verfahren ganz unbeteiligter Dritter; (3) die infolge der Zulassung ... erwachsenen Kosten (zB der Beweisaufnahme) werden dem Vertr auferlegt; dieser Teil ist analog §§ 99 II, 567 mit sof Beschwerde anfechtbar (BGH NJW 1988, 49) und kann auch in einem gesonderten Beschluss ausgesprochen werden (dafür *StJL* Rz 9). 4

**d)** Der **Schluss-Satz von Absatz 1** („auch hat er ...") ist mat-rechtl.; der Anspruch (zB Schaden infolge Verjährung wegen Zustellung an vollmachtlosen Vertr, *StJL* Rz 11) ist in einem ges Prozess zu verfolgen. 5

6 **2. Absatz 2.** „Gegen" sich: entgegen dem Wortlaut umfasst die Genehmigung **auch vorteilhafte Handlungen**, zB Unterbrechung der Verjährung, wenn ein vollmachtloser Vertr (§ 703!) für den Gl einen Mahnbescheid beantragt (BGH MDR 1961, 313). Oder: der vollmachtslose Vertr hat einen Prozessvergleich geschlossen, das Fehlen der Vollmacht wurde übersehen. **Genehmigt die Partei**, ist der Vergleich wirksam, die Verjährung unterbrochen. Die Genehmigung kann nur die gesamte Prozessführung umfassen, nicht einzelne Prozesshandlungen (BGH NJW 1987, 130). Sie wirkt zurück: der Mangel der Vollmacht bei Einlegung eines Rm kann durch Genehmigung rückwirkend geheilt werden, soweit noch nicht ein das Rm (deswegen, BGH MDR 1980, 308) als unzul verwerfendes ProzessU vorliegt (BGH NJW 1984, 2149), oder Verwerfung des vollmachtslos eingelegten Einspruchs gegen einen VoB (OLG Hamburg NJW-RR 1988, 1182).

### § 90 ZPO Beistand

**(1) Insoweit eine Vertretung durch Anwälte nicht geboten ist, kann eine Partei mit jeder prozessfähigen Person als Beistand erscheinen.**

**(2) Das von dem Beistand Vorgetragene gilt als von der Partei vorgebracht, insoweit es nicht von dieser sofort widerrufen oder berichtigt wird.**

1 Im Anwaltsprozess (§ 78) können Beistände mit der Funktion des Abs. 2 nicht auftreten. Der RA kann aber mdl Ausführungen anderen (nicht zugelassenen, auch ausl) Anwälten übertragen, § 52 II BRAO. In FGG-Sachen können Beistände mitgebracht werden (§ 13 FGG), so auch in isolierten familiengerichtlichen Verfahren nach FGG/§ 621a (KG FamRZ 2001, 1619).

## Titel 5
## Prozesskosten

### § 91 ZPO Grundsatz und Umfang der Kostenpflicht

**(1) [1]Die unterliegende Partei hat die Kosten des Rechtsstreits zu tragen, insbesondere die dem Gegner erwachsenen Kosten zu erstatten, soweit sie zur zweckentsprechenden Rechtsverfolgung oder Rechtsverteidigung notwendig waren. [2]Die Kostenerstattung umfasst auch die Entschädigung des Gegners für die durch notwendige Reisen oder durch die notwendige Wahrnehmung von Terminen entstandene Zeitversäumnis; die für die Entschädigung von Zeugen geltenden Vorschriften sind entsprechend anzuwenden.**

**(2) [1]Die gesetzlichen Gebühren und Auslagen des Rechtsanwalts der obsiegenden Partei sind in allen Prozessen zu erstatten, Reisekosten eines Rechtsanwalts, der nicht in dem Bezirk des Prozessgerichts niedergelassen ist und am Ort des Prozessgerichts auch nicht wohnt, jedoch nur insoweit, als die Zuziehung zur zweckentsprechenden Rechtsverfolgung oder Rechtsverteidigung notwendig war. [2]Die Kosten mehrerer Rechtsanwälte sind nur insoweit zu erstatten, als sie die Kosten eines Rechtsanwalts nicht übersteigen oder als in der Person des Rechtsanwalts ein Wechsel eintreten musste. [3]In eigener Sache sind dem Rechtsanwalt die Gebühren und Auslagen zu**

**erstatten, die er als Gebühren und Auslagen eines bevollmächtigten Rechtsanwalts erstattet verlangen könnte.**

**(3) Zu den Kosten des Rechtsstreits im Sinne der Absätze 1, 2 gehören auch die Gebühren, die durch ein Güteverfahren vor einer durch die Landesjustizverwaltung eingerichteten oder anerkannten Gütestelle entstanden sind; dies gilt nicht, wenn zwischen der Beendigung des Güteverfahrens und der Klageerhebung mehr als ein Jahr verstrichen ist.**

**(4) Zu den Kosten des Rechtsstreits im Sinne von Absatz1 gehören auch Kosten, die die obsiegende Partei der unterlegenen Partei im Verlaufe des Rechtsstreits gezahlt hat.**

Früherer § 91 II 2 aufgehoben durch G v. 05.05.2004 (BGBl 2004, 718/834); § 91 IV angefügt durch G v. 24.08.2004 (BGBl 2004, 2198); § 91 II geändert durch G v. 26.03.2007 (BGBl 2007, 358).

**Lit:** ***Schneider***, Die Kostenentscheidung im Zivilurteil; ***Olivet***, Die Kostenverteilung im Zivilurteil; ***Madert/ Müller-Rabe***, Kostenhandbuch Familiensachen, 2001; ***Lappe***, Kosten in Familiensachen; Nöhre JA 2005, 366.0

## Übersicht

**1. Prozesskosten sind:**

1 **a) Gerichtskosten;** sie fallen nach dem GKG (nicht: KostO) an: **(1)** Geb (richten sich nach dem GebStrW, der nach §§ 39 ff. GKG berechnet wird, hilfsweise nach §§ 4-9, hilfsweise nach § 3); der Geb-Betrag ergibt sich aus dem Kostenverzeichnis (KV), Anlage 1 zum GKG (idR 3 Geb nach KV 1210); **(2)** Auslagen, KV Nr. 9000 ff., zB Schreibauslagen, Zeugen, SV (werden nach dem JVEG entschädigt).

2 **b) Außergerichtliche Kosten: (1)** Anwaltskosten jeder Partei: sie werden nach dem RVG (bei Altfällen bis 01.07.2004 nach der BRAGO; § 61 RVG) berechnet; Anknüpfung ist der GebStrW, §§ 22 ff. RVG, und die Erfüllung bestimmter Geb-Tatbestände; es fallen idR VerfahrensGeb (RVG VV 3100), TerminsGeb (RVG VV 3104), manchmal die EinigungsGeb (RVG VV 1003; früher „VergleichsGeb") an; die „BeweisGeb" (früher § 31 BRAGO) hat das RVG abgeschafft. **(2)** Sonstige, wie Reisekosten der Parteien, GV-Kosten (nach GVKostG).

**2. Erfordernis einer Kostenentscheidung.**

3 Die KostenE ergeht von Amts wegen, § 308 II (auf Antrag dagegen bei Klagerücknahme, § 269 III 2; Rm-Rücknahme, §§ 516 III, 565); Nachholung gem § 321. **Streitwertänderung:** Wenn die Quotelung vom StrW abhängt und dieser *nach* Urteilserlass geändert wird, sodass die KostenE nicht mehr stimmt: evtl Berichtigung der KostenE nach § 319 (OLG Düsseldorf NJW-RR 2002, 211; OLG Koblenz MDR 2000, 113; OLG Hamm MDR 2001, 1186; **aA** OLG Stuttgart MDR 2001, 892); § 3 Rz 4.

**a) Prüfschema: – Grundfall (Vollunterliegen, Vollobsiegen): § 91.**

- bei mehreren Kl Kopfquoten § 100 I;
- bei mehreren Bekl § 100 IV;
- bei früherer Säumnis Kostentrennung nach § 344;
- bei Teilrücknahmen § 269 III;
- bei früherer Verweisung Kostentrennung nach § 281;
- bei Nebenintervention § 101;
- bei Wiedereinsetzung Kostentrennung nach § 238 IV;
- bei Teilobsiegen evtl Quotelung § 92;
- bei Anerkenntnis: evtl § 93;
- bei besonderen Streitgegenständen: Ehesachen §93a; Mietsachen §93b; Vaterschaft §93c; Unterhalt §93d;

- bei Verursachung besonderer Kosten § 95;
- bei erfolglosen Beweisangeboten § 96;
- bei Anspruchsübergang § 94.

**a) Eine Kostenentscheidung müssen enthalten** zB EndU, VU, VorbehaltsU nach §§ 302, 599, ZwischenU nach §§ 71 II, 135 III, 387 III. 3a

**b) Keine Kostenentscheidung enthalten** GrundU, ZwischenU nach §§ 280 II, 303, Verweisungsbeschlüsse, §§ 281, 506, Beschlüsse im PKH-Verfahren (vgl §§ 118 I 4, 127), im StrW-Festsetzungsverfahren (§ 63 GKG), AnO nach § 629g. 4

Bei **Teilurteilen**, zB TeilanerkenntnisU, heißt es „Die KostenE bleibt dem SchlussU vorbehalten", da noch nicht feststeht, wer bez des Rests verlieren wird und grds einheitl. über alle Kosten des Rechtsstreits zu entscheiden ist; wird aber zB die Klage gegen einen von zwei Bekl durch TeilU abgewiesen, ist eine TeilkostenE zul („Der Kl trägt die außergerichtlichen Kosten des Bekl zu 2)"), vgl BGH LM § 92 Nr. 6. 5

**3. Die Kostenentscheidung**

**a) Sie ist eine reine Kostengrundentscheidung** und sagt nur, *wer* die Kosten zu erstatten hat, nicht *wie hoch* sie sind; dies wird im Kf-Verfahren, §§ 103 ff. vom Rechtspfleger entschieden; es ergeht dort ein KfB als VollstrTitel, § 794 I Nr. 2; 6

**b) Sie regelt grds nicht das Außenverhältnis:** der Kl bleibt grds Kostenschuldner bez der Gerichtskosten, vgl. §§ 22, 29 ff. GKG; werden dem Bekl im Urteil die Kosten auferlegt, hält sich die Gerichtskasse primär an den Bekl, sekundär aber haftet der Kl, §§ 22, 31 II GKG; ebenso bleibt jede Partei ihrem RA zahlungspflichtig, er kann seine Vergütung gegen die eigene Partei nach § 11 RVG festsetzen lassen. 7

**4. Der prozessuale Kostenerstattungsanspruch** beruht auf der ZPO, wird fällig und aufrechenbar mit Erlass der vorl vollstr KostengrundE (BGH JR 1976, 332), ist abtretbar (BGH NJW 1988, 3204), entsteht auch gegen prozessunfähigen Kl (BGH NJW 1992, 2575; NJW 1993, 1865). Er kann nur in dem Rechtsstreit, in dem er entstanden ist, im Kf-Verfahren (§§ 103 ff.) geltend gemacht werden. Übersehene Posten können nicht in einem selbstständigen Prozess verfolgt werden (BGH NJW 1983, 284), das Rechtschutzbedürfnis fehlt, zulässig ist aber ein weiteres Kf-Gesuch. 8

**Materiellrechtlicher Kostenerstattungsanspruch:** aus einem Vertrag, pVV, außergerichtl. Vergleich, § 286 BGB, § 823 BGB usw. (aber nicht aus Analogie zu § 91, BGH NJW 1983, 284; 1988, 2032) kann sich die Verpflichtung einer Partei ergeben, Kosten zu tragen oder zu ersetzen; wichtig bei vor- bzw außerproz Kosten, die in Bezug auf einen Rechtsstreit aufgewendet worden sind. Ein solcher Anspruch wirkt sich auf die KostenE nach §§ 91 ff. nicht aus (BGH 5, 258). Er muss grds in einem selbstständigen Prozess verfolgt werden (§ 91a-Beschluss steht uU nicht entgegen, BGH NJW 2002, 680; dazu *Fischer* MDR 2002, 1087); für Posten, die im Kf-Verfahren geltend gemacht werden können, fehlt bei einer Klage grds das Rechtsschutzbedürfnis; werden sie dort rechtskräftig abgelehnt, steht das einer Klage nicht entgegen (BGH NJW 1990, 2060). 9

Das **Verhältnis** zum proz Erstattungsanspruch ist im Einzelnen str, vgl *Schneider* MDR 1981, 353. Werden im Werklohnprozess vorproz Gutacherkosten als eine Schadensposition geltend gemacht, dann erhält der Kl uU nur einen Teil des Schadens, aber die Gutachterkosten voll; macht der Kl die Gutachterkosten erst bei der Kostenerstattung gelten, teilen sie die Unterliegensquote des Urteils, sodass er sie uU nur zum Teil erstattet erhält (vgl OLG Nürnberg NJW-RR 2005, 1664).

**5. Entscheidungsgrundsätze**

10 **a)** Wenn eine Partei voll unterliegt (gleich weshalb, BGH 37, 233) hat sie die Kosten zu tragen, **Absatz 1 S 1 HS 1 (Erfolgsgrundsatz);** bei Teilunterliegen § 92. Dem GV können bei § 766 II idR keine Kosten auferlegt werden (BGH NJW 2004, 2979).

10a **Vollmachtloser Vertreter:** zB Vollmacht fehlte oder war wegen Geschäftsunfähigkeit nichtig; Klage wird als unzul abgewiesen oder zurückgenommen; der Vollmachtlose steht im Rubrum als „Beteiligter". **(1)** Die Kosten werden dem Vertr auferlegt, weil es formell die Klagepartei nicht gab (hM, BGH NJW 1993, 1865; OLG Karlsruhe MDR 1997, 689; OLG Zweibrücken JurBüro 1999, 650; sog *Veranlassungsprinzip*). **(2)** Der Partei selbst werden die Kosten nur auferlegt, wenn sie das Auftreten des Vertr veranlasst hat (BGH NJW 1992, 1458; OLG Hamm NJW-RR 1990, 767; OLG Frankfurt NJW-RR 1997, 31), der Vertr also gutgläubig war. **(3)** Ist der Vertr in Kenntnis der fehlenden Vertretungsmacht aufgetreten, werden ihm dagegen selbst die Kosten auferlegt (BGH NJW 1983, 883; OLG Brandenburg MDR 2001, 471). Der Vertr kann sof Beschwerde gegen die KostenE einlegen (vgl § 99 II 1).

10b **Nicht existierende Partei:** klagt K gegen eine nicht existierende Partei B und wird das nicht bemerkt (zB VU), ist die KostenE gegen B ohnehin nicht vollstreckbar. Eine Berichtigung, zB von der toten Partei auf die Erben, von der Nicht-GmbH auf deren „Gesellschafter", scheidet aus. Wird es bemerkt, Klageabweisung (unzul) und Kostenauferlegung auf K. Klagt die nicht existierende Partei (zB Gesellschaft auf engl. Kanalinseln), sind idR dem Vertr (Anwalt) als Veranlasser die Kosten aufzuerlegen (OLG Zweibrücken JB 1984, 621; OLG Dresden JurBüro 1998, 480; *Damrau/Zimmermann* MDR 1997, 303; str, vgl OLG Frankfurt NJW-RR 1996, 1213; BGH NJW-RR 2004, 1505).

10c **Versehentlich verklagte Partei:** wem eine Klage zugestellt wird, der darf einen Anwalt beauftragen. Stellt sich (zB wegen Namensverwechslung, unvollständiger Namensgabe) der Irrtum heraus, und stellt der Kl klar, kann der versehentl. Verklagte einen Beschluss fordern, wonach seine Kosten dem Kl auferlegt werden (OLG Köln MDR 1993, 700; OLG Brandenburg MDR 1996, 317; vgl ferner OLG Düsseldorf NJW-RR 1996, 892).

11 **b)** Über alle Kosten des Rechtsstreits wird dabei einheitl. entschieden **(Grundsatz der Einheitlichkeit der Kostenentscheidung)**, eine Trennung nach Verfahrensabschnitten usw. (zB vor/nach Beweisaufnahme) ist unzul, weil wegen des Systems der PauschGeb nach RVG/GKG und der Degression der Geb-Tabellen eine Kf sonst kaum durchführbar wäre.

12 **c) Ausnahmen: (1)** bei sofortigem Anerkenntnis des Bekl: § 93; **(2)** bei Säumnis uU Kostentrennung, § 344; **(3)** bei Verweisung uU Kostentrennung, § 281 II 2; **(4)** bei Aufrechnung vgl § 92; **(5)** bei mehreren Kl, Bekl vgl § 100.

**6. Umfang der Kostenpflicht**

**a) Kosten des Rechtsstreits**, also einschl. Mahnverfahren, Verfahren vor dem unzust Gericht bei Verweisung/Abgabe; nicht dazu gehören: Kosten der ZwV (§ 788); 13

**b) zweckentsprechend** ist eine Rechtsverfolgung, wenn sie eine verständige Partei als sachdienl. ansehen muss; 14

**c) notwendig** ist, was nicht überflüssig ist (das wird nicht in der KostenE, sondern erst bei der Festsetzung §§ 103 ff. geklärt); grds hat eine Partei die Prozesskosten so gering zu halten, wie zumutbar ist. Doch ist niemand verpflichtet, besondere Anstrengungen zu treffen oder Risiken einzugehen, damit der verlierende Gegner möglichst wenig Kosten erstatten muss. Einen RA darf die Partei immer einschalten, auch für das Ausfüllen eines Mahnantrags (Absatz 2 S 1; *Schneider* NJW 1998, 356; unrichtig OLG Nürnberg NJW 1998, 388). Ist danach eine bestimmte Kostenposition nicht erstattungsfähig, kann sie uU bis zur Höhe einer Position, die erstattungsfähig gewesen wäre, gleichwohl angesetzt werden (**fiktive Kosten**, zB für Informationsreisen). 15

**7. Einzelfälle**

**Ablehnung:** s. Richterablehnung. 16

**Abmahnkosten** in Wettbewerbssachen: lösen die GeschäftsGeb nachRVG VV 2300 aus; nicht nach §§ 103 ff. erstattungsfähig, sondern neben der Hauptsache aus Verzug einzuklagen (BGH NJW 2007, 2048; BGH NJW-RR 2006, 501); **aA** OLG Nürnberg RPfleger 1993, 38; vgl *Virneburg* WRP 1986, 315.

**Anwaltswechsel, Absatz 2 Satz 2:** Vgl *Henssler/Deckenbrock* MDR 2005, 1321. Mehrkosten nur erstattungsfähig, wenn der Wechsel auf unvorhersehbaren Umständen beruht (OLG Frankfurt JurBüro 1985, 1883; OLG München JB 1991, 964) und den ersten Anwalt oder die Partei kein Verschulden trifft. Wenn mit dem Mahnbescheidsantrag der örtl. RA beauftragt wird und nach Widerspruch die Sache weit weg verweisen wird, ist ein Anwaltswechsel nicht zwingend notw (OLG Stuttgart Rpfleger 2001, 516); anders vor dem 01.01.2001. **Keine Erstattung** bei Mandatsentziehung (OLG Düsseldorf MDR 1973, 59), bei Anwaltswechsel wegen Differenzen mit dem RA (OLG Hamburg MDR 1998, 928), idR bei Krankheit des RA (OLG München MDR 1970, 428), Tod der Partei (OLG Hamburg MDR 1979, 762). **Erstattungsfähig** sind die Mehrkosten bei Tod des RA, außer es war eine Sozietät beauftragt (OLG Karlsruhe Justiz 1984, 395; aA OLG Düsseldorf AnwBl 1987, 98); bei Zulassungsaufgabe hängt es vom Einzelfall ab (OLG Hamburg JurBüro 1985, 1871 und JB 1993, 351; OLG Koblenz MDR 1991, 1098). 17

**Arbeitsgerichtsverfahren:** vgl § 12a ArbGG. Verweist ein ArbG an ein LG und trägt der Kl nach der KostenE des LG die durch die Verweisung entstandenen Mehrkosten, sind die Kosten der RA vor dem ArbG trotzdem *nicht* zu erstatten (OLG Brandenburg JurBüro 2000, 422). 18

**Ausländischer Verkehrsanwalt:** seine Kosten sind nur in Höhe der Geb eines *deutschen* RA erstattungsfähig (BGH NJW 2005, 1373), wenn deutsches Recht für die generelle Erstattungsfähigkeit gilt.

**Bankbürgschaftskosten:** wenn zur Vornahme der ZwV (§§ 708, 709): § 788 (OLG Frankfurt MDR 1978, 233; str); ob Bürgschaftskosten des Bekl zur Abwendung der ZwV unter § 91 (zutr), oder § 788, oder § 717 II fallen, ist str (vgl OLG Düsseldorf JurBüro 1999, 34; OLG Celle Rpfleger 1983, 498; OLG Frankfurt NJW-RR 1989, 192).

19 **Berufung:** wenn die Ber ausdrückl. **nur „zur Fristwahrung"** eingelegt wurde, der Ber-Bekl aber trotzdem sogleich einen RA mit der Vertretung im Ber-Verfahren beauftragt, und dann die Ber vor Begründung zurückgenommen wird, war sehr str, ob die RA-Kosten trotzdem ganz erstattungsfähig sind. Nach BGH NJW 2003, 756; 2003, 2992 (zur BRAGO) war eine 13/20 Geb zu erstatten, die zweite Hälfte der ProzessGeb nicht. Jetzt gilt RVG-VV 3200, 3201: Nach 3201 ist somit mindestens eine Geb von 1,1 zu erstatten (OLG Saarbrücken OLG-Report Frankfurt 2006, 1096; OLG Oldenburg FamRZ 2006, 499).

**Betriebskosten:** der Umstand, dass eine Partei ihre Auslagen steuermindernd als Betriebsausgaben abgesetzt hat, berührt die Erstattungspflicht des Prozessgegners nicht (OLG Hamm JB 1994, 475).

20 **Beweisanwalt:** Kosten sind nur bis zur Höhe der Kosten des HauptPrBev, wenn der den Termin wahrgenommen hätte, erstattungsfähig (OLG Koblenz VersR 1986, 1031; OLG Düsseldorf FamRZ 1993, 94).

21 **Beweisverfahren (selbständiges): (1)** der die **Beweiserhebung anordnende Beschluss** enthält keine KostenE. Das Gericht verlangt vom Antragsteller nach §22 GKG die Gerichtskosten sowie die SVGeb; die außergerichtl. Kosten hat zunächst jede Partei selbst zu tragen. **(a)** Kommt es nicht zum Hauptsacheprozess, kann über §494a eine KostenE erlangt werden. **(b)** Kommt es zum Hauptsacheprozess, ergeht eine KostengrundE nach §§91ff. (sie muss die Kosten des s Beweisverfahrens nicht ausdrückl. nennen). (2) Wird der s **Beweisantrag zurückgewiesen**, sind dem Antragsteller nach §91 die Kosten aufzuerlegen. Einzelheiten vgl §490 Rz 4ff. Die Kosten des s Beweisverfahrens gehören auch dann zu den Kosten des Klageverfahrens, wenn *nur Teile* des Gegenstandes des s Beweisverfahrens zum Gegenstand der anschl Klage gemacht werden (BGH NJW 2005, 294; aA OLG Hamm NJW-RR 2004, 1386). Leitet Antragsteller ein Beweisverfahren gegen B1 und B2 ein und verklagt er dann nur B1, sind die Gerichtskosten des Beweisverfahrens *insgesamt* notwendige Gerichtskosten des Hauptsacheverfahrens (BGH NJW-RR 2004, 1651). Gerichtskosten des s Beweiserfahrens sind Gerichtskosten des nachfolgenden Hauptsacheverfahrens, falls Parteien und StrG des Beweisverfahrens und des Hauptprozesses identisch sind, wobei es genügt, wenn zur Teile des StrG des Beweisverfahrens zum Gegenstand der anschließenden Klage gemacht werden (BGH NJW-RR 2006, 810). Erstattungsfähigkeit hängt nicht davon ab, ob Beweisergebnis verwertet worden ist (BGH MDR 2004, 1372).

22 **Detektivkosten:** vgl *Heynert* AnwBl 1999, 140. Nur ausnahmsweise erstattungsfähig, nämlich sofern zur Bestätigung eines konkreten Verdachts, andere Beweismittel ausschieden, Ermittlungen erfolgreich und Höhe in angemessenem Verh zum StrW (vgl OLG Koblenz FamRZ 2006, 1217; 2003, 238; Rpfleger 2004, 183; OLG Hamm FamRZ 2000, 1513; OLG Frankfurt NJW 1999, 366; BGH NJW 1990, 2060: Aufenthalt des entführten Kindes). OLG Hamburg JB 1993, 158 und OLG Köln Rpfleger 1994, 38: manipulierter Verkehrsunfall; OLG Nürnberg VersR 1992, 982: hohe Schmerzensgeldforderung; OLG Koblenz VersR 1992, 982: Wettbewerbssachen; LG München II NJW-RR 2004, 299: angebl. Vermieter-Eigenbedarf.

**Dolmetscher:** soweit notw erstattungsfähig (vgl OLG Brandenburg FamRZ 2002, 1721; BVerfG NJW 1990, 3072).

**Einstweilige Verfügung:** hat der RA am Wohnsitz des Antragstellers beim auswärtigen LG ohne mdl Verh eine eVfg erwirkt und beauftragt der Antragstellers nach AnO der mdl Verh einen beim ProzessG ansässigen RA, sind die Mehrkosten nicht erstattungsfähig (außer, der Antragsteller konnte davon ausgehen, dass der Gegner keinen Widerspruch einlegt, OLG Frankfurt JurBüro 1990, 1008; OLG München JurBüro 1987, 277; OLG Köln JB 1993, 429). Die Kosten für das Stellen eines Zeugen zum Verhandlungstermin in einer eVfg-Sache sind jedenfalls dann notw (erstattungsfähig), wenn der Gegner dem entsprechenden Tatvorbringen entgegengetreten ist. Nicht entscheidend ist es, ob das Gericht den Zeugen tatsächl. gehört hat (OLG Koblenz MDR 1997, 888). 23

**Einvernehmensanwalt:** erstattungsfähig (OLG München NJW-RR 2004, 1508).

**Erhöhungsgebühr** (1008 RVG VV): wenn eine Anwaltssozietät ihren früheren Mandanten wegen des Honorars verklagt und hierzu (überflüssigerweise) einen anderen Anwalt einschaltet, ist die ErhöhungsGeb nicht erstattungsfähig (OLG Bamberg MDR 2000, 790; **aA** KG NJW-RR 1999, 1150). Wenn drei Personen den RA beauftragen, fällt die ErhöhungsGeb an; bilden diese drei eine BGB-Gesellschaft, dann fällt keine Erhöhung an, weil der BGH (§ 50 Rz 14) nun der BGB-Ges Rechtspersönlichkeit zubilligt.

**Flugreisen:** Erstattungsfähigkeit bei Inlandsflügen Frage des Einzelfalls (vgl LAG Bremen MDR 2004, 1325).

**Fotokopien:** wegen des zu hohen Betrags von 0,50 € je Seite (RVG VV 7000) ist Notwendigkeit genau aber nicht kleinlich zu prüfen. Bei größerer Stückzahl (ab 51) sind nur 0,15 € erstattungsfähig (VV 7000). Kopierkosten, die zu den allg Geschäftskosten des RA zählen (Vorb 7 (1) vor VV 7000), können dem Mandanten nicht berechnet werden und sind also nicht isoliert erstattungsfähig. Vgl BGH NJW 2003, 1127, der Fotokopierkosten grds für nicht erstattungsfähig hält. Bei 162 Gegnern (WEG) meint OLG Koblenz NJW 2005, 3789 (irrig), die Prozessunterlagen müssten nicht für *alle* kopiert werden. 24

**Gerichtsstandswahl**, § 35, steht dem Kl frei (OLG Frankfurt JurBüro 1985, 1884). Der Kl ist nicht verpflichtet, den für ihn kostengünstigeren Gerichtsstand zu wählen (§ 35), OLG München JB 1994, 477. **Gerichtsstandsbestimmungskosten** (§ 36) vgl BayObLG Rpfleger 1999, 321.

**Geschäftsgebühr:** die im Vorfeld des Prozesses angefallene RA-GeschäftsGeb (RVG VV 2300, früher 2400) kann nicht festgesetzt werden (BGH NJW 2006, 2560; NJW-RR 2006, 501). Früher (§ 118 BRAGO) ging diese Geb in der späteren ProzessGeb auf. Jetzt wird die GeschäftsGeb nur noch zur Hälfte (idR also mit 0,65), höchstens mit einem Satz von 0,75, auf die spätere VerfahrensGeb angerechnet (Vorb. 3 IV vor RVG VV 3100). Die GeschäftsGeb ist also nicht nach §§ 103 ff. festsetzungsfähig; da der obsiegende Kl diese Geb gleichwohl vom Gegner erstattet haben will, muss sie als Nebenforderung beziffert zusammen mit der Hauptsache in voller Höhe (BGH NJW 2007, 2048; *N. Schneider* NJW 2007, 2001) eingeklagt werden, zB aus Verzug (was den StrW nicht erhöht, § 4). Hat der Beklagte obsiegt, funktioniert das teils nicht vgl *Wolf* Rpfleger 2005, 337; *Eulerich* NJW 2005, 3097; oft fehlt eine Anspruchsgrundlage für einen mat Kostenerstattungsanspruch. Hat der Kl obsiegt und wurden ihm 1,3 GeschäftsGeb (VV 2300) zugesprochen, kann er bei der folgenden Kf nur noch 0,65 restliche VerfahrensGeb (VV 3100) geltend machen (Hansens ZAP 2007 Fach 24 S. 1069).

25 **Gutachten:** vgl *Pauly* BauR 2001, 559; *Kääb* NZV 1996, 56; wenn *vor* dem Prozess eingeholt, sind Kosten des Privatgutachtens erstattungsfähig, wenn Prozessbezogenheit vorliegt und sonst keine ausr Klagegrundlage (bzw Rechtmittelgrundlage) beschafft werden kann (BGH NJW 2003, 1398; NJW 2006, 2415; OLG Karlsruhe VersR 2004, 931 OLG Koblenz JurBüro 2006, 87):

zB Grundstückswert bei Zugewinnausgleich (OLG Karlsruhe FamRZ 1989, 773); ärztl. Behandlungsfehler (OLG Stuttgart VersR 1988, 471; OLG Schleswig VersR 1991, 117); technische Fragen (OLG Frankfurt JurBüro 1987, 894); ausl Recht (OLG Frankfurt JB 1993, 294; *Mankowski* MDR 2001, 194; **aA** OLG München Rpfleger 2000, 425); entlegene Spezialgebiete des Rechts (OLG München AnwBl 1993, 291); Computer-Software (OLG Frankfurt CR 1994, 535); Klärung von Versicherungsbetrug (BGH NJW 2006, 2415; OLG Köln VersR 2004, 803); Rechtsgutachten über inl Recht sind idR nicht erstattungsfähig (OLG München NJW-RR 2001, 1723; OLG Koblenz JurBüro 1988, 1025; BVerwG Rpfleger 1991, 388), auch nicht über Verfassungsrecht (BVerfG NJW 1993, 2793); auch nicht Gutachten zur Begr einer Mieterhöhungsklage (LG Düsseldorf JurBüro 1983, 280; str); evtl Meinungsumfragekosten (OLG München JurBüro 1987, 897; KG MDR 1987, 677); Schlüsselgutachten bei evtl vorgetäuschtem Pkw-Diebstahl (OLG Düsseldorf NJW-RR 2006, 647). Ist das Privatgutachten zur Vorbereitung eines anderen Rechtsstreits erstattet worden oder sollte es nur der außergerichtl. Streiterledigung dienen, sind seine Kosten nicht erstattungsfähig (OLG Frankfurt GRUR 1994, 532).

Bei Einholung *während* des Prozesses und Einführung in ihn ist Waffengleichheit zu beachten, zB kann Privatgutachten notw sein zur Erschütterung eines gerichtl. eingeholten SV-Gutachten (OLG Koblenz MDR 1994, 522; OLG Nürnberg MDR 2001, 1439). – Die **Höhe** der zu erstattenden Privatgutachten-Kosten richtet sich nicht nach JVEG, der Betrag muss aber angemessen sein (OLG Hamm Rpfleger 2001, 616; OLG Zweibrücken JurBüro 1985, 1874; OLG Koblenz JurBüro 1996, 90; abw OLG München JurBüro 1987, 897). Holt ein Versicherer zur Prüfung der Einstandspflicht ein Privatgutachten ein, ist die Erstattbarkeit umstr (ja: OLG Hamm JB 1992, 818; nein: OLG Koblenz VersR 1992, 1535; OLG München MDR 1992, 415).

26 **Hebegebühr:** RVG VV 1009. Sie ist grds festsetzungsfähig (BGH NJW 2007, 1535):

**Inkassobürokosten:** nicht nach §§ 91, 103 festsetzbar (hM, OLG München Rpfleger 1989, 301; **aA** LG Köln JB 1992, 404); aber evtl als Verzugsschaden (§ 286 BGB) gesondert einklagbar, soweit in der Sache kein RA tätig wurde und die RA-Geb nicht überschritten werden (vgl *Philipp, Lüddringhaus* Jur-Büro 1991, 467 und 477; *Wedel* JB 1994, 74); über Inkassobürokosten bei ZwV vgl § 788 Rz 8. Über Rechtsbeistand vgl Rz 30.

27 **Korrespondenzanwalt (Verkehrsanwalt):** wohnt idR am Ort der Partei, wird von ihr informiert, gibt die Information an den RA am Sitz des Gerichts (= PrBev; erhält die vollen Geb, zB RVG-VV 3100, 3104) weiter. Der Korrespondenzanwalt erhält dafür eine Geb nach RVG-VV 3400. Wenn jemand aus München beim LG Berlin klagen will, kann er **(1)** einen Brief an einen Berliner RA schicken und mit dem Berliner RA telefonieren (beides wird auf jeden Fall erstattet oder **(2)** nach Berlin reisen und den RA informieren

oder **(3)** einen RA in München als Korrespondenzanwalt einschalten. Erstattungsfähigkeit, **Absatz 2 S 2**, Frage des Einzelfalls. Sie hängt davon ab, ob schriftl. Information des ProzBev durch Partei zumutbar war (OLG Brandenburg FamRZ 2002, 253; so ist es idR bei einem Unternehmen mit eigener Rechtsabteilung und einem Verbraucherverband, BGH NJW 2006, 301) oder mündlicher Kontaktnotwendigkeit (meist) oder Einschaltung des Korrespondenzanwalts notwendig: Gesichtspunkte: Persönl. Eigenschaften der Partei: Privatperson (deren Schulbildung, berufl. Belastung); ein **Insolvenzverwalter**, der selbst RA ist, kann für einen Anfechtungsprozess selbst einen RA am Sitz des ProzessG tel und schriftl. informieren und darf die Kosten nicht durch Zwischenschaltung seines Sozius oder eines anderen RA aufblähen (BGH NJW-RR 2007, 129; 2005, 1591). Bei Kaufmann, Unternehmen (OLG Düsseldorf Rpfleger 1999, 265), Wettbewerbsverein (OLG München JurBüro 1990, 727), Bank, Versicherung, Behörde idR kein Korrespondenzanwalt (hM, zB OLG Hamburg JurBüro 1986, 1089; OLG Koblenz Jur-Büro 1986, 1835); kein Korrespondenzanwalt, wenn bereits zum Zeitpunkt der Beauftragung feststeht, dass ein eingehendes Mandantengespräch nicht erforderl. sein wird (BGH NJW 2006, 3008); wie etwa bei einem Unternehmen, das eine eigene Rechtsabteilung hat. Entfernung, Verkehrsverbindung; Schwierigkeit des tatsächl. Sachverhalts. Nach einer Meinung immer erstattungsfähig, wenn Information länger als 1/2 Arbeitstag dauert (OLG Frankfurt AnwBl 1985, 650; zutr dagegen OLG Bamberg JurBüro 1986, 441). Über **Rechtsabteilung** einer Versicherung BGH NJW-RR 2004, 1724; 2004, 857; 2004, 430.

**Für Berufungs- und Revisionsverfahren** ist ein Korrespondenzanwalt idR nicht erforderlich (OLG Frankfurt JB 1992, 333; OLG München MDR 1992, 308; OLG Hamburg JurBüro 1990, 888), bei **einstweiliger Verfügung** nur in bes Eilfällen (OLG Hamburg JurBüro 1988, 1191; OLG München JurBüro 1987, 277; OLG Frankfurt JB 1992, 106; OLG Köln JB 1992, 336).

Der **ständige „Hausanwalt"** darf nicht immer eingeschaltet werden (BGH FamRZ 2007, 718; BGH FamRZ 2004, 866; großzügiger BGH VersR 2006, 1089). Sendet ein bundesweit tätiger Versicherer mit jährlich rund 120 Prozessen die Akten immer an denselben Hausanwalt, sind dessen fiktive Reisekosten erstattungsfähig (BGH NJW 2006, 3008; bedenkl.

Kosten eines **ausländischen Verkehrsanwalts** sind nur in Höhe der Kosten eines deutschen RA erstattungsfähig (BGH NJW 2005, 1373; EuGH NJW 2004, 833; dazu Mankowski AnwBl 2005, 705). Für die **ausländische Partei** gelten dieselben Grundsätze (OLG Koblenz VersR 1989, 1212; OLG Bamberg JB 1991, 959; OLG Düsseldorf NJW-RR 1997, 126 und 574; OLG Karlsruhe JB 1993, 352; OLG Koblenz JB 1994, 478; **aA**: Einschaltung eines Korrespondenzanwalts immer notw, OLG Hamburg MDR 2000, 664).

Sind VerkehrsanwaltsGeb nicht erstattungsfähig, dann sind **fiktive Informationsreisekosten** der Partei zum ProzBev erstattungsfähig (OLG Frankfurt Jur-Büro 1988, 486; OLG Hamm AnwBl 1993, 532), außer wenn schriftl. Information möglich und zumutbar ist, wie bei Banken, Versicherungen, Kaufleuten, Wettbewerbsvereinen (OLG München MDR 1993, 1130; OLG Düsseldorf JB 1993, 485). Sind die *vollen* VerkehrsanwaltsGeb nicht erstattungsfähig, sind evtl die fiktiven Kosten einer *Beratung* durch diesen Anwalt auszugleichen, weil Zuständigkeit der Gerichte nicht zum Allgemeinwissen von Laien gehören (vgl OLG Düsseldorf JB 1996, 539).

28 **Mahnschreiben**, Nachnahmen: nicht erstattungsfähig (aber uU § 280 BGB). Ein Mahnschreiben kann eine GeschäftsGeb (RVG VV 2300) auslösen, die im folgenden Prozess nur teilweise angerechnet werden kann (Vorbem 3 (4)) vor RVG VV 3100). Die GeschäftsGeb kann nicht nach §§ 103 ff. festgesetzt werden (BGH NJW 2006, 2560).

**Mahnverfahren:** hat der RA am Wohnsitz des Antragstellers den Mahnbescheid beantragt und wird die Sache nach Widerspruch an ein entferntes LG abgegeben, dann kann seit 01.01.2000 jeder bei einem AG/LG zugelassene RA dort auftreten, ein Anwaltswechsel ist nicht notw. Die Frage ist nur noch, ob die zusätzl. Reisekosten zu erstatten sind (Rz 32). Das Mahnverfahren verteuert den Prozess nicht (Geb-Anrechnung RVG VV 3305). Zwischen Mahnverfahren und Klage kann der Antragsteller frei wählen.

**Mehrere Anwälte:** vgl. Anwaltswechsel.

**Mehrvertretungszuschlag:** bei der Klage der GbR fällt er nicht an; zu Klagen von GbR-Gesellschaftern vgl BGH NJW 2002, 2958; klagt eine Anwaltssozietät ihr Honorar gegen einen ehemaligen Mandanten ein, ist die Erhöhung der ProzessGeb nach RVG VV 1108 nicht erstattungsfähig (OLG Bamberg MDR 2000, 790; **aA** LG Berlin JurBüro 2000, 364).

29 **Mehrwertsteuer:** ob die auf Kosten (Anwaltshonorar, Bahnfahrkarten usw.) entfallende MWSt auch erstattungsfähig ist, wenn der ASteller vorsteuerabzugsberechtigt ist, richtet sich nach § 104 II 3: wenn der ASteller erklärt, er sei nicht vorsteuerabzugsberechtigt, wird die MWSt festgesetzt; die Richtigkeit der Erklärung wird im Kf-Verfahren nicht nachgeprüft (BGH NJW 2003, 1534; OLG Saarbrücken MDR 1999, 60); Ausnahme: Behauptung ist offensichtl. und zweifelsfrei falsch (OLG Karlsruhe JB 1995, 35). Trägt er vor, er dürfe die Vorsteuer abziehen, wird die MWSt nicht festgesetzt. (vgl BGH NJW-RR 2005, 363). Äußert sich der Antragsteller nicht, kann man in der Anmeldung von MWSt die konkludente Erklärung sehen, nicht vorsteuerabzugsberechtigt zu sein (LG Karlsruhe JB 1996, 427; str); das gilt aber nur, wenn es nach der Person des Antragstellers (zB Privatperson) plausibel und nicht offenkundig falsch ist (OLG Brandenburg AnwBl 1996, 544). **Streitgenossen mit verschiedener Steuersituation:** Im Verkehrshaftpflichtprozess ist die MWSt, die die obsiegenden drei Bekl (Fahrer, Halter, Haftpflichtversicherer) ihrem gemeinsamen RA schulden, von der unterlegenen Klagepartei auch dann in voller Höhe zu erstatten, wenn einer der StrGen (zB der Halter) vorsteuerabzugsberechtigt ist, sofern der nicht vorsteuerabzugsberechtigte HaftpflichtVers – wie im Regelfall – im InnenVerh der StrGen die gesamten Kosten des gemeinsamen PrBev zu tragen hat (BGH NJW 2006, 774). **Keine Bindung** an die Erklärung (OLG München JB 1996, 427). Wird **zu Unrecht** MWSt festgesetzt, § 767-Klage.

**Mietkosten:** wird ein unfallbeschädigtes Kfz bis zur endgültigen Schadensfeststellung in einer Garage untergestellt, kann Miete erstattungsfähig sein (OLG Hamburg MDR 2000, 331).

**Ostabschlag:** seit 01.07.2004 entfallen.

**Prozesskostenhilfe:** Die dem Armen im PKH-Beschwerdeverfahren entstehenden RA-Kosten sind nicht vom Gegner zu erstatten (§ 127 IV), auch nicht auf Grund der KostenE in der Hauptsache (OLG München NJW-RR 2001, 1437).

**Ratsgebühr:** lässt sich eine Partei von einem RA beraten, kann die anfallende RatsGeb im Einzelfall erstattungsfähig sein (vgl OLG Bremen JB 1992, 681; OLG Düsseldorf JB 1992, 39; OLG Köln JB 1992, 336).

**Rechtsanwaltskosten:** RA-Beauftragung ist kostenrechtl. immer notw, § 91 II 1, auch in 30
einfachen Sachen (anders im FGG, § 13a). Selbst wenn eine Erklärung zu Protokoll und also ohne RA abgegeben werden könnte (zB § 91a; § 281 II), kann er sich einen RA nehmen und die Kosten ggf erstatten lassen. Keine RA-Kosten sind zu erstatten, wenn das Gericht bereits eine Verwerfung der Ber des Gegners ankündigte und die Partei erst danach einen RA beauftragt (BGH NJW 2006, 2260). Zu erstatten sind Geb nach dem RVG, nicht vereinbarte höhere, nicht iFd § 12a ArbGG. Volle RA-Geb auch dann, wenn ein angestellter Assessor „die Arbeit machte", § 5 RVG (BGH MDR 2004, 1082). Vorproz Anwaltskosten sind, soweit sie in gerichtl. AnwaltsGeb aufgegangen sind, reine Prozesskosten, welche allein im Rahmen des proz Kostenerstattungsanspruchs verfolgt werden können (LG Karlsruhe AnwBl 1994, 94); anders bei Vorb 3 (4) vor RVG VV 3100.

**Rechtsbeistand im Mahnverfahren:** Läßt der Kl den Mahnantrag durch einen Rechtsbeistand erstellen und beauftragt er nach Widerspruch einen RA, sind die Mehrkosten durch den Rechtsbeistand nicht erstattungsfähig, unabhängig davon, ob mit einem Widerspruch zu rechnen war oder nicht (BGH NJW 2006, 446).

**Reisekosten der Partei:** immer erstattbar, wenn pers Erscheinen angeordnet (OLG Düs- 31
seldorf FamRZ 1991, 1073), ferner wenn pers Erscheinen der Gegenpartei angeordnet war (KG JurBüro 1986, 277) und zum Beweistermin (OLG Frankfurt JurBüro 1987, 272; OLG Hamm JB 1994, 475), selbst im Ausland (OLG Koblenz ZIP 1986, 1407), sonst idR auch, selbst wenn sie anwaltl. vertreten und ihr pers Erscheinen nicht angeordnet war (OLG Brandenburg MDR 2000, 1216; OLG München NJW-RR 2003, 1584; OLG Celle NJW 2003, 2994; **aA** OLG Celle JurBüro 1986, 281); denn eine verständige Partei „begleitet" ihren Prozess selbst und informiert sich „aus erster Hand" über den Prozess, nicht nur über den RA. IÜ ist für jede Instanz eine Informationsreise zum RA erstattungsfähig, falls schriftl. Information nicht möglich oder zumutbar (OLG Koblenz JB 1991, 1519; OLG Hamm JB 1992, 40). Anreise auch per Flugzeug (OLG Hamm NJW-RR 1997, 768) bzw. Bahn *erster* Klasse (OLG Hamm NJW-RR 1997, 576). Es gibt keine Verpflichtung, eine Bahncard zu beschaffen (VG Freiburg AnwBl 1996, 589); die Kosten der Bahncard sollen nicht anteilig abzugsfähig sein (OLG Karlsruhe Rpfleger 2000, 129; bedenkl.).

**Reisekosten der Partei von einem anderen Ort:** findet der Prozess in A statt und wird die Partei von A aus geladen, dann muss sie es dem Gericht mitteilen, wenn sie vom weit entfernten Ort B aus anreisen müsste (zB wegen Umzugs, Urlaub); denn vielleicht würde dann von der Ladung abgesehen. Auch bei Verletzung dieser Anzeigepflicht sind die Mehrkosten zu erstatten, wenn das Gericht die Anreise auch von B aus angeordnet hätte (LG Bonn Rpfleger 2000, 241), was idR der Fall ist (*wenn* das Gericht die Partei braucht, dann von überall her!).

**Reisekosten von Behördenvertretern** zur Anwaltsinformation und zum Gerichtstermin: sind ebenfalls erstattungsfähig (OLG Bamberg JB 1992, 242; OLG München JB 1992, 170).

**Reisekosten des RA** (dazu § 91 II 1): Seit 01.01.2000 können bei irgendeinem AG/LG 32
zugelassene Anwälte bei *allen* deutschen AG/LG auftreten. Wohnen rechtsunkundige Par-

tei und RA in Berlin und ist der Prozess in München, kann der RA aus Berlin anreisen und Fahrtkosten sowie Abwesenheitsgeld festsetzen lassen, wenn (wie idR) dies aus der Sicht einer vernünftigen Partei notwendig war (BGH MDR 2007, 802; NJW-RR 2004, 1500; OLG Frankfurt MDR 2000, 1215; OLG Düsseldorf MDR 2002, 116; **aA** OLG Karlsruhe MDR 2001, 293); er muss nicht unbedingt einen Termins- oder Beweisanwalt einschalten, wenn dessen Kosten etwas geringer wären. Die erstattungsfähigen Reisekosten des nicht am Gerichtsort ansässigen RA sind nicht auf diejenigen Kosten beschränkt, die durch einen TerminsVertr entstanden wären (BGH NJW-RR 2005, 1662). *Gegenansicht:* wegen § 91 II 1 Erstattung nur bis zur Höhe der Kosten eines Anwalts am Sitz des ProzessG (OLG Naumburg FamRZ 2000, 623; OLG Hamburg NJW-RR 2001, 788), zuzügl. Informationskosten. **Drittort:** wenn Kl in A sitzt, der Prozess in B stattfindet, darf der Kl nur „aus gewichtigen Gründen" einen RA aus C hinzuziehen (BGH FamRZ 2004, 866); dazu *Schütt* MDR 2003, 1371. **Unnötige Reisen.** Wenn ein RA die Klage so kurzfristig zurücknimmt, dass den Gegner die Abladung der Geschäftsstelle nicht mehr rechtzeitig erreicht, sind die unnötigen Reisekosten zu ersetzen (vgl OLG Koblenz MDR 2007, 55). Wenn ein Termin abgesetzt wird, die Geschäftsstelle aber den RA nicht verständigt, so dass er unnötig anreist, sind die Reise- und sonstigen Kosten aus Staatshaftung zu ersetzen (der Antrag ist an die Justizverwaltung zu richten).

33 **Richterablehnung**, Beschwerdeverfahrenskosten bei erfolgloser Berschwerde: erstattungsfähig (BGH NJW 2005, 2233; OLG Koblenz JB 1991, 1509; **aA** OLG Frankfurt NJW-RR 1992, 510); dazu Kroppenberg NJW 2005, 3112. Zur Kostenhöhe vgl Sturm MDR 2007, 382 und § 46 Rz 5.

**Rückfestsetzung** von Kosten ist zulässig, **Absatz 4**; vgl § 104 Rz 2. Beispiel: Bekl hat in erster Instanz verloren, die festgesetzten Kosten bezahlt; in zweiter Instanz siegt Bekl dann (BGH NJW-RR 2005, 79). Oder: gerichtl. Gesamtvergleich (OLG München NJW-RR 2006, 72).

**Schiedsgutachten**, vor Prozessbeginn vereinbarungsgemäß eingeholt, nicht erstattungsfähig (BGH NJW-RR 2006, 212; OLG Düsseldorf NJW-RR 1999, 1667).

**Schlichtungsverfahren** (§ 15a EGZPO). Bei Scheitern sind die außergerichtl. Kosten im nachfolgenden Klageverfahren erstattungsfähige Prozess-Vorbereitungskosten (BayObLG MDR 2004, 1263).

**Schutzschrift:** erstattungsfähig, wenn Prozessrechtsverh bestand, ein eVfg-Antrag also bei Gericht eingeht, selbst wenn er dann zurückgenommen wird (BGH NJW 2003, 1257; umstr, vgl OLG Frankfurt NJW-RR 1996, 1215; **aA** OLG Düsseldorf MDR 1989, 549).

**Sequestrationskosten:** festsetzungsfähig, BGH NJW 2006, 3010.

**Strafanzeige.** Ihre Kosten sind für einen Arzthaftungsprozess nicht notw (OLG Koblenz NJW 2006, 1072).

34 **Streitgenossen:** grds kann **jeder einen eigenen RA** nehmen und dessen Kosten ersetzt verlangen (BVerfG NJW 1990, 2124; OLG München JurBüro 1988, 1187). Einschränkungen: (1) Rechtsmissbrauch, wenn Aufspaltung sachl. nicht gerechtfertigt (OLG Karlsruhe MDR 2000, 235; OLG Köln MDR 2006, 896), so etwa, wenn HaftpflichtVers. und Kfz-Halter verklagt werden (OLG Saarbrücken JurBüro 1990, 1417; OLG Düsseldorf MDR 1995, 474; OLG München JB 1995, 264; OLG Koblenz VersR 1996, 604); StrGen muss

sachl. Grund darlegen und beweisen (str); (2) wenn zunächst von mehreren nur ein RA beauftragt war, dann ein StrGen einen weiteren RA beauftragt: dann § 91 II 2 (OLG Bamberg JurBüro 1986, 923; OLG Frankfurt AnwBl 1988, 73; OLG Köln FamRZ 1993, 587).

**Haben zwei Beklagte einen gemeinsamen RA** und wird die Klage gegen den Bekl B 1 abgewiesen, gegen B 2 stattgegeben, ist streitig, in welcher Höhe B 1 die dem gem RA geschuldeten Kosten vom Kl verlangen kann (KostenE vgl Baumbachsche Formel): nach BGH NJW-RR 2003, 1217 + 1507 (bestätigt BGH ZMR 2006, 915; NJW-RR 2006, 1508; NJW-RR 2006, 215) kann der obsiegende StrGen grds nur den seiner Beteiligung am Rechtsstreit entsprechenden Bruchteil der Anwaltskosten vom Gegner erstattet verlangen (Aufgabe von BGH JurBüro 1969, 461); **aA** OLG Hamm JurBüro 2005, 91: Kostenerstattung in *voller* Höhe, aber ohne Mehrvertretungszuschlag. Nach BGH kann der siegreiche B 1 somit nur eine seinem Kopfteil (bzw Betragsanteil) entspr Erstattung (also 1/2) verlangen. Außer er macht Zahlungsunfähigkeit des B 2 glaubhaft (OLG München Rpfleger 1995, 519) oder er hatte mit dem RA Haftung für die volle Vergütung vereinbart (OLG Koblenz DAR 1986, 119; **aA** OLG Schleswig JB 1993, 677). Die ErhöhungsGeb nach RVG-VV 1008, § 7 RVG kann B 1 nicht voll für sich festsetzen lassen (vgl OLG Koblenz AnwBl 1986, 253). Vgl § 100 Rz 12. 35

**Streitverkündungskosten:** nicht erstattungsfähig (OLG München MDR 1989, 548).

**Testkaufkosten:** uU erstattungsfähig (OLG München GRUR-RR 2004, 190; OLG Dresden NJW-RR 1997, 573; dazu OLG Frankfurt JurBüro 2001, 259), aber nur Zug-um-Zug gegen die Ware (OLG Stuttgart NJW-RR 1986, 978; KG Rpfleger 1991, 80). 36

**Übersetzungen** von Schriftsätzen usw.: falls notw zu erstatten (OLG Hamburg Rpfleger 1996, 370).

**Übernachtungskosten der Partei:** bei längerer Reisezeit erstattungsfähig (vgl OLG Dresden MDR 1998, 894: bei mehr als zehn Stunden Hin- und Rückfahrt; zu formelhaft), Zumutbarkeitsfrage; wenn der Termin um 08.00 Uhr früh angesetzt ist, kann die Partei übernachten und muss nicht um 05.00 Uhr aufstehen, um am selben Tag anreisen zu können.

**Umsatzsteuer** →Mehrwertsteuer.

**Unterbevollmächtigter:** nur in Höhe fiktiver Reisekosten des PrBev erstattungsfähig (BGH MDR 2005, 177). Entscheidend ist, ob sie die Kosten „wesentlich" übersteigen (BGH NJW 2003, 898); die Grenze liegt bei ca. 10% (OLG Düsseldorf OLG-Report Hamm 2006, 627).

**Verkehrsanwalt**: Rz 27.

**Verwahrungskosten für Pkw:** vgl *Meyer* JurBüro 2001, 402.

**Verweisung des Prozesses.** Hier erfolgt uU eine Kostentrennung im Urteil, § 281 III 2. Wird sie fälschlich übersehen, ist str, ob Berichtigung nach § 319 mögl. ist, oder ob wenigstens der Rechtspfleger im Kf-Verfahren solche Kosten prüfen und als nicht notw ausscheiden kann (dafür OLG Rostock JurBüro 2001, 591; **aA** OLG Düsseldorf MDR 1999, 568). Verweisung macht keinen Anwaltswechsel notw, weil seit 01.01.2000 RA überall auftreten können (OLG München MDR 2001, 174).

**Vollmachtloser Vertreter**: Rz 10a.

37 **Zeitversäumnis:** für Bearbeitung des Prozesses nicht erstattungsfähig (auch nicht bei Behörden, BVerwG Rpfleger 1989, 255; VGH Kassel NVwZ-RR 1999, 213; **aA** OLG Stuttgart MDR 1990, 635), für Teilnahme am Termin (OLG Köln JurBüro 2000, 84: GmbH-Angestellter) und Reise zum RA zwecks Information (OLG Köln JB 1996, 94) idR schon (Höhe JVEG); falls Termin im Urlaub/Freizeit: kein Verdienstausfall (OLG Köln JurBüro 1986, 445).

38 **Zerlegung eines einheitl. Lebensvorganges in mehrere Klagen:** Mehrere Klagen, Teilklagen gegen einen Bekl: Mehrkosten idR nicht erstattungsfähig (KG OLG-Report 2007, 79; KG MDR 2000, 1277; OLG München MDR 2001, 652; OLG Zweibücken Rpfleger 1993, 41). **Bei mehreren Bekl** muss nicht *eine* Klage erhoben werden (vgl OLG München MDR 1987, 677; OLG Frankfurt AnwBl 1985, 647), wohl aber gegen zwei Bürgen (OLG Koblenz Rpfleger 1991, 81). Kfz-Halter und Versicherung als Mitbeklagte können sich idR nicht zwei verschiedene Anwälte nehmen (BGH NJW-RR 2004, 536).

39 **Zeuge** (gestellter, angereister) bei eVfg: erstattungsfähig (Höhe nach JVEG), wenn die Partei die Vernehmung dieses Zeugen nach den Umständen erwarten darf (OLG Koblenz MDR 1986, 856; OLG Hamburg JB 1995, 30). Wurden einem Zeugen nach § 380 Kosten auferlegt, hat er nur die notwendigen Kosten zu erstatten (BGH NJW-RR 2005, 725).

**Zinsverlust:** entgangene Anlagezinsen wegen Hinterlegung zur Abwendung der ZwV sollen nicht erstattungsfähig sein (OLG München NJW-RR 2000, 1096; bedenkl. wegen §788).

**Zustellung an den Falschen:** wird die Klage auf Veranlassung des Kl irrtüml. einer falschen Person zugestellt, zB wegen Angabe eines falschen Vornamens, fehlende Angabe jun. oder sen. bei gleichem Vornamen von Vater und Sohn), hat der Kl dem Zustellungsempfänger die diesem entstandenen Kosten zu erstatten (OLG Köln MDR 1993, 700; OLG Hamm MDR 1991, 1201).

40

**Praxishinweise:**

1. Es gilt das Gebot der Vermeidung überflüssiger Kosten. Gleichzeitige Einreichung von Teilklagen (Sachschaden und Schmerzensgeld, getrenntes Vorgehen gegen Hauptschuldner und Bürgen u.dgl.) können dazu führen, dass die Mehrkosten nicht als erstattungsfähig angesehen werden (*Schneider* MDR 1974, 887; *Zöller/Herget* § 91 Rz 12). Eigenmächtiges Vorgehen des Anwalts kann diesen regresspflichtig machen (vor § 59 Rz 1 Nr. 1).

2. Zu der Pflicht, die Kosten der Rechtsverfolgung oder Rechtsverteidigung möglichst niedrig zu halten, gehört auch die Pflicht zur billigen Beweisaufnahme. Kann eine Partei einen ihr obliegenden Beweis durch Vorlage einer Urkunde führen, dann sind die Kosten einer wegen Nichtvorlage der Urkunde erforderl. besonderen Beweiserhebung nicht erstattungsfähig (*Schneider* MDR 1972, 476).

3. Ebenso kann es sich verhalten, wenn vorproz unnötige Kosten für den Einsatz eines Detektivs oder die Einholung eines Privatgutachtens aufgewandt werden. Bei gleicher Beweistauglichkeit hat das billigere Beweismittel kostenerstattungsmäßig Vorrang.

4. Der mat Kostenerstattungsanspruch (Rz 9) kann im Laufe des Verfahrens entstehen, etwa bei Erledigung der Hauptsache durch Zahlung des Bekl oder Klagerücknahme, wenn der Bekl zwischen Einreichung und Zustellung der Klage leistet. Der Kosteners-

tattungsanspruch beruht dann auf dem Verzug des Schuldners mit der Folge, dass dieser als Bekl für die nutzlos aufgewandten Kosten des Kl einzustehen hat. Der dahingehende Anspruch kann durch Klageänderung im laufenden Verfahren als Feststellungsantrag des Bestehens einer mat-rechtl. Kostenerstattungspflicht geltend gemacht werden (BGH MDR 1994, 717). Einer Bezifferung bedarf in diesem Fall nicht, da der Kl die Höhe der noch festzusetzenden Kosten nicht kennt (OLG Hamburg MDR 1998, 367; w. Nachw. bei *StJBork*, 22. Aufl, § 91a Rz 12). Nach *Lang* (AnwBl 1983, 508) muss der Anwalt sogar zur Feststellungsklage übergehen, weil das der sicherste Weg ist. Diese eindeutige Rechtslage wird von Gerichten immer wieder verkannt, so dass Anlass besteht, bei Antragstellung vorsorglich darauf hinzuweisen.

5. Wird die Feststellungsklage irrig als unzul abgewiesen, dann steht das einer erneuten Klage nicht entgegen (*StJLeipold*, 21. Aufl, § 322 Rz 137).

6. Nimmt die Hauptpartei die von ihr erhobene Klage zurück, dann erwirbt der NI deshalb keinen mat-rechtl. Kostenerstattungsanspruch gegen die von ihm unterstützte Hauptpartei (OLG Köln MDR 1995, 313).

## § 91a ZPO Kosten bei Erledigung der Hauptsache

**(1) [1]Haben die Parteien in der mündlichen Verhandlung oder durch Einreichung eines Schriftsatzes oder zu Protokoll der Geschäftsstelle den Rechtsstreit in der Hauptsache für erledigt erklärt, so entscheidet das Gericht über die Kosten unter Berücksichtigung des bisherigen Sach- und Streitstandes nach billigem Ermessen durch Beschluss. [2]Dasselbe gilt, wenn der Beklagte der Erledigungserklärung des Klägers nicht innerhalb einer Notfrist von zwei Wochen seit der Zustellung des Schriftsatzes widerspricht, wenn der Beklagte zuvor auf diese Folge hingewiesen worden ist.**

**(2) [1]Gegen die Entscheidung findet die sofortige Beschwerde statt. [2]Dies gilt nicht, wenn der Streitwert der Hauptsache den in § 511 genannten Betrag nicht übersteigt. [3]Vor der Entscheidung über die Beschwerde ist der Gegner zu hören.**

§ 91a II 2 neu durch G v. 27.07.2001 (BGBl 2001, 1887). § 91a I 2 eingefügt durch G v. 24.08.2004 (BGBl 2004, 2198).

**Lit:** ***Hölzer*** JB 1991, 1; ***Bergerfurth*** NJW 1992, 1655; ***Röckle*** AnwBl 1993, 317 (einseitige Erledigung); ***Ulrich*** NJW 1994, 2793 (Rspr-Übersicht); ***Prütting/Wesser*** ZZP 116, 267; ***Prechtel*** ZAP Fach 13, 1391 (2007).

### Übersicht

1 **1. Zweck.** Zahlt der Bekl während des Prozesses die Klageforderung, hat Klagerücknahme für den Kl die Folge, dass er die Kosten tragen muss, § 269 III 2, weshalb Rücknahme wenig sinnvoll ist, sondern Erledigung vorzuziehen ist; § 91a ermöglicht eine angemessene KostenE. Allerdings gibt § 269 III 2, 3 nF nun eine Grundlage dafür, auch nach Klagerücknahme uU dem Bekl die Kosten aufzuerlegen bzw zu quoteln, sodass sich der Anwendungsbereich des § 91a verschoben hat.

2 **Anwendungsbereich des § 91a.** In ZPO-Verfahren, in denen eine KostenE mögl. ist, auch bei Arrest und eVfg; im s Beweisverfahren nach § 485 (OLG Dresden BauR 2003, 1608; OLG München NJW-RR 2000, 1455; aA OLG Schleswig OLG-Report 2005, 593; KG MDR 2002, 422; OLG Stuttgart OLG-Report 2006, 837); im Nichtzulassungsbeschwerdeverfahren nach § 544 (BGH NJW-RR 2007, 694); Beschwerden im ZwV-Verfahren, falls kontradiktorisch (BGH NZM 2007, 377); entspr anwendbar in echten Streitsachen der freiwilligen Gerichtsbarkeit (BGH NJW 1982, 2506); **nicht** im Insolvenzantragsverfahren (str). Sonderregeln in §§ 619, 640 g, in § 93a I 1 (BGH NJW-RR 1986, 369). Haben die Parteien einen **Prozessvergleich** geschlossen und die KostenE darin *dem Gericht überlassen*, ist nach üEdH § 91a anzuwenden, nicht § 98 S. 2 (BGH NJW 2007, 835). Haben sie bewusst oder unbewusst nichts über die Kosten geregelt, bleibt es bei § 98 (OLG Rostock MDR 2007, 58).

2a **Erledigungsfälle** sind zB: Zahlung; wenn sich bei der Stufenklage aufgrund der Auskunft ergibt, dass dem Kl nichts zusteht (OLG Karlsruhe JurBüro 1999, 37); Auszug während des Räumungsprozesses; Wegfall des Eigenbedarfs bei Kündigung; Wegfall der Wiederholungsgefahr durch Abgabe einer strafbewehrten Unterlassungserklärung (BGH NJW-RR 2006, 566); Ausstrahlen der Gegendarstellung (OLG Koblenz NJW-RR 2006, 484); Erlöschen der verklagten Gesellschaft. Erklärt Bekl *nach* Klagezustellung die Aufrechnung mit einer Forderung, die bereits *vor* Klageerhebung aufrechenbar gegenüber stand, ist erst die Aufrechnungs-Erklärung das „erledigende Ereignis“ (BGH NJW 2003, 3134; dazu *Billing* JuS 2004, 186; *Heyers* JR 2004, 240).

2b **Keine Erledigungsfälle:** Änderung der Rspr (BGH NJW 2004, 1665), sie geht zulasten des Kl; Zahlung wegen eingeleiteter ZwV (OLG Hamm NJW-RR 2006, 391); dass der Kl kein wirtschaftl. Interesse an der Durchsetzung mehr hat (BGH NJW-RR 2006, 544: Patentlizenz).

**2. Volle übereinstimmende Erledigungserklärung in erster Instanz:**

**a)** Erforderl. sind **Erledigungserklärungen** der Parteien (Rechtsnatur str), **Satz 1**; als Prozesshandlungen setzen sie Partei-, Prozess- und Postulationsfähigkeit voraus. Drei Abgabeformen: in mdl Verh (auch hier ohne Anwaltszwang, OLG Schleswig MDR 1999, 252), schriftsätzl. oder zu Protokoll der Geschäftsstelle (dann § 78 V, kein Anwaltszwang). Die **Kostenfolge muss sogleich bedacht werden**, weil meist eine weitere Beweisaufnahme (Rz 5) abgelehnt wird. Das ist für den Kl gefährl., weil das Gericht uU der Einfachheit halber von einem ungewissen Prozessausgang ausgeht und die Kosten gegeneinander aufhebt, Rz 9 (obwohl sie, würde nach Beweisaufnahme durch Urteil entschieden, zB voll dem Bekl aufzuerlegen wären). Deshalb sollte der Kl zumindest vor seiner Erledigungserklärung alle Beweisangebote schriftsätzl. rechtzeitig anbieten, ggf schriftl. Zeugenerklärungen vorlegen. Evtl. ist es ohnehin zweckmäßiger, mit der Erledigungserklärung noch zu warten, bis die Zeugen vernommen sind (OLG Rostock JurBüro 2006, 489 will aber dann dem Kl die weiteren Kosten auferlegen). Bei Unzust des Gerichts sollte wegen der Kostenfrage (Rz 5, 9) Verweisung beantragt werden und erst beim Gericht, an das verwiesen wurde, die Erledigungserklärung abgegeben werden. In kritischen Fällen sollte der Kl statt der Erledigungserklärung die Klage ändern auf Ersatz der angefallenen Kosten (die aber soweit mögl. zu beziffern sind), zB aus Verzug. 3

**Satz 2:** Die Erklärungen müssen nicht ausdrückl. sein; es genügt, wenn der Bekl der Erledigungserklärung des Kl **nicht widerspricht** (BGH 21, 299; OLG Koblenz JurBüro 1990, 392), was § 91a I 2 nunmehr regelt, allerdings formalisiert. Die Frist beträgt zwei Wochen; als Notfrist ist sie nicht verlängerbar (doch wäre Wiedereinsetzung, § 233, mögl., was aber unsinnig ist: denn natürl. kann der Bekl noch nach Fristablauf ausdrückl. zustimmen). Der Erledigungsschriftsatz ist zuzustellen mit Belehrung, welche Folgen die Säumnis hat. Die Regelung entspricht § 269 II 4. Stimmt der Bekl nicht zu: Rz 21 ff. 3a

**Hilfsanträge:** Der Kl kann für erledigt erklären und hilfsweise den alten Klageantrag stellen. Eine gemeinsame hilfsweise Erledigungserklärung ist gegenstandslos (*Teubner/Prange* MDR 1989, 586), auch kann eine Partei nicht bedingt oder hilfsweise der Erledigungserklärung der anderen zustimmen (*StJL* § 91a Rz 17; OLG Düsseldorf NJW-RR 1992, 384; str). Zur Frage, ob neben dem Hauptantrag hilfsweise die Feststellung der Erledigung des Hauptantrags beantragt werden kann, vgl BGH NJW-RR 1998, 1571; dazu *Piekenbrock* ZZP 1999, 353. **Streitgenossen:** bei notw gemeinsamer Klage müssen alle StrGen für erledigt erklären oder einer wirksam für alle, § 62. Sonst kann jeder für sich Erklärungen abgeben. 4

**b) Prüfung:** Liegen beide Erledigungserklärungen vor (durch Auslegung zu ermitteln, BGH NJW-RR 1991, 1211), prüft das Gericht nur, ob diese wirksam sind, nicht, ob das erledigende tatsächl. Ereignis (zB Zahlung) wirklich eingetreten ist (BGH NJW 1982, 1598) und wann es eintrat (es kann schon vor Rechtshängigkeit eingetreten sein, BGH 83, 14; sogar vor Anhängigkeit, OLG Köln NJW-RR 2000, 1456). Eine weitere **Beweisaufnahme** (wegen der Kosten) findet nur in Ausnahmefällen statt (BGH 13, 145; 21, 300; **aA**: weitere Beweisaufnahme unzul). 5

**c) Zeitpunkt. Wann können die Erklärungen abgegeben werden?** Grds von Klagezustellung bis zum Urteilserlass, bzw vom Antragseingang bis zum Entscheidungserlass 6

(„Rechtsstreit"). Nach Urteilserlass, aber vor Ablauf der Ber-Frist und vor Ber-Einlegung, dh *zwischen den Instanzen*, kann auf Antrag ein Termin zur Abgabe der beidseitigen Erledigungserklärungen angesetzt werden (LAG Hamm NJW 1972, 2063; hM). Auch noch in der Rm-Instanz, noch während des Verfahren über NZB, § 544 (BGH WRP 2005, 126). Zur Rm-Instanz vgl unten Rz 14.

7 **d) Wirkungen:** Erlöschen der Rechtshängigkeit bis auf die Kosten, BGH NJW 1967, 565. Bereits ergangene, noch nicht rechtskräftige Entscheidungen (zB VU) werden wirkungslos, analog § 269 III 1 (BGH NJW 2004, 506). Keine neuen Sachanträge mögl. (BayObLG WM 1996, 500).

8 **e) Entscheidung:** Eine mdl Verh ist nicht erforderl. (§ 128 IV). (1) **Beschluss** (Abs. 1 S 1) aufgrund ... vom ...: „Dem ... werden die Kosten auferlegt", oder Quotelung. Oder: „Das Versäumnisurteil vom ... ist wirkungslos; die Kosten der Säumnis vom ... trägt ..., die übrigen Kosten ...". Falsch wäre der Satz „Die Hauptsache ist erledigt" (weil das tatsächl. Ereignis nicht geprüft wurde). Kein Ausspruch über vorl Vollstr (§ 794 I Nr. 3). (2) **Gründe** sind notwendig, BGH 13, 145; OLG Jena OLG-NL 1994, 69 (Sachverhalt, Wirksamkeit der Erledigungs- Erklärungen, Begr der Kostenverteilung), außer entspr § 313a.

9 (3) **Kostenentscheidung:** sie muss die Kosten des gesamten Rechtsstreits regeln; es kommt auf den bisherigen (!) Sach- und Streitstand an, dh auf die *Prognose:* wer hätte den Prozess verloren und also nach §§ 91 ff. die Kosten tragen müssen? BGH MDR 2004, 698. Bei einem rechtl. schwierig gelagerten Rechtsstreit genügt eine summarische Prüfung der Rechtsfragen (BGH WuM 2004, 725; OLG Celle OLG-Report 2006, 462). Bei ungewissem Prozessausgang Kostenaufhebung nach § 92. IÜ sind zwingende Kostentrennungen (§§ 344, 281) zu beachten, der Gedanke des § 93 (OLG Hamm NJW-RR 1986, 1121), des § 96 (LAG Nürnberg NZA-RR 2002, 274), und im Rahmen des „billigen Ermessens" auch eine mat Kostenerstattungspflicht (BGH NJW 2002, 680; MDR 1981, 126; OLG Frankfurt AnwBl 1993, 290); eine Einigung über die Kosten (BAG NJW 2004, 533). Vor der KostenE sollten die Parteien auf die **Folgen bezüglich der Gerichtsgebühren** hingewiesen werden, vgl Rz 10.

Über Kosten nach **Stufenklage:** War der Bekl dem Kl gegenüber auskunftspflichtig (zB § 2314 BGB) und ergibt sich aus den Auskünften des Bekl, dass der Klageanspruch nicht besteht (zB weil der Nachlass wertlos war), so sind nach üEdH die Kosten dem Bekl aufzuerlegen (OLG Frankfurt NJW-RR 2006, 1581); vgl § 254 Rz 12a. Bei üEdH vor dem unzust Gericht sind die Kosten dem Kl aufzuerlegen (Grund: unzul Klage; OLG Hamm NJW-RR 1994, 828). Entbehrl. ist die KostenE, wenn sich die Parteien über die Kosten außergerichtl. geeinigt haben (BGH MDR 1970, 46). (4) **Bekanntmachung des Beschlusses** nach § 329, immer (auch wenn verkündet) von Amts wegen zuzustellen, § 329 III.

10 (5) **Streitwert** (für weitere Geb und Beschwerdewert): sinkt während des Verfahrens, ab übereinstimmende Erledigungserklärung Summe der bisherigen Kosten. **Gerichtsgebühren:** GKG-KV Nr. 1210, 1211 Nr 4, also uU Ermäßigung um 2/3: aber nur, wenn sich das *ganze* Verfahren erledigt, keine schädl. Urteile vorausgegangen sind („soweit ...") und wenn die KostenE einer mitgeteilten Einigung der Parteien oder der Kostenübernahmeerklärung entspricht. Muss also ein Beschluss mit Abwägung nach „Ermessen" ergehen, erfolgt keine Ermäßigung, es bleibt es bei der 3,0 Geb (OLG Hamburg MDR 2006, 1376).

**Rechtsanwalt:** RVG VV 3100, 3104. Werden die Erklärungen im Termin abgegeben, fällt die TerminsGeb noch aus dem vollen StrW an, nicht nur aus dem Kostenwert (OLG Köln OLG-Report 2006, 884). Werden die Erklärungen schriftsätzl. abgegeben und folgt ein Kostenbeschluss ohne mdl Verh, fällt keine TerminsGeb (VV 3104) an. Die üEdH stellt keine Einigung im Sinne von RVG VV 1000, 1003 dar (OLG Köln MDR 2006, 539). Zu den RA-Geb vgl *Enders* JurBüro 2005, 113.

**f) Erneute Klage?** Nach übereinstimmender Erledigungserklärung kann, da sogleich die Rechtshängigkeit erlischt, die Erledigungs-Erklärung nicht mehr widerrufen werden, auch nicht übereinstimmend (str); auch keine Anfechtung (str), außer entspr § 580. Da nicht über den Anspruch entschieden wurde, erlangt der Beschluss keine mat Rechtskraft, erneute Hauptsacheklage also mögl. (hM; nach **aA** fehlt Rechtsschutzbedürfnis,OLG Celle FamRZ 1998, 684). 11

**g) Rechtsbehelfe:** **(1)** gegen den erstinstanzl. Beschluss von AG/LG **sofortige Beschwerde**, §§ 91a II, 567; auch unselbstständige Anschlussbeschwerde (§ 567 III). **Unzulässig** ist die sof Beschwerde, wenn die Kostendifferenz (§ 567 II) nicht erreicht ist oder wenn die zugehörige Hauptsache nicht in die höhere Instanz hätte gelangen können, zB bei StrW unter 600,01 € (§ 91a II 2; dabei kommt es auf den Betrag an, mit dem die Partei voraussichtl. unterlegen wäre; BGH NJW-RR 2003 1504); oder wenn auf Rm verzichtet wurde (Verzicht auf Beschlussgründe *nach* Verkündung des Kostentenors enthält nicht zwingend Rm-Verzicht (BGH NJW 2006, 3498; aA OLG Hamm MDR 2006, 350; OLG Köln MDR 2002, 109; OLG Brandenburg NJW-RR 1995, 1212). – Gegen den AG-Beschluss entscheidet das LG; gegen den des AG-FamilienG oder in Auslandsbezugssachen (§ 119 Nr. 1c GVG) das OLG; gegen den LG-Beschluss das OLG. Haben die Parteien in einem PV dem Gericht die KostenE überlassen, dann üEdH erklärt und auf eine Begr des § 91a-Kostenbeschlusses verzichtet, bedeutet das nicht zwingend einen Verzicht auf das Rm der sof Beschwerde (BGH NJW 2006, 3498). 12

**(2)** Eine „weitere Beschwerde" gegen den Beschwerdebeschluss des LG zum OLG gibt es nicht mehr, nur **Rechtsbeschwerde** zum BGH nach § 574 I Nr 2 (BGH NJW-RR 2004, 999), wobei aber nur die Anwendbarkeit von § 91a geprüft wird. Die Rechtsbeschwerde ist unstatthaft, soweit die KostenE nach § 99 I nicht anfechtbar ist (BGH FamRZ 2003, 1269). Vgl Rz 20. **(3)** Gegen den **§ 91a-Beschluss** des LG/OLG als BerGer: Rechtsbeschwerde zum BGH (§ 574), aber nur, wenn die Rechtsbeschwerde zugelassen wurde; Einlegung beim BGH nur durch einen beim BGH zugelassenen RA (§ 575 ZPO; § 133 GVG). Aber wegen § 542 II in eVfs-Sachen keine RB (§ 574) gegen die KostenE des BerGer (BGH NJW-RR 2003, 1074). 12a

**Beschwerdeverfahren:** Es erfolgt nur eine Überprüfung auf Ermessensfehler (KG OLG-Report 2006, 282). § 571 II ist grds nicht anwendbar (weil § 91a auf den „bisherigen Stand" abstellt, OLG Frankfurt WRP 1987, 116; *Merz* ZMR 1983, 365).

**Gehör des Gegners** (angemessene Frist! BVerfG 60, 317; *Smid* MDR 1985, 189), **Absatz 2 Satz 3**, kann mE unterbleiben, wenn die Beschwerde ohnehin verworfen/zurückgewiesen wird. Auch das Ermessen wird nachgeprüft. Ist über die Kosten inkorrekt durch „Urteil" entschieden, kann dagegen Ber (oder sof Beschwerde) eingelegt werden (Grds der Meistbegünstigung), darüber wird richtig, nämlich durch Beschluss, entschieden (BGH LM Nr. 23). 13

### 3. Übereinstimmende Erledigungserklärung in höherer Instanz

14 Sie ist mögl. **a) Voraussetzung** ist Zulässigkeit des Rm (Ber, Rev, Beschwerde), BGH 50, 197, insbes Vorliegen der **Beschwer** im Zeitpunkt der Rm-Einlegung (vgl *Gottwald* NJW 1976, 2250). Erledigung (zB Erfüllung) nach Rm-Einlegung beseitigt Beschwer nicht (BGH NJW 1967, 564); bei Rm-Einlegung nach Erledigung ist Beschwer grds entfallen (BGH LM Nr. 4), wenn der abgewiesene Kl die Erfüllung vorbehaltlos annimmt (str); der Bekl bleibt beschwert, wenn er nach Verurteilung und vor Rm-Einlegung die Forderung getilgt hat, weil die Forderung nach seiner Meinung erst zu diesem Zeitpunkt fällig geworden ist (BGH NJW 1975, 539).

15 **b) Wirkung:** das bereits ergangene, noch nicht rechtskräftige ErstU wird analog § 269 III 1 wirkungslos, was auf Antrag zur Klarstellung, vgl § 775 Nr. 1, durch Beschluss ausgesprochen werden kann.

16 **c) Im Kostenbeschluss** ist über die Kosten des gesamten Rechtsstreits, auch der unteren Instanzen, zu entscheiden; er ist nicht anfechtbar (Rz 12).

17 **d) Streitig ist, ob** analog § 91a statt der **„Hauptsache" lediglich das „Rechtsmittel" für erledigt** erklärt werden kann (mit dem Unterschied, dass die vorangegangene Entscheidung bestehen bleibt und nur noch über die Kosten des Rm-Verfahrens entspr § 91a zu entscheiden ist); zB wenn einem zunächst aussichtsreich erscheinenden Rm durch einen Berichtigungsbeschluss die Grundlage entzogen wird; vgl BGH NJW 1994, 2832; vgl *Heintzmann* ZZP 87 (1974), 199; zutr bejahend KG NJW-RR 1987, 766; **aA** OLG Karlsruhe FamRZ 1991, 464.

### 18 4. Teilweise übereinstimmende Erledigungserklärung

**Beispiel:** 3 000 € eingeklagt, 1 000 € werden übereinstimmend für erledigt erklärt (zB weil der Bekl insoweit bezahlt hat; oder indem der Kl die Klage ermäßigt und der Bekl nicht widerspricht, § 264 Nr. 2; kann aber auch als Teilrücknahme auszulegen sein, § 139). Über die restl. 2 000 € wird dann streitig durch Urteil entschieden.

19 **a) Entscheidung:** über den erledigten Teil ergeht kein gesonderter Kostenbeschluss (Einheitlichkeit der KostenE), sondern im EndU (BGH LM Nr. 5) wird über alle Kosten des Rechtsstreits entschieden; die KostenE beruht dann teils auf § 91a, teils auf §§ 91, 92 ff. (sog *gemischte* KostenE), was in den Entscheidungsgründen (nicht im Tenor) auseinander zu halten ist.

**b) Streitwert:** vgl § 3 Rz 16; bedeutsam für GebStrw, für Ber-Summe.

20 **c) Rechtsmittel:** der auf § 91a beruhende Teil der KostenE kann mit der sof Beschwerde von jedem Beschwerten angefochten werden, § 91a II; in *diesem* Umfang kann sie dann vom Beschwerdegericht abgeändert werden (BGH 40, 265). Der auf §§ 91, 92 ff. beruhende *andere* Kostenteil ist isoliert nicht anfechtbar, § 99 (BGH NJW-RR 2003, 1504; OLG Saarbrücken JurBüro 2005, 97). Die Entscheidung über die Hauptsache kann mit Ber angefochten werden, diese Ber ergreift den auf §§ 91, 92 ff. beruhenden Kostenteil; sie erfasst auch den auf § 91a beruhenden Kostenteil, falls die Auslegung ergibt, dass er angegriffen werden soll (in der Ber steckt dann eine sof Beschwerde, die nur zul ist, wenn der § 91a-Teil den Wert gem § 567 II erreicht, während die Frist des § 569 wegen des Grundsatzes der Meistbegünstigung nicht gewahrt sein muss; jedoch wird über beide Teile einheitl. durch Urteil entschieden); str, vgl OLG München NJW 1970, 761 und 2114; OLG

Zweibrücken NJW 1973, 1935; KG MDR 1986, 241. Vgl § 99 Rz 9 und *Schiffer* ZZP 1988, 25. Hat das BerGer über die Ber gegen HauptsacheE und *gesamte (gemischte)* KostenE entscheiden und die Rev zugelassen, überprüft der BGH die KostenE nur beschränkt; mit der Würdigung durch das BerGer hat es sein Bewenden, sofern nicht die Vorschrift des § 91a selbst zum Gegenstand rev-rechtl. Nachprüfung gemacht werden soll, weil es sonst zu einer unzulässigen Erweiterung des Instanzenzuges käme (BGH ZIP 2007, 340).

**5. Volle einseitige Erledigungserklärung des Klägers** 21

Sie ist in § 91a *nicht* geregelt. **a) Antrag:** erklärt der Kl für erledigt (zB weil der Bekl bezahlte, der Kl aufrechnete, der Bekl die Sache herausgegeben, die Handlung vorgenommen, die Wohnung geräumt hat; wegen Zeitablauf; Wegfall des Rechtsschutzbedürfnisses) und stimmt der Bekl nicht zu (er ist nicht verpflichtet; zur fingierten Zustimmung vgl § 91a I 2), kann der Kl die Erklärung frei widerrufen und wieder den alten Klageantrag stellen (BGH NJW 2002, 442); er kann aber auch (stets zul, § 264 Nr. 2) seinen *Klageantrag ändern:* festzustellen, dass die Hauptsache erledigt ist; hilfsweise kann der urspr Klageantrag gestellt werden (BGH NJW 1989, 2885), oder umgekehrt (vgl BGH NJW 1975, 540; str). Die Rechtsnatur der einseitigen Erledigungserklärung ist str (offen BGH NJW 1982, 768).

**b) Zeitpunkt der Antragsänderung:** ab Rechtshängigkeit bis zum Schluss der mdl Verh 22 erster Instanz, nicht zwischen den Instanzen, aber wieder in der Ber- und Rev-Instanz (BGH NJW 1965, 537; 1976, 799; NJW 1989, 2885). Der Kl kann in der mdl Verh zur Hauptsache die Sache für erledigt erklären und auf den Feststellungsantrag übergehen; wenn der Bekl säumig ist, dann muss der Bekl nicht erneut geladen werden, weil der Feststellungsantrag ein Minus gegenüber dem Leistungsantrag ist; es kann somit sogleich ein VU ergehen. Die Zulässigkeit einer einseitigen **Erledigungserklärung nur des Rechtsmittels** (also nicht der Hauptsache) ist str (zutr dafür OLG Frankfurt NJW-RR 1989, 63).

**c) Prüfung durch das Gericht** (notfalls Beweisaufnahme, BGH MDR 1969, 133): **(1)** Ist 23 tatsächl. Erledigung eingetreten? zB nicht, wenn der Bekl nur zur Abwendung der ZwV zahlte (BGH NJW 1985, 2405); **(2)** War die Klage im Augenblick des erledigenden Ereignisses zul und begr (BGH NJW 1986, 588; BAG NJW 1996, 1980)? Jede Partei kann einen str Ausspruch über Erledigung/Nichterledigung erzwingen, ohne dass hierfür ein bes und weiteres Rechtsschutzbedürfnis erforderl. wäre (BGH NJW 1982, 767 u. 1598; 1986, 589). Bei Verneinung Klageabweisung; bei Bejahung: **(3)** Ist die Klage unzulässig oder unbegr („gegenstandslos") geworden durch ein Ereignis, das *nach* Klagezustellung eintrat (BGH NJW 1982, 1598; str)?

**d) Entscheidung: (1) durch Urteil**, entweder Klageabweisung (der Feststellungsklage) 24 oder Feststellung „Der Rechtsstreit ist in der Hauptsache erledigt"; dies ist eine SachE (BGH NJW 1968, 2243). Auch durch **VU** (Rz 22). **(2) Kostenentscheidung** nach §§ 91, 92 ff. (nicht nach § 91a, BGH NJW 1982, 1598). Bei Klageabweisung wegen Erledigung *zwischen* Klageeinreichung und Zustellung wollen manche § 93 analog anwenden (sog „reziproke" Anwendung des § 93; vgl *Stöhr* JR 1985, 490; § 93 Rz 13; OLG Bamberg NJW-RR 1986, 997; dagegen OLG Stuttgart NJW-RR 1997, 1222; mangels Lücke abzulehnen); vgl § 269 III 2, 3.

25 **(3) Vorläufige Vollstreckbarkeit** §§708ff. **(4) Streitwert** (für Geb, Rm): vgl §3 Rz 16. **(5) Rechtskraft:** Urteil erlangt mat Rechtskraft (hM); Umfang str, beschränkt auf Unbegr der Klage usw. zur Zeit der letzten mdl Verh, nach **aA** erstreckt auf ursprüngl. Unbegr usw.; vgl *Koenigk* NJW 1975, 529; OLG Schleswig JurBüro 1984, 1741. **(6) Rechtsmittel:** Ber wie übl., wegen Ber-Summe §3 Rz 16; auch wenn es dem Kl bei Klageabweisung nur auf eine Abänderung der KostenE ankommt, ist die Ber nicht wegen §99 unzul (BGH 57, 24).

26 **e) Lag das erledigende Ereignis zwischen Klageeinreichung (Anhängigkeit) und Zustellung (Rechtshängigkeit)** – oder vor Klageeinreichung –, kann die Erledigung der Hauptsache durch Urteil nicht festgestellt werden (BGH NJW 1982, 1598; NJW-RR 1988, 1151), die Klage ist mit der Kostenfolge des § 91 abzuweisen (zur analogen Anwendung des § 93 oben Rz 24); bei Klagerücknahme Kostenfolge des § 269 III 2, 3. Allerdings ist eine übereinstimmende Erledigungserklärung auch in diesen Fällen mögl., selbst bei Erledigung vor Anhängigkeit (Risiko ist aber, dass das Gericht über die Kosten nach Ermessen befindet). Bleibt es bei der einseitigen Erledigungserklärung durch den Kl, weil der Bekl nicht zustimmt, ist fragl., wie der Kl zur Kostenerstattung kommt.

27 **Prozesskosten: drei Möglichkeiten: (1)** der Kl **nimmt die Klage zurück**, weist das Gericht auf §269 III 2, 3 hin und hofft, dass es die Kosten dem Bekl (ganz oder teilweise) auferlegt. So etwa, wenn der eingeklagte Betrag am 10.02. fällig war, am 12.02. die Klage eingereicht wurde, am 14.02. die Zahlung einging und am 16.02. die Klagezustellung erfolgte. Im genannten Verzugsfall werden die Kosten dem Bekl auferlegt werden. Anders als bei §91a ist aber bei §269 III 3 neuer Tatsachenvortrag durch den Bekl mögl. (BGH 2006, 775), zB dass kein Verzug vorgelegen habe. Allerdings kann das Gericht die Kosten auch nach der Grundregel bei Klagerücknahme die Kosten dem Kl auferlegen. **(2)** Der Kl kann auf das Stellen des Kostenantrags (§269 IV) verzichten, dann ergeht keine KostenE. Er kann dann eine **neue Klage** auf Schadensersatz gegen den Bekl erheben (zB aus PVV, aus §286 BGB); auch als VollstrGegenklage gegen den KfB, §§767, 795, 795 I Nr.2. Problem: Verursachung von überflüssigen Mehrkosten. Zweifelhaft ist auch das Rechtsschutzbedürfnis, da §269 III gerade deswegen reformiert wurde, um das Kostenproblem zu lösen; man wird es gleichwohl bejahen müssen (*Prechtel* ZAP Fach 13, 1391/1401; aA *Bonifacio* MDR 2002, 499), weil bei §269 nur summarisch geprüft wird, hier aber strengbeweisl. IÜ kann ja der Bekl den Kostenantrag nach §269 IV stellen. (3) Oder der Kl macht **im laufenden Prozess** seinen Schaden (dh die Prozesskosten) geltend, indem er (wenn noch keine völlige Bezifferung mögl. ist) auf Feststellung (§256) der Ersatzpflicht klagt (*Sannwald* NJW 1985, 898; KG NJW 1991, 499) oder indem er ihn (wenn schon mögl.) beziffert (zul Klageänderung, §§263, 264 Nr.2, 3); hat der Kl seinen RA noch nicht bezahlt, hat er nur einen Freistellungsanspruch. Falsch ist bei einer Leistungsklage der Antrag, dem Bekl „die Kosten" aufzuerlegen (unbestimmt ! BGH MDR 1979, 1000). Bei der späteren KostenE darf dann vom Gericht nicht (wegen der Klageänderung) nach §269 III oder §92 gequotelt werden, weil sonst der prozessökonomische Sinn des Verfahrens verdreht würde (KG NJW-RR 1998, 1078; alles str, vgl OLG Frankfurt NJW-RR 1989, 571; *Werner* JA 1995, 55). – Vgl *Elzer* NJW 2002, 2006; *Prechtel* ZAP Fach 13, 1391 (2007).

28 **f) Einseitige Erledigungserklärung des Beklagten** ist unzul (BGH NJW 1994, 2363; hM): stimmt der Kl zu, liegt eine übereinstimmende Erledigung vor; anderenfalls ist nach § 139 aufzuklären, welche Einwendung (Erfüllung?) der Bekl meint.

**6. Teilweise einseitige Erledigungserklärung des Klägers:** hier liegen zwei verschiedene Anträge vor: restl. Leistungsantrag (zB) und Feststellungsantrag. StrW vgl §3 Rz 16. 29

30

**Praxishinweise:**

1. Bedingte Erledigungserklärungen sind grds unwirksam (Rz 4). Weiß aber der Kl nicht, wann die Klage zugestellt worden ist, dann darf er wegen zwischenzeitl. Zahlung des Bekl die Hauptsache unter der Bedingung für erledigt erklären, dass vor Zustellung gezahlt worden ist. Für den Fall der Zahlung nach Zustellung darf er hilfsweise den mat Kostenerstattungsanspruch (Rz 9; § 91 Rz 40, 4) geltend machen. Hat der Bekl vor Zustellung gezahlt, dann ist die Bedingung nicht eingetreten und muss im Urteilsverfahren über die geänderte Klage entschieden werden (KG NJW-RR 1998, 1074).

2. Der Bekl kann sich einer Erledigungserklärung des Kl nicht hilfsweise anschließen, wenn er weiterhin Klageabweisung beantragt (OLG Düsseldorf JurBüro 1991, 1545).

3. Erklären die Parteien den Rechtsstreit vor einem unzust Gericht in der Hauptsache für erledigt, dann geht das kostenmäßig zulasten des Kl, weil bei Unzulässigkeit die Erfolgsaussicht der Klage nicht zu beurteilen ist (OLG Brandenburg NJW-RR 1996, 955). Diese Entscheidung zwingt den RA, einen Verweisungsantrag zu stellen, anstatt für erledigt zu erklären, um dem angewiesenen Gericht die Erfolgsprüfung zu ermögl. (kritisch dazu *Zöller/Vollkommer* § 91a Rz 58 unter „Verweisung").

4. Der Ausschluss weiterer Beweiserhebungen (Rz 7) gilt nur, wenn sie ein bes Verfahren voraussetzen (§ 358). Präsente Beweismittel, vor allem also Urkundenvorlage (§ 420), sind zu berücksichtigen (*Musielak/Wolst* § 91a Rz 22).

5. Verzichten die Parteien auf eine Begr der KostenE, dann verzichten sie damit nicht auf die sof Beschwerde (*Schneider* MDR 2000, 987). Da dies aber str ist (zB OLG Hamm NJW-RR 1995, 1213; 2002, 21 gegen OLG Hamm NJW-RR 1993, 827; 1994, 1407), verfehlt ein RA mit einem Begr-Verzicht den sichersten Weg. Auf jeden Fall sollte er einem Verzicht zu Protokoll hinzufügen: „ohne Verzicht auf Rechtsmittel".

6. Entgegen vielfach irriger Annahme setzt die KostenE aus § 91a bei übereinstimmenden Erledigungserklärungen keinen Kostenantrag voraus. Es gilt § 308 II. Wohl können beide Parteien übereinstimmend auf eine KostenE verzichten, die dann nicht erlassen werden darf (*Schneider* NJW 1969, 88; allg. M.).

7. Da übereinstimmende Erledigungserklärungen keine Rechtskraft wirken, besteht für eine erneute Klage kein Verfahrenshindernis (Rz 11). Wollen die Parteien dies erreichen, dann können sie sich vertragl. verpflichten, das Verfahren nicht fortzusetzen (*StJBork*, 22. Aufl, § 91a Rz 26).

8. Die Erledigung wird erst wirksam, wenn der Gegner zugestimmt hat. Ab dann kann sie nicht mehr widerrufen werden. Ebenso wenig wie eine Klagerücknahme oder einen PV können die Parteien die übereinstimmend geschaffene Verfahrenslage beseitigen (*Zöller/Vollkommer* § 91a Rz 11).

Formular 199: Erledigungserklärung des Klägers

Formular 200: Erklärung des Beklagten über die Anschließung zur Erledigungserklärung des Klägers

Formular 201: Widerspruch des Beklagten zur Erledigungserklärung des Klägers

Formular 202: Feststellungsantrag des Klägers nach Widerspruch des Beklagten zur Erledigungserklärung

## § 92 ZPO Kosten bei teilweisem Obsiegen

**(1) [1]Wenn jede Partei teils obsiegt, teils unterliegt, so sind die Kosten gegeneinander aufzuheben oder verhältnismäßig zu teilen. [2]Sind die Kosten gegeneinander aufgehoben, so fallen die Gerichtskosten jeder Partei zur Hälfte zur Last.**

**(2) Das Gericht kann der einen Partei die gesamten Prozesskosten auferlegen, wenn**

**1. die Zuvielforderung der anderen Partei verhältnismäßig geringfügig war und keine oder nur geringfügig höhere Kosten veranlasst hat oder**

**2. der Betrag der Forderung der anderen Partei von der Festsetzung durch richterliches Ermessen, von der Ermittlung durch Sachverständige oder von einer gegenseitigen Berechnung abhängig war.**

§ 92 II redaktionell geändert durch G v. 27.07.2001 (BGBl 2001, 1887).

**Lit:** ***Stegemann-Boehl*** JuS 1991, 320.

1 **1. Bei Teilunterliegen** gibt es drei Möglichkeiten: **a)** Kostenaufhebung, Rz 2; **b)** Kostenquotelung; **c)** keine Quotelung, sondern Kostenvolltragung, Absatz 2. **Teilunterliegen:** zB wenn nur ein Teil zugesprochen wird, wenn Zinsen teils abgewiesen werden, Zug-um-Zug statt unbedingt verurteilt wird. Grundsätzl. sind die Kosten des *gesamten* Rechtsstreits verhältnismäßig zu teilen, dh zu quoteln (nach Bruchteilen oder Prozenten); für die Quote kommt es auf den Grad des Unterliegens auf der Basis des GebStrW an (dieser ergibt sich aus §§ 39 ff. GKG, hilfsweise §§ 4-9 ZPO, hilfsweise § 3 ZPO); es kommt nicht darauf an, wer die Kosten verursacht hat (Ausn §§ 93-96). Mathematische Exaktheit ist nicht erforderl. (RG JW 1938, 2767). **Beispiel:** Kl hat 20 000 € eingeklagt und (unter Klageabweisung iÜ) nur 5 000 € zugesprochen erhalten: von den Kosten trägt der Kl 75 %, Bekl 25 %. Werden ihm 5 400 € zugesprochen, sollte man dem Kl 73 % auferlegen, dem Bekl 27 % (und nicht 3/4 zu 1/4 wählen). – Eine *Verteilung nach Verfahrensabschnitten*, Anträgen usw. ist nur iFd §§ 281 III 2, 344, 96 zulässig; erfolgt sie fälschl., ist die unrichtige KostenE bei der Festsetzung dahin auszulegen, dass im entspr Verhältnis quotiert wird (OLG Hamm JurBüro 1986, 106); str.

2 **2. Gegenseitige Aufhebung der Kosten (Absatz 1 HS 1, Absatz 1 S 2).** Folge: jede Partei trägt die eigenen außergerichtl. Kosten, die eigenen RA-Kosten und 1/2 Gerichtskosten. Das spart die Kf und daher Ärger über die Höhe der Partei-Fahrtkosten, die Anzahl der erstattungspflichtigen Informationsfahrten zum RA, der Fotokopien usw., Beschwerde

gegen die Kf. Nur wenn jede Partei etwa zu 1/2 unterlegen ist (und ferner jede Partei etwa gleich hohe außergerichtl. Kosten, RA-Kosten, Reisekosten, hat; str; vgl LG Hamburg MDR 1985, 770), ist zu entscheiden. „Die Kosten werden gegeneinander aufgehoben"; denn andernfalls ist keine Rechtfertigung dafür vorhanden, dass keine Kosten erstattet werden. Auch wenn jede Partei zu etwa 1/2 unterlegen ist, aber zB eine Partei hohe Fahrtkosten hat und eine Beteiligung der Gegenseite hieran angemessen erscheint, sollte man tenorieren: „jede Partei hat 1/2 der Kosten zu tragen".

### 3. Sonderfälle

**a) Unterliegen in Zinsen:** Zinsen bleiben beim StrW unberücksichtigt (§ 43 GKG, § 4 HS 2 ZPO), sodass der Prozess deswegen in keine höhere Geb-Stufe kommt. Deshalb ist nach Abs. 2 zu differenzieren: ist der Zinsbetrag, bez dessen ein Unterliegen besteht, „geringfügig", wird nicht gequotelt. Fällt er betragsmäßig ins Gewicht (str, ab wann: wohl ab etwa 1/10 der Hauptsache), ist er bei der KostenE trotz § 4 fiktiv zu berücksichtigten (BGH LM Nr. 7; NJW 1988, 2173), denn § 92 unterscheidet nicht zwischen Haupt- und Nebenforderung: werden zB bei Klage auf 10 000 € und 12 % Zinsen seit 5 Jahren die Hauptsache und 12 % Zinsen für nur 1 Jahr zugesprochen, dann hat der Kl bei wirtschaftl. Betrachtungsweise von 16 000 € nur 11 200 € erhalten, sodass der Kl 30 %, der Bekl 70 % der Kosten zu tragen hat; die Praxis lässt das Zinsunterliegen aber fast immer ohne Kostenfolgen. 3

**b) Geringfügiges Unterliegen (Absatz 2 Nr. 1):** bei etwa 1/10 und weniger. **(1) Sind keine Mehrkosten** durch den geringen Teil entstanden, erfolgt keine Quotelung, sondern der einen Partei werden alle Kosten auferlegt. **(2) Sind Mehrkosten entstanden: (a)** die Reform (01.01.2002) gestattet es, dem Verlierer des Prozesses *alle* Kosten aufzuerlegen, wenn das Unterliegen des Siegers und die Mehrkosten „geringfügig" waren. Beispiel: wenn 13 000 € eingeklagt sind, drei Zeugen vernommen werden, einer davon wegen 1 000 €, hinsichtl. derer K verliert. Hier sind nur die Zeugenauslagen für einen Zeugen Mehrkosten; das Unterliegen (1/13) ist geringfügig. Ebenso, wenn 471 000 € eingeklagt sind und nur 469 000 € zugesprochen werden: Mehrkosten durch „Gebührensprung" in der Tabelle nach GKG oder RVG, aber insgesamt geringfügig. Nicht, wenn eine besondere Geb (oder SV-Honorar) ausgelöst wird. **(b)** Die Mehrkosten sind mE nicht mehr geringfügig, wenn sie absolut einen gewissen Betrag ausmachen oder relativ zu den Gesamtkosten und zur Klagesumme nicht nur eine Kleinigkeit darstellen. Beispiel: sind zB 1 520 € eingeklagt, 1 480 € zugesprochen, sind 40 € Teilunterliegen geringfügig; 1 520 liegt in einer anderen Geb-Stufe als 1480, weshalb Mehrkosten angefallen sind; der Prozess wurde um ca 20 % verteuert, absolut um mehr als 100 €, sodass keine Geringfügigkeit mehr vorliegt; eine Quotelung ist notw (sie muss die Verteuerung des Prozesses ungefähr abschöpfen, weshalb 97 % zu 3 % falsch wäre; richtig 80 % zu 20 %). Die Regelung gilt auch bez des Bekl: werden 20 000 € eingeklagt und der Bekl nur zur Zahlung von 200 € verurteilt, können uU dem Kl alle Kosten (und nicht nur 99 %) auferlegt werden. 4

**c) Unbezifferte Klageanträge (Absatz 2 Nr. 2):** Hat der Kl die Höhe des Schmerzensgeldes ins Ermessen des Gerichts gestellt, dabei als Größenordnung 10 000 € angegeben (sonst wäre die Klage unzul, BGH NJW 1982, 340), dann eröffnet das nach hM kostenunschädl. einen Spielraum bis ca 20 % nach unten, nach oben unbegrenzt (BGH VersR 5

1977, 861; JR 1997, 154). Werden bei angegebener Größenordnung "10 000" nur 8 000 € zugesprochen, sind alle Kosten dem Bekl aufzuerlegen; werden nur 6 000 € zugesprochen, muss die Klage iÜ abgewiesen werden und nach hM *sind dem Kl etwa 1/4 der Kosten aufzuerlegen*. Damit wird der Sinn der Zulassung unbezifferter Schmerzensgeldanträge (dem Kl das Risiko abzunehmen, dass er kein Prophet ist) verdreht. Ausgehend von § 92 II Nr. 2 sollte man im Beispiel alle Kosten dem Bekl auferlegen, weil der Betrag von der Festsetzung durch richterl. Ermessen abhängig war (niemand kann den vom Gericht für angemessen erachteten Betrag voraussehen; es *muss* kostenrechtl. mögl. sein, einen Prozess ohne Kostenunterliegen zu führen; sonst würde durch die Kostenquotelung das Schmerzensgeld fast immer verkürzt, im Extremfall erhält der Kl soviel Schmerzensgeld wie seine Teil-Kostenbelastung ausmacht, also nichts, oder er zahlt sogar zu). Werden dagegen (entgegen dem Kl-Vortrag) wegen Mitverschulden des Kl im Beispiel nur 8 000 € zugesprochen, ist 1/5 zu 4/5 zu quoteln (**aA** OLG Köln ZfS 1994, 362: Kostenquotelung immer, wenn die Urteilssumme unter der vom Kl geäußerten Größenvorstellung bleibt). – Das Problem hängt eng zusammen mit der Frage des StrW von unbezifferten Klagen (§ 3) und der Beschwer (§ 511) und ist bislang nicht befriedigend gelöst. Vgl *Dunz* NJW 1984, 1736; *Wurm* JA 1989, 65; *Steinle* VersR 1992, 425; *Gerstenberg* NJW 1988, 1352; *Röttger* NJW 1994, 368; *Husmann* NJW 1989, 3126; *Fuchs* JB 1990, 559; *Mertins* VersR 2006, 47.

5a Von SV ermittelter Betrag: wenn zB ein SV Bauschäden der Höhe nach schätzt. Diese Regelung wird von der Praxis kaum angewandt.

5b **Gegenseitige Berechnung:** wenn wechselseitig abgerechnet wird und zB der einen Partei die Höhe der Gegenforderung nicht bekannt ist.

6 **d) Eventualaufrechnung:** Klageforderung wird vom Bekl bestritten, er rechnet ferner hilfsweise mit einer Gegenforderung auf, die der Kl bestreitet: wird dann aufgrund der Aufrechnung die Klage abgewiesen, ist dies ein Fall des § 92 (OLG Oldenburg JB 1991, 1257; **aA** § 91), denn die Eventualaufrechnung erhöht den Streitwert, § 45 III GKG (Einzelheiten § 3 Rz 10), der Kl verliert seine Forderung, der Bekl die Aufrechnungsforderung. Bei **Primäraufrechnung:** § 91.

7 **e) Haupt-/Hilfsantrag:** lautet der Hauptantrag auf 10 000 €, der (*nicht denselben* Gegenstand betreffende) Hilfsantrag auf 5 000 € und hat nur der Hilfsantrag Erfolg, beträgt der GebStrW 15 000 € (§ 45 I 2 GKG), deshalb ist zu quoteln (BGH LM Nr. 8). Wird dagegen der Hauptantrag über 5 000 € abgewiesen, dem Hilfsantrag über 10 000 € stattgegeben, und betreffen beide Anträge *denselben* Gegenstand, beträgt der GebStrW 10 000 € (§ 45 I 3 GKG), deshalb ist § 91 anzuwenden, alle Kosten sind dem Bekl aufzuerlegen. Vgl. ferner § 3 Rz 18.

8 **f) Zug-um-Zug:** vgl *Hensen* NJW 1999, 395. Unterliegen zu schätzen, entspricht nicht dem vollen wirtschaftl Wert der Gegenleistung, weil Bekl keinen Titel erhält. Vgl OLG Düsseldorf NJW-RR 1996, 146.

9 **g) Klage/Widerklage:** **(1)** Wird der Klage stattgegeben, die Widerklage abgewiesen, werden dem Bekl alle Kosten „des Rechtsstreits" auferlegt. **(2)** Klage über 5 000 €; Widerklage über 10 000 €. Beide Klagen (verschiedene StrG) werden abgewiesen. Falsch wäre, die Kosten der Klage dem Kl, die der Widerklage dem Bekl aufzuerlegen (weil idR StrW

zu addieren sind, § 45 I 1 GKG, und die Geb-Tabelle eine Degression hat; Auslegung einer solchen falschen KostenE: Quotelung im Verh der Streitwerte, OLG Naumburg FamRZ 2000, 434); richtig: dem Kl werden 1/3, dem Bekl 2/3 der Kosten auferlegt.

**(3)** Wird nur über die Klage Beweis erhoben, muss die Kostenquote so verschoben werden, dass die Beweiskosten (zB Sachverständigenvergütung) im Ergebnis nur vom Kl getragen werden (vgl BGH LM Nr. 3). **(4)** Wird bei (2) der Klage iHv 2 000 €, der Widerklage iHv 1 000 € stattgegeben, hat der Kl vom Streitwert von 15 000 € (§ 45 GKG; nicht § 5 ZPO) bei der Klage 3 000 €, bei der Widerklage 1 000 € verloren, zusammen 4 000 € von 15 000 €, sodass der Kl 4/15, der Bekl 11/15 der Kosten zu tragen hat. – Vgl ferner § 3 Rz 24. 10

**h) Teilweise Klagerücknahme:** bei voller Klagerücknahme KostenE nach § 269 III 2. Bei teilweiser Rücknahme soll idR kein Teilkostenbeschluss ergehen, sondern über die gesamten Kosten (des zurückgenommenen und des durch Urteil entschiedenen Teils) im Urteil entschieden werden (sog **gemischte Kostenentscheidung**, die zT auf § 269 III 2, zT auf §§ 91 ff. beruht). Erfolgt die Rücknahme *nach* Antragstellung und Beweisaufnahme, spart sie kaum Kosten, weshalb für die Quote vom ursprüngl. StrW auszugehen ist (zB 10 000 € eingeklagt, 5 000 € zurückgenommen, restl. 5 000 € zugesprochen: Kosten 1/2 zu 1/2). Erfolgt die Rücknahme *vorher*, ist die Quote so zu verschieben, dass den Bekl der Kostenbetrag trifft, den er auch zu tragen gehabt hätte, wenn von vornherein der geringere Betrag eingeklagt worden wäre (Berechnung im Einzelnen str). Da es jetzt keine RA-BeweisGeb mehr gibt (RVG VV 3100, 3104) können Mehrkosten nur durch Fahrtauslagen, Zeugenentschädigung etc entstehen, sodass das Problem entschärft ist. 11

**i) Streitgenossen:** vgl § 100. 12

## § 93 ZPO Kosten bei sofortigem Anerkenntnis

**Hat der Beklagte nicht durch sein Verhalten zur Erhebung der Klage Veranlassung gegeben, so fallen dem Kläger die Prozesskosten zur Last, wenn der Beklagte den Anspruch sofort anerkennt.**

**1. Anerkenntnis:** Wer verklagt und dann verurteilt wird, hat grds auch die Kosten zu tragen (§ 91). Dabei bleibt es auch, wenn der Bekl anerkennt (vgl § 307), sodass ein AnerkenntnisU oder ein sonstiges Urteil ergeht. In Ausnahmefällen aber können die Kosten dem Kl auferlegt werden. Das Anerkenntnis muss **vorbehaltslos** sein (ein „Anerkenntnis unter Verwahrung gegen die Kostenlast" genügt, da nur Hinweis auf § 93); auch als Teilanerkenntnis. Nicht notw ist daneben die sof Erfüllung, auch nicht nach kurzer Frist (BGH NJW 1979, 2041; OLG München MDR 2003, 1134; **aA** OLG Hamm MDR 1985, 505). Vgl aber Rz 7. Muss nicht zu AnerkenntnisU führen; § 93 ist anwendbar auch im Beschlussverfahren. AnerkenntnisU hat Kostenprivileg nach **GKG** KV 1211 (2); **RA:** RVG VV 3100, 3104 (voll). 1

**2. Sofort:** dh bei der ersten sich bietenden Gelegenheit und ohne Vorbehalte (OLG Brandenburg FamRZ 2002, 253). Dieses Kriterium ist an sich nicht sinnvoll, wurde von der Rspr daher auch aufgeweicht (in § 269 III 3 hat man das ebenso unsinnige „unverzüglich" mittlerweile gestrichen). „Sofort" heißt grds spätestens im **frühen ersten Termin.** Umstr 2 war, ob es der Anwendung des § 93 entgegenstand, wenn der Klageanspruch vor dem Termin bestritten, insbesondere vom Bekl schriftsätzl. Klageabweisung beantragt wurde. Da § 307 S. 2 nunmehr bestimmt, dass es zum Erlass eines AnerkenntnisU einer mdl Verh nicht bedarf hält es der BGH (NJW 2006, 2490) für „erwägenswert", anzunehmen, dass ein „sofortiges" Anerkenntnis auch bei der Bestimmung eines frühen ersten Termins in der Regel bereits in der Klageerwiderung abgegeben werden muss (ebenso *Vossler* NJW 2006, 1034). „Selbst wenn man dem nicht folgt und an der bisherigen Auffassung festhält, steht aber im Verfahren mit frühem ersten Termin dem Bekl die gesetzte Klageerwiderungsfrist zur Verfügung, um zu entscheiden, ob und wie er sich gegen die Klage verteidigen oder den Klageanspruch anerkennen will" (BGH aaO).

Beim **schriftlichen Vorverfahren** sehr str: nach BGH kann der Bekl jedenfalls dann, *wenn* er innerhalb der Zweiwochenfrist des §276 I 1 zunächst nur seine Verteidigungsbereitschaft anzeigt, *jedoch keinen Sachantrag* (= Klageabweisung) ankündigt, noch innerhalb der anschließenden Frist zur Klageerwiderung „sofort" anerkennen (BGH NJW 2006, 2490; KG NJW-RR 2006, 1078; OLG Brandenburg MDR 2005, 1310). Nach der **aA** ist ein sof Anerkenntnis nur innerhalb der Zweiwochenfrist des §276 I 1 mögl. (OLG Zweibrücken NJW-RR 2002, 138; OLG Karlsruhe FamRZ 2003, 942). – Die bloße Anzeige der Verteidigungsabsicht hindert also nicht, dass ein folgendes Anerkenntnis als „sofort" gilt. Die Anzeige, man vertrete den Bekl, man bitte um Fristverlängerung, schadet dagegen noch nicht. Das Anerkenntnis kann auch noch innerhalb der verlängerten Klageerwiderungsfrist erfolgen. Wer aber voreilig die Verteidigungsabsicht anzeigt *und* Klageabweisung anzeigt, kann nicht mehr sof anerkennen. – **Schweigen im PKH-Verfahren** schadet demgemäß nicht (OLG Hamm FamRZ 2004, 466; **aA** OLG Karlsruhe FamRZ 2004, 1659).

**Aber auch nach Bestreiten**, Beweisaufnahme usw. kann ein Anerkenntnis noch sof sein, zB wenn eine Forderung erst im Lauf des Rechtsstreits nachvollziehbar begr wird und der Bekl daher nicht früher reagieren konnte (vgl BGH NJW-RR 2004, 999; OLG Koblenz JurBüro 2005, 490); oder wenn zu Recht Belege/Nachweise gefordert werden (OLG Karlsruhe FamRZ 2004, 1660). Der Bekl ist auch dann nicht mit Kosten zu belasten, wenn er das Anerkenntnis erst nach Berücksichtigung seines Zurückbehaltungsrechts im Klageantrag erklärt (BGH NJW-RR 2005, 1005).

3 **3. Veranlassung zur Klageerhebung** (zu unterscheiden vom Rechtsschutzbedürfnis) gibt ein Schuldner, wenn der Gl aufgrund des vorproz Verhaltens des Schuldners (ohne Rücksicht auf Verschulden) bei vernünftiger Würdigung aller Umstände annehmen durfte, zur Durchsetzung seiner Ansprüche sei ein Prozess erforderl. (BGH NJW-RR 2004, 999; NJW 2006, 2490; 1979, 2040). Das Verhalten nach Klageerhebung ist unbeachtl., die Veranlassung kann nicht „nachwachsen"; aber das Prozessverhalten des Bekl kann bei der Überzeugungsbildung, er habe Anlass zur Klage geboten, gewürdigt werden (OLG Frankfurt NJW-RR 1993, 126). Der **Bekl**, der die Ausnahme des § 93 für sich in Anspruch nimmt, **hat darzulegen und zu beweisen**, keine Veranlassung gegeben zu haben (OLG Hamm MDR 2004, 1078; OLG Naumburg NJW-RR 2000, 1666); Zugang von Mahnungen, Abmahnschreiben etc aber hat der Gl zu beweisen (OLG Düsseldorf GRUR-RR 2001, 199; **aA** OLG Jena OLG-NL 1998, 110: Verletzer habe Beweislast), bei § 935 glaubhaft zu machen.

**Einzelfälle:** 4

**Anfechtungsklage** nach § 11 AnfG: vorherige Aufforderung ist entbehrl., wenn sie den Zweck hätte vereiteln können (OLG Düsseldorf OLGZ 1985, 73), sonst nicht (OLG Saarbrücken NJW-RR 2000, 1667).

**Auskunftsklage:** hier muss anerkannt und die Auskunft auch sof erteilt werden, jedenfalls wenn es ohne großen Zeitaufwand mögl. ist (OLG Nürnberg MDR 2003, 287; OLG Schleswig SchlHA 1979, 39). Beachte § 93d nF.

**Auslandsaufenthalt des Schuldners** allein veranlasst nicht zur Klage (OLG Köln FamRZ 1992, 831).

**Bauhandwerkersicherungshypothek:** Aufforderung zur Bewilligung der Eintragung der Vormerkung ist grds notw (OLG Oldenburg NdsRpfl 1983, 145; **aA** OLG Köln NJW-RR 1997, 1242; OLG Dresden BauR 2000, 1378); nicht notw, wenn der Bauherr Zahlung des fälligen Werklohns abgelehnt hat (OLG München BauR 1985, 114). 5

**Duldungsklage** (§ 1147 BGB): der Kl muss den Bekl vorher auffordern, auf eigene Kosten eine vollstr Urkunde nach § 794 I Nr. 5 zu errichten (OLG Saarbrücken MDR 1990, 637).

**Einstw Verfügung:** der Bekl muss außergerichtl. zur Leistung aufgefordert werden (OLG Brandenburg MDR 1994, 404); wird sie ohne mdl Verh erlassen, kann der Gegner seinen Widerspruch ausdrücklich auf die Kosten beschränken (sog **Kostenwiderspruch**; dazu *Lemke* DRiZ 1992, 339) und dann geltend machen, er habe das Verfahren nicht veranlasst (OLG Frankfurt AnwBl 1985, 642; hM). Vgl. § 99 Rz 10. 6

**Feststellungsklage:** der zu Unrecht abgemahnte angebliche Störer muss vor Erhebung der negativen Feststellungsklage nicht nochmals abmahnen (LG Hamburg NJW-RR 1993, 173). Wer als Mieter eine unwirksame Kündigung erhält, hat Anlass zur Klage auf Feststellung des Bestandes des MietVerh (AG Hamburg WM 1993, 458).

**Früher erster Termin**: Rz 2.

**Geldschulden:** Fälligkeit allein gibt dem Kl keinen Klageanlass, wenn eine Aufforderung Erfolg verspricht (str, **aA** zB OLG Frankfurt MDR 1980, 855). Bei verfrühter Klage und sof Anerkenntnis trägt der Kl die Kosten (OLG München MDR 1984, 409; str). Anerkenntnis allein genügt nicht, die Leistung muss auch sof erbracht werden; denn wenn nicht einmal unter dem Druck der Klage bezahlt wurde, hatte der Kl sicher Anlass zur Klage (OLG Hamm MDR 1985, 505; OLG Köln JB 1992, 120; *Zöller/Herget* § 93 Rz 6; **aA** BGH NJW 1979, 2041; OLG Düsseldorf NJW-RR 1994, 827). 7

**Haftpflichtversicherung:** ihr ist eine angemessene Prüfungsfrist einzuräumen, ca 4 Wochen (OLG Rostock MDR 2001, 935). 8

**Insolvenzverfahren:** wenn der Insolvenzverwalter den Anspruch nach Aufnahme des Rechtsstreits durch den Gl anerkannt hat vgl BGH NJW-RR 2007, 397. Zum plötzl. Einwendungsverzicht des verklagten Sozialversicherungsträgers (§ 129 InsO) vgl BGH ZIP 2007, 95. Ob ein „vorläufiges" Bestreiten durch den Insolvenzverwalter Klageanlass bietet hängt vom Einzelfall ab (OLG München OLG-Report 2007, 29).

**Mahnverfahren:** legt der Schuldner gegen den Mahnbescheid Widerspruch ein, mit dem er den Anspruch bestreitet, gibt er Veranlassung (OLG Schleswig MDR 2006, 228; OLG 9

Frankfurt MDR 1984, 149; OLG Köln NJW-RR 1994, 767; differenzierend *Fischer* MDR 2001, 1336). Statt „Klage" ist bei § 93 hier, „Mahnverfahren" zu lesen, Widerspruch veranlasst *immer* das Verfahren (Ausn: Kostenwiderspruch). Umstr., vgl *Sonnentag* MDR 2006, 188.

**Räumungsklagen:** Anlass (vgl §257) besteht schon dann, wenn der gewerbl. Mieter sich nach Kündigung auf ausdr Anfrage nicht zu seinen Räumungsabsichten erklärt (OLG Stuttgart MDR 1999, 1189) oder wenn er nicht innerhalb der im Vergleich vereinbarten Mietzeit räumt (OLG München ZMR 1999, 255). Sonderregelung für Wohnraum in §93b III.

**Schriftliches Vorverfahren:** Rz 2.

10 **Teilanerkenntnis:** soweit der Gläubiger die Teilleistung trotz § 266 BGB nach § 242 BGB (wie grds) nicht hätte ablehnen dürfen, hat das Teilanerkenntnis die Folge des § 93 (OLG Schleswig SchlHA 1983, 138). Es ergeht TeilanerkenntnisU mit Ausspruch über vorl Vollstr nach § 708 Nr. 1; über die Kosten wird erst im SchlussU entschieden, wobei die KostenE dann zT auf § 93, zT auf §§ 91 ff. beruht *(gemischte KostenE).*

11 **Unterhaltssachen:** wenn der Unterhaltsschuldner auf das Auskunftsverlangen nicht reagiert, gibt er Klageanlass (OLG Hamm FamRZ 1999, 1153); ebenso wenn er auf vorproz Bitte um Abänderung nicht reagiert (OLG Frankfurt FamRZ 2001, 502; OLG Brandenburg FamRZ 2003, 1577). Ob ein Unterhaltsschuldner auch dann Anlass zur Klage gibt, wenn er den Unterhalt regelmäßig zahlt, ist str: mindestens drei Meinungen: **(1)** Klageanlass, wenn er sich weigert, an der Errichtung einer vollstreckbaren Urkunde (§ 794 I Nr. 5) mitzuwirken, zB OLG Koblenz FamRZ 1986, 826; OLG Düsseldorf FamRZ 1990, 1369; **(2)** wie vor, aber der Schuldner muss die Übernahme der Titulierungskosten anbieten oder sie muss kostenlos sein; vgl *Göhlich* FamRZ 1988, 560; OLG Stuttgart FamRZ 2001, 1361; wohl hM. **(3)** bei regelmäßiger Zahlung kein Anlass zur Klage (OLG Nürnberg FamRZ 2000, 621; OLG München FamRZ 1988, 1292; zutreffend). **(4)** Wer dagegen immer oder häufig verspätet zahlt, gibt Anlass zur Klage (OLG München FamRZ 1993, 454). – Bei **Teilleistungen** des Schuldners besteht grds keine Veranlassung zur Klage über den *vollen* Unterhaltsanspruch, wenn der Schuldner den Sockelbetrag pünktl. und regelmäßig bezahlt hat und damit auch weiterhin zu rechnen ist (OLG Düsseldorf FamRZ 1994, 117; OLG Oldenburg FamRZ 2003, 1575; **aA** OLG Nürnberg FamRZ 2002, 252; OLG Zweibrücken FamRZ 2002, 1130, weil der Spitzen-Titel keine ZwV wegen des ganzen Betrags ermögliche). Vgl § 114 Rz 12. Beachte §§ 648 I 2, 655 III 2.

**Unterlassung**: Unterwerfungserklärung kann trotz eines zuvor angekündigten Klageabweisungsantrags noch „sofort" erfolgen (KG BeckRS 2006, 12079).

**Versäumnisurteil:** denkbar ist, dass noch mit dem Einspruch *sofort* anerkannt wird (OLG Köln VersR 1992, 635).

**Versicherung:** im Falle des § 12 III VVG (6-Monatsfrist) gibt sie Anlass zur Klage (OLG Koblenz NVersZ 1999, 26).

12 **Wettbewerbssachen:** der Gegner ist vorher erfolglos wirksam (dh mit angemessener Frist und ggf Rspr-Hinweisen, OLG Frankfurt AnwBl 1984, 513; mit Vollmacht, beachte § 174 BGB; dazu *Busch* GRUR 2006, 477) **abzumahnen** (OLG Bremen NJW-RR 1988, 625; über Kosten der Abmahnung vgl *Borck* WRP 2001, 20). Beweislast für Zugang hat der Absender (OLG Hamm NJW-RR 1987, 425; OLG Karlsruhe WRP 1997, 477; **aA**

OLG Hamm GRUR 1984, 611; OLG Jena NJW-RR 2007, 255: nur Absendung zu beweisen; KG WRP 1994, 39 und OLG Hamburg NJW-RR 1994, 629: nur Telefax-Absendung zu beweisen; **aA** OLG Bremen JurBüro 1983, 764: Nichterhalt zu beweisen). – Abmahnung ist **entbehrlich**, wenn die Gesamtwürdigung ergibt, dass der Bekl auch auf Abmahnung hin keine Unterwerfungserklärung abgegeben hätte (OLG Stuttgart WRP 1981, 116); dies ist der Ausnahmefall. Abmahnung ist demnach entbehrl. bei vorsätzl. Verstoß (OLG Stuttgart NJW-RR 2001, 257; **aA** OLG Oldenburg NJW-RR 1990, 1330; OLG Oldenburg WRP 1991, 193), bei extremer Eilbedürftigkeit (OLG Düsseldorf Betrieb 1985, 1076; OLG München NJW-RR 1988, 680 verlangt tel Abmahnung), Zwecklosigkeit (OLG Stuttgart NJW-RR 1987, 426), bei Bestreiten im gleichzeitig geführten Hauptsacheverfahren (OLG Frankfurt GRUR 1992, 565); nicht entbehrl. bei Messe-Sachen (OLG Köln NJW-RR 1987, 36). Auch bei Abgabe einer nicht ausreichenden Unterwerfungserklärung gibt der Gegner Anlass zur Klage (BGH NJW 1990, 3148; KG NJW-RR 1987, 491). Wenn die abgemahnte Partei sich bereits einem Dritten unterworfen hatte, muss sie dies der abmahnenden Partei sof mitteilen (OLG Frankfurt JB 1991, 431; AnwBl 1993, 290).

Nach erfolgloser Abmahnung besteht idR keine Veranlassung für gleichzeitige eVfg und Hauptsacheklage auf Unterlassung, sog **gebündeltes Vorgehen** (OLG Dresden OLG-NL 1996, 117; **aA** OLG Köln WRP 1987, 188 und OLG Hamm NJW-RR 1991, 1335).

Ist eine eVfg gegen den Verletzer ergangen, muss vor Erhebung der Hauptsacheklage erneut abgemahnt, dh der Verletzer unter Fristsetzung (ca zwei Wochen, OLG Köln WRP 1987, 188) befragt werden, ob er die eVfg als endgültige Regelung anerkennen wolle (sog. **Abschlussschreiben**), OLG Celle GRUR-RR 2001, 200; OLG Hamburg WRP 1986, 289; OLG Köln WRP 1987, 188. Telefax-Abschlussschreiben soll ungenügend sein, KG NJW-RR 1995, 60. Die Abschlusserklärung muss grds dem Inhalt der eVfg entsprechen (BGH NJW 2005, 2550).

**4. Reziproke analoge Anwendung des § 93:** dh Kostenauferlegung auf Bekl, wenn die urspr zul und begr Klage durch ein nachträgliches Ereignis unzul oder unbegr wird und der Kl nunmehr, „sofort" den Klageverzicht erklärt (OLG Frankfurt OLGZ 1981, 99; **aA** OLG Dresden MDR 2003, 1079). § 91a beachten. Durch die Neufassung von § 269 III 3 besteht kaum mehr ein Bedürfnis dafür. 13

**5. Verfahren und Urteilsinhalt.** Erkennt der Bekl an, ist dies im Protokoll festzuhalten (§ 160 III Nr.1) und nochmals vorzulesen (§ 162). Auf Antrag des Kl ergeht dann ein AnerkenntnisU, in welchem dem Bekl die Kosten auferlegt werden (§ 91), vorl vollstr nach § 708 Nr.1; ohne Tatbestand und Entscheidungsgründe (§ 313b I). Erkennt Bekl an und behauptet, wegen § 93 nicht kostenpflichtig zu sein, kann AnerkenntnisU ergehen, in welchem entweder dem Bekl (§ 91) oder dem Kl (§ 93) die Kosten auferlegt werden; § 93 ist von Amts wegen und nicht nur auf Einwand zu beachten (§ 308 II). Bei widerstr Kostenanträgen ist die KostenE jedenfalls (wegen der Anfechtbarkeit, § 99 II) zu begr (OLG Brandenburg FamRZ 2004, 651). 14

**6. Kosten.** Ein AnerkenntnisU, das dem Bekl die Kosten auferlegt und demgemäß weder Tatbestand noch Entscheidungsgründe enthält (§ 313b I) führt dazu, dass die GerichtsGeb nach GKG KV 1211 Nr. 2 um 2/3 ermäßigt wird (falls die dort genannten weiteren 15

Voraussetzungen vorliegen). Ist eine Begr der KostenE in Hinblick auf den Einwand des Bekl, er habe sof anerkannt, die Kosten seien daher dem Kl aufzuerlegen, notw, gibt es für das Urteil keine Geb-Ermäßigung mehr, weil es arbeitsintensiv ist (OLG Karlsruhe JurBüro 2001, 374; OLG Hamburg MDR 2000, 111; LG Magdeburg JurBüro 2004, 325; aA OLG Naumburg JurBüro 2004, 324; OLG Köln FamRZ 2003, 1766; diese aA hat allerdings den Wortlaut von KV 1211 für sich).

Formular 123: Vertretungsanzeige mit Anerkenntnis

Formular 124: Vertretungsanzeige mit Teilanerkenntnis und Kostenhinweis gem. § 93 ZPO

Formular 126: Vertretungsanzeige bei Teilanerkenntnis mit hilfsweiser Zug-um-Zug-Verurteilung

## § 93a ZPO Kosten in Ehesachen

**(1) [1]Wird auf Scheidung einer Ehe erkannt, so sind die Kosten der Scheidungssache und der Folgesachen, über die gleichzeitig entschieden wird oder über die nach § 627 Abs. 1 vorweg entschieden worden ist, gegeneinander aufzuheben; die Kosten einer Folgesache sind auch dann gegeneinander aufzuheben, wenn über die Folgesache infolge einer Abtrennung nach § 628 Abs. 1 Satz 1 gesondert zu entscheiden ist. [2]Das Gericht kann die Kosten nach billigem Ermessen anderweitig verteilen, wenn**

1. **eine Kostenverteilung nach Satz 1 einen der Ehegatten in seiner Lebensführung unverhältnismäßig beeinträchtigen würde; die Bewilligung von Prozesskostenhilfe ist dabei nicht zu berücksichtigen;**
2. **eine Kostenverteilung nach Satz 1 im Hinblick darauf als unbillig erscheint, dass ein Ehegatte in Folgesachen der in § 621 Abs. 1 Nr. 4, 5, 8 bezeichneten Art ganz oder teilweise unterlegen ist.**

**[3]Haben die Parteien eine Vereinbarung über die Kosten getroffen, so kann das Gericht sie ganz oder teilweise der Entscheidung zugrunde legen.**

**(2) [1]Wird ein Scheidungsantrag abgewiesen, so hat der Antragsteller auch die Kosten der Folgesachen zu tragen, die infolge der Abweisung gegenstandslos werden; dies gilt auch für die Kosten einer Folgesache, über die infolge einer Abtrennung nach § 623 Abs. 1 Satz 2 oder nach § 628 Abs. 1 Satz 1 gesondert zu entscheiden ist. [2]Das Gericht kann die Kosten anderweitig verteilen, wenn eine Kostenverteilung nach Satz 1 im Hinblick auf den bisherigen Sach- und Streitstand in Folgesachen der in § 621 Abs. 1 Nr. 4, 5, 8 bezeichneten Art als unbillig erscheint.**

**(3) [1]Wird eine Ehe aufgehoben, so sind die Kosten des Rechtsstreits gegeneinander aufzuheben. [2]Das Gericht kann die Kosten nach billigem Ermessen anderweitig verteilen, wenn eine Kostenverteilung nach Satz 1 einen der Ehegatten in seiner Lebensführung unverhältnismäßig beeinträchtigen würde oder wenn eine solche Kostenverteilung im Hinblick darauf als unbillig erscheint, dass bei der Eheschließung ein Ehegatte allein die Aufhebbarkeit der Ehe gekannt hat oder ein Ehegatte**

**durch arglistige Täuschung oder widerrechtliche Drohung seitens des anderen Ehegatten oder mit dessen Wissen zur Eingehung der Ehe bestimmt worden ist.**

**(4) Wird eine Ehe auf Antrag der zuständigen Verwaltungsbehörde oder bei Verstoß gegen § 1306 des Bürgerlichen Gesetzbuchs auf Antrag des Dritten aufgehoben, so ist Absatz 3 nicht anzuwenden.**

**(5) Die Absätze 1 und 2 gelten in Lebenspartnerschaftssachen nach § 661 Abs. 1 Nr. 1 entsprechend.**

§ 93a geändert durch LPartG v. 16.02.2001 (BGBl 2001, 266).

**1. Absatz 1. Bei erfolgreichem Scheidungsantrag** sind grds die Kosten gegeneinander aufzuheben, vgl § 92 I. § 93a ist Spezialvorschrift gegenüber § 269 III 2 (OLG Köln FamRZ 2000, 620). Auch bei abgetrennten Folgesachen ist nicht § 91a, sondern § 93a anzuwenden (OLG Karlsruhe FamRZ 1996, 881). Andere KostenE ist nach Absatz 3 mögl. (nur bei Ehe*aufhebung*). StrW der Scheidung § 48 III GKG, der Folgesachen §§ 46, 48, 49 GKG. § 93a gilt auch für Scheidungsausspruch in der Rm-Instanz; analog, wenn sich eine Folgesache in der Berufung erledigt (OLG München FamRZ 2004, 961). 1

**§ 93a I 2 Nr. 1: Härteklausel:** Es kommt auf die Auswirkung der Kostenaufhebung auf die Lebensführung für etwa ein Jahr an; dem wirtschaftl. Stärkeren können demnach mehr Kosten auferlegt werden. 2

**§ 93a I 2 Nr. 2: Billigkeitsklausel:** Wenn ein Teil bez Unterhalt und güterrechtl. Sachen stark überhöhte Anträge gestellt und dadurch den StrW in die Höhe getrieben hat, kann die Kostenquote zu seinem Nachteil geändert werden. Mögl. ist, nur die Mehrkosten anderweitig zu verteilen (OLG München FamRZ 1999, 1153), sog Differenzmethode. 3

Eine *ermessensfehlerfrei* getroffene KostenE nach § 93a I 2 darf vom BeschwerdeG durch eine eigene ErmessensE ersetzt werden (BGH FamRZ 2007, 893).

**2. Absatz 2. Beim abgewiesenen Antrag** werden die Kosten dem ASteller auferlegt, §§ 91, 92. Billigkeitsklausel S. 2. 4

**3. Bei Erledigung der Hauptsache** (durch Tod eines Ehegatten) ist die KostenE nach § 93a, nicht § 91a, zu treffen (BGH FamRZ 1983, 683; OLG Köln FamRZ 2000, 620). 5

## § 93b ZPO Kosten bei Räumungsklagen

**(1) [1]Wird einer Klage auf Räumung von Wohnraum mit Rücksicht darauf stattgegeben, dass ein Verlangen des Beklagten auf Fortsetzung des Mietverhältnisses auf Grund der §§ 574 bis 574b des Bürgerlichen Gesetzbuchs wegen der berechtigten Interessen des Klägers nicht gerechtfertigt ist, so kann das Gericht die Kosten ganz oder teilweise dem Kläger auferlegen, wenn der Beklagte die Fortsetzung des Mietverhältnisses unter Angabe von Gründen verlangt hatte und der Kläger aus Gründen obsiegt, die erst nachträglich entstanden sind (§ 574 Abs. 3 des Bürgerlichen Gesetzbuchs). [2]Dies gilt in einem Rechtsstreit wegen Fortsetzung des Mietverhältnisses bei Abweisung der Klage entsprechend.**

**(2) [1]Wird eine Klage auf Räumung von Wohnraum mit Rücksicht darauf abgewiesen, dass auf Verlangen des Beklagten die Fortsetzung des Mietverhältnisses auf Grund der §§ 574 bis 574b des Bürgerlichen Gesetzbuchs bestimmt wird, so kann das Gericht die Kosten ganz oder teilweise dem Beklagten auferlegen, wenn er auf Verlangen des Klägers nicht unverzüglich über die Gründe des Widerspruchs Auskunft erteilt hat. [2]Dies gilt in einem Rechtsstreit wegen Fortsetzung des Mietverhältnisses entsprechend, wenn der Klage stattgegeben wird.**

**(3) Erkennt der Beklagte den Anspruch auf Räumung von Wohnraum sofort an, wird ihm jedoch eine Räumungsfrist bewilligt, so kann das Gericht die Kosten ganz oder teilweise dem Kläger auferlegen, wenn der Beklagte bereits vor Erhebung der Klage unter Angabe von Gründen die Fortsetzung des Mietverhältnisses oder eine den Umständen nach angemessene Räumungsfrist vom Kläger vergeblich begehrt hatte.**

§ 93b I, II geändert durch G v. 19.06.2001 (BGBl 2001, 1149).

1 **1. Absatz 1. Räumungsklage des Vermieters:** es gilt § 91. Ausnahme in **Absatz 1 Satz 1:** Voraussetzungen: **a)** Wohnraum, auf den die Sozialklausel anwendbar ist; **b)** Fortsetzungsverlangen des Mieters; **c)** Erfolg der Klage gerade wegen der Interessenabwägung, wobei **d)** bei MietVerh auf unbestimmte Zeit (§§ 574-574b BGB) der Vermieter bei der Interessenabwägung aus Gründen gesiegt hat, die erst nach Absendung des Kündigungsschreibens entstanden sind; **e)** Ermessen des Gerichts.

2 **Absatz 1 Satz 2:** wenn der Mieter auf Fortsetzung Klage oder Widerklage erhebt.

3 **2. Absatz 2.** Wenn der Mieter die verlangte Auskunft über die Gründe seines Widerspruchs nicht ausreichend erteilt hat, können dem siegreichen Mieter Kosten auferlegt werden.

4 **3. Absatz 3** (dazu *Harsch* WM 1995, 246) erweitert § 93 zugunsten des Mieters. **Voraussetzungen: a)** Der Vermieter (Kl) kündigt dem Mieter (Bekl) die Wohnung; **b)** Der Bekl ist bereit auszuziehen, begehrt aber eine *angemessene* Räumungsfrist; der Kl lehnt Fristgewährung ab; **c)** Räumungsklage; **d)** Bekl erkennt sof an, bittet aber um Frist; **e)** Gericht erlässt RäumungsU mit Räumungsfrist (§ 721 I 1); **f)** Ermessensausübung bei der KostenE: der Gesetzeszweck ist, den angeblich räumungswilligen Mieter zu privilegieren; dabei wird verkannt, dass das RäumungsU ein VollstrTitel ist, die bloße Räumungszusage dem Vermieter aber nicht nützt, wenn sie nicht eingehalten wird. Das Gericht kann die Kosten dem Kl oder dem Bekl auferlegen oder quoteln.

Das Gericht prüft, ob der Mieter ein *bestimmtes* Auszugsdatum angab (LG Frankenthal WM 1993, 547); ungenügend: „sobald Eigentum errichtet"; „sobald Ersatzwohnung gefunden"; „demnächst"; und ob die vom ihm begehrte Frist *angemessen* war (Richtschnur ist, was das Gericht bewilligen würde, LG Regensburg WM 1993, 545; § 721; dh einige Monate). War sie unangemessen, verlangt LG Wuppertal WM 1993, 548 das „Gespräch" mit dem Mieter; mE bedenkl. Ob der Mieter *Anlass zur Klage* (vgl § 93) bot, ist im Rahmen von Abs. 3 ohne Belang (LG Freiburg WM 1993, 553).

Zur (umstr) Frage, bis wann ein sof Anerkenntnis mögl. ist, vgl § 93 Rz 2. Die mieterfreundl. Rspr überdehnt zT den Begriff *sofort:* ein Anerkenntnis vor Fälligkeit des Räumungsanspruchs soll immer sofort sein (LG Regensburg WM 1993, 545); selbst nach Einspruch gegen ein VU soll noch sof Anerkenntnis mögl. sein (LG Kiel WM 1993, 550); auch in der Ber noch (LG Karlsruhe WM 1993, 461). Wenn dem Mieter aber vorproz schon einmal eine angemessene Räumungsfrist bewilligt wurde und eine weitere dann abgelehnt, ist Abs. 3 nicht mehr anwendbar (LG Stuttgart WM 1993, 544).

**4. Falsche Kostenentscheidung** kann isoliert nicht angegriffen werden, § 99 I. 5

## § 93c ZPO Kosten bei Klage auf Anfechtung der Vaterschaft

**[1]Hat eine Klage auf Anfechtung der Vaterschaft Erfolg, so sind die Kosten gegeneinander aufzuheben. [2]§ 96 gilt entsprechend.**

§ 93c redaktionell angepasst durch KindRG (BGBl 1997, 2942).

Anwendungsbereich vgl § 640 II Nr. 2 (mit §§ 1600 ff BGB). Bei Klageabweisung gilt immer § 91. Anfechtung § 99. 1

## § 93d ZPO Kosten bei Unterhaltsklagen

**Hat zu einem Verfahren, das die gesetzliche Unterhaltspflicht betrifft, die in Anspruch genommene Partei dadurch Anlass gegeben, dass sie der Verpflichtung, über ihre Einkünfte und ihr Vermögen Auskunft zu erteilen, nicht oder nicht vollständig nachgekommen ist, so können ihr die Kosten des Verfahrens abweichend von den Vorschriften der §§ 91 bis 93a und 269 Abs. 3 Satz 2 nach billigem Ermessen ganz oder teilweise auferlegt werden.**

§ 93d zuletzt geändert durch G v. 27.07.2001 (BGBl 2001, 1887).

Die Regelung ermöglicht (anknüpfend an § 269 III) insb bei Stufenklagen eine angemessene KostenE. Nicht nur die „Einkünfte", auch die Abzüge und Belastungen sind anzugeben (OLG Köln FamRZ 2000, 622). § 93d verdrängt §§ 91 ff. (OLG Naumburg FamRZ 2003, 239). Wird Klage abgewiesen und die Kosten dem Bekl auferlegt, soll dem Bekl kein Rm (analog § 99 II) zustehen, OLG Nürnberg MDR 2005, 151; OLG Zweibrücken FamRZ 2007, 749 (zweifelhaft). 1

## § 94 ZPO Kosten bei übergegangenem Anspruch

**Macht der Kläger einen auf ihn übergangenen Anspruch geltend, ohne dass er vor der Erhebung der Klage dem Beklagten den Übergang mitgeteilt und auf Verlangen nachgewiesen hat, so fallen ihm die Prozesskosten insoweit zur Last, als sie dadurch entstanden sind, dass der Beklagte durch die Unterlassung der Mitteilung oder des Nachweises veranlasst worden ist, den Anspruch zu bestreiten.**

Wenn zB der Kl sein Recht nicht durch Erbschein oder Abtretungsurkunde nachgewiesen hat und der Bekl aus diesem Grund die Aktivlegitimation des Kl bestreitet. Erkennt der Bekl nach Nachweis sofort an, hat der Kl nach §§ 93, 94 alle Kosten zu tragen. Erkennt er 1 nicht an, gelten §§ 91, 92; nach **aA** sind in diesem Fall dem Kläger die Kosten (zB) der Beweisaufnahme aufzuerlegen (Kostentrennung; Formulierung ähnl. § 344), dem Bekl die restl. Kosten.

### § 95 ZPO Kosten bei Säumnis oder Verschulden

**Die Partei, die einen Termin oder eine Frist versäumt oder die Verlegung eines Termins, die Vertagung einer Verhandlung, die Anberaumung eines Termins zur Fortsetzung der Verhandlung oder die Verlängerung einer Frist durch ihr Verschulden veranlasst, hat die dadurch verursachten Kosten zu tragen.**

1 Entscheidung im Urteil: „Die durch...verursachten Kosten trägt ..., die übrigen Kosten trägt ...". Anfechtung § 99. Wird in der Praxis kaum angewandt (Verschuldensprüfung!). Daneben kann durch Beschluss nach § 38 GKG eine Verzögerungsgebühr verhängt werden (vgl *Völker* MDR 2001, 1325). Sondervorschrift § 344.

### § 96 ZPO Kosten erfolgloser Angriffs- oder Verteidigungsmittel

**Die Kosten eines ohne Erfolg gebliebenen Angriffs- oder Verteidigungsmittels können der Partei auferlegt werden, die es geltend gemacht hat, auch wenn sie in der Hauptsache obsiegt.**

**Lit:** ***Matthies*** JR 1993, 181; ***Streit/Schade*** JurBüro 2004, 120.

1 Wenn zB ein vom Kl geltend gemachtes Beweismittel (zB Gutachten) bes hohe Kosten verursacht hat und es unbillig wäre, dass diese Kosten der verlierende Bekl zahlt; wenn Klage und Widerklage zurückgenommen werden, aber Beweiskosten allein durch die Klage entstanden sind, will OLG Stuttgart MDR 2006, 1317 diese Beweiskosten ausschl. dem Kl auferlegen. Formulierung wie bei § 95. § 96 wird in der Praxis kaum angewandt. **Analoge Anwendung:** Soweit der Antragsteller des s. Beweisverfahrens in der späteren Klage den Gegenstand des s Beweisverfahrens nicht aufgreift (zB Beweisverfahren wegen drei Eigentumswohnungen, Klage wegen einer), können ihm dessen Kosten im Klageverfahren analog § 96 auferlegt werden (BGH NJW-RR 2006, 810; NJW 2005, 294; Rpfleger 2004, 588). Die im s Beweisverfahren entstandenen Gerichtskosten stellen gerichtl. Kosten des nachfolgenden Hauptsacheverfahrens dar; über diese Kosten kann ggf gem. § 96 ges entschieden werden (BGH Rpfleger 2004, 588). – Variante: TeilkostenE bei § 494a II (OLG Köln NJW-RR 2001, 1650).

### § 97 ZPO Rechtsmittelkosten

**(1) Die Kosten eines ohne Erfolg eingelegten Rechtsmittels fallen der Partei zur Last, die es eingelegt hat.**

**(2) Die Kosten des Rechtsmittelverfahrens sind der obsiegenden Partei ganz oder teilweise aufzuerlegen, wenn sie auf Grund eines neuen Vorbringens obsiegt, das sie in einem früheren Rechtszug geltend zu machen imstande war.**

**(3) Absatz 1 und 2 gelten entsprechend für Familiensachen der in § 621 Abs. 1 Nr. 1 bis 3, 6, 7, 9 bezeichneten Art, die Folgesachen einer Scheidungssache sind, sowie für Lebenspartnerschaftssachen der in § 661 Abs. 1 Nr. 5 und 7 bezeichneten Art, die Folgesache einer Aufhebungssache sind.**

§ 97 III geändert durch G. v. 16.2.2001 (BGBl 2001, 266).

**1. Erfolgloses Rechtsmittel** (Ber, Rev, Beschwerde, Erinnerung, Einspruch). Ist auch gegeben, wenn die angefochtene Entscheidung in dem für den RmKl wesentl. Punkt nicht abgeändert worden ist (BGH LM Nr. 12). Dann werden nach § 97 I zB „dem Berufungskläger die Kosten der Berufung auferlegt". Anders, wenn keine KostenE ergehen darf, Rz 5. Die **Kostenentscheidung des angefochtenen Urteils** bleibt bestehen; das RmG könnte sie aber (trotz erfolglosem Rm) korrigieren, das Verbot der *reformatio in peius* steht nicht entgegen (vgl § 536 Rn 4). 1

**Wechselseitige Berufungen**: **(1)** Der Gegner kann selbst Ber einlegen, wenn die Frist und die Ber-Summe gewahrt sind; das ist eine gewöhnl. Ber, unabhängig von der anderen Ber, sie wird teilweise als „selbstständige Anschlussberufung" bezeichnet. Die Bezeichnung als „Anschlussberufung" sollte dann wegen § 524 IV unterbleiben. **(2)** Legt der Gegner Ber ein, obwohl für ihn die Frist bzw die Ber-Summe nicht gewahrt sind, bleibt ihm nur die Anschließung nach § 522. – Über Kosten von **wechselseitigen Berufungen** wird (bei gemeinsamer Entscheidung) einheitl. entschieden; zB: bei Klage über 10 000 € werden 2 000 € zugesprochen; Ber des Kl strebt weitere 4 000 € (somit insges 6 000 €) an, die AnschlussBer (oder gewöhnl. Ber) des Bekl strebt völlige Klageabweisung an. Beide Ber werden als unbegr zurückgewiesen: „Von den Kosten der Berufung und Anschlussberufung hat der Kläger 2/3, der Beklagte 1/3 zu tragen". 2

Wenn der AnschlussBer-Einleger seine Ber zurücknimmt, hat er die Kosten seiner AnschlussBer zu tragen. Ebenso hat er die Kosten der AnschlussBer zu tragen, wenn die Ber von vornherein unzul ist bzw. bereits zurückgenommen war oder seine eigene Anschließung als unzul anzusehen ist (*Halk/Timme* MDR 2004, 14). Wird die HauptBer zurückgenommen, verworfen oder durch **Beschluss nach § 522 II** zurückgewiesen, verliert die als AnschlussBer bezeichnete Ber ihre Wirkung (§ 524 IV), während eine gewöhnl. Ber ihre Wirkung nicht verliert. Die Kostenfolge von § 524 IV ist umstr: drei Meinungen **(1)** für Quotelung OLG Zweibrücken NJW-RR 2005, 507; OLG Düsseldorf MDR 2003, 288; OLG Celle NJW 2003, 2755 (zutr); **(2)** Einzelfallbetrachtung; **(3)** für Kostentragung durch BerFührer OLG Dresden BauR 2006, 1791; OLG Celle MDR 2004, 592; *Hülk/Timme* MDR 2004, 14; *Ludwig* MDR 2003, 670. Die Kosten einer zulässig eingelegten AnschlussBer sind nach Ansicht des BGH grds dem BerKl aufzuerlegen, wenn dieser die Ber nach einem Hinweis gem. § 522 II 2 zurücknimmt (BGH NJW-RR 2006, 1147). – Bei Rücknahme einer zulässigerweise eingelegten **Revision** sind dem RevKl mit den Kosten der Rev auch die Kosten einer zul AnschlussRev (§ 554) aufzuerlegen (BGH NJW-RR 2005, 651). – Ist Rm gegen ein **Grundurteil** (§ 304) erfolglos, ist die KostenE nicht dem BetragsU vorbehalten, sondern erfolgt nach § 97 I (BGH LM Nr. 9).

**Kostenhöhe:** Die Kosten eines Ber-Verfahrens setzen sich zusammen aus den Gerichtskosten (GKG-KV 1220 ff.) und den außergerichtl. Kosten (zB für den RA die Geb nach RVG VV 3200 ff.). **Revision:** GKG-KV 1230 ff., für den RA: RVG VV 3208.

**2. Voll erfolgreiches Rechtsmittel**

3 **a) Grundsatz:** das ErstU wird aufgehoben, nach § 91 (nicht § 97 I) ist über die Kosten *beider* Rechtszüge zu entscheiden; wurde zB vom AG die Klage abgewiesen, auf volle Ber des Kl der Betrag vom LG zugesprochen, hat der Bekl „die Kosten beider Rechtszüge zu tragen". Kostenquotelung evtl nach § 97 II. Dem Richter der ersten Instanz können keine Kosten auferlegt werden.

4 **b) Bei Aufhebung und Zurückverweisung** (§§ 538, 565, 566) unterbleibt eine KostenE, sie wird dem unteren Gericht übertragen, das sie nach §§ 91 ff. trifft; zB: AG hatte Klage über 4 000 € abgewiesen, auf volle Ber hatte das LG aufgehoben und zurückverwiesen, AG spricht dann 800 € zu: „Kläger trägt 4/5, Beklagter 1/5 der Kosten beider Instanzen." Die Aufhebung gilt also nicht als voller Erfolg.

5 **c) Keine Kostenentscheidung** in der **Rechtsmittelentscheidung** ferner, wenn im Beschwerdeverfahren kein Gegner vorhanden ist (zB StW-Beschwerde, §§ 66 VIII 2, 68 III 2 GKG), oder im PKH-Beschwerdeverfahren (§ 118 Rz 6). Bei erfolgloser Beschwerde gegen Richterablehnung hat der Unterliegende die Kosten zu erstatten (BGH NJW 2005, 2233), hier ist also eine Kostenentscheidung notw (aA früher hM).

6 **3. Teilweise erfolgreiches Rechtsmittel:** §§ 91, 92, 97. Hier ist (wegen der unterschiedl. Geb-Höhe, vgl § RVG, GKG) nach Instanzen zu trennen, wenn die StrW beider Instanzen verschieden hoch sind; das Endergebnis wirkt für die Kosten beider Rechtszüge.

7 **Beispiele:** Kl hat 2 000 € eingeklagt, Bekl Klageabweisung beantragt. Das AG spricht 1 500 € zu. **a)** Bekl legt Ber ein und strebt volle Klageabweisung an. BerU: 1 000 € hat Bekl zu zahlen. Dann hat von den Kosten der ersten Instanz jede Partei 1/2 zu tragen (Verhältnis 1 000: 1 000), von den Kosten der zweiten Instanz der Bekl 2/3, der Kl 1/3 (Verhältnis 1 000: 500). **b)** Bekl legt Ber ein mit dem Antrag, die Klage abzuweisen, soweit mehr als 700 € zugesprochen wurden; Kl beantragt Zurückweisung der Ber. BerU: 1 100 €. Dann trägt von den Kosten der ersten Instanz der Kl 9/20, der Bekl 11/20 (Verhältnis 900: 1 100), von den Kosten der zweiten Instanz jede Partei 1/2 (von den dort streitigen 800 € ist jede Partei zu 1/2 unterlegen). **c)** Hatte das AG die 2 000 Euro-Klage abgewiesen, der Kl voll Ber eingelegt, das LG 800 € zugesprochen: „Von den Kosten beider Instanzen trägt der Kläger 3/5, der Beklagte 2/5".

8 **4. Vorrangig** sind § 91a (Erledigung der Hauptsache in zweiter Instanz), § 93 (Anerkenntnis), § 516 (Ber-Rücknahme), §§ 269, 565.

9 **5. Absatz 2.** Betrifft die Kosten des Rm-Verfahrens, nicht nur (wie § 95) „dadurch verursachte Kosten". Maßstab dafür, ob „ganz oder teilweise", setzt das Verhalten im ersten Rechtszug (BGH LM Nr. 20). Wer zB erstmals in der Ber die Verjährung einwendet und deshalb siegt, muss die Ber-Kosten tragen (BGH MDR 1974, 36; OLG Celle NJW-RR 2006, 1530). Abs. 2 bezieht sich nicht auf den Fall, dass der BerKl erst im zweiten Rechtszug eine mat Voraussetzung für sein Obsiegen (zB eine behördl. Genehmigung) geschaffen hat (BGH LM Nr. 7; differenzierend BGH NJW 1988, 3099), wohl aber, wenn eine

Tatsache erst in zweiter Instanz eingetreten ist (KG JurBüro 1986, 1721), jetzt erst gekündigt wird (OLG Hamm MDR 1990, 450), jetzt erst mit Anspruch eines Dritten gesiegt wird (BGH NJW-RR 1992, 431). Zum neuen Vorbringen vgl § 531. **Analoge Anwendung** von Abs. 2, wenn beim Scheidungsantrag das Trennungsjahr während der zweiten Instanz verstreicht (OLG Nürnberg MDR 1996, 1301; OLG Oldenburg FamRZ 1998, 1528; OLG Oldenburg FamRZ 1998, 1528; dazu BGH NJW 1997, 1007; **aA** OLG Hamm FamRZ 2000, 498).

**6. Absatz 3.** Die genannten FGG-Familiensachen werden auch bei isolierter Anfechtung 10
§ 97 unterstellt.

## § 98 ZPO Vergleichskosten

**[1]Die Kosten eines abgeschlossenen Vergleichs sind als gegeneinander aufgehoben anzusehen, wenn nicht die Parteien ein anderes vereinbart haben. [2]Das Gleiche gilt von den Kosten des durch Vergleich erledigten Rechtsstreits, soweit nicht über sie bereits rechtskräftig erkannt ist.**

**1. Gerichtlicher Vergleich** (§ 794 I Nr. 1): **Kosten des Vergleichs:** RA: RVG-VV 1003 1
(also 1,0). Die höhere Geb des VV 1000 (also 1,5) kommt nur zum Zug, wenn über den StrG noch kein gerichtl. Verfahren anhängig war. Gericht: Kostenermäßigung um 2/3, dh der ganze Prozess kostet nur 1,0 GerichtsGeb, GKG-KV 1211 (3); wird mitgeregelt, was bisher nicht Gegenstand des Prozesses war: Geb nach 1900 GKG-KV. Die RechtsschutzVers trägt die Kosten nicht unbedingt, vgl § 2 III ARB. § 98 gilt auch für Vergleiche, die kein gegenseitiges Nachgeben enthalten (BGH NJW 2007, 1213), vgl die „Einigung" in RVG VV 1000, im Gegensatz zu § 779 BGB.

**a) Enthält der Prozessvergleich eine Kostenregelung**, gilt diese; wer „sämtliche Kosten" übernimmt, trägt auch die Vergleichskosten (OLG Düsseldorf MDR 1999, 119); die Kostenvereinbarung umfasst idR auch „die Kosten" des vorangegangenen s Beweisverfahrens (OLG Nürnberg NJW-RR 1998, 1376), wobei streitig ist, ob dies nur die Gerichtskosten oder alle Kosten betrifft. **b) Enthält der Prozessvergleich keine Kostenregelung**, trägt von den Kosten des Rechtsstreits (S. 2) und des Vergleichs (S. 1) jede Partei ihre außergerichtl. Kosten und die Hälfte der Gerichtskosten (§ 92 I 2). Bei Teilvergleich gilt nur Satz 1. § 98 geht den §§ 344, 281 III 2 vor. Es kann ein entspr (deklaratorischer) Kostenbeschluss ergehen (*Bergerfurth* NJW 1972, 1840). Ist im ZwV-Verfahren ein Vergleich geschlossen worden und nichts über die Kosten vereinbart, gilt § 98 und nicht § 788 (BGH NJW 2007, 1213). **c) Ist ausdrücklich im Prozessvergleich keine Kostenregelung enthalten** und zusätzl. die Anwendung des § 98 ausgeschlossen, etwa indem die KostenE „dem Gericht überlassen" wird, kann nach § 91a über die Kosten entschieden werden, nicht unbedingt nach § 98 S. 2 (BGH NJW 2007, 835; MDR 1970, 46; OLG Oldenburg NJW-RR 1992, 1466); ob durch eine solche negative Regelung die Parteien „ein anderes vereinbart" haben (S. 1) ist str (OLG München MDR 1990, 344: § 91a; OLG Bamberg MDR 1980, 60: keine KostenE nach § 91a, sondern Anwendung von § 98; zum Problem vgl OLG Hamm MDR 2003, 116).

2 Sind im Prozessvergleich **„die Kosten des Rechtsstreits"** übernommen, bezieht sich das idR nur auf die notw (erstattungsfähigen) Kosten, einschließl. der Kosten des Vergleichs selbst (OLG Düsseldorf MDR 1999, 119); es ist Auslegungssache, ob auch Kosten der **Säumnis** (vgl OLG Düsseldorf MDR 1980, 233), des **selbstständigen Beweisverfahrens** (OLG Oldenburg MDR 1983, 1030; OLG Koblenz JB 1990, 59; OLG Köln JB 1992, 175; OLG Jena OLG-NL 2000, 115), des unzust Gerichts (nein: OLG Zweibrücken MDR 1996, 971) darunter fallen.

2a **Nebenintervenienten** § 101. Haben die Parteien die Kosten vergleichsweise (ohne Beteiligung des NI) gegeneinander aufgehoben, kann der **Streithelfer** keinen Ersatz seiner Kosten von der Gegenpartei verlangen, anders als bei Kostenteilung (BGH NJW 2003, 1948 und 3354; OLG Dresden NJW-RR 1999, 1668; OLG Frankfurt MDR 2000, 785; **aA** OLG Nürnberg MDR 2005, 473; 2003, 597; OLG Celle BauR 2000, 926: die Parteien müssten die Hälfte der außergerichtl. Kosten der Streithelfer der jeweiligen Gegenpartei tragen; über den Titulierungsantrag sei durch Beschluss zu entscheiden). Dem Streithelfer einer Partei steht selbst dann kein prozessrechtl. Kostenerstattungsanspruch zu, wenn diese Vereinbarung (Kostenaufhebung) bezweckte, Kostenerstattungsansprüche des Streithelfers auszuschließen; etwa bestehende materiellrechtl. Kostenerstattungsansprüche bleiben davon unberührt (BGH NJW-RR 2005, 1159).

3 **2. Außergerichtlicher Vergleich:** er hat auf den Prozess keine unmittelbare Auswirkung (BGH NJW 2002, 1503). **a)** Folgt Klagerücknahme: § 269 III 2 (OLG Köln MDR 1986, 503). **b)** Erklären die Parteien den Rechtsstreit in Hinblick darauf übereinstimmend für erledigt und enthält der Vergleich eine Kostenregelung, ist für eine KostenE nach § 91a kein Raum (BGH MDR 1970, 46; **aA** zB OLG Bremen OLGZ 1980, 22: § 91a); aus der Kostenregelung muss neu geklagt werden. Enthält der Vergleich dagegen keine Kostenregelung, ist § 98 auf ihn entspr anwendbar (BGH MDR 1970, 46; OLG Saarbrücken NJW-RR 1996, 320); die Auslegung kann aber ergeben, dass nach § 91a entschieden werden soll (BGH NJW-RR 1997, 510; OLG Koblenz NJW-RR 1991, 638; OLG Köln Rpfleger 2000, 208). Zur Auslegung vgl ferner BGH NJW-RR 2006, 1000.

## § 99 ZPO Anfechtung von Kostenentscheidungen

**(1) Die Anfechtung der Kostenentscheidung ist unzulässig, wenn nicht gegen die Entscheidung in der Hauptsache ein Rechtsmittel eingelegt wird.**

**(2) [1]Ist die Hauptsache durch eine auf Grund eines Anerkenntnisses ausgesprochene Verurteilung erledigt, so findet gegen die Kostenentscheidung die sofortige Beschwerde statt. [2]Dies gilt nicht, wenn der Streitwert der Hauptsache den in § 511 genannten Betrag nicht übersteigt. [3]Vor der Entscheidung über die Beschwerde ist der Gegner zu hören.**

§ 99 geändert durch G. v. 27.7.2001 (BGBl 2001, 1887).

**Lit:** ***Dauster*** JurBüro 2000, 453.

**1. Absatz 1.** Es soll verhindert werden, dass die höhere Instanz die Hauptsache nur wegen der KostenE nachprüfen muss und dass die Gründe des RmG mit der unabänderl. gewordenen HauptsachenE der unteren Instanz in Widerspruch stehen. Vgl. § 20a FGG. 1

**a) Absatz 1 ist nicht anwendbar**, wenn die KostenE unterblieben oder überhaupt unstatthaft ist (BGH NJW 1959, 291), zB wenn einem Unbeteiligten (RA, ges. Vertreter) Kosten auferlegt werden (BGH NJW 1983, 884; vgl Rz 8). Ist dagegen bei der KostenE § 281 III oder § 344 übersehen worden, sodass sie falsch ist, oder ist unrichtig nach Verfahrensabschnitten getrennt (zB dem Kl die Kosten der Klage, dem Bekl die der Widerklage auferlegt), begründet das nach Abs.1 keine isolierte Anfechtbarkeit (OLG Koblenz MDR 1985, 851 für§ 281 III). AnschlussRm allein wegen der Kosten sind zul (BGH 17, 397). Gegen ein VU kann nur wegen der KostenE Einspruch, gegen den Mahnbescheid Widerspruch eingelegt werden. 2

**b) Ist eine Entscheidung in der Hauptsache ergangen** (Urteil, Beschluss) und wird dagegen (ganz oder nur zum Teil) ein Rm (Beschwerde, Ber, Rev) eingelegt, dann erstreckt es sich auf die ganze KostenE, die dann abgeändert werden kann (§ 528 II steht nicht dagegen). Isoliert ist die KostenE nicht anfechtbar, Abs. 1. 3

Wird zunächst ein **Teilurteil** (§ 301) ohne KostenE erlassen und enthält dann das SchlussU die KostenE, kann diese für sich allein angefochten werden (BGH 19, 174; 20, 253); dies ist eine Ergänzung des gegen das TeilU eingelegten Rm. Ist dagegen das Rm gegen das TeilU verfahrensrechtl. vom BerGer bereits erledigt, ist mangels Ergänzbarkeit die Anfechtung des SchlussU nach § 99 I unzul (BGH LM Nr. 7; WM 1983, 1336; str). 4

**Umgehung von Absatz 1:** auch wenn das Rm in der Hauptsache unbegr ist, kann es zur Änderung der KostenE führen; eine Ber gegen die HauptsachenE ist unzul, wenn offensichtl. das Rm dazu missbraucht wird, eine Änderung der erstinstanzl. KostenE herbeizuführen (OLG Düsseldorf FamRZ 1991, 350, AnwBl 1993, 290), Aussichtslosigkeit des Sachantrags allein genügt nicht (BGH NJW 1976, 1267). 5

**c) Ist keine Entscheidung in der Hauptsache ergangen**, sondern nur eine (selbstständige) KostenE, dann ist diese anfechtbar nach § 91a II (ü. Erledigung der Hauptsache), § 99 II (AnerkenntnisU), § 269 V 1 (Klagerücknahme). 6

**2. Absatz 2. Die sofortige Beschwerde** gegen die KostenE ist zul, wenn: **a)** über die Hauptsache aufgrund eines Anerkenntnisses (uU Zug-um-Zug, OLG Düsseldorf MDR 1990, 59) entschieden wurde, durch AnerkenntnisU (§ 307) oder streitiges Urteil gegen den Anerkennenden; **b)** in der Hauptsache ein Rm statthaft ist; insb muss die Ber-Summe von 600, 01 € (§ 511) erreicht sein (§ 99 II 2); **c)** die Frist gewahrt ist (§§ 567, 569); **d)** die Beschwerdesumme bez der Kostenhöhe erreicht ist, § 567 II. **e) Rechtsbeschwerde**. Gegen den Beschwerdebeschluss ist im Rahmen von § 574 I Nr 2 Rechtsbeschwerde zum BGH durch BGH-Anwalt statthaft (BGH NJW-RR 2004, 999). 7

**f) Analoge Anwendung:** sof Beschwerde, wenn einer Nichtpartei Kosten auferlegt werden (BGH NJW 1988, 49; OLG Brandenburg InVo 2003, 332; OLG Düsseldorf NJW-RR 1993, 828), zB dem vollmachtlosen Vertr (OLG Jena OLG-NL 1999, 258) oder eine sonst unzulässige KostenE getroffen wurde, zB Gesamtschuld statt Kopfhaftung bei § 100 I (OLG Koblenz MDR 1991, 257); Kostenauferlegung auf GV (LG Wuppertal DGVZ 1993, 59), isolierte KostenE bei Stufenklage (OLG Brandenburg FamRZ 2007, 161); wenn bei 8

Klageabweisung die Kosten dem Beklagten (statt dem Kl) auferlegt wurden (LG Verden MDR 1998, 1435); wenn Bekl gegen VU nur wegen der Kosten Einspruch einlegt und darüber dann durch Urteil entschieden wird (OLG Brandenburg MDR 1999, 504); wenn eine KostenE durch Beschluss abgelehnt wird (OLG Celle NJW-RR 2003, 1509). Die **aA** gab in solchen Fällen früher die *einfache* Beschwerde wegen greifbarer Gesetzwidrigkeit, ohne Frist und ohne Schranke des § 567 II (OLG Köln MDR 1995, 746); die einfache Beschwerde ist aber im ZPO-Bereich seit 2002 abgeschafft.

9 **Teilanerkenntnisurteil:** Enthält es fälschl. eine KostenE, ist diese nach Abs. 2 anfechtbar. Ist richtig die KostenE dem SchlussU vorbehalten und wird dann über den str gebliebenen Rest im SchlussU mit KostenE entschieden, dann liegt eine gemischte KostenE vor (sie beruht bez des anerkannten Teils auf § 93, bez des str entschiedenen Teils auf §§ 91, 92). **Anfechtbarkeit** umstr. Der auf § 93 beruhende Kostenteil kann nach § 99 II mit sof Beschwerde angefochten werden (BGH 40, 270; OLG München AnwBl 1984, 313; OLG Köln NJW-RR 1994, 767), das Urteil mit dem auf §§ 91, 92 beruhenden Kostenteil mit der Ber. Nach einer Meinung (OLG München NJW 1970, 761) müssen zwei Rm eingelegt werden, nach zutr **aA** umfasst Ber auch den auf § 93 beruhenden Kostenteil (OLG Hamm NJW-RR 1987, 426; OLG Karlsruhe Justiz 1984, 360); vgl § 91a Rz 20 und *Schiffer* ZZP 1988, 25.

10 **Kostenwiderspruch:** gegen die ohne mdl Verh erlassene eVfg kann der Antragsgegner Widerspruch nur wegen der KostenE einlegen (§ 93 Rz 6). Wird dann durch Urteil über die Kosten entschieden, ist analog § 99 II dagegen die sof Beschwerde gegeben (hM, OLG Schleswig WRO 2000, 1327; OLG Stuttgart NJWE-WettbR 2000, 125; OLG Brandenburg MDR 1994, 404; **aA** § 99 I).

## § 100 ZPO Kosten bei Streitgenossen

**(1) Besteht der unterliegende Teil aus mehreren Personen, so haften sie für die Kostenerstattung nach Kopfteilen.**

**(2) Bei einer erheblichen Verschiedenheit der Beteiligung am Rechtsstreit kann nach dem Ermessen des Gerichts die Beteiligung zum Maßstab genommen werden.**

**(3) Hat ein Streitgenosse ein besonderes Angriffs- oder Verteidigungsmittel geltend gemacht, so haften die übrigen Streitgenossen nicht für die dadurch veranlassten Kosten.**

**(4) [1]Werden mehrere Beklagte als Gesamtschuldner verurteilt, so haften sie auch für die Kostenerstattung, unbeschadet der Vorschrift des Absatzes 3, als Gesamtschuldner. [2]Die Vorschriften des bürgerlichen Rechts, nach denen sich diese Haftung auf die im Absatz 3 bezeichneten Kosten erstreckt, bleiben unberührt.**

1 **1.** Wird die **Klage mehrerer Kläger voll abgewiesen**, ist Abs. 1-3 entspr anwendbar; bei vier Kl heißt es zB: „Die Kosten des Rechtsstreits tragen die Kläger zu je 1/4." Wird die Quote weggelassen, ist Kopfteilhaftung, nicht Gesamtschuld, gemeint (OLG Bamberg FamRZ 1993, 588). Änderung der Quote iFd des Abs. 2, Kostentrennung iFd Abs. 3. Zu dieser Fallgruppe vgl *Deckenbrock/Dötsch* JurBüro 2004, 181. Wechselt der Kl, hat der ausscheidende Kl grds von den bis dahin entstandenen Kosten 1/2 zu tragen (OLG Bran-

denburg FamRZ 2005, 118). § 100 I gilt auch bei einfacher Nebenintervention; bei *streitgenössischer* NI (§ 69) gilt §§ 101 II, 100 (BGH WM 2007, 1238)

**2. Unterliegen mehrere Beklagte voll**, wird üblicherweise tenoriert: „Den Beklagten werden die Kosten auferlegt". **a) Sind die Beklagten in der Hauptsache als Gesamtschuldner verurteilt** (was sich aus dem Tenor, notfalls aus den Gründen ergibt, OLG Frankfurt JurBüro 1984, 605), haften sie ohne Weiteres nach **Absatz 4** auch für die Kostenerstattung als Gesamtschuldner; man könnte dies im Tenor klarstellen „Den Beklagten werden die Kosten samtverbindlich auferlegt". Wie Gesamtschuldner werden OHG/KG und ihre Gesellschafter behandelt (§ 128 HGB; OLG Karlsruhe NJW 1973, 1202; str), nicht Bürge/Schuldner (BGH NJW 1955, 1398; str). Für die Kosten der ZwV gilt Abs. 4 wegen § 425 BGB nicht. 2

**b) Sind die Beklagten in der Hauptsache nach Kopfteilen verurteilt**, haften sie nach Abs. 1 auch für die Kostenerstattung nach Kopfteilen; man könnte (bei 3 Bekl) dann auch tenorieren: „Die Beklagten tragen die Kosten zu je 1/3." 3

**3. Quotenänderung nach Absatz 2 (Ermessensentscheidung):**

**a) Verschiedene prozessuale Beteiligung,**

zB: Klage gegen B 1 und B 2 als Gesamtschuldner. B 1 erkennt im Termin an (Folge: TeilanerkenntnisU ohne KostenE), B 2 bestreitet, es folgt Beweisaufnahme, dann wird B 2 ebenfalls zur Zahlung verurteilt. Hier wäre es unbillig, den B 1 gesamtschuldnerisch in die gesamten Kosten zu verurteilen, denn 2 GerichtsGeb nach GKG-KV 1210/1211 (2) und Zeugenauslagen hat B 2 allein verursacht; Tenor im SchlussUl deshalb zB: "1/3 der Gerichtskosten und 2/3 der außergerichtlichen Kosten des Klägers werden den Beklagten als Gesamtschuldnern auferlegt, 2/3 der Gerichtskosten und 1/3 der außergerichtlichen Kosten des Klägers dem Beklagten B 2"; 4

**b) Verschiedene materielle Beteiligung,**

zB: Klage gegen B 1 auf 2 000 €, gegen B 2 auf 7 000 €. Klagestattgabe. „Von den Kosten trägt B 1: 2/9, B 2: 7/9". 5

**4. Kostentrennung nach Absatz 3** (zwingend): ob die Angriffs- und Verteidigungsmittel erfolgreich waren, ist unerhebl. Tenor zB: „Die durch die Beweisaufnahme vom ... veranlassten Kosten werden dem Beklagten B 1 auferlegt; die übrigen Kosten haben B 1 und B 2 samtverbindlich zu tragen". Vgl § 100 **Absatz 4 Satz 1.** Sollte sich mat-rechtl. die Gesamtschuld uneingeschränkt auch auf diese Kosten erstrecken, dürfte nicht getrennt werden, **Absatz 4 Satz 2.** Wenn unter Verstoß gegen Abs. 3 die Bekl als Gesamtschuldner in die Kosten verurteilt wurden, soll gleichwohl nach einer Meinung keine Gesamtschuld anzunehmen sein; zweifelhaft, Urteil ist allenfalls anfechtbar. 6

**5. Unterliegen einzelner, Obsiegen der anderen Streitgenossen** (ganz oder teilw): ist in § 100 nicht geregelt, die Praxis wendet §§ 91, 92 kombiniert an. Nach der sog *Baumbach'schen Formel* (dazu *Loibl* JA 1998, 56; *Adolf Baumbach* 1874 – 1945 war ein bedeutender ZPO-Kommentator) werden dabei die Gerichtskosten und die außergerichtl. Kosten der Parteien jeweils getrennt behandelt (das überzeugt nicht unbedingt); der Sieger ist von allen Kosten freizustellen. 7

8 **Beispiele:**

**a)** K verklagt B 1 und B 2 als Gesamtschuldner auf 10000 €; gegen B 1 wird der Klage stattgegeben, gegen B 2 wird abgewiesen. – Obgleich der StrW nur 10000 € beträgt, wird von einem Rechenwert von 20000 ausgegangen, da zwei Angriffe zu je 10000 € vorliegen.

**Lösungsschema:**

| | K zahlt | B 1 zahlt | B 2 zahlt |
|---|---|---|---|
| von den Gerichtskosten | 1/2 | 1/20 | 0 |
| von außerger Kosten des K | 1/2 | 1/20 | 0 |
| von außerger Kosten des B 1 | 0 | 10 | 0 |
| von außerger Kosten des B 2 | 1 | 0 | 0 |

Denn K ist insgesamt mit 10 000 von 20 000 unterlegen (somit hat er 1/2 der Gerichtskosten und seiner außergerichtl. Kosten zu tragen); B 1 ist aus seiner Sicht voll unterlegen, muss seine außergerichtl. Kosten also selbst tragen; B 2 hat voll gewonnen, erhält seine Kosten voll von Kerstattet. Tenor: „Die Gerichtskosten tragen der K und B 1 je zu 1/2. Die außergerichtl. Kosten des B 2 trägt der K, die des K der B 1 zu 1/2."

9 **b)** K verklagt B 1, B 2, B 3 als Gesamtschuldner auf 10 000 €; Urteil: B 1 und B 2 werden als Gesamtschuldner verurteilt, gegen B 3 wird abgewiesen. StrW 10 000 €, Rechenwert 30 000 (3 × 10 000). Gerichtskosten: K zahlt 1/3 (da mit 10 000 von 30 000 unterlegen), B 1 und B 2 zahlen gesamtschuldnerisch 2/3, B 3 zahlt nichts. Dasselbe gilt für die außergerichtl. Kosten des K. Die außergerichtl. Kosten des B 1 zahlt B 1 selbst, die des B 2 zahlt B 2 selbst (denn gegen K sind sie voll unterlegen und B 3 braucht ihnen nichts erstatten); die außergerichtl. Kosten des B 3 hat K zu erstatten (denn B 3 hat gesiegt).

10 **c)** K verklagt B 1 und B 2 auf Zahlung von 10 000 € als Gesamtschuldner. Urteil: B 1 und B 2 haben als Gesamtschuldner 5 000 € zu zahlen, B 2 weitere 2 500 €. – StW 10 000 €, Rechenwert 20 000 €; hiervon hat K 7 500 verloren (gegen B 1: 5 000; gegen B 2: 2 500), das sind 7 500: 20 000 = 3/8 des Prozesses. Gerichtskosten: K zahlt davon 3/8, B 2 1/8 (2 500: 20 000), den Rest (1/2) zahlen B 1 und B 2 als Gesamtschuldner; dasselbe gilt für die außergerichtl. Kosten des K. Von den außergerichtl. Kosten des B 1 zahlt B 1 selbst 1/2 (5 000: 10 000), K 1/2. Von den außergerichtl. Kosten des B 2 zahlt B 2 3/4 selbst (7 500: 10 000), K 1/4 (den Rest).

11 **6. Kostenerstattung bei Streitgenossen:** zahlreiche Streitfragen im Kostenfestsetzungsverfahren (§ 104):

**a) Grds kann jeder der Streitgenossen einen anderen Anwalt beauftragen**, sodass doppelte Geb anfallen. Beauftragen sie denselben RA, erhöhen sich ledigl. dessen Geb nach § 7 RVG, 1008 RVG VV um einen Zuschlag (bei drei StrGen ggf die VerfahrensGeb, VV 3100, von 1,3 auf 1,9); jeder der siegreichen StrGen kann dann als GesamtGl (§ 428 BGB) die gesamten RA-Kosten festsetzen lassen, der Verlierer braucht nur einmal zahlen (BGH Rpfleger 1985, 321; str). Obsiegen die StrGen voll, sind die Geb ihrer mehreren RA zu erstatten, es sei denn, die Zuziehung nur eines RA war „notwendig" iSd § 91; zB wenn „Anwaltswechsel" vorliegt (die StrGen hatten zunächst einen gem RA, dann beauftragt ein StrGen einen neuen RA; OLG Koblenz JurBüro 1979, 266; str) oder „Rechtsmissbrauch" (idR wird die Aufspaltung der Mandate nicht angebracht sein, vgl OLG Hamm Rpfleger 1978, 329; str).

b) **Haben die beiden Beklagten einen gemeinsamen RA und siegt ein Beklagter, während der andere Beklagte verliert** (oben Rz 8), ist die Erstattung str: **(1)** Nach **Auffassung des BGH** (NJW-RR 2003, 1507, bestätigt FamRZ 2006, 1028; dazu *Schütt* MDR 2004, 137; seine aA in JurBüro 1969, 941 hat der BGH ausdr aufgegeben) gilt, dass eine obsiegende Partei, die zusammen mit weiteren, im Prozess unterlegenen StrGen durch einen gem Anwalt vertreten war, grds nur den ihrer Beteiligung am Rechtsstreit entsprechenden Bruchteil der Anwaltskosten von dem Prozessgegner erstattet verlangen kann; eine Ausnahme gilt nur, wenn feststeht, dass der obsiegende StrGen seinen gesetzl. Ausgleichsanspruch im InnenVerh (§ 426 I 1 BGB) nicht realisieren kann, und er deshalb die vollen Kosten bezahlen muss oder – wenn er bereits über seinen Anteil hinaus gezahlt hat – den ihm im InnenVerh zustehenden Ausgleich nicht erhalten wird. Das heißt: zugunsten des obsiegenden StrGen können idR nur die ihm im Verh zu dem weiteren Bekl tatsächl. entstandenen Kosten festgesetzt werden. Somit kann nur der Kopfanteil des obsiegenden Bekl (also zB 1/2 bei zwei Bekl; bei unterschiedl. StrW der betr Teil) bei der Kf berücksichtigt werden, ein höherer Betrag nur, wenn dieser Bekl eine höhere Zahlung an den RA nachweist (**aA**: glaubhaft macht), oder Zahlungsunfähigkeit des anderen StrGen oder eine Vereinbarung im InnenVerh (zB OLG Zweibrücken JurBüro 1987, 1794; OLG Stuttgart JurBüro 1990, 625; *Mümmler* JurBüro 1988, 1029). Hat nur der Verlierer den RA beauftragt, könnte danach der gewinnende Bekl keine oder nur eine geringe Erstattung verlangen. **(2)** Andere Meinung: Der Sieger kann ohne Zahlungsnachweis und unabhängig vom InnenVerh zum anderen Bekl die Erstattung der Kosten des gemeinsamen RA bis zur Haftungshöhe nach § 7 RVG voll fordern (OLG Hamm JurBüro 1988, 1026; OLG Düsseldorf JurBüro 1984, 1735). Der verlierende Bekl wird kostenmäßig dadurch stark entlastet. 12

**7. Rechtsmittelinstanz.** Das Obige gilt entspr. Legt nur ein StrGen erfolglose Rm ein, sind ihm die Kosten aufzuerlegen, § 97. Ist es erfolgreich, verteilt das RmG die Kosten nach dem Verh des endgültigen Obsiegens/Unterliegens; es kann dabei die einen im Rm-Verfahren nicht mehr beteiligten StrGen betreffende KostenE der Vorinstanz ändern (BGH MDR 1981, 928); vgl § 308 II; § 528 steht nicht entgegen; andernfalls würde uU die KostenE „nicht mehr aufgehen". 13

14

**Praxishinweise:**

Gesamtschulderhaftung nur bei entsprechender Verurteilung, auf die ausdrückl. erkannt werden muß und bei deren Fehlen nicht aus dem Urteil „herausgelesen" werden darf (OLG Köln AGS 2006, 619).

## § 101 ZPO Kosten einer Nebenintervention

**(1) Die durch eine Nebenintervention verursachten Kosten sind dem Gegner der Hauptpartei aufzuerlegen, soweit er nach den Vorschriften der §§ 91 bis 98 die Kosten des Rechtsstreits zu tragen hat; soweit dies nicht der Fall ist, sind sie dem Nebenintervenienten aufzuerlegen.**

**(2) Gilt der Nebenintervenient als Streitgenosse der Hauptpartei (§ 69), so sind die Vorschriften des § 100 maßgebend.**

1 **1. Absatz 1.** Tritt ein NI dem Streit bei (§§ 66, 70), muss die KostengrundE über die Kosten befinden; wird das übersehen, Urteilsergänzung nach § 321 II mit nur zwei-wöchiger Frist (BGH NJW 1975, 218; OLG Koblenz MDR 2002, 1338; Fristbeginn mit Zustellung an den NI). Der Beitritt eines Streithelfers wird durch das Ausscheiden der von ihm unterstützten Partei nicht beendet (BGH NJW 2006, 992).

2 **Beispiel:**

**a)** Tritt der NI auf der Seite des Beklagten bei und verliert der Kl den Prozess zu 3/4, lautet die KostenE: „Von den Kosten des Rechtsstreits trägt der Kl 3/4, der Bekl 1/4; die Kosten der Nebenintervention trägt zu 3/4 der Kl, zu 1/4 der NI". **b)** Verliert im Beispiel der Kl voll: „Der Kl hat die Kosten des Rechtsstreits und der Nebenintervention zu tragen". **c)** Siegt der Kl voll: „Die Kosten des Rechtsstreits hat der Bekl, die der Nebenintervention der NI zu tragen".

3 **2. Vergleich:** Wenn die Parteien (*ohne* Beteiligung des NI) einen Vergleich schließen und die Kosten darin gegeneinander aufgehoben haben, ist str, ob diese Regelung auch zugunsten des NI gilt. Der BGH (NJW 2003, 1948 + 3354) hat seine frühere Meinung (NJW 1961, 460) ausdrücklich aufgegeben und sagt, der NI habe in einem solchen Falle keinen Kostenerstattungsanspruch, weil er genauso zu behandeln sei wie die von ihm unterstützte Hauptpartei (ebenso *Schwarz* MDR 1993, 1052; OLG Stuttgart NJW-RR 2002, 215; aA *Otto/Hollands* BauR 2004, 1528). Bei vereinbarter Kostenaufhebung steht dem Streithelfer einer Partei selbst dann kein proz Kostenerstattungsanspruch zu, wenn diese Vereinbarung bezweckte, Kostenerstattungsansprüche des Streithelfers auszuschließen; etwa bestehende mat-rechtl. Kostenerstattungsansprüche bleiben davon unberührt (BGH NJW-RR 2005, 1159). Dazu § 98 Rz 2. Anders die früher hM: durch Beschluss seien auf Antrag des NI dem Bekl die Kosten des NI zu $^1/_2$ aufzuerlegen, wenn der NI dem Kl beitrat (OLG Celle NJW-RR 2002, 431; *Kießling* NJW 2001, 3668; *Otto/Hollands* BauR 2004, 1528). Zum „Frontwechsel" des Streithelfers vgl OLG Hamm BauR 2000, 448.

4 **3. Absatz 2.** In diesem seltenen Fall haftet der NI neben der unterliegenden Hauptpartei für die Kosten des Rechtsstreits nach Kopfteilen, § 100 I, II, III (IV unanwendbar). Siegt die Hauptpartei: § 101 I. Einzelheiten vgl. BGH WM 2007, 1238.

## § 102 ZPO
(weggefallen)

## § 103 ZPO Kostenfestsetzungsgrundlage; Kostenfestsetzungsantrag

**(1) Der Anspruch auf Erstattung der Prozesskosten kann nur auf Grund eines zur Zwangsvollstreckung geeigneten Titels geltend gemacht werden.**

**(2) [1]Der Antrag auf Festsetzung des zu erstattenden Betrages ist bei dem Gericht des ersten Rechtszuges anzubringen. [2]Die Kostenberechnung, ihre zur Mitteilung an den Gegner bestimmte Abschrift und die zur Rechtfertigung der einzelnen Ansätze dienenden Belege sind beizufügen.**

**1. Absatz 1** betrifft den **prozessualen Kostenerstattungsanspruch.** Die KostenE des Urteils sagt nur, wer welchen Anteil „der Kosten“ zu tragen hat, nennt aber den Betrag der Höhe nach nicht. Der Betrag wird erst in einem Nachverfahren, dem Kf-Verfahren vor dem Rechtspfleger, bestimmt. 1

**Geeignete Kostengrundentscheidungen enthalten** nach Abs. 1 die in §§ 704, 794, 801 genannten Titel: Urteile (rechtskr oder vorl vollstreckbar; sie dürfen nicht aufgehoben [zB eVfg wegen versäumter Vollziehungsfrist, OLG Hamm JB 1997, 151] oder durch einen PV überholt sein), PV (nicht dagegen außergerichtl. oder schiedsgerichtl. Vergleiche). Eine mdl vereinbarte Streitbeilegung durch Teilanerkenntnis und restl. Klagerücknahme rechtfertigt keine Festsetzung einer RA-Vergleichsgeb, wenn keine Protokollierung der Einigung nach §§ 160, 162 erfolgte (BGH NJW 2002, 3713). **Vollstreckungsbescheide:** vgl § 699 III; OLG Koblenz Rpfleger 1985, 368; sind Mahnverfahrenskosten übersehen worden, str ob Festsetzung durch KfB (LG Berlin Rpfleger 1996, 298) oder Ergänzung des VoB (OLG Schleswig JurBüro 1985, 781); ebenso können auf der Grundlage eines VoB Kosten eines vorausgegangenen s Beweisverfahrens festgesetzt werden (LG Saarbrücken JurBüro 2001, 532). Die Voraussetzungen der ZwV, zB Sicherheitsleistung, müssen nicht beim Erlass, sondern erst bei der ZwV aus dem KfB vorliegen. **Zwangsvollstreckungskosten:** werden nach § 788 I ohne Festsetzungsbeschluss mit beigetrieben oder nach § 788 II festgesetzt. 2

**Spätere Titelaufhebung:** Fällt später die der Kf zugrunde liegende KostenE weg (zB durch Rm), wird das Kf-Verfahren (und ein KfB) grds gegenstandslos (vgl OLG Köln JurBüro 1986, 1249; KG Rpfleger 1993, 462; zT wird dies bei nur teilw Abänderung der KostenE verneint; zB KG MDR 1984, 589), was uU klarstellend festgestellt werden sollte (OLG Düsseldorf JurBüro 1984, 286). **Rückfestsetzung von Kosten** ist zulässig, § 91 IV. 3

**2. Der Antrag (Absatz 2)** setzt voraus: 4

**a) Antrag,** zweckmäßig mit Zinsantrag (§ 104 I 2), sowie die Erklärung zur MwSt (§ 104 II 3), ohne RA-Zwang, § 13 RPflG; entbehrl. bei § 105 II, StrGen können einen gemeinsamen Antrag stellen, müssen aber die Beträge nach Parteien getrennt angeben (OLG München JurBüro 1981, 1512), es folgt dann getrennte Festsetzung (OLG München VersR 1987, 317). **Neuer Antrag:** für bisher nicht enthaltene bzw. übersehende Posten ist er zulässig (sog. **Nachliquidation,** § 104 Rz 9), für rechtskr abgelehnte nicht (OLG Koblenz JurBüro 1990, 735; OLG München AnwBl 1988, 248; aber OLG Koblenz VersR 1993, 247). Keine Frist, der Erstattungsanspruch verjährt in 30 Jahren.

**b) Antragsbefugnis:** jeder, der einen Kostenerstattungsanspruch hat; Rechtsnachfolger nach Titelumschreibung, §§ 727 ff; jeder StrGen; zur fehlerhaften Parteibezeichnung in der KostengrundE (§ 319!) vgl BGH NJW-RR 2004, 501. Eine nicht existente JuP, die erfolglos verklagt wurde, kann keine Kf beantragen (OLG Brandenburg NJW-RR 2002, 1217; BGH NJW-RR 2004, 1505). 5

**c) Anlagen:** Kostenberechnung mit Kopie (sonst KV 9000) und Belegen (entbehrl., wenn in Gerichtsakte und iFd § 104 II 2). 6

**d) Zuständig** (auch int., OLG Koblenz IPRax 1987, 24) ist das ProzessG erster Instanz, § 104 I (Rechtspfleger, § 21 I Nr. 1 RPflG), für die Kosten aller Rechtszüge. Wenn der Gl anstelle der Beitreibung nach § 788 die Festsetzung der ZwV-Kosten wählt, ist das VollstrG zuständig (§ 788 II; früher str); für die Festsetzung von Kosten, wenn ein ausl 7

Titel nach dem AVAG durch das LG mit der VollstrKlausel versehen wurde, ist daher der Rechtspfleger des AG-VollstrG zuständig (OLG München NJW-RR 2002, 431). Für Festsetzung der Kosten der ZwV aus einem VoB ist das Gericht zuständig, das für eine Entscheidung im Streitverfahren zuständig gewesen wäre, vgl § 796 III (BGH NJW-RR 1988, 186); für ZwV-Kosten aus notarieller Urkunde: Gericht des § 797 V (vgl BGH NJW-RR 1988, 186; **aA** KG JurBüro 1986, 1570: VollstrG).

## § 104 ZPO Kostenfestsetzungsverfahren

**(1) [1]Über den Festsetzungsantrag entscheidet das Gericht des ersten Rechtszuges. [2]Auf Antrag ist auszusprechen, dass die festgesetzten Kosten vom Eingang des Festsetzungsantrags, im Falle des § 105 Abs. 3 von der Verkündung des Urteils ab mit fünf Prozentpunkten über dem Basiszinssatz nach § 247 des Bürgerlichen Gesetzbuchs zu verzinsen sind. [3]Die Entscheidung ist, sofern dem Antrag ganz oder teilweise entsprochen wird, dem Gegner des Antragstellers unter Beifügung einer Abschrift der Kostenrechnung von Amts wegen zuzustellen. [4]Dem Antragsteller ist die Entscheidung nur dann von Amts wegen zuzustellen, wenn der Antrag ganz oder teilweise zurückgewiesen wird; im Übrigen ergeht die Mitteilung formlos.**

**(2) [1]Zur Berücksichtigung eines Ansatzes genügt, dass er glaubhaft gemacht ist. [2]Hinsichtlich der einem Rechtsanwalt erwachsenden Auslagen für Post- und Telekommunikationsdienstleistungen genügt die Versicherung des Rechtsanwalts, dass diese Auslagen entstanden sind. [3]Zur Berücksichtigung von Umsatzsteuerbeträgen genügt die Erklärung des Antragstellers, dass er die Beträge nicht als Vorsteuer abziehen kann.**

**(3) [1]Gegen die Entscheidung findet sofortige Beschwerde statt. [2]Das Beschwerdegericht kann das Verfahren aussetzen, bis die Entscheidung, auf die der Festsetzungsantrag gestützt wird, rechtskräftig ist.**

§ 104 zuletzt geändert durch G v.22.12.2006 (BGBl 2006, 3416).

### Übersicht

**1. Antrag auf Festsetzung der Kosten:** Die KostenE des Urteils, Beschlusses usw. (sog KostengrundE) sagt, *wer* die Kosten zu tragen hat. Die Höhe der zu erstattenden Kosten wird im späteren Kf-Verfahren bestimmt. Ohne KostenE gibt es keine Kf, zB nicht für *außergerichtl.* Terminsgeb RVG VV 3004 Var. 3 (OLG Stuttgart NJW-RR 2006, 932); nicht für Kosten des NI, wenn das Urteil (versehentl.) keine KostenE zu seinen Gunsten enthält (vgl § 101; § 98 Rz 2; OLG Koblenz MDR 2005, 719). Die **Verjährungsfrist** des proz Kostenerstattungsanspruchs aufgrund einer rechtskr KostengrundE beträgt 30 Jahre, § 197 I Nr. 3 BGB (BGH NJW 2006, 1962), selbst wenn der Kostenerstattungsanspruch in 3 Jahren verjähren sollte (OLG Koblenz FamRZ 2006, 874). 1

Natürlich können nur **Kosten** festgesetzt werden, also nicht zB ein Schaden aus § 840 (BAG NJW 2006, 717). Die auf die Verfahrensgeb des gerichtl. Verfahrens nach der Vorb. 3 IV der Anlage 1 zu § 2 II RVG nicht anrechenbare **Geschäftsgebühr** nach RVG VV 2300 (zB für eine Mahnung) zählt nicht zu den Kosten des Rechtsstreits iSd § 91 I 1 und kann nicht nach §§ 103, 104 ZPO, § 11 I 1 RVG festgesetzt werden (BGH NJW 2007, 2048; NJW-RR 2006, 501); es bleibt aber Einklagen als Nebenforderung (vgl § 91 Rz 24). Ein unstr. bezahlter **Prozesskostenvorschuss** (§ 115 Rz 26) ist im KfVerfahren nur zu berücksichtigen, wenn die vom Vorschussempfänger anteilig zu tragenden Kosten niedriger sind als der vom Vorschussgeber bezahlte Betrag (OLG Köln FamRZ 2006, 218).

Über Festsetzung von **Zwangsvollstreckungskosten** vgl § 788 II.

**a) Verfahren:** Zuständig ist das Gericht des ersten Rechtszugs (**Absatz 1 Satz 1**), dort der **Rechtspfleger**, §21 Nr.1 RPflG. Das ProzessG ist auch zuständig für Festsetzung von Kosten der Abwehr der ZwV, zB Avalzinsen (BGH NJW-RR 2006, 1001). Ein KfVerfahren wird durch Insolvenzeröffnung unterbrochen, §240 (BGH FamRZ 2005, 1535). Der Rechtspfleger ist **an die Kostenentscheidung gebunden**, selbst wenn sie falsch ist (zB, wenn §281 III oder §101 übersehen wird, OLG Düsseldorf Rpfleger 1999, 238; OLG Hamm Rpfleger 1991, 267; str); eine unklare oder unvollziehbare KostenE kann aber ausgelegt (auch umgedeutet) werden, str ist inwieweit (vgl KG MDR 1979, 408; OLG Köln JurBüro 1986, 453; OLG München Rpfleger 1991, 174). Fällt die KostenE weg wird der darauf beruhende KfB wirkungslos (OLG Köln OLG-Report 2006, 170); Folge uU: Rückfestsetzung. 1a

**b) Glaubhaftmachung:** Kosten sind glaubhaft zu machen, Abs. 2 S. 1 (vgl *Marx* Rpfleger 1999, 157), §§ 294, 138 III, 286 gelten. 1b

– **Porto/Telefon:** Glaubhaftmachung genügt nur, wenn die Höhe angemessen erscheint, sonst Detaillierung oder Schätzung notw (OLG München Rpfleger 1993, 39);

– **Porto/Telefonkosten des Anwalts**: es genügt die anwaltl. Vers (**Absatz 2 Satz 2**);

– **Umsatzsteuer (Absatz 2 Satz 3)**: wenn der ASt *erklärt*, er sei nicht vorsteuerabzugsberechtigt, wird die MwSt idR ohne weitere Prüfung festgesetzt (BGH NJW 2003, 1534). Trägt er vor, er dürfe die Vorsteuer abziehen, wird die MwSt nicht festgesetzt. Der Ansatz des Betrags ohne formelhafte Erklärung wird von der hM als unzureichend erachtet (OLG Karlsruhe JurBüro 2000, 477; nicht haltbar). Äußert sich der ASt nicht, kann man in der Anmeldung von MwSt die konkludente Erklärung sehen, nicht vorsteuerabzugsberechtigt zu sein (LG Karlsruhe JB 1996, 427; str). Eine offenkundig unrichtige Erklärung ist unbeachtl. (OLG Köln NJW-RR 2006, 169; OLG Schleswig NJW-RR 2004, 356; OLG Nürnberg NJW-RR 2002, 1728; **aA** OLG Stuttgart Justiz 2000, 340). Die Erklärung kann im Laufe des Verfahrens geändert werden (OLG Düsseldorf JurBüro 2000, 478). Sie kann im Beschwerdeverfahren nachgeholt werden (OLG Stuttgart Justiz 2000, 340), dann erledigt sich das Beschwerdeverfahren (OLG Karlsruhe JurBüro 2000, 477). Über StrGen mit unterschiedl. Steuerabzugsrecht, vgl OLG Köln JurBüro 2001, 428. Die Umsatzsteuer muss im Inland angefallen sein (OLG Karlsruhe Justiz 1998, 627); Probleme, wenn Mandant außerhalb EG wohnt. Wird MwSt festgesetzt, obwohl mat keine bezahlt bzw geschuldet wurde, kann der AGegner dies durch §767-Klage gegen den KfB (ohne Beschränkung des §767 II) klären lassen (OLG Schleswig NJW-RR 2004, 356). Weitere Einzelheiten vgl §91 Rz 29.

1c **c) Rechtliches Gehör:** der Antrag wird dem Gegner zur evtl. Stellungnahme zugeleitet; das ist nicht entbehrl. (*Hansens* Rpfleger 2001, 573; OLG Frankfurt NJW 1999, 1265; OLG Brandenburg NJW 1999, 1268), nach **aA** in *vollkommen* eindeutigen Fällen entbehrl. (OLG München Rpfleger 1993, 104). – **Amtsprüfung:** Der Rechtspfleger prüft die Kostenrechnung von Amts wegen, nicht nur auf Einwand: **(1)** Liegt ein Titel mit Kostenausspruch vor? **(2)** Sind die zur Festsetzung angegebenen Gerichtskosten und Anwaltskosten anhand des Akteninhalts und des GKG/RVG angefallen? Er kann eine dienstl. Stellungnahme des Richters einholen, auch schriftl. Anfragen an Anwälte, Parteien, Sachverständige richten. **(3)** Hängt die Kostenhöhe vom StrW ab und fehlt ein StrW-Beschluss, kann der Rechtspfleger selbst nach § 61 GKG einen StrW annehmen oder eine Festsetzung durch das Gericht herbeiführen, vgl § 63 II GKG; der RA kann dies nach § 33 RVG erreichen. **Gebühren:** die Kf löst keine zusätzl. Anwalts- oder Gerichtsgeb aus.

2 d) Ob eine **Rückfestsetzung von Kosten**, die aufgrund eines früheren KfB (dessen zugrundeliegende KostenE zB durch Vergleich in 2. Instanz weggefallen ist) gezahlt worden sind, zulässig ist, war früher str wurde aber von der hM bejaht; ebenso jetzt § 91 IV.

3 **e) Materiell-rechtliche Einwendungen** gegen die Kostenerstattungspflicht werden bei der Kf nur berücksichtigt, wenn sie unstr sind, sonst nicht (OLG Hamm Rpfleger 1984, 113); zB Zahlung (OLG Düsseldorf Rpfleger 2004, 321), Aufrechnung (KG MDR 1984, 150), Stundung, Kostentragungsvereinbarung (OLG Hamburg JB 1993, 491), Verzicht (OLG Nürnberg MDR 2000, 906; OLG Hamburg JB 1993, 490), Scheidungsvereinbarung mit Kostenregelung (OLG Stuttgart FamRZ 1993, 93), Verjährung, falls Einrede erhoben (BGH NJW 2006, 1962; OLG Koblenz Rpfleger 1986, 319; str); Verstoß gegen RA-BerufsR (BGH NJW-RR 2007, 422; OLG Hamm AnwBl 2000, 320); uU **Prozesskostenvorschuss**, § 1360a IV BGB (keine Kf, dh Verrechnung des Betrages gem. § 106 I, wenn *der* kostenerstattungspflichtig ist, der den PKV geleistet hat, OLG Koblenz FamRZ 1996, 887; OLG Nürnberg FamRZ 1999, 1217; **aA** OLG Düsseldorf FamRZ 1996, 1409; OLG Oldenburg JW-RR 1994, 1411). Fehlendes **Rechtsschutzbedürfnis** ist denkbar (BGH MDR

2006, 415; MDR 2005, 952; Insolvenzfälle). **Prozessuale Verwirkung** wird berücksichtigt (OLG Frankfurt Rpfleger 1977, 261; OLG Karlsruhe FamRZ 1993, 1228; hM; **aA** OLG Düsseldorf MDR 1988, 972). Geltendmachung iÜ nach §§ 767, 775 Nr. 4, 5.

**f) Entscheidung:** Beschluss. Der Antrag ist zulässig nach § 103 II; begr, wenn die geltend gemachten Kosten nach § 91 erstattungsfähig sind; StrGen vgl § 100. Der Gesamtbetrag der (von wem an wen) zu erstattenden Kosten wird genannt; dabei kann über die geforderte Gesamtsumme nicht hinausgegangen werden (vgl § 308 I), aber unberechtigte Posten können gegen nicht verlangte, aber berechtigte ausgetauscht werden (OLG Frankfurt Rpfleger 1988, 162). 4

**g) Bei Streitgenossen** getrennte Kf, sie sind keine Gesamtgl (OLG Karlsruhe JurBüro 2006, 205; OLG München VersR 1987, 317). Bei einer kopfteiligen Erstattungspflicht müssen die einzelnen Betragsanteile der StrGen angegeben werden (OLG Köln MDR 1993, 1021). 5

**h) Verzinsung** (Abs. 1 S. 2) ab dem Tag, an dem der Verzinsungsantrag einging, frühestens ab Erlass des Urteils (OLG Köln JB 1991, 930); ist zunächst ein KfAntrag eingegangen, später ein Verzinsungsantrag (er ist noch nach Rechtskraft des KfB nachholbar, KG Rpfleger 1978, 385), beginnt Zinspflicht erst dann (BVerfG 41, 230; **aA:** schon ab KfAntrag; hM, KG Rpfleger 1978, 385). Zur Verzinsung nur des Saldos bei § 106 vgl OLG Düsseldorf NJW-RR 2006, 359. Zur Verzinsung allgemein vgl *Enders* JurBüro 2002, 453. Zu verzinsen sind auch VollstrKosten, § 788 II 1 (früher str). 6

**Zinshöhe:** 5 %-Punkte über dem Basiszinssatz (des § 247 BGB, nicht des DÜG), der sich jährl. zweimal ändert (vgl §§ 247, 288 I 1 BGB), weshalb die Zinshöhe (zB am 01.01.2007: 5,00 % Zuschlag und 2,70 % Basiszinssatz = 7,70 %) nicht konkret im Beschluss angegeben werden darf. Diese Regelung gilt seit 01.10.2001 (ÜbergangsR unklar, vgl Art 229 I 2 EGBGB). Der Basiszins nach DÜG ist seit 2002 betragsmäßig nicht identisch mit dem Basiszins nach § 247 BGB, das DÜG wurde am 04.04.2002 aufgehoben; über Altfälle vgl *Petershagen* NJW 2002, 1455. Erst bei Zahlung bzw Vollstr wird abgerechnet. Höhe des Basiszinssatzes: Tageszeitung-Wirtschaftsteil, Bundesanzeiger, LZB oder im Internet unter www.basiszinssatz.de. Weitere Zinsen evtl als Schaden bzw aus § 256 BGB einklagbar.

**i)** Bei **mehreren Kostenentscheidungen** usw. im selben Verfahren (zB wegen StrWÄnderung) lässt die hM **Verzinsung** ab Eingang des ersten KfAntrags beginnen (OLG Koblenz Rpfleger 1999, 351; OLG Karlsruhe Rpfleger 1990, 388; aber nur soweit sich die KostenE decken; **aA** OLG Köln Rpfleger 1986, 237). Fehlt eine *inhaltl.* aufrechterhaltene KostenE, beginnt die Verzinsungspflicht erst mit dem Eingang eines *neuen* KfAntrags (zB nach § 91a-Kostenbeschluss in der 2. Instanz, OLG Hamm Rpfleger 1992, 315; nach Vergleich in der 2. Instanz OLG Hamm MDR 1993, 585; OLG München MDR 1996, 532; OLG Karlsruhe VersR 1993, 628). Bei einer Änderung der Kostenquote im Ber-Verfahren ist derjenige Betrag der erstinstanzl. Kosten, der sowohl nach der erst- wie nach der zweitinstanzl. KostengrundE zu erstatten ist, seit dem Eingang des (ursprüngl.) KfAntrag zu verzinsen (BGH NJW 2006, 1140). 7

**Vollstreckungskosten** können ebenfalls festgesetzt werden (§ 788 II); für festgesetzte VollstrKosten können daher auch Zinsen zugesprochen werden (§ 104 I 2); früher str. **Mehrwertsteuer (Absatz 2 Satz 3)**: oben Rz 1b und § 91 Rn 29.

8 **j) Weiterer Inhalt.** Der KfB enthält ferner uU

- die Abhängigkeit der ZwV von der SiL (wie im Titel);
- bei StrGen Angabe, ob Gesamt-, Teil-, oder Mitgläubigerschaft vorliegt;
- den Vorbehalt der beschränkten Erbenhaftung, § 780, soweit der Titel ihn auf die Kosten erstreckt (OLG Celle NJW-RR 1988, 133; LG Leipzig ZEV 1999, 234; LG Berlin JurBüro 1987, 710);
- idR keine KostenE, nicht die Zug-um-Zug-Klausel.
- **Gründe** sind notw bei Abweichung von Anträgen, bei aufzuschlüsselnden oder zweifelhaften Posten (vgl OLG Hamburg MDR 2002, 1274); nach **aA** Begründung *immer* notw (OLG Brandenburg NJW 1999, 1268), daher werden formelhafte Textbausteine verwendet, die nichtssagend sind.
- Keine Rechtsmittelbelehrung (**aA** LG Bautzen Rpfleger 2000, 183).

**k) Zustellung** des KfB an den RA, § 329, § 172. KfB ist **Vollstreckungstitel**, §§ 794 I Nr. 2, 798; Einstellung der ZwV aus dem Urteil wirkt auch für ZwV aus KfB. Der proz Kostenerstattungsanspruch wird schon mit der KostengrundE, nicht erst mit Erlass des KfB, fällig (BGH MDR 1976, 475).

9 **2. Übersehene Kosten, Nachliquidation, Nachfestsetzung**. Hat der ASt Kosten übersehen, kann er einen neuen Antrag stellen (OLG Koblenz NJW-RR 2000, 519), trotz Rechtskraft des früheren KfB (OLG München NJW-RR 2006, 1006; vgl BVerfG NJW 1995, 1886). Das gilt zB, wenn er keine Umsatzsteuer in Rechnung stellt und später vom Finanzamt erfährt, dass er den Betrag nicht als Vorsteuer abziehen kann (KG Rpfleger 1995, 312), oder wenn der ASt die MwSt vergisst. Anders ist es bei rechtskr aberkannten Posten, die können nicht wieder „aufgewärmt" werden (str). Sind nach altem Recht 4 % Zinsen auf Kosten rechtskr zugesprochen worden, steht einem neuen Zinsantrag (5%-Punkte über Basiszins), gestützt auf die Neuregelung, die Rechtskraft entgegen (BGH NJW 2003, 1462; str). Nach OLG Koblenz Rpfleger 2003, 148 ist es unstatthaft, im Erinnerungs-/Beschwerdeverfahren bisher nicht angemeldete Kosten „nachzuschieben". Hat das Gericht angemeldete Kosten übersehen, keine Berichtigung nach §319 I, sondern sof Beschwerde notw (OLG Zweibrücken Rpfleger 2003, 101). Die Abgrenzung der „Nachliquidation" von der Geltendmachung eines Postens im Beschwerdeverfahren kann schwierig sein (vgl OLG Koblenz NJW-RR 2000, 363); mE gilt: was bereits beschieden wurde, ist mit Beschwerde angreifbar. Hat der ASt im Antrag auf VoB Kosten übersehen, kommt wohl nicht §§103 ff infrage, sondern eine Ergänzung des VoB (vgl OLG Nürnberg JurBüro 2006, 141).

10 **3. Ergänzung der Festsetzung.** Hat der Rechtspfleger bei der Entscheidung eine Position übersehen, kann Ergänzung beantragt werden, § 321; bei Rechenfehlern: § 319.

11 **4. Ablehnung der Kostenfestsetzung aus formellen Gründen.** Lehnt sie der Rechtspfleger deshalb als unzulässig ab (§ 103 Rz 4), ist gegen den Beschluss je nach Betrag die sof Beschwerde oder sof Erinnerung gegeben, § 104 III 1 ZPO; §§ 11 II, 21 Nr. 1 RPflG.

**5. Rechtsbehelfe** im Überblick: 12

| | |
|---|---|
| Beschwerdewert ab 200,01 €; Rz 22 | Beschwerdewert bis 200,00 €; Rz 13 |
| Sof Beschwerde, §§ 104 III 1, 567 II | keine sof Beschwerde, nur sof Erinnerung, § 11 II RPflG |
| Frist: 2 Wochen, § 569 I 1 | Frist: 2 Wochen |
| Rechtspfleger prüft Abhilfe, § 572 | Rechtspfleger prüft Abhilfe |
| Bei Nichtabhilfe Vorlage an die höhere Instanz (LG bzw OLG), nicht an den Instanzrichter | Bei Nichtabhilfe (§ 11 II 3 RPflG) Vorlage an Instanzrichter; dessen Entscheidung ist unanfechtbar |
| Beschwerdebeschluss bei Zulassung mit Rechtsbeschwerde zum BGH anfechtbar, § 574 | - |
| Bei Abhilfe: Vorgehen wie gegen einen neuen KfB | |

**6. Gegen den Kostenfestsetzungsbeschluss** (KfB) sowie gegen den Beschluss, der Kf als unbegründet ablehnt, können ASt und AGegner bei einer **Beschwer bis 200,00 € sofortige (= „befristete") Erinnerung** einlegen, **Absatz 3 Satz 1** mit §§ 567 II, 569 ZPO, §§ 11 II, 21 Nr. 1 RPflG. Deshalb ist § 321a nicht analog anwendbar. Der RA ist aus *eigenem* Recht nicht beschwerdeberechtigt (OLG Brandenburg FamRZ 2002, 253). 13

**a) Formalien der sofortigen Erinnerung:** 14

**aa) Einlegung** schriftl. mit eigenhändiger Unterschrift, aber auch durch Telefax; kein Anwaltszwang, § 13 RPflG; Begründung nicht notw.

**bb) Frist:** 2 Wochen, Abs. 3 S. 1, § 569 ZPO, § 11 II RPflG, Berechnung § 222; beginnt ggü dem AGegner nur zu laufen, wenn vorher oder gleichzeitig eine Abschrift der Kostenrechnung zugestellt wird oder diese im KfB wiedergegeben wurde, vgl OLG Hamburg NJW 1970, 53; str. Fristgerechter Eingang beim BeschwerdeG genügt (**aA** OLG Koblenz NJW-RR 1992, 127 zur aF), vgl § 569 I 1 nF. Bei Versäumung WE, § 233 (str, ob Richter oder Rechtspfleger darüber entscheidet, vgl OLG München JurBüro 1976, 1114; OLG Düsseldorf Rpfleger 1983, 29). Hat Gegner rechtzeitig Erinnerung eingelegt, ist noch nach Fristablauf **Anschlusserinnerung** zulässig (KG Rpfleger 1973, 221).

**cc) Beschwer** einer Partei, nicht eines PrBev, ist notw. Eine bestimmte Summe muss nicht erreicht sein. 15

**dd) Rechtliches Gehör** ist vor der Entscheidung zu gewähren.

ee) Das Erinnerungsverfahren kann auch, aber nicht nur, zur **Nachliquidation** (§ 103 Rz 4) benutzt werden (vgl OLG München AnwBl 1987, 237; KG NJW-RR 1991, 768; str).

**ff) Bei Teilerinnerung** können nach Fristablauf bisher unbeanstandete Positionen nachträgl. angegriffen werden, soweit kein Rm-Verzicht vorliegt (OLG Köln JurBüro 1986, 928).

**b) Entscheidung über die Erinnerung durch Beschluss des Rechtspflegers** (zu begründen): sie darf den Erinnerungsführer nicht verschlechtern. 16

**(1) Hilft der Rechtspfleger voll ab** (§ 11 II 2 RPflG), muss er zugleich über die außergerichtl. Kosten des Erinnerungsverfahrens (§ 91 I 1; §§ 18 Nr. 5, 16 Nr. 12 RVG; RVG VV

3500) entscheiden; sachl. liegt ein neuer KfB vor, sodass der beschwerte Gegner dagegen nun die sof Erinnerung bzw sof Beschwerde hat (OLG München Rpfleger 1989, 55).

17 **(2) Hilft der Rechtspfleger nur zum Teil ab** (= neuer KfB, dagegen sof Erinnerung statthaft, ferner unbefr Anschlusserinnerung des Gegners) **oder nicht**, ist keine solche KostenE notw (OLG München Rpfleger 1977, 70). Der Rechtspfleger legt die Erinnerung nebst seinem Nichtabhilfe-Beschluss an das erstinstanzl. ProzessG vor (§ 11 II 3 RPflG), also beim AG dem Amtsrichter, beim LG dem ER (§§ 348, 348a), bzw an die ZivK, bzw an den Vors der KfH (§ 349 II Nr. 12).

18 c) **Das Prozessgericht** kann über Aussetzung der Vollstr des KfB entscheiden (§ 570 II; unanfechtbar, OLG Bremen JurBüro 1986, 764) und **hat dann verschiedene Möglichkeiten,** § 11 II 4 RPflG: Entscheidung jeweils durch Beschluss, der zu begründen ist und den Erinnerungsführer nicht verschlechtern darf.

19 **(1) Hält der Richter die Erinnerung für zulässig und begründet**, hilft er der Erinnerung selbst ab oder weist analog § 572 III den Rechtspfleger entspr an.

20 **(2) Hält der Richter die Erinnerung für zulässig, aber nur teilweise begründet**, entscheidet es über diesen Teil (OLG Hamm NJW 1971, 1142) und verfährt bez des Restes nach der folgenden Rz.

21 **(3)** Hält der Richter die **Erinnerung für zulässig, aber unbegründet**, weist der Richter die Erinnerung zurück.

**(4) Hält der Richter die Erinnerung für unzulässig** (zB weil die Frist für die Erinnerung versäumt wurde), weist er sie zurück.

Die Richterentscheidung ist in allen Fällen unanfechtbar (§ 567 II).

22 **7. Gegen den Kostenfestsetzungsbeschluss** (KfB) sowie gegen den Beschluss, der die Kf als unbegründet ablehnt, können ASt und AGegner bei einer **Beschwer ab 200,01 €** sof Beschwerde einlegen, **Absatz 3 Satz 1** mit §§ 567 II ZPO, §§ 11 I, 21 Nr. 1 RPflG.

**a) Formalien der sofortigen Beschwerde:**

**aa) Einlegung** schriftl. mit Unterschrift, auch durch Telefax, beim UnterG oder BeschwerdeG (§ 569).

**bb) Kein Anwaltszwang für die Einlegung**, auch nicht, wenn der LG-Rechtspfleger entschieden hat (OLG Nürnberg MDR 2001, 597; OLG Karlsruhe MDR 1999, 1468; **aA** OLG Hamburg JurBüro 2000, 142; § 569 III nF hat die Frage nicht eindeutig geklärt); auch nicht für das Verfahren ab Vorlage an LG, OLG (Hansens Rpfleger 2001, 573), ausgenommen bei mdl Verh.

**cc) Antrag:** ein ausformulierter Antrag ist nicht notw.

**dd) Begründung:** nicht vorgeschrieben (§ 571 I); doch kann eine Frist gesetzt werden (§ 571 III 1), mit Präklusionsfolgen (§ 571 III 2).

**ee) Frist:** 2 Wochen ab Zustellung des KfB, Abs. 3 S. 1, § 569 ZPO. Bei Versäumung WE, § 233. Hat Gegner rechtzeitig Erinnerung eingelegt, ist noch nach Fristablauf unselbstständige Anschlusserinnerung zulässig (§ 567 III 1). Innerhalb der Frist kann der Gegner eine selbstständige sof Beschwerde einlegen.

**ff) Beschwer** einer Partei, nicht eines PrBev (*er* hat kein eigenes BeschwerdeR, OLG Brandenburg FamRZ 2002, 253), ist notw. Mindestens 200,01 € (§ 567 II).

**gg) Rechtliches Gehör** ist vor der Entscheidung zu gewähren.

**b) Abhilfeprüfung durch Rechtspfleger:** der Rechtspfleger muss prüfen, ob er der sof Beschwerde abhilft (§ 572 I 1 ZPO, § 11 I RPflG) und einen entspr Beschluss mit Begründung erlassen. Vergisst er das, wird ihm die Akte vom BeschwerdeG formlos wieder zugeleitet, mit entspr Nachbesserungs-Aufforderung. Der Rechtspfleger hilft je nach Sachlage 23

- voll ab, wenn die sof Beschwerde zulässig und voll begr ist (Rz 19); eine KostenE ist notw (OLG Zweibrücken Rpfleger 2003, 101; LG Karlsruhe MDR 2003 178). Gegen diesen neuen KfB ist wiederum je nach Sachlage die sof Erinnerung oder sof Beschwerde gegeben. Oder
- nur teilw, wenn die sof Beschwerde zulässig und nur zT begr ist (Rz 20); oder
- überhaupt nicht, wenn die sof Beschwerde unzulässig oder zulässig, aber ganz unbegr ist (Rz 20).

**c) Vorlage an das Beschwerdegericht.** Bei Teilabhilfe und Nichtabhilfe legt der Rechtspfleger die Akte mit seinem Beschluss dem BeschwerdeG vor. Das „ProzessG“, dh der Instanzrichter, ist in diesen Fällen mit der Sache nicht mehr befasst; die sof Beschwerde gegen einen KfB der Rechtspflegerin des AG-Zivilabteilung geht also idR zur LG-Beschwerdekammer (§ 119 GVG); in Handelssachen zur LG-KfH; in AG-Familiensachen zum OLG-Familiensenat; gegen den KfB des Rechtspflegers des LG direkt zum OLG-Beschwerdesenat. Beim BeschwerdeG ist aber ein ER zuständig, § 568 (er kann die Sache dem Gremium übertragen, § 568 S. 2). 24

**d) Entscheidung des Beschwerdegerichts** (jeweils mit KostenE über Kosten des Beschwerdeverfahrens nach §§91, 92, 97): **(1)** Hätte das ProzessG selbst entscheiden müssen (zB bei unzureichender Beschwerdesumme): Aufhebung und Rückgabe; **(2)** Verwerfung als unzulässig, §572 II, wenn Form/Frist nicht gewahrt; **(3)** Ist sie zulässig, aber unbegr: Zurückweisung; **(4)** Ist sie zulässig und begr; Aufhebung der angefochtenen Entscheidung, eigene Entscheidung über den KfAntrag oder §572 III. Zurückverweisung kommt nur ausnahmsweise infrage (§538 analog). Eine Verschlechterung des Beschwerdeführers ist unzulässig (vgl *Pauling* JurBüro 2002, 61), andererseits ist §308 I zu beachten. 25

**8. Rechtsbeschwerde.** Eine Beschwerde gegen den Beschluss des BeschwerdeG (Rz 24) ist *nur* statthaft, wenn sie vom BeschwerdeG im Beschluss zugelassen wurde, § 574 (BGH NJW-RR 2004, 356); ebenso bei FGG-Kosten nach § 13a III FGG (BayObLG NJW-RR 2002, 1726). Die Zulassung ist nicht nachholbar. Frist: 1 Monat ab Zustellung (§ 575); einzulegen durch einen beim BGH zugelassenen RA (!) beim BGH (§ 133 GVG); Inhalt: § 575. Ein bestimmter Beschwerdewert ist nicht erforderl., auch Centbeträge könnten zum BGH kommen. 26

**9. Sonstige Angriffe gegen Kosten.** 27

**a) Sachverständige und Zeugen** können beantragen, dass ihre „Entschädigung“ durch richterl. Beschluss festgesetzt wird (§ 4 JVEG), wenn sie mit der Abrechnung des Kostenbeamten bzw des Geschäftsstellenangestellten nicht einverstanden sind.

**b) Erinnerung gegen Kostenansatz.** Gerichtskosten und gerichtl. Auslagen (zB Sachverständigenhonorar) werden angesetzt (§ 19 GKG), dh der Kostenschuldner (zB der Kl, §§ 22 ff GKG) erhält eine „Rechnung der Gerichtskasse". Hiergegen kann er Erinnerung einlegen (§ 66 GKG).

**c) Streitwertbeschwerde.** Der StrW ist mittelbar entscheidend für die Geb des Gerichtes und der Anwälte, weil sich die Gebührenhöhe danach richtet. Die StrW-Festsetzung kann mit Beschwerde angegriffen werden (§ 68 GKG; § 33 III RVG).

**d) Notarkostenbeschwerde:** § 156 KostO.

**e) Anwaltsgebühren.** Wenn der RA *als PrBev* gegen den eigenen Mandanten die Gebührenfestsetzung betreibt: § 11 RVG, dagegen sof Beschwerde. Bei Geb aus anderweitiger Tätigkeit, zB Beratung, ist der RA auf Mahnverfahren oder Klage gegen seinen Mandanten angewiesen (anders als der Notar, §§ 140 ff KostO).

Formular 290: Sofortige Beschwerde gegen einen Kostenfestsetzungsbeschluss – Erstattungsberechtigter wendet sich gegen die Absetzung von Auslagen

## § 105 ZPO Vereinfachter Kostenfestsetzungsbeschluss

**(1) [1]Der Festsetzungsbeschluss kann auf das Urteil und die Ausfertigungen gesetzt werden, sofern bei Eingang des Antrags eine Ausfertigung des Urteils noch nicht erteilt ist und eine Verzögerung der Ausfertigung nicht eintritt. [2]Erfolgt der Festsetzungsbeschluss in der Form des § 130b, ist er in einem gesonderten elektronischen Dokument festzuhalten. [3]Das Dokument ist mit dem Urteil untrennbar zu verbinden.**

**(2) [1]Eine besondere Ausfertigung und Zustellung des Festsetzungsbeschlusses findet in den Fällen des Absatzes 1 nicht statt. [2]Den Parteien ist der festgesetzte Betrag mitzuteilen, dem Gegner des Antragstellers unter Beifügung der Abschrift der Kostenberechnung. [3]Die Verbindung des Festsetzungsbeschlusses mit dem Urteil soll unterbleiben, sofern dem Festsetzungsantrag auch nur teilweise nicht entsprochen wird.**

**(3) Eines Festsetzungsantrags bedarf es nicht, wenn die Partei vor der Verkündung des Urteils die Berechnung ihrer Kosten eingereicht hat; in diesem Fall ist die dem Gegner mitzuteilende Abschrift der Kostenberechnung von Amts wegen anzufertigen.**

§ 105 geändert durch JKomG v. 22.03.2005 (BGBl 2005,837).

1 Vereinfachte Kf ist auch zulässig bei Beschlüssen, PV, VU nach § 331 III. Unzulässig bei Kostenquotelung, § 106 I 2, unzweckmäßig bei § 105 I 4. Wirkung: keine bes VollstrKlausel notw, § 795a; keine Wartefrist, § 798.

## § 106 ZPO Verteilung nach Quoten

**(1) [1]Sind die Prozesskosten ganz oder teilweise nach Quoten verteilt, so hat nach Eingang des Festsetzungsantrags das Gericht den Gegner aufzufordern, die Berechnung seiner Kosten binnen einer Woche bei Gericht einzureichen. [2]Die Vorschriften des § 105 sind nicht anzuwenden.**

**(2) [1]Nach fruchtlosem Ablauf der einwöchigen Frist ergeht die Entscheidung ohne Rücksicht auf die Kosten des Gegners, unbeschadet des Rechts des letzteren, den Anspruch auf Erstattung nachträglich geltend zu machen. [2]Der Gegner haftet für die Mehrkosten, die durch das nachträgliche Verfahren entstehen.**

**1. Absatz 1.** Werden die KfAnträge beider Parteien eingereicht, erfolgt nicht doppelte Kf, sondern in einem einheitl. KfB werden die Kostenerstattungsansprüche verrechnet; zB: sind dem Kl 4/5, dem Bekl 1/5 der Kosten auferlegt, und berechnet der Kl seine außergerichtl. Kosten mit 5 000 €, der Bekl ebenfalls mit 5 000 €, dann hat der Kl noch 3 000 € an den Bekl zu erstatten (4/5 der Kostensumme von 10 000 €, dh 8 000 €, abzügl. 5 000 € eigener Kosten). Zur Berechnung bei PKH: *Mümmler* JurBüro 1986, 689. § 106 bei UnterhaltsPKV OLG Braunschweig NdsRpfl 2005, 39; OLG Frankfurt FamRZ 1991, 966 und § 104 Rz 3; nach einer Meinung (KG NJW-RR 2002, 140; OLG Nürnberg FamRZ 1999, 1088) ist ein geleisteter PKV im Kostenausgleichsverfahren nur anzurechnen, wenn und soweit dieser zusammen mit dem Kostenerstattungsanspruch des Vorschussempfängers die dieser Partei entstandenen Kosten übersteigt. 1

**2. Absatz 2.** Frist: §§ 222, 224; solange der KfB nicht hinausgegeben ist, muss der verspätete Antrag des Gegners berücksichtigt werden (LG Berlin JurBüro 1986, 1092). Nach fruchtlosem Fristablauf werden im Beispiel auf Antrag des Bekl 4 000 € festgesetzt. Kommt dann der Antrag des Kl, werden 1 000 € festgesetzt; der Kl kann aber aufrechnen (*Lappe* MDR 1983, 992). Für Rechtsbehelfe muss der Kostenausgleichsbeschluss als äußere Zusammenfassung zweier KfB betrachtet werden (vgl OLG Koblenz JurBüro 1986, 1573). 2

## § 107 ZPO Änderung nach Streitwertfestsetzung

**(1) [1]Ergeht nach der Kostenfestsetzung eine Entscheidung, durch die der Wert des Streitgegenstandes festgesetzt wird, so ist, falls diese Entscheidung von der Wertberechnung abweicht, die der Kostenfestsetzung zugrunde liegt, auf Antrag die Kostenfestsetzung entsprechend abzuändern. [2]Über den Antrag entscheidet das Gericht des ersten Rechtszuges.**

**(2) [1]Der Antrag ist binnen der Frist von einem Monat bei der Geschäftsstelle anzubringen. [2]Die Frist beginnt mit der Zustellung und, wenn es einer solchen nicht bedarf, mit der Verkündung des den Wert des Streitgegenstandes festsetzenden Beschlusses.**

**(3) Die Vorschriften des § 104 Abs. 3 sind anzuwenden.**

Zuständig ist der **Rechtspfleger**, § 21 Nr. 1 RPflG; nur die streitwertabhängigen Posten dürfen geändert werden (OLG Hamm Rpfleger 1983, 456). Auch Rückfestsetzung überzahlter Beträge wird für zulässig angesehen, vgl § 104 Rz 2. 1

**Fristablauf**, Abs. 2, führt nur dazu, dass das vereinfachte Verfahren ausscheidet, es kann dann durch Klage zB der überzahlte Betrag aus § 812 BGB zurückverlangt oder nach § 767 geklagt werden usw. (OLG München MDR 1983, 137; hM). Formlose Mitteilung des StrWBeschlusses setzt die Frist nicht in Lauf (OLG München JB 1991, 972). Keine Aufhebung ohne Antrag (OLG Brandenburg NJW-RR 2000, 1593). 2

# Titel 6
# Sicherheitsleistung

## § 108 ZPO Art und Höhe der Sicherheit

**(1) [1]In den Fällen der Bestellung einer prozessualen Sicherheit kann das Gericht nach freiem Ermessen bestimmen, in welcher Art und Höhe die Sicherheit zu leisten ist. [2]Soweit das Gericht eine Bestimmung nicht getroffen hat und die Parteien ein anderes nicht vereinbart haben, ist die Sicherheitsleistung durch die schriftliche, unwiderrufliche, unbedingte und unbefristete Bürgschaft eines im Inland zum Geschäftsbetrieb befugten Kreditinstituts oder durch Hinterlegung von Geld oder solchen Wertpapieren zu bewirken, die nach § 234 Abs. 1 und 3 des Bürgerlichen Gesetzbuchs zur Sicherheitsleistung geeignet sind.**

**(2) Die Vorschriften des § 234 Abs. 2 und des § 235 des Bürgerlichen Gesetzbuchs sind entsprechend anzuwenden.**

§ 108 I 2 geändert durch G v. 27.7.2001 (BGBl 2001, 1887).

1 **1. Anwendungsfälle:** zB im Urteil nach §§ 709 ff, in Beschlüssen nach §§ 110, 707, 719, 732 II, 769. Die Höhe *muss* das ProzessG (BGH MDR 1966, 501) bestimmen, die Art - *kann* es. Es gibt **drei Möglichkeiten:**

**(1)** das Gericht hat nichts bestimmt, dann gilt Rz 2;

**(2)** das Gericht hat eine Regelung getroffen, zB Bürgschaft (sie muss als selbstschuldnerische angeordnet werden, §§ 771, 239 II BGB analog) durch eine wohlhabende Privatperson, durch eine ausl Bank, durch an sich ungeeignete Wertpapiere. Es kann (zB bei hohen Beträgen) auch angeordnet werden, dass die Unterschriften unter der Bürgschaftserklärung notariell begl und die Vertretungsbefugnis nachgewiesen wird;

**(3)** die Parteien haben etwas vereinbart, zB Sicherheit durch Wechselhingabe, Verpfändung: dann gilt dies. **Art:** selten ist Geldhinterlegung (nach HinterlO; nicht Zahlung an ProzessG, BGH NJW 2002, 3259), Regelfall ist bei größeren Beträgen Bürgschaft. **Höhe:** idR der Wert der vollstr Hauptsache plus Zinsen und Kosten; vgl § 717 II. Die Höhe kann seit 2002 auch in Form eines Prozentzuschlags angeben werden, § 709 S. 2: zB 120 % des zu vollstr Betrages; der Zuschlag entspricht den Zinsen und Kosten. Weitere Beispiele § 709 Rz 1.

**2. Bürgschaft als Sicherheitsleistung:**

2 Ist vom Gericht nichts Abweichendes bestimmt worden (Beispiel: „Das Urteil ist gegen SiL von 20000 € vorläufig vollstreckbar“, §709 S.1), kann die SiL durch eine Bürgschaft erbracht werden, die folgende Voraussetzungen erfüllen muss: **a) Formaler Inhalt:** 4 Kriterien: Die Bürgschaft muss schriftl. sein (trotz §350 HGB, wegen Nachweis), unwiderrufl., unbedingt, unbefristet; selbstschuldnerisch ist sie als Bankbürgschaft immer (§349 HGB), weshalb das nicht in der Urkunde stehen muss. **b) Bank als Bürge.** Als taugl. Bürgen sieht §108 Kreditinstitute an, die in Deutschland zum Geschäftsbetrieb befugt sind, also inl Banken und Sparkassen, auch Genossenschaftsbanken; ferner die hiesigen Niederlassungen ausl

Banken. Sonstige *ausl* Banken können nur Bürgen sein, wenn dies vom Gericht gestattet wurde (**aA** OLG Hamburg NJW 1995, 2859; OLG Düsseldorf ZIP 1995, 1667).

**c)** Zur Frage, wie der **Bürgschaftsvertrag**, § 765 BGB, zustandekommt, vgl § 751 Rz 4. Die Zustellung der Bankbürgschaft in Urschrift an die PrBev der ersten Instanz von Anwalt zu Anwalt ist ausreichend (OLG Koblenz JurBüro 2001, 213). 3

**d) Änderungen:** Ist zB im Urteil nur SiL in hinterlegtem Geld gestattet, kann auf Antrag durch Beschluss (ohne mdl Verh) ausgesprochen werden, dass die Sicherheit auch durch Bürgschaft geleistet werden kann (**aA** nur §§ 707, 719); ebenso kann Bürgschaft einer anderen als der genannten Bank (zB einer ausl) gestattet werden. 4

**e) Erlöschen** der Bürgschaft: durch AnO gem §§ 109 II, 715; Erlöschen der Hauptschuld zB durch Erfüllung; Erledigung des Sicherungsverh zB durch Rechtskraft des Titels (*Pecher* WM 1986, 1513). 5

**Sicherungsfall:** der Sicherungsberechtigte kann gem § 13 II Nr. 1 HinterlO klagen (§ 894) oder auf Feststellung seiner Berechtigung (§ 13 II Nr. 2 HinterlO); den Bürgen in Anspruch nehmen, § 765 BGB (BGH NJW 1978, 43); der Staatskasse haftet die Sicherheit nicht für Gerichtskosten (OLG Stuttgart MDR 1985, 1032). 6

**3. Rechtsbehelfe:** die AnO ist wie die jeweilige HauptE anfechtbar, die im Urteil zB durch Ber. Nachträgl. (ändernde) Beschlüsse sind nach hM (vgl OLG Nürnberg MDR 1986, 241) unanfechtbar (**aA:** sof Beschwerde, OLG Frankfurt MDR 1975, 323); Ablehnung nachträgl. Änderung ist nach hM mit sof Beschwerde anfechtbar (**aA** OLG München MDR 1984, 321: unanfechtbar). 7

## § 109 ZPO Rückgabe der Sicherheit

**(1) Ist die Veranlassung für eine Sicherheitsleistung weggefallen, so hat auf Antrag das Gericht, das die Bestellung der Sicherheit angeordnet oder zugelassen hat, eine Frist zu bestimmen, binnen der ihm die Partei, zu deren Gunsten die Sicherheit geleistet ist, die Einwilligung in die Rückgabe der Sicherheit zu erklären oder die Erhebung der Klage wegen ihrer Ansprüche nachzuweisen hat.**

**(2) [1]Nach Ablauf der Frist hat das Gericht auf Antrag die Rückgabe der Sicherheit anzuordnen, wenn nicht inzwischen die Erhebung der Klage nachgewiesen ist; ist die Sicherheit durch eine Bürgschaft bewirkt worden, so ordnet das Gericht das Erlöschen der Bürgschaft an. [2]Die Anordnung wird erst mit der Rechtskraft wirksam.**

**(3) [1]Die Anträge und die Einwilligung in die Rückgabe der Sicherheit können vor der Geschäftsstelle zu Protokoll erklärt werden. [2]Die Entscheidungen ergehen durch Beschluss.**

**(4) Gegen den Beschluss, durch den der im Absatz 1 vorgesehene Antrag abgelehnt wird, steht dem Antragsteller, gegen die im Absatz 2 bezeichnete Entscheidung steht beiden Teilen die sofortige Beschwerde zu.**

§ 109 III 2 redaktionell geändert durch G v. 27.7.2001 (BGBl 2001, 1887).

1 **1. Verfahren:**

**a) Zuständig** ist der Rechtspfleger, § 20 Nr. 3 RPflG;

**b) Antragsberechtigt** ist der Sicherungsverpflichtete (zB der Bekl, der die Sicherheit geleistet hat), nicht der Bürge (zB die Bank) oder ein Dritter;

**c) Veranlassung, Absatz 1 Satz 1**, ist zB weggefallen: bei Eintritt der Rechtskraft eines nach § 709 für vorl vollstr erklärten Urteil; bei Aufhebung eines vorl vollstr Urteil (OLG Hamm Rpfleger 1982, 354); Aufhebung und Zurückverweisung (OLG Frankfurt Rpfleger 1985, 32); für die Sicherheit des Bekl, wenn beim Rev OLG-Urteil auch der Kl Sicherheit geleistet hat (OLG Köln MDR 1993, 270); wenn das Gericht die Bürgschaft durch eine andere Bank gestattet hat, bez der ersten Bürgschaft (BGH NJW 1994, 1351); wenn geräumt wurde (LG Frankfurt Rpfleger 2004, 234). § 109 ist auch einschlägig, wenn der Kl, dem durch ZwischenU die Stellung einer Prozesskostensicherheit nach § 110 I aufgegeben worden ist, geltend macht, seine Pflicht sei entfallen, weil er nunmehr seinen gewöhnl. Aufenthalt in einem Mitgliedstaat der EU oder in einem Vertragsstaat des Abkommens über den Europäischen Wirtschaftsraum habe (BGH NJW-RR 2006, 710; str).

2 **d) Rückgabeanordnung** bzw AnO des Erlöschens der Bürgschaft erfolgt, wenn der Fristsetzungsbeschluss mit der Auflage (Abs. 1) ordnungsgemäß zugestellt wurde und die Klageerhebung bis zur Entscheidung (nicht nur bis Fristablauf) nicht nachgewiesen wird: durch Beschluss mit Gründen (Zustellung § 329 II, III); ohne AnO der Rückgabe der Bürgschaftsurkunde; ohne KostenE. Bei Teilwegfall (zB wegen Vergleich in zweiter Instanz) erfolgt Beschränkung der Sicherheit (OLG Frankfurt NJW-RR 1987, 447).

e) Die rechtskr Entscheidung führt zur Herausgabe nach § 13 II Nr. 2 HinterlO bzw zum **Erlöschen der Bürgschaft.**

f) Einer **Klage** würde wegen des einfacheren Verfahrens nach § 109 das Rechtsschutzbedürfnis fehlen. Noch einfacher ist, wenn beide Parteien bei der Hinterlegungsstelle *übereinstimmend* die Auszahlung beantragen.

g) Sonderregelung § 715.

3 **2. Rechtsbehelfe**, sof Beschwerde (§ 567), auch soweit der Rechtspfleger entschieden hat (§ 11 I RPflG).

## § 110 ZPO Prozesskostensicherheit

**(1) Kläger, die ihren gewöhnlichen Aufenthalt nicht in einem Mitgliedstaat der Europäischen Union oder einem Vertragsstaat des Abkommens über den Europäischen Wirtschaftsraum haben, leisten auf Verlangen des Beklagten wegen der Prozesskosten Sicherheit.**

**(2) Diese Verpflichtung tritt nicht ein:**

**1. wenn auf Grund völkerrechtlicher Verträge keine Sicherheit verlangt werden kann;**

**2. wenn die Entscheidung über die Erstattung der Prozesskosten an den Beklagten auf Grund völkerrechtlicher Verträge vollstreckt würde;**

**3. wenn der Kläger im Inland ein zur Deckung der Prozesskosten hinreichendes Grundvermögen oder dinglich gesicherte Forderungen besitzt;**

**4. bei Widerklagen;**

**5. bei Klagen, die auf Grund einer öffentlichen Aufforderung erhoben werden.**

§ 110 zuletzt geändert durch G v. 6.8.1998 (BGBl 1998, 2030).

**Lit:** ***Primozic/Broich*** MDR 2007, 188 (vermutet Völkerrechtsverstoß).

**1. Absatz 1.** 1

- **a) Kläger:** auch JuP; gemeint ist der Kl des ersten Rechtszugs (BGH 37, 266); bei eVfg/Arrest gilt dies, wenn mdl verhandelt wird, OLG Hamburg ZUM-RD 1999, 14; (OLG Köln NJW 1987, 76 und ZIP 1994, 326; dazu *Leible* NJW 1995, 2817; str). Ferner der NI des Kl. *Nicht:* ASt des Mahnantrages, Bekl, Widerkl, ASt des s Beweisverfahrens, Antrag auf Vollstreckbarerklärung einer ausl Entscheidung. Sinn des § 110 ist, dem Bekl die Realisierung seines Kostenerstattungsanspruchs zu ermöglichen, wenn die Klage gegen ihn abgewiesen wird. Über Sicherheit für die RevInstanz BGH NJW 2001, 3630.
- **b) Gewöhnlicher Aufenthalt:** die Staatsangehörigkeit des Kl oder sein Wohnsitz sind gleichgültig; auch ein Deutscher mit Aufenthalt in Afrika muss daher Sicherheit leisten; ebenso Kl aus dem Iran (OLG Düsseldorf NJW-RR 1999, 1588), aus Panama (BGH NJW 2001, 1219), von den Bahamas (OLG Düsseldorf IPRax 2001, 228), Taiwan (AG Bremen JurBüro 1999, 203), brit. Jungferninseln (OLG Oldenburg NdsRpfl 2004, 316). Bei JuP kommt es auf den Sitz an (BGH WM 1982, 136). **Keine Sicherheit müssen leisten:** Kl mit Aufenthalt in den EU bzw EWR-Staaten, also Belgien, Dänemark, Estland, Finnland, Frankreich, Griechenland, Großbritannien, Irland, Italien, Lettland, Litauen, Luxemburg, Malta, Niederlande, Österreich, Polen, Portugal, Schweden, Slovenien, Spanien, Slowakei, Tschechien, Ungarn, Zypern sowie Island, Liechtenstein, Norwegen. Sicherheit müssen zB leisten (vorbehaltl. Abs. 2) Kl aus den USA (vgl BGH NJW 2002, 3259), Übersee, zB Taiwan (AG Bremen JurBüro 1999, 203), aus Iran (OLG Düsseldorf NJW-RR 1999, 1588). Abtretung an Person mit Aufenthalt in Deutschland zwecks Umgehung hält der BGH (MDR 1985, 212) für unbeachtl. Ein Kl, der aber in einen der obengenannten europ Staaten **umzieht**, nachdem ihm durch ZwischenU eine Sicherheit aufgegeben wurde, kann das Verfahren nach § 109 betreiben (BGH NJW-RR 2006, 710; str).
- **c) Antrag** des Bekl muss rechtzeitig sein, § 282 III. Folge: § 113. StreitE durch ZwischenU nach § 303 (OLG Oldenburg NdsRpfl 2004, 316), nicht etwa durch Beschluss. Evtl Anwaltshaftung, wenn kein Antrag gestellt wird.

**2. Befreiungen:** PKH befreit, §122 I Nr.2. – **Absatz 2 Nr.1:** nach Art.17 HZPÜ von 1954 2
daher zusätzl. Befreiung für Angehörige von Russischer Föderation (OLG Köln JurBüro 2001, 149), Israel, Türkei, Vatikan usw. Über TRIPS vgl BPatG GRUR 2005, 973 (China nicht befreit); *Rinnert/von Falck* GRUR-RR 2005, 297. **Absatz 2 Nr.2:** falls solche völkerrechtl. Verträge eine Vollstr von Kostenerstattungsansprüchen gestatten. **Absatz 2 Nr.3:** wenn der Kl in Deutschland Grundvermögen oder durch Grundschuld/Hypothek gesicherte

Forderungen in einer realisierbaren Höhe hat, die mindestens der Sicherheit entspricht. Bankguthaben, Wertpapierdepots, gemietete Läden, Vormerkungen usw. genügen nicht.

**Absatz 2 Nr. 4:** Widerkl sind befreit; Drittwiderklage zählt nicht dazu.

**Absatz 2 Nr. 5:** zB Klage nach § 946. Beweislast für Befreiung hat der Kl (BGH NJW 1982, 1223).

## § 111 ZPO Nachträgliche Prozesskostensicherheit

**Der Beklagte kann auch dann Sicherheit verlangen, wenn die Voraussetzungen für die Verpflichtung zur Sicherheitsleistung erst im Laufe des Rechtsstreits eintreten und nicht ein zur Deckung ausreichender Teildes erhobenen Anspruchs unbestritten ist.**

1 Im Wechselnachverfahren (vgl § 110 II Nr. 2) zB besteht Sicherheitspflicht (OLG Hamburg NJW 1983, 526).

## § 112 ZPO Höhe der Prozesskostensicherheit

**(1) Die Höhe der zu leistenden Sicherheit wird von dem Gericht nach freiem Ermessen festgesetzt.**

**(2) [1]Bei der Festsetzung ist derjenige Betrag der Prozesskosten zugrunde zu legen, den der Beklagte wahrscheinlich aufzuwenden haben wird. [2]Die dem Beklagten durch eine Widerklage erwachsenden Kosten sind hierbei nicht zu berücksichtigen.**

**(3) Ergibt sich im Laufe des Rechtsstreits, dass die geleistete Sicherheit nicht hinreicht, so kann der Beklagte die Leistung einer weiteren Sicherheit verlangen, sofern nicht ein zur Deckung ausreichender Teil des erhobenen Anspruchs unbestritten ist.**

1 **Verfahren:** ist Einrede des Bekl *unbegr*, Zurückweisung in den Gründen des EndU oder durch selbstständig anfechtbares ZwischenU gem § 280 II (BGH NJW 1988, 1733). Ist sie *begr:* mdl Verh und **Entscheidung** durch ZwischenU (§ 303, nicht anfechtbar mit Ber, § 280 II, BGH NJW 1988, 1733; OLG Stuttgart Justiz 2004, 419; OLG Saarbrücken NJW-RR 1998, 1771; str): **Inhalt: a)** Festsetzung der Höhe (maximaler Kostenerstattungsanspruch des Bekl, also uU dessen außergerichtl. Kosten + MwSt für drei Instanzen), BGH NJW 1981, 2646; vgl *Söffing* MDR 1989, 599. Hat das Gericht eine zu geringe Sicherheit festgesetzt, kann Bekl nach Verbrauch des Betrages weitere Sicherheit fordern, § 112 III (BGH NJW-RR 2005, 148). **b)** Fristsetzung gem § 113. **c)** Kein Ausspruch über Kosten, vorl Vollstreckbarkeit.

## § 113 ZPO Fristbestimmung für Prozesskostensicherheit

**[1]Das Gericht hat dem Kläger bei Anordnung der Sicherheitsleistung eine Frist zu bestimmen, binnen der die Sicherheit zu leisten ist. [2]Nach Ablauf der Frist ist auf Antrag des Beklagten, wenn die Sicherheit bis zur Entscheidung nicht geleistet ist, die Klage für zurückgenommen zu erklären oder, wenn über ein Rechtsmittel des Klägers zu verhandeln ist, dieses zu verwerfen.**

Nach Fristablauf wird von Amts wegen Termin bestimmt, der Bekl kann hier beantragen, die Klage für zurückgenommen zu erklären, es folgt die Entscheidung (EndU); Fristablauf ist als solcher bedeutungslos, wesentl. ist, ob die Sicherheit bis zur Entscheidung geleistet ist. 1

# Titel 7
# Prozesskostenhilfe und Prozesskostenvorschuss

## § 114 ZPO Voraussetzungen

**[1]Eine Partei, die nach ihren persönlichen und wirtschaftlichen Verhältnissen die Kosten der Prozessführung nicht, nur zum Teil oder nur in Raten aufbringen kann, erhält auf Antrag Prozesskostenhilfe, wenn die beabsichtigte Rechtsverfolgung oder Rechtsverteidigung hinreichende Aussicht auf Erfolg bietet und nicht mutwillig erscheint. [2]Für die grenzüberschreitende Prozesskostenhilfe innerhalb der Europäischen Union gelten ergänzend die §§ 1076 bis 1078.**

§ 114 S. 2 eingefügt durch G v. 15.12.2004 (BGBl 2004, 3392).

**Lit:** ***Zimmermann***, PKH in Familiensachen, 3. Aufl. 2007; ***Kalthoener/Büttner/Wrobel-Sachs***, PKH und Beratungshilfe, 2005; ***Schoreit/Dehn***, BeratungshilfeG, PKHG, 2004; ***Künzl/Koller***, Prozeßkostenhilfe, 2003.

### Übersicht



**1. Allgemeines:** Die PKH wurde ab 01.01.1995 durch das PKHÄndG v. 10.10.1994 (BGBl I 2954) grundlegend geändert. 1

**Prozesskostenhilfe (PKH) kann gewährt werden:** für das gerichtl. Verfahren, Mahnverfahren (LG Stuttgart Rpfleger 2005, 32; *Wielgoß* NJW 1991, 2070; zuständig ist der Rechtspfleger), Arrest, eVfg, s Beweisverfahren (OLG Köln VersR 1995, 436; OLG Celle BauR 2004, 1659; **aA** LG Flensburg SchlHA 1987, 154), ZwV (vgl § 119 II), für einen Kostenantrag nach § 93 (OLG Hamm FamRZ 1993, 1344), für Nichtigkeitsklage (BGH ZIP 1993, 1729), für die Streithelferin (im Vaterschaftsfeststellungsprozess, OLG Düsseldorf DAVorm 1993, 588), für anwaltl. Beistand eines mittellosen Zeugen (OLG Düsseldorf MDR 1993, 71), im Falle des § 29 III EGGVG; für RB zum BGH (BGH NJW 2003, 1192); für den Vergleich nach § 118 I 3 (BGH NJW 2004, 2595; aber nicht für das ganze PKH-Verfahren). Für die Beratung außerhalb des Prozesses kann ein RA von der Staatskasse nach dem BeratungshilfeG bezahlt werden. Daneben gibt es kostenrechtl. Vergünstigungen, zB Freistellung von der Gerichtskostenvorauszahlung nach § 14 Nr. 3 GKG,

Absehen vom Kostenansatz nach § 10 KostVfg. **Auslandsfälle:** Rz 14. Vgl zB für Auslandsunterhalt § 9 AUG (OLG Hamburg FamRZ 2003, 318; KG NJW-RR 1993, 69; zentrale Stelle ist das Bundesamt für Justiz, nicht mehr der GBA).

2 **2. Keine Prozesskostenhilfe kann gewährt werden:** für das PKH-Verfahren selbst (BGH 91, 311; OLG Bamberg JB 1993, 547; Ausnahme: Vergleich nach § 118 I 3, oben Rz 1); für das PKH-Beschwerdeverfahren (BayObLG FamRZ 1988, 210; str), für das Verfahren nach § 36 Nr. 6 (BGH MDR 1984, 214; str), das Schiedsgerichtsverfahren (LAG Düsseldorf JurBüro 1987, 1238; denn der Schiedsvertrag kann dann aus wichtigem Grund gekündigt werden, das staatl. Gericht wird wieder zuständig), für die Schutzschrift gegen eine erwartete eVfg (OLG Düsseldorf FamRZ 1985, 502); für eine Mediation (OLG Dresden NJW-RR 2007, 80). Keine PKH für den Antrag des Schuldners auf **Insolvenzeröffnung** (vgl dazu *Heinze* DZWir 2000, 183), für Anträge auf Restschuldbefreiung, Sonderregelung in §§ 4a – 4d InsO; keine PKH für die Anmeldung einer Insolvenzforderung zur Tabelle (BVerfG ZIP 1989, 719; anders für sonstige Verfahrensabschnitte der Insolvenzgläubiger, § 4 InsO), für die Vergütung von Verwalter und Treuhänder; für Verbraucherinsolvenzverfahren (BGH NJW 2000, 1869; str); beachte Neuregelung §§ 4a – d InsO.

3 **3. Verfahrensübersicht:** der Antrag (§ 117 I) mit Darstellung des beabsichtigten Rechtsstreits und ausgefülltem Vordruck über die finanziellen, etc Verhältnisse (§ 117 II) wird beim ProzessG eingereicht; der Gegner erhält Gelegenheit zur Stellungnahme, § 118. Beweisaufnahmen erfolgen nur beschränkt. Entschieden wird durch Beschluss, § 119. Bewilligung hat zur Folge, dass die Partei keine Gerichtskosten zu zahlen hat, der beigeordnete RA wird von der Staatskasse vergütet (Höhe: § 49 RVG); verliert aber die Partei, hat sie dem Gegner dessen Kosten zu erstatten (das ist den Laien meist unbekannt).

4 **Zweckmäßige Prüfungsreihenfolge:**

- Sind die Voraussetzungen des § 114 (Erfolgsaussicht, keine Mutwilligkeit, Rechtsschutzbedürfnis) gegeben? Wenn ja:
- Die voraussichtlichen Kosten des Rechtsstreits sind zu schätzen (§ 114 Rz 8), wegen § 115 III.
- Können diese Kosten aus dem Vermögen (§ 115 II) gedeckt werden, ganz oder teilw? Feststellung des aufbringbaren Betrages, § 120 I. Der Anspruch auf PKV gegen Eltern, Ehegatten usw. stellt Vermögen dar. Vgl § 115 Rz 25. *Falls aus dem Vermögen nichts aufzubringen ist:*
- Feststellung des Nettoeinkommens des ASt (vgl § 115 Rz 1);
- Feststellung, wie vielen Personen der ASt wie viel Unterhalt leistet;
- Feststellung des Nettoeinkommens des Ehegatten und der sonstigen Unterhaltsempfänger (zB Kinder, Eltern);
- Feststellung der Warmmiete; wie viel davon entfällt auf dem ASt? (§ 115 Rz 21).

4a **Rechenweg:**

- Nettoeinkommen des ASt;
- davon ab Kosten der Einkommenserzielung (§ 115 Rz 11);

- davon (nur bei *Erwerbstätigen*) ab, ein angemessener Betrag, § 115 Rz 13; 174 € laut PKHB 2007;
- davon ab, Grundbedarf des ASt (§ 115 Rz 16); derzeit: 382 €
- davon ab, Ehegattengrundbedarf minus Ehegatteneinkommen; § 115 Rz 17;
- davon ab, Kindergrundbedarf minus dessen Netto-Einkommen; § 115 Rz 18;
- davon ab, der auf den ASt entfallende Warmmietanteil; § 115 Rz 20;
- davon ab, besondere Belastungen (§ 115 Rz 22).

Ergebnis: das einzusetzende Einkommen; aus der Tabelle ergibt sich die PKH-Monatsrate.

**Beispiele:** ASt will einen Prozess mit StrW 50 000 € führen. 4b

**(a)** ASt ist Bäcker, ledig, ohne Unterhaltsverpflichtungen, vermögenslos. Bruttoeinkommen abzügl. Steuern und Vers (= Netto) 1 000 €. Davon gehen ab: Fahrtkosten zB 50 € (§ 115 I 1a), nochmals 174 € Erwerbstätigenabzug (115 I 1b), 382 € als eigener Grundbedarf (§ 115 I 2a), 300 € (zB) als Warmmiete (115 I 3). Rest 94 €. Die PKH-Monatsrate beträgt 30 €.

**(b)** ASt ist Rentner, verheiratet, Frau ohne Einkommen, erwachsene berufstätige Kinder, vermögenslos. Nettoeinkommen des ASt 1500 €. Davon gehen ab 2 × 382 €, ferner die Miete von 500 €. Rest 236 €. PKH-Rate 75 € monatl. Zu prüfen war, ob der ASt einen Anspruch auf PKV gegen seine Kinder hat (§ 115 Rz 26).

**(c)** Wie bei **(b)**, aber die Frau verdient monatl. 250 €. 1500 – 382 – 132 (382-250) – 428 Mietanteil (1500: 1750 = 6/7; von 500), ergibt 558 € Rest. Monatsrate 225 €.

**4. Partei:** Kl, Bekl; auch NI (BGH MDR 1966, 318); auch Ausländer (OLG Düsseldorf MDR 1994, 301), dazu §§ 1076 ff; Staatenlose. JuP, OHG, KG vgl § 116. Bei Tod der Partei wird PKH nicht „vererbt", sondern muss neu beantragt werden (OLG Celle JurBüro 1987, 1237; LG Bielefeld Rpfleger 1989, 113). 5

**Sonderfälle: a)** Bei **Streitgenossen** sind die Voraussetzungen für jede Partei gesondert zu prüfen; sind sie gleich beteiligt und haben denselben RA, kann für den „armen" StrGen PKH nur bez des Gebührenzuschlags nach 1008 RVG VV in Betracht kommen (§ 119 Rz 2; BGH NJW 1993, 1715; OLG Koblenz Rpfleger 2001, 503; anders LG Berlin MDR 1996, 754; vgl *Fischer* JurBüro 1998, 4). 6

**b)** Bei **Prozessstandschaft** müssen der Ermächtigte und der Rechtsträger „arm" sein (BGH NJW 1986, 850; OLG Hamm NJW 1990, 1053; differenzierend OLG Celle NJW 1987, 783). **Bei § 1629 III BGB** kommt es allein auf die Bedürftigkeit des klagenden Elternteils an, nicht auf das Kind (BGH FamRZ 2006, 32; NJW-RR 2005, 1237), nach **aA** allein auf das Kind (OLG Hamm MDR 2003, 458; OLG Köln FamRZ 2001, 1535; dazu *Krause*, FamRZ 2001, 1670); doch ist nach der aA ein Vorschussanspruch des Kindes gegen Vater/Mutter als „Vermögen" zu berücksichtigen (OLG Frankfurt FamRZ 1994, 1041); eine **weitere Ansicht** will auf Kind und Elternteil abstellen. 7

- **c) Stufenklage:** § 119 Rz 2.
- **d) Abtretung:** Sowohl der Abtretende wie der Kl müssen „arm" sein, wenn kein triftiger Grund für die Abtretung vorliegt (KG MDR 2002, 1396).

8 **5. Unaufbringbarkeit der Kosten: a) Kosten** sind die voraussichtl. Gerichts- und Anwaltskosten (die GVKosten des VollstrVerfahrens bleiben außer Betracht): 3 Gerichtsgeb (GKG-KV 1210) + 2,5 RA-Geb (3100, 3104 RVG VV) + Auslagenpauschale nach 7002 RVG VV + MwSt (aus RA-Geb und Auslagen) + geschätzte Vorschüsse für Zeugen, SV. Die Kosten des Gegners bleiben außer Betracht. **b)** Für die **Unaufbringbarkeit** ist die Tabelle mit § 115 maßgebend, bei im Ausland lebenden Personen vgl §§ 1078 III.

9 **6. Hinreichende Erfolgsaussicht: a) Rechtlich** erfolgt nur eine eingeschränkte Prüfung: schwierige ungeklärte Rechtsfragen *dürfen nicht* bereits im PKH-Verfahren entschieden werden (BVerfG NJW 2000, 2098; NJW 1992, 889; NJW-RR 1993, 1090; BGH ZIP 1997, 1757). Es genügt, wenn es um bislang ungeklärte Fragen des mat Rechts geht (BGH NJW-RR 2003, 1438; NJW-RR 2004, 1662) oder die Entscheidung von schwierigen Rechts- oder Tatfragen abhängt (BGH NJW-RR 2007, 908). Überhaupt dürfen die Anforderungen nicht überspannt werden (BVerfG NJW 2003, 3190; NJW 2000, 1936). Wenn die Rechtsverfolgung nach der BGH-Rspr Erfolg verspricht, darf ein UnterG nicht die Erfolgsaussicht ablehnen (OLG Köln MDR 2000, 601).

- **b) Tatsächlich** erfolgt nur eine summarische Prüfung, vgl § 118 II. Die Beweisbarkeit ist einzubeziehen, insofern ist das Verbot der **vorweggenommenen Beweiswürdigung** eingeschränkt (BVerfG NJW-RR 2004, 61; NJW 2003, 2976; nach **BVerfG NJW-RR 2005, 140** genügt es, wenn eine Beweisaufnahme ernsthaft in Betracht kommt und keine konkreten oder nachvollziehbaren Anhaltspunkte dafür vorliegen, dass die Beweisaufnahme mit großer Wahrscheinlichkeit zum Nachteil der Partei ausgehen würde).
- **c)** Erfolgsaussicht kann auch nur für einen **Teil des Anspruchs** bestehen, PKH kann daher auch nur für einen Teil bewilligt werden.
- **d) Bei Bewilligung für die Rechtsverteidigung** sind an die Erfolgsaussicht geringere Anforderungen zu stellen als für eine Rechtsverfolgung (OLG Frankfurt MDR 1987, 61); str.

10 **7. Besondere Verfahren: a) Im Scheidungsverfahren** zB kann für *beide* Parteien Erfolgsaussicht bestehen. Sie ist hier schon dann anzunehmen, wenn der Gegner ein nach der Verfahrensordnung vorgesehenes Ziel verfolgt bzw seine Lage darin verbessern kann und will (OLG Saarbrücken FamRZ 1985, 723; OLG Bamberg NJW-RR 1995, 5); sie fehlt für den Gegner, wenn er kein konkretes Ziel verfolgt und sich passiv verhält (OLG Karlsruhe FamRZ 1985, 724), denn man kann (als Bekl) auch ohne RA geschieden werden. IdR ist aber auch dem Gegner PKH unter RABeiordnung zu gewähren, weil die Scheidung weitreichende Bedeutung hat; vgl §§ 625, 78 II. Bei Scheidung von Scheinehen vgl Rz 13;

- **b) Bei Abstammungsklagen** können wegen der im Hauptverfahren erforderl. Gutachten keine hohen Anforderungen an die Erfolgsaussicht gestellt werden (vgl OLG Hamburg DAV 1986, 367; OLG Schleswig DAV 1986, 888). Der beklagte Vater muss aber jedenfalls ernsthafte Zweifel an seiner Vaterschaft darlegen (OLG Köln FamRZ 2003, 1018; aA OLG Koblenz FamRZ 2002, 1194). Das klagende Kind hat aber grds einen Anspruch auf PKV gegen seine Mutter, falls diese leistungsfähig ist (OLG München FamRZ 1987, 303); dann keine PKH. Vgl auch § 641d.
- **c) Bei der Ehelichkeitsanfechtung** genügt schon eine gewisse Wahrscheinlichkeit für die PKHBewilligung; sie kommt auch für beide Parteien infrage, weil die Status-Frage

von weitreichender Bedeutung ist. Doch kann dem beklagten Kind PKH nicht bewilligt werden, wenn es überhaupt keine Erfolgsaussicht hat (**hM**, KG FamRZ 1987, 502; OLG Hamm FamRZ 1992, 454; **aA** OLG Karlsruhe FamRZ 1992, 221; *Zöller/Philippi* § 114 Rz 53).

- **d) Unterhaltsklagen:** Rz 12.
- **e) Stufenklage:** § 119 Rz 2.
- **f) Rechtsmittelverfahren:** hier kommt es auf den voraussichtl. Erfolg in der Sache selbst, nicht auf den isolierten Erfolg des Rm an (BVerfG NJW 1997, 2745).

**8. Maßgebender Zeitpunkt** (für Armut, Erfolgsaussicht usw.) ist grds nicht der der 11
Antragseinreichung (so aber OLG Köln FamRZ 2001, 232), auch nicht der Zeitpunkt der Entscheidung über den PKHAntrag (so OLG Köln NJW-RR 2004, 64); wesentl. ist, wann frühestens hätte entschieden werden können (sog. Entscheidungsreife; dafür OLG Nürnberg MDR 2000, 657; OLG Karlsruhe NJWE-FER 1997, 18; VGH Mannheim Justiz 2005, 24; OLG Düsseldorf FamRZ 1989, 81), auch bei rückwirkender Bewilligung. Denn andernfalls würde der Zeitablauf, auf den er keinen Einfluss hat, zulasten des ASt gehen. Deshalb muss auch der noch PKH erhalten, der sich Erfolg versprechend gegen eine Klage verteidigen will, wenn die Klage vor Entscheidung über den PKHAntrag des Bekl zurückgenommen wird; ebenso der, dessen Klage abgewiesen wurde.

**9. Nicht mutwillig** erscheinen darf die Rechtsverfolgung. Mutwillig ist sie, wenn sie von 12
einer verständigen bemittelten Partei unterlassen würde (BGH NJW-RR 2003, 228).

**Beispiele für Mutwilligkeit: Unterhaltsklage**, obwohl der Gegner bisher pünktl. und freiwillig zahlte (OLG Köln FamRZ 2004, 1114; OLG Nürnberg NJW-RR 1993, 327; OLG Jena NJWE-FER 1997, 91; *Köhler* FamRZ 1991, 645); Miteinklagen des freiwillig gezahlten Unterhaltssockels ist regelmäßig mutwillig, es sei denn, der Verpflichtete hat eine für ihn kostenfreie außergerichtl. Titulierung abgelehnt (OLG Köln FamRZ 1997, 822; OLG Hamm FamRZ 1992, 831; abw OLG Düsseldorf FamRZ 1991, 1207; dazu OLG Nürnberg FuR 1999, 343); der Unterhalts-Titulierungsanspruch ist im Einzelnen str (*Göhlich* FamRZ 1988, 560); manche bejahen ein Titulierungsinteresse sogar, wenn laufend und freiwillig bezahlt wird (OLG Hamm FuR 1999, 478), was mE unhaltbar ist (auch andere Gl, Vermieter, Banken usw. erhalten keine solchen vorsorgl. Titel). Mutwillig ist Klage, wenn nach § 620 eine eAnO beantragt werden kann (vgl KG FamRZ 1987, 840; **aA** OLG Hamburg FamRZ 1989, 198); oder die eVfg auf Unterhalt, obwohl die Voraussetzungen einer eAnO nach § 644 vorliegen (OLG Zweibrücken FamRZ 1999, 662). Mutwillig ferner: Klage, obwohl die ZwV wegen **Vermögenslosigkeit** (OLG Hamm NJW-RR 1999, 1737; OLG Celle NJW 1997, 532; OLG Naumburg FamRZ 2001, 1466) oder erforderl. Auslandsvollstr aussichtslos erscheint (LG Wuppertal DAV 1986, 280) und auch keine Verjährung droht; Klage, obwohl bei der zu erwartenden Zug-um-Zug Verurteilung der Kl die Gegenleistung nicht erbringen kann (OLG Düsseldorf JurBüro 1981, 1740). Klagen gem § 661a BGB gegen ausl Briefkastenfirma (OLG Dresden NJW-RR 2004, 1078).

Mutwillig, wenn eine **einheitliche Angelegenheit unsinnig aufgespalten** wird, was vor allem im Scheidungsverfahren und den Folgesachen bedeutsam ist (OLG Jena FamRZ 2000, 100). Der BGH (NJW 2005, 1497) meint: es ist grds *nicht* mutwillig, eine zivilproz Folgesache (wie Unterhalt, Zugewinn) außerhalb des Verbunds geltend zu machen. Anders die bisher hM: Mutwilligkeit der Zugewinnausgleichsklage außerhalb des Verbunds (OLG Düsseldorf FamRZ 1993, 1217; OLG Köln NJW-RR 1994, 1093; **aA** BGH NJW 2005, 1498), selbstständige Geltendmachung nachehelichen Unterhalts außerhalb des Verbunds sei mutwillig (OLG Brandenburg FamRZ 2001, 1712; OLG Düsseldorf FamRZ 1992, 457; **aA** OLG München FamRZ 1993, 828; OLG Düsseldorf FamRZ 1994, 312 will die Vermeidbarkeit erst bei der Vergütungsfestsetzung berücksichtigen). Vgl § 119 Rz 10. Mutwillig kann es in seltenen Fällen sein, wenn der volle Betrag eingeklagt wird, obwohl eine „reiche" Partei nur **Teilklage** erheben würde (vgl *Schloßer/Mucke* MDR 1998, 753); hier kommt PKH für einen Teil in Betracht.

12a **Keine Mutwilligkeit:** Arzthaftungsklage vor Einschalten der Schlichtungsstelle ist nicht mutwillig (OLG Düsseldorf NJW 1989, 2955); Klage vor Einschaltung außergerichtl. Schlichtungsstellen (OLG Karlsruhe FamRZ 2004, 1115); Abänderungsklage nach § 323 anstatt vereinfachtes Verfahren (OLG Schleswig SchlHA 2002, 26); Klage statt Mahnverfahren (**aA** LG Lüneburg NJW-RR 2002, 647); wenn die Aufspaltung im Familienrechtsstreit Sinn hat: Scheidung und dann erst Sorgerechtsverfahren (OLG Hamburg FamRZ 2000, 1583); Kindesunterhalt im isolierten Verfahren (OLG Frankfurt FamRZ 2001, 629); Aufspaltung, weil zuvor Versuch einer Einigung unternommen wurde (OLG Köln FamRZ 1999, 1353). Zur Scheidung von Scheinehen vgl § 114 Rz 13.

12b **Unterhaltsklagen von Sozialhilfeempfängern:** nach § 94 I 1 SGB XII 2005 geht ein Unterhaltsanspruch des Empfängers (zB gegen den unterhaltspflichtigen Ehegatten) bis zur Höhe der geleisteten Aufwendungen kraft Gesetzes auf den Sozialhilfeträger über (keine Überleitungsanzeige mehr nötig!). *Vergangenen* Unterhalt bis zur Höhe der Sozialhilfeleistungen kann der Bedürftige daher selbst nicht mehr einklagen (OLG Bremen NJWE-FER 2000, 76). *Künftigen* Unterhalt kann der Berechtigte trotzdem selbst einklagen (OLG Stuttgart MDR 2000, 164). Der Sozialhilfeträger kann nach § 94 IV 2 SGB XII bis zur Höhe der bisherigen monatl. Aufwendungen auch selbst auf Unterhalt (zB gegen den Ehegatten des Hilfeempfängers) klagen, wenn die Hilfe voraussichtl. auf längere Zeit gewährt werden muss. Der Sozialhilfeträger will meist nicht selbst klagen, sondern überträgt die Unterhaltsansprüche zurück an den Bedürftigen und lässt diesen klagen; nach § 94 V 2 SGB XII hat der Hilfsempfänger einen Kostenübernahmeanspruch gegen den Sozialhilfeträger, sodass der Bedürftige nicht „kostenarm" ist (OLG Frankfurt FamRZ 1999, 1283; anders OLG Zweibrücken FamRZ 2002, 105). Geltendmachung zurückübertragener Unterhaltsansprüche ist jedenfalls dann nicht mutwillig, wenn neben Ansprüchen für die Vergangenheit auch solche für die Zukunft geltend gemacht werden (KG FamRZ 2000, 758).

13 **10. Rechtsschutzbedürfnis:** Es fehlt zB: **a) wenn nach Abschluss des Verfahrens** oder der Instanz der Antrag erstmals gestellt wird (OLG Bamberg JurBüro 1986, 1574); zu unterscheiden von der rückwirkenden Bewilligung, vgl § 119 Rz 3;

- **b) bei selbstverschuldeter Not** des ASt: wenn er „sich in böslicher Absicht unvermögend gemacht hat" (BGH LM Nr. 16), zB bei Weggabe von Einkommen und Vermögen in Kenntnis der Notwendigkeit zu einer Prozessführung, schuldhaft herbeigeführter Bedürftigkeit (vgl OLG Hamm MDR 2002, 1208; OLG Bamberg JurBüro 1987, 130; *Spangenberg* FamRZ 1985, 1105); wer aber eine größere Unterhaltsnachzahlung dazu verwendet, um zum Lebensunterhalt aufgenommene Darlehen zurückzuzahlen, gilt weiterhin als bedürftig (BGH FamRZ 1999, 644).

- **c) bei Scheidung von Scheinehen** (OLG Koblenz FamRZ 2004, 548; OLG Naumburg FamRZ 2004, 548; **aA** OLG Hamm FamRZ 2001, 1081; OLG Karlsruhe FamRZ 2003, 1760; vgl BVerfG NJW 1985, 425). Wer rechtsmissbräuchl. die Ehe geschlossen und hierfür ein Entgelt erhalten hat, trifft grds. die Pflicht, hiervon Rücklagen zu bilden, um die Kosten der Scheidung finanzieren zu können (BGH 2005, 2781).

**11. Prozesskostenhilfe für Klagen und Vollstreckung mit Auslandsbezug.** Ausländern 14
kann für die Tätigkeit vor deutschen Gerichten PKH bewilligt werden; auf die Gegenseitigkeit kommt es nicht an. Für Rechtsstreitigkeiten im Ausland oder ZwV können deutsche Gerichte natürlich keine PKH bewilligen. Der ASt kann aber evtl nach ausl Recht Kostenhilfen erlangen. Bei PKH für Ausländer ist zu beachten, dass im Ausland teilw die Lebenshaltungskosten höher oder niedriger sind. Dann ist eine Anpassung erforderl., vgl §1078 III ZPO. Kommt ausl Recht zur Anwendung, ergeben sich Schwierigkeiten bei der Beurteilung, wenn es letztl. auf Gutachten über ausl Recht ankommt; diese Gutachten dürfen idR im PKH-Prüfungsverfahren noch nicht eingeholt werden (§118 II 3 ZPO). – Für ein Gesuch gem. **Ausführungsgesetz zum UN-Übereinkommen** v. 20.06.1956 über Geltendmachung von Unterhaltsansprüchen im Ausland: keine PKH, weil es sich um ein Verwaltungsverfahren handelt (OLG Braunschweig IPRrax 1987, 236). **Auslandsunterhaltsgesetz:** für den Antrag hier ansässiger Unterhaltsgl vor dem AG (ausgehende Gesuche) nach §3 I AUG: keine PKH (KG FamRZ 1992, 1318; dazu *Bach* FamRZ 1996, 1250, 1251). Für bei uns eingehende Gesuche und Unterhaltsklagen (von ausl Unterhaltsgl) ist im gerichtl. Verfahren idR PKH zu gewähren, ohne dass (in Abweichung von §115 ZPO) die wirtschaftl. Verh. zu prüfen sind, §9 AUG (*Uhlig-Berard* NJW 1987,1521).

**Vollstreckbarerklärung eines ausländischen (EG-) Unterhaltstitels**: vgl Art 38 ff VO 15
(EG) Nr. 44/2001 (bzw Art 31 ff Lugano-Übereinkommen): aus der nach Art 54 der VO vorgelegten ausl Bescheinigung ergibt sich (unter Nr. 5), ob im Ausland PKH gewährt wurde. Dann ist ohne Weiteres auch im Inland PKH zu bewilligen (Art 50 der VO bzw Art 44 Lugano-Übereinkommen), zB auch für die hiesige Mobiliar-ZwV. Eine andere Frage ist, ob ein Anwalt beizuordnen ist; sie richtet sich nach § 121 ZPO (kein Anwaltszwang zB nach § 6 III AVAG). Die VO wird nach dem AVAG durchgeführt (§ 1 AVAG), dh der ausl Titel wird hier durch Beschluss des Gerichts (§ 3 AVAG) mit der VollstrKlausel versehen. Ähnl. Regeln (PKH ist für Vollstr in Deutschland zu bewilligen, wenn im Ausland PKH für den Unterhaltstitel gewährt wurde) finden sich in **Art 9 des Übereinkommens** über die Anerkennung und Vollstr von Entscheidungen auf dem Gebiet des Unterhaltsrechts ggü Kindern vom 15.04.1958 (BGBl II 1961, 1006); in **Art 4 II des Übereinkommens** v. 20.06.1956 über die Geltendmachung von Unterhaltsansprüchen im Ausland (BGBl II 1959, 150). Aber für ein Gesuch nach dem UN-Übereinkommen über die Geltendmachung von Unterhalt im Ausland: keine PKH, auch nicht bez der Übersetzungskosten (LG Memmingen DAV 1994, 430); in Art 8 des **Europäischen Niederlassungsabkommens** vom 13.12.1955 (BGBl II 1959, 997).

**Grenzüberschreitende Prozesskostenhilfeanträge**. Zwischen EU-Staaten ist die Richtlinie 2002/8 vom 27.01.2003 zu beachten, die in §§ 1076 ff ZPO umgesetzt wurde. **(1) Von Deutschland ausgehende Anträge.** Der Inländer kann seinen PKHAntrag zB für eine Klage in Frankreich entweder (wie bisher) direkt beim zuständigen ausl Gericht einreichen (allerdings in der dortigen Gerichtssprache, nach Frankreich also in Französisch). Er kann den Antrag auch bei seinem AG in deutscher Sprache einreichen („Übermittlungsstelle"), § 1077 I ZPO. Wegen der Konzentrationsermächtigung (§ 1077 I 2 ZPO) kann dies auch ein weit entferntes AG sein. Für den Antrag gibt es ein kompliziertes Formular (§ 1077 II ZPO; BGBl 2004, 3539). Das AG kann die Übermittlung ablehnen (§ 1077 III ZPO), etwa bei abwegigen Anträgen. Andernfalls werden, soweit erforderl., Übersetzungen auf Staatskosten veranlasst (§ 1077 IV ZPO) und das Aktenkonvolut wird an die Empfangsstelle des ausl (EG-) Staates gesandt. Das deutsche AG (Rechtspfleger, § 20 Nr. 6 RPflG) kann ferner gleichzeitig oder nachträgl. die Bedürftigkeit iSd § 115 ZPO bestätigen (§ 1077 VI ZPO), was die ausl Stelle nicht bindet. Das ausl Gericht etc entscheidet über die PKHGewährung nach seinem Recht. Wird die PKH von der „Empfangsstelle" abgelehnt, ist der ASt Schuldner der Auslagen des deutschen AG, zB der Übersetzungskosten (§ 28 III GKG; Art 13 VI Richtlinie). Eine Gerichtsgeb wird für die Tätigkeit des deutschen AG nicht berechnet (Art 13 VI 1 Richtlinie). **(2) Aus dem Ausland eingehende Anträge.** Ein Ausländer kann den PKHAntrag für ein gerichtl. Verfahren in Deutschland entweder (wie bisher) direkt beim zuständigen deutschen Gericht (ProzessG; für ZwV uU beim AG-VollstrG) einreichen. Er kann den Antrag auch bei der „Übermittlungsbehörde" seines Heimatlandes einreichen (Art 13 Richtlinie). Ob hier PKH bewilligt wird, richtet sich nach §§ 114 ff ZPO; das gilt insb für die Frage, ob ein (deutscher) Anwalt beizuordnen ist (§ 121 ZPO). Der einmal gestellte Antrag gilt zugleich als Antrag für die zweite Instanz (§ 1078 IV ZPO); aber zu klären ist, ob die finanziellen Voraussetzungen weiterhin vorliegen und ob für die 2. Instanz Erfolgsaussicht besteht.

16 **Anträge nach dem Haager Übereinkommen über den Zivilprozess** v. 01.03.1954 (BGBl II 1958, 576). Vgl Art 20 ff. Der Ausländer kann somit seinen PKHAntrag bei seiner Heimatbehörde einreichen, wo er auf konsularischem Wege zum deutschen AG- bzw LG-Präsidenten wandert (Art 23 HZÜ; § 9 AG zum HZÜ). Die bilateralen Zusatzvereinbarungen enthalten zahlreiche Details (dazu *Nagel/Gottwald* Internat. ZPR § 4 Rz 119). Die deutsche Partei kann ihren an die ausl Stelle gerichteten Antrag beim deutschen AG einreichen (§ 10 AG zum HZÜ).

Das **Straßburger Europäische Übereinkommen** über die Übermittlung von Anträgen auf Verfahrenshilfe v. 27.01.1977 gilt nicht für Deutschland. Ebenso verhält es sich mit dem **Haager Übereinkommen** über die Erleichterung des internationalen Zugangs zu den Gerichten v. 25.10.1980.

17 **Praxishinweis:**

Es kommt vor, dass ein Hilfsbedürftiger einen Anwalt beauftragt, aber keine PKH in Anspruch nehmen will. Vielleicht verspricht er sich davon eine bessere Vertretung oder Verwandte stellen ihm die Mittel zur Verfügung. Der Anwalt sollte diesen Sachverhalt klarstellen und schriftl. bestätigen. Denn immer wieder kommt es vor, dass eine Partei nach ungünstigem Prozessausgang versucht, ihre Kostenbelastung mit der Begründung auf den Anwalt abzuwälzen, dieser habe ihn nicht über die Möglichkeit der PKH beraten. Diese Beratungspflicht setzt schon ein, wenn Anhaltspunkte dafür erkennbar sind, dass der Auftraggeber möglicherweise hilfsbedürftig ist (*Schneider*,

Klage im Zivilprozeß, 3. Aufl. 2007, Rn. 849 ff.) Um Beweislastschwierigkeiten vorzubeugen, sollte der Anwalt dem Mandanten schriftl. bestätigen, dass er ihn entspr belehrt hat.

Formular 21: Antrag auf Bewilligung von Prozesskostenhilfe ohne Klageerhebung

Formular 22: Antrag auf Bewilligung von Prozesskostenhilfe mit bedingter" Klageerhebung

Formular 23: Antrag auf Bewilligung von Prozesskostenhilfe mit Klageerhebung

Formular 24: Antrag auf Bewilligung von Prozesskostenhilfe bei Klageerweiterung

Formular 25: Antrag auf Bewilligung von Prozesskostenhilfe bei bedingter" Klageerweiterung

Formular 26: Antrag auf Bewilligung von Prozesskostenhilfe bei Widerklage

Formular 27: Antrag auf Bewilligung von Prozesskostenhilfe des Berufungsklägers

Formular 28: Antrag auf Bewilligung von Prozesskostenhilfe des Berufungsbeklagten

Formular 29: Antrag auf Bewilligung von Prozesskostenhilfe bei Vergleich über nicht rechtshängige Ansprüche

Formular 30: Antrag auf Klagezustellung ohne Erhebung einer Verfahrensgebühr

Formular 31: Checkliste: Hinweise an Mandant bei Beantragung von Prozesskostenhilfe

Formular 32: Hinweisschreiben an Mandant bei Bewilligung von Prozesskostenhilfe ohne Ratenzahlungen

Formular 33: Hinweisschreiben an Mandant bei Bewilligung von Prozesskostenhilfe mit Ratenzahlungen

Formular 34: Mandatsbestätigung für Prozessvertretung mit Kostenhinweis im Falle der Ablehnung von Prozesskostenhilfe

## § 115 ZPO Einsatz von Einkommen und Vermögen

**(1) [1]Die Partei hat ihr Einkommen einzusetzen. [2]Zum Einkommen gehören alle Einkünfte in Geld oder Geldeswert. [3]Von ihm sind abzusetzen:**

**1. a) die in § 82 Abs. 2 des Zwölften Buches Sozialgesetzbuch bezeichneten Beträge;**

**b) bei Parteien, die ein Einkommen aus Erwerbstätigkeit erzielen, ein Betrag in Höhe von 50 vom Hundert des höchsten durch Rechtsverordnung nach § 28 Abs. 2 Satz 1 des Zwölften Buches Sozialgesetzbuch festgesetzten Regelsatzes für den Haushaltsvorstand;**

**2. a) für die Partei und ihren Ehegatten oder ihren Lebenspartner jeweils ein Betrag in Höhe des um 10 vom Hundert erhöhten höchsten durch Rechtsverordnung**

**nach § 28 Abs. 2 Satz 1 des Zwölften Buches Sozialgesetzbuch festgesetzten Regelsatzes für den Haushaltsvorstand;**

**b) bei weiteren Unterhaltsleistungen auf Grund gesetzlicher Unterhaltspflicht für jede unterhaltsberechtigte Person 70 vom Hundert des unter Buchstabe a genannten Betrages;**

**3. die Kosten der Unterkunft und Heizung, soweit sie nicht in einem auffälligen Missverhältnis zu den Lebensverhältnissen der Partei stehen;**

**4. weitere Beträge, soweit dies mit Rücksicht auf besondere Belastungen angemessen ist; § 1610a des Bürgerlichen Gesetzbuchs gilt entsprechend.**

**[4]Maßgeblich sind die Beträge, die zum Zeitpunkt der Bewilligung der Prozesskostenhilfe gelten. [5]Das Bundesministerium der Justiz gibt jährlich die vom 1. Juli bis zum 30. Juni des Folgejahres maßgebenden Beträge nach Satz 3 Nr. 1 Buchstabe b und Nr. 2 im Bundesgesetzblatt bekannt. [6]Diese Beträge sind, soweit sie nicht volle Euro ergeben, bis zu 0,49 Euro abzurunden und von 0,50 Euro an aufzurunden. [7]Die Unterhaltsfreibeträge nach Satz 3 Nr. 2 vermindern sich um eigenes Einkommen der unterhaltsberechtigten Person. [8]Wird eine Geldrente gezahlt, so ist sie anstelle des Freibetrages abzusetzen, soweit dies angemessen ist.**

**(2) Von dem nach den Abzügen verbleibenden, auf volle Euro abzurundenden Teil des monatlichen Einkommens (einzusetzendes Einkommen) sind unabhängig von der Zahl der Rechtszüge höchstens 48 Monatsraten aufzubringen, und zwar bei einem**

| einzusetzenden Einkommen (Euro) | eine Monatsrate von (Euro) |
|---|---|
| bis 15 | 0 |
| 50 | 15 |
| 100 | 30 |
| 150 | 45 |
| 200 | 60 |
| 250 | 75 |
| 300 | 95 |
| 350 | 115 |
| 400 | 135 |
| 450 | 155 |
| 500 | 175 |
| 550 | 200 |
| 600 | 225 |
| 650 | 250 |
| 700 | 275 |
| 750 | 300 |
| über 750 | 300 zuzüglich des 750 übersteigenden Teils des einzusetzenden Einkommens. |

**(3) [1]Die Partei hat ihr Vermögen einzusetzen, soweit dies zumutbar ist. [2]§ 90 des Zwölften Buches Sozialgesetzbuch gilt entsprechend.**

**(4) Prozesskostenhilfe wird nicht bewilligt, wenn die Kosten der Prozessführung der Partei vier Monatsraten und die aus dem Vermögen aufzubringenden Teilbeträge voraussichtlich nicht übersteigen.**

**Bekanntmachung vom 11. Juni 2007 (BGBl. I S. 1058) zu § 115 der Zivilprozessordnung**

§ 115 ist geändert worden durch G v. 27.07.2001 (BGBl 2001, 1887), G. v. 27.12.2003 (BGBl 2003, 3022/3064), JKomG v. 22.03.2005 (BGBl 2005, 837).

**Bekanntmachung v. 11.06.2007 (BGBl 2007, 1058) zu §115 der Zivilprozessordnung**

*(Prozesskostenhilfebekanntmachung – PKHB 2007)*

Die v. 01.07.2007 bis zum 30.06.2008 maßgebenden Beträge, die nach § 115 Abs. 1 S. 3 Nr. 1 Buchstabe b und Nr. 2 der Zivilprozessordnung vom Einkommen der Partei abzusetzen sind, betragen

1. für Parteien, die ein Einkommen aus Erwerbstätigkeit erzielen (§ 115 Abs. 1 Satz 3 Nr. 1 Buchstabe b der Zivilprozessordnung), 174 €,
2. für die Partei und ihren Ehegatten oder ihren Lebenspartner (§ 115 Abs. 1 Satz 3 Nr. 2 Buchstabe a der Zivilprozessordnung) 382 €,
3. für jede weitere Person, der die Partei gesetzlicher Unterhaltspflicht Unterhalt leistet (§ 115 Abs. 1 Satz 3 Nr. 2 Buchstabe b der Zivilprozessordnung), 267 €.

## Übersicht

**1. Der Tabellenwert „einzusetzendes Einkommen" wird wie folgt errechnet:**

1 **a) Monatliches Bruttoeinkommen** (des ASt, keine Zurechnung des Einkommens von Ehegatten, von Kindern); bei Selbstständigen kommt auch Schätzung nach dem Lebenszuschnitt in Betracht; über verschleiertes Einkommen OLG Koblenz FamRZ 1987, 612; OLG Hamm FamRZ 1984, 409 (Betreuung des Lebensgefährten); des Weiteren:

2 • Geldwert von Sachbezügen (wie freie Kost und Wohnung, Haustrunk; der Wert ist frei zu schätzen),

3 • Unterhaltsrenten,

4 • Sparzulage, BAföG,

5 • Kindergeld. Umstr. **(1)** Es ist insoweit zum Einkommen eines Elternteils zu rechnen, als es nicht zur Bestreitung des notw Lebensunterhalts eines minderj Kindes zu verwenden ist (BGH NJW 2005, 2393); **(2) aA** immer voll (vgl OLG Koblenz FamRZ 2004, 646; OLG München FamRZ 2004, 382); **(3) aA** Kindergeld kein Einkommen (OLG Koblenz FamRZ 2004, 120); **(4) aA** nur zu 1/2 (OLG Stuttgart FamRZ 2000, 1586),

6 • Sozialhilfe (OLG Hamm JurBüro 1986, 767; **aA** OLG Koblenz FamRZ 1992, 966; nach OLG Karlsruhe FamRZ 2007, 155 ist ratenfreie PKH zu bewilligen, wenn der ASt nur Sozialleistungen bezieht), Wohngeld (OLG Bamberg FamRZ 1984, 606); Arbeitslosenhilfe (OLG Naumburg FamRZ 2001, 1471). Arbeitslosengeld II soll nach OLG Karlsruhe NJW-RR 2006, 1522 nicht als Einkommen zählen; bedenkl.,

7 • 1/12 des Jahresurlaubsgeldes und des Weihnachtsgeldes (OLG Karlsruhe FamRZ 2004, 1651; **aA** OLG Düsseldorf FamRZ 1989, 883),

8 • Mietnettoeinnahmen,

• Beim Wohnen im eigenen Haus (Eigentumswohnung) *kein* Ansatz der fiktiven Miete als Einnahme, dafür aber auch kein Abzug wegen Rz 20; Ausnahme bei Luxusw.ohnung (Fläche, Lage, Ausstattung),

9 • Sparzinsen, Wertpapiererträgnisse,

• Steuererstattungen sind Einkommen im Jahr der Auszahlung der Erstattung (OLG Nürnberg FamRZ 2006, 1132),

• Versorgung durch den Lebensgefährten (OLG Koblenz Rpfleger 1991, 375; OLG Zweibrücken Rpfleger 1991, 424),

• Taschengeldanspruch gegen den Ehegatten (OLG Zweibrücken FamRZ 2001, 1470),

• Fiktives Einkommen, wenn dem Lebensgefährten kostenlos der Haushalt geführt wird (vgl OLG Koblenz FamRZ 2001, 1153) oder in Missbrauchsfällen, zB bei arbeitsscheuen Personen (OLG Karlsruhe FamRZ 2004, 1120; OLG Zweibrücken FamRZ 2002, 892; OLG Naumburg FamRZ 2001, 924).

Bei schwankendem Monatseinkommen ist auf den Jahresdurchschnitt abzustellen (OLG München MDR 1993, 805). Es kommt nur auf die Einkünfte des ASt an, nicht auf das Familieneinkommen (das wird in Nr. 2 und Nr. 3 berücksichtigt).

10 **b) Nicht zum Einkommen zählen:** idR freiwillige Leistungen Dritter, zB gelegentl. Zuschüsse der Eltern (OLG Köln FamRZ 1990, 642; anders bei laufenden Zahlungen, OLG Köln FamRZ 1996, 1021); vermögenswirksame Leistungen des Arbeitgebers, weil

sie nicht ohne Weiteres zur Verfügung stehen (OLG Bamberg JB 1987, 1414; **aA** BLAH § 115 Rz 17); Erziehungsgeld wegen § 8 BErzGG (OLG München FamRZ 2004, 1498; LSG Berlin FamRZ 1993, 343); seit 01.01.2007 zusätzl. das Elterngeld: bis zur Höhe von 300 € im Monat gilt es nicht als Einkommen (§ 10 BEEG); für vor dem 01.01.2007 geborene Kinder gilt weiterhin das BErzGG. Vgl *Scholz* FamRZ 2007, 7. Weggepfändete oder aufgrund von Abtretung abgeführte Beträge gehören nicht zu den Einkünften.

**c) Abzuziehen sind:** nach **Absatz 1 Satz 3 Nr. 1a** mit § 82 II SGB XII 2005 bestimmte Ausgaben: 11

1. auf das Einkommen entrichtete Steuern,
2. Pflichtbeiträge zur Sozialvers einschließl. der „Beiträge zur Arbeitsförderung" (= Arbeitslosenvers),
3. Beiträge zu öffentl. oder privaten Vers oder ähnl. Einrichtungen, soweit diese Beiträge gesetzl. vorgeschrieben oder nach Grund und Höhe angemessen sind, sowie geförderte Altersvorsorgebeiträge nach § 82 des EStG, soweit sie den Mindesteigenbeitrag nach § 86 des EStG nicht überschreiten,
4. die mit der Erzielung des Einkommens verbundenen notw Ausgaben,
5. das Arbeitsförderungsgeld und Erhöhungsbeträge des Arbeitsentgelts iSv § 43 Satz 4 SGB IX.

Darunter fallen also: **(1)** Lohnsteuer, Einkommensteuer, Kirchensteuer; **(2)** Kranken-, Renten-, Arbeitslosenvers; **(3)** Beiträge zu Haftpflicht-, Unfall-, Lebens-, Sterbegeld-, Hausratsvers, uU soweit angemessen (vgl *Bratfisch* Rpfleger 1989, 29); **(4)** Berufsausgaben wie Fahrtkosten zum Arbeitsplatz, Werbungskosten iSd Steuerrechts; Gewerkschaftsbeitrag (OLG Düsseldorf FamRZ 1989, 884); (5) „Arbeitsförderungsgeld".

**d) Abzuziehen ist ferner:** nach **Absatz 1 Satz 3 Nr. 1b** der sog. **Erwerbstätigenabzug**. 12
Seine Höhe war bis Ende 2004 umstritten; vom 01.01.2005 bis 31.03.2005 betrug er 30 % des Einkommens, ab 1.7.2007: 173 €. Seit 01.07.2007 beträgt er **174 €** (50 % des höchsten Eckregelsatzes, also von 347 €); PKHB 2007 Nr. 1.

**Erwerbstätige:** Rentner, Schüler, Studenten, Arbeitslose usw. sind nicht *erwerbstätig* 13
(OLG Nürnberg FamRZ 1999, 1673), bei ihnen erfolgt also kein Abzug des fiktiven Mehrbedarfs.

**Weiterer Abzug für beschränkt Leistungsfähige.** Entspr § 30 I SGB XII soll hier ein 14
weiterer Abzug erfolgen, dessen Höhe zu schätzen ist.

**Weiterer Abzug für Blinde und schwer Behinderte:** was angemessen ist, ist vom 15
Gericht nach dem Umfang der Behinderung zu schätzen.

**e) Nr. 2a: Abzug für den eigenen Grundbedarf:** für den ASt seit 01.07.2007 110 % von 16
347 €, somit 382 € (PKHB 2007).

**f) Nr. 2a: Abzug des Grundbedarfs des Ehegatten:** das ist nochmals derselbe Betrag, ab 17
01.07.2007: 382 €, jeweils minus Eigeneinkommen des Ehegatten (**Absatz 1 Satz 7**). „**Lebenspartner**" ist nicht der heterosexuelle Lebengefährte/die Lebensgefährtin, sondern der homosexuelle registrierte Partner (vgl LPartG). Bei Ehepaaren ist dem ASt der volle Abzug zu gewähren, wenn nur der ASt Einkommen bezieht. Haben beide Ehegatten Einkommen und sind sie gemeinsamen Kindern unterhaltspflichtig, ist der Grundbedarf im

Verh der Einkommen aufzuteilen (**aA** *Zöller/Philippi* § 115 Rz 35); denn anderenfalls ergäbe sich ein Doppelabzug. Erst recht ist aufzuteilen, wenn beide Ehegatten PKH beantragen

18 **g) Nr. 2b: Abzug für weitere Unterhaltsberechtigte:** zB Kinder, Eltern, Großeltern, ab 01.07.2007: 267 €, jeweils minus Eigeneinkommen des Berechtigten (§ 115 I 7). Bei Unterhaltspflicht aufgrund Vertrages erfolgt keine Berücksichtigung gem Nr. 2, sondern stattdessen Abzug nach § 115 I Nr. 8.

19 **Statt der Pauschale gilt:** Zahlt der ASt dem Unterhaltsberechtigten (zB dem auswärts untergebrachten studierenden Kind, der getrennt lebenden Frau) Barunterhalt, ist nicht die Pauschale von 382/267 €, sondern diese Zahlung abzusetzen, *soweit dies angemessen* ist (**Absatz 1 Satz 8**). Wird weniger gezahlt, ist nur der geringere Betrag abzusetzen. Wird mehr bezahlt, dürften die in der Düsseldorfer Tabelle angesetzten Unterhaltsbeträge angemessen sein; idR ist also die volle Zahlung abzusetzen.

20 **h) Nr. 3: Abzug der Warmmiete:** darunter fällt die Miete nebst Nebenkosten (auch Wasser) in der tatsächl. Höhe; nicht die Garagen- bzw. Stellplatzmiete. Beim Wohnen im eigenen Haus/Eigentumswohnung ist nicht die fiktive Warmmiete anzusetzen, weil andererseits auch keine fiktive Miete als Einnahme angesetzt wird (§ 115 Rz 8). Ein *auffälliges Missverhältnis* des Mietaufwands liegt vor, wenn die Miete gemessen am Einkommen viel zu hoch ist (*Luxus*), ca. $^1/_2$ des Nettoeinkommens übersteigt (LAG Thüringen MDR 2001, 237), sei es, dass zu viel Wohnraum genutzt wird (zB alleinstehende Person nutzt 100 qm Wohnfläche) oder zu teurer Wohnraum. In diesen Fällen ist nur eine vom Gericht zu schätzende angemessene Miete abzuziehen. Umzug wegen des Prozesses ist aber nicht zumutbar.

21 **Bewohnt der Antragsteller allein eine Wohnung**, ist die volle Miete abzuziehen. Problematisch ist, wie zu verfahren ist, wenn zB ein **Ehepaar die Wohnung nutzt.** Wenn beide Eheleute PKH beantragen, könnte die Miete nicht bei jedem ASt in voller Höhe abgezogen werden, weil sonst mehr abgezogen würde, als bezahlt wird. Darauf folgt, dass die Miete immer nach dem Verhältnis der Einkünfte (**aA**: nach Kopfteilen usw.) auf die Wohnungsnutzer aufzuteilen ist (vgl *Zöller/Philippi* § 115 Rz 37) und uU nach Nr. 3 nur ein Teilbetrag abziehbar ist. Verdient jeder Ehegatte 1 000 € und beträgt die Miete 500 €, sind also beim Ehemann als ASt nur 250 € als Miete abzuziehen. Ebenso ist der Mietaufwand aufzuteilen, wenn Eltern mit ihren erwachsenen verdienenden Kindern zusammenwohnen. **Wohngemeinschaften:** Missbräuchl. Aufteilungsabreden werden nicht berücksichtigt (OLG Koblenz MDR 2000, 728).

22 **i) Nr. 4: Abzug besonderer Belastungen:** zB laufende Zahlungen für das eigene Haus, Kosten für den Nachhilfeunterricht der Kinder, vertragl. Unterhaltszahlungen, „vernünftige" Abzahlungsraten für Anschaffungen *vor* dem Prozess (KG FamRZ 1984, 412; OLG Hamm JB 1987, 1416; LAG Schleswig-Holstein MDR 1989, 485; dagegen sind Verpflichtungen, die angesichts eines zu führenden Prozesses eingegangen werden, nicht abzugsfähig, OLG Hamm NJW-RR 2001, 103); Schuldzinsen, soweit angemessen; Anwaltskosten aus früheren Prozessen; PKH-Raten aus anderen Verfahren (BGH NJW-RR 1990, 450; **aA** OLG Schleswig FamRZ 2000, 1586); ärztl. Behandlungskosten; Geldstrafenraten (OLG Brandenburg FamRZ 2004, 646). **Keine besonderen Belastungen sind:** zB Beiträge für Vereine,

Gewerkschaften; Ausgaben für Liebhabereien. Kosten der allgemeinen Lebenshaltung, wie Zeitung, Rundfunkgeb (*Künzl/Koller* PKH S.43).

**Die Verweisung auf § 1610a BGB bedeutet:** erhält der ASt wegen Körper- oder Gesundheitsschäden Sozialleistungen, dann ist zwar dieser Betrag zum Einkommen zu addieren. Er ist aber im Regelfall in voller Höhe wieder als schadensbedingter Aufwand nach Nr. 4 abzuziehen, der Behinderte muss nicht beweisen, dass sein Mehrbedarf so hoch wie die Zusatzeinnahme ist. Es dürfen also nicht 100 € Blindengeld beim Einkommen addiert werden und nur 5 € als bes Belastung wegen der Blindheit abgezogen werden. 23

**Unter § 1610a BGB fällt zum Beispiel:** Blindengeld nach LandesR; Schwerstbeschädigtenzulage; Pflegezulage; Zulage für Kleiderverschleiß. **Nicht unter § 1610a BGB fällt:** Berufsschadensausgleichsrente; Steuererleichterungen für Behinderte (vgl *Palandt/Diederichsen* § 1610a Rz 4). Die Unterscheidung, was darunter fällt und was nicht, ist teils schwer nachvollziehbar; mE kommt es darauf an, ob es sich im Wesentlichen um pauschalierten, als Sozialleistung bezahlten Aufwendungsersatz handelt.

**Absatz 1 Satz 4:** ändern sich die Beträge kommt es auf de Zeitpunkt der PKHBewilligung (und nicht des Antragseingangs) an. **Sätze 5 und 6:** vgl die jeweilige PKHB. 23a

**2. Ergänzungen zur Tabellenanwendung**

Auch **bei geringfügiger Überschreitung der Tabellenwerte** (ASt hat ein einzusetzendes Einkommen von 501 € und muss also 200 € Rate zahlen, bei 500 € würde die Rate 175 € betragen, sodass sich eine Mehrbelastung bis 1 200 € [48 Raten zu je 25 €] ergibt) wird die Tabelle ohne Errechnung von Zwischenwerten (Interpolation) angewandt (OLG München JurBüro 1982, 1885; OLG Hamm Rpfleger 1981, 455; zutr **aA** LAG Bremen AnwBl 1988, 78: Abrundung, im Beispiel auf 500 €). Nach dem Gesetzestext scheinen Zwischenbeträge bei den Raten, zB 185 €, unzulässig zu sein. 24

**3. Vermögen**, Abs. 3 und § 120 I. Darunter fällt auch: 25

**a)** Bestehen einer **Rechtsschutzversicherung**, BGH MDR 1991, 324 (lehnt der Vers die Deckung mangels Erfolgsaussicht ab, muss *dagegen* nach § 17 II ARB vorgegangen werden; BGH MDR 1982, 126; NJW-RR 1987, 1343); eines Anspruchs auf gewerkschaftl. Rechtsschutz (LAG Berlin MDR 1989, 572);

**b) Anspruch auf Prozesskostenvorschuss (PKV)**, dazu *Glasmacher*, Der Anspruch auf PKV, 2003. Er zählt als Vermögen (BGH NJW-RR 2004, 662) gegen Eltern, Kinder, Ehegatten, §§1360a IV, 1610 BGB, soweit zumutbar und realisierbar (BGH FamRZ 2004, 1633; Rpfleger 1993, 302; KG FamRZ 2003, 773; *Knops* NJW 1993, 1237). Eltern schulden minderj Kindern (BGH NJW-RR 2004, 662) und auch *vollj* Kindern ohne eigene Lebensstellung PKV für Rechtsstreitigkeiten in persönl. Angelegenheiten (BGH NJW 2005, 1722). Kann der Verpflichtete den PKV nur in Raten leisten, ist dem ASt *Raten*-PKH zu gewähren (BGH FamRZ 2004, 1633; OLG Koblenz FamRZ 1991, 346; **aA** BSG MDR 1994, 512; OLG München FamRZ 1993, 714; OLG Bamberg JurBüro 2000, 483: Leistungsfähigkeit für einen PKV bestehe nicht, wenn der Verpflichtete selbst PKH mit Raten erhielte). 26

**c) Bargeld, Guthaben, Forderungen** (auch die, zu deren Durchsetzung PKH beantragt wird, soweit beleihbar, OLG Nürnberg FamRZ 1989, 995; OLG Bamberg JB 1990, 1644; **aA** KG MDR 1989, 167); auch ausl Vermögen (str). 27

28 **d) Sachen, zB Kraftfahrzeuge** (OVG Münster NJW 1997, 540; OLG Karlsruhe FamRZ 2004, 646; OLG Koblenz FamRZ 2004, 1880). Grundstücke sind, soweit nicht Schonvermögen, grds zu verwerten (BGH FuR 2001, 138).

29 **e) Kreditaufnahme** kann zumutbar sein (OLG Hamm Rpfleger 1991, 258; BFH MDR 1990, 955; str, **aA** *Burgard* NJW 1990, 3242). Jedenfalls dann, wenn die Rechtsverfolgung den Gewerbebetrieb betrifft (zB Bauunternehmer klagt Werklohn ein), kann der ASt auf Kreditaufnahme verwiesen werden, wenn diese im Rahmen eines ordnungsgemäßen kaufmännischen Geschäftsbetriebs erfolgen kann (BGH NJW-RR 2007, 379). Ein Grundstück, das nicht Schonvermögen ist, muss aber nur belastet werden, wenn die Kreditraten geringer als die PKH-Raten sind und der Kredit nicht länger als 48 Monate läuft (KG FamRZ 2001, 631).

30 **f) Arbeitskraft:** es kommt darauf an, ob der ASt eine zumutbare Arbeit finden kann; wenn ja, ist das erzielbare Einkommen zu schätzen und anzusetzen (OLG Karlsruhe FamRZ 2004, 644; OLG Bamberg JurBüro 1990, 635 und NJW-RR 1995, 5; vgl *Biebrach* NJW 1988, 1769; **aA** OLG Düsseldorf FamRZ 1987, 398). Die Gründe für den unterlassenen Arbeitseinsatz sind darzulegen (OLG Zweibrücken Rpfleger 2002, 84; OLG Köln NJW-RR 2000, 288).

**g) Altersvorsorge.** Was der zusätzlichen Altersvorsorge nach § 90 II Nr. 2 SGB XII dient, muss nicht eingesetzt werden.

**h) Öffentliche Mittel:** Was aus öffentl. Mitteln nach § 90 II Nr. 1 SGB XII aufgebaut wurde, muss nicht eingesetzt werden.

31 i) Zur **Vermögensweggabe** vgl § 114 Rz 13.

**j) Schmerzensgeld.** Der Einsatz ist nicht grds unzumutbar; Einzelfallfrage. Vgl §115 Rz 32.

**k) Bausparguthaben**, soweit öffentl. gefördert, ist idR nicht anzugreifen, Einzelfall (vgl LAG Hamm MDR 2005, 299; OLG Köln FamRZ 2001, 632; LAG Köln MDR 1993, 481; OLG Karlsruhe FamRZ 1988, 858; *Künzl* AnwBl 1991, 126. (Für Einsatz: BAG FamRZ 2006, 1445; OLG Dresden JurBüro 2000, 314).

**l) Lebensversicherung** (Rückkaufwert) ist idR nicht anzugreifen (OLG Hamburg FamRZ 2001, 925; OLG Bamberg JB 1991, 977); anders, wenn Beleihung möglich ist (Kreditaufnahme); wenn Auszahlung bevorsteht, bei Zumutbarkeit des Einsatzes (OLG Stuttgart FamRZ 1999, 598; KG FamRZ 2003, 1394; OLG Köln FamRZ 2004, 382). BAG FamRZ 2006, 1445; OLG Nürnberg FamRZ 2006, 1284 halten grds die Verwertung für zumutbar, soweit die Lebensvers nicht der zusätzl. Altersvorsorge dient (§ 90 II Nr. 2 SGB XII).

**m) Abfindungen**. Eine aus Anlass der Beendigung des Arbeitsverhältnisses erhaltene Abfindung (soziales Schmerzensgeld) ist grds (als Einkommen bzw als Vermögen, je nach Art der Gewährung) einzusetzen (vgl BAG BJW 2006, 2206: als Vermögen; LAG Rheinland-Pfalz FamRZ 2003, 1934; LAG Bremen MDR 1998, 801).

32 **4. Unzumutbar ist der Vermögenseinsatz** bei unpfändbarem Vermögen (§§ 811, 812), wenn kleinere Beträge aus **Schmerzensgeld** herrühren (vgl § 90 III SGB XII 2005; OLG Köln FamRZ 2004, 1498; OLG Koblenz NJW-RR 1999, 1228; OLG Düsseldorf NJW-RR 1992, 221; OLG Stuttgart Rpfleger 1991, 463; *Linke* JB 1993, 396; str); bei größeren Beträgen ist mE zumutbar, dass ein Teil eingesetzt wird (OLG Jena MDR 2000, 852), zB bei 10 000 € $^{1}/_{4}$. BGH NJW 2006, 1068 stellt auf den Einzelfall ab. Unzumutbar ist Ver-

wertung ferner, wenn Sachen verschleudert werden müssten (dass die Aktienkurse derzeit niedrig sind, steht aber nicht entgegen, weil dies keine „Verschleuderung", sondern der Marktpreis ist) und im Fall des § 90 II SGB XII.

**§ 90 II SGB XII lautet:**

*(1) Einzusetzen ist das gesamte verwertbare Vermögen.*

*(2) Die Sozialhilfe darf nicht abhängig gemacht werden vom Einsatz oder von der Verwertung*

1. *eines Vermögens, das aus öffentlichen Mitteln zum Aufbau oder zur Sicherung einer Lebensgrundlage oder zur Gründung eines Hausstandes erbracht wird,*
2. *eines Kapitals einschließlich seiner Erträge, das der zusätzlichen Altersvorsorge im Sinne des § 10a oder des Abschnitts XI des Einkommensteuergesetzes dient und dessen Ansammlung staatlich gefördert wurde,*
3. *eines sonstigen Vermögens, solange es nachweislich zur baldigen Beschaffung oder Erhaltung eines Hausgrundstücks im Sinne der Nummer 8 bestimmt ist, soweit dieses Wohnzwecken behinderter (§ 53 Abs. 1 Satz 1 und § 72) oder pflegebedürftiger Menschen (§ 61) dient oder dienen soll und dieser Zweck durch den Einsatz oder die Verwertung des Vermögens gefährdet würde,*
4. *eines angemessenen Hausrats; dabei sind die bisherigen Lebensverhältnisse der nachfragenden Person zu berücksichtigen,*
5. *von Gegenständen, die zur Aufnahme oder Fortsetzung der Berufsausbildung oder der Erwerbstätigkeit unentbehrlich sind,*
6. *von Familien- und Erbstücken, deren Veräußerung für die nachfragende Person oder ihre Familie eine besondere Härte bedeuten würde,*
7. *von Gegenständen, die zur Befriedigung geistiger, insbesondere wissenschaftlicher oder künstlerischer Bedürfnisse dienen und deren Besitz nicht Luxus ist,*
8. *eines angemessenen Hausgrundstücks, das von der nachfragenden Person oder einer anderen in den § 19 Abs. 1 bis 3 genannten Person allein oder zusammen mit Angehörigen ganz oder teilweise bewohnt wird und nach ihrem Tod von ihren Angehörigen bewohnt werden soll. Die Angemessenheit bestimmt sich nach der Zahl der Bewohner, dem Wohnbedarf (zum Beispiel behinderter, blinder oder pflegebedürftiger Menschen), der Grundstücksgröße, der Hausgröße, dem Zuschnitt und der Ausstattung des Wohngebäudes sowie dem Wert des Grundstücks einschließlich des Wohngebäudes,*
9. *kleinerer Barbeträge oder sonstiger Geldwerte; dabei ist eine besondere Notlage der nachfragenden Person zu berücksichtigen.*

(3) [1]*Die Sozialhilfe darf ferner nicht vom Einsatz oder von der Verwertung eines Vermögens abhängig gemacht werden, soweit dies für den, der das Vermögen einzusetzen hat, und für seine unterhaltsberechtigten Angehörigen eine Härte bedeuten würde.* [2]*Dies ist bei der Leistung nach dem Fünften bis Neunten Kapitel insbesondere der Fall, soweit eine angemessene Lebensführung oder die Aufrechterhaltung einer angemessenen Alterssicherung wesentlich erschwert würde.*

**Angemessenes Hausgrundstück** iSd **Nr. 8**: nur das selbst genutzte Haus/Eigentumswohnung ist geschützt; eine vermietete Wohnung nicht (OLG Koblenz MDR 2002, 904). Spä- 33 tere Umschichtung von Geld in Wohnung in Kenntnis der notw Prozessfinanzierung wird nicht geschützt (OLG Nürnberg FamRZ 2002, 759). Die Wohnfläche nach § 39 I des 2. WoBauG beträgt bei Familienheimen mit nur einer Wohnung 130 qm, bei Eigentumswohnungen 120 qm; die Grenze kann nach § 39 II WoBauG überschritten werden. Vgl. *Schulte* NJW 1991, 546; BVerwG NJW 1992, 1401.

**Kleinere Beträge** iSd **Nr. 9** sind ab 2005 Beträge bis 2 600 € (OLG Nürnberg FamRZ 2006, 1398) zuzügl. 614 € für den Ehepartner und 256 € für jede unterhaltene Person, bei Schwerbehinderten mehr (vgl VO v. 27.12.2003, BGBl 2003, 3022).

34 **5. Absatz 4.** Die Kosten sind die des ASt in einer Instanz, vgl § 114 Rz 8. Die Mindestzahl der Raten beträgt also 5, die Höchstzahl 48 (§ 115 I S. 3). Für Verbundverfahren und eAnO-Verfahren sind nur *insgesamt* 48 Raten zu zahlen (OLG Düsseldorf FamRZ 1991, 1325). Ratenfreie Monate zählen bei den 48 Monaten nicht mit (OLG Düsseldorf FamRZ 1993, 341; OLG Saarbrücken FamRZ 1993, 1335; **aA** OLG Karlsruhe FamRZ 1992, 1449).

## § 116 ZPO Partei kraft Amtes; juristische Person; parteifähige Vereinigung

**[1]Prozesskostenhilfe erhalten auf Antrag**

1. **eine Partei kraft Amtes, wenn die Kosten aus der verwalteten Vermögensmasse nicht aufgebracht werden können und den am Gegenstand des Rechtsstreits wirtschaftlich Beteiligten nicht zuzumuten ist, die Kosten aufzubringen;**
2. **eine juristische Person oder parteifähige Vereinigung, die im Inland, in einem anderen Mitgliedstaat der Europäischen Union oder einem anderen Vertragsstaat des Abkommens über den Europäischen Wirtschaftsraum gegründet und dort ansässig ist, wenn die Kosten weder von ihr noch von den am Gegenstand des Rechtsstreits wirtschaftlich Beteiligten aufgebracht werden können und wenn die Unterlassung der Rechtsverfolgung oder Rechtsverteidigung allgemeinen Interessen zuwiderlaufen würde.**

**[2]§ 114 Satz 1 letzter Halbsatz ist anzuwenden. [3]Können die Kosten nur zum Teil oder nur in Teilbeträgen aufgebracht werden, so sind die entsprechenden Beträge zu zahlen.**

§ 116 geändert durch G v. 15.12.2004 (BGBl 2005, 3392) und Gv.22.12.2006 (BGBl 2006, 3416).

1 Bei § 116 ist die Tabelle zu § 115 („Unterhaltspflicht") nicht anwendbar, die Ratenzahl ist nicht auf 48 beschränkt.

2 **Nr. 1. Partei kraft Amtes** (inl oder ausl): Insolvenzverwalter (auch einer JuP, BGH NJW-RR 2005, 1640), Testamentsvollstrecker, Nachlassverwalter. Der Nachlasspfleger (§§ 1960, 1961 BGB) ist keine Partei kraft Amts, sondern Vertreter der unbekannten Erben; es kommt daher auf den Nachlass an.

3 **Wirtschaftlich beteiligt** sind die, deren endgültigen Nutzen der Rechtsstreit anstrebt (BGH NJW 1977, 2317). Bei Testamentsvollstreckung: Erben, Vermächtnisnehmer, Pflichtteilsberechtigte. Bei unbekannten Erben, vertreten durch Nachlasspfleger (§ 1960 BGB), ist § 116 nicht einschlägig (es kommt auf den Wert des Nachlasses an, BVerfG Rpfleger 1998, 525). **Zumutbar:** wenn ein Vorteil zu erwarten ist. Erfolgsaussicht usw. (§ 114 Rz 9) muss vorliegen. Für den Insolvenzverwalter einer JuP dürfen nicht zusätzl.

„allgemeine Interessen" nach Nr. 2 Schlusssatz verlangt werden (BGH ZIP 2007, 887; NJW-RR 2005, 1640; NJW 1991, 40; KG NJW 1990, 459; **aA** OLG Frankfurt NJW 1988, 2053); idR erhält er also PKH.

**PKH für Insolvenzverwalter:** vgl *Gelpcke* ZIP 2006, 1522; *Rollmann* InVO 2006, 304; 3a
*Steenbuck* MDR 2004, 1155; *Ringstmeier/Homann* ZIP 2005, 284; *Gundlach* u.a. NJW 2003, 2412; *Harms* InVO 2000, 41; *Mitlehner* NZI 2001, 617. Der Verwalter hat eine vollständige Übersicht über das gegenwärtige Vermögen sowie eine genaue Aufstellung der angemeldeten und anerkannten Forderungen beizubringen, die das Gericht in die Lage versetzt, die Zumutbarkeit von Kostenvorschussleistungen der wirtschaftl. Beteiligten selbst beurteilen zu können (OLG Naumburg DZWir 2001, 257). Wenn er RA ist, kann er selbst beigeordnet werden (OLG Oldenburg InVO 2002, 22).

**a)** Aufbringbarkeit der Prozesskosten aus der Masse? Es kommt darauf an, ob der nach Abzug der Masseschulden und Massekosten verbleibende Bestand ausreicht (OLG Köln ZIP 1994, 724; str).

**b)** Wer ist wirtschaftl. Beteiligter? Der Gemeinschuldner; *diejenigen* Insolvenzgl, welche 3b
bei Prozessgewinn wenigstens mit einer teilw Befriedigung ihrer Ansprüche aus der Masse rechnen können (BGH NJW 1993, 135), also zB Finanzamt, Arbeitsamt, Sozialvers-Träger, sonstige Privat-Gl (BGH NJW-RR 2007, 993). Der **Insolvenzverwalter** ist wegen seines Vergütungsanspruchs, der sich durch Massemehrung wesentl. erhöht, nach Ansicht des BGH (NJW-RR 2004, 136; NJW 1998, 1229; aA OLG Köln ZIP 2000, 1779) nicht „wirtschaftl. beteiligt" (wieso eigentlich nicht? wenn keine Masse da ist und ein Prozessertrag hauptsächl. *ihm* zufließen würde, ist er doch beteiligt. §§ 2 ff InsVV). Die Gl sind dagegen nicht *beteiligt*, wenn das Prozessergebnis zur Deckung der Massekosten dient (OLG Celle ZIP 1987, 729); „nachrangige" Gl nicht, wenn nur vorrangige Gl befriedigt würden.

**c)** Ist diesen Gl die Kostenaufbringung *zumutbar?* Sie sind nur solchen Beteiligten zuzu- 3c
muten, welche die erforderl. Mittel unschwer aufbringen können und für die der zu erwartende Nutzen bei vernünftiger, auch das Eigeninteresse sowie das Prozesskostenrisiko angemessen berücksichtigender Betrachtungsweise bei einem Erfolg der Rechtsverfolgung voraussichtl. deutl. größer sein wird (BGH NJW-RR 2006, 1064). Beispiele: Ja: Privat-Gl idR schon, falls das Kostenrisiko in einem vertretbaren Verh zum evtl Ertrag steht (OLG Köln BB 1994, 240; OLG Naumburg ZIP 1994, 383); ob sie zahlen *wollen* spielt keine Rolle. Nein: der Arbeitsverwaltung, Arbeitsagentur (BfA), die Ausfallgeld (Insolvenzgeld) bezahlt hat sowie den Arbeitnehmern, die das Ausfallgeld erhalten haben, ist es nicht zumutbar (BGH NJW 1991, 40; OLG München NJW-RR 1997, 1327); ebenso wenig anderen Sozialvers-Trägern (BGH ZIP 1990, 1490). Beim **Finanzamt** kommt es darauf an, welche Forderungen das Finanzamt angemeldet hat und wem der Ertrag zugutekäme. Grds ist ihm die Kostenaufbringung zumutbar (BGH NJW 1998, 1868; NJW-RR 1999, 275; OLG Köln InVO 2000, 346; OLG Celle NJW-RR 2000, 728; OLG Rostock OLG-NL 1997, 185; **aA** für allgemeine Unzumutbarkeit OLG Hamburg ZIP 1994, 221; OLG Frankfurt ZIP 1993, 1250). Unzumutbar ist die Kostenaufbringung, wenn bei einem Prozesserfolg der Ertrag überwiegend zur Erfüllung von nicht mit einer Vorschusspflicht belasteten bevorrechtigten Forderungen verwendet werden müsste (BGH NJW 1994, 3170; NJW 1993, 135).

4 **Nr. 2. Juristische Person** (GmbH, AG, Stiftung), parteifähige Vereinigung (OHG, KG) vgl § 50 Rz 8. Bei der Aufbringbarkeit der Kosten ist auch Kreditaufnahme zu prüfen (OVG Bremen JurBüro 1987, 770). „Wirtschaftl." beteiligt (Rz 3) sind die Gesellschafter, Mitglieder, Vorstand, Gl; bei gemeinnützigen Vereinen fehlt diese Beteiligung für den Vorstand (OLG Hamburg NJW-RR 1987, 894). Auf die Zumutbarkeit kommt es bei Nr. 2 nicht an. Erfolgsaussicht usw. (§ 114 Rz 9) muss vorliegen.

5 **Allgemeine Interessen:** (bei GmbH, AG) wenn es sich um eine Entscheidung handelt, die größere Kreise der Bevölkerung oder des Wirtschaftslebens anspricht und soziale Wirkungen nach sich ziehen kann (BGH Die AG 1987, 132; BGH 25, 185), zB wenn sonst ein Unternehmen viele Arbeitnehmer entlassen müsste, eine größere Zahl von Gl befriedigt werden könnte (BGH NJW 1991, 703: 27 Gl, 52 000 DM).

6 **Nicht genügt:** idR das Interesse an der richtigen Entscheidung eines Prozesses (BGH NJW 1986, 2058); dass bei der Entscheidung Rechtsfragen von allgemeinem Interesse zu beantworten sind (BGH NJW-RR 1990, 474); wenn die Existenz des ASt vom Geldeingang abhängt (BGH 25, 183); dass vom Prozessertrag Steuern und Sozialvers beglichen werden könnten (OLG Köln JurBüro 1985, 1259); dass der Forderung eine Straftat zugrunde liegt (OLG Köln aaO), Wiederherstellung des Ansehens in der Öffentlichkeit durch den Prozess (OLG Bamberg JurBüro 1982, 1733); dass ein Verstoß gegen das UWG vorliegt (OLG Köln NJW-RR 2007, 186).

7 Für **ausländische juristische Personen** ist nach § 116 Nr. 2 seit 2005 uU PKH mögl.; vgl ferner Art 20 ff HZPrÜbk.

## § 117 ZPO Antrag

**(1) [1]Der Antrag auf Bewilligung der Prozesskostenhilfe ist bei dem Prozessgericht zu stellen; er kann vor der Geschäftsstelle zu Protokoll erklärt werden. [2]In dem Antrag ist das Streitverhältnis unter Angabe der Beweismittel darzustellen. [3]Der Antrag auf Bewilligung von Prozesskostenhilfe für die Zwangsvollstreckung ist bei dem für die Zwangsvollstreckung zuständigen Gericht zu stellen.**

**(2) [1]Dem Antrag sind eine Erklärung der Partei über ihre persönlichen und wirtschaftlichen Verhältnisse (Familienverhältnisse, Beruf, Vermögen, Einkommen und Lasten) sowie entsprechende Belege beizufügen. [2]Die Erklärung und die Belege dürfen dem Gegner nur mit Zustimmung der Partei zugänglich gemacht werden.**

**(3) Das Bundesministerium der Justiz wird ermächtigt, zur Vereinfachung und Vereinheitlichung des Verfahrens durch Rechtsverordnung mit Zustimmung des Bundesrates Formulare für die Erklärung einzuführen.**

**(4) Soweit Formulare für die Erklärung eingeführt sind, muss sich die Partei ihrer bedienen.**

§ 117 geändert durch JKomG v. 22.03.2005 (BGBl 2005, 837).

1 **1. Der Antrag (Absatz 1):** ohne Anwaltszwang; Unterschrift ist notw (BGH NJW 1994, 2097); zu richten an das Gericht, bei dem der Rechtsstreit (oder das Rm) anhängig gemacht werden soll. Bewilligung ohne Antrag ist wirksam (OLG Zweibrücken FamRZ

2003, 1021). Für **Zwangsvollstreckungs-Prozesskostenhilfe:** S. 3; bei Mobiliarvollstreckung das Gericht, in dessen Bezirk vollstreckt werden soll, vgl § 764 II. Für Antrag nach dem Haager KindEntfÜbk beim Bundesamt für Justiz, früher GBA (AG Weilburg FamRZ 2000, 756); dazu § 43 IntFamRVG. **Prozesskostenhilfe für Berufung:** innerhalb der Ber-Frist muss neben dem Antrag auch ein neues PKH-Formular vorgelegt werden (OLG Saarbrücken NJW-RR 2000, 664); evtl genügt die Bezugnahme auf das Formular erster Instanz (Rz 3) mit *ausdrückl.* Zusatzerklärung, dass sich nichts geändert hat; zur Frage der Erfolgsaussicht vgl § 119 I 2. Anderenfalls muss das PKH-Gesuch erkennen lassen, in welchen Punkten, in welchem Umfang und aus welchen Gründen die Partei das erstinstanzl. Urteil angreifen möchte und warum die anzufechtende Entscheidung für unrichtig gehalten wird (OLG Dresden FamRZ 2004, 121; OLG Schleswig NJW-RR 1999, 432). **Prozesskostenhilfe für Revision:** § 119 Rz 12.

Die Veranlassung der Bekanntgabe des erstmaligen Antrags auf PKH hemmt die **Verjährung** (§ 204 I Nr. 14 BGB); bis 31.12.2001: § 203 II aF BGB. Sind bestimmte Klagefristen zu wahren (zB nach § 13 I 2 StrEG), müssen schon dem PKH-Antrag die Belege beigefügt werden, sonst funktioniert die Rückwirkung der späteren Zustellung nach § 167 nicht (BGH NJW 2007, 441). Die **Darstellung des Streitverhältnisses** erfolgt in der Praxis durch Beifügen eines Klage- oder Rm-Entwurfs (dh einer Klage ohne Unterschrift oder einer Klage mit dem Zusatz „Entwurf").

Es kann **zweifelhaft** sein, 2

- ob die Klageerhebung bzw Rm-Einlegung nur für den Fall der PKH-Bewilligung erfolgt (dann sind PKH-Antrag und Klageentwurf dem Gegner formlos zur Stellungnahme mitzuteilen und die Klage erst nach PKH-Bewilligung oder Zahlung des Gerichtskostenvorschusses, § 12 GKG, zuzustellen; über WE vgl § 233 Rz 32) oder
- unabhängig davon (dann ist die Klage sogleich zuzustellen, der PKH-Antrag formlos mitzuteilen).

Der Zusammenhang und die Begleitumstände (BGH NJW-RR 1987, 376; OLG Köln FamRZ 1997, 375) geben Anhaltspunkte, zB fehlende Unterschrift bei der Klage, Bezeichnung als „beabsichtigt" oder „Entwurf"; ggf ist Rückfrage beim ASt zweckmäßig.

**2. Der Vordruck (Absatz 2, 3)**, Muster in BGBl 1994, 3003, muss nicht *eigenhändig* unterschrieben sein; unvollständiges Ausfüllen bleibt folgenlos, wenn die Lücken durch beigefügte Anlagen (zB Verdienstbescheinigungen) geschlossen werden können und diese vergleichbar, übersichtl. und klar sind (BGH FamRZ 2005, 2062; NJW 1986, 62). Der verheiratete ASt muss Belege über das Einkommen des Ehegatten beifügen (BGH FamRZ 2004, 99), über das Vermögen wegen der Frage des PKV OLG Koblenz MDR 2006, 649). Belege auf deutsch (OLG Hamm JurBüro 2000, 259). **Insolvenz:** trotz Eröffnung muss idR der Vordruck ausgefüllt werden (BGH NJW 2003, 2793). **Sozialhilfeempfänger** müssen die Abschnitte E bis J des Vordrucks *zunächst* nicht ausfüllen, wenn sie den letzten Bewilligungsbescheid des Sozialamts beifügen; das Gericht kann aber das Ausfüllen verlangen (§ 2 II, III der PKH-VV; LG Koblenz MDR 1999, 503). Hält das Gericht den Bescheid für ungenügend, muss der ASt Gelegenheit zur Aufklärung erhalten (BVerfG NJW 2000, 275). Für die zweite Instanz verlangt BGH VersR 1998, 1397 das Beifügen eines Sozialhilfebescheids neuesten Datums. **Nachlasspfleger** müssen nur Angaben über 3 das Vermögen des Nachlasses machen, nicht auch über das Einkommen usw. einzelner bekannter Erben (BVerfG NJW-RR 1998, 1081; OVG Berlin ZEV 2000, 66). Für die **Rechtsmittelinstanz** genügt die Bezugnahme auf einen im früheren Rechtszug abgegebenen Vordruck, wenn die Verhältnisse seitdem unverändert geblieben sind und dies bei der Bezugnahme ausdrückl. deutl. gemacht wird (BGH NJW 1997, 1078; FamRZ 2004, 1961; OLG Frankfurt MDR 1999, 569). IÜ muss, wenn für ein beabsichtigtes Rm PKH beantragt wird, innerhalb der Rm-Frist eine dem § 117 II entspr vollständig ausgefüllte Erklärung eingereicht werden (BGH FamRZ 2003, 89; FamRZ 1993, 688). PKH für die Nichtzulassungsbeschwerde (§ 544) kann nur bewilligt werden, wenn der ASt innerhalb der Begründungsfrist den ausgefüllten Vordruck (mit Belegen!) vorlegt (BGH FamRZ 2005, 196).

Bei **minderjährigen Kindern** muss ebenfalls *zunächst* der Vordruck nicht ausgefüllt werden (§ 2 I PKH-VV); das Gericht kann aber das Ausfüllen verlangen (§ 2 III PKH-VV). **§ 2 I PKH-VV bestimmt:**

*"(1) Ein minderjähriges unverheiratetes Kind, das in einer Kindschaftssache nach § 640 Absatz 2 der Zivilprozessordnung oder in einem Verfahren über Unterhalt seine Rechte verfolgen oder verteidigen oder das einen Unterhaltsanspruch vollstrecken will, kann die Erklärung nach § 117 Absatz 2 der Zivilprozessordnung formfrei abgeben, wenn es über Einkommen und Vermögen, das nach § 115 der Zivilprozessordnung einzusetzen ist, nicht verfügt. Die Erklärung des Kindes muss in diesem Fall enthalten:*

1. *Angaben darüber, wie es seinen Lebensunterhalt bestreitet, welche Einnahmen es im Monat durchschnittlich hat und welcher Art diese sind;*
2. *die Erklärung, dass es über Vermögen, das nach § 115 der Zivilprozessordnung einzusetzen ist, nicht verfügt; dabei ist, soweit das Kind oder sein gesetzlicher Vertreter davon Kenntnis hat, anzugeben,*
   - *a) welche Einnahmen im Monat durchschnittlich brutto die Personen haben, die dem Kind aufgrund gesetzlicher Unterhaltspflicht Unterhalt gewähren;*
   - *b) ob diese Personen über Vermögensgegenstände verfügen, deren Einsatz oder Verwertung zur Bestreitung eines dem Kind zu leistenden Prozesskostenvorschusses in Betracht kommt; die Gegenstände sind in der Erklärung unter Angabe ihres Verkehrswertes zu bezeichnen."*

4 **Bei fehlenden Belegen** ist Fristsetzung erforderl., vgl § 118 II 4 (LAG Düsseldorf JurBüro 1987, 1561); str. Eine Bezugnahme auf in anderen Verfahren abgegebene Bescheinigungen genügt nicht (OLG Nürnberg FamRZ 1985, 824). Bei **unvollständigen Erklärungen** besteht keine Pflicht des Gerichts, durch Befragung usw. zu vervollständigen (BFH Rpfleger 1993, 79; zw). **Absatz 2 Satz 2** ist seit 01.01.1995 angefügt. Folge ist, dass ggf die pers Verh auch in der mdl Verh bei Erörterung des PKH-Antrages uU nur in Abwesenheit des Gegners besprochen werden dürfen. Die in Abs. 3 genannten VO (**Prozesskostenhilfevordruck-Verordnung**, PKH-VV) ist am 17.10.1994 (BGBl 1994, 3001) ergangen. In **Auslandsfällen** gelten uU andere Vordrucke, § 1077 II und BGBl 2004, 3538.

5 **3. Absatz 4.** Die Nichtbenutzung des Vordrucks macht den Antrag nicht unzulässig (hM, LAG Hamm MDR 1982, 83; **aA** OLG Köln MDR 1982, 152), aber evtl unbegründet. Er kann dann mit Vordruck wiederholt werden.

**4. Wiederholung des Prozesskostenhilfeantrags.** Abweisende PKH-Beschlüsse sind nicht der mat Rechtskraft fähig (BGH FamRZ 2004, 940; OLG Hamm FamRZ 2004, 1218; OLG Zweibrücken MDR 2004, 236), für einen neuen Antrag mit *derselben* Begründung fehlt jedoch das Rechtsschutzinteresse, er ist unzulässig (BGH FamRZ 2004, 940: hier waren schon drei ablehnende Beschlüsse ergangen; OLG Naumburg OLG-NL 2003, 91; OLG Oldenburg FamRZ 2003, 1302; vgl auch OLG Hamm FamRZ 2004, 647). Wird PKH rechtskr wegen mangelnder „Armut" abgelehnt, kann der ASt unproblematisch erneut PKH beantragen, wenn sich seine finanziellen Verh verschlechtert haben. 6

**5. Kosten. Gericht:** keine Geb, **Rechtsanwalt:** Man muss drei Fälle unterscheiden: **(1)** RA hatte den Auftrag, in der Hauptsache tätig zu werden, ob mit oder *ohne* PKH: RVG VV 3100 ff. Dies sind die parallelen Anträge „Klage *und* PKH-Antrag", meist in Wirklichkeit nur gewollt als bedingte Klage. **(2)** RA hatte *nur* den Auftrag PKH zu beantragen für eine beabsichtige Klage bzw Verteidigung gegen eine Klage: Geb RVG VV 3335 (1,0, früher 0,5). **(3)** Regelfall: Auftrag, PKH zu beantragen und für den Fall der Bewilligung in der Hauptsache zu vertreten: zwei Aufträge. Wird PKH abgelehnt, VV 3335. Wird PKH bewilligt und die Hauptsache betrieben, geht die PKH-Geb in den dortigen Geb (RVG VV 3100 ff) auf (RVG §§ 16 Nr. 2, 15 II), bringt also keinen Zusatzverdienst. 7

## § 118 ZPO Bewilligungsverfahren

**(1) [1]Vor der Bewilligung der Prozesskostenhilfe ist dem Gegner Gelegenheit zur Stellungnahme zu geben, wenn dies nicht aus besonderen Gründen unzweckmäßig erscheint. [2]Die Stellungnahme kann vor der Geschäftsstelle zu Protokoll erklärt werden. [3]Das Gericht kann die Parteien zur mündlichen Erörterung laden, wenn eine Einigung zu erwarten ist; ein Vergleich ist zu gerichtlichem Protokoll zu nehmen. [4]Dem Gegner entstandene Kosten werden nicht erstattet. [5]Die durch die Vernehmung von Zeugen und Sachverständigen nach Absatz 2 Satz 3 entstandenen Auslagen sind als Gerichtskosten von der Partei zu tragen, der die Kosten des Rechtsstreits auferlegt sind.**

**(2) [1]Das Gericht kann verlangen, dass der Antragsteller seine tatsächlichen Angaben glaubhaft macht. [2]Es kann Erhebungen anstellen, insbesondere die Vorlegung von Urkunden anordnen und Auskünfte einholen. [3]Zeugen und Sachverständige werden nicht vernommen, es sei denn, dass auf andere Weise nicht geklärt werden kann, ob die Rechtsverfolgung oder Rechtsverteidigung hinreichende Aussicht auf Erfolg bietet und nicht mutwillig erscheint; eine Beeidigung findet nicht statt. [4]Hat der Antragsteller innerhalb einer von dem Gericht gesetzten Frist Angaben über seine persönlichen und wirtschaftlichen Verhältnisse nicht glaubhaft gemacht oder bestimmte Fragen nicht oder ungenügend beantwortet, so lehnt das Gericht die Bewilligung von Prozesskostenhilfe insoweit ab.**

**(3) Die in Absatz 1, 2 bezeichneten Maßnahmen werden von dem Vorsitzenden oder einem von ihm beauftragten Mitglied des Gerichts durchgeführt.**

**1. Absatz 1 Satz 1. Rechtliches Gehör** für den Gegner; ihm wird der Antrag formlos zur Stellungnahme (ohne Anwaltszwang) binnen einer bestimmten Frist zugesandt. Seine 1

Äußerung ist nicht erzwingbar (*Kümme* AnwBl 1991, 313 und 1155). Zu den Angaben über die pers und wirtschaftl. Verh des ASt hat der Gegner kein Anhörungsrecht und kein Recht auf Einsicht in diese Aktenteile (§ 117 II 2), diese Teile werden ihm also nicht zur Stellungnahme zugeleitet. Besondere Gründe: bei Eilanträgen wie Arrest, eVfg; bei beabsichtigter Antragszurückweisung; bei Aufenthalt im Ausland; wohl auch beim Mahnantrag.

2 **Absatz 1 Satz 2.** Vgl § 24 II Nr. 3 RPflG.

3 **Absatz 1 Satz 3 Halbsatz 1:** Zust vgl. Abs. 3. Zwangsmittel bestehen nicht, § 141 ist nicht anwendbar. Bestimmung eines Termins zur Erörterung des PKH-Antrags ist nicht anfechtbar (OLG Zweibrücken FamRZ 2004, 35); keine RVG-Terminsgeb, aber Einigungsgeb (RVG VV 1003).

4 **Absatz 1 Satz 3 Halbsatz 2:** der Vergleich ist VollstrTitel iSd §794 I Nr.1; kein Anwaltszwang. Obwohl für das PKH-Verfahren an sich keine PKH bewilligt werden kann, kann PKH nach hM für den Vergleich iFd §118 I 3 gewährt werden, auch wenn die Verteidigung des Bekl an sich keine hinreichende Erfolgsaussicht hat (OLG Schleswig SchlHA 1984, 116). Im Falle des Abschlusses eines Vergleichs im Erörterungstermin (wofür an sich die Terminsgeb RVG VV 3104 anfallen würde), kann PKH nur für den Vergleich, nicht aber für das gesamte PKH-Verfahren bewilligt werden (BGH NJW 2004, 2595; wenig praxisnah; **aA** OLG Hamm FamRZ 2005, 528; MDR 2004, 832; OLG Karlsruhe FamRZ 2006, 798: bei Vergleichsschluss PKH-Bewilligung für das gesamte PKH-Verfahren; jedenfalls in Ausnahmefällen will OLG Braunschweig FamRZ 2006, 961 PKH auch für das PKH-Prüfungsverfahren bewilligen), sodass der RA wenig verdient (RVG VV 1003; + evtl Geb aus der vorherigen Beratungshilfe), aber nicht RVG VV 3100, 3104. Gebührenmäßig günstiger ist es für ihn, wenn er auf der PKH-Bewilligung für die Hauptsache besteht (die Vergleichswilligkeit indiziert die Erfolgsaussicht) und erst nach Bewilligung den Vergleich schließt. Übernahmehaftung bez der Kosten nach §22 I 2 GKG ist zu beachten.

5 **Absatz 1 Satz 4. Kosten**

**a) Gerichtsgebühren** fallen nicht an, § 1 GKG.

**b) Außergerichtliche Kosten** des AGegners (zB RA-Geb für die Stellungnahme, § 16 RVG; 3335 RVG VV) werden ihm bei PKH-Versagung (die keine KostenE enthält, § 119 Rz 10) nicht erstattet, S. 4; auch nicht bei Antragsrücknahme analog § 269 III (OLG Hamm FamRZ 2005, 1185).

**c) Kommt es zum nachfolgenden Prozess**, enthält die dann ergehende Entscheidung auch eine KostenE (zB nach §§91 ff), wie wenn keine PKH bewilligt worden wäre. Die außergerichtl. Kosten des PKH-Verfahrens können dann als Vorbereitungskosten des Prozesses iSd §§91 ff aufgefasst werden. **(1)** Siegt der „arme" PKH-ASt, erlangt er so Erstattung seiner PKH-Kosten, wobei aber die RA-Geb für den PKH-Antrag sowieso in den späteren RA-Geb aufgeht, §§15, 16 RVG (hM, OLG Stuttgart JurBüro 1986, 936; **aA** wegen erforderl. Gleichbehandlung mit dem Gegner OLG Koblenz Rpfleger 1975, 99); **(2)** Siegt sein Gegner, hat er wegen des eindeutigen Wortlauts von S.4 keinen Erstattungsanspruch.

6 **d) Bei erfolgloser Beschwerde** fällt zulasten des Beschwerdeführers eine pauschale Gerichtsgeb von 50 € an (GKG KV Nr. 1811).

**e) Außergerichtliche Kosten des Beschwerdeverfahrens** werden im Beschwerdeverfahren nicht erstattet, § 127 IV; die Erstattung als Vorbereitungskosten des Hauptsacheprozesses dürfte wegen § 127 IV ebenfalls ausscheiden. Wird PKH für die erste Instanz erst vom BeschwerdeG bewilligt, sind die außergerichtl. Kosten des Beschwerdeführers nicht etwa der Staatskasse aufzuerlegen (§ 127 IV). RA-Geb für das Beschwerdeverfahren: 0,5 (RVG VV 3500).

**g) Für das Prozesskostenhilfeverfahren** kann **Prozesskostenhilfe nicht bewilligt** werden (§ 114); die Beratung über die Erfolgsaussichten eines PKH-Antrags fällt unter das BerHG, der Antrag selbst kann zu Protokoll der Geschäftsstelle gestellt werden (BGH NJW 1984, 2106). PKH-Bewilligung ist nur für den Vergleich iFd § 118 I 3 zulässig (BGH NJW 2004, 2595; OLG Bamberg FamRZ 1984, 918), Rz 4.

**Absatz 1 Satz 5.** Werden **im Prozesskostenhilfeverfahren Zeugen und Sachverständige** 7 vernommen, zahlt deren Auslagen zunächst die Gerichtskasse; wird dann PKH bewilligt, hat diese Auslagen der zu tragen, dem später nach §§ 91 ff die Prozesskosten auferlegt werden; wird PKH versagt, hat der ASt diese Auslagen zu zahlen, § 22 GKG.

**2. Absatz 2 Satz 1.** Glaubhaftmachung: vgl § 294. Vorlage von eV (OLG München 8 FamRZ 1989, 83) hat nur bez Einkommen und Vermögen des ASt Sinn; ein Einkommensnachweis durch Belege ist aber idR unabdingbar. Bei der Prüfung der wirtschaftl. Verh dürfen die Anforderungen nicht überspannt werden (BVerfG NJW 2004, 1236).

**Absatz 2 Satz 2.** Auch Einholung von Auskünften von Privatpersonen, Arbeitgebern (über 9 Einkommen), Beiziehung von Strafakten (zB bei Verkehrsunfallprozessen). Steuergeheimnis und ärztl. Schweigepflicht sind zu beachten.

**Absatz 2 Satz 3.** Zeugenvernehmung (nicht über die wirtschaftl. Verh; dazu nur Abs. 2 10 S. 1, 2, 4) usw. nur ausnahmsweise (OLG Brandenburg FamRZ 2003, 1019; zur SV-Hinzuziehung vgl OLG Celle OLG-Report 2007, 271) durch den Vors oder Berichterstatter (Abs. 3), nicht durch ein RechtshilfeG (OLG Braunschweig NdsRpfl 1987, 251). AnO ist nicht beschwerdefähig (OLG Köln MDR 1990, 728).

**Absatz 2 Satz 4.** Die Ablehnung hindert nicht die **Wiederholung des Prozesskostenhilfeantrags**, nun mit besserer Glaubhaftmachung der Notlage (OLG Düsseldorf MDR 2004, 11 410; str). Anders bei Ablehnung aus mat Gründen (§ 117 Rz 6). Keine Korrektur durch Belegeinreichung in der Beschwerdeinstanz (BAG MDR 2004, 415); str. Das Problem ist, dass die PKH-Ablehnung seit 2002 (§ 127 nF: *sof* Beschwerde) rechtskr wird.

**3. Absatz 3.** Beauftragung des Rechtspflegers nach § 20 Nr. 4a RPflG ist in der Praxis 12 nicht übl.

13

**Praxishinweise:**

1. Dem Gegner des Hilfsbedürftigen muss zu dessen Angaben über seine pers und wirtschaftl. Verh kein rechtl. Gehör gewährt werden (Rz 1). Jedoch ist er erfahrungsgemäß oft am besten darüber informiert und kann lückenhafte oder fehlerhafte Angaben berichtigen. Das Gericht darf ihn danach fragen (*Stein/Jonas§ 118 Rz 11)*. Sein Anwalt kann diese anregen.

2. PKH-Anträge sind beschleunigt zu bearbeiten. Um dies zu ermöglichen, findet grds keine Beweisaufnahme statt (§ 118 II 3). Gleichwohl kommen verzögerl. Bearbeitungen st vor. Das kann eine Ausnahmebeschwerde wegen Untätigkeit begründen oder eine Bef-Ablehnung rechtfertigen (Nachweis § 42 Rz 20, 2). Zu den Abwehrmöglichkeiten gegen verzögerte PKH-Entscheidungen s. *Schneider* MDR 2004, 1097.

3. Geht das Gericht auf einen rechtzeitig gestellten PKH-Antrag verfahrenswidrig erst in der mdl Verh ein, dann darf kein VU ergehen, wenn der PrBev deshalb nicht auftritt (OLG Naumburg FamRZ 2000, 106). Es müsste wegen fehlender Säumnis aufgehoben werden.

4. Die nur ausnahmsweise zulässige Beweiserhebung (Rz 10) darf nicht das Ziel haben, die Hauptsache entscheidungsreif zu machen und ist auf Tatsachen beschränkt, für die der ASt die Beweislast trägt. Nur diese Feststellungen dürfen im Hauptsacheprozess urkundenbeweisl. verwertet werden. Dort gilt aber der Unmittelbarkeitsgrundsatz, sodass einem Antrag auf Zeugenvernehmung stattgegeben werden muss (*Stein/Jonas* § 118 Rz 26, 29).

## § 119 ZPO Bewilligung

**(1) [1]Die Bewilligung der Prozesskostenhilfe erfolgt für jeden Rechtszug besonders. [2]In einem höheren Rechtszug ist nicht zu prüfen, ob die Rechtsverfolgung oder Rechtsverteidigung hinreichende Aussicht auf Erfolg bietet oder mutwillig erscheint, wenn der Gegner das Rechtsmittel eingelegt hat.**

**(2) Die Bewilligung von Prozesskostenhilfe für die Zwangsvollstreckung in das bewegliche Vermögen umfasst alle Vollstreckungshandlungen im Bezirk des Vollstreckungsgerichts einschließlich des Verfahrens auf Abgabe der eidesstattlichen Versicherung.**

Absatz 2 geändert ab 01.01.1999 (2. ZwVollstrNovelle; BGBl 1997, 3039).

1 **1. Zuständig zur Entscheidung** ist das Gericht, bei dem der Prozess schwebt oder anhängig gemacht werden soll: das ProzessG (ZivK bzw LG-Einzelrichter), der Vors der KfH (§ 349 II Nr. 7), das RechtsmittelG, der BGH; für die ZwV zT der Rechtspfleger (§ 20 Nr. 5 RPflG), bei §§ 887, 888, 890 der Richter, das AG-VollstrG bei Vollstr aus eAnO nach §§ 620 ff (OLG Düsseldorf FamRZ 1979, 843). Vgl dazu § 117 I 3.

**Verweisung:** Im PKH-Verfahren kann bindend (§ 281) an ein anderes Gericht verwiesen werden (BGH NJW 2001, 3633).

**Zuständigkeitsstreit:** § 36 Nr. 6 ist anwendbar (OLG Karlsruhe FamRZ 2001, 835).

**Maßgeblicher Zeitpunkt für Erfolgsaussicht**: § 114 Rz 11.

**Entscheidungszeitpunkt:** idR wird PKH zu Beginn des Verfahrens bewilligt. Entweder PKH wird isoliert beantragt und das Hauptverfahren dann eingeleitet; oder es wird Klage erhoben und parallel PKH beantragt. Vorausgesetzt der Antrag wurde zuvor (idR mit PKH-Vordruck) gestellt, kann noch *nach* rechtskr Abschluss des Hauptsacheverfahrens PKH rückwirkend bewilligt werden; auch noch nach Klagerücknahme (OLG Rostock FamRZ 2001, 1468; OVG Hamburg FamRZ 2005, 44; aA OVG Schleswig NVwZ-RR

2004, 460); ebenso noch nach Vergleichsabschluss; allerdings erst ab Vorlage eines formgerechten Antrags, uU auch erst ab Vorlage von Unterlagen über Einkommen etc (OLG Karlsruhe FamRZ 2004, 122).

**2. Die Bewilligung der Prozesskostenhilfe** erfolgt durch **Beschluss. Inhalt:** 2

**a)** Dem ASt wird PKH bewilligt: für die erste Instanz (dazu gehört auch der Prozessvergleich, Verfahren nach Einspruch, Verweisung, Zurückverweisung (OLG Düsseldorf NJW-RR 1991, 63), Kf. *Nicht* zur Instanz gehört (weshalb dafür PKH ges zu bewilligen ist): ZwV, Arrest, eVfg, Rm-Verfahren, Klageerweiterung, Widerklage, das Streitverfahren nach dem PKH-Mahnverfahren, der PV bez der mitverglichenen sonstigen Ansprüche usw.; wesentl. ist, dass der Gebührenanfall vom ASt nicht eigenmächtig ohne neue Bewilligung ausgedehnt werden kann. Für das PKH-Verfahren kann keine PKH bewilligt werden; anders wenn ein Vergleich geschlossen wird (str, ob auch nur PKH für den Vergleich, BGH NJW 2004, 2595, oder für das ganze Verfahren; vgl § 118 Rz 4).

**Prozesskostenhilfe für Hilfsantrag:** erst nach Erledigung des Hauptantrags (OLG Nürnberg FamRZ 2004, 1734). PKH-Bewilligung erstreckt sich nicht auf eine **nachträgliche Klageänderung** (BGH NJW-RR 2006, 429).

Bei **Prozesskostenhilfe für einen von mehreren Streitgenossen** mit demselben RA sollte im Tenor klargestellt werden, dass sich die Bewilligung bez der RA-Geb auf den Erhöhungsbetrag nach 1008 RVG VV beschränkt (vgl § 114 Rz 6; OLG Koblenz Rpfleger 2001, 503).

**Stufenklage**, § 254, Hier ist str (mindestens 4 Meinungen), ob die PKH tröpfchenweise jeweils nur für eine Stufe bewilligt werden kann (KG FamRZ 2005, 461; OLG Bamberg FamRZ 1986, 371) oder für alle Stufen (OLG Hamm FamRZ 2006, 133; OLG Karlsruhe FamRZ 2004, 547; OLG Bamberg FamRZ 1998, 1602; OLG Köln NJW-RR 1995, 707) oder mit gleichzeitiger StrW-Beschränkung (KG NJW-RR 1986, 306; OLG Frankfurt NJW-RR 1991, 1411) oder mit dem Vorbehalt neuerl. Entscheidung nach Bezifferung (OLG Düsseldorf FamRZ 2000, 101). 2a

Das Problem ist, wie zu verhindern ist, dass der ASt nach Auskunftserteilung (zB bei der Unterhaltsklage, bei der Pflichtteilsklage), abgesichert durch PKH, eine abwegige Bezifferung vornimmt. M.E. gilt: im ersten PKH-Beschluss ist für alle gestellten Anträge, auch für den unbezifferten Leistungsantrag, PKH zu gewähren (**hM**, OLG München FamRZ 2005, 42; OLG Karlsruhe FamRZ 2004, 547; OLG Brandenburg MDR 2003, 171), weil nur dann der unbezifferte Leistungsantrag erhoben und (mit verjährungshemmender Wirkung) zugestellt werden kann. Beziffert der Kl nach Auskunftserteilung seinen Antrag, stellt er damit einen neuen Klageantrag, für den bisher keine PKH bewilligt wurde, sodass ein (*zumindest stillschweigender*) neuer PKH-Antrag und ein zweiter PKH-Beschluss über den bezifferten Antrag erforderl. ist (OLG München FamRZ 2005, 42; 1993, 340; OLG Frankfurt FamRZ 1993, 1241; ähnl. OLG Hamm FamRZ 1994, 312; OLG Naumburg FamRZ 1994, 1042). Zum selben Ergebnis kommt die Meinung (OLG Hamm FamRZ 2006, 133), nach der die PKH auf den sich aus der Auskunft ergebenden Antrag beschränkt sei (Klarstellungsbeschluss mögl.) oder nach der die ursprüngl. PKH-Bewilligung nur den entspr den Darlegungen des Kl im Bewilligungszeitpunkt aufgrund der Auskunft nachträgl. bezifferten Zahlungsantrag umfasst (OLG Celle FamRZ 1994, 1043).

2b **Bewilligung von Prozesskostenhilfe für die Zwangsvollstreckung** (Abs. 2); dazu *Fischer* Rpfleger 2004, 190. Sie kann zB nur für eine bestimmte einzelne Maßnahme gewährt werden; so bei der Immobiliarvollstr (BGH FamRZ 2004, 177). Wird sie fälschlich pauschal für jegliche ZwV bewilligt, ist wohl der Umfang des Abs.2 gemeint, nicht auch die ZwV in das unbewegl. Vermögen. Wird sie für die ZwV „in das *bewegl.* Vermögen" bewilligt, umfasst sie zB auch mehrere Lohnpfändungen, Sachpfändungen, Verwertung, eV, Einschränkung: nicht ZwV ins Grundstück etc; nur ZwV, für die das entscheidende Gericht zuständig ist („im Bezirk"). Die Kleinbetragsgrenze nach §115 III wird einer Bewilligung oft entgegenstehen. Das Kriterium „Erfolgsaussicht" ist untaugl., weil man erst *nach* der ZwV den Erfolg sieht, aber Mutwilligkeit, wenn schon mehrere Pfändungen erfolglos waren und keine Änderung erkennbar ist. Bei erfolgreicher Teilvollstr §120 IV. Es kann ferner nicht von Anfang an für das Erkenntnis- *und* ZwV-Verfahren gleichzeitig PKH bewilligt werden, sondern für die ZwV erst nach der HauptsacheE: wegen §115 III sowie der dann erforderl. Prüfung von Erfolgsaussicht und Mutwilligkeit; auch die Zust (bei Verstoß: §8 I RPflG) kann unterschiedl. sein, Rz 1 (LG Stuttgart Rpfleger 1982, 309; aA LG Heilbronn DAV 1982, 583). Vgl *Zimmermann* PKH Rz 301.

Zum Umfang bei PKH in **Familiensachen** vgl § 624 II und § 48 III RVG. Beiordnung erstreckt sich uU auch auf außergerichtl. Vergleiche (früher str), OLG München Rpfleger 2004, 228. Bewilligung von PKH für Scheidung erstreckt sich auch auf den im Scheidungstermin durch Vergleich geregelten Zugewinn, selbst bei dort erfolgter Grundstücksübertragung (OLG Zweibrücken NJW-RR 2007, 6).

3 **b) Die Angabe, ab wann**, ist entbehrl.: grds wirkt die Bewilligung ab Beschlusszugang beim ASt (BGH NJW 1985, 921; **aA** ab Antragstellung, LSG Thüringen Rpfleger 2000, 165; OLG Bamberg JurBüro 1988, 892). Datierung („ab Antragseingang, ab dem ...") ist erforderl., wenn **Prozesskostenhilfe rückwirkend** bewilligt werden soll, wie meist. PKH kann rückwirkend und sogar noch nach (rechtskr) Abschluss des Verfahrens bewilligt werden (OLG Düsseldorf NJW-RR 1990, 452), wenn der PKH-Antrag während des Verfahrens gestellt, aber nicht verbeschieden worden ist; die Rückwirkung kann bis zu dem Zeitpunkt des Eingangs des mit vollständigen (!) Unterlagen versehenen Antrags erstreckt werden (BGH NJW 1982, 446; 1985, 921; JB 1993, 51; OLG Düsseldorf NJW 1991, 1186; eine **aA** bejaht Rückwirkung nur bis zu dem Tag, an dem bei sachgemäßer Bearbeitung dem Antrag hätte stattgegeben werden können). Wird fälschl. PKH ab einem Zeitpunkt vor Antragseingang bewilligt, ist das vom Kostenbeamten zu beachten (OLG München MDR 1986, 242). Für die Erfolgsaussicht (rechtl. und tatsächl.) kommt es grds nicht auf die frühere Sicht zur Zeit der mögl. Entscheidung (dafür OLG Düsseldorf FamRZ 1986, 697), sondern auf den Zeitpunkt der Beschlussfassung an (BGH NJW 1982, 1104; OLG Hamm FamRZ 1986, 80), auch bei Verzögerung der Entscheidung durch das Gericht. Bei rückwirkender Bewilligung wird der selbstgezahlte Gerichtskostenvorschuss zurückbezahlt (*Mümmler* JurBüro 1987, 1148). Zur Rückwirkung vgl *Blümler* MDR 1983, 96; *Christl* MDR 1983, 537.

4 **c) Ggf:** „der ASt hat ab dem ... monatl. **Raten** von ... € an die Gerichtskasse zu zahlen"; fehlt das Datum: ab Beschlusserlass. Vorbehalt der Ratenfestsetzung ist unzulässig (§ 120 I 1: „mit"; OLG Hamm FamRZ 2003, 1021).

5 **d) Ggf:** Regelung nach **§ 120 Absatz 1 Satz 2.**

**e) Ggf: „aus seinem Vermögen** hat der ASt bis zum ... an die Gerichtskasse ... € zu zahlen" (§ 120 I). 6

**f) Ggf:** „Zur Wahrnehmung der Rechte wird ihm **Rechtsanwalt...beigeordnet"** (§ 121). „Außerdem (vgl § 121 III) wird RA ... als Verkehrsanwalt, RA ... als Beweisanwalt für den Termin ... beigeordnet." 7

**g) Keine Kostenentscheidung**, vgl § 118 Rz 5. 8

**h) Gründe**, zB zur Höhe der Raten, der Errechnung des Einkommens, dem Vermögenseinsatz. 9

**i) Zustellung des Beschlusses.** Der Beschluss wird dem ASt zugestellt, wenn sof Beschwerde infrage kommt (§ 127), also wenn Raten festgesetzt wurden oder der Antrag abgelehnt wurde; sonst formlos mitgeteilt, förml. Zustellung ist in diesem Falle trotz § 234 nicht erforderl. (BGH VersR 1985, 68). Dem Gegner wird der Beschluss nur formlos zugestellt. Wenn sich die Gründe mit den finanziellen Verh des ASt befassen, muss der Richter verfügen, welche Teile der Gründe dem AGegner mitzuteilen sind (§ 127 I 3); die Errechnung der Raten (Einkommen, Abzüge usw.) wird dem Gegner nicht mitgeteilt (OLG Brandenburg JurBüro 2000, 366). 9a

**3. Die Ablehnung der Prozesskostenhilfe erfolgt durch Beschluss:** 10

**a)** Der Antrag auf Bewilligung von PKH wird zurückgewiesen. Keine KostenE (§ 118 I 4). Die Entscheidung ergeht gerichtsgebührenfrei (§ 1 GKG); außergerichtl. Kosten werden nicht erstattet.

**b)** Gründe. Fehlende Erfolgsaussicht, Mutwilligkeit, zu hohes Einkommen, § 115 VI usw. Der PKH-Antrag der nicht anwaltl. vertretenen Partei darf wegen fehlender Unterlagen nicht ohne vorherigen gerichtl. Hinweis abgelehnt werden (OLG Rostock FamRZ 2004, 1396). **Zustellung des Beschlusses** an den ASt, da sof Beschwerde mögl. ist (§ 127). Formlose Mitteilung des Beschlusses an den AGegner, aber nur auszugsweise, wenn er die wirtschaftl. Verh des ASt erörtert (§ 127 I 3).

**4. Teilweise Bewilligung**, iÜ Ablehnung, wenn zB die beabsichtigte Klage nur bez eines Teilbetrags Erfolgsaussicht hat. Der Beschluss sollte dann lauten: „Dem ASt wird PKH für folgenden Klageantrag bewilligt: ... IÜ wird PKH versagt. Gründe: ...". Zustellung des Beschlusses an den ASt, da sof Beschwerde mögl. ist (§127). Vgl. §122 Rz 1, 5 und §127 I 3. **Fehlende sachliche Zuständigkeit:** Wird beim LG PKH für eine beabsichtigte 10000-€-Klage begehrt und sieht das LG Erfolgsaussicht nur für 4000 € (AG-Zust), muss es PKH ganz ablehnen (§117 I; das AG beurteilt evtl die Sache anders), BGH NJW-RR 2004, 1437; OLG Brandenburg MDR 2001, 769; **aA** (Teilbewilligung) OLG Köln VersR 1999, 115; OLG Koblenz r+s 2004, 88; OLG Dresden NJW-RR 1995, 382. Zuvor ist Abgabe des PKH-Verfahrens an das AG zu prüfen (BGH aaO), ferner, ob der ASt den Rest selbst finanzieren will. Wird eine Folgesache ohne triftigen Grund isoliert geltend gemacht (§114 Rz 12), keine gänzl. Ablehnung der PKH (BGH NJW 2005, 1497); **aA** Versagung bez der vermeidbaren Mehrkosten (OLG Karlsruhe FamRZ 2004, 1880); **aA** gänzl. Versagung. 11

**5. In höherer Instanz (Absatz 1 Satz 2)**, dazu *Büte* FuR 2005, 59, bestehen Erleichterungen. Hat der „Arme" in erster Instanz verloren, muss seine Ber *in der Sache* Erfolg versprechen (BGH FamRZ 2003, 1378). Hat der „Arme" in erster Instanz gewonnen, hat seine Rechtsverfolgung immer Erfolgsaussicht. Eine Nichtbewilligung in diesem Fall ist 12 verfassungswidrig (BVerfGK Bd. 4, 93). Davon macht die Rspr Ausnahmen, wenn sich die Sachlage eindeutig geändert hat (BGH FamRZ 1989, 265; OLG Koblenz MDR 2003, 1435) oder wenn die „offenbar unrichtige" Entscheidung erschlichen wurde (OLG Koblenz FamRZ 1985, 301; OLG Bamberg JurBüro 1985, 1111; nach OLG Düsseldorf JurBüro 1988, 96 soll offensichtl. Unrichtigkeit allein genügen). Auch diese Ausnahme setzt aber voraus, dass der die Bewilligung ablehnende Beschluss Gründe nennt, aus denen sich diese Ausnahme rechtfertigen lässt (BVerfGE 71,133; BVerfGK Bd. 4, 95). IÜ kann PKH für ein Rm-Verfahren nur gewährt werden, wenn der ASt innerhalb der Rm-Frist nicht nur den PKH-Antrag stellt, sondern **auch alle für die Bewilligung erforderlichen Unterlagen vorlegt** (BGH FamRZ 2006, 1522).

**Prozesskostenhilfe für Revision:** sie ist (unbeschadet der Zulassung der Rev durch das BerG) nur dann zu bewilligen, wenn die beabsichtigte Rechtsverfolgung der Fortbildung des Rechts dient (BGH FamRZ 2003, 1552) oder Fragen aufwirft, die einer Klärung durch höchstrichterl. Entscheidung bedürfen (BGH FamRZ 2003, 748; 2003, 671). Die wirtschaftl. Verh sind neu zu prüfen, Bezugnahme kann genügen (BGH NJW 1983, 2146). PKH kann idR erst bewilligt werden, wenn das Rm begründet worden ist und die Voraussetzungen für eine Verwerfung (zB § 522 I) nicht gegeben sind (BGH FuR 2001, 1009; FamRZ 1988, 942; **aA** OLG Karlsruhe NJW-RR 1987, 62). Auch die letztinstanzl. Entscheidung nach S. 2 muss begründet werden, BVerfG NJW 1987, 1619; NJW 2005, 409.

## § 120 ZPO Festsetzung von Zahlungen

**(1) [1]Mit der Bewilligung der Prozesskostenhilfe setzt das Gericht zu zahlende Monatsraten und aus dem Vermögen zu zahlende Beträge fest. [2]Setzt das Gericht nach § 115 Abs. 1 Satz 3 Nr. 4 mit Rücksicht auf besondere Belastungen von dem Einkommen Beträge ab und ist anzunehmen, dass die Belastungen bis zum Ablauf von vier Jahren ganz oder teilweise entfallen werden, so setzt das Gericht zugleich diejenigen Zahlungen fest, die sich ergeben, wenn die Belastungen nicht oder nur in verringertem Umfang berücksichtigt werden, und bestimmt den Zeitpunkt, von dem an sie zu erbringen sind.**

**(2) Die Zahlungen sind an die Landeskasse zu leisten, im Verfahren vor dem Bundesgerichtshof an die Bundeskasse, wenn Prozesskostenhilfe in einem vorherigen Rechtszug nicht bewilligt worden ist.**

**(3) Das Gericht soll die vorläufige Einstellung der Zahlungen bestimmen,**

**1. wenn abzusehen ist, dass die Zahlungen der Partei die Kosten decken;**

**2. wenn die Partei, ein ihr beigeordneter Rechtsanwalt oder die Bundes- oder Landeskasse die Kosten gegen einen anderen am Verfahren Beteiligten geltend machen kann.**

**(4) [1]Das Gericht kann die Entscheidung über die zu leistenden Zahlungen ändern, wenn sich die für die Prozesskostenhilfe maßgebenden persönlichen oder wirtschaftlichen Verhältnisse wesentlich geändert haben; eine Änderung der nach § 115 Abs. 1 Satz 3 Nr. 1 Buchstabe b und Nr. 2 maßgebenden Beträge ist nur auf Antrag und nur dann zu berücksichtigen, wenn sie dazu führt, dass keine Monatsrate zu zahlen**

**ist. [2]Auf Verlangen des Gerichts hat sich die Partei darüber zu erklären, ob eine Änderung der Verhältnisse eingetreten ist. [3]Eine Änderung zum Nachteil der Partei ist ausgeschlossen, wenn seit der rechtskräftigen Entscheidung oder sonstigen Beendigung des Verfahrens vier Jahre vergangen sind.**

§ 120 geändert durch JKomG v. 22.03.2005 (BGBl 2005, 837).

**Lit:** ***Büttner*** Rpfleger 1997, 347.

**1. Absatz 1 Satz 1.** Meist wird ratenfrei bewilligt, Vermögenszuzahlung nur in ca. 1 % der Fälle. Vgl § 119 Rz 4 ff. **Absatz 1 Satz 2:** zB wegen bes hoher Miete oder Abzahlungsverpflichtungen wird ein Abzug vorgenommen (§ 115 Rz 11), der Wegfall der Tilgungen, die Verringerung der Miete wegen Umzugs ab ... ist voraussehbar. Dann wird in den Bewilligungsbeschluss aufgenommen: „Sobald die bes Belastung des ASt für ... wegfällt, hat der ASt ab dem darauffolgenden Monatsersten (bzw ab dem ...) monatl. Raten von ... € an die Gerichtskasse (bzw Landeskasse) zu zahlen.“ 1

**2. Zahlungsempfänger, Absatz 2.** Bei Zahlungsrückstand Zwangsmaßnahmen nach § 1 Nr. 4a JBeitrO. Die Justizverwaltung kann stunden, das Gericht ist dafür nicht zuständig (OLG Zweibrücken JurBüro 1985, 461; str). 2

**3. Anordnung der Einstellung der Ratenzahlung, Absatz 3.** Zuständig ist der Rechtspfleger, § 20 Nr. 4b RPflG. Vorl Einstellung: ergibt sich später ein Rest, kann die Wiederaufnahme der Zahlungen angeordnet werden. 3

**Nr. 1 (Kostendeckung):** die Kostendeckung ist erst erreicht, wenn die Gerichtskosten und die *nicht* verminderten (vgl § 50 RVG; früher str) schon fälligen (KG Rpfleger 1984, 477) RA-Geb usw. durch die Zahlungen (Raten, Vermögenszuzahlung) abgedeckt sind. 4

**Nr. 2: Hat der Kläger Prozesskosten mit Raten** und obsiegt er dann (sodass der Bekl zur Kostentragung verurteilt ist, § 91), wird die vorl Einstellung der Zahlungen des ASt angeordnet (OLG Köln FamRZ 1986, 926) und der Ratenrestbetrag beim Bekl geltend gemacht (§§ 31 III 1, 29 Nr. 1 GKG). Dieser Beschluss ist aber wieder aufzuheben, wenn die Vollstr des Kostenerstattungsanspruchs beim Bekl erfolglos oder aussichtslos ist (OLG Köln aaO), sodass der ASt dann weiterzuzahlen hat. Geltendmachung durch RA: § 126, durch Staatskasse: § 125. Die Ratenzahlungsverpflichtung wird von selbst gegenstandslos mit dem Tod der Partei, der PKH bewilligt war (die Erben müssen PKH neu beantragen); ferner wenn das RechtsmittelG für die höhere Instanz PKH bewilligt und andere oder keine Raten anordnet (BGH NJW 1983, 944; OLG Hamm FamRZ 1986, 1014). Bei Überzahlung erfolgt Rückzahlung (KG JB 1997, 32). 5

**4. Änderung der Raten, Absatz 4 Satz 1** (dazu *Bratfisch* Rpfleger 1987, 100). Zuständig ist der Rechtspfleger, § 20 Nr. 4b RPflG. Das Gesetz spricht von „Änderung“, nicht von Aufhebung der PKH (häufiger Fehler in Beschlüssen). „Kann“ heißt: die Änderung ist geboten. Wesentl. ist mE eine Änderung um etwa 10 % (7,7 % Rentenerhöhung ungenügend, OLG Nürnberg FamRZ 1993, 818). 6

**Verschlechterung:** zB Arbeitslosigkeit. **Verbesserung:** zB PKH-Partei erhält nach Prozessende vom Gegner die Klagesumme (dann AnO, dass die PKH-Partei eine einmalige Zahlung in Höhe der angefallenen Kosten zu leisten hat, OLG Koblenz MDR 2005, 107;

OLG Celle FamRZ 2005, 1917; KG MDR 1990, 450). Hat eine Partei einen Vergleich geschlossen und das darauf erhaltene Geld zur Bezahlung fälliger Schulden verbraucht, so hat die Zahlung der Prozesskosten nicht Vorrang vor der Tilgung sonstiger Verbindlichkeiten (BGH MDR 2007, 366; OLG Karlsruhe FamRZ 2006, 1135), dh es ist keine Verbesserung der finanziellen Verh mehr vorhanden. Zulässig soll auch die **völlige Aufhebung der Prozesskostenhilfe** sein (OLG Nürnberg MDR 1991, 159; OLG München Rpfleger 1991, 25; **aA** OLG Hamm MDR 1991, 62; mE letztl. eine Frage der Formulierung), zB sobald dem ASt durch Prozessvergleich Barmittel zugeflossen sind (OLG Bamberg JB 1991, 255). Vor Entscheidung ist dem ASt rechtl. Gehör zu geben. Korrektur einer ursprüngl. fehlerhaften Entscheidung fällt nicht unter Abs. 4 (OLG Bamberg FamRZ 2003, 1199; OLG Köln FamRZ 1987, 962; str), dafür gibt es die Beschwerde.

**Beispiel:** Beschluss: „Der Beschluss vom ... wird dahin gehend abgeändert, dass der Kl/Bekl ab ... (frühestens: Beschlusszugang) statt ... € monatl. € ... Raten zu zahlen hat. Außergerichtl. Kosten werden nicht erstattet. Gründe ..." Eine rückwirkende Erhöhung der Raten ist nicht zulässig (vgl OLG Karlsruhe MDR 1983, 1031).

**Die jährlichen Änderungen des Grundfreibetrags** (seit 01.07.2007: 382 bzw 267 €) führen zu einer Ratenänderung nur auf Antrag und wenn die Rate auf 0 sinkt.

7 **Aufforderung des Gerichts, Absatz 4 Satz 2.** Aufforderung ist *nach* Instanzende an die Partei, nicht an den bisherigen PrBev zu richten (LAG Düsseldorf Rpfleger 2003, 138); aA richtig BAG NZA 2006, 1128: Zustellung ist an den PrBev einer Partei und nicht an diese selber jedenfalls dann vorzunehmen, wenn sich der PrBev auch im Verfahren der Bewilligung der PKH bestellt hat. Die Aufforderung muss nicht *zugestellt* werden (OLG Hamm Rpfleger 2003, 34). Das nochmalige Ausfüllen des PKH-Vordrucks kann nicht verlangt werden, weil § 120 IV 2 keinen Vordruckzwang regelt (OLG Karlsruhe FamRZ 2005, 48). Keine Anzeigepflicht des ASt. **Erklärt sich die Partei nicht** (die Erklärung kann aber im Beschwerdeverfahren nachgeholt werden, OLG Dresden JurBüro 1998, 477; OLG Stuttgart Rpfleger 1997, 220; **aA** OLG Bamberg FamRZ 1999, 1354; die Frist ist keine Ausschlussfrist, KG MDR 2007, 356): **gefährliche Sanktion in § 124 Nr. 2**; die Aufhebung wirkt auf den Zeitpunkt der Bewilligung zurück (OLG Karlsruhe FamRZ 1990, 1120).

8 **Zeitablauf, Absatz 4 Satz 3.** Bei rechtskr Entscheidung zB am 01.07.2004 kann bis 01.07.2008 eine Ratenänderung erfolgen, wonach noch über das Jahr 2006 hinaus bis zu 48 Raten zu zahlen sind. Gemeint ist die Rechtskraft der Entscheidung in der Hauptsache. „Verfahren" ist nicht die Instanz, sondern der Rechtsstreit insgesamt. Zuständig ist auch nach Rechtskraft das Gericht, nicht die Justizverwaltung (OLG Düsseldorf JurBüro 1993, 233). Die AbänderungsE muss vor Ablauf der 4-jährigen Sperrfrist erlassen werden (OLG Naumburg FamRZ 2000, 1225).

## § 121 ZPO Beiordnung eines Rechtsanwalts

**(1) Ist eine Vertretung durch Anwälte vorgeschrieben, wird der Partei ein zur Vertretung bereiter Rechtsanwalt ihrer Wahl beigeordnet.**

**(2) Ist eine Vertretung durch Anwälte nicht vorgeschrieben, wird der Partei auf ihren Antrag ein zur Vertretung bereiter Rechtsanwalt ihrer Wahl beigeordnet,**

**wenn die Vertretung durch einen Rechtsanwalt erforderlich erscheint oder der Gegner durch einen Rechtsanwalt vertreten ist.**

**(3) Ein nicht in dem Bezirk des Prozessgerichts niedergelassener Rechtsanwalt kann nur beigeordnet werden, wenn dadurch weitere Kosten nicht entstehen.**

**(4) Wenn besondere Umstände dies erfordern, kann der Partei auf ihren Antrag ein zur Vertretung bereiter Rechtsanwalt ihrer Wahl zur Wahrnehmung eines Termins zur Beweisaufnahme vor dem ersuchten Richter oder zur Vermittlung des Verkehrs mit dem Prozessbevollmächtigten beigeordnet werden.**

**(5) Findet die Partei keinen zur Vertretung bereiten Anwalt, ordnet der Vorsitzende ihr auf Antrag einen Rechtsanwalt bei.**

§ 121 zuletzt geändert durch G v. 26.03.2007 (BGBl 2007, 358).

**1. Absatz 1. Vertretung durch Rechtsanwalt vorgeschrieben**, vgl § 78. Nur ein beim ProzessG zugelassener RA kann (und muss; BGH NJW 2002, 2179) beigeordnet werden. Benennt der ASt keinen RA, wählt der Vors einen aus, vgl Abs. 4. Der ASt muss dem RA dann noch Prozessvollmacht erteilen. Rechtsbeziehungen ASt-RA: §§ 611, 675 BGB; Geb § 122 I Nr. 3. 1

**Wechsel des Rechtsanwalts** (dazu *Müller* FuR 2004, 152) bedingt eine Änderung des Bewilligungsbeschlusses und setzt voraus, dass das Mandat aus triftigen Gründen gekündigt wurde (BGH NJW-RR 1992, 189; OLG Frankfurt MDR 1988, 501; OLG Köln FamRZ 1987, 1168; vgl § 48 II BRAO). Ohne Grund kann auf Wunsch des ASt der beigeordnete RA ausgewechselt werden, wenn die beteiligten Anwälte insoweit auf Geb verzichten, dass insgesamt der Gebührenaufwand der Staatskasse nicht steigt (OLG Celle FamRZ 2004, 1881; OLG Nürnberg MDR 2003, 712). Beiordnung als Beistand vgl § 625. 2

**2. Absatz 2. Vertretung nicht vorgeschrieben:** vgl § 78. **Zwei Fallgruppen**, dazu *Zimmermann* FPR 2002, 486 (Alt 2 ist nicht verfassungswidrig, BVerfG NJW 1989, 3271): 3

**a) Rechtsanwalt erscheint erforderlich:** Frage des Einzelfalls (objektiv Schwierigkeit der Sache, subjektiv Ungewandtheit der Partei. Vgl BGH NJW 2003, 3136 für Lohnpfändung (Frage des Einzelfalls); BGH FamRZ 2003, 1921 für Unterhaltsvollstr (RA notw); ebenso RA notw für erweiterte Pfändung nach §850d (BGH FamRZ 2004, 789; 2006, 856). Der RA kann nicht mit der Begründung abgelehnt werden, der ASt (Kind, welches Unterhalt vollstrecken will) könne die Beistandschaft des Jugendamts (§1712 BGB) beantragen (BGH NJW 2006, 1204). Im Ehelichkeitsanfechtungsprozess wird RA-Notwendigkeit meist bejaht (OLG Schleswig FamRZ 2004, 1881; OLG Düsseldorf FamRZ 1995, 241; **aA** OLG Köln DAVorm 1993, 586, wenn die nicht eheliche Abstammung unstr ist); ebenso für vereinfachte Unterhaltsfestsetzung wegen der Kompliziertheit (OLG Zweibrücken MDR 2006, 577; OLG Schleswig MDR 2000, 706; OLG Bamberg FamRZ 2000, 1225; **aA** OLG München MDR 1999, 301). Für Vermittlungsverfahren nach §52a FGG (OLG Dresden FamRZ 2004, 122; OLG München FamRZ 2000, 1225); RA für Zugangsregelung (OLG Hamm FamRZ 2004, 1116); RA für Unterhaltsvollstreckung: Frage des Einzelfalls (BGH FamRZ 2003, 1921). Gl im Insolvenzverfahren braucht idR keinen RA (BGH NJW 2004, 3260). Für Insolvenzanfechtungsverfahren RA notw (BGH NJW 2006, 1597). In FGG-Betreuungsverfahren (§14 FGG; §1896 BGB) sowie im Unterbringungsverfahren (§1906 BGB; Landes-

PsychKG bzw UnterbrG) ist sie nur sinnvoll, wenn nicht ohnehin schon ein anwaltl. **Verfahrenspfleger** bestellt wurde (§§67, 70b FGG; str, vgl *Klüsener* FamRZ 1994, 487); dasselbe gilt beim Verfahrenspfleger für das Kind nach §50 FGG (OLG Hamburg FamRZ 2001, 775). Beiordnung eines **Rechtsbeistands** ist uU mögl. (§25 EGZPO); BGH NJW 2003, 2244.

4 **b) Gegner durch Rechtsanwalt vertreten:** sog. **Waffengleichheit.** Die Regelung will eine optische Gleichstellung ermöglichen. Setzt aber voraus, dass die anwaltl. vertretene Partei widerstreitende Anträge stellt (OLG Hamm JurBüro 1983, 614). RA auch dann notw, wenn Gegner zwar nicht durch einen RA, aber durch das Jugendamt vertreten ist (OLG Bremen FamRZ 2006, 964). Sehr str ist, ob § 121 II 1 wegen des Amtsermittlungsgrundsatzes (§ 12 FGG) uneingeschränkt auch in FGG-Sachen (zB isolierte Sachen die elterl. Sorge betreffend) gilt, wenn zB die Eltern einen einverständl. Vorschlag unterbreiten, also keine „Gegner" sind (vgl. OLG Celle FamRZ 1989, 1107; OLG Hamm FamRZ 1992, 1447; *Lemke* BB 1985, 1601); das ist mE zu verneinen (**aA** OLG Köln NJWE-FER 1998, 20). Wenn der Gegner anwaltl. vertreten ist, muss dem ASt selbst dann ein RA beigeordnet werden, wenn er selbst RA ist (BGH NJW 2006, 1881; der Insolvenzverwalter war selbst RA; mE unrichtig).

5 **c)** Auch Zahlung von **Dolmetscherkosten** (LAG Hamm MDR 1985, 435) sowie **Reisekosten** wegen AnO des pers Erscheinens der Partei (vgl GKG-KV 9008; BGH 64, 139; OLG Köln JurBüro 1987, 1561) kann angeordnet werden.

6 **Ortsferne Anwälte (Absatz 3):** Früher Abs.2 S.2, erneut geändert durch G v.23.03.2007. Um Geld zu sparen, erwartet der Staat von der PKH-Partei, dass sie einen Anwalt am Gerichtsort nimmt (dh einen im Bezirk des ProzessG niedergelassenen RA) und zahlt ihr ggf evtl Reisekosten zur Anwaltsinformation und zum Gerichtstermin. Weitere Kosten entstehen nicht: **(1)** wenn der RA erklärt, zu den Bedingungen (also ohne Reisekosten usw.) eines beim ProzessG zugelassenen RA tätig zu werden (OLG Karlsruhe Justiz 1985, 354; OLG Celle FamRZ 1991, 962) und dann mit dieser Einschränkung beigeordnet wird. Äußert sich der RA hierzu nicht, dann enthält der Beiordnungsantrag regelmäßig ein **konkludentes Einverständnis** mit einer dem Mehrkostenverbot des §121 III entsprechenden Einschränkung der Beiordnung nur zu den Bedingungen eines am ProzessG zugelassenen RA, weil einem RA schließlich §121 III bekannt ist (BGH NJW 2006, 3783; damit sind zahlreiche frühere Streitfragen überholt). Es bleibt die Frage, ob ein PKH-Beiordnungsbeschluss, der die in §121 III genannte Einschränkung (versehentl.? bewusst?) nicht enthält, als unbeschränkte Beiordnung gilt (was mE zutreffend ist, weil Fälle denkbar sind, in denen ein auswärtiger RA trotz der Mehrkosten beizuordnen ist, etwa wenn dadurch ein Verkehrsanwalt erspart wird; BGH FamRZ 2004, 1362) oder auch die Beschränkung ungeschrieben dann drin steht. **(2)** Will der RA *ausdrückl.* nur unbeschränkt beigeordnet werden und ist dies nicht mögl., darf er nicht beigeordnet werden; die Partei muss sich dann einen anderen RA suchen oder die Differenz selbst zahlen. Wird der RA gleichwohl nur beschränkt beigeordnet, ist str, ob er ein eigenes Beschwerderecht hat (OLG Düsseldorf FamRZ 1993, 819; aA OLG Hamm FamRZ 2004, 708).

Der RA kann bei beschränkter Beiordnung seine Reisekosten trotz § 122 von der armen Partei fordern (OLG Nürnberg FamRZ 2001, 1157; RVG VV 7003; str), weil er eben insoweit nicht beigeordnet wurde, die Sperre nach § 122 also nicht eintritt. § 121 III 3 gilt auch bei Insolvenzkostenhilfe, § 4a II 2 InsO.

**3. Absatz 4.** Besondere Umstände für den **Beweisanwalt:** weite Entfernung (vgl BGH NJW 2004, 2749); schwierige Beweisaufnahme. Bes Umstände für den **Korrespondenzanwalt:** wenn nach der Rspr einer Partei die Kosten eines Verkehrsanwalts nach § 91 als notw zu erstatten wären (OLG München JurBüro 1983, 1722; OLG Bamberg JB 1990, 1653), zB wenn der Partei eine Informationsreise zu ihrem PrBev zB wegen Alter, Krankheit, Körperbehinderung oder sozialer und wirtschaftl. Bindung unzumutbar erscheint, die Rechtslage bes schwierig ist oder die Kosten des Verkehrsanwalts nur unwesentl. höher als die einer Informationsreise sind (OLG Hamm FamRZ 2000, 1227); stattdessen uU Gewährung der Kosten einer Informationsreise (OLG Celle NdsRpfl 1987 213). Ein RA, der zugleich Betreuer der Partei ist, kann trotzdem als Korrespondenzanwalt beigeordnet werden (OLG Hamm FamRZ 2000, 763). Beiordnung eines Verkehrsanwalts in der RevInstanz kommt nicht in Betracht (BGH WM 1982, 881). Abs. 3 gilt auch bei Insolvenzkostenhilfe, § 4a II 2 InsO. 7

**4. Absatz 5.** Der RA muss grds das Mandat übernehmen, § 48 BRAO. Auswahl durch den Vors erfolgt auch, wenn der ASt keinen RA benennt. Abs. 5 gilt auch bei Insolvenzkostenhilfe, § 4a II 2 InsO. 8

## § 122 ZPO Wirkung der Prozesskostenhilfe

**(1) Die Bewilligung der Prozesskostenhilfe bewirkt, dass**

**1. die Bundes- oder Landeskasse**

**a) die rückständigen und die entstehenden Gerichtskosten und Gerichtsvollzieherkosten,**

**b) die auf sie übergegangenen Ansprüche der beigeordneten Rechtsanwälte gegen die Parteinur nach den Bestimmungen, die das Gericht trifft, gegen die Partei geltend machen kann,**

**2. die Partei von der Verpflichtung zur Sicherheitsleistung für die Prozesskosten befreit ist,**

**3. die beigeordneten Rechtsanwälte Ansprüche auf Vergütung gegen die Partei nicht geltend machen können.**

**(2) Ist dem Kläger, dem Berufungskläger oder dem Revisionskläger Prozesskostenhilfe bewilligt und ist nicht bestimmt worden, dass Zahlungen an die Bundes- oder Landeskasse zu leisten sind, so hat dies für den Gegner die einstweilige Befreiung von den in Absatz 1 Nr. 1 Buchstabe a bezeichneten Kosten zur Folge.**

**1. Absatz 1. Bestimmungen**, die das Gericht trifft, dh nach dem PKH-Bewilligungsbeschluss (maximal 48 Monatsraten usw.). Ist dort keine Rückwirkung (zB auf Antragseingang) angegeben (vgl § 119 Rz 3), tritt die Wirkung erst mit Zugang des PKH-Beschlusses beim ASt ein, sodass bereits bezahlte Geb dann nicht davon erfasst sind. 1

**Nr. 1a:** nur „rückständige“, also nicht, wenn PKH erst im Laufe des Rechtsstreits bewilligt wurde. Bei *rückwirkender* PKH-Bewilligung erfolgt Rückzahlung der Gerichtsgeb (OLG Köln Rpfleger 1999, 450; OLG Hamburg MDR 1999, 1287). Wenn ein PKH-Bekl den Prozess verliert, sodass ihm die Kosten auferlegt werden (§ 91), muss er nicht über 2

§ 123 dem Kl die Gerichtskosten erstatten, § 31 III 1 GKG (BVerfG NJW 1999, 3186 zur aF); der Kl bekommt seinen Gerichtskostenvorschuss aus der Staatskasse zurück. **„Gerichtskosten" sind** auch: Zeugenauslagen und SV-Vergütung (aber keine Befreiung von der Differenz zwischen ges und vereinbarter SV-Vergütung, § 13 JVEG, OLG Frankfurt JurBüro 1986, 79); **Reisekosten**, wenn das pers Erscheinen angeordnet war oder eine vermögende Partei aus verständl. Gründen am Termin teilnehmen würde (OLG München MDR 1997, 194; OLG Düsseldorf Rpfleger 1991, 375; LAG Düsseldorf MDR 2005, 1378), uU Verdienstausfall (OLG Stuttgart MDR 1985, 852; **aA** OLG Frankfurt MDR 1984, 500).

**Teilweise Prozesskostenhilfe:** wurde zB PKH nur für 4000 € bewilligt und klagt der ASt trotzdem 6000 € ein, entsteht eine Kostenschuld des ASt nur in Höhe der Gebührendifferenz zwischen 4000/6000 €, nicht in Höhe von 1/3 aus Wert 6000 € (BGH 13, 377; OLG Schleswig MDR 2006, 175; KG Rpfleger 1988, 204; abw OLG München JurBüro 1988, 905). Besonderheiten bei PKH nach **§9 AUG.**

3 **Nr. 1b:** der Vergütungsanspruch des RA gegen die (eigene, OLG Karlsruhe FamRZ 2005, 2002) Partei geht mit der Befriedigung des RA durch die Staatskasse auf diese über, § 59 RVG. Über Streitfragen, wenn *beiden* Parteien PKH bewilligt ist, vgl *Mümmler* JurBüro 1988, 957; OLG Zweibrücken Rpfleger 1989, 114.

4 **Nr. 2:** § 110; PKH ist ohne Einfluss auf die KostenE im Urteil und auf den Urteilstenor nach §§ 708 ff.

5 **Nr. 3:** der PKH-RA darf vom Mandanten keine Vergütung verlangen (freiwillige Leistungen vgl § 4 V 2 RVG; wird er aber ohne Fahrtkosten beigeordnet „zu den Bedingungen eines ortsansässigen RA" kann er die Fahrtkosten von der armen Partei verlangen; § 121 Rz 6); er erhält seine Geb aus der Staatskasse, allerdings uU in geringerer Höhe (Tabelle § 49 RVG statt der Regeltabelle § 13 RVG); die Differenz darf er nicht vom Armen verlangen (KG Rpfleger 1984, 246). Dieser **Gebührenausfall des Rechtsanwalts kann aber vom Rechtsanwalt ganz oder teilweise ausgeglichen werden,** wenn die PKH-Partei im Prozess obsiegt, sodass der Gegner die Kosten tragen muss (§ 126) oder wenn die Ratenzahlungen der armen PKH-Partei an die Staatskasse (die sich nach der Regeltabelle richten, vgl. § 120 Rz 4; § 50 RVG) mehr ausmachen, als die Staatskasse „verauslagt" hat (Gerichtskosten, GV-Kosten, verringerte RA-Geb nach § 49 RVG); diesen Überschuss erhält der RA (als **„weitere Vergütung"**), er wird nicht etwa an die PKH-Partei zurückbezahlt. Die Forderungssperre gegen den eigenen Mandanten endet erst mit Aufhebung der PKH-Bewilligung (OLG Düsseldorf Rpfleger 2005, 267).

6 Über RA-Geb bei teilw PKH vgl OLG Düsseldorf MDR 2001, 57. Über RA-Geb, wenn der RA zunächst als Wahlanwalt tätig war und erst später als PKH-Anwalt beigeordnet wurde: OLG Bamberg JurBüro 1984, 292; OLG Hamburg VersR 1986, 475. Der „zu den Bedingungen eines ortsansässigen Anwalts" beigeordnete RA erhält keine Fahrtkostenerstattung aus der Staatskasse. Er kann sie aber von seinem Mandanten fordern, da er insoweit nicht beigeordnet ist (hM, OLG Nürnberg FamRZ 2001, 1157).

**2. Absatz 2.** Zur Gerichtskostenpflicht des Gegners vgl § 125. Hat der Kl ratenfrei PKH, 7
kann er ohne Auslagenvorschuss (§ 379) beliebig viele Zeugen benennen; hier will Abs. 2 für den Bekl Waffengleichheit herstellen. Gilt nicht, wenn der Bekl PKH hatte.

Formular 148: Gegenvorstellung bei der Anordnung von Zeugenauslagen durch das Gericht trotz bewilligter Prozesskostenhilfe

## § 123 ZPO Kostenerstattung

**Die Bewilligung der Prozesskostenhilfe hat auf die Verpflichtung, die dem Gegner entstandenen Kosten zu erstatten, keinen Einfluss.**

**Hatte der Kläger (bzw der Beklagte) Prozesskostenhilfe und verliert er den Prozess,** 1
werden ihm nach § 91 die Kosten auferlegt: die eigenen RA-Kosten und Gerichtskosten hat die PKH-Partei trotzdem nur nach Maßgabe des PKH-Bewilligungsbeschlusses zu tragen; der Gegner kann aber seine Kosten (RA-Kosten, Parteikosten) nach §§ 103 ff festsetzen lassen und aus dem KfB die ZwV gegen die PKH-Partei betreiben, § 794 I Nr. 2; Prozessieren mit PKH ist also nicht ganz risikolos.

**Gerichtskosten** vgl § 125: **(1)** PKH-Kl – gewöhnl. Bekl: War der Gegner der PKH-Partei 2
Bekl, sind im Rahmen von § 122 II von ihm keine Gerichtskosten zu erheben. **(2)** Gewöhnl. Kl – PKH-Bekl: War der Gegner der PKH-Partei Kl, ist er nach §§ 22, 29, 31 GKG als Zweitschuldner zahlungspflichtig und könnte das über § 123 bei der PKH-Partei wieder eintreiben; das verhindert § 31 III GKG (BVerfG NJW 2000, 3271 zur aF). Die Staatskasse muss dem Kl die von ihm vorgeschossenen Gerichtskosten (und bezahlten Zeugen- und SV-Vorschüsse) zurückerstatten, wenn er gegen einen PKH-Bekl gewinnt; der Kl kann sie also nicht gegen den PKH-Bekl festsetzen lassen (anders früher die hM).

**Prozessvergleich.** Umstr ist, wie PV zu behandeln sind. Kostenmanipulation zulasten der 3
Staatskasse muss verhindert werden. Wurde vereinbart, dass die Kosten gegeneinander aufgehoben werden, kann der Kl 1/2 der Gerichtskosten gegen den Bekl festsetzen lassen (OLG Nürnberg NJW 2000, 370; OLG Köln FamRZ 2001, 504). Wurde vereinbart, dass die PKH-Partei alle Kosten trägt, kann die „reiche“ Partei die Festsetzung von ihr verauslagter Gerichtskosten verlangen (BGH NJW 2004, 366). Hat die „reiche“ Partei Vorschuss für ein SV-Gutachten geleistet und übernimmt im Vergleich der PKH-Kl „die gesamten Kosten des Rechtsstreits“, hat der Arme diese Kosten zu erstatten und kann sie nicht aus der Staatskasse verlangen (OLG Koblenz BB 1987, 1845; OLG Stuttgart JurBüro 1987, 1202). Klüger ist meist, sich nur über die Hauptsache zu vergleichen und dann das Gericht nach § 91a über die Kosten entscheiden zu lassen (vgl OLG Koblenz MDR 1980, 151). Beim Vergleich werden 2/3 Gerichtsgeb zurückbezahlt (GKG 1211).

## § 124 ZPO Aufhebung der Bewilligung

**Das Gericht kann die Bewilligung der Prozesskostenhilfe aufheben, wenn**

**1. die Partei durch unrichtige Darstellung des Streitverhältnisses die für die Bewilligung der Prozesskostenhilfe maßgebenden Voraussetzungen vorgetäuscht hat;**

**2. die Partei absichtlich oder aus grober Nachlässigkeit unrichtige Angaben über die persönlichen oder wirtschaftlichen Verhältnisse gemacht oder eine Erklärung nach § 120 Abs. 4 Satz 2 nicht abgegeben hat;**

**3. die persönlichen oder wirtschaftlichen Voraussetzungen für die Prozesskostenhilfe nicht vorgelegen haben; in diesem Fall ist die Aufhebung ausgeschlossen, wenn seit der rechtskräftigen Entscheidung oder sonstigen Beendigung des Verfahrens vier Jahre vergangen sind;**

**4. die Partei länger als drei Monate mit der Zahlung einer Monatsrate oder mit der Zahlung eines sonstigen Betrages im Rückstand ist.**

1 **Zuständig** ist bei Nr. 1 der Richter, bei Nr. 2, 3, 4 der Rechtspfleger (§ 20 Nr. 4c RPflG; bei Verstoß § 8 I RPflG). **Kann:** pflichtges Ermessen (OLG Bremen FamRZ 1984, 411). Vorher ist **rechtliches Gehör** zu gewähren. **„Aufheben“:** stattdessen kann auch Änderung der Raten erfolgen (OLG Düsseldorf Rpfleger 1987, 35). Der Vergütungsanspruch des RA besteht trotz Aufhebung für bereits entstandene Geb fort. Entscheidung durch Beschluss, in dem die PKH-Bewilligung rückwirkend aufgehoben wird; ohne KostenE; formlose Mitteilung an die Parteien/PrBev (§ 172; aA LAG Düsseldorf Rpfleger 2003, 138: Zustellung an die Partei).

2 **Andere Änderungsfälle: (1)** Bei nachträgl. Änderung der wirtschaftl. Verh: § 120 IV; **(2)** Bei nachträgl. Wegfall der Erfolgsaussicht (zB infolge durchgeführter Beweisaufnahme, Änderung von Rspr oder Gesetz): keine PKH-Änderung (OLG Saarbrücken FamRZ 1979, 796; OLG Düsseldorf MDR 1993, 391); **(3)** Bei ursprüngl. rechtsirriger Bewilligung: Änderung grds unzulässig (hM, OLG Brandenburg FamRZ 2000, 1229; OLG Hamm NJW 1984, 2837; **aA** OLG Bremen FamRZ 1985, 728); vgl aber § 124 Nr. 3; **(4)** Bei Tod des Armen erlischt die PKH. Die Erben können sie neu beantragen.

3 **§ 124 Nr. 1:** vgl § 117 I; die falsche Sachschilderung muss für die Bewilligung ursächl. gewesen sein (LAG Düsseldorf JurBüro 1986, 1097).

4 **§ 124 Nr. 2:** Zwei Alternativen: **(1) Unrichtige Angaben:** vgl § 117 II; zB Nichtbeantwortung der Frage nach Grundbesitz und Mieteinnahmen (OLG Düsseldorf JurBüro 1986, 296); Nichtangabe des Vermögens des Ehegatten (OLG Koblenz MDR 2006, 649); Verschweigen eines vorausgegangenen erfolglosen Schlichtungsverfahrens in Arzthaftungssachen (OLG Oldenburg NJW 1994, 807). Ungünstiger Verlauf der Beweisaufnahme genügt nicht (OLG Jena OLG-NL 2006, 287).

**(2) Nichtabgabe der Erklärung**, ob sich die Verh geändert haben. Hier fordert der Rechtspfleger die Partei zur Äußerung auf; wenn sie nicht reagiert, wird ihr die PKH rückwirkend vom Rechtspfleger entzogen. Unzulässig ist es, von der Partei ein neues Ausfüllen des PKH-Vordrucks zu verlangen (OLG Karlsruhe FamRZ 2005, 48), weil bei § 120 kein Vordruckzwang besteht (OLG Köln JurBüro 2006, 656); das Nichtausfüllen des Formulars ist also folgenlos. Ob die Erklärung mit der Beschwerde gegen den Entziehungsbeschluss nachgeholt werden kann ist str, aber mE zu bejahen (BAG FamRZ 2004, 623; OLG Oldenburg FamRZ 2004, 36; OLG Naumburg FamRZ 2006, 216: nur grds). Ob die PKH zur Gänze aufgehoben werden darf, weil § 124 gewissermaßen eine Strafvorschrift ist (so OLG Brandenburg Rpfleger 2002, 34; NJ 2007, 25), oder (zutr) nur *insoweit*, wie bei richtigen Angaben verfahren worden wäre (zB nur Erhöhung der Raten, vgl OLG Brandenburg FamRZ 2006, 213; OLG Bamberg FamRZ 1999, 1354), ist str.

**§ 124 Nr. 3:** Verschulden ist nicht erforderl.; auch ursprüngl. FehlE können so uU korrigiert werden (OLG Bamberg FamRZ 1989, 884; **aA** OLG Köln FamRZ 2001, 1534), zB bei fehlerhaften Berechnungen oder unrichtigen Bescheinigungen. Nr. 3 ist (entgegen dem Wortlaut) nicht einschlägig, wenn bei gleichbleibenden wirtschaftl. Verh der Richter damals Mittellosigkeit annahm, der jetzt zuständige Rechtspfleger aber die Frage anders beurteilt (hM, OLG Zweibrücken JurBüro 1987, 140). Es müssen sich also neue Umstände ergeben haben oder erkennbar geworden sein (OLG Saarbrücken Rpfleger 1987, 217). 5

**§ 124 Nr. 4:** „Verzug" ist gemeint, Verschulden daher notw (hM, BGH NJW 1997, 1079; OLG Düsseldorf JurBüro 1987, 914). Nr. 4 ist nicht anwendbar, wenn Raten nicht bezahlt wurden, die nicht hätten angeordnet werden dürfen, zB weil der ASt zu wenig verdiente (OLG Köln Rpfleger 1984, 200). Nach Widerruf kommt für dieselbe Instanz gleichwohl eine **Neubewilligung** in Betracht, wenn sich die pers und wirtschaftl. Verh der Partei verschlechtert haben; die Neubewilligung (ab Antragstellung) darf in diesem Fall nur dann abgelehnt werden, wenn greifbare Anhaltspunkte dafür sprechen, dass die Partei die AnO von Ratenzahlungen erneut missachten wird (BGH NJW-RR 2006, 197); dass infolge der erneuten Bewilligung möglicherweise Gebührentatbestände abgedeckt werden, die bereits früher entstanden waren, führt zu keiner anderen Beurteilung (BGH aaO). Die Frage ist variantenreich umstr (vgl OLG Zweibrücken FamRZ 2002, 1418; OLG Nürnberg FamRZ 2005, 531). 6

**Gegen die Aufhebung** durch den Rechtspfleger ist die sof Beschwerde zulässig, § 127 II 2 ZPO, 11 I RPflG. Neuer Vortrag darf im Beschwerdeverfahren berücksichtigt werden (OLG Hamm FamRZ 2000, 1230). 7

## § 125 ZPO Einziehung der Kosten

**(1) Die Gerichtskosten und die Gerichtsvollzieherkosten können von dem Gegner erst eingezogen werden, wenn er rechtskräftig in die Prozesskosten verurteilt ist.**

**(2) Die Gerichtskosten, von deren Zahlung der Gegner einstweilen befreit ist, sind von ihm einzuziehen, soweit er rechtskräftig in die Prozesskosten verurteilt oder der Rechtsstreit ohne Urteil über die Kosten beendet ist.**

**Absatz 1** regelt die Einziehung der Gerichtskosten vom Gegner, von deren Zahlung die PKH-Partei nach § 122 I Nr. 1a befreit ist. Erst wenn sie durch Urteil etc auferlegt wurden (§§ 91 ff), können sie eingefordert werden. **Absatz 2** betrifft dagegen die Gerichtskosten, von deren Zahlung der Gegner selbst nach § 122 II befreit war (zB Auslagenvorschuss für Zeugen). 1

## § 126 ZPO Beitreibung der Rechtsanwaltskosten

**(1) Die für die Partei bestellten Rechtsanwälte sind berechtigt, ihre Gebühren und Auslagen von dem in die Prozesskosten verurteilten Gegner im eigenen Namen beizutreiben.**

**(2) [1]Eine Einrede aus der Person der Partei ist nicht zulässig. [2]Der Gegner kann mit Kosten aufrechnen, die nach der in demselben Rechtsstreit über die Kosten erlassenen Entscheidung von der Partei zu erstatten sind.**

**Lit:** ***Bischof/Fladrich*** NJ 1998, 407.

### 1. Absatz 1

1 **Beispiel zu Absatz 1: (1)** Dem Kl wurde PKH ohne Raten (mit RA-Beiordnung) bewilligt, der Kl gewinnt den Prozess, sodass der Bekl (der ohne PKH ist) nach § 91 alle Kosten zu tragen hat. Die Regelgeb des RA betragen zB 3 000 €, die geringeren PKH-Geb zB 2 000 €, die Gerichtskosten 500 €. Dann erhält der Kl-RA aus der Staatskasse die PKH-Geb von 2 000 € (§ 45 RVG), vom Kl erhält er nichts (§ 122 I Nr. 3), vom Bekl kann er die restl. Vergütung von 1 000 € verlangen (§ 126 I). Die Staatskasse kann vom Kl nichts verlangen (§ 122 I Nr. 1a), vom Bekl die 500 € Gerichtskosten und die 2 000 € PKH-Anwaltsvergütung (§ 59 I RVG; § 125 ZPO; die Staatskasse ist ggü dem Anspruch des PKH-RA nachrangig, § 59 I 2 RVG).

2 **(2) Wird** im Beispiel **die Klage abgewiesen**, sodass nach § 91 der PKH-Kl alle Kosten zu tragen hat, dann erhält der Kl-RA von der Staatskasse 2 000 €, vom Kl nichts, vom Bekl nichts, die Vergütungslücke bleibt. Die Staatskasse erhält vom Kl nichts (§ 122 I Nr. 1a), vom Bekl nichts (§§ 122 II, 125 ZPO; § 31 III GKG). Der Bekl kann seine Kosten (3 000 €) beim PKH-Kl vollstrecken.

3 Der PKH-Anwalt kann das **Festsetzungsgesuch** im eigenen Namen (Abs. 1; OLG Zweibrücken JB 1993, 680) *oder* im Namen seines Mandanten stellen (bei Unklarheiten ist Rückfrage angebracht, im Zweifel beantragt der RA Festsetzung im Namen der Partei, so OLG Rostock MDR 2006, 418, bedenkl., weil für den RA nachteilig). Wurde zunächst auf den Namen der Partei festgesetzt und macht dann der RA sein eigenes Beitreibungsrecht geltend, nimmt die Praxis einfach eine Umschreibung des auf die Partei lautenden Titels auf den Namen des RA vor (Zulässigkeit str). Der in PKH beigeordnete RA darf seine Wahlanwaltsgeb auch dann vom Gegner beitreiben, wenn dieser die Kosten aufgrund gerichtl. Vergleichs zu tragen hat (OLG Düsseldorf Rpfleger 1993, 28). Der PKH-RA kann von der unterlegenen Partei nicht die Erstattung von MwSt auf die Honorarforderung fordern; für die arme, zum Abzug der Vorsteuer berechtigte (!) Partei ist der ihr von dem PrBev in Rechnung zu stellende MwSt-Betrag ein durchlaufender Posten (BGH NJW-RR 2007, 285).

4 **2. Absatz 2 Satz 1** (verfassungsgemäß, BGH NJW-RR 1991, 254) **schützt den Beitreibungsanspruch** des PKH-Anwalts, solange er *„verstrickt"* ist; diese zu seinen Gunsten bestehende **Verstrickung** löst der PKH-Anwalt, wenn er namens der Partei Festsetzung beantragt, sodass nun der Gegner mit einer Forderung gegen den Kostenerstattungsanspruch der Partei (pers!) aufrechnen kann (OLG Koblenz VersR 1987, 1149). Ist der

Anspruch dagegen noch „verstrickt", ist der Einwand des unterlegenen Prozessgegners, er habe an die PKH-Partei die Kosten bezahlt, aufgerechnet, diese habe verzichtet, erlassen usw., unzulässig. Das gilt nicht für Einwendungen, die bereits vor Wirksamwerden des Kostentitels entstanden sind (zB eine Kostentragungsvereinbarung) und die Entstehung des Kostenerstattungsanspruchs hindern (OLG Frankfurt NJW 1969, 144). Die Verstrickung tritt außer Kraft, sobald ein auf den Namen der Partei ergangener KfB aufgehoben und durch einen auf den Namen des RA lautenden KfB ersetzt wird (BGH NJW 1994, 3292; Ber des Kostenschuldners hierauf kann treuwidrig sein). Der in die Prozesskosten verurteilte Gegner der armen Partei kann gegen den Zahlungsanspruch der Gerichtskasse nicht mit einem titulierten Erstattungsanspruch gegen die Gerichtskasse aus einer anderen Sache aufrechnen (BGH FamRZ 2006, 190). Die Verstrickunswirkung von § 126 II 1 entfällt erst dann, wenn der PKH-RA die Kostenforderung nach § 126 I nicht mehr im **eigenen** Namen geltend machen kann; erst dann kann der Gegner Einwendungen bzw Einreden erheben (BGH FamRZ 2007, 710).

**Beispiel** zu Abs. 2 Satz 1: Dem Kl war PKH bewilligt worden, durch Urteil wurden dem Bekl die Kosten auferlegt. Die Staatskasse zahlt 500 € als PKH-Anwaltsgeb an den Kl-RA. Dann verlangt die Staatskasse vom Bekl die Gerichtskosten (§ 125) und Ersatz dieser 500 € (§ 59 I GKG). Der PKH-RA beantragt im *eigenen* Namen Festsetzung seines restl. Honorars. Der Bekl rechnet jeweils mit Unterhaltsrückständen gegen den Kl auf. Unzulässig. Der Bekl steht also schlechter als wenn der Kl ohne PKH gewesen wäre.

**Absatz 2 Satz 2:** betrifft Kostenquotelung nach § 92 oder -trennung nach §§ 281 III, 344 usw. 5

## § 127 ZPO Entscheidungen

**(1) [1]Entscheidungen im Verfahren über die Prozesskostenhilfe ergehen ohne mündliche Verhandlung. [2]Zuständig ist das Gericht des ersten Rechtszuges; ist das Verfahren in einem höheren Rechtszug anhängig, so ist das Gericht dieses Rechtszuges zuständig. [3]Soweit die Gründe der Entscheidung Angaben über die persönlichen und wirtschaftlichen Verhältnisse der Partei enthalten, dürfen sie dem Gegner nur mit Zustimmung der Partei zugänglich gemacht werden.**

**(2) [1]Die Bewilligung der Prozesskostenhilfe kann nur nach Maßgabe des Absatzes 3 angefochten werden. [2]Im Übrigen findet die sofortige Beschwerde statt; dies gilt nicht, wenn der Streitwert der Hauptsache den in § 511 genannten Betrag nicht übersteigt, es sei denn, das Gericht hat ausschließlich die persönlichen oder wirtschaftlichen Voraussetzungen für die Prozesskostenhilfe verneint. [3]Die Notfrist des § 569 Abs. 1 Satz 1 beträgt einen Monat.**

**(3) [1]Gegen die Bewilligung der Prozesskostenhilfe findet die sofortige Beschwerde der Staatskasse statt, wenn weder Monatsraten noch aus dem Vermögen zu zahlende Beträge festgesetzt worden sind. [2]Die Beschwerde kann nur darauf gestützt werden, dass die Partei nach ihren persönlichen und wirtschaftlichen Verhältnissen Zahlungen zu leisten hat. [3]Die Notfrist des § 569 Abs. 1 Satz 1 beträgt einen Monat und beginnt mit der Bekanntgabe des Beschlusses. [4]Nach Ablauf von drei Monaten seit der Verkündung der Entscheidung ist die Beschwerde unstatthaft. [5]Wird die Entscheidung nicht verkündet, so tritt an die Stelle der Verkündung der Zeitpunkt, in**

**dem die unterschriebene Entscheidung der Geschäftsstelle übermittelt wird. [6]Die Entscheidung wird der Staatskasse nicht von Amts wegen mitgeteilt.**

**(4) Die Kosten des Beschwerdeverfahrens werden nicht erstattet.**

§ 127 geändert durch G v. 22.03.2005 (BGBl 2005, 837).

**Lit:** ***Dauster*** JurBüro 2000, 512; ***Büttner*** FPR 2002, 498.

## Übersicht



1 **1.** Über **Zuständigkeit (Absatz 1 Satz 2)** und Inhalt des Bewilligungs- bzw Versagungsbeschlusses vgl § 119 Rz 1 ff. **Satz 1: Mündliche Verhandlung**: § 128 IV; jedoch ist eine mdl Verh nicht verboten, vgl § 118 I 3. **Satz 3** führt dazu, dass die Begründungsteile Erfolgsaussicht/Armut möglichst getrennt darzustellen sind. Der Richter (Vors.) verfügt, welche Beschlussteile wem bekanntzumachen sind (Rz 8). Zustimmung ist zu unterstellen, wenn die Partei Angaben zur Armut in Schriftsätzen gemacht hat, die sich zugleich mit der Sache befassen, also deswegen in Abschrift an den Gegner gehen. Zustimmung (formlos) des PrBev genügt.

**2. Rechtsmittel (Absatz 2, 3)**

2 **Anwendungsbereich.** § 127 (und nicht § 6 InsO) kommt zum Zuge, wenn eine im Insolvenzverfahren ergangene PKH-Entscheidung angefochten wird (BGH NJW 2000, 1869). Auf § 127 wird ferner in § 14 FGG verwiesen; doch bleibt es dort bei der Zweiwochenfrist des § 22 FGG (*Demharter* NZM 2002, 233/6).

Beschwerdefähig sind nach hM nicht nur EndE sondern auch Beweisbeschlüsse, *wenn* sie die Beweisaufnahme des Hauptverfahrens vorwegnehmen (OLG Köln FamRZ 1999, 305) oder wenn übertriebene Sachaufklärung erfolgt (OLG Nürnberg FamRZ 2003, 1020); Bestimmung eines mdl Erörterungstermins ist nicht anfechtbar (OLG Zweibrücken FamRZ 2004, 35).

**a) Für den Antragsteller:** gegen alle ihm ungünstigen Beschlüsse von AG oder LG in erster Instanz (zB Versagung der PKH, Anordnung von Raten, Höhe der Raten, Zahlung aus dem Vermögen, Ablehnung der RA-Beiordnung, Bewilligung erst ab späterem Zeitpunkt; der Wortlaut von Abs. 2 S. 1 ist ungenau): **sofortige Beschwerde** (bis 31.12.2001 *unbefristete* Beschwerde), wobei die Frist aber 1 Monat (nicht nur 2 Wochen) ab Zustellung beträgt, Abs. 2 S. 3 mit §§ 329 III, 569 I 2 (die Frist beginnt nicht schon mit Bekanntgabe, wie bei § 127 III 3). Gegen Rechtspflegerbeschlüsse (zB § 124 Nr. 2 bis 4) ebenfalls sof Beschwerde (§ 11 RPflG); sof Erinnerung (§ 11 II RPflG), wenn sie als Richterbeschlüsse unanfechtbar wären. Anwaltszwang besteht nicht. 3

Die Betragsgrenze des § 567 II gilt nicht, weil keine KostenE angegriffen wird. Unzulässig ist die sof Beschwerde, wenn das BerGer als solches (LG, OLG) die PKH-Entscheidung getroffen hat, § 567 I (nicht „im ersten Rechtszug“; hier kommt allenfalls Beschwerde wegen greifbarer Gesetzwidrigkeit infrage, was die hM ablehnt, OLG Celle NdsRpfl 2003, 222); nur RB zum BGH ist, bei Zulassung, mögl. (§ 574).

**aa)** Ist die **Hauptsache selbst nicht berufungsfähig** (zB wegen geringen StrW, § 511), ist zu unterscheiden: bei Ablehnung der PKH wegen fehlender Erfolgsaussicht: unanfechtbar; bei Ablehnung wegen fehlender Armut: anfechtbar (Abs. 2 S. 2; früher str). Ist PKH für eine eAnO nach § 620, § 620b, § 621 Nr. 4, 5 oder § 644 beantragt, aber abgelehnt worden, ist analog § 127 II 2 (2) die sof Beschwerde nicht statthaft, weil die HauptsacheE nach § 620c S. 2 unanfechtbar wäre (BGH NJW 2005, 1659; OLG Bamberg FamRZ 2004, 38; OLG Hamm FamRZ 2006, 352). 4

**bb)** Die Beschwerde ist auch noch zulässig, wenn sie **nach rechtskräftigem Abschluss des Hauptsacheverfahrens eingelegt** wird (OLG Köln FamRZ 1985, 828; OLG München MDR 1987, 240); begr kann sie aber nur sein, wenn die PKH rückwirkend bewilligt werden könnte, weil der PKH-Antrag vor Verfahrensabschluss gestellt wurde; auch fehlt der unterlegenen Partei uU die Erfolgsaussicht. Die **aA** hält die Beschwerde nach Instanzende für unzulässig (vgl OLG Bamberg JurBüro 1987, 141) oder nur für zulässig, wenn Beschwerdeeinlegung vor Instanzende nicht mögl. war (BFH BB 1984, 2249) oder nur zeitl. begrenzt zulässig (LAG Düsseldorf JurBüro 1987, 921) usw. 5

**b) Für die Staatskasse** (dh den Bezirksrevisor) ist die sof Beschwerde nur im Rahmen von Abs. 3 zulässig: 6

**aa) Gegen ratenlose Bewilligung** durch AG oder LG erster Instanz (OLG Nürnberg NJW-RR 1987, 1201), aber nur mit dem Ziel, ZahlungsAnO zu erreichen; diese sof Beschwerde ist trotz Abs. 2 S. 2 auch bei Hauptsache-StrW unter 600,01 € zulässig. Außerdem muss die 3-Monatsfrist des § 127 III 4 (läuft ab PKH-Bewilligung, nicht ab HauptsacheE) gewahrt werden (LSG Thüringen JurBüro 2001, 98). Auch vorl Einstellung jegl. Ratenzahlung ist anfechtbar (OLG Schleswig AnwBl 2000, 63). Gegen zweitinstanzl. Beschlüsse keine sof Beschwerde (§ 567). 6a

**bb) Gegen sonstige Prozessskostenhilfebewilligung** keine Beschwerde der Staatskasse mit dem Ziel der PKH-Versagung (BGH NJW 1993, 135), weil keinerlei Erfolgsaussicht bestehe. Bei (falscher) Ratenberechnung ist die Beschwerde nicht zulässig (OLG Bamberg JB 1991, 1642), außer die Rate beträgt Null; ebenso nicht bei unzulässig rückwirkender Bewilligung (OLG Frankfurt JB 1993, 234); bei groben Fehlern wird man trotzdem eine 6b

Beschwerde wegen greifbarer Gesetzwidrigkeit bejahen müssen (OLG Hamm Rpfleger 1991, 159; JB 1993, 28; **aA** OLG Hamm FamRZ 1992, 1451; OLG Oldenburg Rpfleger 1994, 116). § 127 III 6 (dh nur stichprobenweise Überprüfung der Akten) ist nicht verfassungswidrig (BVerfG NJW 1995, 581). Für die Staatskasse gilt als Beschwerdefrist: 1 Monat ab Erlangung der Kenntnis vom Beschluss (nicht: ab Zustellung, weil sie nicht erfolgt), § 127 III 3.

6c **cc) Gegen Prozesskostenhilfe-Beschlüsse des Rechtspflegers**, die unanfechtbar wären, wenn sie vom Richter getroffen worden wären, ist die sof Erinnerung (Frist: 1 Monat, wie § 127 III 3) zulässig, § 11 II RPflG (LAG Nürnberg Rpfleger 2001, 17).

7 **c) Für den Prozessgegner** besteht kein eigenes BeschwerdeR (BGH NJW 2002, 3554), für den PKH-RA mangels Recht auf Beiordnung ebenfalls nicht (OLG Karlsruhe FamRZ 1991, 462); Ausnahme zB, wenn PKH-Aufhebung (nebst RA-Beiordnung) rückwirkend ausgesprochen wurde (OLG Zweibrücken Rpfleger 1984, 115).

8 **d) Zum Beschwerdeverfahren: Frist: ein Monat**, Abs. 2 S. 3. In FGG-Sachen bestehen wegen § 14 FGG Unklarheiten: gilt eine Frist von zwei Wochen (so § 22 I 1 FGG, systematisch richtig; OLG Dresden NJW 2004, 1964) oder ein Monat (§ 127 II 3); sehr str; dazu Büte FuR 2006, 264. Der BGH (NJW 2006, 2122) meint: in isolierten FamS der freiwilligen Gerichtsbarkeit gilt nicht die Zwei-Wochen-Frist, sondern die Monatsfrist. Zwei Wochen bei § 147 I VwGO (OVG Greifswald NVwZ-RR 2004, 544). **Fristbeginn:** mit Zustellung, hilfsweise mit formlosem Zugang beim PrBev im Falle § 127 III 3 (OLG Hamm FamRZ 2006, 1553). Ob die Beschwerde noch nach Erlass der HauptsacheE eingelegt werden kann, ist umstr, aber zu bejahen, weil § 127 dies nicht verbietet (OLG Brandenburg MDR 1999, 54; **aA** OLG Karlsruhe FamRZ 2002, 102).

8a **e) Weitere Formalien.** Ohne Anwaltszwang, §§ 569 III Nr. 2, 78 III; auch PKH für eine Nichtzulassungsbeschwerde (§ 544) kann beim BGH ohne Anwaltszwang (dh zB durch den dort nicht zugelassenen RA) beantragt werden Ohne Beschwerdesumme (§ 567 II; Höhe der evtl ersparten Kosten spielt keine Rolle). Das Verbot der reformatio in peius gilt (OLG Zweibrücken FamRZ 1985, 301; BayObLG FamRZ 1991, 1339). Der Beschwerdebeschluss enthält keine KostenE, weil Kosten (zB RA) nicht erstattet werden (**Absatz 4**). Die Teile des Beschwerdebeschlusses, welche die Errechnung der Raten betreffen (Einkommen, Abzüge usw.), werden dem Gegner nicht mitgeteilt (OLG Brandenburg JurBüro 2000, 366). Der PKH versagende Beschluss erlangt keine *mat* Rechtskraft (BGH NJW 2004, 1805); str.

9 **f) Rechtsbeschwerde:** gegen den Beschwerdebeschluss kann (nur bei Zulassung) RB zum BGH eingelegt werden (§ 574). Die RB kann bei PKH-Ablehnung wegen § 574 III, II *nur* wegen solcher Fragen zugelassen werden, die das PKH-Verfahren oder die pers Voraussetzungen betreffen (BGH NJW-RR 2007, 908; NJW 2003, 1126). Ablehnung der PKH mit gleichzeitiger Zulassung der RB ist aufzuheben (BGH NJW 2004, 2022). **Im FGG-Verfahren** gegen den PKH-Beschwerdebeschluss RB zum OLG (nicht BGH) nur bei Zulassung durch LG (BayObLG NJW 2002, 2573).

### 3. Sonstige Angriffe gegen den Beschwerdebeschluss

**a) Rüge nach § 321a.** Auf Rüge der beschwerten Partei ist das Verfahren fortzuführen, wenn die PKH-Entscheidung unanfechtbar ist und der Anspruch dieser Partei auf rechtl. Gehör in entscheidungserhebl. Weise verletzt wurde (§ 321a I 1); BFH/NV 2006, 312. § 321a I 2 ZPO steht nicht entgegen, weil die PKH – Entscheidung selbst die EndE ist. Eine Auslegung einer „Beschwerde" als Rügeschrift kommt aber dann nicht in Betracht, wenn der Schriftsatz keine Verletzung eines Verfahrensgrundrechts der Betroffenen geltend macht (BayObLG FamRZ 2005, 917). 10

**b) Verfassungsbeschwerde.** Wurde PKH abgelehnt und ist der Rechtsweg (wozu ggf auch eine Rüge nach § 321a ZPO gehört) hiergegen erschöpft (§ 90 BVerfGG), kann in seltenen Fällen noch die Verfassungsbeschwerde zum BVerfG helfen. Die RA-Vollmacht muss ausdrückl. „wegen Verfassungsbeschwerde vor dem BVerfG" erteilt werden (§ 22 BVerfGG); Frist: ein Monat (§ 93 BVerfGG); WE mögl. Das verletzte Recht ist zu bezeichnen (§ 92 BVerfGG). Informativ ist ein „Merkblatt" (im Internet unter www.verfassungsbeschwerde.de). 11

**Verstoß gegen den Wortlaut.** Die Verfassungsbeschwerde hat zB Aussicht auf Erfolg, wenn das BerGer ohne Begründung entgegen dem eindeutigen Wortlaut des § 119 I 2 PKH für die Ber versagt hat (Verstoß gegen Art 3 I GG: Willkürverbot; BVerfG NJW 2005, 409). Durch eine **Überspannung der Anforderungen an die Erfolgsaussicht** darf der Zweck der PKH nicht „deutlich" verfehlt werden (BVerfG NJW-RR 2005, 140). Eine mit Art 3 I GG iVm Art 20 III GG unvereinbare Überspannung der Anforderungen an das Vorliegen einer hinreichenden Erfolgsaussicht der beabsichtigten Rechtsverfolgung liegt vor, wenn das Gericht (selbst bei Heranziehung schlüssiger Argumente und guter Begründung) in einer entscheidungserhebl. Rechtsfrage von der höchstrichterl. Rspr und hM in der Lit abweicht (BVerfG NJW-RR 2005, 500).

Dass eine **Beweisantizipation** im Verfahren der PKH *in eng begrenztem Rahmen* zulässig ist, ist verfassungsrechtl. grds nicht zu beanstanden; der Ermessensspielraum darf aber nicht überschritten werden (BVerfG NJW 2003, 2976). Kommt eine **Beweisaufnahme ernsthaft in Betracht** und liegen keine konkreten und nachvollziehbaren Anhaltspunkte dafür vor, dass sie mit großer Wahrscheinlichkeit zum Nachteil des „Armen" ausgehen würde, läuft es dem Gebot der Rechtsschutzgleichheit zuwider, wegen fehlender Erfolgsaussichten des Rechtsschutzbegehrens PKH zu verweigern (BVerfG NJW-RR 2005, 140; NJW-RR 2003, 1216; NJW 2003, 2976/7; zu den Grenzen der Beweisantizipation im PKH-Verfahren vgl BVerfG NJW-RR 2004, 61). **Entscheidung schwieriger Rechtsfragen.** Die Entscheidung über die Hauptsache darf nicht in das PKH – Verfahren verlagert bzw schwierige Rechtsfragen dürfen nicht im PKH-Verfahren entschieden werden (BVerfG NJW-RR 2004, 61). Es verstößt gegen den verfassungsrechtl. verbürgten Anspruch auf Rechtsschutzgleichheit, wenn ein BerGer die maßgebl. Frage als bislang höchstrichterl. nicht geklärt erkennt, deswegen die Rev wegen grds Bedeutung zulässt und gleichzeitig zum Nachteil des „Armen" die entscheidungserhebl. Rechtsfrage als nicht „schwierig" mit der Folge der Versagung von PKH ansieht (BVerfG NJW 2004, 1789; NJW-RR 2004, 1153. Zur Rechtsschutzgleichheit bei § 114 ZPO vgl auch BVerfG NJW-RR 2004, 933). **Mangelhafte Begründung der Ablehnung.** Der Antrag auf Bewilligung von PKH für das Ber-Verfahren darf nicht allein mit der Begründung abgelehnt werden, dass „die Ber aus den Gründen des Urteil vom heutigen Tage keine hinreichende Aussicht auf Erfolg bietet" (BVerfG NJW 2003, 3190).

12 **4. Kosten. Gericht:** bei erfolgreicher Beschwerde keine Gerichtsgeb. Bei erfolgloser Beschwerde Gerichtsgeb von pauschal 50 € (GKG-KV 1811). **RA:** § 16 RVG; 3335 RVG VV.

13

**Praxishinweis:**

Ablehnende Bewilligungsbeschlüsse werden nur formell rechtskr, nicht mat (§ 120 IV), daher kann ein erneuter Antrag mit besseren Gründen gestellt werden. Mögl. ist auch die Rücknahme eines Antrags und ein erneutes Bewilligungsgesuch mit erweiterter Begründung (*Stein/Jonas* § 117 Rz 33)

Formular 35: Sofortige Beschwerde gegen einen ablehnenden Prozesskostenhilfebeschluss bei mangelnder Erfolgsaussicht

Formular 291: Sofortige Beschwerde gegen die Ablehnung von Prozesskostenhilfe gemäß § 127 Abs. 2 ZPO – Prozess wird weiterbetrieben

## § 127a ZPO Prozesskostenvorschuss in einer Unterhaltssache

**(1) In einer Unterhaltssache kann das Prozessgericht auf Antrag einer Partei durch einstweilige Anordnung die Verpflichtung zur Leistung eines Prozesskostenvorschusses für diesen Rechtsstreit unter den Parteien regeln.**

**(2) [1]Die Entscheidung nach Absatz 1 ist unanfechtbar. [2]Im Übrigen gelten die §§ 620a bis 620g entsprechend.**

1 § 127a ist keine mat-rechtl. Anspruchsgrundlage (OLG Oldenburg FamRZ 1982, 384); diese ergibt sich aus dem BGB. Unterhaltssachen vgl § 621 I Nr. 4, 5. Ist eine Scheidung anhängig, kann der Kostenvorschuss für den Unterhaltsstreit durch eAno nach §§ 620 Nr.10, 620a II 1 gefordert werden. Ist ein bestimmter Unterhaltsprozess anhängig, kann der Kostenvorschuss für den Unterhaltsstreit durch eAnO nach § 644 gefordert werden. Für andere Prozesse gibt es Kostenvorschuss durch eAnO nach § 621f. § 127a hat deshalb nur noch einen kleinen Anwendungsbereich und gestattet eAnO zB auch, wenn für die Unterhaltssache nicht das FamG zuständig ist. § 127a ist in seinem Anwendungsbereich vorrangig ggü der eVfg nach §§ 935, 940 (OLG Karlsruhe FamRZ 2000, 106; OLG Düsseldorf FamRZ 1999, 1215; str). §§ 620 ff sind mE vorrangig ggü § 127a.

# Abschnitt 3
# Verfahren

## Titel 1
## Mündliche Verhandlung

### § 128 ZPO Grundsatz der Mündlichkeit; schriftliches Verfahren

**(1) Die Parteien verhandeln über den Rechtsstreit vor dem erkennenden Gericht mündlich.**

**(2) [1]Mit Zustimmung der Parteien, die nur bei einer wesentlichen Änderung der Prozesslage widerruflich ist, kann das Gericht eine Entscheidung ohne mündliche Verhandlung treffen. [2]Es bestimmt alsbald den Zeitpunkt, bis zu dem Schriftsätze eingereicht werden können, und den Termin zur Verkündung der Entscheidung. [3]Eine Entscheidung ohne mündliche Verhandlung ist unzulässig, wenn seit der Zustimmung der Parteien mehr als drei Monate verstrichen sind.**

**(3) Ist nur noch über die Kosten zu entscheiden, kann die Entscheidung ohne mündliche Verhandlung ergehen.**

**(4) Entscheidungen des Gerichts, die nicht Urteile sind, können ohne mündliche Verhandlung ergehen, soweit nichts anderes bestimmt ist.**

§ 128 III, IV geändert durch G v. 27.07.2001 (BGBl 2001, 1887). Der frühere § 128 III (schriftl. Verfahren bei Bagatellsachen) wurde gestrichen; jetzt in § 495a mitgeregelt.

**Lit:** ***Redeker*** NJW 2002, 192; ***Huber*** JuS 2002, 690.

**1. Absatz 1** enthält den Verfahrensgrundsatz der Mündlichkeit (zu unterscheiden vom rechtl. Gehör, Art 103 GG, Einl. Rz 10). Der Grundsatz gilt nur für die Verh der Parteien (und Dritter nach Beitritt, § 66) und nur vor dem erkennenden Gericht (auch vor dem ER, Vors der KfH, nicht vor beauftr oder ersuchtem Richter, §§ 361, 362) über den Rechtsstreit. Für FGG-Sachen ist § 128 nicht einschlägig. 1

**a) Urteile** können grds nur nach mdl Verh ergehen (Ausnahmen: §§ 128 II, III, 307, 331 III, 495a); nur über die in der mdl Verh gestellten Anträge (§§ 130 Nr. 2, 297) wird entschieden; zur Grundlage der Entscheidung darf nicht einfach der gesamte Akteninhalt gemacht werden, sondern nur, was bis zur letzten mdl Verh „vorgetragen wurde“ (vgl ferner § 283); in der Praxis wird der Inhalt der eingereichten Schriftsätze nicht ausdrückl. vorgetragen, sondern es wird durch schlüssiges Verhalten darauf Bezug genommen, was genügt, vgl § 137 III. 2

**Beigezogene Akten** (zB Strafakten) müssen zum Gegenstand der mdl Verh gemacht werden. IÜ wird im Zweifel durch Stellen der Anträge und anschließendes Verhandeln der gesamte, bis zum Termin angefallene Akteninhalt zum Gegenstand der mdl Verh gemacht (BGH LM § 129 Nr. 1); bezieht sich eine Partei uneingeschränkt auf eine **vorgelegte Vertragsurkunde**, können auch die ihr ungünstigen Vertragsklauseln bei der Entscheidung berücksichtigt werden (BGH NJW 1984, 128). Bei **Verstoß** gegen den Grundsatz der 3

Mündlichkeit Heilung gem §§ 295, 534, sonst Geltendmachung durch Rm (BGH LM Nr. 4).

4 **b)** Bei Entscheidungen durch Beschluss ist zu unterscheiden:

- ist **mündliche Verhandlung vorgeschrieben** (zB § 320), gelten die vorgenannten Grundsätze;
- 5 teils ist im Gesetz **mündliche Verhandlung freigestellt**; dann steht ihre (unanfechtbare) AnO (in der Praxis erfolgt sie selten) im freien Ermessen des Gerichts, die AnO erfolgt durch Gerichtsbeschluss, es gilt Anwaltszwang (§ 78) wie sonst, ihr Zweck ist nur Erörterung, Entscheidungsgrundlage bleibt der Akteninhalt, also auch über nach der mdl Verh eingegangene Schriftsätze; wird ohne mdl Verh entschieden, vgl Rz 7;
- 6 **bei Arrest, eVfg**, wird die mdl Verh häufig angeordnet (§ 921 I, 937 II) und dann durch Urteil entschieden, es gilt daher der Grundsatz oben Rz 2;
- 7 teils ist **mündliche Verhandlung jedenfalls nicht ausdrücklich vorgeschrieben:** dann kann der Beschluss ohne mdl Verh erlassen werden; Entscheidungsgrundlage ist der Akteninhalt zur Zeit der Entscheidung; rechtl. Gehör ist dem Gegner vorher zu gewähren. Bekanntgabe des Beschlusses nach § 329 II.

8 **Ausnahmen: ohne mündliche Verhandlung wird zum Beispiel entschieden:** vom Rechtspfleger, vom Urkunds- oder Zustellungsbeamten, bei proz Verfügungen wie Ladung, § 37, §§ 46, 49 (Ablehnung), §§ 109, 118 (PKH), 128 II, III, §§ 149, 184, 186 (öffentl. Zustellung), §§ 225-227 (Fristen), § 248, § 251a, §§ 273, 296, 356, 431 (Fristsetzungen), § 283 (nachgelassene Schriftsätze), § 307 (schriftl. AnerkenntnisU), § 319 (anders bei § 320), § 331 III (schriftl. VU), §§ 339, 358a, 490 (Beweissicherung), § 495a (Bagatellverfahren), §§ 522 I, 552 I, 572 I, §§ 730, 732 (VollstrKlausel), § 764, §§ 769 ff (Einstellung der ZwV), §§ 887, 888, 891 (ZwV), §§ 921, 926, 934, 937, 942 (Arrest, eVfg), §§ 947, 1020, 1047.

9 **2. Schriftliches Verfahren, Absatz 2**, gilt für alle ZPO-Verfahren mit notw mdl Verh (Ausnahme: § 46 II 2 ArbGG). Dieses Verfahren darf nur angeordnet werden, wenn der Rechtsstreit noch weiterer Förderung bedarf und diese im schriftl. Verfahren einfacher und schneller zu erreichen ist, nicht bei Entscheidungsreife (BGH NJW 1992, 2146).

**a) Die Zustimmung der Parteien** hierzu: zu erklären in mdl Verh oder schriftl., tel genügt (BAG NZA 1994, 382; OLG Hamm NJOZ 2006, 3130; **aA** BVerwG NJW 1981, 1852); Schweigen auf die Ankündigung oder Anfrage des Gerichts genügt nicht (OLG München NJW 1955, 995); **Schweigen** auf AnO des schriftl Verfahrens „im vermuteten Einverständnis der Parteien " ist keine Zustimmung (BGH NJW 2007, 2122). Anwaltszwang dafür wie sonst (§ 78). Die Zustimmung erstreckt sich nur auf die jeweils nächste SachE, zB Beweisbeschluss, Urteil Zum Begriff *„wesentl. Änderung der Prozesslage“* vgl BGH NJW 1989, 229. Ein ungünstiges SV-Gutachten stellte keine solche Änderung dar (OVG Lüneburg NVwZ-RR 2004, 390). Entscheidung ohne wirksame Zustimmung macht diese nur anfechtbar, nicht nichtig.

10 **b) (1) Das Gericht muss nicht schriftlich entscheiden**, es „kann“. Soll dies geschehen, erlässt es (in der mdl Verh oder im Büroweg) nun einen **Beschluss:** „Es wird schriftl. Verfahren angeordnet, § 128 II. **(2)** Beide Parteien können Schriftsätze bis zum ... einreichen. **(3)** Termin zur Verkündung einer Entscheidung wird bestimmt auf ..." Zum Termin

beachte § 128 II 3. **(4)** Evtl weitere AnO nach § 273 II Nr. 1. Schriftsätze sind bis zum Erlass der Entscheidung (Hinausgabe) zu berücksichtigen (BVerfG NJW 1993, 51). Beschlusszustellung nach § 329 II 2. Der Zeitpunkt **(2)** entspricht, falls EndU ergeht, dem des Schlusses der mdl Verh (wichtig für §§ 322, 323, 767); er muss angemessen weit hinausgeschoben werden (vgl BVerfG NJW 1983, 2492). Zweifelhaft ist der „Beginn" iSd § 269 I.

**c) Die Entscheidung** enthält im Rubrum anstatt „aufgrund mdl Verh vom ..." zB den Satz „im schriftl. Verfahren, in dem Schriftsätze bis ... eingereicht werden konnten"; im Tatbestand den Hinweis auf die AnO des schriftl. Verfahrens, das Urteil muss (§ 310) verkündet werden. *Besetzung:* das den vorgenannten Beschluss erlassende Richterkollegium muss nicht personengleich mit dem entscheidenden sein (vgl BGH MDR 1968, 314). 11

**d) Rechtsmittel** gegen das EndU: Ber wie sonst, vgl Rz 14. 12

**3. Schriftliches Verfahren bei Kostenurteil, Absatz 3.** Ist in einem SchlussU nur noch über die Kosten zu entscheiden, muss nicht zwingend mdl verhandelt werden. Auch über einen Kostenwiderspruch gegen eine eVfg (§ 924) muss nicht zwingend mdl verhandelt werden (OLG Frankfurt NJW-RR 2007, 360). Das Urteil ist aber zu verkünden und vorher ein Beschluss nach § 128 II 2 zu erlassen. Ähnl. gilt für Kostenbeschlüsse, §§ 91a I 2, 269, 516 III 2. 13

**4. Beschlüsse, Absatz 4.** Vor Erlass eines Urteil ist eine mdl Verh erforderl. (Ausnahmen: §§128 II, III, 331 III, 341 II, 495a). Vor Erlass von Beschlüssen und Verfügungen *kann* das Gericht mdl verhandeln; doch ist dies meist unnötig. Ausnahmen: §§320 III 1, 1063 II. 14

**5. Kosten.** Die **Gerichtsgebühr** (GKG KV 1210) ermäßigt sich durch den Verzicht auf mdl Verh nicht. Das RVG (VV 3104) gibt dem **Rechtsanwalt** eine Verhandlungsgeb (1,2), auch wenn in den Fällen § 128 II, 307, 495a nicht mdl verhandelt wurde. § 128 III fällt nicht darunter, ist also kein Fall von VV 3104 (OLG Frankfurt NJW-RR 2007, 360), ebenso nicht § 128 IV, zB Verweisungsbeschluss (OLG Karlsruhe MDR 2006, 118). 15

16

**Praxishinweise:**

1. Der Verzicht auf eine mdl Verh (§ 128 II 1) sollte gut überlegt werden. Der Anwalt verliert den Einfluss auf das weitere Verfahren. Immer wieder kommt es vor, dass die Zeitangaben zur Einreichung von Schriftsätzen (§ 128 II 2) nicht beachtet werden.

2. Zustimmung zur Entscheidung ohne mdl Verh ggü dem ER ist auf diesen beschränkt. Gibt er die Sache an die Kammer ab (§ 348 III), wirkt das Einverständnis nicht fort (*Stein/Jonas* § 128 Rz 62). Richterwechsel zwischen mdl Verh und späterer Entscheidung ohne ist unschädl., kann jedoch den Zustimmungswiderruf (§ 128 II 1) rechtfertigen. Deshalb auch Informationsanspruch der Parteien über Richterwechsel nach Zustimmungserklärung, Art 103 GG (*Stein/Jonas* § 128 Rz 96).

3. Unabhängig von der Frist zur Schriftsatzeinreichung (§ 128 II 2) muss ein Gericht alle vor Erlass der Entscheidung eingehenden Schriftsätze berücksichtigen (OLG Köln FamRZ 1993, 1226). Insbesondere wenn unklar ist, ob mit der Einreichung des Schriftsatzes die Frist gewahrt worden ist, muss das Gericht kenntl. machen, ob es ihn berücksichtigt hat. Geschieht das nicht, dann ist von einem rechtzeitigen Eingang auszugehen (OLG Zweibrücken FamRZ 2003, 187).

4. Die Erinnerungsfrist für Schriftsätze (§ 128 II 2) entspricht dem Schluss der mdl Verh. Rechtl. Gehör muss gewährt werden (BVerfGE 50, 284). Geht ein Schriftsatz mit neuem, erhebl. Vorbringen so spät ein, dass der Gegner darauf nicht mehr erwidern kann, muss ihm dies ermöglicht werden: Verlegung des Schlusszeitpunktes oder Schriftsatznachlass analog § 183 oder Wiedereröffnung der mdl Verh (*Stein/Jonas* § 128 Rz 94; *Zöller* § 128 Rz 14).

5. Die Aussichten, Verstöße (Art 103 I GG) durch Einlegung einer Gehörsrüge (§ 321a) unschädl. zu machen, sind gering. Richter sind erfahrungsgemäß wenig geneigt, eigene Fehler einzuräumen und zu beheben (vgl die Aktenauswertung durch *Vollkommer*, FS Musielak, S. 619 ff).

6. Umstr ist, ob und unter welchen Voraussetzungen eine Ausnahmeber mögl. ist (*Baumbach/Hartmann* § 128 Rz 34, 35; *StJLeipold*, 22. Aufl., § 128 Rz 104; s § 513 Rz 6). Es besteht grds kein Anlass, den Mandanten durch Verzicht auf eine mdl Verh diesen Risiken auszusetzen.

## § 128a ZPO Verhandlung im Wege der Bild- und Tonübertragung

**(1) [1]Im Einverständnis mit den Parteien kann das Gericht den Parteien sowie ihren Bevollmächtigten und Beiständen auf Antrag gestatten, sich während einer Verhandlung an einem anderen Ort aufzuhalten und dort Verfahrenshandlungen vorzunehmen. [2]Die Verhandlung wird zeitgleich in Bild und Ton an den Ort, an dem sich die Parteien, Bevollmächtigten und Beistände aufhalten, und in das Sitzungszimmer übertragen.**

**(2) [1]Im Einverständnis mit den Parteien kann das Gericht gestatten, dass sich ein Zeuge, ein Sachverständiger oder eine Partei während der Vernehmung an einem anderen Ort aufhält. [2]Die Vernehmung wird zeitgleich in Bild und Ton an den Ort, an dem sich ein Zeuge oder ein Sachverständiger während der Vernehmung aufhalten, und in das Sitzungszimmer übertragen. [3]Ist Parteien, Bevollmächtigten und Beiständen nach Absatz 1 gestattet worden, sich an einem anderen Ort aufzuhalten, so wird die Vernehmung zeitgleich in Bild und Ton auch an diesen Ort übertragen.**

**(3) [1]Die Übertragung wird nicht aufgezeichnet. [2]Entscheidungen nach den Absätzen 1 und 2 sind nicht anfechtbar.**

§ 128a wurde eingefügt durch G v. 27.07.2001 (BGBl 2001, 1887) und geändert durch JKomG v. 22.03.2005 (BGBl 2005, 837).

**Lit.:** ***Schultzky*** NJW 2003, 313; ***Thomsen*** SchlHA 2004, 285.

1 Die Neuregelung gestattet (in Abweichung von § 128) die sog **Videokonferenz**, wie man sie im Fernsehen miterleben kann (Kl-PrBev und Kl sitzen vor der Kamera im Sitzungssaal des LG Passau, Bekl-PrBev und Bekl ebenfalls, die Richter des OLG-Senats sitzen im Sitzungssaal des OLG in München vor der Kamera, alle haben den Fernseher eingeschaltet; der Zeuge wird jedenfalls nicht in den Anwaltsbüros sitzen dürfen). Die Regelung, für

Politikerinterviews praktisch, hat wegen der Besonderheiten der Rspr wenig Sinn. Die Videovernehmung von Zeugen verletzt den Grundsatz der Unmittelbarkeit (*Bachmann* ZZP Bd 118, 133); nur die Reaktionen des Zeugen etc, die die Kamera aufnimmt, kann die Prozesspartei würdigen; Sonstiges, wie Trunkenheit, ist nicht erkennbar. **Voraussetzung:** Die Parteien sind einverstanden, das Gericht ebenfalls; ferner müssen die technischen Einrichtungen an allen Orten vorhanden sein. Die Orte, an denen sich die Betreffenden aufhalten, müssen im Protokoll vermerkt werden (§ 160 I Nr. 4). Die Aussage des Zeugen usw. wird vom Gericht protokolliert, es wird also ein Protokoll diktiert, trotz § 128a III 1, der zum Schutz der Persönlichkeitsrechte nur die Speicherung der „Aufzeichnung" verbietet, also das Anlegen eines Videokassettenarchivs. Die AnO ist nach § 128a IV 2 unanfechtbar; wegen greifbarer Gesetzwidrigkeit muss sie aber anfechtbar sein, wenn zB eine Partei nicht damit einverstanden war, weil sie nicht die technischen Geräte hat.

Das **Einverständnis** hierzu ist nicht empfehlenswert. 2

## § 129 ZPO Vorbereitende Schriftsätze

**(1) In Anwaltsprozessen wird die mündliche Verhandlung durch Schriftsätze vorbereitet.**

**(2) In anderen Prozessen kann den Parteien durch richterliche Anordnung aufgegeben werden, die mündliche Verhandlung durch Schriftsätze oder zu Protokoll der Geschäftsstelle abzugebende Erklärungen vorzubereiten.**

**Lit:** ***Fischer***, Bezugnahmen im Zivilprozess, 1993; ***Fischer*** JuS 1995, 535; ***Schneider*** ZAP 1998 Fach 13; ***Maniotis*** (Faxe) ZZP 1999, 315; ***Henke*** JZ 2005, 1028.

**Absatz 1:** Anwaltsprozess: vgl § 78, **zwei Arten von Schriftsätzen** sind zu unterscheiden: 1
**(1) vorbereitende Schriftsätze;** ihr Inhalt muss noch gem § 128 Rz 2 „vorgetragen" werden, um unmittelbare proz Wirkung zu äußern; Inhalt vgl § 130; **(2)** durch **bestimmende Schriftsätze** wird eine für das Verfahren wesentl. Prozesshandlung vollzogen, an sie knüpft das Gesetz bes verfahrensrechtl. Folgen (BGH NJW 1985, 329), zB Klage, Klagerücknahme, Erledigungserklärung, Streitverkündung, Rm-Einlegung, Rm-Begründung, Einspruch. Form und Inhalt vgl § 130. Schriftsätze können schriftl., durch Fax, durch Fax mit eingescannter Unterschrift eingereicht werden (BGH GmS NJW 2000, 2340). Bei einem mit Fax eingereichten Schriftsatz muss das Original nicht nachgereicht werden (BGH NJOZ 2004, 1430; aA BPatG GRUR 2000, 795.

**Absatz 2:** andere Prozesse, dh die ohne Anwaltszwang (sog Parteiprozesse, § 79), idR 2
beim AG; Protokoll vgl § 129a.

**Bezugnahmen:** der RA muss in seinen Schriftsätzen den rechtl. Vortrag der Partei selbst 3
ordnen, die Anlagen selbst auswerten und die darin enthaltenen Tatsachen rechtl. hervorheben und vortragen. Sowohl in bestimmenden wie in sonstigen Schriftsätzen sind *pauschale* Bezugnahmen auf Anlagen („Berechnung der Klageforderung ergibt sich aus den beigefügten Anlagen K 1-12 ...") unzulässig (OLG Düsseldorf MDR 1993, 798; *Fischer*, Bezugnahmen, S. 56 ff). *Konkrete* Bezugnahmen („die Entwicklung des Kontenstandes ergibt sich aus dem Kontoblatt K 1") sind in allen Schriftsatzarten nur ausnahmsweise und vereinzelt zulässig, nämlich wenn die entscheidenden Tatsachen im Schriftsatz selbst ent-

halten sind, die Bezugnahme nur das Abschreiben ersetzt und die Verständlichkeit und Lesbarkeit durch eine gehäufte Bezugnahme nicht leidet (oft ist unklar, ob der Gegner alle Anlagen in Abschrift erhalten hat; eine Aneinanderreihung von konkreten Bezugnahmen ist kein ZPO-Schriftsatz); aber auch hier ist es meist übersichtl., wenn die entspr Schadensaufstellungen in den RA-Schriftsatz einkopiert werden. Vgl ferner § 137 Rz 3.

4 **Abschriften, § 133.** Üblich ist, dass jede Seite ihren Schriftsätzen nebst Anlagen so viel Abschriften beifügt, wie Gegner vorhanden sind (bei einem Bekl also 1 Original, 2 Kopien: eine für den Gegner, eine für den Gegner-RA). Anderenfalls stellt das Gericht die Kopien auf Kosten des Nachlässigen her (GKG KV 9000).

5

**Praxishinweise:**

1. Vorbereitende Schriftsätze einschließl. die darin enthaltenen Beweisanträge werden proz erst wirksam durch Vortrag oder Bezugnahme in der mdl Verh (Rz 3). Daher kann auch ein schriftsätzl. Geständnis durch spätere Bezugnahme wirksam werden (BGH NJW-RR 1999, 1113). Mat-rechtl. werden schriftsätzl. Erklärungen mit dem Zugang beim Gegner wirksam, etwa eine Kündigung oder eine Aufrechnung.
2. Nimmt ein Schriftsatz auf Unterlagen Bezug, die weder beigefügt noch nachgereicht werden, fehlt es an einer wirksamen Bezugnahme (BGH NJW 1995, 1841).

## § 129a ZPO Anträge und Erklärungen zu Protokoll

**(1) Anträge und Erklärungen, deren Abgabe vor dem Urkundsbeamten der Geschäftsstelle zulässig ist, können vor der Geschäftsstelle eines jeden Amtsgerichts zu Protokoll abgegeben werden.**

**(2) [1]Die Geschäftsstelle hat das Protokoll unverzüglich an das Gericht zu übermitteln, an das der Antrag oder die Erklärung gerichtet ist. [2]Die Wirkung einer Prozesshandlung tritt frühestens ein, wenn das Protokoll dort eingeht. [3]Die Übermittlung des Protokolls kann demjenigen, der den Antrag oder die Erklärung zu Protokoll abgegeben hat, mit seiner Zustimmung überlassen werden.**

§ 129a geändert durch JKomG v. 22.03.2005 (BGBl 2005, 837).

1 Zulässig ist die Abgabe in den im Gesetz genannten Fällen, zB § 129 II. Auch im Anwaltsprozess kann Erklärung zu Protokoll der Geschäftsstelle genügen (§ 78 III), wenn dies gesetzl. normiert ist, zB §§ 118, 569, 920, 924.

2

**Praxishinweise:**

1. Die Vorschrift regelt nur Fälle, in denen die Partei auch pers Erklärungen abgeben kann, und zwar mdl. Besteht Anwaltszwang, ist sie unanwendbar.

2. Der Geschäftsstellenbeamte muss das Protokoll aufnehmen, das die Beweiskraft einer öffentl. Urkunde hat (§ 415). Er darf die Protokollierung nicht von der Vorlage eines schriftl. Antrags abhängig machen. Zuwiderhandlung begründet Amtshaftung

(§ 839 BGB). Gegen die Weigerung der Aufnahme eines Protokolls gibt es die Erinnerung und die sof Beschwerde (§ 573).

3. Eine für das ArbG bestimmte Erklärung kann auch bei der Geschäftsstelle eines AG zu Protokoll gegeben werden (*Philippsen* NJW 1977, 1133 zu 3).

4. „Unverzügl." bedeutet „ohne schuldhaftes Verzögern" (§ 121 I 1 BGB). Wird ein Rm-Schriftsatz, der beim unzuständigen Gericht eingegangen ist, erst nach Ablauf von neun Tagen an das zuständige Gericht weitergeleitet, dann verstößt das gegen den Grundsatz des fairen Verfahrens und muss einem darauf gestützten WE-Antrag stattgegeben werden (BVerfG NJW 2005, 2137).

5. Wird ein verfahrenseinleitender Antrag, zB Klage oder Ber, kurzfristig vor dem Termin zurückgenommen, dann erwirbt die Gegenpartei einen Erstattungsanspruch wegen der Kosten ihres Anwalts, der mangels rechtzeitiger Information tätig geworden ist. Die Erstattungspflicht der zurücknehmenden Partei tritt unabhängig davon ein, ob das Gericht den Gegner verspätet informiert hat oder ob es ihr mögl. gewesen wäre, den Gegner unmittelbar zu unterrichten. „Mit dem Übergang des Schriftsatzes in die Verantwortungssphäre des zur Weiterleitung verpflichteten Gerichts wirkt sich ein etwaiges Verschulden der Partei oder ihres PrBev nicht mehr aus" (BVerfG 93, 115, 116). In Betracht kommt für die kostenpflichtige Partei aber ein Schadensersatzanspruch nach § 839 II 2 BGB wegen nicht pflichtgemäßer Weiterleitung eines Schriftsatzes (ausführl. *Schneider* AGS 2007, 155, 156 f. zu OLG Frankfurt).

## § 130 ZPO Inhalt der Schriftsätze

**Die vorbereitenden Schriftsätze sollen enthalten:**

1. **die Bezeichnung der Parteien und ihrer gesetzlichen Vertreter nach Namen, Stand oder Gewerbe, Wohnort und Parteistellung; die Bezeichnung des Gerichts und des Streitgegenstandes; die Zahl der Anlagen;**
2. **die Anträge, welche die Partei in der Gerichtssitzung zu stellen beabsichtigt;**
3. **die Angabe der zur Begründung der Anträge dienenden tatsächlichen Verhältnisse;**
4. **die Erklärung über die tatsächlichen Behauptungen des Gegners;**
5. **die Bezeichnung der Beweismittel, deren sich die Partei zum Nachweis oder zur Widerlegung tatsächlicher Behauptungen bedienen will, sowie die Erklärung über die von dem Gegner bezeichneten Beweismittel;**
6. **die Unterschrift der Person, die den Schriftsatz verantwortet, bei Übermittlung durch einen Telefaxdienst (Telekopie) die Wiedergabe der Unterschrift in der Kopie.**

§ 130 Nr. 6 wurde geändert durch G v. 13.07.2001 (BGBl 2001, 1542).

Lit: ***Brögelmann*** JR 2005, 309; ***Müller*** NJW 2003, 638.

1 **Inhalt der Schriftsätze.** Weitere Formvorschriften für Schriftsätze: Klage: § 253 II; Ber: §§ 519, 520 III; Rev: §§ 549, 551; Restitutionsklage § 587. Schriftsätze können schriftl., durch Fax oder durch Fax mit eingescannter Unterschrift eingereicht werden (§ 129); das Fax ist dann der Schriftsatz, deshalb ist es nicht erforderl., dem Fax unverzügl. noch ein **Original nachzureichen** (BGH NJOZ 2004, 1430; aA LG Berlin NJW 2000, 3291); wegen der sonst beim Gericht anfallenden Kopierkosten (GKG KV 9000) ist es aber zweckmäßig

2 **Nr. 1:** In der Klage muss auch die Anschrift des Kl angegeben werden (OLG Nürnberg NJW-RR 2001, 573); die Bezeichnung der gesetzl. Vertreter kann nachgeholt werden (BGH NJW 1960, 1007).

**Nr. 2:** sind Sachanträge nicht schriftsätzl. vorgetragen: § 297.

**Nr. 3:** Rechtsausführungen sind nicht erforderl.; auch nicht Angabe eines Aktenzeichens (BGH VersR 1982, 673); über beleidigende Äußerungen in Schriftsätzen vgl LG Berlin NJW 1984, 1760.

**Nr. 4:** zur Förderungspflicht vgl § 282.

**Nr. 5:** zum Beweisantrag vgl § 284 Rz 3 ff; § 373 Rz 8.

3 **Nr. 6 Unterschrift.** Dazu *Schneider* NJW 1998, 1844; *Liwinska* MDR 2000, 500. In Anwaltsprozessen wurde früher die Unterschrift des Anwalts gefordert, jetzt allgemein die der Person, die den Schriftsatz „verantwortet". Das ändert nichts am bisherigen Rechtsstand: Im Parteiprozess ist Unterschrift der Partei, bei anwaltl. Vertretung des RA (BGH NJW 1985, 328), notw. Im Anwaltsprozess *muss* ein zugelassener Anwalt unterschreiben, weil nur er den Schriftsatz verantworten darf und nicht der Bürovorsteher, der ihn vielleicht verfasst hat. Auch bestimmende Schriftsätze (§ 129 Rz 1) *müssen* (abw vom Wortlaut von § 130 Nr. 6) eigenhändig von einem bei dem betreffenden Gericht zugelassenen RA unterschrieben sein (BGH VersR 2006, 387; NJW-RR 2006, 342). Wenn der RA den Schriftsatz, den die Partei verfasst hat, einfach ohne Übernahme eigener Verantwortung unterschreibt, ist das keine zulässige Ber; Indizien: Schriftsatz wird vom Faxgerät der Partei aus an das Gericht gefaxt; fehlender Sinnzusammenhang zwischen den ersten Seiten und der Seite mit der RA-Unterschrift; Unterschiede im Erscheinungsbild und in der sprachl. Diktion (BGH NJW-RR 2006, 342).

Unterschreibt ein **Vertreter**, muss dieser dort zugelassener RA sein (BGH MDR 1976, 569); Zusatz „für RA X, nach Diktat verreist" genügt (BGH NJW 2003, 2028; aA KG BB 2002, 2151); Unterschrift mit Zusatz „iA" genügt nicht (BGH NJW 1988, 210) „iA" genügt aber, wenn der Unterschreibende beim BerGer zugelassen ist und das Mandat *ihm* erteilt war (BGH NJW 1993, 2056); „i.V." genügt (OLG Koblenz MDR 1991, 1097), ist aber bei Rm-Schriften gefährl., wenn die Unterschrift bei einer Sozietät wegen ihrer Unleserlichkeit keinem bestimmten RA zugeordnet werden kann (vgl BGH VersR 2006, 387). Verwendung von Blankounterschriften eines RA genügt (BAG BB 1984, 216). Verlangt wird eine **„Unter"-schrift**, weshalb eine „Oberschrift" nicht genügt; unzureichend daher die bei österreichischen RAen teils übliche bloße Unterschrift des Schriftsatz-Rubrums (OLG Frankfurt RIW 2001, 543).

**Zweck der Unterschrift:** damit der Schriftsatz vom versehentl. abgesandten Entwurf unterschieden werden kann; damit der Urheber identifiziert werden kann (BGH NJW

2005, 2086). Sie ist keine bloße Formalität, sondern äußerer Ausdruck für die vom Gesetz geforderte Prüfung des Inhalts der BerBegr-Schrift etc durch den Anwalt (BGH NJW 2005, 2709).

**Form dieser Unterschrift:** dieses Problem wird idR bei der Ber bedeutsam, weil die nicht ordnungsgemäß unterschriebene Ber-Schrift unzulässig ist und bei fristgebundenen Schriftsätzen Nachholung der Unterschrift nicht zurückwirkt (BGH NJW 1976, 966). **Fehlen der Unterschrift** bei der Klageschrift wird nach § 295 geheilt (BGH NJW 1975, 1704). Zu Rm-Schriften vgl Rz 7. 4

**Anforderungen:** unterschrieben wird mit Familiennamen oder Vor- und Familiennamen, mit oder ohne Zusatz akademischer Titel. Notw ist ein Gebilde aus Buchstaben. Die Unterschrift muss nicht lesbar sein. Undeutlichkeiten und Verstümmelung schaden nicht. Es muss aber ein Schriftzug vorliegen, der erkennen lässt, dass es sich um Schriftzeichen handelt, die eine Unterschrift zum Ausdruck bringen sollen. Es müssen also wenigstens einzelne Buchstaben andeutungsweise erkennbar sein. Das Schriftbild muss weiter einen individuellen Charakter aufweisen, der die Unterscheidungsmöglichkeit ggü anderen Unterschriften gewährleistet und eine Nachahmung durch einen Dritten mindestens erschwert (BGH NJW-RR 1997, 760; NJW 1997, 3380; FamRZ 1997, 737; BAG NJW 2001, 316). Bei Doppelnamen genügt idR der Ehename, zB Sauer statt Wax-Sauer (BGH NJW 1996, 997); der Vorname einer RA in allein („Ilse") genügt nicht (OLG Karlsruhe NJW-RR 2000, 948). 5

**Unzureichend** sind Striche, Kreise, Haken etc; Faksimilestempel (mit BGH NJW 2000, 2340 nicht vereinbar); Handzeichen (BGH NJW 1982, 1467; NJW-RR 1991, 511; BAG NJW 1996, 3164), der großgeschriebene Anfangsbuchstabe des RA-Namens soll nur ein Handzeichen sein (LAG Berlin NJW 2002, 989); Fotokopie eines unterschriebenen Schriftstücks (BGH NJW 1962, 1505; OLG Schleswig SchlHA 1984, 60; **aA** LAG Nürnberg NJW 1983, 2285), bei Doppelnamen uU eine abgekürzte Form (BAG NJW 1988, 2822). Ob ein Gebilde eine Unterschrift oder ein Handzeichen ist, ist nach dem äußeren Erscheinungsbild zu beurteilen (BGH NJW 1994, 55). Bei ungenügenden, aber bisher so tolerierten Unterschriften verlangt BVerfG NJW 1988, 2787 zuerst eine „Vorwarnung". **Wiedereinsetzung** ist möglich, BVerfG NJW 1998, 1853. 6

**Fehlende handschriftliche Unterschrift wird ersetzt** durch Unterschrift unter Beglaubigungsvermerk auf beigefügter Abschrift (BGH NJW 1957, 990; OLG Naumburg MDR 2005, 1432), nicht genügt pers Abgabe des Schriftsatzes durch den RA (BGH NJW 1980, 291). Bei Behörden genügt maschinenschriftl. Wiedergabe des Namens mit Beglaubigungsvermerk (BGH NJW 1980, 172). Ein bestimmender Schriftsatz (zB Ber, BerBegr) ist auch ohne eigenhändige Unterschrift wirksam, wenn aufgrund eines vom RA unterzeichneten Begleitschreibens (zB PKH-Antrag) Inhalt und Urheberschaft des Schriftsatzes hinreichend zuverlässig feststehen (BGH FamRZ 2006, 1269), jedenfalls wenn das Begleitschreiben fest mit der BerBegr verbunden ist (BGH NJW 1962, 1724). Es kann genügen, wenn zwar die Unterschrift eines zugelassenen RA fehlt, aber zweifelsfrei feststeht, dass der zugelassene RA die Verantwortung für den Inhalt der Rm-Schrift übernommen hat; es reicht aus, dass die Rm-Schrift von einem dazu bevollmächtigten und bei dem ProzessG zugelassenen RA zwar nicht selbst verfasst, aber nach eigenverantwortl. Prüfung genehmigt und unterschrieben ist (BGH VersR 7

2006, 387). Das Fehlen der Unterschrift des zugelassenen RA kann unschädl. sein, wenn sich aus anderen, eine Beweisaufnahme nicht erfordernden Umständen eine der Unterschrift vergleichbare Gewähr dafür ergibt, dass der RA die Verantwortung für den Inhalt der Rm-Begründungsschrift übernommen und diese willentl. in den Rechtsverkehr gebracht hat; dabei sind nur spätestens bis zum Ablauf der BerBegr-Frist dem BerGer bekanntgewordene Umstände berücksichtigungsfähig (BGH NJW 2005, 2086; das Original mit handschriftl. Unterschrift ging erst nach Ablauf der Frist ein, schädlich). Für den Fall des Fehlens einer Unterschrift unter einer BerBegr hat der BGH entschieden, dass sich zumindest aus den Umständen eindeutig ergeben müsse, dass der Rm-Anwalt die Verantwortung für den Inhalt der Begründungsschrift übernommen habe (BGH BGH-Report 2004, 406).

7a Zur **Verfassungsbeschwerde** bei Verwerfung wegen fehlender Unterschrift: es besteht ein Anspruch der Prozessbeteiligten auf Gewährung wirkungsvollen Rechtsschutzes (Art 2 I GG, Rechtsstaatsprinzip); ferner Art 19 IV und Art 103 I GG, die es verbieten, den Zugang zur jeweiligen nächsten Instanz in unzumutbarer, aus Sachgründen nicht mehr zu rechtfertigender Weise zu erschweren (vgl. BVerfG NJW 1976, 141; 1976, 513; 1976, 747; 1977, 1233; 1987; 2067; 1988, 1255; 2004, 2887). An die Beachtung formeller Voraussetzungen für die Geltendmachung eines Rechtsschutzbegehrens dürfen aus diesem Grund keine überspannten Anforderungen gestellt werden (BVerfG NJW 2002, 3534).

8 **Telefax:** genügt, auch für fristwahrende Schriftsätze, in allen Gerichtszweigen (BGH NJW 2006, 3784; 2000, 2340), obwohl die Unterschrift beim eingegangenen Fax nicht handschriftl. ist (Nr. 6 nF); aber auf dem Original muss sie handschriftl. sein. Auch ein **Computer-Fax** reicht aus, obwohl die Unterschrift vom Absender nur eingescannt ist und nicht handschriftl. auf einer Papiervorlage, dem Original, vorhanden ist (BGH GmS NJW 2000, 2340; dazu *Römermann/van der Moolen* BB 2000, 1640; *Düwell* NJW 2000, 3334). Die in Computerschrift erfolgte Wiedergabe des Vor- und Nachnamens des RA unter einer als Computerfax übermittelten BerBegr-Schrift stellt keine genügende Wiedergabe der Unterschrift dar (BGH NJW 2005, 2086). Eine eingescannte Unterschrift des RA in einem bestimmenden Schriftsatz genügt ferner nicht den Formerfordernissen der Nr. 6, wenn der Schriftsatz mit Hilfe eines normalen Faxgeräts und nicht unmittelbar aus dem Computer versandt wurde (BGH NJW 2006, 3784), weil hier eine eigenhändige Unterschrift ohne Weiteres möglich ist. Denn auf eine eigenhändige Unterzeichnung von Rm-Begründungsschriften verzichtet der BGH nur, wenn technische Gegebenheiten einen solchen Verzicht erforderl. machen. Beim **Fernschreiben** genügt der gedruckte Name (BGH NJW 1988, 2788; das Fernschreiben geht ein mit Ausdruck im Empfängerapparat, wenn auch nach Dienstschluss, BGH NJW 1987, 2586; zum verstümmelten Ausdruck vgl BGH NJW 1988, 2788); ebenso genügt ein **Telegramm** (selbst wenn tel aufgegeben, BGH NJW 1960, 1310, **Telebrief** (falls ohne Zwischenschaltung Privater, BGH NJW 1983, 1498). Nicht dagegen genügt ein Telefonat, über das die Geschäftsstelle einen Vermerk macht (BGH NJW 1965, 174).

**Praxishinweise:** 9

1. Der RA klärt vorproz die einschlägigen Rechtsausführungen anhand von Rspr und Schrifttum. Diese Quellen sollte er auch im Schriftsatz angeben und jedenfalls dann, wenn es sich um weniger zugängl. Veröffentlichungen handelt, gleich Ablichtungen beilegen. So vorzugehen, wird zunehmend dringl., da die literarische Ausstattung der Gerichte immer kärgl. wird (s. die ZAP-Kolumne Heft 14/2005).

2. Inhaltl. müssen Schriftsätze das Sachlichkeitsgebot des § 43a III BRAO beachten. IdR werden aber auch stilistisch überzogene Ausführungen durch die Wahrnehmung berechtigter Interessen des Mandanten gedeckt (§ 193 StGB). Deshalb sind die immer wieder vorkommenden Unterlassungsklagen wegen ehrenkränkender Ausführungen (§ 253 Rz 7) in aller Regel erfolglos: Die Parteien dürfen im Gerichtsverfahren alles vortragen, was sie zur Wahrung ihrer Rechte für erforderl. halten, auch wenn dadurch die Ehre eines anderen berührt wird (BGH ZIP 1994, 1963). In dieselbe Richtung geht die Rspr des BVerfG: Auch scharfe und übersteigerte Äußerungen fallen in den Schutzbereich des Art 5 I 1 GG (BVerfGE 85, 15/16).

3. Die Klärung, ob eine Meinungsäußerung den Persönlichkeitsschutz verletzt, setzt die zutr Erfassung des Inhalts der Äußerung voraus und verlangt eine Abwägung zwischen der Schwere der Persönlichkeitsbeeinträchtigung und der Einbuße an Meinungsfreiheit. Unterlässt das Gericht diese Abwägung unter Berufung auf eine eigene, durch Beweiserhebung gewonnene Tatsachenfeststellung, dann verstößt das gegen das Willkürverbot (BVerfG NJW 2005, 2138).

4. Wer rechtskr verurteilt worden ist, eine bestimmte Behauptung zu unterlassen, darf diese zur Rechtsverfolgung in einem anderen Rechtsstreit wiederholen (LG Hannover MDR 1998, 987).

5. Ein Mandant kann aus einem stilistisch überzogenen Anwaltsschriftsatz, auf den er sein Unterliegen zurückführt, keine Ansprüche aus positiver Vertragsverletzung herleiten, wenn er die Schriftsätze widerspruchslos zur Kenntnis genommen hat (OLG Köln VersR 1995, 1098).

## § 130a ZPO Elektronisches Dokument

**(1) [1]Soweit für vorbereitende Schriftsätze und deren Anlagen, für Anträge und Erklärungen der Parteien sowie für Auskünfte, Aussagen, Gutachten und Erklärungen Dritter die Schriftform vorgesehen ist, genügt dieser Form die Aufzeichnung als elektronisches Dokument, wenn dieses für die Bearbeitung durch das Gericht geeignet ist. [2]Die verantwortende Person soll das Dokument mit einer qualifizierten elektronischen Signatur nach dem Signaturgesetz versehen. [3]Ist ein übermitteltes elektronisches Dokument für das Gericht zur Bearbeitung nicht geeignet, ist dies dem Absender unter Angabe der geltenden technischen Rahmenbedingungen unverzüglich mitzuteilen.**

**(2) [1]Die Bundesregierung und die Landesregierungen bestimmen für ihren Bereich durch Rechtsverordnung den Zeitpunkt, von dem an elektronische Dokumente bei**

**den Gerichten eingereicht werden können, sowie die für die Bearbeitung der Dokumente geeignete Form. [2]Die Landesregierungen können die Ermächtigung durch Rechtsverordnung auf die Landesjustizverwaltungen übertragen. [3]Die Zulassung der elektronischen Form kann auf einzelne Gerichte oder Verfahren beschränkt werden.**

**(3) Ein elektronisches Dokument ist eingereicht, sobald die für den Empfang bestimmte Einrichtung des Gerichts es aufgezeichnet hat.**

§ 130a wurde eingefügt durch G v. 13.07.2001 (BGBl 2001, 1542) und geändert durch JKomG v. 22.03.2005 (BGBl 2005, 837).

**Lit:** ***Nowack*** MDR 2001, 841; ***Roßnagel*** NJW 2001, 1817; ***Viefhues*** NJW 2005, 1009; ***Mardorf*** SchlHA 2006, 33.

1 Vorbereitende Schriftsätze usw. können auch per E-Mail an das Gericht gesandt werden; allerdings erst ab dem Zeitpunkt, der durch VO bestimmt wird (abhängig von der technischen Ausstattung der Gerichte). Für den BGH gibt es eine solche VO bereits (VO v. 26.11.2001, BGBl 2001, 3225): das elektronische Dokument muss bestimmte „Formate" aufweisen, eine bestimmte qualifizierte elektronische Signatur ist zu verwenden; eine x-beliebige E-Mail genügt also nicht. Der Eingang ist mit wiedergabefähiger Aufzeichnung im Gerichtsgerät erfolgt, nicht erst mit Ausdruck durch die Geschäftsstelle (Abs. 3). Abs. 1 S. 2 verweist auf das Signaturgesetz v. 16.05.2001 (BGBl 2001, 876). Vgl ferner §§ 130b, 292a, 299 III, 299a, 371.

## § 130b ZPO Gerichtliches elektronisches Dokument

**Soweit dieses Gesetz dem Richter, dem Rechtspfleger, dem Urkundsbeamten der Geschäftsstelle oder dem Gerichtsvollzieher die handschriftliche Unterzeichnung vorschreibt, genügt dieser Form die Aufzeichnung als elektronisches Dokument, wenn die verantwortenden Personen am Ende des Dokuments ihren Namen hinzufügen und das Dokument mit einer qualifizierten elektronischen Signatur versehen.**

§ 130b eingefügt durch G v. 22.03.2005 (BGBl 2005, 837).

Lit: ***Hähnchen*** NJW 2005, 2257.

1 Die Signatur wird von Signaturanbietern (zB T-Systems, DATEV, Signtrust, Anwaltskammer) vergeben. Der Anwender erhält eine „Smartcard", die er zum Signieren in ein Lesegerät einführt und mit Eingabe einer pers PIN aktivieren muss (*Viefhues* NJW 2005, 1009; *Roßnagel* NJW 2005, 385).

## § 131 ZPO Beifügung von Urkunden

**(1) Dem vorbereitenden Schriftsatz sind die in den Händen der Partei befindlichen Urkunden, auf die in dem Schriftsatz Bezug genommen wird, in Urschrift oder in Abschrift beizufügen.**

**(2) Kommen nur einzelne Teile einer Urkunde in Betracht, so genügt die Beifügung eines Auszugs, der den Eingang, die zur Sache gehörende Stelle, den Schluss, das Datum und die Unterschrift enthält.**

**(3) Sind die Urkunden dem Gegner bereits bekannt oder von bedeutendem Umfang, so genügt ihre genaue Bezeichnung mit dem Erbieten, Einsicht zu gewähren.**

Bei Verstoß: § 142. Im Urkundenprozess § 593 II. Über **Bezugnahmen** in Schriftsätzen vgl *Lange* NJW 1989, 438 und § 129 Rz 3. 1

Wird die Klageschrift ohne die in Bezug genommenen Anlagen zugestellt, entspricht die Zustellung nicht den gesetzl. Anforderungen und ist damit grds unwirksam (BGH NJW 2007, 775).

2

**Praxishinweis**

Auf nicht beigefügte Urkunden oder deren Abschriften kann der Gegner nicht erwidern. Deshalb ist er zum pauschalen Bestreiten berechtigt.

## § 132 ZPO Fristen für Schriftsätze

**(1) [1]Der vorbereitende Schriftsatz, der neue Tatsachen oder ein anderes neues Vorbringen enthält, ist so rechtzeitig einzureichen, dass er mindestens eine Woche vor der mündlichen Verhandlung zugestellt werden kann. [2]Das Gleiche gilt für einen Schriftsatz, der einen Zwischenstreit betrifft.**

**(2) [1]Der vorbereitende Schriftsatz, der eine Gegenerklärung auf neues Vorbringen enthält, ist so rechtzeitig einzureichen, dass er mindestens drei Tage vor der mündlichen Verhandlung zugestellt werden kann. [2]Dies gilt nicht, wenn es sich um eine schriftliche Gegenerklärung in einem Zwischenstreit handelt.**

**1. § 132 gilt** im Anwaltsprozess, im Parteiprozess nur nach AnO gem § 129 II. § 132 gilt nicht für bestimmende Schriftsätze (§ 129 Rz 1), im Arrest und eVfg-Verfahren wegen dessen Zweck, für Rechtsausführungen. Bei Klageerweiterung vgl § 274 III. Schriftsätze, die nach Schluss der mdl Verh eingehen, dürfen nur im Fall des § 283 berücksichtigt werden, können aber zur Wiedereröffnung nach § 156 veranlassen; sie dürfen nicht einfach an den Einreicher zurückgesandt werden. Oft werden Schriftsätze im Termin übergeben; falls sich dadurch der RA nur den Gang zur Eingangstelle sparen will und der schnellere Zugang der Abschriften an den Gegner erreicht werden soll, ist das möglich (dazu *Mayer* NJW 1985, 937); dem § 132 genügt das aber nicht. Das Gericht muss solche Schriftsätze nicht sogleich lesen, der Gegner kann die Einlassung darauf verweigern. Abwegig ist die Ansicht, das Gericht müsse solche Schriftsätze vorlesen. 1

**2.** Für die Rechtzeitigkeit kommt es nicht auf den Eingang bei Gericht an, sondern auf den Zugang (formlos genügt nach § 270 II), 1 Woche vor Termin an den Gegner. Ist die Frist nicht gewahrt, ist nach § 283 zu verfahren; eine Vertagung (§ 227) kann nicht verlangt werden. Keine Fristabkürzung nach § 226 (str). 2

## § 133 ZPO Abschriften

**(1) [1]Die Parteien sollen den Schriftsätzen, die sie bei dem Gericht einreichen, die für die Zustellung erforderliche Zahl von Abschriften der Schriftsätze und deren Anlagen beifügen. [2]Das gilt nicht für elektronisch übermittelte Dokumente sowie für Anlagen, die dem Gegner in Urschrift oder in Abschrift vorliegen.**

**(2) Im Falle der Zustellung von Anwalt zu Anwalt (§ 195) haben die Parteien sofort nach der Zustellung eine für das Prozessgericht bestimmte Abschrift ihrer vorbereitenden Schriftsätze und der Anlagen bei dem Gericht einzureichen.**

§ 133 zuletzt geändert durch G v. 22.03.2005 (BGBl 2005, 837).

1 Im Anwaltsprozess sind die Schriftsätze mit Anlagen bei *einem* Kl und Bekl dreifach einzureichen (1 für das Gericht, 1 für Gegner-RA, 1 für Gegner); bei zwei Bekl, die vom selben RA vertreten werden: 4-fach. Die Fotokopiekosten für die 3-fache Fertigung der Anlagen sind nach § 91 erstattungsfähig, aber nur, wenn die Beifügung der entspr Anlagen „notw" war (OLG München Rpfleger 1982, 438; str); Höhe: 7000 RVG VV. Fehlende Abschriften fordert die Geschäftsstelle beim Einreicher an oder fertigt sie auf dessen Kosten an (9000 GKG-KV; § 17 GKG).

2 Bei **elektronischer Übermittlung** sind keine Papierabschriften nachzureichen. Die für die Zustellung erforderl. Papierausdrucke erstellt das Gericht (ohne Berechnung nach GKG KV 9000).

## § 134 ZPO Einsicht von Urkunden

**(1) Die Partei ist, wenn sie rechtzeitig aufgefordert wird, verpflichtet, die in ihren Händen befindlichen Urkunden, auf die sie in einem vorbereitenden Schriftsatz Bezug genommen hat, vor der mündlichen Verhandlung auf der Geschäftsstelle niederzulegen und den Gegner von der Niederlegung zu benachrichtigen.**

**(2) [1]Der Gegner hat zur Einsicht der Urkunden eine Frist von drei Tagen. [2]Die Frist kann auf Antrag von dem Vorsitzenden verlängert oder abgekürzt werden.**

1 Anordnung der Vorlage erfolgt durch das Gericht nach §§ 142, 273. Die betreffenden Urkunden werden nicht Aktenbestandteil, sondern sind an den Vorlegenden auf Anforderung zurückzugeben. Wird Vorlage verweigert, bleibt die Urkunde unberücksichtigt. Für Einsicht kein Anwaltszwang. Meist werden nur Fotokopien von Urkunden zu den Akten gereicht; sie werden Bestandteil der Akten und können daher von den Parteien auch außerhalb der 3-tägigen Frist des § 134 II 1 eingesehen werden (OLG Koblenz NJOZ 2005, 56). Die Vorschrift entspricht nicht der Praxis. Niemand legt Urkunden bei der Geschäftsstelle „nieder", sondern sie werden mit einem Begleitschriftsatz eingereicht. Sie bleiben bis zur Entscheidung bei den Akten und können daher auch jederzeit eingesehen werden (§ 299). Anders nur, wenn der Einreicher die Originalurkunde sogleich wieder haben will; dann ist § 134 II sinnvoll.

## § 135 ZPO Mitteilung von Urkunden unter Rechtsanwälten

**(1) Den Rechtsanwälten steht es frei, die Mitteilung von Urkunden von Hand zu Hand gegen Empfangsbescheinigung zu bewirken.**

**(2) Gibt ein Rechtsanwalt die ihm eingehändigte Urkunde nicht binnen der bestimmten Frist zurück, so ist er auf Antrag nach mündlicher Verhandlung zur unverzüglichen Rückgabe zu verurteilen.**

**(3) Gegen das Zwischenurteil findet sofortige Beschwerde statt.**

Vgl § 195. Abs. 2: Kosten des Zwischenstreits trägt bei Unterliegen der RA pers, sonst Gegenpartei; Vollstr nach §§ 794 I Nr. 3, 883. 1

## § 136 ZPO Prozessleitung durch Vorsitzenden

**(1) Der Vorsitzende eröffnet und leitet die Verhandlung.**

**(2) [1]Er erteilt das Wort und kann es demjenigen, der seinen Anordnungen nicht Folge leistet, entziehen. [2]Er hat jedem Mitglied des Gerichts auf Verlangen zu gestatten, Fragen zu stellen.**

**(3) Er hat Sorge zu tragen, dass die Sache erschöpfend erörtert und die Verhandlung ohne Unterbrechung zu Ende geführt wird; erforderlichenfalls hat er die Sitzung zur Fortsetzung der Verhandlung sofort zu bestimmen.**

**(4) Er schließt die Verhandlung, wenn nach Ansicht des Gerichts die Sache vollständig erörtert ist, und verkündet die Urteile und Beschlüsse des Gerichts.**

§ 136 geändert durch G v. 27.07.2001 (BGBl 2001, 1887).

Beim sog Sammeltermin bestimmt der Vors (Amtsrichter, ER; bei Verhinderung vgl § 21f II GVG) die Reihenfolge. Eröffnet wird mit dem Aufruf, § 220; es folgt die Feststellung der Erschienenen, dann der Gütetermin und (falls erfolglos) idR die Antragstellung (§ 137 I). Bei Beanstandungen entscheidet das Kollegium gem § 140. Protokollierung § 163; Fragerechte § 139; Sitzungspolizei etc §§ 173 ff GVG, Beratung §§ 194 ff GVG. Die Verh wird konkludent geschlossen durch Bestimmung des Verkündungstermins, § 310; Folge § 132 Rz 1. 1

## § 137 ZPO Gang der mündlichen Verhandlung

**(1) Die mündliche Verhandlung wird dadurch eingeleitet, dass die Parteien ihre Anträge stellen.**

**(2) Die Vorträge der Parteien sind in freier Rede zu halten; sie haben das Streitverhältnis in tatsächlicher und rechtlicher Beziehung zu umfassen.**

**(3) [1]Eine Bezugnahme auf Dokumente ist zulässig, soweit keine der Parteien widerspricht und das Gericht sie für angemessen hält. [2]Die Vorlesung von Dokumenten findet nur insoweit statt, als es auf ihren wörtlichen Inhalt ankommt.**

**(4) In Anwaltsprozessen ist neben dem Anwalt auch der Partei selbst auf Antrag das Wort zu gestatten.**

§ 137 III geändert durch G v. 22.03.2005 (BGBl 2005, 837).

1 **1. Absatz 1.** Die Anträge sind grds zu verlesen, § 297. In der Praxis wird idR der Antrag vom RA nicht *vorgelesen*, sondern erklärt, „der Antrag aus dem Schriftsatz vom ... werde gestellt“. Feststellung im Protokoll § 160 III Nr. 2. Bei Richterwechsel hält BAG NJW 1971, 1332 Wiederholung der Antragstellung für notw (str); anders die allgemeine Praxis.

2 **2. Absatz 2.** In der Praxis wird weder „vorgetragen“ noch aus den Schriftsätzen vorgelesen; nur Einzelfragen werden diskutiert. (Stillschweigende) Bezugnahme auf die gewechselten Schriftsätze ist übl., mdl Erörterung nur gem §§ 139, 278, 279. Wird unzulässig vorgelesen: §§ 136 II, 157 II. In der Antragstellung und der anschließenden mdl Verh zur Sache ist der Vortrag des gesamten bis zum Termin angefallenen schriftsätzl. Vorbringens auch dann enthalten, wenn es in Tatbestand und Entscheidungsgründen des angefochtenen Urteils nicht erwähnt wird und dieses nicht auf die Schriftsätze der Parteien Bezug nimmt (BGH NJW-RR 1996, 379).

3 **3. Bezugnahmen (Absatz 3).** Bei der Klage und den späteren Schriftsätzen darf nur ausnahmsweise auf Anlagen Bezug genommen werden, grds muss ein Schriftsatz aus sich heraus verständl. und erwiderungsfähig sein (vgl LG Frankfurt NJW-RR 2001, 589). Unterlagen, auf die Bezug genommen wird, müssen beigelegt oder nachgereicht werden (BGH NJW 1995, 1841), mit der Klage sind sie zuzustellen (BGH NJW 2007, 775); anderenfalls werden sie nicht Gegenstand der mdl Verh (BGH MDR 1996, 196). Bei umfangreicheren Urkunden ist genaue Angabe der maßgebl. Stellen notw (BGH NJW 1956, 1878; OLG Hamm NJW-RR 1996, 593). Die uneingeschränkte Bezugnahme auf eine vorgelegte Vertragsurkunde bezieht sich auch auf die der vorlegenden Partei ungünstigen Vertragsklauseln (BGH NJW 1984, 128). Lässt der Richter in der mdl Verh die Bezugnahme einer Partei auf unübersichtl. Anlagen bestimmender oder vorbereitender Schriftsätze zu, darf er nicht ohne Hinweis auf die Mangelhaftigkeit des Vortrags Teile des Verhandlungsstoffes bei der Entscheidung außer Betracht lassen (BGH NJW 2005, 2927). Über Bezugnahme vgl *Lange* NJW 1989, 438 und § 129 Rz 3.

4 **4. Absatz 4.** Widersprechen sich Partei und ihr RA: § 85; von der ihr nachteiligen Darstellung der Partei bei der pers Anhörung kann ausgegangen werden, auch wenn der RA den bisherigen Vortrag aufrechterhält (BGH LM § 141 Nr. 2). Bei Missbrauch Wortentziehung nach § 136 II. In Sonderfällen, wie zB Arzthaftungsprozess, ist der Partei zu gestatten, nach Vorliegen des Protokolls über die Vernehmung eines SV nochmals Stellung zu nehmen (BGH VersR 1982, 371; 1984, 661).

5

**Praxishinweise:**

1. Ohne Anträge kann keine mdl Verh stattfinden und wird Vorbringen der Partei im Termin, mdl oder durch Bezugnahme, nicht wirksam. Bis dahin kann eine Klage ohne Einwilligung des Bekl zurückgenommen werden (§ 269 I). Dabei bleibt es auch, wenn das Gericht den Sach- und Streitstand mit den Parteien erörtert. (BGHZ 109, 41; OLG Dresden MDR 1997, 498).

2. Termine werden nach Datum und Uhrzeit bestimmt (§ 216). Anwälte und Parteien dürfen sich darauf verlassen, dass das Gericht sich daran hält. Dagegen wird verstoßen, wenn das Gericht nicht pünktl. erscheint oder so viele Sachen auf dieselbe Uhrzeit terminiert, dass eine fristwahrende Erledigung von vornherein ausgeschlossen ist. Das geht bis hin zu der Terminierung von 68 Sachen auf 9.00 Uhr (BVerfGE 69, 135). Diese Praxis ist verfahrenswidrig.

3. Anwälte und Parteien müssen nicht länger als 15 Minuten auf das Erscheinen des Gerichts warten (*Kissel/Mayer*, GVG, § 16 Rz 115) und nicht länger als 30 Minuten bis zum Aufruf ihrer Sache (MünchKommZPO-*Prütting* § 337 Rz 4). Entfernen sie sich danach, dann darf kein VU ergehen, da die Beteiligten pünktl. erschienen sind, aber der Richter nicht tätig geworden ist, s. auch § 380 Rz 9.

4. Überlange Verzögerungen können die Amtshaftung nach § 839 II 2 BGB begründen (*Schneider* ZAP Fach 13 S. 277).

5. Die nach § 137 III erlaubte Bezugnahme betrifft nur die eigenen Schriftsätze der Partei. Unzulässig ist es, dass der Anwalt eines StrGen sich ledigl. auf den anwaltl. Begründungsschriftsatz des anderen StrGen bezieht (*Schneider* MDR 1997, 527).

6. Verfahrenswidrig ist die hin und wieder vorkommende Weigerung des Vors, im Termin Schriftsätze entgegenzunehmen. Das kann wegen Verstoßes gegen Art 103 I GG eine Bef-Ablehnung (§ 42 II) begründen (KG MDR 2001, 1435). Gegen die Weigerung des Vors kann die Entscheidung des Gerichts beantragt werden (§ 140). Bei Bestätigung des Vors kann das beschließende Kollegium insgesamt abgelehnt werden.

## § 138 ZPO Erklärungspflicht über Tatsachen; Wahrheitspflicht

**(1) Die Parteien haben ihre Erklärungen über tatsächliche Umstände vollständig und der Wahrheit gemäß abzugeben.**

**(2) Jede Partei hat sich über die von dem Gegner behaupteten Tatsachen zu erklären.**

**(3) Tatsachen, die nicht ausdrücklich bestritten werden, sind als zugestanden anzusehen, wenn nicht die Absicht, sie bestreiten zu wollen, aus den übrigen Erklärungen der Partei hervorgeht.**

**(4) Eine Erklärung mit Nichtwissen ist nur über Tatsachen zulässig, die weder eigene Handlungen der Partei noch Gegenstand ihrer eigenen Wahrnehmung gewesen sind.**

**Lit:** ***Lange*** NJW 1990, 3233; ***Hansen*** JuS 1991, 588; ***Meyke*** NJW 2000, 2230.

**1. Prozessuale Pflichten. Absatz 1** gilt für alle ZPO-Verfahren (nicht nur für die mdl Verh) für die Parteien, ihre Vertreter, Anwälte. **Wahrheitspflicht** besagt hier, dass nicht wider besseren Wissens Behauptungen aufgestellt werden dürfen; nur die bewusste Lüge ist verboten. Wer einen Unterhaltsanspruch geltend macht, hat die der Begründung des Anspruchs dienenden tatsächl. Umstände wahrheitsgemäß anzugeben und darf nichts ver- 1 schweigen, was seine Unterhaltsbedürftigkeit infrage stellen könnte (BGH FamRZ 2000, 153). Eine Behauptung ist dann unbeachtl., wenn das Gericht zu der Überzeugung gelangt, dass die Partei selbst nicht an ihre Richtigkeit glaubt oder das Gericht sie für eine *willkürl.*, ohne greifbare Anhaltspunkte ausgesprochene Vermutung hält, die Behauptung also nach seiner Auffassung „ins Blaue hinein" aufgestellt worden ist (BGH NJW 1968, 1233; NJW-RR 1987, 1403; NJW-RR 1989, 43); solche *Willkür* kann natürl. idR nicht begründet werden (BGH NJW 1995, 2111).

Der Kl kann sich hilfsweise das zu seinem Sachvortrag in Widerspruch stehende Vorbringen des Bekl zu Eigen machen (BGH NJW 1989, 2756; NJW-RR 1995, 684; sog *gleichwertiges Parteivorbringen*, dazu *Musielak* ZZP 1990, 220), mehrere einander ausschließende Anspruchsgrundlagen vortragen (BGH NJW 1987, 1318).

Eine nach dem schriftsätzl. Vorbringen unsubstanziierte Klage darf nicht abgewiesen werden, wenn sie aufgrund von Zeugenaussagen oder eines Gutachtens substanziiert wird (OLG München NZV 2006, 261; BGH GRUR 2004, 50). Die Auffassung, ein Klagevortrag sei unsubstanziiert, weil der Kl nicht angegeben habe, wer – wann – wo – mit wem – warum usw., etwas getan oder unterlassen habe, ist falsch (OLG Köln NJW-RR 1999, 1155). Verlangt werden kann nur, dass ein Sachverhalt nachvollziehbar geschildert wird, der die behauptete Rechtsfolge schlüssig nach sich ziehen kann.

2 **Vollständigkeitspflicht** besteht nur iRd Wahrheitspflicht. **Grenzen:** tatsächl. Vorgänge, aus denen sich Einreden, Einwendungen usw. ergeben, ihm nachteilige Tatsachen, braucht der Kl nicht vorzutragen, er kann abwarten, ob sich der Bekl darauf beruft (vgl. BGH LM Nr. 10).

3 **Verstoß gegen die Wahrheitspflicht:** Prozessbetrug, § 263 StGB; Klage nach § 580 Nr. 4; Schadensersatzklage aus §§ 823 II, 826; vgl Kiethe MDR 2007, 625. Für den RA ferner theoretisch standesrechtl. Folgen. Verstoß gegen Vollständigkeitspflicht: ohne Folgen; vgl § 282.

4 **2. Erklärungspflicht (Absatz 2).** Sie lässt die für die Gegenseite geltende Darlegungslast unberührt, verpflichtet auch nicht dazu, ein nachteiliges Vorbringen des Gegners zu vervollständigen, bezieht sich nicht auf vorproz bekanntgewordene Umstände, sondern die im Prozess behaupteten Tatsachen (BGH NJW 1983, 2879); sie darf auch nicht zur Offenlegung von Geschäftsgeheimnissen zwingen (vgl OLG Nürnberg WM 1984, 1383). Den Anfechtungsgegner, der sich auf eine wertausschöpfende Belastung des ihm übertragenen Grundstücks beruft, trifft eine sekundäre Darlegungslast dazu, in welcher Höhe im Zeitpunkt seines Erwerbs Belastungen bestanden und valutierten (BGH NJW-RR 2006, 552).

**Rechtsbegriffe** können von den Parteien dann als tatsächl. Behauptungen gebraucht (zugestanden) werden, wenn es sich um einfache und allgemeine Begriffe des tägl. Lebens handelt. Dazu gehören etwa die Begriffe Eigentum, Kauf, Schenkung, Miete, Darlehen, nicht aber Sittenwidrigkeit (OLG Koblenz NJW-RR 1993, 571).

5 **3. Nichtbestreiten (Absatz 3).** § 138 III gilt nicht, wo ausnahmsweise der Untersuchungsgrundsatz herrscht (Einl Rz 5). § 138 III will der BGH in den Fällen des § 727 (Titelumschreibung) nicht anwenden (BGH Rpfleger 2005, 611). Auch im FGG gilt § 138 III nicht (wegen § 12 FGG).

**a) Wird eine (entscheidungserhebliche) Tatsache bestritten**, dann ist zu prüfen, ob dieses Bestreiten überhaupt rechtlich beachtl. ist:

**(1) Unbeachtlich ist die Floskel**, der gesamte Vortrag der Gegenseite werde bestritten, 6
soweit er nicht ausdrückl. zugestanden werde; oder ähnl. Phrasen; vgl. dazu *Doms* MDR 1991, 498;

**(2) Einfaches (pauschales) Bestreiten** (der Bekl stellt die Behauptung des Kl ohne nähere 7
Angaben schlechthin in Abrede) kann unbeachtl. sein mit der Folge, dass das Vorbringen des Gegners als zugestanden gilt und Entscheidungsgrundlage ist.

Ob und in welchem Umfang eine Partei gehalten ist, näher Stellung zu nehmen, hängt davon ab, wie substanziiert der Vortrag der klagenden Partei ist; zu einem unsubstanziierten Sachvortrag der Klagepartei muss grds der Bekl nicht substanziierte Ausführungen machen. Dem Gegner der primär behauptungs- und beweisbelasteten Partei wird allerdings eine gewisse (sekundäre) Behauptungslast auferlegt, zB wenn eine darlegungspflichtige Partei außerhalb des von ihr darzulegenden Geschehensablaufs steht und keine nähere Kenntnis der maßgebenden Tatsachen besitzt, während der Prozessgegner sie hat und ihm nähere Angaben zumutbar sind (BGH NJW 1987, 1201; 1987, 2008; 1990, 3151; vgl ferner BGH NJW 1999, 579). Steht aber die Partei den Geschehnissen, die der Gegner vorträgt „erkennbar fern", so kann von ihr eine nähere Substanziierung ihres Bestreitens nicht verlangt werden (BGH NJW-RR 1986, 60), ebenso nicht, wenn wegen retrograder Amnesie keine Erinnerung mehr besteht (KG VRS 1990, 241). Wichtige Fälle: Einkommenshöhe in Unterhaltsprozessen (OLG Karlsruhe FamRZ 1990, 533; OLG Hamm NJW-RR 1990, 1286).

IÜ kennt die ZPO keine *allgemeine* **Aufklärungspflicht** der nicht behauptungs- und beweispflichtigen Partei; keine Partei ist gehalten, dem Gegner für seinen Prozesssieg das Material zu verschaffen, über das er nicht schon von sich aus verfügt (BGH NJW 1990, 3151); Ausnahme (seit 2002) in § 142 I. Ob eine Partei Ansprüche gegen die andere auf Auskünfte, Rechnungslegung, Unterlagen hat, bestimmt sich grds nach mat Recht (Sonderregelung in § 142 I).

**(3) Substanziiertes Bestreiten** (dh solches, bei dem der Bekl näher Stellung nimmt, konkret sagt, was er bestreitet) ist beachtl. und führt ggf zur Beweisaufnahme.

**b) Wird eine Tatsache nicht ausdrücklich bestritten**, ist zu prüfen, ob sie konkludent 8
bestritten wird; eine Auslegung ist erforderl., Aufklärung durch Fragen, § 139, kommt in Betracht.

**c) Nichtbestrittenes** ist Entscheidungsgrundlage und darf auf seine Wahrheit grds nicht 9
nachgeprüft werden (Verhandlungsgrundsatz); **Nachholen des Bestreitens**, auch noch in der Ber-Instanz (dann: § 528), ist (anders als bei § 290) zulässig (BGH VersR 1963, 530).

**4. Erklärung mit Nichtwissen (Absatz 4).** Vgl *Nicoli* JuS 2000, 584. Über eigene Hand- 10
lungen ist die Behauptung, man wisse das nicht, unzulässig; Ausnahmen müssen gelten bei geistig behinderten Personen. Über gesetzl. Vertreter vgl BGH NJW 1999, 53. Dasselbe gilt für Tatsachen, die man selbst wahrgenommen hat oder wahrnehmen kann; die Behauptung des Kl, das Haus des Bekl sei 15m lang, kann der Bekl nicht „mit Nichtwissen bestreiten", weil er nachmessen kann. Sinn der Regelung ist, unsinnige Beweisaufnahmen zu ersparen. Eine unzulässige Erklärung wird wie Nichtbestreiten nach Abs.3 behandelt, die zulässige

gilt als Bestreiten (BGH NJW-RR 1989, 43). Für proz Behaupten gilt Abs.4 nicht (BGH NJW 1989, 162). Der am Unfallort anwesende VN kann mit Nichtwissen bestreiten, dass Fotografien die Unfallstelle zutreffend wiedergeben (OLG Frankfurt NZV 2006, 258).

„Eigen": die Partei muss sich bei Personen erkundigen, die unter ihrer „Aufsicht und Verantwortung" tätig geworden sind (BGH NJW 1990, 453; NJW-RR 2002, 612), zB bei Arbeitnehmern, ferner beim Ehegatten, beauftragten Werkunternehmer. Der Haftpflichtvers des Schädigers kann zulässigerweise Angaben des Geschädigten zu dem Unfall mit Nichtwissen bestreiten (OLG Frankfurt NZV 2006, 258). Man muss Abs. 4 überhaupt so verstehen, dass das Bestreiten mit Nichtwissen unzulässig ist, wenn sich die Partei das fehlende Wissen in zumutbarer Weise beschaffen kann (LAG Köln MDR 1999, 303). Unzulässig ist es zB, wenn der GmbH-Geschäftsführer die Höhe von Arbeitnehmeranteilen an der Sozialvers *mit Nichtwissen* bestreitet (OLG Düsseldorf NJW-RR 1993, 1128). Ein Zwangsverwalter kann sich zu der vom Vermieter erstellten Betriebskostenabrechnung, auf die der Mieter seine Rückforderung stützt, nicht mit Nichtwissen erklären (OLG Rostock NJW-RR 2006, 954). Über geschäftl. Vorgänge kann sich eine Partei nur dann mit Nichtwissen erklären, wenn sie in ihrem Unternehmen ohne Erfolg Erkundigungen angestellt hat (BGH NJW 1995, 130; LAG Hamm NZA-RR 2006, 290).

11 **Praxishinweise:**

1. Die Erklärungspflicht (Rz 4) bezieht sich nur auf das Vorbringen des Gegners. Am zweckmäßigsten ist es, im Erwiderungsschriftsatz eine in sich geschlossene eigene Darstellung des Sachverhalts zu bringen (s. dazu § 277 Rz 4).

2. Um substanziiert erwidern zu können, ist keine Partei verpflichtet, ein Privatgutachten einzuholen (BGH MDR 2003, 766).

3. Hnsichtl. bewusst unwahrer Behauptungen ist §138 Schutzgesetz iSd §823 II BGB. Grds gibt es aber keinen Widerrufs- oder Unterlassungsanspruch wegen im Prozess vorgebrachter ehrverletzender Behauptungen (*Stein/Jonas* §138 Rz 20 ff.; BVerfG NJW-RR 2007, 840).

## § 139 ZPO Materielle Prozessleitung

**(1) [1]Das Gericht hat das Sach- und Streitverhältnis, soweit erforderlich, mit den Parteien nach der tatsächlichen und rechtlichen Seite zu erörtern und Fragen zu stellen. [2]Es hat dahin zu wirken, dass die Parteien sich rechtzeitig und vollständig über alle erheblichen Tatsachen erklären, insbesondere ungenügende Angaben zu den geltend gemachten Tatsachen ergänzen, die Beweismittel bezeichnen und die sachdienlichen Anträge stellen.**

**(2) [1]Auf einen Gesichtspunkt, den eine Partei erkennbar übersehen oder für unerheblich gehalten hat, darf das Gericht, soweit nicht nur eine Nebenforderung betroffen ist, seine Entscheidung nur stützen, wenn es darauf hingewiesen und Gelegenheit zur Äußerung dazu gegeben hat. [2]Dasselbe gilt für einen Gesichtspunkt, den das Gericht anders beurteilt als beide Parteien.**

**(3) Das Gericht hat auf die Bedenken aufmerksam zu machen, die hinsichtlich der von Amts wegen zu berücksichtigenden Punkte bestehen.**

**(4) [1]Hinweise nach dieser Vorschrift sind so früh wie möglich zu erteilen und aktenkundig zu machen. [2]Ihre Erteilung kann nur durch den Inhalt der Akten bewiesen werden. [3]Gegen den Inhalt der Akten ist nur der Nachweis der Fälschung zulässig.**

**(5) Ist einer Partei eine sofortige Erklärung zu einem gerichtlichen Hinweis nicht möglich, so soll auf ihren Antrag das Gericht eine Frist bestimmen, in der sie die Erklärung in einem Schriftsatz nachbringen kann.**

§ 139 geändert durch G v. 27.07.2001 (BGBl 2001, 1887).

Lit: ***Schaefer*** NJW 2002, 849; ***Fellner*** MDR 2004, 728; ***Rensen*** MDR 2003, 483; ***Reischl*** ZZP 116, 81; ***Wächter*** ZZP 119, 393; ***Schneider*** ZAP Fach 2, 743; ***Stöber*** NJW 2005, 3601; ***Renssen*** MDR 2006, 366; 2006, 1201.

**1.** Die **richterliche Prozessförderungspflicht** ist in Abs. 1 geregelt; ergänzend vgl § 273 I, II. Grenzen sind die Wahrung des **Verhandlungsgrundsatzes** (die ZPO kennt keine Amtsermittlung, anders als § 12 FGG) und der **Unparteilichkeit** (BGH WM 1977, 1201; vgl BVerfG NJW 1979, 1925); das Verhältnis dieser drei Grundsätze zueinander steht nicht eindeutig fest. Zwischen Hinweispflicht und Hinweisrecht ist zu unterscheiden (str), sie decken sich nicht. Der Hinweis richtet sich grds an den Träger der Beweislast, er sollte schriftl. erfolgen (mit Abschrift an den Gegner) oder mdl im Termin (Dokumentation Abs. 4), § 142 kommt in Betracht; Fristsetzung uU. 1

**Sanktionen:** Unzulässige Hinweise können zur Ablehnung wegen Besorgnis der Bef, § 42, führen. Unterlassen notw Hinweise (maßgebend ist der mat Standpunkt *des ErstG* ohne Rücksicht auf die Richtigkeit, BGH NJW-RR 1990, 340) ist Verfahrensmangel und führt bei Rm uU zu Zurückverweisung, § 538 (BGH NJW 2001, 3480 zur aF); Staatshaftung (§ 839 BGB) ist denkbar. Verstoß gegen § 139 kann nur dann mit Erfolg von der Rev gerügt werden, wenn *im Einzelnen* angegeben wird, was auf einen entspr Hinweis vorgebracht worden wäre und der Vortrag vollständig nachgeholt wird (BGH NJW-RR 1988, 209). 2

Die Hinweispflichten nach § 139 sind vom GrundR des **rechtlichen Gehörs** (wonach sich die Parteien zum Sachverhalt äußern können, Einl Rz 10) zu unterscheiden (BVerfG NJW 1984, 2148). 3

**Umfang der Förderungspflicht (Absatz 1 Satz 1):** sie ist im Einzelnen str; die hM stellt Verhandlungsgrundsatz und Neutralität des Richters in den Vordergrund, in der Lit dagegen wird zT vom Richter eine aktive Gestaltungstätigkeit verlangt, auch dass er die Parteien unterstützen, beraten und zur Eigeninitiative anregen müsse (Nachw bei *Hermisson* NJW 1985, 2560); die Neufassung von Abs. 1 erweitert die richterl. Pflichten. Sinn der Hinweispflicht ist, dass die Parteien darauf reagieren können; deshalb darf nicht sogleich nach dem Hinweis die mdl Verh geschlossen und ein Verkündungstermin bestimmt werden (BGH NJW-RR 1997, 441; BauR 2001, 1577). 4

**Erklärung über Tatsachen (Absatz 1 Satz 2):** die Regelung verdeckt, dass es zunächst Aufgabe der Parteien und ihrer Anwälte und nicht Aufgabe des Gerichts ist, sich um einen 5 rechtzeitigen und vollständigen Vortrag zu kümmern. Der Kl und nicht das Gericht bestimmt den StrG und entscheidet, wann wo wie viel gegen wen eingeklagt wird. Zweck der Regelung ist es nicht, dass sich die Partei auf das Gericht verlassen darf und dies durch Bitte um Hinweis noch unterstreichen kann (vgl BGH GRUR 2000, 900). **Rechtzeitige Erklärung über Tatsachen.** Unklar ist, was damit gemeint ist, dass das Gericht darauf hinwirken soll, dass die Partei sich „rechtzeitig" erklärt. Jedenfalls muss der Richter nicht am Tag des Fristablaufs den RA anrufen und auf den bevorstehenden Fristablauf hinweisen. Fristwahrung ist Parteisache. Es besteht keine Pflicht, auf **Anwaltszwang** hinzuweisen (BGH NJW 2002, 3410).

6 **Vollständige Erklärung über Tatsachen:**

**(1) Vertretung durch Anwälte.** Sind beide Parteien anwaltl. vertreten, hat das Gericht eine geringere Hinweispflicht als gegenüber Laien (umstr); sonst könnte man den Anwaltszwang abschaffen und Schreibbüros einschalten. Verfassungsrechtl. Aspekte (Art 103 GG) verlangen daher nicht, dass das Gericht den anwaltl. vertretenen Kl, der als einer von mehreren Mietern allein auf Rückzahlung der Kaution klagt, auf die fehlende Aktivlegitimation hinweist (BVerfG WuM 2002, 23). Das Gericht hat nicht die Aufgabe, dem Anwalt seine Arbeit abzunehmen und aus einem unklaren Schriftsatz und einem Stoß Fotokopien eine schlüssige Klage herauszuarbeiten. Dagegen keine Einschränkung der Hinweispflicht, wenn der RA „die Rechtslage ersichtl. falsch beurteilt" (BGH NJW 1989, 718) oder wenn er Einwände des Gegners offensichtl. missversteht (BGH NJW 2001, 2548). Im Einzelfall sind zum Schutz der Partei immer die übl. Hinweise notw. **(2) Keine Vertretung durch Rechtskundige:** vor allem dann, wenn eine Seite durch einen RA vertreten ist, verlangt der Grundsatz der Waffengleichheit, dass weitgehende Hinweise gegeben werden, ohne dass das Gericht anwaltl. Aufgaben übernehmen darf. **(3) Fachliches Ungleichgewicht.** Wenn der Patient gegen den Arzt klagt, die Krankenvers gegen den Laien usw., dann ergeben sich wegen mangelnder Sachkunde oft Defizite im Sachvortrag. Dieses Ungleichgewicht ist durch entspr Hinweise und Herabsetzung der Anforderungen an Beweisangebote auszugleichen (LG München I NVersZ 2000, 568).

**(4) Hinweis bereits durch Gegner erfolgt.** Wenn die Gegenpartei bereits bestimmte Rügen erhoben hat (zB Unzulässigkeit; unbewiesen), ändert dies nichts an der Hinweispflicht (OLG Köln NJW-RR 2001, 1724; aA das Gericht muss die Hinweise nicht nochmals geben, OLG Nürnberg MDR 2000, 227; OLG Oldenburg NJW-RR 2000, 949; OLG Celle NZG 1999, 265). Auch der pauschale Beklagteneinwand, der „Klägervortrag ist unsubstanziiert" ersetzt einen richterl. Hinweis nicht (OLG Köln NJW-RR 2001, 1724). Letztlich ist das eine Frage des Einzelfalls, weil Einwände des Gegners oft neben der Sache liegen, sie die andere Seite also nur bedingt ernst nehmen muss. **(5) Einzelfälle**: bezweifelt das BerGer die Aussage eines erstinstanzl. vernommenen Zeugen, ist uU die beweisbelastete Partei darauf hinzuweisen (BGH NJW 1985, 3078); die durch einen RA vertretene Partei, die den Rechtsstreit nachlässig betreibt, ist nicht ohne Weiteres auf drohenden Fristablauf hinzuweisen (BGH NJW 1960, 766); ebenso nicht auf die Möglichkeit, den Entlastungsbeweis nach § 831 BGB anzutreten (BGH LM Nr. 6); es ist nicht Aufgabe des Gerichts, durch Fragen oder Hinweise neue Anspruchsgrundlagen, Einreden oder Anträge einzuführen, die im bisherigen Vortrag nicht zumindest andeutungsweise bereits eine Grundlage haben (BGH NJW 2004, 164; im Einzelnen umstr). Hinweis auf Verjährung rechtfertigt Ablehnung (BGH NJW 2004, 164; **aA** BayObLG NJW 1999, 1875; KG NJW 2002, 1732). Ungeklärt sind die Folgen, wenn der gerichtl. Hinweis *falsch* war, zB auf Hinweis geänderter Antrag abgewiesen wird (Staatshaftung?).

**Ungenügende Angaben ergänzen:** das gilt nur bez der schon „geltend gemachten Tatsachen". Beispiele: Hinweise auf Lücken im Tatsachenvorbringen (vgl BGH NJW-RR 2003, 742); fehlender Sachvortrag des Bekl, der nur die Aktivlegitimation des Kl bestreitet (OLG Düsseldorf MDR 1993, 1008); fehlende Vorlage von Verträgen und Anlagen (OLG Köln VersR 1993, 1023); vor Zurückweisung nach § 296 ist ein Hinweis notw (BGH NJW 1980, 1848, hM); wenn sich die Partei andeutungsweise auf Einreden beruft (zB Bekl erklärt, nach so langer Zeit brauche er doch nicht mehr zu zahlen), ist aufzuklären, ob sie die Einrede erheben will; fehlt diese Andeutung: kein Hinweis. Eine nur dem Grunde nach, nicht aber zur Höhe ausreichend dargelegte Schadensersatzforderung darf nicht wegen fehlender Substanziiertheit zur Höhe abgewiesen werden, ohne zuvor auf die Unvollständigkeit des Vortrags zur Höhe hinzuweisen und Gelegenheit zu ergänzendem Vorbringen zu geben (BGH NJW 2001, 75); auch zwecks evtl Schadensschätzung (§ 287) ist vom Fragerecht Gebrauch zu machen, wenn der Schaden nicht hinreichend dargelegt werden kann (BGH NJW-RR2000, 1340). 7

**Beweismittel bezeichnen** (BGH NJW 1991, 493): Unklarheiten bei Beweisanträgen sind zu beseitigen; das Angebot **„Zeugnis NN"** reicht für einen Beweisantritt nach § 373 grds nicht aus (BGH NJW 1982, 1905), hier ist § 356 anzuwenden; darauf braucht das Gericht die anwaltl. vertretene Partei nicht hinzuweisen, jedenfalls nicht, wenn die Partei erkennen konnte, dass es auf den unzureichend unter Beweis gestellten Gesichtspunkt ankommt (BGH NJW 1987, 3077). 8

**Sachdienliche Anträge stellen:** zB bei unklar gefassten, unrichtig formulierten, für die ZwV ungeeigneten Anträgen; Aufklärung, wenn ein Hilfsantrag versehentl. fallen gelassen wird (BGH LM Nr. 4); wenn ein in erster Instanz gestellter Beweisantrag versehentl. (?) in der Ber nicht wiederholt wird (BGH NJW 1998, 155). Die Partei ist aber nicht zu veranlassen, ihrem Wesen nach andere, auf anderen Anspruchsgrundlagen beruhende Anträge zu stellen, zB Schadensersatz statt Herausgabe (BGH 7, 208), oder die Klage zu erweitern, Zinsen zu verlangen (OLG Köln MDR 1972, 779) usw., also neue Anspruchsgrundlagen, Einreden oder Anträge einzuführen, die im Vorbringen nicht zumindest andeutungsweise bereits eine Grundlage haben (BT-Drucks 14/4722 S. 77). Das unzuständige Gericht der Vorinstanz ist nicht verpflichtet, den Anwalt darauf hinzuweisen, dass er einen **unzulässigen Rechtsbehelf** (hier: Gehörsrüge statt RB) gewählt hat (BGH AnwBl 2006, 213). 9

**2. Rechtsgespräch (Absatz 2):** die Vorschrift enthält ein Verbot der ÜberraschungsE, grds besteht keine Pflicht zum Rechtsgespräch. Davon gibt es Ausnahmen: **a) Übersehene rechtliche und tatsächliche Gesichtspunkte;** wenn wegen der Auffassung des Gerichts für die Parteien nicht vorhersehbar ist, auf welche Erwägungen die Entscheidung gestützt wird (BGH NJW-RR 2000, 1569); wenn die Anwendung ausl Rechts bisher nicht in Erwägung gezogen wurde, muss darauf hingewiesen werden (BGH NJW 1976, 474). Keine Pflicht zum Hinweis auf beabsichtigte Änderung der eigenen Rspr (BVerfG NJW 1988, 2787; BVerwG NJW 1996, 867). Wenn aber ein *rechtl. Hinweis erteilt* wird und sich die Parteien darauf eingestellt haben, darf nicht ohne neuen Hinweis im Urteil entgegengesetzt entschieden werden (BVerfG NJW 1996, 3202). In diese Gruppe fallen auch für unerhebl. 10

gehaltene Gesichtspunkte. Unterlässt es das Gericht entgegen § 139 II 1, die um WE (§ 233) nachsuchende Partei auf den für seine Entscheidung ausschließl. maßgebenden, von den Parteien ersichtl. für unerhebl. erachteten Gesichtspunkt hinzuweisen, ist der in der sof Beschwerde nachgeholte Vortrag zu berücksichtigen (BGH NJW-RR 2006, 1501). Wenn das BerGer (bei § 233) davon ausgeht, dass in der Kanzlei des RA des Beschwerdeführers keine Vorfristen notiert werden, ohne dem Beschwerdeführer, der hierzu nicht vorgetragen hatte, weil es nach seinem Vorbringen darauf nicht ankam, Gelegenheit zur Stellungnahme zu geben, wird gegen § 139 verstoßen (BGH NJW 2006, 2269). Die Hinweispflicht entfällt grds auch dann nicht, wenn sich aus einem Vorprozess eine bestimmte Rechtsauffassung des RechtsmittelG erschließen lässt (BGH NJW-RR 2006, 937).

10a **b) Anders beurteilter Gesichtspunkt.** Wenn *beide* Parteien etwas gleich beurteilen, das Gericht aber anders, ist ein Hinweis erforderl.; ebenso, wenn die Partei einen Hinweis des Gerichts falsch verstanden hat (BGH NJW 1999, 1264); Hinweis notw, bevor eine vom LG als schlüssig angesehene Klage vom OLG als unschlüssig abgewiesen wird (BGH NJW-RR 2002, 1436); wenn das BerGer eine von der Rechtsauffassung des ErstG abw Rechtsmeinung vertritt (BGH NJW-RR 2007, 17).

**c)** Die Regelung gilt nicht für eine **Nebenforderung:** str, ob iSv § 4 I zu verstehen oder als wertmäßig unerhebl. Teil (ca. 10 bis 15 %) der Hauptsache.

**d)** Die beabsichtigte Entscheidung muss nicht offenbart oder diskutiert werden.

**e)** Es muss beachtet werden, dass kein Anlass zur Richterablehnung entsteht (vgl dazu OLG Karlsruhe OLGZ 1978, 202).

11 **Gelegenheit zur Äußerung:** mdl, ist das nicht zumutbar, muss Schriftsatzfrist analog § 283 eingeräumt oder vertagt werden. Wird die Erheblichkeit erst beim Urteilsabsetzen erkannt, kommt schriftl. Hinweis mit Fristsetzung zur evtl Stellungnahme oder § 156 in Betracht. Das Gericht darf nicht ohne vorherigen Hinweis Anforderungen an den Sachvortrag stellen oder auf rechtl. Gesichtspunkte abstellen, mit denen auch ein gewissenhafter und kundiger Prozessbeteiligter nach dem bisherigen Prozessverlauf selbst unter Berücksichtigung der Vielfalt vertretbarer Rechtsauffassungen nicht zu rechnen brauchte (BVerfG NJW-RR 1996, 253).

12 **Unterlassen des Hinweises** kann bei Rm zu Zurückverweisung führen, § 538; iÜ wird das rechtl. Gehör (Art 103 GG) verletzt (BVerfG NJW 1996, 3202).

13 **Beispiele:** das Gericht erwägt die Zurückweisung von Vorbringen als verspätet (§§ 296 I, II); ganz andere Vertragsauslegung (BGH NJW-RR 2005, 39); Festsetzung des Beschwerdewerts unter 600,01 € (BGH NJW-RR 2005, 219); ausl Recht soll angewandt werden, während die Parteien bisher von der Anwendbarkeit deutschen Rechts ausgegangen sind (BGH NJW 1976, 476); analoge Anwendung von § 377 HGB auf Werkvertrag (BVerfG NJW-RR 1996, 253); bevor Klageabweisung mangels Substanziierung erfolgt, muss darauf hingewiesen werden (OLG München NJW-RR 1997, 944). Wenn das LG die Klage wegen Verjährung abwies und sich Ber und Ber-Erwiderung im Wesentlichen nur mit der Verjährung beschäftigen, darf ohne Hinweis nicht aufgrund eines vom LG erholten Beweissicherungsgutachtens zur Sache entschieden werden (BGH NJW 1987, 781).

**3. Von Amts wegen zu berücksichtigende Punkte (Absatz 3):** zB Zulässigkeit der Klage, Zust, Parteifähigkeit, Zulässigkeit des Rm. Hier *muss* das Gericht auf Bedenken hinweisen. 14

**4. Dokumentationspflicht (Absatz 4).** Für den Hinweis gibt es keinen bestimmten **Zeitpunkt.** Er soll grds so frühzeitig vor der mdl Verh erteilt werden, dass die Partei Gelegenheit hat, ihre Prozessführung darauf einzurichten. Erteilt das Gericht den Hinweis erst in der mdl Verh, muss es der betroffenen Partei genügend Gelegenheit zur Reaktion hierauf geben. Kann eine sof Äußerung nach den konkreten Umständen nicht erwartet werden, darf die mdl Verh nicht ohne Weiteres geschlossen werden. Vielmehr muss das Gericht die mdl Verh dann vertagen, soweit dies im Einzelfall sachgerecht erscheint, ins schriftl. Verfahren übergehen oder gem. § 139 V i.V. mit § 296 a ZPO einen Schriftsatznachlass gewähren (BGH FamRZ 2007, 38). Ggf besteht eine Pflicht zur Wiedereröffnung der mdl Verh nach § 156 II Nr.1. Die Bemerkung des Gerichts im Urteil, eine Partei sei auf eine veränderte Beurteilung hingewiesen worden, lässt nicht erkennen, ob diese auch Gelegenheit hatte, dazu Stellung zu nehmen; daher handelt es sich um ein ÜberraschungsU (BGH BauR 2006, 2096). Ein BerGer muss eine von der Rechtsauffassung des erstinstanzl. Gericht abw Rechtsmeinung der betroffenen Partei mitteilen und ihr anschließend Gelegenheit gegeben, ihren Sachvortrag unter Berücksichtigung dieses Hinweises zu ergänzen; wird nach dem Hinweis die mdl Verh geschlossen, ein Verkündungstermin bestimmt und die beantragte Wiedereröffnung der Verh abgelehnt, ist ein solcher Hinweis sinnlos (BGH NJW-RR 2007, 17). 15

**Dokumentation:** Der Hinweis sollte bei einem Telefonat durch Aktenvermerk, bei schriftl. Hinweisen durch die Verfügung, Protokollierung (§ 160 II) oder ausnahmsweise Feststellung im Urteilstatbestand (BT-Drucks. 14/4722 S. 78; BGH NJW-RR 2005, 1518; bedenkl. wegen Manipulationsgefahr; dazu Rensen MDR 2006, 1201; abschwächend BGH NJW 2006,62; OLG Karlsruhe OLG-Report 2006, 490; dort aber mit Angabe, wann) festgehalten werden (**Satz 1**). Aktenvermerke über Telefonate sind auch dem Gegner zuzuleiten.

**Satz 2:** enthält eine Beweisregel. Ist der Hinweis nicht dokumentiert, gilt er als nicht erteilt. Eine Beweisaufnahme, dass ein Hinweis erfolgte, durch Vernehmung der Richter, der Anwälte, des Büropersonals oder Einholung dienstl. Auskünfte scheidet nach hM aus. (wieso eigentlich? vgl §162 Rz 2)

**Satz 3:** Ist der Hinweis zB durch Aktenvermerk dokumentiert und behauptet der RA, er habe keinen Hinweis bekommen, müsste der RA Fälschung der Akten beweisen (vgl § 165 S. 2). Doch muss es auch zulässig sein, dass der RA nachweist, dass ihm die schriftl. Verfügung nicht zugegangen ist, was mit „Fälschung" nichts zu tun hat.

16

**Praxishinweise:**

1. Vielfach werden Hinweise erstmals in der mdl Verh erteilt. Das ist verfahrenswidrig (§ 139 IV 1: „so früh wie möglich"; § 273 I: „rechtzeitig zu veranlassen"). IdR ist es dann der sicherste Weg, auf einem Schriftsatznachlass zu bestehen (§ 139 V).

2. In Betracht kommt auch, zunächst keine Anträge zu stellen, sodass neuer Termin anberaumt werden muss. Ein VU darf in diesem Fall nicht ergehen (OLG Köln WRP 2000, 418).

3. Immer wieder wird angenommen, die Hinweispflicht des Gerichts entfalle, wenn schon der Gegner auf Bedenken zur Schlüssigkeit oder zur Beweisbedürftigkeit hingewiesen habe. Das ist unzutreffend (*Zöller/Greger* § 139 Rz 3; *Thomas/Putzo/Reichold* § 139 Rz 12; *Stöber* NJW 2005, 3603, 3605; *Rensen* MDR 2006, 366). Die Gegenpartei kann nicht wissen, wie sich das Gericht oder später das BerGer zu diesen Bedenken stellt. Das Gericht kann seine Aufklärungs- und Hinweispflicht nicht auf eine Prozesspartei delegieren.

4. Will das Gericht von einer den Parteien mitgeteilten Rechtsauffassung abweichen, ist es verpflichtet, diesen zu ermöglichen, sich zu der geänderten Rechtsauffassung des Gerichts zu äußern, neue Tatsachen vorzutragen und Beweisanträge zu stellen (OLG München MDR 206, 350).

5. Zu warnen ist vor einer „Verhandlungsfalle": Auf Anregung des Gerichts „erst einmal die Anträge zu nehmen„und dann belehrt zu werden, die Klage oder Rechtsverteidigung sei unschlüssig. Eine Flucht in die Säumnis ist dann nicht mehr mögl. (ZAP Kolumne Heft 21 S. 1269). Dies kann verhindert werden, indem der Anwalt erst einmal auf der Beachtung der §§ 139, 273 I besteht.

6. Die in der mdl Verh erteilten gerichtl. Hinweise sind nach § 160 II in das Verhandlungsprotokoll aufzunehmen (BGH NJW 2006, 60). Eine bedenkl. Rspr legt § 139 IV dahin aus, es genüge, wenn sich die Hinweiserteilung erst aus dem Urteil ergebe (BGH-Report 2005, 1272; s. näher die ZAP-Kolumne Heft 15/2006 S. 785). Dadurch werden die Parteien benachteiligt, da es nicht mögl. ist, irrige Angaben im Urteil berichtigen zu lassen. Der BGH hat diese Schwierigkeiten gesehen und verlangt, in diesen Fällen müssten sich die Entscheidungsgründe dazu äußern, ob die Protokollierung nur versehentl. unterlassen worden sei, anderenfalls sei eine darauf gestützte Verfahrensrüge begr (NJW 2006, 62).

7. Verstöße gegen die Aufklärungspflicht nach § 139 I 2 können zur Verletzung des Anspruchs auf rechtl. Gehör (Art 103 I GG) führen, wenn durch die Unterlassung verhindert wird, dass eine Partei sich zu allem wesentl. oder tatsächl. oder rechtl. Prozessstoff äußern kann (BVerfGE 84, 190).

8. In berufungsfähigen Sachen sollte eine unterlassene Hinweispflicht oder deren versäumte Protokollierung nicht gerügt werden, wenn Ber mögl. und bei Unterliegen beabsichtigt ist. Der Verstoß gegen § 139 ist eine die Ber eröffnende Rechtsverletzung (§ 513).

## § 140 ZPO Beanstandung von Prozessleitung oder Fragen

**Wird eine auf die Sachleitung bezügliche Anordnung des Vorsitzenden oder eine von dem Vorsitzenden oder einem Gerichtsmitglied gestellte Frage von einer bei der Verhandlung beteiligten Person als unzulässig beanstandet, so entscheidet das Gericht.**

Sachleitungsanordnungen sind solche nach §§ 136, 137; nicht zB Sitzungspolizei. Es entscheidet der Spruchkörper, nicht der Vors, durch Beschluss aufgrund mdl Verh, zu verkünden, § 329 I, unanfechtbar, § 567 I. Nur wenn ein solcher Beschluss herbeigeführt wird, kann (wie im Strafprozess) das Rm auf die Unzulässigkeit der AnO gestützt werden. 1

2

**Praxishinweis**

Aus dem Tatbestandsmerkmal „AnO" wird abgeleitet, dass das Gericht nicht gegen Unterlassungen des Vors angerufen werden kann (*Stein/Jonas* § 140 Rz 6). Das ist eine abzulehnende, letztl. anwaltsfeindl. Auslegung. Auch dann ist nach der Interessenlage eine Entscheidung des Gerichts geboten (zutr *Baumbach/Hartmann* § 140 Rz 5). Denn nur so lässt sich erreichen, dass der Vors seine Aufklärungs- und Hinweispflichten nach §§ 139, 273 I erfüllt. Auch die zu Unrecht verweigerte Protokollierung oder Entgegennahme eines Schriftsatzes in der Verh erfordert eine KollegialE, da es um verfassungsrechtl. relevante Unterlassungen geht und die Voraussetzungen einer Analogie oder verfassungskonformen Auslegung gegeben sind.

## § 141 ZPO Anordnung des persönlichen Erscheinens

**(1) [1]Das Gericht soll das persönliche Erscheinen beider Parteien anordnen, wenn dies zur Aufklärung des Sachverhalts geboten erscheint. [2]Ist einer Partei wegen großer Entfernung oder aus sonstigem wichtigen Grund die persönliche Wahrnehmung des Termins nicht zuzumuten, so sieht das Gericht von der Anordnung ihres Erscheinens ab.**

**(2) [1]Wird das Erscheinen angeordnet, so ist die Partei von Amts wegen zu laden. [2]Die Ladung ist der Partei selbst mitzuteilen, auch wenn sie einen Prozessbevollmächtigten bestellt hat; der Zustellung bedarf die Ladung nicht.**

**(3) [1]Bleibt die Partei im Termin aus, so kann gegen sie Ordnungsgeld wie gegen einen im Vernehmungstermin nicht erschienenen Zeugen festgesetzt werden. [2]Dies gilt nicht, wenn die Partei zur Verhandlung einen Vertreter entsendet, der zur Aufklärung des Tatbestandes in der Lage und zur Abgabe der gebotenen Erklärungen, insbesondere zu einem Vergleichsabschluss, ermächtigt ist. [3]Die Partei ist auf die Folgen ihres Ausbleibens in der Ladung hinzuweisen.**

**Lit:** ***Lange*** (Parteianhörung) NJW 2002, 476.

**1. Die Anordnung** erfolgt bei Terminsvorbereitung durch Verfügung des Vors (ER, Vors der KfH) nach § 273 II 3 (indem ohne nähere Begründung „Das pers Erscheinen des Bekl angeordnet" wird), in der mdl Verh durch Beschluss der Kammer/des Senats; 1

sie ist unanfechtbar, § 567. Es kann auch nur die Ladung *einer* Partei (statt beider) angeordnet werden, bei Handelsgesellschaften und JuP sind Geschäftsführer, Organe usw., bei Kindern die ges Vertreter zu laden. Beim Scheidungsverfahren kann das Gericht das Erscheinen beider Parteien zum *selben* Termin anordnen (OLG Brandenburg FamRZ 2000, 897).

2 **Einzelheiten der Ladung** vgl **Absatz 2, Absatz 3 Satz 3;** bei Gefangenen ist die JVA zur Vorführung zu veranlassen; die bedürftige Partei kann Reisekostenvorschuss nach GKG-KV 9008 verlangen, Bewilligung durch das die Ladung anordnende Gericht, bei Versagung § 127 entspr (BGH 64, 139). In FGG-Sachen ist bei Betreuung § 68 III FGG, bei Unterbringung § 70c S. 5 FGG Rechtsgrundlage, sonst kann § 13 S. 2 FGG eine Rechtsgrundlage für die AnO sein, Vollstr nach § 33 FGG (KG MDR 1984, 325).

3 **2.** Die **Anhörung ist zu unterscheiden von der Parteivernehmung** nach §§ 445 ff und der Ladung zum Güteversuch (§ 278); in Ehesachen vgl § 613. Die Anhörung dient nicht Beweiszwecken, sondern nur der Klärung des Sachvortrags (BGH LM Nr. 3), seiner Ergänzung, in der Praxis oft auch der Klärung von Streitigem (vgl *Meyke* MDR 1989, 358; *Schöpflin* NJW 1996, 2134; *Terbille* VersR 1996, 408); will das Gericht die Angaben zum Beweismittel erheben, muss es nach §§ 445 ff vorgehen (BGH LM Nr. 3). Die Tendenz geht allerdings dahin, die Unterschiede zwischen § 141 und § 448 einzuebnen. Die Parteienanhörung (§ 141) soll im Lichte einer Entscheidung des EGMR (NJW 1995, 1413) – bei entsprechender Würdigung des Wahrheitsgehalts der Bekundung – dem Beweismittel der Parteivernehmung gleichstehen (LAG Sachsen MDR 2000, 724). Der Anspruch auf rechtl. Gehör und das Recht auf Gewährleistung eines effektiven Rechtsschutzes können es gebieten, dass das Gericht nicht nur den Zeugen der Gegenpartei, sondern auch die Partei gem § 141 ZPO oder § 448 ZPO zum umstr **Inhalt eines Vier-Augen-Gesprächs** vernimmt (BGH NJW 2003, 3636; BVerfG NJW 2001, 2531). In diesem Fall kann sowohl die Vernehmung der Partei gem § 448 als auch ihre Anhörung gem § 141 nicht von einer überwiegenden Wahrscheinlichkeit für ihr Vorbringen abhängig gemacht werden (BGH NJW-RR 2006, 61).

4 **Als Teil des Verhandlungsinhalts** sind die Angaben der Partei zwar Mittel der freien Beweiswürdigung zur Bewertung des Streitstoffs (BGH NJW 1992, 1559), haben aber nicht mehr **Beweiswert** als der schriftsätzl. Vortrag (daher hier Verwertung des „pers Eindrucks" bei der Anhörung unzulässig, LM Nr. 3). Divergieren Sachvortrag des RA und Vortrag der eigenen Partei, ist letzterer maßgebl. (BGH LM Nr. 2; VersR 1969, 58). Die Anhörung erfolgt in der mdl Verh vor dem ProzessG; str, ob sie (wegen Abs. 1 S. 2) auch vor dem ersuchten Richter zulässig ist; der beauftr Richter kann anhören (OLG Köln MDR 1986, 152). Wenn der Patient im Arzthaftungsprozess im Einzelnen darlegt, warum er bei vollständiger und richtiger Aufklärung hinsichtl. seiner Einwilligung in den ärztl. Eingriff in einen Entscheidungskonflikt geraten wäre, darf der Tatrichter in aller Regel die Plausibilität dieses Vortrags nicht beurteilen, ohne den Patienten pers dazu angehört zu haben (BGH NJW 2005, 1364).

5 **Protokollierung** ist nicht vorgeschrieben (BGH LM Nr. 1), aber übl., vgl auch § 160 IV.

6 **3. Bei Ausbleiben der Partei** kommt Festsetzung von **Ordnungsgeld** infrage (5-1 000 €, Art 6 I EGStGB); keine Ordnungshaft, auch nicht bei Nichtbeitreibbarkeit des Geldes,

OLG Karlsruhe Justiz 1984, 343; keine Auferlegung der Kosten des Fernbleibens (OLG Köln FamRZ 1993, 338); keine KostenE (OLG Brandenburg MDR 1999, 508); keine Vorführung. Die Ermessensausübung muss begr werden. Erscheint der GmbH-Geschäftsführer nicht, wird das Ordnungsgeld der GmbH auferlegt (OLG Frankfurt MDR 2006, 170). Erscheinen von im Ausland lebenden Ausländern nicht gem § 380 erzwingbar (OLG München NJW-RR 1996, 59). Aber **kein Ordnungsgeld, wenn**

**a)** sich die ausgebliebene Partei auf das Verfahren **bisher nicht eingelassen** hatte (OLG Naumburg MDR 1999, 1020; OLG Celle NJW 1970, 1689), also im Termin, zu dem sie nicht erscheint, ein VU gegen sie ergeht, weil es nur um Ergänzung des eigenen Sachvortrags geht und allenfalls Erscheinenspflicht, aber keine Einlassungspflicht besteht; oder wenn eine weitere Sachaufklärung unnötig ist (OLG Brandenburg FamRZ 2004, 467); 7

**b)** oder wenn **Ausbleiben entschuldigt** ist, vgl § 381; Anwaltsverschulden wird zugerechnet, § 85 II, str; 8

**c)** oder wenn ein **Vertreter nach § 141 III entsandt** wurde (das kann auch der RA sein; sogar ein Sachbearbeiter usw., der auch als Zeuge in Betracht kommt; OLG Schleswig SchlHA 2001, 236); ist dieser nicht ausreichend informiert oder ohne ausreichende Vollmacht, kann gegen die Partei Ordnungsgeld verhängt werden (OLG Nürnberg MDR 2001, 954; OLG Frankfurt MDR 1991, 545; OLG München NJW-RR 1992, 827; str); 9

**d) Mitteilung** des Rechtsgrunds oder **des Zwecks der Ladung** bzw des Themenkreises, zu dem sich die Partei äußern soll, ist nicht Voraussetzung der Verhängung von Ordnungsgeld (KG MDR 1983, 235; **aA** OLG Köln NJW 1974, 1003); 10

**e) Streitig** ist, ob Grund der Verhängung des Ordnungsgeldes die Ahndung einer Missachtung des Gerichts ist (zutr, vgl OLG Frankfurt MDR 1979, 567; OLG Düsseldorf OLGZ 1994, 576; dann genügt für Auferlegung von Ordnungsgeld Fernbleiben, auch wenn nur ein **Vergleichsversuch** unternommen werden sollte) oder der Verhinderung von Verfahrensförderung bzw sachgerechter Erledigung (dafür die hM, OLG Karlsruhe FamRZ 2006, 957; OLG Frankfurt NJW-RR 1986, 997; OLG Köln FamRZ 1995, 100; diese fordern daher für Auferlegung von Ordnungsgeld weiter, dass ein neuer Verhandlungstermin notw wird, Sachaufklärung beeinträchtigt wird). 11

**Rechtsmittel gegen Ordnungsgeldbeschluss:** bei nachträgl. Entschuldigung Aufhebung, § 381 I 2 (OLG Bamberg MDR 1982, 585; str), sonst sof Beschwerde analog § 380 III (KG JR 1983, 156), kein RA-Zwang, bei Erfolg werden die Kosten entspr §§ 46 OWiG, 467 StPO der Staatskasse auferlegt (OLG Bamberg NJW 1982, 585; **aA** keine KostenE, da Parteikosten, OLG Düsseldorf JurBüro 1986, 613). Beachte § 567. 12

13

**Praxishinweise:**

1. Pers Erscheinen wird oft gedankenlos durch Ankreuzen im Ladungsformular verfügt. Dann soll sich etwa der Leiter einer Bank dazu erklären, was am Kundenschalter geschehen ist. Solche Gedankenlosigkeiten sind zu beanstanden.

2. Damit die Partei sich darauf einstellen kann, was sie zur Aufklärung beitragen soll, hat das Gericht sie in der Ladungsverfügung darüber zu unterrichten. Geschieht das nicht, sollte die Partei oder ihr Anwalt die versäumte Aufklärung fordern.

3. Der PrBev muss über die Ladung informiert werden. Unterbleibt seine Benachrichtigung und bestellt er deshalb seine Partei ab, dann ist diese entschuldigt (OLG Köln VersR 1975, 545).

4. Erscheint die Partei ohne Anwalt, weil er nicht informiert worden ist, darf sie im Anwaltsprozess nicht angehört werden, weil es dabei schon um die mdl Verh mit Vertretungszwang geht (*Stein/Jonas* § 141 Rz 34).

5. Bleibt unklar, warum das Erscheinen einer Partei angeordnet worden ist, dann sollte ihr PrBev umgehend um Aufklärung bitten, zumal dies vielfach als Pflicht des Gerichts angesehen wird (Rz 10; w. Nachw. bei *Stein/Jonas* § 141 Rz 17).

6. Eine Partei kann folgenlos fernbleiben, wenn sie dem Gericht mitteilt, sie sei nicht erklärungs- und aussagebereit (OLG Hamburg MDR 1997, 596; OLG Hamm MDR 1997, 1061). Aus einer pers Ladung folgt kein Erklärungszwang (MünchKommZPO-*Peters* § 141 Rz 19).

7. Kein Auslagenvorschuss bei amtswegigem SV-Beweis (s. § 402 Rz 11).

## § 142 ZPO Anordnung der Urkundenvorlegung

**(1) [1]Das Gericht kann anordnen, dass eine Partei oder ein Dritter die in ihrem oder seinem Besitz befindlichen Urkunden und sonstigen Unterlagen, auf die sich eine Partei bezogen hat, vorlegt. [2]Das Gericht kann hierfür eine Frist setzen sowie anordnen, dass die vorgelegten Unterlagen während einer von ihm zu bestimmenden Zeit auf der Geschäftsstelle verbleiben.**

**(2) [1]Dritte sind zur Vorlegung nicht verpflichtet, soweit ihnen diese nicht zumutbar ist oder sie zur Zeugnisverweigerung gemäß den §§ 383 bis 385 berechtigt sind. [2]Die §§ 386 bis 390 gelten entsprechend.**

**(3) [1]Das Gericht kann anordnen, dass von in fremder Sprache abgefassten Urkunden eine Übersetzung beigebracht werde, die ein nach den Richtlinien der Landesjustizverwaltung hierzu ermächtigter Übersetzer angefertigt hat. [2]Eine solche Übersetzung gilt als richtig und vollständig, wenn dies von dem Übersetzer bescheinigt wird. [3]Die Bescheinigung soll auf die Übersetzung gesetzt werden, Ort und Tag der Übersetzung sowie die Stellung des Übersetzers angeben und von ihm unterschrieben werden. [4]Der Beweis der Unrichtigkeit oder Unvollständigkeit der Übersetzung ist zulässig. [5]Die Anordnung nach Satz 1 kann nicht gegenüber dem Dritten ergehen.**

§ 142 zuletzt geändert durch G v. 19.04.2006 (BGBl 2006, 866).

**Lit:** ***Konrad*** NJW 2004, 710; ***Schneider*** MDR 2004, 1; ***Eschenfelder*** (discovery) RiW 2006, 443; ***Keller*** NZS 2005, 528; ***Greger*** DStR 2005, 479.

1 **Urkundenvorlegung (Absatz 1).** Hierdurch sollen die Aufklärungsmöglichkeiten der Gerichte verbessert werden Die AnO kann auch der Bereitstellung von Beweismitteln dienen (BGH NJW 2007, 155). Einschränkungen dahin, dass eine Partei die Beweistauglichkeit

etc schlüssig darlegen müsse, finden sich in §142 nicht (str). Die AnO erfolgt bei Terminsvorbereitung durch Verfügung des Vors, §273 II Nr.5, in der mdl Verh durch Beschluss des Gerichts. Verpflichtet werden können nicht nur von den Parteien benannte Personen (OLG Stuttgart NJW-RR 2007, 250). Vorzulegen sind Urkunden (vgl §415) und sonstige Unterlagen, wie Pläne, Fotos, Schriftwechsel, Faxe, Krankenhausakten, Röntgenbilder. Es muss sich aber der Kl, der Bekl oder Streithelfer darauf *bezogen* haben (also irgendwie im Schriftsatz oder sonst erwähnt haben), doch ist ein Beweisantritt nicht erforderl. Auf die Beweislast kommt es ebenfalls nicht an, auch nicht auf das Eigentum an den Unterlagen. Die AnO kann mit einer Fristsetzung verbunden werden (S.2). Die Unterlagen sind zB in der Sitzung „vorzulegen" (dann können sie wieder mitgenommen werden), oder sie kommen zu den Akten (und werden dann wieder an den Vorleger zurückgegeben). Die AnO kann ergehen: gegen eine **Partei**; oder gegen **Dritte** (seit 2002): etwa wenn die Haftpflichtvers einer Partei ein SV-Gutachten einholte (*Schäfer* DS 2004, 179); Krankenunterlagen einer Klinik (OLG Saarbrücken MDR 2003, 1250). Die Zurückweisung des Antrags, eine VorlegungsAnO zu erlassen, hält OLG Karlsruhe (OLG-Report 2005, 484) für unanfechtbar.

**Erzwingung der Vorlage (Absatz 2). (1)** Die **Partei** ist zur Vorlage nicht verpflichtet. Legt sie nicht innerhalb der gesetzten Frist vor, wird dies bei der Beweiswürdigung (§286) berücksichtigt, vgl §427. **(2)** Der **Dritte** ist zur Vorlage verpflichtet (Erzwingung nach §390, wobei dem Dritten auch die Kosten aufzuerlegen sind, §390 I 1), außer er hätte ein Zeugnisverweigerungsrecht (Abs.2) oder die Vorlage ist unzumutbar, zB wenn er sie umständl. heraussuchen müsste; oder wenn ihm dadurch ein eigener vermögensrechtl. Schaden entstehen würde (§384 Nr.1; nur insofern besteht ein begrenztes Ausforschungsverbot); hierfür genügt es, dass die Durchsetzung von Ansprüchen gegen ihn auch nur erleichtert würde (BGH NJW 2007, 155). Nicht genügt, dass die Vorlage ihm zur Unehre gereiche (OLG Stuttgart NJW-RR 2007, 250). Die Schufa darf die Auskunft über Adressdaten nicht verweigern (LG Berlin MDR 2006, 352). Wenn ein **Geheimhaltungsbedürfnis** besteht (Patente etc), kann der Dritte die entspr Teile ggf schwärzen (vgl BGH NJW-RR 2007, 106). Evtl kommt auch die Einschaltung von Personen, die zur Geheimhaltung verpflichtet sind, in Betracht (vgl BVerwG NVwZ 2006, 1041; str). Wenn der Dritte als Zeuge geladen wird mit der Auflage, die Unterlagen mitzubringen, kann er auch den Zeitaufwand für das Suchen nach dem JVEG abrechnen. Der Streit, ob der Dritte vorlegen muss, wird durch ZwischenU (§387) entscheiden; dagegen sof Beschwerde (§387 III), bei Zulassung RB zum BGH. 2

**Fremdsprachliche Urkunden (Absatz 3).** Fremdsprachl. Schriftstücke können zunächst ohne Übersetzung vorgelegt werden (OLG Zweibrücken NJWE-WettbR 1998, 267). Das Gericht kann solche Papiere von Amts wegen übersetzen lassen (§ 144) oder dem Vorleger aufgeben, eine „amtl." Übersetzung vorzulegen. Die Kosten des Übersetzers sind Prozesskosten (§ 91) und erstattungsfähig. Dem Dritten kann das Übersetzenlassen nicht aufgegeben werden. Ausl Urkunden können auch ohne Übersetzung berücksichtigt werden (BGH NJW 1989, 1433), wenn das Gericht die Sprache versteht. 3

4 **Praxishinweise:**

1. Vorlegungspflicht setzt Besitz voraus. Besteht er im Zeitpunkt der AnO nicht, dann ist es Sache der Parteien, den Besitzer ausfindig zu machen. Der Dritte ist nicht verpflichtet, dem Gericht mitzuteilen, wer Besitzer ist; ihm obliegt keine Auskunftspflicht.

2. Der Gegensatz in Abs. 1 „nicht zumutbar oder Zeugnisverweigerungsrecht" besteht nicht, weil die Zeugnisverweigerung ein Anwendungsfall der Zumutbarkeit ist. Die Wendung „zumutbar" bezieht sich daher nur auf physische Erschwernisse, wirtschaftl. Gründe oder auf die Privatsphäre: Keine Pflicht, Unterlagen mühsam aus abgelegten Ordnern zu sammeln oder gar noch bezahlte Hilfskräfte dafür einzusetzen; die Vorlage darf den Dritten nicht in seiner berufl. Tätigkeit behindern, etwa weil er die Akten st benötigt; auch pers Dokumente muss er nicht vorlegen, zB Ehescheidungsurt, Krankenakten, Briefe, Tagebucheintragungen usw.

3. Die Gründe für eine Weigerung der Vorlage hat der Dritte glaubhaft zu machen (§§ 142 II 2, 386 I).

4. Entgegen *Zekoll/Bolt* (NJW 2002, 3233) muss der Dritte die ihm entstehenden Vorlegungskosten nicht selbst tragen. Das wäre unzumutbar. Er ist nach dem JVEG zu entschädigen (*Zöller* § 142 Rz 7). Die Kosten sind erstattungsfähig (BLAH § 142 Rz 26).

## § 143 ZPO Anordnung der Aktenübermittlung

**Das Gericht kann anordnen, dass die Parteien die in ihrem Besitz befindlichen Akten vorlegen, soweit diese aus Dokumenten bestehen, welche die Verhandlung und Entscheidung der Sache betreffen.**

§ 143 geändert durch G v. 22.03.2005 (BGBl 2005, 837).

1 Mit „Dokumenten" sind Schriftstücke etc gemeint. Damit soll ermöglicht werden, dass die evtl verlorengegangene Gerichtsakte rekonstruiert werden kann (str). Nicht die Handakten der Parteien/RAe für den betreffenden Rechtsstreit, welche die Korrespondenz RA/Partei beinhalten. Behördenakten vgl §§ 273 II Nr. 2, 432.

2 **Praxishinweis**

Die Partei ist nicht verpflichtet, der AnO nachzukommen. Das Gericht kann sie auch nicht erzwingen, weil das Gesetz keine Sanktion für die Nichtbefolgung vorsieht. Wohl ist es mögl., die Weigerung bei der Beweiswürdigung zu berücksichtigen, da sie Teil „des ges Inhalts der Verh" ist (§ 286).

## § 144 ZPO Augenschein; Sachverständige

**(1) [1]Das Gericht kann die Einnahme des Augenscheins sowie die Begutachtung durch Sachverständige anordnen. [2]Es kann zu diesem Zweck einer Partei oder einem Dritten die Vorlegung eines in ihrem oder seinem Besitz befindlichen Gegenstandes aufgeben und hierfür eine Frist setzen. [3]Es kann auch die Duldung der Maßnahme nach Satz 1 aufgeben, sofern nicht eine Wohnung betroffen ist.**

**(2) [1]Dritte sind zur Vorlegung oder Duldung nicht verpflichtet, soweit ihnen diese nicht zumutbar ist oder sie zur Zeugnisverweigerung gemäß den §§ 383 bis 385 berechtigt sind. [2]Die §§ 386 bis 390 gelten entsprechend.**

**(3) Das Verfahren richtet sich nach den Vorschriften, die eine auf Antrag angeordnete Einnahme des Augenscheins oder Begutachtung durch Sachverständige zum Gegenstand haben.**

§ 144 geändert durch G v. 27.07.2001 (BGBl 2001, 1887).

**Augenschein und Sachverständigen-Gutachten** können auf Antrag der Parteien §§ 371 ff, §§ 402 ff oder von Amts wegen eingenommen bzw eingeholt werden (**Absatz 1**); im letzteren Fall besteht keine Vorschusspflicht iSd § 379 (BGH NJW 2000, 743; FamRZ 1969, 477), auch nicht nach § 17 III GKG (BGH NJW 2000, 743, **aA** OLG Koblenz NJW-RR 2002, 432). Es besteht grds ein Ermessensspielraum; er kann aber im Einzelfall auf Null schrumpfen; so kann das Gericht verpflichtet sein, bei Streit um angebl. Lärmbelästigung, Geruchsbelästigung von sich aus einen Augenschein zu machen, sich bei Auslegung fremdsprachiger Vertragsklauseln sachkundig beraten zu lassen (BGH NJW 1987, 591) oder ein fremdsprachiges Testament übersetzen zu lassen (BayObLG FamRZ 1997, 318). 1

**Vorlage von Gegenständen (Absatz 1 Satz 2)**, wie mangelhafter Ware (Kaufpreisprozess), Gebissprothesen (Arzthaftung), kann den Parteien, Streithelfern oder Dritten (vgl Abs. 2) aufgegeben werden. Fristsetzung § 273 II Nr. 5. Auf Beweislast, Beweisangebot usw. kommt es nicht an, auch nicht auf das Eigentum. 2

**Duldung (Absatz 1 Satz 3):** Augenschein und SV-Gutachten muss die Partei und auch ein Dritter dulden. In einem Streit zwischen Bauherrn und Bauunternehmer wegen Mängeln kann dem Dritten, der das Gebäude inzwischen erworben hat, aufgegeben werden, die Besichtigung des Gebäudes durch einen SV, die Öffnung von Bauteilen (Zwischendecken) und den Ausbau von Steckdosen (Bestimmung der verbleibenden Wandstärke) zu dulden (KG NJW-RR 2006, 241). Zur Frage, wer die **Schließung der Bauteile** veranlassen und zahlen muss vgl § 404a. Nur bei der eigenen Wohnung (Art 13 GG) kann die Partei bzw der Dritte mit Erfolg widersprechen (zB ein Dritter der Begutachtung seiner Wohnung zwecks Errechnung der Vergleichsmiete für eine andere Wohnung), dann kann sie weder in Augenschein genommen noch begutachtet werden. 3

**Erzwingbarkeit (Absatz 2).** Die **Partei** ist zur Vorlage der Gegenstände oder Duldung (des Gutachtens, des Augenscheins) nicht verpflichtet. Weigert sie sich innerhalb der gesetzten Frist, wird dies bei der Beweiswürdigung (§ 286) berücksichtigt. Der **Dritte** ist zur Vorlage verpflichtet, außer er hätte ein ZeugnisverweigerungsR (Abs. 2) oder die Vor- 4 lage ist unzumutbar, zB wenn die Gegenstände zu schwer sind (zB ausgebaute Garagentüre zum Gericht bringen; zu lösen aber über das JVEG).

5 **Verfahren (Absatz 3):** Augenschein nach §§ 371 ff, Gutachten nach §§ 402 ff. AnO erfolgt nach § 273 II Nr. 4, § 358a Nr. 4, 5 oder Beschluss nach § 358.

Formular 153: Antrag auf Vorlage eines Augenscheinsobjektes durch einen Dritten gem § 144 Abs. 1 Satz 2 ZPO

## § 145 ZPO Prozesstrennung

**(1) Das Gericht kann anordnen, dass mehrere in einer Klage erhobene Ansprüche in getrennten Prozessen verhandelt werden.**

**(2) Das Gleiche gilt, wenn der Beklagte eine Widerklage erhoben hat und der Gegenanspruch mit dem in der Klage geltend gemachten Anspruch nicht in rechtlichem Zusammenhang steht.**

**(3) Macht der Beklagte die Aufrechnung einer Gegenforderung geltend, die mit der in der Klage geltend gemachten Forderung nicht in rechtlichem Zusammenhang steht, so kann das Gericht anordnen, dass über die Klage und über die Aufrechnung getrennt verhandelt werde; die Vorschriften des § 302 sind anzuwenden.**

1 **1. Absatz 1. Die Trennung** erfolgt aufgrund mdl Verh oder gem § 128 II durch (unanfechtbaren) Beschluss; damit entstehen zwei ganz selbstständige Prozesse. Durch Trennung kann die Rm-Summe verlorengehen (BGH NJW 1957, 183), was verfassungswidrig sein kann (BVerfG NJW 1997, 649); das Rm-Gericht kann deshalb den Trennungsbeschluss der Vorinstanz nachprüfen (BGH MDR 1996, 269). IÜ gibt es kein **Rechtsmittel** gegen den Trennungsbeschluss (KG MDR 2004, 962). **Trennung ist möglich** bei Mehrheit von StrG (zB wenn Sachschaden und Schmerzensgeld eingeklagt sind), **unzulässig** bez verschiedener Anspruchsgrundlagen (zB PVV/§ 823 BGB; BGH NJW 1961, 72) oder wo Verbindung im Gesetz vorgeschrieben ist (zB FamS, §§ 623, 628) oder, wenn nur ein Teil entscheidungsreif ist, denn dann hat TeilU zu ergehen (BayObLG NZM 1999, 85). **Notwendig** ist Trennung, wenn eine Verbindung unzulässig ist, zB § 260; § 640c I 1 (BGH NJW 2007, 909). Zur (unzulässigen) Trennung, damit eine Partei als Zeuge vernommen werden kann, vgl OLG Koblenz VRS Bd 64, 174.

2 **2. Absatz 2.** Zum rechtl. Zusammenhang vgl § 33 Rz 5. Vor Trennung ist rechtl. Gehör zu gewähren (BGH NJW 1957, 183). Der Trennungsbeschluss ist nicht anfechtbar (OLG München NJW 1984, 2227).

3 **3. Absatz 3.** Kein Zusammenhang (zB Kaufpreis – Darlehen) vgl Rz 2; bei Zusammenhang vgl § 146. Die Trennung führt hier nicht zu zwei Prozessen, nur zur übersichtl. Verfahrensgestaltung; Entscheidung dann nach § 302 bzw § 150.

**4. Die Prozessaufrechnung allgemein:**

4 **a) Arten. Primäraufrechnung** liegt vor, wenn der Bekl die Klageforderung nicht bestreitet, sondern nur aufrechnet. **Eventualaufrechnung**, wenn er nur für den Fall des Beste-

hens der von ihm bestrittenen Klageforderung hilfsweise aufrechnet; sie scheitert nicht an § 388 S. 2 BGB (Begründung str, vgl *Musielak* JuS 1994, 817: teleologische Reduktion des Wortlauts von § 388 S. 2).

**b)** Die Aufrechnung im Prozess stellt einen **Doppeltatbestand** dar: 5

- sie ist **bürgerlich-rechtliches Rechtsgeschäft** und muss daher §§ 387 ff BGB entsprechen;
- ihre Geltendmachung im Prozess ist **Prozesshandlung** und muss daher deren Voraussetzungen erfüllen (Einl Rz 17); der Unterschied wirkt sich zB aus, wenn im Anwaltsprozess nur die Partei mdl die Aufrechnung erklärt: zwar mat-rechtl. wirksam, aber vorerst nicht als Prozesshandlung. 6

Die Geltendmachung hemmt (bis zum Betrag der Klageforderung) die **Verjährung**, § 204 I Nr. 5 BGB (bis 31.12.2001: Unterbrechung, §§ 209 II Nr. 3, 215 aF BGB), bewirkt aber keine **Rechtshängigkeit** (§ 261 III Nr. 1) der Gegenforderung, weil gerade *keine* auf den StrG bezogene Klage iSd § 261 I „erhoben" wird, die Aufrechnung auch keine Widerklage *ist*, prozessökonomische Probleme der doppelten Geltendmachung leicht überwindbar sind (BGH NJW 1977, 1687; 1986, 2767; hM; dazu *Teubner/Prange* JR 1988, 401): mit ihr kann also zuerst aufgerechnet werden und dann kann sie noch ges vom Bekl eingeklagt werden; ist sie bereits eingeklagt, kann mit ihr noch aufgerechnet werden (dann wird uU das Rechtsschutzbedürfnis für die Klage zweifelhaft); sie kann in mehreren Prozessen aufgerechnet werden. Gegen die Mehrarbeit hilft dem Gericht uU § 148, Aussetzung. Auch kann der Bekl erklären, dass er aufrechne und für den Fall des Nichtbestehens der Klageforderung die Gegenforderung mit **(Eventual-)Widerklage** geltend machen (BGH NJW 1961, 1862). 7

**c) Die Aufrechnungserklärung ist vom Gericht auch zu berücksichtigen:** wenn das Gericht für die Gegenforderung örtl. oder sachl. nicht zuständig ist (BGH NJW 1964, 863; 1980, 2466); selbst wenn für die Gegenforderung, würde sie eingeklagt, das FamG (BGH NJW-RR 1989, 173) oder das WEG-Gericht (FGG-Verfahren!) zuständig wäre (BGH NJW 1980, 2466). Unschädl. ist auch, dass die Gegenforderung schon anderweitig rechtshängig ist (BGH NJW 1972, 450; dann evtl § 148). Wenn die Gegenforderung zu einem **anderen Rechtsweg** (ArbG, SG, VG usw.) gehört, ist zu unterscheiden: *falls* sie unbestritten oder rechtskr festgestellt ist, wird sie im Zivilprozess berücksichtigt. Anderenfalls setzt das ZivilG aus (§ 148) und wartet ab (Rz 9). **Gegenaufrechnung:** rechnet der Bekl (wirksam) auf, führt dies zum Erlöschen der Klageforderung, weshalb der Kl nicht mehr die Gegenaufrechnung mit einer weiteren Forderung erklären kann (keine „Replik"); Sonderfall § 396 I 2 BGB. Zur Gegenaufrechnung vgl *Pawlowski* ZZP 1991, 249. 8

**d) Die Aufrechnungseinrede darf vom Gericht zB nicht berücksichtigt werden:** 9

- wenn die Aufrechnung nach § 296 als **verspätet** zurückzuweisen war (BGH NJW 1984, 1964); damit geht die Forderung aber nicht verloren, weil die Einrede unter der stillschweigenden Bedingung erhoben wird, dass sie proz zum Tragen kommt (str, Rz 10);
- wenn die Gegenforderung zu einem **anderen Rechtsweg** (ArbG, SG, VG usw.) gehört *und bestritten* ist (BAG NJW 2002, 317; BGH 16, 124). Sehr str: die **aA** folgert aus dem Sachzusammenhang und aus der Neufassung des § 17 II GVG eine Zust des

ZivilG für eine Entscheidung über rechtswegfremde Gegenforderungen (*Schenke/Ruthig* NJW 1992, 2505; *Drygala* NZA 1992, 294; *Rosenberg/Gottwald* §105 IV 6 mwN). Für die Nichtberücksichtigung spricht aber die Zugehörigkeit (auch des ArbG) zu verschiedenen Rechtswegen; die fehlende Sachkunde und Lit hierüber beim ZivilG; Aufrechnung ist kein „rechtl. Gesichtspunkt" iSd §17 II GVG; bei Widerklage würde §17 II GVG nicht eingreifen, die Aufrechnung ähnelt ihr (*Zöller/Gummer* §17 GVG Rz 10; *Rupp* NJW 1992, 3274; *Musielak* JuS 1994, 823). Es ist also auszusetzen (§148 analog) und eine Frist zur Klageerhebung vor dem VG usw. zu bestimmen; wird dort geklagt, wird abgewartet; wird nicht geklagt, bleibt die Aufrechnungseinrede unberücksichtigt, §296 II.

- im BerVerfahren nach § 533;
- wenn dafür ein ausl Gerichtsstand vereinbart wurde (BGH NJW 1973, 421); zu Art 17 EuGVÜ vgl *Gottwald* IPRax 1986, 10, EuGH IPRax 1986, 27; nun Art 23 VO(EG) Nr. 44/2001;
- wenn das ProzessG für die Gegenforderung des Bekl int nicht zuständig ist (BGH NJW 1993, 2753); über Prozessaufrechnung gegen einen Kl mit Sitz in ausl Vertragsstaat des EuGVÜ vgl BGH NJW 1993, 1399; vgl ferner Art 6 Nr. 3 VO (EG) Nr. 44/2001 (seit 01.03.2002), der aber nur von der Widerklage spricht;
- wenn Nichtgeltendmachung im Prozess vereinbart wurde (BGH 38, 258);
- wenn die Aufrechnung des Bekl zwar vom *Kl* selbst (zB durch Vorlage von Schriftverkehr) vorgetragen, vom Bekl aber im Prozess nicht *erklärt* (§ 388 BGB) wird.

10 **Die prozessual (zum Beispiel wegen Verspätung, Unzulässigkeit) unberücksichtigte Aufrechnungseinrede** führt nicht dazu, dass die Gegenforderung nach § 322 II verbraucht ist, der Bekl kann sie also gesondert einklagen oder uU durch VollstrGegenklage geltend machen (str, vgl BGHZ 16, 140; NJW 1984, 129; *Grunsky* JZ 1965, 392; *Knöringer* NJW 1977, 2339), weil der Bekl nur unter der stillschweigenden Bedingung aufrechnet, dass dies proz berücksichtigt wird; zT wird § 139 BGB angewandt (Aufrechnung als Doppeltatbestand, Rz 5). Anders ist es, wenn das der Gegenforderung zugrunde liegende tatsächl. Vorbringen als verspätet unberücksichtigt bleibt, also darüber „entschieden" wird (vgl BGH NJW 1961, 115; NJW-RR 1991, 972; str).

11 **e) Entscheidung:** im **Urteilstatbestand** wird die Eventualaufrechnung zweckmäßig in der Klageerwiderung und in der Replik des Kl gebracht. Das Gericht darf nicht (wenn die Klageforderung beweisbedürftig, die Gegenforderung aber eindeutig ist) die Klage ohne Prüfung der Forderung mit der Begründung abweisen, dass „jedenfalls" die Aufrechnung durchgreife.

12 Sog **Beweiserhebungstheorie**, BGH NJW 1961, 1862; 1988, 3210; **aA** die sog Klageabweisungstheorie; vielmehr ist zuerst die Forderung zu prüfen, dann die anderen Verteidigungsmittel des Bekl, zuletzt seine Hilfsaufrechnung (wegen § 322 II).

13 Ist nur eine **Teilforderung** eingeklagt, entspricht es dem Willen des aufrechnenden Bekl, dass die *Klageforderung* getilgt wird (BGH 56, 314); anders, wenn der Bekl vor *Klageerhebung* aufgerechnet hatte (RG 129, 65) oder wenn der Kl die Gegenforderung in der Klage absetzt und nur den Rest einklagt (BGH 56, 314).

**Rechnet der Beklagte mit mehreren Forderungen auf**, muss er (wegen § 322 II) die 14
Reihenfolge angeben. **Kosten:** rechnet der Bekl auf und wird deshalb die Klage abgewiesen, muss der Kl die Kosten tragen, § 91; bei bestr Eventualaufrechnung kommt wegen § 45 III GKG Quotelung nach § 92 in Betracht, vgl § 92 Rz 6. Zur rechtskr Aberkennung der Gegenforderung vgl § 322 II.

**Streitwert** vgl § 45 III GKG und § 3 Rz 10. **Beschwer** vgl vor § 511. **Rechtskraft** vgl 15
§ 322 Rz 36.

**Kosten. Gericht:** Der Trennungsbeschluss selbst ist gebührenfrei. Wird die Widerklage 16
vom Gericht abgetrennt, dann liegt die Voraussetzung des § 45 I GKG nicht mehr vor. Für die Widerklage ist nun die gewöhnl. Verfahrensgeb (GKG KV 1210) aus ihrem StrW zu entrichten, wegen des Wegfalls der Gebührendegression nur der Restbetrag. In sonstigen Fällen der Prozesstrennung (§ 145 I) entstehen ebenfalls selbstständige Prozesse mit eigenen Akten. Geb werden nacherhoben, wobei vor der Trennung entstandene Geb angerechnet werden nach dem Verhältnis der StrW der getrennten Prozesse. Beispiel bei B/D/P/Z GKG KV 1210 Rz 14. **Rechtsanwalt:** bereits entstandene Geb-Ansprüche gehen nicht verloren.

17

**Praxishinweise**

1. Der Trennungsbeschluss führt zu einer Mehrheit von Prozessen, sodass auch eine Streitgenossenschaft dadurch enden kann. Vorbereitende Schriftsätze und bisherige Prozessergebnisse gelten für beide Verfahren fort.
2. Die sachl. Zust des LG bleibt für die getrennten Verfahren erhalten, auch wenn der Zust-Wert nicht mehr gegeben ist (*Stein/Jonas* § 4 Rz 8). Daher kann auch, wenn im Verhandlungstermin getrennt wird, in diesem Termin über die jetzt selbstständigen Klagen verhandelt werden (*Stein/Jonas* § 145 Rz 19).

Formular 143: Klageerwiderung und Primäraufrechnung

Formular 144: Klageerwiderung und Hilfsaufrechnung

Formular 145: Klageerwiderung, Hilfsaufrechnung und Hilfswiderklage

### § 146 ZPO Beschränkung auf einzelne Angriffs- und Verteidigungsmittel

**Das Gericht kann anordnen, dass bei mehreren auf denselben Anspruch sich beziehenden selbständigen Angriffs- oder Verteidigungsmitteln (Klagegründen, Einreden, Repliken usw.) die Verhandlung zunächst auf eines oder einige dieser Angriffs- oder Verteidigungsmittel zu beschränken sei.**

§ 146 soll Übersichtlichkeit erleichtern, betrifft Prozessleitung (vgl § 136) und ist ohne 1
praktische Bedeutung. Die AnO erfolgt durch Beschluss, aufgrund mdl Verh (oder gem § 128 II), unanfechtbar.

## § 147 ZPO Prozessverbindung

**Das Gericht kann die Verbindung mehrerer bei ihm anhängiger Prozesse derselben oder verschiedener Parteien zum Zwecke der gleichzeitigen Verhandlung und Entscheidung anordnen, wenn die Ansprüche, die den Gegenstand dieser Prozesse bilden, in rechtlichem Zusammenhang stehen oder in einer Klage hätten geltend gemacht werden können.**

Lit: ***Meyer*** (Gerichtsgebühren) JurBüro 1999, 239.

### 1. Arten

1 **a)** Mögl. ist eine **„Verbindung" zweier Prozesse (zB der einstweiligen Verfügung und der Hauptsache) nur zur gemeinsamen Verhandlung** oder Beweisaufnahme nach § 136 (zB durch gleichzeitige Terminierung), was Protokollierung etc vereinfachen kann; es ergehen *zwei Urteile.* Keine Geb-Folgen. Abgrenzung von der weitreichenden Verbindung nach § 147 ist Auslegungssache (vgl RG 142, 257; BGH LM Nr. 1; OLG Braunschweig OLG-Report 2006, 342).

2 **b) Verbindung nach § 147** dagegen erfolgt durch (unanfechtbaren) Beschluss aufgrund mdl Verh. Die bis dahin selbstständigen zwei Prozesse werden zu einem zusammengefasst, es ergeht nur *ein Urteil;* weitere Wirkung, wie wenn von vornherein Klagenhäufung bestanden hätte; für Geb und RmSumme sind die StrW nach § 5 zusammenzurechnen (BGH NJW 1957, 183). Die bisherige sachl. Zust des AG bleibt aber bestehen (RG 6, 417). Bei verschiedenen Parteirollen (Klagen A-B und B-A werden verbunden) wird die später rechtshängig gewordene Klage zur Widerklage.

3 **2. Voraussetzungen der Verbindung nach § 147:**

- **a)** rechtl. Zusammenhang (vgl § 33 Rz 5) oder Zulässigkeit von Parteien- oder Anspruchshäufung nach §§ 59, 60, 260;
- **b)** Mögl. bei Prozessen vor demselben Spruchkörper;
- **c)** Abzug eines Prozesses von einem Spruchkörper ohne dessen Zustimmung durch Verbindung zu einem Prozess vor dem eigenen Spruchkörper soll nach *Zöller/Greger* Rz 2 zulässig sein; wegen Verlust des gesetzlichen Richters (Art 101 I GG) nicht zutr, auch ist jede Kammer „Gericht" iSd § 147.
- **d)** der Prozess vor dem eigenen Spruchkörper kann nicht durch Verbindung mit einem fremden gegen dessen Willen abgegeben werden;
- **e)** Nichthandelssache kann nicht zur Handelssache, die bei der KfH anhängig ist, verbunden werden, §§ 97 ff GVG;
- **f)** Keine Verbindung bei verschiedenen Prozessarten, zB von eVfg und Hauptsache (OLG Karlsruhe Justiz 1968, 175), nicht bei § 640c I 1 (BGH NJW 2007, 913);
- **g)** Keine Verbindung mehrerer Kf-Verfahren (OLG Hamm Rpfleger 1980, 439);
- **h)** Bei Verbindung in der Rev-Instanz muss in jedem Verfahren die Rev zulässig sein (BGH NJW 1977, 1152).

**3. Kosten. Gericht:** die vor Verbindung in den einzelnen Prozessen nach den jeweiligen StrW bereits angefallenen Geb bleiben unberührt, weil die Verbindung keine rückwirkende Kraft hat (OLG Hamm JurBüro 2005, 598; OLG München MDR 1999, 830). Der Kl muss also nichts nachzahlen, erhält aber auch nichts deshalb erstattet (OLG Koblenz MDR 2005, 1017), weil die 3-fache Geb aus dem höheren StrW geringer ist als aus der Summe der bisherigen Einzel-StrW (Ausnahme: GKG KV 1211). Mehrere Kl haften nun für die Gerichtsgeb als Gesamtschuldner (§ 32 GKG), aber begrenzt nach § 32 I 2 GKG. **Rechtsanwalt:** vor Verbindung entstandene Verfahrensgeb (VV 3100) bleiben unberührt, verringern sich nicht. Ggf Erhöhung nach RVG VV 1008. Ist die Terminsgeb ebenfalls schon vor Verbindung entstanden ist es ebenso; anderenfalls wird sie aus dem neuen StrW berechnet. 4

**Praxishinweise:** 5

1. Ab Verbindung bilden die beiden Prozesse nur noch ein Verfahren, in dem die Parteien auf derselben Streitseite StrGen werden und damit grds als Zeugen ausscheiden (OLG Köln MDR 1973, 232).

2. Führt die Verbindung dazu, dass der amtsgerichtl. StrW von 5 000 € überschritten wird, dann verändert das nicht die Zust (§ 261 III Nr. 2; MünchKommZPO-*Peters* § 147 Rz 4; aA AG Neukölln MDR 2005, 772: auf Antrag Verweisung an das sachl. zuständige LG). Nach hM kommt Verweisung nur in Betracht, wenn die amtsgerichtl. Zust durch Teilklagen erschlichen worden ist (*Stein/Jonas* § 147 Rz 26).

3. Ebenso wie die ZivK kann der ER verbinden. Das gilt auch, wenn die Verfahren bei verschiedenen ZivK anhängig sind. Teilweise wird das ohne Einschränkung bejaht. *Stein/Jonas* (§ 147 Rz 15) verlangen dazu jedoch wegen des Anspruchs auf den gestzl. Richter (Art. 101 I 2 GG) das Einverständnis der Parteien (ebenso *Musielak/Stadler* § 147 Rn 2).

## § 148 ZPO Aussetzung bei Vorgreiflichkeit

**Das Gericht kann, wenn die Entscheidung des Rechtsstreits ganz oder zum Teil von dem Bestehen oder Nichtbestehen eines Rechtsverhältnisses abhängt, das den Gegenstand eines anderen anhängigen Rechtsstreits bildet oder von einer Verwaltungsbehörde festzustellen ist, anordnen, dass die Verhandlung bis zur Erledigung des anderen Rechtsstreits oder bis zur Entscheidung der Verwaltungsbehörde auszusetzen sei.**

**1. Das Gericht muss aussetzen** in zahlreichen gesetzl. geregelten Fällen, zB: nach Art 100 GG bei Bedenken gegen Vereinbarkeit eines Gesetzes mit dem GG (im Hinblick auf ein anderweitig bereits anhängiges Normenkontrollverfahren darf ausgesetzt werden ohne gleichzeitige Vorlage, vgl BVerfG NJW 1973, 1319; BAG NJW 1988, 2558; BayObLG FamRZ 1991, 227; OLG Hamburg NJW 1994, 1482; **aA**: immer müssten zugleich alle Parallelprozesse vorgelegt werden; OLG Frankfurt NJW 1979, 767; LAG Hamm MDR 1983, 789; dazu BGH NJW 1998, 1957); nach Feststellung der Unvereinbar- 1 keit einer Norm mit dem GG bis zur verfassungskonformen Neuregelung (BGH NJW-RR 1987, 450); nach § 46 II WEG; § 97 V ArbGG; § 96 GWB (*v. Winterfeld* NJW 1985, 1816); § 638 aF RVO (Betriebsunfall); Art VIII Nato-Truppenstatut.

2 **2. Sonst ist die Aussetzung in das pflichtgemäße Ermessen gestellt;** Gesichtspunkte der Prozessökonomie und billige abwägende Rücksichtnahme auf die Interessen der Parteien haben das Ermessen zu bestimmen (BGH 16, 130; LM Nr. 6; BVerfG FamRZ 2006, 1596), was zu begründen ist. Wechselseitige Aussetzungen sind fehlerhaft (BGH NJW-RR 2005, 925), weil sich die Prozesse sonst gegeneinander blockieren. Aussetzung erfolgt durch **Beschluss** aufgrund mdl Verh gem § 128 II (RG 40, 373), bei Einverständnis beider Parteien durch Beschluss im Büroweg entspr § 248 II (str), zu verkünden oder gem § 329 mitzuteilen. **Rechtsmittel** § 252. Das Ermessen darf nur beschränkt nachgeprüft werden (OLG Brandenburg OLG-Report 2006, 780). BeschwerdeE gegen Aussetzung darf keine KostenE enthalten, wenn Beschwerde begr ist (BGH FamRZ 2006, 1268). **Wirkung** der Aussetzung: § 249. **Ende** der Aussetzung: nach § 150 oder von selbst mit Erledigung des anderen Verfahrens (BGH MDR 1989, 540). **Streitwert:** nicht wie Hauptverfahren, sondern nach § 3 zu schätzen (BGH 22, 283) auf 1/3-1/5.

3 **Voraussetzung:** Die **Rechtsprechung verlangt** meist (eng an den Wortlaut des § 148 angelehnt) eine **„Abhängigkeit“** der Entscheidungen (OLG Hamm VersR 1985, 132); die Auffassung, eine Aussetzung sei bereits dann mögl., wenn ein rein tatsächl. Einfluss in Betracht kommt, den Vorgänge in einem anderen Prozess, wie etwa eine Beweisaufnahme, oder die Entscheidung des anderen Verfahrens auf die Entscheidung in dem zweiten Verfahren ausüben könnten, wird vom BGH (MittdtPatA 2005, 327) ausdrückl. abgelehnt. Eine „Bindungswirkung“ der ausl Entscheidung (OLG Frankfurt NJW 1986, 1443; dazu *Löber, Nagel* IPRax 1986, 282) wird gefordert. Die InstanzG sind großzügiger. Richtig ist, auszusetzen, wenn eine Vorfrage beiden Verfahren gemeinsam ist oder wenn sich widersprechende Entscheidungen vermieden werden sollen, wenn zwei Prozesse sinnvoll aufeinander abgestimmt werden sollen (vgl BGH NJW-RR 1986, 1060); die Parteien brauchen nicht dieselben sein, das andere Gericht kann ein ArbG-, SchiedsG, ausl Gericht sein, Vorfrage kann vom aussetzenden Gericht entscheidbar sein, Bindungswirkung ist nicht notw.

4 Weil „Rechtsverhältnis“ in § 148 zu eng ist, kommt **analoge Anwendung** in anderen Fällen, wo Aussetzung zweckmäßig ist, infrage (str); so etwa im Geschäftswertfestsetzungsverfahren nach § 31 KostO (BayObLG FamRZ 2006, 137).

### 3. Einzelfälle

5 **a) Keine Aussetzung:** im Arrest- und eVfg-Verfahren, da Eilverfahren (hM; **aA** OLG Frankfurt IPRax 1983, 68); in der ZwV; des AnO-Verfahrens nach §§ 620 ff (OLG Frankfurt FamRZ 1985, 409); des Hauptsacheverfahren bis zur Entscheidung im eVfg-Verfahren (OLG Köln WRP 1973, 597; zw); des Erbschaftsprozesses bis zur Entscheidung des NachlassG im Erbscheinsverfahren (OLG Köln OLGZ 1986, 210; zw); im PKH-Verfahren; wenn der Gefahr divergierender Entscheidungen durch eine Verfahrensverbindung begegnet werden kann (OLG Koblenz NJW-RR 1986, 742); weil eine Gesetzesänderung bevorsteht; wegen eines sog Musterprozesses (vgl BGH NJW 2005, 1947; *Kähler* NJW 2004, 1132); weil in einem gleichartigen Prozess die BerE bevorsteht (OLG Köln MDR

1983, 848; zw.); weil beim BGH ein Rev-Verfahren über die wesentl. Rechtsfrage anhängig ist (BGH NJW 2005, 1947); bei Unterhaltsstreit wird überwiegend die Aussetzung bis zur Entscheidung über Erwerbsunfähigkeitsrenten abgelehnt (OLG Düsseldorf FamRZ 1982, 821; OLG Karlsruhe FamRZ 1985, 1070); keine Aussetzung von Insolvenzverfahren (BGH NZI 2006, 642).

**b) Aussetzung zulässig** zB nach Art 27 VO (EG) Nr. 44/2001 und zwischenstaatl. 6
Abkommen; bis zur Entscheidung der EG-Kommission (BGH NJW 1985, 2895); bei Aufrechnung mit rechtswegfremden Gegenforderungen (BGH 16, 124; DStR 1985, 774); wenn dieselbe Forderung in einem Rechtsstreit klageweise und in anderem Rechtsstreit durch Aufrechnung geltend gemacht wird (BGH NJW-RR 2004, 1000); Insolvenzanfechtungsprozess aufgrund eines noch nicht rechtskr Urteil bis zu dessen Entscheidung (vgl BGH NJW 1983, 1331); im Patentverletzungsprozess (BGH NJW 1982, 830; GRUR 1987, 284; *Maltzahn* GRUR 1985, 163); wenn eine Ehe im Ausland geschieden wurde: das inl Scheidungsverfahren bis zur Entscheidung im Anerkennungsverfahren (BGH NJW 1983, 514). Ein Hauptsacheverfahren kann im Hinblick auf ein anderweit anhängiges **selbstständiges Beweisverfahren** ausgesetzt werden (BGH NJW-RR 2007, 307); es kann sogar nur **teilweise ausgesetzt** werden, wenn die Voraussetzungen der Aussetzung nur für einen selbstständigen Teil des Streitstoffs vorliegen (BGH NJW-RR 2007, 456).

7

**Praxishinweise:**

1. Klagt ein Unternehmer einen Teil seiner Forderung gegen den Bürgen und einen anderen Teil gegen den Hauptschuldner ein, dann darf mangels Abhängigkeit nicht ausgesetzt werden (OLG München NJW-RR 1996, 766).

2. Hat das Gericht X die Aussetzung bis zur Entscheidung des Gericht Y beschlossen, dann darf X nicht seinerseits bis zur Entscheidung von Y aussetzen (BGH MDR 2002, 952). Das wäre ermessensfehlerhaft, weil es eine Klärung der Rechtsverhältnisse verhindern würde.

3. Die Aussetzung eines Hauptverfahrens im Hinblick auf ein anhängiges s Beweisverfahren ist zulässig (BGH NJW-RR 2007, 307), vorausgesetzt, dass das Beweisergebnis verfahrensrechtl. verwertbar ist (BGH MDR 2003, 1306). Das Gericht muss aber sorgfältig prüfen, ob die Beschleunigung des Prozesses nicht auf andere Weise besser zu erreichen ist (BGH NJW-RR 2007, 307).

4. Umgehungsversuche des Gerichts, mithilfe eines Verfahrenstricks eine unzulässige Aussetzung zu erreichen, sind nach § 252 beschwerdefähig. Beispiele: grundlose Vertagung, grundloses Hinausschieben der Terminierung, Verzögerung einer angeordneten Beweisaufnahme (*Stein/Jonas* § 148 Rz 21).

Formular 194: Antrag auf Aussetzung des Verfahrens wegen Aufrechnung gemäß § 148 ZPO

## § 149 ZPO Aussetzung bei Verdacht einer Straftat

**(1) Das Gericht kann, wenn sich im Laufe eines Rechtsstreits der Verdacht einer Straftat ergibt, deren Ermittlung auf die Entscheidung von Einfluss ist, die Aussetzung der Verhandlung bis zur Erledigung des Strafverfahrens anordnen.**

**(2) [1]Das Gericht hat die Verhandlung auf Antrag einer Partei fortzusetzen, wenn seit der Aussetzung ein Jahr vergangen ist. [2]Dies gilt nicht, wenn gewichtige Gründe für die Aufrechterhaltung der Aussetzung sprechen.**

§ 149 geändert durch G v. 27.07.2001 (BGBl 2001, 1887).

**Lit:** ***Schwind*** NStZ 2006, 598.

1 **Aussetzung (Absatz 1) zum Beispiel** zweckmäßig, wenn im Strafverfahren wegen des Untersuchungsgrundsatzes Sachverhalte gründl. und schneller aufgeklärt werden können, eine doppelte Beweisaufnahme erspart wird (vgl OLG Köln NJW 1990, 778 zum Arzthaftungsprozess; aA OLG Koblenz MDR 2006, 289); die Straftat muss sich nicht erst *ergeben*, sondern kann mit § 823 II BGB Anspruchsgrundlage sein; die Aussetzung ist auch zulässig, wenn die dem Strafverfahren und dem Zivilprozess zugrunde liegenden Sachverhalte identisch sind (OLG Frankfurt MDR 1982, 675; **aA** OLG Celle NJW 1969, 280); § 149 soll nicht nur spätere Restitutionsklagen nach § 580 Nr. 1 bis 4 verhindern.

2 **Kein Fall des § 149** liegt vor, wenn ein Zeuge die Aussage wegen eines gegen ihn anhängigen Ermittlungsverfahrens verweigert (daher keine Aussetzung, KG MDR 1983, 139). Keine Aussetzung, wenn es nur um Beurteilung einer Rechtsfrage geht (OLG Düsseldorf MDR 1985, 239). Kein Anspruch auf Aussetzung, wenn gegen den Bekl ein Strafverfahren läuft (OLG Frankfurt NJW-RR 2001, 1649; OLG Hamm ZfS 2000, 291). **Anordnung** usw. vgl § 148 Rz 2.

3 **Fortsetzung (Absatz 2):** sie muss in bestimmten Fällen erfolgen, aber doch nicht unbedingt usw. Gegen die Ablehnung der Fortsetzung sof Beschwerde (§ 567).

4

**Praxishinweise:**

1. Der Beschluss, durch den ein Zivilprozess wegen eines schwebenden Strafverfahrens ausgesetzt wird, muss nachvollziehbar begründet werden. Anderenfalls ist er auf sof Beschwerde hin (§ 252) aufzuheben (OLG Düsseldorf MDR 1998, 797).

2. Der Zivilrichter ist nicht an tatsächl. Feststellungen eines StrafU gebunden. Deshalb darf er nach OLG Saarbrücken (NJW-RR 2003, 176) auch nicht wegen eines Strafverfahrens aussetzen, da es an der Präjudizialität fehlt (zur entspr Anwendung des § 149 s. *Stein/Jonas* § 149 Rz 9).

Formular 193: Antrag auf Aussetzung des Verfahrens bei Verdacht einer Straftat gemäß § 149 ZPO

## § 150 ZPO Aufhebung von Trennung, Verbindung oder Aussetzung

**[1]Das Gericht kann die von ihm erlassenen, eine Trennung, Verbindung oder Aussetzung betreffenden Anordnungen wieder aufheben. [2]§ 149 Abs. 2 bleibt unberührt.**

§ 150 geändert durch G v. 27.07.2001 (BGBl 2001, 1887).

**Satz 1:** Aufhebung erfolgt durch Beschluss aufgrund mdl Verh oder gem § 128 II oder im 1
Büroweg bei übereinstimmendem Antrag. **Satz 2:** bezieht sich nur auf die Aussetzung. Sie muss in bestimmten Fällen erfolgen, aber doch nicht unbedingt usw. Gegen die Ablehnung der Fortsetzung sof Beschwerde (§ 567). Aufhebung von Verbindung/Trennung sind nicht selbstständig anfechtbar; zur Aussetzung vgl § 252.

## § 151 ZPO

(weggefallen, seit 01.07.1998 durch EheschlRG)

## § 152 ZPO Aussetzung bei Eheaufhebungsantrag

**[1]Hängt die Entscheidung eines Rechtsstreits davon ab, ob eine Ehe aufhebbar ist, und ist die Aufhebung beantragt, so hat das Gericht auf Antrag das Verfahren auszusetzen. [2]Ist das Verfahren über die Aufhebung erledigt, so findet die Aufnahme des ausgesetzten Verfahrens statt.**

§ 152 geändert durch EheschlRG (BGBl 1998, 833).

Aufhebbarkeit einer Ehe vgl §§ 1313 ff BGB. 1

Formular 189: Antrag auf Aussetzung des Verfahrens gemäß §§ 148, 152 ZPO

## § 153 ZPO Aussetzung bei Vaterschaftsanfechtungsklage

**Hängt die Entscheidung eines Rechtsstreits davon ab, ob ein Mann, dessen Vaterschaft im Wege der Anfechtungsklage angefochten worden ist, der Vater des Kindes ist, so gelten die Vorschriften des § 152 entsprechend.**

§ 153 redaktionell angepasst ab 01.07.1998 durch KindRG (BGBl 1997, 2942).

Anwendungsfälle zB: Unterhaltsprozess; §§ 829, 832 BGB. Anfechtung der Vaterschaft: 1
1600a ff. BGB. Keine Aussetzung des eVfg-Verfahrens auf Unterhalt (OLG Düsseldorf FamRZ 1982, 1230; str).

Formular 190: Antrag auf Aussetzung des Verfahrens gemäß §§ 148, 153 ZPO

## § 154 ZPO Aussetzung bei Ehe- oder Kindschaftsstreit

**(1) Wird im Laufe eines Rechtsstreits streitig, ob zwischen den Parteien eine Ehe oder eine Lebenspartnerschaft bestehe oder nicht bestehe, und hängt von der Entscheidung dieser Frage die Entscheidung des Rechtsstreits ab, so hat das Gericht auf Antrag das Verfahren auszusetzen, bis der Streit über das Bestehen oder Nichtbestehen der Ehe oder der Lebenspartnerschaft im Wege der Feststellungsklage erledigt ist.**

**(2) Diese Vorschrift gilt entsprechend, wenn im Laufe eines Rechtsstreits streitig wird, ob zwischen den Parteien ein Eltern- und Kindesverhältnis bestehe oder nicht bestehe oder ob der einen Partei die elterliche Sorge für die andere zustehe oder nicht zustehe, und von der Entscheidung dieser Fragen die Entscheidung des Rechtsstreits abhängt.**

§ 154 geändert durch G v. 16.2.2001 (BGBl 2001, 266).

1 **Absatz 1.** Feststellungsklage § 632. Abs. 2. Vgl §§ 640 ff.

Formular 191: Antrag auf Aussetzung des Verfahrens gemäß §§ 148, 154 Abs. 1 ZPO
Formular 192: Antrag auf Aussetzung des Verfahrens gemäß §§ 148, 154 Abs. 2 ZPO

## § 155 ZPO Aufhebung der Aussetzung bei Verzögerung

**In den Fällen der §§ 152, 153 kann das Gericht auf Antrag die Anordnung, durch die das Verfahren ausgesetzt ist, aufheben, wenn die Betreibung des Rechtsstreits, der zu der Aussetzung Anlass gegeben hat, verzögert wird.**

§ 155 geändert durch EheschlRG (BGBl 1998, 833).

1 Über den Antrag ist mdl zu verhandeln usw. (vgl § 150 Rz 1), Entscheidung durch Beschluss, Rm § 252.

## § 156 ZPO Wiedereröffnung der Verhandlung

**(1) Das Gericht kann die Wiedereröffnung einer Verhandlung, die geschlossen war, anordnen.**

**(2) Das Gericht hat die Wiedereröffnung insbesondere anzuordnen, wenn**

**1. das Gericht einen entscheidungserheblichen und rügbaren Verfahrensfehler (§ 295), insbesondere eine Verletzung der Hinweis- und Aufklärungspflicht (§ 139) oder eine Verletzung des Anspruchs auf rechtliches Gehör, feststellt,**

**2. nachträglich Tatsachen vorgetragen und glaubhaft gemacht werden, die einen Wiederaufnahmegrund (§§ 579, 580) bilden, oder**

**3. zwischen dem Schluss der mündlichen Verhandlung und dem Schluss der Beratung und Abstimmung (§§ 192 bis 197 des Gerichtsverfassungsgesetzes) ein Richter ausgeschieden ist.**

§ 156 geändert durch G v. 27.7.2001 (BGBl 2001, 1887).

**Lit**: *Schur* ZZP 2001, 319.

**1. Wiedereröffnung (Absatz 1):** VerhSchluss §§ 136 IV, 296a. Grds wird, auch bei neuem Vorbringen, nicht eröffnet; Beweisanträge nach Schluss der mdl Verh sind grds unbeachtl., vgl § 128. Doch kann die Wiedereröffnung nach freiem Ermessen des Gerichts immer angeordnet werden, wenn es zweckmäßig erscheint, zB um ein BerVerfahren zu vermeiden, einen Vergleich herbeizuführen, eine sachgerechte Bearbeitung des Rechtsstreits zu gewährleisten. Auch wenn ein Urteil bereits i.S. des § 309 gefällt, aber noch nicht verkündet ist, muss das Gericht einen **nicht nachgelassenen Schriftsatz** zur Kenntnis nehmen und eine Wiedereröffnung der mdl Verh prüfen (BGH NJW-RR 2007, 412; NJW 2002, 1426). Förmelei ist nicht ratsam, weil das mat Recht die Chance haben muss, sich durchzusetzen. 1

**2. Verpflichtung zur Wiedereröffnung (Absatz 2)** besteht insb: 2

- **a) Nr. 1**: wenn sich ergibt, dass Verfahrensfehler begangen wurden;
- **b)** wenn sich zeigt, dass gegen § 139 verstoßen wurde, also erforderl. Hinweise nicht gegeben wurden (vgl BGH NJW 1999, 2123). Wenn ein erforderl. **Hinweis erst in der mündlichen Verhandlung** gegeben wurde (und also grds zu spät), so hat das Gericht die mdl Verh wiederzueröffnen, wenn die Partei daraufhin entscheidungserhebl. Vorbringen vorträgt (BGH FamRZ 2005, 700). IdR kann auf einen solchen Hinweis nicht sof reagiert werden (keine Kommentare zur Hand etc, auch kann der Hinweis unrichtig sein); dann muss der betroffenen Partei genügend Gelegenheit zur Reaktion hierauf gegeben werden. Kann eine sof Äußerung nach den konkreten Umständen nicht erwartet werden, darf die mdl Verh nicht ohne Weiteres geschlossen werden. Vielmehr muss das Gericht die mdl Verh dann vertagen, soweit dies im Einzelfall sachgerecht erscheint, oder ins schriftl. Verfahren übergehen oder gem §§ 139 V, 296 a ZPO einen Schriftsatznachlass geben (BGH NJW-RR 2007, 412). Jedenfalls kommt Wiedereröffnung infrage und ist je nach Sachlage zwingend geboten. Wiedereröffnung ferner, wenn eine unzulässige ÜberraschungsE vermieden werden muss (BGH NJW-RR 2004, 281); wenn sich aus dem nachträgl. Vorbringen ergibt, dass die bisherige Verh lückenhaft war und in der letzten mdl Verh bei sachgemäßem Vorgehen Veranlassung zur Ausübung des Fragerechts bestanden hätte oder durch Versäumnisse bzw Ungeschicklichkeiten des Gerichts eine vollständige Erklärung der Parteien unterblieb (BGH NJW 1988, 2302; 1993, 134); wenn aufgrund eines mdl SV-Gutachtens zB im Arzthaftungsprozess mit neuen Beurteilungen Zeit zur Stellungnahme erforderl. ist (vgl BGH NJW 2001, 2796).
- **c)** wenn das rechtl. Gehör verletzt wurde;
- **d) Nr. 2:** wenn dadurch ein Wiederaufnahmeverfahren vermieden werden kann (neu seit 2002, anders früher BGH 30, 60; dazu *Fischer* NJW 1994, 1318).

- **e) Nr. 3:** wenn zwischen Schluss der mdl Verh und Schluss der Beratung ein Richter ausgeschieden ist; also nicht, wenn nach der mdl Verh sogleich beraten und die Entscheidung beschlossen wird und dann erst der Richter ausscheidet (in Ruhestand geht, versetzt wird, stirbt usw.). Vgl § 309.
- **f)** im Fall des § 283.

3 **Wiedereröffnung ist nicht geboten**, wenn die Verh ohne Verfahrensfehler geschlossen wurde und eine Partei entgegen § 296a (selbst aufklärungsbed) neue Verteidigungsmittel unzulässig nachreicht oder wenn in einem gem § 283 nachgelassenen Schriftsatz neues Vorbringen enthalten ist, das über eine Erwiderung auf den verspäteten Schriftsatz des Gegners hinausgeht (BGH NJW 1993, 134).

4 **Die Anordnung erfolgt** durch unanfechtbaren Beschluss ohne mdl Verh und ohne Begründung; die Ablehnung einer beantragten Wiedereröffnung erfolgt stillschweigend (ohne Verbescheidung durch Beschluss) oder in den Urteilsgründen (BGH JR 1958, 344). Bei fehlerhaft unterlassener Wiedereröffnung erfolgt auf Rm Aufhebung und Zurückverweisung; unzulässige Wiedereröffnung ist unschädl.

5

**Praxishinweise:**

1. Zwang zur Wiedereröffnung nach § 156 II Nr. 1 kann auch dann bestehen, wenn Angriffs- oder Verteidigungsmittel nach Schluss der mdl Verh vorgebracht werden (§ 296a). So verhält es sich bei Beweisanträgen, deren Verspätung auf einer Verletzung der Aufklärungs- und Hinweispflicht des Gerichts beruht. Das hat der Beweisführer darzulegen. Bei einem non liquet bleibt es bei der Ermessensfreiheit des Gerichts (*Schneider* MDR 1990, 123 zu V).
2. Greift eine Partei nach Schluss der mdl Verh in einem nicht nachgelassenen Schriftsatz die Ausführungen eines SV mit erhebl. Begründung an, dann muss die mdl Verh von Amts wegen wieder eröffnet werden, s. § 411 Rn. 9/3.

## § 157 ZPO Ungeeignete Vertreter; Prozessagenten

**(1) [1]Mit Ausnahme der Rechtsanwälte sind Personen, die die Besorgung fremder Rechtsangelegenheiten vor Gericht geschäftsmäßig betreiben, als Bevollmächtigte und Beistände in der Verhandlung ausgeschlossen. [2]Sie sind auch dann ausgeschlossen, wenn sie als Partei einen ihnen abgetretenen Anspruch geltend machen und nach der Überzeugung des Gerichts der Anspruch abgetreten ist, um ihren Ausschluss von der Verhandlung zu vermeiden.**

**(2) [1]Das Gericht kann Parteien, Bevollmächtigten und Beiständen, die nicht Rechtsanwälte sind, wenn ihnen die Fähigkeit zum geeigneten Vortrag mangelt, den weiteren Vortrag untersagen. [2]Diese Anordnung ist unanfechtbar.**

**(3) [1]Die Vorschrift des Absatzes 1 ist auf Personen, denen das mündliche Verhandeln vor Gericht durch Anordnung der Justizverwaltung gestattet ist, nicht anzuwen-**

**den. [2]Die Justizverwaltung soll bei ihrer Entschließung sowohl auf die Eignung der Person als auch darauf Rücksicht nehmen, ob im Hinblick auf die Zahl der in dem Gerichtsbezirk niedergelassenen Rechtsanwälte ein Bedürfnis zur Zulassung besteht.**

§ 157 zuletzt geändert durch G v. 26.3.2007 (BGBl 2007, 358).

**1. § 157 gilt** nur im Parteiprozess, vgl § 78. 1

**Absatz 1.** „Geschäftsmäßig" betreiben: die Person muss die Absicht haben, die Tätigkeit in gleicher Weise zu wiederholen und sie dadurch zu einem dauernden und wiederkehrenden Bestandteil der Beschäftigung zu machen (vgl BGH NJW 1986, 1051 zu RBerG), nicht notw gewerbsmäßig, entgeltl. „Fremd": zB die zum Inkasso abgetretene Forderung; im Haftpflichtprozess vor dem AG kann der Vers den versicherten Bekl durch einen VersAngestellten vertreten lassen, da dies keine „fremde" Angelegenheit ist (BGH 38, 71). Die Feststellungen werden im Freibeweis getroffen.

**In der mündlichen Verhandlung können** also **auftreten:** die Parteien; RAe; bestimmte Rechtsbeistände (§ 209 BRAO); deren amtl. bestellte Vertreter (§ 53 BRAO); Stationsreferendare (§ 59 II BRAO); Prozessagenten nach Abs. 3; Personen, die die Besorgung nicht geschäftsmäßig betreiben; insoweit Bürovorsteher des RA (LG Oldenburg NJW 1958, 1930; LAG Hamm NJW 1971, 2278); im gewerbl. Rechtsschutz Patentanwälte (§ 4 PatAO); beim ArbG Gewerkschaftsvertreter usw. (§ 11 ArbGG) und Rechtsreferendare als Unterbev eines RA (BAG VersR 1991, 935); ausl RAe, wenn sie Zulassung nach Abs. 3 haben; Sonderregelung für EG-Anwälte s. bei § 78. Hochschullehrer vgl *Bornemann* MDR 1985, 192. Vgl ferner §§ 184 ff GVG. 2

**Bei Ausschluss** ist die unzulässig vertretene Partei säumig, Folgen §§ 330 ff. Gegen den Ausschlussbeschluss hat der Vertretene die Beschwerde nach § 567 (hM, LG Aachen AnwBl 1983, 528; **aA** OLG Düsseldorf NJW 1959, 1373), nicht der Ausgeschlossene (OLG Schleswig SchlHA 1960, 205). 3

**Nicht unter Absatz 1 fällt** Einreichen von Schriftsätzen (KG NJW 1991, 1304), Entgegennehmen von Zustellungen (LG Aachen AnwBl 1983, 528 für Hauseigentümerverein). Vgl dazu aber RechtsberatungsG. 4

**2. Absatz 2.** Feststellungen im Freibeweis. VU erst im folgenden Termin, § 158 S. 2. Fremdsprachige RAe vgl § 187 GVG. 5

**3. Absatz 3.** Dazu *Onderka* Rpfleger 2001, 526. Zulassung als Prozessagent setzt die als Rechtsbeistand nach RBerG voraus (beinhaltet sie aber, BGH MDR 1969, 568). Sie ist Justizverwaltungsakt; bei Nichtzulassung Beschwerde zum OLG, §§ 23, 25 EGGVG (BVerwG 1969, 2218). Bedürfnisprüfung mit Art 12 GG vereinbar (BVerfG NJW 1976, 1349). Prozessagent-Geb Art IX Kost-ÄndG. Zulassungserwägungen und -verfahren vgl BGH 77, 202 (Sprachkundige; durchgefallener Assessor); BGH 77, 209. 6

## § 158 ZPO Entfernung infolge Prozessleitungsanordnung

**[1]Ist eine bei der Verhandlung beteiligte Person zur Aufrechterhaltung der Ordnung von dem Ort der Verhandlung entfernt worden, so kann auf Antrag gegen sie in gleicher Weise verfahren werden, als wenn sie freiwillig sich entfernt hätte. [2]Das Gleiche gilt im Falle des § 157 Abs. 2, sofern die Untersagung bereits bei einer früheren Verhandlung geschehen war.**

1 S. 1 betrifft Entfernung der Partei usw. (nicht des RA; außer bei RA mit Vertretungsverbot, § 156 II BRAO) durch sitzungspolizeil. Maßnahme, §§ 176 ff GVG. Dann kann VU gegen diese Partei ergehen oder Vertagung, § 251a, § 141 III. Gegen Zeugen/SV Ordnungsmittel nach §§ 380, 409.

## § 159 ZPO Protokollaufnahme

**(1) [1]Über die Verhandlung und jede Beweisaufnahme ist ein Protokoll aufzunehmen. [2]Für die Protokollführung kann ein Urkundsbeamter der Geschäftsstelle zugezogen werden, wenn dies auf Grund des zu erwartenden Umfangs des Protokolls, in Anbetracht der besonderen Schwierigkeit der Sache oder aus einem sonstigen wichtigen Grund erforderlich ist.**

**(2) Absatz1 gilt entsprechend für Verhandlungen, die außerhalb der Sitzung vor Richtern beim Amtsgericht oder vor beauftragten oder ersuchten Richtern stattfinden.**

§ 159 geändert durch G v. 24.8.2004 (BGBl 2004, 2198)

1 Das Protokoll ist öffentl. Urkunde iSv §§ 415, 418. Es ersetzt andere Beurkundungsformen, vgl § 127a BGB. Im Zivilprozess ist es übl., dass der Vors das Protokoll diktiert; der Urkundsbeamte (§ 153 GVG) ist an die AnO des Vors gebunden.

Das Protokoll ist aufzunehmen *über* die mdl Verh, nicht notw *in* ihr. Wird kein Urkundsbeamter hinzugezogen (Regelfall), führt der Vors selbst das Protokoll. Ob der Richter einen Protokollführer hinzuzieht (er kann ihn von der Justizverwaltung verlangen, BGH NJW 1988, 417) oder ein Diktiergerät verwendet, ist einer dienstaufsichtl. Weisung nicht unterworfen (BGH NJW 1978, 2509).

## § 160 ZPO Inhalt des Protokolls

**(1) Das Protokoll enthält**

**1. den Ort und den Tag der Verhandlung;**

**2. die Namen der Richter, des Urkundsbeamten der Geschäftsstelle und des etwa zugezogenen Dolmetschers;**

**3. die Bezeichnung des Rechtsstreits;**

**4. die Namen der erschienenen Parteien, Nebenintervenienten, Vertreter, Bevollmächtigten, Beistände, Zeugen und Sachverständigen und im Falle des § 128a den Ort, von dem aus sie an der Verhandlung teilnehmen;**

**5. die Angabe, dass öffentlich verhandelt oder die Öffentlichkeit ausgeschlossen worden ist.**

**(2) Die wesentlichen Vorgänge der Verhandlung sind aufzunehmen.**

**(3) Im Protokoll sind festzustellen**

**1. Anerkenntnis, Anspruchsverzicht und Vergleich;**

**2. die Anträge;**

**3. Geständnis und Erklärung über einen Antrag auf Parteivernehmung sowie sonstige Erklärungen, wenn ihre Feststellung vorgeschrieben ist;**

**4. die Aussagen der Zeugen, Sachverständigen und vernommenen Parteien; bei einer wiederholten Vernehmung braucht die Aussage nur insoweit in das Protokoll aufgenommen zu werden, als sie von der früheren abweicht;**

**5. das Ergebnis eines Augenscheins;**

**6. die Entscheidungen (Urteile, Beschlüsse und Verfügungen) des Gerichts;**

**7. die Verkündung der Entscheidungen;**

**8. die Zurücknahme der Klage oder eines Rechtsmittels;**

**9. der Verzicht auf Rechtsmittel;**

**10. das Ergebnis der Güteverhandlung.**

**(4) [1]Die Beteiligten können beantragen, dass bestimmte Vorgänge oder Äußerungen in das Protokoll aufgenommen werden. [2]Das Gericht kann von der Aufnahme absehen, wenn es auf die Feststellung des Vorgangs oder der Äußerung nicht ankommt. [3]Dieser Beschluss ist unanfechtbar; er ist in das Protokoll aufzunehmen.**

**(5) Der Aufnahme in das Protokoll steht die Aufnahme in eine Schrift gleich, die dem Protokoll als Anlage beigefügt und in ihm als solche bezeichnet ist.**

§ 160 geändert durch G v. 27.7.2001 (BGBl 2001, 1887).

**1. Absatz 1.** Grds wird ein Protokoll in der mdl Verh angefertigt. § 160 verbietet aber nicht, es nachträgl. zu erstellen (OLG Saarbrücken NJW 1972, 61), zB über einen Augenschein; oder wenn das Diktat versehentl. gelöscht wird und die Aussagen aus dem Gedächtnis rekonstruiert werden); das geht aber nicht, wenn Vorgänge nach § 162 zu verlesen sind. **Nr. 3** meint das *abgekürzte Rubrum;* wenn das Protokoll einen Vollstr-Titel darstellt (zB PV), muss es dagegen § 313 I 1-3 genügen *(volles Rubrum).* **Nr. 4:** erscheint ein anderer RA, als der, welcher auf den Schriftsätzen steht, sollte er gefragt werden, ob er nur Terminsvertreter etc ist (wegen der späteren Urteilszustellung, vgl § 172). 1

**2. Absatz 2.** Solche Vorgänge sind zB: was für Geb bedeutsam ist; Beweisanordnungen, Hinweise nach § 139 (zu dokumentieren nach § 139 IV!), auf Verspätung (§ 296). Verh nach § 285 I (BGH NJW 1990, 121); Vorgänge, wenn sie zu einem Befangenheitsantrag führten; Befragung eines Zeugen außerhalb einer Beweisaufnahme (OLG Düsseldorf MDR 2002, 230; früher sollte dadurch der RA um die Beweisgeb gebracht werden). Ein Befangenheitsgesuch in der mdl Verh ist auf Verlangen zu Protokoll zu nehmen, ebenso die Begründung; die Partei darf nicht auf eine schriftl. Anbringung verwiesen werden 2

(OLG Schleswig SchlHA 2006, 201). Nicht zwingend zu protokollieren: eine kurze Sitzungspause (BFH BB 2001, 2043).

3 **3. Absatz 3. Nr. 1:** Anerkenntnis (§ 307), Verzicht (§ 306) und PV (vgl § 794) sind wörtl. ins Protokoll aufzunehmen, zu verlesen, dies und die Genehmigung des Vergleichs durch die Parteien ist zu protokollieren, § 162.

4 **Nr. 2** betrifft Sachanträge; bei Prozessanträgen (zB Antrag auf VU) nicht notw, aber übl. Es genügt zB: „Der Kl nimmt Bezug auf seinen Antrag vom ..., Bl...d. A."; vgl § 297. Da Anträge zu verlesen sind, können umfangreiche Antragsänderungen nicht einfach in der Sitzung vom RA zu Protokoll gegeben werden. Hier muss der Kl den Antrag auf einem Stück Papier handschriftl. niederlegen, das dann dem Protokoll beigefügt wird.

**Nr. 3.** Geständnis § 288; Erklärungen §§ 446, 447. Vorgeschrieben ist eine Feststellung zB in § 389 I.

5 **Nr. 4.** Feststellung entbehrl. nach § 161. Nur die Parteiaussage nach §§ 445 ff muss protokolliert werden, Angaben der Partei nach § 141 nicht (aber zweckmäßig und übl.). Protokollierung von **Zeugenaussagen** ist notw; sie ist durch Wiedergabe im Urteilstatbestand (Prozessgeschichte) ersetzbar, in den Entscheidungsgründen nur, wenn klar zwischen Inhalt und Würdigung unterschieden wird und der gesamte Inhalt der Aussage ohne Weiteres erkennbar ist (BGH NJW 1987, 1200). In der Praxis macht der Zeuge seine Aussage, der Richter fasst dann die Aussage mit eigenen Worten zusammen und diktiert sie ins Gerät. Dem Zeugen kann aber auch gestattet werden, selbst ins Diktiergerät zu sprechen (BVerwG NJW 1976, 1282), so wenn der Richter technische oder medizinische Vorgänge selbst nicht zutreffend formulieren kann. Erläutert ein **Sachverständiger** sein Gutachten (§ 411 III), genügt ein entspr Vermerk im Protokoll nicht (BGH NJW 2001, 3269); notw ist Protokollierung der Aussage (BGH DS 2004, 262), zumindest inhaltl. Feststellung in den Entscheidungsgründen (BGH NJW-RR 1987, 1197; VersR 1989, 189). Denn anderenfalls kann die nächste Instanz nicht prüfen, ob das Gericht die Aussage zutreffend berücksichtigt hat.

6 **Nr. 5.** Entbehrl. nach § 161. „Ergebnis" ist die Wahrnehmung, zB eine Messung. Beifügung von Handskizzen ist zweckmäßig. Zum Beweiswert eines „Vermerks" über einen Augenschein vgl BGH NJW 1972, 1202.

**Nr. 6.** Bei Urteilen nur der Tenor; vgl ferner Abs. 5.

7 **Nr. 7.** Vgl §§ 310 ff, 329. Ob das Urteil durch Verlesung oder Bezugnahme (§ 311) verkündet wurde, muss nicht protokolliert werden, nur dass es verkündet wurde (BGH NJW 1985, 1782; 1994, 3358). Unschädl. ist, wenn dem Protokoll anstatt der im Zeitpunkt der Verkündung vorliegenden schriftl. Urteilsformel nachträgl. das vollständige Urteil als Anlage beigefügt worden ist (BGH NJW 1994, 3358).

**Nr. 8.** Vgl §§ 269, 516; nur, wenn sie in der mdl Verh erklärt werden.

8 **Nr. 9.** Vgl § 515 und Nr. 8. Die Wirksamkeit eines in der mdl Verh im Anschluss an die Urteilsverkündung erklärten RmVerzichts hängt nicht davon ab, dass er ordnungsgemäß protokolliert wird (BGH NJW 1984, 1465); vgl § 162.

**Nr. 10.** Das Ergebnis der Güteverhandlung (§ 278), nicht unbedingt, was diskutiert wurde.

**4. Zusätzliche Protokollierungsanträge (Absatz 4).** Antrag nur bis zum Schluss der mdl Verh zulässig (OLG Frankfurt NJW-RR 1990, 123). Der Ablehnungsbeschluss des Gerichts (nicht: nur des Vors), nicht der genaue Inhalt des Protokollantrags (denn sonst würde mittelbar doch eine „Protokollierung" erfolgen), ist ins Protokoll aufzunehmen. Er ist unanfechtbar, Abs. 4 S. 3 (OLG Hamm NJW 1989, 1680). 9

**5. Absatz 5.** Unschädl. (zB für ordnungsgemäße Urteilsverkündung) ist, wenn die „Schrift" (= Anlage) nicht besonders als Protokollanlage bezeichnet worden ist (BGH 10, 328). 10

11

**Praxishinweise:**

1. Verletzung der Formvorschriften des § 160 I oder fehlende Protokollierung sind in der höheren Instanz nur zu berücksichtigen, soweit das angefochtene Urteil darauf beruht (§§ 513 I, 545 I). Deshalb tunlichst schon in der mdl Verh rügen und auf Einhaltung der Formvorschriften dringen.
2. Protokollmängel wegen Verstößen gegen die §§ 159 ff heben die Beweiskraft der §§ 415, 418 auf (Stein/Jonas § 159 Rz. 20).
3. Zeugenaussagen müssen nach § 160 III Nr. 4 protokolliert werden. Mit Einverständnis der PrBev darf die Protokollierung durch einen Berichterstattervermerk ersetzt werden. Zu den Fehlerquellen und Anwaltsrisiken, die dabei auftreten können, vgl Doms MDR 2001, 73 ff.
4. Das Augenscheinsprotokoll (Rz 6) muss vorgelesen und genehmigt werden (§ 162 I 1). Unterbleibt die Protokollierung oder enthält sie statt der tatsächl. Feststellungen nur eine Beweiswürdigung, dann ist das ein die Ber nach § 513 eröffnender Verfahrensfehler (OLG Hamm MDR 2003, 830).

Formular 217: Antrag auf gerichtliche Protokollierung eines Vergleiches

## § 160a ZPO Vorläufige Protokollaufzeichnung

**(1) Der Inhalt des Protokolls kann in einer gebräuchlichen Kurzschrift, durch verständliche Abkürzungen oder auf einem Ton- oder Datenträger vorläufig aufgezeichnet werden.**

**(2) [1]Das Protokoll ist in diesem Fall unverzüglich nach der Sitzung herzustellen. [2]Soweit Feststellungen nach § 160 Abs. 3 Nr. 4 und 5 mit einem Tonaufnahmegerät vorläufig aufgezeichnet worden sind, braucht lediglich dies in dem Protokoll vermerkt zu werden. [3]Das Protokoll ist um die Feststellungen zu ergänzen, wenn eine Partei dies bis zum rechtskräftigen Abschluss des Verfahrens beantragt oder das Rechtsmittelgericht die Ergänzung anfordert. [4]Sind Feststellungen nach § 160 Abs. 3 Nr. 4 unmittelbar aufgenommen und ist zugleich das wesentliche Ergebnis der Aussagen vorläufig aufgezeichnet worden, so kann eine Ergänzung des Protokolls nur um das wesentliche Ergebnis der Aussagen verlangt werden.**

**(3) [1]Die vorläufigen Aufzeichnungen sind zu den Prozessakten zu nehmen oder, wenn sie sich nicht dazu eignen, bei der Geschäftsstelle mit den Prozessakten aufzubewahren. [2]Aufzeichnungen auf Ton- oder Datenträgern können gelöscht werden,**

**1. soweit das Protokoll nach der Sitzung hergestellt oder um die vorläufig aufgezeichneten Feststellungen ergänzt ist, wenn die Parteien innerhalb eines Monats nach Mitteilung der Abschrift keine Einwendungen erhoben haben;**

**2. nach rechtskräftigem Abschluss des Verfahrens.**

**(4) Die endgültige Herstellung durch Aufzeichnung auf Datenträger in der Form des § 130b ist möglich.**

§ 160a geändert durch G v. 22.3.2005 (BGBl 2005, 837).

1 **1. Absatz 2 Satz 4** besagt: Sind Zeugenaussagen usw. wortgetreu unmittelbar aufgezeichnet (zB weil ein Tonbandgerät während der ganzen Sitzung mitläuft) und auch noch vom Richter zusammengefasst auf Band usw. diktiert, dann kann nur die Übertragung letzterer verlangt werden (BVerwG DÖV 1981, 840).

2 **2.** Die Mitteilung nach Abs. 3 Nr. 1 wird nicht zugestellt.

## § 161 ZPO Entbehrliche Feststellungen

**(1) Feststellungen nach § 160 Abs. 3 Nr. 4 und 5 brauchen nicht in das Protokoll aufgenommen zu werden,**

**1. wenn das Prozessgericht die Vernehmung oder den Augenschein durchführt und das Endurteil der Berufung oder der Revision nicht unterliegt;**

**2. soweit die Klage zurückgenommen, der geltend gemachte Anspruch anerkannt oder auf ihn verzichtet wird, auf ein Rechtsmittel verzichtet oder der Rechtsstreit durch einen Vergleich beendet wird.**

**(2) [1]In dem Protokoll ist zu vermerken, dass die Vernehmung oder der Augenschein durchgeführt worden ist. [2]§ 160a Abs. 3 gilt entsprechend.**

**Lit:** ***Doms*** (Berichterstattervermerke) MDR 2001, 73.

1 **1. Absatz 2 Nr. 1.** Das ProzessG: also nicht der beauftr oder ersuchte Richter. Das Urteil unterliegt nicht Ber oder Rev, wenn diese unstatthaft sind (§ 511) oder die BerSumme (§ 511) nicht erreicht ist; Nr. 1 ist nicht gegeben, wenn gegen das Urteil Nichtzulassungsbeschwerde (§ 544) mögl. ist (BGH NJW 2003, 3057). Protokolliert werden dann nur die Angaben des Zeugen zur Person sowie zur Sache „Der Zeuge sagte aus", der Inhalt der Aussage nicht; allerdings muss dieser Inhalt im Urteil wiedergegeben werden (BGH NJW 1969, 428). Bei Richterwechsel ist nur das Protokollierte verwertbar, uU auch den Parteien mitgeteilte Vermerke des Richters über die Aussagen (BGH LM Nr. 1).

2 **Absatz 1 Nr. 2:** Klagerücknahme § 269; Anerkenntnis § 306; Verzicht § 306; RmVerzicht § 515; Vergleich § 794.

3 **2. Unterlässt das Berufungsgericht** in der irrigen Annahme, sein Urteil sei nicht revisibel, **die Protokollierung** der Zeugenaussagen, dann wird dieser Verfahrensverstoß nicht

dadurch gem § 295 geheilt, dass die Parteien nach erfolgter Beweisaufnahme mdl verhandelt haben, ohne die Unterlassung der Protokollierung zu rügen, weil der Mangel nicht der Parteidisposition unterliegt (BGH NJW 1987, 1200); die Protokollierung der Aussagen könnte aber im Urteil nachgeholt werden, § 160 Rz 5; uU kann auch ein im Urteil in Bezug genommener Vermerk des Berichterstatters über die Aussagen genügen (BGH 40, 84; LM Nr. 5, 6). Anderenfalls ist auf Rev grds das BerUrteil (auch ohne ausdrückl. Rüge) aufzuheben (BGH 40, 84).

**Praxishinweise:** 4

ISd § 160 I Nr. 1 unterliegt das EndU auch dann der Rev, wenn eine Nichtzulassungsbeschwerde mögl. ist (BGH NJW 2003, 3057).

## § 162 ZPO Genehmigung des Protokolls

**(1) [1]Das Protokoll ist insoweit, als es Feststellungen nach § 160 Abs. 3 Nr. 1, 3, 4, 5, 8, 9 oder zu Protokoll erklärte Anträge enthält, den Beteiligten vorzulesen oder zur Durchsicht vorzulegen. [2]Ist der Inhalt des Protokolls nur vorläufig aufgezeichnet worden, so genügt es, wenn die Aufzeichnungen vorgelesen oder abgespielt werden. [3]In dem Protokoll ist zu vermerken, dass dies geschehen und die Genehmigung erteilt ist oder welche Einwendungen erhoben worden sind.**

**(2) [1]Feststellungen nach § 160 Abs. 3 Nr. 4 brauchen nicht abgespielt zu werden, wenn sie in Gegenwart der Beteiligten unmittelbar aufgezeichnet worden sind; der Beteiligte, dessen Aussage aufgezeichnet ist, kann das Abspielen verlangen. [2]Soweit Feststellungen nach § 160 Abs. 3 Nr. 4 und 5 in Gegenwart der Beteiligten diktiert worden sind, kann das Abspielen, das Vorlesen oder die Vorlage zur Durchsicht unterbleiben, wenn die Beteiligten nach der Aufzeichnung darauf verzichten; in dem Protokoll ist zu vermerken, dass der Verzicht ausgesprochen worden ist.**

**1. Absatz 1.** Nur die in § 162 genannten Teile des Protokolls sind vorzulesen bzw vom 1
Diktiergerät abzuspielen und zu fragen, ob es so genehmigt wird; dann wird vermerkt „vorgelesen und genehmigt" (v.u.g.) oder „vorgespielt und genehmigt". Anerkenntnis, Vergleich, RmVerzicht usw. werden also diktiert, dann nochmals vorgespielt, hierauf um Genehmigung gebeten und dann diktiert „vorgespielt und genehmigt". Wird ein Erbvertrag durch PV geschlossen, ist (wegen § 2274 BGB) ausdrückl. festzuhalten, dass die RAe *und die Parteien* genehmigt haben. Die Parteien, ihre Anwälte oder die Zeugen, SV unterschreiben ein Protokoll nie.

**Fehlt der Vermerk:** Die Wirksamkeit einer einseitigen Prozesshandlung (Anerkenntnis, 2
Klagerücknahme, RmRücknahme, RmVerzicht) hängt nicht davon ab, dass das Protokoll ordnungsgemäß vorgelesen und genehmigt wird (BGH NJW-RR 1986, 1327; OLG Brandenburg FamRZ 2000, 548 für ein diktiertes und genehmigtes, aber nicht mehr vorgespieltes Anerkenntnis). Ist dies nicht geschehen, fehlt dem Protokoll insoweit die Beweiskraft einer öffentl. Urkunde (OLG Zweibrücken Rpfleger 2000, 461); der RmVerzicht usw. kann aber auf andere Weise bewiesen werden (BGH NJW 1984, 1465). Wurde ein **Pro-**

**zessvergleich** versehentl. nicht nochmals vorgespielt und genehmigt, gibt es folgende Möglichkeiten: die Parteien nochmals vorladen, vorlesen, genehmigen lassen; oder den Vergleich an die Parteien als gerichtl. Vergleichsvorschlag (§ 278 VI) senden, denn dieser Vorschlag kann durch Schriftsatz zum PV gemacht werden. Wenn nun eine Partei nicht mehr will, muss ihr klar sein, dass zwar kein PV zustande gekommen ist, aber ein matrechtl. Vergleich (§ 779 BGB) und daraus geklagt werden kann, wodurch Zusatzkosten entstehen, die uU der RA zu tragen hat. Bei einem PV wird die notarielle Beurkundung auch dann durch das Protokoll ersetzt, wenn in diesem der Vermerk unterblieben ist, dass die Erklärungen vorgelesen (oder vorgespielt) und genehmigt worden sind (BGH NJW 1999, 2806).

3 **Wird die Genehmigung verweigert**, ist ins Protokoll aufzunehmen, warum die Genehmigung nicht erteilt worden ist; das Gericht kann dann später frei darüber befinden, ob es die nicht genehmigte Prozesshandlung als wirksam ansieht (BGH NJW 1984, 1465). Anders ist es beim PV wegen dessen Doppelnatur (v.u.g. notw; BGH NJW 1955, 705; 1984, 1465).

4 **2. Absatz 2.** Zeugenaussagen usw. brauchen nicht abgespielt zu werden, nur der Vernommene kann das verlangen. S. 2: die Formel „auf Diktat genehmigt" (a.D.g.) genügt zur Feststellung des Verzichts aller Beteiligten.

## § 163 ZPO Unterschreiben des Protokolls

**(1) [1]Das Protokoll ist von dem Vorsitzenden und von dem Urkundsbeamten der Geschäftsstelle zu unterschreiben. [2]Ist der Inhalt des Protokolls ganz oder teilweise mit einem Tonaufnahmegerät vorläufig aufgezeichnet worden, so hat der Urkundsbeamte der Geschäftsstelle die Richtigkeit der Übertragung zu prüfen und durch seine Unterschrift zu bestätigen; dies gilt auch dann, wenn der Urkundsbeamte der Geschäftsstelle zur Sitzung nicht zugezogen war.**

**(2) [1]Ist der Vorsitzende verhindert, so unterschreibt für ihn der älteste beisitzende Richter; war nur ein Richter tätig und ist dieser verhindert, so genügt die Unterschrift des zur Protokollführung zugezogenen Urkundsbeamten der Geschäftsstelle. [2]Ist dieser verhindert, so genügt die Unterschrift des Richters. [3]Der Grund der Verhinderung soll im Protokoll vermerkt werden.**

1 **Absatz 1.** Die Parteien, Zeugen, SV und Anwälte unterschreiben das Protokoll nie. Die Unterschriften gem Abs. 1 S. 2 können auch noch im RmVerfahren, noch nach Erhebung einer das Fehlen der Unterschrift bemängelnden Verfahrensrüge, nachgeholt werden (Aktenrückleitung; BGH LM § 164 Nr. 3).

2 **Absatz 2.** Sind alle Personen verhindert, kommt ein formgerechtes Protokoll nicht zustande.

## § 164 ZPO Protokollberichtigung

**(1) Unrichtigkeiten des Protokolls können jederzeit berichtigt werden.**

**(2) Vor der Berichtigung sind die Parteien und, soweit es die in § 160 Abs. 3 Nr. 4 genannten Feststellungen betrifft, auch die anderen Beteiligten zu hören.**

**(3) [1]Die Berichtigung wird auf dem Protokoll vermerkt; dabei kann auf eine mit dem Protokoll zu verbindende Anlage verwiesen werden. [2]Der Vermerk ist von dem Richter, der das Protokoll unterschrieben hat, oder von dem allein tätig gewesenen Richter, selbst wenn dieser an der Unterschrift verhindert war, und von dem Urkundsbeamten der Geschäftsstelle, soweit er zur Protokollführung zugezogen war, zu unterschreiben.**

**(4) [1]Erfolgt der Berichtigungsvermerk in der Form des § 130b, ist er in einem gesonderten elektronischen Dokument festzuhalten. [2]Das Dokument ist mit dem Protokoll untrennbar zu verbinden.**

§ 164 geändert durch G v. 22.3.2005 (BGBl 2005, 837).

**Absatz 1.** Unrichtige Protokolle *müssen* vom Gericht von Amts wegen berichtigt werden (OLG Düsseldorf MDR 2002, 230). Unrichtigkeit im weiten Sinn ist gemeint. Jederzeit: auch noch nach eingelegtem Rm (zB Berichtigung, dass BerSitzung öffentl. war, während des RevVerfahrens: BGH NJW 1958, 711). 1

**Absatz 2.** Vor Berichtigung von Zeugenaussagen usw. sind auch die Zeugen zu hören.

**Absatz 3.** Es wird zB auf dem Protokoll vermerkt: „Berichtigung Bl ..." und mit dem Protokoll ein Berichtigungsbeschluss verbunden.

**Berichtigung von Prozessvergleichen** ist grds nicht zulässig (zB keine Rechenfehler, OLG Frankfurt MDR 1986, 152; vgl OLG Frankfurt MDR 1983, 410); es müsste ein neuer Termin bestimmt werden, in dem die Parteien einen Berichtigungsvergleich schließen; oder das Gericht könnte nach § 278 VI vorgehen. 2

**Beschwerde gegen Berichtigung:** grds unstatthaft (BGH NJW-RR 2005, 214), soweit nicht formelle Gesichtspunkte (zB Zust) angegriffen werden (vgl OLG Düsseldorf MDR 2002, 230; LAG Hamm MDR 1988, 172; VGH München BayVBl 1990, 566). Gegen Berichtigung eines PV hält OLG Hamm OLGZ 1983, 89 die sof Beschwerde analog § 319 III für statthaft. **Beschwerde gegen Ablehnung der Berichtigung**: ebenfalls nur bez formeller Gesichtspunkte statthaft, nicht wenn der Antrag aus Sachgründen zurückgewiesen wird (OLG Frankfurt OLG-Report 2006, 1053; VGH Kassel DÖV 2006, 1055; OLG Koblenz OLG-Report 2006, 1075; str), wenn für das BeschwerdeG keine Möglichkeit besteht, festzustellen, was der Zeuge damals tatsächl. sagte. Erstrebt eine Partei die Aufnahme der Äußerung eines Zeugen, so kann sie dies nur mittels eines Protokollierungsantrags nach § 160 IV erreichen, der bis zum Schluss dieser Verh zu stellen ist, nicht durch Beschwerde nach § 164 (OLG Frankfurt OLG-Report 2005, 463). 3

## § 165 ZPO Beweiskraft des Protokolls

**[1]Die Beachtung der für die Verhandlung vorgeschriebenen Förmlichkeiten kann nur durch das Protokoll bewiesen werden. [2]Gegen seinen diese Förmlichkeiten betreffenden Inhalt ist nur der Nachweis der Fälschung zulässig.**

§ 165 geändert durch G v. 27.7.2001 (BGBl 2001, 1887).

1 **1. Satz 1.** Gemeint ist der **Beweis für den äußeren Hergang** der Verh (§§ 160, 162, 220, 297), zB *dass* ein Zeuge ausgesagt hat, nicht der Inhalt der Aussage (insoweit genießt das Protokoll aber die Beweiskraft einer allgemeinen öffentl. Urkunde; BGH FamRZ 1994, 300). Dazu gehört zB die Besetzung des Gerichts (BFH/NV 2007, 52), welche Anträge gestellt wurden (BAG NZA 2006, 232), die Verkündung des Urteils, § 160 III Nr. 7. Nicht dazu gehören: sonstige Erklärungen der Parteien. Wenn das Protokoll nichts über eine Zuständigkeitsrüge enthält, beweist das nicht, dass die Rüge nicht erfolgte (OLG Brandenburg OLG-NL 1996, 233). Auch ein nachträgl. hergestelltes Protokoll (§ 160a) hat die erhöhte Beweiskraft, selbst wenn §§ 160a II 1, 160a III verletzt wurden. Diese Beweiskraft entfällt nur, wenn sie durch äußere Mängel iSv § 419 gemindert ist.

2 **2. Satz 2.** Protokollfälschung ist wissentl. falsche Beurkundung; der Beweis kann mit allen zulässigen Beweismitteln geführt werden; die Anforderungen an die Parteien, die auf Indizien für den objektiven und Schlussfolgerungen für den subjektiven Tatbestand angewiesen sind, dürfen nicht überspannt werden (BGH NJW 1985, 1782).

## Titel 2
## Verfahren bei Zustellungen

### Vorbemerkung

1 **1.** Die **Zustellung** ist in § 166 definiert.

**a) Sie erfolgt grundsätzlich** auf Veranlassung des Gerichts (von Amts wegen), sog. **Amtszustellung.** Zugestellt wird zB der MB (§ 693 I), die Klageschrift (§ 270 II), Klageerweiterung, Klagerücknahme (falls nach mdl Verh erfolgt, § 269 II 3), Erledigungserklärung, Schriftsätze mit sonstigen Sachanträgen (§ 270 II), Ladung zum Termin, RmEinlegung und RmBegründung (§ 521 I), das Urteil (§ 317 I), das verkündete VU an den Verlierer, das VU nach § 331 III an beide Parteien bzw PV, manche Beschlüsse (zB § 91a; PKH-Versagung, PKH-Bewilligung mit Raten; KfB; alle Beschlüsse, die der sof Beschwerde oder sof Erinnerung unterliegen oder der befr Beschwerde des FamilienR, der RB bei deren Zulassung), § 329 III. DerVoB wird von Amts wegen zugestellt, falls nichts anderes beantragt ist (§ 699 IV 1). Zugestellt wird ferner alles, dessen Zustellung der Richter bzw Rechtspfleger anordnet. Die Amtszustellung ist in §§ 166 – 190 geregelt.

2 **b) Parteizustellung:** Ausnahmsweise erfolgt die Zustellung auf Veranlassung einer Partei, zB nach §§ 699 IV 2 (VoB), 726-729, 750 I, III, 751 II, 756, 765, 829 II 1, 835 III, 843, 845, 922 II (eVfg), 936 (Arrest).

3 **2. Formlose Mitteilung.** Sonstige Schriftsätze der Parteien, zB PKH-Antrag, die Klagerücknahme vor Beginn der mdl Verh (§ 269 III 1), der Klageabweisungsantrag, Klageerwiderung, auch wenn sie ein Anerkenntnis enthält; Schriftsätze mit Beweisanträgen, Richterablehnung, Beweiswürdigung, Rechtsausführungen, Antrag auf StrWFestsetzung, sonstige Beschlüsse (zB StrWBeschlüsse, Beweisbeschlüsse, ratenfreie PKH-Bewilligung), Ladung von Parteien, Zeugen und SV sowie Verfügungen werden nur formlos mitgeteilt (zB mit Brief zugesandt, ins RA-Fach gelegt), ohne Nachweis des Zugangs.

**3. Zugestellt wird** nicht die Urschrift des Schriftstücks, sondern idR eine **„beglaubigte Abschrift“**, dh eine Durchschrift oder Kopie, deren Übereinstimmung mit der Urschrift bescheinigt („beglaubigt“) ist: bei Anwaltschriftsätzen beglaubigt der RA; bei gerichtl. Entscheidungen der Urkundsbeamte, § 169; bei Parteizustellung der Gerichtsvollzieher. 4

**Die Zustellung wird ausgeführt:** 5

**a)** indem der Auftraggeber (Geschäftsstelle, § 168 I; Richter § 168 II)

**b)** selbst zustellt (Aushändigung an der Amtsstelle, § 173; oder gegen Empfangsbekenntnis, § 174 oder ein Zustellungsorgan beauftragt (zB Postbote, Postunternehmer; Gerichtswachtmeister, Gerichtsvollzieher; Behörden);

**c)** die Geschäftsstelle oder dieses Organ das Schriftstück an den Adressaten übergibt oder auf andere Weise in seinen Machtbereich bringt und

**d)** darüber eine Zustellungsurkunde aufnimmt; diese Urkunde wird zu den Gerichtsakten gegeben und dort beim zuzustellenden Schriftstück eingeheftet.

**4. Rechtsmittelbelehrungen** werden im Zivilprozess nicht beigefügt; sie sind nicht vorgeschrieben. Eine falsche Belehrung beeinträchtigt nicht die Wirksamkeit einer Zustellung (BGH MDR 1991, 987), kann aber zur WE führen. 6

Formular 233: Zustellungsauftrag an den Gerichtsvollzieher

Formular 261: Auskunftsersuchen an das Einwohnermeldeamt für Zustellungszwecke (Einfache Meldeauskunft)

Formular 262: Auskunftsersuchen an das Handelsregistergericht für Zustellungszwecke

Formular 263: Auskunftsersuchen an das Gewerbeamt für Zustellungszwecke

## Untertitel 1
## Zustellungen von Amtswegen

### § 166 ZPO Zustellung

**(1) Zustellung ist die Bekanntgabe eines Dokuments an eine Person in der in diesem Titel bestimmten Form.**

**(2) Dokumente, deren Zustellung vorgeschrieben oder vom Gericht angeordnet ist, sind von Amts wegen zuzustellen, soweit nicht anderes bestimmt ist.**

§ 166 zuletzt geändert durch G v. 22.3.2005 (BGBl 2005, 837).

**Lit:** *Nies* MDR 2002, 69; Eyinck MDR 2006, 785.

**Absatz 1** bringt die neue Legaldefinition der Zustellung: nur die Bekanntgabe ist noch das Wesentliche; anders als früher die Rspr (BGH NJW 1978, 1858), wonach Zustellung „die in gesetzl. Form erfolgte und *beurkundete* Übergabe“ war. Die Beurkundung ist nun kein notw konstitutiver Bestandteil der Zustellung mehr, dient nur noch dem Nachweis der Zustellung (dieser Nachweis ist aber auch auf andere Weise mögl.). 1

2 **Bekanntgabe.** Nicht geregelt ist, was darunter zu verstehen ist; man muss an die bisherige Bestimmung (§170 aF) anknüpfen und eine Übergabe des Schriftstücks („Dokuments") verlangen. Übergabe heißt: Aushändigung zum dauernden Verbleib (BGH LM Nr.1). Ungenügend daher bloßes Vorzeigen. Übergabe einer Ausfertigung statt einer begl Abschrift ist unschädl. (BGH NJW 1954, 1722), weil die Ausfertigung eine höhere Beweiskraft hat; nicht umgekehrt. Eine zweite Urschrift ersetzt eine Ausfertigung.

3 **Zustellung einer Ausfertigung** ist notw bei §§ 377 (Zeugenladung), 402; bei § 317 (Urteilszustellung). Eine Ausfertigung ist eine amtl. Durchschrift bzw Kopie eines amtl. Schriftstücks durch die Stelle, von der die Urschrift stammt.

**Inhalt einer Ausfertigung:**

- die Überschrift „Ausfertigung";
- am Schluss den Ausfertigungsvermerk (zB: „Für den Gleichlaut der Ausfertigung mit der Urschrift");
- die Unterschrift (Stempel ungenügend, BGH VersR 1969, 709) des Urkundsbeamten; Zustellung einer Ausfertigung des VoB ohne kennzeichnenden individuellen Schriftzug setzt keine Frist in Gang (OLG München NJW 1982, 2783);
- Dienstsiegel oder Dienststempel (BGH VersR 1985, 551);
- Ort und Datum der Erteilung sind zweckmäßig, nicht notw (BGH VersR 1985, 503). Ordnungsgemäße Urteilszustellung erfordert, dass die Urteilsausfertigung erkennen lässt, dass die Richter die Entscheidung handschriftl. unterschrieben haben (BGH VersR 1982, 971).
- Kopie muss gut erkennbar sein (OLG Düsseldorf MDR 1994, 302), dh überall leserl.

4 **Zustellung einer beglaubigten Abschrift** genügt in den übrigen Fällen, zB bei Klagezustellung. Das ist eine Durchschrift bzw Kopie, auf der bezeugt wird, dass sie mit der Urschrift oder deren Ausfertigung übereinstimmt. **Inhalt einer beglaubigten Abschrift:**

- die Überschrift zB „Beglaubigte Abschrift"; unschädl. „einfache Abschrift" (BGH NJW 1974, 1384);
- am Schluss den Beglaubigungsvermerk (zB „Für die Richtigkeit der Abschrift");
- die Unterschrift des Beglaubigenden: eigenhändig, nicht durch Stempel (BGH 24, 116); nicht notw lesbar, aber ein die Identität des Unterschreibenden ausreichend kennzeichnender individueller Schriftzug, der einmalig ist (BGH LM Nr. 8; vgl § 130 Rz 5);
- Beglaubigungsbefugte Person;
- Grds muss die Abschrift vollständig sein: dh in allen wesentl. Teilen lesbar (BayObLG MDR 1982, 501) sein, bei einem Urteil die Richterunterschriften umfassen (genügend: gez. Meier; Meier; ungenügend: (Meier); BGH NJW 1975, 781; VersR 1980, 333); bei Abschrift einer Ausfertigung auch den Ausfertigungsvermerk so wiedergeben, dass der Vermerk vorhanden und von einem Urkundsbeamten unterschrieben ist; der Hinweis auf das Gerichtssiegel ist aber entbehrl. (BGH NJW 1965, 104);
- Beurkundung der Übergabe.

5 **Unwirksame Zustellung** liegt zB vor: wenn die begl Abschrift wesentl. Fehler hat (BGH FamRZ 2007, 372; MDR 1967, 834; Urteilsbetrag 1848 statt 2848), sodass die Entschei-

dung über die Einlegung eines Rm beeinflusst sein kann; wenn die Ausfertigung in wesentl. Teilen unleserl. ist (BayObLG MDR 1982, 501). **Unschädliche Mängel** sind zB: wenn bei der Urteilszustellung der Empfänger versehentl. die für die Gegenpartei bestimmte Urteilsausfertigung erhält (BGH VersR 1987, 258).

**Absatz 2** besagt ledigl., dass, wenn Zustellung gesetzl. vorgeschrieben oder vom Gericht angeordnet wird, eine Amtszustellung zu erfolgen hat und Parteizustellung die Ausnahme ist. Das „Schriftstück" ist, je nach Sachlage, eine Urschrift, Ausfertigung oder begl Abschrift. 6

## § 167 ZPO Rückwirkung der Zustellung

**Soll durch die Zustellung eine Frist gewahrt werden oder die Verjährung neu beginnen oder nach § 204 des Bürgerlichen Gesetzbuchs gehemmt werden, tritt diese Wirkung bereits mit Eingang des Antrags oder der Erklärung ein, wenn die Zustellung demnächst erfolgt.**

§ 167 zuletzt geändert durch G v. 29.11.2001 (BGBl 2001, 3138/3181). § 167 nF entspricht den früheren §§ 207, 270 III, 693 II.

**1. Rückbeziehung.** Beispiel: Verjährung droht am 31.12. Durch Zustellung der Klage bzw des MB an den Schuldner (Bekl) kann sie gehemmt werden (§ 204 I Nr. 1 BGB), an sich nicht schon durch Eingang der Klage beim Gericht. Weil aber die Partei keinen Einfluss darauf hat, wie schnell Gericht und Post die Zustellung bewirken, bestimmt § 167, dass der Eingang am 31.12. die Verjährung hemmt, auch wenn die Zustellung zB erst am 10.01. oder später erfolgt; das gilt aber nur, wenn die Zustellung „demnächst" erfolgt. Ob eine Zustellung „demnächst" erfolgt ist, beurteilt sich nach dem **Sinn und Zweck dieser Regelung**. Danach soll die Partei bei der Zustellung von Amts wegen vor Nachteilen durch Zustellungsverzögerungen innerhalb des gerichtl. Geschäftsbetriebs bewahrt werden. Denn derartige Verzögerungen liegen außerhalb ihres Einflussbereichs. Dagegen sind der Partei die Verzögerungen zuzurechnen, die sie oder ihr PrBev (§ 85 II) bei gewissenhafter Prozessführung hätte vermeiden können. Eine Zustellung „demnächst" nach der Einreichung oder Anbringung des zuzustellenden Antrags oder der zuzustellenden Erklärung bedeutet daher eine Zustellung innerhalb einer nach den Umständen angemessenen, selbst längeren Frist, wenn die Partei oder ihr PrBev unter Berücksichtigung der Gesamtsituation alles Zumutbare für die alsbaldige Zustellung getan hat. Die Zustellung ist dagegen nicht mehr „demnächst" erfolgt, wenn die Partei, der die Fristwahrung obliegt, oder ihr PrBev durch nachlässiges – auch leicht fahrlässiges – Verhalten zu einer nicht bloß geringfügigen Zustellungsverzögerung beigetragen hat (BGH NJW 2007, 441). Diese Grundsätze gelten auch bei Verzögerungen durch ein **Prozesskostenhilfe-Verfahren**. Deshalb wahrt die Einreichung der Klageschrift auch in diesem Fall rückwirkend die Frist, wenn die Klage nur unverzügl. nach der vom Kl nicht verzögerten (positiven oder negativen) Entscheidung über den PKH-Antrag zugestellt wird (BGH NJW 2007, 441). Der PKH-Antrag muss vollständig sein (PKH-Formular *mit* Belegen), anderenfalls muss sich der ASt die Zeit für die Behebung des Mangels zurechnen lassen (BGH NJW 2007, 441; OLG Hamm FamRZ 2006, 1616). 1

Für den Bekl besteht damit eine Zeitlang Ungewissheit; das Interesse des Bekl, zu wissen, ob er noch in Anspruch genommen wird, ist ggü den Belangen des Kl zurückgestellt (BGH NJW 1978, 1058). Über § 167 bei **Auslandszustellungen** vgl BGH NJW 2003, 2830; *Brand* NJW 2004, 1138; Försterling IPRax 2005, 124 (meint, der Kl müsse eine Zustellung nach Art 14 EuZVO = VO EG Nr. 1348/2000 beantragen); der Kl muss weder bestimmte Zustellungsart beantragen (das ist Sache des Gerichts), noch weitere Abschriften vorlegen.

2 **§ 167 ist zB anwendbar:** für Verjährungshemmung, § 204 BGB; auf zeitl. befristeten Verzicht auf Verjährungseinrede (BGH NJW 1974, 1285); auf Frist des § 89b II HGB, § 16 Nr. 3 II VOB/B (BGH NJW 1980, 455), des § 13 I 2 StrEG (BGH MDR 1983, 1002; NJW 2007, 439; aber: BGH NJW 2007, 441), des § 52 HEG (BGH NJW-RR 2006, 789), des § 146 I InsO (BGH NJW 1984, 1239), des § 10 AHB (OLG Hamm VersR 1987, 1230), des § 12 III VVG (BGH NJW-RR 1992, 470), Frist des Art 237 § 2 EGBGB (BGH ZEV 2001, 244), die Ehelichkeitsanfechtung (BGH FamRZ 1995, 1484); in Auslandsfällen die Frist des § 929 (Beispiel: ein Arrestbeschluss muss in Frankreich zugestellt werden; zur Wahrung der Wochenfrist des § 929 III genügt die rechtzeitige Einreichung des Ersuchens um Parteizustellung beim hiesigen AG, VO (EG) Nr. 1348/2000 und § 4 ZustDG, auf den Tag der Zustellung in Frankreich kommt es grds nicht an); ebenso bei VerbotsVfg (OLG Hamm GRUR 1991, 944). Zur Anwendbarkeit auf die Frist des § 23 IV WEG vgl *Nies* NZM 2000, 274.

**Ausschlussfristen:** die Klagefrist des § 12 III VVG (sechs Monate; Klage gegen die Vers bei Leistungsablehnung) kann ebenfalls nach § 167 gewahrt werden, auch durch ein diesbezügl. PKH-Gesuch (BGH NJW 1987, 255; NJW-RR 1989, 675; dazu OLG Düsseldorf OLG-Report 2006, 150). Der VN muss dann aber alles ihm Zumutbare tun, damit die Zustellung der Klage „demnächst" erfolgen kann. Stellt die Partei wegen einer beabsichtigten Klage auf StrEG-Entschädigung einen PKH-Antrag, ohne innerhalb der Frist des § 13 I 2 StrEG (drei Monate) ihre pers und wirtschaftl. Verh unter Verwendung des PKH-Vordrucks und Beifügung der erforderl. Belege darzulegen, kommt ihr die Rückwirkung der späteren Zustellung der Klage auf den Eingang ihres Gesuchs nicht zugute (BGH NJW 2007, 441). Anders wenn der Antrag komplett war (BGH NJW 2007, 439).

3 **§ 167 ist nicht anwendbar:** für die Frist des § 121 BGB bei Irrtumsanfechtung (BGH NJW 1975, 39). Für Fälle, in denen ein einfaches Schreiben zur Geltendmachung ausreicht, gilt die Rückbeziehung nicht (BGH NJW 1975, 40).

4 **Einreichung der Klage bzw des Mahnantrags:** bedarf keiner Mitwirkung eines Bediensteten des betreffenden Gerichts; entscheidend ist nur, ob die Klage fristgerecht in die Verfügungsgewalt des Gerichts gelangt. Ausreichend ist Einwurf in den Tagesbriefkasten des Gerichts bis 24 Uhr (BGH NJW 1981, 1216; BVerfG NJW 1986, 244) oder dass das Fax einschließl. Unterschrift vor 24 Uhr eingeht. Einreichung beim örtl. oder sachl. unzuständigen Gericht genügt, wenn demnächst zugestellt und dann an das zuständige Gericht verwiesen wird (BGH NJW 1953, 1139); ungenügend im LG-Prozess, wenn zuerst an das zuständige Gericht abgegeben wird und erst *dort* die Zustellung veranlasst wird (BGH NJW 1984, 1559). Zur Verjährungshemmung durch Mahnverfahren vgl *Ebert* NJW 2003, 732; wegen Vordruckzwang kein Fax.

**Eingang:** auch Aufnahme der Niederschrift, zB bei der Rechtsantragsstelle. 5

**Zustellung erfolgt „demnächst“:** Verjährt die Sache mit Ablauf des 31.12. und wird die Klage am 20.12. eingereicht und am 10.01. zugestellt, kommt es auf die Zeitspanne 31.12. bis 10.01. an (BGH WM 1986, 273; OLG Köln MDR 2000, 1151). 6

Eine Rückwirkung ist nicht anzunehmen, wenn sie den Bekl unbillig belasten würde, weil

– **die Zeitspanne** zwischen Fristablauf und Zustellung der Klage **unangemessen lang ist**: mehr als zwei Monate uU nicht zu lang, BGH NJW 2005, 1194; fünf Monate sind uU noch nicht zu lang, wenn die Verzögerung ausschließl. auf Umständen beruhte, die im Bereich des Gerichts begr waren, BGH NJW 2000, 2282; NJW 1978, 1058; neun Monate bei öffentl. und Auslandszustellung uU noch nicht zu lang, BGH VersR 1983, 831; neun Monate bei § 696 III aF nicht zu lang, BGH NJW 1988, 1980; vier Tage nicht zu lang, wenn Kostenvorschuss 14 Tage vor Ablauf der Verjährung einbezahlt wird, BGH NJW 1993, 2320; elf Monate nicht zu lang, wenn ASt alles tat, um Zustellanschrift zu ermitteln (OLG Dresden WM 2007, 297). Ist diese Zeitspanne lang, werden schutzwürdige Belange des Bekl zB dann nicht verletzt, wenn er vom Kl über die Klageerhebung informiert wurde oder in Kenntnis der Mahnung unbekannt verzog; **Mahnverfahren:** Zustellung eines MB ist dann nicht mehr demnächst erfolgt, wenn der ASt es unterlassen hat, beim MahnG nach Ablauf einer je nach den Umständen des Einzelfalls zu bemessenden Frist nachzufragen, ob die Zustellung bereits veranlasst worden ist, und dieses Unterlassen nachweisl. zu einer Verzögerung der Zustellung um mehr als einen Monat geführt hat (BGH ZVI 2006, 286). Bei fehlgeschlagenem ersten Zustellversuch ist ein MB dann noch als „demnächst“ zugestellt anzusehen, wenn er nach Zugang der Mitteilung der Unzustellbarkeit beim ASt innerhalb eines Monats zugestellt wird (OLG Saarbrücken MDR 2004, 710). 7

– **oder weil die Länge** dieser Zeitspanne **auf ein schuldhaftes Verhalten des Klägers zurückzuführen ist** (BGH NJW 1978, 1058); leichte Fahrlässigkeit des Kl oder seines RA genügen, zB falsche Zustelladresse (BGH FamRZ 1988, 1154), falscher Vorname (BGH NJW 1992, 1821). Der Partei sind nur solche Verzögerungen zuzurechnen, die sie oder ihr PrBev bei gewissenhafter Prozessführung hätten vermeiden können. Nach st Rspr des BGH (NJW 1994, 1073; FamRZ 1995, 1484) ist eine zurechenbare Verzögerung der Zustellung um bis zu 14 Tage als geringfügig anzusehen und deshalb im Rahmen von § 167 unschädl. Wenn sich also die Zustellung um drei Monate verzögert, aber nur zehn Tage davon dem Ast zuzurechnen sind, liegt eine Zustellung „demnächst“ vor; wenn ihm 20 Tage schuldhaft zuzurechnen sind, ist die Zustellung nicht mehr demnächst. 8

Der Kl und sein RA müssen den **Gerichtskostenvorschuss** nicht von sich aus berechnen und mit der Klage einzahlen, die gerichtl. Aufforderung kann abgewartet werden; kommt sie nicht in angemessener Zeit, muss der Kl tätig werden (selbst berechnen oder nachfragen). Geht die gerichtl. Streitwertanfrage beim Kl am 09.09. ein und beantwortet er sie erst am 27.09., dann ist zu rechnen: bei *zügiger* Erledigung Beantwortung am 16.09., also Verzögerung um elf Tage, also noch unschädl. (BGH NJW 1994, 1073). Kommt keine Aufforderung und zahlt er erst nach zwei Monaten den Vorschuss ein, ist die Zustellung idR nicht mehr demnächst erfolgt (BGH NJW 1978, 215; drei Wochen wären noch rechtzeitig, BGH NJW-RR 1992, 470; FamRZ 1992, 1405). Zahlt er erst 18 Tage nach Eingang der Vorschussanforderung, kann das zu spät sein (BGH LM § 261b Nr. 8a), **Einzahlung binnen zwei Wochen** genügt (BGH GE 2005, 1420), geringfügig darüber ist aber idR 9 noch hinnehmbar (BGH WM 1986, 273). Zahlt er den Vorschuss nicht ein, weil das Gericht aus einem zu hohen StrW abrechnet, ist das schädl. (OLG Köln VersR 2000, 326); richtig wäre Vorgehen nach § 67 GKG gewesen. Wenn erst nach sechs Wochen bezahlt wird, weil die Rechtsschutzvers zu spät leistet, ist das schädl. (OLG Hamm ZfS 2004, 581); richtig wäre Vorgehen nach § 14 GKG gewesen. Mit der Beschwerde gegen **Prozesskostenhilfe-Ablehnung** darf höchstens zwei Wochen gewartet werden (BGH NJW 1991, 1745).

10 Das Gericht braucht die Klage nicht von sich aus ohne Vorschuss (§ 14 GKG) sofort zustellen (BGH NJW 1974, 57). Es genügt, wenn die am letzten Tag der Frist eingereichte Klage allen gesetzl. Erfordernissen entsprach (zB ausreichende Adressenangabe beim Bekl; StrW-Angabe ist nicht erforderl.) und dem Kl anschließend keine die Zustellung beeinflussende Nachlässigkeit (zB Nichtbeantworten gebotener Rückfragen) zur Last fällt (BGH NJW 1972, 208). Nachlässiges Verhalten ist aber unschädl., wenn es zu einer nur ganz geringfügigen Verlängerung der Zeitspanne führt (BGH MDR 1963, 388; WM 1985, 36).

## § 168 ZPO Aufgaben der Geschäftsstelle

**(1) [1]Die Geschäftsstelle führt die Zustellung nach §§ 173 bis 175 aus. [2]Sie kann einen nach § 33 Abs. 1 des Postgesetzes beliehenen Unternehmer (Post) oder einen Justizbediensteten mit der Ausführung der Zustellung beauftragen. [3]Den Auftrag an die Post erteilt die Geschäftsstelle auf dem dafür vorgesehenen Vordruck.**

**(2) Der Vorsitzende des Prozessgerichts oder ein von ihm bestimmtes Mitglied können einen Gerichtsvollzieher oder eine andere Behörde mit der Ausführung der Zustellung beauftragen, wenn eine Zustellung nach Absatz 1 keinen Erfolg verspricht.**

§ 168 geändert durch G v. 25.6.2001 (BGBl 2001, 1206).

1 **Absatz 1. Geschäftsstelle als Auftraggeber**, § 153 GVG. Bei Eingang eines Schriftsatzes hat der Urkundsbeamte (ohne notw Anweisung des Richters) zu entscheiden, ob das Papier dem Gegner formlos mitzuteilen oder zuzustellen ist oder dem Richter zB zwecks Terminsbestimmung zunächst vorzulegen ist. Er hat Abschriften zu beglaubigen (falls vom RA unterlassen) und Ausfertigungen herzustellen, Fehlendes uU zu kopieren (GKG-KV 9000); über die veranlasste Zustellung fertigt er einen Aktenvermerk. Die Zustellung erfolgt

- durch Zustellungsauftrag an die Post (Vordruck verwenden) oder zugelassene private Postunternehmen (dazu *Allgaier* SVR 2004, 446) oder Justizpersonal (zB den Gerichtswachtmeister, Justizangestellte und Beamte; JVA-Bedienstete an Gefängnis-Insassen);
- an RAe usw. gegen Empfangsbekenntnis (§ 174);
- durch Einschreibebrief mit Rückschein (§ 175); oder
- in seltenen Fällen durch Aushändigung an der Amtsstelle (§ 173), zB wenn der Gegner zufällig vorspricht.

Den Auftrag an Gerichtsvollzieher oder Behörden darf nur der Richter erteilen, Abs. 2 (bei Auftrag durch Geschäftsstelle ist die Zustellung aber trotzdem wirksam).

**Absatz 2. Richter als Auftraggeber.** Der Amtsrichter, LG-Einzelrichter, Kammervors usw. kann mit der Zustellung beauftragen: den Gerichtsvollzieher; andere Behörden (zB Wasserschutzpolizei bei Zustellung auf Binnenschiff; BT-Drucks. 14/4554 S. 16), Sozialamt bei Sozialhilfeempfängern oder Polizei bei Wohnsitzlosen; unklar ist, ob die Behörde der Justizverwaltung Kosten in Rechnung stellen darf. **Sonst kein Erfolg:** das ist zB der Fall, wenn der Schuldner Kellner im Nachtlokal ist, weil die Post nur während der Dienstzeit zustellt. **Ermessen** („kann"): keine solche Zustellung zB, wenn ihre Kosten höher als der Wert der Forderung sind. **Ausführung:** nach §§ 177-181. Auch öffentl. Zustellung und Zustellung im Ausland bedürfen der richterl. Anordnung. 2

**Kosten. Gericht**: Bei Geb, die sich nach dem StrW richten, vgl § 3, wie bei Klagen (KV 1210) und Rm im Zivilprozess, werden pro Rechtszug die ersten zehn Zustellungen nicht bes berechnet (GKG KV 9002); erst ab der elften Zustellung wird die Zustellungspauschale berechnet. Richtet sich das Verfahren gegen drei Bekl, sind nur 10 und nicht 30 Zustellungen frei. Höhe der Geb vgl KV 9002, sie ändert sich ab 01.01.2008. Bei Geb, die sich *nicht* nach dem StrW richten, sondern pauschal sind, werden alle Zustellungen in Rechnung gestellt (amtl. Anm.). 3

## § 169 ZPO Bescheinigung des Zeitpunktes der Zustellung; Beglaubigung

**(1) Die Geschäftsstelle bescheinigt auf Antrag den Zeitpunkt der Zustellung.**

**(2) [1]Die Beglaubigung der zuzustellenden Schriftstücke wird von der Geschäftsstelle vorgenommen. [2]Dies gilt auch, soweit von einem Anwalt eingereichte Schriftstücke nicht bereits von diesem beglaubigt wurden.**

§ 169 geändert durch G v. 25.6.2001 (BGBl 2001, 1206).

**Absatz 1.** Die Zustellungsurkunde ist in den Gerichtsakten. Die Partei benötigt einen solchen Zustellungsnachweis zB wegen §§ 750 II, 798. Antrag ohne Anwaltszwang, § 78. 1

**Absatz 2.** Anwaltsschrift-Abschriften beglaubigt der RA mit einem entspr Stempel nebst Unterschrift, notfalls die Gerichts-Geschäftsstelle. 2

## § 170 ZPO Zustellung an Vertreter

**(1) [1]Bei nicht prozessfähigen Personen ist an ihren gesetzlichen Vertreter zuzustellen. [2]Die Zustellung an die nicht prozessfähige Person ist unwirksam.**

**(2) Ist der Zustellungsadressat keine natürliche Person, genügt die Zustellung an den Leiter.**

**(3) Bei mehreren gesetzlichen Vertretern oder Leitern genügt die Zustellung an einen von ihnen.**

§ 170 geändert durch G v. 25.6.2001 (BGBl 2001, 1206).

**Lit:** ***Christmann*** (Zustellung an Minderj) DGVZ 1994, 65.

1 **1. Absatz 1.** § 170 betrifft **gesetzliche Vertreter** (sonstige Vertreter: § 171) und gilt für alle Arten von Zustellung, auch an Zeugen usw. Ist an ein Kind zuzustellen, erfolgt Zustellung an die Eltern, Vormund usw. Ist an einen nicht geschäftsfähigen Betreuten (§ 1896 BGB) zuzustellen, erfolgt Zustellung an den Betreuer mit dem entspr Aufgabenkreis (beachte aber § 53). Anderenfalls ist die Zustellung unwirksam, § 170 I 2 (LG Hamburg ZMR 2007, 197). Bei unerkannter Prozessunfähigkeit sind Fristbeginn und Wirksamkeit des VU str, vgl §§ 233, 579 I Nr. 4 (dazu *Jacoby* ZMR 2007, 327). § 51 III stellt **Vorsorgebevollmächtigte** uU dem gesetzl. Vertreter gleich. Für den Pflegling wird dem Pfleger zugestellt; beim Nachlass ggf dem Nachlasspfleger. Nichtprozessfähige Personen vgl § 52 Rz 2. Ges Vertreter vgl § 51 Rz 3 ff; sie sind auf dem Kuvert als Empfänger zu bezeichnen, zB an X, ges vertreten durch Y. Wird an den ges Vertreter des zB 17 Jahre alten Minderj zugestellt, kann aber merkwürdigerweise im Wege der Ersatzzustellung (§ 178 I Nr. 1) mittels Aushändigung an den Minderj zugestellt werden (BGH Rpfleger 1973, 129). Bei Zustellung eines VoB an den Minderj beginnt nach § 170 I 2 die Einspruchsfrist nicht zu laufen, auch wenn Minderjährigkeit nicht erkannt; keine Heilung nach § 189. Anders früher § 171 aF.

2 **2. Absatz 2.** Betrifft zB Zustellungen an Behörden, Gemeinden, eingetragene Vereine, JuP, OHG, KG. Hier kann an den Behördenleiter usw. zugestellt werden, bei der GmbH ist „Leiter" der Geschäftsführer, bei der AG der Vorstand (im Falle des §246 II AktG Vorstand und Aufsichtsrat; im Falle des §112 AktG der Aufsichtsrat). Klage gegen **Wohnungseigentümer** kann uU dem Verwalter zugestellt werden, §27 II 3 WEG (BGH 78, 166).

3 **3. Absatz 3.** ZB bei Eltern, Mitbetreuern mit gleichem Aufgabenkreis, mehreren Vorstandsmitgliedern, mehreren GmbH-Geschäftsführern (auch wenn diese die GmbH nur gemeinsam vertreten können; Nichtweitergabe an die anderen macht Zustellung nicht unwirksam, keine analoge Anwendung von § 178 II, vgl BGH NJW 1984, 57. Bei der BGB-Gesellschaft erfolgt Zustellung nach § 170 I; ges Vertreter sind nach §§ 709 I, 714 BGB *alle* Gesellschafter: daher genügt die Zustellung an *einen* Gesellschafter, § 170 III (BGH NJW 2006, 2191). Gibt es aber laut Gesellschaftsvertrag einen geschäftsführenden Gesellschafter, ist dieser alleiniger gesetzl. Vertreter (§ 714 BGB); dann muss an ihn zugestellt werden (BGH NJW 2006, 2191).

## § 171 ZPO Zustellung an Bevollmächtigte

**[1]An den rechtsgeschäftlich bestellten Vertreter kann mit gleicher Wirkung wie an den Vertretenen zugestellt werden. [2]Der Vertreter hat eine schriftliche Vollmacht vorzulegen.**

§ 171 geändert durch G v. 25.6.2001 (BGBl 2001, 1206).

1 **Satz 1:** Zustellung an ges Vertreter vgl § 170. An WEG-Verwalter vgl § 27 II Nr. 3 WEG. Zustellung an rechtsgeschäftl. (also durch Vollmacht) bestellte Vertreter regelt § 171. Hier kann entweder an den Vertreter oder an den Vertretenen zugestellt werden; § 172 (**Zustellung an den Rechtsanwalt** im anhängigen Verfahren) geht vor. § 171 kommt nur zum Zug, wenn die Vollmacht nach ihrem Umfang das konkrete Rechtsverhältnis, zumindest aber die Zustellung innerhalb dieses Rechtsverh erfasst: zB General-

vollmacht, allgemeine Zustellungsvollmacht, Vollmacht an den Nachbarn zur Entgegennahme von Postsendung (BT-Drucks. 14/4554 S. 17), Prokuristen im Rahmen von §§ 48 ff HGB. Wer von seiner Tante nur eine Bankvollmacht hat, an den kann nicht die Klage gegen die Tante auf Werklohn zugestellt werden, wohl aber die Klage der Bank gegen die Tante auf Darlehensrückzahlung. Ein RA, der von seinem Mandanten mit dessen Vertretung im Abmahnverfahren beauftragt ist, hat im Zweifel keine Vollmacht im Hinblick auf Zustellungen im Verfahren auf Erlass einer eVfg (OLG Köln GRUR-RR 2005, 143; str). Bei der Vorsorgevollmacht kommt es auf den Umfang der Vollmacht an (vgl § 51 III). Die Bevollmächtigung muss nicht vorher dem Gericht angezeigt worden sein. Der Postzusteller *kann*, er muss also nicht, an den Bev aushändigen; er wird es nicht tun, wenn er Zweifel an der Vollmacht hat.

**Satz 2:** Wer sich rühmt, Bev zu sein und Aushändigung der Zustellung fordert, muss eine 2
schriftl. Vollmacht vorlegen, aber nicht übergeben; Beurkundung nach § 182 II Nr. 3. Glaubt der Postzusteller an die Bev und händigt er ohne Vorlage der schriftl. Vollmacht aus, dann ist die Zustellung gleichwohl wirksam, wenn tatsächl. eine Vollmacht existierte (vgl BT-Drucks. 14/4554 S. 17: „entscheidend, dass eine Vollmacht *vorliegt"; Hentzen* MDR 2003, 361).

## § 172 ZPO Zustellung an Prozessbevollmächtigte

**(1) [1]In einem anhängigen Verfahren hat die Zustellung an den für den Rechtszug bestellten Prozessbevollmächtigten zu erfolgen. [2]Das gilt auch für die Prozesshandlungen, die das Verfahren vor diesem Gericht infolge eines Einspruchs, einer Aufhebung des Urteils dieses Gerichts, einer Wiederaufnahme des Verfahrens, einer Rüge nach §321a oder eines neuen Vorbringens in dem Verfahren der Zwangsvollstreckung betreffen. [3]Das Verfahren vor dem Vollstreckungsgericht gehört zum ersten Rechtszug.**

**(2) [1]Ein Schriftsatz, durch den ein Rechtsmittel eingelegt wird, ist dem Prozessbevollmächtigten des Rechtszuges zuzustellen, dessen Entscheidung angefochten wird. [2]Wenn bereits ein Prozessbevollmächtigter für den höheren Rechtszug bestellt ist, ist der Schriftsatz diesem zuzustellen. [3]Der Partei ist selbst zuzustellen, wenn sie einen Prozessbevollmächtigten nicht bestellt hat.**

§ 172 zuletzt geändert durch G v. 9.12.2004 (BGBl 2004, 3220).

**1. § 172 gilt für Amts- und Parteizustellungen:** entspr für formlose Mitteilungen. 1
Voraussetzung des § 172 ist, dass dem, der die Zustellung veranlasst (Gericht bzw RA), die Bestellung des PrBev zu dem Zeitpunkt bekannt ist, an dem er das Schriftstück zur Zustellung weggibt (BGH NJW 1981, 1673; OLG Frankfurt NJW-RR 1986, 587). In einer Anwaltssozietät ist jeder RA empfangsberechtigt (BGH MDR 1969, 1001; anders ist es bei **überörtlichen Sozietäten**, hier sind nur die am Ort des ProzessG kanzleiansässigen RAe empfangsberechtigt, KG NJW 1994, 3111; *Boin* MDR 1995, 882); bei mehreren PrBev genügt Zustellung an einen und ist für den Fristlauf die erste Zustellung maßgebl. (BVerwG NJW 1984, 2115; BAG Betr 1986, 1080).

2 **2. Anhängiger Rechtsstreit:** beendet mit Einlegung des Rm oder formeller Rechtskraft (BGH NJW 1995, 1095). § 172 gilt auch für die ZwV; in streitigen FGG-Sachen (zB Landwirtschaftssachen; BGH LM Nr. 2, 3; NJW 1974, 240); in nichtstreitigen FGG-Sachen (zB Freiheitsentziehung, FEVG, OLG München FGPrax 2006, 185), wenn der Beteiligte klar zum Ausdruck gebracht hat, dass Zustellungen nur an seinen Bev erfolgen sollen (BGH NJW 1975, 1518; wofür Verfahrensvollmacht genügt, KG Rpfleger 1985, 193; BayObLG FamRZ 1994, 1599); in Baulandsachen (BGH VersR 1978, 720; MDR 1985, 30). Nicht für das Verfahren gem § 11 RVG (OLG Bamberg JB 1994, 160). Ist das Verfahren rechtskr abgeschlossen und geht es nun um den Widerruf der PKH (§§ 120, 124 Nr. 2) kann unmittelbar an die Partei zugestellt werden (OLG Naumburg FamRZ 2006, 1401; OLG Koblenz FamRZ 2005, 531), was für die Partei gefährl. ist.

3 **3. Prozessbevollmächtigter:** vgl §§ 78, 81; im Parteiprozess §§ 79, 157. Das kann auch ein Justiziar oder ein *bestimmter* Dienststellenangehöriger (bei Arbeitsgerichtsprozessen, BAG MDR 1996, 1264) usw. sein; ein ausl Anwalt, wenn er hier auftreten kann; der nach BRAO bestellte Kanzleiabwickler (BayObLG NJW 2004, 3722). An einen beim ProzessG nicht zugelassenen RA kann eine wirksame Zustellung nur erfolgen, wenn der nicht postulationsfähige RA von der Partei speziell bevollmächtigt war, Zustellungen im anhängigen Rechtsstreit in Empfang zu nehmen (BGH VersR 1984, 873; *Pardey* ZIP 1985, 462); der PrBev im Mahnverfahren bleibt nach der Abgabe an ein anderes Gericht solange Zustellungsbev, bis sich evtl ein anderer PrBev bestellt hat (OLG Düsseldorf NJW-RR 1987, 1214); ebenso bei Verweisung (OLG Köln FamRZ 1985, 1278). **Nicht Prozessbevollmächtigter** ist der Verkehrsanwalt; Terminsvertreter, Unterbev laut Protokoll (BGH NJW-RR 2007, 356), Zustellung an ihn setzt RmFrist usw. daher nicht in Lauf.

4 **Mandatsbeendigung:** vgl § 86; im Parteiprozess ist dann wieder an die Partei zuzustellen (BGH NJW 1991, 295), Zustellung an RA, dem die Partei wirksam das Mandat entzogen hatte, setzt Einspruchsfrist des § 339 nicht in Lauf (OLG Hamm NJW 1982, 1887), auch wenn nachträgl. wieder Vollmacht erteilt wird (LAG Köln AnwBl 1997, 51). **Im Anwaltsprozess** (§ 78) ist wegen § 87 an den bisherigen RA zuzustellen, bis sich ein neuer bestellt hat (BGH NJW 1980, 999; bei Nichtweitergabe des VU an den Mandanten § 233); bei Erlöschen der Zulassung und Tod des RA Zustellung an die Partei (§§ 215, 520 III).

5 **4. Die Bestellung** eines PrBev geschieht in der Weise, dass die vertretene Partei oder ihr Vertreter dem Gericht oder dem Gegner von dem Vertretungsverh Kenntnis gibt, wobei erkennbar gemacht werden muss, dass der Vertreter eine Prozessvollmacht, also eine das ganze Verfahren umfassende Vertretungsmacht haben soll (BGH MDR 1981, 126; NJW-RR 2007, 356); sie ist nicht an eine Form gebunden; es reicht aus, dass das Gericht durch irgendeine Handlung der Partei oder aus den Umständen von der Bestellung Kenntnis erlangt (BGH NJW-RR 1986, 286; FamRZ 1992, 665).

6 **Beiordnung nach § 625** (Scheidungsverfahren) macht den RA nicht zum PrBev, wenn der Mandant keine Vollmacht erteilte (BGH NJW 1995, 1225). **Mitteilung durch Gegner** (zB Angabe als PrBev des Bekl im Klagerubrum) genügt grds nicht (str), weil der Kl nicht dem Bekl einen RA zu bestellen hat und das Missbrauchsrisiko zu groß ist; sie kann genügen, wenn Bekl oder sein Vertreter dem Kl zuvor vom Bestehen einer Prozessvollmacht Kenntnis gegeben haben und ein entspr Schriftsatz beigefügt wird (BGH MDR 1981, 126; OLG Hamburg MDR 1991, 259; str).

**Ein RA kann sich** durch Einreichen von Schriftsätzen in einer anhängigen Sache **selbst** 7
formfrei zum PrBev bestellen (BGH VersR 1986, 371), auch wenn er keine Prozessvollmacht hat (BGH VersR 1986, 993). Bestellung in Schutzschrift (bei eVfg) genügt (OLG Karlsruhe WRP 1987, 44; OLG Frankfurt NJW-RR 1986, 587).

**5. Für den Rechtszug:** vgl Abs. 1 S. 2 (BGH NJW 1995, 1095); die abschließende Ent- 8
scheidung gehört zum Rechtszug, ferner die Kostenfestsetzung, Einspruch §§ 338, 700; Zurückverweisung; Wiederaufnahme § 578 ZwV §§ 731, 767 ff, 781 ff; die gesamte ZwV, soweit vor dem VollstrG durchzuführen (Abs. 1 S. 3); Einleitung der ZwV §§ 750, 751 II. **Nicht zum Rechtszug gehörig:** Klage nach § 771; Arrest, eVfg. Soweit § 82 eingreift, kann (muss aber nicht) an den PrBev zugestellt werden. **Rechtsmittelschrift vgl Absatz 2**. Ist in 2. Instanz kein RA bestellt, muss ein dort ergehendes VU an den PrBev der 1. Instanz zugestellt werden (BGH NJW 1975, 120).

**6. Fehler:** Zustellung an die Partei (oder an den bloßen Terminsvertreter; an den nicht 9
bestellten RA usw.) ist bei Verstoß gegen § 172 unwirksam und setzt keine Einspruchs- bzw RmFrist in Lauf (BGH NJW-RR 2007, 356). Sie kann nach § 189 heilen, die betreffende Prozesshandlung nach § 295 (BGH NJW 1984, 926).

**7. Einzelfälle.** Die zur Vollziehung einer **einstweiligen Verfügung** (§§ 936, 929 II) 10
erforderl. Zustellung muss an den PrBev erfolgen, wenn der ASt die Bestellung des PrBev kannte (OLG Hamburg WRP 1993, 822; OLG Frankfurt NJW-RR 1986, 587 zur Bestellung in Schutzschrift); dann muss der RA nicht beim angerufenen Gericht zugelassen sein (**aA** OLG Düsseldorf JurBüro 1982, 1745).

Bei einem **Arrestverfahren**, in dem der Schuldner ohne PrBev ist, kann der Arrestbefehl 11
zur Wahrung der Vollziehungsfrist sowohl dem Schuldner wie (wegen § 82) dem von ihm für das Hauptverfahren bestellten PrBev zugestellt werden (OLG Frankfurt MDR 1984, 58).

**Beweislast für Rechtzeitigkeit** der Ber bzw des Einspruchs trägt grds der Einsprechende: 12
Wurde aber das VU dem Bekl zugestellt und ist nicht aufklärbar, ob der Bestellungsschriftsatz des PrBev des Bekl vor oder nach dem Zeitpunkt in der Geschäftsstelle eingegangen ist, in dem das VU vom Urkundsbeamten zur Post gegeben wurde, dann ist von der Unwirksamkeit der Zustellung auszugehen, da ein gerichtsinterner Vorgang vorliegt (BGH NJW 1981, 1673).

Formular 7: Anzeige der Mandatsniederlegung gegenüber dem Gericht

Formular 8: Anzeige der Mandatsaufnahme gegenüber dem Gericht

## § 173 ZPO Zustellung durch Aushändigung an der Amtsstelle

**[1]Ein Schriftstück kann dem Adressaten oder seinem rechtsgeschäftlich bestellten Vertreter durch Aushändigung an der Amtsstelle zugestellt werden. [2]Zum Nachweis der Zustellung ist auf dem Schriftstück und in den Akten zu vermerken, dass es zum Zwecke der Zustellung ausgehändigt wurde und wann das geschehen ist; bei Aushändigung an den Vertreter ist dies mit dem Zusatz zu vermerken, an wen das Schriftstück ausgehändigt wurde und dass die Vollmacht nach § 171 Satz 2 vor-**

**gelegt wurde. [3]Der Vermerk ist von dem Bediensteten zu unterschreiben, der die Aushändigung vorgenommen hat.**

§ 173 geändert durch G v. 25.6.2001 (BGBl 2001, 1206).

1 Amtsstelle ist die Geschäftsstelle des Gerichts, §153 GVG, aber auch sonstige Diensträume und sogar außerhalb des Gerichtsgebäudes (Beispiel: der Richter stellt einen Unterbringungsbeschluss durch Übergabe im Bezirkskrankenhaus zu; BT-Drucks. 14/4554 S.17). Aushändigen kann der Urkundsbeamte usw.; der Vermerk ersetzt die Zustellungsurkunde (Kopieren der Vollmacht und Einheften in die Akte ist zweckmäßig). Fehlt der Aktenvermerk (S.2), ist trotzdem wirksam zugestellt (**aA** OLG Saarbrücken FGPrax 1995, 251, zur aF). Wird die Übergabe im gerichtl. Protokoll beurkundet, erübrigt sich ein weiterer Vermerk.

## § 174 ZPO Zustellung gegen Empfangsbekenntnis

**(1) Ein Schriftstück kann an einen Anwalt, einen Notar, einen Gerichtsvollzieher, einen Steuerberater oder an eine sonstige Person, bei der auf Grund ihres Berufes von einer erhöhten Zuverlässigkeit ausgegangen werden kann, eine Behörde, eine Körperschaft oder eine Anstalt des öffentlichen Rechts gegen Empfangsbekenntnis zugestellt werden.**

**(2) [1]An die in Absatz 1 Genannten kann das Schriftstück auch durch Telekopie zugestellt werden. [2]Die Übermittlung soll mit dem Hinweis „Zustellung gegen Empfangsbekenntnis“ eingeleitet werden und die absendende Stelle, den Namen und die Anschrift des Zustellungsadressaten sowie den Namen des Justizbediensteten erkennen lassen, der das Dokument zur Übermittlung aufgegeben hat.**

**(3) [1]An die in Absatz 1 Genannten kann auch ein elektronisches Dokument zugestellt werden. [2]Gleiches gilt für andere Verfahrensbeteiligte, wenn sie der Übermittlung elektronischer Dokumente ausdrücklich zugestimmt haben. [3]Für die Übermittlung ist das Dokument mit einer elektronischen Signatur zu versehen und gegen unbefugte Kenntnisnahme Dritter zu schützen.**

**(4) [1]Zum Nachweis der Zustellung genügt das mit Datum und Unterschrift des Adressaten versehene Empfangsbekenntnis, das an das Gericht zurückzusenden ist. [2]Das Empfangsbekenntnis kann schriftlich, durch Telekopie oder als elektronisches Dokument (§ 130a) zurückgesandt werden. [3]Wird es als elektronisches Dokument erteilt, soll es mit einer qualifizierten elektronischen Signatur nach dem Signaturgesetz versehen werden.**

§ 174 zuletzt geändert durch G v. 22.3.2005 (BGBl 2005, 837).

1 **1. Absatz 1. Anwendbar** auf Anwälte (auch ausl, wenn sie hier auftreten dürfen), Notare, Gerichtsvollzieher, Steuerberater, Behörde, Körperschaft, Anstalt des öffentl. Rechts; an eine sonstige Person, bei der aufgrund ihres Berufes von einer erhöhten Zuverlässigkeit ausgegangen werden kann: das dürften zB Rechtsbeistände sein (**aA** OLG Frankfurt JurBüro 1986, 1893 zur aF); Gewerkschaftsvertreter im ArbGG-Beschlussverfahren (BAG MDR 1983, 962). Für Parteizustellung vgl § 195.

**2. Ablauf.** Dem RA wird die Ausfertigung bzw begl Abschrift des Schriftstücks (zB Urteil, Klage) offen mit dem vorbereiteten Empfangsbekenntnis ins RA-Fach gelegt oder mit einfachem Brief verschlossen zugesandt. Er behält das Schriftstück, datiert und unterzeichnet das Empfangsbekenntnis, vermerkt sich das Datum für die Handakten auf dem Schriftstück (BGH VersR 1987, 564; Sorgfaltspflicht iSd § 233) und sendet das Empfangsbekenntnis an das Gericht zurück. **Ermessen:** das Gericht „kann" in dieser Form zustellen; es kann stattdessen auch in der üblichen Form mit Zustellungsurkunde oder Wachtmeister zustellen, zB wenn der Empfänger bekanntl. das Empfangsbekenntnis erst zögerl. zurücksendet. 2

**Erforderlich für eine wirksame Zustellung ist** (BGH 30, 335; VersR 1982, 273; NJW-RR 1989, 57): 3

- ein **Wille der Geschäftsstelle**, dem Adressaten ein Schriftstück zum Verbleib zuzustellen; unschädl. ist, wenn der RA die für den Gegner-RA gedachte Urteilsausfertigung erhält, die Stücke also verwechselt wurden (BGH 35, 335);
- **Übermittlung des Schriftstücks** so, dass der Adressat Gewahrsam daran erlangt; der RA muss auch Kenntnis vom Zugang erlangen (BGH NJW-RR 1992, 251); lesen muss er das Schriftstück nicht, ob er es liest ist gleichgültig (BGH NJW 2007, 600);
- der **Wille des empfangenden Rechtsanwalt**, das anerkanntermaßen in seinen Gewahrsam gelangte Schriftstück als zugestellt anzusehen (Empfangsbereitschaft, BGH NJW 2007, 600; NJW 1989, 1154). Das Einlegen in das Anwaltsfach oder der Eingang in der Kanzlei genügen daher noch nicht (BFH NJW-RR 2007, 1001).
- die **Ausstellung eines** mit (Datum und) Unterschrift versehenen schriftl. **Empfangsbekenntnisses** des RA; der Empfang kann aber auch in einem (evtl späteren) Schriftsatz, in dem auf das übermittelte Schriftstück und dessen Zugang am .... Bezug genommen wird, bestätigt sein (BT-Drucks.14/4554 S. 18; BGH NJOZ 2005, 4359; vgl BVerwG DÖV 2006, 788). Die Unterschrift ist notw, ununterschriebenes Rücksenden des Empfangsbekenntnis genügt nicht (BGH NJW 2005, 3216). Fehlt das Datum, ist str, ob ein Wirksamkeitserfordernis fehlt (so die Rspr vor der Zustellungsreform 01.07.2002). Der BGH NJW 2005, 3216 hält die Meinung für vorzugswürdig, wonach das Fehlen einer Datumsangabe eine wirksame Zustellung nicht hindert, das Datum ist kein Wirksamkeitserfordernis.

**3. Einzelheiten:**

**Empfangsbekenntnis, Absatz 4** (öffentl. Urkunde, § 416; BGH NJW 2007, 600; 1990, 2125): das Wort „Zustellung" muss nicht verwendet werden (BGH NJW 1969, 1298); auch nicht der übliche Vordruck, der Empfang kann auf jede beliebige Weise bestätigt werden, zB durch Angabe des Zustellungsdatums in der BerSchrift (BGH NJW 1987, 2679; VersR 1993, 337; aber nicht, wenn Zustellung seinerzeit unwirksam war und der zweitinstanzl. Anwalt dieses Datum mitteilt, BGH NJW 1994, 2295), durch mdl Erklärung ggü der Geschäftsstelle (BGH NJW 1994, 2297). Spätere Ausstellung (Nachholung) des Empfangsbekenntnisses durch RA schadet nicht (BGH NJW 1961, 759; 1981, 462). Unrichtige Angaben in der Bezeichnung des zuzustellenden Schriftstücks (zB falsches 4

Urteilsdatum auf Empfangsbekenntnis) sind unschädl., wenn die Identität des Schriftstücks dem Zusammenhang nach außer Zweifel steht (BGH VersR 1978, 961).

5 **Datum, Abs. 4:** Zustellungsdatum ist der Tag, an dem der Zustellungsadressat vom Zugang des übermittelten Schriftstücks pers Kenntnis erlangt und es empfangsbereit entgegennimmt. Unterschreibt der RA mit Datum und weist das Personal an, das Empfangsbekenntnis noch nicht abzusenden, was gleichwohl geschieht, wurde wirksam zugestellt und die Frist läuft ab dem Datum (BGH NJW 2007, 600). Die Zustellung ist nach § 166 auch *wirksam* (wichtig zB für Beginn der BerFrist), wenn das **Empfangsdatum fehlt** oder unleserl. ist (BGH NJW 2006, 3216); allerdings beweist das Empfangsbekenntnis den Zeitpunkt der Empfangnahme dann nicht mehr. Wird das Empfangsbekenntnis ohne Datum an das Gericht zurückgesandt, erhält es dort einen Eingangsstempel; spätestens an diesem Tag ist das Schriftstück dann zugestellt worden (§ 174) oder als zugestellt zu erachten (§ 189). Über zwei verschiedene Daten vgl BGH JurBüro 1984, 1507; MDR 1987, 821; zum überschriebenen Datum vgl BGH NJW 1994, 526. Eingangsstempel der Kanzlei gilt als Datum (OLG Koblenz MDR 1996, 852).

6 **Gegenbeweis der Unrichtigkeit des Datums** ist zulässig (BGH NJW 1996, 3014; NJW-RR 1997, 769), selbst wenn das Empfangsbekenntnis den Eingangsstempel der RA-Kanzlei und die RA-Unterschrift trägt (BGH VersR 1979, 937), er kann sogar noch im Beschwerdeverfahren vor dem BGH angetreten werden (BGH VersR 1980, 555). An den Nachweis, dass das Urteil später zugestellt worden ist, als das Datum des Empfangsbekenntnisses ausweist, sind strenge Anforderungen zu stellen (BGH VersR 1987, 385; NJW 1987, 325). Die bloße Möglichkeit der Unrichtigkeit genügt nicht (BGH NJW 1996, 2514; NJW 2006, 1206; OLG Köln NJW-RR 1997, 894). Die Beweiswirkung des § 174 muss **vollständig entkräftet** und jede Möglichkeit ausgeschlossen sein, dass die Angaben des Empfangsbekenntnisses richtig sein können; hingegen ist dieser Gegenbeweis nicht schon dann geführt, wenn die Richtigkeit der Angaben nur erschüttert ist (BGH NJW 2006, 1206). Es widerspricht nicht allgemeiner Lebenserfahrung, dass ein RA sich an einem Sonntag in seine Kanzlei begibt, um dort an den Vortagen eingegangene Post durchzusehen (BGH NJW 2006, 1206), das kommt bei Selbstständigen sogar häufig vor. Geht das auf 12.03. datierte Empfangsbekenntnis schon am 11.03. beim LG ein, ist der Gegenbeweis der Unrichtigkeit des Empfangsbekenntnis-Datums idR geführt (BGH NJW 1990, 2125). Im Einzelfall kann es erforderl. sein, dass von Amts wegen ein **Gutachten** erholt wird (§ 144 I 1), wenn das im Empfangsbekenntnis eingetragene Datum evtl falsch ist und sich aus der teilweisen Überschneidung von Unterschrift und Stempelaufdruck auf dem Empfangsbekenntnis ein Beweis hierzu ergeben kann (BGH NJW-RR 2005, 1435). Über falsche Stempel vgl OLG Frankfurt NJW-RR 2006, 67.

7 **Zustellungsdatum** ist der Tag, an dem der RA als Zustellungsadressat vom Zugang des übermittelten Schriftstücks Kenntnis erlangt und es empfangsbereit entgegengenommen hat (BGH NJW 2006, 1206); er muss pers Kenntnis von seinem Gewahrsam an dem ihm übersandten Schriftstück erhalten und den Willen äußern, das Urteil als ihm zugestellt anzunehmen. Nicht genügt schon die Einlage ins RA-Fach oder den Eingang in der RA-Kanzlei; nicht wesentl. ist die Eintragung im Fristenbuch (BGH NJW 1991, 42; NJW-RR 1992, 251). Andererseits ist es gleichgültig, ob und wann der RA das Schriftstück liest.

**Unterschrift:** ein Handzeichen, Paraphe, Faksimile genügt nicht; die volle Unterschrift ist nötig (BGH NJW 1989, 838), zur Lesbarkeit vgl BGH NJW-RR 1992, 1150 und § 130 Rz 5. Über Treu und Glauben bei Paraphe OLG Hamm VersR 1990, 675. 8

**Unterschrift des „richtigen" Rechtsanwalts.** Wenn an den *erstinstanzl.* PrBev als Zustellungsadressaten zuzustellen war, genügt nicht die Unterschrift des *zweitinstanzl.* RA (BGH NJW 1994, 2295), des amtl. bestellten Vertreters (§ 53 BRAO), des nach § 30 BRAO bestellten Zustellungsbev Nicht genügt aber Unterschrift eines sonstigen Bev wie Büropersonal (BGH NJW 1982, 1650; 1994, 2295), Terminvertreter; des Notars; GV; bei Behörden einer befugten Person; 9

Nimmt der PrBev **nach Mandatskündigung** die Zustellung eines VU entgegen, ohne die Partei davon zu verständigen, kann WE infrage kommen (BGH NJW 1980, 999). 10

**4. Absatz 2.** Vgl dazu *Kamlah/Sedlmeier* WRP 2005, 818. **Telefax.** Dem Personenkreis des Abs. 1 kann das **Schriftstück** nicht nur ins Fach gelegt oder mit einfachem Brief zugesandt werden, sondern auch mit Fax (Telekopie). Ein Vorblatt soll verwendet werden, das ist aber kein Wirksamkeitserfordernis (S. 2). Der Urkundsbeamte vermerkt den Vorgang in den Akten. Der Empfang kann dann vom RA usw. ebenfalls mit Fax bestätigt werden (IV 2); hierbei ist eine handschriftl. Originalunterschrift auf dem beim Absender eingehenden Empfangsbeskenntnis technisch nicht möglich (wohl aber ist sie auf dem Original in den Akten des RA *erforderl.*), auch die eingescannte Unterschrift reicht. § 174 II ändert nichts daran, dass zwischen dem Zugang eines Schriftstücks und dessen Zustellung zu unterscheiden ist und letztere eine unzweifelhafte Willensäußerung des Empfängers voraussetzt, das Schriftstück zur Zustellung anzunehmen (OLG Köln WRP 2007, 345). Bestätigt der Empfänger nichts, liegt nur ein Zugang vor, keine Zustellung iSd ZPO. 11

**5. Absatz 3.** Dazu *Häublein* MDR 2002, 563. **E-Mail.** Nicht nur ein Schriftstück, sondern auch ein **elektronisches Dokument** kann an den Personenkreis des Abs. 1 zugestellt werden (S. 1). Wenn zB das Urteil mit einem Schreibprogramm verfasst wurde und auf der Festplatte des Computers oder auf einer Diskette gespeichert ist, dann muss nicht eine Ausfertigung nach Abs. 1 oder eine Kopie nach Abs. 2 übermittelt werden, es kann auch eine E-Mail vom Gerichts-Computer an den Anwalts-Computer gesandt werden, der sich dann das Urteil (auf seine Kosten!) ausdrucken kann. Das Gericht muss die E-Mail mit einer elektronischen Signatur versehen (S. 3): einfache Signatur zB bei Ladungen, qualifizierte Signatur zB bei einem Urteil. Der Text wird nicht verschlüsselt; wie er „gegen unbefugte Kenntnisnahme zu schützen" ist, bleibt der technischen Entwicklung überlassen. Das Empfangsbekenntnis des RA usw. kann in einer der drei Formen erteilt werden: schriftl., mit Fax, mit E-Mail (S. 4); in letzterem Fall ist eine Unterschrift des RA usw. nicht erforderl., weil technisch nicht mögl. Ggü anderen Personen, die nicht unter dem Personenkreis des Abs. 1 fallen, kann mit E-Mail zugestellt werden, wenn sie damit *ausdrückl.* einverstanden sind (S. 2): Angabe der E-Mail-Adresse im Briefkopf genügt hierfür nicht. 12

**6. Rücksendung des Empfangsbekenntnisses.** Der RA kann das Empfangsbekenntnis mit Fax an das Gericht zurücksenden. Deshalb muss ihm die Justiz auch keinen vorfrankierten Freiumschlag für die Rücksendung beifügen. Sendet der RA das Empfangsbekenntnis nicht zurück, wird er angemahnt; geschieht dann nichts, wird ihm nochmals, 13 nun mit Post oder Justizpersonal, zugestellt (§ 168). Der BFH will eine Zustellung fingieren (BFH/NV 2006, 309). Lässt der RA das Empfangsbekenntnis ungebührl. lange bei sich liegen, um so seine Frist zu „verlängern", riskiert er, dass ihm künftig nicht mehr nach § 174 zugestellt wird.

## § 175 ZPO Zustellung durch Einschreiben mit Rückschein

**[1]Ein Schriftstück kann durch Einschreiben mit Rückschein zugestellt werden. [2]Zum Nachweis der Zustellung genügt der Rückschein.**

§ 175 geändert durch G v. 25.6.2001 (BGBl 2001, 1206).

1 Die Geschäftsstelle kann unter der Zustellung mit Zustellungsurkunde und der mit Einschreibebrief wählen, zB wenn Letztere billiger ist. Die Zustellung ist bei § 175 mit Übergabe des Einschreibebriefs an den Adressaten vollzogen. Der Einschreibebrief darf nur an den Adressaten übergeben werden, wenn er den Vermerk „Eigenhändig" trägt; anderenfalls wird er nach den AGB des Postdienstleistungsunternehmens auch an Ersatzpersonen, zB seinen Ehegatten oder Postbevollmächtigten übergeben. Das sog „Einwurf-Einschreiben", bei dem die Post nur den Brief in den Briefkasten des Adressaten einwirft, genügt nicht. Vgl Post-UniversaldienstleistungsVO BGBl 1998, 2418.

2 Der **Rückschein** ist keine öffentl. Urkunde (BT-Drucks. 14/4554 S. 19), im Gegensatz zur Zustellungsurkunde (§ 182). Übergabe an andere Personen (zB Tochter) als „Ersatzempfänger" nach den Post-AGB entspricht nicht § 178; das BSG (NJW 2005, 1303) unterstellt, dass der Ersatzempfänger den Einschreibebrief am Zugangstag aushändigte.

## § 176 ZPO Zustellungsauftrag

**(1) Wird der Post, einem Justizbediensteten oder einem Gerichtsvollzieher ein Zustellungsauftrag erteilt oder wird eine andere Behörde um die Ausführung der Zustellung ersucht, übergibt die Geschäftsstelle das zuzustellende Schriftstück in einem verschlossenen Umschlag und ein vorbereitetes Formular einer Zustellungsurkunde.**

**(2) Die Ausführung der Zustellung erfolgt nach den §§ 177 bis 181.**

§ 176 geändert durch G v. 22.3.2005 (BGBl 2005, 837).

1 Das zuzustellende Schriftstück ist dem Zustellungsorgan in einem verschlossenen Umschlag zu übergeben, damit die Persönlichkeitssphäre des Empfängers geschützt ist; Verstoß macht die Zustellung nicht unwirksam. Eine offene Aushändigung erfolgt bei Übergabe an der Amtsstelle, offen (bei Einlage in Anwaltsfach) oder verschlossen (bei Postversand an auswärtige RAe) bei Zustellung gegen Empfangsbekenntnis.

2 Die Geschäftsstelle kann der Post usw. Anweisungen geben, zB „Aushändigung an Ehefrau unzulässig" (bei § 178 II).

## § 177 ZPO Ort der Zustellung

**Das Schriftstück kann der Person, der zugestellt werden soll, an jedem Ort übergeben werden, an dem sie angetroffen wird.**

§ 177 geändert durch G v. 25.6.2001 (BGBl 2001, 1206).

Dem Adressaten kann überall zugestellt werden, auch am Arbeitsplatz (OLG Frankfurt VersR 2006, 81), auf der Straße, im Wald (obwohl es „Ort" heißt); den Ersatzpersonen nur an den hierfür bestimmten Orten. Bei **Annahmeverweigerung** § 179. An eine **Postfach-Adresse** kann nicht zugestellt werden. Über Zustellung an deutsche Bedienstete in den Anlagen der ausl Stationierungstruppen vgl *Schalhorn, Mümmler* JurBüro 1974, 161 u. 832. Über Zustellung an Soldaten, vgl. Erlass v. 14.6.2004 (bei *Zöller* vor § 166). 1

## § 178 ZPO Ersatzzustellung in der Wohnung, in Geschäftsräumen und Einrichtungen

**(1) Wird die Person, der zugestellt werden soll, in ihrer Wohnung, in dem Geschäftsraum oder in einer Gemeinschaftseinrichtung, in der sie wohnt, nicht angetroffen, kann das Schriftstück zugestellt werden**

**1. in der Wohnung einem erwachsenen Familienangehörigen, einer in der Familie beschäftigten Person oder einem erwachsenen ständigen Mitbewohner,**

**2. in Geschäftsräumen einer dort beschäftigten Person,**

**3. in Gemeinschaftseinrichtungen dem Leiter der Einrichtung oder einem dazu ermächtigten Vertreter.**

**(2) Die Zustellung an eine der in Absatz 1 bezeichneten Personen ist unwirksam, wenn diese an dem Rechtsstreit als Gegner der Person, der zugestellt werden soll, beteiligt ist.**

§ 178 geändert durch G v. 25.6.2001 (BGBl 2001, 1206).

**1. Person**, der zugestellt werden „soll", ist der im Schriftstück bezeichnete Adressat. 1

**2. Wohnung (Absatz 1):** die Wohnung des Adressaten (auch Wohngemeinschaft), nicht eine fremde Wohnung (es heißt: in „ihrer Wohnung"). Es kommt auf das tatsächl. Wohnen an, nämlich ob der Zustellungsempfänger hauptsächl. in den Räumen lebt und insb, ob er dort schläft (BGH MDR 1985, 216; OLG Hamm NJW-RR 1995, 223); unwesentl. ist, ob sich dort auch der Wohnsitz iSd § 7 BGB befindet und ob der Adressat dort amtl. gemeldet ist (BGH NJW-RR 1986, 1083). **Wohnungswechsel.** Eine Wohnung verliert ihre Eigenschaft als Wohnung, wenn der Zustellungsempfänger sie nicht mehr zu den vorgenannten Zwecken nutzt, sondern den räuml. Mittelpunkt seines Lebens an einen anderen Aufenthaltsort verlagert. Dabei kann nicht allein auf die bloße Absicht des bisherigen Inhabers abgestellt werden, sondern sein Wille muss in seinem ges Verhalten zum Ausdruck kommen. Aufgabewille und Aufgabeakt müssen, wenn auch nicht gerade für den Absender eines zuzustellenden Schriftstücks oder den mit der Zustellung beauftragten Postbediensteten, so doch jedenfalls für einen mit den Verhältnissen vertrauten Beobachter erkennbar sein (BGH NJW-RR 2005, 415). Sind diese strengen Voraussetzungen erfüllt, kommt 1a weder der Nichtanzeige des Umzugs bei der Meldebehörde und/oder der unterbliebenen Beseitigung des Namensschildes an der alten Wohnung noch der Möglichkeit, sie weiterhin aufzusuchen und die dort eingegangene Post zur Kenntnis zu nehmen, als bloße Indiztatsachen eine entscheidende Bedeutung zu (BGH NJW-RR 2005, 415). Den äußeren Anschein einer Wohnung lässt KG MDR 2005, 232 (ebenso OLG Jena NJW 2006, 2567 in Arglistfällen) genügen. Die Zustellungurkunde beweist nicht die Existenz einer Wohnung (KG MDR 2005, 107). Die Arbeitsstelle ist als solche keine Wohnung. Bei einem **Post-Nachsendeauftrag** kommt es darauf an, ob der Empfänger unter der neuen Adresse tatsächl. wohnt (OLG München NJW-RR 1995, 59). Behält der Zustellungsempfänger seine bisherige Wohnung bei und schafft sich ledigl. eine **Zweitwohnung**, so bleibt die Zustellung in der bisherigen Wohnung auch dann zulässig, wenn sich der Zustellungsempfänger vorübergehend in der Zweitwohnung aufhält (BGH NJW-RR 1994, 564).

2 Nicht jede **vorübergehende Abwesenheit**, selbst wenn sie länger dauert, hebt die Eigenschaft dieser Räume als Wohnung auf; diese Eigenschaft geht erst verloren, wenn sich während der Abwesenheit des Zustellungsempfängers auch der räuml. Mittelpunkt seines Lebens an den neuen Aufenthaltsort verlagert (BGH NJW-RR 1994, 564); das hängt vom Einzelfall ab, wobei der Zweck der Zustellungsvorschriften, dem Empfänger das rechtl. Gehör zu gewähren, zu berücksichtigen ist. **Wohnungsaufgabe** setzt einen vom Willen getragenen Aufgabeakt voraus, der in dem Verhalten des Wohnungsinhabers seinen Ausdruck finden und jedenfalls für einen mit den Verhältnissen vertrauten Beobachter erkennbar sein muss (BGH NJW 1988, 713). **Gesichtspunkte** sind: Dauer der Abwesenheit; Kontakt zu den in der Wohnung Verbliebenen; Absicht und Möglichkeit der Rückkehr. Nicht entscheidend: Abmeldung, Zurücklassen von pers Habe (BGH NJW 1978, 1858), fehlender Nachsendeauftrag, Belassen des Namensschildes (BGH NJW 1988, 714).

3 **Beispiele:** Wohnungseigenschaft **aufgehoben** bei zwei Monaten Abwesenheit wegen Strafhaft (BGH NJW 1978, 1858; KG NJW-RR 2006, 514; OLG Düsseldorf NJW-RR 1987, 894; OLG Jena NStZ-RR 2006, 277), bei längerer Auslandsreise (BayObLG JR 1961, 271), längerer Auslandsarbeit (LAG Düsseldorf JurBüro 1986, 1892); uU Einzug bei Freundin (BGH NJW 1988, 714). **Wohnung bleibt** idR bei längerem Klinikaufenthalt (Behandlung wegen Alkoholismus; BGH MDR 1985, 216); bei Begründung einer Zweitwohnung (BGH NJW 1988, 714); wer wegen Streit mit der Frau vorübergehend im Lkw schläft, gibt die Wohnung nicht auf (OLG Hamburg NJW 2006, 1685).

4 **Geschäftsraum:** Geschäftsraum ist der Raum, in dem sich der Publikumsverkehr abspielt und zu dem der Postzusteller Zutritt hat, nicht das ganze Bürohaus. Es kommt nicht auf bestimmte Geschäftsstunden an. Solche Räume unterhalten Personen, die fortgesetzt im eigenen Namen eine auf Gewinnerzielung gerichtete Beschäftigung ausüben, zB Ärzte, Behörden, Gemeinden, Vereine, Gastwirte, Handwerker, Kaufleute, Fabrikanten, Gesellschafter einer OHG, Komplementär einer KG. Mitinhaberschaft genügt. Es heißt zwar nicht „in ihrem" Geschäftsraum, doch ist ein Geschäftsraum des Adressaten gemeint (BT-Drucks 14/4554 S. 20). Auch das Baubüro auf der Baustelle ist ein Geschäftslokal (OLG Rostock BauR 2000, 1365).

5 **Gemeinschaftseinrichtung:** zB Justizvollzugsanstalt, Bundeswehrkaserne (Soldaten vgl § 177 Rz 1), Lehrlingsheim, Krankenhaus, Arbeiterwohnheim, Altenheim, Obdachlosenheim, Therapiezentrum. Der Zusteller muss den Empfänger nicht zuvor in dessen Zimmer

aufsuchen (VGH Mannheim Justiz 2006, 411). Die Übergabe an einen Mitbewohner genügt nicht (OLG Bremen StV 2005, 541).

**Beweislast:** Wer fehlerhafte Ersatzzustellung, fehlende Wohnung behauptet, hat dies wegen § 418 zu beweisen (BGH FamRZ 1990, 143). *Graßhof* DGVZ 1992, 180; BVerfG NJW 1992, 224; BGH NJW 1992, 1963; NJW-RR 1994, 564 dazu: die Beweiskraft der Zustellungsurkunde erstrecke sich zwar darauf, dass der zustellende Beamte unter der ihm angegebenen Anschrift weder den Adressaten pers noch eine zur Entgegennahme einer Ersatzzustellung in Betracht kommende Person angetroffen und dass er die Benachrichtigung über die Niederlegung an dem angegebenen Tag in den Hausbriefkasten gelegt habe. Wenn demgegenüber in der Zustellungsurkunde von der „Wohnung" des in der Anschrift bezeichneten Empfängers die Rede sei, so handele es sich dabei nicht um die Beschreibung von Tatsachen oder Ereignissen, die der Zustellungsbeamte zuverlässig wahrgenommen habe. Darauf könne sich mithin die Beweiskraft der Zustellungsurkunde nach § 418 ZPO nicht erstrecken. Die Erklärung des Zustellungsbeamten, dass er den Zustellungsadressaten in seiner Wohnung nicht angetroffen habe, sei dennoch ein beweiskräftiges Indiz dafür, dass der Zustellungsempfänger unter der Zustellungsanschrift wohne. Diese Indizwirkung der Ersatzzustellung und ihrer Beurkundung könne regelmäßig nur durch eine plausible, schlüssige Darstellung des Zustellungsempfängers entkräftet werden, er habe seinen Lebensmittelpunkt an einem anderen Ort (ebenso BVerfG NStZ-RR 1997, 70). 6

Kann die Wohnung nicht ausfindig gemacht werden: §§ 185 ff.

**3. Nicht angetroffen:** bloße Auskunft genügt, keine Nachforschung erforderl.; auch wer sich verleugnen lässt, den Zutritt zur Wohnung verweigert; wer wegen Erkrankung oder unabwendbarer Dienstgeschäfte an der Annahme gehindert ist (BT-Drucks. 14/4554 S. 20). Bei Annahmeverweigerung § 179. 7

**4. Ersatzzustellung an Familienangehörige (Nr. 1):** den Begriff „Hausgenosse" gibt es seit 2002 nicht mehr. Verwandtschaft nicht nötig; wesentl. ist die dauernde familiäre Wohngemeinschaft; auch Pflegekind gehört dazu. **Erwachsen:** nicht notw Volljährigkeit; es kommt darauf an, ob die Person nach der äußeren Erscheinung (körperl. Entwicklung) als erwachsen zu gelten hat, genügende Einsichtsfähigkeit für unverzügl. Weitergabe hat (BVerwG NJW 1983, 1574; LG Konstanz NJW-RR 1999, 1508); ab etwa 14 Jahren (vgl BSG MDR 1977, 83). Nicht: der Lebensgefährte des Adressaten, der *allein* mit diesem in eheähnl. Gemeinschaft zusammenlebt (BGH NJW 1987, 1562; **aA** OLG Schleswig NJW 1999, 2602; *Mayer/Rang* NJW 1988, 811); anders, wenn der Adressat nicht nur mit seinem Lebensgefährten, sondern mit einer Familie zusammenlebt (BGH NJW 1990, 1666; dazu *Roth* JZ 1990, 761); auch nicht die geschiedene Ehefrau, die noch dort lebt (OLG Hamm MDR 1981, 602; str); die Verlobte (str, sie ist aber evtl ständige Mitbewohnerin). Zugestellt werden muss hier „in der Wohnung", nicht etwa im Treppenhaus, Geschäft, auf der Straße. Unzulässig ist zB Zustellung an im selben Haus in einer anderen Wohnung wohnende Familienangehörige des Empfängers (OLG Rostock MDR 1996, 1067). Bei Annahmeverweigerung § 179. 8

**Ersatzzustellung an beschäftige Person (Nr. 1):** zB Hausmädchen, Putzfrau (OLG Stuttgart InVO 2000, 26). Sie muss nicht ständig dort beschäftigt sein, muss nicht dort wohnen, 9 kann auch einer Einzelperson dienen; Dienstvertrag und Bezahlung nicht notw (OLG Hamm MDR 1982, 516); auch der RA-Stellvertreter nach § 53 BRAO, der Referendar (BFH NJW 1994, 960); nicht der RA in Kanzleigemeinschaft.

10 **Ersatzzustellung an erwachsenen ständigen Mitbewohner (Nr. 1):** „erwachsen" vgl Rz 8. Darunter fällt die Lebensgefährtin, die dort ständig wohnt; Mitbewohner einer Wohnungsgemeinschaft. „Ständig": auch für den Mitbewohner muss das der Lebensmittelpunkt sein, er schläft dort idR und hat seine Möbel dort.

11 **Ersatzzustellung im Geschäftsraum an beschäftigte Person (Nr. 2):** zB Kontoristin, Verkäufer, Lehrling. *Nicht:* wer nur untergeordnete Hilfsdienste auszuführen hat; Geschäftsteilhaber. Verweigert der Beschäftigte die Annahme: §179. Keine Ersatzübergabe an den Beschäftigten, der außerhalb des Geschäfts angetroffen wird. Ist der Geschäftsraum von der Wohnung getrennt, kann nicht ersatzweise an einen Hausgenossen usw. zugestellt werden, der sich zufällig im Geschäft aufhält (OLG Düsseldorf WM 1977, 1334). An Prokuristen pers (zB Scheidungsantrag), GmbH-Gesellschafter pers (zB Pflichtteilsklage) kann im Geschäftslokal nur nach §177, sonst in der Wohnung nach §178 I Nr.1 zugestellt werden, nicht nach §178 I Nr.2 (vgl OLG Brandenburg NJW-RR 1996, 766); der Gewerbebetrieb der GmbH als rechtl. selbstständiger JuP ist grds nicht zugleich ein solcher der Gesellschafter (BGH NJW 1986, 2113). Die für einen GmbH-Geschäftsführer pers (nicht für seine GmbH) bestimmte Zustellung kann auch dann nicht nach §178 I Nr.2 an GmbH-Angestellte erfolgen, wenn der Geschäftsführer der alleinige Gesellschafter der GmbH ist (OLG Hamm NJW 1984, 2372; OLG Zweibrücken JB 1991, 720; vgl BayObLG MDR 1985, 506).

12 **Ersatzzustellung an Leiter der Gemeinschaftseinrichtung (Nr. 3).** Es kann zB zugestellt werden: für den **Krankenhauspatienten** an den Verwaltungsleiter (OLG Stuttgart Rpfleger 1975, 102); für den **Gefangenen** an den Anstaltsleiter (vgl BayObLG VersR 1985, 741; OLG Düsseldorf JB 1993, 362); für den **Soldaten** in der Truppenunterkunft an den Kompaniefeldwebel (Erlass des BMdV v. 14.6.2004, abgedr. *Zöller/Stöber* Rz 7 vor § 166; bei Wehrpflichtigen abw OLG München NJW-RR 1991, 1470). Bei Angehörigen der **Stationierungstruppen** vgl Art 32-37 des Zusatzabk zum NATO-Truppenstatut (*Schwenk* NJW 1976, 1562). Der „Leiter" kann intern, zB durch Dienstanweisung, andere Personen zur Entgegennahme ermächtigen, zB den Pförtner. Ist der Altenheimbewohner nicht mehr geschäftsfähig, kann an den Leiter nicht wirksam zugestellt werden (Betreuung notw). Ist der Lehrling im Lehrlingsheim erst 17 Jahre alt, gilt dasselbe (§ 170 I).

13 **Entfallen** ist seit 2002 die Möglichkeit der Ersatzzustellung an den Vermieter, den „Hauswirt".

14 **5. Folgen bei Absatz 1:** die Zustellung ist (wenn der Zustellungsadressat in der betreffenden Wohnung tatsächl. seinen räuml. Lebensmittelpunkt hatte, BGH NJW-RR 1997, 1161; die sonstigen Voraussetzungen des Abs. 1 vorliegen und sich die Ersatzzustellung aus der Zustellungsurkunde ergibt, BGH LM Nr. 1) mit Übergabe an die Ersatzperson **sofort wirksam**, auch wenn der Adressat das Schriftstück erst später oder nicht erhält (BFH NV 2002, 216). Kommt es (zB bei verspätetem Einspruch gegen einen VoB) auf die Wirksamkeit der Zustellung an, ist das Gericht an die Auffassung des Postzustellers über Eigenschaft als Familienangehörige, Erwachsenheit usw. nicht gebunden. **Beweislast** trägt aber wegen § 418 der, der sich auf unrichtige Beurkundung beruft, also idR der Einspruchsfüh-

rer. **Händigt der Empfänger die Sendung** dem Adressaten **nicht aus:** §§ 246, 274 I 1 StGB und Schadensersatzpflicht gem §§ 677, 678, 681, 823 II BGB; WE gem § 233 (BFH NV 2002, 216). **Heilung** einer fehlerhaften Ersatzzustellung ex nunc gem § 189, ex tunc durch Genehmigung; nach § 295.

**6. Keine Zustellung an den Gegner (Absatz 2): Zweck.** § 178 II will die ohnehin schon 15 riskante Zustellung an Ersatzpersonen dort verhindern, wo wegen Interessenkollision die Gefahr der Nichtaushändigung des Schriftstücks an den Adressaten noch größer als normal ist; er ist daher weit auszulegen (BGH NJW 1984, 57). Auf die Kenntnis des Zustellungsbeamten kommt es nicht an. Zweckmäßig ist, auf dem Umschlag zu vermerken, an wen die Ersatzzustellung unzulässig ist. Bei Verstoß gegen § 178 II: vgl § 189.

**Unzulässig ist zB:** Zustellung des Scheidungsantrags des Mannes an ihn für die Frau; Ein- 16 lage in den gemeinsamen Briefkasten (OLG Nürnberg NJW-RR 2004, 1517); auch Zustellung an einen nahen Angehörigen des Prozessgegners, auch Ersatzzustellung an die Ehefrau des Gegners (OLG Karlsruhe Rpfleger 2000, 405); an Personen, zwischen denen eine konkrete Interessenkollision besteht (BGH NJW 1984, 57); Zustellung des Lohnpfändungsbeschlusses (§ 829) an den Arbeitgeber/Drittschuldner zu Händen des Arbeitnehmers/Schuldners (BAG NJW 1981, 1400; dazu *Hamme* NJW 1994, 1035; str).

**Zulässig:** keine Anwendung des § 178 II auf Fälle, in denen keine Ersatzzustellung erfolgt 17 ist (zB bei § 170 III; BVerfG NJW 1984, 2567); Zustellung an den Minderj nach § 178, wenn der gesetzl. Vertreter als solcher Adressat ist (BGH Rpfleger 1973, 129). Bei Nichtaushändigung uU WE.

## § 179 ZPO Zustellung bei verweigerter Annahme

**[1]Wird die Annahme des zuzustellenden Schriftstücks unberechtigt verweigert, so ist das Schriftstück in der Wohnung oder in dem Geschäftsraum zurückzulassen. [2]Hat der Zustellungsadressat keine Wohnung oder ist kein Geschäftsraum vorhanden, ist das zuzustellende Schriftstück zurückzusenden. [3]Mit der Annahmeverweigerung gilt das Schriftstück als zugestellt.**

§ 179 geändert durch G v. 25.6.2001 (BGBl 2001, 1206).

**Zulässige Annahmeverweigerung:** zB wenn bei der Ersatzzustellung ein Besucher in der 1 Wohnung des Adressaten oder der Hauswirt die Annahme verweigert; wenn die Identität zweifelhaft ist (zB N. Maier und es gibt zwei Meier im Haus); wenn jemand im Schriftstück als GmbH-Geschäftsführer bezeichnet ist, dieses Amt aber nicht mehr innehat; wenn jemand Prozessgegner ist (§ 178 II); unerlaubte Zustellung zur Nachtzeit. **Unberechtigte Verweigerung**: § 179 bezieht sich auf §§ 177, 178, also auch auf die Annahmeverweigerung durch Ersatzpersonen. Der Zustellungsadressat, sein Vertreter und die Ersatzpersonen dürfen die Annahme grds nicht verweigern. Tun sie es trotzdem und nach Meinung des Postzustellers unberechtigt, lässt der Zusteller das Schriftstück in der Wohnung bzw im Geschäftsraum zurück, er lässt es also auf dem Tisch liegen oder schiebt es unter der Türe durch. Einwurf in den Briefkasten wäre keine Zurücklassung „im" Raum (anders bei § 180). Zurücklassen in Gemeinschaftseinrichtungen scheidet aus (S. 2). Bei unzulässiger

Annahmeverweigerung steht das Zurücklassen des Schriftstücks der Übergabe gleich und bewirkt die Zustellung (S. 3; OLG Saarbrücken NJW-RR 1994, 636).

2 § 179 ist unanwendbar bei Zustellung von RA zu RA, § 174 (RG 98, 243 zur aF).

## § 180 ZPO Ersatzzustellung durch Einlegen in den Briefkasten

**[1]Ist die Zustellung nach §178 Abs.1 Nr.1 oder 2 nicht ausführbar, kann das Schriftstück in einen zu der Wohnung oder dem Geschäftsraum gehörenden Briefkasten oder in eine ähnliche Vorrichtung eingelegt werden, die der Adressat für den Postempfang eingerichtet hat und die in der allgemein üblichen Artfür eine sichere Aufbewahrung geeignet ist. [2]Mit der Einlegung gilt das Schriftstück als zugestellt. [3]Der Zusteller vermerkt auf dem Umschlag des zuzustellenden Schriftstücks das Datum der Zustellung.**

§ 180 geändert durch G v. 25.6.2001 (BGBl 2001, 1206).

**Lit:** ***Ebner/Ebner*** SVR 2006, 372.

1 § 180 bringt seit 2002 eine neue Form der Ersatzzustellung. Trifft der Postzusteller weder den Adressaten an noch Wohnungsmitbewohner (§ 178 I Nr. 1) noch Personal im Geschäftsraum (§ 178 I Nr. 2; gleich steht, dass das Geschäft nicht mehr geöffnet hat, BGH NJW 2007, 2186), zB dann wenn die Post nach ihrem Dienstplan morgens um 8 Uhr zustellt, das Kaufhaus, an dessen Geschäftsführer zugestellt werden soll, aber immer erst um 9 Uhr öffnet, kann durch Einwurf in den Briefkasten zugestellt werden. **Ähnliche Vorrichtung:** zB Briefeinwurfschlitz in der Wohnungstüre, in der Haustüre des Einfamilienhauses. Geeignet für sichere Aufbewahrung: der Briefkasten muss eine funktionierende Verschließvorrichtung, zB ein Schloss, haben. Er muss insgesamt in einem ordnungsgemäßen Zustand sein, eindeutig beschriftet und dem Adresssaten zugeordnet werden können (BT-Drucks. 14/4554 S. 21). Daran fehlt es, wenn er zB überquillt und offenbar seit längerer Zeit nicht entleert wurde (dann: § 181). Ungenügend Einwurf in den Briefschlitz der Haustüre des Mehrfamilienhauses (OLG Hamm VRS Bd 107, 109).

2 Das Einlegen bewirkt die Zustellung (S. 2) und wird vom Zusteller beurkundet (S. 3).

Zum Nachweis der Wirksamkeit einer Zustellung ist es nicht erforderl., dass der Zusteller in der Urkunde angibt, in welche Empfangseinrichtung (Briefkasten oder ähnl. Vorrichtung) er das Schriftstück eingelegt hat, und im Fall einer ähnl. Vorrichtung (zB Briefschlitz in der Türe) diese näher bezeichnet (BGH NJW 2006, 150).

## § 181 ZPO Ersatzzustellung durch Niederlegung

**(1) [1]Ist die Zustellung nach § 178 Abs. 1 Nr. 3 oder § 180 nicht ausführbar, kann das zuzustellende Schriftstück auf der Geschäftsstelle des Amtsgerichts, in dessen Bezirk der Ort der Zustellung liegt, niedergelegt werden. [2]Wird die Post mit der Ausführung der Zustellung beauftragt, ist das zuzustellende Schriftstück am Ort der Zustellung oder am Ort des Amtsgerichts bei einer von der Post dafür bestimmten Stelle niederzulegen. [3]Über die Niederlegung ist eine schriftliche Mitteilung auf dem vorgesehenen Formular unter der Anschrift der Person, der zugestellt werden soll, in**

**der bei gewöhnlichen Briefen üblichen Weise abzugeben oder, wenn das nicht möglich ist, an der Tür der Wohnung, des Geschäftsraums oder der Gemeinschaftseinrichtung anzuheften. [4]Das Schriftstück gilt mit der Abgabe der schriftlichen Mitteilung als zugestellt. [5]Der Zusteller vermerkt auf dem Umschlag des zuzustellenden Schriftstücks das Datum der Zustellung.**

**(2) [1]Das niedergelegte Schriftstück ist drei Monate zur Abholung bereitzuhalten. [2]Nicht abgeholte Schriftstücke sind danach an den Absender zurückzusenden.**

§ 181 geändert durch G v. 24.8.2004 (BGBl 2004, 2198) und G v. 22.3.2005 (BGBl 2005, 837).

**1. Voraussetzung** ist die Unausführbarkeit der Zustellung durch Aushändigung an den Leiter einer Gemeinschaftseinrichtung (§178 I Nr.3) oder durch Einwurf in den Briefkasten (§180), zB weil kein Kasten vorhanden ist oder aufgebrochen ist. §180 seinerseits setzt voraus, dass zuvor Ersatzzustellung in der „Wohnung" (§178 I Nr.1) bzw im Geschäftsraum (§178 I Nr.2) erfolglos versucht wurde. Bei Annahmeverweigerung: §178. 1

**2. Zustellung nach § 181 erfolgt** idR, indem das Zustellungsorgan (zB Postbote): 2

**a) eine Benachrichtigung** über die Niederlegung abgibt (zB bei Nachbarn, wenn dort die Post üblicherweise abgegeben wird); oder in den evtl mangelhaften Briefkasten wirft; oder an die Türe heftet (VGH Kassel NJW 1990, 1500); uU Befestigung am Gartentor (BVerfG NJW 1988, 817); Einwurf in Gemeinschaftsbriefkasten kann Zustellung unwirksam machen (LG Neuruppin NJW 1997, 2337; dazu *Eyinck* NJW 1998, 206). IÜ hat der Postzusteller mit der Mitteilung so zu verfahren, wie er es auch sonst bei den für den konkreten Empfänger bestimmten Sendungen tut, dh sie am üblichen Platz abzulegen/abzuliefern (BVerwG NJW 1985, 1179). Das kann ein offenes Zeitungsrohr sein, wenn es keinen Briefkasten gibt (VGH Kassel DÖV 2005, 307). Die Benachrichtigung darf nicht ins Postfach des Empfängers gelegt (keine „Abgabe", BGH BB 1954, 577; BVerwG NJW 1999, 2608; str), bei Nachsendeantrag nicht nachgesandt werden (BayObLG MDR 1981, 60), nicht in einen gemeinsamen Briefkasten von Adressat und Prozessgegner geworfen werden (vgl § 178 II; LG Fulda MDR 1987, 149); 3

**b) das Schriftstück bei der Post niederlegt.** Notw ist Niederlegung beim Wohnortpostamt („am Ort"), ungenügend uU Zustellpostamt (LG Hamburg MDR 1985, 167); sog Postagentur (zB ein Schreibwarengeschäft) ausreichend (BGH NJW 2001, 832; OLG Düsseldorf MDR 2000, 1451), vgl §181 I 2. Nicht mehr zulässig ist Niederlegung bei der Polizei oder beim „Gemeindevorsteher"; die Post kann einen anderen Abholort als eine Postdienststelle bestimmen, doch muss sie „an diesem Ort" sein und mE bez Öffnungszeit angemessen. 4

c) eine entspr **Zustellungsurkunde** errichtet.

**3. Wirkung:** Zustellung gilt mit Abgabe der Mitteilung vollzogen (Abs. 1 S. 3), falls die Mitteilung über die Niederlegung in den Zugriffsbereich des Empfängers gekommen ist (BayObLG MDR 1990, 346) und der Adressat zur Zeit der Zustellung dort *wohnte*. Die Zustellungsurkunde beweist „das Wohnen" nicht (§ 418), ihr Indiz kann der Adressat entkräften, zB durch eidesstattliche Versicherung Dritter *und* Angabe des tatsächl. Wohnortes (BVerfG NJW 1992, 224; BGH NJW 1992, 1963; vgl *Grashof* DGVZ 1992, 180). Dagegen kommt es nicht darauf an, ob und wann der Adressat von der Mitteilung Kenntnis erlangt und ob er das Schriftstück bei der Post usw. abholt; wird es nicht abgeholt, sendet 5 es die Post nach drei Monaten an den Absender zurück (Abs. 2). Abs. 1 S. 4: der Gesetzgeber wollte damit erreichen, dass Fehler bei der Niederlegung die Zustellung nicht berühren (BT-Drucks.14/4554 S. 22).

6 **Wiedereinsetzung** gem § 233 kann in Betracht kommen. Die bloße Behauptung, von der Zustellung keine Kenntnis erlangt und keinen Benachrichtigungsschein vorgefunden zu haben, reicht aber nicht; denn aus der durch die Zustellungsurkunde belegten Bestätigung, dass die Benachrichtigung in den Empfangsbereich des Adressaten gelangt sei, ergibt sich zugleich idR, dass der Adressat diese Benachrichtigung erhalten hat und von ihr Kenntnis nehmen konnte, § 418 (BGH VersR 1984, 82; 1986, 787); lebensfremd, weil diese unauffälligen kleinen Zettel oft unter das den Briefkasten verstopfende Werbematerial schlüpfen. Zu einem ausreichenden Vortrag vgl BVerwG NJW 1985, 1179.

## § 182 ZPO Zustellungsurkunde

**(1) [1]Zum Nachweis der Zustellung nach den §§ 171, 177 bis 181 ist eine Urkunde auf dem hierfür vorgesehenen Formular anzufertigen. [2]Für diese Zustellungsurkunde gilt § 418.**

**(2) Die Zustellungsurkunde muss enthalten:**

1. **die Bezeichnung der Person, der zugestellt werden soll,**
2. **die Bezeichnung der Person, an die der Brief oder das Schriftstück übergeben wurde,**
3. **im Falle des § 171 die Angabe, dass die Vollmachtsurkunde vorgelegen hat,**
4. **im Falle der §§ 178, 180 die Angabe des Grundes, der diese Zustellung rechtfertigt und wenn nach § 181 verfahren wurde, die Bemerkung, wie die schriftliche Mitteilung abgegeben wurde,**
5. **im Falle des § 179 die Erwähnung, wer die Annahme verweigert hat und dass der Brief am Ort der Zustellung zurückgelassen oder an den Absender zurückgesandt wurde,**
6. **die Bemerkung, dass der Tag der Zustellung auf dem Umschlag, der das zuzustellende Schriftstück enthält, vermerkt ist,**
7. **den Ort, das Datum und auf Anordnung der Geschäftsstelle auch die Uhrzeit der Zustellung,**
8. **Name, Vorname und Unterschrift des Zustellers sowie die Angabe des beauftragten Unternehmens oder der ersuchten Behörde.**

**(3) Die Zustellungsurkunde ist der Geschäftsstelle unverzüglich zurückzuleiten.**

§ 182 geändert durch G v. 22.3.2005 (BGBl 2005, 837).

1 **Absatz 1. Wesen der Urkunde.** Zu einer wirksamen Zustellung ist die vorgeschriebene Beurkundung nach der Neuregelung nicht mehr erforderl., die Beurkundung hat keine konstitutive Wirkung mehr, ist nicht mehr Teil der Zustellung (OLG Stuttgart NJW 2006, 1887; BT-Drucks 14/4554 S. 22); sie dient nur noch dem Nachweis; Lücken der Urkunde können daher anderweitig geschlossen werden. **Beweiskraft** §§ 415, 418. Dh, dass es sich

um eine öffentl. Urkunde handelt, die den vollen Beweis der in ihr bezeugten Tatsachen begründet (bei § 180 die fehlende Möglichkeit der Übergabe des VoB und die Einlegung in einen zur Wohnung gehörenden Briefkasten etc). Zwar kann der Beweis der Unrichtigkeit geführt werden (§ 418 II). Dafür genügt es jedoch nicht, wenn der Adressat der Zustellung schlicht behauptet, das Schriftstück nicht erhalten zu haben. Der Beweis der Unrichtigkeit erfordert vielmehr den vollen Beweis eines anderen als des beurkundeten Geschehens, der damit ein Fehlverhalten des Zustellers und eine objektive Falschbeurkundung belegt (BGH NJW 2006, 150; BVerfG, NJW-RR 2002, 1008).

Dass die **Zustellungsurkunde nicht mehr auffindbar** ist, steht der Wirksamkeit der Zustellung nicht entgegen; der Nachweis ihrer Aufnahme kann auch mit anderen Beweismitteln erbracht werden (BGH NJW 1981, 1613).

**Absatz 2 regelt den Inhalt des Vordrucks.** 2

**Nr. 1.** Adressat ist der Gegner oder dessen ges bzw gewillkürter Vertreter oder PrBev. Die ges Vertreter einer AG (Vorstandsmitglieder) müssen in der Zustellungsurkunde nicht namentl. aufgeführt werden (BGH NJW 1989, 2689).

**Nr. 2.** Die Person, der das Schriftstück tatsächl. übergeben wurde, dh der Adressat oder dessen Ersatzperson (mit Namensangabe).

**Nr. 3.** Vollmachtsvorlage.

**Nr. 4.** Details zu §§ 178, 180, 181. Bei § 180 ist nicht erforderl., dass der Zusteller in der Urkunde angibt, in welche Empfangseinrichtung (Briefkasten oder ähnl. Vorrichtung) er das Schriftstück eingelegt hat, und im Fall der ähnl. Vorrichtung (zB Briefschlitz in der Türe) diese näher bezeichnet (BGH NJW 2006, 150; OLG Köln NJW 2005, 2026).

**Nr. 5.** Details zur Annahmeverweigerung.

**Nr. 6.** Bemerkung. Unterlässt der Postzusteller den vorgeschriebenen Vermerk des Tages der Zustellung auf der Sendung, ist die Zustellung nicht unwirksam, Notfristen werden aber nicht in Lauf gesetzt (BGH GmS NJW 1977, 621 zur aF).

**Nr. 7.** Ort: Gemeinde, Straße etc; Datum, die Stunde/Minute bei Nachtzeit, oder wenn eine Stundenfrist in Lauf gesetzt wird.

**Nr. 8. Name und Vorname** (leserl.) des Zustellers. **Unterschrift:** hier genügt der Familienname (str). Ist eine Zustellungsurkunde versehentl. nicht unterschrieben worden, so kann die Unterschrift mit dem Zugang der Urkunde beim Gericht nicht mehr wirksam nachgeholt werden (BGH NJW 1981, 874), wohl aber vorher. Der Empfänger hat nicht zu unterschreiben. **Angabe des Zustellunternehmens**, weil es inzwischen mehrere gibt.

**Mängel:** Ist die Zustellungsurkunde mangelhaft, fehlt zB der Vorname des Zustellers oder das Zustellungsdatum, ist die Zustellung deswegen noch nicht unwirksam. Es ist eine Frage der Beweiswürdigung, inwieweit die Mängel die Eigenschaft als öffentl. Urkunde berühren; beim fehlenden Datum wird man zB als Zustellungsdatum dasjenige gelten lassen müssen, welches der Empfänger einräumt; der fehlende Vorname des Zustellers ist idR belanglos. 3

## § 183 ZPO Zustellung im Ausland

**(1) Eine Zustellung im Ausland erfolgt**

**1. durch Einschreiben mit Rückschein, soweit auf Grund völkerrechtlicher Vereinbarungen Schriftstücke unmittelbar durch die Post übersandt werden dürfen,**

**2. auf Ersuchen des Vorsitzenden des Prozessgerichts durch die Behörden des fremden Staates oder durch die diplomatische oder konsularische Vertretung des Bundes, die in diesem Staat residiert, oder**

**3. auf Ersuchen des Vorsitzenden des Prozessgerichts durch das Auswärtige Amt an einen Deutschen, der das Recht der Immunität genießt und zu einer Vertretung der Bundesrepublik Deutschland im Ausland gehört.**

**(2) [1]Zum Nachweis der Zustellung nach Absatz 1 Nr. 1 genügt der Rückschein. [2]Die Zustellung nach den Nummern 2 und 3 wird durch ein Zeugnis der ersuchten Behörde nachgewiesen.**

**(3) [1]Die Vorschriften der Verordnung (EG) Nr. 1348/2000 des Rates vom 29. Mai 2000 über die Zustellung gerichtlicher und außergerichtlicher Schriftstücke in Zivil- oder Handelssachen in den Mitgliedstaaten (ABl. EG Nr. L 160 S. 37) bleiben unberührt. [2]Für die Durchführung gelten § 1068 Abs. 1 und § 1069 Abs. 1.**

§ 183 zuletzt geändert durch G v. 4.11.2003 (BGBl 2003, 2166).

1 **1. Auslandszustellung:** betrifft Zustellungen an Deutsche oder Ausländer im Ausland, dh außerhalb der Bundesrepublik; wirkt der fremde Staat nicht mit: öffentl. Zustellung (§ 185). Über Mahnverfahren ins Ausland § 688 III (der VoB wird dann nach §§ 183, 184 zugestellt). Zustellung an Mitglieder der NATO-Streitkräfte erfolgt über Verbindungsstellen, vgl Art 32, 36 Zusatzabkommen zum NATO-Truppenstatut (vgl LG Aachen NJW-RR 1990, 1344).

2 **2. Zustellung im Ausland** erfolgt bei Amtszustellung (zB Klage, Urt) auf Veranlassung des Vors, bei Parteizustellung auf Antrag der Partei (ohne Anwaltszwang, § 78) oder ihres PrBev; gegen Antragszurückweisung § 567. In welcher Form und Anzahl **die zuzustellenden Schriftstücke** sein müssen (zB: ohne Abkürzungen, auch ZPO, BGB müssen bei ihrer erstmaligen Verwendung im Ersuchen ausgeschrieben werden) und ob eine Übersetzung beizufügen ist, ferner ob die förml. Zustellung im Ausland auf diplomatischem Weg erfolgt oder über den Konsul (der uU die Erledigung selbst vornimmt) oder ob unmittelbarer Rechtshilfeverkehr zwischen den Behörden beider Staaten (zB deutsches AG – österr. Bezirksgericht) besteht, ist von Land zu Land verschieden. Es richtet sich nach bi- und multilateralen Staatsverträgen (zB Haager Zivilprozessübereinkommen v. 01.03.1954/15.11.1965). Was im Einzelfall gilt, ergibt sich aus dem Länderteil der „Rechtshilfeordnung für Zivilsachen“ **(ZRHO)**, einer Verwaltungsvorschrift. Über Zustellung an ausl Staat vgl *Hess* RIW/AWD 1989, 254.

3 **Klage/Antragsschrift** gegen den Bekl im Ausland: Einlassungsfrist vgl § 274 III 2; Schriftsätze usw. können nach Rechtshängigkeit nach § 184 durch „Aufgabe zur Post“ zugestellt werden; das **Urteil/Versäumnisurteil** (Einspruchsfrist uU nach § 339 II festzusetzen) nach § 331 I kann wiederum nach § 184 I 2 zugestellt werden, auch im Gel-

tungsbereich der Staatsverträge; § 184 I 2 gilt ferner für die anschließende ZwV. Regelungen in **Staatsverträgen** gehen §§ 183 ff vor. **Ersuchen um Beweisaufnahme im Ausland.** Vgl § 363. Evtl erscheint der Zeuge auf deutsche Ladung (in neutralem Umschlag versandt, ohne Androhung von Ordnungsmaßnahmen; vgl OLG Köln FamRZ 1985, 1278) oder die Ladung vor das deutsche Gericht wird ihm im Rechtshilfeweg übermittelt und er ist bereit, zu erscheinen. Sonst bleibt nur das Ersuchen um Rechtshilfe, zB nach dem Haager Übereinkommen v. 18.03.1970 über die Beweisaufnahme (vgl ZRHO); eine Fragenliste an den Zeugen ist idR notw. Muster bei *Tempel* Bd I Nr. 157 ff.

**3. Zustellung durch Einschreibebrief mit Rückschein (Absatz 1 Nr. 1):** falls dies nach völkerrechtl. Verträgen zulässig ist (zB EZÜ – Europäisches Zustellungsübereinkommen von 1997; Haager Zustellungsübereinkommen von 1965; zB in den EG-Mitgliedsstaaten (Art 14 VO (EG) 1348/2000). Weder §§ 183, 1068 noch Art 14 schreiben eine Übersetzung vor. Über praktische Probleme vgl *Schmidt* IPRax 2004, 13. Über (unzulässige!) Auslandszustellung durch den Gerichtsvollzieher vgl *Möller* NJW 2003, 1571 und *Hornung* DGVZ 2003, 167. Nach Nr. 1 kann zB eine Klage oder ein VU an einen Deutschen zugestellt werden, der in Spanien wohnt (OLG Celle NJW-RR 2005, 1589). 4

**Zustellung durch die ausländischen Gerichte bzw Behörden (Absatz 1 Nr. 2):** Ersuchen des Vors, das ist der Vors der ZivK, KfH, ER nach Übertragung, Amtsrichter. Das Ersuchen um Zustellung richtet sich an die gem ZRHO zuständige Stelle, zB ein Generalkonsulat; beigefügt wird die Klageschrift und die Ladung (mit den übl. Belehrungen, zusätzl. **Festsetzung der Einlassungsfrist** nach § 274 III. AnO nach § 184 ist mögl. und zweckmäßig. Eine **Prüfungsstelle** beim Gerichtspräsidenten überprüft die Eignung zur Weiterleitung, § 9 ZRHO. Muster bei *Tempel* Bd I Nr. 153 ff. 5

**Zustellung an deutsche Botschaftsangehörige** im Ausland **(Absatz 1 Nr. 3):** vgl §§ 18, 19 GVG. AnO nach § 184 ist mögl. und zweckmäßig. An (immune, dh exterritoriale) Angehörige ausl Botschaften, welche in Deutschland residieren, zB wegen Mietschulden, wird dagegen nach § 183 I Nr. 2 zugestellt. 6

**4. Zustellungsnachweis (Absatz 2)** ist bei Nr. 1 der Rückschein (keine öffentl. Urkunde, ist meist vom Adressaten unterzeichnet); bei Nr. 2 die Bescheinigung der ausl Stelle, zB des Kreisgerichts Wien. Die Bescheinigung der ausl Behörde hat die Beweiskraft des § 418 (BGH NJW 2002, 521). Bei Zustellung nach Haager ZPAbk genügt als Nachweis ein Empfangsbekenntnis des Zustellungsgegners. 7

**5. EU-Recht (Absatz 3).** Die EG-ZustellungsVO (abgedruckt im Anhang; dazu *Heß* NJW 2001, 15; *Lindacher* ZZP 114, 179) bleibt unberührt, dh ihre Regelungen über Übermittlungsstellen, Empfangsstellen, Formblätter, Übersetzungen usw., natürlich nur bei Zustellungen in den Mitgliedsstaaten. Dazu das EG-ZustellungsdurchführungsG v. 09.07.2001 (BGBl 2001, 1536), ZustDG. Unsere Übermittlungsstellen sind für gerichtl. Schriftstücke die die Zustellung betreibenden Gerichte, für außergerichtl. Schriftstücke die AG (§ 4 ZustDG). Unsere Empfangsstellen sind zentralisiert, es gilt jeweiliges LandesR (Bayern usw.). **Satz 2:** Jeder Mitgliedsstaat kann angeben (nachzulesen im Amtsblatt der EG), unter welchen Bedingungen er eine Zustellung durch die Post zulässt; in diesem Falle genügt als Zustellungsnachweis der Post-Rückschein (**Satz 3**). 8

9 **6. Kosten**. Gerichtsgeb nach JVKostO (KV 200). Dazu Auslagen (Übersetzung, Tätigkeit der deutschen Auslandsvertretung nach AuslandskostenG; GKG KV 9012 ff); Einschreiberückschein GKG KV 9002.

## § 184 ZPO Zustellungsbevollmächtigter; Zustellung durch Aufgabe zur Post

**(1) [1]Das Gericht kann bei der Zustellung nach § 183 Abs. 1 Nr. 2 und 3 anordnen, dass die Partei innerhalb einer angemessenen Frist einen Zustellungsbevollmächtigten benennt, der im Inland wohnt oder dort einen Geschäftsraum hat, falls sie nicht einen Prozessbevollmächtigten bestellt hat. [2]Wird kein Zustellungsbevollmächtigter benannt, so können spätere Zustellungen bis zur nachträglichen Benennung dadurch bewirkt werden, dass das Schriftstück unter der Anschrift der Partei zur Post gegeben wird.**

**(2) [1]Das Schriftstück gilt zwei Wochen nach Aufgabe zur Post als zugestellt. [2]Das Gericht kann eine längere Frist bestimmen. [3]In der Anordnung nach Absatz 1 ist auf diese Rechtsfolgen hinzuweisen. [4]Zum Nachweis der Zustellung ist in den Akten zu vermerken, zu welcher Zeit und unter welcher Anschrift das Schriftstück zur Post gegeben wurde.**

§ 184 geändert durch G v. 25.6.2001 (BGBl 2001, 1206).

**Lit:** ***Hök*** JurBüro 1989, 1217.

1 **Anordnung.** Wenn nach völkerrechtl. Verträgen unmittelbar durch die Post mit Einschreibebrief nebst Rückschein zugestellt werden kann (§ 183 I Nr. 1) scheidet eine Zustellung durch „Aufgabe zur Post" nach § 184 aus. Bei Auslandszustellung nach § 183 I Nr. 2 oder Nr. 3 *kann* das Gericht (Richter) nach seinem Ermessen durch VfG oder Beschluss anordnen, dass der Zustellungsempfänger binnen einer bestimmten Frist (ca 2-6 Wochen) einen hiesigen ZustellungsBev benennt, falls er nicht einen PrBev bestellt. Erforderl. Belehrungen vgl Abs. 2; zumindest im vertragl. Rechtshilfeverkehr ist eine Übersetzung beizufügen (BT-Drucks.14/4554 S. 24). Hier wird also zB die Klage mit richterl. VfG (§ 276) und Belehrungen sowie die AnO gem § 184 mit Belehrungen zunächst förml. nach § 183 zugestellt. Benennt die Partei trotz Aufforderung weder einen PrBev noch einen ZustellungsBev, können spätere Zustellungen (zB Klageerweiterung, Urteil) durch sog Aufgabe zur Post zugestellt werden. Zustellung durch Aufgabe zur Post ist verfassungskonform (BVerfG NJW 1997, 1772). **EU-Recht:** Art 40 II VO (EG) Nr. 44/2001, Art 33 EuGVÜ/LGVÜ, § 5 AVAG.

2 **Benennung:** Sie kann auch ohne Aufforderung erfolgen, zB in einer Klage; beliebige (prozessfähige) Personen sind benennbar, falls sie in Deutschland einen Wohnsitz oder Geschäftsraum haben, auch JuP; jederzeit widerrufl. (§ 168 BGB). Dann wird an diesen ZustellungsBev zugestellt (doch bleibt Zustellung an die Partei selbst zulässig, BGH NJW-RR 1995, 257). Verweigert der ZustellungsBev die Annahme: § 179.

3 **Unterbleibt Benennung eines Zustellungsbevollmächtigten**, obwohl sie notw gewesen wäre, dann erfolgt gewöhnl. Aufgabe zur Post, zB Einlieferung am Postschalter, durch Briefkasteneinwurf; nicht zu verwechseln mit Zustellung durch die Post, § 168; die Post

befördert wie bei gewöhnl. Briefen; doch kann auf AnO des Richters auch mittels Einschreiben versandt werden. Dies ist eine Inlandszustellung (BGH NJW 1992, 1701; st Rspr). Liegen die Voraussetzungen des § 184 vor, liegt es nach Abs. 1 S. 2 im Ermessen des Gerichts („können"), ob es durch Aufgabe oder nach § 183 zustellt.

**Zustellung.** § 184 II 1 fingiert eine Zustellung, die Förmlichkeiten sind daher streng einzuhalten (BGH 1987, 1707). Dazu gehört der vorherige Hinweis auf die Rechtsfolgen (§ 184 II 3). Eine Zustellungsurkunde entfällt; an ihre Stelle tritt ein Aktenvermerk der Geschäftsstelle (§ 184 II 4). Das Schriftstück gilt zwei Wochen nach Übergabe an die Post oder bei Einwurf in den Briefkasten ab dem Leerungstag als zugestellt (§ 184 II 1; Fristberechnung nach §§ 187, 188 BGB: bei Aufgabe am Mittwoch, Zustellungsfiktion am übernächsten Mittwoch). Wenn aber die Landpost nach Afrika mehrere Wochen dauert, ist die Zweiwochenfrist sehr bedenkl., weshalb eine längere Frist zu bestimmen ist (§ 184 II 2); Zusendung mittels Luftpost sollte angeordnet werden. Die Rspr lässt die Fiktion sogar eingreifen, wenn der Empfänger den Brief nicht erhält oder der Brief zurückkommt (OLG Düsseldorf VersR 2001, 612). In diesen Fällen kommt WE in Betracht (§ 233). Nach der Neufassung des § 166 ist der **Aktenvermerk** *nicht* mehr konstitutiver Bestandteil der Zustellung, auch ohne Aktenvermerk ist die Zustellung wirksam. Der Vermerk beweist zwar die Zustellung; der Beweis wäre aber auch auf andere Weise mögl. Nachweis ungenügend, wenn der Vermerk vom Gerichtsvollzieher unterschrieben wurde (OLG Düsseldorf FamRZ 1994, 107); wenn die Adresse unrichtig oder in einem wesentl. Teil unvollständig war, zB nicht den Namen des Bestimmungslandes enthielt (BGH 73, 388). Zu Abs. 2 vgl *Heiderhoff* EuZW 2006, 235. 4

**Einzelfälle (Verfahren gegen Personen im Ausland)** 5

**a) Versäumnisurteil** nach § 331 I: Klage muss mit Ladung zuerst gem § 183 zugestellt worden sein (OLG München NJW 1989, 234), Bestimmung der Einlassungsfrist § 274 III 3; Anordnung nach § 184 muss erfolgen; im VU ist keine besondere Einspruchsfrist (§ 339 II) festzusetzen, wenn Inlandszustellung (BGH NJW 1992, 1701); Zustellung des VU dann gem § 184; es läuft die Frist des § 339 I mit der Aufgabe zur Post (BGH NJW 1987, 592; 1992, 1701; OLG München Rpfleger 1983, 75); zB: Aufgabe 07.08., fiktive Zustellung am 21.08., Ablauf der Einspruchsfrist 04.09.

**b) Bei einem schriftlichen Versäumnisurteil** (§ 331 III) ist trotz Streichung von § 276 I 3 HS 2 Zustellung nach § 184 mögl. (BT-Drucks. 14/4554 S. 26). Wenn dem Kl aber bei der Anerkennung und Vollstr des VU wegen dieser Zustellart Probleme entstehen können, sollte das Gericht das VU nach § 183 zustellen. 6

**c) Vollstreckungsbescheid:** Mahnverfahren findet nur ggü bestimmten Ländern statt, § 688 III und § 32 AVAG, also bei den Vertragsstaaten der EU und Israel (§ 1 AVAG). § 32 III 2 AVAG: schon im MB ist der Schuldner zur Bestellung eines ZustellungsBev aufzufordern; nach ordnungsgemäßer Auslandszustellung des MB kann dann der VoB nach § 184 zugestellt werden. Über den VoB als „Europäischen VollstrTitel" vgl §§ 1079 ff. 7

**d) Berufungsfrist** (§ 517) beginnt mit Aufgabe zur Post. Wird das Urteil am 14.09. durch Einschreibsendung mit Rückschein an den Bekl ins Ausland zur Post gegeben und geht es diesem am 18.09. tatsächl. zu, ist fiktiver Zustelltag trotzdem der 28.09. Der Vermerk gem 8

§ 184 II 4 kann vom Urkundsbeamten auch noch nach eingelegtem Rm nachgeholt werden (BGH NJW 1987, 1707; FamRZ 1989, 1287).

9 e) Beschlüsse im **Unterhaltsfestsetzungsverfahren** sind ebenfalls nach § 184 an die im Ausland wohnende Partei zustellbar.

## § 185 ZPO Öffentliche Zustellung

**Die Zustellung kann durch öffentliche Bekanntmachung (öffentliche Zustellung) erfolgen, wenn**

**1. der Aufenthaltsort einer Person unbekannt und eine Zustellung an einen Vertreter oder Zustellungsbevollmächtigten nicht möglich ist,**

**2. eine Zustellung im Ausland nicht möglich ist oder keinen Erfolg verspricht oder**

**3. die Zustellung nicht erfolgen kann, weil der Ort der Zustellung die Wohnung einer Person ist, die nach den §§ 18 bis 20 des Gerichtsverfassungsgesetzes der Gerichtsbarkeit nicht unterliegt.**

§ 185 geändert durch G v. 25.6.2001 (BGBl 2001, 1206).

1 **Grundsatz.** Eine öffentl. Zustellung ist nur als letztes Mittel zulässig, wenn alle zumutbaren Versuche gescheitert sind, den unbekannten Aufenthaltsort des Adressaten zu ermitteln, wobei ein strenger Maßstab anzulegen ist (BVerfGK 3, 264).

2 **Nr.1. Aufenthalt unbekannt**, dh allgemein (nicht nur der Partei, BGH NJW 2002, 827) unbekannt. Bei Amtszustellung daher insoweit Amtsermittlung (OLG Bamberg FuR 2000, 296), bei Parteizustellung alle zumutbaren Ermittlungen durch den ASt; zB bei Meldebehörde, Post, letztem Vermieter, Arbeitgeber, Hausgenossen, Verwandten (OLG München FamRZ 1999, 446; OLG Frankfurt MDR 1999, 1401; OLG Stuttgart DJ 1986, 486; OLG Zweibrücken FamRZ 1983, 630; *Fischer* ZZP 1994, 167), Landeseinwohnermeldeamt (BGH NJW 2002, 827); Suchdienst für US-Bürger. Eingehende Bemühungen sind erforderl. (OLG Stuttgart FamRZ 1991, 342; **aA** OLG Naumburg NJW-RR 2001, 1148, es lässt Nachforschungen bei Meldeamt und Post genügen; das verstößt aber gegen Art103 GG); vor allem bei Scheidungen hat der ASt Nachforschungen bei den Verwandten seines Partners anzustellen. Es gilt Freibeweis. Bei unbekanntem Aufenthalt des PrBev: Zustellung an dessen bestellten Vertreter, notfalls an die Partei selbst (früher §177 aF). „Kann“ gibt hier keinen Ermessensspielraum.

3 **Keine analoge Anwendung** von Abs. 1 zB, wenn Auslandszustellung lange dauern würde. **Unzulässig** im Mahnverfahren (§ 688 II Nr. 3) und bei Mitgliedern der NATO-Truppen (vgl § 183 Rz 1). Die öffentl. Zustellung ist eine Fiktion; WE mögl., § 233 (BGH NJW 1957, 1400); vgl § 233 Rz 45. UU ist das rechtl. Gehör nicht gewahrt (BVerfG NJW 1988, 2361). Deshalb muss *mE* in zweifelhaften Fällen dem Zustellungsempfänger vor Bewilligung der öffentl. Zustellung ein Verfahrenspfleger bestellt werden; *anders* die allgM (kein Pfleger notw).

4 **Nr. 2.** Ausland vgl § 183 Rz 1. **(1)** Unausführbar: wenn kein Rechtshilfeverkehr besteht (vgl ZRHO). **(2)** Nicht erfolgversprechend: wenn trotz Rechtshilfeverkehr (zB nach der VO (EG) Nr. 1348/2000) dieser im Einzelfall zB aus politischen Gründen verweigert wer-

den wird; das ist zunächst zu klären (OLG Köln IPRax 1987, 233 zur Klage gegen einen ausl Staat). Dass Rechtshilfe-Zustellung „lange“ dauert, gestattet noch nicht die öffentl. Zustellung (OLG Hamm FamRZ 1989, 991); letztl. ist das eine Frage, *wie* lange. Im Falle BGH NJW 2007, 303 war über Rechtshilfe die Zustellung der Klage in Spanien versucht worden. Die spanischen Behörden hatten die Klageschrift aber nur mit Angabe der Wohnanlage, nicht der Bungalownummer, an den Zusteller weitergegeben; was die „Sekretärin“ der Anlage zum Zusteller genau sagte (verreist? verzogen?), war nicht niedergelegt worden; eine Rückfrage drängte sich auf. Nach Ansicht des BGH durfte daher nicht öffentl. zugestellt werden.

**Nr. 3.** Betrifft zB Bedienstete in der Wohnung von Exterritorialen (Immunen), vgl § 183. 5

**Folgen**, wenn die öffentl. Zustellung nicht hätte angeordnet werden dürfen: § 188 Rz 1. 6

Formular 264: Antrag auf öffentliche Zustellung bei unbekanntem Aufenthalt gem. § 185 Nr. 1 ZPO

## § 186 ZPO Bewilligung und Ausführung der öffentlichen Zustellung

**(1) [1]Über die Bewilligung der öffentlichen Zustellung entscheidet das Prozessgericht. [2]Die Entscheidung kann ohne mündliche Verhandlung ergehen.**

**(2) [1]Die öffentliche Zustellung erfolgt durch Aushang einer Benachrichtigung an der Gerichtstafel oder durch Einstellung in ein elektronisches Informationssystem, das im Gericht öffentlich zugänglich ist. [2]Die Benachrichtigung kann zusätzlich in einem von dem Gericht für Bekanntmachungen bestimmten elektronischen Informations- und Kommunikationssystem veröffentlicht werden. [3]Die Benachrichtigung muss erkennen lassen**

**1. die Person, für die zugestellt wird,**

**2. den Namen und die letzte bekannte Anschrift des Zustellungsadressaten,**

**3. das Datum, das Aktenzeichen des Schriftstücks und die Bezeichnung des Prozessgegenstandes sowie**

**4. die Stelle, wo das Schriftstück eingesehen werden kann.**

**[4]Die Benachrichtigung muss den Hinweis enthalten, dass ein Schriftstück öffentlich zugestellt wird und Fristen in Gang gesetzt werden können, nach deren Ablauf Rechtsverluste drohen können. [5]Bei der Zustellung einer Ladung muss die Benachrichtigung den Hinweis enthalten, dass das Schriftstück eine Ladung zu einem Termin enthält, dessen Versäumung Rechtsnachteile zur Folge haben kann.**

**(3) In den Akten ist zu vermerken, wann die Benachrichtigung ausgehängt und wann sie abgenommen wurde.**

§ 186 zuletzt geändert durch G v. 22.3.2005 (BGBl 2005, 837).

**1. Absatz 1.** Der Antrag unterliegt uU (§78) dem Anwaltszwang; bei Amtszustellung (zB 1 eines VU, §317) ist kein Antrag notw (BGH NJW 2007, 303). Rechtsschutzbedürfnis besteht auch, wenn die Klage aussichtslos oder das Gericht unzuständig ist. Zuständig für die Bewilligung ist das Gericht, das für das Verfahren selbst (zB für die Klage) zuständig ist.

2 **a) Bewilligung** durch ProzessG (nicht Vors allein) bzw ER (der Rechtspfleger ist iFd § 20 RPflG zuständig, zB bei öffentl. Zustellung eines KfB); zB: „Beschluss des ... Gerichts in Sachen ... vom ... **(1)** Die öffentl. Zustellung der Klage vom ... und der Ladung zum Termin vom ... an den Beklagten ... wird bewilligt. **(2)** Evtl.: Bes Fristbestimmung nach § 188 S. 2. **(3)** Die Veröffentlichung soll zusätzl. im Straubinger Tagblatt ... erfolgen, § 187." Ohne KostenE, ohne Gründe. Bekanntmachung § 329 II 1. Unanfechtbar. Erkennt aber das Gericht, dass die öffentl. Zustellung nicht hätte bewilligt werden dürfen, ist der Beschluss aufzuheben (vgl OLG Frankfurt NJW 2004, 3049).

3 **b) Bei Antragszurückweisung** (ebenfalls ohne KostenE) sind Gründe erforderl. Dagegen sof Beschwerde nach § 567 für ASt.

4 **2. Absatz 2.** Die Ausführung besorgt die Geschäftsstelle.

- **a) Aushang, Satz 1**, (oder Einstellen ins Internet!, **Satz 2**) einer Benachrichtigung mit folgendem **Inhalt (Satz 3)**: Nr. 1: Kl/ASt; Nr. 2: Zustellungsadressat; Nr. 3: „Klage vom ... wegen Forderung, Aktenzeichen 3.0.....LG Köln"; Nr. 4: „Das Schriftstück kann auf Zimmer ... eingesehen werden". Das Einsichtsrecht hat nur der Berechtigte oder sein Bev. Hinweise nach § 186 II 3 und 4 sind auszuhängen. **Satz 5**: Fehlt der Hinweis, ist die Zustellung unwirksam (OLG Stuttgart NJW 2007, 935). Der Bewilligungsbeschluss und die Klage selbst oder ein Auszug aus der Klage werden nicht (mehr) ausgehängt, Grund: Schutz der Privatsphäre (vgl *Finger* NJW 1985, 2684). Dauer des Aushangs: § 188.
- **b) Veröffentlichung** in der Tageszeitung bzw im Bundesanzeiger ist nicht mehr zwingend, § 187.
- **c) Beurkundung**, wann der Aushang und wann die Abnahme erfolgte (§ 186 III), durch den Urkundsbeamten.

5 **Auslagenvorschuss:** § 17 GKG, 9004 GKG-KV.

## § 187 ZPO Veröffentlichung der Benachrichtigung

**Das Prozessgericht kann zusätzlich anordnen, dass die Benachrichtigung einmal oder mehrfach im elektronischen Bundesanzeiger oder in anderen Blättern zu veröffentlichen ist.**

§ 187 geändert durch G v. 22.3.2005 (BGBl 2005, 837).

1 Eine Veröffentlichung ist nicht mehr vorgeschrieben; der Bekl hat also kaum eine Chance, Kenntnis zu erlangen. Zur Wahrung des rechtl. Gehörs wird daher idR eine Publikation des Aushangs in der örtl. Tageszeitung, deren Lektüre durch den Adressaten oder ihm nahe stehende Personen möglich erscheint, erforderl. sein. Auslagenvorschuss: § 17 GKG.

## § 188 ZPO Zeitpunkt der öffentlichen Zustellung

**[1]Das Schriftstück gilt als zugestellt, wenn seit dem Aushang der Benachrichtigung ein Monat vergangen ist. [2]Das Prozessgericht kann eine längere Frist bestimmen.**

§ 188 geändert durch G v. 25.6.2001 (BGBl 2001, 1206).

1 **1. Fiktion der Zustellung**. Wenn das Gericht zuständig war, der Beschluss mat ergehen durfte (§ 185 Rz 1; § 188 Rz 2), Beschluss und Aushang ordnungsgemäß erfolgten, wird die Zustellung fingiert. WE vgl § 233 Rz 45; unten Rz 2. Die früher hM hatte die öffentl. Zustellung eines Urteil oder Beschlusses selbst dann als wirksam angesehen, wenn die Voraussetzung, nämlich ein unbekannter Aufenthalt des Zustellungsadressaten, nicht vorlag, weil die Bewilligung ein Hoheitsakt sei; dass die Bewilligung unanfechtbar sei, schade nicht. Stellte sich nachträgl. heraus, dass die Voraussetzungen nicht vorlagen, sollte das nach RG 61, 363 unerhebl. sein; ebenso, wenn die Bewilligung erschlichen wurde (BGH NJW 1971, 2226; NJW 1975, 827; Bedenken bei BGH NJW 1992, 2280). Diese abwegige Ansicht ist aber nicht mit Art 103 I GG vereinbar (BVerfG NJW 1988, 2361). Die Vorschriften über die Zustellung dienen der Verwirklichung des rechtl. Gehörs.

2 **Angriffsmöglichkeiten: (1) Wiedereinsetzung** (§ 233): WE ist bei einer unter Verstoß gegen § 185 ZPO angeordneten öffentl. Zustellung ohne Weiteres zu gewähren (BGH NJW 1992, 2280; bestätigt NJW 2007, 303). Das hilft jedenfalls dann, wenn der Fehler bei der AnO der öffentl. Zustellung vor Ablauf der Jahresfrist (§ 234 III) bemerkt wird. Später hat der BGH die Fälle einbezogen, in welchen der Verstoß gegen § 185 erst nach Ablauf der Jahresfrist bemerkt wird und damit eine WE ausscheidet, indem er sagt, dass eine solche Zustellung die Zustellungsfiktion des § 188 nicht auslöst und damit keine Frist in Lauf setzt (BGH NJW 2002, 827; 2007, 303). Das gilt jedenfalls dann, wenn die öffentl. Zustellung bei sorgfältiger Prüfung der Unterlagen nicht hätte angeordnet werden dürfen, deren Fehlerhaftigkeit für das *Gericht* also erkennbar war (BGH NJW 2002, 827; 2007, 303). In einem solchen Fall komme das Verfahren nicht zu einem wirklichen Abschluss. Es sei bei Entdeckung des Fehlers fortzusetzen, ohne dass es dazu einer WE bedürfte (BGH NJW 2002, 827; 2007, 303). **(2)** Eine öffentl. **Zustellung ist unwirksam**, wenn das die öffentl. Zustellung anordnende Gericht nach den ihm bekannten Tatsachen einen unbekannten Aufenthalt nicht ohne weitere Ermittlungen bejahen durfte (BayObLG FamRZ 2000, 1097: Unerreichbarkeit, eine mögliche Adresse in der Türkei war bekannt, es wurde aber nicht ermittelt; BGH NJW 2002, 827: keine ausreichenden Ermittlungen); die unzulässig bewilligte öffentl. Zustellung ist wirkungslos (BGH NJW 2007, 303; NJW 2002, 827 unter Aufgabe der früheren Rspr). Lagen die Voraussetzungen einer öffentl. Zustellung *für das Gericht erkennbar* nicht vor, werden Einspruchsfristen, Rm- und Rechtsbehelfsfristen nicht in Gang gesetzt (BGH NJW 2007, 303; st Rspr). **(3) Nichtigkeitsklage.** § 579 I Nr. 4 ZPO ist auf den Fall einer öffentl. Zustellung, deren Voraussetzungen für das Gericht erkennbar nicht vorlagen, aber nicht entspr anwendbar (BGH NJW 2007, 303; Ergänzung von BGH NJW 2003, 1326).

3 Wird also an den Bekl die Klage öffentl. zugestellt, dann das ergangene VU öffentl. zugestellt, ist noch Einspruch möglich, *wenn* die öffentl. Zustellung hätte erkennbar nicht angeordnet werden dürfen. Hat der Bekl vom VU erstmals am 21.06. durch Anruf der Bank (wo gepfändet wurde) Kenntnis erlangt, dann war das keine Zustellung, die öffentl. Zustel-

lung hatte (da unzulässig) die Einspruchsfrist nicht ausgelöst. Denkbar wäre aber ein anderweitiger Zugang, somit eine Heilung nach § 189. Der Erlass des PfÜB, den der Kl aufgrund des VU erwirkte, genügte hierzu nicht, weil das VU hierbei nach § 750 I ZPO nicht erneut zugestellt werden musste. Durfte die öffentl. Zustellung seinerzeit angeordnet werden, hat der Bekl nach Ablauf der Einspruchsfrist nur noch den WE-Antrag.

4 **2.** Wird die beim LG eingereichte Klage am 04.04. an der Gerichtstafel ausgehängt, gilt die Klage als am 04.05. zugestellt und der Termin kann frühestens (§ 274 III) am 19.05. stattfinden. Wurde schriftl. Vorverfahren angeordnet (§ 276), kann das schriftl. VU frühestens am 19.05. erlassen werden. Wird zB ein VU am 15.06. an die Gerichtstafel geheftet, beginnt die Einspruchsfrist (Länge zu bestimmen gem § 339 II) am 15.07. zu laufen.

## § 189 ZPO Heilung von Zustellungsmängeln

**Lässt sich die formgerechte Zustellung eines Dokuments nicht nachweisen oder ist das Dokument unter Verletzung zwingender Zustellungsvorschriften zugegangen, so gilt es in dem Zeitpunkt als zugestellt, in dem das Dokument der Person, an die die Zustellung dem Gesetz gemäß gerichtet war oder gerichtet werden konnte, tatsächlich zugegangen ist.**

§ 189 zuletzt geändert durch G v. 22.3.2005 (BGBl 2005, 837).

1 **1.** Die **Möglichkeit der Mängelheilung** besteht bei Amts- und Parteizustellung, bei Schriftstücken („Dokumenten") jeder Art, auch für die Frist des § 929 II (früher str), auch Zustellung des Scheidungsantrags (OLG Brandenburg FamRZ 2001, 1220), bei allen Arten von Mängeln. Die Heilung tritt kraft Gesetz ein („gilt"), ein Bestätigungsbeschluss ergeht nicht, ein Ermessen besteht nicht. Der schikanösen Rüge von Zustellungsmängeln kann durch § 189 die Grundlage entzogen werden (BGH NJW 1978, 426). § 189 ist weit auszulegen (BGH NJW 1989, 1154 zur aF). Als **Zustellungsdatum** gilt das notfalls durch Beweisaufnahme zu ermittelnde Datum des tatsächl. Zugangs; ist keine Urkunde vorhanden, begnügt man sich idR mit dem Datum, das der Empfänger einräumt. § 174:

§ 189 ist in den Fällen einer **Zustellung gegen Empfangsbekenntnis** (§ 174) nur anwendbar, wenn der Adressat auch empfangsbereit ist (BGH NStZ-RR 2005, 77); dass ein RA Akteneinsicht nimmt, genügt also nicht, um eine Zustellung anzunehmen (es fehlt schon der Zustellungswille des Gerichts). Der Annahmewille des RA kann auch konkludent zum Ausdruck gebracht werden. Ein solcher Fall liegt vor, wenn eine Urteilsausfertigung durch das Gericht dem Verteidiger unter Beifügung eines Empfansbekenntnisses übersandt worden ist und dieser sich durch Inbezugnahme des Urteils in der RevBegründung auf dieses eingelassen hat (BGH NStZ-RR 2005, 77).

**2. Voraussetzungen einer Heilung:**

2
- **Zustellungsmangel;** § 189 gilt für Mängel des Zustellungsvorgangs *und* für Mängel des zuzustellenden Schriftstücks (zB Fehlen des Ausfertigungsvermerks, der Richterunterschriften), BGH NJW 1965, 104, str.
- **Zugang:** das ist der Fall, wenn das Schriftstück gegenständl. in die Hände des Adressaten gelangt ist (OLG Dresden NJ 2001, 47; vgl BGH Rpfleger 2001, 360); es genügt

nicht, dass das Schriftstück so in den Machtbereich des Adressaten gelangte, dass er *Gelegenheit* zur Kenntnisnahme hatte. Wird an den Minderj statt an seine Mutter zugestellt (Verstoß gegen § 170), kommt es darauf an, wann die Mutter Kenntnis und Besitz am Schriftstück erlangte; wird an die Partei selbst anstatt an den Prbev zugestellt (Verstoß gegen § 172), kommt es darauf an, wann der Mandant das Papier seinem Anwalt zum Besitz und zur Kenntnisnahme übergibt; wird an eine unerlaubte Person ersatzweise zugestellt, kommt es auf den tatsächl. Zugang beim Adressaten an. Es muss nicht das Original zugehen, eine Kopie genügt uU (KG OLG-Report 2006, 5).

- **Zustellungswille** des Zustellungsveranlassers (BGH NJW 2003, 1192), zB des Gerichts bei Amtszustellung, der Partei bei Parteizustellung; Wille sonstiger Personen, zB des GV, genügt nicht (LG Lübeck DGVZ 2005, 141). Ist Zustellung der Klage verfügt, wird diese aber versehentl. nur formlos mitgeteilt, ist Heilung möglich (BGH LM Nr. 5). Auch missglückte Ersatzzustellung kann heilen, wenn der Adressat das Schriftstück bekommen hat (BGH NJW 2001, 1946). Anders, wenn der Bekl durch Einsicht in die Gerichtsakte Kenntnis von der Klage erhält (BayObLG NJW 2004, 3722; BGH NStZ-RR 2005, 77) oder daraus ein Antragsdoppel entnimmt (OLG Köln FamRZ 1986, 278) oder das Gericht nur formlose Mitteilung der Klage, zB wegen eines PKH-Antrages, beabsichtigte (BGH FamRZ 1993, 309). 3

**3. Notfristen.** § 189 gilt auch, wenn durch die Zustellung eine Notfrist gewahrt werden soll (anders vor 2002 § 187 S. 2 aF, bis dahin war die Heilung von Zustellungsmängeln bei Notfristen ausgeschlossen). Notfristen sind zB (224 I 2): §§ 104 III 2; 107 III; 276 I 1; 339; 517; 548; 569. Die Streitfrage, wie die **Vollziehungsfrist des § 929 II** zu bewerten ist, ist damit erledigt: Sie kann nach § 189 heilen (OLG Dresden NJW-RR 2003, 1721). Das Unterbleiben der Parteizustellung einer durch Urteil ergangenen eVfg kann durch deren formgültige Amtszustellung auch dann geheilt werden, wenn der Vollziehungswille des ASt dem AGegner nicht auf andere Weise zur Kenntnis gebracht wird (OLG München MDR 2005, 1244). Über Zustellung von Beschlussvfg vgl *Glute* GRUR 2005, 924. 4

**4. Sonstige Heilung: a)** bei Prozesshandlungen durch Rügeverzicht, § 295; **b)** durch formlose Genehmigung des Zustellungsadressaten; **c)** Wiederholung der Zustellung; **d)** Nachholung, zB des Vermerks nach § 184. 5

**5. Ausland:** War das ausl Gericht an das Haager ZustAbK gebunden, kann eine nicht ordnungsgemäße Zustellung des verfahrenseinleitenden Schriftsatzes an den deutschen Bekl nicht dadurch als geheilt angesehen werden, dass es ihm tatsächl. (zB durch Einschreibebrief) zugegangen ist (BGH NJW 1993, 598). 6

## § 190 ZPO Einheitliche Zustellungsformulare

**Das Bundesministerium der Justiz wird ermächtigt, durch Rechtsverordnung mit Zustimmung des Bundesrates zur Vereinfachung und Vereinheitlichung der Zustellung Formulare einzuführen.**

§ 190 geändert durch G v. 25.6.2001 (BGBl 2001, 1206) und G. v. 22.3.2005 (BGBl 2005, 837).

Damit soll erreicht werden, dass alle nach dem PostG beliehenen Unternehmer einheitl. Vordrucke und Umschläge verwenden. 1

## Untertitel 2
## Zustellungen auf Betreiben der Parteien

### § 191 ZPO Zustellung

**Ist eine Zustellung auf Betreiben der Parteien zugelassen oder vorgeschrieben, finden die Vorschriften über die Zustellung von Amts wegen entsprechende Anwendung, soweit sich nicht aus den nachfolgenden Vorschriften Abweichungen ergeben.**

§ 191 geändert durch G v. 25.6.2001 (BGBl 2001, 1206).

1 **Parteizustellung** ist zB erforderl.: für die Zustellung von Willenserklärungen, zB Kündigungen (§ 132 BGB); von Schuldtiteln wie vollstr Urkunden der Notare, Urkunden zur Einleitung der ZwV (§§ 750 II, 751 II, 756, 765), PV, von Arresten und eVfg, falls durch Beschluss angeordnet (§§ 922 II, 936), PfüB (§§ 829 II, 835 III, 846, 857 I, 858 III), Benachrichtigung von der Vorpfändung (§ 845), Verzichten (§ 843); VoB, wenn der Gl um ihre Aushändigung zwecks Selbstzustellung gebeten hat (§ 699 IV 2,3).

2 **Auftraggeber** ist eine Partei (nicht das Gericht). Sie beauftragt den GV (§ 192). Kein RA-Zwang für den Auftrag. Bei Zustellung ohne Auftrag ist rückwirkende Genehmigung möglich (RG 17, 415). Der GV hat den Zustellungsauftrag nicht nachzuweisen. Bei *einseitigen Rechtsgeschäften* wie Kündigung besteht das ZurückweisungsR nach § 174 BGB (bei Vorlage der Vollmacht nur in begl Abschrift oder Fotokopie) auch, wenn die Willenserklärung durch Vermittlung eines GV zugestellt wird (BGH NJW 1981, 1210).

### § 192 ZPO Zustellung durch Gerichtsvollzieher

**(1) Die von den Parteien zu betreibenden Zustellungen erfolgen durch den Gerichtsvollzieher nach Maßgabe der §§ 193 und 194.**

**(2) [1]Die Partei übergibt dem Gerichtsvollzieher das zuzustellende Schriftstück mit den erforderlichen Abschriften. [2]Der Gerichtsvollzieher beglaubigt die Abschriften; er kann fehlende Abschriften selbst herstellen.**

**(3) [1]Im Verfahren vor dem Amtsgericht kann die Partei den Gerichtsvollzieher unter Vermittlung der Geschäftsstelle des Prozessgerichts mit der Zustellung beauftragen. [2]Insoweit hat diese den Gerichtsvollzieher mit der Zustellung zu beauftragen.**

§ 192 geändert durch G v. 25.6.2001 (BGBl 2001, 1206).

1 **Absatz 1. Zuständig** für die Ausführung der Parteizustellung ist der Gerichtsvollzieher (GV), §§ 154, 155 GVG. PKH: § 122. Örtl. zuständig ist der GV, der für den betreffenden GV-Bezirk (§ 16 GVGA) zuständig ist. Wird zB ein Zahlungsverbot (§ 845) statt durch den GV durch einen privaten Boten zugestellt, ist dies unwirksam (LG Koblenz MDR 1983, 587). Die Verweisung auf §§ 193, 194 besagt, dass der GV entweder die Zustellung selbst ausführt (selbst hingeht, hinfährt; zB bei eiliger Zustellung einer eVfg) oder die Post damit beauftragt (was an sich kurios ist, denn das könnte die Partei selbst

auch). Eine Zustellung gegen Empfangsbekenntnis oder durch Einschreiben mit Rückschein ist ausgeschlossen.

**Absatz 2.** Die Partei bzw ihr Anwalt übergibt (bzw übersendet) dem GV das Schriftstück in Urschrift nebst Kopien; fehlende Kopien fertigt der GV selbst auslagenpflichtig an; die Abschriften beglaubigt der GV (nicht die Geschäftsstelle des Gerichts), falls sie der Anwalt noch nicht beglaubigt hat. 2

**Absatz 3.** Im Anwaltsprozess ersucht der Anwalt den GV unmittelbar. Verfahren vor dem AG: §§ 495 ff. Wenn der Partei der GV namentl. nicht bekannt ist, kann sie ihr Ersuchen an die GV-Verteilungsstelle beim AG (§ 33 GVO) richten, welche den Antrag an den zuständigen GV weiterleitet, dh die Sache in sein Fach legt. 3

**Kosten.** Bei Parteizustellung für den GV vgl GVKostG Nr. 100, 101; bei Erfolglosigkeit KV 600; für die Beglaubigung KV 102; für die Auslagen KV 700. 4

## § 193 ZPO Ausführung der Zustellung

**(1) [1]Der Gerichtsvollzieher beurkundet auf der Urschrift des zuzustellenden Schriftstücks oder auf dem mit der Urschrift zu verbindenden hierfür vorgesehenen Formular die Ausführung der Zustellung nach § 182 Abs. 2 und vermerkt die Person, in deren Auftrag er zugestellt hat. [2]Bei Zustellung durch Aufgabe zur Post ist das Datum und die Anschrift, unter der die Aufgabe erfolgte, zu vermerken.**

**(2) Der Gerichtsvollzieher vermerkt auf dem zu übergebenden Schriftstück den Tag der Zustellung, sofern er nicht eine beglaubigte Abschrift der Zustellungsurkunde übergibt.**

**(3) Die Zustellungsurkunde ist der Partei zu übermitteln, für die zugestellt wurde.**

§ 193 geändert durch G v. 22.3.2005 (BGBl 2005, 837).

Die Zustellung wird auf der Urschrift beurkundet, zugestellt wird eine Abschrift. Auf dem Schriftstück, das übergeben wird (begl Kopie), wird das Zustelldatum vermerkt, damit der Empfänger einen Nachweis hat. Der Auftraggeber erhält die Zustellungsurkunde (Abs. 3). Wird zB ein VoB im Parteibetrieb (und nicht von Amts wegen) zugestellt und wird dann Einspruch eingelegt, ist dem Gericht daher nicht bekannt, ob der Einspruch rechtzeitig war. Der Gl wird daher aufgefordert, die Zustellungsurkunde vorzulegen. 1

## § 194 ZPO Zustellungsauftrag

**(1) [1]Beauftragt der Gerichtsvollzieher die Post mit der Ausführung der Zustellung, vermerkt er auf dem zuzustellenden Schriftstück, im Auftrag welcher Person er es der Post übergibt. [2]Auf der Urschrift des zuzustellenden Schriftstücks oder auf einem mit ihr zu verbindenden Übergabebogen bezeugt er, dass die mit der Anschrift des Zustellungsadressaten, der Bezeichnung des absendenden Gerichtsvollziehers und einem Aktenzeichen versehene Sendung der Post übergeben wurde.**

**(2) Die Post leitet die Zustellungsurkunde unverzüglich an den Gerichtsvollzieher zurück.**

§ 194 geändert ab 1.7.2002 durch G v. 25.6.2001 (BGBl 2001, 1206).

1 § 194 regelt technische Einzelheiten, wenn der Gerichtsvollzieher nicht selbst zustellt, sondern die Post einschaltet.

## § 195 ZPO Zustellung von Anwalt zu Anwalt

**(1) [1]Sind die Parteien durch Anwälte vertreten, so kann ein Dokument auch dadurch zugestellt werden, dass der zustellende Anwalt das Dokument dem anderen Anwalt übermittelt (Zustellung von Anwalt zu Anwalt). [2]Auch Schriftsätze, die nach den Vorschriften dieses Gesetzes vom Amts wegen zugestellt werden, können stattdessen von Anwalt zu Anwalt zugestellt werden, wenn nicht gleichzeitig dem Gegner eine gerichtliche Anordnung mitzuteilen ist. [3]In dem Schriftsatz soll die Erklärung enthalten sein, dass von Anwalt zu Anwalt zugestellt werde. [4]Die Zustellung ist dem Gericht, sofern dies für die zu treffende Entscheidung erforderlich ist, nachzuweisen. [5]Für die Zustellung an einen Anwalt gilt § 174 Abs. 2 Satz 1 und Abs. 3 Satz 1, 3 entsprechend.**

**(2) [1]Zum Nachweis der Zustellung genügt das mit Datum und Unterschrift versehene schriftliche Empfangsbekenntnis des Anwalts, dem zugestellt worden ist. [2]§ 174 Abs. 4 Satz 2, 3 gilt entsprechend. [3]Der Anwalt, der zustellt, hat dem anderen Anwalt auf Verlangen eine Bescheinigung über die Zustellung zu erteilen.**

§ 195 zuletzt geändert durch G v. 22.3.2005 (BGBl 2005, 837).

1 **1. Anwendungsfälle.** ZB: eilige Zustellung einer Klageerweiterung (BGH 17, 234), Klageänderung, Widerklage (werden idR aber im Amtsbetrieb zugestellt; der Hinweis nach Abs. 1 S. 3 soll das Gericht informieren, nochmalige Amtszustellung uU ratsam); Zustellung von Urteilen, Beschlüssen, PV (VollstrTiteln) als Voraussetzung der ZwV (§ 750 II); von eVfg nach §§ 936, 929 II (OLG München NJW-RR 1986, 1383). Der Beginn der Rm- und Einspruchsfrist setzt dagegen zwingend Amtszustellung voraus (vgl §§ 317 I, 329 II 2). Auch die Klageschrift muss im Amtsbetrieb zugestellt werden, § 270 I. Die **Verweisungen** in § 195 I 5 besagen: wegen § 174 II 1 kann auch mit Telefax von Anwalt zu Anwalt zugestellt werden; ebenso mit E-Mail (§ 174 III 1), dann aber mit gesicherter elektronischer Signatur (§ 174 III 3). Die Vollziehung einer eVfg durch Parteizustellung ist nicht deshalb unwirksam, weil der ASt-RA dem GV zwecks Zustellung nicht die ihm erteilte Ausfertigung oder eine begl Abschrift davon übermittelt, sondern ein Fax der Ausfertigung und der GV dem AGegner eine von ihm begl Abschrift des Fax zustellt (OLG Düsseldorf DGVZ 2004, 125).

**2. Voraussetzungen**

2 **a) Vertretung durch Rechtsanwälte;** sie müssen nicht beim betreffenden ProzessG zugelassen sein (BGH 31, 32); keine entspr Anwendung auf andere PrBev wie Rechtsbeistände, Verbandsvertreter (LAG Düsseldorf JurBüro 1986, 615).

3 **b) Hingabe der beglaubigten Abschrift oder der Ausfertigung** (diese bedarf keiner RA-Beglaubigung, BGH VersR 1977, 257) des Schriftstücks mit Willen des zustellenden RA

und erkennbar zum Zweck der Zustellung (idR indem der übl. Zustellungsvordruck beigelegt wird).

**c) an den anderen Rechtsanwalt**, zB durch Postzusendung, Boten, GV, Einlage in das 4
RA-Fach beim Gericht.

**d) der andere Rechtsanwalt** oder sein Vertreter nach § 53 BRAO oder Sozius (BGH 5
VersR 1969, 887) oder angestellter RA (Anscheinsvollmacht, BGH NJW 1975, 1652), nicht der Referendar, **muss** pers **Kenntnis von seinem Gewahrsam** (nicht notw vom Inhalt) an dem ihm zustellungshalber übersandten Schriftstück **haben und** durch Unterzeichnung des Empfangsbeskenntnisses **den Willen äußern**, das Schriftstück als zugestellt anzunehmen (BGH NJW 1979, 2566); eine Annahmepflicht ergibt sich aus der ZPO nicht, wohl aber aus der RA-Berufsordnung (vgl §§ 43; 59b BRAO); wird Annahme verweigert oder verzögert, bleibt übl. Parteizustellung durch GV bzw Amtszustellung.

**e) ein Empfangsbekenntnis** (das idR der zustellende RA beigefügt hat) wird vom anderen 6
RA gem Abs. 2 ausgefüllt und unterzeichnet, auch nachträgl. (BGH 35, 236). Das Bekenntnis wird an den zustellenden RA zurückgeleitet (zur Gegenbescheinigung vgl Abs. 2 S. 3), das zugestellte Schriftstück behalten. Die **Verweisungen** in Abs. 2 S. 2 besagen: Das Empfangsbekenntnis kann auch mit Telefax erteilt werden (§ 174 IV 2); oder mit E-Mail (§ 174 IV 3), im letzteren Fall „soll" es mit elektronischer Signatur versehen sein.

- **Ungenauigkeiten** der Bezeichnung des Schriftstücks sind unschädl., wenn keine Zwei- 7
fel möglich sind (BGH VersR 1978, 961);
- **Datumsangabe:** vgl Rz 5, 8; unerhebl. ist das Datum des Eingangs in der Kanzlei oder der Einlage ins RA-Fach. Der Nachweis der Unrichtigkeit des Datums ist zulässig (BGH VersR 1979, 258); strenge Anforderungen sind zu stellen (BGH NJW 1980, 998);
- **Unterschrift** des RA, Sozius usw. (oben Rz 5), nicht des Referendars (BGH 14, 342) eigenhändig, handschriftl.; Lesbarkeit vgl § 130 Rz 5.

**3. Wirkungen.** Die Zustellung ist in dem Zeitpunkt wirksam erfolgt, in dem der Zustel- 8
lungsempfänger das zuzustellende Schriftstück mit dem Willen entgegengenommen hat, es als zugestellt anzusehen. Wann das Empfangsbekenntnis ausgestellt wird und welches Datum es trägt, ist für den Zeitpunkt der Zustellung grds ohne Bedeutung. Das Empfangsbekenntnis dient nur dem Nachweis des Geschehens; der Gegenbeweis gegen die Unrichtigkeit ist zugelassen (BGH NJW 1974, 1469).

Formular 265: Empfangsbekenntnis
Formular 266: Zustellungsbescheinigung gem. § 195 Abs. 2 Satz 3 ZPO

## §§ 196-213a ZPO
(weggefallen durch ZustRG seit 01.07.2002)

# Titel 3
# Ladungen, Termine und Fristen

## § 214 ZPO Ladung zum Termin

**Die Ladung zu einem Termin wird von Amts wegen veranlasst.**

1 Ladung: Aufforderung, zu einem Termin zu erscheinen. Sobald der Richter einen Termin bestimmt hat, veranlasst die Geschäftsstelle die Ladungen; Form: § 329 oder § 218.

## § 215 ZPO Notwendiger Inhalt der Ladung zur mündlichen Verhandlung

**(1) [1]In der Ladung zur mündlichen Verhandlung ist über die Folgen einer Versäumung des Termins zu belehren (§§ 330 bis 331a). [2]Die Belehrung hat die Rechtsfolgen aus den §§ 91 und 708 Nr. 2 zu umfassen.**

**(2) In Anwaltsprozessen muss die Ladung zur mündlichen Verhandlung, sofern die Zustellung nicht an einen Rechtsanwalt erfolgt, die Aufforderung enthalten, einen Anwalt zu bestellen.**

§ 215 geändert durch G v. 18.08.2005 (BGBl 2005, 2477).

1 Anwaltsprozesse: § 78. Fehlt die Aufforderung, kann kein VU ergehen.

## § 216 ZPO Terminsbestimmung

**(1) Die Termine werden von Amts wegen bestimmt, wenn Anträge oder Erklärungen eingereicht werden, über die nur nach mündlicher Verhandlung entschieden werden kann oder über die mündliche Verhandlung vom Gericht angeordnet ist.**

**(2) Der Vorsitzende hat die Termine unverzüglich zu bestimmen.**

**(3) Auf Sonntage, allgemeine Feiertage oder Sonnabende sind Termine nur in Notfällen anzuberaumen.**

1 **1. Absatz 1. Ohne mündliche Verhandlung** kann das Gericht entscheiden, in den in § 128 genannten Fällen, also idR dann, wenn kein Urteil ergeht. Anderenfalls wird grds **von Amts wegen** (dh auch ohne Antrag) terminiert, auch nach Zurückverweisung, Erlass eines TeilU über den Rest, Rechtskraft eines GrundU. **Nur auf Antrag** wird ein Termin bestimmt, wenn das Verfahren unterbrochen oder ausgesetzt war (§§ 250, 251 II) oder sonst ein Antrag notw ist (zB § 696).

2 **2. Absatz 2. Der Vorsitzende** der LG-ZivK bzw des OLG-Zivilsenats (BAG NJW 1993, 1029) bzw der ER (§ 348), Amtsrichter, Rechtspfleger, **bestimmt den Termin durch Verfügung** (Inhalt: Ort, Zweck, Tag, Stunde, Unterschrift; Unterzeichnung mit Paraphe soll ungenügend sein, BSG NJW 1990, 2083; **aA** OVG Münster NJW 1991, 1628). Bekanntmachung nach § 329 II 2.

**Wann wird terminiert?** „Unverzügl.“, sobald die nach GKG-KV 1210 erforderl. Geb einbezahlt ist. Über Terminierung bei mangelhaften Klagen, Anträgen, vgl § 253 Rz 17. Zunächst keine Terminsbestimmung bei AnO des schriftl. Vorverfahrens, § 276. Bei einer Scheidungssache darf nicht wegen § 623 bis zur Entscheidungsreife der Folgesachen gewartet werden (OLG Frankfurt NJW 1986, 389; **aA** KG FamRZ 1983, 821). Ein Ermessen „ob“ terminiert wird, ist nicht eingeräumt. Unzulässig ist daher „Setzen auf Warteliste“ und Ablehnung der Terminierung wegen Überlastung (LAG München MDR 1984, 877; OLG Schleswig NJW 1982, 246). 3

**Auf welchen Tag?** Vgl § 272 III. Wie weit der Termin hinausgerückt wird, hängt vom Einzelfall, der Geschäftsbelastung und §§ 217, 274 III ab; die Wahl von Tag und Stunde steht im Ermessen des Vors. Terminierung mehrerer Sachen auf dieselbe Stunde (sog Sammeltermin) ist zulässig (BGH DRiZ 1982, 73). Es muss nicht so weit hinausgeschoben werden, dass verspätetes Vorbringen (SV-Gutachten) ohne Verzögerung berücksichtigt werden kann (BGH NJW 1981, 286). **Sammeltermine** (12 Sachen auf 9 Uhr) sind nicht grds unzulässig (BGH BayVerwBl 1982, 221); wenn der Richter im frühen ersten Termin fünf Termine pro halbe Stunde ansetzt rechtfertigt das keine Ablehnung wegen Bef (BGH BauR 2004, 1031). 4

**Rechtsmittel: gegen Terminierung:** keines (vgl § 227 Rz 3), aber Gegenvorstellung (BAG MDR 1993, 547), Verlegungsantrag. **Gegen Ablehnung** oder weit hinausgerückte Terminierung (ca. 6 Monate sind noch vertretbar): Verlegungsantrag, § 227. Fehlt ein Ablehnungsbeschluss kann scheinbar gegen nichts vorgegangen werden. Trotzdem ist eine **Untätigkeitsbeschwerde** auch in diesen Fällen aus verfassungsrechtl. Gründen (rechtl. Gehör) statthaft, als sof Beschwerde nach § 567, wofür aber „besondere Gründe“ vorliegen müssen (OLG Frankfurt NJW-RR 2007, 852; OLG Brandenburg FamRZ 2006, 1772; OLG Naumburg OLG-Report 2006, 408; KG NJW-RR 2005, 374; OLG Zweibrücken NJW-RR 2003, 1653; andere wenden auf die Beschwerde § 252 analog an, OLG Stuttgart FamRZ 1998, 1605; OLG Schleswig NJW 1982, 246); sie hilft faktisch meist, selbst wenn sie unstatthaft sein sollte, obwohl das BeschwerdeG nicht selbst einen Termin bestimmen kann, sondern nur die Terminierung aufgeben kann. Ferner kommt Dienstaufsichtsbeschwerde nach § 26 II DRiG infrage (vgl BGH NJW 1985, 1471); allerdings meint BGH NJW-RR 2002, 574, eine Einflussnahme des Dienstvorgesetzten auf eine konkrete Terminierung sei grds unzulässig (wenn ein Richter aber ohne nachvollziehbaren Grund nichts tut, ist das nicht mehr von der Unabhängigkeit gedeckt). Auch Staatshaftung (§ 839 BGB) ist denkbar, wenn der Staat den Gerichten zu wenig Richter und Rechtspfleger zuteilt; der Staat hat seine Gerichte so auszustatten, dass sie die anstehenden Verfahren ohne vermeidbare Verzögerung abschließen können (hier: übermäßige Dauer der Bearbeitung von Anträgen durch das GBA wegen Überlastung); BGH NJW 2007, 830. Man kann ferner an den Petitionsausschuss des jeweiligen Landtags schreiben, weil der Richter dann dazu eine Stellungnahme abgeben muss. Zu Reformfragen vgl *Jakob* ZZP Bd 119, 303; *Kroppenberg* ZZP Bd 119, 177. 5

Wird gar kein Termin bestimmt, führt das zum Verfahrensstillstand mit der Wirkung einer Verfahrensaussetzung, sodass analog § 252 sof Beschwerde gegeben ist (*Stein/Jonas* § 216 Rz 31). 6

## § 217 ZPO Ladungsfrist

**Die Frist, die in einer anhängigen Sache zwischen der Zustellung der Ladung und dem Terminstag liegen soll (Ladungsfrist), beträgt in Anwaltsprozessen mindestens eine Woche, in anderen Prozessen mindestens drei Tage.**

1 **1. Ladungsfrist:** Bei Ladung, die ein Verfahren einleitet (Zustellung der Klage mit Ladung) ist statt der Ladungsfrist die **Einlassungsfrist** zu wahren, § 274 III. Bei AnO mdl Verh über Arrest/eVfg (§ 937) ist die Ladungsfrist zu wahren, nicht aber die Einlassungsfrist (da keine Klage). Bes Ladungsfrist im Wechsel-/Scheckprozess §§ 604, 605a.

2 Die **Ladungsfrist muss nicht beachtet werden:** bei einem verkündeten Termin, § 218 (BGH NJW 1964, 658); bei Ladung von Zeugen, SV; in WEG/FGG-Sachen (BayObLG DWW 1984, 22). **Sie muss gewahrt sein:** wegen des Schutzzwecks von § 217 auch bei Verlegung, auch wenn nur auf eine andere Stunde desselben Tages anberaumt wird (**aA** hM wegen „Tag" in § 217, OLG Brandenburg NJW-RR 1998, 500; aber wer um 8.30 Uhr erscheinen kann, kann nicht zwingend auch um 15 Uhr erscheinen).

3 **Berechnung:** Zustellungs- und Terminstag werden nicht mitgezählt; bei Zustellung am 02.05. und 3-Tagesfrist ist frühester Termin 06.05. Anwaltsprozess: § 78. Abkürzung § 226. Keine Verlängerung, § 224 II.

4 **2. Bei Verstoß** kann kein VU ergehen, § 335; es ist zu vertagen. Heilung nach § 295.

## § 218 ZPO Entbehrlichkeit der Ladung

**Zu Terminen, die in verkündeten Entscheidungen bestimmt sind, ist eine Ladung der Parteien unbeschadet der Vorschriften des § 141 Abs. 2 nicht erforderlich.**

1 Wird zB in der mdl Verh beschlossen: „Termin zur Verkündung einer Entscheidung am 01.02.", und am 01.02. verkündet: „Termin zur Beweisaufnahme und Fortsetzung der mdl Verh am 05.02.", dann werden zum 05.02. die Parteien nicht geladen (sie können sich ja erkundigen; gefährl. Falle), die Ladungsfrist muss nach hM nicht eingehalten werden (bedenkl., weil die Parteien uU nicht so kurz disponieren können). Bei anwaltl. nicht vertretenen Parteien sollte man trotzdem laden.

2 Ladung notw bei §§ 141 II, 335 II, 337 S. 2, 612 II, 640.

## § 219 ZPO Terminsort

**(1) Die Termine werden an der Gerichtsstelle abgehalten, sofern nicht die Einnahme eines Augenscheins an Ort und Stelle, die Verhandlung mit einer am Erscheinen vor Gericht verhinderten Person oder eine sonstige Handlung erforderlich ist, die an der Gerichtsstelle nicht vorgenommen werden kann.**

**(2) Der Bundespräsident ist nicht verpflichtet, persönlich an der Gerichtsstelle zu erscheinen.**

1 Gerichtsstelle ist das Gerichtsgebäude. Bei Termin im fremden Gerichtsbezirk beachte § 166 GVG.

## § 220 ZPO Aufruf der Sache; versäumter Termin

**(1) Der Termin beginnt mit dem Aufruf der Sache.**

**(2) Der Termin ist von einer Partei versäumt, wenn sie bis zum Schluss nicht verhandelt.**

1 **1. Ablauf der mündlichen Termine im Allgemeinen;** die Reihenfolge ist nicht zwingend; zwischen frühem ersten Termin (§ 275) und Haupttermin (§ 279) bestehen insoweit in der Praxis kaum Unterschiede:

- **Aufruf**, § 220, durch den Vors, § 136; nach dessen Ermessen bez der Reihenfolge; Aufruf ggf auch vor dem Sitzungssaal, BVerfG NJW 1977, 1443 (anderenfalls kein VU zulässig); die Parteien haben keinen Anspruch darauf, dass zur festgesetzten Stunde aufgerufen wird, sie müssen ggf warten; vorher darf nur bei Einverständnis aufgerufen werden (KG NJW 1987, 1338); Anwaltsfunktionären wurde früher ein „Vortrittsrecht" zugebilligt (BGH BayVerwBl 1982, 221);
- **Feststellung der Präsenz** (Parteien, RAe, Zeugen, SV); 2
- uU Feststellung von **Formalien**, zB Fristeinhaltung (§§ 217, 274 III), Zulässigkeit des Einspruchs (§ 339);
- uU Übergabe von **Schriftsätzen** durch die Anwälte (Folgen: §§ 132, 283; 227 I Nr. 2);
- **Einführung** in den Sach- und Streitstand; 3
- Güteverhandlung, § 278;
- Stellung der Anträge gem §§ 137 I, 297; Vortrag des Prozessstoffs durch die Parteien durch stillschweigende Bezugnahme, §§ 137 II, III;
- beigezogene Akten (zB Strafakten) werden zum Gegenstand der mdl Verh gemacht, zu Informations- oder zu Beweiszwecken;
- ggf Anhörung der Parteien, § 141 I;
- ggf Erörterung von Zweifelsfragen, § 139;
- ggf Vernehmung von nach §273 I Nr.4 geladenen Zeugen und SV (Beweisbeschluss und Festlegung des Beweisthemas nicht notw); Vernehmung der Partei (Beweisbeschluss notw, §450);
- **Verhandlung zum Beweisergebnis** gem § 285; vgl ferner § 278 II 2; 4
- nochmals Versuch der **vergleichsweisen Erledigung**, § 278;
- **Besprechung** des weiteren Prozessverlaufs, Setzen von Fristen;
- **Beratung** (§§ 192 ff GVG) **und Verkündung** der Entscheidung (das ist idR der Beschluss: „Termin zur Verkündung einer Entscheidung wird bestimmt auf ...".

5 **2. Absatz 2.** Schluss vgl § 136 IV; Nichtverhandeln vgl § 333 Rz 1. Das Verhandeln kann nicht mehr (zB durch Antragsrücknahme) rückgängig gemacht werden (OLG Frankfurt MDR 1982, 153). Abs. 2 ist dahin auszulegen, dass dem Säumigen bis zum Schluss des Termins die Möglichkeit verbleibt, zu verhandeln und damit die Säumnis zu beenden und den Erlass eines VU abzuwenden (BGH NJW 1993, 861).

6 **Praxishinweis**

Zur Wartepflicht der Parteien bei gestaffelten Terminen und Sammelterminen s. *Stein/ Jonas* § 220 Rz 6; s. auch § 137 Rz 5.

## § 221 ZPO Fristbeginn

**(1) Der Lauf einer richterlichen Frist beginnt, sofern nicht bei ihrer Festsetzung ein anderes bestimmt wird, mit der Zustellung des Dokuments, in dem die Frist festgesetzt ist, und, wenn es einer solchen Zustellung nicht bedarf, mit der Verkündung der Frist.**

§ 221 geändert durch G v. 22.03.2005 (BGBl 2005, 837).

1 **Richterliche Fristen:** zB § 273 II, 275, 276, 283, 296, 339 II, 356. Über die Zustellung vgl § 329; hier ist somit unterschiedl. Fristbeginn für beide Parteien mögl. **Gesetzliche Fristen** beginnen mit der Amtszustellung der Entscheidung, zB die BerFrist, § 517. Mit Verkündung beginnt zB die 5-Monatsfrist des § 517.

## § 222 ZPO Fristberechnung

**(1) Für die Berechnung der Fristen gelten die Vorschriften des Bürgerlichen Gesetzbuchs.**

**(2) Fällt das Ende einer Frist auf einen Sonntag, einen allgemeinen Feiertag oder einen Sonnabend, so endet die Frist mit Ablauf des nächsten Werktages.**

**(3) Bei der Berechnung einer Frist, die nach Stunden bestimmt ist, werden Sonntage, allgemeine Feiertage und Sonnabende nicht mitgerechnet.**

1 **1. Absatz 1.** Bei den Fristen sind zu unterscheiden: **gesetzliche** Fristen (gewöhnl. und Notfristen); **richterliche** Fristen (vom Richter bestimmt); **von den Parteien vereinbarte Fristen** (zB Vergleichswiderrufsfrist). Abs.1 verweist auf §§187 bis 193 BGB; Grundsatz für den Beginn ist damit §187 I BGB, dh der Zustellungstag wird nicht mitgezählt (die Zustellung ist das „Ereignis").

2 **2. Absatz 2** ist auch anwendbar, wenn das Ende der *verlängerten* Frist auf einen Sonntag usw. fällt (BGH LM Nr. 2). Fällt der Ablauf der Frist für den Widerruf eines PV auf einen Samstag, endet im Zweifel die Frist erst am nächsten Werktag (BGH NJW 1978, 2091; VGH Kassel NVwZ-RR 2000, 544). **Feiertage** sind in allen Ländern der Bundesrepublik der Neujahrstag, Karfreitag, Ostermontag, Himmelfahrt, 1. Mai, Pfingstmontag, der erste und zweite Weihnachtsfeiertag; außerdem der 3. Oktober (Tag der Deutschen Einheit). Landesrechtl. teilw nicht als Feiertag anerkannt sind die Tage Heilige Drei Könige, Fronleichnam, Mariä Himmelfahrt, Allerheiligen sowie Buß- und Bettag. Der 24.12. ist nicht immer ein Feiertag (OVG Hamburg NJW 1993, 1941). Abs. 2 gilt auch bei einem nur *regionalen* Feiertag (BAG BB 1997, 580; VGH München NJW 1997,

2130; OVG Frankfurt an der Oder NJW 2004, 3795); es kommt also auf die Rechtslage in dem Land an, in dem das Gericht seinen Sitz hat.

**3. Berechnungsbeispiele:**

**a) Stundenfrist:** früher in Mess- und Marktsachen, jetzt noch in Wechselsachen (§604 II). 3

**b) Tagesfrist:** wird bei § 217 die Ladung am 02.06. zugestellt, ist frühester Termin der 06.06. 4

**c) Wochenfrist:** Wird der Beschluss gem § 91a am Montag, 18.09. zugestellt, endet die zweiwöchige Frist für die sof Beschwerde am Montag, 02.10. 24.00 Uhr; bei Zustellung erst am 19.09. wäre Fristende 04.10. (da 03.10. ein Feiertag ist); 5

**d) Monatsfrist:** Urteilszustellung am 02.06., Ende der BerFrist 02.07. 24.00 Uhr (§ 517); bei Zustellung am 31.01. Fristende am 28. bzw 29.02.; bei Zustellung am 30.01. Fristende am 28.02., nicht 01.03. (BGH NJW 1984, 1358). Wird richterl. eine 1-Monatsfrist „ab 01.04." gesetzt, endet sie am 30.04. 24.00 Uhr (§ 187 II BGB); fehlt diese Bestimmung des Beginns (wie idR), endet sie bei Zustellung am 02.04. wegen § 187 I BGB am 02.05. 6

**e) Jahresfristen:** wie Monatsfristen; zB: Beginn mit 29.02., Ende mit 28.02. des Folgejahres, § 234 III. 7

Fristen können bis zuletzt ausgeschöpft werden, also bis 24.00 Uhr, auch wenn kein Nachtbriefkasten vorhanden ist (BVerfG NJW 1983, 1479). 8

## § 223 ZPO
(weggefallen)

## § 224 ZPO Fristkürzung; Fristverlängerung

**(1) [1]Durch Vereinbarung der Parteien können Fristen, mit Ausnahme der Notfristen, abgekürzt werden. [2]Notfristen sind nur diejenigen Fristen, die in diesem Gesetz als solche bezeichnet sind.**

**(2) Auf Antrag können richterliche und gesetzliche Fristen abgekürzt oder verlängert werden, wenn erhebliche Gründe glaubhaft gemacht sind, gesetzliche Fristen jedoch nur in den besonders bestimmten Fällen.**

**(3) Im Falle der Verlängerung wird die neue Frist von dem Ablauf der vorigen Frist an berechnet, wenn nicht im einzelnen Fall ein anderes bestimmt ist.**

**1. Absatz 1.** Notfristen (vgl §§276 I 1, 339 I, 517, 544, 548, 569 I) können die Parteien nicht durch Vereinbarung abkürzen. S.1 betrifft nur richterl. und gesetzl. Fristen. Vereinbarung: formlos, ohne Anwaltszwang. Solche Abkürzungen kommen in der Praxis nicht vor. 1

**2. Absatz 2.** Richterl. Fristen können unbeschränkt vom Richter geändert werden, gesetzl. bestimmte nur soweit gesetzl. geregelt (zB §§ 226, 520 II 2), Notfristen nie. Für den Antrag gilt § 78. Ist das Verlängerungsgesuch vor Fristablauf eingegangen, kann noch nach Ablauf verlängert werden (BGH 83, 217). Über Anträge auf „stillschweigende Fristverlängerung" vgl OLG Köln JMBlNRW 1984, 131. Glaubhaftmachung § 294. 2

3 Die Frist zum **Widerruf eines Prozessvergleichs** ist eine Parteifrist, vom Gericht nicht änderbar, von den Parteien vor Fristablauf unbeschränkt (OLG Hamm FamRZ 1988, 535), wobei uU Anwaltszwang besteht (§ 78).

4 **3. Absatz 3.** Wird am 03.03. eine am 10.03. auslaufende Frist um zwei Wochen verlängert, ist neues Fristende 24.03. (und nicht 17.03.). Halbsatz „wenn nicht“: wenn zB die Verlängerungsverfügung das Enddatum nennt („verlängert bis 25.01.“). Wird die Frist zur Rm-Begründung um zwei Wochen verlängert und fällt der letzte Tag der ursprüngl. Frist auf einen Sonntag, einen allgemeinen Feiertag oder einen Samstag, so beginnt der verlängerte Teil der Frist erst mit dem Ablauf des nächstfolgenden Werktages (BGH NJW 2006, 700).

Formular 270: Antrag auf Verlängerung einer gerichtlichen Stellungnahmefrist wegen Arbeitsüberlastung des Rechtsanwalts

Formular 271: Antrag auf Verlängerung der Klageerwiderungsfrist wegen Urlaubsabwesenheit der Partei

## § 225 ZPO Verfahren bei Friständerung

**(1) Über das Gesuch um Abkürzung oder Verlängerung einer Frist kann ohne mündliche Verhandlung entschieden werden.**

**(2) Die Abkürzung oder wiederholte Verlängerung darf nur nach Anhörung des Gegners bewilligt werden.**

**(3) Eine Anfechtung des Beschlusses, durch den das Gesuch um Verlängerung einer Frist zurückgewiesen ist, findet nicht statt.**

1 **1. Absatz 1.** Gesuch (= Antrag): unterliegt uU Anwaltszwang (§ 78); muss schriftl. oder in mdl Verh gestellt werden; Entscheidung auf nur tel Antrag ist aber wirksam (BGH NJW 1985, 1558). Entscheidung durch Vfg des Vors (zB bei §§ 275 I, 276 I, 520 II) oder Beschluss des Kollegiums (nach **aA** soll bei Ablehnung immer das Kollegium zuständig sein; vgl *Demharter* MDR 1986, 797). Ist eine Frist (zB § 283 S. 1) durch ein Kollegium bewilligt worden, entscheidet über das Verlängerungsgesuch der ganze Spruchkörper (BGH NJW 1983, 2030); hat fälschl. der Vors allein verlängert, muss eine verspätet eingereichte Erklärung zB gem § 283 S. 2 berücksichtigt werden. Notw ist volle Richterunterschrift, Paraphe genügt nicht (BGH NJW 1980, 1167). Bekanntmachung § 329 II.

2 **2. Absatz 2.** Entscheidung ohne Gehör macht die Entscheidung nicht unwirksam (RG 150, 361).

3 **3. Absatz 3.** Verlängerung und deren Ablehnung sowie Abkürzung sind unanfechtbar (vgl § 512). Beschwerde, § 567, nur gegen Ablehnung der Abkürzung.

## § 226 ZPO Abkürzung von Zwischenfristen

**(1) Einlassungsfristen, Ladungsfristen sowie diejenigen Fristen, die für die Zustellung vorbereitender Schriftsätze bestimmt sind, können auf Antrag abgekürzt werden.**

**(2) Die Abkürzung der Einlassungs- und der Ladungsfristen wird dadurch nicht ausgeschlossen, dass infolge der Abkürzung die mündliche Verhandlung durch Schriftsätze nicht vorbereitet werden kann.**

**(3) Der Vorsitzende kann bei Bestimmung des Termins die Abkürzung ohne Anhörung des Gegners und des sonst Beteiligten verfügen; diese Verfügung ist dem Beteiligten abschriftlich mitzuteilen.**

**Absatz 1.** Einlassungsfrist: § 274 III; Ladungsfrist: §§ 217, 604. Diejenigen Fristen: §§ 132, 273 II 1, 275 I. Antrag: vgl § 225 Rz 1. 1

§ 227 ZPO Terminsänderung

**(1) [1]Aus erheblichen Gründen kann ein Termin aufgehoben oder verlegt sowie eine Verhandlung vertagt werden. [2]Erhebliche Gründe sind insbesondere nicht**

**1. das Ausbleiben einer Partei oder die Ankündigung, nicht zu erscheinen, wenn nicht das Gericht dafür hält, dass die Partei ohne ihr Verschulden am Erscheinen verhindert ist;**

**2. die mangelnde Vorbereitung einer Partei, wenn nicht die Partei dies genügend entschuldigt;**

**3. das Einvernehmen der Parteien allein.**

**(2) Die erheblichen Gründe sind auf Verlangen des Vorsitzenden, für eine Vertagung auf Verlangen des Gerichts glaubhaft zu machen.**

**(3) [1]Ein für die Zeit vom 1. Juli bis 31. August bestimmter Termin, mit Ausnahme eines Termins zur Verkündung einer Entscheidung, ist auf Antrag innerhalb einer Woche nach Zugang der Ladung oder Terminsbestimmung zu verlegen. [2]Dies gilt nicht für**

**1. Arrestsachen oder die eine einstweilige Verfügung oder einstweilige Anordnung betreffenden Sachen,**

**2. Streitigkeiten wegen Überlassung, Benutzung, Räumung oder Herausgabe von Räumen oder wegen Fortsetzung des Mietverhältnisses über Wohnraum auf Grund der §§ 574 bis 574b des Bürgerlichen Gesetzbuchs,**

**3. Streitigkeiten in Familiensachen,**

**4. Wechsel- oder Scheckprozesse,**

**5. Bausachen, wenn über die Fortsetzung eines angefangenen Baues gestritten wird,**

**6. Streitigkeiten wegen Überlassung oder Herausgabe einer Sache an eine Person, bei der die Sache nicht der Pfändung unterworfen ist,**

**7. Zwangsvollstreckungsverfahren oder**

**8. Verfahren der Vollstreckbarerklärung oder zur Vornahme richterlicher Handlungen im Schiedsverfahren;**

**dabei genügt es, wenn nur einer von mehreren Ansprüchen die Voraussetzungen erfüllt. [3]Wenn das Verfahren besonderer Beschleunigung bedarf, ist dem Verlegungsantrag nicht zu entsprechen.**

**(4) [1]Über die Aufhebung sowie Verlegung eines Termins entscheidet der Vorsitzende ohne mündliche Verhandlung; über die Vertagung einer Verhandlung entscheidet das Gericht. [2]Die Entscheidung ist kurz zu begründen. [3]Sie ist unanfechtbar.**

§ 227 geändert durch G v. 19.06.2001 (BGBl 2001, 1149).

1 **1. Terminsverlegung, Absatz 1.** Bei der Partei wird man größere Anstrengungen verlangen können, die Teilnahme am Termin zu ermöglichen, als bei ihrem PrBev. **Erhebliche Gründe (Satz 1):** zB Krankheit, auch psychische Verhandlungsunfähigkeit der Partei (BVerwG NVwZ-RR 1999, 408); Urlaub, Auslandsaufenthalt, religiöser Feiertag, Tätigkeit des RA als Gemeinderat (VGH Mannheim NJW 2000, 1669); Terminsüberschneidungen (BSG MDR 1996, 633; enger BVerwG NVwZ-RR 1998, 568 bei Anwaltswechsel unmittelbar vor dem Termin). Bei einer Anwaltssozietät darf die Verlegung nicht mit der Begründung abgelehnt werden, irgendein Sozius müsse Zeit haben (vgl OVG Schleswig NVwZ-RR 2002, 154). Das Gericht kann aber bei einer chronischen Erkrankung des RA die beantragte Terminsverlegung mangels erhebl. Gründe ablehnen (BVerwG NJW 2001, 2735; OVG Hamburg NVwZ-RR 2001, 408); denn der andauernd kranke RA muss einen Vertreter bestellen. Nichtverlegung darf nicht einer Versagung des rechtl. Gehörs (Art 103 GG) gleichkommen (BVerwG NJW 1986, 1057; OLG Hamm NJW-RR 1992, 12; VGH Mannheim NJW 2000, 1669). **Aufhebung:** Absetzung ohne gleichzeitige Neubestimmung eines Termins. **Vertagung:** in einem bereits begonnenen Termin (§ 220 I) wird ein Fortsetzungstermin bestimmt, zB zwecks Beweiserhebung.

2 **Keine ausreichenden Gründe für eine Verlegung sind (Satz 2):**

**Nr. 1:** „Dafür hält" heißt: freie Überzeugung des Gerichts. Bleiben beide Parteien aus: § 251a III;

**Nr. 2:** zu späte Mandatierung des RA genügt idR;

**Nr. 3:** tatsächl. Vergleichsverhandlungen können genügen.

IÜ sollte Terminsverlegung großzügig gehandhabt werden (vgl *Fischer* ZAP 1995/13/303); ein plausibel begründeter Antrag ist kaum so ablehnbar, dass das rechtl. Gehör gewahrt ist. Auch Eilsachen (eVfg) sind verlegbar (LG Aachen NJW-RR 1997, 380). Zur Frage, ob Ablehnung einer Verlegung eine Ablehnung rechtfertigt vgl § 42 Rz 17. Wird Verlegungsantrag des Bekl abgelehnt und erscheint dann der Bekl-RA einfach nicht zum Termin, riskiert er ein VU gegen den Bekl und dann Haftung, weil das VU ohne SiL sofort vollstreckbar ist, dadurch Schaden entsteht und dann über Einspruch und Einstellungsantrag (§§ 719, 707) eine Teil-Rettung versucht werden muss.

3 **2. Absatz 2.** Glaubhaftmachung vgl § 294. Die Gründe im Verlegungsantrag müssen nicht glaubhaft gemacht werden, erst auf ausdrückl. Verlangen muss dies erfolgen (OVG Schleswig NVwZ-RR 2002, 154), bei Verlegungsantrag von RAe idR nicht angebracht, weil nur überflüssiges Schreibwerk veranlassend.

4 **3. Verlegung wegen Ferienzeit, Absatz 3 Satz 1.** Eingefügt wegen Abschaffung der Gerichtsferien ab 1997. Dazu *Soehring* NJW 2001, 3319. **Satz 1**: Termine vom 01.07. bis 31.08. zur mdl Verh und/oder Beweisaufnahme *müssen* verlegt werden (aber nicht zwingend auf eine Zeit nach dem 31.08.), wenn **(a)** ein Antrag gestellt wird und wenn **(b)** der

Antrag rechtzeitig gestellt wird (innerhalb einer Woche nach Ladungszugang; Begründung ist nicht nötig); **(c)** keine bes Beschleunigung notw ist. Wird am 01.04. die Ladung zum 01.08. zugestellt, kann also am 07.04. noch die Verlegung beantragt werden, aber nicht mehr im Juli, wenn das Urlaubsdatum bekannt ist; das sollte nicht so kleinl. gehandhabt werden. Wird nicht verlegt, kann ein VU ergehen.

**Trotz Ferienzeit keine Verlegung, Absatz 3 Satz 2:** in bestimmten Verfahren bleibt es bei Abs 1. **Nr. 1:** Eilverfahren, §§ 916 ff, 935 ff, alle Arten eAnO (zB § 621). Auch das Verfahren nach Widerspruch (§ 924) gehört dazu. **Nr. 2:** bestimmte Streitigkeiten um Räume (Wohn- und gewerbl.), auch Mietzinsklage („Benutzung"), auf Feststellung des Bestehens eines Mietverh, auf Schadensersatz. Es kommt nicht darauf an, ob die Räumungsklage auf MietR oder auf § 985 BGB gestützt wird. 5

Ferner bestimmte Wohnraummietsachen. **Nr. 3:** alle FamS iSv § 23b GVG, Abänderungsklagen (§ 323 ZPO), auch VollstrGegenklagen gegen solche Unterhaltstitel (BGH NJW-RR 1993, 643 zur aF). Unterhaltsrechtl. Auskunftsansprüche dürften nach der weiten Gesetzfassung ebenfalls darunter fallen (anders BGH NJW 1987, 2237 zur aF). *Gesetzl.* Unterhaltspflicht liegt auch vor, wenn eine privatschriftl. Vereinbarung (BGH FamRZ 1990, 876) oder ein PV den gesetzl. Anspruch festlegt (BGH VersR 1980, 679). 6

**Nr. 4:** Wechselprozess, auch Klage aus dem Wechsel im ordentl. Verfahren (BGH 18, 173), auch das Nachverfahren (BGH 18, 173); nicht die § 771 ZPO-Klage (BGH NJW 1988, 1095). Führt der Kl das Grundgeschäft als zusätzl. Anspruchsgrundlage ein, liegt ein Fall des S. 2 HS 2 (Rz 8) vor. Scheckprozess, auch Schecknachverfahren (BGH NJW 1988, 3266 zur aF). **Nr. 5:** Bausachen, zB wenn auf Unterlassung des Bauens geklagt wird. Nicht Klagen auf Werklohn. **Nr. 6:** bestimmte Herausgabeklagen. **Nr. 7:** die gesamte ZwV, auch Einstellung der ZwV (§ 719 ZPO). **Nr. 8:** Vollstreckbarerklärungen. 7

**Satz 2 Halbsatz 2:** Fallen bei Klagenhäufung (§ 260 ZPO) die Ansprüche teils unter S. 1, teils unter S. 2, gilt für den ganzen Prozess S. 2. Fällt die Klage unter S. 1, die Widerklage unter S. 2 (oder umgekehrt), fällt nach dem Sinn der Regelung ebenfalls der ganze Prozess unter S. 2. Liegt zwar ein Verfahren iSv S. 2 vor, aber nur als PKH-Verfahren (§ 114) oder als Beweisverfahren (§ 485), dann besteht kein Verlegungszwang. 8

**Satz 3:** Keine Verlegung nach S. 1, wenn das Verfahren nach Meinung des Gerichts bes Beschleunigung bedarf. 9

**4. Absatz 4 Satz 1:** Im Anwaltsprozess besteht für den Verlegungsantrag Anwaltszwang (§ 78), nicht für den Antrag von Zeugen, SV, von Parteien wenn ihr pers Erscheinen angeordnet war. Antrag auch tel. Der Gegner muss vor Verlegung nicht gehört werden. Verlegung oder deren Ablehnung erfolgt beim Vors, ER, Amtsrichter durch Vfg, beim Kollegium durch Beschluss. Als Begründung der Verlegung genügt „wegen" oder die stillschweigende Bezugnahme „auf" die Antragsbegründung. 10

Bekanntmachung der Verlegung gem § 329 II. **Satz 2:** Verlegung oder deren Ablehnung sind unanfechtbar (OLG Frankfurt NJW 2004, 3049). Bei Vertagung über Monate hinaus kommt Beschwerde analog §§ 252, 567 in Betracht (vgl § 216 Rz 5; OLG Frankfurt MDR 1983, 1031; OLG Hamburg DAV 1983, 540; auch § 26 II DRiG), ebenso bei Ablehnung der Terminsaufhebung (OLG München NJW-RR 1989, 64). 11

12 **Praxishinweise:**

1. Ein erhebl. Grund für die Terminsverlegung räumt dem Gericht kein Ermessen ein, sondern begründet dessen Pflicht zur Verlegung. Ein Verstoß dagegen verletzt den Anspruch auf rechtl. Gehör und die Grundsätze der Verhältnismäßigkeit und des fairen Verfahrens (BSG NJW 1996, 677, 678).

2. Bei Verlegungsanträgen wegen Terminskollision ggü einem nicht kooperationsbereiten Richter ist es angebracht, eine Bescheinigung des Mandanten beizulegen, wonach dieser nicht bereit ist, sich von einem anderen RA vertreten zu lassen, und erst recht nicht, die dadurch anfallende zusätzl. Vergütung des Vertreters zu übernehmen.

3. Bei Verhinderung wegen Krankheit ist – von vornherein oder auf Verlangen – ein aussagekräftiges ärztl. Attest vorzulegen. Manche Gerichte lassen die bloße Attestierung „arbeitsunfähig erkrankt" nicht gelten, weil über die Erkrankung selbst nichts gesagt wird.

4. Die Weigerung einer Partei, sich durch einen anderen Anwalt vertreten zu lassen und/oder dessen Vergütung zu übernehmen, muss als erhebl. Verlegungsgrund behandelt werden (*Schneider* NJW 2006, 886).

5. Für den Kl ist es risikolos, bei Ablehnung des Verlängerungsantrages VU gegen sich ergehen zu lassen. Nach RVG entstehen dadurch für den Gegenanwalt keine zusätzl. erstattungsfähigen Kosten. Nur darf das nicht zweimal hintereinander geschehen, da sonst ein rechtskr zweites VU droht (§ 514 II).

6. Auf den Verlegungszwang in der Ferienzeit (§ 227 III) sollte vorsorgl. immer hingewiesen werden, da diese Ausnahme manchmal übersehen wird.

7. Bei unsachl., neutralitätsverletzender Zurückweisung des Verlängerungsantrags kommt auch eine Ablehnung wegen Besorgnis der Bef in Betracht (§ 42 Rz 17; *Zöller/Vollkommer* § 42 Rz 23; *Schneider*, ZAP Fach 13, S. 1267). Dienstaufsichtsbeschwerden sind aussichtslos, weil Weisungen des Dienstvorgesetzten in einem konkreten Verfahren als Verstoß gegen die richterl. Unabhängigkeit angesehen werden (BGH NJW-RR 2005, 434; ZAP-Kolumne 12/2006).

8. Bei einer hilfsbedürftigen Partei führt die Beauftragung eines Vertretungsanwalts dazu, dass dem PKH-Anwalt die dadurch anfallenden Kosten als Auslagen von der Staatskasse zu erstatten sind (LAG Niedersachsen AGS 2006, 608). Wird ein auswärtiger Anwalt im PKH-Verfahren uneingeschränkt beigeordnet, sind die Kosten eines den Termin vertretungsweise wahrnehmenden Anwalts in Höhe der fiktiven Fahrtkosten von der Staatskasse zu tragen (LAG Hamm AGS 2007, 142).

9. Wird bei Terminsänderung versäumt, die PrBev rechtzeitig zu informieren, dann kommt Amtshaftung nach § 839 II 2 BGB in Betracht und für Gerichtskosten deren Nichterhebung wegen unrichtiger Sachbehandlung (§ 21 GKG).

Formular 268: Antrag auf Terminsverlegung bei Terminskollision

### § 228 ZPO
(weggefallen)

### § 229 ZPO Beauftragter oder ersuchter Richter

**Die in diesem Titel dem Gericht und dem Vorsitzenden beigelegten Befugnisse stehen dem beauftragten oder ersuchten Richter in Bezug auf die von diesen zu bestimmenden Termine und Fristen zu.**

Beauftr, ersuchter Richter: §§ 361, 362; Rechtsbehelf § 573. Der ER ist ProzessG (Vors). 1

## Titel 4
## Folgen der Versäumung; Wiedereinsetzung in den vorigen Stand

### § 230 ZPO Allgemeine Versäumungsfolge

**Die Versäumung einer Prozesshandlung hat zur allgemeinen Folge, dass die Partei mit der vorzunehmenden Prozesshandlung ausgeschlossen wird.**

**Prozesshandlung der Partei** oder des NI: zB Ber, Rev, Einspruch, Anträge ans Gericht; 1
vgl Einl Rz 17. **Versäumung:** Unterlassen oder unwirksame Vornahme innerhalb des vorgeschriebenen Zeitraums. Fristen dafür zB: §§ 517, 520, 548, 339 I (sie dürfen voll ausgeschöpft werden, bis 24.00 Uhr). **Folge:** die verspätet oder unwirksam vorgenommene Prozesshandlung ist unzulässig, ohne dass es grds auf ein Verschulden ankommt.

### § 231 ZPO Keine Androhung; Nachholung der Prozesshandlung

**(1) Einer Androhung der gesetzlichen Folgen der Versäumung bedarf es nicht; sie treten von selbst ein, sofern nicht dieses Gesetz einen auf Verwirklichung des Rechtsnachteils gerichteten Antrag erfordert.**

**(2) Im letzteren Fall kann, solange nicht der Antrag gestellt und die mündliche Verhandlung über ihn geschlossen ist, die versäumte Prozesshandlung nachgeholt werden.**

**Absatz 1.** Androhungen, Rm-Belehrungen sind im Zivilprozess nicht vorgeschrieben; 1
keine Rechtspflicht der Gerichte, durch geeignete Maßnahmen rechtzeitig zur Heilung von Formmängeln beizutragen (BGH VersR 1985, 767). Die Folgen treten „von selbst" ein, zB: die verspätete Ber *ist* unzulässig, zur Klarstellung wird sie verworfen.

**Absatz 2.** Ein Antrag des Gegners ist notw zB nach §§ 109 II, 113, 158, 239 IV, 246 II, 2
699 I, 890 I, 926, 952. Über Kostenfolgen vgl OLG Frankfurt OLG-Report 2005, 605.

### § 232 ZPO
(weggefallen)

## § 233 ZPO Wiedereinsetzung in den vorigen Stand

**War eine Partei ohne ihr Verschulden verhindert, eine Notfrist oder die Frist zur Begründung der Berufung, der Revision, der Nichtzulassungsbeschwerde, der Rechtsbeschwerde oder der Beschwerde nach §§ 621e, 629a Abs. 2 oder die Frist des § 234 Abs. 1 einzuhalten, so ist ihr auf Antrag Wiedereinsetzung in den vorigen Stand zu gewähren.**

§ 233 geändert durch G. v. 27.07.2001 (BGBl 2001, 1887).

**Lit:** ***Müller*** NJW 2000, 322; 1998, 497 (BGH-Rspr); ***Pentz*** NJW 2003, 858 (BGH-Rspr); ***Borgmann*** AnwBl 1993, 396 und 1996, 464; ***Derleder*** JB 1993, 580; ***Wirges*** MDR 1998, 1459; ***Schroeder*** JA 2004, 636; ***Born*** NJW 2005, 2042; ***Prechtel*** ZAP Fach 13, 321; ***Fellner*** MDR 2007, 71.

### Übersicht



### 1. Zulässigkeit der Wiedereinsetzung (WE):

1 **a)** die Partei (bzw deren Anwalt) oder NI hat eine **Frist versäumt**;

**b) infrage kommende Fristen:**

- Notfristen iSd § 224 für Einlegung von Rm wie Ber, Rev, sof Beschwerde, Nichtzulassungsbeschwerde, RB usw. (zB §§ 339, 517, 544, 548, 569); Frist für Anschlussber, Anschlussrev (§§ 524, 554),
- Rm-Begründungsfristen (auch für Anschlussber, Anschlussrev, Sprungrev, Nichtzulassungsbeschwerde, RB); §§ 520, 544, 551, 575;
- befristete Beschwerden in FamS;
- WE-Frist des § 234 I;

*Nicht anwendbar* auf die Widerrufsfrist für PV, da vertragl. vereinbart (OLG Hamm NJW-RR 1992, 121; BAG NJW 1998, 2844; BVerwG NVwZ-RR 2000, 255); bei Versäumung der Frist des § 276 I 1 ist gegen das ergangene schriftl. VU, § 331 III, nur der Einspruch zulässig, keine WE (KG MDR 1996, 634).

**c) Wiedereinsetzungsantrag** (Form § 236; **Frist** § 234) des Säumigen (oder seines NI) beim zuständigen Gericht (§ 237). Seit der Reform 2002 handelt es sich bei den Fristen für die Einlegung und die Begründung der Ber um zwei *unabhängig* von einander laufende Fristen, sodass ggf für *beide* Fristen WE zu beantragen ist (OLG Brandenburg NJW 2003, 2995); §§ 517, 520 II.

**Antrag, Formalien:** wer WE beantragt, muss die Antragsfrist (§ 234 I; zwei Wochen bzw ein Monat) beachten, auch die Jahresfrist (§ 234 III). Es ist WE gegen WE mögl. Form des Antrags: § 236. Wichtig ist die Glaubhaftmachung. Adressat des Antrags: § 237. Zusätzl. ist die versäumte Prozesshandlung nachzuholen (§ 236 II 2); es genügt also nicht, nur WE zu beantragen und mit der BerBegr zu warten, ob WE bewilligt wird. Fundierter Vortrag über Wahrung der Frist des § 234 ist erforderl., zum fehlenden Verschulden, zur Ursächlichkeit.

**2. Begründetheit des Antrags:**

**a)** die Partei hat die **Frist nicht eingehalten**; 2

**b)** Dies geschah **ohne Verschulden**: Verschulden ist Vorsatz oder Fahrlässigkeit jeder 3
Art (§ 276 BGB). Nichtverschulden muss feststehen (BGH NJW 1992, 574). Nur die übl. Sorgfalt eines ordentl. RA wird verlangt; die Anforderungen dürfen nicht überspannt werden, die Beobachtung der Sorgfalt muss im Einzelfall auch *zumutbar* sein, also den nach der konkreten Sachlage zu stellenden Erwartungen entsprechen (BGH NJW 2007, 1455; NJW 1985, 1711; BVerfG NJW 1993, 847).

Trifft die Partei oder ihren ges Vertreter (§ 51 II) oder PrBev (§ 85 II), oder bei mehreren PrBev einen davon ein Verschulden, scheidet WE aus; gleich stehen sonstige Vertreter/Bev (BGH VersR 1985, 1185), amtl. bestellte Vertreter des PrBev (BGH VersR 1984, 585), der angestellte RA des PrBev, der von diesem mit der selbstständigen Bearbeitung eines Rechtsstreits betraut worden ist (BGH VersR 1988, 416; 1984, 443); ebenso der freie Mitarbeiter (RA) des PrBev (BGH NJW-RR 1993, 892); anders ist es bei abhängigen und weisungsgebundenen juristischen Hilfsarbeitern und Büropersonal (Rz 26).

Schuldhafte Verursachung entfällt nicht bei evtl Mitursächlichkeit des Gerichts, zB wenn die fehladressierte Rm-Schrift nicht unverzügl. an das zuständige Gericht weitergeleitet wird (BGH VersR 1987, 486). Vgl Rz 9.

4 **c) Ursächlichkeit.** Wiedereinsetzung kommt nur in Betracht, wenn der als WE-Grund angegebene Umstand ursächl. für die Fristversäumung gewesen ist (BGH LM Nr. 16). Schuldhafte Organisationsmängel im RA-Büro, die nicht ursächl. waren, stehen der WE nicht entgegen (BGH NJW 2000, 3649; NJW-RR 1987, 186).

4a **d) Verfassungsrechtliche Vorgaben:** Die Anforderungen an das, was der Betroffene veranlasst haben und vorbringen muss, um WE zu erlangen, dürfen nicht überspannt werden (BVerfG NJW 2001, 3473; NJW 1995, 249; NJW 1997, 2941). Vgl *Kreuder* BB 2000, 1348; *Lange* DStR 2000, 1145.

5 **3. Folge gewährter Wiedereinsetzung** ist, dass die Rechtzeitigkeit der Prozesshandlung fingiert wird (es wird also nicht die Frist verlängert oder wiedereröffnet, wie oft fälschl. angenommen wird). Wird sie wegen Verschulden des RA nicht gewährt, bleibt der Regress des Mandanten gegen den RA. Zahlt der RA bzw dessen HaftpflichtVers nicht freiwillig, muss im Regressprozess geklärt werden, ob der Sorgfaltsverstoß *kausal* für den Schaden war. Denn wäre die versäumte Ber sowieso aussichtslos gewesen, hat der Mandant keinen Schaden. Die Versagung von WE verschiebt also den Streit nur.

**4. Einzelfälle:**

6 • **Abhandenkommen von Schriftstücken**: geht die Ber-Schrift auf dem Weg zum Gericht verloren, muss die Art des Verlustes nicht aufgeklärt werden, aber glaubhaft gemacht werden, dass sie der RA nicht selbst verloren hat (BGH LM Nr. 70).

7 • **Abwesenheit der Partei** für längere Zeit (Urlaub; Wohnungswechsel, BGH NJW 1988, 2672; Klinikaufenthalt BGH VersR 1972, 975): Partei muss in angemessener Weise Vorsorge treffen (BGH VersR 1989, 104), zB ihre Anschrift dem RA mitteilen (BGH VersR 1975, 344); ist sie in Haft, muss sie sich mit dem RA rechtzeitig in Verbindung setzen (BGH VersR 1984, 850; 1985, 786); *vorübergehende* Wohnungsabwesenheit: keine bes Vorkehrungen erforderl. (BVerfG NJW 1993, 847).

8 • **Abwesenheit des Rechtsanwalts**: er muss für Vertretung sorgen (BGH VersR 1978, 667), bes Maßnahmen für Behandlung von Zustellungen treffen (BGH VersR 1971, 1146), Vorsorge für den Fall der Verzögerung seiner Rückkehr treffen (BGH VersR 1965, 1075).

9 • **Adresse des Gerichts**: falsche Adressierung oder unzureichende stellt bei verspätetem Eingang Verschulden dar (BGH VersR 1984, 45); der RA darf die richtige Adressierung nicht dem Personal überlassen (BGH FamRZ 1997, 172); WE bei verzögerter Weiterleitung durch das unzuständige Gericht (BGH FamRZ 1988, 829; BAG NZA 1997, 1365); Angabe von Straße und Hausnummer des Gerichtsgebäudes ist nicht nötig (vgl BGH VersR 1984, 871); Nach BAG NJW 1987, 3278 versagt WE, wenn Straßenbezeichnung fehlte und Postaufgabe am vorletzten Tag der Frist erfolgte. Ausreichende Frankierung ist erforderl.

• **Belehrung.** Geht innerhalb der Rm-Frist eine falsche gerichtl. Belehrung über deren Lauf zu, kann man auf die Belehrung des Gerichts vertrauen (OLG Koblenz MDR 1998, 677). Dies gilt erst recht für Laien (BVerfG NJW 1996, 1811). Eine unzutreffende Rechtsbehelfsbelehrung schafft ein Vertrauenstatbestand, der zur WE berechtigt, wenn die Belehrung einen unvermeidbaren oder zumindest entschuldbaren Rechtsirrtum aufseiten der Partei (bzw ihres RA) hervorruft und die Fristversäumnis darauf beruht (BGH NJW-RR 2004, 408; NJW 1991, 295; FamRZ 1992, 300). Dabei darf sich auch eine anwaltl. vertretene Partei auf die Richtigkeit der Belehrung durch das Gericht verlassen (BGH NJW-RR 2004, 408). Ob die Belehrung durch den Richter erfolgte, den Rechtspfleger oder auf andere Weise, etwa durch Übersendung eines Formblattes durch die Geschäftsstelle, ist unerhebl. (BGH NJW-RR 2004, 408).

- **Bote**: Zum verlässl. Boten: BVerfG NJW 1995, 249. Unzuverlässiger Bote: BGH NJW 1996, 319; NJW 2007, 603.
- **Büroversehen im Büro des Rechtsanwalts** gilt als unverschuldet (auch wenn fahrlässig) und führt zur WE, *wenn* eigenes Verschulden der Partei oder des RA fehlt; RA-Verschulden liegt aber vor bei mangelhafter Büroorganisation oder Verletzung sonstiger RA-Pflichten **(a-f)**. Unaufklärbarkeit der Ursache des Büroversehens geht zulasten des RA (BGH VersR 1983, 401). Begrenzte Delegationsmöglichkeiten: nur einfache Tätigkeiten darf der RA zur selbstständigen Erledigung auf geschultes und zuverlässiges Büropersonal übertragen (BGH NJW 1985, 1226). **Rechtsanwaltspflichten in Bezug auf sein Büro sind zB**: 10

**a) Eigene Sorgfalt**, zB bei Feststellung des Zustellungsdatums, Fristberechnung; bes Sorgfalt bei Hinterlassen von Blankounterschriften (BGH NJW 1983, 1447). 11

**b) Organisation des Büros**: muss durch generelle Anweisungen geregelt sein (BGH NJW 2002, 443); zB Aufgabenbereiche der einzelnen Angestellten; Aktenführung; Behandlung von eingehenden Einschreib- und Eilbriefen; was bei Krankheit zu geschehen hat; Verhinderung, dass ein nicht postulationsfähiger Sozius einen Schriftsatz unterschreibt (BGH NJW 1988, 211); Ausgangskontrolle für Schriftsätze. 12

**c) Spezielle Anweisungen** sind notw, zB: Fristlöschung im Kalender nicht schon mit Handaktenvorlage an RA, sondern erst mit Erledigung; der RA darf sich aber darauf verlassen, dass eine Weisung (zB die Adresse zu ändern) ausgeführt wird (BGH NJW 1990, 2707); zum Vergessen von Anweisungen vgl BGH NJW-RR 2007, 127. 13

**d) Sorgfältige Auswahl des Personals** (BGH VersR 1972, 557); der RA darf darauf vertrauen, dass sein sonst zuverlässiges Personal seine Weisungen befolgt (BGH NJW 1989, 2394; NJW 1997, 1930); er muss das nicht anschließend überprüfen). 14

**e) Belehrungen** zB über Fristen und Zustellungen. 15

**f) Überwachung des Personals**: Stichproben im Abstand von 2 Monaten sind erforderl. (BGH NJW 1972, 2269), bei neu angestelltem Personal ist in der Anfangszeit volle Überwachung notw (BGH VersR 1988, 157). 16

- **Drucker defekt**, kurz vor Ablauf der Rm-Frist: ein RA, der eine RmBegr-Frist bis zum letzten Tag ausschöpft, hat wegen des damit erfahrungsgemäß verbundenen Risikos erhöhte Sorgfalt aufzuwenden, um die Einhaltung der Frist sicherzustellen (BGH NJW 2006, 2637).
- **Erkundigungspflichten**: die Partei muss sich uU nach der zu erwartenden Entscheidung erkundigen (BGH VersR 1986, 36), nach Form und Frist eines Rm (BGH VersR 1986, 993). 17
- **Fax** siehe Telefax.

18 • **Fremdsprachige Rechtsmittelschriften** sind wegen § 184 GVG nicht fristwahrend (BGH NJW 1982, 532; hM); das Gericht muss keine Übersetzung beschaffen (BayObLG NJW 1977, 1596); WE sollte großzügig gewährt werden (BGH NJW 1982, 533).

19 • **Fristen:**

**a) Berechnung von einfachen Fristen** darf der RA dem geschulten (dazu BGH VersR 1985, 67) und zuverlässigen Büropersonal übertragen (BGH NJW 1992, 841); Berechnung ungewöhnl. oder schwieriger Fristen muss er sich selbst vorbehalten (BGH FamRZ 2004, 182).

20 **b) Bei Urteilszustellung**, zB gem § 195, muss das Datum sogleich in den Handakten vermerkt werden (BGH FamRZ 1991, 319; NJW 1992, 574), das Fristende im Kalender.

21 **c) Fristenkalender** (nicht nur lose Zettel; nicht nur Klebezettel mit Anweisung auf dem Aktendeckel, BGH NJW 1999, 1336): dessen Führung kann auf das Büropersonal übertragen werden (BGH NJW 1989, 1157); auf Band diktierte Fristen für den Kalender erfordern bes Vorkehrungen (BGH NJW 1994, 2831); der RA kann sich auch darauf verlassen, dass seine Weisungen befolgt werden (BGH VersR 1986, 764), dass die Einhaltung der dort notierten Fristen vom Personal überwacht wird (BGH NJW 1971, 2269); bei Absendung der Rm-Schrift muss das mutmaßl. Ende der Begr-Frist vermerkt werden (BGH NJW-RR 2001, 782; NJW 1996, 2514) und für RmBegr ist eine Vorfrist (ca. 1 Woche, BGH NJW 1994, 2551) zu notieren (BGH VersR 1988, 414); Folgen fehlender Vorfrist: BGH NJW 1994, 2831; Rm-Fristen müssen hervorgehoben notiert werden, zB farbl. gekennzeichnet (BGH NJW-RR 2005, 215).

**d) Computer-Fristenkalender** sind zulässig (BGH NJW 1997, 327; NJW 1995, 1756), müssen aber richtig angelegt sein (BGH NJW 2001, 76; 2000, 1957); sie dürfen keine geringere Überprüfungssicherheit haben als die herkömml. Kalender (BGH NJW 1999, 582). **Computerdefekt**: BGH NJW 2004, 2525.

**e) Fristenkontrolle**: Eintragung, Überwachung und Löschung von Fristen dürfen einer zuverlässigen, langjährig tätigen RA-Gehilfin übertragen werden (BGH NJW 2007, 1453; NJW-RR 1995, 598; 2005, 498); Computerausdrucke genügen (BGH VersR 1996, 387); der „Unterschriftenkorb" muss abends auf fristgebundene Schriftsätze durchgesehen werden (BGH NJW 2007, 1599; NJW-RR 2001, 782).

**f) Fristendifferenzierung**: im Fristenkalender müssen Rm-Fristen deutl. von (unwichtigen) gewöhnl. Wiedervorlagefristen unterschieden werden (BGH NJW-RR 2001, 279).

**g) Ausgangskontrolle**: eine Fristlöschung darf erst nach Erledigung (dh Schriftsatz ausreichend frankiert und postfertig gemacht, BGH NJW-RR 2006, 1649; NJW-RR 1994, 565; NJW 1997, 3446) erfolgen; eine versehentl. Fristlöschung ist durch organisatorische Maßnahmen zu verhindern (BGH VersR 1993, 772); Ausgangskontrolle kann auch dezentral erfolgen (BGH NJW 1994, 3235; NJW 1996, 1540; FamRZ 1996, 1403; VersR 1996, 1298); vgl ferner das Stichwort „Telefax"; zu den Anforderungen an die Darlegung einer ausreichenden Ausgangskontrolle im WE-Antrag vgl BGH NJW 1994, 3171.

22 **h) Nach Vorlage der Handakten** obliegt dem RA selbst die Fristensicherung (BGH FamRZ 2004, 696); er muss die Sache rechtzeitig bearbeiten und darf sich nicht auf Erinnerung durch das Personal verlassen (BGH NJW 1968, 2244).

i) **Ausnutzen der Frist** bis zum letzten Tag ist zulässig, erhöht aber die Sorgfaltspflicht (BGH NJW 1998, 2677; NJW 1989, 2349; 1990, 188; VGH Kassel MDR 1996, 427). 23

- **Fristverlängerung**, zB der BerBegr-Frist: das Gesuch muss spätestens am letzten Tag der zu verlängernden Frist beim zuständigen Gericht eingehen, Verlängerung ist auch noch nach Fristablauf zulässig (BGH 83, 217); der RA braucht sich grds nicht vor Ablauf der Frist erkundigen, ob verlängert wurde, wenn er deren Bewilligung „mit großer Wahrscheinlichkeit erwarten" konnte, dh idR bei Angabe eines erhebl. Grundes iSd § 520 II 3 und der ersten Verlängerung (BGH NJW 2001, 3633; NJW 1993, 134; NJW 1994, 2957; str); auf eine andere Gerichtspraxis braucht sich der RA nicht einzurichten (BGH NJW-RR 1989, 1280; vgl BVerfG NJW 1989, 1147). 24
- **Geldmangel**: PKH Rz 32; Rechtsschutzvers vgl BGH NJW 1991, 109. 25
- **Gemeinsame Eingangsstelle**: haben LG und OLG eine gem Briefannahme und wird dort eine an das LG (statt an das OLG) adressierte Ber eingeworfen, geht sie erst beim OLG ein, wenn sie dorthin weitergeleitet wurde (BGH NJW 1996, 1414). WE, wenn verzögert weitergeleitet wird (BVerfG NJW 2005, 2137). Siehe „Weiterleitung".
- **Gericht**: Versehen des Gerichts (zB Mitteilung eines falschen Datums) dürfen nicht zulasten der Partei oder des RA gehen (BVerfG NJW 1995, 711). Ein unzuständiges Gericht muss nicht innerhalb der BerFrist auf die fehlerhafte Einlegung des Rm hinweisen (BVerfG NJW 2001, 1343). Unvollständige Rm-Auskunft durch die Geschäftsstelle führt zu WE (BayObLG NJW-RR 2002, 287; OLG Naumburg FamRZ 2001, 569); einschränkend BGH VersR 1998, 1046. Siehe „Belehrung".
- **Juristische Hilfskräfte des Rechtsanwalts**: Versehen des Büropersonals, der Referendare/Assessoren fallen dem RA, wenn ihn kein Verschulden trifft, nicht zur Last (BGH NJW-RR 1992, 1019); anders uU bei angestellten RAe (Rz 3). 26
- **Krankheit der Partei** stellt WE-Grund dar, wenn dadurch die zur Fristwahrung nötigen Schritte unmögl. oder unzumutbar wurden, dh bei plötzl. Erkrankung (BGH VersR 1985, 139); ebenso Zustand schwerwiegender seelischer Belastung (BGH VersR 1985, 393; NJW 1987, 440) oder krankheitsbedingte physische oder psychische Ausnahmesituationen (BGH NJW-RR 1994, 957). 27
- **Krankheit des Geschäftsführers eines Unternehmens**: Er hat dafür zu sorgen, dass Posteingänge trotzdem bearbeitet werden (BGH VersR 1987, 561). 28
- **Krankheit des Rechtsanwalts**: er hat Vorsorge zu treffen (dh Vertreter zu bestellen) für den Fall, dass er unvorhergesehen an der Wahrnehmung seiner Aufgaben gehindert wird (BGH VersR 1986, 1189; AnwBl 1999, 227); anders bei unvorhersehbarer, plötzl. auftretender Krankheit (BGH FamRZ 2004, 182). Die Krankheit des RA schließt das Verschulden nur dann aus, wenn die Erkrankung für den PrBev nicht vorhersehbar war. BGH NJW 2006, 2412: Sehstörungen und deshalb zahlreiche medizinische Untersuchungen in den letzten Monaten, schuldhaft). Krankheit steht gleich uU diabetesbedingtem Unwohlsein des RA (BGH VersR 1987, 785), uU familiäre Sorgen des RA (BGH VersR 1985, 47), aber nicht Konzentrationsschwächen infolge Überlastung (BGH NJW 1996, 997; hierzu BGH NJW-RR 1999, 938). 29
- **Nachtbriefkasten**: will der RA die RmBegr selbst noch vor 24.00 Uhr in den Nachtbriefkasten einwerfen, darf er sich nicht allein auf den Gang seiner Armbanduhr verlas- 30

sen (BGH VersR 1985, 478); soll eine zuverlässige Kanzleiangestellte einwerfen, muss sie über Fristablauf/-wahrung unterrichtet werden (BGH VersR 1985, 668), ein Bote muss pers bekannt und sich mehrfach als zuverlässig erwiesen haben (BGH VersR 1989, 166); der RA darf darauf vertrauen, dass eine zuverlässige Angestellte Fristpost in den Sammelumschlag für den Nachtbriefkasten steckt und nicht mit gewöhnl. Post absendet (BGH VersR 1985, 246). Vgl. ferner BGH NJW 2007, 603.

- **Öffentliche Zustellung** vgl § 188.

31 • **Postlaufzeit, Postverzögerung** (*Späth* BB 1991, 321; BVerfG NJW 2001, 744; NJW-RR 2000, 726; NJW 1994, 1854; 1995, 1210): mit mögl. Verzögerung der Briefbeförderung durch die Post muss nicht gerechnet werden, es kommt auf die „normale Postlaufzeit" an; beträgt diese 1 Tag, darf der Rm-Schriftsatz einen Tag vor Fristablauf mit normaler Post (richtig frankiert und adressiert) aufgegeben werden (BGH NJW-RR 2004, 1217), zB am Freitagnachmittag bei Fristablauf am Montag (BGH VersR 1984, 871; BayObLG WM 1993, 493); zum Poststreik vgl BGH NJW 1993, 1332/3; Verzögerungen durch Poststreik gehen nicht zulasten des Bürgers, Post muss nicht wegen Streik früher abgesandt werden (BAG FamRZ 1995, 35). Verzögerung wegen Unterfrankierung hat RA zu vertreten (BGH NJW 2007, 1751). Auf den Kurierdienst des Anwaltsvereins in Berlin sind dieselben Grundsätze wie bei den Postlauffällen anzuwenden (BVerfG NJW 2000, 2657; 1999, 3701; dazu BGH NJW-RR 1998, 1443). Verwendung einer falschen **Postleitzahl** ist schuldhaft (BGH FamRZ 2006, 544); das soll nach BGH auch gelten, wenn keine Postleitzahl verwendet wird (mE übertrieben, weil keine Pflicht zur Verwendung besteht).

32 • **Prozesskostenhilfe**: vgl. *Beyer* NJW 1995, 2139.

**a) Wird Prozesskostenhilfe vor Fristablauf beantragt, aber erst nach Fristablauf bewilligt**, ist WE für das Rm etc zu gewähren;
**b) Wird Prozesskostenhilfe für die Berufung vor Fristablauf verweigert**, ist die Partei an rechtzeitiger Einlegung bis zum Fristablauf gehindert, wenn der nach Zustellung des Ablehnungsbeschlusses verbleibende Teil der Frist drei Werktage nicht übersteigt (BGH NJW 1986, 257); sie hat also noch drei bis vier Tage Überlegungszeit, um Geld zu beschaffen und einen RA zu beauftragen.

33 **c) Bei Verweigerung** der PKH für das Rm **nach Fristablauf** ist einer Partei WE zu gewähren, wenn **(1)** der PKH-Antrag *vollständig und mit den Unterlagen* nach § 117 versehen war (BGH NJW 2001, 2720; FamRZ 2006, 1028; FamRZ 2004, 1961); **(2)** spätestens am letzten Tag der (Rm-)Frist gestellt war (oder unverschuldet später); **(3)** der ASt vernünftigerweise nicht mit der Ablehnung des Antrags rechnen musste, sich also für arm halten und davon ausgehen durfte, die wirtschaftl. Verh genügend dargetan zu haben (BGH NJW-RR 2000, 879; MDR 1993, 172; FamRZ 1996, 933), zB weil für die erste Instanz aufgrund derselben Angaben PKH gewährt wurde und sich die wirtschaftl. Verh nicht erkennbar gebessert haben. Wenn der ASt nach Ablehnung aus eigenen Mitteln einen RA beauftragt, kann daraus nicht geschlossen werden, dass der ASt nicht durch seine Bedürftigkeit an der Fristwahrung gehindert war (BGH NJW-RR 1987, 1151).

**d) Wird der Prozesskostenhilfeantrag** für eine beabsichtigte Ber **mangels Erfolgsaussicht zurückgewiesen**, hängt die WE nicht davon ab, ob der ASt die Bejahung der Erfolgsaussicht erwarten durfte (BGH VersR 1985, 395). Fristen vgl § 234 Rz 4. 34

- **Rechtsirrtum**: bei Fristen: auf eigene Fristberechnungen darf der Laie nicht vertrauen (BGH VersR 1985, 766); auch nicht annehmen, er könne Ber ohne RA einlegen (BGH VersR 1984, 874). Beruht Fristversäumnis auf unrichtiger Rechtsansicht, liegt RA-Verschulden vor; anders, wenn diese Ansicht auch von einem OLG und gängigen Handkommentaren vertreten wird (BGH NJW 1985, 495) oder wenn eine unrichtige Rm-Belehrung eines Gerichts vorliegt (BGH NJW 1993, 3206 für einen Landwirtschaftssenat; einschränkend BGH VersR 1996, 1522). Bei rechtl. Zweifeln muss der RA den sichereren Weg gehen (BGH 8, 47), zB nochmals Ber einlegen, nicht den letzten Tag abwarten. 35
- **Rechtsmittelauftrag** (zB: gegen LG-Urteil soll Ber eingelegt werden, der LG-RA ist beim OLG nicht zugelassen und beauftragt daher mit Brief einen OLG-RA): 36

**a) Überwachung der Mandatsannahme**: der Vorinstanz-RA muss sich grds (zB tel) beim Rechtsmittel-RA erkundigen, ob bei diesem der Auftrag eingegangen und zur Ausführung angenommen worden ist (BGH NJW 2001, 3195; NJW-RR 1996, 378); das gilt auch bei Beauftragung mittels Telefax (BGH NJW 1993, 3140).

**b) Fristmitteilung**: der Vorinstanz-RA hat den Zeitpunkt der Zustellung des anzufechtenden Urteils festzustellen und dem Rechtsmittel-RA mitzuteilen (BGH NJW 2001, 1579), die Frist als eigene zu notieren (BGH NJW 1997, 3245), bei Unterzeichnung des Auftragsschreibens muss der RA selbst das darin angegebene Zustellungsdatum (zB anhand der Handakte auf einen Tippfehler) kontrollieren (BGH NJW 1985, 1709; NJW 1996, 393); den Rm-RA trifft ggf eine Erkundigungspflicht (BGH MDR 1986, 469), ihn trifft auch die Verantwortung für die Wahrung der Rm-Frist (BGH VersR 1994, 956). Durch Nachfrage bei Gericht oder Prüfung anhand einer Eingangsmitteilung des Gerichts ist das tatsächl. Ende der Rm-Frist festzustellen (BGH FamRZ 1997, 415). 37

- **Rechtsmittelbelehrung** falsch: siehe „Belehrung".
- **Rechtsunkenntnis**: eine juristisch nicht vorgebildete Partei muss sich alsbald nach Zustellung einer nachteiligen Entscheidung über Form und Frist eines Rm erkundigen (BGH NJW 1997, 1989); der RA muss sich über den Stand der neueren Rspr unterrichten (BGH NJW 1979, 877); ferner über Gesetzesänderungen (BGH NJW 1994, 2299). 38
- **Schriftsätze**: Durchsicht und Überprüfung (zB der Rm-Schrift) auf Vollständigkeit, Richtigkeit sowie Adressierung durch den RA pers ist nötig (BGH NJW 1985, 1710; NJW-RR 1988, 1528). 39
- **Sozien**: Von mehreren in einer Sozietät zusammengeschlossenen RAe hat grds derjenige die Fristen zu überwachen, der beim zuständigen Gericht zugelassen ist (BGH NJW 1997, 3177).
- **Telefax**: (*Riesenkampff* NJW 2004, 3296): Der Nutzer hat mit der Wahl eines anerkannten Übermittlungsmediums, der ordnungsgemäßen Nutzung eines funktionsfähigen Sendegeräts und der korrekten Eingabe der Empfängernummer das seinerseits Erforderliche zur Fristwahrung getan, wenn er so rechtzeitig mit der Übermittlung beginnt, dass unter normalen Umständen mit ihrem Abschluss bis 24.00 Uhr zu rechnen ist. Von einem

RA, der sich und seine organisatorischen Vorkehrungen darauf eingerichtet hat, einen Schriftsatz durch Fax zu übermitteln, kann beim Scheitern der gewählten Übermittlung infolge eines Defekts des Empfangsgeräts oder wegen Leitungsstörungen nicht verlangt werden, dass er innerhalb kürzester Zeit eine andere als die gewählte, vom Gericht offiziell eröffnete Zugangsart sicherstellt (BVerfG NJW 1996, 2857). Das Absenden eines Telefax darf einer hinreichend geschulten und überwachten Bürokraft übertragen werden (BGH NJW 1994, 329; über fehlerhafte Tastenbetätigung durch die Bürokraft OLG München NJW-RR 1994, 1201; der RA muss mit der Übermittlung so bald vor Fristablauf beginnen, dass vollständiger Ausdruck vor Fristablauf (24.00 Uhr) noch mögl. ist (BGH NJW-RR 2001, 916; NJW 1994, 2097; großzügiger BGH NJW 2005, 678).

Die **richtige Fax-Nummer** muss eingegeben werden (BGH NJW 1994, 1660 betrifft neuen Justiz-Telefax-Anschluss; BGH NJW 2004, 2830 zu den Anforderungen an die Ermittlung der richtigen Nr.; Wahl der richtigen Fax-Nr. kann zuverlässigem Personal überlassen werden, BGH NJW 2007, 1690); der RA muss sicherstellen, dass die Fax-Nr. des Empfängers zuverlässig festgestellt ist und ohne Schwierigkeiten darauf zurückgegriffen werden kann (BGH NJW-RR 2006, 1648); kein Verschulden, wenn die Angestellte die Fax-Nr. nicht aus dem Adressfeld des letzten Briefs des Gerichts entnimmt, sondern die frühere Nummer aus ihren Unterlagen (BGH NJW-RR 1998, 1361). Die sorgfältige Ausgangskontrolle einer Rm-Schrift erfordert, dass die Frist im Kalender erst gelöscht wird, nachdem sich der RA von seinem Sendegerät ein Sendeprotokoll hat ausdrucken lassen (BGH VersR 1993, 719; NJW 1990, 187; st Rspr), das zB auf die Zahl der übermittelten Seiten zu kontrollieren ist (BGH NJW-RR 2001, 1072), ferner vom Personal auf die Wahl der richtigen Fax-Nr. (BGH FamRZ 2004, 1275); dies und die Überprüfung des Sendeprotokolls auf Übermittlungsstörungen muss der RA anordnen (BGH NJW 1993, 1655; BayObLG NJW 1995, 668); Ausdruck des Protokolls kann evtl auch durch eidesstattliche Versicherung der Bürokraft glaubhaft gemacht werden (BGH NJW 1993, 732; **aA** *Zöller/Greger* § 233 Rz 23). Ob **technische Störungen** des **Sendegeräts des Rechtsanwalts** einzukalkulieren sind, ist str; bejahend OLG München NJW 1991, 903; aber jedenfalls dann, wenn der Ausfall zu einem Zeitpunkt unvorhersehbar auftrat, als eine Übermittlung des Schriftsatzes auf anderem Wege nicht mehr mögl. und zumutbar war, ist WE zu gewähren (BSG MDR 1993, 904). Fehlerhafter Papiereinzug beim RA-Gerät ist nur bei optischer Kontrolle entschuldbar (OLG Naumburg NJW 1993, 2543). Über Spontanstörungen des Geräts vgl BGH NJW 2007, 601. Mit technischen Störungen beim **Justiz-Empfangsgerät** muss der RA nicht rechnen (BGH NJW-RR 1997, 250; BGH NJW-RR 2005, 435: Papierstau); auch nach Dienstschluss muss es funktionsfähig sein (BGH NJW 1992, 244). **Fax-Uhrzeit:** wenn der RA meint, das Fax um 23.58 abgesandt zu haben, die Justiz aber eine Uhr, die 0.01 zeigt: BGH NJW 2003, 3487.

40 • **Telefon**: tel Anfrage bei der Geschäftsstelle über Datum der Urteilszustellung genügt (BGH NJW 1966, 658); zur Vermeidung tel Übermittlungsfehler sind Anweisungen an das Personal nötig (zB Wiederholung der Daten am Tel, BGH VersR 1986, 1024), die Zuverlässigkeit muss insoweit erprobt sein (BGH VersR 1984, 240); bei tel Ber-Auftrag Überprüfung der Ber-Schrift (BGH VersR 1987, 560).

• **Überörtliche Sozietät**: die Verantwortung trifft den Anwalt, der die Partei vor Gericht vertritt (BGH NJW 1994, 1878). Vgl Rz 39.

- **Umzug ins Ausland**: Wer mit unbekanntem Aufenthalt ins Ausland verzieht, ohne Vorkehrungen für etwaige Zustellungen zu treffen, obwohl mit solchen zu rechnen ist, dessen Unkenntnis von einer öffentl. Zustellung ist nicht schuldlos (vgl OLG Köln VersR 1993, 1127).
- **Unterschrift**: fehlt die RA-Unterschrift beim Rm-Schriftsatz, ist WE möglich, wenn 41 der RA sein Büropersonal allgemein angewiesen hat, sämtl. ausgehenden Schriftstücke vor der Absendung auf das Vorhandensein der Unterschrift zu überprüfen (BGH NJW 2006, 2414; 1996, 998; 1985, 1226), eine Ausgangskontrolle organisiert war (BGH VersR 1987, 383).
- **Urlaub**: entschuldigt nicht Fristversäumung (BGH FamRZ 1997, 172); vgl Abwesen- 42 heit: Erreichbarkeit der Partei für den RA muss sichergestellt sein, wenn mit alsbaldiger Urteilszustellung zu rechnen ist (BGH VersR 1986, 892; VersR 1993, 205), notfalls, dass Ber nur zur Fristwahrung eingelegt wird (BGH VersR 1986, 41).
- **Verhältnis Rechtsanwalt zur Partei**: rechtzeitige Übersendung des Urteils mit ein- 43 fachem Brief genügt (BGH VersR 1985, 90); auf Angaben der Partei über Fristen darf sich der RA nicht verlassen (BGH NJW 1951, 235).
- **Vergessen** der Prozesshandlung: idR schuldhaft, aber nicht, wenn durch familiäre Ereig- 44 nisse schwerwiegende seelische Belastung hervorgerufen wurde (BGH VersR 1985, 47).
- **Verschulden**: § 85 II findet entspr Anwendung (BGH NJW 2001, 2720).
- **Weisungen**: der RA darf sich darauf verlassen, dass sonst zuverlässiges Büropersonal seinen Weisungen nachkommt (BGH VersR 1996, 779; NJW-RR 1996, 245; NJW 1996, 130).
- **Weiterleitung von Schriftsätzen**: Wird ein Schriftsatz beim LG eingereicht, obwohl er zum OLG gehört, ist er im gewöhnl. („ordentl.“) Geschäftsablauf weiterzuleiten; eine Pflicht zur Telefaxweiterleitung besteht nicht (BGH AnwBl 2006, 212). Das gilt jedenfalls für eine leicht und einwandfrei als fehlgeleitet erkennbare Rechtsbehelfsschrift. WE ist aber zu gewähren, wenn während eines Zeitraums von fünf Arbeitstagen versäumt wird, den versehentl. beim LG eingereichten Antrag auf Verlängerung der BerBegr-Frist an das zuständige OLG weiterzuleiten (BGH NJW 2006, 3499), weil das außerhalb des gewöhnl. Geschäftsgangs liegt. Wenn beim LG eingehende Ber erst nach Eingang der BerBegr einer richterl. Zuständigkeitsprüfung unterzogen werden (§119 GVG Fälle mit Auslandsberührung, wo das OLG zuständig ist), ist das nicht zu beanstanden (BVerfG NJW 2006, 1579). Es besteht keine Pflicht, den PrBev auf die Einreichung des Schriftsatzes beim unzuständigen Gericht hinzuweisen (BGH AnwBl 2006, 212).
- **Zustellung**: Über den Zeitpunkt des Zugangs muss der RA sogleich einen Vermerk in den 45 Handakten machen oder zuverlässig veranlassen (BGH VersR 1987, 564). WE, wenn Partei keine Kenntnis von öffentl. Zustellung des Urteils, mit der sie nicht rechnen musste, hatte (BGH 25, 11; OLG Köln FamRZ 1993, 78); ebenso bei missbräuchl. öffentl. Zustellung, wenn zB dem ASt der Aufenthalt bekannt war (BGH NJW 1992, 2280); Nichtlesen des Bundesanzeigers bzw der Gerichtstafel stellt kein Verschulden dar (abw *Guttenberg* MDR 1993, 1049). Bei Ersatzzustellung: WE, wenn Partei nicht mit Vorenthaltung durch Angehörige rechnen musste (BGH NJW 1986, 2958). WE, wenn bei Kündigung des Mandats durch den PrBev dieser eine wegen §176 wirksame Zustellung nicht mitteilt (BGH NJW 1980, 999). Bei Niederlegung: Keine WE, wenn eine nach §181 ordnungsgemäßen

mitgeteilte und niedergelegte Zustellung nicht abgeholt wird (BGH JZ 1977, 762). Dass die schriftl. Mitteilung über die Niederlegung beim Empfänger verlorengegangen ist, steht einer WE nicht entgegen (BGH NJW 1994, 2898). OLG München MDR 1994, 410 gibt keine WE, wenn die Mitteilung übersehen und zusammen mit Werbematerial weggeworfen wird (bedenkl.). Zu §184 vgl BGH FamRZ 1989, 1287; NJW 1989, 1432.

Formular 222: Verteidigungsanzeige des Beklagten und Wiedereinsetzungsantrag

## § 234 ZPO Wiedereinsetzungsfrist

**(1) [1]Die Wiedereinsetzung muss innerhalb einer zweiwöchigen Frist beantragt werden. [2]Die Frist beträgt einen Monat, wenn die Partei verhindert ist, die Frist zur Begründung der Berufung, der Revision, der Nichtzulassungsbeschwerde, der Rechtsbeschwerde oder der Beschwerde nach §§ 621e, 629a Abs. 2 einzuhalten.**

**(2) Die Frist beginnt mit dem Tag, an dem das Hindernis behoben ist.**

**(3) Nach Ablauf eines Jahres, von dem Ende der versäumten Frist an gerechnet, kann die Wiedereinsetzung nicht mehr beantragt werden.**

§ 234 I 2 eingefügt durch G v. 24.08.2004 (BGBl 2004, 2198).

Lit: ***Braunschneider*** MDR 2004, 1045 (zu § 234 I 2); ***Schultz*** NJW 2004, 2329.

1 **1. Absatz 1. Fristwahrung** ist Zulässigkeitsvoraussetzung. **Satz 1**: Innerhalb der 2-Wochenfrist des § 234 I 1 müssen mit dem WE-Gesuch alle Umstände, die für die Frage der Fristversäumung und des Verschuldens von Bedeutung sind, vollständig dargelegt und glaubhaft gemacht werden. Ledigl. Angaben, die unklar und ergänzungsbedürftig sind, insb solche, deren Aufklärung nach § 139 geboten ist, können nach Fristablauf noch erläutert und vervollständigt werden (BGH FuR 2001, 285). „Beantragt werden" heißt: Der Antrag muss bei Gericht innerhalb der Frist eingehen. Zugleich muss die versäumte Prozesshandlung nachgeholt werden, was oft übersehen wird, § 236 II 2, § 236 Rz 6. Ein WE-Antrag gegen die Versäumung der Rev-Frist ist beim BGH einzureichen.

**Satz 2**: die Frist beträgt einen Monat, wenn die Frist *zur Begründung* (nicht: Einlegung, hier bleibt es bei zwei Wochen) der Ber, der Rev, der Nichtzulassungsbeschwerde (§ 544), der RB (§ 574), der familienrechtl. Beschwerde nach § 621e oder der familienrechtl. Beschwerde nach § 629e versäumt wurde. Die gewöhnl. sof Beschwerde nach § 567 muss nicht begr werden (§ 569), sodass hier keine „Frist" zur Begründung versäumt werden kann. Was die Neuregelung genau im Zusammenhang mit Abs. 2 bedeutet, vor allem, ob eine Wortlautauslegung oder eine historische Auslegung zu erfolgen hat, ist unklar. Der BGH (NJW 2006, 2857) hält an seinen Entscheidungen vor Schaffung von § 234 I 2 nicht mehr fest; für einen von § 520 II 1 abw Beginn des Laufs der Begründungsfrist sei jetzt kein Raum mehr. OLG Stuttgart (Justiz 2006, 337) lehnt eine 2-monatige Begründungsfrist nach PKH-Bewilligung ab. KG OLG-Report 2006, 856: Die Frist zur Begründung der Ber beginne bereits mit Mitteilung der PKH-Entscheidung. § 234 I 2 ist nicht nur auf Fälle der nachträgl. Bewilligung der PKH anzuwenden (BAG NZA 2005, 1262; aA LAG Baden- Württemberg NZA-RR 2005, 549).

**Zwei Wiedereinsetzungen bei Berufung – Berufungsbegründung**: die Lage ist verwirrend: **(a)** Ber fristgerecht eingelegt, PKH beantragt, aber Begründungsfrist wegen Armut versäumt: innerhalb eines Monats ab Zustellung des PKH-Beschlusses kann WE beantragt werden und muss zugleich Nachholung der BerBegr erfolgen (§ 234 I 2). **(b)** Ber verspätet eingelegt, es wird deswegen WE beantragt. Trotzdem muss die Begründung innerhalb der Frist erfolgen (obwohl bei Versagung der WE sinnlos), weil sonst zwar WE gegen die Versäumung der Ber-Frist bewilligt wird, aber nichts nützt, weil die Begründungsfrist verstrichen ist. **(c)** PKH beantragt, aber Ber-Einlegung und Begründung wegen Armut versäumt: es bleiben ab Zustellung des PKH-Beschlusses zwei Wochen für die Stellung des Antrags auf WE und Nachholung der Ber-Einlegung (§ 234 I 1); es bleibt ab Zustellung des WE-Beschlusses bez der Ber-Einlegung ein Monat für den Antrag auf WE und Nachholung der BerBegr (§ 234 I 2); vgl Löhnig FamRZ 2005, 578.

**Doppelte Wiedereinsetzung.** Gegen die Versäumung der Zweiwochenfrist (bzw Monatsfrist) ist ebenfalls WE mögl., § 233 (der auf § 234 verweist). Für den Vortrag der Gründe, die die WE wegen der Versäumung der WE-Frist betreffen, gilt eine eigene Zweiwochenfrist bzw Monatsfrist, die gem § 234 II mit dem Tag beginnt, an dem das Hindernis behoben ist (BGH FamRZ 1999, 579). Man muss unterscheiden zwischen den Gründen, die die WE gegen die versäumte Rm-Frist betreffen, und denjenigen, die die WE gegen die Versäumung der WE-Frist betreffen. Beispiel: Ber-Frist versäumt, WE-Frist hiergegen läuft am 31.07. ab; das erfährt der RA am 04.08. WE gegen WE-Fristversäumung bis 18.08. mögl.

Über **Wiedereinsetzung von Amts wegen** vgl § 236 II 2.

**2. Absatz 2. Fristbeginn:**

- sobald das Hindernis entfallen ist oder 2
- wenn das Weiterbestehen des Hindernisses nicht mehr als unverschuldet anzusehen ist (BGH VersR 1978, 825; 1986, 39).

**Beispiele:** Fristbeginn, sobald die Partei oder ihr PrBev (nicht genügend: der Bürovorsteher) erkannt hat oder bei Anwendung der gebotenen Sorgfalt hätte erkennen können und müssen, dass die Frist versäumt war (BGH VersR 1993, 205; FamRZ 1996, 934); Fristbeginn, sobald der RA Anlass hat zu prüfen, ob das Fristende richtig festgehalten war (BGH NJW-RR 2005, 76); Fristende, sobald dem RA die Handakten zur Vorbereitung einer fristwahrenden Prozesshandlung vorgelegt werden, denn nun ist es seine Aufgabe, die Fristeinhaltung selbstständig zu überprüfen, jetzt muss er erkennen, dass zB die Ber-Begr-Frist bereits abgelaufen ist, die Frist beginnt (BGH MDR 2002, 841; VersR 1986, 39). Fristbeginn, sobald gerichtl. Mitteilung über RM-Eingangsdatum einläuft (BGH NJW 1992, 2098); sobald der Behörden-Sachbearbeiter einen gerichtl. Hinweis erhält (BGH FamRZ 2001, 416). Nach Fristablauf kein Nachschieben von Gründen (BGH NJW 1991, 1892), aber Erläuterung bisherigen Vorbringens (BGH NJW 1992, 697). 3

Bei **Prozesskostenhilfe**: **(1) Bewilligung:** Fristbeginn, sobald PKH bewilligt und ein postulationsfähiger RA beigeordnet ist und dies der Partei oder ihrem Vertreter mitgeteilt ist (BGH VersR 1986, 580; BGH FamRZ 2001, 1143); **(2) wird PKH teilweise bewilligt,** 4 beginnt die Frist wie bei (1), vgl BGH NJW 1963, 1780; NJW-RR 1993, 451; FamRZ 1995, 34; **(3) Versagung vor Fristablauf**: an sich wäre das Rm dann in der Restfrist einzulegen; wenn aber zB am 25.06. die PKH-Verweigerung zugestellt wird und die Rm-Frist schon mit dem 28.06. abläuft, ist dies (wenn sich der ASt für arm halten durfte) nicht zu erwarten (BGH NJW 1986, 257; FamRZ 1987, 925); die WE-Frist beginnt danach; statt Versagung kann auch Ankündigung der Versagung genügen (BGH NJW-RR 2007, 793). **(4) Versagung nach Fristablauf**: konnte die Partei sich für arm halten, steht ihr nach Verweigerung (auch mangels Erfolgsaussicht) eine Überlegungsfrist von 3 bis 4 Tagen zu, ob sie das Rm auf eigene Kosten einlegen will (BGH NJW-RR 1990, 451), die WE-Frist beginnt anschließend. Einer Partei, die *vor* Ablauf der Rm-Frist zur Durchführung des Rm PKH beantragt hat, ist WE nur zu gewähren, wenn sie vernünftigerweise nicht mit der Verweigerung der PKH wegen nicht hinreichend nachgewiesener Bedürftigkeit rechnen musste (BGH NJW-RR 2006, 140). Hat eine Partei die Ber-Frist versäumt, weil sie arm war, ist die Fristversäumung auch dann unverschuldet, wenn der vollständige Antrag (dh mit PKH-Formular *und* Belegen) auf Bewilligung von PKH nicht innerhalb der Rm-Frist, sondern bis zum Ablauf der WE des § 234 ZPO eingegangen ist, und die Fristversäumung nicht auf einem Verschulden beruht (BGH NJW-RR 2006, 140). **(5) Verfassungskonforme Auslegung** von § 236 II 2: dort Rz 6.

5 Die weitere Entwicklung darf nicht abgewartet werden bei verlorengegangenem Brief also nicht das Ergebnis von Postnachforschungen, bei versäumter BerBegr nicht der Verwerfungsbeschluss nach § 522 I 2.

6 **Fristberechnung:** § 222. Bei Behebung des Hindernisses am Dienstag endet die Zweiwochenfrist mit dem übernächsten Dienstag. Monatsfrist bei § 234 I 2. Ist die Frist versäumt, beachte die WE-Möglichkeit dagegen nach § 233 und WE von Amts wegen, § 236 II 2.

7 **3. Jahresfrist (Absatz 3).** Ausschlussfrist; hiergegen gibt es grds keine WE (BGH VersR 1987, 256). Beispiel: Wurde am 14.11. das OLG-Urteil zugestellt und lief am Montag, 16.12., die Rev-Frist ab, dann muss der WE-Antrag spätestens am 16.12. des Folgejahres eingehen. Hat der ASt PKH für ein Rm rechtzeitig beantragt, kann die PKH auch noch nach Ablauf der Jahresfrist bewilligt werden (BGH MDR 1973, 755). Wird ein VU öffentl. zugestellt und erfährt der Schuldner davon erst nach Jahren, ist ihm die WE gegen die Versäumung der Einspruchsfrist verwehrt. Doch hätte dann evtl die öffentl. Zustellung seinerzeit nicht bewilligt werden dürfen (BGH NJW 2002, 827; § 188 Rz 1), sodass jetzt noch Einspruch eingelegt werden kann.

## § 235 ZPO
(weggefallen)

## § 236 ZPO Wiedereinsetzungsantrag

**(1) Die Form des Antrags auf Wiedereinsetzung richtet sich nach den Vorschriften, die für die versäumte Prozesshandlung gelten.**

**(2) [1]Der Antrag muss die Angabe der die Wiedereinsetzung begründenden Tatsachen enthalten; diese sind bei der Antragstellung oder im Verfahren über den Antrag glaubhaft zu machen. [2]Innerhalb der Antragsfrist ist die versäumte Prozesshandlung**

**nachzuholen; ist dies geschehen, so kann Wiedereinsetzung auch ohne Antrag gewährt werden.**

1 **1. Absatz 1. Antragsform:** War zB BerBegr versäumt, muss der WE-Antrag Schriftform haben, § 519. Besteht für die versäumte Prozesshandlung Anwaltszwang, vgl § 78, gilt das auch für den WE-Antrag. Der Antrag muss nicht unbedingt förml./ausdrückl. gestellt werden (BGH NJW-RR 1993, 1091; zulässig auch als Hilfsantrag (BGH NJW 1997, 1312). **Antragsfrist** § 234.

**2. Absatz 2. Antragsinhalt:**

2 **a) Begehren der Wiedereinsetzung**: konkludenter Antrag (festzustellen durch Auslegung BGH NJW-RR 1993, 1091) genügt, Antrag entbehrl. iFd § 236 II 2. Man kann Ber einlegen und zugleich für den Fall, dass das Gericht Verspätung annimmt, WE beantragen (BGH NJW 2000, 2280).

3 **b) Tatsachen**: Substanziiert muss ein Sachverhalt vorgetragen werden, wonach die Fristversäumung nicht auf einem Verschulden der Partei oder ihres PrBev beruht, eine genaue Darlegung aller innerhalb der versäumten Frist liegenden Umstände, die für die Frage von Bedeutung sind, auf welche Weise und durch wessen Verschulden es zur Versäumung der Frist gekommen ist (BGH NJW-RR 2005, 793; VersR 1986, 964), dh Vortrag der Daten, der Kanzlei-Organisation, Büroanweisungen, Ausgangskontrolle, Eignung des Personals usw.; bei Unklarheiten sind Hinweise nach § 139 notw.

4 **Nachschieben von Gründen**: nach Ablauf der Antragsfrist grds unzulässig; zulässig ist, unvollständige Angaben auch noch nach Fristablauf zu erläutern und zu ergänzen (BGH JurBüro 1986, 317), nicht mehr, wenn ein wesentl. Punkt (zB Büroanweisungen) erstmals aufgegriffen wird (BGH VersR 1984, 666). In der *Beschwerdeinstanz* kann zusätzl. Vorbringen nur berücksichtigt werden, wenn es der Vervollständigung und Ergänzung des ursprüngl. Vorbringens dient und das ErstG eine gebotene fristgerechte Aufklärung nicht veranlasst hatte, also bei Verstoß gegen § 139 (BGH NJW 2006, 2269; NJW 1997, 1708; NJW 1997, 2120; VersR 1985, 1184);

5 **c) Glaubhaftmachung**, § 294. Erforderl., also kein voller Beweis, nur eine überwiegende Wahrscheinlichkeit (BGH NJW 1998, 1870; VersR 1986, 463). Muss nicht notw im Antrag geschehen, Nachholung („im Verfahren") bis zur Entscheidung reicht. Es genügt die eigene **eidesstattliche Versicherung** des ASt bzw seines RA (BGH FamRZ 1996, 408). Eine eV des Mandanten, die keine eigene Sachdarstellung enthält, sondern nur auf anwaltl. Schriftsätze Bezug nimmt, genügt idR nicht (BGH NJOZ 2004, 1430). Das Verhalten von Kanzleiangestellten muss dieses (und nicht der RA) eidesstattl. versichern (OLG Dresden FuR 2000, 379). Versichert ein RA einen Vorgang anwaltl., der seine eigene Tätigkeit oder Wahrnehmung betrifft, so kann von diesem Vorgang als richtig ausgegangen werden, solange nicht konkrete Anhaltspunkte es ausschließen, den geschilderten Sachverhalt mit überwiegender Wahrscheinlichkeit für zutr zu erachten (BGH AnwBl 1985, 200). Ggf sind Kopien des Fristenkalenders und der Handakte vorzulegen (BGH NJW 2006, 2269). Die Anforderungen an die Darlegung dürfen nicht überspannt werden (BGH NJW 1994, 2552). Zum Umfang der Glaubhaftmachung, wenn ein MB gem § 181

aF durch Niederlegung zugestellt wurde und der Schuldner die Benachrichtigung nicht erhielt, vgl BGH MDR 1984, 485.

6 **d) Nachholung der versäumten Prozesshandlung** (nicht unbedingt im Antrag, innerhalb der Frist des § 234 auch nachher), **zB der übersehenen Berufungsbegründung**; nicht genügt hier ein Antrag auf Verlängerung der BerBegr-Frist (BGH FamRZ 2006, 1754; NJW 1999, 3051; 1997, 400; 1995, 60; häufiger Fehler) oder ein PKH-Antrag (BGH NJW-RR 1990, 379). Ist die **Berufungsfrist versäumt**, muss mit dem WE-Antrag Ber eingelegt werden. **Begründungsfristen**: Da seit 2002 die BerBegr-Frist bereits mit Urteilszustellung beginnt (§ 520 II 1), ergeben sich Fristprobleme für den „Armen". BGH NJW 2003, 3275 legte § 236 II 2 daher verfassungskonform und freischöpferisch dahin aus, dass die zweimonatige BerBegr-Frist erst mit Zugang der PKH-Bewilligung für die Ber beginnt. Entspr galt, wenn PKH für eine RB bewilligt wurde (BGH NJW 2003, 3782). Dann wurde § 234 I 2 mit Wirkung ab 01.09.2003 eingeführt, dh die WE-Frist wurde in bestimmten Fällen auf einen Monat verlängert. Diese Regelung ist auf Fälle zugeschnitten, in denen einem Rm-Führer erst nach Ablauf der RmBegr-Frist PKH für die Einlegung des Rm gewährt wird. Der BGH hält wegen der Reform an seinen Entscheidungen von 2003 nicht mehr fest (BGH NJW 2006, 2858); für einen von § 520 II 1 abw Beginn des Laufs der Begr-Frist sei jetzt kein Raum mehr. Nachholung der Prozesshandlung ist nicht deshalb entbehrl., weil die Ber bereits als unzulässig verworfen ist (BGH LM § 519b Nr. 9). UU genügt statt Nachholung Bezugnahme auf die schon erfolgte Prozesshandlung.

**Umdeutung**: Bei Versäumung der Einspruchsfrist gegen ein VU muss ein WE-Gesuch *zugleich* als Einspruch aufgefasst werden, wenn nach der Verfahrens- und Interessenlage zweifelsfrei ersichtl. ist, dass sich der ASt gegen das VU wendet und das Verfahren weiter betreiben will (BVerfG NJW 1993, 1635). Eine Nichtigkeitsklage (§ 579) kann in ein WE-Gesuch umgedeutet werden.

7 **3. Wiedereinsetzung von Amts wegen (Absatz 2 Satz 2 Halbsatz 2)** WE kann uU auch ohne WE-Antrag bewilligt werden, nämlich wenn das Beharren auf dem Antrag nur eine Förmelei wäre (vgl BGH NJW-RR 2004, 408). „Ist dies geschehen": Nicht immer, wenn die versäumte Handlung innerhalb von zwei Wochen nachgeholt wird, darf von Amts wegen WE gewährt werden; es müssen auch die Voraussetzungen einer WE (mangelndes Verschulden, Weiterbetreibungswille der Partei) aktenkundig geworden sein (vgl BGH NJW 1975, 257); dann heißt „kann": „muss" (**aA** BAG NJW 1989, 2708: Ermessen). Beispiel: Hat die bedürftige Partei nach Ablauf der Ber-Frist, aber vor der Bewilligung von PKH, nochmals unbedingt Ber eingelegt, so ist ihr von Amts wegen WE zu gewähren (BGH FamRZ 2001, 415).

Formular 292: Wiedereinsetzungsantrag bei Versäumung der Einspruchsfrist gegen ein Versäumnisurteil

Formular 293: Wiedereinsetzungsantrag bei Versäumung der Berufungsfrist

## § 237 ZPO Zuständigkeit für Wiedereinsetzung

**Über den Antrag auf Wiedereinsetzung entscheidet das Gericht, dem die Entscheidung über die nachgeholte Prozesshandlung zusteht.**

**Zuständig** ist zB bei WE gegen Versäumung der BerBegr-Frist das BerGer, auch wenn es inzwischen die Ber als unzulässig verworfen hat (RG 42, 367); das RevG, wenn zB das BerGer die WE von Amts wegen (§ 236 II 2) verkannte (BGH NJW 1982, 1873) oder den WE-Antrag überging (BGH 7, 280) oder der WE-Antrag erst gestellt wurde, nachdem die Sache in den Rev-Rechtszug gediehen ist (BGH 8, 303) oder wenn weitere Beschwerde eingelegt wurde (BGH NJW 1996, 2581). Ist wegen Auslandsbezugs für eine Ber gegen ein Urteil des AG nicht das LG, sondern das OLG zuständig (§ 119 GVG), so muss bei Versäumung der Ber-Frist und BerBegr-Frist (wegen zunächst beim LG eingelegter Ber) der WE-Antrag innerhalb der Frist des § 234 beim OLG gestellt werden (OLG Jena OLG-Report 2006, 28). 1

## § 238 ZPO Verfahren bei Wiedereinsetzung

**(1) [1]Das Verfahren über den Antrag auf Wiedereinsetzung ist mit dem Verfahren über die nachgeholte Prozesshandlung zu verbinden. [2]Das Gericht kann jedoch das Verfahren zunächst auf die Verhandlung und Entscheidung über den Antrag beschränken.**

**(2) [1]Auf die Entscheidung über die Zulässigkeit des Antrags und auf die Anfechtung der Entscheidung sind die Vorschriften anzuwenden, die in diesen Beziehungen für die nachgeholte Prozesshandlung gelten. [2]Der Partei, die den Antrag gestellt hat, steht jedoch der Einspruch nicht zu.**

**(3) Die Wiedereinsetzung ist unanfechtbar.**

**(4) Die Kosten der Wiedereinsetzung fallen dem Antragsteller zur Last, soweit sie nicht durch einen unbegründeten Widerspruch des Gegners entstanden sind.**

**1. Absatz 1 Satz 1.** Bei **Verbindung beider Verfahren** kommt es darauf an, ob die Verh über die Prozesshandlung notw mdl ist (dann gilt das auch für das WE-Verfahren). In den wichtigen Fällen der Verwerfung von Rm, usw., §§ 104 III (Kf), 341 II (Einspruch), 522 I 2 (Ber), 552 I 2 (Rev), 572 II 2 (sof Beschwerde), kann daher **ohne mündliche Verhandlung durch Beschluss** entschieden werden; dem Gegner muss vorher rechtl. Gehör gewährt werden (BVerfG NJW 1982, 2234). Erscheint dagegen der WE-Antrag zulässig und begr, wird idR mdl verhandelt. **Satz 2.** Vgl Rz 4. 1

**2. Absatz 2. Entscheidung**: Es muss jeweils unterschieden werden, ob nur über die WE entschieden wird oder zugleich über die Hauptsache. 2

**a) Falls keine mündliche Verhandlung stattfand**: Beschluss, durch den zB **(1)** der Antrag auf WE gegen die Versäumung der Einspruchsfrist zurückgewiesen und **(2)** der Einspruch des Bekl gegen den Vollstr-Bescheid als unzulässig verworfen wird **(3)** Kosten.

**b) Wenn** iFd §§ 341 II, 522, 552 **eine mündliche Verhandlung stattfand** oder ein Fall vorliegt, in dem mdl Verh vorgeschrieben ist: EndU. Bei Säumnis in der mdl Verh: gegen 3 den säumigen ASt ergeht VU, wonach der Antrag (ohne Sachprüfung der WE-Gründe) zurückgewiesen wird (BGH NJW 1969, 845); ist der AGegner säumig, wird der WE-Antrag von Amts wegen (zB wegen der Zulässigkeit des Rm) geprüft.

4 **c) Bei Beschränkung** der mdl Verh (durch Beschluss) auf den WE-Antrag nach § 238 I 2: bei Bewilligung der WE ZwischenU (§ 303), bei Ablehnung aber nach hM (vgl BGH 47, 289) EndU (zB über WE-Versagung und Ber-Verwerfung).

5 **d) Wirkung.** Die versäumte Prozesshandlung wird mit Bewilligung der WE als rechtzeitig fingiert. Ist die Ber usw. inzwischen bereits als unzulässig verworfen, wird die Verwerfung mit WE-Gewährung gegenstandslos (BGH NJW 2006, 2269; 2002, 3029; 1982, 887), kann aber auch deklaratorisch aufgehoben werden. Wer die Ber rechtzeitig einlegt, aber die Begr-Frist versäumt, weshalb die Ber als unzulässig verworfen wird (§ 522), hierauf WE beantragt, welche abgelehnt wird, kann hiergegen nach § 522 I 4 RB einlegen und muss nicht auch den zuvor ergangenen, die Ber verwerfenden Beschluss anfechten (BGH NJW 2006, 2269), weil bei Gewährung der WE der Beschluss über die Verwerfung der Ber ohne Weiteres gegenstandslos wird.

### 3. Absatz 3. Rechtsmittel

6 **a) Gewährte Wiedereinsetzung**: Sie kann im Tenor (zB: „Dem Kl wird WE in den vorigen Stand wegen Versäumung der BerBegr-Frist gewährt") oder in den Gründen des Urteils über das Rm erfolgen.

Sie ist **unanfechtbar (Absatz 3)** und, auch wenn WE zu Unrecht erfolgte, für das bewilligende Gericht (vgl § 318, BGH LM Nr. 2) sowie für RmG (BGH NJW 1982, 887; FamRZ 1993, 1191) bindend (anders BGH NJW 1995, 2497: wenn der Anspruch des Gegners auf rechtl. Gehör verletzt worden sei, könne das Gericht auf Gegenvorstellung – solange kein Urteil ergangen sei – die WE-Bewilligung selbst wieder aufheben; Bedenken vgl *Hoeren* JR 1996, 197; *Roth* JZ 1996, 374; bei greifbarer Gesetzwidrigkeit gibt OLG Koblenz VersR 1997, 207 Rm). WE bleibt trotz (gesetzwidriger) Zulassung der RB (§ 574) unanfechtbar (BGH NJW 2003, 211); RB ist nicht statthaft.

7 **b) Verweigerte Wiedereinsetzung**: man muss unterscheiden zwischen der Entscheidung über die WE und der über das Rm etc. Getrennte Entscheidung: „Der Antrag auf WE wird als unzulässig verworfen" bzw: „Der Antrag wird zurückgewiesen". Dann hat die Entscheidung über das nun (meist) unzulässige Rm, das durch Beschluss oder Urteil als unzulässig zu verwerfen ist zu folgen. Gemeinsame Entscheidung: „Der Antrag auf WE ... wird zurückgewiesen. Die Ber gegen ... wird verworfen".

**Rechtsmittel gegen ein Urteil** uU Ber (§ 511) und uU Rev (§ 542); ebenso gegen ein ZwischenU (BGH 47, 289). **Gegen ein Versäumnisurteil**, das gegen den ASt ergangen ist, **gibt es keinen Einspruch (Absatz 2 Satz 2)**, nur Ber bzw Rev (§§ 514 II, 565), falls ein die Versäumung ausschließender Sachverhalt vorgetragen wird.

8 **Gegen einen Beschluss**: grds die sof Beschwerde, §§ 567, 569 bzw in FamS die befr Beschwerde (§ 621e III); gegen die Entscheidung des BeschwerdeG evtl RB durch beim BGH zugelassenen RA zum BGH (§ 574). Wenn das LG/OLG als BerGer entschied und die Ber ohne mdl Verh verwarf: RB (§§ 522 I 3, 574); ebenso wenn das LG/OLG als BerGer den Einspruch gegen ein VU verwarf (§§ 341 II; 525).

**Einzelheiten**: Bei einer sof Beschwerde gegen einen die WE ablehnenden Beschluss darf neuer Sachvortrag nicht berücksichtigt werden, es sei denn, es handelt sich um die Erläuterung oder Ergänzung von innerhalb der zweiwöchigen bzw einmonatigen Antragsfrist vorgebrachten unklaren Angaben, deren Aufklärung nach § 139 geboten gewesen wäre (BGH NJW-RR 2006, 1501; NJW 1999, 2284; OLG Frankfurt MDR 1999, 1522). Hat das OLG die *Ber* wegen Nichteinhaltung der BerBegr-Frist durch Beschluss verworfen (§ 522 I 3), dann genügt es nicht, wenn der BerKl dagegen RB einlegt (§ 522 I 4) und hierbei seine *WE-Gründe* vorträgt, vielmehr muss er WE beim OLG beantragen und gegen die Versagung RB zum BGH erheben (vgl zur aF BGH NJW 1982, 887), § 238 II 1; die Beschwerden nach § 522 und § 238 II haben also verschiedene Stoßrichtungen. Die Beschwerde gegen die Verwerfung auf WE-Gründe zu stützen ist sinnlos; sie kann aber zB darauf gestützt werden, dass das OLG die Frist falsch berechnete. Die Bewilligung der WE macht den Verwerfungsbeschluss gegenstandslos. 9

**4. Kostenentscheidung**; **Absatz 4.** Fälle: **a)** Unterliegt der, dem WE gewährt wurde, in der Hauptsache, hat er nach § 91 ohnehin alle Kosten (auch die der WE) zu tragen, ein bes Ausspruch ist überflüssig. **b)** Obsiegt der WE-Antragsteller in der Hauptsache, erfolgt Kostenteilung: zB „Die durch die WE veranlassten Kosten trägt der Bekl, die übrigen Kosten der Kl"; **c)** Im Fall b und „unbegr Widerspruch" (dazu vgl § 344 Rz 2) hat der Gegner *alle* Kosten zu tragen, § 91; **d)** Bei Klagerücknahme geht § 269 III 2 vor. 10

**5. Kosten. Gericht**: es fallen keine neuen Geb an. **Rechtsanwalt**: wird ein RA nur mit der WE beauftragt: RVG VV 3403, Ermäßigung bei VV 3405. Ist er für die Hauptsache PrBev, ist seine Tätigkeit mit VV 3100 ff abgegolten (§ 15 II RVG). 11

## Titel 5
## Unterbrechung und Aussetzung des Verfahrens

### § 239 ZPO Unterbrechung durch Tod der Partei

**(1) Im Falle des Todes einer Partei tritt eine Unterbrechung des Verfahrens bis zu dessen Aufnahme durch die Rechtsnachfolger ein.**

**(2) Wird die Aufnahme verzögert, so sind auf Antrag des Gegners die Rechtsnachfolger zur Aufnahme und zugleich zur Verhandlung der Hauptsache zu laden.**

**(3) [1]Die Ladung ist mit dem den Antrag enthaltenden Schriftsatz den Rechtsnachfolgern selbst zuzustellen. [2]Die Ladungsfrist wird von dem Vorsitzenden bestimmt.**

**(4) Erscheinen die Rechtsnachfolger in dem Termin nicht, so ist auf Antrag die behauptete Rechtsnachfolge als zugestanden anzunehmen und zur Hauptsache zu verhandeln.**

**(5) Der Erbe ist vor der Annahme der Erbschaft zur Fortsetzung des Rechtsstreits nicht verpflichtet.**

**1. Unterbrechung** ist Stillstand kraft Gesetzes in den Fällen §§ 239 bis 245, unabhängig von der Kenntnis der Parteien und des Gerichts vom Tod usw. **Aussetzung** ist Stillstand kraft gerichtl. AnO. **Ruhen des Verfahrens** ist ein Sonderfall der Aussetzung, §§ 251, 251a. 1

2 **Absatz 1**. § 239 ist nicht anwendbar, wenn die verstorbene Partei durch einen PrBev vertreten war (§ 246); anders bei vorheriger Mandatsniederlegung des RA (BGH 43, 135).

3 **Tod**: Analoge Anwendung auf Erlöschen der JuP, der OHG, Umwandlung Kapitalgesellschaft/OHG, Eingemeindung einer Gemeinde, Beendigung des Amts bei Insolvenzverwalter/Testamentsvollstrecker (vgl § 241).

4 **Tod der Partei**: auch des Streithelfers nach § 69; nicht bei Tod der Partei kraft Amtes, zB des Insolvenzverwalters (dann gilt § 241). Zum Verfahrensablauf und den berufungsrechtl. Folgen s. *Schneider* ZAP Fach 13, S. 183.

5 **Unterbrechung** des Erkenntnisverfahrens jeder Art, auch Arrest/eVfg, Kf-Verfahren; Mahnverfahren (BGH NJW 1974, 493). ZwischenU, dass Unterbrechung „fortdauere", ist anfechtbar (BGH NJW 2004, 2983).

6 **Keine Unterbrechung tritt ein**: bei Rechtsnachfolge durch den Gegner (dann Verfahrensende durch Konfusion, BGH NJW-RR 1999, 1152; dazu Stöber MDR 2007, 757); bez der ZwV (wegen § 779); wenn keine Gesamtrechtsnachfolge stattfindet; bei Löschung von Kapitalgesellschaften (sie gelten für den Prozess als fortbestehend und werden durch die Liquidatoren vertreten, BGH LM § 74 GmbHG Nr. 1); bei Löschung des Vereinsnamens im Vereinsregister (BGH NJW 1984, 668). In FamS vgl §§ 619, 640g.

7 **Dauer der Unterbrechung**: bis zur Aufnahme durch den Nachfolger, oder Erzwingung der Aufnahme durch den Gegner (Rz 14), oder nach §§ 240, 241, 243. **Wirkung der Unterbrechung**: § 249.

8 **2. Aufnahme durch den Nachfolger** gem § 250 durch Schriftsatz des Rechtsnachfolgers (zB des Erben); mit dessen Zustellung an den Gegner endet die Unterbrechung.

**a) Bei Unterbrechung im anhängigen Prozess**: **(1)** Ist Rechtsnachfolge *unstr*, wird die mdl Verh fortgesetzt, die Rechtsnachfolge in den Entscheidungsgründen behandelt; ist eine Partei säumig: VU. **(2)** Ist Rechtsnachfolge *str:* Beweisaufnahme, zB Erbscheinsvorlage; steht die Nachfolge dann nicht fest (§ 286): EndU, in dem die Fortsetzung des Rechtsstreits abgelehnt und dem Aufnehmenden die Kosten auferlegt werden. Steht die Nachfolge fest: EndU in der Hauptsache, Erörterung der Nachfolge in den Gründen.

9 **b) Bei Unterbrechung vor Rechtskraft der Endentscheidung** und vor Rm-Einlegung: der Rechtsnachfolger kann iVm der Aufnahme Rm einlegen (BGH NJW 1962, 589); verneint das BerGer die Nachfolge, wird das Rm als unzulässig verworfen, anderenfalls zur Sache entschieden; nach RG 68, 255 kann die Aufnahme aber auch vor der unteren Instanz erfolgen und dort ein ErgänzungsU nur über die Rechtsnachfolge (vgl. § 146) herbeigeführt werden.

10 **c) Nach Rechtskraft**: § 727; § 731.

11 **Rechtsnachfolger**: auf wen der StrG übergeht, also idR der Erbe (§ 1922 BGB); schlägt er aus: der Nächstberufene (§ 1953 BGB); bei Miterben jeder Einzelne (BGH MDR 1964, 669); Sonderrechtsnachfolger (BGH 69, 395 zu BEG). *Nicht:* Zessionar, Vermächtnisnehmer, Pfändungsgl, Erbschaftskäufer.

12 **3. Absatz 2. Verzögert**: wer in Kenntnis des Rechtsstreits nach Annahme der Erbschaft (Abs. 5) nicht aufnimmt; eine bes Überlegungsfrist ist nicht eingeräumt. Der Erbe kann

eine Haftungsbeschränkung nach §§ 305, 780 geltend machen. Aufnahmeantrag unterliegt ggf § 78.

**Absatz 3**. Aufnehmender und Gegner werden zur Verh über Rechtsnachfolge und Haupt- 13
sache geladen.

**Absatz 4**. Im Termin (bei Unterbrechung vor Erlass der EndE): **a)** Erscheint niemand: 14
Ruhen des Verfahrens, § 251a III; **b)** Säumnis des Ladenden: VU; **c)** Säumnis des Rechtsnachfolgers: Die Rechtsnachfolge wird als zugestanden angesehen und in der Hauptsache kann ein VU ergehen; **d)** Erscheinen beide: bei Zugeständnis der Rechtsnachfolge Verh zur Hauptsache. Bei Bestreiten der Rechtsnachfolge: nach Beweisaufnahme deren Feststellung in den Gründen des EndU über die Hauptsache oder (bei Verneinung) EndU, das den Antrag auf Fortsetzung des Rechtsstreits zurückweist und dem ASt die durch die Aufnahme verursachten Kosten auferlegt.

**Absatz 5**. Erbschaftsannahme: §§ 1942 ff, 1958 BGB. Bis zur Annahme der Erbschaft 15
und innerhalb der Frist kann die Erbschaft vom Erben noch ausgeschlagen werden, sodass eine vorherige Fortsetzung des Rechtsstreits durch den „Erben" wenig Sinn hätte.

**Kosten. Gericht:** keine Geb-Erhöhung, denn für das Verfahren vor und nach Unterbrechung, 16
Aussetzung usw. wird die Geb nur einmal erhoben (§35 GKG). **Rechtsanwalt**: keine bes Geb für Antrag auf Ruhen, auf Wiederaufnahme usw. Nach Aufnahme entstehen Geb nicht nochmals (§15 II RVG); bei mehr als zwei Jahren Pause beachte aber §15 II 2 RVG.

Formular 184: Anzeige der Unterbrechung des Rechtsstreits gemäß § 239 ZPO bei Tod einer Partei

Formular 188: Antrag des Prozessgegners auf Aufnahme des Verfahrens bei Verzögerung durch den Rechtsnachfolger gemäß § 239 Abs. 2 ZPO

## § 240 ZPO Unterbrechung durch Insolvenzverfahren

**[1]Im Falle der Eröffnung des Insolvenzverfahrens über das Vermögen einer Partei wird das Verfahren, wenn es die Insolvenzmasse betrifft, unterbrochen, bis es nach den für das Insolvenzverfahren geltenden Vorschriften aufgenommen oder das Insolvenzverfahren beendet wird. [2]Entsprechendes gilt, wenn die Verwaltungs- und Verfügungsbefugnis über das Vermögen des Schuldners auf einen vorläufigen Insolvenzverwalter übergeht.**

§ 240 geändert ab 01.01.1999 durch EGInsO (BGBl 1994, 2911). Für frühere Konkurse: Art 103 EGInsO.

**Lit:** ***Gundlach*** u.a. NJW 2004, 3222.

**1. Insolvenzeröffnung.** 1

**a) Eröffnung.** Durch die Eröffnung (§ 27 InsO) verliert der Schuldner zahlreiche Befugnisse hinsichtl. des Vermögensteils, welches zur Insolvenzmasse gehört (§ 80 InsO). Diese Befugnisse hat nun der Insolvenzverwalter. Ebenso ist es beim Nachlassinsolvenzverfahren (§ 315 InsO). Eine Eröffnung, bei der der Schuldner die Eigenverwaltung übernimmt und also kein Insolvenzverwalter bestellt wird, unterbricht genauso (BGH NZI 2007, 188).

**b) Vorläufiger Insolvenzverwalter (§§ 21 II Nr. 1, 22 I InsO).** Dessen Bestellung unterbricht nach **Satz 2** ebenfalls, *falls* dem Verwalter die Verwaltungs- und Verfügungsbefugnis übertragen wurde (ersichtl. aus dem Beschluss des InsolvenzG). Bei Bestellung *schwächerer* Verwalter (zB nur nach § 21 II Nr. 2 Alt 2, Zustimmungsvorbehalt) tritt keine Unterbrechung ein (BGH NJW 1999, 2822); auch nicht bei § 22 II InsO.

**c) Ausländische Eröffnung.** Ein Inlandsprozess für oder gegen den Schuldner wird durch die Eröffnung eines ausl Insolvenzverfahrens unterbrochen, vgl § 352 InsO. Art 15 der VO (EG) Nr. 1346/2000 über Insolvenzverfahren, in Kraft ab 31.05.2002, enthält eine kollisionsrechtl. Bestimmung und lautet: „Für die Wirkungen des Insolvenzverfahrens auf einen anhängigen Rechtsstreit über einen Gegenstand oder ein Recht der Masse gilt ausschließl. das Recht des Mitgliedstaats, in dem der Rechtsstreit anhängig ist."

**d) Eröffnung über das Vermögen einer Partei**: Kl, Bekl, Streithelfer nach § 69; wenn über eine Partei kraft Amtes (Insolvenzverwalter, Testamentsvollstrecker) die Insolvenz eröffnet wird, wird der Prozess über das verwaltete Vermögen nicht unterbrochen. Unterbrechung gegen *einen* **einfachen Streitgenossen**, weil über diesen Insolvenz eröffnet wurde, berührt das Verfahren gegen den anderen StrGen nicht, TeilU ist mögl. (BGH NJW-RR 2003, 1002). Prozess gegen BGB-Gesellschafter wegen pers Haftung für Schulden der GbR wird unterbrochen, wenn über GbR Insolvenz eröffnet wird (BGH NJW 2003, 590). Eröffnung über das Vermögen eines Gesellschafters der BGB-Gesellschaft führt nicht zur Unterbrechung des Rechtsstreits der BGB-Gesellschaft (OLG Dresden MDR 2007, 162).

e) Ein in **Unkenntnis der Insolvenzeröffnung erlassenes Urteil** ist nicht nichtig (BGH FamRZ 2004, 867), der Schuldner kann dagegen Rm einlegen (BGH NJW 1995, 2563; OLG Köln ZIP 1994, 958); ferner absoluter Rev-Grund, § 547 Nr. 4.

2 **f) Das Verfahren** wird unterbrochen: auch Mahnverfahren, Kf-Verfahren (BGH FamRZ 2005, 1535; OLG Brandenburg MDR 2001, 471; OLG Stuttgart ZIP 1998, 2066; OLG Düsseldorf ZIP 1996, 1621), eine laufende Ber-Frist (BGH JB 1997, 151); Arrestprozess (BGH LM Nr. 9); Unterhaltsrückstände jedenfalls aus der Zeit vor Eröffnung (*Keller* NZI 2007, 143), iÜ umstr (vgl OLG Hamm NJW 2005, 2788; OLG Karlsruhe FamRZ 2006, 959; Trennung zweckmäßig, § 145); im Steuerprozess ein PKH-Verfahren (BFH ZIP 2006, 2333); Streitverfahren (Hausgeld) nach § 43 WEG (AG Magdeburg ZMR 2006, 324; offen KG NJW-RR 2005, 1385).

**Nicht unterbrochen wird**: Vollstreckbarkeitsverfahren nach EG(VO) Nr.44/2001/AVAG gegen den AGegner (OLG Bamberg ZIP 2006, 1066; OLG Saarbrücken NJW-RR 1994, 636; **aA** OLG Dresden DZWir 2001, 434); ein **Prozesskostenhilfeverfahren** (OLG Stuttgart Justiz 2004, 513; OLG Dresden ZIP 1997, 730; OLG Köln NJW-RR 1999, 276; **aA** OLG Hamm MDR 2006, 1309; OLG Köln NJW-RR 2003, 264), wobei aber ggf §117 InsO zu beachten ist; ein **selbstständiges Beweisverfahren** nach §485 (BGH NJW 2004, 1388; weder bei Insolvenz über das Vermögen des ASt noch des AGegners; dazu *Meyer* NZI 2005, 9; **aA** OLG Frankfurt ZIP 2003, 2043); ein FGG-Verfahren (OLG Köln FGPrax 2001, 214); Grundbuchverfahren (BayObLG NZI 2002, 512); Hausratsteilungsverfahren (OLG Naumburg FamRZ 2004, 1800); Versorgungsausgleich (OLG Frankfurt FamRZ 2004, 1043); ein ZwV-Verfahren, soweit Sonderregeln bestehen (KG NJW-RR 2000, 1075). Wenn ein Gl die eidesstattliche Versicherung über den Schuldner beantragt und dann selbst insolvent wird: keine Unterbrechung des Verfahrens bez der eidestattlichen Versicherung (LG Stuttgart Rpfleger 1999, 286).

**g) „Die Insolvenzmasse betrifft"**: wenn die Forderung oder Sache zur Insolvenzmasse 3
gehört, aus ihr oder zu ihr zu leisten ist, vgl. §35 InsO; also nicht zB Scheidungsverfahren, Nichtvermögensrechtl., Unpfändbares; vom Insolvenzverwalter Freigegebenes (vgl Rz 8).

**h) Unterbrechung**: von Amts wegen zu berücksichtigen. Die Vollmacht des PrBev 4
erlischt, §§ 115, 116 InsO, § 168 BGB (BGH MDR 1989, 255). Insolvenz über OHG/KG unterbricht nicht Verfahren gegen die Gesellschafter (BGH NJW 1961, 1066). Betrifft die Unterlassungsklage gegen den Bekl (= GS) teils dessen Vermögen, teils seine insolvenzfreie Rechtsstellung, wird der Rechtsstreit einheitl. unterbrochen (BGH NJW 1966, 51). Ein ZwischenU, dass eine Unterbrechung eingetreten sei, ist anfechtbar (BGH NJW 2005, 290). **Wirkung** der Unterbrechung § 249.

**i) Beginn der Unterbrechung**: mit Insolvenzeröffnung (Datum und Uhrzeit laut Eröff- 5
nungsbeschluss, § 27 III InsO), auf Kenntnis kommt es nicht an; wurde um 12.30 Uhr das Insolvenzverfahren eröffnet und geht um 12.33 die Rev bei Gericht ein, ist sie unwirksam; vgl § 249.

**j) Streit, ob Unterbrechung vorliegt**. Ist zB umstr, ob ein Anspruch zur Insolvenzmasse gehört (oder er zB höchstpersönl. ist) und also, ob Unterbrechung vorliegt, und nimmt das Gericht keine Unterbrechung an, wird durch EndU etc entschieden; hiergegen sind die gewöhnl. Rm gegeben. Wird Nichtunterbrechung oder Unterbrechung durch Beschluss festgestellt, ist sof Beschwerde (§§ 252, 567) gegeben (OLG Schleswig FGPrax 2006, 67); bei Feststellung durch ZwischenU, dass eine Unterbrechung eingetreten sei, Ber etc (BGH NJW 2005, 290; BGH NJW-RR 2006, 913). Geht das Gericht zunächst von Unterbrechung aus und lehnt dann die Aufnahme ab, ist ein ergehendes ZwischenU (vgl § 303), dass eine Unterbrechung des Verfahrens fortdauere, wie ein EndU anfechtbar (BGH NJW 2004, 2983). Unternimmt das Gericht nichts, weil es Unterbrechung annimmt: Beschwerde (als Untätigkeitsbeschwerde).

**k) Ende der Unterbrechung**: 6

- mit Aufnahme nach Rz 10 ff; oder
- mit Aufhebung des Insolvenzverfahrens: §§ 200, 258 InsO oder
- mit Einstellung des Insolvenzverfahrens §§ 207, 211, 212, 213 InsO (insb mangels Masse) und zwar mit Bekanntmachung des Beschlusses (BGH NJW 1975, 692: Einstellung 22.03., Ausgabe des Amtsblatts 05.04., Bekanntmachung mit Ablauf des 07.04. wirksam; am 08.04. beginnt deshalb zB eine BerBegr-Frist neu zu laufen).
- Aufhebung der Insolvenzeröffnung auf Beschwerde durch das LG (§ 34 III InsO); dabei 7
ist auf den Eintritt der Rechtskraft abzustellen (BGH NJW 1975, 692).
- Erklärt der Verwalter die Freigabe eines vom Schuldner rechtshängig gemachten 8
Anspruchs, wird dadurch der Insolvenzbeschlag aufgehoben mit der Folge, dass die

Unterbrechung des Verfahrens endet (BGH NJW 2005, 2015); der Insolvenzverwalter kann auch im Verfahren über Insolvenz einer JuP die Freigabe erklären.

9 Der Schuldner setzt dann den Rechtsstreit fort; eine vom Insolvenzverwalter erteilte Prozessvollmacht bleibt bestehen (RG 73, 312).

10 **2. Aufnahme eines Aktivprozesses**: Hier wird ein zur Aktivmasse gehörendes Recht geltend gemacht (zB der spätere Insolvenzschuldner hat einen Kaufpreis eingeklagt); idR wird der Schuldner (GS) hier Kl sein, es kommt aber auf den Verfahrensgegenstand an, sodass auch eine Feststellungsklage gegen den GS oder ein Unterlassungsanspruch im gewerbl. Rechtsschutz (BGH NJW 1966, 51) darunter fallen kann.

11 **a) Der Insolvenzverwalter kann den Aktivprozess aufnehmen**, § 85 InsO, § 250 ZPO; zweckmäßig, wenn der Prozess aussichtsreich ist. **(1)** Gewinnt der Insolvenzverwalter den Prozess, kommt der Ertrag in die Masse. **(2)** Verliert der Insolvenzverwalter den Prozess, sind die Prozesskosten Masseschuld, § 55 I Nr. 1 InsO. Das Prozessergebnis wirkt über das Ende des Insolvenzverfahrens hinaus.

12 **b) Lehnt der Insolvenzverwalter die Aufnahme ab**, kann der GS oder der Gegner den Prozess aufnehmen, § 85 II InsO. Der str Anspruch ist durch die Ablehnung idR vom Insolvenzverwalter freigegeben worden, gewinnt der GS daher, ist der Ertrag insolvenzfrei; verliert der GS, sind die Prozesskosten Neuschulden des GS.

13 **3. Aufnahme von Passivprozessen**: Das sind die gegen den GS anhängigen Prozesse, hier ist er idR Bekl.

**a) Prozesse**, die **von Aussonderungsberechtigten** (§§ 47 bis 48 InsO, zB Herausgabeklage gegen den GS aus § 985 BGB), Absonderungsberechtigten (§§ 49 ff InsO) und Massegl (§§ 53 ff InsO) gegen den GS angestrengt sind, ferner auf Unterlassung im gewerbl. Rechtsschutz (BGH NJW 1966, 51: Patentverletzungen), können vom Insolvenzverwalter oder dem Gegner aufgenommen werden, § 86 InsO. Nimmt der Insolvenzverwalter auf und erkennt den Anspruch des Kl sof an, dann hat idR der Bekl die Kosten zu tragen (§ 91); § 86 II InsO sagt, dass der Kostenerstattungsanspruch keine Masseforderung (§§ 53, 55 InsO) ist, sondern gewöhnl. Insolvenzforderung (§ 38 InsO). Verliert der Insolvenzverwalter, sind die Kosten Masseschulden, § 55 I Nr. 1 InsO.

14 **b) Prozesse**, die **von Insolvenzgläubigern** (§ 38 InsO) angestrengt sind (zB Zahlungsklagen), bleiben zunächst unterbrochen, weil die Insolvenzgl ihre Forderung nur innerhalb des Insolvenzverfahrens durch **Anmeldung zur Insolvenztabelle** verfolgen können, §§ 174 ff InsO.

15 Nach Anmeldung müssen diese Gl das Ergebnis des Prüfungstermins abwarten: **(1)** Wird dort die Forderung von niemand bestritten „festgestellt“, ist im Insolvenzverfahren ein Titel entstanden, § 201 II InsO, der Prozess erledigt; **(2)** Wird die Forderung vom Insolvenzverwalter oder einem Gl bestritten, kann der Prozess nach § 179 InsO aufgenommen werden; **(3)** Wird die Forderung nur vom GS bestritten, kann der Prozess gegen ihn nach § 184 S. 2 InsO aufgenommen werden; **(4)** Ist die bestr Forderung bereits tituliert (zB durch VU): § 179 II InsO. Der unterbrochene Rechtsstreit kann aber vom Kl aufgenommen werden, wenn er darauf verzichtet, mit dem Anspruch am Insolvenzverfahren teilzunehmen (BGH NJW 1958, 23; 1979, 162).

### § 241 ZPO Unterbrechung durch Prozessunfähigkeit

**(1) Verliert eine Partei die Prozessfähigkeit oder stirbt der gesetzliche Vertreter einer Partei oder hört seine Vertretungsbefugnis auf, ohne dass die Partei prozessfähig geworden ist, so wird das Verfahren unterbrochen, bis der gesetzliche Vertreter oder der neue gesetzliche Vertreter von seiner Bestellung dem Gericht Anzeige macht oder der Gegner seine Absicht, das Verfahren fortzusetzen, dem Gericht angezeigt und das Gericht diese Anzeige von Amts wegen zugestellt hat.**

**(2) Die Anzeige des gesetzlichen Vertreters ist dem Gegner der durch ihn vertretenen Partei, die Anzeige des Gegners ist dem Vertreter zuzustellen.**

**(3) Diese Vorschriften sind entsprechend anzuwenden, wenn eine Nachlassverwaltung angeordnet wird.**

§ 241 ist nicht anwendbar bei Vertretung durch PrBev, § 246. 1

**Absatz 1**. Verlust der Prozessfähigkeit zB durch Geisteskrankheit; vgl aber § 53. Tod des gesetzl. Vertreters: nur, wenn nur *ein* gesetzl. Vertreter vorhanden war. Entspr Anwendung, wenn Partei kraft Amts (Insolvenzverwalter, Testamentsvollstrecker) stirbt. Aufhören der Vertretungsbefugnis: zB Entlassung, § 1886 BGB. 2

**Absatz 3**. Mit Aufhebung der Nachlassverwaltung, § 1981 BGB, treten die Erben der ursprüngl. Partei in den Prozess ein. 3

### § 242 ZPO Unterbrechung durch Nacherbfolge

**Tritt während des Rechtsstreits zwischen einem Vorerben und einem Dritten über einen der Nacherbfolge unterliegenden Gegenstand der Fall der Nacherbfolge ein, so gelten, sofern der Vorerbe befugt war, ohne Zustimmung des Nacherben über den Gegenstand zu verfügen, hinsichtlich der Unterbrechung und der Aufnahme des Verfahrens die Vorschriften des § 239 entsprechend.**

**§ 242 ist nicht anwendbar**: wenn der Vorerbe durch PrBev vertreten war, § 246; wenn der Vorerbe stirbt (dann § 239 oder § 246); wenn der nicht befreite Vorerbe klagt (Klageabweisung mangels Aktivlegitimation); auf Passivprozesse (wegen § 2145 BGB). 1

**§ 242 ist** somit nur **anwendbar** bei einem Aktivprozess des befreiten Vorerben (§§ 2112, 2120, 2136 BGB) über Nachlassgegenstände, die §§ 2100 ff BGB unterliegen (zB Vorerbe klagt Forderung ein), wenn die Nacherbschaft zB mit Erreichen eines bestimmten Lebensalters eintritt. Zur Urteilswirkung vgl § 326 II. 2

### § 243 ZPO Aufnahme bei Nachlasspflegschaft und Testamentsvollstreckung

**Wird im Falle der Unterbrechung des Verfahrens durch den Tod einer Partei ein Nachlasspfleger bestellt oder ist ein zur Führung des Rechtsstreits berechtigter Testamentsvollstrecker vorhanden, so sind die Vorschriften des § 241 und, wenn über den Nachlass das Insolvenzverfahren eröffnet wird, die Vorschriften des § 240 bei der Aufnahme des Verfahrens anzuwenden.**

Geändert ab 01.01.1999 durch EGInsO (BGBl 1994, 2911).

1 Nicht anwendbar, wenn die Partei durch PrBev vertreten war, § 246. Unterbrechung durch Tod: § 239. Nachlasspfleger: §§ 1960 ff BGB. Testamentsvollstrecker: §§ 2212, 2213 BGB. § 243 regelt das Ende der Unterbrechung. Aufnahme des Aktivprozesses nur durch den Testamentsvollstrecker, des Passivprozesses uU auch durch Erben (BGH NJW 1988, 1390). Aufnahme durch den Pfleger auf der Klägerseite ist auch zulässig, wenn denkbar ist, dass der Bekl Alleinerbe ist (KG NJW-RR 2006, 1145).

## § 244 ZPO Unterbrechung durch Anwaltsverlust

**(1) Stirbt in Anwaltsprozessen der Anwalt einer Partei oder wird er unfähig, die Vertretung der Partei fortzuführen, so tritt eine Unterbrechung des Verfahrens ein, bis der bestellte neue Anwalt seine Bestellung dem Gericht angezeigt und das Gericht die Anzeige dem Gegner von Amts wegen zugestellt hat.**

**(2) [1]Wird diese Anzeige verzögert, so ist auf Antrag des Gegners die Partei selbst zur Verhandlung der Hauptsache zu laden oder zur Bestellung eines neuen Anwalts binnen einer von dem Vorsitzenden zu bestimmenden Frist aufzufordern. [2]Wird dieser Aufforderung nicht Folge geleistet, so ist das Verfahren als aufgenommen anzusehen. [3]Bis zur nachträglichen Anzeige der Bestellung eines neuen Anwalts erfolgen alle Zustellungen an die zur Anzeige verpflichtete Partei.**

§ 244 II 3 geändert durch G v. 25.06.2001 ab 01.07.2002 (BGBl 2001, 1206).

1 **1. Absatz 1. Anwaltsprozesse**: vgl § 78; also nicht Prozesse vor dem AG, bei denen sich die Partei von einem RA vertreten lässt; Parteiprozess wird durch Anwaltstod nicht unterbrochen (BGH FamRZ 1992, 48).

2 **Anwalt**: Gemeint ist jeweils der für die Instanz (Beginn: Klage bzw Einlegung des Rm; Ende: Urteilszustellung) bevollmächtigte RA (vgl BGH NJW 1957, 713; OLG Karlsruhe MDR 1983, 61).

3 Neuer Anwalt ist auch der amtl. bestellte Abwickler (BAG NZA 1997, 1294). **Tod oder Vertretungsunfähigkeit**: zB Löschung der Zulassung; Berufsverbot (BGH NJW 1990, 1854); Ausschließung aus der Anwaltschaft (wird dem RA aber WE gegen die Versäumung der Ber-Frist gegen das AusschlussU gewährt, wird der Verlust seiner Zulassung rückwirkend beseitigt und die Unterbrechung gilt als nicht eingetreten, BGH NJW 1987, 327); Vertretungsverbot nach §§ 150, 155 BRAO; Wegfall der Geschäftsfähigkeit (BGH NJW 1959, 1587), der Postulationsfähigkeit (BGH MDR 1976, 487).

4 **Unterbrechung**: vgl § 249. Stirbt der RA im Anwaltsprozess, hört der Lauf jeder Frist auf; eine WE erübrigt sich; ab Zustellung der Bestellungsanzeige an den Gegner laufen die Fristen wieder. **(1)** Stirbt der zweitinstanzl. RA nach Verkündung des BerU, aber vor dessen Zustellung, tritt Unterbrechung ein (BGH NJW 1957, 713), sodass das BerU nicht wirksam zugestellt werden kann (auch nicht an den PrBev erster Instanz). **(2)** Stirbt dagegen der BerRA, nachdem ihm das BerU zugestellt worden ist, aber bevor er Rev eingelegt hat, tritt keine Unterbrechung ein (BGH MDR 1958, 590; abw BAG NJW

1976, 1334); die Partei muss also, will sie die Rev-Frist nicht versäumen, selbst schnell einen beim RevG zugelassenen RA mit der Rev beauftragen. Zustellung des VU dagegen beendet wegen § 340 I die Instanz nicht. **(3)** Bei Tod des RA nach Einlegung des Rm: Unterbrechung, die Begr-Frist beginnt ab Aufnahme neu zu laufen (BGH VersR 1977, 835).

**Keine Unterbrechung tritt ein**: bei nur tatsächl. Verhinderung des RA; bei Mandatskün- 5
digung; wenn für den weggefallenen RA ein allgemeiner Vertreter nach § 53 BRAO bestellt war (BGH NJW 1973, 1501; Unterbrechung erst, wenn der Verstorbene in der RA-Liste gelöscht wird, BGH VersR 1982, 365); wenn eine RA-Sozietät beauftr war und noch ein Sozius vorhanden ist (BGH NJW 1972, 1388).

**Unterbrechung des Verfahrens**: gemeint ist das des jeweiligen Rechtszugs; nicht die 6
Zeitspanne zwischen den Instanzen (Rz 4); über PKH-Gesuch kann entschieden werden (BGH NJW 1966, 1126); ebenso über Beschwerde. Die Anzeige (§ 250) kann in der Rm-Begründung liegen (BGH NJW 1959, 1587); die Zustellung dieser Anzeige ist gem § 295 verzichtbar (BGH NJW 1957, 713).

**2. Absatz 2.** Bestellt zB der Bekl keinen neuen RA, wird er zum neuen Termin geladen 7
mit Aufforderung zur RA-Bestellung, § 215. Tritt im Termin kein RA auf, ergeht VU in der Hauptsache gegen den Bekl, § 331. Bei S. 1 Alt 2 Ende der Unterbrechung mit Fristablauf oder Bestellungsanzeige des neuen RA. Nach Fristablauf erfolgen Zustellungen an die Partei pers.

Formular 187: Antrag des Prozessgegners gemäß § 244 Abs. 2 ZPO bei Tod des Prozessbevollmächtigten

## § 245 ZPO Unterbrechung durch Stillstand der Rechtspflege

**Hört infolge eines Krieges oder eines anderen Ereignisses die Tätigkeit des Gerichts auf, so wird für die Dauer dieses Zustandes das Verfahren unterbrochen.**

Andere Ereignisse: Brand, Hochwasser usw. „Zustand“ ist die Untätigkeit des Gerichts. 1

## § 246 ZPO Aussetzung bei Vertretung durch Prozessbevollmächtigten

**(1) Fand in den Fällen des Todes, des Verlustes der Prozessfähigkeit, des Wegfalls des gesetzlichen Vertreters, der Anordnung einer Nachlassverwaltung oder des Eintritts der Nacherbfolge (§§ 239, 241, 242) eine Vertretung durch einen Prozessbevollmächtigten statt, so tritt eine Unterbrechung des Verfahrens nicht ein; das Prozessgericht hat jedoch auf Antrag des Bevollmächtigten, in den Fällen des Todes und der Nacherbfolge auch auf Antrag des Gegners die Aussetzung des Verfahrens anzuordnen.**

**(2) Die Dauer der Aussetzung und die Aufnahme des Verfahrens richten sich nach den Vorschriften der §§ 239, 241 bis 243; in den Fällen des Todes und der Nacherbfolge ist die Ladung mit dem Schriftsatz, in dem sie beantragt ist, auch dem Bevollmächtigten zuzustellen.**

1 **1.** Zu den einzelnen Fällen vgl Rz zu §§ 239, 241, 242; Insolvenzeröffnung gehört nicht dazu. **Vertretung durch Prozessbevollmächtigten**: Der PrBev muss postulationsfähig sein, insb bei dem Gericht zugelassen; die Vollmacht besteht nach § 86 fort. Unterbrechung aber, wenn der RA das Mandat vor dem Tod der Partei niedergelegt hat, weil (trotz § 87 II) der Schutz des Erben usw. im Vordergrund steht (BGH NJW 1965, 1019). Stirbt der sich selbst vertretende RA: § 244. Vertretung durch PrBev liegt auch dann vor, wenn der RA zugleich Betreuer der Partei ist.

2 **Vertretung „findet statt"**: Die Vertretungsbefugnis reicht bis zur Einlegung des Rm. Legt eine Partei Rm ein und verstirbt der RmGegner, bevor ein PrBev für ihn für die Rm-Instanz bestellt ist, tritt Unterbrechung nach § 239 ein (durch die PrBev des ersten und zweiten Rechtszugs ist die Partei nicht iSd § 246 vertreten, BGH NJW 1951, 802). Antrag und Beginn der Aussetzung: vgl § 248.

3 **2. Bei Tod** tritt Parteiwechsel ein, die Parteibezeichnung wird berichtigt; das Verfahren kann auch, „namens der unbekannten Erben" vom PrBev fortgesetzt werden (OVG Münster NJW 1986, 1707); über Fortführung durch Scheinerben vgl *Scherer* JR 1994, 401.

4 **3.** Bei StrGen kann in Sonderfällen ein TeilU (§ 301) gegen einen Genossen ergehen (BGH NJW 2007, 156).

Formular 185: Antrag auf Aussetzung des Rechtsstreits bei Tod einer Partei gemäß § 246 ZPO im Anwaltsprozess

Formular 186: Antrag auf Aussetzung des Rechtsstreits bei Tod einer Partei gemäß § 246 ZPO im Anwaltsprozess bei laufender Frist

## § 247 ZPO Aussetzung bei abgeschnittenem Verkehr

**Hält sich eine Partei an einem Ort auf, der durch obrigkeitliche Anordnung oder durch Krieg oder durch andere Zufälle von dem Verkehr mit dem Prozessgericht abgeschnitten ist, so kann das Gericht auch von Amts wegen die Aussetzung des Verfahrens bis zur Beseitigung des Hindernisses anordnen.**

1 Nicht, wenn ein Bundeswehrsoldat im Auslandseinsatz (Kosovo) ist (OLG Zweibrücken FamRZ 2000, 899). Die Aussetzung endet durch Gerichtsbeschluss.

## § 248 ZPO Verfahren bei Aussetzung

**(1) Das Gesuch um Aussetzung des Verfahrens ist bei dem Prozessgericht anzubringen; es kann vor der Geschäftsstelle zu Protokoll erklärt werden.**

**(2) Die Entscheidung kann ohne mündliche Verhandlung ergehen.**

1 Gesuch (= Antrag) nach §§ 246, 247. ProzessG: bis zur Rm-Einlegung die untere Instanz. Entscheidung durch Beschluss, Aussetzung beginnt mit Verkündung des Beschlusses, idF Abs. 2 mit der formlosen Bekanntgabe nach § 329 II, nicht schon mit Antragstellung (BGH 69, 395; MDR 1987, 739); zur Zustellung bei Ablehnung vgl § 329 I; Rechtsbehelf: § 252.

## § 249 ZPO Wirkung von Unterbrechung und Aussetzung

**(1) Die Unterbrechung und Aussetzung des Verfahrens hat die Wirkung, dass der Lauf einer jeden Frist aufhört und nach Beendigung der Unterbrechung oder Aussetzung die volle Frist von neuem zu laufen beginnt.**

**(2) Die während der Unterbrechung oder Aussetzung von einer Partei in Ansehung der Hauptsache vorgenommenen Prozesshandlungen sind der anderen Partei gegenüber ohne rechtliche Wirkung.**

**(3) Durch die nach dem Schluss einer mündlichen Verhandlung eintretende Unterbrechung wird die Verkündung der auf Grund dieser Verhandlung zu erlassenden Entscheidung nicht gehindert.**

**1. Absatz 1. Lauf von Fristen** hört auf: echte Fristen, Notfristen, insb Rm-Einlegungs- und -begr-Fristen. *Nicht:* sog uneigentl. Fristen (zB §§ 234 III, 310 I, 315 II 1, 586 II 2, 798, 958 II); Verjährungsfristen (BGH NJW 1963, 2019). Das Nichtbetreiben kann aber zur Hemmung der Verjährung nach § 204 II 2 BGB führen. Zum alten Verjährungsrecht (§ 211 II 1 BGB aF) hatte der BGH (NJW 2004, 3418) gemeint, die Vorschrift finde keine Anwendung auf Unterbrechung (§§ 239-245 ZPO) und Aussetzung (§ 148 ZPO); jetzt ist die Lage unklar. Die Wirkung tritt mit der Bekanntgabe der Entscheidung ein, nicht schon mit Antragstellung (BGH NJW 1987, 2379).

**Nach Beendigung** laufen sie neu: die Hemmung endet je nach Fall ohne Weiteres mit Eintritt des im Beschluss bezeichneten Beendigungstatbestandes (zB eines Datums), oder durch einen Aufhebungsbeschluss oder durch Aufnahme. Die Monatsfrist zB für die BerBegr beginnt dann neu. Wurde bei § 246 I HS 2 Aussetzungsantrag gestellt, lief dann die BerBegr-Frist ab und wurde hierauf der Aussetzungsbeschluss bekanntgemacht, war die Frist schon abgelaufen, beginnt diese nicht mehr neu (BGH MDR 1987, 739).

**Probleme** gibt es **bei sogenannten Datumsfristen. (1)** War am 29.06. die RevBegr-Frist 1
bis 08.12. verlängert und dann das Verfahren wegen Tod des PrBev vom 23.08. bis 16.09. unterbrochen, endet die RevBegr-Frist nicht etwa am 06.10., sondern erst am 08.12., weil die Unterbrechung sonst zu einer Verkürzung führen würde (BGH NJW 1967, 1420); **(2)** endet die Unterbrechung nach dem Endtag (zB 08.12.), beginnt (bei § 520 II) nur die Monatsfrist neu zu laufen (BGH NJW 1975, 692).

**2. Absatz 2. Prozesshandlungen der Parteien** „in Ansehung der Hauptsache“: **a) Sach-** 2
**anträge, Rechtsmittel** (*nicht:* wenn der Stillstand des Verfahrens beseitigt werden soll; PKH, Kf; Klageerweiterung gegen Dritten) sind ohne Wirkung, aber

**b)** nur der anderen Partei ggü; durch Rügeverzicht können Mängel (zB der Zustellung der 3
Rm-Schrift) nach § 295 geheilt werden (BGH NJW 1969, 48); wird also unzulässig Ber eingelegt und verhandelt der Gegner im Termin zur Sache, wird der Mangel geheilt. Auch kann die Partei außerhalb des Prozesses wirksam ggü dem Gegner auf Rm verzichten (BGH NJW 1952, 705).

**3. Absatz 3. Auswirkungen**. Zulässig ist noch Entscheidungsverkündung, falls Unterbre- 4
chung erst nach der letzten mdl Verh eintrat; Entscheidung über PKH (BGH NJW 1966, 1126; *Fischer* MDR 2004, 252); StrW-Festsetzung; Berichtigung nach §§ 319, 320;

Beweissicherung; ZwV; **analog Absatz 3** ferner Verwerfung eines Rm, das bereits vor Unterbrechung unzulässig war (BGH NJW 1959, 532; OLG Düsseldorf MDR 2001, 470).

5 **Unwirksam sind** Ladungen, Zustellungen. **Unzulässige Entscheidungen** (zB Urteile) sind mit den gewöhnl. Rm anfechtbar (OLG München NJW-RR 1989, 255), aber **nicht nichtig** (BGH FamRZ 2004, 867). Aber eine Entscheidung des BGH kann auch dann, wenn sie während der Unterbrechung des Verfahrens durch Eröffnung des Insolvenzverfahrens über das Vermögen einer Partei ergangen ist, nicht angefochten werden (BGH FamRZ 2004, 867), weil der BGH die letzte Instanz ist. Hat das Gericht eine Entscheidung erlassen, zB ein VU, obwohl über das Vermögen des Bekl schon das Insolvenzverfahren eröffnet war, dann ist (nicht nur der Insolvenzverwalter, sondern) auch der Schuldner befugt, die ergangene Entscheidung anzugreifen, zB mit Ber (gegen ein VU: Einspruch); auf Ber ist ein solches Urteil aufzuheben und der Rechtsstreit analog § 538 II zurückzuverweisen (OLG Hamburg OLG-Report 2005, 765). Bei Aussetzung des Verfahrens gilt § 249 III nicht (BGH NJW 1965, 1019).

## § 250 ZPO Form von Aufnahme und Anzeige

**Die Aufnahme eines unterbrochenen oder ausgesetzten Verfahrens und die in diesem Titel erwähnten Anzeigen erfolgen durch Zustellung eines bei Gericht einzureichenden Schriftsatzes.**

1 **Erwähnte Anzeigen**: §§ 241, 243, 244, 246 II. **Zustellung**: vgl § 270. **Bei Gericht**: bis zur Rm-Einlegung die untere Instanz, ab Einlegung das Rm-Gericht; Aufnahmeerklärung kann mit Rm-Einlegung verbunden an das Rm-Gericht gerichtet werden (BGH NJW 1990, 1854).

2 **Schriftsatz**: vgl §129. War die frühere Rm-Einlegung zB wegen Unterbrechung durch Insolvenzeröffnung (§240 Rz 1) unwirksam, kann der Aufnahmeschriftsatz zugleich als neue Einlegung des Rm angesehen werden, obwohl die Aufnahme erst mit Zustellung wirksam wird, das Rm aber schon vorher (mit Einreichung bei Gericht) als eingelegt gilt; die RmBegr-Frist beginnt daher erst ab Zustellung (BGH NJW 1962, 589). Zu §78 vgl BGH NJW 2001, 1581. Die Aufnahme kann auch stillschweigend erfolgen, liegt aber idR nicht in einem PKH-Antrag (BGH NJW 1970, 1790). Unterbrechung/Aussetzung kann uU auch mit einem bestimmten Datum („Aussetzung auf 6 Monate“) enden, dann entfällt eine Aufnahme.

## § 251 ZPO Ruhen des Verfahrens

**[1]Das Gericht hat das Ruhen des Verfahrens anzuordnen, wenn beide Parteien dies beantragen und anzunehmen ist, dass wegen Schwebens von Vergleichsverhandlungen oder aus sonstigen wichtigen Gründen diese Anordnung zweckmäßig ist. [2]Die Anordnung hat auf den Lauf der im § 233 bezeichneten Fristen keinen Einfluss.**

§ 251 geändert durch G v. 27.07.2001 (BGBl 2001, 1887).

1 **Antrag**: § 78 gilt; in mdl Verh oder schriftl. AnO durch Beschluss, § 329. Der Beschluss enthält keine KostenE (vgl BGH NJW-RR 2006, 1289), auch keine Begründung. S. 2:

Notfristen und RmBegr-Fristen laufen trotz Ruhen weiter. Folge aber Stillstand nach § 204 II 2 BGB (Verjährung!).

**Kosten**: **Gericht**: keine Geb für AnO des Ruhens. Nach Wiederaufnahme keine neue Ver- 2
fahrensgeb (§ 35 GKG). **Rechtsanwalt**: Ruhen und Wiederaufnahme bringen keine zusätzl. Geb (§ 15 I RVG). Bei Ruhen von mehr als zwei Jahren und *neuem* Auftrag beachte aber § 15 V 2 RVG (dazu BGH NJW 2006, 1525, aber noch zur BRAGO).

3

**Praxishinweise:**

1. Die Parteien können sich durch außergerichtl. Prozessvertrag verpflichten, die Verfahrensruhe zu beantragen (BGH NJW 1983, 2496).
2. Antragswiderruf ist bis zur Ruhens-AnO mögl.
3. Angeordnet wird durch Beschluss. Aufhebung des Termins ohne Neubestimmung steht dem gleich und ist beschwerdefähig (§ 252). Die AnO der Verfahrensruhe ist ein Sonderfall der Aussetzung (*Stein/Jonas*, Rz 11 vor § 239).
4. Andere Fristen als die in § 233 genannten werden unterbrochen und beginnen nach Ende der Verfahrensruhe voll neu zu laufen (§ 249 I).
5. Verjährungsrechtl. ist die AnO des Ruhens ein den Parteien zuzurechnender Verfahrensstillstand, der den Verjährungsablauf nach § 204 II BGB bis zur Weiterbetreibung des Verfahrens hemmt (ausführl. dazu *Staudinger/Peters*, 2004, § 204 Rz 122 bis 135).

Formular 195: Antrag auf Ruhen des Verfahrens gemäß § 251 ZPO
Formular 196: Antrag auf Fortsetzung des Verfahrens nach Ruhen gemäß § 251 ZPO

## § 251a ZPO Säumnis beider Parteien; Entscheidung nach Lage der Akten

**(1) Erscheinen oder verhandeln in einem Termin beide Parteien nicht, so kann das Gericht nach Lage der Akten entscheiden.**

**(2) [1]Ein Urteil nach Lage der Akten darf nur ergehen, wenn in einem früheren Termin mündlich verhandelt worden ist. [2]Es darf frühestens in zwei Wochen verkündet werden. [3]Das Gericht hat der nicht erschienenen Partei den Verkündungstermin formlos mitzuteilen. [4]Es bestimmt neuen Termin zur mündlichen Verhandlung, wenn die Partei dies spätestens am siebenten Tag vor dem zur Verkündung bestimmten Termin beantragt und glaubhaft macht, dass sie ohne ihr Verschulden ausgeblieben ist und die Verlegung des Termins nicht rechtzeitig beantragen konnte.**

**(3) Wenn das Gericht nicht nach Lage der Akten entscheidet und nicht nach § 227 vertagt, ordnet es das Ruhen des Verfahrens an.**

1 **1. Absatz 1, Absatz 3. Erscheinen beide Parteien** trotz ordnungsgemäßer Ladung (vgl § 331 Rz 5) **nicht** (Nichtverhandeln vgl § 333), so kann (Ermessen) das Gericht im Termin nach Zuwarten um mindestens 15 Minuten:

- das Ruhen des Verfahrens anordnen (Beschluss). Das geschieht idR; Wirkung: § 251; oder:
- Vertagen, § 227, wenn die dortigen Voraussetzungen vorliegen; eine Ladung zum neuen Termin ist wegen § 218 entbehrl., trotzdem zweckmäßig;
- Beweis-, Auflagen-, Aufklärungsbeschlüsse erlassen, sogleich im Termin oder in einem späteren Verkündungstermin;

2
- Beschluss erlassen, dass nach Lage der Akten entschieden wird und Verkündungstermin bestimmt wird auf den ... (frühestens in zwei Wochen, Abs. 2 beachten; § 222) und in diesem späteren Termin dann ein „Urteil nach Lage der Akten" erlassen. Stellt sich vorher heraus, dass zB mangels Ladung keine Säumnis vorlag oder die Sache nicht entscheidungsreif war, wird statt des Urteils ein Beschluss verkündet, dass wieder in die mdl Verh eingetreten wird (§ 156) oder ein Beweisbeschluss usw.

3 **2. Absatz 2. Das Urteil nach Lage der Akten**: Im Rubrum heißt es (statt aufgrund der mdl Verh vom ...) „nach Lage der Akten am ..." (Datum des versäumten Termins, nicht der Verkündung, wesentl. für §§ 323 II, 767 II); das Urteil heißt „EndU"; Tatbestand und Gründe wie sonst; Entscheidungsgrundlage ist der Akteninhalt, die letzten Schriftsätze nur, soweit sie vor dem mdl Termin dem Gegner mitgeteilt wurden. Das Urteil ist mit Ber usw. (nicht: Einspruch) anfechtbar.

4 **3. Absatz 2 Satz 4**. Aufhebung des Verkündungstermins und Bestimmung eines neuen Termins zur mdl Verh ist notw, wenn der **Antrag a) fristgerecht gestellt** wird (war Verkündungstermin auf Mittwoch, 21.01. bestimmt, muss der Antrag spätestens am Mittwoch, 14.01. eingehen); nimmt das Gericht genau die Zweiwochenfrist, wird idR die Mitteilung nach Abs. 2 Satz 3 so spät eingehen, dass die 7-Tages-Frist nicht geschafft werden kann; **b) doppelte Glaubhaftmachung** nach § 294 erfolgt. Der Antrag wird ggf in den Entscheidungsgründen zurückgewiesen; dies ist nicht nach § 252 anfechtbar.

5 **4. Absatz 3**. Der Beschluss ist nicht anfechtbar (str). Ruhen hat Auswirkungen auf Verjährungslauf, vgl § 204 II 2 BGB.

6 **5. Kosten; Gericht**: keine zusätzl. Geb. **Rechtsanwalt**: falls RVG VV 3104 noch nicht verdient ist, fällt diese Geb durch die AktenanlageE jedenfalls nicht an.

7

**Praxishinweise:**

Vielfach wird gegen die AnO der Verfahrensruhe analog § 252 die sof Beschwerde bejaht (zB OLG Köln NJW-RR 1992, 1022; *Stein/Jonas*, § 251a Rz 24; *Musielak/Stadler* § 251a Rz 6; *Baumbach/Hartmann* § 251a Rz 30; aA OLG Zweibrücken OLGR 2000, 564; MünchKommZPO-*Feiber* § 252 Rz 41; *Zöller/Greger* § 252 Rz 11). Danach ist die Einlegung der Beschwerde jedenfalls der sicherste Weg.

## § 252 ZPO Rechtsmittel bei Aussetzung

**Gegen die Entscheidung, durch die auf Grund der Vorschriften dieses Titels oder auf Grund anderer gesetzlicher Bestimmungen die Aussetzung des Verfahrens angeordnet oder abgelehnt wird, findet die sofortige Beschwerde statt.**

§ 252 geändert durch G v. 27.07.2001 (BGBl 2001, 1887).

**1. Entscheidung**: Aussetzung aufgrund dieses Titels: §§ 239 ff. Aussetzung aufgrund anderer Bestimmungen ist zB §§ 51a, 51b GmbHG (OLG Hamm NJW-RR 2007, 333); §§ 148 ff. Nur Aussetzung durch **Beschluss** fällt unter § 252; wird die Aussetzung in den Entscheidungs*gründen* eines Urteils abgelehnt, bejaht KG NJW-RR 2006, 1145 eine sof Beschwerde gegen diesen Urteilsteil; mE kann allenfalls das Urteil mit Ber angefochten werden. 1

**2. Anfechtung der Aussetzung**; der Zurückweisung der Aufnahme; AnO des Ruhens; gleich steht zB Ablehnung der Terminsbestimmung (LG Aachen NJW-RR 1993, 1407); sehr weit hinaus gesetzte Terminierung, Untätigbleiben des Gerichts (OLG Karlsruhe NJW 1984, 985); Ablehnung der Zustellung eines VU, das wegen Insolvenz nicht hätte ergehen dürfen (OLG Celle ZMR 2004, 505): **sofortige Beschwerde**, § 567. Bei Zulassung dann RB (§ 574). Anfechtung der **Ablehnung der Aussetzung**; antragswidriger Verfahrensfortgang: **sofortige Beschwerde**, § 567. 2

**Entscheidung des Beschwerdegerichts**: Wenn Aussetzung ins Ermessen eines Gerichts gestellt ist, nur auf Ermessensfehler; das BeschwerdeG hat jedoch uneingeschränkt zu prüfen, ob ein Aussetzungsgrund gegeben ist (BGH NJW-RR 2006, 1289). Ein Arzthaftungsverfahren wegen eines staatsanwaltl. Ermittlungsverfahrens gegen den Arzt auszusetzen, ist meist ermessensfehlerhaft (OLG Koblenz MDR 2006, 289). **Kostenentscheidung**: keine im Beschluss des BeschwerdeG, § 97 ist nicht einschlägig, Kosten sind solche des Prozesses (BGH NJW-RR 2006, 1289); **aA** die Praxis, die trifft meist eine KostenE (zB OLG Koblenz MDR 2006, 289), mit StrW 20% des Hauptsachewerts, was mehr überzeugt. 3

**3. Unzulässig ist die Beschwerde** aber: gegen einen Beschluss des OLG, § 567 I; gegen einen Beschluss des LG als BerGer, § 567 I (aber § 574 I); Aussetzung nach Art 100 GG (OLG Köln MDR 1970, 852). 4

**4. Kosten; Gericht**: GKG KV 1812; **Rechtsanwalt**: RVG VV 3500, 3513. 5

# Buch 2
# Verfahren im ersten Rechtszug

## Abschnitt 1
## Verfahren vor den Landgerichten

### Vorbemerkung

1 **1. Begriffe.** Das Verfahren bis zur Entscheidung heißt (altertüml.) Erkenntnisverfahren. Es ist kontradiktorisch, wenn sich zwei (oder mehr) Parteien als Gegner gegenüber stehen, andernfalls einseitig (zB im Aufgebotsverfahren). Dem Erkenntnisverfahren folgt das ZwV-Verfahren.

**2. Klagearten**

2 **a) Leistungsklage:** sie ist zB gerichtet auf Zahlung, Schadensersatz, Gewährleistung, Herausgabe, Vertragserfüllung, sonstiges Tun oder Unterlassen. Ein Rechtsschutzbedürfnis dafür wird grds unterstellt. Das Urteil kann vollstreckt werden.

3 **b) Feststellungsklage:** gerichtet auf deklaratorische Feststellungen. Der mögl. StrG ist in § 256 geregelt; das Rechtsschutzbedürfnis (Feststellungsinteresse) muss positiv festgestellt werden. Das Urteil kann nur im Kostenpunkt vollstreckt werden.

4 **c) Gestaltungsklage:** gerichtet zB auf Scheidung der Ehe (§§ 1564 ff BGB); Auflösung einer OHG (§ 133 HGB); Ausschluss eines Gesellschafters (§ 140 HGB); Anfechtung von Hauptversammlungsbeschlüssen (§ 246 AktG); Herabsetzung von Vertragsstrafe (§ 343 BGB); Gestaltung einer proz Rechtslage (§§ 323, 767, 771). Ein Rechtsschutzbedürfnis wird grds unterstellt. Das Urteil ist nur im Kostenpunkt vollstreckungsfähig. Die Gestaltung tritt mit der Rechtskraft des Urteils ein.

**3. Zulässigkeit der Klage**

5 Erst wenn bestimmte „**Prozessvoraussetzungen**" vorliegen, tritt das Gericht in eine Prüfung der Begründetheit der Klage ein. Liegen diese Voraussetzungen vor, wird dies (wenn es Anlass zu Zweifeln gab) in den Entscheidungsgründen des EndU erörtert; liegen sie nicht vor, wird die Klage grds durch EndU abgewiesen („**Prozessurteil**"; diese Bezeichnung taucht aber im Rubrum des Urteils nicht auf); dieses ProzessU erwächst hinsichtl. des StrG nicht in Rechtskraft, die Klage kann daher wiederholt werden, wenn die Prozessvoraussetzung vorliegt. Über das Vorliegen von Prozessvoraussetzungen kann abgesondert verhandelt und entschieden werden, §280, was selten vorkommt. Die Bezeichnung „Prozessvoraussetzungen" ist missverständl., denn auch wenn sie fehlen, kommt es zum Prozess.

6 Ob die Prozessvoraussetzungen vorliegen, wird aufgrund der von den Parteien vorgetragenen Tatsachen **von Amts wegen geprüft** (nicht: von Amts wegen ermittelt, wie beim Untersuchungsgrundsatz); für die Feststellung von Tatsachen gilt freie Beweiswürdigung (BGH VersR 1986, 60); die Beweislast liegt grds beim Kl.

7 **Maßgebender Zeitpunkt:** die Prozessvoraussetzungen müssen jedenfalls bei Schluss der mdl Verh der jeweiligen Instanz vorliegen.

In welcher **Reihenfolge** die Prozessvoraussetzungen zu prüfen sind, ist str, aber ohne praktische Bedeutung, da selten mehrere Voraussetzungen zugleich fehlen; was eindeutig ist, sollte im klageabweisenden Urteil zuerst behandelt werden. Ist die Zulässigkeit einer Klage zweifelhaft, die Unbegründetheit aber offensichtl., ist nach **hM** (BGH ZZP Bd 89, 331; **aA** zB *Rimmelspacher* ZZP Bd 88, 245) wegen der unterschiedl. Rechtskraftwirkung von Prozess- und SachU gleichwohl die Zulässigkeit zuerst zu prüfen, sie darf nicht dahingestellt bleiben und die Klage als „jedenfalls unbegr" (oder als unzulässig *und* unbegründet) abgewiesen werden, obwohl ein solches Vorgehen wenig ökonomisch zu sein scheint. 8

Fehlende Prozessvoraussetzungen sind teils verzichtbar, teils werden sie nur auf Rüge berücksichtigt, vgl §§ 282, 295, 296. 9

**a) Bestehen der deutschen Gerichtsbarkeit**; fehlt, wenn eine der Parteien exterritorial ist, §§18-20 GVG, es sei denn, dass sie sich freiwillig auf den Prozess einlässt. Ggü Mitgliedern der ausl Streitkräfte vgl Gesetz zum NATO-Truppenstatut (*Geißler* NJW 1980, 2615). 10

**b) Ordnungsmäßige Klageerhebung**, § 253; ist die Klage nicht unterzeichnet oder die erforderl. **Prozessgebühr** (§ 12 GKG; Höhe: RVG VV 1210; § 253 Rz 15) nicht bezahlt, wird die Klage nicht zugestellt; Ausnahmen bei PKH-Bewilligung (§§ 114, 122) oder wenn glaubhaft gemacht wird, dass alsbaldige Zahlung nicht möglich ist (§ 14 GKG). 11

**c) Parteifähigkeit**, § 50 (und Existenz der Parteien); eine JuP ist auch nach ihrer Auflösung so lange als parteifähig zu behandeln, als ihre Vermögenslosigkeit nicht feststeht (BGH WM 1986, 145; BAG NJW 1988, 2637). 12

**d) Prozessfähigkeit**, §§ 5 bis 57; Zweifeln daran wird von Amts wegen mit Freibeweis nachgegangen; auch die Klage des geschäftsunfähigen Kl, welcher keinen Betreuer hat (§ 1896 BGB), ist letztl. zuzustellen und ein Termin zu bestimmen, in dem es zur Abweisung kommt (**aA** lehnt Terminierung ab); bei Erforderlichkeit einer Betreuung wird allerdings vorher die Akte an das VormundschaftsG gesandt mit der Anregung, einen Betreuer zu bestellen. 13

**e) Gesetzliche Vertretung** Prozessunfähiger, § 51. 14

**f) Prozessführungsbefugnis**, § 51 I. Das ist die Befugnis, einen Prozess als richtige Partei zu führen; sie setzt aber nicht voraus, dass die Partei Inhaber des geltend gemachten mat Rechts ist, sie muss das nur behaupten; der angebl. Gl X der eingeklagten Forderung zB hat diese Befugnis; ergibt die Beweisaufnahme, dass nicht X, sondern ein anderer den Kredit gewährt hat, wird die Klage als unbegründet (nicht: als unzulässig) abgewiesen, weil dem X die **Aktivlegitimation** fehlte. Ist die Prozessführungsbefugnis einem Dritten übertragen, spricht man von Prozessstandschaft (vgl § 51 Rz 15). 15

**g) Postulationsfähigkeit**, § 78. Wird die Klage im Anwaltsprozess von einer nicht postulationsfähigen Person eingereicht, wird sie auf § 78 hingewiesen; besteht sie auf Bearbeitung, ist ein Termin zu bestimmen, wo es ggf zum VU kommt (§ 333); die **aA** lehnt eine Terminierung ab (aber wie soll der Bekl dann zum Ersatz seiner Kosten kommen?). 16

**h) Zuständigkeit:** int; örtl. (§ 12 bis 39); sachl. (§§ 23, 71 GVG); nur wenn eine ausschließl. Zust fehlt, wird dies von Amts wegen beachtet, iÜ ist idR Rüge des Bekl notw. 17

**i) Zulässigkeit des Rechtswegs**, § 13 GVG. 18

19 **j) Rechtsschutzbedürfnis:** Es fehlt, wenn der Anspruch des Kl auf ein Urteil proz nicht schutzwürdig ist; bei Feststellungsklagen ist es zu prüfen, bei Leistungs- und Gestaltungsklagen liegt es idR vor (BGH NJW-RR 1993, 1129) und fehlt nur ausnahmsweise, zB: **(1) wenn der Kläger bereits einen Titel hat** (zB PV, vollstr Urkunde nach § 794; Auszug aus der Insolvenztabelle, § 201 II InsO; Zuschlagsbeschluss nach § 93 ZVG), es sei denn, der Gl hat mit einer VollstrGegenklage des Schuldners zu rechnen (BGH NJW-RR 1989, 318). Besonderheiten, wenn zwar ein ausl Titel (Türkei), aber ohne VollstrErklärung, vorliegt: KG FamRZ 1993, 976.

20 **(2) Wenn der Kläger auf einfacherem Weg** (unzweifelhaft! BGH NJW 1994, 1351) zum Ziel gelangen kann: zB statt Einklagung von Prozesskosten ist das Kf-Verfahren einfacher, §§ 103 ff; statt Einklagung der RA-Geb das Verfahren nach § 11 RVG; statt Klage gem § 894 BGB Grundbuchberichtigung nach § 22 GBO (OLG Schleswig MDR 1982, 143) oder Zuordnungsbescheid nach § 4 VZOG (BGH MDR 1996, 307); statt neuer Klage Titelumschreibung nach §§ 726, 727; ferner im Verh VollstrGegenklage (§ 767) zu Ber (§ 511) bzw Abänderungsklage (§ 323).

21 **(3) Wenn rechtsfremde Zwecke** verfolgt werden: zB Verfolgung von Wettbewerbsverstößen allein, um RA-Geb zu erzielen (OLG Düsseldorf DB 1983, 766).

22 **(4) Wenn mit prozessualen Befugnissen Missbrauch** getrieben wird; zB Zerlegung einer Zahlungsklage in viele Teilklagen, um die Zust des AG zu erlangen. Vgl ferner § 114 Rz 12 (zu Unterhaltsklagen).

23 Das Rechtsschutzbedürfnis fehlt aber zB nicht:

für eine Klage, weil auch das Mahnverfahren mögl. wäre; für eine Klage, weil auch eine Klageerweiterung in einem bereits anhängigen Prozess mögl. wäre (aber der in beiden Verfahren siegreiche Kl kann uU nicht seine vollen Kosten erstattet verlangen, § 91 Rz 38); für die Klage, wenn die Vollstr aussichtslos ist (anders bei Klage gegen den Insolvenzverwalter wegen eines Masseanspruchs und Masseunzulänglichkeit, LAG Köln KTS 1985, 563); für die Einklagung verjährter Forderungen (wird die Verjährungseinrede erhoben, ist die Klage als unbegründet abzuweisen); für Hauptklage und gleichzeitige eVfg; für Kleinbeträge (vgl *Olzen/Kerfack* JR 1991, 133); für eine Klage auf Bewilligung der Eintragung des Eigentums, obwohl noch kein Wohnungsgrundbuch angelegt ist (BGH NJW-RR 1993, 840).

24 **k) Nichtvorliegen von Prozesshindernissen** (Einrede des Schiedsvertrags, § 1032 I; der anderweitigen Rechtshängigkeit, § 261 III 1; der Rechtskraft, § 322; Kosteneinreden bei früherer Klagerücknahme und Ausländern, §§ 110-113; § 269 VI nF); zur Rechtzeitigkeit vgl § 282 III.

**l) Im Einzelfall:**

25 • Zulässigkeit einer **bestimmten Prozessart** (Urkunden-, Wechselprozess);

26 • **Klagbarkeit:** ist zB vertragl. ein Güteversuch (zB Anrufung von Schieds- oder Schlichtungsstellen) vereinbart, ist die vorher erhobene Klage als derzeit unzulässig abzuweisen (BGH MedR 1985, 81; OLG Oldenburg MDR 1987, 414). Keine Klagbarkeit bei Verstoß gegen ausl Devisenbestimmungen (BGH NJW 1991, 3095). Die Klagbarkeit kann grds durch Parteivereinbarung ausgeschlossen werden (BGH NJW 1982, 2072 für Ausschluss der VollstrGegenklage; OLG Celle OLGZ 1969, 1), zB, wenn „der Rechtsweg ausgeschlos-

sen“ wird; sie kann aber nicht verwirkt werden, BGH NJW-RR 1990, 886 (der zugrunde liegende mat-rechtl. Anspruch dagegen unterliegt der Verwirkung). Zu sog *Musterprozessvereinbarungen* vgl BGH LM §307 Nr.1; BGH NJW 1958, 1727. Bei Klagen gegen Länder, zB Bayern, ist idR vorher ein **Abhilfeverfahren** erforderl. (Art22 BayAGGVG).

- **Einhalten einer** gesetzl., vorgeschriebenen **Klagefrist** (zB im Enteignungsrecht): ihre 27
Versäumung verschließt den Rechtsweg, die fristgerechte Erhebung öffnet ihn, gestattet dem Kl auch nach Fristablauf Klageerweiterung, dem Bekl Widerklage (BGH VersR 1973, 54); die Klagefrist wird auch durch eine Klage vor einem örtl. unzuständigen Gericht oder im falschen Gerichtszweig gewahrt (BGH 97, 155). Vgl § 253 Rz 9.

**m) Erfolglose außergerichtliche Streitschlichtung,** in einigen Bundesländern sind 28
bestimmte Klagen (Bagatellfälle usw.) erst zulässig, wenn zuvor erfolglos eine Streitschlichtung von einer Gütestelle versucht wurde; § 15a EGZPO. Vgl § 253 Rz 19.

### 4. Begründetheit der Klage

Die sog Relationstechnik nimmt für sich in Anspruch, eine Methode zur schnellen und (da 29
überflüssige Beweisaufnahmen ersparend) kostengünstigen Entscheidung eines Zivilprozesses zu liefern (vgl *Berg/Zimmermann*, Klage, Gutachten und Urteil, 2007). Das Prüfungsprogramm läuft, wenn die Klage zulässig ist, in drei Stationen ab:

**a) Klägerstation:** der unstr Sachverhalt und der str Vortrag des Kl (= Sachverhalt I) wird 30
einer Schlüssigkeitsprüfung unterzogen. Schlüssig ist die Klage, wenn diese Tatsachen (ihre Richtigkeit unterstellt) den Klageantrag rechtfertigen (BGH NJW 1984, 2889), zB bei der Kaufpreisklage, wenn Abschluss des Kaufvertrags und Übergabe der Sache vorgetragen werden, nicht auch Mangelfreiheit. Dabei sind alle in Betracht kommenden Anspruchsgrundlagen (zB §280 nF (PVV, cic), §§433, 812, 823 BGB; §§7, 18 StVG) zu prüfen.

Ist die Klage unschlüssig, wird der Kl uU gem §§ 139, 279 III darauf hingewiesen und bei Nichtbehebung die Klage als unbegründet abgewiesen. Ist die Klage schlüssig, folgt b).

**b) Beklagtenstation:** Der unstr Sachverhalt und der str Vortrag des Bekl (= Sachverhalt 31
II) wird rechtl. untersucht. Ist er unerhebl. (zB der Bekl trägt vor, die gekaufte Sache gefalle ihm nicht mehr), wird der Klage durch Urteil stattgegeben, also der Bekl zur Kaufpreiszahlung verurteilt. Ist der Vortrag erhebl. (zB die Sache sei mangelhaft), folgt c).

**c) Beweisstation:** zu untersuchen ist, ob dem Sachverhalt des Kl oder dem des Bekl zu fol- 32
gen ist;

- das kann unerhebl. sein, weil nach beiden Sachverhalten dasselbe Urteil zu fällen ist; Folge: keine Beweisaufnahme, sondern Urteil;
- ist es erhebl., folgen Beweis-AnO bzw Beweisbeschluss, Beweisaufnahme, Beweiswürdigung, uU Anwendung von Beweislastregeln, schließlich das Urteil.

**5.** Zum **Verfahren im zweiten Rechtszug** vgl §§ 511 ff. Zum Verfahren vor den AG 33
§§ 495 ff, vor den FamG § 608. Zum Urteil §§ 300 ff.

Formular17: Erstmalige Kostenschutzanfrage bei der Rechtsschutzversicherung für den Prozess

# Titel 1
# Verfahren bis zum Urteil

## § 253 ZPO Klageschrift

**(1) Die Erhebung der Klage erfolgt durch Zustellung eines Schriftsatzes (Klageschrift).**

**(2) Die Klageschrift muss enthalten:**

**1. die Bezeichnung der Parteien und des Gerichts;**

**2. die bestimmte Angabe des Gegenstandes und des Grundes des erhobenen Anspruchs, sowie einen bestimmten Antrag.**

**(3) Die Klageschrift soll ferner die Angabe des Wertes des Streitgegenstandes enthalten, wenn hiervon die Zuständigkeit des Gerichts abhängt und der Streitgegenstand nicht in einer bestimmten Geldsumme besteht, sowie eine Äußerung dazu, ob einer Entscheidung der Sache durch den Einzelrichter Gründe entgegenstehen.**

**(4) Außerdem sind die allgemeinen Vorschriften über die vorbereitenden Schriftsätze auch auf die Klageschrift anzuwenden.**

**(5) [1]Die Klageschrift sowie sonstige Anträge und Erklärungen einer Partei, die zugestellt werden sollen, sind bei dem Gericht schriftlich unter Beifügung der für ihre Zustellung oder Mitteilung erforderlichen Zahl von Abschriften einzureichen. [2]Einer Beifügung von Abschriften bedarf es nicht, soweit die Klageschrift elektronisch eingereicht wird.**

§ 253 geändert durch G v. 22.03.2005 (BGBl 2005, 837).

Lit.: E. Schneider. Die Klage im Zivilprozess, 3. Aufl. 2007

### Übersicht

**1. Absatz 1:** Mit Einreichung der Klageschrift wird die Sache nur **„anhängig"**, Wirkungen vgl §§ 261, 262. Die bei Gericht eingereichte Urschrift der Klage verbleibt bei den Gerichtsakten. Zugestellt wird eine (vom RA oder Urkundsbeamten) begl „Abschrift" (also ein beigefügter begl Durchschlag, Kopie), nebst der darin in Bezug genommenen Anlagen, erst damit wird die Klage erhoben, die Sache **rechtshängig**, vgl § 261 I. **Zustellung** der prozesseinleitenden Klage erfolgt von Amts wegen, §§ 270, 271, an den Bekl (nicht an den RA, den der Kl ohne Nachweis als Beklagtenvertreter angibt: vgl § 172), an dessen RA bei Klageerweiterung, -änderung (§§ 172, 174). 1

**Bedingte Klageerhebung:** grds unzulässig, sie kann aber von innerprozessualen Bedingungen abhängig gemacht werden, zB von PKH-Bewilligung (OLG Naumburg OLG-NL 2000, 91; str). **Prozesskostenhilfe:** Wenn dem PKH-Antrag ein Klage*entwurf* beigefügt wird (dazu OLG München JurBüro 1988, 1713) und beides zugestellt wird, tritt noch keine Rechtshängigkeit ein; wird dagegen eine Klage mit Kostenvorschuss beigefügt, ist beides eingereicht und anhängig geworden, außer der ASt stellt eindeutig klar, dass die Klage (Scheidungsantrag) nur unter der Voraussetzung der PKH-Bewilligung erhoben werden soll (BGH FamRZ 1996, 1142). Die bedingt erhobene und also unzulässige Klage verwandelt sich nach PKH-Bewilligung nicht von selbst in eine zulässige Klage (OLG Bamberg FamRZ 2001, 1380), Antragstellung heilt aber. **Scheinbeklagter:** zur proz Behandlung vgl OLG Hamm NJW-RR 1999, 217. 2

In **Scheidungssachen** heißt die Klage „Antrag", § 622. Geht ein **Mahnverfahren** voraus, erfolgt statt der Klage eine, „Anspruchsbegründung" mit dem Inhalt einer Klage, § 697 I. 3

## 2. Absatz 2: Notwendiger Inhalt der Klage

**a) Bezeichnung der Parteien (Nr.1):** vorgeschrieben ist nur, dass, aber nicht, wie die Parteien in der Klageschrift zu bezeichnen sind; ausreichend ist deshalb, die Partei so klar zu 4 bezeichnen, dass keine Zweifel an ihrer Identität und Stellung aufkommen können und dass aus der Parteibezeichnung sich für jeden Dritten die betreffende Partei ermitteln lässt (BGH NJW 1977, 1686). Zweckmäßig ist Angabe von Name, Vorname, Beruf, Ort, Straße, Hausnummer. **Ladungsfähige Anschrift** ist grds auch beim Kl notw, selbst wenn anwaltl. vertreten (BGH NJW 1988, 2114; BVerfG NJW 1996, 1272); eine Klage „aus dem Verborgenen" ist unzulässig (OLG Naumburg MDR 2000, 902; KG OLG-Report 2005, 834), weil der obsiegende Bekl dann seine Kosten nicht vollstrecken kann; weigert sich der Kl, ist seine Klage als unzulässig abzuweisen (OLG Hamm MDR 2005, 1247). Anders nach BGH NJW 2004, 1503, wenn Kl im Laufe des Verfahrens umzieht (bedenkl.). Fehlende Anschrift kann akzeptiert werden, wenn ein ausreichender Grund vorliegt (Bedrohung durch Bekl etc, wie in FamS), Sicherheit wegen der Kosten für den Fall des Unterliegens geleistet wird und ein Zustellungsbev unwiderrufl. genannt wird. Ungenügend ist E-Mail-Anschrift oder Mobilfunk-Tel-Nr.(BSG NZS 2004, 504); ungenügend auch Postfach. Beim Bekl muss die Wohnanschrift angegeben werden, Arbeitsplatz (zB beim Krankenhausarzt) kann genügen (BGH NJW 2001, 885). Angabe, ob Kl oder Bekl, vgl §130 Nr.1.

Bei Handelsfirmen Angabe der Rechtsform. Bei Minderj Geburtsdatum; bei Partei kraft Amts zB „RA R als Verwalter im Insolvenzverfahren des XY, als Testamentsvollstrecker über den Nachlass des ..."; beim nichtrechtsfähigen Verein als Kl Angabe aller Mitglieder (ist er Bekl: § 50 II; ist der Verein eine Arbeitnehmer-Gewerkschaft: BGH NJW 1968, 1830). Bei **BGB-Gesellschaft**: nach BGH NJW 2001, 1056 ist die BGB-Gesellschaft, die am Rechtsverkehr teilnimmt, aktiv und passiv parteifähig (anders früher die allgM.), auf identifizierbare Bezeichnung ist zu achten; Vertreter sind alle Gesellschafter, es sei denn, im Gesellschaftsvertrag ist ein geschäftsführender Gesellschafter bestimmt (vgl § 170 III).

**Wohnungseigentümergemeinschaft:** Vom BGH (BGH NJW 2005, 2061) wurde sie für teilrechtsfähig erachtet. Die WEG-Reform 2007 (G.v.26.03.2007) bestimmt in § 10 VI WEG 2007, dass die Gemeinschaft selbst klagen und verklagt werden kann. Sie muss die Bezeichnung „Wohnungseigentümergemeinschaft", gefolgt von der bestimmten Angabe des gemeinschaftl. Grundstücks führen. Bei Klage genügt die Angabe des gem Grundstücks (§ 44 I WEG 2007). Wenn die Wohnungseigentümer Bekl sind, hat der Kl in der Klageschrift außerdem den Verwalter und den Ersatzzustellungsvertreter (§ 45 II 1 WEG 2007) zu bezeichnen. Es genügt also: „Wohnungseigentümergemeinschaft X-Strasse in Adorf, vertreten durch den Verwalter Y; Ersatzzustellungsvertreter Z". Die namentl. Bezeichnung der Wohnungseigentümer hat spätestens bis zum Schluss der mdl Verh zu erfolgen (§ 44 I WEG 2007). Über Befugnisse des Verwalters (Zustellung usw.) vgl § 27 WEG 2007. Zur Anfechtungsklage vgl § 46 WEG 2007.

**Gesetzliche Vertreter** Geschäftsunfähiger sind namentl. anzugeben, § 170 I, auch die von JuP, vgl § 170 II. **Unbekannte Beklagte**, zB „unbekannte Hausbesetzer", können nicht verklagt werden (LG Krefeld NJW 1982, 289), außer es handelt sich um einen nicht wechselnden Personenkreis (OLG Oldenburg NJW-RR 1995, 1164); dazu *Christmann* DGVZ 1996, 81. Bei unbekanntem Aufenthalt des Bekl: § 185. Die „unbekannten Erben" einer bestimmten Person, vertreten durch einen vom Erblasser bestellten PrBev, können Kl sein (BGH LM Nr. 19), vertreten durch einen Nachlasspfleger auch Bekl.

5 **Berichtigung ungenauer Parteibezeichnung** (vor allem beim Bekl): Die Bezeichnung einer Partei ist auslegungsfähig. Entscheidend ist, welchen Sinn die Erklärung aus der Sicht des

Gerichts und des Prozessgegners hat. Demgemäß ist bei einer dem Wortlaut nach unrichtigen Bezeichnung grds diejenige Person als Partei anzusehen, die nach dem Gesamtzusammenhang der Prozesserklärung als Partei gemeint ist (BGH NJW-RR 2006, 1569; der Vertragspartner agierte unter F-GmbH, dann F-Direkt Vertriebs GmbH, auch F-Vertriebs & Service AG & Co. KG, jeweils wurde nach Zustellung die Passivlegitimation bestr). Die Bezeichnung in der Klageschrift ist nicht ausschlaggebend; es kommt darauf an, welcher Sinn der vom Kl in der Klageschrift gewählten Parteibezeichnung bei objektiver Würdigung des Erklärungsinhalts beizulegen ist. Bei **unrichtiger äußerer Bezeichnung** ist grds diejenige Person als Partei anzusprechen, die erkennbar durch die fehlerhafte Parteibezeichnung nach deren objektiven Sinn betroffen werden soll (BGH NJW 1977, 1686; 1983, 2448; NJW-RR 1995, 764). Eine ungenaue oder erkennbar falsche Parteibezeichnung ist unschädl. und kann jederzeit von Amts wegen richtiggestellt werden (BAG NJW 2007, 458). Vgl Rz 3 vor §50.

**b) Bezeichnung des Gerichts (Nr. 1):** AG X-Stadt, oder LG ..., oder LG ... KfH (§ 96 6
GVG);

**c) Bestimmte Angabe des Gegenstandes und des Grundes (Nr. 2):** Die Klage muss also 7
begründet werden. Notw ist der Tatsachenkomplex, aus dem der Kl die in Anspruch genommene Rechtsfolge herleiten will (StrG, vgl Einl Rz 15; BGH NJW 1991, 2707). Nicht notw für die „Bestimmtheit" ist eine vollständige Beschreibung des Lebenssachverhalts, auch nicht alle Tatsachen, die erforderl. sind, um die Rechtsfolge zu begründen (BGH MDR 1976, 1005; NJW-RR 1988, 410; vgl § 287 Rz 6, 7). Die „Bestimmtheit" ist von der „Begründetheit" zu unterscheiden, auch eine nicht genügend substanziierte Klage (dazu BGH NJW-RR 1993, 189) kann wirksam erhoben sein, die Verjährung unterbrechen (BGH VersR 1979, 764). Konkrete **Bezugnahme** auf Blatt 2 (**Anlage**) ist zulässig (BGH NJW-RR 2004, 639); oder auf einen öffentl.-rechtl. Bescheid (BGH MDR 2003, 864).

Gegen **kränkende Äußerungen in Schriftsätzen** („Kläger ist geisteskrank ..."): Unterlassungsklage (OLG Köln NJW-RR 1992, 1247; LG Bochum NJW-RR 1992, 1305; *Walter* JZ 1986, 614); aber nicht gegen sonstigen Klageinhalt (OLG Hamm ZfS 2004, 403).

Die **materiell-rechtlichen Anspruchsgrundlagen** (zB § 433 BGB) muss der Kl nicht 8
angeben; tut er es, ist das nur eine Anregung an das Gericht, das Gericht ist daran nicht gebunden, darf nicht nur die angegebene Anspruchsgrundlage prüfen.

**Fristen** (vgl Rz 27 vor § 253): Ist Wahrung der Anfechtungsfrist nach dem AnfG notw, 9
muss die Klage die bestimmte Angabe enthalten, für welche vollstr Forderung und für welchen Betrag der Rückgewährsanspruch geltend gemacht wird (BGH NJW 1987, 904). Frist nach § 146 InsO (Anfechtung). Eine unbezifferte Schmerzensgeldklage, die Abs. 2 entspricht, unterbricht die Verjährung, auch für eine „Mehrforderung" mit Anschlussber (BGH NJW 1974, 1551). Die Klagefrist bei Stationierungsschäden (Art 12 III NTS-AG) ist eine vorproz Ausschlussfrist und wird nur gewahrt durch eine Abs. 2 genügende Klage; eine spätere Mangelbeseitigung wirkt nicht zurück (BGH NJW 1967, 1420; zur Heilung BGH NJW 1990, 3085; zur Verzichtbarkeit BGH NJW-RR 1996, 247).

**d) Bestimmter Antrag (Nr. 2).** Wichtig zur Abgrenzung des Rechtsschutzbegehrens (vgl 10
§ 308) und für die ZwV.

**aa) Zahlungsklagen:** müssen grds beziffert werden. Beispiel: „Der Bekl wird verurteilt, an den Kl 20 000 € nebst Zinsen in Höhe von 5 Prozentpunkten über dem Basiszinssatz seit ... sowie vorgerichtl. Mahnauslagen von ... Euro zu zahlen". Bei **zwischenzeitlichen Teilzahlungen** könnten diese nebst Zinsen ausgerechnet und abgezogen werden, sodass ein neuer Betrag gefordert wird; zweckmäßiger ist, zu formulieren: "... abzügl. am ... bezahlter ... Euro", weil dadurch nicht versehentl. Zinsen verlorengehen (ferner ist klarzustellen, ob eine Teil-Erledigung oder eine Teil-Klagerücknahme vorliegt; im Zweifel ist die Teilerledigung kostenmäßig günstiger). Wenn 100 000 € mit 8% Zinsen seit 01.02.2006 eingeklagt wurden und der Bekl am 01.02.2007 60 000 € zahlt, darf nicht einfach der Antrag auf 40 000 € nebst 8% seit 01.02.2006 geändert werden, weil sonst 4 800 € Zinsen verlorengehen. Gefährl. ist, im Termin nur zu sagen „ich ermäßige die Klage um 60 000 €", weil das Gericht vielleicht bei der Abfassung des Tenors bei den Zinsläufen nicht richtig rechnet. Falsch wäre „unter Abzug der bezahlten Beträge", weil daraus mangels Bezifferung nicht vollstreckt werden kann. Nicht genügt die Stellung des „Antrags aus dem Mahnbescheid", er muss ausformuliert werden (str, vgl *Eibner* NJW 1980, 2296). Bei Klage auf Lohnzahlung genügt Angabe des Bruttolohns (BAG NJW 1985, 646). **Mehrere Unterhaltsgläubiger** können ihren Anspruch nicht in *einer* Summe geltend machen, sondern müssen angeben, welcher Betrag auf K 1 und K 2 entfallen soll; daneben können sie sich aber mit einer anderen Aufteilung im Rahmen des Gesamtbetrags einverstanden erklären (BGH NJW 1981, 2462; keine Teilabweisung dann bei anderer Aufteilung, BGH NJW 1972, 1716). Soweit Kindesunterhalt im Wege der Prozessstandschaft und Trennungsunterhalt in einem einheitl. Betrag verlangt werden, liegt ein unbestimmter und damit unzulässiger Klageantrag vor, wenn sich auch durch Auslegung die Höhe des Kindes- und Trennungsunterhalts nicht ermitteln lässt (OLG München FamRZ 1994, 836).

Bei **Fremdwährungsschuld** sind Klage und Urteil auf die ausl Währung zu richten (*Palandt/Heinrichs* § 245 BGB Rz 17; BAG NJW 1996, 741); Umrechnung in Euro erfolgt bei der ZwV (§ 803 Rz 1); bei zu beseitigenden Bäumen muss der botanische Name nicht angegeben werden (OLG Köln MDR 2004, 532). Über **Devisenrecht** bei ausl UnterhaltsGl vgl BGH NJW 1987, 1146; 1991, 3095. **Wertsicherungsklauseln**: Beachte uU § 2 PaPkG (dazu *Palandt/Heinrichs* § 245 Rz 24), § 3 WährG ist aufgehoben.

**Zinsen:** 5 Prozentpunkte über dem Basiszinssatz ab ... (§§286, 288 I, 247 BGB); missverständl. ist ein Klageantrag „auf Verzugszinsen in Höhe von 5 % über dem Basiszinssatz"; denn wenn der Basiszins 2% beträgt, will der Kl bei wörtl. Auslegung nur insgesamt 2,1% und nicht 7%. Eine solche Auslegung wäre aber unzulässig und böswillig, denn natürlich will der Kl erkennbar 7%. Bei **Unternehmer-Entgeltforderungen** können sogar **8 Prozentpunkte** über dem Basiszinssatz verlangt werden; bei Verzugsschaden oder entspr Vereinbarung noch mehr; solche Zukunftszinsen sind zulässig (*Reichenbach* MDR 2001, 13). **Zinsbeginn:** zulässig ist der Antrag „Zinsen ab Rechtshängigkeit", weil dem Kl der Zustellungszeitpunkt bei Klageeinreichung noch nicht bekannt sein kann; bei Verzugszins usw. dagegen muss der Zinsbeginn im Klageantrag angeben werden. Der Kl kann die Zinsen auch ausrechnen; dann sollte er sie wegen §4 (keine Erhöhung des SrW) im Antrag bes angeben („5000 € nebst Zinsen von 200 € für die Zeit vom .. bis ... sowie 6% aus ... ab ...."). **Vorgerichtliche Mahnauslagen** sollte man wegen §4 im Antrag extra auswerfen.

11 **bb) Unbezifferte Klagen**, bei denen der Betrag ins Ermessen des Gerichts gestellt wird, sind nur ausnahmsweise zulässig, wenn der Betrag im Ermessen des Gerichts steht oder die Höhe gerichtl. zu schätzen ist: dann müssen aber **(1)** die allgemeine Größenordnung

der begehrten Forderung vom Kläger *verbindl.* angegeben werden, sonst ist die Klage unzulässig (BGH NJW 1982, 340; *Dunz* NJW 1984, 1734; *Wurm* JA 1989, 65), zB durch Angabe eines Mindestbetrags, Ungefährbetrags, StrW-Angabe, Hinnahme einer gerichtl. StrW-Festsetzung, ferner **(2)** im Sachverhalt genügend Grundlagen für die Ausübung des richterl. Ermessens (BGH NJW 1974, 1551), also Tatsachen über Art der Verletzung, Folgen usw. Änderung der Größenordnung ist keine Änderung des StrG (BGH NJW 2002, 3769). Über Probleme beim StrW § 3 Rz 22, KostenE § 92 Rz 5 und Beschwer § 511.

**Beispiele: Schmerzensgeld** (*Prütting/Gielen* NZV 1989, 329; *Heß/Burmann* NJW-Spezial 2006, 63), hierzu gibt es „Schmerzensgeldtabellen", welche die bisherige Rspr zusammenstellen; etwa von *Slizyk* (rund 3000 Urteile). Mit der unbeschränkten Klage auf ein insgesamt zuzuerkennen des Schmerzensgeld werden nicht nur alle bereits eingetretenen, sondern auch alle erkennbaren und objektiv vorhersehbaren künftigen unfallbedingten Verletzungsfolgen abgegolten (BGH NJW 2004, 1243). Weitere Fälle: Klage auf angemessenes Gehalt in bestimmten Fällen (BAG NZA 2006, 107); §§343, 315 III 2 BGB; Fälle des §287 (BGH NJW 1999, 353: Rückgewähr einer Schenkung); Regelunterhalt; Urlaubsentschädigung nach §651f II BGB; Betriebsrentenanpassung nach §16 BetrAVG (BAG BB 1996, 1388). Die Unterhaltshöhe kann nicht ins Ermessen gestellt werden (OLG Frankfurt FamRZ 1982, 1223), das Risiko einer Beweisaufnahme über das Mitverschulden kann nicht mit einem unbezifferten Antrag aufgefangen werden (BGH NJW 1967, 1420). In den Fällen schwieriger Bezifferung muss sich der Kl zB durch ein vorproz Gutachten die Zahlen besorgen. 12

Indem die Rspr teils die Angabe einer *engen* Größenordnung („Schmerzensgeld, dessen Höhe ins Ermessen des Gerichts gestellt wird, zwischen 16 000 € und 20 000 €") verlangt, erleichtert sie zwar die Klärung, ob bei Einlegung eines Rm eine Beschwer vorliegt, iÜ hat die fehlende *genaue* Bezifferung aber keinen rechten Sinn mehr. Denn die Bestimmung der Höhe des Schmerzensgeldes ist oft innerhalb einer *weiten* Spanne offen (ist dauernde Kinderlosigkeit aufgrund fehlerhafter medizinischer Behandlung 5 000 € oder 25 000 € „wert"?), hier hilft die enge Spanne den Parteien nichts. Innerhalb der engen Spanne aber spielen die Kosten keine nennenswerte Rolle (im obigen Beispiel macht ein Unterliegen um 1/9 kostenmäßig nicht viel aus). Man sollte entweder eine weite Spanne gestatten oder genaue Bezifferung verlangen.

**cc) Teilklage:** mögl., wenn der StrG teilbar ist (zB beim Zugewinnausgleich, BGH NJW 1994, 3165); setzt sich der Teilbetrag aus mehreren Ansprüchen zusammen (Verdienstausfall 15 000 €, Sachschaden 20 000 €, eingeklagt 10 000 €), muss er auf die Schadensgruppen verteilt werden (zB je 5 000 €) oder in ein Eventualverh gebracht (aus Verdienstausfall, hilfsweise aus Sachschaden), BGH JA 2006, 564; NJW-RR 2003, 1075; NJW 1990, 2068; damit erkennbar ist, welcher Teil des Gesamtanspruchs Klagegegenstand ist. Verjährungshemmung (bis 2001: Unterbrechung; § 204 nF BGB) erfolgt nur in Höhe des eingeklagten Betrags (BGH NJW-RR 1988, 692; NJW 2002, 2167). 13

Über **Teilklagen im Schmerzensgeldprozess** vgl. BGH NJW 2004, 1243 und *Bussmann* MDR 2007, 446; *Terbille* VersR 2005, 37; *Kannowski* ZZP Bd. 119, 63. Bereits das RG (Warneyer 1917 Nr. 99) hat es für zulässig erachtet, den Betrag des Schmerzensgelds zuzusprechen, der dem Verletzten zum Zeitpunkt der Entscheidung mindestens zusteht, und später den zuzuerkennenden Betrag auf die volle abzuschätzende Summe zu erhöhen, die der Verletzte aufgrund einer ganzheitl. Betrachtung der für den immateriellen Schaden maßgebl. Umstände beanspruchen kann, wenn sich nicht endgültig sagen lässt, welche Änderungen des gesundheitl. Zustands noch eintreten können. Der BGH (NJW 2001, 3414; 2004, 1243) hat sich angeschlossen. Der Kl kann also nur einen Teilbetrag eines Schmerzensgelds geltend machen und bei der Bemessung der Anspruchshöhe nur die Berücksichtigung der Verletzungsfolgen, die bereits *im Zeitpunkt der letzten mdl Verh* eingetreten sind, verlangen; eine hinreichende Individualisierbarkeit ist dann gewährleistet. Wegen der Verjährungsfrage bez des Restes ist es aber besser, zwei Anträge zu stellen: Es wird zB ein fester Betrag bzw ein ins Ermessen des Gerichts gestellter Betrag eingeklagt und zusätzl. auf Feststellung geklagt, dass Ersatzpflicht zukünftiger immaterieller Schäden besteht; das nach § 256 ZPO erforderl. Feststellungsinteresse bejaht der BGH, wenn aus der Sicht des Geschädigten bei verständiger Würdigung Grund besteht, mit dem Eintritt eines weiteren Schadens wenigstens zu rechnen (BGH NJW 2004, 1243; 2001, 1431; 2001, 3414). Zur Rechtskraft bei „verdeckten Teilklagen“ vgl § 322 Rz 33.

14 **dd) Bestimmtheit im Übrigen:** Der Antrag muss bei der Leistungsklage einen vollstreckungsfähigen Inhalt haben; der Bekl muss dem Antrag entnehmen können, welches Risiko für ihn besteht und er muss sich umfassend verteidigen können (BGH DAV 1983, 296). Deshalb sind bei der Herausgabeklage die Gegenstände genau zu bezeichnen, bei Auseinandersetzung einer Gemeinschaft der Teilungsplan anzugeben. Bei Klage auf Abschluss eines Vertrages muss der gesamte Vertragsinhalt angegeben werden (BGH NJW-RR 1994, 317); bei Leasingabrechnung der Rechengang so, dass er nachvollzogen werden kann (LG Frankfurt NJW-RR 1997, 434). Klage auf Zahlung einer Nutzungsentschädigung „bis zur Herausgabe“ ist zulässig (BGH VersR 2000, 369), ebenso auf Abnahme eines Werks (BGH NJW 1996, 1749). Bei der Klage auf Erteilung einer „Betriebskostenabrechnung“ müssen keine Details angegeben werden (LG Kassel WM 1991, 358); bei Klage auf Unterlassung von Hundegebell kein bestimmter Schallpegel (OLG Köln VersR 1993, 1242); bei Feststellung der Gewährleistungspflicht die genauen Mängel (BGH NJW 2002, 681); Zur Unterlassung von Geruchsbelästigungen: BGH NJW 1999, 356.

Probleme tauchen auf bei sog **„Rahmenanträgen“**, zB „unmissverständl., unüberhörbar“ (BGH MDR 2000, 343); „ironischer Preisvergleich“ (BGH NJW 2002, 376); „deutl. und unübersehbare“ Hinweise (BGH NJW 2005, 2550); Anträgen auf „handelsübl.“ Mengen (BGH NJW 1985, 2135), Böschungsbefestigung „wie früher“ (BGH NJW 1978, 1584), Verurteilung zum Abschluss der „erforderl.“ Rechtsgeschäfte (BGH NJW 1959, 137), Verbot „markenmäßiger“ Verwendung (BGH NJW 1991, 296), Unterlassung von Veröffentlichungen, die „inhaltl. Werbung“ sind (BGH NJW-RR 1993, 936), „Eindruck erwecken“ (OLG Hamburg NJW-RR 1994, 290), „eindeutig“, „unübersehbar“, "ähnl. wie“ (BGH NJW 1991, 1114; NJW 2001, 3710); das „Arbeitsverh ordnungsgemäß abzurechnen“ (BAG NJW 2001, 3212); „kurzfristig“ (OLG Köln MDR 2004, 406); Farbe „als Kennzeichnung“ (BGH NJW-RR 2004, 251); gesetzeswiederholender Unterlassungsklage (BGH MDR 2000, 1028); Unterlassung nicht näher angegebener Telefonwerbung (BGH CB 2007, 1190), §7 UWG. Es kommt darauf an, welche Angaben dem Kl möglich und zumutbar sind, ob die Bedeutung des Begriffs str ist, der Bekl sich ausreichend verteidigen kann, die ZwV möglich ist.

Unbestimmt ist eine Klage auf Auflassung Zug um Zug gegen Zahlung eines von einem Schiedsgutachter festzusetzenden Betrages (BGH NJW 1994, 3221; BAG NJW 1994, 586).

**e) Unterschrift**, Abs. 4. Anforderungen vgl § 130 Rz 5. Eine Klage kann auch mit Telefax erhoben werden. 15

**f) Gerichtskostenvorschuss**, § 12 GKG, durch Aufkleben von Kostenmarken (meist nicht mehr mögl.), Gebührenstempler, Beifügen von Scheck, Überweisung sobald Aktenzeichen bekannt usw. Nach Nr. 1210 GKG-KV sind 3 Geb vorauszuzahlen, aber keine Zustellungsauslagen mehr. Beispiel: bei einer Klage über 50 000 €: 3 x 456 € = 1368 €. Ohne Vorschuss wird zugestellt, wenn dem ASt PKH bewilligt wurde (§ 14 GKG), oder ihm Gebührenfreiheit zusteht (§ 2 GKG: Bund, Länder usw.), oder dem ASt die Zahlung Schwierigkeiten bereiten würde oder die Verzögerung der Zustellung den ASt schwer schädigen würde (Verjährung!), § 14 GKG.

**g) Anwaltszwang**, im Anwaltsprozess (§ 78) genügt nicht, wenn der Anwalt auf eine von der Partei verfasste Schrift Bezug nimmt (BGH NJW 1957, 263), wie zB auf den PKH-Antrag, die Klage zu Protokoll, die Laien-Klage vor dem ArbG vor Verweisung an das LG. In Ergänzung oder Erläuterung seines eigenen Tatsachenvorbringens kann der RA auf eine beigefügte Urkunde usw. Bezug nehmen (BGH MDR 1976, 1005). Nach vorausgegangenem Mahnverfahren soll es ausreichen, wenn die Anspruchsbegründung von der Partei selbst beim LG eingereicht wird und der zugelassene RA hierauf Bezug nimmt (BGH NJW 1982, 2002; § 697 Rz 1; bedenkl.). 16

**3. Mängel:** können grds durch Nachholung oder rügelose Einlassung (§ 295) geheilt werden; aber nicht mehr mit Rückwirkung, wenn inzwischen eine für die Klageerhebung geltende Ausschlussfrist abgelaufen ist (BGH NJW 1982, 2002); 17

**a) fehlender Kostenvorschuss:** wird angefordert, vor Eingang wird nicht zugestellt;

**b) fehlende Abschriften:** Rz 21;

**c) fehlende Unterschrift:** Klage wird nicht zugestellt, da uU nur ein Entwurf vorliegt; wurde sie versehentl. zugestellt, kann „Nichtunterzeichnung“ (zB Unterzeichnung mit wellenförmiger Linie) im Anwaltsprozess gem §295 geheilt werden (BGH NJW 1975, 1704).

**d)** Wenn dem Kl die **Postulations- oder Prozessfähigkeit** fehlt, muss die Klage, wenn der Kl darauf besteht, trotzdem zugestellt werden (nach **hM** erfolgt Ablehnung der Zustellung und der Terminsbestimmung durch nach § 567 anfechtbaren Beschluss, vgl *Bergerfurth* Anwaltszwang, Rz 201).

**Zustellung der Klage:** Sie erfolgt von Amts wegen (§ 270; Details § 271) an den Bekl, bzw an dessen gesetzl. Vertreter (§ 170), bei mehreren Bekl an alle. Gibt der Kl in der Klage einen RA als angebl. PrBev des Bekl ohne Nachweis an, wird an den Bekl selbst zugestellt; vgl § 172. Bei Klage gegen Wohnungseigentümergemeinschaft (nach BGH NJW 2005, 2061 passiv parteifähig, anders die früher hM): evtl Zustellung an Verwalter, § 27 II Nr. 3 WEG; vgl § 171.

Mangelhafte Klagezustellung wird mangelfrei nachgeholt, sonst kann sie nach § 189 oder § 295 heilen. Wird dem Bekl eine einfache Abschrift der Klage formlos übermittelt, dann **Prozesskostenhilfe** bewilligt und die Zustellung der Klage übersehen, verhandelt der Bekl aber rügelos, ist die fehlende Zustellung nach § 295 I geheilt (OLG Rostock OLG-NL 1994, 68). Beachte § 167 (früher § 270 III).

Stellt das Gericht eine in Unkenntnis der Insolvenzeröffnung gegen den Gemeinschuldner gerichtete Klage dem Insolvenzverwalter zu, so wird zunächst weder der eine noch der andere zur beklagten Partei. Der Insolvenzverwalter erlangt die Parteistellung nicht vor der Erklärung, dass sich die Klage gegen ihn richtet (BGH NJW 1994, 3232).

18 **4. Absatz 3.** Nur Sollvorschrift. **a) Streitwertangabe:** vgl §§ 3 ff; sie hat zwei Bedeutungen: **(1)** sachl. Zust hängt davon ab nach §§ 23, 71 GVG; der Wert wird ggf vom Gericht nach § 62 GKG festgesetzt. **(2)** StrW ist ferner wichtig für Berechnung der Gerichtsgeb nach GKG-KV 1210. Bei Klage auf Zahlung ist der Geldbetrag ohne Zinsen und Nebenkosten der StrW. In den anderen Fällen (zB Klage auf Unterlassung, Herausgabe) kann der Kl einen StrW vorschlagen (zweckmäßig) oder dies offenlassen; dann legt der Beamte die Sache dem Richter vor und das Gericht setzt den Wert sogleich durch Beschluss fest (§ 63 I 1 GKG); der Kostenbeamte fordert daraus den Gerichtskostenvorschuss. Gegen *diesen* StrW-Beschluss ist keine Beschwerde zulässig, vgl § 63 I 2 GKG. Wenn dem Kl der Gebührenstreitwert (und daher der geforderte Kostenvorschuss) zu hoch erscheint, muss er einen Gerichtsbeschluss fordern (das Anforderungsschreiben des Kostenbeamten ist kein solcher Beschluss des ProzessG!), wonach die Zustellung der Klage von der Zahlung von ... Euro abhängig gemacht wird; dagegen kann er dann mit Beschwerde nach § 67 GKG vorgehen. Kosten vgl Rz 21a.

**b) Einzelrichter** §§ 348, 348a; man sollte bei Klage zum LG auf KammerE bestehen. Erklärung des Bekl dazu § 277 I 2.

19 **5. Weiterer Inhalt:**

**a) Beweismittel** müssen nicht angegeben werden, vgl § 282;

**b) Kostenantrag** ist überflüssig wegen § 308 II, aber übl.;

**c) Antrag zur vorläufigen Vollstreckbarkeit** ist überflüssig, §§ 708 ff; anders ist es bei den Schutzanträgen gem §§ 710, 712 (wobei aber Glaubhaftmachung nach § 714 II notw ist); der Antrag, die SiL durch Bankbürgschaft erbringen zu dürfen, ist nach § 108 I 2 (seit 2002) überflüssig;

**d)** Anträge gem §331 III 2 (auf schriftl. VU) sind zweckmäßig; Antrag auf schriftl. AnerkenntnisU ist nach §307 II überflüssig (das Antragserfordernis ist seit 2002 entfallen).

**e) Beifügung der Bescheinigung über den erfolglosen Einigungsversuch** im Falle des § 15a I 2 EGZPO, sonst ist die Klage unzulässig; keine Nachholung im Prozess (BGH NJW 2005, 437).

19a **6. Weiteres Verfahren:** Nach Eingang einer Klage setzt das Gericht im Falle des § 62 GKG (StrW bis 5 000 €, also AG zuständig, oder ab 5 000,01 €, also LG zuständig; §§ 23, 71 GVG) den StrW durch Beschluss vorl fest; sobald ausreichend Kostenvorschuss einbezahlt ist (Rz 15), wählt der Richter (Amtsrichter, LG-ER, LG-Kammervors) durch Griff zum entspr Formblatt und Ankreuzen entweder das schriftl. Vorverfahren (§ 276) oder den frühen ersten Termin (§ 275) und veranlasst durch das Formblatt die Zustellung.

20 **7. Absatz 4.** Vgl §§ 130, 131, 133.

**8. Absatz 5.** Fehlen die Kopien, Durchschläge (Folgen uU bei § 167, BGH VersR 1974, 1107), werden sie vom Kl nachgefordert oder von der Geschäftsstelle des Gerichts auf Kosten des Kl (GKG-KV 9000) angefertigt. 21

**9. Kosten. Gericht:** bei Klageeinreichung ist die Geb GKG KV 1210 (3,0) einzuzahlen; sie deckt das gesamte Verfahren einschließl. Urteil ab, auch bis zehn Zustellungen (GKG KV 9002); Vorauszahlungspflicht: §12 GKG. Keine höhere Geb, wenn mehrere Kläger und/oder mehrere Bekl vorhanden sind. Wenn der Kl trotz Aufforderung keinen Vorschuss bezahlt, sodass das Verfahren nach der AktO weggelegt wird, fällt nur die 1,0 Geb an, KV 1211 (LG Hamburg NJW-RR 1999, 581). Bei einem bestimmten Prozessverlauf (s. GKG KV 1211) werden von den 3,0 bis zu 2/3 zurückbezahlt. Keine Einzahlung bei PKH und in den sonstigen Fällen des §14 GKG. Wird *nur* ein PKH-Antrag gestellt, fällt überhaupt keine Gerichtsgeb an, auch nicht die Geb KV 1210. Wer Klage einreicht *und* PKH beantragt, macht meist einen Fehler; denn wenn nicht hinreichend deutl. zum Ausdruck gebracht wird (Bezeichnung als „beabsichtigte Klage", im Text Abhängigmachung von der PKH-Bewilligung usw.), dass die Klage in Wirklichkeit nur für den Fall der Bewilligung der PKH als erhoben gelten soll; dann fällt die Geb KV 1210 an (OLG Köln JurBüro 2005, 546; OLG Koblenz FamRZ 1998, 312). Selbst wenn die Klage sofort nach Einreichung und *vor* Zustellung zurückgenommen wird, fällt die 3-fache Geb nicht weg, es erfolgt nur eine Ermäßigung nach KV 1211 (OLG München MDR 1996, 1075; OLG Hamm MDR 1997, 206; KG NJW-RR 1998, 1375). Eine nicht unterschriebene Klage ist nur ein Entwurf und löst keine Geb nach GKG aus. Wenn die Klage erweitert wird, wird die Geb aus dem neuen StrW berechnet und die bereits bezahlte Geb wird angerechnet; Vorauszahlungspflicht: §12 I 2 GKG. Wenn ein Mahnverfahren vorausging, kostete dieses 0,5 Gerichtsgeb (KV 1110). Diese Geb wird auf die 3,0 Geb angerechnet, sodass jetzt für die „Klage" (Anspruchsbegründung) nur noch 2,5 zu zahlen sind. Für Scheidungsantrag gilt KV 1310 ff (2,0); für Arrest und eVfg KV 1410ff. **Widerklage:** es fällt dafür die Geb KV 1210 an; Fälligkeit §6; die Zustellung erfolgt bereits vor Zahlungseingang, §12 II Nr.1 (also keine Vorauszahlungspflicht, aber sof Inrechnungstellung). Für den StrW und damit die Höhe der 3,0 Geb kommt es nach §45 I GKG darauf an: wenn Klage und Widerklage *nicht denselben* Anspruch betreffen, wie im Regelfall, werden die StrW addiert und der Bekl (= Widerkl) muss die Differenz zahlen (Klage 10000 €, Widerklage: 10000 €; Kl hat schon 3 × 196 bezahlt, also 588 €; neuer StrW 20000, daraus insgesamt (3 × 288) 864 € zu zahlen, also vom Bekl nur noch 276 €. Wenn Klage und Widerklage *denselben* Anspruch betreffen, ist der Wert des höheren Anspruchs maßgebend. **Rechtsanwalt:** die Abfassung und Einreichung der Klage ist durch RVG VV 3100 abgedeckt. Zuschlag bei mehreren Mandanten RVG VV 1008. 21a

**10. Die Widerklage**

Zweck der Zulassung ist, Vervielfältigung und Zersplitterung der Rechtsstreite zu vermeiden. Zusammengehöriges soll einheitl. behandelt und entschieden werden (BGH NJW 1971, 466). Die Widerklage ist eine gewöhnl. Klage des Bekl gegen den Kl im selben Prozess; sie kann in der Form des §261 II bis zum Schluss der mdl Verh erhoben werden (BGH NJW-RR 1992, 1085; in der Ber-Instanz nur noch nach §533, in der Rev-Instanz grds nicht mehr; BGH 24, 279). **Zustellung der Widerklage** hängt nicht von einem **Kostenvorschuss** ab, §12 II Nr.1 GKG (die Gerichtskosten werden aber sofort in Rechnung gestellt; Kosten vgl 22

Rz 21a). Sie erfolgt an den PrBev des Kl, der als stillschweigend zustellungsbevollmächtigt anzusehen ist, mit den Aufforderungen (Vordruck) nach §§275, 276. Die Widerklage kann nicht als verspätet nach §296 zurückgewiesen werden. Der Bekl kann auch ges gegen den Kl klagen; dann kommt Verbindung der beiden Klagen in Betracht, §147, die später rechtshängig gewordene Klage wird zur Widerklage. Klage und Widerklage können getrennt werden, §145 II; durch TeilU kann über die eine entschieden werden, §301; durch EndU über beide. **Sonderfälle** der Widerklage sind: §256 II sowie §§302 IV, 600 II, 717 II, III, falls sie vom Bekl im selben Verfahren erhoben werden.

**11. Zulässigkeitsvoraussetzungen der Widerklage**

**a) Allgemeine Prozessvoraussetzungen:**

23 **aa) örtliche Zuständigkeit:** zB §§ 12 ff, uU aus § 33; vgl § 33 Rz 1ff (auch zur int Zust);

24 **bb) sachliche Zuständigkeit** wie sonst; die StrW dürfen nicht addiert werden, § 5 HS 2. Überschreitet **beim Amtsgericht** der StrW der Widerklage die Zust-Grenze (§ 23 GVG), erfolgt Verweisung an das LG nach § 506 oder die Sache bleibt nach § 39 beim AG: **Das Landgericht** ist für die Widerklage mit geringem StrW grds zuständig, vgl § 10 (dazu *Mayer* JuS 1991, 678). Bei KfH vgl §§ 96 ff GVG. Bei ausschließl. Zust des AG: Trennung und Verweisung, §§ 145, 281; ebenso, wenn für die Widerklage das ArbG zuständig ist, § 48 I ArbGG.

25 **cc) Keine anderweitige Rechtshängigkeit:** Klage und Widerklage müssen sich auf verschiedene StrG beziehen; zB: Klage auf Zahlung, Widerklage auf Feststellung, den Betrag nicht zu schulden: identischer StrG, Widerklage unzulässig. Klage auf Zahlung eines Teilbetrags, Widerklage auf Feststellung, dass der Restbetrag (auch) nicht geschuldet werde: Widerklage zulässig. Klage auf Feststellung des Eigentums des Kl, Widerklage auf Feststellung des Eigentums des Bekl: zulässig.

**dd) Im Übrigen** müssen die sonstigen allgemeinen Prozessvoraussetzungen einer Klage (Rz 10 vor § 253) vorliegen, zB Rechtsschutzbedürfnis.

**b) Besondere Prozessvoraussetzungen sind:**

26 **aa) Zusammenhang** von Klage und Widerklage ist nach hM (vgl § 33 Rz 1) nicht erforderl., anders nach BGH 40, 185. Zusammenhang besteht zB zwischen Klage auf Kindesunterhalt (§ 1629 III BGB) und auf Ehegattentrennungsunterhalt (OLG Köln FamRZ 1995, 1497).

27 **bb) Rechtshängigkeit der Klage Kläger-Beklagte**: sie muss schon zugestellt sein, noch anhängig sein (BGH NJW-RR 2001, 60), darf noch nicht zurückgenommen, durch Vergleich oder sonst erledigt (zB durch übereinstimmende Erledigungserklärungen), bzw rechtskr entschieden sein; deshalb keine Widerklage, wenn nur ein PKH-Antrag vorliegt, OLG Frankfurt FamRZ 1983, 203; die „Widerklage" wird dann in eine selbstständige Klage umgedeutet. Nach Schluss der mdl Verh über die Klage kann eine Widerklage nicht mehr erhoben werden (BGH NJW-RR 1992, 1085). Ist die Widerklage rechtshängig geworden, besteht sie als solche fort, auch wenn die Klage zurückgenommen usw. wird.

28 **cc) Keine unzulässige Verfahrensart**: Keine Widerklage im Urkunden/Wechsel/Scheckprozess, § 595 I, im Arrest/eVfg-Verfahren, nur beschränkt im Ehe- und Kindschaftspro-

zess (§ 610 II). In einer FamS kann keine Widerklage aufgrund eines nicht familienrechtl. Anspruchs erhoben werden (BGH NJW 1986, 1178).

**12. Hilfswiderklage (Eventualwiderklage)**: Die Widerklage kann auch hilfsweise erhoben werden. Zulässigkeitsvoraussetzung: Der Hauptantrag des Bekl (auf Klageabweisung) und sein Hilfsantrag müssen in einem wirkl. Eventualverh stehen, dh der mit der Widerklage geltend gemachte Anspruch kann nur begr sein, sofern auch das Klagebegehren begr ist (BGH 21, 13; NJW 1965, 440); zB: Kl klagt auf Feststellung der Nichtigkeit eines Vertrages, Bekl beantragt Klageabweisung (weil er den Vertrag für wirksam hält) und erhebt hilfsweise (falls sich der Vertrag als nichtig erweisen sollte) Widerklage auf Rückzahlung der aufgrund des Vertrages erbrachten Leistungen. Ausgangspunkt ist, dass es dem Bekl im selben Umfang wie dem Kl mögl. sein muss, Hilfsanträge zu stellen; hätte der Bekl mit dem Prozess begonnen, hätte er Klage auf Feststellung der Gültigkeit des Vertrages und hilfsweise auf Rückzahlung erheben können. 29

Eine Eventualwiderklage kann auch für den Fall erhoben werden, dass der Widerkläger mit seinem Hauptvortrag obsiegt und – daran anschließend – die Feststellung des Nichtbestehens eines weiter gehenden oder weiteren Anspruchs, der in seinen Entstehungsvoraussetzungen von dem mit der Klage geltend gemachten Anspruch nicht abhängig ist, bedingt für den Fall seines Obsiegens mit dem Hauptvorbringen, begehrt (BGH NJW 1996, 2306).

Ebenso kann der Bekl gegenüber der Klageforderung in erster Linie mit einer Gegenforderung **aufrechnen** und (bei Streit über die Zulässigkeit der Aufrechnung) **hilfsweise** die Gegenforderung mit **Widerklage** geltend machen (BGH LM § 33 Nr. 5). 30

**13. Parteien der Widerklage**:

- **Grundfall**: der Kl ist zugleich Bekl der Widerklage, der Bekl zugleich Kl der Widerklage. 31
- der Kl kann nochmals „als Widerbekl" gegen den Bekl klagen, sog. **Wider-Widerklage** (drei Klagen: Klage, Widerklage Bekl-Kl, Widerklage Kl-Bekl); dazu BGH NJW-RR 1996, 65 (Abgrenzung zur Klageänderung); auch als Eventual-Wider-Widerklage (BGH LM § 164 BGB Nr. 15). 32
- **Widerklage des Beklagten gegen Dritte**, die bisher am Rechtsstreit nicht beteiligt waren (parteierweiternde Widerklage); zB: Kl verklagt Bekl auf Kaufpreiszahlung, Bekl beantragt Klageabweisung und erhebt Widerklage gegen Kl (= Nr. 1) und vier weitere Personen (= Nr. 2 bis 5), also gegen fünf Widerbekl, auf Schadensersatz. 33

**Zulässigkeitsvoraussetzungen** der Widerklage gegen diese vier (BGH NJW 1964, 44; 1971, 466; 1975, 1228; 1981, 2642; MDR 1972, 600): **(1)** Widerklage muss vom Bekl ausgehen, nicht von einem Streithelfer; **(2)** Widerklage muss sich *auch* gegen den Kl richten, nicht *nur* gegen den Dritten (isolierte Drittwiderklage aber in Sonderfällen zulässig, BGH NJW 2001, 2094); unschädl. ist, dass der Dritte bereits als Streithelfer des Bekl am Rechtsstreit beteiligt ist (BGH NJW 1996, 196; dazu *Luckey* JuS 1998, 499); **(3)** Rechtl. Zusammenhang zwischen der Klage und der Widerklage gegen sämtl. Widerbekl; **(4)** Der Widerbekl, der zugleich Kl ist, und die übrigen Widerbekl, müssen StrG iSv §59 oder §60 sein; **(5)** Die nicht selbst klagenden Widerbekl (Nr.2 bis 5) müssen in die Widerklage einwilligen (vgl §267) oder das Gericht muss die Widerklage gegen sie für sachdienl. erachten 34

(§263; Frage der Prozessökonomie); denn es handelt sich nach BGH um Parteiänderung, die wie Klageänderung zu behandeln ist. In der Lit ist dies zT variantenreich str; vgl *Kirschstein/Freund* KTS 2004, 41. Zur örtl. Zust der Widerklage gegen den Dritten vgl §33 Rz 6.

### 14. Behandlung der Widerklage im Urteil

35 Im **Rubrum** heißen die Parteien „Kl und Widerbekl" bzw „Bekl und Widerkl". Im **Tenor** ist die Widerklage wie eine Klage zu behandeln. („Der Bekl wird verurteilt ...; die Widerklage wird abgewiesen"). Bei den **Kosten** muss einheitl. entschieden werden; falsch zB: Kl trägt Kosten der Klage, Bekl Kosten der Widerklage, richtig zB: Kl trägt 1/3, Bekl 2/3 der Kosten (§ 92 Rz 9). Bei der **vorläufigen Vollstreckbarkeit** werden die Beträge nicht etwa verrechnet.

36 Beim **Tatbestand:** **(1)** Betrifft die Widerklage einen anderen Sachverhalt: zunächst Tatbestand zur Klage; dann: Widerklageantrag; Widerklagevortrag des Bekl; Antrag des Kl auf Widerklageabweisung; Vortrag des Kl zur Widerklage. **(2)** Betrifft die Widerklage denselben Sachverhalt (zB denselben Unfall, aus dem jede Partei ihren Schaden geltend macht): Unstrittiges zu Klage und Widerklage; strittiger Klägervortrag zur Klage; Klageantrag; Klageabweisungsantrag und Widerklageantrag des Bekl; Klageerwiderung des Bekl und strittiger Widerklageantrag des Bekl; Antrag des Kl auf Abweisung der Widerklage; Vortrag des Kl (= Widerbekl) zur Widerklage; Prozessgeschichte.

37 Bei den **Entscheidungsgründen:** idR Zulässigkeit und Begründetheit der Klage, dann der Widerklage; Zusammenfassung der Zulässigkeit wäre meist unübersichtl. **Streitwert:** Zust § 5 HS 2, für Rm § 5 HS 1; für Geb § 45 I GKG, § 23 I RVG.

## Anhang: Wichtige Klagen

### 1. Abänderungsklage nach § 323:

38 *Anträge:* **(1)** Das Urteil des AG ... vom ... wird dahin abgeändert, dass der Bekl ab Klageerhebung an die Kl anstatt 800 € monatl. im Voraus 1 000 € Unterhalt zu zahlen hat. **(2)** Kosten; v. v.

### 2. Anwaltshaftungsklage:

38a *Borgmann/Haug*, Anwaltshaftung, 3. Aufl. 1995; *Vollkommer*, Anwaltshaftungsrecht, 1989. BGH-Rspr: *Borgmann* NJW 2002, 2145.

### 3. Arrest:

39 *Anträge:* **(1)** Zur Sicherung der ZwV wegen einer Kaufpreisforderung des ASt von 3 000 € aus dem Vertrag vom ... nebst ... Zinsen ... sowie einer Kostenpauschale von 700 € wird der dingl. Arrest in das Vermögen des AGegners angeordnet. **(2)** Kosten.

*Erläuterungen:* vgl § 916 Rz 5 bis 9. Verbindung mit Pfändungsantrag § 916 Rz 7. Die Bestimmung der Lösungssumme (§ 923) erfolgt von Amts wegen. Darlegung der Begründung vgl § 916 Rz 4.

### 4. Arzthaftungsklage:

*Scholz* r+s 1996, 381; *Schmid* NJW 1994, 767; *Spickhoff* NJW 2002, 1758; NJW 2006, 1630; *Rehborn* MDR 2004, 371. Der ER ist hier grds unzulässig (OLG Karlsruhe NJW-RR 2006, 205). Bes ist darauf zu achten, dass der „richtige“ Bekl verklagt wird, so etwa wenn behandelnder Arzt, Chefarzt und Klinikträger verklagt werden sollen. Die Mitglieder einer ärztl. Gemeinschaftspraxis mit gleicher Gebietsbezeichnung, die gegenüber Kassenpatienten gemeinschaftlich auftreten, haften diesem vertragl. als Gesamtschuldner für die Versäumnisse des behandelnden Arztes (BGH NJW 1999, 2731). 39a

Seit 01.08.2002 ist § 847 BGB geändert (gilt noch für Altfälle), nun lässt sich Schmerzensgeld leichter aus §§ 253, 280, 278 BGB herleiten. Die Haftpflichtvers des Arztes darf nicht mitverklagt werden, weil es bei der Arzthaftung (anders als im Kfz-Haftpflichtrecht) keinen Direktanspruch gegen die Vers gibt. Beim Schmerzensgeld ist zusätzl. Antrag auf Feststellung wegen des künftigen Schmerzensgeldes angebracht (vgl oben Rz 12, 13. Also: **(1)** Zahlung des mat Schadens, nebst Zinsen; **(2)** Zahlung von Schmerzensgeld, nebst Zinsen ab Verzug, notfalls ab Rechtshängigkeit; **(3)** Feststellung, dass der Bekl verpflichtet ist, den künftigen mat und immateriellen Schaden aus der Behandlung vom ... zu ersetzen, soweit Ansprüche nicht auf andere Träger übergegangen sind.

### 5. Einstweilige Verfügung; Herausgabe:

*Anträge:* **(1)** Der AGegner hat den Pkw ... Kennzeichen ... an den örtl. zuständigen GV X als Sequester herauszugeben. **(2)** Kosten. 40

*Erläuterungen:* Zust vgl § 937 Rz 1. Vortrag zur Begründung und Glaubhaftmachung vgl § 916 Rz 4. Im Beispiel gibt ein Handelsvertreter den ihm zur Verfügung gestellten Pkw nach Vertragsende nicht heraus (§ 985 BGB). Sequestration § 938 II, § 938 Rz 16. Dringlichkeit wird von der Rspr verneint, wenn der ASt eine längere Frist untätig hat verstreichen lassen; dann bleibt nur die gewöhnl. Herausgabeklage. Vollstr erfolgt nach § 883 II.

Wird die Herausgabe von Gegenständen begehrt, die in Wohnräumen sind (zB Geschäftsunterlagen), kann es problematisch sein, ob der GV wegen der BVerfG-Rspr zu § 758 die Wohn- und Geschäftsräume durchsuchen darf. Dann müsste gleichzeitig ein Durchsuchungsbeschluss beim AG beantragt werden (Zust § 758a Anm): „Die Durchsuchung der Wohn- und Geschäftsräume des AGegners in ... zur Vollstr der HerausgabeAnO des ... Gerichts wird gestattet.“

### 6. Einstweilige Verfügung; Vormerkung:

*Anträge:* **(1)** Die Eintragung einer Vormerkung zur Sicherung des Anspruchs des ASt auf Auflassung des Grundstücks ... eingetragen im Grundbuch des AG Passau für ... Bd ... Blatt ... wird angeordnet. **(2)** Das AG Passau, GBA, wird um Eintragung ersucht. **(3)** Kosten. 41

*Erläuterungen:* Im Beispiel hat der ASt einen Auflassungsanspruch aus einem notariellen Kaufvertrag. Vormerkung §885 BGB; ein Vfg-Grund muss nicht glaubhaft gemacht werden, §885 II BGB, wohl aber der Anspruch durch Vorlage der Urkunde usw. Eintragungsersuchen: §941 ZPO.

Bauhandwerkersicherungshypothek: Antrag vgl § 938 Rz 20.

**7. Einstweilige Verfügung; Widerspruch:**

42 *Anträge:* **(1)** Die Eintragung eines Widerspruchs gegen das Eigentum des AGegners zugunsten des ASt im Grundbuch des AG Passau für ... Bd ... Blatt... wird angeordnet. **(2)** Das AG Passau, GBA, wird um Eintragung ersucht. **(3)** Kosten.

*Erläuterungen:* Im Beispiel ist der AGegner zu Unrecht im Grundbuch eingetragen, das Grundbuch ist unrichtig (§ 894 BGB). Die eVfg muss sich jeweils gegen *alle* Betroffenen richten (*Palandt/Bassenge*§ 894 Rz7). Widerspruch nach § 899 I BGB, Glaubhaftmachung der Unrichtigkeit erforderl., nicht aber der Gefährdung des Rechts des ASt (§ 899 II 2 BGB). Eintragungsersuchen: § 941. Anschließend muss der ASt versuchen, dem GBA die Unrichtigkeit in der Form der §§ 22, 29 GBO nachzuweisen; ist das nicht mögl., muss im Gerichtsstand des § 24 I geklagt werden: „Der Bekl wird verurteilt, der Berichtigung des Grundbuchs dahin, dass nicht er, sondern der Kl Eigentümer des Grundstücks ..., eingetragen im Grundbuch des AG ... Bd ... Blatt ..., ist, zuzustimmen." ZwV § 894.

**8. Klage auf Mietzinserhöhung:**

43 *Anträge:* **(1)** Die Bekl werden verurteilt, der Erhöhung der Miete für die Wohnung in ... von bisher 800 € zuzügl. 100 € Nebenkostenvorauszahlung auf 1 000 € zuzügl. 100 € Nebenkostenvorauszahlung ab dem ... zuzustimmen. **(2)** Kosten.

*Erläuterungen:* Ausschließl. Zust des AG (§ 29a ZPO; § 23 Nr. 2a GVG). Geb-StrW: Jahresbetrag der Erhöhung (§ 41 V GKG), also 2 400 €. Die Klage geht auf Abgabe einer Willenserklärung (§ 894), nach Rechtskraft muss dann ggf auf Zahlung geklagt werden, diese Zahlungsklage kann nicht nach §§ 257, 259 gleichzeitig mit der Zustimmungsklage erhoben werden. Vorl Vollstr nur bez der Kosten (§ 895). Zur Begründung sind die Voraussetzungen von § 558b BGB darzulegen (das MHG ist seit 2002 aufgehoben). Klagefrist § 558b II 2 BGB. Erhöhte Miete bei Zustimmungsverlangen im Mai ab 01.08., vgl § 558b I BGB. Da das vorgerichtl. eingeholte SV-Gutachten (§ 2 II 3 MHG) nach hM nicht zu den außergerichtl. Kosten zählt (§ 91 Rz 25), ist Argumentation mit Vergleichswohnungen oft günstiger. Das Gericht erholt ohnehin idR ein Gutachten, das dann vom unterliegenden Bekl zu zahlen ist.

**9. Klage auf Mietzins und Räumung:**

44 *Anträge:* **(1)** Der Bekl wird verurteilt, die Wohnung ... zu räumen und an den Kl herauszugeben. **(2)** Der Bekl wird verurteilt, an den Kl 1 600 € nebst Zinsen in Höhe von 5 Prozentpunkten über dem Basiszins seit dem ... zu zahlen. **(3)** Kosten; vv

*Erläuterungen:* Für Wohnraummietsachen ausschließl. örtl. und sachl. Zust eines AG (§ 29a ZPO; § 23 Nr. 2a GVG); für Geschäftsraummietsachen vgl § 29a Rz 2. Geb-StrW ist für Nr. (2) der Betrag, für (1) die Jahresmiete (§ 41 I, II GKG) ohne Heizungspauschale; ob sonstige Betriebskosten abzuziehen sind, ist umstr. Mietrückstand als Kündigungsgrund: § 543 BGB; zur Heilungsmöglichkeit durch den Mieter vgl § 543 II 2 BGB, sie führt zur Erledigung der Hauptsache. Die Räumungsfrist (§ 721) muss im Klageantrag nicht angeboten werden, ihre spätere Zubilligung im Urteil führt nach **hM** nicht zum teilweisen Unterliegen im Kostenpunkt (§ 92).

### 10. Rechtskraftdurchbrechung nach § 826 BGB:

*Anträge:* **(1)** Die Bekl wird verurteilt, **(a)** die ZwV aus dem VoB ... zu unterlassen, **(b)** den VoB ... AZ ... an den Kl herauszugeben, **(c)** an den Kl ... € nebst Zinsen in Höhe von 5 Prozentpunkten über dem Basiszins seit ... zu zahlen. **(2)** Kosten, vorl. Vollstr. Ferner Antrag, die ZwV aus dem VoB ... einstweilen einzustellen. 45

*Erläuterungen:* Zust § 32 (vgl § 32 Rz 4, str) oder §§ 12 ff. Die Anträge ergeben sich aus BGH NJW 1983, 2317; NJW 1988, 972. Nicht verlangt werden kann die Aufhebung des Titels oder die Unzulässigerklärung der ZwV entspr § 767, weil es sich nur um eine Schadensersatzklage handelt. Nr. **(c)** betrifft die Rückzahlung des bereits vollstreckten Betrags und Schadensersatz. Einstellung der ZwV analog § 769 (OLG Zweibrücken NJW-RR 1991, 3041; str, vgl § 769 Rz 1). Zur mat Begründung vgl § 322 Rz 40.

### 11. Stufenklage:

*Anträge:* **(1)** Der Bekl wird verurteilt, **a)** Auskunft über den Bestand des Nachlasses des am ... verstorbenen X zu erteilen (einschließl. der Schenkungen des Erblassers seit dem ...), bez des Wertes des Grundstücks ... durch Vorlage eines SV-Gutachtens; **b)** die Richtigkeit eidesstattl. zu versichern; **c)** nach Erteilung der Auskunft an den Kl den Pflichtteil in Höhe von 1/6 des Nachlasswertes zu zahlen, nebst Zinsen in Höhe von 5 Prozentpunkten über dem Basiszins seit ... **(2)** Kosten; vv. 46

*Erläuterungen:* Stufenklage nach § 254. Auskunftsanspruch nach § 2314 BGB; Schenkungen vgl § 2325 BGB; Nr. **b)** nach § 260 II BGB. Für die sachl. Zust sind die StrW zu addieren (§ 5), für die Geb (Kostenvorschuss) kommt es nur auf den höchsten Wert (= idR Ziffer **c)** an (§ 44 GKG).

### 12. Unfallhaftpflichtklage:

*Anträge:* **(1)** Die Bekl werden gesamtschuldnerisch verurteilt, an den Kl 15 000 € nebst Zinsen in Höhe von 5 Prozentpunkten über dem Basiszins hieraus seit dem ... zu zahlen. **(2)** Die Bekl werden gesamtschuldnerisch verurteilt, an den Kl ein angemessenes Schmerzensgeld nebst Zinsen in Höhe von 5 Prozentpunkten über dem Basiszins hieraus seit dem ... zu zahlen. **(3)** Es wird festgestellt, dass die Bekl verpflichtet sind, dem Kl sämtl. mat (evtl: und immateriellen) Schaden aus dem Unfall vom ... zu ersetzen, soweit die Ansprüche nicht auf Sozialvers-Träger oder sonstige Dritte übergegangen sind. **(4)** Kosten; vorl. Vollstr.; Antrag, die Sicherheit durch Bürgschaft der X-Bank leisten zu können, entfällt wegen § 108 I 2; Antrag nach § 331 III; Antrag nach § 307 II ist überflüssig. 47

*Erläuterungen:* **Zuständigkeit:** allgemeiner Gerichtsstand, §§ 12, 13, 17 (Wohnsitz bzw Sitz der Bekl); außerdem der Gerichtsstand der unerlaubten Handlung, §§ 32 ZPO bzw § 20 StVG (Unfallort), Letzterer auch für den Direktanspruch gegen den Vers (BGH NJW 1983, 1799). Bei mehreren Bekl kann die Klage im Gerichtsstand der unerlaubten Handlung erhoben werden, eine Bestimmung nach § 36 Nr. 6 scheidet idR aus.

**Bekl** sind idR der Fahrer, der Halter und die Pkw-Haftpflichtvers; subjektive Klagenhäufung, § 59. Fahrer und Halter werden idR mitverklagt, um sie als Zeugen für die beklagte Vers auszuschalten. **Anspruchsgrundlagen:** Ggü dem **Fahrer:** § 18 I iVm § 7 I StVG; § 823 I, II BGB. Ggü dem **Halter:** § 7 StVG; dagegen § 823 I, II nur in Sonderfällen, nämlich wenn ein eigenes Verschulden des Halters besteht (zB verkehrsunsicheres Kfz) oder ihn ein Auswahlverschulden für einen Verrichtungsgehilfen trifft (§ 831 BGB: Weisungsbefugnis); deshalb kann idR vom Halter (wenn er mit dem Fahrer nicht identisch ist) kein Schmerzensgeld verlangt werden, weil es bei Haftung nur aus StVG kein Schmerzensgeld gab (§ 11 StVG); Gesetzesänderung ab 01.08.2002 beachten (*Wagner* NJW 2002, 2049): Wegfall von § 847 BGB für Neufälle; jetzt § 253 BGB. Gegen die **Versicherung:** Direktanspruch nach § 3 Nr. 1, 2 PflVersG.

**Schmerzensgeld:** vgl § 253 Rz 11; Höhe vgl *Hacks/Ring/Böhm* oder *Slizyk*, Schmerzensgeldbeträge (Tabelle). Das eingeräumte Mitverschulden des Kl braucht nur in der Klagebegründung dargelegt zu werden. **Zinsen:** 5 Prozentpunkte über dem Basiszinssatz ab Klagezustellung ist das Minimum; § 288 I BGB. Ein höherer Zins (zB 13 %) kann bei Aufwendung von Kreditzinsen verlangt werden, bei Beträgen ab etwa 5 000 € aber auch als verlorene Anlagezinsen, wozu eine konkrete Darlegung notw ist („Kl hätte mit dem Geld SAP-Aktien gekauft und die sind gestiegen ... ") und selten Erfolg verspricht.

**Feststellungsantrag:** vgl § 256 Rz 4. Ges Forderungsübergang auf SozVers usw. nach § 116 SGB X, § 67 VVG.

**13. Urkundenklage:**

48 *Anträge:* **(1)** Der Bekl wird verurteilt, an den Kl 100000 € nebst Zinsen in Höhe von 5 Prozentpunkten über dem Basiszins hieraus seit dem ... zu zahlen. **(2)** Kosten; vV.

*Erläuterungen:* Notw ist die Überschrift „Klage im Urkundenprozess" (§ 593 I). Keine zwingende Zust der KfH. Beizufügen sind die Urkunden (zB Schuldanerkenntnis, Vertrag, Abrechnung) im Original, zumindest in begl Abschrift. Als Beweismittel für die Echtheit der Urkunde ist Parteivernehmung anzubieten (§ 595 II). *Alle* anspruchsbegr Tatsachen müssen durch die Urkunden beweisbar sein; an sich muss auch der Zinsanspruch in Beginn und Höhe urkundl. beweisbar sein, bei Bestreiten gibt es sonst nur die Rechtshängigkeitszinsen. Trotzdem sollte der höhere Zins verlangt werden, weil ihn der Bekl vielleicht nicht bestreitet und er dann zugesprochen werden kann (vgl BGH 62, 286).

**14. Wechselklage:**

49 *Anträge:* **(1)** Der Bekl wird verurteilt, an den Kl 100 000 € nebst Zinsen in Höhe von 2 Prozentpunkten über dem jeweiligen Basiszinssatz, mindestens 6 %, seit dem ... sowie Wechselunkosten in Höhe von € ... und Wechselprovision in Höhe von ... € zu zahlen gegen Aushändigung des quittierten Wechsels. **(2)** Kosten; vV. Ferner: Antrag, die Einlassungsfrist abzukürzen.

*Erläuterungen:* Örtl. Zust: §603. Adressat ist innerhalb des LG die KfH (§95 I Nr.2 GVG). Notw ist die Überschrift „Klage im Wechselprozess" (§604 I). Zinsen §48 I Nr.2 WG (sie laufen ab dem Verfalltag, nach **aA** ab dem Tag danach), ein evtl höherer Verzugsschaden (zB 12 %) kann im Wechselprozess nicht geltend gemacht werden; Unkosten (§48 I Nr.3 WG) laut Bankbeleg; Provision 1/3 % (§48 I Nr.4 WG). Als Beweismittel sind beizufügen: begl. Abschrift des Wechsels und der Protesturkunde. Zum Beweis für die Echtheit der Wechsel-Unterschriften ist Parteivernehmung anzubieten (§605). StrW §4 II. Verkürzung der Einlassungsfrist: §§274 III, 224 II, 226 I (zur Glaubhaftmachung eV des Kl über Vermögensverfall beim Bekl beifügen).

50

**Praxishinweise:**

1. Der Kl bestimmt, wer Partei ist (Rz 4). Um die Beweislage zu verbessern, muss der Anwalt ggf mit dem Mandanten überlegen, ob die Forderung an einen Dritten zur Einklagung abgetreten werden soll, sodass der Mandant Zeuge sein kann. Anderenfalls kommt Anwaltshaftung in Betracht (BGH NJW-RR 2003, 1212 = MDR 2003, 928: Auswechseln des GmbH-Geschäftsführers).

2. Zu dem immer wieder fehlerhaft behandelten Antrag auf Zahlung einer verzinsl. Forderung „abzügl. gezahlter ..." s. § 4 Rz 4.

3. Nach wie vor umstr ist, ob das Rechtsschutzbedürfnis für eine Klage entfällt, wenn nur die Zahlung eines geringen Geldbetrages gefordert wird. In der Praxis geht es dabei manchmal um Beträge unter einem Euro (zu Einzelfällen *Schneider* MDR 1990, 893). Das Gesetz sieht keine Einschränkung nach unten vor, gegeben sein muss aber das Rechtsschutzbedürfnis (§ 242 BGB im Prozessrecht). Je geringer die Forderung, umso mehr tendiert die Rspr zur Unzulässigkeit der Klage. Darauf muss der Anwalt einen unnachgiebigen Mandanten hinweisen.

4. Mit der Räumungsklage (Rz 44) kann eine Kündigungserklärung verbunden werden. Es handelt sich dann um eine objektive Klagenhäufung, § 260. Zu beachten ist, dass eine Räumungsklage nur zulässig ist, wenn die herauszugebenden Flächen im Antrag für einen GV lokalisierbar und vollstreckungsfähig bezeichnet werden (OLG Braunschweig WuM 2006, 456).

5. Um der Bestimmtheit des Klageantrags (Rz 10) zu genügen, empfiehlt es sich, in allen auch nur geringfügig zweifelhaften Fällen zu prüfen, wie der Antrag vollstreckt werden könnte.

6. Die Sachverhaltsdarstellung (Rz 14) muss zwei Anforderungen genügen: **a)** Die Klage muss **individualisiert** sein. Damit sind Angaben gemeint, die den Klageanspruch von anderen Rechtsverh unverwechselbar unterscheiden (BGH MDR 1976, 1005). **b)** Sie muss ferner **substanziiert** sein. Dazu ist erforderl., dass alle Tatbestandsmerkmale einer Anspruchsgrundlage dargelegt werden. Fehlende Individualisierung macht eine Klage unzulässig, fehlende Substanziierung unbegr. Der Individualisierungsmangel kann ebenso wie der Substanziierungsmangel bis zum Schluss der mdl Verh geheilt werden (BGHZ 11, 192). Die vorstehende Unterscheidung ist ganz wichtig für die Angaben im Mahnantrag (s. § 690 Rz 2). Auch die Rechtskraftwirkungen sind unterschiedl. Die nicht individualisierte unzulässige Klage kann wiederholt werden, die als unsubstanziiert zurückgewiesene nicht.

7. Von der Partei dürfen keine Substanziierungsangaben verlangt werden, zu denen sie nicht in der Lage ist. Sie muss vor allem kein Privatgutachten einholen, um sich die für ein substanziiertes Vorbringen notw Sachkunde zu verschaffen (BGH NJW 2003, 1400). Das wird von den Gerichten hin und wieder zu Unrecht verlangt.

8. Lediglich. vermutete Tatsachen dürfen behauptet und unter Beweis gestellt werden (BGH-Report NJW 2007, 775).

9. Die Darlegungen dürfen durch Bezugnahme auf beigefügte Anlagen erweitert werden. Diese müssen jedoch den schriftsätzl. Ausführungen zugeordnet werden, weil es

nicht Aufgabe des Gerichts ist, sich aus Unterlagen Schlüssigkeitsargumente zusammenzusuchen.

10. Zu achten ist darauf, dass auch die in der Klageschrift in Bezug genommenen Anlagen mit zugestellt werden. Geschieht das nicht, ist die Zustellung unwirksam (BGH NJW 2007, 775).

11. Grds sollte der Entscheidung durch den ER unter Darlegung von Gründen widersprochen werden (§ 253 III). Eine nahezu grenzenlose Zust-Erweiterung (§§ 348, 348a) hat dazu geführt, dass auch schwache bis unfähige ER tätig werden (*Deutsch* NJW 2004, 1269; *Schneider* MDR 2004, 1296).

Formular 77: Antrag bei Teilzahlungen des Beklagten
Formular 78: Antrag bei Teilzahlungen des Beklagten (Variante)
Formular 82: Antrag auf Duldung einer Abwasserleitung
Formular 85: Antrag auf Freistellung von einer Verbindlichkeit
Formular 86: Antrag auf Herausgabe einer ohne weiteres beschreibbaren Sache
Formular 87: Antrag auf Herausgabe einer individuell gestalteten Sache
Formular 95: Antrag auf Sicherheitsleistung gem. § 232 Abs. 1 BGB
Formular 100: Teilklage
Formular 102: Klage auf Unterlassung (Beispiel)
Formular 103: Antrag auf Zahlung an Gesamthandsgläubiger
Formular 104: Antrag auf Zahlung durch Gesamtschuldner
Formular 105: Zahlungsklage mit Antrag auf Prozesszinsen
Formular 106: Zahlungsklage mit Antrag auf gesetzliche Verzugszinsen gemäß § 288 Abs. 1 BGB
Formular 107: Zahlungsklage mit Antrag auf gesetzlicheVerzugszinsen bei gestaffelter Fälligkeit von Teilbeträgen
Formular 108: Zahlungsklage mit Antrag auf gesetzliche Verzugszinsen gemäß § 288 Abs. 2 BGB
Formular 109: Zahlungsklage: Zahlung an einen Dritten
Formular 110: Zahlungsantrag mit Zug-um-Zug-Antrag
Formular 111: Zahlungsantrag mit Zug-um-Zug-Antrag und Feststellung des Annahmeverzuges
Formular 112: Zahlungsklage mit hilfsweisem Zug-um-Zug-Antrag
Formular 113: Zahlungsklage mit Zug-um-Zug-Antrag bei Wahlschuld

## § 254 ZPO Stufenklage

**Wird mit der Klage auf Rechnungslegung oder auf Vorlegung eines Vermögensverzeichnisses oder auf Abgabe einer eidesstattlichen Versicherung die Klage auf Herausgabe desjenigen verbunden, was der Beklagte aus dem zugrunde liegenden Rechtsverhältnis schuldet, so kann die bestimmte Angabe der Leistungen, die der Kläger beansprucht, vorbehalten werden, bis die Rechnung mitgeteilt, das Vermögensverzeichnis vorgelegt oder die eidesstattliche Versicherung abgegeben ist.**

**Lit:** ***Assmann***, Das Verfahren der Stufenklage, 1990; ***W. Lüke*** JuS 1995, 143; ***Peters*** ZZP 1998, 67; ***Bernreuther*** JA 2001, 490; ***Schellhammer*** ZAP 1998, Fach 11 (Unterhalt).

**1. Die Stufenklage** ist ein Sonderfall der objektiven Klagenhäufung; über die mehreren Anträge wird nicht gleichzeitig, sondern nacheinander entschieden; der Leistungsantrag kann zunächst (in Abweichung von § 253 II Nr. 2) unbeziffert bleiben. § 254 hat Bedeutung zB bei Klage des Pflichtteilsberechtigten gegen den Erben, **Unterhalt** (OLG Düsseldorf FamRZ 1986, 488; Neuregelung in § 93d!), Zugewinnausgleich, Provisionsklage des Handelsvertreters; ist auch bei § 323 zulässig (OLG Frankfurt FamRZ 1987, 292). **Unzulässig** ist die Stufenklage, wenn die Auskunft nicht zwecks Bestimmbarkeit des Leistungsanspruchs verlangt wird, sondern sonstiger Informationsbeschaffung dient (BGH NJW 2000, 1645). 1

**Rechnungslegung** ist eine geordnete Aufstellung der Einnahmen und Ausgaben (BGH NJW 1985, 1694); hier muss im Klageantrag der Zeitraum angegeben werden. 2

**Prozesskostenhilfe:** ob PKH nur abschnittsweise für die einzelnen Stufen bewilligt werden *kann* oder für die gesamte Stufenklage bewilligt werden *muss*, ist sehr str, vgl §119 Rz 2. 3

**2. Der Klageantrag** lautet zB auf **(1) Auskunftserteilung** über den Bestand des Nachlasses; **(2) Versicherung der Richtigkeit** an Eides statt; **(3) Zahlung** von 1/6 des sich anhand der Auskunft errechneten Betrages an den Kl. Vgl §253 Rz 46. Bei Stufe 3 können uU Alternativanträge gestellt werden (BGH NJW 2003, 2748). Alle Ansprüche werden rechtshängig, der Leistungsanspruch **(3)** sogleich in Höhe der späteren Bezifferung (BGH NJW-RR 1995, 513), die Verjährung wird gehemmt, §204 nF BGB (BGH NJW-RR 1995, 770; hM). 4

**Zuständigkeitsstreitwert** ist nach § 5 die Summe: **(1)** bemisst sich nach dem Interesse des Kl, § 3; etwa 10 bis 25 % des Leistungsbegehrens; **(2)** Wert hängt davon ab, welche zusätzl. Auskünfte sich der Kl davon verspricht, etwa 25 % dieses Betrages; **(3)** wird nach § 3 geschätzt nach Klägerangaben. 5

**Gebührenstreitwert** ist nach § 44 GKG in den unteren Stufen der jeweilige Einzelwert, vgl § 15 RVG; sonst der höchste Wert, dh der Zahlungsantrag **(3)**; OLG Brandenburg FamRZ 2007, 71. Kommt es nicht mehr zur Bezifferung des Zahlungsantrags, zB weil die Auskunft die Geringfügigkeit des Nachlasses ergeben hat, bestimmt sich der Wert der Stufenklage nach dem gem § 3 geschätzten Wert des noch nicht bezifferten Zahlungsantrags bei Einreichung der Klage, also nach der geschätzten Zahlungserwartung (KG FamRZ 2007, 69) und nicht nur nach dem Wert des Auskunftsanspruchs (str). 6

Der Kl kann auch nur auf Auskunft klagen, oder nur auf Auskunft und Zahlung, auch kann er einen Mindestanspruch bereits in der Klage beziffern (BGH WM 1972, 1121). 7

8 **a) In der mündlichen Verhandlung** kann der Kl alle drei Anträge stellen (Folge: RA-Terminsgeb RVG VV 3104 nach dem StrW gem § 44 GKG: OLG Köln NJW 1973, 1848; **aA** OLG Düsseldorf NJW 1973, 2034) oder nur Antrag 1 (was idR sachgerecht ist) oder Antrag 1 und 2. Bez des Auskunftsantrags (Nr. 1) gilt:

**aa)** Wird die Auskunft vom Bekl nach Klagezustellung *freiwillig* erteilt, können anschließend beide Parteien Antrag 1 *übereinstimmend* für erledigt erklären (vgl OLG Zweibrücken NJW 1986, 939; **aA** OLG Köln MDR 1996, 637); die Kosten für diese Stufe sind entspr §91a dem Bekl aufzuerlegen, was sich aber nur als Rechenposten in der KostenE des SchlussU (Rz 14) auswirkt, es ergeht also kein Teil-Kostenbeschluss.

**bb)** Erkennt der Bekl den Auskunftsanspruch an (§ 307), ergeht TeilanerkenntnisU mit vV, die KostenE wird dem SchlussU vorbehalten.

**cc)** Ist der Bekl säumig, ergeht VU bez Stufe 1 (Auskunft); wenn der Kl beide Anträge stellt, auch bez Stufe 2 (eV.); nicht bez Stufe 3 (wäre FeststellungsU).

9 **dd)** wenn der Auskunftsanspruch besteht (zB aus § 2314 BGB; Einzelfälle vgl *Palandt/Heinrichs*§ 261 Rz 3 ff), ist ein TeilU zu erlassen, mit dem der Bekl zur Auskunftserteilung verurteilt wird, ohne KostenE, aber mit vorl Vollstr (die SiL richtet sich nach dem Zeit- und Kostenaufwand des Bekl für die Auskunftserteilung, § 3 Rz 11, beträgt also idR nur einige hundert €). Das TeilU bindet das Gericht nicht bei den späteren Stufen nach § 318, schafft auch keine Rechtskraft wegen des Klagegrundes (BGH NJW 1985, 862), sodass die spätere Abweisung von Antrag 3 mögl. ist. Bis zur Rechtskraft und Vollstr des AuskunftsU (§ 888) oder Auskunftserteilung wird das Verfahren nicht weiter betrieben.

10 **ee)** Abweisung des Auskunftsanspruchs durch TeilU kommt zB infrage, wenn das Gericht die Auskunft für erteilt hält.

11 **ff)** Verbindung des TeilU mit einem GrundU („Die Leistungsklage ist dem Grunde nach gerechtfertigt") kommt nur infrage, wenn der Kl einen Teil des Leistungsanspruchs beziffern kann (BGH VRS 3, 403).

12 **gg)** Die Klage kann auch durch EndU *ganz* als unzulässig oder (zB weil der Kl nicht pflichtteilsberechtigt ist) als unbegr abgewiesen werden (BGH LM § 254 Nr. 9).

12a **Kostenfolgen der Auskunftserteilung:** ergibt die (freiwillige oder erzwungene) Auskunft, dass dem Kl kein Zahlungsanspruch zusteht, ist der weitere Ablauf umstr (vgl *Kassebohm* NJW 1994, 2728). Der Kl weiß, dass er verlieren muss und will kostenfrei werden. Der Geb-StrW für die Terminsgeb richtet sich danach, welcher Antrag gestellt wurde (idR gestaffelte StrW; str, vgl OLG Hamm NJW-RR 1991, 1407). Nach BGH NJW 1994, 2895 musste der Kl einen Feststellungsantrag stellen (jedenfalls nach § 263 sachdienl.; beim einseitigen Erledigungsantrag wäre der Kl gem § 139 darauf hinzuweisen), dass der Bekl verpflichtet ist, dem Kl die durch die ursprüngl. Anträge veranlassten Kosten zu ersetzen. Andere vertraten die Ansicht, bei Klagerücknahme unter analoger Anwendung von § 93 dem *Bekl* alle Kosten aufzuerlegen (OLG Stuttgart FamRZ 1994, 1595); eine weitere Meinung gestattete dem Kl eine *einseitige* Erledigterklärung und erlegte dem Bekl die Kosten nach § 91 auf (OLG Frankfurt NJW-RR 1987, 964; BGH NJW 1999, 2520; str); durch die **Neufassung von § 269 III 2** ist mE das Problem erledigt: nimmt der Kl die Klage nach Auskunftserteilung zurück, können die Kosten dem Bekl auferlegt werden, wenn er mit der Erteilung in Verzug, §§ 280, 286 BGB, war (§ 269: „oder sie dem

Bekl aus einem anderen Grund aufzuerlegen sind“). Mögl. ist auch eine übereinstimmende Erledigterklärung mit KostenE nach § 91a, wenn die Auskunft ergeben hat, dass dem Kl nichts zusteht (OLG Brandenburg NJW-RR 2003, 795: Kosten Bekl auferlegen; OLG Koblenz NJW-RR 1997, 7).

Bei **Unterhaltsklagen:** Sonderregelung in § 93d.

**b) Termin zur Verhandlung über Antrag 2** wird nur auf Antrag bestimmt. Der Kl kann 13
nun den Antrag auf eidesstattliche Versicherung stellen. Anspruchsgrundlagen: §§ 259 II, 260 II, 2006 BGB; Rechtsschutzbedürfnis muss bestehen (kein einfacherer Weg, BGH 55, 206), begr Verdacht für mangelnde Sorgfalt kann fehlen und führt zur Klageabweisung bez Antrag 2. Die Praxis bejaht ein Rechtschutzbedürfnis idR (weil wegen der Auskunftsverweigerung immer der Verdacht sorgloser Erteilung besteht) und gibt zur Beschleunigung auf Antrag gleichzeitig ein TeilU über die Stufen 1 *und* 2. Freiwillige Erfüllung nach §§ 79, 163 FGG kommt infrage. Bei einem stattgebenden TeilU: Vollstr nach § 889.

**c) Der Kläger kann nun den Leistungsantrag beziffern** und Terminsantrag stellen. Er 14
kann auch mehr fordern, als sich nach der Auskunft rechnerisch ergibt. Entschieden wird durch SchlussU, mit KostenE und vorl Vollstr. Ergibt sich, dass dem Kl nichts zusteht, ist die Klage abzuweisen, wegen des Obsiegens in früheren Stufen kommt eine Kostenquotelung in Betracht (OLG München MDR 1988, 782; str). Ebenso, wenn der Kl in einer Stufe nur teilw obsiegte.

**Beispiel:**

Auskunftsantrag (1) hat 5 000 € StrW; eidesstattliche Versicherung (2) 5 000 € StrW; Zahlungsantrag (3) 20 000 € StrW. Bekl wurde bei (1) teilw verurteilt, bei (2) ganz, bei (3) zu 15 000 €. Der Geb-StrW beträgt 20 000 € (§ 44 GKG) der Rechenwert aber 30 000 €, wovon der Bekl mit 2 500 € + 5 000 € + 15 000 € = 22 500 € unterlegen ist, weshalb ihm in der KostenE des SchlussU 225/300 = 75 % aufzuerlegen sind, dem Kl 25 %. Haben einzelne Stufen zB durch SV-Gutachten besondere Kosten verursacht, müssen die Quoten entspr verschoben werden.

**3. Berufung:** hat das LG der Auskunftsklage durch TeilU stattgegeben, legt der Bekl dage- 15
gen Ber ein und kommt das OLG zum Ergebnis, dass die ganze Klage unbegr ist (zB weil der Kl nicht pflichtteilsberechtigt ist), fällt an sich nur die erste Stufe in der Ber-Instanz an; das OLG kann aber die ganze Klage abweisen (BGH NJW 1959, 1827). Hat das LG die Klage ganz abgewiesen und spricht das OLG auf Ber den Auskunftsanspruch zu, kann die Sache iÜ evtl an das LG zurückverwiesen werden, vgl §538 I Nr.4 (BGH NJW 1985, 862).

16

**Praxishinweise:**

1. Im Rahmen der Stufenklage ist die Auskunft ledigl. ein Hilfsmittel, um die noch fehlende Bestimmtheit des Leistungsanspruchs herbeizuführen. Sie ist unzulässig, wenn sich der Kl auf diesem Weg weiter gehende Informationen verschaffen will, die nicht der Bestimmbarkeit des Leistungsanspruchs dienen (BGH NJW 2000, 1645).

2. Eine als Stufenklage erhobene Leistungsklage hemmt die Verjährung, auch wenn zunächst nur der Auskunftsantrag gestellt wird (OLG Brandenburg NJW-RR 2005, 871).

3. Ergibt die Auskunft das Fehlen eines Leistungsanspruchs, dann erledigt sich damit nicht die Hauptsache. Dem Kl kann jedoch ein mat-rechtl. Kostenerstattungsanspruch zustehen, wenn die unbegr Klage wegen verweigerter oder verspäteter Auskunft erhoben worden ist. Diesen Anspruch kann er klageändernd im laufenden Verfahren geltend machen (BGHZ 79, 280; VersR 1994, 1205; s. § 91 Rz 40, 4).

4. Zur Ber-Beschwer bei einem TeilU auf Auskunftserteilung s. § 511 Rz 26, 1.

Formular 96: Stufenklage-Anträge (Grundmuster)

Formular 97: Stufenklage: Antrag auf Abgabe der eidesstattlichen Versicherung nach erledigter Auskunft

Formular 98: Stufenklage: Zahlungsantrag nach Abgabe einer eidesstattlichen Versicherung

Formular 99: Stufenklage im Pflichtteilsrecht

## § 255 ZPO Fristbestimmung im Urteil

**(1) Hat der Kläger für den Fall, dass der Beklagte nicht vor dem Ablauf einer ihm zu bestimmenden Frist den erhobenen Anspruch befriedigt, das Recht, Schadensersatz wegen Nichterfüllung zu fordern oder die Aufhebung eines Vertrages herbeizuführen, so kann er verlangen, dass die Frist im Urteil bestimmt wird.**

**(2) Das Gleiche gilt, wenn dem Kläger das Recht, die Anordnung einer Verwaltung zu verlangen, für den Fall zusteht, dass der Beklagte nicht vor dem Ablauf einer ihm zu bestimmenden Frist die beanspruchte Sicherheit leistet, sowie im Falle des § 2193 Abs. 2 des Bürgerlichen Gesetzbuchs für die Bestimmung einer Frist zur Vollziehung der Auflage.**

1 **Absatz 1.** Vgl *Gsell* JZ 2004, 110. Solche Rechte hat der Kläger zB nach § 281 BGB; **analoge Anwendung** auf Rechte nach §§ 250, 264 II, 354 BGB, § 375 HGB. AG: Sonderregelung § 510b iVm § 888a. Die Fristbestimmung hat keinen zusätzl. **Streitwert**; die Dauer der Frist kann ins Ermessen des Gerichts gestellt werden, sie beginnt mit Rechtskraft des Urteils, Berechnung nach §§ 186 ff BGB.

2 **Absatz 2.** Recht auf AnO der Verwaltung zB nach §§ 1052, 2128 BGB.

## § 256 ZPO Feststellungsklage

**(1) Auf Feststellung des Bestehens oder Nichtbestehens eines Rechtsverhältnisses, auf Anerkennung einer Urkunde oder auf Feststellung ihrer Unechtheit kann Klage erhoben werden, wenn der Kläger ein rechtliches Interesse daran hat, dass das Rechtsverhältnis oder die Echtheit oder Unechtheit der Urkunde durch richterliche Entscheidung alsbald festgestellt werde.**

**(2) Bis zum Schluss derjenigen mündlichen Verhandlung, auf die das Urteil ergeht, kann der Kläger durch Erweiterung des Klageantrags, der Beklagte durch Erhebung einer Widerklage beantragen, dass ein im Laufe des Prozesses streitig gewordenes Rechtsverhältnis, von dessen Bestehen oder Nichtbestehen die Entscheidung des Rechtsstreits ganz oder zum Teil abhängt, durch richterliche Entscheidung festgestellt werde.**

**Lit:** ***Hager*** (zu § 256 II) KTS 1993, 39; ***Assmann*** ZZP 1998, 357 (Erbrecht); ***Gruber*** ZZP 117, 133; ***Huber*** JuS 2003, 490 (§ 256 II).

## Übersicht



**1. Absatz 1. Feststellungsklage.** Die positive Feststellungsklage verlangt die Feststellung des Bestehens eines Rechtsverh, die negative die seines Nichtbestehens. Sondervorschriften: § 179 InsO, § 7 AnfG, §§ 606, 640 ZPO. Entspr Anwendung im Verfahren über den Versorgungsausgleich (obwohl grds FGG-Sache; BGH NJW 1982, 387). 1

Bes Zulässigkeitsvoraussetzungen (allgemeine vgl Rz 5 vor § 253): 2

**a) Klage ist gerichtet auf Feststellung**, dass ein **Rechtsverhältnis** (oder eine einzelne Folge, ein einzelner Anspruch daraus; BGH NJW 1984, 1556) besteht bzw nicht besteht:

**Rechtsverhältnis:** das sind aus einem konkreten Lebenssachverhalt entstandene Rechtsbeziehungen von Personen zu Personen oder von Personen zu Sachen (BGH NJW-RR 1992, 252); vgl Rz 6. 3

**Beispiel:** 4

Unwirksamkeit eines Vertrags; Auslegung eines Vertrags; Unwirksamkeit eines PV (OLG Hamm FamRZ 2001, 106); Feststellung des Urteilsinhalts, weil der Tenor für die ZwV zu unbestimmt oder die Tragweite zw ist (BGH NJW 1972, 2268).

Feststellung, dass **der Bekl künftigen Schaden zu ersetzen hat** (BGH NJW-RR 1989, 1367); Voraussetzung der Feststellung ist ledigl., dass die Möglichkeit des Eintritts weiterer Verletzungsfolgen besteht (BGH NJW 2001, 3414; BGH NJW 1992, 560); diese Möglichkeit weiteren Schadenseintritts darf nur verneint werden, wenn aus der Sicht des Kl bei verständiger Würdigung kein Grund besteht, mit dem Eintritt eines Schadens wenigstens zu rechnen (BGH NJW 2001, 1431); nach anderer Deutung darf das Feststellungsinteresse nur verneint werden, wenn Spätfolgen ausgeschlossen sind (OLG Köln VersR 2001, 1168). Erfasst sind die Schäden ab Klageeinreichung (BGH DAR 2000, 527). Ein Zukunftsschaden ist zB der Kasko-VersRabattverlust (BGH NJW 1992, 1035).

Feststellung der Ersatzpflicht künftiger *immaterieller* Schäden, außer es ist nicht damit zu rechnen (BGH NJW 1997, 160). Freistellung von Unterhaltsansprüchen unerwünschter Kinder nach misslungener Sterilisation (BGH VersR 1980, 558; 1982, 68); dass Vers-Schutz zu gewähren ist (BGH MDR 1986, 296; BGH NJW-RR 2001, 316); dass die Vers auf Reparaturkostenbasis (und nicht Totalschadensbasis) abzurechnen habe (BGH MDR 1984, 473); Berechtigung, einen Teil der Miete wegen Mängeln einzubehalten (BGH ZMR 1985, 403); Feststellung, dass das Mietverh fortbestehe (BGH NJW-RR 2002, 1377); dass ein bestimmter str Einzelposten in die Auseinandersetzungsrechnung gehöre (BGH JZ 1984, 902); Unzulässigkeit einer Gläubigeranfechtung (BGH MDR 1991, 627); Unwirksamkeit eines Gesellschafterbeschlusses (BGH NJW-RR 1992, 227); Fehlen eines Regressanspruchs (BGH NJW 1992, 436); Erbauseinandersetzung (OLG Düsseldorf FamRZ 1996, 1338); dass ein Gesellschafterbeschluss wirksam ist (BGH NJW 1996, 259); dass Umweltschäden zu beseitigen sind (BGH NJW 1996, 2725); Feststellung der Notarhaftung (BGH NJW 1996, 1062).

Feststellung des **Annahmeverzugs** bei einer Zug-um-Zug-Verteilung wegen § 756 (*Schibel* NJW 1984, 1945), der Annahmeverzug kann aber nicht Gegenstand einer *isolierten* Feststellungsklage sein (BGH NJW 2000, 2280 und 2663; dazu *Scherer* JR 2001, 441); Feststellung, dass die Klage auch aus unerlaubter Handlung begr sei, wegen § 850f II (BGH NJW 1990, 834; OLG Oldenburg NJW-RR 1992, 573; *Brehm* JZ 1990, 394); aus behaupteter Falschauskunft hergeleiteter Amtshaftungsanspruch begründet ein Rechtsverh (BGH NVwZ 2002, 373), dass der Kl der Bekl keinen **Unterhalt** schulde, wenn diese zuvor im Scheidungsverfahren eine eAnO auf Unterhalt gem § 620 erlangte (OLG Bremen FamRZ 2000, 1165; OLG Zweibrücken FamRZ 2001, 424), die Möglichkeit nach § 620b I 1 steht nicht entgegen (OLG Naumburg NJWE-FER 2001, 240); wenn aber die eAnO auf § 644 beruht, ist die Hauptsache „Unterhalt" ohnehin bereits anhängig, dann fehlt für eine negative Feststellungsklage das Interesse (OLG Köln FamRZ 2001, 106).

5 **Besonderheiten des Rechtsverhältnisses:** es kann betagt oder bedingt sein (BGH NJW 1984, 2950), es darf nicht zukünftig, sondern muss *gegenwärtig* sein (BGH NJW 1988, 774): unzulässig daher Feststellung des Erbrechts nach einer noch lebenden Person, BGH NJW 1962, 1723; zulässig aber Feststellung des Rechts, einem Pflichtteilsberechtigten den Pflichtteil zu entziehen und umgekehrt, BGH NJW 2004, 1874; NJW 1990, 911; FamRZ 1993, 689; dazu *Kummer* ZEV 2004, 274. Vergangenes Rechtsverh: Es kann schon durch Erfüllung erloschen sein, wenn Rechtsfolgen für die Gegenwart (zB Rückforderung nach § 530 BGB) abgeleitet werden (BGH MDR 1979, 746; BAG NJW 1994, 1751). Das Rechtsverh kann auch nur zu einem Dritten bestehen (BGH NJW-RR 1992, 252): daher kann zB der Verkäufer die Klage auf Feststellung der Unwirksamkeit des Kaufvertrags gegen einen Dritten (nicht nur gegen den Käufer) richten, wenn die Wirksamkeit dieses

Rechtsgeschäfts die Rechtsbeziehungen zwischen den Prozessparteien berührt, zB weil der Dritte ein VorkaufsR ausübt (BGH NJW 1984, 2950), bei § 426 BGB (BGH NJW 1971, 1749).

**Kein Rechtsverhältnis:** der Streit um einzelne Vorfragen oder Elemente eines Rechtsver (BGH NJW-RR 1992, 252), um Tatsachen (zB Unwahrheit einer Tatsachenbehauptung; BGH 68, 331; dass der gemietete Laden nur 200 $m^2$ Fläche habe, KG ZMR 2004, 752), Rechtsfragen, zB Haltereigenschaft, Geschäftsfähigkeit, Verschulden, Rechtswidrigkeit, Wirksamkeit einer Anfechtung; Annahmeverzug isoliert (BGH NJW 2000, 2663; aber Rz 4); *isoliert*, dass Schuldnerverzug vorliege (BGH NJW 2000, 2280); dass ein eingeholtes Schiedsgutachten das Vereinbarte sei (BGH MDR 1985, 37); Unterhaltspflicht (OLG Karlsruhe NJW-RR 1989, 969). Vgl *Habscheid* ZZP 1999, 37. 6

Es handelt sich bei der Abgrenzung teils um Formulierungs- und Antragsauslegungsfragen: hat der Vermieter gekündigt, kann zwar der Mieter nicht auf Feststellung der Unwirksamkeit der Kündigung klagen, aber auf Feststellung des Fortbestehens des Mietvertrags. Das **Rechtsschutzbedürfnis** für eine Klage, dass ein Gewerbemieter räumungspflichtig sei, fehlt, wenn Klage nach § 257 mögl. ist (KG MDR 2006, 534). 7

**Urkunde: „Anerkennung“:** gemeint ist Feststellung der Echtheit (BGH MDR 1959, 209); vgl §§ 437, 267 StGB. 8

**b) Feststellungsinteresse:** Da beim FeststellungsU (bis auf die Kosten) nichts zu vollstrecken ist, muss der Zugang zu Gericht hier erschwert werden; es handelt sich um einen Sonderfall des allgemeinen Rechtsschutzbedürfnisses. Das **Interesse ist gegeben**: wenn dem Recht oder der Rechtslage des Kl eine gegenwärtige Gefahr der Unsicherheit droht und wenn das erstrebte Urteil geeignet ist, diese Gefahr zu beseitigen (BGH NJW 1984, 1118), zB wenn Verjährungshemmung angebracht ist (BGH VersR 1972, 459; § 204 nF BGB); wenn die Vers sich nur für einen bestimmten Zeitraum zum Verzicht auf die Verjährungseinrede bereiterklärt (OLG Hamm NZV 2000, 374); wenn wegen Verletzungen künftige Schadensfolgen auch nur entfernt mögl. sind (BGH NJW-RR 1988, 445; 1991, 917; NJW 1991, 2707); Reichweite eines Vollstr-Titels (BGH NJW 1997, 2320), Fortbestand eines Arbeitsverh (BAG BB 2000, 1252; MDR 1997, 370) oder sonstigen Rechtsverh (zB Pachtverh, BGH NJW 2000, 354); wegen künftiger mat und immaterieller Schäden bei einem Verkehrsunfall; welcher Tarifvertrag Anwendung findet (BAG DB 1997, 2130); für Nichtigkeit von Aufsichtsratsbeschlüssen (BGH NJW 1997, 1926); für beendete Rechtsverh nur, wenn sich daraus noch Folgen ergeben (BAG NJW 1997, 3396); wenn sich der Bekl einer Forderung gegen den Kl berühmt (zB der frühere Mandant des RA eines Schadens wegen angebl. Fehler des RA, BGH AnwBl 1985, 199). Interesse für **zweite Feststellungsklage** besteht, wenn zur Verjährungsunterbrechung unerlässl. (BGH NJW-RR 2003, 1076). 9

Letztl. kommt es nur darauf an, ob die **Prozessökonomie** für die Zulassung der Klage spricht. BGH MDR 1984, 473 bejaht zB in einem Vers-Fall das Interesse, wenn durch das FeststellungsU die Abwicklung „voraussichtl. vereinfacht oder beschleunigt“ wird; BGH NJW 1988, 774: wenn durch das Urteil eine sachgemäße und erschöpfende Lösung des Streits zu erwarten ist. 10

11 **Bei Absatz 2** ist Feststellungsinteresse nicht notw (BAG NZA 1997, 50), sodass bei Fehlen die Zulässigkeit der Klage nach Abs. 2 zu prüfen ist.

12 **Wesentlicher Zeitpunkt:** das Feststellungsinteresse muss in jeder Lage des Verfahrens, auch noch in der Rev-Instanz, vorliegen (BGH LM Nr. 92). Tatsachen, die zum Wegfall des Feststellungsinteresses führen und erst nach der letzten Tatsachenverh entstanden sind, darf das RevG verwerten, ebenso neue Tatsachen, die dieses Interesse begründen können (BGH NJW 1984, 1556).

13 **Das Interesse fehlt:** wenn der Kl einen einfacheren Weg hat, zB § 766 (BGH NJW-RR 1989, 636) oder § 319 (BGH NJW 1972, 2268); grds, wenn der Kl dasselbe Ziel mit einer Leistungsklage erreichen kann (Rz 15); wenn die Feststellung nichts nützt, zB weil der Kl das Urteil in einem ausl Rechtsstreit verwenden will, dort aber mit einer Anerkennung nicht gerechnet werden kann (BGH MDR 1982, 828). Das Interesse fehlt für eine Klage auf Feststellung der Schadensersatzpflicht, wenn mittels Stufenklage sogleich auf Leistung geklagt werden kann (BGH NJW 1996, 2097). Wenn der Haftpflichtvers seine Einstandspflicht für Zukunftsschäden anerkennt, entfällt das Interesse nur, wenn damit ein rechtskr FeststellungsU zweifelsfrei ersetzt wird, zB auch hinsichtl. der Verjährungshemmung (OLG Karlsruhe MDR 2000, 1014).

14 **c) Alsbald:** das Rechtsschutzinteresse an der begehrten Feststellung muss ein gegenwärtiges, nicht ein erst in der Zukunft möglicherweise eintretendes sein (BGH MDR 1969, 479).

### 2. Verhältnis Feststellungs-/Leistungsklage

15 **a)** Es besteht **keine allgemeine Subsidiarität**, das Interesse ist (trotz der Möglichkeit der Leistungsklage) dann gegeben, wenn die Feststellungsklage unter dem Gesichtspunkt der Prozesswirtschaftlichkeit zu einer sinnvollen und sachgemäßen Erledigung der aufgetretenen Streitpunkte führt (BGH NJW 1984, 1118; NJW 1993, 2993); zB ist bei öffentl. Körperschaften oder Anstalten zu erwarten, dass sie sich schon einem FeststellungsU beugen (BGH NJW 1958, 1681). Ist Stufenklage mögl., ist Feststellungsklage unzulässig (BGH NJW 1996, 209; anders im Wettbewerbsrecht, BGH MDR 2002, 107); ebenso uU, wenn Klage auf Freistellung von einer Verbindlichkeit mögl. ist (BGH NJW 1996, 2725). Feststellungsklage bleibt zulässig, auch **wenn im Laufe des Prozesses der Schaden bezifferbar**, eine Leistungsklage also mögl. wird (BGH NJW-RR 2004, 79; OLG Hamm NZV 2000, 414). Wird während des Rm-Verfahrens eine Bezifferung mögl., muss der Kl deswegen *nicht* zur Leistungsklage übergehen (BAG NZA 1997, 1168).

16 **b) Auch wenn** bei Klageerhebung eine **teilweise Bezifferung möglich** ist, besteht Feststellungsinteresse, wenn der Anspruch seiner Natur nach sinnvollerweise erst nach Abschluss seiner Entwicklung beziffert werden kann (BGH NJW 1988, 3268). Feststellungsinteresse entfällt nicht deswegen, weil Stufenklage auf Leistung mögl. wäre (BGH NJW 2003, 3274). Der Kl muss seine Klage nicht in eine Leistungs- und eine Feststellungsklage aufspalten (BGH VersR 1991, 788).

17 **Vorschussklage:** der Besteller, der einen Kostenvorschuss einklagt, kann daneben die Feststellung begehren, dass der Unternehmer auch die übersteigenden Mängelbeseitigungskosten zu tragen hat (BGH MDR 1986, 839; **aA** OLG Celle NJW-RR 1986, 99).

c) Bestand für die Klage das Feststellungsinteresse, ist der Bekl nicht gezwungen, **im Laufe des Prozesses** zur Leistungsklage überzugehen, wenn ihm die Bezifferung mögl. wird (BGH NJW-RR 2004, 79; NJW 1984, 1552). Vgl ferner Rz 20. 18

**3.** Bei der **negativen Feststellungsklage** ist der einfache Antrag auf Feststellung, dass der Kl dem Bekl „nichts schulde", unzulässig; es bedarf vielmehr der Angabe des konkreten Schuldgrundes und Schuldgegenstandes (BGH NJW 1984, 1556), zB „nichts aus Darlehen schulde". 19

**a) Verhältnis zur Leistungsklage:** das zunächst vorhandene Interesse an einer negativen Feststellung erlischt idR, sobald der Gegner wegen desselben Gegenstandes Leistungsklage (oder als Bekl Widerklage) erhebt und diese nicht mehr einseitig zurücknehmen kann (BGH NJW 1984, 1556; außer es steht fest, dass sachl. über die Leistungsklage nicht entschieden werden wird, BGH NJW 1997, 870); zweckmäßig ist dann Erledigung der Hauptsache. Anders ist es, wenn der Rechtsstreit über die negative Feststellungsklage bei Erhebung der Leistungsklage im Wesentl. entscheidungsreif ist (BGH NJW 1973, 1500; 1987, 2680); hier kann der Bekl die Entwicklung nicht mehr durch eine Leistungsklage aufhalten. 20

**b) Teilbegründetheit:** ergibt sich, dass der geleugnete Anspruch zu einem Teil besteht, kann die Klage nicht ganz abgewiesen werden, sondern es ist (wenn der Bekl den Anspruch schon beziffert hatte und Sinn und Zweck der Klage dies gebieten) zu entscheiden, zu welchem Teilbetrag der Anspruch besteht (BGH MDR 1969, 749; WM 1985, 901); zB: es wird festgestellt, dass dem Bekl ein über ... € hinausgehender Kaufpreisanspruch nicht zusteht; iÜ wird die Klage abgewiesen; Kostenquotelung. 21

**c) Beweislast:** rühmt sich der Bekl Gl einer Darlehensforderung zu sein, und klagt der angebl. Schuldner auf Feststellung, dass ihm kein Darlehen gegeben sei, hat der Bekl die Beweislast; kann er den Beweis nicht erbringen, ist der Klage stattzugeben (BGH NJW 1993, 1716). 22

**d) Rechtskraftwirkung.** Ein Urteil, das eine negative Feststellungsklage als unbegründet abweist, hat grds (jedenfalls dann, wenn es Ziel und Inhalt der Klage war, einem bestimmten Anspruch entgegenzutreten) dieselbe Rechtskraftwirkung wie ein Urteil, das das Gegenteil dessen, was mit der negativen Feststellungsklage begehrt wird, positiv feststellt. Wird im Fall c) die Klage abgewiesen, steht damit rechtskr fest, dass die Darlehensforderung besteht, kann der Bekl Zahlung verlangen (BGH NJW 1983, 2032), auch wenn die Klageabweisung auf einer Verkennung der Beweislast beruhte. Str, vgl § 322 Rz 30. 23

**4. Verfahren.** 24

Fehlt das Feststellungsinteresse, ist die Klage grds als unzulässig abzuweisen. Weil aber das Feststellungsinteresse keine Prozessvoraussetzung ieS ist, ist dem Gericht bei Fehlen eine Sachprüfung und ein SachU nicht schlechthin verwehrt; das Fehlen steht nur einer Klagestattgabe entgegen (BGH 12, 316; RG 158, 152), nicht einer Klageabweisung; in prozesswirtschaftl. Sonderfällen (zB Klage gegen zwei Bekl, wobei gegen einen das Feststellungsinteresse fehlt, die sachl. Unbegründetheit gegen beide eindeutig ist) kann daher trotz fehlendem Feststellungsinteresse ein abweisendes SachU ergehen (vgl BGH LM Nr. 46; str).

25 Beim Erlass des FeststellungsU über Ersatz des künftigen Schadens darf die **Mitverschuldensquote** des Kl nicht offenbleiben (BGH NJW 1978, 544). **Streitwert:** *positive* Feststellungsklage: 80 % des Wertes einer entspr Leistungsklage, § 3 Rz 17; Eigentumsfeststellung: § 6; *negative* Feststellungsklage: Wert so hoch wie der Anspruch, dessen sich der Gegner rühmt, ohne Abschlag (BGH NJW 1970, 2025).

**5. Absatz 2. Zwischenfeststellungsklage.**

26 **a) Zweck.** Nach § 322 erwächst nur die Entscheidung über den Klageanspruch, nicht auch über das ihn bedingende Rechtsverh, in Rechtskraft; demgemäß könnte ein späterer Rechtsstreit derselben Parteien über weitere auf das vorgreifl. Rechtsverh gestützte Ansprüche zu einer abw Beurteilung führen; das soll über § 256 II verhindert werden können (BGH MDR 1979, 746).

27 **Beispiele:**

**(1)** K widerruft eine Schenkung wegen groben Undanks und klagt auf Rückübereignung; K kann nach Abs. 2 Feststellung der Schenkung begehren, weil er bei Abweisung der Hauptklage wegen Nichterweislichkeit groben Undanks für Ansprüche nach §§ 528, 530 BGB auf die rechtskr Feststellung des Schenkungsverh zurückgreifen könnte (BGH MDR 1979, 746). **(2)** Ggü einer Teilklage Widerklage, dass darüber hinaus kein Anspruch besteht (BGH LM Nr. 55). **(3)** Im Rahmen einer Stufenklage kann der Auskunftsanspruch mit einer Zwischenfeststellungsklage verbunden werden (BGH Rpfleger 1999, 176).

**b) Voraussetzungen:**

28 **aa) Erhebung.** Der Kl kann sie zusammen mit der Leistungsklage oder nachträgl. erheben (§ 260, §§ 253, 261 II), auch hilfsweise für den Fall der Abweisung des Hauptantrags (BGH NJW 1992, 1897), der Bekl als Widerklage; auch noch in der Ber-Instanz, trotz § 533 (BGH 53, 94 zu § 530 aF), nicht mehr in der Rev-Instanz (BGH NJW 1961, 777; BAG NJW 1982, 790); „bis zum Schluss ...", vgl § 136 IV.

**bb) Zuständigkeit** Amtsgericht bzw Landgericht; beim Amtsgericht vgl § 506; Kammer für Handelssachen vgl § 99 GVG.

29 **cc) Rechtsschutzbedürfnis** ist erforderl. Es besteht schon dann, wenn die bloße Möglichkeit besteht, dass das Rechtsverh zwischen den Parteien noch über den gegenwärtigen StrG hinaus Bedeutung hat oder gewinnen kann (BGH NJW 1977, 1637; 1992, 1897).

30 **Es fehlt**, wenn feststeht, dass durch die Entscheidung über die Hauptsache die Rechtsbeziehungen, die sich aus dem str Rechtsverh ergeben können, mit Rechtskraftwirkung erschöpfend klargestellt werden (BGH MDR 1979, 746); das nimmt die Rspr selten an: selbst wenn Klage und Widerklage zusammen die Ansprüche erschöpfen (BGH MDR 1968, 36) oder nur der restl. Teil einer iÜ an einen Dritten abgetretenen Forderung im Streit war (BGH NJW 1977, 1637), wurden Zwischenfeststellungsklagen für zulässig erachtet (wegen der Möglichkeit eines TeilU bzw einer Rückabtretung).

31 **dd) Interesse an „alsbaldiger" Feststellung** ist **nicht** notw; liegt es aber vor, kann der Kl uU durch eine Hilfsfeststellungsklage nach Abs. 1 den gleichen proz Erfolg erzielen.

**ee) Rechtsverhältnis**, wie Rz 3. „Im Laufe des Prozesses str geworden“: missverständl.; das Rechtsverh kann auch schon *vor* dem Prozess str gewesen sein (BGH NJW-RR 1990, 320). 32

**ff) Vorgreiflichkeit** des festzustellenden Rechtsverh (noch bei Urteilserlass, BGH LM § 280 aF Nr. 2): dh das Rechtsverh muss inzident ohnehin geklärt werden, um die HauptE zu treffen (zB bei Widerruf der Schenkung ob eine Schenkung vorliegt, Rz 27), sodass also nur ein Element der Entscheidungsgründe (nicht aber: einzelne Vorfragen oder Elemente eines Rechtsverh!) einer der Rechtskraft zugängl. Entscheidung zugeführt wird. Vorgreiflichkeit fehlt also, wenn die Klageanträge aus anderen Gründen abgewiesen werden. 33

**c) Verfahren:** „durch richterl. Entscheidung“: dh durch EndU oder TeilU (BGH LM § 280 aF Nr. 5). Bevor die Zwischenklage mangels Vorgreiflichkeit abgewiesen wird, ist zu prüfen, ob sie gem § 256 I statthaft ist (wofür Feststellungsinteresse erforderl. ist). **Streitwert:** wie bei der Feststellungsklage. Addition: vgl § 5. 34

35

**Praxishinweise:**

1. Ist der Kl mangels Sachkunde nicht in der Lage, seinen Zahlungsantrag zu beziffern, dann ist er nicht gehalten, ein Privatgutachten einzuholen, um beziffern zu können (BGH MDR 203, 766).

2. Wird auf Feststellung des Fortbestehens eines Rechtsverh wegen Unwirksamkeit eines konkreten Aufhebungsgrundes geklagt, dann hindert der Eintritt der Rechtshängigkeit (§ 261 III Nr. 1) eine spätere weitere Feststellungsklage wegen eines anderen Beendigungsgrundes. Der StrG bleibt derselbe: Fortbestehen des Rechtsverh. Neue Aufhebungsgründe sind deshalb im selben Verfahren geltend zu machen.

3. Die Frage der Verjährung ist für das Feststellungsinteresse grds unerhebl. Es ist der freien Entscheidung des Bekl überlassen, ob er sich auf sein LeistungsverweigerungsR berufen will. Er kann ein schutzwürdiges Interesse daran haben, davon abzusehen, etwa, wenn ihm Betrug vorgeworfen wird und dieser belastende Vorwurf wegen der Verjährungseinrede nicht ausgeräumt wurde.

4. Die Zulässigkeit der negativen Feststellungsklage hängt davon ab, ob der Bekl sich eines Anspruchs ggü dem Kl berühmt hat. Eine Berühmung ist die mdl oder schriftl. Verlautbarung, ggü einem Dritten einen Rechtsanspruch zu haben. Mehr ist nicht erforderl. Insb muss die Verlautbarung nicht ggü dem Dritten erklärt werden. Jede Äußerung begründet dessen Abwehrinteresse, sobald er – von welcher Seite und auf welchem Weg auch immer – davon erfährt.

5. Ein Gl, der seinen Anspruch noch nicht beziffert hat, darf auf Feststellung klagen. Dass der Anspruch später bezifferbar wird, räumt das Feststellungsinteresse nicht aus (RGZ 108, 202; BGH LM ZPO § 256 Nr. 92; *Schneider* ZAP Fach 13, S. 525).

6. Trotz Anhängigkeit einer Leistungsklage bleibt das Rechtsschutzbedürfnis für eine negative Feststellungsklage bestehen, wenn diese entscheidungsreif ist, solange nicht abzusehen ist, wann über die Leistungsklage entschieden wird (LG Bonn ZAP Fach 13, S.839).

7. Wird das Feststellungsbegehren, wie nicht selten, auf den Inhalt einer Strafanzeige gestützt, dann muss unterschieden werden: Eine Strafanzeige ist die Information einer Strafverfolgungsbehörde über eine mögl. Straftat. Damit ist keine Berühmung verbunden. Niemand kann gehindert werden, die Überprüfung einer mögl. Straftat anzuregen. Wird der Strafanzeige jedoch hinzugefügt, aus der angenommenen Straftat seien dem Anzeigenden zivilrechtl. Ansprüche ggü einem Dritten erwachsen, dann ist dieser Zusatz eine abwehrfähige Berühmung. Das Entstehen zivilrechtl. Ansprüche aus einer strafrechtsrelevanten Handlung gehört nicht zum Straftatbestand. Es ist ein Mehr. Dieses Mehr betrifft nur nach ZivilR zu beurteilende Ansprüche.

8. Schutzwürdigkeit des Feststellungskl: **a)** Negative Beweislast des sich Berühmenden (Rz 22). **b)** Immer wieder wird angenommen, das Rechtsschutzinteresse für die negative Feststellungsklage entfalle, wenn der Gegner erkläre, er berühme sich nicht mehr. Das ist falsch, weil der Gegner sich jederzeit neu berühmen könnte. Erforderl. ist, dass der Kl durch die Erklärung des Gegners für immer vor einer Inanspruchnahme gesichert wird. Das kann durch ein Anerkenntnis oder eine Vereinbarung oder eine protokollierte Verzichtserklärung und dergleichen erreicht werden, aber nicht durch eine bloße verbale Abstandnahme von der Berühmung (MünchKommZPO-*Lüke* §256 Rz 51; *Zöller/Greger* §256 Rz 7c).

9. Prozesstaktisch hat die negative Feststellungsklage den Vorzug, im selben Verfahren eine umfassende Streitbereinigung zu erreichen (*N. Schneider*, ZAP Fach 13, S. 843). Der Anwalt sollte sich deshalb grds dazu (und damit zur Erhöhung seines Geb-Aufkommens!) entschließen.

10. Wird mat-rechtl. (auch) aus unerlaubter Handlung geklagt, ist wegen § 850f zusätzl. ein dahingehender Feststellungsantrag geboten. Das Urteil beweist dann die Vollstr-Privilegierung nach § 850f II (s. dort Rz 2).

11. Bei der Zwischenfeststellungsklage (Rz 26 ff) ist zu unterscheiden: Die Klage ist die stärkste Form der Berühmung. Dagegen kann sich der Bekl mit dem Antrag auf Klageabweisung verteidigen. In diesem Fall wird aber nicht rechtskr über präjudizielle Rechtsverh entschieden, sodass der Subsumtionsschluss mit Anspruchsgrundlagen nicht in Rechtskraft erwächst (BGHZ 123, 140). Um die Rechtskrafterweiterung auf die Urteilselemente zu erreichen, kann der Bekl Zwischenfeststellungsklage erheben (*Rosenberg/Schwab/Gottwald* §152 Rz 13). Gegen eine Berühmung außerhalb einer Klage oder Widerklage hat der Bekl die stärkere Form der negativen Feststellungsklage (§256 I).

Formular 88: Antrag bei negativer Feststellungsklage

Formular 89: Antrag bei negativer Feststellungs-Widerklage als Reaktion auf eine Teilklage

Formular 92: Positive Feststellungsklage im Haftpflichtprozess bei voller Haftung des Beklagten

Formular 93: Positive Feststellungsklage im Haftpflichtprozess bei anteiliger Haftung des Beklagten

Formular 101: Übergang von einer Feststellungsklage zu einer Leistungsklage

Formular 114: Zwischenfeststellungsklage
Formular 115: Zwischenfeststellungswiderklage
Formular 116: Zwischenfeststellungsklage als Hilfswiderklage

## § 257 ZPO Klage auf künftige Zahlung oder Räumung

**Ist die Geltendmachung einer nicht von einer Gegenleistung abhängigen Geldforderung oder die Geltendmachung des Anspruchs auf Räumung eines Grundstücks oder eines Raumes, der anderen als Wohnzwecken dient, an den Eintritt eines Kalendertages geknüpft, so kann Klage auf künftige Zahlung oder Räumung erhoben werden.**

**Lit:** ***Henssler*** NJW 1989, 138; ***Roth*** ZZP 1985, 287.

**1. Fallgruppen: a) Klage auf Geldforderung**, die noch nicht fällig ist (zB Darlehen wird zwar erst in sechs Monaten fällig, Schuldner erklärt jetzt schon, nicht zahlen zu wollen; Arbeitslohn, *Vossenkämper* DB 1985, 385 und 439). Nicht von Gegenleistung abhängig: zB Klage aus Darlehen, Kaufvertrag nach vollständiger Erfüllung. **Keine Abhängigkeit** (sonst § 259), wenn nicht Zug um Zug zu erfüllen, § 322 BGB, und kein ZurückbehaltungsR, § 274 BGB; Recht auf Quittung (§ 368 BGB) fällt nicht darunter. 1

**Kalendermäßige Fälligkeit:** bei Stundung, zB „zwei Monate nach Empfang der Ware". Verzug § 286 BGB; Prozesszinsen § 291 S. 1. HS 2 BGB. 2

**b) Klage auf Räumung.** Nicht Wohnzwecken dienend, zB gewerbl. (bei Wohnraum § 259). Kalendermäßige Fälligkeit: zB erst nach Ablauf der Mietdauer. Räumungsfrist § 721 III. Kosten § 93b III. 3

**2. Verfahren.** §§ 257 bis 259 enthalten bes Prozessvoraussetzungen (hM; **aA**: *Roth* ZZP 1985, 287). Rechtsschutzbedürfnis muss vorliegen. Kostenlast kann der Bekl durch sof Anerkenntnis vermeiden, § 93. Antrag und Urteil lauten auf Zahlung usw. am ... (Datum). ZwV § 751 I. Spätere Einwendungen kann der Bekl nach § 767 geltend machen. 4

## § 258 ZPO Klage auf wiederkehrende Leistungen

**Bei wiederkehrenden Leistungen kann auch wegen der erst nach Erlass des Urteils fällig werdenden Leistungen Klage auf künftige Entrichtung erhoben werden.**

**Wiederkehrende Leistungen** sind solche (nicht nur in Geld) aus einseitigen (vgl § 257) Verpflichtungen, die sich in ihrer Gesamtheit als Folge ein und desselben Rechtsverh ergeben, sodass die einzelne Leistung nur noch vom Zeitablauf abhängig ist (BGH NJW 2007, 294; 1986, 3142; NZM 2003, 912), zB **Unterhalt** (BGH NJW 1982, 578). Dazu unten Rz 3. Ferner fallen unter § 258: Kapitalzinsen, Renten nach §§ 759, 843 II, 844 II BGB (zum Anspruchsübergang auf den SozialVers-Träger nach § 116 I SGB I in diesen Fällen vgl *Hofmann* MDR 2004, 1391), Rente nach § 912 BGB, Erbbauzins gem § 9 ErbbauVO (selbst wenn die Höhe an eine Wertsicherungsklausel geknüpft ist, BGH NJW 2007, 294). **Nicht** unter § 258 fällt aber Miete (dazu § 259 Rz 1), Pacht, Lohn. 1

2 Das Wort „auch" in § 258 besagt nicht, dass mit den künftigen Leistungen *zugleich* eine fällige Rate eingeklagt werden muss (BGH NJW 1982, 578).

3 **Unterhalt:** bei Stattgabe für die Vergangenheit müssen geleistete Zahlungen im Tenor (betragsmäßig genau, also nicht „abzügl. bisheriger Zahlungen") berücksichtigt werden (BGH FamRZ 1998, 1165). Zur Frage, wann die Unterhaltsklage an die bes Voraussetzungen des §323 gebunden ist, vgl §323 Rz 2ff. Nach hM (zB BGH NJW 1998, 3116; OLG Schleswig DAV 1997, 312; *Grün* FF 2003, 235; **aA** *Bittmann* FamRZ 1986, 420; *Köhler* FamRZ 1991, 645) hat der Unterhaltsgl ein Rechtsschutzbedürfnis für die Klage auf künftige Entrichtung auch, wenn der Schuldner regelmäßig und pünktl. und in vollem Umfang seine Verpflichtung freiwillig erfüllt. Kostenproblem vgl §93. Der Schuldner sollte deshalb zuvor (erfolglos) aufgefordert werden, einen (für ihn kostenfreien) Titel (zB beim Jugendamt) zu errichten. Ebenso ist es, wenn nur der Sockelbetrag freiwillig bezahlt wird, die Spitze aber umstr. Die Rspr ist hier uneinheitl., vgl §114 Rz12.

Sicherheit § 324. Vollstr § 708 Nr. 8, Zust-StrW § 9, Geb-StrW § 42 GKG.

## § 259 ZPO Klage wegen Besorgnis nicht rechtzeitiger Leistung

**Klage auf künftige Leistung kann außer den Fällen der §§ 257, 258 erhoben werden, wenn den Umständen nach die Besorgnis gerechtfertigt ist, dass der Schuldner sich der rechtzeitigen Leistung entziehen werde.**

1 **1.** „Außer in den Fällen ...": **Generalklausel** für noch nicht fällige (auch bedingte, BGH 5, 342; auch von einer Gegenleistung wie Wohnen abhängige) Leistungen aller Art, zB Lohnforderungen (BAG FamRZ 1983, 900; dazu *Berkowsky* RdA 2006, 77); Miete, jedenfalls wenn der Mieter ausgezogen ist (LG Berlin GE 2000, 207); auf Herausgabe (BGH NJW-RR 2005, 1518); auf Sozialhilfeträger übergeleitete Unterhaltsansprüche (OLG Düsseldorf DAV 1982, 283; OLG Bremen FamRZ 1984, 1256), durch Vertrag begr Unterlassungsansprüche (BGH LM Nr. 2).

2 **Besorgnis:** entspricht dem Rechtsschutzbedürfnis. Klage ist schon dann zulässig, wenn der Bekl seine Pflicht zur Herausgabe bzw den sonstigen Anspruch (etwa auf Mietzahlung) ernsthaft bestreitet, BGH NJW-RR 2005, 1518; 1999, 954; 1978, 1262); aber natürlich auch, wenn er einfach nicht zahlt und die Besorgnis besteht, dass er auch künftig nicht zahlen wird. Bei gekündigten Räumen genügt zur Herausgabeklage, wenn der Mieter erklärt hat, er ziehe nicht aus (LG Berlin NZM 1999, 71). Räumungsklage und zugleich die künftig fällig werdende Nutzungsentschädigung bis zur Herausgabe der Wohnung (BGH NJW 2003, 1395), jedenfalls wenn langanhaltende Nichtzahlung der Miete vorausgeht (OLG Dresden NZM 1999, 173). Klage auf Zustimmung zur Mieterhöhung (§ 558b BGB) kann wohl mit Klage auf Zahlung der erhöhten Miete verbunden werden (vgl BGH NJW-RR 2005, 1169). **Nicht genügt**: voraussichtl. Zahlungsunfähigkeit, Schweigen des Mieters auf die Kündigung. ZwV §§ 726 I, 751 I.

3 **2.** Die Klage auf zukünftige Leistungen kann in geeigneten Fällen (§§ 592 ff) im Urkundenprozess erhoben werden (dazu *Bussmann* MDR 2004, 674). Bestreitet der Schuldner die Verpflichtung: Feststellungsklage, § 256. Eine Klage nach § 259 kann, wenn sie wegen Nichtentstehung der geltend gemachten Ansprüche unzulässig ist, in eine Klage

nach § 256 umgedeutet werden (BGH NJW-RR 2006, 1485). Bei drohender Vereitelung der Vollstr: Arrest, §§ 916 ff.

**Praxishinweise:** 4

Für die Besorgnis der nicht rechtzeitigen Erfüllung genügt ein ernstl. Bestreiten (BGHZ 5, 344; 43, 31). Daraus wird immer wieder der fehlerhafte Schluss gezogen, wenn der Schuldner nicht zahle, ohne seine Zahlungspflicht zu bestreiten, sei § 259 unanwendbar. Das ist mit Wortlaut und Zweck der Vorschrift unvereinbar. Der BGH hat nur ausgedrückt, dass „jedenfalls" ein Bestreiten genügt, dieses aber nicht die einzige Voraussetzung ist. Die ältere Rspr hat das richtig gesehen: Auch der nicht bestreitende Schuldner entzieht sich der rechtzeitigen Leistung, zB wenn er anhaltend vermögenslos ist (OLG Posen OLGE 5, 56; OLG Königsberg OLGE 20, 312). So hat auch das AG Kerpen entschieden (WuM 1991, 439).

Formular 80: Antrag gemäß §§ 255 Abs. 1, 259 ZPO

Formular 81: Klage wegen der Besorgnis der Nichterfüllung gemäß § 259 ZPO

## § 260 ZPO Anspruchshäufung

**Mehrere Ansprüche des Klägers gegen denselben Beklagten können, auch wenn sie auf verschiedenen Gründen beruhen, in einer Klage verbunden werden, wenn für sämtliche Ansprüche das Prozessgericht zuständig und dieselbe Prozessart zulässig ist.**

**1. Mehrere Ansprüche:** dh Stellung mehrerer Klageanträge oder deren Zusammenfassung. Keine Klagenhäufung, sondern eine einheitl. Klage liegt daher vor, wenn der Kl für den Antrag mehrere rechtl. Gesichtspunkte angibt (zB für den Schadensersatz § 7 StVG und § 823 BGB). 1

Die mehreren Ansprüche können in verschiedenen **Formen** erhoben werden:

**a) Kumulativ**, zB auf Lieferung und Schadensersatz wegen verspäteter Lieferung; Kaufpreis und Miete. 2

**b) Eventuell:** Hauptantrag, und für den Fall, dass ihm nicht stattgegeben wird, oder dass ihm stattgegeben wird (BGH NJW 2001, 1285), einen oder mehrere gestaffelte **Hilfsanträge** (BAG NJW 2005, 3082). Es ist Auslegungsfrage, ob der Hilfsantrag nur für den Fall der Unbegründetheit oder auch der Unzulässigkeit des Hauptanspruchs gestellt wird. Die Praxis lässt den Hilfsantrag unbeschränkt zu, die **aA** (zB *Rosenberg-Schwab* §100 III 3) nur, wenn er auf dasselbe oder ein gleichartiges Ziel gerichtet ist wie der Hauptanspruch, eine weitere **aA** nur, wenn sich die beiden Anträge gegenseitig ausschließen (weil sonst eine unzulässige „bedingte Klage" vorliege, zB bei Klage auf Räumung, hilfsweise Zahlung der rückständigen Miete). Zulässig ist auch Feststellungsklage, hilfsweise Zahlungsklage (OLG Saarbrücken NZM 2000, 923). Wenn das BerGer über den Hilfsantrag in der Sache entschieden hat, 3 kann dieser in der Rev-Instanz nicht mehr zum Hauptantrag erhoben werden (BGH NJW 2007, 913).

4 **c) Alternativ:** kommt in der Praxis nicht vor; bei Wahlschuld (§ 262 BGB) könnte wahlweise das eine oder andere verlangt werden; vgl ferner BGH MDR 1997, 1021; iÜ kann wegen § 253 II Nr. 2 kein „oder" eingeklagt werden (Wandelung oder Minderung), BGH NJW-RR 1990, 122.

5 **2. Ansprüche des Klägers** auch wenn er teils aus eigenem, teils aus abgetretenem Recht klagt (BGH MDR 1960, 384). **Gegen denselben Beklagten:** andernfalls liegt **subjektive Klagenhäufung** (Streitgenossenschaft) vor, §§ 59 ff. Auch wenn sie **auf verschiedenen Gründen beruhen:** zB auf Darlehen und Kaufvertrag; irgendein Zusammenhang ist also nicht nötig (außer uU bei evtl Häufung).

6 **Können verbunden werden:** die Klagenhäufung entsteht idR dadurch, dass der Kl die mehreren Ansprüche gleichzeitig in einer Klage geltend macht, oder durch nachträgl. Klageerweiterung (str, ob dies eine Klageänderung ist, offen BGH NJW 1970, 44) oder Verbindung durch das Gericht (§ 147). Die Häufung steht im Ermessen des Kl, bringt ihm uU die Ber-Summe und die Zust des LG (§ 5); verbindet er nicht, verursacht er uU nicht notw Kosten und erhält bei Obsiegen nicht alles erstattet.

7 **Unzulässig ist die Verbindung** zB iFd §§ 610 II; 640c (BGH NJW 2007, 913). Familien- und Nichtfamiliensachen können nicht verbunden werden (BayObLG FamRZ 2003, 1569). Bei unzulässiger Verbindung werden die Klagen getrennt (§ 145).

8 Das **Prozessgericht zuständig:** dasselbe ProzessG; nicht notw dieselbe ZivK (Frage der Geschäftsverteilung); Familien- und Nichtfamiliensachen können nicht verbunden werden, auch wenn dasselbe AG zuständig ist (BGH NJW 1979, 426). Ist für einen der Anträge die KfH zuständig, kommt Trennung oder Gesamtverweisung in Betracht, vgl §99 GVG. Werden zwei Anträge kumulativ erhoben, für die nach ihrem Wert jeweils das AG zuständig wäre, kann sich aus §5 die sachl. Zust des LG ergeben. Besonderheit in §25. Fehlt bei einem Antrag die Zust, wird insoweit verwiesen (§281) oder abgewiesen.

9 **Dieselbe Prozessart** zulässig: unzulässig ist *Verbindung* von Haupt- und Arrestprozess (zulässig ist aber gleichzeitige Terminierung, § 147 Rz 1), Wechsel- und gewöhnl. Verfahren (BGH MDR 1982, 992), Familien- und Nichtfamiliensachen (BGH NJW 1979, 426). Trennung (§ 145) und Verweisung kommt infrage.

### 3. Besonderheiten für Haupt-/Hilfsantrag

10 Entschieden wird idR durch EndU: **a) wird dem Hauptantrag stattgegeben**, wird der Hilfsantrag im Tenor und den Entscheidungsgründen nicht erwähnt, nur im Tatbestand. Die Rechtshängigkeit des Hilfsantrags entfällt dann mit Rechtskraft rückwirkend (vgl § 212 II aF BGB analog). Legt der Bekl Berufung ein, ist auch der Hilfsantrag Gegenstand der Ber-Verh (BGH NJW 1952, 184).

11 **b) Ist der Hauptantrag unbegründet (bzw unzulässig)**, der Hilfsantrag begr, wird ihm entsprochen und die Klage iÜ abgewiesen; Kosten vgl § 92 Rz 7. Hat der Kl den Hauptantrag für erledigt erklärt, ist über den Hilfsantrag zu entscheiden (BGH NJW 2003, 3202). Legt der Bekl Ber ein, fällt der Hauptantrag in der Ber-Instanz nicht an; der Kl müsste Ber einlegen (BGH 41, 38).

**c) Fehlt für den Hauptantrag die Zuständigkeit**, ist auf Antrag zu verweisen; fehlt sie 12
für den Hilfsantrag, ist nach Abweisung des Hauptantrags durch TeilU auf Antrag zu verweisen (vgl BGH NJW 1980, 1283).

**d) Sind Haupt- und Hilfsantrag unbegründet**, wird „die Klage" abgewiesen. 13

**e) Eventualwiderklage** s. § 253 Rz 29. 14

Der Hilfsantrag darf nicht *vor* dem Hauptantrag durch TeilU verbeschieden werden (BGH NJW-RR 1989, 650). **Streitwert:** § 45 I 2, 3 GKG (keine Addition).

**Kosten. Gericht:** mehrere Hauptanträge werden addiert (§ 45 GKG), daraus ist die Geb 15
GKG KV 1210 zu zahlen. Wird erst später ein zusätzl. Antrag gestellt, wird ohne Vorauszahlung idR zugestellt, aber weitere Handlungen (zB Terminsbestimmung) sollen (bez des erhöhten Betrages!) bis zur Zahlung nicht vorgenommen werden (§ 12 I 2 GKG). **Rechtsanwalt:** RVG VV 3100 ff, 3104.

Formular 83: Echter Hilfsantrag

Formular 84: Unechter Hilfsantrag (uneigentliche Eventualhäufung)

Formular 119: Kumulative Klagenhäufung (Herausgabe/Übereignung einer Sache und Schadensersatzzahlung)

## § 261 ZPO Rechtshängigkeit

**(1) Durch die Erhebung der Klage wird die Rechtshängigkeit der Streitsache begründet.**

**(2) Die Rechtshängigkeit eines erst im Laufe des Prozesses erhobenen Anspruchs tritt mit dem Zeitpunkt ein, in dem der Anspruch in der mündlichen Verhandlung geltend gemacht oder ein den Erfordernissen des § 253 Abs. 2 Nr. 2 entsprechender Schriftsatz zugestellt wird.**

**(3) Die Rechtshängigkeit hat folgende Wirkungen:**

**1. während der Dauer der Rechtshängigkeit kann die Streitsache von keiner Partei anderweitig anhängig gemacht werden;**

**2. die Zuständigkeit des Prozessgerichts wird durch eine Veränderung der sie begründenden Umstände nicht berührt.**

**1. Absatz 1. Einreichung der Klage** bei Gericht führt nur zur Anhängigkeit. Erhebung 1
der Klage führt zur Rechtshängigkeit und erfolgt durch Zustellung der Klageschrift (auch gem § 198, BGH NJW 1992, 2235) an den Gegner, § 253 I, wobei die Klage formell ordnungsgemäß sein muss (zB unterschrieben); ob sie sonst zulässig und begr ist, spielt hier keine Rolle. **Im Mahnverfahren** wird bei alsbaldiger Abgabe (§ 696 III; vgl § 167) die Rechtshängigkeit zurückbezogen; bei späterer Abgabe tritt Rechtshängigkeit erst mit Eingang der Akten beim AbgabeG ein (KG 2 MDR 1998, 618; str).

Erhebung der Klage vor einem **ausländischen Gericht** steht dem nur gleich, wenn Par- 2
teien und StrG identisch sind und mit Anerkennung der ausl Entscheidung hier zu rechnen ist (BGH NJW 1986, 2195); diese Prognose trifft das deutsche Gericht, nicht die Justizver-

waltung.; vgl § 328 Rz 6. Ob und wann Rechtshängigkeit im Ausland eingetreten ist, richtet sich nach der lex fori des ausl Gerichts (BGH NJW 1987, 3083; NJW-RR 1992, 642). Zu weiteren Wirkungen ausl Rechtshängigkeit vgl *Wagner* FPR 2004, 286; *Schütze* ZZP 1991, 136; *Rauscher* IPRax 1992, 14. EG-Recht: Art 27 der VO (EG) Nr. 44/2001. Im Mahnverfahren vgl §§ 696 III, 700 II.

3 **Vor dem Verwaltungsgericht** wird die Streitsache schon eher, durch Einreichung bei Gericht, rechtshängig (§§ 81 I, 90 I VwGO).

4 **Keine Rechtshängigkeit:** die **Aufrechnung** mit einer Forderung im Prozess macht diese nicht rechtshängig (BGH NJW 1972, 450; NJW 1999, 1179; der Kl kann also eine Forderung einklagen, mit der er in einem anderen Prozess aufgerechnet hat, Verhinderung widersprechende Entscheidungen durch Aussetzung); durch Anmeldung im Insolvenzverfahren (§ 174 InsO); durch ein FGG-Verfahren.

5 **Streitsache:** bei Wechselklage wird der Anspruch aus dem Grundgeschäft nicht rechtshängig; bei Gesuch auf eVfG/Arrest nicht der Hauptanspruch; bei bloßem PKH-Antrag nicht die Hauptsache (OLG Nürnberg FamRZ 2000, 36); bei gleichzeitiger Einreichung PKH-Antrag und Scheidungsantrag auch die Scheidung, außer, Abhängigkeit von PKH-Bewilligung wird eindeutig klargestellt (BGH FamRZ 1996, 1142); bei unbeziffertem Klageantrag aber der ganze Anspruch; bei einem Hilfsantrag ist die Rechtshängigkeit auflösend bedingt durch das Schicksal des Hauptantrags. Stufenklage vgl §254 Rz 4 (der unbezifferte Zahlungsantrag wird mit Zust der Stufenklage rechtshängig, OLG Brandenburg FamRZ 2007, 55).

6 **2. Absatz 2.** Rechtshängigkeit bei nachträgl. Klageerweiterung, Klageänderung usw. tritt ein idR mit Zustellung des entspr Schriftsatzes an den Gegner (wobei Zustellung nach § 198 genügt; BGH 17, 234), sonst mit Antragstellung gem § 297. Zur Klageerweiterung *nach* Schluss der mdl Verh vgl BGH NJW-RR 1997, 1486.

**3. Wirkungen, Absatz 3**

7 **a) Prozesshindernis (Nr.1):** Dauer der Rechtshängigkeit: Ende zB mit formell rechtskr Entscheidung, Klagerücknahme, und Erledigungserklärung, Abschluss eines PV (auch wenn er unwirksam ist, BGH MDR 1978, 1019). Hat der Kl Stufenklage erhoben, kann er die Zahlungsstufe zurücknehmen und hierauf ges klagen, §261 III Nr.2 steht dann nicht entgegen.

8 Die **Streitsache:** dh **(1)** *Identität der Parteien*, wobei die Parteirolle gleichgültig ist und §§ 325 bis 327 den Parteibegriff erweitern; **(2)** *Identität des StrG* (Einl Rz 15): zB bei Leistungsklage des Gl und späterer negativer Feststellungsklage des Schuldners (BGH NJW 1989, 2064). Keine Identität: zwischen Teilklage und Klage über den Rest; Klage gegen OHG und Gesellschafter, § 129 IV HGB; negative Feststellungsklage und spätere Leistungsklage (BGH NJW 1989, 2064).

9 Einem **deutschen Scheidungsverfahren** steht die Rechtshängigkeit eines ausl Scheidungsverfahrens nicht entgegen, wenn das ausl Verfahren eine unzumutbare lange Verfahrensdauer hat (BGH NJW 1983, 1269: vier Jahre dauerndes italienisches Scheidungsverfahren; anders BGH NJW 1986, 2195 bei einem zehn Jahre dauernden türkischen Zivilverfahren); wenn ledigl. ein Scheidungsverfahren vor einem RabbinatsG in Israel rechtshängig ist (BGH FamRZ 1994, 434). Ausl Rechtshängigkeit steht aber entgegen, wenn die dortige Entscheidung bei uns anerkannt würde (OLG Bamberg FamRZ 2000, 1289; OLG Jena FamRZ 1999, 1211), zB nach

EG-VO Nr.2201/2003 oder Art7 §1 FamRÄndG. Einzelheiten vgl *Finger* FuR 1999, 310; *Gruber* FamRZ 1999, 1563; *Philippi* FamRZ 2000, 525; *Wagner* FPR 2004, 286.

Das Prozesshindernis ist **von Amts wegen** zu beachten, auch noch in der Rev-Instanz; eine zweite Klage ist als unzulässig abzuweisen; uU ist auszusetzen (Art 27 VO (EG) 44/2001; analog § 148). Ergehen versehentl. zwei Urteile in derselben Sache, ist nach BGH NJW 1981, 1517 das frühere maßgebend (str), das spätere nach § 580 Nr. 7a vernichtbar, hiergegen Klage nach § 767. 10

**b) Fortdauer der Zuständigkeit (Nr.2)**, perpetuatio fori: soll Verzögerung und Verteuerung des Prozesses verhindern. Zust (nicht: Unzuständigkeit!) bleibt unberührt: int, örtl. und sachl. Zust; die gerichtsinterne Zust der Abteilung, Kammer kann sich aber ändern (BGH NJW 1981, 2464). Zum **Rechtsweg** vgl §17 I GVG. **Veränderung der Umstände**: zB Wohnsitz des Bekl ändert sich (§13), weil er umzieht; Vermögen wird iFd §23 entfernt; Parteiwechsel; Änderung der höchstrichterl. Rspr (BGH NJW 1978, 949); Änderung des Gerichtsbezirks; Klageermäßigung unter die LG-Grenze (§4 I); nachträgl. Zust-Vereinbarung (Rz 12). Der Grundsatz gilt auch für die int Zust (BayObLG FamRZ 1993, 1469). Nachträgl. Umstände berühren die Zust auch dann nicht, wenn sie bei früherem Eintritt eine ausschließl. Zust begr hätten (BGH NJW 2001, 2477; Verteilungsverfahren). 11

**Dagegen ist Verweisung möglich** bei nachträgl. Klageänderung (BGH NJW 1962, 1819; OLG Karlsruhe OLG-Report 2005, 851), Änderung des StrG, Klageerweiterung iFd §506. Ein unzuständiges Gericht kann durch nachträgl. Zust-Vereinbarung (vgl OLG Zweibrücken NJW-RR 1989, 716) oder rügelose Einlassung (§39) zuständig werden, ein zuständiges Gericht kann aber nicht durch Vereinbarung unzuständig gemacht werden (BGH NJW 1963, 585). Besonderheit in §696 I 1: hat der ASt im **Mahnbescheid** ein bestimmtes (zuständiges) Gericht als AbgabeG bezeichnet, kann er mit Zustimmung des Gegners die Abgabe an ein anderes (ebenfalls zuständiges) Gericht verlangen. 12

**c) Weitere Wirkungen:** § 262; über sog Vorwirkungen vgl § 167, 696 III. 13

## § 262 ZPO Sonstige Wirkungen der Rechtshängigkeit

**[1]Die Vorschriften des bürgerlichen Rechts über die sonstigen Wirkungen der Rechtshängigkeit bleiben unberührt. [2]Diese Wirkungen sowie alle Wirkungen, die durch die Vorschriften des bürgerlichen Rechts an die Anstellung, Mitteilung oder gerichtliche Anmeldung der Klage, an die Ladung oder Einlassung des Beklagten geknüpft werden, treten unbeschadet der Vorschrift des § 167 mit der Erhebung der Klage ein.**

§ 262 geändert ab 01.07.2002 durch G v. 25.06.2001 (BGBl 2001, 1206).

**Satz 1:** Solche Vorschriften sind zB: Hemmung der Verjährung (§ 204 nF BGB), der Ersitzung (§ 941 BGB) und zahlreicher Ausschlussfristen; Anspruch auf Prozesszinsen (§ 291); Steigerung der Haftung (zB §§ 987, 989 BGB); Übertragbarkeit bei Schmerzensgeld (§ 847 I 2 aF BGB). 1

**Satz 2:** auch wenn ältere Gesetze einen anderen Vorgang als entscheidend bestimmen, kommt es auf die Klageerhebung an. **Unbeschadet § 167:** fristwahrend und die Verjäh- 2 rung hemmend (bis 31.12.2001: unterbrechend) ist aber bereits die Klageeinreichung, wenn demnächst zugestellt wird, vgl § 167 (früher §§ 270 III aF, 693 III aF).

## § 263 ZPO Klageänderung

**Nach dem Eintritt der Rechtshängigkeit ist eine Änderung der Klage zulässig, wenn der Beklagte einwilligt oder das Gericht sie für sachdienlich erachtet.**

Lit: ***Roth*** NJW 1988, 2977; ***Gottwald*** JA 1998, 219; ***Altmeppen*** ZIP 1992, 449; ***Kohler*** JuS 1993, 315; ***Walther*** NJW 1994, 423; ***Groß*** JR 1996, 357; ***Bernreuther*** JuS 1999, 478.

### Übersicht



1 **1. Übersicht zu §§ 263, 264, 267, 268.** Zu prüfen ist:

- *Gilt* eine Änderung nach § 264 ohnehin nicht als Klageänderung?
- Liegt demnach eine Klageänderung vor: wird die Einwilligung des Bekl nach § 267 vermutet?
- Hat der Bekl der Klageänderung ausdrückl. widersprochen: hat das Gericht die Änderung stillschweigend oder ausdrückl. für sachdienl. erachtet (§ 263)?

2 **2. Eintritt der Rechtshängigkeit** vgl § 261 I. Änderung der Klage: gem § 261 II.

3 **3. Klageänderung ist Änderung (Ersetzung) des** geltend gemachten **Streitgegenstandes** (BGH NJW 1992, 2235); es kommt also ua auf die StrG-Theorien an (Einl Rz 15). Da der StrG nach hM aus Antrag und Lebenssachverhalt gebildet wird, sind denkbar:

**a) Änderung nur des Antrags**, zB *Schadensersatz statt Unterlassung;* Wandlung statt Minderung nach BGB aF (BGH NJW 1990, 2682); 5 000 € Schadensersatz statt 2 000 € (gilt aber gem § 264 Nr. 2 nicht als Klageänderung); Umstellung des Klageantrags auf Zahlung an den Zessionar ist keine Änderung des StrG (BGH NJW 1999, 2110). *Keine Klageänderung*, wenn der Antrag nur klarer gefasst wird;

**b) Änderung nur des Lebenssachverhalts:** etwa bei Klage aus Abtretung statt aus eigenem Recht; Übergang von der Klage aus dem Wechsel zur Klage aus dem Grundverh (BGH NJW-RR 1987, 58); Auswechslung des Gegenstandes und des Bestimmungsorts der Fracht (OLG Düsseldorf NJW-RR 1993, 1149); Umstellung der Klage von Abschlagsforderung auf Schlussforderung nach HOAI (BGH NJW 1999, 713); ebenso Forderung aus Pfändung/Überweisung und aus Abtretung (OLG Hamm NJW-RR 2002, 71); über Auswechseln der Geb-Tatbestände durch einen Steuerberater vgl BGH NJW-RR 2001, 1521. Bei einem wettbewerbsrechtl. Unterlassungsantrag ändert eine Abwandlung der Verletzungsform, auf die sich der Verbotsausspruch nach dem Willen des Kl beziehen soll, den StrG (BGH WM 2006, 1877). 4

**Keine Klageänderung**: Die Identität des Klagegrundes wird aufgehoben, wenn durch neue Tatsachen der Kern des in der Klage angeführten Lebenssachverhaltes verändert wird. Dabei muss es sich um wesentl. Abweichungen handeln; die bloße Ergänzung oder Berichtigung der tatsächl. Angaben fällt unter § 264 Nr. 1 und stellt daher keine Änderung des Klagegrundes dar (BGH NJW 2006, 83; verschiedene Varianten der Zeitschriftenbelieferung an Lesezirkel). Keine Klageänderung daher bei Übergang vom Wechsel in den gewöhnl. Urkundenprozess (BGH NJW 1993, 3135); bei bloßer Konkretisierung des Lebenssachverhalts; etwa wenn der Kl den geltend gemachten Anspruch erstinstanzl. auf den Gewinn eines Preisausschreibens stützt und in der zweiten Instanz eine vertragl. Grundlage für seinen Anspruch annimmt (BGH NJW-RR 2006, 1502), also die rechtl. Einordnung ändert. Wenn aus Vertrag Vergütung eingeklagt wird und später hilfsweise auf GoA, § 812 BGB usw. gestützt wird (BGH BauR 2002, 1831). Wenn bei der Werklohnklage eine neue Schlussrechnung vorgelegt wird (BGH NJW-RR 2004, 167). Neuer Sachvortrag zur haftungsausfüllenden Kausalität ändert den Klagegrund jedenfalls so lange nicht, wie er einzelne Posten des gleichen Schadens betrifft; innerhalb des identischen Schadens stellen die verschiedenen Berechnungsgrundlagen vielmehr ledigl. unselbstständige Faktoren eines einheitl. Schadens- und Ersatzanspruchs dar, die im Rahmen des geltend gemachten Gesamtbetrags austauschbar sind (BGH NJW-RR 2006, 253). Wegen der Pfändung und Überweisung eines Teils der Klageforderung nach Schluss der mdl Verh in der Ber-Instanz ist eine Klageänderung im Rev-Verfahren nicht geboten (BGH NJW-RR 2006, 275).

**c) Änderung von Antrag und Sachverhalt**

**d) Nachträgliche Klagehäufung** (§ 260) wird *wie* eine Klageänderung behandelt (BGH NJW 1985, 1841).

e) Unzulässig ist der Wechsel vom Arrest/eVfg-Verfahren in den Hauptprozess und umgekehrt.

**4. Parteiwechsel**: zB wenn statt des GmbH-Geschäftsführers die GmbH verklagt wird; statt des Betreuers der Betreute. Gewillkürter *Parteiwechsel* wird in erster Instanz *wie* eine Klageänderung behandelt (BGH 40, 185; 65, 268; str, Theorien: Rechtsinstitut eigener Art; Klageänderung; Klagerücknahme); ebenso *Parteierweiterung*, also das Verklagen eines zusätzl. Bekl oder der Eintritt eines weiteren Kl (BGH 40, 185; in Lit str). Inwieweit der neue Bekl an den bisherigen Prozessverlauf gebunden ist, ist str (vgl *Roth* NJW 1988, 2977). Anerkenntnis usw. der alten Partei können von der neuen widerrufen werden, Verjährungshemmung und Lauf von Prozesszinsen tritt gegenüber dem neuen Bekl erst mit 5

Zustellung des Schriftsatzes ein, der den Wechsel anzeigt; auch kann die neue Partei uU eine Wiederholung der Beweisaufnahme verlangen (§ 398). Insgesamt kommt es darauf an, ob der neue Bekl zustimmt, den Prozessverlauf schon bisher maßgebl. beeinflusst hat und schutzbedürftig ist.

6 **Kein Parteiwechsel** liegt vor, wenn nur die fehlerhafte (zB mehrdeutige) **Parteibezeichnung berichtigt** wird, was immer zulässig ist (BGH NJW 1981, 1454). Fehlerhafte Bezeichnung ist zu unterscheiden von der irrtüml. Benennung der falschen Person als Partei. Die Bezeichnung kann ausgelegt werden; maßgebend ist, wie die Bezeichnung bei objektiver Deutung aus der Sicht der Empfänger (Gericht und Gegner) zu verstehen ist, welcher Sinn der vom Kl in der Klageschrift gewählten Bezeichnung bei objektiver Würdigung des Erklärungsinhalts beizulegen ist (BGH NJW 1987, 1946), wer erkennbar betroffen werden soll (BGH NJW 1981, 1453). Das Schutzbedürfnis dessen, der sich verteidigen will, ist zu berücksichtigen. Bei Berichtigung ist ein Rubrum-Berichtigungsbeschluss zweckmäßig, aber nicht notw (RG 69, 397). Anfechtung vgl §§ 268, 319.

7 **5. Verfahren bei Parteiwechsel/-änderung im Einzelnen**: Die Zulässigkeit wird von Amts wegen geprüft; ein bes Beschluss ist nicht erforderl., aber statthaft; bei Zweifeln wird im Urteil auf die Zulässigkeit eingegangen. In allen Fällen spielt *in erster Instanz* die in § 263 genannte Sachdienlichkeit keine Rolle (str); sie kann evtl erforderl. Zustimmungen des Bekl nicht ersetzen. Kein *bedingter* Klägerwechsel (BGH NJW-RR 2004, 640).

**a) Klägerwechsel (selten, weil Abtretung genügt)**: im Wechsel auf der Kl-Seite liegt eine Klageänderung gem § 263 (BGH NJW-RR 2004, 640; NJW 1976, 239). Zwei Komplexe sind zu unterscheiden: der bisherige Kl teilt sein Ausscheiden mit; dieser Schriftsatz wird wie eine Klagerücknahme dem Bekl zugestellt. Ferner teilt der neue Kl seinen Eintritt mit; dies wird wie eine Klage mit den Belehrungen/Fristsetzungen der §§ 275, 276 dem Bekl zugestellt (erst damit tritt Rechtshängigkeit ein, wichtig für Zinsbeginn, Verjährungshemmung). Sind alter und neuer Kl, wie meist, durch denselben RA vertreten, geschieht dies alles idR durch einen Schriftsatz. Wurde noch nicht mdl verhandelt, bedarf die Auswechslung keiner Zustimmung des Bekl; auf seinen Antrag sind aber seine Kosten entspr § 269 III dem ausscheidenden Kl aufzuerlegen (vgl LG Hagen JB 1988, 919). Wurde schon mdl verhandelt, ist die Einwilligung des Bekl zum Ausscheiden des alten Kl, nie aber zum Eintritt des neuen Kl, notw (§ 269 I); wird sie verweigert, wird zur Verh über die alte Klage terminiert: Stellt der Kl seinen Antrag: EndU (idR Klageabweisung); stellt er keinen Antrag: VU. Vgl § 269 Rz 5. Sachdienlichkeit kann die Verweigerung der Einwilligung nicht ersetzen (BGH NJW 1996, 2799; str), weil ggü dem bisherigen Kl die Lage wie nach einer Klagerücknahme ist und der Bekl daher einen Anspruch auf (ggf) rechtskr Klageabweisung hat. Eine Zustimmung des Gerichts ist in keinem Fall erforderlich.

**Bedingter Klägerwechsel:** Eine Parteiänderung, die zu einer subjektiven Klagenhäufung führt, kann wirksam nicht bedingt erfolgen, weder unter der proz Bedingung, dass der Anspruch der in erster Linie angeführten Partei für unbegr befunden wird (BGH MDR 1973, 742), noch (hilfsweise) unter der Bedingung, dass das Gericht die Zulässigkeit der Klage der ursprüngl. Kl als Prozessstandschafterin verneint. Bei einem nur bedingten Parteiwechsel handelt es sich nicht wie bei gewöhnl. Hilfsanträgen darum, ob demselben Kl der eine oder der andere Anspruch zuzubilligen ist, sondern um die Begründung eines Prozessrechtsverh mit einer anderen Partei, was zwecks Rechtsklarheit nicht offenbleiben darf (BGH NJW-RR 2004, 640).

Dasselbe gilt *in zweiter Instanz;* hier geht aber dem Bekl eine Instanz gegen den neuen Kl verloren, weshalb zu seinem Schutz die Einwilligung zu fordern ist; die Verweigerung der Einwilligung kann durch Sachdienlichkeitserklärung des Gerichts überwunden werden (vgl § 533; BGH NJW 1989, 3225). Klägerwechsel in zweiter Instanz setzt eine *zulässige* Ber voraus (BGH NJW 1994, 3358); zu den weiteren Voraussetzungen eines Klägerwechsels vgl BGH NJW 2003, 2172.

**b) Eintritt eines weiteren Klägers.** Hier liegt eine weitere Klage vor, die mit den übl. 8
Belehrungen/Fristsetzungen (§§ 275, 276) dem Bekl zugestellt wird. Die (zumindest stillschweigende) Zustimmung des bisherigen Kl ist erforderl., weil sich eine neue Partei neben ihn stellt, seinen Prozess zumindest faktisch und kostenmäßig mitbeeinflusst (anderenfalls Trennung nach § 145). Die Zustimmung des Bekl ist dagegen nicht erforderl. Wegen sonstiger Zulässigkeitsvoraussetzungen vgl §§ 59 ff (nachträgl. Streitgenossenschaft).

*In zweiter Instanz* ist fehlende Zustimmung durch den Bekl durch Sachdienlichkeitsfeststellung überwindbar (vgl § 533; BGH NJW 1976, 239; 1978, 1529).

**c) Beklagtenwechsel:** Hier hat der Kl idR erkannt, dass er den falschen Bekl verklagt hat 9
(zB den Geschäftsführer anstatt der GmbH; B senior statt junior). Der Kl reicht einen entspr Schriftsatz ein, der rechtlich aus zwei verschiedenen Teilen besteht: Klagerücknahme gegen den bisherigen Bekl, Klageerhebung gegen den neuen Bekl. Der Schriftsatz wird an den bisherigen Bekl ohne Weiteres zugestellt, dem neuen Bekl wie eine Klage mit den Belehrungen/Fristsetzungen nach §§ 275, 276. Wurde noch nicht mdl verhandelt, ist keine Zustimmung des bisherigen Bekl erforderl. (**aA** Müko/*Lüke* § 263 Rz 77), weil Klagen in diesem Stadium immer ohne Zustimmung zurückgenommen werden können. Nach Beginn der mdl Verh (§ 269 I) ist die Zustimmung des bisherigen Bekl erforderl. (bei Verweigerung: wie oben Rz 7); sie ist nicht durch gerichtl. Feststellung der Sachdienlichkeit entbehrl. Die Zustimmung des neuen Bekl ist in keinem Fall erforderl. (**aA** Müko/*Lüke* § 263 Rz 78; bei Verweigerung für Ersetzbarkeit durch Sachdienlichkeitserklärung), weil Bekl nie mit einer Verklagung einverstanden sein müssen und sie an den bisherigen Prozessverlauf im Wesentl. nicht gebunden sind (oben Rz 5). Die **Kosten** des ausgeschiedenen Bekl werden auf dessen Antrag dem Kl auferlegt; darüber kann sogleich durch Beschluss entschieden werden (§ 269 III 2 entspr), im Urteilsrubrum taucht dann nur noch der neue Bekl auf; oder im Rubrum stehen alter und neuer Bekl, die KostenE ist gemischt (§§ 91, 92, 269).

*In zweiter Instanz* ist auch die Zustimmung des neuen Bekl erforderl. (denn er verliert eine 10
Instanz); fehlt sie, ist das nur unbeachtl., wenn die Verweigerung der Zustimmung des alten und des neuen Bekl *rechtsmissbräuchl.* ist (BGH NJW 1987, 1946). Das ist der Fall, wenn ein schutzwürdiges Interesse des neuen Bekl an der Weigerung nicht anzuerkennen und ihm nach der gesamten Sachlage zuzumuten ist, in den bereits im Ber-Verfahren schwebenden Rechtsstreit einzutreten (BGH NJW 1987, 1946), etwa wenn der neue Bekl mit dem Sachverhalt vertraut gewesen ist und die Führung des Rechtsstreits maßgebl. beeinflusst hat (BGH MDR 1986, 304), zB wenn die Person bereits als Vertreter der Partei

beteiligt war, wie bei Änderung des Bekl von der GmbH auf deren Geschäftsführer (vgl BGH NJW 1984, 2104).

11 **d) Eintritt eines weiteren Beklagten:** der Kl hat hier erkannt, dass er aus mat Gründen oder wegen der ZwV weitere Personen verklagen sollte oder muss (zB mitbesitzende Ehegatten beim Räumungsprozess, Gesamtschuldner, OHG-Gesellschafter wegen § 128 HGB neben der OHG). Die Klage muss nochmals eingereicht werden, gerichtet (auch) gegen den weiteren Bekl. Sie wird (nach Zahlung des Gerichtskostenvorschusses, falls eine StrW-Erhöhung vorliegt; § 12 I 2 GKG; GKG-KV 1210) wie jede Klage mit den Belehrungen/Fristsetzungen nach §§ 275, 276 an den weiteren Bekl zugestellt, dem bisherigen Bekl formlos mitgeteilt. Eine Zustimmung des bisherigen (oder des weiteren) Bekl ist nicht erforderl., weil Bekl vor einer Klage nie gefragt werden müssen, schon gar nicht damit einverstanden sein müssen (**aA** Müko/*Lüke* § 263 Rz 84).

*In der zweiten Instanz* ist Zustimmung des weiteren Bekl erforderl., weil ihm eine Instanz verlorengeht (BGH NJW-RR 1986, 356); Verweigerung ist bei Rechtsmissbräuchlichkeit unbeachtl. (wie oben Rz 10).

12 **6. Einwilligung** des Bekl: durch rügelose Einlassung nach § 267 oder ausdrückl. (auch schriftsätzl., BGH NJW 1992, 2235); sie ist Prozesshandlung (Einl Rz 17).

13 **7. Sachdienlichkeit:** sie liegt vor, wenn und soweit die Zulassung der Klageänderung bei objektiver Beurteilung den sachl. Streitstoff iRd anhängigen Rechtsstreits ausräumt und einem andernfalls zu erwartenden weiteren Rechtsstreit vorbeugt (BGH NJW-RR 1987, 58; NJW 2000, 800); es kommt also auf die Prozesswirtschaftlichkeit an (OLG Hamm FamRZ 2000, 1173).

14 **Unwesentlich** ist, ob aufgrund der Zulassung der Klageänderung neue Parteierklärungen und Beweiserhebungen nötig werden und dadurch die Erledigung des Rechtsstreits verzögert wird (BGH NJW 1985, 1841). Die Sachdienlichkeit ist im Allgemeinen nur dann zu verneinen, wenn ein völlig neuer Streitstoff in den Rechtsstreit eingeführt werden soll, bei dessen Beurteilung das Ergebnis der bisherigen Prozessführung nicht verwertet werden kann (BGH NJW-RR 1987, 59).

Eine Klageänderung kann auch noch in der Ber-Instanz sachdienl. sein (BGH NJW 1985, 1841), wenn das Ergebnis der bisherigen Prozessführung verwertet werden kann und ein neuer Prozess zwischen den Parteien vermieden wird, auch wenn die Klageänderung schon in erster Instanz hätte vorgenommen werden können und eine neue Beweisaufnahme notw wird (BGH NJW-RR 1994, 1143). Über die Sachdienlichkeit kann noch das RevG entscheiden (BGH NJW 1993, 3072). Bei Sachdienlichkeit keine Zurückweisung des Vorbringens als verspätet nach § 296.

**8. Verfahren bei Klageänderung**

15 **a) Hält das Gericht die Klageänderung für unzulässig**, dh für nicht sachdienl., wird das neue Klagebegehren durch ProzessU abgewiesen (BGH LM § 268 aF Nr. 1); iÜ ist zu prüfen, was mit der ursprüngl. Klage geschehen soll. Zweckmäßig ist vorherige Aufklärung gem § 139, ob der Kl sie zurücknimmt, aufrechterhält, verzichtet (§ 306), die Verhandlung ablehnt (§ 333). IdR wird Klagerücknahme gewollt sein: ist diese mangels Einwilligung (§ 269 I) unwirksam, ist anzunehmen, dass der Kl seine ursprüngl. Klage im Fall der unzu-

lässigen Klageänderung aufrechterhält und es ist über die ursprüngl. Klage durch SachU zu entscheiden (vgl OLG Stuttgart OLGZ 1968, 287; str). Der Satz „Die Klage wird abgewiesen“ enthält dann uU sowohl ein ProzessU, wie ein SachU.

16 **b) Bei Bejahung der Zulässigkeit** wird im Urteil nur über den neuen Antrag entschieden, im Tatbestand auch der ursprüngl. Antrag vermerkt, die Zulässigkeit zu Beginn der Entscheidungsgründe geprüft. Es muss sowohl die Klageänderung als solche wie die neue Klage an sich zulässig sein. Die Zulassung kann auch stillschweigend vorher erfolgt sein (und kann dann im Urteil nicht mehr rückgängig gemacht werden), zB indem über die neue Klage Beweis erhoben wurde. Über Zulässigkeit einer Klageänderung bei Unzust des Gerichts vgl *Schikora* MDR 2003, 1160.

17 **c) Kosten.** Bei zulässiger objektiver Klageänderung (zB Miete 2002 statt 2001) kommt Ausscheidung der Mehrkosten des fallengelassenen Anspruchs analog § 96 oder Quotelung nach § 92 in Betracht.

18 **d) Sachdienlichkeit jedenfalls gegeben.** Ob ein Fall des § 264 vorliegt, kann offengelassen werden, wenn die Änderung „jedenfalls sachdienl.“ ist. Die Frage, ob eine unzulässige Klageänderung vorliegt, darf dagegen nicht unentschieden gelassen werden; denn nur, wenn eine unzulässige Änderung nicht vorliegt, darf die Begründetheit der Klage geprüft werden (BGH LM § 268 aF Nr. 1). Auch darf nicht die Klageänderung als unzulässig *und* der *neue* Anspruch als unbegr abgewiesen werden; eine derartige Entscheidung gälte als nur zur Zulässigkeit ergangen, sonst als nicht vorhanden (RG 149, 167).

18a **e) Rechtsmittel:** § 268.

19 **f) Berufung:** Sachdienlichkeit einer Klageerweiterung kann noch in der Ber-Instanz bejaht werden, § 533 nF; dann keine Zurückverweisung an die erste Instanz (BGH NJW 1984, 1552). Verweigerung der Zustimmung des neuen Bekl ist unbeachtl., wenn sie rechtsmissbräuchl. ist (BGH NJW 1997, 2885).

Formular 120: Parteiänderung (Auswechslung auf Beklagtenseite)

## § 264 ZPO Keine Klageänderung

**Als eine Änderung der Klage ist es nicht anzusehen, wenn ohne Änderung des Klagegrundes**

1. **die tatsächlichen oder rechtlichen Anführungen ergänzt oder berichtigt werden;**
2. **der Klageantrag in der Hauptsache oder in Bezug auf Nebenforderungen erweitert oder beschränkt wird;**
3. **statt des ursprünglich geforderten Gegenstandes wegen einer später eingetretenen Veränderung ein anderer Gegenstand oder das Interesse gefordert wird.**

1 **Der Lebenssachverhalt** (Klagegrund, § 253 II Nr. 2) muss als Teil des StrG bei allen drei Ziffern derselbe bleiben; anderenfalls liegt Klageänderung vor. § 264 Nr. 2, 3 gilt auch im Ber-Verfahren, also ist § 533 auf solche Änderungen nicht anwendbar (BGH NJW 2004, 2152).

2 **Nr. 1.** zB Substanziierung; Berichtigung der Parteibezeichnung. Klageänderung durch Einführung eines neuen Klagegrunds liegt erst dann vor, wenn durch den Vortrag neuer Tatsachen der Kern des in der Klage angeführten Lebenssachverhalts verändert wird (BGH NJW 2006, 83 „Lesezirkel“). Macht der Unternehmer mit der Berufung hilfsweise zu seiner Abschlagsforderung den Schlussrechnungsbetrag geltend, ohne dass eine spätere Veränderung eingetreten ist, so ist das gem § 264 Nr. 1 nicht als eine Änderung der Klage anzusehen (BGH NJW-RR 2006, 390).

3 **Nr. 2.** zB eingeklagt werden 6 000 € Schadensersatz, es wrd erhöht auf 7 000 €; werden dagegen die 7 000 € aus 6 000 € Schadensersatz und 1 000 € Kaufpreis hergeleitet, liegt nachträgl. Klagenhäufung vor, § 263 gilt. Unter Nr. 2 fällt ferner zB der Übergang von der Feststellungs- zur Leistungsklage (BGH NJW-RR 2002, 283; NJW 1992, 2296) und umgekehrt (zum Baumängelprozess vgl BGH NJW 1985, 1784), von Abschlagszahlung auf Schlusszahlung (BGH NJW 1985, 1840), Zahlung statt Auskunft (BGH NJW 1979, 926), Zahlung statt Befreiung von Verbindlichkeit (BGH NJW 1994, 944). Wenn ein Mitglied einer Erbengemeinschaft Zahlung an sich beantragt (§ 2039 BGB) und später den Antrag umstellt auf Hinterlegung zugunsten der Erbengemeinschaft, ist das nur eine Beschränkung nach Nr. 2 (BGH NJW-RR 2005, 955), keine Klageänderung. Ein eingeschränkter Antrag ist nicht ein Minus iSv Nr. 2, wenn seine Begründung nunmehr von tatsächl. Voraussetzungen abhängt, die zuvor nicht zum Inhalt des Antrags erhoben worden waren (BGH MDR 2007, 165; betrifft Änderung der Verletzungsform im WettbewerbsR). „**Nebenforderung**“ ist weiter gemeint als bei § 4.

4 **a) Bei Erweiterung:** kann sich die sachl. Zust ändern, § 506, Kostenvorschusspflicht § 12 I 2 GKG; Rechtshängigkeit §§ 253, 261 II.

5 **b) Bei Beschränkung:** sachl. Zust ändert sich nicht, § 261 III Nr. 2; es kann darin eine teilweise Klagerücknahme liegen, daher Zustimmung des Bekl nach § 269 notw (hM); oder teilw Erledigterklärung des Kl (dann Frage, ob der Bekl zustimmt, vgl § 91a), evtl § 306. Folge kann Kostenquotelung im EndU sein.

6 **Nr. 3.** Spätere Veränderung ist eine nach Rechtshängigkeit, zB Untergang der Sache. Anderer Gegenstand: zB Zahlung statt Wandelung, das Surrogat, § 285 BGB (nicht etwa ein anderer StrG), Rückzahlung der Bürgschaftssumme statt Herausgabe der Urkunde (BGH NJW 1996, 2869), Herausgabe der Pachtsache statt Feststellung der Pachtbeendigung (BGH NJW-RR 1996, 1020). Das „Interesse“ ist (ein altertüml. Wort für) Schadensersatz.

Formular 117: Klageerhöhung gem § 264 Nr. 2 ZPO (Erweiterung des Klageantrags)
Formular 118: Klageänderung gem § 264 Nr. 3 ZPO (Zahlung statt Herausgabe)

## § 265 ZPO Veräußerung oder Abtretung der Streitsache

**(1) Die Rechtshängigkeit schließt das Recht der einen oder der anderen Partei nicht aus, die in Streit befangene Sache zu veräußern oder den geltend gemachten Anspruch abzutreten.**

**(2) [1]Die Veräußerung oder Abtretung hat auf den Prozess keinen Einfluss. [2]Der Rechtsnachfolger ist nicht berechtigt, ohne Zustimmung des Gegners den Prozess als Hauptpartei an Stelle des Rechtsvorgängers zu übernehmen oder eine Hauptintervention zu erheben. [3]Tritt der Rechtsnachfolger als Nebenintervenient auf, so ist § 69 nicht anzuwenden.**

**(3) Hat der Kläger veräußert oder abgetreten, so kann ihm, sofern das Urteil nach § 325 gegen den Rechtsnachfolger nicht wirksam sein würde, der Einwand entgegengesetzt werden, dass er zur Geltendmachung des Anspruchs nicht mehr befugt sei.**

Lit: *v. Olshausen* JZ 1988, 584; *Dinstühler* ZZP 1999, 61; *Stadler/Benschin* Jura 2001, 433; *Bork/Jacoby* (Mahnverfahren) JZ 2000, 135.

**1. Absatz 1.** Dem § 265 liegt der prozessökonomische Gedanke zugrunde, dass die Veräußerung der Sache möglichst nicht (bloß wegen weggefallener Sachlegitimation) zur Abweisung der Klage des Veräußerers und zu einem neuen Prozess des Rechtsnachfolgers führen soll (BGH LM Nr. 3). Abs. 1 besagt etwas Selbstverständliches. 1

Eine **„Sache" ist in Streit befangen**, wenn die Veräußerung einer Sache bzw die Abtretung eines Rechts dem Kl an sich die Aktivlegitimation und/oder dem Bekl die Passivlegitimation (Rz 12 vor § 50) nehmen würde, dh dass ohne § 265 ein neuer Prozess und damit eine Verzögerung notw würde. § 265 wird insoweit von der Rspr *weit ausgelegt.* 2

Hauptsächl. geht es um Eigentum, Besitz. Aber den Prozess kann auch weiterführen: der Eigentümer, der aus § 1004 BGB gegen den Störer (Schuttablagerer, BGH 18, 223) klagt oder der ein Notwegerecht iSd § 917 BGB geltend macht (BGH MDR 1976, 917) und dann das Grundstück veräußert; der Gesellschafter, der gegen einen Mitgesellschafter einen gesellschaftsvertragl. Anspruch geltend macht, nach Abtretung seines Anteils (BGH NJW 1960, 964); der Mieter, der den Vermieter auf Abstellen der Lärmbelästigung durch andere Mieter verklagt hatte, wenn der Vermieter das Grundstück veräußert (wegen § 566 BGB; RG 102, 177). 3

**Nicht streitbefangen:** zB Lieferungsansprüche (hat K bei B eine Sache gekauft, klagt auf Übereignung aus § 433 BGB und veräußert B diese Sache dann an Rechtsnachfolger, entfällt die Passivlegitimation des B nicht, weil sie auf dem Kaufvertrag beruht; also ist § 265 nicht einschlägig; K kann von B Schadensersatz verlangen, § 264 Nr. 3); das Grundstück selbst, wenn ein schuldrechtl. Anspruch zB auf Einräumung einer Dienstbarkeit durch eine Vormerkung gesichert ist (BGH 39, 21); wird die Schuld des Bekl nach Rechtshängigkeit von Dritten befreiend übernommen (vgl § 414 BGB), fällt das nicht unter § 265 II (BGH NJW 1973, 1700; str), der Prozess kann nicht gegen den alten Schuldner fortgeführt werden. 4

**Veräußerung bzw Abtretung:** ist nicht technisch zu verstehen, sondern weit zu fassen (BGH NJW 1960, 964): rechtsgeschäftl. und sonstige Art des Übergangs der Berechtigung 5 (nicht: der Verpflichtung, BGH MDR 1975, 300) unter Lebenden, des vollen oder eines minderen Rechts (etwa eines PfandR), wenn dadurch dem Kl die Aktiv-, dem Bekl die Passivlegitimation genommen wird. Auch gesetzl. Forderungsübergang nach § 426 II BGB (BGH MDR 1963, 998), Besitzübertragung, Überweisung einer gepf Forderung, §§ 398, 873, 929 BGB, § 935 ZPO, Zuschlag in der ZwV, Übergang des Wohnungseigentums (BayObLG ZMR 1999, 847).

6 **§ 265 ist nicht anwendbar** auf Erwerb und Verlust der Prozessführungsbefugnis, zB bei Beendigung des Insolvenzverfahrens oder auf die Freigabe eines Gegenstandes durch den Insolvenzverwalter (BGH NJW 1967, 781; str), auf befreiende Schuldübernahme (BGH NJW 1973, 1700), sonstigen rechtsgeschäftl. Schuldnerwechsel (BGH MDR 1975, 300), Erbschaftsausschlagung (BGH NJW 1989, 2885).

7 **Rechtshängigkeit** vgl § 261 I; der letzte nach mat Recht zum Rechtserwerb nötige Akt ist maßgebend (RG 121, 381). **Geltend gemachter Anspruch:** das der Klage zugrundeliegende subjektive Recht, zB Unterlassungsanspruch.

8 **2. Absatz 2. Kein Einfluss auf den Prozess**, dh eine bisher begr Klage wird idR nicht durch die Abtretung (trotz Verlust der Aktivlegitimation) unbegr. Über **analoge Anwendung** von § 265 II bei aktienrechtl. Anfechtungsklagen vgl BGH NJW 2007, 300; bei Betriebsübergang nach § 613a BGB vgl LAG Düsseldorf BB 2005, 2696. Sonderregelung in § 48 II 3 WEG 2007. **Satz 1** ist missverständl. formuliert, denn ein gewisser Einfluss auf den Prozess besteht:

9 **a) Veräußert der Kläger nach Rechtshängigkeit:** zB K tritt die Klageforderung an Rechtsnachfolger ab; oder: K klagt gegen B auf Herausgabe einer Sache aus §§ 985, 812 BGB; nach Rechtshängigkeit veräußert K die Sache an Rechtsnachfolger (§§ 929, 931 BGB); Veräußerung der Eigentumswohnung während eines WEG-Verfahrens (BGH NJW 2001, 3339; BayObLG NZM 2000, 289); ZwV eines Grundstücks, §§ 90, 55 II ZVG (BGH NJW 2002, 2101). *Nicht:* Aufhebung der Zwangsverwaltung, § 152 ZVG (BGH NJW-RR 2003, 1419).

10 **aa) Würde das Urteil K-B nach § 325 I auch gegen den Rechtsnachfolger wirken**, dann bleibt K Partei, führt den Prozess im eigenen Namen fort (gesetzl. Prozessstandschaft), nimmt alle Prozesshandlungen vor, kann einen PV schließen, Bekl einer Widerklage sein. Der Kl muss aber seinen **Antrag** der neuen mat-rechtl. Lage **anpassen**, dh Zahlung bzw Herausgabe an Rechtsnachfolger verlangen, andernfalls wird seine Klage (als unbegr) abgewiesen (BGH NJW 1986, 3207, sog *Relevanztheorie*; die Irrelevanztheorie dagegen hält keine Antragsänderung für erforderl.). Die „Anpassung" ist eine Klageänderung, die jedenfalls sachdienl. ist, § 263. Bei der Begründetheit (§ 985 BGB) kommt es dann darauf an, ob der Rechtsnachfolger Eigentümer ist.

11 **Urteilswirkungen:** wird die Klage des K rechtskr abgewiesen, erstreckt sich die Rechtskraft auf den Rechtsnachfolger, der Rechtsnachfolger könnte nicht mehr neu klagen, §§ 322, 325 I. Obsiegt K, wirkt das Urteil auch für den Rechtsnachfolger; K erhält die vollstr Ausfertigung (§§ 724, 725) und kann für den Rechtsnachfolger vollstrecken; dem Rechtsnachfolger bleibt Titelumschreibung, §§ 727, 731 (BGH NJW 1984, 806).

12 **Stellung des Rechtsnachfolgers:** IdR beteiligt er sich am Prozess K-B nicht. Rechtsnachfolger könnte aber bei Zustimmung (Sachdienlichkeit ersetzt sie nicht, BGH NJW

1988, 3209) des B und des K (allgM) den Prozess gegen B übernehmen, **§ 265 II 2**; es erginge dann ein Urteil Rechtsnachfolger gegen B; über die Kosten des ausgeschiedenen K würde nicht entschieden (weder durch Beschluss noch im Urteil Rechtsnachfolger-B), K müsste sie mit eigener Klage gegen den Rechtsnachfolger oder B geltend machen; eine Anspruchsgrundlage könnte sich zB aus Vertrag, PVV, Verzug ergeben. Statt Übernahme könnte der Rechtsnachfolger auch als NI auftreten, aber nur als einfacher (§ 67), nicht als streitgenössischer (§ 69). Ferner könnte der Rechtsnachfolger eine Hauptintervention erheben, § 64, zB gegen K auf Feststellung seines Eigentums und gegen B auf Herausgabe klagen, falls B dieser Klage zustimmt. Eine eigene Klage gegen B könnte der Rechtsnachfolger wegen §§ 261 III Nr. 1, 325 I nicht zulässig erheben. **Sonderregelung** in § 266.

**bb) Würde das Urteil K-B nach §§ 325 II nicht gegen den Rechtsnachfolger wirken**, 13
ist § 265 II 1 nicht anwendbar, dem K kann von B der Einwand entgegengesetzt werden, er sei zur Geltendmachung nicht mehr befugt, **§ 265 III**; die Klage des K auf Leistung an sich (ebenso der evtl geänderte Antrag auf Leistung an den Rechtsnachfolger) wird dann als (mangels Aktivlegitimation) unbegr abgewiesen (hM; **aA** als unzulässig wegen fehlender Prozessstandschaft); uU kann K für erledigt erklären. Der Rechtsnachfolger kann aus abgetretenem Recht selbst gegen B klagen.

Das Urteil K-B wirkt nach § 325 II nicht gegen den Rechtsnachfolger, wenn **(1)** die streit- 14
befangene Sache nach mat Recht gutgl erworben werden kann, zB nach §§ 932 ff, 935 BGB, 366 HGB (eine Sache könnte gutgl erworben werden, eine Forderung nicht; tritt K die Forderung gegen B an den Rechtsnachfolger ab, wirkt die Klageabweisung auch gegen den Rechtsnachfolger, weil Forderungen nicht gutgl erworben werden können) und wenn **(2)** der Rechtsnachfolger von der Rechtshängigkeit weder positiv Kenntnis hatte noch grob fahrlässig Unkenntnis. Vgl § 325 Rz 10 ff.

**b) Veräußert der Beklagte nach Rechtshängigkeit:** ZB bei Klage K gegen B auf 15
Herausgabe veräußert B die Sache an den Rechtsnachfolger.

**aa)** K kann die Hauptsache für erledigt erklären; es kommt dann darauf an, ob der Bekl zustimmt (vgl § 91a). K kann auch die Klage zurücknehmen und eine neue Klage gegen den Rechtsnachfolger erheben oder nach § 264 Nr. 3 die Klage auf Schadensersatz (§ 989 BGB) oder Herausgabe des Surrogats (§§ 285, 816 BGB) ändern.

**bb)** K kann aber auch die Klage gegen B unverändert lassen, §265 II 1 (auf Verurteilung des 16
Rechtsnachfolgers kann er den Antrag nicht einfach ändern!); §265 III ist nicht anwendbar. Der Rechtsnachfolger kann sich am Prozess als StrGen usw. (oben Rz 12) beteiligen.

**(1)** Klage begr: hatte K Eigentum und B Besitz ohne Besitzrecht, wird der Klage stattgege- 17
ben, dh B zur Herausgabe an K verurteilt (obwohl B nun nicht mehr Besitzer ist und K uU infolge gutgl Erwerbs des Rechtsnachfolgers nicht mehr Eigentümer). K kann gegen B vollstrecken, wenn B (wieder) Besitzer ist, mit Erfolg (Rechtsnachfolger: uU § 771). K kann auch gegen den Rechtsnachfolger vollstrecken, wenn sich die Rechtskraft auf den Rechtsnachfolger erstreckt, §§ 325 I, 727, 731. Erstreckt sie sich nicht auf den Rechtsnachfolger (weil der Rechtsnachfolger zB die Sache gutgl bez Eigentum und fehlender Rechtshängigkeit erwarb, § 325 II), kann K nicht gegen den Rechtsnachfolger vollstre-

cken; einer weiteren Klage K gegen den Rechtsnachfolger stünde die Rechtskraft des Urteils K-B nicht entgegen.

18 **(2)** Wird die Klage K-B abgewiesen, wirkt dies für den Rechtsnachfolger, eine neue Klage K-Rechtsnachfolger wäre unzulässig, § 322.

**c) Wesentlicher Zeitpunkt:** Für die Beurteilung, zu welchem Zeitpunkt der rechtshängige Anspruch iSd § 265 II 1 ZPO abgetreten worden ist, kommt es auf den für den Rechtserwerb notw letzten Teilakt an (BGH NJW 1998, 156).

19 **d) Unterhaltsklagen:** erhält der Kl nach Klagezustellung Unterhalts-Sozialhilfeleistungen, geht der Anspruch auf den Sozialhilfeträger über (§ 94 SGB XII 2005); der Kl kann den Prozess fortführen, muss aber den Klageantrag auf Leistung an den Sozialhilfeträger umstellen (OLG Nürnberg FamRZ 1995, 236).

## § 266 ZPO Veräußerung eines Grundstücks

**(1) [1]Ist über das Bestehen oder Nichtbestehen eines Rechts, das für ein Grundstück in Anspruch genommen wird, oder einer Verpflichtung, die auf einem Grundstück ruhen soll, zwischen dem Besitzer und einem Dritten ein Rechtsstreit anhängig, so ist im Falle der Veräußerung des Grundstücks der Rechtsnachfolger berechtigt und auf Antrag des Gegners verpflichtet, den Rechtsstreit in der Lage, in der er sich befindet, als Hauptpartei zu übernehmen. [2]Entsprechendes gilt für einen Rechtsstreit über das Bestehen oder Nichtbestehen einer Verpflichtung, die auf einem eingetragenen Schiff oder Schiffsbauwerk ruhen soll.**

**(2) [1]Diese Bestimmung ist insoweit nicht anzuwenden, als ihr Vorschriften des bürgerlichen Rechts zugunsten derjenigen, die Rechte von einem Nichtberechtigten herleiten, entgegenstehen. [2]In einem solchen Fall gilt, wenn der Kläger veräußert hat, die Vorschrift des § 265 Abs. 3.**

1 **1. Absatz 1.** Rechtl. Verpflichtung: dh Prozesse über Grunddienstbarkeiten, Vorkaufsrechte, Hypothek, Grundschuld, Nießbrauch, aus § 894 BGB, uU über Nachbarrechte. **Nicht**: Klagen aus schuldrechtl. Anspruch, zB § 433 BGB.

**Beispiel:**

Grundstückseigentümer K klagt gegen B auf Feststellung des Inhalts einer Grunddienstbarkeit (Wegerecht). Während des Prozesses veräußert B das belastete Grundstück an einen Rechtsnachfolger.

2 **a) Der Rechtsnachfolger ist berechtigt**, die Rolle des Bekl zu übernehmen; dies wird durch Schriftsatz angekündigt und in der mdl Verh erklärt. Folge ist Parteiwechsel, B scheidet (ohne Ausspruch über seine Kosten) aus. Widersprechen K oder/und B der Übernahme, ist über die Befugnis des Rechtsnachfolgers zu entscheiden: seine Zulassung erfolgt durch ZwischenU („Rechtsnachfolger ist zur Fortführung des Prozesses ... berechtigt“, § 303), seine Nichtzulassung durch gesondertes EndU gegen den Rechtsnachfolger („Rechtsnachfolger ist nicht zur Übernahme des Prozesses ... berechtigt; Kosten werden den Rechtsnachfolger auferlegt“); der Prozess K-B wird dann fortgesetzt. Der Rechtsnach-

folger ist übernahmeberechtigt, wenn die Sachlegitimation auf ihn übergegangen ist und die Rechtskraft des Urteils K-B sich auf ihn erstrecken würde, §§ 266 II, 325.

**b) Auf Antrag des K** ist der Rechtsnachfolger zur Übernahme verpflichtet; lehnt der Rechtsnachfolger ab, ist über seine Übernahmepflicht (vgl a) zu entscheiden: bei Bejahung durch ZwischenU, bei Verneinung durch EndU; bei Säumnis des Rechtsnachfolgers wird entspr § 239 IV entschieden (zur Übernahme und zur Sache selbst). 3

**c) Anderenfalls** wird der Prozess zwischen K und B fortgesetzt und die Klage nicht deswegen abgewiesen, weil B nicht mehr passiv legitimiert ist. 4

**2. Absatz 2 Satz 1** besagt nur, dass der Rechtsnachfolger (Grundstückserwerber) die Übernahmerechte und -pflichten nach Abs. 1 nicht hat (es also bei § 265 II, III bleibt), wenn gegen ihn keine Rechtskrafterstreckung eintritt; das ist nach § 325 II der Fall, wenn der Rechtsnachfolger „doppelt" gutgl war (bez der dingl. Rechtslage und der fehlenden Rechtshängigkeit); iFd § 325 III bleibt es bei § 266 I. 5

**Absatz 2 Satz 2.** Hat der Kl veräußert, kann der Bekl ihm fehlende Aktivlegitimation entgegenhalten, die Klage wird abgewiesen. 6

## § 267 ZPO Vermutete Einwilligung in die Klageänderung

**Die Einwilligung des Beklagten in die Änderung der Klage ist anzunehmen, wenn er, ohne der Änderung zu widersprechen, sich in einer mündlichen Verhandlung auf die abgeänderte Klage eingelassen hat.**

Die Einwilligung wird unwiderlegbar vermutet. Ob sich der Bekl der Klageänderung bewusst war, spielt keine Rolle. 1

## § 268 ZPO Unanfechtbarkeit der Entscheidung

**Eine Anfechtung der Entscheidung, dass eine Änderung der Klage nicht vorliege oder dass die Änderung zuzulassen sei, findet nicht statt.**

**Entscheidung:** im Tenor eines ZwischenU ergeht sie selten; Zulässigkeit der Klageänderung wird idR in den Entscheidungsgründen festgestellt. Unanfechtbar: dass Änderung nicht vorliegt, § 264; dass sie zulässig ist, § 263. Bei Unzulässigkeit wird die geänderte Klage abgewiesen; Anfechtung des EndU mit Ber usw. (§§ 512, 557 II nF). 1

**§ 268 gilt nicht bei Parteiwechsel:** ein ZwischenU, das den vom Kl beantragten Parteiwechsel in der Ber-Instanz für zulässig erklärt, ist für den alten und neuen Bekl anfechtbar (BGH NJW 1981, 989). 2

## § 269 ZPO Klagerücknahme

**(1) Die Klage kann ohne Einwilligung des Beklagten nur bis zum Beginn der mündlichen Verhandlung des Beklagten zur Hauptsache zurückgenommen werden.**

**(2) [1]Die Zurücknahme der Klage und, soweit sie zur Wirksamkeit der Zurücknahme erforderlich ist, auch die Einwilligung des Beklagten sind dem Gericht gegenüber zu erklären. [2]Die Zurücknahme der Klage erfolgt, wenn sie nicht bei der mündlichen Verhandlung erklärt wird, durch Einreichung eines Schriftsatzes. [3]Der Schriftsatz ist dem Beklagten zuzustellen, wenn seine Einwilligung zur Wirksamkeit der Zurücknahme der Klage erforderlich ist. [4]Widerspricht der Beklagte der Zurücknahme der Klage nicht innerhalb einer Notfrist von zwei Wochen seit der Zustellung des Schriftsatzes, so gilt seine Einwilligung als erteilt, wenn der Beklagte zuvor auf diese Folge hingewiesen worden ist.**

**(3) [1]Wird die Klage zurückgenommen, so ist der Rechtsstreit als nicht anhängig geworden anzusehen; ein bereits ergangenes, noch nicht rechtskräftiges Urteil wird wirkungslos, ohne dass es seiner ausdrücklichen Aufhebung bedarf. [2]Der Kläger ist verpflichtet, die Kosten des Rechtsstreits zu tragen, soweit nicht bereits rechtskräftig über sie erkannt ist oder sie dem Beklagten aus einem anderen Grund aufzuerlegen sind. [3]Ist der Anlass zur Einreichung der Klage vor Rechtshängigkeit weggefallen und wird die Klage daraufhin zurückgenommen, so bestimmt sich die Kostentragungspflicht unter Berücksichtigung des bisherigen Sach- und Streitstandes nach billigem Ermessen; dies gilt auch, wenn die Klage nicht zugestellt wurde.**

**(4) Das Gericht entscheidet auf Antrag über die nach Absatz 3 eintretenden Wirkungen durch Beschluss.**

**(5) [1]Gegen den Beschluss findet die sofortige Beschwerde statt, wenn der Streitwert der Hauptsache den in § 511 genannten Betrag übersteigt. [2]Die Beschwerde ist unzulässig, wenn gegen die Entscheidung über den Festsetzungsantrag (§ 104) ein Rechtsmittel nicht mehr zulässig ist.**

**(6) Wird die Klage von neuem angestellt, so kann der Beklagte die Einlassung verweigern, bis die Kosten erstattet sind.**

§ 269 geändert durch G v. 24.08.2004 (BGBl 2004, 2198).

**Lit:** ***Deckenbrock/Dötsch*** MDR 2004, 1214; ***Tegeder*** NJW 2003, 3327; ***Schur*** KTS 2004, 373; ***Lindacher*** (Kosten) JR 2005, 92).

### Übersicht

**1. Klagerücknahme (Absatz 1)** ist **abzugrenzen** von Erledigungserklärung (vgl § 91a), Klageänderung (bei Parteiwechsel ist § 269 anzuwenden), Verzicht (§ 306). 1

**a) Verpflichtung zur Klagerücknahme** (zB in einem außergerichtl. Vergleich; er unterliegt auch insoweit nicht dem Anwaltszwang, BGH WM 1986, 1061) hat noch nicht die Wirkung des §269; wird die Rücknahme dem Gericht nicht erklärt, kann der andere die Verpflichtung einwenden, die Klage ist dann als unzulässig abzuweisen (BGH NJW 1964, 549). 2

**b) Anwendungsfälle: Rücknehmbar nach § 269** sind: Klage (auch wenn noch nicht zugestellt; LG Heilbronn FamRZ 1995, 1076), Widerklage, sonstige Anträge, über die eine mdl Verh notw ist; Beweiserhebungsantrag nach § 485 (OLG Zweibrücken NJW-RR 2004, 821; OLG Nürnberg JurBüro 2000, 589; vgl § 490 Rz 3); Arrest- und eVfg-Anträge sind noch nach Beginn der mdl Verh einseitig rücknehmbar (OLG Düsseldorf NJW 1982, 2452; str). Für Rücknahme von Einspruch, Ber, Rev vgl §§ 346, 516, 565; für Scheidungsantrag § 626. PKH-Anträge können ohne Einschränkung zurückgenommen werden (versehentl. Zustellung macht sie nicht zur Klage, daher § 269 III nicht anwendbar; OLG Nürnberg FamRZ 2000, 36; OLG Dresden NJW-RR 1997, 1424). Über Rücknahme von Klagen, die gem § 14 Nr. 3 GKG *ohne* Vorschuss zugestellt wurden, vgl OLG Köln FamRZ 1997, 375. Wird nur der **Antrag auf streitiges Verfahren** (§ 696 IV) zurückgenommen, nicht aber der Mahnantrag, ist str, ob dem Kl gleichwohl nach § 269 III 2 „die Kosten" auferlegt werden dürfen (verneinend OLG Stuttgart MDR 2000, 791), denn er kann den Streitantrag jederzeit wieder stellen. Vgl § 696 Rz 3. Auch der **Mahnantrag** kann zurückgenommen werden; Kostenfolgen § 690 Rz 8. Vgl unten Rz 15c. 3

**c) Beginn der mündlichen Verhandlung** des Bekl zur Hauptsache: ab dem Beginn ist zur Klagerücknahme die Einwilligung des Bekl erforderl., sonst ist die Rücknahme unwirksam. Beginn idR mit Stellung des Klageabweisungsantrags (hM; abw RG 151, 66), *nicht* mit Erörterung von Zulässigkeitsfragen, Erörterung der Sachlage mit dem Gericht (OLG Dresden MDR 1997, 498), Anhörung des Scheidungsantragsgegners gem § 613 (OLG Zweibrücken 4

NJW-RR 1997, 833; str), Richterablehnung; vgl §137. Bei §128 II entspricht dem Zeitpunkt der Eingang der zweiten Zustimmungserklärung zum schriftl. Verfahren.

5 **d) Einwilligung des Beklagten:** die Einwilligung ist Prozesshandlung, unwiderrufl., Anwaltszwang gem § 78 (vgl unten Rz 7), bedingungsfeindl., ausdrückl. oder konkludent; mdl oder schriftl.; sie muss nicht in *dem* Termin erfolgen, in welchem die Klagerücknahme erklärt wurde (OLG Dresden MDR 1997, 498). Ob sie bereits vor der Klagerücknahme erfolgen kann, ist str, aber zu bejahen. **Sinn der Regelung:** der Kl könnte nach Klagerücknahme neu klagen (Abs. 6; Rz 21), das soll der Bekl verhindern und ein rechtskr klageabweisendes Urteil erzwingen können. Erreichbar auch durch Verzichtserklärung des Kl, die der Bekl annimmt.

5a **e) Fingierte Einwilligung. Absatz 2 Satz 4** fingiert die Einwilligung des Bekl, wenn er nicht binnen zwei Wochen widerspricht. Das betrifft zB die Fälle, in denen beim AG der Bekl nicht anwaltl. vertreten ist, der Kl nach der mdl Verh die Klage zurücknimmt und der Bekl nicht darauf reagiert. Frist: Notfrist. § 233, WE mögl. Mangelhafte Zustellung kann heilen, § 189. Belehrung des Bekl ist erforderl. **Vermutete Einwilligung:** sie ist mögl.

5b **f) Verweigerung der Einwilligung:** auch konkludent mögl.; wenn sich der Bekl in der nächsten mdl Verh noch nicht äußert, gilt das nicht als Verweigerung (str; abw *Rosenberg-Schwab* § 131 II). Stellt der Kl nach Verweigerung der Einwilligung *keinen* Antrag mehr, ergeht VU auf Klageabweisung; anderenfalls EndU (OLG Dresden OLG-NL 1994, 231); vgl Rz 11. War Rücknahme der Klage wegen fehlender Einwilligung unwirksam, bedarf es keiner Wiederholung der Sachanträge (BGH 141, 184).

6 **2. Formalien der Klagerücknahme (Absatz 2).** Klagerücknahme ist Prozesshandlung, bindend bis der Bekl die erforderl. Einwilligung versagt, nicht anfechtbar, bedingungsfeindl., unwiderrufl. (OLG Saarbrücken MDR 2000, 722). Ob Widerruf mit Zustimmung des Gegners zulässig ist, ist str (nein: OLG Saarbrücken MDR 2000, 722; vgl OLG München FamRZ 1982, 510).

6a **a) Form.** Die Erklärung ist in dem zu beendigenden Rechtsstreit gegenüber dem Gericht abzugeben (**Absatz 2 Satz 1**), Rücknahme erfolgt durch Einreichung eines Schriftsatzes oder in der mdl Verh zu Protokoll (**Absatz 2 Satz 2**). **Konkludente Rücknahme** ist denkbar; die bloße Nichtzahlung des Auslagenvorschusses für das Gutachten ist aber keine konkludente Rücknahme des Antrags nach § 485 (OLG Düsseldorf BauR 2002, 350). Rücknahmeerklärung in einem anderen Verfahren genügt nicht (BGH MDR 1981, 1002), wirkt aber evtl gem Rz 2 oder indem sie im hiesigen Verfahren nochmals vorgetragen wird. Wer PKH beantragt, aber nur teilw bewilligt erhält, dann den Klageantrag „nur im Umfang bewilligter PKH" stellt, nimmt die Klage iÜ nicht konkludent zurück (OLG Hamm NJW-RR 2006, 7); Nachfrage ist zweckmäßig. **Protokollierung** der in der mdl Verh erklärten Rücknahme, § 160 III Nr. 8, ist kein Wirksamkeitserfordernis (BGH NJW-RR 1986, 1327). Der Rücknahmeschriftsatz ist nur dann **zuzustellen**, wenn die Einwilligung des Bekl erforderl. ist, **Absatz 2 Satz 3** (Rz 5); Rücknahmen vor Beginn der mdl. Verh werden also dem Gegner zur Kostenersparnis formlos mitgeteilt.

7 **b) Anwaltszwang** besteht gem § 78: auch vor dem beauftr/ersuchten Richter. Hat der Bekl **Berufung** eingelegt und ist der Kl in der höheren Instanz noch nicht vertreten, kann der Kl die Klage auch durch den RA der bisherigen Instanz (der uU beim BerGer nicht

zugelassen ist) zurücknehmen (BGH 14, 210). Ist im **Mahnverfahren** die Sache vom AG nach Widerspruch an das LG abgegeben (oder vom ArbG an das LG verwiesen) worden, kann der Kl ohne RA ggü dem LG den Antrag auf Durchführung des str Verfahrens (und auch die Klage, OLG Koblenz MDR 2000, 225) zurücknehmen (§ 696 IV 2).

**c) Teilrücknahme.** Die Klage kann auch nur zT zurückgenommen werden (zB als Antragsbeschränkung, § 264 Nr. 2) oder gegen eine bestimmte Partei (Parteiwechsel). 8

**d) Zeitliche Grenzen der Klagerücknahme:** Klagerücknahme iSv § 269 ist mögl. von der Rechtshängigkeit (OLG Hamm NJW-RR 1994, 63) bis zur Rechtskraft, also auch noch zwischen den Instanzen und in der Rm-Instanz (nicht zu verwechseln mit Rücknahme des Rm). Nur eine schon durch Zustellung (oder gem § 261 II) erhobene Klage kann mit Kostenfolge zurückgenommen werden (OLG Karlsruhe MDR 1997, 689), weil anderenfalls noch kein Prozessrechtsverh zustande gekommen ist; ein Kostenbeschluss kann daher nicht ergehen, wenn der Bekl zB durch Zufall von der Klage Kenntnis erlangt und einen RA einschaltet (OLG Karlsruhe NJW-RR 1986, 1013; **aA** LG Heilbronn NJW-RR 1996, 382); ergeht der Beschluss zu Unrecht, steht dem im PKH-Verfahren gehörten Bekl gleichwohl keine Geb zu (KG JurBüro 1990, 1276; str, vgl *Hansens* JurBüro 1986, 495). Nach übereinstimmender Erledigung der Hauptsache keine Klagerücknahme mehr mögl. (OLG Bamberg NJW-RR 1997, 1365). 9

**3. Wirkungen der Klagerücknahme (Absatz 3). a) Rechtshängigkeit**, Verjährungshemmung entfallen rückwirkend; Einzelheiten vgl § 204 II nF BGB. 10

**b) Wirkungslosigkeit eines Urteils** Ein noch nicht rechtskr Urteil wird wirkungslos (**Absatz 3 Satz 1**), was durch einen entspr Beschluss klargestellt werden kann, Abs. 4. Das betrifft die Fälle, in denen nach Urteilserlass, oder sogar erst in der Ber, die Klage zurückgenommen wird. 11

**c) Streit über Wirksamkeit** einer Klagerücknahme (zB deswegen, weil zw ist, ob sie der Einwilligung des Bekl bedarf, diese aber verweigert wird): **(1)** Hält das Gericht die Rücknahme für unwirksam, ist aufzuklären, was der Kl will. IdR ist anzunehmen, dass er seinen ursprüngl. Klageantrag für den Fall der Unwirksamkeit der Klagerücknahme aufrechterhält (OLG Stuttgart OLGZ 1968, 287; auch Säumnis des Kl kommt infrage; dazu *Rupp/Fleischmann* MDR 1985, 17; *Mayer* MDR 1985, 373) und darüber zu entscheiden; in den Entscheidungsgründen des EndU wird die Unwirksamkeit der Rücknahme dargelegt. Entspr gilt bei Teilrücknahme. **(2)** Hält das Gericht die Rücknahme für wirksam: Beschluss, der dies feststellt, § 269 III 3 (BGH NJW 1978, 1585; NJW-RR 1993, 1470). 12

**4. Kosten des Rechtsstreits (Absatz 3 Satz 2, 3)**

**a) Bei voller Klagerücknahme:** Beschluss, wonach „dem Kl die Kosten auferlegt werden". Nimmt der Kl. seine Klage zurück, begibt er sich freiwillig in die Rolle des Unterlegenen. Ob dieses Ergebnis mit dem mat Recht übereinstimmt, ist ohne Bedeutung (BGH NJW-RR 2005, 1662). Weshalb die Klage zurückgenommen wurde, spielt deshalb keine Rolle; eine Veranlassung iSv § 93 kann bei Abs. 3 nur nach Rz 18a berücksichtigt werden; uU sollte der Kl dann Erledigung der Hauptsache erklären. 13

**b) Unter die Kosten fallen nicht** die durch **Säumnis des Beklagten** verursachten Kosten, wenn zunächst ein VU gegen den Bekl erging und nach Einspruch des Bekl der Kl dann 13a die Klage zurücknimmt (zB weil Verjährungseinrede erhoben wird); auch bei Klagerücknahme nach VU hat also eine Kostentrennung nach § 344 stattzufinden (bei Übersehen Ergänzung nach §§ 319, 321), denn es ist nicht einzusehen, dass eine Klagerücknahme für den Kl kostenungünstiger sein soll als eine Aufhebung des VU mit Klageabweisung (§ 343 Rz 6); prozessökonomische Gründe: anderenfalls könnte ein Kl die Klage in diesem Stadium nicht mehr wirtschaftl. vernünftig zurücknehmen (BGH NJW 2004, 2309; OLG München NJW-RR 2002, 1150; **aA** OLG Schleswig MDR 1998, 562, weil angebl. § 269 III vorrangig sei, zwingend *alle* Kosten umfasse).

13b **c)** Wird der Antrag auf **selbstständiges Beweisverfahren** (§ 485) zurückgenommen, sind dem ASt die Kosten des s Beweisverfahrens (auch die des Streithelfers des Gegners) aufzuerlegen (BGH MDR 2005, 227; OLG Frankfurt MDR 1999, 1223). Ob die Kosten des s Beweisverfahrens nach Rücknahme der Klage im Hauptsacheverfahren von der KostenE im Hauptsacheverfahren gem. § 269 III 2 erfasst werden, ist in Rspr und Lit umstr; es gibt mindestens vier verschiedene Meinungen. Der BGH (FamRZ 2007, 374) sagt: Zu den „Kosten des Rechtsstreits", über die nach Rücknahme der Hauptsacheklage entschieden wird, gehören grds die im s Beweisverfahren entstandenen Kosten, *wenn die Parteien und der StrG des Beweisverfahrens und des Hauptprozesses identisch* sind (BGH FamRZ 2007, 374; NJW-RR 2006, 810). Dies beruht darauf, dass nach § 493 I die selbstständige Beweiserhebung einer Beweisaufnahme vor dem ProzessG grds gleichsteht. Zur Einbeziehung der Kosten des s Beweisverfahrens bedarf es keiner abschließenden Entscheidung über den Gegenstand des s Beweisverfahrens im Hauptsacheverfahren. Wenn also der Bekl ein s Beweisverfahren betrieb, das zu seinen Gunsten ausging, dann der Kl gleichwohl Hauptsacheklage erhob und sie schließl. zurücknahm, sodass ihm „die Kosten" auferlegt wurden, stellt sich im Kf-Verfahren die Frage, ob auch die Kosten des s Beweisverfahrens des Bekl (zB dessen RA-Kosten, ein Privatgutachten) festsetzungsfähig sind oder hierfür ein eigner Titel notw ist. Das verneint der BGH. Besser ist allerdings, zu formulieren: „Dem Kl werden die Kosten des Rechtsstreits einschließl. des s Beweisverfahrens ... auferlegt". Nimmt der Kl die Hauptsacheklage zurück und werden ihm die Kosten auferlegt, werden die Kosten des s Beweisverfahrens von der KostenE nicht umfasst, wenn das s Beweisverfahren zur Zeit der Klagerücknahme noch nicht abgeschlossen war (BGH ZfBR 2005, 790).

13c **d) Stufenklage:** nimmt Kl den unbezifferten Zahlungsantrag nach Erledigung des Auskunftsbegehrens zurück, erfolgt, da bei Stufenklage eine objektive Klagehäufung vorliegt, nur eine teilw Klagerücknahme (OLG Köln NJW-RR 1992, 1480), sodass über diesen Teil nach § 269 III 2, über die Auskunftsstufe aber nach §§ 91, 91a zulasten des Bekl zu entscheiden ist (OLG München FamRZ 1992, 1449; abw OLG Hamm NJW-RR 1991, 1407), insgesamt also zu quoteln. Vgl. § 254 Rz 12a und jetzt § 93d nF; Rz 18a, der speziell für diesen Fall eine abw KostenE gestattet.

14 **e) Bei teilweiser Rücknahme** (zB Antragsermäßigung, OLG Hamm JurBüro 1987, 1077) und restl. StreitE ergeht kein Kostenbeschluss, sondern im EndU erfolgt (auch ohne ausdrückl. Kostenantrag, OLG Koblenz JB 1991, 1542; trotz Abs. 4) eine einheitl. KostenE (zB Quotelung); ebenso bei Teilanerkenntnis (§ 93) und Teilrücknahme (BGH NJW-RR 1999, 1741). Werden 12 000 € eingeklagt, dann auf 10 000 € ermäßigt und wird die restl. Klage abgewiesen, werden im Urteil alle Kosten dem Kl auferlegt (teils nach § 91, teils

nach § 269 III). Wenn aber die verbliebenen 10 000 € dem Kläger ganz zugesprochen werden, ist nicht ersichtl., weshalb auch die höheren Kosten, die durch den ursprüngl. Antrag ausgelöst wurden, vom Bekl zu zahlen sein sollen; eine Quotelung ist erforderl. Wenn fälschl. entschieden wurde „Dem Kl werden die Kosten seiner Klagerücknahme auferlegt", kann dies für die Kf kaum umgedeutet werden (**aA** LG Meiningen OLG-NL 1999, 96); es handelt sich um eine NichtE. Für die Quotelung kommt es darauf an, wann die Rücknahme erfolgt (durch den Wegfall der RA-Beweisgeb ab 01.07.2004; RVG-VV 3100 ff hat sich die Problematik entschärft, denn Beweisaufnahme verursacht nur noch durch Zeugenauslagen, SV-Honorar etc Mehrkosten):

**(1)** Wenn erst *nach* Antragstellung und kostenintensiver Beweisaufnahme teilw geringfügig zurückgenommen wird, dann wirkt sie sich kaum kostensparend aus, für die Quote kann idR vom ursprüngl. StrW ausgegangen werden (Klage über 10000 €: 5000 € werden zurückgenommen, die weiteren 5000 € dem Kl zugesprochen: Kosten 1/2 dem Kl, 1/2 dem Bekl aufzuerlegen). 15

**(2)** Bei Rücknahme *vor* Antragstellung und Beweisaufnahme fällt die Kostenersparnis stärker ins Gewicht, weil sich zB die anwaltl. Terminsgeb (RVG VV 3104) aus dem geringeren Wert errechnet; für die Gerichtsgeb ergibt sich keine Ermäßigung mehr. Die Errechnung der Unterliegensquote ist im Einzelnen str; zutr ist, zunächst zu errechnen, welche Kosten dem Bekl entstanden wären, wenn von vornherein nur 5 000 € eingeklagt worden wären (zB 2 000 €), denn diese Kosten hat er jedenfalls zu tragen; sodann ist zu berechnen, welche Kosten tatsächl. entstanden sind (zB 2 500 €); das Verh 2 000 €: 2 500 € ergibt, dass der Bekl 4/5, der Kläger 1/5 der Kosten zu tragen hat. Die **aA** will den Vorteil der Tabellendegression aufteilen. 15a

**f) Antragsermäßigung und Versäumnisurteil:** wird in der Klage bzw Anspruchsbegründung ein überhöhter Betrag gefordert, den der Kl (zB auf Hinweis des Gerichts) dann *ermäßigt*, und ergeht sodann über den ermäßigten Betrag ein VU, ist die KostenE zw. Manchmal liegt keine förml. Teil-Klagerücknahme vor; der Bekl hat keinen Kostenantrag gestellt. Würde man tenorieren „Dem Bekl werden die Kosten auferlegt", hätte er auch die Kosten zu tragen, soweit der Kl ursprüngl. zu viel verlangte. Da nach § 308 II über die Kosten von Amts wegen zu entscheiden ist, ist es mE praktikabel, zB bei einer Ermäßigung von 25 000 € auf 20 000 € entspr oben Rz 14 zB zu tenorieren: „dem Bekl werden die Kosten aus einem StrW von 20 000 € auferlegt". Dadurch wird richterl. Rechenarbeit und die Ungenauigkeit einer Quotelung erspart. 15b

**g) Vorausgegangenes Mahnverfahren.** Wenn ein Mahnverfahren vorausging, aber nicht vollständig ins Streitverfahren überging, kann es Kostenprobleme geben; vgl § 696. Im Mahnverfahren ist § 269 III grds entspr anwendbar. Man muss zwischen der Rücknahme des Mahnantrags und der Rücknahme des Antrags auf str Verfahren unterscheiden. Macht der ASt geltend, dass der Anlass zur Einreichung des Mahnantrags vor Rechtshängigkeit entfallen sei und dass er deswegen den Mahnantrag zurückgenommen habe, sodass *der Gegner* die Kosten zu tragen habe (§ 269 III 3), so hat über die Kosten des Mahnverfahrens nach Abgabe das für das str Verfahren zuständige Gericht zu entscheiden, also nicht das MahnG (BGH NJW 2005, 512). An dieses (fiktive!) ProzessG ist auch nach Rücknahme des Mahnantrags auf Antrag einer Partei das Verfahren vom MahnG zur Entscheidung über die Kosten abzugeben (BGH NJW 2005, 513). Das ist 15c umstr (vgl dazu *Ruess* NJW 2006, 1915), nicht ökonomisch und bläht die Kosten weiter auf (weil u.a. zusätzl. 2,5 Gerichtsgeb zu zahlen sind). Wenn der Kl im MB 50 000 € forderte, auf Widerspruch aber nur den Anspruch in Höhe von 10 000 € begründete und der Bekl schließl. zur Zahlung von 10 000 € und Tragung der Kosten verurteilt wurde, dann werden von der KostenE (StrW: 10 000 €) ein Teil der Geb (des Gerichts; GKG KV 1110; des RA: RVG VV 3305) aus dem Mahnverfahren nicht erfasst, darauf bleibt der Kl also zunächst „sitzen". Die 40 000 € sind im Mahnverfahren steckengeblieben. Beruht die Ermäßigung darauf, dass der Bekl im Mahnverfahren eine Teilzahlung leistete, wird als Lösung vorgeschlagen, neben dem nur eingeschränkt zu stellenden Antrag auf Durchführung des str Verfahrens den Mahnantrag iÜ zurückzunehmen und zu beantragen, dem Bekl gem. § 269 III 3 die Kosten des Mahnverfahrens aufzuerlegen, die Grundlage für eine Festsetzung der von der KostenE sonst nicht erfassten zusätzl. Mahnverfahrenskosten zu schaffen (*Ruess* NJW 2006, 1915).

Wenn der Kl nach Abschluss des Mahnverfahrens und Abgabe des Verfahrens an das StreitG den Antrag auf Durchführung des str Verfahrens (nicht: des Mahnantrags) gem § 696 IV zurücknimmt, ist umstr, ob § 269 III 2 anwendbar ist. Der BGH (NJW-RR 2006, 201) verneint das. Durch die Zurücknahme des Streitantrags werde der Rechtsstreit nicht wie durch die Zurücknahme der Klage endgültig beendet; es entfalle ledigl. die Rechtshängigkeit. Das Verfahren bleibe als Mahnverfahren bei dem Gericht anhängig, bei dem es sich zum Zeitpunkt der Rücknahme befinde und komme zum Stillstand. Beide Parteien könnten die Fortführung des Rechtsstreits herbeiführen, indem sie erneut die Durchführung des str Verfahrens beantragen.

15d **h) Einstweilige Verfügung.** Wird der Antrag dem Gegner nicht zugestellt, sondern nach Eingang (zB aufgrund richterl. Hinweises) wieder zurückgenommen, ist kein Prozessrechtsverh entstanden, also kein Kostenbeschluss nach § 269 III mögl. (OLG Brandenburg MDR 1999, 570), wenn der Gegner zufällig davon erfährt. Die **aA** (OLG München MDR 1993, 687; OLG Hamburg MDR 2000, 786) will § 269 III analog anwenden, wenn Antrag auf eVfg und Schutzschrift eingehen und der Antrag auf eVfg dann *vor* Zustellung zurückgenommen wird.

16 **i) Bei Parteiwechsel:** scheidet der alte Bekl aus: Beschluss, wonach dem Kl die außergerichtl. Kosten des Bekl auferlegt werden; über die anderen Kosten wird später im Urteil entschieden. Entspr, wenn die Klage gegen einen von mehreren Bekl zurückgenommen wird (zur Frage, wie viel bei gemeinsamem RA zu erstatten ist: OLG Koblenz VersR 1985, 789).

17 **j) Analoge Anwendung.** Überwiegend wird § 269 III bis V analog angewandt, wenn die förml. Zustellung der Klage wirkungslos war (OLG Frankfurt JurBüro 1982, 1571), wenn der Bekl bei Klagezustellung schon verstorben war (LG Rottweil MDR 2001, 1374) oder die Klage nach Rücknahme versehentl. noch zugestellt wird (OLG Schleswig NJW-RR 1987, 951; abw OLG Köln OLGZ 1989, 237); wenn die Klage wegen Fehlbezeichnung des Bekl an einen Dritten mit ähnl. Namen zugestellt wird (OLG Düsseldorf MDR 1986, 504; Problem der Abgrenzung von Verschulden des Zustellorgans). Über Kostentragung bei vollmachtlos Vertretenen vgl *Vollkommer* MDR 1997, 1004; *Emde* MDR 1997, 1003. Über Anwendung bei verspäteter Drittschuldnererklärung (§ 840) vgl *Saueressig* ZZP Bd 119, 463.

**k) Ausnahmen. Keine Kostenentscheidung ergeht:** soweit über die Kosten bereits rechtskr entschieden ist (zB bei teilw Rücknahme durch KostenE im Urteil), **Absatz 3 Satz 2 erste Alternative** ist insoweit missverständl.; wenn sich die Parteien über die Kosten gerichtl. oder außergerichtl. verglichen haben (vgl BGH MDR 1972, 945), zB eine Übernahmeerklärung des Haftpflichtvers vorliegt (LG Aachen VersR 1979, 1144); wenn das Rechtsschutzbedürfnis fehlt, weil dem Bekl offensichtl. nichts zusteht (OLG Hamm AnwBl 1984, 504); wenn die Klagerücknahme unwirksam war. 18

**5. Ausnahme: Kosten werden dem Beklagten auferlegt oder Quotelung**

**Absatz 3 Satz 2.** Nimmt der Kl. seine Klage zurück, begibt er sich freiwillig in die Rolle des Unterlegenen. Entgegen dem Grundsatz, dass der Kl die Kosten zu tragen hat, können die Kosten dem Bekl aber ganz auferlegt oder gequotelt werden (vgl *Timm* JA 2000, 224), wenn: **a) Satz 2 1. Alternative:** es ist bereits rechtskr über die Kosten erkannt (Beispiel: Rücknahme der Klage bei unzulässiger Klageänderung, wobei damals bereits über die Kosten entschieden wurde). 18a

**b) Satz 2 2. Alternative**: Kostenauferlegung aus einem anderen Grund. Beispiele: § 93d (BGH NJW 2004, 223). In bestimmten Unterhaltssachen können auch bei Klagerücknahme die Kosten ausnahmsweise dem *Bekl* auferlegt werden. Weitere Beispiele: Kostentragungspflicht des Bekl nach § 344 (BGH NJW 2004, 2309); eine von § 269 III 2 HS 1 abw Regelung der proz Kostenlast in einem gerichtl. oder außergerichtl. Vergleich (BGH NJW-RR 2004, 1506). Jedenfalls muss es sich dabei um Bestimmungen handeln, die aus einem (anderen) proz Grund zu einer Kostentragungspflicht der beklagten Partei führen. Mat-rechtl. begr Kostenerstattungsansprüche werden davon nicht erfasst (BGH NJW-RR 2005, 1662). 18b

**c) Absatz 3 Satz 3: Wegfall des Klageanlasses** *vor* **Rechtshängigkeit, das heißt vor Zustellung. Satz 3 1. Alternative**.: Klage am 01.02. eingereicht, am 06.02. zugestellt, Zahlung vor dem 01.02. oder vor dem 06.02., Kl nimmt nach Kenntnis vom Geldeingang die Klage zurück. Eine KostenE nach Billigkeit (wie bei § 91a, aber Zustimmung des Bekl nicht erforderl.) ist zulässig (dh alle Kosten dem Kl oder dem Bekl oder Quotelung). 18c

**Satz 3 2. Alternative**: die Klage war noch nicht zugestellt, als sie zurückgenommen wurde (Regelung verstößt nicht gegen GG, BGH NJW 2006, 775). Die Kostentragungspflicht bestimmt sich nach billigem Ermessen. Unter den Kosten des „Rechtsstreits" sind in diesem Fall diejenigen Kosten zu verstehen, die im Falle der Rücknahme der Klage nach deren Zustellung erstattungsfähig gewesen wären (BGH NJW 2006, 775). Die Klage muss nicht mehr zugestellt werden, damit ein Prozessrechtsverh entsteht (Reform 2004). Trotz des an sich entgegenstehenden Wortlauts hat die beklagte Partei auch im Fall des §269 III 3 Anspruch auf rechtl. Gehör, wobei ihr Tatsachenvortrag und die zu seiner Untermauerung angeführten Beweismittel nach der Natur der Sache nicht deshalb unberücksichtigt bleiben können, weil sie bislang noch nicht vorgetragen worden sind. Es kommt hinzu, dass der Kl im Fall des §269 III 3 eine vom Regelfall des §269 III 2 abweichende KostenE erstrebt und daher darzulegen und zu beweisen hat, dass seine Belastung mit Kosten billigem Ermessen widerspricht (BGH NJW 2006, 775). Die Klage sowie der Kostenantrag müssen deshalb zumindest formlos dem Bekl mitgeteilt werden, bevor eine KostenE zu seinen Lasten ergeht. Die Klagerücknahme muss aber nicht mehr „unverzügl." erfolgen, früher sehr str (Reform 18d

2004: „unverzügl." wurde gestrichen). Die zweite Alt kann auch einschlägig sein, wenn PKH-Antrag gestellt wird und *zugleich* unbedingt Klage erhoben wird (BGH NJW-RR 2005, 1015).

19 **6. Beschluss über die Wirkungen (Absatz 4).** Solche Wirkungen sind die Kostentragungspflicht und Rz 11. Antrag des Bekl: Anwaltszwang gem § 78 I. Also zB kein Anwaltzwang, wenn beim LG der selbstständige Beweisantrag zurückgenommen wird und der Gegner Kostenantrag stellt (OLG Frankfurt MDR 1999, 1223). Vgl § 78.

20 **7. Rechtsmittel gegen den Kostenbeschluss (Absatz 5):** sof Beschwerde, § 567, Frist zwei Wochen (§ 569). Unzulässig ist die Beschwerde ua, wenn der Beschwerdewert nicht erreicht ist (§ 567 II: 200,01 €); wenn gegen die Entscheidung in der Hauptsache kein Rm zulässig gewesen wäre (StrW der Hauptsache bis 600 €); wenn das LG in einer LG-Ber-Sache entschieden hat (§ 567; aber § 574 käme in Betracht); wenn der KfB, der nach dem Kostenbeschluss ergangen ist, rechtskr ist (Abs 5 S. 2), § 104 III. Eine gemischte KostenE (teils § 269, teils § 93 a) ist u.U anfechtbar (BGH FamRZ 2007, 893). Bei teilw Klagerücknahme ist die sof Beschwerde zulässig gegen den Teil der KostenE im Urteil, der auf § 269 III beruht (OLG Düsseldorf FamRZ 1982, 723). Vgl. § 91a Rz 20. Der Beschwerdebeschluss kann nur nach § 574 angegriffen werden durch RB, die von einem beim BGH zugelassenen RA (!) beim BGH einzulegen ist, falls sie zugelassen wurde. **Gebühren:** der Beschluss ist gerichtsgebührenfrei, für den RA gehört er zum Rechtszug (RVG § 19 Nr. 9 RVG). Beschwerde: GKG KV 1810 (Festpreis). RA: RVG VV 3500.

21 **8. Neue Klage (Absatz 6)** ist zulässig, die Rücknahme lässt den mat-rechtl. Anspruch unberührt. Die Einrede setzt Identität des StrG der alten und der neuen Klage voraus (OLG Düsseldorf MDR 1993, 477) und soll vor Belästigung durch Klagewiederholung schützen, sie kann auch einer VollstrGegenklage ggü erhoben werden (BGH NJW-RR 1987, 61; NJW 1992, 2034). Werden die Kosten nicht erstattet, wird die neue Klage als unzulässig abgewiesen. Bei Teilrücknahme kann erneute Geltendmachung im anhängigen Verfahren erfolgen (RG 152, 46).

22 **9. Kostenfolgen der Klagerücknahme. Rechtsanwalt:** Die bereits verdienten RA-Geb entfallen nicht; die Rücknahmeerklärung kostet nichts. **Gericht:** Die Gerichtskasse zahlt, wenn drei Gerichtsgeb vorausbezahlt wurden, 2/3 davon zurück, sodass also im Endergebnis nur 1,0 zu zahlen sind, wenn drei Voraussetzungen vorliegen (GKG KV 1211): **(1)** Beendigung des *ges* Verfahrens. Eine Teilbeendigung genügt nicht, selbst wenn nur ein Cent oder nur Zinsen offenbleiben, erfolgt keine Ermäßigung. Beendigung ist erforderl. bez aller Anträge, aller Kl/ASt und aller Bekl/AGegner. Rücknahme nur der **Widerklage** beendet nicht das *ganze* Verfahren (OLG Schleswig MDR 2003, 176; OLG Stuttgart MDR 2002, 298), führt nicht zur (anteiligen) Gebührenermäßigung. Die (völlige) Rücknahme einer späteren Klageerweiterung führt ebenfalls zu keiner (anteiligen) GebErmäßigung, selbst dann nicht, wenn sich der StrW erhebl. ermäßigt (OLG München NJW-RR 1997, 1159). **(2)** Beendigung durch Klagerücknahme im kostenrechtl. Sinn. Wenn die Akten nach der AktO weggelegt werden, weil der Kl keinen Vorschuss zahlt und nicht mehr reagiert, erfolgt ebenfalls eine Ermäßigung nach KV; vgl. § 32 IV 3 Kosten-Vfg. Auch die Rücknahme einer noch nicht zugestellten Klage fällt unter KV 1211 (OLG München MDR 1996, 1075). Wird nach einer Klageerweiterung die Klage in Höhe der Erweiterung wieder zurückgenommen, so greift die Ermäßigung KV 1211 nicht ein. **(3)** Die Klagerück-

nahme muss vor dem Schluss der (letzten) mdl Verh erfolgen. Ein Prozess kann mehrere mdl Verh (Fortsetzungstermine) haben, die eine Einheit bilden. Gemeint ist die Reife für die EndE. Die GebErmäßigung kann deshalb auch dann eintreten, wenn die Klagerücknahme nach einer mdl Verh erklärt wird, der nach Aktenlage eine weitere mdl Verh folgen musste (OLG München FamRZ 2001, 243). Das kann der Kostenbeamte naturgemäß nicht beurteilen; er sollte eine dienstl. Stellungnahme des Richters einholen. Besonderheiten gelten bei §§ 128 II, 495a, 331 III.

Formular 127: Klageerwiderung im schriftlichen Vorverfahren bei teilweiser Erfüllung der Klageforderung vor Rechtshängigkeit

Formular 128: Klageerwiderung bei teilweiser Erfüllung der Klageforderung nach Rechtshängigkeit

Formular 203: Klagerücknahme (Grundmuster)

Formular 204: Klagerücknahme mit Hinweis gemäß § 269 Abs. 2 Satz 4 ZPO

Formular 205: Klagerücknahme bei Erledigung der Hauptsache zwischen Anhängigkeit und Rechtshängigkeit der Klage

Formular 206: Klagerücknahme mit gesondertem Kostenantrag bei Säumnis des Beklagten

Formular 207: Zustimmung des Beklagten zur Klagerücknahme und Kostenantrag

Formular 208: Verweigerung der Einwilligung des Beklagten in die Klagerücknahme gemäß § 269 Abs. 2 Satz 3 ZPO

Formular 209: Klagerücknahme nach mündlicher Verhandlung mit Klageverzicht

Formular 210: Zustimmung des Beklagten zur Klagerücknahme nach Klageverzicht

Formular 211: Antrag auf Erklärung eines vor Klagerücknahme ergangenen Urteils als wirkungslos

## § 270 ZPO Zustellung; formlose Mitteilung

**[1]Mit Ausnahme der Klageschrift und solcher Schriftsätze, die Sachanträge enthalten, sind Schriftsätze und sonstige Erklärungen der Parteien, sofern nicht das Gericht die Zustellung anordnet, ohne besondere Form mitzuteilen. [2]Bei Übersendung durch die Post gilt die Mitteilung, wenn die Wohnung der Partei im Bereich des Ortsbestellverkehrs liegt, an dem folgenden, im Übrigen an dem zweiten Werktag nach der Aufgabe zur Post als bewirkt, sofern nicht die Partei glaubhaft macht, dass ihr die Mitteilung nicht oder erst in einem späteren Zeitpunkt zugegangen ist.**

§ 270 geändert durch G 27.07.2001 (BGBl 2001, 1887).

**Grundsatz der Amtszustellung** nach §§166ff. Zustellung von Urteilen vgl §317 I, von 1
Beschlüssen §329, von VoB §696 IV 1. Ausnahmen: Beschluss über Arrest, eVfg wird im Parteibetrieb zugestellt, §§922 II, 936; für Beginn der ZwV vgl §750 I 2; beim AG §497.

Zugestellt werden Klage (§ 271 I), auch deren Anlagen (vgl § 271 Rz 1), Widerklage, Schriftsätze mit Sachanträgen (wie Klageänderung, -erweiterung, -beschränkung, Erledigungserklärung, Einspruch). Sonstige Schriftsätze (zB Klageabweisungsantrag, BGH NJW 1965, 397; Beweisantrag; Verweisung; Terminsverlegung) werden formlos mitgeteilt. Die Klagerücknahme wird nach S. 1 seit 01.07.2002 nicht mehr zugestellt, nur noch formlos mitgeteilt. § 269 II 4 fordert aber noch die Zustellung, wenn die Klage nach der mdl Verh zurückgenommen wird.

2 **Zugangsfiktion (Satz 2).** Bei formloser Zusendung mit der Post wird unterstellt, dass bei Aufgabe zur Post (= Abstempelungsdatum) am 01.02. der Brief innerorts am nächsten Tag (02.02.) zugegangen ist, im Fernverkehr am übernächsten Tag (03.02.). Die Partei kann aber glaubhaft machen, notfalls durch eV (§ 294), dass sie den Brief erst später bekommen hat.

3 **Zustellung „demnächst“:** früher § 270 III, jetzt § 167.

4 **Praxishinweise:**

Die Zustellungsfiktion des § 270 S. 2 ist verfassungsrechtl. bedenkl. Es geht dabei um die Wahrung des rechtl. Gehörs (Art 103 I GG). Dazu hat das BVerfG in BVerfGE 36, 88 (bestätigt in BVerfGE 50, 285 f.) ausgeführt: Das Gericht muss sich die Überzeugung verschaffen, dass bei Übersendung von Schriftstücken Art 103 I GG gewahrt wird. „Wird nicht förml. zugestellt, so hat das Gericht die Möglichkeit, durch Beifügen einer rückgabepflichtigen Empfangsbescheinigung zu überwachen, ob rechtl. Gehör gewährt wurde. Kann dies nicht ... festgestellt werden, so ist dem Art 103 I GG nicht genügt.“ Hat eine Partei glaubhaft zu machen, dass ihr eine Mitteilung nicht oder nicht rechtzeitig zugegangen ist, sollte sie sich auf das BVerfG berufen.

## § 271 ZPO Zustellung der Klageschrift

**(1) Die Klageschrift ist unverzüglich zuzustellen.**

**(2) Mit der Zustellung ist der Beklagte aufzufordern, einen Rechtsanwalt zu bestellen, wenn er eine Verteidigung gegen die Klage beabsichtigt.**

1 **Absatz 1.** Klage vgl § 253. Zustellung (einer begl Abschrift der Klage) erfolgt von Amts wegen (§§ 166 ff) an den Bekl, sobald die Prozessgeb (§ 12 GKG; 1210 KV) bezahlt sind (Ausnahmen: § 14 GKG). Zur Frage, wenn der Empfänger die Annahme verweigert, vgl § 179. Abs 1 „unverzügl.“ enthält eine Amtspflicht; Voraussetzung ist natürl., dass eine zustellungsfähige Adresse angegeben ist (nicht nur ein Postfach). Die Zustellung darf nicht deshalb abgelehnt werden, weil dem Gericht der Briefbogen wegen politischer Zusätze nicht gefällt (aA LG Stuttgart NJW 1994, 1077). Eine gegen den Schuldner gerichtete Klage darf nicht ohne Rückfrage einfach an den Insolvenzverwalter zugestellt werden (OLG Nürnberg OLGZ 1994, 454). Wichtig ist § 167: wenn Klage *vor* Verjährung eingereicht, aber erst danach zugestellt wird, Rückwirkung nur, wenn „demnächst“ zugestellt

wird. Wird die Klageschrift ohne die in Bezug genommenen **Anlagen** zugestellt, entspricht die Zustellung nicht den gesetzl. Anforderungen und ist damit grds unwirksam (BGH NJW 2007, 775). Bei **Zustellung im Ausland** vgl § 274 III 2. Weist in den EU-Auslandsfällen der Empfänger eines ihm zuzustellenden Schriftstückes dessen Annahme wegen fehlender **Übersetzung** gem. Art. 8 I EuZVO (VO EG 1348/2000) zu Recht zurück, ist die Zustellung grds unwirksam, wenn eine Heilung des Mangels nicht mehr in Betracht kommt (BGH NJW 2007, 775). Zur Heilung beachte § 295.

**Absatz 2.** Diese Aufforderung erfolgt nur im Anwaltsprozess, § 78. S. Vordrucke. 2

**Kosten.** Gericht: bis zu zehn Zustellungen sind idR in der Geb GKG KV 1210 inbegriffen, 3
werden also nicht zusätzl. in Rechnung gestellt (GKG KV 9002).

## § 272 ZPO Bestimmung der Verfahrensweise

**(1) Der Rechtsstreit ist in der Regel in einem umfassend vorbereiteten Termin zur mündlichen Verhandlung (Haupttermin) zu erledigen.**

**(2) Der Vorsitzende bestimmt entweder einen frühen ersten Termin zur mündlichen Verhandlung (§ 275) oder veranlasst ein schriftliches Vorverfahren (§ 276).**

**(3) Die Güteverhandlung und die mündliche Verhandlung sollen so früh wie möglich stattfinden.**

§ 272 III geändert durch G v. 27.07.2001 (BGBl 2001, 1887).

**1. Absatz 1.** Ca 75 % der Sachen können beim LG nach 1 bis 2 Terminen erledigt werden 1
(DRiZ 1988, 91). Umfassende Vorbereitung vgl §§ 129, 273, 275, 276, 358a; für die Parteien vgl §§ 129, 277, 282, 296.

**2. Absatz 2. Die Wahl** erfolgt durch Benutzung des entspr Vordrucks und sollte danach 2
getroffen werden, wie der Rechtsstreit voraussichtl. am schnellsten beendet wird; oft hängt die Wahl vom pers Arbeitsstil des Richters ab. Die Wahl ist unanfechtbar (BGH 86, 35); sie kann vom Vors geändert werden (KG MDR 1985, 416; str), zB nach Verweisung. Einen Zeitpunkt für die Wahl gibt das Gesetz nicht an. Vorgeschaltet ist jeweils die Güteverhandlung (§ 278 II). Ob sich früher erster Termin bzw Haupttermin sofort an die (erfolglose) Güteverhandlung anschließen (Regelfall) oder ob dafür ein ges Termin bestimmt ist, steht im Ermessen des Richters.

- Der Güteverhandlung und dem **frühen ersten Termin** folgt uU ein Haupttermin mit Beweisaufnahme und ggf weitere Termine (§ 279) bis zur Erledigung.
- Beim **schriftlichen Vorverfahren** wird der Gütetermin und der Haupttermin erst später angesetzt, ihm folgen ggf weitere Termine (§ 279).
- Ferner steht das **schriftliche Verfahren** nach § 128 II zur Wahl, beim AG: § 495a.

**Ausnahmen** von Abs. 2 in §§ 611 II, 640 ZPO; § 46 II 2 ArbGG.

**3. Absatz 3.** Es sind (neben der schwankenden Geschäftsbelastung) Ladungs-, Einlas- 3
sungs- und Klageerwiderungsfristen zu beachten, §§ 217, 274 III, 276 I; über spätere Terminierung vgl § 216 Rz 5.

## § 273 ZPO Vorbereitung des Termins

**(1) Das Gericht hat erforderliche vorbereitende Maßnahmen rechtzeitig zu veranlassen.**

**(2) Zur Vorbereitung jedes Termins kann der Vorsitzende oder ein von ihm bestimmtes Mitglied des Prozessgerichts insbesondere**

**1. den Parteien die Ergänzung oder Erläuterung ihrer vorbereitenden Schriftsätze aufgeben, insbesondere eine Frist zur Erklärung über bestimmte klärungsbedürftige Punkte setzen;**

**2. Behörden oder Träger eines öffentlichen Amtes um Mitteilung von Urkunden oder um Erteilung amtlicher Auskünfte ersuchen;**

**3. das persönliche Erscheinen der Parteien anordnen;**

**4. Zeugen, auf die sich eine Partei bezogen hat, und Sachverständige zur mündlichen Verhandlung laden sowie eine Anordnung nach § 378 treffen;**

**5. Anordnungen nach den §§ 142, 144 treffen.**

**(3) [1]Anordnungen nach Absatz 2 Nr. 4 und, soweit die Anordnungen nicht gegenüber einer Partei zu treffen sind, 5 sollen nur ergehen, wenn der Beklagte dem Klageanspruch bereits widersprochen hat. [2]Für die Anordnungen nach Absatz 2 Nr. 4 gilt § 379 entsprechend.**

**(4) [1]Die Parteien sind von jeder Anordnung zu benachrichtigen. [2]Wird das persönliche Erscheinen der Parteien angeordnet, so gelten die Vorschriften des § 141 Abs. 2, 3.**

§ 273 geändert durch G v. 27.07.2001 (BGBl 2001, 1887).

1 **1. Absatz 1.** Gemeint sind **Maßnahmen zur Vorbereitung der Termine.**

„Rechtzeitig“: bei verspätetem Vorbringen, zB einer nach Fristablauf und erst eine Woche vor Termin eingehenden Klageerwiderung mit Angebot von drei Zeugen, hat das Gericht zu prüfen, ob nicht zur Vermeidung einer Verzögerung eine Zeugenladung nach § 273 mögl. und geboten ist; wenn das Gericht diese Möglichkeiten nicht wahrnimmt, ist die Anwendung der Präklusionsvorschriften (§§ 296, 528) missbräuchl. und unzulässig (BGH NJW 1987, 499).

2 AnO nach § 273 müssen aber nur iRd normalen Geschäftsgangs geschehen, Eil-AnO (wie im Beispiel) sind nicht erforderl. (vgl BGH NJW 1980, 1102). Auch kommt es auf die Terminplanung an (keine kurzfristigen Zeugenladungen nach Abs. 2 Nr. 4, wenn zur Vernehmung keine Zeit wäre; andererseits muss – zur Anwendung von § 296 I – die Zeit zwischen Ablauf der Klageerwiderungsfrist und Verhandlungstermin so bemessen sein, dass etwaige AnO nach § 273 II mögl. sind, der Termin darf nicht nur als Durchlauftermin geplant sein). Im Arrest- und eVfg-Verfahren besteht wegen §§ 920 II, 936, 294 II keine Pflicht zu Maßnahmen nach § 273 (OLG München WRP 1978, 400).

3 **2. Absatz 2** nennt Beispiele. Zulässig sind zB auch Beiziehung von Akten (wie Strafakten bei Verkehrsunfällen); AnO des Augenscheins (§ 144 I); Aufforderung, einen (ausl) Zeugen zum Termin mitzubringen. Die Verfügung muss die volle Richterunterschrift (nicht

nur ein Handzeichen, Paraphe) tragen, die Ausfertigung dies wiedergeben (BGH 76, 236), Fristen müssen eindeutig bestimmt sein (statt: „binnen zwei Wochen“ zweckmäßiger: „bis ..."), Berechnung § 222, bei Präklusionsfristen (vgl § 296) ist Zustellung erforderl. (§ 329 II 2), formlose Mitteilung an die andere Partei. Folgen der Fristversäumung vgl § 296 I, Belehrung darüber ist nicht vorgeschrieben (OLG Düsseldorf MDR 1985, 417). Das „bestimmte Mitglied“ ist beim LG, OLG der Berichterstatter.

Die **Verwertung der beigezogenen Akten im Urteil** ist aber nur auf Beweisantritt und nach Wahrung von Art 103 GG zulässig (BVerfG NJW 1994, 1210); eine Partei muss sich also substanziiert auf bestimmte Urkunden der Akten beziehen (BGH NJW 1994, 3295). 3a

**Nr. 1.** ZB Aufforderung, Skizzen, Fotos vorzulegen, Augenscheinsobjekte (zB schadhafte Sachen) zum Termin mitzubringen. 4

**Nr. 2.** Behörden (zum Begriff vgl BGH NJW 1964, 299) sind zB: Vermessungsamt, Finanzamt (Steuergeheimnis beachten, idR Zustimmung der Partei erforderl.), Rundfunkanstalt, Industrie- und Handelskammer, Handwerkskammer, Kirchengemeinden, öffentl. Sparkassen, städtisches Wasserwerk; vgl § 432. Keine Behörden: private Banken, private Vers, TÜV, Rotes Kreuz. Der Auskunft wird von der Behörde (auch einer obersten Bundesbehörde) unmittelbar erholt, ohne Einschaltung der Justizverwaltung. Sie ist nicht erzwingbar, Ladung des Sachbearbeiters als Zeuge/SV ist aber mögl. Eine Auskunft kann im Einzelfall ein SV-Gutachten beinhalten (OLG Bremen OLG-Report 2006, 105). 5

Die Einholung der amtl. Auskunft löste früher evtl eine RA-Beweisgeb aus: das ist seit 01.07.2004 (RVG) entfallen. 5

**Nr. 3.** Gem § 141 I (wobei S. 1 und 2 zu beachten sind) zur Information oder gem §§ 445 ff zur Parteivernehmung. Abs. 4 verweist auf § 141 II, III. 6

**Nr. 4. Zeugen:** Ein Beweisantrag ist insoweit erforderl. („bezogen haben“); ferner muss das Beweisthema vom Gegner bestritten sein (deshalb muss idR die Klageerwiderung abgewartet werden), **Absatz 3 Satz 1;** zudem idR Zahlung des vom Richter festzusetzenden Auslagenvorschusses, **Absatz 3 Satz 2** (§ 379). Dem Zeugen ist bei der Ladung das Beweisthema mitzuteilen (OLG Saarbrücken OLG-Report 2005, 960), § 377 gilt. § 378: dem Zeugen kann aufgegeben werden, Unterlagen einzusehen und mitzubringen. 7

**Sachverständige:** ein Beweisantrag ist nicht erforderl.; der Bekl muss bereits bestritten haben, Abs. 3; bei Ladung von Amts wegen kann kein Auslagenvorschuss gefordert werden, bei Ladung auf Antrag schon (§§ 402, 379). Zur vorherigen Begutachtung durch den SV vgl § 358a. 8

**Nr. 5. Urkunden, Schriftstücke.** Den Parteien kann aufgegeben werden, sie vorzulegen. Auf die Urkunden muss sich die Partei nicht „bezogen“ haben. Auch **Dritte** (zB evtl Zeugen, Arbeitgeber) können aufgefordert werden, solche Unterlagen dem Gericht vorzulegen (nicht: zu übereignen), §§ 142, 144. Dazu Abs. 3 S. 1: ggü der Partei kann die AnO auch schon ergehen, sobald die Klage eingegangen ist. 9

**3. Absatz 3. Ratschläge.** „Sollen“: die AnO nach Abs. 2 Nr. 1 bis 3 können schon bei Eingang der Klage ergehen. Bei Nr. 4 soll dem Klageanspruch im Prozess (BGH NJW 1987, 499), also nicht nur vorproz, bereits widersprochen worden sein. Gegen die Partei kann die AnO nach Nr. 5 schon vor gegnerischem Bestreiten ergehen, ggü Dritten soll sie es nicht (damit Dritte nicht unnötig vom Prozess Kenntnis erlangen). 10

11 **4. Absatz 4. Erscheinen der Parteien.** Wird es angeordnet, wird die Partei pers geladen, nicht nur über den Anwalt, aber ohne Zustellung. Erscheint die Partei nicht, gibt sie meist dem Anwalt eine Vollmacht nach § 141 III 2, sodass kein Ordnungsgeld gegen sie ergehen kann, weshalb das Erscheinen einer Partei letztl. nicht erzwingbar ist.

## § 274 ZPO Ladung der Parteien; Einlassungsfrist

**(1) Nach der Bestimmung des Termins zur mündlichen Verhandlung ist die Ladung der Parteien durch die Geschäftsstelle zu veranlassen.**

**(2) Die Ladung ist dem Beklagten mit der Klageschrift zuzustellen, wenn das Gericht einen frühen ersten Verhandlungstermin bestimmt.**

**(3) [1]Zwischen der Zustellung der Klageschrift und dem Termin zur mündlichen Verhandlung muss ein Zeitraum von mindestens zwei Wochen liegen (Einlassungsfrist). [2]Ist die Zustellung im Ausland vorzunehmen, so hat der Vorsitzende bei der Festsetzung des Termins die Einlassungsfrist zu bestimmen.**

1 **1. Absatz 1.** Terminsbestimmung erfolgt bei Wahl des frühen ersten Termins unverzügl., §§ 216 II, 272 II, bei Wahl des schriftl. Vorverfahrens erst später, § 276.

2 **2. Absatz 2.** Ladung vgl §§ 214, 270, 166 ff, beim AG Ladung des Kl gem § 497 I, bei Bestellung eines PrBev (zB im Mahnverfahren) wird dieser geladen, § 172.

3 **3. Absatz 3. Einlassungsfrist.** Berechnung § 222, Abkürzung § 226, keine Verlängerung, § 224 II HS 2. Sie beträgt auch in **Wechsel- und Schecksachen** zwei Wochen. Für spätere Termine, Klageänderung, -erweiterung, Widerklage sind nur §§ 217, 132 zu beachten (OLG Düsseldorf NJW-RR 1999, 859). Bei **Arrest und einstweiliger Verfügung** ist nur die Ladungsfrist, nicht die Einlassungsfrist zu wahren. Ist die Frist nicht gewahrt, kann gegen den Bekl kein VU ergehen, § 335 I Nr. 3; es ist zu vertagen.

Formular 267: Mitteilung an den Mandanten über die Anberaumung eines Verhandlungstermins

## § 275 ZPO Früherer erster Termin

**(1) [1]Zur Vorbereitung des frühen ersten Termins zur mündlichen Verhandlung kann der Vorsitzende oder ein von ihm bestimmtes Mitglied des Prozessgerichts dem Beklagten eine Frist zur schriftlichen Klageerwiderung setzen. [2]Andernfalls ist der Beklagte aufzufordern, etwa vorzubringende Verteidigungsmittel unverzüglich durch den zu bestellenden Rechtsanwalt in einem Schriftsatz dem Gericht mitzuteilen; § 277 Abs. 1 Satz 2 gilt entsprechend.**

**(2) Wird das Verfahren in dem frühen ersten Termin zur mündlichen Verhandlung nicht abgeschlossen, so trifft das Gericht alle Anordnungen, die zur Vorbereitung des Haupttermins noch erforderlich sind.**

**(3) Das Gericht setzt in dem Termin eine Frist zur schriftlichen Klageerwiderung, wenn der Beklagte noch nicht oder nicht ausreichend auf die Klage erwidert hat und ihm noch keine Frist nach Absatz 1 Satz 1 gesetzt war.**

**(4) [1]Das Gericht kann dem Kläger in dem Termin oder nach Eingang der Klageerwiderung eine Frist zur schriftlichen Stellungnahme auf die Klageerwiderung setzen. [2]Außerhalb der mündlichen Verhandlung kann der Vorsitzende die Frist setzen.**

§ 275 IV 2 angefügt durch G v. 27.07.2001 (BGBl 2001, 1887).

**1.** Wählt der Vors das **Verfahren „früher erster Termin“** (§ 272 II), dann bestimmt er unverzügl. den Verhandlungstermin. Er (oder der Berichterstatter der Kammer) setzt dem Bekl eine Frist (mindestens zwei Wochen, § 277 III) zur schriftl. Klageerwiderung (bei Anwaltszwang, § 78, durch einen zugelassenen RA), Abs. 1 S. 1; die Vfg (Vordruck) darf vom Richter nicht nur mit einem Handzeichen unterzeichnet sein (BGH VersR 1983, 33). Die vom ZivK-Vors gesetzte Frist verliert ihre Wirkung nicht durch nachfolgende Verweisung an die KfH (OLG Frankfurt NJW-RR 1993, 1084). 1

Spätestens **mit Eingang der Klageerwiderung** sollten dann AnO nach § 273 (insb AnO der Ladung von Zeugen) getroffen werden und wird evtl (durch Vfg des Vors, Abs. 4 Satz 2 nF) dem Kl eine Frist zur Stellungnahme auf die Klageerwiderung (Replik) gesetzt, **Absatz 4 Satz 1.** Selten wird Abs. 1 S. 2 angewandt und der Bekl *nur* (ohne Fristsetzung!) aufgefordert, Verteidigungsmittel mitzuteilen (durch einen RA nur, wenn Anwaltszwang besteht). **§ 277 I 2:** Äußerung zur ER-Entscheidung.

**2.** Es folgt dann der **Termin**, der zB aus folgenden Stationen besteht: 2

- Aufruf der Sache, § 220;
- Feststellung der Präsenz (Parteien, RAe, Zeugen, SV);
- Güteverhandlung, § 278 II. Falls erfolglos: Termin nach § 279 I:
- uU Feststellung der Zulässigkeit bei Einspruch gegen VU, §§ 339, 341; uU Entgegennahme von Schriftsätzen und Klärung, was sie enthalten und ob sich der Gegner darauf einlässt; anderenfalls Gewährung einer Schriftsatzfrist nach § 283 oder Vertagung, § 227 I Nr. 2;
- **Stellung der Anträge** durch Bezugnahme auf die Schriftsätze, §§ 137 I, 297; 3
- uU mdl Vortrag von Prozessstoff durch die Parteien/PrBev (§ 137 II, IV), Erörterung von rechtl. und tatsächl. Fragen (§ 139), beigezogene Akten (zB Strafakten) und erholte amtl. Auskünfte werden zum Gegenstand der Verh gemacht;
- uU Anhörung der Parteien, § 141 (geladen nach § 273 II Nr. 3);
- Belehrung und Vernehmung von evtl nach § 273 II Nr. 4 geladenen Zeugen und SV, ein Beweisbeschluss muss dazu nicht mehr erlassen werden. Bei einem bloßen „Durchlauftermin“ steht wenig Zeit zur Erörterung zur Verfügung und werden idR keine Zeugen geladen; 4
- uU Verhandlung zum Ergebnis der Beweisaufnahme, § 285.

**3. Ergebnis des frühen ersten Termins:**

5 **a) Entweder wird hier das Verfahren abgeschlossen**, zB durch VU, AnerkenntnisU, übereinstimmende Erledigungserklärung, Vergleich, Klagerücknahme, streitiges EndU in einfach gelagerten Fällen usw. Eine Zurückweisung unentschuldigten **verspäteten Vorbringens** ist auch im frühen ersten Termin mögl. (BGH NJW 1983, 575). Das Vorbringen darf im frühen ersten Termin jedoch dann nicht zurückgewiesen werden, wenn nach der Sach- und Rechtslage eine Streitbeendigung in diesem Termin von vornherein ausscheidet (BGH NJW-RR 2005, 1296; NJW 1987, 500), etwa weil es sich erkennbar um einen Durchlauftermin handelt (BGH NJW 1983, 575) oder es sich um einen offensichtl. schwierigen Prozess handelt (BGH NJW-RR 2005, 1296).

6 **b) Anderenfalls wird der nächste Termin** (sog. **Haupttermin**) so **vorbereitet**, dass dann der Prozess möglichst entscheidungsreif ist. Es ergeht nach Abs. 2 ein Beweis-, Aufklärungs-, oder Auflagenbeschluss oder es wird einfach „Termin zur Verkündung einer Entscheidung“ (die dann Urteil oder Beschluss sein kann) bestimmt. Auch kann dem Kl (durch Beschluss des Vors, des ER, Amtsrichters) eine Frist zur Replik gesetzt werden, Abs. 4 S. 1; im Termin natürl. als SpruchkörperE (Abs. 4 S. 2). In der Variante Abs. 1 S. 2 wird uU dem Bekl durch Beschluss eine Klageerwiderungsfrist (mindestens zwei Wochen, § 277 III) gesetzt, Abs. 3. Ferner wird idR jetzt schon der nächste Termin bestimmt, dem weitere bis zur Erledigung folgen können.

Formular 122: Vertretungsanzeige mit Klageabweisungsantrag bei frühem ersten Termin

## § 276 ZPO Schriftliches Vorverfahren

**(1) [1]Bestimmt der Vorsitzende keinen frühen ersten Termin zur mündlichen Verhandlung, so fordert er den Beklagten mit der Zustellung der Klage auf, wenn er sich gegen die Klage verteidigen wolle, dies binnen einer Notfrist von zwei Wochen nach Zustellung der Klageschrift dem Gericht schriftlich anzuzeigen; der Kläger ist von der Aufforderung zu unterrichten. [2]Zugleich ist dem Beklagten eine Frist von mindestens zwei weiteren Wochen zur schriftlichen Klageerwiderung zu setzen. [3]Ist die Zustellung der Klage im Ausland vorzunehmen, so bestimmt der Vorsitzende die Frist nach Satz 1.**

**(2) [1]Mit der Aufforderung ist der Beklagte über die Folgen einer Versäumung der ihm nach Absatz 1 Satz 1 gesetzten Frist sowie darüber zu belehren, dass er die Erklärung, der Klage entgegentreten zu wollen, nur durch den zu bestellenden Rechtsanwalt abgeben kann. [2]Die Belehrung über die Möglichkeit des Erlasses eines Versäumnisurteils nach § 331 Abs. 3 hat die Rechtsfolgen aus den §§ 91 und 708 Nr. 2 zu umfassen.**

**(3) Der Vorsitzende kann dem Kläger eine Frist zur schriftlichen Stellungnahme auf die Klageerwiderung setzen.**

§ 276 I zuletzt geändert durch G v. 18.08.2005 (BGBl 2005, 2477).

**1.** Wählt der Vors die **Verfahrensart „schriftliches Vorverfahren“** (§ 272 II; Aussonderung unstr Sachen und Stoffsammlung bei str Sachen sollen hier schon vor dem Termin erfolgen; unzulässig nach §§ 611 II, 640; § 46 II ArbGG), veranlasst er nur die Zustellung der Klage (ohne Terminsbestimmung) und setzt dem Bekl **zwei Fristen:** 1

**a) zur Anzeige der Verteidigungsabsicht** zwei Wochen (Notfrist, § 224 I 2; an einem Samstag usw. kann sie nicht ablaufen, § 222 II); sie ist auch nach Widerspruch gegen Mahnbescheid notw, § 697 II 1. 2

**b) zur Klageerwiderung:** mindestens zwei *weitere* Wochen (bei komplizierten Sachen: längere Frist, vgl BGH NJW 1994, 736); der Bekl hat also für die Klageerwiderung insgesamt mindestens vier Wochen Zeit. Die Erwiderungsfrist beginnt bei Zustellung an einem Samstag erst mit Ablauf des folgenden Werktags, für den Ablauf gilt wiederum die Wochenendregelung des § 222 II. Gewährung einer Klageerwiderungsfrist von über einem Jahr hält OLG Schleswig NJW 1983, 459 für unanfechtbar. 3

**c)** Ferner wird der Bekl über alle Folgen vordruckmäßig **belehrt**, insgesamt erhält er 4 bis 5 Belehrungen, §§ 276 II, 277 II, beim AG ergänzend § 499. 4

**d)** Die Fristsetzungs-Vfg muss vom Vors mit vollem Namen unterzeichnet sein, ein Handzeichen genügt nicht; der Partei, an die sich die Fristsetzung richtet, muss eine begl Abschrift der fristsetzenden richterl. Vfg zugestellt werden (§ 329 II 2), formlose Übersendung einer Mitteilung der Geschäftsstelle genügt nicht (BGH NJW 1980, 1167). Hat die Partei einen PrBev bestellt, ist an ihn zuzustellen (§ 172). 5

**e)** Bei **Auslandszustellung** vgl § 274 III 2 und § 276 I 3; die Länge der Frist hängt vom Postlauf, Übersetzungsnotwendigkeit und der Schwierigkeit der Sache ab. Es gelten §§ 183, 184 (evtl Aufforderung, einen Zustellungs-Bev zu bestellen). 6

**2. Reaktionen des Beklagten:**

**a) Keine Anzeige der Verteidigungsabsicht;** oder, wenn Anwaltszwang besteht (§ 78), Anzeige durch den Bekl selbst oder durch einen hier nicht zugelassenen RA: **auf Antrag des Klägers** kann ein schriftl. VU gegen den Bekl ergehen, § 331 III. **Fehlt der Versäumnisurteilsantrag** des Kl, ist Termin zur mdl Verh anzusetzen oder der Kl auf den fehlenden Antrag hinzuweisen. 7

Auch nach vorausgegangenem **Mahnverfahren** darf ein schriftl VU ergehen, weil der Widerspruch bzw der Einspruch nicht mehr als Anzeige der Verteidigungsabsicht gilt; vgl § 697 II 1. 8

**b) Beklagter erkennt an** (bei § 78 durch einen zugelassenen RA): auch ohne Antrag des Kl kann ein schriftl. AnerkenntnisU ergehen, § 307; für die Kosten gilt uU § 93. Nach hM liegt bei AnO des schriftl. Vorverfahrens ein *sof* Anerkenntnis nur vor, wenn das Anerkenntnis innerhalb der zweiwöchigen Notfrist des § 276 I 1 bzw in der innerhalb dieser Frist eingereichten Erklärungsschrift abgegeben wird, während ein nach vorheriger Erklärung der Verteidigungsbereitschaft erst in der späteren Klageerwiderung erklärtes Anerkenntnis nicht mehr als sof anzusehen ist (KG OLG-Report 2006, 325; OLG Karlsruhe OLG Report 2004, 513; aA OLG Bamberg NJW-RR 1996, 392; in Sonderfällen OLG Bremen NJW 2005, 228). 9

10 **c) Beklagter beantragt Prozesskostenhilfe oder rügt Zuständigkeit (§ 281 II 1):** entspr § 337 muss der Erlass des schriftl. VU bis zur Entscheidung über den PKH-Antrag bzw die Zust zurückgestellt werden. Beantragt der RA des Bekl PKH, gilt das als Verteidigungsanzeige.

11 **d) Verspätete Anzeige der Verteidigungsabsicht:** wenn die Anzeige noch vor Übergabe des unterschriebenen VU an die Geschäftsstelle eingeht, wird das VU nicht mehr erlassen (dh nicht mehr hinausgegeben und zugestellt), das Verfahren nimmt seinen Fortgang (e, f); geht die Anzeige später ein, ist das VU schon erlassen, der Bekl kann Einspruch dagegen einlegen, nicht aber WE gegen die Fristversäumung nach § 233 beantragen (KG NJW-RR 1997, 56); wegen der Kostenfolge zw.

12 **e) Rechtzeitige Anzeige der Verteidigungsabsicht**, aber kein oder verspäteter Eingang der Klageerwiderung: Terminsbestimmung, § 272 III; Versäumungsfolgen vgl § 296 I.

13 **f) Rechtzeitige Anzeige der Verteidigungsabsicht und rechtzeitiger Eingang der Klageerwiderung:** evtl Setzen der Frist zur Replik, Abs. 3; Bestimmung des Haupttermins (der also frühestens ca. sechs Wochen nach Eingang der Klage stattfinden kann), §§ 216 II, 272 III, und AnO nach §§ 139, 273, 358a.

14 **3. Absatz 3.** Diese Frist zur Replik darf erst gesetzt werden, nachdem die Klageerwiderung vorliegt; die Vfg muss mit vollem Richternamen unterzeichnet sein (nicht nur mit Handzeichen) und ist dem Kl zuzustellen (BGH NJW 1980, 1167). Bei Untätigkeit des Kl: § 296 I. Wird dem Kl keine Frist gesetzt: §§ 282, 296 II.

Formular 121: Vertretungs- und Verteidigungsanzeige bei schriftlichem Vorverfahren

## § 277 ZPO Klageerwiderung; Replik

**(1) [1]In der Klageerwiderung hat der Beklagte seine Verteidigungsmittel vorzubringen, soweit es nach der Prozesslage einer sorgfältigen und auf Förderung des Verfahrens bedachten Prozessführung entspricht. [2]Die Klageerwiderung soll ferner eine Äußerung dazu enthalten, ob einer Entscheidung der Sache durch den Einzelrichter Gründe entgegenstehen.**

**(2) Der Beklagte ist darüber, dass die Klageerwiderung durch den zu bestellenden Rechtsanwalt bei Gericht einzureichen ist, und über die Folgen einer Fristversäumung zu belehren.**

**(3) Die Frist zur schriftlichen Klageerwiderung nach § 275 Abs. 1 Satz 1, Abs. 3 beträgt mindestens zwei Wochen.**

**(4) Für die schriftliche Stellungnahme auf die Klageerwiderung gelten Absatz 1 Satz 1 und Absätze 2 und 3 entsprechend.**

§ 277 I geändert ab 01.07.2002 durch G v. 27.07.2001 (BGBl 2001, 1887).

1 **1. Absatz 1** regelt den Inhalt der Klageerwiderung. Danach hat der Bekl nicht *alle* Verteidigungsmittel (Behaupten, Bestreiten, Beweisanträge, Einreden, Einwendungen, Aufrech-

nung usw.) auf einmal vorzubringen (sog **Eventualmaxime**), auch nicht, wenn ihm eine Frist gesetzt ist. Vgl ferner §§ 282, 296 II.

**2. Absatz 2.** Belehrung über Notwendigkeit der RA-Bestellung erfolgt nur, wenn Anwalts- 2
zwang besteht, § 78. IÜ müssen die Belehrungen ausreichend klar sein (dh eindeutig, dass bei Fristversäumung im Allgemeinen jede Verteidigung abgeschnitten ist und der Prozess vollständig verloren werden kann), die Mitteilung des Wortlauts von § 296 I genügt jedenfalls bei einem Laien nicht (BGH NJW 1991, 493). Anderenfalls ist die Fristsetzung unwirksam, auch wenn die Partei alsbald danach einen RA als PrBev beauftragt (BGH NJW 1986, 133). Belehrung ist auch notw, wenn der Bekl bei Fristbestimmung bereits durch einen RA vertreten war (BGH NJW 1983, 2507).

**3. Absatz 4.** Replik. Belehrungspflicht nach Abs. 2 besteht. 3

4

**Praxishinweise:**

1. Die Klageerwiderung entspricht in ihrer proz Bedeutung der Klagebegründung. Vor allem folgende drei Gedankenschritte sind einzuhalten: **a)** Proz Kontrolle des Klagenkomplexes; **b)** Angriffe gegen die Schlüssigkeit der Klagebegründung durch Bestreiten, andere Darstellung und ggf Geltendmachen von Gegenrechten; **c)** Vorausdenken auf eine mögl. Ber. Dabei hat der Bekl sich auf das Wesentliche zu beschränken. Es ist eine alte Erfahrung, dass derjenige, der zu viel schreibt, dem Gegner vermeidbare Angriffsflächen bietet. Dieser „springt darauf an“.

2. Zu prüfen ist auch die Berechtigung des Zinsbegehrens. Wird ein gebotenes Bestreiten versäumt, dann kann das zweitinstanzl. zur Präklusion führen, da ein nachgeholtes Bestreiten unter § 530 fällt (BGHZ 12, 49).

## § 278 ZPO Gütliche Streitbeilegung, Güteverhandlung, Vergleich

**(1) Das Gericht soll in jeder Lage des Verfahrens auf eine gütliche Beilegung des Rechtsstreits oder einzelner Streitpunkte bedacht sein.**

**(2) [1]Der mündlichen Verhandlung geht zum Zwecke der gütlichen Beilegung des Rechtsstreits eine Güteverhandlung voraus, es sei denn, es hat bereits ein Einigungsversuch vor einer außergerichtlichen Gütestelle stattgefunden oder die Güteverhandlung erscheint erkennbar aussichtslos. [2]Das Gericht hat in der Güteverhandlung den Sach- und Streitstand mit den Parteien unter freier Würdigung aller Umstände zu erörtern und, soweit erforderlich, Fragen zu stellen. [3]Die erschienenen Parteien sollen hierzu persönlich gehört werden.**

**(3) [1]Für die Güteverhandlung sowie für weitere Güteversuche soll das persönliche Erscheinen der Parteien angeordnet werden. [2]§ 141 Abs. 1 Satz 2, Abs. 2 und 3 gilt entsprechend.**

**(4) Erscheinen beide Parteien in der Güteverhandlung nicht, ist das Ruhen des Verfahrens anzuordnen.**

**(5) [1]Das Gericht kann die Parteien für die Güteverhandlung vor einen beauftragten oder ersuchten Richter verweisen. [2]In geeigneten Fällen kann das Gericht den Par-**

**teien eine außergerichtliche Streitschlichtung vorschlagen. [3]Entscheiden sich die Parteien hierzu, gilt § 251 entsprechend.**

**(6) [1]Ein gerichtlicher Vergleich kann auch dadurch geschlossen werden, dass die Parteien dem Gericht einen schriftlichen Vergleichsvorschlag unterbreiten oder einen schriftlichen Vergleichsvorschlag des Gerichts durch Schriftsatz gegenüber dem Gericht annehmen. [2]Das Gericht stellt das Zustandekommen und den Inhalt eines nach Satz 1 geschlossenen Vergleichs durch Beschluss fest. [3]§ 164 gilt entsprechend.**

Früherer § 278 III jetzt § 139 II 2. § 278 VI geändert durch G. v. 24.08.2004 (BGBl 2004, 2198).

**Lit:** ***Foerste*** NJW 2001, 3103; ***Kauffmann*** MDR 2004, 1035 (zur Gerichtspraxis).

1 **1. Gütliche Beilegung des Streits. Absatz 1** enthält einen Programmsatz für die erste Instanz. Bei Ber- und Rev-Verfahren steht die Güteverh frei, §§ 525 S. 2, 555 I 2. Das Gericht kann auch schon vor der mdl Verh einen Vergleichsvorschlag machen und darin bislang nicht geltend gemachte Ansprüche einbeziehen (KG NJW-RR 2000, 1164). Die Rechtsansicht kann im Vergleichsgespräch dargelegt werden, auf die Vorläufigkeit muss nicht laufend hingewiesen werden (KG MDR 1999, 253).

2 **2. Güteverhandlung (Absatz 2).** Sie muss grds der eigentl. mdl Verh vorausgehen, doch hat es keine Folgen, wenn sie unterlassen wird. Sie entfällt, wenn **(a)** ein vorheriger Einigungsversuch gescheitert ist; solche Gütestellen sind zB die nach Landesrecht errichteten Gütestellen, § 15a I EGZPO, aber auch andere. **(b)** Wenn sie aussichtslos erscheint; das ist zB bei Rechtsschutzversicherten oft der Fall, doch ist dem Gericht eine solche Vers selten vorher bekannt; ferner: wenn es entscheidend auf eine Beweisaufnahme ankommt; ferner, wenn bestimmte Parteien beteiligt sind (Vers, Kommunen, Großunternehmen), falls sich diese erfahrensgemäß „nie" vergleichen.

Wird die Güteverhandlung angeordnet, sollen die Parteien hierzu geladen werden, nicht nur die Anwälte (**Absatz 3 Satz 1**). Abs. 3 rechtfertigt die AnO des pers Erscheinens für den Vorstandsvors einer größeren Vers-Gesellschaft auch dann, wenn dieser mit den Angelegenheiten des Prozesses normalerweise nicht selbst befasst ist; er kann einen geeigneten Vertreter (§ 141 III 2) entsenden (OLG Karlsruhe VersR 2005, 1103). Es besteht uU Anwaltszwang, § 78. Parteiladung kann entfallen, wenn das Erscheinen unzumutbar ist (§ 141 I 2); die Ladung der Partei erfolgt von Amts wegen (§ 141 II), ergeht direkt an die Partei, eine Zustellung ist nicht erforderl. (§ 141 II). Bei der Darlegung des Streitstands muss der Richter darauf achten, dass er sich nicht festlegt, keine Ablehnungsgründe schafft.

Ein Termin kann bestimmt sein *nur* zur Güteverh oder zur Güteverh *und* anschließenden mdl Verh. Die ZivK kann durch Beschluss (§ 128 IV) anordnen, dass der Gütetermin nicht vor der Kammer, sondern vor einem Mitglied der Kammer (beauftr Richter, § 361) oder – zB bei großer Entfernung – vor dem Richter eines AG (ersuchter Richter, § 362) stattfindet (**Absatz 5 Satz 1**). Vor dem beauftr oder ersuchten Richter besteht kein Anwaltszwang, auch nicht für den Vergleichsschluss, § 78 VI. Verweist der LG-ER an sich als beauftr Richter, besteht somit kein Anwaltszwang (OLG Koblenz NJW 1971, 1043; str, **aA** *Jauernig* NJW 1975, 2300).

**Keine Partei erscheint im Gütetermin (Absatz 4):** bei Nichterscheinen einer Partei dürfte trotz des nun einbezogenen § 141 III ein Ordnungsgeld im Regelfall entfallen, weil der, der sich nicht einigen will, einfach seinem Anwalt eine Vollmacht nach § 141 III 2 ausstellt und selbst nicht kommt (**aA** *Foerste* NJW 2001, 3103). Erscheinen nur die Anwälte, wird mit ihnen der Gütetermin durchgeführt. Wenn beim AG-Prozess keine Partei anwaltl. vertreten ist und auch nicht erscheint, wird das Ruhen angeordnet (Abs. 4; vgl § 251a), nicht etwa vertagt. 3

**Nur eine Partei erscheint zum Gütetermin:** Hier kann keine GüteVerh stattfinden (vgl § 279 I). Tritt bei Anwaltszwang für den Kl ein RA auf, für beklagte Partei kein RA, entfällt die Güteverh. Ob in die mdl Verh übergegangen werden kann und dort ein VU ergehen kann, hängt davon ab, ob nur zur Güteverh geladen wurde (dann kein VU, denn § 331 verlangt Säumnis in der mdl Verh und § 279 I unterscheidet zwischen Güteverh und mdl Verh) oder zusätzl. zur mdl Verh (dann uU VU, §§ 30 ff). 4

**Beide Parteien erscheinen:** Eine bestimmte Zeitdauer der GüteVerh ist nicht vorgeschrieben; uU ist schon nach Minuten die Sinnlosigkeit erkennbar. Ergebnis: Hier wird entweder ein Vergleich geschlossen oder es wird vom Gericht eine außergerichtl. Streitschlichtung vorgeschlagen (sog Mediation oder Schlichtung, dazu *Monßen* AnwBl 2004, 7; *Greger* ZRP 2006, 229; vgl **Absatz 5 Satz 2**) und nur wenn beide Parteien dem zustimmen wird das Ruhen des Verfahrens angeordnet, § 251 (**Absatz 5 Satz 3**). Oder eine Einigung kommt nicht zustande. Das Ergebnis der Güteverh ist zu protokollieren (§ 160 III Nr. 10). Sodann wird entweder Termin zur mdl Verh bestimmt und in einigen Tagen/Wochen/Monaten durchgeführt oder der schon früher vorsorgl. hierfür bestimmte mdl Verhandlungstermin wird sofort durchgeführt (§ 279). 5

**3. Vergleich durch Schriftsatzwechsel (Absatz 6).** Ein Vergleich kann außergerichtl. geschlossen werden oder vor Gericht oder als sog Anwaltsvergleich. Abs. 6 fügt eine weitere Modalität hinzu: nun kann ein *gerichtl.* Vergleich auch zustande kommen, indem das Gericht einen Vergleich schriftl. vorschlägt (in oder außerhalb der Sitzung, durch die Kammer, den Berichterstatter oder den ER) oder indem die Parteien einen Vergleich vorschlagen (hier übernimmt das Gericht keine Verantwortung für mangelhafte Formulierungen und deren Folgen). Beim Vorschlag des Gerichts müssten die Parteien/PrBev den Vorschlag durch Schriftsatz annehmen, Adressat ist das Gericht (OLG Jena FamRZ 2006, 1277); Anwaltszwang besteht wie sonst (§ 78), also vor der ZivK, dem ER der Kammer, nicht beim AG, beauftr oder ersuchtem Richter. Durch Beschluss des Gerichts wird dann Zustandekommen und Inhalt festgestellt: „Beschluss. Es wird festgestellt, dass die Parteien folgenden Vergleich geschlossen haben ...." Die Unwirksamkeit des festgestellten Vergleichs ist durch Antrag auf Terminsanberaumung zur Fortsetzung des Rechtsstreits geltend zu machen; dann ist durch Urteil zu entscheiden (LG Stuttgart JurBüro 2005, 322). 6

Ein **Widerrufsvorbehalt** im Vergleich wäre mögl. Dann sollte vereinbart werden, dass der Widerruf durch einen bei Gericht einzureichenden Anwaltsschriftsatz zu erfolgen hat. Denn wenn nichts Abweichendes vereinbart ist, kann der Widerruf wirksam sowohl dem Gericht als auch der anderen Vergleichspartei gegenüber erklärt werden (BGH NJW 2005,

3576). Haben die Parteien (zB konkludent) vereinbart, dass eine Widerrufserklärung (auch) gegenüber dem Gericht erfolgen kann, so ist ein innerhalb der Widerrufsfrist nur dem Gericht ggü erklärter Widerruf wirksam (BGH NJW-RR 2005, 1323), es ist also nicht zusätzl. ein Widerruf ggü dem Gegner erforderl. Hierzu *Gilfrich* MDR 2006, 1145.

Der Feststellungsbeschluss kann jederzeit (!) berichtigt werden (Abs.6 S.3 mit §164); er ist aber nicht mit Beschwerde anfechtbar (§567; BT-Drucks 14/4722 S.82). Bei Schreibfehlern usw. ist eine Berichtigung sicherlich möglich; nimmt das Gericht hingegen Willensübereinstimmung an und stellt den Vergleich fest, worauf eine Partei die Übereinstimmung bestreitet, sodass eine rechtl. Nachprüfung anhand §§145 ff BGB notw ist, wird man gegen die Ablehnung des Berichtigungsantrags die sof Beschwerde eröffnen müssen (§567 I Nr.2). Vgl *Abramenko* NJW 2003, 1356.

Zweifelhaft ist, ob man den Vergleich des § 278 VI dem **§ 127a BGB** unterwerfen kann; es fehlt die Beratung etc durch den Richter, die Gleichwertigkeit ist daher zw. OLG Düsseldorf NJW-RR 2006, 1609 meint, aufgrund einer Auflassung in einem Vergleich gem § 278 VI kann eine Eigentumsumschreibung im Grundbuch nicht erfolgen, er entspreche nicht § 29 GBO, weil Protokoll und gleichzeitige Anwesenheit fehlen. Vgl *Deckenbrock/Dötsch*, MDR 2006, 1325.

7 **4. Gebühren beim Vergleich nach §278 VI. Gericht**: GebReduzierung nach GKG-KV 1211 Nr.3. **Rechtsanwalt:** RVG-VV 3100; VV 1000 bzw 1003; Terminsgeb VV 3104 (1) Nr.1 aE, auch wenn keine mdl Verh stattfand (BGH FamRZ 2007, 1013; NJW 2006, 157; BAG NJW 2006, 3022; OLG Köln OLG-Report 2006, 882; **aA** NJW 2004, 2311 zur BRAGO, jetzt überholt; zum RVG bei eVfg OLG München AnwBl 2006, 147), also 1,3+1,2+1,0.

8 **5. Prozessvereinbarungen (Prozessverträge).** Sie haben mit einem PV nichts zu tun. Es handelt sich um Vereinbarungen zwischen den Parteien (nach den BGB-Regeln, §§ 119 ff, 145 BGB) über den Prozess; wenn sie vor einem Prozess geschlossen werden, unterliegen sie nicht dem Anwaltszwang; anderenfalls ist dies str. Ein Vertrag, in dem sich eine Partei zu einem bestimmten proz Verhalten verpflichtet, ist wirksam, wenn das vertragl. vereinbarte Verhalten mögl. ist und weder gegen ein gesetzl. Verbot noch gegen die guten Sitten verstößt (BGH NJW 1958, 1397; NJW 1982, 2072; NJW 1986, 198). Unbedenkl. ist auch die Verpflichtung, eine bestimmte Klage nicht zu erheben (BGH NJW-RR 2006, 632; NJW 1990, 441). Klagerücknahme kann vereinbart werden, ebenso Rm-Verzicht, Verzicht auf Urkundenprozess. Auch kann vereinbart werden, dass bestimmte Beweismittel nicht verwendet werden dürfen oder nur bestimmte Beweismittel zulässig sind oder wer die Beweislast trägt; die örtl. und sachl. Zust kann nur beschränkt vereinbart werden (§§ 38 ff), die funktionelle Zust (Rm-Zug; Aufteilung Richter/Rechtspfleger, Geschäftsverteilung des Gerichts) überhaupt nicht (Ausnahme: § 566, Sprungrev). Die staatl. Gerichtsbarkeit kann durch Schiedsvereinbarungen (§§ 1025 ff) in einem begrenzten Umfang ausgeschlossen werden.

Formular 212: Vergleich mit Ratenzahlungsverpflichtung

Formular 213: Vergleich mit Ratenzahlungsverpflichtung und Verfallklausel

Formular 214: Vergleich mit Ratenzahlungsverpflichtung, Verfallklausel und Anreiz zur Zahlung eines Mindestbetrages

Formular 215: Antrag auf Verlängerung der Widerrufsfrist eines Prozessvergleiches

Formular 216: Widerruf eines Prozessvergleiches

Formular 218: Antrag auf gerichtliche Feststellung eines Vergleiches gemäß § 278 Abs. 6 ZPO

Formular 269: Mitteilung an das Gericht hinsichtlich einer Vereinbarung der Parteien über die Verlängerung der Widerrufsfrist eines Vergleiches

## § 279 ZPO Mündliche Verhandlung

**(1) [1]Erscheint eine Partei in der Güteverhandlung nicht oder ist die Güteverhandlung erfolglos, soll sich die mündliche Verhandlung (früher erster Termin oder Haupttermin) unmittelbar anschließen. [2]Andernfalls ist unverzüglich Termin zur mündlichen Verhandlung zu bestimmen.**

**(2) Im Haupttermin soll der streitigen Verhandlung die Beweisaufnahme unmittelbar folgen.**

**(3) Im Anschluss an die Beweisaufnahme hat das Gericht erneut den Sach- und Streitstand und, soweit bereits möglich, das Ergebnis der Beweisaufnahme mit den Parteien zu erörtern.**

§ 279 geändert durch G v. 27.07.2001 (BGBl 1887).

**1. Terminsarten.** Das Gesetz unterscheidet zwischen Güteverh (§ 278) und späterer mdl Verh (Letztere in zwei Formen: früher erster Termin (§ 275) und Haupttermin, § 279 II). Ein Gütetermin muss nicht unbedingt vorangehen (vgl § 278 II); dann ist der erste Termin einer zur mdl Verh. Wurde der Gütetermin ohne Erfolg abgehalten, dann wird entweder am Schluss des Gütetermins (oder später) ein Termin zur mdl Verh bestimmt und in einigen Tagen/Wochen/Monaten durchgeführt (Abs. 1 S. 2) oder der schon früher vorsorgl. hierfür bestimmte Haupttermin wird anschließend sofort durchgeführt (Abs. 1 S. 1). Es ist daher zB übl., dass das Gericht Gütetermin *und* Haupttermin auf 9 Uhr desselben Tages bestimmt und hierzu bereits Zeugen lädt; kommt im Gütetermin ein Vergleich zustande, werden die Zeugen entlassen (und erhalten Entschädigung nach dem JVEG), ohne noch vernommen zu werden. 1

**2. Der Haupttermin hat zum Beispiel folgende Stationen** (die Reihenfolge kann im Einzelfall wechseln): 2

- Aufruf der Sache, § 220. Eröffnung der Verh, § 136 I;
- Feststellung der Präsenz (Parteien, RAe, Zeugen, SV); die Zeugen verlassen (ggf nach Belehrung) den Sitzungssaal bis zu ihrer Vernehmung;
- uU Feststellung der Zulässigkeit des Einspruchs gegen ein VU, §§ 339, 341. Bei Übergabe von Schriftsätzen entgegen § 132: Klärung des Inhalts, Frage an den Gegner, ob er sich einlässt, andernfalls uU Gewährung einer Schriftsatzfrist (§ 283), uU Vertagung (§ 227 I Nr. 2);
- Stellung der Anträge, §§ 137 I, 297;

3 • Erörterung des Sach- und Streitstandes durch den Vors oder Berichterstatter, § 139 I 1. Ihr Umfang ist Ermessenssache. Unterlassen ist proz unerhebl. Bestimmte Hinweise sind zu protokollieren, § 138 IV;

• Erörterung von rechtl. und tatsächl. Zweifelsfragen, § 139 II; hierbei Vortrag von Prozessstoff durch die Parteien/PrBev, §§ 137 II, 138;

• uU beigezogene Akten werden zum Gegenstand der mdl Verh gemacht;

• uU Anhörung der (geladenen oder freiwillig erschienenen) Parteien, § 141;

4 • Durchführung der Beweisaufnahme, § 279 II. „Unmittelbar folgen“: dh es soll kein neuer Termin dafür bestimmt werden; Vorbereitungsmaßnahmen vgl §§ 139, 143, 144, 273, 358a. Ein Beweisbeschluss ist (auch bei Zeugenladung gem § 273) nicht nötig;

• Erörterung des Beweisergebnisses, § 279 III (dazu *Schulz/Sticken* MDR 2005, 1); Verh der Parteien darüber, § 285. Protokollierung notw (BGH NJW 1990, 121). Ein Recht auf Stellungnahme zur Beweisaufnahme in einem nachgelassenen Schriftsatz besteht nicht (BGH MDR 1978, 46), außer in schwierigen Fällen (vgl BGH NJW 1984, 1823);

5 • uU Hinweis auf rechtl. Gesichtspunkte nach § 139 II;

• Nochmals Versuch der vergleichsweisen Erledigung, § 278 I;

• Beratung, §§ 192-197 GVG;

• Verkündung der Entscheidung (zB eines Beweis-, Auflagen-, Aufklärungsbeschlusses; in einfachen Fällen eines Urteils), meist aber Anberaumung eines Verkündungstermins („Termin zur Verkündung einer Entscheidung wird bestimmt auf ..."; dann kann später ein Urteil oder Beschluss verkündet werden; Zeitspanne vgl § 310; in der Praxis werden zT die Urteile des Sitzungstages am Schluss der Sitzung verkündet) oder Vertagung, dh Anberaumung eines neuen Verhandlungstermins. Wegen Ladung dazu vgl § 218.

6

**Praxishinweise:**

Den Parteien muss Gelegenheit zur erneuten Erörterung des Sach- und Streitstandes einschließl. des Ergebnisses einer Beweisaufnahme gegeben werden (§ 279 III = § 278 II 2 a.F.; hinsichtl. der Beweisaufnahme s. § 285 I). Das Gericht ist dazu verpflichtet, da anderenfalls rechtl. Gehör versagt sein kann, Art 103 I GG (BGH MDR 1989, 972). Dass den Parteien die Möglichkeit der Erörterung geboten worden ist, muss protokolliert werden (§ 160 II). Ein Verstoß ist ein Verfahrensmangel, festzustellen nach § 165. In der höheren Instanz ist diese Rechtsverletzung (§ 513 I) rügefähig (BGH NJW 1990, 121; MDR 2001, 830). Die Parteien können auf das ErörterungsR verzichten. Ohne zusätzl. Anhaltspunkte darf aber bloßes Schweigen nicht in einen Verzicht umgedeutet werden (*Schneider* MDR 2001, 781, 782).

## § 280 ZPO Abgesonderte Verhandlung über Zulässigkeit der Klage

**(1) Das Gericht kann anordnen, dass über die Zulässigkeit der Klage abgesondert verhandelt wird.**

**(2) [1]Ergeht ein Zwischenurteil, so ist es in Betreff der Rechtsmittel als Endurteil anzusehen. [2]Das Gericht kann jedoch auf Antrag anordnen, dass zur Hauptsache zu verhandeln ist.**

**1. Absatz 1.** Ist die Zulässigkeit der Klage zw (zB die örtl., sachl., int Zust, deutsche Gerichtsbarkeit, Einrede des Schiedsvertrags, Prozessfähigkeit; vgl Rz 10 vor § 253), dann ermöglicht § 280 eine abschließende Klärung und verhindert eine überflüssige Beschäftigung mit der Hauptsache. Bez örtl./sachl. Zust ist ein ZwischenU aber sinnlos, vgl unten Rz 4. Die AnO der abgesonderten Verh steht im Ermessen des Gerichts (bei der KfH des Vors, BGH NJW-RR 2001, 930), setzt eine mdl Verh darüber nicht voraus und erfolgt durch unanfechtbaren Beschluss; das Gericht kann den Beschluss aber wieder aufheben. Die AnO erfolgt selten. **Andere Fälle als Zulässigkeit** der Klage betrifft § 280 nicht; dazu §§ 303, 304. Streiten die Parteien (nur) darüber, ob der Kl einen nach § 240 (Insolvenzeröffnung) unterbrochenen Rechtsstreit wirksam aufgenommen hat und entscheidet das Gericht nur darüber, fällt das nicht unter § 280 (vgl BGH NJW-RR 2006, 913). Besteht Streit über die Wirksamkeit eines PV, darf die Erledigung des Rechtsstreits durch den Vergleich nicht durch ZwischenU ausgesprochen werden (BGH NJW 1996, 3345), sondern durch EndU. 1

Über die Zulässigkeit der Klage wird mdl verhandelt (Ausnahme: § 128 II). Zur Rechtzeitigkeit von Rügen vgl §§ 282 III, 296 III. Bei Streit über Partei- bzw Prozessfähigkeit gilt die Partei zunächst als partei- und prozessfähig (BGH 24, 91). **Streitwert** des Zwischenstreits: wie Hauptsache. Bei **Säumnis** vgl § 347 II. 2

**2. Absatz 2.** Entscheidung: **a) bei Unzulässigkeit der Klage:** EndU, wonach die Klage abgewiesen wird (als unzulässig; ProzessU); bzw: bei entspr Hilfsantrag: Verweisung durch Beschluss gem §§ 281, 506; dagegen Ber usw. 3

**b) Bei Bejahung der Zulässigkeit:** ZwischenU: zB, „Das AG X ist int zuständig" (vgl BGHZ 44, 46; NJW 2003, 426); „Die Einrede des Schiedsvertrags ist nicht begr"; jeweils ohne Entscheidung über Kosten und vV. Dagegen Ber usw. Zum Streit über örtl./sachl. Zust beachte aber § 513 II; deshalb ist eine Ber gegen ein ZwischenU, das die örtl. Zust bejaht, unzulässig (BGH NJW 1998, 1230); dieses ZwischenU hat nur noch Bedeutung als Selbstbindung des Gerichts gem § 318 ZPO und stellt die Zust-Frage außer Streit (BGH aaO). Ein ZwischenU, durch das das Gericht der Einrede der mangelnden Prozesskostensicherheit (§ 110) stattgibt und dem Kl SiL aufgibt, ist nicht selbstständig anfechtbar (BGH NJW 1988, 1733). **c) Falscher Rechtsweg:** Beschluss nach § 17a II GVG: „Der Rechtsweg zu den ordentl. Gerichten ist unzulässig; der Rechtsstreit wird an das VG ... verwiesen." Dagegen sof Beschwerde. 4

**Weiterer Ablauf: (1)** Das ZwischenU wird zugestellt und die formelle Rechtskraft abgewartet; dann wird von Amts wegen Termin zur Verh über die Hauptsache bestimmt. Das Gericht und das RmG ist im weiteren Verfahren an das ZwischenU gebunden, § 318. 5

6 **(2)** Schon vor Rechtskraft des ZwischenU könnte nach **Absatz 2 Satz 2** (auf Antrag) durch **Beschluss** (nach mdl Verh) angeordnet werden, dass über die Hauptsache verhandelt wird; das ist aber unzweckmäßig.

7 **Gegen diesen Beschluss** ist Beschwerde unzulässig (OLG Frankfurt MDR 1985, 149; str, **aA** KG MDR 1971, 588: sof Beschwerde analog § 252), gegen die Ablehnung des Antrags sof Beschwerde. Wird auch das ZwischenU angefochten, ist der Prozess gleichzeitig in zwei Instanzen anhängig (BAG NJW 1967, 648). Das EndU zur Hauptsache ist, auch bei formeller Rechtskraft, auflösend bedingt durch die Aufhebung des ZwischenU (BGH NJW 1973, 468); das BerGer kann in seinem Urteil die Gegenstandslosigkeit des Hauptsache-EndU deklaratorisch feststellen.

## § 281 ZPO Verweisung bei Unzuständigkeit

**(1) [1]Ist auf Grund der Vorschriften über die örtliche oder sachliche Zuständigkeit der Gerichte die Unzuständigkeit des Gerichts auszusprechen, so hat das angegangene Gericht, sofern das zuständige Gericht bestimmt werden kann, auf Antrag des Klägers durch Beschluss sich für unzuständig zu erklären und den Rechtsstreit an das zuständige Gericht zu verweisen. [2]Sind mehrere Gerichte zuständig, so erfolgt die Verweisung an das vom Kläger gewählte Gericht.**

**(2) [1]Anträge und Erklärungen zur Zuständigkeit des Gerichts können vor dem Urkundsbeamten der Geschäftsstelle abgegeben werden. [2]Der Beschluss ist unanfechtbar. [3]Der Rechtsstreit wird bei dem im Beschluss bezeichneten Gericht mit Eingang der Akten anhängig. [4]Der Beschluss ist für dieses Gericht bindend.**

**(3) [1]Die im Verfahren vor dem angegangenen Gericht erwachsenen Kosten werden als Teil der Kosten behandelt, die bei dem im Beschluss bezeichneten Gericht erwachsen. [2]Dem Kläger sind die entstandenen Mehrkosten auch dann aufzuerlegen, wenn er in der Hauptsache obsiegt.**

§ 281 II geändert durch G v. 27.07.2001 (BGBl 2001, 1887).

1 **1. Bei Unzuständigkeit des Gerichts** ist an sich die Klage (als unzulässig) abzuweisen. § 281 ermöglicht stattdessen die bindende Verweisung; Hinweis auf den Antrag gem § 139.

2 **Verweisung** ist zu unterscheiden von der **Abgabe** (ohne Bindungswirkung): stellt sich die Unzuständigkeit *vor* Klagezustellung heraus, kann die Sache auf Antrag des Kl (der idR vom Gericht einen Hinweis erhalten hat) formlos an das zuständige Gericht abgegeben werden (vgl BGH NJW 1983, 1062). Ist ein Spruchkörper nach der Geschäftsverteilung unzuständig, ein anderer Spruchkörper *desselben* Gerichts (oder eine auswärtige Zweigstelle) aber zuständig, erfolgt formlose Abgabe, keine Verweisung; bei Zust-Streit entscheidet dann das Präsidium. Zur Abgabe vgl ferner Rz 5.

3 **Entsprechende Anwendung von § 281** in allen anderen ZPO-Verfahren: zB PKH-Verfahren (sofern dem AGegner die Antragsschrift formlos mitgeteilt worden ist, BGH NJW 2001, 3633; NJW-RR 1994, 706; ohne Bindungswirkung für die Hauptsache, BGH NJW-RR 1992, 59; str), Arrestprozess, eVfg (BGH FamRZ 1989, 847), s Beweisverfahren

(*Fischer* MDR 2001, 608); Beschwerdeverfahren, ZwV. **Nicht** analog anzuwenden: bei Einlegung der Ber bei funktionell unzuständigem Gericht (BGH VersR 1996, 1390).

**2. Sondervorschriften:** 4

- bei nachträgl. sachl. Unzuständigkeit des AG Verweisung ans LG, § 506;
- keine Verweisung bei bloßer Veränderung der die Zust begründenden Umstände, § 261 III Nr. 2;
- Verweisung von KfH an ZivK, §§ 97 I, 99 I GVG;
- Verweisung von ZivK an KfH; § 98 GVG;
- Verweisung vom AG an die KfH eines LG, § 96 II GVG;
- Abgabe zwischen **Familiengericht** und StreitG; es handelt sich um gesetzl. festgelegte Geschäftsverteilung, nicht um sachl. Zust; § 281 ist nicht anwendbar (BGH 71, 264). FamG/VormG in fG-Sachen: nur Abgabe (BGH NJW-RR 1990, 707); 5
- Abgabe vom ProzessG an AG-FamG nach § 18 HausratsVO (OLG Bamberg FamRZ 1990, 179); an AG-LandwirtschaftsG nach § 12 LwVG;
- Verweisung vom ProzessG an FGG-Gericht: eine Vorschrift fehlt; an das AG-VormG bei Kindesherausgabeverfahren (§ 1632 BGB) wohl analog § 17a GVG; bei fG-Amtsverfahren dürfte keine Verweisung mögl. sein, wohl aber in echten Streitsachen analog § 17a GVG (durch Beschluss); 6
- Verweisung an und vom **Arbeitsgericht:** § 48 ArbGG; § 17 GVG. Hat das ArbG verwiesen, ist Zurückverweisung ausgeschlossen; an ein anderes ordentl, Gericht kann weiterverwiesen werden, wenn das ArbG die örtl. bzw sachl. Zust nicht geprüft und bejaht hat (vgl BAG AP § 36 Nr. 25; *Stein/Jonas* § 281 Rz 89). Über Verweisung vom ArbG an KfH vgl § 96 II GVG; 7
- Verweisung zwischen **verschiedenen Rechtswegen:** durch Beschluss, §§ 17-17b GVG; § 48 ArbGG.

**3. Verweisung nach § 281 an das zuständige Gericht setzt voraus:** 8

**a) Rechtshängigkeit** der Sache (BGH NJW-RR 1997, 1161), also Klagezustellung. Vorher: Abgabe.

**b) Antrag** des Kl (kein Anwaltszwang, Abs. 2 S. 1), auch hilfsweise (Verweisung auch dann durch Beschluss; *Kion* NJW 1968, 268); auch im Verfahren nach § 36 Nr. 6 (BGH NJW 1978, 1163); ohne Antrag im Mahnverfahren (§§ 696 I, 698, 700 III); in FamS nach § 621 III. Das Gericht kann den Verweisungsantrag anregen. Stellt der Kl keinen Antrag, wird die Klage als unzulässig abgewiesen. Der Antrag kann auch bei Säumnis des Bekl gestellt werden. Dem Gegner muss **rechtliches Gehör** gewährt werden (BVerfG NJW 1982, 2367). 9

**c) Örtliche und/oder sachliche Unzuständigkeit** des angegangenen Gerichts. Ist ein Gericht selbst „auch" zuständig, darf es nicht verweisen (OLG Frankfurt NJW 2001, 3792). Zu beachten ist Begründung der Zust durch Vereinbarung, rügelose Einlassung (§§ 38 ff), die Fortdauer der Zust gem § 261 III Nr. 2. Im **Mahnverfahren** verliert der Kl sein Wahlrecht (§ 35) durch die Angaben im Mahnantrag. Zur Weiterweisung vgl § 696 Rz 5. Das zuständige 10

Gericht kann iÜ nicht durch **nachträgliche Parteivereinbarung** „unzuständig" werden, daher keine Weiter- oder Rückverweisung (BGH JZ 1963, 754; str).

11 **d) Bestimmbarkeit des zuständigen Gerichts;** notfalls muss darüber Beweis erhoben werden. Keine Verweisung an ein ausl Gericht (OLG Düsseldorf WPM 2000, 2193; OLG Köln NJW 1988, 2182), an EuGH, ein SchiedsG. Der Kl kann nach § 281 I 2 wählen. Ist ein unzuständiges Gericht angegangen und also ohnehin zu verweisen, können die Parteien nach Rechtshängigkeit die Zust eines sonst unzuständigen Gerichts vereinbaren, an das dann zu verweisen ist (BGH MDR 1976, 378).

12 **Verweisung** ist auch **in der Rechtsmittelinstanz** zulässig. Hat das LG die Klage wegen Unzuständigkeit abgewiesen, kann der Verweisungsantrag, auch hilfsweise, in der Rm-Instanz nachgeholt werden (Zulässigkeit des Rm vorausgesetzt, BGH 16, 345); das BerGer kann dann durch *Urteil* das ErstU aufheben und die Sache an das zuständige Gericht erster Instanz verweisen (vgl BGH NJW-RR 1988, 1405). Ebenso, wenn sich das LG für zuständig hielt, die höhere Instanz jedoch Unzuständigkeit annimmt. IÜ hindert § 513 II das BerGer an der Verweisung (BGH MDR 2005, 265).

13 **Nur der ganze Rechtsstreit kann verwiesen werden**, also grds nicht nur die Widerklage, der Hilfsantrag, eine Anspruchsgrundlage. Ist ein und derselbe Klageanspruch auf unerlaubte Handlung und Vertrag gestützt, das Gericht aber wegen § 32 nur für die unerlaubte Handlung zuständig, kann nicht iÜ verwiesen werden (vgl § 32 Rz 5; BGH NJW 1971, 564; 1986, 2436); ebenso **keine Teilverweisung**, wenn der Rechtsweg nur hinsichtl. eines der Klagegründe gegeben ist (vgl § 17 II 1 GVG; zB: teils LG, teils ArbG zuständig), oder das Gericht nicht für alle Klagegründe sachl. zuständig ist (BGH NJW 1971, 564; str).

14 **Ausnahmen:** Teilverweisung ist zulässig bei Klagenhäufung (§ 260) wegen eines selbstständigen Anspruchs; bei Widerklage iFd § 33 II.

15 Ist das Gericht für den **Hauptantrag** zuständig, für den Hilfsantrag nicht, kann erst nach Abweisung des Hauptantrags bez des Hilfsantrags Verweisung erfolgen (BGH NJW 1980, 1283); ist das Gericht für den Hauptantrag unzuständig, für den Hilfsantrag zuständig, ist die ganze Sache zu verweisen (vgl BGH NJW 1956, 1357); hält das Gericht des anderen Rechtsweges dann den Hauptantrag für unbegr, verweist es wegen des Hilfsantrags an das ordentl. Gericht zurück (vgl § 17 II 1 GVG).

16 **Verfahren.** Über den Antrag muss nicht mdl verhandelt werden, § 128 IV. Der Beschluss (der Kammer, des ER, des Vors der KfH) lautet zB: „Das LG ... erklärt sich für örtl. unzuständig und verweist den Rechtsstreit auf Antrag des Kl an das LG X-Stadt" (nicht an eine bestimmte Kammer usw. [Ausnahme: KfH]; ohne KostenE). Gründe: ... (zumindest die gesetzl. Grundlage muss erkennbar sein; vgl Rz 22). Der Beschluss wird nicht zugestellt, nur verkündet oder formlos mitgeteilt; vgl § 329 II.

17 **4. Absatz 2. Der Verweisungsbeschluss** sowie der Beschluss, der die Verweisung ablehnt (OLG Oldenburg NJW-RR 1992, 828), **ist für die Parteien unanfechtbar**, **Absatz 2 Satz 2** (und für das neue Gericht bindend, vgl Rz 20), auch wenn er unrichtig ist (BGH NJW-RR 1992, 902), auch wenn ein selbst ausschließl. zuständiges Gericht verwiesen hat (BAG RdA 1983, 72), auch wenn Verfahrensfehler (fehlender Antrag, BGH NJW 1988, 1794) vorlagen oder durch Urteil (statt durch Beschluss) verwiesen wurde (BGH NJW-RR 2000, 1731).

**Ausnahme: Beschwerde zulässig** (Rz 21) bei willkürl. Verweisung (wenn jede gesetzl. Grundlage fehlt, BGH FamRZ 1993, 50) oder wenn die Verweisung an ein unzuständiges Gericht auf Verletzung des rechtl. Gehörs beruht (BGH NJW 1989, 461; Folge: Aufhebung, Zurückverweisung, neue Entscheidung über den Verweisungsantrag; OLG München MDR 1995, 1264). Das Gericht ist auch selbst daran gebunden, kann den Beschluss nicht zurücknehmen, allenfalls gem § 319 berichtigen (zB bei Falschangabe wegen Unkenntnis der Grenzen des Gerichtsbezirks); BGH NJW-RR 1993, 700 (ungerechtfertigte Berichtigung ist unwirksam). 18

**Anhängigkeit des Rechtstreits bei dem im Beschluss bezeichneten Gericht** beginnt mit Akteneingang, **Absatz 2 Satz 3**. Dies besagt, dass das einheitl. Verfahren vor dem neuen Gericht unmittelbar in der Lage fortgesetzt wird, in der es sich bei der Verweisung befand; die bisherigen Prozesshandlungen wirken fort; eine Klagefrist wird gewahrt, wenn die Klage vor Fristablauf bei einem örtl. oder sachl. unzuständigen Gericht erhoben und auf Antrag des Kl an das zuständige Gericht verwiesen wird (BGH MDR 1986, 1004). Damit wird jenes Gericht zB HauptsacheG für einen Arrest, § 919, das jenem Gericht übergeordnete Gericht wird Rm-Gericht (KG NJW 1969, 1816), ER-Zuweisung bleibt (OLG Koblenz MDR 1986, 153). Die Wirkungen der Rechtshängigkeit bestehen fort, sie sind bereits mit der Klage vor dem unzuständigen Gericht eingetreten. 19

**Bindungswirkung, Absatz 2 Satz 4:** Der Verweisungsbeschluss wird mit der Mitteilung an die Parteien wirksam und bindend (BGH NJWE-FER 1996, 64). Folgen: **a)** Eine Zurückverweisung an das verweisende Gericht ist ausgeschlossen; **b)** Eine Weiterverweisung ist grds ebenfalls ausgeschlossen. Erfolgt sie dennoch, gilt jeweils § 36 Nr. 6. **c)** Auch die Rm-Instanzen des neuen Gerichts sind gebunden. 20

**Ablehnung der Übernahme des Rechtsstreits** und Rücksendung des Vorgangs bzw eine Rücküberweisung oder Weiterverweisung (auch an ein ArbG, BGH NJW 1964, 1416) **ist zulässig, wenn:** 21

**a) Kein „Bindungswille"** des verweisenden Gerichts vorliegt. Es kommt also darauf an, welche Zust-Art es geprüft hat: verweist das AG nur wegen des StrW an das übergeordnete LG, ohne die ausschließl. örtl. Zust eines anderen LG erkannt und geprüft zu haben, hat ihm insoweit ein Bindungswille gefehlt, das LG kann an das örtl. zuständige LG weiterverweisen (BayObLG MDR 1983, 322; NJW-RR 1996, 956; OLG Frankfurt JB 1996, 480). Verweist das AG nur wegen örtl. Unzuständigkeit an ein anderes AG, ist eine Weiterverweisung wegen sachl. Unzuständigkeit an das übergeordnete LG zulässig; erfolgt sie an ein anderes LG, ist dies bindend, falls nicht Willkür vorliegt (BayObLG MDR 1986, 326). Wenn das verweisende Gericht meinte, ein Ort gehöre zum Gerichtsbezirk A (statt B): kein Bindungswille (BAG NZA 1994, 959); ebenso bei Irrtum wegen falscher Postleitzahlen (BayObLG NJW-RR 2000, 1734). Wenn nur im PKH-Verfahren verwiesen wurde: keine Bindung für Hauptsache (Rz 3).

**b)** Wenn die **Verweisung jeglicher Rechtsgrundlage entbehrt** und sich daher als **willkürlich** erweist (BGH FamRZ 1993, 50; NJW 2002, 3634; KG NJW-RR 2000, 801; *Fischer* MDR 1993, 198), zB Verweisung nur wegen des „Sachzusammenhangs" (BGH NJWE-FER 1997, 40), Verstoß gegen § 3 InsO (BGH MDR 2006, 703); Verweisung an OLG als erste Instanz, Verweisung nur zur KostenE (BGH NJW-RR 1990, 708; st Rspr); Verweisung an das *vereinbarte* Gericht bei einem Gewerbemietverh entgegen § 29a (OLG 22

Jena OLGE 2000, 56); Verkennen von § 33 (OLG Zweibrücken NJW-RR 2000, 590); Verkennung von § 261 III Nr. 1 (BGH NJWE-FER 1998, 136), Verweisung durch das Gericht, das selbst zuständig ist (OLG Frankfurt NJW 2001, 3792); Verweisung entgegen der einhelligen Rspr der Obergerichte (BayObLG KTS 2001, 347; KG NJW-RR 2000, 801; **aA** BGH NJW-RR 2002, 1498; OLG Schleswig NJW 2006, 3361). **Anders** OLG Bremen FamRZ 1999, 1666; OLG Naumburg FamRZ 2000, 545: Gesetzesunkenntnis begründe keine Willkür.

22a **c)** Ist im **Mahnbescheidsantrag** *zutreffend* das WohnsitzG des AGegners als Gericht angegeben, an das bei Widerspruch zu verweisen sei, hat der ASt damit die Wahl (§ 35) ausgeübt, ein Verweisungsbeschluss an ein nachträgl. vom ASt/Kl bezeichnetes anderes Gericht (zB Erfüllungsort) ist ohne Bindungswirkung (BGH NJW 1993, 1273); anders dagegen, wenn der AGegner dort tatsächl. nicht wohnt, sodass das im Mahnantrag bezeichnete EmpfangsG unter keinem Gesichtspunkt zuständig ist, also noch keine Wahl ausgeübt wurde.

In dem an ein Mahnverfahren anschließenden Streitverfahren ist ein Verweisungsbeschluss von dem *fälschl.* im Mahnantrag angegebenen WohnsitzG an ein nachträgl. vom Kl bezeichnetes anderes, aufgrund Vereinbarung der Parteien *ausschließl.* zuständiges Gericht dagegen bindend (BGH NJW 1993, 2810 in Abgrenzung zu 1993, 1273); denn hier hatte der ASt kein Wahlrecht.

Keine Bindung weiter bei Verweisung von ZivK an KfH, obwohl der Antrag verspätet (§ 101 I 2 GVG!) gestellt wurde (OLG Nürnberg NJW 1993, 3208); Verweisung von LG an das AG-FamG, wenn *eindeutig* keine FamS vorliegt (BayObLG NJW-RR 1993, 16); wenn der Beschluss ohne Gründe ist und auch die Akten den Grund nicht erkennen lassen (KG MDR 1993, 176).

22b **d) Keine Willkür** (dazu *Endell* DRiZ 2003, 133; *Tombrink* NJW 2003, 2364; das Wort ist unpassend) und damit Bindung liegt bei gewöhnl. Falschverweisung vor, bei Rechtsirrtum, Abweichen von der allgM oder hM (BGH JurBüro 2004, 136; NJW 2003, 3201; NJW-RR 2002, 1498); Verfahrensmängeln, zB Verweisung (unter Verstoß gegen § 261 III 2) auf beiderseitigen Antrag der Parteien (BayObLG Rpfleger 1993, 411; abw OLG Frankfurt NJW-RR 1986, 1403), Verweisung unter Übersehen von § 621 II 1 (BGH NJWE-FER 1997, 40); Verkennung von § 43 FGG (BGH FamRZ 1997, 173); Verweisung ohne Antrag, auf Antrag *des Bekl* (aA OLG Brandenburg MDR 2006, 1184).

22c **e) Abgrenzung** der nicht bindenden Willkürverweisung von der bindenden Falschverweisung ist fließend; es kommt letztl. darauf an, ob und wie gründl. die Verweisung begr ist (OLG Karlsruhe FamRZ 1991, 90): wird zB § 29a I übersehen und eine Sache wegen des StrW an das LG verwiesen, hält OLG München MDR 1972, 151 eine Rückverweisung an das AG für zulässig; dagegen Bindung, wenn § 23a falsch ausgelegt wurde (BayObLG FamRZ 1985, 616).

23 **f)** Wenn das verweisende Gericht **kein rechtliches Gehör gewährt** hatte (BGH NJW-RR 1992, 258; FamRZ 1997, 171; OLG München VersR 2001, 395; **aA** *Scherer* ZZP 1997, 167), zB vor Fristablauf entschieden (BayObLG MDR 1980, 563); oder eine zu kurze Frist gesetzt hatte (zwei Wochen genügen). Das rechtl. Gehör kann schriftl. mit richterl. Hinweis gewährt werden (BGH NJW 1988, 1794).

**g) Bei Klageänderung** nach Verweisung (BGH NJW 1990, 53; 1997, 869). 24

**h) Prozesskostenhilfe:** Wurde im PKH-Verfahren verwiesen, kann im Hauptsacheverfahren bindend zurückverwiesen werden (BGH NJWE-FER 1997, 40; OLG Hamm NJW-RR 2000, 65).

Lehnt das Gericht, an das verwiesen wurde, die Übernahme ab und **verweist zurück**, ist der Beschluss nicht mit der Beschwerde anfechtbar (OLG Düsseldorf MDR 1996, 311); Streit wird nach § 36 Nr. 6 entschieden. Vgl Rz 17, 18. 25

**5. Absatz 3. Kosten.** Das Gericht, an das verwiesen wird, entscheidet über die gesamten Kosten. **(1)** Wird dort der **Klage stattgegeben**, heißt es: „Dem Kl werden die durch die Anrufung des unzuständigen Gerichts entstandenen Mehrkosten auferlegt; die übrigen Kosten des Rechtsstreits trägt der Bekl." **(2)** Wird dagegen die **Klage abgewiesen**, erfolgt keine Trennung der Kosten, da sie sowieso sämtl., vom Kl zu tragen sind. Die Mehrkosten sind die Differenz zwischen den tatsächl. angefallenen Kosten und den Kosten, die entstanden wären, wenn von vornherein das zuständige Gericht angerufen worden wäre. Dies sind zB Reisekosten abzügl. ersparter anderweitiger Reisekosten. Verweisung macht grds einen Anwaltswechsel nicht notw, wenn der Anwalt bei beiden Gerichten postulationsfähig ist (OLG München MDR 2001, 174). 26

**Ist im Urteil die Kostentrennung übersehen worden**, kann das Urteil nach § 321 ergänzt werden (OLG Hamm MDR 2000, 1149). Die falsche KostenE kann im Kf-Verfahren nicht korrigiert werden, indem die Mehrkosten als „nicht notw" angesehen werden (hM, OLG Naumburg MDR 2001, 1136; OLG Koblenz NJW-RR 1992, 892; **aA** OLG Rostock JurBüro 2001, 591; OLG Bremen JurBüro 1987, 437; für Anwendung von § 91 II 3: OLG München MDR 2000, 542). Dasselbe gilt, wenn in einem **Prozessvergleich** der Bekl „die Kosten des Rechtsstreits" trägt (OLG Karlsruhe JurBüro 1988, 1695; **aA** OLG Bremen JurBüro 1987, 285); er muss dann auch die Mehrkosten zahlen. 27

Bei **Säumnis** ist ferner § 344 zu beachten; bei Säumnis und Verweisung kann also *doppelte Kostentrennung* (Kosten der Säumnis, des unzuständigen Gerichts) infrage kommen. Im **Mahnverfahren** vgl § 696 V, § 696 Rz 7. 28

29

**Praxishinweise:**

1. Die Verweisung ist für Gerichte der einfachste Weg, sich einer Sache zu entledigen. So erklären sich st Verstöße in der Erwartung der Unanfechtbarkeit (§ 281 II 2).

2. Dabei kommt es zu so gravierenden Fehlern, dass die Zulässigkeit einer sof Beschwerde bejaht wird. Überwiegend sind das Fälle, in denen gegen das Willkürverbot verstoßen wird (Rz 18, 22; Einl Rz 28). So verhält es sich beispielsweise, wenn der Verweisungsbeschluss schon vor der Zustellung der Klage und damit vor Rechtshängigkeit ergeht (BAG EzA § 36 Nr. 3).

3. Die nahezu grenzenlose Einführung der ER-Zust durch die ZPO 2002 führt auch zu Verstößen gegen das Gebot des gesetzl. Richters (Art 101 I 2 GG). Wird durch ER-Beschluss verwiesen, dann muss beim angewiesenen Gericht ebenfalls der ER entscheiden. Die Kammer ist ohne Verweisung von diesem an sie nicht der gesetzl. Richter.

Verkennt sie das, handelt es sich um einen von Amts wegen zu berücksichtigenden Verfahrensmangel. Gegen das KammerU ist die Ber mögl. (OLG Frankfurt MDR 2003, 1375).

Formular 47: Verweisungsantrag des Klägers

Formular 48: Verweisungsantrag des Klägers wegen sachlicher Unzuständigkeit

Formular 49: Verweisungsantrag des Klägers bei örtlicher Unzuständigkeit

Formular 51: Hilfsweiser Verweisungsantrag des Klägers

## § 282 ZPO Rechtzeitigkeit des Vorbringens

**(1) Jede Partei hat in der mündlichen Verhandlung ihre Angriffs- und Verteidigungsmittel, insbesondere Behauptungen, Bestreiten, Einwendungen, Einreden, Beweismittel und Beweiseinreden, so zeitig vorzubringen, wie es nach der Prozesslage einer sorgfältigen und auf Förderung des Verfahrens bedachten Prozessführung entspricht.**

**(2) Anträge sowie Angriffs- und Verteidigungsmittel, auf die der Gegner voraussichtlich ohne vorhergehende Erkundigung keine Erklärung abgeben kann, sind vor der mündlichen Verhandlung durch vorbereitenden Schriftsatz so zeitig mitzuteilen, dass der Gegner die erforderliche Erkundigung noch einzuziehen vermag.**

**(3) [1]Rügen, die die Zulässigkeit der Klage betreffen, hat der Beklagte gleichzeitig und vor seiner Verhandlung zur Hauptsache vorzubringen. [2]Ist ihm vor der mündlichen Verhandlung eine Frist zur Klageerwiderung gesetzt, so hat er die Rügen schon innerhalb der Frist geltend zu machen.**

1 **1. Absatz 1 begründet eine Prozessförderungspflicht** in zeitl. Hinsicht für die Parteien, ergänzt § 138. In Arzthaftungsprozessen kann vom Laien nicht viel verlangt werden, er muss sich nicht medizinisches Fachwissen zwecks Schriftsatzfertigung anlesen (BGH NJW 2004, 2825). Bei Architektenhaftung genügt Bezeichnung der Baumängel und Zuordnung zu einer Architektenleistung (BGH NJW-RR 2003, 1239). Eine Partei ist jedoch nicht gehindert, im Laufe des Prozesses ihr Vorbringen zu ändern, selbst in Widerspruch zum früheren Vortrag (BGH NJW-RR 2000, 208; 2002, 1532). **Angriffs- und Verteidigungsmittel sind auch:** Beweisanträge, Aufrechnung (BGH NJW 1984, 1964), Verjährungseinrede, Anfechtung. Solche Mittel **sind nicht:** Rechtsausführungen, Klage, Anspruchsbegründung (§ 697 I), Klageänderung, Klageerweiterung, Sachanträge, Anschlussberufungsantrag (BGH 83, 376), Parteiänderung, Widerklage und das jeweilige Vorbringen zu ihrer Begründung; sie sind bis zum Schluss der mdl Verh zulässig, Rechtsausführungen jederzeit. Vgl § 146.

**So zeitig:** es kommt auf die Prozesslage an, die Dispositionsmaxime ist maßgebend, die Eventualmaxime gilt nicht, Prozesstaktik ist grds erlaubt. Vorbringen im ersten Termin kann nicht verspätet iSd Abs. 1 sein (BGH NJW 1992, 1965). **Bei Verstoß** gegen Abs. 1: § 296 II.

**2. Absatz 2** ergänzt §§ 129 I, 132, 277; gilt grds nur im Anwaltsprozess (und bei § 129 II). „So zeitig": Frage des Einzelfalls; einen Anhalt gibt § 274 III (2 Wochen); vgl BGH NJW 1982, 1533; 1997, 2244. **Bei Verstoß:** Schriftsatzfrist gem § 283, evtl Vertagung (§ 227); das Vorbringen kann nach § 296 II zurückgewiesen werden. 2

**3. Absatz 3.** Rügen zur Zulässigkeit der Klage: stets sogleich für alle Instanzen vorzubringen (BGH NJW 1981, 2646), auch wenn dem Bekl die Klage aus sonstigen Gründen, zB Unschlüssigkeit, unbegr erscheint. **Frist:** falls eine Klageerwiderungsfrist gesetzt war: innerhalb dieser Frist; anderenfalls im Termin vor Verh zur Hauptsache. Die Einrede der Schiedsvereinbarung muss nicht innerhalb der Klageerwiderungsfrist vorgebracht werden (BGH NJW 2001, 2176). 3

**Bei Verstoß: verzichtbare Rügen** (fehlende Kostenerstattung, § 269 VI; fehlende Ausländersicherheit, § 110; fehlende Klagbarkeit wegen Vereinbarung einer Schlichtungsklausel, OLG Oldenburg MDR 1987, 414) sind nach § 296 III zurückzuweisen; **unverzichtbare Rügen** (alle, die von Amts wegen zu prüfen sind, zB Rechtshängigkeit, Rechtskraft, Unzulässigkeit des Rechtswegs, Einreden gegen Parteifähigkeit, gegen Prozessfähigkeit, ordnungsgemäße Vertretung, vgl Rz 10 vor § 253) sind jederzeit möglich. 4

**Sonderregelungen** in § 39 bez Zust; in § 101 GVG bez Zust der KfH; sie gehen § 282 III vor. 5

## § 283 ZPO Schriftsatzfrist für Erklärungen zum Vorbringen des Gegners

**[1]Kann sich eine Partei in der mündlichen Verhandlung auf ein Vorbringen des Gegners nicht erklären, weil es ihr nicht rechtzeitig vor dem Termin mitgeteilt worden ist, so kann auf ihren Antrag das Gericht eine Frist bestimmen, in der sie die Erklärung in einem Schriftsatz nachbringen kann; gleichzeitig wird ein Termin zur Verkündung einer Entscheidung anberaumt. [2]Eine fristgemäß eingereichte Erklärung muss, eine verspätet eingereichte Erklärung kann das Gericht bei der Entscheidung berücksichtigen.**

**Lit:** ***Fischer*** NJW 1994, 1315; ***Gaier*** MDR 1997, 1093; ***Schneider*** MDR 1998, 137; ***Schur*** ZZP 2001, 319.

**1. Allgemeines.** Auf den erst in der mdl Verh übergebenen oder kurz vorher eingereichten Schriftsatz einer Partei kann das Gericht eine Schriftsatzfrist gewähren (§ 283) oder vertagen (§ 227). Ablehnung der Nachfrist muss begründet werden (BVerfG NJW 1992, 2144). Hält das Gericht das **Vorbringen für verspätet** (§ 296), darf es nicht zurückgewiesen werden, ohne dass dem Gegner Gelegenheit gegeben wird, sich in einem nachgereichten Schriftsatz dazu zu erklären; der Gegner könnte ja zB den neuen Vortrag nicht bestreiten (hM, OLG Frankfurt MDR 1987, 330; **aA** OLG Stuttgart NJW 1984, 2538). 1

**2. Voraussetzungen der Gewährung von Schriftsatzfrist:**

**a)** § 283 gilt im **Anwaltsprozess** (§ 129 I), im Parteiprozess nur gem § 129 II. 2

3 **b) Vorbringen:** Es muss erwiderungsbedürftig sein, zB neue Tatsachen, Anträge, Beweisantritte. Nicht: Rechtsausführungen, Beweiswürdigung (vgl BGH NJW 1991, 1547), uU bloßes Bestreiten. Bei im Termin übergebenen Schriftsätzen ist die Feststellung des Inhalts oft nicht sogleich mögl. Die Bewilligung der Erklärungsfrist ist dann als vorsorgl. aufzufassen (BGH NJW 1965, 297; vgl Rz 8).

**c) Mitgeteilt:** Dh durch vorbereitenden Schriftsatz.

4 **d) Nicht rechtzeitig:** Wenn Frist des § 132 nicht gewahrt, oder bei Verstoß gegen Pflicht des § 282 II (str).

5 **e) Unmöglichkeit der Stellungnahme:** Frage des Einzelfalls, wird vom Gericht nach Ermessen entschieden.

**f) Antrag der überraschten Partei**, nicht des Gegners. Dagegen kann die überraschte Partei nicht die Einlassung einfach verweigern (BGH NJW 1985, 1543).

Frist muss angemessen sein, zugleich muss ein Verkündungstermin (vgl § 310) bestimmt werden.

6 **Fristverlängerung:** Die vom Kollegium bewilligte Frist kann von ihm verlängert werden (§§ 224 II, 225), nicht vom Vors allein; geschieht dies fälschl., muss ein fristgerecht eingereichter Schriftsatz trotzdem berücksichtigt werden (BGH NJW 1983, 2030).

7 **Doppelte Fristsetzung:** Hat der Bekl im Termin einen Schriftsatz übergeben, stellt Gewährung von Schriftsatzfrist zB für den Kl und zugleich für den Bekl zur Erwiderung hierauf einen unzulässigen Übergang ins schriftl. Verfahren dar (OLG Schleswig SchlHA 1983, 182); es muss vor dem Urteil dann nochmals mdl verhandelt werden.

### 3. Folgen der Gewährung von Schriftsatzfrist:

8 **a)** Enthielt der erst im Termin überreichte Schriftsatz keine neuen Behauptungen, sondern nur Rechtsausführungen oder eine zusammenfassende Wiederholung des bisherigen Parteivorbringens, dann war an sich keine Schriftsatzfrist zu gewähren, der Inhalt des nachgelassenen Schriftsatzes ist nicht iSd § 283 zu berücksichtigen, sondern nur als zusammenfassende, erläuternde Wiederholung des bisherigen Vortrags. Im anderen Fall muss der fristgerecht eingereichte Schriftsatz berücksichtigt werden, soweit er erwidert; soweit er Sonstiges nachschiebt, neue Behauptungen aufstellt, die nicht durch den im Termin übergebenen Schriftsatz veranlasst sind, sondern auch ohne diesen bereits hätten vorgetragen werden können, ist der Schriftsatz nicht zu berücksichtigen (BGH NJW 1965, 297); solcher neuer Sachvortrag ist verspätet, § 296a. Der erwidernde Inhalt kann iÜ nach § 296 verspätet sein. Der Gegner kann nicht nochmals darauf erwidern, § 296a.

9 **b)** Der nach Fristablauf eingereichte Schriftsatz kann im Sinne von a) berücksichtigt werden, er muss (Ermessenseinschränkung), wenn anderenfalls wieder in die mdl Verh eingetreten werden müsste (BGH NJW 1983, 2030). Zur zwingenden Wiedereröffnung vgl § 156 II nF.

10 **c)** Der „Schluss der mdl Verh" (wichtig für §§ 767 II, 323 II; 138 II, III) wird hinausgeschoben.

11 **d)** Der ohne Fristgewährung iSd § 283 eingereichte Schriftsatz fällt unter § 296a.

12

**Praxishinweise:**

1. Ein Schriftsatznachlass muss auch dann gewährt werden, wenn das Gericht der Auffassung ist, das Vorbringen des Gegners sei unerhebl. (*Schneider* MDR 1998, 137). Es kommt nicht darauf an, ob das Gericht eine Stellungnahme für erforderl. hält (BVerfG ZIP 1998, 1048). Seine Meinung kann unzutreffend sein. Es ist auch für das weitere Verfahren nicht daran gebunden. Noch das BerGer kann die Erheblichkeit bejahen.

2. Das alles darf nicht unberücksichtigt bleiben, weil sonst das aus Art 103 I GG folgende ÄußerungsR der Parteien verletzt würde (BVerfGE 70, 189). Das gilt sogar für als offenkundig angesehene Tatsachen (§ 294; BVerfGE 10, 183; 48, 209; BGHZ 31, 45).

3. Deshalb muss einer Partei auch Gelegenheit gegeben werden, sich zu Rechtsausführungen des Gegners zu äußern (BVerfGE 86, 144; *Schneider* MDR 1998, 137).

4. Wird ein begr Antrag auf Schriftsatznachlass zurückgewiesen, dann kann darin eine Behinderung in der Ausübung der Parteirechte liegen, die eine Ablehnung wegen Besorgnis der Bef rechtfertigen kann (*Zöller/Vollkommer* § 42 Rz 23).

5. Wird im Urteil ein verspätet gestellter Beweisantrag nicht berücksichtigt, dann verlangt das OLG Hamm Ausführungen in den Entscheidungsgründen dazu, warum das Gericht keinen Antrag auf Schriftsatznachlass angeregt hat (NJW-RR 1994, 958: Verstoß gegen § 139).

## § 284 ZPO Beweisaufnahme

**[1]Die Beweisaufnahme und die Anordnung eines besonderen Beweisaufnahmeverfahrens durch Beweisbeschluss wird durch die Vorschriften des fünften bis elften Titels bestimmt. [2]Mit Einverständnis der Parteien kann das Gericht die Beweise in der ihm geeignet erscheinenden Art aufnehmen. [3]Das Einverständnis kann auf einzelne Beweiserhebungen beschränkt werden. [4]Es kann nur bei einer wesentlichen Änderung der Prozesslage vor Beginn der Beweiserhebung, auf die es sich bezieht, widerrufen werden.**

Sätze 2 bis 4 angefügt durch G v. 24.08.2004 (BGBl 2004, 2198).

**Lit:** ***Baumgärtel***, Hdb der Beweislast im Privatrecht, 1991ff; ***Musielak/Stadler***, Grundfragen des Beweisrechts, 1984; ***Walter***, Freie Beweiswürdigung, 1979; ***Rommé***, Der Anscheinsbeweis ..., 1989.

### Übersicht

1 **1. Gegenstand des Beweises** können Tatsachen, Erfahrungssätze und ausl Recht (§ 293) sein. Beim **Indizienbeweis** richtet er sich auf tatbestandsfremde Tatsachen, aus denen der Schluss auf das Vorliegen eines Tatbestandsmerkmals gezogen werden kann (vgl BGH 53, 260; NJW 1991, 1894; *Hansen* JuS 1992, 327). Unstr Indizien, die einen Schluss auf die Haupttatsache zulassen, machen eine Beweisaufnahme nicht entbehrl., wenn die Haupttatsache substanziiert unter Beweisantritt bestritten ist (BGH NJW-RR 1997, 238). Der von der beweisbelasteten Partei zu erbringende Beweis ist der sog **Hauptbeweis;** der **Gegenbeweis** der nicht beweisbelasteten Partei muss nur die Überzeugung des Gerichts erschüttern (BGH VersR 1983, 560), nicht den Beweis des Gegenteils erbringen.

2 **2. Beweisbedürftig** ist im Bereich der Verhandlungsmaxime nur eine rechtserhebl. bestrittene Behauptung, also nicht:

**a)** was unbestritten ist oder gem § 138 III als zugestanden gilt;

**b)** was offenkundig ist, § 291;

**c)** worüber ein Geständnis vorliegt, § 288 (Form § 160 III Nr. 3);

**d)** wofür eine gesetzl. Vermutung besteht (zB §§ 938, 891 I BGB);

**e)** zum sog gleichwertigen Parteivorbringen vgl § 138 Rz 1.

3 **3. Beweiserhebung** erfolgt grds **nur auf Antrag** (der Antrag erfordert die spezifizierte Bezeichnung der Tatsachen, die bewiesen werden sollen, BGH NJW-RR 2004, 1362); von Amts wegen kommt sie infrage im Bereich der Untersuchungsmaxime (§§ 606 ff) sowie bez unverzichtbarer Prozessvoraussetzungen, § 56 (zB Prozessfähigkeit der Parteien) und nach § 144 (Augenschein, SV), § 293 (ausl Recht), § 448 (Parteivernehmung). In der Ber-Instanz sind Beweisanträge grds zu wiederholen, Bezugnahme auf das erstinstanzl. Vorbringen genügt grds nicht (BGH 35, 103; BVerfG NJW 1982, 1637 verlangt Aufklärung nach § 139).

3a **Verzicht:** auf Beweisangebote kann der Anbietende verzichten, auch konkludent (§ 399 Rz 1). Auf Anträge in Schriftsätzen wird nicht schon dadurch verzichtet, dass sie in der mdl Verh nicht wiederholt werden (BGH NJW-RR 1996, 1459).

4 **Anordnung der Beweisaufnahme durch** formlosen **Beschluss**, iFd §§ 358, 358a, 450 I 1 durch förml. Beweisbeschluss. Die Beweisaufnahme ist in §§ 355-455 geregelt, zur Beweiswürdigung vgl §§ 286, 287.

5 **4. Beweisarten: a) Strengbeweis:** ist grds notw; erfolgt im Verfahren nach §§ 355 ff und ist beschränkt auf die Beweismittel der ZPO (Zeugen, SV, Parteivernehmung, Urkunden, Augenschein, amtl. Auskunft); **b) Freibeweis:** Verfahren (zB ohne Termin) und Beweismittel (zB tel oder schriftl. Auskünfte, eV [BGH NJW 1992, 627], Aktenbeiziehung) stehen im Ermessen des Gerichts; anwendbar zB bei § 118; § 293 und neuerdings auch im gewöhnl. Zivilprozess (§ 284 S. 2), allerdings nur mit Einverständnis der Parteien; vgl Rz 21. Freibeweis ferner zulässig bei allgemeinen Prozessvoraussetzungen; Prüfung der Zulässigkeitsvoraussetzungen eines Rm, BGH NJW 1987, 2875; str; rechtl. Gehör muss gewahrt werden; **c) Glaubhaftmachung:** zB durch eV, vgl § 294, zulässig zB bei §§ 920 II, 936. Vgl *Oberheim* JuS 1996, 1111.

**5. Ablehnung von Beweisanträgen** (vgl *Störmer* JuS 1994, 238). S. § 244 StPO. Sie erfolgt im Zivilprozess nicht durch bes Beschluss, sondern uU stillschweigend durch Übergehen in den Gründen des EndU und kommt infrage, wenn: 6

**a) die Beweiserhebung überflüssig** ist, zB weil die Behauptung für die Entscheidung unerhebl. (BGH NJW 1991, 2707) oder nicht beweisbedürftig ist (Rz 2); auch wenn es sich um schon präjudiziell rechtskr festgestellte Tatsachen handelt (§ 322 Rz 11); 7

**b)** das Beweismittel **verspätet** vorgebracht wurde (§ 296 I, II). Doch darf eine Partei ihr Vorbringen im Laufe des Prozesses ändern, der Widerspruch zum früheren Vortrag steht einer Beweiserhebung nicht entgegen (BGH NJW-RR 2000, 208). 8

**c) Ausforschungsbeweis:** erst durch die Beweisaufnahme soll die Grundlage für neue Behauptungen gewonnen werden. Aber: eine Partei kann durchaus **vermutete Tatsachen** behaupten und unter Beweis stellen, solange das nicht offensichtl. willkürl. oder sonst rechtsmissbräuchl. ist (BGH NJW-RR 1987, 335); wenn die Behauptung aber „ins Blaue hinein" aufgestellt wird, ist sie wegen Rechtsmissbrauchs unbeachtl. (BGH NJW-RR 1996, 1212); es handelt sich mE meist nur um Formulierungsfragen. 9

**d)** das **Beweismittel völlig ungeeignet** ist (BGH NJW 1976, 1793; BVerfG NJW 1993, 254), wie zB der sog Lügendetektor (BGH NJW 2003, 2527). „Zeugen vom Hörensagen" sind nicht ungeeignet, wieweit sie überzeugen, ist eine Frage der Beweiswürdigung (BGH NJW 1986, 1541 betreffend Schmerzen). Bei **Indizienbeweisführung** ist vor Beweiserhebung die Schlüssigkeit der Beweisführung zu prüfen (BGH NJW-RR 2002, 1072; VersR 1983, 375; dazu *Nack* NJW 1983, 1035; BGH NJW-RR 1993, 443). Über Indiztatsachen, die die Unglaubwürdigkeit von Zeugen ergeben sollen, vgl BGH NJW 1993, 1391. 10

**e) bei rechtswidrig erlangten Beweismitteln** ist die Verwertbarkeit str (vgl *Werner* NJW 1988, 993; *Dauster* NJW 2000, 313; *Kiethe* MDR 2005, 965. *Brinkmann* AcP Bd 206, 746, schlägt Widerklage auf Schadensersatz vor, § 826 BGB). Zutr dürfte sein, grds ein Verwertungsverbot anzunehmen; im Einzelfall ist aber eine Güterabwägung (PersönlichkeitsR/AbwehrR) vorzunehmen (BAG NJW 1983, 1691), dies kann zur Verwertbarkeit führen: zB heiml. Tonbandaufnahmen (BGH NJW 1983, 1589; 1986, 2261); mitgehörte Telefongespräche (BGH NJW 1982, 277; 1982, 1398; 1988, 1016); privates Tagebuch (BGH NJW 1964, 1139; 1988, 1037); Lauscher (BGH NJW 1991, 1180; *Lanz/Meurer* MDR 2000, 73); Abhöraktion (OLG Karlsruhe NJW 2000, 1577). 11

**f)** das **Beweismittel unerreichbar** ist, zB weil der benannte Zeuge im Ausland ist und kein Rechtshilfeverkehr besteht (vgl BGH MDR 1983, 505; OLG Hamm NJW-RR 1988, 703); der Partei muss aber Gelegenheit gegeben werden, den Zeugen mitzubringen. Über nicht anzutreffende und daher unerreichbare Zeugen vgl OLG Köln r+s 2001, 359. Zur Durchführung und Würdigung von Zeugenvernehmungen im Ausland vgl §§ 363, 364, 369 und BGH NJW 1984, 2039. 12

**g) allgemein** der **Antrag auf Aktenbeiziehung** gestellt wird (es müssen, soweit zumutbar, die genauen Stellen, Aktenseiten, angegeben werden). 13

**h)** das Gericht eine **Schadensschätzung** nach § 287 vornehmen darf. 13a

**i) Sachverständigenbeweis** angeboten wird und sich das Gericht selbst für sachkundig hält, was im Urteil darzulegen ist (BGH NJW 1970, 419; MDR 1983, 645 zu „naturrot" einer Dacheindeckung); selten mögl. 14

15 **j)** die nach § 356 gesetzte **Frist** (Zustellung erforderl.!) zur Angabe der Anschrift des Zeugen („N.N.") verstrichen ist (BGH NJW 1987, 893; BVerfG NJW 1985, 3006).

16 **k) der Beweis** zur Überzeugung des Gerichts **schon erbracht** ist (BVerfG NJW 1993, 254; BGH 53, 259; Anastasia-Urteil); sind zB zum Thema „Straße war schneebedeckt" 30 Zeugen angeboten, genügt uU die Vernehmung von 2 bis 3 Zeugen.

17 **l)** der benannte Zeuge von seinem **Zeugnisverweigerungsrecht** (§§ 383 ff) Gebrauch machen würde.

18 **m) Der Gegenbeweis** wird erst erhoben, wenn der durch die Beweislast bestimmte Hauptbeweis erbracht ist (*Weber* NJW 1972, 896; str). Vgl ferner § 445 II.

19 **n)** Zw sind die Ablehnungsgründe der „völligen Wertlosigkeit" des Beweismittels (BGH NJW 1956, 1480), der „Wahrunterstellung" (vgl § 244 III, IV StPO) einer zu beweisenden Tatsache (BGH 40, 374); hier handelt es sich uU um unerhebl. Tatsachen oder um unzulässige Vorwegnahme der Beweiswürdigung.

20 **o) Vorweggenommene Beweiswürdigung:** dh ein Absehen von einer Beweisaufnahme, weil sie voraussichtl. „nichts bringt", ist beschränkt im PKH-Verfahren zulässig (OLG Köln FamRZ 1995, 940), im Prozess grds nicht (BGH NJW 1996, 1541).

21 **6. Freibeweis.** S. 2 erlaubt seit 01.09.2004 den Freibeweis im allgemeinen Erkenntnisverfahren der ZPO, allerdings nur bei Einverständnis der Parteien (Bedenken bei *Huber* ZRP 2003, 268; *Völzmann-Stickelbrock* ZZP Bd 118, 359); von der **Zustimmung** ist im Allgemeinen **abzuraten.** Infrage kommen Gespräche mit Zeugen auf der Straße; Gespräche mit Zeugen, die unaufgefordert ins Richterzimmer kommen; tel Auskünfte von Zeugen etc (ohne dass die Parteien und ihre RAe dabei sind, Fragen stellen können, überprüfen können ob die Zeugen wirkl. das gesagt haben, was der Richter gehört haben will, ohne dass sie Vorhalte machen können, die Persönlichkeit des Zeugen und seine Reaktionen wahrnehmen können usw.); E-Mails beliebiger Absender; privater Augenschein des Richters. Das Ergebnis ist den Parteien mitzuteilen, rechtl. Gehör ist zu gewähren.

22

**Praxishinweise:**

1. Der Indizienbeweis (Rz 1) und der Anscheinsbeweis (§ 286 Rz 15) unterscheiden sich darin, dass der Indizienbeweis von individuellen (Neben-)Tatsachen auf Haupttatsachen schließt, während der Anscheinsbeweis von individuellen Tatsachen absieht und sich nur auf Sätze der Lebenserfahrung stützt. Wird diese Unterscheidung verkannt, kann das zu unklaren Beweisanträgen führen.

2. Nicht selten wird die Auffassung vertreten, der Indizienbeweis sei ggü dem Hauptbeweis schwächer. Das ist unzutreffend. Die Sicherheit beider Beweisarten hängt nur davon ab, wie gesichert ihre Tatsachengrundlage ist. Wichtig ist es deshalb, die Stringenz des Indizienbeweises zu sichern und ihm möglicherweise entgegenstehende Schlussfolgerungen zu berücksichtigen und auszuschließen. Vor allem müssen die indiziellen Tatsachen feststehen oder unter Beweis gestellt werden.

3. Der BGH (BGHZ 53, 260 f.) hat dazu folgenden Grundsatz aufgestellt: „Ein Indizienbeweis ist überzeugungskräftig, wenn andere Schlüsse aus den Indiztatsachen ernstl. nicht in Betracht kommen. Hauptstück des Indizienbeweises ist also nicht die

eigentl. Indizientatsache, sondern der daran anknüpfende weitere Denkprozess, kraft dessen auf das Gegebensein der rechtserhebl. weiteren Tatsache geschlossen wird.“ Diesen Beweiswürdigungsvorgang muss der Anwalt in minuziöser, stringenter Weise schriftsätzl. vorbereiten.

4. Um das anschaul. zu machen, sei hier ein vom OLG Frankfurt (zfs 1997, 6) entwickelter Indizienkatalog zur Erschütterung eines inszenierten Betrugs ggü dem Haftpflichtvers wiedergegeben:

- Kollision mit einem (meist in der Nähe des beschädigten Fahrzeuges) gestohlenen Pkw, typischerweise eines Modells, dessen Sicherungen einfach zu überwinden sind,
- Unfallhergang mit geringem Verletzungsrisiko für Fahrer des Verursacherfahrzeugs,
- Fehlen anderer plausibler Gründe für den Unfall, insb das Fehlen von Schleuder- und Bremsspuren,
- Abrechnung auf Gutachtenbasis,
- Wahl von Unfallort und Unfallzeit so, dass keine Zeugen zu erwarten sind,
- Vorschäden oder schwere Absetzbarkeit des „Opfer“-Fahrzeugs.

Vergleichbare Indizienreihen sind für behauptete Kfz-Diebstähle (OLG Hamm r+s 1995, 448) oder Wohnungseinbrüche (OLG Köln r+s 1995, 471) erarbeitet worden.

5. Folgende Arbeitsanweisungen sollten bei der Führung eines Indizienbeweises beachtet werden:

a) Zunächst ist zu prüfen, ob die Summe der behaupteten Indizien gedankl. eine positive Feststellung der zu beweisenden Hauptsache trägt. Wird das verneint, dann scheitert der Indizienbeweis schon an dieser beweisrechtl. Schlüssigkeitsprüfung.

b) Wird die Frage bejaht, ist weiter zu prüfen, ob alle behaupteten Indizien bewiesen sind, weil nur fest stehende Beweisumstände bei der Beweiswürdigung berücksichtigt werden dürfen. Sind alle Indizien unbewiesen geblieben, liegt Beweisfälligkeit vor. Sind nur einige Indizien unbewiesen geblieben, andere hingegen bewiesen worden, dann ist eine weitere Schlüssigkeitsprüfung anzustellen, nämlich zu überlegen, ob die fest stehenden Umstände immer noch den Schluss auf die Haupttatsache erlauben.

Formular 177: Zustimmung zur Erhebung des Freibeweises gemäß § 284 Satz 2 ZPO

Formular 178: Eingeschränkte Zustimmung zur Erhebung des Freibeweises gemäß § 284 Satz 2 und 3 ZPO

## § 285 ZPO Verhandlung nach Beweisaufnahme

**(1) Über das Ergebnis der Beweisaufnahme haben die Parteien unter Darlegung des Streitverhältnisses zu verhandeln.**

**(2) Ist die Beweisaufnahme nicht vor dem Prozessgericht erfolgt, so haben die Parteien ihr Ergebnis auf Grund der Beweisverhandlungen vorzutragen.**

1 **1. Absatz 1.** Diese Verhandlung erfolgt oft stillschweigend. Protokollierung (vgl § 160 II) ist ratsam. Verstoß gegen Abs. 1 verletzt das rechtl. Gehör (BGH MDR 2001, 830; kritisch *Schneider* MDR 2001, 781). Wiederholung der Antragstellung ist entbehrl. (BGH NJW 1974, 2322).

2 **2. Absatz 2.** Beweisaufnahme vor dem beauftr oder ersuchten Richter. Als „Vortrag" genügt stillschweigende Bezugnahme auf schriftl. Gutachten, Protokolle, eingegangene Auskünfte, §§ 160 III, 411, 273, 358a, 377 III.

3

**Praxishinweise:**

1. Das Gericht muss den Parteien Gelegenheit geben, über das Ergebnis einer Beweisaufnahme zu verhandeln. Ob sie das wollen, steht in ihrem Belieben. Wollen sie verhandeln, dann sollten sie darauf bestehen, dass dies auch protokolliert wird. Das Schweigen des Protokolls könnte sonst später eine Rm-Rüge stützen (Rz 1).

2. Wird verhandelt, dann sind Ausführungen der PrBev zur Beweiswürdigung geboten. Immer wieder wird stattdessen nur wiederholt, was die Zeugen gesagt haben. Das nachzuerzählen, ist völlig überflüssig und kein Verhandeln über das Ergebnis der Beweisaufnahme.

## § 286 ZPO Freie Beweiswürdigung

**(1) [1]Das Gericht hat unter Berücksichtigung des gesamten Inhalts der Verhandlungen und des Ergebnisses einer etwaigen Beweisaufnahme nach freier Überzeugung zu entscheiden, ob eine tatsächliche Behauptung für wahr oder für nicht wahr zu erachten sei. [2]In dem Urteil sind die Gründe anzugeben, die für die richterliche Überzeugung leitend gewesen sind.**

**(2) An gesetzliche Beweisregeln ist das Gericht nur in den durch dieses Gesetz bezeichneten Fällen gebunden.**

Lit: ***Bender/Nack***, Tatsachenfeststellung vor Gericht, 2. Aufl. 1995.

### Übersicht

1 **1. Freie Beweiswürdigung.** Eine von allen Zweifeln freie Überzeugung setzt das Gesetz nicht voraus. Pers Gewissheit des Richters selbst ist für die Entscheidung notw; er darf und muss sich aber in tatsächl. zw Fällen mit einem für das praktische Leben brauchbaren Grad von Gewissheit begnügen, der den Zweifeln Schweigen gebietet, ohne sie völlig auszuschließen (BGH NJW-RR 1999, 1184; BGH 53, 256; Fall Anastasia); die Überzeugung von der Wahrheit erfordert keine absolute oder unumstößl. Gewissheit, da eine solche nicht zu erreichen ist. Das Gericht darf also nicht darauf abstellen, ob jeder Zweifel und jede Möglichkeit des Gegenteils ausgeschlossen ist (BGH NJW-RR 1994, 567); sog **Beweismaß**.

2 Die freie Beweiswürdigung ist nur beschränkt durch **Beweisregeln (Absatz 2**; Rz 30), gesetzl. Vermutungen, naturwissenschaftl. Erkenntnisse, Denkgesetze, Erfahrungssätze.

**2. Verwertbarer Stoff:**

3 **a) Sachverständigengutachten aus anderen** (beigezogenen und zum Gegenstand der Verh gemachten) **Akten** können als Urkundenbeweis verwertet werden (BGH VersR 1983, 667; zB SV-Gutachten aus dem Ermittlungsverfahren in einem Arzthaftungsprozess, OLG Oldenburg NJW-RR 1996, 406; SV-Gutachten aus Sozialgerichtsverfahren, OLG Koblenz VersR 1996, 908), auch bei Widerspruch einer Partei. Beantragt aber eine Partei die mdl Erläuterung durch den SV, muss dem entsprochen werden (§ 411 Rz 4). **Im Falle des § 411a** können SV-Gutachten aus anderen Verfahren unmittelbar (nicht nur als Urkunde) verwertet werden.

3a **b) Zeugenprotokolle aus anderen Akten** (Zivil-, Strafakten usw.): auch sie sind als Urkundsbeweis verwertbar, wenn diese Akten Gegenstand der mdl Verh waren (OLG Düsseldorf NJW-RR 1996, 638), auch bei Widerspruch (OLG Frankfurt VersR 1996, 837); der Beweiswürdigung sind dann Grenzen gesetzt: die Richtigkeit der so eingeführten Aussage darf nicht aus Gründen angezweifelt werden, die sich nicht aus der Urkunde ergeben (BGH NJW 1982, 580; zur Beweiswürdigung vgl BGH NJW 2000, 1420; MDR 1996, 632), auf andere Bedenken hat das Gericht nach § 139 hinzuweisen (BGH NJW 1983, 1000); wenn auch nur eine Partei die nochmalige Vernehmung beantragt, ist die ausschließl. Verwertung der protokollierten Aussage unzulässig (BGH 7, 116); dann muss der Zeuge vernommen werden.

4 **c) Verwertung der Beweissicherungsakten** ist idR kein Urkundenbeweis (BGH NJW 1970, 1920); § 493.

5 **d) Privates Wissen** darf der Richter verwerten, wenn er seine Kenntnis vorher den Parteien mitgeteilt und rechtl. Gehör gewährt hat (BGH MDR 1967, 745).

e) Rechtswidrig erlangte Beweismittel vgl § 284 Rz 11.

**f) Eigene Sachkunde des Richters** (zB über Brückenbaukonstruktion) kann nur herangezogen werden, wenn der Richter ein entspr Studium abgeschlossen hat oder die Quellen seines Wissens sonst darlegen kann (BGH NJW 2003, 1325; MDR 1997, 779). Erforderl. ist dann auch ein vorheriger Hinweis an die Parteien (BGH NJW-RR 2007, 357). Angesichts der strengen herrschenden Rspr ist fast immer ein Gutachten erforderlich.

**3. Bewertungskriterien beim Zeugenbeweis sind zB:**

6 • Bekundet die Aussage eine Tatsache oder nur eine Schlussfolgerung?
- Wird aus eigener Wahrnehmung oder nur vom Hörensagen bekundet?
- Von welchem Blickpunkt aus und in welcher Verfassung hat der Zeuge die Beobachtung gemacht?
- Ist im Protokoll die Aussage in der Sprechweise des Zeugen oder mit den Worten des vernehmenden Richters wiedergegeben?
- Ist die Aussage in sich eindeutig oder widerspruchsvoll? Wie detailliert ist sie?
- Deckt sie sich mit anderen Aussagen (desselben Zeugen bei früheren Vernehmungen, anderer Zeugen)?

7 • Wird die Aussage durch Schriftstücke, andere Urkunden, den Inhalt der Beiakten, bestätigt? Oder durch andere Beweise, unstr Tatsachen, Indizien?
- Wie verhält sich die Aussage zum sonstigen Prozessstoff? Ist dieser widersprüchl., wechseln die Parteibehauptungen auffallend? Die Aussage darf nicht isoliert gewürdigt werden.
- Wie wahrscheinl. ist die bestätigte Tatsache nach der Lebenserfahrung (BGH NJW 1995, 966)?

8 **Persönliche Glaubwürdigkeit des Zeugen:**
- Sein Alter; beim jugendl. Zeugen kann ein Glaubwürdigkeitsgutachten notw sein.
- Seine Beobachtungs- und Erinnerungsfähigkeit; geübt (zB bei einem Polizeibeamten)? kontrolliert (Entfernungen und Geschwindigkeiten können idR von Zeugen nicht genau geschätzt werden)? Zufallszeuge oder bewusster Zeuge? Zeitablauf? Neigung des Zeugen, sich nach Erwartungen des Vernehmenden zu richten? Fantasie und Fabulierlust des Zeugen? Suggestionswirkungen des mitgeteilten Beweisthemas, der Befragung durch Richter und Parteien?

9 • Seine Interessen am Ausgang des Rechtsstreits; allgemeine Erfahrungssätze gibt es hier nicht (vgl BGH VersR 1974, 1196; vgl *Kirchhoff* MDR 1999, 1473).
- Seine Beziehungen zu einer Partei: verwandt; verfeindet (BGH MDR 1978, 826); beschäftigt bei ihr; Nachbar; gem Berufsgruppenzugehörigkeit? Die Glaubwürdigkeit darf nicht *allein* deshalb verneint werden, weil der Zeuge einer Partei nahesteht oder am Vertragsabschluss beteiligt war (BGH NJW 1995, 955) oder Beifahrer war (BGH NJW 1988, 566).
- Beeidigung: ob der beeideten Aussage größere Bedeutung zukommt als der unbeeideten, ist str.
- Seine Stellung: bestimmten Berufsgruppen (wie RAe) oder hochgestellten Personen darf nicht nur deshalb erhöhte Glaubwürdigkeit zugemessen werden (BGH VersR 1974, 1021). Auch der „pers Eindruck" des Zeugen gibt selten etwas her.

10 **4. Sachverständigenbeweis.** Das Gutachten darf nicht kritiklos übernommen werden, es ist nachzuprüfen, ob die Anknüpfungstatsachen des SV mit den im Prozess festgestellten übereinstimmen und ob die Folgerungen logisch sind (BGH NJW 1981, 2578); diese Tatsachen mussten auch der Gegenpartei offengelegt werden (BGH NJW 1992, 1817). Das

Gericht kann vom Gutachten abweichen (BGH NJW 1989, 2984), eigenes Studium medizinischer Fachliteratur reicht dazu nicht (BGH VersR 1984, 354; NJW 1997, 1446).

Von der Partei vorgelegte **Privatgutachten** sind nur urkundl. belegtes Parteivorbringen, das Gericht kann es aber als ausreichend ansehen (BGH NJW 1983, 999). **Gutachten aus beigezogenen Akten** sind *als Urkundenbeweis* verwertbar (BGH NJW 1983, 122), ebenso solche durch eine ärztl. Schlichtungsstelle (BGH NJW 1987, 2300). Die Gutachten aus dem vorangegangenen s Beweisverfahren werden *als SV-Beweis* verwertet (BGH NJW 1970, 1920), § 493; ebenso Gutachten im Falle des § 411a. 11

Der beauftragte SV kann nur beschränkt **Gehilfen** einschalten (zB der Klinikdirektor den Oberarzt; § 407a II). Zur Würdigung medizinischer SV-Gutachten vgl BGH NJW 1975, 1463; 1981, 2009; VersR 1985, 1187. 12

**5. Begründung im Urteil, Absatz 1 Satz 2.** Die Beweiswürdigung muss sich auf den ges Inhalt der Verhandlung und die Beweisaufnahme erstrecken. Fehlerhaft ist die Zugrundelegung von nicht begründbaren „Erfahrungssätzen" (BGH JR 1983, 84; NJW 1988, 566: „Beifahreraussagen ohne Beweiswert"). Unerledigte Beweisanträge müssen zurückgewiesen werden, was aber auch stillschweigend erfolgen kann (RG Warn. 1937, 129), ebenso verspätete Anträge (§ 296). Die Begründungsdichte ist in der Praxis unterschiedl.: wird einem Zeugen geglaubt und sind keine Besonderheiten ersichtl., begnügt man sich mit dem Hinweis auf den „glaubhaften Zeugen"; sind Gegenzeugen vorhanden, erfolgt eine ausführl. Würdigung (Rz 6); fehlen diese und will man dem einen Zeugen nicht glauben, ist die Begründung der Unglaubwürdigkeit schwierig (vgl *Reinecke* MDR 1986, 630 mwN). Die Bewertung der Glaubwürdigkeit setzt voraus, dass der Zeuge durch *alle* erkennenden Richter vernommen wurde (BGH NJW-RR 1997, 152); wichtig bei Richterwechsel, wo es nicht genügt, dass *ein* Richter die anderen von seinem gewonnenen pers Eindruck unterrichtet (BGH NJW-RR 1997, 506). Bei der Glaubwürdigkeitsbewertung kann auf aktenkundige und der Stellungnahme durch die Parteien zugängl. Beurteilungen zurückgegriffen werden (BGH NJW 1997, 1586). Bei komplexen Sachverhalten ist das Beweisergebnis mit Bezug zu den konkreten Fallumständen nachvollziehbar darzulegen, formelhafte Wendungen genügen nicht (BGH NJW 1998, 2969). 13

**6. Beweiswürdigung in zweiter Instanz.** Das BerGer darf die Glaubwürdigkeit eines erstinstanzl. vernommenen Zeugen nicht anders beurteilen als die Vorinstanz oder den Bekundungen eine andere Tragweite, ein anderes Gewicht oder eine vom Wortsinn abw Auslegung geben, wenn es diese Zeugen nicht erneut vernommen hat (BGH NJW 1985, 3078; 1988, 567); ebenso darf dem protokollierten Augenschein nicht ohne erneute Einnahme eine abw Bedeutung beigemessen werden (BGH NJW-RR 1986, 190). 14

**7. Anscheinsbeweis (Prima facie)**

Er greift nur bei „typischen Geschehensabläufen" ein (BGH NJW 2001, 1140), dh in Fällen, in denen ein bestimmter Sachverhalt feststeht, der nach der allgemeinen Lebenserfahrung auf eine bestimmte Ursache oder auf einen bestimmten Ablauf als maßgebl. für den Eintritt eines bestimmten Erfolgs hinweist (BGH MDR 1996, 794; NJW 1987, 2877; *Lepa* NZV 1992, 129). 15

16 **Folge:** ist eine Ursache bewiesen, kann darauf auf einen bestimmten Erfolg geschlossen werden und umgekehrt (BGH MDR 1979, 1012); es tritt nicht etwa eine Umkehr der Darlegungs- und Beweislast ein; der Bekl kann die „ernsthafte Möglichkeit" eines atypischen Verlaufs oder einer anderen Ursache *nachweisen* (BGH NJW 1983, 1380; der bloße Hinweis genügt nicht, BGH BB 1978, 1233); gelingt ihm das, ist für den Kl der volle Beweis nötig.

17 **Beispiele:**
bei **Verkehrsunfällen** für Kausalzusammenhang und Verschulden: Mitverschulden des Kradfahrers ohne Sturzhelm (BGH NJW 1983, 1380); des nicht angeschnallten Fahrers (BGH NJW 1980, 2125); bei Auffahrunfällen (nächtl. Auffahren auf unbeleuchtetes Hindernis spricht für schuldhafte Fahrweise, BGH LM Nr. 27; 42; dazu BGH DAR 1989, 23); Beteiligung von Betrunkenen (BGH NJW 1976, 897; NJW-RR 1986, 323; zum Anscheinsbeweis bei Trunkenheitsfahrten vgl Hoffmann NZV 1997, 57); EC-Kartenmissbrauch (Rz 36b); manipulierte Verkehrsunfälle (Rz 37a).

18 Verletzung von **Unfallverhütungs- und Brandschutzvorschriften:** tritt ein Schaden ein, dessen Verhütung bezweckt ist, spricht der erste Anschein dafür, dass der Verstoß gegen die Vorschriften ursächl. war (BGH NJW 1978, 2032; OLG Stuttgart NJE-RR 2000, 752): zB Brandausbruch nach Schweißarbeiten (BGH MDR 1984, 221; VersR 1980, 532), Rauchen im Bett (OLG Düsseldorf VersR 1983, 625); fehlender Handlauf bei Sturz (BGH NJW-RR 1986, 1350).

19 **Arzthaftung** (Zurücklassen von Arterienklemmen usw. in der Wunde spricht für Arztverschulden; BGH LM Nr. 15; 26; Einzelheiten Rz 32).

20 **Kein Anscheinsbeweis** dafür, dass ein Einschreibebrief zugegangen ist (BGH 24, 313; NJW 1978, 886); für Abgrenzung leichter von grober Fahrlässigkeit (BGH WM 1983, 1009); Zusammenhang Hörsturz/Rockkonzert (OLG Karlsruhe JZ 2000, 789); Sturz/Verletzung der Streupflicht (OLG Hamm MDR 2000, 85); Sturz/Tanzflächenglätte (OLG Düsseldorf VersR 2000, 906); str bei individuellen Willensentschlüssen (Selbstmord; BGH NJW 1983, 1551; 1987, 1944); wenn jemand ein Fleischgericht isst und sich hierbei einen Zahn abbricht, kein Anscheinsbeweis, dass Knochen oder Steinchen im Essen waren (BGH NJW 2006, 2262). Weitergabe versandfertig verpackter Ware an Beförderungsunternehmen mit Auftrag, die Sendung per Nachnahme zuzustellen, begründet keinen Anscheinsbeweis dafür, dass die dem Empfänger ausgehändigte Ware von diesem bezahlt worden ist (BGH NJW 2006, 300).

21 **8. Beweisvereitelung** (*Paulus* AcP 1997, 136; *Michalski* NJW 1991, 2069) liegt vor, wenn jemand seinem beweispflichtigen Gegner die Beweisführung *schuldhaft* unmögl. macht. Dies kann während eines Prozesses oder vorproz geschehen durch gezielte oder fahrlässige Handlungen, mit denen bereits vorhandene Beweismittel vernichtet oder vorenthalten werden; aber auch durch ein zumindest fahrlässiges Unterlassen einer Aufklärung bei bereits eingetretenem Schadensereignis, wenn dabei Beweismittel nicht geschaffen werden, obwohl die spätere Notwendigkeit einer Beweisführung dem Aufklärungspflichtigen bereits erkennbar sein musste (BGH NJW 1986, 60).

**Folgen:** Die Rspr schwankt: zT wird das Verhalten bei der Beweiswürdigung berücksichtigt (BGH NJW 1960, 821; zutr.), zT spricht man von Umkehr der Beweislast (BGH NJW 1976, 1316). 22

**Beispiele:** 23

Verletzung einer Dokumentationspflicht, zB Unterlassen von Aufzeichnungen über ärztl. Behandlung (BGH NJW 1984, 1403); Nichtanlage von Verzeichnissen (BGH NJW 1986, 61 zu ZVG): je nach Einzelfall können Billigkeitsgesichtspunkte eine Beweiserleichterung erforderl. machen oder bei Unzumutbarkeit jegl. Beweisführung für den Kl zu Beweislastumkehr führen; Nichtangabe der Adresse eines Unfallzeugen (BGH NJW 1960, 821); Vernichtung eines Testaments; Verweigerung zumutbarer Entbindung eines Zeugen von der Schweigepflicht (OLG München NJW-RR 1987, 1021); anders aber, wenn die verweigerte Entbindung von der Schweigepflicht nicht vorwerfbar und nicht missbilligenswert ist (BGH NJW-RR 1996, 1534); Vereitelung der Blutentnahme durch den nicht ehelichen Vater (BGH NJW 1986, 2371; 1993, 1391); unterlassene Obduktion (BSG NJW 1994, 1303); unterlassene Vorlage der mangelhaften Sache an den SV (LG Stuttgart CR 1994, 405).

**9. Beweislast.** Ist die Beweisaufnahme abgeschlossen, kann die Beweiswürdigung ergeben, dass weder die behauptete Tatsache noch ihr Gegenteil feststeht („non liquet“); die Beweislast entscheidet, zu wessen Lasten die Ungewissheit geht. Vor Urteilserlass hängt von der Beweislast ab, ob Beweis zu erheben ist (kein Gegenbeweis vor dem Hauptbeweis, der der beweisbelasteten Partei obliegt), ob Parteivernehmung zulässig ist (§ 445 I), von welcher Partei Darlegung, Aufklärung und Beweismittelbezeichnung zu verlangen ist (§§ 139, 273). 24

**a) Das Gesetz bestimmt zum Teil die Beweislast**, zB in §§ 179 I, 2336 III BGB; §§ 130 III, 131 II InsO. Tatsachenvermutungen (zB §§ 938, 1117 II, 1253 II, 1377 I, III BGB) oder Rechtsvermutungen (zB §§ 891, 921, 1006, 1362, 2365 BGB) haben dieselbe Wirkung, vgl § 292 (Einordnung als Beweisregel oder Beweislastregel ist str). Eine Beweislasterleichterung enthält § 252 S. 2 BGB. 25

**b) Als Grundregel gilt** iÜ: wer ein Recht geltend macht, hat die tatsächl. Voraussetzungen der rechtsbegründenden und rechtserhaltenden Tatbestandsmerkmale zu beweisen; wer an einen bestimmten Sachverhalt eine für ihn günstige Rechtsfolge anknüpft, hat also dessen tatsächl. Voraussetzungen zu beweisen (BGH NJW 1995, 50). Wer demgegenüber das Bestehen eines Rechts leugnet, trägt die Beweislast für die tatsächl. Voraussetzungen der rechtshindernden, rechtshemmenden und rechtsvernichtenden Tatbestandsmerkmale. Will der Gl seinerseits Einwendungen, die durch solche (rechtshindernden usw.) Tatsachen ausgefüllt werden, entkräften, ist wiederum er für das Vorliegen von Gegennormen beweispflichtig (BGH NJW 1991, 1052; 1988, 642; st Rspr). 26

Eine **abweichende Verteilung** kommt in Betracht bei einem Regel-Ausnahme-Verh, wegen der Zugehörigkeit der beweisbedürftigen Tatsache zu dem Gefahrenbereich einer Partei oder wegen typischer Beweisnot einer Partei. 27

**c) Beweislastverträge** sind zulässig; grds auch in AGB, vorbehaltl. §§ 307 II, 309 Nr. 12 nF BGB (AGBG ist seit 2002 aufgehoben) sowie der Unwirksamkeit wegen Unzumutbarkeit der Beweisführung (BGH NJW 1962, 31); zB ist es unzumutbar, wenn dem Auftrag- 28 geber durch AGB der Beweis von Umständen übertragen wird, die im Verantwortungsbereich des Verwenders liegen (BGH NJW 1988, 643 zum Schadensort bei Spedition). Zulässig sind auch **Beweiswürdigungsverträge** des Inhalts, dass zB der SV von 200 angebl. mangelhaften Klimageräten nur sieben untersucht und das Ergebnis auch für die nicht untersuchten 193 Geräte gelten soll (OLG Düsseldorf NJW-RR 1997, 1283).

29 **d) Sogenannte Umkehr der Beweislast.** Davon wird von manchen gesprochen, wenn der Anscheinsbeweis für die Behauptung der beweisbelasteten Partei spricht oder der Gegner dem Beweisführer die Beweisführung schuldhaft vereitelt. Der BGH nimmt eine solche Umkehr an, für den Ursachenzusammenhang zwischen Pflichtverletzung und Schadensfolge, wenn ein schuldhaft grober Verstoß gegen Berufspflichten, die andere vor Gefahren für Körper und Gesundheit schützen sollten, vorlag, und eine Schädigung eingetreten war, die zu den typischen Folgen einer solchen Pflichtverletzung gehörte (zB bei grobem ärztl. Behandlungsfehler); ferner bei Verletzung von vertragl. Hinweis- oder Beratungspflichten (BGH NJW 1988, 203). In Wirklichkeit handelt es sich um Fragen der Beweiswürdigung.

30 **10. Absatz 2. Beweisregeln** gibt es zB für Protokoll (§ 165), Tatbestand (§ 314), Urkunden (§§ 415 ff), Zustellung (§§ 182 I 2 nF). Vermeintl. „Erfahrungssätze" sind unzulässige Beweisregeln (vgl Rz 2, 13).

**11. Einzelfälle**

31
- **Abkommen von der Fahrbahn:** Kommt ein Kfz von der Fahrbahn ab und verursacht hierbei einen Unfall, ohne dass weitere Feststellungen zum Unfallhergang getroffen werden können, so spricht der Beweis des ersten Anscheins für ein Verschulden des Fahrers (OLG Karlsruhe NZV 1994, 229);
- **Abstammung:** *Hammel* NJW 1990, 753;
- **Alleinstellungsbehauptung:** BGH MDR 1985, 205 („Größtes Teppichhaus");
- **Ampelschaltung** (fehlerhaft?): OLG Hamm NZV 1993, 481;
- **Anlagevermittlung.** Der Anleger muss beweisen, vom Vermittler keinen Prospekt mit Risikohinweisen erhalten zu haben (BGH NJW-RR 2006, 1345);
- **Anwaltshaftung:** Mandant hat grds Beweislast (BGH NJW 1985, 264; 1988, 200; 1993, 734). Es besteht die Vermutung (Anscheinsbeweis), dass der Mandant dem RA rechtzeitig die notw Informationen erteilt hätte, wenn der RA seiner Beratungs- und Aufklärungspflicht sachgerecht nachgekommen wäre (BGH NJW 1994, 1472). Einzelheiten *Giesen* JZ 1988, 660; *Heinemann* NJW 1990, 2345; *Vollkommer* AnwaltshaftungsR; *Lange* VersR 2007, 36;
- **Architektenhonorar:** Bei der vorzeitigen Beendigung des Architektenvertrages trägt der Architekt die Darlegungs- und Beweislast für die von ihm bis zur Beendigung als tatsächl. erbracht abgerechneten Leistungen (BGH NJW-RR 1994, 1238);

32
- **Arzthaftung:** Über Aufklärungsformulare vgl *Weidinger* MedR 2006, 571. Über EDV-Dokumentation *Muschner* VersR 2006, 621. Ersatz der mat Schäden aus pVV des Arztvertrages; Schmerzensgeld für Altfälle nur aus §§ 823 I, 847 BGB (Schadensereignis bis 31.07.2002, Art 229 § 8 EGBGB), § 253 II (ab 01.08.2002). Keine übertriebenen Anforderungen an den Nachweis von Vorgängen, die üblicherweise ohne Zeugen ablau-

fen; die Parteivernehmung ist daher ein wichtiges Beweismittel. Der Patient hat den ärztl. Behandlungsfehler und die Kausalität für seinen Gesundheitsschaden zu beweisen (BGH NJW 1988, 2949; 1987, 1483); aus dem Schaden darf idR nicht auf eine Fehlbehandlung geschlossen werden (BGH VersR 1980, 428). Bei pVV (§ 280) muss dem Arzt Verschulden nachgewiesen werden (*Schmid* NJW 1994, 771); bei Einsatz eines objektiv mangelhaften Geräts hat aber der Arzt sich bez des Verschuldens zu entlasten (BGH NJW 1978, 584). Ob ein (grober) Behandlungsfehler kausal ist, ist vom Tatrichter nicht nach der medizinischen Sicht des SV, sondern nach seiner pers Überzeugung zu entscheiden, diese setzt ledigl. einen für das praktische Leben brauchbaren Grad von Gewissheit voraus (BGH NJW 1994, 801), also nicht 100 %.

**Beweiserleichterungen** (bez *Fehlerhaftigkeit der Behandlung, Verschulden, Kausalität*) 33
kommen dem Patienten zugute, wenn **(1)** der Anscheinsbeweis eingreift; ein bloß zeitl. Zusammenhang genügt dafür idR nicht (OLG Stuttgart VersR 1993, 608); weil fast immer untypische Verläufe denkbar sind, spielt der Anscheinsbeweis kaum eine Rolle. *Oder*: **(2)** Arzt/Krankenhaus Beweise vereitelt hat, dh sich schuldhaft so verhalten hat, dass mögl. Beweismittel nicht mehr greifbar sind; zB wenn Röntgenbilder vernichtet, Unterlagen nicht mehr auffindbar sind (BGH NJW 1996, 779 und 1589). Der Patient kann Beweise vereiteln, wenn er Schweigepflichtsentbindungen verweigert, unproblematische Untersuchungen verweigert. *Oder*: **(3)** Arzt/Krankenhaus hat die Befunde nicht ausreichend dokumentiert (BGH NJW 1978, 2337; 1986, 2365; 1988, 2949; 1998, 1780; *Schmid* NJW 1987, 681; 1994, 772; *Strohmaier* VersR 1998, 416). Versäumnisse bei der Dokumentation begründen die Vermutung, dass die nicht dokumentierte Maßnahme vom Arzt nicht getroffen wurde (BGH NJW 1988, 2949; 1993, 2375) und dass sie zu einer bestimmten Diagnose geführt hätte, aber beim Patienten bleibt die Beweislast dafür, dass die aufgrund des Befunds betriebene Therapie zu einem günstigeren Verlauf geführt hätte (OLG Düsseldorf NJW-RR 1994, 480); der Kausalitätsnachweis ist also idR noch vom Patienten zu führen. Keine Beweiserleichterung, wenn Dokumentationslücken durch Zeugenbeweis gleichwertig abgeschlossen werden können (OLG München VersR 1992, 362); *Oder*: **(4)** wenn der Arzt schuldhaft unterlassen hat, medizinisch zweifelsfrei gebotene Befunde zu erheben, zB Röntgenaufnahmen. Wenn eine solche Maßnahme nicht erfolgt ist oder mangels Dokumentation die Nichtvornahme zu unterstellen ist, kann auch die Kausalität für nachgewiesen erachtet werden (BGH NJW 1989, 2331). **(5)** Anfängeroperation (dh Arzt in Aus- oder Weiterbildung, BGH NJW 1998, 2736): die Unaufklärbarkeit des Kausalverlaufs geht zu seinen Lasten (BGH NJW 1984, 655); anders evtl, wenn ein Assistenzarzt einen Routineeingriff vorgenommen hat (OLG Düsseldorf NJW 1994, 1598; OLG Oldenburg MDR 1993, 955); außer, es erfolgte keine ausreichende Überwachung (BGH NJW 1992, 1560).

**Beweislastumkehr:** **(1)** wenn ein *grober* Behandlungsfehler des Arztes erwiesen ist und 34
der Fehler geeignet ist, einen Schaden der eingetretenen Art herbeizuführen, wird die *Kausalität* vermutet. Der Arzt muss beweisen, dass es auch ohne den Fehler zum Schaden gekommen wäre (BGH NJW 2005, 427; 2004, 2011; 1992, 754; 1997, 794; OLG Celle VersR 1994, 1237; OLG Köln VersR 1994, 1238; OLG Hamm VersR 1994, 730). Solche *groben* Fehler sind objektiv nicht verständl. Fehler, solche, die einfach nicht vorkommen dürfen (BGH NJW 1983, 2081; NJW 1995, 778; Beispiel: OLG München VersR 1994, 1240). Grob heißt nicht unbedingt: subjektiv vorwerfbar (BGH MedR 1992, 214). Diese

Beweiserleichterung erstreckt sich aber nur auf die Ursächlichkeit für den haftungsbegründeten Primärschaden, nicht auf den Kausalitätsnachweis für Folgeschäden (BGH NJW 1994, 801; OLG München VersR 1993, 607). *Oder*: **(2)** Wenn feststeht, dass dem Arzt zwar nur ein gewöhnl. (nicht: grober) Fehler unterlaufen ist, dessen *Kausalität* für den Schaden aber nicht festgestellt werden kann, weil der Arzt zugleich in schwerwiegender Weise gegen seine Pflicht zur Befundsicherung verstoßen hat, indem er einfachste Diagnose- und Kontrollbefunde nicht erhoben hat; vorausgesetzt bei alldem, erhobene Befunde hätten Kausalitätszweifel beseitigt, der Schaden beruht wahrscheinl. auf dem Behandlungsmangel und die Befundsicherung war zur Behandlung geboten (BGH NJW 1983, 334; NJW 1987, 1483; *Schmid* NJW 1994, 772). **(3)** Wenn schuldhaftes Fehlverhalten des Arztes/Krankenhauses nicht erwiesen ist, sich aber ein *voll beherrschbares Risiko* realisiert hat, muss der Arzt beweisen, dass eine Schädigung nicht auf dem Fehlverhalten beruhte, sondern unvermeidbar war (BGH NJW 2007, 1682; 1991, 1541). *Beispiele:* Versagen technischer Geräte, Zurücklassen von Klammern im Bauch, Schäden beim Krankentransport.

35 **Dem Arzt obliegt der Beweis** der ordnungsgemäßen Aufklärung des Patienten (über Risiken; nicht zur Unzeit), wobei keine *übertriebenen* Anforderungen gestellt werden dürfen (dazu *Frahm* SchlHA 2005, 394). Späteren Widerruf der Einwilligung muss der Patient beweisen. Wurde nicht ausreichend aufgeklärt und behauptet der Patient, bei ordnungsgemäßer Aufklärung hätte er sich nicht operieren lassen, muss er dies nachvollziehbar darlegen (in manchen Fällen gibt es keinen „Entscheidungskonflikt", bei schwersten Erkrankungen werden auch höhere Risiken in Kauf genommen); den Arzt trifft die Beweislast, dass der Patient auch bei hinreichender Aufklärung eingewilligt hätte (BGH NJW 1984, 1397). Formularmäßige Einverständniserklärungen genügen nicht, sind aber uU ein Indiz (BGH NJW 1985, 1399). **Sachverständigengutachten:** bei unvollständigen Gutachten muss einem Beweisangebot stattgegeben werden (BGH NJW 1997, 803); bei widersprüchl. Gutachten ist Aufklärung notw (BGH NJW 1997, 1638; 1996, 1597); ohne ausreichende Grundlage im Gutachten darf das Gericht nicht einen groben Behandlungsfehler bejahen (BGH NJW 2001, 2795). Lit: *Steffen*, Entwicklungslinien der BGH-Rspr zum Arzthaftungsrecht; *Ankermann/Kullmann*, Arzthaftpflicht-Rspr, 1987 ff.; *Stodolkowitz* VersR 1994, 11 (Aufklärungspflicht); *Scholz* ZfS 1997, 41; *Weber* NJW 1997, 761; *Müller* NJW 1997, 3049; *Nixdorf* VersR 1996, 160.

36
- **Ärztliche Atteste** (Arbeitsunfähigkeit): LAG München NZA 1991, 899; LAG Köln NZA 1995, 229;
- **Aufschiebende Bedingung:** ob vereinbart? BGH NJW 1985, 497;
- **Baurecht:** *Baumgärtel* ZfBR 1989, 231;
- **Beigezogene Akten:** Es verstößt gegen den Grundsatz rechtl. Gehörs und gegen das Willkürverbot, wenn ein Gericht den Inhalt der beigezogenen Verfahrensakte eines anderen Prozesses verwertet, ohne dass der nachteilig Betroffene von der Beiziehung Kenntnis hatte und ohne dass ein entspr Beweisantritt vorlag (BVerfG NJW 1994, 1210);
- **Bergwanderung:** BGH NJW-RR 1990, 1276;

- **Brandstiftung** durch VN? Das muss der Vers beweisen (BGH NJW-RR 1999, 1184; NJW-RR 1993, 1117; OLG Hamm VersR 1985, 437); Brandstiftung durch Kinder: OLG Köln VersR 1994, 1420;
- **Bürgschaft:** Bürge muss beweisen, dass Hauptschuldner getilgt hat (BGH NJW 1996, 719; NJW 1995, 2161); 36a
- **Demoskopie** (Verkehrsauffassung): *Müller* WRP 1989, 783; *Teplitzky* WRP 1990, 216;
- **Diebstahlsnachweis** ggü Vers: keine hohe Anforderungen, hinreichende Wahrscheinlichkeit genügt (BGH VersR 1985, 444; 1985, 559; 1986, 53; NJW-RR 1988, 342; NJW-RR 1990, 92; *Kollhosser* NJW 1997, 969; *Bach* VersR 1989, 982; *Knoche* MDR 1992, 101; *Zopfs* VersR 1993, 140). Kfz-Diebstahl: die Vers kann die Glaubwürdigkeit des VN durch den Nachweis (BGH NJW-RR 1997, 152: konkrete Tatsachen) von Ungereimtheiten (Kfz-Vorstrafen; frühere Diebstahlsfälle; billige Eigenreparatur; schlechte finanzielle Verh; unklarer Verbleib der Schlüssel) erschüttern; dann muss der VN den Diebstahl voll beweisen. Vgl OLG Hamm VersR 1993, 1475; Einbruchsdiebstahl: *Rodewald* VersR 1994, 412; vgl § 12 AKB. Wenn der VN durch Vorstrafen belastet ist, darf dies bei der Glaubwürdigkeitsbeurteilung nicht berücksichtigt werden, wenn die Strafen im Strafregister getilgt oder tilgungsreif sind (BGH NJW-RR 1998, 744; nicht vertretbar, die Tilgung hat einen anderen Zweck, ändert nicht den „Charakter“);
- **DIN-Normen** über Sicherheit. Verstoß begründet Anscheinsbeweis, *Kroitzsch* BauR 1994, 673;
- **EC-Karte:** Missbrauch BGH NJW 2004, 3623; OLG Oldenburg WPM 2000, 2337; OLG Hamm NJW 1997, 1711; § 286 Rz 18; 36b
- **Explosion eines Sportboots:** BGH NJW-RR 2006, 1098;
- **Fahruntüchtigkeit** und Unfall: BGH NJW-RR 1986, 323;
- **Feststellungsklage (negative)** dem Bekl obliegt der Beweis derjenigen Tatsachen, aus denen er seinen Anspruch herleitet (BGH NJW 1993, 1716); vgl § 256 Rz 22. Über Ehrenschutz OLG Celle MDR 1992, 1184;
- **Geldautomat.** Funktionsmängel? OLG Zweibrücken NJW-RR 1991, 241;
- **Glatteisunfall** BGH NJW 1984, 432; OLG Celle VRS Bd. 98, 323;
- **Glaubwürdigkeit von Zeugen:** sie kann vom Gericht im Urteil nur beurteilt werden, wenn entweder alle an der letzten mdl Verh beteiligten Richter auch die Beweisaufnahme miterlebt haben (Probleme bei Richterwechsel, § 355 Rz 2) oder wenn das Ergebnis eines pers Eindrucks aktenkundig gemacht wurde (zB durch Protokollierung) und die Parteien sich hierzu haben äußern können (BGH NJW-RR 1994, 1537). Die Glaubwürdigkeit erwachsener Zeugen zu beurteilen, ist ureigene Aufgabe des Richters (Kriterien § 286 Rz 6, 14), die Einholung eines SV-Gutachtens darüber scheidet im Regelfall aus; anders uU bei Kindern (dazu BGH FamRZ 1999, 1648);
- **HWS-Verletzung:** BGH NJW 2003, 1116; KG VersR 2006, 1233; OLG Schleswig NJW-RR 2007, 171;
- **Indizienbeweis:** §284, Rz 1, 10; zwar ist der Tatrichter darin frei, welche Beweiskraft er Indizien beimisst; bei einer Vielzahl von Indizien darf die Prüfung aber nicht auf die einzelnen Umstände beschränkt werden, vielmehr ist zusätzl. eine Gesamtschau erforderl. 37

(BGH NJW-RR 1994, 1112; NJW 1994, 2289), zB bei Salmonellenvergiftung von Reisenden (LG Frankfurt NJW-RR 1997, 244). Über Indizienketten *Baumgärtel* MDR 1994, 766;

- **Innere Tatsachen** bei Dritten: Beweisantrag idR unerhebl. (BGH NJW 1983, 2034); mittelbarer Beweis mögl. (BGH NJW 1992, 1899), dergestalt, dass Umstände festgestellt werden, die nach der Lebenserfahrung auf das Vorhandensein der festzustellenden Tatsache (sog. Indiztatsache) schließen lassen (BVerfG NJW 1993, 2165);
- **Insolvenzantrag** der GmbH, Geschäftsführer-Haftung (§ 64 GmbHG): BGH NJW 1994, 2220;
- **Internationales Zivilprozessrecht:** OLG Koblenz IPrax 1994, 302;
- **Kanal** (Regenwasserüberschwemmung): BGH NJW 1992, 39;
- **Makler:** BGH NJW 2006, 3062;

37a

- **Manipulierter Verkehrsunfall:** BGH NJW 1989, 3161; OLG Hamm VersR 1993, 1418; sog Berliner Modell: OLG Köln NZV 2000, 260 und OLG Frankfurt ZfS 1997, 6 (absichtl. Beschädigung eines abgestellten Fahrzeuges durch einen entwendeten Pkw, der an Ort und Stelle zurückgelassen wird, um dessen Haftpflichtvers in Anspruch nehmen zu können); OLG Zweibrücken VersR 1988, 970; *Goerke* VersR 1990, 707; *Kääb* NZV 1990, 5; *Weber* VersR 1990, 832; *Geyer* VersR 1989, 882; *Rüßmann* ZZP 1990, 65; *Knoche* MDR 1992, 919; *Birkner* ZfS 1994, 113; Kriterien für gestellte Unfälle bei *Verheyen* ZfS 1994, 313;
- **Mietsache (Schäden):** ist str, ob vermietete Räume infolge des Mietgebrauchs beschädigt worden sind, trägt der Vermieter die Beweislast dafür, dass die Schadensursache dem Obhutsbereich des Mieters entstammt; eine in seinen eigenen Verantwortungsbereich fallende Schadensursache muss der Vermieter ausräumen (BGH NJW 2000, 2344; NJW 1994, 2019). Über Schadensnachweis bei Obdachloseneinweisung OLG Köln NJW 2000, 3076. Treten infolge eines Mangels der Mietsache Schäden an Sachen des Mieters ein (§ 536a BGB), muss dieser die Schäden nach Grund und Höhe beweisen (BGH NJW-RR 2006, 1238; vgl auch BGH NJW 2006, 1061);
- **Mietwagenkosten:** zum Beweis darüber, ob dem Geschädigten bei Anmietung eines Fahrzeugs zu einem überhöhten Unfallersatztarif ein wesentl. günstigerer Tarif auf dem in seiner Lage zeitl. und örtl. relevanten Markt zugängl. war, vgl BGH NJW 2006, 2693;
- **Microverfilmung:** wenn der Versicherer den Antrag nach Verfilmung vernichtet, sodass die bestr Echtheit der Unterschrift nicht mehr begutachtet werden kann, trifft ihn die Beweislast für die Fälschung (BGH NJW-RR 2000, 1471);
- **Notar:** zur Beweislast für unterlassene Belehrung vgl BGH ZNotP 2006, 394;
- **Obliegenheitsverletzungen** muss die Vers. darlegen und auch beweisen, dass den VN daran ein relevantes Verschulden trifft (BGH NJW 1995, 662);
- **Ölkontamination** (ehemalige Tankstelle): BGH NJW 1994, 1879;
- **Öltankbefüllung:** OLG Köln VersR 1995, 806;

- **Pflichtverletzungen**, Ansprüche aus **positiver Vertragsverletzung**, aus cic: eine Beweislastregel für alle Fälle findet sich in § 280 I 2 nF BGB; für Altfälle (vor 2002) § 282 aF und Übergangsrecht beachten; 38
- **Produzentenhaftung** (*Arens* ZZP 1991, 123). Sind Produktfehler und seine Ursächlichkeit für den Schaden bewiesen, muss der Hersteller beweisen, dass ihn kein Verschulden trifft (BGH 51, 91; Hühnerpestfall; BGH NJW 1992, 1039: verdorbenes Hochzeitsessen). Für den Beweis, dass ein Produktfehler im Verantwortungsbereich des Herstellers entstanden ist, kann unter bes Umständen zugunsten des Geschädigten eine Beweislastumkehr in Betracht kommen, wenn der Hersteller aufgrund der ihm im Interesse des Verbrauchers auferlegten Vers-Pflicht gehalten war, das Produkt auf seine einwandfreie Beschaffenheit zu überprüfen und den Befund zu sichern, er dieser Verpflichtung aber nicht nachgekommen ist (BGH NJW 1988, 2611: berstende Limo-Flasche; BGH NJW 1987, 1694: Putenfutter; BGH NJW 1993, 528. Ferner: BGH NJW 1996, 2507). Vgl ProdukthaftungsG;
- **Rechtzeitigkeit** der Ber: BGH VersR 1986, 60;
- **Regeln der Technik:** Die Nichteinhaltung von anerkannten Regeln der Technik führt zu einer Umkehr der Darlegungs- und Beweislast des Unternehmers nach erfolgter Abnahme dafür, dass seine Werkleistung nicht mangelhaft ist (OLG Hamm NJW-RR 1995, 17);
- **Regressprozess** (zB gegen RAe, Steuerberater): Die Beweislastregeln des Ausgangsprozesses gelten auch für den Regressprozess (BGH NJW 2001, 2169). Der Anwalt, der seinen Mandanten nicht auf einen mögl. Regressanspruch gegen sich hingewiesen hat, muss beweisen, dass der Mandant nicht belehrungsbedürftig war (BGH NJW 2000, 1263);
- **Saldotheorie** im Bereicherungsrecht: BGH NJW 1999, 1181;
- **Scheingeschäft:** BGH MDR 1991, 992;
- **Schmerzzustände:** Zu ihrem Beweis, wenn somatische Anknüpfungstatsachen fehlen: 39
  OLG München NZV 1993, 434;
- **Schenkung:** Wird ggü einem Darlehensanspruch schlüssig Schenkung eingewandt, muss bewiesen werden, dass ein Darlehen vorlag (OLG Hamm NJW-RR 1994, 770);
- **Sicherheitsgurt:** Bei bestimmten typischen Unfallverletzungen Anscheinsbeweis dafür, dass der Gurt nicht benutzt wurde (BGH NJW 1991, 230; OLG Koblenz NZV 1992, 278; OLG Hamm VRS 1989, 112; OLG München VRS 1989, 161);
- **Skiunfälle:** vgl Grunsky SpuRt 2006, 62;
- **Softwaremängel:** *Redeker* CR 1991, 654; *Bergmann/Streitz* NJW 1992, 1726;
- **Sparbuch** (aufgelöst?): BGH NJW 2002, 2707;
- **Stasi-Akten** (Gauck-Behörde): ArbG Berlin NZA 1992, 593;
- **Steuerberaterhaftung:** BGH VersR 1985, 264; NJW-RR 1987, 210;
- **Strafurteil:** Auf ein rechtskr StrafU kann der Zivilrichter seine Überzeugung stützen, von der Erhebung der zum Beweis des Gegenteils angebotenen Beweismittel darf er

aber nicht absehen (BGH NJW-RR 1988, 1527; OLG Köln FamRZ 1991, 580; OLG Koblenz NJW-RR 1995, 727);

40 • **Straßenbahn-Auffahrunfall**: OLG Düsseldorf NZV 1994, 28;
- **Stromrechnung** (überhöht): BGH NJW 2003, 1449;
- **Suizidgefahr:** medizinisches SV-Gutachten erforderl. (BGH NJW 1994, 794);
- **Tankstellen:** BGH NJW-RR 2004, 469;
- **Telefax:** der Sendebericht beweist nicht den Zugang iSd § 130 BGB (KG NJW 1994, 3172; BGH NJW 1995, 665; **aA** OLG München NJW 1994, 527: Anscheinsbeweis). Dazu *Faulhaber/Riesenkampff* DB 2006, 376;
- **Telefonat (belauschtes):** vgl *Helle* JR 2000, 353. Die Aussagen von Lauschzeugen sind im Zivilprozess nicht schlechthin unverwertbar; Verwertbarkeit hängt von Interessen- und Güterabwägung ab (BGH NJW 1994, 2289; OLG Düsseldorf NJW 2000, 1578: Mitgehörtes verwertbar; BayObLG FamRZ 1996, 1108; BAG DB 1994, 2630; OLG Karlsruhe NJW 2000, 1577: rechtswidrige Abhöraktion; LAG Bremen MDR 1994, 597 für Arbeitnehmer; LG Kassel NJW-RR 1990, 62: Wandlungsbegehren belauscht). Vgl § 371 Rz 4;

41 • **Telefonrechnung** (§ 16 TKO): Zur Notwendigkeit, ein Gutachten einzuholen, vgl BGH NJW-RR 2007, 357. Nach AG Frankfurt NJW-RR 1997, 568; AG Koblenz NJW 1994, 2367; LG Essen NJW 1994, 2365 soll der Kunde die Beweislast dafür haben, dass die Rechnung falsch ist (Anscheinsbeweis); mE (ebenso OLG Celle NJW-RR 1997, 568; LG Wuppertal NJW-RR 1997, 701) hat die Telekom die Beweislast, soweit mehr Geb als im Durchschnitt der Vergangenheit gefordert werden, weil der Kunde mangels Zugriff zur Technik (Schaltkästen usw.) und Manipulationsmöglichkeiten den Beweis nicht erbringen kann. Über Mobilfunkbetreiber OLG Brandenburg NJW-RR 2000, 1082;
- **Testierfähigkeit:** Bei Anhaltspunkten psychiatrisches SV-Gutachten notw (BGH FamRZ 1984, 1003; BayObLG Rpfleger 1988, 414);
- **Tieffliegerschaden:** *Schmid* JR 1986, 401; LG München IJR 1986, 419;
- **Tierkrankheiten:** BGH NJW 2006, 2250;
- **Treppensturz:** OLG Koblenz VersR 1997, 338; OLG Düsseldorf NJWE-VHR 1997, 70;
- **Tresordiebstahl, Inhalt:** BGH NJW 2007, 372;
- **Überzahlung:** BGH NJW 1989, 161;
- **Unterhaltsbedürftigkeit:** BGH NJW 1983, 683;
- **Urkunde:** Beweist Vollständigkeit und Richtigkeit (BGH NJW 2002, 3164; JR 2000, 292);
- **Vaterschaft** von Zwillingsbrüdern: OLG Celle FamRZ 1994, 650. Zur Ablehnung von Beweisanträgen BGH NJW 2006, 3416. Heiml. eingeholte DNA-Analysen (zB Auswertung eines Kaugummis des nicht ehelichen Kindes) hält BGH NJW 2005, 497 für nicht verwertbar (mE nicht haltbar); dazu *Reichenbach* AcP Bd 206, 598. Eine Gesetzesänderung steht bevor;

41a • **Verkehrssicherungspflicht:** Der Beweis des ersten Anscheins ist auch bei der Verletzung von Verkehrssicherungspflichten geboten, die wie Schutzgesetze und Unfallverhütungsvorschriften typischen Gefährdungen entgegenwirken sollen, wenn sich in dem Schadensfall gerade die Gefahr verwirklicht, der durch die Auferlegung bestimmter Verhaltenspflichten begegnet werden soll (BGH NJW 1994, 945). Keine Umkehr der Beweislast bei Inanspruchnahme einer Gemeinde wegen Verletzung der Verkehrssicherungspflicht, wenn keine grobe Verletzung der Berufspflichten vorliegt (OLG Saarbrücken VersR 1994, 60);

- **Versicherungsrecht.** Wenn sie die Originalunterlagen einscannt oder verfilmt und dann vernichtet, gehen Beweisprobleme, die sich aus dem Fehlen der Originale ergeben, zulasten der Vers-Gesellschaft; vgl *Nugel* VersR 2005, 1211;
- **Vertrag** (Zustandekommen, Wirksamkeit und Inhalt): Einen Vertragsabschluss, ebenso wie Inhalt und Umfang einer Vertragsänderung, hat derjenige zu beweisen, der aus ihm Rechte herleiten will (BGH NJW 1995, 49). Bei eindeutigem Vertragswortlaut muss der andere den abw Willen nachweisen (BGH NJW 1995, 3258). Das bloße „Wollen" von Leistungen und deren schlichte Entgegennahme führen noch nicht ohne Weiteres zu einem Vertragsabschluss (BGH NJW 1997, 1982). Grds muss der Bauunternehmer, der gem § 632 II BGB die übl. Vergütung verlangt, beweisen, dass eine vom Besteller behauptete niedrigere **Festpreisvereinbarung** nicht getroffen wurde (sog Negativbeweis); gelingt ihm das nicht, steht ihm nur der behauptete niedrigere Festpreis zu. An die Darlegungslast des Bestellers stellt der BGH aber „höhere" Anforderungen: der Besteller muss diese Festpreis-Vereinbarung nach Ort, Zeit und Höhe substanziiert darlegen. Der Unternehmer kann diese Umstände widerlegen; an diese Beweisführung sind „keine zu strengen Anforderungen" zu stellen. Eine widerspruchsvolle, in sich unstimmige Darlegung genügt als substanziierter Vortrag des Bestellers nicht (BGH NJW-RR 1992, 848; st Rspr; umstr). Beruft sich der Besteller für die von ihm behauptete Pauschalpreisabrede auf eine von den Parteien über den Werkvertrag errichtete Urkunde, die einen ca.-Preis nennt, dann ist sein Sachvortrag unstimmig und es gilt die von dem Unternehmer behauptete Einheitspreisberechnung (OLG Hamm NJW-RR 1993, 1490); 42
- **Vollmacht:** Abschluss vor Erlöschen? BGH WM 1984, 603; 43
- **Wandelungseinrede im Scheckprozess:** BGH NJW-RR 1994, 114;
- **Warentermingeschäfte:** BGH NJW 1984, 1688;
- **Werklohnrest** des Bauunternehmers: BGH BauR 1988, 121; NJW 1984, 2888;
- **Zahlungsbedingungen** str: BGH NJW 1983, 2944;
- **Zahlungsunfähigkeit**, deren Nachweis bei § 130 InsO: BGH NZI 2007, 36;
- **Zinsen** (verlorener Anlagezins): wird eine Bankbescheinigung über eine solche Anlagemöglichkeit vorgelegt, ist anzunehmen, dass der Kl davon Gebrauch gemacht hätte (BGH NJW 1995, 733);
- **Zinsschaden** von mehr als 5% über dem Basiszinssatz (§ 288 I nF BGB): BGH NJW-RR 1991, 1406. Bei kaufmännischen Entgeltforderungen: 8% über Basiszinssatz (§ 288 II nF BGB);
- **Zugang** eines Schriftstücks: Beweis der Aufgabe ungenügend (BGH NJW 1978, 886; GRUR 1984, 652); vgl Rz 20. Unrichtigkeit eines RA-Empfangsbekenntnisses: BGH NJW 2001, 2722;
- **Zugewinnausgleich, Anfangsvermögen:** BGH NJW-RR 2005, 1460;

- **Zulässigkeitsvoraussetzungen** eines Rm: Freibeweis (BGH NJW 2000, 814; NJW 1987, 2875).

44 **Praxishinweise:**

1. Arzthaftungsprozesse (Rz 32) verlangen vom Gericht eine bes schwierige und verantwortungsvolle Tatsachenfeststellung. Deshalb dürfen sie grds nicht einem ER überlassen werden (OLG Karlsruhe OLGR 2005, 753 mwN; *Martis/Winkhart*, Arzthaftungsrecht, 2. Aufl. 2007, S. 454 ff.)

2. Verstöße bei Beweiserhebung und Beweiswürdigung kommen st vor und sind dann oft Grundlage einer FehlE (s. *Schneider* MDR 1998, 997). Darauf hinzuweisen, ist in der nach § 285 gebotenen Verh über das Ergebnis der Beweisaufnahme mögl.

3. Die beliebte Zurückweisung eines Beweisantrags mit der Begründung, er werde „ins Blaue hinein" oder „auf das Geratewohl" gestellt, beruht idR auf einer Verletzung der Aufklärungs- und Hinweispflicht. Spätestens in der mdl Verh muss dem Beweisführer Gelegenheit gegeben werde, sich dazu zu erklären (s. *Schneider* ZAP Fach 13 S. 282 ff.). Verstöße dagegen sind mit der Ber nach §§ 513 I, 529 II 1 rügefähig.

4. Die verfassungsrechtl. Grenzen der Beweiswürdigung müssen beachtet werden. Der Richter darf seine Überzeugungsbildung nicht auf Mutmaßungen und Verdachtsmomente stützen, für die der Parteivortrag nichts hergibt (s. dazu *Schneider* ZAP Fach 13, S. 396 ff).

5. Beweisrechtl. Folgerungen aus verweigerter Entbindung von der Verschwiegenheitspflicht dürfen bei der Tatsachenfeststellung berücksichtigt werden, weil sie zum ges Inhalt der Verh gehören (§ 286 I 1; BGH ZIP 1983, 735, 737; s. näher *Schneider* ZAP Fach 13, S. 443).

6. Übersehen wird manchmal der § 14 II RVG, wonach in einem Rechtsstreit wegen Rahmengeb ein Gutachten des Vorstands der RA-Kammer eingeholt werden muss, und zwar derjenigen Kammer, deren Bezirk der klagende oder verklagte RA angehört (*Schneider* AnwK RVG, 3. Aufl. 2006, § 14 Rz 101). Klagt also ein in Frankfurt zugelassener Anwalt vor einem Kölner Gericht, darf die Kölner Kammer kein Gutachten erstatten. Vielen Richtern ist diese Rechtslage unbekannt, sodass vorsorgl. darauf hinzuweisen ist.

7. Erfahrungswidrige Annahmen sind zurückzuweisen, zB die Bereitschaft, Zeit- oder Geschwindigkeitsangaben von Zeugen als zuverlässige Bekundungen hinzunehmen (*Schneider* MDR 1975, 175, 15).

8. Auch Mutmaßungen des Richters ist entgegenzutreten, etwa das Abstellen auf gesetzl. Beweisregeln, die es nicht gibt (Rz 13; *Schneider* MDR 2001, 246).

9. Vom Beweisführer benannte Zeugen sind zu schützen, etwa wenn vom Gericht unterstellt wird, ein Zeuge habe sich vielleicht strafbar gemacht. Darin kann eine „verächtl. Behandlung" und damit ein Verstoß gegen Art 1 I GG liegen (BVerfGE 30, 26).

## § 287 ZPO Schadensermittlung; Höhe der Forderung

**(1) [1]Ist unter den Parteien streitig, ob ein Schaden entstanden sei und wie hoch sich der Schaden oder ein zu ersetzendes Interesse belaufe, so entscheidet hierüber das Gericht unter Würdigung aller Umstände nach freier Überzeugung. [2]Ob und inwieweit eine beantragte Beweisaufnahme oder von Amts wegen die Begutachtung durch Sachverständige anzuordnen sei, bleibt dem Ermessen des Gerichts überlassen. [3]Das Gericht kann den Beweisführer über den Schaden oder das Interesse vernehmen; die Vorschriften des § 452 Abs. 1 Satz 1, Abs. 2 bis 4 gelten entsprechend.**

**(2) Die Vorschriften des Absatzes 1 Satz 1, 2 sind bei vermögensrechtlichen Streitigkeiten auch in anderen Fällen entsprechend anzuwenden, soweit unter den Parteien die Höhe einer Forderung streitig ist und die vollständige Aufklärung aller hierfür maßgebenden Umstände mit Schwierigkeiten verbunden ist, die zu der Bedeutung des streitigen Teiles der Forderung in keinem Verhältnis stehen.**

**Lit:** ***Gottwald***, Schadenszurechnung und Schadensschätzung, 1979.

**1. Abgrenzung zu § 286.** Die Beweisfragen eines Schadensersatzprozesses sind zT nach § 286, zT nach § 287 zu behandeln: 1

**a) Bezüglich der Ansprüche aus § 823 I BGB** ist der Zusammenhang zwischen dem Tun und Lassen des Schädigers (zB Behandlungsfehler) und dem ersten Verletzungserfolg (zB Körperverletzung), die sog *haftungsbegründende Kausalität* also, nach § 286 zu beweisen (BGH NJW 1987, 705; NJW 2004, 777; st Rspr); erst die Höhe und Weiterentwicklung des Schadens (zB ob die Körperverletzung einen Verdienstausfall, eine tödl. Lungenembolie, einen Selbstmord verursachte; eine spätere Erblindung auf einen Unfall zurückzuführen ist; ob bei § 844 II BGB die Körperverletzung den Tod verursacht hat, BGH NJW 1992, 3298; ob wegen eines Arztfehlers ein vorteilhafter Vertrag entgangen sei, BGH NJW 1993, 2383) gehört zur nach § 287 festzustellenden sog *haftungsausfüllenden Kausalität* (BGH NJW 1991, 1412; 1993, 201). Bei § 287 gelten Beweiserleichterungen. § 287 wird durch § 252 BGB ergänzt (BGH NJW 2002, 2553).

**b)** Das gilt auch bei **Ansprüchen aus Vertragsverletzung** wegen eines ärztl. Behandlungsfehlers (BGH NJW 1987, 705). Bei der Unfallvers (AUB) unterliegt die gesundheitl. Beeinträchtigung dem Beweismaß des §286, die Frage, ob die dauernde Beeinträchtigung der Arbeitsunfähigkeit darauf zurückzuführen ist, dem §287 (BGH NJW-RR 2002, 166). Bei sonstigen Vertragsverletzungen ist die Schadensentstehung keine haftungsbegründende Tatsache, der nach §286 zu beweisende Haftungsgrund erstreckt sich nur bis zur Feststellung, der Vertragspartner sei von dem Verstoß so betroffen worden, dass nachteilige Folgen für ihn eintreten können; für den Beweis der Ursächlichkeit der Vertragsverletzung für den eigentl. Schadenseintritt ist §287 anwendbar (BGH NJW 1975, 541; 1987, 706), kurz: der Verstoß ist nach §286 zu beweisen, ob und in welcher Höhe ein Schaden entstanden ist, nur nach §287 (BGH NJW 1983, 998); das gilt jedenfalls bei Vermögensschäden aus der Verletzung vertragl. geschützter Vermögensinteressen (BGH NJW 1983, 998). 2

3 **c) Ob Mitverschulden** vorliegt, ist nach § 286 zu beurteilen (BGH NJW 1967, 1420; NJW-RR 1987, 1019), die Quote nach § 287 (BGH 60, 184), ebenso bei Verletzung der Schadensminderungspflicht (BGH VersR 1986, 1208).

**d)** § 287 erleichtert die Darlegungslast (BGH NJW-RR 1992, 202).

4 **2. Absatz 1: „Schaden":** nicht sonstige Vertragserfüllung, Minderung, Bereicherung. Abs. 1 gilt im Rahmen von Rz 1 bis 3 für die Schadensentstehung und die Höhe des Schadens:

ZB des merkantilen Minderwerts des reparierten Pkw (BGH NJW 2005, 277; 1983, 2194); des Nutzungsausfalls (BGH NJW 2005, 277: die Tabelle von *Sanden/Danner/Küppersbusch* könne herangezogen werden); der Reparaturkosten (BGH NJW 1989, 3009); des Eigenanteils (15 bis 20 %) der Mietwagenkosten; Wert des beschädigten Straßenbaums (BGH NJW 1975, 2061); Schadenshöhe bei Sachvers (BGH MDR 2001, 830); Höhe des Schmerzensgeldes; Mehrkosten bei Tötung der Hausfrau (BGH VersR 1984, 875); unfallbedingter Mehrbedarf an Haushaltshilfen bei § 843 BGB (BGH MDR 1992, 1129; OLG Celle OLG-Report 2005, 781); Zinssatz (BGH NJW 1984, 372; Handelsunternehmen können aber eine abstrakte Berechnung von Verzugsschäden nach der Formel „Basiszinssatz plus 8 %" vornehmen, § 288 II BGB (seit 2002); Handelsvertreterausgleich (BGH NJW 2000, 1413; 1985, 860); Wettbewerbsschaden (BGH NJW 1982, 2774; NJW 1992, 2753; *Teplitzky* GRUR 1987, 215); Höhe landwirtschaftl. Einkommens (BGH VersR 1986, 39); Verdienstentgang (BGH NJW-RR 1988, 534; NJW 1987, 909; 1995, 1023; 1997, 941), hypothetische Sportkarriere (LG München I SpuRt 2001, 238); hypothetische berufl. Fortentwicklung (BGH NJW-RR 1999, 1039); Schaden bei Verzögerung eines Filmprojekts (OLG München NJW-RR 2000, 204); Verzögerung einer Geschäftseröffnung (BGH NZM 1998, 666); Verzugsschaden (BGH NJW-RR 1992, 202), Mindestschaden (BGH NJW-RR 2000, 1340); Ausgleichsanspruch eines Kfz-Vertragshändlers (BGH NJW 1997, 1503); Frage, wie lange jemand mutmaßl. gelebt hätte, nach der Sterbetafel (OLG Hamm MDR 1998, 1414); entgangener Gewinn des Kapitalanlegers vgl BGH NJW 2002, 2556; ortsübl. Vergleichsmiete (BGH NJW 2005, 2074).

5 **Es genügt bei § 287** eine erhebl. Wahrscheinlichkeit, wenn sie zur freien Überzeugungsbildung ausreicht (BGH NJW 1992, 2694; NJW-RR 1987, 339 zu den Anforderungen). Abs. 1 S. 2 besagt, dass Beweisanträge nicht erschöpft werden müssen (BGH NJW 1991, 1412). Zu den proz Anforderungen vgl BGH NJW-RR 2003, 878.

6 **Im Urteil** ist die Ablehnung eines Beweisantrags zu begründen (BGH NJW 1982, 33). Die tatsächl. Grundlagen der Schätzung sind richtig zu ermitteln, die Schätzungsunterlagen (= Ausgangs- bzw Anknüpfungstatsachen, BGH NJW 1988, 3016) dürfen also nicht ihrerseits geschätzt werden (BGH NJW-RR 2004, 1023; NJW 1984, 2282) und ihre Auswertung ist darzulegen (BGH 6, 62); darin liegt das Problem (vgl BGH BauR 2004, 851). Die grds Beweislastverteilung bleibt auch bei § 287 (BGH NJW 1970, 1970), der Geschädigte muss also die Umstände für die Schätzung darlegen. In der Ber-Instanz erfolgt volle Nachprüfung, in der Rev nur beschränkte (BGH NJW 1988, 2367).

7 **3. Anwendung in sonstigen Fällen, Absatz 2.** Voraussetzungen: sonstige vermögensrechtl. Streitigkeiten (hier auch Erfüllungsansprüche, Bereicherung; Unterhaltsprozess, BGH FamRZ 1986, 885); Aufklärungsschwierigkeit; Geringfügigkeit. Beispiele: Ermittlung des Mehrbedarfs eines Behinderten, Schätzung eines fiktiven Einkommens.

**Praxishinweise:** 8

1. Die Beweiserleichterung des § 287 kommt keiner Partei zugute, die nur bestreitet, obwohl sie in der Lage wäre, durch wahrheitsgemäße Angaben konkrete Feststellungen zu ermöglichen (OLG Frankfurt VersR 1991, 1070; OLG Hamm NJW-RR 1990, 42).

2. Die Nichtanwendung des § 287 durch das Gericht ist verfahrenswidrig (BGH WPM 2003, 541; OLG Zweibrücken NJW-RR 1989, 221). Eine Klage darf nicht wegen Beweisfälligkeit abgewiesen werden, wenn eine freie Schadensschätzung mögl. ist (BGH DB 1967, 1584). Das ist nur zulässig, wenn für eine Schätzung jede tatsächl. Grundlage fehlt (OLG Köln VersR 1991, 100).

3. Die Grenzen des Schätzungsermessens müssen erkannt und eingehalten werden (OLG Köln MDR 1980, 674). Das Verbot der Beweisantizipation (§ 284 Rz 6 ff) gilt auch für die freie Schadensschätzung (OLG Köln JurBüro 1969, 645).

4. Aus dem Begründungszwang des § 286 I 2 folgt, dass im Urteil die tatsächl. Grundlagen der Schätzung und ihre Auswertung offengelegt werden müssen (BGHZ 6, 62).

5. Der freieren Stellung des Gerichts bei der Schadensschätzung entspricht eine geminderte Substanziierungslast, da auch die Parteien den Schaden oder das zu ersetzende Interesse frei schätzen dürfen (*Stein/Joans*, § 287 Rz 25). Oft ist es angebracht, das Gericht darauf hinzuweisen.

6. Die Beweislastverteilung ist unverändert (OLG Hamm NJW-RR 1990, 42), sodass Lücken in der Schätzungsgrundlage zulasten des Beweisführers gehen (aber Hinweispflicht nach § 139 I 2).

## § 288 ZPO Gerichtliches Geständnis

**(1) Die von einer Partei behaupteten Tatsachen bedürfen insoweit keines Beweises, als sie im Laufe des Rechtsstreits von dem Gegner bei einer mündlichen Verhandlung oder zum Protokoll eines beauftragten oder ersuchten Richters zugestanden sind.**

**(2) Zur Wirksamkeit des gerichtlichen Geständnisses ist dessen Annahme nicht erforderlich.**

**Lit:** ***Organides*** NJW 1990, 3174; ***Schneider*** MDR 1991, 297.

**Abgrenzungen: a) Geständnis** ist die innerhalb des Rechtsstreits abgegebene Erklärung einer Partei, dass eine vom Gegner behauptete, ihr im Rechtssinne ungünstige Tatsache wahr sei. Doppelte Wirkung: es wird (ungeprüft!) ohne Weiteres zur Urteilsgrundlage; Bindung der Partei an ihr Wort. Das bisher unterlassene Bestreiten kann bis zum Schluss der mdl Verh jederzeit (vorbehaltl. § 296) mit der Wirkung nachgeholt werden, dass die Tatsache nunmehr des Beweises bedarf. Nach Ablegung des gerichtl. Geständnisses ist dagegen ein einfaches Bestreiten ausgeschlossen und der Widerruf an den doppelten Nachweis gebunden, dass das Geständnis nicht der Wahrheit entspricht und dass es durch einen Irrtum veranlasst ist (BGH NJW-RR 2005, 1297). Das Geständnis ist an keinen bestimmten Wortlaut gebunden und kann (bei Vorliegen *weiterer* Umstände) auch in der Äußerung 1 liegen, dass die Ausführungen des Gegners nicht bestr werden (BGH NJW 1983, 1496; BGH NJW 1994, 3109 lässt *ausdrückl.* Nichtbestreiten genügen; abw OLG Hamm FamRZ 2001, 370); Anerkenntnis der Echtheit einer von ihr unterzeichneten Urkunde (OLG Saarbrücken MDR 2002, 109); Vortrag, der Vertrag sei mit dem Gegner zustandegekommen (BGH NJW-RR 2003, 1578). Bei mdl Verh: auch durch *stillschweigende* Bezugnahme auf einen entspr Schriftsatz (BGH NJW-RR 1990, 1150; OLG Saarbrücken MedR 2000, 326; kaum vertretbar). Stillschweigen auf gegnerische Behauptungen – § 138 III – genügt nicht (BGH NJW 1991, 1683; vgl BVerfG NJW 2001, 1565); übereinstimmender Parteivortrag kann genügen (BGH NJW 1992, 2818). Begehrt Bekl Klageabweisung wegen *Haupt*aufrechnung, sind damit idR die den Klageanspruch begründenden tatsächl. Behauptungen iSd § 288 zugestanden (BGH NJW-RR 1996, 699). Ein bedingtes Geständnis ist idR unzulässig (BGH NJW-RR 2003, 1145). Weil §§ 288, 290 dieselben Folgen haben wie eine Präklusion, darf ein Geständnis nicht ohne Weiteres unterstellt werden (vgl BVerfG NJW 2001, 1565). Ein Schuldner kann die Rechtsnachfolge im Falle des § 727 nach § 288 zugestehen (BGH Rpfleger 2005, 611); § 138 III ist darauf nicht anwendbar.

2 Ein **Geständnis in einem Strafverfahren** entfaltet in einem Zivilprozess nicht die Wirkungen der §§ 288, 290, stellt aber im Rahmen der freien Beweiswürdigung nach § 286 ein wichtiges Indiz für die Wahrheit der zugestandenen Tatsachen dar. Das Gericht darf diesen Beweis nur als geführt ansehen, wenn es zuvor alle für die Unrichtigkeit des Geständnisses angetretenen Beweise erhoben hat (BGH NJW-RR 2004, 1001).

3 **Tatsachen** sind auch Zustände des menschl. Seelenlebens, Willensrichtungen, nicht Werturteile (BGH NJW 1981, 1562). Zugestehen kann die Partei, ihr gesetzl. Vertreter (beide Eltern gem, BGH MDR 1987, 659), ihr PrBev. Erklärungen im Rahmen der Parteivernehmung gem § 445 enthalten nicht *zwingend* ein Geständnis (BGH NJW 1995, 1432; OLG Köln VersR 2000, 1302; **aA** BGH 8, 235 ist aufgegeben). Ebenso nicht Parteierklärungen im Rahmen von Anhörungen gem §§ 137 IV, 141 (OLG Hamm WPM 1996, 669), Geständnis im Strafverfahren (BGH NJW-RR 2004, 1001; aber wichtiges Indiz nach § 286). Feststellung eines Geständnisses im Protokoll nach § 160 III Nr. 3. Rechtsfragen sind einem Geständnis nicht zugängl. (BGH NJW-RR 2001, 1049). **Widerruf** eines Geständnisses: nur nach § 290. Geständnis hat auch in zweiter Instanz Bestand, § 535 (OLG Düsseldorf MDR 2000, 1211); man kann nicht nur „für diese Instanz" zugestehen (OLG Köln FamRZ 2000, 1026). Zur Nachprüfung eines Geständnisses in der Rev vgl BGH NJW 2001, 2550.

4 **b) Zugestandene Tatsachen** nach § 138 III (widerrufl. im Rahmen von § 296); wichtiger Unterschied. **c) Anerkenntnis** nach § 307. **d) Außergerichtliches Geständnis** ist nur eine Hilfstatsache.

5

**Praxishinweise:**

1. Nur Tatsachen (Rz 2) können Gegenstand eines Geständnisses sein. Dazu gehören auch sog „juristische Tatsachen", nämlich einfache Rechtsbegriffe des tägl. Lebens, etwa Kauf, Miete, Darlehen und dingl. Rechtsbegriffe dürfen jedoch dann nicht als Tatsachen behandelt werden, wenn es um rechtl. schwierige Bewertungen geht, zB Sittenwidrigkeit oder Verwirkung, oder wenn die Bewertung zwischen den Parteien umstr

ist (*Musielak/Huber* § 288 Rz 4). In solchen Fällen kann daher ein vermeintl. Geständnis widerrufen werden (§ 290).

2. Äußerungen im Rahmen von Vergleichsverhandlungen binden eine Partei nicht (BGH MDR 1998, 25) und dürfen deshalb auch nicht als Geständnis bewertet werden.

3. Ein Geständnis in einem anderen Verfahren ist ledigl. eine Erkenntnisquelle für die Beweiswürdigung, fällt aber nicht unter § 288 (OLG Bamberg NJW-RR 2003, 1223).

4. Die Prozesschancen durch ein Geständnis werden vielfach nicht genutzt. Immer wieder kommt es vor, dass eine Partei Tatsachen behauptet, die ihr ungünstig sind oder sein können. Der aufmerksame Anwalt wird dann diese Behauptungen sof zugestehen. Er schließt damit ihren Widerruf aus (§ 290) und macht sie zur nicht mehr beweisbedürftigen Entscheidungsgrundlage.

## § 289 ZPO Zusätze beim Geständnis

**(1) Die Wirksamkeit des gerichtlichen Geständnisses wird dadurch nicht beeinträchtigt, dass ihm eine Behauptung hinzugefügt wird, die ein selbständiges Angriffs- oder Verteidigungsmittel enthält.**

**(2) Inwiefern eine vor Gericht erfolgte einräumende Erklärung ungeachtet anderer zusätzlicher oder einschränkender Behauptungen als ein Geständnis anzusehen sei, bestimmt sich nach der Beschaffenheit des einzelnen Falles.**

**Lit:** ***Schneider*** MDR 1991, 297.

Das Geständnis ist teilbar. **Absatz 1** betrifft zB den Fall, dass bei Klage auf Lieferung der Bekl den Kauf zugibt, aber behauptet, schon geliefert zu haben. **Absatz 2** betrifft andere Zusätze als Angriffs- und Verteidigungsmittel, zB Behauptung eines aufschiebend bedingten Kaufs; hier gelten dann Beweislastregeln. 1

## § 290 ZPO Widerruf des Geständnisses

**[1]Der Widerruf hat auf die Wirksamkeit des gerichtlichen Geständnisses nur dann Einfluss, wenn die widerrufende Partei beweist, dass das Geständnis der Wahrheit nicht entspreche und durch einen Irrtum veranlasst sei. [2]In diesem Fall verliert das Geständnis seine Wirksamkeit.**

§ 290 betrifft den *einseitigen* Widerruf; das bewusst unwahre Geständnis ist mangels Veranlassung durch Irrtum (trotz § 138 I) nicht nach § 290 widerrufl. (BGH NJW 1962, 1395). Der Widerrufende muss schlüssig darlegen, was zur unrichtigen Darstellung führte (OLG Köln NJW-RR 2000, 1478). Widerruf mit Einverständnis des Gegners ist unbeschränkt zulässig. Hat der Gegner der beweisbelasteten Partei deren Vortrag zu Protokoll der mdl Verh im Sinne von § 288 zugestanden, braucht die beweisbelastete Partei nicht zu beweisen, dass der Gegner der deutschen Sprache hinreichend mächtig war. Vielmehr obliegt es dem Gegner, darzulegen und zu beweisen, dass sein Geständnis der Wahrheit 1 nicht entspricht und auf mangelnder Sprachkenntnis beruhte (BGH FamRZ 2005, 1667). § 290 gilt auch für Widerruf der Zustimmung zur Blutentnahme für Vaterschaftsfeststellung (OLG Oldenburg NJW-RR 2005, 1022).

## § 291 ZPO Offenkundige Tatsachen

**Tatsachen, die bei dem Gericht offenkundig sind, bedürfen keines Beweises.**

1 **Tatsachen** sind zu unterscheiden von Erfahrungssätzen (dafür gilt § 291 nicht; BGH NJW 2004, 1163) und Lebenserfahrung. **Offenkundig** ist, was

**a)** jedenfalls in bestimmten Kreisen (einschließl. der der entscheidenden Richter) unter Überzeugtsein von der Wahrheit **allgemeinkundig** ist, wie bestimmte geschichtl. Tatsachen, Entfernung von Orten, Daten bestimmter Wochentage der letzten Zeit; Zahlenangaben in statistischen Jahrbüchern; dass man im Winter ohne Heizung friert (OLG Dresden NJW-RR 2002, 1163); Nichtexistenz magischer Kräfte (LG Kassel NJW-RR 1988, 1517); Lebenshaltungskostenindex (BGH NJW 1992, 2088). **Nicht offenkundig:** privates Wissen des Richters; Tatsachen in Zeitungsberichten; nicht Inhalt medizinischer Fachliteratur (BGH NJW 1994, 2419); Verkehrsauffassung von Werbung (BGH NJW 2004, 1163: wer ist Marktführer? SV-Gutachten notw; anders, wenn die Richter zu den angesprochenen Verkehrskreisen gehören); oder

**b) gerichtskundig** (dem entscheidenden Richter aus seiner amtl. Tätigkeit bekannt (zB aus früheren Prozessen, BGH NJW-RR 1990, 1376; wie in anderen Prozessen geklärte Ernährungsfragen, BGH NJW 1998, 3498). Auch offenkundige Tatsachen sind dem **Gegenbeweis** zugängl. (BGH NJW 2004, 1164; str).

2 **Verfahren:** im Kollegium genügt die Kenntnis der Mehrheit. Die offenkundige Tatsache muss zum Gegenstand der mdl Verh gemacht werden (BGH NJW-RR 1993, 1122 für statistische Jahrbücher; im Einzelnen str, vgl BSG NJW 1979, 1063). Über offenkundige Tatsachen ist, wenn sie bestr werden, Beweiserhebung entbehrl., aber nicht unzulässig. Das BerGer kann die Offenkundigkeit anders beurteilen, das RevG ist an die Feststellung im BerU gebunden, der Rechtsbegriff der Offenkundigkeit ist aber revisibel.

3 **Praxishinweise:**

1. BVerfGE 10, 183 definiert: „Zu den offenkundigen Tatsachen, die keines Beweises bedürfen, gehören neben den gerichtskundigen auch die allgemeinkundigen Tatsachen. Hierunter werden Tatsachen verstanden, von denen verständige und erfahrene Menschen regelmäßig ohne Weiteres Kenntnis haben oder von denen sie sich durch Benutzung allgemein zugängl., zuverlässiger Quellen unschwer überzeugen können."

2. Gerichte neigen dazu, dasjenige, was ihnen selbstverständl. erscheint, als offenkundig anzusehen. Nicht selten läuft das auf die unzulässige Verwertung privaten Wissens hinaus, etwa wenn der Richter ausführt, eine zwischen den Parteien umstr Unfallörtlichkeit sei ihm bekannt.

3. Offenkundigkeit muss ebenso wie privates Wissen zum Gegenstand der mdl Verh gemacht werden (BVerfGE 48, 209). Die Parteien haben so die Möglichkeit, Irrtümer

richtig zu stellen. Wird die Offenlegung vom Gericht versäumt und werden die Parteien damit durch das Urteil überrascht, so ist das eine Rechtsverletzung (BGH MDR 1999, 179).

## § 292 ZPO Gesetzliche Vermutungen

**[1]Stellt das Gesetz für das Vorhandensein einer Tatsache eine Vermutung auf, so ist der Beweis des Gegenteils zulässig, sofern nicht das Gesetz ein anderes vorschreibt. [2]Dieser Beweis kann auch durch den Antrag auf Parteivernehmung nach § 445 geführt werden.**

**Widerlegbare Vermutungen** zB in: §§ 891, 921, 938, 1006, 1058, 1117 III, 1154 I, 1253 1
II, 1362, 1377 I, III, 2365 BGB; **unwiderlegbare Vermutungen** zB § 267 ZPO. Bei § 1006 BGB zB hat der, der Eigentum beweisen müsste, nur den Besitz zu beweisen, Eigentum wird dann vermutet. Es verschiebt sich also das Beweisthema (vgl BGH NJW 1951, 397). Im Anwendungsbereich von S. 2 greift § 445 II nicht ein (BGH NJW 1988, 2741); über Widerlegung der **Vermutung des § 476 BGB** bei Gebrauchtwagenkauf vgl OLG Celle NJW 2004, 3566 (dazu Gsell JuS 2005, 967); § 476 BGB bei Tierkrankheit vgl BGH NJW 2006, 2250. Über Gesundheitsbeeinträchtigung durch Mobilfunksendeanlage BGB NJW 2004, 1317 (der Einhaltung der gesetzl. Grenzwerte komme Indizwirkung für die Unwesentlichkeit nach § 906 BGB zu; der Bürger müsse das erschüttern).

## § 292a ZPO
(weggefallen)

## § 293 ZPO Fremdes Recht; Gewohnheitsrecht; Statuten

**[1]Das in einem anderen Staat geltende Recht, die Gewohnheitsrechte und Statuten bedürfen des Beweises nur insofern, als sie dem Gericht unbekannt sind. [2]Bei Ermittlung dieser Rechtsnormen ist das Gericht auf die von den Parteien beigebrachten Nachweise nicht beschränkt; es ist befugt, auch andere Erkenntnisquellen zu benutzen und zum Zwecke einer solchen Benutzung das Erforderliche anzuordnen.**

**Lit:** ***Sommerlad/Schrey*** NJW 1991, 1377; ***Gruber*** ZRP 1992, 6; ***Hetger*** FamRZ 1995, 654; ***Kindl*** ZZP 1998, 117; ***Spickhoff*** ZZP 1999, 265; ***Pfeiffer*** NJW 2002, 3306.

**1.** In einem anderen Staat geltendes Recht: ausl Recht. **Gewohnheitsrecht** (auch inl): 1
Rechtssätze, die aufgrund tatsächl. Übung entstanden sind; dafür gibt es kaum noch Beispiele. **Statuten** (auch inl): ein überholter Begriff; darunter fällt heute das von autonomen Verbänden gesetzte oder geübte Recht (vgl BayObLG MDR 1977, 491), zB die Satzungen von Gemeinden, Universitäten, öffentl.-rechtl. Berufsverbänden; sie können unschwer aus Amtsblättern festgestellt werden, sodass § 293 insoweit keinen Sinn hat.

2 Jedenfalls gehören Vereinssatzungen, AGB, Verkehrssitte, Handelsbräuche *nicht* zu den „Statuten".

3 **2. Feststellung ausländischen Rechts.** Liegt ein Fall mit Auslandsberührung vor und vereinbaren die Parteien nicht ausdrückl. oder stillschweigend die Anwendung deutschen Rechts (zB indem sie in der Tatsacheninstanz übereinstimmend von der Geltung deutschen Rechts ausgehen, den Fall danach erörtern, BGH NJW 1971, 324; WM 1982, 1249; vgl *Schack* NJW 1984, 2736), dann können die Regeln des deutschen int Privat- oder Prozessrechts ergeben, dass ausl mat oder Prozessrecht anzuwenden ist.

4 Das ausl Recht ist dann von Amts wegen zu ermitteln (die Parteien trifft diesbezüglich keine proz Beweisführungslast, BGH NJW-RR 2005, 1071), und zwar **auch die ausländische Rechtsprechung** (zB die **Rechtspraxis** bez der Größenordnung eines Schmerzensgeldes, BGH NJW 2003, 2685; NJW-RR 2002, 1359; MDR 1997, 879; OLG Saarbrücken NJW 2002, 1209; vgl *Samtleben* NJW 1992, 3057; *Gottwald* IPRax 1988, 210; die ausl Praxis ist aber dem deutschen Gutachter kaum bekannt). Wie dieses ausl Recht festgestellt wird, stellt §293 ins Ermessen des Gerichts; die Urteilsgründe müssen erkennen lassen, dass dieses Ermessen auch tatsächl. ausgeübt wurde (BGH NJW 1988, 648; 1995, 1032). Bei Auslegung einer fremdsprachig abgefassten Vertragsklausel kann eine Pflicht zum SV-Gutachten bestehen (BGH NJW 1987, 591; NJW-RR 1990, 248); zum Ermessen BGH NJW 1992, 2029.

5 **a) Der Richter kann die entsprechende Literatur** (Lehrbücher, Kommentare, Gesetzblätter usw.) **studieren**, falls greifbar, dann wird ihm das ausl Recht „bekannt", S. 1; das kann uU beim deutschsprachigen Ausland in Betracht kommen.

6 **b) Einholung von Sachverständigengutachten** des Max-Planck-Instituts in Hamburg oder der Universitätsinstitute (Zusammenstellung von Gutachtern bei *Hetger* DNotZ 1985, 269; FamRZ 1995, 654; RiW 2003, 444) unter Übersendung der Akten; das ist der übl. (meist Ermessensfehlgebrauch verhindernde) Weg. Kosten: JVEG. Auf rechtzeitig gestellten Antrag ist der SV zur Erläuterung zu laden, § 411 III (BGH NJW 1975, 2142).

7 **c) Einholung von Auskünften** bei inl Behörden oder Privatpersonen; bei ausl Behörden ist uU die Justizverwaltung (Rechtshilfe) einzuschalten, §§ 40, 48 ZRHO.

8 **d) Anwendung des Europäischen Übereinkommens** v 07.06.1968 („Londoner Übereinkommen") betreffend Auskünfte über ausl Recht mit AusführungsG (BGBl 1974 II 938; I 1433). Danach können abstrakte Rechtsfragen über die deutsche Vermittlungsstelle (Bundes- bzw Landesjustizminister) an bestimmte ausl Stellen gerichtet werden; grds kostenlos. Bewährt sich idR nicht, weil kein fallbezogenes Gutachten erstellt wird (Art 7 des Übereinkommens). Vgl *Jastrow* IPRax 2004, 402 (Praxisbericht).

9 **Ist der Inhalt des ausländischen Rechts nicht feststellbar** (oder nur mit unverhältnismäßigem Aufwand an Zeit bzw Geld, zB weil die Lit nicht erreichbar ist), dann ist deutsches Recht anzuwenden (BGH NJW 1982, 1215; NJW 1978, 496; LM Nr.2; die **aA** will verwandte Rechtsordnungen, zB eines anderen US-Staates, anwenden, vgl *Wengler* JR 1983, 221).

10 In **Arrest- und eVfg-Sachen** muss der Hauptanspruch geprüft werden und deshalb grds ebenfalls ggf ausl mat Recht angewandt werden; wegen der Eilbedürftigkeit lässt es sich oft nicht ermitteln; dann bleibt wegen Nichtfeststellbarkeit nur die Anwendung deutschen

Rechts (vgl OLG Düsseldorf FamRZ 1974, 456; str, andere verlangen, dass der ASt das ausl Recht glaubhaft macht, OLG Hamburg VersR 1989, 1164).

**3. Revision** §§ 545 I, 560 entziehen zwar die Frage, ob das BerGer ausl Recht zutr ange- 11
wandt und ausgelegt hat, der Nachprüfung durch das RevG; das gilt zT als unzweckmäßig. Die Verletzung des § 293 ist aber revisibel (BGH NJW 1975, 2143); wird das ausl Recht ungenügend ermittelt, ist § 293 verletzt.

12

**Praxishinweise:**

1. Bei auslandsbezogenen Mandaten muss der Anwalt sicher sein, dass er die Rechtslage beurteilen kann. Wenn nicht, sollte er auf der Einholung eines Rechtsgutachtens bestehen oder das Mandat ablehnen, um sich nicht der Gefahr eines Regresses auszusetzen (*Vollkommer/Heinemann*, Anwaltshaftungsrecht, Rz 708).

2. Vom Anwalt wird verlangt, dass er das deutsche Recht beherrscht oder sich die notw Kenntnisse verschafft. Wird – meist auf Wunsch eines Mandanten – zum deutschen Recht ein Gutachten eingeholt, dann besteht keine Erstattungspflicht (*Schneider* MDR 1988, 547; *Zöller/Herget* §91 Rz 13 zu „Privatgutachten").

## § 294 ZPO Glaubhaftmachung

**(1) Wer eine tatsächliche Behauptung glaubhaft zu machen hat, kann sich aller Beweismittel bedienen, auch zur Versicherung an Eides statt zugelassen werden.**

**(2) Eine Beweisaufnahme, die nicht sofort erfolgen kann, ist unstatthaft.**

**1. Absatz 1. Glaubhaftmachung**, dh überwiegende Wahrscheinlichkeit (BGH VersR 1
1976, 929), genügt in zahlreichen gesetzl. geregelten Fällen, zB §§ 104, 236, 920 II ZPO; § 290 II InsO (BGH NJW 2003, 3558); Glaubhaftmachung reicht in diesen Fällen auch für den Gegenbeweis.

Alle Beweismittel: §§ 355 bis 455, auch **eidesstattliche Versicherung der Partei** (eine 2
„Zulassung" hierzu gibt es nicht); bei der Bewertung ist Vorsicht geboten, vgl BGH VersR 1986, 59. **Ungenügend ist, wenn** die eV keine eigene Sachdarstellung des Unterzeichners enthält, sondern **nur auf einen anwaltlichen Schriftsatz Bezug** nimmt (BGH NJW 1988, 2045; OLG Brandenburg FamRZ 2004, 477; OLG Celle JurBüro 2004, 492). Zur Bezugnahme der eV auf ein anwaltl. WE-Gesuch sagt der BGH: „Gegen die Verwertung solcher eV bestehen Bedenken. Sie können sich nur auf die in der Antragsschrift enthaltenen tatsächl. Angaben, nicht aber auf deren Würdigung und rechtl. Beurteilung beziehen. Die Grenze zwischen Tatsachenbehauptungen und rechtl. Argumentation ist aber gerade bei WE-Gesuchen oft fließend; es können daher sowohl bei dem Unterzeichner der eV als auch beim Gericht leicht Zweifel darüber entstehen, inwieweit die Ausführungen im WE-Gesuch durch die eV gedeckt werden" (BGH NJW 1988, 2045). Eine Glaubhaftmachung im WE-Verfahren kann daran scheitern, dass der RA einer Partei einen die WE rechtfertigenden Sachverhalt eidesstattl. versichert, schriftsätzl. jedoch einen die WE nicht rechtfertigenden Sachverhalt vorträgt, ohne dass Anhaltspunkte dafür bestehen, welcher

Sachverhalt wahrscheinlicher ist (BGH NJW 2002, 1429). Bedenkl. sind ferner anwaltl. formulierte eV, deren ausgetüftelte Tragweite der Unterzeichner mangels juristischer Ausbildung nicht voll erkennen kann. Strafbarkeit der falschen eV vgl § 156 StGB.

Sonstige Beweismittel sind zB: Schriftwechsel, Fotos, Zeitungsberichte, schriftl. Erklärungen von Zeugen (§ 377 III), Vorlage unbegl Fotokopien; uU anwaltl. Vers (vgl BGH VersR 1974, 1021; OLG Köln MDR 1986, 152; BayObLG WuM 1994, 296).

3 **2. Absatz 2.** Wird zB Antrag auf Arrest oder eVfg gestellt, müssen die eV der Partei bzw der Zeugen beigefügt werden. Wird dann mdl Verh angesetzt, müssen die Zeugen mitgebracht werden; es können auch schriftl. Aussagen vorgelegt werden; über den Beweiswert entscheidet das Gericht frei. Es kann auch Antrag auf Vernehmung des (anwesenden) Gegners nach § 445 gestellt werden. Werden Zeugen rechtzeitig vor dem Termin angeboten, können sie nach §§ 273, 379 geladen werden. Das Angebot nicht mitgebrachter Zeugen im Termin genügt nicht, eine Vertagung zur Beweisaufnahme ist unzulässig. Unzulässig ist auch die bloße Berufung auf Auskünfte von Behörden usw., der ASt muss diese selbst beschaffen und dem Gericht vorlegen (BGH NJW 1958, 712), außer im Fall des § 273. Unzulässig ist Urkundenvorlegungsantrag nach § 421. Unter Verstoß gegen Abs. 2 zustande gekommene Beweisergebnisse sind verwertbar (BGH FamRZ 1989, 373).

4

**Praxishinweise:**

1. Die „heute weit verbreitete Unsitte" (BGH MDR 1988, 479), eV des Inhalts vorzulegen „Der in meiner Gegenwart diktierte Anwaltsschriftsatz ist hinsichtl. der darin gemachten Angaben richtig", kann für den Mandanten und seinen Anwalt gefährl. werden, weil viele Gerichte die Eignung zur Glaubhaftmachung verneinen (s. OLG Koblenz MDR 2005, 827).

2. Dem Anwalt droht, dass ein WE-Gesuch zurückgewiesen wird, wenn es mangels beweisfähiger eV an der Glaubhaftmachung fehlt. Das ist dann ein Haftungsfall. Deshalb sollten eV grds nie in einer Bezugnahme bestehen, sondern nur in einer eigenen Sachdarstellung des Versichernden.

Formular 229: Eidesstattliche Versicherung

### § 295 ZPO Verfahrensrügen

**(1) Die Verletzung einer das Verfahren und insbesondere die Form einer Prozesshandlung betreffenden Vorschrift kann nicht mehr gerügt werden, wenn die Partei auf die Befolgung der Vorschrift verzichtet, oder wenn sie bei der nächsten mündlichen Verhandlung, die auf Grund des betreffenden Verfahrens stattgefunden hat oder in der darauf Bezug genommen ist, den Mangel nicht gerügt hat, obgleich sie erschienen und ihr der Mangel bekannt war oder bekannt sein musste.**

**(2) Die vorstehende Bestimmung ist nicht anzuwenden, wenn Vorschriften verletzt sind, auf deren Befolgung eine Partei wirksam nicht verzichten kann.**

**1. Sonderregelungen** ggü § 295: § 189 (Zustellungen); § 267 (Klageänderung); §§ 282 III, 296 III (Prozessvoraussetzungen). Andere Heilungsarten sind: Genehmigung, zB bei Verstoß gegen § 78 durch einen zugelassenen RA (wirkt uU zurück); Neuvornahme (wirkt ex nunc). 1

**2. Absatz 1.** Verzichtbare Verfahrensvorschriften vgl Rz 7. 2

**Verzicht:** Ausdrückl. oder durch schlüssige Handlung, auch schriftsätzl., unwiderrufl. 3

**Nichtrüge:** Ein Verzichtswille ist nicht erforderl., Unterlassen infolge ungenügender Aufmerksamkeit genügt (BGH NJW 1957, 1517). Ein Hinweis nach § 139 ist grds nicht erforderl. (BGH NJW 1958, 104). 4

**Verhandlung** aufgrund des betreffenden Verfahrens: zB aufgrund der mangelhaften Ladung. Mdl Verh ist auch die sich an die Beweisaufnahme anschließende, vgl § 370. Darauf **Bezug genommen** ist: zB auf die Beweisaufnahme. 5

**Mangel bekannt** sein musste: dh bei Anwendung der nötigen Sorgfalt, bereits einfache Fahrlässigkeit schadet (BGH 25, 71). 6

**3. Absatz 2. Verzichtbare Verfahrensvorschriften** sind solche, die ledigl. das Interesse einer Partei schützen sollen. 7

**a) Verzichtbar sind** zB: Verstöße gegen die Einlassungsfrist; Ladungsfrist; mangelnde Zustellung der Klageschrift (BGH NJW 1995, 1032; zB Klageerweiterung wird dem Bekl nur formlos übersandt; BGH 25, 72), dazu Neuregelung in § 189 nF (seit 01.07.2002); Mängel der Klageschrift nach § 253 II Nr. 2 oder Nichtunterzeichnung (BGH NJW 1975, 1704; BAG NJW 1986, 3224 für Klage nach KSchG) oder Unterzeichnung mit Schlangenlinie, was gleichsteht; Verstöße gegen den Grundsatz der Mündlichkeit; das rechtl. Gehör (str); Öffentlichkeit (str, **aA** OLG Köln OLGZ 1985, 318); Benutzung eines unzulässigen Beweismittels wie zB Verwertung der Zeugenaussage eines Angehörigen trotz unterlassener Belehrung nach § 383 II oder der Aussage aus dem Ermittlungsverfahren ohne damalige Belehrung nach §§ 52 III, 163a V StPO (BGH NJW 1985, 1158); Verstoß gegen Unmittelbarkeit der Beweisaufnahme, zB Zeugenvernehmung durch den „Berichterstatter" der Kammer unter Verstoß gegen §§ 355, 375 (BGH NJW 1979, 2518); Vernehmung als Zeuge statt als Partei (BGH LM Nr. 2); fehlender Zusammenhang von Klage und Widerklage (BGH LM Nr. 8). Notfristen: jetzt § 189 nF.

**b) Nicht verzichtbar sind zB:** Verstöße gegen die Vorschriften über Zulässigkeit der Rm (zB fehlende Unterschrift nach Fristablauf nicht nachholbar, BGH 65, 46), Parteifähigkeit, Prozessfähigkeit, Postulationsfähigkeit, ausschließl. Zust, unverzichtbare Prozessvoraussetzungen (wie Rechtsschutzbedürfnis), Entscheidung durch die Kammer anstelle des ER (OLG Koblenz MDR 1986, 151), Versäumung von Klagefristen (BGH NJW 1961, 1627), Zust des LandwirtschaftsG (BGH NJW-RR 1992, 1152). 8

**4. Wirkung. a)** Bei Rügeverzicht kann in einer mdl Verh derselben oder einer höheren Instanz die versäumte Rüge nicht nachgeholt werden (BGH MDR 1975, 839). Ein Verstoß gegen diese Wirkung kann aber wiederum nach § 295 heilen. 9

10 **b)** Die Heilung wirkt grds zurück.

**c)** Ist die Klage überhaupt nicht zugestellt worden, tritt Rechtshängigkeit mit dem Verlust des RügeR (ex nunc) ein (jedoch ist die Vorwirkung nach § 167 nF [früher § 270 III] zu beachten, BGH 25, 75; NJW 1974, 1557); bei erfolgter, aber fehlerhafter Klagezustellung bewirkt der Verlust des Rügerechts, dass der Anspruch ex tunc mit Zustellung rechtshängig geworden ist; bei Zustellung eines Scheidungsantrages unter Verstoß gegen § 172 wirkt die Heilung wegen § 1587 II BGB nicht auf den Zeitpunkt der fehlerhaften Zustellung zurück (BGH NJW 1984, 926).

11 **d)** Die Heilung eines nach § 253 II wesentl. Inhaltsmangels wirkt bez der Verjährungshemmung (§ 204 BGB) erst ab rügeloser Einlassung (BGH LM Nr. 12).

12

**Praxishinweise:**

Über die ER-Zust hinaus (Rz 8) ist jede Verletzung eines Verfahrensgrundrechts (Einl Rz 28) unverzichtbar (*Stein/Jonas*, § 295 Rz 6, 7; MünchKomm/Prütting § 295 Rz 22, 31). Hinsichtl. des rechtl. Gehörs (Rz 7) gilt das dann nicht, wenn eine Partei Gelegenheit zur Äußerung hatte, diese aber vorwerfbar nicht genutzt hat (BVerfGE 21, 137).

## § 296 ZPO Zurückweisung verspäteten Vorbringens

**(1) Angriffs- und Verteidigungsmittel, die erst nach Ablauf einer hierfür gesetzten Frist (§ 273 Abs. 2 Nr. 1 und, soweit die Fristsetzung gegenüber einer Partei ergeht, 5, § 275 Abs. 1 Satz 1, Abs. 3, 4, § 276 Abs. 1 Satz 2, Abs. 3, § 277) vorgebracht werden, sind nur zuzulassen, wenn nach der freien Überzeugung des Gerichts ihre Zulassung die Erledigung des Rechtsstreits nicht verzögern würde oder wenn die Partei die Verspätung genügend entschuldigt.**

**(2) Angriffs- und Verteidigungsmittel, die entgegen § 282 Abs. 1 nicht rechtzeitig vorgebracht oder entgegen § 282 Abs. 2 nicht rechtzeitig mitgeteilt werden, können zurückgewiesen werden, wenn ihre Zulassung nach der freien Überzeugung des Gerichts die Erledigung des Rechtsstreits verzögern würde und die Verspätung auf grober Nachlässigkeit beruht.**

**(3) Verspätete Rügen, die die Zulässigkeit der Klage betreffen und auf die der Beklagte verzichten kann, sind nur zuzulassen, wenn der Beklagte die Verspätung genügend entschuldigt.**

**(4) In den Fällen der Absätze 1 und 3 ist der Entschuldigungsgrund auf Verlangen des Gerichts glaubhaft zu machen.**

§ 296 geändert durch G v. 27.07.2001 (BGBl 2001, 1887).

**Lit:** ***Fuhrmann***, Die Zurückweisung ..., 1987; ***Weth***, Die Zurückweisung verspäteten Vorbringens, 1988; ***Teubner*** NJW 1987, 1583; ***Deubner*** NJW 1987, 465; ***Lange*** NJW 1988, 1644; ***Schenkel*** MDR 2004, 790; ***Geisler*** AnwBl 2006, 524.

## Übersicht



1 **1. Angriffs- und Verteidigungsmittel, Absatz 1**, (vgl §§ 146, 282) sind zB: Behauptungen, Bestreiten, Einwendungen, Einreden wie Verjährung (OLG Hamm MDR 1993, 686), Beweisanträge (hier muss auch die ladungsfähige Anschrift des Zeugen rechtzeitig mitgeteilt werden, § 356 gewährt keine zusätzl. Frist, vgl *Rixecker* NJW 1984, 2135; zur Problematik der fehlenden Anschrift vgl BVerfG NJW 2000, 945), Beweismittel, Beweiseinreden (zB Antrag auf mdl Erläuterung des SV-Gutachtens, §§ 402, 397), Aufrechnung (vgl § 145) zusammen mit den ihrer Begründung dienenden Tatsachen (BGH NJW 1984, 1964), Anfechtung (BAG MDR 1984, 347).

2 **Nicht** fallen darunter: Rechtsausführungen, Sachanträge, Prozessanträge, Anschlussberufungsanträge (BGH 83, 377), Klage, Widerklage, Klageänderung, -erweiterung, nachträgl. objektive Klagenhäufen in Gestalt einer zusätzl. Begründung aus *anderem* StrG (BGH NJW 2001, 1210), Parteiänderung und das jeweilige Vorbringen zu ihrer Begründung; Punkte, die von Amts wegen zu berücksichtigen sind; wenn Kl erst im Laufe des Prozesses die Schlussrechnung erteilt und dadurch die Voraussetzungen für seinen Anspruch schafft (BGH NJW-RR 2004, 167). Zulässigkeitsrügen vgl Abs. 3. Klageerweiterungen usw. können nicht wegen „Verspätung" zurückgewiesen werden. Die Verzögerungsgeb nach § 38 GKG hat andere Voraussetzungen als § 296.

3 **2. Ablauf einer bestimmten wirksam gesetzten Frist** (war keine Frist gesetzt: § 296 II):

**a) Anwendbare Fristen:**

**Bei beiden Verfahrensarten:**

- § 273 II Nr. 1: Frist (gesetzt vom Vors) zur Ergänzung und Erklärung über bestimmte Punkte;
- § 273 II Nr. 5: Frist nach §§ 142, 144.

4 **Beim Verfahren „früher erster Termin":**

- §§ 275 I 1, 277: Frist zur Klageerwiderung (gesetzt vom Vors);
- §§ 275 III, 277: Nachholung der Setzung der Klageerwiderungsfrist durch das Gericht (nicht durch den Vors allein);
- §§ 275 IV, 277: Frist (gesetzt durch das Gericht bzw den Vors) für den Kl zur Replik.

5 **Beim Verfahren „schriftliches Vorverfahren":**

- §§ 276 I 2, 277: Frist zur Klageerwiderung (gesetzt vom Vors);
- §§ 276 III, 277: Frist (gesetzt vom Vors) für den Kl zur Replik. Diese Frist kann wirksam erst nach Eingang der Klageerwiderung gesetzt werden (BGH NJW 1980, 1167).

6 **Andere Fristen**, bei denen § 296 I entspr anwendbar ist:

- § 697 III 3: Frist (gesetzt vom Vors) für den Bekl zur Erwiderung auf die Anspruchsbegründung und Frist für den Kl zur Replik;
- § 340 III 3: wird bei Einspruch gegen ein VU die Einspruchsbegründung nicht innerhalb der Frist des § 339 gebracht, hat dies die Wirkung, wie wenn eine Klageerwiderung nicht innerhalb der gem § 275 gesetzten Frist eingeht;
- § 700 III 2 mit § 697 III 3, ohne § 340 III: wird gegen den VoB zulässig Einspruch eingelegt, wird der ASt/Kl zur Anspruchsbegründung (vgl § 697 I) aufgefordert, dann früher erster Termin bestimmt oder das schriftl. Vorverfahren eingeleitet: es gelten dann die obigen Fristsetzungen;
- §§ 525, 530: Ber-Verfahren;
- § 571 III 1 (Fristsetzung nach § 571 III 2).

7 **b) Keine (analoge) Anwendung von § 296 I auf andere Fristen:** also nicht bei verspäteter Anspruchsbegründung (Folgen: § 697 III); bei verspäteter Einzahlung des Auslagenvorschusses nach § 379: hier gilt § 379 S. 2 (BGH NJW 1980, 343; OLG Hamm NJW-RR 1995, 1151), dh die Zeugenladung unterbleibt, das Beweismittel wird aber nicht zurückgewiesen. Andere Regelung in Ehe- und Kindschaftssachen (§§ 615, 640), in Arbeitssachen (§§ 56 II, 61a V, 67 ArbGG). Im Beschwerdeverfahren gilt seit 2002 § 571 (mit Zurückweisungsmöglichkeit bei Fristsetzung). Bei Vorbringen nach Schluss der mdl Verh: § 296a.

8 **c) Wirksame Fristsetzung.** Die Fristsetzung ist nur wirksam gesetzt (keine Heilung nach § 295), wenn sie bestimmte Förmlichkeiten aufweist:

- die fristsetzende Vfg muss vom Richter mit vollem Namen unterschrieben sein, ungenügend ist ein Handzeichen, Paraphe (BGH NJW 1980, 1167);
- förml. Zustellung einer begl Abschrift dieser Vfg, § 329 II 2;

- Zustellung ggf an den PrBev notw, § 172;
- klar gesetzte Frist; BGH NJW 1990, 2389;
- Belehrung, soweit vorgeschrieben (§ 277 II), also nicht für Klägerreplik und bei Vfg gem § 273. Die Belehrung muss laienhaft verständl. sein (BGH 86, 218: Mitteilung des Wortlauts von § 296 I ungenügend).

**3. Verteidigungsmittel usw. „sind nur zuzulassen“:** keine ErmessensE (aber die unrichtige Zulassung ist unanfechtbar). Eine Art Zulassungsverfahren findet nicht statt, kein „Zulassungsbeschluss“, kein diesbez Vermerk, sondern verspätete, verzögernde Angriffs- und Verteidigungsmittel, bei denen die Partei die Verspätung nicht genügend entschuldigt, werden bei der Entscheidung nicht berücksichtigt (sie werden „zurückgewiesen“; sog **Präklusion**); BGH FamRZ 1996, 1071. Bei einer verspäteten Klageerwiderung wird also das Vorbringen des Kl als unstr angesehen (§ 138 III) und der Bekl auf dieser Grundlage antragsgemäß verurteilt; soweit die Nichtberücksichtigung zu Recht erfolgte, bleibt der Bekl mit dem Vorbringen auch in der BerInstanz ausgeschlossen (§ 531). Verfahren vgl Rz 36. Alle anderen Angriffs- und Verteidigungsmittel werden bei der folgenden Entscheidung berücksichtigt („zugelassen“). 9

**4. Missbrauch von § 296.** Ausnahmen gelten, wenn sonst § 296 missbraucht würde: 10

**a) Unerlaubte Zurückweisung im Allgemeinen**. Verspätetes Vorbringen darf nicht zurückgewiesen werden, wenn der frühe erste Termin (der in zwei Formen mögl. ist: als Durchlauftermin zur Vorbereitung des Haupttermins; in einfach gelagerten Fällen ggf nach Vorbereitung gem § 273 und Beweisaufnahme zur abschließenden Erledigung) vom Gericht **als sogenannter Durchlauftermin geplant** und durchgeführt wurde, weil dem Gebot des rechtl. Gehörs dann nicht in angemessener Weise Rechnung getragen wurde. Ein Durchlauftermin liegt vor, wenn eine abschließende mdl Verh mit Erörterung und Beweisaufnahme begrenzten Umfangs von vornherein nicht mögl. ist.

**Fallgruppen: (1)** Terminslage: keine Möglichkeit abschließender Erörterung aus zeitl. Gründen wegen der Vielzahl angesetzter Sachen; zB auf die Terminszeit 9 Uhr waren insgesamt 51 Sachen angesetzt; also Durchlauftermin (BVerfG NJW 1992, 299). 11

**(2)** Zeitspanne zwischen Ablauf der Klageerwiderungsfrist und dem frühen ersten Termin ist zu kurz; denn hier ist idR eine zur Streitentscheidung geeignete Verfahrensvorbereitung (zB Zeugenladung gem § 273) von vornherein ausgeschlossen, woraus die Absicht des Gerichts geschlossen werden kann, einen nachfolgenden Haupttermin anzuberaumen (BGH NJW 1983, 575); eine Zeitspanne von ein bis zwei Tagen zwischen Ablauf der Klageerwiderungsfrist und Termin hält der BGH für kurz, acht Tage sind ausreichend (BGH NJW 1983, 575: Restwerklohn; Ablauf der Klageerwiderungsfrist 24.06., Termin 03.07.; die am 02.07. eingegangene Erwiderung konnte zurückgewiesen werden). 12

**(3)** Keine Zurückweisung im frühen ersten Termin, wenn nach der Sach- und Rechtslage des Streitfalles eine Streiterledigung in diesem Termin von vornherein ausscheidet (BGH NJW 1987, 500); zB umfangreicher komplizierter Arzthaftungsprozess, bei dem zum Termin keine AnO nach § 273 getroffen wurden, nach der Klage aber ein SV-Gutachten erforderl. war; Klageeingang 01.07., Ende der Klageerwiderungsfrist 23.08., deren Eingang am 03.09., Termin 20.09.; die Erwiderung konnte nicht zurückgewiesen werden (BGH NJW 1987, 500). 13

14 **b) Keine Zurückweisung, wenn das Gericht Prozessförderungspflichten versäumt hat** (BGH NJW 1987, 499; BVerfG NJW-RR 1995, 1469): kann die Verspätung durch *zumutbare* vorbereitende Maßnahmen des ProzessG ausgeglichen werden, so ist das verspätete Vorbringen auch dann zuzulassen, wenn die Verspätung nicht entschuldigt wurde (BGH NJW 1979, 1988).

15 **Solche Maßnahmen sind zB:** AnO nach § 273 II; Hinweis an Anwalt, nicht mehr ladbare Zeugen zum Termin mitzubringen (BGH NJW 1980, 1848). Zumutbar sind nur Maßnahmen im normalen Geschäftsgang, nicht notw sind Eilmaßnahmen (BGH NJW 1980, 1102); auch der Umfang dieser Maßnahmen ist begrenzt: umfangreiche Beweisaufnahmen kommen im Allgemeinen nicht in Betracht (BGH NJW 1980, 1105), die Vernehmung von ein bis drei Zeugen zu einem eng begrenzten Beweisthema ist idR nicht unzumutbar (BGH NJW 1991, 1182). Der Termin muss aber nicht so weit hinausgeschoben werden, dass noch vorher ein SV-Gutachten hätte eingeholt werden können (BGH NJW 1981, 286).

15a c) Keine Zurückweisung, wenn die gesetzte **Klageerwiderungsfrist unangemessen** kurz war (BGH NJW 1994, 736).

BGH-Fall: Klage auf komplizierte Bauabrechnung, Klagezustellung 30.09., vier Wochen Erwiderungsfrist, verlängert bis 04.11., am 12.11. Terminierung auf den 05.12., am 21.11. Eingang der Klageerwiderung. Die Zurückweisung wegen § 296 I hielt der BGH für unzulässig (bedenkl.).

16 **d) Bei Sachzusammenhang:** klagt Kl auf Rückzahlung des teilw bezahlten Kaufpreises (ua wegen Anfechtung) und erhebt der Bekl später Widerklage auf Zahlung des Restkaufpreises (wobei er ua zur Anfechtbarkeit vorträgt), ist dieser Prozessstoff bei der Widerklage zu berücksichtigen, zugleich aber auch wegen des Sachzusammenhangs bei der Klage (BGH NJW 1985, 3079); denn sonst würde über einen Teil des Anspruchs mit, über einen anderen Teil ohne Berücksichtigung desselben Vorbringens entschieden.

17 **5. Verzögerung:** es kommt allein darauf an, ob der Prozess bei Zulassung des verspäteten Vorbringens länger dauern würde als bei dessen Zurückweisung (BGH 86, 34; sog **absoluter Verzögerungsbegriff**). Unerhebl. ist nach hM, ob der Rechtsstreit bei rechtzeitigem Vorbringen ebenso lange gedauert hätte oder sogar länger, weil zB bei rechtzeitiger Klageerwiderung ein langwieriges SV-Gutachten einzuholen gewesen wäre (so aber OLG Celle BauR 2000, 1900; sog hypothetischer Verzögerungsbegriff; str, weil die hM zu einer Überbeschleunigung führen kann). Neues Vorbringen verzögert nicht, wenn der Rechtsstreit weder bei Zulassung noch bei Nichtzulassung des Vorbringens im Ganzen entscheidungsreif ist (BGH NJE-RR 1989, 786; BauR 1998, 632).

**Beispiele:**

wenn eine Vertagung (zB zur Beweisaufnahme) notw ist; wenn sonst Entscheidungsreife für ein GrundU bestünde (BGH MDR 1980, 50).

18 **a) Teilverzögerung:** es kommt darauf an, ob der gesamte Prozess verzögert wird (BGH 77, 306): muss ohnehin über bestimmte rechtzeitig vorgetragene Punkte noch Beweis erhoben werden, sodass der Rechtsstreit insgesamt noch nicht zur EndE reif ist, darf nicht über die verspätet vorgetragenen Punkte durch TeilU entschieden werden; es liegt keine Verzögerung vor, wenn im zeitl. Rahmen des restl. Rechtsstreits auch das verspätete Vorbringen berücksichtigt werden kann (BGH NJW 1986, 134).

**b) Ausnahmen: gewisse Verzögerungen** sind nach der Rspr **unschädlich**, nämlich: 19

**aa)** solche, bei denen zwar zwischen Verspätung und Verzögerung Kausalität besteht, die wertende Betrachtung aber ergibt, dass die Verzögerung der Partei (die den Zeugen oder die Gegenpartei benannte) nicht mehr zurechenbar ist (BGH NJW 1987, 502; 1987, 1949): zB wenn Zeugen oder Parteien verspätet als Beweismittel angeboten und rechtzeitig geladen werden, aber nicht erscheinen (BGH NJW 1989, 719).

**bb)** Die durch verspätetes Vorbringen veranlasste Notwendigkeit, eine Schriftsatzfrist gem 20 § 283 zu gewähren, bedeutet für sich allein keine Verzögerung (BGH NJW 1985, 1556); ebenso gilt nicht als Verzögerung, wenn das Urteil nicht am Schluss der mdl Verh verkündet werden kann, sondern erst in einem Verkündungstermin.

**cc)** Die längere Dauer der mdl Verh selbst gilt nicht als Verzögerung; werden also verspä- 21 tet angebotene Zeugen zum Termin mitgebracht, dann kommt es auf die Terminplanung des Gerichts an: sind für die Sache zB nur 15 Minuten vorgesehen, können nicht mehrere Zeugen vernommen werden, die notw Vertagung ist eine Verzögerung; wird nur ein Zeuge mitgebracht, spielt es keine Rolle, dass die Verhandlung nun etwas länger dauert; hat das Gericht zu knapp geplant und nicht einmal Spielraum für den einen Zeugen, hat es gegen seine Prozessförderungspflicht verstoßen, eine Präklusion ist unzulässig. Anders ist es, wenn eine mittelbare Verzögerung eintritt: so wenn die präsenten Zeugen die Vernehmung nicht präsenter Gegenzeugen erfordern würden (BGH NJW 1982, 1535) oder bei gelungener Beweisführung andere Behauptungen entscheidungserhebl. würden und die Beweiserhebung darüber eine Vertagung erforderl. machen würde (BGH NJW 1983, 1495).

**6. Die Partei kann die Verspätung entschuldigen:** ebenso ihr gesetzl. Vertreter (§ 51 II), 22 ihr PrBev (§ 85 II), deren Verschulden der Partei zugerechnet werden. Das Verschulden sonstiger Hilfspersonen (der Partei, des RA) wird dagegen nicht zugerechnet; über Organisationsanforderungen an die RA-Kanzlei vgl § 233 Rz 10. Genügende Entschuldigung: bereits leichte Fahrlässigkeit schließt Entschuldigung aus. Ob Verschulden und Entschuldigung usw. vorliegt, ist ähnl. wie bei der WE zu beurteilen (§ 233 Rz 3); zB Krankheit, uU Urlaub, überlange Postlaufzeit, zu kurze Frist (BGH NJW 1983, 577; aber Fristverlängerung könnte beantragt werden). Ist das **Vorbringen verspätet, wird Verschulden vermutet**, es ist Sache der Partei, die Verspätung (spätestens im nächsten Termin, OLG Karlsruhe Justiz 1979, 14; aber idR nicht mehr erstmals in der BerInstanz, BGH WM 1980, 557) durch Vortrag entspr Tatsachen (zur Glaubhaftmachung vgl Abs. 4) zu entschuldigen; aus dem Wortlaut folgt, dass im Zweifelsfalle keine genügende Entschuldigung anzunehmen ist (str).

**7. Freie Überzeugung des Gerichts:** keine Beweiserhebung über die Frage der genügen- 23 den Entschuldigung, vgl § 296 IV. Ob Verspätung vorliegt, ergibt sich ohnehin klar durch Anwendung des absoluten Verzögerungsbegriffs.

**8. Auswege.** Hat zB der Bekl die Klageerwiderungsfrist unentschuldbar versäumt, hat er 24 verschiedene Möglichkeiten:

**a) „Flucht in die Säumnis":** der Bekl, der die Frist versäumt hat, kann ein **Versäumnisurteil** gegen sich ergehen lassen und dann Einspruch einlegen § 340 Rz 8; Grenzen §§ 331a, 251a; Probleme: das VU ist ohne Sicherheit vv (§ 708 Nr. 2), es muss sogleich einstweilige Einstellung der ZwV beantragt werden (§§ 719, 707), wodurch Kosten entstehen (RA-Haftung, wenn *er* die Frist versäumt), auch proz Mehrkosten (§ 344);

25 **b) Berufung einlegen** (Risiken: vorl Vollstreckung; Kosten § 97 II; evtl Nichtzulassung nach § 531 I), weil § 531 II günstiger für ihn ist als § 531 I: wegen des langen Zeitlaufs zwischen Ber-Eingang und Verh tritt dort idR keine Verzögerung ein (vgl *Hermisson* NJW 1984, 2233);

26 **c) Widerklage erheben** und so den Streitstoff einführen (Rz 16; dazu *Gounalakis* MDR 1997, 216), auch Eventualwiderklage für den Fall, dass die Aufrechnung als verspätet zurückgewiesen wird;

27 **d)** Der Kl kann die **Klage erweitern**, ändern, einen zusätzl. Hilfsantrag stellen, wenn tatsächl. Vorbringen oder Beweisangebote bez der ursprüngl. Klage verspätet sind und so den Streitstoff evtl doch einführen (vgl BGH NJW 1982, 1533; OLG Karlsruhe NJW 1979, 879; OLG Frankfurt MDR 1983, 235);

28 **e) Bei späteren Schriftsätzen** (Duplik des Bekl, Erwiderung des Kl hierauf usw.) können sich die Parteien insb auf § 277 berufen, wonach nicht schlechthin alle Angriffs- und Verteidigungsmittel innerhalb der Klageerwiderungs- bzw der Replikfrist vorzubringen sind. Wer **verspätet Zeugen** anbietet, sollte eine Auslagenverzichtserklärung des Zeugen beifügen (§ 379), um Verzögerungen bei der Ladung zu verringern; ggf den Zeugen mitbringen, nachdem dies dem Gericht vorher angezeigt worden ist, damit es bei der Terminsdauereinschätzung berücksichtigt werden kann;

29 **f) Verfassungsbeschwerde** (vgl *Waldner* NJW 1984, 2925) nach Rm-Ausschöpfung. Eine Zurückweisung *ohne vorwerfbares Verhalten* der präkludierten Partei oder *offenkundig unrichtige Rechtsanwendung* ist mit Art 103 I GG nicht vereinbar (BVerfG NJW 1989, 706/7). Die Nachprüfung des BVerfG geht *über bloße Willkürkontrolle hinaus* (BVerfG NJW 1989, 3212). Auch der Grundsatz der Verhältnismäßigkeit kann missachtet worden sein.

30 **9. Verstoß gegen allgemeine Prozessförderungspflichten (Absatz 2)**

Die Zurückweisung nach Abs. 2 kommt in der Praxis selten vor, weil § 282 unscharf ist und grobe Nachlässigkeit nicht feststeht. Das Gericht muss klarstellen, ob es nach § 296 I oder § 296 II zurückweist. Zurückweisung nach Abs. 2 setzt voraus:

**a) Angriffs- und Verteidigungsmittel**, wie Rz 1. Darunter fällt auch die Anspruchsbegründung nach § 697 I (LG Hamburg VersR 1987, 996; zw), aber nicht Sachanträge (BGH FamRZ 1996, 1071) wie Klageerweiterung, Widerklage.

31 **b) Verspätet vorgebracht**, aber nicht unter Verletzung von Fristen, sondern nur unter Verstoß gegen die allgemeine Prozessförderungspflicht; § 282 I betrifft nur Vorbringen in der mdl Verh, bedeutsam ist allein § 282 II (verspätete schriftsätzl. Mitteilung vor der mdl Verh); bloße Nichteinhaltung der Schriftsatzfrist (§ 132) genügt nicht (BGH NJW 1989, 716); § 282 II gilt nicht im Parteiprozess, außer idF § 129 II. § 296 II ist auch anwendbar, wenn nach MB oder VoB dem ASt aufgegeben wird, den Anspruch zu begründen (§§ 697 I 1, 700 III 2).

32 **c) Die Verspätung muss auf grober Nachlässigkeit** der Partei, ihrer gesetzl. Vertreter oder PrBev (§ 85 II) beruhen, dh sie muss in bes hohem Maß ihre Prozessförderungspflicht

vernachlässigen, also dasjenige unterlassen, was nach dem Stand des Verfahrens jeder Partei als notw hätte einleuchten müssen (BGH NJW 1987, 502). Über das Vorliegen grober Nachlässigkeit entscheidet das Gericht nach freier Überzeugung, die entspr Tatsachen müssen im Urteil festgestellt werden.

**Beispiele:** 33

ein längst bekannter Zeuge wird grundlos erst im letzten Verhandlungstermin benannt; die Partei tritt während des Prozesses eine längere Auslandsreise an, ohne den PrBev zu informieren. Bei verspäteter Anspruchsbegründung (§ 697 I) genügt dies allein nicht, die grobe Nachlässigkeit muss sich auf die Verletzung des § 282 II beziehen (BGH NJW 1982, 1533: am 01.03. Setzung der Zweiwochenfrist, am 05.04. Terminierung auf 05.06.; am 01.06. geht Anspruchsbegründung ein: keine Zurückweisung, weil ASt vom 23.03. bis 15.05. krank war).

**d)** Die Zulassung der verspäteten Angriffs- und Verteidigungsmittel muss die Erledigung des Rechtsstreits **verzögern.** Vgl Rz 17. 34

e) **Ermessensausübung.** Gesichtspunkte sind zB der Grad der Nachlässigkeit, das Ausmaß der Verzögerung, Prozesslage, Bedeutung der Sache.

**10. Zulässigkeit der Klage (Absatz 3):** 35

- **a)** Von Amts wegen zu beachtende Zulässigkeitsvoraussetzungen (wie Partei- und Prozessfähigkeit, richtige Vertretung, Rechtshängigkeit, Rechtskraft, Rechtsschutzbedürfnis, vgl Rz 10 ff vor § 253) bedürfen keiner Rüge; eine Prüfungsanregung ist jederzeit möglich.
- **b)** Verzichtbare Rügen (Kostenerstattung, § 269 VI; Ausländersicherheit, § 110): hier gelten Abs. 3, 4. Zur Verspätung vgl § 282 III.
- **c)** Bei nichtausschließl. Zust gelten §§ 39, 40 II und beim AG § 504. Die Einrede der Schiedsvereinbarung muss nicht innerhalb der Klageerwiderungsfrist erhoben werden (BGH NJW 2001, 2176).

**11. Verfahrensfragen. a)** Vor der Zurückweisung ist **rechtliches Gehör** (insb zur Entschuldigung) zu gewähren; vgl § 139. Die Zurückweisung erfolgt nicht durch Beschluss oder TeilU, sondern in den Urteilsgründen. 36

**b) Urteil:** im Tatbestand sind die Daten anzugeben, das verspätete Vorbringen selbst durch Bezugnahme (beim jeweiligen str Parteivorbringen oder am Schluss bei der Prozessgeschichte); in den Entscheidungsgründen ist § 296 I bzw II auszuführen. Wird das Vorbringen des Bekl zurückgewiesen, ist das Klägervorbringen nach § 138 III als zugestanden anzusehen. Ansprüche, die auf das verspätete Vorbringen gestützt werden, werden durch das Urteil aberkannt (BGH NJW 1961, 117). 37

c) **Rechtsmittel.** Hätte die untere Instanz das verspätete Vorbringen zurückweisen müssen, hat sie es aber fälschl. zugelassen, kann die Zurückweisung von den höheren Instanzen nicht mehr nachgeholt werden (BGH NJW 1981, 928); anders bei Abs. 3 (gesetzwidrige Zulassung ist anfechtbar, BGH NJW 1985, 743). Hat die untere Instanz zurückgewiesen, kann dies in den höheren Instanzen nachgeprüft werden. 38

39

**Praxishinweise:**

1. Immer wieder kommt es vor, dass in einem verspätet eingereichten Schriftsatz ein Beweisantrag auf Vernehmung eines Zeugen enthalten ist. Das Gericht hat dann entspr seiner Pflicht, Verzögerungen zu verhindern (Rz 14), den Zeugen noch zur mdl Verh zu laden. Erscheint der Zeuge nicht, dann ist nach BGH (MDR 1986, 1018; 1987, 573) Verspätungsrecht anwendbar, weil das Ausbleiben in keinem adäquaten Zusammenhang mit der Verspätung stehe. Dabei wird verkannt, dass sich das Verschuldenserfordernis der Partei (§ 296 I) nur auf das verspätete Vorbringen bezieht, nicht auf eine unverschuldete Verzögerungsfolge (ablehnend daher mit Recht OLG Düsseldorf MDR 1988, 975). Der Anwalt muss sich jedoch zur Einhaltung des „sichersten Weges" an die Rspr des BGH halten.

2. Prozesstaktisch führt das dazu, dass eine Partei einen Zeugen verspätet benennen kann, der noch geladen werden muss, von dem sie aber weiß, dass er nicht erscheinen wird. Dann müsste wegen Unanwendbarkeit von PräklusionsR vertagt werden. Anscheinend hat der BGH dies später selbst gesehen. In MDR 1989, 249 schließt er VerspätungsR aus, wenn die Ladung den Zeugen nicht erreicht hat, und zwar unabhängig davon, ob er auch bei rechtzeitiger Ladung ausgeblieben wäre.

3. Damit stellt sich die Frage, wie zu verfahren ist, wenn die Ladung den Zeugen nicht erreicht, weil er umgezogen ist oder seine Ladungsanschrift nicht stimmt. Auch dann wird nach BGH MDR 1989, 249 wohl VerspätungsR anzuwenden sein.

4. Zu Gefahrenstellen und Abwehrstrategien in Präklusionsfällen s. *Schneider* MDR 2002, 684.

## § 296a ZPO Vorbringen nach Schluss der mündlichen Verhandlung

**[1]Nach Schluss der mündlichen Verhandlung, auf die das Urteil ergeht, können Angriffs- und Verteidigungsmittel nicht mehr vorgebracht werden. [2]§ 139 Abs. 5, §§ 156, 283 bleiben unberührt.**

§ 296a geändert durch G v. 27.07.2001 (BGBl 2001, 1887).

**Lit:** ***Schur*** ZZP 114, 319.

1 Schluss der mdl Verh vgl § 136 IV. Trotzdem vorgebrachte **Angriffsmittel** usw. bleiben unberücksichtigt; die Zulässigkeit dieses Vorbringens in zweiter Instanz beurteilt sich nach §§ 530, 531 (BGH NJW 1979, 2109 zu § 528 aF). **Ausnahmen:** in diesen Fällen können auch nach Schluss noch neue Angriffe gebracht werden, die Verh ist ggf wieder zu eröffnen. **(1) § 139 V:** wenn in der letzten mdl Verh das Gericht einen (rechtl.) Hinweis gibt, auf den die Partei bzw ihr RA nicht sogleich reagieren kann, sondern sich erst informieren muss. **(2) § 156:** das Gericht kann bei Zweckmäßigkeit die Verh wieder eröffnen, in bestimmten Fällen (§ 156 II) *muss* dies geschehen. Bei wesentl. Vortrag ist zur Abwendung der Ber eine Wiedereröffnung meist erforderl. **(3) § 283:** nachgelassener Schriftsatz.

**(4)** Auch wenn das Urteil bereits gefällt (§ 309), aber noch nicht verkündet ist, muss das Gericht einen nicht nachgelassenen Schriftsatz noch lesen und die Wiedereröffnung der mdl Verh prüfen (BGH NJW 2002, 1426).

Wenn die Partei die Beibringung von Unterlagen in der mdl Verh zugesagt hatte, dürfen sie später nicht nach § 296a als verspätet zurückgewiesen werden (BGH FamRZ 1996, 1067). Rechtsausführungen, Zusammenfassungen, Klarstellungen sind immer zulässig. Auf nicht nachgelassenen Vortrag, der erst nach der mdl Verh und vor der Urteilsverkündung zu den Akten gelangt ist, darf in zweiter Instanz Bezug genommen werden (BGH NJW-RR 1998, 1514). 2

**Klageerweiterung** und **-rücknahme**, auch Teilrücknahmen, Widerklagen (Rz 4) sind von § 296a nicht betroffen. Geht nach Schluss der mdl Verh eine Klageerweiterung, teilw Klagerücknahme oder ein sonstiger neuer Klageantrag (bzw eine Widerklage) ein, und hält das Gericht eine Wiedereröffnung für untunl., liegt gleichwohl eine neue Klage über den bisher nicht rechtshängigen Teil vor und man kann den Schriftsatz nicht einfach unberücksichtigt in den Akten liegenlassen. Ohne Wiedereröffnung kann darüber jedenfalls nicht sogleich entschieden werden (OLG Düsseldorf MDR 2000, 1457). Der Kl etc sollte befragt werden, ob er (ggf nach Gebührenvorauszahlung, § 12 GKG) Neueintragung ins Register und Klagezustellung (§ 270), dh Behandlung als neue Klage, wünscht (dann müsste er aber den Erweiterungsschriftsatz entspr umformulieren, weil sonst in Höhe des Sockelbetrages doppelte Rechtshängigkeit vorliegen könnte) oder den Schriftsatz, falls er im anhängigen Verfahren keine Berücksichtigung mehr findet, „zurückzieht“, also auf Zustellung verzichtet. Dies ist im Einzelnen str, vgl *Fischer* NJW 1994, 1316; *Schur* ZZP Bd 114, 319. Jedenfalls fallen bei Klageerweiterung neue Gerichtsgeb aus GKG KV 1210 an, auch wenn sie nicht zugestellt wird (aA OLG Düsseldorf MDR 2000, 1457), weil Fälligkeit mit Einreichung eintritt (§ 6 GKG), auch bei einer „bedingten“ Klage. Ebenso ist es bei einer unzulässigen Widerklage. 3

Eine erst nach dem Schluss der mdl Verh erhobene (und zugestellte) **Widerklage** kann nach Ansicht des BGH ohne mdl Verh als *unzulässig* abgewiesen werden (BGH NJW-RR 1992, 1085; vgl BGH NJW 2000, 2512). Folgt man dem BGH, ist über Klage und Widerklage gemeinsam zu entscheiden, für ein TeilU (§ 301) über die Klage ist kein Raum. Die Auffassung des BGH ist aber unzutreffend, weil ohne mdl Verh (§ 128) nicht entschieden werden darf. Nach OLG Hamburg MDR 1995, 526 ergeht über eine solche Widerklage überhaupt keine Entscheidung, die Widerklage sei „unbeachtl.“ (unzutreffend). 4

## § 297 ZPO Form der Antragstellung

**(1) [1]Die Anträge sind aus den vorbereitenden Schriftsätzen zu verlesen. [2]Soweit sie darin nicht enthalten sind, müssen sie aus einer dem Protokoll als Anlage beizufügenden Schrift verlesen werden. [3]Der Vorsitzende kann auch gestatten, dass die Anträge zu Protokoll erklärt werden.**

**(2) Die Verlesung kann dadurch ersetzt werden, dass die Parteien auf die Schriftsätze Bezug nehmen, die die Anträge enthalten.**

1 Gemeint sind **Sachanträge**, die den Inhalt der erbetenen Entscheidung feststellen (zB Klageantrag, Klageänderungen, Erledigungserklärung); versehentl. „Nichtverlesung" ist nach §295 heilbar. In der Praxis wird nicht vorgelesen, sondern der Kl erklärt, dass er den Antrag aus dem Schriftsatz vom ... stellt, was genügt (Abs.2). Ungenügend ist, den „Antrag aus dem Mahnbescheid" zu stellen (str.). Bei umfangreichen Änderungen soll die Erklärung zu Protokoll nicht gestattet werden (Abs.1 S.3), sondern der neue Antrag sollte vom RA auf einem Blatt Papier ausformuliert und dem Protokoll als Anlage beigefügt werden.

2 § 297 gilt nicht für **Prozessanträge** (zB auf Versäumnis- oder AnerkenntnisU, Beweisanträge); der **Klage**(Widerklage-)**abweisungsantrag** bedarf keiner Verlesung (BGH NJW 1965, 397). Wiederholung der Antragstellung ist entbehrl. (§ 285 Rz 1). Vorbereitende Schriftsätze vgl § 129. Protokollanlage § 160 V.

## § 298 ZPO Aktenausdruck

**(1) Von einem elektronischen Dokument (§§ 130a, 130b) kann ein Ausdruck für die Akten gefertigt werden.**

**(2) Der Ausdruck muss den Vermerk enthalten,**

**1. welches Ergebnis die Integritätsprüfung des Dokumentes ausweist,**

**2. wen die Signaturprüfung als Inhaber der Signatur ausweist,**

**3. welchen Zeitpunkt die Signaturprüfung für die Anbringung der Signatur ausweist.**

**(3) Das elektronische Dokument ist mindestens bis zum rechtskräftigen Abschluss des Verfahrens zu speichern.**

§ 298 eingefügt durch G v. 22.03.2005 (BGBl 2005, 837).

**Lit:** ***Viefhues*** NJW 2005, 1009; ***Hähnchen*** NJW 2005, 2257.

## § 298a ZPO Elektronische Akte

**(1) [1]Die Prozessakten können elektronisch geführt werden. [2]Die Bundesregierung und die Landesregierungen bestimmen für ihren Bereich durch Rechtsverordnung den Zeitpunkt, von dem an elektronische Akten geführt werden sowie die hierfür geltenden organisatorisch-technischen Rahmenbedingungen für die Bildung, Führung und Aufbewahrung der elektronischen Akten. [3]Die Landesregierungen können die Ermächtigung durch Rechtsverordnung auf die Landesjustizverwaltungen übertragen. [4]Die Zulassung der elektronischen Akte kann auf einzelne Gerichte oder Verfahren beschränkt werden.**

**(2) [1]In Papierform eingereichte Schriftstücke und sonstige Unterlagen sollen zur Ersetzung der Urschrift in ein elektronisches Dokument übertragen werden. [2]Die Unterlagen sind, sofern sie in Papierform weiter benötigt werden, mindestens bis zum rechtskräftigen Abschluss des Verfahrens aufzubewahren.**

**(3) Das elektronische Dokument muss den Vermerk enthalten, wann und durch wen die Unterlagen in ein elektronisches Dokument übertragen worden sind.**

§ 298a eingefügt durch G v. 22.03.2005 (BGBl 2005, 837).

**Lit:** ***Viefhues*** NJW 2005, 1009; ***Hähnchen*** NJW 2005, 2257.

## § 299 ZPO Akteneinsicht; Abschriften

**(1) Die Parteien können die Prozessakten einsehen und sich aus ihnen durch die Geschäftsstelle Ausfertigungen, Auszüge und Abschriften erteilen lassen.**

**(2) Dritten Personen kann der Vorstand des Gerichts ohne Einwilligung der Parteien die Einsicht der Akten nur gestatten, wenn ein rechtliches Interesse glaubhaft gemacht wird.**

**(3) [1]Werden die Prozessakten elektronisch geführt, gewährt die Geschäftsstelle Akteneinsicht durch Erteilung eines Aktenausdrucks, durch Wiedergabe auf einem Bildschirm oder Übermittlung von elektronischen Dokumenten. [2]Nach dem Ermessen des Vorsitzenden kann Bevollmächtigten, die Mitglied einer Rechtsanwaltskammer sind, der elektronische Zugriff auf den Inhalt der Akten gestattet werden. [3]Bei einem elektronischen Zugriff auf den Inhalt der Akten ist sicherzustellen, dass der Zugriff nur durch den Bevollmächtigten erfolgt. [4]Für die Übermittlung ist die Gesamtheit der Dokumente mit einer qualifizierten elektronischen Signatur zu versehen und gegen unbefugte Kenntnisnahme zu schützen.**

**(4) Die Entwürfe zu Urteilen, Beschlüssen und Verfügungen, die zu ihrer Vorbereitung gelieferten Arbeiten sowie die Dokumente, die Abstimmungen betreffen, werden weder vorgelegt noch abschriftlich mitgeteilt.**

§ 299 geändert durch G v. 22.03.2005 (BGBl 2005, 837).

**Lit:** ***Haertlein*** (Kosten) ZZP 2001, 441; ***Graf/Wunsch*** (InsO-Akten) ZIP 2001, 1800; ***Wollweber*** FPR 1998, 278 (Familienrecht); ***Keller*** NJW 2004, 413 (Forschungszwecke).

**1. Akteneinsicht durch die Parteien (Absatz 1).** Das sind der Kl, Bekl, beigetretene Streitverkündete; nicht ein Zeuge, ein SV, der in dieser Sache früher das Gutachten erstattete. Der Gl, der im Insolvenzverfahren seine Forderung angemeldet hat, steht gleich (OLG Frankfurt ZVI 2006, 30). Akteneinsicht wird durch den Vors bewilligt. Kein Anwaltszwang. Kein Anspruch auf Versendung der Akten nach auswärts (BGH NJW 1961, 559), auf Hinausgabe oder Versendung in die Anwaltskanzlei (OLG Brandenburg FamRZ 2004, 387). Verlangt werden kann nur Einsicht auf der Geschäftsstelle; wenn in der Akte aber nichts ist, was gestohlen oder manipuliert werden könnte, also nur die Schriftsätze und Fotokopien, wird meist in die Kanzlei hinausgegeben oder versandt. Im PKH-Verfahren hat der Gegner des ASt kein Recht auf Einsicht in die Aktenteile, die Angaben über die pers und wirtschaftl. Verh des ASt enthalten (§ 117 II 2). Rm bei Weigerung Rz 4 (sof Beschwerde nach § 567). Die AnO über Hinausgabe etc trifft der Vors. Abs. 1 gilt auch nach Abschluss des Prozesses noch (**aA** Abs. 2). Auf Einsicht in **beigezogene Behördenakten** (zB Ermittlungsakten der Staatsanwaltschaft) bezieht sich § 299 nicht unmittelbar (BGH LM Nr. 1); sie können von den Parteien eingesehen werden, wenn die Ursprungsbehörde nicht widersprochen hat. Zum Einsichtsrecht weiterer Vollstr-Gl in 1

ZwV-Akten vgl § 903 Rz 1. Über Versendung usw. von Gebissmodellen vgl LG München I JurBüro 2000, 260.

2 **2. Akteneinsicht durch Dritte (Absatz 2).** Sie wird durch den Gerichtsvorstand (LG-Präsident, AG-Direktor) bewilligt. Dritte sind alle, die nicht Parteien sind, zB (wegen § 4 InsO) Gl bez der Insolvenzakten (BGH MDR 2006, 947; OLG Celle ZIP 2007, 299; OLG Düsseldorf NJW-RR 2000, 926; *Kind/Heinrich* NZI 2006, 433; *Pape* ZIP 2004, 598); der Schuldner muss sein Geheimhaltungsinteresse im Rahmen des Möglichen geltend machen können (BGH ZIP 1998, 961), er ist also uU vorher zu hören. Gl, die angemeldet haben, fallen unter Abs. 1, brauchen also kein rechtl. Interesse. Auch nach Abweisung des Insolvenzantrags mangels Masse besteht für einen Gl das rechtl. Interesse an der Einsicht in die Insolvenzakten fort und entfällt nicht dadurch, dass der Gl die Akteneinsicht begehrt, um festzustellen, ob ihm Durchgriffs- und Schadensersatzansprüche gegen Dritte, insb Geschäftsführer oder Gesellschafter der Schuldnerin, zustehen (BGH MDR 2006, 947). Berechtigt sind ferner zB Grundstücksnachbarn bei Bohrpfahlgründungen (OLG Hamburg NJW-RR 2002, 139). UU kommt nur Einsicht in Teile der Akten infrage (OLG Hamm NJW-RR 1997, 1489).

3 **3.** Statt Akteneinsicht kann die Erteilung von **Abschriften bestimmter Aktenteile**, zB eines Gutachtens, begehrt werden (OLG ZIP 2007, 299). Zum rechtl. Interesse vgl OLG München OLGZ 1984, 477, zum Forschungsinteresse BVerfG NJW 1986, 1278 und *Keller* NJW 2004, 413. Glaubhaftmachung § 294. Statt Einsicht kann uU Erteilung von anonymisierten Urteilsabschriften verlangt werden (vgl *Hirte* NJW 1988, 1698). Das DatenschutzG ist zu beachten. Zum Anspruch, Auskunft über andere Aktivprozesse eines Schuldners zu erlangen bzw seine aktuelle Adresse, vgl OLG Brandenburg OLG-NL 2006, 19.

4 **4. Rechtsmittel.** Verweigert der Urkundsbeamte im Falle von Abs. 1 die Einsicht: § 573, dann sof Beschwerde nach § 567 (OLG Frankfurt ZVI 2006, 30; OLG Celle ZVI 2004, 114). Gegen Verweigerung der Genehmigung im Falle von Abs. 2: Antrag nach § 23 I 1 EGGVG (OLG Hamm NJW 1989, 533) bzw Dienstaufsichtsbeschwerde. Für Schuldnerverzeichnis vgl § 915 III. Für § 807-Akten OLG Hamm NJW 1990, 843. Für Grundbuch § 12 GBO; für Erbscheine § 34 FGG. Zum Einsichtsrecht von Behörden vgl Art 35 GG (dazu *Schnapp/Friehe* NJW 1982, 1422); zum Einsichtsrecht des Finanzamts in Scheidungsakten OLG Köln NJW 1994, 1075 und BVerfG NJW 1970, 555 (nur beschränkt).

5 **5. Veröffentlichung von Gerichtsentscheidung:** nicht geregelt. Die Veröffentlichung ist eine öffentl. Aufgabe, weil sie der Rechtsfortbildung und Einheit der Rspr dient. Gewohnheitsrechtl. dürfen die Richter ihre Entscheidungen in anonymisierter Form an juristische Zeitschriften usw. senden, zwecks Veröffentlichung, ohne dafür die Zustimmung des Gerichtspräsidenten zu benötigen oder das Honorar abliefern zu müssen.

6 **6. Elektronische Dokumente (Absatz 3).** Das Dokument selbst wird nicht zugängl. gemacht.

7 **7. Entwürfe (Absatz 4).** In Konzepte und Notizen der Richter, Entwürfe usw., wird keine Einsicht gewährt.

8 **8. Kosten.** Abs. 1: Einsicht ist gerichtskostenfrei (Ausnahme Einsicht in Akten über eV nach § 899: GKG KV 2116). Kopien kosten nach GKG KV 9000 (es besteht ein Anspruch auf Zusendung von Abschriften; OLG Celle Rpfleger 1982, 388). Versand von Akten kostet GKG KV 9003 nF (wenn der RA die Akten, die ihm vom Gericht per Post zugesandt

wurden, mit Post zurücksendet, kann er seine Portoauslagen nicht von der Pauschale von 12 € abziehen; wenn er die Akten beim nächstgelegenen Gericht zur Rücksendung abgibt, spart er das Porto). Vorschuss: § 17 II GKG; Rechtsbehelf gegen die Anforderung des Vorschusses § 67 GKG, gegen den Kostenansatz (die „Rechnung") § 66 GKG. **Abs. 2:** hier gilt für Kopien, Versendung etc § 5 I JVerwKostO mit § 137 Nr. 4 KostO (die Beträge sind gleich hoch).

### § 299a ZPO Datenträgerarchiv

**[1]Sind die Prozessakten nach ordnungsgemäßen Grundsätzen zur Ersetzung der Urschrift auf einen Bild- oder anderen Datenträger übertragen worden und liegt der schriftliche Nachweis darüber vor, dass die Wiedergabe mit der Urschrift übereinstimmt, so können Ausfertigungen, Auszüge und Abschriften von dem Bild- oder dem Datenträger erteilt werden. [2]Auf der Urschrift anzubringende Vermerke werden in diesem Fall bei dem Nachweis angebracht.**

§ 299a geändert durch G v. 13.07.2001 (BGBl 2001, 1542).

Bildträger zB Mikrofilm, der mit einem Lesegerät zu lesen ist. Andere Datenträger: Festplatten/Disketten, wobei die Schriftsätze eingescannt werden. Nachweis: zB auf Karteikarten. Näheres regeln Richtlinien der Justizverwaltung. S. 2: Vermerke: §§ 164 III 1 (Protokollberichtigung, nachdem das unrichtige Protokoll schon verfilmt ist); §§ 319 II, 320. 1

## Titel 2
## Urteil

### § 300 ZPO Endurteil

**(1) Ist der Rechtsstreit zur Endentscheidung reif, so hat das Gericht sie durch Endurteil zu erlassen.**

**(2) Das Gleiche gilt, wenn von mehreren zum Zwecke gleichzeitiger Verhandlung und Entscheidung verbundenen Prozessen nur der eine zur Endentscheidung reif ist.**

**1. Allgemeines. a) Entscheidungsformen:** Urteile (ergehen idR aufgrund notw mdl Verh), Beschlüsse (idR ohne oder auf freigestellte mdl Verh, § 128 IV), Verfügungen (idR prozessleitender Natur). 1

**b) Sachurteile** entscheiden in der Sache selbst, **Prozessurteile** nur über die Zulässigkeit der Klage; 1a

**c) Endurteile** entscheiden für die Instanz über den StrG, als **Teilurteil** nur über einen Teil davon, als **Schlussurteil** dann den Rest;

**d)** Bei **Scheinurteil** (NichtU) fehlt schon der äußere Tatbestand eines Urteils (zB zugestellter Urteilsentwurf; fehlende Gerichtsgewalt); Rm zulässig, soweit der Schein beseitigt werden muss, zB wegen Ausfertigung und Zustellung (BGH 10, 349).

2 **e) Nichtige Urteile:** sie sind nicht wirkungslos, werden formell rechtskr, die ZwV aus ihnen soll unzulässig sein; darunter sollen Urteile gegen gerichtsbefreite Personen (§§ 18 ff GVG) fallen, aber auch solche, die eine (als solche) gesetz- oder sittenwidrige oder dem Recht unbekannte Rechtsfolge aussprechen. Urteile mit einem bes schweren und offenkundigen Mangel (BGH NJW 1994, 2833); angesichts der Abgrenzungsprobleme abzulehnen. Auch wenn das FGG-Gericht in einer Angelegenheit tätig geworden ist, die der streitigen Gerichtsbarkeit zugewiesen ist, ist die Entscheidung grds nicht nichtig (vgl *Habscheid* NJW 1966, 1787; str), nur fehlerhaft (doch kommt es auf den Einzelfall an: der von der ZivK in einem ZivilU erteilte Erbschein wäre nichtig).

3 **f) Urteilswirkungen:** Vollstreckung; Bindungswirkung (§ 318); mat Rechtskraft ab formeller Rechtskraft; Tatbestandswirkung (ein Urteil ist zT Tatbestandsmerkmal einer Norm, zB in §§ 302 IV, 717 II).

4 **2. Entscheidungsreife** führt zum EndU, es darf also nicht etwa, wie im Erbscheinsverfahren, eine Art „Vorbescheid" ergehen. Grds können im Urteil Fragen, auf die es nicht ankommt, offenbleiben. Eine Prüfungsreihenfolge kann dem Gericht nicht vorgeschrieben werden (zB aus eigenem, hilfsweise aus abgetretenem Recht, OLG Köln NJW-RR 1987, 505). Greift Verjährung oder eine andere anspruchsfeindl. Tatsache ggü allen infrage kommenden Anspruchsgrundlagen durch, können diese offenbleiben.

5 **Ausnahmen:**

- **Zulässigkeit** der Klage darf nicht offenbleiben, weil sie, „jedenfalls" unbegründet ist;

6 • bei der **Eventualaufrechnung** darf die Klage nicht abgewiesen werden, weil ohnehin die Aufrechnung durchgreift; vielmehr ist wegen des Umfangs der Rechtskraft zuvor festzustellen, ob die Klageforderung besteht (hM, sog Beweiserhebungstheorie);

7 • über den **Hilfsantrag** darf erst entschieden werden, wenn sich der Hauptantrag als unzulässig oder als zulässig, aber unbegründet herausstellt; wird der Hilfsantrag zugesprochen, muss die Klage iÜ abgewiesen werden; Kosten vgl § 92 Rz 7.

8 **3. Dem Urteil ist zugrunde zu legen:** der Prozessstoff bei Schluss der mdl Verh, die Rechtsnormen zur Zeit der Urteilsverkündung (BGH 9, 101).

9 **4. Verbindung, Absatz 2:** Fall des § 147 (Trennung erfolgt und EndU ergeht); iFd § 260 ergeht TeilU, § 301.

## § 301 ZPO Teilurteil

**(1) [1]Ist von mehreren in einer Klage geltend gemachten Ansprüchen nur der eine oder ist nur ein Teil eines Anspruchs oder bei erhobener Widerklage nur die Klage oder die Widerklage zur Endentscheidung reif, so hat das Gericht sie durch Endurteil (Teilurteil) zu erlassen. [2]Über einen Teil eines einheitlichen Anspruchs, der nach Grund und Höhe streitig ist, kann durch Teilurteil nur entschieden werden, wenn zugleich ein Grundurteil über den restlichen Teil des Anspruchs ergeht.**

**(2) Der Erlass eines Teilurteils kann unterbleiben, wenn es das Gericht nach Lage der Sache nicht für angemessen erachtet.**

§ 301 I 2 eingefügt durch G v. 30.03.2000 (BGBl 2000, 330).

**Lit:** ***Götsche*** MDR 2006, 781 (Familiensachen).

**1. Unzulässig ist das Teilurteil** insb 1

**a)** bei notw StrGen, § 62 (BGH NJW 1996, 1060); bei zwei einfachen StrGen (Belegarzt und Krankenhaus) gegen *einen* StrGen bei Gefahr widersprüchl. Entscheidungen (BGH NJW 2007, 156; 2004, 1452); iÜ ist das TeilU gegen einen StrGen zulässig und der praktisch wichtigste Fall. Klagen zwei Unterhaltsberechtigte, ist ein TeilU für einen einzelnen Unterhaltsberechtigten unzulässig, wenn der Unterhaltspflichtige nicht uneingeschränkt leistungsfähig ist und Gleichrang unter den Unterhaltsberechtigten besteht (OLG Hamm FamRZ 2006, 1779);

**b)** über eine von mehreren Anspruchsgrundlagen (BGH NJW 1978, 1920);

**c)** über **verspätetes Vorbringen**, §§ 296, 530 (BGH 77, 306);

**d)** zw sind die **Fälle einzelner Rechnungsposten**; für Unzulässigkeit der Abweisung einzelner Posten beim Schadensersatz und entgangenem Gewinn BGH NJW-RR 1991, 1468; bei Bauabrechnung OLG Zweibrücken MDR 1982, 1026; Baumängel (BGH NJW 1992, 1632); bei verschiedenen StrG ist TeilU zulässig (BGH NJW 1992, 2080). Ein klageabweisendes TeilU über immaterielle Schadensersatzansprüche ist unzulässig, wenn mat Schadensersatzansprüche anhängig bleiben (OLG Schleswig SchlHA 2005, 347).

**e)** über **Hilfsantrag** vor Erledigung des Hauptantrags; dagegen ist Abweisung des Hauptantrags durch TeilU zulässig (BGH MDR 1996, 464);

**f)** über unselbstständige AnschlussBer (BGH 20, 311), str;

**g)** über bloße Elemente einer Schadensersatzforderung (BGH MDR 1989, 535: Dauer der Erwerbsunfähigkeit);

**h)** wenn die **Gefahr einer widersprüchlichen Entscheidung** im Schluss besteht (BGH NJW 2004, 1452; BAG NZA 2006, 1428; zur Heilung in zweiter Instanz durch § 256 II vgl BGH NJW-RR 2003, 303), zB weil nur über einen Teil des Unterhalts entschieden werden soll (OLG Brandenburg NJWE-FER 1997, 44). TeilE zum Versorgungsausgleich sind nur dann zulässig, wenn durch die SchlussE nur noch weitere Werte zu übertragen sind und eine Reduzierung des bisherigen Wertes ausgeschlossen ist (OLG Naumburg OLG-Report 2005, 950). Ist das Verfahren durch den Tod einer Partei unterbrochen oder ist deswegen die Aussetzung des Verfahrens angeordnet, so kann trotz der Gefahr einander widersprechender Entscheidungen in bestimmten Ausnahmefällen ein TeilU ergehen (BGH NJW 2007, 156). Wird eine Amtshaftungsklage gegen einen beamteten Chefarzt einer Uni-Klinik wegen desselben Schadens mit der Klage gegen die Uni-Klinik verbunden, und ist die Frage, ob den Arzt eine Ersatzpflicht trifft, noch nicht entscheidungsreif, dann darf die Amtshaftungsklage nicht mit dem Hinweis auf die noch nicht geklärte Ersatzpflicht des (einfachen) StrGen durch TeilU abgewiesen werden (BGH MDR 2004, 898).

**i)** Sonderfall: § 301 I 2 (Rz 4a).

2 **2. Das Teilurteil ist zu erlassen** bei Teilanerkenntnis, bei Säumnis eines einfachen StrGen, Stufenklage (BGH 10, 386), Teilverzicht. Häufig ist es als Teil-Versäumnisurteil, wenn von zwei Bekl einer säumig ist, der andere nicht, und keine notw Streitgenossenschaft vorliegt. Tenor: Rz 5.

3 **3. Sonst ist es nur zulässig** (aber abzuraten, weil idR unzweckmäßig), **wenn:**

**a)** der **Streitgegenstand teilbar** ist; § 301 I 1 nennt 3 Fälle:

**aa) Klagenhäufung** (Alt 1);

**bb) abgrenzbarer Teil** des einheitl. Klageanspruchs (Alt 2); auch innerhalb des Versorgungsausgleichs mögl., vgl BGH MDR 1983, 209 und 652; NJW 1984, 120; auch bei einzelnen Schadenspositionen (BGH NJW 1992, 1769). TeilU gegen *einen* StrGen zulässig, wenn gegen einen weiteren StrGen das Insolvenzverfahren eröffnet wurde (BGH NJW-RR 2003, 1002). Zum Zugewinn-TeilU vgl BGH NJW 1989, 2821 und OLG Hamm FamRZ 2003, 1393; zum TeilU bei Zahlungs- und Feststellungsansprüchen BGH NJW 2000, 1405. Zum TeilU und iÜ TeilvorbehaltsU (§ 302) BGH NJW 1996, 395.

**cc) Klage und Widerklage** (Alt 3); über Widerklage auch, wenn mit der dort geltend gemachten Forderung hilfsweise aufgerechnet wurde (BGH NJW 1971, 1840); aber nicht, wenn Berechtigter und Verpflichteter so Abänderung desselben Unterhaltstitels begehren (BGH NJW 1987, 441) oder wechselseitig auf Einwilligung in Auszahlung eines hinterlegten Betrags klagen (BGH MDR 1993, 177); nicht über Widerklage, wenn Klage und Widerklage von derselben Vorfrage abhängen und über Klage kein GrundU ergehen kann (BGH NJW-RR 2005, 22).

4 **b) wenn** das TeilU durch das über den Rest ergehende SchlussU „unter keinen Umständen mehr berührt werden kann, wenn die Entscheidung über den Teil unabhängig davon ist, wie der Streit über den Rest ausgeht, wenn also die **Gefahr widersprechender Entscheidungen ausgeschlossen** ist“ (BGH NJW 1992, 511; 1991, 570; OLG München NJW-RR 1994, 1278; BGH NJW 1989, 2757 hält „eine gewisse Abhängigkeit“ für unschädl.); bei einer evtl. Klagenhäufung kann der Hauptantrag durch TeilU abgewiesen werden (BGH NJW 1971, 1316; NJW-RR 1986, 579; str);

4a **c) Wenn im Falle des § 301 Absatz 1 Satz 2 zugleich ein Grundurteil ergeht** (dazu *Buscher* BauR 2002, 870; *Schmitz* NJW 2000, 3622); vgl BGH NJW 2001, 760. Beispiel: B schuldet angebl. Zahlungen aufgrund Vertrags. B bestreitet den Vertrag und die Höhe der drei eingeklagten Einzelposten. Ein Posten ist entscheidungsreif. Es kann ergehen: GrundU und TeilU: „I. Die Klage ist dem Grunde nach gerechtfertigt. II. B wird verurteilt, an den K ...zu zahlen.“ Würde nur ein TeilU ergehen und rechtskr werden, könnte eine widersprechende Entscheidung zum Rest entstehen. Ebenso bei Arzthaftung: TeilU über Schmerzensgeld *und* GrundU über mat Schadensersatz (OLG Koblenz NJW-RR 2003, 1722).

**d) Entscheidungsreife** des Teils, vgl § 300.

5 **4. Das Teilurteil enthält grundsätzlich keine Kostenentscheidung** (meist wird tenoriert: „Die KostenE bleibt dem SchlussU vorbehalten“); Ausnahme: wenn sie unabhängig davon ist, wie der Streit über den Rest ausgeht, zB wenn die Klage gegen B 2 abgewiesen wird („Der Kl trägt die außergerichtl. Kosten des B 2"); vgl BGH NJW 1960, 484. Das TeilU

ist bez des Restes grds ohne Rechtskraftwirkung, führt insoweit zu keiner Selbstbindung (§ 318) und kann uU ein Rm abschneiden (§ 511).

**5. Rechtsmittel.** Für jedes TeilU und das SchlussU wird die Rm-Summe selbstständig ermittelt (BGH MDR 1989, 903). Bei Ber gegen das TeilU kann das BerGer nicht die Entscheidung über den noch in der Vorinstanz anhängigen **Prozessrest** an sich ziehen, außer das TeilU war unzulässig (BGH 30, 213; MDR 1979, 38; NJW 1987, 441) oder bei Einverständnis der Parteien (OLG Frankfurt JR 1984, 290), oder wenn der Bekl (BerKläger) volle Klageabweisung beantragt und sich der Kl auf diesen Antrag rügelos einlässt (BGH 8, 383). Gegen ein VU aufgrund einer Teilklage, dessen Rechtskraftumfang unerkennbar ist, ist Klage nach § 767 I mögl. (OLG Brandenburg MDR 2000, 227). Zur Anfechtung nur der Kosten des SchlussU, wenn das TeilU ohne Kosten war, vgl § 99 Rz 4. Zur Berücksichtigung der Unzulässigkeit eines TeilU im **Revisionsverfahren** vgl BGH NJW 2003, 2380. 6

7

**Praxishinweise:**

1. Stützt sich eine Klage auf mehrere mat-rechtl. Ansprüche, zB Reparaturkosten, Verdienstausfall, entgangener Unterhalt, und zahlt der Schädiger oder sein Vers einen Teilbetrag ohne Tilgungsbestimmung nach § 366 I BGB, dann darf ein TeilU nur ergehen, wenn zuvor die Tilgungsfolge nach § 366 II BGB klargestellt worden ist (OLG Zweibrücken VersR 1999, 508).

2. Auf die Klärung der Tilgungsfolge hat der PrBev zu achten und ggf das Gericht darauf hinzuweisen. Anderenfalls hat er bei Aufhebung und Zurückverweisung im Ber-Verfahren (§ 538 II 1 Nr. 7) dem Mandanten die dadurch entstehenden Mehrkosten wegen Anwaltsverschuldens zu erstatten.

3. Zur fehlerhaften Verrechnung von Tilgungszahlungen auf Kosten und Zinsen s. § 4 Rz 4.

4. Gegen einen von zwei StrGen ist ein klageabweisendes TeilU unzulässig, wenn eine spätere Beweisaufnahme zu einem Widerspruch mit dem TeilU führen könnte (LG Köln MDR 2001, 232).

## § 302 ZPO Vorbehaltsurteil

**(1) Hat der Beklagte die Aufrechnung einer Gegenforderung geltend gemacht, so kann, wenn nur die Verhandlung über die Forderung zur Entscheidung reif ist, diese unter Vorbehalt der Entscheidung über die Aufrechnung ergehen.**

**(2) Enthält das Urteil keinen Vorbehalt, so kann die Ergänzung des Urteils nach Vorschrift des § 321 beantragt werden.**

**(3) Das Urteil, das unter Vorbehalt der Entscheidung über die Aufrechnung ergeht, ist in Betreff der Rechtsmittel und der Zwangsvollstreckung als Endurteil anzusehen.**

**(4) [1]In Betreff der Aufrechnung, über welche die Entscheidung vorbehalten ist, bleibt der Rechtsstreit anhängig. [2]Soweit sich in dem weiteren Verfahren ergibt, dass der Anspruch des Klägers unbegründet war, ist das frühere Urteil aufzuheben, der Kläger**

**mit dem Anspruch abzuweisen und über die Kosten anderweit zu entscheiden. [3]Der Kläger ist zum Ersatz des Schadens verpflichtet, der dem Beklagten durch die Vollstreckung des Urteils oder durch eine zur Abwendung der Vollstreckung gemachte Leistung entstanden ist. [4]Der Beklagte kann den Anspruch auf Schadensersatz in dem anhängigen Rechtsstreit geltend machen; wird der Anspruch geltend gemacht, so ist er als zur Zeit der Zahlung oder Leistung rechtshängig geworden anzusehen.**

§ 302 geändert durch G v. 30.3.2000 (BGBl 2000, 330).

Lit: ***Schmitz/Goldmann*** NJW 1999, 2952; ***Musielak*** JuS 1994, 817; ***Buscher*** BauR 2002, 870; ***Schaefer*** NZBau 2006, 206.

1 **1. Voraussetzungen des Vorbehaltsurteil:**

**a)** Antrag nicht notw;

**b)** Ob ein **rechtlicher Zusammenhang** („Konnexität") besteht, ist seit der Änderung v. 30.03.2000 unerhebl..

**c)** Klageforderung entscheidungsreif und begrt; vgl § 145 III.

**d)** Aufrechnungsforderung noch nicht entscheidungsreif, aber Aufrechnung zulässig (BGH 25, 366; zB: vertragl. oder gesetzl. Aufrechnungsverbote?).

**e)** Ermessensausübung („kann"). Ein VorbehaltsU ist grds ausgeschlossen, wenn der Besteller ggü der Werklohnforderung mit einem Anspruch aus demselben Vertragsverhältnis auf Ersatz der Kosten der Mängelbeseitigung oder der Fertigstellung aufrechnet; im Einzelfall soll es aber doch mögl. sein, wenn die Gegenansprüche „geringe" Aussicht auf Erfolg haben und der Unternehmer Liquidität braucht (BGH NJW 2006, 698).

VorbehaltsU nach § 302 sind selten; weshalb sollte beim Bekl schon jetzt vollstreckt werden können (uU sogar ohne Sicherheit, wenn VU, § 708 Nr.2; Urkundenprozess, § 708 Nr. 4, wie zB bei Architektenhonorar (so OLG Düsseldorf NJW-RR 2001, 882), obwohl sich später zeigen kann, dass er wegen Aufrechnung nichts schuldig ist?

2 **2. Das Vorbehaltsurteil enthält** Verurteilung, Kosten (beim StrW § 45 III nF GKG beachten) und vorl Vollstr. Angefügt wird Ziffer IV: „Die Entscheidung über die Aufrechnungsforderung des Bekl iHv ... € wegen Lieferung vom ... bleibt vorbehalten." Ist die Gegenforderung geringer als die Klageforderung, darf sich der Vorbehalt nicht auf den überschießenden Teil erstrecken (RG 57, 268).

3 Ist die Klage nur dem Grunde nach begr, hält die hM (BGH LM § 304 Nr. 6) ein **Grundurteil unter Vorbehalt der Aufrechnung** für zulässig. Ebenso sind **Anerkenntnis-Vorbehaltsurteil** zulässig (OLG Frankfurt MDR 1978, 583; str); darauf sind §§ 313b, 708 Nr. 1 anzuwenden (str, **aA** *AK-Fenge* Rz 9). Auf die Einstellung der ZwV aus dem VorbehaltsU ist § 707 entspr anzuwenden (BGH NJW 1967, 566). Gegen das VorbehaltsU ist Ber usw. statthaft.

4 **3. Nachverfahren.** Bindungswirkung (§ 318): Zulässigkeit und Begr der Klage sowie Zulässigkeit der Aufrechnung dürfen nicht mehr anders beurteilt werden, auch wenn damals unrichtig entschieden wurde (Rm gegen das VorbehaltsU hätten bestanden; vgl BGH NJW 1961, 1721; 1979, 1046 zur Beschwer); im Nachverfahren sind aber Klageer-

weiterung, Klageänderung, Widerklage mögl. (BGH 17, 31; NJW 1962, 1249), Bekl kann auch mit anderer Forderung aufrechnen (abw OLG München MDR 1975, 324).

**Entscheidung im Nachverfahren:** 5

**a) Wenn infolge Aufrechnung die Klage unbegründet ist:** „Das VorbehaltsU vom ... wird aufgehoben. Die Klage wird abgewiesen. Der Kl hat die Kosten des Rechtsstreits zu tragen. Das Urteil ist vorl. vollstr; der Kl kann ..., wenn nicht ..." Vgl § 302 IV 2; Kosten § 91 (**aA** § 92); vorl Vollstr §§ 708 ff.

**b) Wenn die Gegenforderung nicht besteht:** „Das VorbehaltsU vom ... wird für vorbehaltlos erklärt. Der Bekl hat die weiteren Kosten des Rechtsstreits zu tragen. Insoweit ist das Urteil vorl vollstr; der Bekl kann ..., wenn nicht der Kl ..." Weitere Kosten: der StrW hat sich wegen § 45 III nF GKG (Addition) erhöht; wegen der Hauptsache und Kosten bleibt die vorl Vollstr des VorbehaltsU bestehen. 6

**c) Wenn die Klage nur zum Teil begründet ist:** „... wird in Höhe von ... € vorbehaltlos erklärt, iü. aufgehoben und die Klage abgewiesen." Kostenquotelung. Vorl Vollstr. Es darf nicht das ganze VorbehaltsU aufgehoben und die Verurteilung sprachl. neu formuliert werden, weil sonst wegen § 775 Nr. 1 Rangverlust mögl. ist. 7

**4.** Zum **Schadensersatz** nach Abs. 4 vgl § 717. 8

## § 303 ZPO Zwischenurteil

**Ist ein Zwischenstreit zur Entscheidung reif, so kann die Entscheidung durch Zwischenurteil ergehen.**

**1. Gemeint sind nicht materiellrechtliche Streitpunkte**, wie: einzelne Anspruchsgrundlagen (BGH 72, 34), Sachbefugnis (das unzulässig dazu ergangene ZwischenU erzeugt insoweit keine Rechtskraftwirkung, BGH 8, 383; LM Nr. 5), verspätete Angriffs- und Verteidigungsmittel, **sondern nur prozessuale;** zB: Zulässigkeit des Rechtswegs zu den ordentl. Gerichten (Beschluss nach § 17a IV GVG), Zulässigkeit der Vernehmung einer Person als Zeuge; dass eine Unterbrechung des Verfahrens (§ 239) fortdauere (BGH NJW 2004, 2983; NJW 2005, 290); ob (wenn str) Prozesskostensicherheit nach § 110 zu leisten ist (OLG Oldenburg NdsRpfl 2004, 316). **Nicht:** dass der Prozess durch Vergleich beendet sei, wenn Wirksamkeit des Vergleichs umstr (BGH NJW 1996, 3345; EndU notw!). 1

**2. Urteil:** Überschrift „ZwischenU gem § 303 ZPO". Rubrum wie üblich, „aufgrund mdl Verh vom ..." Tenor enthält nur die Feststellung, keinen Ausspruch über Kosten, keine vorl Vollstr. Das ZwischenU ist in der Praxis sehr selten. Wirkung: Bindung gem § 318. Zweck: Verfahrenskonzentration. Es ist nicht isoliert anfechtbar; aber zusammen mit dem EndU (§§ 512, 557). Sonderfälle: §§ 256 II, 280 II, 304, 71 II, 135 III, 387 III, 402. 2

## § 304 ZPO Zwischenurteil über den Grund

**(1) Ist ein Anspruch nach Grund und Betrag streitig, so kann das Gericht über den Grund vorab entscheiden.**

**(2) Das Urteil ist in Betreff der Rechtsmittel als Endurteil anzusehen; das Gericht kann jedoch, wenn der Anspruch für begründet erklärt ist, auf Antrag anordnen, dass über den Betrag zu verhandeln sei.**

### 1. Voraussetzungen des Grundurteils

1 **a) Anspruch auf Zahlung** (oder Leistung anderer vertretbarer Sachen) nach Grund und Höhe str. Hauptfall: Schadensersatz mit vielen Posten, zB beim Verkehrsunfall. GrundU grds auch zulässig beim Handelsvertreterausgleich, § 89b HGB (BGH VersR 1986, 1072; NJW 1996, 848); bei der Anfechtungsklage (BGH NJW 1995, 1093); in Sonderfällen bei der Feststellungsklage (BGH MDR 1995, 419), im FGG-Verfahren: GrundE im WEG-Verfahren (OLG Köln NZM 1999, 858); bei §§ 1836 BGB, 56g FGG, ob dem Betreuer überhaupt eine Vergütung zusteht. – **Unzulässig** ist das GrundU, wenn der Anspruchsgrund unstreitig ist (BGH MDR 1989, 535), über einzelne Elemente der Begründetheit (BGH VersR 1989, 603), über Teile des Klagegrunds (BGH MDR 1989, 535), wenn die Betragshöhe vereinbarungsgem durch Schiedsrichter festgestellt werden soll (BGH NJW-RR 1988, 1405), beim unbezifferten (Freistellungs-)Anspruch (BGH NJW-RR 1987, 756), gegen den Bürgen ohne Feststellung der Hauptschuld (BGH NJW 1990, 1366), bei Zahlungs- und unbeziffertem Feststellungsantrag (BGH NJW 2000, 1572); uU wenn der Klageanspruch aus einem Zahlungs- und unbezifferten Feststellungsantrag besteht (BGH NJW 2000, 1572); in Unterhaltssachen wegen Unzweckmäßigkeit (OLG Schleswig FamRZ 1999, 27; zw).

2 **b) Streit über Grund für (unter Umständen teilweise) Stattgabe reif**, Streit über Betrag noch nicht; bei mehreren in einer Klage zusammengefassten Ansprüchen kann ein *einheitliches* GrundU nur ergehen, wenn jeder Teilanspruch gerechtfertigt ist (BGH NJW 1984, 1226). Dass ein Teil einer einheitl. Klageforderung eindeutig unbegr ist, steht einem GrundU nicht entgegen (BGH NJW-RR 2004, 1034). Erlass eines GrundU ist unzulässig, wenn nicht alle Fragen, die zum Grund des Anspruchs gehören, erledigt sind (BGH NJW-RR 2007, 305). Bei einer Teilklage ist ein GrundU mögl., wenn sich der Gesamtanspruch aus mehreren selbstständigen Forderungen zusammensetzt, von denen einzelne unbegr sind, die übrigen aber erwarten lassen, dass dem Kl im Nachverfahren ein Betrag zugesprochen wird (BGH NJW 1993, 1779). Bei einer Feststellungsklage ist ein GrundU zulässig, wenn im EndU möglicherweise nur ein bezifferter Teil des Antrags zuerkannt wird (BGH NJW 1994, 3295).

3 **c) Der prozessökonomische Zweck** eines GrundU muss vermutl. erreicht werden, dh mit hoher Wahrscheinlichkeit muss der Klageanspruch **in irgendeiner Höhe bestehen** (BGH NJW-RR 2007, 305; NJW-RR 1991, 613; st Rspr), insoweit ist „eine mindestens summarische Prüfung" notw (BGH LM Nr. 19); das GrundU muss zu „einer echten Vorentscheidung des Prozesses führen" (BGH MDR 1980, 925).

4 **d) Unschwere Trennbarkeit des Sachverhalts** in zwei Tatsachenkomplexe: für das Nachverfahren darf nur noch die Feststellung der Höhe übrig bleiben (BGH NJW-RR

1994, 319); kein GrundU, wenn Tatsachen sowohl für den Grund wie für den Betrag maßgebl. sind (*doppelrelevante Tatsachen*, zB Minderung der Erwerbsfähigkeit), BGH NJW 1991, 1896; MDR 1979, 385.

Möglich ist Kombination **Teil- und Grundurteil** (BGH NJW 2001, 760; 1992, 511; 1989, 2754; zB TeilU über Zukunftsschaden, GrundU über bezifferten Sachschaden; eindeutig muss insb sein, welcher Teil des Klageanspruchs von der Klageabweisung des TeilU erfasst wird und welcher Teil der ZwischenE über den Grund zugeordnet wird); Sonderfall § 301 I 2. *Anerkenntnis-GrundU* (str, **aA***BLAH* § 307 Rz 6). 5

**2. Abgrenzung Grund- und Betragsverfahren:** Hierfür sind praktische (und nicht dogmatische) Gesichtspunkte maßgebend (vgl BGH MDR 1980, 925); *Schilken* ZZP 1982, 45); in Sonderfällen (Kausalzusammenhang) kann das Gericht nach freiem Ermessen eine Frage im Grund- oder Betragsverfahren entscheiden (BGH MDR 1968, 998); jedenfalls muss sich aus dem GrundU klar ergeben, welcher Teil dem Betragsverfahren vorbehalten bleibt (BGH NJW-RR 1987, 1277), zumindest aus den Gründen (BGH NJW-RR 1996, 700). 6

**a) Beim Grundverfahren** sind zu prüfen: Zulässigkeit der Klage; alle anspruchsbegründenden Tatsachen; anspruchsvernichtende Tatsachen wie Anfechtung, Erfüllung. 7

**b) Problematische Fälle:** bei Aufrechnung mit konnexer Gegenforderung (vgl § 33 Rz 5) ist ein GrundU über die Klageforderung nur zulässig, wenn „anzunehmen ist, dass sie die zur Aufrechnung gestellte Forderung übersteigt“ (BGH 11, 65; LM Nr. 19; abw LM Nr. 6); andernfalls kommt nur Klageabweisung in Betracht. Bei nichtkonnexer Gegenforderung: GrundU mit Vorbehalt nach § 302 möglich (BGH 11, 67; LM Nr. 6). – Ähnliche Probleme bei Abtretung, Forderungsübergang (BGH VersR 1968, 69); Verjährung (BGH NJW 1968, 2105); mitwirkendem Verschulden (BGH NJW 1979, 1933): nur wenn jeweils anzunehmen ist, dass dem Kl im Nachverfahren noch ein Betrag zuzusprechen ist, dürfen diese Fragen dem Betragsverfahren überlassen werden. 8

**c) Betragsverfahren:** Dazu gehört idR der Zinsanspruch (BGH WM 1985, 1166). 9

**3. Inhalt des Grundurteils: a)** „Die Klage ist dem Grunde nach gerechtfertigt“ (kein Ausspruch über Kosten und Vollstr); **b) bei Mitverschulden:** "... zu 1/3 gerechtfertigt“ (iÜ muss nach hM die Klage abgewiesen werden; OLG Koblenz VRS Bd. 68, 179); der Mitverursachungsanteil darf nicht vorbehalten werden (BGH NJW 1997, 3176); 10

**c) Anspruchskonkurrenz:** zB Klage ist aus § 823 BGB und aus StVG jeweils in voller Höhe gerechtfertigt: wie a); ist sie nur aus StVG gerechtfertigt (dh nur teilw, vgl Höchstbeträge), muss der Tenor dies erkennen lassen (BGH NJW 1959, 1918; LM Nr. 5): "... im Rahmen der Gefährdungshaftung des StVG“; 11

**d) Schmerzensgeld:** „ ... unter Berücksichtigung eines Mitverschuldens des Kl von 1/3" (vgl BGH 18, 149); **e)** Sonstige Vorbehalte (vgl BGH NJW 1961, 1465). 12

**4. Betragsverfahren.** Terminierung hierfür muss nach Rechtskraft des GrundU von Amts wegen erfolgen (BGH NJW 1979, 2307); vorher hat es idR keinen Sinn; § 304 II 2 ist missverständl. formuliert. 13

**a) Das Gericht ist an das Grundurteil gebunden**, § 318; die Bindung kann aber nicht weiter gehen, als es dem Willen des das GrundU erlassenden Gerichts entspricht, wobei 14 zur Erläuterung des Tenors die Entscheidungsgründe mit herangezogen werden müssen (BGH NJW-RR 1997, 188). Die Klage kann daher abgewiesen werden, zB weil kein Schaden entstand (BGH VersR 1965, 1173; BSG NJW 1991, 380). Nicht im GrundU vorbehaltene Einwendungen gegen den Anspruchsgrund können nur noch entspr § 767 II oder bei Vorliegen eines Restitutionsgrundes geltend gemacht werden (BGH NJW 1963, 587).

15 **b) Keine Bindung:** wenn das GrundU unzulässig erging, zB weil die Tatsachen für Grund und Betrag in engem Zusammenhang standen (BGH LM Nr. 21); wenn im Betragsverfahren die Klage erweitert wird: dann ist für den neuen Teil der Grund wieder zu prüfen, übersehene Anspruchsgrundlagen kommen hierfür in Betracht (BGH NJW 1985, 496); wenn im GrundU Ausführungen über die Höhe (BGH LM Nr. 21; OLG Hamm OLG-Report 2006, 166) oder ein dem Betragsverfahren vorbehaltenes Mitverschulden (OLG Hamm NJW-RR 1993, 915; OLG Jena OLG-NL 2005, 263) enthalten sind; wenn der Bekl ihm nachteilige Feststellungen nicht angreifen kann, weil der Tenor des GrundU ihn nicht beschwert (BGH NJW-RR 2005, 1157).

16 **c)** Im Betragsverfahren kann nicht mit einer Forderung aufgerechnet werden, die schon im Grundverfahren hätte geltend gemacht werden können (BGH NJW 1965, 1763), vgl aber oben Rz 8.

17 **5. Rechtsmittel.** Das GrundU ist selbstständig anfechtbar, Abs. 2. Eine **Beschwer** besteht, wenn das GrundU tatsächl. (und nicht nur scheinbar) eine negative Bindungswirkung hat (BGH NJW-RR 2007, 138); sie liegt schon vor, wenn das Gericht eine andere Anspruchsgrundlage bejaht, die zu geringerer Höhe führt (OLG Frankfurt NJW-RR 1987, 191). Wurde die Klage abgewiesen und hält das BerGer den Anspruch für dem Grunde nach gerechtfertigt, darf es nicht einfach zur Entscheidung über die Höhe zurückverweisen, sondern muss aufheben und ein GrundU erlassen (BGH LM Nr. 10). Ergeht das BetragsU (EndU) und wird dann das GrundU im Rm-Verfahren aufgehoben und die Klage abgewiesen, fällt das BetragsU weg (RG 107, 331); Schadensersatz vgl § 717 II.

18 **6. Kosten. Gericht:** Grund- und Betragsverfahren sind gebührenrechtl. dieselbe Instanz. Ebenso ist es beim **Rechtsanwalt**.

## § 305 ZPO Urteil unter Vorbehalt erbrechtlich beschränkter Haftung

**(1) Durch die Geltendmachung der dem Erben nach den §§ 2014, 2015 des Bürgerlichen Gesetzbuchs zustehenden Einreden wird eine unter dem Vorbehalt der beschränkten Haftung ergehende Verurteilung des Erben nicht ausgeschlossen.**

**(2) Das Gleiche gilt für die Geltendmachung der Einreden, die im Falle der fortgesetzten Gütergemeinschaft dem überlebenden Ehegatten nach dem § 1489 Abs. 2 und den §§ 2014, 2015 des Bürgerlichen Gesetzbuchs zustehen.**

1 Vor Annahme der Erbschaft nur Klage gegen „die unbekannten Erben“, gesetzl. vertreten durch den Nachlasspfleger, vgl §§ 1958, 1960, 1961 BGB. Nach Annahme: der Erbe kann uU die Haftung auf den Nachlass beschränken, §§ 1975, 1990 BGB. Begründetheit der Einrede wird grds noch nicht geprüft. **Urteilstenor:** „Der Bekl wird verurteilt ... Dem Bekl wird vorbehalten, die Beschränkung seiner Haftung auf den Nachlass des .... geltend zu machen.“ Klarzustellen ist, dass sich der Vorbehalt nicht auf die in der Person des

Erben entstandenen **Prozesskosten** bezieht (OLG Köln NJW 1952, 1145). Aufnahme des Vorbehalts führt nicht zur Kostenquotelung nach § 92 (str). Der Vorbehalt ermöglicht später die Durchsetzung der Haftungsbeschränkung durch Vollstreckungsabwehrklage gem §§ 780 ff, 785, 767.

## § 305a ZPO Urteil unter Vorbehalt seerechtlich beschränkter Haftung

**(1) [1]Unterliegt der in der Klage geltend gemachte Anspruch der Haftungsbeschränkung nach § 486 Abs. 1 oder 3, §§ 487 bis 487d des Handelsgesetzbuchs und macht der Beklagte geltend, dass**

**1. aus demselben Ereignis weitere Ansprüche, für die er die Haftung beschränken kann, entstanden sind und**

**2. die Summe der Ansprüche die Haftungshöchstbeträge übersteigt, die für diese Ansprüche in Artikel 6 oder 7 des Haftungsbeschränkungsübereinkommens (§ 486 Abs. 1 des Handelsgesetzbuchs) oder in den §§ 487, 487a oder 487c des Handelsgesetzbuchs bestimmt sind,so kann das Gericht das Recht auf Beschränkung der Haftung bei der Entscheidung unberücksichtigt lassen, wenn die Erledigung des Rechtsstreits wegen Ungewissheit über Grund oder Betrag der weiteren Ansprüche nach der freien Überzeugung des Gerichts nicht unwesentlich erschwert wäre. [2]Das Gleiche gilt, wenn der in der Klage geltend gemachte Anspruch der Haftungsbeschränkung nach den §§ 4 bis 5m des Binnenschifffahrtsgesetzes unterliegt und der Beklagte geltend macht, dass aus demselben Ereignis weitere Ansprüche entstanden sind, für die er die Haftung beschränken kann und die in ihrer Summe die für sie in den §§ 5e bis 5k des Binnenschifffahrtsgesetzes bestimmten Haftungshöchstbeträge übersteigen.**

**(2) Lässt das Gericht das Recht auf Beschränkung der Haftung unberücksichtigt, so ergeht das Urteil**

**1. im Falle des Absatzes 1 Satz 1 unter dem Vorbehalt, dass der Beklagte das Recht auf Beschränkung der Haftung geltend machen kann, wenn ein Fonds nach dem Haftungsbeschränkungsübereinkommen errichtet worden ist oder bei Geltendmachung des Rechts auf Beschränkung der Haftung errichtet wird,**

**2. im Falle des Absatzes 1 Satz 2 unter dem Vorbehalt, dass der Beklagte das Recht auf Beschränkung der Haftung geltend machen kann, wenn ein Fonds nach § 5d des Binnenschifffahrtsgesetzes errichtet worden ist oder bei Geltendmachung des Rechts auf Beschränkung der Haftung errichtet wird.**

§ 305a geändert durch G v. 25.8.1998 (BGBl 1998, 2489).

Das Urteil ist kein VorbehaltsU. Der Vorbehalt ermöglicht dem Bekl, bei der ZwV die Haftungsbeschränkung geltend zu machen, vgl § 786a. 1

## § 306 ZPO Verzicht

**Verzichtet der Kläger bei der mündlichen Verhandlung auf den geltend gemachten Anspruch, so ist er auf Grund des Verzichts mit dem Anspruch abzuweisen, wenn der Beklagte die Abweisung beantragt.**

1 VerzichtsU sind äußerst selten (weniger als 0,01 % der Erledigungen). Verzicht (Anwaltszwang, BGH NJW 1988, 210) ist zu protokollieren, §§ 160 III Nr. 1, 162. Überschrift: „Verzichtsurteil"; Kosten § 91 (nicht entspr § 93 bei „sofortigem" Verzicht, OLG Koblenz NJW-RR 1986, 1443; str); vorl Vollstr § 708 Nr. 1; Urteilsabfassung § 313b I. Der Kl ist durch die Klageabweisung beschwert und kann Ber einlegen. – Die Grundsätze zu § 307 gelten iÜ sinngem (BGH NJW 1968, 503).

## § 307 ZPO Anerkenntnis

**[1]Erkennt eine Partei den gegen sie geltend gemachten Anspruch ganz oder zum Teil an, so ist sie dem Anerkenntnis gemäß zu verurteilen. [2]Einer mündlichen Verhandlung bedarf es insoweit nicht.**

§ 307 zuletzt geändert durch G v. 24.8.2004 (BGBl 2004, 2198).

**1. Voraussetzungen des Anerkenntnisurteils:**

1 **a) Prozessvoraussetzungen** (andernfalls wird die Klage abgewiesen);

**b)** Ein **Antrag des Klägers** ist nicht mehr erforderlich (Änderung v. 27.07.2001); wenn der Kl trotz Anerkenntnis ausdrückl. „streitiges Urteil" beantragt (zB zwecks Klärung einer Rechtsfrage), wird trotzdem nur ein „Anerkenntnisurteil" erlassen (BGH 10, 333);

2 **c) Wirksamkeit des Anerkenntnisses** (sonst wird der Antrag durch Beschluss abgelehnt). Gegenstand ist der proz Anspruch (das Geständnis dagegen bezieht sich auf Tatsachenbehauptungen und präjudizielle Rechtsverh, § 288). Das proz Anerkenntnis (zu unterscheiden vom Anerkenntnis nach § 781 BGB) ist nur Prozesshandlung (BGH NJW 1981, 2193; **aA**: Doppelnatur).

3 **(1) Form:** mdl (ausdrückl. oder schlüssig) oder schriftl. (auch nach Widerspruch gegen MB möglich, § 697 II 1; § 128 II). Protokollierung (§§ 160 III 1, 162) ist nicht Wirksamkeitsvoraussetzung (BGH NJW 1989, 1934; OLG Brandenburg FamRZ 2000, 548; str).

4 **(2) Erforderlich ist:** Verfahren mit Dispositionsgrundsatz (daher Anerkenntnis bezügl. Bemessung des Vorsorgeunterhalts im Verhältnis zum Elementarunterhalt nicht bindend, BGH NJW 1985, 2173; Anerkenntnis nicht möglich bei Klage auf Feststellung der Vaterschaft, OLG Brandenburg FamRZ 2001, 503; zw); Partei- und Prozessfähigkeit, Prozessführungsbefugnis, iFd § 78 Abgabe durch Anwalt; die anerkannte Rechtsfolge muss ihrer Art nach zulässig sein; Anerkenntnis muss grds vorbehaltlos sein; „Verwahrung gegen die Kosten" ist unschädl.; hilfsweises Anerkenntnis, „falls internationale Zuständigkeit gegeben", ist möglich (BGH MDR 1976, 838); Anerkenntnis vorbehaltlich einer Gegenleistung ist zulässig (BGH NJW 1989, 1934). Vgl Rz 8.

**(3) Nicht notwendig** ist Genehmigung des VormundschaftsG, vgl §§ 1643, 1821, 1822 (BGH JZ 1956, 62). Nicht notw ist Annahme durch den Gegner, da einseitige Erklärung. 5

**d) Zeitpunkt.** Das Anerkenntnis kann schriftl. oder mdl zu einem beliebigen Zeitpunkt abgegeben werden (**Satz 2**; Reform 2004); unschädl. ist, wenn der Bekl *zunächst* die Forderung bestreitet. Ein im schriftl. Vorverfahren (§ 276 I 1 ZPO) abgegebenes Anerkenntnis behält seine Wirkung auch dann, wenn der Kl kein AnerkenntnisU, sondern wegen Versäumnis des Bekl in der mdl Verh ein VersäumnisU erwirkt, und wenn nach Einspruch des Bekl streitig verhandelt wird (BGH NJW 1993, 1717). 5a

**e) Nicht geprüft werden darf** die Schlüssigkeit und Begründetheit der Klage. 6

**2. Beseitigung des Anerkenntnisses:** keine Anfechtung nach §§ 119, 123 BGB (BGH 80, 389; OLG Düsseldorf NJW-RR 1999, 1514); nicht kondizierbar nach § 812 BGB (RG 156, 74). § 290 ist nicht analog anwendbar (BGH 80, 389). Aber Widerruf mit Zustimmung des Gegners; Widerruf entspr § 580 Nr. 2, 4, 7 (BGH 80, 389), entspr § 580 Nr. 3 (OLG Saarbrücken NJW-RR 1997, 252), geltend zu machen zB durch Ber gegen AnerkenntnisU (KG NJW-RR 1995, 958); beim Unterhaltsanerkenntnis ferner, wenn ein § 323-Abänderungsgrund vorliegt (OLG Schleswig FamRZ 1993, 577; OLG Bamberg NJW-RR 1993, 1219); nach OLG Hamm FamRZ 1993, 78, ferner bei Verstoß gegen Treu und Glauben. Über Rechenfehler vgl *König* MDR 1989, 706. Über Drohungen des Richters mit Strafverfahren vor Anerkenntnis vgl OLG Düsseldorf NJW-RR 1999, 1514. 7

**3. Entscheidung: a)** Überschrift **„Anerkenntnisurteil“;** Tenor wie üblich (manche schreiben unzweckmäßig „... wird dem Anerkenntnis gem nach Klageantrag verurteilt“); **Kosten** § 91 oder § 93; **vorläufige Vollstreckbarkeit** § 708 Nr. 1; Abfassung des Urteils § 313b I. Verkündung § 311 II 3. 8

**b) Teilanerkenntnisurteil** ist möglich, wenn ein abtrennbarer Teil des StrG anerkannt wird, ergeht zB wenn der Bekl die Zinsen nicht anerkennt; es enthält idR keine KostenE („Die KostenE bleibt dem SchlussU vorbehalten“); die KostenE des SchlussU beruht dann uU auf §§ 91, 92, 93; hiergegen sof Beschwerde, wenn die Hauptsache berufungsfähig gewesen wäre (§ 99 II, 511 II Nr. 1). 9

• **c) Teilanerkenntnis – und Teilenurteil:** wenn ein Teil anerkannt wurde und der Rest entscheidungsreif ist. Hier sollten die anerkannten und die entschiedenen Beträge nicht im Tenor zusammengefasst werden, sondern getrennt. Kosten nach §§ 91, 92, 93 zu beurteilen; bei der vorl Vollstr ist wegen §§ 708 Nr. 1 bzw 798 Nr. 11/3709 zu differenzieren: zB „Das Urteil ist in Ziffer I vorläufig vollstreckbar, in Ziffer II gegen Sicherheitsleistung von ... €.“

**d) Anerkenntnisurteil unter Vorbehalt** der Aufrechnung, § 302, ist zulässig (OLG Frankfurt MDR 1978, 583; str); 10

**e) Anerkenntnis-Grundurteil** ebenso (*Rosenberg-Schwab* § 134 IV 2; str);

**f) Wechselanerkenntnis-Vorbehaltsurteil** werden in der Praxis erlassen, § 599 (OLG München MDR 1963, 603; *Schwarz* JR 1995, 1; **aA** OLG Karlsruhe OLGZ 1986, 124);

**g) Adhäsionsverfahren:** AnerkenntnisU unzulässig (BGH VRS Bd 80, 464).

**4. Gegen das Anerkenntnisurteil** kann der Bekl Ber einlegen, er ist mat beschwert (BGH NJW 1955, 545; str); dies führt aber nur zur Nachprüfung, ob tatsächl. ein wirksames 11

Anerkenntnis vorlag (Beispiele: Hörfehler des Richters wegen Baulärm; Geschäftsunfähigkeit des Anerkennenden); zum Beweis des Anerkenntnisses vgl § 314. Ein Widerruf des Anerkenntnisses (da von Restitutionsgrund betroffen) kann mit der Berufung gegen das AnerkenntnisU geltend gemacht werden (BGH 80, 389). Zur **Anfechtung nur der Kostenentscheidung** vgl §§ 99 II, 567 II. Eine rechtl. Qualifikation, zB für § 850 f II, erfolgt durch das AnerkenntnisU wohl nicht.

12 **5. Kosten. Gericht:** Ermäßigung von 3,0 auf 1,0 (GKG-KV 1211 Nr. 2), wenn der Streit *ganz* beendet wird. Erkennt von **mehreren Beklagten** auch nur *einer* nicht an, sodass ein Teil-Anerkenntnis- und Teil-EndU ergeht, erfolgt daher keine Geb-Ermäßigung. Erkennt der Bekl zwar an, aber **„unter Verwahrung gegen die Kostenlast"**, dann denkt er an § 93 ZPO und will, dass dem Kl im Anerkenntnisurteil die Kosten auferlegt werden. Trotz § 313b Abs.1 ZPO muss dann die KostenE begründet werden (OLG Brandenburg FamRZ 2004, 651), weil sie nach § 99 Abs. 2 ZPO anfechtbar ist. Umstr ist, ob auch bei einem solchen Anerkenntnis die Kostenermäßigung eintritt. Das ist abzulehnen, weil dem Gericht infolge der schwierigen KostenE kaum Arbeit erspart wird (OLG Karlsruhe JurBüro 2001, 374; OLG Hamburg MDR 2000, 111; LG Magdeburg JurBüro 2004, 325; aA OLG Naumburg JurBüro 2004, 324; OLG Köln FamRZ 2003, 1766; OLG Nürnberg NJW-RR 2003, 1511). **Rechtsanwalt:** 1,3 nach RVG-VV 3100 und 1,2 nach RVG-VV 3104 (es gibt gebührenmäßig keinen Unterschied mehr zwischen streitiger und nichtstreitiger Verh), auch bei AnerkenntnisU ohne mdl Verh, 3104 (1) 1. Das Säumnisverfahren ist für den Bekl billiger als ein AnerkenntnisU (*König* NJW 2005, 1243), außer bei Kosten nach § 93.

Formular 125: Anerkenntnis im Verlauf des Rechtsstreits mit Kostenhinweis gem. § 93 ZPO

Formular 179: Anerkenntnis im schriftlichen Vorverfahren mit Vertretungsanzeige

Formular 180: Anerkenntnis im schriftlichen Vorverfahren mit Vertretungsanzeige und Kostenantrag

Formular 181: Teilanerkenntnis im schriftlichen Vorverfahren mit Kostenantrag und Klageerwiderung

Formular 182: Anerkenntnis bei Zug-um-Zug-Verurteilung mit Kostenantrag

Formular 183: Antrag des Klägers nach Anerkenntnis des Beklagten

## § 308 ZPO Bindung an die Parteianträge

**(1) [1]Das Gericht ist nicht befugt, einer Partei etwas zuzusprechen, was nicht beantragt ist. [2]Dies gilt insbesondere von Früchten, Zinsen und anderen Nebenforderungen.**

**(2) Über die Verpflichtung, die Prozesskosten zu tragen, hat das Gericht auch ohne Antrag zu erkennen.**

**Lit:** ***Musielak*** FS K. H. Schwab (1990) 337.

**1. Der Grundsatz gilt** auch im Kf- und Beschwerdeverfahren, eingeschränkt iFd § 938, nicht im Verfahren über den öffentl.-rechtl. Versorgungsausgleich (BGH 92, 8). **Ausnahmen** vgl §§ 307, 308a. 1

**Nicht zugesprochen werden darf** „mehr" oder „etwas anderes" (BGH NJW 2003, 2317), also ein anderer StrG (BGH NJW-RR 2002, 540). **Folge des Verstoßes** (von Amts wegen zu beachten, BGH NJW-RR 1991, 1346): bei Rm-Einlegung Aufhebung und Zurückverweisung; aber Antrag des Kl auf Zurückweisung der Ber „heilt", da als Klageerweiterung in der Ber-Instanz zulässig (BGH NJW 1999, 61; FamRZ 1986, 661; st Rspr), nicht mehr in Rev-Instanz (BGH NJW 1991, 1683). – Ist kein Rm statthaft (zB § 511), werden § 767, Analogie zu § 579 I Nr. 4, zu § 321, Verfassungsbeschwerde (Art 103 I GG) diskutiert; beachte nun § 321a. 2

**Zulässig ist** Zusprechen eines „Weniger" (dann ist die Klage „im Übrigen" abzuweisen; § 92 zu prüfen): geringerer Betrag, Zinsen in geringerer Höhe, Zinsen ab späterem Zeitpunkt (vgl BGH NJW 1985, 2524), Zug-um-Zug (auch wenn vom Kl nicht gewünscht, BGH LM Nr. 1), Feststellung statt Leistung (BGH NJW 1984, 2295; BGH NJW 1995, 188); die unselbstständigen **Einzelposten** dürfen verschoben werden (zB statt 1000 Minderwert + 2000 Nutzungsentgang: 800 + 2200), solange der Endbetrag des Klageantrags nicht überschritten wird (OLG München BauR 2004, 1806); auch wenn der Kl den einen Reisemangel mit 30 % und den anderen mit 50 % bewertet, kann das Gericht die Mängel anders bewerten; ebenso kommt es bei Altersvorsorge- und Elementarunterhalt nur auf die Summe an (OLG Hamm FamRZ 1999, 443). Zulässig ferner Verurteilung auf künftige statt auf sof Leistung; auf Freistellung von Verbindlichkeiten statt auf Zahlung; auf Duldung der ZwV statt auf Zahlung; auf Hinterlegung statt Zahlung; Zahlung ohne (statt mit) Vorbehalt beschränkter Erbenhaftung (§§ 305, 780). Beim unbezifferten Klageantrag darf die vom Kl angegebene Größenordnung (bzw der Mindestbetrag) nach oben unbegrenzt *überschritten* werden (BGH MDR 1996, 886; dazu *Frahm* VersR 1996, 1212; § 92 Rz 5; *Röttger* NJW 1994, 368). Zusprechen mit anderer rechtl. Begründung (als vom Kl vorgetragen) fällt nicht unter § 308 und ist zulässig. Ein ZwischenfeststellungsU (§ 256 II) kann nur auf Antrag einer Partei ergehen (BGH MDR 2005, 645), also nicht von Amts wegen. **Zulässig ist eine Auslegung**: wer Zinsen in Höhe von „5% über dem Basiszinssatz" beantragt, meint natürlich (wenn der Basiszins 2,7% beträgt), 7,7 % und nicht nur 2,83%. 3

**Kein „Minus"**, sondern ein aliud (und also nur auf neuen Antrag oder Hilfsantrag zusprechbar) ist ein anderer StrG, zB statt vollständiger nur teilw Entzug der Geschäftsführungsbefugnis eines Gesellschafters (BGH ZIP 2002, 396); Stützen der Verurteilung auf ein anderes Urheberrecht als das, worauf sich der Kl beruft (BGH MDR 2001, 949); wenn der einheitl. Schmerzensgeldantrag des Kl in Kapital- und Rentenbetrag aufgesplittet wird (BGH NJW 1998, 3411). Keine Verschiebung innerhalb der einzelnen Zeitabschnitte einer Rente (BGH NJW-RR 1990, 380). Dem Urteilsausspruch über einen Unterlassungsantrag darf kein anderer Klagegrund zugrunde gelegt werden als derjenige, mit dem der Kl. seinen Antrag begründet hat (BGH NJW 2003, 2317).

**2. Absatz 2. Kostenanträge** sind nur notw iFd §§ 269 III 2, IV; nicht mehr bei Berufungsrücknahme, § 516 III. KostenE ist auch erforderl., wenn PKH bewilligt oder Gebührenfreiheit besteht. **Keine Kostenentscheidung** aber zB idR bei TeilU (sie folgt im SchlussU); bei BerU, das zurückverweist (sie folgt im neuen erstinstanzl. Urteil). In der RmInstanz 4 gilt das Verbot der reformatio in peius bez der KostenE nicht (BGH MDR 1981, 928). Keine Änderung der KostenE des BerU mehr, wenn Nichtzulassungsbeschwerde zurückgewiesen (BGH NJW 2004, 2598).

5 **Praxishinweise:**

Spricht das Gericht im Urteil mehr zu als beantragt worden ist, dann wirkt sich das nicht auf die Höhe des StrW aus. Dieser richtet sich allein nach dem StrG (§ 2), für den wiederum nur der Klageantrag maßgebend ist (Einl Rz 15). Ein nicht gestellter Antrag (§ 137 I) kann den StrG nicht bestimmen, folgl. auch dessen StrW nicht erhöhen (BGH MDR 1974, 36; *Schneider* MDR 1971, 437).

## § 308a ZPO Entscheidung ohne Antrag in Mietsachen

**(1) [1]Erachtet das Gericht in einer Streitigkeit zwischen dem Vermieter und dem Mieter oder dem Mieter und dem Untermieter wegen Räumung von Wohnraum den Räumungsanspruch für unbegründet, weil der Mieter nach den §§ 574 bis 574b des Bürgerlichen Gesetzbuchs eine Fortsetzung des Mietverhältnisses verlangen kann, so hat es in dem Urteil auch ohne Antrag auszusprechen, für welche Dauer und unter welchen Änderungen der Vertragsbedingungen das Mietverhältnis fortgesetzt wird. [2]Vor dem Ausspruch sind die Parteien zu hören.**

**(2) Der Ausspruch ist selbständig anfechtbar.**

§ 308a I geändert durch G. v. 19.6.2001 (BGBl 2001, 1149).

1 **1. Entscheidung zB:** „Die Klage wird abgewiesen. Das Mietverhältnis der Parteien bez der Wohnung in ... wird bis 31.12.20 .. fortgesetzt, beschränkt auf die vier Räume im 1. Stock; die Miete beträgt ab 01.03.20.. monatl. ... € zuzügl. ... € Nebenkostenabschlag, fällig jeweils ...". Kosten: §§ 91 (Abweisung der Räumungsklage!), 93b II; vorl Vollstr §§ 708 Nr. 7, 711. StrW § 16 III, IV GKG. Wenn § 308a übersehen: § 321. – Zugrunde zu legen sind die von den Parteien vorgetragenen Tatsachen, keine Amtsermittlung. Ist der Bekl (Mieter) säumig, wird man mangels entspr Vortrags des Kl nicht zu einer Vertragsumgestaltung kommen können.

2 **2. Berufung:** jede Partei kann das ganze Urteil oder nur den Fortsetzungsausspruch anfechten (wenn das LG als BerGer entschied: § 543). Teilanfechtung hemmt Eintritt der Rechtskraft iÜ.

## § 309 ZPO Erkennende Richter

**Das Urteil kann nur von denjenigen Richtern gefällt werden, welche der dem Urteil zugrunde liegenden Verhandlung beigewohnt haben.**

1 **1. § 309 ist unanwendbar** auf das schriftl. Verfahren (§ 128 II; BGH NJW-RR 1992, 1065) sowie auf Entscheidungen gem §§ 251a, 331a, vgl BGH MDR 1968, 314; str. Im

FGG-Verfahren gilt § 309 nicht (OLG Köln NZM 2001, 150); auch nicht für Beschluss nach mdl Verh (BGH FamRZ 2005, 203).

**2. Vier Zeitpunkte sind zu unterscheiden: a)** Letzte mdl Verh (= „die dem Urteil zugrunde liegende" Verh). **b)** „Gefällt" wird das Urteil, indem es nach Beratung und Abstimmung (§§ 192 ff GVG) beschlossen wird; es ist noch innere Angelegenheit des Gerichts, neue Beratung und Änderung ist zulässig; auch wenn das Urteil bereits gefällt (§ 309), aber noch nicht verkündet ist, muss das Gericht einen nicht nachgelassenen Schriftsatz noch lesen und die Wiedereröffnung der mdl Verh prüfen (BGH NJW 2002, 1426). **c)** Verkündet wird das Urteil gem § 310; **d)** Unterzeichnung, § 315. 2

**3. Auswirkungen von Richterwechsel** zB infolge Pensionierung, Versetzung zur Staatsanwaltschaft, Übernahme eines anderen Richteramts, Tod (bei bloßer Verhinderung durch Urlaub, Krankheit vgl § 315): **a)** Zwischen Beweisaufnahme und SchlussVerh unschädl. (BGH NJW 1979, 2518); allerdings kann dann nur verwertet werden, was protokolliert ist, nicht zB der pers Eindruck (vgl BGH NJW 1962, 960); neue Antragstellung ist nicht notw (str, offen BGH FamRZ 1986, 898); **b)** bei Wechsel zwischen Verhandlungsschluss und Urteilsfällung (= Beratung/Abstimmung) ist die Verh in neuer Besetzung zu wiederholen, § 156 II Nr. 3; **c)** Wechsel zwischen Urteilsfällung und Verkündung führt dazu, dass das Urteil von einem anderen Richter verkündet wird, was zulässig ist (BGH 61, 369), vgl §§ 310 I, 315 I 2; **d)** bei Wechsel zwischen Verkündung und Unterzeichnung unterschreiben die verbliebenen Richter mit Verhinderungsvermerk, vgl § 315. 3

**Verstoß gegen § 309:** §§ 547 Nr. 1, 579 I Nr. 1; Art 101 I 2 GG. 4

## § 310 ZPO Termin der Urteilsverkündung

**(1) [1]Das Urteil wird in dem Termin, in dem die mündliche Verhandlung geschlossen wird, oder in einem sofort anzuberaumenden Termin verkündet. [2]Dieser wird nur dann über drei Wochen hinaus angesetzt, wenn wichtige Gründe, insbesondere der Umfang oder die Schwierigkeit der Sache, dies erfordern.**

**(2) Wird das Urteil nicht in dem Termin, in dem die mündliche Verhandlung geschlossen wird, verkündet, so muss es bei der Verkündung in vollständiger Form abgefasst sein.**

**(3) [1]Bei einem Anerkenntnisurteil und einem Versäumnisurteil, die nach §§ 307, 331 Abs. 3 ohne mündliche Verhandlung ergehen, wird die Verkündung durch die Zustellung des Urteils ersetzt. [2]Dasselbe gilt bei einem Urteil, das den Einspruch gegen ein Versäumnisurteil verwirft (§ 341 Abs. 2).**

§ 310 zuletzt geändert durch G v. 9.12.2004 (BGBl 2004, 3220).

**1. Die Verkündung, Absatz 1**, erfolgt durch den Vors, § 136 IV. Damit ist das Urteil „erlassen", § 318. Im Falle des Abs. 1 muss nur der Tenor schriftl. vorliegen (§ 311 II „Verlesen"), der Tenor muss nicht gesondert unterschrieben werden (aA OLG Rostock OLG-NL 2005, 279 wegen § 315 I), doch ist das zweckmäßig. Bei fehlender Verkündung liegt noch kein Urteil vor, beginnt auch die Fünf-Monats-Frist (§ 517) noch nicht (BGH 1

NJW 1985, 1782); sie lässt sich jederzeit, auch noch in der höheren Instanz, nachholen (Aktenrücksendung), vgl OLG Schleswig SchlHA 1979, 21.

2 **Fehlerhafte Verkündung**, zB in einem den Parteien nicht bekannt gegebenen Termin (BGH 14, 39), im falschen Raum (OLG Hamburg MDR 1956, 234), durch nicht befugten Richter (RG 161, 61), macht das Urteil nicht zu einem ScheinU, sondern ist wirksam; auf dem Fehler beruht das Urteil idR nicht (BAG NJW 1966, 175). Zustellung statt Verkündung berührt Wirksamkeit des Urteils nicht (BGH NJW 2004, 2019).

3 **Protokollierung:** § 160 III Nr. 7. **Form:** § 311. **Ort:** in öffentl. Sitzung, § 173 GVG. **Zeit:** üblich ist Verkündung in einem bes Termin, vom sofort verkündeten „Stuhlurteil" ist idR abzuraten. Verstoß gegen die Drei-Wochen-Frist ist unschädl.

4 **2. Absatz 2.** In diesen Fällen muss das Urteil schon vollständig vorliegen. „In vollständiger Form abgefasst": wenn von den Richtern unterschrieben (OLG München MDR 1986, 62; zw). Verstoß ist grds unschädl.; Verkündung ist trotzdem wirksam (BGH NJW 1988, 2046); liegen die Gründe nach Ablauf der Ber-Frist noch nicht vor, ist auf Ber aufzuheben und zurückzuverweisen (BGH 7, 155). Fehlende Begründung ist Rev-Grund (§ 547 Nr. 6).

5 **3. Absatz 3.** AnerkenntnisU und VU, die nicht verkündet werden, sind zuzustellen. Auch EinspruchsverwerfungsU müssen nicht verkündet werden, es genügt die Zustellung (§§ 310 III, 341); Reform 2004. Die Wirkungen treten mit der letzten notw Amtszustellung ein (BGH NJW 1994, 3359), damit beginnt auch die Rm- bzw Einspruchsfrist (OLG Frankfurt NJW 1981, 291; *Zugehör* NJW 1992, 2261). Fehlerhafte Zustellung ist nur unwirksam, wenn grundlegende, die Partei benachteiligende Mängel vorliegen, zB Zustellung eines noch nicht unterschriebenen Urteils; Unterschrift ist aber nachholbar (BGH 42, 94). Unschädl. sind zB: fehlender Ausfertigungs- und Beglaubigungsvermerk des Urkundsbeamten (BGH 15, 142); fehlendes EB des RA (§ 174), wenn er unstr das Urteil erhalten hat (BGH 41, 337). Keine nochmalige Zustellung nach § 317, vgl § 317 I 2. Urteile im schriftl. Verfahren fallen nicht unter § 310 III, sind also zu verkünden.

## § 311 ZPO Form der Urteilsverkündung

**(1) Das Urteil ergeht im Namen des Volkes.**

**(2) [1]Das Urteil wird durch Vorlesung der Urteilsformel verkündet. [2]Die Vorlesung der Urteilsformel kann durch eine Bezugnahme auf die Urteilsformel ersetzt werden, wenn bei der Verkündung von den Parteien niemand erschienen ist. [3]Versäumnisurteile, Urteile, die auf Grund eines Anerkenntnisses erlassen werden, sowie Urteile, welche die Folge der Zurücknahme der Klage oder des Verzichts auf den Klageanspruch aussprechen, können verkündet werden, auch wenn die Urteilsformel noch nicht schriftlich abgefasst ist.**

**(3) Die Entscheidungsgründe werden, wenn es für angemessen erachtet wird, durch Vorlesung der Gründe oder durch mündliche Mitteilung des wesentlichen Inhalts verkündet.**

**(4) Wird das Urteil nicht in dem Termin verkündet, in dem die mündliche Verhandlung geschlossen wird, so kann es der Vorsitzende in Abwesenheit der anderen Mitglieder des Prozessgerichts verkünden.**

§ 311 geändert durch G v. 27.7.2001 (BGBl 2001, 1887).

**Absatz 1.** Fehlen des Vorspruchs (vgl Art 20 II GG) ist unschädlich. 1

**Absatz 2.** Die Urteilsformel (Tenor) wird verlesen iFd II 1, muss also schriftl. vorliegen (notfalls als Stenogramm, BGH NJW 1999, 794), aber nicht unterschrieben sein. Protokoll vgl § 160 III Nr. 6, 7; § 165; Verkündungsvermerk § 315 III. **Satz 2:** Verkündung durch Bezugnahme ist auch wirksam, wenn sie am Ende der mdl Verh erfolgte (BGH NJW 1985, 1782; dazu *Jauernig* NJW 1986, 117) oder wenn im Protokoll nicht vermerkt ist, ob durch Verlesen oder Bezugnahme verkündet wurde (BGH NJW 1994, 3358). Fehlt die Verkündung, liegt nur ein Urteilsentwurf vor (OLG Brandenburg NJW-RR 2002, 356). **Satz 3:** Fälle vereinfachter Verkündung: §§ 331 II, 307 I, 269, 306, 346. 2

**Absatz 3:** Mdl Begr ist nicht üblich. In Sachen, an denen die Presse interessiert ist, ist Verteilung einer schriftl. Zusammenfassung der mdl Begr ratsam. 3

**Absatz 4:** Es müssen in Zivilkammersachen nicht alle drei Richter bei der Verkündung anwesend sein. 4

## § 312 ZPO Anwesenheit der Parteien

**(1) [1]Die Wirksamkeit der Verkündung eines Urteils ist von der Anwesenheit der Parteien nicht abhängig. [2]Die Verkündung gilt auch derjenigen Partei gegenüber als bewirkt, die den Termin versäumt hat.**

**(2) Die Befugnis einer Partei, auf Grund eines verkündeten Urteils das Verfahren fortzusetzen oder von dem Urteil in anderer Weise Gebrauch zu machen, ist von der Zustellung an den Gegner nicht abhängig, soweit nicht dieses Gesetz ein anderes bestimmt.**

**Absatz 1:** Die Verkündungswirkungen treten ein, auch wenn keine Partei bei der Verkündung anwesend ist. Zur fehlerhaften Verkündung vgl § 310 Rz 2. **Absatz 2:** Zur Fortsetzung des Verfahrens nach einem Teil- oder ZwischenU vgl §§ 280, 301, 304, 600. Nach Verkündung muss das Urteil noch zugestellt werden (vgl § 317), um Einspruchs- und Rm-Fristen in Lauf zu setzen (§§ 339, 517, 548, 569), für die ZwV (§ 750 I) und wegen § 321 II. 1

## § 313 ZPO Form und Inhalt des Urteils

**(1) Das Urteil enthält:**

**1. die Bezeichnung der Parteien, ihrer gesetzlichen Vertreter und der Prozessbevollmächtigten;**

**2. die Bezeichnung des Gerichts und die Namen der Richter, die bei der Entscheidung mitgewirkt haben;**

**3. den Tag, an dem die mündliche Verhandlung geschlossen worden ist;**

**4. die Urteilsformel;**

**5. den Tatbestand;**

**6. die Entscheidungsgründe.**

**(2) [1]Im Tatbestand sollen die erhobenen Ansprüche und die dazu vorgebrachten Angriffs- und Verteidigungsmittel unter Hervorhebung der gestellten Anträge nur ihrem wesentlichen Inhalt nach knapp dargestellt werden. [2]Wegen der Einzelheiten des Sach- und Streitstandes soll auf Schriftsätze, Protokolle und andere Unterlagen verwiesen werden.**

**(3) Die Entscheidungsgründe enthalten eine kurze Zusammenfassung der Erwägungen, auf denen die Entscheidung in tatsächlicher und rechtlicher Hinsicht beruht.**

**Lit:** ***Berg/Zimmermann***, Klage, Gutachten und Urteil; huber, Das Zivilurteil; ***Anders/Gehle***, Handbuch für das Zivilurteil; ***Furtner***, Urteil im Zivilprozeß; ***Knöringer***, Assessorklausur im Zivilprozeß; ***Sattelmacher/Sirp/Schuschke***, Bericht, Gutachten, Urteil; ***Schellhammer***, Arbeitsmethode des Zivilrichters; ***Baumfalk***, Die zivilgerichtliche Assessorklausur.

1 **Das Urteil enthält:**

**1. Die Überschrift:** „Im Namen des Volkes", § 311 I.

**2.** Darunter die **Urteilsart:** EndU, ZwischenU, VU, VorbehaltsU, GrundU, Teilanerkenntnis – und EndU usw.

2 **3.** Dann das **Rubrum** (Abs. 1 Nr. 1-3): zB: „In dem Rechtsstreit ... XY (Name, Vorname, Beruf, Anschrift), „Kl", RA ... in ..., gegen ... „Bekl", PrBev RA ... wegen Kaufpreisforderung erlässt das LG Adorf, 20. Zivilkammer, durch VRiLG ..., RiLG ... und RiLG ... aufgrund der mdl Verh vom ... folgendes Endurteil." Gesetzl. Vertr (vgl § 51 Rz 3 ff.) müssen mit dem Namen angegeben werden.

3 **4. Urteilsformel** (Tenor) besteht idR aus **Hauptsachenentscheidung, Kostenentscheidung** und **vorläufiger Vollstreckbarkeit.** Sie muss die Anträge „erschöpfen" (wird das Verlangte nicht voll zugesprochen, muss iÜ die Klage abgewiesen werden), darf nicht über die Anträge hinausgehen (§ 308) und muss als Grundlage für die ZwV geeignet sein (dh bestimmt genug, zB die herauszugebenden Sachen identifizierbar bezeichnen). Gesetzl. summenmäßige Haftungsbegrenzungen (StVG, PflVG) gehören nicht in den Tenor (OLG Köln r+s 1996, 388). Zug-um-Zug-Verurteilung gehört in den Tenor. Berichtigung und Ergänzung vgl §§ 319 ff. Bei unklaren Urteilen ist idR der Tenor maßgebend (BGH NJW 1997, 3447). **Verzugszinsen** (§§ 286, 288 BGB): idR 5 Prozentpunkte über dem Basiszinssatz (§§ 286, 288 I, 247 BGB), 8 % darüber bei § 288 II BGB. Unschädl, wenn ein Kl „5 Prozent" anstatt „5 Prozentpunkte" verlangt (aA *Hartmann* NJW 2004, 1358). Noch höhere Zinsen: obwohl die Entwicklung des Zinsniveaus unbekannt ist, ein Absinken in der Zukunft daher möglich, hält die hM einen zeitlich unbegrenzten Zuspruch auch hoher fixer Zinsen für zulässig (dazu *Herr* NJW 1988, 3137; *Zimmermann* JuS 1991, 229; § 767 Rz 14).

**Berufungszulassung:** bei Beschwer bis 600 € kann sie erfolgen, wenn § 511 IV Nr 2 erfüllt ist („Die Berufung wird zugelassen"). Eine Nichtzulassung muss nicht ausformuliert werden.

4 **5. Tatbestand.** Üblicher Aufbau (Sonderfälle Rz 14):

**a) Einleitungssatz**, soweit zweckmäßig („Die Parteien streiten um ...").

**b) Unstreitiger Sachverhalt** (Geschichtserzählung) nach dem Stand am Schluss der mdl Verh, dh (1) was die Parteien übereinstimmend vortragen, (2) ausdrückl. zugestandene Tatsachen, § 288, (3) als zugestanden anzusehende Tatsachen, § 138 III. Was durch Beweisaufnahme geklärt ist, gehört nur dann hierher, wenn sich die bestreitende Partei das Beweisergebnis zu eigen macht. Zur Kürzung Bezugnahmen, vgl § 313 II 2. Aus der Bezugnahme ergibt sich, dass diese Schriftsätze Gegenstand der mdl Verh waren (BGH NJW-RR 2002, 381).

**c) Streitiger Vortrag des Klägers.** Einleitung: „Der Kl behauptet ..."; dann folgt, was zusammen mit dem Unstreitigen den folgenden Antrag des Kl schlüssig macht und worauf es sonst für das Verständnis des Rechtsstreits ankommt; insoweit auch Andeutung von Rechtsansichten. Kürzung durch Bezugnahme, § 313 II 2. Ob **unerledigte Beweisangebote** des Kl hier zu bringen sind, ist str; die Praxis unterlässt es idR. 5

**d) Zuletzt gestellter Antrag des Klägers** (wörtl.), ohne Anträge zu Kosten und Vollstreckbarkeit („Der Kläger beantragt daher ..."). Frühere Anträge werden gebracht, wenn sie zB für die Kostenentscheidung noch von Bedeutung sind. Bei „Zinsen ab Rechtshängigkeit" wird in den Antrag das Datum eingefügt („Klagezustellung am ..."). Beim „Antrag aus dem Mahnbescheid" wird ein üblicher Zahlungsantrag ausformuliert. 6

**e) Antrag des Beklagten**

**f) Streitige Erwiderung des Beklagten;** vgl Rz 5. 7

**g) Replik (Erwiderung) des Klägers**, wenn der Bekl neue Tatsachen vorträgt; zB Bestreiten gegenüber einer Hilfsaufrechnung. Eine Duplik des Bekl hierauf ist selten notw.

**h) Prozessgeschichte**, soweit sie noch von Bedeutung ist. „Das Gericht hat Beweis erhoben gem Beweisbeschluss vom ... durch uneidl. Vernehmung der Zeugen X, Y; wegen der Aussagen wird auf das Protokoll vom ... verwiesen".

Eine **Pauschalverweisung „auf die gewechselten Schriftsätze**" ist zwar eine Floskel, aber wegen des neuen Rechtsmittelrechts (§ 529) unbedingt notw. (vgl BGH NJW 2004, 3777); § 314 Rz 3.

**6. Entscheidungsgründe:**

**a) Üblicher Aufbau bei einer Leistungsklage, der stattgegeben wird:** 8

**aa)** Gesamtergebnis („Die Klage ist begründet");

**bb)** Auslegung des Klageantrags, falls dieser unklar ist;

**cc)** Zulässigkeit der Klage, nur soweit sie problematisch ist; in einem solchen Fall darf die Zulässigkeit nicht mit der Begründung offen gelassen werden, die Klage sei jedenfalls unbegründet (BGH MDR 2000, 1334).

**dd)** Begründetheit der Klage; die Anspruchsgrundlage (zB § 433 II BGB) steht an der Spitze; es genügt *eine* Anspruchsgrundlage, Hilfsbegründungen sind überflüssig.

**ee) Reihenfolge:** (1) Anspruchsgrund; (2) Anspruchshöhe; (3) Zinsen. 9

**ff) Darstellungsform:** sog Urteilsstil („begründet, denn ..."), nicht Gutachtenstil („Fraglich ist, ob ... also").

10 **gg) Inhalt:** Subsumtion des festgestellten konkreten Sachverhalts unter die angewendete Anspruchsgrundlage. Bei Beweisaufnahme ist die Wiedergabe der „Beweisgründe" notw, §286 I 2 (vgl §286 Rz 13). Bei **verspätetem Vorbringen** (§296) erfolgt hier die Zurückweisung und deren Begründung. Auf §156 ist ggf einzugehen; auch wenn das Urteil bereits gefällt (§309), aber noch nicht verkündet ist, muss das Gericht einen nicht nachgelassenen Schriftsatz noch lesen und die Wiedereröffnung der mdl Verh prüfen (BGH NJW 2002, 1426), dh kurz im Urteil darlegen. Zur Beweiswürdigung vgl *Hohlweck* JuS 2001, 584.

In welchem **Umfang** das Gericht bei der Begründung Lit und Rspr heranzieht, steht in seinem Ermessen (BVerfG NJW 1987, 2499); es muss erkennbar sein, dass das Gericht das tatsächl. Vorbringen der Parteien zur Kenntnis genommen und erwogen hat (BVerfG NJW 1992, 1031; Beachtung des rechtl. Gehörs). Nicht jedes Argument der Parteien muss diskutiert werden, wenn es aus der Sicht des Gerichts unerhebl. ist. **Textbausteine** dürfen verwendet werden (OLG Celle FamRZ 1990, 419). Bei der Berechnung zur Höhe des **Versorgungsausgleichs** darf nicht einfach auf Ausdrucke einer computerunterstützten Berechnung des Gerichts Bezug genommen werden (OLG Frankfurt FamRZ 2006, 274). Zumindest muss diese Anlage vom Richter unterschrieben und mit den sonstigen Urteilsblättern fest verbunden werden (OLG Zweibrücken FamRZ 2006, 497). Das Computer-Rechenwerk muss in sich nachvollziehbar sein; deshalb sind Abkürzungen und Formeln nur begrenzt zulässig.

Zur Begründung darf auf andere Entscheidungen verwiesen werden, wenn diese zwischen den Parteien ergangen und ihnen durch Zustellung bekanntgeworden sind oder (sofern sie andere Parteien betrafen) Gegenstand der mdl Verh waren (BGH VersR 1978, 961).

11 **hh) Kostenentscheidung;** hier genügt idR die Angabe der Paragrafen (zB §§ 91, 92);

**ii) Vorläufige Vollstreckbarkeit;** Angabe der Paragrafen (§§ 708 ff) genügt; die Berechnung der Höhe der Sicherheit wird nicht rechnerisch niedergelegt; dass die Sicherheit durch **Bankbürgschaft** erbracht werden kann, muss idR nicht mehr ausgesprochen werden (§ 108 I 2).

**jj) Streitwertfestsetzung** ist (außer bei Zahlungsklagen) zweckmäßig und teils üblich.

**kk) Keine Rechtsmittelbelehrung:** Sie ist im Zivilprozess nicht vorgeschrieben und auch nicht angebracht (*Greger* JZ 2000, 131). **Ausnahme:** § 119 III, IV GVG (bisher in keinem Bundesland einschlägig).

12 **b) Aufbau bei Klageabweisung:** hier sind *alle* infrage kommenden Anspruchsgrundlagen zu erörtern. Bei durchgreifender *Hilfsaufrechnung* muss die Entstehung der Klageforderung geprüft werden und darf nicht offen gelassen werden, da „jedenfalls" aufgerechnet sei (sog Beweiserhebungstheorie, BGH NJW 1961, 1862), § 145 Rz 11; die (zw) Zulässigkeit darf nicht offen gelassen werden, da jedenfalls unbegründet (BGH MDR 2000, 1334).

13 **c) Teils/Teils:** Der Ausspruch „im Übrigen wird die Klage abgewiesen" ist auch bei geringfügiger Teilabweisung (zB 1 Zinstag) erforderl.; beim unbezifferten Klageantrag ist Teilabweisung erforderl., wenn das Gericht weniger als etwa 80 % des Betrags zuspricht, den sich der Kl vorstellt (*Dunz* NJW 1984, 1736) oder entgegen dem Kl Mitverschulden des Kl annimmt (str).

13a **d) Verfassungsrechtliche Anforderungen an die Urteilsgründe:** da gegen die rechtskr Entscheidung noch Verfassungsbeschwerde eingelegt werden kann, muss sie auch den

Anforderungen des Grundgesetzes genügen. Beispiele: Ohne vorherigen Hinweis dürfen keine übertriebenen Anforderungen an den **Sachvortrag** gestellt werden (BVerfG NJW-RR 1993, 764); wenn der Vortrag zu Unrecht als unsubstanziiert erachtet wird, kann der Gleichheitssatz verletzt sein (BVerfG WM 1993, 235); vor Ablauf einer Äußerungsfrist darf nicht entschieden werden (BVerfG NJW 1992, 327); ob eine beantragte Nachfrist gewahrt werden muss, hängt vom Einzelfall ab (BVerfG NJW 1992, 2144). VerfassungsR gebietet nicht, unerhebl. Beweisanträge in den Tatbestand aufzunehmen (BVerfG NJW 2001, 2009). **Erklärungen**, zB Aufrechnung, müssen nicht unbedingt ausdrückl. gegeben werden, können auch aus den Umständen erkennbar sein, was genügt (BVerfG NJW-RR 1993, 764); entscheidungserhebl. **Beweise** müssen erhoben worden sein (BVerfG NZV 1993, 185); ein Beweisantritt darf nicht fehlerhaft als verspätet zurückgewiesen werden, vgl §§ 296, 296a (BVerfG NJW-RR 1993, 636); Zurückweisung als verspätet ist unzulässig, wenn unzulängl. richterl. Verfahrensleitung oder missbräuchl. Zurückweisung bei erkennbar unzulängl. Terminsvorbereitung erfolgt (BVerfG NJW 1992, 680); auf eine Frist für einen beweiswürdigen Schriftsatz besteht idR kein Anspruch (BGH AnwBl 1992, 326); **rechtliches Gehör** (dazu Einl Rz 10): mit umstrittenen Rechtsfragen muss sich das Gericht auseinander setzen (BVerfG NJW-RR 1995, 1033); ein nicht erörterter rechtl./tatsächl. **Gesichtspunkt** darf nicht zur Entscheidungsgrundlage gemacht werden, vgl § 139 (BayVerfGH NJW 1993, 518), der Hinweis darauf muss im Protokoll, durch Aktenvermerk oder im Urteil dokumentiert sein; über PKH darf nicht verspätet entschieden werden (BVerfG NJW-RR 1993, 382); wesentl. **Tatsachenbehauptungen** und Rechtsausführungen müssen zur Kenntnis genommen, dh im Tatbestand angeführt und in den Gründen erörtert werden (BVerfG FamRZ 1993, 1045; NJW-RR 1993, 383; für BGH-Entscheidungen wird das allerdings nicht so eng gesehen, BVerfG WM 1992, 348). – **Fehlerhafte Rechtsanwendung** allein verstößt nicht gegen das Willkürverbot; anders, wenn die Entscheidung schlechthin unhaltbar, offensichtl. sachwidrig und eindeutig unangemessen ist (BayVerfGH NJW 1993, 513).

**7. Unterschriften**, § 315. Eine **Rechtsmittelbelehrung** entfällt (BVerfG NJW 1995, 3173).

**8. Abs. 2.** Die neuerdings zulässige Abfassung des Tatbestandes durch einige Stichworte 14
und Bezugnahmen führt zu erhebl. Problemen im RmVerfahren (§ 314 Rz 3).

Ist eine Verjährungseinrede zwar nicht in dem Urteilstatbestand erwähnt, jedoch in einem Schriftsatz vorgebracht, dann gilt sie, wenn das Urteil auf sämtl. gewechselten Schriftsätzen Bezug nimmt, als vorgetragen (BGH NJW 2004, 3777).

**9. Abs. 3.** Nach der Neufassung braucht ein Urteil keine nachvollziehbare Begründung 15
mit Nennung von Anspruchsgrundlagen mehr, sondern nur noch eine „Zusammenfassung", die „knapp" sein soll, von „Erwägungen". Ein solches Urteil dürfte verfassungsrechtl. Anforderungen nicht genügen. Vgl Rz 13a.

**10. Sonderfälle:**

**a)** §§ 313a, b, 495a. 16

**b)** Amtsgerichtl. Urteile, die **ausländisches Recht** anwenden, müssen dies nach § 119 I 17
Nr.1c GVG „ausdrücklich" feststellen.

18 **c) Bei Klage und Widerklage** ist der Aufbau idR: beim *Tatbestand* **(1)** Unstreitiges zu Klage und Widerklage; **(2)** Streitiger Klägervortrag zur Klage; **(3)** Klageantrag; **(4)** Klageabweisungsantrag des Bekl; **(5)** Widerklageantrag des Bekl; **(6)** Streitige Erwiderung des Bekl und sein Vortrag zur Widerklage; **(7)** Antrag des Kl zur Widerklage; **(8)** Erwiderung des Kl zur Widerklage; **(9)** Prozessgeschichte. – *Entscheidungsgründe:* Zuerst Zulässigkeit und Begründetheit der Klage, dann der Widerklage. IÜ differiert der Aufbau danach, ob Klage und Widerklage denselben Sachverhalt betreffen oder nicht.

19 **d) Bei Einspruch gegen Versäumnisurteil/Vollstreckungsbescheid:** *Tatbestand*: nach dem Klägervortrag (Rz 5): „Der Kl hat zunächst beantragt ... Antragsgem ist am ... VU gegen den Bekl ergangen. Gegen dieses ihm am ... zugestellte Versäumnisurteil hat der Bekl durch einen am ... bei Gericht eingegangenen Schriftsatz Einspruch eingelegt. Der Kläger beantragt, das VU aufrechtzuerhalten. Der Bekl beantragt, das VU aufzuheben und die Klage abzuweisen." Es folgt Rz 7. – *Entscheidungsgründe*: nach dem Gesamtergebnis folgt der Hinweis auf § 342, Prüfung von Statthaftigkeit, Form und Frist des Einspruchs (§§ 338 ff) sowie, dass nach § 343 die im VU enthaltene Entscheidung aufrechtzuerhalten war; denn ...

### 11. Gebühren

20 **Gericht:** der Kl hat vor Klagezustellung 3,0 Geb vorauszuzahlen (GKG-KV 1210); eine „Urteilsgebühr" gibt es nicht mehr. **Rechtsanwalt:** für das ganze Verfahren erster Instanz: idR 2,5 Geb (RVG-VV 3100, 3104); für das Urteil erhält der RA keine besondere Geb.

## § 313a ZPO Weglassen von Tatbestand und Entscheidungsgründen

**(1) [1]Des Tatbestandes bedarf es nicht, wenn ein Rechtsmittel gegen das Urteil unzweifelhaft nicht zulässig ist. [2]In diesem Fall bedarf es auch keiner Entscheidungsgründe, wenn die Parteien auf sie verzichten oder wenn ihr wesentlicher Inhalt in das Protokoll aufgenommen worden ist.**

**(2) [1]Wird das Urteil in dem Termin, in dem die mündliche Verhandlung geschlossen worden ist, verkündet, so bedarf es des Tatbestands und der Entscheidungsgründe nicht, wenn beide Parteien auf Rechtsmittel gegen das Urteil verzichten. [2]Ist das Urteil nur für eine Partei anfechtbar, so genügt es, wenn diese verzichtet.**

**(3) Der Verzicht nach Absatz 1 oder 2 kann bereits vor der Verkündung des Urteils erfolgen; er muss spätestens binnen einer Woche nach dem Schluss der mündlichen Verhandlung gegenüber dem Gericht erklärt sein.**

**(4) Die Absätze 1 bis 3 finden keine Anwendung:**

**1. in Ehesachen, mit Ausnahme der eine Scheidung aussprechenden Entscheidungen;**

**2. in Lebenspartnerschaftssachen nach § 661 Abs. 1 Nr. 2 und 3;**

**3. in Kindschaftssachen;**

**4. im Falle der Verurteilung zu künftig fällig werdenden wiederkehrenden Leistungen;**

**5. wenn zu erwarten ist, dass das Urteil im Ausland geltend gemacht werden wird.**

**(5) Soll ein ohne Tatbestand und Entscheidungsgründe hergestelltes Urteil im Ausland geltend gemacht werden, so gelten die Vorschriften über die Vervollständigung von Versäumnis- und Anerkenntnisurteilen entsprechend.**

§ 313a geändert durch G v. 27.7.2001 (BGBl 2001, 1887).

1 **1. Nicht rechtmittelfähige Urteile. Absatz 1 Satz 1: Wegfall des Tatbestandes.** Kein Rm ist gegeben, wenn zB die BerSummer (600,01 €) nicht erreicht ist und BerZulassung nicht erfolgt (§ 511); § 321a gilt nicht als Rm. **Absatz 1 Satz 2: Wegfall der Entscheidungsgründe.** Auch wenn ein Rm nicht zulässig ist, müssen Entscheidungsgründe verfasst werden; Ausnahme: Verzicht beider Parteien auf Gründe; oder Aufnahme der Gründe ins Protokoll. Wurde die RmFähigkeit verkannt, ist eine Nachholung der Begründung nicht möglich (hM).

2 **2. Rechtsmittelverzicht (Absatz 2).** Der Tatbestand entfällt ferner beim sof gefällten Urteil (sog Stuhlurteil), wenn beide Parteien auf Rm verzichten (**Absatz 2 Satz 1**) und wenn nur eine Partei ausreichend beschwert ist (**Absatz 2 Satz 2**). Dann entfallen auch Entscheidungsgründe (**Absatz 2**). **Kostenvergünstigung** vgl Rz 6.

3 **3. Verzicht auf Gründe, auf Rechtsmittel (Absatz 3):** Verzicht ist unwiderrufl. (OLG Frankfurt NJW 1989, 841); unterliegt im Rahmen von § 78 dem Anwaltszwang; kann schon vor Urteilsverkündung erfolgen; ist iÜ befristet nach Abs. 3 Halbs. 2. Fristüberschreitung macht den Verzicht nicht unwirksam (vgl § 283 S. 2). Der Verzicht wird in der Praxis selten erklärt.

4 **4. Keine Befreiungen.** Die in **Absatz 4** genannten Urteile müssen immer Tatbestand und Entscheidungsgründe enthalten. **Nr. 1:** das ScheidungsU kann gekürzt werden, aber nicht der Ausspruch über den Versorgungsausgleich (BGH NJW 1981, 2816). **Nr. 2:** Lebenspartnerschaftssachen. **Nr. 3**: Kindschaftssachen sind Abstammungssachen, Vaterschaftssachen (§§ 640 ff). **Nr. 4:** das sind UnterhaltsU, § 258 usw. **Nr. 5:** Auslandsfälle; auch Scheidung, wenn ein Ausländer beteiligt ist.

5 **5. Vervollständigung eines Urteils (Absatz 5):** vgl § 317 IV 2.

6 **6. Kosten. Gericht:** Für das abgekürzte Urteil des § 313a II wird eine Gerichtsgebührenermäßigung von 2/3 gewährt (GKG KV 1211 Nr. 2), wobei die Einschränkungen in KV 1211 („es sei denn ... ") zu beachten sind. Das *ganze* Verfahren muss beendet werden. Beim ScheidungsU mit Versorgungsausgleich scheidet GebErmäßigung nach KV 1311 Nr. 2 wegen Rz 4 aus (vgl KG NJW 2007, 90; OLG Zweibrücken NJW 2006, 2564). Die Bestimmung ist auf BeschlussE entspr anwendbar (OLG München NJW-RR 2003, 1656; zu § 91a ZPO). KV 1211 Nr. 2 gilt nicht für Urteile nach § 313a Abs.1 (dort gibt es also keine GebErmäßigung).

## § 313b ZPO Versäumnis-, Anerkenntnis- und Verzichtsurteil

**(1) [1]Wird durch Versäumnisurteil, Anerkenntnisurteil oder Verzichtsurteil erkannt, so bedarf es nicht des Tatbestandes und der Entscheidungsgründe. [2]Das Urteil ist als Versäumnis-, Anerkenntnis- oder Verzichtsurteil zu bezeichnen.**

**(2) [1]Das Urteil kann in abgekürzter Form nach Absatz 1 auf die bei den Akten befindliche Urschrift oder Abschrift der Klage oder auf ein damit zu verbindendes Blatt gesetzt werden. [2]Die Namen der Richter braucht das Urteil nicht zu enthalten. [3]Die Bezeichnung der Parteien, ihrer gesetzlichen Vertreter und der Prozessbevollmächtigten sind in das Urteil nur aufzunehmen, soweit von den Angaben der Klageschrift abgewichen wird. [4]Wird nach dem Antrag des Klägers erkannt, so kann in der Urteilsformel auf die Klageschrift Bezug genommen werden. [5]Wird das Urteil auf ein Blatt gesetzt, das mit der Klageschrift verbunden wird, so soll die Verbindungsstelle mit dem Gerichtssiegel versehen oder die Verbindung mit Schnur und Siegel bewirkt werden.**

**(3) Absatz 1 ist nicht anzuwenden, wenn zu erwarten ist, dass das Versäumnisurteil oder das Anerkenntnisurteil im Ausland geltend gemacht werden soll.**

**(4) Absatz 2 ist nicht anzuwenden, wenn die Prozessakten elektronisch geführt werden.**

§ 313b IV angefügt durch G v. 22.3.2005 (BGBl 2005, 837).

1 **Absatz 1.** Entscheidungsgründe sind zB notw, wenn unbeziffert Schmerzensgeld eingeklagt wurde und nun VU ergeht, ferner nach Abs. 3. Die KostenE eines AnerkenntnisU bedarf dann einer Begründung, wenn die Kosten nach § 93 dem Kl (!) auferlegt werden; oder wenn umstr ist, ob ein Fall des § 93 vorliegt (vgl OLG Brandenburg FamRZ 2000, 899).

2 **Absatz 2.** Früher war es bei manchen Gerichten üblich, dass auf die Klage der **Stempel** gedrückt wurde „Versäumnisurteil. I. Es wird nach dem Antrag des Kl erkannt. II. Die Kosten trägt der Bekl. III. Das Urteil ist vorl vollstr". Damit sollte Protokollarbeit gespart werden. Auch dann sind notw: die Bezeichnung des Gerichts, Urteilsart, Tag der letzten mdl Verh, Entscheidung über Kosten und Vollstr, Richterunterschriften, Verkündungsvermerk. Nach Mahnverfahren vgl § 697 V.

3 **Absatz 3.** Fehlen die Gründe, kann das Urteil ergänzt werden, § 30 AVAG.

## § 314 ZPO Beweiskraft des Tatbestandes

**[1]Der Tatbestand des Urteils liefert Beweis für das mündliche Parteivorbringen. [2]Der Beweis kann nur durch das Sitzungsprotokoll entkräftet werden.**

**Lit:** ***Schumann*** NJW 1993, 278; ***Oehlers*** NJW 1994, 712; ***Müller/Heydn*** NJW 2005, 1750.

1 **§ 314 betrifft** nicht nur den Urteilsabschnitt „Tatbestand" iSd § 313 (nebst Bezugnahmen); auch tatsächl. Feststellungen in den Entscheidungsgründen fallen darunter (BGH VersR 1974, 1021). Der Tatbestand in diesem Sinn „beweist nicht nur, dass das, was in ihm als Parteivortrag wiedergegeben wird, tatsächl. vorgetragen worden ist, sondern auch, dass von den Parteien nichts behauptet worden ist, was nicht aus dem Tatbestand ersichtl. ist" (BGH NJW 1983, 885; betrifft angebl. Substantiierung in der mdl Verh vor dem OLG, die in den Schriftsätzen fehlte). Bezugnahme auf „die gewechselten Schriftsätze" beweist, dass auch etwas vorgetragen wurde (zB Verjährung), was im Tatbestand fehlt (BGH NJW

2004, 3777). Die **verstärkte Beweiskraft gilt** aber **nicht** für das bloße Prozessgeschehen (BGH NJW 1983, 2030; betreffend Verlängerung einer Erklärungsfrist), für schriftsätzl. angekündigtes Vorbringen (BGH NJW 2004, 1876). Ist der Tatbestand in sich widerspruchsvoll, hat er keine Beweiskraft (BGH MDR 1969, 133).

**Der Gegenbeweis** kann nur durch (anders lautende) ausdrückl. Feststellung im Protokoll (vgl § 165) geführt werden. Ferner kommt Berichtigung in Betracht, § 320 (aber nicht Rev-Rüge nach § 551 III 1 Nr. 2). § 314 entfaltet aber für das BerGer keine Bindungswirkung derart, dass es neuen Tatsachenvortrag der Parteien nicht zu prüfen hätte (BGH NJW-RR 1992, 1214). Für schriftsätzl. angekündigtes Vorbringen kommt dem Urteilstatbestand keine *negative* Beweiskraft zu (BGH NJW 2004, 1876). Bei einem Widerspruch zwischen dem Tatbestand und dem Bezug genommenen Schriftsätzen geht der Tatbestand vor (BGH FamRZ 2007, 721). 2

**Tatbestandsberichtigung, §320.** Ist der Tatbestand des ErstU lückenhaft, wird seit der ZPO-Reform 2002 verstärkt die Berichtigung beantragt, um den Tatsachenstoff des Ber-Verfahrens nicht einzuschränken. Denn §513 spricht von den Tatsachen, die das BerGer zugrunde zu legen hat und §529 II Nr.1 verweist insoweit auf die vom ErstG festgestellten Tatsachen. Der Beweis für das mdl Parteivorbringen (vgl §128) wird durch den Tatbestand erbracht, nicht durch die in den Akten befindl. Schriftsätze; durch Antragstellung und stillschweigende Bezugnahme wird allerdings der gesamte bis zum Termin angefallene Akteninhalt Gegenstand der mdl Verh. Eine Entkräftung des Tatbestands ist nur durch das Sitzungsprotokoll möglich. Der Tatbestand erbringt positiven Beweis (was im Tatbestand steht, wurde auch vorgebracht) und negativen Beweis (was nicht im Tatbestand steht, wurde von den Parteien nicht vorgebracht). Das ist aber seit den letzten Reformen nicht mehr gerechtfertigt (BGH NJW 2004, 1876). Die negative Beweiskraft des Tatbestands wäre nur dann gerechtfertigt, wenn das Parteivorbringen in dem Urteilstatbestand vollständig wiedergegeben werden *müsste*. Nach §313 II ist nur noch eine „knappe" Darstellung nur des „wesentl. Inhalts" der vorgebrachten Angriffs- und Verteidigungsmittel erforderl. „Allein mit dem Hinweis auf die negative Beweiskraft des Urteilstatbestands kann mithin Parteivorbringen, das sich aus den vorbereitenden Schriftsätzen ergibt, in den RmVerfahren nicht unberücksichtigt bleiben. Hingegen bleibt die negative Beweiskraft für solche Angriffs- und Verteidigungsmittel von Bedeutung, die in der mdl Verh ohne vorherige Ankündigung in einem vorbereitenden Schriftsatz vorgebracht werden" (BGH NJW 2004, 1876). Die Frage der negativen Beweiskraft lässt der BGH (aaO) offen. Konkrete Anhaltpunkte, die Zweifel an der Richtigkeit und Vollständigkeit der Feststellungen des erstinstanzl. Gerichts begründen (vgl §529), können sich auch aus neuen Angriffs- und Verteidigungsmitteln ergeben, wenn diese in der BerInstanz zu berücksichtigen sind (BGH NJW 2004, 2152). 3

Ist eine **Verjährungseinrede** zwar nicht in dem Urteilstatbestand erwähnt, jedoch in einem **Schriftsatz** vorgebracht, dann gilt sie, wenn das Urteil auf sämtl. gewechselten Schriftsätze Bezug nimmt, als vorgetragen (BGH NJW 2004, 3777).

Im Zweifel sollte der Anwalt zur Verringerung seiner eigenen Haftung Tatbestandsberichtigung beantragen, da die Rechtslage weiter unklar ist. Zum Ganzen vgl *Wach/Kern* NJW 2006, 1315; *Müller/Heydn* NJW 2005, 1750.

## § 315 ZPO Unterschrift der Richter

**(1) [1]Das Urteil ist von den Richtern, die bei der Entscheidung mitgewirkt haben, zu unterschreiben. [2]Ist ein Richter verhindert, seine Unterschrift beizufügen, so wird dies unter Angabe des Verhinderungsgrundes von dem Vorsitzenden und bei dessen Verhinderung von dem ältesten beisitzenden Richter unter dem Urteil vermerkt.**

**(2) [1]Ein Urteil, das in dem Termin, in dem die mündliche Verhandlung geschlossen wird, verkündet wird, ist vor Ablauf von drei Wochen, vom Tage der Verkündung an gerechnet, vollständig abgefasst der Geschäftsstelle zu übermitteln. [2]Kann dies ausnahmsweise nicht geschehen, so ist innerhalb dieser Frist das von den Richtern unterschriebene Urteil ohne Tatbestand und Entscheidungsgründe der Geschäftsstelle zu übermitteln. [3]In diesem Fall sind Tatbestand und Entscheidungsgründe alsbald nachträglich anzufertigen, von den Richtern besonders zu unterschreiben und der Geschäftsstelle zu übermitteln.**

**(3) [1]Der Urkundsbeamte der Geschäftsstelle hat auf dem Urteil den Tag der Verkündung oder der Zustellung nach § 310 Abs. 3 zu vermerken und diesen Vermerk zu unterschreiben. [2]Werden die Prozessakten elektronisch geführt, hat der Urkundsbeamte der Geschäftsstelle den Vermerk in einem gesonderten Dokument festzuhalten. [3]Das Dokument ist mit dem Urteil untrennbar zu verbinden.**

§ 315 III geändert durch G v. 22.3.2005 (BGBl 2005, 837).

1 **1. Unterschriften, Absatz 1 Satz 1.** Unterschreiben mit vollem Familiennamen (nicht nur Handzeichen, vgl § 130 Rz 5; KG NJW 1988, 2807), nicht notw lesbar (BGH VersR 1983, 874), müssen alle Richter, die bei der letzten mdl Verh mitgewirkt haben, vgl § 309; auch die überstimmten; die Anbringung einer abw Meinung (dissenting vote) ist unzulässig (anders beim BVerfG). Auch das sog Protokoll (§ 540 I2) muss von allen Richtern (nicht nur vom Vors) unterschrieben werden (BGH NJW-RR 2007, 141). Fehlende Unterschrift ist jederzeit, auch nach Rm, nachholbar (aber nicht zeitl. unbefristet, § 548, BGH NJWRR 2007, 141), falsche streichbar (BGH 18, 351; OLG Düsseldorf NJW-RR 1995, 636). Beschlüsse der ZivK müssen nicht alle drei Unterschriften tragen (OLG Schleswig SchlHA 1999, 79).

2 **Ersetzung einer Unterschrift, Absatz 1 Satz 2**, kommt nur bei KollegialG in Betracht. Dazu hat die Rspr Kasuistik entwickelt, weil die Zustellung eines nur von einem oder zwei Richtern unterschriebenen KollegialU die RmFrist nicht in Lauf setzt, da nur ein Urteilsentwurf vorliege (BGH NJW 1977, 165; **aA** nimmt zutr Urteil an; vgl § 517):

3 **a) der Verhinderungsgrund** („wegen Urlaub, Krankheit, Ausscheiden aus Senat ...") muss angegeben werden (BGH VersR 1984, 287 und 586), darf aber nicht nachgeprüft werden (BGH NJW 1961, 782); Unerreichbarkeit an *einem* Tag genügt nicht (BAG NZA 2000, 54).

4 **b) nochmalige Unterschrift** des Ersetzungsvermerks: zwar nicht notw, wenn sich aus räuml. „Stellung und Fassung des Vermerks zweifelsfrei ergibt", dass er vom Vors stammt (BGH LM Nr. 5: Vermerk begann mit „zugleich" und befand sich unter der Unterschrift des

Vors), aber immer empfehlenswert (Formel zB: RiLG X ist wegen Krankheit an der Unterschrift verhindert. gez. Y, VRiLG). "Ältester" Beisitzer ist der dienstälteste, § 21 f II GVG.

Eine **verweigerte Unterschrift** darf nicht ersetzt werden (Folge: Urteilsaufhebung, § 551 Nr. 7; BGH NJW 1977, 765). 5

**Scheidet ein Richter** nach der Verkündung aus dem Spruchkörper **aus** (und ist jetzt Beamter, im Ruhestand usw.), soll er nach BayObLG NJW 1967, 1578 (abw VRS Bd 64, 209), OLG Stuttgart Rpfleger 1967, 258 nicht mehr unterschreiben dürfen (str). 6

Beim **Amtsrichter, Einzelrichter des LG, des OLG** scheidet eine Ersetzung aus (OLG Koblenz VersR 1981, 688); Rm gegen das verkündete Urteil führt zur Urteilsaufhebung, § 547 Nr. 1. 7

**2. Absatz 2.** Nichteinhaltung der 3-Wochen-Frist ist unschädl.; anders, wenn die Entscheidungsgründe fünf Monate nach der Verkündung noch nicht vorlagen (BGH NJW 1984, 2829). Verspätete Urteilsbegründung verletzt nicht Art 103 GG (BVerfG NJW 1996, 3203). 8

**3. Absatz 3.** Nicht notw ist der bei der Verkündung mitwirkende Beamte. Verstoß gegen Abs. 3 ist unschädlich (BGH 8, 308). Der Vermerk allein beweist nicht die Verkündung (BGH VersR 1989, 604). 9

## § 316 ZPO
(weggefallen)

## § 317 ZPO Urteilszustellung und -ausfertigung

**(1) [1]Die Urteile werden den Parteien, verkündete Versäumnisurteile nur der unterliegenden Partei zugestellt. [2]Eine Zustellung nach § 310 Abs. 3 genügt. [3]Auf übereinstimmenden Antrag der Parteien kann der Vorsitzende die Zustellung verkündeter Urteile bis zum Ablauf von fünf Monaten nach der Verkündung hinausschieben.**

**(2) [1]Solange das Urteil nicht verkündet und nicht unterschrieben ist, dürfen von ihm Ausfertigungen, Auszüge und Abschriften nicht erteilt werden. [2]Die von einer Partei beantragte Ausfertigung eines Urteils erfolgt ohne Tatbestand und Entscheidungsgründe; dies gilt nicht, wenn die Partei eine vollständige Ausfertigung beantragt.**

**(3) Ausfertigungen, Auszüge und Abschriften eines als elektronisches Dokument (§ 130b) vorliegenden Urteils können von einem Urteilsausdruck gemäß § 298 erteilt werden.**

**(4) Die Ausfertigung und Auszüge der Urteile sind von dem Urkundsbeamten der Geschäftsstelle zu unterschreiben und mit dem Gerichtssiegel zu versehen.**

**(5) [1]Ausfertigungen, Auszüge und Abschriften eines in Papierform vorliegenden Urteils können durch Telekopie oder als elektronisches Dokument (§ 130b) erteilt werden. [2]Die Telekopie hat eine Wiedergabe der Unterschrift des Urkundsbeamten der Geschäftsstelle sowie des Gerichtssiegels zu enthalten. [3]Das elektronische Dokument ist mit einer qualifizierten elektronischen Signatur des Urkundsbeamten der Geschäftsstelle zu versehen.**

**(6) [1]Ist das Urteil nach § 313b Abs. 2 in abgekürzter Form hergestellt, so erfolgt die Ausfertigung in gleicher Weise unter Benutzung einer beglaubigten Abschrift der Klageschrift oder in der Weise, dass das Urteil durch Aufnahme der in § 313 Abs. 1 Nr. 1 bis 4 bezeichneten Angaben vervollständigt wird. [2]Die Abschrift der Klageschrift kann durch den Urkundsbeamten der Geschäftsstelle oder durch den Rechtsanwalt des Klägers beglaubigt werden.**

§ 317 geändert durch G v. 22.3.2005 (BGBl 2005, 837).

1 **1. Einzelheiten der Amtszustellung** vgl §§ 270, 166 ff. Auch diese Zustellung erfüllt die ZwV-Voraussetzung des § 750 (OLG Frankfurt OLGZ 1982, 251). Keine Urteilszustellung an gewöhnl. Streithelfer (BGH 89, 125; NJW 1986, 257). VU etc im schriftl. Vorverfahren werden nur einmal, nicht etwa zweimal (wegen Verkündungsersatz) zugestellt, **Absatz 1 Satz 2**, und zwar mit dem Hinweis gem § 340 III 4. Hinausschieben, **Absatz 1 Satz 3**, kommt in der Praxis nicht vor.

2 **2. Die Amtszustellung setzt die Rechtsmittelfrist in Lauf**, wenn sie wirksam war; das richtet sich nach der zugestellten Ausfertigung, nicht nach der Urschrift;

3 **Die Ausfertigung muss erkennen lassen:**

**a)** dass die Urschrift überhaupt unterschrieben ist (idR genügt es, wenn die Namen der Richter in Schreibmaschinenschrift ohne (!) Klammern angegeben sind, BGH NJW 1975, 781; 1978, 217; FamRZ 1990, 1227; NJW-RR 1987, 377; bei Klammern muss „gez." etc angebracht werden).

4 **b)** und von welchen Richtern (ungenügend daher „gez. Unterschriften"); bei Ersetzung ist der Verhinderungsgrund anzugeben (BGH NJW 1980, 1849) und es muss ersichtl. sein, wer Urteil und Ersetzungsvermerk unterschrieben hat (BGH NJW 1978, 217).

5 **c)** Notw ist auch der Ausfertigungsvermerk gem Abs. 4; es muss erkennbar sein, dass ein Urkundsbeamter den Vermerk überhaupt unterschrieben hat (BGH NJW 1975, 781; MDR 1993, 383), zur Lesbarkeit vgl § 130 Rz 5 (BGH NJW 1988, 713); ein Datum ist nicht notw (BGH VersR 1985, 503); der Vermerk darf nicht erkennbar schon *vor* Verkündung angebracht worden sein (BGH NJW-RR 1993, 956).

6 **d)** Die zugestellte Ausfertigung muss in allen wesentl. Punkten mit der Urteilsurschrift übereinstimmen (BGH MDR 1964, 916); unschädl. ist zB Fehlen des Ausspruchs „Im übrigen wird die Klage abgewiesen" (BGH 67, 284). Es dürfen nicht ganze Seiten fehlen (BGH NJW 1998, 1959).

7 **e)** Fehlen des Verkündungsvermerks ist unschädl. (BGH 8, 303).

8 **3. Kosten.** Die gerichtl. Auslagen für die Zustellung werden idR nicht ges in Rechnung gestellt, GKG KV 9002.

## § 318 ZPO Bindung des Gerichts

**Das Gericht ist an die Entscheidung, die in den von ihm erlassenen End- und Zwischenurteilen enthalten ist, gebunden.**

**1. Anwendungsbereich: a)** § 318 betrifft (entgegen dem Wortlaut) nur dasselbe Verfahren (daher „innerprozessuale“ Bindungswirkung); mat Rechtskraft dagegen betrifft Ausstrahlung auf bestimmte andere Verfahren. Bei Teilanfechtung beschränkte Prüfungsbefugnis des RmG und insoweit „Bindung“; ferner §§ 513 II, 545 II; 1

**b)** Bindung ab Erlass (§ 310), in jeder Besetzung (auch Kammer an EinzelrichterE); 2

**c) entsprechende Anwendung** auf Beschlüsse ist str; vom BGH (FamRZ 1989, 849; ebenso OLG Brandenburg FPR 2002, 23) bejaht für Beschlüsse, die der formellen Rechtskraft fähig und deswegen für das Gericht unabänderbar sind, so etwa bei § 91a II; von der hM (BGH NJW-RR 1995, 765; BAG NJW 2004, 174) ferner bejaht für Beschlüsse, durch die eine Ber als unzulässig verworfen wurde (§ 522), obwohl das (zB bei Datumsirrtum) wenig prozessökonomisch ist. Vgl § 329 Rz 11. Keine Bindung an StrW- Beschlüsse (vgl § 63 III GKG, mit dortigen Einschränkungen; vgl OLG Köln FamRZ 2007, 163), an Beweisbeschlüsse (sie können aufgehoben oder geändert werden). **d)** § 318 ist nicht abdingbar (hM).

**2. Fallgruppen: a)** das Gericht darf grds sein eigenes Urteil nicht aufheben oder ändern (Ausnahmen zB: VU nach Einspruch; VorbehaltsU aufgrund des Nachverfahrens, §§ 599, 600; Berichtigung nach §§ 319 ff; sog Gehörsrüge, § 321a). Selbst wenn man also nach Verkündung beim Ausformulieren des Urteils („Absetzen“), erkennt, dass man einen Fehler gemacht hat, zB Verjährung übersehen, ist man gebunden und kann allenfalls über § 319 berichtigen. Anders § 18 FGG. 3

**b)** nach einem (zulässigen) GrundU, TeilU, VorbehaltsU, ZwischenU (§§ 301-304) muss dessen Entscheidung (nicht: die tatsächl. Feststellungen) für das weitere Verfahren zugrunde gelegt werden; die Bindung ist aber teils darauf beschränkt, wieweit das Gericht eine solche herbeiführen „wollte“ (zB BGH NJW 1979, 1046; NJW-RR 1987, 1277). 4

**c)** nach Einlegung der Ber und Zurückverweisung (§ 538): Bindung des UnterG an BerGer folgt aus dem Instanzenaufbau; an eigene Entscheidung, soweit nicht aufgehoben, aus § 318; Sondervorschrift bei Rev § 562 II. 5

**d)** das RmG ist an seine Auffassung gebunden, wenn dieselbe Sache nach Zurückverweisung und zweites Rm erneut dorthin gelangt (BGH NJW-RR 1987, 1196 bei GrundU des BerGer). 6

**e)** Keine Bindung des RmG an die Festsetzung der Beschwer (BGH FamRZ 1992, 663). 7

## § 319 ZPO Berichtigung des Urteils

**(1) Schreibfehler, Rechnungsfehler und ähnliche offenbare Unrichtigkeiten, die in dem Urteil vorkommen, sind jederzeit von dem Gericht auch von Amts wegen zu berichtigen.**

**(2) [1]Der Beschluss, der eine Berichtigung ausspricht, wird auf dem Urteil und den Ausfertigungen vermerkt. [2]Erfolgt der Berichtigungsbeschluss in der Form des § 130b, ist er in einem gesonderten elektronischen Dokument festzuhalten. [3]Das Dokument ist mit dem Urteil untrennbar zu verbinden.**

**(3) Gegen den Beschluss, durch den der Antrag auf Berichtigung zurückgewiesen wird, findet kein Rechtsmittel, gegen den Beschluss, der eine Berichtigung ausspricht, findet sofortige Beschwerde statt.**

§ 319 II geändert durch G v. 22.3.2005 (BGBl 2005, 837).

1 **1. § 319 ist** aus prozesswirtschaftl. Gründen **weit auszulegen** und auch auf Beschlüsse anwendbar; analog im FGG-Verfahren (OLG Brandenburg FGPrax 2000, 45). Selbst Erbscheine können berichtigt werden (LG Koblenz Rpfleger 2000, 502), wenn zB Schreibfehler nicht am öffentlichen Glauben teilnehmen (andernfalls: § 2361 BGB). PV können vom Gericht nicht berichtigt werden (BayVerfGH NJW 2005, 1347; OLG Hamm MDR 1983, 410; OLG Frankfurt MDR 1986, 152; evtl § 164). **Andere Möglichkeiten:** Rm einlegen; auf Feststellung des Urteilsinhalts klagen (BGH NJW 1972, 2268).

2 **Abgrenzung zu § 321:** bei § 321 war ein Anspruch usw. nicht Gegenstand der Entscheidung, bei § 319 ist er in den Gründen (aber nicht im Tenor) behandelt.

3 **Voraussetzungen (Absatz 1)**

**a) Unrichtigkeit:** „nur eine versehentl. Abweichung des vom Gericht Erklärten von dem von ihm Gewollten rechtfertigt eine Berichtigung nach § 319. Eine falsche Willensbildung des Gerichts kann nicht mithilfe dieser Bestimmung korrigiert werden“ (BGH FamRZ 2003, 1270; hM; geschieht dies doch, ist deswegen der Berichtigungsbeschluss nicht unwirksam, BGH NJW 1994, 2832). Eine scharfe Grenze lässt sich kaum ziehen; die Praxis der UnterG korrigiert zT auch Willensbildungsmängel (denn auch die in § 319 genannten Rechenfehler sind solche), vgl LAG München MDR 1985, 170 und Anm *Fischer* bei LM Nr. 3.

4 **Fallgruppen:** Schreibfehler; unrichtige Parteibezeichnungen (BGH NJW-RR 2004, 501; OLG Frankfurt NJW-RR 1990, 767); Anrede (Herr Andrea A. statt Frau ...) bei mehrdeutigen Vornamen (LG Stuttgart Rpfleger 1996, 166); andere Fehler im Rubrum; falsche Richterunterschrift (BGH NJW 2003, 3057); der Kl wird im Tenor stattgegeben, in den Gründen wird sie abgewiesen (LAG Köln MDR 2000, 1255); Tenorierungsfehler: **Kosten** dem siegenden Kl auferlegt, in den Gründen dem Bekl; bei Quotelung von falschem StrW ausgegangen, zB infolge Additionsfehler (**aA** OLG Stuttgart MDR 2001, 892); Rechenfehler bei Quotelung (OLG Köln FamRZ 1993, 456).

**Nicht genügt** aber, dass § 281 III 2 in den Gründen übersehen wurde (OLG Hamm NJW-RR 2000, 1524). Nicht genügt für eine Berichtigung der Kostenquotelung im Urteil *nachträgliche* StrW-Änderung, wenn der ursprüngl. Wert vom damaligen Willen des

Gerichts getragen war (OLG Köln FamRZ 2007, 163; sehr umstr, vgl OLG Hamm MDR 2001, 1186; OLG Düsseldorf MDR 2001, 1074; OLG Frankfurt NJW 1970, 436); vgl § 3 Rz 4. Sind die Kosten des Streithelfers im Urteil übersehen, kein Fall des § 319, sondern nur des § 321, mit dortiger knapper Frist (OLG Dresden OLG-NL 2005, 281). Nicht genügt übersehene RevZulassung (BGH 20, 188; 78, 22); übersehene **Zulassung der Rechtsbeschwerde**. Aber: der Ausspruch der Zulassung der RB kann nach § 319 nachgeholt werden, wenn das Gericht die RB in dem Beschluss zulassen *wollte* und dies nur versehentl. unterblieben ist; dieses Versehen muss sich aus dem Zusammenhang der Entscheidung selbst oder mindestens aus den Vorgängen bei der Beschlussfassung *ergeben und* auch für *Dritte* ohne Weiteres deutl. sein (BGH NJW 2005, 156). **Zulassung der Berufung** kann nach § 319 nachgeholt werden, wenn das Gericht zulassen *wollte* und dies nur versehentl. unterblieben ist, wobei das Versehen nach außen hervorgetreten und selbst für Dritte ohne Weiteres (!) deutl. sein muss (BGH NJW 2004, 2389).

**Parteiänderungen:** Im erlassenen VoB darf nicht durch Berichtigung ein anderer Schuldner eingesetzt werden (LG Fulda Rpfleger 2001, 609); eine GmbH, die sich nach VU-Erlass als nicht existent herausstellt, darf nicht einfach auf die Gesellschafter berichtigt werden (**aA** OLG Zweibrücken NJW-RR 2002, 212); die VorGmbH durch die Gesellschafter (LAG Nürnberg Rpfleger 1998, 296); der bei Urteilserlass schon Verstorbene durch den Erben. Denn in diesen Fällen würde die Identität der Partei ausgewechselt. Unklarheiten gibt es, weil man (je nach Fallgestaltung) einerseits die (rechtsfähige) Wohnungseigentümergemeinschaft verklagen kann, andererseits aber auch die einzelnen Eigentümer; zur Berichtigung in solchen Fällen vgl BGH NJW 2007, 518).

**b) Offenbar:** „der Irrtum muss sich aus dem Zusammenhang des Urteils selbst oder mindestens aus den Vorgängen bei seinem Erlass ergeben"; das Versehen muss auch für Dritte ohne Weiteres deutl. sein (BGH NJW-RR 2001, 61); ein gerichtsintern gebliebenes Versehen fällt nicht darunter (BGH 20, 192; 78, 23; NJW 1985, 742). IÜ schwanken die Anforderungen hier je nach Art des Fehlers. 5

**c) Berichtigung ohne gesetzliche Grundlage** (vgl § 318): Wird durch einen unzulässigen Berichtigungsbeschluss erstmals nachträgl. ein Rm zugelassen, ist das RmG nicht daran gebunden (BGH NJW 1994, 2833; NJW 1985, 742; BGH 20, 188 zur RevZulassung). Sonst führen nur schwerste, offenkundige Mängel zur Nichtigkeit. 6

**2. Verfahren (Absatz 2): Zuständig** ist die gleiche Kammer etc, nicht notw in derselben Besetzung (BGH NJW-RR 2001, 61), auch die höhere Instanz für das ErstU, solange der Rechtsstreit vor ihr schwebt (BGH NJW 1964, 1858; BayObLG NZM 2000, 1025), aber nicht der ER anstelle der Kammer und umgekehrt (KG OLG-Report 2006, 679). Die Rückgabe der Urteilsausfertigungen zwecks Anbringung des Berichtigungsvermerks ist nicht erzwingbar (LAG Sachsen NZA-RR 2000, 549). 7

**„Jederzeit":** also auch nach Einlegung eines Rm (BGH 18, 356; betraf Unrichtigkeiten in Rubrum und Unterschrift) und nach Eintritt der Rechtskraft (OLG Hamm NJW-RR 1987, 187; str); eine zeitl. Grenze gibt es nicht (OLG Brandenburg NJW-RR 2000, 1522); mehrere Jahre können seitdem vergangen sein (OLG Brandenburg MDR 2000, 658). Verwirkung ist denkbar (OLG München OLGZ 1983, 368). **Tenor:** Beschluss, zB: „Das Endurteil vom ... wird in Ziffer I darin berichtigt, dass es statt 12 000 € 120 000 € heißen 8 muss“. Zur Begründung genügt der Hinweis auf § 319, wenn der Fehler offenkundig ist; sonst ist zB eine neue Berechnung notw.

9 **Wirkung:** der Berichtigungsbeschluss wirkt auf die Zeit der Verkündung des Urteils zurück und dessen neue Fassung gilt als die ursprüngl. Gegen ZwV aus der alten Fassung: § 766.

10 **Die Rechtsmittelfrist** läuft grds schon von der Zustellung der unberichtigten Fassung an, weil den Parteien das Erkennen der Unrichtigkeit zugemutet wird (BGH NJW 1991, 1834; BVerfG NJW 2001, 142; st Rspr); ausnahmsweise läuft ab Zustellung des Berichtigungsbeschlusses eine neue Frist, wenn erst aus der Berichtigung hervorgeht, dass eine Partei beschwert ist (zB: aus Klageabweisung wurde Klagestattgabe gemacht, BGH NJW 1984, 1041; das Urteil ist überhaupt wirr, BGH FamRZ 2000, 1499; aus RevNichtzulassung eine Zulassung, BGH VersR 1981, 548; das Schmerzensgeld erhöht, BGH NJW 1986, 935.

11 *Ungenügend aber:* Klageabweisung statt um 20 000 € um 31 000 €, BGH NJW 1984, 1041; zw). Letztlich kommt es darauf an, ob die Partei nach der ursprüngl. Fassung keinen Anlass zu einem Rm hatte (BGH NJW 1991, 1834).

12 **3. Rechtsmittel (Absatz 3): a) gegen Zurückweisung** kein Rm (BGH NJW-RR 2004, 1654; **aA**: sof Beschwerde, wenn eine sachliche Prüfung aus proz Gründen abgelehnt worden ist; OLG Hamm NJW-RR 1987, 187).

13 **b) gegen Berichtigung** grds sof Beschwerde (§ 567); nicht gegen zweitinstanzl., § 567 I (nur § 574 käme in Betracht); ferner nicht, wenn gegen die berichtigte Entscheidung selbst kein Rm mehr statthaft gewesen wäre, weil zB die Rm-Summe nicht erreicht ist; weiter nicht, wenn Beschwer fehlt (zB Aufnahme eines weiteren Beteiligten ins Rubrum, OLG Karlsruhe FamRZ 1996, 1335). Betraf die Berichtigung die **Kostenentscheidung**, darf wegen § 99 I die sachliche Angemessenheit der berichtigten KostengrundE nicht nachgeprüft werden (OLG Hamburg JurBüro 1985, 1560), sondern nur die Voraussetzungen der Berichtigung (BayObLG NJW-RR 1997, 57). Gegen den Beschwerdebeschluss keine „weitere sofortige Beschwerde“, sondern nur **Rechtsbeschwerde** durch beim BGH zugelassenen RA zum BGH, falls die RB zugelassen worden ist (§ 574).

Formular 272: Antrag auf Urteilsberichtigung gem. § 319 ZPO

## § 320 ZPO Berichtigung des Tatbestandes

**(1) Enthält der Tatbestand des Urteils Unrichtigkeiten, die nicht unter die Vorschriften des vorstehenden Paragraphen fallen, Auslassungen, Dunkelheiten oder Widersprüche, so kann die Berichtigung binnen einer zweiwöchigen Frist durch Einreichung eines Schriftsatzes beantragt werden.**

**(2) [1]Die Frist beginnt mit der Zustellung des in vollständiger Form abgefassten Urteils. [2]Der Antrag kann schon vor dem Beginn der Frist gestellt werden. [3]Die Berichtigung des Tatbestandes ist ausgeschlossen, wenn sie nicht binnen drei Monaten seit der Verkündung des Urteils beantragt wird.**

**(3) Über den Antrag ist mündlich zu verhandeln, wenn eine Partei dies beantragt.**

**(4) [1]Das Gericht entscheidet ohne Beweisaufnahme. [2]Bei der Entscheidung wirken nur diejenigen Richter mit, die bei dem Urteil mitgewirkt haben. [3]Ist ein Richter verhindert, so gibt bei Stimmengleichheit die Stimme des Vorsitzenden und bei dessen Verhinderung die Stimme des ältesten Richters den Ausschlag. [4]Eine Anfechtung des Beschlusses findet nicht statt. [5]Der Beschluss, der eine Berichtigung ausspricht, wird auf dem Urteil und den Ausfertigungen vermerkt. [6]Erfolgt der Berichtigungsbeschluss in der Form des § 130b, ist er in einem gesonderten elektronischen Dokument festzuhalten. [7]Das Dokument ist mit dem Urteil untrennbar zu verbinden.**

**(5) Die Berichtigung des Tatbestandes hat eine Änderung des übrigen Teils des Urteils nicht zur Folge.**

§ 320 zuletzt geändert durch G v. 24.8.2004 (BGBl 2004, 2198).

Lit: *Naundorf* MDR 2004, 1273.

**1. Voraussetzungen der Berichtigung:** 1

**a) Antrag**, ggf unter Anwaltszwang (§ 78);

**b) Frist:** zwei Wochen ab Amtszustellung, keine Verlängerung, keine WE (BGH 32, 17); der verfristete Antrag wird durch Beschluss (ohne mdl Verh, weil § 320 III nur den zulässigen Antrag betrifft; aA OLG Düsseldorf NJW-RR 2004, 1723) zurückgewiesen. Zusätzl. Frist von drei Monaten seit Verkündung, § 320 II 3 (das kann nicht stimmen, wenn das Urteil erst nach mehr als drei Monaten zugestellt wurde, KG NJW-RR 2001, 1296).

**c) Rechtsschutzbedürfnis:** Berichtigung ist *nur insoweit* zulässig, als der Tatbestand urkundl. Beweiskraft nach § 314 hat; sie soll nur verhüten, dass infolge dieser Beweiskraft ein unrichtig beurkundeter Parteivortrag oder Prozessstoff Grundlage für die Entscheidung des RmG wird (BGH LM Nr. 2; NJW-RR 1988, 407). Berichtigt werden kann auch ein Urteil ohne förml. Tatbestand, wenn die tatbestandl. Feststellungen in den Entscheidungsgründen enthalten sind (BGH NJW 1997, 1931). Die ZPO-Reform 2002 hat dazu geführt, dass häufiger als früher Tatbestandsberichtigung beantragt wird, weil § 529 I Nr. 1 den Tatsachenstoff der Ber auf die in erster Instanz festgestellten Tatsachen beschränkt und diese Tatsachen sich im Tatbestand finden, was angesichts § 313 II 2 nur beschränkt zutrifft; dazu § 314 Rz 3; *Fellner* MDR 2003, 721. 2

**d) Unrichtigkeit** etc, auch von Tatbestandselementen (mit verstärkter Beweiskraft, BGH NJW 1983, 2032) in den Gründen (LAG Köln MDR 1985, 171), die nicht unter § 319 fallen (also nicht „offenbar" sind; unklare Abgrenzung); auch bei einem Urteil *ohne* Tatbestand können Tatsachen in den Entscheidungsgründen nach § 320 berichtigt werden (BGH NJW 1997, 1931). 3

**2. Verfahren, Absatz 3.** Mdl Verh *nur auf Verlangen* (Reform 2004), Ladungsfrist § 217. 4

**Absatz 4. Satz 1**: keine Beweisaufnahme. Entscheidung durch (verkündeten, wenn mdl verhandelt wurde) Beschluss ohne KostenE, mit Begründung; bei Säumnis im Termin Beschlussfassung nach Lage der Akten. **Satz 2:** Zur Besetzung der Richterbank vgl BGH NJW 2002, 1426. Bei Verhinderung (zB durch Ablehnung, BGH LM Nr.4) aller damals beteiligten Richter ist keine Berichtigung möglich (dazu *Hirte* JR 1985, 138 und *Schmidt* JR 5

1993, 457); dann keine Bindung in der Ber/Rev (BVerfG NJW 2005, 657). Abs.4 S.2 ist für §321a nicht anwendbar.

6 **Rechtsmittel.** Nach **Absatz 4 Satz 4** ist weder die Berichtigung noch deren Ablehnung anfechtbar (OLG Stuttgart Justiz 2005, 393; **aA**: Anfechtung durch sof Beschwerde soll nach OLG Düsseldorf NJW-RR 2004, 1723 uU zulässig sein, zB wenn der Antrag als unzulässig abgelehnt wurde (offen BGH NJW-RR 1988, 407); sof Beschwerde bejaht von LAG Hessen NZA-RR 2004, 105, falls Antrag wegen Versäumung der Frist des § 320 II 3 zurückgewiesen wurde.

Formular 273: Antrag auf Tatbestandsberichtigung gem. § 320 ZPO

## § 321 ZPO Ergänzung des Urteils

**(1) Wenn ein nach dem ursprünglich festgestellten oder nachträglich berichtigten Tatbestand von einer Partei geltend gemachter Haupt- oder Nebenanspruch oder wenn der Kostenpunkt bei der Endentscheidung ganz oder teilweise übergangen ist, so ist auf Antrag das Urteil durch nachträgliche Entscheidung zu ergänzen.**

**(2) Die nachträgliche Entscheidung muss binnen einer zweiwöchigen Frist, die mit der Zustellung des Urteils beginnt, durch Einreichung eines Schriftsatzes beantragt werden.**

**(3) [1]Auf den Antrag ist ein Termin zur mündlichen Verhandlung anzuberaumen. [2]Dem Gegner des Antragstellers ist mit der Ladung zu diesem Termin der den Antrag enthaltende Schriftsatz zuzustellen.**

**(4) Die mündliche Verhandlung hat nur den nicht erledigten Teil des Rechtsstreits zum Gegenstand.**

**1. Voraussetzungen:**

1 **a) Antrag;** unzulässig ist Berichtigung von Amts wegen; das Urteilsergänzungsverfahren nach § 321 ist zulässig, wenn es auf die Schließung einer – auch nur vermeintl. – Entscheidungslücke gerichtet ist; die Frage, ob die Entscheidung lückenhaft ist, ist bei der Prüfung der Begründetheit des Urteilsergänzungsantrags zu entscheiden (BGH NJW 2006, 1351).

2 **b) Frist** zwei Wochen ab Amtszustellung (§ 317); nicht verlängerbar, § 224; keine WE (BGH NJW 1980, 786; **aA** LG Braunschweig NdsRpfl 2004, 46). Der Antrag muss gestellt werden, damit der „Rechtsweg" vor Verfassungsbeschwerde erschöpft ist (BVerfG NJW-RR 2000, 1664). Setzt Ergänzung Tatbestandsberichtigung (um einen Antrag) voraus, beginnt die Frist mit Zustellung des Berichtigungsbeschlusses (BGH NJW 1982, 1821). **Bei Fristversäumung:** bez Kosten Rm, § 308 II; bez übergangenem Antrag Rm, soweit Klageänderung/-erweiterung in der Ber zulässig (§§ 263, 264, 525), sonst neue Klage notw.

3 **c) Versehentliches Übergehen** eines „Anspruchs" (= Gegenstand eines aktiven Rechtsschutzbegehrens) usw.; § 321 dient nur der Ergänzung einer lückenhaften, nicht der Richtigstellung einer falschen Entscheidung (BGH VersR 1980, 263); auch wenn ein

Berufungsantrag übergangen wurde (BGH NJW-RR 2005, 790). Bei Behandlung in den Gründen § 319 (BGH NJW 1964, 1858).

**Beispiele:** 4

**Zulässig:** Ergänzung um Ausspruch über Vollstr (§ 716), um Vollstr-Schutz, Räumungsfrist (§ 721), Vorbehalt der Rechte (§§ 302, 599), Lösungssumme beim Arrest, § 305, § 780, Zug-um-Zug-Ausspruch; um **Kostenentscheidung**, auch teilw: Übersehen von **§ 281 III 2** (OLG Hamm NJW-RR 2000, 1524); **§ 344** (OLG Stuttgart Justiz 1984, 19); Kosten der Streithilfe, **§ 101** (OLG Dresden OLG-NL 2005, 281; OLG München NJW-RR 2003, 1440; OLG Stuttgart MDR 1999, 116); der NI, dem das Urteil nicht zugestellt wurde, kann die Ergänzung um die KostenE trotz Rechtskraft des Urteils beantragen (BGH NJW-RR 2005, 295). Wurden im Antrag auf VoB Kosten vom ASteller übersehen, kann Ergänzung des VoB erfolgen (OLG Nürnberg JurBüro 2006, 141; str). § 321 ferner zulässig für Aufnahme der Beschränkung der Einstandspflicht der Haftpflichtvers in den Tenor eines FeststellungsU (BGH MDR 1996, 1061). Anwendbar ist Abs. 1 auch auf Beschlüsse.

**Unzulässig:** Ergänzung wegen übersehener Einwendungen, Angriffs- und Verteidigungsmittel (das sind keine „Ansprüche"), wegen übersehener Aufrechnung (**aA** AG Paderborn MDR 2000, 1272); übersehenes ZurückbehaltungsR (BGH NJW 2003, 1463); Ergänzung um Zurückweisung verspäteten Vorbringens (LAG RhPf MDR 2000, 228); unrichtiger Auslegung des Parteibegehrens (BGH LM Nr. 3; VersR 1980, 263); übersehener Anspruchsgrundlagen; Nachholung der Berufungs- oder Revisionszulassung, §§ 511, 543 (BGH MDR 1985, 43; st Rspr), vgl aber dazu § 319 Rz 4; Nachholung der Zulassung der RB (BGH NJW 2004, 779; analoge Anwendung von § 321a (aF) bejaht von BGH NJW 2004, 2529). 5

**2. Verfahren vgl Absatz 3, 4.** Entscheidung durch Urteil (evtl VU) mit Kosten und Vollstr. Rm: Ber usw. (Rev aber nur bei Zulassung, BGH MDR 2000, 1209), unabhängig vom ursprüngl. Urteil, auch wenn es nur über Kosten entscheidet (trotz § 99); wegen der KostenE im BerufungsU vgl ferner § 308 II; zum evtl Neubeginn der BerFrist gegen das ursprüngl. Urteil vgl § 518 (BGH VersR 1981, 57). Die BerSumme für das angefochtene ErgänzungsU ist selbstständig zu berechnen (BGH NJW 1980, 840). 6

## § 321a ZPO Abhilfe bei Verletzung des Anspruchs auf rechtliches Gehör

**(1) [1]Auf die Rüge der durch die Entscheidung beschwerten Partei ist das Verfahren fortzuführen, wenn**

**1. ein Rechtsmittel oder ein anderer Rechtsbehelf gegen die Entscheidung nicht gegeben ist und**

**2. das Gericht den Anspruch dieser Partei auf rechtliches Gehör in entscheidungserheblicher Weise verletzt hat.**

**[2]Gegen eine der Endentscheidung vorausgehende Entscheidung findet die Rüge nicht statt.**

**(2) [1]Die Rüge ist innerhalb einer Notfrist von zwei Wochen nach Kenntnis von der Verletzung des rechtlichen Gehörs zu erheben; der Zeitpunkt der Kenntniserlangung ist glaubhaft zu machen. [2]Nach Ablauf eines Jahres seit Bekanntgabe der angegriffe-**

**nen Entscheidung kann die Rüge nicht mehr erhoben werden. [3]Formlos mitgeteilte Entscheidungen gelten mit dem dritten Tage nach Aufgabe zur Post als bekannt gegeben. [4]Die Rüge ist schriftlich bei dem Gericht zu erheben, dessen Entscheidung angegriffen wird. [5]Die Rüge muss die angegriffene Entscheidung bezeichnen und das Vorliegen der in Absatz 1 Satz 1 Nr. 2 genannten Voraussetzungen darlegen.**

**(3) Dem Gegner ist, soweit erforderlich, Gelegenheit zur Stellungnahme zu geben.**

**(4) [1]Das Gericht hat von Amts wegen zu prüfen, ob die Rüge an sich statthaft und ob sie in der gesetzlichen Form und Frist erhoben ist. [2]Mangelt es an einem dieser Erfordernisse, so ist die Rüge als unzulässig zu verwerfen. [3]Ist die Rüge unbegründet, weist das Gericht sie zurück. [4]Die Entscheidung ergeht durch unanfechtbaren Beschluss. [5]Der Beschluss soll kurz begründet werden.**

**(5) [1]Ist die Rüge begründet, so hilft ihr das Gericht ab, indem es das Verfahren fortführt, soweit dies auf Grund der Rüge geboten ist. [2]Das Verfahren wird in die Lage zurückversetzt, in der es sich vor dem Schluss der mündlichen Verhandlung befand. [3]§ 343 gilt entsprechend. [4]In schriftlichen Verfahren tritt an die Stelle des Schlusses der mündlichen Verhandlung der Zeitpunkt, bis zu dem Schriftsätze eingereicht werden können.**

§ 321a eingefügt durch G v. 27.7.2001 (BGBl 2001, 1887) und geändert durch G v. 24.8.2004 (BGBl 2004, 2198) sowie G v. 9.12.2004 (BGBl 2004, 3220).

**Lit:** ***Zuck*** NJW 2005, 1226 und NJW 2006, 1703; ***Treber*** NJW 2005, 97; ***Seiler*** AnwBl 2006, 378; ***Schneider*** MDR 2006, 969; ***Bloching/Kettinger*** JR 2005, 441; Piekenbrock JR 2007, 180; Petry MDR 2007, 497.

1 **Zweck der Regelung.** Wenn ein Urteil des AG oder LG nicht berufungsfähig ist, weil die BerSumme (§ 511 II) nicht erreicht ist, konnte die Partei früher bei Verletzung des rechtl. Gehörs (§ 103 GG) nur Verfassungsbeschwerde einlegen. Beispiele: Es wird schriftl. Verfahren angeordnet (§ 128 II, § 495a) und eine Schriftsatzfrist gesetzt. Der Schriftsatz geht rechtzeitig ein, gelangt aber wegen eines Fehlers des Gerichts nicht in die richtigen Akten, liegt daher dem Richter bei seiner Entscheidung nicht vor. § 321a will in solchen Fällen **(Absatz 1)** Verfassungsbeschwerden überflüssig machen. Die praktische Bedeutung ist gering. Unvetretbare Behandlung einer Anhörungsrüge verstößt gegen Art 2 I, 20 III, 103 I GG (BVerfG NJW 2007, 2241). **Gegenvorstellungen** sollen jetzt unzulässig sein (OLG Naumburg OLG-Report 2005, 929; bedenklich, weil § 321a nur die Verletzung des rechtlichen Gehörs betrifft, aber eine Flut anderer Fehler vorkommt); soweit sie noch bejaht werden, soll für sie analog § 321a eine Frist von zwei Wochen bestehen (OLG Frankfurt FamRZ 2006, 964).

**Gegenstand der Rüge:** § 321a gilt für Entscheidungen erster Instanz, aber auch für Urteile höherer Instanzen, desgleichen für Beschlüsse, immer unter der Voraussetzung, dass kein Rm bzw Rechtsbehelf gegeben ist; Ausnahme § 321a I 2. Auch gegen eine BGH-Entscheidung betreffend Nichtzulassungsbeschwerde kann die Rüge erhoben werden, aber nicht, um eine Begründungsergänzung zu erreichen (BGH FamRZ 2006, 408).

**Rügegrund:** Verletzung des rechtl. Gehörs. Sie kann zB darin liegen, dass das Gericht einem Beweisantrag nicht nachgekommen ist (BGH NJW-RR 2005, 1603).

2 **Rügeschrift:** Anwaltszwang im Rahmen von § 78 (BGH NJW 2005, 2017). Adressat: das Gericht, dessen Entscheidung angegriffen wird (S. 4). **Absatz 2** regelt ihren Inhalt. Wichtig ist, die Entscheidungserheblichkeit zu behaupten: „Hätte der Schriftsatz vom ... dem Richter bei seiner Entscheidung vorgelegen, dann hätte er anders, nämlich .... entschieden ..., weil .....". Frist: zwei Wochen; Notfrist (§ 233). Fristbeginn mit Kenntniserlangung (S. 1), dh mit Zustellung an den PrBev (BGH FamRZ 2006, 1029). Die Rügeschrift wird dem Gegner formlos mitgeteilt, zur evtl Stellungnahme (Absatz 3), es sei denn, sie ist ersichtl. aussichtslos (zB verspätet).

3 **Das Gericht prüft:** Fristeinhaltung, Form, Statthaftigkeit. Zust ist das Gericht, das evtl den Fehler begangen hat, § 320 IV 2 ist nicht anwendbar (vgl *Kettinger* JR 2006, 443).

**a)** Fehlen diese Voraussetzungen: Beschluss: „Die Rüge des Bekl wird als unzulässig verworfen" (**Absatz 4 Satz 2**); Kosten nach § 91; ohne Ausspruch über vorl Vollstr; Begründung ist freigestellt. Der Beschluss wird formlos mitgeteilt (nicht zugestellt); er ist unanfechtbar (Abs. 4 S. 4; BGH NJW 2005, 73); aber Verfassungsbeschwerde ist möglich.

**b)** Ist Zulässigkeit gegeben, aber das rechtl. Gehör in Wirklichkeit nicht verletzt (auf ein Verschulden des Gerichts kommt es nicht an) oder die Verletzung ohne Auswirkungen auf das Urteil: Beschluss: „Die Rüge des Bekl wird zurückgewiesen" (Abs. 4 S. 3); Kosten usw. wie vor, sie werden also der Gegenpartei auferlegt (BGH WuM 2005, 475).

**c)** Ist Zulässigkeit gegeben, das rechtl. Gehör verletzt und eine Auswirkung auf das Urteil möglich: Beschluss: „Der Rüge des Bekl wird abgeholfen"; ohne KostenE, ohne Begründung. Die vorl Vollstr wird dadurch nicht beeinträchtigt; evtl. wird die ZwV aus dem Urteil eingestellt (§ 707); Eintritt der formellen **Rechtskraft** wird nicht gehemmt, § 705 (Reform 2004). Es wird sodann terminiert (Fortführung als schriftl. Verfahren wäre unzweckmäßig).

4 **Fortsetzung des Verfahrens:** der Prozess wird zurückversetzt (**Absatz 5 Satz 2**; wie bei § 342) und fortgeführt (zB indem die benannten Zeugen vernommen werden). Der Tenor des neuen Urteils richtet sich nach § 343 (**Absatz 5 Satz 3**). Im Urteilsaufbau wird anstelle des Einspruchs die Zulässigkeit der Rüge behandelt und die Rückversetzung; sodann geht es nicht weiter mit „Die Rüge ist begründet", sondern „Die Klage ist begründet (bzw ist unbegründet)". Zeigt sich erst jetzt, dass zB die Rüge unzulässig war (verspätet!), dann wird das frühere Urteil ebenfalls aufrechterhalten.

5 **Gebühren:** Gericht GKG-KV 1700; RA: § 19 I 2 Nr. 5 RVG bzw 3300 RVG-VV. Wert: § 23 II 3 RVG.

6

**Praxishinweise:**

1. Die Anhörungsrüge ist auch in der neuen Fassung eine völlig unzulängl. Regelung, die alle anderen Verfahrensgrundrechte außer Art 103 I GG unberücksichtigt lässt. Die Bereitschaft der Gerichte, Fehler einzuräumen und zu beheben, ist äußerst gering (s *Vollkommer*, FS für Musielak, 2004, S. 619 ff; *Sangmeister* [früherer *Richter*!], FS für Korn, 2005, S. 692; *Röxler* BB 2003, 1711; *Zuck* NJW 2005, 1229; *Seer/Thulfaut* BB 2005, 1088: Es besteht die Gefahr eines Pseudo-Rechtsschutzes).

2. Da fehlerhafte Zurückweisungsbeschlüsse unanfechtbar sind, bleibt nur die Verfassungsbeschwerde, deren Erfolgsaussicht bei einer Annahmequote von etwa 2,5 Prozent

gering, aber nicht aussichtslos ist. So hat das BVerfG (BVerfGK 6, 239) ein Urteil wegen Verstoßes gegen das Willkürverbot bei der Anwendung des § 321a aufgehoben. Das AG hatte eine Klage wegen fehlenden Rechtsschutzbedürfnisses abgewiesen, weil der Kl einen PV innerhalb der vereinbarten Widerrufsfrist widerrufen hatte, und die daraufhin eingelegte Anhörungsrüge als unbegründet zurückgewiesen. Das BVerfG hat diese Auffassung als schlechthin unhaltbar, offensichtlich sachwidrig und objektiv willkürl bezeichnet: „Es ist unter keinem rechtl. Gesichtspunkt vertretbar, dass das AG dem Beschwerdeführer das Rechtsschutzbedürfnis für seine Klage allein deshalb abgesprochen hat, weil er von dem ihm im Vergleich ausdrückl. vorbehaltenen Widerrufsrecht Gebrauch gemacht hat." Der hier etwas näher geschilderte Fall belegt, wie hemmungslos oft begründete Anhörungsrügen zurückgewiesen werden.

3. Daher wird es erforderl. sein, wieder auf die Ausnahmeberufung analog § 514 II zurückzugreifen (s dort Rz 5, 6).

4. Gegen einen die Gehörsrüge zu Unrecht zurückweisenden Beschluss kann einfachrechtl. nur die Ausnahmebeschwerde wegen greifbarer Gesetzwidrigkeit helfen. Nach BGHZ 150, 133 soll sie zwar abgeschafft worden sein, obwohl der Gesetzgeber von ihrem Fortbestand ausgegangen ist (BT-Drucks. 14/4722, S. 69). Diese Entscheidung stößt jedoch zunehmend auf Widerstand (BFH NJW 2004, 2854; OLG Hamm OLG-Report 2004, 262; VGH München NVwZ-RR 2004, 698; LG Paderborn Rpfleger 2005, 208; *Zöller/Vollkommer* § 321a Rz 4, dd; *Germelmann/Matthes/Müller-Glöge/Prütting*, ArbGG, 5. Aufl 2004, § 78 Rz 8; *Röxler* BB 2003, 1711; *Rogullis* KTS 2004, 25; *Sangmeister*, FS für Korn, S. 695; *Bloching/Kettinger* NJW 2005, 863). S. auch BGH NJW 2004, 2529 und DB 2005, 1248: Zulassung der RB nach § 574 Abs. 1 Nr. 2 ZPO analog § 321a ZPO bei willkürl. Nichtzulassung. In einschlägigen Fällen sollte der Anwalt deshalb unter Hinweis auf diese Belege Ausnahmebeschwerde einlegen, vor allem auch wegen des Subsidiaritätsgrundsatzes, wenn Verfassungsbeschwerde beabsichtigt ist.

## § 322 ZPO Materielle Rechtskraft

**(1) Urteile sind der Rechtskraft nur insoweit fähig, als über den durch die Klage oder durch die Widerklage erhobenen Anspruch entschieden ist.**

**(2) Hat der Beklagte die Aufrechnung einer Gegenforderung geltend gemacht, so ist die Entscheidung, dass die Gegenforderung nicht besteht, bis zur Höhe des Betrages, für den die Aufrechnung geltend gemacht worden ist, der Rechtskraft fähig.**

**Lit:** ***Musielak*** NJW 2000, 3593.

### Übersicht

**1. Begriff der Rechtskraft. a) Formelle Rechtskraft** besagt, dass ein Urteil durch Rm bzw Einspruch nicht mehr angefochten werden kann (vgl § 705 Rz 1), zB weil die RmFrist erfolglos abgelaufen oder ein Rm nicht mehr statthaft ist oder die Parteien auf Rm verzichtet haben. 1

**b) Materielle Rechtskraft** tritt mit formeller Rechtskraft ein und bewirkt, dass der Entscheidungsinhalt für spätere Prozesse maßgebl. ist, dass hiervon auch in einem späteren Prozess nicht mehr abgewichen werden darf. Das Verbot liegt im Interesse des Ansehens der Gerichte, der Rechtssicherheit und des Rechtsfriedens (BGH WM 1985, 581). Das Urteil verändert dabei die mat Rechtslage nicht (so die frühere *materiellrechtliche* Theorie), sondern wirkt nur proz.: In einem späteren Verfahren darf entweder gar nicht oder nicht anders als im früheren Verfahren geurteilt werden (*prozessuale Theorie;* vgl BGH 36, 365; NJW 1985, 2535; hM). 2

Entgegenstehende Rechtskraft ist **von Amts wegen** im späteren Verfahren zu beachten; ist das übersehen worden, ist das spätere Urteil nicht nichtig, nur nach § 580 Nr. 7a vernichtbar; unterbleibt dies, geht das spätere Urteil vor (RG 52, 218; str) und § 767 ist heranzuziehen. 3

**Gebunden sind** die ordentl. Gerichte (auch im FGG-Verfahren) und die ArbG, die anderen Gerichte im Grundsatz ebenfalls (BGH NJW 1980, 2814). 4

**Vereinbarungen** über die mat Rechtskraft sind unbeachtl. Rechtskraft ist zu unterscheiden von der **Bindungswirkung** gem § 318. 5

**2. Rechtskraftfähig sind zB:** Urteile, auch (zu Unrecht ergangene) VU (BGH NJW-RR 1987, 831; NJW 2003, 1044); wenn ein Urteil (fälschl) auch einen nicht gestellten Antrag abweist, erfasst die Rechtskraft auch diesen Antrag (BGH NJW 1999, 287); Beschlüsse, wenn sie formell rechtskr und unabänderl. sind (zB KfB; Beschluss, der die Ber als unzulässig verwirft, BGH NJW 1981, 1962; Beschluss, der ein Urteil berichtigt, BGH NJW 1985, 742); VoB, § 700 (BGH NJW 1987, 3260; hM). 6

7 **Nicht:** Urteile der RmG, die aufheben und zurückverweisen; VorbehaltsU nach §§ 302, 599; ZwischenU nach §§ 280 II, 304; Ablehnung der Vollstreckbarerklärung einer ausl Entscheidung (BGH NJW 1987, 1146); PV (BGH NJW-RR 1986, 22); Beschlüsse, die PKH ablehnen (OLG Hamm FamRZ 2004, 1218).

**3. Wirkung der materiellen Rechtskraft im Einzelnen:**

8 **a) Bei Identität des Streitgegenstandes** ist die neue Klage (zB auf nochmalige Verurteilung) unzulässig (weil eine Prozessvoraussetzung fehlt, nach **aA** wegen Fehlens des Rechtsschutzbedürfnisses). Hat zB der Architekt seine Klage auf eine Pauschalpreisvereinbarung gestützt und wird die Klage (wegen Unwirksamkeit der Vereinbarung) abgewiesen, und verlangt er im Folgeprozess das Mindesthonorar nach der HOAI, handelt es sich um denselben StrG (BGH MDR 2001, 83).

9 **Ausnahmen:** zur Verjährungshemmung (BGH WM 1985, 581); wenn der Titel verlorengegangen ist und nicht wiederhergestellt (§ 733) werden kann (BGH NJW 1957, 1111); wenn der frühere Titel wegen Unbestimmtheit nicht vollstr ist (OLG Zweibrücken FamRZ 1996, 749: Auskunftsanspruch); wenn ein ausl Urteil vorliegt, auch wenn es anzuerkennen ist (BGH NJW 1977, 498; 1987, 1146; str); hier muss dann jeweils inhaltsgleich entschieden werden.

10 Ferner ist grds die neue Klage unzulässig, wenn **das „kontradiktorische Gegenteil"** der im ersten Prozess ausgesprochenen Rechtsfolge begehrt wird (BGH NJW 2004, 294; 1983, 2032; 1995, 967), zB Rückzahlung des Beigetriebenen aus § 812 BGB. Ausnahmen ergeben sich aus den zeitl Grenzen der Rechtskraft, dh wenn sich der dem Urteil zugrundeliegende Sachverhalt nachträgl geändert hat (BGH NJW 1982, 1147; 1984, 126; vgl Rz 14).

11 **b) Bei anderem Streitgegenstand** hat der Richter des zweiten Prozesses die rechtskr erkannte Rechtsfolge des ersten Prozesses in den Grenzen von Rz 13 ff seinem Urteil zugrunde zu legen, wenn die damals festgestellte Rechtsfolge eine Vorfrage eines Anspruchs im zweiten Prozess darstellt (**Präjudizialität;** BGH NJW 1985, 2535). Ist zB auf Feststellungsklage hin das Eigentum festgestellt worden (§ 256 I), ist bei der folgenden Herausgabeklage (§ 985 BGB) vom Eigentum des Kl auszugehen, jede Beweiserhebung darüber ist unzulässig.

12 **Unterscheidet sich der** in einem neuen Prozess vorgetragene **Sachverhalt** seinem Wesen nach von dem des Vorprozesses, so steht der neuen Klage die mat Rechtskraft des Urteils auch dann nicht entgegen, wenn das Klageziel äußerl. unverändert geblieben ist und die Tatsachen, die der neuen Klage zugrunde gelegt sind, schon im Vorprozess hätten geltend gemacht werden können (BGH NJW 1981, 2306). Neuer StrG zB, wenn zuerst Klageabweisung wegen fehlender Aktivlegitimation, dann Abtretung der Gewährleistungsansprüche und neuer Prozess deswegen (BGH NJW 1986, 1046). Zur Vaterschaftsanfechtungsklage vgl BGH NJW 2003, 585.

### 4. Wirkungsgrenzen der materiellen Rechtskraft

**a) Subjektive Grenzen:** grds nur zwischen den Parteien, vgl § 325; 13

**b) Zeitliche Grenzen der Rechtskraft:**

- **ändert sich nach Verkündung der Entscheidung der rechtliche Maßstab** (das anzuwendende Gesetz, die Rspr), kann das grds nicht mehr berücksichtigt werden; 14
- bez der zugrunde liegenden Tatsachen ist auf den Zeitpunkt der letzten mdl Verh vor dem Tatrichter abzustellen (BGH NJW 1985, 2825): was bis dahin hätte geltend gemacht werden können (auch wenn es den Parteien unbekannt war, BGH NJW 1995, 968), ist präkludiert. 15

**In einem neuen Prozess** können aber zur Geltendmachung desselben Anspruchs Tatsachen vorgebracht werden, die erst *nach* diesem Zeitpunkt entstanden sind; zB kann der Kl vortragen, dass Neuaufschüttungen erfolgt seien (BGH NJW 1985, 2825), er inzwischen die Ansprüche durch Abtretung erlangt (BGH NJW 1986, 1046), die Satzung geändert habe (BAG NJW 1987, 514); die Einordnung in die Gruppe *„Neue Tatsache bei gleichem Streitgegenstand"* oder *„neuer Streitgegenstand"* ist im Einzelfall str. – Manchmal kann der Kl in einer neuen Klage auch alte Tatsachen vortragen, die einen neuen StrG ergeben, zB Anspruch aus § 419 aF BGB statt aus Vertrag, wobei das Interpretationsproblem auftaucht, ob nicht doch in dem alten Prozess der „neue" StrG schon mitvorgetragen und mitentschieden wurde (vgl BGH NJW 1981, 2306). 16

**§ 767** lässt bei nachträgl. entstandenen Tatsachen Einwendungen zu; ist bereits geleistet, kann auf *neue* Tatsachen eine Rückforderungsklage aus **Bereicherung** gestützt werden (BGH NJW 1982, 1147; 1984, 126), zB wenn nach der mdl Verh erfüllt wurde, dann vollstreckt und dabei die § 767-Klage übersehen wurde. Über Bereicherung bei einem rechtskr AnfechtungsU vgl BGH NJW 2000, 2022. Die Präklusion zB des § 767 III wird „rechtskraftfremd" genannt. 17

**Sonderregelungen** gelten für Urteile über wiederkehrende Leistungen, zB Unterhalt, §§ 323, 258. 18

**c) Objektive Grenzen:** sie wirken nur insoweit, als über den durch Klage erhobenen Anspruch entschieden ist, § 322 I, ist also auf die Rechtsfolge beschränkt (BayObLG NJW-RR 1988, 549). 19

**Anspruch ist der StrG;** dieser „wird bestimmt von dem Grund des zur Entscheidung gestellten Anspruchs und von dem zugehörigen Lebenssachverhalt, aus dem dieser Anspruch hergeleitet wird" (BGH NJW 1986, 1046); Wechselanspruch und zugrunde liegende Kaufpreisforderung sind zwei verschiedene StrG (BGH NJW-RR 1987, 58; str); ebenso vertragswidriges Verhalten des Mieters vor und nach einer erfolglosen Räumungsklage (BGH NJW 1998, 374). 20

**Inwieweit ist entschieden?** Maßgebend für Umfang und Tragweite der mat Rechtskraftwirkung ist die Urteilsformel; zu ihrer Auslegung sind auch Tatbestand und Entscheidungsgründe des Urteils mit dem darin in Bezug genommenen Parteivorbringen heranzuziehen, falls sich erst hieraus abgrenzen lässt, was StrG des Urteils war (BGH NJW 1988, 2300). 21

**5. In Rechtskraft erwachsen nicht**

22 **a)** die **Urteilsgründe** (zur Konkretisierung des StrG sind sie aber heranzuziehen); obiter dicta (BGH FamRZ 1990, 282); die einem TeilU zugrunde gelegte Bewertung (BGH MDR 1989, 895). Ausnahme Abs. 2;

23 **b)** in den Gründen **festgestellte Tatsachen** und Tatbestandsmerkmale (zB Fehlerfreiheit der Kaufsache im Wandelungsprozess für den späteren Minderungsprozess; BGH NJW 1983, 2032);

**c) Überflüssige Teile des Tenors**. Wird die Klage des Architekten, des Bauunternehmers usw. mangels Fälligkeit abgewiesen, wird in der Praxis oft fälschl *im Tenor* (statt nur in den Gründen) geschrieben: „als derzeit unbegründet". Das bedeutet aber nicht, dass die Klage zwingend begr ist, wenn sie nach Eintritt der Fälligkeit neu erhoben wird (vgl *Deckers* BauR 1999, 987).

24 **d)** die den Anspruch bedingenden **(vorgreiflichen) Rechtsverhältnisse** (BGH NJW 1985, 1340; auch nicht bei sog Sinnzusammenhängen, BGH NJW 2003, 3058); wird B zur Zahlung von 1000 € Kaufpreis verurteilt, erwächst das Bestehen eines Kaufvertrags nicht in Rechtskraft; hierfür wäre eine Zwischenfeststellungsklage (§ 256 II) notw; wird geschieden, beweist das ScheidungsU nicht, dass die Ehe wirksam geschlossen wurde; wird der Testamentsvollstrecker entlassen, beweist dies nicht, dass Testamentsvollstreckung wirksam angeordnet war (OLG Düsseldorf FamRZ 1998, 863). Einzelheiten str;

25 **e)** vom Bekl geltend gemachte **Einreden und Gegenrechte** (BGH NJW 1992, 1172; vgl *Doderer* NJW 1991, 878); wird der Bekl Zug-um-Zug verurteilt und klagt er später auf die Gegenleistung, kann seine Klage abgewiesen werden (notw wäre eine Widerklage gewesen); anders bei der Aufrechnung, Abs. 2;

26 **f)** die **rechtliche Beurteilung** (zB Einordnung eines Vertrags als Miet- oder Pachtvertrag), rechtl. Folgerungen, einzelne Urteilselemente (BGH NJW 1983, 2032). Das falsche Urteil, das Anspruchsgrundlagen übersieht oder Prozessstoff nicht würdigt, erlangt aber Rechtskraft; Rm wären notw gewesen.

**6. Sonderfälle**

27 **a) Prozessurteil** (Abweisung der Klage als unzulässig): die mat Rechtskraft erfasst nur den behandelten verfahrensrechtl. Punkt (BGH NJW 1985, 2535). Bei Klageabweisung wegen Unzuständigkeit kann zB vor dem zuständigen Gericht erneut geklagt werden; vor dem früheren Gericht, wenn der Bekl umgezogen ist.

28 **b) Klageabweisendes Sachurteil:** vgl *Kellermann* JA 2004, 151; die Rechtskraftwirkung ist unter Heranziehung des Tatbestandes und der Entscheidungsgründe zu bestimmen (BGH NJW 1985, 2535). Hat das EstG eine Anspruchsgrundlage übersehen, rechtfertigt das keine neue Klage (Ausnahme § 32 Rz 4). Ist die Honorarklage wegen fehlender ordnungsgem Abrechnung abgewiesen worden, kann nach neuer Abrechnung nicht neu geklagt werden (OLG Düsseldorf NJW 1993, 802). Zur neuen Klage bei anderem StrG vgl Einl Rz 15. Klageabweisendes **Versäumnisurteil:** erneute gerichtl. Geltendmachung des Anspruchs unzulässig (BGH NJW 2003, 1044); dazu *Just* NJW 2003, 2289.

**c) Feststellungsurteil:**

**aa)** Wird die **positive Feststellungsklage** abgewiesen, wird damit das negative Gegenteil festgestellt. Wird ihr stattgegeben, ist zur Feststellung der Rechtskraftwirkung uU auf die Gründe zurückzugreifen (BGH NJW 1985, 2022: „jeder weitere Schaden" zu ersetzen); Feststellung der Schadensersatzpflicht steht der Berücksichtigung eines Mitverschuldens des Kl im Betragsverfahren entgegen, sofern die dafür maßgebenden Tatsachen schon zur Zeit der letzten Tatsachenverh vorgelegen haben (BGH NJW 1989, 105). Dem Bekl bleibt grds die Aufrechnungsmöglichkeit (BGH NJW 1988, 2542). 29

**bb)** Wird die **negative Feststellungsklage** abgewiesen, wird zugleich das positive Gegenteil festgestellt; zB: Klage des K, festzustellen, dass eine bestimmte Darlehensforderung nicht bestehe; Klage wurde abgewiesen; damit wurde das Bestehen der Darlehensforderung positiv festgestellt (selbst wenn es in den Gründen heißt, es sei weder die Nichthingabe noch die Hingabe des Darlehens bewiesen; BGH NJW 1983, 2032; *Habscheid* NJW 1988, 2541; oder wenn dabei die Darlegungs- und Beweislast verkannt wurde, BGH NJW 1986, 2508; str, vgl *Lepp* NJW 1988, 806; *Tiedtke* NJW 1990, 1697; *Foerster* NJW 1993, 1183). 30

**d) Gestaltungsurteil:** mit formeller Rechtskraft tritt die Gestaltungswirkung ein (zB Gesellschaft wird aufgelöst); die hM bejaht ferner eine mat Rechtskraft zwischen den Parteien und verhindert so spätere Schadensersatz- und Bereicherungsansprüche. 31

**e) Teilklage:** vgl *Eckardt* Jura 1996, 624. Es ist zu unterscheiden:

aa) bei **„offener" Teilklage** (sie ist als solche erkennbar, durch Bezeichnung oder Vorbehalt von Nachforderungen; zB von 5 000 € Kaufpreis sind nur 2 000 € eingeklagt; oder Titulierung des Spitzenbetrags beim Unterhalt): Wird ihr stattgegeben, ist damit der Rechtsgrund nicht festgestellt (auch wenn sich das Urteil darüber auslässt, BGH NJW 1985, 1340; NJW-RR 1987, 525), die zweite Klage über den Rest kann abgewiesen werden. Wird die offene Teilklage ganz oder teilw abgewiesen, ist die Restklage ebenfalls nicht durch Rechtskraft ausgeschlossen (OLG Düsseldorf NJW-RR 2002, 64; aA wenn es sich um einen einheitl. Anspruch handelt, OLG Hamm NJOZ 2006, 3130). 32

bb) Bei **„verdeckter" Teilklage** (der Kl hätte mehr fordern können, hat das aber nicht zu erkennen gegeben) ist fragl., ob sich die Rechtskraft auf den ges. nach dem Sachverhalt gegebenen Anspruch erstreckt. Grds braucht ein Kl, der einen bezifferten Anspruch geltend macht, nicht zu erklären, er behalte sich die darüber hinausgehenden Ansprüche vor, denn das ergibt sich schon daraus, dass die Rechtskraft nur den im Prozess geltend gemachten Anspruch ergreift (BGH NJW 1997, 1990), der gem § 308 ZPO durch den Klageantrag beschränkt wird. Die Rechtskraft eines Urteils (stattgebend oder abweisend) erstreckt sich nicht auf den nicht eingeklagten Rest eines teilbaren Anspruchs oder auf andere Ansprüche aus dem gleichen Sachverhalt, selbst wenn sich das Urteil darüber auslässt (BGH NJW 1994, 3165; NJW 2002, 2167; *Elzer* JuS 2001, 224; **hM**). Eine Nachforderung ist also grds möglich, auch wenn sich der Kl nichts vorbehalten hatte (BGH NJW 1997, 3019). 33

*Ausnahmen:* Wenn ein Anspruch seiner Natur nach mit einer Teilklage nicht verfolgt werden kann, hat BGH 36, 368 Rechtskrafterstreckung bejaht (str); ebenso hielt BGH 34, 337 (str) Nachforderung für ausgeschlossen, wenn „die ganze angemessene vom Gericht festzusetzende Entschädigung" StrG war (vgl BGH NJW 1985, 2826; str); oder wenn die Höhe des Schadensersatzes ins Ermessen des Gerichts gestellt wurde (RG Warn 1925, 138); bei Unterhaltsklagen (Rz 35); bei wiederkehrenden Leistungen (§ 258) für die Zukunft (BGH NJW 1986, 3142); grds wenn Schmerzensgeld verlangt wird (OLG Schleswig MDR 2001, 1116; Rz 34). Es kommt also auf den Einzelfall an; uU liegt auch Verzicht auf den Rest vor (BGH NJW 1979, 720); strenge Anforderungen an Verzichtswillen des Kl und konkludenten Erlassvertrag, wenn ursprüngl. fallen gelassene Ansprüche erneut eingeklagt werden (BGH NJW 1997, 3019).

34 **cc) Nachforderung von Schmerzensgeld:** Verlangt ein Kl für erlittene Körperverletzungen uneingeschränkt (also nicht nur bis zu einem bestimmten Stichtag) ein Schmerzensgeld, so werden durch den zuerkannten Betrag alle diejenigen Schadensfolgen abgegolten, die entweder bereits eingetreten und objektiv erkennbar waren oder deren Eintritt jedenfalls vorhergesehen und bei der Entscheidung berücksichtigt werden konnten (BGH NJW-RR 2006, 712; st Rspr). Der Grundsatz der Einheitlichkeit des Schmerzensgeldes gebietet es, die Höhe des dem Geschädigten zustehenden Anspruchs aufgrund einer ganzheitl. Betrachtung der den Schadensfall prägenden Umstände unter Einbeziehung der absehbaren künftigen Entwicklung des Schadensbildes zu bemessen. Verletzungsfolgen, die zum Beurteilungszeitpunkt noch nicht eingetreten waren und deren Eintritt objektiv nicht vorhersehbar war, mit denen also nicht oder nicht ernstl. gerechnet werden musste und die deshalb zwangsläufig bei der Bemessung des Schmerzensgeldes unberücksichtigt bleiben müssen, werden von der vom Gericht ausgesprochenen Rechtsfolge nicht umfasst und können deshalb Grundlage für einen Anspruch auf weiteres Schmerzensgeld sein (BGH NJW-RR 2006, 712; st Rspr). Auf die Beurteilung durch die Parteien oder das Gericht kommt es für die Frage der Vorhersehbarkeit nicht an, sondern auf objektive Gesichtspunkte, dh nach den Kenntnissen und Erfahrungen eines insoweit Sachkundigen (BGH NJW 1988, 2300). Maßgebend ist, ob sich bereits in jenem Verfahren eine Verletzungsfolge als derart nahe liegend darstellte, dass sie schon damals bei der Bemessung des Schmerzensgeldes berücksichtigt werden konnte. Eine Verurteilung zu Schmerzensgeld unter Abweisung eines Antrags auf Feststellung der Verpflichtung zum Ersatz weiterer immaterieller Schäden umfasst nicht später geltend gemachte, im Zeitpunkt der Entscheidung des Vorprozesses nicht vorhersehbare Folgeschäden (BGH NJW-RR 2006, 712).

35 **dd) Nachforderung von Unterhalt:** Die Vermutung spricht gegen eine Teilklage, deshalb ist die Bezeichnung als Teilanspruch oder der Vorbehalt von Nachforderungen notw (BGH NJW 1985, 1701; 1994, 3166; OLG Karlsruhe FamRZ 1995, 1498). Leistungsklage und nicht die Abänderungsklage ist gegeben, wenn nur ein Spitzenbetrag tituliert worden war und Mehrforderungen geltend gemacht werden (BGH NJW 1985, 1340). Vgl § 323 Rz 12.

35a **ee) Nachforderung von Zinsen;** wenn zunächst der übliche Verzugszins gefordert wurde, idR nicht möglich (BGH NJW 1979, 720; OLG Köln VersR 1995, 716), weil dies als Einklagen des *ganzen* Zinsschadens aufzufassen ist; sonst schon (OLG Frankfurt NJW-RR 1997, 700).

**ff) Neue Behandlungsfehler:** Wird die Klage abgewiesen, soll einer neuen Klage gegen den Arzt, gestützt auf einen weiteren damaligen Behandlungsfehler, Rechtskraft entgegenstehen (OLG Saarbrücken MDR 2000, 1317; mE eine Frage des Einzelfalls).

**gg) Zukunftsschaden:** Feststellung, dass der in Zukunft aus dem Unfallereignis entstehende Schaden zu ersetzen sei, meint die ab Klageeinreichung (und nicht erst ab letzter mdl Verh) entstehenden Schadensersatzansprüche (BGH NJW 2000, 3287).

**7. Aufrechnung. Absatz 2** soll den Kl vor erneuter Inanspruchnahme schützen. Geltendmachung einer Forderung mittels Aufrechnung macht die Forderung nicht rechtshängig (vgl § 145 Anm); deshalb kann man eine Forderung einklagen und sie andernorts zur Aufrechnung verwenden (BGH NJW 1999, 1179); über die Aufrechnung in zwei Prozessen (doppelte Aufrechnung) BGH NJW-RR 2004, 1000. Die Aufrechnungsforderung wird dem Bekl rechtskr (in Höhe der verbrauchten Beträge) nur aberkannt: 36

**a)** wenn das Gericht der Klage stattgibt, weil die Gegenforderung nicht besteht. Hält das Gericht die Aufrechnung dagegen für unzulässig, ist über die Gegenforderung nicht rechtskr entschieden (BGH NJW 1984, 128); 37

**b)** wenn die Klage wegen der für begr erklärten Aufrechnung abgewiesen wird (BGH 36, 316). Abs. 2 ist zu lesen "... die Gegenforderung nicht oder infolge der Aufrechnung nicht mehr besteht ..." (*Zeiss* ZPR § 71). Das Gericht darf nicht die Klage ohne Prüfung der Forderung mit der Begründung abweisen, dass „jedenfalls" die Aufrechnung durchgreife. Vgl § 145 Rz 11. 38

**Anwendung des § 322 II** auf eine Aufrechnungsforderung des Kl bei der Vollstreckungsgegenklage ist zulässig (BGH 48, 358); unzulässig ist sie, wenn der Bekl sich ggü der Klageforderung auf eine vom Kl außerhalb des Rechtsstreits erklärte Aufrechnung beruft (BGH NJW 1984, 1356; 1992, 982; dazu *Zeuner* NJW 1992, 2870; *Tiedtke* NJW 1992, 1473). Nicht anwendbar ist Abs. 2 auf **Abrechnungsverhältnisse** (BGH NJW 1992, 317; NJW 2002, 900). 39

**8. Durchbrechung der Rechtskraft:**

**a) § 826 BGB.** Die Rspr lässt in bes schwerwiegenden eng begrenzten Ausnahmefällen aus § 826 BGB neue Klagen zu (auf Unterlassung der ZwV, Herausgabe des Titels, Rückzahlung, Schadensersatz), wenn **(1)** das unanfechtbare **Urteil** mat-rechtl. unrichtig ist und **(2)** der vollstreckende Gl die Unrichtigkeit kennt (zB Kenntnis einer Bank von der Rspr) und **(3)** das Urteil erschlichen hat oder sittenwidrigen Gebrauch davon macht (BGH NJW 1987, 3256; 1988, 971; NJW-RR 1987, 831); das ist selten der Fall. 40

**b) Bei Vollstreckungsbescheiden** über Forderungen aus sittenwidrigen Ratenkrediten hat der BGH einen bes Falltyp herausgearbeitet: der Verstoß gegen die guten Sitten ist hier im Zusammentreffen von sittenwidrigem Vertrag und gezielter Inanspruchnahme des Mahnverfahrens (statt Klage) zwecks Durchsetzung ggü einem ungewandten und rechtl. nicht beratenem Schuldner zu sehen (BGH NJW 1987, 3256; 1988, 971; 1991, 1884; MDR 1991, 148; sehr str); vgl *Braun*, Rechtskraft und Rechtskraftdurchbrechung von Titeln über sittenwidrige Ratenkreditverträge 1986; *Prütting/Weth*, Rechtskraftdurchbrechung bei unrichtigen Titeln, 2. Aufl 1994; *Deneke-Stoll* JuS 1989, 796; *Hönn* Jura 1989, 240; *Grün* MDR 1991, 122. 41

**c) Durchbrechung nach §§ 578 ff** (Klage aus § 826 BGB ist dagegen nicht subsidiär, BGH 50, 120). 42

43

**Praxishinweise:**

1. Der Zinsanspruch ist neben dem Hauptanspruch proz selbstständig, auch wenn er nach § 4 I den StrW nicht erhöht. Als Geldanspruch ist er teilbar und kann daher Gegenstand einer „verdeckten" Teilklage (Rz 33) sein. Ein Kl, der im Klageantrag einen bestimmten Zinsanspruch geltend macht, ist nicht gehindert, später höhere Zinsen einzuklagen (OLG Frankfurt DB 1997, 1331). Ein Anwalt, der das verkennt und deshalb weitere Zinsen nicht vom Schuldner anfordert oder notfalls einklagt, schädigt seinen Mandanten.
2. Die Folgen der Nichtbescheidung einer Aufrechnungsforderung erstrecken sich auf das StreitwertR (§ 45 III GKG). Eine nicht beschiedene Hilfsaufrechnung erhöht den StrW nicht (§ 45 I 2 GKG). Das gilt für die Gerichtskosten. Sehr umstr ist es, ob das auch für die Anwaltsvergütung gilt (§ 32 I RVG) oder ob es ich um einen Fall des § 33 I RVG handelt, weil sich die Anwaltgeb nach einem anderen StrW richten. Ein Anwalt, der auftragsgemäß eine Aufrechnungslage oder eine Widerklage bearbeitet und schriftsätzl. hilfsweise begründet hat, muss dafür vergütet werden, zumal er auch für seine Tätigkeit haftet. Im Gegensatz zum Schrifttum (*Gerold/Schmidt/Müller-Rabe*, RVG, 17. Aufl Nr 3200 VV Rn 48; Nr 3100 VV Rn 129; *Mayer/Kroiß/Rohn*, RVG, 2. Aufl, Anh 11 Rn 24; *Schneider*, Anwaltskommentar GVG, 2. Aufl, § 33 Rn 8 ff) lehnt die Rspr eine ges StrW-Festsetzung ab. Sie zwingt damit den Anwalt über § 32 I RVG, ohne Vergütung zu arbeiten (zuletzt OLG Hamm AGS 2007, S. 254 mit ablehnender Anm Schneider; anders aber LAG Hamm MDR 1982, 1052; 1989, 852). Es empfiehlt sich, in einschlägigen Fällen einen Festsetzungsantrag nach § 33 I RVG zu stellen und ggf Beschwerde einzulegen. Nur so lässt sich erreichen, dass dieses Vergütungsproblem, das Tag für Tag auftritt, gerecht gelöst wird.

## § 323 ZPO Abänderungsklage

**(1) Tritt im Falle der Verurteilung zu künftig fällig werdenden wiederkehrenden Leistungen eine wesentliche Änderung derjenigen Verhältnisse ein, die für die Verurteilung zur Entrichtung der Leistungen, für die Bestimmung der Höhe der Leistungen oder der Dauer ihrer Entrichtung maßgebend waren, so ist jeder Teil berechtigt, im Wege der Klage eine entsprechende Abänderung des Urteils zu verlangen.**

**(2) Die Klage ist nur insoweit zulässig, als die Gründe, auf die sie gestützt wird, erst nach dem Schluss der mündlichen Verhandlung, in der eine Erweiterung des Klageantrages oder die Geltendmachung von Einwendungen spätestens hätte erfolgen müssen, entstanden sind und durch Einspruch nicht mehr geltend gemacht werden können.**

**(3) [1]Das Urteil darf nur für die Zeit nach Erhebung der Klage abgeändert werden. [2]Dies gilt nicht, soweit die Abänderung nach § 1360a Abs. 3, § 1361 Abs. 4 Satz 4, § 1585b Abs. 2, § 1613 Abs. 1 des Bürgerlichen Gesetzbuchs zu einem früheren Zeitpunkt verlangt werden kann.**

**(4) Die vorstehenden Vorschriften sind auf die Schuldtitel des § 794 Abs. 1 Nr. 1, 2a und 5, soweit darin Leistungen der im Absatz 1 bezeichneten Art übernommen oder festgesetzt worden sind, entsprechend anzuwenden.**

**(5) Schuldtitel auf Unterhaltszahlungen, deren Abänderung nach § 655 statthaft ist, können nach den vorstehenden Vorschriften nur abgeändert werden, wenn eine Anpassung nach § 655 zu einem Unterhaltsbetrag führen würde, der wesentlich von dem Betrag abweicht, der der Entwicklung der besonderen Verhältnisse der Parteien Rechnung trägt.**

§ 323 III – IV geändert ab 1.7.1998 durch KindUG (BGBl 1998, 666).

**Lit:** ***Braun***, Grundfragen der Abänderungsklage, 1994; ***Graba***, Die Abänderung von Unterhaltstiteln, 2000; ***Graba*** FamRZ 2002, 6; ***Roth*** NJW 1988, 1233; ***Niklas*** MDR 1989, 131; ***Braun*** NJW 1995, 936; JuS 1993, 353; ***Gottwald*** FamRZ 1992, 1374; ***Schellhammer*** ZAP 1998, Fach 11; ***Rauscher*** FuR 2001, 438; ***Büttner*** FPR 2002, 53; Soyka FuR 2007, 152.

## Übersicht



**1. Zweck.** Die Abänderungsklage eröffnet den verfahrensrechtl. Weg, Fehlprognosen zu korrigieren und die vorausgegangene gerichtl. Entscheidung an veränderte Verhältnisse anzupassen (BGH NJW 1986, 383); sie ist nicht auf Fälle beschränkt, in denen eine Rechtskraftwirkung beseitigt werden muss (BGH NJW 1987, 1201; st Rspr). 1

**Rückzahlung überzahlten Unterhalts.** Wird ein Unterhaltstitel abgeändert, so hat der Zahlende ab dem maßgebl. Zeitpunkt ohne Rechtsgrund geleistet, § 812 I 1 BGB (BGH NJW 1998, 2433), der Zahlungsempfänger muss also zurückzahlen (§ 818 II BGB), kann sich aber auf Entreicherung berufen. Um die verschärfte Haftung (§ 818 IV BGB) herbeizuführen, schlägt der BGH (NJW 1992, 2415) drei Möglichkeiten vor: **(1)** Die Abänderungsklage im Wege der **Klagehäufung** mit einer **Klage auf künftige Rückzahlung** des während der Dauer des Abänderungsverfahrens zu viel gezahlten Unterhalts zu verbinden (§ 258), „und zwar zur Vermeidung eines Kostenrisikos *hilfsweise* für den Fall, dass das Abänderungsbegehren Erfolg hatte". § 260 stehe nicht entgegen. Eine Bezifferung ist mE erforderlich. **(2)** Bereicherungsklage alsbald nach der Unterhaltsleistung ohne Rücksicht auf die vorherige Abänderung des Unterhaltstitels zu erheben, wodurch die Wirkungen des § 818 IV BGB jedenfalls hinsichtl. noch nicht verbrauchter Zahlungen ausgelöst würden. **(3)** Die Überzahlungen als zins- und tilgungsfreies Darlehen anbieten, verbunden mit der Verpflichtung, im Falle der Abweisung der Abänderungsklage auf die Rückzahlung zu verzichten. Dem Zahlungsempfänger obliege es dann nach Treu und Glauben, einen in solcher Weise angebotenen Kredit anzunehmen (BGH NJW 1992, 2415).

**2. Absatz 1. Voraussetzungen der Abänderungsklage:**

2 **a) Vorliegen eines** (zumindest teilw) **stattgebenden** (nicht notw rechtskr) **Urteils**; auch FeststellungsU; AnerkenntnisU (BGH NJW 1981, 2193); VU (BGH NJW 1982, 1812, OLG Oldenburg FamRZ 1990, 188; *Maurer* FamRZ 1989, 445). Über ältere Unterhaltstitel vgl Art 6 UÄndG (in Kraft seit 01.04.1986). Weitere Titel vgl Abs. 4, 5.

2a Über **DDR-Unterhaltstitel** vgl *Brudermüller* FamRZ 1995, 915; BVerfG DtZ 1995, 244; BGH MDR 1995, 70. Für ihre Abänderung gilt § 323 (BGH NJW-RR 1992, 1474); mat ist je nachdem bisherigen innerdeutschen KollisionsR das DDR-FGB oder BGB anzuwenden (BGH aaO); für die Abänderung von Einigungen nach DDR-ZPO gilt Abs. 1, 4 (OLG Naumburg DtZ 1997, 363).

2b **Ausländische Urteile** sind abänderbar, wenn sie im Inland anerkannt werden (BGH NJW 1983, 1976; OLG München NJW-RR 1990, 649; OLG Celle FamRZ 1993, 103: polnisches UnterhaltsU). Als Vorfrage wird in den Urteilsgründen geprüft, ob die Anerkennungsvoraussetzungen (§ 328) vorliegen; vorherige Vollstreckbarerklärung des ausl Urteils (§ 722) ist nicht notw. Ist die ausl Unterhaltsverurteilung Teil eines ausl Scheidungs-VerbundU, muss zuvor das ScheidungsU nach Art. 7 § 1 FamRÄndG anerkannt werden (OLG Celle NJW 1991, 1428: Polen) bzw (bei den EU-Mitgliedstaaten) nach der VO (EG) Nr. 2201/2003 (§ 21) anzuerkennen sein. Ob Abänderung voraussetzt, dass das ausl Recht Abänderung kennt, lässt der BGH (NJW-RR 1993, 5) offen; nach MüKo-*Gottwald* § 323 Rz 91 soll es nicht erforderl. sein. Für das Ausmaß der Abänderbarkeit kommt es nach hM (MüKo-*Gottwald* § 323 Rz 97) auf die aus der Sicht des deutschen Gerichts jetzt als Unterhaltsstatut berufene Rechtsordnung an (vgl Art 18 EGBGB), also je nach Sachlage deutsches oder ausl Recht (**aA**: stets § 323, also deutsches R; **aA**: Abänderungsregelung des ausl Staats; offen BGH NJW-RR 1993, 5).

Beachte § 10 II 2 **Auslandsunterhaltsgesetz** v. 1986 (BGBl 1986, 2563; 2005, 162/173). Insb **Polen** (FamS): *Passauer* FamRZ 1990, 14; *Bytomski* FamRZ 1991, 783; BGH NJW-RR 1993, 5; OLG Celle NJW-RR 1993, 651; OLG Hamburg NJW-RR 1993, 706; KG FamRZ 1994, 759.

3 **Wird die Klage** (wegen fehlender Bedürftigkeit) **abgewiesen** und tritt diese dann ein, ist eine neue Erstklage notw (BGH NJW 1982, 578; 1985, 1345).

4 **Nicht abänderbar nach § 323 sind:** eVfg, hier sind §§ 936, 927 maßgebend (BGH NJW 1983, 1330), eAnO, hier sind einschlägig §§ 620 ff., Feststellungsklage, § 767 (OLG Bre-

men FamRZ 2000, 1165); Urteile auf Kapitalabfindung anstelle einer Rente (BGH NJW 1981, 818); Entscheidungen über den öffentl.-rechtl. Versorgungsausgleich (BGH NJW 1982, 1646).

**b) Verurteilung zu wiederkehrenden Leistungen:** vgl § 258, zB Unterhalt, Ersatzrenten nach §§ 843-845 BGB, StVG. Nicht: bei Abhängigkeit von Gegenleistung (Mietzinsen, Gehalt), Renten nach §§ 912, 917 BGB. 5

**c) Wesentliche Änderung usw.** Wird sie nicht behauptet, ist die Klage unzulässig (BGH FamRZ 1984, 353); ob die Änderungen tatsächl. vorliegen, ist eine Frage der Begründetheit. Die Praxis nimmt idR *Wesentlichkeit* an, wenn sich der Anspruch um 10% ändert (Rz 22). Man muss aber auf den Einzelfall abstellen: bei knappen Verhältnissen sind schon 20 € im Monat wesentl. 6

**d) Zeitliche Präklusion, Absatz 2:** Die Abänderungsgründe dürfen erst nach dem Schluss der mdl Verh entstanden sein, früher schon vorhandene (im Vorprozess aber nicht vorgetragene) Tatsachen sind (außer bei betrügerischem Verschweigen, BGH FamRZ 1990, 1095) ausgeschlossen (BGH NJW 1987, 1201), Absatz 2. Die mdl Verh muss die Sache, nicht nur die Kosten, betroffen haben (OLG Köln FamRZ 1996, 354). 7

**aa)** Änderungen, die bis zum Schluss der mdl Verh in einem **anhängigen Berufungsverfahren** eingetreten sind, müssen bereits in diesem Verfahren geltend gemacht werden (BGH NJW 1981, 2193); zB durch Anschließung an die vom Gegner eingelegte Ber mittels Erweiterung des Klageantrags (BGH NJW 1986, 383; 1988, 1734; 1993, 1795); eine Abänderungsklage wäre unzulässig (vgl Rz 14). Hat es der Gegner des früheren auf Unterhaltungserhöhung gerichteten Änderungsprozesses versäumt, die seinerzeit bereits bestehenden für eine Herabsetzung sprechenden Gründe geltend zu machen, kann er auf diese Gründe keine neue Abänderungsklage stützen. Das gilt auch dann, wenn er dazu im Vorprozess eine Abänderungswiderklage hätte erheben müssen (BGH NJW 1998, 161). 8

**bb)** Abs. 2 darf aber nicht so verstanden werden, dass er zu **unerträglichen Ergebnissen** führt: Klagt der Ehegatte den vollen Unterhalt ein, macht er aber dabei den Vorsorgebedarf nicht geltend, muss er abwarten, bis eine Änderung der Verhältnisse eine Anpassung eröffnet und kann dann auch Vorsorgeunterhalt mit Wirkung für die Zukunft verlangen; an der Nichtforderung des Vorsorgeunterhalts wird er dann nicht mehr festgehalten (BGH NJW 1985, 1701); ebenso, wenn der Kl im Vorprozess weniger Unterhalt gefordert hat, als ihm nach den vom Gericht verwendeten **Richtlinien** zustand: Sobald die Anpassung eröffnet ist, kann der Kl verlangen, dass bei der AnpassungsE der *volle* Unterhalt zugrunde gelegt wird (BGH NJW 1984, 1458; 1987, 1201). Änderungen der allgemeinen wirtschaftl. Verh, die vor Schluss der mdl Verh des Ausgangsverfahrens eingetreten waren, dort aber wegen Anwendung der Düsseldorfer Tabelle keine Berücksichtigung fanden, sind nicht präkludiert (BGH NJW 1995, 534). 9

**cc)** Die Rechtsverteidigung des AbänderungsBekl darf durch Abs. 2 nicht eingeschränkt werden (BGH NJW 1987, 1201). 10

**dd)** Bei **mehreren aufeinanderfolgenden Abänderungsprozessen**, die zur Abänderung geführt haben, ist für die Zeitschranke des § 323 II auf den Schluss der Tatsachenverh des letzten Verfahrens abzustellen (BGH NJW 1998, 161).

11 **e) Parteien des Abänderungsverfahrens** können grds nur diejenigen sein, zwischen denen die abzuändernde Entscheidung ergangen ist oder auf die sich die Rechtskraft erstreckt (BGH NJW 1983, 684, zB Kinder iFd §1629 III 2 BGB; BGH NJW 1983, 1976).

12 **f) Identität der Streitgegenstände** des Vor- und Abänderungsprozesses; andernfalls kommt eine neue (Erst-)Klage (ohne die Voraussetzungen des § 323, BGH NJW 1986, 384) in Betracht; wenn etwa im Vorprozess erkennbar (!) nur eine **Teilklage** vorlag (zB auf einen Spitzenbetrag über einen freiwillig bezahlten Sockelbetrag hinaus, BGH NJW 1991, 429; FamRZ 1995, 729; bei Vorbehalt von Nachforderungen), dann ist für Mehrforderungen des UnterhaltsGl nicht die Abänderungsklage, sondern die Leistungsklage (sog **Nachforderungsklage**) gegeben (BGH NJW 1985, 1340; NJW-RR 1987, 642), ohne zeitl. Schranken nach Abs. 2, 3, ohne Erfordernis der Wesentlichkeit (Rz 6, 22). Einen Titel über den Spitzenbetrag kann der Unterhaltsschuldner nur dann nach § 323 abändern lassen, wenn die erstrebte Herabsetzung der Unterhaltsrente den freiwillig geleisteten Sockelbetrag übersteigt (BGH NJW 1993, 1995). Eine *verdeckte* Teilklage (dh der Kl hätte mehr fordern können, hat dies aber nicht zu erkennen gegeben) wird grds nicht anerkannt (BGH NJW 1986, 3142; 1987, 1551, str, vgl *Roth* NJW 1988, 1236); hier gilt § 323, vgl aber Rz 9. Ein Abänderungsbegehren kann in eine Leistungsklage **umgedeutet** werden (BGH NJW 1983, 2200; NJW-RR 1986, 1260), ebenso umgekehrt (soweit ausreichendes Zulässigkeitsvorbringen vorhanden, BGH NJW 1985, 1345); eine vom FamG zurückgewiesene Unterhaltsleistungsklage kann in der Ber als Abänderungsklage weiterverfolgt werden (BGH FamRZ 2001, 1140).

13 Der Anspruch auf Getrenntlebensunterhalt und Unterhalt nach der Scheidung sind verschiedene StrG (BGH NJW 1980, 2811; 1985, 1340; st Rspr), sodass nach Scheidung nicht § 323, sondern Neuklage notw ist. Unterhaltsanspruch des Kindes vor und nach Volljährigkeit ist dagegen derselbe StrG, also § 323 (BGH FamRZ 1983, 582).

### 3. Abgrenzung

14 **a) Zur Berufung:** sind die Abänderungsgründe nach Schluss der Verh in der ersten Instanz entstanden, kann der Begünstigte zwischen Ber und § 323-Klage wählen; kommt es aber zu einem BerVerfahren, ist die § 323-Klage nicht zulässig, wenn sie auf Gründe gestützt wird, die durch Anschließung an die vom Gegner eingelegte Ber mittels Erweiterung des Klageantrags bis zum Schluss der mdl Verh in der zweiten Instanz hätten geltend gemacht werden können (BGH NJW 1986, 383).

15 **b) Zum Einspruch:** bei einem VU müssen die geltend gemachten Abänderungsgründe nicht nur nach der mdl Verh entstanden sein, in der das VU ergangen ist, sondern auch nach Ablauf der Einspruchsfrist; sonst ist die § 323-Klage unzulässig (BGH NJW 1982, 1812).

16 **c) Vollstreckungsgegenklage:** Die Abgrenzung ist str, nach BGH NJW 1982, 1148 nicht immer eindeutig zu vollziehen. Vgl *Graba* NJW 1989, 481; *Soyka* FuR 2006, 529; *Jakoby*, Das Verhältnis der Abänderungsklage gemäß § 323 ZPO zur Vollstreckungsgegenklage gemäß § 767 ZPO, 1991; über Unterlassungstitel *Ulrich* WRP 200, 1054. Sie unterscheiden sich im Antrag und im StrG (BGH NJW 1981, 978). § 767 betrifft grds punktuelle Gesichtspunkte wie Erfüllung, Stundung, Anrechnung von Kindergeld (BGH NJW 1978, 753), von Rente (BGH NJW 1982, 1147; NJW-RR 1989, 322), § 1579 BGB (BGH

FamRZ 1990, 1095), Verwirkung (BGH FamRZ 1991, 1175). § 323 dagegen ist einschlägig, wenn die Prognose über die künftige Unterhaltspflicht beeinflusst ist (MüKo-*Gottwald* Rz 29), wenn die Änderungen auf die stets wandelbaren wirtschaftl. Verh zurückzuführen sind (BGH NJW-RR 1991, 1154). ME kommt es letztlich darauf an, ob die neue Tatsache es rechtfertigt, die Einschränkungen des § 323 (Wesentlichkeitssperre 10% Rz 22; Rückwirkungsverbot Rz 25) zum Zuge kommen zu lassen. Es kann ein Anspruch aus § 767, hilfsweise aus § 323, geltend gemacht werden (BGH NJW 1979, 1306).

**d)** Eine **„Zusatzklage“**, **„Nachforderungsklage“**, auf zusätzl. Leistungen gibt es *neben* 17
§ 323 grds nicht, vgl Rz 12;

**e) Unterhalt minderjähriger Kinder:** Neuregelungen durch KindUG ab 01.07.1998 18
(*Büttner* FamRZ 1998, 585). **Eheliche oder nichteheliche Kinder** werden gleichbehandelt, können vor FamG klagen oder (uU) vereinfacht festsetzen lassen (§ 645). Unterhalt kann in Prozentsatz des sog *Regelbetrags* ausgesprochen werden (§ 1612a BGB), der laufend durch RegelbetragVOen angepasst wird, sodass Titelanpassung gem § 323 insoweit entfällt. Anpassungen nach §§ 654, 655 (Kindergeld), 656.

**4. Verfahren:** notw ist Klage oder Widerklage. Für eine Feststellungsklage fehlt das 19
Rechtsschutzinteresse (BGH NJW 1986, 3142). Zust: idR ist das FamilienG zuständig (§ 23b GVG), sonst AG-Zivilabteilung, LG; es ist nicht (wie bei § 767) zwingend das Gericht des Vorprozesses zuständig, bei Klage gegen mehrere Unterhaltsgl § 36 Nr. 3 (BGH FamRZ 1986, 660). StrW § 9 (Differenz der Beträge); Vollstr § 708 Nr. 8. Einstellung der ZwV entspr § 769 (BGH LM Nr. 1).

Die Abänderungsklage kann bei laufenden Änderungen **mehrfach wiederholt** werden: 20
Wenn ein Unterhaltsgl einen Titel erlangt hatte, der Unterhalt dann im Wege der Abänderung aberkannt wurde und der Gl später erneut Unterhalt verlangt, kommt hierfür § 323 zur Anwendung, nicht eine neue Leistungsklage (BGH NJW 1985, 1345).

**5. Entscheidung**

**a) Abänderungsgründe sind zB nicht:** Veränderungen in der Rechtsauffassung oder der 21
Beurteilung der bisherigen Verh (BGH NJW 1979, 1656; NJW-RR 1992, 1091), zB abw Bewertung eines Grundstücks (BGH NJW-RR 1986, 938): die Abgrenzung, ob eine Änderung der Verh oder der Beurteilung vorliegt, ist mE oft eine Interpretationsfrage; zeitlich präkludierte Gründe, Abs 2.

**b) Abänderungsgründe sind zB:** Erhöhung der Lebenshaltungskosten (BGH FamRZ 22
1995, 221; OLG Zweibrücken NJW 1994, 527), wesentl. Einkommensänderungen (keine schematische **10 %-Schwelle**, BGH NJW 1986, 2055; OLG Düsseldorf FamRZ 1993, 1103); Pensionierung des Unterhaltsverpflichteten, auch wenn sie bei Vergleichsschluss schon vorhersehbar war (BGH NJW 1988, 2472); Aufnahme der Berufstätigkeit, eheähnl. Zusammenleben mit neuem Partner (OLG Hamm NJW-RR 1997, 963), andere steuerl Einstufung (OLG Frankfurt FamRZ 1986, 1130), längere Arbeitslosigkeit, idR Strafhaft, Wiederverheiratung des Unterhaltsverpflichteten; **Änderung der höchstrichterlichen Rechtsprechung** (str, BGH 70, 295; BGH NJW 2007, 1961; 2004, 3106; 2003, 1796 zur Änderung der Rspr betr Unterhalts-Anrechnungsmethode; dazu *Knoche/Biersack* MDR

2005, 12; *Roßmann-Gläser* JuS 2003, 1121; **aA** OLG Hamm FamRZ 2002, 1269; *Büttner* FPR 2002, 53). Änderung der Rechtslage (BGH NJW-RR 91, 514), Neufassung der Düsseldorfer Tabelle (BGH NJW 1995, 534; OLG Hamburg FamRZ 1989, 855; *Derleder/Lenze* FamRZ 1989, 558); Erreichen einer höheren Altersgruppe (OLG Nürnberg NJWE-FER 1997, 187).

Die Änderung muss **wesentlich** sein (*etwa* 10 % ausmachen, vgl *Bieder* FamRZ 2000, 649; Einzelfall).

23 **c) Umfang der Abänderung und Bindung an das Ersturteil:** § 323 ermöglicht keine freie, von der bisherigen Höhe unabhängige Neufestsetzung des Unterhalts (wie bei ihrer erstmaligen Bemessung) und keine abw Beurteilung der zugrunde liegenden Verh. Vielmehr kann die AbänderungsE nur in einer unter Wahrung der Grundlagen des Unterhaltstitels vorzunehmenden Anpassung bestehen. Dabei kommt es für das Ausmaß der Abänderung darauf an, welche Umstände für die Bemessung der Unterhaltsrente in dem abzuändernden Titel maßgebend waren und welches Gewicht ihnen dabei zugekommen ist. Auf dieser durch Auslegung zu gewinnenden Grundlage hat der Richter im Abänderungsverfahren unter Berücksichtigung der gesamten neuen Verh festzustellen, welche Änderung in diesen Umständen eingetreten sind und welche Auswirkungen sich aus der Änderung für die Höhe der Rente ergeben (BGH NJW 1979, 1656; 1986, 2054; st Rspr; die **aA** will eine völlig neue Beurteilung gestatten).

24 **Bindung** besteht, soweit tatsächl. Verh im Vorprozess festgestellt und ihnen Bedeutung für die Bemessung beigelegt wurde; frühere Fehler bei der Einkommensfeststellung können zB nicht korrigiert werden. Bindung an **„Unterhaltsrichtlinien"**, Tabellen, Verteilungsschlüssel, die bei der früheren Entscheidung angewendet worden sind, besteht nicht (BGH NJW 1984, 1458; 1990, 2020); bei der Unterhaltsberechnung keine Bindung an die Berechnungsweise des ErstG bei der Berücksichtigung des mietfreien Wohnens (BGH NJW-RR 1994, 1155); keine Bindung auch, wenn Verh *nicht* festgestellt wurden (BGH NJW-RR 1987, 516). Es erfolgt also eine Behebung von Prognosefehlern, eine Art Fortschreibung.

25 **d) Zeitpunkt der Änderung, Absatz 3 Satz 1:** grds nur für die Zeit ab Klagezustellung, für nach Klageerhebung fällig werdende Leistungen (nicht: Rückstände), §§ 253 I, 261, bei monatl. vorauszahlbarem Unterhalt also ab dem Zustellungstag (BGH NJW 1990, 709; vgl *Maurer* FamRZ 1988, 445); **anders bei Satz 2** (Rz 25a). Keine Vorwirkung auf Einreichungszeit nach § 167. Auch bei PKH kommt es auf Klageerhebung an (BGH NJW 1982, 1050; OLG Bamberg FamRZ 1993, 66; str); bei späterer Klageerweiterung auf die entspr Zustellung, § 261 II. Wurde Abänderung durch unselbstständige Anschlussber geltend gemacht und verlor diese durch BerRücknahme ihre Wirkung (§ 524 IV), kann bei der (bald) *folgenden* § 323-Klage Änderung ab Anschließung verlangt werden (vgl BGH NJW 1986, 383; 1988, 1734). Abs. 3 beruht auf Zweckmäßigkeitserwägungen und Vertrauensschutz, nicht auf dem Wesen der Rechtskraft (BGH NJW 1986, 384). Ob Abs. 3 bei Abänderung ausl Titel anwendbar ist, ist str (ja: OLG Düsseldorf NJW-RR 1993, 136; **aA** MüKo-*Gottwald* § 323 Rz 98).

25a **Absatz 3 Satz 2** (geltend seit 01.07.1998) ermöglicht, auf einen *früheren* Zeitpunkt als die Klagezustellung abzustellen: § 1360a III BGB (Familienunterhalt); § 1361 IV 4 BGB (Unterhalt bei Getrenntleben); § 1585b II BGB (Unterhalt bei Scheidung); § 1613 I BGB Kindesunterhalt ua: in diesen Fällen kann der Unterhalt schon ab Zugang der Aufforderung zur Auskunft bzw ab Verzug, und zwar ab dem zurückliegenden **Monatsersten**, verlangt werden, dementsprechend auch durch Urteil abgeändert werden.

**6. Schuldtitel des Absatz 4**

**a)** ***Bestimmte*** **Titel auf Kindesunterhalt**, § 794 I Nr. 2a; 26

**b) Prozessvergleich**, § 794 I Nr. 1: auch Vergleich vor Gütestelle, im PKH-Verfahren, 27 Schiedsvergleich (§ 1053), Vergleich im Verfahren nach §§ 620 ff (OLG Zweibrücken FamRZ 1980, 69; **aA** BGH FamRZ 1991, 1175), grds nicht außergerichtl. Vergleich (OLG Bamberg FamRZ 2001, 922). Die **Anpassung erfolgt beim Prozessvergleich** allein nach den Regeln des mat Rechts, maßgebend sind die Grundsätze über Veränderung oder Wegfall der Geschäftsgrundlage (§§ 313, 242 BGB). § 323 I ist insoweit bedeutungslos (BGH NJW 1986, 2054; OLG Hamm NJW-RR 1994, 901). Die Verweisung in IV besagt nur noch, dass die § 323-Klage die richtige Klageart ist. Maßgebend für die Vergleichsabänderung ist (anders als bei Urteilsabänderung) der frühere Parteiwille, an ihn besteht umfassende Bindung (BGH NJW 1986, 2054). Die Parteien können die Abänderung daher ausschließen (BGH NJW 1983, 228) oder eine Verteilungsquote verbindl. festlegen (BGH NJW 1985, 1026). Lässt sich die seinerzeitige Berechnung des Unterhalts im Vergleich nicht nachvollziehen, ist eine Anpassung nicht möglich; eine Neuberechnung ist erforderl. (BGH NJW 2001, 2259). Zur Änderung von PV bei Änderung der Rspr vgl BGH NJW 2001, 1687; 2001, 3618; 2004, 3106; 2003, 1181 (keine *rückwirkende* Änderung wegen Änderung der BGH-Rspr zur Anrechungsmethode); *Beunings* NJW 2003, 568.

**Absatz 2** ist mangels Rechtskraftwirkung eines PV nicht anwendbar (BGH GSZ NJW 28 1983, 228). Grds kann der PV auch rückwirkend abgeändert werden, **Absatz 3** gilt beim PV nicht (BGH GSZ NJW 1983, 228; FamRZ 1991, 542).

**Ist der Prozessvergleich durch Urteil abgeändert worden**, so ist bei einer folgenden 29 (zweiten) Änderung der ursprüngl. Parteiwille im Verständnis und in der Ausgestaltung des vorausgegangenen rechtskr AbänderungsU maßgebend (BGH NJW 1985, 2535). Für das erneute Abänderungsverfahren ist § 323 II, III anwendbar (BGH NJW 1988, 2472).

**c) Vollstreckbare Urkunden**, § 794 I Nr. 5, zB **notarielle Urkunden.** Auch **Jugend-** 30 **amtsurkunden** sind abänderbar (BGH NJW 1985, 64; OLG Köln FamRZ 2000, 905): auch hier sind die zeitl. Grenzen der Abs. 2, 3 nicht anzuwenden (BGH NJW 1983, 228; 1985, 64; FamRZ 1991, 542); für die Zeit vor Rechtshängigkeit der Klage daher keine § 767-Klage notw (OLG Hamm NJW-RR 1996, 258); ihre Abänderung richtet sich nach mat Recht, nach Wegfall der Geschäftsgrundlage, nicht nach § 323 I (OLG Hamm FamRZ 1999, 794).

**7. Schuldtitel des Absatz 5. Eheliche wie nichteheliche Kinder** können vor dem FamG 31 auf **Unterhalt** *klagen*. Sie haben stattdessen, wenn sie **(1)** minderjährig sind, **(2)** nicht im Haushalt des barunterhaltspflichtigen Elternteils (also zB bei der Mutter, wenn der getrenntlebende Vater unterhaltspflichtig ist) leben, **(3)** noch kein gerichtl. Unterhaltsverfahren anhängig ist/war, § 645 II, und **(4)** sie nicht mehr als 150% des Regelunterhaltsbetrags (Rz 32) erstreben, die Möglichkeit, einen **Unterhaltstitel** in einem vereinfachten

Verfahren **durch Beschluss des Rechtspflegers** zu erlangen (§§ 645, 649), lautend auf einen bestimmten Prozentsatz des Unterhalts-Regelbetrags (§ 1612a BGB).

32 Diese Unterhaltsbeschlüsse des Rechtspflegers werden an die Geldentwertung dadurch angepasst, dass die RegelbetragVO alle zwei Jahre zum 01.07. geändert wird, erstmals zum 01.07.1999 (§ 1612a IV BGB). Beträge ab 01.07.2005: 202/245/288 € pro Monat (West-Länder), 186/226/267 (Ost-Länder). Eine anderweitige Anhebung oder Herabsetzung des Beschluss-Unterhalts kann durch Abänderungsklage nach **§ 654** erreicht werden. Eine *vereinfachte* **Abänderung des anzurechnenden Kindergelds** kann nach § 655 erfolgen (OLG Naumburg FamRZ 2002, 183); ergibt sich hier ein unangemessener Betrag, ist Klage nach § 323 möglich.

33 **8. Unterhaltsanpassungsgesetz** Vom 01.01.2001 bis 31.12.2005 galt dessen § 2 (BGBl 2000, 1479): bestimmte Unterhaltstitel minderjähriger Kinder konnten im Verfahren nach § 655 abgeändert werden (vgl *Graba* NJW 2001, 255); dann war die Klage nach § 323 unzulässig (OLG Naumburg FamRZ 2002, 183). Vgl § 655.

## § 324 ZPO Nachforderungsklage zur Sicherheitsleistung

**Ist bei einer nach den §§ 843 bis 845 oder §§ 1569 bis 1586b des Bürgerlichen Gesetzbuchs erfolgten Verurteilung zur Entrichtung einer Geldrente nicht auf Sicherheitsleistung erkannt, so kann der Berechtigte gleichwohl Sicherheitsleistung verlangen, wenn sich die Vermögensverhältnisse des Verpflichteten erheblich verschlechtert haben; unter der gleichen Voraussetzung kann er eine Erhöhung der in dem Urteil bestimmten Sicherheit verlangen.**

1 Ähnliche Regelungen: §§ 13 III StVG, 7 III HaftPflG, 62 III HGB, 618 III BGB, § 38 III LuftVG.

## § 325 ZPO Subjektive Rechtskraftwirkung

**(1) Das rechtskräftige Urteil wirkt für und gegen die Parteien und die Personen, die nach dem Eintritt der Rechtshängigkeit Rechtsnachfolger der Parteien geworden sind oder den Besitz der in Streit befangenen Sache in solcher Weise erlangt haben, dass eine der Parteien oder ihr Rechtsnachfolger mittelbarer Besitzer geworden ist.**

**(2) Die Vorschriften des bürgerlichen Rechts zugunsten derjenigen, die Rechte von einem Nichtberechtigten herleiten, gelten entsprechend.**

**(3) [1]Betrifft das Urteil einen Anspruch aus einer eingetragenen Reallast, Hypothek, Grundschuld oder Rentenschuld, so wirkt es im Falle einer Veräußerung des belasteten Grundstücks in Ansehung des Grundstücks gegen den Rechtsnachfolger auch dann, wenn dieser die Rechtshängigkeit nicht gekannt hat. [2]Gegen den Ersteher eines im Wege der Zwangsversteigerung veräußerten Grundstücks wirkt das Urteil nur dann, wenn die Rechtshängigkeit spätestens im Versteigerungstermin vor der Aufforderung zur Abgabe von Geboten angemeldet worden ist.**

**(4) Betrifft das Urteil einen Anspruch aus einer eingetragenen Schiffshypothek, so gilt Absatz 3 Satz 1 entsprechend.**

Lit: ***Braun*** ZZP 117, 3 (Zession).

**1. Das Urteil wirkt** iSv § 322 Rz 8 ff. *für* die Partei, zu deren Gunsten entschieden ist und *gegen* die unterlegene Partei. 1

**Es wirkt daher zB nicht:** das den Schuldner S zur Zahlung an den Gl verurteilende Urteil gegen den Bürgen B (bestreitet B, dass eine Schuld des S besteht, ist über diese Vorfrage ohne Bindung an das Urteil Gl-S zu entscheiden, vgl BGH NJW 1980, 1461; das klageabweisende Urteil iS Gl-S wirkt dagegen für den Bürgen, § 768 I BGB, BGH NJW 1970, 279); das Urteil gegen einen Gesamtschuldner gegen einen anderen (§§ 425 II, 429 III, 432 II BGB). Es wirkt ferner nicht zwischen den StrGen (RG 69, 422: angeschossener Treiber klagt gegen vier Jäger auf Schadensersatz, gegen einen mit Erfolg; dieser kann dann gegen die drei anderen Jäger auf Ausgleichung klagen aus §§ 426 I, 830, 840 I BGB, Rechtskraft steht nicht entgegen; problematisch bei § 426 II BGB); nicht zwischen Gesamtschuldnern (OLG Hamm NJW-RR 1997, 90). 2

**2. Rechtskrafterstreckung auf Rechtsnachfolger.** § 325 ergänzt § 265. Rechtshängigkeit vgl § 261. Die Rechtsnachfolge kann auch noch nach Rechtskraft eintreten; zur Vollstr vgl § 727. 3

**a) Gesamtrechtsnachfolge:** zB Erbfolge; Verschmelzung von JuP; nicht: Übernahme nach § 419 I aF BGB (BGH NJW 1957, 420); 4

**b) Einzelrechtsnachfolge:** zB Veräußerung der streitbefangenen Sache bzw des geltend gemachten Anspruchs, durch Abtretung, Pfändung, kraft Gesetzes. Als Rechtsnachfolge gilt auch die Nachfolge im Eigenbesitz an der streitbefangenen Sache (BGH NJW 1981, 1517). **„Streitbefangen"** ist eine Sache nur bei Klagen aus *dinglichem* Recht (zB § 985 BGB), nicht aus einem schuldrechtl. Anspruch (zB § 433 I BGB). **Mittelbare Besitzer** vgl § 868 BGB: zB: Mieter, Verwahrer für eine Prozesspartei. Auf Besitzdiener (§ 855 BGB) ist § 325 nicht anwendbar, gegen sie kann das Urteil ohne Klauselumschreibung vollstreckt werden. 5

**3. Rechtskrafterstreckung auf Dritte** (*Schack* NJW 1988, 865). Hierzu finden sich zahlreiche gesetzl. Regelungen, wonach ein Urteil wirkt: 6

**a)** für und gegen alle (§ 640h, KindschaftsU); **b)** für und gegen Personengruppen (zB § 183 InsO: alle Insolvenzgläubiger);

**c)** nur *für* Dritte (zB § 326 I); **d)** nur *gegen* Dritte (§ 325 III); wichtig §§ 407 II, 408, 413 BGB bei Nachfolge vor Rechtshängigkeit. Inwieweit sich die Rechtskraft eines Räumungstitels des Vermieters gegen den Mieter auf den **Untermieter** erstreckt, sodass dieser die Herausgabepflicht des Mieters nicht mehr leugnen kann, ist umstr; eine derartige Rechtskrafterstreckung wird von der hM abgelehnt, jedenfalls dann, wenn der Untermieter den unmittelbaren Besitz vor Rechtshängigkeit des Verfahrens zwischen Vermieter und Hauptmieter erlangt hat (BGH NJW-RR 2006, 1385). Zu §§ 21, 24 GmbHG vgl BGH NJW-RR 2005, 338. 7

**e)** Weitere Fallgruppen sind: § 129 I HGB; § 3 Nr. 8 PflVersG; § 768 BGB (Rz 2). Hier wird zT von einer *Rechtskrafterstreckung kraft materieller Abhängigkeit* gesprochen. Bei Prozessbürgschaft dagegen erkennt grds der Bürge den Ausgang des Rechtsstreits als auch 8 für sich verbindl. an (BGH NJW 1971, 1121). Weitere Sonderregelung in § 48 III WEG 2007.

9 **f)** UnterlassungsklagenG bei AGB; **g)** Bei Prozessstandschaft tritt nur dann eine Rechtskrafterstreckung auf den mat Rechtsinhaber ein, wenn sie gewillkürt ist oder dem mat Rechtsinhaber die Prozessführungsbefugnis kraft Gesetzes entzogen ist (str). Hat ein Miteigentümer der Klageerhebung durch einen anderen Miteigentümer (§ 1011 BGB) zugestimmt, wirkt die Rechtskraft des klageabweisenden Urteils auch gegen ihn (BGH NJW 1985, 2825; 1981, 1097).

10 **4. Absatz 2.** Dazu *Braun* ZZP 117, 3. Die Rechtskrafterstreckung nach Abs. 1 tritt nicht ein, dh ein Urteil wirkt nicht gegen (aber immer: für) den Rechtsnachfolger, wenn

**-a)** die streitbefangene Sache nach mat Recht gutgl erworben werden kann, zB §§ 932 ff, 935 BGB, § 366 HGB (Bsp: K klagt gegen B Kaufpreis ein, tritt Forderung an Z ab; Klageabweisung wirkt auch gegen Z, weil Forderungen nicht gutgl erworben werden können); und

11 **b)** der Rechtsnachfolger gutgl annahm, dass kein Prozess anhängig ist (zB: K klagt aus § 985 BGB auf Herausgabe einer Sache gegen B. B veräußert an Z. Klageabweisung wirkt für Z; Klagestattgabe wirkt nur dann gegen Z, wenn entweder B die Sache gestohlen hat oder Z beim Erwerb die Rechtshängigkeit kannte oder infolge grober Fahrlässigkeit nicht kannte). Beim Erwerb vom Nichtberechtigten ist also doppelte Gutgläubigkeit (Eigentum, fehlende Rechtshängigkeit) erforderl., beim Erwerb vom Berechtigten nur Gutgläubigkeit bez der fehlenden Rechtshängigkeit notw. Der Grad der Gutgläubigkeit ist unterschiedl.: bei § 892 BGB schadet positive Kenntnis, bei § 932 BGB auch grob fahrlässige Unkenntnis. Eintragung eines Rechtshängigkeitsvermerks im Grundbuch kann nach § 22 GBO erreicht werden (OLG München NJW-RR 2000, 384; dazu *Lickleder* ZZP 2001, 195).

12 **5. Absatz 3 Satz 1:** Ein solches Urteil wirkt auch gegen den gutgl Erwerber des Grundstücks; wer ein so belastetes Grundstück erwirbt, muss damit rechnen, dass auf Zahlung aus dem Grundstück (Duldung der ZwV) geklagt ist oder schon ein rechtskr Urteil vorliegt. Ist der Veräußerer nur pers auf Zahlung verklagt, wirkt das Urteil insoweit nicht gegen den Erwerber.

13 **Satz 2** schränkt S. 1 ein, der Ersteher wird ggü dem RealGl geschützt.

## § 325a ZPO Feststellungswirkung des Musterentscheids

**Für die weitergehenden Wirkungen des Musterentscheids gelten die Vorschriften des Kapitalanleger-Musterverfahrensgesetzes.**

1 § 325a eingefügt durch KapMuG v. 16.8.2005 (BGBl 2005, 2437).

## § 326 ZPO Rechtskraft bei Nacherbfolge

**(1) Ein Urteil, das zwischen einem Vorerben und einem Dritten über einen gegen den Vorerben als Erben gerichteten Anspruch oder über einen der Nacherbfolge unterliegenden Gegenstand ergeht, wirkt, sofern es vor dem Eintritt der Nacherbfolge rechtskräftig wird, für den Nacherben.**

**(2) Ein Urteil, das zwischen einem Vorerben und einem Dritten über einen der Nacherbfolge unterliegenden Gegenstand ergeht, wirkt auch gegen den Nacherben, sofern der Vorerbe befugt ist, ohne Zustimmung des Nacherben über den Gegenstand zu verfügen.**

Der Nacherbe ist nicht Rechtsnachfolger des Vorerben, sondern des Erben. **Absatz 1.** Betrifft das Urteil einen Anspruch iSd des Abs. 1 (dh eine Nachlassverbindlichkeit, §§ 1967 ff BGB), wirkt (bei Eintritt der Nacherbfolge nach Rechtskraft) das dem Vorerben günstige Urteil auch für den Nacherben, das ungünstige nicht gegen ihn. **Absatz 2.** Verfügungsbefugt vgl §§ 2112, 2136 BGB; ZwV § 728. Nacherbfolge vor Rechtskraft §§ 242, 239. 1

## § 327 ZPO Rechtskraft bei Testamentsvollstreckung

**(1) Ein Urteil, das zwischen einem Testamentsvollstrecker und einem Dritten über ein der Verwaltung des Testamentsvollstreckers unterliegendes Recht ergeht, wirkt für und gegen den Erben.**

**(2) Das Gleiche gilt von einem Urteil, das zwischen einem Testamentsvollstrecker und einem Dritten über einen gegen den Nachlass gerichteten Anspruch ergeht, wenn der Testamentsvollstrecker zur Führung des Rechtsstreits berechtigt ist.**

**Beispiele:** Ein NachlassGl verklagt den Testamentsvollstrecker, welcher den gesamten Nachlass verwaltet, auf Zahlung einer monatl. Schadenersatzrente wegen Verletzung der Verkehrsicherungspflicht beim Nachlass-Haus und obsiegt: der Erbe wird verpflichtet (§ 2213 I 1 BGB). Ein Pflichtteilsberechtigter verklagt *nur* den Testamentsvollstrecker und obsiegt; der Erbe wird nicht verpflichtet (§ 2213 I 3 BGB). **Absatz 1:** der Verwaltung unterliegendes Recht vgl § 2212 BGB; ZwV § 728 II. **Absatz 2:** gegen Nachlass gerichteter Anspruch: §§ 1967 ff BGB; zur Führung des Rechtsstreits berechtigt: vgl § 2213 BGB. ZwV §§ 728 II, 748, 749, 780. 1

## § 328 ZPO Anerkennung ausländischer Urteile

**(1) Die Anerkennung des Urteils eines ausländischen Gerichts ist ausgeschlossen:**

1. **wenn die Gerichte des Staates, dem das ausländische Gericht angehört, nach den deutschen Gesetzen nicht zuständig sind;**
2. **wenn dem Beklagten, der sich auf das Verfahren nicht eingelassen hat und sich hierauf beruft, das verfahrenseinleitende Dokument nicht ordnungsmäßig oder nicht so rechtzeitig zugestellt worden ist, dass er sich verteidigen konnte;**
3. **wenn das Urteil mit einem hier erlassenen oder einem anzuerkennenden früheren ausländischen Urteil oder wenn das ihm zugrunde liegende Verfahren mit einem früher hier rechtshängig gewordenen Verfahren unvereinbar ist;**
4. **wenn die Anerkennung des Urteils zu einem Ergebnis führt, das mit wesentlichen Grundsätzen des deutschen Rechts offensichtlich unvereinbar ist, insbesondere wenn die Anerkennung mit den Grundrechten unvereinbar ist;**

**5. wenn die Gegenseitigkeit nicht verbürgt ist.**

**(2) Die Vorschrift der Nummer 5 steht der Anerkennung des Urteils nicht entgegen, wenn das Urteil einen nichtvermögensrechtlichen Anspruch betrifft und nach den deutschen Gesetzen ein Gerichtsstand im Inland nicht begründet war oder wenn es sich um eine Kindschaftssache (§ 640) oder um eine Lebenspartnerschaftssache im Sinne des § 661 Abs. 1 Nr. 1 und 2 handelt.**

§ 328 geändert durch G v. 22.3.2005 (BGBl 2005, 837).

**Lit:** ***Bülow/Böckstiegel/Geimer/Schütze***, Internat Rechtsverkehr in Zivil- und Handelssachen, 3. Aufl 1993; ***Nagel/Gottwald***, Internat ZivilprozeßR; ***Jayme/Hausmann***, Internat Privat- und VerfahrensR (Textsammlung); ***Geimer***, Internat ZivilprozeßR; ***Schütze***, Deutsches Internat ZivilprozeßR, 1985; ***Geimer/Schütze***, Internat Urteilsanerkennung, 1983 ff; ***Linke***, Internat ZivilprozeßR; ***Schack***, Internat ZivilverfahrensR, 1996.

1 **1. Anerkennung ausländischer „Urteile“** ist bei uns die Regel. Anerkennung bedeutet, dass die Entscheidung grds im Inland die Wirkung entfaltet, die ihr der ausl Entscheidungsstaat beilegt. Es kann also das Urteil keine größeren Wirkungen haben, als nach dem Recht des Entscheidungsstaats (kennt dieses zB – entgegen § 325 – keine Rechtskrafterstreckung auf Dritte, dann hat das Urteil auch bei uns nicht diese Wirkung); andererseits können nur Wirkungen anerkannt werden, die als solche dem deutschen Recht bekannt sind (erwachsen nach dem ausl Recht – entgegen § 322 – auch die Entscheidungsgründe in Rechtskraft, gilt das nicht bei uns).

2 **Diese Wirkungen sind:** mat Rechtskraft (erneute Klage *grds* unzulässig, vgl § 322 Rz 8; Klageabweisung in den Niederlanden schließt uU Vaterschaftsfeststellung in der Bundesrepublik nicht aus, BGH NJW 1985, 552), insoweit auch Präklusionswirkung; Gestaltungswirkungen (zB Ausschließung eines Gesellschafters; Besonderheiten bei Scheidung), Tatbestandswirkung (zB wegen Verjährung, § 197 BGB).

3 Die Anerkennung tritt **ohne besonderes Verfahren** oder Ausspruch ein (bei ScheidungsU vgl Rz 6; für Adoptionen: beachte AdoptionswirkungsG, BGBl 2001, 2953); darüber wird bei einem evtl späteren Verfahren als **Vorfrage** entschieden; bei Zweifeln ist Feststellungsklage zulässig (BGH NJW 1964, 1626). Dagegen ist für die **Zwangsvollstreckung** ein bes Verfahren notw, vgl §§ 722, 723, weil der Gerichtsvollzieher usw. sonst überfordert wäre.

4 **„Gericht“** ist jede Einrichtung, die nach dem ausl Recht zur Erledigung privatrechtl. Streitigkeiten berufen ist, auch wenn sie zB nach unserem Recht als Behörde einzustufen wäre (im Einzelnen str; vgl BGH 20, 329); auch geistl. Gerichte können darunter fallen, nicht VereinsG; Schiedssprüche vgl § 1061.

5 Wegen **FGG-Entscheidungen** vgl § 16a FGG; Seerecht § 738a II HGB; **Insolvenzsachen** Art 102 EGInsO und seit 31.05.2002 die VO (EG) Nr. 1346/2000 des Rates v. 29.05.2000, welche für alle Staaten der EU mit Ausnahme Dänemarks gilt (Anerkennung Art.16 der VO).

6 **2. Bezüglich der Anerkennung** ausländischer Entscheidungen **ist zu unterscheiden**:

**a) Ausländische Urteile in Ehesachen. (1)** Für die Anerkennung von Entscheidungen in Ehesachen aus einem EG-Mitgliedstaat, welche am 01.03.2001 eingeleitet wurden (für frühere: vgl Art 46 II EheVO), gilt (statt FamRÄndG) bis 28.02.2005 die VO (EG) Nr. 1347 (sog EheVO) und seit 01.03.2005 die **VO (EG) Nr. 2201/2003:** die in einem Mitgliedstaat ergangenen Entscheidungen werden in den anderen Mitgliedstaaten anerkannt, ohne dass es hierfür eines bes Verfahrens bedarf (Art 21); Nichtanerkennung bei Art 22. Selbstständiges Anerkennungsverfahren in Sonderfällen, Art 21 III EheVO. Vgl *Helms* FamRZ 2001, 257; *Gruber* FamRZ 2000, 1129; *Hau* FamRZ 2000, 1333; *Kohler* NJW 2001, 10; *Solomon* FamRZ 2004, 1409. **(2)** IÜ, zB bei Scheidung in den USA, gilt (vorrangig ggü § 328) **Art 7 § 1 FamRÄndG v 1961.** Darunter fallen nicht FolgeE, wie zB Unterhalt, auch wenn im Verbund ergangen (vgl BGH NJW 1975, 1072). Zuständig für die Anerkennung (Exequatur) ist die Landesjustizverwaltung, die § 328 Nr. 1-4 prüft; zu Nr. 1 vgl § 606a. Anerkannt werden können grds auch sog Privatscheidungen im Ausland (dazu BGH NJW 1982, 517; 1990, 2194).

**b) DDR-Scheidungsurteile**, die vor dem 03.10.1990 rechtskr wurden: bleiben wirksam 7
(Art 18 I 1 Einigungsvertrag); Überprüfung auf rechtsstaatl. Grundsätze nach Art 18 I 2 EV; abänderbar gem § 323 nach EV-ZPO-Maßgabe i.

**c) Andere DDR-Urteile**, die vor dem 03.10.1990 rechtskr wurden: wie Rz 7. 8

**d) Urteile internationaler Gerichte:** wenn die Bundesrepublik Deutschland Partner des 9
entspr völkerrechtl. Vertrags ist, ist im Vertrag auch die Anerkennung geregelt; andernfalls gilt § 328.

**e) Urteile** usw., deren Anerkennung in **Staatsverträgen** bes geregelt ist. Fundstellen: 10
*Bülow-Böckstiegel* (vor Rz 1); Anhang bei *BLAH;* bei *Zöller-Geimer.*

**aa) Multilaterale Abkommen:** 11

**(1)** Am Wichtigsten ist die **VO (EG) Nr. 44 /2001** über die gerichtl. Zust und die Anerkennung und Vollstr von Entscheidungen in Zivil- und Handelssachen (Amtsblatt Nr. L 012 v. 16.01.2001), in Kraft seit 01.03.2002, mit AVAG v. 19.02.2001; die VO ersetzt das EuGVÜ weitgehend (Art. 68, 70 VO), ausgenommen bei Altfällen (Art 70 II VO). Sie gilt in allen Mitgliedstaaten, ausgenommen früher Dänemark.

**(2)** Ferner: das **EuGVÜ v. 27.09.1968** mit AVAG v 19.02.2001. Es gilt nur noch in seinem zeitl. (Art 66) und räuml. (Art 68) Anwendungsbereich. Die darunter fallenden Entscheidungen werden ohne Weiteres anerkannt, die VollstrKlausel wird nach Art 31 ff EuGVÜ, §§ 3 ff AVAG vom Vors der ZivK eines LG erteilt.

**(3) Lugano Übereinkommen v. 16.09.1988** (anwendbar im Verh zu Schweiz, Norwegen, Island, ferner für Altfälle; vgl Art 54b LGVÜ) mit AVAG v. 19.02.2001.

**(4) UN-Übereinkommen v. 20.06.1956** über die Geltendmachung von Unterhaltsansprüchen im Ausland.

**(5)** Für Anerkennung auf dem Gebiet der Unterhaltspflicht für Kinder vgl **Haager Übereinkommen v. 15.04.1958** (BGBl II 1961, 1006), dazu Ausführungsgesetz v. 18.07.1961; (BGBl I 1961, 10339.

**(6)** für Unterhalt ferner **Haager Übereinkommen v. 02.10.1973** (BGBl II 1986, 826), UN-Übereinkommen v. 20.06.1956 (BGBl. II 1959, 150),

**(7) AuslandsunterhaltsG** v. 19.12.1986 (BGBl 1986, 2563; 2005, 162/173): Danach kann die „zentrale Behörde“ (= seit 2007 Bundesamt für Justiz, früher GBA) hier in Vertretung klagen usw. PKH: § 9 AUG.

**(8)** Für **Kostenentscheidungen** Art 18 ff des Haager Übereinkommens über den Zivilprozess v. 01.03.1954 (BGBl II 1959, 1388; 1958, 577) mit Ausführungsgesetz v. 18.12.1958 (BGBl 1958, 939). Ratifizierungsstaaten vgl *Thomas/Putzo* § 328 Rz 30.

**(9) VO (EG) Nr. 2201/2003** (sog EheVO), vgl oben Rz 6. Diese VO wird nicht nach dem AVAG ausgeführt, sondern nach dem Internationalen FamilienverfahrensG v. 26.01.2005 (BGBl 2005, 162).

**(10)VO (EG) Nr. 805/2004:** seit 21.10.2005 erübrigt sich in diesen Fällen ein Anerkennungsverfahren.

12 **bb) Bilaterale Anerkennungs- und Vollstreckungdsabkommen** bestehen mit Israel, Norwegen, Spanien, Belgien, Griechenland, Großbritannien und Nordirland, Italien, Niederlande, Tunesien usw. über Schiedssprüche mit den USA. Einzelheiten bei *Nagel/Gottwald.*

13 **f) Greifen Staatsverträge nicht ein**, ist § 328 anzuwenden.

14 **3. § 328 Absatz 1:** nicht nur „Urteile“, auch andere rechtskr Entscheidungen wie VoB, KfB, werden anerkannt; **nicht** dagegen VorbehaltsU, GrundU (da noch nicht endgültig), Arreste und eVfg, PV, vollstr Urkunden (str).

15 **Nr. 1. Zuständigkeit:** irgendein Gericht (nicht notw das, das entschieden hat) des ausl. Staates muss nach deutschem Recht (also wenn dort die deutsche ZPO gelten würde) int zuständig sein (BGH JZ 2000, 107), wobei es auf den Zeitpunkt der Anerkennung ankommt („sind“ statt „waren“; vgl BayObLG NJW 1988, 2178; str); sog *Spiegelbildprinzip.* Eine konkurrierende Zust des deutschen und des ausl Gerichts schadet nicht; dagegen darf ein deutsches oder drittstaatl. Gericht nicht ausschließl. zuständig sein. Hat das ausl. Gericht aufgrund einer Zuständigkeitsvereinbarung entschieden, sind die Einschränkungen in § 38 zu beachten. Zur Zuständigkeitsbegründung durch Einlassung (§ 39) vgl BGH NJW 1993, 1073.

16 **Nr. 2. Beklagtenschutz:** betrifft zB **ausländische Versäumnisurteile** (der Hauptfall in der Praxis). Zweck ist, sicherzustellen, dass der (deutsche oder ausl) Bekl vom ausl Verfahren Kenntnis erhalten hat, damit er seine Rechte wahrnehmen konnte. „Verfahren“ ist nicht nur die Hauptsache. Maßgebend ist ausl Zustellungsrecht, zB Wahrung ausl Ladungsfristen (OLG Hamm NJW-RR 1993, 895); unschädl. ist, wenn *spätere* Schriftsätze (zB eine Klageerweiterung enthaltend) nicht ordnungsgem zugestellt wurden, es kommt nur auf den *verfahrenseinleitenden* an (BGH IPrax 1987, 236; zu Recht **aA** *Grunsky* IPrax 1987, 219; Schutz des Bekl!). Zustellung erfolgte nicht rechtzeitig, wenn Kl ggü ausl Gericht wahrheitswidrig behauptete, er kenne die Adresse des Bekl nicht (BayObLG FamRZ 2002, 1423; FamRZ 2005, 923). Nr. 2 entfällt nicht, wenn der Bekl gegen die ausl Entscheidung keinen Rechtsbehelf eingelegt hat (BGH NJW 1993, 598). Heilung des Zustellungsmangels nach ausl Zustellungsrecht, evtl nach § 189; „Mitteilung“ ohne Beurkundung kann genügen (BGH NJW 1990, 3090). Gilt das Haager Zustellungsübereinkommen v. 15.11.1965 (BGBl II 1977, 1453), genügt ggü einem deutschen Bekl tatsächl. Zugang nicht (BGH NJW 1993, 598). Die **Zustellung** muss **rechtzeitig** gewesen sein, sodass er sich noch zumutbar verteidigen konnte

(BGH JZ 2000, 107 hält kurze Erwiderungsfristen für ausreichend, wenn Verlängerung üblich); das kommt auf den Einzelfall an und verlangt mE mindestens 2 Wochen (zur angemessenen Frist vgl BayObLG FamRZ 2000, 1170); es wird vom deutschen Gericht beurteilt. Mängel nach Nr. 2 werden nur auf Rüge des Bekl (bei der Frage, ob hier anerkannt wird) berücksichtigt. Über die Zustellung einer US-Klage in Deutschland wegen absurder 17 Milliarden Dollar (!) vgl *Braun* ZIP 2003, 2225.

**Nr. 3. Anderweitige Rechtskraft und Rechtshängigkeit.** Hier kommt es auf Identität des StrG oder präjudizielle Rechtsfragen an. 17

**Nr. 4. Ordre-public-Klausel:** die unverzichtbaren Erfordernisse der verfahrens- oder mat-rechtl. Gerechtigkeit müssen gewahrt sein; das ist die unverzichtbare Notbremse (vgl Laptew IPRax 2004, 495) gegen unsinnige Entscheidungen. Anerkennungsfähigkeit kann zB fehlen, wenn das rechtl. Gehör verletzt wurde (vgl BGH NJW 1980, 529), wenn das Urteil im Ausland erschlichen wurde (BGH JZ 2000, 107), wenn Vertretung durch anwesenden zugelassenen Anwalt verwehrt wurde (BGH NJW 2000, 3289; französisches Adhäsionsurteil), ferner bei exzessiv hohem SchadensersatzU *(punitive damages)* eines **USA-Gerichts** (nicht anerkennungsfähig, soweit Bestrafungsfunktionen wahrgenommen werden, BGH NJW 1992, 3096; vgl BVerfG NJW 2000, 2187; *Müller* DB 2001, 83; *Baumbach/Henkel* RiW 1997, 727; OLG München NJW 1992, 3113; OLG Düsseldorf NJW 1992, 3110); über Abwehrstrategien gegen USA-Schadensersatzurteile vgl *Paulus* RIW 2006, 258. 18

Nicht anerkennungsfähig ist ein ausl **Vaterschaftsurteil** ohne hinreichendes medizinisches Gutachten (OLG Oldenburg NdsRpfl 1993, 251; LG Hamburg FamRZ 1993, 980; **aA** für türkisches oder russisches Vaterschaftsurteil allein aufgrund von Zeugenaussagen (!), BSG NJW-RR 1997, 1433; OLG Hamm FamRZ 2003, 1855; nicht haltbar). Über polnisches VaterschaftsU vgl *Geimer* IPRax 2004, 419; OLG Hamm NJW-RR 2006, 293).

IÜ darf die Richtigkeit der ausl Entscheidung nicht nachgeprüft werden. Zu § 61 BörsG vgl BGH NJW 1975, 1600. Zum DevisenR (Unterhalt) BGH NJW 1990, 2197. Keine Anerkennung eines griechischen Urteils, das VölkerR widerspricht (BGH NJW 2003, 3488: Urteil Privatperson gegen Bundesrepublik Deutschland wegen Kriegsverbrechen der deutschen Wehrmacht).

**Nr. 5. Gegenseitigkeit** liegt vor, wenn im Ausland für ein gleichartiges Urteil (zB Fallgruppen VU; Zust aus § 23) nach dem dortigen Recht und der Praxis im Wesentlichen gleichwertige Anerkennungsvoraussetzungen bestehen (BGH NJW 2001, 524). Daran fehlt es zB, wenn der ausl Staat deutsche Urteile auf ihre Rechtmäßigkeit überprüft (RG 7, 409). Verbürgung der Gegenseitigkeit muss beweisen, wer die Anerkennung hier anstrebt (BGH NJW 1999, 3198). Ausnahmen zu Nr. 5 in § 328 II. 19

**4. Absatz 2.** Trotz **fehlender Gegenseitigkeit** erkennen wir ausl Entscheidungen an: **(1)** wenn das ausl Urteil einen nichtvermögensrechtlichen Anspruch betrifft und ein deutscher Gerichtsstand nicht bestand; ferner **(2)** bei Kindschaftssachen, § 640; das sind Abstammungsverfahren, Vaterschaft; ferner **(3)** in bestimmten Lebenspartnerschaftssachen. **(4)** in den Fällen des § 16a FGG, weil dieser keine Regelung wie § 328 Nr. 5 enthält; **(5)** § 1061; **(6)** Art 102 EGInsO; **(7)** AuslandsunterhaltsG, wegen § 1 II AUG. 20

## § 329 ZPO Beschlüsse und Verfügungen

**(1) [1]Die auf Grund einer mündlichen Verhandlung ergehenden Beschlüsse des Gerichts müssen verkündet werden. [2]Die Vorschriften der §§309, 310Abs.1 und des §311 Abs.4 sind auf Beschlüsse des Gerichts, die Vorschriften des §312 und des §317 Abs.2 Satz1,Abs.3 bis 5 auf Beschlüsse des Gerichts und auf Verfügungen des Vorsitzenden sowie eines beauftragten oder ersuchten Richters entsprechend anzuwenden.**

**(2) [1]Nicht verkündete Beschlüsse des Gerichts und nicht verkündete Verfügungen des Vorsitzenden oder eines beauftragten oder ersuchten Richters sind den Parteien formlos mitzuteilen. [2]Enthält die Entscheidung eine Terminsbestimmung oder setzt sie eine Frist in Lauf, so ist sie zuzustellen.**

**(3) Entscheidungen, die einen Vollstreckungstitel bilden oder die der sofortigen Beschwerde oder der Erinnerung nach § 573 Abs. 1 unterliegen, sind zuzustellen.**

§ 329 geändert durch G v. 18.8.2005 (BGBl 2005, 2477).

1 **1. Verfügungen** (des Vors, des Berichterstatters der Kammer/des Senats, des beauftr/ersuchten Richters) sind prozessleitende AnO minderer Bedeutung, zB §§ 216 II, 273 II; für Ausfertigungen usw. gilt § 317 II 1, III.

2 **2. Beschlüsse** (des Amtsrichters, ER, der Kammer, des Senats) ergehen nach gesetzl. Vorschriften zB über Kosten bei übereinstimmender Erledigung der Hauptsache (§ 91a), bei Klagerücknahme (§ 269), über Kostenfestsetzung (§ 104; Rechtspfleger), StrW (§ 63 GKG), PKH (§ 114; wegen § 127 I 3 werden in den dort genannten Fällen die Beschlussgründe dem Gegner nur teilw mitgeteilt), Verweisung (§ 281), als Beweisbeschluss (§§ 358 ff), über Berufungsverwerfung (§ 522 I), über Klageverbindung/Trennung (§§ 145 ff). Beschwerdebeschlüsse vgl § 567.

3 **a) Inhalt und Form der Beschlüsse:** Gesetzl. Regelungen fehlen meist. Notw ist idR: **(1) Rubrum** wie beim Urteil, wenn der Beschluss einen Vollstreckungstitel bildet, sonst „kleines Rubrum" (X gegen Y); entscheidendes Gericht, Aktenzeichen und Erlassdatum sind immer erforderl (vgl BGH NJW 2003, 3136). Wenn sich die Parteien nicht zweifelsfrei aus dem Aktendeckel ergeben, muss auch die (oft handschriftl.) Urschrift des Beschlusses die Parteien angeben (OLG Köln BB 2001, 1498). **(2) Tenor. (3) Kostenentscheidung** ist notw, wenn eine Instanz erledigt wird (Verwerfung von Einspruch, Ber, entspr § 97 I), sonst nicht (zB bei Beweisbeschluss, Verweisung).

4 **(4) Anordnung vorläufiger Vollstreckbarkeit** ist falsch oder überflüssig, vgl § 794 I Nr. 3. **(5) Tatbestand** und **Entscheidungsgründe** sind meist nicht vorgeschrieben. Wann „Gründe" erforderl. sind (dazu BVerfG NJW 1987, 1619; BGH NJW 1983, 123) ist umstr; sie sind notw, wenn der Beschluss anfechtbar ist (OLG Hamm FamRZ 1993, 719) oder einen Antrag ablehnt (zB § 91a; Ablehnung der PKH; PKH nur mit Raten; KfB), zT üblich (zB bei Verweisung), zweckmäßig (zB StrWBeschluss); keine Begründung enthalten zB Beweisbeschlüsse, ratenfreie Bewilligung der PKH. Ausdrücklicher Verzicht der Parteien auf Begründung (zB bei § 91a) wird oft als RmVerzicht aufgefasst (OLG Braunschweig MDR 2001, 1009). Fehlt die Begründung, kann sie bei Beschwerde im Abhilfebeschluss nachgeholt werden (OLG Nürnberg MDR 2001, 893).

**Umfang der Gründe:** je nach Einzelfall; räuml. Trennung vom Tenor ist nicht erforderl. („Ber wird verworfen, da sie verspätet, nämlich erst am ..., einging"); bei § 91a zB werden die Gründe urteilsähnl. aufgebaut (I. Sachverhaltsdarstellung wie beim Tatbestand; II. Rechtl. Würdigung wie Entscheidungsgründe). Nachholung der Gründe im Nichtabhilfebeschluss ist zulässig und geboten. 5

**(6) Unterschriften.** Ein Handzeichen genügt nicht, Beschluss ist dann unwirksam (OLG Karlsruhe NJW-RR 2004, 1507). Ob beim Kollegium die Unterschriften sämtl. drei Richter notw sind (üblich ist es) oder die des Vors (OLG Düsseldorf MDR 1980, 943) oder des Vors und des Berichterstatters genügen (dafür RG 3, 400), ist str. 6

**b) Wirksamwerden der Beschlüsse:**

Nicht zu verkündende Beschlüsse nach § 329 II werden mit „Entäußerung" wirksam, dh wenn der Beschluss die Geschäftsstelle verlassen hat mit der unmittelbaren Zweckbestimmung, den Parteien bekannt gegeben zu werden (BGH NJW-RR 2004, 1575). 6a

**c) Mitteilung der Beschlüsse:**

**(1)** Falls sie **aufgrund notwendiger oder freigestellter mündlicher Verhandlung** ergehen (zB § 91a), müssen sie verkündet werden (Abs. 1; erkennende Richter § 309; Verkündungszeit und -form §§ 310 I, 311 IV; Ausfertigungen § 317 II 1, III), iFd Abs. 3 sind sie ferner zuzustellen (Amtszustellung, §§ 166 ff). Wird in einem verkündeten Beschluss eine Frist gesetzt, beginnt sie mit Verkündung und nicht erst mit Eingang des Protokolls, das den Beschluss enthält (KG MDR 2004, 770). 7

**(2) Falls sie ohne mündliche Verhandlung ergehen**, § 128 IV, sind sie formlos mitzuteilen, Abs. 2 S. 1, ausreichend zB Übersendung durch die Post oder (bei Einstellung der ZwV) tel Mitteilung an Gerichtsvollzieher (BGH 25, 60). In FamS aus dem FGG-Bereich beginnt die RmFrist für einen nicht verkündeten Beschluss mit dessen Zustellung an den RmittelFührer und nicht erst mit der letzten Zustellung an einen der Beteiligten (BGH NJW 2002, 2252). 8

**Zustellung** (Amtszustellung) aber *notw* bei **Absatz 2 Satz 2:** Terminbestimmung (anders § 497 I); Fristsetzung: zB § 296 I, § 569; deshalb sind PKH-Bewilligung *mit Raten* oder PKH-Ablehnung dem ASt zuzustellen (§ 127 II 2); ferner nach **Absatz 3:** VollstrTitel § 794 (Amtszustellung genügt dann als Voraussetzung zur ZwV, OLG München MDR 1972, 698); der sof Beschwerde unterliegt zB der § 91a-Beschluss.

*Zweckmäßig* ist Amtszustellung des Arrestbeschlusses, der BeschlussVfg an den ASt, zur Feststellung des Fristbeginns nach § 929 II.

**(3) Zeitpunkte:** Die hM unterscheidet den Zeitpunkt des **Existentwerdens** (mit erster Hinausgabe aus dem inneren Gerichtsbetrieb, vgl OLG Düsseldorf NJW-RR 2002, 427; Rz 6a) von dem des jeweiligen **Wirksamwerdens** ggü einer bestimmten Partei (mit Bekanntgabe nach Abs. 2; die tel Bekanntgabe des unterschriebenen Beschlusses durch die Geschäftsstelle genügt als Bekanntgabe, BGH FamRZ 2000, 813) und dem der **Zustellung** (Abs. 3). 9

**(4) Mängel:** ist nach Abs. 3 zuzustellen, wird aber nur formlos mitgeteilt, ist der Beschluss existent geworden, die Rm-Frist ist aber nicht in Lauf gesetzt; ungenügend ist 10 insoweit auch Zustellung im Parteibetrieb. Zum Beginn der ZwV aber genügt Parteizustellung, §§ 794 I Nr. 3, 795, 750 I.

11 **d) Ergänzung und Berichtigung von Beschlüssen** entspr §§ 319, 321 ist zulässig. **Bindung:** Beschlüsse sind grds abänderbar (vgl. BGH NJW-RR 2006, 1554), § 318 gilt nicht unmittelbar, vgl § 572 und § 318 Rz 2; Bindung besteht aber zB iFd §§ 281, 506. **Rechtskraft:** §§ 322-327 gelten zB für Kostenfestsetzungsbeschlüsse, KfB nach § 91a, Verwerfungsbeschlüsse nach § 522.

# Titel 3
# Versäumnisurteil

## § 330 ZPO Versäumnisurteil gegen den Kläger

**Erscheint der Kläger im Termin zur mündlichen Verhandlung nicht, so ist auf Antrag das Versäumnisurteil dahin zu erlassen, dass der Kläger mit der Klage abzuweisen sei.**

1 VU gegen den Kl sind sehr selten. **Voraussetzungen:**

**a)** Säumnis des Kl (im amtsgerichtl. Verfahren kann das wegen § 498 I uU nur aus den Kanzleivermerken iVm § 270 gefolgert werden);

**b)** Prozessantrag des Bekl auf VU (kann im Sachantrag liegen, BGH 37, 83);

2 **c)** Vorliegen der allgemeinen Prozessvoraussetzungen; bei Unzuständigkeit uU Heilung nach § 39; fehlen sie unbehebbar, wie zB Parteifähigkeit, erfolgt Klageabweisung (als unzulässig) durch EndU (sog unechtes VU, BGH GRUR-RR 2001, 48); nach **aA** durch VU. Schlüssigkeit der Klage wird nicht geprüft, auch bei unschlüssiger Klage erfolgt Klageabweisung durch VU (nicht, wie bei Säumnis des Bekl, durch EndU); auch das Vorbringen des Bekl braucht nicht schlüssig zu sein, § 335 I Nr. 3 ist nicht anzuwenden.

3 Behauptet der Bekl, die Hauptsache sei erledigt und beantragt, dem Kl durch VU nur die Kosten aufzuerlegen, kann ein entspr VU ergehen.

4 Der **Umfang der Rechtskraft** eines die Klage abweisenden VU kann uU weiter reichen als bei einer Abweisung durch EndU (vgl BGH NJW 2003, 1044; 1961, 1969; OLG Stuttgart NJW-RR 1990, 766), weil die Schlüssigkeit nicht geprüft wird. Dazu § 322 Rz 28; *Siemon* MDR 2004, 301.

5 **Kosten. Gericht:** GKG-KV 1210 (also 3,0); kein Ermäßigungstatbestand (vgl KG MDR 2006, 596; aA LG Koblenz NJW-RR 2004, 72). **Rechtsanwalts-Gebühren:** wie bei § 331 Rz 30.

6

**Praxishinweise:**

Zieht das Gericht die Entscheidung über einen rechtzeitig gestellten PKH-Antrag verfahrenswidrig hinaus und bearbeitet es den Antrag erst in der mdl Verh, dann ist der ASt nicht säumig, wenn sein PrBev deshalb nicht auftritt (OLG Naumburg FamRZ 2000, 106).

## § 331 ZPO Versäumnisurteil gegen den Beklagten

**(1) [1]Beantragt der Kläger gegen den im Termin zur mündlichen Verhandlung nicht erschienenen Beklagten das Versäumnisurteil, so ist das tatsächliche mündliche Vorbringen des Klägers als zugestanden anzunehmen. [2]Dies gilt nicht für Vorbringen zur Zuständigkeit des Gerichts nach § 29 Abs. 2, § 38.**

**(2) Soweit es den Klageantrag rechtfertigt, ist nach dem Antrag zu erkennen; soweit dies nicht der Fall, ist die Klage abzuweisen.**

**(3) [1]Hat der Beklagte entgegen § 276 Abs. 1 Satz 1, Abs. 2 nicht rechtzeitig angezeigt, dass er sich gegen die Klage verteidigen wolle, so trifft auf Antrag des Klägers das Gericht die Entscheidung ohne mündliche Verhandlung; dies gilt nicht, wenn die Erklärung des Beklagten noch eingeht, bevor das von den Richtern unterschriebene Urteil der Geschäftsstelle übermittelt ist. [2]Der Antrag kann schon in der Klageschrift gestellt werden. [3]Eine Entscheidung ohne mündliche Verhandlung ist auch insoweit zulässig, als das Vorbringen des Klägers den Klageantrag in einer Nebenforderung nicht rechtfertigt, sofern der Kläger vor der Entscheidung auf diese Möglichkeit hingewiesen worden ist.**

§ 331 III 3 angefügt durch G v. 24.8.2004 (BGBl 2004, 2198), § 331 III 1 geändert durch G v. 22.3.2005 (BGBl 2005, 837).

### Übersicht



**1. Voraussetzungen für den Erlass eines Versäumnisurteils** gegen den Bekl: 1

**a) Säumnis des Beklagten** vom Aufruf bis zum Schluss der mdl Verh, §§ 220 I, II, 136 IV (dh Nichterscheinen oder Nichtverhandeln, § 333). Der Begriff der Säumnis muss mE einschränkend unter dem Lichte des fairen Verhaltens und der Wahrung des rechtl. Gehörs gesehen werden. Üblicherweise wird mindestens 15 Minuten gewartet (BGH NJW 2006,

448 hat Säumnis gebilligt, als 30 Minuten gewartet wurde); hat die Partei bzw ihr Anwalt eine Verspätung (zB tel) angezeigt, muss erhebl. länger als 15 Minuten gewartet werden (VerfGH Berlin NJW-RR 2000, 1451), so zB bei Verkehrsstau (BGH VersR 2000, 121). Der Aufruf muss auch *vor* dem Sitzungssaal erfolgen (BVerfG NJW 1977, 1443). Es kann zweckmäßig sein, dass das Gericht vorher bei der Geschäftsstelle und der Telefonzentrale tel anfragt, ob ein Anruf in dieser Sache eingegangen ist (vgl BGH NJW 2006, 448). Manche Richter rufen vor Erlass des VU in der Kanzlei des säumigen RA an (eine Pflicht dazu besteht natürlich nicht), was kein Ablehnungsgrund ist.

2 Im **Anwaltsprozess** (§ 78) muss ein bei dem Gericht zugelassener RA auftreten (Vollmachtsvorlage ist nicht notw, §§ 80, 88 II); kommt die Partei allein, gilt sie als säumig.

3 Ein notw **Streitgenosse** vertritt den säumigen anderen StrGen, §§ 62, 67. Lässt sich im Haftpflichtprozess der Bekl nicht anwaltlich vertreten und ist sein Haftpflichtvers als **Streithelfer** beigetreten, dann ist ein VU gegen den Bekl nicht möglich (OLG Hamm MDR 1996, 962).

4 **Beim Beweistermin** vor dem ProzessG ist das VU erst nach der Zeugenvernehmung (oder Verzicht darauf, § 399) zulässig, §§ 370 I, 367 I; bei § 370 II scheidet ein VU aus; bei Zeugenladung nach § 273 II Nr. 4 liegt kein Fall des § 370 I vor, das VU ist vor Zeugenvernehmung zulässig. Der Verhandlungstermin muss vor dem ProzessG/ER/Vors der KfH (§ 349 II Nr. 4) anberaumt sein, nicht vor dem beauftr oder ersuchten Richter.

5 **b) Ordnungsgemäße Ladung des Beklagten** (bzw des bestellten RA nach § 172); Ladung entbehrl. bei verkündetem Termin, § 218.

6 **c) Fristwahrung:** Beim *ersten* Termin muss die Einlassungsfrist, § 274 III, eingehalten sein; Berechnung nach § 222: Zustellungstag und Terminstag werden nicht mitgerechnet. Bei *späteren* Terminen und bei Arrest- und eVfg-Verfahren muss nur die Ladungsfrist, § 217, gewahrt sein.

7 **d) Keine Verhinderungsgründe** nach §§ 337, 335. Es darf nicht gleichzeitig ein schriftl. VU gegen den Bekl ergehen und sein PKH-Antrag zurückgewiesen werden (OLG Brandenburg NJW-RR 2002, 285).

8 **e) Prozessvoraussetzungen:** werden von Amts wegen geprüft (BGH NJW-RR 1986, 1041), insb örtl. und sachl. Zust. Wird eine Zuständigkeitsvereinbarung behauptet, gilt wegen **Absatz 1 Satz 2** die Fiktion des Abs. 1 S. 1 nicht, sodass der Kl unter Vorlage von Urkunden nachzuweisen hat, dass beide Parteien Kaufleute usw. sind (uU Vorlage eines Handelsregisterauszugs notw) oder die Vereinbarung nach Entstehen der Streitigkeit geschlossen haben; § 335 I Nr. 1.

9 **f)** Die **Klage** muss **schlüssig** sein, **Absatz 1 Satz 1, Absatz 2.** Der Prüfung wird nur rechtzeitiges Vorbringen der erschienenen Partei zugrunde gelegt, § 335 I Nr. 3, dh der entspr Schriftsatz muss dem Bekl idR mindestens zwei Wochen (§§ 274 III; 132) vor dem Termin zugegangen sein (Datum ergibt sich aus der Zustellungsurkunde oder gem § 270). **Räumungsversäumnisurteil** gegen Mieter wegen Zahlungsverzug ist trotz § 569 III Nr. 2 BGB zulässig (LG Hamburg NJW-RR 2003, 1231; LG Köln NJW-RR 2004, 87).

10 **Sachvortrag des Beklagten** bleibt unberücksichtigt, ebenso eine schon durchgeführte Beweisaufnahme. Unschlüssigkeit kann sich aber zB ergeben, wenn sich der Kläger auf vorgelegte Urkunden insgesamt bezieht und damit auch auf ihn ungünstige Vertragsklau-

seln (BGH MDR 1983, 1018), oder wenn er Schriftwechsel vorlegt, der Einwendungen des Bekl enthält (OLG Düsseldorf NJW 1991, 2089: Verjährungseinrede).

g) Die erschienene Partei muss neben dem **Sachantrag** einen entspr **Prozessantrag** auf Erlass eines VU stellen (zT str, vgl BGH 37, 83). Teilanträge sind zulässig. Zum unbezifferten Klageantrag vgl Rz 14. 11

h) **Ausgeschlossen** ist ein VU nach §§ 612 IV, 640 I. 12

**2. Entscheidung**

a) **Grundfall.** Liegen alle Voraussetzungen vor, wird das VU erlassen; Kosten § 91 (bei **Antragsermäßigung** vgl § 269 Rz 15b); vorl Vollstr § 708 Nr. 2. Tatbestand und Gründe sind nicht erforderl, §§ 313b, 697 V; *Ausnahme*: wenn das Urteil im *Ausland* vollstreckt werden soll (§ 30 AVAG; § 8 Haager UnterhaltsÜ-AusfG; Staatsverträge), notfalls ist das Urteil insoweit zu ergänzen. 13

Bei **unbeziffertem Klageantrag** (Schmerzensgeld) ist Schätzung im VU zulässig, soweit ausreichend Schätzgrundlagen vorgetragen sind (BGH NJW 1969, 1427) und Begründung zweckmäßig. 14

**Zustellung** des Urteils an den Bekl von Amts wegen gem § 317 I 1 mit Belehrung gem § 340 III; bei Zustellung des Urteils im **Ausland** oder **öffentliche Zustellung** usw. ferner Festsetzung der Einspruchsfrist im VU, § 339 II (sonst nachträgl. durch Beschluss). 15

**Verkündung** § 311 II; **Form** §§ 313b, 317 IV; **Rechtsbehelf** § 338. 16

b) **Ist die Klage nicht schlüssig**, wird die Klage durch gewöhnl. EndU (sog *unechtes VU*) abgewiesen, Kosten § 91, vorl Vollstr je nach Kostenhöhe §§ 708 Nr. 11, 711 oder § 709 S. 1. 17

c) **Ist nur ein Teil des Anspruchs schlüssig**, der Rest (idR Zinshöhe, Zinsbeginn; vgl § 331 III 3, Rz 28a) nicht, kommt ein „Teil-End- und VersäumnisU“ in Betracht: „Der Bekl wird verurteilt, ...; iÜ wird die Klage abgewiesen.“ Kosten §§ 91, 92; bei der Vollstr ist zu beachten, dass das TeilVU unter § 708 Nr. 2 fällt, die Teilabweisung aber je nach Kostenhöhe unter § 708 Nr. 11 mit § 711 oder § 709; werden nach § 92 alle Kosten dem Bekl auferlegt, hat der Bekl nichts zu vollstrecken. Tatbestand und Entscheidungsgründe sind dann bez der Klageabweisung notw, bez des TeilVU zum Verständnis in knapper Form üblich; die Darstellung erfolgt einheitlich, nicht getrennt nach TeilVU, Teil-EndU. Dagegen hat der Bekl dann Einspruch, der Kl Ber; beide sind, auch im Fristenlauf (BGH NJW-RR 1986, 1326), unabhängig voneinander. 18

Hinsichtl des unschlüssigen Restes kommt aber auch, falls insoweit kein Antrag gestellt wird, Ruhen des Verfahrens, § 251a, infrage; der Kl kann ferner insoweit den Antrag entspr ermäßigen (zurücknehmen), bei den Kosten ist dann §§ 92, 269 (Quotelung auch ohne Antrag des Bekl, aber § 92 II, § 4) zu beachten. Macht der Kl die Klage mdl oder mit verspätetem Schriftsatz schlüssig, ist Vertagung und Mitteilung des neuen Vortrags notw, § 335.

d) **Erklärt der Kläger, dass der Beklagte** inzwischen alles, bis auf die Kosten, **bezahlt habe**, kann er zu einem Feststellungsantrag übergehen, wie bei einseitiger Erledigung der Hauptsache (eine Zustellung dieses neuen Antrags nach §35 I Nr.3 ist, als minus, nicht 19 erforderl). VU: Rechtsstreit ist in der Hauptsache erledigt; Kosten trägt Bekl, §91; Vollstr §708 Nr.2.

20 Hat der Bekl inzwischen **Teilzahlungen** geleistet: VU: „Der Bekl wird verurteilt ...; iÜ ist die Hauptsache erledigt." Kosten; Vollstr.

21 **e) Fehlen Prozessvoraussetzungen**, zB örtl. Zust, wird die Klage – nach rechtl. Hinweis – durch gewöhnl. EndU abgewiesen (als unzulässig; sog *ProzessU*); vgl BGH NJW 1961, 2207; NJW-RR 1986, 1041.

22 **f) Fehlen die Voraussetzungen** Rz 1-7, wird der Antrag auf Erlass eines VU (wenn er aufrechterhalten wird) durch Beschluss zurückgewiesen, § 335.

23 **g) Beantragt der Kläger trotz Säumnis** des Bekl **kein Versäumnisurteil** (zB der RA aus Rücksicht auf den anderen RA, „standesrechtl. Gründe"), kann auf Antrag vertagt (§ 227) oder das Ruhen des Verfahrens angeordnet werden (§ 251a III).

24 **h) Im Wechsel- und Scheckprozess** muss der Klageanspruch vollständig urkundl. belegt sein, §§ 592, 597; ein VersäumnisvorbehaltsU ist mangels Widerspruch des Bekl (§ 599) nicht möglich (str).

**3. Versäumnisurteil im schriftlichen Vorverfahren, Absatz 3:**

25 **a) Wirksame Anordnung** (OLG Celle NdsRpfl 1983, 185) des schriftl. Vorverfahrens und dessen Fortdauer (dh noch keine Terminsbestimmung, OLG München MDR 1983, 324). Zur öffentl. Zustellung vgl § 185.

26 **b) Innerhalb von zwei Wochen** nach Zustellung darf die **Anzeige** der Verteidigungsabsicht **nicht eingegangen** sein. Im Anwaltsprozess muss die Anzeige von einem zugelassenen Anwalt stammen. Frist: Berechnung § 222; die Möglichkeit der WE (§ 233) hat hier allenfalls wegen Kosten einen Sinn, da gegen das VU jedenfalls Einspruch einzulegen ist. Anzeige ist auch notw, wenn der Bekl schon im Mahnverfahren Widerspruch erhoben hat (Neufassung von § 697 II 1), außer es ist aufgrund bes Umstände davon auszugehen, dass die Verteidigungsbereitschaft fortbesteht. Zur verspäteten Anzeige Abs. 3 S. 2. Die Anzeige muss innerhalb der Frist beim Gericht eingegangen sein (OLG Frankfurt MDR 2000, 902; nach **aA** ist die Geschäftsstelle des zuständigen Spruchkörpers gemeint, KG MDR 1989, 1003). Die Verteidigungsanzeige kann (auch konkludent) wieder zurückgenommen werden (*Stoffel/Strauch* NJW 1997, 2372).

27 **c)** Wird der **Versäumnisurteil-Antrag** nicht schon in der Klageschrift gestellt, Abs. 3 S. 2, wird nach Fristablauf Termin bestimmt oder der Kl auf die Nichtanzeige und fehlenden VU-Antrag hingewiesen; stellt er dann keinen Antrag: § 251a III oder Terminierung; stellt er VU-Antrag, ist dieser vor VU-Erlass an den Bekl zuzustellen (OLG München MDR 1980, 235; **aA** KG NJW-RR 1994, 1344).

28 **d) Ein schriftliches Versäumnisurteil gegen den Kläger** wegen der Hauptforderung (bei unzulässiger bzw ganz oder teilw unschlüssiger Klage) sieht § 331 nicht vor (OLG Köln MDR 2001, 954; aA zur aF des § 331 III: OLG Brandenburg NJW-RR 1997, 1518). Hier ist Termin zu bestimmen.

28a **e) Ausnahme: § 331 III 3** (Reform 2004; dazu Stieper JR 2005, 397). Wenn der Kl zB Zinsen überhöht oder ab einem zu frühen Zeitpunkt fordert, erfolgt Hinweis. Wenn der

Antrag dann nicht geändert wird, kann ein „Teil-End- und Teil-Urteil“ ergehen („Der Bekl wird verurteilt ...; im Übrigen wird die Klage abgewiesen“). Vgl Rz 18.

**f) Zustellung.** Das schriftl. VU ergeht im Rubrum „ohne mündliche Verhandlung“, es 29
wird nicht verkündet, die Zustellung wird gem § 310 III ersetzt, es wird an beide Parteien zugestellt, § 317 I; die Einspruchsfrist beginnt nach hM nicht notw mit der Zustellung an den Bekl, sondern mit der *letzten* Zustellung (OLG Nürnberg NJW 1978, 832), zB an den Kl. Der RA des Bekl muss deshalb im Zweifelsfall Akteneinsicht nehmen, um festzustellen, ob noch Einspruch eingelegt werden kann.

**4. Kosten.**

**Gericht:** GKG-KV 1210 (also 3,0); kein Ermäßigungstatbestand, KV 1211 (merkwürdig, 30
aber nicht verfassungswidrig, BVerfG 1999, 3550, Ausnahme bei Klagerücknahme nach KV 1211 Nr. 1d. Wenn VU ergeht und nach Einspruch die Klage zurückgenommen etc wird (KV 1211 Nr. 1 bis 4), wird ebenfalls die Geb nicht ermäßigt (OLG München MDR 1996, 968; LG Bonn JurBüro 2001, 595; BT-Drucks. 12/6962 S. 70). Zwar macht ein VU wenig Mühe, das VU ist aber in KV 1211 nicht genannt, weil eine arbeitsaufwendige Schlüssigkeitsprüfung vom Gericht vorgenommen werden müsse (in Wahrheit wohl aus fiskalischen Gründen). **Rechtsanwaltsgebühren:** beim VU in mdl Verh: 3100, 3105 RVG-VV (also zusammen 1,8); auch beim VU im Büroweg ohne mdl Verh (§ 331 III) entsteht die Terminsgeb 3105 (siehe 3105 (1) Nr. 2). Die volle TerminsGeb (3104: 1,2) und nicht nur die ermäßigte (3105: 0,5) entsteht aber, wenn im Termin beide Parteien anwesend sind und eine nicht verhandelt, sodass ein VU ergeht (häufig bei „Flucht in die Säumnis“), weil 3105 sagt „eine Partei“ (OLG Koblenz NJW 2005, 1955). Ebenso fällt die volle TerminsGeb 3104 an, wenn die RAe vor dem Termin miteinander telefonieren und vereinbaren, dass „Versäumnisurteil ergehen kann“, weil hier eine Mitwirkung an einer auf die Erledigung gerichteten Besprechung vorliegt (Vorbem, 3(3) vor VV 3100); *Zöller/Herget* § 330 Rz 10.

Formular 94: Antrag für den Fall der Anordnung des schriftlichen Vorverfahrens

Formular 220: Antrag auf Erlass eines Versäumnisurteils im schriftlichen Vorverfahren gemäß § 331 Abs. 3 ZPO

Formular 221: hilfsweiser Antrag auf Erlass eines Versäumnisurteils im schriftlichen Vorverfahren gemäß § 331 Abs. 3 ZPO

## § 331a ZPO Entscheidung nach Aktenlage

**[1]Beim Ausbleiben einer Partei im Termin zur mündlichen Verhandlung kann der Gegner statt eines Versäumnisurteils eine Entscheidung nach Lage der Akten beantragen; dem Antrag ist zu entsprechen, wenn der Sachverhalt für eine derartige Entscheidung hinreichend geklärt erscheint. [2]§ 251a Abs. 2 gilt entsprechend.**

§ 331a hat nur geringe praktische Bedeutung, soll wegen § 342 Beschleunigung ermögli- 1
chen. Ablehnung des Antrags ist unanfechtbar, § 336 II. Die beantragte Entscheidung

kann ein Urteil oder Beschluss sein; ein **Aktenlage-Urteil kann** nach § 251a II **nur ergehen, wenn zuvor eine mündliche Verhandlung stattgefunden hat**, Säumnis vorliegt, ein entspr Prozessantrag gestellt wird, der Sachverhalt ausreichend geklärt ist. Die mdl Anhörung des in Abwesenheit der Partei vernommenen Sachverständigen kann beim Urteil verwertet werden (BGH NJW 2002, 301). Das Urteil ist ein gewöhnl. EndU, vollstr nach § 708 Nr. 2; Rm-Berufung usw.

Formular 197: Antrag auf Entscheidung nach Lage der Akten gemäß § 331a ZPO

Formular 198: Antrag auf Entscheidung nach Lage der Akten gemäß § 331a ZPO mit Hilfsantrag auf Erlass eines Versäumnisurteils

## § 332 ZPO Begriff des Verhandlungstermins

**Als Verhandlungstermine im Sinne der vorstehenden Paragraphen sind auch diejenigen Termine anzusehen, auf welche die mündliche Verhandlung vertagt ist oder die zu ihrer Fortsetzung vor oder nach dem Erlass eines Beweisbeschlusses bestimmt sind.**

1 Ist die Partei zwar im ersten Termin anwesend, bleibt sie aber in einem späteren aus, kann (trotz des Grundsatzes der Einheit der mdl Verh) dann ein VU ergehen. Frühere Beweisergebnisse bleiben außer Betracht; Heilung proz Mängel (§§ 39, 295) wirkt fort, Bindungswirkung nach § 318 bleibt. Zu den „vorstehenden Paragraphen" gehört auch § 331a (BGH NJW 1964, 658). Ist der Fortsetzungstermin zugleich Beweisaufnahmetermin, ist § 370 zu beachten (§ 331 Rz 4); wird nach Beweisaufnahme der Sachantrag nicht wiederholt, ergeht EndU, nicht VU (BGH 63, 94).

2 **Praxishinweise:**

Eine „Flucht in die Säumnis" ist nicht mehr möglich, wenn der PrBev einen Antrag gestellt hat. Er kann die Säumnislage nicht durch späteres Nichtverhandeln oder nicht mehr Auftreten verhindern (Schneider MDR 1992, 827). Hat er Anlass zu der Annahme, dass das Gericht sich seiner Hinweispflicht nach § 139 entziehen will, sollte er keinen Antrag stellen, bevor diese Zweifel ausgeräumt sind.

## § 333 ZPO Nichtverhandeln der erschienenen Partei

**Als nicht erschienen ist auch die Partei anzusehen, die in dem Termin zwar erscheint, aber nicht verhandelt.**

1 **Nichtverhandeln** ist völlige Verweigerung der Einlassung zur Sache bis zum Schluss, § 220 II (BGH NJW 1993, 861); ungenügend sind also Anträge auf Vertagung, Aussetzung, Ablehnung von Richtern (BGH NJW-RR 1986, 1251).

**Verhandeln** erfordert eine „aktive Beteiligung an der Erörterung des Rechtsstreits vor Gericht" (BGH NJW-RR 1986, 1251), liegt grds vor, wenn der Sachantrag (unter stillschweigender Bezugnahme auf die Schriftsätze) gestellt wird (BAG NJW 2003, 1548), eine Wiederholung in späteren Terminen ist nicht notw, vgl §§ 136, 137, 220, auch nicht bei Änderung der Gerichtsbesetzung (hM; **aA** BAG NJW 1971, 1332). Zum Teilverhandeln vgl § 334. 2

## § 334 ZPO Unvollständiges Verhandeln

**Wenn eine Partei in dem Termin verhandelt, sich jedoch über Tatsachen, Urkunden oder Anträge auf Parteivernehmung nicht erklärt, so sind die Vorschriften dieses Titels nicht anzuwenden.**

Unvollständige Erklärung führt nicht zum VU, sondern zur Anwendung von §§ 138, 286. 1
Nichtverhandeln über einen abtrennbaren Teil des Streitstoffs dagegen kann zum Teil-VU (§ 301) führen. Teilweises Nichtverhandeln liegt nur vor, wenn es einen teilurteilsfähigen Teil betrifft (BGH NJW 2002, 145).

2

**Praxishinweise:**

1. Kommt das Gericht seiner Aufklärungs- und Hinweispflicht erst in der mdl Verh nach, dann sind die Sachanträge idR schon protokolliert. Ein von den Ausführungen des Gerichts überraschter Anwalt kann dann nicht mehr in das Säumnisverfahren ausweichen. Seine spätere Erklärung, nicht mehr aufzutreten, ist unbeachtl., weil mit der Antragstellung schon verhandelt worden ist und nur noch kontradiktorisch entschieden werden darf (BGH 63, 94).

2. Hat ein Anwalt Anlass, daran zu zweifeln, dass das Gericht seiner Pflicht nach § 139 rechtzeitig nachkommen wird, sollte er im ersten Termin keinen Antrag stellen, bevor diese Zweifel ausgeräumt worden sind.

## § 335 ZPO Unzulässigkeit einer Versäumnisentscheidung

**(1) Der Antrag auf Erlass eines Versäumnisurteils oder einer Entscheidung nach Lage der Akten ist zurückzuweisen:**

1. **wenn die erschienene Partei die vom Gericht wegen eines von Amts wegen zu berücksichtigenden Umstandes erforderte Nachweisung nicht zu beschaffen vermag;**
2. **wenn die nicht erschienene Partei nicht ordnungsmäßig, insbesondere nicht rechtzeitig geladen war;**
3. **wenn der nicht erschienenen Partei ein tatsächliches mündliches Vorbringen oder ein Antrag nicht rechtzeitig mittels Schriftsatzes mitgeteilt war;**
4. **wenn im Falle des § 331 Abs. 3 dem Beklagten die Frist des § 276 Abs. 1 Satz 1 nicht mitgeteilt oder er nicht gemäß § 276 Abs. 2 belehrt worden ist.**

**(2) Wird die Verhandlung vertagt, so ist die nicht erschienene Partei zu dem neuen Termin zu laden.**

1 **1. Der Versäumnisurteil-Antrag wird durch Beschluss** (ohne KostenE) **zurückgewiesen** (Rm § 336), wenn die Voraussetzungen zwar fehlen, aber noch nachgeholt werden können; verweigert dagegen die Partei die Behebung oder ist der **Mangel nicht behebbar** (wie fehlendes Rechtsschutzbedürfnis, anderweitige Rechtshängigkeit, fehlende Parteifähigkeit) erfolgt Klageabweisung (als unzulässig) durch EndU (sog **unechtes Versäumnisurteil**).

2 **Nr. 1:** solche Umstände sind zB die Prozessvoraussetzungen; bei § 331 I 2 ist die **Zuständigkeit** nachzuweisen, gelingt das nicht, kommt Verweisung nach §§ 281, 506 infrage, wird der Verweisungsantrag nicht gestellt, ist die Klage durch EndU als unzulässig abzuweisen.

3 **Nr. 2:** beim ersten Termin muss (auch in Wechsel- und Schecksachen) die **Einlassungsfrist** (§ 274 III; zur Abkürzung § 226), bei späteren Terminen die **Ladungsfrist** (§ 217; § 604 II) eingehalten sein, bei Arrest und eVfg immer nur die Ladungsfrist. Ordnungsmäßigkeit der Zustellung §§ 166 ff, 497. Ladung entbehrl. bei § 218 und § 497 II.

4 **Nr. 3:** gemeint sind **Sachanträge** des Kl; Rechtzeitigkeit vor dem ersten Termin vgl. § 274 III, sonst Wochenfrist des § 132; § 282 ist nicht anzuwenden. Der **ermäßigte Antrag** braucht nicht zuvor bes mitgeteilt zu werden; hat der Kl inzwischen Teilzahlungen erhalten, kann der Kl daher insoweit auf den Feststellungsantrag, dass die Hauptsache erledigt ist, übergehen.

5 **Nr. 4:** sind Mitteilung/Belehrung unterblieben, sind diese Maßnahmen nachzuholen.

6 **2. Absatz 2.** Beantragt in der mdl Verh die erschienene Partei VU und weist das Gericht dann auf fehlende Voraussetzungen hin, wird idR die Partei Vertagung beantragen, zum neuen Termin ist die nicht erschienene Partei mit Ladungsfrist, § 217, zu laden (trotz § 218). Besteht sie auf Entscheidung über den VU-Antrag, wird dieser durch Beschluss nach Abs. 1 zurückgewiesen (zuzustellen nach § 329 II 2); die erschienene Partei kann dann Antrag auf neuen Termin stellen oder zunächst Beschwerde einlegen (Folge § 336 I 2) oder nichts tun; im letzteren Fall wird Wiedervorlage nach sechs Monaten (§ 7 AktO) verfügt. Nach **aA** ist immer von Amts wegen (§ 216) Termin zu bestimmen.

## § 336 ZPO Rechtsmittel bei Zurückweisung

**(1) [1]Gegen den Beschluss, durch den der Antrag auf Erlass des Versäumnisurteils zurückgewiesen wird, findet sofortige Beschwerde statt. [2]Wird der Beschluss aufgehoben, so ist die nicht erschienene Partei zu dem neuen Termin nicht zu laden.**

**(2) Die Ablehnung eines Antrages auf Entscheidung nach Lage der Akten ist unanfechtbar.**

1 **Sofortige Beschwerde** ist auch statthaft, wenn antragswidrig (zB nach § 337) vertagt wird (OLG Nürnberg MDR 1963, 507); gegen Klageabweisung durch EndU (unechtes VU) dagegen ist nur Ber usw. statthaft. Im Terminantrag (§ 335 Rz 6) kann Verzicht auf

Beschwerde liegen. Sof Beschwerde unstatthaft, wenn OLG oder LG als BerGer entschieden hat (§ 567).

2 **Fristbeginn** mit Verkündung (OLG Brandenburg MDR 1995, 1262); Frist zwei Wochen, § 569. Im Beschwerdeverfahren wird der Säumige nicht gehört (RG 37, 398). Wurde Erlass des VU zu Unrecht abgelehnt: **Absatz 1 Satz 2;** das UnterG muss neuen Termin bestimmen, die früher erschienene Partei laden und das VU nachholen.

3 Erfährt die säumige Partei den Termin zufällig und kommt sie, ist sie nach hM (OLG Hamm NJW-RR 1991, 703) aus prozessökonomischen Gründen zuzulassen, das VU entfällt. Keine weitere Beschwerde gegen den aufhebenden Beschluss des LG (KG MDR 1983, 412).

## § 337 ZPO Vertagung von Amts wegen

**[1]Das Gericht vertagt die Verhandlung über den Antrag auf Erlass des Versäumnisurteils oder einer Entscheidung nach Lage der Akten, wenn es dafür hält, dass die von dem Vorsitzenden bestimmte Einlassungs- oder Ladungsfrist zu kurz bemessen oder dass die Partei ohne ihr Verschulden am Erscheinen verhindert ist. [2]Die nicht erschienene Partei ist zu dem neuen Termin zu laden.**

1 **Zu kurz bemessen** kann die vom Vors bestimmte Einlassungsfrist sein iFd §§ 226, 239 III, 274 III 3, 339 II, 521 II, 571 III. Die gesetzl. Fristen, zB § 217, 274 III 1 und 2, fallen nicht darunter.

2 **Partei oder RA** (§§ 51 II, 85 II) **ohne Verschulden** am Erscheinen **verhindert:** zB Verkehrsstau (BGH NJW 1999, 724; OLG Celle NJW 2004, 2534), Verkehrsbehinderungen durch Schneefall; Krankheit (BGH NJW 2006, 448); fehlende PKH-Entscheidung (LG Münster MDR 1991, 160); Urlaubsabwesenheit (BGH NJW 2004, 2309: idR keine Pflicht, Vorkehrungen zu treffen); falsche Angaben im Aushang (OLG Celle NJW-RR 2000, 1017). Wegen der Notwendigkeit der Wahrung des verfassungsrechtl. Anspruchs auf rechtl. Gehör ist Rücksichtnahme geboten (BGH NJW 2006, 448). Den RA trifft die Pflicht, alles Mögliche und Zumutbare zu tun, um dem Gericht rechtzeitig die Verhinderung mitzuteilen (BGH NJW 2006, 448). Vertagungsantrag allein genügt nicht (vgl BGH NJW 1982, 889). Für den Begriff des „Verschuldens“ ist § 233 heranzuziehen (BGH NJW 2004, 2309). **„Dafür hält“** besagt, dass Vermutung des Gerichts ausreicht. Üblich ist ein Zuwarten von 15-30 Minuten (vgl OLG Stuttgart MDR 1985, 871).

3 **Sind beide Parteien durch Rechtsanwälte vertreten**, ist Beantragen eines VU wegen Abwesenheit des Gegner-RA zulässig; das frühere RA-Standesrecht entfaltet keine Wirkung mehr (BGH NJW 1991, 42). Eine Verspätung des RA ist nicht als Versäumung zu beurteilen, wenn der RA darauf vertraut hatte, dass sein Gegenanwalt den örtl. Gerichtsgebrauch beachten werde oder mit ihm Zuwarten vereinbart hatte (vgl BGH NJW 1999, 2120; NJW 1976, 196; 1978, 428; str; vgl *Mennicke* MDR 1992, 221).

4 Wird antragswidrig nach VU-Antragstellung vertagt, ist dagegen sof Beschwerde statthaft (§ 336 Rz 1). Vertagung vor Antrag: § 227. Zweites VU unter Verstoß gegen § 337 ermöglicht Ber nach § 514 II; gegen erstes VU § 338.

## § 338 ZPO Einspruch

**[1]Der Partei, gegen die ein Versäumnisurteil erlassen ist, steht gegen das Urteil der Einspruch zu. [2]Hierauf ist die Partei zugleich mit der Zustellung des Urteils schriftlich hinzuweisen; dabei sind das Gericht, bei dem der Einspruch einzulegen ist, und die einzuhaltende Frist und Form mitzuteilen.**

§ 338 Satz 2 eingefügt durch G v. 18.8.2005 (BGBl 2005, 2477).

1 **1. Übersicht: Rechtsbehelfe a) gegen das Versäumnisurteil:** Einspruch (nicht etwa Ber, § 514 I; Ausnahmen §§ 514 II, 345, 238 II), Folge § 342. Auch wenn das (erste) VU gesetzwidrig erging, ist nur Einspruch statthaft (BGH NJW 1994, 665; OLG Düsseldorf MDR 1985, 1034). Einspruch auch zulässig, wenn VU (§ 331 III) mangels wirksamer Zustellung nur ein ScheinU ist (OLG Brandenburg NJW-RR 1996, 766). Erscheint der Säumige sof nach VU-Verkündung, kann er zu Protokoll Einspruch einlegen, und es kann sogleich gem § 342 weiterverhandelt werden.

**b) gegen Teil-Versäumnisurteil und Endurteil:** für den Kl wegen der Teilabweisung Ber, für den säumigen Bekl Einspruch (BGH NJW-RR 1986, 1326); ebenso wenn das FamG durch Urteil die Scheidung ausspricht und zugleich durch VU den Unterhaltsantrag abweist (OLG Koblenz FamRZ 2001, 1159).

**c) gegen das sog unechte Versäumnisurteil:** Ber, § 511;

**d) gegen Zurückweisung** des VU-Antrags (zu unterscheiden von Klageabweisung): sof Beschwerde, § 336;

**e) bei inkorrekten Entscheidungen** (VU als EndU bezeichnet): Grundsatz der Meistbegünstigung, vgl § 511 Rz 4. Aber: nur iFd § 313 b I 2 muss ein Urteil zwingend als VU bezeichnet werden (BGH FamRZ 1988, 945). Wenn Zweites VU *im technischen Sinn* hätte ergehen müssen, aber fälschl. *gewöhnliches* zweites VU erging: BGH NJW 1997, 1448;

**f) gegen das zweite Versäumnisurteil im technischen Sinne:** nur Ber, kein Einspruch, §§ 345, 514. Gegen ein gewöhnl. zweites (oder drittes ...) VU: Einspruch.

**g) gegen den Vollstreckungsbescheid:** Einspruch, §§ 700 I, 338. Ein verspäteter Widerspruch im Mahnverfahren gilt als Einspruch (§ 694 II 2). Wenn trotz rechtzeitigem Widerspruch ein VoB erging, ist der Widerspruch als Einspruch auszulegen.

2 **2. Bezeichnung.** Der Einspruch ist kein Rm; er lässt die vorl Vollstr des VU (§ 708 Nr. 2) unberührt, Bekl muss deshalb Einstellung gegen SiL beantragen, §§ 719 I, 707 I. In den Ausnahmefällen des § 719 I 2 („es sei denn...") kann Einstellung ohne Sicherheit beantragt und bewilligt werden. Formalien des Einspruchs vgl § 340 Rz 1. Ein Einspruch muss nicht so bezeichnet werden, auch ein Klageerwiderungsschriftsatz kann dahin umgedeutet werden (OLG Braunschweig FamRZ 1995, 237).

3 **3. Belehrungen, Satz 2.** Auch RA sind zu belehren. Fehlt der Hinweis oder ist er falsch, ist die Zustellung gleichwohl wirksam und die Frist läuft. Dann aber ist bei (verspätetem) Einspruch WE (§ 233) zu gewähren. Wegen § 700 I gilt S. 2 auch für den VoB.

Formular 223: Einspruch des Klägers gegen ein Versäumnisurteil
Formular 224: Einspruch des Beklagten gegen ein Versäumnisurteil

Formular 225: Teil-Einspruch des Klägers gegen ein Versäumnisurteil

Formular 226: Teil-Einspruch des Beklagten gegen ein Versäumnisurteil

Formular 227: Einspruch des Beklagten gegen ein Versäumnisurteil mit Antrag auf Einstellung der Zwangsvollstreckung

## § 339 ZPO Einspruchsfrist

**(1) Die Einspruchsfrist beträgt zwei Wochen; sie ist eine Notfrist und beginnt mit der Zustellung des Versäumnisurteils.**

**(2) Muss die Zustellung im Ausland oder durch öffentliche Bekanntmachung erfolgen, so hat das Gericht die Einspruchsfrist im Versäumnisurteil oder nachträglich durch besonderen Beschluss zu bestimmen.**

§ 339 II geändert durch G v. 27.7.2001 (BGBl 2001, 1887).

**1. Fristbeginn** bei VU in mdl Verh mit wirksamer Amtszustellung an die unterlegene Partei, § 317 I (ab Kenntnis des Gerichts von RA-Bestellung nur Zustellung an RA ausreichend, § 172; BGH 61, 310). Bei **Versäumnisurteil im schriftlichen Vorverfahren** erfolgt wegen § 310 III Zustellung an beide Parteien und erst die letzte Zustellung ersetzt die Verkündung. Fristbeginn daher erst mit letzter Amtszustellung (BGH NJW 1994, 3359; teils **aA** *Rau* MDR 2001, 794), vgl § 310 Rz 5 (Wenn VU gegen den Bekl am 09.04. dem Bekl und am 12.04. dem Kl zugestellt wurde, also Fristbeginn erst am 12.04.). Notfrist, daher keine Verlängerung oder Verkürzung möglich. Fristberechnung: §§ 222, 223. Zur Fristwahrung genügt Einwurf in ein im Gerichtsgebäude befindlichen Brieffach auch dann, wenn mit Leerung des Faches am selben Tag nicht mehr zu rechnen ist (BGH NJW 1984, 1237); jetzt haben fast alle Gerichte sog Nachtbriefkästen, wo der Zeitpunkt des Einwurfs feststellbar ist. Zur Fristwahrung genügt auch ein Fax; die Ansicht, das Fax genüge nur, wenn der Originalschriftsatz anschließend eingereicht werde (so LG Berlin NJW 2000, 3291), ist von der ZPO nicht gedeckt. Vgl § 340 Rz 1. Sogar ein Computerfax genügt (BGH NJW 2001, 831; LAG Köln MDR 2001, 1316). Gegen das VU kann ab Verkündung, nicht erst ab Zustellung, Einspruch eingelegt werden (RGZ 40, 392). 1

**Erscheint der Beklagte nach Verkündung** des VU im Sitzungssaal, kann das VU nicht mehr beseitigt werden; der Bekl kann aber zu Protokoll Einspruch einlegen und wenn der Kl noch anwesend ist, kann sof weiterverhandelt werden (mit Antragsänderung, §§ 342, 343); jedoch sollte der Einstellungsantrag nach § 719 I gestellt werden, es sei denn, der Kl verzichtet zu Protokoll auf ZwV aus dem VU.

**Gegen Versäumung der Frist** Antrag auf WE, § 233. Bei Fristversäumung Einspruchsverwerfung, § 341. Abweichende Frist nach § 59 ArbGG (Notfrist eine Woche).

Die **Beweislast** für die Zulässigkeit des Einspruchs trägt der Einsprechende (BGH NJW 1981, 1674), bei **Zweifeln an der Rechtzeitigkeit** ist also von Verspätung auszugehen; die Beweislast für gerichtsinterne Vorgänge, die er nicht aufklären kann, wie Kenntnis von RA-Bestellung (Rz 1), trägt er nicht (BGH NJW 1981, 1674; 1985, 1782). 2

3 **2. Auslandszustellung (Absatz 2).** Auslandszustellung nach §§183 ff; öffentl. Zustellung vgl §§185ff. Keine ges Bestimmung der Einspruchsfrist, wenn Zustellung an Bev nach §171 oder durch Aufgabe zur Post (§184 I 2; gilt als Inlandszustellung; BGH NJW 1992, 1701) erfolgt. Die Einspruchsfrist gegen einen **nach §184 zugestellten Vollstreckungsbescheid** beträgt daher nur zwei Wochen und beginnt schon mit Absendung, nicht erst mit Zugang im Ausland (BGH NJW 1989, 1432; über WE BGH FamRZ 1989, 1287 und NJW 1992, 1701). Unzulässige Fristsetzung führt nur zu entspr Fristverlängerung, hindert nicht den Fristlauf überhaupt (BGH NJW 1992, 1700). Einspruchsfrist wird von der Kammer, nicht nur vom Vors, bestimmt.

## § 340 ZPO Einspruchsschrift

**(1) Der Einspruch wird durch Einreichung der Einspruchsschrift bei dem Prozessgericht eingelegt.**

**(2) [1]Die Einspruchsschrift muss enthalten:**

**1. die Bezeichnung des Urteils, gegen das der Einspruch gerichtet wird;**

**2. die Erklärung, dass gegen dieses Urteil Einspruch eingelegt werde.**

**[2]Soll das Urteil nur zum Teil angefochten werden, so ist der Umfang der Anfechtung zu bezeichnen.**

**(3) [1]In der Einspruchsschrift hat die Partei ihre Angriffs- und Verteidigungsmittel, soweit es nach der Prozesslage einer sorgfältigen und auf Förderung des Verfahrens bedachten Prozessführung entspricht, sowie Rügen, die die Zulässigkeit der Klage betreffen, vorzubringen. [2]Auf Antrag kann der Vorsitzende für die Begründung die Frist verlängern, wenn nach seiner freien Überzeugung der Rechtsstreit durch die Verlängerung nicht verzögert wird oder wenn die Partei erhebliche Gründe darlegt. [3]§ 296 Abs. 1, 3, 4 ist entsprechend anzuwenden. [4]Auf die Folgen einer Fristversäumung ist bei der Zustellung des Versäumnisurteils hinzuweisen.**

1 **1.** Die **Einspruchsschrift (Absatz 1)** muss grds von der Partei, im Anwaltsprozess vom zugelassenen RA eigenhändig unterschrieben sein (BGH LM Nr. 1; NJW 1987, 2588). Enthält der Einspruch gegen den VoB keine handschriftl. Unterschrift, genügt dies, wenn ein bewusstes Inverkehrbringen vorliegt (OLG Celle OLG-Report 2006, 811). Für den Einspruch gegen einen Strafbefehl hat BVerfG NJW 2002, 3534 die eigenhändige Unterzeichnung nicht als wesentl. Voraussetzung der Schriftlichkeit angesehen (es genüge, wenn aus dem Schriftstück ansonsten in einer jeden Zweifel ausschließenden Weise ersichtl. ist, von wem die Erklärung herrührt und dass kein bloßer Entwurf vorliegt). Der Einspruch kann auch mit Telefax eingelegt werden (der Originalschriftsatz muss nicht nachgereicht werden, aA LG Berlin NJW 2000, 3291); vgl § 130 Rz 8. Tel Einspruch ist ungenügend; Erklärung des Einspruchs zu Protokoll *kann* genügen (BGH NJW 1989, 530; OLG Frankfurt NJOZ 2006, 511). Angabe der *Adresse* des Einsprechenden darf nicht verweigert werden (vgl OLG Düsseldorf NJW-RR 1993, 1150; **aA** OLG München NJW-RR 1995, 59), die Weigerung hindert aber nicht die Wirksamkeit des Einspruchs.

Die **Angaben nach Absatz 2 Nr. 1, 2** sind insofern nicht zwingend, als formale Mängel nicht schaden, der Schriftsatz muss nur einem bestimmten Verfahren zuzuordnen sein (*mündliche* Ergänzung genügt nicht, BGH NJW-RR 1994, 1213), das Wort „Einspruch“ muss nicht benutzt werden. Die Angaben müssen nicht in der Einspruchsschrift schon enthalten sein, sondern nur innerhalb der Frist des § 339 gebracht werden. 2

**Inhalt des Einspruchs; Umfang der Anfechtung:** bis zum Ablauf der Einspruchsfrist muss angegeben sein, für wen und gegen wen der Einspruch eingelegt werden soll (BGH NJW 1998, 3499), so wie bei einer BerSchrift. Der Einspruch darf aber nicht an unvollständigen oder fehlerhaften Angaben scheitern, wenn für Gericht und Prozessgegner das wirklich Gewollte deutl. wird (BGH NJW 1996, 320). Schriftsätze müssen nach ihrem vernünftigen Sinn, was gewollt ist, ausgelegt werden. Wird im Einspruch der Kl. (anstatt: der Bekl) als derjenige bezeichnet, in dessen Namen Einspruch eingelegt ist, ist klar, dass dies ein Schreibversehen ist (BGH NJW-RR 1999, 938). Bei einem VU gegen zwei Bekl schließt der Satz in der Einspruchsschrift, es werde „für den Beklagten“ Einspruch eingelegt (obwohl zwei männl. Bekl vorhanden waren, beide durch denselben RA vertreten), die Annahme nicht aus, der Einspruch werde tatsächl. für beide Bekl eingelegt (BGH FamRZ 2006, 482). *Mündliche* Äußerungen der Beteiligten dürfen aber bei der Ermittlung des notw Inhalts der Einspruchsschrift nicht berücksichtigt werden (BGH NJW-RR 1994, 1213). Der Einspruch ist **beschränkbar auch auf einen Teil**, auch nur auf die KostenE (trotz § 99 I). Der Einspruch des Kl gegen ein klageabweisendes VU kann mit Parteiwechsel auf Kl-Seite verbunden werden (OLG Köln NJW-RR 1993, 1408). 3

**2. Absatz 3.** Der **Einspruch gegen den Vollstreckungsbescheid** muss nicht begründet werden, § 700 III 3, weil noch keine Anspruchsbegründung vorliegt, gegen die sich der Bekl wenden könnte. Der **Einspruch gegen ein Versäumnisurteil** ist zu begründen, fehlende Begründung macht ihn aber nicht unzulässig (BGH NJW-RR 1992, 957). Die Begründung kann im Einspruchsschriftsatz oder in einem weiteren Schriftsatz innerhalb der Frist des § 339 enthalten sein, auch durch Bezugnahme auf frühere Schriftsätze erfolgen. 4

**Erfolgt die Begründung** (Inhalt vgl §§ 277, 282) erst **nach Ablauf dieser Frist**, ist der Einspruch nicht unzulässig, es ist ledigl. § 296 I, IV anzuwenden (bei verspäteten Rügen gegen die Zulässigkeit der Klage § 296 III, IV; § 282 III); das verspätete Vorbringen wird also uU nicht berücksichtigt: was im Einspruchstermin erledigt werden kann, verzögert nicht und ist somit zu berücksichtigen. 5

Die **zeitliche Ansetzung des Einspruchstermins** spielt daher eine Rolle; er ist zwar nach § 273 sachgerecht vorzubereiten (§ 341a Rz 2), muss aber auch nicht weit hinausgeschoben werden (vgl BGH NJW 1980, 1105; 1981, 286). Wird verspätetes Vorbringen unzulässig doch berücksichtigt, ist dies unanfechtbar und für das RmG bindend (BGH NJW 1981, 928). 6

Die verlängerte Begründungsfrist **(Absatz 3 S. 2)** ist keine Notfrist (OLG Frankfurt NJW-RR 1993, 1151). 7

**3. Flucht in die Säumnis.** Waren dem Bekl die in § 296 I genannten Fristen gesetzt und hat er sie verstreichen lassen, ist er nach § 296 mit verspätetem Vorbringen ausgeschlossen. Der Bekl kann dies umgehen, indem er in der mdl Verh ausbleibt und gegen sich VU 8 ergehen lässt; dagegen kann er ordnungsgem Einspruch einlegen und seine ursprüngl. Angriffs- und Verteidigungsmittel in der Einspruchsschrift nach § 340 III bringen (BGH NJW 1980, 1105). Die Präklusion nach § 296 wird damit vermieden, allerdings entstehen für den Bekl Kosten- und Vollstreckungsnachteile (§§ 344, 708 Nr. 2).

### § 340a ZPO Zustellung der Einspruchsschrift

**[1]Die Einspruchsschrift ist der Gegenpartei zuzustellen. [2]Dabei ist mitzuteilen, wann das Versäumnisurteil zugestellt und Einspruch eingelegt worden ist. [3]Die erforderliche Zahl von Abschriften soll die Partei mit der Einspruchsschrift einreichen. [4]Dies gilt nicht, wenn die Einspruchsschrift als elektronisches Dokument übermittelt wird.**

§ 340a geändert durch G v. 22.3.2005 (BGBl 2005, 837).

1 Vgl Anm zu § 521. Fehlende Abschriften stellt die Geschäftsstelle her, GKG-KV Nr. 9000. Vgl § 133.

### § 341 ZPO Einspruchsprüfung

**(1) [1]Das Gericht hat von Amts wegen zu prüfen, ob der Einspruch an sich statthaft und ob er in der gesetzlichen Form und Frist eingelegt ist. [2]Fehlt es an einem dieser Erfordernisse, so ist der Einspruch als unzulässig zu verwerfen.**

**(2) Das Urteil kann ohne mündliche Verhandlung ergehen.**

§ 341 II geändert durch G v. 27.7.2001 (BGBl 2001, 1887).

1 **1. Voraussetzungen der Zulässigkeit des Einspruchs: a)** Vorliegen eines echten VU (kein Einspruch gegen unechtes VU; gegen zweites VU iSd § 345; § 238 II), § 338; **b)** Rechtzeitigkeit, § 339; **c)** Form, § 340 I, II; **d)** kein Verzicht, § 346.

2 **2. Gang des Verfahrens:** Wird kein Einspruch eingelegt, wird das VU rechtskr, bei Teileinspruch insoweit. **Wird Einspruch eingelegt:**

3 **a) Prüfung der Zulässigkeit** ohne mdl Verh im Büroweg, 341 II:

- **bei Zulässigkeit:** Terminsbestimmung (vgl § 341a); in den Entscheidungsgründen des späteren Urteils wird festgestellt, dass der Einspruch zulässig war und das Verfahren gem § 342 zurückversetzt hat;
- **bei Unzulässigkeit** des Einspruchs (zB Fristversäumung) ist zunächst rechtl. Gehör zu gewähren (BGH VersR 1975, 899), dann **Endurteil** (ohne notw mdl Verh, § 341 II; bis 2001: „Beschluss"), wobei nicht mehr geprüft wird, ob das VU ordnungsgem zustande kam (BGH FamRZ 2007, 904); „Der Einspruch des ... gegen das VU vom ... wird als unzulässig verworfen"; Kosten § 97 I entspr vorl Vollstr § 708 Nr. 3. Mit Tatbestand und Entscheidungsgründen. Keine Verkündung notw, Zustellung nach § 310 III 2 genügt.

**b) Rechtsmittel** gegen das Urteil: Ber usw. sofern BerSumme erreicht ist (vgl § 511a); ist das rechtl. Gehör verletzt worden: § 321a. 4

Formular 228: Antrag“ des Klägers auf Verwerfung eines unzulässigen Einspruchs des Beklagten

## § 341a ZPO Einspruchstermin

**Wird der Einspruch nicht als unzulässig verworfen, so ist der Termin zur mündlichen Verhandlung über den Einspruch und die Hauptsache zu bestimmen und den Parteien bekannt zu machen.**

§ 341a geändert durch G v. 27.7.2001 (BGBl 2001, 1887).

**Terminsbestimmung** bezieht sich grds auf Verh über Einspruch und Hauptsache (BGH NJW 1982, 888); sie könnte auf den Einspruch beschränkt werden, vgl § 146; Folge: ZwischenU über Zulässigkeit des Einspruchs. 1

**Terminierung** unverzügl, Ladungsfrist ggü. beiden Parteien ist einzuhalten (§§ 216 II, 217). Gleichwohl muss der Termin sorgfältig vorbereitet werden; eine bewusst kurzfristige Terminierung, um Vortrag abzuschneiden, ist unzulässig (OLG Düsseldorf MDR 2005, 1189). **Terminstag** muss daher nicht der nächstoffene sein; der Vors ist aber auch nicht verpflichtet, den Termin so weit hinauszuschieben, dass in ihm auch verspätetes Vorbringen noch in vollem Umfang ohne Verzögerung in der Erledigung des Rechtsstreits berücksichtigt werden kann, zB ein SV-Gutachten eingeholt werden kann (BGH NJW 1981, 286; 6 Wochen nicht zu kurz). Bei der Vorbereitung der mdl Verh muss der Vors alles Zumutbare tun (vgl §§ 272 III, 273), um die Folgen einer Fristversäumung auszugleichen (BGH NJW 1980, 1105). 2

## § 342 ZPO Wirkung des zulässigen Einspruchs

**Ist der Einspruch zulässig, so wird der Prozess, soweit der Einspruch reicht, in die Lage zurückversetzt, in der er sich vor Eintritt der Versäumnis befand.**

Durch den zulässigen Einspruch wird der Prozess (bei Teileinspruch, § 340 II 2, nur insoweit) zurückversetzt; alle früheren Prozesshandlungen oder Unterlassungen werden wieder erhebl. (BGH NJW 1981, 286). Deshalb ist es falsch, in einem Urteil zu schreiben: „Der Einspruch gegen das VU ist zulässig *und begründet.*“ Denn Einsprüche sind nicht „begründet“, sie versetzen den Prozess nur zurück. Das VU selbst wird nicht beseitigt, § 343; die ZwV daraus bleibt möglich (vgl § 719 I). 1

## § 343 ZPO Entscheidung nach Einspruch

**[1]Insoweit die Entscheidung, die auf Grund der neuen Verhandlung zu erlassen ist, mit der in dem Versäumnisurteil enthaltenen Entscheidung übereinstimmt, ist auszusprechen, dass diese Entscheidung aufrechtzuerhalten sei. [2]Insoweit diese Voraussetzung nicht zutrifft, wird das Versäumnisurteil in dem neuen Urteil aufgehoben.**

1 **Entscheidung im Einspruchstermin bzw aufgrund des Termins:**

**1.** Stellt sich erst jetzt die **Unzulässigkeit des Einspruchs** heraus, wird er durch Urteil verworfen, § 341 I 2.

2 **2.** Ist der **Einspruchsführer nicht erschienen:** Verwerfung des Einspruchs durch (zweites) VU, § 345.

3 **3.** Ist der **Einspruchsgegner säumig**, dann ergeht gegen ihn ein (erstes) VU unter Aufhebung des früheren VU (zB: VU gegen Bekl, Bekl legt Einspruch ein, *Kl* ist jetzt säumig: VU vom ... wird aufgehoben; Klage abgewiesen).

4 **4. Verhandeln beide Parteien**, erfolgt Beweisaufnahme usw. bei einem vorangegangenen VU gegen den Bekl lautet der Tenor:

**a) wenn die neue Entscheidung mit dem Versäumnisurteil übereinstimmt:**

5 Endurteil: I. Das VU vom ... wird aufrechterhalten. II. Dem Bekl werden die weiteren Kosten auferlegt. III. *Bei §§ 708 Nr. 11, 711:* Das Urteil ist vorl vollstr. Der Bekl kann die Vollstreckung aus dem VU und diesem EndU durch Sicherheit in Höhe von ... € abwenden, wenn nicht der Kl vor der Vollstr Sicherheit in gleicher Höhe leistet. *Bei § 709 S. 1, 2:* Das Urteil ist gegen SiL in Höhe von ... € vorl vollstr. Die Vollstreckung aus dem VU darf nur gegen Leistung dieser Sicherheit fortgesetzt werden.

**b) wenn die neue Entscheidung ganz abweicht:**

6 Endurteil: I. das VU vom ... wird aufgehoben. II. Die Klage wird abgewiesen. III. Der Bekl trägt die durch seine Säumnis im Termin vom ... entstandenen Kosten; die übrigen Kosten trägt der Kl. (§ 344; Säumniskosten zB Kosten der Terminswahrnehmung, nochmaliger Zeugenladung, Zeitausfall) IV. Vollstreckbarkeit: *Bei §§ 708 Nr. 11, 711:* **(1)** Das Urteil ist für beide Parteien vorl vollstr. **(2)** Der Kl kann die Vollstreckung durch Sicherheit in Höhe von ... € abwenden, wenn nicht der Bekl vor der Vollstreckung Sicherheit in gleicher Höhe leistet. **(3)** Der Bekl kann die Vollstreckung ..., wenn nicht der Kl ... Bei § 713 entfallen (2) und (3). *Bei § 709 S. 1* lautet IV: **(1)** Das Urteil ist für den Bekl gegen Sicherheit in Höhe von ... € vorl vollstr. **(2)** Das Urteil ist für den Kl ohne Sicherheit vorl vollstr. **(3)** Der Bekl kann die Vollstreckung durch Sicherheit in Höhe von ... abwenden, wenn nicht der Kl vor der Vollstreckung Sicherheit in gleicher Höhe leistet.

**c) wenn die neue Entscheidung teils übereinstimmt, teils abweicht:**

7 EndU (falls zB VU über 50 000 € vorausging): I. Das VU vom ... wird aufrechterhalten, soweit der Bekl zur Zahlung von 20 000 € an den Kl verurteilt wurde (keine volle Aufhebung und Neufassung wegen Gefahr des Rangverlustes, §§ 775 Nr. 1, 776, OLG Frankfurt NJW 1976, 113). II. IÜ wird das VU aufgehoben und die Klage abgewiesen. III. Der

Bekl trägt die Kosten seiner Säumnis im Termin vom ...; von den übrigen Kosten trägt der Kl 3/5, der Bekl 2/5. IV. Bei der Vollstr sind je nach Betragshöhe von Verurteilung und Kosten Fallgruppen zu unterscheiden, wobei ferner § 713 zu prüfen ist: zB **(a)** §§ 708 Nr. 11, 711 für beide Parteien; **(b)** § 709 S. 2 für beide; **(c)** hier: § 709 S. 2 für Kl, §§ 708 Nr. 11, 711 für Bekl: **(1)** Das Urteil ist für den Kl gegen Sicherheit in Höhe von ... € vorl vollstr. **(2)** Der Kl darf die Vollstreckung aus dem VU nur gegen Leistung dieser Sicherheit fortsetzen.**(3)** Das Urteil ist für den Bekl bez der Kosten ohne Sicherheit vorl vollstr. **(4)** Der Kl kann die Vollstreckung durch Sicherheit in Höhe von ... € abwenden, wenn nicht der Bekl vor der Vollstreckung Sicherheit in gleicher Höhe leistet.

**d) wenn der** Prozess durch **übereinstimmende Erledigungserklärung, Klagerücknahme** oder Vergleich beendet wird, kann es zweckmäßig sein, durch Beschluss die Wirkungslosigkeit des VU auszusprechen, entspr § 269 III 1, IV. 8

## § 344 ZPO Versäumniskosten

**Ist das Versäumnisurteil in gesetzlicher Weise ergangen, so sind die durch die Versäumnis veranlassten Kosten, soweit sie nicht durch einen unbegründeten Widerspruch des Gegners entstanden sind, der säumigen Partei auch dann aufzuerlegen, wenn infolge des Einspruchs eine abändernde Entscheidung erlassen wird.**

**1. Versäumnisurteil in gesetzlicher Weise ergangen:** wenn die proz Voraussetzungen vorlagen. **Daran fehlt es**, wenn nach objektiver Sachlage (ohne Rücksicht auf Kenntnis des Gerichts, BGH NJW 1961, 2207) das VU erging, obwohl zB die Ladung fehlerhaft war (BAG NJW 1971, 957), keine Säumnis vorlag (wenn Bekl nicht mit Klagezustellung rechnen musste und während Zustellung 1 Monat auf Türkei-Urlaub war, keine Säumnis; BGH NJW 2004, 2309); Parteifähigkeit fehlte, Hindernisse nach §§ 335, 337 vorlagen; wenn *gleichzeitig* mit dem VU der PKH-Antrag des Bekl zurückgewiesen wurde (OLG Brandenburg NJW-RR 2002, 285). Inhaltl. Richtigkeit spielt keine Rolle. 1

**2. Kostenentscheidung:** Siegt der säumige Bekl letztl. und wird die Klage abgewiesen, lautet die KostenE: „Die durch die Säumnis veranlassten Kosten trägt der Bekl, die übrigen Kosten der Kl." Hat der Kl zB die Zulässigkeit des Einspruchs bestritten, sodass über die Zustellung eine Beweisaufnahme (Zeugenvernehmung) notw war **(„unbegründeter Widerspruch")**, sind die Beweiskosten nicht dem Bekl aufzuerlegen. 2

Die **Säumniskosten** (werden erst im Kostenfestsetzungsverfahren ermittelt, § 104) sind zB die des Einspruchsverfahrens, zusätzl. Ladungs- und Reisekosten des späteren Termins (OLG Stuttgart MDR 1989, 269).

**§ 344 gilt nicht**, wenn **a)** das (gesetzl. oder nicht) ergangene VU aufrechterhalten wird (weitere Kosten § 91) oder **b)** wenn das nicht gesetzl. ergangene VU aufgehoben wird (alle Kosten nach § 91). § 98 geht vor. 3

Lässt der Bekl einen VoB gegen sich ergehen, legt Einspruch ein und erhebt Einrede der Verjährung, worauf der Kl die Klage zurücknimmt, hat der Bekl die durch den VoB ausgelösten Mehrkosten zu tragen (OLG München NJW-RR 2002, 142; **aA** OLG Brandenburg NJW-RR 1999, 871).

Ergeht VU gegen Bekl, legt dieser Einspruch ein, worauf der Kl die **Klage zurücknimmt**, sind dem Bekl die Kosten der Säumnis (§ 341), dem Kl die übrigen Kosten (§ 269 III 2) aufzuerlegen (BGH NJW 2004, 2309; früher sehr str). Vgl § 269 Rz 13a.

4 Wird **§ 344 übersehen:** §§ 319, 321. Vgl § 281 Rz 27.

## § 345 ZPO Zweites Versäumnisurteil

**Einer Partei, die den Einspruch eingelegt hat, aber in der zur mündlichen Verhandlung bestimmten Sitzung oder in derjenigen Sitzung, auf welche die Verhandlung vertagt ist, nicht erscheint oder nicht zur Hauptsache verhandelt, steht gegen das Versäumnisurteil, durch das der Einspruch verworfen wird, ein weiterer Einspruch nicht zu.**

**Lit:** ***Boemke*** ZZP 1993, 106, 371; ***Prütting*** JuS 1975, 150; ***Gaumann*** JR 2001, 445.

1 **1. Ist der Einspruchsführer** (zB Bekl) im **Einspruchstermin** (§ 341a) **bei zulässigem Einspruch säumig**, ergeht auf Antrag ein sog **zweites technisches Versäumnisurteil:** „2. Versäumnisurteil“: I. Der Einspruch des Bekl gegen das VU (bzw gegen den VoB) vom ... wird verworfen. II. Der Bekl trägt die weiteren Kosten (§ 97 I entspr). III. Das Urteil ist vorl vollstr (§ 708 Nr. 2). Mit der Bezeichnung „technisch“ ist ein 2. VU im Sinne von § 345 gemeint; denn es können in einem Prozess auch zwei oder drei VU ergehen, die nicht unter § 345 fallen, nämlich wenn der Bekl inzwischen immer wieder auftritt, gelegentl. säumig ist, jeweils Einspruch einlegt usw..

**2. Voraussetzungen des zweiten technischen Versäumnisurteils:**

2 **a)** ein **erstes Versäumnisurteil** bzw ein **Vollstreckungsbescheid** (bes gefährl.!) muss vorliegen;

**b)** ***zulässiger*** **Einspruch** hiergegen (BGH NJW 1995, 1561; OLG Düsseldorf MDR 2001, 833). Der verspätete und damit unzulässige Einspruch gegen einen VoB muss auch bei Säumnis des Bekl durch normales (kontradiktorisches) EndU verworfen werden. Ein (zweites) VU nach § 345 ZPO kann nicht ergehen (BGH NJW 1995, 1561).

**c) Säumnis des Einspruchsführers** im Termin: dh ordnungsgem Ladung hierzu, § 335 I Nr. 2, kein Fall des § 337; Partei bzw RA erscheint nicht oder verhandelt nicht *zur Hauptsache*: ein solches Verhandeln ist nicht nur die Erörterung der sachl. Frage, sondern jede, die nicht auf Prüfung der Einspruchszulässigkeit beschränkt ist, auch Verhandlung über die örtl. Zust (BGH NJW 1967, 728); zum Nichtverhandeln vgl § 333 Rz 1. Keine Säumnis liegt vor, wenn die Partei **ohne ihr Verschulden** am Erscheinen gehindert war (BGH NJW 1998, 3125); vgl Rspr zu § 233 (BGH NJW 2004, 2309). Wenn die Partei nicht kommt und keine Informationen vorliegen, geht das Gericht von schuldhafter Säumnis aus (die Frage spielt dann in der Ber eine Rolle, § 514 II).

Gleich steht Säumnis im **vertagten Termin**; vgl §§ 227, 335 II, 337; zB wenn der Bekl im Termin säumig ist, das Gericht wegen § 337 vertagt, Bekl im neuen Termin wieder säumig ist.

**d) Prüfung der Gesetzmäßigkeit des Versäumnisurteils?**

**aa) Beim Einspruch gegen ein Versäumnisurteil wird** vor Erlass des technisch zweiten VU **nicht (nochmals) geprüft, ob das erste Versäumnisurteil gesetzmäßig erging,** also auch nicht, ob die Klage zulässig und schlüssig war und ob bei Erlass des ersten VU Säumnis vorlag (BGH NJW 1999, 2599; *Marcelli* NJW 1981, 558; *Boemke* ZZP 1993, 371); dafür spricht eindeutig der Umkehrschluss aus § 700 VI (Streitfrage war 1976/1990 bekannt, führte nur zu Änderung bei § 700 VI, nicht aber zur Änderung des § 345); der Wortlaut des § 345 sagt nichts von einer nochmaligen Überprüfung des Wegs zum ersten VU; § 345 will Prozessverschleppung verhindern, die Sanktion ist nicht unbillig; hundert Jahre wurde die Norm wie hier verstanden. 3

Die **aA** will wegen § 342 (Rückversetzung des Prozesses) sowie wegen der Schutzwürdigkeit des Säumigen die Schlüssigkeitsprüfung wiederholen (so zB BAG NJW 1971, 1198; MDR 1995, 201), nachprüfen, ob seinerzeit Säumnis vorlag (LAG Frankfurt NZA 1993, 816), überhaupt die Gesetzmäßigkeit des ersten VU nachprüfen (*Braun* JZ 1999, 1157; ZZP 1980, 460; *Hoyer*, Das technisch zweite VU, 1980 S. 124; *Orlich* NJW 1980, 1782).

**bb)** die Schlüssigkeit wird erstmals geprüft, wenn der **Einspruch gegen einen Vollstreckungsbescheid** verworfen werden soll, § 700 VI, denn hier erfolgte bisher keinerlei Schlüssigkeitsprüfung. 4

- **Bei Unschlüssigkeit** wird durch EndU (sog unechtes VU) der VoB aufgehoben und die Klage abgewiesen. 5
- **Bei teilweiser Unschlüssigkeit** (zB Zinshöhe, Zinsbeginn) ergeht ein „Teilend- und zweites VU“, wobei durch das TeilendU der unschlüssige Teil behandelt wird. 6
- Wird **nach Einspruch** gegen einen VoB die **Klage erweitert** und ist der Bekl wiederum säumig, ergeht teils ein erstes, teils ein zweites VU (OLG Köln NJW-RR 1988, 701). 7
- Ist der VoB verfahrensrechtl. unzulässig ergangen (BGH 73, 87, zB weil bei Erlass des VoB bereits ein Widerspruch vorlag), wird durch VU der VoB aufgehoben, und es ergeht ein *erstes* VU gegen den Bekl. 8

**Rechtsmittel** (dazu *Elser* JuS 1994, 965): Gegen ein zweites technisches VU kann der Säumige nicht mehr Einspruch einlegen und so das Verfahren nochmals verzögern, sondern nur noch beschränkt Ber nach §514 II (unabhängig von Streitwerthöhe); die Ber kann zB nicht darauf gestützt werden, dass bei Erlass des ersten VU keine Säumnis vorgelegen habe (BGH NJW 1986, 2113), wohl aber darauf, dass die **Versäumung vor dem zweiten Versäumnisurteil nicht schuldhaft gewesen** sei (BGH NJW 1999, 2120); vgl §233. Wenn der RA zu spät kommt, sodass inzwischen VU ergangen ist, war die Säumnis nicht schuldhaft, wenn der RA die Fahrzeit mit einem Routenplaner im Computer berechnet und einen Sicherheitszuschlag hinzugegeben hatte (OLG Celle NJW 2004, 2534). Innerhalb des Bundesgebiets darf man Linienflüge buchen und muss nicht aus Gründen der Vorsicht auf Bahn/Auto zurückgreifen (BGH NJW 2007, 2047; OLG Rostock OLG-Report 2006, 628). Hat der RA den Termin schuldhaft versäumt, haftet er evtl seinem Mandanten. 9

Bei Falschbezeichnung des Urteils: Grundsatz der Meistbegünstigung, vgl § 511 Rz 4 (BGH VersR 1984, 287).

**3. Ist der Gegner** des Einspruchsführers **säumig** (zB Kl): vgl § 343 Rz 3. 10

11 **4. Bei unzulässigem Einspruch:** § 341.

12 **5.** Erging am 01.02. VU gegen den Bekl, wurde dann im Einspruchstermin vom 01.03. streitig verhandelt und ist im Termin vom 01.04. der Bekl erneut säumig, ergeht ein **zweites gewöhnliches Versäumnisurteil:** Das VU vom 01.02. wird aufrechterhalten (§ 343); Bekl trägt die weiteren Kosten; vorl vollstr nach § 708 Nr. 2. Dagegen Einspruch statthaft, § 338. So sind auch dritte und vierte VU denkbar, § 331a kann helfen. Wäre dagegen am 01.03. nur über den Einspruch oder über Terminsverlegung verhandelt worden und zur Hauptsache auf 01.04. *vertagt*, erginge am 01.04. ein zweites technisches VU.

13

**Praxishinweise:**

Wegen der einschneidenden Rechtskraftfolgen eines zweiten VU (§ 514 II) ist dem Gericht und dem Prozessgegner abweichend vom ersten VU eine längere Wartezeit als die üblichen 15 Minuten zuzumuten (OLG Rostock MDR 1999, 626; aber str, aA *Baumbach/Hartmann* § 345 Rz 4).

## § 346 ZPO Verzicht und Zurücknahme des Einspruchs

**Für den Verzicht auf den Einspruch und seine Zurücknahme gelten die Vorschriften über den Verzicht auf die Berufung und über ihre Zurücknahme entsprechend.**

1 Vgl Anm zu §§ 515, 516. Rücknahme des Einspruchs ist nicht widerrufl., auch nicht bei Irrtum (OLG Düsseldorf JurBüro 1984, 1586). Ausnahme entspr § 580.

## § 347 ZPO Verfahren bei Widerklage und Zwischenstreit

**(1) Die Vorschriften dieses Titels gelten für das Verfahren, das eine Widerklage oder die Bestimmung des Betrages eines dem Grunde nach bereits festgestellten Anspruchs zum Gegenstand hat, entsprechend.**

**(2) [1]War ein Termin lediglich zur Verhandlung über einen Zwischenstreit bestimmt, so beschränkt sich das Versäumnisverfahren und das Versäumnisurteil auf die Erledigung dieses Zwischenstreits. [2]Die Vorschriften dieses Titels gelten entsprechend.**

1 Ist der Bekl und WiderKl säumig und war die Widerklage nach § 261 II erhoben, kann VU auf Klagestattgabe und Abweisung der Widerklage ergehen.

# Titel 4
# Verfahren vor dem Einzelrichter

## Vor § 348

1

**Praxishinweise:**

Die Einführung des nahezu allzuständigen ER hat die Stellung der Prozessparteien wesentl. verschlechtert. Unerfahrene Proberichter an der ZivK können in Verfahren mit unbegrenzten StrW entscheiden (§ 348 I 1 Nr. 1; § 348a I). Das können sogar junge Richter sein, die später wegen Unfähigkeit von der Justiz nicht übernommen werden (s. BGH NJW-RR 2003, 570). In Beschwerdeverfahren ist gar keine Erfahrungsgrenze vorgesehen (§ 568 S. 1). Die wichtige Aufgabe der Einarbeitung junger Richter entfällt damit weitgehend. Die Zuständigkeitsregelungen sind durchgehend unanfechtbar.

Das alles hat zu zahlreichen Rechtsanwendungsproblemen und auch Kontroversen geführt. Immer wieder vorkommende, vom BVerfG schon wiederholt gerügte Nichtvorlage an das Kollegium trotz grundsätzl. Bedeutung einer Rechtssache entzieht den Parteien den gesetzl. Richter (Art 103 I GG). Nach *Deutsch* (NJW 2004, 1150) ist aufgrund „der Prozessgestaltung in Zivilverfahren der Rechtsstaat nicht mehr gewährleistet". Aufgabe des Anwalts ist es daher, zum Schutz seines Mandanten genau auf die Wahrung der Zuständigkeitsregeln zu achten.

## § 348 ZPO Originärer Einzelrichter

**(1) [1]Die Zivilkammer entscheidet durch eines ihrer Mitglieder als Einzelrichter. [2]Dies gilt nicht, wenn**

1. **das Mitglied Richter auf Probe ist und noch nicht über einen Zeitraum von einem Jahr geschäftsverteilungsplanmäßig Rechtsprechungsaufgaben in bürgerlichen Rechtsstreitigkeiten wahrzunehmen hatte oder**
2. **die Zuständigkeit der Kammer nach dem Geschäftsverteilungsplan des Gerichts wegen der Zuordnung des Rechtsstreits zu den nachfolgenden Sachgebieten begründet ist:**
   - a) **Streitigkeiten über Ansprüche aus Veröffentlichungen durch Druckerzeugnisse, Bild- und Tonträger jeder Art, insbesondere in Presse, Rundfunk, Film und Fernsehen;**
   - b) **Streitigkeiten aus Bank- und Finanzgeschäften;**
   - c) **Streitigkeiten aus Bau- und Architektenverträgen sowie aus Ingenieurverträgen, soweit sie im Zusammenhang mit Bauleistungen stehen;**
   - d) **Streitigkeiten aus der Berufstätigkeit der Rechtsanwälte, Patentanwälte, Notare, Steuerberater, Steuerbevollmächtigten, Wirtschaftsprüfer und vereidigten Buchprüfer;**

**e) Streitigkeiten über Ansprüche aus Heilbehandlungen;**

**f) Streitigkeiten aus Handelssachen im Sinne des § 95 des Gerichtsverfassungsgesetzes;**

**g) Streitigkeiten über Ansprüche aus Fracht-, Speditions- und Lagergeschäften;**

**h) Streitigkeiten aus Versicherungsvertragsverhältnissen;**

**i) Streitigkeiten aus den Bereichen des Urheber- und Verlagsrechts;**

**j) Streitigkeiten aus den Bereichen der Kommunikations- und Informationstechnologie;**

**k) Streitigkeiten, die dem Landgericht ohne Rücksicht auf den Streitwert zugewiesen sind.**

**(2) Bei Zweifeln über das Vorliegen der Voraussetzungen des Absatzes 1 entscheidet die Kammer durch unanfechtbaren Beschluss.**

**(3) [1]Der Einzelrichter legt den Rechtsstreit der Zivilkammer zur Entscheidung über eine Übernahme vor, wenn**

**1. die Sache besondere Schwierigkeiten tatsächlicher oder rechtlicher Art aufweist,**

**2. die Rechtssache grundsätzliche Bedeutung hat oder**

**3. die Parteien dies übereinstimmend beantragen.**

**[2]Die Kammer übernimmt den Rechtsstreit, wenn die Voraussetzungen nach Satz 1 Nr. 1 oder 2 vorliegen. [3]Sie entscheidet hierüber durch Beschluss. [4]Eine Zurückübertragung auf den Einzelrichter ist ausgeschlossen.**

**(4) Auf eine erfolgte oder unterlassene Vorlage oder Übernahme kann ein Rechtsmittel nicht gestützt werden.**

§ 348 wurde geändert durch G v. 27.7.2001 (BGBl 2001, 1887).

1 **1. Überblick.** Beim AG entscheiden ohnehin nur ER. Beim LG gibt es ZivK deren Mitglieder (auch der Vors) zugleich ER sind. Möglichkeiten:

**a)** Eine Sache wird grds vom ER entschieden (§ 348 I 1); ein bes Übertragungsbeschluss der Kammer entfällt und hätte nur klarstellende Bedeutung. Der ER kann die Sache der ZivK vorlegen, damit diese den Rechtsstreit zur Entscheidung übernimmt (§ 348 III Nr. 1, Nr. 2). Er muss sie vorlegen, wenn beide Parteien dies übereinstimmend beantragen (Nr. 3). Die ZivK muss die Sache aber nicht übernehmen. Sie entscheidet durch Beschluss (§ 348 III 3), der unanfechtbar ist, ob sie übernimmt oder nicht. Übernimmt sie die Sache, kann sie nicht nach einiger Zeit wieder auf den ER zurückübertragen werden (§ 348 II 4).

**b)** Wenn der an sich zuständige ER Proberichter ist, muss die Kammer entscheiden.

**c)** Denkbar ist, dass laut Geschäftsverteilungsplan des Gerichts (§ 348 I 2 Nr. 2) zunächst die ZivK zuständig ist (§ 348 I 2). Doch kann ein LG-Präsidium nicht jede beliebige Sache zur Kammer-Sache machen, sondern allenfalls die in § 348 I Nr. 2 genannten Verfahren (oder einen Teil davon). Auch in diesen Fällen soll die ZivK möglichst viele Sachen dem ER übertragen (§ 348a I), sodass nur die wirklich schwierigen Verfahren schließlich bei der ZivK zur Entscheidung verbleiben. Wurde eine Sache demgemäß durch Beschluss der

Kammer auf den ER übertragen, kann er die Sache evtl der Kammer zur Rückübernahme „andienen" (§ 348a II). Sie muss die Sache aber nicht zurücknehmen.

**Zweck; Geltungsbereich.** Die am 01.01.2002 in Kraft getretene Reform bezweckt die Verbilligung der Justiz (Einsparung von Richterstellen) und langfristig die Abschaffung der ZivKn. Für die Ber gelten §§ 526, 527, in der Rev gibt es keinen ER (§ 555 II). Für das ZPO-Beschwerdeverfahren gilt § 568, im FGG-Beschwerdeverfahren gelten §§ 348, 348a nicht (da gibt es ER gem § 30 I 3 FGG). KfH vgl § 349. 2

**Einzelrichter.** Der ER (nicht zu verwechseln mit dem beauftr Richter, § 355) der erstinstanzl. ZivK ist streitentscheidend, nicht nur vorbereitend tätig; er tritt an die Stelle der Kammer und des Vors. Gegen seine Entscheidung gibt es kein Rechtsmittel/-behelf zur Kammer, nur wie gegen die KammerE Ber zum OLG usw. Über die **Ablehnung eines Einzelrichters** entscheidet allerdings das Kollegium (§ 45: Gericht, dem der Abgelehnte angehört; BGH NJW 2006, 2492; aA OLG Oldenburg NJW-RR 2005, 931). Besteht die Kammer aus den drei Richtern A, B, C und wird A abgelehnt, ergibd sich aus dem Geschäftsverteilungsplan des Gerichts wer Vertreter des A ist. Wenn das D ist, entscheiden über die Ablehnung des A die Richter B, C, D. 3

Im Geschäftsverteilungsplan des LG-Präsidiums ist festgelegt, wer Mitglied welcher Kammer ist (als ER, als Berichterstatter) und welche Geschäftsaufgaben diese Kammer hat (§ 21e GVG). Zu Beginn des Jahres beschließen die Richter jeder ZivK ferner ihren kammerinternen Geschäftsverteilungsplan, aus dem sich der ER bzw Berichterstatter für das jeweilige Verfahren ergibt, § 21g III GVG.

**Verweist der Einzelrichtr** die Sache nach § 281, ist auch dort der ER zuständig (OLG Frankfurt MDR 2003, 1375).

**Berufung:** hebt das OLG ein Urteil des zulässig bestellten LG-ZivK-ER auf und will es zurückverweisen, erfolgt dies „an das LG"; dort ist wieder der ER (§ 21g GVG) zuständig (vgl OLG Köln NJW 1976, 1101; OLG Schleswig SchlHA 1982, 198).

**Sache.** § 348 spricht von „entscheiden", § 348a von der „Sache". Gemeint ist, dass der ER nicht nur für die EndE zuständig ist, sondern (wie ein Amtsrichter) auch für das voraus- oder parallel-laufende **Prozeßkostenhilfeverfahren** (§§ 114 ff.) nebst Entscheidung, für einstweilige Einstellungen der ZwV (§§ 707, 719, 769 ff.) und alle sonstigen richterl. Nebenverfahren wie Streitwertfestsetzung und evtl KostenfestsetzungsE (§§ 103 ff.). **Selbstständige Beweisverfahren** (§§ 485 ff.) fallen meist unter Nr. 2c (Baustreitigkeit) und sind dann je nach dem LG-Geschäftsverteilungsplan ER- oder Kammersachen. 4

**2. Proberichter, Absatz 1 Satz 2 Nr. 1.** Ein **(1)** Richter auf Probe (Assessor), der noch nicht **(2)** mindestens 1 Jahr **(3)** zivilrechtliche Erfahrung hinter sich hat, darf nicht als ER tätig sein. Unklar ist, was geschieht, wenn zB der Richter auf Probe zwei Monate nach Eingang einer Sache das Jahr voll hat; mE könnte ihm dann die Sache allenfalls nach § 348a übertragen werden, sie wächst ihm nicht automatisch als ER zu. Ein Jahr: Referatszuweisung zählt, Urlaub wird nicht abgezogen, Zusammenstückelung ist zulässig. Bürgerliche Rechtsstreitigkeiten: ZivKtätigkeit oder Tätigkeit im Zivilreferat des AG; wer Mitglied der Strafkammer ist und nur als Vertreter Mitglied einer ZivK, dürfte nicht darunter fallen (str); wer Mitglied einer FGG-Beschwerdekammer ist, ebenfalls nicht. Bei Feh- 5 lern: Art 101 I 2 GG (ges Richter verletzt). Im Beschwerdeverfahren (§ 568) findet § 348 I 2 Nr. 1 keine Anwendung (BGH NJW 2003, 1876).

6 **3. Geschäftsverteilungsplan des Landgerichts, Absatz 1 Satz 2 Nr.2.** Es ist umstr, was sachgerechter ist: die Prozesse vom ER oder von der ZivK entscheiden zu lassen. Letzteres ist mE vorzuziehen. Politischer Kompromiss war, dass jedes Gericht in einem gewissen Umfang die Sache selbst regeln kann. Bestimmte Prozessarten können immer der Kammer vorbehalten werden (a bis k), doch kann jedes LG-Präsidium für seinen Bezirk einen noch *engeren* Rahmen stecken (zB nur für Arzthaftung eine Kammerzuständigkeit regeln). Die Streitigkeiten aus diesen Rechtsgebieten können auf verschiedene Kammern verteilt werden (a, b, c auf 1. Kammer, d, e, f auf 2. Kammer usw.), oder bei jeder Kammer bleiben. Denkbar ist auch, dass ein LG-Präsidium von Nr.2 überhaupt nicht Gebrauch macht, dann gibt es dort nur noch für §348 I Nr.1 und rückübertragene Sachen eine Kammerzust. Nicht durch den LG-Geschäftsverteilungsplan können der Kammer zB vorbehalten werden: Erbrechtsprozesse, Kaufvertrag (ausgenommen f, j), gewerbl. Miete, Straßenverkehrszivilsachen; selbst Millionenprozesse in diesen Gebieten sind also originäre ER-Sachen. **Verweist die Zivilkammer** eine Sache nach §281 an ein LG, wo dies nach dem dortigen LG-Geschäftsverteilungsplan keine Kammersache ist, dann ist es dort eine originäre ER-Sache.

7 **a) Ansprüche aus Veröffentlichungen:** zB Gegendarstellung, Widerruf, auch der Werklohnanspruch beim nicht bezahlten Druckauftrag.

**b) Bank und Finanzgeschäfte:** Darlehensrückzahlung, Wertpapiergeschäfte. Beim „Finanzgeschäft" muss nicht notw eine Bank Partei sein, auch Brauereidarlehen, Finanzgeschäfte von Privatpersonen untereinander usw. fallen darunter.

**c) Bau- und Architektenverträge, bestimmte Ingenieurverträge:** Hausbau, Bauträger, Baumängel, Werklohnverträge über Gebäude.

**d) Anwaltsstreit ua:** Streit um Honorar, Haftung, Regress.

**e) Heilbehandlung:** Streit um Haftung, Vergütung: Heilbehandlung: Ärzte, Zahnärzte, Heilpraktiker, Krankengymnasten. Nicht: Miete der Praxis.

**f) Handelssachen nach § 95 GVG**, soweit nicht ohnehin die KfH dafür zuständig ist.

**g) Frachtgeschäfte usw.**: Einklagen der Speditionsvergütung, Haftung bei Beschädigung, Diebstahl.

**h) Versicherungsvertrag:** zB auf Leistungen aus dem Vertrag (Berufsunfähigkeitsrente, Unfallvers., Lebensvers); nicht Straßenverkehrsunfallklagen aus § 3 PflVersG gegen den Vers des Schädigers.

**i) Urheber- und Verlagsrecht:** zB Klage des Autors gegen den Verlag.

**j) Kommunikations- und Informationstechnologie:** Streit um Domain-Namen, Lieferung von Computer-Artikeln usw.

**k) Staatshaftungssachen:** § 71 II GVG.

8 **4. Zweifel, Absatz 2.** Unklar ist, auf wessen Zweifel es ankommt, die des angeblichen ER oder die des Vors; vom Sinn der Regelung her legt die Geschäftsstelle alle Sachen dem Vors vor, bei Zweifeln des Vors oder des Berichterstatters (der sich in dieser Sache für den originären ER hält) wird von der Kammer bzw dem OLG-Senat (einschließl. dem potenziellen ER) beraten und beschlossen (BGH NJW 2003, 3636); kein Fall des § 36 III.

Die Parteien werden nicht vorher angehört (argumentum contrario § 348a II 3). Der Beschluss ist unanfechtbar. Gerichtsgeb fallen nicht an. Das Präsidium des LG ist nicht zuständig.

**5. Vorlage an die Kammer, Absatz 3.** Der ER muss das Verfahren in bestimmten Fällen 9
(§348 III Nr.1, 2, 3) der Kammer vorlegen. Eine zeitliche Grenze gibt es nicht, die Vorlage kann noch nach längerer Beweisaufnahme geschehen. **Nr.1 und Nr.2** (vgl §543 II Nr.1) sind Bewertungsfragen, kaum nachprüfbar. Wenn der ER grds Bedeutung bejaht (zB indem er deswegen RB zuließ), *muss* er die Sache dem Kollegium übertragen, sonst liegt Verletzung des gesetzl. Richters (Art101 I 2 GG) vor (BGH ZVI 2003, 467). Die Kammer prüft nach, ob Schwierigkeit (Nr.1) oder Grundsätzlichkeit (Nr.2) vorliegt; wenn ja, wird durch Beschluss übernommen, wenn nein wird die Übernahme abgelehnt. Nur **Nr.3** ist für den ER eindeutig. Unklar ist, ob bei Nr.3 die Kammer ein Übernahmeermessen hat (der Wortlaut von S.2 nennt Nr.3 nicht) oder übernehmen muss; der Sinn der Regelung spricht für eine Übernahmepflicht der Kammer. Der Beschluss ist unanfechtbar (obwohl dies in §348 III 3 anders als bei §348 II nicht ausdrückl. geregelt ist), arg. Abs.4. Die Beweisergebnisse des ER bleiben nach Rückübertragung für die Kammer grds verwertbar; doch ist denkbar, dass Beweisaufnahmen zu wiederholen sind, wenn es auf die Beweiswürdigung usw. ankommt. Die Sache kann nicht mehr auf den ER rückübertragen werden (§348 III 4).

**6. Fehler bei der Vorlage, Absatz 4.** Was Abs. 4 bedeuten soll ist unklar. Eine Ber oder 10
Rev kann nicht nur damit begründet werden, dass der ER eine Vorlage an die Kammer unterlassen oder zu Unrecht vorgenommen hat. Abs. 4 dürfte ferner bedeuten, dass der Beschluss der Kammer nicht mit sof Beschwerde (§ 567) anfechtbar ist (OLG Celle OLG-Report 2006, 417). Der gesetzl. Richter (Art 101 I 2 GG) jedenfalls wird durch Abs. 4 nicht betroffen oder eingeschränkt.

Formular 46: Anregung der Übertragung des Rechtsstreits auf die Kammer

Formular 132: Äußerung zur Übertragung der Sache auf die Kammer gem. § 348 Abs. 3 ZPO

## § 348a ZPO Obligatorischer Einzelrichter

**(1) Ist eine originäre Einzelrichterzuständigkeit nach § 348 Abs. 1 nicht begründet, überträgt die Zivilkammer die Sache durch Beschluss einem ihrer Mitglieder als Einzelrichter zur Entscheidung, wenn**

1. **die Sache keine besonderen Schwierigkeiten tatsächlicher oder rechtlicher Art - aufweist,**
2. **die Rechtssache keine grundsätzliche Bedeutung hat und**
3. **nicht bereits im Haupttermin vor der Zivilkammer zur Hauptsache verhandelt worden ist, es sei denn, dass inzwischen ein Vorbehalts-, Teil- oder Zwischenurteil ergangen ist.**

**(2) [1]Der Einzelrichter legt den Rechtsstreit der Zivilkammer zur Entscheidung über eine Übernahme vor, wenn**

**1. sich aus einer wesentlichen Änderung der Prozesslage besondere tatsächliche oder rechtliche Schwierigkeiten der Sache oder die grundsätzliche Bedeutung der Rechtssache ergeben oder**

**2. die Parteien dies übereinstimmend beantragen.**

**[2]Die Kammer übernimmt den Rechtsstreit, wenn die Voraussetzungen nach Satz 1 Nr. 1 vorliegen. [3]Sie entscheidet hierüber nach Anhörung der Parteien durch Beschluss. [4]Eine erneute Übertragung auf den Einzelrichter ist ausgeschlossen.**

**(3) Auf eine erfolgte oder unterlassene Übertragung, Vorlage oder Übernahme kann ein Rechtsmittel nicht gestützt werden.**

§ 348a geändert durch G v. 27.7.2001 (BGBl 2001, 1887).

1 **1. Übertragung auf den Einzelrichter, Absatz 1.** Wenn nach §348 an sich die ZivK zuständig ist, soll sie die Sache durch Beschluss dem ER übertragen, wenn drei Voraussetzungen vorliegen: **Nr.1:** keine bes Schwierigkeiten; Arzthaftungssachen sind i.d.R. bes schwierig (OLG Karlsruhe NJW-RR 2006, 205). **Nr.2:** keine grds Bedeutung (vgl §543 II Nr.1). **Nr.3:** es hat noch kein Haupttermin vor der Kammer „stattgefunden" (wesentl. ist, ob schon im Haupttermin verhandelt wurde, bis dahin ist Übertragung möglich). Unschädl. ist eine Güteverhandlung vor der Kammer, unschädlich ist, dass die Kammer ein Vorbehalts-, Teil- oder ZwischenU oder ein VU im schriftl. Verfahren (§331 III) erlassen hat; ob ein früher erster Termin entgegensteht ist str (verneindend OLG Köln NJW-RR 2000, 1593). Unklar ist, ob an einen Proberichter übertragen werden kann, der unter §348 I Nr.1 fallen würde, nach dem Sinn der Regelung ist dies eher zu verneinen (**aA** BLAH §348a Rz 4).

2 **2. Rückübertragung auf die Kammer, Absatz 2.** Wenn die Sache von der ZivK an den ER gegangen ist, kann der ER die Sache der Kammer wieder „andienen": **Nr. 1:** wenn nun auf einmal Schwierigkeit oder Grundsätzlichkeit des Prozesses zutage tritt; das soll aber nicht aufgrund einer neuen Beurteilung der unveränderten Sache möglich sein, sondern nur infolge wesentl. Änderung der Prozesslage (zB durch Klageerweiterung, Auftauchen neuer Anspruchsgrundlagen, Änderung der Rspr). Der Vorlagebeschluss des ER, der einer Begründung bedarf, wird den Parteien mitgeteilt, sie können sich dazu äußern (§ 348a II 3). Die Kammer übernimmt dann, wenn die Nr. 1 gegeben ist, sonst nicht; in beiden Fällen ergeht ein Beschluss. **Nr. 2:** wenn beide Parteien dies beantragen, muss der ER die Sache der Kammer vorlegen („oder"); eine Anhörung der Parteien entfällt; der weitere Ablauf ist unklar; man wird annehmen müssen, dass in diesem Falle die Kammer die Sache zwingend zurücknehmen muss und keinen Spielraum hat. Zu Nr. 1, 2: eine erneute Rückübertragung auf den ER gibt es dann nicht mehr.

3 **3. Fehler bei der Übertragung, Absatz 3.** Eine Ber oder Rev kann nicht damit begründet werden, dass die Übertragung zu Unrecht unterlassen oder vorgenommen wurde. Die entspr Beschlüsse sind mit sof Beschwerde nicht anfechtbar. Entscheidet aber die ZivK eine originäre ER-Sache ohne Übertragung, ist das Recht auf den gesetzl. Richter (Art 101 GG) verletzt.

## § 349 ZPO Vorsitzender der Kammer für Handelssachen

**(1) [1]In der Kammer für Handelssachen hat der Vorsitzende die Sache so weit zu fördern, dass sie in einer mündlichen Verhandlung vor der Kammer erledigt werden kann. [2]Beweise darf er nur insoweit erheben, als anzunehmen ist, dass es für die Beweiserhebung auf die besondere Sachkunde der ehrenamtlichen Richter nicht ankommt und die Kammer das Beweisergebnis auch ohne unmittelbaren Eindruck von dem Verlauf der Beweisaufnahme sachgemäß zu würdigen vermag.**

**(2) Der Vorsitzende entscheidet**

**1. über die Verweisung des Rechtsstreits;**

**2. über Rügen, die die Zulässigkeit der Klage betreffen, soweit über sie abgesondert verhandelt wird;**

**3. über die Aussetzung des Verfahrens;**

**4. bei Zurücknahme der Klage, Verzicht auf den geltend gemachten Anspruch oder Anerkenntnis des Anspruchs;**

**5. bei Säumnis einer Partei oder beider Parteien;**

**6. über die Kosten des Rechtsstreits nach § 91a;**

**7. im Verfahren über die Bewilligung der Prozesskostenhilfe;**

**8. in Wechsel- und Scheckprozessen;**

**9. über die Art einer angeordneten Sicherheitsleistung;**

**10. über die einstweilige Einstellung der Zwangsvollstreckung;**

**11. über den Wert des Streitgegenstandes;**

**12. über Kosten, Gebühren und Auslagen.**

**(3) Im Einverständnis der Parteien kann der Vorsitzende auch im Übrigen an Stelle der Kammer entscheiden.**

**(4) Die §§ 348 und 348a sind nicht anzuwenden.**

§ 349 IV geändert durch G v. 27.7.2001 (BGBl 2001, 1887).

**1. Absatz 1.** § 349 gilt für KfH (§§ 93 ff GVG) als erste Instanz, als zweite vgl § 526 IV. 1
Bereitet der Vors nur vor, dann gilt § 285 I, II.

**2. Absatz 2.** Eine förml. Zuweisung durch Kammer oder Vors entfällt. Im Kammertermin 2
entscheidet auch in diesen Angelegenheiten die Kammer.

**Nr. 1:** Verweisungen, § 281; §§ 17 III, 97, 99 GVG.

**Nr. 2:** vgl §§ 282 III, 296 III; 146; 280 (BGH NJW-RR 2001, 930).

**Nr. 3:** Aussetzung nach §§ 65, 148, 149, 246; Ruhen §§ 251, 251a. 3

**Nr. 4:** Kostenbeschluss nach § 269 III 3 und bei Einspruchsrücknahme (entspr); §§ 306, 307.

**Nr. 5:** VU gegen Kl oder Bekl, §§ 330, 331; unechtes VU; Urteil nach § 331a; Entscheidungen nach §§ 341, 345, WE; § 251a.

4 **Nr. 8:** vgl §§ 602, 605a, Wechsel- und ScheckU; nicht in anderen Urkundenprozessen, nicht im Nachverfahren, § 600 (*Bergerfurth* NJW 1975, 333).

**Nr. 9:** vgl § 108; auch Ausländersicherheit, § 110.

5 **Nr. 10:** vgl §§ 707, 719, 769.

**Nr. 11:** Streitwertbeschlüsse, §§ 3-9, §§ 62, 63 nF GKG. Nicht: Geschäftswert in FGG-Handelssache (BayObLG JB 1996, 267; OLG Köln FGPrax 2003, 86).

**Nr. 12:** zB §§ 104 III, 379, JVEG, soweit nicht Rechtspfleger zuständig (§ 21 RPflG); öffentliche Zustellung eines KfB (OLG Frankfurt MDR 1987, 414).

6 **Ferner** entscheidet der Vors allein bei Arrest und eVfg nach § 944, AnO der Beweissicherung (§ 490), im Rahmen der Beweiserhebung gem §§ 360, 366, 387, 391.

7 **3. Absatz 3.** Einverständnis ist unwiderrufl. wird zweckmäßig sogleich nach Aufruf eingeholt; der Vors kann dann auch das Urteil allein fällen. Entscheidung des Vors, obwohl Einverständnis fehlt, ist nicht nichtig, aber nach § 295 heilbar, führt bei Rm zu Zurückverweisung. Soweit die **Kammer für Handelssachen als Beschwerdegericht nach FGG** tätig wird (Registersachen usw.; § 30 FGG), ist Entscheidung durch den Vors allein immer unzulässig und wäre ein Verstoß gegen § 547 Nr. 1 (OLG Naumburg FGPrax 2000, 71; BayObLG NJW-RR 1987, 1206).

8 **4. Absatz 4.** Ein Handelsrichter könnte aber beauftr Richter, §§ 361, 375 sein.

9 **5. Rechtsmittel.** Der nach § 349 II, III anstelle der KfH entscheidende Vors ist nicht ER iSv § 568 (BGH FamRZ 2004, 531).

### § 350 ZPO Rechtsmittel

**Für die Anfechtung der Entscheidungen des Einzelrichters (§§ 348, 348a) und des Vorsitzenden der Kammer für Handelssachen (§ 349) gelten dieselben Vorschriften wie für die Anfechtung entsprechender Entscheidungen der Kammer.**

§ 350 geändert durch G v. 27.7.2001 (BGBl 2001, 1887).

1 Gegen Entscheidungen des ER, Vors der KfH, kann also nicht das Kollegium angerufen werden, sondern die höhere Instanz (OLG, BGH).

### §§ 351-354 ZPO
(weggefallen)

## Titel 5
## Allgemeine Vorschriften über die Beweisaufnahme

### § 355 ZPO Unmittelbarkeit der Beweisaufnahme

**(1) [1]Die Beweisaufnahme erfolgt vor dem Prozessgericht. [2]Sie ist nur in den durch dieses Gesetz bestimmten Fällen einem Mitglied des Prozessgerichts oder einem anderen Gericht zu übertragen.**

**(2) Eine Anfechtung des Beschlusses, durch den die eine oder die andere Art der Beweisaufnahme angeordnet wird, findet nicht statt.**

**Lit:** ***Weth*** JuS 1991, 34; ***Netzer, Wolf/Knauer*** und ***Oehlerking*** NJW-Sonderheft 2003, 28 + 30 + 33.

1 **1. Grundsatz der Unmittelbarkeit (Absatz 1 Satz 1).** ProzessG ist auch der ER, §§ 348, 348a, § 526, der Vors der KfH gem § 349. **Befragt ein Sachverständiger** Zeugen oder Parteien über wesentl. Streitpunkte und würdigt das Gericht das Ergebnis einer solchen Vernehmung so, als wäre sie durch den Richter erfolgt, verstößt das gegen den Grundsatz der Unmittelbarkeit (BGH NJW 1955, 671).

2 **Richterwechsel** zwischen Beweisaufnahme und Entscheidung erfordert grds keine Wiederholung der Beweisaufnahme (OLG Köln r+s 2000, 439), doch kann der pers Eindruck dann nur noch verwertet werden, wenn er im Protokoll niedergelegt und in die Verh eingeführt ist (BGH NJW-RR 1997, 506; NJW 1992, 1966; NJW-RR 1994, 1537; OLG Düsseldorf NJW 1992, 187), vgl § 309; Wiedereröffnung notw iFd § 156 II Nr. 3. Beweiswürdigung vgl § 286 Rz 13.

3 Auf die Einhaltung des Grundsatzes der Unmittelbarkeit kann **verzichtet** werden (idR nur für einen Rechtszug, BGH LM Nr. 4), der Verstoß kann nach § 295 heilen (BGH NJW 1964, 108; BGH 86, 113; str).

4 **Absatz 1 Satz 2. Übertragung** (durch Beschluss des Kollegiums, BGH 86, 112) auf **a)** Mitglied des ProzessG (= **beauftragter Richter**, § 361), nach §§ 372 II, 375, 402, 434, 451; nicht auf den Vors *und* den Berichterstatter (BGH 32, 235). **b)** anderes Gericht, immer ein AG, §§ 156 ff GVG (= **ersuchter Richter**, § 362).

5 **2. Absatz 2: Unanfechtbarkeit** des Beweisbeschlusses (ob dies auch gilt, wenn jede gesetzl. Grundlage fehlte, ist str, offen gelassen vom BGH NJW 1964, 108; bei Willkür wird man Anfechtbarkeit annehmen müssen); insoweit auch keine Nachprüfung in höherer Instanz (§§ 512, 557 II). Jedenfalls sind Gegenvorstellungen zulässig (LAG Köln NZA-RR 2006, 434).

## § 356 ZPO Beibringungsfrist

**Steht der Aufnahme des Beweises ein Hindernis von ungewisser Dauer entgegen, so ist durch Beschluss eine Frist zu bestimmen, nach deren fruchtlosem Ablauf das Beweismittel nur benutzt werden kann, wenn nach der freien Überzeugung des Gerichts dadurch das Verfahren nicht verzögert wird.**

§ 356 geändert durch G v. 27.7.2001 (BGBl 2001, 1887).

1 **1.** § 356 (verfassungskonform, BVerfG NJW 1985, 3005) betrifft das rechtzeitige Beweismittel (verspätetes: § 296); er betrifft nicht: Urkundenvorlage nach § 431, Nichtzahlung des Vorschusses nach § 379, Auswahl eines SV (weil ein anderer bestellt werden kann, BGH NJW 1972, 1134).

2 **Hindernis:** zB fehlende Anschrift („N. N." = nomen nescio, den Namen kenne ich nicht) eines Zeugen (BGH NJW 1998, 2368; 1993, 1926; OLG Düsseldorf NZBau 2004, 553;

*Gottschalk* NJW 2004, 2939), wenn der „Zeuge hinreichend individualisierbar" ist. Im Fall BGH NJW 1998, 2368 war für die Behauptung, bestimmte Zinsen seien auf dem Kapitalmarkt erzielbar, NN (als Mitarbeiter ihres zuständigen Referats, der die betreffenden Zahlen ermittelt habe = Individualisierung) benannt worden. Das Gericht hätte der Kl gem §356 durch Beschluss (Vfg des Berichterstatters genügt nicht) eine Frist zur Beibringung des Namens und auch der Anschrift des Zeugen setzen müssen (Zustellung, §329 II 2) und erst nach einem fruchtlosen Ablauf von einer Erhebung des Beweises absehen dürfen. Fehlt die Individualisierung ist jedenfalls ein Hinweis nach §139 angebracht. **Weitere Fälle**: Nichterscheinen der Partei zur ärztl. Untersuchung (BGH NJW 1972, 1133); fehlende Entbindung von ärztl. Schweigepflicht (LAG Köln MDR 2003, 462). Widerruf der Zustimmung zur Verwertung von Röntgenaufnahmen vor Erstellung des Gutachtens durch den Beweisführer, wobei es auf dessen Verschulden nicht ankommt (BGH NJW 1981, 1319). Zur noch fehlenden Bauwerksöffnung, damit der SV den Schaden besichtigen kann, vgl §407a.

3 **2. Fristsetzung:** §§224, 225, durch das ProzessG (förml. Zustellung des Beschlusses notw, früher keine Heilung nach §187 S.1 aF, BGH NJW 1989, 227; jetzt wohl Heilung nach §189 nF möglich), zB im Beweisbeschluss (dagegen kein Rm; bei Ablehnung einer Fristsetzung: §567, **aA** unanfechtbar, OLG Celle NJW-RR 2000, 1166), Schreiben der Geschäftsstelle reichen nicht (BVerfG NJW 1985, 3006). Mit Fristablauf wird die Partei grds mit dem Beweismittel für *diese* (OLG Karlsruhe NJW-RR 1994, 512) Instanz ausgeschlossen, §§230, 231. Sie kann den Zeugen aber zum Termin mitbringen. BGH NJW 2007, 2122 meint, das Gericht dürfe die beweisbelastete Partei nicht allein wegen Versäumung der Frist des §356 als beweisfällig ansehen, sondern müsse eine andere Klärung versuchen.

4 **3. Im Urteil** sind Feststellungen über die ungenaue Dauer des Hindernisses und die auf der Nichteinhaltung der Frist angenommene Verzögerung erforderl. (BVerfG NJW-RR 1994, 700).

5

**Praxishinweise:**

1. Ist eine vom Beweisführer angegebene und in den Beweisbeschluss übernommene Zeugenanschrift unrichtig, sodass die Ladung zurück kommt, dann darf der Beweisantrag nicht einfach übergangen werden. Das Gericht hat auch dann eine Frist nach § 356 zu setzen (BVerfGE 65, 307; 69, 255).

2. Bei der Zeugenbenennung mit „N.N." wird immer wieder gegen die Rspr des BGH (Rz 2) verstoßen. Das Gericht muss jedenfalls dann, wenn der so bezeichnete Zeuge individualisierbar ist, dem Beweisführer eine Frist zur Beibringung der ladungsfähigen Anschrift setzen, bevor es diesen Beweisantrag übergeht. Der Anwalt hat deshalb möglichst viele individualisierende Merkmale (Name, bisheriger Wohnort usw.) mitzuteilen und darzulegen, warum er trotz aller Sorgfalt die ladungsfähige Anschrift noch nicht ermittelt habe.

3. Manchmal sind noch keine Individualisierungsmerkmale bekannt, wohl aber die Existenz des Zeugen. Um die Zurückweisung des Beweisantrages zu verhindern, ist es auch schon vorgekommen, dass der Anwalt konkretisierende, aber unrichtige Ladungsangaben gemacht hat, um Zeit zu gewinnen, den Zeugen ausfindig zu machen. Das führt dann zur Änderung des Beweisbeschlusses nach § 360.

Formular 160: Anregung an das Gericht gemäß § 356 ZPO, dem Beweisführer eine Ausschlussfrist für die Zeugenbenennung zu setzen

## § 357 ZPO Parteiöffentlichkeit

**(1) Den Parteien ist gestattet, der Beweisaufnahme beizuwohnen.**

**(2) [1]Wird die Beweisaufnahme einem Mitglied des Prozessgerichts oder einem anderen Gericht übertragen, so ist die Terminsbestimmung den Parteien ohne besondere Form mitzuteilen, sofern nicht das Gericht die Zustellung anordnet. [2]Bei Übersendung durch die Post gilt die Mitteilung, wenn die Wohnung der Partei im Bereich des Ortsbestellverkehrs liegt, an dem folgenden, im Übrigen an dem zweiten Werktage nach der Aufgabe zur Post als bewirkt, sofern nicht die Partei glaubhaft macht, dass ihr die Mitteilung nicht oder erst in einem späteren Zeitpunkt zugegangen ist.**

**Absatz 1.** Anwesenheitsrecht der Parteien (und der Vertreter iSd §141 III 2), auch wenn die Öffentlichkeit ausgeschlossen ist, auch bei der Ortsbesichtigung durch den SV. Aber kein Anwesenheitsrecht des Gegners (oder seines RA) bei Untersuchung einer Person durch ärztl. SV, soweit Menschenwürde tangiert (OLG München NJW-RR 1991, 896). Wenn die Partei die Anwesenheit ihres RA oder einer Vertrauensperson bei der ärztl. Untersuchung wünscht, kann man ihr das nicht abschlagen (LSG Rheinland-Pfalz NJW 2006, 1547). Die Partei darf einen Privatgutachter mitbringen (OLG München NJW-RR 1988, 1534). Beruft sich die Gegenpartei auf ihr **Hausrecht** und verweigert sie der Partei den Zutritt: Beweisvereitelung (OLG München NJW 1984, 807); vgl §144 I (Jankowski NJW 1997, 3347). Geheimverfahren sind unzulässig, ein Gutachten ist nicht verwertbar, wenn die Unterlagen nur dem SV zur Verfügung gestellt werden (BGH NJW 1992, 1817; *Prütting/Weth* NJW 1993, 576). 1

**Ausnahmen:** § 177 GVG (str, **aA** § 247 StPO analog). **Absatz 2.** Geladen werden die PrBev, § 172. Verstoß gegen § 357 ist nach § 295 heilbar. 2

3

**Praxishinweise:**

Zur Ausübung des Fragerechts der Parteien s. 396 Rz 3.

## § 357a ZPO

(weggefallen)

## § 358 ZPO Notwendigkeit eines Beweisbeschlusses

**Erfordert die Beweisaufnahme ein besonderes Verfahren, so ist es durch Beweisbeschluss anzuordnen.**

1 Beweisbeschluss mit dem Inhalt des § 359: ein **„besonderes Verfahren"** liegt vor, **wenn** ein Beweis nicht sof erhoben wird, sondern eine **Vertagung notwendig ist**, ferner wenn eine Parteivernehmung (§ 450 I 1) angeordnet werden soll sowie bei § 358a. Sonst ist eine formlose Beweisanordnung (§ 273) ausreichend. Beweisaufnahme erhöht weder die GerichtsGeb (GKG) noch die AnwaltsGeb (RVG). Nur Entschädigung für den Zeugen (§ 19 JVEG) und Vergütung für den SV (§ 8 JVEG) etc fallen an. Der Beweisbeschluss ist unanfechtbar (§ 355 II), nur im Rahmen des Rm über die Entscheidung nachprüfbar (OLG Karlsruhe Justiz 2003, 225).

## § 358a ZPO Beweisbeschluss und Beweisaufnahme vor mündlicher Verhandlung

**[1]Das Gericht kann schon vor der mündlichen Verhandlung einen Beweisbeschluss erlassen. [2]Der Beschluss kann vor der mündlichen Verhandlung ausgeführt werden, soweit er anordnet**

1. **eine Beweisaufnahme vor dem beauftragten oder ersuchten Richter,**
2. **die Einholung amtlicher Auskünfte,**
3. **eine schriftliche Beantwortung der Beweisfrage nach § 377 Abs. 3,**
4. **die Begutachtung durch Sachverständige,**
5. **die Einnahme eines Augenscheins.**

1 Der gewöhnl. Beweisbeschluss wird vor oder in der mdl Verh erlassen und in der Verh ausgeführt (vor der ZivK wird der Zeuge vernommen etc). Der Beweisbeschluss nach § 358a S. 2 ordnet die Ausführung schon vor der mdl Verh an; er steht im Ermessen des Gerichts (OLG Koblenz NJW 1979, 374), wird vom Kollegium/ER erlassen, Bekanntmachung nach § 329, in ihm kann Vorschuss gem §§ 379, 402 verlangt werden. *Angeordnet* werden darf jede zulässige Beweiserhebung (S. 1), *ausgeführt* werden darf der Beschluss *vor* der mdl Verh, aber nur im Rahmen von S. 2 Nr. 1-5. Hauptfall ist die Begutachtung durch SV im Arzthaftungsprozess (Nr. 4). Das Ergebnis gehört zum Bericht nach § 139 I. Über sonstige vorbereitende Maßnahmen vgl § 273.

2 **Zu Nr. 1:** vgl §§ 361, 362. **Zu Nr. 2:** vgl § 273 II Nr. 2. **Zu Nr. 3:** vgl § 377. **Zu Nr. 4:** vgl § 411, Beweisantritt entbehrl., § 144. **Zu Nr. 5:** vgl §§ 371 ff. Beweisantritt entbehrl., § 144. Anwesenheitsrecht der Parteien § 357.

## § 359 ZPO Inhalt des Beweisbeschlusses

**Der Beweisbeschluss enthält:**

1. **die Bezeichnung der streitigen Tatsachen, über die der Beweis zu erheben ist;**
2. **die Bezeichnung der Beweismittel unter Benennung der zu vernehmenden Zeugen und Sachverständigen oder der zu vernehmenden Partei;**
3. **die Bezeichnung der Partei, die sich auf das Beweismittel berufen hat.**

**1. Mindestinhalt: a) Beweisthema (Nr. 1;** dabei genügt eine globale Angabe wie zB: „Unfall vom ..."; bei Beweisaufnahme durch den ersuchten Richter aber ist eine genaue Detaillierung angebracht); eine genaue Formulierung ist angebracht, Tatsachen und nicht Rechtsbegriffe sind festzustellen. **b) Beweismittel (Nr. 2;** keine Benennung des SV bei §§ 372 II, 405); **c) Beweisführer (Nr. 3;** wegen § 399). *Beispiel:* „Es wird Beweis erhoben auf Antrag des Kl über die Behauptung ... durch Vernehmung des Zeugen Z ... (Anschrift)." 1

**2. Weiterer möglicher Inhalt: a)** Auslagenvorschuss, § 379, dessen Höhe, Fristsetzung für die Einzahlung (nicht bei PKH, auch bez Gegner, § 122 II); 2

**b)** Fristsetzung nach § 356 bei Zeugen „NN", fehlender Anschrift usw.;

**c)** Bestimmung des Termins zur Beweisaufnahme und zur Fortsetzung der mdl Verh, vgl §§ 332, 370.

**d)** AnO, dass der Zeuge bestimmte Unterlagen zum Termin mitbringen soll;

**e)** Beschlusssatz, dass das AG ... als RechtshilfeG um die Vernehmung des Zeugen Z ersucht wird, vgl § 362;

**f)** Bezeichnung des beauftr Richters, vgl § 361.

Der Beweisbeschluss ist unanfechtbar, vgl §§ 355 II, 360; Gegenvorstellungen sind zulässig.

3

**Praxishinweise:**

1. Der Anwalt hat die Genauigkeit der Beweisthemen zu prüfen. Ein Verkennen des Beweisgegenstandes muss er rügen. Beispiele: Beweis über die Behauptung, der Bekl habe den Kl „arglistig" getäuscht. Wertungsbegriffe wie arglistig, treuwidrig, sittenwidrig und dergleichen müssen im Beweisbeschluss in tatsächlicher Hinsicht substanziiert werden. Oder: Beweis darüber, ob der Kl „fahrlässig" gehandelt hat. Das zu beurteilen, obliegt allein dem Gericht. Fehlerhafte Beweisthemen beruhen oft auch darauf, dass die Abgrenzung zwischen Tatsachen und Rechtsbegriffen des tägl. Lebens nicht gelingt (ausführl. dazu Schneider, Klage im Zivilprozess, 3. Aufl 2007, § 54).

2. Nur eine solche Kontrolle des Beweisbeschlusses durch den Anwalt verhindert, dass das BerGer erstinstanzl. (vermeintl.) tatsächl. Feststellungen übernimmt (§§ 520 III 2 Nr. 3; 529 I Nr. 1).

3. Erhebt ein Gericht Beweis, obwohl dafür offensichtl. kein rechtl. Grund besteht, dann sind die dadurch ausgelösten Kosten wegen unrichtiger Sachbehandlung (§ 21 GKG) nicht zu erheben (OLG München MDR 1998, 1437; *Schneider* MDR 2000,

751). Darauf ist in einschlägigen Fällen durch Stellung eines „Antrages“ (= Anregung) auf Niederschlagen der Kosten hinzuwirken.

## § 360 ZPO Änderung des Beweisbeschlusses

**[1]Vor der Erledigung des Beweisbeschlusses kann keine Partei dessen Änderung auf Grund der früheren Verhandlungen verlangen. [2]Das Gericht kann jedoch auf Antrag einer Partei oder von Amts wegen den Beweisbeschluss auch ohne erneute mündliche Verhandlung insoweit ändern, als der Gegner zustimmt oder es sich nur um die Berichtigung oder Ergänzung der im Beschluss angegebenen Beweistatsachen oder um die Vernehmung anderer als der im Beschluss angegebenen Zeugen oder Sachverständigen handelt. [3]Die gleiche Befugnis hat der beauftragte oder ersuchte Richter. [4]Die Parteien sind tunlichst vorher zu hören und in jedem Fall von der Änderung unverzüglich zu benachrichtigen.**

1 **Der Beweisbeschluss** ist nicht anfechtbar **(Satz 1)**, § 355 II; das gilt auch für den Änderungsbeschluss (OLG Brandenburg FamRZ 2001, 294). **Sachverständige:** Hat das Gericht im Beweisbeschluss den X zum SV bestimmt, dann darf dieser zwar bei der Vorbereitung und Abfassung des schriftlichen Gutachtens geeignete und geschulte **Hilfskräfte** zuziehen (§ 407a II), die Verantwortung für das Gutachten muss er aber erkennbar selbst übernehmen, zB das Gutachten (mit)unterschreiben.

2 Hat ein anderer als X das schriftl. Gutachten erstellt und will es das Gericht verwerten, muss es dies den Parteien rechtzeitig vor Schluss der mdl Verh zu erkennen geben, und diese müssen Gelegenheit zur Stellungnahme haben (BGH MDR 1979, 126).

3 Das Gericht kann den Beweisbeschluss immer ändern oder aufheben, ohne dass darüber nochmals mdl verhandelt werden müsste. Es wäre nach **Satz 2** nicht gehindert, nach Eingang des von einem **anderen Sachverständigen** erstatteten Gutachtens (zB wenn der ernannte SV die Sache einfach weitergibt) nunmehr durch Beschluss diesen zum SV zu ernennen und dann sein Gutachten zu verwerten (BGH NJW 1985, 1399).

4

**Praxishinweise:**

1. Der Beweisbeschluss ist ledigl. eine prozessleitende Vfg, an die das beschließende Gericht nicht gebunden ist. Der Beschluss darf immer abgeändert werden, wenn das Gericht die Rechtslage nach erneuter Prüfung anders beurteilt, mag auch die Beweisaufnahme schon teilw durchgeführt worden sein.

2. Hält das Gericht nach Erlass eines Beweisbeschlusses diesen vor Durchführung nicht mehr für erhebl., dann darf es nicht Termin zur Verkündung einer Entscheidung anberaumen, sondern muss vorher neu verhandeln (§ 310 I 1).

3. Auf Antrag einer Partei darf das Gericht einen Beweisbeschluss ändern, muss es aber nicht. Umgekehrt darf es nicht ohne Einverständnis mit dem Beweisführer von der Vernehmung eines in den Beschluss aufgenommenen Zeugen absehen, der zu einer

erhebl. gebliebenen Beweistatsache vernommen werden soll. Das wäre eine unzulässige Beweisantizipation.

Formular 146: Anregung auf Ergänzung eines Beweisbeschlusses

### § 361 ZPO Beweisaufnahme durch beauftragten Richter

**(1) Soll die Beweisaufnahme durch ein Mitglied des Prozessgerichts erfolgen, so wird bei der Verkündung des Beweisbeschlusses durch den Vorsitzenden der beauftragte Richter bezeichnet und der Termin zur Beweisaufnahme bestimmt.**

**(2) Ist die Terminsbestimmung unterblieben, so erfolgt sie durch den beauftragten Richter, wird er verhindert, den Auftrag zu vollziehen, so ernennt der Vorsitzende ein anderes Mitglied.**

Beweiserhebung durch den beauftragten Richter wird durch einen Beweisbeschluss des 1
Kollegiums oder in einem Ergänzungsbeschluss (§ 360) angeordnet, BGH 86, 112. Auswahl des Beauftragten durch den Vors. Vgl ferner §§ 229, 357 II, 357 I 2, 360, 365, 400 und zum Anwaltszwang § 78 V. Den Termin bestimmt der Beauftragte, Ladungsfrist (§ 217) ist einzuhalten.

### § 362 ZPO Beweisaufnahme durch ersuchten Richter

**(1) Soll die Beweisaufnahme durch ein anderes Gericht erfolgen, so ist das Ersuchungsschreiben von dem Vorsitzenden zu erlassen.**

**(2) Die auf die Beweisaufnahme sich beziehenden Verhandlungen übermittelt der ersuchte Richter der Geschäftsstelle des Prozessgerichts in Urschrift; die Geschäftsstelle benachrichtigt die Parteien von dem Eingang.**

§ 362 geändert durch G v. 22.3.2005 (BGBl 2005, 837).

Beweiserhebung durch ersuchten Richter muss zunächst durch einen Beschluss des Pro- 1
zessG angeordnet werden. RechtshilfeG (AG): §§ 156 ff GVG. Ablehnung des Ersuchens: § 158 GVG (nicht zB wegen Unzweckmäßigkeit, wegen anderer Beurteilung einer Rechtsfrage). Zu den Befugnissen des ersuchten Richters vgl §§ 229, 357 II, 360 S. 3, 365, 400. Anwaltszwang § 78 V.

### § 363 ZPO Beweisaufnahme im Ausland

**(1) Soll die Beweisaufnahme im Ausland erfolgen, so hat der Vorsitzende die zuständige Behörde um Aufnahme des Beweises zu ersuchen.**

**(2) Kann die Beweisaufnahme durch einen Bundeskonsul erfolgen, so ist das Ersuchen an diesen zu richten.**

**(3) [1]Die Vorschriften der Verordnung (EG) Nr. 1206/2001 des Rates vom 28. Mai 2001 über die Zusammenarbeit zwischen den Gerichten der Mitgliedstaaten auf dem Gebiet der Beweisaufnahme in Zivil- oder Handelssachen (ABl. EG Nr. L 174 S. 1) bleiben unberührt. [2]Für die Durchführung gelten die §§ 1072 und 1073.**

§ 363 III eingefügt durch G v. 4.11.2003 (BGBl 2003, 2166).

1 **Beweisaufnahme im Inland:** der **im Ausland wohnende Zeuge** kann vor das deutsche Gericht geladen werden (vgl. *Nagel* IPRax 1992, 301), das Erscheinen ist aber nicht erzwingbar (kommt er nicht, bleibt nur, im Rechtshilfeweg das ausl Gericht um Vernehmung zu ersuchen). Ob ein Zeuge unmittelbar briefl. (unter Weglassung der Androhungen) im Ausland zur Vernehmung in Deutschland geladen werden darf, ist str (bejahend *Zöller/Geimer* § 363 Rz 5b; **aA** OLG Hamm NJW-RR 1988, 703), wird aber von der Praxis meist bejaht, denn durch den Empfang eines Briefes wird nicht in die Souveränität eingegriffen, der Zeuge muss nicht kommen. Schriftl. Anhörung nach §§ 377 III, 411 soll unzulässig sein (BGH NJW 1984, 2039 zur aF); aber auch durch das Veranlassen des Schreibens eines Briefs, zu dem der im Ausland wohnende Zeuge nicht verpflichtet ist, wird nicht in die vernünftig verstandene Souveränität des Auslands eingegriffen (ebenso im Ergebnis *Zöller/Geimer* § 363 Rz 5). Falls eine Vernehmung durch die ausl Gerichte/Behörden über längere Zeit nicht zu erreichen ist, können jedenfalls schriftl. Äußerungen des Zeugen urkundenbeweisl. verwertet werden (BGH NJW 1984, 2039). Die Partei kann auch den Zeugen mitbringen, das Gericht darf ihr das nicht aufgeben (BGH MDR 1980, 931), aber kann das anregen. Unstreitig können die Parteien mit dem Zeugen korrespondieren und seine Antwort-Schreiben vorlegen. Mit Zustimmung der Parteien kann das Gericht auch den im Ausland befindl. Zeugen tel befragen (§ 284 S. 2; Freibeweis).

2 **Beweisaufnahme im Ausland: a)** durch Konsul, vgl § 15 KonsularG (BGBl 1974 I 2317); die Beweisfrage muss deswegen nicht genauer bestimmt sein (BGH MDR 1981, 1014);

**b)** durch die ausl Behörde, vgl § 183 sowie das Haager Übereinkommen über die Beweisaufnahme im Ausland in Zivil- oder Handelssachen vom 18.03.1970 (abgedruckt zB *BLAH* Anhang nach § 363). Das deutsche Gericht muss nicht teilnehmen (OLG Saarbrücken NJW-RR 1998, 1685).

**c)** SV: Rz 4.

3 **Rechtshilfe:** Die Rechtshilfeordnung für Zivilsachen (ZRHO), eine Verwaltungsvorschrift mit Länderteil, enthält die allgemeinen Richtlinien für den Rechtshilfeverkehr der deutschen Justizbehörden mit dem Ausland (bürgerl. Rechtsangelegenheiten). Der Rechtshilfeverkehr wird durchgeführt **(1)** aufgrund europäischen Gemeinschaftsrechts; **(2)** aufgrund einer zwischenstaatlichen Vereinbarung; sog vertragl. Rechtshilfeverkehr; **(3)** iÜ aufgrund gegenseitigen Entgegenkommens, sog vertragloser Rechtshilfeverkehr. Die ZRHO ist im Internet unter www.internationale-rechtshilfe.nrw.de zu finden.

4 **Absatz 3. EG-Verordnung.** Seit 2004 ist die **Europäische Beweisaufnahmeverordnung** VO (EG) Nr. 1206/2001 zu beachten. Vgl §§ 1072, 1073. § 1072 Nr. 1 regelt den klassischen Rechtshilfeweg; § 1072 Nr. 2 die unmittelbare Beweisaufnahme im Ausland (Au-

genschein dort; SV wird dort tätig). Ersucht ein ausl Gericht das deutsche Gericht um Beweisaufnahme: §§ 1074, 1075.

**Deutsche Sachverständige im Ausland.** Gemeint sind im Inland ansässige SV, ungeachtet ihrer Nationalität. Beispiele: Unfall im Ausland (ein paar Meter hinter der Grenze); Baumangel am Haus im Ausland; mangelhafte Maschine befindet sich im Ausland. Der hier ansässige SV kann im Ausland schriftl. oder tel etc Informationen erholen. Kann er im Ausland einen Augenschein einnehmen, fotografieren, die Unfallstelle vermessen, Materialproben entnehmen? **(1)** Mittels Rechtshilfe ist es (umständlich, zeitaufwendig) unproblematisch möglich. Im vorgenannten europäischen Raum (Rz 4) kann ein vom deutschen Gericht beauftragter SV im Ausland tätig werden (Art 1 I b, 17 III VO) oder es könnte das ausl Gericht um Beweisaufnahme ersucht werden, wobei dann ein SV hinzugezogen werden könnte (Art 1 Ia, 12 II VO); auch hier ist vereinfachtes Rechtshilfeverfahren notw. In den anderen Ländern ist der sonstige (noch zeitaufwendigere) Rechtshilfeweg zu beachten. **(2)** Ohne Rechtshilfe. Wenn der SV *im Privatauftrag* beider Parteien handelt, etwa dort Mängel fotografiert und untersucht, wird er nach Art eines Touristen tätig (hat aber natürlich keine hoheitl. Befugnisse); das ist unproblematisch. **(3)** Soll der (deutsche oder ausl) SV aufgrund Beweisbeschlusses des deutschen Gerichts im Ausland tätig werden, dann wird teilw die Tätigkeit ohne Rechtshilfe für unzulässig erachtet (*Musielak/Stadler* § 363 Rz 14; *Hau* DS 2004, 91; dafür spricht Art 17 der VO Rz 4); weil aber ein SV kein Richter ist, ist (trotz Anlass und Zweck der Tätigkeit) keine Souveränitätsverletzung erkennbar, sodass der SV auch ohne Rechtshilfeverfahren dort tätig werden darf (*Zöller/Geimer* § 363 Rz 5); so auch weite Teile der Praxis, ohne dass das veröffentlicht wird. Es empfiehlt sich, die Zustimmung der Parteien zu diesem Verfahren zu einzuholen. Über Haftungsfragen (§ 839a BGB im Ausland?) vgl *Hau* RIW 2003, 822. 5

**Auslandsansässige Sachverständige.** Beispiel: der Baumangel am Haus in Spanien soll von einem in Spanien wohnenden SV begutachtet werden, zB um Reisekosten zu sparen. Das deutsche Gericht darf mit dem im Ausland ansässigen SV direkt Kontakt aufnehmen, ihn also im Beweisbeschluss beauftragen und ihm die Akten senden (str). Nach der aA (vgl § 40 ZRHO; Verwaltungsvorschrift) bleibt nur der Rechtshilfeverkehr mit der zusätzl. Möglichkeit, den SV durch das ausl Gericht auswählen zu lassen (Kosten Art 18 III VO (EG) Nr. 1206/2001), was kaum vertretbar ist, weil das *deutsche* Gericht die Verantwortung für die Auswahl des SV zu tragen hat (aA *Hau* DS 2004, 127/8). Zur mdl Erläuterung des Gutachtens kann er zwar geladen werden, aber ohne Androhung von Zwangsmitteln für den Weigerungsfall. Andernfalls bleibt nur die Befragung durch das ausl Gericht im Rechtshilfeweg oder indem das deutsche Gericht ins Ausland fährt und den SV anhört (Art 17 VO). Bildübertragungen wären nach § 128a II ZPO, Art 12 IV, 17 IV 3 VO möglich. Vergleicht man die Kosten, die Probleme der unterschiedl. Sprachen, Übersetzungen, Ladungen, Rechtzeitigkeit der Gutachtenerstellung, Erzwingung der Aktenrückgabe usw. ist die Einschaltung auslandsansässiger SV selten sinnvoll (Ausnahmen im unmittelbaren Grenzverkehr). 6

**4. Kosten. Gericht:** keine Geb nach GKG für ein Rechtshilfeversuchen. Aber Geb nach JVKostO Anlage 200 (10 bis 50 €) für die Prüfung der formellen Ordnungsmäßigkeit des Rechtshilfeersuchens nach dem Ausland durch die deutsche Justizverwaltung (anhand der ZRHO, Rz 3). Dazu Übersetzungskosten (§ 11 JVEG und GKG KV 9005) sowie die Kosten 7 der deutschen Auslandsvertretungen (GKG KV 9014; 9012 mit AuslandskostenG) und evtl ausl Kosten (nach Art. 11 II EG-Zustellungsverordnung können zB ausl Gerichtsvollzieher für die Erledigung von Zustellungsanträgen Kostenvorschüsse bzw. Erstattung ihrer Kosten verlangen; nach VO 1206/2001 sind Aufwendungen für SV und Dolmetscher sowie Auslagen, die durch Erledigung in bes Form oder durch Bild- oder Tonübertragung (Video- und Telefonkonferenzen) entstehen, zu erstatten. **Rechtsanwalt:** keine zusätzl. Geb. **Sachverständiger:** Zur (höheren) Vergütung des auslandsansässigen SV vgl § 8 IV JVEG.

## § 364 ZPO Parteimitwirkung bei Beweisaufnahme im Ausland

**(1) Wird eine ausländische Behörde ersucht, den Beweis aufzunehmen, so kann das Gericht anordnen, dass der Beweisführer das Ersuchungsschreiben zu besorgen und die Erledigung des Ersuchens zu betreiben habe.**

**(2) Das Gericht kann sich auf die Anordnung beschränken, dass der Beweisführer eine den Gesetzen des fremden Staates entsprechende öffentliche Urkunde über die Beweisaufnahme beizubringen habe.**

**(3) [1]In beiden Fällen ist in dem Beweisbeschluss eine Frist zu bestimmen, binnen der von dem Beweisführer die Urkunde auf der Geschäftsstelle niederzulegen ist. [2]Nach fruchtlosem Ablauf dieser Frist kann die Urkunde nur benutzt werden, wenn dadurch das Verfahren nicht verzögert wird.**

**(4) [1]Der Beweisführer hat den Gegner, wenn möglich, von dem Ort und der Zeit der Beweisaufnahme so zeitig in Kenntnis zu setzen, dass dieser seine Rechte in geeigneter Weise wahrzunehmen vermag. [2]Ist die Benachrichtigung unterblieben, so hat das Gericht zu ermessen, ob und inwieweit der Beweisführer zur Benutzung der Beweisverhandlung berechtigt ist.**

1 Üblicherweise verfasst das deutsche Gericht die entspr Ersuchensschreiben nach vorhandenen Mustern, was von der deutschen Justizverwaltung nochmals formell überprüft wird (Kosten dafür: JVKosG). Wenn die ausl Behörde das Rechtshilfeersuchen gem § 363 liegen lässt, kann eine Fristsetzung nach Abs. 3 infrage kommen; sie erfolgt ggü dem, der sich auf das Beweismittel berufen hat, auch wenn ihn nicht die Beweislast trifft (BGH NJW 1984, 2039).„Kann“: kein freies Ermessen des Gerichts (BGH NJW-RR 1989, 160). Abs. 2 kommt erst infrage, nachdem zuvor ein Verfahren nach § 363 versucht wurde (**aA** LG Neubrandenburg MDR 1996, 1186).

## § 365 ZPO Abgabe durch beauftragten oder ersuchten Richter

**[1]Der beauftragte oder ersuchte Richter ist ermächtigt, falls sich später Gründe ergeben, welche die Beweisaufnahme durch ein anderes Gericht sachgemäß erscheinen lassen, dieses Gericht um die Aufnahme des Beweises zu ersuchen. [2]Die Parteien sind von dieser Verfügung in Kenntnis zu setzen.**

1 ZB wenn der Zeuge umzieht. Unstatthaft ist Weitergabe an ausl. Gerichte/Behörden, vgl § 363.

## § 366 ZPO Zwischenstreit

**(1) Erhebt sich bei der Beweisaufnahme vor einem beauftragten oder ersuchten Richter ein Streit, von dessen Erledigung die Fortsetzung der Beweisaufnahme abhängig und zu dessen Entscheidung der Richter nicht berechtigt ist, so erfolgt die Erledigung durch das Prozessgericht.**

**(2) Der Termin zur mündlichen Verhandlung über den Zwischenstreit ist von Amts wegen zu bestimmen und den Parteien bekannt zu machen.**

1 **1. Streit zB über die Zulässigkeit von Fragen**, § 397 III; Zeugnisverweigerung, §§ 387, 389, 408; Beeidigung, § 393. **Befugnisse des Richterkommissars** zB: §§ 229, 360, 365, 400, 401, 402, 405, 406 IV; § 180 GVG.

2 **2. Absatz 2.** Entschieden wird durch ZwischenU, §§ 303, 347 II.

## § 367 ZPO Ausbleiben der Partei

**(1) Erscheint eine Partei oder erscheinen beide Parteien in dem Termin zur Beweisaufnahme nicht, so ist die Beweisaufnahme gleichwohl insoweit zu bewirken, als dies nach Lage der Sache geschehen kann.**

**(2) Eine nachträgliche Beweisaufnahme oder eine Vervollständigung der Beweisaufnahme ist bis zum Schluss derjenigen mündlichen Verhandlung, auf die das Urteil ergeht, auf Antrag anzuordnen, wenn das Verfahren dadurch nicht verzögert wird oder wenn die Partei glaubhaft macht, dass sie ohne ihr Verschulden außerstande gewesen sei, in dem früheren Termin zu erscheinen, und im Falle des Antrags auf Vervollständigung, dass durch ihr Nichterscheinen eine wesentliche Unvollständigkeit der Beweisaufnahme veranlasst sei.**

1 **1. Absatz 1.** Voraussetzung ist Verkündung des Termins (§ 218) bzw Benachrichtigung der Partei (§§ 172, 357 II, 273 IV 1). **Folge des Ausbleibens:** ein geladener SV darf gleichwohl vernommen werden (BGH NJW 2002, 301), ebenso Zeugen. Partei ist mit Fragerecht ausgeschlossen bzw (wenn die Beweisaufnahme nicht stattfinden konnte, zB beim Augenschein an der Partei) mit dem Beweismittel für die Instanz.

2 Die unterbliebene Ladung der Partei heilt nach § 295 (BGH LM Nr. 1); andernfalls kann die Partei eine Wiederholung der Beweisaufnahme verlangen.

3 Ein VU darf erst nach Erledigung des Beweisbeschlusses ergehen, vgl § 370 I.

4 **2. Absatz 2.** Das Gericht kann unabhängig von Abs. 2 die wiederholte Vernehmung anordnen, §§ 398, 402. Zur Verzögerung vgl § 296 Rz 17, zur Glaubhaftmachung § 294.

## § 368 ZPO Neuer Beweistermin

**Wird ein neuer Termin zur Beweisaufnahme oder zu ihrer Fortsetzung erforderlich, so ist dieser Termin, auch wenn der Beweisführer oder beide Parteien in dem früheren Termin nicht erschienen waren, von Amts wegen zu bestimmen.**

1 Erforderl. zB, weil der Zeuge nicht erschienen ist. Der neue Termin wird verkündet (§ 218) oder die Mitteilung zugestellt (§ 329 II 2; formlos bei § 357 II).

### § 369 ZPO Ausländische Beweisaufnahme

**Entspricht die von einer ausländischen Behörde vorgenommene Beweisaufnahme den für das Prozessgericht geltenden Gesetzen, so kann daraus, dass sie nach den ausländischen Gesetzen mangelhaft ist, kein Einwand entnommen werden.**

1 Entspricht die Beweisaufnahme weder deutschem noch ausl Prozessrecht, können die Mängel evtl nach § 295 heilen. Vgl ferner § 286.

### § 370 ZPO Fortsetzung der mündlichen Verhandlung

**(1) Erfolgt die Beweisaufnahme vor dem Prozessgericht, so ist der Termin, in dem die Beweisaufnahme stattfindet, zugleich zur Fortsetzung der mündlichen Verhandlung bestimmt.**

**(2) [1]In dem Beweisbeschluss, der anordnet, dass die Beweisaufnahme vor einem beauftragten oder ersuchten Richter erfolgen solle, kann zugleich der Termin zur Fortsetzung der mündlichen Verhandlung vor dem Prozessgericht bestimmt werden. [2]Ist dies nicht geschehen, so wird nach Beendigung der Beweisaufnahme dieser Termin von Amts wegen bestimmt und den Parteien bekannt gemacht.**

1 **Absatz 1.** Beweisaufnahme vor dem ProzessG (ER): Der **Beweistermin ist** (auch außerhalb der Gerichtsstelle, zB beim Augenschein) **zugleich Termin zur Fortsetzung der mündlichen Verhandlung** (§§ 279 II, 285 I). Die Verh beginnt aber erst nach vollständiger Ausführung des Beweisbeschlusses, § 367 I (bzw Verzicht auf Beweismittel, § 399; Aufhebung des Beweisbeschlusses; bei Nichterscheinen von Zeugen/SV: Vertagung, § 368).

2 *Erst jetzt* ist ein VU zulässig, grds ohne Rücksicht auf das vorherige Beweisergebnis (§ 332). Werden die Zeugen des Bekl vernommen und bestätigen sie seinen Vortrag, ist der Klage trotzdem durch klagestattgebendes VU zu entsprechen, wenn der Bekl säumig ist.

## Titel 6
## Beweis durch Augenschein

### § 371 ZPO Beweis durch Augenschein

**(1) [1]Der Beweis durch Augenschein wird durch Bezeichnung des Gegenstandes des Augenscheins und durch die Angabe der zu beweisenden Tatsachen angetreten. [2]Ist ein elektronisches Dokument Gegenstand des Beweises, wird der Beweis durch Vorlegung oder Übermittlung der Datei angetreten.**

**(2) [1]Befindet sich der Gegenstand nach der Behauptung des Beweisführers nicht in seinem Besitz, so wird der Beweis außerdem durch den Antrag angetreten, zur Her-**

**beischaffung des Gegenstandes eine Frist zu setzen oder eine Anordnung nach § 144 zu erlassen. [2]Die §§ 422 bis 432 gelten entsprechend.**

**(3) Vereitelt eine Partei die ihr zumutbare Einnahme des Augenscheins, so können die Behauptungen des Gegners über die Beschaffenheit des Gegenstandes als bewiesen angesehen werden.**

§ 371 geändert durch G v. 26.11.2001 (BGBl 2001, 3138).

**1. Allgemeines zum Augenschein.** § 371 I, II regelt nur, wie das Beweisangebot beschaffen sein muss. a) „Augenschein" kann erfolgen durch Anschauen, Hören, Riechen, Schmecken, Fühlen. **b) Abgrenzung:** beim Urkundenbeweis wird eine Gedankenerklärung aufgenommen, beim Augenschein die Schrift nur wahrgenommen. **c) Vereitelung:** Abs. 3. 1

**d) Streit über die Identität** des Augenscheinsgegenstandes: Beweislast wie für die str Tatsache. **e) Augenscheinsgehilfe:** er nimmt im Auftrag des Gerichts den Augenschein ein, wenn er für das Gericht unzumutbar ist (zB Hinabsteigen in den Kanalschacht, Hinaufklettern auf den Baum); die Vernehmung ist Zeugen- bzw SV-Beweis. Ein SV kann hinzugezogen werden, § 372. 2

**f) Intimsphäre:** ob heiml. Tonbandaufnahmen im Zivilprozess verwertbar sind, hängt vom konkreten Fall ab (vgl § 286 Rz 40), wobei das Interesse an der Wahrheitsfindung und das Schutzanliegen des gesprochenen Wortes abzuwägen sind (BGH NJW 1982, 277: Zulässigkeit einer Verwertung zur Identifizierung des Anrufers); Verwertbarkeit der Aussage eines Zeugen, der sein Wissen (über einen Mietvertrag) dadurch erlangte, dass er ein Telefongespräch über einen an einem privaten Telefonanschluss angebrachten Lautsprecher (oder Zweithörer) mitanhörte (BGH NJW 1982, 1397). Über Verstoß gegen Verschwiegenheitspflicht OLG Köln NJW-RR 1993, 1073. Vgl § 284 Rz 11. **g) Ersetzbarkeit durch Fotos?** Ist die Örtlichkeit aus verschiedenen Perspektiven fotografiert, ergibt sie ein eindeutiges Bild und behauptet keine Partei, dass die Bildwiedergabe bestimmte Merkmale nicht erfasst, genügt anstelle des Augenscheins ein Foto (BGH NJW-RR 1987, 1237). **h) Blinde Richter** können keinen Augenschein durchführen (vgl zum Problem OLG Frankfurt FGPrax 1995, 101; *Schulze* MDR 1995, 670). 3

**Verfahren:** Einnahme auf Antrag, § 371, oder von Amts wegen, §§ 144, 358a Nr. 5. Protokollierung des Ergebnisses (nicht der Würdigung) nach § 160 III Nr. 5. 4

**Elektronisches Dokument (Absatz 1 Satz 2).** Das sind zB Disketten, Festplatten. 5

**2. Gegenstand im Besitz eines Dritten (Absatz 2).** Ist die angebl. mangelhafte Vase, um deren Preis die Parteien streiten, nun bei einem Dritten, muss der Antrag auf Augenschein an der Vase enthalten: **(1)** entweder einen Fristsetzungsantrag (nämlich wenn der Beweisführer nach BGB vom Dritten die Herausgabe oder Vorlegung verlangen kann; der Gegenstand und die Beweistatsache ist zu bezeichnen, Besitz des Dritten und Vorlegungspflicht sind glaubhaft zu machen, §§ 430, 424); oder **(2)** einen Antrag, das Gericht möge dem Dritten die Vorlegung aufgeben (§ 144 I 2), zB wenn keine Vorlegungspflicht nach BGB besteht. Das Gericht wird den Dritten laden und ihm aufgeben, die Vase mitzubringen; Schranken: Zumutbarkeit und Zeugnisverweigerungsrecht, § 144 II. Über Einzelheiten vgl §§ 429 – 432. 6

7 **3. Beweisvereitelung (Absatz 3).** Beispiel: Kl verlangt Werklohn, Bekl behauptet Mängel am Parkettboden, verweigert Zahlung. **(1)** Verweigerung des Augenscheins durch den Bekl = Beweisführer, bei § 144 durch Beweislastträger: Folge Beweisfälligkeit, vgl § 230; Mangel nicht bewiesen. **(2)** Verweigerung durch Gegner (er schafft das Beweismittel beiseite, zerstört es): freie Beweiswürdigung; **(3)** Verweigerung durch Dritten (grds keine Duldungspflicht, vgl BVerfG NJW 1987, 2500; nun durch § 144 I 3 Duldungspflicht, außer bei der Wohnung): Beweisfälligkeit des Behauptenden.

8 **Praxishinweise:**

1. Verschafft sich das Gericht privat einen Eindruck, etwa durch Besichtigung einer Unfallstelle, dann ist das ein verfahrensrechtl. unbeachtlicher Erwerb eigener Sachkunde. Das private Wissen des Richters ist unverwertbar.

2. Hinsichtl. der Beweismittel besteht nach dem Unmittelbarkeitsgrundsatz ein Rangverhältnis. Das tatnähere Beweismittel hat den Vorrang. Der Augenschein als der zuverlässigere Beweis geht dem Zeugenbeweis vor. Das Gericht darf deshalb die Einnahme eines Augenscheins nicht ablehnen, weil es bereits durch einen Zeugen hinreichend informiert worden sei. Die Ablehnung eines Beweisantrages auf Einnahme eines Augenscheins ist nur wegen Unerheblichkeit der unter Beweis gestellten Tatsache zulässig.

3. Das Ergebnis eines Augenscheins muss protokolliert werden (§ 160 III Nr. 5). Richterwechsel kann die Wiederholung des Augenscheins erfordern (BGH MDR 1992, 777).

4. Das BerGer darf die nicht protokollierte Einnahme eines Augenscheins nicht verwerten. Von einer protokollierten Augenscheinseinnahme darf es nicht abweichen, ohne die Ortsbesichtigung zu wiederholen (BGH MDR 1986, 220; OLG Hamm MDR 2003, 1006).

Formular 152: Antrag auf Beweiserhebung durch Augenschein gem. § 371 ZPO

### § 371a ZPO Beweiskraft elektronischer Dokumente

**(1) [1]Auf private elektronische Dokumente, die mit einer qualifizierten elektronischen Signatur versehen sind, finden die Vorschriften über die Beweiskraft privater Urkunden entsprechende Anwendung. [2]Der Anschein der Echtheit einer in elektronischer Form vorliegenden Erklärung, der sich auf Grund der Prüfung nach dem Signaturgesetz ergibt, kann nur durch Tatsachen erschüttert werden, die ernstliche Zweifel daran begründen, dass die Erklärung vom Signaturschlüssel-Inhaber abgegeben worden ist.**

**(2) [1]Auf elektronische Dokumente, die von einer öffentlichen Behörde innerhalb der Grenzen ihrer Amtsbefugnisse oder von einer mit öffentlichem Glauben versehenen Person innerhalb des ihr zugewiesenen Geschäftskreises in der vorgeschriebenen**

**Form erstellt worden sind (öffentliche elektronische Dokumente), finden die Vorschriften über die Beweiskraft öffentlicher Urkunden entsprechende Anwendung. [2]Ist das Dokument mit einer qualifizierten elektronischen Signatur versehen, gilt § 437 entsprechend.**

§ 371a eingefügt durch G v. 22.3.2005 (BGBl 2005, 837).

**Lit:** ***Berger*** NJW 2005, 1015; ***Schemmann*** ZZP 2005, 161; ***Roßnagel/Wilke*** NJW 2006, 2145; ***Armgardt/ Spalka*** K&R 2007, 26.

1 **1. Absatz 1. Private elektronische Dokumente:** Zum Begriff vgl § 371 Rz 8. Ob das Dokument mit einer ausreichenden Signatur versehen ist, richtet sich nach dem Signaturgesetz vom 16.05. 2001 (BGBl 2001, 876), insb § 2 Nr. 3 SigG. Eine Signaturkarte erhält ein RA zB von der Rechtsanwaltskammer, bei der er Mitglied ist.

2 **a) Satz 1** stellt klar, dass auf solche Dokumente die Vorschriften über den Urkundenbeweis (§§ 416 ff.) entspr Anwendung finden. **b) Satz 2** stellt die gesetzl. Normierung eines **Anscheinsbeweises** dar (BT-Drucks. 14/4987 S. 23). Die Prüfung nach dem Signaturgesetz muss das Gericht nicht selbst vornehmen; zweckmäßigerweise wird man hier SV hinzuziehen. Tatsachen, die „ernstliche Zweifel" begründen, sind zB technische Mängel wie falsche Zuordnung von Zertifikaten, unterlassene Sperrung von Zertifikaten, fehlerhafte Identifizierung von Personen. Bedeutsam wird ferner der Einwand sein, die Signaturkarte sei gestohlen worden und die für die Nutzung erforderl. PIN (Persönliche – Identifikations-Nummer) ausgespäht.

3 Wenn Originalunterlagen **gescannt** und dann vernichtet werden, um Platz zu sparen (zB von Banken, Vers), können Details des Originals nicht mehr nachgewiesen werden (Papier, Alter der Kugelschreiberpaste, Radierungen beim Scheck). Das hat derjenige zu vertreten, der das Originaldokument vernichtete.

4 **2. Absatz 2. Öffentliche elektronische Dokumente: a) Satz 1** wiederholt bez der Definition den § 415 Abs. 1. Sodann verweist S. 1 auf die Beweiskraft öffentl. Urkunden, also auf §§ 415, 417 ff. **b) Satz 2:** Ist das Dokument mit einer qualifizierten elektronischen Signatur (vgl Abs.1) versehen, hat das Dokument die Vermutung der Echtheit für sich (§ 437); technische Einzelheiten vgl *Rossnagel/Fischer-Dieskau* NJW 2006, 806.

## § 372 ZPO Beweisaufnahme

**(1) Das Prozessgericht kann anordnen, dass bei der Einnahme des Augenscheins ein oder mehrere Sachverständige zuzuziehen seien.**

**(2) Es kann einem Mitglied des Prozessgerichts oder einem anderen Gericht die Einnahme des Augenscheins übertragen, auch die Ernennung der zuzuziehenden Sachverständigen überlassen.**

1 **Absatz 1.** Das Ergebnis des Augenscheins ist nach § 160 III Nr. 5 zu protokollieren, aber nicht zwangsläufig während der Augenscheinseinnahme. Fotografieren ist in der ZPO nicht vorgesehen, wäre aber oft hilfreich. Es ist selbstverständl., dass zum Augenschein-

stermin ein SV geladen werden kann. Wenn sich der Richter den Ort privat anschaut, ist das nur mit Einverständnis der Parteien als Freibeweis (§ 284 S. 2) verwertbar. Beweisaufnahme durch das ProzessG außerhalb der Gerichtsstelle: §§ 219 ZPO, 166 GVG.

2 **Absatz 2:** die Einschränkung des § 375 gilt hier nicht.

3 **Kosten.** Ein Augenschein löst keine GerichtsGeb aus, aber Erstattung der Auslagen (GKG KV 9006) für Fahrt und (je nach Dauer) Reisekostenentschädigung. **Rechtsanwalt:** es gibt keine BeweisGeb mehr; aber Auslagen können anfallen (RVG VV 7003 ff.).

Formular 154: Antrag auf Protokollergänzung bei Übertragung der Augenscheinseinnahme gem. § 372 Abs. 2 ZPO

### § 372a ZPO Untersuchungen zur Feststellung der Abstammung

**(1) Soweit es in den Fällen der §§ 1600c und 1600d des Bürgerlichen Gesetzbuchs oder in anderen Fällen zur Feststellung der Abstammung erforderlich ist, hat jede Person Untersuchungen, insbesondere die Entnahme von Blutproben zum Zwecke der Blutgruppenuntersuchung, zu dulden, soweit die Untersuchung nach den anerkannten Grundsätzen der Wissenschaft eine Aufklärung des Sachverhalts verspricht und dem zu Untersuchenden nach der Art der Untersuchung, nach den Folgen ihres Ergebnisses für ihn oder einen der im § 383 Abs. 1 Nr. 1 bis 3 bezeichneten Angehörigen und ohne Nachteil für seine Gesundheit zugemutet werden kann.**

**(2) [1]Die Vorschriften der §§ 386 bis 390 sind entsprechend anzuwenden. [2]Bei wiederholter unberechtigter Verweigerung der Untersuchung kann auch unmittelbarer Zwang angewendet, insbesondere die zwangsweise Vorführung zum Zwecke der Untersuchung angeordnet werden.**

§ 372a redaktionell angepasst durch KindRG (BGBl 1997, 2942).

1 **1. Voraussetzungen: a)** Notwendigkeit einer Feststellung der Abstammung, auch im Erbrechts-, Namensrechtsstreit, auch als Vorfrage.

**b)** Erforderlichkeit: Sie setzt Entscheidungserheblichkeit, Beweisbedürftigkeit und Erschöpfung aller anderen Beweismöglichkeiten voraus. Auch die Eltern des verstorbenen Mannes können verpflichtet sein (OLG Dresden FamRZ 1999, 448).

**c)** Geeignete wissenschaftl. Methode: zB Blutgruppenuntersuchung, biostatistische Zusatzbegutachtung; erbbiologische Gutachten, Feststellung der Zeugungsfähigkeit, Tragzeitgutachten.

2 **d)** Zumutbarkeit nach der Art: fehlt zB, wenn gesundheitl. Schäden zu befürchten sind.

**e)** Zumutbarkeit nach dem Ergebnis: Streitig ist, inwiefern die Gefahr strafgerichtlicher Verfolgung ausreicht (vgl OLG Hamm NJW 1993, 474); idR genügt sie nicht (vgl OLG Karlsruhe FamRZ 1992, 334: Inzest).

**f)** Die Ladung muss wegen § 377 durch das Gericht, nicht durch den SV (Gesundheitsamt bei Blutabnahme) erfolgen (OLG Brandenburg FamRZ 2001, 1010).

**2. Weigerung der Testperson, Absatz 2**, § 386: **a) ohne Grundangabe:** Zwang nach § 390 oder gem Abs. 2 Vorführung durch den Gerichtsvollzieher; das bloße Nichterscheinen im Termin zur Blutuntersuchung ist nicht immer schon eine „Verweigerung" (OLG Zweibrücken FamRZ 1986, 493; daher zunächst nur Kostenauferlegung entspr § 380). 3

**b) mit Grundangabe:** Ein Zwischenstreit über die Duldungspflicht folgt (zuständig: ProzessG, BGH NJW 1990, 2936), hierbei kein Anwaltszwang für den sich weigernden Zeugen (§§ 387 II, 569 III Nr. 3), gegen das ZwischenU ist sof Beschwerde zulässig, § 387 III. 4

**3. Einzelfragen:** zum Verfahren bei Erledigung eines ausl. Rechtshilfeersuchens: OLG Düsseldorf FamRZ 1986, 191; OLG Frankfurt NJW-RR 1988, 714; Blutentnahme bei einem Toten: OLG Dresden FPR 2002, 570; OLG Düsseldorf FamRZ 1978, 206; Exhumierung OLG München FamRZ 2001, 126; OLG Hamm NJW-RR 2005, 231. Gutachten-Richtlinien: FamRZ 2002, 1159. Ist der beklagte **Vater im Ausland:** int Rechtshilfe (vgl *Hausmann* FamRZ 1977, 302; *Stürner* JZ 1987, 607); kommt es dort nicht zur Untersuchung: Beweisvereitelung durch den Vater (BGH NJW 1993, 1391). Das Ergebnis **heimlicher Vaterschaftsgutachten** (Untersuchung der Haarlocke, des Schnullers durch DNA-Analyse) hält der BGH für nicht verwertbar (BGH NJW 2005, 497; gebilligt vom BVerfG NJW 2007, 912); weil das Ergebnis absurd ist, ist eine vom BVerfG aufgegebene Gesetzesänderung in der Planung. Zu § 158 GVG: BGH NJW 1990, 2936. 5

# Titel 7
# Zeugenbeweis

## § 373 ZPO Beweisantritt

**Der Zeugenbeweis wird durch die Benennung der Zeugen und die Bezeichnung der Tatsachen, über welche die Vernehmung der Zeugen stattfinden soll, angetreten.**

**1. Zeugnisfähig ist**, wer nicht Partei oder gesetzl. Vertr der Partei ist. Dabei kommt es auf den Zeitpunkt der Vernehmung an. Auch ein Kind oder ein Geisteskranker ist zeugnisfähig. 1

**Zeuge kann zB sein:** der Ehegatte; der phG einer in Liquidation befindl. KG, sofern er nicht Liquidator ist; der Kommanditist im Rechtsstreit der Gesellschaft; der OHG-Gesellschafter, wenn er durch den Gesellschaftsvertrag von der Vertretung ausgeschlossen ist (BGH LM Nr. 4); der BGB-Gesellschafter im Prozess der GbR, falls er nicht vertretungsberechtigt ist; GmbH-Gesellschafter; AG-Aktionär; der Gemeinschuldner im Prozess des Insolvenzverwalters; das Gemeinderatsmitglied im Prozess der Gemeinde (BayObLG 1962, 361); die frühere Partei (BGH JZ 1984, 391; zum TeilU ohne KostenE gegen den früheren StrGen vgl OLG Celle NJW-RR 1991, 62); der frühere Bekl im Regressprozess des Kl gegen seinen früheren Anwalt (BGH VersR 1984, 160); der PrBev, Beistand; der gewöhnl. Nebenintervenient; StrGen über Tatsachen, die nicht auch für den eigenen Prozess erheblich sind (OLG Hamm NJW-RR 1986, 391); der ausgeschiedene StrGen, für den noch die ihn betreffende KostenE fehlt (vgl OLG Koblenz NJW-RR 2003, 283); Richter, Urkundsbeamte (dann §§ 41 Nr. 5, 49). 2

2a **Taktische Abtretung:** Hat der „Kläger“ keinen Zeugen, kann er den Anspruch abtreten; der Abtretungsempfänger kann dann in seiner Klage den Abtretenden als Zeugen benennen. Eine solche „prozesstaktische Zession“ ist zulässig (BGH NJW 2001, 827). Die Abtretung ist nicht schon wegen dieses Zwecks unwirksam (BGH NJW 2001, 827; OLG Bamberg WM 1997, 1282; OLG Karlsruhe NJW-RR 1990, 753), sie ist nicht sittenwidrig und nicht rechtsmissbräuchl. Das evtl hohe Interesse des Abtretenden am Ausgang des Rechtsstreits ist im Rahmen der Beweiswürdigung nach § 286 zu berücksichtigen (BGH NJW 2001, 827; OLG Karlsruhe NJW-RR 1990, 753). Dazu *Buß/Honert* JZ 1997, 694; *Kluth/Böckmann* MDR 2002, 616. Der Kl kann aber auch versuchen, ohne Abtretung zum Ziel zu kommen, indem er anregt, gem § 448 als Partei vernommen zu werden (Fallgruppe Waffengleichheit; § 448 Rz 3).

3 **Zeuge kann nicht sein:** wer als Partei zu vernehmen ist; der gesetzl. Vertreter der nicht prozessfähigen Partei; vgl § 455 II; der InsolvenzGl im Prozess nach § 179 InsO; der Bürgermeister im Prozess der Stadt (BGH LM Nr. 1); der streitgenössische Nebenintervenient.

4 **Verstoß.** Vernehmung einer Partei als Zeuge und umgekehrt kann nach § 295 heilen (BGH NJW 1985, 2254). UU kann offenbleiben, ob eine Zeugen- oder Parteivernehmung stattgefunden hat (BGH LM Nr. 3), solange nicht ein ZeugnisverweigerungsR bestand.

5 **Beistand.** Ein Zeuge kann einen RA auf eigene Kosten) als Beistand hinzuziehen, auch in nichtöffentl. Sitzung (BVerfG NJW 1975, 103); dieser RA hat kein eigenes Fragerecht.

6 **Spitzel als Zeuge.** BGH LM Nr. 6: der Kl schleuste einen fremden Mann in die Wohnung seiner Frau ein, wo er sie unter Verwendung eines Spiegels von einem Nachbarzimmer aus beobachten sollte, um Beweismaterial zu erlangen; die Vernehmung dieses Spitzels war unzulässig. Über heiml. Zeugen vgl *Lenz/Meurer* MDR 2000, 73.

7 **Beurteilung der Glaubwürdigkeit** eines erwachsenen Zeugen ist ureigene Aufgabe des Richters; ein Gutachten kommt bei Kindern infrage, sonst, wenn sich Zweifel an der Aussagetüchtigkeit (zB wegen Geistesschwäche) aufdrängen. Vgl § 286 Rz 8.

8 **2. Beweisantritt.** Identifizierbare Benennung des Zeugen ist notw, ladungsfähige Anschrift kann nachgereicht werden; beim Beweisangebot „Zeuge NN“ ist Fristsetzung nach § 356 erforderl. (BGH NJW 1998, 2368; 1993, 1926; dazu *Gottschalk* NJW 2004, 2939; vgl BVerfG NJW 2000, 945 zur fehlenden Anschrift; Einzelheiten bei § 356). Auf die Erforderlichkeit eines Dolmetschers muss der Beweisführer nicht hinweisen (OLG Hamm MDR 2000, 657), sollte dies aber. Wenn ein Zeuge über *innere Vorgänge* bei einem anderen (zB dass Bekl einen Mangel *kannte*) vernommen werden soll (Indizienbeweis), muss der Beweisführer die Haupttatsache und die Hilfstatsachen bezeichnen, aus denen sich die Haupttatsache ergeben soll (zB: weil der Zeuge mit dem Bekl über die Mängel sprach), BGH NJW-RR 1988, 1529. Beweisanträge, denen das Gericht nicht entspricht, werden nicht durch Beschluss zurückgewiesen, sondern (bei Überflüssigkeit, Unerheblichkeit) konkludent durch Nichterhebung; bei Verspätung, Unzulässigkeit, ist es zweckmäßig, sie ausdrückl. in den Urteilsgründen abzulehnen. Vgl § 284 Rz 6.

9 **3. Zeugen aus dem Strafverfahren.** Die Niederschrift der in einem Strafverfahren/Ermittlungsverfahren protokollierten Zeugenaussagen kann als **Urkundsbeweis** in den Zivilprozess eingeführt werden; verlangt eine Partei aber die unmittelbare Vernehmung, muss dem

entsprochen werden, Urkundsbeweis anstelle Vernehmung ist dann unzulässig (BGH NJW-RR 1992, 1124; OLG Düsseldorf NJW-RR 1996, 638). Eine solche urkundenbeweisl. Verwertung ermöglicht keine Beurteilung seiner Glaubwürdigkeit (BGH NJW 2000, 1420), dazu muss der Zeuge selbst vernommen werden. Vgl. § 416 Rz 6.

**4. Haftung von Zeugen.** Für vorsätzl. Falschaussagen haftet der Zeuge zumindest aus 10
§ 823 II BGB, 153 ff, 263 StGB. Ob er bei Fahrlässigkeit nur im Falle seiner Beeidigung haftet, ist umstr (vgl *Zöller/Greger* § 373 Rz 13). § 839a BGB ist nicht einschlägig.

**5. Kosten. Gericht:** Für die Beweisaufnahme fällt keine zusätzl. GerichtsGeb an; die Aus- 11
lagen, zB für Zeugen (Höhe: JVEG), werden aber in Rechnung gestellt (GKG KV 9005). Gelegentl. werden unsinnig Zeugen geladen (zB Vernehmung der Zeugen des Kl, dann wird die Klage wegen Verjährung abgewiesen, auf die Zeugen kam es gar nicht an). Solche Auslagen dürfen nicht erhoben werden (§ 21 GKG; **unrichtige Sachbehandlung**). Da die Justizverwaltung die Nichterhebung der Kosten meist nicht anordnen wird, bleibt nur die Erinnerung bzw Beschwerde gegen den Kostenansatz (= Kostenrechnung der Gerichtskasse) nach § 66 GKG. **Rechtsanwalt:** es fällt keine zusätzliche Geb nach dem RVG an.

12

**Praxishinweise:**

1. Beweisanträge sind auf konkrete Tatsachenbehauptungen zu reduzieren. Bei mehrfacher Benennung eines Zeugen ist es sicherer, den Beweisantrag mit ladungsfähiger Anschrift des Zeugen zu wiederholen. Wegen der Computerbenutzung macht das heute keine Mühe mehr. Abkürzungen wie „b.b.", „s.o.", „wie vor" usw. sind irreführend, wenn sie sich textl. auch auf nicht unter Beweis zu stellendes Vorbringen beziehen.

2. Eine Tatsache ist ein (behaupteter) realer Umstand, der sich ereignet hat. Vermutungen oder hypothetische Entschlüsse eines Zeugen fallen nicht darunter und sind nicht beweistaugl. (LG Frankfurt NJW-RR 1986, 551).

3. Ist unsicher, ob ein möglicher Zeuge etwas vom str Sachverhalt weiß und ggf was genau, kann der Anwalt ihn schriftl. befragen oder mdl vom Mandanten fragen lassen. Er soll ihn aber nicht pers anhören („vernehmen"). Erfährt das Gericht davon, wird es dazu tendieren, die Glaubwürdigkeit eines solchen Zeugen abzuschwächen, was zum Prozessverlust führen kann (s LG und OLG Köln VersR 1955, 142 und die ZAP-Kolumne Heft 3/2007).

4. Zur Vernehmung eines StrGen als Zeugen s § 61 Rz 7.

5. Ein von einer Partei zum Termin gestellter und vom Gericht vernommener Zeuge ist wie ein geladener Zeuge nach dem JVEG zu entschädigen. Insoweit entsteht auch ein Kostenerstattungsanspruch (Hartmann, Kostengesetz, § 1 JVEG Rn 36, 37).

Formular 155: Antrag auf Zeugenvernehmung gemäß § 373 ZPO

Formular 159: Antrag auf Zeugnis N. N."

## § 374 ZPO
(weggefallen)

## § 375 ZPO Beweisaufnahme durch beauftragten oder ersuchten Richter

**(1) Die Aufnahme des Zeugenbeweises darf einem Mitglied des Prozessgerichts oder einem anderen Gericht nur übertragen werden, wenn von vornherein anzunehmen ist, dass das Prozessgericht das Beweisergebnis auch ohne unmittelbaren Eindruck von dem Verlauf der Beweisaufnahme sachgemäß zu würdigen vermag, und**

**1. wenn zur Ausmittlung der Wahrheit die Vernehmung des Zeugen an Ort und Stelle dienlich erscheint oder nach gesetzlicher Vorschrift der Zeuge nicht an der Gerichtsstelle, sondern an einem anderen Ort zu vernehmen ist;**

**2. wenn der Zeuge verhindert ist, vor dem Prozessgericht zu erscheinen und eine Zeugenvernehmung nach § 128a Abs. 2 nicht stattfindet;**

**3. wenn dem Zeugen das Erscheinen vor dem Prozessgericht wegen großer Entfernung unter Berücksichtigung der Bedeutung seiner Aussage nicht zugemutet werden kann und eine Zeugenvernehmung nach § 128a Abs. 2 nicht stattfindet.**

**(1a) Einem Mitglied des Prozessgerichts darf die Aufnahme des Zeugenbeweises auch dann übertragen werden, wenn dies zur Vereinfachung der Verhandlung vor dem Prozessgericht zweckmäßig erscheint und wenn von vornherein anzunehmen ist, dass das Prozessgericht das Beweisergebnis auch ohne unmittelbaren Eindruck von dem Verlauf der Beweisaufnahme sachgemäß zu würdigen vermag.**

**(2) Der Bundespräsident ist in seiner Wohnung zu vernehmen.**

1 **1. Absatz 1.** Für alle Fälle (Nr. 1-3) gilt als weitere Voraussetzung Abs. 1 HS 2 („wenn ...") und verlangt eine Beweisprognose.

**Nr. 1** zweite Fallgruppe: die gesetzl. Vorschriften sind §§ 375 II, 382.

2 **Nr. 2:** Verhinderung wegen Alter, Gebrechlichkeit; bei Vernehmung in der Wohnung darf der Zeuge hier dem Gericht usw. den Zutritt zur Wohnung nicht verweigern. Nicht verhindert ist, wer an einer Videokonferenz teilnehmen kann (§ 128a II).

3 **Nr. 3:** keine „große Entfernung“ innerhalb des LG-Bezirks. Nur in Sonderfällen darf ein grenznahes AG um die Vernehmung von Zeugen aus dem ausl Staat ersucht werden (OLG München NJW 1962, 57). Ist die Durchführung der Beweisaufnahme unter Verstoß gegen § 375 übertragen worden, so ist auf diesen Verfahrensmangel § 295 anwendbar (BGH NJW 1979, 2518). Nicht verhindert ist, wer an einer Videokonferenz teilnehmen kann (§ 128a II). Nr. 3 lehnt sich an § 251 I Nr. 3 StPO an und verlangt Abwägung Zeugenbelange/Bedeutung der Aussage.

4 **2. Absatz 1a** dehnt Abs. 1 für den beauftr Richter aus. In Kammersachen darf dem Berichterstatter die Vernehmung von Zeugen übertragen werden, wenn es auf den unmittelbaren Eindruck aller Kammermitglieder nicht ankommt, zB in Bausachen, Abrechnungsprozessen.

Formular 161: Antrag auf Zeugenvernehmung im Wege der Rechtshilfe gemäß § 375 ZPO

## § 376 ZPO Vernehmung bei Amtsverschwiegenheit

**(1) Für die Vernehmung von Richtern, Beamten und anderen Personen des öffentlichen Dienstes als Zeugen über Umstände, auf die sich ihre Pflicht zur Amtsverschwiegenheit bezieht, und für die Genehmigung zur Aussage gelten die besonderen beamtenrechtlichen Vorschriften.**

**(2) Für die Mitglieder des Bundestages, eines Landtages, der Bundes- oder einer Landesregierung sowie für die Angestellten einer Fraktion des Bundestages oder eines Landtages gelten die für sie maßgebenden besonderen Vorschriften.**

**(3) Eine Genehmigung in den Fällen der Absätze 1, 2 ist durch das Prozessgericht einzuholen und dem Zeugen bekannt zu machen.**

**(4) Der Bundespräsident kann das Zeugnis verweigern, wenn die Ablegung des Zeugnisses dem Wohl des Bundes oder eines deutschen Landes Nachteile bereiten würde.**

**(5) Diese Vorschriften gelten auch, wenn die vorgenannten Personen nicht mehr im öffentlichen Dienst oder Angestellte einer Fraktion sind oder ihre Mandate beendet sind, soweit es sich um Tatsachen handelt, die sich während ihrer Dienst-, Beschäftigungs- oder Mandatszeit ereignet haben oder ihnen während ihrer Dienst-, Beschäftigungs- oder Mandatszeit zur Kenntnis gelangt sind.**

§ 376 wurde geändert durch G v. 4.11.1994 (BGBl 1994, 3346).

**1. Personenkreis des Absatz 1:** auch Beamte und Angestellte der Kirchen (OLG Zweibrücken FamRZ 1995, 679), öffentl. Sparkassen, Körperschaften, Anstalten, Stiftungen, Angestellte und Arbeiter des öffentl. Dienstes. Nicht: ausl Beamte, Notare (dazu: § 383 I Nr. 6; § 18 BNotO; zur Befreiung des Notars von der Verschwiegenheitspflicht durch die Aufsichtsbehörde vgl BGH MDR 2003, 719; BGH NJW 2003, 976), Schöffen. 1

**2. Genehmigung:** für Bundesbeamte vgl §§ 61, 62 BBG, für Landesbeamte § 39 BRRG und die Beamten- (und Richter-)gesetze der Länder. Sie ist vom Gericht einzuholen (Abs. 3); in der Praxis besorgt sich der Beamte etc meist selbst die Genehmigung und legt sie dem Gericht bei der Vernehmung vor. Erteilung und Versagung der Genehmigung gilt grds für alle Rechtszüge (BGH DB 1969, 703; LM Nr. 1). 2

**Keine Genehmigung ist erforderlich**, wenn die Tatsache ihrer Natur nach keiner Geheimhaltung bedarf (§ 61 I 2 BBG), was häufig der Fall ist, so etwa bei Polizeibeamten bez eines aufgenommenen Verkehrsunfalls (str). Die Versagung der Genehmigung ist ein Verwaltungsakt, die Partei (nicht das ProzessG) kann vor dem VG klagen (BVerwG NJW 1971, 160), das Gericht kann aussetzen, § 148, oder Frist nach § 356 setzen. Eine erfolgte Aussage ist trotz fehlender Genehmigung verwertbar (OVG Lüneburg NVwZ 2004, 1381).

## § 377 ZPO Zeugenladung

**(1) [1]Die Ladung der Zeugen ist von der Geschäftsstelle unter Bezugnahme auf den Beweisbeschluss auszufertigen und von Amts wegen mitzuteilen. [2]Sie wird, sofern nicht das Gericht die Zustellung anordnet, formlos übermittelt.**

**(2) Die Ladung muss enthalten:**

**1. die Bezeichnung der Parteien;**

**2. den Gegenstand der Vernehmung;**

**3. die Anweisung, zur Ablegung des Zeugnisses bei Vermeidung der durch das Gesetz angedrohten Ordnungsmittel in dem nach Zeit und Ort zu bezeichnenden Termin zu erscheinen.**

**(3) [1]Das Gericht kann eine schriftliche Beantwortung der Beweisfrage anordnen, wenn es dies im Hinblick auf den Inhalt der Beweisfrage und die Person des Zeugen für ausreichend erachtet. [2]Der Zeuge ist darauf hinzuweisen, dass er zur Vernehmung geladen werden kann. [3]Das Gericht ordnet die Ladung des Zeugen an, wenn es dies zur weiteren Klärung der Beweisfrage für notwendig erachtet.**

§ 377 geändert durch G v. 22.3.2005 (BGBl 2005, 837).

1 **1. Ladung:** Die Regelung gilt auch bei einer Ladung aufgrund AnO nach § 273 II Nr. 4. Bei Minderjährigen wird die Ladung an *einen* gesetzl. Vertreter gesandt, vgl § 170 III, ab etwa 14 Jahren zugleich an den Zeugen.

2 Bei **im Ausland** befindl. Zeugen förml. Ladung gem § 183 oder Verfahren nach § 363; ferner kommt eine formlose Ladung (ohne Androhung der Zwangsmittel) unmittelbar im Ausland in Betracht (str); möglich ist Anwendung von § 377 III (str); tel Befragung des Zeugen im Ausland, wenn die Parteien mit diesem Freibeweis einverstanden sind, § 284 S. 2 (*Zöller/Geimer* § 363 Rz 5); Anregung, die Parteien sollen ihre Zeugen zum Termin mitbringen.

3 **2. Schriftliche Beantwortung, Absatz 3.** Sie ist in der Praxis selten und auch meist nicht sinnvoll, weil der Zeuge das Wesentl. oft nicht erkennt, sodass Rückfragen erforderl. werden. Beim Angebot sehr vieler Zeugen kann es zweckmäßig sein, auf diese Weise diejenigen herauszufiltern, die etwas wissen. Zulässig auch nach § 358a. **Satz 1** schränkt doppelt ein (*geeignete* Person *und* Beweisfrage; Beispiel: Bankangestellter zu einem Kontostand, zur Höhe der derzeitigen Schuldzinsen). Schriftl. Beantwortung bleibt Zeugenbeweis, wird nicht Urkundenbeweis. Die Belehrung nach §§ 383, 395 ist bei der Aufforderung zu geben. Fristsetzung zur Beantwortung ist zweckmäßig. Eine Pflicht zur schriftl. Beantwortung besteht für den Zeugen nicht, daher bei Nichtbeantwortung kein Ordnungsgeld (§ 380), nur Ladung. Der Zeuge wird nach dem JVEG entschädigt. Die Vernehmung des Zeugen, der schriftl. bekundet hat, ist wiederholte Vernehmung nach § 398 (BGH LM Nr. 4). Eidesstattliche Versicherung der Richtigkeit durch den Zeugen ist nicht vorgesehen. **Satz 3:** Ladung zB bei unvollständiger Antwort, Verdacht der Beeinflussung, Fragen der Parteien (LG Berlin NJW-RR 1997, 1289; § 397). Bei Zeugen im Ausland soll nach BGH NJW 1984, 2039 (zur aF) die Einholung schriftl. Auskünfte nach Abs. 3 nicht in Betracht kommen (aA hM, *Zöller/Geimer* § 363 Rz 5).

4 **Die Anordnung** der schriftl. Beantwortung erfolgt durch das ProzessG (Beschluss); dabei ist auch die Beweisfrage bestimmt zu bezeichnen; fehlt es hieran, kann eine von der Partei beigebrachte Äußerung eines Zeugen nach Abs. 3 nicht verwertet werden (BGH LM Nr. 5).

5

**Praxishinweise:**

1. Erscheint ein zum Beweistermin geladener Zeuge nicht, hat er sich aber schriftl. zum Beweisthema geäußert, dann darf diese Äußerung entgegen OLG Koblenz (MDR 1994, 410) nicht nachträgl. als schriftl. Beantwortung gem § 377 III verwertet werden. Es würde sich nur um einen Urkundenbeweis handeln, der den Zeugenbeweisantrag nicht erledigt (MüKoZPO-Damrau § 373 Rz 20). Schon wegen der Gewährung des FrageR nach § 397 müsste der Zeuge geladen werden (MüKoZPO-Damrau § 347 Rz 13), da dem FrageR der Partei nicht durch schriftl. Befragung genügt wird (MüKoZPO-Damrau § 397 Rz 2).

2. Bei der schriftl. Anhörung entfällt der für die Beweiswürdigung oft wichtige pers Eindruck des Richters, zumal es auch noch in seinem Ermessen steht, ob er zur weiteren Klärung der Beweisfrage die Ladung des Zeugen anordnet (§ 377 III 3). Dadurch kann das FrageR der Parteien (§ 397 I) übergangen werden. Um dies zu verhindern, steht den Parteien ein AntragsR auf mdl Vernehmung zu (*MüKoZPO*-Damrau, Rn 17; *Stein/Jonas/Berger*, 21. Aufl, Rz 49; *Zöller/Greger* Rz 10a; *Saenger/Eichele*, Rz 7; *Thomas/Putzo/Reichold*, Rz 6 – alle zu § 377; *Schneider* MDR 1998, 1133; LG Berlin NJW-RR 1997, 1290). Die Auffassung, es handele sich dabei um eine im Ermessen des Gerichts stehende wiederholte Vernehmung nach § 398 (*Baumbach/Hartmann* § 377 Rz 9), kann als überholt angesehen werden (*Musielak/Huber* § 377 Rz 8).

Formular 151: Antrag auf Beiziehung eines vereidigten Dolmetschers gem. § 377 Abs. 3 ZPO

Formular 157: Anregung der Einholung einer schriftlichen Beantwortung der Beweisfrage gem. § 377 Abs. 3 ZPO

## § 378 ZPO Aussageerleichternde Unterlagen

**(1) [1]Soweit es die Aussage über seine Wahrnehmungen erleichtert, hat der Zeuge Aufzeichnungen und andere Unterlagen einzusehen und zu dem Termin mitzubringen, wenn ihm dies gestattet und zumutbar ist. [2]Die §§ 142 und 429 bleiben unberührt.**

**(2) Kommt der Zeuge auf eine bestimmte Anordnung des Gerichts der Verpflichtung nach Absatz 1 nicht nach, so kann das Gericht die in § 390 bezeichneten Maßnahmen treffen; hierauf ist der Zeuge vorher hinzuweisen.**

§ 378 I 2 geändert durch G v. 27.7.2001 (BGBl 2001, 1887).

1 **1. Absatz 1 Satz 1** begründet eine Informationspflicht des Zeugen, aber nur zur Auffrischung des Gedächtnisses, nicht zur Ermittlung bisher vom Zeugen nicht wahrgenommener Tatsachen. Nur Unterlagen (zB Abrechnungen, Verträge, Bautagebücher) hat er einzusehen; keine Pflicht zu Augenschein, Vermessungen, Erkundigungen, Beobachtungen. *Mitbringen:* nicht zB, wenn der Eigentümer der Unterlagen dies verweigert. *Unzumutbar:* zB, wenn sie schwer/umfangreich sind. § 378 ist missverständl. formuliert, denn seine Unterlagen im üblichen Umfang kann der Zeuge auch dann mitnehmen, wenn es ihm nicht ausdrückl. gestattet ist. **Satz 2:** Pflicht des Zeugen, Urkunden (Rechnungen, Verträge, Schriftwechsel usw.) mitzubringen im Rahmen der Zumutbarkeit und des ZeugnisverweigerungsR (§ 142); weitere Vorlagepflicht nach § 429. Der Zeuge ist nicht verpflichtet, die Unterlagen dem Gericht zu überlassen (dh zu übergeben); in der Praxis werden sie fotokopiert und wieder mitgegeben.

2 **2. Absatz 2.** Ordnungsgeld kann dem Zeugen auferlegt werden, wenn er eine *bestimmte* AnO des Gerichts (Vors, § 273 II Nr. 4) missachtet (zB den Vertrag vom ... mitzubringen; ungenügend: alle Unterlagen mitzubringen).

Formular 156: Aufforderung zur Vorlage von Aufzeichnungen gem. § 378 Abs. 1 ZPO

## § 379 ZPO Auslagenvorschuss

**[1]Das Gericht kann die Ladung des Zeugen davon abhängig machen, dass der Beweisführer einen hinreichenden Vorschuss zur Deckung der Auslagen zahlt, die der Staatskasse durch die Vernehmung des Zeugen erwachsen. [2]Wird der Vorschuss nicht innerhalb der bestimmten Frist gezahlt, so unterbleibt die Ladung, wenn die Zahlung nicht so zeitig nachgeholt wird, dass die Vernehmung durchgeführt werden kann, ohne dass dadurch nach der freien Überzeugung des Gerichts das Verfahren verzögert wird.**

1 **1.** § 379 ist auch bei §§ 273, 358a anwendbar. § 379 verdrängt § 17 GKG. Das Gericht „kann"; das ist eine **Ermessensentscheidung** (zB kein Vorschuss, wenn der Zeuge zu einem in Kürze stattfindenden Termin sof zu laden ist). Hat das Gericht keinen Vorschuss für Zeugen oder SV angeordnet, dann kann dies nicht der Kostenbeamte eigenmächtig nachholen (OLG Bamberg FamRZ 2001, 1387; aA wohl OLG Koblenz FamRZ 2002, 685 zum Fall des § 144 ZPO), er kann das Gericht aber auf ein evtl Versehen hinweisen. In diesen Fällen sind die Auslagen für Zeugen und SV erst am Schluss beim Kostenansatz aufgrund der gerichtlichen KostenE zu berücksichtigen.

**Ladung ohne Vorschuss ferner**, wenn nach § 2 GKG Auslagenfreiheit oder nach § 122 I, II PKH besteht oder eine Auslagenverzichtserklärung des Zeugen vorgelegt wird (Verzichtserklärung ist uU widerrufl., OLG Düsseldorf NJW-RR 1997, 826) oder der RA des Beweisführers (schriftl. oder zu Protokoll) die pers Haftung für den Vorschuss übernimmt (OLG Düsseldorf MDR 1991, 161); ferner bei Beweiserhebung von Amts wegen: wenn das Gericht **von Amts** wegen einen Augenschein einnimmt oder ein Gutachten erholt (§ 144 ZPO), kann vom Kostenbeamten keinesfalls über § 17 III GKG eine Vorauszahlung erhoben werden (BGH NJW 2000, 743). Wenn das Gutachten zwar beantragt worden ist, aber der angeforderte Vorschuss nicht bezahlt wurde, das Gericht aber das Gutachten unbedingt benötigt, ist es ohne Vorschuss einzuholen (BGH MDR 1976, 396).

Höhe des Vorschusses ist nicht isoliert **anfechtbar**, selbst wenn er weit überhöht ist (OLG Düsseldorf AG 2004, 390, kaum vertretbar; offen gelassen in BGH NJW 2007, 2122) auch nicht nach § 67 GKG (weil dieser nur GKG-Vorschüsse betrifft, nicht ZPO-Vorschüsse wie hier); außer es war PKH bewilligt worden (§ 122). Gegenvorstellungen sind zulässig.

**Zahlungspflichtig** ist der Beweisanbieter (§ 359 Nr. 3), nicht der Beweislastträger. Ist ein 2
s Beweisverfahren beantragt worden und beantragt der Gegner die Anhörung des SV, hat er den Vorschuss zu leisten (OLG München NJOZ 2005, 1305), nicht der ASt. Haben beide Parteien denselben Zeugen bzw SV zum gleichen Thema benannt, soll der Träger der Beweislast vorschusspflichtig sein (BGH VersR 1999, 1515); in der Praxis wird hier von jedem die Hälfte verlangt. Die Ladung, nicht die Vernehmung, wird von der Zahlung abhängig gemacht. Erscheint der Zeuge ohne Vorschusszahlung, wird er vernommen. Kostet das **Sachverständigengutachten** mehr als das Gericht als Vorschuss anforderte und der ASt bezahlte, darf die Aushändigung des vorliegenden Gutachtens nicht davon *abhängig* gemacht werden, dass der ASt die Differenz zahlt (OLG Frankfurt MDR 2004, 1255); anders – aber unzulässig – oft die Praxis. Der SV hätte das Überschreiten des Vorschusses rechtzeitig vorher anzeigen müssen; dann wäre vor Gutachtenserstellung nachgefordert worden.

**2. Satz 2.** Fristsetzung ca. zwei bis drei Wochen, 12 Tage sind im Anwaltsprozess zu kurz 3
(OLG Frankfurt NJW 1986, 731). Fristverlängerung § 224 III. Die Partei kann den Zeugen zum Termin mitbringen oder den Antrag auf Zeugenvernehmung bis zur letzten mdl Verh aufrechterhalten, das Gericht kann dem Beweisantrag noch stattgeben oder ihn gem § 296 II zurückweisen (BGH NJW 1980, 343). Durch die Nichtzahlung wird die Partei nicht mit dem Beweismittel ausgeschlossen (BGH NJW 2007, 2122; 1982, 2559; 1985, 1904; OLG Köln NJW-RR 1997, 1291), aber Zurückweisung nach § 296 II kommt in Betracht (OLG Rostock BauR 2004, 708). Für die Einzahlung von Auslagenvorschuss für den SV muss wegen des höheren Betrags eine längere Frist und ggf Fristverlängerung bewilligt werden; vgl auch BayVerfGH NJW-RR 2001, 352. Art 103 GG ist verletzt, wenn der Zeugenbeweis wegen Nichtzahlung des Vorschusses unterbleibt, obwohl die AnO der Vorausschusszahlung unter Fristsetzung versehentl. nicht übermittelt wurde (BVerfG NJW-RR 2004, 1150 = BVerfGK 3, 143).

4

**Praxishinweise:**

1. Bei nicht fristwahrender Vorschusszahlung wird überwiegend eine Hinweispflicht nach § 356 verneint (zum Streitstand vgl *Musielak/Stadler* § 356 Rz 4: bejahend; MüKoZPO-*Musielak* § 356 Rz 7: verneinend). Der Anwalt hat sich auf die dem Mandanten ungünstige Auffassung einzustellen und die Einzahlungsfrist zu überwachen, wenn er nicht vorleistet, sondern die fristwahrende Einzahlung der Partei obliegt.

2. Ersetzt wird die Vorschusszahlung durch eine Erklärung des PrBev (Rz 1), die meist so formuliert wird: „Ich sage mich für ... stark“. Rechtl. wird sie als bloße Haftungsübernahme (OLG Oldenburg JurBüro 1984, 93) oder als selbstschuldnerische Bürgschaft angesehen (OLG Hamm Rpfleger 1975, 37). Um eine Bürgschaft kann es sich

aber nicht handeln, da diese ledigl. dazu führt, an zweiter Stelle für die Kosten eines anderen einzustehen.

3. Lässt das Gericht die Erklärung des Anwalts nicht genügen, dann muss es ihn wegen Abweichens von einer gängigen Übung darauf hinweisen (§139). Verfahrenswidrig wäre es, ohne einen solchen Hinweis von der Durchführung einer Beweisaufnahme wegen fehlenden Zeugenvorschusses abzusehen (kein faires Verfahren; rügefähig nach §513 I).

Formular 147: Hinweisschreiben an den Mandanten zur Zahlung eines gerichtlich angeforderten Zeugen-Auslagenvorschusses

Formular 149: Zeugengebührenverzichtserklärung

Formular 150: Haftungsübernahmeerklärung des Prozessbevollmächtigten für einen Zeugenvorschuss

## § 380 ZPO Folgen des Ausbleibens des Zeugen

**(1) [1]Einem ordnungsgemäß geladenen Zeugen, der nicht erscheint, werden, ohne dass es eines Antrages bedarf, die durch das Ausbleiben verursachten Kosten auferlegt. [2]Zugleich wird gegen ihn ein Ordnungsgeld und für den Fall, dass dieses nicht beigetrieben werden kann, Ordnungshaft festgesetzt.**

**(2) Im Falle wiederholten Ausbleibens wird das Ordnungsmittel noch einmal festgesetzt; auch kann die zwangsweise Vorführung des Zeugen angeordnet werden.**

**(3) Gegen diese Beschlüsse findet die sofortige Beschwerde statt.**

§ 380 III geändert durch G v. 27.7.2001 (BGBl 2001, 1887).

1 **1. Absatz 1.** Ordnungsgem Ladung setzt richtigen Inhalt (Mitteilung des Beweisthemas, § 377 II; OLG Saarbrücken OLG-Report 2005, 960) und Rechtzeitigkeit nach Ermessen (§ 217 gilt nicht) voraus, nicht das Vorliegen eines Zustellungsnachweises.

2 **Nichterscheinen steht gleich** Entfernung vor Entlassung, Erscheinen in vernehmungsunfähigem (zB betrunkenen) Zustand.

3 **Kein Ermessen** des Gerichts; Ordnungsgeldbeschluss auch, wenn der Zeuge fehlt und dann auf die Vernehmung verzichtet wird (OLG Frankfurt OLGZ 1983, 458; sehr str). Bei einem minderjährigen Zeugen ist Prüfung der Schuldfähigkeit nötig (OLG Hamm NJW 1965, 1613).

4 **Beispiel:**

„Beschluss: Gegen den Zeugen ... wird wegen Nichterscheinens im Termin vom ... ein Ordnungsgeld von ... €, und falls dieses nicht beigetrieben werden kann, ... Tage Ordnungshaft, festgesetzt. Gleichzeitig werden dem Zeugen die durch sein Fernbleiben verursachten Kosten auferlegt. Gründe ..."

Der Beschluss wird verkündet oder den Parteien formlos mitgeteilt, dem Zeugen zugestellt, § 329 III mit § 794 I Nr. 3. Kosten sind zB Fahrtkosten und Parteikosten. Nur die *notw* Kosten muss der Zeuge erstatten (BGH NJW-RR 2005, 725). Das Ordnungsgeld beträgt 5-1000 €, die Ordnungshaft 1 Tag bis 6 Wochen, Art 6 I, II EGStGB. Beim ersten Mal sind ca. 100 €, ersatzweise 3 Tage, angemessen. Beitreibung nach der JBeitrO; Vollstreckung ist dem Rechtspfleger übertragen, § 31 III RPflG; Stundung etc vgl Art 7 EGStGB. 5

**2. Absatz 2.** Wiederholtes Ausbleiben und Annahme, dass der Zeuge einer erneuten Ladung trotz Festsetzung von Ordnungsgeld nicht folgen wird: AnO der **Vorführung** durch den Gerichtswachtmeister, Gerichtsvollzieher des Wohnsitzes des Zeugen. Diese Kosten (Nr. 270 GVKostG) sind Kosten des Ausbleibens. „Noch einmal" heißt: immer wieder (str, **aA**: nur zweimal). 6

**3. Absatz 3. Sofortige Beschwerde.** Der Zeuge kann sich entschuldigen und/oder Beschwerde einlegen; kein Anwaltszwang, §§ 78 V, 569 III Nr. 3; Abhilfe ist möglich; aufschiebende Wirkung, § 570. § 567 II gilt nicht. Über die Beschwerde gegen den Beschluss des ER der LG-Berufungszivilkammer entscheidet der ER des OLG (OLG Düsseldorf MDR 2003, 230). Bei Aufhebung keine KostenE (OLG Frankfurt NJW-RR 2000, 446). Bei Ablehnung sind die Parteien wegen der Kosten beschwerdeberechtigt. 7

**Bei begründeter Beschwerde** des Zeugen sind die notw Auslagen des Zeugen analog § 46 OWiG, § 467 StPO der Staatskasse aufzuerlegen (OLG Hamm Rpfleger 1980, 72; LG Heilbronn FamRZ 1995, 889; str, **aA**: keine KostenE, da ein Gegner fehle, OLG Frankfurt MDR 1984, 322). 8

9

**Praxishinweise:**

1. Gerichte gehen vielfach davon aus, ein Zeuge habe so lange auf seine Vernehmung zu warten, bis er aufgerufen werde, anderenfalls sei gegen ihn wegen Nichterscheinens ein Ordnungsgeld festzusetzen. Das ist falsch. Der pünktl. Vernehmung des Zeugen können mancherlei Gründe entgegenstehen, etwa weil der Richter zu spät zur Verh kommt oder weil sich die Vernehmung vorrangiger Zeugen aus nicht vorhersehbaren Gründen zeitlich hinzieht. Dann stellt sich das Problem der Wartezeit.

2. *Kissel/Mayer* (GVG, § 16 Rz 115) begrenzen die Wartezeit auf 15 Minuten, wenn dem Zeugen keine Verzögerungsgründe mitgeteilt werden. Stattdessen wird auch eine Wartezeit von 30 Minuten befürwortet (Nachweise bei *Schneider* MDR 1998, 579). *MüKoZPO-Damrau* setzt die Wartefrist auf längstens eine 3/4 Stunde an.

3. Obwohl es eine Begrenzung der Wartepflicht geben muss, dürfen solche strengen Zeitangaben nicht als maßgebend angesehen werden. 15 Minuten Wartepflicht sind zu kurz; eine anderthalbstündige Wartepflicht ist zu lang (OLG Köln JR 1969, 264). Als Richtwert dürfte eine Wartezeit von einer Stunde angemessen sein, vorausgesetzt, dem Zeugen wird der Grund der Verzögerung mitgeteilt. Es wäre entwürdigend, ihn einfach auf dem Flur stehen zu lassen: „Der Zeuge darf ungeachtet seiner proz Funktion als Beweismittel nicht zum bloßen Objekt eines Verfahrens gemacht werden" (BVerfGE 38, 115).

4. Entfernt sich ein Zeuge nach angemessener Wartefrist, darf kein Ordnungsgeld festgesetzt werden. Wegen der unterschiedl. Zeitauffassungen sollte der Zeuge nach Möglichkeit das Gericht informieren, warum er sich entfernt habe. Diese Erklärung kann für ihn der PrBev des Beweisführers abgeben.

Formular 162: Antrag auf Vorführung eines Zeugen gemäß § 380 Abs. 2 ZPO

## § 381 ZPO Genügende Entschuldigung des Ausbleibens

**(1) [1]Die Auferlegung der Kosten und die Festsetzung eines Ordnungsmittels unterbleiben, wenn das Ausbleiben des Zeugen rechtzeitig genügend entschuldigt wird. [2]Erfolgt die Entschuldigung nach Satz 1 nicht rechtzeitig, so unterbleiben die Auferlegung der Kosten und die Festsetzung eines Ordnungsmittels nur dann, wenn glaubhaft gemacht wird, dass den Zeugen an der Verspätung der Entschuldigung kein Verschulden trifft. [3]Erfolgt die genügende Entschuldigung oder die Glaubhaftmachung nachträglich, so werden die getroffenen Anordnungen unter den Voraussetzungen des Satzes 2 aufgehoben.**

**(2) Die Anzeigen und Gesuche des Zeugen können schriftlich oder zum Protokoll der Geschäftsstelle oder mündlich in dem zur Vernehmung bestimmten neuen Termin angebracht werden.**

§ 381 geändert durch G v. 27.7.2001 (BGBl 2001, 1887).

1 **1. Entschuldigung:** zB: Erkrankung (der Zeuge kann verlangen, dass der Inhalt der Atteste vor den Prozessparteien geheimgehalten wird, OLG München MDR 2000, 413), Todesfall in der Familie, schon vorher geplante Urlaubsreise, uU berufsbedingte Verhinderung, Störung öffentl. Verkehrsmittel, unrichtige Information durch den RA (LG Heilbronn FamRZ 1995, 889), Ladung ist dem Zeugen nicht „rechtzeitig" zugegangen, wenn bei Ersatzzustellung Ladung nicht ausgehändigt wurde (OLG Düsseldorf NJW-RR 1995, 1341). Kleinlichkeit ist nicht angebracht. „Schwerwiegende" Gründe sind nicht erforderl. (**aA** BFH/NV 2006, 771). **Nicht genügend:** Vergessen des Termins, leichtfertiger Irrtum. Das Gericht prüft von Amts wegen, es kann Ermittlungen anstellen, vom Zeugen können ärztl. Atteste (Kostenersatz nach § 7 JVEG) und sonstige Glaubhaftmachung angefordert werden.

2 **Rechtzeitigkeit der Entschuldigung (Absatz 1 Satz 2):** sobald sich für den Zeugen eine Verspätung oder Verhinderung abzeichnet, muss er das Gericht sogleich verständigen, soweit möglich und zumutbar (OLG Nürnberg NJW-RR 1999, 788). Bei verspäteter Entschuldigung werden nach der Neufassung grds dem Zeugen die Kosten auferlegt (andernfalls hat die Mehrkosten der Prozessverlierer zu tragen, was ihm kaum einleuchten wird, weil er sie nicht verursacht hat). **Aufhebung (Absatz 1 Satz 3).** Den Entschuldigungsgrund („krank gewesen") kann der Zeuge nachträgl. bringen und zugleich die fehlende Rechtzeitigkeit der Entschuldigung nachträgl. entschuldigen, also eine Doppel-Entschuldi-

gung bringen. Das Gericht kann dann die Kostenauferlegung und/oder das Ordnungsmittel aufheben, letzteres auch nur ermäßigen.

**2. Absatz 2.** Vgl. § 78 V. 3

## § 382 ZPO Vernehmung an bestimmten Orten

**(1) Die Mitglieder der Bundesregierung oder einer Landesregierung sind an ihrem Amtssitz oder, wenn sie sich außerhalb ihres Amtssitzes aufhalten, an ihrem Aufenthaltsort zu vernehmen.**

**(2) Die Mitglieder des Bundestages, des Bundesrates, eines Landtages oder einer zweiten Kammer sind während ihres Aufenthaltes am Sitz der Versammlung dort zu vernehmen.**

**(3) Zu einer Abweichung von den vorstehenden Vorschriften bedarf es:**

**für die Mitglieder der Bundesregierung der Genehmigung der Bundesregierung,**

**für die Mitglieder einer Landesregierung der Genehmigung der Landesregierung,**

**für die Mitglieder einer der im Absatz 2 genannten Versammlungen der Genehmigung dieser Versammlung.**

Die Vernehmung erfolgt an der Gerichtsstelle, § 219. Zweite Kammer: früher der Senat in Bayern. Auf die Rechte aus § 382 kann der Zeuge verzichten. 1

## § 383 ZPO Zeugnisverweigerung aus persönlichen Gründen

**(1) Zur Verweigerung des Zeugnisses sind berechtigt:**

**1. der Verlobte einer Partei oder derjenige, mit dem die Partei ein Versprechen eingegangen ist, eine Lebenspartnerschaft zu begründen;**

**2. der Ehegatte einer Partei, auch wenn die Ehe nicht mehr besteht;**

**2a. der Lebenspartner einer Partei, auch wenn die Lebenspartnerschaft nicht mehr besteht;**

**3. diejenigen, die mit einer Partei in gerader Linie verwandt oder verschwägert, in der Seitenlinie bis zum dritten Grad verwandt oder bis zum zweiten Grad verschwägert sind oder waren;**

**4. Geistliche in Ansehung desjenigen, was ihnen bei der Ausübung der Seelsorge anvertraut ist;**

**5. Personen, die bei der Vorbereitung, Herstellung oder Verbreitung von periodischen Druckwerken oder Rundfunksendungen berufsmäßig mitwirken oder mitgewirkt haben, über die Person des Verfassers, Einsenders oder Gewährsmanns von Beiträgen und Unterlagen sowie über die ihnen im Hinblick auf ihre Tätigkeit gemachten Mitteilungen, soweit es sich um Beiträge, Unterlagen und Mitteilungen für den redaktionellen Teil handelt;**

**6. Personen, denen kraft ihres Amtes, Standes oder Gewerbes Tatsachen anvertraut sind, deren Geheimhaltung durch ihre Natur oder durch gesetzliche Vorschrift**

**geboten ist, in Betreff der Tatsachen, auf welche die Verpflichtung zur Verschwiegenheit sich bezieht.**

**(2) Die unter Nummern 1 bis 3 bezeichneten Personen sind vor der Vernehmung über ihr Recht zur Verweigerung des Zeugnisses zu belehren.**

**(3) Die Vernehmung der unter Nummern 4 bis 6 bezeichneten Personen ist, auch wenn das Zeugnis nicht verweigert wird, auf Tatsachen nicht zu richten, in Ansehung welcher erhellt, dass ohne Verletzung der Verpflichtung zur Verschwiegenheit ein Zeugnis nicht abgelegt werden kann.**

§ 383 zuletzt geändert durch G v. 15.12.2004 (BGBl 2004, 3396/3404).

1 **1. Absatz 1 Nr. 1.** Verlöbnis, § 1297 BGB; zivilrechtl. wirksam (str). Bei Nr. 1 hat das Gericht über das VerweigerungsR zu belehren (§ 383 II). Kein VerweigerungsR iFd § 385.

2 **Nr. 2.** Ehegatten, also nicht im Verhältnis zwischen der Mutter des nichtehelichen Kindes und dessen Vater. **Nr. 2a:** gemeint sind homosexuelle registrierte Partnerschaften iSd LPartG, nicht heterosexuelle Verhältnisse (Frau/Mann). Bei Nr. 2 und 2a hat das Gericht über das VerweigerungsR zu belehren (§ 383 II). Kein VerweigerungsR iFd § 385.

3 **Nr. 3.** Verwandte (§§ 1589,1590); bei Nr. 3 hat das Gericht über das VerweigerungsR zu belehren (§ 383 II). Kein VerweigerungsR iFd § 385.

- in gerader Linie verwandt: Eltern, Großeltern usw. Kinder (auch nichteheliche, adoptierte), Enkel, Urenkel;
- in gerader Linie verschwägert: Schwiegersohn/-tochter, Schwiegereltern und -großeltern, Ehefrau zum nichtehelichen Kind des Ehemannes; Stiefmutter;
- in Seitenlinie bis zum 3. Grad verwandt: Bruder (auch Halbbruder)/Schwester, Onkel/Tante, Neffe/Nichte; im 4. Grad verwandt sind Großneffe, Großonkel;
- in Seitenlinie bis zum 2. Grad verschwägert: Geschwister des Ehegatten, Ehegatten der Geschwister.

4 **Nr. 4.** Geistliche, nur bei staatl. anerkannten Gemeinschaften (str). „Anvertraut" vgl Rz 9. Bei Nr. 4 muss das Gericht über das VerweigerungsR nicht belehren (§ 383 II). Kein VerweigerungsR bei Entbindung (§ 385 II). Zur Darlegung durch den Zeugen vgl § 386 II.

5 **Nr. 5.** Vgl Art 5 I 2 GG. Die Druckwerke müssen „periodisch" sein (zB Illustrierte, idR nicht Bücher), die Tätigkeit „berufsmäßig"; geschützt ist nicht der Anzeigenteil (Ausnahmen in Sonderfällen, BVerfG NJW 1984, 1101 zur StPO). Über weitere Pressevertreter vgl BVerfG NJW 2002, 592. Bei Nr. 5 muss das Gericht über das VerweigerungsR nicht belehren (§ 383 II).

6 **Nr. 6.** Wird für Abgeordnete ergänzt durch Art 47 GG. Vgl § 203 StGB. Bei Nr. 6 muss das Gericht über das VerweigerungsR nicht belehren (§ 383 II). Kein VerweigerungsR bei Entbindung (§ 385 II). Zur Darlegung durch den Zeugen vgl § 386 II.

**Berechtigte Personen** sind zB: Ärzte (vgl § 385 II), Richter, RA (zB des Erblassers, BayObLG FamRZ 1991, 962), Steuerberater (BGH WM 1983, 653: auch wenn beide Prozessparteien über streitgegenständl. Vertrag beraten wurden), Notare, Finanzbeamte,

Wirtschaftsprüfer, Bankangestellte, jeweils einschließl. ihrer Gehilfen; nicht ehemalige Betreuer nach dem Tod des Betreuten (OLG Köln NJWE-FER 1999, 191). Ein „Anvertrauen" ieS ist nicht erforderl., alles was diese Personen erfahren haben, ist geschützt (BGH NJW 2005, 1948; 1984, 449).

**Notare**; bei ihnen erstreckt sich die Schweigepflicht (§ 18 BNotO) auf den gesamten Inhalt der notariellen Verh einschließl. der Umstände, die der Notar anlässl. der Verh erfährt; sie müssen ihm nicht besonders „anvertraut" worden sein; erfasst werden auch schriftliche Änderungsvorschläge, die dem Notar zur Vorbereitung des Beurkundungstermins übersandt wurden; ob sie vor der Beurkundung anderen Urkundsbeteiligten oder ihren anwaltl. Beratern zugängl. gemacht werden sollten, ist unerhebl. (BGH NJW 2005, 1948); zur Klärung vgl § 18 III 1 BNotO und § 111 BNotO (BGH NJW 2003, 976). Nichtentbinden von Schweigepflichten durch die Beteiligten kann Beweisvereitelung sein (§ 286 Rz 21). Eine Befreiung durch die Aufsichtsbehörde ist möglich (§ 18 II BNotO). Der Notar ist von der Verschwiegenheitspflicht befreit, wenn gegen ihn Schadensersatzansprüche geltend gemacht werden (vgl OLG Frankfurt NotBZ 2004, 490).

**Beim Arzt** umfasst das ZeugnisverweigerungsR grds alle Tatsachen, deren Kenntnis er in seiner Eigenschaft als Arzt erlangt hat, sowohl, wenn ihm die Gelegenheit dazu freiwillig vom Patienten gewährt, als auch nur im Rahmen von Untersuchungen verschafft worden ist, die der Patient zu dulden verpflichtet war (BGH 40, 288). Der Arzt kann vom Gericht nicht die Vorlage der Entbindungserklärung verlangen, es ist ausreichend, wenn das Gericht dem Arzt mitteilt, es liege eine Entbindung vor (SG Frankfurt/M MedR 1999, 577). Die Schweigepflicht besteht grds nach dem Tod des Patienten fort (BayObLG NJW 1987, 1492): über **postmortale Schweigepflicht** beim Streit um die Testierfähigkeit vgl *Bartsch* NJW 2001, 861. Vgl § 385 Rz 2. Zur Testierfähigkeit darf der behandelnde Arzt auch vernommen werden, wenn nicht festgestellt ist, dass ihn der Erblasser von der Schweigepflicht entbunden hat (BayObLG NJW-RR 1991, 1287). Zum Mediator vgl *Groth/v. Bubnoff* NJW 2001, 338; *Wagner* NJW 2001, 1398. 7

IÜ kann ein ZeugnisverweigerungsR nicht durch **Vereinbarung** einer Schweigepflicht (zB in einem Anstellungsvertrag) begründet werden (vgl OLG Hamm FamRZ 1999, 939; OLG Karlsruhe MDR 2006, 591). 8

**Anvertrautsein** setzt Geheimhaltungsbedürfnis der Beteiligten voraus (str) und eine Wahrnehmung aufgrund der Vertrauensstellung. 9

**2. Minderjährige:** Sie können das Zeugnis selbstständig verweigern; wollen sie aussagen, kommt es darauf an, ob sie die nötige Verstandesreife haben: Fehlt sie und verweigert der gesetzl. Vertreter die Zustimmung, können Kinder nicht vernommen werden; ist die Reife vorhanden, kommt es auf den gesetzl. Vertreter nicht an. Bei Meinungsunterschied der Eltern fehlt Zustimmung (str). Im **Prozess der Eltern** sind sie von der Zustimmung zur Aussage des Kindes ausgeschlossen (§§ 1629 II 1, 1795 I Nr. 3 BGB), das ProzessG veranlasst beim VormG die Bestellung eines Ergänzungspflegers, falls das verstandesunreife Kind aussagebereit ist; der Pfleger kann der Vernehmung zustimmen (vgl *Findeisen*, Der minderjährige Zeuge im Zivilprozess, 1992). 10

**3. Belehrung, Absatz 2**, wird protokolliert. Bei unterbliebener Belehrung ist die zivilproz Vernehmung nicht verwertbar; § 295 ist aber anwendbar; desgleichen, wenn bei der 11

Beweisaufnahme die Aussage eines Zeugen verwertet wird, die dieser in einem strafrechtl. Ermittlungsverfahren ohne vorherige Belehrung über sein ZeugnisverweigerungsR (§§ 52 III, 163a V StPO) gemacht hat (BGH NJW 1985, 1159).

12 **4. Absatz 3.** Macht der Zeuge/SV von seinem Recht keinen Gebrauch, ergeben sich keine Schranken gegen die Anhörung und gegen die Verwertung der Beurkundungen (BGH NJW 1977, 1199; str).

13 **Praxishinweise.**

1. In § 383 I sind die Sachverhalte aufgezählt, bei deren Vorliegen ein Zeuge aus pers Gründen zur Aussagverweigerung berechtigt ist. In § 384 sind VerweigerungsR aus sachl. Gründen zusammengestellt. Eine Belehrung über ein ZeugnisverweigerungsR ist nur vorgesehen für die Fälle des § 383 I Nr 1 – 3, II (Verlobte, Verheiratete, nahe Verwandte).

2. Hat ein Zeuge von seinem AussageverweigerungsR Gebrauch gemacht, dann hat es damit sein Bewenden. Eine Partei, die ihn erneut als Zeuge benennt, dringt mit diesem Beweisantrag nur durch, wenn sie zugleich darlegt, warum anzunehmen sei, der Zeuge sei nunmehr aussagebereit (BGH NJW-RR 1987, 445).

3. Zw ist, wie es sich auswirkt, wenn er nicht über sein AussageverweigerungsR belehrt worden ist. Eine unterlassene Belehrung begründet ein Verwertungsverbot (Habscheid ZZP Bd 96, 1983, 320), das jedoch gerügt werden muss, weil es sich um einen verzichtbaren Verfahrensmangel handelt (BGH NJW 1985, 1158 = VersR 1985, 485).

4. Problematisch sind auch die Fälle, in denen ein verweigerungsberechtigter Zeuge aussagt, sich später aber auf sein VerweigerungsR beruft. Geschieht das, bevor die Vernehmung abgeschlossen ist, wird dadurch ein Verwertungsverbot begründet (§ 295 I: Verfahrensmangel).

5. Bei einer wiederholten Vernehmung innerhalb der Instanz darf der nunmehr verweigernde Zeuge nicht vernommen werden, wohl aber darf die abgeschlossene erste Vernehmung als protokollierte Zeugenaussage verwertet werden.

Formular 163: Schweigepflichtentbindungserklärung

## § 384 ZPO Zeugnisverweigerung aus sachlichen Gründen

**Das Zeugnis kann verweigert werden:**

**1. über Fragen, deren Beantwortung dem Zeugen oder einer Person, zu der er in einem der im § 383 Nr. 1 bis 3 bezeichneten Verhältnisse steht, einen unmittelbaren vermögensrechtlichen Schaden verursachen würde;**

**2. über Fragen, deren Beantwortung dem Zeugen oder einem seiner im § 383 Nr. 1 bis 3 bezeichneten Angehörigen zur Unehre gereichen oder die Gefahr zuziehen würde, wegen einer Straftat oder einer Ordnungswidrigkeit verfolgt zu werden;**

**3. über Fragen, die der Zeuge nicht würde beantworten können, ohne ein Kunst- oder Gewerbegeheimnis zu offenbaren.**

**Nr. 1: Schaden:** Ein mittelbarer Schaden genügt nicht; es genügt aber, wenn die Durchsetzung eines Anspruchs erleichtert würde, zB beim Mehrverkehrszeugen (OLG Karlsruhe NJW 1990, 2758); bei einem Kreditvermittler, der evtl selbst haften würde (OLG Frankfurt WPM 2000, 2359). Kein VerweigerungsR iFd § 385. 1

**Nr. 2:** Unehre: der Zeuge braucht auch dann nicht antworten, wenn nur die Bejahung Unehre bringen würde, die Frage aber verneint werden könnte (BGH 26, 391, zw). ZB Frage nach ehewidrigen Beziehungen (OLG Karlsruhe NJW 1994, 528). Die konkrete Frage muss idR ins Protokoll aufgenommen werden (vgl BGH NJW 1994, 197), weil nur *insoweit* ein AussageverweigerungsR besteht. Verfolgungsgefahr: nicht ehrengerichtl. oder dienststrafrechtl. Verfolgung. Ist die Sache strafrechtl. verjährt, besteht kein ZeugnisverweigerungsR nach § 384 Nr. 2 Alt 2 mehr (OLG Stuttgart NJW-RR 2007, 250). 2

**Nr. 3.** Geheimnis: Geschützt ist nur das eigene, nicht das fremde Geschäftsgeheimnis (str, vgl *Gottwald* BB 1979, 1781). 3

### § 385 ZPO Ausnahmen vom Zeugnisverweigerungsrecht

**(1) In den Fällen des § 383 Nr. 1 bis 3 und des § 384 Nr. 1 darf der Zeuge das Zeugnis nicht verweigern:**

**1. über die Errichtung und den Inhalt eines Rechtsgeschäfts, bei dessen Errichtung er als Zeuge zugezogen war;**

**2. über Geburten, Verheiratungen oder Sterbefälle von Familienmitgliedern;**

**3. über Tatsachen, welche die durch das Familienverhältnis bedingten Vermögensangelegenheiten betreffen;**

**4. über die auf das streitige Rechtsverhältnis sich beziehenden Handlungen, die von ihm selbst als Rechtsvorgänger oder Vertreter einer Partei vorgenommen sein sollen.**

**(2) Die im § 383 Nr. 4, 6 bezeichneten Personen dürfen das Zeugnis nicht verweigern, wenn sie von der Verpflichtung zur Verschwiegenheit entbunden sind.**

**1. Absatz 1 Nr. 1:** zugezogen zum Zweck der Bezeugung, zB bei Testamentserrichtung. **Nr. 2:** Familie: alle Verwandten und Verschwägerten. **Nr. 3:** solche Vermögensangelegenheiten sind zB güterrechtl. Verträge, Unterhaltsanspruch, Altenteilsregelung, Erbausschlagung. Vgl OLG Karlsruhe FamRZ 1989, 764. **Nr. 4:** Handlungen, nicht Wahrnehmungen (str); Rechtsvorgänger ist insb der Zedent; Vertreter: im weiten Sinne gemeint, auch Boten. 1

**2. Entbindung, Absatz 2.** Bei katholischen Geistlichen vgl ferner Art 9 Reichskonkordat v. 20.07.1933 (RGBl II 679) und Art 144 III Verfassung des Freistaates Bayern (auch bei 2

Entbindung ZeugnisverweigerungsR). Beim Arzt kann der Umfang seiner Schweigepflicht mit dem Tod des Patienten abnehmen; maßgebend dafür, ob der Arzt nunmehr freigestellt ist, ist der zu Lebzeiten geäußerte Wille des Patienten, hilfsweise muss der mutmaßl. Wille erforscht werden (BGH 91, 399); dieser geht im Allgemeinen dahin, aufkommende Zweifel über Testierfähigkeit oder -unfähigkeit auszuräumen. Die Versagung der Entbindung ist nach § 286 frei zu würdigen (BGH MDR 1984, 48).

3 Entbindung nach Abs. 2 ist zu unterscheiden von Erteilung der Aussagegenehmigung für Beamte; uU ist beides notw.

4 **Praxishinweise:**

1. Die nach § 386 I Nr. 6 unter Verschwiegenheitspflicht stehenden Personen müssen aussagen, wenn der Schutzberechtigte sie von der Verpflichtung zur Verschwiegenheit entbindet (§ 385 II). Das ist schon dann der Fall, wenn der Berechtigte die Vernehmung des Zeugen beantragt.

2. Wird die Aussagegenehmigung verweigert, dann ist das bei der Tatsachenfeststellung zu berücksichtigen. Zum gesamten Inhalt der Verh, der Grundlage der Beweiswürdigung ist (§ 286 I 1), gehört auch die Versagung der Entbindung von der Verschwiegenheitspflicht (BGH MDR 1984, 48).

3. Die Weigerung geht zulasten der nicht beweispflichtigen Partei, wenn sie nur das Ziel hat, die Aussage über entscheidungserhebl. Behauptungen des Beweisführers zu verhindern (OLG Celle ZIP 1981, 1323, 1325).

4. Die Wertung wird unterschiedl. begründet: freie Beweiswürdigung (BGH ZIP 1983, 735), Beweisvereitelung (BGH VersR 1981, 42, 43), Umkehr der Beweislast (BGH NJW 1972, 1131), wobei manchmal auch auf diese Gesichtspunkte insgesamt abgestellt wird.

5. Die Beurteilung wird davon abhängen, ob und wie die Partei die Verweigerung der Aussagegenehmigung begründet (BGH VersR 1981, 42, 43). Nach OLG München (NJW 1987, 1021, 1022) sind die Gründe sogar glaubhaft zu machen.

## § 386 ZPO Erklärung der Zeugnisverweigerung

**(1) Der Zeuge, der das Zeugnis verweigert, hat vor dem zu seiner Vernehmung bestimmten Termin schriftlich oder zum Protokoll der Geschäftsstelle oder in diesem Termin die Tatsachen, auf die er die Weigerung gründet, anzugeben und glaubhaft zu machen.**

**(2) Zur Glaubhaftmachung genügt in den Fällen des § 383 Nr. 4, 6 die mit Berufung auf einen geleisteten Diensteid abgegebene Versicherung.**

**(3) Hat der Zeuge seine Weigerung schriftlich oder zum Protokoll der Geschäftsstelle erklärt, so ist er nicht verpflichtet, in dem zu seiner Vernehmung bestimmten Termin zu erscheinen.**

**(4) Von dem Eingang einer Erklärung des Zeugen oder von der Aufnahme einer solchen zum Protokoll hat die Geschäftsstelle die Parteien zu benachrichtigen.**

Glaubhaftmachung nach § 294 kann vom Gericht verlangt werden (vgl BGH NJW 1972, 1334, zweifelhaftes Verlöbnis). Falsche Angaben des Zeugen: strafbar nach § 153 StGB. 1

> **Praxishinweise:** 2
>
> 1. Die Aussageverweigerung als solche ist ohne Beweiswert. Sie kann nur im Rahmen der Gesamtbeweiswürdigung in Zusammenhang mit feststehenden Indizien einen Aussagewert erhalten.
>
> 2. Ein zur Zeugnisverweigerung berechtigter Zeuge kann seine Verweigerungserklärung dem Gericht schriftl. mitteilen und ist dann nicht verpflichtet, zum Beweistermin zu erscheinen. Wird er gleichwohl aufgefordert, den Termin wahrzunehmen und seine Verweigerungserklärung dort mdl abzugeben, dann braucht er einer solchen Ladung nicht zu folgen (§ 386 III).

## § 387 ZPO Zwischenstreit über Zeugnisverweigerung

**(1) Über die Rechtmäßigkeit der Weigerung wird von dem Prozessgericht nach Anhörung der Parteien entschieden.**

**(2) Der Zeuge ist nicht verpflichtet, sich durch einen Anwalt vertreten zu lassen.**

**(3) Gegen das Zwischenurteil findet sofortige Beschwerde statt.**

**1. In der Regel** erkennt der Beweisführer (bzw die Parteien, § 399) die Zeugnisverweigerung an oder das Recht, eine Entscheidung zu verlangen, geht nach § 295 verloren (BGH LM Nr. 1); dann kommt es nicht zum Zwischenstreit. 1

**Zwischenstreit:** Parteien sind der Beweisführer und der Zeuge; der Gegner kann Streitgehilfe des Unterstützten sein, bei § 399 Partei. 2

**Tenor:** I. Die Aussageverweigerung des Zeugen Z ... ist nicht rechtmäßig (vgl § 390). II. Die Kosten des Zwischenstreits werden dem Zeugen ... auferlegt (vgl § 91). III. StrW: ... (vgl § 3 ZPO). 3

**2. Sofortige Beschwerde (Absatz 3)** hat der Zeuge; ob auch der Prozessgegner, ist str. Formalien §§ 567 ff, Frist § 569 I 1. Keine sof Beschwerde gegen das ZwischenU des OLG, § 567 I („der AG und LG"); RB zum BGH idF des § 574 nur durch beim BGH zugelassenen RA. 4

Formular 164: Antrag auf Entscheidung über ein Zeugnisverweigerungsrecht gemäß § 387 ZPO

## § 388 ZPO Zwischenstreit über schriftliche Zeugnisverweigerung

**Hat der Zeuge seine Weigerung schriftlich oder zum Protokoll der Geschäftsstelle erklärt und ist er in dem Termin nicht erschienen, so hat auf Grund seiner Erklärungen ein Mitglied des Prozessgerichts Bericht zu erstatten.**

1 § 388 besagt nur, dass der Weigerungsgrund im Termin aus den Akten vorgetragen und erörtert wird. Kein Versäumnisverfahren gegen den Zeugen, vgl § 386 III.

### § 389 ZPO Zeugnisverweigerung vor beauftragtem oder ersuchtem Richter

**(1) Erfolgt die Weigerung vor einem beauftragten oder ersuchten Richter, so sind die Erklärungen des Zeugen, wenn sie nicht schriftlich oder zum Protokoll der Geschäftsstelle abgegeben sind, nebst den Erklärungen der Parteien in das Protokoll aufzunehmen.**

**(2) Zur mündlichen Verhandlung vor dem Prozessgericht werden der Zeuge und die Parteien von Amts wegen geladen.**

**(3) [1]Auf Grund der von dem Zeugen und den Parteien abgegebenen Erklärungen hat ein Mitglied des Prozessgerichts Bericht zu erstatten. [2]Nach dem Vortrag des Berichterstatters können der Zeuge und die Parteien zur Begründung ihrer Anträge das Wort nehmen; neue Tatsachen oder Beweismittel dürfen nicht geltend gemacht werden.**

1 **Absatz 1.** Bei Weigerung vor dem ER: § 387. **Absatz 2.** Der Zeuge erhält keine Zeugenentschädigung, auch wenn er im Termin aussagt (RG 43, 409; str).

2 Nach **Absatz 3 Satz 2** ist Neues zum bisherigen Weigerungsgrund ausgeschlossen.

### § 390 ZPO Folgen der Zeugnisverweigerung

**(1) [1]Wird das Zeugnis oder die Eidesleistung ohne Angabe eines Grundes oder aus einem rechtskräftig für unerheblich erklärten Grund verweigert, so werden dem Zeugen, ohne dass es eines Antrages bedarf, die durch die Weigerung verursachten Kosten auferlegt. [2]Zugleich wird gegen ihn ein Ordnungsgeld und für den Fall, dass dieses nicht beigetrieben werden kann, Ordnungshaft festgesetzt.**

**(2) [1]Im Falle wiederholter Weigerung ist auf Antrag zur Erzwingung des Zeugnisses die Haft anzuordnen, jedoch nicht über den Zeitpunkt der Beendigung des Prozesses in dem Rechtszug hinaus. [2]Die Vorschriften über die Haft im Zwangsvollstreckungsverfahren gelten entsprechend.**

**(3) Gegen die Beschlüsse findet die sofortige Beschwerde statt.**

§ 390 III geändert durch G v. 27.7.2001 (BGBl 2001, 1887).

1 Rechtskr Urteil vgl § 387. Zur Entscheidung vgl § 380 Rz 4 sinngem. Zur Haft §§ 904 ff. Zur Beschwerde des Zeugen vgl § 380 Rz 7. Bei Ablehnung der Zwangshaft, Abs. 2, hat die beschwerte Partei die sof Beschwerde, § 793. Sof Beschwerde § 567, Frist § 569.

### § 391 ZPO Zeugenbeeidigung

**Ein Zeuge ist, vorbehaltlich der sich aus § 393 ergebenden Ausnahmen, zu beeidigen, wenn das Gericht dies mit Rücksicht auf die Bedeutung der Aussage oder zur Herbei-**

**führung einer wahrheitsgemäßen Aussage für geboten erachtet und die Parteien auf die Beeidigung nicht verzichten.**

**1. Bei Verzicht der Parteien** (unwiderrufl. Prozesshandlung, auch stillschweigend) keine Beeidigung. Ausnahme, wo der Untersuchungsgrundsatz herrscht, zB in § 617. 1

**Wird Beeidigung beantragt**, ist zu prüfen: **a)** Eidesunfähigkeit, § 393; **b)** EidesverweigerungsR: hat jeder Zeugnisverweigerungsberechtigte (§§ 383-385), vgl § 390 I 1, auch wenn er schon ausgesagt hat (BGH 43, 3 368; die Aussage ist dann wertlos); **c)** Notwendigkeit der Beeidigung nach der Bedeutung usw. Das steht im Ermessen des Gerichts (BGH NJW 1998, 3355). Beeidigung von Zeugen im Zivilprozess ist sehr selten. 2

In der Nichtbeeidigung kann ein Verfahrensverstoß liegen, wenn das Gericht bei inhaltl. Erheblichkeit der Aussage Bedenken gegen die Glaubwürdigkeit des Zeugen hat (BGH NJW 1965, 1530; 1972, 584; DRiZ 1967, 361). 3

Die unterbliebene Beeidigung muss **im Urteil** nicht begründet werden, wenn sie nicht beantragt wurde und sich nicht aufdrängte (BGH NJW 1952, 384). Stellt eine Partei ausdrückl. den Antrag auf Beeidigung des Zeugen bzw SV, dann kann das durch Beschluss sogleich angeordnet und ausgeführt werden. Da es auf Details der Aussage ankommen kann, ist die Aussage dem Zeugen bzw SV nochmals vorzulesen bzw vorzuspielen. Will das Gericht (wie fast immer) aber nicht vereidigen, dann wird **kein ablehnender Beschluss** erlassen; die Nichtbeeidigung ist ledigl. im Urteil zu begründen. Der Beeidigungsantrag wird häufig nur gestellt, um den Zeugen mit einer angekündigten Strafanzeige wegen Meineids (§ 154 StGB) zu verunsichern und unter Druck zu setzen.

**2. Verfahren:** §§ 478-484; bei Ausländern § 188 GVG. Eidesformel: § 392. 4

**3. Verstöße.** Eine überflüssige Beeidigung ist proz unschädlich. War die Beeidigung dagegen unzulässig, ist im Urteil die **eidliche Aussage als uneidliche** zu werten; ebenso (oder Nachholung des richtigen Eides), wenn statt Zeugeneid der SV-Eid abgenommen wurde oder umgekehrt. Vgl ferner § 295. 5

## § 392 ZPO Nacheid; Eidesnorm

**[1]Die Beeidigung erfolgt nach der Vernehmung. [2]Mehrere Zeugen können gleichzeitig beeidigt werden. [3]Die Eidesnorm geht dahin, dass der Zeuge nach bestem Wissen die reine Wahrheit gesagt und nichts verschwiegen habe.**

Üblich ist, vor Beeidigung dem Zeugen seine Aussage nochmals vorzulesen/abzuspielen. Wird er nach Beeidigung weiter befragt, ist nach § 398 III zu verfahren. 1

## § 393 ZPO Uneidliche Vernehmung

**Personen, die zur Zeit der Vernehmung das 16. Lebensjahr noch nicht vollendet oder wegen mangelnder Verstandesreife oder wegen Verstandesschwäche von dem Wesen und der Bedeutung des Eides keine genügende Vorstellung haben, sind unbeeidigt zu vernehmen.**

1 Bei vorübergehendem Mangel (Trunkenheit) ist zu vertagen (evtl Ordnungsgeld, § 380). Bloße Zweifel an der Verstandesreife genügen nicht. Verstoß: § 391 Rz 5.

### § 394 ZPO Einzelvernehmung

**(1) Jeder Zeuge ist einzeln und in Abwesenheit der später abzuhörenden Zeugen zu vernehmen.**

**(2) Zeugen, deren Aussagen sich widersprechen, können einander gegenübergestellt werden.**

1 **Absatz 1** gilt nicht für SV, er ist nur Ordnungsvorschrift, Verstoß ist nicht revisibel. Auf Gegenüberstellung, **Absatz 2**, haben die Parteien keinen Anspruch (BAG NJW 1968, 566), vgl § 398 I. Über Vernehmungstechnik vgl *Kirchhoff* MDR 2000, 186; *Rüßmann* DRiZ 1985, 41.

### § 395 ZPO Wahrheitsermahnung; Vernehmung zur Person

**(1) Vor der Vernehmung wird der Zeuge zur Wahrheit ermahnt und darauf hingewiesen, dass er in den vom Gesetz vorgesehenen Fällen unter Umständen seine Aussage zu beeidigen habe.**

**(2) [1]Die Vernehmung beginnt damit, dass der Zeuge über Vornamen und Zunamen, Alter, Stand oder Gewerbe und Wohnort befragt wird. [2]Erforderlichenfalls sind ihm Fragen über solche Umstände, die seine Glaubwürdigkeit in der vorliegenden Sache betreffen, insbesondere über seine Beziehungen zu den Parteien vorzulegen.**

1 Zweckmäßig ist ferner Belehrung über Strafbarkeit, §§ 153, 154 StGB. Keine Pflicht zur Offenbarung der Religion, Art 140 GG, 137 Weimarer Verfassung.

### § 396 ZPO Vernehmung zur Sache

**(1) Der Zeuge ist zu veranlassen, dasjenige, was ihm von dem Gegenstand seiner Vernehmung bekannt ist, im Zusammenhang anzugeben.**

**(2) Zur Aufklärung und zur Vervollständigung der Aussage sowie zur Erforschung des Grundes, auf dem die Wissenschaft des Zeugen beruht, sind nötigenfalls weitere Fragen zu stellen.**

**(3) Der Vorsitzende hat jedem Mitglied des Gerichts auf Verlangen zu gestatten, Fragen zu stellen.**

**Lit:** ***Kirchhoff*** MDR 2000, 186.

1 **Absatz 1.** Eine vom Zeugen mitgebrachte schriftl. Aussage ist vorzulesen und als Anlage zum Protokoll zu nehmen, vgl § 160 III Nr. 4, weitere Befragung ist zulässig, § 397.

2 **Absatz 2, 3.** Die Fragen müssen sich nicht im engen Rahmen des Beweisbeschlusses halten. Bei **Beanstandung von Fragen:** § 140. Eigene Ermittlungen muss der Zeuge zwar

nicht vor seiner Vernehmung anstellen, zur Auffrischung seines Gedächtnisses aber seine schriftl. Unterlagen etc durchsehen (RG 48, 395; vgl OLG Köln NJW 1973, 1983; Einzelheiten str).

**Praxishinweise:** 3

1. Eine gute Vernehmung besteht in erster Linie in geduldigem Zuhören. Das gilt auch für die PrBev. Selbst wenn sie meinen, der Zeuge irre oder verfälsche oder beschönige, sollten sie ihn keinesfalls unterbrechen. Sie sollten sich ledigl. die Zweifelspunkte merken und nach Abschluss der Vernehmung von ihrem FrageR nach §397 Gebrauch machen. Unterbrechungen verwirren den Zeugen und verschlechtern die Aussagequalität.

2. Zeugenaussagen müssen nach § 160 III Nr. 4 protokolliert werden (Ausnahme § 161 I Nr. 1). Der Anwalt muss das Diktat des Vernehmungsprotokolls genau verfolgen und unverzügl. – vor Genehmigung durch den Zeugen nach § 160! – auf Unrichtigkeiten oder Unklarheiten hinweisen. Sie sind richtigzustellen, solange der Zeuge noch anwesend ist.

3. Die in §396 II hervorgehobene Fragepflicht des Gerichts ist ein Anwendungsfall der Aufklärungs- und Hinweispflicht, sodass die Nichtausübung der gerichtl. Fragepflicht gegen §139 ZPO verstößt. Es handelt sich um einen Verfahrensmangel (OLG Koblenz NJW-RR 1991, 1471). Er kann zweitinstanzl. nach §§513 I, 529 II 1 geltend gemacht werden. So verhält es sich zB, wenn das Gericht es unterlässt, einem Zeugen den Inhalt einer Urkunde vorzuhalten, der sich nicht mit dem Aussageinhalt verträgt.

## § 397 ZPO Fragerecht der Parteien

**(1) Die Parteien sind berechtigt, dem Zeugen diejenigen Fragen vorlegen zu lassen, die sie zur Aufklärung der Sache oder der Verhältnisse des Zeugen für dienlich erachten.**

**(2) Der Vorsitzende kann den Parteien gestatten und hat ihren Anwälten auf Verlangen zu gestatten, an den Zeugen unmittelbar Fragen zu richten.**

**(3) Zweifel über die Zulässigkeit einer Frage entscheidet das Gericht.**

**Anwälte** können direkt Fragen an den Zeugen stellen (das Verlangen nach Abs. 2 liegt 1 darin, dass der Anwalt fragt); die Partei kann entweder ihren Anwalt ihre Fragen stellen lassen oder sie durch das Gericht stellen lassen. Da Laien oft Fragen stellen, die mit der Sache nichts zu tun haben, muss den Parteien die unmittelbare Fragestellung nicht gestattet werden. Ein „Kreuzverhör" findet nicht statt. **Unzulässige Fragen** sind zB: Fragen außerhalb des Beweisthemas, Ausforschungsfragen, Suggestivfragen, gegen §§ 376, 383 III verstoßende Fragen, schon beantwortete Fragen (vgl *v. Lanzenauer* DRiZ 1966, 223). Zur Aufnahme der unzulässigen Frage ins Protokoll vgl § 160 IV. Der Beschluss nach Abs. 3 ist unanfechtbar, vgl § 355 II. In ungebührl. Form gestellte Fragen vgl § 157 II ZPO, §§ 177, 178 GVG.

## § 398 ZPO Wiederholte und nachträgliche Vernehmung

**(1) Das Prozessgericht kann nach seinem Ermessen die wiederholte Vernehmung eines Zeugen anordnen.**

**(2) Hat ein beauftragter oder ersuchter Richter bei der Vernehmung die Stellung der von einer Partei angeregten Frage verweigert, so kann das Prozessgericht die nachträgliche Vernehmung des Zeugen über diese Frage anordnen.**

**(3) Bei der wiederholten oder der nachträglichen Vernehmung kann der Richter statt der nochmaligen Beeidigung den Zeugen die Richtigkeit seiner Aussage unter Berufung auf den früher geleisteten Eid versichern lassen.**

1 **1. Wiederholte Vernehmung** ist grds Ermessenssache. Eine Pflicht dazu kann für das ErstG bestehen, wenn die erste Vernehmung verfahrensfehlerhaft war (BGH NJW 1987, 261; NJW-RR 1992, 253) oder bei Parteiabwesenheit gem § 367 II, soweit keine Heilung nach § 295 eingetreten ist, oder zu neuen Tatsachen, neuen Erkenntnissen des Zeugen (BGH MDR 1985, 390); oder bei Nichtvereidigung eines hinzugezogenen Dolmetschers (BGH NJW 1987, 260; NJW 1994, 941; nicht heilbar).

2 **2. In der Berufungsinstanz** (vgl *Nasall* ZZP Bd 98, 313; *Pantle* NJW 1988, 2027) besteht **Pflicht zur Wiederholung** zB, wenn **a)** das BerGer eine protokollierte Aussage anders als die Vorinstanz werten will (BGH NJW 2007, 372; NJW-RR 2006, 169); wenn es die Glaubwürdigkeit des Zeugen anders als die Vorinstanz beurteilen will (BGH NJW 1999, 2972; 1998, 385; BVerfG NJW 2005, 1487), die abw Beurteilung also im subjektiven Bereich liegt (BGH MDR 1985, 485, 748; NJW-RR 1986, 285); anders, wenn es nur auf den objektiven Erklärungswert ankommt (BGH NJW 1998, 384); oder **b)** die Niederschrift über die Aussage des Zeugen anders als die Vorinstanz verstehen will (BGH NJW-RR 2006, 109; NJW-RR 1986, 284; NJW-RR 1993, 893); oder

3 **c)** Anhaltspunkte dafür vorliegen, dass der Zeuge in der Zwischenzeit neue evtl ausschlaggebende Erkenntnisse gewonnen hat (BGH MDR 1985, 390; NJW-RR 1986, 284); oder **d)** die Vorinstanz einander widersprechende Zeugenaussagen überhaupt nicht gewürdigt hat und objektive Anhaltspunkte für die Unrichtigkeit der einen oder anderen fehlen (BGH NJW-RR 2000, 432; NJW-RR 1985, 285). **e)** Eine Pflicht zur Wiederholung kann sich aus Zweifeln über die Vollständigkeit und Richtigkeit der protokollierten Aussagen ergeben (BGH NJW-RR 2005, 609).

Die nochmalige Vernehmung eines Zeugen kann nur dann unterbleiben, wenn sich das RmG auf solche Umstände stützt, die weder die Urteilsfähigkeit, das Erinnerungsvermögen oder die Wahrheitsliebe des Zeugen noch die Vollständigkeit oder Widerspruchsfreiheit seiner Aussage betreffen (BGH NJW 2007, 372; NJW 1991, 3285). Hat also das erstinstanzl. Gericht über str Äußerungen und die Umstände, unter denen sie gemacht worden sind, Zeugen vernommen und ist es aufgrund einer Würdigung der Aussagen zu einem bestimmten Ergebnis gekommen, so kann das BerGer diese Auslegung nicht verwerfen und zum gegenteiligen Ergebnis kommen, ohne zuvor die Zeugen gem § 398 I selbst vernommen zu haben (BGH NJW 2007, 372; VersR 2002, 649).

4 **Nicht zwingt zur Wiederholung**, dass eine Partei sie ausdrückl. beantragt (BGH NJW 1982, 108; str); dass eine Aussage entgegen der Würdigung der Vorinstanz für nicht zur

Beweisführung ausreichend erachtet werden soll (BGH WM 1977, 200); wenn es nur darum geht, ob der Inhalt der protokollierten Aussage (objektiv) für die Beweisfrage ergiebig ist (BGH NJW-RR 1986, 285).

## § 399 ZPO Verzicht auf Zeugen

**Die Partei kann auf einen Zeugen, den sie vorgeschlagen hat, verzichten; der Gegner kann aber verlangen, dass der erschienene Zeuge vernommen und, wenn die Vernehmung bereits begonnen hat, dass sie fortgesetzt werde.**

Verzicht (Prozesshandlung, Anwaltszwang) kann auch in schlüssigem Prozessverhalten liegen (BGH MDR 1988, 49; NJW-RR 1997, 342) und ist bis zur Beendigung der Vernehmung zulässig. Stillschweigender Verzicht einer Partei auf die Vernehmung von ihr benannter Zeugen kann in der Nichtwiederholung des Beweisantrags nur dann gesehen werden, wenn die Partei aus dem Prozessverlauf erkennen konnte, dass das Gericht mit der bisher durchgeführten Beweisaufnahme seine Aufklärungstätigkeit als erschöpft angesehen hat (BGH NJW 1994, 329). 1

## § 400 ZPO Befugnisse des mit der Beweisaufnahme betrauten Richters

**Der mit der Beweisaufnahme betraute Richter ist ermächtigt, im Falle des Nichterscheinens oder der Zeugnisverweigerung die gesetzlichen Verfügungen zu treffen, auch sie, soweit dies überhaupt zulässig ist, selbst nach Erledigung des Auftrages wieder aufzuheben, über die Zulässigkeit einer dem Zeugen vorgelegten Frage vorläufig zu entscheiden und die nochmalige Vernehmung eines Zeugen vorzunehmen.**

**Betraute Richter** sind der ersuchte (§ 362) und der beauftr Richter (§ 361). **Befugnisse zB:** bei Nichterscheinen §§ 380, 381; bei Zeugnisverweigerung § 390; Zulässigkeit von Fragen § 397; endgültig entscheidet das ProzessG, § 398 II; Beweisbeschlussänderung, § 360. 1

**Nicht:** Zwischenstreit entscheiden, schriftl. Aussage (§ 377) anordnen. Zur Beschwerde vgl § 576 I, II. 2

## § 401 ZPO Zeugenentschädigung

**Der Zeuge wird nach dem Justizvergütungs- und -entschädigungsgesetz entschädigt.**

§ 401 geändert durch G v. 05.05.2004 (BGBl 2004, 718/834).

Der Zeuge erhält Fahrtkostenersatz (§ 5 JVEG), Aufwandsentschädigung (§ 6 JVEG), Aufwendungsersatz (§ 7 JVEG) und für seinen Zeitverlust je Stunde max 17 € (§§ 20 – 22 JVEG). Es besteht kein Unterschied zwischen dem geladenen und dem mitgebrachten (vernommenen) Zeugen. Der mitgebrachte nicht vernommene Zeuge hat evtl Ersatzansprüche (§ 670 BGB) gegen „seine“ Partei. 1

2 **Praxishinweise:**

1. Stellt eine Partei einen Zeugen, dem sie Auslagenerstattung zugesagt hat, und wird dieser Zeuge vernommen, dann erwirbt er gegen die Staatskasse einen Entschädigungsanspruch (§ 19 JVEG). Hat die Partei den Zeugen bereits bezahlt, kann sie diese Auslage nach § 91 bis zur Höhe der Entschädigung nach dem JVEG erstattet verlangen (*Hartmann*, KostG, § 19 JVEG Rz 6).

2. Zweckentsprechend iSd § 91 ist die Gestellung eines Zeugen immer, wenn er vom Gericht vernommen wird. Die Tatsache, dass das Gericht den Zeugen anhört, beweist, dass es auf seine Aussage Wert legt, das Beweisthema also als wesentl. Beweispunkt ansieht.

# Titel 8
# Beweis durch Sachverständige

## § 402 ZPO Anwendbarkeit der Vorschriften für Zeugen

**Für den Beweis durch Sachverständige gelten die Vorschriften über den Beweis durch Zeugen entsprechend, insoweit nicht in den nachfolgenden Paragraphen abweichende Vorschriften enthalten sind.**

**Lit:** ***Jessnitzer/Ulrich***, Der gerichtl. Sachverständige, 2005; ***Wellmann/Schneider/Hüttemann/Weidhaas***, Der SV in der Praxis, 2004; ***Müller***, Der SV im gerichtl. Verfahren, 3. Aufl. 1988; ***Bayerlein*** (Hrsg.), Praxishandbuch SV-Recht, 3. Aufl. 2002; ***Volze*** DS 2006, 379.

1 **1. Allgemeines zum Sachverständigen-Beweis. a) Begriff.** Der SV stellt Tatsachen (auch: ob eine Verkehrssitte besteht, BGH NJW-RR 2004, 1248) fest, leitet Schlussfolgerungen daraus ab und stellt Erfahrungssätze dar. Er ist austauschbar, der **Zeuge** nicht. Der **sachverständige Zeuge** (§ 414) ist ein Zeuge, der die zu bekundenden Tatsachen nur kraft seiner Sachkunde ohne Zusammenhang mit einem gerichtl. SV-Auftrag wahrgenommen hat (BGH MDR 1974, 382), zB ein Arzt, der einen Verletzten gesehen hat.

2 **b) Anknüpfungstatsachen.** Die Feststellung des Sachverhalts, den der gerichtl. SV seinem Gutachten zugrunde zu legen hat, ist regelmäßig Aufgabe des Richters (§ 404a III; BGH NJW 1997, 1446), wenn es dabei auf die Sachkunde des Gutachters nicht ankommt (§ 404a II); der SV darf daher grds nicht selbst Zeugen vernehmen (Ausnahme: § 404a IV); werden derartige Feststellungen später notw, muss das Gericht wenigstens nachträgl. die erforderl. Beweise erheben und den SV zu einer Ergänzung veranlassen (BGH NJW 1962, 1770; Ausnahmen BGH 23, 214). Die vom SV zugrunde gelegten Befundtatsachen (zB Vergleichsmieten im Mieterhöhungsprozess) müssen für Gericht und Prozessparteien überprüfbar sein (BVerfG NJW 1995, 40). Die Gegenpartei hat auch dann ein Recht auf Einsicht, wenn Betriebsgeheimnisse betroffen sind (OLG Köln NJW-RR 1996, 1277).

3 **c) Beweiswürdigung.** Das Gericht befindet selbst darüber, ob es bei der Beurteilung von Vorgängen die Grenzen seines Wissens und seiner richterl. Erkenntnismöglichkeiten erreicht hat und der Hilfe eines SV bedarf (BGH NJW 1962, 1771). Feststellungen kraft

**eigener Sachkunde** und Lebenserfahrung sind nur beschränkt mögl. (vgl BGH NJW-RR 1992, 804: Wettbewerbssachen); das Gericht müsste vorher seine eigene Sachkunde dartun, den Parteien Gelegenheit zur Stellungnahme geben (BGH NJW-RR 2000, 1547) und sie im Urteil darlegen („der Richter hat von ... bis ... an der TH ...Maschinenbau studiert und war dann drei Jahre bei BMW tätig ..."); ungenügend daher in Bausachen idR, dass der Richter selbst Bauherr eines Einfamilienhauses war. Auch Gutachten von SV unterliegen der freien Beweiswürdigung; sie sind sorgfältig und kritisch zu würdigen; will das Gericht davon abweichen, muss es seine abweichende Überzeugung begründen und diese Begr muss erkennen lassen, dass die abw Beurteilung nicht durch einen Mangel an Sachkunde beeinflusst ist (BGH NJW 1982, 2874). Vgl § 286 Rz 10. Über Schriftgutachten: BGH NJW 1982, 2874; *Seibt*, Forensische Schriftgutachten, 1999; über Meinungsforschungsgutachten BGH 1989, 1804; *Teplitzky* WRP 1990, 145; über medizinische SV *Steger* VersR 2000, 419.

**d) „Obergutachten“** (dh ein weiteres Gutachten). Eine verfahrensrechtl. Pflicht zur Einholung besteht nur ausnahmsweise, so zB bei groben Mängeln des eingeholten Gutachtens oder bei besonders schwierigen Fragen (BGH VersR 1962, 231). 4

**e) Privatgutachten**, die eine Partei vorlegt, sind urkundl. belegter Parteivortrag (BGH NJW 1982, 2875). Die Verwendung eines Privatgutachtens im Prozess als SV-Gutachten ist verfahrensfehlerhaft, wenn nicht beide Parteien zustimmen (BGH NJW-RR 1994, 255). Privatgutachten können im Wege des Urkundenbeweises einbezogen werden, die pers Vernehmung des SV kann aber beantragt werden (BGH NJW 1985, 1401). Dadurch, dass sich das Gericht im Urteil mit dem Privatgutachten auseinandersetzt, wird der Privat-SV noch nicht zum Gerichts-SV, dessen Anhörung die Parteien nach §§ 397, 402 verlangen könnten (BGH VersR 1962, 231). Auch ein Privatgutachter kann zum gerichtl. SV bestellt werden (vgl BGH VersR 1981, 576). Ein Privatgutachten *kann* uU zur Überzeugungsbildung ausreichen (OLG Hamm NJW-RR 1993, 1441). Über heiml. eingeholte DNA-Vaterschaftsanalysen vgl § 641i Rz 2. 5

**f) Selbstständiges Beweisverfahren.** Ein dort erstattetes schriftl. SV-Gutachten kann im ordentl. Rechtsstreit gem § 493 verwertet werden. 6

**g) Andere Gutachten** (zB aus einem Vorprozess) können in den Prozess eingeführt und im Wege des Urkundenbeweises einbezogen werden (BGH NJW 1985, 1401; 1982, 2874). Rechtl. Gehör muss gewährt werden (BGH NJW 1991, 2824). Nach § 411a können von Gerichten und Staatsanwaltschaften erholte Gutachten aus anderen Verfahren zusätzl. nicht nur als Urkunden, sondern als SV-Gutachten verwertet werden (vgl § 286 Rz 11). 7

**h) Haftung des gerichtlich bestellten SV.** Seit 01.08.2002 geregelt in § 839a BGB. Altfälle str: Bei (bedingtem) Vorsatz des SV Haftung nach §§ 826, 823 II BGB (mit §§ 153 ff. StGB), vgl BGH NJW 1974, 312; bei grob fahrlässig falschem Gutachten: § 823 I BGB, vgl BVerfG NJW 1979, 305. Vgl *Müssig* NJW 1989, 1967. 8

**2. Nach § 402 entsprechend anwendbare Vorschriften:** §§ 375, 376, 377 I, II, 379 (soweit nicht Beweiserhebung von Amts wegen erfolgt), §§ 381-384, 386-389, 394 II-398, 399. 9

**Ladung des Sachverständigen.** Nach §§ 402, 397 ist das Gericht auf Antrag zur Ladung des SV verpflichtet, damit er von der Partei befragt werden kann (BGH MDR 2004, 699; 10

NJW-RR 2001, 1431; vgl *Pantle* MDR 1989, 312); über Antragsfrist und -begründung vgl § 411 Rz 3. Ausnahme: der Antrag ist verspätet oder rechtsmissbräuchl. gestellt (BGH NJW-RR 2001, 1431). Dem Antrag muss nach BGH auch dann entsprochen werden, wenn das schriftl. Gutachten nach Meinung des Gerichts ausreichend und überzeugend ist (BGH NJW-RR 2003, 208). Bei verspätetem Antrag oder nochmaliger Anhörung: § 398 (BGH NJW 1961, 2308) und § 411 III: bei fehlendem Vorschuss: § 411 III. Dem erstmals in zweiter Instanz gestellten Anhörungsantrag ist bei übersehenen entscheidungserhebl. Gesichtspunkten stattzugeben (BGH NJW 2004, 2828).

11

**Praxishinweise:**

1. Eine VorschussAnO entsprechend § 379 S. 1 ist nur ggü derjenigen Partei zul, die den Beweis angetreten hat, also nicht, wenn die Begutachtung durch einen SV gem § 144 S. 1 von Amts wegen angeordnet wird (BGH NJW 2000, 743; *Schneider* MDR 2000, 751; *Münch-KommZPO-Damrau* § 402 Rz 3).

2. Stellt sich nach Eingang des Gutachtens heraus, dass der geforderte und gezahlte Auslagenvorschuss nicht ausreicht, die Entschädigung des SV abzudecken, dann ergeht eine NachzahlungsAnO der Gerichtskasse (OLG Zweibrücken Rpfleger 1989, 81 mwN). Unzu und gegen Art. 103 I GG verstoßend ist es, einem Beweisführer die Übersendung des schriftl. Gutachtens zu verweigern, bis er das Auslagendefizit ausgeglichen hat, was so aber bereits vorgekommen ist (ZAP-Report: Justizspiegel Heft 19/2006, S 1015).

## § 403 ZPO Beweisantritt

**Der Beweis wird durch die Bezeichnung der zu begutachtenden Punkte angetreten.**

1 Benennung eines **bestimmten Sachverständigen** ist nicht nötig, außer iFd des § 404 III (es ist sogar davon abzuraten, einen best SV anzugeben, weil beim Gericht und beim Gegner sonst der Verdacht besteht, dass der SV „nicht unvoreingenommen" ist, „sorgfältig ausgesucht" wurde, erst recht, wenn schon „Kontaktaufnahmen" erfolgten). Die Parteien können sich aber auf einen bestimmten SV einigen, das ist bindend (§ 404 IV). Der Richter sucht andernfalls einen geeigneten SV aus den entspr SV-Verzeichnissen heraus. **Begutachtung ohne Antrag** nach §§ 144 I, 372 I, 273 II Nr. 4.

2

**Praxishinweise:**

Zu vermeiden sind voreilige, oft unsinnige Anträge auf Einholung eines SV-Gutachtens („Der Fahrer hatte das linke Blinklicht nicht gesetzt: Beweis SV-Gutachten"). Solche unbedachten „Beweis-„Anträge werden immer wieder gestellt und lassen das Gericht an der Kompetenz des PrBev zweifeln.

Formular 165: Antrag auf Einholung eines Sachverständigengutachtens
Formular 166: Antrag auf Einholung einer Behördenauskunft
Formular 167: Antrag auf mündliche Erläuterung eines Sachverständigengutachtens

## § 404 ZPO Sachverständigenauswahl

**(1) [1]Die Auswahl der zuzuziehenden Sachverständigen und die Bestimmung ihrer Anzahl erfolgt durch das Prozessgericht. [2]Es kann sich auf die Ernennung eines einzigen Sachverständigen beschränken. [3]An Stelle der zuerst ernannten Sachverständigen kann es andere ernennen.**

**(2) Sind für gewisse Arten von Gutachten Sachverständige öffentlich bestellt, so sollen andere Personen nur dann gewählt werden, wenn besondere Umstände es erfordern.**

**(3) Das Gericht kann die Parteien auffordern, Personen zu bezeichnen, die geeignet sind, als Sachverständige vernommen zu werden.**

**(4) Einigen sich die Parteien über bestimmte Personen als Sachverständige, so hat das Gericht dieser Einigung Folge zu geben; das Gericht kann jedoch die Wahl der Parteien auf eine bestimmte Anzahl beschränken.**

**Lit:** ***Neuhaus/Krause*** MDR 2006, 605 (Auswahl).

**1. Auswahl des Sachverständigen** (keine Auswahl bei Einigung der Parteien, Abs. 4) 1
nach Ermessen des Gerichts (für technische Fragen gibt es hierzu umfangreiche SV-Verzeichnisse, herausgegeben von den IHK usw., auch im Internet findet man unter IHK-Service und andernorts Listen; für medizinische Fragen kann man die zust Ärztekammer oder eine medizinische Fakultät um Vorschläge bitten; bei entlegenen Problemen ist es oft schwierig, eine wirklich speziell sachkundige Person ausfindig zu machen). Entgegen Abs. 1 wird in der Praxis nur *ein* SV bestellt (keine Mit-SV), doch kann der Gutachtensauftrag geteilt werden (für Statik A, für Putzmängel B). Der Beweisbeschluss, der einen bestimmten SV ernannt hat, kann jederzeit **geändert** werden (§ 360 S. 2); es kann auch nur der SV ausgewechselt werden (unanfechtbar, § 355 II). Niemand hat einen Anspruch darauf, vom Gericht als SV beschäftigt zu werden; es müssen nicht alle „Interessenten" *gleichmäßig* vom Gericht mit Aufträgen versorgt werden. Gegen die Beauftragung einer anderen Person kann kein SV Rm einlegen.

Grds ist eine **bestimmte natürliche Person** damit zu beauftragen (nicht: X *oder* Y, OLG Frankfurt VersR 2003, 927), auch bei Instituten, Kliniken usw. (OLG Düsseldorf FamRZ 1989, 1101; str). Manche Gerichte beauftragen den Klinikdirektor X und ermächtigen ihn, den Auftrag weiterzugeben, was mit § 404 I nicht zu vereinbaren ist. Öffentl. Bestellung des SV ist nicht erforderl., jeder Sachkundige kann bestellt werden, vgl § 404 II „soll" (BayObLG FamRZ 1991, 618 betr FGG-Verf). Zur Bestellung von im Ausland ansässigen SV (untunl.) vgl § 363 Rz 6. Der vorproz tätige **Privatgutachter** darf idR nur bei Einverständnis aller Parteien zum Gerichtsgutachter bestellt werden (OLG Köln r+s 2000, 130).

2 **Ausnahmen:** Beauftragung von Behörden (vgl § 273 II Nr. 2), Rentenversicherungsträger beim Versorgungsausgleich, RA-Kammer bei Anwaltshonoraren (§ 14 II RVG; zwingend vorgeschrieben!), Meinungsforschungsinstitute (BGH JZ 1963, 225), Herstellerfirma bei Auswertung des Fahrtschreibers (BGH NJW 1963, 586). – **Entzug des Auftrags:** dagegen hat der SV kein Rm, auch nicht die Parteien, vgl § 360 (OLG Brandenburg BauR 1996, 432). **Auswahl** des SV ist isoliert nicht anfechtbar, vgl §§ 355 II, 360 (KG OLG-Report 2005, 557).

3 **Ermessensmissbräuchlich** (und damit revisibel) wäre die Auswahl einer nicht sachkundigen Person (bei ärztl. Gutachter kann es notw sein, im Urt. auszuführen, welchen tatsächl. Umständen – zB bisherige Tätigkeit des SV -die erforderl. Sachkunde zu entnehmen ist, BayObLG NJW 1986, 2892; BGH VRS 75, 109).

4 **Hilfskräfte** darf der ernannte SV bei Vorbereitung und Abfassung des schriftl. Gutachtens hinzuziehen; die Verantwortung für das Gutachten ist aber ihm auferlegt und er muss sie erkennbar übernehmen (Einzelheiten § 407a II).

5 Hat statt des im Beweisbeschluss namentl. bestimmten SV ein **anderer** SV (entgegen § 407a II 1) das schriftl. Gutachten erstattet und will es das Gericht verwerten, ist idR eine Änderung des Beweisbeschlusses erforderl.; die Parteien müssen noch Gelegenheit zur Stellungnahme haben, vgl § 360 S. 4 (BGH MDR 1979, 126; NJW 1985, 1400).

6 **2. Absatz 2** ist nur Ordnungsvorschrift.

7 **3. Absatz 3.** Ist die Aufforderung an die Parteien erfolglos, muss das Gericht selbst einen SV suchen, darf nicht etwa das Beweisangebot unberücksichtigt lassen.

8 **4. Absatz 4.** Benennt der Kl einen SV und schweigt der Bekl hierzu, liegt keine „Einigung" vor.

## § 404a ZPO Leitung der Tätigkeit des Sachverständigen

**(1) Das Gericht hat die Tätigkeit des Sachverständigen zu leiten und kann ihm für Art und Umfang seiner Tätigkeit Weisungen erteilen.**

**(2) Soweit es die Besonderheit des Falles erfordert, soll das Gericht den Sachverständigen vor Abfassung der Beweisfrage hören, ihn in seine Aufgabe einweisen und ihm auf Verlangen den Auftrag erläutern.**

**(3) Bei streitigem Sachverhalt bestimmt das Gericht, welche Tatsachen der Sachverständige der Begutachtung zugrunde legen soll.**

**(4) Soweit es erforderlich ist, bestimmt das Gericht, in welchem Umfang der Sachverständige zur Aufklärung der Beweisfrage befugt ist, inwieweit er mit den Parteien in Verbindung treten darf und wann er ihnen die Teilnahme an seinen Ermittlungen zu gestatten hat.**

**(5) [1]Weisungen an den Sachverständigen sind den Parteien mitzuteilen. [2]Findet ein besonderer Termin zur Einweisung des Sachverständigen statt, so ist den Parteien die Teilnahme zu gestatten.**

**Lit:** ***Franzki*** DRiZ 1991, 314; ***Zettel*** NJ 2000, 67; ***Stegers*** (Arzthaftung) VersR 2000, 419.

**1. Absatz 1.** (vgl den Inhalt der Vordrucke). Die Parteien haben ein **Anwesenheitsrecht**, wenn der SV einen Augenschein durchführt, aber nicht bei medizinischen Untersuchungen (OLG Hamm MedR 2004, 60). Wenn aber der Kl will, dass sein RA bei seiner medizinischen Untersuchung anwesend ist, kann das nicht abgelehnt werden (LSG Rheinland-Pfalz NJW 2006, 1547). Wenn bei psychiatrischen Untersuchungen im Betreuungs- und Unterbringungsverfahren die Anwesenheit des RA oder einer Vertrauensperson eine Begutachtung erschwert, kann die Unterbringung zwecks Begutachtung angeordnet werden (§ 68b IV FGG). Wenn der SV die Ortsbesichtigung unter Verstoß gegen die Parteiöffentlichkeit vorgenommen hat, ist das Gutachten idR nicht verwertbar (BVerwG NJW 2006, 2058). 1

Der SV bestimmt den Termin für den Augenschein; für die **Terminsverlegung** auf Antrag der Parteien gilt § 227 entsprechend (Terminsverlegung ist also nicht zwingend geboten). 2

**Bauteilöffnungen.** Um feststellen zu können, ob die Wasserleitung ordnungsgem verlegt ist muss zuvor die Mauer aufgeschlagen werden. Wer ist für das Öffnen und spätere Schließen der Mauer verantwortl., der SV oder die Parteien ? Der SV ist zur Öffnung und zum wieder Verschließen (wieder Zusammenbauen etc) zumindest dann verpflichtet, wenn das Gericht ihm dazu eine Weisung erteilt (OLG Celle BauR 2005, 1358; OLG Frankfurt NJW 1998, 2834; OLG Stuttgart OLG-Report 2006, 769); aA der Beweisführer müsse öffnen und auch wieder zusammenbauen (OLG Rostock BauR 2003, 757; *Henkel* BauR 2003, 1650). Dazu schließt der SV entsprechende Werkverträge ab und stellt die Auslagen dafür dem Gericht in Rechnung (§§ 7, 8 JVEG); ein entsprechender Vorschuss ist einzufordern (§§ 379, 402). Im Falle von PKH bzw Insolvenz hat die Staatskasse das Schließen der Bauteile zu zahlen (§ 122 Abs.1 Nr. 1a; OLG Koblenz ZfIR 2002, 231). Über sonstige Schäden, die der SV verursacht, vgl § 407a Rz 3. 3

**Absatz 2.** Der SV kann schriftl. oder in einem Gerichtstermin (Abs. 5 S. 2) zur Formulierung der Beweisfrage herangezogen werden. 4

**Absatz 3.** Die Anknüpfungstatsachen bestimmt das Gericht (BGH NJW 1997, 1446). Da die Beweiswürdigung nicht vorweggenommen werden darf und Richterablehnung denkbar ist, können Hilfsbegutachtungen nach alternativen Tatsachen infrage kommen. 5

**2. Absatz 4.** Das Parteivorbringen bestimmt den Rahmen der SV-Tätigkeit (Ausnahme § 144). Der SV darf nicht selbstständig Streitstoff ermitteln, selbst Zeugen befragen. *Umfang der Aufklärung der Beweisfrage:* zB ob bei einer medizinischen Begutachtung die Beiziehung von Krankenhausunterlagen, bei einem Baumängelgutachten die Durchführung von Probebohrungen, Aufmaßen, chemischen Untersuchungen erforderl. ist. Direktes *Herantreten an die Parteien* (über ihre Anwälte) ohne Einschalten des Gerichts: zB zur Beiziehung von Parteiunterlagen. *Teilnahme an Ermittlungen:* zB bei Ortbesichtigungen; zweifelhaft bei Laborarbeiten, nicht bei ärztl. Untersuchungen (Rz 1). Teilnahme ist grds erforderl. wegen Parteiöffentlichkeit der Beweisaufnahme. 6

**Absatz 5.** Die Verfügung wird in Abschrift mitgeteilt. Der Einweisungstermin ist ein gewöhnl. Verhandlungs-Termin iSd § 136, Antragstellung (§ 137 I) nicht erforderl. Der SV wird nach JVEG entschädigt. 7

8

> **Praxishinweise:**
>
> 1. Es ist Aufgabe des SV, die tatsächl. Voraussetzungen für die Durchführung der angeordneten Untersuchung zu schaffen, zB bei Bauwerksprüfungen. Bei Substanzeingriffen – Maueröffnung uä – hat er dafür zu sorgen, dass der ursprüngl. Zustand wieder hergestellt wird (OLG Frankfurt NJW 1998, 2834 = BauR 1998, 1052 m. Anm *Nittner*). Das Gericht kann ihn dazu anweisen (OLG Düsseldorf NJW-RR 1997, 1360).
>
> 2. Die Kosten für die Einschaltung anderer Personen für Hilfsdienste von untergeordneter Bedeutung (§ 407a II 2) kann er weitergeben.

## § 405 ZPO Auswahl durch den mit der Beweisaufnahme betrauten Richter

**[1]Das Prozessgericht kann den mit der Beweisaufnahme betrauten Richter zur Ernennung der Sachverständigen ermächtigen. [2]Er hat in diesem Falle die Befugnisse und Pflichten des Prozessgerichts nach den §§ 404, 404a.**

1 Die Ermächtigung erfolgt im Beweisbeschluss. Betraute Richter: §§ 361, 362, 375.

## § 406 ZPO Ablehnung eines Sachverständigen

**(1) [1]Ein Sachverständiger kann aus denselben Gründen, die zur Ablehnung eines Richters berechtigen, abgelehnt werden. [2]Ein Ablehnungsgrund kann jedoch nicht daraus entnommen werden, dass der Sachverständige als Zeuge vernommen worden ist.**

**(2) [1]Der Ablehnungsantrag ist bei dem Gericht oder Richter, von dem der Sachverständige ernannt ist, vor seiner Vernehmung zu stellen, spätestens jedoch binnen zwei Wochen nach Verkündung oder Zustellung des Beschlusses über die Ernennung. [2]Zu einem späteren Zeitpunkt ist die Ablehnung nur zulässig, wenn der Antragsteller glaubhaft macht, dass er ohne sein Verschulden verhindert war, den Ablehnungsgrund früher geltend zu machen. [3]Der Antrag kann vor der Geschäftsstelle zu Protokoll erklärt werden.**

**(3) Der Ablehnungsgrund ist glaubhaft zu machen; zur Versicherung an Eides statt darf die Partei nicht zugelassen werden.**

**(4) Die Entscheidung ergeht von dem im zweiten Absatz bezeichneten Gericht oder Richter durch Beschluss.**

**(5) Gegen den Beschluss, durch den die Ablehnung für begründet erklärt wird, findet kein Rechtsmittel, gegen den Beschluss, durch den sie für unbegründet erklärt wird, findet sofortige Beschwerde statt.**

§ 406 IV geändert durch G v. 27.07.2001 (BGBl 2001, 1887).

**Lit:** ***Pleines*** DS 2006, 298.

1 **1. Grundsatz.** Bei der Prüfung der Unvoreingenommenheit eines wegen Bef abgelehnten SV kommt es nicht darauf an, ob der SV wirkl. voreingenommen ist, vielmehr ist entschei-

dend, ob ein objektiver Dritter die Befürchtung haben kann, der Sachverständige werde nicht unparteilich sein (OLG Rostock VersR 1996, 124). Es ist gleichgültig, ob sich der SV selbst für befangen hält oder nicht. Durch heftige Reaktionen auf ein Ablehnungsgesuch machen sich SV oft erst befangen. Eine Streitverkündung an den SV ist unzul (§72 nF).

**Besorgnis der Befangenheit besteht zB:** nach §§ 41, 42; wenn der SV nur *eine* Partei vom Besichtigungstermin in Kenntnis gesetzt hat (BGH NJW 1975, 1363; OLG Jena MDR 2000, 169; Ausnahme bei ärztl. Untersuchung einer Partei; OLG Hamm MedR 2004, 60; OLG München NJW-RR 1991, 896; OLG Köln NJW 1992, 1568); Bewirtung des SV durch eine Partei; übermäßiger Kontakt mit nur einer Partei beim Augenschein; wenn sich der SV von einer Partei mit dem Pkw zum Augenscheinsort fahren lässt (erfahrungsgemäß wird dabei immer eine Beeinflussung des SV versucht); uU wenn *eine* Partei den SV aufsucht und der SV sie nicht sogleich abweist (OLG Hamburg MDR 1986, 153). Wenn eine Partei mit dem SV telefoniert, soweit es nicht nur um die Terminierung geht. Wenn der SV der Hausarzt oder Angestellte einer Partei ist; wenn der SV Konkurrent einer Partei ist. Wenn er Privatgutachter einer Partei ist (BGH NJW 1972, 1134; OLG Hamm MDR 2000, 45; differenzierend OLG München MDR 2006, 1309); Geschäftsfreund der Partei (OLG Celle NJW-RR 1996, 1086); SV der Arzthaftungs-Schlichtungsstelle (**aA** OLG Braunschweig MDR 1990, 730); SV des Haftpflichtversicherers des beklagten Arztes (**aA** OLG Braunschweig MDR 1990, 730; OLG Köln OLGZ 1993, 341); Tätigkeit für Gegenpartei (**aA** OLG Düsseldorf BauR 2001, 835). Im Einzelfall Tätigkeit in gem Gremien (OLG Düsseldorf OLG-Report 2006, 871). Geschäftl. Kontakte sind eine Frage des Einzelfalls (BGH NJW 2005, 2858). Im Einzelfall Fördergelder-Kooperation (BGH DS 2006, 151) bzw berufl. Kontakte (BGH DS 2005, 182). Verstoß gegen Weisungen des Gerichts (OLG Nürnberg MDR 2007, 295); wenn sich der SV und *eine* Partei Duzen (OLG Celle DS 2006, 323).

**2. Nicht ausreichend** uU: Bedenken gegen die Sachkunde; angebl. Fehlerhaftigkeit des Gutachtens (BGH NJW 2005, 1869); dass der SV in der Vorinstanz (BGH MDR 1961, 397; § 41 Nr. 6 nicht einschlägig), in einem früheren Verfahren, in einem Strafverfahren, bereits ein (nachteiliges) Gutachten erstattet hat; dass der Klinikdirektor vom beklagten Arzt Überweisungen erhält (mE bedenkl.); dass der SV für den Versicherer tätig war und ist (OLG Koblenz NJW-RR 1992, 1470; aber sehr bedenkl.); dass der SV ein überhöhtes Honorar fordert; dass der SV eine Verlegung des Ortstermins ablehnt (LG Tübingen MDR 1995, 960); dass der SV Rechtsfragen anspricht (OLG Nürnberg BauR 2002, 129; anders OLG Saarbrücken OLG-Report 2006, 841); dass der SV vor 30 Jahren Schüler einer Partei auf der Fachoberschule war (OLG Celle MDR 2007, 105). Wenn keine Partei vom Ortstermin verständigt wurde (OLG Nürnberg MDR 2007, 237). Dass sich der SV selbst für befangen hält genügt nicht (aber § 408). Ungenügend kritische Bewertungen durch den SV (Patentanspruch „banal", BGH DS 2006, 318); Verstoß gegen § 407a II (OLG Jena MDR 2006, 1011). Wird die Streitverkündung dem SV unzulässigerweise zugestellt und tritt er bei, wird er dadurch nicht befangen (§ 72 nF; **aA** OLG Bamberg OLG-Report 2006, 448). 2

**3. § 406 ist entsprechend anwendbar** auf Dolmetscher, § 191 GVG. Die Ablehnung von Behörden (OLG Stuttgart NJW-RR 1987,190) oder von Hilfspersonen des SV (OLG Zweibrücken MDR 1986, 417) ist unzul. 3

4 Ob die **Ablehnung** eines SV **im Beweissicherungsverfahren** statthaft ist, war früher sehr streitig (vgl *Schulze* NJW 1984, 1019). Seit der Neufassung der §§ 485 ff. folgt aus der SV-Ernennung durch das Gericht und der Verweisung in §§ 492 I, 406 die Ablehnbarkeit (BT-Drucks. 11/3621 S. 42), es sei denn, dass dadurch der Zweck der Beweissicherung (Eilbedürftigkeit!) vereitelt würde. Ein Streithelfer kann den im s Beweisverfahren tätigen SV im Hauptsacheprozess ablehnen, wenn für ihn die Möglichkeit eines Ablehnungsgesuchs im s Beweisverfahren nicht eröffnet ist (BGH NJW-RR 2006, 1312). Einzelheiten § 487 Rz 14.

5 **4. Verfahren: a) Rechtzeitiges Gesuch (Absatz 2)** ohne Anwaltszwang, §§ 406 II 3, 78 V. **(1)** Der von § 406 II **Satz 1** als Regelfall gedachte Fall, dass ein SV sofort nach Zugang der Ernennungsbeschlusses an die Parteien von diesen abgelehnt wird, ist sehr selten (die Parteien kennen den SV ja meist nicht). **(2)** Ein Hauptfall ist vielmehr, dass die Partei aus dem ungeschickten Verhalten des SV anlässl. des Augenscheins Misstrauen schöpft. In diesem Fall (**Absatz 2 Satz 2**) muss die Ablehnung *unverzüglich* (§ 121 I BGB) nach Kenntnis vom geltend gemachten Ablehnungsgrund eingereicht werden (BayObLG FamRZ 1995, 425); bei einem Verhalten vor oder beim oder nach dem Augenschein darf also nicht erst das Gutachten abgewartet werden; es muss sogleich abgelehnt werden (da die Partei aber nicht weiß, ob das Gutachten nicht doch für sie günstig ist, zögert sie !) **(3)** Ergibt sich der Ablehnungsgrund erst aus dem **schriftlichen Gutachten**, läuft die Ablehnungsfrist idR gleichzeitig mit der vom Gericht nach § 411 IV gesetzten Frist (bzw der verlängerten Frist) zur Stellungnahme, wenn sich die Partei zur Begr des Ablehnungsgesuchs mit dem Inhalt des Gutachtens auseinander setzen muss (BGH NJW 2005, 1869; dazu *Christopoulos/Weimann* MDR 2005, 1201), es gilt also nicht grds die Zweiwochenfrist (so die überholte **aA**), es kommt auch nicht auf den Einzelfall an (so die weitere **aA**; Fundstellen bei BGH aaO). **(4)** Ebenso läuft die Frist ab Kenntnis, wenn sich der Ablehnungsgrund aus dem Verhalten des SV bei der mdl Erläuterung des Gutachtens ergibt.

6 **b) Glaubhaftmachung** (§ 294) des Ablehnungsgrundes (dh er ist notfalls eidesstattl. zu versichern); Antrag auf Befragung des SV genügt.

7 Mdl Verh in Kenntnis des Ablehnungsgrunds hat **Verlust des Ablehnungsrechts** bez bis dahin bekannter Gründe zur Folge (OLG Düsseldorf MDR 1994, 620), § 295. Vor der Entscheidung ist **rechtliches Gehör** zu gewähren. **Entscheidung:** Beschluss (ohne KostenE), ohne notw mdl Verh (§ 128 IV), nicht erst in den Gründen der EndE (OLG Schleswig MDR 2001, 711), § 329.

8 **5. Rechtsmittel: a)** keines, wenn die Ablehnung für begr erklärt wird. **b)** sof Beschwerde, §§ 406 V, 567, wenn Ablehnungsantrag vom AG, LG zurückgewiesen wird (Ablehnungsgründe können im Beschwerdeverfahren nicht nachgeschoben werden, OLG Düsseldorf MDR 2000, 1335). Keine Beschwerde gegen Beschluss des LG als BerGer, gegen Beschluss des OLG, § 567 I. Keine weitere Beschwerde, aber bei Zulassung Rechtsbeschwerde zum BGH (§ 574).

9 **6. Folgen erfolgreicher Ablehnung:** das Gutachten darf nicht mehr verwertet werden; der Geb-Anspruch des SV entfällt uU (§ 413 Rz 1); der SV kann nun als sachverständiger Zeuge vernommen werden (BGH NJW 1965, 1492); evtl wird ein neues Gutachten erholt.

Formular 170: Antrag auf Ablehnung eines Sachverständigen gemäß § 406 ZPO

### § 407 ZPO Pflicht zur Erstattung des Gutachtens

**(1) Der zum Sachverständigen Ernannte hat der Ernennung Folge zu leisten, wenn er zur Erstattung von Gutachten der erforderten Art öffentlich bestellt ist oder wenn er die Wissenschaft, die Kunst oder das Gewerbe, deren Kenntnis Voraussetzung der Begutachtung ist, öffentlich zum Erwerb ausübt oder wenn er zur Ausübung derselben öffentlich bestellt oder ermächtigt ist.**

**(2) Zur Erstattung des Gutachtens ist auch derjenige verpflichtet, der sich hierzu vor Gericht bereit erklärt hat.**

Zul Weigerung nach § 408. Folgen unzul Weigerung: §§ 409, 411 II. **Absatz 2**: „Vor" Gericht bereit erklärt: auch stillschweigend durch Entgegennahme des Auftrags. 1

### § 407a ZPO Weitere Pflichten des Sachverständigen

**(1) [1]Der Sachverständige hat unverzüglich zu prüfen, ob der Auftrag in sein Fachgebiet fällt und ohne die Hinzuziehung weiterer Sachverständiger erledigt werden kann. [2]Ist das nicht der Fall, so hat der Sachverständige das Gericht unverzüglich zu verständigen.**

**(2) [1]Der Sachverständige ist nicht befugt, den Auftrag auf einen anderen zu übertragen. [2]Soweit er sich der Mitarbeit einer anderen Person bedient, hat er diese namhaft zu machen und den Umfang ihrer Tätigkeit anzugeben, falls es sich nicht um Hilfsdienste von untergeordneter Bedeutung handelt.**

**(3) [1]Hat der Sachverständige Zweifel an Inhalt und Umfang des Auftrages, so hat er unverzüglich eine Klärung durch das Gericht herbeizuführen. [2]Erwachsen voraussichtlich Kosten, die erkennbar außer Verhältnis zum Wert des Streitgegenstandes stehen oder einen angeforderten Kostenvorschuss erheblich übersteigen, so hat der Sachverständige rechtzeitig hierauf hinzuweisen.**

**(4) [1]Der Sachverständige hat auf Verlangen des Gerichts die Akten und sonstige für die Begutachtung beigezogene Unterlagen sowie Untersuchungsergebnisse unverzüglich herauszugeben oder mitzuteilen. [2]Kommt er dieser Pflicht nicht nach, so ordnet das Gericht die Herausgabe an.**

**(5) Das Gericht soll den Sachverständigen auf seine Pflichten hinweisen.**

**Eigene Kompetenz (Absatz 1).** Für die Vorprüfung erfolgt keine SV-Entschädigung (BGH MDR 1979, 754; OLG Braunschweig OLG-Report 2006, 31; OLG Koblenz MDR 2002, 1152). Bei Verstoß Ahndung nach § 409 I 1, uU Entfallen des Entschädigungsanspruchs und Schadensersatzpflicht. 1

**Übertragung des Auftrags, Mitarbeiter (Absatz 2).** Nur das Gericht kann den SV auswechseln (§ 404). Namhaftmachung der Mitarbeiter (Name, Vorname, Funktion und Qualifikation) im Gutachten (oder in der Auftragsbestätigung) ist notw. Zur Vorbereitung des schriftl. Gutachtens darf der SV Hilfskräfte nur insoweit zu seiner Unterstützung heranziehen, als seine persönl. Verantwortung für das Gutachten gewahrt bleibt (BVerwG NVwZ 1993, 771). Der Chefarzt darf den Oberarzt zuziehen (OLG Frankfurt VersR 1994, 610), 2 aber den Auftrag nicht ohne Zustimmung des Gerichts an ihn weitergeben (OLG Nürnberg OLG-Report 2006, 770); er darf qualifizierte Mitarbeiter zuziehen, wenn er sich das Gutachten zu eigen macht (OLG Zweibrücken VersR 2000, 605); das ist aber eine Frage des Einzelfalls. Wenn der Klinikdirektor den Auftrag erhält und der vom Gericht nicht beauftragte Oberarzt dann das Gutachten ausarbeitet, worauf beide unterschreiben, genügt es nicht, wenn der Klinikdirektor einfach „einverstanden", oder „einverstanden aufgrund eigener Überzeugungsbildung" hinzufügt, denn es bleibt unklar, wer die Untersuchung ausgeführt hat usw., was § 407a II 2 verlangt. **Untergeordnete Hilfsdienste** sind solche, bei denen es auf die Person oder Sachkunde des Helfers nicht ankommt, zB Transport- und Schreibarbeiten, einzelne technische Befunde, kleinere Laborarbeiten; diese Personen müssen nicht namentl. genannt werden. Über Hilfskräfte beim Insolvenzgutachten vgl *Wiester/Wilk* NZI 2007, 12.

3 **Inhalt und Umfang des Auftrags (Absatz 3).** Verstoß gegen **Satz 2** kann zu einer Minderung des SV-Honorars führen (OLG Celle NJW-RR 1997, 1295). Über überhöhte SV-Gebühren *Bischof* NJW 1998, 464 und § 413. Verursacht die Kostenermittlung erhebl. Arbeitsaufwand und wird dem SV der Auftrag nicht erteilt, wird er für die Vorprüfung selbstständig honoriert (vgl KG MDR 1988, 30; OLG Stuttgart Rpfleger 1985, 213). Teilt der SV die höheren Kosten mit, fragt das Gericht bei den Parteien an, ob der Beweisantrag bestehen bleibt; wenn ja: Nachforderung eines Vorschusses, §§ 379, 402 ZPO; § 17 GKG; wenn nein: Auftragsrücknahme. *Erkennbares Missverhältnis:* keine bestimmte Quote des StrW, Frage des Einzelfalls. *Erheblich übersteigt:* bei größeren Vorschüssen mE ca 20 % bis 25 % (OLG Celle NJW-RR 1997, 1295); wenn für eine Sorgerechtsgutachten 2 000 – 3 000 € üblicherweise anfallen und nun der SV über 5 000 € abrechnet (AG Hannover FamRZ 2000, 175).

**Vom Sachverständigen verursachte Schäden: a) Urteilsschaden.** Für Haftungsfälle ab dem 01.08.2002 bestimmt § 839a BGB, dass der SV uU haftet, wenn er vorsätzl. oder *grob* fahrlässig ein unrichtiges Gutachten erstattet hat. Dies hilft wenig, denn keine Haftung tritt ein bei einfacher Fahrlässigkeit oder wenn die Parteien einen PV schließen oder wenn es der Geschädigte unterlassen hat, den Schaden durch ein Rm abzuwenden (§ 839a II BGB). **b) Begleitschaden.** Der Schaden wird hier nicht durch die gerichtl. Entscheidung ausgelöst, sondern entsteht unabhängig davon. Beispiel: aufgrund der falschen Diagnose („Sie werden sterben") trifft der Betroffene finanziell nachteilige Vermögensdispositionen. Kein Fall von § 839a BGB (aber evtl Amtshaftung). **c) Gutachtensvorbereitungsschaden**. Hier ist nicht das Gutachten unrichtig, sondern der SV verursacht beispielsweise beim Ortstermin Schäden. Zwei Arten sind zu unterscheiden: **aa)** zwangsläufig eintretende Schäden, etwa wenn der Parkettboden aufgerissen werden muss, um festzustellen, ob der Estrich darunter fachgerecht ist. Vgl dazu § 404a, sog Bauteilöffnung (der SV hat Aufreißen zu veranlassen, die Schäden durch Drittfirmen beseitigen zu lassen; diese Kosten rechnet er als Auslagen dem Honorar hinzu; str); die Reparaturkosten gehören zu den Gutachterkosten (§ 12 Abs. 1 Nr. 1 JVEG). **bb)** Gelegentl. der Begutachtung entstehende Schäden, etwa Sachbeschädigung bei der Augenscheinseinnahme (der SV lässt den Hammer auf die Fliesen fallen): § 823 BGB. **d) Kostennachteile.** § 407a enthält eine Reihe von Pflichten des SV; werden sie vom SV verletzt, kann das Kostennachteile für ihn haben.

**Aktenrückgabe (Absatz 4 Satz 1).** Zweck: der SV soll die Akten usw. nicht zurückbehalten können, weil er das Honorar für zu gering oder ein gegen ihn verhängtes Ordnungsgeld für ungerechtfertigt hält. Bei SV-Wechsel soll der andere SV die Arbeiten ohne Zeitverlust und ohne neue Begutachtungen fortführen können. *Unterlagen:* zB Krankengeschichten, Röntgenaufnahmen, Fotos. *Untersuchungsergebnisse:* auch Zwischenergebnisse. *Mitzuteilen:* wenn die Ergebnisse zB nur in Form von Steno-Notizen vorliegen. Zu § 407a IV: *Schikora* MDR 2002, 1033. 4

**Satz 2:** Der Vors verlangt mit Fristsetzung und Androhung die Rückgabe (zuzustellen); dann Ordnungsmittel (§ 409); AnO (Beschluss der Kammer) zwangsweiser Wegnahme (§ 1 I Nr. 2b JBeitrO); gegen die AnO kein Rechtsbehelf des SV. 5

**Absatz 5.** Vgl Vordrucke. 6

## § 408 ZPO Gutachtenverweigerungsrecht

**(1) [1]Dieselben Gründe, die einen Zeugen berechtigen, das Zeugnis zu verweigern, berechtigen einen Sachverständigen zur Verweigerung des Gutachtens. [2]Das Gericht kann auch aus anderen Gründen einen Sachverständigen von der Verpflichtung zur Erstattung des Gutachtens entbinden.**

**(2) [1]Für die Vernehmung eines Richters, Beamten oder einer anderen Person des öffentlichen Dienstes als Sachverständigen gelten die besonderen beamtenrechtlichen Vorschriften. [2]Für die Mitglieder der Bundes- oder einer Landesregierung gelten die für sie maßgebenden besonderen Vorschriften.**

**(3) Wer bei einer richterlichen Entscheidung mitgewirkt hat, soll über Fragen, die den Gegenstand der Entscheidung gebildet haben, nicht als Sachverständiger vernommen werden.**

**Absatz 1 S. 1:** vgl §§ 383-385. **Absatz 1 S. 2:** Entbindung durch Beschluss, auch von Amts wegen. **Absatz 2:** vgl § 376. Die Nebentätigkeitsgenehmigung muss der Beamte selbst einholen. 1

## § 409 ZPO Folgen des Ausbleibens oder der Gutachtenverweigerung

**(1) [1]Wenn ein Sachverständiger nicht erscheint oder sich weigert, ein Gutachten zu erstatten, obgleich er dazu verpflichtet ist, oder wenn er Akten oder sonstige Unterlagen zurückbehält, werden ihm die dadurch verursachten Kosten auferlegt. [2]Zugleich wird gegen ihn ein Ordnungsgeld festgesetzt. [3]Im Falle wiederholten Ungehorsams kann das Ordnungsgeld noch einmal festgesetzt werden.**

**(2) Gegen den Beschluss findet sofortige Beschwerde statt.**

§ 409 II geändert durch G v. 27.07.2001 (BGBl 2001, 1887).

**Absatz 1.** Verpflichteter SV: § 407. Aktenzurückbehaltung: § 407a. Entscheidung durch Beschluss („Dem Sachverständigen ...werden die Kosten auferlegt, die dadurch entstanden sind, dass er ..."; ohne KostenE); den Parteien formlos mitzuteilen, dem SV als Vollstre- 1 ckungstitel zuzustellen. Ordnungsgeld 5-1 000 €, Art 6 I EGStGB. Nach OLG Dresden MDR 2002, 1088 kann das Ordnungsgeld nur max zweimal und nicht dreimal verhängt werden. Die sof Beschwerde hat aufschiebende Wirkung, § 570. – Bei bloßer **Verzögerung der Gutachtenerstellung** gilt § 411 II. – Der bessere Weg ist, den unwilligen SV durch Beschluss zu entbinden, einen anderen SV zu bestellen und dem bisherigen SV für sein nun wertloses Gutachten nichts zu zahlen (OLG Brandenburg VersR 2006, 1238).

**Sofortige Beschwerde (Absatz 2):** §§ 567 ff., Frist § 569. Sie soll bereits gegen die Androhung der Verhängung von Ordnungsgeld zul sein (OLG Köln VersR 2003, 1281).

## § 410 ZPO Sachverständigenbeeidigung

**(1) [1]Der Sachverständige wird vor oder nach Erstattung des Gutachtens beeidigt. [2]Die Eidesnorm geht dahin, dass der Sachverständige das von ihm erforderte Gutachten unparteiisch und nach bestem Wissen und Gewissen erstatten werde oder erstattet habe.**

**(2) Ist der Sachverständige für die Erstattung von Gutachten der betreffenden Art im Allgemeinen beeidigt, so genügt die Berufung auf den geleisteten Eid; sie kann auch in einem schriftlichen Gutachten erklärt werden.**

1 Grds wird der SV uneidl. vernommen (vgl §§ 391, 402). Seine Vereidigung steht im Ermessen des Gerichts (BGH NJW 1998, 3355) und ist selten. Verfahren der Eidesabnahme vgl §§ 478-484. Zu Abs. 2 vgl *Peters* NJW 1990, 1832. Danach genügt es, wenn sich der öffentl. bestellte SV auf seinen allg geleisteten Eid beruft (obwohl kein Eid für das spezielle Gutachten und nicht vor dem zust Gericht). § 410 ist kein Schutzgesetz iSv § 823 II BGB (BGH 42, 313), vgl § 402 Rz 8.

## § 411 ZPO Schriftliches Gutachten

**(1) Wird schriftliche Begutachtung angeordnet, soll das Gericht dem Sachverständigen eine Frist setzen, innerhalb derer er das von ihm unterschriebene Gutachten zu übermitteln hat.**

**(2) [1]Versäumt ein zur Erstattung des Gutachtens verpflichteter Sachverständiger die Frist, so kann gegen ihn ein Ordnungsgeld festgesetzt werden. [2]Das Ordnungsgeld muss vorher unter Setzung einer Nachfrist angedroht werden. [3]Im Falle wiederholter Fristversäumnis kann das Ordnungsgeld in der gleichen Weise noch einmal festgesetzt werden. [4]§ 409 Abs. 2 gilt entsprechend.**

**(3) Das Gericht kann das Erscheinen des Sachverständigen anordnen, damit er das schriftliche Gutachten erläutere.**

**(4) [1]Die Parteien haben dem Gericht innerhalb eines angemessenen Zeitraums ihre Einwendungen gegen das Gutachten, die Begutachtung betreffende Anträge und Ergänzungsfragen zu dem schriftlichen Gutachten mitzuteilen. [2]Das Gericht kann ihnen hierfür eine Frist setzen; § 296 Abs. 1, 4 gilt entsprechend.**

§ 411 geändert durch G v. 22.03.2005 (BGBl 2005, 837) und G v.22.12.2006 (BGBl 2006, 3416).

**1. Schriftliches Gutachten.** Die Anordnung schriftl. Begutachtung steht im Ermessen des Gerichts (sie ist der Regelfall; selten wird eine nur mdl Begutachtung angeordnet). Einverständnis der Parteien ist nicht notw (BGH 6, 398). Eigenhändige Unterschrift des SV ist auch dann notw, wenn der SV Hilfskräfte (§ 404 Rz 4) hinzugezogen hat; die Hilfskräfte müssen nicht unterschreiben. "Übermitteln": dh Zusendung an das Gericht. Die Parteien tragen das Gutachten durch (stillschweigende) Bezugnahme vor, § 137 III, oder gem § 285 II. Das Gericht kann dem SV schon zu Beginn oder später eine Frist setzen (im Beweisbeschluss oder im Auftragsschreiben), muss aber nicht. Verlängerung der Frist ist zulässig (ohne Anhördung der Parteien hierzu). Kommt es zu keinem Gutachten trotz Anmahnung etc vgl § 409. 1

**2. Voraussetzungen der Festsetzung von Ordnungsgeld, Absatz 2. a)** Pflicht zur Begutachtung, § 407; **b)** Setzung einer Frist und Nachfrist und Androhnung von Ordnungsgeld (durch den Vors genügt, str); zur Fristverlängerung/Verkürzung §§ 224, 225; zur Höhe des Ordnungsgeldes, § 380 Rz 5. **Beschluss** an SV zuzustellen. Beschwerde des SV ist schon gegen die *Androhung* zul (OLG München MDR 1980, 1029). Die Festsetzung des Ordnungsgeldes setzt ferner voraus, dass der SV schuldhaft gehandelt hat. Gegen die *Festsetzung* sof Beschwerde, Abs. 2 S. 4 mit § 409 II. 2

**3. Anhörung von Amts wegen, Absatz 3.** Sie steht im pflichtgem Ermessen des Gerichts, ist aber jedenfalls dann geboten, wenn sie zur Klärung von Zweifeln oder zur Beseitigung von Unklarheiten unumgängl. ist (BGH NJW 1982, 2875; NJW-RR 1989, 1275), zB wenn substanziierte Einwendungen erhoben werden und ein gegensätzl. Privatgutachten vorgelegt wird (BGH NJW-RR 2000, 44; OLG Celle VersR 1993, 629; OLG Köln NJW 1994, 394), auch wenn die Partei ihr Antragsrecht durch Fristablauf verloren hat (BGH NJW 1992, 1459). Eine weitergehende Pflicht zur mdl Anhörung besteht nach Abs. 4 S. 1. 3

Das **Berufungsgericht** muss einen SV jedenfalls dann selbst anhören, wenn es der Beurteilung medizinischer Vorgänge eine vom SV abweichende Auffassung zugrundelegen und seine Ausführungen anders als das LG würdigen will (BGH NJW 1993, 2380). Anhörung ist ferner erforderl., wenn das OLG die Anhörung des SV vor dem LG anders als das LG verstehen will (BGH NJW 1994, 803).

**4. Antrag, das Gutachten mündlich zu erläutern.** Jede Partei hat grds ein Recht auf Befragung eines SV, der ein schriftl. Gutachten erstattet hat, auch wenn es um ein Gutachten über ausl Recht geht (BGH NJW 1994, 2959); Fragen, zB, inwieweit der SV, der sich über portugiesisches Recht geäußert hat, die Landesprache beherrscht und fremdsprachige Lit. und Rspr ausgewertet hat (vgl § 293). 4

Dem rechtzeitigen Antrag, den SV zu laden, *muss* das Gericht auch dann stattgeben, wenn die schriftl. Begutachtung aus *seiner* Sicht ausreichend und überzeugend ist (BGH NJW 1998, 162; 1997, 802; BVerfG NJW 1998, 2273). Es „kommt nicht darauf an, ob das Gericht noch Erläuterungsbedarf sieht oder ob ein solcher von einer Partei nachvollziehbar dargetan worden ist. Nach ständiger Rechtsprechung ... hat die Partei zur Gewährleistung des rechtlichen Gehörs nach §§, 402 einen Anspruch darauf, dass sie dem Sachverständige die Fragen, die sie zur Aufklärung der Sache für erforderlich hält, zur mündlichen Beantwortung vorlegen kann“ (BGH NJW-RR 2007, 212). „Dieses Antragsrecht besteht **unabhängig von § 411 III**" (BGH NJW-RR 2007, 212; VersR 2005, 1555); das bedeutet: diese

Pflicht des Gerichts besteht auch dann, wenn die Partei selbst ihr Antragsrecht nach § 411 III wegen Verspätung verloren hat (BGH NJW 1992, 1459; NJW-RR 1989, 1275).

Wer den Anhörungsantrag stellt wird in der Praxis häufig aufgefordert, die **Fragen zunächst schriftlich** zu stellen. Das ist in dieser Form unzul. „Es kann von der Partei, die einen Antrag auf Ladung des SV stellt, nicht verlangt werden, dass sie die Fragen, die sie an den Sachverständigen zu richten beabsichtigt, im Voraus konkret formuliert. Es genügt, wenn sie allgemein angibt, in welcher Richtung sie durch ihre Fragen eine weitere Aufklärung herbeizuführen wünscht" (BGH NJW-RR 2007, 212; NJW-RR 2006, 1503; NJW 1957, 870; st.Rspr). Schon 1957 entscheid der BGH: Die Partei trifft eine Verpflichtung, *allgemein* anzugeben, in welche Richtung sie durch ihre Fragen eine weitere Aufklärung herbeizuführen wünscht (BGH NJW 1957, 870; NJW-RR 1986, 1471). Bei eklatanten Widersprüchen zwischen Gerichts- und Privatgutachten darf das Gericht einen Antrag auf Ladung der Sachverständigen nicht wegen unzureichender Mitteilung der Einwendungen und Ergänzungsfragen ablehnen (BGH NZV 1997, 72).

Ein Antrag auf Ladung des SV zur mdl Verh (vgl §§ 402, 397) kann letztl. nur **zurückgewiesen** werden, wenn er verspätet oder missbräuchl. gestellt worden ist (BGH NJW 1998, 162; NJOZ 2004, 2614) oder wenn ausgeschlossen werden kann, dass die Befragung des SV zu einer anderen Beurteilung geführt hätte (BGH NJW-RR 1986, 1471) oder das Gutachten ohnehin nicht entscheidungserhebl. ist (BGH NJW-RR 1989, 953).

Die mdl Erläuterung des Gutachtens durch den SV und dessen Anhörung sind auch im **selbstständigen Beweisverfahren** nach § 485 II zulässig (BGH MDR 2006, 287).

**Berufungsverfahren:** Hat das LG einem rechtzeitig gestellten Antrag auf Ladung des SV zur mdl Erläuterung seines schriftl. Gutachtens nicht entsprochen, so muss das BerGer dem im zweiten Rechtszug wiederholten Antrag stattgeben (BGH NJW 1996, 788).

5 Der **Antrag ist rechtzeitig** gestellt, wenn der SV noch zum nächsten Termin, in dem das Gutachten nach §§ 137 III, 285 II vorgetragen wird, geladen werden kann (BGH NJW 1975, 2142; NJW-RR 1989, 1275; MDR 1964, 998). Bei Ladung *auf Antrag* ist **§ 379** anwendbar (BGH NJW 1964, 658), §§ 402, 397.

6 Eine **erneute Befragung** des SV auf Antrag ist (zB in Arzthaftungsprozessen) jedenfalls dann vorzunehmen, wenn nach der ersten Anhörung neue sachl. Einwendungen gegen das schriftl. oder mdl Gutachten erhoben werden, zu denen es einer weiteren SV-Stellungnahme bedarf (BGH NJW 1986, 2886).

7 Ist der geladene SV **verstorben**, muss ein neuer SV zwecks Erläuterung ernannt werden (BGH MDR 1978, 829). Im Ausland wohnende SV können nach § 363 befragt werden (BGH MDR 1980, 931).

8 **5. Einwendungen der Parteien (Absatz 4).** Ist das Gutachten ungünstig, wird oft versucht, den SV wegen Befangenheit abzulehnen (§ 406), was meist mangels Ablehnungsgrund scheitert. Bei Zweifeln der Sachkunde hilft § 411 III. Jedenfalls durch ein privates Gegengutachten kann die Anhörung des SV erzwungen werden und eventuell über § 412 eine neue Begutachtung erlangt werden.

Wird den Parteien keine Frist für Einwendungen gesetzt, gelten die allgemeinen Regeln ordnungsgem Prozessführung. Bei **Fristsetzung (Absatz 4 Satz 2)** kann es allein wegen der Versäumung zum Ausschluss der Beweisanträge und -einreden kommen, wie der Verweis auf § 296 I zeigt. Aber eine Entschuldigung der Verzögerung ist wie bei § 296 I zul. Welche **Frist angemessen** ist, hängt vom Einzelfall ab (OLG Düsseldorf NJW-RR 1996, 1527: 10 Wochen bei einem technisch nicht einfachen Gutachten ausr.). Die Frist muss eindeutig gesetzt werden (BGH NJW-RR 2001, 1431). Eine Präklusionswirkung kann der Ablauf der nach § 411 IV 1 gesetzten Frist nur dann auslösen, wenn bei der Partei keine Fehlvorstellungen über diese Wirkung aufkommen können (BGH, NJW-RR 2001, 1431). Dazu ist erforderl., dass die Partei auf die Folgen einer Nichtbeachtung der Frist hingewiesen wird (BGH NJW-RR 2006, 428). Die Frist kann verlängert werden. Die Ablehnung der Verlängerung kann ermessensfehlerhaft sein.

**Praxishinweise:** 9

1. Greift die Partei die Ausführungen eines gerichtl. bestellten SV unter Ber auf ein von ihr eingeholtes Privatgutachten an, dann hat das Gericht die Amtspflicht, zu prüfen, ob weitere Beweiserhebung veranlasst ist (BGH NJW 1998, 2735; OLG Zweibrücken VersR 1998, 1114).

2. Der RA kann sich darauf allerdings nicht verlassen und sollte deshalb grds unverzügl. den Antrag auf mdl Anhörung des SV stellen (§§ 402, 397), der nicht zurückgewiesen werden darf (BGH NJW 1998, 162). Die Partei kann dann dem SV Fragen stellen und Vorhaltungen machen, die sich aus dem Privatgutachten ergeben.

3. Wird nach mdl Erörterung eines SV-Gutachtens Termin zur Verkündung einer Entscheidung bestimmt und geht ein nicht nachgelassener Schriftsatz einer Partei ein, in dem die Ausführungen des SV in der mdl Verh sachkundig kritisiert werden, dann ist das hinreichender Grund, die geschlossene Verh wieder zu eröffnen (§156). Dazu hat der BGH in einem Arzthaftungsprozess (NJW 1988, 2302) ausgeführt, wegen der Waffengleichheit sei es zur Gewährung rechtl. Gehörs erforderl., der nicht sachkundigen Partei Gelegenheit zu geben, zu schwierigen medizinischen Fragen nochmals Stellung nehmen zu können, nachdem sie sich anderweitig sachverständig habe beraten lassen. Dieser Grundsatz gilt für alle Gebiete, die besondere Sachkunde voraussetzen. Der Zwang zur Wiedereröffnung ist unabhängig davon, ob die Partei sich schon vor der mdl Anhörung des Sachverständigen die erforderl. Informationen hätte beschaffen können, um sachkundig Fragen zu stellen (BGH NJW 1984, 1823), da sie ohnehin nicht Privatgutachten einholen muss, um substanziiert vortragen zu können (BGH MDR 2002, 766).

4. SV nehmen oft Gutachteraufträge an und bearbeiten sie dann über lange Zeiträume nicht. In solchen Fällen sollte der Anwalt das Gericht frühzeitig auffordern, eine Ablieferungsfrist zu setzen, ggf unter Nachfristsetzung mit Ordnungsgeldandrohung.

Formular 168: Antrag auf Fristsetzung zur Vorlage eines Sachverständigengutachtens gemäß § 411 Abs. 1 Satz 2 ZPO

## § 411a ZPO Verwertung von Sachverständigengutachten aus anderen Verfahren

**Die schriftliche Begutachtung kann durch die Verwertung eines gerichtlich oder staatsanwaltschaftlich eingeholten Sachverständigengutachtens aus einem anderen Verfahren ersetzt werden.**

§ 411a eingefügt durch G v. 24.08.2004 (BGBl 2004, 2198), geändert durch G v. 22.12.2006 (BGBl 2006, 3416).

Lit: ***Rath/Küppersbusch*** VersR 2005, 890; ***Fölsch*** MDR 2004, 1029; ***Jayme*** IPrax 2006, 587.

1 **1. Zweck.** Bei Zivilprozessen liegen oft schon andere Gerichtsakten vor, in denen sich Gutachten zur Sache befinden. Sie können im Urkundenbeweis verwertet werden (§ 402). Genügt das nicht, muss ein neues Gutachten erholt werden. Das soll § 411a weitgehend ersparen. Die Vorschrift kann auch Zeit und Kosten sparen: wenn zB einmal ein IPR-Gutachten über einen typischen Nachlassfall mit Auslandsbezug eingeholt ist (zB Deutscher mit Grundbesitz in Österreich stirbt), kann dieses Gutachten bei weiteren völlig gleich gelagerten Nachlassfällen wieder herangezogen werden.

2 **2. Voraussetzungen. a)** Ein **gerichtlich oder staatsanwaltschaftlich eingeholtes Gutachten liegt bereits vor.** Es muss nach den Vorschriften der jeweiligen Verfahrensordnung erholt worden sein, z.B. § 15 FGG. Beispiele: Gutachten aus dem Ermittlungsverfahren bzw Strafprozess (Verkehrsunfallanalyse, Arzthaftung) im folgenden zivilrechtl. Schadenersatzprozess; Gutachten aus dem Betreuungsverfahren für Geschäftsfähigkeit oder Testierfähigkeit. Ein (deutsches oder ausl) Gericht oder eine Staatsanwaltschaft (§ 161a StPO) muss Auftraggeber gewesen sein. Es genügen deshalb **nicht** im anderen Verfahren vorgelegte Privatgutachten oder ärztl. Zeugnisse. Nicht nach § 411a verwertbar sind ferner Gutachten, die von der Polizei, oder von Behörden in einem Verwaltungsverfahren (§ 26 VwVfG) eingeholt wurden (diese Akten können aber uU als Urkunden verwertet werden, § 404). Über die Verwertung von Gutachten aus einem s Beweisverfahren vgl § 493. Darüber hinaus sind Gutachten, die in einem s Beweisverfahren erholt wurden, ebenfalls nach § 411a verwertbar.

3 **b) Ermessensausübung.** Die Begutachtung „kann" ersetzt werden, sie muss nicht. Bedenken bestehen, wenn die Parteien des jetzigen Verfahrens am früheren Verfahren nicht beteiligt waren bzw ihre Rechte damals nicht ausüben konnten (zB am damaligen Augenschein nicht teilnehmen konnten). In den beiden Verfahren können unterschiedl. Kausalitätslehren und Beweisgrundsätze bestehen (ZPO/StPO). Dem SV können unterschiedl. Anknüpfungstatsachen zur Verfügung gestanden haben. Die Staatsanwaltschaft ist nicht unabhängig wie ein Gericht, sondern eine weisungsgebundene Behörde, eine „Partei". Das von ihr eingeholte Gutachten ist einem Gerichtsgutachten deshalb grds nicht gleichwertig.

4 **3. Verfahren. a) Vor Verwertung.** Nach entsprechenden Hinweisen der Parteien wird das Gericht idR die Akten des früheren Verfahrens erholen und überprüfen, ob das dortige Gutachten überhaupt geeignet sein kann, ein neues Gutachten zu ersetzen. Scheint dies mögl., ist vor Verwertung des Gutachtens den Parteien rechtl. Gehör zu gewähren, uU durch Übersendung von Kopien. **b) Beweisbeschluss.** Will das Gericht das frühere Gutachten verwerten, ist ein Beweisbeschluss oder eine BeweisanO zweckmäßig; ein weiterer

Vorschuss fällt nicht an (§§ 379, 402). **c) Verwertung.** Das Gutachten wird in der mdl Verh nach §§ 279 III, 285 I erörtert. Eine Ladung des SV zur Erläuterung (§ 411 III) ist zulässig (Vorschuss anfordern). Ein neues Gutachten kann nach § 412 I erholt werden. **d) Urteilsgründe.** Hat das Gericht entgegen dem Willen einer oder beider Parteien das frühere Gutachten nach § 411a verwertet, muss die Ermessensausübung in den Gründen dargelegt werden.

**4. Stellung der Parteien. a) Rechtliches Gehör.** Vor Verwertung ist den Parteien rechtl. 5
Gehör zu gewähren. Die Einsicht der Parteien in die vollständige frühere Akte richtet sich nach § 299 II. Es besteht keine Bindung daran, ob die Parteien einverstanden sind oder nicht. Entscheidend ist, was sachgerecht ist. **b) Ladungsantrag der Partei.** Auf Antrag einer Partei ist das Gericht regelmäßig verpflichtet, den SV zur mdl Erläuterung seines schriftl. Gutachtens zu laden; § 411 III. **c) Anfechtung.** Will das Gericht das frühere Gutachten entgegen einem gestellten Antrag nicht verwerten, sondern ein neues Gutachten in Auftrag geben, erfolgt keine förml. Zurückweisung des Antrags, weil es sich um eine prozessleitende AnO des Gerichts handelt, die in seinem Ermessen steht und daher trotz § 567 I Nr. 2 unanfechtbar ist. Der Beschluss, der die Verwertung anordnet, ist ebenfalls nicht mit Beschwerde anfechtbar (§ 355 II); die Ersetzung kann aber im Rm-Verfahren nachgeprüft werden. **d) Ab Verwertung.** Da das frühere Gutachten wie ein im jetzigen Verfahren erholtes Gutachten behandelt wird, sind darauf §§ 404 ff. anzuwenden: Die Mitwirkungs- und Beteiligungsrechte der Parteien werden dadurch nicht eingeschränkt (BT-Drucks 15/1508 S. 20). Der SV kann abgelehnt werden (§ 406), zur mdl Erläuterung geladen werden (§ 411 III); falls es notw erscheint, kann er beeidigt werden (§ 410). Die Ablehnungsfrist des § 406 II 1 beginnt erneut, näml. mit Mitteilung der Verwertung nach § 411a.

**5. Stellung der Sachverständigen. a) Information des Sachverständigen.** Der 6
Beschluss, der die Verwertung anordnet, muss dem SV nicht mitgeteilt werden (*aA Zöller/Greger* § 411a Rz 4); eine entsprechende Bestimmung fehlt.

**b) Widerspruchsrecht.** Zweifelhaft ist, ob der SV der nochmaligen Verwertung des Gut- 7
achtens widersprechen kann (etwa durch einen entsprechenden Zusatz im ursprüngl. Gutachten oder wenn er zufällig Kenntnis von einem zweiten Verfahren erlangt). Da eine entspr Vorschrift fehlt, ist das m.E. nicht der Fall; denn auch dann, wenn das Gutachten als Urkunde verwertet wird, kann der SV dies nicht verweigern. Dies gilt auch im Falle des § 408 (z.B. Aussageverweigerungsrecht wegen naher Verwandtschaft mit einer Partei; *Fölsch* MDR 2004, 1029/1030). Die aA (*Zöller/Greger* § 411a Rz 5) billigt dem SV unter den Voraussetzungen des § 408 ein Widerspruchsrecht zu. Beispiel: im Prozess K gegen B hat der SV ein Gutachten über Mängel des Hauses des K erstattet; nun soll das Gutachten im Prozess K gegen C (jetzige Ehefrau des SV) verwertet werden. Hier hat der Gutachter kein Widerspruchsrecht; denn § 408 (in Verbindung mit § 383) gestattet nur, dass in bestimmten Fällen die Erstellung des Gutachtens verweigert wird; ist es einmal vorhanden hat der SV kein Mitspracherecht mehr. Auch die Ber auf sein evtl Urheberrecht am Gutachten hilft dem SV nicht, weil jedenfalls nach § 407 II mit Ablieferung des früheren Gutachtens die Gutachterpflicht eingetreten ist und § 411a die Doppelverwertung gestattet; deshalb stehen auch § 17 Abs. 1 UrhG (Verbreitungsrecht) und § 35 UrhG (Einräumung weiterer Nutzungsrechte) nicht entgegen. Zwar muss man dem SV ein Rückrufrecht wegen gewandelter Überzeugung gestatten (§ 42 UrhG): hält er sein früheres Gutachten nun für

falsch und teilt dies dem Gericht mit, ist es ohnehin nicht mehr geeignet, die Überzeugung des Gerichts zu begründen; doch ist das keine urheberrechtl. Frage. Bei der mdl Erläuterung des Gutachtens dagegen könnte sich der SV auf sein Verweigerungsrecht nach §§ 408, 383 ff. berufen (*Fölsch* MDR 2004, 1029/1030; str).

8 c) Der SV erhält für die nochmalige Verwertung seines Gutachtens **keine zusätzliche Vergütung**, weil das JVEG dies nicht vorsieht (der SV wird nach seinem Stundenaufwand bezahlt, §§ 8, 9 JVEG; dieser erhöht sich nicht); anders ist es natürl., wenn zusätzl. Stunden anfallen, etwa weil der SV zur Erläuterung des Gutachtens geladen wird. Erst recht kann der SV seine Zustimmung zur nochmaligen Verwertung nicht von einer zusätzl. Zahlung abhängig machen.

9 **d) Haftung.** Ein SV haftet u.U. nach § 839a BGB für sein Gutachten, wenn es unrichtig war und zur seinerzeitigen Fehlentscheidung führte. Bei nunmehriger Verwertung des seinerzeitigen Gutachtens als Urkunde ist der SV nicht vom jetzigen ZivilG „ernannt" worden, haftet also grds nicht nach § 839a BGB (*Musielak/Huber* § 411a Rz 15). Bei Verwertung des seinerzeitigen Gutachtens als Gutachten nach § 411a wird er als vom jetzigen ZivilG ernannt fingiert (der Beweisbeschluss stellt die Ernennung dar); da §§ 402 ff. uneingeschränkt gelten, gilt auch § 406 II, der von „Ernennung" spricht. Der SV haftet daher auch im neuen Verfahren nach § 839a BGB (str.), wenn sein Gutachten unrichtig ist usw. Zwar steigt dadurch die Haftungsgefahr betragsmäßig, aber die Vergütung nach dem JVEG stellt nur auf die vom SV geleisteten Stunden ab, nicht auf sein Haftungsrisiko. Die Richtigkeit des Gutachtens hat mit der betragsmäßigen Höhe der Haftungsgefahr nichts zu tun; ein Gutachten darf nicht deshalb unrichtig sein, weil es „nur" um einen Kleinbetrag oder ein Strafverfahren ging, weshalb der SV nicht schutzwürdig ist.

10

**Praxishinweise:**

Der Ersatz einer schriftl. Begutachtung durch Verwertung des Gutachtens eines fremden SV ändert am allg Beweisrecht nichts. Zum Inhalt des Gutachtens muss nach §§ 279 III, 285 I mdl verhandelt werden. Auch bleibt den Parteien das Fragerecht nach § 411 III erhalten.

Formular 168: Antrag auf Fristsetzung zur Vorlage eines Sachverständigengutachtens gemäß § 411 Abs. 1 Satz 2 ZPO

## § 412 ZPO Neues Gutachten

**(1) Das Gericht kann eine neue Begutachtung durch dieselben oder durch andere Sachverständige anordnen, wenn es das Gutachten für ungenügend erachtet.**

**(2) Das Gericht kann die Begutachtung durch einen anderen Sachverständigen anordnen, wenn ein Sachverständiger nach Erstattung des Gutachtens mit Erfolg abgelehnt ist.**

**Obergutachten** kennt die ZPO nicht, nur weitere Gutachten. Keine Bindung an Anträge bei **Absatz 1.** Im Allg wird versucht, Unstimmigkeiten durch Ergänzung des Gutachtens und durch Anhörung des SV (§ 411 III) zu klären. Hilft das nicht weiter, ist eine Begutachtung durch einen anderen SV angebracht. Dabei besteht ein Ermessen des Gerichts. Eine verfahrensrechtl. **Pflicht zur Einholung eines weiteren Gutachtens** besteht nur ausnahmsweise, nämlich wenn das Gutachten unvollständig ist (aber dann kann es durch den Erstgutachter vervollständigt werden), wenn es in sich widersprüchl. ist, bei besonders schwierigen Fragen (KG VersR 2004, 1193), bei groben Mängeln der vorhandenen Gutachten (zB fehlender Nennung von Vergleichsobjekten bei Grundstückswertschätzung, BGH NJW 1994, 2899) und dann, wenn ein neuer Gutachter über überlegene Forschungsmittel verfügt (BGH 53, 258). Dass es spezialisiertere Gutachter als den Erstgutachter gibt genügt allein noch nicht (vgl OLG Frankfurt NJW.RR 2007, 18). Bei substanziierter Beanstandung des ersten Gutachtens kann die Einholung eines zweiten SV-Gutachtens erforderl. sein (BGH NJW 1986, 1928); etwa wenn eine Partei mithilfe eines Privatgutachtens nicht von vornherein widerlegbare Einwendungen erhebt (KG VersR 2004, 1193); ebenso, wenn das BerGer vom Gutachten des erstinstanzl. SV abweichen will (BGH NJW-RR 1988, 1235). 1

**Widerstreitende Gutachten:** Das Gericht darf, ohne seinen Ermessensspielraum zu überschreiten, den Streit der (zwei oder drei) SV nicht dadurch entscheiden, dass es ohne einleuchtende und logisch nachzuvollziehende Begr einem von ihnen den Vorzug gibt (BGH NJW 1992, 2291); vorhandene weitere Aufklärungsmöglichkeiten müssen genutzt werden (BGH VersR 1980, 553). Das Gericht muss versuchen aufzuklären, von welchen verschiedenen tatsächl. Grundlagen und von welchen verschiedenen Wertungen sie ausgehen; erst wenn sich die Widersprüche nicht ausräumen lassen, ist Raum für eine abschließende Beweiswürdigung (BGH NJW 1987, 442). Bei Widerspruch zwischen Gerichtsgutachten und Privatgutachten ist evtl das Gerichtsgutachten zu ergänzen (BGH NJW 2002, 1651). 2

Die **Anordnung** erfolgt durch (unanfechtbaren) Beschluss; „kann" in **Absatz 2** ist als „muss" zu lesen. Die Ablehnung eines neuen Gutachtens ist (wegen § 360) unanfechtbar, auch im s Beweisverfahren (OLG Köln NJW-RR 2000, 729). Aber evtl können im Ber-Verfahren Mängel des Gutachtens dann gerügt werden. 3

4

**Praxishinweise:**

Anwälte haben oft terminologische Schwierigkeiten, wenn in einem Verfahren mehrfach begutachtet wird. Korrekt sind folgende Definitionen:

Gutachten = erstes vom Gericht eingeholtes Gutachten

Weiteres Gutachten = Kontrollgutachten zum ersten Gutachten

Obergutachten = Kontrollgutachten den beiden bereits erstatten Gutachten

Formular 169: Antrag auf Einholung eines weiteren (Ober-)Gutachtens gemäß § 412 ZPO

## § 413 ZPO Sachverständigenvergütung

**Der Sachverständige erhält eine Vergütung nach dem Justizvergütungs- und -entschädigungsgesetz.**

§ 413 geändert durch G v. 05.05.2004 (BGBl 2004, 718/834).

1 **Vergütung des Sachverständigen.** Der SV erhält für jede Stunde Zeitaufwand 50 bis 85 Euro (§ 9 JVEG) zuzügl. MwSt und Auslagen (Fahrtkosten, § 5 JVEG; Schreibauslagen, Fotos usw.). Höhere Stundensätze (zB 100 € je Stunde und mehr) oder ein Pauschalhonorar können bewilligt werden, wenn *beide* Parteien damit einverstanden sind und ein ausr Vorschuss an die Staatskasse bezahlt wurde. Stimmt nur *eine* Partei der höheren Entschädigung zu, kann das Gericht nach Anhörung der Gegenseite durch unanfechtbaren Beschluss zustimmen (§ 13 JVEG). Erlöschen und Verjährung des Vergütungsanspruchs: § 2 JVEG. Wenn der SV einen (nach Meinung des anweisenden Beamten) zu hohen Stundensatz fordert oder zu viele Stunden abrechnet, kann der Kostenbeamte eine Kürzung vornehmen; der SV kann, wenn er damit nicht einverstanden ist, dann Festsetzung durch das Gericht fordern (§ 4 I JVEG) und gegen den Beschluss Beschwerde einlegen (§ 4 III JVEG).

2 Wenn der SV seine „Rechnung" einreicht wird sie vom Urkundsbeamten geprüft und dann die Bezahlung veranlasst; die Parteien werden hierzu nicht gehört. Nach Beendigung des Prozesses werden die SV-Kosten dann der unterlegenden (bzw der antragstellenden, § 22 GKG) Partei in Rechnung gestellt (GKG KV 9005). Gegen den Kostenansatz kann die Partei Erinnerung bzw Beschwerde einlegen (§ 66 GKG), zB mit der Begründung, der SV habe zu viele Stunden abgerechnet, sein Stundensatz sei geringer als abgerechnet (§ 9 JVEG), wegen erfolgreicher Ablehnung stehe dem SV kein Honorar zu (OLG Koblenz JurBüro 2006, 2313). Selbst wenn die Vergütung des SV vorher vom Gericht (dh nicht nur vom Kostenbeamten) durch *Beschluss* nach § 4 JVEG festgesetzt wurde, wirkt das nicht zulasten der Partei (§ 4 IX JVEG), das Gericht ist also im Verfahren nach § 66 GKG nicht daran gebunden. Gegebenenfalls hat der SV die erhaltene Vergütung ganz oder teilweise an die Staatskasse zurückzuzahlen.

3 Der **Entschädigungsanspruch des SV kann verlorengehen**, wenn das Gutachten schwere inhaltl. Mängel hat (vgl OLG Hamm MDR 1984, 964) oder wenn der SV **erfolgreich abgelehnt** wird (vgl *Müller* JR 1981, 52). Hier ist zu unterscheiden: der SV verliert seinen Vergütungsanspruch nur, wenn er infolge Vorsatz oder grober Fahrlässigkeit seine Ablehnung verursacht hat (BGH NJW 1976, 1154; OLG Koblenz MDR 2004, 831); andernfalls (bei einfacher Fahrlässigkeit) ist er zu vergüten.

4 **Überziehen des Auslagenvorschusses** (§ 379) kann den Entschädigungsanspruch des SV beeinträchtigen, wenn nur Leistung innerhalb des Vorschusses gefordert war oder bei erhebl. Überschreitung (ab ca 20 – 25 %) der SV das Gericht nicht vorher verständigt hat (OLG Köln MDR 1990, 559; OLG Hamburg MDR 1981, 327).

### § 414 ZPO Sachverständige Zeugen

**Insoweit zum Beweis vergangener Tatsachen oder Zustände, zu deren Wahrnehmung eine besondere Sachkunde erforderlich war, sachkundige Personen zu vernehmen sind, kommen die Vorschriften über den Zeugenbeweis zur Anwendung.**

Sachverständiger Zeuge ist zB der Arzt am Unfallort. Zur Abgrenzung vom SV vgl 1
BVerwG NJW 1986, 2268. **Ablehnung** ist ausgeschlossen (BGH MDR 1974, 382). Der erfolgreich abgelehnte SV kann über seine Tatsachenfeststellungen noch als sachverständiger Zeuge vernommen werden (BGH NJW 1965, 1492).

Formular 158: Antrag auf Vernehmung eines sachverständigen Zeugen

## Titel 9
## Beweis durch Urkunden

### § 415 ZPO Beweiskraft öffentlicher Urkunden über Erklärungen

**(1) Urkunden, die von einer öffentlichen Behörde innerhalb der Grenzen ihrer Amtsbefugnisse oder von einer mit öffentlichem Glauben versehenen Person innerhalb des ihr zugewiesenen Geschäftskreises in der vorgeschriebenen Form aufgenommen sind (öffentliche Urkunden), begründen, wenn sie über eine vor der Behörde oder der Urkundsperson abgegebene Erklärung errichtet sind, vollen Beweis des durch die Behörde oder die Urkundsperson beurkundeten Vorganges.**

**(2) Der Beweis, dass der Vorgang unrichtig beurkundet sei, ist zulässig.**

**Absatz 1. Öffentliche Urkunde. a) Öffentliche Behörden** (zum Begriff BGH NJW 1964, 1
299) sind zB Rundfunkanstalten, öffentl. Sparkassen (das Sparkassenbuch ist daher eine öffentl. Urkunde, BGH 1963, 1630), städtisches Wasserwerk, Girozentralen, Kirchengemeinden, IHK, Handwerkskammer; richterl. Protokolle (BayObLG FamRZ 1994, 530); *innerhalb ihrer Amtsbefugnisse*, dh in sachl. Zust; **b) Personen:** zB Notare, Urkundsbeamte der Gerichte, Standesbeamte, GV, Konsuln; Postzusteller der nach § 33 PostG beliehenen Postunternehmer. **c)** Vorgeschriebene Form: zB §§ 8 ff. BeurkG; Art. 80 ff. WG; §§ 159, 160 ff. ZPO.

**Beweiskraft.** Wenn die Urkunde echt und äußerl. mangelfrei ist, § 416 Rz 3, besteht (in 2
Abweichung von § 286) eine **gesetzliche Beweisregel** für die Abgabe der Erklärung (wer, wann, wo und vor wem diese Erklärung abgegeben hat), *nicht für ihre inhaltliche Richtigkeit.* Die Vollständigkeitsvermutung not Urkunden erstreckt sich (nur) auf die getroffenen Vereinbarungen, nicht aber auf Hinweise, Informationen und dergl (BGH DNotZ 1986, 78). Über not Hauptversammlungs-Niederschrift vgl BGH NJW 1994, 320.

**Absatz 2.** Gegenbeweis. Vgl § 348 I StGB. Parteivernehmung ist zum Gegenbeweis 3
unzul, § 445 II (BGH NJW 1965, 1714).

## § 416 ZPO Beweiskraft von Privaturkunden

**Privaturkunden begründen, sofern sie von den Ausstellern unterschrieben oder mittels notariell beglaubigten Handzeichens unterzeichnet sind, vollen Beweis dafür, dass die in ihnen enthaltenen Erklärungen von den Ausstellern abgegeben sind.**

**Lit:** *Elzer* JR 2006, 447.

1 **Privaturkunden** sind alle nichtöffentl. Urkunden, zB Rechnungen, Wechsel, Testament, Frachtbrief (OLG Düsseldorf NJW-RR 1996, 361); in anderen Verfahren erstattete Gutachten (dazu § 411a); vorgelegte Privatgutachten (BGH NJW 1985, 1401); schriftl. Unfallschilderung von Zeugen ggü HaftpflichtVers (BGH VersR 2007, 681); Anwaltsempfangsbekenntnis nach §§ 174, 195 (BGH NJW 1990, 2125); WEG-Vers-Niederschrift (BayObLG NJW-RR 1990, 210). Fotokopien sind als solche keine Urkunden iS der §§ 415 ff. (BGH NJW 1992, 829). Über Telefax vgl *Zoller* NJW 1993, 429. Notw *Unterschrift*, nicht *ober*halb (BGH NJW 1991, 487), auch nicht *links neben* dem Text (BGH NJW 1992, 829).

2 **Öffentliche Beglaubigung** der Unterschrift allein macht eine Urkunde nicht zu einer öffentl. Urkunde; als öffentl. Urkunde kommt dann der Beglaubigungsvermerk des Notars in Betracht, die unterzeichnete Erklärung bleibt Privaturkunde (BGH NJW 1980, 1048).

3 Eine **mangelhafte öffentliche Urkunde** (zB Verstoß gegen § 24 I 2 BeurkG beim öffentl. Testament, OLG München NJWE-FER 1997, 231) kann als Privaturkunde noch wirksam sein (BGH NJW1962, 1152).

4 § 416 enthält eine Beweisregel. Vgl § 440. Sie setzt **echte und äußerlich mangelfreie Urkunden** voraus. **Echt:** wenn die Unterschrift dem Namensträger zuzuordnen ist und die darüber stehende Schrift vom Aussteller selbst stammt oder mit dessen Willen dort steht, also nicht bei abredewidriger Blankettausfüllung (BGH NJW 1988, 2741).

5 **Mängel der Urkunde:** § 419. **Beweiskraft der Privaturkunde:** dass der Aussteller diese Erklärung abgegeben hat; insoweit kommt es auf die Überzeugung des Gerichts, § 286 I, nicht an. Die Beweisregel erstreckt sich auch auf die „Begebung" einer schriftl. Willenserklärung (BGH NJW-RR 2006, 847; NJW-RR 2003, 384; **aA** LAG Hamm NZA-RR 2005, 547). Nicht ergreift die Beweisregel den mat Inhalt der Erklärung. Ob in der Privaturkunde bestätigte tatsächl. Vorgänge wirkl. so geschehen sind oder nicht (zB Richtigkeit eines darin angegebenen Datums), unterliegt der freien Beweiswürdigung des Gerichts (BGH NJW 1986, 3086); dasselbe gilt für den Zugang und die Echtheit. Ob ein Beweis gegen die formelle Beweiskraft von Privaturkunden i.S. des § 416 zul ist, ist umstr; der BGH (NJW-RR 2006, 847) erlaubt dem Aussteller der Urkunde den **Gegenbeweis,** dass ihm die Urkunde entzogen worden ist (Kl hatte eine Grundschuld-Zweckerklärung unterschrieben und bei sich verwahrt, also angebl. bewusst nicht an die Bank abgesandt; die Urkunde wurde vom Ehemann weggenommen und an die Bank weitergegeben). Zur Erschütterung der Beweiskraft eines Sparbuchs vgl OLG Köln WM 2004, 1475.

6 Im Wege des Urkundenbeweises kann eine **Zeugenaussage aus einem anderen Verfahren** (zB Ermittlungsverfahren) verwertet werden; dies bedarf nicht der Zustimmung des Gegners; dieser kann allerdings die Vernehmung des Zeugen vor dem ProzessG beantra-

gen (BGH VersR 1983, 667); in diesem Fall ist die Verwertung der **im Strafverfahren protokollierten Zeugenaussage** als Urkundsbeweis anstelle der beantragten Vernehmung unzul (BGH NJW-RR 1992, 1214); vgl § 373 Rz 9.

**Vernichtete Originale**, die zuvor verfilmt oder eingescannt wurden: vgl § 440 Rz 3. **Fehlende Originale:** in vielen Fällen werden überhaupt keine Papierdokumente mehr erstellt, was beweismäßig riskant ist; iÜ: Papier hält Jahrhunderte, Speicherung auf CD usw. hält nach dem derzeitigen Stand nur einige Jahre. Vgl *Vehslage* K&R; 2002, 531. 7

8

**Praxishinweise:**

1. Die Beweislast von Privatkunden wird durch die richterrechtl. geschaffene Beweisregel verstärkt, für den Urkundentext spreche eine Vermutung der Richtigkeit (gemeint ist: Wahrheit) und Vollständigkeit (*Zöller/Geimer* § 416 Rz 10). Gegenbeweis ist mögl. (BGH VersR 2203, 229; 2006 997 = JZ 2007, 256 m Anm Ahrens).

2. Ein bloßes Handzeichen (Parafe) reicht als Unterschrift nicht aus, sodass auch § 416 nicht einschlägig ist (BGH-Report 2007, 189).

## § 416a ZPO Beweiskraft des Ausdrucks eines öffentlichen elektronischen Dokuments

**Der mit einem Beglaubigungsvermerk versehene Ausdruck eines öffentlichen elektronischen Dokuments gemäß § 371a Abs. 2, den eine öffentliche Behörde innerhalb der Grenzen ihrer Amtsbefugnisse oder eine mit öffentlichem Glauben versehene Person innerhalb des ihr zugewiesenen Geschäftskreises in der vorgeschriebenen Form erstellt hat, sowie der Ausdruck eines gerichtlichen elektronischen Dokuments, der einen Vermerk des zuständigen Gerichts gemäß § 298 Abs. 2 enthält, stehen einer öffentlichen Urkunde in beglaubigter Abschrift gleich.**

§ 416a eingefügt durch G v. 22.03.2005 (BGBl 2005, 837).

## § 417 ZPO Beweiskraft öffentlicher Urkunden über amtliche Anordnung, Verfügung oder Entscheidung

**Die von einer Behörde ausgestellten, eine amtliche Anordnung, Verfügung oder Entscheidung enthaltenden öffentlichen Urkunden begründen vollen Beweis ihres Inhalts.**

ZB GerichtsU, Strafbefehl, Erbschein. Beweiskraft: nur dass eine solche Entscheidung usw. ergangen ist. Nicht: dass sie sachl. richtig ist. Der Erbschein (§ 2353 BGB; Zeugnis) beweist deshalb nicht, dass die darin angegebene Erbfolge mat-rechtl. stimmt. Der Strafbefehl beweist nicht, dass der Adressat die genannte Straftat begangen hat. 1

## § 418 ZPO Beweiskraft öffentlicher Urkunden mit anderem Inhalt

**(1) Öffentliche Urkunden, die einen anderen als den in den §§ 415, 417 bezeichneten Inhalt haben, begründen vollen Beweis der darin bezeugten Tatsachen.**

**(2) Der Beweis der Unrichtigkeit der bezeugten Tatsachen ist zulässig, sofern nicht die Landesgesetze diesen Beweis ausschließen oder beschränken.**

**(3) Beruht das Zeugnis nicht auf eigener Wahrnehmung der Behörde oder der Urkundsperson, so ist die Vorschrift des ersten Absatzes nur dann anzuwenden, wenn sich aus den Landesgesetzen ergibt, dass die Beweiskraft des Zeugnisses von der eigenen Wahrnehmung unabhängig ist.**

1 **1.** § 418 bezieht sich auf öffentl. Urkunden über Wahrnehmungen oder Handlungen einer Behörde oder Urkundsperson (§ 415 Rz 1). **Beispiele:** Zustellungsurkunden (BVerwG NJW 1986, 2127 bez Ersatzzustellung); obwohl die Post nun ein privates Unternehmen ist, gelten ihre Zustellungsurkunden noch als öffentl. Urkunden (vgl § 176 „Post"). Vom RA unterzeichnetes Empfangsbekenntnis (BFH/NV 2006, 1667). Rechtskraftzeugnis, Sitzungsprotokolle (BGH WuM 2004, 109), Eingangsstempel von Gericht oder Behörde (BGH NJW 2005, 3501; NJW-RR 2001, 280; NJW 1998, 461; VersR 1988, 1140), Erledigungsvermerke des Urkundsbeamten der Geschäftsstelle (OLG Jena NJOZ 2006, 844). Amtl. Auskünfte (§ 273 II Nr. 2), Tatbestand des Urteils, GV-Protokoll über Annahmeverzug (OLG Köln NJW-RR 1986, 863). – Dieselbe Urkunde kann teils unter §§ 418, 415, 417 fallen.

2 **2. Beweiskraft:** bez der Tatsachen, also beim notariellem Testament nicht bez der festgestellten Testierfähigkeit; bei der Sterbeurkunde nicht bez der Todesursache (BGH NJW 1962, 1770), bei der Zustellungsurkunde nicht, dass Adressat dort wohnt (BVerfG NJW 1992, 224; BGH NJW 1992, 1963): das Indiz des Dort-Wohnens kann der Adressat entkräften durch eine schlüssige und plausible Darstellung (BVerfG NStZ-RR 1997, 70). Einzelheiten: § 178 Rz 6. Beweiskraft erstreckt sich nicht auf Vermerke des Postzustellers (OLG Hamm NJW-RR 1995, 223).

3 **Gegenbeweis, Absatz 2:** Der Beweisantritt muss substanziiert sein, eine gewisse Wahrscheinlichkeit für die Unrichtigkeit der bezeugten Tatsachen muss dargelegt werden. Voller Nachweis eines anderen Geschehensablaufs ist notw (BVerwG NJW 1986, 2127), nicht durch Parteivernehmung, § 445 II, aber durch Zeugen (OLG Köln FamRZ 1992, 1082 zu § 182). Gegen den Eingangsstempel bei Einwurf in den Nachtbriefkasten des Gerichts genügt (im Wiedereinsetzungsverfahren) aber schon Glaubhaftmachung der Unrichtigkeit (BGH NJW 1998, 461; Einzelheiten BGH NJW 2000, 1872 und NJW 2005, 3501), zB eine eV des RA (OLG Naumburg OLG-NL 2000, 19); auch Freibeweis und freie Beweiswürdigung (BGH FamRZ 1996, 1004; VersR 1995, 1467). Überhaupt ist eine umfassende Beweiswürdigung notw und der Hinweis auf die Beweiskraft der Urkunde allein nicht ausreichend (BGH VersR 2001, 571). Ist der Zugang durch Niederlegung mit Postzustellungsurkunde bewiesen, genügt als Gegenbeweis nicht die Behauptung, wegen Umzug das Schriftstück nicht erhalten zu haben (BGH ZVI 2005, 299).

## § 419 ZPO Beweiskraft mangelbehafteter Urkunden

**Inwiefern Durchstreichungen, Radierungen, Einschaltungen oder sonstige äußere Mängel die Beweiskraft einer Urkunde ganz oder teilweise aufheben oder mindern, entscheidet das Gericht nach freier Überzeugung.**

Jeder äußere Mangel (der öffentl. oder privaten Urkunde) genügt, der geeignet ist, die Beweiskraft zu beeinträchtigen, auch auffälliges Schriftbild, ungewöhnl. Anordnung auf dem Papier, (beschnittenes) Format der Urkunde (BGH NJW 1980, 893); Absurdität (das Empfangsbekenntnis weist den 20.01. als Zugang aus, aber schon am 18.01. kommt es bei Gericht in Rücklauf (VGH Mannheim NJW 2005, 1687). Diese Mängel schließen die Geltung der Beweisregeln der §§ 415-418 aus, es bleibt beim Grundsatz der freien Beweiswürdigung nach § 286 (BGH NJW 1988, 60). 1

## § 420 ZPO Vorlegung durch Beweisführer; Beweisantritt

**Der Beweis wird durch die Vorlegung der Urkunde angetreten.**

Vorzulegen ist das Original, nicht nur eine begl Abschrift oder Fotokopie (BGH NJW 1992, 829/830). Die begl Abschrift einer Privaturkunde unterliegt der freien richterl. Beweiswürdigung (BGH NJW 1980, 1047). Bei umfangreichen Urkunden ist die einschlägige Blattzahl anzugeben (BGH DRiZ 1963, 60). Bei Nichtbestreiten wird die Übereinstimmung der Fotokopie mit dem Original unstr. 1

**Praxishinweise:** 2

Ein Urkundenbeweisantrag ist nur verfahrensgerecht, wenn die Urkunde vorgelegt, also bei Gericht eingereicht wird. Die vielfach anzutreffende Formulierung „Beweis: Vorlage ... (eines bestimmten Schriftstückes)" ist ledigl. die Ankündigung, zur Stellung eines dem Gericht entspr Beweisantrags bereit zu sein. Ob dem Gericht dann eine Hinweispflicht nach § 139 obliegt, hängt von seiner rechtl. Beurteilung des Falls ab. Die schließt die Zurückweisung eines später korrekt durch Vorlegung gestellten Beweisantrages nach § 296 ein. Um ein solches Risiko von vornherein auszuschalten, sollten deshalb Urkunden, die der PrBev für subsumtions- oder beweiserhebl. hält, dem Schriftsatz beigelegt werden.

Formular 171: Beweisantritt durch Urkundenvorlage (Urkunde beim Beweisführer)

## § 421 ZPO Vorlegung durch den Gegner; Beweisantritt

**Befindet sich die Urkunde nach der Behauptung des Beweisführers in den Händen des Gegners, so wird der Beweis durch den Antrag angetreten, dem Gegner die Vorlegung der Urkunde aufzugeben.**

Inhalt des Antrags § 424. Hat der Gegner die Urkunde nicht im Besitz: § 428. Unanwendbar ist § 421 im Urkundenprozess, § 595 III (OLG Koblenz MDR 2006, 888). 1

Formular 172: Antrag auf Urkundenvorlage durch den Beweisgegner

### § 422 ZPO Vorlegungspflicht des Gegners nach bürgerlichem Recht

**Der Gegner ist zur Vorlegung der Urkunde verpflichtet, wenn der Beweisführer nach den Vorschriften des bürgerlichen Rechts die Herausgabe oder die Vorlegung der Urkunde verlangen kann.**

1 Vorlage vgl § 142 II, III. Folgen der Nichtvorlage §§ 427, 444. Solche **Vorschriften des bürgerlichen Rechts sind** zB: §§ 259, 402, 444, 675, 667, 681, 716, wichtig § 810 (weit auszulegen), 952, 985, 1799 BGB, HGB, AktG. **Ärztliche Krankenpapiere** vgl BGH NJW 1978, 2337 und 1671; abw 1963, 389. – Keine Pflicht zur Vorlage von Aufzeichnungen zum privaten Gebrauch (BGH 60, 292).

### § 423 ZPO Vorlegungspflicht des Gegners bei Bezugnahme

**Der Gegner ist auch zur Vorlegung der in seinen Händen befindlichen Urkunden verpflichtet, auf die er im Prozess zur Beweisführung Bezug genommen hat, selbst wenn es nur in einem vorbereitenden Schriftsatz geschehen ist.**

1 Notwendig ist Bezugnahme auf die Urkunde als Beweismittel, nicht nur auf den Inhalt (RG 69, 405). Bei Verstoß: § 286.

### § 424 ZPO Antrag bei Vorlegung durch Gegner

**Der Antrag soll enthalten:**

1. **die Bezeichnung der Urkunde;**
2. **die Bezeichnung der Tatsachen, die durch die Urkunde bewiesen werden sollen;**
3. **die möglichst vollständige Bezeichnung des Inhalts der Urkunde;**
4. **die Angabe der Umstände, auf welche die Behauptung sich stützt, dass die Urkunde sich in dem Besitz des Gegners befindet;**
5. **die Bezeichnung des Grundes, der die Verpflichtung zur Vorlegung der Urkunde ergibt. Der Grund ist glaubhaft zu machen.**

1 **Zu Nr. 5:** Glaubhaftmachung § 294; Grund vgl § 422. Sonderregelung für Handelsbücher §§ 258-261 HGB. Keine Überspannung der formalen Anforderungen (BGH NJW 1989, 718).

### § 425 ZPO Anordnung der Vorlegung durch Gegner

**Erachtet das Gericht die Tatsache, die durch die Urkunde bewiesen werden soll, für erheblich und den Antrag für begründet, so ordnet es, wenn der Gegner zugesteht, dass die Urkunde sich in seinen Händen befinde, oder wenn der Gegner sich über den Antrag nicht erklärt, die Vorlegung der Urkunde an.**

1 AnO der Vorlage durch (unanfechtbaren) Beweisbeschluss; Ablehnung des Antrags in den Gründen des EndU, evtl durch ZwischenU (§ 303).

### § 426 ZPO Vernehmung des Gegners über den Verbleib

**[1]Bestreitet der Gegner, dass die Urkunde sich in seinem Besitz befinde, so ist er über ihren Verbleib zu vernehmen. [2]In der Ladung zum Vernehmungstermin ist ihm aufzugeben, nach dem Verbleib der Urkunde sorgfältig zu forschen. [3]Im Übrigen gelten die Vorschriften der §§ 449 bis 454 entsprechend. [4]Gelangt das Gericht zu der Überzeugung, dass sich die Urkunde im Besitz des Gegners befindet, so ordnet es die Vorlegung an.**

Der Gegner muss vorlegungspflichtig sein, § 422. AnO der Vernehmung durch unanfecht- 1
baren Beweisbeschluss, § 450 I. Wird die VorlegungsAnO (S. 4) nicht befolgt: § 427. Gelangt das Gericht nicht zu dieser Überzeugung, ist grds der Beweis gescheitert. Vgl ferner §§ 427, 444.

Formular 173: Antrag auf Vernehmung des Beweisgegners über den Verbleib der vorzulegenden Urkunde gemäß § 426 ZPO

### § 427 ZPO Folgen der Nichtvorlegung durch Gegner

**[1]Kommt der Gegner der Anordnung, die Urkunde vorzulegen, nicht nach oder gelangt das Gericht im Falle des § 426 zu der Überzeugung, dass er nach dem Verbleib der Urkunde nicht sorgfältig geforscht habe, so kann eine vom Beweisführer beigebrachte Abschrift der Urkunde als richtig angesehen werden. [2]Ist eine Abschrift der Urkunde nicht beigebracht, so können die Behauptungen des Beweisführers über die Beschaffenheit und den Inhalt der Urkunde als bewiesen angenommen werden.**

Die Vorlage ist nicht erzwingbar, die Nichtvorlage wird im Urteil frei gewürdigt. Gegen- 1
beweis ist zul, aber nicht durch Parteivernehmung, § 445 II.

### § 428 ZPO Vorlegung durch Dritte; Beweisantritt

**Befindet sich die Urkunde nach der Behauptung des Beweisführers im Besitz eines Dritten, so wird der Beweis durch den Antrag angetreten, zur Herbeischaffung der Urkunde eine Frist zu bestimmen oder eine Anordnung nach § 142 zu erlassen.**

§ 428 geändert durch G v. 27.07.2001 (BGBl 2001, 1887).

Inhalt des Antrags § 430. § 428 ist im Urkundenprozess unanwendbar, § 595 III. Nach 1
früherem Recht konnte ein Dritter (zB ein Zeuge) nur gezwungen werden, in seinem Besitz befindl. Urkunden (Belege, Schriftwechsel, Abrechnungen, Disketten, Pläne, Fotos usw.) dem Gericht vorzulegen, wenn der Beweisführer nach BGB usw. einen Vorlegungs- und Herausgabeanspruch gegen den Dritten hatte; das ist durch Änderung von § 142 entfallen. Der Beweisführer kann nun anregen, dass das Gericht eine VorlegungsAnO trifft. § 142 I: das Gericht kann anordnen, dass der Gegner Urkunden usw. vorlegt; § 142 II: das Gericht kann anordnen, dass ein Dritter Urkunden usw. vorlegt, soweit zumutbar und das

Aussageverweigerungsrecht nicht entgegensteht. Weitere Voraussetzung ist in beiden Fällen, dass die Beweistatsache für den Rechtsstreit erhebl. ist und der Inhalt der Urkunde zum Beweis geeignet erscheint (BT-Drucks. 14/4722 S. 92).

Formular 174: Antrag auf Urkundenvorlage durch Dritte gemäß §§ 428, 142 ZPO

## § 429 ZPO Vorlegungspflicht Dritter

**[1]Der Dritte ist aus denselben Gründen wie der Gegner des Beweisführers zur Vorlegung einer Urkunde verpflichtet; er kann zur Vorlegung nur im Wege der Klage genötigt werden. [2]§ 142 bleibt unberührt.**

§ 429 geändert durch G v. 27.07.2001 (BGBl 2001, 1887).

1 Vorlagepflicht des Dritten, wenn ein mat-rechtl. Anspruch gegen ihn besteht, vgl § 422 Rz 1. Klagen und vollstrecken muss der Beweisführer, §§ 883, 899. Der Zeuge kann uU geladen werden mit der Aufl, die Urkunde vorzulegen, vgl § 378 I. Durch die Einfügung des § 142 (vgl § 428 Rz 1), welcher eine proz Pflicht begründet, kann das Gericht eine Vorlage anordnen, auch wenn *keine* zivilrechtl. Vorlage- oder Herausgabepflicht besteht. Schranken: insb § 142 II.

## § 430 ZPO Antrag bei Vorlegung durch Dritte

**Zur Begründung des nach § 428 zu stellenden Antrages hat der Beweisführer den Erfordernissen des § 424 Nr. 1 bis 3, 5 zu genügen und außerdem glaubhaft zu machen, dass die Urkunde sich in den Händen des Dritten befinde.**

1 Glaubhaftmachung: § 294. Eine Anregung nach § 142 ist jedoch zweckmäßiger.

## § 431 ZPO Vorlegungsfrist bei Vorlegung durch Dritte

**(1) Ist die Tatsache, die durch die Urkunde bewiesen werden soll, erheblich und entspricht der Antrag den Vorschriften des vorstehenden Paragraphen, so hat das Gericht durch Beschluss eine Frist zur Vorlegung der Urkunde zu bestimmen.**

**(2) Der Gegner kann die Fortsetzung des Verfahrens vor dem Ablauf der Frist beantragen, wenn die Klage gegen den Dritten erledigt ist oder wenn der Beweisführer die Erhebung der Klage oder die Betreibung des Prozesses oder der Zwangsvollstreckung verzögert.**

§ 431 geändert durch G v. 27.07.2001 (BGBl 2001, 1887).

1 Fristsetzung (vgl §§ 224 ff.) durch Beschluss (§ 128 IV); gegen Ablehnung Beschwerde (§ 567), gegen zu lange Frist analog § 252 ebenfalls (hM). Zweckmäßiger ist eine AnO nach § 142 nF.

## § 432 ZPO Vorlegung durch Behörden oder Beamte; Beweisantritt

**(1) Befindet sich die Urkunde nach der Behauptung des Beweisführers in den Händen einer öffentlichen Behörde oder eines öffentlichen Beamten, so wird der Beweis durch den Antrag angetreten, die Behörde oder den Beamten um die Mitteilung der Urkunde zu ersuchen.**

**(2) Diese Vorschrift ist auf Urkunden, welche die Parteien nach den gesetzlichen Vorschriften ohne Mitwirkung des Gerichts zu beschaffen imstande sind, nicht anzuwenden.**

**(3) Verweigert die Behörde oder der Beamte die Mitteilung der Urkunde in Fällen, in denen eine Verpflichtung zur Vorlegung auf § 422 gestützt wird, so gelten die Vorschriften der §§ 428 bis 431.**

**1. Absatz 1.** § 432 betrifft zB den Fall, dass beantragt wird, andere Gerichtsakten beizuziehen, weil bestimmte Aktenteile für beweiserhebl. gehalten werden (vgl BGH NJW 1994, 3295). Die Behörde darf nicht Prozessgegner des Beweisführers sein (sonst §§ 421-427), sondern muss „Dritter" sein (§§ 428-431 sind anwendbar; Abs. 1 bringt Erleichterungen). Privatbesitz des Beamten ist in Abs. 1 nicht gemeint. Das Gericht kann die Urkunde nach **§ 273 II Nr. 2** anfordern. Sonst wird das Ersuchen durch Beweisbeschluss angeordnet (Antragsablehnung dagegen in den Urteilsgründen); ob ihm die Behörde folgen muss, richtet sich nach öffentl. Recht; vgl Art 35 GG; § 168 GVG; § 299 ZPO; Postgeheimnis, Steuergeheimnis. **Lehnt die Behörde ab**, kann das Gericht Dienstaufsichtsbeschwerde erheben (*StJ* II 2), der Beweisführer kann ggf Klage vor dem VG erheben. Eine andere Frage ist, ob die übersandten Akten den Parteien zugängl. gemacht werden dürfen (zB Scheidungsakten, Strafakten); wenn nicht, sind sie unverwertbar. 1

**2. Absatz 2** meint zB Grundbuch- und Handelsregisterauszüge; Urteile; not und standesamtl. Urkunden; Erbscheine. §§ 34, 78, 85, 162 FGG, 12 GBO, 299, 792, 896 ZPO, 9 HGB. 2

**3. Absatz 3:** Bei Vorlagepflicht nach § 422 also Fristsetzung zur Klage. 3

## § 433 ZPO
(weggefallen)

## § 434 ZPO Vorlegung vor beauftragtem oder ersuchtem Richter

**Wenn eine Urkunde bei der mündlichen Verhandlung wegen erheblicher Hindernisse nicht vorgelegt werden kann oder wenn es bedenklich erscheint, sie wegen ihrer Wichtigkeit und der Besorgnis ihres Verlustes oder ihrer Beschädigung vorzulegen, so kann das Prozessgericht anordnen, dass sie vor einem seiner Mitglieder oder vor einem anderen Gericht vorgelegt werde.**

§ 434 ist Ausnahme von § 355. Die Urkunde kann auch an Ort und Stelle vom Gericht selbst eingesehen werden, § 219. 1

## § 435 ZPO Vorlegung öffentlicher Urkunden in Urschrift oder beglaubigter Abschrift

**[1]Eine öffentliche Urkunde kann in Urschrift oder in einer beglaubigten Abschrift, die hinsichtlich der Beglaubigung die Erfordernisse einer öffentlichen Urkunde an sich trägt, vorgelegt werden; das Gericht kann jedoch anordnen, dass der Beweisführer die Urschrift vorlege oder die Tatsachen angebe und glaubhaft mache, die ihn an der Vorlegung der Urschrift verhindern. [2]Bleibt die Anordnung erfolglos, so entscheidet das Gericht nach freier Überzeugung, welche Beweiskraft der beglaubigten Abschrift beizulegen sei.**

1 Privaturkunden vgl §§ 420, 142, Einsicht § 134, Abschriften §§ 131, 299. Die Vorlage einer begl Abschrift einer Privaturkunde kann nicht analog § 435 der Vorlage der Urschrift gleichgestellt werden (BGH NJW 1980, 1047). Begl Kopie einer französischen polizeil. Ermittlungsakte kann genügen (BGH NJW-RR 2007, 1006).

2 Öffentl. Urkunden: begl Abschrift vgl § 129 BGB. Begl kann hier die Behörde, der Notar, der Urkundsbeamte der Geschäftsstelle; nicht der RA.

## § 436 ZPO Verzicht nach Vorlegung

**Der Beweisführer kann nach der Vorlegung einer Urkunde nur mit Zustimmung des Gegners auf dieses Beweismittel verzichten.**

1 Trotz Verzicht bleibt Beweiserhebung von Amts wegen, §§ 142, 144 mögl. (str). Ähnliche Regelung § 399.

## § 437 ZPO Echtheit inländischer öffentlicher Urkunden

**(1) Urkunden, die nach Form und Inhalt als von einer öffentlichen Behörde oder von einer mit öffentlichem Glauben versehenen Person errichtet sich darstellen, haben die Vermutung der Echtheit für sich.**

**(2) Das Gericht kann, wenn es die Echtheit für zweifelhaft hält, auch von Amts wegen die Behörde oder die Person, von der die Urkunde errichtet sein soll, zu einer Erklärung über die Echtheit veranlassen.**

1 **Echt** ist eine Urkunde iSd ZPO, wenn sie von demjenigen herrührt, den der Beweisführer (bei Beweiserhebung von Amts wegen die durch den Inhalt begünstigte Partei) behauptet. § 437 gilt für inl öffentl. Urkunden, sofern sie keine äußeren Mängel (§ 419) aufweisen.

## § 438 ZPO Echtheit ausländischer öffentlicher Urkunden

**(1) Ob eine Urkunde, die als von einer ausländischen Behörde oder von einer mit öffentlichem Glauben versehenen Person des Auslandes errichtet sich darstellt, ohne näheren Nachweis als echt anzusehen sei, hat das Gericht nach den Umständen des Falles zu ermessen.**

**(2) Zum Beweis der Echtheit einer solchen Urkunde genügt die Legalisation durch einen Konsul oder Gesandten des Bundes.**

Zur Übersetzung vgl § 142 III. **Legalisation** ist Bestätigung der Echtheit. Ist in Staatsverträgen Legalisation als entbehrl. vereinbart (vgl *Luther* MDR 1986, 10), gilt § 437 entsprechend. So etwa, wenn der Kl den Diebstahl seines Pkw in Frankreich durch begl. Fotokopien der Ermittlungsakte der französischen Polizei beweisen will (Beglaubigungsabkommen Deutschland/Frankreich v. 13.09.1971 (BGH NJW-RR 2007, 1006). 1

## § 439 ZPO Erklärung über Echtheit von Privaturkunden

**(1) Über die Echtheit einer Privaturkunde hat sich der Gegner des Beweisführers nach der Vorschrift des § 138 zu erklären.**

**(2) Befindet sich unter der Urkunde eine Namensunterschrift, so ist die Erklärung auf die Echtheit der Unterschrift zu richten.**

**(3) Wird die Erklärung nicht abgegeben, so ist die Urkunde als anerkannt anzusehen, wenn nicht die Absicht, die Echtheit bestreiten zu wollen, aus den übrigen Erklärungen der Partei hervorgeht.**

Wird die Echtheit nicht anerkannt: § 440. Bei Anerkenntnis: § 288. Bei Nichterklärung: Abs. 3. Sonderregelung des Nichtbestr beim AG in § 510. Der Bekl kann die Echtheit einer Privaturkunde im Nachverfahren auch dann noch bestreiten, wenn er sich dazu im Wechselprozess nicht erklärt hat (BGH NJW 1982, 183). 1

## § 440 ZPO Beweis der Echtheit von Privaturkunden

**(1) Die Echtheit einer nicht anerkannten Privaturkunde ist zu beweisen.**

**(2) Steht die Echtheit der Namensunterschrift fest oder ist das unter einer Urkunde befindliche Handzeichen notariell beglaubigt, so hat die über der Unterschrift oder dem Handzeichen stehende Schrift die Vermutung der Echtheit für sich.**

Die Vermutung des § 440 II (dazu § 286 II) setzt eine **Namensunterschrift** voraus; erst dann greift die Beweisregel des § 416 ein. Handzeichen sowie Unterzeichnung mit einer Namensabkürzung (H.Bla. statt Hans Blankenberg) stellen keine formgültige Unterschrift dar. Ob ein Gekritzel eine Unterschrift oder lediglich ein Handzeichen (Parafe) darstellt, beurteilt sich nach dem äußeren Erscheinungsbild. Wer alle Verträge etc mit dem vollen Namen unterschreibt, will keine Unterschrift leisten, wenn er eine Quittung nur mit einer Namenabkürzung unterzeichnet (BGH NJW-RR 2007, 351). Der Beweisführer muss zunächst nur die **Echtheit der Unterschrift** beweisen; steht sie fest (§ 286), wird die Übereinstimmung des Textes mit dem Willen des Ausstellers vermutet (§ 292); das gilt auch bei Blankounterschriften. 1

Selbst beim sog **Blankettmissbrauch** (BGH NJW 1986, 3087; 1991, 487) wird die vereinbarungsgem Ausfüllung vermutet. Der Unterzeichner hat in einem solchen Fall die Vermutungswirkung des Abs. 2 durch den Beweis des Gegenteils zu widerlegen (BGH WM 2

1965, 1063); dies kann durch Antrag auf Parteivernehmung des Gegners erfolgen (BGH NJW 1988, 2741). Für einen nachträgl. eingefügten Text gilt § 440 II nicht (BayObLG Rpfleger 1985, 105).

3 **Vernichtete Originale (Einscannen, Verfilmen).** Vor allem Banken und Vers scannen Vers-Anträge, Schecks und dergleichen ein (oder verfilmen sie) und vernichten dann die Originale. Dann steht keine Originalunterschrift zur Überprüfung auf Fälschung mehr zur Verfügung, ein Urkundenbeweis ist nicht mehr möglich (*Nugel* VersR 2005, 1211); die Beweisnachteile (zB Nichterweisbarkeit der Echtheit der Unterschrift, weil ein Schriftgutachten nicht mehr mögl. ist) hat zu tragen, wer das Original vernichtet hat (OLG Hamm OLG-Report 2006, 184), also die Vers, Bank etc. Vgl §§ 416, 444.

## § 441 ZPO Schriftvergleichung

**(1) Der Beweis der Echtheit oder Unechtheit einer Urkunde kann auch durch Schriftvergleichung geführt werden.**

**(2) In diesem Fall hat der Beweisführer zur Vergleichung geeignete Schriften vorzulegen oder ihre Mitteilung nach der Vorschrift des § 432 zu beantragen und erforderlichenfalls den Beweis ihrer Echtheit anzutreten.**

**(3) [1]Befinden sich zur Vergleichung geeignete Schriften in den Händen des Gegners, so ist dieser auf Antrag des Beweisführers zur Vorlegung verpflichtet. [2]Die Vorschriften der §§ 421 bis 426 gelten entsprechend. [3]Kommt der Gegner der Anordnung, die zur Vergleichung geeigneten Schriften vorzulegen, nicht nach oder gelangt das Gericht im Falle des § 426 zu der Überzeugung, dass der Gegner nach dem Verbleib der Schriften nicht sorgfältig geforscht habe, so kann die Urkunde als echt angesehen werden.**

**(4) Macht der Beweisführer glaubhaft, dass in den Händen eines Dritten geeignete Vergleichungsschriften sich befinden, deren Vorlegung er im Wege der Klage zu erwirken imstande sei, so gelten die Vorschriften des § 431 entsprechend.**

**Lit:** ***Seibt***, Forensische Schriftgutachten, 1999; ***Bechteler*** NJW 1991, 1993.

1 Schriftvergleichung durch das Gericht selbst ist Augenscheinbeweis, § 371. Die Verweigerung der Abgabe von Schriftproben kann nach § 446 (**aA** § 444) gewürdigt werden. Schriftgutachten vgl § 402 Rz 3.

## § 442 ZPO Würdigung der Schriftvergleichung

**Über das Ergebnis der Schriftvergleichung hat das Gericht nach freier Überzeugung, geeignetenfalls nach Anhörung von Sachverständigen, zu entscheiden.**

1 Vergleichende **Schriftgutachten** unterliegen der freien Beweiswürdigung; § 442 ist insoweit mit § 286 inhaltsgleich. Vorhandene SV-Gutachten aus Strafakten können urkundenbeweisl. verwertet werden. Die Begutachtung nur anhand von Fotokopien der str Unterschriften ist ein Verstoß gegen die Grundsätze der Handschriftenvergleichung (BGH NJW 1982, 2874).

### § 443 ZPO Verwahrung verdächtiger Urkunden

**Urkunden, deren Echtheit bestritten ist oder deren Inhalt verändert sein soll, werden bis zur Erledigung des Rechtsstreits auf der Geschäftsstelle verwahrt, sofern nicht ihre Auslieferung an eine andere Behörde im Interesse der öffentlichen Ordnung erforderlich ist.**

Vorgelegte Urkunden werden nicht Bestandteil der Gerichtsakten, sind also nach dem Prozess an den Einreicher zurückgegeben. „Andere Behörde" ist zB die Staatsanwaltschaft. 1

### § 444 ZPO Folgen der Beseitigung einer Urkunde

**Ist eine Urkunde von einer Partei in der Absicht, ihre Benutzung dem Gegner zu entziehen, beseitigt oder zur Benutzung untauglich gemacht, so können die Behauptungen des Gegners über die Beschaffenheit und den Inhalt der Urkunde als bewiesen angesehen werden.**

Absicht verlangt Vorsatz; der ist fast nie beweisbar. Die Vorschrift muss daher weit ausgelegt werden. Fahrlässige Vereitelung kann genügen (BSG NJW 1973, 535; OLG München NJOZ 2005, 4548). Es ist belanglos, ob eine gesetzl. Aufbewahrungspflicht bestand oder nicht. § 444 enthält einen allg Rechtsgedanken und ist zB entspr anwendbar bei einem schuldhaft vereitelten Augenschein. Zum Verfilmen und Einscannen von Schriftstücken und anschließender Vernichtung der Originale vgl § 440 Rz 3 sowie § 416. 1

## Titel 10
## Beweis durch Parteivernehmung

### § 445 ZPO Vernehmung des Gegners; Beweisantritt

**(1) Eine Partei, die den ihr obliegenden Beweis mit anderen Beweismitteln nicht vollständig geführt oder andere Beweismittel nicht vorgebracht hat, kann den Beweis dadurch antreten, dass sie beantragt, den Gegner über die zu beweisenden Tatsachen zu vernehmen.**

**(2) Der Antrag ist nicht zu berücksichtigen, wenn er Tatsachen betrifft, deren Gegenteil das Gericht für erwiesen erachtet.**

**Lit:** ***Gehrlein*** ZZP 1997, 451; ***Coester-Waltjen*** ZZP 2000, 269; ***Oberhammer*** ZZP 2000, 295; ***Oepen*** ZZP 2000, 347.

**1. Wesen der Parteivernehmung.** Drei Fallgruppen sind zu unterscheiden: **(1)** Der Kl bietet sich selbst als Beweismittel an (§ 447); hiermit ist der Bekl natürlich nicht einverstanden. **(2)** Der Kl bietet den Bekl als Beweismittel an (§ 445); das wäre absurd. **(3)** Das Gericht vernimmt von Amts wegen eine Partei als solche (§ 448; praxisrelevant). **Abgrenzung Partei/Zeuge** vgl § 373 Rz 1. Zur Vernehmung als Partei statt als Zeuge § 373 Rz 4. Zur taktischen Abberufung des GmbH-Geschäftsführers, um ihn als Zeugen zu benennen, vgl *Schmitz* GmbHR 2000, 1140. **Parteivernehmung** als Beweismittel ist zu unterschei- 1 den von der **informatorischen Parteianhörung** zur Aufklärung des Sachverhalts, §§ 118, 141 (BGH NJW-RR 1988, 394). – Erklärungen iRd Parteivernehmung gem § 445 können auch im Anwaltsprozess ein Geständnis nach § 288 enthalten, soweit sie sich auf Tatsachen beziehen (BGH 8, 235; str).

2 **Voraussetzungen: a) Antrag** der beweisbelasteten Partei auf Vernehmung des *Gegners* (nicht umgekehrt; deshalb hat § 445 keine praktische Bedeutung; **b) Subsidiarität:** andere Beweismittel sind nicht vorhanden oder haben keinen Beweis für eine Behauptung erbracht (BGH NJW 1960, 1950). Wahrscheinlichkeit der Behauptung ist bei § 445 I nicht Voraussetzung. **c)** Notw ist förml. Beweisbeschluss, § 450. Protokollierung der Aussage vgl § 160 III Nr. 4.

3 **2. Absatz 2. Unzulässig ist die Parteivernehmung:** zum Beweis des gem § 286 direkt für erwiesen erachteten Gegenteils; zum Beweis dafür, dass der durch eine Urkundsperson beurkundete Vorgang (§ 415 II) unrichtig beurkundet ist (BGH MDR 1965, 818); zT nach §§ 595 II, 581 II (BGH 30, 60).

4 **Sonderregelung** in § 292 (BGH NJW 1988, 2741).

5 **Praxishinweise:**

1. Grds ist es unzul, eine beweisbelastete Partei zum Zweck des Gegenbeweises zu vernehmen (OLG Düsseldorf MDR 1995, 959). Das hat sich aufgrund eines Urteils des EGMR (NJW 1995, 1413) geändert. Wenn die eine Partei Zeugenbeweis antreten kann, die andere nicht (häufig bei sog Vier-Augen-Gesprächen), kommt stets eine Anhörung der beweislosen Partei nach § 141 in Betracht und ist idR auch geboten. Das Gericht ist dann nicht gehindert, diese Parteierklärung in freier Beweiswürdigung glaubwürdiger zu bewerten als eine Zeugenaussage (BGH MDR 2004, 227; KG MDR 2204, 533).

2. In Betracht kommt dies jedoch nur, wenn sich ledigl. Zeuge und Partei gegenüberstehen, nicht wenn das Gericht sich aufgrund weiterer Beweisumstände eine Überzeugung bildet (BGH NJW-RR 2003, 1003).

3. Das Unterlassen einer gebotenen Parteianhörung kann eine Rechtsverletzung sein und damit wesentl. Verfahrensmangel (§ 513 I; OLG Zweibrücken MDR 1998, 436).

4. In einschlägigen Fällen sollte der RA schon im vorbereitenden Schriftsatz Parteivernehmung, hilfsweise Parteianhörung beantragen und das Übergehen eines solchen Antrages in der mdl Verh rügen.

5. Immer besteht auch die Möglichkeit, die Waffengleichheit durch Abtretung an einen sodann als Kl auftretenden Dritten zu erzwingen. Der RA hat den Mandanten darauf hinzuweisen (s. § 253 Rz 50, 1).

6. Zur Verwechslung von Parteivernehmung und Zeugenbeweis s. § 450 Rz 4.

## § 446 ZPO Weigerung des Gegners

**Lehnt der Gegner ab, sich vernehmen zu lassen, oder gibt er auf Verlangen des Gerichts keine Erklärung ab, so hat das Gericht unter Berücksichtigung der gesamten Sachlage, insbesondere der für die Weigerung vorgebrachten Gründe, nach freier Überzeugung zu entscheiden, ob es die behauptete Tatsache als erwiesen ansehen will.**

Protokollierung der Weigerung nach § 160 III Nr. 3, § 510a; Nachholung der Aussage in zweiter Instanz § 533. 1

## § 447 ZPO Vernehmung der beweispflichtigen Partei auf Antrag

**Das Gericht kann über eine streitige Tatsache auch die beweispflichtige Partei vernehmen, wenn eine Partei es beantragt und die andere damit einverstanden ist.**

Das Gericht „kann“: freies Ermessen. Einverständnis der *anderen* Partei (selten!) ist unwiderrufliche Prozesshandlung; bei unzul Widerruf § 446 analog. 1

## § 448 ZPO Vernehmung von Amts wegen

**Auch ohne Antrag einer Partei und ohne Rücksicht auf die Beweislast kann das Gericht, wenn das Ergebnis der Verhandlungen und einer etwaigen Beweisaufnahme nicht ausreicht, um seine Überzeugung von der Wahrheit oder Unwahrheit einer zu erweisenden Tatsache zu begründen, die Vernehmung einer Partei oder beider Parteien über die Tatsache anordnen.**

**Lit:** ***Wittschier***, Parteivernehmung in der zivilprozessualen Praxis, 1989; ***Lange*** NJW 2002, 476; ***Gehrlein*** ZZP Bd 110, 451.

**1. Beweisaufnahme** nach § 448 hat große prakt Bedeutung (wenn Zeugen fehlen) und ist abzugrenzen von **informatorischer Parteianhörung** nach § 141 (sie zählt nicht als Beweis, kann aber dem Gericht gleichwohl eine Überzeugung vermitteln). AnO der Beweisaufnahme steht im pflichtgem Ermessen des Tatrichters (BGH NJW 1983, 2033) und erfordert einen förml. Beweisbeschluss, § 450, mit genauer Abgrenzung des Beweisthemas, § 359 Nr. 1. Protokollierung § 160 III Nr. 4. Abgrenzung Partei/Zeuge § 373 Rz 1 ff. Ber-Verfahren § 536. Seit EGMR NJW 1995, 1413 wird zu Recht die Auffassung vertreten, dass § 448 wegen Art 6 I EMRK anders als bisher, nämlich erweiternd, zu interpretieren ist. Bei der Beweiswürdigung sollten Äußerungen nach § 141 und § 448 gleich behandelt werden (LAG Sachsen MDR 2000, 724). Das starre Denkmuster Partei (lügt) – Zeuge (lügt nicht) ist aufzulockern; es handelt sich um Reste alter Beweisregeln. Dazu *Oberhammer* ZZP Bd 113, 295; *Coester-Waltjen* ZZP Bd 113, 269; *Reinkenhof* JuS 2002, 645. Vgl unten Rz 3. 1

**2. Voraussetzungen** der AnO (Zulässigkeitsvoraussetzungen müssen im Zeitpunkt der Durchführung, nicht nur der Anordnung, vorliegen, BGH MDR 1965, 287): **a) durchgeführte Erhebung der angebotenen erheblichen Beweise;** das Ergebnis darf nicht aus- 2 reichen, um die richterl. Überzeugung von der Richtigkeit der Darstellung einer Partei zu begründen.

3 **b) Jedenfalls eine gewisse Wahrscheinlichkeit** für die Richtigkeit der Behauptungen der zu vernehmenden Partei muss bestehen (BGH NJW 1989, 3223; MDR 1990, 146; NJW-RR 1994, 636); entfällt in der Fallgruppe „Waffengleichheit", unten d). **c) Richtige Ermessensausübung** („kann").

**d) Waffengleichheit**. Führt der Kunde mit dem Angestellten der Bank ein Gespräch über Kapitalanlage und verklagt er später die Bank, hat die Bank einen „Zeugen", der Kunde keinen, mangels Anfangswahrscheinlichkeit wird er nicht als Partei vernommen. Aus formalen Gründen geht der Prozess verloren, denn der „Zeuge" sagt im Lichte seines Arbeitgebers aus, muss sonst uU um seinen Arbeitsplatz fürchten. Diesen häufigen Fall hat der EGMR NJW 1995, 1413 zum Anlass genommen, auf Art 6 I EGMK hinzuweisen und formuliert: „Es ist daher schwierig einzusehen, warum ihnen nicht auch beiden die Gelegenheit gegeben worden ist, ... auszusagen." Eine Verletzung von Art. 6 I EGMK liege vor. Angeregt ua dadurch haben sich Rspr und Lit intensiv mit den verfassungsrechtl. Anforderungen an das zivilproz Beweisrecht im Hinblick auf **Vier-Augen-Gespräche** beschäftigt. Der BGH entschied, eine Konstellation, in der der einen Partei ein Mitarbeiter als Zeuge zur Seite steht, während die Gegenseite, die selbst die Verhandlung geführt hat, sich auf keinen Zeugen stützen kann, stelle in einem späteren Gerichtsverfahren eine Benachteiligung dar, die im Rahmen der ErmessensE nach § 448 berücksichtigt werden könne (BGH NJW 1999, 363). Zum umstr Inhalt eines Vier-Augen-Gesprächs zwischen einer Partei und dem Zeugen (Mitarbeiter der Gegenseite) darf das Gericht nicht nur den Zeugen anhören, sondern auch die Partei *ist* nach § 141 oder § 448 anzuhören (BGH NJW 2003, 3636; BVerfG NJW 2001, 2531); denn sonst würde aus formalen Gründen die Waffengleichheit verletzt. BGH (NJW-RR 2006, 61) sagt: „Der Grundsatz der Waffengleichheit, der Anspruch auf rechtliches Gehör sowie das Recht auf Gewährleistung eines fairen Prozesses und eines wirkungsvollen Rechtsschutzes erfordern, dass einer Partei, die für ein Vier-Augen-Gespräch keinen Zeugen hat, Gelegenheit gegeben wird, ihre Darstellung des Gesprächs in den Prozess persönlich einzubringen. Zu diesem Zweck ist die Partei gem. § 448 zu vernehmen oder gem. § 141 anzuhören. Die Notwendigkeit, der Partei Gelegenheit zur Äußerung in einer dieser beiden Formen zu geben, setzt *keine* überwiegende Wahrscheinlichkeit für ihr Vorbringen voraus." So auch BVerfG NJW 2001, 2531: „Diese Entwicklungen in Rspr und Lit haben unter Beachtung des verfassungsrechtlichen Anspruchs auf rechtliches Gehör die Möglichkeit der Parteianhörung bzw. -vernehmung für die Fallgruppe der Gespräche unter vier Augen im Rahmen des geltenden Zivilprozessrechts erweitert." Zur Frage der Waffengleichheit vgl ferner OLG Karlsruhe FamRZ 2007, 225; OLG München ZIP 2006, 1247 (Anleger als Partei zu vernehmen); OLG Düsseldorf MDR 2006, 532; BGH NJW-RR 2004, 1210 (Vernehmung des Kl als Partei bei Klage gegen Steuerberater).

Die Vernehmung einer Partei von Amts wegen kommt also in den Beweisnot-Fällen auch **ohne Anfangswahrscheinlichkeit** in Betracht. **Beweiswürdigung:** Das Gericht ist nicht gehindert, einer solchen Parteierklärung den Vorzug vor den Bekundungen eines Zeugen zu geben (BGH NJW 1999, 363). **Verfassungsbeschwerde**: eine Entscheidung, die dies nicht beachtet, verletzt den Betroffenen in seinen Rechten aus Art. 103 I GG und aus Art. 2 I i.V. mit Art. 20 III GG (BVerfG 2001, 2531).

**Urteilsgründe.** Weshalb von der Parteivernehmung abgesehen wurde, muss im Urteil 4
nachprüfbar dargelegt werden (BGH NJW 1983, 2033). BGH NJW 1990, 1721: die Gründe müssen erkennen lassen, dass sich das Gericht der **Beweisnot** der Partei bewusst war. Mit dem Prozessstoff und vorhandenen Beweisergebnissen müssen sie sich umfassend und widerspruchsfrei auseinandersetzen. Erschöpfende Würdigung aller Beweisanzeichen ist notw.

Zur Notwendigkeit nochmaliger Vernehmung durch das **Berufungsgericht** bei abweichender Beurteilung der pers Glaubwürdigkeit der Partei vgl § 398 (BGH NJW 1974, 56; MDR 1982, 297).

**3. Sonstige Behebung der Beweisnot.** Hat der Kl kein Beweismittel, kann er den 5
Anspruch abtreten; der Abtretungsempfänger kann dann in seiner Klage den Abtretenden als Zeugen benennen. Eine solche „prozesstaktische Zession" (dazu *Buß/Honert* JZ 1997, 694; *Kluth/Böckmann* MDR 2002, 616) wird vom BGH als zul angesehen (BGH NJW 2001, 827). Die Abtretung ist nicht schon wegen dieses Zwecks unwirksam (BGH NJW 2001, 827; OLG Bamberg WM 1997, 1282; OLG Karlsruhe NJW-RR 1990, 753), sie ist nicht sittenwidrig und nicht rechtsmissbräuchl. Das idR hohe Interesse des Abtretenden am Ausgang des Rechtsstreits ist im Rahmen der Beweiswürdigung nach § 286 angemessen zu berücksichtigen (BGH NJW 2001, 827; OLG Karlsruhe NJW-RR 1990, 753).

Formular 175: Antrag auf Parteivernehmung und Anhörung der eigenen Partei gemäß § 448 ZPO

Formular 176: Reaktion des Gegners: Absehen von der Parteivernehmung gemäß § 448 ZPO

## § 449 ZPO Vernehmung von Streitgenossen

**Besteht die zu vernehmende Partei aus mehreren Streitgenossen, so bestimmt das Gericht nach Lage des Falles, ob alle oder nur einzelne Streitgenossen zu vernehmen sind.**

Einfache StrGen § 61; notw § 62; str NI § 69. Das Wahlrecht des § 449 besteht nur im 1
Falle des § 448.

## § 450 ZPO Beweisbeschluss

**(1) [1]Die Vernehmung einer Partei wird durch Beweisbeschluss angeordnet. [2]Die Partei ist, wenn sie bei der Verkündung des Beschlusses nicht persönlich anwesend ist, zu der Vernehmung unter Mitteilung des Beweisbeschlusses von Amts wegen zu laden. [3]Die Ladung ist der Partei selbst mitzuteilen, auch wenn sie einen Prozessbevollmächtigten bestellt hat; der Zustellung bedarf die Ladung nicht.**

**(2) [1]Die Ausführung des Beschlusses kann ausgesetzt werden, wenn nach seinem Erlass über die zu beweisende Tatsache neue Beweismittel vorgebracht werden. [2]Nach Erhebung der neuen Beweise ist von der Parteivernehmung abzusehen, wenn das Gericht die Beweisfrage für geklärt erachtet.**

§ 450 I geändert durch G v. 27.07.2001 (BGBl 2001, 1887).

1 Zum Inhalt des Beweisbeschlusses § 359. **Wichtig für die Abgrenzung:** denn die Parteianhörung nach § 141 erfolgt ohne einen derartigen Beschluss.

2 **Persönliche Ladung:** also nicht zu Händen des RA (BGH NJW 1965, 1598). S. 3 bezweckt Einsparung von Zustellungskosten, der Richter kann aber die Zustellung anordnen.

3 **Vernehmung ohne Beweisbeschluss:** auf die Einhaltung der Formvorschrift kann nach § 295 verzichtet werden (BGH NJW 1959, 1433).

4 **Praxishinweise:**

1. Die Frage der proz Stellung der Aussageperson – Partei oder Zeuge? – ist bei sachkundiger Vernehmung aussagepsychologisch von untergeordneter Bedeutung. Deshalb kann ein Rechtsfehler, wenn er erkannt wird, noch bei der Beweiswürdigung ausgeglichen werden und ist nach § 295 I heilbar (BGH WPM 1977, 1007).

2. Wird hingegen eine Partei in eigener Sache unter Verkennung der Beweislast (§ 445) oder ledigl. aufgrund ihres Antrages, also ohne Einverständnis des Gegners (§ 447) vernommen, dann handelt es sich um ein im Gesetz nicht zugelassenes Beweisverfahren, dessen Ergebnis unverwertbar ist (*Born* JZ 1981, 775).

3. Zur Parteianhörung wegen Waffengleichheit s. § 445 Rz 5.

## § 451 ZPO Ausführung der Vernehmung

**Für die Vernehmung einer Partei gelten die Vorschriften der §§ 375, 376, 395 Abs. 1, Abs. 2 Satz 1 und der §§ 396, 397, 398 entsprechend.**

1 Unanwendbar zB § 401. Von der Würdigung der Aussage einer Partei im angefochtenen LG-Urteil darf das OLG nicht abweichen, ohne die Partei erneut vernommen zu haben (BGH NJW 1999, 363). Die Partei erhält keine ZeugenGeb, ihre Auslagen sind aber notw Prozesskosten iSd § 91. Für die „arme" Partei vgl GKG KV Nr. 9008.

## § 452 ZPO Beeidigung der Partei

**(1) [1]Reicht das Ergebnis der unbeeidigten Aussage einer Partei nicht aus, um das Gericht von der Wahrheit oder Unwahrheit der zu erweisenden Tatsache zu überzeugen, so kann es anordnen, dass die Partei ihre Aussage zu beeidigen habe. [2]Waren beide Parteien vernommen, so kann die Beeidigung der Aussage über dieselben Tatsachen nur von einer Partei gefordert werden.**

**(2) Die Eidesnorm geht dahin, dass die Partei nach bestem Wissen die reine Wahrheit gesagt und nichts verschwiegen habe.**

**(3) Der Gegner kann auf die Beeidigung verzichten.**

**(4) Die Beeidigung einer Partei, die wegen wissentlicher Verletzung der Eidespflicht rechtskräftig verurteilt ist, ist unzulässig.**

**Eidesleistung** § 481; Belehrung §§ 395, 480. Die Partei hat keine Aussagepflicht, keine Pflicht zur Eidesleistung. Unterbliebene Beeidigung kann ein Ermessensmissbrauch sein (BGH NJW 1964, 1027). 1

**Unzulässigkeit der Beeidigung:** nach Abs. 1 S. 2; Abs. 3; 4; nach § 455 II. Bei Verstoß Wertung der Aussage als uneidl. notw. Ber-Instanz: § 536 II. 2

### § 453 ZPO Beweiswürdigung bei Parteivernehmung

**(1) Das Gericht hat die Aussage der Partei nach § 286 frei zu würdigen.**

**(2) Verweigert die Partei die Aussage oder den Eid, so gilt § 446 entsprechend.**

Kein Aussage- oder Eideszwang, kein „Zeugnisverweigerungsrecht", keine Zwangsmaßnahmen gegen die Partei wegen Aussageverweigerung. Folgen vgl §§ 453 II, 446. 1

### § 454 ZPO Ausbleiben der Partei

**(1) Bleibt die Partei in dem zu ihrer Vernehmung oder Beeidigung bestimmten Termin aus, so entscheidet das Gericht unter Berücksichtigung aller Umstände, insbesondere auch etwaiger von der Partei für ihr Ausbleiben angegebener Gründe, nach freiem Ermessen, ob die Aussage als verweigert anzusehen ist.**

**(2) War der Termin zur Vernehmung oder Beeidigung der Partei vor dem Prozessgericht bestimmt, so ist im Falle ihres Ausbleibens, wenn nicht das Gericht die Anberaumung eines neuen Vernehmungstermins für geboten erachtet, zur Hauptsache zu verhandeln.**

**„Ausbleiben"** setzt voraus: Persönl. Ladung zur Vernehmung/Beeidigung, § 450 (nicht nur AnO des pers Erscheinens nach §§ 273 II Nr. 3, 141), Einhaltung der Ladungsfrist (§ 217); Zulässigkeit der Parteivernehmung; Nichterscheinen, § 220 II. 1

**Folge:** §§ 453 II, 446. Kostenfolgen und Ordnungsmittel gegen die säumige Partei dagegen gibt es nicht (anders bei § 141 III). 2

**Absatz 2.** Verhandeln zur Hauptsache, vgl §§ 370 I, 330 ff. (VU). 3

### § 455 ZPO Prozessunfähige

**(1) [1]Ist eine Partei nicht prozessfähig, so ist vorbehaltlich der Vorschrift im Absatz 2 ihr gesetzlicher Vertreter zu vernehmen. [2]Sind mehrere gesetzliche Vertreter vorhanden, so gilt § 449 entsprechend.**

**(2) [1]Minderjährige, die das 16. Lebensjahr vollendet haben, können über Tatsachen, die in ihren eigenen Handlungen bestehen oder Gegenstand ihrer Wahrnehmung gewesen sind, vernommen und auch nach § 452 beeidigt werden, wenn das Gericht dies nach den Umständen des Falles für angemessen erachtet. [2]Das Gleiche gilt von einer prozessfähigen Person, die in dem Rechtsstreit durch einen Betreuer oder Pfleger vertreten wird.**

1 Prozessfähigkeit vgl §§ 52, 53. Betreuung § 1896 BGB; der Betreuer muss einen entspr Aufgabenkreis haben. Wird der gesetzl. Vertr als Partei vernommen, kommt Vernehmung der „Partei" als Zeuge in Betracht und umgekehrt. Bestehen Zweifel daran, ob eine Person noch gesetzl. Vertr einer Partei ist, kann offenbleiben, ob eine Zeugen- oder Parteivernehmung stattgefunden hat und die Aussage verwertet werden (BGH LM § 373 Nr. 3).

### § 456-477 ZPO
(weggefallen)

## Titel 11
## Abnahme von Eiden und Bekräftigungen

### § 478 ZPO Eidesleistung in Person

**Der Eid muss von dem Schwurpflichtigen in Person geleistet werden.**

1 Gilt für Zeugen-, SV-, Partei- und Dolmetschereid.

### § 479 ZPO Eidesleistung vor beauftragtem oder ersuchtem Richter

**(1) Das Prozessgericht kann anordnen, dass der Eid vor einem seiner Mitglieder oder vor einem anderen Gericht geleistet werde, wenn der Schwurpflichtige am Erscheinen vor dem Prozessgericht verhindert ist oder sich in großer Entfernung von dessen Sitz aufhält und die Leistung des Eides nach § 128a Abs. 2 nicht stattfindet.**

**(2) Der Bundespräsident leistet den Eid in seiner Wohnung vor einem Mitglied des Prozessgerichts oder vor einem anderen Gericht.**

§ 479 I geändert durch G v. 27.07.2001 (BGBl 2001, 1887).

1 AnO durch unanfechtbaren Beschluss, vgl § 375 I Nr. 2, 3, II. § 128a II: Eid iRd Vernehmung bei einer Videokonferenz. Die eV (§ 807) ist vor dem GV abzugeben; ein anderer GV kann im Wege der Rechtshilfe darum ersucht werden (*Pinnel/Rodemann* DGVZ 2005, 97).

## § 480 ZPO Eidesbelehrung

**Vor der Leistung des Eides hat der Richter den Schwurpflichtigen in angemessener Weise über die Bedeutung des Eides sowie darüber zu belehren, dass er den Eid mit religiöser oder ohne religiöse Beteuerung leisten kann.**

Übl. ist ferner Belehrung über Strafbarkeit des Meineids, § 154 StGB. 1

## § 481 ZPO Eidesleistung; Eidesformel

**(1) Der Eid mit religiöser Beteuerung wird in der Weise geleistet, dass der Richter die Eidesnorm mit der Eingangsformel:**

**„Sie schwören bei Gott dem Allmächtigen und Allwissenden"**

**vorspricht und der Schwurpflichtige darauf die Worte spricht (Eidesformel):**

**„Ich schwöre es, so wahr mir Gott helfe."**

**(2) Der Eid ohne religiöse Beteuerung wird in der Weise geleistet, dass der Richter die Eidesnorm mit der Eingangsformel:**

**„Sie schwören"**

**vorspricht und der Schwurpflichtige darauf die Worte spricht (Eidesformel):**

**„Ich schwöre es."**

**(3) Gibt der Schwurpflichtige an, dass er als Mitglied einer Religions- oder Bekenntnisgemeinschaft eine Beteuerungsformel dieser Gemeinschaft verwenden wolle, so kann er diese dem Eid anfügen.**

**(4) Der Schwörende soll bei der Eidesleistung die rechte Hand erheben.**

**(5) Sollen mehrere Personen gleichzeitig einen Eid leisten, so wird die Eidesformel von jedem Schwurpflichtigen einzeln gesprochen.**

Eidesnorm beim Zeugen § 392 S. 3, beim SV § 410 I 2, bei der Partei § 452 II, beim Dolmetscher § 189 I GVG. Zur Beeidigung von **Juden** vgl *Jünemann* MDR 1970, 727; **Mohammedanern** vgl *Leisten* MDR 1980, 636; Mitgliedern von Bekenntnisgemeinschaften vgl *Heimann/Trosien* JZ 1973, 612; Entfernen des Kreuzes BVerfG NJW 1973, 2197. 1

## § 482 ZPO
(weggefallen)

## § 483 ZPO Eidesleistung sprach- oder hörbehinderter Personen

**(1) [1]Eine hör- oder sprachbehinderte Person leistet den Eid nach ihrer Wahl mittels Nachsprechens der Eidesformel, mittels Abschreibens und Unterschreibens der Eidesformel oder mit Hilfe einer die Verständigung ermöglichenden Person, die vom Gericht hinzuzuziehen ist. [2]Das Gericht hat die geeigneten technischen Hilfsmittel bereitzustellen. [3]Die hör- oder sprachbehinderte Person ist auf ihr Wahlrecht hinzuweisen.**

**(2) Das Gericht kann eine schriftliche Eidesleistung verlangen oder die Hinzuziehung einer die Verständigung ermöglichenden Person anordnen, wenn die hör- oder sprachbehinderte Person von ihrem Wahlrecht nach Absatz 1 keinen Gebrauch gemacht hat oder eine Eidesleistung in der nach Absatz 1 gewählten Form nicht oder nur mit unverhältnismäßigem Aufwand möglich ist.**

§ 483 geändert durch G v. 23.07.2002 (BGBl 2002, 2850).

### § 484 ZPO Eidesgleiche Bekräftigung

**(1) [1]Gibt der Schwurpflichtige an, dass er aus Glaubens- oder Gewissensgründen keinen Eid leisten wolle, so hat er eine Bekräftigung abzugeben. [2]Diese Bekräftigung steht dem Eid gleich; hierauf ist der Verpflichtete hinzuweisen.**

**(2) Die Bekräftigung wird in der Weise abgegeben, dass der Richter die Eidesnorm als Bekräftigungsnorm mit der Eingangsformel:**

**„Sie bekräftigen im Bewusstsein Ihrer Verantwortung vor Gericht"**

**vorspricht und der Verpflichtete darauf spricht: „Ja".**

**(3) § 481 Abs. 3, 5, § 483 gelten entsprechend.**

1 Eidesnorm vgl § 481 Rz 1. Der Beteiligte spricht sein „Ja" ohne Erhebung der rechten Hand. Zur Strafbarkeit § 155 Nr. 1 StGB.

## Titel 12
## Selbständiges Beweisverfahren

### § 485 ZPO Zulässigkeit

**(1) Während oder außerhalb eines Streitverfahrens kann auf Antrag einer Partei die Einnahme des Augenscheins, die Vernehmung von Zeugen oder die Begutachtung durch einen Sachverständigen angeordnet werden, wenn der Gegner zustimmt oder zu besorgen ist, dass das Beweismittel verloren geht oder seine Benutzung erschwert wird.**

**(2) [1]Ist ein Rechtsstreit noch nicht anhängig, kann eine Partei die schriftliche Begutachtung durch einen Sachverständigen beantragen, wenn sie ein rechtliches Interesse daran hat, dass**

**1. der Zustand einer Person oder der Zustand oder Wert einer Sache,**

**2. die Ursache eines Personenschadens, Sachschadens oder Sachmangels,**

**3. der Aufwand für die Beseitigung eines Personenschadens, Sachschadens oder Sachmangels**

**festgestellt wird. [2]Ein rechtliches Interesse ist anzunehmen, wenn die Feststellung der Vermeidung eines Rechtsstreits dienen kann.**

**(3) Soweit eine Begutachtung bereits gerichtlich angeordnet worden ist, findet eine neue Begutachtung nur statt, wenn die Voraussetzungen des § 412 erfüllt sind.**

**Lit:** ***Thieme*** MDR 1991, 938; ***Schreiber*** NJW 1991, 2600; ***Mugler*** BB 1992, 797; ***Weyer*** BauR 1992, 313; ***Weise***, Praxis des selbständigen Beweisverfahrens, 1994; ***Cuypers*** MDR 2004, 244/314; ***Huber*** JuS 2004, 214; ***Ulrich*** AnwBl 2003, 26 und DS 2007, 184.

**1. Funktion des selbstständigen Beweisverfahrens:** Prozessvermeidung, Prozessbeschleunigung (wegen § 493) und Hemmung der Verjährung (§ 204 I Nr. 7 BGB: durch Zustellung des Antrags). Hauptbedeutung liegt im Baumängelrecht; dazu auch § 3 Nr. 4 VOB/B. Im FGG-Verfahren beachte Sonderregelung in § 164 FGG; in den Streitverfahren der freiwilligen Gerichtsbarkeit (HausratsVO, Familiensachen) ist § 485 aber entspr anwendbar. 1

**2. Zulässigkeitsvoraussetzungen bei Absatz 1: a)** Antrag einer Partei, § 487; ohne Anwaltszwang (§ 487 Rz 5); **b)** Gefahr, zB bei Veränderung der zu besichtigenden Sache, Hochwasserschaden, Baufortschritt, drohender Verjährung (§ 204 I Nr. 7 BGB: Verjährungshemmung), uU hohes Alter eines Zeugen; *oder:* Zustimmung des Gegners, deren Vorliegen vom ASt zumindest glaubhaft zu machen ist; **c)** Gegner des etwaigen Anspruchs muss feststehen; **d)** vor oder während des Prozesses; **e)** *nicht:* rechtl. Interesse (anders bei Abs. 2); **f)** *keine* Beschränkung auf bestimmte Beweisthemen; **g)** keine Beschränkung auf ein Gutachten (anders bei Abs. 2). 2

**3.** Die **Sonderregelung in Absatz 2** soll eine außenproz Einigung der Parteien erleichtern. **Voraussetzungen: a)** Antrag (§ 487) auf schriftl. SV-Begutachtung (bei Abs. 1 dagegen auch andere Beweismittel, zB Zeugen); ohne Anwaltszwang (§ 487 Rz 5); Muster: § 486 Rz 6; die Nichteinzahlung des geforderten Vorschusses für den SV kann nicht als konkludente Rücknahme gedeutet werden (OLG Düsseldorf BauR 2002, 350). **b)** Gefahr oder Zustimmung des Gegners nicht erforderl.; **c)** Gegner muss feststehen, wie oben 2c; **d)** Nur *vor* dem Prozess (Anhängigkeit §§ 253, 261); **e) Beweismittel:** nur schriftl. SV-Gutachten mit evtl mdl Erläuterung; nicht Zeugen, nicht Augenschein (OLG München NJW-RR 2001, 1652); 3

**f) Rechtliches Interesse**, Abs. 2 S. 2: (immer gegeben, wenn bei Bestätigung der Beweisfrage ein Anspruch des ASt gegeben sein *kann*, OLG Köln Rpfleger 1995, 303; der Sachvortrag des ASt ist grds *nicht* auf seine Schlüssigkeit oder Erheblichkeit bez des Hauptanspruchs zu prüfen (BGH NJW 2004, 3488). Der Begriff des „rechtlichen Interesses" ist weit zu fassen (BGH NJW-RR 2006, 1454). Dabei kann es sich nur um völlig eindeutige Fälle handeln, in denen evident ist, dass der behauptete Anspruch keineswegs bestehen kann. Ausnahmen gelten, wenn von vorneherein ein Rechtsverhältnis, ein mögl. Prozessgegner oder ein Anspruch nicht erkennbar ist (BGH NJW 2004, 3488); unerhebl. ist, wenn der Gegner erklärt, er wolle auf jeden Fall prozessieren, weil es „kann" heißt (OLG Hamm MDR 1999, 184; OLG Koblenz MDR 2005, 888; **aA** OLG Celle JB 1992, 496); das Rechtsschutzbedürfnis darf vom Gericht nicht mit der Begründung verneint werden, der Hauptanspruch sei verjährt (OLG Düsseldorf MDR 2001, 50). Ein Antrag auf Durchführung eines s Beweisverfahrens gegen den SV, der im s Beweisverfahren soeben tätig war zur Vorbereitung einer Klage nach § 839a BGB, ist aber grds unzul (BGH NJW-RR 2006, 1454), weil eine Richtigstellung eines evtl. falschen Gutachtens nach §§ 411, 412 erreicht werden kann. Vgl § 72 nF. 3a

**g) die Beweisthemen** sind auf die Fälle Nr. 1-3 beschränkt: 3b

- Zustand einer Person oder Sache (Nr. 1)
- Wert einer Sache (Nr. 1)
- bestimmte Ursachen (Nr. 2)
- Aufwand für Beseitigung (Nr. 3).

3c **Anwendungsfälle:** zB beim Werkvertrag (Baumängel; vgl *Pauly* JR 1996, 269), ob Ausschreibung fehlerhaft war (OLG Jena BauR 2001, 1945); Feststellung der ortsübl. Miete (AG Lörrach WM 1996, 31; **aA** LG Berlin NJW-RR 1997, 585), Höhe der Mietminderung (KG NJW-RR 2000, 513; **aA** *Scholl* NZM 1999, 108); Arzthaftung (BGH NJW 2003, 1741; dazu *Bockey* NJW 2003, 3453; OLG Saarbrücken VersR 2000, 891; str); ob zahnärztl. Behandlung zu Gesundheitsschäden führte (OLG Karlsruhe MDR 1999, 496); Straßenverkehrsunfall; Höhe des merkantilen Minderwerts (OLG Schleswig SchlHA 2000, 65); Lärmstörungen (**aA** LG Hamburg MDR 1999, 1344).

**Kein Fall der Nr 1 – 3:** ob Mietzins wucherisch ist (LG Köln NJWE-MietR 1996, 268); Antrag eines Dritten, ob ein Lebender noch testierfähig ist (OLG Frankfurt NJW-RR 1997, 581; LG Frankfurt Rpfleger 1997, 165).

**h) Ausforschungsbeweis** ist insoweit zul (OLG Frankfurt NJW-RR 1995, 831).

4 **4. Absatz 3** erfasst Fälle, in denen in einem anhängigen Rechtsstreit schon eine Begutachtung angeordnet und erfolgt ist und nun im s Beweisverfahren ein Gutachten beantragt wird; ferner Fälle, in denen bereits im s Beweisverfahren eine Begutachtung angeordnet wurde. Wenn das bereits erstattete Gutachten ungenügend oder (zB wegen Ablehnung) nicht verwertbar ist, kann ein neues Gutachten im s Beweisverfahren beantragt werden; nur dann kann der AGegner selbst über die *identischen* Beweisfragen ein eigenes Beweisverfahren einleiten (OLG Düsseldorf NJW-RR 1997, 1086). Abs. 3 setzt Identität der Beweisfrage voraus („Soweit ...") und soll widersprechende Gutachten verhindern.

5 **5. Ende des Beweisverfahrens.** Eine Regelung darüber, wann es endet, fehlt. Ein Beschluss, der die Beendigung feststellt, ist deshalb belanglos; die Beendigung erfolgt durch sachl. Beendigung (OLG Hamm NJW-RR 2007, 600). Eine **Antragsrücknahme** ist zul (Folge: grds Kostentragung, § 269 III 2, BGH MDR 2005, 227). Im Einzelnen vgl § 490 Rz 3.

6 **6. Prozesskostenhilfe** ( §§ 114 ff) kann für das s Beweisverfahren bewilligt werden (LG Stade MDR 2004, 469; OLG Saarbrücken MDR 2003, 1436).

7 **7. Streitwert:** § 3 Rz 12a. **Kosten:** § 490 Rz 4.

Formular 244: Antrag im Eilverfahren gem. § 485 Abs. 1 ZPO während eines Rechtsstreits

Formular 245: Antrag im Eilverfahren gem. § 485 Abs. 1 ZPO bei nicht rechtshängigem Rechtsstreit

Formular 246: Antrag auf Anordnung des isolierten Beweisverfahrens gem. § 485 Abs. 2 ZPO

Formular 247: Antragserwiderung und Streitverkündungsschrift im selbständigen Beweisverfahren

## § 486 ZPO Zuständiges Gericht

**(1) Ist ein Rechtsstreit anhängig, so ist der Antrag bei dem Prozessgericht zu stellen.**

**(2) [1]Ist ein Rechtsstreit noch nicht anhängig, so ist der Antrag bei dem Gericht zu stellen, das nach dem Vortrag des Antragstellers zur Entscheidung in der Hauptsache berufen wäre. [2]In dem nachfolgenden Streitverfahren kann sich der Antragsteller auf die Unzuständigkeit des Gerichts nicht berufen.**

**(3) In Fällen dringender Gefahr kann der Antrag auch bei dem Amtsgericht gestellt werden, in dessen Bezirk die zu vernehmende oder zu begutachtende Person sich aufhält oder die in Augenschein zu nehmende oder zu begutachtende Sache sich befindet.**

**(4) Der Antrag kann vor der Geschäftsstelle zu Protokoll erklärt werden.**

**1. Zuständigkeit:** Rechtsweg zum ordentl. Gericht muss gegeben sein, § 13 GVG; in FGG-Sachen vgl § 164 FGG. **a) Anhängiger Rechtsstreit:** Ist der Rechtsstreit in der Hauptsache (nicht genügend: Arrest/eVfg-Verfahren) bereits anhängig (§ 253 Rz 1), **Absatz 1:** Zust des Gerichts der Hauptsache, uU der Ber-Instanz. Im Fall des Abs. 3 daneben Zust des AG. 1

**b) Noch nicht anhängiger Rechtsstreit: Absatz 2 Satz 1:** sachl. und örtl. zust für das s Beweisverfahren ist das Gericht (AG/LG), das für die Hauptsache zust wäre, würde sie jetzt eingeklagt; zB das vereinbarte Gericht (§ 38) oder das gesetzl. (nach StrW der künftigen Hauptsache und §§ 12 ff.) zust Gericht, auch uU die KfH beim LG; ausschließl. Zuständigkeiten sind zu beachten (zB AG bei Wohnraum-Mietsachen, § 23 Nr. 2a GVG; §§ 29a, 24 ZPO); bei Baumängelstreit ist Erfüllungsort iSv § 29 der Ort des Bauwerks (BGH NJW 1986, 935). Rügelose Einlassung des AGegners begründet keine Zust für das s Beweisverfahren, § 39 ist nicht anwendbar. Ist für die Hauptsache ein SchiedsG vereinbart, ist für das s Beweisverfahren wegen der Eilbedürftigkeit gleichwohl das staatl. Gericht zust. (vgl OLG Frankfurt BauR 1993, 504; str). – Für die Zust-Bestimmung kommt es auf den Tatsachenvortrag des ASt an (vgl § 487 Nr. 4), sodass eine behauptete Zust-Vereinbarung glaubhaft zu machen ist und die bloße Behauptung nicht genügt. – Wird während des s Beweisverfahrens die Hauptsache anhängig, geht die Zust für das s Beweisverfahren erst dann auf das Gericht der Hauptsache über, wenn dieses eine Beweisaufnahme für erforderl. hält und deshalb die Akten des s Beweisverfahrens beizieht (BGH BauR 2004, 1656); **aA** OLG Nürnberg NJW 1989, 235. – Im Falle des Abs. 3 ist daneben das AG zust. 2

**2. Absatz 2 Satz 2:** der ASt des s Beweisverfahrens kann sich als Bekl des Hauptprozesses nicht auf örtl. Unzust berufen (OLG Celle NJW-RR 2000, 1737), der Gegner schon. Auf die sachl. Zust dürfte sich Abs. 2 S. 2 nicht beziehen, weil zu Beginn des s Beweisverfahrens der Schaden (und damit die Zust von AG oder LG) noch nicht genau feststeht. Die Auslegung ist umstr, vgl *Maier/Falk* BauR 2000, 1123; *Fischer* MDR 2001, 608. 3

**3. Absatz 3.** Bei dringender Gefahr ist daneben das AG zust., in dessen Bezirk sich das Beweismittel (zB das schadhafte Bauwerk) befindet. Eine solche Gefahr besteht nur, wenn aus zeitl. Gründen das Prozess-/Hauptsachegericht nicht mehr angerufen werden kann; in 4 der Telefax-Zeit nur denkbar bei Naturkatastrophen, Streik usw. Das AG beurteilt selbst, ob eine solche Gefahr vorliegt. Zwischen mehreren AG kann der ASt wählen, § 35. Sind die Objekte in versch AG-Bezirken, müssen mehrere Anträge gestellt werden (**aA**: § 36 Nr. 3). Die „zu vernehmende Person" ist nicht der SV. Ob im Falle des Abs. 3 das AG auch für Arbeitssachen (§ 46 II ArbGG) zust ist, ist str (aber zu bejahen).

5 **4. Absatz 4.** Kein Anwaltszwang für den Antrag (§ 78 V), auch ausl RA können den Antrag stellen. Eigenhändige Unterschrift ist notw. Verhandelt das LG/OLG mdl über den Antrag, besteht Anwaltszwang (§ 78 I). Der Antrag ist jederzeit rücknehmbar, Zustimmung des Gegners nicht erforderl.

6 **Muster eines Antrages nach § 485 II:**

An das LG Adorf

Selbstständiger Beweisantrag in Sachen X, ASt ..., Prozessbevollmächtigter ...

gegen

Y-MalerGmbH ... ges. vertreten durch ..., Antragsgegnerin

Vorläufiger Streitwert 20 000 €;

Es wird beantragt, ohne mündliche Verhandlung folgende Beweiserhebung anzuordnen:

I. Es wird Beweis erhoben über die Behauptung des Antragstellers, in seinem Anwesen Adorf Nr. 5 löse sich der weiße Lack von Türen und Fenstern, durch Erholung eines schriftlichen Sachverständigengutachtens.

II. Der Sachverständige soll ferner die Ursachen des Mangels sowie die voraussichtlichen Kosten der Beseitigung feststellen.

Begründung: der Antragsteller ist Eigentümer ... hat der Antragsgegnerin am ... den Auftrag erteilt, Fenster und Türen abzuschleifen und neu zu lackieren. Dies geschah am ... Am ... traten folgende Mängel auf, welche die Antragsgegnerin zu vertreten hat, weil ... Die Antragsgegnerin lehnt die Mängelbeseitigung ab ... Der Antragsteller hat ein rechtliches Interesse an den Feststellungen, weil dadurch ein Rechtsstreit zwischen den Parteien vermieden werden kann. Glaubhaftmachung: Vertrag ..., Schreiben ...

(Keine Gerichtskostenvorschusspflicht. Den SV wählt das Gericht aus; wird ein SV vorgeschlagen, kann dies die Begutachtung beschleunigen, aber auch den Gegner zur Ablehnung provozieren. Da das Gutachten erst erholt wird, wenn ein vom Gericht verlangter Vorschuss einbezahlt wird, können zur Beschleunigung die geschätzten SV-Kosten zusammen mit dem Antrag einbezahlt werden).

7 **Praxishinweise:**

1. Die Zust des BeweisG bestimmt sich nach der Hauptsache. Diese wiederum bestimmt sich im Beweissicherungsverfahren nach der StrW-Angabe des ASt. Sie kann sich als zu niedrig oder zu hoch erweisen. Beispiel: StrW-Angabe 9 000 €, weil in Höhe dieses Betrages Kosten für Mängelbeseitigung anfallen würden. Der SV schätzt die Kosten nur auf 5 000 €. Es ist str, nach welchem Wert dann abzurechnen ist. Da im StrW-Recht der Grundsatz der mat Wahrheit gilt (Änderungsbefugnisse nach §§ 61 S. 2, 63 III GKG), ist nicht auf die Wertangabe des ASt abzustellen, son-

dern auf die Feststellung des SV. Anderenfalls würde die Berichtigungsbefugnis des ASt (§ 61 S. 2 GKG) entfallen und er könnte sogar den StrW durch falsche Wertangabe niedrig halten oder erhöhen. Fällt die Schätzung des SV abw aus, dann ist folgl. dessen Bewertung maßgebend, und zwar auch für die Vergütung des RA (§ 32 I RVG). Ausführl. dazu *Schneider* MDR 1998, 255; *Zöller/Herget* § 3 unter „Selbstständiges Beweisverfahren".

2. Hinsichtl. der Zust im nachfolgenden Streitverfahren (§ 486 II 2) setzt sich diese Kontroverse fort (Rz 3).

## § 487 ZPO Inhalt des Antrages

**Der Antrag muss enthalten:**

1. **die Bezeichnung des Gegners;**
2. **die Bezeichnung der Tatsachen, über die Beweis erhoben werden soll;**
3. **die Benennung der Zeugen oder die Bezeichnung der übrigen nach § 485 zulässigen Beweismittel;**
4. **die Glaubhaftmachung der Tatsachen, die die Zulässigkeit des selbständigen Beweisverfahrens und die Zuständigkeit des Gerichts begründen sollen.**

**1. Inhalt des Antrags** (bei Mängeln, Hinweis bzw Zurückweisung): 1

**Nr. 1:** Bezeichnung des ASt; (partei- und prozessfähiger) **Gegner**, wie in einer Klage zu bezeichnen; also kein s Beweisverfahren gegen Erbengemeinschaft (die einzelnen Mitglieder sind hier Gegner); Gegner kann auch eine Partei kraft Amtes sein (TestVollstrecker, Insolvenz- oder Nachlassverwalter), eine BGB-Gesellschaft (vgl BGH NJW 2001, 1056). Nur gegen den angegebenen Gegner wird die Verjährung gehemmt (bis 31.12.2001: unterbrochen), nur gegen ihn wirkt das Beweisergebnis; deshalb müssen oft (vorsorgl.) mehrere Gegner benannt werden (Kostenrisiken!). Gefahr einer Fehlbezeichnung, zB wenn als Gegner der X anstelle der X-GmbH angegeben wird. Unbekannte Gegner: § 494.

**Nr. 2: Tatsachenbezeichnung** vgl §§ 359 Nr. 1, 371, 373, 403. Die Tatsachen müssen, soweit mögl. und zumutbar, konkret und bestimmt bezeichnet werden. Insoweit sind auch Fragen (Was ist die Schadensursache und -folge? Wie hoch ist der Schaden?) zul und stellen keinen unzul Ausforschungsbeweis dar. Das Beweisthema bestimmt allein der ASt (OLG Köln VersR 1994, 1328). 2

**Nr. 3:** Der ASt muss bei einem Zeugen Namen und Adresse angeben; beim Augenschein den Ort/die Sache, beim SV genügt das Angebot „Sachverständiger", das Gericht wählt den SV selbst aus (§§ 492 I, 404) und muss nicht den vom ASt benannten SV bestellen (OLG Düsseldorf OLGZ 1994, 85). Der ASt kann aber einen SV vorschlagen. 3

**Nr. 4:** Glaubhaftmachung der zust-begründenden Tatsachen (zB für die örtl. Zust): bei § 12 Vorlage von Schreiben des Gegners, bei § 29 Vorlage des Bauvertrages, bei § 32 zB durch Polizeiprotokoll; hilfsweise genügt immer die eV des ASt, vgl § 294. Eine Zust-Vereinbarung ist vorzulegen, ebenso die Einbeziehungstatsachen (zB Auftragsbestäti- 4 gung). Der StrW, zB die Höhe des Schadens, muss nicht durch Kostenvoranschläge usw. glaubhaft gemacht werden, hier genügt die eV. bzw die nachvollziehbare Behauptung des ASt, dass er unter oder über der AG/LG-StrW-Grenze liegt. Bei § 485 II muss das rechtl. Interesse nicht glaubhaft gemacht werden, Behauptung genügt. Bei § 486 III eV über die dringende Gefahr. – Die Mängel usw., über die Beweis erhoben werden soll, müssen *nicht* glaubhaft gemacht werden.

5 **Anwaltszwang** besteht für den Antrag nicht, §§ 486 IV, 78V; wohl aber beim LG für eine evtl angesetzte mdl Verh.

Der Antrag muss vom ASt oder PrBev eigenhändig unterschrieben sein; ein Gerichtsvorkostenvorschuss ist nicht einzuzahlen; § 65 GKG und KV Nr. 1610. **Streitwert** vgl § 3 Rz 12 (umstr, nach BGH NJW 2004, 3488 der Hauptsachewert, ohne Abschlag; er ergibt sich evtl erst aus dem Gutachten). **Antragsmuster** § 486 Rz 6.

6 **2. Verfahren des Gerichts.** Der Antrag nach § 485 II wird dem Gegner *zugestellt* mit dem Hinweis, dass er sich dazu (ohne Anwaltszwang) binnen einer Frist von zB zwei Wochen äußern kann (rechtl. Gehör). In seltenen Ausnahmefällen wird eine mdl Verh anberaumt; im Regelfall wird ohne mdl Verh durch Beschluss entschieden (§ 490 I). Bei der ZivK ist die ges Kammer (oder der ER, §§ 348, 348a) zust, nie der Vors allein (weder § 273 noch § 944), außer als ER; bei der KfH der Vors allein (§ 349 I analog).

7 **3. Rechte des Gegners:**

**a) Einwendungen.** Der Gegner kann Einwendungen gegen die Zulässigkeit des s Beweisverfahrens vortragen, zB zur Zust. Er muss sich nicht äußern; an das Beweisergebnis bleibt er auch gebunden (§ 493), wenn er sich nicht äußert. Klüger ist, sich zu beteiligen, zB Tatsachen vorzutragen, die zu anderen SV-Feststellungen führen.

8 **b) Vorschlag** eines (anderen) SV.

**c) Gegenvorstellungen.** Der Beweisbeschluss ist unanfechtbar (§ 490 II 2), aber eine Änderung kann angeregt werden.

**d) Teilnahme an der Beweisaufnahme:** § 491 I; bei Ladungsmangel Antrag auf neue Beweisaufnahme entspr § 367 II oder Ber auf Unverwertbarkeit, § 493 II.

9 **e) Gegenanträge.** Der Gegner kann nicht die *Erweiterung* des Beweisthemas des anhängigen Verfahrens, zB um *neue* Fragen an den SV, erreichen (OLG München MDR 1993, 380; **aA** OLG Düsseldorf BauR 1996, 896); denn: eine Regelung fehlt; der ASt bestimmt die Themen und muss ja auch die Kosten zB des SV zunächst tragen; kein Bedürfnis, denn der Gegner kann bei Bedarf ein eigenes s Beweisverfahren auf seine Kosten einleiten. Rechtzeitige „Gegenanträge“, die in Wirklichkeit auf eine Präzisierung des ursprüngl. Beweisantrags hinauslaufen und in unmittelbarem sachl. Zusammenhang damit stehen, sind aber **zulässig** (OLG Düsseldorf BauR 1995, 430; OLG München NJW-RR 1996. 1277); großzügiger OLG Nürnberg NJW-RR 2001, 859: Gegenantrag, wenn das zusätzl. Thema von selbem SV beurteilt werden kann und zu keiner wesentl. Verzögerung der Beweisaufnahme führt. OLG Düsseldorf ZMR 2000, 522; OLG Köln BauR 2005, 752: Gegenantrag auf Erweiterung bei unmittelbarem Zusammenhang zul. Bei Gegenanträgen, mit denen eine zeitaufwendige Ergänzung des Gutachtens gefordert wird, ist uU vom Gegner ein **Kostenvorschuss** zu verlangen (Höhe: Mehrkosten); vgl § 17 I 2 GKG (OLG München NJOZ 2005, 1305).

**f) Beantragung eines eigenen selbstständigen Beweisverfahrens** (mit neuem OH-Aktenzeichen; kein „Gegenverfahren“). Alle Vorauss der §§ 485 ff. müssen insoweit vorliegen; die Zust (örtl., sachl.) ist gesondert zu bestimmen, bei fehlendem anhängigen Hauptsacheverfahren nicht zwingend das Gericht des ersten s Beweisverfahrens; § 33 ist auch nicht analog anwendbar (OLG München MDR 1993, 380). Rechtsschutzbedürfnis fehlt aber für das zweite Verfahren, wenn dieselben Beweisthemen gestellt werden (vgl § 485 III). Im zweiten Antrag können jedoch andere Beweisthemen genannt werden (OLG Köln VersR 1994, 1328). Folge: Verbindung der beiden Verfahren (problematisch wegen der Kosten des SV), Beauftragung desselben SV. 10

**g) Benennung von Dritten als weiteren Gegner**? Wenn der Gegner zB glaubt, ggf Regress bei einem Dritten nehmen zu können, kann er gegen diesen einen eigenen s Beweisantrag stellen. §§ 485 ff., insb die Zust, sind gesondert zu bestimmen, uU ist ein anderes Gericht zust, das einen anderen SV bestimmt, der zu anderen Ergebnissen kommt. Obwohl das ungünstig sein kann, scheidet die bloße „Benennung Dritter als weitere Gegner“ (mit der Folge, dass der Beschluss auch diese Dritten als Gegner nennen müsste) mangels Rechtsgrundlage aus (**hM**, **aA** LG Bonn BauR 1984, 306); vgl Rspr zur Drittwiderklage. 11

**h) Streitverkündung** (§§ 72 ff.)? Ob sie im s Beweisverfahren zul ist, war früher umstr (§ 72 Rz 2); der BGH (NJW 1997, 859; OLG München NJW 1993, 2756; OLG Düsseldorf BauR 2004, 1657; *Kunze* NJW 1997, 1290) hat es bejaht (**aA** OLG Saarbrücken NJW-RR 1989, 1216). Hält das Gericht die Streitverkündung für unzul, sind gleichwohl die entspr. Schriftsätze im s Beweisverfahren zuzustellen; denn über die Zul ist erst im späteren Prozess des Gegners gegen den Streitverkündeten zu entscheiden. Folge der BGH-Meinung: dem Streitverkündeten kann das Ergebnis der Beweisaufnahme entspr § 68 in einem nachfolgenden Prozess entgegengehalten werden. Die **Verweigerung der Zustellung** der Streitverkündungsschrift ist mit sof Beschwerde anfechtbar (OLG Frankfurt BauR 2001, 677). Keine Streitverkündung an den SV, § 72 nF. 12

**i) Anhörung des SV**; der ASt und der AGegner können die Anhörung des SV zu seinem Gutachten beantragen, §§ 492 I, 411. Das gilt bei § 485 I; aber auch bei § 485 II (BGH MDR 2006, 287; str). Das Gericht sollte zuerst einen entspr Vorschuss anfordern (§ 379), soll dann erst den SV zur Anhörung laden. Stellt der Gegner den Anhörungsantrag ist er vorschusspflichtig (OLG München NJOZ 2005, 1305). Dem Ladungsantrag ist nach hM zu entspr, außer bei Verspätung (§ 411 IV 2; zB nach Beendigung des Verfahrens, § 492 Rz 2) oder Rechtsmissbrauch (OLG Düsseldorf NJW 2000, 3364, OLG Celle NJW-RR 2001, 142). Ob die Ablehnung der Ladung des SV anfechtbar ist, ist umstr (bejahend OLG Düsseldorf NJW 2000, 3364). 13

**j) Ablehnung des SV** bei Besorgnis der Befangenheit. Vgl § 406 Rz 4. ME ist sie bereits im s Beweisverfahren zul und *muss* dort auch beantragt werden, falls die Ablehnungsgründe bis zum Abschluss des s Beweisverfahrens bekannt werden (**hM**, KG NJW-RR 1998, 144; OLG Düsseldorf NJW-RR 1997, 1428; OLG Celle NJW-RR 1996, 1086; OLG Hamm VersR 1996, 911); dafür spricht § 492 I iVm § 406; die Notwendigkeit, bald Klarheit über die Verwertbarkeit des Gutachtens zu schaffen; Eilbedürftigkeit. Nach **aA** (OLG Hamm BauR 1989, 366) kann (wegen der Unanfechtbarkeit, § 490 II 2) die Ablehnung frühestens im späteren Hauptsacheprozess erklärt werden; nach weiterer **aA** (OLG Hamm 14

BauR 2000, 1372; OLG München NJW 1981, 2309) sowohl im s Beweisverfahren wie im Hauptprozess. Die Ablehnung muss *unverzüglich* erfolgen, die Ablehnungsgründe sind glaubhaft zu machen. Der SV ist dazu zu hören. Wird die Ablehnung für begründet erklärt (vgl § 406), ist ein neuer SV zu beauftragen; der abgelehnte SV kann im Hauptprozess noch als sachverständiger Zeuge vernommen werden.

15 **Praxishinweise:**

1. Ungeachtet dessen, dass die Wahl des SV dem Gericht obliegt (Rz 3), ist ein Vorschlag des Antragstellers sinnvoll, schon deshalb, weil das Gericht nach §§ 492 I, 404 IV daran gebunden ist, wenn der Gegner zustimmt (*Musielak/Huber* § 487 Rz 4).

2. Sind auf beiden Seiten Anwälte tätig, wird eine Einigung oft schon vorproz zu erreichen sein und das Verfahren beschleunigen.

3. Bei Streitverkündung (Rz 12) ist der Streithelfer ebenso wie der ASt (OLG Düsseldorf BauR 1995, 740) berechtigt, Antragsergänzung zu beantragen, soweit sich der Antrag auf den zu klärenden Sachkomplex bezieht (OLG Frankfurt BauR 1996, 585) und nicht dem Vorgehen der Hauptpartei widerspricht. Das Beweisthema darf nicht verschoben werden (OLG Düsseldorf BauR 1995, 430; 1996, 896).

## §§ 488, 489 ZPO
(weggefallen)

## § 490 ZPO Entscheidung über den Antrag

**(1) Über den Antrag entscheidet das Gericht durch Beschluss.**

**(2) [1]In dem Beschluss, durch welchen dem Antrag stattgegeben wird, sind die Tatsachen, über die der Beweis zu erheben ist, und die Beweismittel unter Benennung der zu vernehmenden Zeugen und Sachverständigen zu bezeichnen. [2]Der Beschluss ist nicht anfechtbar.**

§ 490 geändert durch G v. 27.07.2001 (BGBl 2001, 1887).

**Lit:** ***Bischof*** JB 1992, 779 (Kosten).

1 **1. Der anordnende Beschluss** (des Amtsrichters, der LG-Kammer, des LG-ER) ergeht fast immer ohne mdl Verh (§ 128 IV); unanfechtbar, § 490 II 2; bei Gefahr im Verzug ohne Anhörung des Gegners. **Inhaltlich** entspricht er einem Beweisbeschluss, § 359. Das Gericht ist an die Tatsachenbehauptungen des ASt gebunden, es darf die Beweisbedürftigkeit und die Entscheidungserheblichkeit der behaupteten Tatsachen nicht überprüfen (BGH NJW 2000, 960). Vom **Auslagenvorschuss** wird nach § 379 in Eilfällen abgesehen. PKH (§ 114) ist mögl. Einhaltung der **Ladungsfrist**, § 217, ist nicht vorgeschrieben. Eine **Kostenentscheidung** enthält der Beschluss nicht, auch keine Begründung (außer bei Teilzurückweisung, str), wohl aber ist **Streitwertfestsetzung** im Beschluss (oder später) zweckmäßig. Der SV sollte im Auftragsschreiben darauf hingewiesen werden, dass er vor

einem Augenschein beide Parteien zu verständigen hat (sonst Ablehnungsgefahr). § 227 ist mE auf den **Augenscheinstermin** des SV anwendbar.

**Muster:** Beschluss 1a

I. Es wird Beweis erhoben durch Erholung eines schriftlichen Sachverständigen-Gutachtens über folgende Behauptungen:

Im Haus ... sind folgende Mängel vorhanden: a) b) c) usw.

II. Die Ursachen der Mängel sind festzustellen, insbesondere ob es sich um Ausführungs-, Planungs- oder Überwachungsfehler des Antragsgegners handelt.

III. Die Kosten der Mängelbeseitigung (bzw die Höhe der Minderung) sind festzustellen.

IV. Mit dem Gutachten wird beauftragt: Sachverständiger ...

V. Das Gutachten wird erholt, sobald der Antragsteller 2 000 Euro Auslagenvorschuss einbezahlt hat. Frist: zwei Wochen.

VI: Streitwert: ... Euro (§ 3 Rz 12)

gez. X. Y. Z.

**2. Der abweisende Beschluss** (dagegen Beschwerde, § 567), zB bei Unzust, Unzulässigkeit, Ungeeignetheit des Beweismittels; Zurückweisung kann nicht auf Unzweckmäßigkeit der Beweissicherung oder Unerheblichkeit des Beweismittels für den Hauptprozess gestützt werden (BGH 17, 117; NJW 2000, 960), auch nicht auf Verjährung des Hauptanspruchs. Ob eine Schiedsgutachterabrede dem Beweisverfahren entgegensteht, ist str (grds nein OLG Koblenz MDR 1999, 502; **aA** OLG Düsseldorf BauR 1998, 1111; vgl *Zanner* BauR 1998, 1154). Wird der Antrag zurückgewiesen, werden dem ASt entspr § 91 die Kosten auferlegt (BGH NJW 1983, 284; OLG Karlsruhe MDR 2000, 975; OLG Hamm NJW-RR 1997, 959; **aA**: keine KostenE), wenn kein Hauptverfahren daneben anhängig ist. 2

**3. Sonstiges Verfahrensende:** Hatte sich der Gegner am Verfahren vor Entscheidung beteiligt, werden dem ASt im Beschluss die Kosten auferlegt, wenn der ASt sein Gesuch **zurücknimmt** (§ 269 III 2 analog, **hM**, BGH MDR 2005, 227; OLG Zweibrücken NJW-RR 2004, 821; OLG Koblenz MDR 2000, 478; *Notthoff/Buchholz* JB 1996, 5; **aA** OLG Koblenz MDR 1996, 101); analog § 91a wird entschieden bei **übereinstimmender Erledigungserklärung** (OLG Koblenz BauR 1998, 1045; OLG Frankfurt OLGZ 1993, 441; **aA** OLG Stuttgart BauR 2000, 445). Durch die **Eröffnung des Insolvenzverfahrens** über das Vermögen einer der Parteien wird das s Beweisverfahren *nicht* unterbrochen (BGH NJW 2004, 1388; **aA** OLG Hamm BauR 2004, 532). **Einseitige Erledigungserklärung** durch den ASt ist unzul und als Antragsrücknahme auszulegen (BGH MDR 2005, 227). **Ruhen des Verfahrens** ist mögl. (KG NJW-RR 1996, 1086). **Betreibt der Antragsteller das Verfahren nicht weiter** (SV-Kosten nicht bezahlt) sind nach Fristsetzung dem ASt die Kosten analog § 269 III 2 aufzuerlegen (vgl OLG Frankfurt BauR 1996, 587; **aA** OLG Köln BauR 2000, 1777). 3

**4. Kosten. a) Gericht.** Das Gericht berechnet 1,0 Geb (§ 11 GKG, 1610 KV): zahlungspflichtig ist der ASt (§ 22 GKG), eine Vorschusspflicht besteht aber nicht (§ 12 GKG). Antragsänderung oder -erweiterung führt nicht zu höheren oder neuen Kosten, falls der StrW nicht steigt. Ferner verlangt das Gericht vom ASt den Ersatz der Auslagen, zB des 4

SV-Honorars. **b) Rechtsanwalt.** RVG-VV 3100, RVG-VV 3104 (dazu Vorb 3 (3) RVG-VV); RVG-VV 1000 bzw 1003; zur Anrechnung auf die VerfahrensGeb des Hauptprozesses 3 V RVG-VV. StrW § 3 Rz 12. **c) Parteikosten:** zB für Anwesenheit beim Ortstermin, Kosten von Personal für Grabarbeiten („Bauteilöffnung", § 407a).

5 **5. Kostentragung. a) Folgt kein Hauptsacheprozess**, bleibt der ASt zunächst auf seinen Kosten (Gericht, SV, RA, eigene Kosten) sitzen; auch der AGegner muss seine Kosten (RA, eigene Kosten) zunächst selbst tragen. Werden die Kosten des s Beweisverfahrens des ASt vom AGegner nicht freiwillig erstattet, muss deswegen geklagt werden (Anspruchsgrundlagen für den ASt: zB Vertrag, Verzug mit Mängelbeseitigung [§ 286 BGB], PVV, § 280 BGB; cic, § 1311 BGB; § 823 BGB; §§ 633 II, III, 635, 536a BGB; § 4 Nr. 7 und § 13 Nr. 5, 7 VOB/B; vgl OLG Düsseldorf MDR 1991, 259; *Weise*, Praxis des s Beweisverfahrens Rz 558). Keine analoge Anwendung von § 91 (BGH NJW 1983, 284). Ferner kann eine **Kostenentscheidung über § 494a** erzwungen werden.

**b) Folgt ein Hauptsacheprozess** (zB des Bauherrn gegen den Bauunternehmer), dann ergeht in diesem Prozess eine Kostenentscheidung nach §§ 91, 92 ff. Sie muss die Kosten des s Beweisverfahrens nicht ausdrückl. nennen (BGH NJW 1996, 1749) bzw einbeziehen; sie sind automatisch miterfasst (auch von der KostenE nach § 269 III 2 bei Rücknahme der Hauptsacheklage, BGH NJW 2007, 1279). Aufgrund dieser KostenE kann dann eine Kf (nach §§ 103 ff.) beantragt werden; hier können uU auch die Kosten des Beweisverfahrens angesetzt werden. Über die Kosten des s Beweisverfahrens kann uU auch gem § 96 entschieden werden (BGH BauR 2004, 1487). **c) Teil des Streitgegenstandes.** Die ges Kosten des s Beweisverfahrens gehören auch dann zu den Kosten des Klageverfahrens, wenn nur Teile des Gegenstands eines s Beweisverfahrens zum Gegenstand der anschließenden Klage gegen den AGegner gemacht werden (BGH NJW 2004,3121; NJW 2005, 294); andererseits: Die im s Beweisverfahren entstandenen Gerichtskosten stellen gerichtl. Kosten des nachfolgenden Hauptsacheverfahrens dar. Voraussetzung hierfür ist, dass Parteien und *Streitgegenstand des Beweisverfahrens und des Hauptprozesses identisch* sind (BGH NJW-RR 2006, 810). Bleibt die Hauptsacheklage hinter dem Verfahrensgegenstand des s Beweisverfahrens zurück, können im Hauptsacheverfahren dem ASt in entsprechender Anwendung von § 96 die dem AGegner durch den überschießenden Teil des s Beweisverfahrens entstandenen Kosten auferlegt werden. Hat das Gericht der Hauptsache von dieser Möglichkeit keinen Gebrauch gemacht, scheidet eine Korrektur der Kostengrundentscheidung im Wege der Kf aus (BGH NJW-RR 2006, 810). Hilfreicher erscheint die **aA:** Wird nur ein Teil dessen, was Gegenstand des Beweisverfahrens war, eingeklagt, ergreift die KostengrundE der Hauptsache nur die anteiligen Kosten des TeilStrW des Beweisverfahrens (OLG Koblenz NJW-RR 2000, 1239). – **d) Klagerücknahme**. Wird im Hauptsacheprozess die Klage zurückgenommen, erfasst die KostenE (§ 269) auch die Kosten des *abgeschlossenen* s Beweisverfahrens (BGH FamRZ 2007, 374).

6 **6. Kostenfestsetzung.** Bei der Kf sind die Kosten des Beweisverfahrens Teil der gerichtl Kosten des Hauptprozesses und soweit notwendig nach § 91 zu erstatten. Im Kf-V ist zu entscheiden, ob und in welcher Höhe diese Kosten notw waren (BGHZ 132, 96).

7 **Notwendigkeit setzt voraus, (1)** dass die Parteien des s Beweisverfahren und des Hauptprozesses identisch sind (OLG Koblenz NJW-RR 1994, 574; OLG Saarbrücken JB 1991, 244; OLG Frankfurt JB 1992, 173); zB ist schädl., wenn ASt das s Beweisverfahren gegen B

betreibt, dann aber C verklagt. Betreibt ASt das s Beweisverfahren gegen A und verklagt dann A + B, können nur ggn A die Kosten des s Beweisverfahren festgesetzt werden. Betreibt dagegen ASt das s Beweisverfahren gegen A + B, verklagt aber dann nur A (weil nach dem Gutachten nur A haftet), dann sind nur diejenigen Kosten des s Beweisverfahrens festzusetzen, die entstanden wären, wenn sich das s Beweisverfahren nur gegen A gerichtet hätte; nach **aA** 1/2 der Kosten; vgl OLG Nürnberg JB 1996, 35; OLG Hamburg MDR 1993, 1130; JB 1994, 105. Abtretung, Gesamtrechtsnachfolge (Erbfall), gewillkürte Prozessstandschaft sind unschädl.; ebenso Streitverkündung (OLG München MDR 2000, 603); *und*

**(2)** dass sich StG (also nicht: ganz *andere* Mängel als im Gutachten, OLG Koblenz JB 1996, 375) und Betragshöhe decken; sonst kommt uU anteilige Kostenerstattung in Betracht (weniger eingeklagt: OLG Karlsruhe JB 1996, 36; OLG Koblenz NJW-RR 2000, 1239; OLG Hamburg JB 1994, 105); keine Deckung der StrGe bei Klageänderung auf einen StrG, der nicht Gegenstand des s Beweisverfahrens gewesen ist (OLG München MDR 2000, 726).

**(3)** die Erstattungsfähigkeit der gerichtl. Kosten des s Beweisverfahrens hängt nicht davon ab, ob das Beweisergebnis verwertet worden ist (BGH NJW 2003, 1322; BauR 2004, 1487); str.

**(4)** Kostendiskrepanz: War der Unternehmer mit der Mängelbeseitigung in Verzug, sodass der Bauherr s Beweisverfahren beantragt, geschätzter StW 20 000 €, dann sind auch dann die ges Kosten des s Beweisverfahrens zu erstatten, wenn der SV seinerzeit den Schaden nur auf 8 000 € geschätzt hat (OLG Karlsruhe NJW-RR 2000, 1167), denn der ASt hat keine zumutbare Möglichkeit, die genauen Kosten *vorher* zu kennen.

Die im s Beweisverfahren entstandenen und von einer Partei bezahlten Gerichtskosten (zB 8 Geb, SV-Honorar) zählen zu den Gerichtskosten des nachfolgenden Hauptsacheverfahrens (BGH NJW 2003, 1322; BauR 2004, 1487, also nicht zu außergerichtl. Kosten (so zB OLG Nürnberg JB 1996, 33).

**Sonderfälle:** die KostengrundE erfasst nicht die Kosten des s Beweisverfahrens, wenn zB 9 nur ein VoB erging (LG Berlin Rpfleger 1989, 302); wenn nur eine KostenE im Arrest-/eVfgs- Verfahren erging (KB JB 1984, 1243); zweifelhaft sind die Fälle der Klagerücknahme (dazu § 269 Rz 13), Klageabweisung als unzul (OLG Hamburg MDR 1971, 852), Klageabweisung mangels Aktivlegitimation, als unschlüssig, Fälle der Aufrechnung und des Zurückbehaltungsrechts (hierzu *Weise*, Praxis des selbständigen Beweisverfahrens Rz 534 ff.). – Die KostenE eines VU erfasst dagegen auch die Kosten des s Beweisverfahrens, wenn der Kl sich in der Klage schlüssig darauf bezog.

**7. Streitwert:** § 3 Rz 12.

**8. Anfechtung des Beweisbeschlusses, Absatz 2 Satz 2.** Der anordnende Beschluss ist 10 unanfechtbar, auch wenn ein anderer als der vorgeschlagene SV bestellt wurde (OLG München MDR 1992, 520) oder der Vorschuss zu hoch ist; er kann aber vom Gericht geändert werden. Die Verweigerung einer Ergänzung ist wie bei § 360 nicht anfechtbar (OLG Hamm NVersZ 2001, 384). Auch bei „greifbarer Gesetzwidrigkeit" keine Anfechtbarkeit (KG BauR 2006, 149; OLG Brandenburg NJW-RR 2001, 1727; **aA** LG Berlin NJW-RR 1997, 585). Wird eine zusätzl. Begutachtung beantragt (§ 412) und dies abgelehnt, ist der Beschluss nicht anfechtbar (OLG Köln NJW-RR 2000, 729). Wird der SV abgelehnt und dies vom Gericht zurückgewiesen, ist hiergegen die sof Beschwerde statthaft (OLG Frankfurt NJW-RR 1993, 1341). StrW: Kosten des neuen Gutachters (OLG Düsseldorf BauR 2001, 835).

## § 491 ZPO Ladung des Gegners

**(1) Der Gegner ist, sofern es nach den Umständen des Falles geschehen kann, unter Zustellung des Beschlusses und einer Abschrift des Antrags zu dem für die Beweisaufnahme bestimmten Termin so zeitig zu laden, dass er in diesem Termin seine Rechte wahrzunehmen vermag.**

**(2) Die Nichtbefolgung dieser Vorschrift steht der Beweisaufnahme nicht entgegen.**

1 Ladung § 214; Ladungsfrist gilt nicht. Termin entfällt, wenn nur ein schriftl. Gutachten ohne mdl Erläuterung eingeholt wird.

## § 492 ZPO Beweisaufnahme

**(1) Die Beweisaufnahme erfolgt nach den für die Aufnahme des betreffenden Beweismittels überhaupt geltenden Vorschriften.**

**(2) Das Protokoll über die Beweisaufnahme ist bei dem Gericht, das sie angeordnet hat, aufzubewahren.**

**(3) Das Gericht kann die Parteien zur mündlichen Erörterung laden, wenn eine Einigung zu erwarten ist; ein Vergleich ist zu gerichtlichem Protokoll zu nehmen.**

1 Zum **Ablauf der Beweisaufnahme** vgl §§ 355 ff., 371 ff.. Schriftl. SV-Gutachten ist zul und der Regelfall, § 485 I, II; Ladung des SV zur Erläuterung ist mögl., § 411 III. Zur Frist für den Ladungsantrag vgl § 411 IV 2. Einem entspr Antrag ist grds stattzugeben (OLG Saarbrücken NJW-RR 1994, 787; str, vgl § 487 Rz 13). Wird die Ladung zur mdl Erläuterung abgelehnt: str, ob beschwerdefähig (bejaht von OLG Düsseldorf NJW 2000, 3364). **Mündliche Erörterung, Absatz 3:** vgl §§ 118 I, 794 I Nr. 1.

Hat der SV sein Gutachten erstattet, leitet er es an das Gericht. Vergütung: JVEG (§ 413). Kostet das Gutachten mehr, als Vorschuss einbezahlt wurde, darf das Gericht die Aushändigung des Gutachtens nicht von der Einzahlung des Restbetrags abhängig machen (OLG Frankfurt MDR 2004, 1255), auch jetzt erst keinen weiteren *Vorschuss* fordern.

2 Das **Beweisverfahren endet** mit Abschluss der mdl Erläuterung durch den SV bzw Zugang des Ergänzungsgutachtens (OLG Düsseldorf NJW-RR 1996, 1527), bzw der nach § 411 IV 2 gesetzten **Frist;** fehlt die Fristsetzung, nach Ablauf einer angemessenen Frist seit Zugang des Gutachtens: bei umfangreichem Gutachten mehr als sechs Wochen, OLG Köln NJW-RR 1997, 1220; aber mehr als vier Monate im Regelfall zu lang (OLG München MDR 2001, 532); KG BauR 2000, 1371; wenn der ASt zur Überprüfung einen Privatgutachter hinzuzieht drei Monate angemessen; wenn Vergleichsverhandlungen geführt werden, auch fünf bis sechs Monate (OLG Düsseldorf NJW 2000, 3364; BauR 2000, 1775); bis dahin können **Anträge auf Ergänzung/Erläuterung** des Gutachtens von den

Parteien gestellt werden. Wer eine solche Ergänzung beantragt, muss einen entsprechenden (weiteren) Vorschuss zahlen, was vom Gericht anzufordern ist (§ 379; § 17 I 2 GKG); also ggf auch der Gegner des ASt. Die Vorschussanforderung ist nicht anfechtbar (OLG Frankfurt MDR 2004, 1255). Ist das Hauptverfahren dann schon anhängig, entfällt das Rechtsschutzbedürfnis für weitere Erläuterungen des Gutachtens im Beweisverfahren (OLG Braunschweig BauR 2001, 990). Einen Beschluss, der die Beendigung des Beweisverfahrens feststellt, gibt es nicht (er wäre unbeachtl.).

## § 493 ZPO Benutzung im Prozess

**(1) Beruft sich eine Partei im Prozess auf Tatsachen, über die selbständig Beweis erhoben worden ist, so steht die selbständige Beweiserhebung einer Beweisaufnahme vor dem Prozessgericht gleich.**

**(2) War der Gegner in einem Termin im selbständigen Beweisverfahren nicht erschienen, so kann das Ergebnis nur benutzt werden, wenn der Gegner rechtzeitig geladen war.**

**1. Absatz 1.** Eine Partei muss sich auf das s Beweisverfahren (Aktenzeichen OH) berufen (keine Verwertung von Amts wegen); die OH-Akten werden dann vom Gericht beigezogen (§ 273) und zum Gegenstand der Verh gemacht, §§ 139, 279 II, 285; Protokollvermerk nach § 160 III notw. Das dortige **Beweisergebnis** (zB SV-Gutachten) darf im Hauptprozess **verwertet** werden, **wenn** 1

**(a)** Parteiidentität vorliegt. Andernfalls (zB s. Beweiserfahren des Bauherrn gegen den Bauunternehmer, nicht gegen den Architekten; Klage dann gegen den Architekten) kann das SV-Gutachten (auch gegen den Willen des Gegners) als Urkundsbeweis verwertet werden oder der SV kann als sachverständiger Zeuge vernommen werden (BGH NJW 1985, 1471; NJW-RR 1991, 254). Eine Abtretung, zB der Schadenersatzforderung an eine Bank, ist unschädl. (KG MDR 1981, 940), ebenso vergleichbare Fälle (§ 25 HGB usw.). 2

**(b)** Das s Beweisverfahren muss im Wesentlichen gesetzmäßig gewesen sein (allg Grundsatz). *Unschädliche Verstöße* sind die, welche auf die Begutachtung keinen Einfluss haben, zB: Unzust gem § 486 II 2; Unzulässigkeit des s Beweisverfahrens (wegen § 490 II 2). – *Schädliche Verstöße* zB: wenn der Gegner zum Ortstermin nicht erschienen ist und er nicht ordnungsgem geladen worden war, § 493 II (aber belanglos, wenn überhaupt keine Ortsbesichtigung erfolgte, vgl OLG Düsseldorf NJW-RR 1994, 283). Dazu Rz 5. **Nicht verwertbar** ist ein ausl s Beweisverfahren (OLG Köln NJW 1983, 2779; **aA** *Meilicke* NJW 1984, 2017); das Gutachten des erfolgreich abgelehnten SV; ein Gutachten, wenn es auf schweren Fehlern beruht und die Parteien dies rechtzeitig rügen, § 295; Parteien beim Augenschein nicht zugelassen; Vernehmung von Zeugen durch den SV ohne Billigung durch die Parteien; unzul Übertragung der Begutachtung auf Dritte, § 407a II; kurz: immer dann, wenn auch ein im Hauptverfahren erholtes SV-Gutachten nicht verwertbar wäre. 3

**2. Verwertung:** das SV-Gutachten wird nicht als Urkundenbeweis verwertet, sondern als SV-Beweis. Erholung eines *weiteren SV*-Gutachtens daher nach §§ 398, 412. **Beweisgebühr:** eine RA-BeweisGeb kennt das RVG nicht mehr. 4

5 **3. Absatz 2.** Der SV muss die Parteien (und die beigetretenen Streitverkündungsempfänger, NI) rechtzeitig zum Ortstermin **laden**; sind sie anwaltl. vertreten, muss der RA geladen werden (§ 172), die zusätzl. Ladung der vertretenen Parteien erübrigt sich. Die Frist des § 217 muss nicht unbedingt eingehalten werden (vgl § 491 I; str). *Förmliche* Ladung ist nicht notw (**aA** *Zöller/Herget* § 494 Rz 5), aber zweckmäßig; der SV muss das Zugangsdatum nachweisen können. Bei fehlender Ladung Verwertung des SV-Gutachters im Urkundsbeweis oder Vernehmung des SV als sachverständigen Zeugen. Zum Gegner bei § 493 II vgl *Wita* MDR 2000, 1363.

## § 494 ZPO Unbekannter Gegner

**(1) Wird von dem Beweisführer ein Gegner nicht bezeichnet, so ist der Antrag nur dann zulässig, wenn der Beweisführer glaubhaft macht, dass er ohne sein Verschulden außerstande sei, den Gegner zu bezeichnen.**

**(2) Wird dem Antrag stattgegeben, so kann das Gericht dem unbekannten Gegner zur Wahrnehmung seiner Rechte bei der Beweisaufnahme einen Vertreter bestellen.**

1 ZB unbekannter Täter bei Schadensfeststellung. Vertr vgl § 57. Dessen Vergütung trägt zunächst der ASt, später Erstattung nach § 91.

## § 494a ZPO Frist zur Klageerhebung

**(1) Ist ein Rechtsstreit nicht anhängig, hat das Gericht nach Beendigung der Beweiserhebung auf Antrag ohne mündliche Verhandlung anzuordnen, dass der Antragsteller binnen einer zu bestimmenden Frist Klage zu erheben hat.**

**(2) [1]Kommt der Antragsteller dieser Anordnung nicht nach, hat das Gericht auf Antrag durch Beschluss auszusprechen, dass er die dem Gegner entstandenen Kosten zu tragen hat. [2]Die Entscheidung unterliegt der sofortigen Beschwerde.**

§ 494a II geändert durch G. v. 27.7.2001 (BGBl 2001, 1887).

**Lit:** ***Bandemer*** JurBüro 1991, 1017; ***Herget*** MDR 1991, 314; ***Hansens*** (Kosten) Rpfleger 1997, 363; ***Wirges*** (Kosten) JurBüro 1997, 565; ***Notthoff*** JurBüro 1998, 61; ***Wielgoß*** (Kostenerstattung) JurBüro 1999, 125.

1 **1. Zweck des § 494a:** der Beweissicherungsbeschluss enthält keine KostenE. Wenn der Gegner im Verfahren Kosten aufgewendet hat und die Beweissicherung für den ASt ungünstig gewesen ist, sodass der ASt keinen Hauptprozess einleitet, erhält der Gegner seine Kosten (zB Anwaltskosten, Fahrtkosten zum Augenschein) uU nicht vom ASt erstattet (§ 490 Rz 3). Das will diese Vorschrift ändern. Das Problem der nachträgl. Erfüllung bzw Nachbesserung im Rahmen von Beweisverfahrens ist durch analoge Anwendung von § 91a I zu lösen (*Ende* MDR 1997, 123), nach BGH NJW-RR 2004, 1580 durch Klage auf Feststellung.

2 **2. Voraussetzungen der Fristsetzung, Absatz 1: a)** Antrag des Gegners des s Beweisverfahrens, ohne Anwaltszwang (**hM**, *Schmitz* BauR 1996, 340; OLG Jena MDR 2000, 783; OLG Düsseldorf NJW-RR 1999, 509; **aA** OLG Zweibrücken NJW-RR 1996, 573, präzise

OLG Düsseldorf BauR 1995, 279); kein Antragsrecht des Streithelfers (OLG Koblenz NJW-RR 2001, 1726). Bei mehreren Gegnern müssen alle den Antrag stellen. **b)** Rechtsstreit nicht anhängig, vgl § 253 Rz 1 (OLG Nürnberg BauR 2000, 442). Es genügen: Mahnverfahren; PKH-Antrag; Anhängigkeit im Ausland, wenn das ausl Urteil im Inland anzuerkennen ist; **c)** Rechtsschutzbedürfnis für die Hauptklage; fehlt zB, wenn der ASt zur Kostenerstattung bereit ist (OLG Karlsruhe NJW-RR 1996, 1343); fehlt auch, wenn die im s Beweisverfahren festgestellten Mängel unstr beseitigt wurden (BGH NJW-RR 2003, 454); **d)** Rechtl. Gehör. **e)** Es muss das Beweisverfahren tatsächl. durchgeführt worden sein (OLG München NJW-RR 2001, 1580); kein § 494a II, wenn das Gutachten aus Rechtsgründen nicht verwertet wurde (BGH NJW-RR 2003, 1240).

**3. Fristsetzung:** durch Beschluss des Richters „Dem K wird Frist zur Erhebung der Hauptsacheklage gesetzt bis ...." (§ 20 Nr. 14 RPflG gilt nicht, OLG Karlsruhe NJW-RR 1992, 125) der ersten Instanz; Gründe entbehrl.; zuzustellen an ASt des s Beweisverfahrens (§ 329 II 2), übl. Frist zwei bis vier Wochen. Fristverlängerung: §§ 224 II, 225 III. – Rechtsbehelf gegen Fristsetzung: keiner; gegen Verlängerung: keiner (OLG Düsseldorf JB 1993, 622); gegen Zurückweisung: sof Beschwerde, § 567. 3

**4. Weiteres Verfahren.** Hauptsacheklage ist nur eine der Zielrichtung des s Beweisverfahrens entspr Klage, auch Widerklage (BGH NJW-RR 2003, 1240); bei Baumängeln also nicht Aufrechnung, Zurückbehaltung (OLG Köln NJW-RR 1997, 1295); nicht die Klage auf Erstattung der Kosten (BGH NJW-RR 2004, 1580). 4

**a)** Folgt die Hauptklage und wird sie abgewiesen oder zurückgenommen (BGH NJW 2007, 1279), werden dem Kl (= ASt des s Beweisverfahren) nach § 91 bzw § 269 die Kosten (auch des s Beweisverfahren) auferlegt. Ergeht nach Klagerücknahme keine KostenE, kann sie nicht durch eine KostenE nach § 494a III ersetzt werden (BGH NJW 2007, 1282; aA OLG Frankfurt NJW-RR 2004, 70: § 494a II analog).

**b)** Wird der Hauptklage stattgegeben, werden die Kosten dem Bekl (Gegner des s Beweisverfahrens) auferlegt.

**c) Teilklage:** Beweissicherungsverfahren über mehrere Posten oder gegen mehrere, dann Hauptklage mit beschänktem StrG: nach einer Meinung TeilkostenE denkbar (OLG Köln NJW-RR 2001, 1650); nach BGH NJW 2004, 3121 ist eine TeilkostenE grds unzulässig. Die Kosten des s Beweisverfahrens gehören auch dann zu den Kosten des Klageverfahrens (§§ 91, 96), wenn nur Teile hiervon zum Gegenstand der ausschließenden Klage gegen den Gegner gemacht werden (BGH NJW 2005, 294); vgl § 91 Rz 21.

**d) Mehrere Gegner**. Hatte das Beweisverfahren mehrere Gegner und beantragte nur *einer* Fristsetzung, kann auch nur über *dessen* Kosten entschieden werden (OLG Stuttgart NJW-RR 2001, 863).

**e)** Folgt bis zur KostenE (wegen § 231 II; OLG Düsseldorf NJW-RR 2002, 427; OLG München MDR 2001, 833) keine Klage: auf Antrag des Gegners (uU Anwaltszwang, § 78): Kostenbeschluss („Dem K werden die Kosten auferlegt"); nach **aA** ist nur an die **Fristversäumung** anzuknüpfen (OLG Frankfurt NJW-RR 2001, 862). Klageerhebung bei einem unzust Gericht ist fristwahrend (OLG Hamm DAR 2001, 403). Es genügt, wenn innerhalb der Frist ein PKH-Antrag gestellt wird (vgl OLG Schleswig SchlHA 2001, 296).

5 Der **Kostenbeschluss** ist an beide Parteien zuzustellen, § 329 III. Dagegen sof Beschwerde, § 567; Beschwerdewert (§ 567 II) ist erforderl. – **Im Übrigen** wird zur Erläuterung auf § 926 (ähnelt § 494a) und § 269 III, IV (ähneln § 494a II 2, 3) Bezug genommen.

Formular 248: Antrag auf Anordnung einer Frist zur Klageerhebung gem. § 494a ZPO

## Abschnitt 2
## Verfahren vor den Amtsgerichten

### § 495 ZPO Anzuwendende Vorschriften

**(1) Für das Verfahren vor den Amtsgerichten gelten die Vorschriften über das Verfahren vor den Landgerichten, soweit nicht aus den allgemeinen Vorschriften des Buches 1, aus den nachfolgenden besonderen Bestimmungen und aus der Verfassung der Amtsgerichte sich Abweichungen ergeben.**

1 **1. Zuständigkeit der Amtsgerichte: a) ausschließlich** nach § 23 Nr. 2a GVG (§ 29a ZPO) in best Wohnraum-Mietsachen; §§ 23 a-c GVG Ehe- und Familiensachen; § 486 III Beweissicherung; § 157 GVG, §§ 129a, 362 Rechtshilfe.

2 **b) nicht ausschließlich** (Prorogation nach §§ 38-40 möglich) nach § 23 Nr. 1, 2b-h GVG; für Beweissicherung nach § 486 III; Arrest- und eVfg nach §§ 919, 942.

3 **2. Abweichungen** AG/LG-Verfahren sind zB: Fehlen des Anwaltszwangs (Ausn. § 78 II); der Amtsrichter vereinigt in sich die Funktion des Vorsitzenden und des Kollegiums; § 83 II; § 87 I; § 90 I; § 129; Abkürzung der Ladungsfrist, § 217.

### § 495a ZPO Verfahren nach billigem Ermessen

**[1]Das Gericht kann sein Verfahren nach billigem Ermessen bestimmen, wenn der Streitwert 600 Euro nicht übersteigt. [2]Auf Antrag muss mündlich verhandelt werden.**

§ 495a geändert durch G v. 27.07.2001 (BGBl 2001, 1887)

**Lit:** ***Bergerfurth*** NJW 1991, 961; ***Stollmann*** NJW 1991, 1719; ***Hennrichs*** NJW 1991, 2815; ***Pasker*** ZRP 1991, 417; ***Fischer*** MDR 1994, 978; ***Städing*** MDR 1995, 1102 und NJW 1996, 691; ***Kunze*** NJW 1995, 2750; ***Redeker*** NJW 1996, 1870; ***Rottleuthner*** NJW 1996, 2473.

1 **1. Das Bagatellverfahren** gestattet (nur) dem (Amts-)Gericht Abweichungen von den allg Verfahrensgrundsätzen, soweit sie nicht durch das GG oder als Verfahrensgrundsätze unverzichtbar sind; die Regelung ähnelt dem früheren Schiedsverfahren, § 510c aF. Ermessen besteht. Grundsätzlichkeit der Rechtsfragen steht (wegen § 511 II Nr. 2) mE dem Bagatellverfahren entgegen. Mischverfahren sind zul. Es wird nicht durch bes Beschluss angeordnet. Zul auch bei nicht vermögensrechtl. Sachen, Arrest, eVfg, Urkunden-, Wechsel-, Schecksachen (str), s Beweisverfahren. Die Klage kann ohne Zustimmung des Bekl nur bis zum Ende der gesetzten Einlassungfrist zurückgenommen werden, § 269

(AG Norden JurBüro 2000, 370; über etwaige andere Kostenprobleme *Warfsmann* JurBüro 2000, 343).

**Voraussetzungen (Absatz 1 S. 1):** StrW (§ 3) bis 600,00 € (Erhöhung auf 1000,01 € ist geplant); Zinsen, Kosten zählen nicht mit (§ 4). Maßgebend ist wegen des Zwecks der Regelung der StrW im Augenblick der Verfahrenshandlung (**aA** *Bergerfurth:* bei Klagezustellung): 2

- Bei Absinken von 1 500 € auf 500 € (durch Teilerledigung, Teilrücknahme, Trennung nach § 145 usw.) kann nun das Verfahren vereinfacht werden (str).
- Bei Ansteigen: 500 € eingeklagt, Gericht führt Bagatellverfahren durch, dann Erhöhung auf 2 500 €: muss ordentl. Verfahren wiederholt werden? Wegen der Ber-Fähigkeit wohl schon (str).
- Verschiedene StrG werden addiert: 1 200 € eingeklagt (600 Kaufpreis + 600 Werklohn): kein Bagatellverfahren.
- Widerklage 1 400 €, Klage 500 € (versch StrG): trotz § 5 ist nach dem Vereinfachungszweck für die Beweisaufnahme über die Klage § 495a anwendbar, über die Widerklage nicht (*Fischer* MDR 1994, 979).

**2. Verzichtbar sind zB:**

- mdl Verh. Nachholung aber nach S. 2 (keine Frist für den Antrag) wegen Art. 6 I MRK. 3
- Beweiserhebung durch Strengbeweis (§§ 355 ff.); stattdessen genügt Freibeweis (§ 284 Rz 5; str), zB (über § 377 III hinaus) schriftl. oder telefonische Befragung von Zeugen.
- Verwertung von beigezogenen Akten und Schriftstücken.
- Ersatz des SV-Gutachtens durch eigene Sachkunde.
- Genaue Schadensermittlung, vgl. § 287.
- Bindung an Beweisanträge: zul ist daher Befragung von (von den Parteien nicht benannten) Auskunftspersonen, Amtsermittlung.
- Urteilstatbestand kann entfallen, § 313a I 1 oder II.
- Entscheidungsgründe können ins Protokoll, § 313a I 2 oder nach § 313a II entfallen.

**3. Unverzichtbar sind zB:**

- Zust des Gerichts, Rechtsweg. 4
- Zugang des Beschlusses, der das vereinfachte Verfahren anordnet (BVerfG NJW 2006, 2248);
- Bindung an Sachanträge, § 308.
- Gewährung des rechtl. Gehörs, Art. 103 I GG (BVerfG NJW 2006, 2248); deshalb ist der Rücklauf der Empfangsbekenntnisse vom Richter zu kontrollieren.
- Anwendung des Zivilrechts, der Anspruchsgrundlagen (keine bloße Billigkeitsentscheidung);
- Beweiserhebung und Überzeugungsbildung (§ 286 I) als solche.
- Anwendung der ZPO im Allg, bei Säumnis daher VU notw, EndU unzul (*Peglau* NJW 1997, 2222; **aA** AG Ahrensberg NJW 1996, 2516).

- Urteil mit KostenE nach §§ 91 ff., vorl Vollstr-Ausspruch (§§ 708 ff.).
- Entscheidungsgründe, zumindest im Protokoll; es muss erkennbar sein, dass Parteivorbringen zur Kenntnis genommen und abgewogen wurde (BVerfG NJW 1980, 278; BayVerfGH NJW 2005, 3771).

5 **4. Rechtsmittel:** idR keine Ber (§ 511 II Nr. 1), außer bei Zulassung (§ 511 II Nr. 2). Bei Verstoß gegen Art. 103 GG seit 2002 Gehörsrüge (§ 321a); früher str. Die StrW-Festsetzung ist grds anfechtbar (LG München I NJW-RR 2002, 425; aA LG Dortmund NJW-RR 2006, 1222).

6 **5. Gebühren:** der RA erhält bei mdl Verh: 3100, 3104 RVG-VV; bei fehlender mdl Verh 3100, 3104 (1) 1.

7

**Praxishinweise:**

1. Es kommt vor, dass der Antrag auf mdl Verh (§ 495a S. 2) ignoriert wird. Auch verleitet die Möglichkeit, das Verfahren nach billigem Ermessen zu gestalten, Richter immer wieder dazu, ihren Ermessensbereich zu verlassen und den Parteien mit einer Art „Privat-ZPO“ aufzuwarten. Da wird etwa formularmäßig angekündigt, auf einen fehlenden Beweisantrag werde entgegen § 139 nicht hingewiesen, wenn das Gericht ihn für aussichtslos halte, oder es wird mitgeteilt, wenn Anträge auf Terminsverlegung nach § 227 nicht schriftl. beantwortet würden, seien sie als abgelehnt anzusehen, oder Unterlagen des Kl müssten mit K1, K2, K3 usw., die des Bekl mit B1, B2, B3 usw., ausgezeichnet werden, anderenfalls sie nicht berücksichtigt würden (s ZAP-Kolumne Heft 9/2002, S. 482, mw. Beispielen).

2. Es ist eine Tendenz der AG erkennbar, die Vernehmung von Zeugen oder die Anhörung einer Partei durch ein Telefongespräch zu ersetzen. § 495a S. 1 erlaubt es, die strengbeweisl. Regeln der §§ 355 – 455 zu übergehen (Freibeweis). Unzul ist es hingegen, einer Partei unter Androhung von Ordnungsgeld aufzugeben, am Terminstag die fernmdl Erreichbarkeit eines umfassen informierten und bevollmächtigten Sachbearbeiters sicherzustellen und dessen Rufnummer mitzuteilen. In der ZPO ist es nicht vorgesehen und auch nicht nach § 495a erlaubt, Verstöße gegen einen von Amts wegen geforderten Telefondienst mit Ordnungsgeld zu ahnden. Das verstößt gegen das verfassungsrechtl. Gebot der gesetzlichen Bestimmtheit, ein Übel als Schuldausgleich zu verhängen (Art 103 II GG analog; BVerfGE 42, 262; 109, 167). Zudem verletzt dieser telefonische Freibeweis den Gehörsanspruch der Parteien (Art 103 I GG; BVerfG NJW-RR 1994, 254). Deren Fragerecht müssten durch Ladung des Telefonzeugen zur mdl Verh gewährleistet werden (*Stein/Jonas/Berger* Rz 27 vor 355). Dass der Verfahrensablauf darüber hinaus übermäßig kompliziert würde, hat Herget (*Zöller/Herget* § 495a Rz 10) ausführl. geschildert.

3. Ordnet das Gericht an, ohne mdl Verh zu entscheiden, dann wird das Verfahren nach § 128 eingeleitet. Der Tag, bis zu dem Schriftsätze eingereicht werden können, entspricht dem Schluss der mdl Verh. Danach eingehende Schriftsätze sind nicht mehr zu berücksichtigen (§ 296a). Es bleibt jedoch dabei, dass dem Gegner rechtl. Gehör zu gewähren ist (BverfGE 50, 280, 284 ff.; *Stein/Jonas/Leipold* Rz 94 vor § 128; *Musielak/Stadler* § 128 Rz 16). Das entspricht der Rechtslage vor Einführung des § 321a (s

*Schneider* MDR 1979, 793 ff.). Das Gericht muss in solchen Fällen entweder den Schlusszeitpunkt verlegen oder analog § 283 eine Schriftsatznachlass einräumen oder die mdl Verh wieder eröffnen (*Zöller/Greger* § 128 Rz 14).

4. Eine Gehörsrüge nach § 321a hat in solchen Fällen so gut wie keine Aussicht auf Erfolg, da solche Richter von der Rechtmäßigkeit ihres Vorgehens überzeugt sind. Manchmal kann eine Bef-Ablehnung nach § 42 II helfen. So verhielt es sich in einem Fall, in dem das Gericht sich formularmäßig geweigert hatte, Schriftsätze in der mdl Verh entgegenzunehmen. Das verstößt gegen Art 103 I GG und ist vom KG (MDR 2001, 1435) als zureichender Ablehnungsgrund gewertet worden.

5. Vor der ZPO 2002 bejahte die Rspr mit Billigung des BVerfG (BVerfGE 60, 99; 61, 18) in solchen Fällen auch die Ausnahmeberufung analog § 513 II aF. Überwiegend wird jetzt angenommen, stattdessen gebe es nur noch die Anhörungsrüge nach § 321a. Dabei wird jedoch der wesentl. Unterschied zwischen der – weitgehend aussichtslosen – Selbstkorrektur und einer höherinstanzl. Überprüfung verkannt (*Schneider* MDR 2004, 549). Der PrBev sollte sich in einschlägigen Fällen nach Absprache mit seinem Mandanten zur AusnahmeBer entschließen. Nur so bekommen die Ber-Kammern Gelegenheit, ihre alte Rspr fortzusetzen.

6. Zu den Möglichkeiten, dem Bagatellverfahren zu entgehen, s. § 35 Rz 8/2.

## § 496 ZPO Einreichung von Schriftsätzen; Erklärungen zu Protokoll

**Die Klage, die Klageerwiderung sowie sonstige Anträge und Erklärungen einer Partei, die zugestellt werden sollen, sind bei dem Gericht schriftlich einzureichen oder mündlich zum Protokoll der Geschäftsstelle anzubringen.**

Protokoll der Geschäftsstelle: Urkundsbeamter oder Rechtspfleger, §§ 153 GVG, 24 RPflG, 129a ZPO. Zur Klage vgl §§ 253, 270. Zu vorbereitenden Schriftsätzen § 129 II. 1

## § 497 ZPO Ladungen

**(1) [1]Die Ladung des Klägers zu dem auf die Klage bestimmten Termin ist, sofern nicht das Gericht die Zustellung anordnet, ohne besondere Form mitzuteilen. [2]§ 270 Satz 2 gilt entsprechend.**

**(2) [1]Die Ladung einer Partei ist nicht erforderlich, wenn der Termin der Partei bei Einreichung oder Anbringung der Klage oder des Antrages, auf Grund dessen die Terminsbestimmung stattfindet, mitgeteilt worden ist. [2]Die Mitteilung ist zu den Akten zu vermerken.**

§ 497 I 2 geändert am 01.07.2002 durch G v. 25.06.2001 (BGBl 2001, 1206).

Zur Ladung vgl §§ 214, 216, 272 II, 274 I. Bez des ersten Verh-Termins ist § 497 I 1 eine Ausnahme von § 329 II 2. Ergeht hier VU gegen den Kl, legt er Einspruch ein und macht 1

Nichtempfang der Ladung geltend, sind die Gerichtskosten niederzuschlagen, § 8 GKG, die RA-Kosten treffen den Bekl (§ 344).

### § 498 ZPO Zustellung des Protokolls über die Klage

**Ist die Klage zum Protokoll der Geschäftsstelle angebracht worden, so wird an Stelle der Klageschrift das Protokoll zugestellt.**

1 Das Protokoll muss inhaltl. § 253 II-IV entspr. Vgl ferner §§ 253 I, 261 I, 270. Zeitl. Vorwirkung: § 167 mit § 129a II 2.

### § 499 ZPO Belehrungen

**(1) Mit der Zustellung der Klageschrift oder des Protokolls über die Klage ist der Beklagte darüber zu belehren, dass eine Vertretung durch einen Rechtsanwalt nicht vorgeschrieben ist.**

**(2) Mit der Aufforderung nach § 276 ist der Beklagte auch über die Folgen eines schriftlich abgegebenen Anerkenntnisses zu belehren.**

§ 499 geändert durch G v. 18.08.2005 (BGBl 2005, 2477).

1 Schriftl. Vorverfahren, § 276. Schriftl. Anerkenntnis: § 307 II. Folge ist der Erlass eines AnerkenntnisU, Antrag nicht mehr erforderl. (§ 307).

### §§ 499a-503 ZPO
(weggefallen)

### § 504 ZPO Hinweis bei Unzuständigkeit des Amtsgerichts

**Ist das Amtsgericht sachlich oder örtlich unzuständig, so hat es den Beklagten vor der Verhandlung zur Hauptsache darauf und auf die Folgen einer rügelosen Einlassung zur Hauptsache hinzuweisen.**

1 § 504 soll eine Erschleichung der AG-Zuständigkeit verhindern. **Unterbleibt die Belehrung**, dann kann der Bekl die Zust-Rüge abweichend von § 282 III bis zum Schluss der mdl Verh nachholen (vgl § 39 S 2), Folge ist dann auf Antrag Verweisung, § 281.

### § 505 ZPO
(weggefallen)

### § 506 ZPO Nachträgliche sachliche Unzuständigkeit

**(1) Wird durch Widerklage oder durch Erweiterung des Klageantrages (§ 264 Nr. 2, 3) ein Anspruch erhoben, der zur Zuständigkeit der Landgerichte gehört, oder wird nach § 256 Abs. 2 die Feststellung eines Rechtsverhältnisses beantragt, für das die Landgerichte zuständig sind, so hat das Amtsgericht, sofern eine Partei vor wei-**

**terer Verhandlung zur Hauptsache darauf anträgt, durch Beschluss sich für unzuständig zu erklären und den Rechtsstreit an das Landgericht zu verweisen.**

**(2) Die Vorschriften des § 281 Abs. 2, Abs. 3 Satz 1 gelten entsprechend.**

**1.** Nach § 4 I, § 261 III Nr. 2 (perpetuatio fori) ist zB eine Klageerweiterung von 1 000 € auf 50 000 € grds für die Zust ohne Bedeutung. § 506 durchbricht diesen Grundsatz für die hier genannten drei Fälle (zur Widerklage vgl §§ 5, 33) nachträgl. eintretender sachl. Unzust des AG im Streitverfahren (also nicht in den Fällen der §§ 147, 302 IV 4, 510b, 600 II, 717 II 2). 1

**§ 281** dagegen betrifft ursprüngl. örtl. oder sachl. Unzust. Daher kann Verweisung nach § 506 mit einer nach § 281 zusammentreffen. 2

**Stellt keine Partei den Verweisungsantrag**, kann die Zust des AG durch rügelose Einlassung (§ 39) begründet werden; andernfalls ist die Klage als unzul abzuweisen. Die Wirkung der **rügelosen Einlassung** tritt nicht nur ein, wenn das AG darauf hinweist (§ 39 S. 2 nennt nur § 504, nicht § 506; str, **aA** wohl hM). 3

**Verweisung** vom AG auch an eine KfH des LG; das LG kann an ein ArbG weiterverweisen. Bei Verweisung nur nach § 506 (und nicht zugleich nach § 281) kann das LG örtl. weiterverweisen (str). Die LG-Ber-Kammer kann nicht *analog* § 506 an die erstinstanzl. Kammer des LG verweisen, wenn in der Ber die Klage auf einen LG-StrW erweitert wird (*Butzer* NJW 1993, 2649; **aA** LG Aachen NJW-RR 1990, 704) und auch nicht an das OLG als BerGer (BGH MDR 1996, 1179). 4

**2. Absatz 2.** Das LG entscheidet über die gesamten Kosten; Mehrkosten werden nicht ausgeschieden, weil § 281 III 2 nicht anwendbar ist. 5

## §§ 507-509 ZPO
(weggefallen)

## § 510 ZPO Erklärung über Urkunden

**Wegen unterbliebener Erklärung ist eine Urkunde nur dann als anerkannt anzusehen, wenn die Partei durch das Gericht zur Erklärung über die Echtheit der Urkunde aufgefordert ist.**

Der Gegner desjenigen, der die Urkunde vorlegt, soll vor den Fiktionen der §§ 439 III, 138 III geschützt werden; daher Verwertung der Urkunde nur nach Hinweis; einen Sinn hat die Regelung nur, wenn die Partei nicht anwaltl. vertreten ist. § 510 gilt nur für Privaturkunden. Feststellung der Aufforderung im Sitzungsprotokoll oder Urteilstatbestand. 1

## § 510a ZPO Inhalt des Protokolls

**Andere Erklärungen einer Partei als Geständnisse und Erklärungen über einen Antrag auf Parteivernehmung sind im Protokoll festzustellen, soweit das Gericht es für erforderlich hält.**

Sitzungsprotokoll vgl §§ 159-165. § 510a erweitert § 160 IV. 1

## § 510b ZPO Urteil auf Vornahme einer Handlung

**Erfolgt die Verurteilung zur Vornahme einer Handlung, so kann der Beklagte zugleich auf Antrag des Klägers für den Fall, dass die Handlung nicht binnen einer zu bestimmenden Frist vorgenommen ist, zur Zahlung einer Entschädigung verurteilt werden; das Gericht hat die Entschädigung nach freiem Ermessen festzusetzen.**

1 **1.** Nach mat Recht kann der Gläubiger manchmal vom Schuldner Schadensersatz verlangen, wenn dieser nicht innerhalb einer ihm gesetzten Frist eine bestimmte Handlung vornimmt. Notwendig ist dann **a)** Klage auf Vornahme der Handlung und **b)** nach § 255 Fristsetzung sowie **c)** ein getrennter Prozess über den Schadensersatz. Verbindung in einer Klage nur gem § 259. § 510b gestattet die Verbindung dieser **drei Ziele** in einem Verfahren; die Handlung müsste dabei nach §§ 887-889 zu vollstr sein, keine entspr Anwendung auf Unterlassungs-, Duldungs- und Herausgabeklagen (*StJ* II 1). Bezifferung der geforderten Entschädigung ist nicht notwendig (vgl § 287). Die Anträge b), c) können auch nachträgl. gestellt werden, vgl § 261 II.

2 **2. Entscheidung** zB: „Der Beklagte wird verurteilt, bis zum ... die ... zu beseitigen und nach ergebnislosem Fristablauf an den Kläger ... Euro zu zahlen". StrW: wie Hauptanspruch, keine Addition nach § 5. Das Gericht „kann" die Entscheidung über die Entschädigung (zB bei notw umfangr Beweisaufnahme) ablehnen (in den Urteilsgründen), str. Das Urt. ist insges für vorl vollstr zu erklären.

3 **3. Zwangsvollstreckung.** Der Kläger verliert die Vollstr bez des Hauptanspruchs, § 888a. Der Beklagte ist auf § 767 angewiesen, wenn er zB die Nichterfüllung nicht zu vertreten hat. Vollstr-Klausel, § 725, ist sofort zu erteilen.

Formular 79: Antrag gemäß § 510b ZPO

## § 510c ZPO

(weggefallen)

# Buch 3
# Rechtsmittel

## Abschnitt 1
## Berufung
## Vorbemerkung

**1. Rechtsmittel** (Ber, Rev, Beschwerde) haben **Suspensiveffekt** (der Eintritt der formellen Rechtskraft wird durch fristgerechte Einlegung eines statthaften Rm gehemmt) und **Devolutiveffekt** (Abwälzung in die höhere Instanz). 1

**2. Prüfungsreihenfolge:**

**a) Die Zulässigkeit des Rechtsmittels** ist vor der Begr zu prüfen. Erst nach Bejahung der Zulässigkeit stellt sich die Frage der Begr. Zwar prakt, aber theoretisch bedenkl. ist, bei zweifelhafter Zulässigkeit und offensichtl. Unbegr das Rm als unbegr zurückzuweisen (vgl OLG Köln NJW 1974, 1515 mit Anm. *Gottwald* NJW 1984, 2241). 2

**b) Die Zulässigkeit der Klage gehört** nicht zur Zulässigkeit des Rm, sondern zu seiner Begr.

**3. Zulässigkeitsvoraussetzungen der Berufung:**

**a) Statthaftigkeit**, dh gegen eine Entscheidung der angefochtenen Art muss ein Rm überhaupt gegeben sein, vgl §§ 511, 514 II, 543 ff. Eine falsche Bezeichnung (zB Beschwerde statt Ber) ist unschädlich (BGH NJW 1987, 1204). 3

**b) Beschwer.** Sie ist eine Erscheinungsform des Rechtsschutzbedürfnisses; ob Beschwer vorliegt, ist allein nach verfahrensrechtl. Gesichtspunkten zu beurteilen. Es kommt auf den Vergleich an, worüber rechtskraftfähig entschieden werden sollte und worüber tatsächl. entschieden ist (BGH 50, 263; VersR 1984, 740). Der das ErstU Angreifende (Rechtsmittelkläger) muss **zur Zeit** der Einlegung des Rm (oder spätestens bis zum Ablauf der Rechtsmittelfrist, BGH FamRZ 1973, 621) und noch zum Zeitpunkt der Entscheidung (BGH FamRZ 2004, 1553) beschwert sein. Durch eine zweitinstanzl. Änderung oder Erweiterung der Klage kann die *Beschwer* nicht geschaffen werden (BGH NJW 1988, 2540). 4

Zusätzl. ist erforderl., dass die **Beseitigung dieser Beschwer erstrebt** wird (BGH NJW-RR 1991, 1279; sie wird zB nicht angestrebt, wenn der abgewiesene Kl die Ber nur einlegt, um durch Klageänderung einen neuen Anspruch geltend zu machen (BGH NJW 1996, 3208); auch nicht, wenn ein neuer Hauptantrag gestellt und das erstinstanzl. Begehren nur als Hilfsantrag weiterverfolgt wird (BGH MDR 1996, 1066; sonst aber zul, BGH NJW 1996, 320). Sie wird aber angestrebt, wenn eine Feststellungsklage als unzul abgewiesen wurde und der Kl sein Begehren mit der Ber auf eine Leistungsklage umstellt (BGH NJW 1994, 2098 + 2896). 5

Für den Kl ist formelle Beschwer erforderl., dh der rechtskraftfähige Inhalt der Entscheidung der Vorinstanz (idR nach Maßgabe des Urteilstenors, vgl BGH NJW 1986, 2703) muss hinter dem zuletzt gestellten Antrag zurückbleiben (BGH NJW 1984, 371), zB bei Klageabweisung. 6

7 **Beschwer ist auch vorhanden:** wenn die Klage als unbegründet statt als unzul abgewiesen wird (BGH LM § 511 Nr. 8), wenn bei rechtl. selbstständigen Anträgen der Hauptantrag abgewiesen, dem Hilfsantrag stattgegeben wird (BGH MDR 1985, 40); bei Verurteilung nur Zug-um-Zug statt unbedingt (BGH NJW 1982, 1048). GrundU vgl § 304 Rz 17. -**Sie fehlt** zB, wenn sie nur in den Gründen des Urteils liegt (BGH NJW 1994, 2697). Sie ist entbehrl. bei Ber gegen Scheidungsausspruch (BGH NJW-RR 1987, 387).

8 **Für den Bekl** genügt **materielle Beschwer**, dh eine Beeinträchtigung seiner Rechtsstellung (BGH JZ 1953, 276; 1955, 423; str), das Nachteiligsein der Entscheidung ihrem Inhalt nach, zB wenn er verurteilt wird.

9 **Beschwer ist auch vorhanden:** wenn die Klage als unzul statt unbegr abgewiesen wird (BGH 28, 349; BAG NZA 1986, 480; str); bei Klageabweisung wegen Eventualaufrechnung statt wegen Nichtbestehens der Klageforderung, vgl § 322 II (BGH WM 1977, 416); bei Zurückverweisung durch das BerGer statt Sachabweisung (BGH NJW 1984, 495); durch ein AnerkenntnisU (BGH FamRZ 2003, 1922; NJW 1959, 532; so kann der Bekl geltend machen, es habe kein Anerkenntnis vorgelegen). **Sie fehlt** bei Abweisung als unbegr statt unzul (str); wenn in den Urteilsgründen nachteilige Feststellungen enthalten sind (**aA** OLG Frankfurt FamRZ 1993, 436).

10 Str ist, welche **Bedeutung die Zahlung** der Urteilssumme durch den Bekl *nach* Urteilserlass, aber vor Ber-Einlegung hat. Zahlung nur zur Abwendung der ZwV ändert nichts an der Beschwer. Bei Fehlen klarstellender Begleitumstände fällt *im Zweifel* weder die Beschwer weg noch liegt Erledigung der Hauptsache oder Rm-Verzicht vor (BGH NJW 1994, 942). UU kann dadurch das Rechtsschutzbedürfnis entfallen. Letztl. kommt es auf die Auslegung an, vgl BGH MDR 1976, 1005; OLG Karlsruhe OLGZ 1979, 351; abw KG OLGZ 1989, 330.

11 **c) Rechtsschutzbedürfnis** des Rm-Führers an der Verfahrensdurchführung. Liegt Beschwer vor, besteht es idR. Der Rm-Weg darf aber nicht unnötig, zweckwidrig oder missbräuchl. beschritten werden (BGH NJW 1972, 112; 1975, 539): jedenfalls ist ein Rm auch dann zul und kein Missbrauch, wenn es dem Rechtsmittelführer ausschließl. auf eine Abänderung der ihn belastenden Kostenentscheidung ankommt. Fallgruppen bei §§ 91a, 99 (BGH NJW 1972, 112; 1976, 1267).

12 **d) Beschwerdewert** (zB Ber-Summe), §§ 511 II, 567 II.

13 **e) Form** der Einlegung und Begr, §§ 519, 551, 569.

14 **f) Frist** der Einlegung und Begr, §§ 517, 548, 569, 621e.

15 **4. Entscheidung des Berufungsgerichts** (das ist das LG – ZivK bzw KfH – bzw OLG; § 119 GVG): § 538 **a) Unzulässige Berufung** durch Beschluss (§ 522 I) oder Urteil wird entschieden: zB „Die Berufung des Beklagren gegen das Urteil des AG ... vom ... wird auf Kosten des Beklagten verworfen.“ Kosten § 97 I. **b) Zulässige, aber unbegründete Berufung** wird durch Beschluss „zurückgewiesen“ (§ 522 II), sonst durch Urteil. Kosten § 97 I. **c) Zulässige und begründete Berufung:** Urteil: vgl § 538.

16 **5. Rechtsentscheid** in Mietstreitigkeiten über Wohnraum (§ 541 aF): seit 2002 abgeschafft. Die **Divergenzberufung** (§ 511a II aF) gibt es seit 2002 ebenfalls nicht mehr (ähnl. Funktion hat jetzt § 511 IV Nr. 1).

**6. Reform.** Das Recht der Ber wurde ab 01.01.2002 grundlegend geändert (G v. 27.07.2001, BGBl 1887), sodass frühere Rspr nur beschränkt weiterhin verwertbar ist. Es handelt sich seit 2002 nicht mehr um eine Neuverhandlung des Rechtsstreits, sondern nur noch um eine beschränkte Fehlerkontrolle. Die Rspr seit 2002 ist unübersichtl; von 2002 bis 2006 wurden rund 500 Entscheidungen zum neuen Ber-Recht veröffentlicht. 17

**7. Übergangsrecht** bis 31.12.2011: § 26 EGZPO (Frist durch G v.22.12.2006 verlängert). 18

Formular 279: Übersendung eines amtsgerichtlichen Urteils an den Mandanten mit Rechtsmittelbelehrung

Formular 280: Erinnerungsschreiben an Mandant wegen des Ablaufs der Berufungsfrist

Formular 281: Schreiben an den Berufungsbeklagten bei fristwahrender Berufungseinlegung

## Abschnitt 1
## Berufung

### § 511 ZPO Statthaftigkeit der Berufung

**(1) Die Berufung findet gegen die im ersten Rechtszug erlassenen Endurteile statt.**

**(2) Die Berufung ist nur zulässig, wenn**

**1. der Wert des Beschwerdegegenstandes 600 Euro übersteigt oder**

**2. das Gericht des ersten Rechtszuges die Berufung im Urteil zugelassen hat.**

**(3) Der Berufungskläger hat den Wert nach Absatz 2 Nr. 1 glaubhaft zu machen; zur Versicherung an Eidesstatt darf er nicht zugelassen werden.**

**(4) [1]Das Gericht des ersten Rechtszuges lässt die Berufung zu, wenn**

**1. die Rechtssache grundsätzliche Bedeutung hat oder die Fortbildung des Rechts oder die Sicherung einer einheitlichen Rechtsprechung eine Entscheidung des Berufungsgerichts erfordert und**

**2. die Partei durch das Urteil mit nicht mehr als 600 Euro beschwert ist.**

**[2]Das Berufungsgericht ist an die Zulassung gebunden.**

§ 511 neu ab 01.01.2002 durch G v. 27.07.2001 (BGBl 2001, 1887) und geändert durch G v. 24.08.2004 (BGBl 2004, 2198).

**Lit:** ***Gaier*** NJW 2004, 2041; ***Schneider*** ZAP Fach 13, 41; ***Lechner*** NJW 2004, 3593; ***Gehrlein*** MDR 2004, 661; ***Rixecker*** NJW 2004, 705; ***Braunschneider*** MDR 2006, 1332 (Rspr-Ü); ***Stackmann*** NJW 2007, 9; ***Roth*** JZ 2006, 9.

## Übersicht



1 **1. Statthaftigkeit (Absatz 1). a) Berufungsfähig** sind: EndU (§ 300) des LG, des AG-StreitG, des AG-FamG (soweit nicht nach § 621e, §§ 621 I, 621a I, 621d I, die Beschwerde gegeben ist). Gleich stehen ProzessU, TeilU (§ 301), VorbehaltsU (§§ 302, 599), GrundU (§ 304), AnerkenntnisU (§ 307; BGH FamRZ 2003, 1922), ZwischenU (§§ 240, 303; BGH NJW 2005, 290; Besonderheiten in BGH NJW-RR 2006, 288), ErgänzungsU nach § 321, ZwischenU über die Zulässigkeit der Klage (§ 280). ScheinU (§ 300 Rz 1) zur Beseitigung des Scheins (BGH NJW 1995, 4040; NJW 1996, 1969). – Erlassen ist das Urteil mit Verkündung, bei § 310 III mit Zustellung. Vor Erlass keine Ber.

2 **b) Nicht berufungsfähig** sind zB: VU (hiergegen Einspruch; Ausn § 514 II), KostenU gem § 99. Entscheidet ein zweitinstanzl. Gericht über einen im Wege der Klageänderung *erstmals* bei ihm anhängig gemachten StrG, ist die Entscheidung insoweit nicht mit Ber anfechtbar (BGH NJW-RR 1994, 61). **Revision statt Berufung:** § 566.

3 **c) Anfechtung von inkorrekten Entscheidungen**, dh solchen, die ihrer Art nach falsch sind (zB das Gericht entscheidet bei § 91a II 1 durch Urteil statt durch Beschluss; Beschluss statt Urteil; evtl EndU statt VU, vgl § 338 Rz 1): die hM folgt dem

4 **d) Grundsatz der Meistbegünstigung** (dazu *Schenkel* MDR 2003, 136). Er kommt zum Zug, wenn für den Rm-Führer eine Unklarheit über das einzulegende Rm besteht, die auf einem Fehler oder einer Unklarheit der anzufechtenden Entscheidung beruht (BGH NJW-RR 2003, 277). Er besagt: den Parteien steht sowohl dasjenige Rm zu, welches nach der Art der tatsächl. ergangenen Entscheidung statthaft ist, als auch das, das bei einer in der richtigen Form getroffenen Entscheidung gegeben wäre (BGH NJW 1987, 442); die Partei hat also die Wahl. Das RmG entscheidet darüber in der „richtigen" Entscheidungsform, BGH MDR 1966, 232, str (zB: bei § 91a II 1 ist irrig durch Urteil entschieden; die Partei kann Ber oder sof Beschwerde einlegen; darüber wird durch Beschluss entschieden).

5 **Ausnahme:** wenn bei Entscheidung in korrekter Form kein Rm gegeben wäre, dann ist sie auch in inkorrekter Form nicht anfechtbar (zB wenn bei § 516 III 2 das OLG durch Urteil

statt Beschluss entscheidet), außer sie enthält zusätzl. beschwerende Rechtswirkungen (vgl BGH NJW 1988, 51). Der Grundsatz erweitert also die Anfechtungsmöglichkeit und den Instanzenzug *nicht* (OLG Brandenburg MDR 1996, 635).

**e) Parteien: (1) Berufungskläger** ist die Partei, die in erster Instanz verloren hat (BGH NJW-RR 2005, 118), auch wenn sie im Urteil nicht zutreffend bezeichnet ist (BGH 4, 331; JR 1978, 511); oder: jeder StrGen; der NI; Beteiligte, deren Eintritt als Partei das ErstU abgelehnt hat (§§ 239, 265, 266); Unbeteiligte gem §§ 634, 666 III, 856 II. Zu den Voraussetzungen eines gewillkürten Klägerwechsels in zweiter Instanz vgl BGH NJW 2003, 2172. **(2) Berufungsbeklagter** ist die Gegenpartei erster Instanz. 6

**f) Zulässigkeit der Berufung (Absatz 2). Zwei Alt:** 7

- Erreichen einer bestimmten Berufungssumme (Rz 7 ff.)
- Zulassung durch die untere Instanz (Rz 21 ff.).

**2. § 511 II Nr. 1. Wertberufung:** 7a

Die **Berufungssumme** („Wert des Beschwerdegegenstandes") muss mindestens 600,01 € betragen; vgl § 495a. Auch bei nichtvermögensrechtl. Ansprüchen muss nach der Neufassung die Ber-Summe erreicht sein (Bewertungsproblem!). **Reform:** Eine Erhöhung der Ber-Summe von 600 auf 1000 € ist in der Diskussion (BR-Drucks. 439/07 v. 27.06.2007).
**a) Maßgebender Zeitpunkt** für die Berechnung ist die Einlegung der Berufung, § 4 I (doch kann neues Vorbringen dazu nicht nach § 531 II Nr. 3 ausgeschlossen werden, BGH NJW-RR 2006, 791). **(1)** Eine zunächst *zulässige* Ber kann aber unzul werden, falls sie später *willkürlich* auf einen unterhalb der Ber-Summe liegenden Wert beschränkt wird (BAG NZA 2007, 56); das aber beurteilt sich erst nach dem in mdl Verh verlesenen Ber-Antrag, weil er bis dahin auch wieder erweitert werden kann (BGH FamRZ 2005, 193; NJW 1983, 1063). *Willkür* fehlt zB, wenn dem Ber-Führer nur für den entspr Teilbetrag PKH gewährt wird (OLG Koblenz FamRZ 1996, 557). (2) Ein zunächst beschränkter Ber-Antrag, der die Ber-Summe *unterschreitet*, kann bis zum Schluss der mdl Verh vor dem BerGer erweitert werden, soweit die Erweiterung von der fristgerecht eingereichten Ber-Begründung gedeckt ist; Voraussetzung ist natürl., dass die Beschwer der unterlegenen Partei die Wertgrenze von 600 € übersteigt (BGH NJW-RR 2005, 714).

**b) Berechnung** entspr §§ 3-9 (nicht nach GKG). Ausgangspunkte sind die Beschwer und die Anträge des BerKl. Auch wenn eine SachE eine bestimmte KostenE nach sich zieht, beläuft sich der **Wert des Beschwerdegegenstandes** nicht mindestens auf die Kostensumme, sondern kann niedriger sein (GrS BGH NJW 1995, 665). Der Wert der Beschwer des Bekl kann auch den Wert des StrG übersteigen (BGH NJW 1994, 735: Klage auf Beseitigung einer Eigentumsstörung; Beschwer: Kosten der Ersatzvornahme; anders bei einem ZurückbehaltungsR, BGH NJW-RR 2005, 367). – Bsp: Klage auf 3 000 € wurde abgewiesen (Beschwer des Kl: 3 000 €). Kl beantragt Abänderung des Urteils und Verurteilung des Bekl zur Zahlung von (nur noch) 2 000 €. Ber-Summe: 2 000 €. Wenn Kl unklug ist und nur Abänderung dahin beantragt, dass er 500 € erhält, ist seine Ber unzul (aber: Rz 7a). Beantragt er die Abänderung um 2 000 €, kann das BerGer auch um Beträge unter der Grenze von 600 € abändern, ihm zB nur 50 € zusprechen. 8

**c) Streitwert des Rechtsmittelverfahrens:** § 47 GKG (nach den Anträgen; werden keine Anträge eingereicht: nach der Beschwer).

9 **Einzelfälle:**

**Aufrechnung**: vgl §§ 45 III GKG, 322 II. **Primäraufrechnung:** wenn der Bekl die Klageforderung nicht bestreitet, nur aufrechnet, keine Addition (BGH FamRZ 2004, 1714). **Eventualaufrechnung:** Addition (BGH 48, 212; NJW-RR 1994, 827); zB: Klage über 1 000 € Kaufpreis, Bekl bestreitet und rechnet hilfsweise mit 1 200 € Mietforderung auf, Kl bestreitet die Mietforderung; Urteil: der Klage wird stattgegeben, ua weil die Mietforderung nicht besteht. Beschwer des Bekl: 2 000 €; vgl § 322 II; § 45 III GKG.

**Auskunftsklage:** bei Ber des verurteilten Bekl: Beschwer ist dessen Aufwand an Zeit und Kosten (zur Berücksichtigung der Kosten für die Heranziehung eines Steuerberaters vgl BGH NJW-RR 2007, 724) für die Auskunft (BGH NJW-RR 2007, 724), evtl (vgl BGH NJW 1997, 3246) zusätzl. das Geheimhaltungsinteresse (BGH GrS NJW 1995, 664; 1997, 2528; FamRZ 2005, 1064; st Rspr, verfassungsgem, BVerfG NJW 1997, 2229; **aA** KG NJW-RR 1988, 1214: Interesse des Kl an der Auskunft). Keine Erhöhung des Werts, wenn der Arbeitgeber mit dem Arbeitnehmer eine Geheimhaltung der Bezüge vereinbart hat (BGH NJW 2005, 3349). Da der Aufwand für die Auskunft meist nur einige Stunden beträgt, ist die Ber-Summe beim verurteilten Bekl selten erreicht. Einzelheiten § 3 Rz 11.

10 **Haupt- und Hilfsantrag** wurden in erster Instanz abgewiesen: Werte aller wirtschaftl. selbstständigen Anträge sind zu addieren (BGH NJW 1984, 371; NJW-RR 1994, 701). Hauptantrag in erster Instanz abgewiesen, Hilfsantrag stattgegeben: Wert des Hauptantrags ist für Beschwer entscheidend, nicht die Wertdifferenz (BGH 26, 295).

**Hundehaltung:** zB 1 500 € (LG Hamburg WM 1996, 532).

**Insolvenzfeststellungsklage**: § 182 InsO; die zu erwartende Insolvenzquote, nicht der Nominalwert (OLG Celle ZInsO 2005, 776).

11 **Klageerweiterung** in Ber-Instanz: zählt nicht mit (BGH VersR 1983, 1160).

12 **Kosten** des Verfahrens gem §§ 91 ff.: zählen nicht mit (BGH NJW-RR 1995, 706). Vgl § 4 I. Auch nicht Kosten einer nur teilw erledigten Hauptsache (BGH NJW 1962, 2252).

13 **Mieterhöhungsklagen:** Rspr schwankend; wegen § 9: 3,5-facher Jahresbetrag der str Mietdifferenz (LG Freiburg ZMR 2002, 667; BGH Rpfleger 2004, 585; AnwBl 2003, 597); aA: Jahresbetrag oder mehr wegen § 3 (LG Darmstadt NJW-RR 1997, 775). § 41 GKG betrifft die Gerichtsgebühr und ist daher nicht einschlägig. BVerfG WM 1996, 321, wendet § 9 an.

**Nachbarstreit:** der Wert kann unter 600 € liegen (BGH WuM 2006, 396).

**Parabolantennen.** die Beschwer des Vermieters, der erfolglos auf Beseitigung klagte, richtet sich nach dem Wertverlust, den er durch eine von der Satellitenempfangsantenne verursachte Beeinträchtigung der Substanz und/oder des optischen Gesamteindrucks seines Hauses erleidet (BGH NJW 2006, 2639).

14 **Streitgenossen:** Addition des Werts der Beschwer aller, soweit nicht wirtschaftl. identische StrG vorliegen.

15 **Unbezifferte Klageanträge:** Der Kl muss wenigstens die ungefähre Größenordnung des verlangten Betrags angeben, diese kann auch uU der StrW-Angabe des Kl entnommen werden, ausreichen kann ferner, dass sich der Kl StrW-Festsetzungen stillschweigend als Kennzeichnung zu Eigen macht (BGH NJW 1982, 340). Der Wert der Beschwer des Kl

entspricht dann der Differenz, auch wenn das ErstU die Klage nicht teilw abgewiesen hat (vgl BGH VersR 1984, 739). Kann der Antrag des Kl aber nur so verstanden werden, dass er sich hinsichtl. der Höhe **voll dem Ermessen** des Gerichts unterwerfen wolle, ist er nur beschwert, wenn er nichts erhält oder wenn der zugesprochene Betrag eindeutig den durch den Kl-Vortrag abgesteckten Bereich unterschreitet (BGH NJW 1982, 340; NJW 1993, 2875; OLG Köln, MDR 1988, 62), also ganz unangemessen ist. Bei **Angabe eines Mindestbetrages:** erhält ihn der Kl, ist er idR nicht beschwert (BGH MDR NJW 1992, 311), selbst wenn der Mindestbetrag nicht in den Klageantrag aufgenommen worden ist (BGH NJW 1971, 40) oder wenn das Gericht entgegen dem Kl-Vortrag ein Mitverschulden bejaht (BGH NJW 2002, 212). **Beschwer** für den Kl liegt **ferner** dann vor, wenn zB das Gericht vom Kl behauptete und für Grund/Höhe des Anspruchs wesentl. Tatsachen nicht als erwiesen angesehen hat (vgl BGH NJW 1966, 780).

**Widerklage und Klage** werden (entgegen § 5) addiert, wenn sie verschiedene StrG 16 betreffen (**hM**, weil es bei § 511 anders als bei § 5 auf die wirtschaftl. Bedeutung der Sache ankommt, vgl BGH NJW 1994, 3292; *Oehlers* NJW 1992, 1667; unrichtig *Glaremin* NJW 1992, 1146; OLG Düsseldorf NJW 1992, 3246); vgl § 45 III GKG.

**Zinsen** als Nebenforderungen: zählen nicht mit, § 4, auch wenn sie ausgerechnet werden 17 (BGH NJW-RR 1995, 706). Gelangt nur der Zinsanspruch in die zweite Instanz, wird er dort zur Hauptsache; für die Ber-Summe kommt es auf den Gesamtbetrag der (auch der künftigen) Zinsen an (OLG Köln NJW-RR 1993, 1215).

**Zug-um-Zug-Verurteilung:** Hatte der Kl unbeschränkte Verurteilung beantragt: wirt- 18 schaftl. Wert der zu erbringenden Gegenleistung, nach oben begrenzt durch den Wert des Klageanspruchs (BGH NJW 1982, 1048; MDR 1985, 1022).

**Zurückbehaltungsrecht:** Bekl wird durch die Erfolglosigkeit eines hilfsweise von ihm geltend gemachten Zurückbehaltungsrechts nicht über den Betrag der zuerkannten Klageforderung hinaus beschwert (BGH NJW-RR 1996, 828).

**d) Festsetzung der Berufungssumme** durch das BerGer gem §§ 2, 3 ff. nach seinem 19 freien Ermessen (bei Zahlungsklagen aber: der Geldbetrag), ohne an feste Bewertungsvorschriften gebunden zu sein. Keine Bindung an die StrW-Festsetzung der ersten Instanz (BGH NJW-RR 2005, 219; vorheriger Hinweis notw). Nachprüfung in der Rev-Instanz (auf Rechtsbeschwerde, wenn Ber wegen des zu geringen Wertes als unzul verworfen wird, § 522 I 4) nur auf Ermessensfehler (BGH NJW 1982, 1765), zB das BerGer sei seiner Fragepflicht nach § 139 ZPO nicht nachgekommen oder habe ihm vorliegenden Prozessstoff entgegen § 286 ZPO nicht umfassend gewürdigt (BGH FamRZ 1996, 1331). Deshalb kann auch nicht durch **Streitwertbeschwerde** mit Bindung für das BerGer eine höhere Beschwer geschaffen werden.

**e) Berufung ohne BerSumme: (1)** Gegen bestimmte VU, § 514 II 2; **(2)** AnschlussBer; – 20 **(3) Analoge Anwendung** von § 514 II 2. Vgl § 514 Rz 5.

**3. Glaubhaftmachung der Berufungssumme (Absatz 3).** Bei Zahlungsklagen etc ergibt 21 sich der Wert aus den Akten, Glaubhaftmachung entfällt. Bei Herausgabeklage (zB eines Motorrads) erfolgt sie durch Vortrag entspr Tatsachen, Vorlage von Unterlagen. Das BerGer ist an Glaubhaftmachung nicht gebunden (jeder könnte irgendeinen Wert eidesstattl.

versichern), ggf erfolgt Beweiserhebung über den Wert, aber kein SV-Gutachten von Amts wegen, BGH NJW-RR 1998, 573.

**4. § 511 II Nr. 2. Zulassungsberufung**

22 Liegt der max denkbare Wert der Ber-Summe aus der Sicht des Erstgerichts unter 600,01 €, ist die Ber nur zul, wenn das ErstG (AG, LG) die Ber zugel hat. Die Zulassung überwindet nur das Nichterreichen der Wertgrenze. Bei Beschwer ab 600,01 € ist eine Zulassung überflüssig (§ 511 II Nr. 1), eine Nichtzulassung unbeachtl. (§ 511 IV Nr. 2).

**5. Absatz 4 Satz 1. Zulassungsvoraussetzungen**

Das sind (alternativ)

23 **Nr. 1. a) Grundsätzliche Bedeutung.** Das soll der Fall sein, wenn der Rechtsstreit „eine über den Einzelfall hinausgehende Bedeutung" hat (BT-Drucks 14/4722 S. 93). Vgl § 543 II. Betroffen sein muss die Rechtssache; wirtschaftl. Bedeutung allein ist ungenügend. Bei zweifelhafter Verfassungswidrigkeit der zugrundeliegenden Vorschrift ist nicht § 511 einschlägig, sondern Vorlage an BVerfG nach Art 100 GG.

**b) Erforderliche Fortbildung des Rechts.** Vgl § 543 II.

**c) Sicherung einheitlicher Rspr:** zB wenn das Urteil von einer obergerichtl. Entscheidung abweicht und Anlass besteht, die Rechtsfrage einer abermaligen Klärung zugängl. zu machen (BT-Drucks 14/4722 S. 93). Vgl § 543 II. Nichtzulassung kann im Einzelfall gegen das Willkürverbot des Art 3 I GG verstoßen (BVerfG NJW 2004, 2584).

24 **Zulassung** muss „im Urteil" erfolgen, dh im Tenor oder in den Gründen (BAG DB 1988, 136). Eine Begründung der erfolgten Zulassung in den Entscheidungsgründen ist nicht vorgeschrieben. Schweigt das Urteil, gilt dies als Nichtzulassung. Eine **Nachholung der Zulassung** ist nicht mögl. und wäre unbeachtl.; allenfalls Berichtigung nach § 319 I kommt infrage, wenn Zulassung seinerzeit beschlossen wurde, aber versehentl. nichts ins Urteil aufgenommen wurde; dieses Versehen muss nach außen hervorgetreten und selbst für Dritte ohne Weiteres deutlich sein (BGH NJW 2004, 2389; weil Berichtigung auch durch anderen als den entscheidenden Richter möglich sei); dazu *Haecker* SchlHA 2005, 246. **Anfechtung der Nichtzulassung**: Die Zulassung oder Nichtzulassung ist nicht mit Beschwerde oder sonstwie anfechtbar (auch nicht wegen „greifbarer Gesetzwidrigkeit"; vgl *Proske* NJW 1997, 352); bei Willkür kommt Verfassungsbeschwerde infrage (Art 101 I 2 GG; BVerfG NJW 1995, 581); anders § 544 (Nichtzulassung der Rev, welche anfechtbar ist). Eine ausdrückl. „Nichtzulassung", obwohl der Wert über 600,01 € liegt, ist unzul und gilt als nicht erfolgt. **Teilzulassung** ist mögl. (vgl BGH NJW 1999, 2116 zur Rev), jedenfalls soweit ein TeilU oder eine Teilanfechtung mögl. wäre (**aA** BT-Drucks.14/4722 S. 93). **Unzulässige Beschränkung** führt dazu, dass Beschränkung als nicht existent gilt, zB Beschränkung auf einzelne von mehreren konkurrierenden Anspruchsgrundlagen (BGH VersR 1995, 334).

25 **6. Bindung (Absatz 4 Satz 2).** Das BerGer kann die zugel Ber nicht mit der Begr verwerfen, das erstinstanzl. Gericht habe die Voraussetzungen zu Unrecht angenommen, zB bei einem belanglosen Streit Grundsätzlichkeit bejaht. Vgl aber § 522 II.

**7. Gebühren. Gericht:** GKG-KV 1220 ff. (4,0; drei Ermäßigungstatbestände bei spezieller *Gesamt*erledigung. Die Geb ist nicht vorauszuzahlen (vgl § 12 GKG), eine Änderung ist aber in der Diskussion. In Ehesachen beträgt die Geb nur 3,0 (KV 1320) mit Ermäßigungen in KV 1321, 1322, 1323. **RA:** RVG-VV 3200 ff. (VerfahrensGeb 1,6; TerminsGeb 1,2). 26

27

**Praxishinweise:**

1. Bei der Stufenklage (§ 254) wird über den Auskunftsanspruch durch TeilU entschieden. Dagegen ist Ber mögl., wenn die Beschwer 600 € übersteigt. Damit ist ein immer wieder verkanntes Prozessrisiko verbunden, weil der StrW der Auskunftsstufe nur mit einem Bruchteil des Leistungsbegehrens bewertet wird (§ 254 Rz 5). Zu bemessen ist nur das Interesse des Bekl, die Auskunft nicht erteilen oder die Rechnung nicht legen zu müssen. Der RA muss daher, um die Mindestbeschwer zu erreichen, alle notw Aufwendungen zusammenstellen: Arbeitszeit, Kosten, Beschaffung von Unterlagen, Beauftragung von Hilfskräften u. dgl. Dabei ist zu beachten, dass Gerichte dazu neigen, diese Kosten niedrig zu schätzen, um sich durch Unzulässigkeit der Ber zu entlasten.

2. Wie sich freiwillige Zahlungen zwischen Urteilszustellung und Ber-Einlegung (sog. Zwischeninstanz) auf die Berufungsbeschwer auswirken, ist umstr (*Schneider*, ZAP Fach 13, S. 818 ff.; *Wieczorek/Schütze/Steiner* § 91a Rz 47). Überwiegend wird angenommen, der Kl könne bei nicht mehr hinreichender Beschwer die Hauptsache mit der Ber für erledigt erklären (*Musielak/Ball* Rz 25 vor § 511).

## § 512 ZPO Vorentscheidungen im ersten Rechtszug

**Der Beurteilung des Berufungsgerichts unterliegen auch diejenigen Entscheidungen, die dem Endurteil vorausgegangen sind, sofern sie nicht nach den Vorschriften dieses Gesetzes unanfechtbar oder mit der sofortigen Beschwerde anfechtbar sind.**

§ 512 geändert ab 01.01.2002 durch G v. 27.07.2001 (BGBl 2001, 1887).

1. Nachgeprüft werden vom BerGer ohne bes Rüge vorausgegangene Entscheidungen wie zB bestimmte ZwischenU (§ 303). 1

2. Gebunden ist das BerGer an: -**a)** selbständig mit Beschwerde/Ber anfechtbare Entscheidungen (zB ZwischenU, § 280; GrundU, § 304; Ablehnung eines SV); **b)** unanfechtbare Entscheidungen, zB §§ 46 II, 268, 281 II, 348 II, 355 II. Aber mangelhafte Beweiserhebung ist ein Verfahrensfehler und über § 286 nachprüfbar. 2

## § 513 ZPO Berufungsgründe

**(1) Die Berufung kann nur darauf gestützt werden, dass die Entscheidung auf einer Rechtsverletzung (§ 546) beruht oder nach § 529 zugrunde zu legende Tatsachen eine andere Entscheidung rechtfertigen.**

**(2) Die Berufung kann nicht darauf gestützt werden, dass das Gericht des ersten Rechtszuges seine Zuständigkeit zu Unrecht angenommen hat.**

§ 513 neu ab 01.01.2002 durch G. v. 27.07.2001 (BGBl 2001, 1887).

1 **1. Absatz 1.** Die Ber war früher eine im Wesentl. uneingeschränkte zweite Tatsacheninstanz; nun findet unter grds Bindung an die in erster Instanz getroffenen Tatsachenfeststellungen nur noch eine Fehlerprüfung statt. Gleichwohl ist in vielen Fällen eine Wiederholung der Beweisaufnahme erforderl. (*Geipel* AnwBl 2005, 346), vgl §§ 529, 398. Die **Auslegung einer Individualvereinbarung** ist (auf der Grundlage von § 529) voll nachzuprüfen, ob die Auslegung überzeugt; ist sie zwar *vertretbar*, aber letztl. nicht überzeugend, wird sie vom BerGer ersetzt (BGH NJW 2004, 2751; **aA** KG MDR 2004, 533; OLG München MDR 2004, 122; eigene Auslegung dürfe nicht an die Stelle der Auslegung des ErstU gesetzt werden). Dasselbe gilt für eine **vertretbare Beweiswürdigung** (str, wie vor). Ein Verfahrensfehler liegt vor, wenn die Beweiswürdigung in dem erstinstanzl. Urteil den Anforderungen nicht genügt, die von der Rspr zu § 286 I ZPO entwickelt worden sind, so wenn die Beweiswürdigung unvollständig oder in sich widersprüchl. ist, oder wenn sie gegen Denkgesetze oder Erfahrungssätze verstößt (BGH NJW 2004, 1876). Das BerGer hat die erstinstanzl. **Schmerzensgeldbemessung** auf der Grundlage der nach § 529 maßgebl. Tatsachen gemäß §§ 513 I, 546 in vollem Umfang darauf zu überprüfen, ob sie überzeugt; es darf sich nicht darauf beschränken, die Ermessensausübung der Vorinstanz auf Rechtsfehler zu überprüfen (BGH NJW 2006, 1589). Wegen der Bindung an den im ErstU festgestellten Sachverhalt kann es notw sein, einen **Tatbestandsberichtigungsantrag** zu stellen, wenn der Sachverhalt im Tatbestand des ErstU falsch oder lückenhaft festgestellt ist (vgl *Wach/Kern* NJW 2006, 1315); vgl § 314.

2 **2. Absatz 2.** § 513 II versagt wegen Gleichwertigkeit gleichartiger Gerichte bestimmte Angriffe, zB das erstinstanzl. Gericht, welches seine Zust bejahte, sei örtl. nicht zust gewesen; Folge: Ber ist unzul, wenn *nur* dieser Angriff erfolgt. § 513 II spricht allg von „Zuständigkeit", erfasst also auch ausschließl. (BGH NJW 2005, 1660) und vereinbarte (BGH NJW 2000, 2822) Zust, ferner die sachl. Zust und das Verh ZivK/KfH (beim LG), die Zust einer bestimmten ZivK sowie das Verh FamG – StreitG (beim AG). Dagegen kann die Ber darauf gestützt werden, dass das ErstG seine int Zust zu Unrecht annahm (BGH NJW 2004, 1456; dazu *Rimmelspacher* JZ 2004, 894; str). § 513 II gilt auch für die Rev-Instanz, wenn das BerGer seine Zust zu Unrecht angenommen hat (BGH NJW 2005, 1660).

§ 513 II hindert das BerGer unter Aufhebung des ErstU gem § 281 an ein anderes ErstG zu verweisen (BGH MDR 2005, 265).

Wird dagegen die Klage mangels Zust abgewiesen, ist das Urteil berufungsfähig.

3 Unter § 513 II fällt nicht der richtige **Rechtsweg** und nicht die Abgrenzung **ZivilG – ArbG** (dazu Sonderregelung in § 17a GVG).

4 In der mdl Verh erteilte gerichtl. Hinweise sind zu protokollieren. Geschieht das nicht und ergibt sich auch aus dem Urteil nicht, dass dies auf einem Versehen beruht, kann darauf die Ber wegen einer Rechtsverletzung gestützt werden (BGH NJW 2006, 60, 62).

## § 514 ZPO Versäumnisurteile

**(1) Ein Versäumnisurteil kann von der Partei, gegen die es erlassen ist, mit der Berufung oder Anschlussberufung nicht angefochten werden.**

**(2) [1]Ein Versäumnisurteil, gegen das der Einspruch an sich nicht statthaft ist, unterliegt der Berufung oder Anschlussberufung insoweit, als sie darauf gestützt wird, dass der Fall der schuldhaften Versäumung nicht vorgelegen habe. [2]§ 511 Abs. 2 ist nicht anzuwenden.**

§ 514 neu ab 01.01.2002 durch G v. 27.07.2001 (BGBl 2001, 1887).

**1. Absatz 1.** Gegen ein **echtes Versäumnisurteil** (§ 331 Rz 13) ist nur Einspruch statthaft, § 338, § 514 I (auch wenn es fehlerhaft ergangen ist, OLG Zweibrücken NJW-RR 1997, 1087), keine Ber und keine AnschlussBer (Abs. 1). Gegen ein **unechtes Versäumnisurteil** (Klageabweisung, obwohl der Bekl säumig ist; § 331 Rz 17) ist nur Ber bzw AnschlussBer statthaft. Es kommt auf den Entscheidungsinhalt aus der Sicht des ErstG an, nicht auf die Überschrift (BGH VersR 1976, 251) 1

**2. Absatz 2. Gegen bestimmte Versäumnisurteile** ist kein Einspruch statthaft: wenn nach VU die säumige Partei im Einspruchstermin wieder nicht erscheint, sodass der Einspruch durch sog zweites technisches VU verworfen wird (§ 345); oder wenn es sich nach VoB so verhält; oder wenn unter Verwerfung eines Wiedereinsetzungsgesuchs ein neues VU ergeht (§ 238 II 2). 2

**a)** Die Ber ist in diesen Fällen statthaft, auch wenn die Ber-Summe nicht erreicht ist (§ 514 II 2) und ohne Zulassung, aber nur, wenn in der Begr schlüssig und konkret (BGH VersR 1985, 542) vorgetragen wird, dass **schuldhafte Versäumung nicht vorgelegen habe**, zB: fehlende/verspätete Ladung, Fehler beim Aufruf der Sache im Gericht, unverschuldete Terminversäumung wegen Krankheit, keine schuldhafte Versäumung wegen unklarem Aushangzettel auf der Sitzungstafel, wegen Autopanne, uU Verkehrsstau (BGH MDR 1999, 178); deshalb muss das ErstG auch ca 15 Minuten warten, ehe es ein VU erlässt; kein Verschulden, wenn ein Flug ausfällt (BGH NJW 2007, 2047; OLG Rostock OLG-Report 2006, 628). Vgl die Fälle bei § 233 und bei § 345. Ein RA kann nicht darauf vertrauen, der Gegenanwalt werde „aus Rücksicht" kein VU beantragen (BGH NJW 1991, 42; OLG Stuttgart NJW 1994, 1884). „Versäumung" wird weit ausgelegt, erfasst nicht nur fehlende, sondern auch unabwendbare Säumnis im Einspruchstermin (vgl BGH VersR 1985, 543). Lag nach Meinung des BerGer keine Versäumung vor, wird das VU aufgehoben und die Sache an das ErstG zurückverwiesen, § 538 II Nr. 6. Lag nach Auffassung des BerGer Versäumung vor, wird die Ber zurückgewiesen. 3

**b)** Gilt ein **Vollstreckungsbescheid als 1. Versäumnisurteil** (§ 700 I) und verwirft das zweiten VU den zul Einspruch, kann die Ber auch darauf gestützt werden, dass der VoB verfahrensrechtl. unzul war bzw dass die Klage unzul oder unschlüssig war, vgl § 700 VI (BGH NJW 1991, 43; BGH 73, 87: Erlass trotz rechtzeitigen Widerspruchs; BGH NJW 1986, 2114). Geht ein gewöhnl. VU voraus, wird der Prüfungsumfang nicht in dieser Richtung erweitert (BGH NJW 1999, 2599; dazu *Greger* ZZP 112, 491; *Braun* JZ 1999, 1157). 4

5 **3. § 514 II analog ? Verletzung rechtlichen Gehörs:** früher wurde teils § 514 II (damals § 513 II) analog angewandt, wenn die Fristen des § 128 II nur scheinbar oder schuldlos versäumt wurden (zB LG Aachen MDR 1992, 899) oder bei Verletzung des Art 103 GG (rechtl. Gehör) bei Verfahren nach § 495a, und die Ber-Summe nicht erreicht war: LG Duisburg NJW-RR 1997, 1490 (zu § 495a); dazu BGH NJW 1990, 838 mwN; BVerfG NJW 1999, 1176; NJW 1982, 2368; 1985, 2250; 1986, 2305. Diese Analogie dürfte jedenfalls *teilw* durch den neuen § 321a entbehrl. sein (**aA** *Schneider* MDR 2004, 549). Der Betroffene muss aber jedenfalls Berufung bzw § 321a versuchen, sonst hat er den Rechtsweg vor der Verfassungsbeschwerde nicht erschöpft (BVerfG NJW 1993, 255).

6

**Praxishinweise:**

Zur Frage der Fortgeltung der AusnahmeBer bei Gehörsverletzungen analog § 513 II aF s. § 495a Rz 7, 3.

## § 515 ZPO Verzicht auf Berufung

**Die Wirksamkeit eines Verzichts auf das Recht der Berufung ist nicht davon abhängig, dass der Gegner die Verzichtsleistung angenommen hat.**

§ 515 neu ab 1.1.2002 durch G. v. 27.7.2001 (BGBl 2001 1887).

**Lit:** ***Rimmelspacher*** JuS 1988, 953.

1 **1. Rechtsmittelverzicht vor oder nach Urteilserlass:** Prozesshandlung, einseitige Erklärung (der Gegner muss sie nicht annehmen), Form: ausdrücklich, oder konkludent (BGH 4, 321); in jedem Fall muss aber der klare, eindeutige Wille der Partei zum Ausdruck gebracht werden, sie wolle ernsthaft und endgültig sich mit dem Urteil beruhigen und es nicht anfechten (BGH MDR 1989, 728, NJW-RR 1996, 1203), strenge Anforderungen somit schon beim von einem RA ausgesprochenen Verzicht, erst recht beim Parteiverzicht (BGH NJW 1974, 1249); genügend zB: „Berufung wird nicht eingelegt" (BGH NJW-RR 1991, 1213).

**Ungenügend** zB: die schriftl. Erklärung der Partei, man habe nicht die Absicht, Rm einzulegen und Bitte um Übersendung der Kostenrechnung; Zahlung der Urteilssumme (str); Beschränkung des Rm-Antrags (BGH FamRZ 1989, 1065; anders bei *ausdrücklicher* Beschränkung, BGH NJW 1990, 1118). Ungenügend, wenn auf die Begründung einer § 91a-KostenE verzichtet wird (BGH NJW 2006, 3498; OLG Hamm MDR 2003, 116; m.E. Auslegungsfrage; str).

Der **Verzicht ist nicht widerruflich**, nicht anfechtbar; anders, wenn ein Restitutionsgrund vorliegt (BGH FamRZ 1993, 664; OLG Düsseldorf FamRZ 2006, 966).

2 **Formen des Rechtsmittelverzichts:**

**a) Einseitige Erklärung gegenüber dem Gericht.** Inhalt und Tragweite: wie Verzichtserklärung bei objektiver Betrachtung zu verstehen ist (BGH JurBüro 1981, 1493). Anwaltszwang nach § 78 (BGH NJW-RR 1994, 386; also nicht bei § 78 V). Wirksamkeit des in der mdl Verh erklärten Verzichts hängt nicht davon ab, dass er ordnungsgem (§§ 160 III Nr. 9, 162) protokolliert wird (BGH NJW 1984, 1465), bei fehlender Verlesung/Genehmigung kann der Verzicht auf andere Weise bewiesen werden. Verzicht ist von Amts wegen zu beachten (Ber ist also durch Beschluss als unzul zu verwerfen, BGH 27, 60), ist nicht nach bürgerl. Recht wegen Willensmängeln anfechtbar, vielmehr in seiner Wirksamkeit allein nach Verfahrensrecht zu beurteilen; er ist unwiderrufl. (BGH NJW 1990, 1118), Ausnahme nur bei Vorliegen eines Restitutionsgrundes (BGH 80, 394), vgl §§ 580, 581. **Ehesachen:** Für die Wirksamkeit des Rm-Verzichts kommt es nicht auf die Erklärung der Partei, sondern allein auf diejenige des postulationsfähigen RA an (BGH NJW-RR 1994, 386). Dieser Verzicht des RA ist wirksam, selbst wenn er damit im InnenVerh einer Weisung seiner Partei zuwiderhandelt (BGH FamRZ 1994, 300). Widerruf nur gem § 580. **Einwilligung des Gegners:** Verzicht ist auch nach Beginn der mdl Verh des BerBekl ohne dessen Einwilligung zul (§ 516 I; anders früher § 515 I, BGH NJW 1994, 737).

**b) Einseitige Erklärung gegenüber dem Gegner** (außergerichtl.). Bei Erklärung dem Gericht gegenüber in Anwesenheit des Gegners ist idR kein Wille vorhanden, die Erklärung nur an den Gegner zu richten (BGH 2, 112). Ebenfalls Prozesshandlung (BGH NJW 1985, 2335), nicht anfechtbar. Unterliegt nicht dem Anwaltszwang (BGH NJW 1974, 1249; str). Dieser Verzicht begr für den Gegner nur eine proz Einrede, auf die wiederum verzichtet werden kann; mit Zustimmung des Gegners kann er bis zum Eintritt der Rechtskraft der Entscheidung widerrufen werden (BGH NJW 1985, 2334); vom Gericht ist er erst zu beachten, wenn er durch **Einrede** in das Verfahren eingeführt ist (dann Verwerfung der Ber durch Beschluss, BGH WM 1984, 484); ihr kann die Gegeneinrede des Rechtsmissbrauchs (Verstoß gegen Treu und Glauben, zB weil in Verwirrung/Depression ohne RA-Beistand verzichtet) entgegengesetzt werden (BGH NJW 1968, 794, Scheidungssache); nicht genügt, dass der Gegner in der Vorinstanz seine proz Wahrheitspflicht (§ 138 I) verletzt und damit Anlass zum Verzicht gegeben habe (BGH NJW 1985, 2335). 3

**2. Vertragliche Verpflichtung zum Verzicht vor Urteilserlass:** nach dem früheren § 514 war ein einseitiger Verzicht gegenüber dem Gericht *vor* Urteilserlass nicht mögl.; anders jetzt § 515. Eine Verpflichtung zum Verzicht ist als bürgerl.-rechtl. Vertrag (BGH 28, 45; **aA**: Prozessvertrag) zul, ohne Anwaltszwang (BGH 2, 114), bei Willensmängeln anfechtbar, in § 514 nicht geregelt. Hat nicht zur Folge, dass das später ergehende Urteil schon mit der Verkündung rechtskräftig wird. Wird abredewidrig Ber eingelegt, kann (muss nicht) der Gegner die Einrede erheben, dass der Rm-Führer vertragswidrig handet und das Rm daher unzul ist; erweist sich die Einrede als begründet, wird die Ber als unzul verworfen (BGH 28, 52). Es kann auch wirksam vereinbart werden, dass gegen das zukünftige Urteil nur SprungRev und keine Ber eingelegt werden darf (BGH NJW 1986, 198). 4

**3. Kosten.** Ein Rm-Verzicht kann dazu führen, dass sich die GerichtsGeb erster Instanz ermäßigen (GKG KV 1211 Nr. 2). Für den RA entstehen keine zusätzl. Geb durch den Verzicht. Wenn der RA *nur* mit einem Verzicht beauftragt ist: RVG VV 3403 oder 3404. 5

## § 516 ZPO Zurücknahme der Berufung

**(1) Der Berufungskläger kann die Berufung bis zur Verkündung des Berufungsurteils zurücknehmen.**

**(2) [1]Die Zurücknahme ist dem Gericht gegenüber zu erklären. [2]Sie erfolgt, wenn sie nicht bei der mündlichen Verhandlung erklärt wird, durch Einreichung eines Schriftsatzes.**

**(3) [1]Die Zurücknahme hat den Verlust des eingelegten Rechtsmittels und die Verpflichtung zur Folge, die durch das Rechtsmittel entstandenen Kosten zu tragen. [2]Diese Wirkungen sind durch Beschluss auszusprechen.**

§ 516 neu ab 01.01.2002 durch G v. 27.07.2001 (BGBl 2001, 1887).

1 **1. Absatz 1. Zurücknahme der Berufung** ist zu unterscheiden von Ber-Verzicht (§ 515) und Klagerücknahme (§ 269) in zweiter Instanz, Erledigungserklärung (§ 91a) in zweiter Instanz, Klageverzicht (§ 306). Sie betrifft nur *diese* Ber, sodass uU Ber erneut eingelegt werden kann, evtl in der Ber-Begr liegen kann (BGH 46, 117). Auch eine unzul Ber kann zurückgenommen werden.

2 **Zeitlich** kann die Ber ab Verkündung des BerU nicht mehr zurückgenommen werden (Abs. 1). Vgl *Cube* NJW 2002, 40. Der Verkündung entspricht die Hinausgabe des Verwerfungsbeschlusses nach § 522.

3 **Teilrücknahme** eines abtrennbaren Teils ist mögl. Keine Teilrücknahme liegt vor, wenn Ber ohne Antrag eingelegt wird und dann ein beschränkter Antrag gestellt wird (BGH FamRZ 1989, 1064).

4 **Verpflichtung zur Berufungsrücknahme:** Vereinbarungen der Parteien über Rücknahme von Rm sind zul und auch formlos, außergerichtl., ohne RA-Mitwirkung, wirksam (BGH VersR 1993, 714); hält sich eine Partei nicht daran, kann die andere die Einrede der Arglist erheben; ergibt die Beweisaufnahme, dass die Vereinbarung getroffen wurde, ist das Rm als unzul zu verwerfen (BGH NJW-RR 1987, 307; FamRZ 1989, 268). Einseitige Äußerungen, unverbindl. Inaussichtstellen der Rücknahme, genügen nicht.

5 **Einwilligung des Berufungsbeklagten** war nach § 515 I aF erforderl., damit die Ber nach Beginn der mdl Verh wirksam zurückgenommen werden konnte. § 516 I hat dies beseitigt: der Ber-Einleger kann seine Ber bis zur Urteilsverkündung zurücknehmen, eine Einwilligung des Gegners ist nicht mehr erforderl.

6 **2. Absatz 2. Erklärung der Berufungsrücknahme:** Prozesshandlung, Anwaltszwang besteht (alte Rspr; jetzt durch § 78 nF überholt); ebenso kann die Partei die von ihr selbst eingelegte Ber wirksam zurücknehmen (Gebühren Rz 13). Rücknahme ist bedingungsfeindl. (auch ggü innerproz Vorgang, BGH NJW-RR 1990, 67), nicht wegen Irrtums anfechtbar (str), grds unwiderrufl. (befristet widerrufl. aber in den Fällen der §§ 580, 581: wenn durch vom Prozessgegner verübte Täuschung veranlasst, BGH LM Nr. 10; oder durch strafbare Handlung, BGH 12, 284; NJW 1960, 1764). Auch ein Antrag des BerKl, die Hauptsache für erledigt zu erklären, kann als Ber-Rücknahme zu behandeln sein (BGH 34, 200). Protokollgenehmigung nach §§ 160 III Nr. 8, 162, ist nicht Wirksamkeitsvoraussetzung (OLG Stuttgart FamRZ 1984, 404; str). Zust des Rücknahmeschriftsatzes ist seit

01.07.2002 nicht mehr vorgeschrieben, formlose Mitteilung genügt; vgl § 270. Rücknahme hat zwei Folgen: Verlustigerklärung und Kostentragung, § 516 III.

**3. Absatz 3. Verlustigkeitsbeschluss:** Er schneidet dem BerKl die Möglichkeit ab, seine Ber-Rücknahme und deren Ordnungsmäßigkeit in Zweifel zu ziehen (BGH MDR 1972, 945), Rechtsschutzbedürfnis besteht daher idR. Wenn aber die Frist noch läuft und kein Ber-Verzicht vorliegt, kann die Ber nochmals eingelegt werden. **Bei Streit über die Wirksamkeit** der Ber-Rücknahme: mdl Verh zweckmäßig. Falls Rücknahme wirksam: Beschluss (nicht Urteil, BGH 46, 112), der den Verlust des Rm feststellt; falls Rücknahme unwirksam: Feststellung in den Gründen des ergehenden BerU oder durch ZwischenU, § 303. 7

**Kostenbeschluss:** Entscheidungsbefugnis des **Einzelrichters:** § 527 III Nr. 2. Die Kostentragung richtet sich nach § 516 III 1; daneben sind §§ 95-97, 344 unanwendbar, Kostenregelung einer außergerichtl. Vergleichs ist aber zu beachten (BGH NJW 1989, 39). In Familiensachen gilt nicht teils § 516 III, teils **§ 13a FGG** (so aber OLG München FamRZ 2004, 709; Folge: nimmt Versorgungs-Träger die befr Beschwerde gegen Versorgungsausgleich zurück, muss er keine Kosten erstatten), sondern einheitl. § 516 III (OLG Dresden FamRZ 2002, 1348; OLG Karlsruhe MDR 1984, 59; BayObLG FamRZ 1995, 184; sehr str). Ob die Rücknahme einer *ersten*, aber angebl. nur „zur Fristwahrung" eingelegten Ber Kostenfolgen hat, ist sehr umstr (vgl § 91 Rz 19). Rücknahme der *nur zur Fristsicherung* eingelegten *zweiten* Ber hat nicht die Kostenfolge des Abs. 3 (BGH LM Nr. 11), weil nur *eine* Ber, die in *zwei* Schriftsätzen verkörpert ist, vorliegt (§ 519 Rz 4). Kein **Rechtsschutzbedürfnis** für die Entscheidung, wenn Kosten bezahlt sind (BGH MDR 1972, 945); Rechtsschutzbedürfnis aber, obwohl angebl. keine erstattungsfähigen Kosten entstanden sind (BayObLG FamRZ 1995, 184). 8

**Aufzuerlegende Kosten:** bei Rücknahme einer zul Ber sind dem Rm-Führer im Regelfall auch die Kosten einer zul und durch die Rücknahme wegen § 524 IV hinfälligen **Anschlussberufung** aufzuerlegen (BGH NJW-RR 2005, 727; NJW 1987, 3263; 1983, 578; OLG Frankfurt FamRZ 1992, 81; OLG München NJW-RR 1996, 1280); umstr. Da die Rücknahme der Ber im Belieben des Ber-Führers steht, können die diesbezügl. Kosten dem AnschlussBerKl weder in unmittelbarer noch in entspr Anwendung der §§ 97 I, 516 III 1 auferlegt werden. Anders ist es nach Ansicht des BGH nur dann, wenn das AnschlussRm von vornherein unzul war, der AnschlussRmKl in die Rücknahme des Rm eingewilligt hat oder er das unselbstständige AnschlussRm trotz Rücknahme der Ber eigenständig weiterführt, sodass darüber gesondert entschieden werden muss (BGH FamRZ 2005, 513; NJW-RR 2007, 786); dann ist eine Kostenquotelung gerechtfertigt. 9

Haben **beide Parteien** Ber eingelegt und werden beide Ber zurückgenommen, werden die Kosten gequotelt, § 92 (falsch: „Dem K und dem B werden jeweils die Kosten ihrer Berufung auferlegt"). Wenn der Gegner zunächst selbstständig Ber einlegte und sie dann, weil er seine Begründungsfrist versäumt hat, als AnschlussBer umgedeutet wird, worauf der Ber-Führer seine Ber zurücknimmt, muss er ebenfalls die Kosten der AnschlussBer tragen (BGH NJW-RR 2007, 786; *Katzenstein* NJW 2007, 737; str).

§ 516 III ist auf **Rücknahme einer Beschwerde** entspr anwendbar (BGH LM § 515 aF Nr. 1), vgl Rz 8, desgl auf die Rücknahme der **Nichtzulassungsbeschwerde**, § 565 (BGH FamRZ 2003, 441).

10 **Antrag** des Gegners: ist nicht erforderl., der Beschluss ergeht von Amts wegen „unmittelbar nach Eingang" der Ber-Rücknahme (BT-Drucks.14/4722 S. 94); vorher ist aber rechtl. Gehör zu gewähren.

11 **Anfechtbarkeit des Beschlusses:** uU mit Rechtsbeschwerde, §§ 574 ff. (früher unanfechtbar); zB sinnvoll, wenn Wirksamkeit der Ber-Rücknahme str ist (BGH VersR 1995, 1463).

12 **Streitwert:** nicht Wert der Hauptsache (so aber OLG München MDR 2004, 966; zutr), sondern nach BGH Betrag der Kosten, die in der Ber-Instanz bis zu dem Antrag auf Verlustigerklärung und auf KostenE erwachsen sind (BGH 15, 394; vgl OLG Koblenz JB 1996, 307).

13 **Kosten: Gerichtsgebühr:** sie ermäßigt sich uU bei Rücknahme von 4,0 auf 1,0 bzw 2,0; vgl GKG-KV 1221, 1222. Die Geb wird dem Wert nach § 47 GKG entnommen. Wird die Ber eingelegt und ein Antrag gestellt, richtet sich der Wert der Ber nach dem Antrag (§ 47 I 1 GKG). Wird kein Antrag gestellt, sondern die Ber vorher zurückgenommen, richtet sich der Wert nach dem Maximalwert, nämlich nach der Beschwer (§ 47 I 2 GKG). Es könnte also jemand auf den Gedanken kommen, bevor er die Ber zurücknimmt, einen *geringen* Ber-Antrag zu stellen und *erst dann* die Ber zurück zu nehmen. Bei Rm-Missbrauch wäre das gebührenrechtl. allerdings unerhebl. (vgl OLG Koblenz FamRZ 2005, 1767). Wenn ein Laie (zB gegen ein AG-Urteil) selbst Ber einlegt und dann nach gerichtl. Hinweis selbst zurücknimmt, wird ihm nur die Gebühr GKG KV 1221 (1,0) in Rechnung gestellt. – Der Beschluss nach § 516 III 2 ist GerichtsGeb-frei. **Rechtsanwalt:** Rücknahmeerklärung ist durch RVG-VV 3200, 3202 abgegolten, Kostenantrag ohne zusätzl. Geb, da überflüssig.

## § 517 ZPO Berufungsfrist

**Die Berufungsfrist beträgt einen Monat; sie ist eine Notfrist und beginnt mit der Zustellung des in vollständiger Form abgefassten Urteils, spätestens aber mit dem Ablauf von fünf Monaten nach der Verkündung.**

1 **Beginn der Monatsfrist:**

- nach *wirksamer* **Verkündung** (nicht notw mängelfreier, Verstoß gegen §§ 310 I 2, II, 315 I ist unschädl., BGH NJW 1989, 1156; NJW-RR 1994, 127), § 310;
- mit wirksamer **Zustellung** durch das Gericht, § 317 I (fehlt zB, wenn: zugestellte Ausfertigung gegen § 315 I 2 verstößt, BGH NJW 1980, 1849; unechtes VU ohne Tatbestand und Entscheidungsgründe war, BGH NJW-RR 1991, 255); Ausfertigung formell und inhaltl. nicht geeignet ist, die Entscheidung über Rm-Einlegung zu ermöglichen (BGH VersR 1982, 70; NJW 1984, 1041);
- des in **vollständiger Form** abgefassten Urteils.

Die Frist beginnt **für jede Partei getrennt** mit der Zustellung an sie (BGH VersR 1980, 928), für Streithelfer mit Zustellung an Hauptpartei (BGH NJW 1990, 190; NJW-RR 1997, 865). Bei mehreren PrBev einer Partei ist die erste Zustellung maßgebl. (BGH NJW 1991, 1176). Die Ber-Einlegungsfrist des §517 kann **nicht verlängert** werden (§224 II); bei schuldloser Versäumung kommt Wiedereinsetzung infrage (§233). Die Begründungsfrist beginnt gleichzeitig (!), also nicht erst mit der Einlegung, und kann verlängert werden (§520 II 2). **Fristbeginn bei Urteilsberichtigung** (§319): idR schon mit der Zustellung des teilw unvollständigen Urt. (BGH NJW 2003, 2991; NJW-RR 1993, 1213); eine neue Frist läuft dann (ab Bekanntgabe des Berichtigungsbeschlusses), wenn das Urt. insgesamt nicht klar genug war, um eine Grundlage für den Rm-Entschluss zu bilden, zB bei einem nicht ohne Weiteres erkennbaren Rechenfehler im ursprüngl. Urt. (BGH NJW 1995, 1033). 2

**Nachweis der Zustellung:** Zustellungsurkunde/anwaltl. Empfangsbekenntnis in den Gerichtsakten, §174 (dort Einzelheiten). Entkräftung: §174 Anm.; BGH VersR 1986, 470.

**Beweis der Fristwahrung und der Berufungseinlegung:** fehlt die behauptete Ber-Schrift in den Gerichtsakten oder ist sie verspätet eingegangen, trifft die Beweislast den Ber-Führer. Es gelten die allg Regeln der Tatsachenfeststellung; auch der Freibeweis (BGH NJW 2005, 3501; NJW-RR 1992, 1338). Deshalb können auch eV als Beweismittel berücksichtigt werden. Da deren Beweiswert jedoch ledigl. auf Glaubhaftmachung angelegt ist, wird dies zum Nachweis der Fristwahrung regelmäßig nicht ausreichen. Voller Beweis ist idR erforderl. Insoweit muss dann auf die Vernehmung der Beweispersonen (etwa des Rechtsanwalts oder seines Personals) als Zeugen oder auf andere Beweismittel zurückgegriffen werden (BGH VersR 2006, 568). Zeugenvernehmung (etwa des RA) ist zB notw, wenn Einwurf des Schriftsatzes um 23 Uhr behauptet wird, der Eingangsstempel aber den nächsten Tag zeigt (BGH NJW-RR 2005, 75).

**Fristberechnung:** nach § 222, Notfrist § 224. Wiedereinsetzung nach § 233. zB: Urt.-Zustellung am 01.02. – Fristablauf am 01.03. um 24.00 Uhr. Zustellung am 31.01. – Fristablauf mit dem 28.02.; Zustellung am 28.02. – Fristablauf mit dem 28.03. (BGH NJW 1984, 1358), außer bei § 222 II. 3

**Zur Fristwahrung genügt**, dass das Schriftstück, unterzeichnet von einem beim BerGer zugelassenen RA, bis 24 Uhr des letzten Tages in die Verfügungsgewalt des BerGer gelangt; Einzelheiten § 519 Rz 2 ff. 4

**Fünfmonatsfrist:** bei Verkündung am 01.12. muss also die Ber binnen eines Monats seit dem 01.05., dh spätestens am 01.06., eingelegt werden. Nur der 6. Monat ist eine Notfrist nach §§ 222, 224, 233. Auf die Kenntnis vom Urt. (oder vom Verkündungstermin, BGH FamRZ 2004, 264) kommt es nicht an. Unschädl., wenn eine vom verkündeten Urteil abweichende Ausfertigung zugestellt wurde (BGH FamRZ 2004, 1478). Jedes Urt. kann somit idR mit dem Ablauf von sechs Monaten rechtskräftig werden. Lösung von Unzuträglichkeiten über § 233. **Analoge Anwendung** von § 517 auf der sof Beschwerde unterliegende Beschlüsse (BayObLG NJW-RR 1992, 597), falls der Beschluss der Partei zur Kenntnis gelangte oder verkündet wurde (OLG Hamm JB 1992, 394). **Nicht** auf Einspruch gegen VU oder VoB (BGH 104, 111). Die **Anwendung** der Fünfmonatsfrist kann **ausgeschlossen** sein, wenn die beschwerte Partei im Verhandlungstermin nicht vertreten und zu dem Termin auch nicht ordnungsgemäß geladen war (BGH NJW-RR 1994, 1022). 5

6

**Praxishinweise:**

1. Obwohl das Urt. dem Streithelfer nicht zugestellt wird, ist er als mögl. BerKl an die für die Hauptpartei laufende Rm-Frist gebunden (Rz 2). Damit auch ihm rechtl. Gehör gewährt wird, muss er durch formlose Übersendung des Urt. über den Fristbeginn informiert werden (§ 67 Rz 7, 2).

2. Urteilszustellung an Terminsvertreter ist unwirksam und setzt die Ber-Frist nicht in Lauf (BGH NJW-RR 2207, 356).

## § 518 ZPO Berufungsfrist bei Urteilsergänzung

**[1]Wird innerhalb der Berufungsfrist ein Urteil durch eine nachträgliche Entscheidung ergänzt (§ 321), so beginnt mit der Zustellung der nachträglichen Entscheidung der Lauf der Berufungsfrist auch für die Berufung gegen das zuerst ergangene Urteil von neuem. [2]Wird gegen beide Urteile von derselben Partei Berufung eingelegt, so sind beide Berufungen miteinander zu verbinden.**

1 **1. a) § 518 gilt** auch für die Fälle, auf die § 321 entspr anwendbar ist; ferner, wenn das ErgänzungsU vor (nicht nur „innerhalb") Ablauf der Ber-Frist erlassen wurde (BGH LM Nr. 2); § 518 ist auf die Rev-Frist entspr anzuwenden (BGH LM Nr. 1). Das ErgänzungsU muss für sich nicht anfechtbar sein (zB fehlende Beschwer, RG 151, 304; str). **b) § 518 betrifft nicht** Berichtigungen nach §§ 319, 320 (dann: keine neue Ber-Frist, BGH VersR 1991, 120; neue Frist aber, wenn erst die Berichtigung den Rm-Gegner erkennen lässt, BGH NJW 1991, 1834) und den Fall, dass das ErgänzungsU erst nach Ablauf der Ber-Frist für das Hauptturteil erlassen ist (dann: zwei selbstständige Rm-Fristen, RG 151, 309).

2 **2. Satz 2:** Abweichung von § 147 („sind" statt „kann").

## § 519 ZPO Berufungsschrift

**(1) Die Berufung wird durch Einreichung der Berufungsschrift bei dem Berufungsgericht eingelegt.**

**(2) Die Berufungsschrift muss enthalten:**

**1. die Bezeichnung des Urteils, gegen das die Berufung gerichtet wird;**

**2. die Erklärung, dass gegen dieses Urteil Berufung eingelegt werde.**

**(3) Mit der Berufungsschrift soll eine Ausfertigung oder beglaubigte Abschrift des angefochtenen Urteils vorgelegt werden.**

**(4) Die allgemeinen Vorschriften über die vorbereitenden Schriftsätze sind auch auf die Berufungsschrift anzuwenden.**

## Übersicht



**1. Einlegung der Berufung, Absatz 1:** einseitige Prozesshandlung der Partei (BGH VersR 1983, 59). Bei Unklarheiten nimmt der BGH die Auslegung selbst vor. Die Zulässigkeit eines Rm ist auch gegeben, wenn die Rm-Schrift zwar unvollständige oder unrichtige Angaben enthält, das wirkl. Gewollte für Gericht und Prozessgegner aber zutage tritt (BGH NJW-RR 2006, 1570). 1

**a) Keine Bedingung.** Die Einlegung darf nicht unter einer Bedingung erfolgen, zB dass PKH bewilligt wird (BGH FamRZ 2007, 895; 2004, 1553; 2005, 1537). Die Deutung, dass ein Schriftsatz nicht als unbedingte Ber bestimmt war, kommt nur dann in Betracht, wenn sich dies aus den Begleitumständen mit einer *jeden* vernünftigen Zweifel ausschließenden Deutlichkeit ergibt (BGH NJW 1988, 2046; NJW-RR 2007, 780). Unschädl. ist, wenn Ber eingereicht, „eine Durchführung" aber von PKH-Bewilligung abhängig gemacht wird (BGH FamRZ 2004, 1553). Es bleibt die Möglichkeiten, entweder PKH für eine Ber zu beantragen und nach Fristablauf dann WE (§ 233) zu beantragen und die Ber einzulegen; oder Ber einzulegen und gleichzeitig den PKH- Antrag zu stellen (wenn die Ber auf jeden Fall, auch bei PKH-Ablehnung, durchgeführt werden soll), wobei dann die Ber fristgerecht zu begründen ist.

**b) Eingang:** der Schriftsatz muss nur in die Verfügungsgewalt des Gerichts gelangen (BGH NJW 1987, 2586), zB durch Einwurf in den Tagesbriefkasten oder Einsortieren in ein Postfach des Gerichts (BGH NJW 1986, 2646) bis 24 Uhr, auch wenn nach den Umständen nicht damit zu rechnen ist, dass die Gerichtsbediensteten an diesem Tag noch davon Kenntnis nehmen. Ein Annahmeakt eines Gerichtsbediensteten ist nicht notw (BGH VersR 1981, 1182). Beim **Telefax** kommt es auf den Zeitpunkt des Ausdrucks (mit RA-Unterschrift!) vom (fehlerfreien) Empfangsgerät an (BGH NJW 1994, 2097; BayObLG NJW 1995, 668). 2

**c) Eingang bei dem Berufungsgericht:** BerGer ist das LG bzw OLG, vgl §§ 72, 119 GVG; bei dem Gericht, dessen Urteil angefochten wird, kann also die Ber *nicht* eingereicht werden (anders als die Beschwerde, § 569). Das Risiko, das richtige BerGer zu treffen, hat der Ber-Einleger (eine Rm-Belehrung wird nicht erteilt, ausgenommen im Falle § 119 III, IV GVG). Besonders **gefährlich ist hier § 119 I Nr. 1b, c GVG**: BerGer ist gegenüber dem AG das OLG (und nicht das LG) in drei Fällen: **(1)** Familiensachen; **(2)** Auslandswohnsitz einer Partei; **(3)** Anwendung ausl Rechts durch das AG. – Bez der 3

Abgrenzung Familien-/Nichtfamiliensachen gilt die formelle Anknüpfung, § 119 GVG Rz 1. **Gefährlich ferner § 72 GVG:** in WEG-Sachen sind nur bestimmte LG BerGer. **Bei gemeinsamer Einlaufstelle** von OLG/LG ist ein Schriftsatz bei dem Gericht eingereicht, an das er gerichtet ist (BGH NJW-RR 1993, 254) bzw für das er bestimmt ist (was sich durch die Adresse oder in sonstiger Weise, zB durch Angabe des OLG-Aktenzeichens ergibt, BGH NJW 1992, 1047); eine für das OLG bestimmte, jedoch irrig an das LG adressierte Ber-Schrift wahrt die Frist nicht, wenn sie (nach Weiterleitung) erst nach Fristablauf beim OLG eingeht (BGH NJW 1994, 1354; NJW-RR 1997, 892; BAG NJW 1988, 3229); bei zögerl. Weiterleitung evtl Wiedereinsetzung. Eingang bei einem auswärtigen Senat genügt (BGH NJW 1967, 107; OLG Karlsruhe NJW 1984, 744). Zum Nachweis rechtzeitigen Einwurfs in den Nachtbriefkasten (dessen Uhr uU nicht funktioniert) vgl BGH VersR 1984, 442; NJW-RR 2005, 75; § 517 Rz 2.

4 **d) Mehrfache Einlegung der Berufung** (*Pantle* NJW 1988, 2773): zB durch zwei verschiedene RA derselben Partei (BGH NJW 1993, 269) oder bei Zweifeln über die Ordnungsmäßigkeit der ersten Ber, ist zul (BGH NJW 1991, 1116; 1993, 269), als zweite Einlegung kann die BerBegr-Schrift gelten (BGH VersR 1978, 720) oder die Einlegung durch den Streithelfer (BGH MDR 1985, 751). Die Ber von Hauptpartei und Streithelfer ist ein einheitl. Rml (BGH NJW-RR 2006, 644), über das einheitl. zu entscheiden ist. Führt eine der eingelegten Ber zu einer sachl. Überprüfung des angefochtenen Urteils, dann darf die früher eingelegte und noch nicht rechtskräftig beschiedene Ber nicht (kostenpflichtig) als unzul verworfen werden, vielmehr ist einheitl. über das *eine* Rm (das nur in verschiedenen Schriftsätzen verkörpert wurde) sachl. zu entscheiden (BGH VersR 1978, 720), das unzul ist gegenstandslos (BGH NJW 1985, 2480).

5 **2. Inhalt der Berufungsschrift, Absatz 2.** Fehlt eines der Erfordernisse a)-e) bei Ablauf der Ber-Frist, ist die Ber unzul.

**a) Schriftsatz eines beim Berufungsgericht zugelassenen RA.** Durch die Neufassung des § 78 (26.03.2007) gibt es hier kaum mehr Zulassungsprobleme. Zur Telekommunikation vgl *Buckenberger* NJW 1983, 1475; *Hohmann* NJW-CoR 1989, 29; *Wolf* NJW 1989, 2529):

6 Ein **Telegramm** (auch telefonisch, per Fax oder über Internet aufgegeben) genügt (BGH NJW 1986, 2646; 1989, 589); es muss zumindest vor Fristablauf ins Postfach des RmG einsortiert werden. Absenderangabe muss in den Text mit aufgenommen werden, weil die Absenderangabe auf dem Telegrammformular nicht mit telegraphiert wird. „Kanzlei Y" genügt dabei nicht, der Name des erklärenden RA muss angeführt werden (BAG DB 1984, 1688). Auf handschriftl. Unterschrift wird verzichtet, weil sie technisch unmögl. ist.

**Fernschreiben** genügen, auf die handschriftl. Unterschrift wird verzichtet; beim BerGer muss aber ein Empfangsgerät installiert sein.

**Telefax, Telekopie** genügt (allgM, *Ebnet* NJW 1992, 2985). Das Original muss aber handschriftl. unterschrieben sein (ungenügend zB ein Stempel), das Unterschriftsbild muss in Kopie ankommen (BGH NJW 1990, 188). Beim BerGer usw. muss ein Empfangsgerät installiert sein (BGH NJW 1989, 589; BAG NJW 1990, 3165). Dem Fax ist nicht unverzügl. ein herkömml. **Originalschriftsatz nachzureichen**, vgl § 130 Rz 1. **Computerfax mit eingescannter Unterschrift** genügt (BGH NJW 2000, 2340): hier wird der Schriftsatz im Absender-Computer verfasst, die Unterschrift wird hinzugescannt, das Ganze wird im Gerichts-Faxgerät als Fax ausgedruckt; Problem: es fehlt allseits eine Originalunterschrift, Unterschriften kann auch das informierte Personal ohne Wissen des RA einscannen.

**Einfache Fotokopie** eines Schriftsatzes genügt nicht; ebenso nicht Telefonat des RA. 7

**Fristwahrung:** Das Telefax ist in dem Zeitpunkt beim RmG zugegangen, in dem es vom 8 Empfangsgerät des Gerichts vollständig empfangen worden ist (BGH NJW 2007, 2045), auch wenn es vom Gericht erst *später* ausgedruckt wird; auch wenn der Zeitpunkt der Speicherung nach Dienstschluss liegt und die Geschäftsstelle nicht besetzt ist; unlesbarer Eingang infolge technischen Fehlers des *Gerichts*-Empfangsgeräts ist unschädl. (BGH FamRZ 1991, 548; NJW 1994, 1881); Ausdruck im Apparat der Staatsanwaltschaft genügt nur, wenn das Gericht die Faxnummer der StA im Briefkopf führt (BGH NJW 1987, 2586).

**b) Schriftsatz mit eigenhändiger Unterschrift** eines beim BerGer zugelassenen RA 9 (oder amtl. bestellten Vertreters, BGH NJW 1990, 1305). Ungenügend Unterzeichnung nach Fristablauf (BGH VersR 1980, 331). Fehlende Unterschrift kann nicht dadurch ersetzt werden, dass der RA den Schriftsatz pers in den Gerichtseinlauf bringt (BGH NJW 1980, 291; BVerwG NJW 1991, 120); ein fest verbundenes Begleitschreiben kann uU helfen (BGH NJW 1986, 1760); Unterzeichnung nur des RA-Beglaubigungsvermerks kann uU ausreichen (BGH NJW-RR 2004, 1364; BAG DB 1993, 1148). Die Unterzeichnung mit dem Zusatz „i.A." kann genügen (§ 130 Rz 3). – Beim Telegramm, Fernschreiben ist die eigenhändige Unterschrift nicht übertragbar und daher entbehrl. (BGH NJW 1986, 1759); beim Telefax muss die eigenhändige Unterschrift des Absenders wiedergegeben werden (BAG NZA 1986, 578). Beim Computerfax genügt eingescannte Unterschrift (BGH NJW 2000, 2340).

Die **Unterschrift braucht nicht leserlich zu sein;** es muss aber ein die Identität des Unter- 10 schreibenden ausreichend kennzeichnender individueller Schriftzug vorliegen, der einmalig ist, entsprechende charakteristische Merkmale aufweist und sich als Unterschrift eines Namens darstellt. Ungenügend ist der Anfangsbuchstabe, Handzeichen/Parafe (BGH NJW 1975, 1704), Faksimilestempel (BGH NJW 1976, 996). Einzelne Buchstaben müssen erkennbar sein (BGH VersR 1974, 809). Zumindest die Autorenschaft und die Absicht, eine volle Unterschrift zu leisten, müssen erkennbar sein (BGH NJW 2005, 3775). Vgl § 130 Rz 5. Es muss erkennbar sein, wer überhaupt unterschrieben hat (vgl BGH VersR 2006, 387).

**c) Bezeichnung des angefochtenen Urteils, Absatz 2 Nr. 1:** dh Parteien, Gericht, Akten- 11 zeichen, Verkündungsdatum; notw ist, dass der Prozessgegner und innerhalb der Ber-Frist auch das BerGer in der Lage sind, sich Gewissheit über die Identität des angefochtenen Urteils zu verschaffen: bei Fehlbezeichnung des Gerichts, dessen Urteil angefochten ist, zB aus der gem § 519 III beigefügten Urteilsausfertigung (BGH NJW-RR 1989, 958) oder den schon vorliegenden erstinstanzl. Akten (BGH FamRZ 1988, 830) oder den Umständen des Einzelfalls (BGH NJW 1989, 2395 + 2396; NJW 1993, 1719; BAG NZA 1997, 456). Fehlerhafte Angabe des erstinstanzl. **Aktenzeichens** beeinträchtigt nicht die Wirksamkeit einer Ber-Schrift, wenn aufgrund der sonstigen Angaben kein Zweifel bestehen kann, welches Urteil angefochten wird (BGH FamRZ 2006, 1117; NJW-RR 2006, 1003).

**d) Erklärung**, dass Ber eingelegt werde, **Absatz 2 Nr. 2.** Das Wort „Berufung" muss 12 nicht benutzt werden (BGH NJW-RR 1998, 507). Bedingte oder hilfsweise Ber ist unzul,

Rz 1. Eine formgerechte Ber darf nur dann als bloßer Entwurf etc gedeutet werden, wenn sich dies aus den Begleitumständen zweifelsfrei ergibt (BGH NJW 2002, 1352).

13 **e) Angabe, für wen und gegen wen die Berufung eingelegt wird** (BGH NJW-RR 2006, 284; NJW-RR 2004, 572); dieses Kriterium steht nicht im Gesetz. Es genügt, wenn innerhalb der Rm-Frist (trotz unrichtiger Bezeichnung des RmKl, nämlich Bekl statt Kl) beim Gericht und Gegner *keine vernünftigen Zweifel* über die Person des RmKl aufkommen können (BGH NJW-RR 2007, 413; NJW 1996, 320), wenn sie sich aus den anderen dem BerGer vorliegenden Unterlagen innerhalb der Ber-Frist eindeutig entnehmen lässt (BGH NJW 1991, 2775; BVerfG NJW 1991, 3140), zB aus dem beigefügten erstinstanzl. Urteil (BGH NJW 1994, 1878). Das Fehlen des Wortes „Berufungsbeklagter" etc ist unschädl., wenn Auslegung weiterhilft (BGH NJW 2002, 831); ebenso Vertauschen der Parteibezeichnungen (BGH NJW-RR 2004, 851; enger BGH NJW-RR 2004, 572). Mdl/tel Erläuterungen *unzureichend*, auch wenn sie beim Gericht aktenkundig gemacht werden (BGH NJW 1997, 3383). Fehlerhaft zB, wenn anstelle des BerBekl G die G-GmbH aufgeführt ist (BGH NJW 1985, 2651). Die **ladungsfähigen Anschriften** des BerBekl (BGH NJW 1976, 108) und/oder des BerKl bzw des PrBev müssen nicht angegeben werden (BGH NJW 2005, 3773; 1988, 2114; BAG BB 1987, 200).

14 **f) Bei mehreren Streitgenossen** müssen alle StrGen genannt werden, die Rm-Führer sein sollen (BGH VersR 1985, 971; NJW 1993, 2943). Klar muss sein, ob die Ber auch für einen DrittwiderBekl eingelegt wird (BGH NJW-RR 2006, 284). Keine strengen Anforderungen dagegen an die Bezeichnung der Rm-Gegner; dabei ist vom Grundsatz auszugehen, dass ein Rm sich im Zweifel gegen die gesamte angefochtene Entscheidung als solche richtet, weshalb bei mehreren StrGen die Bezeichnung des im Rubrum an erster Stelle Stehenden genügen kann (BGH VersR 1983, 984; 1985, 971; strenger BGH NJW 2003, 3203).

Beispiele: „In Sachen Kling (RA X) gegen Beck (RA Y) lege ich namens des Klägers Kling gegen Beck gegen das Urteil des LG Adorf vom .. Aktenzeichen 1.O...., Berufung ein." Gefährl. sind folgende Fälle: ErstU richtete sich gegen die Beklagten A, B und C. „Ich lege Berufung gegen A u.a. ein" (richtet sich die Ber auch gegen C ?). „In Sachen Kling gegen Beck lege ich Ber ein." (für wen, gegen wen, wogegen ?).

15 **3. Absatz 3, 4** sind nur Ordnungsvorschriften. Vgl §§ 130 ff.

16

**Praxishinweise:**

Für die Auslegung der Parteiangaben (Rz 13) gilt §133 BGB, wonach der wirkl. Wille zu erforschen ist. Beispiel: Sind nach einem Verkehrsunfall Halter, Fahrer und Versicherer als Gesamtschuldner verklagt worden, dann sind bei der Ber gegen ein klageabweisendes Urteil alle drei Bekl auch dann als BerBekl anzusehen, wenn in der Ber-Schrift der Name eines Bekl ausgelassen worden ist (OLG Hamm r + s 2000, 199).

Formular 282: Berufungsschrift des Klägers

Formular 283: Berufungsschrift des Beklagten

## § 520 ZPO Berufungsbegründung

**(1) Der Berufungskläger muss die Berufung begründen.**

**(2) [1]Die Frist für die Berufungsbegründung beträgt zwei Monate und beginnt mit der Zustellung des in vollständiger Form abgefassten Urteils, spätestens aber mit Ablauf von fünf Monaten nach der Verkündung. [2]Die Frist kann auf Antrag von dem Vorsitzenden verlängert werden, wenn der Gegner einwilligt. [3]Ohne Einwilligung kann die Frist um bis zu einem Monat verlängert werden, wenn nach freier Überzeugung des Vorsitzenden der Rechtsstreit durch die Verlängerung nicht verzögert wird oder wenn der Berufungskläger erhebliche Gründe darlegt.**

**(3) [1]Die Berufungsbegründung ist, sofern sie nicht bereits in der Berufungsschrift enthalten ist, in einem Schriftsatz bei dem Berufungsgericht einzureichen. [2]Die Berufungsbegründung muss enthalten:**

**1. die Erklärung, inwieweit das Urteil angefochten wird und welche Abänderungen des Urteils beantragt werden (Berufungsanträge);**

**2. die Bezeichnung der Umstände, aus denen sich die Rechtsverletzung und deren Erheblichkeit für die angefochtene Entscheidung ergibt;**

**3. die Bezeichnung konkreter Anhaltspunkte, die Zweifel an der Richtigkeit oder Vollständigkeit der Tatsachenfeststellungen im angefochtenen Urteil begründen und deshalb eine erneute Feststellung gebieten;**

**4. die Bezeichnung der neuen Angriffs- und Verteidigungsmittel sowie der Tatsachen, auf Grund derer die neuen Angriffs- und Verteidigungsmittel nach § 531 Abs. 2 zuzulassen sind.**

**(4) Die Berufungsbegründung soll ferner enthalten:**

**1. die Angabe des Wertes des nicht in einer bestimmten Geldsumme bestehenden Beschwerdegegenstandes, wenn von ihm die Zulässigkeit der Berufung abhängt;**

**2. eine Äußerung dazu, ob einer Entscheidung der Sache durch den Einzelrichter Gründe entgegenstehen.**

**(5) Die allgemeinen Vorschriften über die vorbereitenden Schriftsätze sind auch auf die Berufungsbegründung anzuwenden.**

§ 520 neu ab 01.01.2002 durch G v. 27.07.2001 (BGBl 2001, 1887).

**Lit:** ***Stackmann*** NJW 2003, 169; ***Schneider*** MDR 2005, 61.

### Übersicht

1 **1. Begründungszwang, Absatz 1.** Erfolgt keine Begründung in der Ber-Schrift oder in einer gesonderten Begr-Schrift (vgl Absatz 3 Satz 1), muss die Ber als unzul verworfen werden; § 522 I.

2 **a) Der Schriftsatz** muss nicht unbedingt vom RA selbst verfasst sein, dieser muss sich aber den Inhalt zu Eigen machen und die Verantwortung dafür übernehmen (BGH NJW 1989, 3022). Schädl. ist es deshalb, wenn der RA Schriftsätze, die nach der Diktion und dem Erscheinungsbild eindeutig als solche des Mandanten zu erkennen sind („Deshalb bitte ich Sie, Herr RA, Folgendes dem OLG zu schreiben ...") einfach unterschreibt (vgl BGH NJW-RR 2006, 342). Der Schriftsatz muss zur Begr bestimmt sein (Antrag auf PKH, auf Einstellung der ZwV, kann genügen; BGH VersR 1986, 91; FamRZ 1989, 894). Ausreichend ist ein Telefax usw., vgl § 519 Rz 6. – Der Streitgehilfe kann die Ber des BerKl begr.

3 Die **Berufungsbegründung kann als Wiederholung der Berufung aufzufassen sein** (BGH LM § 518 Nr. 9; FamRZ 1993, 1427; wichtig bei Fristvers.).

4 **b) Eigenhändige Unterschrift** eines beim BerGer zugelassenen RA ist erforderl., vgl § 519 Rz 9; § 78 (Fassung 2007); § 130 Rz 5.

5 **2. Begründungsfrist, Absatz 2 Satz 1.** Sie beträgt zwei Monate (früher: ein Monat) und ist keine Notfrist; WE ist aber mögl. (§ 233), selbst wenn die Ber schon als unzul verworfen worden ist.

6 **Beginn der Zweimonatsfrist:** mit der Zustellung des Urteils; fehlt eine Zustellung: fünf Monate nach Verkündung, vgl § 517 aE (vor 2002 begann die Frist mit Einlegung der Ber). Der Lauf der Frist wird durch ein **Wiedereinsetzungsverfahren** oder durch einen Ber-Verwerfungsbeschluss nicht berührt (BGH FamRZ 2004, 1783; VersR 1987, 764; 1986, 788); wird also verspätet Ber eingelegt und WE begehrt, ist innerhalb der Frist zu begr (obwohl ihre Zulässigkeit noch offen ist!) und nicht erst ab WE-Gewährung gegen die Versäumung der Ber-Frist, auch wenn inzwischen die Ber verworfen wurde. Der Lauf der BerBegr-Frist beginnt auch dann nach § 520 II 1, wenn der Rm-Führer **PKH** beantragt und deshalb an der Einhaltung dieser Frist gehindert ist; ihm steht in diesen Fällen nach Wegfall des Hindernisses die WE-Frist von einem Monat zur Verfügung, innerhalb deren die versäumte Prozesshandlung nachzuholen ist (BGH NJW 2006, 2857; anders vor dem G v. 22.08.2004; damals: BGH NJW 2003, 3275). – Zur Frist nach Aussetzung des Verfahrens BVerfG NJW-RR 1997, 188.

7 **Ende der Frist:** zwei Monate nach dem Beginn (um 24.00 Uhr), Berechnung nach § 222. Zur Wahrung genügt der Einwurf in einen Tagesbriefkasten des BerGer (BGH NJW 1981, 1216). Über Telefax usw. vgl § 519 Rz 6 ff. Wenn die Begr per Fax eingereicht wird, muss die Seite, die die Unterschrift enthält, spätestens um 24.00 Uhr eingehen (vgl BGH NJW 2006, 3500); deshalb sollte in den Notfällen (20 Seiten Fax um

23.57 Uhr gesendet) jede Seite unterschrieben werden. Für die Beurteilung der Rechtzeitigkeit des Eingangs kommt es nicht darauf an, ob die übermittelten Daten vom Empfangsgerät des Gerichts vor Fristablauf vollständig ausgedruckt worden sind; vielmehr genügt es, dass die gesendeten Signale noch vor Ablauf des letzten Tages der Frist vom Telefaxgerät des Gerichts vollständig empfangen (gespeichert) worden sind (BGH NJW 2006, 2263).

Beispiele: 8

| **Urteilszustellung** | **Fristablauf für Berufungsbegründung (letzter Tag)** |
|---|---|
| 29.02. | 29.04., nicht 01.05. (vgl BGH NJW 1985, 495). |
| 14.06. | 14.08. (Gerichtsferien sind abgeschafft) |
| | Fällt das Fristende auf einen Samstag, Sonntag oder allg Feiertag, läuft die Frist erst am folgenden Werktag ab, § 222 III. |

**Beweislast:** Die Rechtzeitigkeit muss zur vollen Überzeugung des BerGer vom BerKl 9 bewiesen werden (BGH NJW-RR 2005, 75; VersR 1984, 442: mangelhafte Schaltuhr des Nachtbriefkastens; VersR 1986, 60; *Schlee* AnwBl 1986, 339).

**3. Fristverlängerung, Absatz 2 Satz 2 und Satz 3.** Auf schriftl. Antrag, der dem Anwalt- 10 szwang (§ 78) unterliegt und der der Unterschrift des RA bedarf. Bei wiederholter Verlängerung: § 225 II. Keine Verkürzung, § 224 II. Ablehnung der Verlängerung (Vors ist zust) ist unanfechtbar, § 225 III (BGH VersR 1980, 772), Bewilligung ebenfalls. Zwei **Fallgruppen:**

**a) Verlängerung ohne Einwilligung des Gegners** (S. 3): hier kann der Vors nur um bis zu einem Monat verlängern, und nur, wenn keine Verzögerung eintritt (logisch nicht mögl.!) oder erhebl. Gründe vom ASt dargelegt werden. Wird ohne Einwilligung um mehr als einen Monat verlängert, ist dies gleichwohl wirksam. **Erhebliche Gründe** sind zB: unvorhergesehene Arbeitsüberlastung (vgl BGH VersR 1993, 771), Erkrankung, sich unvorhersehbar ergebende Notwendigkeit nochmaliger Rücksprache mit der Partei; Fortbildungslehrgang des RA und deshalb Unmöglichkeit nochmaliger, aber notw Rücksprache mit Mandanten (BGH NJW 1994, 2957). Nicht genügen: pauschale Gründe (LAG Düsseldorf VersR 1994, 1208).

**b) Verlängerung mit Einwilligung des Gegners** (S. 2): hier ist eine beliebig lange Verlängerung zulässig, aber auch eine Ablehnung („kann"); keine Bindung an den übereinstimmenden Antrag, keine Bindung an Zeitangaben des Einwilligenden oder des ASt. Einwilligung kann vom Gegner formlos, zB tel, erklärt werden (BGH NJW 2005, 72), gegenüber dem Gericht oder gegenüber dem ASt, aber wohl nicht bei Schweigen auf einen Verlängerungsantrag unterstellt werden. Dem Gericht muss sie nicht schriftl. nachgewiesen werden, es genügt anwaltliche Versicherung dessen, der die Einwilligung behauptet (BGH NJW 2005, 72). Im Regelfall muss die Einwilligung ausdrückl. dargelegt werden; ausnahmsweise reicht eine konkludente Darlegung aus, etwa wenn sich die Einwilligung des Gegners zweifelsfrei aus dem Zusammenhang des Antrags mit bereits zuvor gestellten Verlängerungsanträgen ergibt (BGH NJW 2006, 2192). Verlängerung ist auch wirksam, wenn Einwilligung in Wahrheit nicht vorlag; „Missverständnis" (BGH NJW 2004, 1460).

11 **Der Verlängerungsantrag** muss grds *vor* Fristablauf beim BerGer eingehen (BGH NJW 1982, 1651; 1992, 842; Beweiserhebung, wenn Eingangszeitpunkt str: BGH VersR 1991, 896; Rz 9): es kann aber ausreichen, wenn der Antrag rechtzeitig (zB zwei Tage vorher) abgesandt worden ist und wegen Postverzögerung erst *nach* Ablauf der Begr-Frist beim BerGer eintrifft (BGH WM 1983, 477).

12 **Die Verlängerung** kann noch *nach* Ablauf der Frist (ohne zeitliche Grenze) erfolgen (BGH NJW 1988, 268), aber nicht stillschweigend (BGH NJW-RR 1990, 67). Die Verfügung des Vors sollte schriftl. niedergelegt werden, das ist aber keine Wirksamkeitsvoraussetzung (BGH NJW 1985, 1558 Formmängel des Antrags (zB tel) machen die Verlängerung nicht unwirksam (BGH NJW 1985, 1559), ebenso nicht Unzust des Vors (BGH NJW 1962, 1396). Wenn bei Antragseingang dagegen die Frist bereits abgelaufen ist, geht eine Verlängerung ins Leere und ist unwirksam (BGH NJW 1992, 842; die **aA** BGH NJW 1988, 268 ist insoweit aufgegeben). Werden erhebl. Gründe vorgebracht, kann ein RA beim ersten Antrag mit Verlängerung rechnen (BGH NJW 1993, 134; NJW-RR 1996, 245; NJW 1997, 400). Erste Verlängerung ist allg übl., der RA kann sich darauf idR verlassen (BGH NJW 1991, 1359; BVerfG NJW 1989, 1147), *wenn* er einen Verlängerungsgrund vorbringt, sonst nicht (BGH NJW 1992, 2426; 1993, 134). Auf eine *zweite* Verlängerung darf er nicht vertrauen (BGH NJW 2004, 1742).; NJW-RR 1989, 1278).

13 **Formlose Mitteilung** an den ASt genügt, § 329 II 1 (BGH NJW 1990, 1797; die **aA** in BGH NJW-RR 1989, 1404 ist aufgegeben), auch tel durch die Geschäftsstelle (BGH NJW-RR 1994, 444), erst damit wird die Verlängerung wirksam. Maßgebl. ist das mitgeteilte Datum (BGH NJW-RR 1994, 444; Vertrauensschutz, aber auch Problematik von Hörfehlern). Mit *kürzerer* als der beantragten Verlängerung muss der ASt rechnen (BGH WPg 1991, 629). – Verlängerung auf Antrag des Streithelfers wirkt auch zugunsten der Hauptpartei (BGH NJW 1982, 2069).

14 **4. Inhalt der Berufungsbegründung (Absatz 3).** Sie muss in einem Schriftsatz enthalten sein, gerichtet an das BerGer, unterschrieben von einem zugelassenen RA. Der Schriftsatz muss vom RA nicht selbst verfasst sein, er muss ihn aber voll verantworten. Wenn die Ber-Begr auf Weisung des RA auf ein vom RA unterschriebenes Blanko von einem Referendar geschrieben wird, kann das in Sonderfällen genügen (BGH NJW 2005, 2709). Mindesterfordernisse sind der Antrag (Nr. 1) und eine ordnungsgem Darlegung *eines* der in Nr. 2 bis 4 genannten Gründe (BT-Drucks.14/4722). Bezugnahme auf PKH-Gesuch kann genügen (BGH FamRZ 2004, 1553); Rz 17.

15 **a) Nr. 1. Berufungsanträge:** zB: „Es wird beantragt, das Urteil des LG Köln vom ...aufzuheben und die Klage abzuweisen". Die Anträge müssen nicht unbedingt ausformuliert sein (BGH NJW 2006, 2705); es genügt, wenn ein bestimmtes Begehren eindeutig aufgezeigt ist (BGH NJW 1992, 698), erkennbar durch Auslegung der BerBegr. Der Antrag, das ErstU aufzuheben und zurückzuverweisen, genügt grds (BGH NJW 2006, 2705; FamRZ 1996, 1070).

**Erweiterung:** Nach Ablauf der BerBegr-Frist ist eine Ber-Erweiterung nur zul, wenn sie von der urspr BerBegr mitgedeckt ist, sich in deren Rahmen hält (BGH NJW 1994, 2896; JurBüro 1986, 213; *Schnauder* JuS 1993, 365); ungenaue Ausdrucksweise kann daher von Vorteil sein. Die Erweiterung kann bis zum Schluss der mdl Verh erfolgen. Keine Erweiterung, *wenn* der in der BerBegr enthaltene Antrag zugleich als Rm-Verzicht iÜ *klar und* *eindeutig* zu verstehen wäre (BGH NJW 1984, 438; NJW-RR 1989, 962); darin, dass die Fassung des Antrags hinter der Beschwer zurückbleibt, ist idR noch kein Verzicht zu sehen (BGH NJW-RR 1998, 572; NJW 1985, 3079). In Familiensachen wird teils darüber hinaus eine Erweiterung bei *neuen* Umständen für zul erachtet (vgl OLG Koblenz NJW-RR 1989, 1024). Über *Klage*erweiterung in der Ber sowie Klageänderung vgl § 525. Es muss jedenfalls das erstinstanzl. Begehren weiterverfolgt werden, sei es auch abgeschwächt, ergänzt (BGH NJW-RR 2002, 1073). Daher kann mit der Ber die Werklohnklage ausschließl. auf eine neue Schlussrechnung gestützt werden (BGH NJW-RR 2004, 526), weil dies kein anderer StrG ist. Teilrechtskraft vgl § 705 Rz 4.

**b) Nr. 2. Bezeichnung bestimmter Umstände**, aus denen sich die Rechtsverletzung und deren Erheblichkeit für die angefochtene Entscheidung ergibt; vgl § 513. Der BerKl muss eine auf den konkreten Fall zugeschnittene Begr liefern, die erkennen lässt, in welchen Punkten tatsächl. oder rechtl. Art das angefochtene Urteil seiner Ansicht nach unrichtig ist und aus welchen Gründen die tatsächl./rechtl. Würdigung des ErstU hierzu unrichtig sein soll (BGH NJW 1994,1481; NJW-RR 1997, 866). Paragrafen müssen nicht angegeben werden, die erhobenen Rügen müssen nicht schlüssig oder vertretbar sein (BGH FamRZ 2007, 206). Während früher die „bestimmte Bezeichnung" der Anfechtungsgründe gefordert wurde (§ 519 III Nr. 2 aF), genügt nun (schwächer, BGH NJW 2003, 2531) die Bezeichnung der „Umstände". Es reicht aus, wenn ledigl. zu *einem* den StrG betreffenden Einzelpunkt eine solche Begründung vorgetragen wird, zB zur Verjährung, gleichwohl wird die Ber-Instanz für die Prüfung des StrG im Rahmen der Anträge unbeschränkt eröffnet, die Verhandlung und Entscheidung des BerGer ist nicht etwa nur auf diese BerBegr zu erstrecken, der BerKl kann sein Vorbringen nach Ablauf der BerBegr-Frist ergänzen, falls nicht Verspätung entgegensteht, vgl §§ 530, 531, 513 (zur aF BGH NJW 1984, 177; 1985, 2828; str). 16

Will eine Prozesspartei ein ihr ungünstiges SV-Gutachten angreifen, so ist sie grundsätzl. weder aufgrund ihrer Substanziierungslast noch aufgrund ihrer allgemeinen Prozessförderungspflicht verpflichtet, ein Privatgutachten einzuholen (BGH NJW 2003, 1400). Genügend ist auch, wenn der Schriftsatz eines nicht zugel RA nachträgl., zB durch Bezugnahme, genehmigt wird (BGH FamRZ 1993, 695; seit § 78 Fassung 2007 gegenstandslos) oder wenn bei Aufrechnung auf von der Partei geordnete Unterlagen Bezug genommen wird (BGH NJW 1993, 1866). Beim **Zivilgericht** (BGH FamRZ 2004, 179) und beim **Arbeitsgericht** kann die Ber allein darauf gestützt werden, dass das Urteil binnen der Fünf-Monats-Frist (§ 517) nicht abgesetzt wurde (BAG BB 1997, 580); als Begr genügen Ausführungen zur mutmaßl. Urteilsbegründung.

**Nicht genügt:** Bezugnahme auf erstinstanzl. Vorbringen (BVerfG NJW-RR 2002, 135; BGH NJW-RR 1994, 569; FamRZ 1993, 46); auf einen (von einem nicht zugel RA unterzeichneten) PKH-Antrag (BGH VersR 1985, 396; ist der RA zugel, kann sie genügen; BGH FamRZ 2004, 1553; NJW-RR 1989, 184); Schriftsatz, von dessen Inhalt sich der RA distanziert (BGH NJW 1989, 394). 17

**aa) Bei mehreren Ansprüchen, teilbarem Streitgegenstand** (wenn also in einem Urteil mehrere verschiedene Ansprüche abgewiesen/zugesprochen werden) muss jeder Teil begr werden (BGH NJW 1998, 602; 1998, 1399 differenzierend), ebenso bei **Doppelbegründung** (Klageabweisung wegen fehlendem Verstoß, jedenfalls wegen Verjährung, BGH 18

NJW-RR 2006, 285; NJW-RR 2004, 641; differenzierend BGH NJW 2007, 1534) sowie bei HilfsBegr (OLG Frankfurt NJW-RR 1997, 1427). Ist im Arzthaftungsprozess die auf einen Behandlungs- sowie einen Aufklärungsfehler gestützte Klage unter beiden Gesichtspunkten abgewiesen worden, so muss die BerBegr erkennen lassen, ob das Urteil hinsichtl. beider Fehler angegriffen wird (BGH NJW-RR 2007, 414).

19 **bb) Zinsen:** Erfasst ein substanziierter Angriff des Bekl die gesamte Hauptforderung, so hat das BerGer, wenn es der Klage ganz oder teilweise stattgeben will, ohne weitere Rüge auch den Zinsanspruch von sich aus zu prüfen (BGH NJW 1994, 1656). Der mit seiner Klage abgewiesene Kl muss dagegen in seiner Ber auch den Zinsanspruch begründen (BGH FamRZ 1995, 1138).

20 **c) Nr. 3. Angaben zu den Tatsachenfeststellungen.** Falls der BerKl meint, das ErstG habe die Tatsachen zu seinem Nachteil unvollständig oder unrichtig festgestellt, muss er dies hier vortragen (vgl §§ 513, 529 I Nr. 1) und konkrete Anhaltspunkte darlegen. IdR werden hierzu Beweisangebote erbracht. Erwartet wird ein „vertiefte inhaltliche Auseinandersetzung mit den Tatsachenfeststellungen“ (BT-Drucks 14/4722 S. 96). Der ZPO-Entwurf forderte noch „ernstliche Zweifel“ an der Richtigkeit der Tatsachenfeststellungen, das Gesetz hat die Ernstlichkeit gestrichen; es genügen also „gewöhnliche“ Zweifel.

21 **d) Nr. 4. Neues Vorbringen:** die Ber kann hierauf allein gestützt werden (BGH NJW-RR 2007, 934; NJW 1967, 1869); §§ 520 III Nr. 4, 529 I Nr. 2. Dann muss das neue Vorbringen bezeichnet werden sowie Tatsachen, aus denen sich die Zulässigkeit des neuen Vorbringens nach § 531 II ergibt. Rüge der fehlenden **Parteifähigkeit** ist in jeder Lage des Verfahrens zu berücksichtigen und darf nicht als verspätet zurückgewiesen werden (BGH NJW 2004, 2523).

22 **Leugnung von Zurückweisungsgründen.** Zweckmäßig, aber nicht erforderl., sind Angaben, weshalb Grundsätzlichkeit usw. vorliegt, damit eine sofortige Zurückweisung der Ber nach § 522 II vermieden wird.

**5. Weiterer Inhalt, Absatz 4:**

23 **Nr. 1.** Angabe des Beschwerdewerts (vgl § 511 II Nr. 1), falls nicht nur um bestimmte Geldbeträge gestritten wird (Sollvorschrift), zB bei einer Herausgabeklage, Feststellungsklage.

**Nr. 2.** Angabe, ob nach Meinung des BerKl die Sache durch den ER entschieden werden kann (vgl § 526; 253 III), Sollvorschrift; letztl. kommt es aber nicht darauf an.

24 **6. Absatz 5. Im Übrigen** gelten §§ 129 ff.

25

**Praxishinweise:**

1. Die Fristverlängerung setzt nur einen Antrag voraus, nicht die Angabe eines gewünschten Verlängerungszeitraums (BGH NJW-RR 2001, 931; ebenso das Schrifttum, s. *Schneider*, ZAP Fach 13, S. 1307). Der Vorsitzende entscheidet nach pflichtgem Ermessen ohne Bindung an Zeitangaben des ASt (BGH NJW 1993, 134, 135). Diese eindeutige Rechtslage ist durch eine Fehlkommentierung bei *Zöller/Gummer* (§ 520 Rz 17) völlig verunsichert worden, der in Unkenntnis der gegenteiligen Auffassung meint, eine Zeitangabe sei Zulässigkeitsvoraussetzung des Antrags. Das OLG

Frankfurt (MDR 2003, 471) hat unter Hinweis darauf eine zul Ber als unzul verworfen! Deshalb sollte der RA sich auf ein irrendes Gericht einstellen und ein Verlängerungsdatum oder einen Verlängerungszeitraum angeben.

2. Durch eine zul erhobene Ber wirkt der Streitstoff des ersten Rechtszuges in der Ber-Instanz fort (BVerfGE 60, 209). Folgl. müssten auch alle vorinstanzl. Beweisanträge fortwirken, wenn darauf Bezug genommen wird. Die Rspr sieht das anders: Dadurch, dass der Ber-Führer ergänzend allg auf sein gesamtes Vorbringen im ersten Rechtszug Bezug nimmt, verpflichtet er das BerGer nicht, die Akten darauf zu durchforschen, ob im vorangegangenen Rechtszug Beweise angeboten waren, die vielleicht hätten erhoben werden müssen. Die Verantwortung dafür, dass solche Verfahrensverstöße dem BerGer bekanntwerden, hat allein die Partei (BGHZ 35, 107). Dem hat sich das BVerfG grds angeschlossen (BVerfGE 36, 99). Es hat jedoch die Auffassung des BGH dahin eingeschränkt, dass die Nichtberücksichtigung eines global in Bezug genommenen Vorbringens gegen Art 103 I GG verstößt, „wenn das Erstgericht ein unter Beweis gestelltes Vorbringen als unerhebl. behandelt, der Berufungskläger mit seiner Berufung gerade diese Rechtsauffassung angreift und das Berufungsgericht den betreffenden Sachvortrag daraufhin ebenfalls für erhebl. ansieht." Der Anwalt sollte angesichts des Risikos dieser subtilen Differenzierungen von einer Bezugnahme absehen und alle Beweisanträge, die er für wichtig und erhebl. hält, in der BerBegr anführen.

3. Da der Zinsanspruch neben dem Hauptanspruch proz selbstständig ist, auch wenn er den StrW nicht erhöht, begr er einen eigenen StrG und muss deshalb in der BerBegr ges behandelt werden, wenn das Urt insoweit angegriffen wird (BGH NJW 1997, 314).

Formular 284: Antrag auf Verlängerung der Berufungsbegründungsfrist mit Einwilligung des Gegners

Formular 285: Antrag des Berufungsklägers auf Aufhebung des erstinstanzlichen Urteils und Klageabweisung

Formular 286: Antrag des Berufungsklägers nach voller erstinstanzlicher Klageabweisung

Formular 287: Antrag des Berufungsklägers nach teilweiser erstinstanzlicher Klageabweisung

Formular 288: Berufungsantrag des Beklagten nach voller erstinstanzlicher Verurteilung

Formular 289: Berufungsantrag des Beklagten nach teilweiser erstinstanzlicher Verurteilung

## § 521 ZPO Zustellung der Berufungsschrift und -begründung

**(1) Die Berufungsschrift und die Berufungsbegründung sind der Gegenpartei zuzustellen.**

**(2) [1]Der Vorsitzende oder das Berufungsgericht kann der Gegenpartei eine Frist zur schriftlichen Berufungserwiderung und dem Berufungskläger eine Frist zur schriftlichen Stellungnahme auf die Berufungserwiderung setzen. [2]§ 277 gilt entsprechend.**

§ 521 neu ab 01.01.2002 durch G v. 27.07.2001 (BGBl 2001, 1887).

1 **Absatz 1.** Das BerGer stellt beglaubigte Abschriften von Amts wegen (§§ 525, 270) an den RA der zweiten Instanz zu (§ 172), sonst der ersten Instanz bzw der Partei selbst. Zulässigkeit der Ber hängt nicht von der Zustellung ab, BGH 50, 400; 65, 116. Der Zeitpunkt der Einlegung der Ber (Eingangsstempel) wird (anders als vor 2002) nicht mehr mitgeteilt, weil es für die Rechtzeitigkeit nur noch auf die Urteilszustellung ankommt (§§ 517, 520 II). Der Ber-Führer soll die erforderl. Zahl der von ihm begl Abschriften beifügen (§§ 525, 133 I 1); bei Fehlen Herstellung durch die Geschäftsstelle auf Kosten der Partei, 9000 GKG-KV.

2 **Absatz 2.** Fristen zur Erwiderung auf die Ber usw. können gesetzt werden; das Nähere regelt § 277.

## § 522 ZPO Zulässigkeitsprüfung; Zurückweisungsbeschluss

**(1) [1]Das Berufungsgericht hat von Amts wegen zu prüfen, ob die Berufung an sich statthaft und ob sie in der gesetzlichen Form und Frist eingelegt und begründet ist. [2]Mangelt es an einem dieser Erfordernisse, so ist die Berufung als unzulässig zu verwerfen. [3]Die Entscheidung kann durch Beschluss ergehen. [4]Gegen den Beschluss findet die Rechtsbeschwerde statt.**

**(2) [1]Das Berufungsgericht weist die Berufung durch einstimmigen Beschluss unverzüglich zurück, wenn es davon überzeugt ist, dass**

**1. die Berufung keine Aussicht auf Erfolg hat,**

**2. die Rechtssache keine grundsätzliche Bedeutung hat und**

**3. die Fortbildung des Rechts oder die Sicherung einer einheitlichen Rechtsprechung eine Entscheidung des Berufungsgerichts nicht erfordert.**

**[2]Das Berufungsgericht oder der Vorsitzende hat zuvor die Parteien auf die beabsichtigte Zurückweisung der Berufung und die Gründe hierfür hinzuweisen und dem Berufungsführer binnen einer zu bestimmenden Frist Gelegenheit zur Stellungnahme zu geben. [3]Der Beschluss nach Satz 1 ist zu begründen, soweit die Gründe für die Zurückweisung nicht bereits in dem Hinweis nach Satz 2 enthalten sind.**

**(3) Der Beschluss nach Absatz 2 Satz 1 ist nicht anfechtbar.**

§ 522 neu ab 01.01.2002 durch G. v. 27.07.2001 (BGBl 2001, 1887).

Lit: ***Fölsch*** (Rspr-Ü) NJW 2006, 3521; ***Schellenberg*** MDR 2005, 610; ***Stackmann*** JuS 2005, 324.

**1. Prüfung der Zulässigkeit der Berufung (Absatz 1)** 1

Von Amts wegen zu prüfen sind insbesondere Statthaftigkeit, Beschwer, Ber-Summe, Form und Frist von Einlegung und Begr, Fehlen eines Verzichts. Zur Feststellung der Zulässigkeit der Ber ist Freibeweis zul, was aber nicht als Absenkung der Anforderungen an die richterl. Überzeugungsbildung zu verstehen ist (BGH NJW 1997, 3319), aber zB die Zahl der Beweismittel erweitert. Verwerfung in *allen* Unzulässigkeitsfällen, nicht nur den in Abs. 1 S. 1 genannten. Der RmKl trägt grds die Beweislast dafür, dass seine Rm-Schrift rechtzeitig bei Gericht eingegangen ist (BGH VersR 1980, 90).

**Die Zulässigkeit der Berufung** wird idR in den Gründen des EndU ausgesprochen, nur bei Strittigkeit evtl durch ZwischenU oder Beschluss. 2

**Verwerfung als unzulässig (Satz 2).** Vorher ist über PKH zu entscheiden, keine *gleichzeitige* PKH-Versagung und Ber-Verwerfung (BGH NJW-RR 2004, 1218); vorher ist ferner zu prüfen, ob die Ber *als Anschlussberufung* zul ist (BGH FamRZ 1987, 154; *Rimmelspacher* JR 1988, 93) oder ob sie noch als AnschlussBer erhoben werden kann (BGH NJW 1996, 2659). Auch kann in der BerBegr eine Wiederholung der Ber liegen (immer, wenn sie inhaltl. § 519 II entspricht, BGH FamRZ 1993, 1427). Dem BerKl ist vor Entscheidung rechtl. Gehör zu gewähren (BGH VersR 1975, 899; 1982, 246; NJW 1994, 392); vor allem, wenn die Ber wegen Versäumung der Fristen verworfen werden soll (BGH NJW-RR 2006, 142). Denn der falsche Beschluss kann nicht nach § 318 zurückgenommen werden, nur Rechtsbeschwerde kann helfen. Nimmt der BerKl auf den Hinweis dann die Ber zurück, evtl Ermäßigung der GerichtsGeb nach GKG KV 1222. Bei mehrfacher Einlegung derselben Ber ist das unzul Rm gegenstandslos und wird nicht gesondert verworfen. 3

**Entscheidung (Satz 3): a)** auf mdl Verh Verwerfung als unzul durch EndU; **b)** sonst, ohne vorherige mdl Verh (§ 128 IV): Verwerfung durch Beschluss („Die Berufung des ... gegen ... wird als unzulässig verworfen") mit KostenE nach § 97, auch noch, wenn früher zur Sache (aber nicht über die Zulässigkeit) verhandelt wurde (BGH VersR 1979, 840). Der Beschluss ist zuzustellen. Der ER kann nie eine Ber durch Beschluss als unzul verwerfen (vgl § 523 I), er ist bei Unzulässigkeit auf das U-Verfahren angewiesen, muss also terminieren. 4

**Rechtsmittel** gegen den Verwerfungsbeschluss nach **Absatz 1**, erlassen vom LG bzw OLG, ohne Rücksicht auf den Wert des Beschwerdegegenstandes (BGH NJW 2002, 3783), nach **Satz 4**: Rechtsbeschwerde zum BGH, einzulegen nur durch beim BGH zugel (§ 78 I) RA, § 574 I Nr. 1 (aber nur unter den Voraussetzungen des § 574 II; BGH NJW 2003, 2172). Die Zulässigkeit der RB gegen einen die WE gegen die Versäumung der Ber-Begr-Frist versagenden Beschluss setzt keine gleichzeitige Anfechtung des früheren, die Ber wegen Versäumung dieser Frist verwerfenden Beschlusses voraus (BGH NJW 2006, 2269). – Aber keine RB, wenn im Arrest- oder eVfg-Verfahren eine Ber durch Beschluss verworfen wurde, vgl § 542 II (BGH NJW 2003, 69). Gegen VerwerfungsU: Rev, §§ 542 ff. 5

**2. Zurückweisung der Berufung als unbegründet durch Beschluss (Absatz 2)** 6

Das BerGer (OLG-Senat, LG-ZiviK) kann über die zul Ber durch Urteil oder Beschluss entscheiden. Wenn aber alle Voraussetzungen vorliegen, ist die BeschlussE nach § 522 II zwingend („weist"; also kein Ermessen; OLG Köln MDR 2003, 1435). Bei mehreren StrG soll eine Teilzurückweisung der Ber durch Beschluss zul sein (OLG Rostock NJW 2003, 2754; aA BT-Drucks.14/4722 S. 97; ebenso die Teilzurückweisung einer von mehreren Ber, etwa bei StrGen (OLG Karlsruhe MDR 2003, 711). Eine solche BeschlussE dürfte oft nicht vor Eingang der Ber-Erwiderung und Replik mögl. sein. Ein Beschluss ist nur zul (§ 522 II Satz 1), wenn sechs Voraussetzungen vorliegen:

**a)** wenn die Ber zurückgewiesen werden soll (also nicht bei Aufhebung des ErstU, Zurückverweisung),

**b)** wenn Einstimmigkeit im Spruchkörper besteht;

**c)** wenn die Ber keine Aussicht auf Erfolg hat (§ 522 II Nr. 1); das dürfte nicht der Fall sein, wenn zuvor PKH für die Ber bewilligt wurde; die fehlende Erfolgsaussicht muss nicht „offensichtlich" sein, nicht ins Auge springen (BVerfG NJW 2003, 281);

**d)** die Rechtssache keine grundsätzl. Bedeutung hat (§ 522 II Nr. 2; vgl § 543 II);

**e)** weder Rechtsfortbildung noch Sicherung der Einheitlichkeit der Rspr ein Urteil erfordern (§ 522 II Nr. 3; vgl § 543 II);

**f)** wenn Spruchkörper oder Vors vorher auf die beabsichtigte BeschlussE und die Gründe hierfür hingewiesen haben und die Frist zur Stellungnahme abgelaufen ist (§ 522 II Satz 2). Der Hinweis als solcher rechtfertigt keine Ablehnung wegen Bef (OLG München OLG-Report 2006, 119).

Entschieden wird sodann mit Beschluss, ohne mdl Verh; ausführl. Gründe sind nicht erforderl., weil die Bezugnahme auf die Ankündigungsverfügung genügt (§ 522 II Satz 3); auf die Gegenargumente des BerKl in seiner Stellungnahme zur Ankündigung müssen die Gründe nicht zusätzl. eingehen. Das Wort „unverzüglich" in Abs. 2 ist ohne Bedeutung, nur ein allg Beschleunigungshinweis (OLG Frankfurt OLG-Report 2006, 86; vgl BVerfG NJW 2004, 3696), macht also eine späte Entscheidung durch Beschluss nicht gesetzwidrig. KostenE nach § 97 (wenn übersehen: nach OLG München MDR 2003, 522 Ergänzung nur gem § 321 II; zweifelhaft, näher liegend §§ 308 II, 319). Kein Ausspruch über vorl Vollstr (wegen § 794 I Nr 3). Eine *Zustellung* des Beschlusses ist nicht notw (str), weil unanfechtbar. Der ER kann eine Ber nicht *durch Beschluss* zurückweisen (vgl § 523 I); bei angenommener Erfolglosigkeit bleibt ihm nur das U-Verfahren.

7 Bei **Zulassung der Berufung durch das Erstgericht** (Wert bis 600 €; § 511 II Nr. 2) ist das BerGer gebunden (§ 511 IV 2); doch wird nur die Beschwerdewert-Hürde überwunden. Auch hier kann also das BerGer die Ber durch Beschluss zurückweisen, weil es zB die Ber (entgegen der Meinung des ErstG) für nicht grundsätzl. *und* erfolglos hält.

8 **3. Absatz 3. Rechtsmittel**

Der Zurückweisungsbeschluss (Zurückweisung der Ber als unbegr) nach § 522 II ist unanfechtbar. Dies ist sehr bedenkl., weil das BerGer *durch Wahl seiner Entscheidungsform* faktisch selbst darüber befinden kann, ob es ein Rm gibt:

- bei Zurückweisung durch Beschluss gibt es kein Rm (auch keine RB nach § 574 !); auch keine Rev mit der Begr, die Grundsätzlichkeit sei verkannt worden, in Wahrheit liege ein Urteil vor (BGH NJW-RR 2007, 284),

- bei Zurückweisung durch Urteil gibt es zumindest die Nichtzulassungsbeschwerde (§ 544) mit einer geringen Erfolgsquote.

Da ist die Versuchung für das BerGer groß, sich Arbeit zu sparen und einen Zurückweisungsbeschluss zu erlassen (statistische Erhebungen über die Zurückweisungsquote vor und nach 2002 sind nicht ausreichend veröffentlicht). Das kann mE nicht mit Art. 101 I 2 GG vereinbar sein. § 321a ist jedoch gegeben (§ 321a 2005; BGH FamRZ 2004, 437 zur aF). KG GE 2003, 1329 hält Gegenvorstellungen für statthaft (**aA** OLG Köln NJW-RR 2005, 1227). Verfassungsbeschwerde bei Grundrechtsverstößen ist mögl.

Das BVerfG hält die Regelung nicht generell für verfassungswidrig (BVerfG NJW 2005, 659; 2003, 281). Im Einzelfall könne aber Verfassungswidrigkeit vorliegen (Art 2 I GG, Rechtsstaatprinzip). Beispiele: BVerfG NJW 2005, 1931; WM 2005, 1577 = BVerfGK 4, 66: wenn vor einer angekündigten BGH-Grundsatzentscheidung ein OLG mit anderer Ansicht noch schnell durch Beschluss entscheidet, um seine Entscheidung unanfechtbar zu machen. Abs. 3 betrifft nicht den Beschluss, der die Ber als unzul verwirft (BGH NJW 2006, 2910); dieser ist mit Rechtsbeschwerde (§ 574) unter den dortigen Voraussetzungen angreifbar. Dieser Unterschied zu § 522 II soll nicht verfassungswidrig sein (BVerfG 13.03.2007, 1 BvR 1377/04).

**4. Gebühren. Gericht:** es bleibt bei GKG KV 1220 (4,0), durch den Beschluss erfolgt keine Ermäßigung nach KV 1221, 1222. Nur wenn der Ber-Führer in Hinblick auf den Hinweis des Gerichts die Ber zurücknimmt, tritt eine Ermäßigung auf 2,0 nach KV 1222 Nr. 1 ein. Der Gerichtsbeschluss nach § 522 I 2 und § 522 II kostet keine zusätzl. Geb. **RA:** 3200, evtl 3201 RVG-VV. 9

10

**Praxishinweise:**

1. Die einstimmige Zurückweisung der Ber (Rz 6) wird von den BerGer unter dem Schutz der Unanfechtbarkeit so ausgeweitet, dass sich die Risiken und Probleme für den Ber-Anwalt häufen. So wird etwa nach § 522 II verfahren bei Ber-Erweiterung oder erst zweitinstanzl. erhobener Widerklage (OLG Nürnberg MDR 2003, 7790). Bei mehreren Ber wird eine einstimmig zurückgewiesen, über die andere mdl verhandelt (OLG Karlsruhe MDR 2003, 711). Das OLG Rostock (OLGR 2003, 252) hat sogar einstimmig durch Teilentscheidung zurückgewiesen. Das OLG Dresden hat, nachdem in der Presse über eine einschlägige grds Entscheidung des BGH berichtet worden war und der Ber-Führer darauf hingewiesen hat, noch schnell eine einstimmige Zurückweisung beschlossen, um den Zugang zur Rev zu verhindern, und ist deshalb von BVerfG aufgehoben worden (ZIP 2005, 1293: Verstoß gegen das Gebot wirkungsvollen Rechtsschutzes).

2. Die Parteien sind gegen fehlerhafte Zurückweisungsbeschlüsse wehrlos. Die bei Verstößen gegen Art 103 I GG in Betracht kommende Anhörungsrüge ist erfahrungsgemäß erfolglos. Eine Verfassungsbeschwerde kommt zwar in Betracht, hat jedoch wegen der geringen Erfolgsquote kaum Aussicht auf Erfolg.

## § 523 ZPO Terminsbestimmung

**(1) [1]Wird die Berufung nicht nach § 522 durch Beschluss verworfen oder zurückgewiesen, so entscheidet das Berufungsgericht über die Übertragung des Rechtsstreits auf den Einzelrichter. [2]Sodann ist unverzüglich Termin zur mündlichen Verhandlung zu bestimmen.**

**(2) Auf die Frist, die zwischen dem Zeitpunkt der Bekanntmachung des Termins und der mündlichen Verhandlung liegen muss, ist § 274 Abs. 3 entsprechend anzuwenden.**

§ 523 neu ab 01.01.2002 durch G v. 27.07.2001 (BGBl 2001, 1887).

1 **Absatz 1. Verfahrensgang:** unzul Ber wird durch Beschluss verworfen, § 522 I. Ber, welche zwar zul sind, aber ersichtl. aussichtslos sind, werden durch Beschluss zurückgewiesen, § 522 II. Beim Rest (zul Ber mit zumindest teilw Erfolgsmöglichkeit) wird geprüft, ob die Sache dem ER übertragen werden soll. Was beim Spruchkörper bleibt (ZivK, Senat), wird terminiert. Was zum ER gekommen ist, soll von diesem „unverzüglich" terminiert werden. Verstoß gegen die „Unverzüglichkeit" ist folgenlos, es handelt sich nur um eine Empfehlung. Vor Terminierung können aber noch Fristen zu Stellungnahmen gesetzt werden (§ 521 II). Der Spruchkörper und der ER haben die Wahl zwischen den zwei Verfahrensweisen (vgl § 272 II): früher erster Termin oder schriftl. Vorverfahren; letzteres folgt aus § 521 II (BT-Drucks.14/4722 S. 98).

2 **Absatz 2. Frist** zwischen Zugang der Ladung und dem Termin: mindestens zwei Wochen, § 274 III.

## § 524 ZPO Anschlussberufung

**(1) [1]Der Berufungsbeklagte kann sich der Berufung anschließen. [2]Die Anschließung erfolgt durch Einreichung der Berufungsanschlussschrift bei dem Berufungsgericht.**

**(2) [1]Die Anschließung ist auch statthaft, wenn der Berufungsbeklagte auf die Berufung verzichtet hat oder die Berufungsfrist verstrichen ist. [2]Sie ist zulässig bis zum Ablauf der dem Berufungsbeklagten gesetzten Frist zur Berufungserwiderung. [3]Diese Frist gilt nicht, wenn die Anschließung eine Verurteilung zu künftig fällig werdenden wiederkehrenden Leistungen (§ 323) zum Gegenstand hat.**

**(3) [1]Die Anschlussberufung muss in der Anschlussschrift begründet werden. [2]Die Vorschriften des § 519 Abs. 2, 4 und des § 520 Abs. 3 sowie des § 521 gelten entsprechend.**

**(4) Die Anschließung verliert ihre Wirkung, wenn die Berufung zurückgenommen, verworfen oder durch Beschluss zurückgewiesen wird.**

§ 524 neu ab 01.01.2002 durch G v. 27.07.2001 (BGBl 2001, 1887) und § 524 II geändert durch G v. 24.08.2004 (BGBl 2004, 2198).

**Lit:** ***Doms*** NJW 2004, 189; ***Peschke*** JA 2005, 136; ***Gerken*** NJW 2002, 1095; Schneider ZZP 119, 423.

**1. Übersicht.** Hat der Kl zB 20 000 € eingeklagt und hat ihm das LG 12 000 € zugesprochen, dann kann, wenn nur der Kl Ber einlegt, das OLG nicht nur 3 000 € zusprechen (§ 528 S. 2), denn 12 000 € sind bereits gesichert. Will der BerBekl über die Verteidigung gegen die Ber hinausgehen und eine Abänderung des ErstU zu seinen Gunsten erreichen (im Bsp: dass er gar nichts zahlen muss) oder in zweiter Instanz neue Klageanträge stellen, die Anträge erweitern oder Widerklage erheben, muss er selbstständig Ber einlegen oder sich der Ber des BerKl anschließen (BGH LM § 221 aF Nr. 4; NJW-RR 1988, 185). Der **Berufungsbeklagte hat die Wahl**, ob er sich der Ber des Gegners anschließt (Folge: § 524 IV) oder ob er (falls die Voraussetzungen des § 511 gegeben sind: Frist, Ber-Summe etc) eigenständig Ber einlegt (BGH NJW 2003, 2388); dafür gilt § 524 IV nicht. Unzul ist Klageausdehnung auf Dritte (BGH MDR 1991, 422). Auch ohne AnschlussBer kann aber die **Kostenentscheidung** des ErstU zum Nachteil des BerKl geändert werden (§ 308 II) oder der Antrag dergestalt modifiziert werden, dass nunmehr an den Zessionar gezahlt werden soll (BGH LM § 521 aF Nr. 11; str). Noch in erster Instanz anhängige Teilansprüche **(Prozessreste)** können nicht durch Anschließung in die zweite Instanz gezogen werden (BGH FamRZ 1983, 459). 1

**Zweck:** Wenn eine Partei innerhalb der Frist kein Rm einlegt in der Hoffnung, auch der Gegner würde sich mit dem ErstU abfinden, dann soll sie keinen Nachteil erleiden, falls der Gegner erwartungswidrig am letzten Tag doch Ber einlegt. Sie soll noch nachziehen können, muss nicht vorsorgl. Ber einlegen. – **Arten:** (selbstständige AnschlussBer seit 2002 abgeschafft) nur noch unselbstständige AnschlussBer (Anschluss erst *nach* Ablauf der Ber-Frist oder *innerhalb* der für eine eigenständige Ber laufenden Frist; OLG Frankfurt MDR 2003, 594; BGH NJW 2003, 2388; dann Auslegungsproblem, was gewollt ist; bedeutsam wegen § 524 IV; vgl Rz 1; seit 2002 einzige Form der Anschließung). Eine AnschlussBer kann auch durch Umdeutung einer HauptBer entstehen, wenn zB der Gegner ebenfalls zul Ber einlegte, aber dann deren Begr versäumte. 2

**Rechtsnatur der unselbstständigen Anschlussberufung:** Angriffsmittel innerhalb eines vom BerKl eingelegten Rm; sie ermöglicht selbstständige Angriffe (Klageerweiterung, -änderung, Widerklage) und unselbstständige Angriffs- und Verteidigungsmittel (Behauptungen, Bestreiten, Einreden, Beweismittel), BGH NJW 1982, 1709; sie ist kein Rm **(hM)**.

**2. Zulässigkeitsvoraussetzungen der Anschlussberufung:**

**a) Hauptberufung** muss noch anhängig sein (dh noch nicht als unzul verworfen oder wirksam zurückgenommen). Unschädl. sind eigener Ber-Verzicht (§ 515), Rücknahme der eigenen Ber und Ablauf der Ber-Frist, Abs. 2 S. 1, Rücknahme oder Verwerfung einer früheren eigenen Haupt- oder AnschlussBer. Anders, wenn auf die Anschließung verzichtet wurde (vgl BGH NJW 1984, 2829). 3

**b) Frist:** bis zum Ablauf der gesetzten Ber-Erwiderungsfrist, **Absatz 2 Satz 2** (Reform 2004); fehlte Fristsetzung: bis zum Schluss der mdl Verh. **Keine Frist** gibt es bei Unterhaltsklagen etc (**Absatz 2 Satz 3**); statt Erhebung einer Abänderungsklage (§ 323) kann daher uU im laufenden Unterhaltsverfahren mittels AnschlussBer ein höherer Unterhalt gefordert werden. **Wiedereinsetzung** (§ 233) ist bei Fristversäumung mögl. (OLG Zweibrücken FamRZ 2003, 1850); jedoch verlängert eine Verlängerung der Ber-Erwiderungsfrist automatisch die AnschlussBer-Frist. 4

5 **c) Beschwer** ist nicht erforderl. (BGH NJW 1980, 702), ebenso nicht Erreichen der **Berufungssumme**, weshalb auch nur Abänderung der Entscheidung über Kosten (wegen § 308 II an sich unnötig) oder vorl Vollstr beantragt werden kann, nicht aber nur der Urteilsgründe (BGH NJW 1958, 868). Wer in erster Instanz voll obsiegte, kann deshalb, wenn der Gegner Ber einlegt, zwar mangels Beschwer keine eigene Ber einlegen, aber sich der Ber des Gegners anschließen und Klageänderung, Klageerweiterung oder Widerklage erheben (BGH NJW 1984, 1555).

6 **d) Gegen dasselbe Urteil** wie die HauptBer muss sich die AnschlussBer richten (BGH FamRZ 1983, 461). Gegner ist der BerKl oder dessen notw StrGen, der in zweiter Instanz Partei geworden ist; nicht: eine bisher am Verfahren nicht beteiligte Partei (BGH NJW-RR 1989, 441), ein aus dem Verfahren ausgeschiedener StrGen (BGH LM Nr. 4), Streithelfer (BGH NJW 1995, 198).

7 **e) Einreichung eines Schriftsatzes** beim BerGer, Abs. 1 S. 2. Der Schriftsatz muss das angegriffene Urteil bezeichnen (Abs. 3 S. 2 mit § 519 II Nr. 1), ferner die Erklärung der AnschlussBer-Einlegung enthalten (Abs. 3 S. 2 mit § 519 II Nr. 1). Das Wort „Anschlussberufung" ist dabei nicht zwingend erforderl. (BGH NJW 1990, 449). Einreichung durch Schriftsatz (*nicht* auf andere Weise, zB zu Protokoll, BGH NJW-RR 1989, 441; zu Protokoll kann aber *erweitert* werden, sofern sich der Erweiterungsantrag im Rahmen der schriftl. vorgetragenen Anschließungsgründe hält, BGH NJW 1993, 269). Im Schriftsatz muss klar und eindeutig der Wille zum Ausdruck kommen, eine Änderung des ErstU zugunsten des RmBekl zu erreichen (BGH NJW 1990, 447). Für den Schriftsatz gelten ferner die allg Bestimmungen (Abs. 3 Satz 2 mit § 519 IV), also § 130, zB wegen der erforderl. Unterschrift, Einreichung mit Fax usw. Die **Gerichtskosten** müssen nicht vorausbezahlt werden (vgl § 12 GKG).

8 **f) Begründung** in der Anschluss-Schrift, Abs. 3 S. 1. Wegen Abs. 3 S. 2 mit § 520 III muss die AnschlussBerBegr denselben Inhalt haben wie eine Ber. Neue Ansprüche werden gem §§ 261 II, 253 II rechtshängig. Erweiterung der Anschließung allenfalls bis zur abschließenden Verh über die Ber (BGH NJW 1984, 2951). In der Einreichung der Begr kann die Wiederholung der AnschlussBer zu sehen sein (BGH NJW 1954, 109). Entgegen dem Wortlaut („in der") dürfte es nur darauf ankommen, dass die Begr innerhalb der Frist vorliegt, nicht im selben Papier sein muss, keine Frist-Verkürzung also durch früh eingelegte AnschlussBer (vgl Rspr zu § 340 III). Vgl *Schneider* MDR 2003, 903. Versäumung der Begr macht die Anschließung unzul. Die BegrFrist für die Anschließung kann **nicht isoliert verlängert** werden, § 520 II ist nicht für anwendbar erklärt. Verwerfung einer unzul AnschlusBer durch Beschluss, § 522 I.

9 **3. Sonderfälle. a) Die bedingte Anschlussberufung** ist zul, wenn sie ledigl. von einem „innerprozessualen Vorgang" abhängt, der auch in einer bestimmten Entscheidung des Gerichts bestehen kann, uU sogar in der Beurteilung einer Rechtsfrage (BGH NJW 1984, 1240; NJW-RR 1989, 1099); zB Abhängigkeit vom Erfolg des Hauptantrags (BAG NZA 1994, 761).

10 **b) Eine Anschließung** des BerKl an die AnschlussBer des BerBekl ist nicht mögl. (BGH NJW 1984, 437; BGHZ 88, 360); er kann sich nur einer HauptBer anschließen. In familiengerichtl. Verfahren gilt dies jedenfalls dann, wenn sich das HauptRm und das gegnerische AnschlussRm gegen denselben Teil des VerbundU richten (BGH NJW 1986, 1494):

also bei Ber des Mannes (wegen Unterhalts) und unselbstständiger AnschlussBer der Frau keine „Anschlussbeschwerde“ des Mannes gegen den Versorgungsausgleich nach Ablauf der BerBegr-Frist.

**c) Verspätetes Vorbringen. – aa) Die Erweiterung** der AnschlussBer nach der abschließenden Verh über die Ber ist unzul (BGH NJW 1984, 2951). 11

**bb) Neue Tatsachen** zur Begr der Anschließung: **(1)** selbstständige Angriffe (Klageerweiterung, -änderung, Widerklage): keine Einschränkung, vgl aber §533; **(2)** unselbstständige Angriffe (Behauptungen, Bestreiten, Einreden, Beweismittel), die sich ledigl. gegen die erstinstanzl. Verurteilung richten und somit keine neuen proz Ansprüche einführen bzw aufrechnungsweise geltend machen, sind uneingeschränkt anbringbar (BGH NJW 1982, 1708). 12

**4. Absatz 4. Die Anschließung „verliert ihre Wirkung“**, wenn die HauptBer wirksam zurückgenommen oder sie als unzul verworfen (§522I) oder durch *Beschluss* zurückgewiesen wurde (§522 II), oder die Parteien über den StrG der HauptBer einen Vergleich mit Kostenregelung schließen (BAG NJW 1976, 2143, analoge Anwendung des §524 IV), also immer, wenn eine Abänderung des angefochtenen Urteils zum Nachteil des AnschlussBerKl nicht mehr mögl. ist (BGH NJW 1986, 852). Der BerKl kann nach neuer Rechtslage (§516 I) die Ber ohne Einwilligung des Gegners zurücknehmen, kann also durch Rücknahme auch die AnschlussBer zu Fall bringen, ohne dass der Gegner sich wehren könnte. 13

**Sie verliert die Wirkung nicht:** wenn die Parteien den StrG der HauptBer in der Hauptsache für erledigt erklären (§ 91a) und eine KostenE beantragen (BGH NJW 1986, 852; str); wenn die HauptBer durch Urteil als unbegr zurückgewiesen wird. 14

**Die Wirkungslosigkeit** ist im abschließenden Urteil oder durch Beschluss auszusprechen, falls str (BGH NJW 1986, 852). Kein Rm gegen diese Entscheidung, wenn der Beschluss (zB bei Unzulässigkeit der HauptBer) nur deklaratorisch wirkt (BGH FamRZ 1981, 658). 15

**5. Entscheidung.** Grundsätzl. soll über Ber und AnschlussBer in *einem* Urteil entschieden werden, nicht in **TeilU** (BGH NJW 1994, 2235). Da die Rücknahme der Ber nun ohne Einwilligung mögl. ist, die Anschließung also jederzeit vernichtet werden kann, dürfte ein TeilU über die AnschlussBer vorweg ausscheiden. Ein TeilU über die HauptBer ist aber vorweg mögl. (BGH NJW 1984, 2951), die Anschließung bleibt wirksam. 16

**6. Kosten** (Abs. 4). **a) Verliert** eine *zulässig* erhobene AnschlussBer **ihre Wirkung**, sind dem Rm-Führer idR auch die Kosten der AnschlussBer aufzuerlegen (BGH NJW-RR 2005, 727); § 516 III. So ist es zB, wenn der BerKl seine Ber zurücknimmt: er hat dann auch die Kosten der Anschließung zu tragen. Auch wenn die Ber des BerKl durch **Beschluss nach § 522 II** zurückgewiesen wird, hat der BerKl die Kosten der Anschließung zu tragen (OLG Celle MDR 2004, 592; *Ludwig* MDR 2003, 670; *Hülk/Timme* MDR 2004, 14: **aA** OLG Frankfurt NJW-RR 2005, 80: Quotelung); vgl *Pape* NJW 2003, 1150. Die Kosten der AnschlussBer sind grds auch dann dem BerKl aufzuerlegen, wenn dieser die Ber nach einem Hinweis gem. § 522 II 2 zurücknimmt und die AnschlussBer dadurch ihre Wirkung verliert (BGH NJW-RR 2006, 1147). 17

**b) Wird hingegen** über die Ber **sachlich entschieden**, dann gilt: Bei der Fassung des Tenors und der KostenE wird die AnschlussBer wie ein selbständiges Rm behandelt; sind also Ber und AnschlussBer erfolglos, heißt es im Urteil gem § 92 zB: „Von den Kosten der Berufung und Anschluss-Berufung hat der Kläger 1/4, der Beklagte 3/4 zu tragen.“

Der AnschlussBerKl hat die Kosten der AnschlussBer zu tragen, wenn seine AnschlussBer unzul oder unbegr ist, ferner: wenn die HauptBer wegen anfängl. Unzulässigkeit verworfen wird (BGH 4, 229); wenn die Ber im Zeitpunkt der Anschließung bereits zurückgenommen war (BGH 17, 398), falls dem AnschlussBerKl dies bekannt war.

## § 525 ZPO Allgemeine Verfahrensgrundsätze

**[1]Auf das weitere Verfahren sind die im ersten Rechtszuge für das Verfahren vor den Landgerichten geltenden Vorschriften entsprechend anzuwenden, soweit sich nicht Abweichungen aus den Vorschriften dieses Abschnitts ergeben. [2]Einer Güteverhandlung bedarf es nicht.**

§ 525 neu ab 01.01.2002 durch G v. 27.07.2001 (BGBl 2001, 1887).

1 **1. Berufungsverfahren.** §§ 1-252 gelten unmittelbar, §§ 253-494 entspr. Übl. ist Beginn der Verh mit der Prüfung der Formalien der Ber. Zum weiteren Ablauf vgl §§ 136 ff., 278. Der „Vortrag“ wird idR durch (stillschweigende) Bezugnahme ersetzt, § 137 III. Im schriftl. Verf gilt § 128. Auch die Hinweispflichten nach § 139 gelten für das BerGer, so etwa wenn der StrW (von 2 000 auf 100 €) vom BerGer geändert werden soll und dadurch die Beschwer wegfällt (BGH NJW-RR 2005, 219).

2 **2. Fortwirken von Beweishandlungen.** Die BerVerh ist eine Fortsetzung der Verh erster Instanz. Beweisaufnahmen wirken daher fort. Zeugenaussagen bleiben Zeugenbeweis, werden nicht Urkundsbeweis. Das BerGer kann **Beweisaufnahmen** der ersten Instanz nach seinem (pflichtgem) Ermessen wiederholen, §§ 525, 398, auch wenn sie eine Partei ausdrückl. beantragt (BGH VersR 1981, 1079). Eine **Pflicht zur Wiederholung** besteht, wenn es von der Würdigung der pers Glaubwürdigkeit durch das ErstG abweichen will (BGH NJW 1964, 2414), wenn es eine mehrdeutig protokollierte Aussage anders als der Erstrichter verstehen will (BGH NJW 1968, 1138; MDR 1979, 481), die Aussage erster Instanz für zu vage hält (BGH WM 1982, 16), dem protokollierten Ergebnis einer Augenscheinseinnahme eine abweichende Bedeutung beimessen will (BGH NJW-RR 1986, 190). Vgl § 398 Rz 2, 3. **Nicht notwendig ist die Wiederholung**, wenn sich die erste Instanz zur Glaubwürdigkeit des Zeugen überhaupt nicht geäußert hat (BGH NJW 1972, 584), wenn das BerGer eine Zeugenaussage erster Instanz für nicht zur Beweisführung ausreichend erachten will (BGH WM 1977, 200). **Unerledigte Beweisanträge** erster Instanz wirken fort, wenn in der Ber darauf (uU auch pauschal, BVerfG NJW 1987, 485; BGH NJW 1987, 502) Bezug genommen ist. – Vgl ferner § 535 (Geständnisse), § 536 (Parteivernehmung).

3 **3. Klageerweiterung in der Berufungsinstanz** (dh Einführung von Ansprüchen, mit denen sich die erste Instanz nicht befasst hat; zu unterscheiden von Ber-Erweiterung) richtet sich nach §§ 263, 264 Nr. 2 (BGH NJW 1983, 172). Im Fall des § 264 Nr. 3 kann das Ziel grds auch mit Antragsanpassung erfolgen und eine AnschlussBer ist dann nicht mögl. (BGH NJW-RR 2006, 669).

4 Für die **Klageänderung** gilt § 263; sie ist auch in zweiter Instanz sachdienl., wenn das Ergebnis der bisherigen Prozessführung verwertet werden kann und ein neuer Prozess zwischen den Parteien vermieden wird, auch wenn die Klageänderungen schon in erster

Instanz hätte vorgenommen werden können und eine neue Beweisaufnahme notw wird (BGH NJW-RR 1994, 1143); die Zulässigkeit setzt ua eine ordnungsgem BerBegr voraus, Klageänderung selbst ist keine Urteilsanfechtung (BGH NJW NJW-RR 2002, 1073; 1992, 3243); lässt das BerGer sie zu, muss es selbst entscheiden und darf nicht zurückverweisen (BGH NJW 1984, 1552). Der Kl kann das erstinstanzl. Urteil mit der Ber in der Weise anfechten, dass er einen neuen Antrag stellt, wenn er den bisherigen als Hilfsantrag zumindest teilweise weiterverfolgt (BGH NJW 1996, 320). Eine Ber ist aber unzul, wenn mit ihr *gleichzeitig* der StrG ausgetauscht wird (BGH NJW-RR 2002, 1073; NJW 1996, 3208; *Bub* MDR 1995, 1191; *Spickhoff* MDR 1997, 10).

**Satz 2:** Eine Güteverhandlung muss nicht zwingend durchgeführt werden; § 278 I bleibt unberührt (Vergleiche sollten immer angestrebt werden). 5

## § 526 ZPO Entscheidender Richter

**(1) Das Berufungsgericht kann durch Beschluss den Rechtsstreit einem seiner Mitglieder als Einzelrichter zur Entscheidung übertragen, wenn**

**1. die angefochtene Entscheidung von einem Einzelrichter erlassen wurde,**

**2. die Sache keine besonderen Schwierigkeiten tatsächlicher oder rechtlicher Art aufweist,**

**3. die Rechtssache keine grundsätzliche Bedeutung hat und**

**4. nicht bereits im Haupttermin zur Hauptsache verhandelt worden ist, es sei denn, dass inzwischen ein Vorbehalts-, Teil- oder Zwischenurteil ergangen ist.**

**(2) [1]Der Einzelrichter legt den Rechtsstreit dem Berufungsgericht zur Entscheidung über eine Übernahme vor, wenn**

**1. sich aus einer wesentlichen Änderung der Prozesslage besondere tatsächliche oder rechtliche Schwierigkeiten der Sache oder die grundsätzliche Bedeutung der Rechtssache ergeben oder**

**2. die Parteien dies übereinstimmend beantragen.**

**[2]Das Berufungsgericht übernimmt den Rechtsstreit, wenn die Voraussetzungen nach Satz 1 Nr. 1 vorliegen. [3]Es entscheidet hierüber nach Anhörung der Parteien durch Beschluss. [4]Eine erneute Übertragung auf den Einzelrichter ist ausgeschlossen.**

**(3) Auf eine erfolgte oder unterlassene Übertragung, Vorlage oder Übernahme kann ein Rechtsmittel nicht gestützt werden.**

**(4) In Sachen der Kammer für Handelssachen kann Einzelrichter nur der Vorsitzende sein.**

§ 526 neu ab 01.01.2002 durch G v. 27.07.2001 (BGBl 1887).

**1. Entscheidender Einzelrichter, Absatz 1.** Ber-Verfahren werden grds vom voll besetzten Spruchkörper verhandelt und entschieden. Der OLG-Senat bzw die LG-Ber-ZivK (nicht mehr der Vors allein) *kann* aber durch Beschluss den Rechtsstreit einem der Spruchkörpermitglieder (auch dem Vors) als ER übertragen. Das ist eine Ermessensfrage. Ist eine LG-KfH BerGer, kann sie die Sache nur dem Vors als Berufsrichter übertragen (Abs. 4), 1 natürl. nicht den Laienbeisitzern. Das ist aber nur zul, wenn vier Voraussetzungen kumulativ vorliegen (Abs. 1 S. 1), nämlich wenn

- die angefochtene Entscheidung von einem ER stammt, also bei Ber gegen AG-U oder LG-EinzelrichterU immer, bei Ber gegen Urteile der LG-ZivK oder LG-KfH (bzw KfH-Vors) nicht (**Nr. 1**); denn wenn die Entscheidung eines Dreipersonen-Spruchkörpers nur von einer Einzelperson überprüft wird, hat dies keine Akzeptanz.
- die Sache keine besonderen Schwierigkeiten aufweist (**Nr. 2**); vgl § 348a I Nr. 2;
- die Sache keine grds Bedeutung hat (**Nr. 3**); vgl §§ 348 III, 348a, 511 IV Nr. 1;
- nicht schon im Haupttermin zur Hauptsache verhandelt wurde (**Nr. 4**); unschädl. ist ein Haupttermin, der mit einem Vorbehalts-, Teil- oder ZwischenU endete.

2 **2. Rückübertragung, Absatz 2.** Der durch Beschluss gem. Abs. 1 bestimmte ER muss die Akten dem Spruchkörper wieder in bestimmten Fällen wieder vorlegen, damit der Spruchkörper (LG-Kammer, OLG-Senat) prüft, ob er die Sache wieder zurücknimmt. Vgl § 348a II.

**Nr. 1:** wenn die Voraussetzungen des § 526 I Nr. 2 oder Nr. 3 *nachträglich* vorliegen (infolge einer wesentl. Änderung der Prozesslage); vgl §§ 511 IV Nr. 2, 522 II Nr. 3, 543 II Nr. 2; ferner wenn der ER von der Rspr des Senats abweichen will (BT-Drucks.14/4722 S. 99). Liegen diese Voraussetzungen vor, muss der Spruchkörper die Sache zurücknehmen (Abs. 2 S. 2). Hat sich die Prozesslage *nicht* wesentl. geändert, kann der ER in der Frage der „grundsätzlichen Bedeutung" eine andere Auffassung als Kammer/Senat vertreten und wegen grds Bedeutung *selbst* die Rev zul (BGH NJW 2003, 2900 + 3768); anders im Falle der Zulassung der RB nach § 568.

**Nr. 2:** wenn die Parteien dies übereinstimmend beantragen. Hier liegt die Rücknahme im Ermessen des Spruchkörpers.

3 **Verfahren:** vor Entscheidung über den Rückübertragungsantrag des ER (Nr. 1) ist rechtl. Gehör zu gewähren (Absatz 2 Satz 3); im Falle der Nr. 2 entfällt dies, weil die Parteien sowieso einen übereinstimmenden Antrag stellten. Entschieden wird durch Beschluss, ohne KostenE, ohne Begr. Eine erneute Rückübertragung ist unzul (Abs. 2 S. 4) und wäre mE unbeachtl.

4 **3. Rechtsmittel (Absatz 3).** Irgendwelche Fehler bei der Übertragung (zB auf den ER, obwohl Grundsätzlichkeit vorlag; Fehlgebrauch des Ermessens), Vorlage zwecks Rückübertragung, Rückübertragung sind weder mit Beschwerde noch im Rahmen der Rev anfechtbar. Anders ist es nur bei sog Willkür (BGH NJW 2007, 1466). Verfassungsbeschwerde bleibt mögl. (gesetzl Richter, Art 101 I 2 GG).

5 **4. FGG-Verfahren:** § 30 I 3 FGG.

## § 527 ZPO Vorbereitender Einzelrichter

**(1) [1]Wird der Rechtsstreit nicht nach § 526 dem Einzelrichter übertragen, kann das Berufungsgericht die Sache einem seiner Mitglieder als Einzelrichter zur Vorbereitung der Entscheidung zuweisen. [2]In der Kammer für Handelssachen ist Einzelrichter der Vorsitzende; außerhalb der mündlichen Verhandlung bedarf es einer Zuweisung nicht.**

**(2) [1]Der Einzelrichter hat die Sache so weit zu fördern, dass sie in einer mündlichen Verhandlung vor dem Berufungsgericht erledigt werden kann. [2]Er kann zu diesem Zweck einzelne Beweise erheben, soweit dies zur Vereinfachung der Verhandlung vor dem Berufungsgericht wünschenswert und von vornherein anzunehmen ist, dass das Berufungsgericht das Beweisergebnis auch ohne unmittelbaren Eindruck von dem Verlauf der Beweisaufnahme sachgemäß zu würdigen vermag.**

**(3) Der Einzelrichter entscheidet**

**1. über die Verweisung nach § 100 in Verbindung mit den §§ 97 bis 99 des Gerichtsverfassungsgesetzes;**

**2. bei Zurücknahme der Klage oder der Berufung, Verzicht auf den geltend gemachten Anspruch oder Anerkenntnis des Anspruchs;**

**3. bei Säumnis einer Partei oder beider Parteien;**

**4. über die Verpflichtung, die Prozesskosten zu tragen, sofern nicht das Berufungsgericht gleichzeitig mit der Hauptsache hierüber entscheidet;**

**5. über den Wert des Streitgegenstandes;**

**6. über Kosten, Gebühren und Auslagen.**

**(4) Im Einverständnis der Parteien kann der Einzelrichter auch im Übrigen entscheiden.**

§ 527 neu ab 01.01.2002 durch G v. 27.07.2001 (BGBl 2001, 1887), § 527 III geändert durch G v. 24.08.2004 (BGBl 2004, 2198).

**Lit:** ***Schneider*** MDR 2003, 374.

**1. Vorbereitender Einzelrichter.** Ist die Sache beim Spruchkörper (LG-BerZivK, OLG-Senat) geblieben, also nicht nach § 526 einem ER übertragen worden, kann der Spruchkörper gleichwohl einen ER bestellen, der die Sache aber nur vorbereiten darf (Abs. 2) und einige NebenE treffen darf (Abs. 3), während die EndE beim Spruchkörper liegt. Die Zuweisung kann vom Spruchkörper jederzeit widerrufen werden. Nur im Einverständnis mit allen Parteien darf er/sie die Endentscheidung durch Urteil und alle weiteren Entscheidungen treffen (Abs. 4). 1

**Kammer für Handelssachen** des LG als BerG: hier kann der Vors alle ER-Entscheidungen treffen, ohne dass ein Zuweisungsbeschluss der Kammer erforderl. wäre (Abs. 1 S. 2); nur das Urteil und sonstige Entscheidungen aufgrund mdl Verh sind vom Spruchkörper zu treffen, ausgenommen im Falle des Abs. 4. 2

**Verfahrensbefugnisse des vorbereitenden Einzelrichters (Absatz 2):** Förderung der Sache, Erhebung „einzelner" Beweise. Deshalb scheidet eine umfangreiche Beweisaufnahme, zB bei Arzthaftung, aus (vgl BGH NJW 1994, 801). 3

**Entscheidungsbefugnisse des vorbereitenden Einzelrichters (Absatz 3):** hierfür ist er zust, der Erlass steht nicht im Ermessen des ER: 4

**Nr. 1:** der Vors der KfH kann allein über die Verweisung an die ZivK entscheiden.

**Nr. 2:** bei Klagerücknahme in der Ber sowie bei Ber-Rücknahme kann er die KostenE erlassen (§§ 269, 516 III). Bei Anerkenntnis das AnerkenntnisU.

**Nr. 3:** bei Säumnis das echte oder unechte VU (§ 331), bei Säumnis beider Parteien kann er das Ruhen des Verfahrens anordnen (§ 251a) oder durch Urteil nach Aktenlage entscheiden;.

**Nr. 4:** isolierte KostenE kann er treffen, zB nach § 91a; § 269; § 516; aber nicht KostenE, die zusammen mit dem Urteil ergehen;

**Nr. 5:** StW-Beschlüsse (§§ 3 ff. ZPO; § 63 GKG) kann er erlassen;

**Nr. 6:** Entscheidungen über Kosten, Geb, Auslagen, sofern nicht der Rechtspfleger dafür zust ist (§ 21 RPflG); zB nach §§ 104, 379.

5 **Keine Entscheidungsbefugnisse** hat der vorbereitende ER (ausgenommen nach Abs. 4): für PKH-Bewilligung/Versagung (§ 114).

6 **Einverständnis der Parteien, Absatz 4.** Schriftl. oder zu Protokoll, weil sich dadurch der gesetzl. Richter ändert. Hier kann der ER alle Entscheidungen treffen. Auf den Widerruf des Einverständnisses ist § 128 II 1 entspr anzuwenden (BGH NJW 1989, 229).

## § 528 ZPO Bindung an die Berufungsanträge

**[1]Der Prüfung und Entscheidung des Berufungsgerichts unterliegen nur die Berufungsanträge. [2]Das Urteil des ersten Rechtszuges darf nur insoweit abgeändert werden, als eine Abänderung beantragt ist.**

§ 528 neu ab 01.01.2002 durch G v. 27.07.2001 (BGBl 2001, 1887).

1 **1. Satz 1.** Der **Prozessgegenstand** wird gebildet durch die Klage, das ErstU und die Ber-Anträge (die ggf auszulegen sind, BGH NJW-RR 2005, 1659). Der wegen Zuerkennung des Hauptantrags nicht beschiedene Hilfsantrag des Kl wird allein durch die Rm-Einlegung des Bekl Gegenstand des Ber-Verfahrens (BGH NJW-RR 2005, 220). Streitpunkte sind tatsächl. und rechtl. Gesichtspunkte. Ob die Überprüfung auf bestimmte Urteilselemente beschränkt werden kann, ist str; unstr gewordene Tatsachen werden jedenfalls nicht mehr überprüft (vgl § 529 I Nr. 1). Die in erster Instanz erhobene Einrede des ZurückbehaltungsR ist in der zweiten Instanz auch dann zu berücksichtigen, wenn sie in der Ber-Begr nicht wieder aufgegriffen wird (BGH NJW-RR 1986, 991).

2 **Gegenstand der BerEntscheidung: a)** nur ein vom angefochtenen Urteil schon zuerkannter bzw aberkannter proz Anspruch (Recht auf doppelte Entscheidung); wenn die Gründe des ErstU unzutreffend sind, das Urteil aber aus anderen Gründen richtig ist, erfolgt keine Aufhebung (BGH MDR 1997, 1021); **b)** innerhalb der Grenzen der Ber-Anträge. **c)** Nicht Angefochtenes oder noch nicht Entschiedenes (zB bei noch anhängiger Widerklage, TeilUl) fällt in der Ber-Instanz nicht an, BGH 30, 213.

3 **Ausnahmen, Sonderfälle: a)** Wird in erster Instanz bei einheitl. Tatbestand dem Hauptantrag stattgegeben, der Hilfsantrag daher nicht erörtert, darf bei Ber des Bekl das BerGer auf den **Hilfsantrag** eingehen (BGH NJW-RR 2005, 220; NJW 1992, 117; str). Wird dagegen dem Hilfsantrag stattgegeben, der Hauptantrag abgewiesen, darf bei Ber des Bekl das BerGer nicht über den Hauptantrag entscheiden, außer bei AnschlussBer des Kl (BGH 41, 38; str). Wird die Klage auf Scheck und Grundgeschäft gestützt (obj Klagenhäufung), fällt auch der nicht beschiedene Klagegrund der Rm-Instanz an (BGH NJW 1992, 117).

**b) Miterledigung von Prozessresten** aus der ersten Instanz in der Ber wegen Prozessökonomie (str): falls der in zweiten Instanz anhängige Anspruch für den Rest präjudiziell ist und das BerGer insoweit abweisen will (BGH VersR 1977, 430), zB bei Stufenklage (BGH NJW 1985, 862; OLG Celle NJW-RR 1995, 1021), für ein TeilU (OLG Hamm VersR 1996, 645), Häufung von Inzidentfeststellungs- und Leistungsklage (BGH 30, 215) oder von Unterlassungs- und Schadenersatzklage im gewerbl. Rechtsschutz (BGH NJW 1959, 1827). Ferner kann bei Ber gegen ein *unzulässiges* TeilU das BerGer den Rest an sich ziehen und mitentscheiden (BGH NJW 1984, 120; OLG Düsseldorf NJW-RR 1997, 659; str). – Der noch in erster Instanz anhängige Anspruch kann nicht mit AnschlussBer geltend gemacht und so miterledigt werden (BGH NJW 1983, 1311). 4

**c) Einverständnis der Parteien** macht die Entscheidung des BerGer über einen vom ErstG nicht beschiedenen Anspruch zul (BGH NJW 1986, 2108); bei Ber des Bekl gegen zul TeilU kann daher das BerGer über den in erster Instanz noch anhängigen Rest entscheiden, wenn Bekl volle Klageabweisung beantragt und sich der Kl rügelos darauf einlässt (BGH 8, 383; abw BGH 30, 218; str); bei Ber gegen ein GrundU kann das Betragsverfahren hochgezogen werden (BGH NJW 1993, 1793); durch Abstandnahme vom Urkunds-Prozess in zweiter Instanz kann die restl. Anhängigkeit des Nachverfahrens in erster Instanz beseitigt werden (BGH 29, 337; str). 5

**d) Neue Ansprüche** infolge Klageänderung, Aufrechnung, Widerklage in zweiter Instanz (vgl § 533) sind ebenfalls Ber-Gegenstand. 6

**2. Satz 2. Grenzen der Abänderung: a)** Dem Ber- oder BerAnschliessungsKl darf nicht mehr/nichts anderes zugesprochen werden, als er beantragt hat, §§ 308, 528, 297. **b)** Das ErstU darf im rechtskraftfähigen Inhalt nicht zum Nachteil des BerKl geändert werden (Verbot der **reformatio in peius**), außer bei AnschlussBer. Auch bez Versorgungsausgleich (BGH NJW 1983, 173). **c)** Beides gilt auch bei Aufhebung und Zurückverweisung an die erste Instanz (BGH NJW 1986, 1495), selbst wenn bei Teilanfechtung aus Zweckmäßigkeit das ganze Urteil aufgehoben wurde (BGH FamRZ 1989, 957). 7

**Zulässig zB:** – **a) Änderung der Kostenentscheidung** (§ 308 II), dabei kann auch die einen im Rm-Verfahren nicht mehr beteiligten StrGen betreffende KostenE der Vorinstanz geändert werden (BGH MDR 1981, 928). 8

**b) Änderung der Klageabweisung** von unzul (wodurch dem Kl keine Rechtsposition zugesprochen war, BGH NJW 1970, 1684) bei Ber des Kl in Abweisung als unbegr (BGH 46, 281/284). **c)** Änderung der Klageabweisung als **zur Zeit unbegründet** in uneingeschränkt unbegr, wenn der Kl kein schutzwürdiges Interesse hat (BGH NJW 1988, 1982; sehr str).

**d) Änderung des rechtlichen Gesichtspunkts** der Urteilsbegründung. Aber eine Zurückweisung nach § 296 II darf nicht durch eine Zurückweisung nach § 296 I oder umgekehrt ausgewechselt werden (BGH NJW-RR 2005, 1007).

**Unzulässig zB: a)** Hatte die **Klage nur teilweise Erfolg**, darf auf die Ber des Kl die Klage nicht ganz abgewiesen werden (RG 161, 171). Innerhalb eines einheitl. Anspruchs können aber Rechnungsposten verschoben werden (vgl BGH VersR 1961, 374); **b) Aufrechnung:** bei teilw Klageabweisung wegen Aufrechnung des Bekl kann bei Ber des Bekl das BerGer nicht die Gegenforderung als nicht bestehend annehmen, § 322 II (BGH 36, 319); bei 9 *alleiniger* Ber des Kl darf das RmG nur noch das Bestehen der zur Aufrechnung gestellten Gegenforderung, nicht mehr das ursprüngl. Bestehen der Klageforderung prüfen (BGH NJW 1990, 447; abw BGH 16, 394).

10 **c)** Hält bei teilw Klageabweisung und Ber des Kl das BerGer die Klage für unzul, darf es nicht die Klage in voller Höhe abweisen, weil die Parteidisposition insoweit Vorrang hat (vgl BGH NJW 1970, 1683; NJW 1986, 1494; str).

## § 529 ZPO Prüfungsumfang des Berufungsgerichts

**(1) Das Berufungsgericht hat seiner Verhandlung und Entscheidung zugrunde zu legen:**

**1. die vom Gericht des ersten Rechtszuges festgestellten Tatsachen, soweit nicht konkrete Anhaltspunkte Zweifel an der Richtigkeit oder Vollständigkeit der entscheidungserheblichen Feststellungen begründen und deshalb eine erneute Feststellung gebieten;**

**2. neue Tatsachen, soweit deren Berücksichtigung zulässig ist.**

**(2) [1]Auf einen Mangel des Verfahrens, der nicht von Amts wegen zu berücksichtigen ist, wird das angefochtene Urteil nur geprüft, wenn dieser nach § 520 Abs. 3 geltend gemacht worden ist. [2]Im Übrigen ist das Berufungsgericht an die geltend gemachten Berufungsgründe nicht gebunden.**

§ 529 neu ab 01.01.2002 durch G v. 27.07.2001 (BGBl 2001, 1887).

**Lit:** ***Heiderhoff*** JZ 2003, 490; ***Crückeberg*** MDR 2003, 199; ***Roth*** JZ 2005, 174; ***Gaier*** NJW 2004, 110; ***Schmidt*** NJW 2007, 1172.

1 **1. Tatsachengrundlagen der Berufungsentscheidung, Absatz 1.** Die erste Instanz soll die Tatsachen feststellen. Bei der Ber handeltl es sich seit 2002 nur noch um ein Fehlerkontroll- und Beseitigungsinstrument. Eine erstinstanzl. **Schmerzensgeldbemessung** ist in vollem Umfang darauf zu überprüfen, ob sie überzeugt; das BerGer darf sich nicht darauf beschränken, die Ermessensausübung der Vorinstanz auf Rechtsfehler zu überprüfen (BGH NJW 2006, 1589). Die Gegenmeinung, wonach eine Überprüfung auf Rechtsfehler beschränkt sei und das eigene Ermessen des BerGer nicht an die Stelle des Ermessens der unteren Instanz gesetzt werden dürfe (so OLG Braunschweig, VersR 2004, 924; OLG München, NJW 2004, 959), ist unzutreffend. Für den Bereich der **Vertragsauslegung** besteht ebenfalls keine Bindung des BerGer an eine ledigl. mögliche, aber nicht überzeugende Wertung der Vorinstanz (BGH NJW 2004, 2751). Hat das ErstG dem rechtzeitig gestellten Antrag einer Partei auf erstmalige mdl **Anhörung des gerichtlichen Sachverständigen** nicht entsprochen, kann die Bindung des BerGer an die vom Gericht des ersten Rechtszuges festgestellten Tatsachen entfallen (BGH MDR 2005, 1308).

2 **Nr. 1. Alte Tatsachen. Halbsatz 1:** das BerGer ist grds (verfassungsrechtl. Schranken vgl BVerfG NJW 2005, 657) an die Tatsachenfeststellungen der ersten Instanz gebunden, gleichgültig ob sie im Tatbestand oder in den Entscheidungsgründen des ErstU enthalten sind. Vom ErstG festgestellte Tatsachen sind: was unstr war (§ 138 III), ausdrückl. zuge-

standen (§ 288), gerichtsbekannt bzw offenkundig (§ 291), was aufgrund freier Beweiswürdigung (§ 286) als wahr oder unwahr festgestellt wurde (BGH NJW 2004, 2152); der BGH drängt also den Kreis zurück.

Ist in Wahrheit streitiges Vorbringen im ErstU als unstr dargestellt, muss **Tatbestandsberichtigung** (vgl §§ 314, 320) beantragt werden (OLG Karlsruhe NJW-RR 2003, 891). Ist dagegen der Tatbestand unvollständig, muss keine Tatbestandsberichtigung (§ 320) betrieben werden. Dem Schweigen des Tatbestands kann nicht entnommen werden, dass weiteres Vorbringen in den Schriftsätzen nicht erfolgt sei; § 314 wird insoweit beschränkt. Die Wiedergabe des Sach- und Streitstandes im ErstU ist von der Bindungswirkung nicht erfasst (*Gaier* NJW 2004, 2041/3); was zwar nicht im Urteil steht, wohl aber in den Schriftsätzen, wird ebenfalls mit in die zweite Instanz gewälzt (BGH NJW 2004, 1876 + 2152); eine Bezugnahme im ErstU auf die Schriftsätze ist hier hilfreich.

**Halbsatz 2:** Keine Bindung, wenn „konkrete Anhaltspunkte" Zweifel an der Tatsachenfeststellung begr: dann wird durch Beweisaufnahme eine neue Tatsachenfeststellung betrieben. Die Zweifel müssen nicht „ernstlich" sein (so noch der Entwurf zum ZPO-RG); eine gewisse (nicht notw "überwiegende") Wahrscheinlichkeit genügt (BGH NJW 2003, 3480). Konkrete Anhaltspunkte: wenn zB Beweisanträge übergangen wurden; unzureichende Beweiserhebung (BGH NJW 2004, 2828) oder Beweiswürdigung; wenn aufgrund beim OLG gerichtskundiger Tatsachen Zweifel bestehen; wenn fehlerhafte Rechtsanwendung erfolgte (BGH NJW 2004, 2828), erstinstanzl. Vorbringen hätte berücksichtigt werden müssen (BGH NJW 2004, 2825), Verfahrensfehler des ErstG bei der Tatsachenfeststellung (BGH NJW 2004, 1876). Bei einem Gutachten können sich „Zweifel" aus dem Gutachten (unvollständig, widersprüchl.) oder der Person des Gutachters ergeben (BGH NJW 2003, 3480). Ob „Zweifel" vorliegen, wird von Amts wegen geprüft; sie müssen nicht gem § 520 III 2 Nr. 3 gerügt werden (BGH NJW 2004, 1876). Zur Notwendigkeit erneuter Beweisaufnahme vgl BVerfG NJW 2004, 2524.

**Nr. 2. Neue Tatsachen**, falls zul eingeführt gem § 531 II. Neuer *unstreitiger* Tatsachen- 3
vortrag (zB Verzicht auf Verjährungseinrede) ist unabhängig von § 531 II zu berücksichtigen, selbst wenn dadurch eine Beweisaufnahme erforderl. wird (BGH NJW 2005, 291). Zu berücksichtigen sind daher auch neue Beweisaufnahmen. Eine prozessrechtswidrige Zulassung neuen Vorbringens ist nicht mit der Rev angreifbar (BGH NJW 2004, 1458). Aus § 398 kann sich die Pflicht des BerGer ergeben, Zeugen und SV nochmals zu vernehmen (§ 398 Rz 2). Eine *nach* der letzten mdl Verh im ersten Rechtszug erstellte Schlussrechnung kann im Ber-Rechtszug nicht unberücksichtigt bleiben (BGH NJW-RR 2005, 1687; NJW-RR 2004, 167).

**2. Verfahrensmängel erster Instanz, Absatz 2.** Verfahrensfehler im erstinstanzl. Verfah- 4
ren und im ErstU werden vom BerGer nur geprüft, wenn sie vom Ber-Führer in der Form von § 520 III Nr. 2 (Entscheidungserheblichkeit!) gerügt wurden (**Satz 1**). Was dagegen von Amts wegen zu berücksichtigen ist, wird auch ohne Rüge vom BerGer geprüft (**Satz 2**), zB Parteifähigkeit. Auch hinsichtl. der materiellrechtl. Fehler ist das BerGer an die geltend gemachten Ber-Gründe nicht gebunden.

5 **Praxishinweise:**

Der Begriff „festgestellte Tatsachen“ (Rz 1) ist irreführend. Der Gesetzgeber hat die proz Terminologie nicht beherrscht. „Feststellen“ ist ein Begriff des Beweisrechts. Festgestellt sind Tatsachen nur, wenn sie zugestanden (§ 288) oder offenkundig (§ 291) sind oder gesetzl. vermutet werden (§ 292) oder durch Beweisaufnahme bestätigt worden sind (§ 286). *Rimmelspacher* (Münch-KommZPO-Aktualisierungsband § 529 Rz 2) definiert: „Festgestellt sind diejenigen tatsächl. Behauptungen, zu denen das Eingangsgericht die Entscheidung getroffen hat, dass sie wahr oder nicht wahr seien.“ Danach dürfte das BerGer nur dasjenige Parteivorbringen berücksichtigen, das dem angefochtenen Urteil als festgestellt zugrunde liegt. Das ist aber nicht gemeint, vielmehr ist das Gericht verpflichtet, das ges Vorbringen der Beteiligten zur Kenntnis zu nehmen und in Erwägung zu ziehen, und zwar unabhängig davon, ob es dem erstinstanzl. Urteil als festgestellt zugrunde liegt. Daher muss das BerGer auch Rechtsausführungen zur Kenntnis nehmen.

## § 530 ZPO Verspätet vorgebrachte Angriffs- und Verteidigungsmittel

**Werden Angriffs- oder Verteidigungsmittel entgegen den §§ 520 und 521 Abs. 2 nicht rechtzeitig vorgebracht, so gilt § 296 Abs. 1 und 4 entsprechend.**

Früher § 527.

**Lit:** ***Schneider*** ZAP Fach 13, 87.

1 **Neues Vorbringen** in der Ber-Instanz. „Neu“ ist nur, was weder in den erstinstanzl. Schriftsätzen noch im ErstU enthalten ist (vgl BGH NJW 2004, 1876 u. 2152). **Angriffs- und Verteidigungsmittel** sind zB: Behauptungen, Bestreiten, Einreden, Einwendungen, Aufrechnung, Beweisanträge, Beweiseinreden, Klagegründe (vgl § 146). – Keine Angriffsmittel in diesem Sinn sind Rechtsausführungen, Klageänderung, Klageerweiterung, Widerklage, Parteiänderung. Die **Zurückweisung verspäteten Vorbringens** ist gem. §§ 530, 296 ist nur dann zul, wenn die Zulassung zu einer Verzögerung des Verfahrens führen würde und die Verspätung nicht entschuldigt ist (BGH NJW-RR 2005, 669).

2 **Übersicht:**

**1.** Unstr Vorbringen in zweiter Instanz unterliegt nicht § 530 (BGH NJW 2005, 291), zwingt also ggf zur Beweisaufnahme; für die Aufrechnung gilt nur § 533.

**2.** Neues Vorbringen kann nach § 531 II zugel werden.

**3.** Altes Vorbringen, wiederholt, fällt unter § 531 I.

**4.** Auch wenn Vorbringen zul wäre, kann es nach § 530 oder §§ 296 I, II, 523 (BGH NJW 1987, 501/502) ausgeschlossen werden.

3 **§ 530 betrifft** (alte und neue) Angriffs- und Verteidigungsmittel und das Nichtvorbringen innerhalb

- der BerBegr-Frist (§ 520) oder
- der gesetzten richterl. Ber-Erwiderungsfrist (§ 521 II) oder
- der dem BerKl gesetzten richterl. Replikfrist hierauf (§ 521 II).

Dafür gilt § 296 I, IV.

4

**Praxishinweise:**
Ein neues Beweismittel hat der Beweisführer nach § 520 III S 2 Nr 4 in der BerBegr zu benennen und darzulegen, warum eine Zulassung nach § 531 II geboten ist. Die Zurückhaltung eines Beweismittels, um das Ergebnis der bereits durchgeführten Beweisaufnahme abzuwarten, verstößt gegen die Prozessförderungspflicht. Der Verstoß kann nicht damit entschuldigt werden, der Beweisführer habe nicht mit einer ihm ungünstigen Beweisaufnahme oder Beweiswürdigung rechnen können (BGH VersR 2007, 373).

## § 531 ZPO Zurückgewiesene und neue Angriffs- und Verteidigungsmittel

**(1) Angriffs- und Verteidigungsmittel, die im ersten Rechtszuge zu Recht zurückgewiesen worden sind, bleiben ausgeschlossen.**

**(2) [1]Neue Angriffs- und Verteidigungsmittel sind nur zuzulassen, wenn sie**

1. **einen Gesichtspunkt betreffen, der vom Gericht des ersten Rechtszuges erkennbar übersehen oder für unerheblich gehalten worden ist,**
2. **infolge eines Verfahrensmangels im ersten Rechtszug nicht geltend gemacht wurden oder**
3. **im ersten Rechtszug nicht geltend gemacht worden sind, ohne dass dies auf einer Nachlässigkeit der Partei beruht.**

**[2]Das Berufungsgericht kann die Glaubhaftmachung der Tatsachen verlangen, aus denen sich die Zulässigkeit der neuen Angriffs- und Verteidigungsmittel ergibt.**

§ 531 neu ab 01.01.2002 durch G v. 27.07.2001 (BGBl 2001, 1887).

**Lit:** ***Fellner*** MDR 2004, 241; ***Schenkel*** MDR 2004, 121; ***Staudinger*** IPRax 2004, 510; ***Grunsky*** NJW 2002, 800).

**1. Absatz 1** setzt zweierlei voraus: 1

**a) Angriffs- und Verteidigungsmittel.** Das sind insbes neue Beweisanträge. Keine solchen Mittel sind: der neue Anspruch, Klageerweiterung. Für Klageänderung, Widerklage, Aufrechnung beachte § 533. Ob Parteifähigkeit vorliegt ist von Amts wegen zu prüfen (vgl § 56); diesbez Vorbringen in zweiter Instanz ist daher nicht verspätet (BGH NJW 2004, 2523).

**b) Alte Angriffe**, in erster Instanz zurückgewiesen, werden erneut vorgebracht.

Das BerGer prüft, ob die erste Instanz zu Recht nach **§ 296** zurückgewiesen hat. Das Ber- 2
Ger darf weder eine von der Vorinstanz unterlassene Zurückweisung nachholen noch die

Zurückweisung auf eine andere als die von der Vorinstanz angewandte Vorschrift stützen (zB statt auf § 296 II nun auf § 296 I); das gilt unterschiedslos, ob den Gerichten bei der Entscheidung über die Präklusion ein Ermessen eingeräumt ist oder nicht, sie also bei Vorliegen der Voraussetzungen zwingend ist. Ein Wechsel der PräklusionsBegr durch das RmG kommt grds nicht in Betracht (BGH NJW 2006, 1741; NJW-RR 2005,1007). Für die Annahme „grober Nachlässigkeit" bei § 296 II hat das ErstG keinen Ermessens-, sondern nur einen Würdigungsspielraum; stellen sich die zugrunde gelegten tatsächl. Annahmen in zweiter Instanz als unrichtig heraus, erfolgte die Zurückweisung nicht zu Recht; die Entscheidung darüber ist also vom Standpunkt und Blickwinkel des RmG aus zu treffen (BGH NJW 1986, 135). Abs. 1 ist verfassungskonform dahin auszulegen, dass eine in erster Instanz schuldlos unterlassene Entschuldigung für das verspätete Vorbringen mit der Ber nachgeholt werden kann (BVerfG NJW 1987, 2003).

3 • **Erfolgte die Zurückweisung** in erster Instanz **zu Recht**, bleibt der Vortrag in zweiter Instanz ausgeschlossen. Zu einem zu Recht zurückgewiesenen Vorbringen ist ein Zeuge auch dann nicht zu hören, wenn er zu zugel neuen Vorbringen gehört werden muss (BGH NJW 1980, 1102).

• **Neuer unstreitiger Tatsachenvortrag** muss auf jeden Fall berücksichtigt werden, selbst wenn dadurch eine Beweisaufnahme notw wird (BGH NJW 2005, 291).

4 • **Erfolgte Zurückweisung zu Unrecht:** Neues Vorbringen ist zuzulassen. Ist in erster Instanz Vorbringen nach § 296 I zu Unrecht zurückgewiesen worden (hätte aber evtl § 296 II vorgelegen), so kann das BerGer die Zurückweisung nicht auf § 296 II gestützt nachholen, oder umgekehrt (BGH NJW 2006, 1741; NJW 1981, 2255; 1986, 133/134).

5 **Absatz 1 unanwendbar:** Der Ausschluss nach Abs. 1 betrifft nur Vorbringen, auf das in erster Instanz § 296 angewandt wurde, also nicht Nichtzulassung nach § 296a (BGH NJW 1979, 2109), Unterbleiben der Zeugenvernehmung wegen Nichtzahlung des Auslagenvorschusses (BGH NJW 1982, 2559), wegen Unschlüssigkeit (BGH NJW 1985, 1543). **Keine entsprechende Anwendung**, wenn verspätetes Vorbringen in erster Instanz zu Unrecht zugelassen wurde (BGH NJW 1991, 1896), wenn Vorbringen bewusst für die zweite Instanz zurückgehalten wurde (BGH NJW 1981, 1218).

6 **2. Neue Angriffs- und Verteidigungsmittel** (die Zurückweisungsvorschriften sind nur auf unselbstständige Angriffs- und Verteidigungsmittel anwendbar, BGH NJW 1985, 3079) sind Behauptungen, Bestreiten, Verjährungseinrede (Rz 10), sonstige Einreden, Einwendungen, Beweisanträge, Beweiseinreden, Klagegründe; zur Aufrechnung vgl § 533. Eine Ber kann ausschließlich auf neue Angriffsmittel gestützt werden (BGH NJW-RR 2007, 934). **Keine Angriffs- und Verteidigungsmittel sind:** Rechtsausführungen, Vortrag zu einer in erster Instanz nicht ausdrückl. erwähnten Anspruchsgrundlage (BGH NJW-RR 2003, 1321), Klageänderung (dazu § 533), Klageerweiterung (BGH NJW 1986, 2258; 1993, 1393), Widerklage (dazu § 533), Nachholung notw Antragsaufgliederung (BGH NJW 1997, 870), Parteiänderung. **Neuer unstreitiger Tatsachenvortrag** ist *kein* „Verteidigungsmittel", somit in der Ber-Instanz zu berücksichtigen, selbst wenn dadurch eine Beweisaufnahme erforderl. wird (BGH NJW 2005, 291; **aA** OLG München ZIP 2006, 2122); die Voraussetzungen des § 531 II müssen nicht zusätzl. erfüllt sein.

**Neu:** Was in erster Instanz bis zum Schluss der mdl Verh nicht gebracht wurde (oder wieder fallengelassen wurde) und in zweiter Instanz aufgegriffen wird (BGH NJW 1989, 718). „Neu" ist nur, was weder in den erstinstanzl. Schriftsätzen noch im ErstU dokumentiert ist (vgl BGH NJW 2004, 1876 + 2152). Um neues Vorbringen handelt es sich, wenn dieses den sehr allg gehaltenen Vortrag der ersten Instanz konkretisiert und erstmals substanziiert; wenn ein bereits schlüssiges Vorbringen aus der ersten Instanz durch weitere Tatsachenbehauptungen zusätzl. konkretisiert, verdeutlicht oder erläutert wird, ist das **kein neuer Vortrag** (BGHZ 164, 330/333; BGHZ 159, 245/261; BGH NJW 2007, 1531), darauf ist § 531 II nicht anzuwenden. Im Bauprozess ist eine Partei nicht verpflichtet, bereits in erster Instanz **Einwendungen gegen ein Gerichtsgutachten** unter Beifügung eines Privatgutachtens oder gestützt auf sachverständigen Rat vorzubringen (BGH NJW 2007, 1531). Das gilt auch in sonstigen Prozessen, zB im Arzthaftungsprozess (BGH NJW 2006, 152; NJW 2004, 2825).

Auf eine **Verzögerung der Erledigung des Berufungsverfahrens** (so § 528 aF) kommt es nicht mehr an.

**Neue Angriffs- und Verteidigungsmittel sind zuzulassen (Absatz 2)**, wenn (alternativ) 7

**Nr. 1.** sie einen vom ErstG „erkennbar" übersehenen oder für unerhebl. gehaltenen Gesichtspunkt betreffen; zB: wenn die Instanz einen Hinweis gab und nur auf Vertrag abstellt, die zweite Instanz aber § 826 für einschlägig hält, kann zu § 826 beliebig neuer Sachvortrag gebracht werden. Ungeschriebenes Tatbestandsmerkmal ist, dass die fehlerhafte Rechtsansicht des ErstG den erstinstanzl. Sachvortrag der Partei auch beeinflusst hat (BGH NJW 2004, 2382), die Zurückhaltung von Vorbringen veranlasst hat (BGH NJW-RR 2005, 167). Zu den zuzulassenden Verteidigungsmitteln zählt auch die Geltendmachung neuer Gegenrechte; ob es der Partei möglich gewesen wäre, das Gegenrecht bereits in erster Instanz vorzubringen, ist unerheblich (BGH NJW-RR 2006, 1292).

**Nr. 2:** wenn Angriffs- und Verteidigungsmittel infolge eines Verfahrensmangels in erster Instanz nicht geltend gemacht wurden; zB: wenn die Partei durch fehlerhafte Prozessleitung der ersten Instanz (zB Verwertung eines unvollständigen SV-Gutachtens, BGH NJW 2004, 2828) oder Unterlassen von Hinweisen (§ 139) oder unvollständige Hinweise des Gerichts (BGH NJW-RR 2005, 213) damals veranlasst war, von bestimmtem Vorbringen abzusehen. 8

**Nr. 3:** wenn Angriffs- und Verteidigungsmittel in erster Instanz nicht geltend gemacht wurden und dies nicht auf Nachlässigkeit beruht. Was in erster Instanz geltend gemacht und zu Recht zurückgewiesen wurde, bleibt allerdings ausgeschlossen (Abs. 1). Es ist riskanter, eine Zurückweisung in erster Instanz zu in Kauf zu nehemen als die Sache als „neu" in zweiter Instanz erstmals zu präsentieren, weil § 531 II Nr. 3 „weicher" ist als § 531 I. Neues Vorbringen zum Wert des Beschwerdegegenstandes (dh zur Zulässigkeit der Ber) kann nicht nach Nr. 3 ausgeschlossen werden (BGH NJW-RR 2006, 791). 9

**Nachlässigkeit:** Nr. 3 schließt die Berücksichtigung solcher tatsächl. Umstände aus, die in erster Instanz nicht vorgetragen wurden, obwohl sie und ihre Bedeutung für den Ausgang des Rechtsstreits der Partei bis zum Schluss der mdl Verh in erster Instanz bekannt waren oder hätten bekannt sein müssen (BGH NJW 2004, 2152). An den Vortrag zu medizinischen Fragen dürfen nur maßvolle Anforderungen gestellt werden (BGH NJW 2004, 2825). Es ist zB nicht nachlässig, wenn ein Schaden deshalb nicht entdeckt wurde, weil er durch Einbaumöbel verdeckt war (BGH BauR 2005, 1798). 10

Mit der erstmals im Ber-Verfahren erhobenen Verjährungseinrede ist der Bekl ausgeschlossen, wenn nicht die Voraussetzungen des § 531 II vorliegen (BGH MDR 2006, 766; Abgrenzung zu BGH NJW 2005, 291); im Einzelnen umstr. Andere Stimmen: Ist der Sachverhalt unstr, darf die in zweiter Instanz erstmals erhobene Verjährungseinrede berücksichtigt werden (OLG Celle NJW-RR 2006, 1530; OLG Karlsruhe OLG-Report 2006, 526; OLG Saarbrücken VersR 2004, 194; *Sohn* BauR 2003, 1933; *Schenkel* MDR 2005, 726; *Meller-Hannich* NJW 2006, 3385; **aA** OLG Brandenburg BauR 2003 1256); Kostenfolge ist dann uU § 97 II. – Dagegen soll es dem Versicherer gestattet sein, sich erstmals in der Ber-Instanz auf den Ablauf der Klagefrist (§ 12 III VVG) zu berufen (BGH NJW 2006, 298).

„Grobe“ Nachlässigkeit wird von § 531 nicht verlangt, **leichte Nachlässigkeit** genügt. Was erst nach Schluss der mdl Verh entstanden ist, konnte natürlich nicht früher vorgetragen werden. Von einer anwaltl. nicht vertretenen Partei kann weniger verlangt werden als von einem Anwalt.

11 **Glaubhaftmachung (Absatz 2 Satz 2):** das BerGer kann sie verlangen, zB dass neue Zeugen erst nach Schluss der mdl Verh bekannt wurden (zB durch eV). Vgl § 296 IV.

12 **3. Verfahrensfehler.** Wird entgegen § 531 II etwas zugel, kann der Fehler in der Rev nicht mehr gerügt werden (BGH FamRZ 2007, 802; NJW 2004, 1458; dazu *Schmidt* NJW 2007, 1172)in Extremfällen könnte Art 101 I 2 GG verletzt sein (vgl *Gaier* NJW 2004, 2041). Die Nichtzulassung neuen Vorbringens unterliegt der Nachprüfung durch Rev.

13

**Praxishinweise:**

1. Teilweise unterschiedl. wird die Frage beantwortet, ob unstr gewordenes Vorbringen präkludiert werden darf. Verschiedentl. ist die Einschränkung gemacht worden, dieses Vorbringen sei zu berücksichtigen, wenn es eine SachE ohne weitere Beweisaufnahme ermögliche (OLG Nürnberg MDR 2003, 1133; OLG Karlsruhe MDR 2004, 1020). Diese Kontroverse ist durch BGH NJW 2005, 291 überholt. Danach ist neuer unstr Tatsachenvortrag in der Ber-Instanz immer zu berücksichtigen, selbst wenn dadurch eine Beweisaufnahme erforderl. wird.

2. Nach OLG Karlsruhe (OLGR 2004, 309) sind Angriffs- oder Verteidigungsvorbringen nicht zuzulassen, wenn die Voraussetzungen für die Geltendmachung zwar erst im Ber-Rechtszug entstanden sind, die Partei diese Voraussetzungen aber schon erstinstanzl. hätte schaffen können und dies aus Nachlässigkeit unterlassen hat.

3. Str ist die Berücksichtigung einer in zweiter Instanz erhobenen Verjährungseinrede, die schon erstinstanzl. hätte erhoben werden können. *Schenkel* (MDR 2005, 726) wendet dann Verspätungsrecht an, selbst wenn der zugrunde liegende Sachverhalt unstr ist und die Zulassung keine Beweisaufnahme nach sich ziehen würde. Diese Einschränkung ist mit BGH NJW 2005, 291 unvereinbar und auch vom Ergebnis her nicht vertretbar. Es ist nicht nachvollziehbar, warum die Verjährungseinrede nicht wie alle sonstigen unstr Tatsachen behandelt werden soll mit dem Ergebnis, dass ein nicht mehr durchsetzbarer Anspruch zuerkannt würde.

### § 532 ZPO Rügen der Unzulässigkeit der Klage

**[1]Verzichtbare Rügen, die die Zulässigkeit der Klage betreffen und die entgegen den §§ 520 und 521 Abs. 2 nicht rechtzeitig vorgebracht werden, sind nur zuzulassen, wenn die Partei die Verspätung genügend entschuldigt. [2]Dasselbe gilt für verzichtbare neue Rügen, die die Zulässigkeit der Klage betreffen, wenn die Partei sie im ersten Rechtszug hätte vorbringen können. [3]Der Entschuldigungsgrund ist auf Verlangen des Gerichts glaubhaft zu machen.**

§ 532 neu ab 01.01.2002 durch G v. 27.07.2001 (BGBl 2001, 1887).

**Absatz 1. Verzichtbare Rügen** iSv Abs. 1 sind: Schiedsklausel (§ 1032), fehlende Ausländersicherheit (§§ 110, 113), fehlende Kostenerstattung (§ 269 VI). Vgl § 296 III und § 282 III. **Satz 1** betrifft Rügen, die schon im ersten Rechtszug vorgebracht waren, **Satz 2** bezieht sich auf im zweiten Rechtszug erstmals vorgebrachte. Auf drohende Verzögerung kommt es bei Abs. 1 nicht an; es schadet jeder Sorgfaltsverstoß. Muss die Partei damit rechnen, dass die Schiedsabrede den Gegner bindet, hat sie die Rüge vorzubringen. Die unter Verstoß gegen Abs. 1 erfolgte Zulassung einer Rüge durch das BerGer kann mit Rev geltend gemacht werden (BGH NJW 1985, 743 zur aF). 1

**Nicht verzichtbare Rügen** (zB fehlende Partei-, Prozessfähigkeit) sind unbeschränkt zuzulassen. **Zuständigkeitsrügen:** hielt sich die erster Instanz irrig für zust, kann mit der Ber die Unzust nicht gerügt werden (§ 513 II). 2

**Glaubhaftmachung** (Satz 3) vgl § 296 IV. 3

### § 533 ZPO Klageänderung; Aufrechnungserklärung; Widerklage

**Klageänderung, Aufrechnungserklärung und Widerklage sind nur zulässig, wenn**

1. **der Gegner einwilligt oder das Gericht dies für sachdienlich hält und**
2. **diese auf Tatsachen gestützt werden können, die das Berufungsgericht seiner Verhandlung und Entscheidung über die Berufung ohnehin nach § 529 zugrunde zu legen hat.**

§ 533 neu ab 01.01.2002 durch G v. 27.07.2001 (BGBl 2001, 1887).

**Lit:** ***Münch*** MDR 2004, 781 (Klageänderung).

**Klageänderung, Aufrechnungserklärung und Widerklage** sind in zweiter Instanz nur zul, wenn der Gegner einwilligt (was selten vorkommt) oder wenn das BerGer sie für sachdienl. hält *und* (neu seit 2002) das BerGer die stützenden Tatsachen ohnehin seiner Entscheidung zugrundelegen muss. 1

**Klageänderung** (§ 263). Änderungen des Klageantrags nach § 264 Nr. 2, 3 in der Ber-Instanz sind nicht als Klageänderung anzusehen (BGH MDR 2006, 565; NJW 2004, 2152); hierfür ist also § 533 nicht einschlägig. Bei der Entscheidung über die Klageerweiterung hat das BerGer deshalb den gesamten erstinstanzl. Sachvortrag der Parteien zu berücksichtigen. Auch neuer Vortrag der Parteien ist jedenfalls insoweit zu berücksichtigen, als er 2 die Klageerweiterung betrifft (BGH MDR 2006, 565). Eine Abstandnahme vom Urkundenprozess ist im zweiten Rechtszug nicht zugelassen (OLG Celle MDR 2006, 111).

3 **Widerklage.** Vgl § 33. Vorbringen, das der Begründung der in zweiter Instanz neu erhobenen Widerklage dient, kann von § 531 nicht erfasst werden. Wenn sich das Vorbringen zur Widerklage mit dem zur Verteidigung gegen die Klage deckt, muss das Vorbringen bei beidem berücksichtigt werden; es kann nicht durch TeilU nur über die Widerklage entschieden werden (BGH NJW 1985, 3079; zur erweiterten Widerklage BGH NJW 1986, 2257). Eine erstmals im Ber-Rechtszug erhobene Widerklage ist zul, wenn der Gegner einwilligt und das Begehren auf unstr Sachvortrag beruht (BGH NJW-RR 2005, 437). – Bei Nichtzulassung wird die Widerklage als unzul abgewiesen, wenn sie nicht zurückgenommen wird; der Gegenstand kann dann in erster Instanz neu eingeklagt werden. Die Zulassung ist mit der Rev nicht anfechtbar (BGH NJW 1985, 3080). Für die Zwischenfeststellungswiderklage, §§ 256 II, 523, ist keine Zulassung erforderl. (BGH 53, 92).

4 **Aufrechnung. Absatz 1 ist nicht anwendbar:** wenn die erste Instanz sich mit einer hilfsweise geltend gemachten Aufrechnung nicht befasst, sondern die Klage schon aus anderen Gründen abgewiesen hat; neues Vorbringen zur Substantiierung der Aufrechnungs-Forderung ist dann nach § 531 zu beurteilen (BGH NJW 1983, 931 zur aF); auf das Zurückbehaltungs-Recht (BGH WM 1974, 1244; abw OLG Koblenz NJW-RR 1992, 760); auf die vom Kl erstmals im BerVerf in der Replik erklärte Aufrechnung; dafür gelten §§ 531, 296, 282 (BGH NJW-RR 1990, 1470); wenn Bekl die Aufrechnung eines Dritten geltend macht (BGH LM § 51 ZPO Nr. 24).

5 **Nr. 1: Sachdienlichkeit:** vgl § 263 Rz 13 (BGH MDR 2007, 353).

**Dafür spricht:** Prozesswirtschaftlichkeit, nämlich, ob die Zulassung zu einer sachgem und endgültigen Erledigung des zwischen den Parteien bestehenden Streitstoffs führt und einem neuen Prozess der Parteien vorbeugt (vgl BGH NJW-RR 2004, 1076); dass die Aufrechnungs-Forderung erst nach Schluss der mdl Verh erster Instanz entstanden ist (BGH 17, 124; zur Sachdienlichkeit einer Aufrechnung vgl ferner BGH NJW-RR 2004, 284); dass die Forderung mit der Klageforderung in rechtl. Zusammenhang steht (BGH NJW 1966, 1029). **Dagegen spricht**: dass ohne Berücksichtigung des neuen Vorbringens der Streit entscheidungsreif ist (BGH NJW 1977, 49); dass die Aufrechnungs-Forderung ungenügend substanziiert ist (BGH 17, 124); dass der zugrundeliegende Tatsachenkomplex in erster Instanz überhaupt nicht erörtert worden ist; dass die Forderung erst nach Erlass des ErstU durch Abtretung erworben wurde (BGH 5, 377). **Nicht von Bedeutung** soll sein, dass eine Tatsacheninst. verlorengeht, dass die Aufrechnung bereits in 1. Instanz hätte erklärt werden können (BGH NJW 1977, 49).

6 Die Beurteilung als nicht sachdienl. ist der **Nachprüfung der Revisions-Instanz** nur daraufhin unterworfen, ob das BerGer den Rechtsbegriff der Sachdienlichkeit verkannt und damit die Grenzen seines Ermessens überschritten hat (BGH NJW 1977, 49). Die Zulassung ist unanfechtbar (BGH NJW 1985, 3080).

7 **Nr. 2: Tatsachenbasis.** Seit 2002 sind in zweiter Instanz Klageänderung, Aufrechnungserklärung und Widerklage nur noch zulässig, wenn (zusätzl. zur Sachdienlichkeit) die dafür verwendeten Tatsachen ohnehin für die Hauptentscheidung zugrunde zu legen sind, also alte festgestellte (oder aus den Schriftsätzen erster Instanz ersichtliche BGH NJW 2004, 1876)

Tatsachen oder neue Tatsachen, falls zulässig eingeführt (§ 529); die Widerklage kann auch auf unstr (neuen) Sachverhalt gestützt werden (BGH NJW-RR 2005, 437). Es soll nicht mehr mögl. sein, dass über eine Flucht in die Klageänderung bzw Aufrechnungserklärung bzw Widerklage Tatsachen eingeführt werden, die nach §§ 529, 531 ausgeschlossen sind (BT-Drucks 14/4722 S. 102). Wegen der Schwäche von § 531 II Nr. 3 sind neue Tatsachen allerdings oft einführbar. IÜ sind sie bei einer **Klageerweiterung**, die wegen § 264 Nr. 2, 3 **nicht als Klageänderung gilt**, ohnehin zul (BGH MDR 2006, 565); oben Rz 2.

## § 534 ZPO Verlust des Rügerechts

**Die Verletzung einer das Verfahren des ersten Rechtszuges betreffenden Vorschrift kann in der Berufungsinstanz nicht mehr gerügt werden, wenn die Partei das Rügerecht bereits im ersten Rechtszuge nach der Vorschrift des § 295 verloren hat.**

§ 534 entspricht § 531 aF.

Für Rügen betr die Zulässigkeit der Klage gilt § 529. Sind in erster Instanz Verfahrensfehler unterlaufen (zB Nichteinhalten von Ladungsfristen; mangelhafte Zustellung der Klage) und hat die belastete Partei das Rügerecht schon in erster Instanz nach § 295 verloren, kann die Rüge in zweiter Instanz nicht mehr aufgewärmt werden. 1

## § 535 ZPO Gerichtliches Geständnis

**Das im ersten Rechtszuge abgelegte gerichtliche Geständnis behält seine Wirksamkeit auch für die Berufungsinstanz.**

§ 535 entspricht § 532 aF.

Geständnis vgl §§ 288, 290. Der Laien-Sprachgebrauch versteht unter „Geständnis" etwas anderes als die ZPO: das Zugestehen der Richtigkeit einer Tatsachenbehauptung (zB dass der Gartenzaun grün angestrichen ist) ist nach der ZPO ein Geständnis. Rechtsbegriffe (zB dass eine Bürgschaft abgeschlossen worden ist) sind nicht geständnisfähig (str, vgl BGH NJW-RR 1987, 416), nur der darin liegende Tatsachenteil. Außerdem ist Protokollierung notw (§ 160 III Nr. 3). Für Nichtbestreiten, § 138 III, gilt § 535 nicht (BGH NJW 1983, 1497), str. 1

## § 536 ZPO Parteivernehmung

**(1) Das Berufungsgericht darf die Vernehmung oder Beeidigung einer Partei, die im ersten Rechtszuge die Vernehmung abgelehnt oder die Aussage oder den Eid verweigert hatte, nur anordnen, wenn es der Überzeugung ist, dass die Partei zu der Ablehnung oder Weigerung genügende Gründe hatte und diese Gründe seitdem weggefallen sind.**

**(2) War eine Partei im ersten Rechtszuge vernommen und auf ihre Aussage beeidigt, so darf das Berufungsgericht die eidliche Vernehmung des Gegners nur anordnen, wenn die Vernehmung oder Beeidigung im ersten Rechtszuge unzulässig war.**

§ 536 ist identisch mit § 533 aF.

1 **Absatz 1.** Ablehnung der Vernehmung: § 446; Verweigerung von Aussage/Eid: § 453 II. Neuerliche Parteivernehmung nach §§ 287 I 3, 426, 445, 447, 448, 613. War die Verweigerung in erster Instanz grundlos, erfolgt keine neue Vernehmung in zweiter Instanz. Ob die Partei damals einen genügenden Grund hatte, muss sie glaubhaft machen (zB ehrenrührige Tatsachen).

2 **Absatz 2.** Vgl § 452 I 2. Es soll nicht Eid gegen Eid gestellt werden. Gilt entspr bei Aufhebung und Zurückverweisung (RG 145, 271).

## § 537 ZPO Vorläufige Vollstreckbarkeit

**(1) [1]Ein nicht oder nicht unbedingt für vorläufig vollstreckbar erklärtes Urteil des ersten Rechtszuges ist, soweit es durch die Berufungsanträge nicht angefochten wird, auf Antrag von dem Berufungsgericht durch Beschluss für vorläufig vollstreckbar zu erklären. [2]Die Entscheidung ist erst nach Ablauf der Berufungsbegründungsfrist zulässig.**

**(2) Eine Anfechtung des Beschlusses findet nicht statt.**

§ 537 geändert ab 01.01.2002 durch G v. 27.07.2001 (BGBl 2001, 1887).

1 **Zweck:** Bei teilw Anfechtung wird der nicht angefochtene Teil des ErstU nicht rechtskräftig, wenn die Ber noch erweitert und der Gegner sich noch anschließen kann. Die Rechtskraft des ganzen Urt ist also gehemmt, an sich könnte auch aus dem nicht angefochtenen Teil nur gegen Sicherheitsleistung vollstreckt werden. Dies ändert § 537 I, er ermöglicht die Vollstr aus dem nicht angefochtenen Teil ohne Sicherheitsleistung. Eine Herabsetzung der Sicherheitsleistung zwecks ZwV bez des angefochtenen Teils kann über § 718 I erreicht werden (*Groeger* NJW 1994, 431).

2 **Voraussetzungen: a)** Antrag einer Partei (KG MDR 1988, 240; *Waltermann* NJW 1992, 159); **b)** Teilanfechtung; **c)** ErstU nicht vollstr (§ 712 I 2), oder nur gegen Sicherheit (§ 709) oder der Schuldner hat Abwendungsbefugnis.

3 **Entscheidung:** Beschluss, ohne mdl Verh (§ 128 IV), erst nach Ablauf der Ber-Begr-Frist (§ 537 I 2), ohne Abwendungsbefugnis, mit KostenE nach §§ 91 ff. StrW vgl OLG Hamm FamRZ 1994, 248. Der Beschluss bewirkt keine (Teil-) Rechtskraft des nicht angefochtenen Teils. Nachträgl. Ber-Erweiterung berührt ihn nicht. Der Beschluss ist unanfechtbar (Absatz 2).

4 **§ 537 ist unanwendbar** auf die KostenE (OLG Schleswig MDR 1985, 679; str) und auf Urteil auf Abgabe einer Willenserklärung (OLG Zweibrücken JurBüro 1983, 1889).

## § 538 ZPO Zurückverweisung

**(1) Das Berufungsgericht hat die notwendigen Beweise zu erheben und in der Sache selbst zu entscheiden.**

**(2) [1]Das Berufungsgericht darf die Sache, soweit ihre weitere Verhandlung erforderlich ist, unter Aufhebung des Urteils und des Verfahrens an das Gericht des ersten Rechtszuges nur zurückverweisen,**

**1. soweit das Verfahren im ersten Rechtszuge an einem wesentlichen Mangel leidet und auf Grund dieses Mangels eine umfangreiche oder aufwändige Beweisaufnahme notwendig ist,**

**2. wenn durch das angefochtene Urteil ein Einspruch als unzulässig verworfen ist,**

**3. wenn durch das angefochtene Urteil nur über die Zulässigkeit der Klage entschieden ist,**

**4. wenn im Falle eines nach Grund und Betrag streitigen Anspruchs durch das angefochtene Urteil über den Grund des Anspruchs vorab entschieden oder die Klage abgewiesen ist, es sei denn, dass der Streit über den Betrag des Anspruchs zur Entscheidung reif ist,**

**5. wenn das angefochtene Urteil im Urkunden- oder Wechselprozess unter Vorbehalt der Rechte erlassen ist,**

**6. wenn das angefochtene Urteil ein Versäumnisurteil ist oder**

**7. wenn das angefochtene Urteil ein entgegen den Voraussetzungen des § 301 erlassenes Teilurteil istund eine Partei die Zurückverweisung beantragt. [2]Im Fall der Nummer 3 hat das Berufungsgericht sämtliche Rügen zu erledigen. [3]Im Fall der Nummer 7 bedarf es eines Antrags nicht.**

§ 538 geändert ab 01.01.2002 durch G v. 27.07.2001 (BGBl 2001, 1887).

**1. Grundsatz (Absatz 1).** Das BerGer muss die Beweisaufnahmen selbst durchführen und selbst in der Sache entscheiden; die Zurückverweisung an die untere Instanz (Abs. 2) ist nur ausnahmsweise zul. Damit sollen weitere Verzögerungen vermieden werden. § 538 II ist als Ausnahmevorschrift eng auszulegen (BGH 31, 358); bloße Zweckmäßigkeitserwägungen rechtfertigen eine Zurückverweisung über die gesetzl. geregelten Fälle hinaus nicht; die Parteien haben kein Recht darauf, dass über jeden sachl. Streitpunkt in zwei Tatsacheninstanzen entschieden wird (BGH NJW 1979, 925). Die Zurückverweisung kann nicht an eine andere Kammer bzw Abteilung des ErstG erfolgen (eine dem § 563 I 2 entspr Regelung fehlt in § 538 II). 1

**2. Zurückverweisung** (nach vorheriger Aufhebung des ErstU und des Verfahrens) ist nur statthaft, wenn 2

- die weitere Verhandlung und Beweisaufnahme erforderl. ist; und
- wenn ein Grund nach Nr. 1 bis 7 vorliegt, und
- wenn eine Partei die Zurückverweisung beantragt (Ausnahme bei Nr. 7).

**Nr. 1: Mangelhaftes erstinstanzliches Verfahren**. Nr. 1 ist eng auszulegen (BGH 31, 358); die Reform von 2002 will Zurückverweisungen, die bisher von den OLG zu häufig waren, weiter einschränken. Keine Zurückverweisung, wenn der Mangel nach §§ 295, 534 geheilt ist. § 538 verlangt Ermessensausübung („darf"; Gesichtspunkte: Zweckmäßigkeit; Umfang der Neuverhandlung; Kostenaufwand; Verlust einer Tatsacheninstanz); insoweit Begründungspflicht für das BerGer (BGH ZZP Bd 70, 467). Dass das ErstG keinen Augenschein eingenommen hat, rechtfertigt keine Zurückverweisung (BGH NJW-RR 2006, 1677), dann muss das BerGer den Augeschein selbst einnehmen. 3

4 **a) Verfahrensmangel:** Verstoß gegen Verfahrensnormen, die den Weg zum Urteil betreffen (Gegensatz: Mangel der sachl. Entscheidung, der Urteilsfindung). Dabei ist vom sachl.-rechtl. Standpunkt des erstinstanzl. Gerichts (nicht von der abweichenden Auffassung des BerGer) auszugehen (BGH VersR 1987, 590; ZMR 1995, 577); das BerGer muss daher auch dann selbst in der Sache entscheiden, wenn das ErstG den Sachverhalt deshalb nicht aufgeklärt hat, weil es die Klage für unzul hielt. **b) Wesentlicher Mangel:** wenn der Mangel bewirkt, dass das Verfahren keine ordnungsmäßige Entscheidungsgrundlage ist (BGH NJW 1957, 714); der Mangel muss sich auf die Entscheidung ausgewirkt haben können (vgl BGH WM 1972, 1056). **c) Beispiel:** zT Verstöße iSv § 547, grobe Verstöße gegen §§ 139, 286; § 296 (BGH NJW 1983, 832), § 156 II, Nichtgewähren des rechtl. Gehörs, Übergehen wesentl. Teile des Klagevorbringens (BGH VersR 1986, 655; NJW-RR 1990, 1500) oder von zul, erhebl. Beweisangeboten (BGH NJW 1972, 1576); unzul Übertragung auf den ER (OLG Hamm NJW-RR 1993, 830; OLG Nürnberg NJW-RR 1993, 573); unprotokollierte Gutachtenserläuterungen (BGH NJW-RR 1993, 1034). **d) Nicht genügt:** Verkennung der Beweislast (BGH NJW-RR 1988, 831; str); fehlerhafte Vertragsauslegung (BGH NJW 1993, 538); andere Bewertung der Erforderlichkeit einer Beweisaufnahme (BGH NJW 1997, 1447).

5 **Umfangreiche Beweisaufnahme nachzuholen.** Die nachzuholende Beweisaufnahme muss aber *umfangreich* sein (zB Vernehmung einer *Vielzahl* von Zeugen oder Sachverständigen, BT-Drucks 14/4722 S. 102; ungenügend ist, dass nur ein bis zwei Zeugen noch zu vernehmen sind) oder aufwendig (zB Vernehmung im Ausland), andernfalls muss das BerGer diese Beweisaufnahme selbst nachholen. Das BerGer muss im Urteil nachprüfbar darlegen, inwieweit eine noch ausstehende Beweisaufnahme so aufwendig oder umfangreich ist, dass es gerechtfertigt ist, die Sache an das erstinstanzl. Gericht zurückzuverweisen; dass ein Gutachten einzuholen ist, genügt nicht (BGH MDR 2005, 645).Damit sollte eine große Zahl der bisherigen Zurückverweisungen entfallen.

6 **Nr. 2: betrifft Einspruchsverwerfung** nach § 341 sowie § 238 II.

7 **Nr. 3: Unzulässige Klagen.** Wenn die Klage wegen solcher Rügen abgewiesen oder für zurückgenommen erklärt wurde; das BerGer hat dann nach Abs. 2 Satz 2 sämtl. Rügen gegen die Zulässigkeit der Klage zu erledigen. **Analog anwendbar ist Nr. 3** dann, wenn das ErstG sich aus proz Gründen zu Unrecht an einer SachE gehindert geglaubt hat (BGH NJW 1984, 128). **Nicht analog anwendbar ist Nr. 3**, wenn das ErstG wegen Verjährung (Rz 8) abgewiesen hat, das BerGer den Anspruch für unverjährt hält (BGH 50, 25; str); wenn wegen mangelnder Sachlegitimation abgewiesen wurde (BGH NJW 1975, 1785) oder wegen Haftungsausschluss (BGH NJW 1978, 1430; str) oder wenn ein AnerkenntnisU aufgehoben wird, weil das Erstgericht irrig ein Anerkenntnis angenommen hat (**aA** zB LG Nürnberg-Fürth NJW 1976, 633).

8 **Nr. 4: Grundurteil.** Nr. 4 betrifft: **a)** das vom BerGer bestätigte GrundU (§ 304) sowie **b)** die Klageabweisung durch das ErstG wegen fehlenden Anspruchsgrundes (und daher ohne Stellungnahme zur Höhe), oder wegen Verjährung, die das BerGer aufhebt. Grds muss dann das BerGer eine den Grund des Anspruchs erschöpfende VorabE nach § 304 erlassen (BGH BauR 2004, 1184; NJW 1975, 1785) und darf *nur* im Übrigen zurückverweisen, falls dies beantragt würde. – **Analog anwendbar ist Nr. 4**, wenn das ErstG eine Stufenklage (§ 254) ganz abgewiesen hat, das BerGer hingegen dem Rechnungslegungs/

Auskunftsanspruch stattgibt (BGH NJW 2006, 2626) sowie immer dann, wenn sich die Prozesslage in der zweiten Instanz nicht anders darstellt als beim Grund- und Betragsverfahren (zB in erster Instanz nur Klage auf Rechnungslegung, in zweiter Instanz Übergang auf Stufenklage, BGH NJW 1974, 2278; Übergang von der Feststellungs- zur Leistungsklage in zweiter Instanz, RG 77, 399). – **Nr. 4 ist nicht anwendbar**, wenn in erster Instanz Zahlungs- und Feststellungsklage abgewiesen wurde und die zweiter Instanz zu einem ZahlungsgrundU kommt, bez des Feststellungsanspruchs (BGH NJW 1988, 1984; str, führt zu gleichzeitigem Prozess in zwei Instanzen).

**Nr. 5: Urkunden- und Wechselurteile.** Betrifft § 599 (auch ScheckU). Analog anwendbar, wenn das BerGer erstmals selbst ein solches VorbehaltsU erlässt (offengelassen BGH MDR 1967, 757). 9

**Nr. 6: VU** im Sinne von § 514 II. Gegen gewöhnl. VU gibt es keine Ber (§ 514 I), sondern den Einspruch (§ 338). 10

**Nr. 7: Unzulässige Teilurteil.** Dies ist an sich ein Unterfall von Nr. 1. Hier kann die Zurückverweisung auch gegen den Willen der Parteien erfolgen (Abs. 2 Satz 3). Sinn ist, zu verhindern, dass ein an sich einheitl. zu führender Rechtsstreit in *zwei* Instanzen gleichzeitig geführt werden muss, was bei Zurückverweisung entfällt. 11

**3. Antrag.** Mindestens eine Partei muss die Zurückverweisung beantragen, sonst darf sie nicht erfolgen; das gilt auch bei Nr. 4 (BGH NJW-RR 2004, 1637); (Ausnahme bei Nr. 7). Wenn beide Parteien trotz Vorliegen eines Zurückverweisungsgrunds die SachE des BerGer wünschen, ist eine Zurückverweisung unzul. Wenn eine oder beide Parteien die Zurückverweisung will bzw wollen, darf sie gleichwohl nicht erfolgen, wenn dies nicht sachdienl. wäre. 12

**4. Entscheidung:** durch **Endurteil** (nicht durch Beschluss nach § 522): Aufhebung des Urteils, des Verfahrens ganz oder teilw (sachl. oder zeitl. Grenze), Zurückverweisung an das Gericht erster Instanz (nicht an bestimmte Spruchabt, erst recht nicht ausdrückl. an eine *andere* ZivK/einen *anderen* Amtsrichter; in FamSachen an FamG), idR kommt die Sache also wieder zum selben Richter. KostenE unterbleibt (sie wird dem erstinstanzl. SchlussU vorbehalten, OLG Köln NJW-RR 1987, 1152); Vollstr, § 708 Nr. 10, entfällt mangels vollstr-fähigem Inhalt (OLG Köln aaO; str). 13

**5. Rechtsmittel:** Rev, zB weil das Verfahren der ersten Instanz nicht an einem wesentl. Verfahrensmangel gelitten habe oder das BerGer die Voraussetzungen seines Ermessens verkannt habe (nicht: vom Ermessen einen ungeeigneten Gebrauch gemacht habe); BGH LM Nr. 6; die Rüge ist nach § 551 III Nr. 2 auszuführen (BGH NJW 1984, 495); das RevGer ist dabei auch zur Nachprüfung sachl.-rechtl. Ausführungen des OLG berechtigt, wenn diese die Grundlage für die Zurückverweisung bildeten, allerdings ohne Bindungswirkung für das LG (BGH 31, 358; NJW 1984, 495). Beschwert ist die Partei, die um eine SachE des BerGer gebeten hat (BGH 31, 358). Der Erstrichter kann gegen eine unberechtigte Zurückverweisung kein Rm einlegen. 14

**6. Weiteres Verfahren nach Zurückverweisung.** Das ErstG ist analog § 563 II an die Rechtsauffassung des BerGer gebunden. An sein eigenes Urteil (soweit nicht aufgehoben) ist das ErstG nach § 318 gebunden, ebenso das BerGer bei einer zweiten Ber (BGH MDR 1992, 1180; dazu *Tiedtke* ZIP 1993, 252). Billigt das BerGer in einem Urteil, mit dem es 15 das erstinstanzl. Urteil wegen eines Verfahrensfehlers aufhebt und die Sache zurückverweist, die materiell-rechtl. Beurteilung des Sachverhalts durch die Vorinstanz, ist es an diese Beurteilung im erneuten Ber-Verfahren nicht gebunden (BGH FamRZ 2005, 1667). Das ErstG entscheidet über die Kosten des ges Verfahrens.

16 **7. Kosten. Gericht:** wird zurückverwiesen, fallen in der unteren Instanz keine zusätzl. GerichtsGeb an (§§ 35, 37 GKG). Das Ber-Verfahren kostet Geb nach GKG KV 1220 bzw (Ehesachen) 1320. **RA:** RVG VV 3200. § 21 RVG.

17

**Praxishinweise:**

Bei Aufhebung und Zurückweisung ist das Gebot der Nichterhebung von Kosten nach § 21 I GKG zu beachten (*MüncheKommZPO* – Aktualisierungsband § 538 Rz 78; *Zöller* § 538 Rz 58). Prozessbevollmächtigte sollten darauf vorsorglich schon in der mdl Verh oder schriftsätzl. hinweisen, wenn sie Zurückverweisung beantragen. Von den Gerichten wird diese Rechtslage immer wieder übersehen oder ignoriert.

## § 539 ZPO Versäumnisverfahren

**(1) Erscheint der Berufungskläger im Termin zur mündlichen Verhandlung nicht, so ist seine Berufung auf Antrag durch Versäumnisurteil zurückzuweisen.**

**(2) [1]Erscheint der Berufungsbeklagte nicht und beantragt der Berufungskläger gegen ihn das Versäumnisurteil, so ist das zulässige tatsächliche Vorbringen des Berufungsklägers als zugestanden anzunehmen. [2]Soweit es den Berufungsantrag rechtfertigt, ist nach dem Antrag zu erkennen; soweit dies nicht der Fall ist, ist die Berufung zurückzuweisen.**

**(3) Im Übrigen gelten die Vorschriften über das Versäumnisverfahren im ersten Rechtszug sinngemäß.**

§ 539 geändert ab 1.1.2002 durch G. v. 27.7.2001 (BGBl 2001, 1887).

1 **1. Absatz 1: Säumnis des Berufungsklägers.** Zu prüfen: **a)** Zulässigkeit der Ber (bei Unzulässigkeit Verwerfung gem § 522 durch Beschluss). **b)** Zulässigkeit des Verfahrens erster Instanz, dh ob Prozessvoraussetzungen fehlten (bei unzul Klage Aufhebung des Urteils und Abweisung der Klage durch str EndU, BGH NJW 1961, 2207), und ob das Urteil zul war (zB ob damals Unzulässigkeit eines Einspruchs übersehen wurde). **c)** Antrag des BerBekl; – **d)** Säumnis des BerKl. **Folge:** Zurückweisung der Ber durch VU.

2 **2. Absatz 2: Säumnis des Berufungsbeklagten.** Zu prüfen: **a), b)** wie oben. **c)** Antrag des BerKl; **d)** Säumnis des BerBekl; **e)** Prüfung, ob das zul tatsächl. Vorbringen des BerKl (es muss nach § 335 I Nr. 3 rechtzeitig mitgeteilt worden sein!) den Ber-Antrag rechtfertigt. Präkludiertes Vorbringen, § 531, ist auch im Säumnisverfahren ausgeschlossen.

3 **Beweisergebnisse** beider Instanzen bleiben dabei unberücksichtigt, auch was die erste Instanz gem § 138 III als zugestanden erachtete; Umstände, die für die Unrichtigkeit des Vorbringens sprechen, dürfen nicht berücksichtigt werden (BGH MDR 1979, 930: ent-

gegen dem Wortlaut eines schriftl. Mietvertrages war aufgrund des mdl Ber-Vorbringens von einem späteren Mietbeginn auszugehen; die Fortwirkung eines früheren Geständnisses, vgl § 535, lässt der BGH offen).

**Folge:** § 539 II 2: **a)** Rechtfertigt dieses Vorbringen den Ber-Antrag des Kl erster Instanz: VU (Aufhebung des ErstU und Klagestattgabe), andernfalls Zurückweisung der Ber durch str EndU. – **b)** Rechtfertigt es den Ber-Antrag des Bekl erster Instanz: VU (Aufhebung des ErstU und Klageabweisung), andernfalls Zurückweisung der Ber durch str EndU. 4

**3. Absatz 3.** §§ 330 ff. über Einspruch und Unzulässigkeit von VU usw. gelten sinngem. Auch gegen das VU des BerGer kann also Einspruch eingelegt werden. Bei zweiseitiger Säumnis: §§ 251a, 523. 5

**4. Kosten. Gericht:** Es bleibt bei den gewöhnl. Geb (KV 1220 bzw 1320), keine Ermäßigung durch ein VU. **RA:** RVG VV 3202 bzw 3203. 6

## § 540 ZPO Inhalt des Berufungsurteils

**(1) [1]Anstelle von Tatbestand und Entscheidungsgründen enthält das Urteil**

**1. die Bezugnahme auf die tatsächlichen Feststellungen im angefochtenen Urteil mit Darstellung etwaiger Änderungen oder Ergänzungen,**

**2. eine kurze Begründung für die Abänderung, Aufhebung oder Bestätigung der angefochtenen Entscheidung.**

**[2]Wird das Urteil in dem Termin, in dem die mündliche Verhandlung geschlossen worden ist, verkündet, so können die nach Satz 1 erforderlichen Darlegungen auch in das Protokoll aufgenommen werden.**

**(2) Die §§ 313a, 313b gelten entsprechend.**

§ 540 geändert ab 01.01.2002 durch G v. 27.07.2001 (BGBl 2001, 1887).

**1. Tenor des BerU: – a) Unbegründete Berufung**, BerU des **LG** bzw **OLG:** zB: I. Die Ber des Bekl gegen das EndU des ... vom ... wird zurückgewiesen. II. Der Bekl hat die Kosten des Ber-Verfahrens zu tragen. III. Evtl Zulassung der Rev (§ 543). IV. Vorl Vollstr nach §§ 708 ff. Eine Festsetzung des Wertes der Beschwer (früher § 546 II) entfällt. 1

**b) Zulässige und begründete Berufung:** aufhebende und ersetzende Entscheidung, zB: I. Auf die Ber des Kl wird das EndU des LG ... vom ... aufgehoben. II. Der Bekl wird verurteilt, an den Kl ... Euro zu zahlen. III. Der Bekl hat die Kosten beider Rechtszüge zu tragen. IV. Vorl. Vollstr ... V. Evtl Zulassung der Rev (§ 543). 2

**c) Aufhebung** des EndU des ... Gerichts vom ... samt dem ihm zugrunde liegenden Verfahren **und Zurückverweisung** der Sache an das ... Gericht. Eventuell Zulassung der Rev (§ 543). Keine KostenE. – **d) Bei Neuformulierung des Ersturteils** sollte wegen §§ 528 S. 2, 775 Nr. 1 „abgeändert", nicht „aufgehoben", werden. **e)** Aus **§ 343** kann sich ergeben, dass im BerU eine in einem VU getroffene Entscheidung aufrecht zu erhalten ist. 3

**2. Kostenentscheidung: – a) Erfolglose Berufung** (auch gegen ein VorbehaltsU; GrundU, BGH 20, 397): § 97 bez der Kosten des Ber-Verfahrens; bei Erfolglosigkeit von wechselseitig eingelegten Ber: § 92. **b) Erfolgreiche Berufung:** § 91 bez der Kosten beider 4

Rechtszüge; aber § 92 bez der Kosten erster Instanz, wenn nur ein Teil des Urteils angefochten wurde und die Ber Erfolg hat. KostenE erster Instanz wird von Amts wegen überprüft (§ 308 II) und kann auch zum Nachteil des Ber-Führers abgeändert werden (BGH NJW-RR 2002, 970).

5 **c) Bei Teilerfolg** ist nach Instanzen getrennt über die Kosten zu entscheiden, §§ 91, 92, 97. **Beispiel:** § 97 Rz 7.

6 **d) Bei Zurückverweisung** keine KostenE des BerGer, das ErstG entscheidet über die ges Kosten. **e) Kostentrennung** kann sich ferner aus §§ 94, 95, 96, 97 II, 281, 344 ergeben.

7 **3. Vorläufige Vollstreckbarkeit:** §§ 708 Nr. 10, 711; bei nichtvermögensrechtl. Sache nach § 709, bei Ehe/Kindschaft überhaupt keine vorl Vollstr (§ 704 II). Keine vorl Volstr bei Zurückverweisung (**aA** OLG München MDR 1982, 239; str); Ausnahme zB § 542 II.

8 **4. Tatbestand durch Bezugnahmen.** Seit 2002 soll das BerU keinen „Tatbestand" mehr enthalten, sondern nur noch eine Bezugnahme (Abs. 1 S. 1 Nr. 1) auf den Tatbestand des ErstU mit Darstellung von Änderungen bzw Ergänzungen, die sich im Ber-Verfahren ergeben haben (BGH NJW-RR 2007, 781). Es ist zweckmäßig, dies unter der Überschrift „Tatbestand" darzustellen.

Die **Berufungsanträge** müssen ins BerU aufgenommen werden (BGH NJW-RR 2005, 716), am besten wörtl.; jedenfalls muss erkennbar sein, welchen Zweck der Ber-Führer verfolgt (BGH NJW-RR 2004, 967; NJW 2004, 1390).

In wichtigen Fällen sollte man den bisherigen historischen Aufbau beibehalten:

- Unstreitiges;
- Str Vortrag des Kl;
- Antrag des Kl in erster Instanz;
- Antrag des Bekl in erster Instanz;
- Verteidigungsvortrag des Bekl in erster Instanz;
- Beweisanordnungen erster Instanz;
- Urteil erster Instanz und dessen wesentl. Gründe; die tatsächl. Feststellungen des ErstU sind ins BerU aufzunehmen, BGH NJW-RR 2004, 573;
- Datum der Urteilszustellung, Bezeichnung des Ber-Führers und Daten des Eingangs der Ber und des Eingangs der Begr;
- Ber-Gründe des BerKl;
- Anträge des BerKl;
- Anträge des BerBekl;
- Verteidigung des BerBekl;
- BeweisAnO zweiter Instanz.

9 **Revisible Berufungsurteile** bedürfen der Wiedergabe der Ber-Anträge und außerdem der Darstellung des Tatbestands, zumindest aber der Bezugnahme auf die tatsächl. Feststellungen des erstinstanzl. Urteils, wenn gegen das BerU die Rev oder wenn gegen deren Nichtzulassung in diesem Urteil die NZB stattfindet (BGH NJW 2005, 2858; 2003, 3352; 2004,

293). Ferner muss der Tatbestand Änderungen oder Ergänzungen enthalten, die der Sachverhalt in zweiter Instanz erfahren hat (BGH NJW-RR 2007, 781).

**5. Entscheidungsgründe:** sie sollen „kurz" sein (früher: „gedrängte Darstellung", § 543 aF). Üblich ist eine Feststellung der Zulässigkeit der Ber; dann eine Darlegung, weshalb die Ber begr ist oder nicht. Die Gründe müssen verfassungsrechtl. Anforderungen standhalten, weshalb eine „kurze" Begr nicht immer genügt. 10

**6. Protokollurteil.** Tatbestand und Gründe können (müssen aber nicht) ins Protokoll diktiert werden, wenn das BerU im Termin im Anschluss an die mdl Verh sofort (oder jedenfalls am Schluss der Sitzung, BGH NJW 2004, 1666) verkündet wird (**Absatz 1 Satz 2**). Urteilsformel (§ 160 III Nr 6) und Verkündungsvermerk (§ 160 III Nr 7) müssen ebenfalls ins Protokoll; das Protokoll muss von *allen* Richtern unterschrieben werden, § 315. Insgesamt muss zumindest so viel dokumentiert werden, dass eine Nachprüfung in der Rev möglich ist (BGH WM 2007, 1193; NJW 2006, 1523; 2005, 830). Die Anforderungen an das ins Protokoll diktierte Urteil sind *nicht* geringer als beim gewöhnl. BerU (BGH NJW 2004, 1389). Wird dagegen ein besonderer Verkündungstermin bestimmt, gilt Abs. 1 S. 1. 11

**7. Weitere Kürzungsmöglichkeiten** ergeben sich aus §§ 313a, 313b (Abs. 2). 12

**8. Rechtsmittelbelehrung:** in manchen Ländern kann das OLG (und nicht das LG) für *alle* Rev gegen AG-Urteil zust sein (vgl §§ 72, 105, 119 GVG). Das muss durch Landesgesetz bestimmt sein (solche Gesetze fehlen bislang). In diesen Ländern muss in der angefochtenen Entscheidung des AG eine Belehrung über das zust RmG enthalten sein (§ 119 IV GVG). 13

**9. Gebühren: Gericht:** GKG KV 1320 ff. **RA:** RVG-VV 3200 ff. 14

## § 541 ZPO Prozessakten

**(1) [1]Die Geschäftsstelle des Berufungsgerichts hat, nachdem die Berufungsschrift eingereicht ist, unverzüglich von der Geschäftsstelle des Gerichts des ersten Rechtszuges die Prozessakten einzufordern. [2]Die Akten sind unverzüglich an das Berufungsgericht zu übersenden.**

**(2) Nach Erledigung der Berufung sind die Akten der Geschäftsstelle des Gerichts des ersten Rechtszuges nebst einer beglaubigten Abschrift der in der Berufungsinstanz ergangenen Entscheidung zurückzusenden.**

§ 541 geändert durch G v. 27.07.2001 (BGBl 2001, 1887) und durch G v. 24.08.2004 (BGBl 2004, 2198); früher § 544.

Die Ber wird in den Akten des ErstG geführt (im Gegensatz zur Rev, wo der BGH eine eigene Akte bildet); auf dem Aktendeckel wird lediglich das Ber-Aktenzeichen (S; U) zusätzl. vermerkt. Ist die Ber erledigt, bleibt das Original der Ber-Entscheidung beim BerGer; die Akte mit einer begl Abschrift der BerE geht zurück an die erste Instanz, wo sie nach den Regeln der AktO aufbewahrt wird. 1

# Abschnitt 2
# Revision

## § 542 ZPO Statthaftigkeit der Revision

**(1) Die Revision findet gegen die in der Berufungsinstanz erlassenen Endurteile nach Maßgabe der folgenden Vorschriften statt.**

**(2) [1]Gegen Urteile, durch die über die Anordnung, Abänderung oder Aufhebung eines Arrestes oder einer einstweiligen Verfügung entschieden worden ist, findet die Revision nicht statt. [2]Dasselbe gilt für Urteile über die vorzeitige Besitzeinweisung im Enteignungsverfahren oder im Umlegungsverfahren.**

§ 542 geändert ab 1.1.2002 durch G v 27.7.2001 (BGBl 2001, 1887).

1 **Absatz 1. Statthaft ist die Revision** grds gegen Ber-EndU (auch GrundU, TeilU, VorbehaltsU, zurückverweisende Urteile) des OLG und des LG (bis 31.12.2002 waren hingegen BerU des LG nicht anfechtbar; Übergangsrecht § 26 EGZPO). Über Anfechtung von BerVU vgl § 565; Ehesachen §§ 621d, 629a. § 542 gibt die Rev nur gegen Urteile; gegen Beschlüsse zweiter Instanz kommt die **Rechtsbeschwerde** zum BGH (§ 574) infrage.

2 **Unstatthaft ist die Revision** iFd **Absatz 2 Satz 1:** §§ 922, 925, 926, 936. Dies gilt auch bei „greifbarer Gesetzwidrigkeit“ (BGH NJW-RR 2002, 501 zur aF).

**Besitzeinweisung, Enteignung, Absatz 2 Satz 2**: vgl §§ 77, 116 BauGB.

3 **Revisionsgericht** ist der **BGH** in Karlsruhe (§§ 123 ff GVG); in bayerischen Sachen bestehen seit „Abschaffung“ des BayObLG (2005) keine Besonderheiten mehr.

4 **Kosten. Gericht:** GKG KV 1230 (5,0), mit Ermäßigung nach KV 1231 (bei Rücknahme der Rev *vor* Eingang der RevBegr Ermäßigung auf 1,0) sowie Ermäßigung nach KV 1232. **Rechtsanwalt:** RA beim BGH: RVG-VV 3206 – 3211, idR also 3208 (2,3) + 3210 (1,5); diese Geb kann der dort nicht zugel. RA nicht verdienen. Er erhält uU. für Einzeltätigkeiten (wie Führung der Korrespondenz) VV 3403. Über den Kf-Antrag der RA entscheidet das Gericht des *ersten* Rechtszugs (§ 104 I 1), also meist das LG; dagegen dann sof Beschwerde zum OLG (§ 104 III). Das OLG kann die RB zul (§ 574), so kann auch die Kostensache zum BGH kommen.

## § 543 ZPO Zulassungsrevision

**(1) Die Revision findet nur statt, wenn sie**

**1. das Berufungsgericht in dem Urteil oder**

**2. das Revisionsgericht auf Beschwerde gegen die Nichtzulassung**

**zugelassen hat.**

**(2) [1]Die Revision ist zuzulassen, wenn**

**1. die Rechtssache grundsätzliche Bedeutung hat oder**

**2. die Fortbildung des Rechts oder die Sicherung einer einheitlichen Rechtsprechung eine Entscheidung des Revisionsgerichts erfordert.**

**[2]Das Revisionsgericht ist an die Zulassung durch das Berufungsgericht gebunden.**

§ 543 geändert ab 01.01.2002 durch G v. 27.07.2001 (BGBl 2001, 1887).

**Lit:** ***Scheuch, Lindner*** NJW 2005, 112; ***v. Mettenheim*** NJW 2004, 1511; ***v. Gierke, Seiler*** NJW 2004, 1497; ***Baumert*** MDR 2004, 71; ***Wenzel*** NJW 2002, 3353.

**1. Reform.** Das Rev-Recht wurde ab 2002 grundlegend geändert. Früher waren hohe StrW 1
(über 60 000 DM) immer revisionsfähig (WertRev), sonst kam es auf die Zulassung an (ZulassungsRev). Nun gibt es nur noch die ZulassungRev, bei Nichtzulassung die NZB (§ 544); auch bei einem MillionenStrW kann die Rev daher unstatthaft sein. Die Differenzierung vermögensrechtl. – nichtvermögensrechtl. spielt keine Rolle mehr. Bloße Verfahrensmängel des BerVerfahrens eröffnen die Rev nicht, wenn nicht auch § 543 II gegeben ist. Verwerfung einer Ber als unzul eröffnet nicht automatisch die Rev (anders früher § 547), aber bei Verwerfung durch Beschluss kommt die RB in Betracht (§§ 522 I 4, 574 I, II). Seit 2002 können auch BerU der LG revisionsfähig sein (§ 542); sogar solche mit einem ganz kleinen StrW, wenn zB das AG die Ber (§ 511 II Nr. 2) und sodann das LG die Rev zugel hat.

**2. Zulassung der Revision durch das Berufungsgericht** (Absatz 1 Nr. 1). 2

**Nr. 1: Grundsätzliche Bedeutung** liegt vor, wenn eine Sache eine entscheidungserhebl., klärungsbedürftige und klärungsfähige Rechtsfrage aufwirft, die sich in einer unbestimmten Vielzahl von Fällen stellen kann und deshalb das abstrakte Interesse der Allgemeinheit an der einheitl. Entwicklung und Handhabung des Rechts berührt (BGH FamRZ 2004, 1275); zB str Rechtsfragen des mat und VerfahrensR; Musterprozesse; Auslegung typischer Vertragsbestimmungen, Tarife, Formularverträge, AGB (BGH NJW-RR 2004, 537: Auslegung der Klausel muss über den Einzelfall hinaus umstr sein).

Nr. 1 ist auch gegeben, wenn das BerU auf einem Rechtsfehler (hier: fehlende Vertragsauslegung) beruht, der geeignet ist „das **Vertrauen in die Rechtsprechung** zu beschädigen" (BGH NJW 2005, 153; NJW 2003, 1943).

**Grundsätzlichkeit fehlt**, wenn eine Rechtsfrage schon höchstrichterl. entschieden ist (BAG BB 1983, 1036; str), also nicht nochmals zu klären ist, außer, eine Änderung der Rspr ist zu erwarten oder die Untergerichte folgen dem BGH nicht oder verstehen den BGH falsch (BGH NJW 2004, 1960; NJW 2003, 754), oder es werden wesentl. Bedenken im Schrifttum geäußert. Bestand bei Einlegung Grundsätzlichkeit und ist sie dann durch eine anderweitige BGH-Entscheidung (die die Grundsatzfrage klärte) entfallen, steht dies der Zulassung aber nicht zwingend entgegen (BGH NJW-RR 2005, 438; NJW 2005, 154; anders der BGH früher). Vgl § 544 Rz 4.

**Nr. 2 Alt 1: Rechtsfortbildung.** Das ist gegeben, wenn der Einzelfall Veranlassung gibt, 3
Leitsätze für die Auslegung von Gesetzesbestimmungen des mat oder des VerfahrensR aufzustellen oder Gesetzeslücken auszufüllen (BT-Drucks 14/4722 S. 104).

**Nr. 2 Alt 2: Sicherung einheitlicher Rechtsprechung**. Hier soll vermieden werden, dass 4
schwer erträgl. Unterschiede in der Rspr entstehen oder fortbestehen (BT-Drucks 14/4722

S. 104). Nr. 2 ist auch gegeben bei einem grundlegenden Missverständnis der BGH-Rspr im BerU, sodass Wiederholungsgefahr besteht (BGH NJW 2005, 154). Ferner ist die Rev wegen der Verletzung rechtl. Gehörs zuzul (BGH NJW 2003, 3205).Ist bei Einlegung der Rev (oder NZB) Nr. 2 Alt 2 gegeben (fehlende Grundsatzentscheidung des BGH) und ergeht dann die Leitentscheidung des BGH in einer Parallelsache, ist trotzdem die NZB zuzul (BGH NJW 2005, 154).

**Keine Zulassung**, wenn das BerU zwar fehlerhaft begr (oder mit Verletzung des rechtl. Gehörs), im Ergebnis aber zutreffend ist (BGH NJW 2003, 3205; 2004, 1167; FamRZ 2005, 1667). Verstoß des BerU gegen § 531 II zwingt nicht zur Zulassung (BGH NJW 2004, 1458). Wenn das OLG A bei demselbem Sachverhalt zu einem anderen Ergebnis kommt als das OLG B oder der BGH, Rev-Zulassung *nur* bei Rechtsfehlern mit „symptomatischer Bedeutung“ (BGH NJW 2004, 1167); was soll das sein? Fehlender Tatbestand *allein* begr nicht Nr. 2 (BGH NJW 2003, 3208). Offensichtl. Unrichtigkeit eines Urteils *allein* soll ebenfalls Nr. 2 nicht begründen (BGH NJW 2003, 831).

5 **Form der Zulassung.** Ein Antrag ist nicht erforderl.; die Entscheidung hat von Amts wegen zu erfolgen, grds im Tenor (oder in den Gründen, BGH NJW 2004, 3264). Fehlt sie dort, ist die **Ergänzung** nach § 321 unzul (BGH NJW 1981, 2755; großzügiger jetzt BAG NJW 1996, 674); **Berichtigung** nach § 319 wäre mögl., falls Zulassung beschlossen, aber versehentl. nicht ins Urteil aufgenommen und der Zulassungswille schon bei Urteilserlass in Erscheinung getreten ist (BGH NJW 1980, 2813). Schweigt das Urteil über die Zulassung, gilt das als Nichtzulassung. Einer NZB (§ 544) kann das BerGer nicht nach §§ 555, 318 abhelfen. Eine Begr der ZulassungsE ist nicht erforderl. Der **Einzelrichter** des BerGer kann, jedenfalls wenn keine wesentl. Änderung der Prozesslage eingetreten ist, die Rev wegen Grundsätzlichkeit zul (BGH NJW 2003, 3768), was mE ein Widerspruch zu § 526 I ist. Wenn dagegen ein ER des BeschwerdeG die RB wegen Grundsätzlichkeit zugel hat, erfolgt Aufhebung durch den BGH wegen Verstoß gegen den gesetzl. Richter, Art 101 I 2 GG (BGH NJW 2003, 1254).

6 **Beschränkung der Zulassung:** die Zulassung kann vom LG/OLG auf einen Teil des Gesamtstreitstoffes beschränkt werden, wenn es ihm proz mögl. gewesen wäre, diesen Teil in einem gesonderten Teil- oder GrundU zu entscheiden, vgl §§ 301, 304 (vgl BGH NJW-RR 2004, 1365 + 426; NJW 2004, 1324), bzw auf einen Teil, auf den die Partei selbst die Rev hätte beschränken können, zB auf einen von mehreren Klageansprüchen (BGH NJW 1989, 774), die Aufrechnung (BGH NJW 1990, 447; NJW 1996, 527), einen Teil des Klageanspruchs (BGH NJW 1980, 1579), einen einfachen StrGen, auf die Frage des Mitverschuldens (BGH VersR 1981, 57), uU einzelne Verteidigungsmittel (BGH NJW 1980, 1579); auf die Zulässigkeit der Klage (BGH NJW 1990, 1795).

7 **Unzulässig ist die Beschränkung** zB auf eine von mehreren konkurrierenden Anspruchsgrundlagen (BGH NJW-RR 2003, 1192; NJW 1984, 615) oder die Zulässigkeit der Ber (BGH NJW 1987, 3264) oder rechtl. Gesichtspunkte (BAG BB 1985, 1693), Rechtsfragen (BGH NJW-RR 1990, 277), uU Frage der Verjährung (BGH NJW-RR 2007, 182). Bei unzul Beschränkung ist zu prüfen, ob eine Umdeutung in eine zul mögl. ist; das führt zur Nachprüfung in den Grenzen der nächstzul Beschränkung (vgl BGH NJW 1987, 2586); nach BGH NJW 2003, 2529 führt es zu unbeschränkter Zulassung.

**Nichtzulassung** ist uU anfechtbar (§ 544); vor 2002 war sie unanfechtbar. Willkürl. Nichtzulassung verstößt gegen Art 101 I 2 GG (BVerfG FamRZ 1991, 295). 8

**Bindung des BGH (Absatz 2 Satz 2):** auch wenn die Zulassung nicht hätte erfolgen dürfen, weil die Frage nicht grds usw. ist, ist der BGH gebunden. Er kann eine Rev nicht mit der Begr verwerfen, das BerGer habe zu Unrecht Grundsätzlichkeit usw. angenommen. **Keine Bindung** aber, wenn ein Rm überhaupt unstatthaft ist; wenn Rev iFd § 542 II (Arrest usw.) zugel wurde, oder durch unzul ErgänzungsU (§ 321); wenn ein Teil der KostenE auf § 91a beruht bez des zugrundeliegenden Anspruches (BGH NJW 2007, 1591). 9

## § 544 ZPO Nichtzulassungsbeschwerde

**(1) [1]Die Nichtzulassung der Revision durch das Berufungsgericht unterliegt der Beschwerde (Nichtzulassungsbeschwerde). [2]Die Beschwerde ist innerhalb einer Notfrist von einem Monat nach Zustellung des in vollständiger Form abgefassten Urteils, spätestens aber bis zum Ablauf von sechs Monaten nach der Verkündung des Urteils bei dem Revisionsgericht einzulegen. [3]Mit der Beschwerdeschrift soll eine Ausfertigung oder beglaubigte Abschrift des Urteils, gegen das die Revision eingelegt werden soll, vorgelegt werden.**

**(2) [1]Die Beschwerde ist innerhalb von zwei Monaten nach Zustellung des in vollständiger Form abgefassten Urteils, spätestens aber bis zum Ablauf von sieben Monaten nach der Verkündung des Urteils zu begründen. [2]§ 551 Abs. 2 Satz 5 und 6 gilt entsprechend. [3]In der Begründung müssen die Zulassungsgründe (§ 543 Abs. 2) dargelegt werden.**

**(3) Das Revisionsgericht gibt dem Gegner des Beschwerdeführers Gelegenheit zur Stellungnahme.**

**(4) [1]Das Revisionsgericht entscheidet über die Beschwerde durch Beschluss. [2]Der Beschluss soll kurz begründet werden; von einer Begründung kann abgesehen werden, wenn sie nicht geeignet wäre, zur Klärung der Voraussetzungen beizutragen, unter denen eine Revision zuzulassen ist, oder wenn der Beschwerde stattgegeben wird. [3]Die Entscheidung über die Beschwerde ist den Parteien zuzustellen.**

**(5) [1]Die Einlegung der Beschwerde hemmt die Rechtskraft des Urteils. [2]§ 719 Abs. 2 und 3 ist entsprechend anzuwenden. [3]Mit der Ablehnung der Beschwerde durch das Revisionsgericht wird das Urteil rechtskräftig.**

**(6) [1]Wird der Beschwerde gegen die Nichtzulassung der Revision stattgegeben, so wird das Beschwerdeverfahren als Revisionsverfahren fortgesetzt. [2]In diesem Fall gilt die form- und fristgerechte Einlegung der Nichtzulassungsbeschwerde als Einlegung der Revision. [3]Mit der Zustellung der Entscheidung beginnt die Revisionsbegründungsfrist.**

**(7) Hat das Berufungsgericht den Anspruch des Beschwerdeführers auf rechtliches Gehör in entscheidungserheblicher Weise verletzt, so kann das Revisionsgericht abweichend von Absatz 6 in dem der Beschwerde stattgebenden Beschluss das angefochtene Urteil aufheben und den Rechtsstreit zur neuen Verhandlung und Entscheidung an das Berufungsgericht zurückverweisen.**

§ 544 geändert ab 01.01.2002 durch G v. 27.07.2001 (BGBl 2001, 1887); Abs. 7 angefügt durch G. v. 09.12.2004 (BGBl 2004, 3220). Bis 31.12.2011 wichtiges Übergangsrecht in § 26 Nr. 8 EGZPO (alte Frist 2006 durch G v.22.12.2006 verlängert auf 2011).

**Lit:** ***v. Gierke/Seiler*** JZ 2003, 403; ***Volland*** MDR 2004, 377; ***Gaier*** NJW-Sonderheft 2003, 18; ***Sendler*** NJW 2004, 2068; ***Seiler*** NJW 2005, 1689; ***Scheuch/Lindner*** NJW 2005, 112.

1 **1. Beschwerde bei Nichtzulassung der Revision.** Wurde die Rev vom LG/OLG (BerGer) nicht zugel, kann der Beschwerte dagegen Beschwerde (NZB) einlegen (**Absatz 1 Satz 1**). **Zulässigkeitsvoraussetzungen** sind: **a) Nichtzulassung der Revision** im Urteil des BerGer; die Zulassung muss nicht beantragt worden sein, weil sie von Amts wegen zu verbescheiden ist.

**b) Wert der Beschwer** (für das beabsichtigte Rev-Verfahren, BGH NJW 2002, 2720; also nicht die Beschwer aus dem BerU!) mindestens 20 000,01 €. Glaubhaftmachung des Werts genügt (BGH NJW 2002, 3180). Wird die Rev vom OLG/LG nicht zugel, dann kann eine NZB (bis 31.12.2011) nur eingelegt werden, wenn der Wert der Beschwer 20 000 € übersteigt; damit soll die Belastung des BGH verringert werden (§ 26 Nr. 8 EGZPO). **c) Einlegung der Beschwerde** beim RevG (immer BGH; § 7 II EGZPO). Einer NZB (§ 544) kann das BerGer nicht nach §§ 555, 318 abhelfen. **d) Zugelassener Anwalt:** nur ein beim BGH zugelassener RA kann die NZB einlegen (§ 78 I); Namen der ca 30 beim BGH zugel RA im Internet unter „BGH-Rechtsanwalt"; notfalls (wenn sich keiner findet) Anwaltsbestellung durch BGH nach § 78b. Den **PKH-Antrag** für eine beabsichtigte NZB kann aber auch ein beim BGH nicht zugel RA stellen, weil für PKH-Anträge kein Anwaltszwang besteht. Der BGH kann gebeten werden, im Falle der PKH-Bewilligung einen beim BGH zugel RA für die NZB beizuordnen.

**e) Einlegungsfrist:** innerhalb eines Monats ab Urteilszustellung (Absatz 1 Satz 2); Notfrist § 224 I 2. Deshalb ist bei Fristversäumung eine WE möglich (§ 233). Fehlt eine wirksame Zustellung, innerhalb von sechs Monaten ab Verkündung. **f) Begründungsfrist:** innerhalb von zwei Monaten ab Zustellung des Urteils. Bei Urteilszustellung am 10.04. muss also die NZB spätestens am 10.05. eingelegt und spätestens am 10.06. begr werden. Auch bei Einlegung schon am 12.04. muss die Begr erst bis 10.06. erfolgen. Die Begr-Frist kann auf Antrag verlängert werden (Abs. 2 S. 2 mit § 551 II 5, 6), zB dann, wenn der BGH-Anwalt die Akten des OLG bisher nicht einsehen konnte.

**g) Begründung der Beschwerde, Absatz 2** S. 1. In der Begr muss auf den Einzelfall bezogen dargelegt werden (allgemeine Phrasen genügen nicht!), weshalb Grundsätzlichkeit (von wem, inwieweit und warum wird eine Rechtsfrage bestritten? BGH FamRZ 2003, 440), Rechtsfortbildung oder Rechtsvereinheitlichung die Zulassung gebieten, weshalb also das BerGer fälschl. nicht zugel hat (Abs. 2 S. 3 mit § 543 II). Dabei ist natürlich die Bindung des BGH nach § 559 zu beachten (BGH FamRZ 2004, 1021). Begr der NZB und BerU zusammen müssen genügen, um zu entscheiden (BGH NJW 2003, 65). – **h) Beifügung einer Abschrift** des BerufungsU ist zweckmäßig, nicht notw (Absatz 1 Satz 3). Damit soll beim BGH die frühzeitige Ermittlung des zust Senats erleichtert werden.

2 **2. Wirkungen der Beschwerdeeinlegung.** Die Rechtskraft des Urt. wird gehemmt (**Absatz 5 Satz 1**), doch kann (uU gegen Sicherheitsleistung) weiter vollstr werden. Der BGH

kann die ZwV einstweilen einstellen (**Absatz 5 Satz 2** mit § 719; den Einstellungsantrag kann nur ein BGH-Anwalt stellen; BGH NJW-RR 2004, 936), wenn der ASt glaubhaft macht, dass die Vollstr einen nicht zu ersetzenden Nachteil bringen würde. **Satz 3**: Wird die NZB gegen ein BerufungsU zurückgewiesen, so tritt die Rechtskraft des BerU nicht bereits mit dem Erlass, sondern erst mit der Zustellung des Zurückweisungsbeschlusses ein (BGH NJW 2005, 3724).

**3. Verfahren des BGH.** Die Akten des BerGer werden erholt. Dem Gegner wird Gelegenheit zur Stellungnahme gegeben (Abs. 3). Eine mdl Verh ist nicht erforderl. (§ 128 IV). 3

Der **BGH entscheidet** durch **Beschluss** (**Absatz 4 Satz 1**). **Kriterien**: Die NZB wird zurückgewiesen, wenn grds Bedeutung der Sache fehlt bzw Rechtsfortbildung oder Sicherung einheitl. Rspr keine Entscheidung des BGH fordern (BGH NJW-RR 2005, 367), vgl § 543 II. Ob § 543 II vorliegt, ist manchmal letztlich eine „Geschmacksfrage"; die Zulassungsquote der einzelnen Senate ist daher unterschiedlich (2003: im Durchschnitt 7,8%; 2004 im Durchschnitt 13,9%. Bei einzelnen Senaten ca 30%). Anfänglich war die Zulassungspraxis also recht restriktiv. So etwa BGH NJW 2003, 65: Zur Sicherung einer einheitl. Rspr ist die Rev nur in Fällen der Divergenz sowie der Wiederholungs- oder Nachahmungsgefahr zuzulassen. Darüber hinaus werden Rechtsfehler im Einzelfall von diesem Zulassungsgrund auch dann nicht erfasst, wenn sie offensichtlich oder besonders schwerwiegend sind oder einen Verstoß gegen Verfahrensgrundrechte enthalten. Später wurde das erweitert: („Trendwende", vgl *Scheuch/Lindner* NJW 2005, 112). **(1) Parallelsachen:** Bestand bei Einlegung Grundsätzlichkeit und ist sie dann durch eine anderweitige BGH-Entscheidung (die die Grundsatzfrage klärte) entfallen, steht dies der Zulassung nicht zwingend entgegen (BGH NJW-RR 2005, 438; anders der BGH früher). Im Hinblick auf den Zweck des Rechtsmittels ist in einem solchen Fall zu prüfen, ob die (angestrebte) Rev Aussicht auf Erfolg hat, und, wenn dies der Fall ist, die Rev zuzulassen (BGH NJW 2004, 3188; NJW 2005, 154; gebilligt vom BVerfG WM 2005, 2014). **(2) Missverständnisse.** Außerdem wurde ein neuer Zulassungsgrund erfunden, um der Einzelfallgerechtigkeit in geeigneten Fällen Rechnung tragen zu können: Ein grundlegendes Missverständnis der höchstrichterl. Rechtsprechung begründet eine strukturelle Wiederholungsgefahr und erfordert, wenn die angefochtene Entscheidung darauf beruht, deshalb die Zulassung der Rev zur Sicherung einer einheitl. Rspr (BGH NJW 2005, 154). 4

Eine **Begründung des BGH-Beschlusses** ist nicht vorgeschrieben (**Absatz 4 Satz 2**; BGH NJW 2004, 1531), bei Stattgabe auch wenig sinnvoll, aber bei Erfolglosigkeit der Beschwerde zweckmäßig, schon wegen einer evtl Verfassungsbeschwerde. Der Beschluss wird beiden Parteien von Amts wegen zugestellt (**Absatz4 S.3**; §329 II 2). Wird die Beschwerde zurückgewiesen, wird das BerU rechtskr; eine Einstellung der ZwV wird von selbst gegenstandslos. Wird der Beschwerde stattgegeben, gilt die Einlegung der NZB als Einlegung der Rev (**Absatz 6 Satz 2**); es muss also nicht nochmals Rev eingelegt werden. Die Begr-Frist von 2 Monaten (§551 II) beginnt aber nicht schon mit der seinerzeitigen Zustellung des BerU, sondern erst jetzt mit Zustellung des Zulassungsbeschlusses des BGH (**Absatz 6 Satz 3**). Zur Begr der Rev kann auf die Begr der NZB Bezug genommen werden (§551 III Nr.2), obwohl beide Schriftsätze eine unterschiedl. Zielrichtung haben. Erfolgte die RevBegr schon im Schriftsatz, der die NZB begründete, beginnt die Frist für eine AnschlussRev mit Zustellung des Rev-Zulassungsbeschlusses (BGH NJW 2004, 2981).

**Absatz 7** ermöglicht, durch Beschluss der NZB stattzugeben, das BerU aufzuheben und zurückzuverweisen (BGH NJW 2005, 1951).Geht das BerU auf den wesentl. Kern des Tatsachenvortrags einer Partei zu einer Frage, die für das Verfahren von zentraler Bedeutung ist, in den Gründen nicht ein, so lässt dies auf die Nichtberücksichtigung des Vortrags schließen (BGH NJW-RR 2005, 1603). Abs. 7 ist auch einschlägig, wenn im Urteil des erstinstanzl. Gerichts der Vortrag zu einem entscheidungserheblichen Punkt mangels hinreichender Substanziierung zurückgewiesen worden ist, ohne dass der Partei durch einen unmissverständl. Hinweis Gelegenheit zur Ergänzung gegeben worden ist und das BerGer auch das neue, nunmehr substanziierte Vorbringen unter Hinweis auf § 531 II zurückweist (BGH NJW 2005, 2624).

**Gegen Zurückweisung**: § 321a; Verfassungsbeschwerde; keine Gegenvorstellung (BGH NJW 2004, 1531).

5 **4. Kostenentscheidung:** bei Rücknahme der NZB KostenE nach § 516 III (BGH MDR 2003, 347); ebenso bei Erfolglosigkeit (§ 97); auch bei teilw Erfolglosigkeit (BGH NJW 2004, 1048); *nicht* bei Erfolg, da dann Fortsetzung als Rev.

6 **5. Kosten. Gericht:** GKG-KV Nr. 1242, 1243. **RA:** RVG-VV 3506 (1,6) ff., 3516; §§ 16 Nr. 13, 17 Nr. 9 RVG. Die VerfahrensGeb (VV 3506) entsteht nur, wenn der mit der Wahrnehmung der Rechte in dem Verfahren beauftragte RA vor dem BGH postulationsfähig ist (kann also von OLG- oder LG-RA nicht verdient werden). Die TerminsGeb (VV 3516; 1,2) entsteht nicht schon, wenn die RA der Parteien sich ohne Mitwirkung des Gerichts darüber besprechen, sondern nur dann, wenn ausnahmsweise eine mdl Verh über die NZB stattfindet (BGH NJW 2007, 1461), also trotz Vorb 3 (3), weil die Entscheidung über die NZB grds ohne mdl Verh ergeht. Der nicht beim BGH zugel RA kann aber Einzeltätigkeiten bez. der NZB ausführen und dafür nach VV 3403 abrechnen. Über den Festsetzungsantrag der RA entscheidet das Gericht des *ersten* Rechtszugs (§ 104 I 1), also meist das LG; dagegen dann sof Beschwerde zum OLG (§ 104 III). Das OLG kann die Rechtsbeschwerde zul (§ 574), so kann auch die Kostensache zum BGH kommen.

## § 545 ZPO Revisionsgründe

**(1) Die Revision kann nur darauf gestützt werden, dass die Entscheidung auf der Verletzung des Bundesrechts oder einer Vorschrift beruht, deren Geltungsbereich sich über den Bezirk eines Oberlandesgerichts hinaus erstreckt.**

**(2) Die Revision kann nicht darauf gestützt werden, dass das Gericht des ersten Rechtszuges seine Zuständigkeit zu Unrecht angenommen oder verneint hat.**

§ 545 geändert ab 01.01.2002 durch G v. 27.07.2001 (BGBl 2001, 1887).

1 **1. Absatz 1** enthält keine Zulässigkeitsvoraussetzung; gemeint ist, dass die Rev nur begründet ist, wenn BundesR usw. verletzt (vgl § 550) ist. **BundesR** (vgl Art 70 ff., 124, 125 GG): dh jede Rechtsnorm; formelle Gesetze; RechtsVO; Staatsverträge; Verwaltungsvorschriften, die über den inneren Dienstbetrieb hinausgehen (BGH MDR 1970, 210); Satzungen juP; VölkerR (Art 25 GG); GewohnheitsR (BGH NJW 1965, 1862). – **Nicht** zB: Satzungen von GmbH, AG; Dienstanweisungen; Handelsbräuche. – **Dem BundesR ver-**

**gleichbare Vorschriften:** zB LandesR, das zwecks Rechtsvereinheitlichung in mindestens zwei OLG-Bezirken gilt (BGH WM 1997, 1657); ehem. DDR-Recht, soweit sich der Geltungsbereich über den Bezirk *eines* OLG/BezG erstreckte (BGH NJW 1993, 259; ergänzend ZIP 1996, 2189); inl AGB und Formularverträge, soweit sie in mindestens zwei OLG-Bezirken gelten (BGH NJW 1970, 321; anders, wenn ein örtl. Gerichtsstand vereinbart ist, also idR nur ein OLG befasst ist, BGH LM Nr. 66); inhaltsgleiche Rechtsnormen (wie zB DienstO der AOK), die zwar nicht auf derselben Rechtsquelle beruhen, aber in mindestens zwei OLG-Bezirken gelten und deren Übereinstimmung nicht nur zufällig, sondern gewollt ist (BGH NJW-RR 1988, 1021). – **Beruhen:** die Verletzung von mat Recht muss für die Entscheidung kausal sein; bei Verletzung von Verfahrensvorschriften genügt, dass der Verstoß die Urteils-Findung beeinflusst haben kann.

**Nicht revisibel ist somit: a) ausländisches Recht** (BGH WM 1981, 190; dazu *Pfeiffer* 2
NJW 2002, 3306); richtige Anwendung ausl Straßenverkehrsvorschriften (BGH NJW-RR 1996, 732); ausl Satzungen und AGB (BGH MDR 1986, 582; **aA** *Teske* EuZW 1991, 150). Dagegen ist nachprüfbar, ob ausl Recht anwendbar ist, ob es ausreichend ermittelt wurde (einschränkend BGH LM Nr. 64) oder gegen § 293 verstoßen wurde und ob das ausl Recht gegen den deutschen ordre public verstößt. Über Weiter- und Rückverweisung vgl BGH NJW 1966, 2270. Zum Ganzen vgl *Fastrich* ZZP 1984, 423; *Gottwald* IPRax 1988, 210; § 293 Rz 4. – **b) Landesrecht**, außer es gilt in mindestens zwei OLG-Bezirken; vgl dazu BGH NJW 1996, 3151; **c) Fälle nach Absatz 2. d) § 526 III.**

**2. Absatz 2** (vgl § 513 II) bezweckt Verfahrensvereinfachung und -beschleunigung. **Der** 3
**BGH prüft nicht**, ob das AG bzw LG (als Gericht erster Instanz) sachl., örtl. zust war (auch nicht, wenn das LG/OLG deswegen die Rev zulässt, BGH NJW 1988, 3267); auch nicht, ob in erster Instanz das ArbG oder das FamG zust gewesen wäre. Keine Nachprüfung der erstinstanzl. Zust, auch wenn das BerGer die Rev zur Klärung der von ihm vertretenen Auffassung zur sachl. Zust zugel hat (BGH NJW-RR 2006, 930). Dagegen kann die Rev darauf gestützt werden, dass die int Zust zu Unrecht verneint (BGH NJW 2003, 2916) oder bejaht (BGH NJW 2003, 426) wurde.

## § 546 ZPO Begriff der Rechtsverletzung

**Das Recht ist verletzt, wenn eine Rechtsnorm nicht oder nicht richtig angewendet worden ist.**

§ 546 geändert ab 01.01.2002 durch G v. 27.07.2001 (BGBl 2001, 1887). Früher § 550.

Aus §§ 549, 550, 561 folgt, dass nur **Rechtsfragen** durch das RevGer nachprüfbar sind, 1
nicht **Tatfragen.** Die Abgrenzung ist teils schwierig (dazu *Nierwetberg* JZ 1983, 237):

**Allgemeine Erfahrungssätze** sind nachprüfbar, BGH NJW-RR 1990, 455. 2

**AGB** und Formularverträge: sind vom RevGer nachprüfbar, wenn sie inl sind und über einen OLG-Bezirk hinaus gelten; vgl § 545.

**Auslegung:** die Feststellung des Wortlauts und der Willensrichtung ist Tatfrage; die rechtl. Qualifizierung ist Rechtsfrage (BGH NJW 2004, 2751; 1976, 43).

**Beweiswürdigung:** ist, soweit sie gegen § 286 verstößt, nachprüfbar, dh ob sie in sich widersprüchl. ist, gegen Denkgesetze oder Erfahrungssätze verstößt.

**Ermessenshandhabung:** grds der Nachprüfung entzogen (BGH MDR 1982, 653).

**Prozessuale Willenserklärungen** (zB Rm-Verzicht): in der Auslegung uneingeschränkt nachprüfbar (BGH MDR 1986, 423; NJW-RR 1996, 833).

**Rechtsmissbrauch** bei Ber auf § 12 III VVG ? Ist nur darauf hin zu überprüfen, ob das Urteil auf einer tragfähigen Tatsachengrundlage beruht, alle erhebl. Gesichtspunkte berücksichtigt und nicht gegen Denkgesetze oder Erfahrungssätze verstößt oder von einem falschen Wertungsmaßstab ausgeht (BGH NJW-RR 2005, 619).

**Satzungen** von Kapitalgesellschaften, Stiftungen: nachprüfbar (BGH 9, 279).

**Subsumtion:** ob Mitverschulden, Arglist, Verstoß gegen Treu und Glauben oder Sittenwidrigkeit (dazu *Veeltzen* AcP 1985, 46) vorliegt, ist nachprüfbar.

**Testament:** Auslegung nur dahin nachprüfbar, ob sie denkgesetzl. mögl. ist oder gegen Auslegungs- oder Verfahrensvorschriften verstoßen wurde (BGH LM Nr. 1).

**Verträge** (vgl *May* NJW 1983, 980): die Auslegung von Individualverträgen ist nur dahin nachprüfbar, ob gesetzl. Auslegungsregeln (zB §§ 133, 157 BGB), Denkgesetze, Erfahrungssätze oder Verfahrensvorschriften verletzt sind (BGH NJW-RR 1996, 932).

## § 547 ZPO Absolute Revisionsgründe

**Eine Entscheidung ist stets als auf einer Verletzung des Rechts beruhend anzusehen,**

1. **wenn das erkennende Gericht nicht vorschriftsmäßig besetzt war;**
2. **wenn bei der Entscheidung ein Richter mitgewirkt hat, der von der Ausübung des Richteramts kraft Gesetzes ausgeschlossen war, sofern nicht dieses Hindernis mittels eines Ablehnungsgesuchs ohne Erfolg geltend gemacht ist;**
3. **wenn bei der Entscheidung ein Richter mitgewirkt hat, obgleich er wegen Besorgnis der Befangenheit abgelehnt und das Ablehnungsgesuch für begründet erklärt war;**
4. **wenn eine Partei in dem Verfahren nicht nach Vorschrift der Gesetze vertreten war, sofern sie nicht die Prozessführung ausdrücklich oder stillschweigend genehmigt hat;**
5. **wenn die Entscheidung auf Grund einer mündlichen Verhandlung ergangen ist, bei der die Vorschriften über die Öffentlichkeit des Verfahrens verletzt sind;**
6. **wenn die Entscheidung entgegen den Bestimmungen dieses Gesetzes nicht mit Gründen versehen ist.**

§ 547 geändert ab 01.01.2002 durch G v. 27.07.2001 (BGBl 2001, 1887); früher § 551.

1 § 547 enthält **absolute Revisionsgründe**; hier ist die Vermutung der Ursächlichkeit nicht widerlegbar, auch bei fehlender Ursächlichkeit oder wenn die Entscheidung mat richtig ist, ist sie auf zul Rev aufzuheben.

2 **Nr. 1. Unvorschriftsmäßige Besetzung.** Die richtige Besetzung ergibt sich aus dem GVG (Geschäftsverteilungsplan), DRiG, §§ 309, 526 ZPO. **Fehlerhaft zB** langfristige Nicht-

besetzung einer Vorsitzendenstelle (BGH NJW 1985, 2337), sonstige unzul Vertretung des Vors (BGH NJW 1959, 101), verfassungswidrige Überbesetzung des OLG-Senats (BGH NJW 1966, 1458; NJW 1970, 810), Entscheidung durch den ER anstelle des Kollegiums (beachte aber § 526 III), oder umgekehrt, Tätigkeit eines Blinden als Vors jedenfalls einer Strafkammer (BGH NJW 1988, 1333), Mitwirkung eines schlafenden Richters (BVerwG NJW 1986, 2721), unzul Mitwirkung eines Hilfsrichters beim OLG (BGH NJW 1966, 352; NJW 1986, 2115). **Erkennendes Gericht** vgl § 309; unschädl. also Falschbesetzung des Gerichts *nur* bei früherer Beweisaufnahme, nur bei Verkündung.

**Nr. 2.** Ausgeschlossener Richter vgl § 41; § 46 II. 3

**Nr. 3.** Abgelehnter Richter vgl § 42. Ungenügend ist, dass ein Richter *hätte* abgelehnt werden können (BGH NJW 1993, 400).

**Nr. 4. Mangelhafte Vertretung:** vgl §§ 51, 56, 80 ff.; zB wenn die prozessunfähige Partei keinen gesetzl. Vertr hatte; wenn ein nicht bevollmächtigter Vertr verhandelt hat; wenn während der Unterbrechung durch Insolvenzeröffnung mdl verhandelt und gegen den „Gemeinschuldner" ein Urteil erlassen worden ist (BGH ZIP 1988, 446). 4

**Nr. 5.** Öffentlichkeit vgl §§ 169 ff GVG.

**Nr. 6. Fehlende Entscheidungsgründe.** Grund: weil dann dem BGH keine Kontrolle mögl. ist. Allerdings verlangt jetzt § 540 nur noch eine „kurze Begründung". Dem Fehlen steht gleich: 5

**Unvollständigkeit** (zB wenn bei Fällen mit Auslandsberührung die Rechtsordnung nicht angegeben ist, BGH NJW 1988, 3097; fehlende und nicht mehr nachholbare Richterunterschriften, BGH NJW-RR 2007, 141), nicht aber Knappheit (vgl BGH 39, 333; 48, 223; NJW 1991, 2761). § 543 gestattet Bezugnahmen auf das LG-Urteil (zum Umfang: BGH NJW 1980, 2418 und NJW-RR 1991, 830);

**Verspätete Abfassung:** wenn die Urteilsgründe fünf Monate nach Verkündung des Urteil noch nicht schriftl. niedergelegt, von allen Richtern unterschrieben und der Geschäftsstelle übergeben worden sind (BGH NJW-RR 2007, 141; NJW-RR 2004, 1439; BAG BB 1993, 2310; BSG NZS 2004, 663; *Keil* NZA 1994, 817).

**Fehlender Tatbestand** (BGH NJW-RR 1997, 1486); beachte aber nun § 540 I Nr. 1.

## § 548 ZPO Revisionsfrist

**Die Frist für die Einlegung der Revision (Revisionsfrist) beträgt einen Monat; sie ist eine Notfrist und beginnt mit der Zustellung des in vollständiger Form abgefassten Berufungsurteils, spätestens aber mit dem Ablauf von fünf Monaten nach der Verkündung.**

§ 548 geändert ab 01.01.2002 durch G v 27.07.2001 (BGBl 2001, 1887); früher § 552.

Vgl die Erläuterungen bei § 517. Notfrist § 224; Wiedereinsetzung § 233. Die Frist läuft für jede Partei gesondert. Bei Widerspruch von Tenor und Gründen bez der Rev-Zulassung beginnt eine neue Rm-Frist mit der Bekanntgabe des Berichtigungsbeschlusses (BGH FamRZ 2004, 363). 1

## § 549 ZPO Revisionseinlegung

**(1) [1]Die Revision wird durch Einreichung der Revisionsschrift bei dem Revisionsgericht eingelegt. [2]Die Revisionsschrift muss enthalten:**

**1. die Bezeichnung des Urteils, gegen das die Revision gerichtet wird;**

**2. die Erklärung, dass gegen dieses Urteil Revision eingelegt werde.**

**[3]§ 544 Abs. 6 Satz 2 bleibt unberührt.**

**(2) Die allgemeinen Vorschriften über die vorbereitenden Schriftsätze sind auch auf die Revisionsschrift anzuwenden.**

§ 549 geändert ab 01.01.2002 durch G v 27.07.2001 (BGBl 2001, 1887); früher § 553.

1 Die Rev ist beim BGH in Karlsruhe einzulegen. Der Anwalt, welcher die Rev einlegt, muss beim BGH zugel sein (§ 78 I); das sind nur ca 30 Anwälte in Deutschland (im Internet über Suchmaschinen abrufbar unter „BGH-Rechtsanwälte"). Die Schrift muss das Urteil bezeichnen und Erklärung, dass Rev eingelegt wird. Die Einlegung der Nichtzulassungsbeschwerde gilt als bedingte Einlegung der Rev (§ 549 I 2 mit § 544 VI 2), sodass bei Erfolg der Beschwerde die Rev nicht nochmals eingelegt (aber noch fristgerecht begründet; dazu § 551 Rz 3) werden muss. Vgl die Erläuterungen bei § 519 über Einreichen durch Telefax, eigenhändige Unterzeichnung, richtige Angabe des RevBekl, Lesbarkeit der Unterschrift usw. Die Rev ist nicht wirksam eingelegt, wenn die Parteibezeichnungen vertauscht sind und sich nicht ergibt, wer RevKl sein soll (BGH NJW-RR 1988, 1528).

2 Bei Rev gegen **bayerische OLG-Urteile** oder **bayerische LG-Berufungsurteile** gibt es seit „Abschaffung" des BayObLG (2005) keine Besonderheiten mehr.

3 **Absatz 2:** vgl §§ 129 ff.

## § 550 ZPO Zustellung der Revisionsschrift

**(1) Mit der Revisionsschrift soll eine Ausfertigung oder beglaubigte Abschrift des angefochtenen Urteils vorgelegt werden, soweit dies nicht bereits nach § 544 Abs. 1 Satz 4 geschehen ist.**

**(2) Die Revisionsschrift ist der Gegenpartei zuzustellen.**

§ 550 geändert ab 01.01.2002 durch G v. 27.07.2001 (BGBl 2001, 1887).

1 Vgl die Erläuterungen bei § 519 III (Vorlage einer Abschrift des BerU; die Begl kann der Anwalt selbst vornehmen), § 521 (Zustellung der Rev-Schrift an den Gegner erfolgt von Amts wegen). Der Zeitpunkt des Eingangs der Rev wird dem Gegner nicht mehr mitgeteilt, weil es darauf nicht mehr ankommt (vgl § 554 II 2).

## § 551 ZPO Revisionsbegründung

**(1) Der Revisionskläger muss die Revision begründen.**

**(2) [1]Die Revisionsbegründung ist, sofern sie nicht bereits in der Revisionsschrift enthalten ist, in einem Schriftsatz bei dem Revisionsgericht einzureichen. [2]Die Frist für die Revisionsbegründung beträgt zwei Monate. [3]Sie beginnt mit der Zustellung des in vollständiger Form abgefassten Urteils, spätestens aber mit Ablauf von fünf Monaten nach der Verkündung. [4]§ 544 Abs. 6 Satz 3 bleibt unberührt. [5]Die Frist kann auf Antrag von dem Vorsitzenden verlängert werden, wenn der Gegner einwilligt. [6]Ohne Einwilligung kann die Frist um bis zu zwei Monate verlängert werden, wenn nach freier Überzeugung des Vorsitzenden der Rechtsstreit durch die Verlängerung nicht verzögert wird oder wenn der Revisionskläger erhebliche Gründe darlegt; kann dem Revisionskläger innerhalb dieser Frist Einsicht in die Prozessakten nicht für einen angemessenen Zeitraum gewährt werden, kann der Vorsitzende auf Antrag die Frist um bis zu zwei Monate nach Übersendung der Prozessakten verlängern.**

**(3) [1]Die Revisionsbegründung muss enthalten:**

**1. die Erklärung, inwieweit das Urteil angefochten und dessen Aufhebung beantragt werde (Revisionsanträge);**

**2. die Angabe der Revisionsgründe, und zwar:**

**a) die bestimmte Bezeichnung der Umstände, aus denen sich die Rechtsverletzung ergibt;**

**b) soweit die Revision darauf gestützt wird, dass das Gesetz in Bezug auf das Verfahren verletzt sei, die Bezeichnung der Tatsachen, die den Mangel ergeben.**

**[2]Ist die Revision auf Grund einer Nichtzulassungsbeschwerde zugelassen worden, kann zur Begründung der Revision auf die Begründung der Nichtzulassungsbeschwerde Bezug genommen werden.**

**(4) § 549 Abs. 2 und § 550 Abs. 2 sind auf die Revisionsbegründung entsprechend anzuwenden.**

§ 551 geändert durch G v. 27.07.2001 (BGBl 2001, 1887) und G v. 24.08.2004 (BGBl 2004, 2198).

**Absatz 1.** RevKl ist, wer die Rev eingelegt hat (also der Kl oder Bekl der Vorinstanz). Die Rev muss natürlich von einem beim BGH zugel RA begr werden (§ 78 I), nicht vom örtl. RA. Fehlt eine form- und fristgerechte RevBegr, ist die Rev unzul, § 552. Vgl ferner § 520 I. 1

**Absatz 2 Satz 1**: Schriftsatz vgl § 520 III. **Absatz 2 Satz 2:** die Begr-Frist (zwei Monate) ist keine Notfrist (§ 224). **Absatz 2 Satz 3: Fristbeginn** mit Zustellung. **Absatz 2 Satz 4:** nach erfolgreicher NZB Fristbeginn mit der Zustellung des Zulassungsbeschlusses (§ 544 VI 3). **Absatz 2 Satz 5 und 6: Fristverlängerung** ist zul. 2

**Absatz 3.** Eine RevBegr ist erforderl. Ist die Rev erst durch eine erfolgreiche NZB (§ 544) zugel worden, ist eine zusätzl. gesonderte RevBegr-Schrift nicht erforderl., wenn bereits die Begr der NZB inhaltl. den Anforderungen des § 551 III 1 genügte, also eine gesonderte RevBegr enthielt (BGH FamRZ 2006, 856; NJW 2004, 2981; dazu *Büttner* NJW 2004, 3524), obwohl beide Begründungen gedankl. zu trennen sind. 3

**Nr. 1: Revisionsanträge** vgl § 520 III. Sie müssen nicht (sollten aber) ausformuliert sein, es genügt, wenn die Begr den Umfang der Anfechtung klar ersehen lässt. Die Rev kann auf abtrennbaren Teil des StrG beschränkt werden. Eine **Revisionssumme** wie bei § 511 muss nicht erreicht sein. Die Anträge können später beschränkt werden; nach Ablauf der Begründungsfrist können sie bis zur letzten mdl Verh erweitert werden, wenn die RevBegr dies deckt (BGH NJW 1985, 3079; NJW-RR 1988, 66) und der erste Antrag nicht zugleich als Verzicht iÜ zu verstehen ist.

4 **Nr. 2a:** mat-rechtl. Angriffe, sog **Sachrüge.** Eine Auseinandersetzung mit den Gründen des BerU ist erforderl.; es genügt nicht (wie in Strafsachen) die Floskel, es werde die Verletzung mat Rechts genügt. Ist danach die Rev zul, wird nicht nur der behauptete Mangel nachgeprüft, sondern die ganze mat-rechtl. Rechtsanwendung; vgl § 557 III. Die Abgrenzung der Sach- von den Verfahrensmängeln ist im Einzelnen str; eine Anlehnung an das Begriffspaar Rechts- bzw Tatfrage liegt nahe.

5 **Nr. 2b:** Angriffe gegen das Verfahren, sog **Verfahrensrüge.** Solche Verstöße liegen zB vor, wenn die Fragepflicht verletzt, wesentl. Beweisangebote übergangen wurden, unzul Zurückverweisung neuen Vorbringens (§§ 296, 531), das OLG-Urt verspätet iSd § 547 Nr. 6 abgesetzt wurde (BGH NJW-RR 2007, 141), das OLG statt Zurückverweisung selbst hätte entscheiden müssen (BGH NJW 1997, 1710). Die Rev muss hier uU den hypothetischen Prozessablauf darstellen: **bei Rüge des Verstoßes** des BerGer **gegen § 139** muss die Rev die unterlassene Frage bezeichnen und *im Einzelnen* angeben, was darauf von der Partei geantwortet worden wäre, der zunächst unterbliebene Vortrag muss vollständig nachgeholt werden und über die Rüge aus § 139 schlüssig gemacht werden, zB ein Betrag aufgeschlüsselt (BGH NJW-RR 1988, 208; BAG NJW 2004, 1683); **bei Rüge der Nichtvernehmung eines Zeugen** muss die Rev im Einzelnen angeben, in welchem Schriftsatz er benannt war, was er ausgesagt hätte und inwieweit das bei der Beweiswürdigung entscheidungserhebl. gewesen wäre (BGH LM Nr. 18); **bei Nichtberücksichtigung eines Schriftsatzes**, Blattzahl und Inhaltsangabe sowie Darlegung, weshalb er zu anderen Tatsachenfeststellungen geführt hätte. Unrichtigkeit des Tatbestandes des BerU kann nicht nach § 551 III Nr. 2 geltend gemacht werden (BGH FamRZ 2007, 721).

Anders als bei Nr. 3a wird hier nur die erhobene Verfahrensrüge nachgeprüft, § 557 III 2. Eine Wiedereinsetzung zur Nachholung einer Verfahrensrüge kann nicht gewährt werden (RG 121, 5; str).

## § 552 ZPO Zulässigkeitsprüfung

**(1) [1]Das Revisionsgericht hat von Amts wegen zu prüfen, ob die Revision an sich statthaft und ob sie in der gesetzlichen Form und Frist eingelegt und begründet ist. [2]Mangelt es an einem dieser Erfordernisse, so ist die Revision als unzulässig zu verwerfen.**

**(2) Die Entscheidung kann durch Beschluss ergehen.**

§ 552 geändert ab 01.01.2002 durch G v. 27.07.2001 (BGBl 2001, 1887).

1 Vgl die Erläuterungen zu § 522.

## § 552a ZPO Zurückweisungsbeschluss

**[1]Das Revisionsgericht weist die von dem Berufungsgericht zugelassene Revision durch einstimmigen Beschluss zurück, wenn es davon überzeugt ist, dass die Voraussetzungen für die Zulassung der Revision nicht vorliegen und die Revision keine Aussicht auf Erfolg hat. [2]§ 522 Abs. 2 Satz 2 und 3 gilt entsprechend.**

§ 552a eingefügt durch G v. 24.08.2004 (BGBl 2004, 2198).

Der neu eingefügte § 552a (verfassungsgem, BVerfG NJW 2005, 1485) soll den BGH entlasten. Voraussetzung: **a)** Zul Rev (andernfalls: § 552 II); **b)** trotz Bindung nach § 543 II 2 ist in Wahrheit kein Zulassungsgrund nach § 543 II 1 Nr. 1 oder Nr. 2 gegeben; **c)** aussichtslose Rev; **d)** Einstimmigkeit beim Senat in b) und c). – Legen beide Parteien Rev ein, kann die eine (oder beide) nach § 552a zurückgewiesen werden (BGH FamRZ 2007, 1091). 1

## § 553 ZPO Terminsbestimmung; Einlassungsfrist

**(1) Wird die Revision nicht durch Beschluss als unzulässig verworfen oder gemäß § 552a zurückgewiesen, so ist Termin zur mündlichen Verhandlung zu bestimmen und den Parteien bekannt zu machen.**

**(2) Auf die Frist, die zwischen dem Zeitpunkt der Bekanntmachung des Termins und der mündlichen Verhandlung liegen muss, ist § 274 Abs. 3 entsprechend anzuwenden.**

§ 553 geändert durch G v. 27.07.2001 (BGBl 2001, 1887) und G v. 24.08.2004 (BGBl 2004, 2198).

Vgl § 523 I 2. Ein schriftl. Vorverfahren gibt es nicht. 1

## § 554 ZPO Anschlussrevision

**(1) [1]Der Revisionsbeklagte kann sich der Revision anschließen. [2]Die Anschließung erfolgt durch Einreichung der Revisionsanschlussschrift bei dem Revisionsgericht.**

**(2) [1]Die Anschließung ist auch statthaft, wenn der Revisionsbeklagte auf die Revision verzichtet hat, die Revisionsfrist verstrichen oder die Revision nicht zugelassen worden ist. [2]Die Anschließung ist bis zum Ablauf eines Monats nach der Zustellung der Revisionsbegründung zu erklären.**

**(3) [1]Die Anschlussrevision muss in der Anschlussschrift begründet werden. [2]§ 549 Abs. 1 Satz 2 und Abs. 2 und die §§ 550 und 551 Abs. 3 gelten entsprechend.**

**(4) Die Anschließung verliert ihre Wirkung, wenn die Revision zurückgenommen, verworfen oder durch Beschluss zurückgewiesen wird.**

§ 554 geändert durch G v. 27.07.2001 (BGBl 2001, 1887) und G v. 24.08.2004 (BGBl 2004, 2198).

**Übersicht.** Gegen das BerU kann eine Partei Rev einlegen, falls sie zugel wurde. Die Gegenpartei kann ebenfalls innerhalb der Frist Rev einlegen, falls sie zugel wurde. Dann 1 liegen zwei voneinander unabhängige Rev vor. Die Gegenpartei kann sich aber auch nur der Rev „anschließen" (**Absatz 1**). Seit 2002 gibt es nur noch die **unselbstständige Anschlussrevision.** Sie ist kein Rm (BGH NJW 1981, 1790; str), nur ein Antrag innerhalb der Haupt-Rev. Wenn dem RevKl die Rev zugel wurde, dann kann sich der Gegner unselbstständig anschließen, auch wenn *ihm* die selbstständige Rev *nicht zugelassen* wurde (BGH NJW-RR 2005, 651). Die AnschlussRev entspricht weitgehend der AnschlussBer, vgl § 524. Abweichend davon setzt sie eine Beschwer voraus (BGH LM § 556 aF Nr. 4), aber keine bestimmte Mindestbeschwer. Ferner muss der **Streitgegenstand der Anschlussrevision revisibel** sein; sonst nicht nachprüfbare Teile des BerU können nicht über eine AnschlussRev nachprüfbar gemacht werden: Wurden gehäuft Sachschaden und Nutzungsausfall eingeklagt und vom OLG nur Nutzungsausfall zugesprochen und nur insoweit dem Bekl die Rev zugelassen, kann das OLG-Urteil nicht bez des Sachschadens durch AnschlussRev des Kl zur Nachprüfung gestellt werden (BGH NJW 1968, 1476; NJW 1996, 527). Die RevAnschluss-Schrift muss von einem beim BGH zugel Anwalt (§ 78 I) unterschrieben sein und ist beim BGH einzureichen. Frist zur Einlegung: Abs. 2 S. 2. Die Frist kann nicht verlängert werden. WE ist mögl. (BGH NJW 1952, 425).

2 Die **selbstständige Anschlussrevision** ist seit 2002 abgeschafft. Die Rev des Gegners innerhalb der Frist ist eine gewöhnl. Rev.

3 Die AnschlussRev-Einlegung muss denselben Inhalt wie eine Rev-Einlegung haben (§ 549 I 2). Ferner gelten §§ 129 ff (§ 549 II). Die AnschlussRev-Schrift wird dem Gegner von Amts wegen zugestellt (§ 550 II). Die Anschließung muss ferner „in" der Einlegungsschrift begr werden (Absatz 3 Satz 1). Der notw Inhalt der Begr ergibt sich aus § 551 III. Weil eine AnschlussRev im BerU nicht zugel werden kann oder muss, gibt es auch keine NZB.

## § 555 ZPO Allgemeine Verfahrensgrundsätze

**(1) [1]Auf das weitere Verfahren sind, soweit sich nicht Abweichungen aus den Vorschriften dieses Abschnitts ergeben, die im ersten Rechtszuge für das Verfahren vor den Landgerichten geltenden Vorschriften entsprechend anzuwenden. [2]Einer Güteverhandlung bedarf es nicht.**

**(2) Die Vorschriften der §§ 348 bis 350 sind nicht anzuwenden.**

§ 555 geändert ab 01.01.2002 durch G v. 27.07.2001 (BGBl 2001, 1887).

1 **Anwendbar** sind somit §§ 253-494; Abweichungen vgl §§ 555 ff. Eine Güteverhandlung (§ 278) muss nicht stattfinden. Das Säumnisverfahren ist nicht besonders geregelt, vgl dazu BGH NJW 1967, 2162 und BGH 37, 79.

2 **Absatz 2:** Im RevVerfahren gibt es keinen ER, es entscheidet immer der mit 5 Mitgliedern voll besetzte Senat.

## § 556 ZPO Verlust des Rügerechts

**Die Verletzung einer das Verfahren der Berufungsinstanz betreffenden Vorschrift kann in der Revisionsinstanz nicht mehr gerügt werden, wenn die Partei das Rügerecht bereits in der Berufungsinstanz nach der Vorschrift des § 295 verloren hat.**

§ 556 geändert ab 01.01.2002 durch G v. 27.7.2001 (BGBl 2001, 1887).

Vgl Erläuterungen zu § 534. 1

## § 557 ZPO Umfang der Revisionsprüfung

(1) **Der Prüfung des Revisionsgerichts unterliegen nur die von den Parteien gestellten Anträge.**

(2) **Der Beurteilung des Revisionsgerichts unterliegen auch diejenigen Entscheidungen, die dem Endurteil vorausgegangen sind, sofern sie nicht nach den Vorschriften dieses Gesetzes unanfechtbar sind.**

(3) **[1]Das Revisionsgericht ist an die geltend gemachten Revisionsgründe nicht gebunden. [2]Auf Verfahrensmängel, die nicht von Amts wegen zu berücksichtigen sind, darf das angefochtene Urteil nur geprüft werden, wenn die Mängel nach den §§ 551 und 554 Abs. 3 gerügt worden sind.**

§ 557 geändert ab 01.01.2002 durch G v. 27.07.2001 (BGBl 2001, 1887).

**Absatz 1.** Der **Streitgegenstand**, über den das BerGer entschieden hat, und die **Revisionsanträge** stecken die Grenzen des Anfalls der Sache beim BGH ab, vgl §§ 308, 528. Erst mit Schluss der mdl Verh steht fest, wie weit die LG/OLG-Entscheidung angefochten wird, bis dahin hat der Antrag nur vorl Charakter, kann noch geändert und erweitert werden; allerdings muss sich die Erweiterung im Rahmen der RevBegr halten und das frühere Stellen eines eingeschränkteren Antrags darf nicht etwa einen teilweisen Rm-Verzicht darstellen (BGH NJW-RR 1988, 66). Über Hilfsansprüche vgl BGH NJW 1993, 1005. 1

**Absatz 2. Nicht nachgeprüft** werden darf zB eine vom OLG gewährte WE, da unanfechtbar (BVerwG NJW 1988, 1863); sowie rechtskräftig gewordene ZwischenU (BGH NJW 1993, 1391). Abs. 2 schließt eine Inzidentprüfung der Entscheidung des BerGer über ein Ablehnungsgesuch bez der Berufungsrichter im Rev-Verfahren aus (BGH FamRZ 2007, 462). 2

**Absatz 3.** Geprüft wird: 3

**a) Zulässigkeit der Revision** von Amts wegen, vgl § 552;

**b) Zulässigkeit des Verfahrens** vor dem OLG bzw LG-BerGer *von Amts wegen* (II 2), zB eines TeilU (ob die Unzulässigkeit eines TeilU [§301] von Amts wegen berücksichtigt werden muss, ist zweifelhaft, BGH NJW 2003, 2380), GrundU; der Ber (bei Unzulässigkeit ist das LG-Urt schon rechtskr, die Ber war daher vom OLG zu verwerfen); die Prozessvoraussetzungen, zB Zulässigkeit der Klage, der StrGen; anderweitige Rechtshängigkeit, entgegenstehende Rechtskraft.

**c) Verfahrensrügen;** die Prüfung beschränkt sich auf die ordnungsgem und rechtzeitig erhobenen Rügen (Absatz 3 Satz 2), vgl § 551 554 III.

**d) Anwendung des materiellen Rechts:** ist auch nur *eine* (Sach- oder Verfahrens-) Rüge ordnungsgem erhoben, führt dies zur Nachprüfung der sonstigen sachl. Rechtsanwendungen, Abs. 3 S. 1. Kam es erst über eine erfolgreiche NZB (§ 544) zur Rev, ist die Überprüfung des BerU nicht auf die Gesichtspunkte beschränkt, die für die Zulassung maßgebend waren (BGH NJW 2003, 3205).

## § 558 ZPO Vorläufige Vollstreckbarkeit

**[1]Ein nicht oder nicht unbedingt für vorläufig vollstreckbar erklärtes Urteil des Berufungsgerichts ist, soweit es durch die Revisionsanträge nicht angefochten wird, auf Antrag von dem Revisionsgericht durch Beschluss für vorläufig vollstreckbar zu erklären. [2]Die Entscheidung ist erst nach Ablauf der Revisionsbegründungsfrist zulässig.**

§ 558 geändert ab 1.1.2002 durch G v. 27.07.2001 (BGBl 2001, 1887).

1 Zur vorl Vollstr des BerU vgl § 708 Nr. 10 und Nr. 11. Eine Teilanfechtung hemmt die Rechtskraft des *ganzen* Urteils, deshalb ist § 558 notw. § 558 entspricht § 537.

## § 559 ZPO Beschränkte Nachprüfung tatsächlicher Feststellungen

**(1) [1]Der Beurteilung des Revisionsgerichts unterliegt nur dasjenige Parteivorbringen, das aus dem Berufungsurteil oder dem Sitzungsprotokoll ersichtlich ist. [2]Außerdem können nur die in § 551 Abs. 3 Nr. 2 Buchstabe b erwähnten Tatsachen berücksichtigt werden.**

**(2) Hat das Berufungsgericht festgestellt, dass eine tatsächliche Behauptung wahr oder nicht wahr sei, so ist diese Feststellung für das Revisionsgericht bindend, es sei denn, dass in Bezug auf die Feststellung ein zulässiger und begründeter Revisionsangriff erhoben ist.**

§ 559 geändert ab 01.01.2002 durch G v. 27.07.2001 (BGBl 2001, 1887) und G v. 26.11.2001 (BGBl 2001, 3138/3179).

1 **1. Tatsachenstoff des Revisionsurteils. Absatz 1** regelt mit §§ 545, 557, 559, was Prozessstoff der Rev-Instanz ist: die Tatsachen aus dem BerU (nicht nur aus dem Tatbestand, auch aus den Gründen; auch den dort in Bezug genommenen Schriftstücken, BGH NJW 1990, 2755); aus den Sitzungsprotokollen des BerGer nebst Anlagen; beim „Stuhlurteil" des BerGer der Protokollinhalt nach § 540 I 2 (BGH NJW 2004, 1666). Hat das BerGer Tatsachen neu festgestellt, obwohl es nicht zul gewesen wäre, oder verspätetes Vorbringen zu Unrecht nicht zurückgewiesen (vgl § 529), sind gleichwohl die gewonnenen Tatsachenfeststellungen zugrunde zu legen (BGH NJW 2004, 1458; 2005, 1583). Die Rev-Instanz ist eine Rechtsinstanz, neue Tatsachen werden grds nicht zugrunde gelegt, auch nicht, wenn sie unstr sind (BGH NJW 1974, 639).

2 **Neue Tatsachen** (Lit: *Gottwald*, Die Revisionsinstanz als Tatsacheninstanz, 1975). Die ab 2002 geltende Reform hat Abs. 1 S. 2 angefügt: zusätzl. zu den Tatsachen des Ber-Verfahrens sollen nur die Tatsachen berücksichtigt werden dürfen, die den Mangel des Ber-Verfahrens ergeben (§ 551 III Nr. 2b). Dadurch dürfte sich nichts an der bisherigen Rspr

geändert haben (BT-Drucks 14/4722 S. 108). Den Grundsatz hatte der BGH aus prozesswirtschaftl. Gründen dann durchbrochen, wenn die Berücksichtigung neuer (dh erst nach dem Schluss der mdl Verh vor dem BerGer entstandener) Tatsachen zur raschen und endgültigen Streitbereinigung angebracht erschien, keine schutzwürdigen Interessen einer Partei entgegenstanden und die neuen Tatsachen ohne eine dem Rev-Verfahren wesensfremde Beweisaufnahme festgestellt werden konnten (BGH NJW 1979, 105), zB: Tatsachen, die die **Zulässigkeit der Rev** betreffen (BGH 22, 372) und das Verfahren vor dem BGH selbst; zB Verzicht auf Rev, Erledigung; Tatsachen, die für das Vorliegen der von Amts wegen zu prüfenden **Sachurteilsvoraussetzungen** von Bedeutung waren (zB Erwerb der deutschen Staatsangehörigkeit im Scheidungsverfahren, BGH 53, 128; Aufhebung des Konkursverfahrens, BGH MDR 1981, 1012; Vorlage einer Zustellungsurkunde, BGH NJW 1976, 1940); Tatsachen, die die **materielle Rechtslage** betreffen, wie nach Erlass des OLG-Urteils ergangene behördl. Akte und gerichtl. Entscheidungen (zB Erteilung einer Genehmigung BGH MDR 1985, 394; Ruhestandsversetzung, BGH NJW 2002, 220); eingetretene Verjährung (BGH NJW 1990, 2754). Tatsachen, die eine **Wiederaufnahme** rechtfertigen können (BGH 3, 65). Tatsachen, die zur Begr einer **Verfahrensrüge** vorgetragen sind, Abs. 1 S. 2 mit § 551 III 3b.

**Nicht berücksichtigt** hat der BGH zB: Fortdauer des Getrenntlebens von Eheleuten (BGH 3
NJW 1979, 105); Nachversicherung eines Zeitsoldaten (BGH NJW 1983, 1908); neue vorgelegte Prozessvollmacht (BGH 91, 111). Für die Abgrenzung, welche neuen Tatsachen zugrunde gelegt werden und welche nicht, wird offenbar auf die Einzelfallgerechtigkeit abgestellt. Der BGH hält sich für berechtigt, die neuen Tatsachen nach den Regeln des **Freibeweises** feststellen zu dürfen (vgl BGH 26, 343).

**Klageerweiterung und Widerklage** sind in der Rev-Instanz unzul (BGH 24, 285). Der 4
Klageantrag kann aber berichtigt werden (BGH NJW 1962, 1441) und in Ausnahmefällen geändert werden, nämlich dann, wenn die zugrunde liegenden Tatsachen feststehen, zB auf Zahlung an den Abtretungsempfänger (BGH 26, 37).

**2. Absatz 2. Tatsächliche Feststellungen** im BerU, zB der Inhalt einer Zeugenaussage, 5
binden den BGH. **Ausnahme:** wenn der RevKl rügt, die Feststellungen seien fehlerhaft zustande gekommen, zB unter Verstoß gegen Denkgesetze, unter unzul Übergehung eines Beweisantrags (BGH MDR 1974, 399). Außer den festgestellten Tatsachen des BerU wird auch zugrunde gelegt, was offenkundig ist, gerichtsbekannt, zugestanden, unstr, sich aus gesetzl. Vermutungen oder Auslegungs- und Beweisregeln ergibt (vgl BGH NJW 2004, 2152).

## § 560 ZPO Nicht revisible Gesetze

**Die Entscheidung des Berufungsgerichts über das Bestehen und den Inhalt von Gesetzen, auf deren Verletzung die Revision nach § 545 nicht gestützt werden kann, ist für die auf die Revision ergehende Entscheidung maßgebend.**

§ 560 geändert ab 01.01.2002 durch G v. 27.07.2001 (BGBl 2001, 1887).

**Ausländisches Recht** und **lokales Recht**, dessen Geltungsbereich nicht über *einen* OLG- 1
Bezirk hinausgeht, ist nach § 545 grds nicht revisibel. Der BGH muss daher grds Feststel-

lungen über Bestehen, Inhalt und Auslegung dieses Rechts, die das BerGer getroffen hat, hinnehmen.

2 *Aber:* der BGH prüft, ob die Tatsachen fehlerhaft festgestellt wurden (BGH 3, 347); ob revisibles Recht verletzt wurde; ob das ausl Recht ausreichend ermittelt wurde, § 293 (BGH MDR 1987, 833); hier meint der BGH aaO, es seien vom OLG nicht nur die ausl Rechtsquellen heranzuziehen, sondern auch die konkrete Ausgestaltung in der ausl Rechtspraxis, insbes in der ausl Rechtsprechung (zB österreichische Schmerzensgeldtabellen). Die Verfahrensrüge (§ 293) ist aber dann nicht gegeben, wenn mit ihr „in Wirklichkeit die Nachprüfung irrevisiblen ausländischen Rechts bezweckt wird" (BGH MDR 1988, 123). Zum Ganzen vgl *Fastricht* ZZP Bd 97, 435.

### § 561 ZPO Revisionszurückweisung

**Ergibt die Begründung des Berufungsurteils zwar eine Rechtsverletzung, stellt die Entscheidung selbst aber aus anderen Gründen sich als richtig dar, so ist die Revision zurückzuweisen.**

§ 561 geändert ab 01.01.2002 durch G v. 27.07.2001 (BGBl 2001, 1887) und durch G v. 26.11.2001 (BGBl 2001, 3138/3179).

1 Die Entscheidungsgründe können somit ausgewechselt werden, zB die Anspruchsgrundlage Vertrag durch § 826 BGB ersetzt werden, soweit keine Schlechterstellung des RevKl erfolgt. Beim Vorliegen absoluter Rev-Gründe (§ 547) wird man mE auf den Einzelfall abstellen müssen, ob § 561 anwendbar ist (str; offengelassen in BGH NJW 1981, 1046).

### § 562 ZPO Aufhebung des angefochtenen Urteils

**(1) Insoweit die Revision für begründet erachtet wird, ist das angefochtene Urteil aufzuheben.**

**(2) Wird das Urteil wegen eines Mangels des Verfahrens aufgehoben, so ist zugleich das Verfahren insoweit aufzuheben, als es durch den Mangel betroffen wird.**

§ 562 geändert ab 01.01.2002 durch G v. 27.07.2001 (BGBl 2001, 1887).

1 **Absatz 1:** eine Teilaufhebung ist zul („insoweit"). Nach Aufhebung entscheidet entweder der BGH selbst neu oder verweist zurück (§ 563).

**Absatz 2:** das Verfahren kann auch nur teilw aufgehoben werden, zB eine Beweisaufnahme.

### § 563 ZPO Zurückverweisung; eigene Sachentscheidung

**(1) [1]Im Falle der Aufhebung des Urteils ist die Sache zur neuen Verhandlung und Entscheidung an das Berufungsgericht zurückzuverweisen. [2]Die Zurückverweisung kann an einen anderen Spruchkörper des Berufungsgerichts erfolgen.**

**(2) Das Berufungsgericht hat die rechtliche Beurteilung, die der Aufhebung zugrunde gelegt ist, auch seiner Entscheidung zugrunde zu legen.**

**(3) Das Revisionsgericht hat jedoch in der Sache selbst zu entscheiden, wenn die Aufhebung des Urteils nur wegen Rechtsverletzung bei Anwendung des Gesetzes auf das festgestellte Sachverhältnis erfolgt und nach letzterem die Sache zur Endentscheidung reif ist.**

**(4) Kommt im Fall des Absatzes 3 für die in der Sache selbst zu erlassende Entscheidung die Anwendbarkeit von Gesetzen, auf deren Verletzung die Revision nach § 545 nicht gestützt werden kann, in Frage, so kann die Sache zur Verhandlung und Entscheidung an das Berufungsgericht zurückverwiesen werden.**

§ 563 geändert ab 01.01.2002 durch G v. 27.07.2001 (BGBl 2001, 1887).

**1. Absatz 1 Satz 1.** Der BGH weist die Rev zurück oder verweist die Sache unter Aufhebung des BerU an das BerGer zurück. Eigene SachE aber nach Abs. 3. Bei Aufhebung und Zurückverweisung an das BerGer (ohne Angabe eines bestimmten Senats) kommt die Sache an den nach der Geschäftsverteilung zust OLG-Senat bzw die LG-Ber-Kammer. An das erstinstanzl. Gericht (LG, AG) kann nach § 538 und bei § 566 zurückverwiesen werden (BGH 90, 331; NJW-RR 1994, 379). **Satz 2:** kommt zB infrage, wenn der BGH den Eindruck der Voreingenommenheit hat. Ein Richter, der an der aufgehobenen Entscheidung mitgewirkt hat, ist nicht ausgeschlossen (BVerwG NJW 1975, 1241). S. 2 dürfte gegen Art 101 I 2 GG verstoßen, weil der BGH den neuen Senat nach Belieben auswählen kann, Art 101 aber auf das Zufallsprinzip abstellt (**aA** BVerfG NJW 1967, 99). 1

**2. Absatz 2.** Nach Zurückverweisung wird beim BerGer die Tatsacheninstanz neu eröffnet, neue Anträge, Tatsachen, Beweismittel usw. sind uU mögl. (§§ 530 ff.). Das **Verbot der Schlechterstellung** (vgl § 528 II) gilt; der Ber-Prozess wird jedoch nicht in dieselbe Lage wie vor Erlass des aufgehobenen BerU versetzt; vielmehr erlangt das OLG (Ber-LG) keine größere Entscheidungsfreiheit als der BGH und kann den Rm-Führer nicht ggü dem aufgehobenen BerU verschlechtern (BGH MDR 1989, 980). Der **Umfang der Bindungswirkung des BGH-Urteil** ist im Einzelnen str. „Zugrunde liegt" das, was die tragende Begründung des BGH-Urteils darstellt. Dazu gehören auch rechtl. Beurteilungen des OLG, die der BGH ausdrückl. gebilligt hat (BAG NJW 1961, 1229; str). Lehnt der Richter, an den zurückverwiesen wurde, die Bindung ab, kann er abgelehnt werden (OLG München MDR 2003, 1070). Die Bindung an das zurückweisende RevU besteht auch bei verfassungsrechtl. Bedenken des BerGer gegen das BGH-Urteil (BGH FamRZ 2007, 391). 2

**Keine Bindung des BerGer besteht zB: a)** an Hinweise für das weitere Verfahren (obiter dictum); **b)** an technische Regeln und Erfahrungssätzen, die der BGH zugrunde gelegt hat (BGH NJW 1982, 1049; Überfüllung von Heizöltanks). **c)** Wenn das OLG die Tatsachen, und sei es auch nur geringfügig, nun anders feststellt (OLG Oldenburg VersR 1990, 1348). 3

**Selbstbindung des BGH besteht**, wenn gegen das BerU wiederum Rev eingelegt wird, außer der BGH hat inzwischen seine Rspr geändert und veröffentlicht (BGH 60, 392; BAG BB 1997, 1364) oder interpretiert sich nun selbst anders. 4

**3. Absatz 3.** Keine Zurückverweisung an das OLG bzw LG-BerGer, sondern **eigene Sachentscheidung** durch den BGH erfolgt, wenn nur ein Rechtsfehler vorliegt und die Sache entscheidungsreif ist. Hat zB das LG einer Bürgschaftsklage stattgegeben, das OLG die 5

Ber zurückgewiesen, kann der BGH unter Aufhebung des BerU die Klage abweisen und muss nicht an das OLG zurückverweisen, wenn der Sachverhalt ausreichend geklärt ist.

6 **4. Absatz 4.** Kommt bei Abs. 3 zB ausl Recht oder lokales Recht zur Anwendung, kann der BGH nach Aufhebung des OLG-Urteils selbst entscheiden (Ausnahme von § 560) oder an das OLG zurückverweisen.

## § 564 ZPO Keine Begründung der Entscheidung bei Rügen von Verfahrensmängeln

**[1]Die Entscheidung braucht nicht begründet zu werden, soweit das Revisionsgericht Rügen von Verfahrensmängeln nicht für durchgreifend erachtet. [2]Dies gilt nicht für Rügen nach § 547.**

§ 564 geändert ab 01.01.2002 durch G v. 27.07.2001 (BGBl 2001, 1887).

1 Es werden oft Verfahrensrügen erhoben, die sich als abwegig herausstellen.

§ 564 bezweckt hier Ersparung von Zeit und Schreibarbeit.

## § 565 ZPO Anzuwendende Vorschriften des Berufungsverfahrens

**Die für die Berufung geltenden Vorschriften über die Anfechtbarkeit der Versäumnisurteile, über die Verzichtsleistung auf das Rechtsmittel und seine Zurücknahme, über die Rügen der Unzulässigkeit der Klage und über die Einforderung, Übersendung und Zurücksendung der Prozessakten sind auf die Revision entsprechend anzuwenden.**

§ 565 geändert durch G v. 27.07.2001 (BGBl 2001, 1887) und G v. 24.08.2004 (BGBl 2004, 2198).

1 Entsprechend anzuwenden sind: § 513 II (BGH NJW 2005, 1660; also Rüge, das OLG X sei für die Ber **unzuständig** gewesen, da Kartellsachen in zweiter Instanz beim OLG Y konzentriert seien, ohne Erfolg); Ausnahme: int Zust (BGH NJW 2003, 426); Anfechtbarkeit der **des Versäumnisurteils** des BerGer, § 514. **Verzicht** auf Revision: § 515 (BGH NJW-RR 1992, 567). **Rücknahme der Revision** §§ 516, 522; sie kann nur durch einen beim BGH zugel RA erfolgen, also nicht durch den OLG-RA (BGH NJW 1978, 1262); den „Kostenantrag" kann jeder stellen, weil die KostenE ohnehin von Amts wegen zu ergehen hat (§ 516 III nF). Rücknahme der Rev *ohne* Zustimmung des Gegners (§ 516 I); dazu *Rinkler* NJW 2002, 2449.

**Unzulässigkeitsrügen:** § 532. **Akteneinforderung:** § 541. IÜ gilt das LG-Verfahren erster Instanz, § 555.

## § 566 ZPO Sprungrevision

**(1) [1]Gegen die im ersten Rechtszug erlassenen Endurteile, die ohne Zulassung der Berufung unterliegen, findet auf Antrag unter Übergehung der Berufungsinstanz unmittelbar die Revision (Sprungrevision) statt, wenn**

**1. der Gegner in die Übergehung der Berufungsinstanz einwilligt und**

**2. das Revisionsgericht die Sprungrevision zulässt.**

**[2]Der Antrag auf Zulassung der Sprungrevision sowie die Erklärung der Einwilligung gelten als Verzicht auf das Rechtsmittel der Berufung.**

**(2) [1]Die Zulassung ist durch Einreichung eines Schriftsatzes (Zulassungsschrift) bei dem Revisionsgericht zu beantragen. [2]Die §§ 548 bis 550 gelten entsprechend. [3]In dem Antrag müssen die Voraussetzungen für die Zulassung der Sprungrevision (Absatz 4) dargelegt werden. [4]Die schriftliche Erklärung der Einwilligung des Antragsgegners ist dem Zulassungsantrag beizufügen; sie kann auch von dem Prozessbevollmächtigten des ersten Rechtszuges oder, wenn der Rechtsstreit im ersten Rechtszug nicht als Anwaltsprozess zu führen gewesen ist, zu Protokoll der Geschäftsstelle abgegeben werden.**

**(3) [1]Der Antrag auf Zulassung der Sprungrevision hemmt die Rechtskraft des Urteils. [2]§ 719 Abs. 2 und 3 ist entsprechend anzuwenden. [3]Die Geschäftsstelle des Revisionsgerichts hat, nachdem der Antrag eingereicht ist, unverzüglich von der Geschäftsstelle des Gerichts des ersten Rechtszuges die Prozessakten einzufordern.**

**(4) [1]Die Sprungrevision ist nur zuzulassen, wenn**

**1. die Rechtssache grundsätzliche Bedeutung hat oder**

**2. die Fortbildung des Rechts oder die Sicherung einer einheitlichen Rechtsprechung eine Entscheidung des Revisionsgerichts erfordert.**

**[2]Die Sprungrevision kann nicht auf einen Mangel des Verfahrens gestützt werden.**

**(5) [1]Das Revisionsgericht entscheidet über den Antrag auf Zulassung der Sprungrevision durch Beschluss. [2]Der Beschluss ist den Parteien zuzustellen.**

**(6) Wird der Antrag auf Zulassung der Revision abgelehnt, so wird das Urteil rechtskräftig.**

**(7) [1]Wird die Revision zugelassen, so wird das Verfahren als Revisionsverfahren fortgesetzt. [2]In diesem Fall gilt der form- und fristgerechte Antrag auf Zulassung als Einlegung der Revision. [3]Mit der Zustellung der Entscheidung beginnt die Revisionsbegründungsfrist.**

**(8) [1]Das weitere Verfahren bestimmt sich nach den für die Revision geltenden Bestimmungen. [2]§ 563 ist mit der Maßgabe anzuwenden, dass die Zurückverweisung an das erstinstanzliche Gericht erfolgt. [3]Wird gegen die nachfolgende Entscheidung des erstinstanzlichen Gerichts Berufung eingelegt, so hat das Berufungsgericht die rechtliche Beurteilung, die der Aufhebung durch das Revisionsgericht zugrunde gelegt ist, auch seiner Entscheidung zugrunde zu legen.**

§ 566 geändert ab 01.01.2002 durch G v. 27.07.2001 (BGBl 2001, 1887).

**Absatz 1.** Manchmal, zB bei sog Musterprozessen, wollen die Parteien nicht den mehrjährigen Weg LG-OLG-BGH gehen, sondern zur Beschleunigung direkt vom LG (bzw AG) zum BGH; sog SprungRev. Das AG- oder LG-Urt erster Instanz muss berufungsfähig sein (Ber-Summe usw.; BGH NJW 2003, 143); die Rev darf nicht (zB nach § 542 II) ausgeschlossen sein; die eine Partei muss einen Antrag beim BGH stellen; die Einwilligung 1 des Gegners muss beigefügt werden. Liegen diese Voraussetzungen vor, kann der BGH die SprungRev durch Beschluss zul, er muss aber nicht.

2 Wird die SprungRev vom BGH nicht zugel, können die Parteien nicht einmal mehr Ber einlegen (**Absatz 1 Satz 2**). Der Zeitpunkt des Eintritts der Verzichtswirkung ist im Einzelnen zweifelhaft. Einwilligung wirkt erst als Ber-Verzicht, wenn der Gegner tatsächl. SprungRev einlegt (BGH NJW 1997, 2387).

3 **Formalien, Absatz 2:** die Zulassungsschrift muss beim BGH eingereicht werden (S. 1). Die Frist beträgt einen Monat ab Urteilszustellung (§ 548); den formalen Inhalt der Schrift bestimmt § 549; die Schrift wird dem Gegner von Amts wegen zugestellt (§ 550 II). Weiterer Inhalt der Schrift: Abs. 2 S. 3 und Abs. 4. Die Rev muss auf Sachmängel gestützt werden und sich zur Grundsätzlichkeit der Rechtsfrage usw. (Abs. 4) äußern. Verfahrensrügen genügen nicht (wohl aber auf von Amts wegen zu berücksichtigende Verfahrensmängel, BGH NJW-RR 1996, 1150); Abs. 4 S. 2. Bei Verfahrensmängeln bleibt zunächst nur die Ber. Die schriftl. Einwilligung des Gegners muss handschriftl. unterzeichnet sein (BGH NJW 1984, 2890; keine begl Fotokopie), Vorlage innerhalb der Rev-Frist genügt (BGH 16, 194). Wird ein AG-Urteil ohne Anwaltszwang angefochten, kann die Einwilligung zu Protokoll (des erstinstanzl. AG) erklärt werden; andernfalls unterliegt sie dem Anwaltszwang, wobei der AG- bzw LG-Anwalt zustimmen kann (Satz 4).

4 **Absatz 3. Wirkungen des formgerechten Antrags:** Hemmung der Rechtskraft (**Satz 1**); der BGH kann die ZwV einstweilen einstellen (Satz 2); der BGH fordert die Akten an (**Satz 3**).

5 **Absatz 4.** Die SprungRev darf vom BGH nur unter denselben Voraussetzungen wie überhaupt eine Rev zugel werden (vgl § 543 II). Weitere Einschränkung: wegen angebl. Verfahrensmängel des erstinstanzl. Verfahrens gibt es keine SprungRev (**Satz 2**). Das erstinstanzl. Gericht darf die SprungRev nicht zulassen.

6 **Absatz 5.** Der BGH entscheidet durch Beschluss. Eine mdl Verh ist nicht erforderl. (§ 128 IV).

7 **Absatz 6.** Bei Nichtzulassung wird das erstinstanzl. Urteil rechtskr.

8 **Absatz 7.** Bei Zulassung gilt der Zulassungsantrag als Rev-Einlegung. Nun muss der Rm-Führer die Rev aber noch fristgerecht begr.

9 **Absatz 8.** Eine Zurückverweisung an das BerGer scheidet aus, es kann nur an das erstinstanzl. Gericht zurückverwiesen werden (hier nicht an eine *andere* Kammer usw.). Bei Zurückverweisung tritt Bindungswirkung ein. Wird gegen das neue LG-Urt dann Ber zum OLG eingelegt, ist auch das OLG an die frühere BGH-Meinung gebunden.

10 **Kosten** vgl *Schneider* MDR 2003, 250.

# Abschnitt 3
# Beschwerde

## Titel 1
## Sofortige Beschwerde

### § 567 ZPO Sofortige Beschwerde; Anschlussbeschwerde

**(1) Die sofortige Beschwerde findet statt gegen die im ersten Rechtszug ergangenen Entscheidungen der Amtsgerichte und Landgerichte, wenn**

**1. dies im Gesetz ausdrücklich bestimmt ist oder**

**2. es sich um solche eine mündliche Verhandlung nicht erfordernde Entscheidungen handelt, durch die ein das Verfahren betreffendes Gesuch zurückgewiesen worden ist.**

**(2) Gegen Entscheidungen über Kosten ist die Beschwerde nur zulässig, wenn der Wert des Beschwerdegegenstands 200 Euro übersteigt.**

**(3) [1]Der Beschwerdegegner kann sich der Beschwerde anschließen, selbst wenn er auf die Beschwerde verzichtet hat oder die Beschwerdefrist verstrichen ist. [2]Die Anschließung verliert ihre Wirkung, wenn die Beschwerde zurückgenommen oder als unzulässig verworfen wird.**

§ 567 geändert ab 01.01.2002 durch G v. 27.07.2001 (BGBl 2001, 1887); § 567 II geändert durch KostRModG v. 05.05.2004 (BGBl 2004, 718/834).

**Lit:** ***Bender/Nack***, Tatsachenfeststellung vor Gericht, 2. Aufl. 1995.

### Übersicht

1 **1. Arten der Beschwerde:**

**a) Einfache Beschwerde:** die *unbefristete* erste Beschwerde; im ZPO-Bereich ist sie seit 2002 abgeschafft. Die unbefristete Beschwerde ist noch vorhanden zB im FGG-Bereich (§ 19 FGG); im GerichtskostenR (zB § 68 I GKG) mit Frist.

**b) Sofortige Beschwerde:** sie ist binnen einer Frist einzulegen, die zwei Wochen beträgt (§ 569) oder einen Monat (im Falle des § 127: Prozesskostenhilfe).

**c) Befristete Beschwerde**: im FamilienR, § 621 e III 2 mit § 517); die Frist beträgt einen Monat.

**d) Weitere Beschwerde:** die als dritte „Tatsacheninstanz" ausgestaltete (befristete oder unbefristete) Beschwerde gegen die Entscheidung des BeschwerdeG; im ZPO-Bereich seit 2002 abgeschafft und ersetzt durch die Rechtsbeschwerde. Weitere Beschwerden gibt es aber zB noch im FGG (§ 27 FGG), beim StrW (§ 33 VI RVG).

**e) Rechtsbeschwerde** ist die Beschwerde, die (wie die Rev) nur auf Rechtsverletzung gestützt werden kann; zB § 574, § 621e II 1, 3. Im ZPO-Bereich seit 2002 eingeführt.

**f) Außerordentliche Beschwerde** wird die Beschwerde genannt, die früher wegen „greifbarer Gesetzwidrigkeit" als statthaft angesehen wurde, aber gesetzl. nicht geregelt ist. Der BGH (NJW 2005, 143; 2002, 1577) hält sie seit 2002 für unzul, denn § 321a helfe bzw die Gegenvorstellung. Aber nicht alle OLG folgen dem BGH (vgl OLG Naumburg FamRZ 2004, 1045; *Bloching/Kettinger* NJW 2005, 860). Offen gelassen OLG München OLG-Report 2006, 767. Vgl Rz 8.

**g) Anschlussbeschwerde:** vgl § 567 III, 574 IV.

2 **2. Zulässigkeitsvoraussetzungen der sof Beschwerde:**

**a) Statthaftigkeit, Absatz 1:**

**Entscheidung des AG oder LG** im *ersten* Rechtszug; gegen solche im *zweiten* Rechtszug vgl § 574. Gegen OLG im *ersten* Rechtszug: ebenfalls § 574.

3 **aa) Nr. 1. Im Gesetz genannte Beschwerde-Fälle:** in der ZPO zB §§ 91a, 99 II, 127 II, 269 V, 793. Andere Gesetze enthalten eigenständige Regelungen, zB GKG (StrW-Beschwerde, § 68 I GKG), RVG (StrW-Beschwerde § 33 III RVG; § 11 II RVG mit § 104 ZPO Beschwerde gegen Vergütungsfestsetzung), § 14 III KostO (FGG-Kostenansatz), § 31 III KostO (FGG-Geschäftswert), InsO, ZVG. Die FGG-Beschwerde richtet sich nur nach § 19 FGG, die Beschwerde gegen die FGG-KostenE nur nach § 20a FGG, die Grundbuchbeschwerde nur nach § 71 GBO.

4 **bb) Nr. 2. Sonstige Fälle:** gegen Entscheidungen (Beschlüsse, Verfügungen; gegen EndU der ersten Instanz ist nur Ber statthaft) der Kammer oder Vors, ER, die **(1)** eine **mdl Verh nicht erfordern:** das ist der Fall, wenn die mdl Verh nicht vorgeschrieben ist (vgl. § 128 IV); **und (2) eine Zurückweisung** (oder Verwerfung, Ablehnung, ganz oder teilw; verzögerl. Behandlung genügt nicht) eines Gesuchs (Antrags) betreffend das Verfahren (dh den Rechtsstreit) enthalten. Ein **Gesuch fehlt**, wenn Tätigkeit von Amts wegen vorliegt oder wenn der Gegner nur dem Gesuch der anderen Partei widerspricht (Auslegungsfrage, es kann auch ein gegensätzl. Antrag darin liegen); OLG Karlsruhe NJW-RR 2006, 1655.

**Beispiele für Nr. 2:** Ablehnung der StrW-Festsetzung, der KostenE, der Protokollberichtigung (OLG Koblenz MDR 1986, 593), der Terminsanberaumung, des Beweissicherungsantrags (OLG Düsseldorf BauR 1996, 896 für Gegenantrag).

**cc) Untätigkeitsbeschwerde**. Gesetzl. ist sie nicht geregelt, ihre Zulässigkeit ist daher (und wegen angebl. Verletzung der Unabhängigkeit des Richters) umstr. In den einschlägigen Fällen kann uU auch Ablehnung wegen Bef helfen (§ 42 Rz 18) oder Dienstaufsichtsbeschwerde (§ 26 II DRiG). Wenn das Gericht gar nichts tut (nicht terminiert, nicht reagiert), obwohl es notw gewesen wäre, tätig zu werden, muss man sie aus verfassungsrechtl. Gründen für an sich statthaft halten (OLG Frankfurt NJW 2007, 852; OLG Naumburg OLG-Report 2006, 408; KG NJW-RR 2005, 374; OLG Zweibrücken, NJW-RR 2003, 1653); freilich kann man hier keine Zweiwochenfrist fordern, denn wann sollte sie beginnen? Zust ist die im allg Gerichtsaufbau höhere Instanz. In der Sache kann das BeschwerdeG nicht entscheiden, nur anweisen, überhaupt tätig zu werden (dann könnte am Jahresende der Geschäftsverteilungsplan vom Untergericht entsprechend geändert werden). Das BVerfG (NJW 2005, 2685) geht von der Statthaftigkeit aus, wenn es schreibt: „Diese restriktive Ausgestaltung der Untätigkeitsbeschwerde dient insbesondere dem – aus dem Rechtsstaatsprinzip abzuleitenden – Gebot der Rechtsmittelklarheit." Andere halten die Untätigkeitsbeschwerde für unstatthaft (OLG München OLG-Report 2007, 149). Vgl ferner OLG Rostock MDR 2005, 108; OLG Karlsruhe FamRZ 2004, 513; OLG Jena FamRZ 2003, 1673. Zum Ganzen *Jakob* ZZP Bd 119, 303; *Kroppenberg* ZZP Bd 119, 177; *Schneider* MDR 2005, 430. 5

**dd) Unanfechtbare Entscheidungen:** Entgegen dem Wortlaut werden aber für unanfechtbar gehalten (auch wenn gegen einen Antrag entschieden wurde) zB: bestimmte prozessleitende Verfügungen des Gerichts, die im Ermessen des Gerichts stehen, wie die Entscheidung für die Verfahrensart „früher erster Termin" bzw „schriftliches Vorverfahren" (OLG Schleswig NJW 1983, 459); die Aufforderung, ein Gutachten über ausl Recht beizubringen (OLG Frankfurt MDR 1983, 410); Vertagung und deren Ablehnung; Ablehnung einer Fristverlängerung; Ablehnung, eine freigestellte mdl Verh anzuordnen. Unanfechtbar ist ferner der Beweisbeschluss (vgl §§ 355 II, 360), die Auswahl eines bestimmten Gutachters hierbei, ebenso der Beweisbeschluss im selbstständigen Beweisverfahren (KG OLG-Report 2006, 370). Auswahl des Sachverständigen (KG OLG-Report 2005, 557). Unanfechtbar ist die Ablehnung einer Protokollberichtigung aus sachl. Gründen (OLG Frankfurt OLG-Report 2006, 1053); die Anordnung der Begutachtung zur Feststellung der Prozessfähigkeit der Partei (OLG Stuttgart OLG-Report 2006, 942; OLG München FamRZ 2006, 1555); in Fällen des § 620c. 6

ee) **Kostenmischfälle** bereiten Probleme: zB ein Teil des Rechtsstreits ist übereinstimmend erledigt erklärt (§ 91a) oder anerkannt (§ 307) oder zurückgenommen worden (§ 269 III 2), über den str gebliebenen Rest wird durch Urteil entschieden; die KostenE ist dann eine „gemischte", sie umfasst auch den erledigten usw. Teil und beruht teils auf §§ 91a, 269, teils auf §§ 91, 92. Dann kann der auf § 91a beruhende Kostenteil mit der sof Beschwerde angefochten werden; das ganze Urteil einschl dieses Kostenteils mit der Ber (vgl § 91a Rz 20). 7

**ff) Bei** sog **greifbarer Gesetzwidrigkeit** (vgl Rz 1; *Lotz* NJW 1996, 2130), dh: ein nach den gesetzl. Vorschriften unanfechtbarer Beschluss ist dann ausnahmsweise mit der 8

Beschwerde angreifbar, wenn die Entscheidung jeder gesetzl. Grundlage entbehrt und inhaltlich dem Gesetz fremd ist. Sie wurde früher (BGH NJW-RR 2002, 501) für zul erachtet; **anders jetzt BGH** NJW 2002, 1577 wegen der ZPO-Reform 2002: Beschwerde wegen greifbarer Gesetzwidrigkeit sei ausgeschlossen (dazu *Lipp* NJW 2002, 1700; *Schwarze* ZZP 2002, 25). Anwendungsfälle waren uU willkürl. Verweisung (§ 281), Ablehnung einer Terminierung überhaupt (OLG Karlsruhe NJW 1984, 985), abwegige Auslegung von § 127 III (BGH NJW 1993, 135); wenn die Prozesskosten (im Fall: 170 000 DM) dem PrBev auferlegt werden, weil die Prozessfähigkeit seiner Partei nicht feststehe (BGH NJW 1993, 1865). Diese BGH – Rspr verdient keine Zustimmung. Die Verweisung auf die Gegenvorstellung hilft nicht, weil darüber *derselbe* Richter entscheidet.

9 **b)** Die anzufechtende **Entscheidung** muss **schon erlassen** sein, dh verkündet oder mit Willen des Gerichts aus seiner Verfügungsgewalt entlassen (vgl BGH VersR 1974, 365). Eine **vorsorgliche Beschwerde** ist daher unzul (OLG Koblenz NJW-RR 1986, 935). Die angefochtenen Entscheidungen sind meist Beschlüsse, Verfügungen, selten ZwischenU (zB § 71 II).

10 **c) Beschwerdeberechtigt** sind die Parteien (Kl/Bekl; ASt/-Gegner; Gl/Schuldner), in Sonderfällen: der NI, Zeugen und SV, Rechtsanwälte; aber nicht: der Richter (wenn zB seine Selbstablehnung für unbegr erklärt wird), der GV (gegen AnO des VollstrG, OLG Düsseldorf NJW 1980, 1011).

11 **d) Beschwer** ist notw; wer den Prozess verloren und daher die Kosten zu tragen hat, kann sich nicht wegen zu niedriger StrW-Festsetzung beschweren; der RA dagegen kann aus *eigenem* Recht (§ 33 II, III RVG) nur eine Erhöhung des StrW anstreben; als Vertreter der Partei auch einen niedrigeren.

12 **e) Rechtsschutzbedürfnis:** es fehlt zB bei: **(1) Querulatorischen Eingaben:** hier erfolgt ein Hinweis an den Einreicher, dass er mit schriftl. Verbescheidung weiterer gleich gelagerter Beschwerden nicht rechnen könne, die folgenden Eingaben werden dann nicht beantwortet; Vorsicht ! **(2) Prozessualer Überholung:** die Beschwerde ist unzul, wenn der Prozess in eine Lage kommt, in der die begehrte Entscheidung gegenstandslos oder überholt ist; zB die Frist, deren Abkürzung beantragt wird, ist abgelaufen; der abgelehnte Richter hat instanzbeendigend entschieden (OLG Frankfurt NJW 1986, 1000). Wird sie nicht für erledigt erklärt, ist die Beschwerde unzul geworden. **(3) Wirtschaftlicher Geringfügigkeit** nur in Sonderfällen (zB begehrter Abänderung des Versorgungsausgleichs um 20 Pfennig, OLG München FamRZ 1982, 187; str).

13 **f) Beschwerdesumme:** sie ist nur bei § 567 II erforderl. Versagung des rechtl. Gehörs eröffnet nicht die Beschwerde, wenn sie gem § 567 II ausgeschlossen ist (OLG Köln JurBüro 1986, 1103; str). Die frühere Differenzierung (50 bzw 100 €) je nach Art der Entscheidung seit dem 01.07.2004 entfallen. Der erforderl. Wert beträgt einheitl. mindestens **200,01 €**.

**Beispiele:** KostengrundE nach §§ 91a, 99 II, 269, 516 III; Kf und Kostenansatz nach §§ 104 III, 107 III, 788 I, Absetzen von Kosten im Mahnverfahren. Gegen StrW-Festsetzung nach § 33 RVG muss ebenfalls eine Beschwer von 200,01 € erreicht sein (§ 33 III 1

RVG); ebenso im Falle des § 68 I 1 GKG; ferner bei § 4 III JVEG. **Nicht** unter § 567 II fallen PKH-Entscheidungen (hier gibt es keine Kostengrenze).

Berechnet wird diese Beschwerdesumme nicht nach der StrW-Differenz oder dem Kostengesamtbetrag, sondern nach der Kostendifferenz, um die sich der Beschwerdeführer verbessern will (zB: Kl strebt Herabsetzung des StrW von 800 auf 600 € an; Beschwerdesumme ist nicht 200 €, sondern anhand der Kostentabellen ist die Kostenbelastung des Kl einschl MwSt (hM) aus einem StrW von 800 € und aus 600 € zu berechnen, die Differenz ist für § 567 II maßgebend). Wird teilweise abgeholfen (zB der StrW etwas erhöht), kommt es nur noch auf die nach Abhilfe verbliebene Differenz an (OLG Koblenz Rpfleger 1976, 302; OLG Stuttgart JurBüro 1988, 1504; **aA** KG Rpfleger 1991, 409).

Bei gemischten KostenE (zB §§ 91, 91a) muss der auf § 91a entfallende angegriffene Betrag 200 € übersteigen (vgl dazu OLG Zweibrücken NJW 1968, 1635).

**g) Form der Beschwerde, § 569.** 14

**h) Frist:** drei Fallgruppen: **(1)** Regelfall: innerhalb von zwei Wochen ab Zustellung, § 569. **(2)** Bei PKH – Entscheidungen längere Fristen, nämlich ein Monat: § 127 III. **(3)** In bestimmten Familiensachen ebenfalls ein Monat, § 621 e III 2 mit § 517. – Bei den befristeten Beschwerden wird eine **Verwirkung** allenfalls in Sonderfällen möglich sein (vgl LG Aachen JurBüro 1984, 458). Proz Überholung ist aber möglich; Rz 12. **Zusätzliche Fristen** sind zu wahren, zB: § 127 II 4 (PKH), § 269 V 2 (Beschwerde gegen Kostenbeschluss nach Klagerücknahme), § 68 I 3 GKG (StrW-Beschwerde). 15

**i) Ausschluss der Beschwerde.** Die Beschwerde ist ausgeschlossen: **aa)** Gegen OLG-Entscheidungen (dagegen nur § 574); **bb)** Gesetzl. zB in § 127 II (PKH), § 128a III (Bildübertragung), § 355 II (Beweisaufnahme), § 238 III (WE). Manchmal ist die Regelung, eine Entscheidung sei unanfechtbar, missverständl.: zB in § 691 III 2; denn die Entscheidung des Rechtspflegers ist in diesen Fällen nach § 11 II RPflG mit sof Erinnerung anfechtbar; erst der darauf ergehende Beschluss des Richters desselben Gerichts ist unanfechtbar. **cc)** Die Beschwerde ist ferner ausgeschlossen, wenn schon darüber entschieden wurde: wurde die Beschwerde wegen Nichtbeachtung von Ordnungsvorschriften (zB behebbarer Formmangel) verworfen, kann sie wiederholt werden, falls die Frist noch läuft. Wurde sie aus anderen Gründen verworfen (Unstatthaftigkeit; Beschwerdewert nicht erreicht; Fehlen der Beschwerdeberechtigung), kann sie nicht wiederholt werden (vgl BayObLG Rpfleger 1981, 401), weil „das Rechtsmittel" verbraucht ist (str, vgl OLG Hamm JR 1975, 25). **dd)** Bei Verzicht auf die Beschwerde, § 515 entspr; kann zB in einer Rücknahme liegen. Verzicht auf Begründung der KostenE eines Beschlusses bedeutet nicht zwangsläufig Rm-Verzicht (BGH NJW 2006, 3498). 16

**j) Ausschluss wegen Divergenz der Instanzenzüge.** Wenn das AG entschieden hat und die Hauptsache wegen des geringen StrW (zB 300 €) nicht mit Ber an das LG gelangen könnte (§ 511 II), dann kann die **PKH-Entscheidung** uU unanfechtbar sei (Einzelheiten § 127 II 2); in solchen Fällen ferner keine Beschwerde gegen **Kostenbeschluss nach § 91a** auch wenn die Kostensumme über der Grenze des § 567 II liegt (§ 91a I 2). Ebenso nicht gegen den **Kostenbeschluss nach Klagerücknahme (§ 269 III 2, V 1)**, gegen einen **Kostenbeschluss nach § 99 I, II 2 (Anerkenntnis)**. Einen allg Grundsatz, wonach die 17

Rechtsmittelzüge Hauptsache/Beschwerde nicht divergieren dürfen, gibt es aber nicht. Vgl *Jost* NJW 1990, 241 zur alten ZPO.

### 3. Beschwerdegericht

18 Bei sof Beschwerde gegen den AG-Beschluss (des Richters oder Rechtspflegers) entscheidet das LG (ER, § 568; ZivK nur nach § 568 I 2), § 72 GVG; ganz selten die KfH beim LG (§§ 72, 94, 104 GVG; zu Handelssachen vgl ferner § 30 1 2 FGG). Falls entspr Landesgesetze erlassen werden (bisher fehlen sie), entscheidet in einigen Bundesländern anstelle des LG das OLG (§ 119 III GVG). In bestimmten Auslandssachen entscheidet immer das OLG (§ 119 I Nr. 1 b,c GVG). Gegen die AG-FamG-Sache entscheidet immer das OLG (§ 119 I Nr. 1a GVG).

Auf sof Beschwerde gegen die erstinstanzl. LG-Entscheidung entscheidet das OLG (§ 119 1 Nr. 2 GVG; Senat bzw ER, § 568). Hat das AG entschieden, dann die Sache an das LG verwiesen und geht nach der Verweisung eine Beschwerde gegen den AG-Beschluss ein, ist das OLG zust (OLG Nürnberg OLGZ 1969, 56). Wenn eine Beschwerde ges überhaupt nicht gegeben ist, muss sie nicht an das BeschwerdeG weitergegeben werden (BGH LM § 567 Nr. 2).

### 4. Anschlussbeschwerde (Absatz 3)

19 **a) Zweck.** Gewährung der Waffengleichheit und Vermeidung überflüssiger Beschwerden. Häufig will eine Partei die Entscheidung hinnehmen, wenn auch die Gegenpartei dies tut. Der Bekl müsste immer vorsorglich sof Beschwerde einlegen, damit er nicht das Nachsehen hat, wenn Kl listig wenige Minuten vor Fristende mit Fax die sof Beschwerde einlegt. Früher gab es eine selbstständige Anschlussbeschwerde (§ 577a S. 3), welche seit 2002 abgeschafft wurde. Jetzt gibt es nur noch die sog *unselbstständige* Anschlussbeschwerde. Wenn der Gegner innerhalb der Frist ebenfalls Beschwerde einlegt, ist das immer eine selbstständige Hauptbeschwerde. Liegen in einer Sache zwei Beschwerden vor (der jeweiligen Gegner), handelt es sich entweder um zwei Hauptbeschwerden (wenn beide innerhalb der Frist eingingen); oder die eine ist eine Hauptbeschwerde, die andere ist eine Anschlussbeschwerde (falls sie nach Fristablauf einging).

20 **b) Voraussetzungen der Anschlussbeschwerde (Absatz 3 Satz 1):**

- bestimmte Zulässigkeitsvoraussetzungen einer sof Beschwerde (Rz 10, 12, 16, 17);
- Hauptbeschwerde muss noch anhängig sein;
- gegen dieselbe Entscheidung wie die Hauptbeschwerde muss sich die Anschlussbeschwerde richten; eine Anschließung an eine Anschließung gibt es nicht (BGH NJW 1986, 1494; str);
- unschädl. ist Ablauf der Frist (§ 569 I 2) oder eigener Verzicht auf Beschwerde;
- nicht: Vorliegen einer Beschwer; nicht: Erreichen der Beschwerdesumme (vgl KG NJW-RR 1987, 134; im Kf-Verfahren muss für die **Anschlussbeschwerde** der Wert gem § 567 II nicht erreicht sein, OLG Koblenz JurBüro 1980, 1091), Einhalten einer Frist ist nicht erforderlich, weil „selbst wenn ..." im Gesetz steht.

21 **c) Wirkungsverlust, Satz 2:** wenn die Beschwerde zurückgenommen wird, wird die Anschlussbeschwerde gegenstandslos, es wird nicht mehr darüber entschieden, sie wird

auch nicht durch Beschluss als unzul zurückgewiesen. S. 2 entspricht § 524 I; vgl dortige Kommentierung. **d)** Zum **Anschluss an die Rechtsbeschwerde** vgl § 574 IV.

**5. Ähnliche Rechtsbehelfe**

**a) Erinnerung;** speziell geregelt in § 573; § 11 RPflG; 22

**b) Vollstreckungserinnerung**, § 766.

**c) Gegenvorstellung** (vgl *Bauer* NJW 1991, 1711): sie ist gesetzl. nicht geregelt, wird aber von der Rspr (BGH NJW 2002, 1577; vgl zur früheren Rechtslage BVerfG NJW 1987, 1320; 1983, 1900) als "*befristete* Gegenvorstellung" (Zweiwochenfrist, OLG Dresden NJW 2006, 851) zugelassen. Durch Gegenvorstellungen will eine Partei das Gericht, welches entschieden hat, selbst (und nicht die höhere Instanz) veranlassen, seine Entscheidung abzuändern. Einzelheiten sind str. Unstatthaft ist sie, wenn §§ 319, 321, 321a anwendbar sind; wenn Beschwerde oder Wiederholung der Beschwerde gegen die Entscheidung zul ist; gegen Urteil (BVerwG NJW 1995, 2053). Wenn das **rechtliche Gehör verletzt** ist, hilft uU § 321a. Die **Darlegung**, die Entscheidung sei aus rechtl. oder tatsächl. Gründen falsch, genügt aber nicht (OLG Düsseldorf NJW-RR 1987, 1200), um sie nochmals zu überprüfen. Vielmehr ist erforderl., dass schwere Verfahrensverstöße, Tatsachenirrtümer oder neue Tatsachen vorgetragen werden. Deshalb kann zB die Verwerfung einer Beschwerde als verspätet auf die Gegenvorstellung korrigiert werden, wenn ein Datumsirrtum oder dergleichen vorliegt (OLG Hamm ZIP 1996, 718; str). **Verfahren:** bei mögl. Erfolg ist rechtl. Gehör zu gewähren. Entschieden wird durch Beschluss, der (bei Erfolg) den alten Beschluss ändert (Kosten §§ 91, 97), sonst feststellt, da es beim alten Beschluss sein Bewenden hat (ohne KostenE). Dieser Beschluss ist seinerseits nicht mehr anfechtbar.

**d) Dienstaufsichtsbeschwerde** strebt Überprüfung des dienstl. Verhaltens durch den Vorgesetzten des Richters bzw Beamten an; bei Richtern beachte § 26 DRiG.

**6. Rücknahme der Beschwerde.** Sie ist möglich. Eine Zustimmung des Gegners ist nicht erforderl. Ob sich dadurch die Gerichtskosten mindern ist unterschiedlich geregelt (Rz 24). Auf die Beschwerde kann verzichtet werden vgl §515. Einzelheiten §569 Rz 8. Ein **Rechtsmittelverzicht** ergibt sich nicht allein daraus, dass bei Abschluss eines Vergleichs auf eine Begr der dem Gericht überlassenen KostenE verzichtet wird (BGH NJW 2006, 3498). 23

**7. Kosten. Gericht:** die Regelungen sind im GKG verstreut: **(1)** „Verfahren" über Beschwerden nach §§ 91a II, 99 II, 269 V, 71 II: GKG KV 1810 mit Ermäßigung bei Rücknahme etc nach KV 1811. **(2)** GKG KV Vorb 1.2.2. **(3)** GKG KV 1242/1243. **(4)** Vorb 1.3.2. KV 1417/1418 (Beschwerde gegen Zurückweisung von Antrag auf eV, Arrest). **(5)** GKG KV 1425 (zB § 620c S.1). **(6) Sonstige Beschwerden** KV 1812. Beispiele: (erfolglose) Beschwerde gegen die Ablehnung der PKH (§ 127), Beschwerde gegen KfB (§ 104 III), Beschwerde gegen die Ablehnung eines Beschlusses über die AnO selbständiger Beweiserhebung (§§ 485, 567 I Nr. 2), (unzul) Beschwerde gegen Beweisbeschlüsse (§ 360); Beschwerde gegen den Beschluss über die AnO der Klageerhebung nach § 926. Die Geb 1812 ist eine Festgebühr (50 €), also unabhängig vom Wert des Beschwerdegegenstandes; es erübrigt sich eine StrW-Festsetzung für die GerichtsGeb. Sie deckt vom Eingang bis zur Entscheidung alles (ausgenommen Auslagen; KV 9000 ff.) ab. KV 1812 fällt nicht schon mit dem Eingang der Beschwerde an, sondern erst, wenn darü- 24 ber entschieden wird; auch hier nur, wenn die Beschwerde zurückgewiesen oder verworfen wird. KV 1812 fällt ferner nicht an, wenn die **Beschwerde zurückgenommen** wird (denn dann fehlt eine Verwerfung oder Zurückweisung). Kostenschuldner: §§ 22, 29 GKG. **RA:** RVG VV 3500 (0,5), evtl 3513/3514. In Betracht kommen VV 1000, 1008, 2100. Vgl *Abramenko* AnwBl 2006, 270.

25 **Praxishinweise:**

1. Nach Auffassung des BGH (Rz 1 f.) ist die Ausnahmebeschwerde wegen greifbarer Gesetzwidrigkeit durch Einführung der RB (§ 574) abgeschafft worden. Er hat dabei übersehen oder bewusst ignoriert, dass der Gesetzgeber vom Gegenteil ausgegangen ist (BT-Drucks. 14/722, S. 69). Mit dieser Auffassung wird er auf Dauer nicht durchdringen, wie die nachstehenden Belege für das Fortgelten der Ausnahmebeschwerde zeigen:

BFH NJW 2004, 2854; OLG Hamm OLG-Report 2004, 262; VGH München NVwZ-RR 2004, 698; LG Paderborn Rpfleger 2005, 208. *Zöller/Vollkommer* § 321a Rz 4, dd; *Vollkommer*, Festschrift für Schlosser, 2005, 1016 u. NJW-Sonderheft „Abschied vom Ende eines Gerichts", 2005, S. 70; *Sangmeister*, Festschrift für Korn, 2005, 695; *Thomas/Putzo/Reichold* § 567 Rz 9; *Germelmann/Matthes/Müller-Glöge/Prütting*, ArbGG, § 78 Rz 8; *Rößler* BB 2003, 1711; *Rogullis* KTS 2004, 25; *Bloching/Kettinger* NJW 2005, 863.

Der RA sollte deshalb in einschlägigen Fällen unter Hinweis auf diese Belege die Ausnahmebeschwerde wagen. Nur so erhalten die InstanzG Gelegenheit, sich mit dieser Kontroverse auseinanderzusetzen. Immerhin hatten frühere Entscheidungen des BGH (BGHZ 119, 372; 121, 397) die Ausnahmebeschwerde sogar in Kostensachen bejaht.

2. Nach BGHZ 150, 133 soll es wegen Abschaffung der Ausnahmebeschwerde analog § 321a (aF) nunmehr eine zur Selbstabhilfe berechtigende Gegenvorstellung gegen Beschlüsse geben, die ein Verfahrensgrundrecht verletzen. Diese Erfindung ist mit Recht unbeachtet geblieben und jedenfalls durch die Neufassung des § 321a überholt.

3. Geblieben ist es dabei, dass aus verfassungsrechtl. Gründen eine Untätigkeitsbeschwerde zul ist (Thomas/Putzo § 567 Rn 10; OLG Frankfurt NJW 2007, 852).

4. Mit der Dienstaufsichtsbeschwerde (richtig: Dienstaufsichtsrüge) kann nicht die Änderung eines fehlerhaften Beschlusses erreicht werden, sondern nur die Einl eines dienstrechtl. Verfahrens. Grundlage ist immer noch die VO zur einheitl. Regelung der Gerichtsverfassung v. 20.03.1935 (abgedruckt bei *Kissel/Mayer*, GVG, S. 1450). Der Verfahrensgang ist dreistufig: Rüge beim LG-Präsidenten, Beschwerde beim OLG-Präsidenten, weitere Beschwerde an den Justizminister. Wer sich dazu entschließt, sollte dann auch alle drei Instanzen ausschöpfen (Musterfall ZAP-Kolumne Heft 2/2005).

5. Zum Risiko eines Verzichts auf die Begründung eines Beschlusses, die als Verzicht auf die Beschwerde gedeutet werden kann, s. § 91a Rz 30, 5.

## § 568 ZPO Originärer Einzelrichter

**[1]Das Beschwerdegericht entscheidet durch eines seiner Mitglieder als Einzelrichter, wenn die angefochtene Entscheidung von einem Einzelrichter oder einem Rechtspfleger erlassen wurde. [2]Der Einzelrichter überträgt das Verfahren dem Beschwerdegericht zur Entscheidung in der im Gerichtsverfassungsgesetz vorgeschriebenen Besetzung, wenn**

**1. die Sache besondere Schwierigkeiten tatsächlicher oder rechtlicher Art aufweist oder**

**2. die Rechtssache grundsätzliche Bedeutung hat.**

**[3]Auf eine erfolgte oder unterlassene Übertragung kann ein Rechtsmittel nicht gestützt werden.**

§ 568 neu ab 01.01.2002 durch G v. 27.07.2001 (BGBl 2001, 1887).

**Lit:** ***Feskorn*** NJW 2003, 856; ***Fölsch*** MDR 2003, 308.

**Satz 1. Einzelrichter. a)** Hat der **Amtsrichter oder der Rechtspfleger** des AG durch Beschluss entschieden, ist zur Entscheidung über die Beschwerde gegen diesen Beschluss zust: 1

- ein ER der ZivK des übergeordneten LG (§§ 72, 119 GVG), in den Fällen des § 72 GVG die KfH. In einigen Bundesländern ist aber uU nicht das LG zust, sondern das OLG, ganz oder teilw (vgl das Landesrecht, das aber bisher nicht erlassen wurde; § 119 III GVG); eine solche OLG-Zust muss in einer Rm-Belehrung angegeben werden (§ 119 IV GVG).
- ein ER des Senats des OLG, wenn das FamilienG beim AG entschieden hat oder wenn der Fall eine gewisse Auslandsberührung hat (§ 119 I Nr. 1a, b, c GVG); dies gilt in allen Bundesländern (Rm-Belehrung insoweit nicht erforderl.).

**b)** Hat ein **RiLG (VRiLG) als ER oder der Rpfleger des LG** in den Fällen des § 567 durch Beschluss entschieden, ist zur Entscheidung über die Beschwerde hiergegen ein ER des OLG-Senats zuständig.

**c)** Hat eine **ZivK oder die KfH** (oder der **KfH-Vors** in den Fällen des § 349 II, BGH NJW 2004, 856; **aA** OLG Hamm MDR 2004, 109), *erstinstanzlich* (§ 567) durch Beschluss entschieden, erfolgt die Beschwerdeentscheidung durch einen Senat des OLG (§ 119 I Nr. 2 GVG). Eine Kollegial-Entscheidung des LG kann also nicht von einem einzelnen OLG-Richter überprüft werden, sondern nur vom Kollegium des OLG, weil etwas anders nicht akzeptabel wäre. Der OLG-Senat kann eine solche Sache nicht durch Beschluss dem ER des Senats übertragen. Keine ER-Zust am OLG bei Klauselablehnung nach AVAG durch den Vors der ZivK, weil eine ges Kompetenzzuweisung an den Vors vorliegt (OLG Köln IPRax 2003, 354; OLG-Report 2006, 208), bei § 36 (OLG Rostock FamRZ 2004, 650). Bei Kompetenzkonflikt OLG-ER/OLG-Senat entscheidet der OLG-Senat unanfechtbar (BGH NJW 2003, 3636). Über ein Ablehnungsgesuch gegen den nach § 348 oder § 348 a zust ER hat die ZivK (§ 45 I) zu entscheiden und nicht ein anderer ER (BGH NJW 2006, 2492).

**d)** In **FGG-Sachen** ist zur Entscheidung über Beschwerden gegen AG-Entscheidungen (Richter; Rechtspfleger), zB die Zurückweisung eines Erbscheinsantrags, idR die ZivK des LG zust (§§ 19, 30 FGG), nicht der ER (OLG Bamberg FamRZ 2003, 1199). Die Kammer kann die Sache aber an den ER übertragen (§ 30 I 3 FGG, der auf § 526 ZPO verweist). Wenn aber eine unmittelbare Verweisung auf die ZPO erfolgt, etwa bei KostenE (§ 13a FGG verweist auf §§ 103 bis 107 ZPO;. § 104 III 1 ZPO nennt die sof Beschwerde) dann ist zur Entscheidung über Beschwerden gegen die Kf nach § 568 S. 1 der ER des LG zust, wenn er nicht das Verfahren nach § 568 S. 2 auf die Kammer überträgt (OLG München OLG-Report 2007, 190).

2 **Satz 2. Rückübertragung.** Der ER des LG bzw des OLG *muss* (BGH NJW 2004, 448: kein Übertragungsermessen) das Verfahren der Kammer bzw dem Senat übertragen (durch Beschluss, ohne Kostenentscheidung, ohne Zustellung), wenn er

**a) Nr. 1**: die **Sache für schwierig** hält; bei Beschwerden gegen PKH-Ablehnung liegt bes Schwierigkeit vor (OLG Köln NJW 2002, 1436). oder

**b) Nr. 2**: wenn der ER meint, die **Sache habe grds Bedeutung**. Entscheidet der ER gleichwohl *selbst* und lässt wegen der von ihm vermuteten Grundsätzlichkeit die **Rechtsbeschwerde** zum BGH zu, ist die Entscheidung vom BGH wegen Verstoß gegen den gesetzl. Richter aufzuheben (BGH NJW-RR 2004, 1717), auch wenn der ER der SenatsRspr folgt (BGH NJW 2004, 223). Auch die Zulassung der (Rechts-) Beschwerde nach § 17a IV 4 und 5 GVG an den BGH wegen grds Bedeutung der Rechtsfrage ist dem Spruchkörper in der im GVG vorgeschriebenen Besetzung vorbehalten; eine Zulassung durch den ER unterliegt wegen fehlerhafter Besetzung der Aufhebung von Amts wegen (BGH NJW-RR 2006, 286; NJW 2003, 1254).

Liegen die Voraussetzungen des S. 2 objektiv nicht vor, ist der Spruchkörper gleichwohl an die Zuweisung gebunden und kann sie nicht ablehnen. Die LG-ZivK bzw der OLG-Senat können also nur noch auf dem Umweg über eine Übertragung durch den ER ihres Spruchkörpers zust werden („originärer Einzelrichter"), nicht mehr unmittelbar; die Geschäftsverteilung des Gerichts kann eine andere Regelung nicht treffen (anders als bei § 348). Bis 31.12.2001 war im Beschwerdeverfahren eine Entscheidung durch den ER des Spruchkörpers nicht mögl.; seit 01.01.2002 ist dies völlig umgedreht, eine Spruchkörper-Entscheidung soll die seltene Ausnahme bilden, weil der personelle Aufwand zu groß sei.

3 **Rechtsmittel.** Der Übertragungsbeschluss ist unanfechtbar, ebenso das Unterlassen der Übertragung. Liegen die Voraussetzungen an sich vor, überträgt der ER die Sache aber trotzdem nicht an den Spruchkörper, kann darauf kein Rm gestützt werden (**Satz 3**). Ebenso ist es, wenn belanglose Sache dem Spruchkörper übertragen werden. Ist gegen den OLG-Beschluss die RB gegeben, entscheidet ein Senat des BGH. Der **gesetzliche Richter** (Art 101 I 2 GG) muss aber beachtet werden (BGH NJW 2004, 223).

## § 569 ZPO Frist und Form

**(1) [1]Die sofortige Beschwerde ist, soweit keine andere Frist bestimmt ist, binnen einer Notfrist von zwei Wochen bei dem Gericht, dessen Entscheidung angefochten wird, oder bei dem Beschwerdegericht einzulegen. [2]Die Notfrist beginnt, soweit nichts anderes bestimmt ist, mit der Zustellung der Entscheidung, spätestens mit dem**

**Ablauf von fünf Monaten nach der Verkündung des Beschlusses. [3]Liegen die Erfordernisse der Nichtigkeits- oder der Restitutionsklage vor, so kann die Beschwerde auch nach Ablauf der Notfrist innerhalb der für diese Klagen geltenden Notfristen erhoben werden.**

**(2) [1]Die Beschwerde wird durch Einreichung einer Beschwerdeschrift eingelegt. [2]Die Beschwerdeschrift muss die Bezeichnung der angefochtenen Entscheidung sowie die Erklärung enthalten, dass Beschwerde gegen diese Entscheidung eingelegt werde.**

**(3) Die Beschwerde kann auch durch Erklärung zu Protokoll der Geschäftsstelle eingelegt werden, wenn**

**1. der Rechtsstreit im ersten Rechtszug nicht als Anwaltsprozess zu führen ist oder war,**

**2. die Beschwerde die Prozesskostenhilfe betrifft oder**

**3. sie von einem Zeugen, Sachverständigen oder Dritten im Sinne der §§ 142, 144 erhoben wird.**

§ 569 geändert ab 01.01.2002 durch G v. 27.07.2001 (BGBl 2001, 1887).

**1. Adressat der Beschwerdeschrift (Absatz 1 Satz 1).** Die Beschwerde ist entweder an das Gericht zu richten, dessen Beschluss angegriffen wird (AG, LG), oder an das zur Entscheidung zust BeschwerdeG (LG, OLG; §§ 72, 119 GVG). Wenn (wie idR) eine Rm-Belehrung fehlt, ist es das Risiko des Absenders, das „richtige" BeschwerdeG zu finden, weshalb Einreichung bei ErstG meist zweckmäßiger ist. Die Rechtsbeschwerde dagegen *muss* beim BGH eingereicht werden (§ 575 I). Wird die inhaltsgleiche Beschwerde mehrfach eingelegt (zB bei Zweifeln über den Zugang; oder sowohl beim Unter- wie beim OberG) liegt gleichwohl (auch kostenmäßig) nur *eine* Beschwerde vor. 1

**2. Frist.** Die unbefristete (= einfache) Beschwerde ist im ZPO-Bereich seit 2002 abgeschafft worden; es gibt jetzt nur noch die befristete Beschwerde (sog sof Beschwerde). Die Probleme der Verwirkung oder des Missbrauchs des Beschwerderechts (wenn die unbefristete Beschwerde erst nach Monaten eingelegt wird) bestehen deshalb nur noch, wenn die Zustellung der ErstE unwirksam war, also keine Frist zu laufen begann. Ebenso verhält es sich mit der sog proz Überholung. 2

**Dauer der Frist:** 3

- **zwei Wochen;**
- **ein Monat** („andere Frist") zB bei § 127 II, III (sof Beschwerde in PKH-Sachen);
- **ein Monat**, zB in § 621e III (befristete Beschwerde in Familiensachen).

Es handelt sich um eine **Notfrist** im Sinne von § 224, sodass sie vom Gericht weder verlängert noch verkürzt werden kann. Bei Versäumung WE (§ 233).

**Fristbeginn** grds (für jede Partei getrennt) mit wirksamer Zustellung des vollständigen Beschlusses (auch wenn er, wie zB bei § 91a, vorher verkündet wurde; § 329 III); über Fristbeginn bei falscher Belehrung durch das Gericht vgl BGH NJW-RR 2004, 408.

**Absatz 1 Satz 2.** „Soweit nichts anderes bestimmt": hier ist die sof Beschwerde der Staatskasse gegen eine ratenfreie PKH-Bewilligung gemeint, weil dieser Beschluss dem

Bezirksrevisor nicht von Amts wegen zugestellt wird (§ 127 III 6); die Frist beginnt hier mit Bekanntgabe (§ 127 III 3), dh wohl mit Kenntniserlangung (BT-Drucks.14/4722 S. 112). Bei verkündeten Beschlüssen beginnt die Frist ebenfalls erst mit der nachfolgenden Zustellung (auch in den Fällen §§ 336, 952 IV), bei unwirksamer oder unterbliebener Zustellung 5 Monate nach Verkündung (vgl § 517), Abs. 1 S. 2. Fehlt die Verkündung und wird nicht zugestellt (nur formlos mitgeteilt), ist str, ob § 569 I 2 anzuwenden ist: bejahend OLG Koblenz FamRZ 2004, 208 (Fristbeginn fünf Monate nach Erlass). Die sof Beschwerde kann schon nach Erlass der Entscheidung und vor ihrer Zustellung eingelegt werden.

**Fristende:** nach zwei Wochen, Berechung nach § 222 (zB Zustellung am Mittwoch, letzter Tag ist der übernächste Mittwoch um 24.00 Uhr). Ist die Frist versäumt, kommt WE infrage (§ 233); der Gegner kann noch nach Fristablauf (unselbstständige) Anschlussbeschwerde einlegen (§ 567 III), zB im FGG-Versorgungsausgleichsverfahren, BGH NJW 1983, 176. **Nichtigkeitsbeschwerde (Absatz 1 Satz 3)**: vgl §§ 579 ff.

4 **3. Beschwerdeschrift (Absatz 2).** Eine Schrift ist erforderl. (Abs. 2 S. 1), auch mit Fax, tel Einreichung genügt also nicht. Über Einreichung zu Protokoll vgl Abs. 3. Die Schrift muss unterschrieben sein. **Inhalt (Absatz 2 Satz 2)**: der Beschwerdeführer muss erkennbar sein, die angefochtene Entscheidung muss bezeichnet sein, der Beschwerdewille (gerichtet auf Überprüfung durch die höhere Instanz) muss erkennbar sein (BGH NJW 2004, 1112); entgegen dem Wortlaut ist die Verwendung des Wortes „Beschwerde" nicht erforderl. Ein bestimmter **Antrag** ist nicht erforderl., auch keine Begr (sie wird nur empfohlen, § 571 I). Wird eine Begr angekündigt, muss zwei bis drei Wochen gewartet werden (OLG Braunschweig MDR 1993, 1116; OLG Frankfurt WPM 1993, 178), besser ist Fristsetzung.

5 **4. Anwaltszwang (Absatz 3** mit § 78 1, V) für die Beschwerdeschrift:

**a)** grds muss die bei LG, OLG, BGH eingelegte Beschwerde von einem dort zugel RA unterzeichnet sein, § 78 I; **Absatz 3 Nr. 1.** Vgl BGH NJW 2000, 2219 zur aF.

**b) sof Beschwerde gegen AG-Beschluss**: kein Anwaltszwang (§ 78 I; Absatz 3 Nr. 1).

**c) bei Familiensachen** kommt es darauf an, ob sie beim AG dem Anwaltszwang unterliegen oder nicht (vgl § 78 II); ist dies nicht der Fall (zB bei isoliert eingeklagtem Unterhalt), kann die sof Beschwerde ohne RA eingelegt werden (BGH NJW 1984, 2413; FamRZ 1988, 1159).

**d) sof Beschwerde gegen LG-Beschluss**: bei Einreichung beim LG ist Unterzeichnung durch einen beim LG zugel RA notw; bei Einreichung beim OLG durch einen OLG-RA, *falls* der Rechtsstreit beim LG als Anwaltsprozess zu führen war. Nicht jeder durch Beschluss zurückgewiesene Antrag unterliegt dem Anwaltszwang.

6 **e) Sonderfälle: Beschwerde** in einem Rechtsstreit, der beim AG anhängig gewesen ist und jetzt in zweiter Instanz beim LG schwebt: kein Anwaltszwang (Absatz 3 Nr. 1: „zu führen war"; BGH NJW 1984, 2413); zB sof Beschwerde gegen einen LG-Beschluss, durch den die Anlehnung eines LG-Berufsrichters als unbegründet erklärt wurde (OLG Düsseldorf MDR 1961, 61; str). Abgabe: wird vom AG der Rechtsstreit nach Einspruch gegen den VoB an das LG abgegeben, fällt die Sache nicht unter Abs. 3 Nr. 1, für Beschwerden im weiteren Verfahren besteht Anwaltszwang (BGH NJW 1979, 1658). Beschwerde gegen LG-Beschluss, der den Antrag auf eVfg bzw Arrest zurückweist:

wegen §§ 920 III, 936, 78 III kein Anwaltszwang (OLG Köln NJW-RR 1988, 254; KG NJW-RR 1992, 576; OLG Karlsruhe NJW-RR 1993, 1470; **aA** OLG Hamm MDR 1997, 395; OLG Frankfurt JB 1995, 490; sehr str); Beschwerde gegen *(erstinstanzlichen)* LG-Beschluss, der einen Ablehnungsantrag zurückwies: Anwaltszwang, trotz §§ 44 1, 78 V (OLG Köln MDR 1996, 1182).

**f) in PKH-Sachen** im weitesten Sinn: kein Anwaltszwang (**Absatz 3 Nr. 2**). 7

**g) Beschwerde von Zeugen, Dritten oder SV** (§§ 380, 387, 390, 411; § 4 III JVEG) oder Parteien (§§ 141 III, 273 IV 2): kein Anwaltszwang (**Absatz 3 Nr. 3**).

**h) Beschwerde in Streitwertsachen** (§ 68 GKG; § 33 RVG), Kostensachen (zB §§ 14 IV, 156 IV 1 KostO), Festsetzung nach § 11 RVG: kein Anwaltszwang.

**i) Einlegung der Erinnerung** gegen Beschlüsse des Rechtspflegers unterliegt in keinem Fall dem Anwaltszwang, § 13 RPflG (vgl OLG München JurBüro 1987, 1088; str). Sof Beschwerde gegen KfB des Rechtspflegers des LG: wegen § 13 RPflG kein Anwaltszwang (KG NJW-RR 2000, 213 und **hM**; **aA** OLG OLG Frankfurt Rpfleger 1999, 268).

**j) FGG:** in WEG-Sachen und anderen FGG-Sachen gelten nicht §§ 78, 87 ZPO (BayObLG NJW-RR 1999, 1686), sondern §§ 13, 29 FGG.

**5. Rücknahme der Beschwerde** (gesetzl. nicht geregelt) ist bis zum Erlass der BeschwerdeE zul. Anwaltszwang gilt (§ 78); ist das ges Beschwerdeverfahren vom Anwaltszwang ausgenommen, besteht er für die Rücknahme nicht; ist die Einlegung vom Anwaltszwang ausgenommen, wird man Rücknahme ohne RA aus prozessökonomischen Gründen zul müssen. Eine **Einwilligung des Gegners** ist nicht notw. Über die Kosten wird vom BeschwerdeG analog § 516 III (BGH LM § 515 Nr. 1) durch Beschluss entschieden, bei Rücknahme vor der Vorlage an das BeschwerdeG durch das UnterG (OLG Neustadt NJW 1965, 591); der Kostenantrag kann von dem beim UnterG zugel RA gestellt werden (OLG Celle NdsRpfl 1970, 15). Eine **Wiederholung der Beschwerde** bleibt zul, falls die Frist noch laufen sollte; Verlustigkeitserklärung entspr § 516 III ist unzul. 8

## § 570 ZPO Aufschiebende Wirkung; einstweilige Anordnungen

**(1) Die Beschwerde hat nur dann aufschiebende Wirkung, wenn sie die Festsetzung eines Ordnungs- oder Zwangsmittels zum Gegenstand hat.**

**(2) Das Gericht oder der Vorsitzende, dessen Entscheidung angefochten wird, kann die Vollziehung der Entscheidung aussetzen.**

**(3) Das Beschwerdegericht kann vor der Entscheidung eine einstweilige Anordnung erlassen; es kann insbesondere die Vollziehung der angefochtenen Entscheidung aussetzen.**

§ 570 neu ab 01.01.2002 durch G v. 27.07.2001 (BGBl 2001, 1887).

**Absatz 1.** Grds hat die Beschwerde **keine aufschiebende Wirkung;** bei § 794 1 1 Nr. 2, 3 braucht also nicht erst Rechtskraft abgewartet werden, trotz sof Beschwerde kann weiter vollstr werden. **Ausnahme (Absatz 1):** die aufschiebende Wirkung tritt bei Ordnungs- und Zwangsmitteln (Bsp: §§ 141 III 1, 380, 390, 409, 411 II, 613, **nicht** bei Beschlüssen nach 1

§§ 888, 890; OLG Köln NJW-RR 2004, 716) mit Einlegung der Beschwerde ein; sie erstreckt sich auch auf die gleichzeitig ergangenen Kostenbeschlüsse; ist die Vollstr dann schon in Gang, muss eine eAnO nach §§ 732 II, 775 Nr. 2 erwirkt werden. Abweichende Sonderregelungen zB in **§§ 178, 181 II GVG. FGG:** § 24 III.

2 **Absatz 2.** Das „Gericht" ist sowohl das Unter- wie das BeschwerdeG, Die AnO erfolgt (wenn sie angebracht ist) von Amts wegen durch Beschluss, ohne KostenE, ist unanfechtbar und tritt mit der BeschwerdeE von selbst außer Kraft.

3 **Absatz 3.** Zusätzl. kann das BeschwerdeG (LG, OLG) zB die Vollstr gegen Sicherheitsleistung einstellen. Der Beschluss ist nicht anfechtbar. Der BGH kann bei Rechtsbeschwerde die Vollziehung eines RäumungsU des AG aussetzen (BGH WuM 2003, 509); desgl die Eröffnung des InsolvenzVerf (BGH NJW 2002, 1658) oder sonstiger erstinstanzl. Entscheidungen (BGH NJW 2006, 3553). Der BGH ist aber nicht befugt, erstmalige Sicherungsmaßnahmen nach § 21 II InsO anzuordnen (BGH NJW-RR 2006, 333).

**Praxishinweise:**

Im Beschwerdeschriftsatz ist klarzustellen, für wen die Beschwerde oder die Erinnerung (§ 573) eingelegt wird. Die immer wieder anzutreffende Formulierung eines Prozessbevollmächtigten „Ich lege ... ein" hat schon wiederholt zur Verwerfung geführt mit der Begr des Gerichts, der Prozess- oder Verfahrensbevollmächtigte selbst sei mangels Parteistellung nicht zur Einlegung legitimiert. Insbesondere bei der StW-Beschwerde kommt das vor. Der Mandant wird durch einen zu hohen StrW, der RA durch einen zu niedrigen StrW beschwert. Eine Beschwerdebefugnis besteht daher für den Mandanten nur auf Herabsetzung, für den RA auf Erhöhung des Wertes (§§ 68 GKG, 32 II, 33 RVG). Zwar ist grds davon auszugehen, dass eine Erhöhungsbeschwerde des RA für seinen beschwerten Mandanten eingelegt wird, eine Herabsetzungsbeschwerde für ihn selbst (hM, zB OLG Köln MDR 1966, 260; *Meyer* GKG, § 68 Rz 5). Das Gericht muss nach § 139 Zweifel durch Hinweise zu klären versuchen. Darauf kann sich der RA aber nicht verlassen.

## § 571 ZPO Begründung, Präklusion, Ausnahmen vom Anwaltszwang

**(1) Die Beschwerde soll begründet werden.**

**(2) [1]Die Beschwerde kann auf neue Angriffs- und Verteidigungsmittel gestützt werden. [2]Sie kann nicht darauf gestützt werden, dass das Gericht des ersten Rechtszuges seine Zuständigkeit zu Unrecht angenommen hat.**

**(3) [1]Der Vorsitzende oder das Beschwerdegericht kann für das Vorbringen von Angriffs- und Verteidigungsmitteln eine Frist setzen. [2]Werden Angriffs- und Verteidigungsmittel nicht innerhalb der Frist vorgebracht, so sind sie nur zuzulassen, wenn nach der freien Überzeugung des Gerichts ihre Zulassung die Erledigung des Verfahrens nicht verzögern würde oder wenn die Partei die Verspätung genügend entschuldigt. [3]Der Entschuldigungsgrund ist auf Verlangen des Gerichts glaubhaft zu machen.**

**(4) Ordnet das Gericht eine schriftliche Erklärung an, so kann diese zu Protokoll der Geschäftsstelle abgegeben werden, wenn die Beschwerde zu Protokoll der Geschäftsstelle eingelegt werden darf (§ 569 Abs. 3).**

§ 571 zuletzt geändert durch G v. 26.03.2007 (BGBl 2007, 358).

**Absatz 1.** Eine Begr ist nicht erforderl., sie wird nur empfohlen; sie kann nachgereicht werden bis zur Entscheidung. Das Gericht kann zur Begr auffordern (Abs. 3 S. 1). Ein Antrag ist nicht erforderl. Begr-Zwang besteht dagegen zB nach § 620d S. 1; § 100 ZVG. 1

**Absatz 2.** Die Beschwerdeinstanz ist eine vollwertige zweite Tatsacheninstanz (anders als die Ber). Neue Angriffs- und Verteidigungsmittel (zB neue Tatsachen, neue Beweisangebote, neues Bestreiten, Einwendungen, Einreden) können mit der sof Beschwerde vorgebracht werden (**Absatz 2 Satz 1**), so etwa bei SV-Ablehnung (OLG Saarbrücken MDR 2005, 233), bei Aufhebung der PKH wegen Nichtabgabe der Erklärung nach § 120 IV 2 kann die Erklärung nachgereicht werden; neue rechtl. Gesichtspunkte sowieso. **Grenzen „neuen" Tatsachenvortrags**: bei § 91a, weil es auf den „bisherigen" Stand ankommt (OLG Frankfurt JB 1991, 1392; OLG Düsseldorf JB 1995, 205); bei Beschwerde gegen Versagung der WE wegen § 234 (BGH NJW 1992, 697); aber: Unterlässt es das Gericht entgegen § 139 II 1, den WE-ASt auf den für seine Entscheidung ausschließl. maßgebenden, von den Parteien ersichtl. für unerhebl. erachteten Gesichtspunkt hinzuweisen, ist der in der Beschwerde nachgeholte Vortrag zu berücksichtigen (BGH NJW-RR 2006, 1501). Der Beschwerdeantrag kann entspr §§ 263, 264 geändert werden. §§ 530, 531 (§ 528 aF) sind nicht analog anwendbar, ebenso nicht § 296 (BVerfG NJW 1982, 1635); vgl aber § 571 III. Eine Beschwerde kann nicht *allein* darauf gestützt werden, dass die erste Instanz unzust gewesen sei (**Absatz 2 Satz 2**); vgl § 513 II. 2

**Absatz 3.** Der Vors der Kammer bzw des Senats (nicht aber der Berichterstatter) oder der Spruchkörper selbst können eine Frist zur Äußerung bzw Begr der Beschwerde bzw zur Replik hierauf setzen; Zustellung der Verfügung bzw des Beschlusses ist erforderl. Die Frist muss dem Einzelfall entspr angemessen lang sein und kann verlängert werden. Wird Vorbringen erst nach Ablauf der Frist gebracht, kann es unter denselben Voraussetzungen wie bei § 296 I unberücksichtigt bleiben (**Absatz 3 Satz 2**). Glaubhaftmachung des Entschuldigungsgrundes: vgl § 296 IV und § 294. 3

**Absatz 4.** Im Beschwerdeverfahren vor einem OLG können sich die Beteiligten durch einen bei einem OLG (seit 01.08.2000) oder einen bei einem AG oder LG zugel RA vertreten lassen; auch dann, wenn das OLG mdl Verh anordnet. Wenn die Beschwerde selbst ohne Anwalt eingelegt werden konnte (vgl § 569 III), können Stellungnahmen, die das BeschwerdeG anfordert, ebenfalls ohne Anwaltszwang abgegeben werden (§ 78 V). 4

## § 572 ZPO Gang des Beschwerdeverfahrens

**(1) [1]Erachtet das Gericht oder der Vorsitzende, dessen Entscheidung angefochten wird, die Beschwerde für begründet, so haben sie ihr abzuhelfen; andernfalls ist die Beschwerde unverzüglich dem Beschwerdegericht vorzulegen. [2]§ 318 bleibt unberührt.**

**(2) [1]Das Beschwerdegericht hat von Amts wegen zu prüfen, ob die Beschwerde an sich statthaft und ob sie in der gesetzlichen Form und Frist eingelegt ist. [2]Mangelt es an einem dieser Erfordernisse, so ist die Beschwerde als unzulässig zu verwerfen.**

**(3) Erachtet das Beschwerdegericht die Beschwerde für begründet, so kann es dem Gericht oder Vorsitzenden, von dem die beschwerende Entscheidung erlassen war, die erforderliche Anordnung übertragen.**

**(4) Die Entscheidung über die Beschwerde ergeht durch Beschluss.**

§ 572 geändert ab 01.01.2002 durch G v. 27.07.2001 (BGBl 2001, 1887).

1 **1. Absatz 1. Abhilfeprüfung.** Früher konnte nur der einfachen Beschwerde abgeholfen werden, nicht der sofortigen (§ 577 III aF); das ist seit 2002 geändert. Die Kammer kann abhelfen, der Vors allein nur, wenn die Entscheidung des Vors angegriffen wird. Auch der Rechtspfleger kann einer sof Beschwerde, zB gegen einen KfB, immer abhelfen, § 11 I RPflG (BT-Drucks.14/4722 S. 114). Vor Abhilfe ist dem Gegner rechtl. Gehör zu gewähren. Unverzügl. Vorlage: vgl § 121 I BGB; eine bestimmte Frist ist nicht vorgegeben, ein Verstoß ohne Folgen. Durch das Erfordernis der Abhilfeprüfung (Zuleitung der Beschwerde an den Gegner zur Stellungnahme, ggf weitere Aufklärung bei neuen Tatsachen und Beweismitteln, sogar mit Beweisaufnahme) kann geraume Zeit vergehen. – **Keine Abhilfe** ist mögl. bei einer sof Beschwerde gegen ein ZwischenU (§ 387 III), oder gegen NebenE von EndU (§ 99 II), weil § 318 dem entgegensteht (Absatz 1 S. 2). Keine Abhilfe ferner bei sof Beschwerde im FGG-Verf, § 18 II FGG (BayObLG FGPrax 2005, 10).

2 **2. Praktische Auswirkungen. a) Nichtabhilfe.** Es genügt ein Beschluss der Kammer (bzw des Amtsrichters, ER), dass nicht abgeholfen wird, sondern dem BeschwerdeG vorgelegt wird; ohne KostenE. Bei neuem Vortrag in der Beschwerde oder wenn der angefochtene Beschluss keine oder keine ausreichende Begr enthielt, ist die Nichtabhilfe **zu begründen** (OLG München MDR 2004, 291; andernfalls Rückleitung der Akten zur Nachholung); diese Begr ist den Parteien mitzuteilen. Hält das Gericht seinen Beschluss nun *aus anderen Gründen* für zutreffend, genügt es, die neuen Gründe in der Nichtabhilfe darzulegen; es ist nicht etwa förmlich abzuhelfen und neu zu entscheiden (str). Ob auch ein Beschluss den Parteien mitzuteilen ist, der ohne Begr nur Nichtabhilfe und Vorlage ausspricht, ist str; zweckmäßig ist es. Der Nichtabhilfebeschluss ist unanfechtbar (LG Berlin JurBüro 1983, 1890). Legt das UnterG die Beschwerde ohne ausreichende Abhilfeprüfung vor, kann die Vorlageverfügung vom BeschwerdeG aufgehoben und die Sache zurückgegeben werden.

3 **b) Teilabhilfe.** Erforderl. ist ein Beschluss, mit Begr, ohne KostenE. Der Beschluss ist den Parteien mitzuteilen. Die Teilabhilfe kann uU die **verbleibende Beschwer unter** den

Wert gem § 567 II drücken; dann ist die Beschwerde unzul geworden (OLG Hamm JurBüro 1982, 582; **aA** KG NJW 1958, 2023). Es kann zweckmäßig sein, anzufragen, ob die Beschwerde iÜ zurückgenommen wird; geschieht dies noch vor Aktenweiterleitung, hat das UnterG über die Kosten des Beschwerdeverfahrens zu entscheiden (dazu *Gubelt* MDR 1970, 896). Sonst erfolgt wegen der iÜ unerledigten Beschwerde Vorlage an das BeschwerdeG. Die andere Partei kann **gegen den Abhilfebeschluss sof Beschwerde** einlegen; diese Beschwerde macht dann ein neues Abhilfeverfahren erforderl. Beim BeschwerdeG liegen dann zwei Beschwerden vor (uU für die KostenE zu beachten), über die idR nach § 147 in *einem* Beschluss entschieden wird.

**c) Volle Abhilfe.** Erfolgt durch Beschluss, uU mit KostenE, mitzuteilen an die Parteien. 4
Der Gegner kann dagegen sof Beschwerde einlegen. Folge ist wieder Abhilfeprüfung nach § 572. Abgeholfen werden kann auch der (zB wegen Formmangel, fehlenden Beschwer) unzul Beschwerde, falls sie statthaft ist.

**d) Eine ges überhaupt nicht vorgesehene Beschwerde** kann das UnterG selbst verwerfen, Vorlage ans BeschwerdeG ist nicht erforderl. (BGH LM § 567 Nr. 2). 5

**3. Absatz 2. Unzulässige Beschwerden.** Verwerfung als unzul hat (entgegen dem Wort- 6
laut) auch zu erfolgen, wenn andere Zulässigkeitsvoraussetzungen als die hier genannten (vgl § 567 Rz 1 ff.) fehlen, zB ein Rm-Verzicht. Nach **hM** darf auf die Frage der Begründetheit erst eingegangen werden, wenn die Zulässigkeit bejaht ist. Verzicht auf Begr einer § 91a-KostenE ist nicht als Rm-Verzicht auszulegen (BGH NJW 2006, 3498; aA OLG Hamm NJW-RR 1993, 827). War die sof Beschwerde unzul, hat das BeschwerdeG sie jedoch sachl. verbeschieden, ist diese Entscheidung auf eine zul RB hin aufzuheben und die sofortige Beschwerde als unzul zu verwerfen; ist allerdings auch die RB unzul, muss sie ohne Rücksicht auf die Zulässigkeit der vorausgegangenen sof Beschwerde verworfen werden (BGH ZIP 2007, 188). Wird die Erstbeschwerde als unzul verworfen, ist dagegen nicht schon von Gesetzes wegen die RB zul (anders bei der Berufung, § 522 I 4 ZPO; anders bei der befristeten Beschwerde gegen Endentscheidungen in FGG – FamS nach § 621 e III 2).

**4. Absatz 3. Zulässige und begründete Beschwerden**. Die unzul Beschwerde wird durch 7
Beschluss verworfen, die unbegründete zurückgewiesen. Auf zul und begr Beschwerde wird der angefochtene Beschluss aufgehoben und

- vom BeschwerdeG bei Entscheidungsreife anderweitig neu entschieden (Rz 11) oder
- in Sonderfällen zurückverwiesen (Rz 8) oder in seltenen Fällen
- dem Untergericht eine Anordnung übertragen (Rz 9).

**Zurückverweisung** kommt bei wesentl. Verfahrensfehlern des UnterG in Betracht (vgl 8
KG NJW-RR 1986, 305) oder wenn dieses einen Antrag als unzul zurückwies; sie unterliegt ggf der RB durch den Beschwerdegegner. Nach Zurückverweisung ist das Untergericht an die Rechtsauffassung des BeschwerdeG gebunden (BGH 51, 135; OLG Hamm NJW-RR 1987, 187); wird der neue Beschluss des UnterG (das verschlechtern darf) wieder angefochten, ist das BeschwerdeG an seine frühere Rechtsauffassung gebunden (BGH 51, 135). Hat das LG an das AG zurückverwiesen, ist auch das OLG später an die Rechtsauffassung des LG gebunden (OLG Stuttgart JurBüro 1987, 296). Der BGH kann an das AG zurückverweisen (BGH NJW 2004, 2976).

9 **AnO übertragen:** dh das UnterG kann angewiesen werden, eine bestimmte Maßnahme auszuführen, etwa einen Pfändungsbeschluss zu erlassen, bei PKH-Bewilligung den RA auszuwählen.

10 **5. Absatz 4.** Die **Beschwerdeentscheidung** ergeht durch Beschluss (nicht durch Urteil); sie muss eine Sachverhaltsdarstellung und eine Begr enthalten (üblicherweise beides unter der Überschrift „Gründe"); wenn hiergegen eine RB statthaft ist, müssen die Gründe den „maßgeblichen" Sachverhalt wiedergeben (BGH NJW 2002, 2648; FamRZ 2006, 1030).

Sie erfolgt durch Beschluss (auch dann, wenn ein ZwischenU oder Urteilsteil angefochten wurde). **a)** Die **Entscheidung zur Hauptsache** wird wie beim BerU tenoriert. **(1)** Verwerfung der unzul, **(2)** Zurückweisung der unbegr Beschwerde; **(3)** Abänderung des angefochtenen Beschlusses bei zul und begr Beschwerde; **(4)** Aufhebung und Zurückverweisung, Rz 8. Grds besteht Bindung an den Antrag (vgl § 308) und Verschlechterungsverbot (vgl § 528 Satz 2).

11 **b) Kostenentscheidung:** es gelten §§ 91 ff., 97. Bei Verwerfung bzw Zurückweisung werden also grds die Kosten des Beschwerdeverfahrens dem Beschwerdeführer auferlegt, bei begründeter Beschwerde ist über die Kosten des ganzen Verfahrens (beider Instanzen) zu entscheiden. Keine KostenE bei StrW-Beschwerden (§ 68 III 2 GKG) und bei PKH-Beschwerden (§ 118 1 4; § 127 IV; vgl § 118 Rz 6) sowie bei erfolgreicher Beschwerde dann, wenn ein unselbstständiges Verfahren vorliegt und auch die angefochtene Entscheidung keine KostenE enthalten durfte (zB: Ablehnung, Aussetzung, eAnO in der ZwV; hier bilden die Beschwerdekosten einen Teil der Gesamtkosten, über die nach §§ 91 ff. anderweitig zu entscheiden ist). Dagegen ist eine KostenE nötig bei Anfechtung von § 91a-Beschluss, KfB, im ZwV-Verfahren und anderen selbstständigen Verfahren. Bei **Teilerfolg** ist zu quoteln. Bei **mehreren Beschwerden** werden die Grundsätze wie bei StrGen bzw bei Anschluss-Rm angewandt (vgl § 97 Rz 2). **Hat das UnterG der Beschwerde teilweise abgeholfen**, muss die KostenE auch diesen Teil erledigen (insoweit richtet sich der StrW der Beschwerde nach dem ursprüngl. Antrag des Beschwerdeführers; soweit abgeholfen wurde, gilt die Beschwerde als erfolgreich; dazu *Gubelt* MDR 1970, 895).

12 **c) Beschwerdewert**, vgl § 3 ZPO; § 47 GKG. Er wird uU im Beschluss festgesetzt, wenn es darauf ankommt (dh nicht bei „Festgebühren"). Teils kommt es auf den Wert der Hauptsache an, teils auf Bruchteile davon, oder entstandene Kosten (vgl *Schneider*, Streitwertkommentar, „Beschwerde"). **d) Eventuell Zulassung der Rechtsbeschwerde**, § 574 I Nr. 2. **e) Entscheidungsgründe** sind nicht vorgeschrieben; eine knappe Darlegung des Sachverhalts und der wesentl. Erwägungen ähnlich wie bei einem BerU (unter der Überschrift „Gründe") ist aber erforderlich, wenn die Rechtsbeschwerde gegeben ist, sonst meist zweckmäßig. **f) Unterschriften**. § 315 gilt nicht (kein Urteil), sodass zwar die Namen aller entscheidenden Richter angegeben sein müssen, aber nicht alle Unterschriften erforderlich sind; in der Praxis unterschreiben alle. **g)** Der Beschluss wird formlos **mitgeteilt** (§ 329 II), im Falle des §§ 329 III aber **zugestellt;** er wird verkündet, wenn aufgrund mdl Verh ergangen (§ 329 I). Im Falle des § 91a wird daher der verkündete Beschluss uU anschließend noch zugestellt. **h) Zur Vollstreckung** vgl § 794 1 Nr. 3; ein Ausspruch über eine vorl. Vollstr entfällt.

**6. Kosten. Gerichtsgebühren**: GKG-KV 1810, 1812; oder (im Falle von Vorbem 1.2.2) nach 1220 ff., 1242, 1243; 1310 ff.; 1417, 1418, 1425 u.a. Einzelheiten § 567 Rz 24. **Rechtsanwalts-Gebühren** RVG-VV 3500, 3513, 3514. Vgl § 567 Rz 24. 13

14

**Praxishinweise:**

Im Beschlussverfahren müssen eingehende Schriftsätze auch dann noch berücksichtigt werden, wenn die Entscheidung bereits abgesetzt ist. Die Akten müssen notfalls aus der Kanzlei zurückgefordert werden (OLG Köln FamRZ 1993, 1226). Es kommt auf die objektive Berücksichtigungsmöglichkeit an, deren Nichtwahrung rechtl. Gehör verletzt (Art 103 I GG).

## § 573 ZPO Erinnerung

**(1) [1]Gegen die Entscheidungen des beauftragten oder ersuchten Richters oder des Urkundsbeamten der Geschäftsstelle kann binnen einer Notfrist von zwei Wochen die Entscheidung des Gerichts beantragt werden (Erinnerung). [2]Die Erinnerung ist schriftlich oder zu Protokoll der Geschäftsstelle einzulegen. [3]§ 569 Abs. 1 Satz 1 und 2, Abs. 2 und die §§ 570 und 572 gelten entsprechend.**

**(2) Gegen die im ersten Rechtszug ergangene Entscheidung des Gerichts über die Erinnerung findet die sofortige Beschwerde statt.**

**(3) Die Vorschrift des Absatzes 1 gilt auch für die Oberlandesgerichte und den Bundesgerichtshof.**

§ 573 geändert ab 01.01.2002 durch G. v. 27.07.2001 (BGBl 2001, 1887).

**1. Absatz 1.** Die Entscheidung des **ER des LG** wird wie die der ZivK angefochten. Gegen die Entscheidungen des **beauftragten bzw ersuchten Richters** (zB Auferlegung von Zwangsgeld gegen den beim RechtshilfeG nicht erschienenen Zeugen, § 380), die zuzustellen ist (§ 329 III), gibt es nicht sogleich die (einfache oder sof) Beschwerde; vielmehr ist zuvor befristet Erinnerung einzulegen (eine unbefristete Erinnerung gibt es in der ZPO seit 2002 nicht mehr). Für die Erinnerung besteht kein Anwaltszwang (**Absatz 1 Satz 2**). Die Erinnerung kann beim ersuchten Richter usw. oder beim ProzessG eingelegt werden (§ 569 I 1); die Frist beträgt zwei Wochen ab wirksamer Zustellung (§ 569 I 2); Schriftform ist erforderl. (§ 569 II); eine aufschiebende Wirkung hat die Erinnerung nur ausnahmsweise (§ 572); der Erinnerung kann abgeholfen werden (§ 572), **Absatz 1 Satz 3.** Mit Erinnerung angreifbare Entscheidungen des **Urkundsbeamten** sind zB die Versagung des Rechtskraftzeugnisses (§ 706) oder der Erteilung einer vollstr Ausfertigung (§ 724). Auch der Urkundsbeamte kann der Erinnerung gegen seine Entscheidung abhelfen. Über die sof Erinnerung entscheidet das Gericht: gegen die Entscheidung des beauftragten Richters der Kammer bzw des Senats entscheidet sein Kollegium, gegen eine des ersuchten Richters das ersuchende Gericht, gegen die Entscheidung des Urkundsbeamten das Gericht, dem er angehört, zB das ProzessG (§§ 706, 724), teils das VollstreckungsG (zB § 732). 1

Zur **Vollstreckungserinnerung vgl § 766. Rechtspflegererinnerung § 11 RPflG.**

2 **2. Absatz 2.** Erst gegen den Beschluss des Gerichts (das kann auch ein ER sein) bzw VollstreckungsG, welcher die Erinnerung zurückweist, findet die sof Beschwerde statt, falls sie nach § 567 Rz 1 ff. zul ist. Zur Entscheidung über die Beschwerde ist das LG bzw OLG zust. Nur im *ersten* Rechtszug ergangene ErinnerungsE sind mit sof Beschwerde angreifbar. Im *zweiten* Rechtszug ergangene Erinnerungsentscheidungen sind uU mit RB (§ 574) angreifbar. Sonderregelungen in § 4 I, III JVEG; §§ 159, 181 GVG.

3 **3. Absatz 3.** Auch Entscheidungen des beauftragten/ersuchten Richters des OLG oder BGH oder des Urkundsbeamten des OLG, BGH sind mit sof Erinnerung anfechtbar.

# Titel 2
# Rechtsbeschwerde

## § 574 ZPO Rechtsbeschwerde; Anschlussrechtsbeschwerde

**(1) [1]Gegen einen Beschluss ist die Rechtsbeschwerde statthaft, wenn**

**1. dies im Gesetz ausdrücklich bestimmt ist oder**

**2. das Beschwerdegericht, das Berufungsgericht oder das Oberlandesgericht im ersten Rechtszug sie in dem Beschluss zugelassen hat.**

**[2]§ 542 Abs. 2 gilt entsprechend.**

**(2) In den Fällen des Absatzes 1 Nr. 1 ist die Rechtsbeschwerde nur zulässig, wenn**

**1. die Rechtssache grundsätzliche Bedeutung hat oder**

**2. die Fortbildung des Rechts oder die Sicherung einer einheitlichen Rechtsprechung eine Entscheidung des Rechtsbeschwerdegerichts erfordert.**

**(3) [1]In den Fällen des Absatzes 1 Nr. 2 ist die Rechtsbeschwerde zuzulassen, wenn die Voraussetzungen des Absatzes 2 vorliegen. [2]Das Rechtsbeschwerdegericht ist an die Zulassung gebunden.**

**(4) [1]Der Rechtsbeschwerdegegner kann sich bis zum Ablauf einer Notfrist von einem Monat nach der Zustellung der Begründungsschrift der Rechtsbeschwerde durch Einreichen der Rechtsbeschwerdeanschlussschrift beim Rechtsbeschwerdegericht anschließen, auch wenn er auf die Rechtsbeschwerde verzichtet hat, die Rechtsbeschwerdefrist verstrichen oder die Rechtsbeschwerde nicht zugelassen worden ist. [2]Die Anschlussbeschwerde ist in der Anschlussschrift zu begründen. [3]Die Anschließung verliert ihre Wirkung, wenn die Rechtsbeschwerde zurückgenommen oder als unzulässig verworfen wird.**

§ 574 geändert durch G. v. 27.07.2001 (BGBl 2001, 1887) und G. v. 24.08.2004 (BGBl 2004, 2198).

**Lit:** ***Becker*** JuS 2004, 574; ***Löhnig/Althammer*** ZZP 117, 217; ***v. Gierke/Seiler*** NJW 2004, 1497; ***Künkel*** MDR 2006, 486.

1 **1. Allgemeines.** Die bisherige weitere Beschwerde als Beschwerde gegen BeschwerdeE, ausgestaltet als weitere Tatsacheninstanz, ist seit 2002 im ZPO-Bereich abgeschafft wor-

den. Im FGG-Bereich ist sie noch zul (§ 27 FGG; § 78 GBO; § 24 LwVG). An ihre Stelle tritt im ZPO-Bereich ne revisionsähnl. ausgestaltete RB; der Rechtszug in den Nebenentscheidungen ist dem Hauptsacherechtsmittelzug angepasst. Statthaftigkeit § 574; Frist und Form § 575 (Einlegung nur durch BGH-Anwalt!). Begründung §§ 575 III, 576.

**2. Statthaftigkeit der Rechtsbeschwerde.** Es gibt zwei Möglichkeiten: 2

**a) Zulässigkeit kraft Gesetzes (Absatz 1 Nr. 1)**, zB § 522 I 4 (Verwerfung der Ber als unzulässig, zB mangels Beschwerdewert); wenn der Tenor die Ber als unzul verwirft, die Gründe aber unsystematisch auch auf § 522 II eingehen, ist gleichwohl § 522 I 4 gegeben (BGH NJW 2006, 2910); ein „Verwerfungsbeschluss" nach § 522 II wäre unanfechtbar (§ 522 III). Bei Verwerfung einer sof. Beschwerde als unzulässig ist die RB nicht kraft Gesetzes gegeben, keine analoge Anwendung von § 522 I 4 (BGH NJW-RR 2005, 1009). Die Wertgrenze des § 26 Nr. 8 EGZPO gilt nicht (BGH NJW-RR 2003, 132; NJW-RR 2005, 939); Weitere Fälle: § 1065 I 1; § 17 I AVAG; § 7 InsO. Im Freigabeverfahren nach § 16 III UmwG ist die RB ausgeschlossen (BGH NJW 2006, 2924).

**b) Zulässigkeit kraft Zulassung (Absatz 1 Nr. 2)** der RB durch das BeschwerdeG (LG; OLG) oder das BerufungsG (LG; OLG) oder das OLG im *ersten* Rechtszug (zB § 1062), niemals durch das AG (BGH NJW-RR 2007, 285). Wenn der ER des BerGer Grundsätzlichkeit annimmt, muss er an ZivK bzw OLG-Senat rückübertragen (§ 568); entscheidet er *trotzdem* selbst und lässt wegen Grundsätzlichkeit die RB zu, wird die Entscheidung vom BGH aufgehoben (BGH NJW-RR 2004, 1717). Der Rechtszug AG-LG-BGH bzw LG-OLG-BGH ist also mögl. Während der § 91a-Kostenbeschluss des LG in einer erstinstanzl. Sache nach § 567 I Nr. 1 iVm § 91a II 1 zum OLG anfechtbar ist, ist der § 91a-Beschluss des LG in einer Ber-Sache/ Beschwerdeverfahren nach § 574 mit RB zum BGH nur anfechtbar, wenn dies vom LG zugelassen wurde (BAG NJW 2007, 2718). Weist das OLG ein Ablehnungsgesuch zurück (§ 46 II), RB nur bei Zulassung, anderenfalls unanfechtbar (BGH NJW-RR 2005, 294).

Das UnterG darf die RB aber nur zulassen, wenn die Sache grds Bedeutung hat oder die Rechtsfortbildung oder die Sicherung einer einheitl. Rspr eine Entscheidung erfordern (**Absatz 3 Satz 1**). Die Zulassung sollte im Tenor ausgesprochen werden und hat, wenn die Voraussetzungen vorliegen, von Amts wegen zu erfolgen; sie kann von den Parteien angeregt werden. Schweigen gilt als Nichtzulassung. Eine unterbliebene Zulassung kann nicht **nachgeholt** werden (BGH FamRZ 2004, 530); Ausnahme dann, wenn das Gericht die RB zulassen wollte, dies versehentl. unterblieben ist *und* das Versehen sich aus dem Zusammenhang der Entscheidung selbst oder mindestens aus den Vorgängen bei der Beschlussfassung ergibt und auch für Dritte ohne Weiteres „deutlich" ist (BGH NJW 2005, 156): § 319. **Doppelbegründung**: Hat das BeschwerdeG die sof. Beschwerde gegen einen InsO Eröffnungsbeschluss als unzul verworfen und hilfsweise deren Begr verneint, ist die RB nur zul, wenn hinsichtl. beider Begr die Zulässigkeitsvoraussetzungen des § 574 II dargelegt werden (BGH NJW-RR 2006, 1346).

Der BGH (RechtsbeschwerdeG, § 133 GVG) ist an die Zulassung gebunden (**Absatz 3 Satz 2**); der BGH kann die RB nicht mit der Begr verwerfen, das UnterG habe die Zulassungsvoraussetzungen zu Unrecht angenommen. Keine Bindung an die Zulassung, wenn die RB unstatthaft ist (BGH NJW 2005, 73), zB wenn ein Beschluss wegen § 707 II 2 oder

§ 99 unanfechtbar ist (BGH FamRZ 2004, 869); in eVfgs-Sachen des BeschwerdeG, vgl § 542 II. In einem PKH-Verfahren kann die RB nur zugelassen werden, wenn es um Fragen dieser Verfahrensart oder der pers Voraussetzungen ihrer Bewilligung geht, nicht dagegen wegen zweifelhafter Rechtsfragen bez der Erfolgsaussicht (BGH VersR 2006, 718). Bei RB gegen eine KostenE muss der Wert des § 567 II nicht erreicht sein (BGH MDR 2005, 237).

Die Zulassung als solche ist nicht anfechtbar, die Nichtzulassung ebenfalls nicht. Es gibt also hier keine NZB (anders als bei der Rev, § 544). Der Meistbegünstigungsgrundsatz findet keine Anwendung, sofern bei Wahl der richtigen Entscheidungsform gegen die angefochtene Entscheidung ein Rm nicht statthaft wäre (BGH NJW-RR 2006, 1184).

**FGG-Sachen.** § 27 FGG kennt wie bisher die weitere Beschwerde, welche zum OLG führt (nicht zum BGH, ausgenommen § 28 II, III FGG); Beispiel: ein Erbscheinsantrag wird zurückgewiesen. Nun gibt es aber Fälle, in denen das FGG direkt auf die ZPO verweist, näml. § 14 FGG (u.a. auf § 127 ZPO) und § 13a III (u.a. auf § 104 III ZPO). Hier ist die Rechtslage ist unklar, weil die Reichweite der Verweisung dunkel ist. Jedenfalls ist im Kf-Verfahren (§ 104 III) das statthafte Rm gegen Entscheidungen über sof. Beschwerden die sof. weitere Beschwerde nach §§ 27 ff. FGG und nicht die RB nach §§ 574 ff. (BGH NJW 2007, 158; NJW 2004, 3412). Die sof weitere Beschwerde findet nur bei Zulassung durch das LG statt; das OLG (und nicht der BGH, so aber BGH NJW 2006, 2495; jetzt aufgegeben) ist für die Entscheidung zust (BGH NJW 2007, 158).

3 **3. Absatz 2.** Auch bei gesetzl. geregelter Statthaftigkeit (Abs. 1) kann das RechtsbeschwerdeG (BGH; § 133 GVG) die Beschwerde als unzul verwerfen, wenn

- keine grds Bedeutung vorliegt (Abs. 2 Nr. 1; vgl § 543 II); und
- weder die Rechtsfortbildung noch die Sicherung einer einheitl. Rspr (Abs. 2 Nr. 2; vgl § 543 II) eine Entscheidung erfordern.

Wenn der RB-Führer im GrundR auf rechtl. Gehör verletzt wurde, liegt ebenfalls § 574 II vor (BGH MDR 2005, 105). Nr. 2 wird auch bejaht, wenn sich aus der Begründung des BerGer eine **Wiederholungs- oder Nachahmungsgefahr** ergibt; wenn sich die angefochtene Entscheidung als objektiv „willkürlich" darstellt oder VerfahrensgrundR einer Partei verletzt und die Entscheidung darauf beruht (BGH NJW 2004, 2222; aA NJW 2003, 65 ist aufgegeben). **Maßgeblicher Zeitpunkt** für § 574 II: Entscheidung über die RB (BGH NJW 2003, 3781). **Wegfall der Grundsätzlichkeit**: Fällt nach Stellung des PKH – Antrags für eine RB die Grundsatzbedeutung der Rechtssache weg (zB weil vom BGH inzwischen andernorts geklärt), erfordert die Sicherung einer einheitl. Rspr, dass eine der höchstrichterl. Rspr widersprechende BeschwerdeE nicht rechtskr wird (BGH NJW-RR 2007, 400). Eine außerordentl. Beschwerde zum BGH wegen „greifbarer Gesetzwidrigkeit" lehnt der BGH aber ab (BGH NJW 2003, 3137; 2002, 1577; FamRZ 2006, 695).

4 **4. Absatz 4. Unselbstständige Anschlussrechtsbeschwerde.** Vgl § 567 III. Wird die (kraft Gesetz statthafte oder vom UnterG zugelassene) RB eingelegt und begr, und die Begr dem Gegner zugestellt, dann kann sich der Gegner binnen einem Monat (Notfrist, § 224) anschließen. Dem Anschluss steht nicht entgegen, dass der Gegner zuvor auf die RB verzichtete, oder dass für ihn die Frist verstrichen ist oder dass für ihn die RB nicht zugelassen wurde (**Absatz 4 Satz 1**). Die Anschlussbeschwerde wird beim BGH eingereicht; sie ist „in" der Anschluss-

schrift zu begründen (**Absatz 4 Satz 2;** weiterer Inhalt: § 575 I 2 Nr. 1,2); doch dürfte es genügen, wenn die Begr innerhalb der ursprüngl. Monatsfrist nachgereicht wird. Bei Rücknahme oder Verwerfung der RB verliert die Anschließung ihre Wirkung (**Absatz 4 Satz 3;** vgl § 567 III 2); der BGH entscheidet also nicht mehr darüber (die Gegenstandslosigkeit kann aber deklaratorisch festgestellt werden).

**5. Zwei selbstständige Rechtsbeschwerden.** Wenn das UnterG jeder Partei die RB gestattete und jede innerhalb der Frist eine RB einlegte, liegen zwei gewöhnl. selbstständige RB vor; mit Anschluss hat das nichts zu tun. 5

**Kosten. Gericht:** GKG KV 1820 ff. **Rechtsanwalt:** RVG-VV 3502, 3516. 6

## § 575 ZPO Frist, Form und Begründung der Rechtsbeschwerde

**(1) [1]Die Rechtsbeschwerde ist binnen einer Notfrist von einem Monat nach Zustellung des Beschlusses durch Einreichen einer Beschwerdeschrift bei dem Rechtsbeschwerdegericht einzulegen. [2]Die Rechtsbeschwerdeschrift muss enthalten:**

**1. die Bezeichnung der Entscheidung, gegen die die Rechtsbeschwerde gerichtet wird und**

**2. die Erklärung, dass gegen diese Entscheidung Rechtsbeschwerde eingelegt werde.**

**[3]Mit der Rechtsbeschwerdeschrift soll eine Ausfertigung oder beglaubigte Abschrift der angefochtenen Entscheidung vorgelegt werden.**

**(2) [1]Die Rechtsbeschwerde ist, sofern die Beschwerdeschrift keine Begründung enthält, binnen einer Frist von einem Monat zu begründen. [2]Die Frist beginnt mit der Zustellung der angefochtenen Entscheidung. [3]§ 551 Abs. 2 Satz 5 und 6 gilt entsprechend.**

**(3) Die Begründung der Rechtsbeschwerde muss enthalten:**

**1. die Erklärung, inwieweit die Entscheidung des Beschwerdegerichts oder des Berufungsgerichts angefochten und deren Aufhebung beantragt werde (Rechtsbeschwerdeanträge),**

**2. in den Fällen des § 574 Abs. 1 Nr. 1 eine Darlegung zu den Zulässigkeitsvoraussetzungen des § 574 Abs. 2,**

**3. die Angabe der Rechtsbeschwerdegründe, und zwar**

**a) die bestimmte Bezeichnung der Umstände, aus denen sich die Rechtsverletzung ergibt;**

**b) soweit die Rechtsbeschwerde darauf gestützt wird, dass das Gesetz in Bezug auf das Verfahren verletzt sei, die Bezeichn**

ung der Tatsachen, die den Mangel ergeben.

**(4) [1]Die allgemeinen Vorschriften über die vorbereitenden Schriftsätze sind auch auf die Beschwerde- und die Begründungsschrift anzuwenden. [2]Die Beschwerde- und die Begründungsschrift sind der Gegenpartei zuzustellen.**

**(5) Die §§ 541 und 570 Abs. 1, 3 gelten entsprechend.**

§ 575 geändert ab 01.01.2002 durch G v. 27.07.2001 (BGBl 2001, 1887).

1 **1. Absatz 1. Frist für die Einlegung der Rechtsbeschwerde**

Sie beträgt einen Monat ab wirksamer Zustellung des anzufechtenden Beschlusses (**Absatz 1 Satz 1**). Fristberechnung § 222. Notfrist (§ 224). **Form:** nur ein beim BGH zugelassener RA kann die RB einlegen (§§ 78 I ZPO; § 133 GVG); BGH NJW 2002, 2181. Namen der ca. 30 beim BGH zugelassenen RAe im Internet unter „BGH – Rechtsanwalt". Findet man keinen: § 78b. **Notwendiger Inhalt (Absatz 1 Satz 2 Nr. 1, 2):** Bezeichnung der angefochtenen Entscheidung, zweckmäßig (aber nicht zwingend) mit Aktenzeichen; Darlegung des Überprüfungswillens, das Wort „Rechtsbeschwerde" muss mE nicht unbedingt benutzt werden. **Adressat:** das RechtsbeschwerdeG, dh der BGH, § 133 GVG (also nicht wahlweise das UnterG), § 7 II EGZPO. Beifügung einer Kopie des angefochtenen Beschlusses wird empfohlen (**Absatz 1 Satz 3**), Unterlassen ist folgenlos. Die Vorinstanz kann der RB **nicht abhelfen** (anders als bei der sof Beschwerde, § 572 I 1).

2 **2. Absatz 2. Begründung der Rechtsbeschwerde**

Sie muss entweder zugleich mit der Einlegung oder später begründet werden, spätestens innerhalb von einem Monat (**Absatz 2 Satz 1**) ab wirksamer Zustellung des angefochtenen Beschlusses (**Absatz 2 Satz 2**). Die gesamte Frist für Einlegung und Begründung beträgt also nur einen Monat. Die Frist zur Begründung kann verlängert werden, Einzelheiten vgl § 551 II 5, 6 (**Absatz 2 Satz 3**). Zur Frist bei PKH-Bewilligung für die RB vgl BGH NJW 2003, 3782; § 236 Rz 6.

3 **3. Absatz 3. Inhalt der Begründung.**

**a) Anträge** (Nr. 1)

**b)** Bei gesetzl. Statthaftigkeit der RB, also vor allem im Falle des § 522 I 4 (Verwerfung der Ber als unzulässig), eine Darlegung, weshalb grds Bedeutung vorliegen soll, oder Rechtsfortbildung oder Sicherung einheitl. Rspr nach Meinung des Beschwerdeführers eine Entscheidung erforderl. machen (Nr. 2); vgl § 551 III. Eine kraft Gesetzes statthafte RB (zB § 522 I 4) ist unzulässig, wenn die angefochtene Entscheidung auf zwei selbstständig tragende Gründe gestützt ist (zB Fristversäumung und mangelnde Ber-Summe) und die RB nur für einen der zwei Gründe die Zulässigkeitsvoraussetzungen darlegt (BGH NJW-RR 2006, 142).

**c) Rechtsbeschwerdegründe: aa)** Weshalb eine Rechtsverletzung vorliegen soll; bzw **bb)** inwiefern VerfahrensR verletzt worden sein soll. Ergibt sich aus der Begründung des BerU eine „Wiederholungs- oder Nachahmungsgefahr", sind entspr Darlegungen der Begründung der RB entbehrlich (BGH NJW 2004, 2222).

**d)** Allgemeiner Inhalt vorbereitender Schriftsätze (**Absatz 4 Satz 1**), §§ 130 ff, zB eine Unterschrift.

4 **4. Weiteres Verfahren**

Es gelten die allgemeinen Regeln über Schriftsätze (§§ 129 ff), **Absatz 4 Satz 1.** Einlegung und Begründungsschriftsatz werden dem Gegner von Amts wegen zugestellt (**Absatz 4 Satz 2**); damit beginnt für den Gegner die Anschließungsfrist (§ 574 IV 1). Der BGH erholt die Prozessakten und schickt sie nach Erledigung mit einer begl Abschrift der Entscheidung wieder an die untere Instanz zurück, wo sie verbleiben (**Absatz 5 mit**

**§ 541**). Der BGH behält in seiner Sammlung ledigl. das Original der eigenen Entscheidung, aber keine Akten.

Die Einlegung der RB hat idR keine aufschiebende Wirkung (**Absatz 5 mit § 570 I;** Ausnahme: Ordnungs-, Zwangsmittel). Der BGH kann aber vor seiner Entscheidung den Vollzug der angefochtenen Entscheidung aussetzen oder die Vollziehung gegen SiL einstellen oder deren Fortsetzung nur gegen SiL gestatten (Abs. 5 mit § 570 III). Hauptfall ist die Aussetzung der Eröffnung des Insolvenzverfahrens (BGH NJW 2002, 1658; NJW-RR 2006, 332). Der BGH kann auch anordnen, dass die Vollziehung bis zur Entscheidung des BeschwerdeG ausgesetzt bleibt (BGH NJW 2006, 3553). Eine Entscheidung nach §§ 575 V, 570 III kann auch von Amts wegen erfolgen.

## § 576 ZPO Gründe der Rechtsbeschwerde

**(1) Die Rechtsbeschwerde kann nur darauf gestützt werden, dass die Entscheidung auf der Verletzung des Bundesrechts oder einer Vorschrift beruht, deren Geltungsbereich sich über den Bezirk eines Oberlandesgerichts hinaus erstreckt.**

**(2) Die Rechtsbeschwerde kann nicht darauf gestützt werden, dass das Gericht des ersten Rechtszuges seine Zuständigkeit zu Unrecht angenommen oder verneint hat.**

**(3) Die §§ 546, 547, 556 und 560 gelten entsprechend.**

§ 576 geändert ab 01.01.2002 durch G v. 27.07.2001 (BGBl 2001, 1887).

**Absatz 1. Gründe der Rechtsbeschwerde:** Verletzung formellen oder mat BundesR (vgl § 546; Abs. 3); von LandesR nicht (BGH NJW-RR 2004, 643); von sonstigen Vorschriften nur, soweit sie überregional gelten (in mindestens zwei OLG-Bezirken). Vgl § 545 I. Absolute RB-Gründe vgl § 547 und Abs. 3. 1

**Absatz 2. Keine Gründe**: Zust-Irrtümer der ersten Instanz: Bejahung oder Verneinung der Zust zu Unrecht (anders § 571 II 2: betrifft nur Bejahung der Zust zu Unrecht). Verfahrensfehler der zweiten Instanz, wenn das RügeR verlorenging (§ 556 mit Abs. 3). Auch neue Tatsachen oder Beweismittel können nicht vorgebracht werden. 2

**Absatz 3.** Die Entscheidung des BeschwerdeG hinsichtl. nichtrevisibler Gesetze (zB regionalem LandesR, das nur in *einem* OLG-Bezirk gilt; ausl Recht) bleibt für den BGH maßgeblich (§ 560). 3

## § 577 ZPO Prüfung und Entscheidung der Rechtsbeschwerde

**(1) [1]Das Rechtsbeschwerdegericht hat von Amts wegen zu prüfen, ob die Rechtsbeschwerde an sich statthaft und ob sie in der gesetzlichen Form und Frist eingelegt und begründet ist. [2]Mangelt es an einem dieser Erfordernisse, so ist die Rechtsbeschwerde als unzulässig zu verwerfen.**

**(2) [1]Der Prüfung des Rechtsbeschwerdegerichts unterliegen nur die von den Parteien gestellten Anträge. [2]Das Rechtsbeschwerdegericht ist an die geltend gemachten Rechtsbeschwerdegründe nicht gebunden. [3]Auf Verfahrensmängel, die nicht von Amts wegen zu berücksichtigen sind, darf die angefochtene Entscheidung nur geprüft**

**werden, wenn die Mängel nach § 575 Abs. 3 und § 574 Abs. 4 Satz 2 gerügt worden sind. [4]§ 559 gilt entsprechend.**

**(3) Ergibt die Begründung der angefochtenen Entscheidung zwar eine Rechtsverletzung, stellt die Entscheidung selbst aber aus anderen Gründen sich als richtig dar, so ist die Rechtsbeschwerde zurückzuweisen.**

**(4) [1]Wird die Rechtsbeschwerde für begründet erachtet, ist die angefochtene Entscheidung aufzuheben und die Sache zur erneuten Entscheidung zurückzuverweisen. [2]§ 562 Abs. 2 gilt entsprechend. [3]Die Zurückverweisung kann an einen anderen Spruchkörper des Gerichts erfolgen, das die angefochtene Entscheidung erlassen hat. [4]Das Gericht, an das die Sache zurückverwiesen ist, hat die rechtliche Beurteilung, die der Aufhebung zugrunde liegt, auch seiner Entscheidung zugrunde zu legen.**

**(5) [1]Das Rechtsbeschwerdegericht hat in der Sache selbst zu entscheiden, wenn die Aufhebung der Entscheidung nur wegen Rechtsverletzung bei Anwendung des Rechts auf das festgestellte Sachverhältnis erfolgt und nach letzterem die Sache zur Endentscheidung reif ist. [2]§ 563 Abs. 4 gilt entsprechend.**

**(6) [1]Die Entscheidung über die Rechtsbeschwerde ergeht durch Beschluss. [2]§ 564 gilt entsprechend. [3]Im Übrigen kann von einer Begründung abgesehen werden, wenn sie nicht geeignet wäre, zur Klärung von Rechtsfragen grundsätzlicher Bedeutung, zur Fortbildung des Rechts oder zur Sicherung einer einheitlichen Rechtsprechung beizutragen.**

§ 577 geändert durch G v. 27.07.2001 (BGBl 2001, 1887) und G. v. 24.08.2004 (BGBl 2004, 2198).

1 **1. Entscheidungsmöglichkeiten: Verwerfung als unzulässig (Absatz 1).**

Statthaftigkeit (§ 574), Form, Fristwahrung, Existenz einer Begründung (§ 575) werden von Amts wegen geprüft (BGH NJW 2004, 1112). Vgl § 552 I. Fehlt es hieran oder an anderen Zulässigkeitsvoraussetzungen, wird die RB durch Beschluss als unzulässig verworfen. **Aufhebung und Zurückverweisung** (Abs. 4) oder **Aufhebung und eigene Entscheidung** (Abs. 5).

2 **2. Absatz 2.** Die RB- und Anschließungsanträge begrenzen die Begründetheitsprüfung (**Absatz 2 Satz 1**). Das Verbot der Schlechterstellung (reformatio in peius) gilt (BGH NJW-RR 2004, 1422). Wenn der Beschwerdeführer Gesetzesverletzungen vorbringt, die nicht vorliegen, aber vorhandene Fehler übersieht, kann der BGH gleichwohl darauf abstellen. Die angefochtene Entscheidung wird also von Amts wegen umfassend nachgeprüft, soweit es um das maßgebl. mat Recht geht (**Absatz 2 Satz 2**). Verfahrensmängel dagegen werden nur im Rahmen von Abs. 1 S. 1 (Statthaftigkeit, Form, Frist, Begründung) und soweit richtig (in der Begründung oder Anschlussschrift) gerügt (**Absatz 2 Satz 3**) nachgeprüft. An die tatsächl. Feststellungen des BeschwerdeG ist der BGH gebunden, sie können nur beschränkt nachgeprüft werden (**Absatz 2 Satz 4**; § 559).

3 **3. Absatz 3.** Wenn die angegriffene Entscheidung trotz der Rechtsverletzung im Ergebnis zutreffend ist, wird die RB zurückgewiesen. Vgl § 561.

4 **4. Absatz 4. Zurückverweisung.** Ist die RB zulässig und begründet und die angegriffene Entscheidung auch nicht aus anderen Gründen richtig (Abs. 3), wird sie aufgehoben und

entweder zurückverwiesen (**Absatz 4 Satz 1**), an das BeschwerdeG oder an die erste Instanz (BGH NJW 2004, 2976), oder es wird selbst entschieden (Abs. 5). Auch das vorausgegangene Verfahren des BeschwerdeG kann aufgehoben werden (**Absatz 4 Satz 2**; § 562 II), soweit es durch einen festgestellten Verfahrensmangel betroffen ist. Die Zurückverweisung erfolgt im Regelfall an denselben Spruchkörper, kann jedoch in Sonderfällen (zB Verdacht der Voreingenommenheit) auch an eine andere Kammer des LG oder einen anderen Senat des OLG erfolgen, aber nicht an ein anderes LG oder OLG (**Absatz 4 Satz 3**); Vgl § 563 I 2. Das Gericht, an das zurückverwiesen wird, ist bei seiner neuerl. Entscheidung an die Rechtsmeinung des BGH, wie sie im Zurückverweisungsbeschluss zum Ausdruck kommt, gebunden (**Absatz 4 Satz 4**). Vgl § 563 II.

**5. Absatz 5. Eigene Entscheidung.** Ist die Sache entscheidungsreif, darf nicht zurückver- 5
wiesen werden; der BGH muss in der Sache selbst entscheiden (**Absatz 5 Satz 1**); vgl § 563 III. Kommen für die neue Entscheidung nicht revisible Gesetze in Betracht (zB lokales Recht, ausl Recht), kann statt eigener Entscheidung eine Zurückverweisung erfolgen (**Absatz 5 Satz 2**; § 563 IV).

**6. Absatz 6. Beschluss.** Der BGH entscheidet durch Beschluss (**Absatz 6 Satz 1**), nicht 6
durch Urteil. Eine vorherige mdl Verh ist freigestellt (§ 128 IV), aber nicht übl. Die Zurückweisung bestimmter Verfahrensrügen muss nicht begründet werden (**Absatz 6 Satz 2**; § 564).

**Absatz 6 Satz 3:** eine Begründung kann unterbleiben.

**7. Kosten. Gericht:** vielfältig im GKG KV geregelt. **(1)** Im Falle § 522 I 4 gilt KV 1820 7
Nr. 1 (2,0 Geb), mit Ermäßigung nach KV 1822. **(2)** Ebenso in den FamS (KV 1820 Nr. 2). **(3)** Bei §§ 91a, 99 II, 269 V, 71 II dagegen Pauschalgeb von 150 Euro (KV 1823) mit Ermäßigung nach KV 1824. **(4)** Auffangnorm KV 1826. **Rechtsanwalt**: RVG VV 3502 (also 1,0, ermäßigt bei VV 3503), evtl Terminsgeb VV 3516.

# Buch 4
# Wiederaufnahme des Verfahrens

## § 578 ZPO Arten der Wiederaufnahme

**(1) Die Wiederaufnahme eines durch rechtskräftiges Endurteil geschlossenen Verfahrens kann durch Nichtigkeitsklage und durch Restitutionsklage erfolgen.**

**(2) Werden beide Klagen von derselben Partei oder von verschiedenen Parteien erhoben, so ist die Verhandlung und Entscheidung über die Restitutionsklage bis zur rechtskräftigen Entscheidung über die Nichtigkeitsklage auszusetzen.**

**Lit:** ***Braun***, Rechtskraft und Restitution, 1979/1985.

1 **1. Vorgehen gegen rechtskräftig abgeschlossene Verfahren**:

**a) Wiederaufnahme**, §§ 578 ff; Sonderfall § 641i (Vaterschaft);

**b) Wiedereinsetzung**, § 233;

**c) Klage nach § 767**;

**d) Klage nach § 323**;

**e) aus § 826 BGB** kann auf Schadensersatz geklagt werden, wenn der Gegner ein unrichtiges Urteil arglistig erschlichen hat (BGH MDR 1959, 637) oder wenn ein nicht erschlichenes Urteil in sittenwidriger Weise ausgenutzt wird (BGH NJW 1983, 2317);

**f)** Klagen aus § 812 BGB scheitern an der Rechtskraft (BGH FamRZ 1986, 794);

**g)** § 321a;

**h)** Verfassungsbeschwerde.

2 **2.** Das **Wiederaufnahmeverfahren** gliedert sich in **drei Abschnitte**:

**a)** Zulässigkeit der Wiederaufnahmeklage:

- Zuständigkeit § 584;
- sonstige allgemeine Prozessvoraussetzungen, §§ 253 ff; §§ 50, 51, 78; Beschwer; Rechtsschutzbedürfnis;
- Angaben nach § 587 HS 1 und HS 2;
- Vorliegen einer rechtskr Entscheidung iSd § 578;
- doppelte Frist des § 586;
- schlüssige Behauptung eines gesetzl. zugelassenen Wiederaufnahmegrundes (§§ 579, 580, bei § 580 Nr. 1-5 auch § 581);
- bei Restitutionsklage § 582; bei Nichtigkeitsklage § 579 II.

3 Die **Beweislast** hat der Wiederaufnahmekl. **Fehlt es an a)**, ist die Klage nach mdl Verh als unzulässig abzuweisen. Sonst folgt **b)**.

**b) Begründetheit der Wiederaufnahmeklage:** 4

Prüfung von Amts wegen, ob der Wiederaufnahmegrund (§§ 579, 580) besteht. **Beweislast** hat der Kl. **Fehlt es an b)**, ist die Klage als unbegr abzuweisen. Anderenfalls wird die Begründetheit in den Gründen des späteren EndU dargelegt und es folgt **c)**.

**c) Neue Verhandlung und Entscheidung des früheren Rechtsstreits:** 5

Der alte Prozess wird fortgesetzt; über die Entscheidung vgl § 590.

**3.** Die **Wiederaufnahmeklage ist statthaft** gegen rechtskr EndU (auch VU, Anerkennt- 6
nisU, ProzessU); gegen rechtskr VoB (§§ 700 I, 584 II); Eintragungen in die Insolvenztabelle (§§ 178 III, 201 II InsO), gegen ScheidungsU trotz Wiederverheiratung (OLG Hamm FamRZ 2000, 1028). Sie ist **nicht statthaft** gegen PV; ProzesskostenE (vgl § 99); Schiedssprüche (wegen §§ 1059, 1062).

**Analog werden §§ 578 ff angewandt** auf rechtskr oder unanfechtbare Beschlüsse, wenn 7
sie Wirkungen wie ein Urteil gleichen Inhalts haben, zB bei Beschlüssen nach §§ 522 S. 2, 552 II (BGH MDR 1974, 307); Versorgungsausgleich (BGH NJW 1984, 2364); Beschlüsse im ZwV-Verfahren (OLG Hamm OLGZ 1984, 454).

**Nicht:** bei Sorgerechtsregelung (OLG Frankfurt FamRZ 1987, 394); bei Beschlüssen nach 8
§ 769 (OLG Hamm OLGZ 1984, 454).

Hier wird dann **keine Klage** erhoben, sondern ein Antrag gestellt, der zu einem neuen 9
Beschlussverfahren führt.

**4. Parteien** des Wiederaufnahmeverfahrens sind grds die Parteien des Vorprozesses (OLG 10
Köln VersR 1997, 341); Kl ist, wer durch das frühere Urteil beschwert ist, Bekl der frühere Gegner.

**5. Absatz 2.** Trennung und Aussetzung können auch ohne mdl Verh durch Verfügung 11
erfolgen (**aA** Beschluss aufgrund mdl Verh).

Formular 278: Klage gem. § 826 BGB

## § 579 ZPO Nichtigkeitsklage

**(1) Die Nichtigkeitsklage findet statt:**

**1. wenn das erkennende Gericht nicht vorschriftsmäßig besetzt war;**

**2. wenn ein Richter bei der Entscheidung mitgewirkt hat, der von der Ausübung des Richteramts kraft Gesetzes ausgeschlossen war, sofern nicht dieses Hindernis mittels eines Ablehnungsgesuchs oder eines Rechtsmittels ohne Erfolg geltend gemacht ist;**

**3. wenn bei der Entscheidung ein Richter mitgewirkt hat, obgleich er wegen Besorgnis der Befangenheit abgelehnt und das Ablehnungsgesuch für begründet erklärt war;**

**4. wenn eine Partei in dem Verfahren nicht nach Vorschrift der Gesetze vertreten war, sofern sie nicht die Prozessführung ausdrücklich oder stillschweigend genehmigt hat.**

**(2) In den Fällen der Nummern 1, 3 findet die Klage nicht statt, wenn die Nichtigkeit mittels eines Rechtsmittels geltend gemacht werden konnte.**

1 **1. Absatz 1. Nr. 1:** zB Unterschrift von Richtern, die nicht mitwirkten (§ 309); richtige Besetzung vgl GVG. Nur schwerwiegende Mängel des internen Geschäftsverteilungplans (§ 21g II GVG) führen zu vorschriftswidriger Besetzung (BGH NJW 1995, 332); für die *Vergangenheit* liegt kein schwerer Fehler darin, dass die Mitwirkungsgrundsätze nicht vollständig schriftl. niedergelegt waren und die Zuordnung der einzelnen Sache zu einer bestimmten Richterbank im Wege der Terminierung dem pflichtgemäßem richterl. Ermessen des Vors überlassen war (BGH aaO). Der Verstoß ist Rev-Grund, § 547 Nr. 1; vgl Abs. 2.

**Nr. 2:** vgl § 41.

**Nr. 3:** vgl § 42. Verstoß ist Rev-Grund, § 547 Nr. 3 und § 579 II.

2 **Nr. 4: nicht nach Vorschrift der Gesetze vertreten:** vgl § 547 Nr. 3; zB die für prozessfähig gehaltene Partei war in Wirklichkeit prozessunfähig (etwa bei geistigen Störungen, unerkannter Geschäftsunfähigkeit, Psychose: OLG Hamburg MDR 1998, 985; *Jacoby* ZMR 2007, 327; BGH JZ 1958, 130), mangelhafte Vertretung kann nur der Vertretene, nicht der Gegner geltend machen (OLG Zweibrücken MDR 2005, 96); Insolvenzeröffnung vor Schluss der mdl Verh, das Urteil ergeht, Vertretung durch Insolvenzverwalter fehlt (BGH ZIP 2007, 229; MDR 1967, 565).

Wenn der Bekl unverschuldet **keine Kenntnis von öffentlicher Zustellung** (von Klage, Ladung, Urteil) erlangte, lehnt der BGH (NJW 2003, 1326; NJW 2007, 303) eine analoge Anwendung von Nr.4 ab; auch wenn der Gegner die öffentl. Zustellung durch falsche Angaben **arglistig** erschlichen hat, keine Nichtigkeitsklage (BGH NJW 2003, 1326); es soll am Fehler im Verantwortungsbereich des Gerichts fehlen. Aber evtl §580 Nr.4. Lagen die Voraussetzungen einer öffentl. Zustellung für das Gericht *erkennbar* nicht vor, werden Rm- und Rechtsbehelfsfristen aber nicht in Gang gesetzt (BGH NJW 2007, 303; NJW 2002, 827). Die Frage ist umstr; **aA** OLG Hamm FamRZ 2000, 1028; KG NJW-RR 1987, 1215. Über erschlichene öffentl. Zustellung vgl *Barnert* ZZP 116, 447; *Gaul* JZ 2003, 1088. Die analoge Anwendung wegen Verletzung des rechtl. Gehörs wird diskutiert (OLG Frankfurt NJOZ 2005, 53).

Bei Nr. 4 besteht keine Einschränkung wie bei Nr. 2 oder durch Abs. 2. Es kommt auch nicht darauf an, ob das Gericht des Hauptprozesses den Nichtigkeitsgrund bereits geprüft hat, die Klage ist sogar zulässig, wenn die Prozessfähigkeit im Hauptverfahren ausdrückl. bejaht wurde und jetzt der Mangel behauptet wird (BGH NJW 1982, 2449). Klagen kann nur, wer selbst im vorangegangenen Verfahren nicht richtig vertreten war (BGH FamRZ 1988, 1158), nicht der Gegner.

Wenn der Grund nach Schluss der mdl Verh, aber vor Urteilsverkündung, bekanntwird, sollte die Partei die **Wiedereröffnung der mündlichen Verhandlung** nach § 156 II Nr. 2 beantragen.

3 Eine **analoge Anwendung** von Nr. 4 bei sonstiger Verletzung des rechtl. Gehörs wird von der **hM** abgelehnt (BAG MDR 1994, 1044; **aA** OLG Frankfurt NJOZ 2005, 53; *Braun* NJW 1983, 1393); vgl § 321a.

4 **2. Absatz 2.** Die Klage ist dann unzulässig. Rm ist auch der Einspruch (hM). Das Unterlassen des Rm muss auf Verschulden beruhen.

Formular 277: Nichtigkeitsklage wegen mangelnder Vertretung im Vorprozess

## § 580 ZPO Restitutionsklage

**Die Restitutionsklage findet statt:**

1. **wenn der Gegner durch Beeidigung einer Aussage, auf die das Urteil gegründet ist, sich einer vorsätzlichen oder fahrlässigen Verletzung der Eidespflicht schuldig gemacht hat;**
2. **wenn eine Urkunde, auf die das Urteil gegründet ist, fälschlich angefertigt oder verfälscht war;**
3. **wenn bei einem Zeugnis oder Gutachten, auf welches das Urteil gegründet ist, der Zeuge oder Sachverständige sich einer strafbaren Verletzung der Wahrheitspflicht schuldig gemacht hat;**
4. **wenn das Urteil von dem Vertreter der Partei oder von dem Gegner oder dessen Vertreter durch eine in Beziehung auf den Rechtsstreit verübte Straftat erwirkt ist;**
5. **wenn ein Richter bei dem Urteil mitgewirkt hat, der sich in Beziehung auf den Rechtsstreit einer strafbaren Verletzung seiner Amtspflichten gegen die Partei schuldig gemacht hat;**
6. **wenn das Urteil eines ordentlichen Gerichts, eines früheren Sondergerichts oder eines Verwaltungsgerichts, auf welches das Urteil gegründet ist, durch ein anderes rechtskräftiges Urteil aufgehoben ist;**
7. **wenn die Partei**
   a) **ein in derselben Sache erlassenes, früher rechtskräftig gewordenes Urteil oder**
   b) **eine andere Urkunde auffindet oder zu benutzen in den Stand gesetzt wird, die eine ihr günstigere Entscheidung herbeigeführt haben würde;**
8. **wenn der Europäische Gerichtshof für Menschenrechte eine Verletzung der Europäischen Konvention zum Schutz der Menschenrechte und Grundfreiheiten oder ihrer Protokolle festgestellt hat und das Urteil auf dieser Verletzung beruht.**

§ 580 Nr. 8 angefügt durch G v. 22.12.2006 (BGBl 2006, 3614). ÜbergangsR § 35 EGZPO.

**Lit:** ***Fleischer*** MDR 1999, 74 (Unrichtige Tatsachenfeststellungen).

Die Restitutionsklage soll die Überprüfung rechtskr Urteile ermöglichen, wenn ihre Grundlagen für jedermann erkennbar in einer für das allgemeine Rechtsgefühl unerträgl. Weise erschüttert sind (BGH NJW 1988, 1914). Naturwissenschaftl. Aufdeckung von FehlU kann nach dem derzeitigen Gesetzestext kaum berücksichtigt werden (vgl *Foerste* NJW 1996, 345; *Wieser* ZZP 199, 439), was befremdl. ist. Wenn der Grund nach Schluss der mdl Verh, aber vor Urteilsverkündung, bekanntwird, sollte die Partei die **Wiedereröffnung der mündlichen Verhandlung** nach § 156 II Nr. 2 beantragen (wird dies nicht beantragt, führt es nicht zur Erfolglosigkeit der Klage nach § 580 Nr. 7b, **aA** OLG Brandenburg NJ 2007, 78). 1

**Nr. 1.** Gemeint ist Parteieid nach § 452 bzw § 426 und Straftat nach §§ 154, 163 StGB. Zum Begriff „gegründet“ vgl Rz 3. Beachte § 581. 2

**Nr. 2.** Urkundenfälschung, §§ 267 ff StGB. Vgl § 581.

3 **Nr. 3.** Straftatbestände des Zeugen bzw SV: §§ 153 bis 156, 163 StGB. Die Aussage des betreffenden Zeugen muss allgemein das Urteil tragen, ferner muss sie in einem entscheidungswesentl. und nicht nur unerhebl. Teil falsch sein (**aA** hM, RGZ 137, 90). Vgl § 581.

4 **Nr. 4.** Erschleichen durch Straftaten zB nach §§ 156, 160, 240, 263 (zB Erschleichen der öffentl. Zustellung; BGH NJW 2003, 1326; vgl § 579 Rz 2), 266 StGB; durch Betrug erwirkter Schiedsspruch (BGH NJW 2001, 373). Vgl § 581.

5 **Nr. 5.** zB Straftaten nach §§ 334, 336, 348 StGB. Vgl § 581. Zur „greifbaren Gesetzwidrigkeit" als Fall der Nr. 5 vgl *Bork* WRP 1999, 478.

6 **Nr. 6.** Drei Urteile müssen also vorliegen. „Gegründet": die angefochtene Entscheidung muss im aufgehobenen Urteil eine Stütze finden (BGH NJW 1988, 1914). VG in diesem Sinne sind auch Finanz- und SG. Ein Teilzurückweisungsbeschluss steht einem Urteil gleich (BGH WM 2007, 570). Die Regelung der Folgen einer Entscheidung des BVerfG für rechtskr abgeschlossene andere Verfahren in § 79 BVerfGG hat Vorrang vor dem RestitutionsR der ZPO, insb dem § 580 Nr. 6 (BGH NJW 2006, 2856). Analog anzuwenden ist Nr. 6 auf Verwaltungsakte und FGG-Beschlüsse, die in ihrer Bedeutung Urteilen entsprechen (aber nicht auf Widerruf einer behördl. Auskunft zum Versorgungsausgleich, BGH NJW 1984, 438). Bei unrichtigen Erbscheinen hilft § 2361 BGB.

7 **Nr. 7a.** Auch ein Urteil zwischen anderen Parteien, wenn Rechtskrafterstreckung nach §§ 325 ff eintritt.

8 **Nr. 7b. Urkunden** sind schriftl. verkörperte Gedankenerklärungen; der Grund, weshalb nur sie (nicht aber zB neue Zeugen) die Wiederaufnahme gestatten, liegt darin, dass Urkunden nach §§ 415 ff typischerweise einen höheren, § 286 einschränkenden, Beweiswert haben und solche **Urkunden die Unrichtigkeit des Urteils augenfällig zeigen**, eine beliebige Vielzahl von Menschen dies ohne Weiteres aus Urteil und Urkunde ersehen kann und so das Ansehen der Rechtspflege bei Versagung der Wiederaufnahme Schaden nehmen würde (vgl BGH 38, 333; FamRZ 2007, 896; NJW 2005, 222; NJW-RR 1991, 380).

9 **Nr. 7b ist nicht anwendbar** auf Fotografien, unbegl Fotokopien (KG NJW-RR 1997, 123), Schallplatten, Augenscheinsobjekte (BGH NJW 1976, 294); auf Urkunden, die nur die Bekundung von Zeugen enthalten, die im Vorprozess nicht zu den sich aus der Urkunde ergebenden Vorgängen gehört worden sind, Urkunden also, die nur den Beweiswert einer Zeugenaussage haben, in denen zB eine Person ihre eigenen Wahrnehmungen niedergelegt hat (BGH LM Nr. 16: nach Urteilsrechtskraft wurde eine *dem* widersprechende Dokumentensammlung über Judenverfolgung veröffentlicht: ungenügend. Ausreichend wären dagegen alte AnO, Erlasse, Weisungen und Verträge gewesen); auf neue Zeugen oder SV; neue SV-Gutachten (BGH 1, 218; OLG Koblenz NJW-RR 1995, 1278), neue Urkunden (BVerwG NVwZ 1999, 1335).

10 **(1) Die Urkunde muss einen eigenen Beweiswert** aufgrund des in ihr verkörperten Gedankeninhalts **haben** (hätte also im vorangegangenen Verfahren einen urkundl. Beweis erbringen können, BGH LM Nr. 16) und geeignet sein, das Urteil in seinen tatsächl. Grundlagen für jedermann erkennbar zu erschüttern (BGH NJW 1980, 1000); ausreichend, dass der Restitutionskläger nachträgl. eine Urkunde auffindet, die ihn veranlasst, eine geg-

nerische Tatsachenbehauptung aus dem Vorprozess erstmals zu bestreiten (BGH NJW 2005, 222); andererseits genügen Urkunden, die für die zu beweisende Tatsache ledigl. einen frei zu würdigenden Beweiswert haben (zB Privaturkunden, öffentl. Urkunden über vor einer Urkundsperson abgegebene Erklärungen; BFH/NV 2004, 805) nicht (**aA** für ein StrafU BGH NJW-RR 1991, 380).

Informativ BGH NJW 1960, 818 zum alten ScheidungsR: der Mann hatte im Scheidungs- 11
prozess nichts über ehewidrige Beziehungen der Frau vorgetragen und wurde rechtskr aus alleinigem Verschulden geschieden. Er stützte seine Restitutionsklage auf einen polizeil. Meldeschein eines Hotels, in dem ein Dritter die Frau als mit ihm (D) verheiratet und in seiner Begleitung befindl. im Hotel gemeldet hatte, somit der Verdacht ehebrecherischer Beziehungen gegeben sei. Die Wiederaufnahmeklage war unbegr, weil der Ehebruch allein durch die Urkunde nicht hätte bewiesen werden können, es vielmehr notw gewesen wäre, auch die Frau oder D als Zeugen zu vernehmen. Anders, wenn es sich um eine Restitutionsklage in einem Rechtsstreit des D gehandelt hätte.

**(2)** Die **Urkunde muss spätestens in dem Zeitpunkt errichtet worden sein**, in dem sie 12
im Vorprozess noch hätte benutzt werden können (BGH NJW 1959, 1369), ungenügend also zB ein *nachträgl.* erlassener Strafbefehl, ein nachträgl. erlassenes BodenreformU des EGMR (OLG Dresden VIZ 2004, 459), oder des EuGH (OLG Köln BB 2004, 1134), nachträgl. erteilter Erbschein. Ausnahmen gelten für nachträgl. errichtete Personenstandsurkunden, zB zum Nachweis eines Ehebruchs (BGH NJW 1980, 1000), Feststellungsbescheide (BAG NJW 1985, 1485).

**(3) Auffinden** vgl § 582.

**(4) Eignung für eine günstigere Entscheidung:** dabei dürfen nur das tatsächl. Vorbringen 13
im Vorprozess und der mit der Urkunde im Zusammenhang stehende Prozessstoff und als Beweismittel außer der Urkunde nur die im Vorprozess erhobenen und angetretenen Beweise berücksichtigt werden (st Rspr, BGH NJW 1980, 1 000); selbst ein Geständnis des Bekl der Restitutionsklage im Restitutionsverfahren muss außer Betracht bleiben. Bei der Beweiswürdigung ist dann die Urkunde iVm dem im Vorprozess vorgetragenen Prozessstoff zu würdigen.

**Nr. 8.** Vom Europäischen Gerichtshof für Menschenrechte wegen EMRK festgestellter 14
Verstoß. Nach der alten Rechtslage war eine Entscheidung des Europäischen Gerichtshofs für Menschenrechte zB zu Bodenreformgrundstücken (NJW 2004, 923) kein Restitutionsgrund. Deshalb wurde Nr. 8 neu eingefügt. Dazu *Braun* NJW 2007, 1620 (zur nF); *Selbmann* ZRP 2006, 124 (noch zur aF). Eine BVerfGE dagegen ist für andere Fälle grds kein Restitutionsgrund (oben Rz 6).

**Praxishinweise:** 15

Zur Eignung einer Ablichtung als Urkunde s. § 592 Rz 7.

Formular 276: Restitutionsklage – Klageerhebung beim Berufungsgericht

### § 581 ZPO Besondere Voraussetzungen der Restitutionsklage

**(1) In den Fällen des vorhergehenden Paragraphen Nummern 1 bis 5 findet die Restitutionsklage nur statt, wenn wegen der Straftat eine rechtskräftige Verurteilung ergangen ist oder wenn die Einleitung oder Durchführung eines Strafverfahrens aus anderen Gründen als wegen Mangels an Beweis nicht erfolgen kann.**

**(2) Der Beweis der Tatsachen, welche die Restitutionsklage begründen, kann durch den Antrag auf Parteivernehmung nicht geführt werden.**

1 **1. Absatz 1** enthält Voraussetzungen für die Zulässigkeit der Restitutionsklage (vgl § 578 Rz 2 ff): **Fall 1**: die Behauptung einer strafbaren Handlung genügt nicht, sondern idR muss eine rechtskr Verurteilung hinzutreten; **Restitutionsgrund** (§ 578 Rz 4) ist aber nicht die Verurteilung im Strafverfahren, sondern die **Begehung der Straftat;** nach Bejahung der Zulässigkeit des Wiederaufnahmeverfahrens hat das ZivilG daher ohne formelle Bindung an das StrafU zu prüfen, ob die Straftat tatsächl. begangen worden ist (BGH NJW 1983, 320); die Beweisaufnahme des Strafverfahrens muss aber nicht unbedingt wiederholt werden.

2 **Fall 2:** die **Durchführung kann zB nicht erfolgen** bei Einstellung nach §§ 153, 153a StPO; bei § 154 StPO je nach Aktenlage (vgl OLG Hamm NJW-RR 1999, 1298; MDR 1986, 679); Freispruch nur wegen Schuldunfähigkeit hat mit „Mangel an Beweis" nichts zu tun und macht die Klage nicht unzulässig (**aA** hM, vgl BGH 50, 119; OLG Celle NJW 1958, 467). Verjährung kann die Klage unzulässig machen, denn der BGH (NJW-RR 2006, 1573) schränkt Fall zwei weiter ein: er liege nur vor, wenn eine Verfolgung der als Restitutionsgrund vorgetragenen Straftat infolge hinzugetretener, vom Restitutionskl nicht beeinflussbarer Umstände unmögl. ist. War bei rechtzeitiger Anzeige die Ermittlung oder Durchführung eines Strafverfahrens dagegen (noch) mögl., so ist eine Wiederaufnahme allein unter Hinweis auf eine angebl. in dem rechtskr abgeschlossenen Prozess begangene Straftat ausgeschlossen. Dem Geschädigten wird also angelastet, dass er nicht alsbald Strafanzeige erstattet hat, sodass Verjährung eintreten konnte.

3 **2. Absatz 2** gilt für § 580 Nr. 1 bis 7. Die Tatsachen (= Restitutionsgrund nach § 580 Nr. 1 bis 7 und § 582) unterliegen nicht der Parteidisposition, sondern sind von Amts wegen zu prüfen. Die Beweislast für Tatsachen, die einen Restitutionsgrund ergeben, trägt der Restitutionskl (BGH NJW 1983, 320; vgl ferner BGH MDR 2004, 644); im Zweifel ist zugunsten der Rechtskraft zu entscheiden.

### § 582 ZPO Hilfsnatur der Restitutionsklage

**Die Restitutionsklage ist nur zulässig, wenn die Partei ohne ihr Verschulden außerstande war, den Restitutionsgrund in dem früheren Verfahren, insbesondere durch Einspruch oder Berufung oder mittels Anschließung an eine Berufung, geltend zu machen.**

1 Die in § 582 zum Ausdruck kommende **Subsidiarität** besagt, dass die Restitutionsklage immer unzulässig ist, wenn ein Angriffsmittel bei Sorgfalt schon im Vorprozess hätte geltend gemacht werden können.

Ob die Voraussetzungen des § 582 vorliegen, ist eine Zulässigkeitsfrage (BGH LM Nr. 1; str). **Ohne Verschulden:** an die Sorgfaltspflicht der Prozesspartei (und ihres PrBev, gesetzl. Vertreter, §§ 51 II, 85 II) sind strenge Anforderungen zu stellen und eine auch nur leicht fahrlässige Verletzung der Pflichten schließt die spätere Restitutionsklage aus; für mangelndes Verschulden ist der Restitutionskl beweispflichtig (BGH NJW 1974, 557). 2

Wenn eine Partei infolge ungenügender Ordnung oder mangelhafter Nachforschung eine Quittung erst nach dem Vorprozess auffindet, ist sie daher mit der Restitutionsklage ausgeschlossen (vgl BGH NJW 1974, 557); ebenso, wenn sie im Vorprozess keine Anträge auf Urkundenvorlage (§§ 421, 428) stellte (OLG Oldenburg NJW-RR 1999, 1443). 3

## § 583 ZPO Vorentscheidungen

**Mit den Klagen können Anfechtungsgründe, durch die eine dem angefochtenen Urteil vorausgegangene Entscheidung derselben oder einer unteren Instanz betroffen wird, geltend gemacht werden, sofern das angefochtene Urteil auf dieser Entscheidung beruht.**

Dem Urteil **vorangegangene Entscheidungen** sind zB ZwischenU nach §§ 280, 303, 304, VorbehaltsU nach §§ 302, 599. Die Wiederaufnahmeklage richtet sich gegen das EndU, nicht gegen diese VorE; im Wiederaufnahmeverfahren werden diese VorE (soweit das EndU auf ihnen beruht) mit überprüft; wird das EndU aufgehoben, geschieht dies auch mit den betroffenen Zwischen- und VorbehaltsU. 1

## § 584 ZPO Ausschließliche Zuständigkeit für Nichtigkeits- und Restitutionsklagen

**(1) Für die Klagen ist ausschließlich zuständig: das Gericht, das im ersten Rechtszug erkannt hat; wenn das angefochtene Urteil oder auch nur eines von mehreren angefochtenen Urteilen von dem Berufungsgericht erlassen wurde oder wenn ein in der Revisionsinstanz erlassenes Urteil auf Grund des § 580 Nr. 1 bis 3, 6, 7 angefochten wird, das Berufungsgericht; wenn ein in der Revisionsinstanz erlassenes Urteil auf Grund der §§ 579, 580 Nr. 4, 5 angefochten wird, das Revisionsgericht.**

**(2) Sind die Klagen gegen einen Vollstreckungsbescheid gerichtet, so gehören sie ausschließlich vor das Gericht, das für eine Entscheidung im Streitverfahren zuständig gewesen wäre.**

Die Zust (örtl. und sachl.) liegt bei dem Gericht, dessen Urteil mit dem Wiederaufnahmeverfahren angegriffen wird: 1

**a) Erstinstanzliches Gericht:** grds immer (die früheren Richter sind nicht ausgeschlossen, BGH Warneyer 1980, 869); auch wenn die Ber als unzulässig verworfen wurde; im Fall des Abs. 2.

**b) Berufungsgericht: (1)** wenn es auf zulässige Ber das Urteil erlassen hat; wenn die Rev als unzulässig verworfen wurde (BGH 14, 257); bei Zurückverweisung, wenn sich die Klage gegen die neue Entscheidung richtet; **(2)** wenn das vom BGH erlassene Urteil nach 2

§ 580 Nr. 1 bis 3, 6, 7 angefochten wird, weil es hier auf Tatsachen ankommt, zB ob die Feststellungen des BerGer von strafbaren Handlungen beeinflusst waren.

3 **c) Revisionsgericht:** wenn sein Urteil nach §§ 579, 580 Nr. 4, 5 angegriffen werden soll; der BGH ist aber nicht zuständig, wenn bei § 580 Nr. 4 die tatsächl. Feststellungen des BerGer angegriffen werden (BGH NJW 1973, 1701). Hat dagegen der BGH tatsächl. Feststellungen getroffen und dann eine Rev durch Beschluss oder Urteil verworfen, ist die Restitutionsklage beim BGH zu erheben (BGH 62, 18).

## § 585 ZPO Allgemeine Verfahrensgrundsätze

**Für die Erhebung der Klagen und das weitere Verfahren gelten die allgemeinen Vorschriften entsprechend, sofern nicht aus den Vorschriften dieses Gesetzes sich eine Abweichung ergibt.**

1 Die allgemeinen Vorschriften sind für Wiederaufnahmeverfahren nicht die eines Rm-Verfahrens, sondern eines **Verfahrens erster Instanz** (vor LG, OLG, BGH: §§ 253 ff; vor AG: §§ 253 ff, 495 ff). Streitgenossenschaft ist mögl.; Verbindung mit anderen Klageanträgen (zB Schadensersatz) ist im Rahmen von § 260 mögl. (hM); **Anwaltszwang** nach § 78; die alte Vollmacht genügt, § 81; **Zustellungen** an den alten PrBev, §§ 172, 81.

## § 586 ZPO Klagefrist

**(1) Die Klagen sind vor Ablauf der Notfrist eines Monats zu erheben.**

**(2) [1]Die Frist beginnt mit dem Tag, an dem die Partei von dem Anfechtungsgrund Kenntnis erhalten hat, jedoch nicht vor eingetretener Rechtskraft des Urteils. [2]Nach Ablauf von fünf Jahren, von dem Tag der Rechtskraft des Urteils an gerechnet, sind die Klagen unstatthaft.**

**(3) Die Vorschriften des vorstehenden Absatzes sind auf die Nichtigkeitsklage wegen mangelnder Vertretung nicht anzuwenden; die Frist für die Erhebung der Klage läuft von dem Tag, an dem der Partei und bei mangelnder Prozessfähigkeit ihrem gesetzlichen Vertreter das Urteil zugestellt ist.**

1 **1. Absatz 1. Klagen:** Nichtigkeits- bzw Restitutionsklage. Notfrist: § 224 I 2. Berechnung §§ 222 ff, Beispiele wie bei § 517. **Zur Fristwahrung genügt:** iFd § 167 die Klageeinreichung (sonst erst die Klagezustellung), auch Erhebung vor einem örtl. oder sachl. unzuständigen Gericht (BGH 35, 378; BayObLG WuM 1991, 133), nicht aber Einreichen eines PKH-Antrags (BGH 19, 22). Gegen die Versäumung ist *WE mögl.*, § 233 (BGH VersR 1962, 176).

2 **2. Klagefrist ein Monat (Absatz 2 Satz 1).** Fristbeginn frühestens mit Rechtskraft (§705), und auch dann erst mit Kenntnis der Partei oder ihres gesetzl. Vertreters oder General-Bev (aber nur im Rahmen des Auftragsumfangs; RG 37, 389) oder PrBev (§§51 II, 85 II).

3 **Beim Prozeßbevollmächtigten** kommt es darauf an, ob er Kenntnis zu einem Zeitpunkt erlangte, als er noch beauftr war, in dem Rechtsstreit (oder mit der Strafanzeige, BGH

MDR 1978, 1015) für die Partei tätig zu werden, der Fortbestand der Vollmacht ist unwesentl. (BGH NJW 1960, 818).

**Kenntnis:** auf sicheren Grundlagen beruhendes Wissen über die Tatsache, nicht von der rechtl. Einordnung (BGH VersR 1962, 176); zB Datum des Auffindens der Urkunde (§ 580 Nr. 7b), vom StrafU (§ 581). BAG MDR 2003, 592 stellt dem „positiven Wissen" gleich, dass sich die Partei der Kenntnisnahme bewusst verschließt. Das Datum der Kenntniserlangung ist glaubhaft zu machen (§ 589 II), die Fristwahrung von Amts wegen zu prüfen. Für weitere Wiederaufnahmegründe beginnt die Monatsfrist ab jeweiliger Kenntniserlangung; insoweit können sie nachgeschoben werden (BGH VersR 1962, 176). 4

**Ausschlussfrist fünf Jahre (Absatz 2 Satz 2).** Der erste Tag wird hier nicht mitgerechnet (RG 65, 25; Beispiel bei § 234 III); *keine WE* (auch nicht bei PKH-Antrag vor Ablauf) oder Fristverlängerung mögl., keine analoge Anwendung von § 203 aF, § 206 nF BGB (BGH VIZ 2004, 272; BGH LM Nr. 2). Der Fristbeginn muss in den Akten dokumentiert sein, andernfalls kann es auf den Vortrag der Partei ankommen (BVerwG NVwZ 1994, 1206). 5

**3. Keine Ausschlussfrist (Absatz 3).** Mangelnde Vertretung (§ 579 I Nr. 4), zB bei unerkannter partieller Geschäftsunfähigkeit. Die Fünfjahresfrist des Abs. 2 gilt hier nicht. Fehlt ein gesetzl. Vertreter (der PrBev genügt nicht), beginnt die Monatsfrist nicht zu laufen (vgl BGH LM Nr. 9). Bei Versäumung WE mögl. (LG Münster NZI 2001, 485). 6

**4.** Bei Nichtigkeitsklagen nach § 579 ZPO gegen Urteil über die **Feststellung der Vaterschaft** ist die Klagefrist des § 586 ZPO nicht durch § 641i IV ZPO ausgeschlossen (BGH NJW 1994, 589). 7

## § 587 ZPO Klageschrift

**In der Klage muss die Bezeichnung des Urteils, gegen das die Nichtigkeits- oder Restitutionsklage gerichtet wird, und die Erklärung, welche dieser Klagen erhoben wird, enthalten sein.**

Der Inhalt der Klage ist wie bei einer Ber, §§ 519, 253. Parteien sind die des Vorprozesses, Antrag zB: „Das Urteil des LG X vom ... Aktenzeichen ... wird aufgehoben; die Klage wird abgewiesen". Ferner § 588, Darlegungen nach § 582 sind notw (OLG Köln FamRZ 1998, 1608). Die Erklärung des § 587 muss nicht ausdrückl. erfolgen, die Worte „Nichtigkeitsklage" etc müssen nicht verwendet werden. Vgl § 578 Rz 2 ff. 1

## § 588 ZPO Inhalt der Klageschrift

**(1) Als vorbereitender Schriftsatz soll die Klage enthalten:**

**1. die Bezeichnung des Anfechtungsgrundes;**

**2. die Angabe der Beweismittel für die Tatsachen, die den Grund und die Einhaltung der Notfrist ergeben;**

**3. die Erklärung, inwieweit die Beseitigung des angefochtenen Urteils und welche andere Entscheidung in der Hauptsache beantragt werde.**

**(2) [1]Dem Schriftsatz, durch den eine Restitutionsklage erhoben wird, sind die Urkunden, auf die sie gestützt wird, in Urschrift oder in Abschrift beizufügen. [2]Befinden sich die Urkunden nicht in den Händen des Klägers, so hat er zu erklären, welchen Antrag er wegen ihrer Herbeischaffung zu stellen beabsichtigt.**

1 Verstöße sind ohne Folgen. Zu Nr. 1 vgl §§ 579, 580.

## § 589 ZPO Zulässigkeitsprüfung

**(1) [1]Das Gericht hat von Amts wegen zu prüfen, ob die Klage an sich statthaft und ob sie in der gesetzlichen Form und Frist erhoben sei. [2]Mangelt es an einem dieser Erfordernisse, so ist die Klage als unzulässig zu verwerfen.**

**(2) Die Tatsachen, die ergeben, dass die Klage vor Ablauf der Notfrist erhoben ist, sind glaubhaft zu machen.**

1 **Absatz 1.** Nicht nur die genannten, sondern alle Zulässigkeitsvoraussetzungen (vgl § 578 Rz 2) sind von Amts wegen (also nicht nur auf Rüge) zu prüfen; eine Sachverhaltsermittlung von Amts wegen findet dagegen nicht statt.

2 **Absatz 2.** Vgl § 294. Für die Entgegnung des Bekl genügt insoweit ebenfalls Glaubhaftmachung (BGH 31, 355).

## § 590 ZPO Neue Verhandlung

**(1) Die Hauptsache wird, insoweit sie von dem Anfechtungsgrunde betroffen ist, von neuem verhandelt.**

**(2) [1]Das Gericht kann anordnen, dass die Verhandlung und Entscheidung über Grund und Zulässigkeit der Wiederaufnahme des Verfahrens vor der Verhandlung über die Hauptsache erfolge. [2]In diesem Fall ist die Verhandlung über die Hauptsache als Fortsetzung der Verhandlung über Grund und Zulässigkeit der Wiederaufnahme des Verfahrens anzusehen.**

**(3) Das für die Klagen zuständige Revisionsgericht hat die Verhandlung über Grund und Zulässigkeit der Wiederaufnahme des Verfahrens zu erledigen, auch wenn diese Erledigung von der Feststellung und Würdigung bestrittener Tatsachen abhängig ist.**

1 **1. Absatz 1.** Ist die Wiederaufnahmeklage zulässig und begr, ist zu prüfen, ob das angefochtene Urteil richtig ist (sog dritter Abschnitt, vgl § 578 Rz 5). Die Sache wird „neu" verhandelt; wenn der Vorprozess mehrere StrG betraf oder der StrG teilbar ist und nur bez eines Teils ein Anfechtungsgrund vorliegt (zB, wenn nur zu einem von mehreren Rechnungsposten eine Quittung aufgefunden wurde), nur insoweit.

2 **2. Absatz 2.** Die mdl Verh umfasst alle drei Abschnitte (§ 578 Rz 2); das Gericht könnte aber anordnen, dass über bestimmte Abschnitte abgesondert verhandelt wird.

**3. Absatz 3.** Für die Klage kann das AG, LG, OLG oder der BGH zuständig sein, § 584. Ist es der BGH, kann er die Tatsachen (zu Abschnitt I und II) selbst feststellen, durch ZwischenU entscheiden und zur Neuverh der Hauptsache zurückverweisen. 3

**4. Neue Entscheidung** (dritter Abschnitt). 4

**a)** Nur in dem vom Anfechtungsgrund betroffenen Teil wird neu verhandelt: bei § 579 ist dies idR der ganze Rechtsstreit; bei § 580 I Nr. 7 dagegen ist nur der alte Prozessstoff um die Urkunde zu ergänzen (vgl BGH NJW 1963, 715).

**b) Entscheidung:** EndU:

**War das angegriffene Urteil unrichtig**, wird es aufgehoben und zur Hauptsache erneut entschieden; über die Kosten des alten und des neuen Verfahrens ist einheitl. nach §§91 ff zu entscheiden. War aus dem angegriffenen Urteil vollstreckt worden, kann der Rückzahlungsanspruch (aus §812 BGB) nach §717 III geltend gemacht werden, weiterer Schadensersatz (aus §§823, 826 BGB) durch eigene Klage, die mit dem Wiederaufnahmeverfahren verbunden werden kann (RG 91, 198). 5

**War das Urteil richtig**, ist entspr §343 die alte Entscheidung aufrechtzuerhalten (die **aA** will das alte Urteil aufheben und durch ein gleichlautendes ersetzen); die Kosten trägt der Kl, §91. 6

**Ist der Wiederaufnahmebeklagte säumig**, sind die Abschnitte I und II von Amts wegen zu prüfen; fehlt es hier, erfolgt Klageabweisung durch EndU (unechtes VU, BGH NJW 1959, 1780). Ist die Klage in diesen Abschnitten zulässig und begr, kommt es bez der Hauptsache auf §§ 330, 331 an (je nach der Parteirolle des Wiederaufnahmebekl im Vorprozess). 7

## § 591 ZPO Rechtsmittel

**Rechtsmittel sind insoweit zulässig, als sie gegen die Entscheidungen der mit den Klagen befassten Gerichte überhaupt stattfinden.**

Das Wiederaufnahmeverfahren verlängert nicht den Instanzenzug. War ein BGH-RevU angegriffen worden, ist ein Rm gegen das *neue* Urteil somit ausgeschlossen. Sonst sind ggf Rm wie sonst zulässig; bei einem LG-BerU, OLG-Urteil nur bei Zulassung (§ 543) bzw nach Nichtzulassungsbeschwerde (§ 544). 1

# Buch 5
# Urkunden- und Wechselprozess

## § 592 ZPO Zulässigkeit

**[1]Ein Anspruch, welcher die Zahlung einer bestimmten Geldsumme oder die Leistung einer bestimmten Menge anderer vertretbarer Sachen oder Wertpapiere zum Gegenstand hat, kann im Urkundenprozess geltend gemacht werden, wenn die sämtlichen zur Begründung des Anspruchs erforderlichen Tatsachen durch Urkunden bewiesen werden können. [2]Als ein Anspruch, welcher die Zahlung einer Geldsumme zum Gegenstand hat, gilt auch der Anspruch aus einer Hypothek, einer Grundschuld, einer Rentenschuld oder einer Schiffshypothek.**

1 **1. Der Urkundenprozess** hat geringe praktische Bedeutung, meist nur in der Unterart des Wechsel- bzw Scheckprozesses. Er führt zwar schneller zu einem vorl vollstr Urteil, die endgültige Klärung erfolgt aber erst im Nachverfahren. Stellt sich dann heraus, dass der Anspruch nicht besteht, wird das UrkundenU aufgehoben, der Kl hat Schadensersatz zu leisten (§ 600 II) und alle Kosten zu tragen.

2 **2. Streitgegenstand** muss sein: Geldzahlung; vertretbare Sachen, § 91 BGB; Wertpapiere; Fälle des S. 2; Forderungen aus Bauvertrag evtl (OLG Oldenburg BauR 2001, 831); auch **Gewerbe-Mietzinsforderungen** können im Urkundenprozess geltend gemacht werden (BGH NJW 1999, 1408; *Börstinghaus* NZM 1998, 89), vgl künftige Miete nach § 259 (*Bussmann* MDR 2004, 674). Auch Ansprüche auf **Miete aus Wohnraummietverträgen** können im Urkundenprozess geltend gemacht werden (BGH NJW 2005, 2701), auch für den Fall, dass der Mieter wegen behaupteter Mängel der Mietsache Minderung geltend macht (denn Mangelfreiheit einer Mietsache gehört nicht zu den anspruchsbegründenden Tatsachen iSd § 592). Die Urkundenklage wegen Wohnraummiete ist auch dann statthaft, wenn der Mieter wegen Mängeln die Einrede des nicht erfüllten Vertrags erhebt, jedenfalls dann, wenn der Mieter unstr die Wohnung in vertragsgemäßen Zustand erhalten hat und die Einrede des nicht erfüllten Vertrags darauf stützt, ein Mangel sei nachträgl. eingetreten (BGH NJW 2007, 1061). Das alles ist vielfältig umstr, vgl *Both* NZM 2007, 156; *Fischer* WuM 2005, 554; *Sturhahn* NZM 2004, 441; *Greiner* NJW 2000, 1314; *Blank* NZM 2000, 1083; *Eisenhardt* MDR 1999, 901; *Heim* ZMR 1999, 372; *Malitz* MDR 1997, 899. Es genügt, wenn als Urkunde der Mietvertrag vorgelegt wird (BGH NJW 2007, 1061; str, vgl LG Frankfurt NJW-RR 2000, 1464; OLG Düsseldorf NJW-RR 2005, 97; AG Hannover MDR 2003, 326).

**Unstatthaft** ist zB die Urkundenklage auf individuelle Sachen, Unterlassung, Feststellung zur Insolvenztabelle (OLG München NJW 1985, 983; str), sonstige Feststellungsklagen (BGH WM 1979, 614); für den Rückforderungsprozess bei einer „Bürgschaft auf erstes Anfordern“ (hierzu *Palandt* Rz 14 vor § 765 BGB) idR (BGH NJW 2001, 3549; **aA** *Lang* WM 1999, 2329; dazu *Vogel* BauR 2002, 131; vgl OLG Brandenburg BauR 2002, 127). Der Urkundenprozess kann nicht mit einem ordentl. oder Wechsel/Scheckprozess verbunden werden.

3 **3. Beweisbarkeit** aller anspruchsbegründenden (also zur Schlüssigkeit erforderl.) Tatsachen durch nach §§ 593 II, 595 III vorlegbare Urkunden (iSd § 415), auch Telefax, OLG Köln NJW 1992, 1774): zB einer Mietforderung durch den Mietvertrag (LG Bonn NJW 1986, 264; str); einer Geschäftsführervergütung (Vorlage des Dienstvertrages, urkundl. Nachweis des Angebots und der Nichtabnahme der Dienste, KG NJW-RR 1997, 1059); Darlehensrückzahlung.

4 Auch **Zinsen** und sonstige Nebenforderungen sind urkundl. zu belegen (Ausnahme: § 605 II).

5 **Tatsachen, die unstrittig**, zugestanden oder offenkundig sind, brauchen nicht durch Urkunden bewiesen werden (BGH 62, 286; str). **Beweis** anderer (als anspruchsbegründender) Tatsachen: § 595 II.

6 **Keines Urkundenbeweises bedürfen:** Prozessvoraussetzungen, prozesshindernde Einreden (BGH NJW 1986, 2765); hier erfolgt Prüfung von Amts wegen.

**Praxishinweise:** 7

1. Der Urkundenbegriff wird weit gefasst. Ein Telegramm oder ein Telefax fällt darunter. Eine Unterschrift ist nicht erforderl. Umstr ist, ob das auch für eine unbegl Ablichtung gilt. MünchKommZPO/*Braun* (§ 592 Rz 16) bejaht das. *Wieczorek/Schütze/Olzen* (§ 592 Rz 36) verneint es, weil es sich dabei im Unterschied zum Telefax nicht um das für den Empfänger bestimmte Original der Erklärung handele. Diese Auffassung vertritt das KG (NJW-RR 1997, 123) auch für § 580 Nr. 7b.
2. Zulässig ist es, einen Wechselanspruch im Wechselprozess und daneben den Anspruch aus dem Grundgeschäft im ordentl. Verfahren geltend zu machen. § 261 III Nr. 1 steht nicht entgegen, weil der Wechselanspruch und der Anspruch aus dem Grundgeschäft je eigene StrG begründen (RGZ 160, 342; *Zöller/Vollkommer* Einl Rz 75; *Thomas/Putzo/Reichold* Einl III Rz 32). Die Gefahr einer doppelten Verurteilung besteht nicht, weil der Gl die Leistung aus dem Grundgeschäft nur gegen Rückgabe des Wechsels fordern und der Schuldner insoweit ein ZurückbehaltungsR geltend machen kann (vgl *Schneider* ZAP Fach 13, S. 537f). Unzulässig ist es jedoch, den Anspruch aus dem Grundgeschäft im Wechselprozess hilfsweise geltend zu machen (BGHZ 82, 200; NJW 1982, 523).

## § 593 ZPO Klageinhalt; Urkunden

**(1) Die Klage muss die Erklärung enthalten, dass im Urkundenprozess geklagt werde.**

**(2) [1]Die Urkunden müssen in Urschrift oder in Abschrift der Klage oder einem vorbereitenden Schriftsatz beigefügt werden. [2]Im letzteren Fall muss zwischen der Zustellung des Schriftsatzes und dem Termin zur mündlichen Verhandlung ein der Einlassungsfrist gleicher Zeitraum liegen.**

**1. Absatz 1.** Die Erklärung kann durch späteren Schriftsatz oder in mdl Verh entspr § 263 nachgeholt werden (BGH NJW 1977, 1883), ein Übergang vom ordentl. in den Urkundenprozess ist also mögl. Fehlt diese Erklärung, liegt ein gewöhnl. Prozess vor; vgl § 597 II. Für die Urkundenklage gilt iÜ § 253. Geht ein Mahnverfahren voraus: § 703a; die Anspruchsbegründung braucht die Erklärung nicht nochmals zu enthalten. 1

**2. Absatz 2.** Bei Vorlage der Urkunden (Fotokopie muss begl sein, OLG Düsseldorf AnwBl 1988, 411) erst mit einem vorbereitenden Schriftsatz (Zustellung zweckmäßig, aber nicht vorgeschrieben, § 270) oder in der mdl Verh muss die Frist des § 274 III (Abkürzung § 226; Wechselprozess § 604 II, III) gewahrt sein. Mangelnde Frist kann nach § 295 heilen, wenn der Bekl nicht rügt (RG 114, 371); rügt er, ist auf Antrag des Kl zu vertagen, ohne Antrag nach § 597 II zu verfahren; gegen den nicht erschienenen Bekl kann kein VU ergehen. 2

Formular 257: Klage im Urkundenprozess

## § 594 ZPO
(weggefallen)

## § 595 ZPO Keine Widerklage; Beweismittel

**(1) Widerklagen sind nicht statthaft.**

**(2) Als Beweismittel sind bezüglich der Echtheit oder Unechtheit einer Urkunde sowie bezüglich anderer als der im § 592 erwähnten Tatsachen nur Urkunden und Antrag auf Parteivernehmung zulässig.**

**(3) Der Urkundenbeweis kann nur durch Vorlegung der Urkunden angetreten werden.**

1 **1. Absatz 1. Widerklagen** (auch Urkundenklagen) werden abgetrennt (§ 145) oder nach § 597 II abgewiesen. Zur Frage, ob gegen eine gewöhnl. Klage eine Urkunden-Widerklage erhoben werden kann, vgl BGH NJW 2002, 751.

2 **2. Absatz 2. Beweismittel**

**a) Prozessvoraussetzungen** (zB Zust) und prozesshindernde Einreden (zB Einrede des Schiedsvertrags, BGH NJW 1986, 2765): werden nicht von §§ 592, 595 erfasst; können mit allen Beweismitteln bewiesen werden (Freibeweis); zur Ermittlung ausl Rechts kann auch im Urkundenprozess ein SV-Gutachten eingeholt werden (BGH NJW-RR 1997, 1154). Prüfung von Amts wegen.

3 **b) Anspruchsbegründende Tatsachen:** unstr Tatsachen bedürfen keines Beweises (BGH 62, 286); str: Urkundenbeweis nach §§ 415 bis 420, 434 bis 437. Unzulässig ist Beweis durch Zeugen, SV-Gutachten (zB über Echtheit), Augenschein (zB Schriftvergleichung), Parteivernehmung von Amts wegen (§ 448). § 592 darf nicht durch Herstellung von "*Ersatzurkunden*" umgangen werden; ist der Beweis nur durch Zeugen zu führen, kann die „Urkunde" nicht durch eine schriftl. (auch eidesstattl.) Zeugenerklärung ersetzt werden (vgl BGH 1, 220; *Zöller/Greger* § 592 Rz 16); vgl das ähnl. Problem bei § 580 Nr. 7b.

4 **c) Echtheit der Urkunde:** weitere Urkunden (§§ 437 ff), Antrag auf Parteivernehmung. Äußert sich der Bekl zur Echtheit nicht, wird davon ausgegangen (§ 439 I; beim AG ist § 510 zu beachten). Bestreitet der Bekl die Echtheit der Unterschrift, ist der Kl beweispflichtig (§ 440 I); den Beweis kann er nur mit den Mitteln des § 595 II führen (idR durch eidl. Parteivernehmung des Bekl; über Beweiswürdigung vgl OLG Köln ZIP 1982, 1424 und *Becht* NJW 1991, 1993).

5 **d) Andere Tatsachen als die anspruchsbegründenden**, also Einwendungen und Einreden des Bekl (zB Erfüllung, Aufrechnung, Anfechtung) und die Replik des Kl hierzu (zB die zur Aufrechnung gestellte Gegenforderung des Bekl sei erloschen, BGH NJW 1986, 2767): Urkundenbeweis und Antrag auf Parteivernehmung. Zur Sachdienlichkeit der Aufrechnung in zweiter Instanz vgl BGH NJW 2000, 143.

6 **3. Absatz 3. Urkundenbeweis:** erfolgt durch Vorlage (§§ 420, 434). Genügend ist Antrag auf Beiziehung von konkreten Akten, die beim selben Gericht bereits vorliegen (BGH NJW 1998, 2280). Es reicht aus, dass die anspruchsbegründenden Tatsachen und die, auf die der Bekl seine Einwendungen stützt, nach den Grundsätzen der freien Beweiswürdi-

gung (§ 286) aus den Urkunden unmittelbar (oder mittelbar durch den Beweis von Indiztatsachen) zur Überzeugung des Gerichts erbracht werden; § 595 hindert nicht, Parteivortrag (zB über Nichtigkeit eines Vertrags) iVm Indizien aus Urkunden für wahr zu halten (BGH NJW 1985, 2953). Die Urkunden dürfen auch unter Berücksichtigung von Erfahrungswerten und Indizien ausgelegt werden (BGH NJW 1995, 1683).

**Fremdsprachliche Urkunden:** § 142 III. **Ungenügend** ist Antrag gem §§ 421, 428, 432 7
oder auf Aktenbeiziehung (BGH NJW 1994, 3295, falls Akten dem ProzessG nicht vorliegen). Parteivernehmung des Beweisführers oder -gegners: §§ 445, 447.

## § 596 ZPO Abstehen vom Urkundenprozess

**Der Kläger kann, ohne dass es der Einwilligung des Beklagten bedarf, bis zum Schluss der mündlichen Verhandlung von dem Urkundenprozess in der Weise abstehen, dass der Rechtsstreit im ordentlichen Verfahren anhängig bleibt.**

Der **Übergang vom Urkundenprozess in den normalen** ist in erster Instanz unbeschränkt 1
(ohne Einwilligung des Bekl) zulässig (auch nur bez eines Teils; Folge Trennung nach § 145), in der Ber analog § 263 (BGH NJW 1965, 1599), in der Rev nicht mehr. Er erfolgt durch Erklärung in mdl Verh, der StrG ändert sich dadurch grds nicht. Es kann dann zwar sof weiterverhandelt werden; Beweismittel des Bekl sind aber nicht verspätet (SächsVerfGH NJW 1998, 3266). Eine „hilfsweise“ Abstandnahme vom Urkundenprozess ist nicht zulässig (OLG Jena OLG-NL 1999, 67). Über Prozesstrennung bei teilw Übergang vgl BGH NJW 2003, 2386. Der Übergang von der

**Klage aus der Wechselforderung zur Klage aus dem Grundgeschäft** ist Klageänderung 2
und unterliegt § 263 (BGH NJW-RR 1987, 58).

Formular 260: Abstandnahme vom Urkundenprozess

## § 597 ZPO Klageabweisung

**(1) Insoweit der in der Klage geltend gemachte Anspruch an sich oder infolge einer Einrede des Beklagten als unbegründet sich darstellt, ist der Kläger mit dem Anspruch abzuweisen.**

**(2) Ist der Urkundenprozess unstatthaft, ist insbesondere ein dem Kläger obliegender Beweis nicht mit den im Urkundenprozess zulässigen Beweismitteln angetreten oder mit solchen Beweismitteln nicht vollständig geführt, so wird die Klage als in der gewählten Prozessart unstatthaft abgewiesen, selbst wenn in dem Termin zur mündlichen Verhandlung der Beklagte nicht erschienen ist oder der Klage nur auf Grund von Einwendungen widersprochen hat, die rechtlich unbegründet oder im Urkundenprozess unstatthaft sind.**

1 Entscheidungsmöglichkeiten:

**a) Fehlt eine allgemeine Prozessvoraussetzung** (Rz 5 vor § 253), zB die Zust, wird die Urkundenklage durch EndU als unzulässig abgewiesen; die Rechtskraft beschränkt sich hierauf.

2 **b) Fehlt eine besondere Prozessvoraussetzung** des Urkundenprozesses oder liegt sonst ein Fall des Abs. 2 vor (über Beweise und Beweismittel vgl § 595 Rz 2), wird die Klage "*als im Urkundenprozess unstatthaft*" abgewiesen; ein Nachverfahren folgt dann nicht. Im ordentl. Verfahren kann die Klage neu erhoben werden (RG 148, 201). Diese Abweisung kommt in der Praxis nicht vor, weil der Kl nach Hinweis (§ 139) selbst gem § 596 ins ordentl. Verfahren übergeht.

3 **c) Ist die zulässige Klage unbegründet** (zB weil Erfüllung oder Aufrechnung bewiesen ist), ist die Klage abzuweisen (Abs. 1); dann kann sie weder im Urkunden- noch im ordentl. Verfahren erneuert werden (RG 148, 201; OLG Rostock NZM 2003, 317). Ist sie unbegründet und fehlen die bes Prozessvoraussetzungen, kommt Abweisung „als im Urkundenprozess unstatthaft" nur infrage, wenn ein Obsiegen des Kl im neuen Prozess denkbar ist (BGH MDR 1976, 561).

4 **d) Ist die Klage zulässig, bestreitet aber der Bekl den Anspruch**: § 599.

Formular 259: Klageerwiderung im Urkundenprozess

## § 598 ZPO Zurückweisung von Einwendungen

**Einwendungen des Beklagten sind, wenn der dem Beklagten obliegende Beweis nicht mit den im Urkundenprozess zulässigen Beweismitteln angetreten oder mit solchen Beweismitteln nicht vollständig geführt ist, als im Urkundenprozess unstatthaft zurückzuweisen.**

1 **Einwendungen des Beklagten** (zB Aufrechnung, BGH MDR 1972, 41; Erfüllung; Mangelhaftigkeit; Anfechtung) können (soweit str) im Urkundenprozess nur mit den in § 595 II genannten Beweismitteln bewiesen werden. Kann der Bekl sie zB nur mit Zeugen und SV beweisen, dann ergeht uU ein VorbehaltsU nach § 599 gegen den Bekl; in den Entscheidungsgründen (nicht im Tenor) sind die Einwendungen des Bekl als unstatthaft zurückzuweisen, er kann sie dann im Nachverfahren erneut vorbringen (§ 600).

2 Die **Hilfsaufrechnung im Wechselprozess** führt zur Abweisung der Klage als in der gewählten Prozessart unstatthaft, wenn zwar die Aufrechnungsforderung, nicht aber die vom Bekl in erster Linie erhobenen Einwendungen mit den im Urkundenprozess zulässigen Beweismitteln bewiesen sind (BGH NJW 1982, 1536).

## § 599 ZPO Vorbehaltsurteil

**(1) Dem Beklagten, welcher dem geltend gemachten Anspruch widersprochen hat, ist in allen Fällen, in denen er verurteilt wird, die Ausführung seiner Rechte vorzubehalten.**

**(2) Enthält das Urteil keinen Vorbehalt, so kann die Ergänzung des Urteils nach der Vorschrift des § 321 beantragt werden.**

**(3) Das Urteil, das unter Vorbehalt der Rechte ergeht, ist für die Rechtsmittel und die Zwangsvollstreckung als Endurteil anzusehen.**

**1. Absatz 1.** Liegen die allgemeinen und die bes **Prozessvoraussetzungen** vor (vor § 253 Rz 5; § 597 Rz 2), ist die Klage nach dem Inhalt der Urkunde bzw dem Wechsel **begründet**, und hat der Bekl in der mdl Verh dem Anspruch **widersprochen** (Begründung ist nicht notw, wegen der Gefahr einer Bindung auch unzweckmäßig, § 600 Rz 6, 8; eine Begründung wird idR nicht jetzt, sondern erst im Nachverfahren überprüft), ergeht ein **„Wechselvorbehaltsurteil":** 1

**(1)** Der Bekl wird verurteilt, an den Kl 10 000 Euro nebst Zinsen hieraus iHv .. % über dem Basiszinssatz, mindestens jedoch .. %, seit dem ..., sowie ... Euro Wechselunkosten und ... Euro Wechselprovision zu zahlen gegen Aushändigung des quittierten Wechsels. **(2)** Die Kosten werden dem Bekl auferlegt. **(3)** Das Urteil ist vorl vollstr; der Bekl kann die Vollstr durch SiL iHv 12 300 Euro abwenden, wenn nicht der Kl vor der Vollstreckung Sicherheit in gleicher Höhe leistet. **(4)** Dem Bekl wird die Ausführung seiner Rechte im Nachverfahren vorbehalten. 2

**Anspruchsgrundlagen** sind: gegen den Akzeptanten Art 28 I WG; Aussteller Art 9 I WG; Indossant Art 15 I WG; Wechselbürge Art 32 I WG; Ehrenannehmer Art 58 I WG. Die Formgültigkeit des Wechsels ergibt sich aus Art 1 bis 6 WG. **Zinsen**, vgl Art 48 I Nr. 2 WG, **Wechselunkosten und Provision** sind nicht zu verzinsen (BGH WM 1977, 617; *Baumbach/Hefermehl* Art. 48 WG Rz 4). **Aushändigung**, vgl Art 39 WG (manche schreiben „Zug-um-Zug"; vgl § 726 Rz 10). **Kosten:** § 91. **Vorläufige Vollstreckbarkeit:** §§ 708 Nr. 4, 711. **Streitwert** 10 000 Euro, § 43 I GKG, § 4 II ZPO. **Vorbehalt:** §§ 602, 599. Tatbestand und Entscheidungsgründe sind erforderl. 3

Der Bekl kann dem Anspruch widersprechen, ihn aber „für den Urkundenprozess" anerkennen (herrschende Praxis, vgl *Schwarz* JR 1995, 1; OLG München MDR 1963, 603); dann ergeht ein "**Wechsel-Anerkenntnis-Vorbehaltsurteil"**, in Nrn. 1, 2, 4 nach obigem (Rz 2) Wortlaut, bez der vorl Vollstr aber nach § 708 Nr. 1 (**aA** LG Aachen NJW-RR 1986, 359, das § 711 anwendet). Tatbestand und Entscheidungsgründe sind dann *nicht* notw, § 313b I. 4

Ist der Bekl säumig, ergeht ein **Wechsel-Versäumnisurteil**, wenn die allgemeinen und die bes Prozessvoraussetzungen und die des § 331 vorliegen: Nrn. (1), (2) wie oben; (3) nach § 708 Nr. 1; Vorbehalt entfällt (auch wenn der Kl den Vorbehalt beantragt). 5

Erkennt der Bekl den Anspruch vorbehaltlos an (§ 307), ergeht ein **Wechselanerkenntnisurteil:** wie Rz 5. 6

Fehlen Prozessvoraussetzungen oder ist der Klägervortrag nicht urkundl. bewiesen, wird die **Klage durch EndU abgewiesen** (ohne Vorbehalt). 7

**2. Absatz 2.** Nach Fristablauf (§ 321 II): Rm. 8

**3. Absatz 3. Rechtsmittel gegen das Vorbehaltsurteil** notw zB zur Beseitigung der Bindungswirkung, § 600 Rz 5): Ber, etc vgl § 302 Rz 3. Wird kein Rm eingelegt, wird das 9

**Vorbehaltsurteil** zwar formell **rechtskräftig, das Nachverfahren aber bleibt möglich.** Wird Rm eingelegt, kann das Nachverfahren gleichzeitig weitergeführt werden (das ist aber unzweckmäßig): wird auf Rm das VorbehaltsU aufgehoben und die Sache nach § 538 II Nr. 5 zurückverwiesen, ist von der unteren Instanz wieder im Vorverfahren zu entscheiden.

10 Die **Zwangsvollstreckung** ist schon vor Rechtskraft nach § 708 Nr. 4 mögl. (kann aber nach § 707 eingestellt werden), ab Rechtskraft entfällt nur die Abwendungsbefugnis nach § 711.

## § 600 ZPO Nachverfahren

**(1) Wird dem Beklagten die Ausführung seiner Rechte vorbehalten, so bleibt der Rechtsstreit im ordentlichen Verfahren anhängig.**

**(2) Soweit sich in diesem Verfahren ergibt, dass der Anspruch des Klägers unbegründet war, gelten die Vorschriften des § 302 Abs. 4 Satz 2 bis 4.**

**(3) Erscheint in diesem Verfahren eine Partei nicht, so sind die Vorschriften über das Versäumnisurteil entsprechend anzuwenden.**

1 **1. Absatz 1.** Nach Erlass des VorbehaltsU wird der Prozess nicht von Amts wegen weiterbetrieben, eine Partei muss Terminsantrag stellen. Der **Beklagte stellt den Antrag**, das VorbehaltsU aufzuheben und die Klage abzuweisen; meist beantragt er ferner Einstellung der ZwV aus dem VorbehaltsU nach § 707. **Der Kläger beantragt** die Vorbehaltloserklärung. Das Nachverfahren setzt nicht die Rechtskraft des VorbehaltsU voraus (BGH NJW 1973, 467); eine Aussetzung des Nachverfahrens bis zur rechtskr Entscheidung des Urkundenverfahrens wird für unzulässig gehalten. Wenn die erste Instanz die Klage abgewiesen hat und das VorbehaltsU erst auf Rm der Klagepartei hin ergeht, ist grds das BerufungsG zur Verh und Entscheidung des Nachverfahrens zuständig (BGH NJW 2005, 2701).

2 **2. Absatz 2. Nachverfahren** (vgl § 302 IV)

**a) Zuständig** für das Nachverfahren ist das Gericht erster Instanz, auch wenn das VorbehaltsU erst vom Rm-Gericht erlassen wurde (vgl BGH NJW-RR 1988, 61; str).

3 **b) Die Beweismittel** sind nicht beschränkt.

4 **c) Klageerweiterung**, -änderung und Widerklage sind nun zulässig (BGH 17, 31).

5 **d) Bindungswirkung** (vgl § 318): das VorbehaltsU wird im Nachverfahren nicht frei überprüft; das VorbehaltsU entfaltet insoweit Bindungswirkung für das Nachverfahren, „als es nicht auf den eigentümlichen Beschränkungen der Beweismittel im Urkundenverfahren beruht"; aus dieser BGH-Formel können allerdings kaum Ergebnisse abgeleitet werden (vgl *Bundschuh* WM 1984, 1358). Klarer ist: solange das VorbehaltsU nicht auf Rm aufgehoben ist, sind diejenigen Teile des Streitverhältnisses, die in dem VorbehaltsU beschieden werden mussten, damit es überhaupt ergehen konnte, im Nachverfahren als endgültig beschieden dem Streit entzogen (BGH NJW 2004, 1159; 1988, 1468):

6 ZB kann der Kl nicht mehr geltend machen, dem Bekl hätte das Nachverfahren nicht vorbehalten werden dürfen (BGH NJW 1962, 446); der Bekl, die Klage sei unschlüssig (BGH WM 1968, 1228); der Wechsel sei formungültig (BGH WM 1969, 1279); eine im VorbehaltsU

als unschlüssig (BGH NJW 1960, 576) oder mat unbegr (BGH NJW 1973, 467) zurückgewiesene Einwendung des Bekl; Einwand der Sittenwidrigkeit des Wechselbegebungsvertrages, wenn er im VorbehaltsU zurückgewiesen wurde (BGH WM 1972, 272), Devisenrechtsverstoß (BGH NJW 1993, 668); uU Unwirksamkeit nach AGBG (BGH NJW 1991, 1117). Dagegen kann Bekl noch die Verjährungseinrede erheben (BGH NJW-RR 1991, 254).

Ist das VorbehaltsU rechtskr, spielt es dabei keine Rolle, ob diese „Festschreibung" richtig 7
war; ggf hätte die belastete Partei Rm gegen das VorbehaltsU einlegen müssen.

**Keine Bindungswirkung besteht** dagegen hinsichtl. der Tatsachen, die noch nicht Gegen- 8
stand des Vorverfahrens waren. Weil der Bekl im Vorverfahren ohne Begründung dem Anspruch widersprechen kann (§599 I), kann er im Nachverfahren klagebegründende Tatsachen erstmals bestreiten; zB der verurteilte Wechselbürge im Nachverfahren erstmals die Echtheit seiner Unterschrift auf dem Wechsel (BGH NJW 1982, 183); wenn Bekl die Echtheit einer Privaturkunde im Vorverfahren bestritt, das Gericht das Bestreiten aber nicht als ausreichend ansah und die Echtheit der Urkunde daher keiner Prüfung unterzog, kann Bekl im Nachverfahren die Echtheit bestreiten (BGH NJW 2004, 1159). Hält das Gericht einen formungültigen Wechsel im Vorverfahren für ein abstraktes Schuldversprechen, ist es an diese Rechtsauffassung im Nachverfahren nicht gebunden (BGH NJW 1988, 1468).

**e) Wechselverfahren:** auch das **Nachverfahren betrifft die Wechselforderung;** Über- 9
gang zur Klage aus dem **Grundverhältnis** (Kauf usw.) wäre Klageänderung (BGH NJW-RR 1987, 58). Die Wechselforderung ist losgelöst von der Grundforderung (abstrakt); Mängel des Grundverhältnisses können aber idR über § 812 BGB dem Partner des Begebungsvertrages entgegengehalten werden. Über Einwendungen vgl Art 17 WG.

**3. Entscheidung**: SchlussU. 10

**a) War das Vorbehaltsurteil richtig: (1)** Das VorbehaltsU des LG ... vom ... wird für vorbehaltlos erklärt. **(2)** Die weiteren Kosten trägt der Bekl. **(3)** Das Urteil ist vorl vollstr; der Bekl kann die Vollstreckung durch SiL iHv ... Euro abwenden, wenn nicht der Kl Sicherheit in gleicher Höhe leistet. Vgl §§ 91; 708 Nr. 5, 711. Kosten GKG-KV 1210; § 17 Nr. 5 RVG, 3100 ff RVG-VV mit Anrechnung nach 3100 (2).

**b) War das Urteil unrichtig: (1)** Das WechselvorbehaltsU ... wird aufgehoben. **(2)** Die 11
Klage wird abgewiesen. **(3)** Die Kosten trägt der Kl. **(4)** Das Urteil ist gegen SiL iHv ... Euro vv **Folge** der Aufhebung: § 775 Nr. 1. Die **Kosten** sind die des Urkunden- und des Nachverfahrens (OLG Koblenz JurBüro 1985, 1888; OLG Braunschweig NJW-RR 2000, 1094). Für die **Sicherheitsleistung** sind die Prozesskosten des Bekl maßgebend (§ 708 Nr. 11 oder § 709); sie betragen nach 3100 (2), 3104 RVG-VV zB 3,7 RA-Geb aus der Wechselhauptsache, zwei Auslagenpauschalen und MwSt.

**c) Teils/teils: (1)** Das VorbehaltsU ... wird insoweit für vorbehaltlos erklärt, als der Bekl 12
verurteilt wurde, an den Kl ... Euro zu zahlen; iÜ wird das VorbehaltsU aufgehoben und die Klage abgewiesen. **(2)** Kosten § 92. **(3)** Vorl Vollstr für den Kl nach §§ 708 Nr. 5, 711; für den Bekl nach §§ 708 Nr. 11, 711 oder § 709.

**4. Absatz 3.** Säumnis des Bekl: es ergeht ein VU, worin der Vorbehalt in Wegfall gebracht wird. 13

Formular 258: Vorbehalt der Rechte im Nachverfahren im Urkundenprozess

## § 601 ZPO
(weggefallen)

## § 602 ZPO Wechselprozess

**Werden im Urkundenprozess Ansprüche aus Wechseln im Sinne des Wechselgesetzes geltend gemacht (Wechselprozess), so sind die nachfolgenden besonderen Vorschriften anzuwenden.**

1 Im Wechselprozess können außer den Wechselansprüchen nicht gleichzeitig, auch nicht hilfsweise, Ansprüche eingeklagt werden, die nur Gegenstand eines Urkundenprozesses sein können (zB wenn ein ausl Wechsel evtl formungültig ist, aber uU ein abstraktes Schuldanerkenntnis darstellt, BGH NJW 1982, 2258); Abstandnahme vom Wechselprozess und Überleitung in den Urkundenprozess ist dann notw.

2 **Die Klage** muss „im Wechselprozess" erhoben sein, § 604 I. **Wechselabschriften** müssen mit zugestellt werden (§ 593 II), im Termin auch im Original vorgelegt werden. Zum Wechselmahnbescheid vgl § 703a II Nr. 2.

3 **Örtliche Zuständigkeit:** § 603; beim LG die KfH (§ 95 I Nr. 2 GVG), dort der Vors (§ 349 II Nr. 8; aber nicht für das Nachverfahren). Für Wechselansprüche im Rahmen eines Arbeitsverh ist nicht das ArbG, sondern das ordentl. Gericht zuständig (OLG Hamm NJW 1980, 1399; str).

4 **Fristen** vgl § 604.

5 **Ansprüche aus Wechseln** (auch ausl): das sind jedenfalls die nach dem WG, zu deren Geltendmachung Wechselvorlage an den Verpflichteten erforderl. ist; er muss im Wechsel selbst nicht bezeichnet sein: der OHG-Gesellschafter kann verklagt werden, auch wenn nicht er, sondern ein anderer pers haftender Gesellschafter den Wechsel namens der OHG unterschrieben hat (BGH LM Nr. 1), § 128 HGB. Formungültige Wechsel können uU in abstrakte Schuldversprechen umgedeutet werden (BGH NJW 1982, 523; 1988, 1468).

6 Über Einreden im Nachverfahren vgl § 600 Rz 8.

7

**Praxishinweise:**

1. Neben der Wechselklage kann eine selbstständige Klage aus dem Grundgeschäft erhoben werden. Ihr steht nicht der Einwand der Rechtshängigkeit entgegen, weil es sich um verschiedene StrG handelt (RGZ 160, 345; OLG Karlsruhe NJW 1960, 1955).

2. Mögl. ist der Übergang vom Wechselprozess zum Urkundenprozess, sogar noch im Ber-Verfahren (BGH NJW 1993, 3135).

3. Im Wechselprozess kann jedoch der Anspruch aus dem Grundgeschäft nicht hilfsweise geltend gemacht werden (BGHZ 53, 11, 17; 82, 200).

## § 603 ZPO Gerichtsstand

**(1) Wechselklagen können sowohl bei dem Gericht des Zahlungsortes als bei dem Gericht angestellt werden, bei dem der Beklagte seinen allgemeinen Gerichtsstand hat.**

**(2) Wenn mehrere Wechselverpflichtete gemeinschaftlich verklagt werden, so ist außer dem Gericht des Zahlungsortes jedes Gericht zuständig, bei dem einer der Beklagten seinen allgemeinen Gerichtsstand hat.**

**Absatz 1.** Örtl. Zust. Der Zahlungsort ergibt sich aus dem Wechsel. Der Kl kann zwischen 1
den Gerichten wählen, § 35. „Angestellt": erhoben.

**Absatz 2** ist eine Abweichung von § 36 Nr. 3.

## § 604 ZPO Klageinhalt; Ladungsfrist

**(1) Die Klage muss die Erklärung enthalten, dass im Wechselprozess geklagt werde.**

**(2) [1]Die Ladungsfrist beträgt mindestens 24 Stunden, wenn die Ladung an dem Ort, der Sitz des Prozessgerichts ist, zugestellt wird. [2]In Anwaltsprozessen beträgt sie mindestens drei Tage, wenn die Ladung an einem anderen Ort zugestellt wird, der im Bezirk des Prozessgerichts liegt oder von dem ein Teil zu dessen Bezirk gehört.**

**(3) In den höheren Instanzen beträgt die Ladungsfrist mindestens 24 Stunden, wenn die Zustellung der Berufungs- oder Revisionsschrift oder der Ladung an dem Ort erfolgt, der Sitz des höheren Gerichts ist; mindestens drei Tage, wenn die Zustellung an einem anderen Ort erfolgt, der ganz oder zum Teil in dem Landgerichtsbezirk liegt, in dem das höhere Gericht seinen Sitz hat; mindestens eine Woche, wenn die Zustellung sonst im Inland erfolgt.**

**1. Absatz 1.** Vgl § 593 I, beim Wechselmahnbescheid § 703a. 1

**2. Absatz 2.** Die **Einlassungsfrist** beträgt nach § 274 III zwei Wochen, abkürzbar nach 2
§ 226 I. Die Verkürzung der **Ladungsfrist** nach Abs. 2 (in Abweichung von § 217) hat deshalb nur Bedeutung, wenn es nach Wechselmahnbescheid zum Termin kommt; Anwaltsprozess § 78.

Formular 249: Klage im Wechselprozess

Formular 250: Vorbehalt der Rechte im Nachverfahren im Wechselprozess

Formular 251: Klageerwiderung im Wechselprozess

Formular 252: Abstandnahme vom Wechselprozess

## § 605 ZPO Beweisvorschriften

**(1) Soweit es zur Erhaltung des wechselmäßigen Anspruchs der rechtzeitigen Protesterhebung nicht bedarf, ist als Beweismittel bezüglich der Vorlegung des Wechsels der Antrag auf Parteivernehmung zulässig.**

**(2) Zur Berücksichtigung einer Nebenforderung genügt, dass sie glaubhaft gemacht ist.**

1 **1. Absatz 1.** Die Inanspruchnahme von Rückgriffsschuldnern bei Wechsel und Scheck setzt grds den Protest voraus, Art 44 WG, 40 ScheckG. Des Protests bedarf es zB nach Art 46, 44 VI WG nicht; die klagebegründende Tatsache der Vorlegung kann dann nicht durch Urkunden bewiesen werden, deshalb gestattet Abs. 1 die Vernehmung des Bekl dazu. Beweismittel iÜ vgl § 595 II.

2 **2. Absatz 2. Nebenforderungen** (Art 48, 49, 52 WG) sind teils aus der Protesturkunde bzw der Scheckrückgabebestätigung ersichtl. Glaubhaftmachung § 294.

## § 605a ZPO Scheckprozess

**Werden im Urkundenprozess Ansprüche aus Schecks im Sinne des Scheckgesetzes geltend gemacht (Scheckprozess), so sind die §§602 bis 605 entsprechend anzuwenden.**

1 Zum Scheckmahnverfahren vgl § 703a. Für Scheckansprüche im Rahmen eines Arbeitsverh ist das ordentl. Gericht zuständig (AG Essen MDR 1988, 327; str). Bei Klagen gegen Ausländer uU Unklagbarkeit nach dem ausl WährungsR iVm Bretton-Woods-Abkommen (vgl OLG Düsseldorf NJW 1990, 1424). Über Scheckhingabe in Animierlokalen OLG Zweibrücken MDR 1992, 952.

Formular 253: Klage im Scheckprozess
Formular 254: Vorbehalt der Rechte im Nachverfahren im Scheckprozess
Formular 255: Klageerwiderung im Scheckprozess
Formular 256: Abstandnahme vom Scheckprozess

# Buch 6
# Verfahren in Familiensachen

## Abschnitt 1
## Allgemeine Vorschriften für Verfahren in Ehesachen

### § 606 ZPO Zuständigkeit

**(1) [1]Für Verfahren auf Scheidung oder Aufhebung einer Ehe, auf Feststellung des Bestehens oder Nichtbestehens einer Ehe zwischen den Parteien oder auf Herstellung des ehelichen Lebens (Ehesachen) ist das Familiengericht ausschließlich zuständig, in dessen Bezirk die Ehegatten ihren gemeinsamen gewöhnlichen Aufenthalt haben. [2]Fehlt es bei Eintritt der Rechtshängigkeit an einem solchen Aufenthalt im Inland, so ist das Familiengericht ausschließlich zuständig, in dessen Bezirk einer der Ehegatten mit den gemeinsamen minderjährigen Kindern den gewöhnlichen Aufenthalt hat.**

**(2) [1]Ist eine Zuständigkeit nach Absatz 1 nicht gegeben, so ist das Familiengericht ausschließlich zuständig, in dessen Bezirk die Ehegatten ihren gemeinsamen gewöhnlichen Aufenthalt zuletzt gehabt haben, wenn einer der Ehegatten bei Eintritt der Rechtshängigkeit im Bezirk dieses Gerichts seinen gewöhnlichen Aufenthalt hat. [2]Fehlt ein solcher Gerichtsstand, so ist das Familiengericht ausschließlich zuständig, in dessen Bezirk der gewöhnliche Aufenthaltsort des Beklagten oder, falls ein solcher im Inland fehlt, der gewöhnliche Aufenthaltsort des Klägers gelegen ist. [3]Haben beide Ehegatten das Verfahren rechtshängig gemacht, so ist von den Gerichten, die nach Satz 2 zuständig wären, das Gericht ausschließlich zuständig, bei dem das Verfahren zuerst rechtshängig geworden ist; dies gilt auch, wenn die Verfahren nicht miteinander verbunden werden können. [4]Sind die Verfahren am selben Tag rechtshängig geworden, so ist § 36 entsprechend anzuwenden.**

**(3) Ist die Zuständigkeit eines Gerichts nach diesen Vorschriften nicht begründet, so ist das Familiengericht beim Amtsgericht Schöneberg in Berlin ausschließlich zuständig.**

§ 606 I 1 geändert durch EheschlRG (BGBl 1998, 833).

**Lit:** ***Schwab*** u.a., Hdb des Scheidungsrechts; ***Rahm/Künkel***, Hdb des Familiengerichtsverfahrens; ***Bergerfurth***, Der Ehescheidungsprozeß; ***Johannsen/Henrich***, Eherecht; ***Schwolow*** FPR 2002, 605. Es gibt eine Flut von Reformplänen, vgl ***Rausch*** FuR 2006, 337; ***Groß*** FPR 2006, 430; ***Rasch*** FPR 2006, 426.

**1. Ehesachen:** 1

**a) Scheidungsverfahren** nach §§ 1564 ff BGB, führt zur Eheauflösung ab Rechtskraft, § 1564 S. 2 BGB; **b)** Eheaufhebung nach §§ 1313 ff BGB; **c)** rückwirkende Nichtigerklärung, früher nach §§ 16 bis 21 EheG mögl., aufgehoben; **d)** Feststellungsklagen nach § 256; **e)** Herstellungsklagen nach §§ 1353 bis 1359 BGB.

**Keine Ehesachen** sind zB Unterhaltsklagen, Klagen in Zusammenhang mit der steuerl. Veranlagung (OLG Karlsruhe NJW 1979, 881; OLG Hamm FamRZ 1983, 937; OLG Düsseldorf FamRZ 1984, 805). 2

3 **2. Zuständigkeit in Ehesachen**: *sachl.* zuständig ist das AG Abteilung FamG (§§ 23a, b GVG); *int* vgl § 606a; *örtl.* Zust (es kommt jeweils auf die Lage bei Eintritt der Rechtshängigkeit, dh auf die Klagezustellung, an; späterer Umzug ist unbeachtl., § 261 III 2):

4 **a) gemeinsamer gewöhnlicher Aufenthalt** beider Ehegatten im Inland (= Bundesrepublik) bei Eintritt der Rechtshängigkeit, § 606 I 1. *Aufenthalt:* rein tatsächl. längeres Verweilen (BGH NJW 1983, 2771); rechtsgeschäftl. Begründungswille ist nicht erforderl., amtl. An-/Abmeldung belanglos, allenfalls Indiz (BGH FamRZ 1995, 1135). *Fehlt er:*

5 **b) gewöhnlicher Aufenthalt des Ehegatten mit den Kindern.** § 606 I 2 ist auch anwendbar, wenn ein Teil der Kinder bei einem Ehegatten, der Rest bei Dritten (zB Großeltern) lebt (BGH MDR 1984, 656). S. 2 greift aber nicht ein, wenn die Kinder zum Teil beim Vater, zum Teil bei der Mutter sind (BGH NJW-RR 1987, 1348; es kommt auch nicht auf das älteste Kind an, BGH NJWE-FER 1997, 65) oder wenn sich die beiden gemeinsamen Kinder in verschiedenen Gerichtsbezirken aufhalten (BGH NJW-RR 1992, 902). *Fehlt er:*

6 **c) letzter gemeinsamer gewöhnlicher Aufenthalt der Ehegatten**, sofern einer dort verblieb oder wieder dort ist, **Absatz 2 Satz 1.** *Fehlt* dieser Gerichtsstand:

7 **d) gewöhnlicher Aufenthalt des Antragsgegners, Absatz 2 Satz 2;** fehlt er im Inland (gleichsteht, wenn der Aufenthalt unbekannt ist, BGH NJW 1983, 285):

8 **e) gewöhnlicher Aufenthalt des Kindes**, Abs. 2 S. 2 Alt 2. Höchsthilfsweise:

9 **f) AG Berlin-Schöneberg, Absatz 3.**

## § 606a ZPO Internationale Zuständigkeit

**(1) [1]Für Ehesachen sind die deutschen Gerichte zuständig,**

**1. wenn ein Ehegatte Deutscher ist oder bei der Eheschließung war,**

**2. wenn beide Ehegatten ihren gewöhnlichen Aufenthalt im Inland haben,**

**3. wenn ein Ehegatte Staatenloser mit gewöhnlichem Aufenthalt im Inland ist oder**

**4. wenn ein Ehegatte seinen gewöhnlichen Aufenthalt im Inland hat, es sei denn, dass die zu fällende Entscheidung offensichtlich nach dem Recht keines der Staaten anerkannt würde, denen einer der Ehegatten angehört.**

**[2]Diese Zuständigkeit ist nicht ausschließlich.**

**(2) [1]Der Anerkennung einer ausländischen Entscheidung steht Absatz 1 Satz 1 Nr. 4 nicht entgegen, wenn ein Ehegatte seinen gewöhnlichen Aufenthalt in dem Staat hatte, dessen Gerichte entschieden haben. [2]Wird eine ausländische Entscheidung von den Staaten anerkannt, denen die Ehegatten angehören, so steht Absatz 1 der Anerkennung der Entscheidung nicht entgegen.**

§ 606a II geändert durch G v. 21.05.1999 (BGBl 1999, 1026).

**Lit:** ***Spellenberg*** IPRax 1988, 1; ***Henrich***, Ehe- und Familiensachen mit Ausländerbeteiligung; ***Jayme*** JuS 1989, 387 (Fallbeispiele); ***Hohloch***, Internationales Scheidungs- und ScheidungsfolgenR, 1998; ***Bergerfurth*** FF 2001, 15 (neues EU-Recht); ***Hau*** FamRZ 2000, 1333 (neues EU-Recht); ***Meyer-Götz/Noltemeier*** FPR 2004, 282.

**1. Internationale Zuständigkeit (Absatz 1).** Die int Zust wird von Amts wegen in jeder Lage des Verfahrens geprüft (BGH NJW 2003, 426), auch in der Rev-Instanz. Die VO (EG) Nr. 1347/2000 v. 29.05.2000 kam bis 28.02.2005 zur Anwendung, ab 01.03.2005 ist die **Verordnung (EG) Nr. 2201/2003** einschlägig; Restzust ergeben sich aus Art 7, 14 der VO 2201/2003. § 606a wird insoweit verdrängt. Nur im Verhältnis zu Nicht-EG-Staaten kommt § 606a zum Zuge. Die int Zust bez **Scheidungsfolgen** regelt die VO nicht, ausgenommen die elterl. Verantwortung für die gemeinsamen Kinder. Für den Unterhalt gilt Art 5 Nr. 2 der VO (EG) Nr. 44/2001, teils noch EuGVÜ/LugÜ. **Ausländische Rechtshängigkeit** steht einem Scheidungsantrag in Deutschland entgegen (§ 261 I Nr. 1), wenn die ausl Entscheidung bei uns voraussichtl. anerkannt würde (OLG Bamberg FamRZ 2000, 1289). 1

**Internationale Zuständigkeit besteht (Absatz 1 Satz 1):** 1a

**Nr. 1. Alt 1.** Eine Partei muss Deutscher (StAG, früher RuStAG) bei Klagezustellung gewesen sein (späterer Wegfall ist unschädl., § 261 III Nr. 2) oder bis zur letzten mdl Verh (zB durch Einbürgerung, BGH 27, 375) geworden sein. Ob daneben eine weitere Staatsangehörigkeit besteht, spielt keine Rolle.

**Nr. 1 Alt 2** (sog *Antrittszuständigkeit*): heiratet eine im Ausland lebende Deutsche einen Ausländer und verliert sie dadurch die deutsche Staatsangehörigkeit, besteht für die Scheidung deutsche Zust. 2

**Nr. 2.** Haben beide Ehegatten eine fremde Staatsangehörigkeit und halten sie sich hier auf, kommt es nicht darauf an, ob die Heimatstaaten die Scheidung anerkennen und nach welchem Recht (vgl Art 17 EGBGB) sich die Scheidung richtet. *Aufenthalt:* vgl § 606 Rz 4; es kommt auf den gewöhnl. Aufenthalt bei Klagezustellung an, vgl § 261 III Nr. 2 (auch wenn beide Eheleute inzwischen in ihre Heimat zurückgekehrt sind, BGH IPRax 1985, 162); ob ein Aufenthalt nur ein *schlichter* oder ein *gewöhnl.* (= ständiger, dh mindestens seit ca. sechs Monaten, vgl BGH FamRZ 1981, 137) ist, richtet sich nach deutschem Recht. Asylbewerber haben ihren Aufenthalt hier, wenn sie sich bereits einige Jahre in Deutschland aufhalten (OLG Nürnberg FamRZ 2002, 324). *Inland:* Bundesrepublik. 3

**Nr. 3.** Wenn der Staatenlose sich im Ausland aufhält, der andere ausl Ehegatte hier, kommt es auf Nr. 4 an. 4

**Nr. 4.** Betrifft (wie Nr. 2) Fälle, in denen beide Ehegatten eine fremde Staatsangehörigkeit haben, aber nur einer sich hier aufhält. Beispiel: Kroatin (mit Aufenthalt hier) lässt sich von Mazedonier (ohne Aufenthalt hier) in Deutschland scheiden (OLG Nürnberg FamRZ 2001, 837). Beispiel: beide Ehegatten sind Italiener, Frau wohnt hier, Mann ist unbekannten Aufenthalts (OLG Stuttgart NJWE-FER 1999, 218); der Scheidungsantrag kann öffentl. zugestellt werden. Zum Aufenthalt von Asylbewerbern: BGH NJW 1990, 636; OLG Hamm NJW 1990, 651. Zum Aufenthalt von US-Armeeangehörigen mit Stationierung hier: OLG Zweibrücken FamRZ 1999, 940. „*Offensichtlich*“: die Zust ist nur dann abzulehnen, wenn aus den allgemein zugängl. Erläuterungsbüchern die fehlende Anerkennung klar ersichtl. ist (OLG Hamm IPRax 1987, 250). Gutachteneinholung ist nicht erforderl. Dies führt dazu, dass **„hinkende Scheidungen“** (= solche, die im Heimatstaat nicht anerkannt werden) nicht ausgeschlossen sind (dazu OLG Hamm StAZ 1994, 221). 5

6 **Satz 2:** Deutsche können sich auch im Ausland scheiden lassen; ob diese Scheidung hier anerkannt wird, richtet sich nach Rz 7.

7 **2. Anerkennung ausländischer Scheidungen (Absatz 2).** Sie richtet sich für EU-Länder (ausgenommen Dänemark) nach der VO (EG) Nr. 2201/2003 (Art 21) und für die übrigen Länder (zB USA) nach Art 7 § 1 FamRÄndG. Die mat-rechtl. Voraussetzungen der Anerkennung ergeben sich aus der VO (EG), sonst aus § 328. Ausl FGG-Entscheidungen werden nach § 16a FGG anerkannt. Die Landesjustizverwaltung kann (im Fall des FamRÄndG) eine ausl Scheidung nicht anerkennen, wenn deutsche Gerichte bei Eintritt der Rechtskraft der ausl Entscheidung ausschließl. zuständig waren; davon befreit zT Abs. 2, sodass deutsche örtl. und int Zust der Anerkennung nicht entgegensteht. **Satz 1**: das Erfordernis ausl Anerkennung entfällt in diesem Fall. **Satz 2:** die int Zust des ausl Gerichts wird nach diesen Vorschriften nicht geprüft, wenn *die Heimatstaaten* anerkennen.

## § 607 ZPO Prozessfähigkeit; gesetzliche Vertretung

**(1) In Ehesachen ist ein in der Geschäftsfähigkeit beschränkter Ehegatte prozessfähig.**

**(2) [1]Für einen geschäftsunfähigen Ehegatten wird das Verfahren durch den gesetzlichen Vertreter geführt. [2]Der gesetzliche Vertreter ist jedoch zur Erhebung der Klage auf Herstellung des ehelichen Lebens nicht befugt; für den Antrag auf Scheidung oder Aufhebung der Ehe bedarf er der Genehmigung des Vormundschaftsgerichts.**

§ 607 geändert durch EheschlRG (BGBl 1998, 833).

1 **Absatz 1.** Ehesachen vgl § 606 Rz 1. Beschränkt Geschäftsfähige §§ 106, 114 BGB. Prozessfähigkeit § 52.

2 **Absatz 2.** Geschäftsunfähige: § 104 BGB; zur partiellen Geschäftsunfähigkeit in Fragen von Ehe/Scheidung vgl BGH FamRZ 1971, 243. Gesetzl. Vertreter: Betreuer (§ 1902 BGB). Die Genehmigung erteilt der Richter (§ 14 RPflG); er muss durch Anhörung des Betreuten prüfen, was seinem Willen entspricht; gegen die Versagung: Beschwerde nach § 19 FGG. Der andere Ehegatte ist nicht beschwerdeberechtigt (KG FamRZ 2006, 433; OLG München MDR 2007, 277). § 53 ist neben § 607 anwendbar (BGH 41, 303). Wird die Geschäftsunfähigkeit nicht erkannt, unterliegt das ScheidungsU dem § 579 I Nr. 4 (BGH NJW 1982, 2449).

## § 608 ZPO Anzuwendende Vorschriften

**Für Ehesachen gelten im ersten Rechtszug die Vorschriften über das Verfahren vor den Landgerichten entsprechend.**

1 Ehesachen vgl § 606 Rz 1. Dafür sind die AG zuständig (§ 23b GVG); die §§ 495 bis 510b gelten trotzdem nicht, sondern §§ 1 bis 494, 511 ff.

## § 609 ZPO Besondere Prozessvollmacht

**Der Bevollmächtigte bedarf einer besonderen, auf das Verfahren gerichteten Vollmacht.**

Die Vollmacht muss den Gegner und die Klageart („wegen Scheidung") angeben, eine Generalvollmacht genügt nicht. Umfang der Vollmacht: §§ 81, 624 I. § 88 II ist anzuwenden (**hM**, OLG Frankfurt FamRZ 1979, 323). 1

## § 610 ZPO Verbindung von Verfahren; Widerklage

**(1) Die Verfahren auf Herstellung des ehelichen Lebens, auf Scheidung und auf Aufhebung können miteinander verbunden werden.**

**(2) [1]Die Verbindung eines anderen Verfahrens mit den erwähnten Verfahren, insbesondere durch die Erhebung einer Widerklage anderer Art, ist unstatthaft. [2]§ 623 bleibt unberührt.**

**1. Absatz 1.** Zu den Verfahren vgl § 606 Rz 1. Verbindung durch Klagehäufung (§ 260) oder Gerichtsbeschluss (§ 147). Wird Aufhebung und Scheidung begehrt, ist nur auf Aufhebung zu erkennen; § 631 II 2. Nichtigkeitsklagen gibt es nicht mehr (§§ 1313 ff BGB). 1

**2. Absatz 2.** Unzulässige Verbindung (zB Scheidung und Darlehensrückzahlung) führt zur Trennung, § 145. Anspruch auf islamische Morgengabe kann nicht im Verbund geltend gemacht werden (KG FamRZ 2005, 1685). **Satz 2:** Verbund von Scheidungs- und Folgesachen ist zulässig. 2

## § 611 ZPO Neues Vorbringen; Ausschluss des schriftlichen Vorverfahrens

**(1) Bis zum Schluss der mündlichen Verhandlung, auf die das Urteil ergeht, können andere Gründe, als in dem das Verfahren einleitenden Schriftsatz vorgebracht worden sind, geltend gemacht werden.**

**(2) Die Vorschriften des § 275 Abs. 1 Satz 1, Abs. 3, 4 und des § 276 sind nicht anzuwenden.**

**1. Absatz 1** ist Ausnahme von §§ 263, 530 und anwendbar in allen Ehesachen (§ 606 Rz 1), in der ersten und zweiten, aber nicht mehr der Rev-Instanz (BGH NJW 1961, 1467). „Andere Gründe": neues Tatsachenvorbringen, Klageänderung, Widerklage ist bis zum Schluss der mdl Verh (§ 296a) bzw im Rahmen von § 615 zulässig. 1

**2. Absatz 2.** § 275 I 1, III: Setzen einer Klageerwiderungsfrist ist nicht zulässig; § 275 IV: Setzen einer Replikfrist ebenfalls nicht; § 276: schriftl. Vorverfahren ist ausgeschlossen. 2

## § 612 ZPO Termine; Ladungen; Versäumnisurteil

**(1) Die Vorschrift des § 272 Abs. 3 ist nicht anzuwenden.**

**(2) Der Beklagte ist zu jedem Termin, der nicht in seiner Gegenwart anberaumt wurde, zu laden.**

**(3) Die Vorschrift des Absatzes 2 ist nicht anzuwenden, wenn der Beklagte durch öffentliche Zustellung geladen, aber nicht erschienen ist.**

**(4) Ein Versäumnisurteil gegen den Beklagten ist unzulässig.**

**(5) Die Vorschriften der Absätze 2 bis 4 sind auf den Widerbeklagten entsprechend anzuwenden.**

1 **Absatz 1.** Die mdl Verh muss also nicht so früh wie mögl. stattfinden; stattdessen gelten §§ 624 III, 216 II (KG FamRZ 1985, 1066).

**Absatz 2:** Der Bekl ist zu jedem Verh-Termin zu laden, nicht zum Verkündungstermin.

**Absatz 3:** öffentl. Zustellung §§ 185 ff.

2 **Absatz 4. Säumnis in erster Instanz** (§ 331 Rz 1). Hinsichtl. des Unterhalts usw. ist ein VU mögl.; Abs. 4 betrifft nur die Scheidung. **a) Erscheint der Antragsteller/Kläger nicht**, wird die Klage (bzw der Scheidungsantrag) durch VU abgewiesen, § 330 (dagegen Einspruch).

3 **b) Erscheint der Bekl nicht**, ist das Kl-Vorbringen als str zu behandeln, nach § 616 darüber Beweis zu erheben und durch EndU (dagegen Ber, nicht Einspruch) zu entscheiden.

4 **Säumnis in der Berufungsinstanz**:

**a) des Berufungsklägers**, gleichgültig, ob er in erster Instanz Kl oder Bekl war: VU auf Zurückweisung der (zulässigen) Ber, §539 (BGH 46, 304; OLG Hamm NJW-RR 1987, 521);

5 **b) des Berufungsbeklagten: (1)** War er in erster Instanz Bekl, scheidet ein VU aus, Abs. 4; **(2)** War er Kl oder Widerkl, ist die Geständnisfiktion des § 539 II nach § 617 nicht anzuwenden, ein VU nicht zulässig (str, vgl *Prütting* ZZP Bd 91, 201).

## § 613 ZPO Persönliches Erscheinen der Ehegatten; Parteivernehmung

**(1) [1]Das Gericht soll das persönliche Erscheinen der Ehegatten anordnen und sie anhören; es kann sie als Parteien vernehmen. [2]Sind gemeinschaftliche minderjährige Kinder vorhanden, hört das Gericht die Ehegatten auch zur elterlichen Sorge an und weist auf bestehende Möglichkeiten der Beratung durch die Beratungsstellen und Dienste der Träger der Jugendhilfe hin. [3]Ist ein Ehegatte am Erscheinen vor dem Prozessgericht verhindert oder hält er sich in so großer Entfernung von dessen Sitz auf, dass ihm das Erscheinen nicht zugemutet werden kann, so kann er durch einen ersuchten Richter angehört oder vernommen werden.**

**(2) Gegen einen zur Anhörung oder zur Vernehmung nicht erschienenen Ehegatten ist wie gegen einen im Vernehmungstermin nicht erschienenen Zeugen zu verfahren; auf Ordnungshaft darf nicht erkannt werden.**

§ 613 I 2 eingefügt durch KindRG (BGBl 1997, 2942).

**1. Absatz 1.** Gilt für Ehesachen (für Folgesachen gelten §§ 141, 445 ff bzw §§ 12, 50a, 50b FGG) in erster und zweiter Instanz. AnO des pers Erscheinens § 273 II Nr. 3 (OLG Brandenburg FamRZ 2000, 897). **Anhörung** dient zunächst der Sachaufklärung, ist in freier Beweiswürdigung verwertbar. Angehört werden kann der Bekl/AGegner auch, wenn er ohne RA erscheint. Die Erklärungen können protokolliert werden, § 160 IV. Es besteht keine Pflicht zur Äußerung. 1

Von der Anhörung zu unterscheiden ist die **Vernehmung als Partei**, die hier (anders als bei § 448) nicht subsidiär ist. Sie ist Beweisaufnahme und wird durch bes Beweisbeschluss angeordnet (§ 450 I), beginnt mit Belehrung über die Wahrheitspflicht, Vernehmung zur Person, dann zur Sache. Die Aussage ist idR zu protokollieren, §§ 160 III Nr. 4, 161 I Nr. 1. Beeidigung ist mögl., § 452. Es besteht keine Pflicht zur Äußerung. 2

**Anhörung zur elterlichen Sorge (Satz 2):** Die Eltern sollen darauf hingewiesen werden, dass die *gemeinsame* elterl. Sorge auch nach Scheidung bleibt, wenn kein Sorgerechtsantrag gestellt wird (§§ 1671, 1687 BGB; § 623 ZPO). Keine StrW-Erhöhung dadurch (OLG Düsseldorf JurBüro 2001, 361; OLG Zweibrücken FamRZ 2001, 1391). Die RA-Beweisgeb (früher § 31 I Nr. 3 BRAGO) gibt es seit 01.07.2004 nicht mehr (RVG). 3

**Verhinderung einer Partei (Satz 3):** Verhinderung und große Entfernung vgl § 375. Grds muss auch die im Ausland lebende Partei angehört werden (OLG Hamm FamRZ 2000, 898). Doch kann bei wiederholtem Nichterscheinen eine Ehe auch ohne Anhörung des AGegners geschieden werden (OLG Koblenz FamRZ 2001, 1159; AG Konstanz FamRZ 2001, 425).

**2. Ausbleiben einer Partei (Absatz 2).** Bei Ausbleiben können der Partei durch Beschluss die durch ihr Ausbleiben verursachten Kosten und ein Ordnungsgeld (von 5 bis 1 000 Euro) auferlegt werden, § 380. Zwangsweise Vorführung ist zulässig, § 380 II. Ob Zwangsmaßnahmen auch gegen den AGegner, der sich nicht eingelassen hat, zulässig sind, ist str (dafür OLG Düsseldorf FamRZ 1981, 1096; dagegen OLG Celle NJW 1970, 1689). Rechtsbehelfe §§ 381, 380 III. Im FGG-Verfahren ist § 613 II nicht anwendbar, allenfalls § 33 FGG (OLG Zweibrücken FamRZ 2006, 281). 4

5

**Praxishinweise**

Gegen eine nicht aussagebereite Partei darf kein Ordnungsgeld verhängt werden (OLG Hamburg MDR 1997, 596 m Anm Schneider S. 781). Mit dem Hinweis darauf kann ein PrBev den oft gedankelosen Formularverfügungen zum pers Erscheinen vorbeugen.

## § 614 ZPO Aussetzung des Verfahrens

**(1) Das Gericht soll das Verfahren auf Herstellung des ehelichen Lebens von Amts wegen aussetzen, wenn es zur gütlichen Beilegung des Verfahrens zweckmäßig ist.**

**(2) [1]Das Verfahren auf Scheidung soll das Gericht von Amts wegen aussetzen, wenn nach seiner freien Überzeugung Aussicht auf Fortsetzung der Ehe besteht. [2]Leben**

**die Ehegatten länger als ein Jahr getrennt, so darf das Verfahren nicht gegen den Widerspruch beider Ehegatten ausgesetzt werden.**

**(3) Hat der Kläger die Aussetzung des Verfahrens beantragt, so darf das Gericht über die Herstellungsklage nicht entscheiden oder auf Scheidung nicht erkennen, bevor das Verfahren ausgesetzt war.**

**(4) [1]Die Aussetzung darf nur einmal wiederholt werden. [2]Sie darf insgesamt die Dauer von einem Jahr, bei einer mehr als dreijährigen Trennung die Dauer von sechs Monaten nicht überschreiten.**

**(5) Mit der Aussetzung soll das Gericht in der Regel den Ehegatten nahe legen, eine Eheberatungsstelle in Anspruch zu nehmen.**

1 **Allgemeines.** Die **Aussetzung** erfolgt durch Beschluss (zu verkünden, wenn aufgrund mdl Verh, sonst formlos mitzuteilen, § 329); sie umfasst auch die Folgesachen. **Wirkung:** § 249 (vgl BGH NJW 1977, 717). EAnO nach § 620 bleiben während der Aussetzung zulässig. Mit Fristablauf endet die Aussetzung von selbst. Schon vorher kann die Aussetzung aufgehoben werden, § 150. Rechtsbehelfe § 252; wer selbst keinen Scheidungsantrag stellt, ist durch die Aussetzung aber nicht beschwert (OLG Karlsruhe FamRZ 1998, 1606). AnO des Ruhens (§§ 251, 251a) ist durch § 614 nicht ausgeschlossen (OLG Karlsruhe NJW 1978, 1388).

2 **Absatz 1.** Herstellungsklage vgl §§ 1353 bis 1359 BGB.

**Absatz 2.** Getrenntleben vgl § 1567 BGB.

**Absatz 3.** Bei Scheidungsantrag beider Ehegatten ist Aussetzungsantrag beider erforderl. Keine Aussetzung, wenn der Aussetzungsantrag rechtsmissbräuchl. ist, zB weil der Nachweis der unzumutbaren Härte (§ 1565 II BGB) nicht gelingt und die einjährige Trennungsfrist noch nicht abgelaufen ist (OLG Bamberg FamRZ 1984, 897).

3 **Absatz 4.** Berechnung nach § 222. Fristverlängerung steht der Wiederholung gleich.

**Absatz 5.** Ist nicht erzwingbar.

## § 615 ZPO Zurückweisung von Angriffs- und Verteidigungsmitteln

**(1) Angriffs- und Verteidigungsmittel, die nicht rechtzeitig vorgebracht werden, können zurückgewiesen werden, wenn ihre Zulassung nach der freien Überzeugung des Gerichts die Erledigung des Rechtsstreits verzögern würde und die Verspätung auf grober Nachlässigkeit beruht.**

**(2) Im Übrigen sind die Angriffs- und Verteidigungsmittel abweichend von den allgemeinen Vorschriften zuzulassen.**

§ 615 II geändert durch G v. 27.07.2001 (BGBl 2001, 1887).

1 **1. Absatz 1** gilt in Ehesachen (§ 606 Rz 1) anstelle von § 296 I, in der Ber anstelle von §§ 530, 531. In ZPO-Folgesachen gilt § 621d. Für FGG-Folgesachen gibt es keine Zurückweisungsvorschrift, wegen Amtsermittlungspflicht (§ 12 FGG) wäre sie auch nicht mögl. Auf § 615 wird verwiesen in § 640 I und mittelbar in § 661 II. Die Regelung in

Abs. 1 entspricht § 296 II und vermeidet die Fristenmechanik des § 296 I; vgl die Erläuterungen dort. Zurückweisung erfolgt in den Gründen des EndU, nicht etwa durch bes Beschluss; vorheriger rechtl. Hinweis ist angebracht. Manche wollen mit den Instrumenten § 38 GKG und § 95 ZPO das Verfahren beschleunigen (*Völker* JurBüro 2001, 567; MDR 2001, 1325).

**2. Absatz 2.** § 296 ist nicht anzuwenden; vor dem OLG gelten §§ 615 I, 629d, nicht aber §§ 530, 531. 2

## § 616 ZPO Untersuchungsgrundsatz

**(1) Das Gericht kann auch von Amts wegen die Aufnahme von Beweisen anordnen und nach Anhörung der Ehegatten auch solche Tatsachen berücksichtigen, die von ihnen nicht vorgebracht sind.**

**(2) Im Verfahren auf Scheidung oder Aufhebung der Ehe oder auf Herstellung des ehelichen Lebens kann das Gericht gegen den Widerspruch des die Auflösung der Ehe begehrenden oder ihre Herstellung verweigernden Ehegatten Tatsachen, die nicht vorgebracht sind, nur insoweit berücksichtigen, als sie geeignet sind, der Aufrechterhaltung der Ehe zu dienen.**

**(3) Im Verfahren auf Scheidung kann das Gericht außergewöhnliche Umstände nach § 1568 des Bürgerlichen Gesetzbuchs nur berücksichtigen, wenn sie von dem Ehegatten, der die Scheidung ablehnt, vorgebracht sind.**

**Absatz 1** gilt in allen Ehesachen (§ 606 Rz 1). Solche Tatsachen können sich zB bei der Anhörung ergeben. 1

**Absatz 2.** Zu den Verfahren vgl § 606 Rz 1. Bei Widerspruch können insoweit nur ehefreundl. Tatsachen berücksichtigt werden. Der Widerspruch (dafür kein Anwaltszwang, str) kann auch stillschweigend erfolgen, zB in der Behauptung von Tatsachen liegen, die mit den ehefeindl. unvereinbar sind (vgl BGH NJW 1980, 1335). 2

**Absatz 3.** Der beklagte Ehegatte muss die Härtetatsachen nach § 1568 I Alt 2 BGB vortragen, erst dann ist insoweit Amtsermittlung zulässig. Für Aufrechterhaltung im Kindesinteresse (§ 1568 I Alt 1) gilt diese Einschränkung nicht. 3

## § 617 ZPO Einschränkung der Parteiherrschaft

**Die Vorschriften über die Wirkung eines Anerkenntnisses, über die Folgen der unterbliebenen oder verweigerten Erklärung über Tatsachen oder über die Echtheit von Urkunden, die Vorschriften über den Verzicht der Partei auf die Beeidigung der Gegenpartei oder von Zeugen und Sachverständigen und die Vorschriften über die Wirkung eines gerichtlichen Geständnisses sind nicht anzuwenden.**

**1.** In Ehesachen (§ 606 Rz 1) ist die Parteiherrschaft beschränkt; **nicht anwendbar sind:** 1
**a)** § 307, sodass kein AnerkenntnisU ergehen kann (ergeht es trotzdem kann es der Kl mangels Beschwer nicht anfechten, BGH FamRZ 2005, 514), ein Anerkenntnis aber gem

§ 286 zu würdigen ist; **b)** § 138 III; **c)** § 439; **d)** Beeidigungsverzicht, §§ 452 III, 391, 410; Vereidigung steht stattdessen im Ermessen des Gerichts; **e)** § 288.

2 **2. Dagegen sind** insb **zulässig:**

**a)** Rm-Verzicht (BGH NJW 1974, 1248); **b)** PV über Antragsrücknahme, über Scheidungsfolgen, aber nicht über die Scheidung als solche.

## § 618 ZPO Zustellung von Urteilen

**§ 317 Abs. 1 Satz 3 gilt nicht für Urteile in Ehesachen.**

1 Das ScheidungsU wird von Amts wegen zugestellt (§ 317 I 1); die Zustellung des verkündeten Urteils darf somit nicht durch Vfg des Richters hinausgeschoben werden.

## § 619 ZPO Tod eines Ehegatten

**Stirbt einer der Ehegatten, bevor das Urteil rechtskräftig ist, so ist das Verfahren in der Hauptsache als erledigt anzusehen.**

1 Bei **Tod vor Rechtshängigkeit** ist der Antrag unzulässig, weil eine Partei nicht existierte. Bei **Tod nach Zustellung:** Keine Unterbrechung des Verfahrens bei anwaltl. Vertretung des verstorbenen Ehegatten, §§ 239, 246. In das Prozessrechtsverh treten die Erben ein; das Verfahren hat sich von selbst erledigt (Kostenbeschluss: Rz 2). Bei **Tod nach Urteilserlass**: das verkündete, aber noch nicht rechtskr Urteil wird in der Hauptsache wirkungslos, ein Rm gegen das VerbundU ist auch insoweit unzulässig, als nur die Entscheidung über den Versorgungsausgleich angefochten wird (BGH NJW 1981, 686). Ob die Wirkungslosigkeit entspr § 269 III durch Beschluss auszusprechen ist, ist str (verneinend OLG Frankfurt FamRZ 1981, 192). Die KostenE bleibt bestehen und wäre nach § 91a II oder § 99 II anfechtbar. Bei Tod nach Rechtskraft ist § 619 nicht anwendbar. Über die **Kosten** ist nach **§ 93a** (BGH FamRZ 1983, 683; **aA**: § 91a, OLG Karlsruhe FamRZ 1996, 880) zu entscheiden (zwischen dem überlebenden Ehegatten und den Erben, entfällt also, wenn der überlebende Ehegatte Alleinerbe des verstorbenen ist), auch, wenn die Erledigung in der Ber-Instanz eintritt (**aA** OLG Bamberg FamRZ 1995, 1073).

## § 620 ZPO Einstweilige Anordnungen

**Das Gericht kann im Wege der einstweiligen Anordnung auf Antrag regeln:**

1. **die elterliche Sorge für ein gemeinschaftliches Kind;**
2. **den Umgang eines Elternteils mit dem Kind;**
3. **die Herausgabe des Kindes an den anderen Elternteil;**
4. **die Unterhaltspflicht gegenüber einem minderjährigen Kind;**
5. **das Getrenntleben der Ehegatten;**
6. **den Unterhalt eines Ehegatten;**
7. **die Benutzung der Ehewohnung und des Hausrats;**

**8. die Herausgabe oder Benutzung der zum persönlichen Gebrauch eines Ehegatten oder eines Kindes bestimmten Sachen;**

**9. die Maßnahmen nach den §§ 1 und 2 des Gewaltschutzgesetzes, wenn die Beteiligten einen auf Dauer angelegten gemeinsamen Haushalt führen oder innerhalb von sechs Monaten vor Antragstellung geführt haben;**

**10. die Verpflichtung zur Leistung eines Kostenvorschusses für die Ehesache und Folgesachen.**

§ 620 zuletzt geändert durch G v. 11.12.2001 (BGBl 2001, 3513).

**Lit:** ***Gießler/Soyka***, Vorl. Rechtsschutz in Ehe-, Familien- und Kindschaftssachen; ***Gießler*** FPR 1998, 113; ***Eckebrecht*** MDR 1995, 9/114; ***Reinecke*** FPR 1998, 140; ***Bernreuther*** FamRZ 1999, 69; ***Hampel*** FPR 1998, 114; ***van Els***, Das Kind im einstweiligen Rechtsschutz im Familienrecht, 2001; ***Gaul*** FamRZ 2003, 1137; ***Gießler*** FPR 2006, 421.

**1. Einstweilige Anordnungen** (eAnO) sollen während des Scheidungsprozesses rechtl. 1
Beziehungen vorl regeln. **Überblick.** Das FamG (OLG) kann eAnO nach hM nicht isoliert erlassen (wie die eVfg nach § 935), sondern nur im Rahmen eines sie tragenden Hauptverfahrens (oder PKH-Antrag insoweit, vgl § 620a II 1). EAnO nach § 620 bis 620g sind mögl.

- im Rahmen eines Scheidungsverfahrens; § 620a;
- im Rahmen von Hauptverfahren nach §§ 621 Nr. 1, 2, 3, 7; 621g S. 1;
- im Rahmen von Hauptverfahren nach §§ 621 Nr. 4, 5, 11; 644;
- im Rahmen von Hauptverfahren nach §§ 621 Nr. 1, 2, 3, 6, 7, 8, 9, 13: eAnO auf Kostenvorschuss, § 621f.
- im Rahmen von Hauptverfahren nach § 621 Nr. 9: eAnO nach § 53a III 1 FGG.
- im Rahmen von Hauptverfahren nach § 621 Nr. 13: eAnO nach § 64b III 1 FGG.

Die **Abgrenzung** zu anderen Formen des vorl Rechtsschutzes ist zT schwierig; Unter- 2
schiede liegen ua darin, dass die eAnO erst ab Anhängigkeit der Ehesache zulässig ist (§ 620a II) und im Außerkrafttreten (vgl § 620 f).

**a) Vorläufige Anordnungen** sind (ohne ges Normierung) nach allgM nach FGG zulässig bei Eilverfahren, wenn die endgültige Entscheidung zu spät kommen würde, zB nach § 1632 BGB (Herausgabe des Kindes durch einen Dritten), nach § 1684 IV 1 BGB (Einschränkung des UmgangsR; BGH FamRZ 1982, 788), §§ 1666, 1671 BGB (SorgeR), § 1696 BGB (zB Übertragung des AufenthaltsbestimmungsR auf Vater, wenn die sorgeberechtigte Mutter die Kinder ins Ausland umschulen will, OLG München FamRZ 1981, 389); vgl *Palandt/Diederichsen* Rz 5 vor § 1626. Zust: FamG; Entscheidung durch Beschluss. Die vorl AnO steht grds neben der eAnO nach § 620 (vgl OLG Bamberg FamRZ 1983, 82; **aA** OLG Zweibrücken FamRZ 1984, 405).

**b) Einstweilige Anordnungen** nennt man die ges geregelten AnO (der Sprachgebrauch ist 3
uneinheitl.); zB § 620 Nr. 1-10 ZPO; § 621g (= früher § 13 IV HausratsVO); § 50d FGG; § 53a III FGG; § 127a ZPO. *Vor Anhängigkeit* einer Ehesache oder Einreichung eines entspr PKH-Antrags dürfen keine eAnO erlassen werden, § 620a II ZPO; erst *nachher*

sind sie zulässig. Nach **hM** (OLG München FamRZ 1996, 1022) können eAnO nur *im Rahmen* eines dazu passenden Hauptsacheverfahrens (als „Träger") ergehen. **§§ 620 bis 620g sind Verfahrensvorschriften**, die **materiell-rechtlichen Grundlagen** ergeben sich aus BGB, ausl Recht (Art 14 bis 17 EGBGB), HausratsVO. §§ 620 ff gelten in allen Ehesachen (§ 606 Rz 1), nicht in isolierten FamS.

4 **c) Einstweilige Verfügung** (§§ 935, 940 ZPO; Verfügungsanspruch und Verfügungsgrund müssen vorliegen) sind im FGG-Bereich unzulässig. Im ZPO-Bereich, zB bez Ehegattenunterhalt und Wohnungsbenutzung, sind sie ausgeschlossen, sobald das Eheverfahren anhängig ist, weil §§ 620 bis 620g ZPO, § 13 IV HausratsVO, soweit einschlägig, Sonderregelungen darstellen (BGH FamRZ 1979, 472). *Vorher* aber kann zB durch eVfg die Zahlung von Unterhalt angeordnet werden (sog **Leistungsverfügung**, vgl § 940 Rz 6), soweit nicht die eAnO nach § 644 vorrangig ist. Ist eine eVfg vor Anhängigkeit der Scheidung ergangen, ist das eVfg-Verfahren auch für die Folgezeit fortzusetzen, eine Überleitung in ein Verfahren nach § 620 scheidet aus (OLG Düsseldorf FamRZ 1987, 497; OLG Koblenz FamRZ 1989, 196). Zur Sicherung des Zugewinnausgleichsanspruchs vgl § 1389 BGB.

5 **d) Verhältnis zur Hauptsacheklage:** die Möglichkeit, eine eAnO zu erwirken, steht einem auf endgültige Regelung gerichteten Verfahren nicht entgegen, das Rechtsschutzbedürfnis fehlt nicht (BGH FamRZ 1982, 788 zu § 620 Nr. 1/§ 1672 BGB; BGH FamRZ 1979, 473 zu Nr. 2/§ 1634 BGB; BGH FamRZ 1980, 132 zu Nr. 9/§ 1360a IV BGB; BGH NJW 1979, 1508 zu Nr. 6/Unterhaltsklage).

**2. Angelegenheiten des § 620:**

6 **Elterliche Sorge (Nr. 1):** Regelung nur auf Antrag, ab 01.07.1998 nicht mehr von Amts wegen. Grundlagen sind § 1671 BGB, evtl ausl Recht, MSA ist zu beachten. Inhalt und Grenzen der AnO ergeben sich aus §§ 1626 ff BGB. Auch Teilaspekte der elterl. Sorge wie der Aufenthalt (OLG Köln FamRZ 2005, 1583; falls ein dringendes Bedürfnis dafür besteht, OLG Hamm FamRZ 2006, 1478), Erziehung, Pflege, Vermögen, Vertretung können geregelt werden; bei gem Sorge die Zustimmung zur Beantragung eines Reisepasses für das Kind (OLG Köln NJWE-FER 2001, 285). Vollstreckung nach § 33 FGG.

7 **Umgang mit dem Kind (Nr. 2):** vgl § 1684 (früher § 1634) BGB; Vollstreckung nach § 33 FGG.

8 **Herausgabe des Kindes (Nr. 3)** nach § 1632 I BGB; Vollstreckung nach § 33 FGG. Über die pers Sachen des Kindes vgl Nr. 8 und § 50d FGG.

9 **Unterhaltspflicht gegenüber Kind (Nr. 4)** nach §§ 1601 ff BGB, ggf ausl Recht, Haager Unterhaltsübereinkommen. Der Elternteil, der nach § 1629 II 2 und III 1 BGB Unterhaltsansprüche des Kindes geltend machen kann, kann die eAnO erwirken; es entsteht ein Unterhaltstitel auch für und gegen das Kind (OLG Zweibrücken FamRZ 2000, 964). Liegt schon ein rechtskr Unterhaltstitel vor, kann eine eAnO nur einen weiter gehenden Anspruch regeln (vgl *Klauser* MDR 1981, 714), für Ermäßigungen bleibt § 323. Vollj Kinder sind auf § 940 angewiesen. Der Auskunftsanspruch nach § 1605 BGB kann nicht durch eAnO geregelt werden (OLG Düsseldorf FamRZ 1983, 514). Beachte **§§ 643, 644.** Vollstreckung nach § 794 Nr. 3a.

10 **Getrenntleben (Nr. 5):** §§ 1353 II, 1567 BGB. Vollstr nach § 794 Nr. 3a.

**Unterhalt eines Ehegatten (Nr. 6):** §§ 1360 bis 1360b, 1361 BGB, ausl Recht. Er kann nur für die Zeit *ab Antragseingang* zugesprochen werden. Eine eVfg ist stattdessen nicht mehr mögl. (BGH NJW 1979, 1508), ein eVfg-Antrag ist als eAnO-Antrag umzudeuten (OLG Brandenburg FamRZ 1996, 1222). Ein bes Rechtsschutzbedürfnis für eine Eilentscheidung ist (anders als bei §§ 935, 940) nicht erforderl. (OLG Naumburg FamRZ 2004, 1103). Höhe: angemessener Betrag (AG Recklinghausen FamRZ 2000, 964), nach **aA** Notunterhalt, dh Sozialhilfesatz (OLG Hamm FamRZ 2000, 964; str). Keine zeitl. Befristung im Tenor. Vollstreckung nach § 794 Nr. 3a. Wenn die eAnO im Betrag über den mat-rechtl. Unterhaltsanspruch hinausgeht, besteht wegen der Überzahlung ein Anspruch nach § 812 I 1 BGB (§ 818 III BGB beachten); ein Schadensersatzanspruch analog §§ 717 II, 945 wegen Vollstreckung einer ungerechtfertigten eAnO besteht nicht (BGH NJW 1984, 2095). 11

Die Regelung in einer eAnO gilt auch für die Zeit nach Eintritt der Rechtskraft des ScheidungsU bis zum Wirksamwerden einer anderweitigen Unterhaltsregelung fort; keine sof Beschwerde (§ 620c). Der Zahlungspflichtige ist auf eine negative Feststellungsklage angewiesen, wenn er geltend machen will, dass dem anderen Ehegatten weniger (als in der AnO zugesprochen) oder kein Unterhalt zusteht (BGH NJW 1983, 1330); zugleich kann er Antrag auf einstweilige Einstellung der ZwV stellen. Der Unterhaltsberechtigte kann Widerklage erheben (OLG Karlsruhe FamRZ 2004, 470). Die eAnO wird durch ein UnterhaltsU erst außer Kraft gesetzt, wenn dieses rechtskr ist (BGH FamRZ 2000, 751). Gegen die eAnO ist bei nachträgl. Einwendungen Klage nach § 767 mögl. (OLG FamRZ 2001, 1625). 12

**Wohnungsbenutzung (Nr. 7):** HausratsVO, § 1361b BGB; zB **Teilung der Wohnung**, Regelung der Beheizung, Telefonbenutzung. Betretungs- und Belästigungsverbote nun auch nach Nr. 9. **Zuweisung an einen Ehegatten allein:** eine Gefahr für den Ehegatten ist dafür nicht erforderl., Unzumutbarkeit genügt (OLG Karlsruhe FamRZ 1982, 1220; str); der andere Ehegatte ist dann zugleich zur Räumung zu verpflichten, mit Räumungsfrist nach §§ 2, 15 HausratsVO, nicht § 721 (OLG Hamburg FamRZ 1983, 1151); bei Miteigentum 13
ist eine **Nutzungsentschädigung** zu zahlen (OLG Frankfurt FamRZ 1985, 303). Im Verfahren ist der Hauseigentümer nicht beteiligt (OLG Hamm FamRZ 1987, 1277). Teilung *vor* Anhängigkeit der Scheidung zwecks Trennung: § 1361b BGB, § 621 I Nr. 7 ZPO, §§ 18a, 13 IV HausratsVO (dazu OLG Hamm FamRZ 1986, 490). Die eVfg (§ 940a) wird dadurch verdrängt (BGH FamRZ 1982, 1200). Im Beschluss ist klarzustellen, ob er auf § 620 S. 1 Nr. 7 oder auf § 621g (früher § 13 IV HausratsVO) gestützt wird. Vollstreckung nach § 794 Nr. 3a (§ 16 III HausratsVO). 14

**Herausgabe persönlicher Sachen (Nr. 8)**, ohne Rücksicht auf die Eigentumslage; zB Kleidung, Arbeitsmaterial, Schulbücher und Spielsachen des Kindes, Ausweise; nicht: Geld, Sparbücher (eVfg ist erforderl.). Vollstreckung nach § 794 Nr. 3a. Für Hausrat vgl Nr. 7. 15

**Gewaltschutz (Nr. 9).** Im Rahmen eines Scheidungsverfahrens können auf Antrag auch AnO nach dem GewaltschutzG (BGBl 2001, 3513; Schönfelder Ergänzungsband Nr. 49) erlassen werden, zB Betretungsverbote bez der Wohnung, Annäherungsverbote in einem bestimmten Umkreis, Kontaktverbote. Ist ein Verfahren nach dem GewaltschutzG als selbstständige FamS anhängig, kann in deren Rahmen eine eAnO nach § 64b III FGG ergehen; dort wird auf §§ 620a bis 620g verwiesen. Mat-rechtl. Grundlage sind §§ 12, 823, 1004, 1361 I, II BGB, § 2 GewaltschutzG. Vollstreckung nach § 794 Nr. 3a. Beachte 16 die **Rechtswegspaltung:** gemeinsamer Haushalt innerhalb von sechs Monaten: FamG; sonst Zivilabteilung (OLG Hamm FamRZ 2004, 38; 2006, 1767).

17 **Prozesskostenvorschuss (Nr. 10):** § 1360a IV 1 BGB, ggf ausl Recht. **Höhe:** für eine Instanz 2,0 Gerichtsgeb (GKG KV 1310), 2,5 RA-Geb aus dem Gesamt-StrW (Scheidung und Folgesachen, § 46 GKG), Pauschale, MWSt. Für **isolierte Familiensachen** gilt § 621f oder § 127a. Statt des Antrags auf eAnO kann auch auf Prozesskostenvorschuss geklagt werden (BGH FamRZ 1979, 472). Vollstreckung nach § 794 Nr. 3a. Aus der eAnO kann auch nach Beendigung des Prozesses und ungeachtet der ergangenen KostenE die ZwV betrieben werden (BGH NJW 1985, 2263). **Andere PKV-Fälle**: §§ 127a, 621f.

18 **3. Kosten. Gericht**: der Antragseingang kostet nichts, daher fallen bei Antragsrücknahme vor Entscheidung keine Gerichtsgeb an. Wird allerdings entschieden, wird in den Fällen § 620 Nr. 4, 6 bis 10 eine Geb von 0,5 angesetzt (GKG KV 1421 „Entscheidungsgeb"). In den Fällen § 620 Nr. 1 bis 3,5 fällt auch bei Entscheidung keine Gerichtsgeb an (aber evtl Auslagen werden angesetzt). Werden im Lauf des Verfahrens mehrere AnO getroffen sagt Vorbem. 1.4.2.1, dass mehrere Entscheidungen iSv KV 1421 innerhalb eines Rechtszugs als *eine* Entscheidung gelten; das gilt auch, wenn AnO geändert oder Änderungsanträge zurückgewiesen werden. Die Kosten schuldet, wenn sie auferlegt wurden (§§ 31 II, 29 Nr. 1 GKG), daneben der ASt (§ 22 I 1 GKG). **Streitwert**: §§ 48, 53 GKG, § 3 ZPO. Nach § 53 II GKG also: bei § 620 Nr. 4 (Kindesunterhalt): geforderter Sechs-Monatsbetrag; Nr. 6 (Ehegattenunterhalt): geforderter Sechs-Monatsbetrag; Nr. 7 (Ehewohnung, Hausrat): Wohnungsbenutzung 2 000 Euro, Hausrat 1 200 Euro. Nr. 8: Interesse bzw Wert der Sachen; Nr. 9 (Gewaltschutz): wie bei Nr. 7. Nr. 10 (Kostenvorschuss): dessen geforderte Höhe. Alle StrW werden addiert. **Rechtsanwalt:** Verfahren gilt als bes Angelegenheit (§ 18 Nr. 1b RVG), Geb VV 3100 ff. Zu den RA-StrW vgl § 620b Rz 17.

## § 620a ZPO Verfahren bei einstweiliger Anordnung

**(1) Das Gericht entscheidet durch Beschluss.**

**(2) [1]Der Antrag ist zulässig, sobald die Ehesache anhängig oder ein Antrag auf Bewilligung der Prozesskostenhilfe eingereicht ist. [2]Der Antrag kann zu Protokoll der Geschäftsstelle erklärt werden. [3]Der Antragsteller soll die Voraussetzungen für die Anordnung glaubhaft machen.**

**(3) [1]Vor einer Anordnung nach § 620 Satz 1 Nr. 1, 2 oder 3 sollen das Kind und das Jugendamt angehört werden. [2]Ist dies wegen der besonderen Eilbedürftigkeit nicht möglich, so soll die Anhörung unverzüglich nachgeholt werden.**

**(4) [1]Zuständig ist das Gericht des ersten Rechtszuges, wenn die Ehesache in der Berufungsinstanz anhängig ist, das Berufungsgericht. [2]Ist eine Folgesache im zweiten oder dritten Rechtszug anhängig, deren Gegenstand dem des Anordnungsverfahrens entspricht, so ist das Berufungs- oder Beschwerdegericht der Folgesache zuständig. [3]Satz 2 gilt entsprechend, wenn ein Kostenvorschuss für eine Ehesache oder Folgesache begehrt wird, die im zweiten oder dritten Rechtszug anhängig ist oder dort anhängig gemacht werden soll.**

§ 620a I geändert durch G v. 27.07.2001 (BGBl 2001, 1887).

**1. Absatz 1.** Die Entscheidung ergeht durch Beschluss des Richters (der auch eAnO genannt werden kann); mdl Verh ist freigestellt (§ 128 IV). Der Inhalt muss vollstreckungsfähig ausformuliert werden. **Kosten:** § 620g. **Begründung** wird von manchen OLG verlangt (OLG Hamm FamRZ 1998, 1379), auch wenn der Beschluss unanfechtbar ist (vgl § 620c). Zu verkünden iFd § 329 I; ferner meist zuzustellen wegen § 329 III. **Vollstreckung:** bei § 620 Nr. 1 bis 3 nach § 33 FGG, sonst nach ZPO. 1

**2. Absatz 2, 3:** Erforderl. sind: 2

- **Antrag** eines Ehegatten, ohne Anwaltszwang (II 2 iVm § 78 V), mit einem bestimmten Begehren (bei Unterhalt mit Bezifferung);
- **Antragszeitraum:** ab Eingang der Ehesache bis zu ihrer rechtskr Entscheidung; oder: ab PKH-Antrag, nicht mehr ab rechtskr PKH-Ablehnung (OLG Hamm FamRZ 1982, 721); nach Rechtskraft des Scheidungsausspruchs können Anträge nicht mehr gestellt werden (OLG Frankfurt FamRZ 1990, 539); während der Zeitspanne des § 620a sind eVfg (§§ 935 ff) über Unterhalt unzulässig (OLG Hamm FamRZ 2001, 358), zulässig bleiben sie grds für die Zeit vorher und nachher; ebenso verhält es sich mit vorl AnO nach FGG. Zu § 644 vgl Rz 16; 3
- **Glaubhaftmachung** (§ 294), II 3; 4
- **Anhörung, Absatz 3;** Kind vgl § 50b FGG; Nachholung kann zur Änderung der AnO führen, § 620b I 2; 5
- **Anhörung des Gegners** (grds schriftl. durch formlose Antragsübersendung mit Fristsetzung, Äußerung ohne Anwaltszwang); kann nur bei bes Eilbedürftigkeit unterbleiben (OLG München FamRZ 1996, 1022); 6
- **mündliche Verhandlung** ist freigestellt, § 128 IV; findet sie statt: Anwaltszwang gem § 78 II (OLG Düsseldorf FamRZ 1978, 709; str); 7
- **Rechtsschutzbedürfnis** (= Regelungsbedürfnis); es fehlt zB für eine Unterhaltsregelung, wenn dieser laufend bezahlt wird; Eilbedürftigkeit ist nicht erforderl. (OLG Zweibrücken FamRZ 1987, 300); 8
- **Tatsachenfeststellung:** bei den FGG-Sachen § 620 Nr. 1, 2, 3, 7 gilt Amtsermittlung, § 12 FGG entspr; bei Nr. 5: § 616; in den ZPO-Sachen wie Unterhalt gilt § 138 III; 9
- der **materiellen Rechtslage** sollte die eAnO nicht widersprechen; 10
- bei **Auslandsbezug:** lässt sich das maßgebl. ausl Recht nicht ohne Verzögerung ermitteln, kann deutsches mat Recht angewendet werden (OLG Düsseldorf FamRZ 1974, 456). 11

Ein **Prozessvergleich** über die Angelegenheiten § 620 Nr. 4 bis 9 ist zulässig, über Nr. 1 bis 3 nicht; hierüber können sich die Eltern einigen, daraus kann aber nicht vollstreckt werden. 12

**3. Absatz 4. Zuständigkeit. Satz 1:** zuständig ist grds das AG-FamG der Ehesache, ab Anhängigkeit beim OLG das OLG, ab Rev wieder das AG. 13

**Satz 2:** gelangt nicht die Scheidung, sondern eine Folgesache (§ 623) allein in die höhere Instanz, dann kommt es darauf an, ob ihr „Gegenstand dem des AnO-Verfahrens entspricht“: es entsprechen § 620 Nr. 1, 2, 3, 4, 7 jeweils § 621 I Nr. 1, 2, 3, 4, 7; § 620 Nr. 5 14 dem § 621 I Nr. 6. Elterl SorgeR und UmgangsR sind zwei verschiedene Verfahrensgegenstände (OLG Rostock FamRZ 2004, 476). Ist zB die Folgesache „Kindesunterhalt" beim OLG, ist dieses auch für eine den Kindesunterhalt betreffende eAnO zuständig, nicht aber für eine den Umgang mit dem Kind betreffende eAnO. Ist die Folgesache beim BGH, ist nicht das AG, sondern das OLG zuständig (Aktenrückforderung also erforderl.).

15 **Satz 3:** betrifft PKV nach §§ 620 Nr. 9, 127a, 621 f; zuständig ist das OLG.

16 **4.** Nach **§ 644** kann das FamG über §§ 620 ff. hinaus **Unterhalt durch** eAnO zusprechen, während bei § 620 der Scheidungsantrag „Träger" für die eAnO ist, ist es bei § 644 eine Unterhaltsklage.

17 **5. Gebühren, Kosten.** Es ergeht idR keine gerichtl. KostenE (§ 620g), die Kosten folgen der HauptsacheE. **Gericht:** GKG-KV 1421 zT gerichtsgebührenfrei (vgl § 620 Rz 18). **Rechtsanwalt:** RVG-VV 3100, 3104; § 18 Nr. 1b RVG. **Streitwert:** vgl § 620 Rz 18. Was gerichtsgebührenfrei ist (§ 620 Nr. 1, 2, 3, 5) ist natürl. nicht anwaltsgebührenfrei. Zu Nr. 1, 2, 3 bestimmt § 24 I 1 RVG einen Wert von (je) 500 Euro. Auch für Nr. 5 (Getrenntleben) wird von der hM (OLG Bamberg JurBüro 1978, 860, noch zur BRAGO) ein Wert von 500 Euro angenommen (zw). Alle Werte werden addiert.

## § 620b ZPO Aufhebung und Änderung des Beschlusses

**(1) [1]Das Gericht kann auf Antrag den Beschluss aufheben oder ändern. [2]Das Gericht kann von Amts wegen entscheiden, wenn die Anordnung die elterliche Sorge für ein gemeinschaftliches Kind betrifft oder wenn eine Anordnung nach § 620 Nr. 2 oder 3 ohne vorherige Anhörung des Jugendamts erlassen worden ist.**

**(2) Ist der Beschluss oder die Entscheidung nach Absatz 1 ohne mündliche Verhandlung ergangen, so ist auf Antrag auf Grund mündlicher Verhandlung erneut zu beschließen.**

**(3) [1]Für die Zuständigkeit gilt § 620a Abs. 4 entsprechend. [2]Das Rechtsmittelgericht ist auch zuständig, wenn das Gericht des ersten Rechtszuges die Anordnung oder die Entscheidung nach Absatz 1 erlassen hat.**

§ 620b geändert durch KindUG (BGBl 1998, 666).

1 **1. Übersicht.** Gegen die erlassene eAnO oder die Ablehnung einer eAnO kann sich der AGegner bzw ASt zur Wehr setzen:

a) Abänderungsantrag, § 620b I 1; zu unterscheiden von einem Berichtigungsantrag nach § 319;

b) ggf mdl Verh beantragen, § 620b II;

c) ggf Beschwerde einlegen, § 620c;

d) bei Erfüllung Klage nach § 767;

e) bei eAnO auf Unterhalt kann der AGegner nach Rechtskraft des ScheidungsU auf negative Feststellung, dass er weniger schulde, klagen und die Einstellung der ZwV aus der AnO beantragen (BGH NJW 1983, 1330);

f) Klage im ordentl. Verfahren erheben (zB auf höheren Unterhalt, auf Prozesskostenvorschuss).

**2. Absatz 1.** 2

**a) Antrag** (bei S. 2 entbehrl.): ohne Anwaltszwang; Begründung ist erforderl., § 620d; wiederholte Anträge und Änderungen sind zulässig; eine Zurückweisung wegen „Rechtsmissbrauch" ist praktisch nicht mögl. (OLG Köln NJW-RR 2006, 1437).

**b) Antragszeitraum:** bis zum Außerkrafttreten der eAnO nach § 620f, nicht mehr nach rechtskr Scheidung (BGH NJW 1983, 1330). Ist während der Anhängigkeit der Scheidung eine eAnO auf Unterhalt ergangen, wird dann das ScheidungsU rechtskr, ist aber noch die abgetrennte Folgesache „Unterhalt" anhängig, kann wegen § 644 die frühere eAnO noch nach § 620b abgeändert werden (OLG Düsseldorf FamRZ 2001, 1229).

c) Keine Zulässigkeitsvoraussetzungen sind Beschwer (wie bei § 511) oder Veränderung der tatsächl. Verh (wie bei § 323).

d) Der im Rahmen eines Verfahrens auf eAnO geschlossene Unterhaltsvergleich ist nicht nach § 620b, sondern nur nach § 323 abänderbar (OLG Brandenburg FamRZ 2000, 1377).

e) Entscheidung durch Beschluss, wie bei § 620a, grds ohne KostenE (§ 620g), mit Begründung (§ 620d).

f) Lässt das FamG die Sache unbearbeitet liegen, kann das OLG auf die **Untätigkeitsbeschwerde** hin das FamG anweisen, dem Verfahren Fortgang zu geben (BVerfG NJW 2005, 2685; 2005, 1105; dazu *Rixe* FamRZ 2005, 173).

**Absatz 2. Beschluss:** der nach §§ 620, 620a. Antrag: zu begründen, § 620d; für die mdl Verh besteht im Rahmen von § 78 II Anwaltszwang. Die Entscheidung ergeht durch Beschluss wie im Falle des Abs. 1, zu verkünden. Ob der Beschluss anfechtbar ist, richtet sich nach § 620c (OLG Naumburg FamRZ 2003, 548). 3

**Absatz 3. Zuständig** für Aufhebung bzw Änderung ist somit das AG-FamG bis zur Einlegung des Rm; das OLG, wenn in der Ehesache Ber eingelegt ist. Ist nur in einer Folgesache Rm eingelegt, kommt es darauf an, ob der Gegenstand der AnO dem der Folgesache entspricht (vgl § 620a Rz 14). S. 2 meint das OLG als Rm-G der Folgesache; Gericht des ersten Rechtszugs ist das AG-FamG. 4

**Kosten. Gericht:** Der Beschluss verursachte keine zusätzl. Gerichtsgeb (§ 620 Rz 18). **Rechtsanwalt:** vgl § 18 Nr. 1b RVG. Wenn die AnO ohne mdl Verh erlassen wurde (RVG VV 3100) und dann nur über einen Teil mdl verhandelt wird, fällt RVG VV 3104 nur aus dem geringeren StrW an. 5

## § 620c ZPO Sofortige Beschwerde; Unanfechtbarkeit

**[1]Hat das Gericht des ersten Rechtszuges auf Grund mündlicher Verhandlung die elterliche Sorge für ein gemeinschaftliches Kind geregelt, die Herausgabe des Kindes an den anderen Elternteil angeordnet, über einen Antrag nach den §§ 1 und 2 des Gewaltschutzgesetzes oder über einen Antrag auf Zuweisung der Ehewohnung entschieden, so findet die sofortige Beschwerde statt. [2]Im Übrigen sind die Entscheidungen nach den §§ 620, 620b unanfechtbar.**

§ 620c geändert durch G v. 11.12.2001 (BGBl 2001, 3513).

1 **1. Gericht des ersten Rechtszugs:** AG-FamG; AnO des OLG fallen unter § 574. **Aufgrund mündlicher Verhandlung:** nach § 620a I oder nachgeholt gem § 620b II; bei der AnO **ohne mündliche Verhandlung** muss zuerst diese beantragt werden (§ 620b), sonst ist die Entscheidung nicht anfechtbar. **Anfechtbar sind** auch nach mdl Verh nicht alle eAnO, sondern dann **nur:**

2 **a)** Regelung der **elterlichen Sorge** (§ 620 Nr. 1), auch in Teilbereichen, zB AufenthaltsbestimmungsR (OLG München FamRZ 1999, 111); Zustimmung zum Antrag auf Reisepass für das Kind (OLG Köln NJWE-FER 2001, 285). Unanfechtbar sind dagegen Regelungen des Umgangs (OLG Naumburg FamRZ 2006, 1046; OLG Hamburg FamRZ 1987, 497); unanfechtbar ist die Ablehnung einer Regelung (OLG Frankfurt MDR 2003, 1251).

**b) Herausgabe des Kindes** (§ 620 Nr. 3), nicht die Ablehnung (OLG Düsseldorf FamRZ 1981, 480), nicht die für den Umgang (OLG Saarbrücken FamRZ 1982, 186); nicht eAnO, dass das Kind bei den Pflegeeltern verbleiben soll (OLG Hamm FamRZ 2005, 814: unanfechtbar).

**c)** Entscheidung über Antrag nach **Gewaltschutzgesetz** (§ 620 Nr. 9), auch dessen Ablehnung;

**d)** Zuweisung der **Ehewohnung** (§ 620 Nr. 7; mat-rechtl. Grundlage: § 1361b BGB): sie muss *ganz* erfolgt sein (OLG Naumburg FamRZ 2005, 2074), zeitweise genügt (KG FamRZ 1986, 1010). Regelung der gemeinsamen Benutzung unter Aufteilung der Räume ist unanfechtbar (OLG Zweibrücken FamRZ 1984, 916), ebenso Regelung einer Räumungsfrist (OLG Bamberg FamRZ 1993, 1338). Ablehnung der Total-Zuweisung ist (seit der Neuregelung 2002) anfechtbar.

3 **2. Verfahren bei der sofortigen Beschwerde:** §§ 567 ff. Das Rm hat keine aufschiebende Wirkung (OLG Brandenburg FamRZ 2001, 1005): **Beschwerdeberechtigt** sind die Eheleute, nicht Jugendamt, Kind, Dritte. **Frist:** § 569 I, bei Versäumung evtl WE, § 233. **Anwaltszwang** besteht gem § 78 II, § 569 III Nr. 1 (OLG Koblenz FamRZ 1999, 1214; str, **aA** OLG Hamm FamRZ 1985, 1146); Begründung innerhalb der Einlegungsfrist ist erforderl., § 620d. Die eingelegte Beschwerde hat keine aufschiebende Wirkung (OLG Brandenburg FamRZ 2001, 1005). Das FamG kann abhelfen (§ 572 I 1); über die Beschwerde entscheidet das OLG (§ 119 I Nr. 1 GVG), dort der ER (§ 568).

4 **3. Unanfechtbar sind** (nach **Satz 2**) ohne mdl Verh ergangene Beschlüsse, Unterhalts-AnO (auch aufgrund mdl Verh; es hilft nur § 620f Rz 7a), Abänderung und Aufhebung von Unterhalts-AnO (OLG Naumburg FamRZ 2002, 183), Umgangsregelungen, in den Fällen Rz 2 (§ 620 Nr. 1, 3) Zurückweisung von Anträgen auf eAnO (OLG Zweibrücken FamRZ 2006, 872), weil da eben nichts „geregelt" wurde; Zurückweisung von Anträgen auf Änderung von früher rechtsmittelfähigen eAnO (OLG Frankfurt FamRZ 1984, 195; str); einstweilige Einstellung der ZwV aus einer Ehegatten-Unterhalts-eAnO (OLG Zweibrücken FamRZ 1998, 1378): unrichtige (entgegen § 620g ergangene) KostenE (OLG Köln FamRZ 2006, 437); Versagung der PKH für einen Antrag (OLG Düsseldorf MDR 1987, 770; str); überhaupt Zwischen- und NebenE, wenn die Hauptsache (= eAnO) nicht

anfechtbar ist (obwohl die ZPO keinen allgemeiner Grundsatz ausformuliert, dass die Rechtszüge kongruent sein müssten, ledigl. anklingend zB in § 127 II !), daher ist auch die StrW-Festsetzung für die eAnO auf Unterhalt unanfechtbar (OLG Schleswig SchlHA 2001, 119; str); die Zwangsgeldandrohung (§ 33 FGG) zur unanfechtbaren Entscheidung (OLG Karlsruhe FamZ 1999, 242; str, **aA** § 19 FGG); eAnO über Auskunftsanspruch (OLG Düsseldorf FamRZ 1983, 514; **aA** OLG Hamm FamRZ 1983, 515); wenn statt durch Beschluss durch Urteil entschieden wurde (trotz Meistbegünstigungsklausel, weil diese einen nichtexistenten Instanzenzug nicht schaffen kann, OLG Brandenburg FamRZ 2000, 1421). Unanfechtbar ist auch Regelung über Nutzungsentschädigung nach § 1361b III 2 BGB (OLG Brandenburg FamRZ 2003, 1305); einstweiliger Ausschluss des UmgangsR (OLG Dresden FamRZ 2003, 1306). Die Unanfechtbarkeit gilt auch für das **Jugendamt** als Amtsvormund (OLG Karlsruhe FamRZ 2005, 120).

**4. Ausnahmen: Anfechtbarkeit** bestand nach früher hM trotz Ausschluss in § 620c bei „greifbarer Gesetzwidrigkeit" (OLG Hamm FamRZ 2005, 532; OLG Zweibrücken FamRZ 2001, 637), was immer das sein mag; Verstoß gegen rechtl. Gehör genügt jedenfalls nicht (OLG Frankfurt NJW 1986, 1052), auch nicht Verfahrensfehler (**aA** OLG Hamburg FamRZ 1986, 182), aber bei offenkundigen schweren Fehlern (OLG Stuttgart NJWE-FER 2000, 20); fehlende Begründung schafft keine Anfechtbarkeit (OLG Zweibrücken FamRZ 1998, 1379; **aA** OLG Hamm FamRZ 1993, 719). **Der BGH** und die hM halten sei der ZPO-Reform 2002 Beschwerden wegen „greifbarer Gesetzwidrigkeit" für **unzulässig** (BGH NJW 2002, 1577; 2003, 3137); er verweist auf die Möglichkeit einer Gegenvorstellung; vgl ferner § 321a. Dies ist nicht unbestr (*Rößler* BB 2003, 1710; *Bloching/Kettinger* NJW 2005, 860), OLG Naumburg FamRZ 2004, 1045; OLG Brandenburg FamRZ 2003, 1305 halten die „außerordentl. Beschwerde" grds weiterhin für mögl., zu Recht. 5

**5. Kosten**. Gericht: bei erfolgreicher Beschwerde keine Geb, bei erfolgloser Beschwerde Pauschalgeb 50 Euro (GKG KV 1812). **Rechtsanwalt:** VV 3500 (0,5 Verfahrensgeb), evtl VV 3513 (0,5 Terminsgeb). 6

## § 620d ZPO Begründung der Anträge und Entscheidungen

**[1]In den Fällen der §§ 620b, 620c sind die Anträge und die Beschwerde zu begründen; die Beschwerde muss innerhalb der Beschwerdefrist begründet werden. [2]Das Gericht entscheidet durch begründeten Beschluss.**

**Satz 1:** zu begründen sind die Anträge auf Aufhebung bzw Änderung der eAnO, auf mdl Verh, die sof Beschwerde (Abweichung von § 571 I). Bei fehlender Begründung ist der Antrag unzulässig, doch nennt § 620d keine Frist, sodass die Antrags-Begründung bis zur Entscheidung nachgereicht werden kann. Die Beschwerdebegründung muss bis zum Fristablauf (§ 569 I) vorliegen; eine Fristverlängerung ist nicht vorgesehen (§ 224 II), fehlende Begründung macht die Beschwerde unzulässig. 1

**Satz 2:** Gericht ist das AG oder OLG. Eine Begründung des Beschlusses ist nur bei der Entscheidung über die in S. 1 genannten Anträge vorgeschrieben, nicht also bei der eAnO bei erstmaliger Entscheidung (str). Dass nur Beschlüsse zu begründen seien, die der sof 2

Beschwerde zugänglich sind (so OLG Naumburg OLG-Report 2005, 865), findet in § 620d keine Stütze, im Gegenteil. Fehlende Begründung kann zur Zurückverweisung führen.

### § 620e ZPO Aussetzung der Vollziehung

**Das Gericht kann in den Fällen der §§ 620b, 620c vor seiner Entscheidung die Vollziehung einer einstweiligen Anordnung aussetzen.**

1 **Anwendungsfälle** sind: Eingang einer sof Beschwerde oder eines Antrags auf Abänderung, Aufhebung einer eAnO, auf mdl Verh. § 620e ist Spezialregelung gegenüber § 570 III. Das zuständige Gericht ist das, welches zur Entscheidung über den Antrag bzw die Beschwerde zuständig ist (FamG, bei § 620b III und ab Beschwerdeeinlegung das OLG). Ein bes Aussetzungsantrag und Anhörung des Gegners sind nicht erforderl. Entscheidung durch **Beschluss**, ohne Kostenausspruch, idR formlos mitzuteilen (§ 329 I 1, II 1); unanfechtbar (OLG Hamburg FamRZ 1990, 423; **hM**), aber jederzeit vom Gericht abänderbar. Die ZwV ist daraufhin einzustellen, § 775 Nr. 2.

### § 620f ZPO Außerkrafttreten der einstweiligen Anordnung

**(1) [1]Die einstweilige Anordnung tritt beim Wirksamwerden einer anderweitigen Regelung sowie dann außer Kraft, wenn der Antrag auf Scheidung oder Aufhebung der Ehe oder die Klage zurückgenommen wird oder rechtskräftig abgewiesen ist oder wenn das Eheverfahren nach § 619 in der Hauptsache als erledigt anzusehen ist. [2]Auf Antrag ist dies durch Beschluss auszusprechen. [3]Gegen die Entscheidung findet die sofortige Beschwerde statt.**

**(2) Zuständig für die Entscheidung nach Absatz 1 Satz 2 ist das Gericht, das die einstweilige Anordnung erlassen hat.**

§ 620f geändert durch EheschlRG (BGBl 1998, 833).

1 **1. Absatz 1.** Die eAnO gilt entgegen der Bezeichnung „einstweilig“ uU dauernd. Sie will einen regelungslosen Zustand verhindern. Sie (und ebenso der im AnO-Verfahren geschlossene Vergleich, BGH FamRZ 1983, 892) tritt (nur soweit sich die Regelungsbereiche decken) nach § 620f nur (für die Zukunft, nicht rückwirkend) von selbst **außer Kraft** (a bis d):

2 **a) Beim Wirksamwerden einer anderweitigen Regelung** darüber: (vgl *Dörr* FamRZ 1988, 557): zB einem Vergleich (auch außergerichtl.) oder einer gerichtl. Entscheidung (uU auch einer ausl, KG FamRZ 1986, 822); der Erledigterklärung des in der Hauptsache gestellten Antrags auf Wohnungszuweisung nach § 2 I GewSchG (OLG Hamm FamRZ 2006, 50). Die KostenE des ScheidungsU gilt nicht als anderweitige Regelung ggü der AnO über Prozesskostenvorschuss (BGH NJW 1985, 2263).

3 **Unterhalt:** die AnO über Ehegattenunterhalt gilt nach Scheidung grds fort, obwohl der Unterhalt der getrennt lebenden Ehegatten mat-rechtl. nicht identisch mit dem Unterhalt nach Scheidung ist (BGH NJW 1983, 1330). *Der Berechtigte* kann die Laufzeit der AnO beenden, indem er auf Unterhalt klagt (nicht als Abänderungsklage iSd § 323, weil die

AnO nicht „angepasst" werden soll); *der Verpflichtete* kann (aus § 812 BGB) beim FamG auf Rückzahlung klagen (BGH NJW 1984, 2095; *Ditzen* FamRZ 1988, 349) und, wenn er noch nicht zahlte, auf Feststellung, dass er keinen (oder weniger) Unterhalt schuldet (BGH NJW 1983, 1330; 1991, 705; MDR 1989, 726); zugleich kann dann die ZwV aus der AnO einstweilen eingestellt werden, wobei str ist, ob § 769 oder § 707 einschlägig ist (dazu OLG Koblenz FamRZ 1985, 1272). Wegen der Überzahlung sind §§ 717 II, 945 nicht analog anwendbar, ebenso nicht § 818 IV BGB (BGH NJW 2000, 740), der Empfänger kann sich gegenüber §§ 812 ff BGB auf § 818 III BGB berufen (**aA** *Zöller/Philippi* § 620f Rz 26).

**Wirksamwerden** (nicht notw also Rechtskräftigwerden; vgl andererseits § 641e). Wirksam wird: der Vergleich mit Abschluss oder dem darin bestimmten Zeitpunkt; der FGG-Beschluss (SorgeR, Umgang) mit Bekanntgabe, § 16 I FGG; der Beschluss nach der HausratsVO mit Rechtskraft, § 16 HausratsVO; **Unterhalt: (1)** das Urteil, das einer negativen Feststellungsklage des Schuldners (dass er keinen oder geringeren Unterhalt schulde) stattgibt, wird erst mit Rechtskraft „wirksam" (BGH NJW 1991, 705; OLG Rostock FamRZ 2004, 127; OLG Karlsruhe FamRZ 2004, 1045); also nicht schon mit dem Erlass; **(2)** ein LeistungsU, das der Unterhaltsklage des Gl stattgibt, wird, wenn es nur gem §§ 709, 711 vollstr ist, ebenfalls erst mit Rechtskraft „wirksam" (BGH FamRZ 2000, 751; OLG Karlsruhe FamRZ 1982, 1221; **aA** OLG Hamm FamRZ 1999, 29; OLG Zweibrücken FamRZ 2001, 359); **(3)** das nach § 708 Nr. 1 bis 3 vorl vollstr LeistungsU wird mit Rechtskraft wirksam (BGH FamRZ 2000, 751; **aA**: bereits mit Erlass); **(4)** das klageabweisende UnterhaltsU wird mit Rechtskraft „wirksam" (BGH FamRZ 2000, 751). Wenn allerdings das UnterhaltsU und gleichzeitig (über § 644) eine Unterhalts-eAnO verkündet wird, dann wird § 620f missbraucht, weil das Vollstreckungsproblem über §§ 710 bis 712 zu lösen ist und die ges SiL nicht anderweitig ausgehebelt werden dürfen (vgl den Fall OLG Zweibrücken FamRZ 2000, 359). Zur variantenreichen Streitfrage vgl *Luthin* FamRZ 1986, 1059; *Maurer* FamRZ 1991, 888. 4

**a) Wenn der Scheidungsantrag** (wirksam, dh uU ab Zustimmung des Gegners, § 269 II) **zurückgenommen wird;** gleichsteht die Rücknahme des PKH-Antrags iFd § 620a II 1 Alt 2 oder dessen Zurückweisung (OLG Stuttgart FamRZ 1984, 720; str); gleichsteht die Rücknahme der Hauptsacheklage zB im Falle § 644; ebenso die übereinstimmende Erledigterklärung (OLG Hamm FamRZ 2003, 1307). 5

**b) Wenn der Scheidungsantrag** rechtskr (dh mit Ablauf der Rm-Frist bzw Verwerfung des unzulässig eingelegten Rm) **abgewiesen ist**; mit Bewilligung der WE wird die AnO wieder wirksam. Ebenso Außerkrafttreten (im Falle § 644 S. 2), wenn die isolierte Unterhaltsklage zurückgenommen oder über sie entschieden wird (OLG Brandenburg FamRZ 2005, 1919). Ebenso wenn nur PKH für die Hauptsache beantragt worden war, die PKH abgelehnt wird, mit Rechtskraft der Ablehnung, § 127 III 3 (OLG Stuttgart FamRZ 2005, 1187). 6

**d)** Wenn das **Eheverfahren** nach § 619 als **erledigt** anzusehen ist. 7

**2. Andere Beendigungsmöglichkeiten.** Die Härte der Regelung liegt darin, dass die Unterhalts-eAnO unanfechtbar ist (§ 620c), der Verpflichtete bei Meidung der ZwV zahlen muss, in der Praxis kaum Rückzahlung erlangt und nur den Antrag nach § 620b und 7a die Feststellungsklage mit Einstellungsmöglichkeit, vgl Rz 3 hat. Zw ist, ob die Wirkungen der eAnO auf andere Weise beendet werden können. Ist die Unterhaltshauptsacheklage erhoben, fragt sich, ob die ZwV aus der eAnO über §§ 707, 719 oder § 769 einstweilen eingestellt werden kann (nein: OLG Hamm FamRZ 1998, 1379; zutr **aA** OLG Schleswig FamRZ 1986, 184; OLG Stuttgart FamRZ 1992, 203); oder über § 323 (verneinend BGH NJW 1983, 1330) oder § 767 (verneinend OLG Köln FamRZ 1999, 1000).

8 **3. Klarstellungsbeschluss. Absatz 1 Satz 2** bezweckt Klarstellung für die ZwV. Antrag: ohne Anwaltszwang, § 620a II 2. Zuständig ist das Gericht, das die eAnO erlassen hat (FamG, OLG), Abs. 2. Rechtl. Gehör für den Gegner ist erforderl., mdl Verh nicht. Die Entscheidung (Beschluss) sollte das Datum, ab dem die eAnO außer Kraft ist, angeben und enthält grds keine KostenE, vgl § 620g, außer die Ehesache ist bereits durch Urteil abgeschlossen. Mit dem Beschluss kann die ZwV aus der eAnO eingestellt werden, § 775 Nr. 1. Wenn ein Beschluss nach § 620f I 2 mögl. ist, fehlt für eine Klage nach § 767 das Rechtsschutzbedürfnis (OLG Köln FamRZ 1999, 1000).

9 **4. Rechtsmittel, Absatz 1 Satz 3.** Über die sof Beschwerde vgl § 620c; sie ist auch gegen den zurückweisenden Beschluss statthaft. Frist § 569. Es entscheidet das OLG. Gegen OLG-Beschlüsse ist nur RB (§ 574) denkbar.

## § 620g ZPO Kosten einstweiliger Anordnungen

**Die im Verfahren der einstweiligen Anordnung entstehenden Kosten gelten für die Kostenentscheidung als Teil der Kosten der Hauptsache; § 96 gilt entsprechend.**

1 **1.** Zu den **entstehenden Kosten** vgl § 18 RVG, RVG-VV 3100, 3104; § 94 I Nrn. 4 bis 6 KostO; GKG KV 1421.

Da sie als Teil der Hauptsachekosten gelten, darf die eAnO **grundsätzlich keine Kostenentscheidung** enthalten. Eine trotzdem erlassene KostenE wäre aber unanfechtbar, § 620c; auch nicht über § 620b II anfechtbar, OLG Oldenburg FamRZ 2000, 759; allenfalls bei greifbarer Gesetzwidrigkeit mit sof Beschwerde anfechtbar; das FamG muss sie selbst aufheben (§ 620b), das gilt auch bei der eAnO nach § 644 (OLG Brandenburg FamRZ 2002, 964). Wer die Kosten des AnO-Verfahrens (§§ 620 bis 620f) letztl. trägt, ergibt sich aus der KostenE des Urteils in der Ehesache (§§ 91, 93a).

2 Die eAnO **muss** aber eine **besondere Kostenentscheidung enthalten**, wenn eine KostenE in der Hauptsache nicht ergeht (zB Scheidungsantragsrücknahme ohne Kostenbeschluss) oder wenn nur PKH beantragt wurde (vgl OLG Naumburg FamRZ 2004, 1505; Anm. *van Els*).

3 **Im Beschwerdeverfahren gegen die** eAnO ist bei erfolgloser Beschwerde über die Kosten nach §97 (vorrangig gegenüber §620 g) zu entscheiden (str, nach **aA** keine KostenE, OLG Brandenburg FPR 2002, 23); bei (Teil-)Erfolg oder Erledigung der Hauptsache bleibt es bei §620g (OLG Frankfurt FamRZ 1984, 720), bei Rücknahme §516 III analog (BayObLG FamRZ 1995, 184).

**2. Ausnahme § 96 mit Halbsatz 2:** Hatte ein Ehegatte **erfolglose Anträge** auf eAnO gestellt, kann tenoriert werden: „Die Kosten des Verfahrens über die eAnO ... werden dem ASt auferlegt; die übrigen Kosten werden gegeneinander aufgehoben.“ 4

**Dem erfolglosen Antrag stehen gleich:** Antragsrücknahme (OLG Frankfurt FamRZ 1980, 387; str); Erledigungserklärung insoweit (OLG Frankfurt FamRZ 1984, 720; str); Vergleich darüber (OLG Stuttgart NJW-RR 1987, 253; **aA** § 98). 5

## Abschnitt 2
## Allgemeine Vorschriften für Verfahren in anderen Familiensachen

### § 621 ZPO Zuständigkeit des Familiengerichts; Verweisung oder Abgabe an Gericht der Ehesache

**(1) Für Familiensachen, die**

**1. die elterliche Sorge für ein Kind, soweit nach den Vorschriften des Bürgerlichen Gesetzbuchs hierfür das Familiengericht zuständig ist,**

**2. die Regelung des Umgangs mit einem Kind, soweit nach den Vorschriften des Bürgerlichen Gesetzbuchs hierfür das Familiengericht zuständig ist,**

**3. die Herausgabe eines Kindes, für das die elterliche Sorge besteht,**

**4. die durch Verwandtschaft begründete gesetzliche Unterhaltspflicht,**

**5. die durch Ehe begründete gesetzliche Unterhaltspflicht,**

**6. den Versorgungsausgleich,**

**7. Regelungen nach der Verordnung über die Behandlung der Ehewohnung und des Hausrats,**

**8. Ansprüche aus dem ehelichen Güterrecht, auch wenn Dritte am Verfahren beteiligt sind,**

**9. Verfahren nach den §§ 1382 und 1383 des Bürgerlichen Gesetzbuchs,**

**10. Kindschaftssachen,**

**11. Ansprüche nach den §§ 1615l, 1615m des Bürgerlichen Gesetzbuchs,**

**12. Verfahren nach § 1303 Abs. 2 bis 4, § 1308 Abs. 2 und § 1315 Abs. 1 Satz 1 Nr. 1, Satz 3 des Bürgerlichen Gesetzbuchs,**

**13. Maßnahmen nach den §§ 1 und 2 des Gewaltschutzgesetzes, wenn die Beteiligten einen auf Dauer angelegten gemeinsamen Haushalt führen oder innerhalb von sechs Monaten vor Antragstellung geführt haben, betreffen, ist das Familiengericht ausschließlich zuständig.**

**(2) [1]Während der Anhängigkeit einer Ehesache ist unter den deutschen Gerichten das Gericht, bei dem die Ehesache im ersten Rechtszug anhängig ist oder war, ausschließlich zuständig für Familiensachen nach Absatz 1 Nr. 5 bis 9; für Familiensachen nach Absatz 1 Nr. 1 bis 4 und 13 gilt dies nur, soweit sie betreffen**

**1. in den Fällen der Nummer 1 die elterliche Sorge für ein gemeinschaftliches Kind einschließlich der Übertragung der elterlichen Sorge oder eines Teils der elterli-**

**chen Sorge wegen Gefährdung des Kindeswohls auf einen Elternteil, Vormund oder Pfleger,**

**2. in den Fällen der Nummer 2 die Regelung des Umgangs mit einem gemeinschaftlichen Kind der Ehegatten nach den §§ 1684 und 1685 des Bürgerlichen Gesetzbuchs oder des Umgangs eines Ehegatten mit einem Kind des anderen Ehegatten nach § 1685 Abs. 2 des Bürgerlichen Gesetzbuchs,**

**3. in den Fällen der Nummer 3 die Herausgabe eines Kindes an den anderen Elternteil,**

**4. in den Fällen der Nummer 4 die Unterhaltspflicht gegenüber einem gemeinschaftlichen Kind mit Ausnahme von Vereinfachten Verfahren zur Abänderung von Unterhaltstiteln,**

**5. in den Fällen der Nummer 13 Anordnungen gegenüber dem anderen Ehegatten.**

**[2]Ist eine Ehesache nicht anhängig, so richtet sich die örtliche Zuständigkeit nach den allgemeinen Vorschriften.**

**(3) [1]Wird eine Ehesache rechtshängig, während eine Familiensache der in Absatz 2 Satz 1 genannten Art bei einem anderen Gericht im ersten Rechtszug anhängig ist, so ist diese von Amts wegen an das Gericht der Ehesache zu verweisen oder abzugeben. [2]§ 281 Abs. 2, 3 Satz 1 gilt entsprechend.**

§ 621 zuletzt geändert durch G v. 11.12.2001 (BGBl 2001, 3513).

## Übersicht



1 **1. Zuständigkeit. Absatz 1** besagt ledigl., dass die Zust des FamG *ausschließl.* ist, eine andere Zust also nicht vereinbart werden kann; die entspr gerichtsorganisatorische Vorschrift ist § 23b GVG (BGH NJW 1978, 1531). Die **sachliche Zuständigkeit** des AG als FamG selbst folgt aus §§ 23a GVG, 64 I FGG (für die FGG-Sachen), 11 HausratsVO. Örtl. und int Zust vgl Rz 31, 37.

Die Zust für Streitigkeiten betreffend „die Familie“ ist auf FamG, ProzessG usw. verstreut. Dem FamG sind ua die Ehesachen (§ 606) und „andere FamS“ (als die Ehesachen), nämlich die in § 621 aufgeführten, zugewiesen. Bei den VormG ist im Wesentl. nur noch

Betreuung, Vormundschaft, Adoption. Liste der Zust des FamG bei *Künkel* FamRZ 1998, 877. Teils ist der Richter, teils der Rechtspfleger funktionell zuständig (§ 3 Nr. 2a RPflG).

**Voraussetzung einer Familiensache ist**, dass die Parteien Eheleute bzw Kinder (ehel. 2
oder nichtehel.) sind; eine FamS liegt nicht vor bei Beteiligung Dritter (Ausnahme Abs. 1 Nr. 2, 3, 8), bei nichtehel. Lebensgemeinschaften, Verwandten. Ferner muss ein Fall des Abs. 1 vorliegen, erbrechtl. oder gesellschaftsrechtl. Streitigkeiten zwischen Eheleuten sind daher keine FamS.

**Nr. 1. Regelung der elterlichen Sorge** nach §§ 1626 bis 1696 BGB, zB Regelung der 3
Sorge bzw von Teilen davon wie AufenthaltsbestimmungsR usw. Auch Umgang der Eltern mit dem Kind, wenn für das Kind Vormundschaft besteht (KG FamRZ 2006, 1773); Streit nicht verheirateter Eltern über das gemeinsame SorgeR (OLG Stuttgart FamRZ 2000, 632); Genehmigung der Unterbringung eines Kindes (§ 1631b BGB), solange noch keine Vormundschaft/Pflegschaft besteht (OLG Brandenburg FamRZ 2004, 815); AnO der Ergänzungspflegschaft (§ 1693 BGB) für ein minderj Kind wegen Unterhalts (OLG Bamberg FamRZ 2005, 1500); Ersetzung der Einwilligung in die Einbenennung nach § 1618 S. 4 (BGH FamRZ 1999, 1648); Streit über Namenserteilung (OLG Hamm FamRZ 2000, 692). **Kompetenzstreit Familiengericht/Vormundschaftsgericht**: ist infolge einer Maßnahme des FamG (zB §§ 1666, 1667, 1671 BGB) eine Pflegschaft oder Vormundschaft anzuordnen (§ 1697 BGB), dann ist sehr umstr, ob der Ergänzungspfleger (§ 1909 BGB) vom VormG oder vom FamG ausgewählt wird (Überblick: *Zorn* FamRZ 2000, 719; *Bestelmeyer* FamRZ 2001, 718); für die Beratung und Aufsicht über den Pfleger ist jedenfalls das VormG zuständig.

**Nr. 2. Regelung des Umgangs**, §§ 1684, 1685, 1632 III BGB, sowohl beim ehelichen wie 4
beim nichtehelichen Kind.

**Nr. 3. Herausgabe** des (ehelichen oder nichtehelichen) Kindes vom anderen Elternteil, 5
von Dritten; § 1632 I BGB. AnO, dass unter Vormundschaft stehendes Kind in Familienpflege bleibt (KG FamRZ 2006, 278; OLG Hamm FamRZ 2005, 814).

**Nr.4. Verwandtenunterhalt** (§§1601 ff BGB); Ansprüche minder- oder vollj, ehelichen 6
oder nichtehelichen Kinder gegen Eltern und Großeltern und umgekehrt, vertragl. Ansprüche nur dann, wenn sie den gesetzl. Anspruch näher regeln; auch Ausgleichsansprüche eines Elternteils gegen den anderen wegen erbrachter gesetzl. Unterhaltsleistungen (BGH NJW 1978, 2297); Abänderungsklagen (§323); Abänderung nach §1612 II 2 (OLG Frankfurt FamRZ 2000, 1424; FGG-Verfahren, Rechtspfleger-Zust); nach SGB XII etc übergeleitete Ansprüche (OLG Stuttgart NJW 1978, 57); Auskunftsanspruch (OLG Zweibrücken FamRZ 1996, 1288); §643. Streit aus Freistellungsvereinbarung (OLG Zweibrücken FamRZ 2000, 497).

**Keine Familiensachen** sind Klagen Dritter gegen Eltern wegen Ersatz von Unterhaltsauf- 7
wendungen (BGH NJW 1979, 660); Ersatzanspruch des Scheinvaters gegen den Erzeuger wegen Prozesskostenerstattung (OLG Koblenz FamRZ 1999, 658; str).

**Nr. 5. Ehegattenunterhalt** während der Ehe, bei Getrenntleben, nach Scheidung 8
(§§ 1360 ff, 1569 ff BGB); darunter fällt auch die Rückzahlung von Unterhalt aus § 812 BGB (BGH NJW 1978, 1531); uU Erstattung von Umzugskosten (BGH NJW 1980, 192); Unterhaltsvergleiche und andere vertragl. Unterhaltsregelungen sind FamS, wenn sie eine

nähere Regelung oder Änderung der gesetzl. Unterhaltspflicht zum Inhalt haben. Auskunft: § 643. **Keine Familiensachen** sind: rein vertragl. Unterhaltsvereinbarungen (BGH NJW 1978, 1924); Anspruch auf Abgabe steuerl. Erklärungen (OLG Naumburg FamRZ 2000, 165), Änderung der Steuerklasse (LG Bonn FamRZ 1999, 1133).

9 **Nr. 6. Versorgungsausgleich**, §§ 1587 bis 1587p BGB, einschließl. Auskunftsanspruch (BGH NJW 1981, 1508 und abw FamRZ 1984, 465). Über Verfahrensfragen beim isolierten Verfahren vgl *Hoppenz* FamRZ 1987, 1063.

10 **Nr.7. Ehewohnung, Hausrat**, alle Verfahrensgegenstände nach der HausratsVO (vgl *Brudermüller* FamRZ 1999, 193); zB Streitigkeiten getrennt lebender Ehegatten über die Rückschaffung von eigenmächtig aus der Ehewohnung entfernten Hausratsgegenständen (BGH NJW 1983, 47); Nutzungsentschädigung für die Wohnung bei getrennt lebenden Ehegatten (OLG Jena NJW 2006, 703; OLG Dresden NJW 2005, 3151). Zum Hausrat können auch Forderungen gehören, die sich auf Hausratsgegenstände beziehen (BGH NJW 1980, 192, FamRZ 1983, 794); ein PKW ist nur unter bes Umständen ein Hausratsgegenstand (BGH FamRZ 1983, 794; OLG Hamm NJW-RR 1990, 1031). **Keine Familiensachen** sind: zivilproz Streitigkeiten, in denen Ansprüche aus Verträgen über die Auseinandersetzung von Wohnung und Hausrat geltend gemacht werden (BGH NJW 1979, 2156); Streit aus Räumungsvergleich (OLG Karlsruhe FamRZ 1996, 36); ebenso nicht Schadensersatzansprüche eines Ehegatten gegen den anderen wegen unrechtmäßiger Verfügung über einen Hausratsgegenstand (BGH NJW 1980, 192 und 2476; FamRZ 1988, 155); Ausgleichsansprüche aus §426 BGB (BayObLG FamRZ 1985, 1057), zB aus gemeinsam aufgenommenen Bankschulden; Anspruch auf Nutzungsentschädigung für die Wohnung außerhalb der HausratsVO (KG FamRZ 2000, 304).

11 **Nr. 8. Güterrechtsverfahren.** Darunter fallen zivilproz (nicht: FGG) Streitigkeiten aus §§ 1363 bis 1561 BGB, zB Zugewinnausgleich, vorzeitiger Ausgleich nach § 1385 BGB; auch Ansprüche aus Vereinbarungen der Ehegatten, durch die bestehende güterrechtl. Ansprüche nachträgl. modifiziert werden oder bei Auflösung der Ehe bes Vereinbarungen über die Auseinandersetzung der güterrechtl. Beziehungen getroffen werden (BGH NJW 1978, 1923; OLG Rostock FamRZ 2004, 650: Schuldschein); Streit über Wirksamkeit einer solchen Vereinbarung (BGH NJW 1980, 193); Wegfall der Geschäftsgrundlage einer Auseinandersetzungsvereinbarung (BGH NJW 1980, 2477); Verfahren nach § 1368 BGB (BGH FamRZ 1981, 1045). Kann der Anspruch auf *mehrere Anspruchsgrundlagen* gestützt werden, von denen nur eine das Verfahren zur FamS macht, ist grds das FamG zuständig (BGH NJW 1983, 1913).

12 **Nicht:** schuld- und sachenrechtl. Rechtsgeschäfte, Schenkungen unter Ehegatten (BGH NJW 1978, 1923); Ausgleichspflicht als Gesamtschuldner, § 426 BGB (BGH NJW 1981, 2418), Auseinandersetzung von Miteigentum (BGH NJW 1981, 128); Auflösung einer Bruchteilsgemeinschaft (OLG Dresden OLG-NL 2001, 71); Anspruch aus Abhebungen vom Gemeinschaftskonto (OLG Düsseldorf NJW-RR 1999, 1090); Anspruch aus Gesellschaftsvertrag der Ehegatten (BayObLG FamRZ 1983, 198); Auseinandersetzung einer BGB-Gesellschaft (OLG Zweibrücken FamRZ 2001, 1011); Anspruch auf hälftige Erstattung der *Steuernachzahlung* (BGH NJW 1980, 1283); Ersetzung der Zustimmung nach § 1365 II BGB (BGH NJW 1982, 2556); Komplexe, für die das VormG zuständig ist (§§ 1369 II; 1426, 1452 BGB).

**Beteiligung Dritter:** zB Inanspruchnahme durch einen Gl aufgrund güterrechtl. Vorschriften (BGH NJW 1980, 1626). 13

**Nr. 9. Stundung der Ausgleichsforderung**, §§ 1382, 1383 BGB (FGG-Verfahren). 14

**Nr. 10. Kindschaftssachen:** § 640 II; zB Vaterschaftssachen, Anfechtung der Vaterschaft. Für Abstammungs- und Unterhaltssachen von nichtehel. Kindern ist das FamG (nicht mehr die Prozessabteilung des AG) zuständig. Auch für Abstammungssachen nach dem Tod (§ 1600e II BGB) ist das FamG zuständig, doch gilt dafür das FGG, vgl § 56c FGG. 14a

**Nr. 11. Spezielle Nichtehelichensachen** wie Entbindungs- bzw Beerdigungskostenersatz, Unterhalt für die nichtehel. Mutter; §§ 1615 l, 1615m BGB. 14b

**Nr. 12. Spezielle Ehesachen:** Ehemündigkeit (§ 1303 BGB), Eheverbote (§ 1308 BGB), Eheaufhebung (§ 1315 BGB). 14c

**Nr. 13. Gewaltschutzsachen**, zB Betretungsverbote gegen den Ehegatten bez der Wohnung, Annäherungsverbote in einem bestimmten Umkreis, Kontaktverbote. Sechs-Monats-Grenze beachten (OLG Hamm FamRZ 2004, 38). Vgl § 620 Rz 16. 14d

**2. Die Gegenstände von Nr. 1 bis 13 betreffende Familiensache.** 15

Ob eine zivilproz Sache diese Gegenstände „betrifft“, hängt von der (tatsächl.) Begründung des geltend gemachten Anspruchs ab (BGH NJW 1980, 2476), auf die rechtl. Einordnung durch den Kl oder die Verteidigung des Bekl kommt es nicht an (OLG Köln FamRZ 2004, 1584). Die Zust kann daher vom Zufall, wer zuerst klagt, abhängen. Ein **Zuständigkeitsstreit** zwischen FamG und Prozessabteilung bzw VormG ist nach § 36 Nr. 6 zu erledigen (BGH 71, 16; 78, 108).

**3. Sachzusammenhang**

Für bestimmte Sachen, die an sich nicht unter Abs. 1 fallen, die aber mit FamS in Zusammenhang stehen, sind nach der Rspr, die den Zust-Bereich der FamG ausweiten will, zT ebenfalls die FamG zuständig: 16

- **Abänderungsklage**, wenn der Titel eine FamS wie Unterhalt betraf (BGH NJW 1978, 1924). 17
- **Ablehnungsgesuche** in FamS: FamG (BGH FamRZ 1979, 472).
- **Anspruchskonkurrenz:** kann ein Anspruch auf familienrechtl. und sonstige Anspruchsgrundlagen gestützt werden: FamG zuständig (BGH FamRZ 1983, 155; OLG Bamberg NJW-RR 1989, 517).
- **Anspruchshäufung:** mehrere Sachen, die teils FamS, teils Nicht-FamS sind, können in einer Klage nicht verbunden werden (BGH NJW 1979, 426); Folge: Trennung. 18
- **Arrest** zur Sicherung von Unterhaltsansprüchen: FamG zuständig (BGH FamRZ 1980, 46). 19
- **Aufrechnungsforderung:** wenn sie FamS ist, die Klageforderung aber nicht, begründet das nicht die Zust des FamG (BayObLG FamRZ 1985, 1057); andererseits kann das FamG über die Aufrechnung mit einer Nicht-FamS-Gegenforderung entscheiden (OLG Köln FamRZ 1992, 450). 20

- **Ausgleichzahlung:** wenn behauptet wird, man habe sich bei der Hausratsaufteilung über Ausgleichszahlung geeinigt und dieser Betrag eingeklagt wird: keine Zust des FamG (OLG Karlsruhe NJW-RR 2007, 81).

21
- **Auskunftsansprüche** zur Durchsetzung von FamS: FamG (OLG Düsseldorf FamRZ 1985, 721), zB §§ 1379, 1587e, 1605 BGB.
- **Beweisverfahren** nach §§ 485 ff, soweit sie sich auf eine FamS beziehen (str).

22
- **Drittwiderspruchsklage**, § 771: es kommt nicht darauf an, ob der Titel eine FamS betrifft, sondern ob das hindernde Recht im FamilienR wurzelt (vgl BGH NJW 1985, 3066; OLG Köln NJWE-FER 2000, 188); uU auch gegen eine Teilungsversteigerung (OLG Bamberg NJWE-FER 2000, 161; OLG München FamRZ 2000, 365; OLG Naumburg FPR 2000, 221; OLG Schleswig SchlHA 1998, 134).

23
- **Einstweilige Verfügung** auf Unterhalt: FamG zuständig (§ 937 I).
- **Einwendungen:** sie können eine Sache nicht zu einer FamS machen.

24
- **Eventualverhältnis:** werden eine Nicht-FamS und eine FamS im Verhältnis von Haupt- und Hilfsanspruch geltend gemacht, so ist (zunächst) das Gericht (Abteilung) des Hauptanspruchs zuständig; eine Verweisung bzw Abgabe wegen des Hilfsanspruchs kann erst nach abweisender Entscheidung über den Hauptanspruch erfolgen (BGH NJW 1980, 1283; 1981, 2417).
- **Freistellung** von Verbindlichkeiten gegenüber einer Bank: keine FamS (OLG Nürnberg FamRZ 1994, 838).

25
- **Kostensachen** wie StrW-Festsetzung, StrW-Beschwerden, Kf-Verfahren: FamG (BGH FamRZ 1978, 585); für die Honorarklage des RA aus einer familiengerichtl. Streitigkeit ist dagegen die Prozessabteilung zuständig (BGH NJW 1986, 1178).
- **Prozesskostenhilfe** für eine FamS (BGH FamRZ 1984, 774); nicht die Festsetzung der Vergütung für die Beratungshilfe (BGH NJW 1985, 2537).
- **Rückzahlung von Unterhalt** aus § 812 BGB, wenn die Zahlung selbst Unterhaltssache war (BGH FamRZ 2000, 751).
- **Schadensersatz** wegen Vereitelung des UmgangsR: keine Zust des FamG (*Bernau* FamRZ 2007, 248).

26
- **Vollstreckbarerklärung** ausl Unterhaltstitel: FamG (BGH NJW 1986, 1440); für Durchführung der VO (EG) Nr. 2201/2003, Haager Kindesentführungsübereinkommen, Europ Sorgerechtsübereinkommen: FamG (IntFamRVG v. 26.01.2005); beachte das Haager Übereinkommen v. 02.10.1973 (BGBl 86 I, 825); hier gilt § 1 I 1c AVAG (LG-ZivK-Vors zuständig); bei anderen Titeln diverse Vollstr-Abkommen. Soweit der ausl Unterhaltstitel unter die **Verordnung (EG) Nr. 44/2001** fällt, ist für die AnO der Klauselerteilung nach dem AVAG der Vors einer ZivK des LG zuständig. Vollstreckung ausl Titel auf Kindesherausgabe richtet sich nach § 16a FGG, Verfahren nach §§ 621 I Nr. 3, 621a, e (BGH NJW 1983, 2775).

27
- **Vollstreckungsgegenklagen**, § 767, wenn der titulierte Anspruch FamS ist: FamG (BGH NJW 1978, 1811); bei Alttiteln des LG ist abw von § 767 I ein Zust-Wechsel eingetreten (BGH NJW 1980, 188). Ungenügend ist, dass die Forderung, mit der aufgerechnet wurde, eine FamS ist (Rz 20).

- **Vollstreckungsgericht**: die ihm zugewiesenen Sachen wie Erinnerungen, Rm gegen Beschlüsse nach §§ 829, 835 in Unterhaltssachen, gehören nicht zum FamG (vgl BGH FamRZ 1979, 421). 28
- **Widerklage:** ist die Klage FamS, so ist eine Widerklage, die keine FamS ist, unzulässig (OLG Düsseldorf FamRZ 1982, 511); Folge: Trennung. 29
- **Zwangsvollstreckung:** bei §§ 887, 888, 890 entscheidet in FamS das FamG (OLG Hamburg FamRZ 1983, 1252). Sonst bleibt es beim VollstrG. 30

**4. Örtliche Zuständigkeit (Absatz 2).**

**Satz 1:** ist *eine* Ehesache (zB Scheidung) schon anhängig, ist dieses FamG ausschließl. örtl. zuständig für bestimmte andere FamS, nämlich nach Nr. 5 (Ehegattenunterhalt), 6 (Versorgungsausgleich), 7 (Hausratssachen), 8 (Zugewinn) und 9 (Zugewinnausgleichsstundung). Für die restl. FamS gilt dies nicht immer: Die später eingehende FamS nach **Nr. 1** geht ebenfalls zum FamG der Scheidung, wenn sie zB die elterl. Sorge betrifft; FamS nach **Nr. 2**, wenn sie UmgangsR (auch von Großeltern usw.) betreffen; FamS nach **Nr. 3**, wenn sie Herausgabeverlangen Eltern-Kind betreffen (nicht: Herausgabe des Kindes von Dritten); FamS nach **Nr. 4** nur betreffend Unterhalt *gemeinsamer* Kinder. Vereinfachte Verfahren (§ 645) fallen nicht in den Verbund; **Nr. 5:** Gewaltschutz-AnO. 31

Die **Zuständigkeit nach Absatz 2 Satz 1 ist aber erloschen**, wenn die Anhängigkeit der Ehesache endet, bevor die Unterhaltsklage dem Bekl zugestellt worden ist (BGH NJW 1981, 126: Scheidung durch FamG M, dann Eingang der Unterhaltsklage, dann Rechtskraft der Scheidung, dann Zustellung der Klage; FamG M ist für die Unterhaltsklage nicht zuständig); anders bei FGG-Sachen wie Hausratsteilungsantrag: denn dort kommt es für Fortdauer der Zust auf die Anhängigkeit der Sache, nicht die Zustellung des Antrags an (vgl BGH MDR 1986, 484). Die Zust nach Abs. 2 S. 1 erlischt ferner, wenn die Scheidung rechtskr abgeschlossen ist, der abgetrennte Versorgungsausgleich aber weiterhin anhängig ist (BGH NJW 1982, 1000). Ist die Scheidung schon beim OLG, ist das FamG der Scheidung zuständig. Für Klagen nach § 767 bleibt es aber bei § 767 I (BGH NJW 1980, 1393). 32

**Satz 2:** ist die Scheidung im Ausland anhängig, können deutsche Gerichte nach Abs. 2 S. 2 für die andere FamS zuständig sein. Ist eine Scheidung nicht anhängig oder schon rechtskr beendet, richtet sich die Zust in ZPO-Sachen (vgl § 621a), also Nr. 4, 5, 8 nach §§ 12 ff, auch 38, 39; in FGG-Sachen zB nach §§ 43 ff, 45, 64 FGG, 11 HausratsVO, Minderjährigenschutzabkommen (MSA), verschiedene Gerichte können also dann zuständig sein (BayObLG FamRZ 2000, 165). 33

**5. Verweisung (Absatz 3).** Ist eine (andere) FamS schon anhängig und wird dann zB die Scheidung rechtshängig, wird die FamS durch Beschluss an das Gericht bzw die Abteilung geleitet, das für die Scheidung zuständig ist: durch **Abgabe** (FGG-Sachen) bzw **Verweisung** (ZPO-Sachen, § 281). Entspr Regelung in § 64 II FGG. 34

Im Sinne von Abs. 3 S. 1 ist die andere FamS nur so lange **im ersten Rechtszug anhängig**, als dort noch keine abschließende Entscheidung ergangen ist; ist die erstinstanzl. Entscheidung schon ergangen, ist für eine Verweisung nach Abs. 3 S. 1 kein Raum (zB UnterhaltsU des FamG X, dann wird beim FamG Y die Scheidung anhängig; für die hier- 35 auf eingehende Ber gegen das UnterhaltsU ist das OLG für X zuständig, BGH NJW 1986, 2058; variiert in BGH NJW 2001, 1499).

36 **Absatz 3 Satz 2:** Abgabe und Verweisung sind bindend und unanfechtbar (§ 281 II), dem ASt dürfen Mehrkosten nicht auferlegt werden (§ 281 III 1 ohne 2).

37 **6. Internationale Zuständigkeit.** Für Ehesachen ist sie ab 01.03.2005 in der **Verordnung (EG) Nr. 2201/2003** (Anhang) geregelt, iÜ in § 606a. Für die dazugehörige FamS ist dasselbe FamG zuständig, aber nicht ausschließl.; bez § 621 Nr. 1 bis 3 ist die VO (EG) Nr. 2201/2003 bzw das MSA zu beachten, bez § 621 Nr. 4 und 5 die VO (EG) Nr. 44/2001 v. 22.12.2000 (Anhang). Vgl Rz 26. Über österreichische Rentenanwartschaften beim schuldrechtl. deutschen Versorgungsausgleich vgl BGH FamRZ 2006, 321.

## § 621a ZPO Anzuwendende Verfahrensvorschriften

**(1) [1]Für die Familiensachen des § 621 Abs. 1 Nr. 1 bis 3, 6, 7, 9, 10 in Verfahren nach § 1600e Abs. 2 des Bürgerlichen Gesetzbuchs, Nr. 12 sowie 13 bestimmt sich, soweit sich aus diesem Gesetz oder dem Gerichtsverfassungsgesetz nichts Besonderes ergibt, das Verfahren nach den Vorschriften des Gesetzes über die Angelegenheiten der freiwilligen Gerichtsbarkeit und nach den Vorschriften der Verordnung über die Behandlung der Ehewohnung und des Hausrats. [2]An die Stelle der §§ 2 bis 6, 8 bis 11, 13, 16 Abs. 2, 3 und des § 17 des Gesetzes über die Angelegenheiten der freiwilligen Gerichtsbarkeit treten die für das zivilprozessuale Verfahren maßgeblichen Vorschriften.**

**(2) [1]Wird in einem Rechtsstreit über eine güterrechtliche Ausgleichsforderung ein Antrag nach § 1382 Abs. 5 oder nach § 1383 Abs. 3 des Bürgerlichen Gesetzbuchs gestellt, so ergeht die Entscheidung einheitlich durch Urteil. [2]§ 629a Abs. 2 gilt entsprechend.**

§ 621a zuletzt geändert durch G v. 11.12.2001 (BGBl 2001, 3513).

1 **1. Absatz 1. Familiensachen unterliegen vier verschiedenen Verfahrensvorschriften:**

| Scheidung | § 621 Nr. 4, 5, 8, Teil von 10, 11 | § 621 Nr. 1, 2, 3, 6, 9, Teil von 10, 12, 13 | § 621 Nr. 7 |
|---|---|---|---|
| ZPO, modifiziert | ZPO, bei Nr. 8 aber § 621b | FGG-ZPO-Mischsystem | FGG-ZPO-Mischsystem mit HausratsVO |

Folgende **drei Fragen** sind in der 3. Gruppe zu stellen, um die einschlägigen Bestimmungen zu finden, wenn zB ein Fall nach § 621 I Nr. 1 vorliegt:

**(1)** Ergibt sich aus der ZPO oder dem GVG etwas „Besonderes“ (erkennbar durch Formulierungen wie „In FamS...", „Vor den FamG..". Wenn ja, gilt dies; wenn nein: 2. Frage:

**(2)** Wo ist das Problem im FGG geregelt? zB in § 12 FGG.

**(3)** Ist diese Bestimmung nach § 621a I 2 anwendbar? Wenn ja, wird sie angewandt (zB § 12 FGG). Wenn nein (zB § 13 FGG) ist die entspr Bestimmung in der ZPO zu suchen, die dann anwendbar ist.

**a) Scheidung** (§§ 1564 ff BGB): für sie gelten die Sonderregelungen in §§ 607 ff ZPO, iÜ sind die Vorschriften des LG-Prozesses (§§ 253 bis 494 ZPO) entspr anzuwenden, § 608 ZPO, sie unterliegt also der **ZPO**. Verfahrenseinleitung durch einen „Antrag" (§ 622 I ZPO). Der RA braucht eine Sondervollmacht, § 609 ZPO. Einen frühen ersten Termin wie bei Zivilsachen gibt es nicht, § 612 I ZPO. Im Verfahren werden die Ehegatten idR nach § 613 ZPO angehört. Es gilt der modifizierte **Untersuchungsgrundsatz**, § 616 II ZPO. 2

Entschieden wird durch Urteil (Kosten § 93a ZPO; keine vorl Vollstr, § 704 II ZPO). Bez der Scheidung ist ein VU gegen den AGegner unzulässig, § 612 IV, ebenso ein AnerkenntnisU, § 617 ZPO. 3

**b) Für die Familiensachen nach §§ 621 I Nr. 4, 5, 8** (Kindesunterhalt, Ehegattenunterhalt, Zugewinnausgleich u.a.), **Nr. 10** (nur Abstammungsverfahren gegen *lebenden* Vater usw.), **Nr. 11** gilt die **ZPO**, § 621a I ZPO. Hier ist der Verhandlungsgrundsatz anzuwenden, entschieden wird grds durch EndU, auch ist ein VU oder AnerkenntnisU mögl., vgl § 629 II ZPO. 4

Diese anderen FamS werden entweder im Verbund mit der Scheidung geführt (dann heißen sie **„Folgesachen"**, § 623 I 1 ZPO) oder selbstständig (**„isolierte Familiensachen"**, zB beim Trennungsunterhalt, § 1361 BGB). Zuständig ist in beiden Fällen ausschließl. das FamG, § 621 I. Örtl. Zust §§ 606, 621 II 1 ZPO, bei selbstständigen ZPO-FamS grds §§ 12 ff, 38, 39 ZPO (§ 621 II 2 ZPO). Bei Folgesachen besteht immer Anwaltszwang, § 78 II Nr. 1 ZPO, bei selbstständigen ZPO-FamS güterrechtl. Art ebenfalls, sonst nur in zweiter und dritter Instanz, § 78 II Nr. 2 ZPO. 5

**c) Für die restlichen Familiensachen** nach **§ 621 I Nr. 1, 2, 3, 6, 9, 10** (§ 56c FGG, Abstammungsverfahren gegen *verstorbenen* Vater usw.), **Nr. 12, Nr. 13** gilt eine Art - **Mischverfahren**, vgl § 621a I ZPO, § 64 III FGG; an die Stelle des VormG tritt das FamG. § 14 Nr. 2 IntFamRVG; grds ist FGG anzuwenden, soweit sich nicht aus ZPO und GVG Besonderes ergibt (Formulierung „In FamS ..", wie zB in § 78 II); bestimmte FGG-Vorschriften werden aber durch die entspr ZPO-Bestimmungen ersetzt. Vor allem gilt hier der **Untersuchungsgrundsatz** (§ 12 FGG) uneingeschränkt. Entschieden wird (in isolierten Sachen) durch **Beschluss** (mit Begründung); eine SäumnisE ist bei diesen FGG-Sachen nicht mögl. (weil das FGG wegen der Unvereinbarkeit mit § 12 FGG kein Säumnisverfahren kennt). 6

**d)** Für die **Familiensache nach § 621 I Nr. 7 (HausratsVO)** gilt dasselbe wie bei Rz 6, doch ist hier vor Anwendung des FGG auf die HausratsVO als spezielleres FGG-Gesetz zurückzugreifen. 6a

**Bestimmte Dritte** sind am FGG-Verfahren (Rz 6, 6a) beteiligt (also anzuhören, die Entscheidung ist ihnen zuzustellen): uU das Kind (§ 59 FGG); das Jugendamt (KJHG; § 64 III 3 FGG); der Vermieter (§ 7 HausratsVO); Vers-Träger etc (§ 53b II FGG). 7

Die FGG–Sachen werden entweder in **Verbund** mit der Scheidung geführt („Folgesachen", § 623 I, also für den Fall der Scheidung) **oder selbstständig** (zB bei Abänderungsverfahren nach §§ 1696, 1684, 1671 BGB nach Rechtskraft der Scheidung; § 1361a, 1361b BGB während bestehender Ehe). Zuständig ist das FamG, nicht etwa das VormG, § 64 III 2 FGG. 8

9 **Im Verbund** können demnach je nach StrG **verschiedene Verfahrensrechte nebeneinander** anzuwenden sein: für die ZPO-Sachen die ZPO, für die FGG-Sachen das Mischsystem FGG/ZPO. Im Verbund (§ 629) und bei § 621a II muss über die mehreren Sachen einheitl. durch Urteil entschieden werden, sonst wird jeweils getrennt durch Urteil bzw Beschluss darüber entschieden, wobei Verbindung von Verfahren uU mögl. ist.

10 **Im Einzelnen gelten** in FGG-Sachen des FamG (vgl *Keidel*, FGG-Kommentar, § 64 Rz 32):

§§ 621 bis 630 ZPO; § 78 II (bei Folgesachen Anwaltszwang, bei selbstständigen FGG-Sachen kein Anwaltszwang in erster und zweiter Instanz); §§ 93a, 97 III ZPO (KostenE); § 233 ZPO; §§ 119 I Nr. 1a, 133, 170 S. 1 GVG. Die Gerichtskosten richten sich nach KostO, HausratsVO, bei Folgesachen nach § 1 Nr. 1b GKG.

11 **§ 1 FGG** (Anwendungsbereich des FGG) gilt auch hier.

**§ 2 FGG** (Rechtshilfe) ist durch §§ 156 bis 168 GVG ersetzt.

**§ 3 FGG** (Exterritoriale) ist durch § 15 ZPO ersetzt.

**§ 4 FGG** (Vorgriffszuständigkeit) ist anwendbar in selbstständigen FamS, die Amtsverfahren sind. Vgl ferner § 621 II, III ZPO.

**§ 5 FGG** (Zust-Bestimmung) ist durch §§ 36, 37, 281 ZPO ersetzt.

**§ 6 FGG** (Richterausschluss) ist durch §§ 41 bis 48 ZPO ersetzt.

**§ 7 FGG** (örtl. unzuständiges Gericht) ist anwendbar.

12 **§ 8 FGG** (Gerichtssprache etc) ersetzt durch §§ 176 bis 183, 192 bis 197 GVG.

**§ 9 FGG** (Dolmetscher) ist ersetzt durch §§ 184 bis 191 GVG.

**§ 11 FGG** (Anträge) ist ersetzt durch §§ 78, 129a ZPO.

**§ 12 FGG** (Amtsermittlung) ist anzuwenden; vgl BGH FamRZ 1986, 896. Das Wohl des Kindes ist deshalb unabhängig von Beweisanträgen von Amts wegen zu ermitteln, Erholung eines Gutachtens ist auch gegen den Willen der Beteiligten zulässig.

**§ 13 FGG** (Vertretung): ersetzt durch §§ 78 bis 90, 625 ZPO.

**§ 13a FGG** (Kosten) sind in selbstständigen FamS anwendbar, in Folgesachen gelten §§ 93a, 97 III ZPO.

**§ 14 FGG** (PKH): durch §§ 114 bis 127a, 624 II ZPO ersetzt.

13 **§ 15 FGG** (Beweisaufnahme) ist anwendbar. Dazu *Finke* FPR 2003, 503.

**§ 16 I FGG** (Wirksamwerden) ist in selbstständigen FamS anwendbar, soweit nicht (zB § 53g I FGG; § 16 I HausratsVO) formelle Rechtskraft vorausgesetzt wird; in Folgesachen gilt § 629d ZPO.

**§ 16 II, III FGG** (Zustellung) ist für Beschlüsse durch § 329 ZPO, für VerbundU durch §§ 317, 621c ZPO ersetzt.

**§ 16a FGG** (Anerkennung ausl Entscheidungen): anwendbar (OLG Hamm FamRZ 1987, 506).

14 **§ 17 FGG** (Fristberechnung): durch § 222 ZPO ersetzt.

**§ 18 FGG** (Abänderbarkeit): durch zahlreiche Sonderregelungen (§ 1696 BGB; § 620b ZPO; § 18 II FGG mit § 621e ZPO) ohne wesentl. Anwendungsbereich.

**§19 I FGG** (Beschwerde) nur für Anfechtung von Neben- und ZwischenE (zB Zwangsgeldandrohung, §33 FGG; Aufforderung zur Auskunftserteilung nach §11 II VAHRG, OLG Zweibrücken FamRZ 2004, 1794) anwendbar, sonst durch §§621e, 629a ZPO ersetzt;

**§ 19 II FGG** durch § 119 I Nr. 1a GVG ersetzt (OLG zuständig).

**§ 20 FGG** ist anwendbar; als **Beschwerdeberechtigte** (§ 621e ZPO) kommen infrage: die 15 Ehegatten, das über 14-jährige Kind, Jugendamt, Träger der gesetzl. Rentenvers/Versorgungslast (bez Versorgungsausgleich, vgl BGH FamRZ 1989, 602), Vermieter der Ehewohnung (§ 7 HausratsVO), § 57 I Nr. 1, 3 wird durch § 64 III 4 FGG eingeschränkt; die erweiterte Beschwerdeberechtigung (zB von Großeltern, anderen Verwandten) nach § 57 I Nr. 9 ist durch § 57 II ausgeschlossen in den Fällen der sof Beschwerde, durch § 64 III 3 FGG auch der befr Beschwerde, nur das nach §§ 85 ff KJHG örtl. zuständige Jugendamt bleibt insoweit beschwerdeberechtigt.

**§ 20a FGG** Beschwerde gegen KostenE: wie § 13a FGG.

**§ 21 FGG** (Einlegung der Beschwerde) gilt für Anfechtung von Neben- und ZwischenE 16 des Richters und Rechtspflegers (zB Aussetzung) sowie für die sof Erinnerung gegen Entscheidungen des Rechtspflegers (§§ 3 Nr. 2a, 14 Nr. 2a RPflG), sonst wird er durch § 621e III ZPO verdrängt;

**§ 22 FGG** (sof Beschwerde) wird idR durch § 621e III 2 ZPO (befr Beschwerde) ver- 17 drängt; Ausnahmen: § 20a II FGG und bei sof Erinnerungen (§ 11 II RPflG) gegen EndE des Rechtspflegers (§§ 3 Nr. 2a, 14 Nr. 2, 2a RPflG; *Keidel* FGG-Kommentar § 64 Rz 19). In FGG-FamS beginnt die Rm-Frist für einen nicht verkündeten Beschluss mit dessen Zustellung an den Rm-Führer und nicht erst mit der letzten Zustellung an einen der Beteiligten (BGH NJW 2002, 2252).

**§ 23 FGG** (neues Vorbringen in der Beschwerde) ist anwendbar. 18

**§ 24 I FGG** (keine aufschiebende Wirkung): anwendbar, Ausnahmen zB § 53g I FGG, § 16 I HausratsVO.

**§ 24 II FGG** ist nur bei NebenE, die mit der Beschwerde nach § 19 FGG anfechtbar sind, anwendbar.

**§ 25 FGG** (BeschwerdeE) gilt, beim Urteil aber § 313 ZPO.

**§ 26 FGG** gilt in selbstständigen FamS und in Folgesachen, wenn sie getrennt angefochten werden, soweit nicht § 629d ZPO eingreift.

**§§ 27-30 FGG** werden durch § 621e II, III, § 629a ZPO, §§ 119 I Nr. 1a, 2, 133 GVG 19 verdrängt.

**§§ 31, 32 FGG** sind anwendbar.

**§ 33 FGG** (Vollstreckung) ist anwendbar, Sondervorschriften (Vollstreckung nach ZPO) aber in §§ 53a IV, 53g III FGG, § 16 III HausratsVO.

**§ 34 FGG** (Akteneinsicht): anwendbar; Sonderregelungen §§ 299, 624 IV ZPO.

Auch gelten **§§ 50a bis 50d FGG**, Sonderregelungen finden sich in §§ 53a bis 53g und in der HausratsVO.

20 **2. Absatz 2** betrifft den Fall, dass ein Ehegatte auf Zugewinnausgleich klagt (ZPO-Sache), der Bekl zB Stundung begehrt (FGG-Sache); hier ergehen nicht ein Urteil und ein Beschluss, sondern einheitl. ein Urteil. **Satz 2** betrifft die Anfechtung eines solchen Urteils: grds Ber, aber sof Beschwerde (§ 621e), wenn nur der die Stundung betreffende Teil angefochten werden soll.

### § 621b ZPO Güterrechtliche Streitigkeiten

**In Familiensachen des § 621 Abs. 1 Nr. 8 gelten die Vorschriften über das Verfahren vor den Landgerichten entsprechend.**

1 Betrifft isolierte Güterrechtsprozesse; es gelten §§ 253 bis 495, aber nicht §§ 495 bis 510b.

### § 621c ZPO Zustellung von Endentscheidungen

**§ 317 Abs. 1 Satz 3 ist auf Endentscheidungen in Familiensachen nicht anzuwenden.**

1 Die Urteilszustellung kann somit nicht hinausgeschoben werden.

### § 621d ZPO Zurückweisung von Angriffs- und Verteidigungsmitteln

**[1]In Familiensachen des § 621 Abs. 1 Nr. 4, 5, 8 und 11 können Angriffs- und Verteidigungsmittel, die nicht rechtzeitig vorgebracht werden, zurückgewiesen werden, wenn ihre Zulassung nach der freien Überzeugung des Gerichts die Erledigung des Rechtsstreits verzögern würde und die Verspätung auf grober Nachlässigkeit beruht. [2]Im Übrigen sind die Angriffs- und Verteidigungsmittel abweichend von den allgemeinen Vorschriften zuzulassen.**

§ 621d mit anderem Inhalt neu durch G v. 27.07.2001 (BGBl 2001, 1887).

1 **§ 621 Absatz 1 Nr. 4, 5, 8 und 11** betreffen Verwandtenunterhalt, Ehegattenunterhalt, Zugewinnausgleich, spezielle Unterhaltansprüche, also reine ZPO-Sachen. Die Vorschrift entspricht § 615. §§ 296, 530, 531 kommen also nicht zum Zug. IÜ ist § 621d S. 1 fast wortgleich mit § 296 II, auf dessen Kommentierung verwiesen wird. Die Praxis macht keinen Gebrauch von der Zurückweisungsmöglichkeit (*Caspary* FF 2003, 206). **Satz 2:** In den Fällen § 621 Nr. 1, 2, 3, 6, 7, 9, 10, 12, 13 dagegen kann verspätetes Vorbringen nicht zurückgewiesen werden.

## § 621e ZPO Befristete Beschwerde; Rechtsbeschwerde

**(1) Gegen die im ersten Rechtszug ergangenen Endentscheidungen über Familiensachen des § 621 Abs. 1 Nr. 1 bis 3, 6, 7, 9, 10 in Verfahren nach § 1600e Abs. 2 des Bürgerlichen Gesetzbuchs, Nr. 12 sowie 13 findet die Beschwerde statt.**

**(2) [1]In den Familiensachen des § 621 Abs. 1 Nr. 1 bis 3, 6 und 10 in Verfahren nach § 1600e Abs. 2 des Bürgerlichen Gesetzbuchs sowie Nr. 12 findet die Rechtsbeschwerde statt, wenn sie**

**1. das Beschwerdegericht in dem Beschluss oder**

**2. auf Beschwerde gegen die Nichtzulassung durch das Beschwerdegericht das Rechtsbeschwerdegerichtzugelassen hat; § 543 Abs. 2 und § 544 gelten entsprechend. [2]Die Rechtsbeschwerde kann nur darauf gestützt werden, dass die Entscheidung auf einer Verletzung des Rechts beruht.**

**(3) [1]Die Beschwerde wird durch Einreichung der Beschwerdeschrift bei dem Beschwerdegericht eingelegt. [2]Die §§ 318, 517, 518, 520 Abs. 1, 2 und 3 Satz 1, Abs. 4, §§ 521, 522 Abs. 1, §§ 526, 527, 548 und 551 Abs. 1, 2 und 4 gelten entsprechend.**

**(4) [1]Die Beschwerde kann nicht darauf gestützt werden, dass das Gericht des ersten Rechtszuges seine Zuständigkeit zu Unrecht angenommen hat. [2]Die Rechtsbeschwerde kann nicht darauf gestützt werden, dass das Gericht des ersten Rechtszuges seine Zuständigkeit zu Unrecht angenommen oder verneint hat.**

§ 621e geändert durch G v. 11.12.2001 (BGBl 2001, 3513).

### Übersicht

**1. Übersicht zu den Rechtsmitteln:**

1 • in den **selbstständigen ZPO-Sachen** (Scheidung; § 621 I Nr. 4, 5, 8, Teil von 10, Nr. 11) ergeht ein Urteil des FamG; dagegen ist Ber (§ 511) zum OLG (§ 119 I Nr. 1a GVG) statthaft, gegen das OLG-Urteil uU Rev zum BGH (§§ 542 ff);

• in den **selbstständigen FGG-Sachen** (§ 621 I Nr. 1, 2, 3, 6, 7, 9; Rest von Nr. 10, 12, 13) ergeht ein Beschluss des FamG; dagegen befr Beschwerde (§ 621e) zum OLG (§ 119 I Nr. 1a GVG) und uU RB zum BGH (vgl BGH FamRZ 2005, 1826). Näheres Rz 2 ff;

• über Rm gegen **Verbundentscheidungen:** vgl § 629a II.

**2. Rechtsmittel gegen die Entscheidung in isolierten Familiensachen**

2 § 621 I Nr. 1, 2, 3, 6, 7, 9, Teil von Nr. 10, 12, 13 (elterl. Sorge, UmgangsR, Kindesherausgabe, Versorgungsausgleich, Hausratsteilung, Stundung der Ausgleichsforderung; bei Nr. 10 nur Abstammungsverfahren gegen den *verstorbenen* Vater etc), also in den **FGG-Sachen** (Abs. 1):

3 **a) Gegen Beschlüsse des Familiengerichts** (nicht des OLG), die *EndE* beinhalten, dh das Verfahren in der Instanz abschließen (also, wären sie ZPO-Sachen, durch Urteil ergingen), ist die **befristete Beschwerde** nach § 621e gegeben (nicht die sof Beschwerde nach § 22 FGG oder § 567, nicht eine einfache unbefr Beschwerde nach §§ 19 ff FGG; Unterschied bedeutsam zB, weil bei § 567 wegen § 572 Abhilfe mögl. ist, bei § 621e wegen § 318 nicht; ferner wegen der unterschiedl. Frist); dies gilt auch für TeilE, zB Umgangsregelung nur für die nächsten Ferien; Räumungsfrist bei der Wohnungszuweisung (OLG Bamberg FamRZ 2001, 691); AnO, dass über Kinder-Sparbücher nur mit Genehmigung des FamG verfügt werden kann (OLG Köln NJWE-FER 2001, 299); Entscheidung betreffend die Änderung einer elterl. Unterhaltsbestimmung nach § 1612 II BGB (OLG Karlsruhe FamRZ 2004, 655; OLG Dresden FamRZ 2004, 209; OLG Zweibrücken FamRZ 2002, 1269); Entscheidung nach § 1631b (OLG Bamberg FamRZ 2003, 1854). Auch totale Untätigkeit ist nach § 621e anfechtbar (OLG Naumburg NJ 2005, 278). Frist: ein Monat (Rz 8).

4 **b) Andere Entscheidungen des Familiengerichts** (nicht des OLG) sind mit der (unbefr) **FGG-Beschwerde nach §19 FGG** anzugreifen, zB *ZwischenE*, Androhung oder Festsetzung eines Zwangsgeldes nach §33 FGG (BGH NJW 1979, 820; FamRZ 1992, 538; str); Aussetzung des Versorgungsausgleichs (BGH FamRZ 2002, 1053; OLG Dresden FamRZ 2005, 1572); Aufforderung zur Auskunftserteilung nach §11 II VAHRG (OLG Zweibrücken FamRZ 2004, 1794); eAnO in FGG-Sachen (BGH NJW 1979, 38; hM); Bestellung eines Verfahrenspflegers (bei Nr.1) *durch das OLG* kann als ZwischenE nicht mit Beschwerde (§19 FGG) zum BGH angegriffen werden (BGH FamRZ 2003, 232).

5 **c) Gegen isolierte Kostenentscheidungen** des FamG (zB infolge Antragsrücknahme; übereinstimmender Erledigung der Hauptsache; anders bei einseitiger Erledigung, OLG Köln FamRZ 1983, 1262) ist die sof Beschwerde nach § 20a II FGG gegeben (BGH FamRZ 1990, 1102; OLG Düsseldorf FamRZ 1982, 186; str, **aA** § 621e).

6 **d) Gegen Rechtspfleger-Endentscheidungen**: soweit es sich um EndE handelt, wie zT im Versorgungsausgleichsverfahren, vgl § 14 Nr. 2, 2a RPflG; oder wenn eine familien-

gerichtl. Genehmigung nach §§ 1821, 1822 BGB versagt wird (OLG Dresden FamRZ 2001, 1307; **aA** OLG München FamRZ 2003, 392: §§ 19, 20 FGG); Ersetzung der Zustimmung zur Namensänderung nach § 1618 S. 4 BGB (BGH FamRZ 1999, 1648; OLG Naumburg FamRZ 2001, 1161; OLG Bamberg MDR 2000, 524): befr Beschwerde nach § 621e. In wenigen Fällen ist gegen die RechtspflegerE nur die befr Erinnerung nach § 11 II RPflG gegeben, zB wenn der Kf-Beschluss in einer FGG-FamS einen Beschwerdewert unter 200,01 Euro bringt (§ 567 II 2). Die frühere Durchgriffs-Erinnerung ist seit 01.10.1998 abgeschafft.

**3. Die befristete Beschwerde**

Sie ist berufungsähnl. ausgestaltet; auf sie ist zunächst die ZPO (vgl Abs. 3), das GVG, 7
hilfsweise (über § 621a I 1) §§ 19 ff FGG anzuwenden. **Zulässigkeitsvoraussetzungen:**

**a) Anwaltszwang** grds nicht, § 569 III Nr. 1, Ausnahmen gem § 78 II;

**b) Einlegung:** Beschwerdeschrift (eigenhändig unterzeichnet, OLG Karlsruhe NJW-RR 1996, 1411; Ausnahme: § 130a) ist beim OLG (nicht beim FamG; **§ 621e Absatz 3 Satz 1**; Abweichung von § 21 I FGG und § 569 I 1) einzureichen; ist sie beim FamG eingereicht, kommt es darauf an, dass sie innerhalb der Frist beim OLG eintrifft (BGH NJW 1978, 1165);

**c) Beschwerdebegründung** ist notw, § 520 I, II, III 1; aus ihr muss sich jedenfalls ergeben, dass der Beschwerdeführer durch die angefochtene Entscheidung beschwert ist und diese Beschwer bekämpfen will, dh was er missbilligt (BGH NJWE-FER 2001, 82); § 520 III 2 gilt dagegen nicht. Die Beschwerde kann auf neue Tatsachen und Beweise gestützt werden, § 23 FGG; der Verfahrensgegenstand kann aber nicht ausgewechselt werden. Ein bestimmter **Antrag** ist nicht erforderl. (BGH NJW 1979, 766; auf § 520 III 2 ist in § 621e III 2 nicht verwiesen);

**d) Einlegungsfrist:** die Beschwerde ist binnen einer Notfrist von einem Monat ab Zustel- 8
lung der Entscheidung beim OLG einzulegen, § 517 (WE ist mögl., §§ 233 ff; BGH FamRZ 1981, 657). Es kommt auf die Zustellung beim jeweiligen Verfahrensbeteiligten an (BGH FamRZ 2002, 952; OLG Naumburg FamRZ 2001, 1542), die Frist beginnt also nicht erst mit der *letzten* Zustellung. Kein Fristbeginn für Versorgungsträger, der überhaupt nicht am Verfahren über Versorgungsausgleich beteiligt war (OLG Brandenburg FamRZ 2004, 1300);

**e) Begründungsfrist:** Sie ist ferner binnen zwei Monaten ab Zustellung des erstinstanzl. Beschlusses (nicht wie früher ab Einlegung der Beschwerde) beim OLG zu begründen, § 520 II 1 (Fristverlängerung, § 520 II 2, 3 und WE nach ZPO, BGH NJW 1979, 109, ist mögl.). Eine Zurückweisung „verspäteten" Vorbringens ist nicht zulässig, vgl § 23 FGG und andererseits § 621d. Nach Fristablauf kann die Beschwerde nicht mehr erweitert werden (BGH NJW 1983, 179);

**f) Mindestbeschwerdewert:** idR nicht zu erreichen; keiner insb beim Versorgungsaus- 9
gleich; anders nach § 14 HausratsVO (600,01 Euro);

**g) Beschwer**, dh ein Nachteiligsein der Entscheidung; sie ist notw. Beim schuldrechtl. Versorgungsausgleich ist keine formelle Beschwer notw (OLG Oldenburg FamRZ 2001, 1528). Der Träger der Versorgungslast kann gegen Entscheidungen über Wertausgleich von Versorgungsanwartschaften Beschwerde ohne Rücksicht darauf einlegen, ob sich das Rm zugunsten oder zulasten des bei ihm versicherten Ehegatten auswirkt (OLG Düsseldorf FamRZ 2001, 1461);

**h) Beschwerdeberechtigung**: erforderl. nach § 621a I ZPO, §§ 20, 57 I FGG; kommt zB infrage für ASt und AGegner, Kind, Jugendamt, Rentenvers-Träger (dazu BGH 1979, 108; NJW 1980, 1960), Vermieter. Eine Beschwerdeberechtigung aus § 57 I Nr. 9 ist jedoch gem §§ 64 III 3, 57 II FGG ausgeschlossen (vgl BGH FamRZ 1988, 54); § 57 I Nr. 1, 3 ist durch § 64 III 4 FGG eingeschränkt; Beschwerdeausübung durch das minderj Kind selbst ist gem § 59 FGG mögl.;

10 **i) Anschlussbeschwerde:** noch nach Fristablauf kann der Gegner grds eine Beschwerde einlegen (BGH NJW 1982, 225; 1985, 968; 1986, 1494); wichtig in Versorgungsausgleichssachen; zulässig, obwohl nicht auf § 524 verwiesen wurde. Die unselbstständige Anschlussbeschwerde ist hier unzulässig, wenn ein Träger der Versorgungslast bzw der gesetzl. Rentenvers das **Hauptrechtsmittel** eingelegt hat (BGH NJW 1985, 968; OLG München FamRZ 1993, 1320). Der Beschwerde eines Trägers der Versorgungslast gegen den Versorgungsausgleich kann sich ein Ehegatte durch einen Angriff gegen den Scheidungsausspruch anschließen (OLG Düsseldorf FamRZ 2005, 386).

**4. Weiteres Verfahren**

11 Die Beschwerdeschrift und die Begründung ist den anderen Beteiligten zuzustellen (§§ 621e III 2, 521 I, 629a III).

**a) Abhilfe durch das Familiengericht** ist nicht mögl., Abs. 3 S. 2 mit § 318 (in Gegensatz zu § 572 I).

**b) Zuständig** zur Entscheidung über die Beschwerde ist das OLG, § 119 I Nr. 1a GVG, Senat, Entscheidung durch den ER des Senats nur nach §§ 526, 527 III. Das OLG prüft nicht mehr, ob tatsächl. eine FamS (oder eine gewöhnl. Zivilsache) vorliegt, wenn das FamG entschieden hat (sog formelle Anknüpfung), Abs. 4 S. 1 und § 513 II.

**c)** Eine **mündliche Verhandlung** ist nicht vorgeschrieben (BGH NJW 1983, 824 betreffend Versorgungsausgleich), vgl § 13 II HausratsVO, § 53a I 1 FGG, § 53b I FGG; Ausnahme iFd § 629a II 2, dh wenn eine Seite Beschwerde und die andere Ber eingelegt und einheitl. entschieden wird.

**d) Bindung an Sachanträge** besteht zB beim öffentl.-rechtl. Versorgungsausgleich nicht (BGH FamRZ 2005, 1825; NJW 1984, 2879); **Verbot der Schlechterstellung** gilt beim Versorgungsausgleich (BGH NJW 1984, 2879), aber nicht wenn ein Vers- oder Versorgungsträger Beschwerde einlegt (OLG Köln FamRZ 2001, 1462); nicht bei der Hausratsteilung (OLG Zweibrücken FamRZ 1993, 83; str), nicht bei Fragen des Kindeswohls (§ 621 Nr. 1, 2, 3) wie UmgangsR (OLG Dresden NJW-RR 2005, 373), SorgeR (OLG Celle FamRZ 2004, 1667).

12 **e) Rücknahme.** Die Beschwerde kann bis zur Entscheidung zurückgenommen werden, die Zustimmung anderer Beteiligter **ist** nicht erforderl.; ob bei Rücknahme von isolierten Beschwerden gegen FG-FolgeE des Verbunds (zB Hausrat, SorgeR) § 516 III analog anzuwenden ist (OLG Dresden FamRZ 1997, 1019 mwN) oder § 13a I 1 FGG (OLG Köln

FamRZ 1997, 221; KG FamRZ 1995, 376) oder § 93a I (OLG Karlsruhe FamRZ 1995; 361) ist sehr str.

**f) Entscheidung** über die befr Beschwerde: sie erfolgt durch **Beschluss**, der zuzustellen ist, § 329 III. Eine SachE ist notw; nur ausnahmsweise kann die Sache an das FamG zurückverwiesen werden (OLG Karlsruhe OLG-Report 2007, 92). Der Beschluss enthält evtl Zulassung der RB nach § 621e II Nr. 1; Zulassung ist auf Teile beschränkbar (BGH NJW 1990, 327), jedenfalls soweit vom Rest unabhängig entschieden werden kann; unterbliebene Zulassung ist nicht nach § 321 nachholbar (BGH NJW 1981, 2755). **Kostenentscheidung** in selbstständigen FamS der freiwilligen Gerichtsbarkeit nach § 13a FGG bzw § 20 HausratsVO (OLG Karlsruhe FuR 1999, 437), auch bei Rücknahme der Beschwerde. Kein Ausspruch über vorl Vollstr. **Gründe** nach § 25 FGG. Wenn das FamG die FGG-Sache irrig durch „Urteil" entschied, ist die dagegen eingelegte Ber als Beschwerde zu behandeln und darüber durch Beschluss zu entscheiden (KG FamRZ 2001, 368).

**5. Verweisungskette in Absatz 3 Satz 2.**

Sie bedeutet: 13

**§ 318:** Bindung, keine Abhilfe mögl.

**§ 517**: Beschwerdefrist ein Monat ab Zustellung.

**§ 518:** Frist bei Beschlussergänzung.

**§ 520 I:** Beschwerde ist zu begründen.

**§ 520 II:** Frist für Begründung zwei Monate ab Zustellung.

**§ 520 III 1:** Begründung beim OLG einzureichen.

**§ 520 III 2:** Darauf wird nicht verwiesen, Anträge daher nicht vorgeschrieben.

**§ 520 IV:** Weiterer Inhalt der Beschwerdebegründung.

**§ 521:** Beschwerde und Begründung werden der Gegenseite zugestellt.

**§ 522 I:** Unzulässige Beschwerden werden durch Beschluss verworfen; dagegen ist RB ohne Zulassung mögl.

**§ 522 II:** darauf wird nicht verwiesen, also keine Zurückweisung durch unanfechtbaren Beschluss wegen Aussichtslosigkeit.

**§§ 526, 527:** ER.

**6. Die Rechtsbeschwerde, Absatz 2.**

§ 621e II gestaltet sie revisionsähnl. aus, sodass §§ 574 ff nicht in erster Linie heranzuziehen sind. 14

**a) Zuständig** zur Entscheidung darüber **ist der BGH (§ 133 GVG).**

**b) Statthaft** ist die RB nur **aa)** gegen OLG-Beschwerdebeschlüsse in Sachen nach § 621 I Nr. 1, 2, 3 (elterl. Sorge, Umgang mit Kind, Herausgabe des Kindes), Nr. 6 (Versorgungsausgleich, soweit nicht durch § 53g II FGG ausgeschlossen), Teil von Nr. 10 (Vaterschaft usw.), Nr. 12 (spezielle Ehesachen), dh im *zulässigen Verfahrensgegenstand*, und nur 15

**bb)** wenn das OLG die RB in seinem Beschwerdebeschluss zugelassen hat (§ 621e II Nr. 1) oder die Nichtzulassungsbeschwerde erfolgreich war (§ 621e II Nr. 2). Kein Rm gegen FGG-ZwischenE des OLG (BGH FuR 2003, 82). Auch gegen Beschlüsse der OLG in Sachen der freiwilligen. Gerichtsbarkeit, die nicht EndE iSd § 621e sind, ist kein Rm an den BGH vorgesehen (BGH FamRZ 2005, 1826). Die irrtüml. Zulassung der RB, zB gegen eine *ZwischenE*, eröffnet den vom Gesetz nicht vorgesehen Rechtsweg nicht (BGH FamRZ 2003, 1005).

**Übergangsrecht:** Gegen bis 31.12.2009 (die ursprüngl. Frist 31.12.2006 wurde durch 2. JuModG v.22.12.2006 verlängert) „ergangene" OLG-Beschlüsse kann keine Nichtzulassungsbeschwerde eingelegt werden (§ 26 Nr. 9 EGZPO); die Nichtzulassung ist nicht anfechtbar (BGH FuR 2002, 526). Die Verweisung auf § 543 II besagt, wann die RB vom OLG zuzulassen ist und § 544, welche Formalien für die erst ab 01.01.2007 mögl. Nichtzulassungsbeschwerde gelten.

**Statthaft** ist die RB ferner:

**aa)** gegen OLG-Beschwerdebeschlüsse in Sachen nach § 621 I Nr. 1, 2, 3, 6, Teil von Nr. 10, Nr. 12 und wenn **bb)** das OLG die befr Beschwerde als unzulässig verwarf (§ 621e III 2 mit § 522 I), zB wegen verspäteter Einlegung, wenn der Beschwerdeführer die Fristberechnung des OLG für unrichtig hält. Dem steht gleich, wenn zwar im Tenor „als unbegründet" zurückgewiesen wurde, inhaltl. aber als unzulässig verworfen wurde (BGH NJW 1982, 448).

| **Zulässiger Verfahrensgegenstand (§ 621 Nr. 1, 2, 3, Teil von 6, Teil von 10, 12)** | | | **Unzulässiger Verfahrensgegenstand** |
|---|---|---|---|
| RB wegen Verwerfung der Erstbeschwerde | RB wegen Zulassung erlaubt | RB nach erfolgreicher Nichtzulassungsbeschwerde | Keine RB |

16 **c) Unanfechtbar** mit der RB sind daher zB Entscheidungen des OLG in Sachen nach § 621 I Nr. 4, 5 (Unterhaltssachen; dies sind keine FGG-Sachen, also kommt Rev infrage), Nr. 7 (Hausrat, Ehewohnung), Nr. 8 (Zugewinnausgleich, ZPO-Sache, Rev denkbar), Nr. 9 (Stundung des Zugewinnausgleichs, FGG-Sache), Rest von Nr. 10 (Vaterschaft usw.), Nr. 11 (spezielle Unterhaltsverfahren, ZPO-Sachen), Nr. 13 (GewaltschutzG); in Versorgungsausgleichssachen im Falle des § 53g II FGG. Unanfechtbarkeit besteht in diesen Fällen auch dann, wenn das OLG die befr Beschwerde als unzulässig verwarf (BGH NJW 1980, 402). Unstatthaft sind ferner RB gegen eine eAnO in selbstständigen FGG-FamS, trotz § 27 FGG (BGH FamRZ 2003, 1551), gegen isolierte KostenE (BGH FamRZ 1990, 1102); gegen Vollstreckungsmaßnahmen nach § 33 FGG (BGH NJW 1983, 2775); gegen PKH-Verweigerung für Beschwerdeeinlegung durch OLG (BGH NJW 1979, 766). Die Verletzung des rechtl. Gehörs allein macht eine RB noch nicht zulässig (BGH NJW-RR 1986, 1263; **hM**).

17 **d) Form:** Schriftform. **Anwaltszwang:** § 78 II; nur ein beim BGH zugelassener RA kann die RB einlegen, der bisherige RA kann also „nichts" machen. Ausnahme: Jugendamt, Rentenvers-Träger, § 78 I 4, IV; Bezirksrevisor. **Einlegung beim BGH.**

18 **e) Frist** für die **Einlegung der Rechtsbeschwerde:** Notfrist von einem Monat ab Zustellung des Beschwerdebeschlusses, was sich aus unterschiedl. §§ ergibt: **(1)** Beschwerde, wenn RB vom OLG zugelassen (§§ 621e III 2, 548); **(2)** Beschwerde gegen Verwer-

fungsbeschluss des OLG (§§ 621e III 2, 522 I 4, 574 I Nr. 1, 575 I). **(3)** Falls RB nur wegen erfolgreicher Nichtzulassungsbeschwerde zulässig wurde: § 621e II Nr. 2 und § 544, insb § 544 VI 2. Einlegungsfrist ist nicht verlängerbar. Bei Fristversäumung: WE, § 233.

**f) Frist** für die **Begründung der Rechtsbeschwerde:** auch hier ist zu differenzieren: **(1)** wenn RB vom OLG zugelassen wurde: *zwei* Monate ab Zustellung des OLG-Beschlusses (§§621e III 2, 551 II); **(2)** bei Beschwerde gegen Verwerfungsbeschluss des OLG: ein Monat ab Zustellung des OLG Beschlusses (§§621e III 2, 522 I 4, 575 II). **(3)** Falls RB nur wegen erfolgreicher Nichtzulassungsbeschwerde zulässig wurde: zwei Monate ab Zustellung des OLG-Beschlusses (§621e II Nr.2 und §544 II 1), also nicht erst ab Zulassung durch den BGH. Fristverlängerung ist jeweils mögl., §§544 II 2, 575 II 3, 551 II 5, 6. 19

**g) Begründung der Rechtsbeschwerde** ist notw: **(1)** bei Zulassung der RB durch OLG wegen §§ 621e II 2, 575 III; **(2)** bei RB gegen Verwerfungsbeschluss des OLG wegen §§ 621e III 2, 522 I 4, 575 III; auf § 551 III ist dagegen nicht verwiesen; **(3)** bei RB mittels Nichtzulassungsbeschwerde wegen § 621e II Nr. 2 und § 544 II 3, welcher auf § 543 II verweist. Allgemein sagt § 621e II 2, dass die RB nur auf Rechtsverletzung gestützt werden könne und § 621e III 2, dass sie nicht auf Unzuständigkeit des FamG gestützt werden könne. 20

**h) Beschwerdeberechtigung** hat nur, wer durch die Entscheidung des OLG in seinen Rechten beeinträchtigt zu sein meint; wer den Beschluss des FamG nicht angefochten hat, kann gegen den Beschluss des OLG, der die Beschwerde eines anderen Beteiligten zurückweist, keine RB einlegen; anders aber, wenn der OLG-Beschluss eine Abänderung des FamG-Beschlusses zu seinen Ungunsten enthält (BGH NJW 1984, 2414). 21

i) Eine **Anschluss-Rechtsbeschwerde** nach Fristablauf ist mögl. (vgl Rz 10); § 554 I gilt entspr (BGH 86, 51). 22

**j) Weiteres Verfahren.** Das OLG kann nicht abhelfen (§ 318); der BGH prüft auch auf Rüge nicht nach, ob mat eine FamS vorliegt (Abs. 4 S. 2). Neue Tatsachen können nicht berücksichtigt werden (BGH NJW 1983, 1908), außer bei Verwerfung der Erstbeschwerde als unzulässig (BGH NJW 1979, 876). Wenn im Versorgungsausgleichsverfahren Tatsachen erst nach dem OLG-Beschluss eingetreten sind (zB Ehegatte wurde in vorzeitigen Ruhestand versetzt) können sie uU berücksichtigt werden, wenn sie sich aus den Akten zweifelsfrei ergeben (BGH NJW 2002, 220). 23

**7. Kosten. Gericht:** Ber, Beschwerde in Folgesachen: GKG KV 1320 (mit Ermäßigungen in KV 1321 bis 1323, zB bei Rücknahme des Rm, aber mit vielfältiger Differenzierung). Selbstständige FGG-Sachen, die **(1)** Erfolg haben: § 131 I 2, V KostO; **(2)** ohne Erfolg: bei § 131 III KostO gebührenfrei, aber auslagenpflichtig (§ 2 Nr. 1 KostO); **(3)** ohne Erfolg in den sonstigen Fällen: §§ 131 I, 2 Nr. 1 KostO. **(4)** Sonderfälle § 131a KostO, §§ 99, 100 KostO. –Rev, RB in Folgesachen: GKG KV 1330 ff (Ermäßigungen nach KV 1331, 1332). **Rechtsanwalt**: RVG-VV 3200, 3202. RB: für den BGH-Anwalt RVG-VV 3206, 3210. 24

## § 621f ZPO Kostenvorschuss

**(1) In einer Familiensache des § 621 Abs. 1 Nr. 1 bis 3, 6 bis 9 sowie 13 kann das Gericht auf Antrag durch einstweilige Anordnung die Verpflichtung zur Leistung eines Kostenvorschusses für dieses Verfahren regeln.**

**(2) [1]Die Entscheidung nach Absatz 1 ist unanfechtbar. [2]Im Übrigen gelten die §§ 620a bis 620g entsprechend.**

§ 621f geändert durch G v. 11.12.2001 (BGBl 2001, 3513).

1 **1. Überblick:** § 620 Rz 1. Das Gericht kann durch eAnO die Verpflichtung regeln, einen Kostenvorschuss zu zahlen: **a)** in Ehesachen gem § 620 I Nr. 9; **b)** in Unterhaltssachen gem § 127a; **c)** in den restl. FamS gem § 621f. Daneben ist eine **einstweilige Verfügung** nicht zulässig, wohl aber kann statt Antrag auf eAnO **Leistungsklage** auf Kostenvorschuss erhoben werden (BGH NJW 1979, 1508). § 621f gilt auch bei § 14 Nr. 2 IntFamRVG.

2 **2.** Die AnO wird auf Antrag vom FamG (bzw OLG, § 620a IV 3; BGH MDR 1981, 1001) erlassen; sie ergeht als „Beschluss", gibt den zu zahlenden Euro-Betrag an, ohne KostenE (§ 620g). **Voraussetzungen** sind: mat-rechtl. Grundlage (§§ 1360a IV, 1361 IV 4, 1601 ff. BGB); Leistungsfähigkeit des Verpflichteten; Billigkeit; die Höhe richtet sich nach den Gerichts- und RA-Kosten, die für eine Instanz voraussichtl. entstehen.

## § 621g ZPO Einstweilige Anordnungen

**[1]Ist ein Verfahren nach § 621 Abs. 1 Nr. 1, 2, 3 oder 7 anhängig oder ist ein Antrag auf Bewilligung von Prozesskostenhilfe für ein solches Verfahren eingereicht, kann das Gericht auf Antrag Regelungen im Wege der einstweiligen Anordnung treffen. [2]Die §§ 620a bis 620g gelten entsprechend.**

§ 621g eingefügt durch G v. 11.12.2001 (BGBl 2001, 3513).

**Lit:** ***Dose***, Einstweiliger Rechtsschutz in FamS, 2004;.***Gießler*** Vorläufiger Rechtsschutz in Ehe-, Familien- und Vormundschaftssachen, 2005; ***Ebert***, Einstweiliger Rechtsschutz in FamS, 2006.

1 Die eAnO nach § 620 verlangen als Hauptverfahren (als „Träger") ein Scheidungsverfahren (§ 620a II 1), andere Hauptverfahren genügen nicht. Wenn ein Hauptverfahren nach § 621 Nr. 1 (Sorge für das Kind), § 621 Nr. 2 (Umgang mit dem Kind), § 621 Nr. 3 (Herausgabe des Kindes) oder § 621 Nr. 7 (Hausrats- und Wohnungsregelung; entspricht § 13 IV HausratsVO) anhängig ist oder ein darauf bez PKH-Verfahren, kann das Gericht *diesbez* eAnO treffen, was § 620g ausdrückl. erlaubt. Aber die eAnO muss zum Hauptsacheverfahren passen; im Rahmen eines auf die Regelung der elterl. Sorge beschränkten Beschwerdeverfahrens kann daher keine Umgangsregelung durch eAnO getroffen werden (OLG Stuttgart FamRZ 2005, 1273). EAnO auf Unterhalt (§ 621 Nr. 4, 5, 11) verlangen als „Träger" eine Unterhaltsklage oder Unterhalts-PKH-Verfahren (§ 644) oder ein Scheidungsverfahren (§ 620a); auch § 644 verweist auf §§ 620a bis 620g. EAnO über Versorgungsausgleich (§ 621 Nr. 6) gibt es nicht, ebenso nicht über den Zugewinnausgleich

(hier kommt aber ein Arrest in Betracht, wenn er gefährdet ist). Über analoge Anwendung auf FGG-FamS vgl *Gießler* FamRZ 2004, 419.

Die eAnO nach § 620g setzt einen **Antrag** voraus (OLG Köln FF 2003, 141); auch wenn das SorgeR-Verfahren von Amts wegen eingeleitet wurde (OLG Frankfurt NJW-RR 2003, 1517; str). Falls mdl verhandelt wird, ist die Ladungsfrist (§ 217) einzuhalten (OLG Dresden NJW 2002, 2722). **Anfechtbarkeit** besteht nur im Rahmen von § 620c (OLG Karlsruhe FamRZ 2004, 656; OLG Köln FamRZ 2003, 548; **aA** OLG Naumburg FamRZ 2004, 1510, aber unrichtig, vgl *Gießler* FamRZ 2005, 815). 2

## Abschnitt 3
## Verfahren in Scheidungs- und Folgesachen

### § 622 ZPO Scheidungsantrag

**(1) Das Verfahren auf Scheidung wird durch Einreichung einer Antragsschrift anhängig.**

**(2) [1]Die Antragsschrift muss vorbehaltlich des § 630 Angaben darüber enthalten, ob**

**1. gemeinschaftliche minderjährige Kinder vorhanden sind,**

**2. Familiensachen der in § 621 Abs. 2 Satz 1 bezeichneten Art anderweitig anhängig sind.**

**[2]Im Übrigen gelten die Vorschriften über die Klageschrift entsprechend.**

**(3) Bei der Anwendung der allgemeinen Vorschriften treten an die Stelle der Bezeichnungen Kläger und Beklagter die Bezeichnungen Antragsteller und Antragsgegner.**

§ 622 geändert durch KindRG (BGBl 1997, 2942).

**Lit:** ***Schwab***, Hdb des Scheidungsrechts; ***Rahm*** ua, Hdb des Familiengerichtsverfahrens; ***Bergerfurth***, Der Ehescheidungsprozeß. Zu den geplanten Reformen vgl ***Philippi*** FPR 2006, 406.

**1. Das Scheidungsverfahren** ist Ehesache iSd § 606; §§ 622 ff enthalten zusätzl. Sondervorschriften. **Absatz 1**: Die „Klage“ heißt im Scheidungsverfahren „Antragsschrift“; Rechtshängigkeit tritt mit Zustellung ein, § 261 III. 1

Auch die Parteien tragen andere Bezeichnungen in den Schriftsätzen und im Urteil; in den anderen ZPO-Sachen bleibt es bei Kl/Bekl, in FGG-Sachen gibt es Beteiligte (zB Vers-Träger), sodass es „ASt und Bekl“ heißen kann. Die Bezeichnung in zweiter Instanz ist str (BerKl oder BerFührer?). 2

**2. Absatz 2:** Inhalt der Antragsschrift (Anwaltszwang, § 78 II): 3

- **Nr. 1.** Angabe der Kinder, wegen §§ 620 Nr. 1, 623 III.
- **Nr. 2.** Dann Überleitung nach § 621 III zwecks Verbund;
- **Inhalt einer Klageschrift**, vgl §253; also: Antrag, die am ... geschlossene Ehe zu scheiden; Angaben zur Zust, zu §§1564 ff BGB (Trennungszeit, letzter ehel. Verkehr); 4

Gerichtskostenvorschuss (dazu §§12 II Nr.2, 14 GKG) oder PKH-Antrag mit Klarstellung, ob der Antrag unbedingt oder „nur für den Fall der PKH-Bewilligung" gestellt wird; die erste Geb beträgt nur 2,0 (GKG-KV 1310), nicht 3,0, wie im gewöhnl. Zivilprozess.

5 • **Anträge und Sachverhalte zu den Folgesachen**, zB elterl. Sorge (Antrag erforderl., sonst bleibt es bei der gemeinsamen Sorge), Unterhalt und Zugewinnausgleich (beide mit beziffertem Antrag, wie bei § 253), Versorgungsausgleich (kein bezifferter Antrag erforderl., § 623 III). Sie sollten in getrennten Schriftsätzen erfolgen (vgl § 624 IV), damit entspr Unterakten angelegt werden können;

6 • **Auskunftsklagen** (zB wegen des Zugewinnausgleichs, BGH NJW 1979, 1603; oder wegen nachehel. Unterhalts, BGH NJW 1982, 1645; Versorgungsausgleich) können mit einer Stufenklage geltend gemacht werden; über die Auskunft kann dann (trotz des Verbunds) schon vor der Scheidung durch TeilU entschieden werden (ohne KostenE, OLG Hamburg FamRZ 1981, 179);

7 • **Anträge auf** eAnO (zB § 620 Nr. 7) sollten in gesonderten Schriftsätzen erfolgen;

8 • bei der **einverständlichen Scheidung** weiterer Inhalt gem § 630.

9 **3. Kosten. Kostenentscheidung** des FamG bei Scheidung nach § 93a. **Streitwert:** Scheidung und Folgesachen sind zu addieren, § 46 I GKG. Wert der Scheidung: § 48 III GKG; Unterhalt § 42 I, V GKG; Zugewinn nach § 3 ZPO (geforderter Betrag); SorgeR usw. nach § 48 III 3 GKG (900 Euro); Versorgungsausgleich § 49 GKG; Ehewohnung § 41 GKG. Im isolierten Verfahren stattdessen § 30 II KostO, § 99 III KostO. **Gerichtsgebühren** nach GKG KV Nr. 1310, 1311 (also idR 2,0 Geb, nicht 3,0). Zweitschuldnerschaft nach §§ 22, 31 GKG. **Rechtsanwaltsgebühren:** RVG-VV 3100, 3104, evtl 1100/1103; § 16 Nr. 4 RVG. Beispiele: *Schneider* ZFE 2005, 197; *Krause* FamRZ 2004, 148.

## § 623 ZPO Verbund von Scheidungs- und Folgesachen

**(1) [1]Soweit in Familiensachen des § 621 Abs. 1 Nr. 5 bis 9 und Abs. 2 Satz 1 Nr. 4 eine Entscheidung für den Fall der Scheidung zu treffen ist und von einem Ehegatten rechtzeitig begehrt wird, ist hierüber gleichzeitig und zusammen mit der Scheidungssache zu verhandeln und, sofern dem Scheidungsantrag stattgegeben wird, zu entscheiden (Folgesachen). [2]Wird bei einer Familiensache des § 621 Abs. 1 Nr. 5 und 8 und Abs. 2 Satz 1 Nr. 4 ein Dritter Verfahrensbeteiligter, so wird diese Familiensache abgetrennt. [3]Für die Durchführung des Versorgungsausgleichs in den Fällen des § 1587b des Bürgerlichen Gesetzbuchs bedarf es keines Antrags.**

**(2) [1]Folgesachen sind auch rechtzeitig von einem Ehegatten anhängig gemachte Familiensachen nach**

**1. § 621 Abs. 2 Satz 1 Nr. 1 im Fall eines Antrags nach § 1671 Abs. 1 des Bürgerlichen Gesetzbuchs,**

**2. § 621 Abs. 2 Satz 1 Nr. 2, soweit deren Gegenstand der Umgang eines Ehegatten mit einem gemeinschaftlichen Kind oder einem Kind des anderen Ehegatten ist, und**

**3. § 621 Abs. 2 Satz 1 Nr. 3.**

**[2]Auf Antrag eines Ehegatten trennt das Gericht eine Folgesache nach den Nummern1 bis 3 von der Scheidungssache ab. [3]Ein Antrag auf Abtrennung einer Folgesache nach Nummer1 kann mit einem Antrag auf Abtrennung einer Folgesache nach §621 Abs.1 Nr.5 undAbs.2 Satz1 Nr.4 verbunden werden. [4]Im Fall der Abtrennung wird die Folgesache als selbständige Familiensache fortgeführt; §626 Abs.2 Satz2 gilt entsprechend.**

**(3) [1]Folgesachen sind auch rechtzeitig eingeleitete Verfahren betreffend die Übertragung der elterlichen Sorge oder eines Teils der elterlichen Sorge wegen Gefährdung des Kindeswohls auf einen Elternteil, einen Vormund oder einen Pfleger. [2]Das Gericht kann anordnen, dass ein Verfahren nach Satz 1 von der Scheidungssache abgetrennt wird. [3]Absatz 2 Satz 3 gilt entsprechend.**

**(4) [1]Das Verfahren muss bis zum Schluss der mündlichen Verhandlung erster Instanz in der Scheidungssache anhängig gemacht oder eingeleitet sein. [2]Satz 1 gilt entsprechend, wenn die Scheidungssache nach § 629b an das Gericht des ersten Rechtszuges zurückverwiesen ist.**

**(5) [1]Die vorstehenden Vorschriften gelten auch für Verfahren der in den Absätzen 1 bis 3 genannten Art, die nach § 621 Abs. 3 an das Gericht der Ehesache übergeleitet worden sind. [2]In den Fällen des Absatzes 1 gilt dies nur, soweit eine Entscheidung für den Fall der Scheidung zu treffen ist.**

§ 623 zuletzt geändert durch G v. 24.08.2004 (BGBl 2004, 2198).

Lit: *Friederici* ZAP 2000 Fach 11, 555; *Sarres* FuR 2003, 159; *Klein* FuR 2004, 295.

**1. § 623 regelt den sogenannten Verbund** von Scheidungs- und Folgesachen, dh ihre von selbst eintretende zwingende Zusammenfassung: 1

Wird ein Scheidungsantrag gestellt und ist das SorgeR für Kinder zu regeln, Rentenansprüche und Zugewinn aufzuteilen, dann finden nicht etwa vier getrennte Verfahren statt. Aus § 623 I 1 ZPO folgt vielmehr, dass die Scheidung und die drei Folgesachen gleichzeitig verhandelt und entschieden werden. Wird geschieden, ergeht der Scheidungsausspruch gleichzeitig mit den Entscheidungen in den Folgesachen, § 629 I ZPO (sog **Verbundurteil;** Überschrift aber: **Endurteil**).

Trotz des Verbundes ist je nach Verfahrensgegenstand das eine oder andere VerfahrensR (ZPO oder FGG-Mischsystem, vgl § 621a) anzuwenden. Daher können **für dieselbe Tatsache drei verschiedene Verfahrensgrundsätze** zusammentreffen (eingeschränkter Untersuchungsgrundsatz bei Scheidung; Verhandlungsgrundsatz bei ZPO-Sachen; Amtsermittlung bei FGG-Sachen); da nicht differenziert werden kann, sind die gem § 12 FGG gewonnenen Aufklärungsergebnisse auch für die Entscheidung über Unterhalt und Zugewinnausgleich verwertbar. Werden im Verbundverfahren Ansprüche erhoben, die nicht in den Verbund fallen, keine Abweisung als unzulässig, sondern **Abtrennung gemäß § 145** (BGH NJW 1997, 2176). 2

**Versäumnisentscheidungen** sind nur in den ZPO-Sachen Unterhalt und Zugewinnausgleich zulässig, nicht bei der Scheidung (§ 612 IV) und in FGG-Folgesachen. Anwaltszwang vgl § 78 II. Die Verh ist nichtöffentl., § 170 S. 2 GVG. 3

4 **2. Absatz 1 Satz 1: In Familiensachen:** alle FamS des § 621 können Folgesachen sein, *soweit* sie die Zeit nach Rechtskraft der Scheidung betreffen; der Anspruch auf nachehel. Unterhalt kann daher Folgesache sein, nicht aber der Anspruch des getrennt lebenden Ehegatten auf Unterhalt (BGH NJW 1982, 1988) oder der Unterhaltsanspruch des Kindes für die Zeit bis zur Scheidung; insoweit ist ein selbstständiger Unterhaltsprozess oder eine eAnO notw (§ 620 Nr. 6).

5 **Für den Fall der Scheidung:** nicht bei Eheaufhebungsverfahren nach § 1313 nF BGB (vgl BGH NJW 1982, 2386); nicht der ehel. Unterhalt bis zur Scheidung; nicht das Hauptsacheverfahren auf Zahlung von Prozesskostenvorschuss (OLG Koblenz NJWE-FER 2000, 2). **Vorbereitende Auskunftsansprüche** (§§ 1379, 1580, 1605 BGB), die nicht im Rahmen einer Stufenklage geltend gemacht werden, gehören nicht in den Scheidungsverbund (BGH NJW 1997, 2176; KG FamRZ 2000, 1292). Verfahren auf eAnO nach §§ 620 ff sind keine Folgesachen (OLG Köln FamRZ 21999, 853).

**Rechtzeitig begehrt:** vgl Abs. 4.

6 **Gleichzeitig zu entscheiden:** Folgesachen können aus dem Verbund abgetrennt werden und als isolierte FamS fortgeführt werden iFd Abs. 1 S. 2, Abs. 2, §§ 626 II, 627, 628, Antragsrücknahme, übereinstimmende Erledigung. Ist ein Scheidungsverfahren anhängig, kann daneben kein isoliertes SorgeR-Verfahren durchgeführt werden (OLG Brandenburg FamRZ 2000, 1291; OLG München FamRZ 2000, 166), ausgenommen die Fälle des § 623 II. War die Folgesache „SorgeR" in erster Instanz nicht anhängig, kann sie nicht in zweiter Instanz erstmals eingefügt werden (OLG Hamburg FamRZ 2000, 842), dann bleibt nur die isolierte Geltendmachung.

7 **Sofern stattgegeben wird:** wird der Scheidungsantrag abgewiesen, können Folgesachen nach § 629 III 3 fortgeführt werden.

8 **3. Übersicht: Über folgende Angelegenheiten** wird ggf **zusammen mit der Scheidung** entschieden:

- § 621 I Nr. 1: **elterliche Sorge:** nur noch auf Antrag nach § 1671 BGB; Abs. 2 S. 1. Der frühere „Zwangsverbund" ist seit der Reform (01.07.1998) entfallen. Entziehung der elterl. Sorge wegen Gefährdung des Kindeswohls dagegen von Amts wegen. Auf Antrag des Gegners erfolgt Abtrennung, Abs. 2 S. 2. Was § 621 als „FamS" mit ausschließl. Zust des FamG definiert, ist nicht zwingend im selben Umfang auch Verbundsache, was § 623 II klarstellt.
- § 623 III 1: Übertragung der Sorge oder Teilen davon (zB AufenthaltsbestimmungsR) auf Elternteil, Vormund, Pfleger usw. Antrag eines Elternteils ist nicht notw, nur *rechtzeitige* (Abs. 4) Einleitung. Vgl Rz 18.
- § 621 I Nr. 2: UmgangsR nur (auf Antrag und) soweit Eltern-Kind betroffen; Abs. 2 S. 1. Auf Antrag des Gegners erfolgt Abtrennung, Abs. 2 S. 2.
- § 621 I Nr. 3: Kindesherausgabe an Elternteil, nur auf Antrag; Abs. 2 S. 1. Auf Antrag des Gegners erfolgt Abtrennung, Abs. 2 S. 2.
- § 621 I Nr. 4 (**Kindesunterhalt**); wenn von einem Ehegatten *beantragt*, Abs. 1 S. 1. AGegner kann über Abs. 2 S. 3 Abtrennung erreichen. Abtrennung von Amts wegen bei Beteiligung eines Dritten, Abs. 1 S. 2.

- § 621 I Nr. 5 (**Ehegattenunterhalt**); wenn von einem Ehegatten *beantragt*, Abs. 1 S. 1. Antrag: „Der Bekl wird verurteilt, an die Kl einen monatl. Unterhalt iHv ... Euro zu zahlen, zahlbar ab dem Tag nach Rechtskraft des Scheidungsausspruchs". Der AGegner kann über Abs. 2 S. 3 Abtrennung erreichen. IÜ Abtrennung von Amts wegen bei Beteiligung eines Dritten, Abs. 1 S. 2. Unterhalt für die Zeit der noch bestehenden Ehe ist keine Folgesache, sondern eine selbstständige FamS (Rz 4). Wird die Scheidung ohne Geltendmachung des Unterhalts durchgezogen und dann PKH für eine Unterhaltsklage beantragt, wird teils dafür PKH (§ 114) wegen Mutwilligkeit versagt, weil die getrennte Geltendmachung teurer ist (OLG Brandenburg FamRZ 2001, 1083); unzutreffend (BGH ZFE 2005, 206), weil allenfalls PKH ohne die Mehrkosten zu bewilligen ist.
- § 621 I Nr. 6 (schuldrechtl. Versorgungsausgleich, § 1587f BGB); wenn von einem Ehegatten *beantragt*, Abs. 1 S. 1.
- § 621 I Nr. 6 (öffentl.-rechtl. Versorgungsausgleich, § 1587b BGB); immer, Abs. 1 S. 3.
- § 621 I Nr. 7 (Hausratsteilung); wenn von einem Ehegatten *beantragt*, Abs. 1 S. 1. Die Regelung während des Getrenntlebens (§ 18a HausratsVO) ist keine Folgesache, sondern selbstständige FamS.
- § 621 I Nr. 8 (Zugewinnausgleich); wenn von einem Ehegatten *beantragt*, Abs. 1 S. 1. Abtrennung von Amts wegen bei Beteiligung eines Dritten, Abs. 1 S. 2. Anspruch auf *vorzeitigen* Zugewinnausgleich ist keine Folgesache (KG FamRZ 2001, 166). Nicht: Anspruch auf Zahlung der islamischen Morgengabe (KG FamRZ 2005, 1685; OLG Hamm FamRZ 2004, 551).
- § 621 I Nr. 9 (Zugewinnstundung); wenn von einem Ehegatten *beantragt*, Abs. 1 S. 1.

**Absatz 1 Satz 2:** in einigen Fällen ist eine **Abtrennung von Amts wegen** notw: in güter- 9
rechtl. Sachen (**§ 621 I Nr. 8**) kann ein Dritter als StrGen oder NI Verfahrensbeteiligter werden. Der Unterhalt des minderj Kindes (**§ 621 II Nr. 4**) kann nach § 1629 III BGB von einem Elternteil geltend gemacht werden; wird das Kind während des Prozesses vollj, wird es selbst Partei (BGH FamRZ 1985, 471); diese Unterhaltssache ist dann abzutrennen. Ebenso bei **§ 621 I Nr. 5** zB bei Abtretung. Kosten vgl § 93a II. In FGG-Folgesachen können dagegen Dritte beteiligt sein (keine Abtrennung notw).

**Absatz 1 Satz 3:** Nur die Folgesache **Versorgungsausgleich nach § 1587b BGB** wird 10
immer von Amts wegen eingeleitet, auch gegen den Willen der Ehegatten. **Die anderen Folgesachen** (ab 01.07.1998 auch elterl. Sorge; § 1671 I BGB) werden **nur auf Antrag** (FGG-Sachen) bzw **Klage** (ZPO-Sachen) durchgeführt; ein bloßer Verfahrensantrag muss in FGG-Sachen gestellt werden; in den ZPO-Sachen (Unterhalt, Zugewinnausgleich) ist ein bezifferter Sachantrag erforderl.

**4. Absatz 2 Satz 1.** Folgesachen sind auch SorgeR, UmgangsR, Kindesherausgabe, aller- 11
dings nicht im Umfang von § 621 I Nr. 1, 2, 3, sondern im engeren Sinne des § 621 II; vgl Rz 8. Ferner ist Voraussetzung ein *Antrag* eines Ehegatten sowie die *Rechtzeitigkeit* (im Sinne von Abs. 4) dieses Antrags.

**Anspruch auf Abtrennung (Absatz 2 Satz 2):** Die Frage, wann abzutrennen ist, ist umstr: 12
**(1)** Die drei Sachen elterl. Sorge, Kindesunterhalt und Ehegattenunterhalt *hat* das FamG auf Antrag des anderen Ehegatten abzutrennen; ein Ermessen des FamG besteht nicht

(OLG Düsseldorf FamRZ 2000, 842). Dadurch kann die Scheidung beschleunigt werden. **(2)** Manche Gerichte meinen aber, in einem solchen Fall (Wunsch nach schneller Scheidung) müsse der Abtrennungsantrag wegen Rechtsmissbrauchs zurückgewiesen werden (OLG München FamRZ 2000, 1291) oder wegen fehlenden Rechtsschutzbedürfnisses (OLG Bamberg FamRZ 1999, 1434), oder aus sonstigen Erwägungen (*Hagelstein* FamRZ 2001, 533), weil sonst das Verbundprinzip (Warnfunktion) gefährdet werde; doch hat sich gerade das starre Verbundprinzip mE als lebensfremdes Übel erwiesen (zu Fehlentwicklungen des Verbunds vgl *Sarres* FuR 2003, 159; *Klein* FuR 2004, 295); außerdem ist der Gesetzestext eindeutig. Wegen dieser Auslegung spielt § 623 Abs. 2 in der Praxis keine Rolle; helfen kann allenfalls § 628 Nr. 4. **Anfechtung:** Erfolgte Abtrennung ist nur anfechtbar, indem das ScheidungsU mit der Begründung angegriffen wird, die Voraussetzungen für eine Abtrennung hätten gefehlt; Ablehnung der Abtrennung ist mit sof Beschwerde (§ 567) angreifbar (OLG Bamberg FamRZ 1999, 1434; OLG Köln FamRZ 2002, 1570; OLG Karlsruhe FamRZ 2004, 652). HauptsacheE nach § 1671 BGB ist (auch schon für die Zeit der Trennung, die nach Scheidung fortgilt) mögl., weiter eAnO nach § 620 I Nr. 1.

Sorgesachen werden **nach der Abtrennung** als selbstständige FamS fortgeführt (OLG Köln NJWE-FER 2001, 130), nicht etwa als abgetrenntes Verbundverfahren (OLG München FamRZ 2000, 168); auch gebührenrechtl. werden sie dann selbstständig abgerechnet (OLG Karlsruhe JurBüro 1999, 420; AG Obernburg FamRZ 2001, 780); im Beschwerdeverfahren ist keine Anwaltsvertretung mehr erforderl. (OLG Köln NJWE-FER 2001, 130); die KostenE richtet sich bei der späteren Entscheidung nach § 13a FGG (OLG Naumburg FamRZ 2001, 111), nicht nach der ZPO.

13 **Absatz 2 Satz 3:** Dazu *Klinkhammer* FamRZ 2003, 583. Der Antrag auf Abtrennung der SorgeR-Sache kann mit dem Antrag auf Abtrennung der Ehegattenunterhaltssache (Unterhalt wegen Betreuung des Kindes) und der Kindesunterhaltssache verbunden werden, weil ein Zusammenhang besteht. Dazu *Klinkhammer* FamRZ 2003, 583. Wird ein Antrag gestellt, ist die Abtrennung zwingend (OLG Frankfurt FamRZ 2001, 1227). Eine Entscheidung über Scheidung und nachehel. Unterhalt unter Abtrennung des Zugewinnausgleichsverfahrens soll aber nicht mögl. sein, wegen des engen Zusammenhangs von Zugewinn und Unterhaltshöhe (OLG Hamburg FamRZ 2001, 1228). Weitere Abtrennungsfälle vgl Abs. 1 S. 2.

14 **Absatz 2 Satz 4:** klärt eine Streitfrage. Eine abgetrennte Folgesache bleibt keine Folgesache, sondern wird *selbstständige* FamS. Eine selbstständige KostenE ist daher später notw, § 626 II 2.

15 **5. Absatz 3 Satz 1** erweitert den Kreis der mögl. Folgesachen um einige von Amts wegen eingeleitete Fälle der Kindeswohlgefährdung. Teil der elterl. Sorge: zB AufenthaltsbestimmungsR. Auf Pfleger usw. vgl §§ 1666, 1667, 1697 BGB.

16 **Absatz 3 Satz 2:** Das FamG kann nach seinem Ermessen diese Verfahren durch Beschluss abtrennen. Selbstständige KostenE ist daher später notw, § 626 II 2.

17 **Absatz 3 Satz 3.** Vermutl. soll gesagt werden, dass das FamG mit dieser Abtrennung auch die Verfahren wegen Kindesunterhalt und Ehegattenunterhalt abtrennen kann; denn wenn

die elterl. Sorge auf einen Pfleger übertragen wird, ist an den Ehegatten kein Betreuungsunterhalt bzw Kindesunterhalt zu leisten.

**6. Absatz 4 Satz 1.** Das Verfahren betreffend die Folgesache muss zwischen Einreichung des Scheidungsantrags und Schluss der mdl Verh darüber vor dem FamG *anhängig* gemacht werden. *Eingeleitet* bezieht sich auf Sorgeverfahren von Amts wegen. Ist die Scheidung schon beim OLG anhängig, kann vor dem FamG keine Sache als Folgesache anhängig gemacht werden, sie muss isoliert beim FamG geltend gemacht werden. Ist die Scheidung ausgesprochen, können Verbundanträge nicht mehr gestellt werden (OLG Naumburg FamRZ 2001, 168). 18

**Absatz 4 Satz 2:** bei Zurückverweisung an das FamG tritt wieder Verbund ein, es können auch neue Folgesachen anhängig gemacht werden. 19

**7. Absatz 5 Satz 1:** Ist bei einem anderen Gericht eine FamS anhängig, wird sie an das FamG der Scheidung abgegeben bzw verwiesen (= übergeleitet): Dort wird die Sache automatisch Folgesache, wenn sie nach **Absatz 2, 3** Folgesache geworden wäre, wenn die Scheidung vor entspr Antragstellung in der selbstständigen FamS anhängig gewesen wäre (BT-Drucks 13/ 4899 S. 121). Die Ehegatten können (bei Abs. 2) aber nach Abs. 2 S. 2 Abtrennung verlangen; bei Abs. 3 kann das Gericht abtrennen (Abs. 3 S. 2). Bei Sachen nach Abs. 1 beachte die Einschränkung nach Abs. 5 S. 2. 20

**Absatz 5 Satz 2:** weitergeleitete Sachen im Sinne von **Absatz 1** (also § 621 I Nr. 5 bis 9, II Nr. 4) werden nur automatisch Folgesachen, „soweit ...". So wird ein Prozess über laufenden Unterhalt zwischen Getrenntlebenden nicht Folgesache, sondern bleibt selbstständig; anders, wenn der Antrag auf Unterhalt nur noch ab Scheidung geändert wird. 21

**8. Kosten.** Vgl § 622 Rz 8. 22

## § 624 ZPO Besondere Verfahrensvorschriften

**(1) Die Vollmacht für die Scheidungssache erstreckt sich auf die Folgesachen.**

**(2) Die Bewilligung der Prozesskostenhilfe für die Scheidungssache erstreckt sich auf Folgesachen nach § 621 Abs. 1 Nr. 6, soweit sie nicht ausdrücklich ausgenommen werden.**

**(3) Die Vorschriften über das Verfahren vor den Landgerichten gelten entsprechend, soweit in diesem Titel nichts Besonderes bestimmt ist.**

**(4) [1]Vorbereitende Schriftsätze, Ausfertigungen oder Abschriften werden am Verfahren beteiligten Dritten nur insoweit mitgeteilt oder zugestellt, als das mitzuteilende oder zuzustellende Dokument sie betrifft. [2]Dasselbe gilt für die Zustellung von Entscheidungen an Dritte, die zur Einlegung von Rechtsmitteln berechtigt sind.**

§ 624 geändert durch G v. 22.03.2005 (BGBl 2005, 837).

**1. Absatz 1.** Es besteht nach § 78 Anwaltszwang; der Umfang der Vollmacht ergibt sich aus §§ 81 ff und 624. 1

**2. Absatz 2. Prozesskostenhilfebewilligung** für den Scheidungs-ASt setzt Erfolgsaussicht (§§ 114 ff) voraus; dem AGegner der Scheidung kann sie dagegen für die erste Instanz auch bewilligt werden, wenn er ein nach der Verfahrensordnung vorgesehenes 2

Ziel verfolgt bzw seine Lage darin verbessern kann und will (OLG Saarbrücken FamRZ 1985, 723; OLG Karlsruhe FamRZ 1985, 724; **hM**). PKH-Bewilligung für die Scheidung erstreckt sich nur noch auf den öffentl.-rechtl. Versorgungsausgleich (§ 621 I Nr. 6), auch auf den Auskunftsanspruch bez des Versorgungsausgleichs (OLG Frankfurt FamRZ 2000, 99), weil nur noch insoweit ein Zwangsverbund besteht (Abs. 2); deshalb nicht für den schuldrechtl. Versorgungsausgleich (str, **aA** *Musielak/Borth* ZPO § 624 Rz 3).

3 Die PKH-Bewilligung erstreckt sich seit 01.07.1998 nicht mehr auf das SorgeR; für das SorgeR und die anderen Folgesachen (insb Unterhalt und Zugewinnausgleich) muss PKH *gesondert* beantragt und ggf bewilligt werden (OLG Zweibrücken FamRZ 2001, 1466), ebenso für einen Vergleich und für eAnO (OLG Bamberg FamRZ 1988, 701).

4 **3. Absatz 3.** Für die FGG-Folgesachen gilt FGG/ZPO (vgl § 621a Rz 6); für die ZPO-Folgesachen gilt ZPO ohne §§ 495 bis 510b.

5 **4. Absatz 4. Beteiligte Dritte sind:** das Jugendamt bei Regelung der elterl. Sorge, UmgangsR, Kindesherausgabe (§ 50 KJHG); der Rentenvers- bzw Versorgungsträger beim Versorgungsausgleich (§ 53b FGG); der Vermieter am Wohnungsverfahren (§ 7 HausratsVO). Den Kindern werden Schriftsätze etc nicht mitgeteilt; sie werden aber nach § 50b FGG angehört.

6 **Satz 2:** das vollständige Urteil ist den Eheleuten **zuzustellen**, §§ 317, 172; nur die sie betreffenden Teile des Urteils sind zuzustellen: dem Kind selbst ab dem 14. Lebensjahr (bei Entscheidung über elterl. Sorge, UmgangsR, Kindesherausgabe) und den anderen Beteiligten (Jugendamt; Vers-/Versorgungsträger; Vermieter). Eine Ausfertigung mit Rechtskraftbestätigung wird zwecks Datenschutz auf einem Exemplar ohne Tatbestand und Gründe erteilt (§ 706 I 2).

## § 625 ZPO Beiordnung eines Rechtsanwalts

**(1) [1]Hat in einer Scheidungssache der Antragsgegner keinen Rechtsanwalt als Bevollmächtigten bestellt, so ordnet das Prozessgericht ihm von Amts wegen zur Wahrnehmung seiner Rechte im ersten Rechtszug hinsichtlich des Scheidungsantrags und eines Antrags nach § 1671 Abs. 1 des Bürgerlichen Gesetzbuchs einen Rechtsanwalt bei, wenn diese Maßnahme nach der freien Überzeugung des Gerichts zum Schutz des Antragsgegners unabweisbar erscheint; § 78c Abs. 1, 3 gilt sinngemäß. [2]Vor einer Beiordnung soll der Antragsgegner persönlich gehört und dabei besonders darauf hingewiesen werden, dass die Familiensachen des § 621 Abs. 1 gleichzeitig mit der Scheidungssache verhandelt und entschieden werden können.**

**(2) Der beigeordnete Rechtsanwalt hat die Stellung eines Beistandes.**

§ 625 I geändert durch KindRG (BGBl 1997, 2942).

1 Der AGegner kann trotz des Anwaltszwangs (§ 78 II) die Bestellung eines RA oder den Antrag auf PKH unterlassen. Erscheint der AGegner *schutzbedürftig* (zur Klärung ist idR mdl Aufklärung erforderl., OLG Hamm NJW-RR 1987, 952), kann ihm das Gericht (unabhängig von seiner Einkommens- und Vermögenslage) einen RA als Beistand (§ 90) für Scheidung und SorgeR-Sache (§ 1671 BGB) beiordnen; gegen die Beiordnung hat der

„Zwangsmandant" ein **Beschwerderecht** (OLG Hamm NJW-RR 1987, 952; str); zur **Vergütung** des RA vgl §§ 39, 45 II RVG. Erteilt der AGegner diesem RA Vollmacht, wird er PrBev, vorher nicht (OLG Naumburg FamRZ 2002, 248); vorher kann an ihn nicht wirksam zugestellt werden (BGH FamRZ 1995, 416).

## § 626 ZPO Zurücknahme des Scheidungsantrags

**(1) [1]Wird ein Scheidungsantrag zurückgenommen, so gilt § 269 Abs. 3 bis 5 auch für die Folgesachen, soweit sie nicht die Übertragung der elterlichen Sorge oder eines Teils der elterlichen Sorge wegen Gefährdung des Kindeswohls auf einen Elternteil, einen Vormund oder einen Pfleger betreffen; in diesem Fall wird die Folgesache als selbständige Familiensache fortgeführt. [2]Erscheint die Anwendung des § 269 Abs. 3 Satz 2 im Hinblick auf den bisherigen Sach- und Streitstand in den Folgesachen der in § 621 Abs. 1 Nr. 4, 5, 8 bezeichneten Art als unbillig, so kann das Gericht die Kosten anderweitig verteilen. [3]Das Gericht spricht die Wirkungen der Zurücknahme auf Antrag eines Ehegatten aus.**

**(2) [1]Auf Antrag einer Partei ist ihr durch Beschluss vorzubehalten, eine Folgesache als selbständige Familiensache fortzuführen. [2]In der selbständigen Familiensache wird über die Kosten besonders entschieden.**

§ 626 geändert durch G v. 27.07.2001 (BGBl. 2001, 1887).

**1. Rücknahme des Scheidungsantrags (Absatz 1 Satz 1):** Wird der Scheidungsantrag zurückgenommen, gilt der Rechtsstreit auch hinsichtl. *aller* Folgesachen als nicht anhängig geworden, ohne dass es darauf ankommt, ob *der ASt* der Scheidung auch ASt aller Folgesachen war. *Ausnahme:* ist ein von Amts wegen eingeleitetes Verfahren wegen Kindeswohlgefährdung Folgesache der Scheidung geworden, besteht nach Rücknahme des Scheidungsantrages das Amtsverfahren als selbstständige FamS weiter. 1

**Satz 2:** grds sind **dem Antragsteller der Scheidung** bei Rücknahme **alle Kosten** (auch die rechtshängiger, aber nicht die nur anhängiger Folgesachen, OLG Köln FamRZ 1986, 278) aufzuerlegen (§ 269 III 2, dessen neue Fassung aber bereits andere KostenE gestattet); dies kann unbillig sein, wenn zB der AGegner in Unterhalts- oder Zugewinnsachen unbegründete oder leichtfertig überhöhte Ansprüche geltend gemacht hat, weil dadurch der StrW in die Höhe getrieben wurde (vgl § 46 GKG); vgl § 93a II, § 91a. Das Gericht kann dann bei den Kosten quoteln. 2

**Satz 3:** Wirkung ist zB die Kostentragung; sie erfolgt durch Beschluss (§ 269 IV), mdl Verh ist nicht erforderl. (§ 128 IV), dagegen sof Beschwerde zum OLG, § 269 V ZPO, § 119 I Nr. 1a GVG. 3

**2. Fortführung von Folgesachen (Absatz 2).** Auch wenn der Scheidungsantrag zurückgenommen ist oder der Scheidungsantrag durch Tod (KG FamRZ 2000, 1030), oder durch ein hier anerkanntes ausl ScheidungsU (OLG Hamm FamRZ 2005, 1496) gegenstandslos wird, kann die Fortführung bestimmter FamS (wie Unterhalt für Frau und Kind) zweckmäßig sein; das ermöglicht Abs. 2 (kein Ermessen des Gerichts). Der Antrag kann auch von der Partei gestellt werden, die die Folgesache nicht anhängig 4 gemacht hat (OLG Stuttgart Justiz 2006, 210). Der Vorbehaltsantrag kann bis zur Rechtskraft des Beschlusses nach § 626 I 3 gestellt werden (OLG Celle FamRZ 1984, 301). Der stattgebende Beschluss (unanfechtbar, KG FamRZ 2000, 1030) macht die betreffende Sache zur selbstständigen FamS und folgt §§ 621a ff. Eine **Antragsumstellung** kann erforderl. werden, zB vom Geschiedenenunterhalt auf den Getrenntlebensunterhalt. Die KostenE darüber folgt dann §§ 91 ff. Bei FGG-Verfahren wird über die Kosten dann nach § 13a FGG entschieden.

## § 627 ZPO Vorwegentscheidung über elterliche Sorge

**(1) Beabsichtigt das Gericht, von dem Antrag eines Ehegatten nach § 1671 Abs. 1 des Bürgerlichen Gesetzbuchs, dem der andere Ehegatte zustimmt, abzuweichen, so ist die Entscheidung vorweg zu treffen.**

**(2) Über andere Folgesachen und die Scheidungssache wird erst nach Rechtskraft des Beschlusses entschieden.**

§ 627 geändert durch KindRG (BGBl 1997, 2942).

1 **Absatz 1.** Sollte das FamG, was kaum vorkommt, vom gem Vorschlag der Eltern betreffend Übertragung der elterl. Sorge oder eines Teils davon abweichen wollen (vgl § 1671 II Nr. 1 BGB; § 1671 III BGB), ist zunächst (in Durchbrechung des Verbundprinzips des § 623) aufgrund mdl Verh der entspr FGG-Beschluss (ohne KostenE; kein TeilU) zu erlassen; das gilt auch für die BerInstanz (OLG München FamRZ 1984, 407).

2 **Absatz 2.** Gegen den Beschluss ist nach § 621e befr Beschwerde zulässig. Erst nach seiner formellen Rechtskraft darf über den Rest entschieden werden. Wirksam wird die VorE erst gem § 629d.

## § 628 ZPO Scheidungsurteil vor Folgesachenentscheidung

**[1]Das Gericht kann dem Scheidungsantrag vor der Entscheidung über eine Folgesache stattgeben, soweit**

1. **in einer Folgesache nach § 621 Abs. 1 Nr. 6 oder 8 vor der Auflösung der Ehe eine Entscheidung nicht möglich ist,**
2. **in einer Folgesache nach § 621 Abs. 1 Nr. 6 das Verfahren ausgesetzt ist, weil ein Rechtsstreit über den Bestand oder die Höhe einer auszugleichenden Versorgung vor einem anderen Gericht anhängig ist,**
3. **in einer Folgesache nach § 623 Abs. 2 Satz 1 Nr. 1 und 2 das Verfahren ausgesetzt ist, oder**
4. **die gleichzeitige Entscheidung über die Folgesache den Scheidungsausspruch so außergewöhnlich verzögern würde, dass der Aufschub auch unter Berücksichtigung der Bedeutung der Folgesache eine unzumutbare Härte darstellen würde.**

**[2]Hinsichtlich der übrigen Folgesachen bleibt § 623 anzuwenden.**

§ 628 geändert durch KindRG (BGBl 1997, 2942).

**Lit:** *Finger* MDR 2000, 247.

**1. § 628 enthält Ausnahmen vom Grundsatz des Verbunds** (§ 623). Das FamG kann in bestimmten Fällen die Scheidung vorziehen; dies ist eine Ermessensfrage („kann"), vorher ist rechtl. Gehör zu gewähren (BGH FamRZ 1986, 898). Ein Antrag ist nicht Abtrennungsvoraussetzung. 1

**a) Der Abtrennungsbeschluss** ist mit Beschwerde nicht anfechtbar (BGH NJW 1979, 1603; OLG Bamberg FamRZ 1986, 1011), unzulässige Abtrennung kann aber bei Ber/Rev gegen das VerbundU zur Zurückverweisung (§ 538) führen (BGH NJW 1979, 1603; FamRZ 1996, 1070; OLG Brandenburg FamRZ 2005, 1920). **b) Ablehnung der Abtrennung** ist nach hM unanfechtbar (BGH FamRZ 2005, 191; OLG Rostock FamRZ 2005, 1499; OLG Hamm FamRZ 2005, 731; OLG Zweibrücken FamRZ 2003, 1197; der BGH aaO lehnt auch die „außerordentl. Beschwerde" wegen greifbarer Gesetzwidrigkeit ab). § 628 ist auch in der Rm-Instanz anwendbar (BGH NJW 1981, 55; vgl § 629a II 3). 2

**Nr. 1. Unmöglichkeit** (nicht: Unzweckmäßigkeit) einer Entscheidung über Versorgungsausgleich (§ 621 I Nr. 6) oder Zugewinnausgleich (§ 621 I Nr. 8); Anwendungsfälle sind selten, zB wenn es bei der Bewertung des Gesamtguts auf den Tag der Scheidungsrechtskraft ankommt (vgl BGH MDR 1984, 475). 3

**Nr. 2. Anderweitige Aussetzung.** Wenn ein Versorgungsausgleichsverfahren vom FamG bzw OLG nach § 53c FGG ausgesetzt ist, weil zB darüber vor dem SG prozessiert wird. 4

**Nr. 3. Anderweitige Aussetzung.** Wenn in SorgeR- und UmgangsR-Sachen (§ 621 I Nr. 1 und 2) das FamG das Verfahren nach § 52 II FGG ausgesetzt hat, damit sich die Beteiligten einigen können. 5

**Nr. 4. Zeitliche Verzögerung.** Dazu *Groß* FF 2003, 208. Wenn irgendeine Folgesache noch nicht entscheidungsreif ist und das Scheidungsverfahren, gerechnet ab Rechtshängigkeit des Scheidungsantrages, schon überdurchschnittl. lange gedauert hat (mehr als ca. zwei Jahre, BGH FamRZ 1986, 898; OLG Schleswig SchlHA 2001, 234; Berechnungsfragen bei OLG Köln FamRZ 2000, 1294), zB weil der Zugewinnausgleich sich durch SV-Gutachten verzögert, ausl Versorgungsanwartschaften zu ermitteln sind, Auskünfte zu Einkommen und Vermögen zu erzwingen waren, Folgesachen erst spät geltend gemacht wurden. 6

**Unzumutbare Härte:** das ist neben dem Zeitablauf zusätzl. erforderl. (OLG Stuttgart FamRZ 2005, 121; KG FamRZ 2001, 928), bei vier Jahren aber sicher nicht mehr, weil indiziert (AG Berlin-Pankow/Weißensee FamRZ 2000, 168; **aA** OLG Schleswig MDR 2004, 514: vier Jahre und neun Monate noch nicht zu lang!). „Härte" verlangt Abwägung der Belange der Ehegatten und Würdigung der Bedeutung der abgetrennten Folgesache (zB ist Zugewinn weniger wichtig als Unterhalt; bevorstehende Kindesgeburt; Begrenzte Lebenserwartung eines Ehegatten), vgl BGH FamRZ 1986, 898 und 1991, 1043. Die Voraussetzungen müssen für jede einzelne Folgesache vorliegen (OLG Frankfurt NJW-RR 1988, 774; OLG Schleswig FamRZ 1989, 1106). 7

Einverständnis der Parteien allein gestattet nicht die Abtrennung (BGH FamRZ 1991, 687). Doch kann der ASt die frühere Scheidung uU durch einen Antrag nach § 623 II erreichen (vgl § 623 Rz 12).

8 **Satz 2:** die Scheidung und die schon entscheidungsreifen Folgesachen werden nach Abtrennung im Verbund (§§ 623, 629 I) durch **Teilurteil mit Kostenentscheidung** (§ 93a I 1) entschieden. Anschließend kann schon vor Rechtskraft des Scheidungsausspruchs in der Folgesache weiter verhandelt und entschieden werden (BGH NJW 1979, 1603). Nicht entscheidungsreife Folgesachen bleiben anhängig; sie bleiben „Folgesachen" iSd § 78 II (Anwaltszwang) auch, wenn das vorab ergangene ScheidungsU rechtskr wird (BGH NJW 1981, 233). KostenE § 93a; die RA-Geb erhöhen sich durch Abtrennung nicht (OLG Bamberg JurBüro 1984, 1514; vgl OLG Düsseldorf JurBüro 2000, 413).

## § 629 ZPO Einheitliche Endentscheidung; Vorbehalt bei abgewiesenem Scheidungsantrag

**(1) Ist dem Scheidungsantrag stattzugeben und gleichzeitig über Folgesachen zu entscheiden, so ergeht die Entscheidung einheitlich durch Urteil.**

**(2) [1]Absatz 1 gilt auch, soweit es sich um ein Versäumnisurteil handelt. [2]Wird hiergegen Einspruch und auch gegen das Urteil im Übrigen ein Rechtsmittel eingelegt, so ist zunächst über den Einspruch und das Versäumnisurteil zu verhandeln und zu entscheiden.**

**(3) [1]Wird ein Scheidungsantrag abgewiesen, so werden die Folgesachen gegenstandslos, soweit sie nicht die Übertragung der elterlichen Sorge oder eines Teils der elterlichen Sorge wegen Gefährdung des Kindeswohls auf einen Elternteil, einen Pfleger oder einen Vormund betreffen; in diesem Fall wird die Folgesache als selbständige Familiensache fortgeführt. [2]Im Übrigen ist einer Partei auf ihren Antrag in dem Urteil vorzubehalten, eine Folgesache als selbständige Familiensache fortzusetzen. [3]§ 626 Abs. 2 Satz 2 gilt entsprechend.**

§ 629 zuletzt geändert durch G v. 24.08.2004 (BGBl 2004, 2198).

**1. Absatz 1.** Die Entscheidung (sog **Verbundurteil**) lautet zB:

1 **Endurteil: (1)** Die am ... vor dem Standesamt Nürnberg geschlossene Ehe der Parteien wird geschieden. **(2)** Die elterl. Sorge über das Kind Karin, geb. am ..., wird der Kindesmutter ... übertragen. **(3)** Zugunsten der ausgleichsberechtigten ASt ... werden auf dem Vers-Konto Nr. ... der LVA ... Rentenanwartschaften von monatl. ... Euro, bezogen auf den ..., begründet; Ausgleichspflichtiger ist der AGegner. **(4)** Der AGegner wird verurteilt, ab Rechtskraft der Scheidung ... Euro monatl. Unterhalt für das Kind K zu Händen der Mutter ... zu zahlen, zahlbar jeweils am Monatsersten im Voraus. **(5)** Die Kosten werden gegeneinander aufgehoben.

2 **Erläuterung: (1)** folgt aus §§ 1564, 1565 I BGB; **(2)** § 1671 BGB; **(3)** § 1587b II BGB; **(4)** §§ 1601 ff BGB; zur Höhe vgl diverse Tabellen, am bekanntesten die Düsseldorfer Tabelle, *Palandt/Diederichsen* Rz 15 vor § 1601; **(5)** Kosten § 93a I 1. Die Kosten von FGG-Beteiligten richten sich nach §§ 13a FGG, 20 HausratsVO (str). Vorl Vollstr scheidet bei (1) wegen § 704 II aus, bei (2) und (3) wegen FGG-Zugehörigkeit, bei (4) ist sie denkbar (ebenso bei Zugewinnausgleich), da ZPO-Folgesache, vgl aber § 629d. Die Entschei-

dung zum Versorgungsausgleich ist zu begründen, § 313 I Nr. 5 (OLG Köln FamRZ 2005, 1921).

**2.** Ein **Versäumnisurteil (Absatz 2)** kann in der Scheidungssache wegen § 612 IV und in den FGG-Folgesachen wegen § 12 FGG nicht ergehen, wohl aber (erst im letzten Termin, wenn dem Scheidungsantrag stattgegeben wird, § 623 I 1) in den ZPO-Sachen Unterhalt und Zugewinnausgleich nach §§ 330 ff (und ist insoweit für vorl vollstr zu erklären, § 708 Nr. 2; str). Das **Teilend- und Teilversäumnisurteil** ist, soweit VU, nur mit Einspruch (§ 338) anfechtbar (BGH FamRZ 1994, 1521); soweit EndU, mit Ber bzw Beschwerde (vgl § 629a). Treffen beide Angriffe zusammen, bestimmt S. 2 die Reihenfolge. Der eingelegte Einspruch verlängert die §§ 517/621e-Frist nicht (BGH FamRZ 1986, 897). 3

**3. Antragsabweisendes Urteil (Absatz 3 Satz 1).** Wird der Scheidungsantrag abgewiesen, wird eine *von Amts wegen* eingeleitete Sache wegen Gefährdung des Kindeswohls (§ 1666 BGB) nicht gegenstandslos, sondern weitergeführt; vgl § 623 III, § 626 I 1. Kosten bei **Abweisung**, vgl § 93a II, vorl Vollstr, vgl §§ 708 Nr. 11, 709. Wird das abweisende Urteil auf Rm aufgehoben, fällt die Gegenstandslosigkeit weg. Das OLG kann die Scheidung uU selbst aussprechen (OLG Zweibrücken FamRZ 1997, 1212). 4

**Satz 2:** der Unterhalt zB kann als selbstständige FamS fortgesetzt werden, vgl § 626 II. S. 2 ist auch anwendbar, wenn der Antrag abgewiesen wurde, weil die Ehe bereits im Ausland geschieden wurde (BGH NJW 1984, 2041). 5

**Satz 3:** über die Kosten der nun selbstständigen FamS ist bei ZPO-Sachen nach §§ 91 ff, bei FGG-Sachen nach § 13a FGG zu entscheiden. 6

**4. Gerichtskostenermäßigung.** Wird geschieden stellt sich die Frage, ob die Gerichtsgeb (2,0; GKG KV 1310) sich ermäßigt (auf 0,5), wenn das gesamte Verfahren oder eine Folgesache durch abgekürztes Urteil beendet wird (KV 1311 Nr. 2 nennt das Urteil nach § 313a II, das keinen Tatbestand und keine Entscheidungsgründe enthält, *weil auf Rm verzichtet wurde*). Es ist aber § 313a IV Nr. 1 zu beachten, wonach § 313a II keine Anwendung findet in Ehesachen, mit Ausnahme des Scheidungsausspruchs. Folge: wird nur geschieden (und gibt es keine Folgesache), verbilligt der Rm-Verzicht das Verfahren auf 0,5. Wird aus dem Verbund nur eine Folgesache vereinfacht (in den Formen KV 1311) beendet, ist ggf gespalten abzurechnen. Beispiel: Urteil enthält Scheidung + Regelung der elterl. Sorge + Versorgungsausgleich; allseitiger Rm- und Begründungsverzicht. Wegen § 313a IV Nr. 1 ist das nur wegen der Scheidung kostenwirksam (KG NJW 2007, 90); Folge: für den Teil-StrW Scheidung fällt nur 0,5 an, für den Rest-StrW 2,0 (Konsequenz des Eingangssatzes „... *oder* einer Folgesache"; OLG Nürnberg FamRZ 2006, 634: aA OLG Frankfurt FamRZ 2006, 1560; OLG Zweibrücken NJW 2006, 2564). 7

## § 629a ZPO Rechtsmittel

**(1) Gegen Urteile des Berufungsgerichts ist die Revision nicht zulässig, soweit darin über Folgesachen der in § 621 Abs. 1 Nr. 7 oder 9 bezeichneten Art erkannt ist.**

**(2) [1]Soll ein Urteil nur angefochten werden, soweit darin über Folgesachen der in § 621 Abs. 1 Nr. 1 bis 3, 6, 7, 9 bezeichneten Art erkannt ist, so ist § 621e entsprechend anzuwenden. [2]Wird nach Einlegung der Beschwerde auch Berufung oder Revi-**

**sion eingelegt, so ist über das Rechtsmittel einheitlich als Berufung oder Revision zu entscheiden. [3]Im Verfahren vor dem Rechtsmittelgericht gelten für Folgesachen § 623 Abs. 1 und die §§ 627 bis 629 entsprechend.**

**(3) [1]Ist eine nach § 629 Abs. 1 einheitlich ergangene Entscheidung teilweise durch Berufung, Beschwerde, Revision oder Rechtsbeschwerde angefochten worden, so kann eine Änderung von Teilen der einheitlichen Entscheidung, die eine andere Familiensache betreffen, nur noch bis zum Ablauf eines Monats nach Zustellung der Rechtsmittelbegründung, bei mehreren Zustellungen bis zum Ablauf eines Monats nach der letzten Zustellung beantragt werden. [2]Wird in dieser Frist eine Abänderung beantragt, so verlängert sich die Frist um einen weiteren Monat. [3]Satz 2 gilt entsprechend, wenn in der verlängerten Frist erneut eine Abänderung beantragt wird. [4]Die §§ 517, 548 und 621e Abs. 3 Satz 2 in Verbindung mit den §§ 517 und 548 bleiben unberührt.**

**(4) Haben die Ehegatten auf Rechtsmittel gegen den Scheidungsausspruch verzichtet, so können sie auf dessen Anfechtung im Wege der Anschließung an ein Rechtsmittel in einer Folgesache verzichten, bevor ein solches Rechtsmittel eingelegt ist.**

§ 629a geändert durch G v. 27.07.2001 (BGBl 2001, 1887).

**Lit:** ***Bergerfurth*** FamRZ 2002, 1493; ***Luthin*** FF 2002, 2.

**Übersicht**



### 1. Rechtsmittel

1 **a) Gegen Entscheidungen** des FamG in isolierten FamS **nach § 621 Nr. 4, 5, 8, Teil von Nr. 10, Nr. 11 ZPO** (Kindesunterhalt, Ehegattenunterhalt, güterrechtl. Sachen), also in ZPO-Sachen: **Berufung** zum OLG nach §§ 511 ff; § 119 I Nr. 1a GVG; gegen das OLG-Urteil bei Zulassung Rev zum BGH.

2 **b) Gegen Entscheidungen** des FamG in isolierten FamS **nach § 621 I Nr. 1, 2, 3, 6, 7, 9 Teil von Nr. 10, Nr. 12 ZPO**, (elterl. Sorge, UmgangsR, Kindesherausgabe, Versorgungsausgleich, Hausratsregelung, Stundung der Ausgleichsforderung), also in FGG-Sachen: **befristete Beschwerde** zum OLG nach § 621e; § 119 I Nr. 1a GVG; gegen den OLG-Beschluss in einigen Fällen und zT nur bei Zulassung RB zum BGH. Vgl § 621e Rz 14.

3 **c) Gegen die Entscheidung** des FamG **durch Verbundurteil (Endurteil):**

**aa)** Soll das **Urteil im Ganzen angefochten** werden (also zB die Scheidung; oder Scheidung und SorgerechtsE; oder Scheidung und Versorgungsausgleich): **Berufung** (§ 511 ZPO) **zum OLG**, Familiensenat (§ 119 I Nr. 1b GVG); das LG wird also hier übersprungen. Diese Ber umfasst dann auch die dem FGG unterliegenden Sachen, es kann bzw muss also nicht zusätzl. befr Beschwerde eingelegt werden. Gegen das OLG-Urteil ist die **Revi-**

**sion** zum BGH nur zulässig, wenn sie vom OLG zugelassen wurde (§ 543); die Nichtzulassungsbeschwerde ist bis 31.12.2009 (alte Frist verlängert durch G. v. 22.12.2006) ausgeschlossen (§ 26 Nr. 9 EGZPO). Bestimmte Teile der OLG-Entscheidung, die Hausrats- und Wohnungsteilung bzw Stundung des Zugewinnausgleichs betreffen (§ 621 I Nr. 7, 9), sind unter keinen Umständen der Rev oder der RB zugängl., Abs. 1; Sonderfall § 629c.

**bb)** Soll **nur ein Teil des Urteils angefochten** werden, der **ZPO-Sachen** enthält (Scheidung, Unterhalt, Güterrecht): ebenfalls **Berufung;** dann uU **Revision**, Abs. 1. Die Bezeichnung des Rm als „Berufung" hindert nicht, innerhalb der Rm-Begründungsfrist nur FGG-Sachen anzufechten (BGH NJW 1981, 2360). 4

**cc)** Soll **nur der Teil des Urteils angefochten** werden, der **FGG-Sachen** enthält (zB *nur* SorgeR): **befristete Beschwerde zum OLG**, §§ 621e, 629a II 1. Die Bezeichnung des Rm als „Beschwerde" hindert nicht, innerhalb der Begründungsfrist das Rm auf ZPO-Sachen bzw die Scheidung zu erweitern (BGH NJW 1981, 2360). Gegen die OLG-Entscheidung ist in den Grenzen von § 621e II RB zum BGH statthaft. 5

**dd)** Sollen **ZPO- und FGG-Sachen** angefochten werden: Ber, dann uU Rev nach Abs. 1. 6

**ee)** Wenn das VerbundU teils ein **Versäumnisurteil** ist: § 629 II. 7

**2. Rechtsmittelberechtigte sind:** 8

- die Ehegatten; ein Ehegatte kann Ber mit dem Ziel einlegen, dass die von ihm selbst beantragte Scheidung aufgehoben wird (BGH 89, 328).
- bez des Sorgerechtskomplexes (§ 621 I Nr. 1, 2, 3) auch das Kind ab 14 Jahren und das Jugendamt (§§ 20, 59 FGG; 50 KJHG).
- bez des Versorgungsausgleichs auch die Versorgungsträger (§§ 20, 53b FGG).
- bez der Ehewohnung auch der Vermieter etc (§ 20 FGG; § 7 HausratsVO).
- Die Rm-Frist läuft für jeden Beteiligten getrennt und beginnt spätestens fünf Monate nach der Verkündung, §§ 517, 548.

**3. Die Kostenentscheidung des OLG:**

**a) erfolglose Rechtsmittel:** § 97, auch wenn Dritte wie zB Vers-Träger anfechten; 9

**b) erfolgreiches Rechtsmittel** eines Ehegatten: führt es zur Abweisung des Scheidungsantrags: § 93a II; sonst § 93a I; 10

**c) Teilerfolg:** §§ 92, 97, dh Quotelung und nach § 93a iÜ Kostenaufhebung (vgl BGH FamRZ 1983, 48); 11

**d) erfolgreiches Rechtsmittel eines Dritten** (zB des Vers-Trägers im Versorgungsausgleich): § 621a I 1; § 13a FGG, § 20 HausratsVO: der Dritte kann grds von den Ehegatten keine Kostenerstattung verlangen. Bei Beschwerderücknahme gilt § 516 III entspr, nicht § 13a FGG (OLG Düsseldorf FamRZ 1980, 1052; **aA** OLG Hamm FamRZ 1992, 1457; sehr str). 12

**4. Absatz 2 Satz 1** stellt klar, dass befr Beschwerde nach § 621e einzulegen ist, wenn nur FGG-Teile des VerbundU des FamG angefochten werden sollen. 13

14 **Satz 2:** trifft die Ber der einen Partei mit der befr Beschwerde der anderen Partei zusammen, wird das Verfahren einheitl. als Ber-Verfahren behandelt.

15 **Satz 3:** die entspr Geltung von § 623 I bedeutet, dass der Verbund der angefochtenen Folgesachen auch in höherer Instanz bestehen bleibt, selbst wenn die Scheidung nicht angefochten wird. Es wird durch Urteil entschieden; wenn nur FGG-Sachen angefochten sind, durch Beschluss. Der Verbund zwischen Folgesachen oder mit der Scheidung kann aber nach §§ 627, 628 gelöst werden.

16 **5. Nachträgliche Teilanfechtung (Absatz 3).** Mit § 629a III verfolgt das Gesetz den Zweck, die vorzeitige (Teil-) Rechtskraft einzelner Entscheidungen eines VerbundU, insb des Scheidungsausspruchs, unabhängig von dem weiteren Schicksal der (sonstigen) Folgesachen, über die weiterprozessiert wird, zu ermöglichen; dieses Ziel wird allerdings, da die Anschlussmöglichkeit bei mehreren Zustellungen bis zum Ablauf eines Monats nach der letzten Zustellung eröffnet ist, nur erreicht, wenn alle erforderl. Zustellungen erfolgt sind. Unterbleibt auch nur eine der erforderl. Zustellungen der Rm-Begründung, dann beginnt die Frist des § 629a III ZPO nicht zu laufen, und es kann nicht zur vorzeitigen Teilrechtskraft des VerbundU kommen (BGH FamRZ 1998, 1024); die Regelung ist verwirrend und undurchsichtig (dazu *Kemnade* FamRZ 1986, 625; *Bergerfurth* FamRZ 1986, 940; *Schmitz* FamRZ 1987, 1101).

17 **Satz 1:** Hat zB der ASt aus dem VerbundU nur die Entscheidung über den Ehegattenunterhalt mit Ber angefochten (zB mit dem Ziel, statt 800 Euro nur 500 Euro zu zahlen), dann ist dies Gegenstand eines „Hauptrechtsmittels" des ASt.

**Es ist zu unterscheiden:**

18 **a)** der **Rechtsmittelführer kann sein Rechtsmittel erweitern** (zB mit dem Ziel, nur 100 Euro Unterhalt zahlen zu müssen); eine Erweiterung nach Ablauf der BerBegr-Frist ist aber grds nur zulässig, wenn sich die Erweiterung im Rahmen der Begründungsschrift hält (BGH NJW 1985, 2266; 1986, 312). Die auf den Unterhalt beschränkte Ber kann aber noch *nach* Ablauf der Begründungsfrist auf die SorgeR-Regelung erweitert werden, wenn nach Ablauf der Begründungsfrist neue Tatsachen iSd § 1696 BGB entstanden sind (BGH NJW 1987, 1024); dasselbe wird für die Fallgruppe des § 323 gelten;

19 **b) andere Beteiligte** (Jugendamt, Versorgungsträger, Vermieter) können die Teile, die sie beschweren, innerhalb der für sie laufenden Rm-Frist selbstständig angreifen (zB der Versorgungsträger den Versorgungsausgleich);

20 **c)** die **Antragsgegnerin** kann innerhalb der für sie laufenden Rm-Frist ebenfalls den Teil „Unterhalt" oder/und einen anderen Teil des VerbundU mit Ber bzw befr Beschwerde angreifen; sie kann zB auch den Versorgungsausgleich angreifen und zugleich in der Ber die Klage auf Unterhalt erweitern, also mehr fordern als beim FamG (BGH NJW 1983, 172);

21 **d)** dem Teil „Unterhalt" kann sich die AGegnerin nach Ablauf der Ber-Frist anschließen, also mit der **unselbstständigen Anschlussberufung** mehr Unterhalt verlangen; der Anschließung kann sich der Rm-Kl aber nicht mehr anschließen (BGH NJW 1986, 1494), also zB nun nicht den Versorgungsausgleich angreifen; über **Anschließung Drittbeteiligter** vgl *Philippi* FamRZ 1989, 1257;

22 **e) wegen der anderen Gegenstände des Verbundurteils** (wie zB SorgeR, Zugewinnausgleich, Versorgungsausgleich) können sich nach Ablauf der Ber-Frist der AGegner und andere Beteiligte dagegen nur befr „anschließen" (Abs. 3 S. 1). Bei mehreren Zustellungen: dh bei mehreren Haupt-Rm oder Zustellung an mehrere Beteiligte (in FGG-Sachen) beginnt die Frist einheitl. (vgl OLG Frankfurt FamRZ 1987, 959). Die Frist ist keine Notfrist (OLG Celle, Hamburg FamRZ 1990, 771; str).

23 **Satz 2:** wird keine Abänderung beantragt oder verspätet, werden bisher nicht angegriffene Teile des VerbundU rechtskr. Wird rechtzeitig Abänderung beantragt (dh ein Anschluss vorgenommen oder die Ber erweitert), können der Ehegatte und die anderen Beteiligten binnen einer weiteren Monatsfrist (ab Fristende laufend) die Änderung von Teilen des VerbundU, die noch nicht Gegenstand des Haupt-Rm sind, beantragen.

24 **Satz 3:** wird erneut eine Änderung iSv Abs. 3 S. 1 begehrt, beginnt derselbe Fristenablauf wieder.

25 **Satz 4:** bedeutet nur, dass die Fristen für die Haupt-Rm durch Abs. 3 nicht geändert werden.

26 **6. Verzicht auf Anschlussrechtsmittel (Absatz 4).** Auf Rm gegen die Scheidung kann verzichtet werden. Ein Beteiligter, zB der Vers-Träger, kann jedoch Folgesachen anfechten, ein Ehegatte könnte sich dann anschließen und nun die Scheidung angreifen. Ein Verzicht auch auf AnschlussRm gegen die Scheidung ist zulässig.

## § 629b ZPO Zurückverweisung

**(1) [1]Wird ein Urteil aufgehoben, durch das der Scheidungsantrag abgewiesen ist, so ist die Sache an das Gericht zurückzuverweisen, das die Abweisung ausgesprochen hat, wenn bei diesem Gericht eine Folgesache zur Entscheidung ansteht. [2]Dieses Gericht hat die rechtliche Beurteilung, die der Aufhebung zugrunde gelegt ist, auch seiner Entscheidung zugrunde zu legen.**

**(2) Das Gericht, an das die Sache zurückverwiesen ist, kann, wenn gegen das Aufhebungsurteil Revision oder Beschwerde gegen die Nichtzulassung der Revision eingelegt wird, auf Antrag anordnen, dass über die Folgesachen verhandelt wird.**

§ 629b geändert durch G v. 27.07.2001 (BGBl 2001, 1887).

1 **Absatz 1.** Hat das FamG den Scheidungsantrag abgewiesen (etwa, weil das Trennungsjahr noch nicht abgelaufen war) und legt der ASt dagegen Ber ein, fallen die Folgesachen wegen § 629 III beim OLG nicht an; das OLG kann die Scheidung nicht aussprechen, sondern muss zurückverweisen an das FamG. Wenn es aber *nur* um die Scheidung geht (also keine Folgesachen vorhanden sind), kann das OLG die Scheidung selbst aussprechen. Ansonsten ist die Zurückverweisung zwingend, keine Abweichung auf Wunsch der Parteien (OLG Dresden FamRZ 2003, 1193). Folgesachen stehen dort jedenfalls iFd § 623 III an. **Satz 2** entspricht § 563 II.

2 **Absatz 2.** Ist gegen das AufhebungsU des OLG Rev zum BGH eingelegt, kann das FamG trotzdem zur Beschleunigung schon Verh über (zB langwierige) Folgesachen anordnen, darf aber erst nach Rechtskraft des OLG-Urteils im Verbund mit der Scheidung darüber entscheiden.

## § 629c ZPO Erweiterte Aufhebung

**[1]Wird eine Entscheidung auf Revision oder Rechtsbeschwerde teilweise aufgehoben, so kann das Gericht auf Antrag einer Partei die Entscheidung auch insoweit aufheben und die Sache zur anderweitigen Verhandlung und Entscheidung an das Berufungs- oder Beschwerdegericht zurückverweisen, als dies wegen des Zusammenhangs mit der aufgehobenen Entscheidung geboten erscheint. [2]Eine Aufhebung des Scheidungsausspruchs kann nur innerhalb eines Monats nach Zustellung der Rechtsmittelbegründung oder des Beschlusses über die Zulassung der Revision oder der Rechtsbeschwerde, bei mehreren Zustellungen bis zum Ablauf eines Monats nach der letzten Zustellung beantragt werden.**

§ 629c geändert durch G v. 27.07.2001 (BGBl 2001, 1887).

1 **Satz 1:** gelangen Teile einer VerbundE auf Rm zum BGH, kann eine Partei (bis zum Schluss der Verh) den **Hilfsantrag** stellen, bei Aufhebung auch damit zusammenhängende nichtangefochtene Teile mitaufzuheben und zurückzuverweisen, damit später eine aufeinander abgestimmte neue Entscheidung mögl. ist; zB: wird die SorgerechtsE aufgehoben, kann auch die Hausratszuweisung das Kinderzimmer betreffend aufgehoben werden oder die UnterhaltsE wegen Kindesbetreuung (BGH NJW 1987, 1024). Die aufzuhebenden Teile müssen nach hM (zB OLG Frankfurt FamRZ 1985, 821) in die zweite Instanz gelangt sein.

2 **Satz 2:** ist zB das SorgeR beim BGH, könnte der Antrag gestellt werden, die nicht angefochtene Scheidung wegen eines Zusammenhangs (der kaum denkbar ist) aufzuheben; entspr § 629a III 3 ist insoweit der Antrag befr.

## § 629d ZPO Wirksamwerden der Entscheidungen in Folgesachen

**Vor der Rechtskraft des Scheidungsausspruchs werden die Entscheidungen in Folgesachen nicht wirksam.**

1 **1. (Teil-)Rechtskraft der Scheidung tritt** erst **ein**, wenn die Eheleute auf Rm und Anschluss-Rm verzichtet haben, die Frist des § 629a III abgelaufen ist und auch auf den Antrag nach § 629c verzichtet wurde. Ein von einem RA ohne jede Einschränkung erklärter Rm-Verzicht ist in diesem umfassenden Sinn zu verstehen (vgl BGH NJW-RR 1986, 1327).

2 **2. Die Folgesachenentscheidungen** sind für den Fall der Scheidung getroffen und werden daher nicht eher „wirksam", auch wenn sie nicht angefochten wurden. Bis zur Rechtskraft sind aber vollstr eAnO mögl. Davon zu unterscheiden ist die vorl Vollstr der Entscheidung über eine Folgesache: bei nach § 628 abgetrennten ZPO-Sachen wie Unterhalt ist sie grds mögl. (vgl. *Kemnade* FamRZ 1986, 627; *Gießler* FamRZ 1986, 958; str); aber auch bei Entscheidung im Verbund kann die ZPO-Folgesache Unterhalt nach §§ 708 Nr. 8, 711 für die Zeit „ab Rechtskraft der Scheidung" für vorl vollstr erklärt werden (OLG Bamberg FamRZ 1990, 184), weil sonst eine Regelungslücke entstehen kann.

## § 630 ZPO Einverständliche Scheidung

**(1) Für das Verfahren auf Scheidung nach § 1565 in Verbindung mit § 1566 Abs. 1 des Bürgerlichen Gesetzbuchs muss die Antragsschrift eines Ehegatten auch enthalten:**

**1. die Mitteilung, dass der andere Ehegatte der Scheidung zustimmen oder in gleicher Weise die Scheidung beantragen wird;**

**2. entweder übereinstimmende Erklärungen der Ehegatten, dass Anträge zur Übertragung der elterlichen Sorge oder eines Teils der elterlichen Sorge für die Kinder auf einen Elternteil und zur Regelung des Umgangs der Eltern mit den Kindern nicht gestellt werden, weil sich die Ehegatten über das Fortbestehen der Sorge und über den Umgang einig sind, oder, soweit eine gerichtliche Regelung erfolgen soll, die entsprechenden Anträge und jeweils die Zustimmung des anderen Ehegatten hierzu;**

**3. die Einigung der Ehegatten über die Regelung der Unterhaltspflicht gegenüber einem Kind, die durch die Ehe begründete gesetzliche Unterhaltspflicht sowie die Rechtsverhältnisse an der Ehewohnung und am Hausrat.**

**(2) [1]Die Zustimmung zur Scheidung kann bis zum Schluss der mündlichen Verhandlung, auf die das Urteil ergeht, widerrufen werden. [2]Die Zustimmung und der Widerruf können zu Protokoll der Geschäftsstelle oder in der mündlichen Verhandlung zur Niederschrift des Gerichts erklärt werden.**

**(3) Das Gericht soll dem Scheidungsantrag erst stattgeben, wenn die Ehegatten über die in Absatz 1 Nr. 3 bezeichneten Gegenstände einen vollstreckbaren Schuldtitel herbeigeführt haben.**

§ 630 geändert durch KindRG (BGBl 1997, 2942).

**Lit:** ***Born*** FamRZ 2006, 829 (Reformpläne).

**1. Absatz 1.** Scheidung kann erfolgen, wenn die Ehe gescheitert ist; das wird nach §§ 1565, 1566 I BGB unwiderlegbar vermutet, wenn die Ehegatten seit einem Jahr getrennt leben und beide die Scheidung wollen (sog. *Konventionalscheidung*). Die Ehegatten können allerdings dem Gericht auch wahrheitswidrig die Einhaltung der Trennungsfrist vorspiegeln und so faktisch (trotz § 616) die Scheidung auch ohne Trennungsjahr erreichen. Trotz Trennungsjahr und Einverständnis können die Ehegatten die Scheidung nach §§ 622 ff betreiben, wenn sie sich zB bez des Unterhalts nicht nach § 630 I Nr. 3 einigen können. 1

**Inhalt der Antragsschrift:** vgl zunächst § 622. Fehlen die Kriterien des § 630 I Nr. 1 bis 3, ist der Antrag nicht unzulässig, sondern das Verfahren wird als str fortgeführt. Anwaltszwang nach § 78. Zur unzulässigen Doppelvertretung beider Eheleute durch denselben RA vgl BGH FamRZ 1985, 593. 2

**Nr. 1. Mitteilung**, also nicht eine vom Gegner unterzeichnete Erklärung; stimmt der Gegner später nicht zu, wird das Verfahren str fortgeführt. 3

4 **Nr. 2.** Hier verlangt die hM Vorlage einer auch vom Gegner unterschriebenen Erklärung; sie kann nachgereicht werden. **Sorgerecht:** Vgl §§ 1671, 1684 BGB. Die Umgangsregelung muss nicht *detailliert* vorgetragen werden (BT-Drucks 13/4899 S. 123).

5 **Nr. 3.** Einigung über Kindesunterhalt, Ehegattenunterhalt, Ehewohnung, Hausrat; auch hier ist ein von beiden Ehegatten unterzeichnetes Schriftstück beizufügen; Titulierung ist noch nicht erforderl. Bloße Vergleichsverhandlungen genügen nicht (OLG Schleswig FamRZ 2003, 46). Ob eine Vereinbarung gem § 630 I Nr. 3 beim Scheitern einer einverständl. Scheidung gegenstandslos oder frei widerrufl. wird, ist eine Frage der Einzelfallauslegung (BGH FamRZ 2006, 201).

6 **2. Absatz 2.** Zustimmung und Widerruf der Zustimmung unterliegen nicht dem Anwaltszwang, § 78 V. Nach Widerruf kann der ASt zur str Scheidung übergehen.

7 **3. Absatz 3.** Das Verfahren bei der Konventionalscheidung unterscheidet sich iÜ von dem bei der str Scheidung nicht. Über die Folgesache Versorgungsausgleich ist nach § 623 III von Amts wegen zu entscheiden (VerbundU, § 629). Dritte (wie Versorgungsträger, Kind, Vermieter) sind wie sonst zu beteiligen. Die weiteren Erfordernisse des Abs. 3 sind nur eine Sollvorschrift (str, **aA** „Muss“).

8 Ein **vollstreckbarer Schuldtitel ist a)** bez des Unterhalts zB eine notarielle Urkunde mit Unterwerfung unter die ZwV (§ 794 I Nr. 5); bez Wohnung und Hausrat genügt die privatschriftl. Erklärung beider Ehegatten, dass die Auseinandersetzung bereits stattgefunden hat oder dass keine Ansprüche bestehen; oder

9 **b)** ein PV vor dem FamG, wobei nach **hM** (OLG Zweibrücken FamRZ 1985, 1071; **aA** OLG München FamRZ 1986, 770) Anwaltszwang besteht;

10 **c)** UnterhaltsU über Getrenntlebensunterhalt genügen dagegen nicht, weil dieser Unterhalt mit dem nachehel. nicht identisch ist (BGH 78, 130).

11 Gegen das ScheidungsU sind wie sonst Rm zulässig, auch zwecks Aufrechterhaltung der Ehe (BGH NJW 1984, 1302).

## Abschnitt 4
## Verfahren auf Aufhebung und auf Feststellung des Bestehens oder Nichtbestehens einer Ehe

### § 631 ZPO Aufhebung einer Ehe

**(1) Für das Verfahren auf Aufhebung einer Ehe gelten die nachfolgenden besonderen Vorschriften.**

**(2) [1]Das Verfahren wird durch Einreichung einer Antragsschrift anhängig. [2]§ 622 Abs. 2 Satz 2, Abs. 3 gilt entsprechend. [3]Wird in demselben Verfahren Aufhebung und Scheidung beantragt, und sind beide Anträge begründet, so ist nur auf Aufhebung der Ehe zu erkennen.**

**(3) Beantragt die zuständige Verwaltungsbehörde oder bei Verstoß gegen § 1306 des Bürgerlichen Gesetzbuchs der Dritte die Aufhebung der Ehe, so ist der Antrag gegen beide Ehegatten zu richten.**

**(4) [1]Hat in den Fällen des § 1316 Abs. 1 Nr. 1 des Bürgerlichen Gesetzbuchs ein Ehegatte oder die dritte Person den Antrag gestellt, so ist die zuständige Verwaltungsbehörde über den Antrag zu unterrichten. [2]Die zuständige Verwaltungsbehörde kann in diesen Fällen, auch wenn sie den Antrag nicht gestellt hat, das Verfahren betreiben, insbesondere selbständig Anträge stellen oder Rechtsmittel einlegen.**

**(5) In den Fällen, in denen die als Partei auftretende zuständige Verwaltungsbehörde unterliegt, ist die Staatskasse zur Erstattung der dem obsiegenden Gegner erwachsenen Kosten nach den Vorschriften der §§ 91 bis 107 zu verurteilen.**

§ 631 geändert durch EheschlRG (BGBl 1998, 833).

Lit: ***Bergerfurth*** FF 1999, 136.

Die seit 01.07.1998 geltende Neuregelung beseitigt die Zweispurigkeit Nichtigkeit – Aufhebung der Ehe; fehlerhaft geschlossene Ehen können nur noch mit Wirkung für die Zukunft aufgelöst werden. Das Verfahren beginnt mit einem Antrag einer nach LandesR bestimmten Verwaltungsbehörde, § 1316 BGB. Näheres §§ 1313 ff BGB. Die Auflösung erfolgt durch Urteil. Kosten: unterliegt die Behörde: Abs. 4, siegt sie: § 93a. 1

## § 632 ZPO Feststellung des Bestehens oder Nichtbestehens einer Ehe

**(1) Für eine Klage, welche die Feststellung des Bestehens oder Nichtbestehens einer Ehe zwischen den Parteien zum Gegenstand hat, gelten die nachfolgenden besonderen Vorschriften.**

**(2) Eine Widerklage ist nur statthaft, wenn sie eine Feststellungsklage der in Absatz 1 bezeichneten Art ist.**

**(3) § 631 Abs. 4 gilt entsprechend.**

**(4) Das Versäumnisurteil gegen den im Termin zur mündlichen Verhandlung nicht erschienenen Kläger ist dahin zu erlassen, dass die Klage als zurückgenommen gilt.**

§ 632 geändert durch EheschlRG (BGBl 1998, 833).

§ 632 fasst bisherige Vorschriften zusammen. Zu Abs. 4: ein VU gegen den Bekl ist unzulässig, § 621 IV. 1

## § 633-639 ZPO
(weggefallen)

# Abschnitt 5
# Verfahren in Kindschaftssachen

## § 640 ZPO Kindschaftssachen

**(1) Die Vorschriften dieses Abschnitts sind in Kindschaftssachen mit Ausnahme der Verfahren nach § 1600e Abs. 2 des Bürgerlichen Gesetzbuchs anzuwenden; die §§ 609, 611 Abs. 2, die §§ 612, 613, 615, 616 Abs. 1 und die §§ 617, 618, 619 und 632 Abs. 4 sind entsprechend anzuwenden.**

**(2) Kindschaftssachen sind Verfahren, welche zum Gegenstand haben**

**1. die Feststellung des Bestehens oder Nichtbestehens eines Eltern-Kindes-Verhältnisses; hierunter fällt auch die Feststellung der Wirksamkeit oder Unwirksamkeit einer Anerkennung der Vaterschaft,**

**2. die Anfechtung der Vaterschaft oder**

**3. die Feststellung des Bestehens oder Nichtbestehens der elterlichen Sorge der einen Partei für die andere.**

§ 640 geändert ab 01.07.1998 durch KindRG (BGBl 1997, 2942) und KindUG (BGBl 1998, 666).

**Lit:** ***Coester-Waltjen*** Jura 1999, 324; ***Büttner*** FF 2000, 13; ***Kirchmeier*** FPR 2002, 370. Zur geplanten Reform vgl ***Heiter*** FPR 2006, 417; ***Jaeger*** FPR 2006, 410.

1 **1. Überblick.** Die Reform (01.07.1998) stellt ehel. und nichtehel. Kinder gleich; die **eheliche und nichteheliche Abstammung**, früher im Gesetz getrennt, ist nun zusammengefasst. Wer *Mutter* ist, definiert § 1591 BGB (die Ei- oder Embryonenspenderin kann daher nicht nach § 640 II Nr. 1 ZPO klagen). *Vater:* § 1592 BGB: (Nr. 1) Geburt in der Ehe; Ausnahme in § 1599 II BGB; Besonderheiten in § 1593 BGB. (Nr. 2) Vaterschaft durch Anerkennung, aber nur, solange nicht ein anderer Mann als Vater gilt (§ 1594 II BGB). Der Anerkennung muss die Mutter aus *eigenem* Recht (nicht als Vertreterin des Kindes) zustimmen (§ 1595 I BGB) und uU das Kind (§ 1595 II BGB). (Nr. 3) Vom FamG festgestellte Vaterschaft.

2 Die **Vaterschaft** (nach § 1592 Nr. 1, 2) ist **anfechtbar**. Anfechtungsberechtigt sind Vater, Mutter, Kind (§ 1600 BGB). Die Eltern eines *verstorbenen* Mannes haben kein AnfechtungsR mehr. Bei scheinehel. Geburt kann der leibl. Vater nicht anfechten. Ein minderj Vater bzw Mutter kann selbst anfechten (§ 1600a II BGB). Für die Anfechtung ist keine Genehmigung des VormG mehr erforderl., weil das FamG uU selbst zu überprüfen hat, ob die Anfechtung dem Wohl des Kindes dient (§ 1600a IV BGB). Anfechtungsfrist: zwei Jahre (§ 1600b BGB). Zu unterscheiden ist: Klage auf Feststellung der Vaterschaft; Anfechtungsklage. Die Aktiv- und Passivlegitimation ist einheitl. in § 1600e I BGB geregelt. Zuständig ist (bei ehel. wie bei nichtehel. Kindern) das FamG; es handelt sich um ein ZPO-Verfahren. Ist aber der Bekl (zB der Vater) verstorben, liegt ein FGG-Verfahren des FamG vor (§ 1600e II BGB; § 56c FGG).

3 **2. Absatz 1. Kindschaftssachen** sind die in Abs. 2 genannten Verfahren. Abstammungsverfahren gegen den *verstorbenen* Vater etc (§ 1600e II BGB) sind ebenfalls Kindschafts-

sachen; aber dafür gelten nicht §§ 640 ff oder §§ 609 ff, sondern nach § 621a bestimmte FGG-§§.

**In Kindschaftsverfahren gelten: § 609** (Sondervollmacht ist nötig; § 88 II anwendbar). **§ 611 II** (Klageerwiderungsfrist und schriftl. Vorverfahren sind unzulässig). **§ 612** (die mdl Verh muss nicht möglichst früh sein; der Bekl ist zu jedem Termin zu laden; kein VU gegen den Bekl; das gesetzwidrige VU entfaltet aber dieselben Wirkungen wie ein EndU, OLG Bamberg NJW-RR 1994, 459); ist unzulässig durch AnerkenntnisU entschieden, gibt das allein dem Kl keine Beschwer für ein Rm (BGH FamRZ 2005, 514). **§ 613** (Anhörung und Parteivernehmung wie im Eheprozess). **§ 615** (grds keine Zurückweisung verspäteten Vorbringens). **§ 616 I** (Amtsermittlungsgrundsatz; dazu § 640d und BGH FamRZ 1991, 426); demzufolge spielt im Vaterschaftsprozess die **naturwissenschaftliche Begutachtung** eine große Rolle: Blutgruppengutachten; HLA-System; biostatistische Gutachten; erbbiologische Gutachten; Tragezeitgutachten; Zeugungsunfähigkeit; Chromosomengutachten (vgl *Palandt/Diederichsen* Rz 11 vor § 1591 BGB). Notfalls muss nach Exhumierung die Gewebeprobe eines Verstorbenen entnommen und untersucht werden (OLG Köln FamRZ 2001, 930). AnO der Blutentnahme vgl § 372a.

**§ 617** (Einschränkungen des Verhandlungsgrundsatzes; proz Anerkenntnis scheidet aus, 4
Anerkenntnis nach § 641c ist zulässig). **§ 618** (Urteilszustellung darf nicht hinausgeschoben werden). **§ 619** (bei Tod einer Partei ist die Hauptsache erledigt; KostenE nach § 91a, OLG Schleswig SchlHA 2000, 224). **§ 632 IV** (Formulierung des VU gegen den Kl). IÜ sind §§ 253 ff anzuwenden.

Wichtige Verfahrensbesonderheit ist die Beiladung, § 640e. Beim **Prozesskostenhilfe-** 5
**antrag** ist das Kind vom Vordruckzwang des § 117 IV befreit; der Anspruch des Kindes auf Prozesskostenvorschuss ist zu prüfen. Wird PKH bewilligt, ist grds Beiordnung eines RA nach § 121 II erforderlich (OLG Frankfurt NJW 2007, 230). Im Vaterschaftsprozess wird das nichtehel. Kind grds durch die Mutter vertreten (§ 1626a II BGB). Das **Jugendamt** kann *Beistand* sein, §§ 1712 ff BGB.

**Sachlich zuständig** ist das AG FamG (§§ 23a, 23b I Nr. 12 GVG), die örtl. Zust richtet 6
sich nach § 640a. Ber und Beschwerde führen zum OLG (§ 119 I Nr. 1a GVG).

**3. Absatz 2. Nr. 1:** betrifft ehel. und nichtehel. Kinder; darunter fallen zB Abstammungs- 7
klagen (§§ 1591 ff, 1600a ff BGB), nicht aber Auskunftsklagen des nichtehel. Kindes gegen die Mutter nach dem leibl. Vater (OLG Saarbrücken NJW-RR 1991, 643). Kraft Sachzusammenhang gehört aber Anerkennung (§ 328) eines ausl Vaterschafts-FeststellungsU zu § 640 II Nr. 1 (BGH NJWE-FER 1999, 282).

**Nr. 2:** vgl §§ 1600 ff BGB. Eine **heimliche DNA-Vaterschaftsanalyse** (zB Auswertung von abgeschnittenen Haaren, Speichel vom Schnuller) hält der BGH (NJW 2005, 497; NJW 2006, 1657) für rechtswidrig und nicht verwertbar; Weigerung der Mutter begründe keinen Anfangsverdacht (bedenkl.); gebilligt vom BVerfG (NJW 2007, 753). Weil der Zustand untragbar ist, gibt es ein neues Gesetzesvorhaben hierzu (Zustimmung der Mutter soll vom FamG ersetzt werden können).

**Nr. 3:** betrifft den Streit Eltern/Kind und ist ohne praktische Bedeutung; für den wichtigen Streit zwischen den Eltern ist das FamG nach § 621 I Nr. 1 zuständig.

Unterhaltsklagen, UmgangsR mit dem Kind, sind keine Kindschaftssachen.

8 **4. Übergangsrecht:** das AbstammungsR wurde ab 01.07.1998 wesentl. geändert. ÜbergangsR: Art 224 § 1 EGBGB. Für vor dem 01.07.1998 geborene Kinder richtet sich die Vaterschaft mat-rechtl. nach den bisherigen BGB-Vorschriften. Anfechtungsklagen usw. richten sich dagegen auch bei diesen Kindern verfahrensrechtl. nach den neuen ZPO-Vorschriften. Vgl BGH MDR 1999, 678.

## § 640a ZPO Zuständigkeit

**(1) [1]Ausschließlich zuständig ist das Gericht, in dessen Bezirk das Kind seinen Wohnsitz oder bei Fehlen eines inländischen Wohnsitzes seinen gewöhnlichen Aufenthalt hat. [2]Erhebt die Mutter die Klage, so ist auch das Gericht zuständig, in dessen Bezirk die Mutter ihren Wohnsitz oder bei Fehlen eines inländischen Wohnsitzes ihren gewöhnlichen Aufenthalt hat. [3]Haben das Kind und die Mutter im Inland keinen Wohnsitz oder gewöhnlichen Aufenthalt, so ist der Wohnsitz oder bei Fehlen eines inländischen Wohnsitzes der gewöhnliche Aufenthalt des Mannes maßgebend. [4]Ist eine Zuständigkeit eines Gerichts nach diesen Vorschriften nicht begründet, so ist das Familiengericht beim Amtsgericht Schöneberg in Berlin ausschließlich zuständig. [5]Die Vorschriften sind auf Verfahren nach § 1615o des Bürgerlichen Gesetzbuchs entsprechend anzuwenden.**

**(2) [1]Die deutschen Gerichte sind zuständig, wenn eine der Parteien**

**1. Deutscher ist oder**

**2. ihren gewöhnlichen Aufenthalt im Inland hat.**

**[2]Diese Zuständigkeit ist nicht ausschließlich.**

§ 640a I geändert durch KindRG (BGBl 1997, 2942).

1 **1. Absatz 1. Örtliche Zuständigkeit.** Klagen: Mann gegen Kind (Mutter = gesetzl. Vertreterin); Mutter gegen Mann (Kind ist beizuladen); Kind gegen Mann. Ausschließl. örtl. zuständig ist das WohnsitzG (hilfsweise: AufenthaltsG) des Kindes. Auch wenn mehrere Väter nacheinander verklagt werden, ist demnach immer dasselbe Gericht örtl. zuständig.

2 **Satz 2:** die Mutter hat ein eigenes Anfechtungs- bzw FeststellungsR (§§ 1600, 1600e I BGB). Sie kann wählen („auch"; § 35) zwischen dem Gerichtsort nach S. 1 oder dem eigenen nach S. 2.

3 **Satz 3:** Haben weder Mutter noch Kind Wohnsitz oder Aufenthalt in Deutschland, ist am (inl) Wohnort des Mannes zu klagen. Nur *gewöhnl.* Aufenthalt kann eine Zust begründen, nicht ein *vorübergehender* (wie zB Haft).

4 **Satz 4:** Wohnen Kind, Mutter und Mann alle im Ausland und halten sich dort auch auf, ist das AG Schöneberg/Berlin zuständig.

5 **Satz 5:** diese Bestimmungen für die örtl. Zust gelten auch, wenn eine eVfg nach § 1615o BGB beantragt wird (oder eine eAnO, § 641d). Für den anschließenden Unterhaltsprozess (Hauptsache) ist das nach den allgemeinen Vorschriften zuständige Gericht örtl. zuständig (BT-Drucks 13/4899 S. 124), also nach §§ 12, 13, 35a, 642.

**2. Absatz 2. Internationale Zuständigkeit.** Gilt auch für nichtehel. Kinder. Darauf, ob der ausl Staat das deutsche Urteil anerkennt und welches Recht nach deutschem IPR anwendbar ist, kommt es nicht an. Das EuGVÜ (vgl Art 1 II Nr. 1) und das Haager Minderjährigenschutzabkommen (MSA) sind nicht anwendbar. 6

**Absatz 2 Satz 2** hat zur Folge, dass eine ausl Entscheidung trotz inl Zust anerkannt werden darf, § 328 I Nr. 1. 7

## § 640b ZPO Prozessfähigkeit bei Anfechtungsklagen

**[1]In einem Rechtsstreit, der die Anfechtung der Vaterschaft zum Gegenstand hat, sind die Parteien prozessfähig, auch wenn sie in der Geschäftsfähigkeit beschränkt sind; dies gilt nicht für das minderjährige Kind. [2]Ist eine Partei geschäftsunfähig oder ist das Kind noch nicht volljährig, so wird der Rechtsstreit durch den gesetzlichen Vertreter geführt.**

§ 640b geändert durch KindRG (BGBl 1997, 2942).

**Zuständig** für Vaterschaftssachen war früher die Prozessabteilung des AG; seit 01.07.1998 ist das FamG zuständig. § 640b ist **anwendbar** nur bei § 640 II Nr. 2. Der minderj Vater ist also selbst prozessfähig (vgl § 52). Das minderj Kind wird vertreten: verklagt der Vater das Kind und sind die Eltern verheiratet, wird das Kind durch einen zu bestellenden Ergänzungspfleger vertreten (§§ 1629 II 1, 1795 I Nr. 3, 1909 BGB); sind die Eltern geschieden, kann das Kind durch den sorgeberechtigten Elternteil vertreten werden (§ 1629 I 3 BGB). 1

**Genehmigung** des VormG ist seit 01.07.1998 nicht mehr erforderl. (vgl § 1600a III, IV BGB). 2

## § 640c ZPO Klagenverbindung; Widerklage

**(1) [1]Mit einer der im § 640 bezeichneten Klagen kann eine Klage anderer Art nicht verbunden werden. [2]Eine Widerklage anderer Art kann nicht erhoben werden. [3]§ 653 Abs. 1 bleibt unberührt.**

**(2) Während der Dauer der Rechtshängigkeit einer der in § 640 bezeichneten Klagen kann eine entsprechende Klage nicht anderweitig anhängig gemacht werden.**

§ 640c II eingefügt durch KindRG (BGBl 1997, 2942), § 640c I geändert durch KindUG.

**1. Absatz 1 Satz 1:** Mehrere Kindschaftssachen können verbunden werden (§ 260), auch Häufung auf Kl- bzw Bekl-Seite. Unzulässig verbundene Klagen (zB Vaterschaftsfeststellung mit Unterhaltsstufenklage, OLG Brandenburg FamRZ 1996, 369) werden abgetrennt, § 145. Vgl BGH NJW 2007, 124 und 913. 1

**Satz 2:** Für die Widerklage beachte §§ 33 II, 40II; das Gericht muss daher dafür nach § 640a örtl. zuständig sein. 2

**Satz 3:** § 653 betrifft Verbindung der Klage auf Feststellung der nichtehel. Vaterschaft mit der auf Regelunterhalt. 3

4 **2. Absatz 2** soll verhindern, dass verschiedene Klageberechtigte (§ 1600e I BGB; Kind; Mutter; Mann) an unterschiedl. Orten klagen. Den späteren Klagen steht die Einrede der Rechtshängigkeit entgegen, § 261 III. Der spätere Kl kann aber als weiterer Kl auftreten, einer Partei beitreten, Widerklage erheben (Abs. 1 S. 2 verbietet nur *andere* Widerklagen).

## § 640d ZPO Einschränkung des Untersuchungsgrundsatzes

**Ist die Vaterschaft angefochten, so kann das Gericht gegen den Widerspruch des Anfechtenden Tatsachen, die von den Parteien nicht vorgebracht sind, nur insoweit berücksichtigen, als sie geeignet sind, der Anfechtung entgegengesetzt zu werden.**

§ 640d angepasst durch KindRG (BGBl 1997, 2942).

1 **Tatsachen, die zur Klageabweisung führen**, können immer berücksichtigt werden, weil ein öffentl. Interesse an Statusänderung nicht besteht. Tatsachen, die für das Anfechtungsbegehren günstig sind, dürfen nicht berücksichtigt werden, wenn sie zu dem Tatsachenvortrag des Kl in Widerspruch stehen (BGH NJW 1980, 1335).

## § 640e ZPO Beiladung; Streitverkündung

**(1) [1]Ist an dem Rechtsstreit ein Elternteil oder das Kind nicht als Partei beteiligt, so ist der Elternteil oder das Kind unter Mitteilung der Klage zum Termin zur mündlichen Verhandlung zu laden. [2]Der Elternteil oder das Kind kann der einen oder anderen Partei zu ihrer Unterstützung beitreten.**

**(2) [1]Ein Kind, das für den Fall des Unterliegens in einem von ihm geführten Rechtsstreit auf Feststellung der Vaterschaft einen Dritten als Vater in Anspruch nehmen zu können glaubt, kann ihm bis zur rechtskräftigen Entscheidung des Rechtsstreits gerichtlich den Streit verkünden. [2]Die Vorschrift gilt entsprechend für eine Klage der Mutter.**

§ 640e geändert durch KindRG (BGBl 1997, 2942).

1 **1. Absatz 1 Satz 1. Beiladung.** Die Vorschrift betrifft ehel. und nichtehel. Kinder. Im Vaterschaftsprozess Mann gegen Kind (vgl § 1600e I BGB) ist zB die Mutter beizuladen; aber nur zum ersten Termin (Frist § 217). Dies geschieht von Amts wegen; die Klage wird ihr mit einer entspr Belehrung zugestellt. Im Prozess der allein sorgeberechtigten geschiedenen Mutter gegen den Vater muss dem Kind schon für die Zustellung der Klage und der Ladung zum Termin ein Ergänzungspfleger (§ 1909 BGB) bestellt werden (BGH NJW 2002, 2109). Ein potenzieller Vater ist kein *Elternteil* iSd § 640e I; im Prozess Kind gegen Ehemann der Mutter ist daher der evtl biologische Vater nicht beizuladen (OLG Oldenburg FamRZ 2004, 1985). Die Ber des vermeintl. biologischen Vaters, der im Vaterschaftsanfechtungsprozess dem beklagten rechtl. Vater als NI beigetreten ist, gegen das stattgebende Urteil ist zulässig (OLG Oldenburg NJW-RR 2005, 1022).

2 **Satz 2:** Sie (bzw Mann; Kind) kann gem §§ 69 bis 71 beitreten, wird dann streitgenössische NI (OLG Koblenz JurBüro 1988, 1826) und kann nicht mehr als Zeugin vernommen

werden. Übersehene Beiladung muss nachgeholt werden. Wird dies erst nach Urteilsverkündung bemerkt, muss das Urteil dem Beizuladenden zugestellt werden; wird auch dies unterlassen, läuft die Rm-Frist für den Beizuladenden nicht und Rechtskraft kann nur gem § 517 eintreten (BGH NJW 1984, 353).

**2. Absatz 2 Satz 1. Streitverkündung.** Kommen mehrere Männer als Vater in Betracht, kann das Kind **a)** *einen* verklagen und die *anderen* Männer nach § 372a in die Begutachtung einbeziehen; ergibt sich durch die Gutachten, dass der Bekl ausscheidet, kann es die Klage ändern und gegen den anderen Mann richten; **b)** das Kind kann auch den anderen Männern den Streit verkünden (*Wieser* NJW 1998, 2023); sie können dem Kind beitreten und werden dann einfache NI (vgl BGH NJW 1985, 386; str). Unterliegt das Kind, treten im Folgeprozess des Kindes gegen den anderen Mann die Wirkungen der §§ 68, 74 III ein; **c)** eine gem Klage gegen mehrere Männer ist mangels Schlüssigkeit unzulässig (str). 3

**Satz 2:** Im Prozess *Mutter gegen Mann* kann die Mutter einem (oder mehreren) weiteren als Vater in Betracht kommenden Männern den Streit verkünden. 4

## § 640f ZPO Aussetzung des Verfahrens

**[1]Kann ein Gutachten, dessen Einholung beschlossen ist, wegen des Alters des Kindes noch nicht erstattet werden, so hat das Gericht, wenn die Beweisaufnahme im Übrigen abgeschlossen ist, das Verfahren von Amts wegen auszusetzen. [2]Die Aufnahme des ausgesetzten Verfahrens findet statt, sobald das Gutachten erstattet werden kann.**

Das erbbiologische Gutachten ist erst bei einem Alter des Kindes von ca. drei Jahren mögl., das serologische Gutachten bei einem Alter von acht Monaten und drei Monate nach der letzten Bluttransfusion. 1

## § 640g ZPO Tod der klagenden Partei im Anfechtungsprozess

**[1]Hat das Kind oder die Mutter die Klage auf Anfechtung oder Feststellung der Vaterschaft erhoben und stirbt die klagende Partei vor Rechtskraft des Urteils, so ist § 619 nicht anzuwenden, wenn der andere Klageberechtigte das Verfahren aufnimmt. [2]Wird das Verfahren nicht binnen eines Jahres aufgenommen, so ist der Rechtsstreit in der Hauptsache als erledigt anzusehen.**

§ 640g geändert durch KindRG (BGBl 1997, 2942).

Stirbt bei den Klagen nach § 640 II Nr. 2 die klagende Mutter bzw das klagende Kind, dann soll der andere Klageberechtigte (Mann) die Möglichkeit haben, binnen eines Jahres den Rechtsstreit aufzunehmen und fortzuführen. 1

### § 640h ZPO Wirkungen des Urteils

**(1) [1]Das Urteil wirkt, sofern es bei Lebzeiten der Parteien rechtskräftig wird, für und gegen alle. [2]Ein Urteil, welches das Bestehen des Eltern-Kind-Verhältnisses oder der elterlichen Sorge feststellt, wirkt jedoch gegenüber einem Dritten, der das elterliche Verhältnis oder die elterliche Sorge für sich in Anspruch nimmt, nur dann, wenn er an dem Rechtsstreit teilgenommen hat. [3]Satz 2 ist auf solche rechtskräftigen Urteile nicht anzuwenden, die das Bestehen der Vaterschaft nach § 1600d des Bürgerlichen Gesetzbuchs feststellen.**

**(2) [1]Ein rechtskräftiges Urteil, welches das Nichtbestehen einer Vaterschaft nach § 1592 des Bürgerlichen Gesetzbuchs infolge der Anfechtung nach § 1600 Abs. 1 Nr. 2 des Bürgerlichen Gesetzbuchs feststellt, beinhaltet die Feststellung der Vaterschaft des Anfechtenden. [2]Diese Wirkung ist im Tenor des Urteils von Amts wegen auszusprechen.**

§ 640h geändert durch G v. 23.04.2004 (BGBl 2004, 598).

1 **Absatz 1 Satz 1:** das Urteil (auch klageabweisend) in einer Kindschaftssache wirkt abweichend von § 325 auch gegen Dritte; ferner sind alle Behörden und Gerichte (zB der Strafrichter im Verfahren wegen Verletzung der Unterhaltspflicht) daran gebunden. Wird das Urteil nicht zu Lebzeiten rechtskr: Erledigung der Hauptsache, §§ 640 I, 619, 640g.

2 **Absatz 1 Satz 2:** betrifft nur Klagen nach § 640 II Nr. 1, 3. **Teilgenommen:** als NI, § 69. Vgl § 640e. **Der Dritte** kann, wenn er nicht teilnahm, eine neue Klage gegen beide Parteien (**aA**: nur gegen das Kind) des Vorprozesses erheben.

3 **Absatz 1 Satz 3:** ein Dritter, der sich für den nichtehel. Vater hält, muss ein anderslautendes Urteil (S. 1) auch dann gegen sich gelten lassen, wenn er am Verfahren nicht beteiligt war.

4 **Absatz 2.** Die Vorschrift soll verhindern, dass ein Kind „vaterlos" wird, wenn ein Mann die Vaterschaft eines anderen Mannes mit Erfolg anficht. Der Kl wird daher als Vater festgestellt.

### § 641 ZPO
(weggefallen)

### §§ 641a, b ZPO
(weggefallen)

### § 641c ZPO Beurkundung

**[1]Die Anerkennung der Vaterschaft, die Zustimmung der Mutter sowie der Widerruf der Anerkennung können auch in der mündlichen Verhandlung zur Niederschrift des Gerichts erklärt werden. [2]Das Gleiche gilt für die etwa erforderliche Zustimmung des Mannes, der im Zeitpunkt der Geburt mit der Mutter des Kindes verheiratet ist, des Kindes oder eines gesetzlichen Vertreters.**

§ 641c geändert durch KindRG (BGBl 1997, 2942) und EheschlRG (BGBl 1998, 833).

Über **Anerkennung der nichtehelichen Vaterschaft** vgl § 1597 I BGB; § 641c ZPO. 1
Zustimmung der Mutter: § 1595 I BGB. Zustimmung des Kindes: § 1595 II BGB. Widerruf der Anerkennung: § 1597 III BGB. Zur Protokollierung vgl § 160 III Nr. 2, 162. Folge der Anerkennung: Hauptsache kann für erledigt erklärt werden; Kosten § 91a.

## § 641d ZPO Einstweilige Anordnung

**(1) [1]Sobald ein Rechtsstreit auf Feststellung des Bestehens der Vaterschaft nach § 1600d des Bürgerlichen Gesetzbuchs anhängig oder ein Antrag auf Bewilligung der Prozesskostenhilfe eingereicht ist, kann das Gericht auf Antrag des Kindes seinen Unterhalt und auf Antrag der Mutter ihren Unterhalt durch eine einstweilige Anordnung regeln. [2]Das Gericht kann bestimmen, dass der Mann Unterhalt zu zahlen oder für den Unterhalt Sicherheit zu leisten hat, und die Höhe des Unterhalts regeln.**

**(2) [1]Der Antrag ist zulässig, sobald die Klage eingereicht ist. [2]Er kann vor der Geschäftsstelle zu Protokoll erklärt werden. [3]Der Anspruch und die Notwendigkeit einer einstweiligen Anordnung sind glaubhaft zu machen. [4]Die Entscheidung ergeht auf Grund mündlicher Verhandlung durch Beschluss. [5]Zuständig ist das Gericht des ersten Rechtszuges und, wenn der Rechtsstreit in der Berufungsinstanz schwebt, das Berufungsgericht.**

**(3) [1]Gegen einen Beschluss, den das Gericht des ersten Rechtszuges erlassen hat, findet die sofortige Beschwerde statt. [2]Schwebt der Rechtsstreit in der Berufungsinstanz, so ist die Beschwerde bei dem Berufungsgericht einzulegen.**

**(4) Die entstehenden Kosten eines von einer Partei beantragten Verfahrens der einstweiligen Anordnung gelten für die Kostenentscheidung als Teil der Kosten der Hauptsache, diejenigen eines vom Nebenintervenienten beantragten Verfahrens der einstweiligen Anordnung als Teil der Kosten der Nebenintervention; § 96 gilt insoweit sinngemäß.**

§ 641d zuletzt geändert durch G v. 27.07.2001 (BGBl 2001, 1887).

**1. Abgrenzung.** In der **Zeit bis zum Unterhaltstitel** kann das **nichteheliche Kind:** 1

- eine eAnO nach § 641d beantragen; oder
- eine eVfg nach § 1615 o BGB;
- eine eVfg (sog Leistungsverfügung) nach § 940 auf laufende Zahlung erst, wenn die Vaterschaft festgestellt ist;
- einen Arrest zur Sicherung der Ansprüche ebenfalls erst ab Vaterschaftsfeststellung.

Die Voraussetzungen sind jeweils unterschiedl.; grds hat das Kind die Wahl, eine Subsidiarität besteht nicht (str).

**2. Voraussetzungen** der eAnO **(Absatz 1):** Rechtsstreit auf Feststellung der Vaterschaft, 2
oder Eingang eines PKH-Antrages (§ 114). Antrag (Rz 3) des Kindes oder Antrag der nichtehel. Mutter auf Erlass einer eAnO. Nicht nur der Kl kann eine eAnO beantragen, sondern auf eine von einer klageberechtigten Person (Kind, Mann, Mutter; § 1600d, e

BGB) hin eingereichte Vaterschaftsklage bzw eines PKH-Antrages hierfür kann immer das Kind eine eAnO für seinen Unterhalt und/oder die Mutter eine eAnO für ihren Unterhalt (§ 1615l BGB) beantragen. Auch Prozesskostenvorschuss kann vom beklagten Vater gefordert werden (OLG Düsseldorf FamRZ 1995, 1426).

3 **3. Antrag (Absatz 2):**

**a)** Ein eigenes **Antragsrecht** hat der Kl bzw PKH-ASt, aber auch das Kind bzw die Mutter, die nicht selbst am Abstammungsrechtsstreit beteiligt sind. Die klagende Mutter kann zB für sich und als gesetzl. Vertreterin für das Kind einen Antrag stellen. Keine Prozessstandschaft wie bei § 1629 III BGB (BT-Drucks 13/4899 S. 126).

4 **b) Frist:** *frühestens* mit Einreichung (nicht: Zustellung) der Klage bzw des PKH-Antrags mit PKH-Vordruck und vollständigen Anlagen; vgl Abs. 2 S. 1, spätestens vor Rechtskraft des die Vaterschaft feststellenden Urteils.

5 **c) Form:** ohne Anwaltszwang, Abs. 2 S. 2 mit § 78 V.

6 **d) Glaubhaftmachung**, Abs. 2 S. 3 **(1)** des Anspruchsgrundes, dh der Abstammung (§§ 1591 ff BGB), eV der Mutter kann genügen, § 294; **(2)** der Höhe: entbehrl., wenn nur der Regelbedarf gefordert wird; **(3)** Notwendigkeit der AnO: fehlt für Zahlungs-AnO, wenn die Mutter (OLG Koblenz FamRZ 2006, 1137) oder mütterl. Verwandte leistungsfähig sind; Sozialhilfe, Unterhaltsvorschussgesetz bleiben außer Betracht (OLG Düsseldorf NJW-RR 1994, 709; **hM**). Sie fehlt für eine Sicherungs-AnO, wenn die Zahlung der Rückstände nicht gefährdet ist, zB weil der Mann freiwillig auf ein Sperrkonto zahlt oder ausreichend vermögend ist.

7 **4. Zuständig** ist das AG (FamG), bei dem die Vaterschaftsklage schwebt, ab Einlegung der Ber das OLG; bei Beteiligung von Ausländern besteht int Zust für die eAnO, wenn das deutsche Gericht für die Vaterschaftsklage zuständig ist (OLG Koblenz NJW 1975, 1085); mat-rechtl. vgl Art 18 EGBGB. **Mündliche Verhandlung** ist notw, beim OLG besteht dafür Anwaltszwang.

8 **Entscheidung durch Beschluss** des FamG (Richter). **Tenor (Absatz 1 Satz 2):** Zahlung an ... iHv ... Euro ab ... (frühestens: Antragseingang; nicht automatisch Monatserster); oder SiL durch Zahlung auf Sperrkonto oder Bankbürgschaft; vgl § 108. KostenE vgl Rz 11.

9 Der Beschluss ist ein **Vollstreckungstitel:** § 794 I Nr. 3.

10 **5. Rechtsbehelfe (Absatz 3).** Gegen den Beschluss des FamG ist die sof Beschwerde zulässig (§ 567, Frist § 569) **(Satz 1)**, einzulegen nach § 569 (beim AG; beim OLG, wenn dort inzwischen die Akten sind, **Satz 2**). BeschwerdeG: OLG (§ 119 Nr. 1a GVG). Aussetzung der Vollziehung: § 570. Die AnO kann iÜ jederzeit auf Antrag nach mdl Verh geändert werden; sie kann nach § 641e aufgehoben werden, tritt nach §§ 641e, 641f außer Kraft. Gegen die BeschwerdeE allenfalls RB, § 574.

11 **6. Kostenentscheidung (Absatz 4):** vgl § 620g. 4 Fallgruppen: **(1)** Ohne KostenE, wenn der Kl oder Bekl die eAnO beantragt hat, weil es sich dann um einen Teil der Hauptsachekosten handelt. **(2)** Ohne KostenE, weil es sich um einen Teil der Kosten der Nebenintervention handelt, wenn der andere Klageberechtigte als NI beigetreten ist und seinerseits die eAnO beantragte; **(3)** ausnahmsweise, wenn eine Partei bzw der NI bes Kosten im Sinne von § 96 verursacht hat, werden in der HauptsachekostenE die Kosten der eAnO

einer Partei gesondert auferlegt. **(4)** Eine gesonderte KostenE in der eAnO ist aber notw, wenn die Mutter oder das Kind eine eAnO beantragt, ohne selbst Partei geworden oder dem Rechtsstreit beigetreten zu sein.

**Gebühren:** GKG KV 1423. RA: § 18 Nr. 1e RVG. **Streitwert:** § 53 II GKG. PKH muss gesondert beantragt werden.

### § 641e ZPO Außerkrafttreten und Aufhebung der einstweiligen Anordnung

**Die einstweilige Anordnung tritt, wenn sie nicht vorher aufgehoben wird, außer Kraft, sobald derjenige, der die Anordnung erwirkt hat, gegen den Mann einen anderen Schuldtitel über den Unterhalt erlangt, der nicht nur vorläufig vollstreckbar ist.**

§ 641e geändert durch KindUG (BGBl 1998, 666).

Die eAnO von Kind und/oder Mutter gegen den Mann (Vater) wirkt (wie bei § 620f) grds zeitl. unbefr. Außerkraft tritt sie: bei Aufhebung durch das FamG; bei Klageabweisung oder Klage nach § 641f; automatisch, wenn sie durch einen anderen Schuldtitel ersetzt wird, § 641e. Andere Schuldtitel sind zB Urteil, Vergleich, vollstr Urkunde (zB des Jugendamts, §§ 59, 60 KJHG); ein Titel über Regelunterhalt genügt, vgl §§ 649, 653. 1

### § 641f ZPO Außerkrafttreten bei Klagerücknahme oder Klageabweisung

**Die einstweilige Anordnung tritt ferner außer Kraft, wenn die Klage zurückgenommen wird oder wenn ein Urteil ergeht, das die Klage abweist.**

Gemeint ist die eAnO nach § 641d. *Ferner:* dh außer nach § 641e. Klage: die positive Vaterschaftsfeststellungsklage. Rücknahme: § 269. Die Klageabweisung muss nicht rechtskr sein. Das OLG kann aber nach § 641d II 5 eine neue eAnO erlassen. 1

### § 641g ZPO Schadensersatzpflicht des Klägers

**Ist die Klage auf Feststellung des Bestehens der Vaterschaft zurückgenommen oder rechtskräftig abgewiesen, so hat derjenige, der die einstweilige Anordnung erwirkt hat, dem Mann den Schaden zu ersetzen, der ihm aus der Vollziehung der einstweiligen Anordnung entstanden ist.**

§ 641g geändert durch KindRG (BGBl 1997, 2942).

Schadensersatzanspruch gegen das Kind (bzw die Mutter) entspr §§ 717 II, 945. 1

### § 641h ZPO Inhalt der Urteilsformel

**Weist das Gericht eine Klage auf Feststellung des Nichtbestehens der Vaterschaft ab, weil es den Kläger oder den Beklagten als Vater festgestellt hat, so spricht es dies in der Urteilsformel aus.**

§ 641h angepasst durch KindRG (BGBl 1997, 2942).

1 ZB: „Die Klage wird abgewiesen; es wird festgestellt, dass der Bekl der Vater des Kl ist." Ist die Feststellung übersehen: §§ 319, 321. Wie zu verfahren ist, wenn nicht geklärt werden kann, von wem das Kind abstammt (sog **Non-liquet-Fälle**), ist str. Im Ergebnis wird das Gericht jedenfalls nicht eine Abstammung feststellen dürfen, von der es nicht überzeugt ist.

## § 641i ZPO Restitutionsklage

**(1) Die Restitutionsklage gegen ein rechtskräftiges Urteil, in dem über die Vaterschaft entschieden ist, findet außer in den Fällen des § 580 statt, wenn die Partei ein neues Gutachten über die Vaterschaft vorlegt, das allein oder in Verbindung mit den in dem früheren Verfahren erhobenen Beweisen eine andere Entscheidung herbeigeführt haben würde.**

**(2) Die Klage kann auch von der Partei erhoben werden, die in dem früheren Verfahren obgesiegt hat.**

**(3) [1]Für die Klage ist das Gericht ausschließlich zuständig, das im ersten Rechtszug erkannt hat; ist das angefochtene Urteil von dem Berufungs- oder Revisionsgericht erlassen, so ist das Berufungsgericht zuständig. [2]Wird die Klage mit einer Nichtigkeitsklage oder mit einer Restitutionsklage nach § 580 verbunden, so bewendet es bei § 584.**

**(4) § 586 ist nicht anzuwenden.**

**Lit:** ***Niklas*** JR 1988, 441; ***Braun*** FamRZ 1989, 1129.

1 **1. Absatz 1.** Gegen ein **Vaterschaftsurteil** findet die **Restitutionsklage** (nach § 580 Nr. 1 bis 7) statt, darüber hinaus nach § 641i (ebenfalls in den drei Stufen des Wiederaufnahmeverfahrens, BGH NJW 2003, 3708). Anwendungsbereich: bei nichtehel. geborenen Kindern; ferner bei als ehel. geborenen, die durch eine erfolgreiche Anfechtung der Ehelichkeit den Status eines nichtehel. Kindes erlangt haben (BGH NJW 1973, 1927). Auch klageabweisende Urteile unterliegen § 641i. Auch AnerkennungsU (BGH NJW 1994, 2697). Keine entspr Anwendung, wenn die Anfechtungsklage des Mannes abgewiesen wurde (BGH NJW 1975, 1465; OLG Frankfurt NJW-RR 1989, 393; str). Nach dem **Tod einer Partei** findet nur noch das FGG-Verfahren nach § 1600e II BGB, § 56c FGG statt (OLG Celle FamRZ 2000, 1510).

2 **Neues Gutachten:** erforderl. ist ein sich auf den konkreten Sachverhalt beziehendes neues Blutgruppen-, erbbiologisches, Tragezeit- oder Zeugungsunfähigkeitsgutachten (vgl BGH NJW 1984, 2630); auch wenn früher keines eingeholt wurde; ferner kommt es nicht darauf an, ob das neue Gutachten auf Forschungserkenntnissen beruht, die im Zeitpunkt der Entscheidung in dem früheren Verfahren noch nicht vorlagen (BGH NJW 1973, 1927; NJW-RR 1989, 258 und 1028). Gutachten nach Aktenlage und ohne neue Befunderhebung können genügen (BGH FamRZ 2003, 1833). Für früher schon vorhanden gewesene, aber nicht vorgelegte Gutachten gilt aber § 582 (BGH FamRZ 1989, 1067). Es spielt keine Rolle, dass die Notwendigkeit weiterer Beweiserhebung bereits im Vorprozess erkennbar war (BGH NJW 1993, 1928).

**Vorlage:** bis zum Schluss der mdl Verh vor dem Tatrichter (BGH NJW 1982, 2128). Diese Gutachten sind schwer vorlegbar, weil die anderen Beteiligten *vor* dem gerichtl. Verfahren zur Mitwirkung nicht verpflichtet sind (BGH FamRZ 2003, 1833; OLG Zweibrücken NJW-RR 2005, 307), kommen aber uU über ein Strafverfahren (zB wegen Falschaussage) zustande; heiml. eingeholte DNA-Vaterschaftsanalysen hält der BGH für nicht verwertbar (BGH NJW 2005, 497; dazu *Rittner* NJW 2005, 945); eine Gesetzesänderung ist geplant. Das Beweisangebot „SV-Gutachten" allein genügt nicht. 3

**2. Absatz 2.** Auch für die Ber ist keine Beschwer erforderl. (KG DAV 1985, 412; str, vgl OLG München NJW-RR 1987, 259). 4

**3. Absatz 3.** Zust. Ist der Vater gestorben, ist analog § 1600e II BGB das FamG im FGG-Verfahren zuständig (vgl OLG Hamm NJW-RR 1986, 1452). 5

**4. Absatz 4.** Die Fünfjahresfrist des § 586, die der Klage aus § 580 Nr. 3, 7b oft entgegensteht, gilt bei § 641i nicht. 6

### § 641k ZPO
(weggefallen)

## Abschnitt 6
## Verfahren über den Unterhalt

## Titel 1
## Allgemeine Vorschriften

### § 642 ZPO Zuständigkeit

**(1) [1]Für Verfahren, die die gesetzliche Unterhaltspflicht eines Elternteils oder beider Elternteile gegenüber einem minderjährigen Kind betreffen, ist das Gericht ausschließlich zuständig, bei dem das Kind oder der Elternteil, der es gesetzlich vertritt, seinen allgemeinen Gerichtsstand hat. [2]Dies gilt nicht, wenn das Kind oder ein Elternteil seinen allgemeinen Gerichtsstand im Ausland hat.**

**(2) [1]§ 621 Abs. 2, 3 ist anzuwenden. [2]Für das vereinfachte Verfahren über den Unterhalt (§§ 645 bis 660) gilt dies nur im Falle einer Überleitung in das streitige Verfahren.**

**(3) Die Klage eines Elternteils gegen den anderen Elternteil wegen eines Anspruchs, der die durch Ehe begründete gesetzliche Unterhaltspflicht betrifft, oder wegen eines Anspruchs nach § 1615l des Bürgerlichen Gesetzbuchs kann auch bei dem Gericht erhoben werden, bei dem ein Verfahren über den Unterhalt des Kindes im ersten Rechtszug anhängig ist.**

§§ 642 – 660 eingefügt ab 01.07.1998 durch Kindesunterhaltsgesetz (BGBl 1998, 666).

**Lit:** ***Gießler*** FPR 1998, 173; ***Groß*** FPR 1998, 183.

1 **1. Unterhalt des minderjährigen Kindes.** Das frühere Kindesunterhaltsrecht kannte unterschiedliche Regelungen für eheliche und nichteheliche Kinder (nur für sie galt das Regelunterhaltsverfahren). §§ 642 ff. schaffen für eheliche und nichteheliche Kinder eine einheitl. Rechtslage.

2 Das **minderjährige Kind hat drei Möglichkeiten** (mit freiem Wahlrecht, OLG Rostock FamRZ 2006, 394): (1) Es kann den individuellen Unterhalt (§§ 1601 ff. BGB) in einem festen Betrag einklagen (das 5-jährige Kind fordert zB 300 Euro abzüglich 1/2 Kindergeld, § 1612b I BGB). Zuständig ist der Richter des FamG. Entscheidung durch Urteil. Eine Dynamisierung erfolgt nicht; Änderungen müssen durch Klage nach § 323 geltend gemacht werden.

3 (2) Klage auf Unterhalt als Prozentsatz des Regelbetrags einer *bestimmten* Altersstufe; das ist wenig sinnvoll.

4 (3) Das minderj (eheliche oder nichteheliche) Kind kann diesen Betrag als **Prozentsatz** (zB 110 %) des Regelbetrags der *jeweiligen* Altersstufe fordern. Das kann in einem **vereinfachten Verfahren** zur Festsetzung des Unterhalts geschehen (nur bis zu 150 % des Regelbetrags zulässig; § 645). Zuständig für dieses Verfahren ist der Rpfleger (§ 20 Nr. 10 RPflG); es handelt sich um eine FamS mit Formularzwang (§ 657). Der Unterhaltstitel passt sich automatisch doppelt an: der durchschnittl. Einkommensentwicklung, weil die Regelbeträge der VO alle zwei Jahre angepasst werden; wenn das Kind älter wird und dann in die zweite bzw dritte Altersstufe rückt.

5 Zur Erleichterung der Dynamisierung wurden altersgemäß gestaffelte Unterhalts-Regelbeträge eingeführt (Regelbetrag-VO, BGBl 2005, 1055: ab 01.07.2007: 202 Euro bis zur Vollendung des 6. Lebensjahres – 245 Euro bis zur Vollendung des 12. Lebensjahres – 288 Euro vom 13. Lebensjahres an; in den ehemaligen DDR-Ländern: 186/226/267 Euro).

6 **2. Zuständigkeit (Absatz 1).** Für Klage (oder Antrag im vereinfachten Verfahren) des minderj Kindes gegen seine Eltern oder einen Elternteil aus *gesetzl.* Unterhaltspflicht (§§ 1601 ff BGB) ist *örtl.* ausschließl. das Gericht des Kindeswohnsitzes (bzw des sorgeberechtigten Elternteils) zuständig (beachte aber die Zuständigkeitskonzentration nach § 660, sodass uU in Wirklichkeit ein weit entferntes AG zuständig ist); allgemeiner Gerichtsstand: §§ 12 ff. §§ 23a, 35a haben nur noch beschränkten Anwendungsbereich. Für Vollstreckungsabwehrklage gehen §§ 767 I, 797 V, 802 vor (BGH NJW 2002, 444). Zuständigkeit dauert fort, wenn das minderj Kind vollj wird (OLG Hamm FamRZ 2001, 1012). § 642 gilt nicht für Klagen gegen Großeltern (OLG Köln FamRZ 2005, 58) usw., für vollj Kinder (OLG Naumburg FamRZ 2000, 380; aA OLG Naumburg FamRZ 2005, 120), für vertragl. Unterhalt; hier bleibt es bei §§ 12, 13. Streitig ist, ob § 642 I ff. auch anzuwenden ist, wenn ein vollj Kind Unterhalt für die Zeit seiner Minderjährigkeit fordert (vgl OLG Naumburg FamRZ 2005, 120); wohl nicht.

*Sachlich* ist das AG – Abt. Familiensachen ausschließl. zuständig (§ 621 I Nr. 4). Wohnt das Kind oder Bekl im Ausland: int Zust nach Art 5 Nr. 2 VO(EG) Nr. 44/2001 (Anhang), Haager Übereinkommen sowie bilateralen Staatsverträgen.

7 **3. Vorrang des Verbundverfahrens (Absatz 2).** Die Verweisung auf § 621 II, III besagt, dass bei Anhängigkeit einer Scheidung dieses FamG auch für die Unterhaltssache örtl. zuständig ist; wird eine Ehesache anhängig, ist sowohl der Ehegattenunterhaltsstreit als

auch das str Unterhaltsverfahren (vgl § 651) an das Gericht der Ehesache zu verweisen bzw abzugeben. **Satz 2:** Vereinfachte Formularverfahren nach §§ 645 bleiben beim dafür zuständigen Gericht (§ 642); nur falls sie ins Streitverfahren übergeleitet werden (§ 651) kommen sie (wenn eine Scheidung schon anhängig) an das FamG der Scheidung.

**4. Absatz 3** gibt einen zusätzl. nicht ausschließl. Gerichtsstand. Ist schon ein Kindesunter- 8
haltsverfahren (wenn auch nur als *vereinfachtes* Verfahren) anhängig, dann ist örtl. dieses AG auch **zuständig für Unterhaltsklagen von Ehegatten** gegeneinander bzw von nicht verheirateten Personen im Falle von § 1615 l BGB. Damit soll gesichert sein, dass über beide Unterhaltsansprüche dasselbe Gericht entscheiden kann (Verbindung, § 147). Wenn aus derselben Familie minderj und vollj Kinder klagen, will OLG Oldenburg (NJW-RR 2005, 1168) Abs. 3 analog anwenden.

## § 643 ZPO Auskunftsrecht des Gerichts

**(1) Das Gericht kann den Parteien in Unterhaltsstreitigkeiten des § 621 Abs. 1 Nr. 4, 5 und 11 aufgeben, unter Vorlage entsprechender Belege Auskunft zu erteilen über ihre Einkünfte und, soweit es für die Bemessung des Unterhalts von Bedeutung ist, über ihr Vermögen und ihre persönlichen und wirtschaftlichen Verhältnisse.**

**(2) [1]Kommt eine Partei der Aufforderung des Gerichts nach Absatz 1 nicht oder nicht vollständig nach, so kann das Gericht, soweit es zur Aufklärung erforderlich ist, Auskunft einholen**

**1. über die Höhe der Einkünfte bei**

**a) Arbeitgebern,**

**b) Sozialleistungsträgern sowie der Künstlersozialkasse,**

**c) sonstigen Personen oder Stellen, die Leistungen zur Versorgung im Alter und bei verminderter Erwerbsfähigkeit sowie Leistungen zur Entschädigung oder zum Nachteilsausgleich zahlen, und**

**d) Versicherungsunternehmen,**

**2. über den zuständigen Rentenversicherungsträger und die Versicherungsnummer bei der Datenstelle der Rentenversicherungsträger,**

**3. in Rechtsstreitigkeiten, die den Unterhaltsanspruch eines minderjährigen Kindes betreffen, über die Höhe der Einkünfte und das Vermögen bei Finanzämtern.**

**[2]Das Gericht hat die Partei hierauf spätestens bei der Aufforderung hinzuweisen.**

**(3) [1]Die in Absatz 2 bezeichneten Personen und Stellen sind verpflichtet, den gerichtlichen Ersuchen Folge zu leisten. [2]§ 390 gilt in den Fällen des § 643 Abs. 2 Nr. 1 und 2 entsprechend.**

**(4) Die allgemeinen Vorschriften des Buches 1 und 2 bleiben unberührt.**

**Lit:** ***Kleffmann*** FuR 1999, 403; ***Miesen*** FamRZ 1999, 1397.

**1. Zweck.** § 643 erweitert die vorhandenen Regelungen (Rz 4), führt aber keine Amts- 1
ermittlungspflicht ein. **Absatz 1.** Betroffen sind Unterhaltssachen aufgrund Verwandt-

schaft (zB Kind gegen Vater; § 621 I Nr. 4), zwischen Eheleuten (zB Geschiedenen, § 621 I Nr. 5) und §§ 1615 l, m BGB (§ 621 I Nr. 11). Das Gericht kann hier von den Parteien die Vorlage von Belegen fordern. Auf Auskunft gerichtete Stufenklagen sind nicht wegen § 643 mutwillig und ohne Feststellungsinteresse (OLG Naumburg FamRZ 2000, 101). Die Aufforderung an die Parteien muss schriftl. sein, mit Belehrung nach § 643 II 2, Zustellung ist zweckmäßig, aber nicht notw; die Aufforderung an die Partei ist nicht mit Beschwerde anfechtbar (OLG Celle NJWE-FER 2000, 218).

2 **2. Absatz 2.** Kommt die Partei trotz Aufforderung mit Fristsetzung und Androhung der unmittelbaren Auskunftseinholung (Abs. 2 S. 2) dem Ersuchen nicht nach, darf das Gericht die **Auskunft unmittelbar vom Dritten einholen:**

**Nr. 1:** nur über Höhe der Einkünfte: von Arbeitgebern usw. Über die Höhe des Vermögens darf keine Auskunft eingeholt werden (zB nicht von einer Lebensvers.)

**Nr. 2:** nur über den Rentenversicherungsträger und die VersNr. von der Datenstelle.

**Nr. 3:** nur bei Unterhaltsklagen (-anträgen) *des minderj Kindes* (also nicht für Geschiedenen-Unterhalt usw.): vom Finanzamt über Einkommen und Vermögen.

Amtliche Auskünfte sind als solche Beweismittel (vgl § 273), private Auskünfte fallen unter § 416.

3 **3. Absatz 3** regelt eine **Auskunftspflicht Dritter.** Sie haben kein AuskunftsverweigerungsR, keine Verschwiegenheitspflicht. Wenn die in Nr. 1 und Nr. 2 Genannten (Arbeitgeber usw.) die Auskunft nicht erteilen, kann gegen sie (zB die Versicherungsgesellschaft, nicht nur gegen eine bestimmte natürl. Person) ein Ordnungsgeld verhängt werden (Verweisung in S. 2 auf § 390). Weigert sich das Finanzamt, bleibt nur eine Dienstaufsichtsbeschwerde.

4 **4. Absatz 4.** Die allgemeinen Bestimmungen über Auskunftserholung usw., zB §§ 139, 142, 143 (Urkundenvorlage), § 273 II Nr. 1 (Maßnahmen zur Terminsvorbereitung), weiterhin §§ 273 II Nr. 2 (Behördenauskünfte), 358a und § 377 III, bestehen daneben.

## § 644 ZPO Einstweilige Anordnung

**[1]Ist eine Klage nach § 621 Abs. 1 Nr. 4, 5 oder 11 anhängig oder ist ein Antrag auf Bewilligung von Prozesskostenhilfe für eine solche Klage eingereicht, kann das Gericht den Unterhalt auf Antrag durch einstweilige Anordnung regeln. [2]Die §§ 620a bis 620g gelten entsprechend.**

1 **Zweck.** EAnO können (im Gegensatz zu eVfg, §§ 935 ff.) nicht isoliert ergehen, sie brauchen ein Trägerverfahren. Ist eine **Unterhaltsklage** (nicht: Mahnantrag) anhängig (dh bei Gericht eingegangen), gerichtet auf Unterhalt, gestützt auf Verwandtschaft (zB Kind gegen Vater, § 621 I Nr. 4), zwischen Eheleuten (zB Geschiedenen, § 621 I Nr. 5) und §§ 1615l, m BGB (§ 621 I Nr. 11), oder ein **PKH-Antrag** für eine solche Klage, dann kann das FamilienG (Richter) über den Unterhalt eine eAnO nach Maßgabe von §§ 620a bis 620g (s Rz 3) erlassen.

**Nicht genügt als Träger der eAnO:** Eingang eines Formular-Antrags im vereinfachten Verfahren, §§ 645 ff. (OLG München FamRZ 2000, 965); eine isolierte Auskunftsklage (OLG Hamm FamRZ 2000, 362) für die eAnO auf Unterhalt. 2

**Anordnung:** Entschieden wird durch Beschluss, § 620a (zB „Der AGegner hat an die Antragstellerin ab ... monatl. vorauszahlbar 300 € Unterhalt zu zahlen"). Der Beschluss tritt nach § 620f außer Kraft, weshalb der Beschluss keine zeitl. Befristung enthält, also uU erst nach Jahren (*Krause* FamRZ 2001, 464); weiter tritt er außer Kraft, wenn die isolierte Unterhaltsklage zurückgenommen oder rechtskr über sie entschieden ist (OLG Brandenburg FamRZ 2005, 1919). Eine KostenE erübrigt sich idR (§ 620g; OLG Brandenburg FPR 2002, 23). Der Beschluss kann auf Antrag geändert werden (§ 620b). Vorher kann die Vollziehung ausgesetzt werden (§ 620e). 3

**Rechtsmittel:** Der Beschluss ist gds unanfechtbar (§ 620 c); bei „greifbarer Gesetzwidrigkeit" ist er mit sof Beschwerde angreifbar (OLG Brandenburg FPR 2002, 23; OLG Stuttgart NJWE-FER 2000, 20), jetzt umstritten; stattdessen kann Antrag auf mdl Verh gestellt werden (§ 620b) mit den Anfechtungsfolgen nach § 620c. Weil bis dahin vollstreckt werden kann, fragt sich, ob eine negative Feststellungsklage (dass kein Unterhalt oder nur in Höhe von ... geschuldet werde) gegen die AnO mögl. ist; vgl § 620f Rz 3. Auf „Abänderung der eAnO" kann jedenfalls nicht geklagt werden (OLG Zweibrücken FamRZ 2000, 1288). Eine Klage nach § 767 kommt infrage, wenn nachträgl. Einwendungen vorliegen (*Büttner/Niepmann* NJW 2001, 2215/2228). 4

**Materielle Voraussetzungen:** Die AnO darf nur ergehen, wenn die Klage bzw der PKH-Antrag Aussicht auf Erfolg hat. Ein wirtschaftl. Interesse des ASt ist schlüssig darzulegen und glaubhaft zu machen, eine Notsituation ist *nicht* erforderl. (OLG Naumburg FamRZ 2004, 478). **Höhe des Unterhalts**: nicht beschränkt auf den Sozialhilfesatz oder Notunterhalt, sondern nach Angemessenheit (§§ 1361 IV, 1610 I BGB). **Rückforderung:** Zahlt der Schuldner zwecks Abwendung der ZwV aus der eAnO und stellt sich später heraus, dass er in Wirklichkeit nichts schuldig war: § 717 II ist nicht anwendbar (*Miesen* FamRZ 1999, 1397); die Rückforderungsklage nach § 812 BGB hilft meist nicht, weil Entreicherung vorliegt (§ 818 III BGB); der Schuldner hat kaum Chancen (vgl BGH FamRZ 2000, 751). 5

**Verhältnis zur einstweiligen Verfügung** („Leistungsverfügung", §§ 935, 938 Rz 19). Vgl *Miesen* FF 1999, 73. (1) Wenn eine eAnO nach § 644 mögl. ist, also ab Eingang von Klage bzw PKH-Antrag, ist keine eVfg (§§ 935 ff.) mehr zulässig (Neuregelung seit ab 01.07.1998), § 644 geht vor (OLG Naumburg FamRZ 2004, 1045; OLG Köln NJWE-FER 1999, 304). (2) Vorher, dh vor Einreichung der Klage bzw Stellung des PKH-Antrags, besteht kein solcher Vorrang, da wäre eine eVfg noch zulässig (allerdings nur auf den Notbedarf gerichtet und zeitlich auf ca. 6 Monate befristet), OLG Karlsruhe FamRZ 2000, 106; verschiedene Gerichte verlangen aber beim Antrag auf eVfg, dass vom ASt dargelegt wird, dass ihm eine Unterhaltsklage (bzw ein PKH-Antrag) unzumutbar ist (OLG Koblenz FamRZ 2000, 362; OLG München FamRZ 2000, 965; OLG Nürnberg NJW 1998, 3787). 6

**Verhältnis zum Scheidungsantrag**: ist eine Scheidung eingereicht oder ein darauf gerichteter PKH-Antrag (§ 620a II), kann über den Unterhalt ebenfalls eine eAnO nach § 620 ergehen. „Träger" der eAnO ist dort die Scheidung. Bei § 644 ist es der isolierte Unterhaltsprozess. 7

8 **Kosten. Gericht:** GKG-KV 1424 (also 0,5), aus Wert GKG § 53 II 1 (sechsmonatiger Betrag). **Rechtsanwalt**: Anordnungsverfahren ist besondere Angelegenheit ( § 18 Nr. 1f RVG), Gebühr RVG-VV 3100 ff. Bei Einigung der Parteien RVG-VV 1003.

## Titel 2
## Vereinfachte Verfahren über den Unterhalt Minderjähriger

### § 645 ZPO Statthaftigkeit des vereinfachten Verfahrens

**(1) Auf Antrag wird der Unterhalt eines minderjährigen Kindes, das mit dem in Anspruch genommenen Elternteil nicht in einem Haushalt lebt, im vereinfachten Verfahren festgesetzt, soweit der Unterhalt vor Anrechnung der nach §§ 1612b, 1612c des Bürgerlichen Gesetzbuchs zu berücksichtigenden Leistungen das Eineinhalbfache des Regelbetrages nach der Regelbetrag-Verordnung nicht übersteigt.**

**(2) Das vereinfachte Verfahren findet nicht statt, wenn zum Zeitpunkt der Zustellung des Antrags oder einer Mitteilung über seinen Inhalt an den Antragsgegner ein Gericht über den Unterhaltsanspruch des Kindes entschieden hat, ein gerichtliches Verfahren anhängig ist oder ein zur Zwangsvollstreckung geeigneter Schuldtitel errichtet worden ist.**

§ 645 II geändert durch G v. 13.12.2001 (BGBl 2001, 3574).

**Lit:** ***Pofalla*** FF 1998, 5; ***van Els*** Rpfleger 1999, 297; 2002, 247; 2003, 477; ***Georg*** Rpfleger 2004, 329.

1 **Absatz 1. Vereinfachtes Verfahren.** Das minderj. Kind (ehel. oder nichtehel.) hat mehrere Möglichkeiten, seinen Unterhalt gerichtl. geltend zu machen (§ 642 Rz 2): Klage auf festen Betrag, Klage auf Prozentsatz des Regelbetrags, Antrag im vereinfachten Verfahren. Letzteres ist nicht sinnvoll, wenn wegen Leistungsunfähigkeit des Vaters ein streitiges Verfahren zu erwarten ist, wenn der Unterhaltsanspruch mit Ansprüchen von Ehegatten oder Kindern eines anderen Stammes konkurriert, wenn der Vater im Ausland wohnt (*van Els* Rpfleger 2003, 477). Im vereinfachten Verfahren können keine Verzugszinsen gefordert werden (OLG Koblenz FamRZ 2005, 2000). **Voraussetzungen** für die Geltendmachung im *vereinfachten* Verfahren (anderenfalls Geltendmachung in einem der beiden Klageverfahren) sind:

a) **Minderjähriges Kind** (vertreten durch Elternteil usw.) *ohne* Haushaltsgemeinschaft mit dem Verpflichteten (siehe b) als ASt. Wird das Kind während des Verfahrens vollj, hält eine Meinung (OLG Schleswig SchlHA 2002, 10; OLG Nürnberg FamRZ 2001, 372) das Verfahren für nicht mehr statthaft, während die **aA** zutr nur Minderjährigkeit bei Antragseingang fordert (OLG Köln FamRZ 2000, 678; KG MDR 2003, 1235), vgl § 261 III Nr.2. Auch das Land, das Unterhaltsvorschuss (UVG) gewährt hat, ist antragsberechtigt (OLG Köln FamRZ 2006, 431). Ein Antrag des Kindes auf Abänderung eines *Alttitels* über seinen Unterhalt für die Zeit seiner Minderjährigkeit wird nicht dadurch unzulässig, dass das Kind nach Antragstellung, aber vor der Entscheidung darüber vollj wird (BGH BJW-RR 2006, 582).

b) **Haushalt:** Der AGegner (zB nichtehel. Vater, geschiedener Vater) wohnt zZ der Antragstellung nicht im selben Haushalt wie das Kind. Hat der AGegner die alleinige Personensorge, ist das Verfahren gegen ihn unzulässig (OLG Karlsruhe FamRZ 2001, 767). Für die Zeiträume, in denen man im selben Haushalt lebte, ist das vereinfachte Verfahren unzulässig (KG OLG-Report 2006, 189).

c) **Prozentsatz:** Im vereinfachten Verfahren müssen mindestens 100 % und können höchstens 150 % des Regelbetrages der Altersstufe des Kindes gefordert werden. §§ 1612b, 1612c BGB betreffen Kindergeld u. kindbezogene Leistungen. Das 5-jährige Kind kann also in diesem Verfahren (derzeit) max. 303 Euro (§ 642 Rz 5) abzügl. Kindergeldanteil fordern. Tenor: „AGegner ist verpflichtet, an ASt monatl. im Voraus ab 01.07.2007 144 % des jeweiligen Regelbetrages der 1. Altersstufe abzügl. Kindergeldanteil zu zahlen." Beachte § 1612b V BGB: Kindergeld wird nicht angerechnet, wenn der Unterhaltspflichtige nicht wenigstens 135 % des Regelbetrags abzügl. 1/2-Kindergeld leisten kann. Will das Kind mehr als 150 %, muss es eines der anderen Verfahren wählen. Die Beschränkung auf 150 % gilt nicht für die Umstellung von Alttiteln vor 01.07.1998 (BVerfG NJW 2001, 2160). Auch rückständiger Unterhalt kann geltend gemacht werden (OLG Brandenburg FamRZ 2001, 1159). 2

d) Es darf noch keine gerichtl. Entscheidung über den Unterhalt vorliegen oder ein solches Verfahren anhängig sein oder ein (inl oder ausl) Titel (zB PV; Urkunde der Jugendämter, § 60 KJHG) vorliegen (**Absatz 2**); OLG Naumburg FamRZ 2003, 160. Wesentl. ist der Zeitpunkt der Zustellung bzw Mitteilung des Antrags an den Gegner; eine *nach* Eingang errichtete Jugendamtsurkunde steht daher nicht entgegen (OLG München FamRZ 2001, 1076). Das vereinfachte Verfahren ist letztl. nur für die Erstfestsetzung von Unterhalt zulässig. 3

e) Ein **Antrag** ist Voraussetzung. Vordruck vgl § 659. Auch das Jugendamt (§ 7 UVG; OLG Brandenburg FÜR 2002, 105), das Sozialamt (§ 94 SGB XII), ist antragsberechtigt, wenn der Unterhaltsanspruch darauf übergegangen ist. Vordruckzwang § 659. Anwaltszwang besteht nicht; idR ist aber wegen der Kompliziertheit ein Anwalt notw (§ 121), also auf Antrag in PKH beizuordnen (OLG Zweibrücken MDR 2006, 577). 4

**Konkurrenzen:** Vgl *Gießler* FamRZ 2001, 1269. Das vereinfachte Verfahren ist kein Träger für eine eAnO nach § 644. Eine eVfg auf Unterhalt kommt daneben in Betracht, zB wenn sich das Verfahren nach § 645 lange hinzieht (OLG München FamRZ 2000, 1580). 5

**Gebühren: Rechtsanwalt**: RVG-VV 3100, 3104. **Gericht:** GKG-KV 1120. **Streitwert:** § 42 GKG. 6

## § 646 ZPO Antrag

**(1) Der Antrag muss enthalten:**

1. **die Bezeichnung der Parteien, ihrer gesetzlichen Vertreter und der Prozessbevollmächtigten;**
2. **die Bezeichnung des Gerichts, bei dem der Antrag gestellt wird;**
3. **die Angabe des Geburtsdatums des Kindes;**
4. **die Angabe, ab welchem Zeitpunkt Unterhalt verlangt wird;**

**5. für den Fall, dass Unterhalt für die Vergangenheit verlangt wird, die Angabe, wann die Voraussetzungen des § 1613 Abs. 1 oder 2 Nr. 2 des Bürgerlichen Gesetzbuchs eingetreten sind;**

**6. die Angabe der Höhe des verlangten Unterhalts;**

**7. die Angaben über Kindergeld und andere anzurechnende Leistungen (§§ 1612b, 1612c des Bürgerlichen Gesetzbuchs);**

**8. die Erklärung, dass zwischen dem Kind und dem Antragsgegner ein Eltern-Kind-Verhältnis nach den §§ 1591 bis 1593 des Bürgerlichen Gesetzbuchs besteht;**

**9. die Erklärung, dass das Kind nicht mit dem Antragsgegner in einem Haushalt lebt;**

**10. die Angabe der Höhe des Kindeseinkommens;**

**11. die Erklärung, dass der Anspruch aus eigenem, aus übergegangenem oder rückabgetretenem Recht geltend gemacht wird;**

**12. die Erklärung, dass Unterhalt nicht für Zeiträume verlangt wird, für die das Kind Hilfe nach dem Zwölften Buch Sozialgesetzbuch, Sozialgeld nach dem Zweiten Buch Sozialgesetzbuch, Hilfe zur Erziehung oder Eingliederungshilfe nach dem Achten Buch Sozialgesetzbuch, Leistungen nach dem Unterhaltsvorschussgesetz oder Unterhalt nach § 1607 Abs. 2 oder 3 des Bürgerlichen Gesetzbuchs erhalten hat, oder, soweit Unterhalt aus übergegangenem Recht oder nach § 94 Abs. 4 Satz 2 des Zwölften Buches Sozialgesetzbuch, § 33 Abs. 2 Satz 4 des Zweiten Buches Sozialgesetzbuch oder § 7 Abs. 4 Satz 1 des Unterhaltsvorschussgesetzes verlangt wird, die Erklärung, dass der beantragte Unterhalt die Leistung an oder für das Kind nicht übersteigt;**

**13. die Erklärung, dass die Festsetzung im vereinfachten Verfahren nicht nach § 645 Abs. 2 ausgeschlossen ist.**

**(2) [1]Entspricht der Antrag nicht diesen und den in § 645 bezeichneten Voraussetzungen, ist er zurückzuweisen. [2]Vor der Zurückweisung ist der Antragsteller zu hören. [3]Die Zurückweisung ist nicht anfechtbar.**

**(3) Sind vereinfachte Verfahren anderer Kinder des Antragsgegners bei dem Gericht anhängig, so ordnet es die Verbindung zum Zweck gleichzeitiger Entscheidung an.**

§ 646 zuletzt geändert durch G v. 27.12.2003 (BGBl 2003, 3022).

1 **1. Der Inhalt des Antrags** ist in § 646 geregelt. Für den Antrag ist ein amtl. Vordruck eingeführt (§ 659). Kein Anwaltszwang (§ 657 S. 1; § 78 III). Für das Verfahren ist der **Rechtspfleger** zuständig (§ 20 Nr. 10a RPflG). Zwei oder mehr Verfahren von Kindern gegen denselben Antragsgegner sind zu verbinden (**Absatz 3**). Erfüllt der Antrag nicht die Voraussetzungen des § 645 und des § 646 Abs. 1, wird der ASt unter Fristsetzung darauf hingewiesen und ihm Gelegenheit zur Nachbesserung gegeben (**Absatz 2 Satz 2**). Ist der Antrag immer noch mangelhaft, wird er vom Rpfleger durch Beschluss als unzulässig zurückgewiesen; die Kosten werden dem ASt auferlegt (§ 91).

Dieser **Zurückweisungsbeschluss** ist unanfechtbar (Abs. 2 S. 3); dh gegen den Rechtspflegerbeschluss ist nur sof Erinnerung statthaft (§ 11 II RPflG), der der Rechtspfleger abhelfen kann; die RichterE ist unanfechtbar. Der ASt kann aber einen neuen (verbesserten) Antrag stellen. 2

**2. Notwendiger Inhalt:** 3

Nr. 1: Parteibezeichnungen usw. wie bei § 253; der ASt muss seine Anschrift angeben (OLG Hamm FamRZ 2001, 107).

Nr. 2: Gericht (FamG; örtl. Zust §§ 642, 660);

Nr. 3: Geburtsdatum;

Nr. 4: Unterhalt ab wann; vgl § 1613 BGB;

Nr. 5: bei Unterhalt auch für die Vergangenheit: wann Auskunftserteilung gefordert wurde oder Verzug vorlag oder Rechtshängigkeit (§ 1613 I BGB) oder Unmöglichkeit der Geltendmachung (§ 1613 II Nr. 2 BGB);

Nr. 6: **Höhe des geforderten Unterhalts** (als fester Euro-Betrag oder %-Satz des Regelbetrags oder %-Satz des nach Altersstufen gestaffelten jeweiligen Regelbetrags);

Nr. 7: wie viel Kindergeld und Kinderzulagen von wem bezogen werden;

Nr. 8: Erklärung, dass ASt ein Kind des AGegners ist;

Nr. 9: Erklärung, dass ASt nicht im Haushalt des AGegners wohnt (wegen § 1612a I 1 BGB);

Nr. 10: damit das Kindeseinkommen angerechnet werden kann;

Nr. 11: zur Klärung der Aktivlegitimation;

Nr. 12: Erklärung über Leistungsbezug nach SGB XII, UVG usw., damit nicht Unterhalt geltend gemacht wird, der bereits auf Dritte übergegangen ist und der Dritte nicht mehr erhält, als er geleistet hat;

Nr. 13: Erklärung, dass noch keine gerichtl. Entscheidung über den Unterhalt vorliegt, ein solches Verfahren nicht anhängig ist und kein Titel vorliegt (§ 645 II).

**3. Unterhaltsverfahren weiterer Kinder (Absatz 3)**, vereinfacht, desselben Verpflichteten, werden hinzu verbunden (§ 147). 4

**4. PKH.** Wegen des komplizierten Antrags ist bei Bewilligung von PKH für den ASt die Beiordnung eines Anwalts idR notw, § 121 II (OLG Zweibrücken FamRZ 2006, 212; OLG Schleswig MDR 2000, 706); für Einzelfallprüfung OLG Bamberg NJWE-FER 2000, 216. Der AGegner braucht bei Mangelverteilung einen RA (OLG Hamm Rpfleger 2000, 339) oder wenn es ohnehin zum streitigen Verfahren kommt (OLG Zweibrücken FamRZ 2001, 229). Dem Kl kann PKH für die Unterhaltsklage nicht mit der Begründung verweigert werden, er solle das vereinfachte Verfahren wählen, Mutwilligkeit liege sonst vor (OLG Naumburg FamRZ 1999, 1670, **aA** teils OLG Hamm FamRZ 1999, 995). 5

## § 647 ZPO Maßnahmen des Gerichts

**(1) [1]Erscheint nach dem Vorbringen des Antragstellers das vereinfachte Verfahren zulässig, so verfügt das Gericht die Zustellung des Antrags oder einer Mitteilung über seinen Inhalt an den Antragsgegner. [2]Zugleich weist es ihn darauf hin,**

**1. von wann an und in welcher Höhe der Unterhalt festgesetzt werden kann; hierbei sind zu bezeichnen**

**a) die Zeiträume nach dem Alter des Kindes, für die die Festsetzung des Unterhalts nach den Regelbeträgen der ersten, zweiten und dritten Altersstufe in Betracht kommt;**

**b) im Fall des § 1612a des Bürgerlichen Gesetzbuchs auch der Vomhundertsatz des jeweiligen Regelbetrages;**

**c) die nach den §§ 1612b, 1612c des Bürgerlichen Gesetzbuchs anzurechnenden Leistungen;**

**2. dass das Gericht nicht geprüft hat, ob der verlangte Unterhalt das im Antrag angegebene Kindeseinkommen berücksichtigt;**

**3. dass über den Unterhalt ein Festsetzungsbeschluss ergehen kann, aus dem der Antragsteller die Zwangsvollstreckung betreiben kann, wenn er nicht innerhalb eines Monats Einwendungen in der vorgeschriebenen Form erhebt;**

**4. welche Einwendungen nach § 648 Abs. 1 und 2 erhoben werden können, insbesondere, dass der Einwand eingeschränkter oder fehlender Leistungsfähigkeit nur erhoben werden kann, wenn die Auskunft nach § 648 Abs. 2 Satz 3 in Form eines vollständig ausgefüllten Formulars erteilt wird und Belege über die Einkünfte beigefügt werden;**

**5. dass die Einwendungen, wenn Formulare eingeführt sind, mit einem Formular der beigefügten Art erhoben werden müssen, das auch bei jedem Amtsgericht erhältlich ist.**

**[3]Ist der Antrag im Ausland zuzustellen, so bestimmt das Gericht die Frist nach Satz 2 Nr. 3.**

**(2) § 167 gilt entsprechend.**

§ 647 zuletzt geändert durch G v. 22.03.2005 (BGBl 2005, 837).

1 **Bearbeitung des Antrags.** Der unzulässige Antrag wird zurückgewiesen (§ 646 II), der für zulässig erachtete Antrag wird vom Gericht dem Gegner zur Stellungnahme *zugestellt* (Zustellung zweckmäßig wegen § 651 III); öffentl. Zustellung ist zulässig. Die fristunterbrechende Wirkung des Antrags tritt nicht erst mit Zustellung, sondern uU schon mit Eingang des Antrags bei Gericht ein (Abs. 2, § 167). Zugleich wird der Gegner formblattmäßig im Sinne von Abs. 1 S. 2 belehrt; der Vordruck über die finanziellen Verh (§ 648 II 3) ist beizufügen, damit ihn der Gegner ausfüllen kann. Dem Gegner muss ferner mitgeteilt werden, ob der Regelbetrag nach § 1 oder § 2 RegelbetragVO begehrt wird (OLG Naumburg Rpfleger 2001, 591).

**Erwiderungsfrist:** 1 Monat (Abs. 1 Nr. 3); nicht verlängerbar (§ 224 II); keine Ausschlussfrist (OLG Karlsruhe FamRZ 2000, 1159), alle Einwendungen, auch verspätete, sind zu berücksichtigen, soweit sie vor der Entscheidung des Rpflegers eingehen (§ 648 III). Unklarheiten im Fristlauf gehen zulasten des AGegners (OLG Hamm FamRZ 2006, 44). 2

**Bei Auslandszustellung** wird eine längere Frist als 1 Monat für die Erwiderung gesetzt (Abs. 1 S. 3); weiteres Verfahren §§ 183 ff.; ZustellungsVO (Anhang) beachten. 3

## § 648 ZPO Einwendungen des Antragsgegners

**(1) [1]Der Antragsgegner kann Einwendungen geltend machen gegen**

**1. die Zulässigkeit des vereinfachten Verfahrens,**

**2. den Zeitpunkt, von dem an Unterhalt gezahlt werden soll,**

**3. die Höhe des Unterhalts, soweit er geltend macht, dass**

**a) die nach dem Alter des Kindes zu bestimmenden Zeiträume, für die der Unterhalt nach den Regelbeträgen der ersten, zweiten und dritten Altersstufe festgesetzt werden soll, nicht richtig berechnet sind oder die angegebenen Regelbeträge von denen der Regelbetrag-Verordnung abweichen;**

**b) der Unterhalt nicht höher als beantragt festgesetzt werden darf;**

**c) Leistungen der in den §§ 1612b, 1612c des Bürgerlichen Gesetzbuchs bezeichneten Art nicht oder nicht richtig angerechnet sind.**

**[2]Ferner kann er, wenn er sich sofort zur Erfüllung des Unterhaltsanspruchs verpflichtet, hinsichtlich der Verfahrenskosten geltend machen, dass er keinen Anlass zur Stellung des Antrags gegeben hat (§ 93). [3]Nicht begründete Einwendungen nach Satz 1 Nr. 1 und 3 weist das Gericht mit dem Festsetzungsbeschluss zurück, desgleichen eine Einwendung nach Satz 1 Nr. 2, wenn ihm diese nicht begründet erscheint.**

**(2) [1]Andere Einwendungen kann der Antragsgegner nur erheben, wenn er zugleich erklärt, inwieweit er zur Unterhaltsleistung bereit ist und dass er sich insoweit zur Erfüllung des Unterhaltsanspruchs verpflichtet. [2]Den Einwand der Erfüllung kann der Antragsgegner nur erheben, wenn er zugleich erklärt, inwieweit er geleistet hat und dass er sich verpflichtet, einen darüber hinausgehenden Unterhaltsrückstand zu begleichen. [3]Den Einwand eingeschränkter oder fehlender Leistungsfähigkeit kann der Antragsgegner nur erheben, wenn er zugleich unter Verwendung des eingeführten Formulars Auskunft über**

**1. seine Einkünfte,**

**2. sein Vermögen und**

**3. seine persönlichen und wirtschaftlichen Verhältnisse im Übrigenerteilt und über seine Einkünfte Belege vorlegt.**

**(3) Die Einwendungen sind zu berücksichtigen, solange der Festsetzungsbeschluss nicht verfügt ist.**

§ 648 geändert durch G v. 22.03.2005 (BGBl 2005, 837).

1 **1. Einwendungen des Gegners.** Der AGegner kann gegen den Festsetzungsantrag und die vom Rechtspfleger mitgeteilte Entscheidungsprognose (= § 647 I 2) Einwendungen erheben (Vordruck-Zwang, § 659!). **Erwiderungsfrist:** 1 Monat (§ 647 I Nr. 2), vgl Rz 7. Doch müssen auch spätere Einwendungen berücksichtigt werde, solange nicht der Festsetzungsbeschluss des Rechtspflegers erlassen wurde (**Absatz 3**); Rz 7. Förml. Verlängerung der Frist zur Begründung der Einwendungen ist unzulässig (§ 224 II), doch kann der Rechtspfleger abwarten.

2 **2. Formale Einwendungen, Absatz 1 Satz 1:**

**Nr. 1:** Unzulässigkeit des vereinfachten Verfahrens, weil Voraussetzungen nach §§ 645, 646 fehlten: zB weil mehr als 150 % des Regelbetrags gefordert wird; weil das Kind beim AGegner wohnt; weil der Gegner nicht Vater des Kindes sei; Mangel der ordnungsgemäßen Vertretung des Kindes; fehlende Minderjährigkeit; bei örtl. Unzuständigkeit Verweisung analog § 281; unschädl. ist, wenn der Gegner nach Zustellung beim Jugendamt eine Urkunde über einen geringeren als den geforderten Betrag errichtet, das Verfahren läuft dann wegen des Restbetrags weiter (OLG Zweibrücken FamRZ 2000, 1160; **aA** OLG Karlsruhe FamRZ 2000, 1159).

**Nr. 2:** späterer Beginn der Unterhaltspflicht, zB weil kein Verzug vorlag usw., § 1613. Hier wird dem Gericht ein pflichtgemäßes Ermessen eingeräumt (BT-Drucks 13/9596 S. 53).

**Nr. 3a:** falsche Erhöhungszeitpunkte, falscher Regelbetrag;

**Nr. 3b:** der Rechtspfleger habe einen höheren Unterhalt angekündigt als beantragt (zB wegen eines Rechenfehlers bei der % -Umrechnung); § 308;

**Nr. 3c:** falsche Anrechnung von Kindergeld u. kindbezogenen Leistungen, zB dass es ebenfalls dynamisiert werden soll;

3 **Kosteneinwand, Absatz 1 Satz 2:** der Gegner kann sofort anerkennen und geltend machen, die Kosten müsse daher der ASt zahlen (§ 93). Nur die Verpflichtung, nicht auch die sof Zahlung ist erforderl.

4 **3. Materielle und sonstige Einwendungen, Absatz 2;** hier ist die „Zusatzerklärung" nach Satz 1 erforderl. (für den Laien unverständl.).

**a) Erfüllungseinwand, Absatz 2 Satz 2:** zulässig, falls vom Gegner zugleich erklärt wird, wann wie viel bezahlt wurde und dass der Rückstand beglichen werde

5 **b) Einwand finanzieller Leistungsunfähigkeit, Absatz 2 Satz 3:** vgl § 1603 BGB. Zulässig nach dem Wortlaut nur, falls der AGegner *zugleich* den amtl. Vordruck über seine finanziellen Verh ausfüllt und Belege (nur über die Einkünfte, nicht über das Vermögen!) vorlegt. Das ist Förmelei; es genügt daher, wenn aus den Erklärungen des Gegners insgesamt hervorgeht, dass er zur Zahlung nicht in der Lage ist (OLG Brandenburg FamRZ 2004, 1587), zB auf einem Beiblatt (OLG Bamberg FamRZ 2001, 108); anders die Ansicht, die auf dem Vordruck besteht und sonst nichts ansieht (OLG Nürnberg FamRZ 2004, 475; OLG Karlsruhe FamRZ 2001, 107). Der bloße Hinweis auf ein Verbraucherinsolvenzverfahren genügt nicht (OLG Koblenz FamRZ 2005, 915). Die Mängel des Vordrucks dürfen nicht zulasten des Gegners gehen (vgl OLG Düsseldorf FamRZ 2001, 765). Bei den Einkünften müssen nach dem Sinn der Regelung auch damit verbundene Aus-

gaben (Steuern, Fahrtkosten usw.) angebbar sein. Wenn die Belege nicht binnen der Monatsfrist beschaffbar sind, muss Nachreichung mögl. sein.

**c) Sonstige Einwendungen, Absatz 2 Satz 1:** sind nur in der im Gesetz genannten sub- 6
stanziierten Form zulässig. Bei insgesamt fehlender Leistungsfähigkeit kann nicht verlangt werden, dass der Gegner erklärt, inwieweit er sich zur Unterhaltszahlung verpflichtet (OLG Hamm FamRZ 2000, 360); das wäre ein logischer Widerspruch. Die Erklärung, keinen Unterhalt zu schulden und daher keinen zu zahlen, ist zulässig (OLG Hamm NJWE-FER 2000, 97). Eine ges Erklärung des Pflichtigen ist entbehrl., wenn er seine Einkommens- und Vermögensverh im vereinfachten Verfahren nach §§ 645 ff. ZPO bereits umfassend offen gelegt und hierdurch seinen Einwand fehlender Leistungsfähigkeit nachvollziehbar begründet hat (OLG Hamm FamRZ 2006, 211). Wenn der Gegner einwendet, die vom ASt (Land) erbrachten Leistungen nach dem UVG seien erschlichen worden und deshalb zu Unrecht erfolgt, muss er gleichwohl die Zusatzerklärung nach Abs. 2 abgeben (OLG Köln FamRZ 2006, 431).

**4. Die Erwiderungsfrist** beträgt zwar **ein Monat**, doch müssen auch spätere Einwendun- 7
gen berücksichtigt werde, solange nicht der Festsetzungsbeschluss des Rechtspflegers „verfügt" wurde (**Absatz 3**); das ist nicht der Moment, wo der Beschluss unterschrieben ist, sondern erst die Herausgabe aus dem internen Geschäftsbetrieb (KG FamRZ 2006, 1209; OLG Frankfurt FamRZ 2001, 109); das kann je nach Dienstorganisation bis zum Eingang der Akten bei der Wachtmeisterei der Fall sein. Für die Monatsfrist kommt es auf den Eingang beim AG an und nicht auf die Kenntnisnahme durch den Rechtspfleger (OLG Köln FamRZ 2001, 1464).

**4.** Zur **Entscheidung über Einwendungen** vgl §§ 648 I 3, 649, 650. 8

## § 649 ZPO Festsetzungsbeschluss

**(1) [1]Werden keine oder lediglich nach § 648 Abs. 1 Satz 3 zurückzuweisende oder nach § 648 Abs. 2 unzulässige Einwendungen erhoben, wird der Unterhalt nach Ablauf der in § 647 Abs. 1 Satz 2 Nr. 3 bezeichneten Frist durch Beschluss festgesetzt. [2]In dem Beschluss ist auszusprechen, dass der Antragsgegner den festgesetzten Unterhalt an den Unterhaltsberechtigten zu zahlen hat. [3]In dem Beschluss sind auch die bis dahin entstandenen erstattungsfähigen Kosten des Verfahrens festzusetzen, soweit sie ohne weiteres ermittelt werden können; es genügt, wenn der Antragsteller die zu ihrer Berechnung notwendigen Angaben dem Gericht mitteilt.**

**(2) In dem Beschluss ist darauf hinzuweisen, welche Einwendungen mit der sofortigen Beschwerde geltend gemacht werden können und unter welchen Voraussetzungen eine Abänderung im Wege der Klage nach § 654 verlangt werden kann.**

§ 649 zuletzt geändert durch G v. 24.08.2004 (BGBl 2004, 2198).

**1. Verfahren.** Nach Ablauf eines Monats ab Zustellung des Antrags kann der Rechtspfle- 1
ger (§ 20 Nr. 10a RPflG) frühestens über den Antrag auf vereinfachte Unterhaltsfestsetzung entscheiden; eine mdl Verh ist nicht notw (§ 128 IV). Entschieden wird durch Beschluss (Abs. 1 S. 1).

2 **2. Entscheidungsmöglichkeiten.**

**a)** Der unzulässige Antrag wird zurückgewiesen (§ 646 II); Kosten werden dem ASt auferlegt (§ 91 ZPO).

**b)** Wenn der Gegner keine Einwendungen erhebt: Unterhaltsfestsetzung (§ 649 I 1) wie in Aussicht gestellt (vgl § 647 I 2);

**c) Gegner erhebt Einwendungen** gegen die Zulässigkeit des Verfahrens (§ 648 I Nr. 1) oder gegen falsche Erhöhungszeitpunkte (§ 648 I Nr. 2), falscher Regelbetrag (§ 648 I Nr. 3a), gegen Rechenfehler bei der %-Umrechnung (§ 648 I Nr. 3a), gegen Form der Anrechnung von Kindergeld u. kindbezogenen Leistungen (§ 648 I Nr. 3c): der Rechtspfleger prüft diese Einwendungen und weist sie, wenn sie unbegründet sind, zusammen mit dem Festsetzungsbeschluss zurück. Bei begründeten Einwendungen gegen die Zulässigkeit wird der Antrag zurückgewiesen. Bei sonstigen begr Einwendungen wird nach § 650 weiter verfahren.

**d) Gegner erhebt materiell-rechtliche Einwendungen**, die nach § 648 II als unzulässig zu behandeln sind (zB bloße Behauptung, er sei nicht leistungsfähig, legt aber den Vordruck über seine finanziellen Verh nicht vor oder keine Belege): der Rechtspfleger setzt den Unterhalt fest (§ 648 I 3) und weist die Einwendungen als unzulässig zurück.

e) **Gegner erhebt materiellrechtliche Einwendungen**, die nach § 648 II zulässig sind (zB er sei nicht leistungsfähig, was durch beigefügte Belege nachvollziehbar ist): Verfahren nach § 650.

3 **3. Inhalt des Festsetzungsbeschlusses (Absatz 1, Satz 2, 3)**, zB: „I. Der AGegner hat an den ASt am Ersten eines jeden Monats folgenden Unterhalt zu zahlen: (1) vom ... bis zum ... den jeweiligen Regelbetrag der zweiten Altersstufe der Regelbetrag VO abzügl. ... Euro Kindergeldanteil, (2) vom ... bis zum ... den jeweiligen Regelbetrag der dritten Altersstufe der RegelbetragVO abzüglich ... Euro Kindergeldanteil. II. Die Kosten werden dem AGegner auferlegt. III. Die zu erstattenden Kosten werden auf ... Euro festgesetzt." Teils wird vertreten, es dürfe zB unbeziffert formuliert werden "...abzügl. jeweiliges hälftiges Kindergeld für das erste Kind", weil dadurch spätere Verfahren nach Abänderungsverfahren § 655 vermieden würden (OLG Köln FamRZ 2002, 33; str); angesichts der dauernden Kindergeldänderungen ist ein solcher Titel aber betragsmäßig unklar. Als **Begründung** genügt der Hinweis auf die gesetzl. Vorschriften. Der Unterhalt kann auch über die Zeit der Minderjährigkeit hinaus festgesetzt werden, vgl § 798a (**aA** AG Landshut FamRZ 2000, 1581). Festsetzung nur eines Spitzenbetrags ist zulässig (OLG Zweibrücken FamRZ 2000, 1160), zB wenn nach Eingang wegen eines Teilbetrags eine Jugendamtsurkunde errichtet wurde. Der Beschluss ist an beide Parteien *zuzustellen* (§ 329 III) und ist **Vollstreckungstitel** nach § 794 I Nr. 2a. Er wird nicht mit Volljährigkeit „unwirksam" (vgl § 798a). Der Beschluss muss eine Art „**Rechtsbehelfsbelehrung**" (§ 652) enthalten. Vgl Abs. 2 und Vordruck.

4 **4. Kosten:** GrundE nach § 91, ggf § 93 bei sof Anerkenntnis und Verfahren ohne Anlass; Quotelung nach § 92, wenn der ASt zu viel verlangte. In ihrer betragsmäßigen Höhe werden die Kosten entweder später durch KfB (§ 103) festgestellt; oder die Betragshöhe (Gerichtsgeb, RA-Geb, Parteiauslagen) wird sofort in den Beschluss aufgenommen, wenn sie

leicht errechenbar ist, zB weil kein RA tätig war (§ 649 I 3; GKG-KV 1120; „es genügt ...": dh eine Glaubhaftmachung ist, wenn die Parteiauslagen unstr sind, nicht erforderl.).

**5. Rechtsbehelfe, Belehrungen, Absatz 2:** Gegen Zurückweisung: § 11 RPflG. Gegen Festsetzung sof Beschwerde; dabei werden vom BeschwerdeG (OLG) nur bestimmte Einwendungen geprüft, vgl § 652 II. Die KostenE ist zusammen mit der HauptE anfechtbar, isoliert zB wenn § 93 infrage steht, oder §§ 91a, 269. Die Höhe der Kosten ist je nach Höhe der Beschwer mit sof Beschwerde oder sof Erinnerung anfechtbar (§ 104 III; § 567 II). Voraussetzungen der Abänderungsklage: § 654. 5

## § 650 ZPO Mitteilung über Einwendungen

**[1]Sind Einwendungen erhoben, die nach § 648 Abs. 1 Satz 3 nicht zurückzuweisen oder die nach § 648 Abs. 2 zulässig sind, teilt das Gericht dem Antragsteller dies mit. [2]Es setzt auf seinen Antrag den Unterhalt durch Beschluss fest, soweit sich der Antragsgegner nach § 648 Abs. 2 Satz 1 und 2 zur Zahlung von Unterhalt verpflichtet hat. [3]In der Mitteilung nach Satz 1 ist darauf hinzuweisen.**

**Unbeachtliche Einwendungen** werden vom Rechtspfleger zurückgewiesen (§ 649, § 646 II). **Beachtliche Einwendungen**: Werden sie vom Gegner erhoben (zB er sei leistungsunfähig und lege den Einkommens-Vordruck mit Belegen vor), wird dieser Schriftsatz des Gegners dem ASt formlos zugeleitet (nach **aA** zugestellt wegen § 651 III, 329 II 2) und der ASt mehrfach belehrt (§ 650 S. 3; § 651 I 1, 2). Der ASt kann dann: (1) seinen Antrag zurücknehmen oder (2) falls sich der Gegner zur Zahlung eines geringeren Betrages bereit erklärte, seinen Titulierungs-Antrag entsprechend ermäßigen. Der Rpfleger erlässt dann einen Unterhalts-Festsetzungsbeschluss wie bei § 649, als Teil-Titel aber ohne KostenE. Wegen des Restes kann der ASt (oder der AGegner, zB wegen seiner RA-Kosten) das str Verfahren beantragen, § 651. 1

## § 651 ZPO Streitiges Verfahren

**(1) [1]Im Falle des § 650 wird auf Antrag einer Partei das streitige Verfahren durchgeführt. [2]Darauf ist in der Mitteilung nach § 650 hinzuweisen.**

**(2) [1]Beantragt eine Partei die Durchführung des streitigen Verfahrens, so ist wie nach Eingang einer Klage weiter zu verfahren. [2]Einwendungen nach § 648 gelten als Klageerwiderung.**

**(3) Der Rechtsstreit gilt als mit der Zustellung des Festsetzungsantrags (§ 647 Abs. 1 Satz 1) rechtshängig geworden.**

**(4) Ist ein Festsetzungsbeschluss nach § 650 Satz 2 vorausgegangen, soll für zukünftige wiederkehrende Leistungen der Unterhalt in einem Gesamtbetrag bestimmt und der Festsetzungsbeschluss insoweit aufgehoben werden.**

**(5) Die Kosten des vereinfachten Verfahrens werden als Teil der Kosten des streitigen Verfahrens behandelt.**

**(6) Wird der Antrag auf Durchführung des streitigen Verfahrens nicht vor Ablauf von sechs Monaten nach Zugang der Mitteilung nach § 650 Satz 1 gestellt, gilt der**

**über den Festsetzungsbeschluss gemäß § 650 Satz 2 oder die Verpflichtungserklärung des Antragsgegners gemäß § 648 Abs. 2 Satz 1 und 2 hinausgehende Festsetzungsantrag als zurückgenommen.**

§ 651 geändert durch G v. 13.12.2001 (BGBl 2001, 3574).

1 **1. Absatz 1.** Die Regelung ist dem Übergang ins streitige Verfahren beim Mahnverfahren nachgebildet. Jede Partei kann (ohne Frist) die **Durchführung des streitigen Verfahrens** beantragen, falls zulässige Einwendungen erhoben wurden. Es besteht kein Anwaltszwang; wie im Mahnverfahren können nun beliebige Unterhaltsbeträge gefordert werden, auch mehr als 150 % des Regelbetrags. Der Antrag kann nicht schon bedingt zu einem früheren Zeitpunkt gestellt werden, zB nicht schon während des vereinfachten Verfahrens. Der Festsetzungsantrag gilt ab Übergang als Klage (**Absatz 2 Satz 1**), gerichtet an das FamG; die Einwendungen des AGegners gelten als Klageerwiderung (**Absatz 2 Satz 2**). Ein schriftl. Vorverfahren ist deshalb nicht mehr mögl. Zuständig für das streitige Verfahren, dh für den nun folgenden gewöhnl. Unterhaltsprozess, ist der Richter. Die Rechtshängigkeit wird zurückbezogen (**Absatz 3**); Wirkungen vgl § 261 III.

2 **2.** Das **streitige Verfahren endet**, ggf nach Beweisaufnahme, mit Vergleich, Urteil, Klagerücknahme usw. Ist dem Verfahren eine Teilfestsetzung des Unterhalts durch den Rechtspfleger (§ 650 S. 2) vorausgegangen, empfiehlt **Absatz 4** dem Richter, den Festsetzungsbeschluss klarstellend aufzuheben und im Urteil einen Gesamtbetrag auszusprechen, damit nicht zwei Titel vorliegen.

3 Die **Kostenentscheidung** des Urteils usw. spricht nur von *den Kosten*; die Kosten des vorausgegangenen vereinfachten Verfahrens werden nicht gesondert verteilt (**Absatz 5**). Sie erfolgt nach §§ 91, 92, 93a, 93d, bei Rücknahme nach § 269. Die Regelung ähnelt § 281 II 1 und § 696 I 5.

4 **3. Rücknahmefiktion (Absatz 6).** Wird der Streitantrag um sechs Monate oder mehr verzögert, gilt er als zurückgenommen, wenn zuvor eine Unterhalts-Teilfestsetzung erfolgte. Damit soll Rechtssicherheit entstehen.

## § 652 ZPO Sofortige Beschwerde

**(1) Gegen den Festsetzungsbeschluss findet die sofortige Beschwerde statt.**

**(2) [1]Mit der sofortigen Beschwerde können nur die in § 648 Abs. 1 bezeichneten Einwendungen, die Zulässigkeit von Einwendungen nach § 648 Abs. 2 sowie die Unrichtigkeit der Kostenentscheidung oder Kostenfestsetzung, sofern sie nach allgemeinen Grundsätzen anfechtbar sind, geltend gemacht werden. [2]Auf Einwendungen nach § 648 Abs. 2, die nicht erhoben waren, bevor der Festsetzungsbeschluss verfügt war, kann die sofortige Beschwerde nicht gestützt werden.**

§ 652 II geändert durch G v. 13.12.2001 (BGBl 2001, 3574).

1 **1. Absatz 1.** Das Problem ist, abzugrenzen, was ins str Verfahren (und dann in die Ber) und was in die Beschwerde gegen die Festsetzung gehört. **Rechtsbehelfe gegen den Festsetzungsbeschluss** des Rechtspflegers (§ 20 Nr. 10 RPflG) gem § 649 oder § 650 S. 2. **a)**

**Bei Zurückweisung** des Antrags, auch (konkludente) Teil-Zurückweisung: sof Erinnerung (vgl OLG Stuttgart FamRZ 2000, 1161), erst die Entscheidung des Familienrichters ist unanfechtbar, vgl § 646 II 3, § 11 II RPflG. **b) Bei Erlass** des Unterhaltsfestsetzungsbeschlusses, nach § 649 bzw § 650 S. 2; für den AGegner (und den ASt, soweit beschwert) ist sof Beschwerde gegeben, § 11 I RPflG; § 569 ZPO; der Rechtspfleger kann ihr abhelfen. Über die sof Beschwerde entscheidet das OLG (§ 119 I Nr. 1a GVG). **c) Rechtsbeschwerde** gegen den OLG-Beschluss zum BGH, falls vom OLG zugelassen (§ 574).

**2. Beschwerdegründe.** Die Beschränkung gilt auch für das Kind und seine Rechtsnachfolger (Sozialamt usw., OLG Stuttgart FamRZ 2000, 1161). Mit der sof Beschwerde können nur auf die in Abs. 2 genannten Verstöße gerügt werden, auch wenn der Beschluss darauf nicht ausdrückl. eingeht: 2

**a) Unstatthaftigkeit des Verfahrens**, vgl § 648 I: mangelhafter Antrag; Unzuständigkeit etc kann zB noch gerügt werden; ferner, dass bei Zustellung des Antrags die Hinweise nach § 647 I 2 nicht beigefügt waren (OLG Oldenburg FamRZ 2001, 1078); nicht Vater des klagenden Kindes zu sein (OLG Brandenburg FPR 2002, 105); dass die Monatfrist für Einwendungen nicht eingehalten wurde (vgl OLG Brandenburg FamRZ 2001, 766).

**b) Zulässigkeit von Einwendungen** nach § 648 II; die Angaben über die fehlende Leistungsfähigkeit nebst Belegen können aber (trotz § 571 II 1) nicht mehr erstmals mit Beschwerde nachgereicht werden (Neuregelung in Abs. 2 S. 2 ab 01.01.2002; zuvor str); nachgeprüft wird nur, ob der Rechtspfleger die seinerzeit erhobenen Einwendungen zutr behandelt hat. Für verspätete Einwendungen ist § 654 der richtige Weg.

**c) Unrichtige Kostenentscheidung**, dh unrichtige Entscheidung über den Grund, auch wenn im Festsetzungsbeschluss enthalten (OLG Brandenburg FuR 2001, 45); die KostenE ist aber nur isoliert anfechtbar, wenn sie es nach allgemeinen Regeln ist, also bei §§ 91a, 93 (OLG Brandenburg FamRZ 2000, 1159), 99, 269. Im gewöhnl. Fall ist die KostenE wegen § 99 I nicht isoliert anfechtbar.

**d) Unrichtige Kostenfestsetzung**, dh Höhe (vgl Abs. 1 S. 3); bei Beschwer unter 200,01 Euro ist wegen § 567 II nur sof Erinnerung zulässig (§ 11 II RPflG).

**e) Sonstiges:** Das Vorbringen des Gegners, er habe eine anderweitige außergerichtl. Vereinbarung mit dem ASt getroffen, soll eine unzulässige Einwendung sein (OLG Naumburg FamRZ 2000, 3650; zw.); bei Fehlen der RmBelehrung (§ 649 III) will OLG Naumburg FamRZ 2001, 1464 aufheben und zurückverweisen (unrichtig; das Fehlen kann nur Auswirkungen auf den Lauf der Beschwerdefrist haben).

Mögl. ist somit, dass die sof Beschwerde zum Teil zulässig, zum Teil unzulässig ist.

Wird die Beschwerde auf **andere Beschwerdegründe** gestützt, ist sie als unzulässig zu verwerfen. Andere Anfechtungsgründe können evtl durch Klage über § 654 geltend gemacht werden. 3

### § 653 ZPO Unterhalt bei Vaterschaftsfeststellung

**(1) [1]Wird auf Klage des Kindes die Vaterschaft festgestellt, so hat das Gericht auf Antrag den Beklagten zugleich zu verurteilen, dem Kind Unterhalt in Höhe der Regelbeträge und gemäß den Altersstufen der Regelbetrag-Verordnung, vermindert oder erhöht um die nach den §§ 1612b, 1612c des Bürgerlichen Gesetzbuchs anzurechnenden Leistungen, zu zahlen. [2]Das Kind kann einen geringeren Unterhalt verlangen. [3]Im Übrigen kann in diesem Verfahren eine Herabsetzung oder Erhöhung des Unterhalts nicht verlangt werden.**

**(2) Vor Rechtskraft des Urteils, das die Vaterschaft feststellt, wird die Verurteilung zur Leistung des Unterhalts nicht wirksam.**

1 **1. Absatz 1 Satz 1.** Das Kind kann (1) nur auf Vaterschaftsfeststellung oder (2) auf Feststellung der Vaterschaft und zugleich auf Regelbetragsunterhalt klagen. Tenor des Urteils: § 649 Rz 3.

Statt des Regelbetrags kann das Kind auch weniger fordern; mehr (zB 150 %) aber in *diesem* Verfahren nicht. Der Einwand fehlender Leistungsfähigkeit bzw Bedürftigkeit des Kindes ist in diesem Verfahren nicht zulässig (OLG Brandenburg FamRZ 2000, 1044; OLG Bremen FamRZ 2000, 1164), ebenso nicht der Erfüllungseinwand (BGH FamRZ 2003, 1095); dafür ist § 654 gedacht. Ebenso der Einwand der Erfüllung (OLG Düsseldorf FamRZ 2001, 1620).

2 **2. Absatz 2.** Vor Rechtskraft der Vaterschaftsfeststellung kann aus dem Unterhaltstitel nicht vollstreckt werden, was im Tenor zum Ausdruck zu bringen ist. Vgl § 629d.

### § 654 ZPO Abänderungsklage

**(1) Ist die Unterhaltsfestsetzung nach § 649 Abs. 1 oder § 653 Abs. 1 rechtskräftig, können die Parteien im Wege einer Klage auf Abänderung der Entscheidung verlangen, dass auf höheren Unterhalt oder auf Herabsetzung des Unterhalts erkannt wird.**

**(2) [1]Wird eine Klage auf Herabsetzung des Unterhalts nicht innerhalb eines - Monats nach Rechtskraft der Unterhaltsfestsetzung erhoben, darf die Abänderung nur für die Zeit nach Erhebung der Klage erfolgen. [2]Ist innerhalb dieser Frist ein Verfahren nach Absatz 1 anhängig geworden, so läuft die Frist für den Gegner nicht vor Beendigung dieses Verfahrens ab.**

**(3) Sind Klagen beider Parteien anhängig, so ordnet das Gericht die Verbindung zum Zweck gleichzeitiger Verhandlung und Entscheidung an.**

1 **1. Absatz 1.** Das Regelbetragsverfahren befasst sich nicht mit den individuellen Verh der Parteien. Ist die Unterhaltsfestsetzung durch Rechtspflegerbeschluss (§ 649 I) oder durch RichterU im Zusammenhang mit einer Vaterschaftsfeststellung (§ 653 I) rechtskr (dh Frist für die sof Beschwerde bei § 649 oder für die Ber bei § 653 abgelaufen), kann daher durch eine **Art Abänderungsklage (Korrekturklage)** der Vater auf Abschlag, das Kind auf Zuschlag in Abänderung des Titels klagen; auch als Widerklage. Die Klage hat nichts mit § 323 zu tun, eine *wesentl.* Änderung ist nicht Voraussetzung (OLG Hamm FamRZ 2004,

1588); auch frühere Veränderungen können geltend gemacht werden, § 767 II ist nicht analog anwendbar. Mit der Korrekturklage des § 654 kann der Unterhaltspflichtige *alle* Einwendungen zum Grund und zur Höhe des Unterhalts erheben (BGH FamRZ 2003, 1095), auch fehlende Leistungsfähigkeit (OLG Köln FamRZ 2003, 1018); Leistungen nach dem UVG (OLG Naumburg FamRZ 2006, 1395). Zuständig ist der Richter des FamG; Entscheidung durch Urteil: dagegen Ber zum OLG (das Nachverfahren ist FamS).

**2. Absatz 2** soll schnell Klarheit über die Höhe des Rückstands schaffen. Die Monatsfrist endet iFd § 167 mit Einreichung der Klage. **Satz 2:** Klagt zB das Kind innerhalb der Frist auf Zuschlag zum Regelbetrag, läuft die Frist für die Herabsetzungsklage des Vaters nicht vor Beendigung des Zuschlagsverfahrens ab. 2

**3. Absatz 3.** ZB Klage des Kindes auf höheren, des Vaters auf Ermäßigung des Unterhalts. Voraussetzung der Verbindung ist Anhängigkeit beim selben Gericht. 3

## § 655 ZPO Abänderung des Titels bei wiederkehrenden Unterhaltsleistungen

**(1) Auf wiederkehrende Unterhaltsleistungen gerichtete Vollstreckungstitel, in denen ein Betrag der nach den §§ 1612b, 1612c des Bürgerlichen Gesetzbuchs anzurechnenden Leistungen festgelegt ist, können auf Antrag im vereinfachten Verfahren durch Beschluss abgeändert werden, wenn sich ein für die Berechnung dieses Betrags maßgebender Umstand ändert.**

**(2) [1]Dem Antrag ist eine Ausfertigung des abzuändernden Titels, bei Urteilen des in vollständiger Form abgefassten Urteils, beizufügen. [2]Ist ein Urteil in abgekürzter Form abgefasst, so genügt es, wenn außer der Ausfertigung eine von dem Urkundsbeamten der Geschäftsstelle des Prozessgerichts beglaubigte Abschrift der Klageschrift beigefügt wird. [3]Der Vorlage des abzuändernden Titels bedarf es nicht, wenn dieser von dem angerufenen Gericht auf maschinellem Weg erstellt worden ist; das Gericht kann dem Antragsteller die Vorlage des Titels aufgeben.**

**(3) [1]Der Antragsgegner kann nur Einwendungen gegen die Zulässigkeit des vereinfachten Verfahrens, gegen den Zeitpunkt der Abänderung oder gegen die Berechnung des Betrags der nach den §§ 1612b, 1612c des Bürgerlichen Gesetzbuchs anzurechnenden Leistungen geltend machen. [2]Ferner kann er, wenn er sich sofort zur Erfüllung des Anspruchs verpflichtet, hinsichtlich der Verfahrenskosten geltend machen, dass er keinen Anlass zur Stellung des Antrags gegeben hat (§ 93).**

**(4) Ist eine Abänderungsklage anhängig, so kann das Gericht das Verfahren bis zur Erledigung der Abänderungsklage aussetzen.**

**(5) [1]Gegen den Beschluss findet die sofortige Beschwerde statt. [2]Mit der sofortigen Beschwerde können nur die in Absatz 3 bezeichneten Einwendungen sowie die Unrichtigkeit der Kostenfestsetzung geltend gemacht werden.**

**(6) Im Übrigen sind auf das Verfahren § 323 Abs. 2, § 646 Abs. 1 Nr. 1 bis 5 und 7, Abs. 2 und 3, die §§ 647 und 648 Abs. 3 und § 649 entsprechend anzuwenden.**

**1. Änderung der Kindergeldverrechnung (Absatz 1).** Wenn in einem Titel über den Unterhalt eines minderj Kindes Kindergeld bzw kindbezogene Leistungen wie Kinder- 1 zuschläge (§§ 1612b, c BGB) berücksichtigt wurden (was sich aus dem Tenor oder den Gründen ergeben kann) und sich das Kindergeld usw. ändert, kann der Titel vom Rechtspfleger (§ 20 Nr. 10b RPflG) im vereinfachten Verfahren durch Beschluss angepasst werden. § 655 gilt auch für die Änderung des § 1612b V BGB, in Kraft seit 01.01.2001 (Rz 4); dazu *Gerhardt* FamRZ 2001, 73; *Graba* FamRZ 2001, 249. Grds ist ein Unterhalt von 135 % des Regelbetrags abzügl. beziffertem halbem Kindergeld festzusetzen (OLG München Rpfleger 2001, 346). Der Ursprungstitel ist dem Antrag beizufügen (**Absatz 2**). Nur die vier in **Absatz 3** genannten **Einwendungen** kann der AGegner erheben, also zB nicht, dass er leistungsunfähig sei oder der Unterhalt als solcher zu hoch, oder dass er erfüllt habe. Solche hier unzulässige Einwendungen können durch Abänderungsklage nach § 323 bzw § 654 geltend gemacht werden.

2 **2. Verfahren.** Für den Antrag ist wegen der Kompliziertheit bei PKH-Bewilligung ein RA beizuordnen, § 121 II (OLG Zweibrücken MDR 2006, 577). Die Verweisung in **Absatz 6** besagt, dass der Antrag den Inhalt nach § 646 I Nr. 1 bis 5, 7 haben muss und nur auf neue Gründe gestützt werden darf (§ 323 II). Ist eine Abänderungsklage (§ 323) anhängig, erfolgt Aussetzung (**Absatz 4**); mehrere Verfahren desselben Vaters usw. werden miteinander verbunden (§ 646 III). Bei mangelhaften Anträgen wird dem ASt eine Frist zur Nachbesserung gesetzt; andernfalls werden sie vom Rechtspfleger zurückgewiesen (§ 646 II). Der Rechtspfleger bearbeitet den ihm zulässig erscheinenden Antrag nach § 647. Die für Einwendungen gesetzte Frist ist keine Ausschlussfrist (§ 648 III). Bei unbeachtl. Einwendungen wird nach § 650 entschieden.

3 **3. Rechtsmittel (Absatz 5). a)** Gegen den Beschluss des Rechtspflegers sof Beschwerde zum OLG (vgl § 652). **b) Zurückweisung des Abänderungsantrags** durch Beschluss; Richterbeschluss unanfechtbar nach § 646 II 3, gegen Rechtspflegerbeschluss nur sof Erinnerung (§ 11 II RPflG). **c) Klagen** nach §§ 654, 659, 323.

4 **4. UnterhaltstitelanpassungG** v 02.11.2000 (BGBl 2000, 1479): nach dessen § 2 konnten vom 01.01.2001 bis 31.12.2005 alte Unterhaltstitel für minderj Kinder im Verfahren nach § 655 wegen § 1612a V BGB angepasst werden. Zur Verfassungsmäßigkeit vgl OLG Stuttgart FamRZ 2002, 172 und 177.

## § 656 ZPO Klage gegen Abänderungsbeschluss

**(1) Führt die Abänderung des Schuldtitels nach § 655 zu einem Unterhaltsbetrag, der wesentlich von dem Betrag abweicht, der der Entwicklung der besonderen Verhältnisse der Parteien Rechnung trägt, so kann jede Partei im Wege der Klage eine entsprechende Abänderung des ergangenen Beschlusses verlangen.**

**(2) [1]Die Klage ist nur zulässig, wenn sie innerhalb eines Monates nach Zustellung des Beschlusses erhoben wird. [2]§ 654 Abs. 2 Satz 2 und Abs. 3 gilt entsprechend.**

**(3) Die Kosten des vereinfachten Verfahrens werden als Teil der Kosten des Rechtsstreits über die Abänderungsklage behandelt.**

1 **Absatz 1.** Die Vorschrift bezieht sich nur auf Anpassungen nach § 655 (Kindergeld bzw kindbezogene Leistungen wie Kinderzuschläge). Es handelt sich um eine Sonderform des § 323-Klage. **Kläger** ist der Unterhaltsschuldner (idR der Vater), weil er weniger Unter-

halt zahlen will; oder der UnterhaltsGl, wenn er mehr erlangen will. **Beklagt** ist der Gegner des Verfahrens nach § 655, idR zB das minderj Kind. Zuständig ist das FamG (Richter); örtl.: § 642. **Wesentlich im Sinne des Absatz 1**: vgl § 323 I, V, etwa 10 %; zB Titel über 200 Euro; die Kindergeldanpassung nach § 655 führte zu 250 Euro. Schuldet der Vater nach seiner individuellen Lage nur 210 Euro, ist seine Klage zulässig. Entscheidung durch **Urteil** (Kosten: § 91). Ber zum OLG.

**Klagefrist: Absatz 2 Satz 1**. Ein Monat. **Absatz 2 Satz 2:** klagt zB das Kind innerhalb der Frist auf Erhöhung, läuft die Frist für die Herabsetzungsklage des Vaters nicht vor Beendigung des Verfahrens ab (§ 654 II 2). Klagen zB des Kindes auf höheren, des Vaters auf Ermäßigung des Unterhalts, werden verbunden (§ 654 III). **Streitwert:** § 42 GKG. 2

**Kostenentscheidung (Absatz 3)**: Es wird über *die Kosten* entschieden, die Kosten des vorangegangenen vereinfachten Verfahrens sind davon miterfasst. Vgl § 651 V. 3

## § 657 ZPO Besondere Verfahrensvorschriften

**[1]In vereinfachten Verfahren können die Anträge und Erklärungen vor dem Urkundsbeamten der Geschäftsstelle abgegeben werden. [2]Soweit Formulare eingeführt sind, werden diese ausgefüllt; der Urkundsbeamte vermerkt unter Angabe des Gerichts und des Datums, dass er den Antrag oder die Erklärung aufgenommen hat.**

§ 657 geändert durch G v. 22.03.2005 (BGBl 2005, 837).

Es besteht kein Anwaltszwang, S. 1 (§ 78 V). 1

## § 658 ZPO Sonderregelungen für maschinelle Bearbeitung

**(1) [1]In vereinfachten Verfahren ist eine maschinelle Bearbeitung zulässig. [2]§ 690 Abs. 3 Satz 1 und 3 gilt entsprechend.**

**(2) Bei maschineller Bearbeitung werden Beschlüsse, Verfügungen und Ausfertigungen mit dem Gerichtssiegel versehen; einer Unterschrift bedarf es nicht.**

§ 658 geändert durch G v. 22.12.2006 (BGBl 2006, 3614).

Die Verweisung auf § 690 III bedeutet, dass die Anträge auch mittels Datenträgeraustausch und Datenfernübertragung gestellt werden können. Dem AGegner muss natürlich ein für Laien *verständl.* Ausdruck zur Stellungnahme zugeleitet werden. Die Ausklammerung von § 690 I 2 in der Verweisung bedeutet, dass im vereinfachten Verfahren RAe *nicht* verpflichtet sind, den Antrag etc in maschinenlesbarer Form (also über Internet) einzureichen (wie ab 01.12.2008 beim MB), es geht also wie bisher. 1

## § 659 ZPO Formulare

**(1) [1]Das Bundesministerium der Justiz wird ermächtigt, zur Vereinfachung und Vereinheitlichung der Verfahren durch Rechtsverordnung mit Zustimmung des Bundesrates Formulare für die vereinfachten Verfahren einzuführen. [2]Für Gerichte, die**

**die Verfahren maschinell bearbeiten, und für Gerichte, die die Verfahren nicht maschinell bearbeiten, können unterschiedliche Formulare eingeführt werden.**

**(2) Soweit nach Absatz 1 Formulare für Anträge und Erklärungen der Parteien eingeführt sind, müssen sich die Parteien ihrer bedienen.**

§ 659 geändert durch G v. 22.03.2005 (BGBl 2005, 837).

1 Es besteht Vordruckverwendungspflicht; andere Anträge sind unzulässig.

### § 660 ZPO Bestimmung des Amtsgerichts

**(1) [1]Die Landesregierungen werden ermächtigt, die vereinfachten Verfahren über den Unterhalt Minderjähriger durch Rechtsverordnung einem Amtsgericht für die Bezirke mehrerer Amtsgerichte zuzuweisen, wenn dies ihrer schnelleren und rationelleren Erledigung dient. [2]Die Landesregierungen können die Ermächtigung durch Rechtsverordnung auf die Landesjustizverwaltungen übertragen.**

**(2) Bei dem Amtsgericht, das zuständig wäre, wenn die Landesregierung oder die Landesjustizverwaltung das Verfahren nach Absatz 1 nicht einem anderen Amtsgericht zugewiesen hätte, kann das Kind Anträge und Erklärungen mit der gleichen Wirkung einreichen oder anbringen wie bei dem anderen Amtsgericht.**

1 In Bayern ist das AG Nürnberg zuständig (VO v. 06.10.1977). Das Kind kann aber in diesen Fällen Anträge bei seinem wohnsitznahen AG stellen mit den gleichen proz und matrechtl. Wirkungen (zB § 209 II 1b BGB, § 647 II).

## Abschnitt 7
## Verfahren in Lebenspartnerschaftssachen

### § 661 ZPO Lebenspartnerschaftssachen

**(1) Lebenspartnerschaftssachen sind Verfahren, welche zum Gegenstand haben**

**1. die Aufhebung der Lebenspartnerschaft auf Grund des Lebenspartnerschaftsgesetzes,**

**2. die Feststellung des Bestehens oder Nichtbestehens einer Lebenspartnerschaft,**

**3. die Verpflichtung zur Fürsorge und Unterstützung in der partnerschaftlichen Lebensgemeinschaft,**

**3a. die elterliche Sorge für ein gemeinschaftliches Kind, soweit nach den Vorschriften des Bürgerlichen Gesetzbuchs hierfür das Familiengericht zuständig ist,**

**3b. die Regelungen des Umgangs mit einem gemeinschaftlichen Kind, soweit nach den Vorschriften des Bürgerlichen Gesetzbuchs hierfür das Familiengericht zuständig ist,**

**3c. die Herausgabe eines gemeinschaftlichen Kindes, für das die elterliche Sorge besteht,**

**3d. die gesetzliche Unterhaltspflicht für ein gemeinschaftliches minderjähriges Kind,**

**4. die durch die Lebenspartnerschaft begründete gesetzliche Unterhaltspflicht,**

**4a. den Versorgungsausgleich der Lebenspartner,**

**5. die Regelung der Rechtsverhältnisse an der gemeinsamen Wohnung und am Hausrat der Lebenspartner,**

**6. Ansprüche aus dem lebenspartnerschaftlichen Güterrecht, auch wenn Dritte an dem Verfahren beteiligt sind,**

**7. Entscheidungen nach § 6 des Lebenspartnerschaftsgesetzes in Verbindung mit §§ 1382 und 1383 des Bürgerlichen Gesetzbuchs.**

**(2) In Lebenspartnerschaftssachen finden die für Verfahren auf Scheidung, auf Feststellung des Bestehens oder Nichtbestehens einer Ehe zwischen den Parteien oder auf Herstellung des ehelichen Lebens und für Verfahren in anderen Familiensachen nach § 621 Abs. 1 Nr. 1 bis 9 geltenden Vorschriften jeweils entsprechende Anwendung.**

**(3) § 606a gilt mit den folgenden Maßgaben entsprechend:**

**1. Die deutschen Gerichte sind auch dann zuständig, wenn**

**a) einer der Lebenspartner seinen gewöhnlichen Aufenthalt im Inland hat, die Voraussetzungen des Absatzes 1 Satz 1 Nr. 4 jedoch nicht erfüllt sind, oder**

**b) die Lebenspartnerschaft vor einem deutschen Standesbeamten begründet worden ist.**

**2. Absatz 2 Satz 1 findet keine Anwendung.**

**3. In Absatz 2 Satz 2 tritt an die Stelle der Staaten, denen die Ehegatten angehören, der Register führende Staat.**

§ 661 geändert durch G v. 15.12.2004 (BGBl 2004, 3396/3404).

**Lit:** ***Finger*** FPR 2001, 460; ***Schwab*** (Hg) Die eingetragene Lebenspartnerschaft, 2002.

§ 661 regelt **registrierte, homosexuelle Lebenspartnerschaften** iSd LPartG v 16.02.2001 (BGBl. 2001, 266; Verfassungsmäßigkeit vom BVerfG bejaht), nicht Mann/Frau-Lebensgefährten. **Absatz 1 Nr. 1**: § 15 LPartG. **Nr. 2**: vgl § 265. **Nr. 3**: § 2 LPartG, wie § 1353 BGB; **Nr. 4**: Unterhaltspflicht nach § 5 LPartG. **Nr. 5:** §§ 13 ff. LPartG, wie § 621 I Nr. 7. **Nr. 6:** GüterR, vgl §§ 6, 7 LPartG. **Nr. 7**: wie § 621 Nr. 9. 1

**Zuständig** ist das AG FamG. Die örtl. Zust regelt Abs. 3. 2

## §§ 662-687 ZPO

(weggefallen)

# Buch 7
# Mahnverfahren

## § 688 ZPO Zulässigkeit

**(1) Wegen eines Anspruchs, der die Zahlung einer bestimmten Geldsumme in Euro zum Gegenstand hat, ist auf Antrag des Antragstellers ein Mahnbescheid zu erlassen.**

**(2) Das Mahnverfahren findet nicht statt:**

**1. für Ansprüche eines Unternehmers aus einem Vertrag gemäß den §§ 491 bis 504 des Bürgerlichen Gesetzbuchs, wenn der nach den §§ 492, 502 des Bürgerlichen Gesetzbuchs anzugebende effektive oder anfängliche effektive Jahreszins den bei Vertragsschluss geltenden Basiszinssatz nach § 247 des Bürgerlichen Gesetzbuchs um mehr als zwölf Prozentpunkte übersteigt;**

**2. wenn die Geltendmachung des Anspruchs von einer noch nicht erbrachten Gegenleistung abhängig ist;**

**3. wenn die Zustellung des Mahnbescheids durch öffentliche Bekanntmachung erfolgen müsste.**

**(3) Müsste der Mahnbescheid im Ausland zugestellt werden, findet das Mahnverfahren nur statt, soweit das Anerkennungs- und Vollstreckungsausführungsgesetz vom 19. Februar 2001 (BGBl. I S. 288) dies vorsieht.**

§ 688 geändert durch G v. 26.11.2001 (BGBl 2001, 3138).

1 **1. Allgemeines.** Der ASt kann frei zwischen Mahnverfahren und Klageerhebung wählen. Der Antrag auf MB macht, wenn zulässig, die vorherige Streitschlichtung nach § 15a EGZPO entbehrl. (AG Rosenheim NJW 2001, 2030). **Prozesskostenhilfe** (§§ 114-127) für das Mahnverfahren ist mögl. (LG Stuttgart Rpfleger 2005, 32), wird durch den Rechtspfleger bewilligt, aber ohne Anwaltsbeiordnung; neuer Antrag für Antragsbegründung ist notw. Jährl. werden ca. 8,2 Millionen Anträge gestellt (BR-Drucks. 550/06).

2 **Insolvenzeröffnung über Antragsteller:** der Insolvenzverwalter führt das Verfahren fort, bzw kann ein unterbrochenes Verfahren (§ 240) aufnehmen, § 80 InsO. **Insolvenzeröffnung über Antragsgegner:** keine wirksame Zustellung des MB an den Schuldner oder Insolvenzverwalter mögl., es bleibt nur Anmeldung zur Insolvenztabelle, § 174 InsO, bei Bestreiten im Prüfungstermin Klage nach § 179 InsO; bei Insolvenzeröffnung nach Widerspruch/Einspruch: §§ 240, 249, 250.

3 **2. Voraussetzungen für den Erlass** eines MB:

- **Antrag**, § 690; **Rücknahme** (analog § 269) bis zur Rechtskraft des VoB oder bis zum Antrag gem § 696 I 1 ohne Einwilligung des AGegners mögl. (vgl *Fischer* MDR 1994, 124).
- **Zuständigkeit** des Gerichts, § 689; in bestimmten Ländern sind die Mahnsachen auf ein bestimmtes AG konzentriert (§ 689 III), zB in Bayern beim AG Coburg; vgl § 690 Rz 6.

- **allgemeine Prozessvoraussetzungen**, zB Parteifähigkeit; Prozessfähigkeit; ordnungsgemäße gesetzl. Vertretung.
- **Zahlungsanspruch** in Euro; Forderungen in ausl Währung (zB US-Dollar) müssen hierzu in Euro umgerechnet werden (BGH 104, 268). Fälligkeit spätestens innerhalb der Widerspruchsfrist; nicht bedingt oder von Zug-um-Zug-Leistung abhängig usw., **Absatz 2 Nr. 2**. 4
- **Rechtsweg** zu den ordentl. Gerichten: auch für Lohnansprüche etc Zust der ArbG nach § 46a ArbGG; für Feststellung zur Insolvenztabelle nur Klage nach § 179 InsO; auch für Ansprüche gem § 43 I WEG ist das Mahnverfahren gegeben. 5
- **Rechtsschutzbedürfnis**: soweit es zB für den Geb-Anspruch des Notars (§ 155 KostO), des RA (§ 11 RVG) fehlen könnte, darf der Erlass des MB nicht deswegen abgelehnt werden, außer das fehlende Rechtsschutzbedürfnis geht aus dem Mahnantrag hervor (BGH NJW 1981, 876). 6
- **Zustellbar im Inland** oder in einem Mitglieds- oder Vertragsstaat iSv § 32 AVAG (vgl Anh), **Absatz 2 Nr. 3, Absatz 3** (vgl *Einhaus* AnwBl 2000, 557). Widerspruchsfrist im Auslandsfall: ein Monat. Keine öffentl. Zustellung, §§ 185 ff; bei unbekanntem Aufenthalt bleibt nur Klage. Ergibt sich später, dass der MB mangels Aufenthalt nicht zustellbar ist, kein Wechsel ins ordentl. Verfahren durch Abgabe an das StreitG analog § 696 unter Vorlage der Anspruchsbegründung (BGH NJW 2004, 2453; OLG Dresden Rpfleger 2001, 437; **aA** LG Hamburg Rpfleger 1985, 119); es bleibt nur Klage, die Mahnverfahrenskosten können nicht verrechnet werden. Zur VO (EG) vgl Rz 11. Zur Zustellung an NATO-Truppenangehörige vgl § 703 c. 7
- **Einzahlung der Gerichtsgebühr** (GKG-KV Nr. 1110: 0,5 zB bei einem StrW von 6 000 €: 68 €), § 12 III 1 GKG (bei maschineller Erstellung des MB keine Vorauszahlung, § 12 III 2 GKG), Ausnahmen § 14 GKG. **Anwaltsgebühr:** RVG-VV 3305. Vgl § 692 Rz 2. 8

**3. Bei Verbraucherdarlehenssachen** (§§ 491 bis 504 BGB, früher VerbrKrG) ist das Mahnverfahren nur zulässig, wenn der Zins einen bestimmten Maximalzins nicht übersteigt; beträgt der Basiszins (§ 247 BGB) zB 3,62 %, sind nur Anträge mit einem Zins bis 15,62 % zulässig. Der Basiszins ändert sich zwei Mal jährl. (01.01. und 01.07.), alte Zinssätze bei *Palandt/Heinrichs* § 247. Bei höherem Zins muss der Gl (Bank usw.) die Klage wählen. Für Altverträge: Art 28 EGZPO. 9

**4. Fehlen die Voraussetzungen** und ist der Mangel nicht behebbar: Zurückweisung des Antrags, § 691. Stellt sich nach Erlass heraus, dass der MB wegen § 688 II Nr. 2, 3, III nicht hätte erlassen werden dürfen, erfolgt keine Überleitung nach § 696 (OLG Dresden Rpfleger 2001, 437). 10

**5. Absatz 3** wird ab dem 12.12.2008 teilw durch die VO (EG) Nr. 1896/2006 (ABl 2006 L. 399 S. 1) betreffend Einführung eines Europäischen Mahnverfahrens verdrängt. 11

## § 689 ZPO Zuständigkeit; maschinelle Bearbeitung

**(1) [1]Das Mahnverfahren wird von den Amtsgerichten durchgeführt. [2]Eine maschinelle Bearbeitung ist zulässig. [3]Bei dieser Bearbeitung sollen Eingänge spätestens an dem Arbeitstag erledigt sein, der dem Tag des Eingangs folgt.**

**(2) [1]Ausschließlich zuständig ist das Amtsgericht, bei dem der Antragsteller seinen allgemeinen Gerichtsstand hat. [2]Hat der Antragsteller im Inland keinen allgemeinen Gerichtsstand, so ist das Amtsgericht Schöneberg in Berlin ausschließlich zuständig. [3]Sätze 1 und 2 gelten auch, soweit in anderen Vorschriften eine andere ausschließliche Zuständigkeit bestimmt ist.**

**(3) [1]Die Landesregierungen werden ermächtigt, durch Rechtsverordnung Mahnverfahren einem Amtsgericht für die Bezirke mehrerer Amtsgerichte zuzuweisen, wenn dies ihrer schnelleren und rationelleren Erledigung dient. [2]Die Zuweisung kann auf Mahnverfahren beschränkt werden, die maschinell bearbeitet werden. [3]Die Landesregierungen können die Ermächtigung durch Rechtsverordnung auf die Landesjustizverwaltungen übertragen. [4]Mehrere Länder können die Zuständigkeit eines Amtsgerichts über die Landesgrenzen hinaus vereinbaren.**

1 **1. Zuständigkeit:**

**a) Sachlich** das AG ohne Rücksicht auf den StrW; ArbG vgl § 46a ArbGG; WEG-Sachen vgl § 46a WEG. **b) Funktionell** der Rechtspfleger, § 20 Nr. 1 RPflG. In manchen Bezirken erfolgt die Bearbeitung maschinell mit EDV-Anlagen. **c) Örtlich** regelt Abs. 2 eine ausschließl. Zust, abweichende Vereinbarungen sind insoweit nicht zulässig, § 40 II (BGH BB 1985, 691).

**2. Örtliche Zuständigkeit, Absatz 2:**

2 **a) Allgemeiner Gerichtsstand des Antragstellers** (nicht des AGegners!), anders jedoch meist in der Praxis wegen § 689 Rz 6 (Haftungsfalle!); sonst: vgl §§ 12 ff: bei natürl. Personen Wohnsitz, § 13; bei JuP etc der Sitz, §§ 17 bis 19 vgl § 5 AktG; § 3 Nr. 1 GmbHG (bei GmbH mit rechtl. unselbstständiger ins Handelsregister eingetragener Zweigniederlassung das AG am Sitz der GmbH; die Niederlassung iSv § 21 begründet keine Zust für das Mahnverfahren, BGH NJW 1998, 1322); § 6 Nr. 1 GenG; § 106 II Nr. 23 HGB für OHG, KG; bei ausl Vers der Sitz der inl Niederlassung, BGH NJW 1979, 1785.

3 **b) Bei mehreren Antragstellern** mit verschiedenem allgemeinen Gerichtsstand können die ASt dazwischen wählen, keine Anwendung von § 36 Nr. 3 (BGH NJW 1978, 312).

4 **c) Auslandsfälle:** hat der ASt einen inl Sitz usw.: AG Berlin-Schöneberg, Abs. 2 S. 2. Hat der *AGegner* einen inl Gerichtsstand, gilt § 689 II 1. Hat er keinen, ist das in § 703d II genannte AG zuständig (BGH NJW 1981, 2647).

5 **d)** Der Gerichtsstand des Abs. 2 geht auch den ausschließl. Gerichtsständen zB dem des § 29a ZPO vor. Wenn die **WEG-Gemeinschaft** ASt ist, ist § 689 II nicht anzuwenden (§ 43 Nr. 6 WEG 2007); denn ist das Gericht zuständig, in dessen Bezirk das Grundstück liegt.

**3. Zentrales Mahngericht, Absatz 3.** Ist die Zust auf bestimmte AGe konzentriert, sind diese AGe auch für Mahnverfahren nach § 703d zuständig (BGH NJW 1993, 2752). **Konzentrationen:** 6

- Bayern: AG Coburg
- Baden-Württemberg: AG Stuttgart
- Berlin: AG Wedding
- Brandenburg: AG Wedding/Schöneberg in 13343 Berlin
- Bremen: AG Bremen
- Hamburg: AG Hamburg-Mitte
- Hessen: AG Hünfeld
- Mecklenburg-Vorpommern: AG Hamburg-Mitte
- Niedersachsen: AG Uelzen, teilw nur für maschinell lesbare Anträge
- NRW: AG Hagen für die OLG-Bezirke Hamm und Düsseldorf; AG Euskirchen für den OLG-Bezirk Köln
- Rheinland-Pfalz: AG Mayen
- Saarland: AG Mayen
- Sachsen: AG Aschersleben, Zweigstelle Staßfurt
- Sachsen-Anhalt: AG Aschersleben Zweigstelle Staßfurt
- Schleswig-Holstein: AG Schleswig
- Thüringen: nur für maschinell lesbare Anträge AG Aschersleben, Zweigstelle Staßfurt

Teils werden die Sachen also von benachbarten Bundesländern erledigt; teils besteht nur eine Konzentration für maschinell lesbare Anträge.

## § 690 ZPO Mahnantrag

**(1) Der Antrag muss auf den Erlass eines Mahnbescheids gerichtet sein und enthalten:**

**1. die Bezeichnung der Parteien, ihrer gesetzlichen Vertreter und der Prozessbevollmächtigten;**

**2. die Bezeichnung des Gerichts, bei dem der Antrag gestellt wird;**

**3. die Bezeichnung des Anspruchs unter bestimmter Angabe der verlangten Leistung; Haupt- und Nebenforderungen sind gesondert und einzeln zu bezeichnen, Ansprüche aus Verträgen gemäß den §§ 491 bis 504 des Bürgerlichen Gesetzbuchs, auch unter Angabe des Datums des Vertragsschlusses und des nach den §§ 492, 502 des Bürgerlichen Gesetzbuchs anzugebenden effektiven oder anfänglichen effektiven Jahreszinses;**

**4. die Erklärung, dass der Anspruch nicht von einer Gegenleistung abhängt oder dass die Gegenleistung erbracht ist;**

**5. die Bezeichnung des Gerichts, das für ein streitiges Verfahren zuständig ist.**

**(2) Der Antrag bedarf der handschriftlichen Unterzeichnung.**

Fassung des Abs. 3 bis 30.11.2008:

**(3) Der Antrag kann in einer nur maschinell lesbaren Form übermittelt werden, wenn diese dem Gericht für seine maschinelle Bearbeitung geeignet erscheint; der handschriftlichen Unterzeichnung bedarf es nicht, wenn in anderer Weise gewährleistet ist, dass der Antrag nicht ohne den Willen des Antragstellers übermittelt wird.**

Fassung des Abs. 3 ab 30.11.2008:

**(3) Der Antrag kann in einer nur maschinell lesbaren Form übermittelt werden, wenn diese dem Gericht für seine maschinelle Bearbeitung geeignet erscheint. Wird der Antrag von einem Rechtsanwalt gestellt, ist nur diese Form der Antragstellung zulässig. Der handschriftlichen Unterzeichnung bedarf es nicht, wenn in anderer Weise gewährleistet ist, dass der Antrag nicht ohne den Willen des Antragstellers übermittelt wird.**

§ 690 geändert durch G v. 22.12.2006 (BGBl 2006, 3614).

1 **1. Absatz 1.** Es müssen **Vordrucke** (erhältl. im Schreibwarengeschäft und Vordruckverlagen) verwendet werden, vgl § 703c. Telefax-Anträge sind unzulässig (AG Siegburg ZMR 2001, 984; *Ebnet* NJW 1992, 2989). **In Eilfällen**, wenn am letzten Tag die Verjährung gehemmt werden muss, ist deshalb Klage notw, weil sie mit Fax eingereicht werden kann. Mahnanträge gehen uU auf dem Postweg verloren. Hinweise zu Computerausdrucken: *Gureck* MDR 1998, 1457. Der Mahnantrag ist rücknehmbar (kein Anwaltszwang); ein noch nicht rechtskr VoB wird dann wirkungslos, was auf Antrag entspr § 269 III 3 durch Beschluss des Rechtspflegers auszusprechen ist.

**Parteien, Nr. 1:** vgl § 313 I Nr. 1; auch BGB-Gesellschaft (Außengesellschaft; BGH NJW 2001, 1056); Wohnungseigentümergemeinschaft (BGH NJW 2005, 2061); bei Kaufleuten genügt Angabe der Firma, § 17 II HGB (Angabe des derzeitigen Inhabers wegen späterer ZwV ratsam); bei Einzelkaufleuten seit 01.04.2003 mit Zusatz „e.K." (eingetragener Kaufmann, § 19 HGB), bei nicht eingetragenen Gewerbetreibenden ist Vor- und Zuname notw (*Gräwe/Salten* MDR 2003, 1097); bei GmbH usw. müssen die Namen der Geschäftsführer angegeben werden; ungenügend die Angabe von sog Etablissementsbezeichnungen (zB Gasthof zum Urbräu). Bei Behörden muss die natürl. Person, die die Behörde vertritt, nicht angegeben werden (BGH NJW 1997, 1584). BGB-Außengesellschaft ist aktiv und passiv parteifähig (BGH NJW 2001, 1056; anders die früher hM); nach BGH ZVI 2004, 514 muss der Geschäftsführer der GdBR *nicht* namentl. angegeben werden. Eine Vollmacht muss nicht beigefügt werden (§ 703).

**Amtsgericht, Nr. 2:** das ist grds das AG am Sitz des Gl, vgl §§ 689 II, III, 703d II, 129a; beachte die **zentralen Mahngerichte** in vielen Ländern (§ 688 III); § 689 Rz 6.

2 **Anspruch, Nr. 3:** vgl *Salten* MDR 1998, 1144; *Schneider* MDR 1998, 1333. Der Anspruch muss so genau bezeichnet werden, dass er individualisiert werden kann, abgegrenzt von ähnl. StrG, und Grundlage der ZwV sein kann (BGH NJW 2001, 305; 1995, 2230; *Schnauder* JuS 2001, 1054); **häufiger Haftungsfall**. Der Gegner muss erkennen können, wogegen er sich zur Wehr setzen müsste; eine nähere Angabe des Rechtsgrundes

ist idR nicht geboten (BGH NJW 1994, 323/4); Angabe „aus unerlaubter Handlung" ist aber, wenn gegeben, wegen § 850 f II ratsam. Ausreichend zB: „Kaufpreis für Bierlieferung vom 03.12.1994" oder „Zugewinnausgleich lt. Schreiben vom ..." (BGH NJW 1996, 2152). „Anspruch aus Werkvertrag" (dh ohne Datum, ohne Objekt) kann genügen, wenn zwischen den Parteien keine weiteren Rechtsbeziehungen bestehen (BGH NJW 2002, 520). Bei einer Gesamtforderung, die sich aus Einzelforderungen zusammensetzt, ist jede Einzelforderung zu individualisieren (BGH NJW 2001, 306). Bei Teilbeträgen ist der jeweilige Teil zu bezeichnen (BGH NJW 1991, 44). Bezug auf Anlage (zB Rechnungslisten) genügt, wenn diese mit dem MB verbunden und mitzugestellt wird (BGH NJW 1995, 2230). „Schadensersatz aus Pflichtverletzung eines Anwaltvertrags laut Schreiben v. ...." genügt nicht, wenn der Schuldner den Empfang des Schreibens v. ... bestreiten kann. Bei mehreren Mandaten müssten diese im Einzelnen angegeben werden. Ansprüche aus eigenem und abgetretenem Recht müssen betragsmäßig unterschieden werden (BGH NJW-RR 2006, 275). Ein rechtsfehlerhaft erlassener, nicht individualisierter MB unterbricht die Verjährung auch dann nicht, wenn die Individualisierung nach Ablauf der Verjährungsfrist im anschließenden Streitverfahren nachgeholt wird (BGH NJW-RR 2006, 275; NJW 2001, 305). Eine Schlüssigkeitsprüfung durch den Rechtspfleger findet nicht statt.

**Verbraucherdarlehen:** Anspruch aus Verbraucherdarlehensvertrag vom ... effektiver/anfängl. effektiver Jahreszins ... %.

**Erklärung, Nr. 4:** vgl Vordruck und § 688 II.

**Gericht, an das gegebenenfalls abzugeben ist, Nr. 5:** 3

**a)** Notw Angabe des AG oder LG, evtl KfH, je nach StrW, das für das Verfahren örtl. und sachl. zuständig ist (das WahlR nach § 35 wird durch die Angabe im MB-Antrag ausgeübt; eine Weiterverweisung, wenn das im MB angegebene Gericht *auch* zuständig ist, ist unzulässig und nicht bindend, BGH NJW 1993, 1273). Anzugeben ist zB das WohnsitzG (§§ 12 ff), der besondere Gerichtsstand (§§ 20 ff), das ausschließl. zuständige oder vereinbarte Gericht; wer LG-ZivK angibt, kann später noch die KfH wählen (vgl OLG Nürnberg JB 1995, 322). Angabe „AG-FamG" ist zweckmäßig. *Besonderheiten* in WEG-Sachen § 46a I 3 WEG, Landpachtsachen §§ 1 Nr. 1a, 48 LwVG, Binnenschifffahrtssachen § 3 II 2 BinnSch-VerfG.

**b) Änderung der Bezeichnung des Gerichts**, an das abzugeben ist, durch den ASt ist nach Zustellung des MB unzulässig. Ausnahmen §§ 696 I 1, 700 III 1, dh bei Zustimmung des Gegners. Bei einem „Fehler" (von zwei mögl. Gerichten ist versehentl. das ungünstige, weit entfernte angegeben) bleibt anderenfalls nur Rücknahme des Mahnantrags und neuer Antrag (Kosten!). **c) Bei mehreren Antragsgegnern** mit verschiedenem allgemeinen Gerichtsstand ist für jeden Gegner ein Formularsatz und die Angabe des AbgabeG notw (vgl BayObLG Rpfleger 1980, 436); später dann uU Verfahrenstrennung und getrennte Abgabe an verschiedene Gerichte. Zusammenführung der Prozesse nach § 36 Nr. 3. Bei Abgabe an verschiedene Abteilungen des AG oder verschiedene ER/Kammern des LG Zusammenführung allenfalls nach Geschäftsverteilungsplan durch Abgabe innerhalb des Gerichts. **d)** Schon jetzt vorsorgl. den Streitantrag zu stellen (§ 696 I 2) könnte Kostenrisiken bringen; vgl BVerfG NJW 2004, 1097. Jetzt in GKG-KV 1210 Anm S. 1 geregelt. **e)** Auslandsfälle: vgl § 703d III. 4

5 **2. Absatz 2. Unterzeichnung:** das Fehlen stellt einen Zurückweisungsgrund dar. Wird der MB aber erlassen, tritt die Verjährungshemmung durch den MB auch ein, wenn der Mahnantrag nicht unterschrieben ist (BGH NJW 1983, 1050).

6 **3. Absatz 3**, die Neufassung gilt ab 01.12.2008 (Art 28 G v. 22.12.2006) und schreibt **Rechtsanwälten** zwingend vor, Mahnanträge nur noch „in maschinell lesbarer Form", also zB **über Internet beim Amtsgericht als zentralem Mahngericht (§ 689 Rz 6) einzureichen. (1)** Dazu braucht der ASt einen Computer mit Internetanschluss und einen Drucker. Hat er ihn nicht, verweisen ihn die Motive auf „öffentl. Nutzerplätze" (zB Internet-Cafe). Wenn ein RA trotzdem noch einen Antrag auf dem gewöhnl. Formular einreicht und sich als RA zu erkennen gibt, dann wird sein Antrag als unzulässig zurückgewiesen werden. Geschieht dies versehentl. nicht und wird der MB erlassen, hat er die gewöhnl. Wirkungen. Gibt der ASt nicht „RA" an, wird der MB erlassen, aber die Erstattung der RA-Kosten (§ 91) wird später auf Schwierigkeiten stoßen. Auch wenn der RA in eigener Sache tätig wird gilt Abs. 3. Zum „Unterschreiben" braucht der RA noch eine Signaturkarte mit Lesegerät, was zu kaufen ist. Oder: **(2)** Die Motive (BR-Drucks. 550/06) meinen, demnächst werde ein Barcode-Verfahren entwickelt: mithilfe eines Internet-Formulars werde ein elektronischer Datensatz erstellt, im „Barcodeformat" auf gewöhnl. weißes DIN A4 ausgedruckt, unterschrieben und per Post an das zuständige MahnG übermittelt; auch das genügt § 690 III. Dafür braucht der RA dann keine Signaturkarte mit Lesegerät. Dieses System besteht seit 14.08.2006 bereits in NRW. Formular im Internet: www.mahnverfahren.nrw.de. **(3)** Eine Härteregelung, etc für behinderte RAe, gibt es nicht. Für Rechtsbeistände gilt Abs. 3 nicht. Sie und sonstige Personen können weiterhin ein Formular kaufen, ausfüllen und an das Gericht senden. Vgl Redeker AnwBl 2006, 448.

7 **4. Prüfungsumfang.** Der Rechtspfleger hat die Einzahlung der Gerichtskosten zu prüfen, ferner die Angaben auf offensichtl. Fehler und Unstimmigkeiten hinsichtl. der gesetzl. geforderten Angaben zu überprüfen (§§ 688 II, 690 I Nr. 3) und ihre Richtigstellung zu veranlassen; im Einzelfall kommt nach pflichtgemäßem Ermessen Zwischenverfügung, tel. Rückfrage, Berichtigung oder Zurückweisung des Antrags in Betracht. Ist offensichtl. irrtüml. statt des LG das AG angekreuzt, kann der Rechtspfleger das von Amts wegen berichtigen (BGH NJW 1984; 242). Beachte § 691 Rz 2.

8 **5. Rücknahme des Mahnantrags** ist bis zur Rechtskraft des VoB mögl., ohne Zustimmung des Gegners; sie wird dem Gegner formlos mitgeteilt (§ 270); dieser kann Kostenbeschluss beantragen (§ 269 III 2 analog, dh Kostenauferlegung auf ASt; BGH NJW 2005, 512). Beruft sich der ASt allerdings auf § 269 III 3 (AGegner solle also die Kosten tragen), ist auf Streitantrag hin abzugeben, trotz „Rücknahme", dort ist dann die KostenE zu treffen (BGH NJW 2005, 512), nicht vom MahnG (BGH NJW 2005, 513). Folgen ua: § 204 II 1 BGB. Zu unterscheiden von Rücknahme des Antrages auf streitiges Verfahren (§ 696 I 1), § 696 Rz 3.

## § 691 ZPO Zurückweisung des Mahnantrags

**(1) [1]Der Antrag wird zurückgewiesen:**

**1. wenn er den Vorschriften der §§ 688, 689, 690, 703c Abs. 2 nicht entspricht;**

**2. wenn der Mahnbescheid nur wegen eines Teiles des Anspruchs nicht erlassen werden kann.**

**[2]Vor der Zurückweisung ist der Antragsteller zu hören.**

**(2) Sollte durch die Zustellung des Mahnbescheids eine Frist gewahrt werden oder die Verjährung neu beginnen oder nach § 204 des Bürgerlichen Gesetzbuchs gehemmt werden, so tritt die Wirkung mit der Einreichung oder Anbringung des Antrags auf Erlass des Mahnbescheids ein, wenn innerhalb eines Monats seit der Zustellung der Zurückweisung des Antrags Klage eingereicht und diese demnächst zugestellt wird.**

**(3) [1]Gegen die Zurückweisung findet die sofortige Beschwerde statt, wenn der Antrag in einer nur maschinell lesbaren Form übermittelt und mit der Begründung zurückgewiesen worden ist, dass diese Form dem Gericht für seine maschinelle Bearbeitung nicht geeignet erscheine. [2]Im Übrigen sind Entscheidungen nach Absatz 1 unanfechtbar.**

§ 691 geändert durch G v. 26.11.2001 (BGBl 2001, 3138).

**1. Zurückweisung (Absatz 1)** des Mahnantrags durch Beschluss des Rechtspflegers, mit KostenE nach § 91, zu begründen, dem ASt zuzustellen (§ 329 III), dem AGegner nicht mitzuteilen (der ASt wird vorher gehört, § 691 I 2, damit er Mängel beheben kann). Dagegen nur befr Erinnerung, § 11 II RPflG, § 569 ZPO (zwei Wochen), der Amtsrichter entscheidet endgültig, keine Beschwerde (Abs. 3). Statt Zurückweisung uU Aufforderung zur Behebung von Mängeln. Zurückweisung hindert nicht neuen Mahnantrag. Unzulässige Formulare sind behebbarer Mangel (BGH NJW 1999, 3717). 1

**Offensichtlich unberechtigte Forderungen** berechtigen nur ganz ausnahmsweise zur Antragszurückweisung (AG Delmenhorst JurBüro 2003, 485; str). Zwar findet keine Schlüssigkeitsprüfung mehr statt, aber das Rechtsschutzbedürfnis (§ 688 Rz 6) für das Mahnverfahren kann dann fehlen; zB bei Naturalobligationen, unmögl. Ansprüchen, fehlerhaften Zinsen (vgl LG Münster JurBüro 1988, 1023), unberechtigten Inkassogeb (str; zB LG Stuttgart Rpfleger 1989, 246; AG Leipzig JB 1996, 542; *Lappe* Rpfleger 1988, 272; *Jenisch* JurBüro 1989, 721). Unrichtig angegebene Verfahrenskosten des Mahnverfahrens kann der Rechtspfleger selbst berichtigen (OLG Karlsruhe Rpfleger 1987, 422). 2

**2. Absatz 1 Nr. 2** (missverständl.) bezieht sich nicht auf *abtrennbare* Haupt- oder Nebenansprüche. Nr. 2 ist praktisch gegenstandslos. 3

**3. Absatz 2.** Erweitert § 167.

**4. Absatz 3 Satz 1 (maschinelle Anträge).** Hier ist sof Beschwerde (§ 567 I) zum LG gegeben. **Absatz 3 Satz 2 (andere Anträge):** Nur befr Erinnerung (§ 11 RPflG) ist zulässig, der Amtsrichter entscheidet endgültig. Klage bleibt. 4

**5. Kosten:** § 692 Rz 2. 5

## § 692 ZPO Mahnbescheid

**(1) Der Mahnbescheid enthält:**

**1. die in § 690 Abs. 1 Nr. 1 bis 5 bezeichneten Erfordernisse des Antrags;**

**2. den Hinweis, dass das Gericht nicht geprüft hat, ob dem Antragsteller der geltend gemachte Anspruch zusteht;**

**3. die Aufforderung, innerhalb von zwei Wochen seit der Zustellung des Mahnbescheids, soweit der geltend gemachte Anspruch als begründet angesehen wird, die behauptete Schuld nebst den geforderten Zinsen und der dem Betrag nach bezeichneten Kosten zu begleichen oder dem Gericht mitzuteilen, ob und in welchem Umfang dem geltend gemachten Anspruch widersprochen wird;**

**4. den Hinweis, dass ein dem Mahnbescheid entsprechender Vollstreckungsbescheid ergehen kann, aus dem der Antragsteller die Zwangsvollstreckung betreiben kann, falls der Antragsgegner nicht bis zum Fristablauf Widerspruch erhoben hat;**

**5. für den Fall, dass Formulare eingeführt sind, den Hinweis, dass der Widerspruch mit einem Formular der beigefügten Art erhoben werden soll, der auch bei jedem Amtsgericht erhältlich ist und ausgefüllt werden kann;**

**6. für den Fall des Widerspruchs die Ankündigung, an welches Gericht die Sache abgegeben wird, mit dem Hinweis, dass diesem Gericht die Prüfung seiner Zuständigkeit vorbehalten bleibt.**

**(2) An Stelle einer handschriftlichen Unterzeichnung genügt ein entsprechender Stempelabdruck oder eine elektronische Signatur.**

§ 692 geändert durch G v. 22.03.2005 (BGBl 2005, 837).

1 **Vgl amtlicher Vordruck. Zu Nr. 3:** die Zahlungsaufforderung kann eine mat-rechtl. erforderl. Nachfristsetzung ersetzen (BGH NJW-RR 1986, 1346). Bei *Zustellung im Ausland* beträgt iFd § 32 III AVAG die Widerspruchsfrist einen Monat; im arbeitsgerichtl. Mahnverfahren eine Woche, § 46a III ArbGG.

2 **Kosten. Gericht:** GKG KV 1110 KV GKG (0,5; mindestens 23 €), gleichgültig ob manuell oder elektronisch eingereicht, Zustellauslagen sind inbegriffen (KV 9002). Die Geb fällt auch an, wenn der Antrag zurückgewiesen wird, oder wenn der Mahnantrag nach Eingang beim MahnG (und vor Entscheidung) zurückgenommen wird oder wenn der MB wegen unbekanntem Aufenthalt des Schuldners nicht zugestellt werden kann. § 6 GKG (Einforderung durch Sollstellung, § 13 I, §§ 4 II, 29 Kost Vfg). Zur Vorauszahlung der Geb vgl. 12 III: bei manueller Bearbeitung des Mahnantrags Vorauszahlung durch Aufkleben von Kostenmarken, Scheck, Überweisung usw. (oder Absehen von der Vorauszahlung nach § 14 GKG, zB PKH-Bewilligung); bei maschineller Bearbeitung des Mahnantrags wird der MB ohne Vorauszahlung erlassen und erst dann wird dem ASt die Geb nach KV 1110 in Rechnung gestellt. Die Geb ermäßigt sich nicht durch spätere Ereignisse, wird nicht zurückbezahlt, wenn der Mahnantrag oder der Antrag auf Durchführung des str Verfahrens (§ 696 IV) zurückgenommen wird. Es spielt für die Geb keine Rolle, in welchem Umfang später Widerspruch eingelegt wird. Wird im str Verfahren in der Anspruchsbegründung ein höherer Betrag gefordert, erhöht sich dadurch die Geb KV 1110 nicht

mehr. Schuldner der Geb ist der ASt, § 22 GKG. Mehrere ASt sind Gesamtschuldner. Kostenfreiheit besteht in den Fällen des § 2 GKG. **Rechtsanwalt:** RVG VV 3305 (1,0), evtl Erhöhung nach VV 1008; dazu Auslagen (VV 7001, 7002), Umsatzsteuer (VV 7008).

## § 693 ZPO Zustellung des Mahnbescheids

**(1) Der Mahnbescheid wird dem Antragsgegner zugestellt.**

**(2) Die Geschäftsstelle setzt den Antragsteller von der Zustellung des Mahnbescheids in Kenntnis.**

§ 693 II vom 01.01.2002 – 30.06.2002 geändert, ab 01.07.2002 aufgehoben (G v. 25.06.2001, BGBl 2001, 1206), sodass § 693 III zum II wurde. Früherer § 693 II inhaltl. nun in § 167 nF.

**1. Zustellung, Absatz 1.** Sie erfolgt von Amts wegen, §§ 166 ff, auch in den Vertrags- 1
und Mitgliedsstaaten nach § 32 AVAG, auch nach Art 32 des Zusatzabkommens zum Nato-Truppenstatut. Nicht durch öffentl. Zustellung (§ 688 II). Rückbeziehung der Rechtshängigkeit auf den Zustellungszeitpunkt nach §§ 696 III, 700 II. Ohne Zustellung kann der MB nicht zum VoB führen.

**Fristwahrung** vgl § 167. Zur Hemmung der Verjährung bzw zu deren Neubeginn genügt 2
es, wenn der Mahnantrag am letzten Tag der Frist beim Gericht eingereicht wird, *falls Zustellung demnächst erfolgt.* Dazu Rz 3. Gilt zB auch für die Zweimonatsfrist nach Art. 12 III AG zum Nato-Truppenstatut (BGH NJW 1979, 1709), für § 12 III VVG, § 8 AKB. Einreichung beim unzuständigen Gericht schadet nicht (BGH NJW 1983, 1050).

**Hemmung der Verjährung:** § 204 I Nr. 3 BGB, auch wenn der Mahnantrag nicht hand- 3
schriftl. unterzeichnet war (BGH NJW 1983, 1052). Die Verjährungshemmung tritt aber nur ein, wenn die Forderung im MB ausreichend individualisiert war (BGH NJW 2001, 305; NJW 2000, 1420; § 690 Rz 2). **„Demnächst“** in § 167: ist nicht rein zeitl. zu verstehen (BGH NJW 1988, 1980; vgl *Weimar* Rpfleger 2001, 521); gemessen wird die Zeitdauer der Verzögerung vom Tage des Ablaufs der Verjährungsfrist an und nicht von dem früheren Zeitpunkt der Einreichung des Mahnantrags (BGH st Rspr NJW 1995, 2230). Verzögerungen der Zustellung, die außerhalb der Einflusssphäre des Gl liegen und die er selbst bei gewissenhafter Prozessführung nicht vermeiden kann, sollen ihm nicht schaden. Dagegen sind dem Gl alle Verzögerungen anzulasten, die er (oder sein PrBev) bei gewissenhafter Prozessführung hätte vermeiden können; nur geringfügige Verzögerungen sind unschädl.: 12 und 14 Tage sind noch geringfügig, nicht mehr 19 Tage oder vier Wochen (BGH NJW 1971, 891; 1972, 1950; 1967, 779; 1960, 1952); großzügiger OLG Frankfurt MDR 2001, 892. Wird ein MB erst nach Berichtigung des Antrages aufgrund Zwischen-Vfg erlassen, wirkt seine Zustellung auf den Zeitpunkt zurück, wenn sie „demnächst“ erfolgt (BGH NJW 1999, 3717). Ist der am letzten Tag eingegangene Antrag unvollständig und wird er vom Antragsteller auf Zwischen-Vfg des Rechtspflegers ergänzt, so ist die Zustellung des MB 14 Tage nach Zugang der Zwischen-Vfg noch als „demnächst“ anzusehen (BGH NJW 1999, 3125). Zustellung nicht mehr „demnächst“, wenn der ASt es unterlassen hat, beim MahnG nachzufragen, ob Zustellung erfolgte und dies zu einer Verzögerung der Zustellung um mehr als einen Monat geführt hat (BGH ZVI 2006, 286). Konnte der MB aufgrund **unzutreffender Anschrift** nicht zugestellt werden, gilt er als

„demnächst“ zugestellt, wenn er nach Mitteilung der Unzustellbarkeit beim ASt innerhalb eines Monats doch noch zugestellt wird (BGH NJW 2002, 2794 zur aF).

4 **Nicht erforderlich** ist, dass der ASt zugleich mit Einreichung den Prozesskostenvorschuss einzahlt (BGH NJW 1993, 2811); es ist ihm vielmehr nach Vorschussanforderung noch eine angemessene Frist (ca. 14 Tage vom Eingang der Anforderung bis zur Erledigung durch den ASt) zur Einzahlung zuzubilligen (BGH NJW 1984, 242); weitere Verzögerung durch bargeldlose Zahlung (Scheck) sind der Partei nicht zuzurechnen (BGH JurBüro 1985, 393).

5 **2. Absatz 2.** Dem ASt wird das Datum der Zustellung des MB mitgeteilt, damit er rechtzeitig (§ 699 I 2) den VoB beantragen kann.

## § 694 ZPO Widerspruch gegen den Mahnbescheid

**(1) Der Antragsgegner kann gegen den Anspruch oder einen Teil des Anspruchs bei dem Gericht, das den Mahnbescheid erlassen hat, schriftlich Widerspruch erheben, solange der Vollstreckungsbescheid nicht verfügt ist.**

**(2) [1]Ein verspäteter Widerspruch wird als Einspruch behandelt. [2]Dies ist dem Antragsgegner, der den Widerspruch erhoben hat, mitzuteilen.**

1 **1. Gegen den Mahnbescheid** ist nur Widerspruch gegeben, nicht Erinnerung oder Beschwerde. Der Widerspruch kann auch mat-rechtl. Wirkungen entfalten (zB gem § 651g II 3 BGB; BGH NJW 1983, 2700). Bei mehreren AGegnern muss jeder Widerspruch einlegen (Ausnahme: notw StrGen).

2 **a) Form des Widerspruchs:** schriftl., auch durch Telefax, Computer-Fax (BGH NJW 2000, 2340), Telegramm, gem § 129a. Eigenhändige Unterschrift ist nicht erforderl. (hM, **aA** LG München NJW 1987, 1340), wenn feststeht, dass er vom AGegner herrührt. Vollmacht § 703.

3 **b) Beschränkbarkeit:** auch auf Zinsen, Kosten (vgl § 91a), beim Urkunden-MB vgl § 703a II Nr. 4.

4 **c) Erhoben** ist der Widerspruch, sobald er in den Machtbereich des Gerichts gelangt (vgl BGH NJW 1982, 889), nicht erst, wenn er dem zuständigen Rechtspfleger vorgelegt wird.

5 **d) Frist:** zwei Wochen ab Zustellung, § 692 I Nr. 3; eine Woche im arbeitsgerichtl. Mahnverfahren, § 46a III ArbGG; ein Monat nach § 34 III AVAG. Berechnung nach §§ 222 ZPO, 187 BGB. „Verfügt“ ist der VoB, sobald er vom Geschäftsstellenbeamten in den Geschäftsgang gegeben ist (BGH NJW 1983, 633). „Erhoben“ ist der Widerspruch, wenn er dem Gericht (nicht auch der Geschäftsstelle der Mahnabteilung) zugegangen ist (BGH NJW 1982, 888).

Wird der MB zB am Montag, 04.12., zugestellt, kann Widerspruch bis einschließl. Montag, 18.12., erhoben werden. Geht das Widerspruchsschreiben des Schuldners (abgesandt 18.12.) erst am 20.12. ein, ist es verspätet. Ist der VoB noch nicht *verfügt*, gilt der Widerspruch trotzdem noch als rechtzeitig; anderenfalls gilt das Schreiben als Einspruch gegen den VoB. WE gegen die Versäumung der Widerspruchsfrist gibt es grds nicht (OLG Brandenburg ZMR 1999, 102).

**e) Rücknahme des Widerspruchs:** § 697 IV. 6

**f) Anwaltsgebühren** für das Einlegen des Widerspruchs: RVG VV 3307. Keine Gerichtsgeb für die Entgegennahme.

**2. Wirkung des Widerspruchs:** 7

**a)** wenn rechtzeitig und uneingeschränkt: keine Erteilung des VoB mehr, weiteres Verfahren vgl § 696;

**b)** wenn rechtzeitig und beschränkt auf einen Teil: ist unklar, gegen welche Teile sich der Widerspruch richtet, ist dem ASt Gelegenheit zur Klarstellung zu geben; bis dahin ist der Widerspruch als uneingeschränkt eingelegt zu behandeln (BGH NJW 1983, 633). Bei Eindeutigkeit ergeht wegen des Restes auf Antrag VoB; hat der Gegner einem Teil der Hauptsache und den Kosten voll widersprochen, können im Teil-VoB keine Kosten festgesetzt werden (LG Coburg JurBüro 2002, 198; LG Fulda JurBüro 2002, 484; **aA** AG Hagen JurBüro 2002, 198; AG Euskirchen JurBüro 2002, 197).

**c)** wenn verspätet und VoB schon verfügt: als Einspruch zu behandeln, Abs. 2.

**3. Umdeutung.** Ergeht ein VoB, obwohl Widerspruch eingelegt war (zB weil dieser übersehen oder rechtl. falsch gewürdigt wird), ist der Widerspruch als Einspruch zu behandeln (BGH NJW 1983, 633). 8

Formular 36: Gesamtwiderspruch gegen einen Mahnbescheid
Formular 37: Gesamtwiderspruch gegen einen Mahnbescheid mit Abgabeantrag

## § 695 ZPO Mitteilung des Widerspruchs; Abschriften

**[1]Das Gericht hat den Antragsteller von dem Widerspruch und dem Zeitpunkt seiner Erhebung in Kenntnis zu setzen. [2]Wird das Mahnverfahren nicht maschinell bearbeitet, so soll der Antragsgegner die erforderliche Zahl von Abschriften mit dem Widerspruch einreichen.**

Zuständig ist die Geschäftsstelle. Mit Zugang endet die Verjährungshemmung (BGH NJW-RR 1998, 954). 1

## § 696 ZPO Verfahren nach Widerspruch

**(1) [1]Wird rechtzeitig Widerspruch erhoben und beantragt eine Partei die Durchführung des streitigen Verfahrens, so gibt das Gericht, das den Mahnbescheid erlassen hat, den Rechtsstreit von Amts wegen an das Gericht ab, das in dem Mahnbescheid gemäß § 692 Abs. 1 Nr. 1 bezeichnet worden ist, wenn die Parteien übereinstimmend die Abgabe an ein anderes Gericht verlangen, an dieses. [2]Der Antrag kann in den Antrag auf Erlass des Mahnbescheids aufgenommen werden. [3]Die Abgabe ist den Parteien mitzuteilen; sie ist nicht anfechtbar. [4]Mit Eingang der Akten bei dem Gericht, an das er abgegeben wird, gilt der Rechtsstreit als dort anhängig. [5]§ 281 Abs. 3 Satz 1 gilt entsprechend.**

**(2) [1]Ist das Mahnverfahren maschinell bearbeitet worden, so tritt, sofern die Akte nicht elektronisch übermittelt wird, an die Stelle der Akten ein maschinell erstellter Aktenausdruck. [2]Für diesen gelten die Vorschriften über die Beweiskraft öffentlicher Urkunden entsprechend. [3]§ 298 findet keine Anwendung.**

**(3) Die Streitsache gilt als mit Zustellung des Mahnbescheids rechtshängig geworden, wenn sie alsbald nach der Erhebung des Widerspruchs abgegeben wird.**

**(4) [1]Der Antrag auf Durchführung des streitigen Verfahrens kann bis zum Beginn der mündlichen Verhandlung des Antragsgegners zur Hauptsache zurückgenommen werden. [2]Die Zurücknahme kann vor der Geschäftsstelle zu Protokoll erklärt werden. [3]Mit der Zurücknahme ist die Streitsache als nicht rechtshängig geworden anzusehen.**

**(5) Das Gericht, an das der Rechtsstreit abgegeben ist, ist hierdurch in seiner Zuständigkeit nicht gebunden.**

§ 696 geändert durch G v. 22.03.2005 (BGBl 2005, 837).

1 **1. Abgabe, Absatz 1.** Voraussetzung ist rechtzeitiger Widerspruch und ein Antrag des ASt (oder des Gegners, der auf diese Weise die Erstattung seiner RA-Kosten für den Widerspruch erreichen kann) sowie (nur bei Antrag des ASt) Einzahlung des restl. Vorschusses nach § 12 III 3 GKG (also weitere 2,5 Gerichtsgeb, denn sie betragen 3,0 und 0,5 sind schon bezahlt; GKG KV 1110, 1210). Wenn der Gegner den Streitantrag stellt, muss er keine Gerichtskosten einzahlen. Formlose Mitteilung (keine Zustellung) der Abgabe. Unanfechtbarkeit (auch keine Erinnerung). **Bei mehreren Antragsgegnern** mit verschiedenen allgemeinen Gerichtsständen wird das Verfahren vorl getrennt und die Sache bez jedes AGegners an das für ihn angegebene Gericht abgegeben; später evtl Wiederverbindung gem § 36 Nr. 3 (BGH NJW 1978, 1982). **Abgabe** erfolgt an das im MB bezeichnete Gericht, also an ein AG oder LG, **an Drittgericht** nach Abs. 1 S. 1 (also nur bei Zustimmung des Gegners). Eine Abgabe ohne vorherigen Widerspruch gibt es nicht; konnte der MB nicht zugestellt werden, weil die Adresse unbekannt war, ist eine Überleitung ins streitige Verfahren daher nicht zulässig (BGH NJW 2004, 2453; OLG Köln MDR 2004, 1376). Hätte der MB wegen § 688 II Nr. 2, 3, III nicht erlassen werden dürfen, erfolgt keine Überleitung (OLG Dresden Rpfleger 2001, 437).

**Kosten:** Nach § 696 I 5 entspr Anwendung von § 281 III 1 (nicht S. 2), dh die Kosten des Mahnverfahrens gelten als Teil der Kosten, die beim anschließenden Rechtsstreit entstehen (im späteren Prozess wird daher einheitl. über „die Kosten" entschieden).

1a **Absatz 2.** Dem Gericht werden meist nur Computerausdrucke übersandt, uU mit dem Original des Widerspruchs.

2 **2. Rechtshängigkeit, Absatz 3.** Sie wird mit den Wirkungen des § 261 uU zurückbezogen. „Alsbald" ist wie „demnächst" in § 167 nF zu verstehen (BGH NJW 1988, 1980 zur aF), vgl § 693 Rz 3. Der ASt muss den Abgabeantrag bald stellen. Wird **nicht alsbald abgegeben**, tritt Rechtshängigkeit erst mit Zustellung der Anspruchsbegründung ein (OLG Koblenz OLGZ 1991, 373; OLG Frankfurt MDR 1991, 895); die **aA** will auf Anhängigkeit beim ProzessG (KG MDR 2000, 1335) usw. variantenreich abstellen (vgl *Zinke* NJW

1983, 1081). Die Verjährung bleibt gehemmt, § 204 I Nr. 3 BGB; vgl BGH NJW 1996, 2152; *Ebert* NJW 2003, 732. Hemmungsende: § 204 II BGB.

**3. Streitantrag, Absatz 4.** Wird er nicht gestellt, bleibt die Akte beim MahnG. Für die Rücknahme (dazu *Liebheit* NJW 2000, 2235) besteht beim LG kein Anwaltszwang, vgl § 78 V. Der Streitantrag kann nach Rücknahme wieder neu gestellt werden. Ob die Rücknahme durch den ASt zugleich die Rücknahme des Mahnantrags (dazu § 690 Rz 8) enthält, ist Auslegungssache. Durch die Rücknahme *nur* des Streitantrags kommt das Mahnverfahren zum Stillstand. Wenn der Kl nach Abgabe des Verfahrens an das StreitG (nur) den Streitantrag zurücknimmt, ist str, ob dem Kl analog § 269 III die **Kosten** auferlegt werden können. Der BGH (NJW-RR 2006, 201; aA KG NJW-RR 1993, 1472) verneint es: da der Mahnantrag nicht zurückgenommen wurde, bleibe das Mahnverfahren anhängig. Jede Partei (auch der Bekl, der auf seinen Anwaltskosten sonst sitzenbleibt) könne erneut die Durchführung des Streitverfahrens beantragen und so zur KostenE kommen. Selbst wenn dann die Kosten dem Kl auferlegt werden, haftet der Bekl (!) subsidiär für die Gerichtskosten (§ 31 II GKG). 3

**4. Verweisung, Absatz 5**, § 281. Das Gericht, an das abgegeben wurde, prüft seine **örtliche und sachliche Zuständigkeit**, wobei auf den Zeitpunkt der Anspruchsbegründung nach § 697 I abzustellen ist (nach **aA** der Eingang der Akten beim EmpfangsG, vgl KG MDR 1998, 618), vgl OLG Frankfurt NJW-RR 1992, 1341: StrW sinkt durch Teilzahlung *vor* Abgabe unter die LG-Grenze: auf Kl-Antrag Verweisung an AG; ergibt sich Unzuständigkeit (zB wegen § 29a), ist auf Antrag des ASt (jetzt: Kl) an das zuständige Gericht zu verweisen, § 281; dem Bekl ist vorher rechtl. Gehör zu gewähren. Unterbleibt der Antrag: Klageabweisung als unzulässig; Ausnahme §§ 38 bis 40. 4

Der ASt verliert sein **Wahlrecht** nach § 35 durch die Angaben im Mahnantrag (§ 690 I Nr. 5). Der Kl kann daher nun die **Verweisung** vom zuständigen an ein *auch* zuständiges oder vereinbartes Gericht nicht mehr beantragen (LG Wiesbaden NJW 1992, 1634); auch auf übereinstimmenden Antrag der Parteien kann nun nicht mehr bindend (§ 281) vom zuständigen an ein vereinbartes Gericht verwiesen werden (OLG Schleswig NJW-RR 2001, 646; **aA** BayObLG Rpfleger 1993, 411); *vor* Abgabe wäre das mögl. gewesen (§ 696 I 1); Einzelheiten str. Der Kl kann aber den Mahnantrag noch zurücknehmen und einen neuen stellen (Kosten!). Auch kann jetzt noch Antrag auf Entscheidung durch die **Kammer für Handelssachen** gestellt werden, § 96 GVG, denn die KfH ist Spezial-ZivK und nicht anderes Gericht als die ZivK; sowie der Antrag nach § 36 Nr. 3 (BGH NJW 1978, 321 u. 1982). 5

Die Verweisung erfordert **keine mündliche Verhandlung** (§ 281 II 2); bei einer mdl Verh vor dem LG bestünde Anwaltszwang. 6

**Kosten:** im Falle einer Weiterverweisung gilt uneingeschränkt § 281 III 2, dh der Kl trägt die durch die Verweisung verursachten **Mehrkosten**, auch wenn er obsiegt. Beauftragt die Partei einen RA mit dem Mahnantrag, kann dieser RA seit 01.01.2000 auch dann vor dem LG (StreitG) auftreten, wenn er dort nicht „zugelassen" ist. Die Reisemehrkosten sind jedenfalls in Höhe ersparter Informations-Reisekosten der Partei zu einem dortigen RA erstattungsfähig. 7

8 **Gerichtsgebühren:** Das Mahnverfahren kostete 0,5 Gerichtsgeb (GKG-KV 1110); die 3,0 Prozessverfahrensgeb entsteht mit Eingang der Akten beim Gericht, an das abgegeben wurde (GKG-KV 1210 Satz 1); da angerechnet wird, sind nur noch 2,5 Geb zu zahlen. (Beispiel: MB über 10 000 €: 98 € bereits bezahlt, noch 490 € zu zahlen). Folgt dem Mahnverfahren ein Streitverfahren mit geringerem StrW, erfolgt nur eine gespaltene Anrechnung (Beispiel: MB über 50 000 €, daher 228 € Gerichtsgeb bezahlt; dann Streitverfahren über 10 000 €: es werden nur 98 € angerechnet). Wurde kein Streitantrag im Vordruck gestellt und wird das Verfahren nicht mehr weiterbetrieben, fällt die weitere 2,5-Geb nicht an. Der Abgabeantrag im Vordruck allein löst die Geb noch nicht aus (LG Bautzen MDR 2001, 1379). Wird im Vordruck Streitantrag gestellt, nach Widerspruch der Anspruch ermäßigt, richtet sich der StrW für GKG-KV 1210 nach dem ermäßigten Anspruch (OLG Dresden JurBüro 2004, 378; OLG Hamburg MDR 2001, 294). Vgl *Salten* MDR 1997, 612; *Bracker* MDR 1998, 139.

**Rechtsanwalt**: RVG VV 3100 ff; jedoch wird die Mahnverfahrensgeb VV 3305 auf diese Verfahrensgeb angerechnet (amtl. Anm. bei VV 3305).

Formular 40: Antrag auf Abgabe an das Streitgericht

### § 697 ZPO Einleitung des Streitverfahrens

**(1) [1]Die Geschäftsstelle des Gerichts, an das die Streitsache abgegeben wird, hat dem Antragsteller unverzüglich aufzugeben, seinen Anspruch binnen zwei Wochen in einer der Klageschrift entsprechenden Form zu begründen. [2]§ 270 Satz 2 gilt entsprechend.**

**(2) [1]Bei Eingang der Anspruchsbegründung ist wie nach Eingang einer Klage weiter zu verfahren. [2]Zur schriftlichen Klageerwiderung im Vorverfahren nach § 276 kann auch eine mit der Zustellung der Anspruchsbegründung beginnende Frist gesetzt werden.**

**(3) [1]Geht die Anspruchsbegründung nicht rechtzeitig ein, so wird bis zu ihrem Eingang Termin zur mündlichen Verhandlung nur auf Antrag des Antragsgegners bestimmt. [2]Mit der Terminsbestimmung setzt der Vorsitzende dem Antragsteller eine Frist zur Begründung des Anspruchs; § 296 Abs. 1, 4 gilt entsprechend.**

**(4) [1]Der Antragsgegner kann den Widerspruch bis zum Beginn seiner mündlichen Verhandlung zur Hauptsache zurücknehmen, jedoch nicht nach Erlass eines Versäumnisurteils gegen ihn. [2]Die Zurücknahme kann zu Protokoll der Geschäftsstelle erklärt werden.**

**(5) [1]Zur Herstellung eines Urteils in abgekürzter Form nach § 313b Abs. 2, § 317 Abs. 6 kann der Mahnbescheid an Stelle der Klageschrift benutzt werden. [2]Ist das Mahnverfahren maschinell bearbeitet worden, so tritt an die Stelle der Klageschrift der maschinell erstellte Aktenausdruck.**

§ 697 zuletzt geändert G v. 18.08.2005 (BGBl 2005, 2477).

**1. Anspruchsbegründung, Absatz 1.** Die **Aufforderung** muss nicht *zugestellt* werden (Abs. 1 S. 2; anders die frühere Rechtslage: Zustellung), nur zugehen; sie erfolgt an den Bev, wenn er RA ist (§ 88 II) oder eine Vollmacht vorliegt. Form und Inhalt der Anspruchsbegründung wie bei einer Klageschrift, §§ 253, 130, 131. Bez des **Klageantrages** ist eine Bezugnahme auf den MB nicht zulässig, er muss ausformuliert werden (str). Bei Begründung ggü dem AG vgl §§ 496, 129a. Ggü dem LG: es genügt, wenn die inhaltl. dem § 253 II entspr Anspruchsbegründung von der Partei selbst beim LG (oder vor Abgabe beim AG) eingereicht worden ist und der in der mdl Verh für die Partei auftretende RA hierauf schriftsätzl. und mdl ledigl. Bezug nimmt (BGH NJW 1982, 2002). Erst wenn die Anspruchsbegründung durch einen zugelassenen RA eingereicht ist, kann die Klageerwiderungsfrist nach Abs. 2 *wirksam* gesetzt und darauf eine Zurückweisung verspäteten Beklagtenvorbringens nach § 296 gestützt werden (hM, OLG Karlsruhe NJW 1988, 2806 zur aF). 1

In der Anspruchsbegründung ist **Klageerweiterung, Beschränkung des Anspruchs, Klageänderung** zulässig, auch (nach Rüge des Bekl) Verweisungsantrag oder KfH-Antrag (§ 696 Rz 5). 2

**2. Verfahren ab Eingang der Anspruchsbegründung, Absatz 2 Satz 1.** Eingang erst *nach* Fristablauf (Abs. 1; die Zweiwochenfrist ist nicht verlängerbar), dh **verspätete Anspruchsbegründung**, hat *keine nachteiligen Folgen* (OLG Nürnberg NJW-RR 2000, 445; *Eith* MDR 1996, 1099; *Zöller/Vollkommer* § 697 Rz 4); erst wenn nach Ablauf der Zweiwochenfrist der Richter auf Antrag des Bekl dem Kl eine neue Frist setzt und der Kl diese versäumt, ist nach § 697 III 2 HS 2 der § 296 I anzuwenden. **Der Richter** veranlasst unverzügl. die Zustellung der Anspruchsbegründung (auch der verspäteten) und **wählt** zwischen 3

- Anberaumung eines frühen ersten Termins (§§ 272 II, 275) und
- schriftlichem Vorverfahren (§§ 272 II, 276).

Der Widerspruch gegen den MB gilt nach der Neufassung des Abs. 2 S. 1 (wonach auch § 276 I 1, 3, II anwendbar sind) *nicht* mehr als Anzeige der Verteidigungsabsicht. Darüber ist der Bekl nach § 276 II zu belehren (*Holch* NJW 1991, 3178). Auch nach vorausgegangenem Mahnverfahren ist deshalb ein schriftl. VU (§ 331 III) oder ein schriftl. AnerkenntnisU (§ 307) mögl.

**Absatz 2 Satz 2:** die **Frist zur Klageerwiderung** kann der Vors auf verschiedene Arten setzen: 4

- beim frühen ersten Termin: nach § 275 I 1;
- beim schriftl. Vorverfahren zwei Möglichkeiten („auch"): **(a)** nach § 276 I 2, also beginnend erst mit Ablauf der Frist zur Anzeige der Verteidigungsabsicht, dh insgesamt mindestens 2+2 Wochen; oder **(b)** zwecks Beschleunigung nach § 697 II 2, also beginnend schon ab Zustellung der Anspruchsbegründung dh mindestens zwei Wochen (§ 276 I 2).

**3. Geht keine Anspruchsbegründung ein (Absatz 3)**, wird die Sache nach der AktenO weggelegt. Beantragt der Gegner Terminierung (uU Anwaltszwang), wird terminiert (nur früher erster Termin ist mögl., weil beim schriftl. Vorverfahren kein Termin bestimmt wird, was Abs. 3 S. 2 verlangt). Die dem Kl (ASt) zu setzende Frist (Zustellung) beträgt 5 zwei Wochen (§ 697 I); der Termin muss so spät hinausgeschoben werden, dass dem Bekl noch eine Erwiderungsfrist gesetzt werden kann.

Ist der Kl (bei fehlender Anspruchsbegründung) im Termin säumig, kann VU gegen ihn ergehen (nach **aA** Klageabweisung als unzulässig, OLG München NJW-RR 1989, 1405; nach weiterer **aA** Klageabweisung als unbegründet, *Zöller/Vollkommer* § 697 Rz 10).

Äußert sich der Kl verspätet, kann das Gericht das Vorbringen unter den Voraussetzungen des § 296 I, IV unberücksichtigt lassen.

6 **4. Rücknahme des Widerspruchs, Absatz 4.** Vgl § 137. Sie unterliegt nicht dem Anwaltszwang, § 78 V. Ein Bev muss Vollmacht nachweisen, außer er ist RA, § 88 II. Folge der Rücknahme: auf Antrag (ohne Anwaltszwang) kann ein VoB erlassen werden, vgl § 699 I 3.

7 **5. Absatz 5:** vgl §§ 313b, 317 IV.

Formular 38: Anspruchsbegründung nach Widerspruch gegen einen Mahnbescheid und Überleitung in das streitige Verfahren

Formular 39: Rücknahme eines Widerspruchs gegen einen Mahnbescheid

## § 698 ZPO Abgabe des Verfahrens am selben Gericht

**Die Vorschriften über die Abgabe des Verfahrens gelten sinngemäß, wenn Mahnverfahren und streitiges Verfahren bei demselben Gericht durchgeführt werden.**

1 Dies ist der Fall, wenn ASt und AGegner ihren allgemeinen Gerichtsstand im selben AG-Bezirk haben und die sachl. Zust des AG gegeben ist.

## § 699 ZPO Vollstreckungsbescheid

**(1) [1]Auf der Grundlage des Mahnbescheids erlässt das Gericht auf Antrag einen Vollstreckungsbescheid, wenn der Antragsgegner nicht rechtzeitig Widerspruch erhoben hat. [2]Der Antrag kann nicht vor Ablauf der Widerspruchsfrist gestellt werden; er hat die Erklärung zu enthalten, ob und welche Zahlungen auf den Mahnbescheid geleistet worden sind; § 690 Abs. 3 Satz 1 und 3 gilt entsprechend. [3]Ist der Rechtsstreit bereits an ein anderes Gericht abgegeben, so erlässt dieses den Vollstreckungsbescheid.**

**(2) Soweit das Mahnverfahren nicht maschinell bearbeitet wird, kann der Vollstreckungsbescheid auf den Mahnbescheid gesetzt werden.**

**(3) [1]In den Vollstreckungsbescheid sind die bisher entstandenen Kosten des Verfahrens aufzunehmen. [2]Der Antragsteller braucht die Kosten nur zu berechnen, wenn das Mahnverfahren nicht maschinell bearbeitet wird; im Übrigen genügen die zur maschinellen Berechnung erforderlichen Angaben.**

**(4) [1]Der Vollstreckungsbescheid wird dem Antragsgegner von Amts wegen zugestellt, wenn nicht der Antragsteller die Übermittlung an sich zur Zustellung im Parteibetrieb beantragt hat. [2]In diesen Fällen wird der Vollstreckungsbescheid dem Antragsteller zur Zustellung übermittelt; die Geschäftsstelle des Gerichts vermittelt**

**diese Zustellung nicht. [3]Bewilligt das mit dem Mahnverfahren befasste Gericht die öffentliche Zustellung, so wird die Benachrichtigung nach § 186 Abs. 2 Satz 2 und 3 an die Gerichtstafel des Gerichts angeheftet oder in das Informationssystem des Gerichts eingestellt, das in dem Mahnbescheid gemäß § 692 Abs. 1 Nr. 1 bezeichnet worden ist.**

§ 699 geändert durch G v. 22.03.2005 (BGBl 2005, 837) und G v. 22.12.2006 (BGBI 2006, 3416).

1 **1. Antrag, Absatz 1.** Form und Inhalt vgl Vordruck. Da § 699 I 2 auf § 690 III 2 nicht verweist, müssen RAe den VoB-Antrag nicht per Internet oder in anderer maschinenlesbarer Form stellen, sondern können (wie andere Personen) die gewöhnl. Schriftform wählen. **Zeitraum:** Er kann erst nach Ablauf der Widerspruchsfrist, § 692 I Nr. 3, „gestellt", dh abgesandt werden (str, die **aA** stellt auf Unterzeichnung oder Eingang ab). Bei verfrühtem Antrag soll idR Zwischen-Vfg ergehen (**aA** Zurückweisung). Die Sechsmonats-Frist des § 701 ist zu beachten. **Antrag rücknehmbar** bis zur Vfg des VoB. **Antragsrücknahme:** Geht vor Erlass des VoB noch der Widerspruch ein, muss der VoB-Antrag nicht ausdrückl. zurückgenommen werden, weil er als unter der stillschweigenden Bedingung eines fehlenden Widerspruchs gestellt anzusehen ist.

2 **„Nicht rechtzeitig Widerspruch"**: vgl § 694 Rz 5.

3 **Geleistete Zahlungen:** fehlen diese Angaben, kann der AGegner Einspruch gegen den VoB einlegen; dann § 91a.

4 Bei **Beschränkung des Widerspruchs auf einen Teil** kann der ASt einen VoB wegen des nicht angegriffenen Restes beantragen, iÜ Durchführung des streitigen Verfahrens. Die sachl. Zust richtet sich dann nach dem str gebliebenen Teil (OLG Koblenz Rpfleger 1982, 292).

5 **Erlass des Vollstreckungsbescheids.** Zuständig ist der Rechtspfleger, § 20 Nr. 1 RPflG. Er muss den VoB unterschreiben, sonst ist der VoB nicht in gesetzl. Weise ergangen (OLG München, MDR 1983, 675). Nach **Absatz 1 Satz 3** kann (zB bei Rücknahme des Widerspruchs, § 697 IV) auch ein LG-Rechtspfleger zum Erlass zuständig sein, vgl §§ 696 V, 281; nur zulässige Abgabe ist gemeint (vgl OLG München NJW-RR 1989, 128). Für die Zust des Rechtspflegers des AbgabeG spielt es keine Rolle, ob die Einlegung des Widerspruchs in Wirklichkeit unwirksam war (BGH NJW 1998, 235).

6 Der **Rechtspfleger prüft**, ob das Mahnverfahren zulässig ist, das AG zuständig war (BGH Rpfleger 1989, 516), der MB ordnungsgemäß zugestellt wurde (BGH NJW 1984, 57), ob ein Widerspruch vorliegt, der Antrag (Abs. 1) form- und fristgerecht angebracht ist.

7 Bei **Gläubigerwechsel** (zB Abtretung) nach Erlass des MB kann kein VoB auf den neuen Gl ergehen (vgl § 699 I „auf der Grundlage ..."). Bei **Tod des Antragsgegners** nach Zustellung des MB und vor Widerspruch wird das Verfahren entspr § 239 unterbrochen, ein VoB kann nicht erlassen werden. Bei **Insolvenzeröffnung über Antragsgegner** zum entspr Zeitpunkt wird das Verfahren nach § 240 unterbrochen; der ASt muss zur Insolvenztabelle anmelden, §§ 28, 174 ff InsO.

8 **Antragszurückweisung:** durch Beschluss des Rechtspflegers ohne vorherige Anhörung des AGegners (§ 702 II), zB weil der Antrag verfrüht (§ 699 I 2) gestellt ist, formlos mit-

zuteilen (str) an ASt, § 329 II 2. **Rechtbehelfe:** sof Beschwerde gegen Zurückweisung des VoB-Antrags, § 11 I RPflG, § 567 ZPO. **Gegen Absetzung geltend gemachter Kosten:** je nach Höhe des Beschwerdewerts sof Beschwerde (§§ 567 II, 104 III 1 ZPO; § 11 I RPflG) oder nur sof Erinnerung (§ 11 II RPflG).

9 **2. Kosten, Absatz 3.** (Ruess NJW 2006, 1915; *Hansens* Rpfleger 1989, 487). Der ASt berechnet grds die Kosten (Geb und Auslagen) und trägt sie in den Vordruck ein, keine Glaubhaftmachung. Der Erlass des VoB nebst Kosten stellt eine KostengrundE und zugleich eine Kf dar. Die Verzinsung der Kosten (Höhe: Basiszinssatz + 5 %-Punkte) wird auf Antrag ab Erlass des VoB ausgesprochen, vgl §104 I 2. Neben der Festsetzung durch Aufnahme in den VoB ist ein bes Kf-Verfahren nach §104 nicht zulässig (OLG Frankfurt Rpfleger 1981, 239; str). Wurden zB die RA-Kosten für den VoB vom ASt vergessen, bleibt eine Ergänzung des VoB (OLG München MDR 1997, 299; OLG Nürnberg JurBüro 2006, 141). Nimmt der Bekl den Widerspruch gegen den MB zurück, weil ein Teilzahlungsvergleich geschlossen wurde, kann auch die RA-Einigungsgeb (RVG VV 1003) als „sonstige Kosten" im VoB festgesetzt werden (KG OLG-Report 2005, 974). Für den Antrag auf nachträgl. Festsetzung der Verzinsung der Kosten des Manverfahrens hält BayObLG NJW-RR 2005, 1012 wegen §104 I 1 das (fiktive) StreitG für zuständig. **Anwaltsgebühren:** RVG-VV 3308. **Gerichtskosten:** es bleibt bei GKG-KV 1110, keine zusätzl. Geb für die Entscheidung über den VoB.

10 Vom VoB **nicht erfasste Kosten** des Verfahrens (zB übersehene oder solche vor Rücknahme des Widerspruchs) sind in **Ergänzung** des VoB festzusetzen (OLG Schleswig JurBüro 1985, 781; **aA** LG Fulda NJW-RR 1999, 220). Vgl § 103 Rz 2. Über Kf bei einem Teil-VoB vgl *Fritzsche* Rpfleger 2001, 581.

11 **3. Zustellung des Vollstreckungsbescheids, Absatz 4.** Je nach Wahl des ASt im Vordruck:

**a) Zustellung** (auch im Ausland; dann § 339 II zu beachten) einer Ausfertigung von Amts wegen durch das Gericht, das den VoB erlassen hat (BAG NJW 1983,472); der ASt erhält gem §§ 795, 724 eine vollstr Ausfertigung des VoB. Oder:

12 **b) Übersendung einer Ausfertigung** des VoB an den ASt, der dann selbst einen Gerichtsvollziehers mit der Zustellung im Parteibetrieb (die für § 750 genügt und die Einspruchsfrist in Lauf setzt) beauftragen muss (§ 191 ff), wobei Vermittlung durch das andere Gericht zulässig ist.

13 **c) Öffentliche Zustellung** nach §§ 185 ff (falls der MB selbst nicht öffentl. zugestellt wurde, jetzt aber der Aufenthalt unbekannt ist), bewilligt durch den Rechtspfleger, § 4 I RPflG (str); vgl Schmidt InVo 2005, 133.

Formular 43: Antrag auf Neuzustellung eines Vollstreckungsbescheides im konventionellen Mahnverfahren

## § 700 ZPO Einspruch gegen den Vollstreckungsbescheid

**(1) Der Vollstreckungsbescheid steht einem für vorläufig vollstreckbar erklärten Versäumnisurteil gleich.**

**(2) Die Streitsache gilt als mit der Zustellung des Mahnbescheids rechtshängig geworden.**

**(3) [1]Wird Einspruch eingelegt, so gibt das Gericht, das den Vollstreckungsbescheid erlassen hat, den Rechtsstreit von Amts wegen an das Gericht ab, das in dem Mahnbescheid gemäß § 692 Abs. 1 Nr. 1 bezeichnet worden ist, wenn die Parteien übereinstimmend die Abgabe an ein anderes Gericht verlangen, an dieses. [2]§ 696 Abs. 1 Satz 3 bis 5, Abs. 2, 5, § 697 Abs. 1, 4, § 698 gelten entsprechend. [3]§ 340 Abs. 3 ist nicht anzuwenden.**

**(4) [1]Bei Eingang der Anspruchsbegründung ist wie nach Eingang einer Klage weiter zu verfahren, wenn der Einspruch nicht als unzulässig verworfen wird. [2]§ 276 Abs. 1 Satz 1, 3, Abs. 2 ist nicht anzuwenden.**

**(5) Geht die Anspruchsbegründung innerhalb der von der Geschäftsstelle gesetzten Frist nicht ein und wird der Einspruch auch nicht als unzulässig verworfen, bestimmt der Vorsitzende unverzüglich Termin; § 697 Abs. 3 Satz 2 gilt entsprechend.**

**(6) Der Einspruch darf nach § 345 nur verworfen werden, soweit die Voraussetzungen des § 331 Abs. 1, 2 erster Halbsatz für ein Versäumnisurteil vorliegen; soweit die Voraussetzungen nicht vorliegen, wird der Vollstreckungsbescheid aufgehoben.**

§ 700 wurde durch G v. 27.07.2001 (BGBl 2001, 1887) geändert.

**1. Der Vollstreckungsbescheid, Absatz 1**, wird behandelt wie ein VU gegen den Bekl vgl §§ 331, 708 Nr. 2. Er ist ein Titel, aus dem ab Zustellung, § 750, die ZwV stattfindet, § 794 I Nr. 4. Bei Einspruch kann die ZwV einstweilen eingestellt werden, §§ 719 I, 707. Eine Vollstreckungsklausel ist idR nicht notw, § 796, anders § 31 AVAG. Zur Zust und Zustellung vgl § 699 Rz 5, 11. 1

**Formell Rechtskraft** erlangt der VoB, wenn der AGegner nicht fristgerecht Einspruch einlegt. **Materielle Rechtskraft**, § 322 I, erlangt der VoB wie ein Urteil (hM, BGH NJW 1988, 971; vgl *Braun* JuS 1992, 177; § 322 Rz 40; **aA** OLG Stuttgart NJW 1987, 444, Fallgruppen: sittenwidrige Ratenkredite). Wenn der VoB als Grund eine „vorsätzliche unerlaubte Handlung" angibt, bindet dies im Insolvenzverfahren das Gericht des Feststellungsprozesses nicht (BGH NJW 2006, 2922). **Berichtigung des Vollstreckungsbescheids:** nicht dahin, dass ein anderer Schuldner eingetragen wird (LG Fulda Rpfleger 2001, 609). 2

**2. Rechtshängigkeit** wird nach **Absatz 2** zurückbezogen. Vgl § 261 III. 3

**3. Einspruch** (nicht Erinnerung, § 11 V 2 RPflG). Auch gegen einen zu Unrecht erlassenen VoB muss Einspruch eingelegt werden, damit er nicht rechtskr wird (BGH NJW 1984, 57). Verspäteter Widerspruch gilt als Einspruch, vgl § 694 II. Rechtzeitiger aber übersehener (oder falsch ausgelegter) Widerspruch wird ebenfalls als Einspruch behandelt (BGH NJW 1983, 633). 4

5 **a) Frist:** zwei Wochen ab wirksamer (Amts- oder Partei-) Zustellung des VoB, § 339 I (arbeitsgerichtl. Mahnverfahren: eine Woche, § 46a III ArbGG; bei Auslandszustellung: § 339 II), oder schon *vor* dessen Zustellung, uU selbst vor *Erlass* des VoB (Rz 4). WE § 233. Bei Erklärung zu Protokoll vgl § 129a II.

6 **b) Form** vgl § 340 I, II. Kein Formularzwang. Auch durch Telefax, Computer-Fax, Telegramm; sonst ist eigenhändige Unterzeichnung notw (BGH NJW 1987, 2588); uU schadet Fehlen der Unterschrift nicht (OLG Celle OLG-Report 2006, 811); Einspruch nicht tel (OLG Schleswig ZIP 1984, 1017; str, wenn eine Niederschrift angefertigt wird). Kein Anwaltszwang, wenn der VoB vom Rechtspfleger des LG erlassen wurde (hM; *Fischer* MDR 1994, 126). Vollmachtsvorlage nicht erforderl., § 703.

7 **c) Inhalt** vgl § 340 II. Begründung ist nicht notw, weil § 340 III nach **Absatz 3 Satz 3** nicht anzuwenden ist. Einspruch ist auf Teil des Anspruchs beschränkbar. Antrag nach § 36 Nr. 3 kann noch gestellt werden (BGH NJW 1978, 1982).

8 **d) Rücknahme des Einspruchs** entspr § 697 IV und auch später mit Einwilligung des Gegners, beim LG ohne Anwaltszwang (§§ 700 III 2, 697 IV 2). Kostenfolge §§ 346, 516 III (Richterzuständigkeit). Folge ist, dass der VoB rechtskr wird.

9 **4. Verfahren bis zur Anforderung der Anspruchsbegründung, Absatz 3.** Ist der Einspruch eingegangen, Abgabe des Verfahrens durch den Rechtspfleger (§ 20 Nr. 1 RPflG) an das im MB genannte Gericht (Sonderfall in Abs. 3 S. 1 HS 2). Dort wird die Einspruchsschrift von Amts wegen zugestellt (§ 340a) und vom Richter die Zulässigkeit des Einspruchs geprüft. Bei Unzulässigkeit (zB wegen Verspätung) Verwerfung gem § 341 I 2 (wegen § 341 II durch „Urteil" und ohne mdl Verh; **aA** Beschluss); anderenfalls wird der Kl zur Anspruchsbegründung aufgefordert, § 697 I: weiterer Ablauf vgl Abs. 4. Wurde die Unzulässigkeit übersehen und stellt sich erst in der mdl Verh heraus, kann der Einspruch immer noch durch Urteil verworfen werden.

Die **Verweisungen in Absatz 3 Satz 2, 3 besagen: § 696 I 3, 4, 5:** Abgabe ist unanfechtbar; Anhängigkeit beim EmpfangsG mit Eingang der Akten; Kosten des Mahnverfahrens gelten als Teil der Gesamtkosten. **§ 696 II:** Maschinelle Bearbeitung.

Auf § 696 III, IV wurde nicht verwiesen, weil dies in § 700 IV, V geregelt ist. **§ 696 V:** Auf Antrag des Kl kann die Sache uU an ein drittes Gericht verwiesen werden, § 281. **§ 697 I:** Aufforderung zur Anspruchsbegründung erfolgt, Frist zwei Wochen. **§ 697 IV:** Einspruch ist rücknehmbar. **§ 698** betrifft Fälle, bei denen MahnG und StreitG identisch sind. **§ 340 III** gilt nicht: also keine Pflicht zur Einspruchsbegründung, da noch keine Anspruchsbegründung vorliegt.

10 Liegt durch **Teilerfüllung** der im VoB aufgeführte Betrag nun unter der LG-Zuständigkeitsgrenze, ist das AG zuständig (OLG Koblenz Rpfleger 1982, 292; str).

11 **Gespaltener Ablauf.** Ein Gesamtanspruch kann teils über den Widerspruch, teils mit dem Einspruch gegen den VoB ins str Verfahren gelangen, was beim Urteilstenor dann zu beachten ist. Beispiel: MB über 20 000 €, wegen 8 000 € wird Widerspruch eingelegt; über 12 000 € ergeht VoB, dagegen wird Einspruch eingelegt. 8 000 €: gewöhnl. Klageverfahren liegt vor; 12 000 €: Gegenstand ist der VoB, §§ 700, 343. EndU: **(1)** Der Bekl wird verurteilt, an den Kl 8 000 € zu zahlen. **(2)** Der VoB ... vom ... wird aufrechterhalten. **(3)** Dem Bekl werden die weiteren Kosten auferlegt. **(4)** VV.

**5. Verfahren ab Eingang der Anspruchsbegründung, Absatz 4.** Der Vors veranlasst die Zustellung der Anspruchsbegründung und **(a)** ordnet schriftl. Vorverfahren an oder **(b)** bestimmt frühen ersten Termin (S. 1). Die Verweisung in Abs. 4 S. 2 besagt: eine Frist zur Erklärung der Verteidigungsabsicht darf im Falle (a) nicht gesetzt werden. Folge: auch ein (den VoB aufrechterhaltendes) schriftl. VU (§ 331 III) ist nicht mögl., wenn bereits ein VoB vorliegt. Es ist also auf jeden Fall über den (zulässigen) Einspruch mdl zu verhandeln, beim schriftl. Vorverfahren etwas später, beim frühen ersten Termin eher. Ist der Bekl in diesem Termin dann säumig, kann gegen ihn ein VU ergehen; vgl Rz 15. 11a

Wird das **falsche Formular** verwendet, darf gleichwohl kein schriftl. VU ergehen; ergeht es, ist es wirksam; dagegen ist Einspruch gegeben.

**6. Bei der späteren Entscheidung ist § 343 zu beachten:**

**a) Ist der Anspruch begründet**, wird durch EndU der VoB aufrechterhalten, dem Bekl werden die weiteren Kosten auferlegt (§ 91), vorl Vollstr je nach Betragshöhe gem §§ 708 Nr. 11, 711 oder § 709 S. 1 und 2. 12

**b) Erweist sich der Anspruch als unbegründet**, wird durch EndU der VoB vom ... aufgehoben, die Klage abgewiesen; die durch den VoB veranlassten Kosten werden dem Bekl auferlegt (§ 344), die übrigen Kosten dem Kl; vorl Vollstr je nach Betragshöhe nach § 708 Nr. 11, § 711 oder § 709 S. 1. 13

**c) Teils/Teils:** vgl § 343 Rz 7.

**7. Verfahren bei verspätetem Eingang der Anspruchsbegründung, Absatz 5.** Es wird von Amts wegen terminiert, weiterer Ablauf wie bei Abs. 4. Nach dem Wortlaut von Abs. 5 scheidet ein schriftl. Vorverfahren aus; bei einer Verzögerung um nur wenige Tage ist das nicht sachgerecht und es sollte wie bei rechtzeitigem Eingang verfahren werden. 14

**Verfahren, wenn keine Anspruchsbegründung eingeht:** auch dann wird bei Zulässigkeit des Einspruchs von Amts wegen (abw von § 697 III) terminiert, weil schon ein Titel vorliegt; allerdings kann der Termin erst in einigen Wochen stattfinden, weil (wegen der Verweisung auf § 697 III 2) dem Kl eine Frist (zwei Wochen, § 697 I) zur Anspruchsbegründung zu setzen ist und vorsorgl. Raum für die Erwiderung des Bekl und die Replik des Kl gelassen werden muss. Versäumt der Kl diese Frist, kann sein verspäteter Vortrag unberücksichtigt bleiben, denn § 697 III 2 HS 2 verweist auf § 296 I, IV. Wird die Terminierung irrig unterlassen, kommt es zum Verfahrensstillstand. 14a

**8. Absatz 6. Einspruchsverwerfung nach § 345.** Der VoB gilt als erstes VU (§ 700 I); erscheint der Bekl im Einspruchstermin nicht, wird sein Einspruch durch (zweites, technisches) VU verworfen, (die „weiteren" Kosten werden entspr. § 97 I dem Bekl auferlegt; VV § 708 Nr. 2), aber nur, wenn das tatsächl. Vorbringen des Kl den Anspruch rechtfertigt (dh **Schlüssigkeitsprüfung**), die allgemeinen Prozessvoraussetzungen und die des Mahnverfahrens, Zulässigkeit des VoB (BGH 73, 87) und des Einspruchs vorliegen sowie Säumnis des Bekl. *Zweites* VU auch, wenn der VoB nicht zugestellt worden war (*Gaumann* JR 2001, 445). Dagegen kein Einspruch, nur gem § 514 II Ber. 15

Anderenfalls **(Absatz 6 Halbsatz 2):** durch EndU (unechtes VU) wird der VoB aufgehoben, die Klage abgewiesen, dem Kl die Kosten auferlegt (keine Aussonderung nach § 344, da der VoB ungesetzl. ergangen ist), VV gem §§ 708 Nr. 11, 711 oder § 709. 16

Formular 41: Einspruch gegen einen Vollstreckungsbescheid

Formular 42: Anspruchsbegründung nach Einspruch gegen einen Vollstreckungsbescheid und Überleitung in das streitige Verfahren

Formular 44: Rücknahme eines Einspruchs gegen einen Vollstreckungsbescheid

Formular 45: Antrag auf Verwerfung eines Einspruchs gegen einen Vollstreckungsbescheid

## § 701 ZPO Wegfall der Wirkung des Mahnbescheids

**[1]Ist Widerspruch nicht erhoben und beantragt der Antragsteller den Erlass des Vollstreckungsbescheids nicht binnen einer sechsmonatigen Frist, die mit der Zustellung des Mahnbescheids beginnt, so fällt die Wirkung des Mahnbescheids weg. [2]Dasselbe gilt, wenn der Vollstreckungsbescheid rechtzeitig beantragt ist, der Antrag aber zurückgewiesen wird.**

1 **Wegfall der Wirkung:** dh es kann kein VoB mehr erteilt werden (Kl kann aber einen neuen MB beantragen oder Klage erheben); Wegfall der Verjährungshemmung nach § 204 I Nr. 3, II 2 BGB. Widerspruchsrücknahme steht der Nichterhebung gleich. Fristberechnung vgl §§ 222 ZPO, 187 ff BGB.

2 **§ 701 Satz 2** besagt nicht, dass der „Wegfall" schon mit Antragszurückweisung durch den Rechtspfleger eintritt, weil hiergegen sof Beschwerde statthaft ist (vgl *Vollkommer* Rpfleger 1982, 296).

## § 702 ZPO Form von Anträgen und Erklärungen

**(1) [1]Im Mahnverfahren können die Anträge und Erklärungen vor dem Urkundsbeamten der Geschäftsstelle abgegeben werden. [2]Soweit Formulare eingeführt sind, werden diese ausgefüllt; der Urkundsbeamte vermerkt unter Angabe des Gerichts und des Datums, dass er den Antrag oder die Erklärung aufgenommen hat. [3]Auch soweit Formulare nicht eingeführt sind, ist für den Antrag auf Erlass eines Mahnbescheids oder eines Vollstreckungsbescheids bei dem für das Mahnverfahren zuständigen Gericht die Aufnahme eines Protokolls nicht erforderlich.**

**(2) Der Antrag auf Erlass eines Mahnbescheids oder eines Vollstreckungsbescheids wird dem Antragsgegner nicht mitgeteilt.**

§ 702 geändert durch G v. 22.03.2005 (BGBl 2005, 837).

1 Also kein Anwaltszwang „im Mahnverfahren"; § 78 V. Vgl ferner § 129a. Abs. 2 schränkt das rechtl. Gehör ein.

## § 703 ZPO Kein Nachweis der Vollmacht

**[1]Im Mahnverfahren bedarf es des Nachweises einer Vollmacht nicht. [2]Wer als Bevollmächtigter einen Antrag einreicht oder einen Rechtsbehelf einlegt, hat seine ordnungsgemäße Bevollmächtigung zu versichern.**

Nach S. 1 genügt die Behauptung der Bevollmächtigung (die im Innenverhältnis wirksam 1
vorliegen muss), auch bei Rüge; S. 2 verlangt zusätzl. die Vers (nicht die eidesstattl.). Für das str Verfahren und die ZwV bedarf es des Vollmachtsnachweises wie sonst.

## § 703a ZPO Urkunden-, Wechsel- und Scheckmahnverfahren

**(1) Ist der Antrag des Antragstellers auf den Erlass eines Urkunden-, Wechsel- oder Scheckmahnbescheids gerichtet, so wird der Mahnbescheid als Urkunden-, Wechsel- oder Scheckmahnbescheid bezeichnet.**

**(2) [1]Für das Urkunden-, Wechsel- und Scheckmahnverfahren gelten folgende besondere Vorschriften:**

1. **die Bezeichnung als Urkunden-, Wechsel- oder Scheckmahnbescheid hat die Wirkung, dass die Streitsache, wenn rechtzeitig Widerspruch erhoben wird, im Urkunden-, Wechsel- oder Scheckprozess anhängig wird;**
2. **die Urkunden sollen in dem Antrag auf Erlass des Mahnbescheids und in dem Mahnbescheid bezeichnet werden; ist die Sache an das Streitgericht abzugeben, so müssen die Urkunden in Urschrift oder in Abschrift der Anspruchsbegründung beigefügt werden;**
3. **im Mahnverfahren ist nicht zu prüfen, ob die gewählte Prozessart statthaft ist;**
4. **beschränkt sich der Widerspruch auf den Antrag, dem Beklagten die Ausführung seiner Rechte vorzubehalten, so ist der Vollstreckungsbescheid unter diesem Vorbehalt zu erlassen. [2]Auf das weitere Verfahren ist die Vorschrift des § 600 entsprechend anzuwenden.**

**1.** Zur Bezeichnung nach **Absatz 1** hat der Vordruck ein Feld. Die Urkunden etc. müssen 1
(und sollten) dem Mahnantrag nicht mehr in Ur- oder Abschrift beigefügt werden. „Soll" in Abs. 2 Nr. 2 HS 1 wird von einer **aA** als „muss" gelesen.

**2. Widerspruch:** 2

**a) Ohne Beschränkung** nach Abs. 2 Nr. 4: das Verfahren wird nach Abs. 2 Nr. 1 nach Abgabe usw. *als Urkundenprozess* usw. anhängig.

**b) Bei Beschränkung** des Widerspruchs nach Abs. 2 Nr. 4 wird auf Antrag (ohne Urkun- 3
deneinreichung) ein entspr VoB erlassen, der einem VorbehaltsU nach § 599 (nicht einem VU nach § 700 I) gleichsteht. Gegen den VoB findet kein Einspruch statt, sondern die Sache wird entspr § 700 III an das bezeichnete StreitG abgegeben und dort *als Nachverfahren* (§ 600) anhängig, ohne die Beweismittelbeschränkung.

**c) Wird kein Widerspruch eingelegt**, ergeht auf Antrag Urkunden- (Wechsel-, 4
Scheck-)VoB, gegen den Einspruch (Folge: wie Rz 2) gegeben ist.

## § 703b ZPO Sonderregelungen für maschinelle Bearbeitung

**(1) Bei maschineller Bearbeitung werden Beschlüsse, Verfügungen und Ausfertigungen mit dem Gerichtssiegel versehen; einer Unterschrift bedarf es nicht.**

**(2) Der Bundesminister der Justiz wird ermächtigt, durch Rechtsverordnung mit Zustimmung des Bundesrates den Verfahrensablauf zu regeln, soweit dies für eine einheitliche maschinelle Bearbeitung der Mahnverfahren erforderlich ist (Verfahrensablaufplan).**

1 Die RechtsVO, Abs. 2, ist noch nicht ergangen.

## § 703c ZPO Formulare; Einführung der maschinellen Bearbeitung

**(1) [1]Der Bundesminister der Justiz wird ermächtigt, durch Rechtsverordnung mit Zustimmung des Bundesrates zur Vereinfachung des Mahnverfahrens und zum Schutze der in Anspruch genommenen Partei Formulare einzuführen. [2]Für**

1. **Mahnverfahren bei Gerichten, die die Verfahren maschinell bearbeiten,**
2. **Mahnverfahren bei Gerichten, die die Verfahren nicht maschinell bearbeiten,**
3. **Mahnverfahren, in denen der Mahnbescheid im Ausland zuzustellen ist,**
4. **Mahnverfahren, in denen der Mahnbescheid nach Artikel 32 des Zusatzabkommens zum NATO-Truppenstatut vom 3. August 1959 (BGBl. 1961 II S. 1183, 1218) zuzustellen ist,können unterschiedliche Formulare eingeführt werden.**

**(2) Soweit nach Absatz 1 Formulare für Anträge und Erklärungen der Parteien eingeführt sind, müssen sich die Parteien ihrer bedienen.**

**(3) Die Landesregierungen bestimmen durch Rechtsverordnung den Zeitpunkt, in dem bei einem Amtsgericht die maschinelle Bearbeitung der Mahnverfahren eingeführt wird; sie können die Ermächtigung durch Rechtsverordnung auf die Landesjustizverwaltungen übertragen.**

§ 703c geändert durch G v. 22.03.2005 (BGBl 2005, 837) und G v. 18.08.2005 (BGBl 2005, 2477).

1 Durch VO sind eine Anzahl Vordrucke eingeführt worden, aber nicht für den Einspruch und die Rechtsbehelfe. Für den Widerspruch ist die Vordruckverwendung nur eine Sollvorschrift, § 692 I Nr. 5, für den VoB-Antrag nicht vorgeschrieben (str). Beim Mahnantrag führt die Nichtverwendung des Vordrucks zur Antragszurückweisung, Abs. 2. Abs. 3: maschinelle Bearbeitung zB bei den AGs im OLG-Bezirk Stuttgart. MB-Vordrucke, bei denen die einzelnen Blätter des Vordrucksatzes ausgedruckt worden sind, sind unzulässig (AG Hamburg NJW 1997, 874; AG Hünfeld NJW-RR 1997, 829).

## § 703d ZPO Antragsgegner ohne allgemeinen inländischen Gerichtsstand

**(1) Hat der Antragsgegner keinen allgemeinen Gerichtsstand im Inland, so gelten die nachfolgenden besonderen Vorschriften.**

**(2) [1]Zuständig für das Mahnverfahren ist das Amtsgericht, das für das streitige Verfahren zuständig sein würde, wenn die Amtsgerichte im ersten Rechtszug sachlich unbeschränkt zuständig wären. [2]§ 689 Abs. 3 gilt entsprechend.**

ASt ohne Sitz im Inland: § 689 II. AGegner ohne allgemeinen Gerichtsstand im Inland: 1
Zust bestimmt sich allein nach § 703d II; hat er einen allgemeinen Gerichtsstand hier: nach § 689 II (BGH NJW 1981, 2647). **(1)** Wenn der Gegner seinen Wohnsitz/Sitz in einem Vertragsstaat des EuGVÜ/VO-EG Nr. 44/2001 hat, gelten dessen Regeln, der Gerichtsstand zB des § 23 entfällt. **(2)** Wenn der AGegner seinen Wohnsitz/Sitz andernorts hat, bestimmen sich die bes Gerichtsstände nach der ZPO, auch § 23 (Beispiel: der Gegner hat hier Vermögen). Der Mahnantrag ist bei § 703d an das AG zu richten, für das der bes Gerichtsstand besteht (zB nach §§ 20 bis 23a, 26 bis 32, 38), ggf an das zentrale MahnG, zu dem dieses AG gehört. Als AbgabeG ist das AG oder (je nach StrW) das übergeordnete LG zu bezeichnen. Der MB muss auch hier im Inland oder nach § 688 III zugestellt werden können. Widerspruchsfrist vgl § 32 III AVAG. § 703d II 1 erstreckt sich nicht auf gesamtschuldnerisch in Anspruch genommene weitere AGegner mit allgemeinem Gerichtsstand im Inland (BGH NJW 1995, 3317).

**Über Auslands-Mahnverfahren** vgl *Wagner* RIW/AWD 1995, 89; *Einhaus* AnwBl 2000, 2
557.

Ein **Europäisches Mahnverfahren** ist geplant; vgl Verordnung EG Nr. 1896/2006 vom 3
12.12.2006, Amtsblatt L 399; sie gilt ab 12.12.2008. Text: http://eur-lex.europa.eu

# Buch 8
# Zwangsvollstreckung

## Vorbemerkung

1 **1. Begriffe. Erkenntnisverfahren** nennt man das Rechtsfindungsverfahren bis zur Rechtskraft des Urteils. Der Durchsetzung des Urteils dient das **Vollstreckungsverfahren.**

2 **Organe der Zwangsvollstreckung** sind: Gerichtsvollzieher, VollstreckungsG, ProzessG, GBA. Vgl unten Rz 18 ff.

3 **Beteiligte sind:** der VollstrGl (er beantragt die ZwV beim Vollstr-Organ) und der Vollstr-Schuldner (gegen ihn wird sie betrieben); hat zB gem Urteil der Bekl an den Kl 1 000 Euro zu zahlen, ist der Kl VollstrGl, der Bekl Vollstr-Schuldner; ob der Gerichtsvollzieher, das VollstreckungsG oder das GBA Vollstr-Organ ist, hängt davon ab, weswegen und in welche Vermögenswerte des Schuldners der Gl vollstrecken will (Rz 18 ff.). Dritte können zB als Gewahrsamsinhaber, wahre Eigentümer der gepf Sache oder als Drittschuldner beteiligt sein.

4 **Vollstreckungsanspruch:** Anspruch des Gl gegen den Staat, dass dessen Organe die ZwV durchführen: **Vollstreckbarer Anspruch:** der im Titel enthaltene Anspruch des Gl gegen den Schuldner, zB auf Zahlung.

5 **Formalisierung der Zwangsvollstreckung:** bedeutet, dass die Organe der ZwV nur die formalen Voraussetzungen der ZwV zu prüfen haben, nicht zB Richtigkeit der Entscheidung oder Eigentum des Schuldners am gepf Gegenstand.

**2. Voraussetzungen der Zwangsvollstreckung sind im Wesentlichen:**

6 **a) Vorliegen eines Vollstreckungstitels** (§§ 704, 794), zB

- EndU, rechtskr oder vorl vollstr (ausl Urteile nach §§ 722, 723). LeistungsU sind in der Hauptsache und wegen der Kosten vollstr, Feststellungs- und GestaltungsU nur wegen der Kosten;
- VoB, § 794 I Nr. 4;
- PV, § 794 I Nr. 1;
- Vollstr Urkunden der Notare, § 794 I Nr. 5, usw.;
- Beschlüsse über Kf, Regelunterhalt, Unterhaltsabänderung, beschwerdefähige Beschlüsse (§ 794 I Nr. 3);
- Arrest, eVfg;
- vollstr Auszug aus der Insolvenztabelle, § 201 II InsO;
- Entscheidungen und Vergleiche der ArbG, §§ 62, 85 ArbGG;
- WEG-Entscheidungen, § 45 III WEG;
- Entscheidungen in anderen echten Streitsachen der freiwilligen Gerichtsbarkeit (vgl *Keidel/Zimmermann* § 33 FGG Rz 6); Abgrenzung zu § 33 FGG beachten.

7 **Der Titel muss** (idR im Tenor) **ausreichend bestimmt sein** (ungenügend zB: „den Pkw herauszugeben“, notw ist Type, Baujahr, Fahrgestellnummer). Es genügt, wenn die

geschuldete Leistung aus dem Titel iVm allgemein zugängl. Daten festgestellt werden kann: zB die **Zinsklausel** 5 Prozentpunkte über dem jeweiligen Basiszinssatz (§ 247 BGB); Anknüpfung an einen genau angegebenen **Lebenshaltungsindex** kann genügen (§ 794 Rz 33). Urteile auf **Bruttolohn** sind ausreichend bestimmt; hat der Bekl (Arbeitgeber) schon Lohnsteuer und Sozialvers darauf bezahlt, kann er dies durch Bankquittung usw. nachweisen mit der Folge, dass wegen § 775 Nr. 4, 5 nur noch der Nettobetrag vollstreckt wird (BAG NJW 1985, 646).

**Ist der Titel nicht ausreichend auslegbar**, muss er durch eine Klage auf Feststellung des Titelinhalts vollstreckungsfähig gemacht werden (vgl BGH NJW 1972, 2268). 8

**b) Die Ausfertigung des Titels muss mit einer „Vollstreckungsklausel" versehen sein**, § 724 I (nicht bei VoB, § 796 I; Arrest, §§ 929 I, 936; KfB, §§ 105, 795a); dies ist eine amtl. Bescheinigung der Vollstr und erleichtert dem Vollstr-Organ die Prüfung. 9

**c) Zustellung des Vollstreckungstitels** an den Schuldner bzw an den PrBev (RA) des Schuldners, §§ 172, 750, 795; manchmal muss zusätzl. die Vollstr-Klausel zugestellt werden, § 751 II, uU ferner die zugrunde liegenden Urkunden, § 726 II aE. Zustellung im Parteibetrieb genügt; nach der Zustellung von Amts wegen (§ 317) ist zwecks ZwV eine zusätzl. Parteizustellung nicht erforderl. Der Gerichtsvollzieher kann auch gleichzeitig zustellen und mit der ZwV beginnen. **Entbehrlich** ist die vorherige Zustellung bei Arrest, eVfg (§§ 929 III, 936), Vorpfändung (§ 845 I 3). 10

**d) Vollstreckungsantrag** (formlos) des Gl ggü dem (richtigen) Vollstr-Organ; der Gl hat weitgehende Dispositionsfreiheit (vgl § 753 Rz 4 ff.). 11

**e) Wartefristen** müssen nur in Sonderfällen beachtet werden: 12

- grds ist ein Titel sofort vollstr; bestimmte Kalendertage müssen iFd § 751 I verstrichen sein, zB bei Unterhaltstiteln, Wohnungsräumung mit Räumungsfrist, bei in PV ausdrückl. vereinbarter Fälligkeit der Leistung;
- Sicherungsvollstreckung (zwei Wochen; §§ 720a III, 750 III);
- bei vollstr Urkunde, Regelunterhaltsbeschluss, idR KfB: zwei Wochen; § 798.

**f)** Ist das Urteil nur gegen eine **Sicherheitsleistung des Gläubigers** vorl vollstr (§§ 709, 711, 712 II 2), muss deren Erbringung (durch Einzahlung bei der Gerichtskasse oder Bankbürgschaft) nach § 751 II nachgewiesen werden. 13

**g) Bei nach dem Titelinhalt Zug-um-Zug zu bewirkenden Leistungen** des Gl muss der Gerichtsvollzieher dem Schuldner die Leistung in einer Annahmeverzug begründenden Weise anbieten oder Befriedigung oder Annahmeverzug müssen nachgewiesen sein (§§ 756, 765). 14

**h) Es dürfen keine Vollstreckungshindernisse vorliegen:** 15

- nach § 775 (zB Einstellung der ZwV nach §§ 707, 719, 766 I 2, 769);
- Insolvenzeröffnung, §§ 89, 90 InsO;
- Vereinbarungen in einem **Vollstreckungsvertrag** (dh einem Vertrag zwischen Gl und Schuldner über die Durchführung der ZwV).

Der Vertrag kann vollstreckungserweiternd sein (zB dass auch Unpfändbares gepf werden darf) oder -beschränkend (zB dass erst ab einem bestimmten Termin, nur in bestimmte 16

Sachen vollstreckt werden darf). Beschränkende Verträge sind zulässig, erweiternde nur, wenn sie den Schuldnerschutz (zB § 811) nicht verringern (str; vgl *Scherf* Vollstreckungsverträge, 1971). Ob der Schuldner den hindernden Vertrag analog § 766 oder analog § 767 (vgl BGH NJW 1968, 700; MDR 1991, 669; OLG Köln NJW-RR 1995, 576) geltend zu machen hat, ist str. Zweckmäßig ist, auf die Art der Absprache abzustellen: ist sie leicht und klar beweisbar (zB ZwV erst ab dem Jahr ...): § 766; bedarf sie einer rechtl. Nachprüfung: § 767.

17 **i) Sonstige Voraussetzungen:**

- **Deutsche Gerichtsbarkeit** (§§ 18-20 GVG; bei ausl Staaten vgl BVerfG 46, 342; sonst Art VIII NATO-Truppenstatut);
- **Zulässigkeit des Rechtswegs** (das Finanzamt zB vollstreckt selbst nach §§ 249 ff AO, nicht durch den Gerichtsvollzieher);
- **Parteifähigkeit** muss im Erkenntnisverfahren und (für Gl und Schuldner) auch im Vollstr-Verfahren gegeben sein;
- **Prozessfähigkeit** muss beim Gl immer vorliegen; beim Schuldner ist das str (vgl *Brox/Walker* Rz 25; *Roth* JZ 1987, 895);
- **Prozessführungsbefugnis** (Rz 9 vor § 50; § 51 Rz 13);
- **Rechtsschutzbedürfnis:** es besteht auch bei Kleinbeträgen (§ 753 Rz 4).

18 **3. Art der Zwangsvollstreckung. Sie hängt vom Titelinhalt ab:**

**a) Titel wegen einer Geldforderung.** Er kann vollstreckt werden:

19 - **in das bewegliche Vermögen:** §§ 808 bis 863:
  - in körperl. Sachen (§§ 808-827), zB in einen Fernseher, der vom Gerichtsvollzieher gepf und dann versteigert wird;
  - in Forderungen usw., zB in die Lohnforderung des Schuldners gegen seinen Arbeitgeber (= Drittschuldner, dh Schuldner des Schuldners); diese Forderung wird vom Rechtspfleger des AG (VollstreckungsG) durch Beschluss gepf und dem Gl zur Einziehung überwiesen (§§ 829, 835);

20 - **in das unbewegliche Vermögen:** §§ 864 bis 871 ZVG:
  - durch Zwangsversteigerung des Schuldner-Grundstücks. Zuständig ist das AG-VollstreckungsG
  - durch Zwangsverwaltung (§§ 146 ff. ZVG) des Grundstücks (zB Zugriff auf die Mieteinnahmen); das AG-VollstreckungsG bestellt einen Zwangsverwalter;
  - durch Eintragung einer Sicherungshypothek (§§ 867 ff); sie sichert den Gl nur, führt noch nicht zur Verwertung des Grundstücks.

21 **b) Titel wegen anderer Ansprüche** (als Geldforderungen). **Arten:**

- Titel auf **Herausgabe von Sachen** (zB eines bestimmten Pkw), Räumung: §§ 883 bis 886; der Gerichtsvollzieher nimmt die Sache dem Schuldner weg und gibt sie dem Gl;
- Titel auf **Erwirkung einer vertretbaren Handlung**, zB auf Beseitigung eines Baumangels. § 887: das ProzessG erster Instanz (bei dem der Prozess schwebte) ermächtigt den Gl, die Handlung auf Kosten des Schuldners vornehmen zu lassen;

- Titel auf **Erwirkung einer nicht vertretbaren Handlung**, zB Erteilung einer Auskunft. § 888: das ProzessG zwingt den Schuldner durch Zwangsgeld und Haft dazu;
- Titel auf **Abgabe einer Willenserklärung** (zB Auflassung eines Grundstücks). § 894: mit Urteilsrechtskraft wird die Abgabe fingiert;
- Titel **auf Unterlassung** (zB von unzulässigen Wettbewerbshandlungen) **oder Duldung** (zB des Betretens). § 890: das ProzessG verhängt Ordnungsgeld oder -haft bei Zuwiderhandlung.

**4. Rechtsbehelfe in der Zwangsvollstreckung:** 22

**a) Im Verfahren der Klauselerteilung:** §§ 567, 731, 732, 768.

**b) Bei materiell-rechtlichen Einwendungen:** §767 (zB wenn der Schuldner Zahlung einwendet); §771 (zB wenn ein Dritter Eigentümer der gepf Sache ist); §805 bei PfandR.

**c) Bei Verletzung formeller Voraussetzungen:** Erinnerung nach § 766; Erinnerung nach § 11 RPflG (vgl § 766 Rz 1); sof Beschwerde nach §§ 567, 793; Grundbuchbeschwerde nach § 71 GBO (vgl § 867 Rz 13 ff.).

**d) In Härtefällen** für den Schuldner §§ 765a, 813a.

## Abschnitt 1. Allgemeine Vorschriften

### § 704 ZPO Vollstreckbare Endurteile

**(1) Die Zwangsvollstreckung findet statt aus Endurteilen, die rechtskräftig oder für vorläufig vollstreckbar erklärt sind.**

**(2) Urteile in Ehe- und Kindschaftssachen dürfen nicht für vorläufig vollstreckbar erklärt werden.**

§ 704 II geändert durch KindUG (BGBl 1998, 666).

**1. Absatz 1. Endurteil** in diesem Sinne **sind** auch TeilU, VU, AnerkenntnisU, VorbehaltsU. 1
**Weitere Vollstreckungstitel** vgl § 794, landesrechtl., § 801. **Ausländische Titel:** vgl §§ 722, 723. **Rechtskraft:** formelle Rechtskraft, § 705. **Vorläufige Vollstreckbarkeit** vgl §§ 708 ff. Einen vollstreckungsfähigen Inhalt haben LeistungsU, Feststellungs-/GestaltungsU nur im Kostenpunkt.

Der **Titel muss inhaltlich bestimmt sein**, ein Zahlungsanspruch betragsmäßig festgelegt 2
(BGH NJW 1983, 2262; 1966, 1755), zumindest leicht errechenbar sein (genügend: „5%-Punkte Zinsen über dem jeweiligen Basiszinssatz"); genügend „Unterhalt in Höhe von monatl. 107% des Regelbetrages der dritten Altersstufe der Düsseldorfer Tabelle" (LG Mönchengladbach MDR 2006, 1315). Koppelung an einen *bestimmten* Lebenshaltungskostenindex (BGH FamRZ 2004, 531); problematisch bei anderen Wertsicherungsklauseln, zB Anknüpfung an Beamtengehälter; an Inflationsrate, dazu OLG Köln JurBüro 2000, 269; bei Freistellung von Verbindlichkeit muss die Höhe der Zahlungsverpflichtung im Urteil stehen (OLG Saarbrücken FamRZ 1999, 110).

3 **Auslegung des unklaren Titels** erfolgt durch das Vollstr-Organ unter Heranziehung der Urteilsgründe und ges Vorschriften. Bleiben Zweifel, ist der Titel nicht vollstreckungsfähig; durch neue Klage kann der Inhalt des Titels festgestellt werden (BGH 36, 14). Beim Urteil über einen Bruttolohn ist grds der Bruttobetrag zu vollstrecken, schon bezahlte Lohnsteuer/Sozialvers kann der Arbeitgeber mit Quittung mit der Folge des § 775 Nr. 4, 5 nachweisen (BAG NJW 1979, 2634; 1964, 1338).

4 **2. Absatz 2.** Vgl §§ 606, 640 II. Ein ScheidungsU darf also nicht für vorl vollstr erklärt werden, auch bei Klageabweisung bez der Kosten keine vorl Vollstreckbarerklärung. Das UnterhaltsU fällt nicht unter Abs. 2, auch nicht ein Regelbetragstenor, § 653 (OLG Brandenburg FamRZ 2003, 617).

## § 705 ZPO Formelle Rechtskraft

**[1]Die Rechtskraft der Urteile tritt vor Ablauf der für die Einlegung des zulässigen Rechtsmittels oder des zulässigen Einspruchs bestimmten Frist nicht ein. [2]Der Eintritt der Rechtskraft wird durch rechtzeitige Einlegung des Rechtsmittels oder des Einspruchs gehemmt.**

§ 705 geändert durch G v. 09.12.2004 (BGBl 2004, 3220).

1 **1. Formelle („äußere") Rechtskraft**, dh **Unanfechtbarkeit**, tritt ein:
- beim erstinstanzl. Urteil mit Ablauf der Ber-Frist, § 517;
- beim VU, VoB (§ 700), mit Ablauf der Einspruchsfrist, § 339 I (2 Wochen);
- beim Urteil nach § 345 mit Ablauf der Ber-Frist, §§ 513 II, 516;
- bei Beschlüssen (zB § 91a), die der sof Beschwerde unterliegen, mit Ablauf der Frist gem § 569 I (2 Wochen); bei befr Beschwerde mit Ablauf der Monatsfrist (§§ 621e III, 517); bei RB mit Ablauf der Monatsfrist (§ 575);

2
- beim LG/OLG-Ber-Urteil, wenn entweder das RevG eine eingelegte Rev als unzulässig verworfen oder als unbegr zurückgewiesen hat oder wenn die Rev-Frist (§ 548) abgelaufen ist, ohne dass Rev eingelegt wurde (BGH 4, 294; GmS BGH 88, 353; BGH NJW-RR 1990, 323 für Ehesachen). Besonderheiten bei § 542 II. Unklar, ob auch die Frist des § 544 abgelaufen sein muss;
- beim letztinstanzl. BGH-Urteil mit Verkündung.

3 Ferner tritt Rechtskraft ein bei Urteilen und Beschlüssen nach beidseitig erklärtem **Rechtsmittelverzicht** (vgl §515, 565), einseitiger genügt auch dann nicht, wenn der Gegner nicht beschwert ist (OLG Karlsruhe NJW 1971, 664; str); bei **Rücknahme des Rechtsmittels** *nach* Ablauf der Rm-Frist tritt Rechtskraft mit dem Zeitpunkt der Rücknahme ein (KG JZ 1952, 424; str). Verfassungsbeschwerde hemmt die Rechtskraft nicht (BVerfG NJW 1996, 1736).

4 **2. Teilrechtskraft:** bei teilw Anfechtung wird der nicht angefochtene Teil des ErstU nicht rechtskr, wenn die Ber noch erweitert werden kann oder die (enger formulierten) Anträge noch der (weiter gehenden) BerBegr angepasst werden können (BGH NJW 1994, 2896; OLG Oldenburg NJW-RR 2005, 368) oder eine Änderung dieses Teils im Rm-Zug mögl.

ist (BGH NJW 1992, 2296); bei teilweisem Forderungsverzicht in zweiter Instanz ist uU noch ein Rm-Verzicht insoweit erforderlich (BGH NJW 1989, 170). Die Einlegung der **Revision** hemmt den Eintritt der Rechtskraft auch für die Teile des Ber-Urteils, die der Rev-Kl nicht angefochten hat und mangels Beschwer nicht anfechten kann. Insoweit tritt Teilrechtskraft ein, sobald der Rev-Bekl die Möglichkeit verloren hat, sich der Rev anzuschließen (BGH NJW 1994, 657). Zur vorl Vollstr §§ 537, 558. FamS vgl §§ 629a, d.

## § 706 ZPO Rechtskraft- und Notfristzeugnis

**(1) [1]Zeugnisse über die Rechtskraft der Urteile sind auf Grund der Prozessakten von der Geschäftsstelle des Gerichts des ersten Rechtszuges und, solange der Rechtsstreit in einem höheren Rechtszug anhängig ist, von der Geschäftsstelle des Gerichts dieses Rechtszuges zu erteilen. [2]In Ehe- und Kindschaftssachen wird den Parteien von Amts wegen ein Rechtskraftzeugnis auf einer weiteren Ausfertigung in der Form des § 317 Abs. 2 Satz 2 Halbsatz 1 erteilt.**

**(2) [1]Insoweit die Erteilung des Zeugnisses davon abhängt, dass gegen das Urteil ein Rechtsmittel nicht eingelegt ist, genügt ein Zeugnis der Geschäftsstelle des für das Rechtsmittel zuständigen Gerichts, dass bis zum Ablauf der Notfrist eine Rechtsmittelschrift nicht eingereicht sei. [2]Eines Zeugnisses der Geschäftsstelle des Revisionsgerichts, dass ein Antrag auf Zulassung der Revision nach § 566 nicht eingereicht sei, bedarf es nicht.**

§ 706 geändert durch G v. 27.07.2001 (BGBl 2001, 1887).

1 **1. Rechtskraftzeugnis.** Dies ist kein ges Zeugnis; es wird ledigl. *auf Antrag* auf einer Ausfertigung der Entscheidung der Stempel „Vorstehendes Urteil ist rechtskr" vom Urkundsbeamten angebracht, datiert, unterschrieben und mit dem Siegel versehen. § 706 I gilt auch für VoB und Beschlüsse, nicht aber für PV (hier wird allenfalls bestätigt, dass sie nicht widerrufen wurden). Das Zeugnis wird nur auf Antrag (§ 78 V) erteilt, ohne dass der Urkundsbeamte prüfen darf, ob und zu welchem Zweck der ASt das Zeugnis benötigt; berechtigt sind die Parteien und die Streitgehilfen. Zweck ist, den Prozessbeteiligten den Nachweis zu ermöglichen, dass ein Urteil in formelle Rechtskraft erwachsen ist; das Zeugnis besagt nur, dass ein bestimmtes Urteil unangefochten geblieben ist und genießt insoweit die Beweiskraft des § 418; es sagt nichts über die mat Richtigkeit oder den Bestand des Urteils (BGH NJW 1960, 671). Prüfungsgrundlage für den Urkundsbeamten sind die Prozessakten und das Notfristzeugnis des Rm-Gerichts, Abs. 2. Bei **eingelegtem unzulässigem Rechtsmittel** muss die Rechtskraft der VerwerfungsE abgewartet werden.

2 In **Ehe- und Kindschaftssachen** (Scheidung, Abstammung) wird das Zeugnis *von Amts wegen* erteilt, auf einer Ausfertigung ohne Tatbestand und Gründe (**Absatz 1 Satz 2**). In diesen Sachen wird der Tag des Eintritts der Rechtskraft im Zeugnis angegeben.

3 **Zuständigkeit:** „anhängig" ist sinngemäß vom Standpunkt der Geschäftsstelle des Rm-Gerichts aus zu verstehen, die bis zur Rücksendung der Akten auch dann noch befasst bleibt, wenn das Gericht seine entspr Tätigkeit bereits abgeschlossen hat oder das Rm zurückgenommen ist; bloße Einreichung eines PKH-Gesuchs macht den Rechtsstreit im höheren Rechtszug noch nicht „anhängig" (BGH LM Nr. 2).

4 **Teilrechtskraftzeugnis:** zulässig; dabei ist zu beachten, dass grds die teilw Anfechtung die Rechtskraft des ganzen Urteils hemmt (BGH NJW 1973, 11).

5 **2. Notfristzeugnis, Absatz 2.** Zulässigkeit des Rm ist nicht zu prüfen (vgl BGH NJW-RR 2003, 1005). Bei Unklarheiten lautet das Zeugnis, dass „bis heute" kein Rm einging (BGH NJW-RR 2003, 1005). § 566: Sprungrev.

6 **3. Rechtsbehelfe:**

**a) Gegen Erteilung** Erinnerung (ohne Anwaltszwang) nach § 573, gegen die Entscheidung hierüber sof Beschwerde (§§ 573 II, 569).

7 **b) Gegen Versagung** Erinnerung nach § 573 und gegen den Beschluss sof Beschwerde nach §§ 573 II, 567.

**c) Gegen die Beschwerdeentscheidung**: RB (§ 574), falls zugelassen.

**4. Kosten**: Gerichtsgeb fallen für die Zeugnisse nicht an (§ 1 GKG). Zusätzl. Anwaltsgeb entstehen nicht (§§ 18, 19 Nr. 9 RVG); Auslagen sind Kosten des Rechtsstreits (§ 91).

Formular 275: Antrag auf Erteilung eines Rechtskraftzeugnisses

## § 707 ZPO Einstweilige Einstellung der Zwangsvollstreckung

**(1) [1]Wird die Wiedereinsetzung in den vorigen Stand oder eine Wiederaufnahme des Verfahrens beantragt oder die Rüge nach § 321a erhoben oder wird der Rechtsstreit nach der Verkündung eines Vorbehaltsurteils fortgesetzt, so kann das Gericht auf Antrag anordnen, dass die Zwangsvollstreckung gegen oder ohne Sicherheitsleistung einstweilen eingestellt werde oder nur gegen Sicherheitsleistung stattfinde und dass die Vollstreckungsmaßregeln gegen Sicherheitsleistung aufzuheben seien. [2]Die Einstellung der Zwangsvollstreckung ohne Sicherheitsleistung ist nur zulässig, wenn glaubhaft gemacht wird, dass der Schuldner zur Sicherheitsleistung nicht in der Lage ist und die Vollstreckung einen nicht zu ersetzenden Nachteil bringen würde.**

**(2) [1]Die Entscheidung ergeht durch Beschluss. [2]Eine Anfechtung des Beschlusses findet nicht statt.**

§ 707 geändert durch G v. 09.12.2004 (BGBl 2004, 3220).

1 **1. Anwendungsbereich:**

- bei WE, § 233; Wiederaufnahme, § 578; Gehörsrüge, § 321a; Nachverfahren, §§ 302, 600;
- bei Ber gegen ein vorl vollstr Urteil, § 719;
- bei Einspruch gegen ein vorl vollstr VU, § 719;
- bei Einspruch gegen VoB, §§ 700 I, 719 I;
- bei Widerspruch gegen Arrest (§ 924 III), eVfg (§ 936), bei § 927;
- bei PV analog (BGH 28, 175);
- bei Schiedsspruch (§ 1065 II 2);
- bei Gehörsrüge (§ 321a).

**Konkurrenzen:** daneben kann § 765a in Betracht kommen. Soweit § 707 nicht anwendbar: uU § 769; eVfg (zB bei § 826 BGB-Klage, OLG Frankfurt NJW-RR 1992, 511). Bei Abänderungsklagen ist § 769 anwendbar, keine Einstellung nach §§ 707, 719 (OLG Hamm FamRZ 1998, 1379). 2

**2. Verfahren: Antrag** des Schuldners (zweckmäßig dahin, dass *ohne* SiL eingestellt werden soll, was zu begründen ist); Anwaltszwang dafür wie sonst (§ 78 I). Rechtl. Gehör für den Gegner, nur (selten) bei Eilbedürftigkeit entbehrl. (Rz 5). Ausschließl. **zuständig** ist das Gericht (ER usw.), das für die Entscheidung über den Rechtsbehelf (bzw das Nachverfahren) zuständig ist. Mdl Verh ist nicht übl. (§ 128 IV). Die Ber usw. darf nicht ohne Erfolgsaussicht sein. **Rechtsschutzbedürfnis** besteht ab Klauselerteilung bis zum Ende der ZwV. Bei der ErmessensE wägt das Gericht die Interessen des Gl und des Schuldners gegeneinander ab. 3

**3. Entscheidung** durch **Beschluss**, bei Einstellung *ohne* SiL mit Begründung (OLG Köln NJW-RR 2001, 647 fordert *immer* eine Begründung; das wären aber nur Floskeln); ohne KostenE; formlos mitzuteilen (§ 329 II; **aA** § 329 III). **Möglichkeiten:** 4

- Antragszurückweisung;
- Einstweilige Einstellung; **mit** Sicherheitsleistung durch den Schuldner nach § 108;
- **Einstweilige Einstellung ohne Sicherheitsleistung** nur ganz ausnahmsweise nach Abs. 1 S. 2; irreparable Folgeschäden müssen drohen, nicht nur finanzielle Nachteile. Dass Rückforderung von beigetriebenem Unterhalt nicht realisierbar wäre, genügt nicht (OLG Hamm FamRZ 2000, 363). Wirkung: §§ 775 Nr. 2, 776 S. 2. Bei Einstellung der ZwV aus VU ist SiL nur ganz ausnahmsweise entbehrl. (§ 719 I 2); über Einstellung der ZwV aus notariellen Urkunden *ohne* SiL vgl OLG Saarbrücken NJW-RR 2001, 1573;
- AnO einer SiL durch den Gl; Wirkung § 751 II;
- Aufhebung von bestimmten Vollstreckungsmaßregeln (wie zB Kontenpfändung); Vollzug durch das Vollstr-Organ, § 776.

**4. Rechtsbehelfe:** 5

**a)** Auf Antrag Abänderung durch das Gericht, das den Beschluss erlassen hat (zB weil nun der Gegner rechtl. Gehör erhalten hat; weil die SiL falsch berechnet wurde);

**b) Unanfechtbarkeit** grds, **Absatz 2 Satz 2;** 6

**c) Sofortige Beschwerde** (§ 793): str. Der BGH (NJW 2002, 1577; 2004, 2224) hält seit der Reform 2002 eine a.o. Beschwerde wegen greifbarer Gesetzwidrigkeit für unzulässig; nur befr Gegenvorstellung, § 321a, Verfassungsbeschwerde kämen in Betracht. Keine RB zum BGH, selbst wenn sie nach § 574 I Nr. 2 zugelassen wurde (BAG NZA 2003, 1421). Die aA bejaht eine sof Beschwerde, wenn das Gericht den ihm eingeräumten Ermessensspielraum überschritten oder von seinem Ermessen einen unsachgemäßen Gebrauch gemacht hat (OLG Naumburg JurBüro 2004, 208; OLG Frankfurt InVO 2003, 479; OLG Celle FamRZ 2003, 1674; OLG Köln FF 2002, 175); teils wird dies in die Fallgruppe „greifbare Gesetzwidrigkeit" eingeordnet (vgl OLG Dresden JB 1997, 102; OLG Köln NJW-RR 1988, 1467; *Künke* MDR 1989, 309; § 567 Rz 7). 7

8 **5. Kosten.** Für den **Rechtsanwalt:** bei abgesonderter mdl Verh über den Antrag: 0,5 (3328 RVG VV) + 0,5 (3332 RVG VV). Sonst § 19 Nr. 11 RVG. War der RA nicht PrBev: 0,3 (RVG VV 3309) + 0,3 (falls VV 3310 erfüllt). Für das **Gericht**: keine Geb nach GKG.

## § 708 ZPO Vorläufige Vollstreckbarkeit ohne Sicherheitsleistung

**Für vorläufig vollstreckbar ohne Sicherheitsleistung sind zu erklären:**

1. **Urteile, die auf Grund eines Anerkenntnisses oder eines Verzichts ergehen;**
2. **Versäumnisurteile und Urteile nach Lage der Akten gegen die säumige Partei gemäß § 331a;**
3. **Urteile, durch die gemäß § 341 der Einspruch als unzulässig verworfen wird;**
4. **Urteile, die im Urkunden-, Wechsel- oder Scheckprozess erlassen werden;**
5. **Urteile, die ein Vorbehaltsurteil, das im Urkunden-, Wechsel- oder Scheckprozess erlassen wurde, für vorbehaltlos erklären;**
6. **Urteile, durch die Arreste oder einstweilige Verfügungen abgelehnt oder aufgehoben werden;**
7. **Urteile in Streitigkeiten zwischen dem Vermieter und dem Mieter oder Untermieter von Wohnräumen oder anderen Räumen oder zwischen dem Mieter und dem Untermieter solcher Räume wegen Überlassung, Benutzung oder Räumung, wegen Fortsetzung des Mietverhältnisses über Wohnraum auf Grund der §§ 574 bis 574b des Bürgerlichen Gesetzbuchs sowie wegen Zurückhaltung der von dem Mieter oder dem Untermieter in die Mieträume eingebrachten Sachen;**
8. **Urteile, die die Verpflichtung aussprechen, Unterhalt, Renten wegen Entziehung einer Unterhaltsforderung oder Renten wegen einer Verletzung des Körpers oder der Gesundheit zu entrichten, soweit sich die Verpflichtung auf die Zeit nach der Klageerhebung und auf das ihr vorausgehende letzte Vierteljahr bezieht;**
9. **Urteile nach §§ 861, 862 des Bürgerlichen Gesetzbuchs auf Wiedereinräumung des Besitzes oder auf Beseitigung oder Unterlassung einer Besitzstörung;**
10. **Berufungsurteile in vermögensrechtlichen Streitigkeiten;**
11. **andere Urteile in vermögensrechtlichen Streitigkeiten, wenn der Gegenstand der Verurteilung in der Hauptsache 1.250 Euro nicht übersteigt oder wenn nur die Entscheidung über die Kosten vollstreckbar ist und eine Vollstreckung im Wert von nicht mehr als 1.500 Euro ermöglicht.**

§ 708 zuletzt geändert durch G v. 24.08.2004 (BGBl 2004, 2198).

**Lit:** ***Schilken*** JuS 1990, 641; ***Oetker*** ZZP 1989, 449; ***König*** JuS 2004, 119.

**1. Übersicht und Prüfungsreihenfolge:** 1

**a)** Zunächst ist festzustellen, **in welche Gruppe** ein Urteil fällt:

- **Nicht für vorläufig vollstreckbar zu erklärende Urteile**, vgl § 704 II, zB rechtskr Urteile wie RevU des BGH (soweit sie nicht erste VU sind), OLG-Urteile nach § 542 II. Überflüssig und daher entbehrl. (aber nicht falsch) ist der Ausspruch bei Urteilen, die einen **Arrest** anordnen oder eine **einstweilige Verfügung** erlassen. Dagegen sind erstinstanzl. Urteile von AG, LG, die den Beschwerdewert (§ 511 II) nicht erreichen, nur nach § 708 Nr. 11 vorl vollstr.
- **Ohne Sicherheitsleistung für vorläufig vollstreckbar zu erklärende Urteile** nach § 708, **mit zwei Untergruppen**: 2
- § 708 Nr. 1 bis 3 ohne Abwendungsbefugnis;
- § 708 Nr. 4 bis 11 mit Abwendungsbefugnis nach § 711; fällt ein Urteil sowohl unter Nr. 1 bis 3 wie unter Nr. 4 bis 11 (zB VorbehaltsanerkenntnisU), hat wegen § 711 die Regelung in Nr. 1 bis 3 Vorrang (**aA** LG Aachen NJW-RR 1986, 359).
- **Gegen Sicherheitsleistung vorläufig vollstreckbar zu erklärende Urteile**, § 709 S. 1;
- **Sonderfälle**; zB § 709 S. 2.

**b)** Haben Gl oder Schuldner **Anträge nach §§ 710, 711 Satz 2, 712** gestellt und die tatsächl. Voraussetzungen glaubhaft gemacht, § 714 II? 3

**c)** Ändert sich etwas durch **§ 713?**

**2.** Ein Urteil gegen den **Fiskus** etc. ist wie sonst für vorl vollstr zu erklären. **Arbeitsgericht**: § 62 ArbGG. 4

**3. § 708 Nr. 1.** Anerkenntnis § 307, auch beim TeilanerkenntnisU; Verzicht, § 306. Das Teilanerkenntnis- *und* TeilendU dagegen folgt teils § 708 Nr. 1, teils § 708 Nr. 11 bzw § 709 (getrennte Aussprüche erforderl.). 5

**Nr. 2.** Nur echte **Versäumnisurteile**, auch das nach § 345. Wird ein VU aufrechterhalten (§ 343) gilt § 709. 6

**Nr. 3. Verwerfungsurteile** (bez Einspruch gegen VU, gegen VoB), auch, wenn sie ohne mdl Verh ergangen sind (*Verwerfungsbeschlüsse* gibt es seit 2002 nicht mehr; 341 II). 7

**Nr. 4. Vorbehaltsurteile**, EndU, §§ 592, 602, 605a; auch abweisende Urteile; nicht die im Nachverfahren. VorbehaltsanerkenntnisU fallen unter Nr. 1 (OLG Koblenz NJW-RR 1991, 512; str). 8

**Nr. 5.** Vgl § 600. 9

**Nr. 6.** Auch bei Teilaufhebung; Folge bei Aufhebung: §§ 936, 928, 775 Nr. 1, 776. BerUrteil vgl § 542 II. Urteile, die Arreste oder eVfg erlassen, sind ohne bes Ausspruch vorl vollstr. 10

**Nr. 7.** Vgl § 23 Nr. 2a GVG; gilt auch für klageabweisende Urteile. Räumungsfrist § 721. Zu Nr. 7 *Schmid* ZMR 2000, 507. 11

**Nr. 8.** Gilt auch für Urteile auf Abänderung eines Unterhaltstitels gem §§ 323, 654. Für den früheren, von Nr. 8 nicht erfassten, Zeitraum (zB Unterhalt wird für die Zeit ab sechs 12

Monaten vor Klageerhebung zugesprochen) ist § 708 Nr. 11 oder § 709 S. 1 anzuwenden, je nach Betragshöhe.

13 **Nr. 9.** Nur stattgebende Urteile.

14 **Nr. 10. Berufungsurteile** des LG oder OLG. Nichtvermögensrechtl. Streitigkeit fällt unter § 704 II oder § 709. Nr. 10 erfasst auch aufhebende/abweisende Urteile, Urteile ohne Rev-Zulassung. *Nicht:* Urteile nach § 542 II, zurückverweisende Urteile (OLG Köln NJW-RR 1987, 1152; str). Liegt die Beschwer der Parteien unter 20 000 €, sodass bis 31.12.2011 nach § 26 Nr. 8 EGZPO (Fassung G v. 22.12.2006) eine Nichtzulassungsbeschwerde unzulässig ist, ist das LG-Ber-Urteil in Anwendung der §§ 708 Nr. 10, 713 ZPO ohne SiL für vorl vollstr zu erklären (LG Landau NJW 2002, 973).

Bestätigt das OLG ein nur gegen SiL vorl vollstr LG-Urteil, wird das LG-Urteil nach § 708 Nr. 10 ohne SiL vorl vollstr (OLG Hamm NJW 1971, 1187; vgl *Höhne* MDR 1987, 626). Wird ein vom LG für vorl vollstr erklärtes Urteil vom OLG unter Klageabweisung aufgehoben, dann das OLG-Urteil vom BGH aufgehoben und an das OLG zurückverwiesen, dann lebt die Vollstr des LG-Urteils wieder auf (OLG Frankfurt NJW 1990, 721; **aA** KG NJW-RR 1989, 3025; vgl *Boemke-Albrecht* NJW 1991, 1333).

**Nr. 11. Zwei Fallgruppen:**

15 - **Gegenstand der Verurteilung bis 1 250 €** (ab 2002) in der Hauptsache; Zinsen, Nebenforderungen, Kostenanteile werden nicht berücksichtigt. Mehrere Ansprüche sind zusammenzurechnen, aber *nicht aus verschiedenen Nummern des § 708.* Daher fällt ein Urteil über 250 € Unterhalt und 1 500 € Kaufpreis teils unter § 708 Nr. 8, teils unter § 709 S. 1. Wird eine Zahlungsklage teils abgewiesen und werden die Kosten teils dem Kl, teils dem Bekl auferlegt (§ 92), gilt für den Kl die Grenze von 1 250 €, für den Bekl bez des Kostenerstattungsanspruchs die Grenze von 1 500 €.

16 - **Nur die Kostenentscheidung ist vorläufig vollstreckbar**, zB bei Abweisung einer Leistungsklage, beim FeststellungsU, GestaltungsU. Hier ist der Kostenerstattungsanspruch zu schätzen. Bei Kosten bis 1 500 €: §§ 708 Nr. 11, 711, bei Kosten ab 1 500,01 €: § 709 S. 1.

**Beispiel:**

Wurde die Klage über 2 500 € abgewiesen, betragen die Kosten des Bekl: 2,5 RA-Geb (RVG-VV 3100 + 3104) aus 2 500 €, also 2,5 mal 161 €, dazu 20 € Pauschale (RVG-VV 7002), 19 % MwSt aus beiden Beträgen; dazu vom Bekl geleistete Auslagenvorschüsse für Zeugen (unterstellt 30 €), also ca. 530 €. Das Urteil fällt daher unter § 708 Nr. 11.

17 **Streitgenossen:** wurde die Klage von zwei Kl abgewiesen, haben sie die Kosten idR zu je 1/2 zu tragen (§ 100 I); für §§ 708 ff kommt es darauf an, wie viel gegen jeden vollstreckt werden kann (getrennte Aussprüche!). Werden zwei Bekl gesamtschuldnerisch verurteilt, haften sie idR auch für die Kosten gesamtschuldnerisch (§ 100 IV); hier wird nicht aufgeteilt (str). Der Ausspruch über die vorl Vollstr erfasst die KostenE auch dann ganz, wenn eine **gemischte Kostenentscheidung** vorliegt (die also teils auf §§ 91, 92, teils auf §§ 91a, 269 III, 516 III, 93 beruht), obwohl die isolierte TeilkostenE durch Beschluss unter § 794 Nr. 3 fallen würde.

**Urteile nach §§ 767, 768, 771** sind auch in der Hauptsache für vorl vollstr zu erklären (wegen §§ 775 Nr. 1, 776), ebenso Urteile nach § 895. 18

### § 709 ZPO Vorläufige Vollstreckbarkeit gegen Sicherheitsleistung

**[1]Andere Urteile sind gegen eine der Höhe nach zu bestimmende Sicherheit für vorläufig vollstreckbar zu erklären. [2]Soweit wegen einer Geldforderung zu vollstrecken ist, genügt es, wenn die Höhe der Sicherheitsleistung in einem bestimmten Verhältnis zur Höhe des jeweils zu vollstreckenden Betrages angegeben wird. [3]Handelt es sich um ein Urteil, das ein Versäumnisurteil aufrechterhält, so ist auszusprechen, dass die Vollstreckung aus dem Versäumnisurteil nur gegen Leistung der Sicherheit fortgesetzt werden darf.**

§ 709 S. 2 eingefügt durch G v. 27.07.2001 (BGBl 2001, 1887).

**Lit:** ***König*** NJW 2003, 1372; ***Holtkamp*** DRiZ 2002, 274.

**1. Andere Urteile (Satz 1)** sind solche, die nicht unter § 708 fallen. 1

**a) Formulierung im Tenor, wenn der Kläger** mit der Leistungsklage (ab 1 250,01 €) **voll obsiegte:** „Das Urteil ist gegen eine Sicherheitsleistung in Höhe von ... € vorläufig vollstreckbar." Auch ohne ausdrückl. Zulassung (die daher entbehrl. ist) oder Antrag kann der Kl die Sicherheit durch eine schriftl., unbedingte, unbefr, selbstschuldnerische **Bürgschaft** einer Bank erbringen (§ 108). Die Kosten der Bürgschaft fallen unter § 788. Sie sichert nicht den mat-rechtl. Anspruch (BGH WM 2004, 2071). Bei ausl Banken ohne inländische Niederlassung müsste dies allerdings bes gestattet werden (nicht ratsam).

**Höhe der Sicherheit:** nach §§ 108, 717 Höhe des mögl. Schadensersatzanspruchs, also idR Hauptsache und Zinsen bis zur Verkündung sowie Summe der (geschätzten) Kosten, die der Bekl laut Urteil an den Kl zu erstatten hat; zB: Gerichtskostenvorschuss des Kl Nr. 1210 KV-GKG (laut Akteninhalt) + 2,5 RA-Geb (RVG-VV 3100, 3104) + Auslagenpauschale (RVG-VV 7002) + MwSt aus RA-Geb und Pauschale (RVG-VV 7008) + vom Kl (laut Akteninhalt) geleistete Auslagenvorschüsse für Zeugen und SV (§§ 379, 402), aufzurunden auf mindestens volle Hundert Euro. Bei Zug-um-Zug-Urteil bleibt die Gegenleistung unberücksichtigt. **§ 709 Satz 2** gestattet, die SiL nicht auszurechnen, sondern zB zu schreiben: „Das Urteil ist gegen SiL in Höhe von 115 % des jeweils zu vollstreckenden Betrages vorl vollstr." Der Zuschlag soll geschätzte Schäden des Vollstr-Schuldners (vgl § 717 II) ausgleichen, ca 10 bis 20 %. Ähnl. § 752 (betrifft Teilvollstr). 2

**b) Wenn die Klage abgewiesen wurde**, kommt es darauf an, wie hoch der Kostenerstattungsanspruch ist: **bis 1 500 €**: §§ 708 Nr. 11, 711; 3

**ab 1 500,01 €** gilt § 709 S. 1. Auch hier gilt S. 2.

Im Anwaltsprozess wird gerechnet: 2,5 RA-Geb (RVG-VV 3100, 3104) + Pauschale (RVG-VV 7002) + MwSt + vom Bekl geleistete Auslagenvorschüsse, aufrunden. Eine RA-Beweisgeb gibt es im RVG nicht mehr (anders früher in der BRAGO). Beispiel: § 708 Rz 16. 4

5 **c) Wenn die Klage teilweise abgewiesen wurde**, ist das Urteil für den Kl wegen der Teilverurteilung und der Kostenquote vorl vollstr für den Bekl wegen der Kostenquote.

6 Beträgt die Teilverurteilung mehr als 1 250 € und hat nach der KostenE der Kl 4/5, der Bekl 1/5 zu tragen, ist zu rechnen: **(1) Für den Kläger**: Hauptsache + Zinsen + 1/5 der Kosten, die der Kl bei vollem Obsiegen (oben Rz 2) ansetzen könnte. **(2) Für den Beklagten**: 4/5 der Kosten, die der Bekl bei voller Klageabweisung ansetzen könnte (vgl Rz 4).

7 - **Bis 1 500 € Kosten** sind **§§ 708 Nr. 11, 711** anzuwenden. **Tenor:** „Das Urteil ist für den Kl gegen eine Sicherheit von ... € vorl vollstr. Für den Bekl ist es wegen der Kosten ohne Sicherheit vorl vollstr; der Kl kann die Vollstreckung durch SiL von ... € abwenden, wenn nicht der Bekl vor der Vollstreckung Sicherheit in gleicher Höhe leistet."

8 - **Bei über 1 500 € Kosten** ist auch für den Bekl **§ 709 Satz 1** anzuwenden. **Tenor** dann: „Das Urteil ist für den Kl gegen eine Sicherheit von ... €, für den Bekl gegen eine Sicherheit von ... € vorl vollstr." § 106 (Kostenausgleichung) bleibt bei der Berechnung außer Betracht.

9 **2. Satz 3. Aufrechterhaltene Versäumnisurteile.** Vgl § 343.

**a) Würde das aufrecht erhaltene Versäumnisurteil** als EndU **unter § 708 Nr. 11 fallen** (Betrag bis 1 250 €), ist § 709 S. 2 nicht anzuwenden, sondern §§ 708 Nr. 11, 711: „Der Bekl trägt die weiteren Kosten. Das Urteil ist vorl vollstr. Der Bekl kann die Vollstreckung ... abwenden, wenn nicht der Kl ..."

10 **b) Bei Betrag über 1 250 €**: „Das Urteil ist gegen SiL von ... € vorl vollstr. Die Vollstreckung aus dem VU darf nur gegen Leistung dieser Sicherheit fortgesetzt werden."

## § 710 ZPO Ausnahmen von der Sicherheitsleistung des Gläubigers

**Kann der Gläubiger die Sicherheit nach § 709 nicht oder nur unter erheblichen Schwierigkeiten leisten, so ist das Urteil auf Antrag auch ohne Sicherheitsleistung für vorläufig vollstreckbar zu erklären, wenn die Aussetzung der Vollstreckung dem Gläubiger einen schwer zu ersetzenden oder schwer abzusehenden Nachteil bringen würde oder aus einem sonstigen Grund für den Gläubiger unbillig wäre, insbesondere weil er die Leistung für seine Lebenshaltung oder seine Erwerbstätigkeit dringend benötigt.**

1 Der Antrag ist sehr selten, er kann im Ber-Verfahren nachgeholt werden (OLG Zweibrücken NJW-RR 2003, 75; aA KG MDR 2000, 478). Verfahren vgl § 714 I, **wichtig § 714 II**. Stellt der Schuldner einen Gegenantrag, erfolgt eine Interessenabwägung, § 712 II 1. Tenor: „Das Urteil ist ohne SiL vorl vollstr."

## § 711 ZPO Abwendungsbefugnis

**[1]In den Fällen des § 708 Nr. 4 bis 11 hat das Gericht auszusprechen, dass der Schuldner die Vollstreckung durch Sicherheitsleistung oder Hinterlegung abwenden darf, wenn nicht der Gläubiger vor der Vollstreckung Sicherheit leistet. [2]§ 709 Satz 2 gilt entsprechend, für den Schuldner jedoch mit der Maßgabe, dass Sicherheit in einem**

**bestimmten Verhältnis zur Höhe des auf Grund des Urteils vollstreckbaren Betrages zu leisten ist. [3]Für den Gläubiger gilt § 710 entsprechend.**

§ 711 S. 2 eingefügt durch G v. 27.07.2001 (BGBl 2001, 1887).

**Lit:** ***Dochnahl*** MDR 1989, 423.

**1. Satz 1.** § 711 gilt nur für § 708 Nr. 4 bis 11. Der Ausspruch erfolgt ohne Antrag; Entscheidung nachholbar nach §§ 321, 716 (BGH MDR 1978, 127). **Formulierung zum Beispiel**: „Das Urteil ist vorl vollstr. Der Bekl kann die Vollstreckung durch SiL von ... € abwenden, wenn nicht der Kl vor der Vollstreckung Sicherheit in gleicher Höhe (bzw in anderer Höhe) leistet." Auch ohne entspr Antrag oder Ausspruch können die Parteien die Sicherheit durch eine schriftl., unbedingte, unbefr, selbstschuldnerische **Bürgschaft** einer Bank erbringen (§ 108; neu seit 2002). Vollstr-Abwendung kann bei Teilunterliegen auch für beide Parteien infrage kommen. 1

**Höhe der Sicherheit**; vgl §§ 108, 717, Berechnung wie bei § 709. **§ 711 Satz 2**: bei Vollstreckung wegen Geldforderung kann das Gericht, anstelle einen festen Betrag zu nennen, schreiben: „Der Bekl kann die Vollstr durch SiL iHv (zB) 115 % des zu vollstreckenden Betrages abwenden, wenn nicht ..." (Rz 1). 2

Wenn die **Kosten gegeneinander aufgehoben** sind (§ 92), kann sich der Ausspruch nach S. 1 nur auf die Hauptsache beziehen, Kosten dürfen dann nicht einbezogen werden. 3

**Bei Herausgabe einer Sache**: Hinterlegungsanordnung. 4

**Fällt das Urteil sowohl unter § 708 Nr. 1 bis 3, wie unter § 708 Nr. 4 bis 11**, geht § 708 Nr. 1 bis 3 vor; das Scheckanerkenntnis-VorbehaltsU enthält daher keine Abwendungsbefugnis nach § 711 (str). S. 1 entfällt im Fall des § 713. Zum Verhältnis zu § 720a s. dort Rz 6. 5

**Folge der Anordnung** nach S. 1 ist, dass der Gl zunächst ungehindert vollstrecken kann; sobald der Schuldner die Sicherheit leistet, wird die Vollstreckung unzulässig, § 775 Nr. 3, vgl ferner § 720; leistet auch der Gl Sicherheit, kann er wieder vollstrecken. 6

**2. Satz 3. Voraussetzungen**: Antrag, § 714 I; Glaubhaftmachung, § 714 II; Gl kann die Sicherheit nicht leisten; Aussetzung der Vollstreckung wäre iSd § 710 nachteilig. Bei Erfolg heißt es im Urteil nur: „Das Urteil ist ohne Sicherheitsleistung vorläufig vollstreckbar." 7

## § 712 ZPO Schutzantrag des Schuldners

**(1) [1]Würde die Vollstreckung dem Schuldner einen nicht zu ersetzenden Nachteil bringen, so hat ihm das Gericht auf Antrag zu gestatten, die Vollstreckung durch Sicherheitsleistung oder Hinterlegung ohne Rücksicht auf eine Sicherheitsleistung des Gläubigers abzuwenden; § 709 Satz 2 gilt in den Fällen des § 709 Satz 1 entsprechend. [2]Ist der Schuldner dazu nicht in der Lage, so ist das Urteil nicht für vorläufig vollstreckbar zu erklären oder die Vollstreckung auf die in § 720a Abs. 1, 2 bezeichneten Maßregeln zu beschränken.**

**(2) [1]Dem Antrag des Schuldners ist nicht zu entsprechen, wenn ein überwiegendes Interesse des Gläubigers entgegensteht. [2]In den Fällen des § 708 kann das Gericht anordnen, dass das Urteil nur gegen Sicherheitsleistung vorläufig vollstreckbar ist.**

§ 712 geändert durch G v. 27.07.2001 (BGBl 2001, 1887).

**Lit:** ***Eisenhardt*** NZM 1998, 64 (§ 712 bei Wohnraum).

1 Der Antrag muss in der mdl Verh gestellt werden; ein im Ber-Verfahren gestellter Antrag, die ZwV aus dem erstinstanzl. Urteil einzustellen, ersetzt den § 712-Antrag nicht (BGH NJW-RR 2006, 1088). Der § 712-Antrag kann noch in der Ber-Instanz gestellt werden. Zu den Voraussetzungen des Antrags vgl § 714; Unersetzl. Nachteil zB, wenn gepfändete Beträge unwiederbringl. sind (OLG Hamm FamRZ 1996, 113). Antragsstellung ist nicht deswegen unzumutbar, weil der ASt dem Gl zugleich Hinweise für künftige Vollstr-Maßnahmen hätte geben müssen (BGH JurBüro 1986, 385). § 712 ist nicht anwendbar bei § 713. Bei übergangenem Antrag: § 716, 321. Die **Ablehnung** des Antrags erfolgt nur in den Entscheidungsgründen, nicht im Tenor. Die **Stattgabe** erfolgt im Tenor.

2 **Beispiel:**

**a)** bei § 712 I 1/§ 708: „Das Urteil ist vv Der Bekl kann die Vollstreckung durch Sicherheit von ... € abwenden". **b)** bei § 712 I 1/§ 709: „Das Urteil ist gegen eine SiL von ... € vv Der Bekl kann die Vollstreckung durch SiL in gleicher Höhe abwenden". Alles kann in %-Sätzen ausgedrückt werden (Verweisung auf § 709 S. 2): „...durch Sicherheit von 115 % des zu vollstreckenden Betrags"

Formular 130: Klageerwiderung und Vollstreckungsschutzantrag gem. § 712 Abs. 1 Satz 1 ZPO

Formular 131: Klageerwiderung und Vollstreckungsschutzantrag gem. § 712 Abs. 1 Satz 2 ZPO

## § 713 ZPO Unterbleiben von Schuldnerschutzanordnungen

**Die in den §§ 711, 712 zugunsten des Schuldners zugelassenen Anordnungen sollen nicht ergehen, wenn die Voraussetzungen, unter denen ein Rechtsmittel gegen das Urteil stattfindet, unzweifelhaft nicht vorliegen.**

1 **Anwendbar** zB auf Urteile, bei denen die Ber-Summe (§ 511 II) nicht erreicht ist, ferner beim Ber-Urteil, wenn die Rev nicht zugelassen wurde und eine Nichtzulassungsbeschwerde (§ 544) wegen des zu geringen Werts ausscheidet (§ 26 Nr. 8 EGZPO). Die unselbstständige Anschließung (§ 524) ist als Rm iSd § 713 anzusehen (str). „Sollen nicht" heißt: dürfen nicht (str). Tenor dann: „Das Urteil ist vorläufig vollstreckbar." Unanwendbar bei § 542 II.

## § 714 ZPO Anträge zur vorläufigen Vollstreckbarkeit

**(1) Anträge nach den §§ 710, 711 Satz 3, § 712 sind vor Schluss der mündlichen Verhandlung zu stellen, auf die das Urteil ergeht.**

**(2) Die tatsächlichen Voraussetzungen sind glaubhaft zu machen.**

§ 714 geändert durch G. v. 27.07.2001 (BGBl 2001, 1887).

**Möglichkeiten:** Antragstellung **a)** in erster Instanz; **b)** in zweiter Instanz für die Ber-Instanz; **c)** ob in zweiter Instanz der in erster Instanz versäumte Antrag für die erste Instanz nachgeholt werden kann, ist str und mangels vorinstanzl. Entscheidung darüber abzulehnen (zB OLG Hamburg MDR 1994, 1246; **aA** OLG Koblenz OLGZ 1990, 229). Für die Anträge besteht Anwaltszwang wie sonst. 1

Ist der **Antrag in erster Instanz übergangen** worden, kann dort die Entscheidung nachgeholt werden, §§ 716, 321. Die zweite Instanz kann nach § 719 einstweilen einstellen. Bei Teilanfechtung kann die zweite Instanz nach § 537 den unangefochtenen Teil für vorl vollstr erklären. 2

**Absatz 2:** Glaubhaftmachung vgl § 294; sie erfolgt ganz selten. 3

## § 715 ZPO Rückgabe der Sicherheit

**(1) [1]Das Gericht, das eine Sicherheitsleistung des Gläubigers angeordnet oder zugelassen hat, ordnet auf Antrag die Rückgabe der Sicherheit an, wenn ein Zeugnis über die Rechtskraft des für vorläufig vollstreckbar erklärten Urteils vorgelegt wird. [2]Ist die Sicherheit durch eine Bürgschaft bewirkt worden, so ordnet das Gericht das Erlöschen der Bürgschaft an.**

**(2) § 109 Abs. 3 gilt entsprechend.**

Zuständig ist der Rechtspfleger, § 20 Nr. 3 RPflG; Antrag ohne Anwaltszwang, § 109 III 1. Rechtskraftzeugnis § 706. Beschluss wird formlos mitgeteilt. 1

**Sicherheitsleistung des Gläubigers:** §§ 709, 711, 712 II 2; der Gl kann nach § 715 oder § 109 vorgehen, der Schuldner nur nach § 109. 2

**Rechtsbehelfe** gegen die Entscheidung des Rechtspflegers: gegen stattgebenden Beschluss (AnO der Rückgabe der Sicherheit) befr Erinnerung nach § 11 II RPflG; gegen ablehnenden Beschluss sof Beschwerde (§ 11 I RPflG; § 567). 3

## § 716 ZPO Ergänzung des Urteils

**Ist über die vorläufige Vollstreckbarkeit nicht entschieden, so sind wegen Ergänzung des Urteils die Vorschriften des § 321 anzuwenden.**

Hat das Gericht die Abwendungsbefugnisse nach §§ 708, 711 nicht in den Tenor aufgenommen, muss dies innerhalb der Zweiwochenfrist beantragt werden (BGH FamRZ 1993, 50). Ist die Frist des § 321 II verstrichen, kommt Ber und § 718 in Betracht. Über nachträgl. Gestattung der SiL durch Bürgschaft vgl § 108 Rz 4. 1

## § 717 ZPO Wirkungen eines aufhebenden oder abändernden Urteils

**(1) Die vorläufige Vollstreckbarkeit tritt mit der Verkündung eines Urteils, das die Entscheidung in der Hauptsache oder die Vollstreckbarkeitserklärung aufhebt oder abändert, insoweit außer Kraft, als die Aufhebung oder Abänderung ergeht.**

**(2) [1]Wird ein für vorläufig vollstreckbar erklärtes Urteil aufgehoben oder abgeändert, so ist der Kläger zum Ersatz des Schadens verpflichtet, der dem Beklagten durch die Vollstreckung des Urteils oder durch eine zur Abwendung der Vollstreckung gemachte Leistung entstanden ist. [2]Der Beklagte kann den Anspruch auf Schadensersatz in dem anhängigen Rechtsstreit geltend machen; wird der Anspruch geltend gemacht, so ist er als zur Zeit der Zahlung oder Leistung rechtshängig geworden anzusehen.**

**(3) [1]Die Vorschriften des Absatzes 2 sind auf die im § 708 Nr. 10 bezeichneten Berufungsurteile, mit Ausnahme der Versäumnisurteile, nicht anzuwenden. [2]Soweit ein solches Urteil aufgehoben oder abgeändert wird, ist der Kläger auf Antrag des Beklagten zur Erstattung des von diesem auf Grund des Urteils Gezahlten oder Geleisteten zu verurteilen. [3]Die Erstattungspflicht des Klägers bestimmt sich nach den Vorschriften über die Herausgabe einer ungerechtfertigten Bereicherung. [4]Wird der Antrag gestellt, so ist der Anspruch auf Erstattung als zur Zeit der Zahlung oder Leistung rechtshängig geworden anzusehen; die mit der Rechtshängigkeit nach den Vorschriften des bürgerlichen Rechts verbundenen Wirkungen treten mit der Zahlung oder Leistung auch dann ein, wenn der Antrag nicht gestellt wird.**

§ 717 geändert durch G v. 24.08.2004 (BGBl 2004, 2198).

1 **1. Außerkrafttreten der vorläufigen Vollstreckbarkeit, Absatz 1.** Mit Verkündung (§ 311 II), bei § 310 III mit Zustellung des *abändernden* Urteils, nicht erst mit Rechtskraft. Vgl ferner § 718. Die bereits getroffenen Vollstr-Maßnahmen sind nach §§ 776, 775 Nr. 1 aufzuheben. Über Wiederaufleben der Vollstreckung vgl § 708 Rz 14. IÜ wird aus einem Urteil, das nur gegen Sicherheit vollstr ist, mit Rechtskraft ein Urteil, das ohne Sicherheit vollstr ist. Auch ohne Sicherheit kann gem § 720a vollstreckt werden.

2 **2. Schadensersatzanspruch, Absatz 2.** Dazu *Saenger* JZ 1997, 222. Wer aus einem nur vorl vollstr Urteil vollstreckt, handelt auf eigene Gefahr (BGH NJW 1982, 2815); Abs. 2 bestimmt daher eine verschuldensunabhängige Haftung (Gefährdungshaftung) des Gl.

3 **a) Voraussetzungen:**

- Aufhebung/Abänderung des vorl vollstr Urteils in der Hauptsache;
- Vollstreckung aus dem Urteil oder Leistung zur Abwendung der Vollstreckung (*Adam* JurBüro 1998, 569); Letzteres fehlt, wenn Schuldner leistet, *bevor* der Gl eine laut Urteil zu leistende Sicherheit erbracht hat (BGH NJW 1996, 397).

4 - ein Schaden des Schuldners ist dadurch adäquat verursacht worden. Die Haftung umfasst ihrem Zweck nach *nur* die Auswirkungen des eigentl. Vollstr-Eingriffs; der *Schutzbereich* der Haftungsvorschrift erfasst nicht Kreditschäden durch das Bekanntwerden der ZwV (BGH NJW 1983, 232); auch scheidet Ersatz des fiktiven Zinsschadens durch Gl an VN aus, wenn Vers bezahlte (BGH NJW 1985, 128);

- Gl des Schadensersatzanspruchs kann eine Prozesspartei oder deren Rechtsnachfolger (BGH NJW 1967, 1966) sein, nicht Dritte, die für den Schuldner geleistet haben (BGH NJW 1985, 128). 5

**b) Umfang des Anspruchs:** §§ 249 ff BGB; mitwirkendes Verschulden, **§ 254 BGB**, kommt in Betracht, wenn der Schuldner zB hätte Erinnerung (§ 766) einlegen können. Ab Erlass des Ber-Urteils wird die Haftung nach Abs. 2 uU von einer nach Abs. 3 verdrängt (BGH 69, 373). Zum Schadensersatzanspruch von Unterhaltsschuldnern, die aufgrund eAnO tatsächl. nicht geschuldeten Unterhalt zahlen mussten: BGH NJW 2000, 740. 6

**c) Verjährung:** § 195 BGB, Fristbeginn, sobald die Partei vom aufhebenden Urteil Kenntnis erlangt hat (BGH ZIP 2007, 43). 7

**d) Prozessuale Geltendmachung:** 8

- durch neue Klage, Gerichtsstand §§ 13, 32;
- im anhängigen Rechtsstreit, **Absatz 2 Satz 2**, durch **„Inzidentantrag"** (eine privilegierte Widerklage, str); die mat-rechtl. Wirkungen der Rechtshängigkeit, § 261, (zB Verzinsungspflicht) treten dann früher ein; keine Verweisung nach § 506;
- durch Aufrechnung.

Gegen den Schadensersatzanspruch kann uU aufgerechnet werden (BGH NJW 1980, 2527).

**e) Ähnliche Fälle:** §§ 302 IV 3, 600 II, 945. 9

**f) Entsprechende Anwendung von Absatz 2:** bei Aufhebung eines KfB (BGH ZIP 1982, 1054); iÜ enthält Abs. 2 einen allgemeinen Rechtsgedanken. 10

**g) Keine entsprechende Anwendung von Absatz 2:** bei PV (OLG Düsseldorf NJW-RR 1992, 1530); vollstr Urkunden (BGH WM 1977, 656); bei Urteilsberichtigung (§ 319); wenn das vollstreckte Urteil durch Erledigungserklärung (§ 91a) wirkungslos geworden ist (BGH NJW 1988, 1268); bei ungerechtfertigt vollzogenem Steuerbescheid (BGH NJW 2001, 1067), FeststellungsU (BAG NJW 1989, 3173); Wiederaufnahmeverfahren; WE, wenn sich eine einstweilige Einstellung der ZwV nachträgl. als ungerechtfertigt erweist (BGH NJW 1985, 1959 zu § 771 III); Vollstreckung aus ungerechtfertigter eAnO nach §§ 127a, 620 (OLG Nürnberg JurBüro 1984, 1097; str, dazu BGH NJW 2000, 740); bei Vollstreckung aus Urteil, das wegen inhaltl. Unbestimmtheit nicht der mat Rechtskraft fähig war (BGH MDR 1999, 1087). 11

**Soweit Absatz 2 nicht eingreift**, können sich Ansprüche zB aus §§ 812 ff, 823 ff BGB ergeben. 12

**3. Bereicherungsanspruch, Absatz 3**, schließt Haftung nach Abs. 2 aus. Die Verweisung auf BereicherungsR ist eine Rechtsfolgenverweisung (RGZ 139, 17, 22). Der Gl kann sich nicht auf Wegfall der Bereicherung nach § 818 III BGB berufen, Abs. 3 S. 4 mit § 818 IV BGB. Abs. 3 nennt Ber-Urteile von LG/OLG. Kritisch zu § 717 III *Hau* NJW 2005, 712; Piekenbrock JR 2005, 446. 13

### § 718 ZPO Vorabentscheidung über vorläufige Vollstreckbarkeit

**(1) In der Berufungsinstanz ist über die vorläufige Vollstreckbarkeit auf Antrag vorab zu verhandeln und zu entscheiden.**

**(2) Eine Anfechtung der in der Berufungsinstanz über die vorläufige Vollstreckbarkeit erlassenen Entscheidung findet nicht statt.**

1 **Zweck:** Korrektur einer fehlerhaften Entscheidung der Vorinstanz zur vorl Vollstr (OLG Frankfurt NJW-RR 1988, 189).

2 **Absatz 1.** Entschieden wird durch TeilU (ohne KostenE): Abänderung des angefochtenen Urteils im Ausspruch über die vorl Vollstr oder Zurückweisung der Ber insoweit. § 718 I ist im Rev-Verfahren nicht anwendbar (BGH NJW-RR 2006, 1076).

3 Der **Antrag auf Vorabentscheidung** ist mangels Rechtsschutzbedürfnis **unzulässig**, wenn das geltend gemachte Ziel durch eine Entscheidung nach §§ 719, 707 erreicht werden kann (OLG Karlsruhe OLGZ 1986, 254). Ob ein Schutzantrag nach § 712, der in erster Instanz versäumt wurde, in zweiter Instanz *erstmals* mit dem Antrag auf VorabE gestellt werden kann, ist str (bejahend zB OLG Zweibrücken FamRZ 2003, 693; OLG Schleswig SchlHA 2001, 289; **aA** KG MDR 2000, 478; OLG Frankfurt OLGZ 1994, 106). Vgl ferner § 537.

### § 719 ZPO Einstweilige Einstellung bei Rechtsmittel und Einspruch

**(1) [1]Wird gegen ein für vorläufig vollstreckbar erklärtes Urteil der Einspruch oder die Berufung eingelegt, so gelten die Vorschriften des § 707 entsprechend. [2]Die Zwangsvollstreckung aus einem Versäumnisurteil darf nur gegen Sicherheitsleistung eingestellt werden, es sei denn, dass das Versäumnisurteil nicht in gesetzlicher Weise ergangen ist oder die säumige Partei glaubhaft macht, dass ihre Säumnis unverschuldet war.**

**(2) [1]Wird Revision gegen ein für vorläufig vollstreckbar erklärtes Urteil eingelegt, so ordnet das Revisionsgericht auf Antrag an, dass die Zwangsvollstreckung einstweilen eingestellt wird, wenn die Vollstreckung dem Schuldner einen nicht zu ersetzenden Nachteil bringen würde und nicht ein überwiegendes Interesse des Gläubigers entgegensteht. [2]Die Parteien haben die tatsächlichen Voraussetzungen glaubhaft zu machen.**

**(3) Die Entscheidung ergeht durch Beschluss.**

§ 719 III geändert durch G v. 27.07.2001 (BGBl 2001, 1887).

1 **1. Absatz 1. Anwendbar** auch auf VoB, § 700. **Unanwendbar** auf AbänderungsU (dafür § 769), auf Beschlüsse (dafür § 570).

2 **a) Bei Einspruch (§§ 340, 700 III) gegen ein Versäumnisurteil** oder einen VoB verlangt § 719 I 2 *zwingend* eine SiL; str ist, ob nur auf § 719 I 2 abzustellen ist (OLG Celle NJW-RR 2000, 1017; OLG Stuttgart NJW-RR 2003, 713; *Karst* MDR 2003, 1391; zutr) oder ob wegen S. 1 *zusätzlich* die Voraussetzungen von § 707 I 2 vorliegen müssen (ver-

fassungskonform, BVerfG FamRZ 2004, 1014), also Glaubhaftmachung, dass der Schuldner zur Sicherheit nicht in der Lage ist und Vollstreckung unersetzl. Nachteile bringen würde (OLG Köln InVO 2000, 246; KG MDR 1985, 330). Nur in zwei Fällen darf die **Einstellung ohne Sicherheit** erfolgen (kein Ermessen des Gerichts, OLG Celle NJW-RR 2000, 1017): **(1)** beim **gesetzwidrigen Versäumnisurteil** (vgl § 344); Beispiele: das VU erging, obwohl der Bekl nicht ordnungsgemäß geladen wurde, trotz Unzuständigkeit des Gerichts; trotz Fehlens von Prozessvoraussetzungen; wenn der Säumige prozessunfähig war; wenn Klage unschlüssig war; wenn *gleichzeitig* mit dem VU der PKH-Antrag des Bekl zurückgewiesen wurde (OLG Brandenburg NJW-RR 2002, 285). **(2)** Wenn der Säumige glaubhaft macht (§ 294; eV bzw Unterlagen), dass seine **Säumnis unverschuldet** war (zB plötzl. Krankheit; Verkehrsstau auf Fahrt zum Termin; falscher Terminsaushang; Zimmertermin ohne Anschlag).

**b) Bei Berufung** wird die ZwV nur eingestellt bei Zulässigkeit und hinreichender Erfolgs- 3
aussicht. Bei bestätigter eVfg nur ganz ausnahmsweise unter bes Umständen (OLG Frankfurt MDR 1983, 585; OLGZ 1989, 497). § 719 setzt aber nicht voraus, dass bereits in erster Instanz ein Antrag nach § 712 gestellt wurde (OLG Jena OLG-NL 1997, 240).

**2. Absatz 2. Einstellung durch BGH, BAG.** Den Antrag kann nur ein BGH-RA stellen, 4
auch im NZB-Verfahren (§ 544), BGH WuM 2004, 416. Einem Gesuch kann nicht stattgegeben werden, wenn der Vollstr-Schuldner es versäumt hat, im Ber-Verfahren einen Antrag nach § 712 zu stellen, obwohl ihm damals ein solcher Antrag mögl. und zuzumuten gewesen wäre (BGH NJW-RR 2002, 1650; FamRZ 2006, 1263; NJW-RR 2006, 1088), dh wenn die Einstellungsgründe schon damals erkennbar und nachweisbar waren oder wenn der Antrag damals mangels vorgebrachter Gründe erfolglos war (BGH NJW 1983, 455); ebenso bei Versäumung der Antragsfrist für Urteilsergänzung (BGH FamRZ 1993, 50); ein damaliger Antrag nach § 719 oder § 721a genügt nicht (BGH NJW-RR 2006, 1088). Es entlastet die Partei nicht, wenn sie damals keinen Anlass gehabt habe, den Antrag zu stellen, weil sie von einer Zurückweisung der gegnerischen Ber habe ausgehen können (BGH NJW-RR 2005, 147). Neue Gründe dagegen können genügen (zB Schwangerschaft), BGH NJOZ 2004, 1204. Über Anträge von **Mietern** vgl BGH NJW-RR 2000, 746. Der zur Räumung verurteilte Wohnungsmieter kann die Einstellung wegen Suizidgefahr während der Dauer des Verfahrens der NZB (§ 544) nicht erreichen, wenn eine stationäre Behandlung die Selbsttötung ausschließen kann (BGH ZMR 2006, 33). Im Zweifel hat das Gl-Interesse den Vorrang (BGH WuW 1997, 162). – Drohende **Insolvenz** einer bereits liquidierten Gesellschaft infolge ZwV stellt keinen nicht zu ersetzenden Nachteil dar (BGH NJW-RR 1987, 62); Herausgabe gemieteter Arztpraxisräume ebenfalls nicht (BGH NJW-RR 1998, 1603).

**Glaubhaftmachung:** § 294. **Zuständig** ist der BGH; das BAG. 5

**3. Entscheidung durch Beschluss** (ohne KostenE, wenn keine mdl Verh), frei abänderl. 6
(BGH FamRZ 1989, 849); **Wirkung:** § 775 Nr. 2.

**Beschwerde:** Die Verweisung auf § 707 erfasst auch § 707 II, dh der Einstellungs- 7
beschluss ist grds **unanfechtbar** (§ 707 II 2), bei sog greifbarer Gesetzwidrigkeit aber nach der früheren Rspr mit sof Beschwerde anfechtbar (OLG Köln NJW-RR 2002, 428: keinerlei Erfolgsprüfung des Einspruchs; OLG Brandenburg NJW-RR 2002, 285: PKH-

Antrag des Bekl zurückgewiesen und gleichzeitig schriftl. VU gegen Bekl erlassen). Der BGH (NJW 2002, 1577) lehnt seit 2002 die „greifbare Gesetzeswidrigkeit" ab; er gibt keine sof Beschwerde, wenn die Einstellung der ZwV aus einem VU *ohne* SiL abgelehnt wird, verweist auf Gegenvorstellung bzw Verfassungsbeschwerde. Ebenso OLG Saarbrücken NJW-RR 2006, 1579. Vgl § 707 Rz 6.

## § 720 ZPO Hinterlegung bei Abwendung der Vollstreckung

**Darf der Schuldner nach § 711 Satz 1, § 712 Abs. 1 Satz 1 die Vollstreckung durch Sicherheitsleistung oder Hinterlegung abwenden, so ist gepfändetes Geld oder der Erlös gepfändeter Gegenstände zu hinterlegen.**

1 Bei § 711 S. 1: leistet *nur* der Schuldner Sicherheit, ist die ZwV nach § 775 Nr. 3 einzustellen; leistet der Gl Sicherheit, ist § 720 nicht anwendbar, weil der Schuldner dann nicht mehr zur Abwendung der ZwV befugt ist. Leistet keine Partei, ist § 720 anzuwenden.

## § 720a ZPO Sicherungsvollstreckung

**(1) [1]Aus einem nur gegen Sicherheit vorläufig vollstreckbaren Urteil, durch das der Schuldner zur Leistung von Geld verurteilt worden ist, darf der Gläubiger ohne Sicherheitsleistung die Zwangsvollstreckung insoweit betreiben, als**

**a) bewegliches Vermögen gepfändet wird,**

**b) im Wege der Zwangsvollstreckung in das unbewegliche Vermögen eine Sicherungshypothek oder Schiffshypothek eingetragen wird.**

**[2]Der Gläubiger kann sich aus dem belasteten Gegenstand nur nach Leistung der Sicherheit befriedigen.**

**(2) Für die Zwangsvollstreckung in das bewegliche Vermögen gilt § 930 Abs. 2, 3 entsprechend.**

**(3) Der Schuldner ist befugt, die Zwangsvollstreckung nach Absatz 1 durch Leistung einer Sicherheit in Höhe des Hauptanspruchs abzuwenden, wegen dessen der Gläubiger vollstrecken kann, wenn nicht der Gläubiger vorher die ihm obliegende Sicherheit geleistet hat.**

**Lit:** ***Burchard*** NJW 2002, 2219.

1 **1. Anwendbar** auf Urteile gem §§ 709, 712 II 2, 712 I 2 Alt. 2; auch auf KfB eines klageabweisenden Urteils (OLG Köln Rpfleger 1996, 358); auf Urteil auf Duldung der ZwV wegen Geldforderung (BayObLG JB 1995, 162). Entspr Anwendung nach § 795 S. 2.

2 Für die **Sicherungsvollstreckung** nach **Absatz 1** müssen die allgemeinen Voraussetzungen der ZwV erfüllt sein, nur die nach § 751 II erforderl. SiL entfällt. Ferner muss die Wartefrist des § 750 III abgelaufen sein.

3 Str ist, ob die **Vollstreckungsklausel** nur in den Fällen des § 750 II (zB LG Münster JurBüro 1986, 939) oder ob auch die einfache Vollstr-Klausel (§ 725) nach § 750 III vorher

zugestellt sein muss (zB OLG Düsseldorf MDR 1997, 392; OLG Karlsruhe Rpfleger 1991, 51; OLG Schleswig NJW-RR 1988, 700; zutr).

**Zulässig ist:** Pfändung von bewegl. Sachen (§ 808), Forderungen (§ 829), Rechten (§ 857); auch Vorpfändung (§ 845); Eintragung einer Sicherungshypothek etc, §§ 866 III, 867, 870a. Str war, ob ohne SiL des Gl **Antrag auf Offenbarungsversicherung** (§ 807) zulässig ist (zutr bejahend BGH FamRZ 2007, 210; hM; dazu Hölk MDR 2006, 841; hM; **aA** LG Berlin Rpfleger 1989, 206; *Dressel* Rpfleger 1991, 43). 4

**2. Absatz 2, Absatz 1 Satz 2.** Die Verwertung ist ausgeschlossen bzw nach § 930 II, III beschränkt. Hat der Gl die SiL nachgewiesen, § 751 II, oder ist das Urteil rechtskr geworden, darf verwertet werden. 5

**3. Absatz 3.** Diese Abwendungsbefugnis des Schuldners (auch durch Prozessbürgschaft erbringbar, OLG München JB 1991, 594) besteht kraft Gesetzes, ohne Ausspruch im Urteil (OLG Karlsruhe Rpfleger 2000, 555). Auf die zeitl. Reihenfolge kommt es nicht an. Hat der Schuldner Sicherheit geleistet, kann der Gl die Sicherungsvollstreckung nicht betreiben (Folge: §§ 766; 775 Nr. 3, 776). Der Gl kann jederzeit die Sicherheit nach der Urteilsformel erbringen und dann vollstrecken (§§ 704 I, 751II); die Sicherheit des Schuldners ist dann zurückgegeben, § 109. 6

## § 721 ZPO Räumungsfrist

**(1) [1]Wird auf Räumung von Wohnraum erkannt, so kann das Gericht auf Antrag oder von Amts wegen dem Schuldner eine den Umständen nach angemessene Räumungsfrist gewähren. [2]Der Antrag ist vor dem Schluss der mündlichen Verhandlung zu stellen, auf die das Urteil ergeht. [3]Ist der Antrag bei der Entscheidung übergangen, so gilt § 321; bis zur Entscheidung kann das Gericht auf Antrag die Zwangsvollstreckung wegen des Räumungsanspruchs einstweilen einstellen.**

**(2) [1]Ist auf künftige Räumung erkannt und über eine Räumungsfrist noch nicht entschieden, so kann dem Schuldner eine den Umständen nach angemessene Räumungsfrist gewährt werden, wenn er spätestens zwei Wochen vor dem Tag, an dem nach dem Urteil zu räumen ist, einen Antrag stellt. [2]§§ 233 bis 238 gelten sinngemäß.**

**(3) [1]Die Räumungsfrist kann auf Antrag verlängert oder verkürzt werden. [2]Der Antrag auf Verlängerung ist spätestens zwei Wochen vor Ablauf der Räumungsfrist zu stellen. [3]§§ 233 bis 238 gelten sinngemäß.**

**(4) [1]Über Anträge nach den Absätzen 2 oder 3 entscheidet das Gericht erster Instanz, solange die Sache in der Berufungsinstanz anhängig ist, das Berufungsgericht. [2]Die Entscheidung ergeht durch Beschluss. [3]Vor der Entscheidung ist der Gegner zu hören. [4]Das Gericht ist befugt, die im § 732 Abs. 2 bezeichneten Anordnungen zu erlassen.**

**(5) [1]Die Räumungsfrist darf insgesamt nicht mehr als ein Jahr betragen. [2]Die Jahresfrist rechnet vom Tage der Rechtskraft des Urteils oder, wenn nach einem Urteil auf künftige Räumung an einem späteren Tage zu räumen ist, von diesem Tage an.**

**(6) Die sofortige Beschwerde findet statt**

**1. gegen Urteile, durch die auf Räumung von Wohnraum erkannt ist, wenn sich das Rechtsmittel lediglich gegen die Versagung, Gewährung oder Bemessung einer Räumungsfrist richtet;**

**2. gegen Beschlüsse über Anträge nach den Absätzen 2 oder 3.**

**(7) [1]Die Absätze 1 bis 6 gelten nicht für Mietverhältnisse über Wohnraum im Sinne des § 549 Abs. 2 Nr. 3 sowie in den Fällen des § 575 des Bürgerlichen Gesetzbuchs. [2]Endet ein Mietverhältnis im Sinne des § 575 des Bürgerlichen Gesetzbuchs durch außerordentliche Kündigung, kann eine Räumungsfrist höchstens bis zum vertraglich bestimmten Zeitpunkt der Beendigung gewährt werden.**

§ 721 geändert durch G v. 27.07.2001 (BGBl 2001, 1887).

1 **1. Absatz 1.** Räumungsfrist zu gewähren auf Antrag (wenn der Schuldner grds räumungswillig ist und Zeit für eine Ersatzwohnung braucht; auch bei Räumung wegen Zahlungsrückstand, LG Berlin ZMR 2001, 189) oder von Amts wegen (wenn der Schuldner nicht mit Räumungsanordnung ohne Frist zu rechnen brauchte, BVerfG NJW 1999, 1387). Für den Vermieter ist eine Räumungsfrist unzumutbar, wenn die Zahlung der laufenden Miete/ Nutzungsentschädigung während der Räumungsfrist nicht gewährleistet ist (OLG Stuttgart NJW-RR 2007, 15).

**a) Anwendbar:** auch bei VU (hM). Bei Räumungsvergleich vgl § 794a. **Wohnraum:** alles was tatsächl. Wohnzwecken dient, gleich aus welchem Rechtsgrund; bei **Mischmietverhältnissen** (zB Gasthaus mit Wohnung) kommt es nach wohl **hM** darauf an, ob die Wohn- oder gewerbl. Nutzung überwiegt (vgl BGH NJW 1977, 1394; LG Mannheim ZMR 1994, 21); indes ist nicht einzusehen, weshalb das Schutzbedürfnis dessen, der nicht nur seine Wohnung, sondern auch noch den Gewerberaum verloren hat, geringer sein soll, als das des reinen Wohnungsinhabers, es ist sogar größer; deshalb ist nicht nur bei baul./ räuml. Selbstständigkeit der Wohnräume (so LG Hamburg NJW-RR 1993, 662; LG Mannheim NJW-RR 1993, 713), sondern immer für die Wohnräume eine Räumungsfrist zu bewilligen (vgl LG Hamburg WuM 1993, 36); wenn sie vom Gewerberaum nicht trennbar sind (Durchgangsräume etc): für die Räume insgesamt. Vgl § 29a Rz 2.

2 **b) Nicht anwendbar:** nach VII im Falle bestimmter Mietverh (Rz 9); eAnO nach § 620 I Nr. 7; HausratsVO (wegen dessen § 15); Zuschlagsbeschlüssen (§ 93 ZVG); bei § 794a.

3 **c) Entscheidung** durch das ProzessG **im Urteilstenor:** Die Frist sollte datumsmäßig festgelegt werden. Höchstfrist Abs. 5, Abs. 7 S. 2. Der Antrag kann bis zum Schluss der mdl Verh gestellt werden, § 296a. Mdl Verh ist notw. KostenE nach §§ 91 ff, 93b III. Das Gericht nimmt eine Interessenabwägung vor. **Ergänzungsurteil**, § 321, setzt einen übergangenen Antrag voraus; bei Schweigen des Urteils (VUs) Auslegungssache, ob Übergehen oder stillschweigende Ablehnung vorliegt. Einstweilige Einstellung nach §§ 707, 719, bei § 321 nach **Absatz 1 Satz 3 Halbsatz 2.**

4 **d) Wirkung der Fristbewilligung:** Beendigung des Mietverh bleibt unberührt, der Gl kann bis zum Auszug weiter die bisherige Miete verlangen; vgl § 546a BGB und *Müller* MDR 1971, 253.

**2. Absatz 2.** Urteil auf künftige Räumung: § 259. Fristberechnung: bei Frist bis 31. des Monats ist der Antrag zulässig bis zum 17. des Monats 24 Uhr. Bei Versäumung evtl WE nach §§ 233 bis 238; ferner kommt § 765a in Betracht. Zust und Verfahren vgl Abs. 4, Entscheidung durch **Beschluss**, Kosten nach §§ 91 ff (nicht § 788). 5

**3. Absatz 3** setzt eine bereits vom Gericht nach Abs. 1 oder 2 bewilligte Räumungsfrist voraus. 6

**4. Absatz 4.** Auch bei Anhängigkeit in der Rev-Instanz ist für den Antrag die erste Instanz zuständig (BGH NJW 1990, 2823).

**5. Absatz 5.** Ist der „spätere Tag" ohne nähere Angaben nach Monaten bemessen, läuft die Frist ab Verkündung der Entscheidung (LG Mannheim MDR 1970, 594). 7

**6. Absatz 6.** Wird das Urteil in der Hauptsache einschließl. der Entscheidung über die Räumungsfrist angefochten, ist Ber bzw (gegen VU) Einspruch gegeben. **Nr. 1:** Wird nur die **Räumungsfristentscheidung** (auch eines VU) angegriffen, ist **sofortige Beschwerde** zulässig, § 567, Frist § 569; § 793 ist nicht einschlägig. Kosten §§ 97, 91. Die Ber hat Vorrang, wenn zugleich Beschwerde eingelegt wird (LG Landshut NJW 1967, 1374; LG Düsseldorf ZMR 1990, 380). **Nr. 2:** gegen Beschlüsse über Räumungsfristanträge nach II, III: sof Beschwerde, §§ 567, 569. Gegen die BeschwerdeE ist bei Zulassung RB zum BGH (§ 574) mögl. 8

**7. Absatz 7.** § 549 II Nr. 3 BGB: von Wohlfahrtsverbänden usw. angemieteter Wohnraum zwecks Überlassung; § 575 BGB: Mietverh auf bestimmte Zeit. 9

## § 722 ZPO Vollstreckbarkeit ausländischer Urteile

**(1) Aus dem Urteil eines ausländischen Gerichts findet die Zwangsvollstreckung nur statt, wenn ihre Zulässigkeit durch ein Vollstreckungsurteil ausgesprochen ist.**

**(2) Für die Klage auf Erlass des Urteils ist das Amtsgericht oder Landgericht, bei dem der Schuldner seinen allgemeinen Gerichtsstand hat, und sonst das Amtsgericht oder Landgericht zuständig, bei dem nach § 23 gegen den Schuldner Klage erhoben werden kann.**

**Lit:** ***Kropholler***, Europäisches Zivilprozeßrecht, 5. Aufl. 1996; ***Geimer/Schütze***, Internat. Urteilsanerkennung, 1971 ff; ***Nagel/Gottwald***, Internationales Zivilprozeßrecht; ***Schütze***, Deutsches Internationales Zivilprozeßrecht, 1985; ***Baumann***, Anerkennung und Vollstreckung ausländischer Entscheidungen in Unterhaltssachen, 1989; ***Finger*** FuR 2001, 97 (ausländische Unterhaltsurteile). Zur internationalen Zwangsvollstreckung ***Gottwald*** IPRax 1991, 285.

**1.** §§ 722, 723 betreffen die Vollstreckung ausl Entscheidungen, § 328 die sonstigen Wirkungen im Inland. 1

**2. Verschiedene Fallgruppen sind zu unterscheiden:**

**a) Fällt die ausländische Entscheidung unter die Verordnung (EG) Nr. 44/2001, das EuGVÜ, LGVÜ** (Lugano-Übereinkommen), Haager Übereinkommen vom 02.10.1973, die Verträge mit Norwegen, Israel, Spanien: dann ist das AVAG (Anh) einschlägig, § 1 AVAG (zum AVAG *Hub* NJW 2001, 3145). Der Gl stellt beim LG einen Antrag (ohne Anwaltszwang, § 4 II AVAG), den ausl Titel mit der **Vollstreckungsklausel** zu versehen 2 und legt bestimmte Unterlagen vor (§ 4 II AVAG; Art 54 VO (EG) Nr. 44/2001; § 54 AVAG; Originaltitel; Zustellnachweise beim VU usw.). Örtl. Zust: § 3 II AVAG; entscheidend ist der Wohnsitz usw. bei Antragstellung (OLG Zweibrücken NJW-RR 2001, 144). Es entscheidet (ohne Anhörung des Gegners) der Vors einer ZivK (auch in FamS, Handelssachen), auch bei StrW unter der LG-Zuständigkeitsgrenze.

**(1)** Er ordnet durch **Beschluss** die Erteilung der Vollstr-Klausel für den genau zu bezeichnenden Titel an (§ 8 I AVAG). Der stattgebende Beschluss enthält keine KostenE, weil für die Kosten des Verfahrens vor dem Vors § 788 gilt (§ 8 I 4 AVAG); Kosten, die dem Gl im Heimatstaat nach Verkündigung des Urteils zur Vorbereitung der ZwV erwachsen sind, fallen nicht unter § 8 AVAG (OLG Köln InVO 2000, 289), insoweit können Kostentitel mit der Vollstr-Klausel versehen werden. Der StrW sollte im Beschluss festgesetzt werden, wichtig für die RA-Geb (RVG-VV 3100, 3104; Vorbem. 3.1(1)); er entspricht der ausl Hauptsache, ohne Zinsen (§ 4); ob die ausl Kosten dazu kommen, ist str. Gerichtsgeb: GKG-KV 1510 ff (Festgeb). Die Kosten für die ausl Zustellungsbescheinigungen können nicht für vollstr erklärt werden; der ASt muss sie bei der deutschen Kf geltend machen. Der ASt kann dann entweder seine Kosten (restl. ausl und inl) beim Gerichtsvollzieher zur Mitvollstreckung geltend machen oder beim *AmtsG* (§ 828; OLG München NJW-RR 2002, 431) die Kf beantragen. Zuständig zur Klauselerteilung ist dann der Urkundsbeamte (Text der Klausel § 9 AVAG).

**(2)** Der Vors kann die Erteilung ablehnen (zB wegen Art. 34, 35 EG-VO), mit Kostenauferlegung an ASt und Gründen, § 8 II AVAG. Dagegen ist jeweils befr Beschwerde zum OLG statthaft, §§ 11 ff AVAG, dann RB an den BGH (§§ 17 ff AVAG).

2a **b) Fällt die ausländische Entscheidung unter die VO (EG) Nr. 2201/2003**, auch Brüssel IIa Verordnung genannt (dazu *Solomon* FamRZ 2004, 1409), vgl Anhang, welche im Vertragsgebiet der EG (Art 299 EG), ab 01.03.2005 gilt (Art. 72) und zB das UmgangsR und Rückgabe eines Kindes betrifft (nicht aber den Unterhalt), dann richtet sich die Vollstreckung nach Art 28 ff der VO. Die VO geht §§ 722, 723 vor. Die Ausführung der VO erfolgt nicht nach dem AVAG, sondern nach dem Internationalen FamilienverfahrensG v. 26.01.2005 (BGBl 2005, 162); § 1 IntFamRVG. Örtl. zuständig für die ZwV nach Art 41, 42 der VO ist ein bestimmtes FamG (§ 10 IntFamRVG); Konzentration beim FamG am Sitz des OLG (§ 12 IntFamRVG). Die Vollstr-Klausel wird vom FamG erteilt (§ 16 IntFamRVG); zur ZwV § 44 IntFamRVG. Gerichtsgeb: §§ 51 ff IntFamRVG.

Das **Haager Kindesentführungsübereinkommen** v. 25.10.1980 und das **Europäische Sorgerechtsübereinkommen** v. 20.05.1980 werden ebenfalls nach dem IntFamRVG ausgeführt (§ 1 intFamRVG). Zum ausl Unterhalttitel vgl ferner **AUG** (§ 328 Rz 11).

2b **c) Fällt die ausländische Entscheidung unter die VO (EG) Nr. 805/2004**, auch VTVO genannt, seit 21.10.2005 in Kraft (dazu *Wagner* NJW 2005, 1157), vgl Anhang, dann gilt für ab 21.01.2005 erlassene Titel: die VO verdrängt die VO 44/2201 nicht, sie tritt daneben (Art 27). Der Gl hat also die Wahl, ob er die eine oder andere VO anwendet. Nach der VO 805/2004 muss der Gl seinen Titel im Ursprungsstaat (zB Frankreich) auf einem bestimmten Formular als „Europäischen Vollstreckungstitel" bestätigen lassen. Mit diesem Titel kann dann direkt im anderen Mitgliedsstaat vollstreckt werden, die Erteilung der Klausel in Deutschland oder ein Vollstreckbarkeitsverfahren nach §§ 722, 723 entfallen (Art 5;

das AVAG ist nicht anwendbar); der Gerichtsvollzieher usw. kann sogleich beauftragt werden. Der Schutz des deutschen Schuldners durch ein deutsches Gericht entfällt weitgehend. Anwendungsbereich etc vgl Anhang. Durchführungsbestimmungen: §§ 1082 ff ZPO.

**d) Fällt die Entscheidung unter andere Staatsverträge** (zB Türkei, Tunesien), findet nach dem jeweiligen AusführungsG ein Verfahren statt, bei dem idR durch Beschluss der ausl Titel für vollstr erklärt wird. Über türkische Kindesunterhaltstitel *Andrae* IPRax 2001, 98. 3

**e) Im Übrigen** ist das Urteilsverfahren nach §§ 722, 723 anzuwenden. §§ 722, 723 haben wegen a bis d nur geringe praktische Bedeutung, zB für Titel aus den USA (dazu BGH NJW 1999, 3198; Haas IPRax 2001, 195), Kanada, Südafrika, Asien, Südosteuropa (aber auch hier oft nicht für Unterhaltstitel, Rz 5). Bei US-Urteilen geht es oft um sehr hohen Strafschadensersatz, „punitive damages" (dazu Mörsdorf-Schulte NJW 2006, 1184; Welker/Wilske RIW 2004, 439). Ein ausl Urteil kann für vollstr erklärt werden; auch nur bez einzelner Ansprüche (BGH NJW 1992, 3096). Unter §§ 722, 723 fallen nicht nur ausl „Urteile", sondern zB auch KfB, VoB; PV (str). Nicht: Schiedssprüche (dafür § 1061), vollstr Urkunden ausl Notare (hM, § 795 nennt § 722 nicht), grds nicht Arreste, eVfg. Wenn ein ausl Schiedsspruch nach dortigem VerfahrensR völlig im gerichtl. BestätigungsU aufgeht, kann aus diesem ExequaturU die Vollstreckung nach § 722 für zulässig erklärt werden (BGH NJW 1984, 2765), oder der zugrunde liegende Schiedsspruch für vollstr erklärt werden, § 1061 (BGH NJW 1984, 2763). 4

**f) Unterhaltsentscheidungen.** Vgl *Finger* FuR 2001, 97. Infrage kommen je nach Fallgestaltung (Datum des Titels wichtig, ÜbergangsR berücksichtigen; Einzelheiten: *Nagel/Gottwald*, Internationales Zivilprozessrecht): Haager Übereinkommen v. 02.10.1973 (**HUVÜ 1973**) mit AusfG v. 08.06.1988, welches teilw das HUVÜ 1958 ersetzt hat; Haager Übereinkommen v. 15.04.1958 (**HUVÜ 1958**), wobei nach § 1 des AusfG das AG zuständig ist; Auslandsunterhaltsgesetz (**AUG**) v. 19.12.1986 (BGBl 2563); UN-Übereinkommen v. 20.06.1956 mit AusfG (**UNUÜ 1956**); sodann **Staatsverträge;** schließlich **§§ 722, 723.** 5

**g) DDR-Entscheidungen** vor dem 03.10.1990: für die ZwV gilt grds die ZPO (Art 18 I 1 Einigungsvertrag); eine Vollstreckbarerklärung entfällt (OLG Hamm, FamRZ 1991, 1078). 6

**h) Insolvenzrechtliche Entscheidungen:** §§ 722, 723 nicht anwendbar. Art. 102 EGInsO, EG-VO (§ 328 Rz 5). 7

**i) FGG-Entscheidungen** werden nach den Staatsverträgen, sonst nach §§ 16a, 33 FGG vollstreckt. 8

**j) Kostenentscheidungen** folgen meist der Hauptsache; Sonderfälle: HZPÜ von 1954 mit AG v. 18.12.1958 (BGBl 1958, 939). 9

**Verfahren bei §§ 722, 723:** Klage ist zu erheben, Zust (§ 802): AG (FamG, wenn entschiedene Sache nach inl Recht als FamS einzuordnen ist, BGH NJW 1983, 2775; 1986, 1440) oder LG-ZivK (nicht KfH), je nach StrW (§ 23 Nr. 1 GVG, Nr. 2 nicht anzuwenden); örtl. wegen § 722 II §§ 13 bis 19, hilfsweise § 23. Klageantrag vgl § 723 Rz 3. Einzelheiten vgl § 723. 10

11 3. Über **Zwangsvollstreckung aus deutschen Titeln im Ausland** vgl *Müller/Hök*, Deutsche Vollstreckungstitel im Ausland, 1988; *dies.*, Einzug von Auslandsforderungen, 3. Aufl. 1989; *Schütze*, Rechtsverfolgung im Ausland, 1986.

12 **4. Small-Claims-Verordnung.** Ab 01.01.2009 sollen nach einer geplanten EU-Verordnung grenzüberschreitende Forderungen bis 2 000 € leichter durchgesetzt werden können.

## § 723 ZPO Vollstreckungsurteil

**(1) Das Vollstreckungsurteil ist ohne Prüfung der Gesetzmäßigkeit der Entscheidung zu erlassen.**

**(2) [1]Das Vollstreckungsurteil ist erst zu erlassen, wenn das Urteil des ausländischen Gerichts nach dem für dieses Gericht geltenden Recht die Rechtskraft erlangt hat. [2]Es ist nicht zu erlassen, wenn die Anerkennung des Urteils nach §328 ausgeschlossen ist.**

1 **Das deutsche Gericht prüft** nur, ob die ausl Entscheidung (nach ausl Recht) formell rechtskr ist, ob sie nach § 328 anerkannt werden darf, und, wenn Einwendungen erhoben sind, ob sie nach § 767 II zulässig (nach Erlass des ausl Urteils entstanden, BGH NJW 1980, 2025; 1982, 1947) und begr sind. Auch neues Vorbringen zur Zust ist zu beachten (BGH NJW 1994, 1413). Eine sonstige sachl. Nachprüfung der ausl Entscheidung oder von Einwendungen nach § 323 (BGH NJW 1990, 1419) ist unzulässig. Abweichendes gilt zT nach Verordnung (EG) Nr. 44/2001 und Staatsverträgen.

2 **Streitgegenstand des Verfahrens** ist nicht der Anspruch (zB auf Zahlung) selbst, sondern die Zulässigkeit der inl ZwV aus dem ausl Titel. Soweit Amtsprüfung zu erfolgen hat (vgl §328), ist daher Anerkenntnis und Vergleich ausgeschlossen, über den Anspruch selbst aber mögl. Anstelle des Verfahrens nach §§722, 723 kann der Kl auch eine selbstständige Klage auf den Anspruch erheben (BGH NJW 1964, 1626; 1979, 2477). Wird ein Antrag (in der Fallgruppe „Staatsverträge", AVAG-Verfahren) zurückgewiesen, weil zB keine Zustellung der ursprüngl. Klage nachgewiesen wurde, kann ein **neuer Antrag** gestellt werden, die Zurückweisung erwächst nicht in mat Rechtskraft, besser wäre Zurückweisung „als zur Zeit unzulässig" gewesen (OLG Frankfurt IPRspr 1988, Nr.198); str, OLG Köln OLG-Report Hamm 2006, 776 und Zöller/Geimer §722 Rz 77 halten eine Antragswiederholung für unzulässig.

3 **Urteil:** „Das Urteil ... des X-Gerichts Y vom ... AZ ..., durch das der Bekl verurteilt wurde, an den Kl ... zu bezahlen und die Kosten zu tragen, wird für vollstr erklärt." Kosten § 91; vorl Vollstr §§ 708 ff. StrW §§ 3, 4 I.

4 **Im Tenor keine Umrechnung** des zu zahlenden Geldbetrags in Euro; der Schuldner kann nach § 244 BGB in Euro zahlen, in der ZwV wird umgerechnet; zu Umrechnungsfragen vgl *Palandt/Heldrich* Anm 7 vor 12 EGBGB und *Palandt/Heinrichs* § 244 Rz 20. Ist eine Devisengenehmigung erforderl. (abzuklären bei der Landeszentralbank), ist im Tenor § 23 AußenwirtschaftsG zu beachten.

5 Ist der **ausländische Titel unbestimmt** (zB an Inflations-Index geknüpft, „gesetzl." Zinsen; 1/4 des Monatseinkommens als Unterhalt, AG Wiesbaden FamRZ 2006, 562), kann er hier in der Entscheidung über die Vollstreckung konkretisiert werden (BGH NJW 1986, 1440; OLG Zweibrücken OLG-Report 2005, 534; OLG Hamburg RIW/AWD 1994, 424).

Ein nicht hinreichend konkreter Titel darf jedenfalls nicht für vollstr erklärt werden, der ASt ist auf Antragsergänzung hinzuweisen (BGH NJW 1993, 1801 für italienischen Titel).

**Kosten. Klageverfahren Rechtsanwalt:** RVG VV 3100 ff. **Gericht:** GKV KV 1510 bis 6
1521. **Staatsverträge: Rechtsanwalt**: RVG VV 3100; **Gericht**: GKV KV 1510 ff. Bei deutsch-österreichischen Fällen ist KV 1514 wegen der VO 44/2001 fast immer gegenstandslos, es bleibt bei KV 1510.

## § 724 ZPO Vollstreckbare Ausfertigung

**(1) Die Zwangsvollstreckung wird auf Grund einer mit der Vollstreckungsklausel versehenen Ausfertigung des Urteils (vollstreckbare Ausfertigung) durchgeführt.**

**(2) Die vollstreckbare Ausfertigung wird von dem Urkundsbeamten der Geschäftsstelle des Gerichts des ersten Rechtszuges und, wenn der Rechtsstreit bei einem höheren Gericht anhängig ist, von dem Urkundsbeamten der Geschäftsstelle dieses Gerichts erteilt.**

**Lit:** *Saenger* JuS 1992, 861; *Alff* Rpfleger 2001, 385 (Immobiliar-ZwV)

**1. Arten:** Man unterscheidet die gewöhnl. Klausel (§ 724) von der qualifizierten Klausel 1
(wird durch den Rechtspfleger erteilt, § 726). **Zweck der Vollstreckungsklausel:** Erleichterung für das Vollstr-Organ, weil sie die Vollstreckung bestätigt; Schutz des Schuldners (zB §§ 733, 734). **Kosten:** § 788 I. Wird ohne Klausel vollstreckt: § 766. Herausgabe der vollstr Ausfertigung an den Schuldner: § 757.

**2. Vollstreckbare Ausfertigung des Urteils:** Dies ist eine begl Abschrift der in den 2
Gerichtsakten befindl. Urschrift, welche die Überschrift „vollstreckbare Ausfertigung“ trägt und am Schluss die Vollstr-Klausel (§ 725).

**a) Die Klausel** ist grds bei jedem Titel für die ZwV erforderl., §§ 724 (Urteile), 795 (an- 3
dere Titel), § 1060, § 45 III WEG.

**b) Nicht notwendig** ist eine Klausel grds beim Arrest (§ 929 I), eVfg (§§ 936, 929 I), 4
VoB (§ 796 I), auf das Urteil gesetzten KfB (§§ 795a, 105 I), Haftbefehl (§ 901), bei §§ 830 I 2 und 836 III 2; wenn in Deutschland unmittelbar aus dem ausl Titel vollstreckt werden kann (VO (EG) Nr. 805/2004), vgl § 722 Rz 2b.

**3. Verfahren:** 5

**a) Antrag** (§ 78 V) grds der Partei, die das zu vollstreckende Urteil erstritten hat (BGH NJW 1984, 806), bzw § 727; vollstr Ausfertigung des Scheidungsfolgenvergleichs über Kindesunterhalt ist nur dem Kind zu erteilen (OLG Hamburg FamRZ 1985, 624);

**b) Zuständigkeit:** Urkundsbeamter (bei §§ 8, 9 AVAG auf AnO des Vors). 6

In den Fällen des § 726 I ist der Rechtspfleger zuständig (§ 20 Nr. 12 RPflG). Wird ein Vergleich geschlossen unter Widerrufsvorbehalt oder ein Unterhaltsvergleich unter der Bedingung des Eintritts der Rechtskraft der Scheidung, war umstritten, ob der Urkundsbeamte oder der Rechtspfleger für die Erteilung der Klausel zuständig ist. Die Praxis hatte den Urkundsbeamten für zuständig erachtet; das BAG NJW 2004, 701 hat den Rechtspfleger für zuständig gehalten; so auch der BGH NJW 2006, 776; aA OLG Stuttgart NJW

2005, 509 und viele. Der neue § 795a (eingefügt durch G v. 22.12.2006) hat dann in den dort genannten Fällen eine Zust des Urkundsbeamten begründet. In den in § 795a nicht genannten Fällen bleibt es bei der Zust des Rechtspflegers nach § 20 Nr. 12, 13 RPflG (BR-Drucks. 550/06 S. 85) Beachte §§ 797 I, 797a IV.

7 **c) Prüfungsumfang:** wirksames Urteil (zB mit allen Richterunterschriften)? Titel rechtskr oder vorl vollstr? Nach dem Inhalt zur ZwV geeignet (grds nicht bei FeststellungsU, klageabweisenden Urteilen)? Wurde der PV vorgelesen und genehmigt (§§ 162 I, 160 III Nr. 1)? Bei Gesamtschuldnern (§ 421 BGB), Gesamtgl (§ 428 BGB) wird nur *eine* vollstr Ausfertigung erteilt.

8 **d) Nicht notwendig:** Grds Gehör des Gegners, § 730; SiL muss nicht erbracht sein, § 726; Einstellung der ZwV hindert nicht.

9 **4. Rechtsbehelfe:**

**a) Gläubiger:** Gegen Ablehnung **(1)** durch Urkundsbeamten: §573 und gegen die Entscheidung sof Beschwerde, §§573 II, 567 I; **(2)** durch Rechtspfleger: sof Beschwerde, §11 RPflG, §567; **(3)** durch Notar: §§54 BeurkG, 19 ff FGG. **(4)** Klage im Fall des §731.

10 **b) Schuldner:** Gegen Erteilung: Erinnerung nach § 732 I; Klage nach § 768, wenn eine titelergänzende oder -umschreibende Klausel erteilt wurde und der Schuldner bestreitet, dass die mat Voraussetzungen dafür gegeben sind.

11 **5. Kosten**: Keine Gerichtsgeb für die erstmalige Erteilung der Klausel; keine zusätzl. Anwaltsgeb für den Antrag (§ 19 I Nr. 12 RVG). Anders bei weiterer vollstr Ausfertigung, § 733.

Formular 274: Antrag auf Erteilung einer vollstreckbaren Urteilsausfertigung

## § 725 ZPO Vollstreckungsklausel

**Die Vollstreckungsklausel:**

**„Vorstehende Ausfertigung wird dem usw. (Bezeichnung der Partei) zum Zwecke der Zwangsvollstreckung erteilt"**

**ist der Ausfertigung des Urteils am Schluss beizufügen, von dem Urkundsbeamten der Geschäftsstelle zu unterschreiben und mit dem Gerichtssiegel zu versehen.**

1 Hat das LG zur Zahlung verurteilt, das **OLG die Berufung zurückgewiesen**, ist eine vollstr Ausfertigung des LG-Urteils notw (OLG Celle JurBüro 1985, 1731); zum Nachweis des Wegfalls der SiL genügt die Beifügung einer einfachen Ausfertigung des OLG-Urteils zur bereits erteilten vollstr Ausfertigung des LG-Urteils.

2 Ergibt **bei Abänderung durch das OLG** erst der Zusammenhang der beiden Urteilsformeln den Inhalt der vollstr Entscheidung, sind bei der vollstr Ausfertigung die beiden Entscheidungen miteinander zu verbinden (OLG München NJW 1956, 996). Vgl § 708 Nr. 10, § 709.

## § 726 ZPO Vollstreckbare Ausfertigung bei bedingten Leistungen

**(1) Von Urteilen, deren Vollstreckung nach ihrem Inhalt von dem durch den Gläubiger zu beweisenden Eintritt einer anderen Tatsache als einer dem Gläubiger obliegenden Sicherheitsleistung abhängt, darf eine vollstreckbare Ausfertigung nur erteilt werden, wenn der Beweis durch öffentliche oder öffentlich beglaubigte Urkunden geführt wird.**

**(2) Hängt die Vollstreckung von einer Zug um Zug zu bewirkenden Leistung des Gläubigers an den Schuldner ab, so ist der Beweis, dass der Schuldner befriedigt oder im Verzug der Annahme ist, nur dann erforderlich, wenn die dem Schuldner obliegende Leistung in der Abgabe einer Willenserklärung besteht.**

**Lit:** ***Dorndörfer*** DGVZ 2000, 82.

**1. Grundsatz:** Bei manchen Urteilen bzw PV ergibt der Text oder die Auslegung des Textes, dass die Vollstreckung von bestimmten Tatsachen abhängt und diese der Gl (!) zu beweisen hat (Beispiel: X zahlt an Y, sobald Z vollj ist; X zahlt, sobald eine andere Entscheidung rechtskr ist; sobald Mängelbeseitigung vorliegt). Dann darf die vollstr Ausfertigung erst erteilt werden, wenn der Eintritt der Tatsache nachgewiesen ist, **Absatz 1**. 1

*Der Gl* muss nach dem Urteilsinhalt die Beweislast für diese Tatsachen haben (selten!): nach allgemeinen Beweislastregeln oder Titelinhalt; vgl. Rz 9. Zuständig ist bei § 726 der Rechtspfleger, § 20 Nr. 12 RPflG (*qualifizierte* Klausel des Urkundsbeamten ist nicht unwirksam, OLG Zweibrücken FamRZ 2003, 1942; **aA** KG FGPrax 1999, 189). Zur Zust, wenn PV nicht widerrufen wurde, vgl § 724 Rz 6; BGH NJW 2006, 776. Beachte die Neuregelung: § 795b (2007). 2

**Sonderfall Absatz 2 Alternative 2 (Zug-um-Zug/Willenserklärung):** zB der Schuldner wurde zur Auflassungserklärung verurteilt, Zug um Zug gegen Zahlung von 200 000 € durch den Gl: hier wird die Klausel wegen § 894 I erst erteilt, wenn der Gl den Nachweis geführt hat; vgl Rz 7. Anwendung auf andere Titel: § 795. 3

**2. Ausnahmen**, in denen die **vollstreckbare Ausfertigung schon vorher erteilt** werden kann, weil das Vollstr-Organ (zB GV) die Feststellung der Tatsache wegen des einfachen Sachverhalts selbst treffen kann: 4

- Abhängigkeit von einer **Sicherheitsleistung** (§§ 708 ff), §§ 726 I, 751 II; 5
- Abhängigkeit von einem bestimmten **Kalendertag** (zB Räumungsfrist), § 751 I; 6
- **Zug-um-Zug-Leistung, Absatz 2 Alternative 1** (Beispiel: der Bekl wird verurteilt, 10 000 € zu zahlen Zug um Zug gegen Lieferung von 200 Jacken): dem Gl wird grds die vollstr Ausfertigung nach § 724 ohne Nachweis erteilt, das Vollstr-Organ prüft, ob der Schuldner befriedigt oder in Annahmeverzug gesetzt worden ist (§§ 756, 765), zB bietet der Gerichtsvollzieher die Gegenleistung an. In der Praxis klagt der Kl nicht nur auf Zahlung Zug um Zug, sondern auch auf Feststellung, „dass der Bekl in Annahmeverzug ist", dann kann ohne Weiteres vollstreckt werden. 7

**3. Nachweis durch Urkunden**, Abs. 1, §§ 415, 417, 418; § 129 BGB. Zur Beschaffung vgl § 792; zur Zustellung § 750 II (daher sind die Urkunden in der Klausel zu bezeichnen). Entbehrl. sind Urkunden bei Offenkundigkeit (§§ 291, 727 I analog), bei § 288 (OLG 8

Nürnberg OLG-Report 2006, 360). Gelingt dem Gl der Beweis durch Urkunden nicht (zB ob eine Ersatzwohnung *geeignet* ist), muss er nach § 731 klagen.

9 **4. Nicht anwendbar ist § 726 bei:**

**a) Vereinbarung einer Verfallsklausel** (Vereinbarung von Ratenzahlungen, wobei der Schuldner den ganzen Restbetrag sofort zu leisten hat, wenn er mit einer Rate in Rückstand kommt, usw.; dazu *Münzberg* Rpfleger 1997, 413): denn hier trifft *den Schuldner* der Beweis für rechtzeitige Leistung, nicht den Gl der Beweis für Verzug (BGH DNotZ 1965, 544); der Schuldner ist auf §§ 767 oder 775 Nr. 4, 5 verwiesen.

10 **b) Leistung gegen Quittung** (zB Urteil auf Zahlung **Zug um Zug** gegen Aushändigung des quittierten Wechsels oder Schecks); kein echter Gegenanspruch gegeben, vgl § 368 BGB (OLG Frankfurt Rpfleger 1979, 144; str).

11 **c) Vereinbarung**, wonach der Gl keine Nachweispflicht hat (OLG Stuttgart NJW-RR 1986, 549).

## § 727 ZPO Vollstreckbare Ausfertigung für und gegen Rechtsnachfolger

**(1) Eine vollstreckbare Ausfertigung kann für den Rechtsnachfolger des in dem Urteil bezeichneten Gläubigers sowie gegen denjenigen Rechtsnachfolger des in dem Urteil bezeichneten Schuldners und denjenigen Besitzer der in Streit befangenen Sache, gegen die das Urteil nach § 325 wirksam ist, erteilt werden, sofern die Rechtsnachfolge oder das Besitzverhältnis bei dem Gericht offenkundig ist oder durch öffentliche oder öffentlich beglaubigte Urkunden nachgewiesen wird.**

**(2) Ist die Rechtsnachfolge oder das Besitzverhältnis bei dem Gericht offenkundig, so ist dies in der Vollstreckungsklausel zu erwähnen.**

**Lit:** ***Scheel*** NotBZ 2001, 146.

1 **1. Zweck des § 727** ist, einen neuen Rechtsstreit zu vermeiden; diesem würde das Rechtsschutzbedürfnis fehlen (BGH NJW 1957, 1111). Vgl § 750 I. Andere Titel: § 795. § 727 findet auch für vorl vollstr Urteile Anwendung (BGH NJW-RR 2001, 1362). Zuständig ist grds der Rechtspfleger, § 20 Nr. 12 RPflG. „Kann" begründet kein Ermessen.

2 Die **Rechtsnachfolge** muss **nach Rechtshängigkeit** eingetreten sein (§§ 261 I, 696 III, 700 II), bei anderen Titeln (zB § 794 I Nr. 5) nach Entstehung des Titels. Sobald dem Rechtsnachfolger die Klausel erteilt ist, erhält der alte Gl keine mehr (vgl BGH NJW 1984, 806). Bei Rechtsnachfolge und Vollstreckung durch den *alten* Gl: § 767. Bloße Einwendung, dass vor Titelumschreibung nicht vollstreckt werden dürfe: § 766 (BGH NJW 1992, 2159).

3 **2. Umschreibung auf der Gläubigerseite:**

**a) Rechtsnachfolger** des Gl, zB Gesamtrechtsnachfolge (**Erbe;** bei Miterben vgl §§ 2032, 2039 BGB; Sonderfall § 779); auch bei Gesamtrechtsnachfolge muss ein entspr Titel dem Schuldner zugestellt werden (BGH MDR 2007, 797). Einzelrechtsnachfolge (**Abtretung**), wenn die Rechtsnachfolge *nach* Eintritt der Rechtshängigkeit bzw nach Errichtung des notariellen Titels stattgefunden hat (BGH NJW 1993, 1396); im Einzelfall auch der Erwerber eines Grundstücks bei einem PV (BGH ZVI 2006, 150); ebenso der Rechtsnachfolger des Nachfolgers (OLG Brandenburg FamRZ 2007, 62 bei Rückabtretung); Teilnachfolge (Pfandgläubiger), Fälle der §§ 268 III, 426 II, 774 I, 1143 I, 1225, 1607 II 2, 1615b BGB; UnterhaltsvorschussG; § 94 I 1 SGB XII ab 2005 (früher BSHG); Rechtsschutz-Vers kann Umschreibung des KfB verlangen (OLG Hamburg MDR 2004, 835). Wenn ein gesamtschuldnerisch haftender Kostenschuldner die Kostenforderung des Notars befriedigt, ist er nicht Kosten-Rechtsnachfolger des Notars geworden und kann daher nicht vom Notar die Umschreibung der Vollstr-Klausel verlangen (OLG Düsseldorf Rpfleger 2000, 281).

**Isolierte Vollstreckungsstandschaft**, dazu *Petersen* ZZP 2001, 485; *Scherer* Rpfleger 1995, 89 (Titelgl ermächtigt einen Dritten, den titulierten Anspruch im eigenen Namen zu vollstrecken) ist dagegen keine Rechtsnachfolge iSd § 727 und unzulässig (BGH NJW 1985, 809; NJW-RR 1992, 61; dazu *Münzberg* NJW 1992, 1867; **aA** OLG Dresden MDR 1995, 559). **Gesetzliche Vollstreckungsstandschaft**: Ein Elternteil kann gem § 1629 III BGB im eigenen Namen die Eintragung einer Zwangssicherungshypothek im Grundbuch verlangen; vorherige Umschreibung des Titels auf das mat berechtigte Kind entspr § 727 ZPO ist nicht erforderl. (LG Konstanz NJW-RR 2002, 6). Ein minderj Kind, dessen Mutter nach § 1629 III BGB einen Unterhaltstitel erwirkt hat, kann nach Beendigung der Prozessstandschaft durch Rechtskraft der Scheidung der Ehe der Eltern die Umschreibung des Titels auf seinem Namen verlangen (OLG Hamm FamRZ 2000, 1590). 4

**Prozessstandschaft:** hatte die Partei den eingeklagten Anspruch nach Eintritt der Rechtshängigkeit abgetreten und hatte sie den Rechtsstreit in ges Prozessstandschaft für den neuen Gläubiger gem § 265 II fortgeführt, wirkt das Urteil gem § 325 für und gegen den Rechtsnachfolger; der neue Gl hat ein Recht auf Erteilung der Klausel gem § 727, jedenfalls dann, wenn der alte Gl nicht auch seinerseits eine vollstr Ausfertigung beansprucht, sodass keine Gefahr der Doppelvollstreckung besteht (BGH NJW 1984, 806; vgl *Becker-Eberhard* ZZP 1991, 413). *Neuer* WEG-Verwalter braucht Umschreibung auf Wohnungseigentümer. (OLG Düsseldorf NJW-RR 1997, 1035). **Namensänderung** s. Rz 11. 5

**b) Nacherbe**, § 729; 6

**c) Ehegatte** nach § 742;

**d) Testamentsvollstrecker** nach § 749;

**e) Partei kraft Amts:** der Titel zugunsten des GS wird auf den Insolvenzverwalter umgeschrieben, wenn sich die Verfügungsbefugnis des Insolvenzverwalters, § 80 InsO, darauf bezieht. Vgl *K. Schmidt* JR 1991, 309. 7

**3. Umschreibung auf der Schuldnerseite:**

**a) Rechtsnachfolger**, zB **Erbe** (Nachweis durch Erbschein oder Offenkundigkeit), mehrere Erben als Gesamtschuldner (§§ 1967, 2058); auch die Erben des Unterhaltsschuldners nach § 1586b BGB (BGH FamRZ 2004, 1546; **aA** OLG Oldenburg FamRZ 2004, 1220); bzw die „unbekannten Erben, vertreten durch den Nachlasspfleger N" (LG Stuttgart Justiz 1994, 87). 8

**b) Besitzer** der im Streit befangenen Sache nach § 727 I (zB bei Räumungstitel). **Besitzdiener**, § 808. 9

**c) Insolvenzeröffnung über das Vermögen des Schuldners:** 10

Wenn der Insolvenzverwalter aus Titeln, die der Schuldner früher erlangte, vollstrecken will, muss der Titel auf den Insolvenzverwalter umgeschrieben werden. Veröffentlichung der Insolvenzeröffnung im Internet-Bundesanzeiger beweist nicht den Fortbestand des Amtes. Der Insolvenzverwalter muss also die Bestellungsurkunde im Original oder amtl. begl Abschrift vorlegen; eine vom Insolvenzverwalter selbst begl Kopie genügt nicht (BGH NJW-RR 2005, 1716). Wenn der Titel des Gl ein AussonderungsR (§ 47 InsO), AbsonderungsR (§§ 49 ff InsO) oder eine Masseschuld betrifft, erfolgt Umschreibung gegen den Insolvenzverwalter. Wenn er nur eine Insolvenzforderung (§ 38 InsO) betrifft, keine Umschreibung, weil diese Forderungen zur Insolvenztabelle anzumelden sind (§§ 174 ff InsO). Nach Insolvenzverfahrensbeendigung: § 201 II InsO, Vollstreckung aus dem Tabellenauszug. Wenn Klausel gegen den Insolvenzverwalter umgeschrieben wurde, dann das Insolvenzverfahren mangels Masse eingestellt wird, sodass das VerfügungsR an den Schuldner zurückfällt, muss die Klausel nicht erneut umgeschrieben werden, arg. § 80 II 2 InsO (BGH Rpfleger 2006, 423; aA LAG Düsseldorf MDR 2006, 295); ebenso bei Freigabe.

11 **d) Namensänderung** zB infolge Heirat, Firmenänderung, fällt nicht unter § 727; der nachgewiesene neue Name wird durch Vermerk in die Klausel aufgenommen (vgl *Petermann* Rpfleger 1973, 156; LG Saarbrücken DAV 1987, 538). Ist die Identität bei Heirat unzw, ist das unnötig (LG Koblenz FamRZ 2003, 1483). Durch Gesetz bewirkter Rechtsformwechsel fällt nicht unter § 727 (BGH MDR 2004, 640).

12 **4. Nachweis der Rechtsnachfolge:** zB bei Offenkundigkeit (§ 291), durch notarielle Urkunden, andere Urkunden (§ 726 Rz 8), Erbscheins-Ausfertigung. Offenkundig ist eine Tatsache, wenn sie zumindest am Gerichtsort der Allgemeinheit bekannt oder ohne bes Fachkunde – auch durch Information aus allgemein zugängl. zuverlässigen Quellen – wahrnehmbar ist (BGH Rpfleger 2005, 611). Werden keine Urkunden vorgelegt, ist vielfältig umstr, was genügt (vgl *Münzberg* NJW 1992, 201; *Joswig* Rpfleger 1991, 144; OLG Saarbrücken Rpfleger 2001, 437; OLG Braunschweig JB 1993, 240). Nach BGH kann der Nachweis nicht dadurch geführt werden, dass die Rechtsnachfolge schlüssig dargelegt wird und der Schuldner dazu bei der schriftl. Anhörung (§ 730) schweigt; denn § 138 III ist hier nicht anwendbar (BGH Rpfleger 2005, 611), weil der Schuldner nicht verpflichtet ist, sich zum Antrag des neuen Gl zu äußern. Genügend ist aber, wenn der Schuldner die Rechtsnachfolge zugesteht (§ 288; dh wenn er eindeutig seinen Willen zum Ausdruck bringt, die behauptete Rechtsnachfolge zu akzeptieren und gegen sich gelten zu lassen) *und* der bisherige Gl der Erteilung der Vollstr-Klausel an den Rechtsnachfolger zugestimmt hat. Dagegen ist der bisherige Gl nicht befugt, die Rechtsnachfolge im Sinne von § 288 ZPO zuzugestehen, weil er nicht Partei ist.

Eine **Pflicht des Rechtspflegers**, einem Gesuch des ASt auf Anhörung des Schuldners stattzugeben, kann nur dann angenommen werden, wenn der ASt substanziiert darlegt, dass und aus welchen nachvollziehbaren Gründen zu erwarten ist, dass der Schuldner die Rechtsnachfolge zugestehen und der bisherige Gl der Klauselerteilung zustimmen werde (BGH Rpfleger 2005, 611, OLG Stuttgart Rpfleger 2005, 207).

12a – Wenn der **Rechtsschutzversicherer** dem obsiegenden Kl die Kosten bezahlt hat, dann aus der KostenE des obsiegenden Kl vollstrecken will, indem er die Rechtsnachfolgeklausel zum KfB begehrt, genügt die Vorlage von Schriftwechsel und der Hinweis auf den gesetzl. Übergang nach § 67 I VVG, § 20 II ARB und Offenkundigkeit nicht, auch nicht, wenn der Schuldner schweigt (BGH Rpfleger 2005, 611; aA OLG Hamburg

MDR 2004, 835; OLG Koblenz NJW-RR 2003, 1007); notw ist Nachweis durch notariell begl Abtretung des VN.

- Bei Zahlungen nach dem **Unterhaltsvorschussgesetz** (§ 7) ist str, welche Nachweise erforderl. sind (vgl OLG Koblenz JB 2006, 608; OLG Zweibrücken FamRZ 2000, 964: ohne Weiteres; OLG Karlsruhe FamRZ 1987, 852; OLG Stuttgart NJW-RR 1993, 580). Ebenso ist es bei **Sozialhilfe-Zahlungen** (Übergang des Unterhaltsanspruchs des Gl auf den leistenden Sozialhilfeträger gem § 94 SGB XII; vgl OLG Köln NJW-RR 1993, 324). Grds muss die Auszahlung nachgewiesen werden durch monatl. spezifizierte, begl Aufstellung über die Zahlungen (OLG Karlsruhe FamRZ 2004, 556); privatschriftl. Quittungen, Kopien von Fallauszügen, amtl. begl Kopien von Privaturkunden genügen jedenfalls nicht; teils werden öffentl. Urkunden verlangt (OLG Stuttgart NJW-RR 2001, 868). 12b
- **Insolvenzgeld:** Vgl SGB III §§ 183 ff. Bescheid der Bundesagentur für Arbeit soll als Nachweis genügen (LAG Düsseldorf Rpfleger 2005, 456). 12c
- Kann der **Nachweis nicht geführt** werden: § 731.

**5. Gutgläubiger Erwerb:** wird bei Klauselerteilung nicht geprüft; der Schuldner ist auf §§ 732, 768 oder Klage angewiesen. Pfändung bei mangelhafter Klausel ist fehlerhaft, nicht unwirksam. 13

**6. Rechtsbehelfe:** 14

**a) Gläubiger:** Gegen Ablehnung durch Rechtspfleger: sof Beschwerde, § 11 RPflG, § 567 (LG Stuttgart Rpfleger 2000, 537); **b) Schuldner:** Gegen Erteilung: Erinnerung nach § 732 I; Klage nach § 768, wenn eine titelergänzende oder -umschreibende Klausel erteilt wurde und der Schuldner bestreitet, dass die mat Voraussetzungen dafür gegeben sind. Bei Zulassung RB (§ 574).

**7. Kosten**: Keine Gerichtsgeb für die erstmalige Erteilung der Klausel; keine zusätzl. Anwaltsgeb für den Antrag (§ 19 I Nr. 12 RVG). Anders bei weiterer vollstr Ausfertigung, § 733. 15

## § 728 ZPO Vollstreckbare Ausfertigung bei Nacherbe oder Testamentsvollstrecker

**(1) Ist gegenüber dem Vorerben ein nach § 326 dem Nacherben gegenüber wirksames Urteil ergangen, so sind auf die Erteilung einer vollstreckbaren Ausfertigung für und gegen den Nacherben die Vorschriften des § 727 entsprechend anzuwenden.**

**(2) [1]Das Gleiche gilt, wenn gegenüber einem Testamentsvollstrecker ein nach § 327 dem Erben gegenüber wirksames Urteil ergangen ist, für die Erteilung einer vollstreckbaren Ausfertigung für und gegen den Erben. [2]Eine vollstreckbare Ausfertigung kann gegen den Erben erteilt werden, auch wenn die Verwaltung des Testamentsvollstreckers noch besteht.**

**1. Nacherbschaft:** 1

**a) Gläubiger klagte gegen den Vorerben;** Klageabweisung wirkt zugunsten des Nacherben gem § 326 I, Nacherbe kann umschreiben lassen; Klagestattgabe wirkt nicht gegen den Nacherben, daher keine Titelumschreibung.

2 **b) Vorerbe klagte auf Herausgabe** eines der Nacherbfolge unterliegenden Nachlassgegenstandes; Klageabweisung wirkt gem § 326 II ZPO, §§ 2112 ff BGB gegen den Nacherben; daher Titelumschreibung mögl.; Klagestattgabe wirkt gem § 326 I zugunsten des Nacherben, Titelumschreibung ist mögl. Vgl *Brox/Walker* Rz 119, 120.

3 **2. Testamentsvollstreckung;** der Testamentsvollstrecker ist nicht Rechtsnachfolger des Erblassers, der Erbe ist nicht Rechtsnachfolger des Testamentsvollstreckers. Vgl ferner die Fallgruppen der §§ 748, 749, 779.

## § 729 ZPO Vollstreckbare Ausfertigung gegen Vermögens- und Firmenübernehmer

**(1) Hat jemand das Vermögen eines anderen durch Vertrag mit diesem nach der rechtskräftigen Feststellung einer Schuld des anderen übernommen, so sind auf die Erteilung einer vollstreckbaren Ausfertigung des Urteils gegen den Übernehmer die Vorschriften des § 727 entsprechend anzuwenden.**

**(2) Das Gleiche gilt für die Erteilung einer vollstreckbaren Ausfertigung gegen denjenigen, der ein unter Lebenden erworbenes Handelsgeschäft unter der bisherigen Firma fortführt, in Ansehung der Verbindlichkeiten, für die er nach § 25 Abs. 1 Satz 1, Abs. 2 des Handelsgesetzbuchs haftet, sofern sie vor dem Erwerb des Geschäfts gegen den früheren Inhaber rechtskräftig festgestellt worden sind.**

Lit: ***Deckenbrock/Dötsch*** Rpfleger 2003, 644.

1 **1. Vermögensübernahme:** § 419 BGB gilt nur noch für Vermögensübernahmen vor dem 01.01.1999 (Art 223a EGBGB). Schuldner und Übernehmer werden Gesamtschuldner, was in der Klausel anzugeben ist. Die gegenständl. beschränkte Haftung auf das übernommene Vermögen, § 419 II BGB, wird in der Klausel nicht angegeben; der Übernehmer ist insoweit auf §§ 786, 781, 785 mit § 767 angewiesen.

2 **2. Geschäftsfortführung.** Nachweis durch Handelsregisterauszug; § 792. Abs. 2 ist auf den Fall des § 28 I 1 HGB entspr anzuwenden.

## § 730 ZPO Anhörung des Schuldners

**In den Fällen des § 726 Abs. 1 und der §§ 727 bis 729 kann der Schuldner vor der Erteilung der vollstreckbaren Ausfertigung gehört werden.**

1 Bei § 724 wird der Schuldner nicht angehört; bei §§ 726 ff: „kann" er (schriftl. oder mdl) angehört werden, das bedeutet Ermessen. Zur Anhörungspflicht vgl BGH Rpfleger 2005, 611 und § 727 Rz 12.

## § 731 ZPO Klage auf Erteilung der Vollstreckungsklausel

**Kann der nach dem § 726 Abs. 1 und den §§ 727 bis 729 erforderliche Nachweis durch öffentliche oder öffentlich beglaubigte Urkunden nicht geführt werden, so hat der Gläubiger bei dem Prozessgericht des ersten Rechtszuges aus dem Urteil auf Erteilung der Vollstreckungsklausel Klage zu erheben.**

**1. Klage** (Feststellungsklage, § 256, hM) mit dem **Antrag:** „Dem Kl ist Vollstr-Klausel zum Urteil ... zur ZwV gegen den Bekl zu erteilen" (Kosten §§ 91 ff, vorl Vollstr §§ 708 ff; StrW: Wert des zu vollstr Anspruchs). **Beklagter** ist, gegen wen die Klausel begehrt wird, zB der Rechtsnachfolger. **Zuständigkeit** ausschließl., § 802 (Sonderfälle §§ 795, 796 III; 797 V). 1

**Rechtsschutzbedürfnis** fehlt, wenn der einfache Weg nach §§ 726 ff gegeben ist (**aA** VGH Mannheim NJW 2003, 1203, wenn Gl erst einen Erbschein beantragen müsste); gegen einen ablehnenden Beschluss des Rechtspflegers im dortigen Verfahren muss der Kl noch Beschwerde einlegen (str). **Klagezustellung:** §§ 178, 81. 2

**2.** Bei der **Begründetheit** ist zu prüfen, ob die allgemeinen Voraussetzungen der Klauselerteilung vorliegen, ob der Nachweis (§ 731) geführt ist durch andere Beweismittel (§§ 355 ff); ob vom Bekl erhobene Einwendungen, zB Aufrechnung, vorliegen, § 767 II. **Rechtskraft** des stattgebenden Urteils führt dazu, dass der Schuldner mit Erinnerung, § 732, Klage, § 767, 768, ausgeschlossen ist. Aufgrund des rechtskr oder vorl vollstr Urteils erteilt der Urkundsbeamte (**aA**: Rechtspfleger; LG Stuttgart Rpfleger 2000, 537; *Wüllenkemper* Rpfleger 1989, 87) die Klausel zum früheren Urteil. 3

**3. Kosten. Gericht**: wie bei gewöhnl. Klagen, GKG KV 1210 ff. **Rechtsanwalt**: RVG VV 3100 ff (Verfahren gehört nicht zum Rechtszug, § 19 I Nr. 12 RVG). **Streitwert**: der Betrag (ohne Zinsen, Kosten), der beigetrieben werden soll, ohne Feststellungsabschlag (LG Hildesheim NJW 1964, 1232). 4

## § 732 ZPO Erinnerung gegen Erteilung der Vollstreckungsklausel

**(1) [1]Über Einwendungen des Schuldners, welche die Zulässigkeit der Vollstreckungsklausel betreffen, entscheidet das Gericht, von dessen Geschäftsstelle die Vollstreckungsklausel erteilt ist. [2]Die Entscheidung ergeht durch Beschluss.**

**(2) Das Gericht kann vor der Entscheidung eine einstweilige Anordnung erlassen; es kann insbesondere anordnen, dass die Zwangsvollstreckung gegen oder ohne Sicherheitsleistung einstweilen einzustellen oder nur gegen Sicherheitsleistung fortzusetzen sei.**

§ 732 geändert durch G v. 27.07.2001 (BGBl 2001, 1887).

**1. Zweck.** Ist die Vollstr-Klausel erteilt worden (vom Gericht bzw bei notariellen Urkunden vom Notar) kann der, gegen den die Klausel erteilt wurde, dies mit **Erinnerung** nach § 732 überprüfen lassen. 1

**Abgrenzung:** 2

**a)** § 732 schließt als Sonderregelung Erinnerung nach § 11 RPflG aus (**hM**); wenn die Voraussetzungen sowohl von § 732 wie von § 767 vorliegen, hat der Schuldner ein WahlR (BGH NJW-RR 2004, 1718; dazu *Barnert* MDR 2004, 605); anders die hM früher.

**b)** Mat Einwendungen, die sich gegen den titulierten Anspruch selbst richten (wie: Erfüllung, Stundung); die Vollmacht, auf der die Unterwerfungserklärung beruhe, sei wegen Verstoßes gegen RBerG unwirksam, BGH MDR 2005, 1432), können nur gem § 767 geltend gemacht werden. Wird zur notariellen Urkunde mit Unterwerfungserklärung die 3

Klausel erteilt und dagegen mit Erinnerung vorgegangen, kommt es auf den Inhalt der Urkunde an. Ist danach nur die Fälligkeit des Kaufpreises darzulegen, hat der Notar grds keine weitere Prüfungsbefugnis, die Entstehung des Kaufanspruchs ist im Klauselverfahren nicht zu prüfen, nur Fehler formeller Art (BGH NJW-RR 2006, 567). Ist der Titel unwirksam, weil der notarielle Vertrag nichtig war (§§ 125, 313 aF BGB): nur § 732, nicht § 767 (BGH NJW-RR 1987, 1149; diesen prinzipiellen Vorrang der Erinnerung hat der BGH in NJW 2004, 1718 aufgegeben).

4 **c) Klage aus § 768:** § 732 betrifft Einwendungen gegen alle Arten von Klauseln, § 768 *nur titelergänzende oder titelumschreibende Klauseln* (§§ 726, 727); **formelle Fehler** des Klauselerteilungsverfahrens können nur mit § 732, nicht mit § 768, geltend gemacht werden (das Fehlen der mat Voraussetzungen dagegen in beiden Verfahren); der Schuldner hat also zT die Wahl zwischen §§ 732, 768. Ist die Klage nach § 768 abgewiesen worden, ist das Verfahren nach § 732 ausgeschlossen; war die Erinnerung nach § 732 erfolglos, ist die Klage nach § 768 noch zulässig (BGH LM Art. 101 GG Nr. 19; hM).

5 **2. Verfahren:**

**a) Antrag des Schuldners** (ohne Anwaltszwang, vgl § 569 III); der Urkundsbeamte bzw Rechtspfleger kann abhelfen (§§ 573, 572 I; str); **b) Zuständigkeit** des Gerichts (Richter), **Absatz 1**, Sonderfälle §§ 797 III (notarielle Urkunden), 797a II; **c) Rechtsschutzbedürfnis** besteht von der Erteilung der Klausel bis zur Beendigung der ZwV.

6 **d) Rechtskraft** eines stattgebenden Urteils nach § 731 kann entgegenstehen, ferner Abweisung nach § 768.

7 **e) Begründet** ist die Erinnerung, wenn (zur Zeit der Entscheidung) formelle Fehler des Klauselerteilungsverfahrens vorliegen (zB Titel besteht nicht, ist nicht vollstr, ist inhaltl. unbestimmt) oder zB die Rechtsnachfolge nicht stattfand oder die Klausel inhaltl. falsch ist;

8 **f) Entscheidung:** Beschluss: Zurückweisung der Erinnerung; oder: „Die ZwV aus der am ... erteilten vollstr Ausfertigung des ... (Titel) ist unzulässig". Kosten § 97 I entspr oder § 91 I 1; Folge: §§ 775 Nr. 1, 776.

9 **g) Rechtsbehelf**, wenn das Gericht die Einwendung zurückwies: sof Beschwerde (§ 567); gegen die BeschwerdeE bei Zulassung RB zum BGH (§ 574).

10 **3. Absatz 2.** Das Gericht kann bis zur Entscheidung eine eAnO erlassen (Zustellung nach § 329 III); notw, weil die Erinnerung keine aufschiebende Wirkung hat. **Anfechtbarkeit der Anordnung**: gegen AnO des Urkundsbeamten der Geschäftsstelle § 573, gegen AnO des Rechtspflegers nur befr Erinnerung nach § 11 II RPflG (OLG Köln Rpfleger 1996, 324), AnO des Richters ist unanfechtbar wie bei § 707 II 2 (OLG Köln NJW-RR 2001, 69; OLG Stuttgart Justiz 1994, 88), vgl § 707 Rz 6, § 733 Rz 3.

11 **4 Kosten. Bei Abs. 1**: Gericht: keine zusätzl Geb. RA: bes Angelegenheit nach § 18 Nr. 6 RVG; daher RVG VV 3309, 3310. **Bei Absatz 2:** Gericht keine Geb. RA: keine weitere Geb, § 19 I Nr. 11 RVG.

## § 733 ZPO Weitere vollstreckbare Ausfertigung

**(1) Vor der Erteilung einer weiteren vollstreckbaren Ausfertigung kann der Schuldner gehört werden, sofern nicht die zuerst erteilte Ausfertigung zurückgegeben wird.**

**(2) Die Geschäftsstelle hat von der Erteilung der weiteren Ausfertigung den Gegner in Kenntnis zu setzen.**

**(3) Die weitere Ausfertigung ist als solche ausdrücklich zu bezeichnen.**

**1.** Gibt der Gl die zuerst erteilte Ausfertigung nicht zurück, muss er einen **„schutzwürdigen Grund" für eine weitere vollstreckbare Ausfertigung** darlegen: zB Verlust der früheren; oder: es soll gleichzeitig an verschiedenen Orten oder durch verschiedene Vollstr-Organe (OLG Karlsruhe InVO 2000, 353) oder gegen Gesamtschuldner vorgegangen werden; oder Rechtsnachfolge (OLG Hamm FamRZ 1991, 965) und zumindest glaubhaft machen, § 294, weil § 733 den Schutz des Schuldners vor mehrfacher ZwV aus demselben Titel (wie § 757) bezweckt. Ferner müssen die allgemeinen Voraussetzungen für die Erteilung von vollstr Ausfertigungen (§§ 724 ff) vorliegen. 1

**Der „schutzwürdige Grund" fehlt** nicht, wenn der Gl den Titel deshalb nicht hat, weil sein Anwalt daran ein ZurückbehaltungsR wegen Geb-Forderungen geltend macht (OLG Schleswig SchlHA 1999, 156; **aA** OLG Frankfurt NJW-RR 1988, 512). Auch beim Streit zwischen Rechtsvorgänger mit Rechtsnachfolger hilft § 733 dem Rechtsnachfolger nicht (Bartels ZZP Bd. 116, 57). 2

**Zuständig** ist der Rechtspfleger des ProzessG, § 20 Nr. 12, 13 RPflG. **Rechtsbehelfe:** für Gl bei Ablehnung: sof Beschwerde, § 11 RPflG, § 567; für Schuldner bei Erteilung: §§ 732, 768 (OLG Naumburg FamRZ 2003, 695); bei § 732 Richterzust (OLG Nürnberg InVO 2003, 330), str wegen der Frage, wer die Kosten der Ausfertigung zu tragen hat (vgl § 788 Rz 14; Schneider JB 2004, 632) sollte eine KostenE erfolgen (LG München I JurBüro 1999, 381). 3

**2. Erfolgt Rückgabe** der ersten (zB beschädigten) Ausfertigung, richten sich Zust und Verfahren nach §§ 724 ff, nicht nach § 733. 4

**3. Kosten**: Gericht: GKG KV 2110 (15 €), vorauszuzahlen, § 12 V GKG. RA: bes Angelegenheit (§ 18 Nr. 7 RVG), daher RVG VV 3309, 3310. Notar: § 133 S. 1 KostO (0,5 Geb.). 5

## § 734 ZPO Vermerk über Ausfertigungserteilung auf der Urteilsurschrift

**[1]Vor der Aushändigung einer vollstreckbaren Ausfertigung ist auf der Urschrift des Urteils zu vermerken, für welche Partei und zu welcher Zeit die Ausfertigung erteilt ist. [2]Werden die Prozessakten elektronisch geführt, so ist der Vermerk in einem gesonderten elektronischen Dokument festzuhalten. [3]Das Dokument ist mit dem Urteil untrennbar zu verbinden.**

§ 734 geändert durch G v. 22.03.2005 (BGBl 2005, 837).

Zweck: Schutz des Schuldners. Bei Erteilung durch das Rm-Gericht kommt der Vermerk auch auf die Urteilsabschrift, welche den erstinstanzl. Akten beigefügt wird. 1

### § 735 ZPO Zwangsvollstreckung gegen nicht rechtsfähigen Verein

**Zur Zwangsvollstreckung in das Vermögen eines nicht rechtsfähigen Vereins genügt ein gegen den Verein ergangenes Urteil.**

1 Nicht rechtsfähiger Verein: §§ 54, 21 BGB. Er kann verklagt werden, § 50 II; Folge: § 735. Vereinsvermögen sind auch die Ansprüche auf Mitgliedsbeiträge. Hat der Gl alle Mitglieder verklagt: § 736.

### § 736 ZPO Zwangsvollstreckung gegen BGB-Gesellschaft

**Zur Zwangsvollstreckung in das Gesellschaftsvermögen einer nach § 705 des Bürgerlichen Gesetzbuchs eingegangenen Gesellschaft ist ein gegen alle Gesellschafter ergangenes Urteil erforderlich.**

Lit: ***Paulus*** DGVZ 1992, 65; ***Behr*** NJW 2000, 1137 und InVO 2001, 357.

1 **1. BGB-Gesellschaft**, §§ 705 ff BGB. **a)** Bei **Titel gegen alle BGB-Gesellschafter**, wobei gegen jeden Gesellschafter (der der Gesellschaft bei Beginn der ZwV angehört) ein inhaltsgleicher Titel vorliegen muss, auch verschiedener Art (vgl § 795; Urteil gegen A, Vergleich gegen B usw.), kann in das Gesellschaftsvermögen vollstreckt werden, § 736; bei Gesellschafterwechsel evtl § 727. Aus Unterwerfungserklärung (§ 800) aller Gesellschafter kann ZwV in Grundstück der Gesellschaft betrieben werden (BGH NJW 2004, 3632). Der Gl kann *ferner* in das Privatvermögen des jeweiligen Gesellschafters vollstrecken, wozu auch der *Anteil* an der Gesellschaft gehört, § 859 I. **b) Bei Titel gegen einzelne Gesellschafter:** Gl kann nur in das Privatvermögen des jeweiligen Gesellschafters vollstrecken, wozu auch der *Anteil* an der Gesellschaft gehört, § 859 I.

2 **c)** Ein **Titel gegen die BGB-Gesellschaft** ist mögl., weil der BGH (NJW 2001, 1056; dazu *Behr* InVO 2001, 357; anders früher die hM) nun auch die BGB-Außengesellschaft für passiv parteifähig hält. Damit kann in das Gesellschaftsvermögen vollstreckt werden, aber nicht in das Privatvermögen der einzelnen Gesellschafter.

3 **2. OHG, KG:** Titel gegen die OHG bzw KG ist erforderl., §§ 124 II, 161 II HGB. Ein Titel (§ 795) gegen alle Gesellschafter genügt nicht. Zur Vollstreckung in das Privatvermögen des Gesellschafters (der gem § 128 HGB haftet) ist ein Titel gegen den einzelnen Gesellschafter notw, § 129 IV HGB; zum Privatvermögen gehört der *Gesellschaftsanteil*, in den gem § 857 vollstreckt wird (zu unterscheiden von der Vollstreckung in das *Gesellschaftsvermögen*).

### § 737 ZPO Zwangsvollstreckung bei Vermögens- oder Erbschaftsnießbrauch

**(1) Bei dem Nießbrauch an einem Vermögen ist wegen der vor der Bestellung des Nießbrauchs entstandenen Verbindlichkeiten des Bestellers die Zwangsvollstreckung in die dem Nießbrauch unterliegenden Gegenstände ohne Rücksicht auf den Nießbrauch zulässig, wenn der Besteller zu der Leistung und der Nießbraucher zur Duldung der Zwangsvollstreckung verurteilt ist.**

**(2) Das Gleiche gilt bei dem Nießbrauch an einer Erbschaft für die Nachlassverbindlichkeiten.**

Nießbrauchsbestellung, §§ 1085 ff BGB. **Duldungstitel** gegen den Nießbraucher durch Klage aus § 1086 BGB oder über § 794 II. Bei Bestellung des Nießbrauchs *vor* Entstehen der Forderung gegen den Besteller kann der Gl in das mit dem Nießbrauch belastete Vermögen nicht vollstrecken. Zur Lage beim Einzelnießbrauch s. *Palandt/Bassenge* § 1086 Anm 1. Nießbrauch an Erbschaft: § 1089 BGB. 1

## § 738 ZPO Vollstreckbare Ausfertigung gegen Nießbraucher

**(1) Ist die Bestellung des Nießbrauchs an einem Vermögen nach der rechtskräftigen Feststellung einer Schuld des Bestellers erfolgt, so sind auf die Erteilung einer in Ansehung der dem Nießbrauch unterliegenden Gegenstände vollstreckbaren Ausfertigung des Urteils gegen den Nießbraucher die Vorschriften der §§ 727, 730 bis 732 entsprechend anzuwenden.**

**(2) Das Gleiche gilt bei dem Nießbrauch an einer Erbschaft für die Erteilung einer vollstreckbaren Ausfertigung des gegen den Erblasser ergangenen Urteils.**

Hier ist kein bes Titel gegen Nießbraucher notw. In der Form des §727 sind nachzuweisen: Bestellung des Nießbrauchs an einem Vermögen (§792), Rechtskraft (§705) des LeistungsU, Zeitpunkte. Bei testamentarisch vermachtem Nießbrauch an einem Nachlass ist ua die Bestellung des Nießbrauchs nachzuweisen (OLG Zweibrücken Rpfleger 2005, 612). 1

## § 739 ZPO Gewahrsamsvermutung bei Zwangsvollstreckung gegen Ehegatten und Lebenspartner

**(1) Wird zugunsten der Gläubiger eines Ehemannes oder der Gläubiger einer Ehefrau gemäß § 1362 des Bürgerlichen Gesetzbuchs vermutet, dass der Schuldner Eigentümer beweglicher Sachen ist, so gilt, unbeschadet der Rechte Dritter, für die Durchführung der Zwangsvollstreckung nur der Schuldner als Gewahrsamsinhaber und Besitzer.**

**(2) Absatz 1 gilt entsprechend für die Vermutung des § 8 Abs. 1 des Lebenspartnerschaftsgesetzes zugunsten der Gläubiger eines der Lebenspartner.**

§ 739 II angefügt durch G v. 16.02.2001 (BGBl 2001, 266).

**1. § 739 gilt** bei Zugewinngemeinschaft, bei Gütertrennung, bei Gütergemeinschaft nur soweit der Gegenstand nicht Gesamtgut (§ 1416 BGB; §§ 740 ff ZPO) ist. Dazu *App* JurBüro 2000, 570. 1

§ 739 gilt nach **Absatz 2** ferner für registrierte homosexuelle Lebenspartner iSv § 1 LPartG. **Nicht anwendbar** ist § 739 auf nichteheliche Lebensgemeinschaften, also Frau-Mann (vgl OLG Hamm MDR 1989, 271; hM; Verfassungsmäßigkeit ist daher str), auf Wohngemeinschaften. 2

3 **2. Vermutung.** Wenn der Gl einen Titel gegen den verheirateten Herrn M hat und dann in der ehel. Wohnung ein Gemälde pfänden will, wird zugunsten von Gl des Ehemannes vermutet, dass die im Besitz eines oder beider Ehegatten befindl. bewegl. Sachen (nicht: Forderungen etc) dem Ehemann (Schuldner) gehören; Entsprechendes gilt zulasten der Ehefrau. Der Gerichtsvollzieher pfändet und lässt sich nicht dadurch beirren, dass die Ehefrau behauptet, das Gemälde gehöre allein ihr. § 739 schafft eine *unwiderlegbare* Vermutung, selbst dann, wenn die widerlegbare Vermutung des § 1362 I 1 BGB widerlegt ist, zB durch Vorlage von Verträgen (hM). Der Ehegatte, der nicht Schuldner ist, kann sich nicht mit der Erinnerung nach § 766 gegen die Pfändung wehren (wenn §§ 739 ZPO, 1362 BGB vorliegen). Er ist auf die **Klage nach § 771** angewiesen, der Eigentumserwerb (BGH NJW 1976, 238) ist dann zu beweisen; § 1006 BGB hilft dabei (BGH NJW 1992, 1162). Im Zivilprozess kann die Ehefrau also (durch Zeugen, Urkunden usw.) beweisen, dass sie das Gemälde von ihrem Vater geerbt hat, von ihm geschenkt bekam, es allein erworben hat usw. Die ZwV wird dort einstweilen eingestellt. Bei Miteigentum: § 857.

4 **3. § 739 ist nicht anwendbar**, wenn die Vermutung des § 1362 I 1 BGB nicht eingreift: **a)** bei Getrenntleben, § 1362 I 2 BGB; **b)** bei Sachen zum pers Gebrauch (wie Schmuck, soweit nicht Kapitalanlage), § 1362 II BGB, gleichgültig wer sie erworben hat; **c)** bei Sachen, die zu einem Erwerbsgeschäft gehören, das ein Ehegatte erkennbar allein und getrennt vom Haushalt betreibt (hM).

## § 740 ZPO Zwangsvollstreckung in das Gesamtgut

**(1) Leben die Ehegatten in Gütergemeinschaft und verwaltet einer von ihnen das Gesamtgut allein, so ist zur Zwangsvollstreckung in das Gesamtgut ein Urteil gegen diesen Ehegatten erforderlich und genügend.**

**(2) Verwalten die Ehegatten das Gesamtgut gemeinschaftlich, so ist die Zwangsvollstreckung in das Gesamtgut nur zulässig, wenn beide Ehegatten zur Leistung verurteilt sind.**

1 **1.** Der Gerichtsvollzieher geht grds vom gesetzl. Güterstand aus, somit von § 739, bis ihm **Gütergemeinschaft** durch öffentl. Urkunden (notarieller Vertrag) **nachgewiesen** ist; dann wird vermutet, dass Gegenstände zum Gesamtgut gehören. Die Gütergemeinschaft muss nicht im Güterrechtsregister eingetragen sein (LG München II DGVZ 1982, 188). Es kommt auf den Zeitpunkt des Beginns der ZwV an. **Ausnahme** von § 740 in § 741.

2 **2. Alleinverwaltung, Absatz 1**, §§ 1422 ff, 1437 BGB. Gesamtgut § 1416 BGB. Der Titel (vgl § 795), Duldungstitel genügt, wird erlangt gem § 742 oder durch Klage (vgl § 1437 II 1 BGB). Über niederländische Gütergemeinschaft vgl BGH NJW-RR 1998, 1377.

3 **3. Gemeinsame Verwaltung, Absatz 2**, §§ 1421 S. 2, 1450 BGB. Anspruchsgrundlage für den Leistungstitel vgl § 1459 II 1 BGB.

## § 741 ZPO Zwangsvollstreckung in das Gesamtgut bei Erwerbsgeschäft

**Betreibt ein Ehegatte, der in Gütergemeinschaft lebt und das Gesamtgut nicht oder nicht allein verwaltet, selbständig ein Erwerbsgeschäft, so ist zur Zwangsvollstreckung in das Gesamtgut ein gegen ihn ergangenes Urteil genügend, es sei denn, dass zur Zeit des Eintritts der Rechtshängigkeit der Einspruch des anderen Ehegatten gegen den Betrieb des Erwerbsgeschäfts oder der Widerruf seiner Einwilligung zu dem Betrieb im Güterrechtsregister eingetragen war.**

§ 741 ermöglicht dem Gl den erleichterten Zugriff auf das Gesamtgut; er ist nicht nur auf Geschäftsschulden anwendbar. 1

**Erwerbsgeschäft** ist jede auf Wiederholung angelegte, der Erzielung von Einkünften dienende wirtschaftl. Tätigkeit (BGH 83, 76), auch ein landwirtschaftl. Betrieb. 2

**„Selbstständig"** wird es auch dann betrieben, wenn es von beiden Ehegatten geführt wird (BayObLG Rpfleger 1983, 407). 3

**Einspruch, Halbsatz 2:** §§ 1431 III, 1456 III, 1412 BGB; Rechtshängigkeit § 261. 4

**Rechtsbehelfe:** § 766 für beide Ehegatten; Drittwiderspruchsklage, §§ 774, 771, für den Ehegatten des Gewerbetreibenden (wenn Gesamtgut mat nicht haftet). 5

## § 742 ZPO Vollstreckbare Ausfertigung bei Gütergemeinschaft während des Rechtsstreits

**Ist die Gütergemeinschaft erst eingetreten, nachdem ein von einem Ehegatten oder gegen einen Ehegatten geführter Rechtsstreit rechtshängig geworden ist, und verwaltet dieser Ehegatte das Gesamtgut nicht oder nicht allein, so sind auf die Erteilung einer in Ansehung des Gesamtgutes vollstreckbaren Ausfertigung des Urteils für oder gegen den anderen Ehegatten die Vorschriften der §§ 727, 730 bis 732 entsprechend anzuwenden.**

Eintritt der Gütergemeinschaft §§ 1408 I, 1415 BGB. Der Ehegatte kann den Rechtsstreit selbst fortsetzen, §§ 1433, 1455 Nr. 7 BGB. Rechtshängigkeit des Rechtsstreits vgl §§ 261, 696 III, 700 II, sonst (§ 795) kommt es auf die Zeit der Errichtung des Titels an. 1

## § 743 ZPO Beendete Gütergemeinschaft

**Nach der Beendigung der Gütergemeinschaft ist vor der Auseinandersetzung die Zwangsvollstreckung in das Gesamtgut nur zulässig, wenn beide Ehegatten zu der Leistung oder der eine Ehegatte zu der Leistung und der andere zur Duldung der Zwangsvollstreckung verurteilt sind.**

Beendigung der Gütergemeinschaft: Vertrag, § 1408 BGB; Urteil, § 1470 BGB; Tod, § 1483; Auflösung der Ehe. Auseinandersetzung: § 1472 ff BGB. Zu den Titeln vgl § 744, 794 II. 1

### § 744 ZPO Vollstreckbare Ausfertigung bei beendeter Gütergemeinschaft

**Ist die Beendigung der Gütergemeinschaft nach der Beendigung eines Rechtsstreits des Ehegatten eingetreten, der das Gesamtgut allein verwaltet, so sind auf die Erteilung einer in Ansehung des Gesamtgutes vollstreckbaren Ausfertigung des Urteils gegen den anderen Ehegatten die Vorschriften der §§ 727, 730 bis 732 entsprechend anzuwenden.**

1 Zur ZwV in das Gesamtgut ist auch ein Titel gegen den anderen Ehegatten notw, § 1472 BGB, § 743 ZPO; er kann nach § 744 erlangt werden. Rechtskr Beendigung des Rechtsstreits: § 705.

### § 744a ZPO Zwangsvollstreckung bei Eigentums- und Vermögensgemeinschaft

**Leben die Ehegatten gemäß Artikel 234 § 4 Abs. 2 des Einführungsgesetzes zum Bürgerlichen Gesetzbuch im Güterstand der Eigentums- und Vermögensgemeinschaft, sind für die Zwangsvollstreckung in Gegenstände des gemeinschaftlichen Eigentums und Vermögens die §§ 740 bis 744, 774 und 860 entsprechend anzuwenden.**

**Lit:** ***Arnold*** DtZ 1991, 80; ***Wassermann*** FamRZ 1991, 507; ***Stankewitsch*** NJ 1991, 534.

1 In der DDR war gesetzl. Güterstand die Eigentums- und Vermögensgemeinschaft (§§ 13 ff DDR-Familiengesetzbuch). Seit 03.10.1990 gilt als gesetzl. Güterstand die Zugewinngemeinschaft. Bis 03.10.1992 konnte aber jeder Ehegatte einem KreisG oder dem AG Berlin gegenüber erklären, dass der bisherige DDR-Güterstand fortgelten solle; vgl. Art 234 § 4 II EGBGB.

2 Der Gerichtsvollzieher geht zunächst davon aus, dass BGB-Güterstand vorliegt (und wendet also § 739 an), bis ihm der DDR-Güterstand durch öffentl. Urkunden nachgewiesen wird.

### § 745 ZPO Zwangsvollstreckung bei fortgesetzter Gütergemeinschaft

**(1) Im Falle der fortgesetzten Gütergemeinschaft ist zur Zwangsvollstreckung in das Gesamtgut ein gegen den überlebenden Ehegatten ergangenes Urteil erforderlich und genügend.**

**(2) Nach der Beendigung der fortgesetzten Gütergemeinschaft gelten die Vorschriften der §§ 743, 744 mit der Maßgabe, dass an die Stelle des Ehegatten, der das Gesamtgut allein verwaltet, der überlebende Ehegatte, an die Stelle des anderen Ehegatten die anteilsberechtigten Abkömmlinge treten.**

1 Fortgesetzte Gütergemeinschaft vgl §§ 1483 ff BGB. Beendigung §§ 1492 ff BGB. **Absatz 1:** wegen § 1487 I BGB ist ein solcher Titel notw. **Absatz 2:** der Titel muss nun gegen den überlebenden Ehegatten und die anteilsberechtigten Abkömmlinge lauten.

## § 746 ZPO
weggefallen

## § 747 ZPO Zwangsvollstreckung in ungeteilten Nachlass

**Zur Zwangsvollstreckung in einen Nachlass ist, wenn mehrere Erben vorhanden sind, bis zur Teilung ein gegen alle Erben ergangenes Urteil erforderlich.**

**1.** Lag bereits ein Titel gegen den Erblasser vor: Umschreibung, § 727, dann kann in den Nachlass vollstreckt werden. Wurde aufgrund eines Titels gegen den Erblasser schon mit der ZwV begonnen: Fortsetzung gem § 779. 1

**2.** Anderenfalls kann **bis zur Teilung** nur in den Nachlass vollstreckt werden, wenn ein Urteil gegen alle Erben vorliegt, § 747. Die Erben bilden eine Gesamthandsgemeinschaft, § 2032 BGB. Die Erbengemeinschaft ist aber nicht rechtsfähig (BGH NJW 2006, 3715). Es genügen getrennte Urteile oder Titel verschiedener Art (§ 795), zB Urteil gegen A, Vergleich gegen B. Die ZwV in den ungeteilten Nachlass steht nicht nur den Nachlassgl, sondern auch den anderen Gl offen, denen die Erben aus demselben Rechtsgrund als Gesamtschuldner haften (BGH NJW 1970, 473; ungenügend daher die Gemeinsamkeit Hauptschuldner/Bürge). **Rechtsbehelfe:** § 766 für jeden Miterben, wenn Titel gegen alle Erben fehlt; § 771 für Miterben, gegen den ohne Titel vollstreckt wird. 2

**3.** Bei Titel nur gegen *einen* Miterben: vgl § 859 II. Bei unbekannten Erben: Titel gegen die unbekannten Erben, vertreten durch Nachlasspfleger (§§ 1960, 1961 BGB). Nachlassinsolvenz: §§ 315 ff InsO. 3

## § 748 ZPO Zwangsvollstreckung bei Testamentsvollstrecker

**(1) Unterliegt ein Nachlass der Verwaltung eines Testamentsvollstreckers, so ist zur Zwangsvollstreckung in den Nachlass ein gegen den Testamentsvollstrecker ergangenes Urteil erforderlich und genügend.**

**(2) Steht dem Testamentsvollstrecker nur die Verwaltung einzelner Nachlassgegenstände zu, so ist die Zwangsvollstreckung in diese Gegenstände nur zulässig, wenn der Erbe zu der Leistung, der Testamentsvollstrecker zur Duldung der Zwangsvollstreckung verurteilt ist.**

**(3) Zur Zwangsvollstreckung wegen eines Pflichtteilanspruchs ist im Falle des Absatzes 1 wie im Falle des Absatzes 2 ein sowohl gegen den Erben als gegen den Testamentsvollstrecker ergangenes Urteil erforderlich.**

**§ 748 gilt** grds schon ab dem Tod des Erblassers, nicht erst ab Annahme des Amts durch den Testamentsvollstrecker. Für die Zeitspanne dazwischen: ein Pfleger ist analog § 1913 BGB zu bestellen. **Absatz 1:** Titel gegen den Testamentsvollstrecker vgl § 749. **Absatz 2:** vgl § 2208 I 2 BGB. Die Titel werden erlangt durch Klage, gem § 727 (gegen Erben), § 749 (gegen TV), § 794 II. 1

**Absatz 3:** vgl § 2213 I 3 BGB. Bei einem Testamentsvollstrecker ohne VerwaltungsR (vgl § 2213 I 2 BGB) genügt zur ZwV ein Titel gegen die Erben. 2

## § 749 ZPO Vollstreckbare Ausfertigung für und gegen Testamentsvollstrecker

**[1]Auf die Erteilung einer vollstreckbaren Ausfertigung eines für oder gegen den Erblasser ergangenen Urteils für oder gegen den Testamentsvollstrecker sind die Vorschriften der §§ 727, 730 bis 732 entsprechend anzuwenden. [2]Auf Grund einer solchen Ausfertigung ist die Zwangsvollstreckung nur in die der Verwaltung des Testamentsvollstreckers unterliegenden Nachlassgegenstände zulässig.**

1 Aus dem Urteil gegen den Erblasser kann nicht ohne Weiteres gegen den Testamentsvollstrecker vollstreckt werden; zuvor muss eine Klausel gegen den Testamentsvollstrecker beantragt werden (§ 727 analog). Nachweis, wer Testamentsvollstrecker ist, durch Testamentsvollstrecker-Zeugnis (§ 2368 BGB; § 792 ZPO). Urteil oder andere Titel, § 795. „Vorstehende Ausfertigung wird dem (Gl) zum Zwecke der ZwV gegen X als Testamentsvollstrecker für den Nachlass des am ... verstorbenen Y (Erblasser) erteilt. Die Ernennung des X ist durch Testamentsvollstrecker-Zeugnis vom ... nachgewiesen“. Keine Klauselerteilung bei einem Testamentsvollstrecker ohne VerwaltungsR, vgl § 748.

## § 750 ZPO Voraussetzungen der Zwangsvollstreckung

**(1) [1]Die Zwangsvollstreckung darf nur beginnen, wenn die Personen, für und gegen die sie stattfinden soll, in dem Urteil oder in der ihm beigefügten Vollstreckungsklausel namentlich bezeichnet sind und das Urteil bereits zugestellt ist oder gleichzeitig zugestellt wird. [2]Eine Zustellung durch den Gläubiger genügt; in diesem Fall braucht die Ausfertigung des Urteils Tatbestand und Entscheidungsgründe nicht zu enthalten.**

**(2) Handelt es sich um die Vollstreckung eines Urteils, dessen vollstreckbare Ausfertigung nach § 726 Abs. 1 erteilt worden ist, oder soll ein Urteil, das nach den §§ 727 bis 729, 738, 742, 744, dem § 745 Abs. 2 und dem § 749 für oder gegen eine der dort bezeichneten Personen wirksam ist, für oder gegen eine dieser Personen vollstreckt werden, so muss außer dem zu vollstreckenden Urteil auch die ihm beigefügte Vollstreckungsklausel und, sofern die Vollstreckungsklausel auf Grund öffentlicher oder öffentlich beglaubigter Urkunden erteilt ist, auch eine Abschrift dieser Urkunden vor Beginn der Zwangsvollstreckung zugestellt sein oder gleichzeitig mit ihrem Beginn zugestellt werden.**

**(3) Eine Zwangsvollstreckung nach § 720a darf nur beginnen, wenn das Urteil und die Vollstreckungsklausel mindestens zwei Wochen vorher zugestellt sind.**

1 **1. Zwangsvollstreckung** setzt Titel, Klausel, Zustellung voraus, ferner einen Vollstr-Antrag. **Beginn der Zwangsvollstreckung:** beim Gerichtsvollzieher mit der Vollstr-Handlung, beim VollstrG mit dem Erlass des betreffenden Beschlusses, beim GBA mit Unterzeichnung der Eintragungsverfügung. Gemeint ist auch die Fortsetzung der ZwV. **Urteil** oder sonstige Titel, § 795.

2 **2. Bezeichnung von Gläubiger und Schuldner:** die Identität der Parteien des ZwV-Verfahrens mit den Parteien des Titels (Urteils usw.) muss vom Vollstr-Organ eindeutig fest-

gestellt werden können. Anderenfalls § 766 II. Titel oder Klausel können nach § 319 berichtigt werden, uU entspr §§ 727, 731.

- **Unrichtige Schreibweise** von Namen, falsche Berufsangabe, Bezeichnung als Herr statt Frau, ist unschädl., soweit die Identität feststeht. 3
- **Namensänderung** (zB infolge Eheschließung): der neue Name sollte bei Erteilung der Klausel kenntl. gemacht werden (nicht gem § 727), oder als Zusatz zur erteilten Klausel; anderenfalls kann Vorlage von Urkunden (zB Heiratsurkunde, § 792; LG Frankenthal JB 1995, 271) durch den Gl genügen oder wenn die Identität sonst für das Vollstr-Organ feststeht (vgl. LG Braunschweig NJW 1995, 1971: erweiterte Auskunft aus dem Melderegister genüge). 4
- **Firma eines Einzelkaufmanns**, § 17 II HGB, ohne Bezeichnung eines Inhabers: als Gl oder Schuldner gilt der Inhaber *zur Zeit* der Rechtshängigkeit, nicht der jeweilige Inhaber (BayObLG NJW 1956, 1800); damit kann auch in das Privatvermögen des Kaufmanns vollstreckt werden. 5
- **Gesetzliche Vertreter einer juristischen Person**, Körperschaft des öffentl. Rechts, eines Minderj muss ein Titel nicht bezeichnen. 6
- **BGB-Gesellschaft:** der Name der Gesellschaft und der Name des Geschäftsführers sind anzugeben (BGH NJW-RR 2005, 119).
- **Wohnungseigentümergemeinschaft** als Gl: für die ZwV ist die Angabe aller Eigentümer im Titel nicht erforderl., wenn sie durch den Verwalter vertreten werden (BayObLG NJW-RR 1986, 564); anders, wenn eine Zwangshypothek eingetragen werden soll (OLG Celle Rpfleger 1986, 484). Auswirkungen vom WEG 2007 sind unklar. 7
- **Gesamtschuldner:** ZwV gegen einen davon darf nicht von der Vorlage aller gegen die Schuldner erteilten Titel abhängig gemacht werden (OLG Stuttgart Rpfleger 1983, 161; str). 8

**3. Zustellung**. Sie muss bereits erfolgt sein oder bei Beginn der Gerichtsvollzieher-ZwV erfolgen. Es genügt Amtszustellung (§§ 166 bis 190) von Urteilen (§ 317 I), auch wenn sie anstelle der Verkündung erfolgt (§ 310 III), von Beschlüssen (§ 329). Fehlt sie, genügt Parteizustellung (§§ 191 bis 195) durch Gl, § 750 I 2, so beim PV. **Zustellung ist entbehrlich** bei §§ 929 III, 936, aber dann Nachholung notw; bei § 845 II. Wurde gegen Insolvenzverwalter eine Vollstr-Maßnahme eingeleitet und wird dann das Insolvenzverfahren eingestellt muss **nicht nochmals** an den Schuldner zugestellt werden (BGH Rpfleger 2006, 423). 9

Notw ist **Zustellung folgender Schriftstücke** (an Schuldner, bei mehreren Schuldnern an alle, bei Prozessunfähigen an gesetzl. Vertreter, bei bestelltem PrBev an diesen, § 172):

- **Vollstreckungstitel**, § 795, zB Urteil in Ausfertigung oder begl Abschrift; bei Amtszustellung vollständiges Urteil, bei Parteizustellung vgl § 750 I 2; Nachweis §§ 169, 182. 10
- **Bei titelergänzenden oder titelübertragenden Klauseln, Absatz 2**, muss außerdem die (neue) **Vollstreckungsklausel** zugestellt werden; zu übergeben ist also eine begl Abschrift der vollstr Ausfertigung mit der Vollstr-Klausel. 11
- **Bestimmte Urkunden** in den Fällen des **Absatz 2**; ist das Urteil aufgrund Erbscheins gegen die Erben umgeschrieben worden, ist der Erbschein (in Ausfertigung) mitzuzustellen; ist das Urteil gegen den Testamentsvollstrecker umgeschrieben worden, ist 12

das Testamentsvollstrecker-Zeugnis mitzuzustellen, auch wenn die Klausel diese Urkunde nennt, damit der Schuldner ausreichend informiert ist. Hat ein Vertreter die Unterwerfung unter die ZwV erklärt, ist die ZwV nur zulässig, wenn die Vollmacht des Vertreters oder die Genehmigung von dessen Erklärung durch öffentl. oder öffentl. begl Urkunden dem Schuldner zugestellt sind (BGH DNotZ 2007, 33). Ausnahmen §§ 799, 800 II, 800a.

13 **Zustellung** von Amts wegen wird durch den auf dem Titel angebrachten Vermerk nachgewiesen, die Zustellungsurkunde ist dem Gerichtsvollzieher etc nicht vorzulegen (OLG Köln Rpfleger 1997, 31). Zustellung ist nicht im Voraus (zB in vollstr Urkunde) verzichtbar (hM; *Schilken* DGVZ 1997, 81); bei ZwV ohne Zustellung (oder mangelhafter Zustellung) ist die Vollstr-Maßnahme nicht nichtig, sondern bis zur Aufhebung (auf Erinnerung, § 766) wirksam (BGH 66, 79).

14 **4. Wartefrist, Absatz 3.** Grds keine zwischen Zustellung und ZwV. **Ausnahmen** bei § 720a, § 798. Berechnung nach § 222. Ob Abs. 3 nur die qualifizierten Klauseln nach Abs. 2 meint oder auch die einfache Klausel des § 725, ist str (vgl § 720a Rz 3). Der BGH (MDR 2005, 1433) meint, dass bei der Sicherungsvollstreckung (§ 720a) die einfache Klausel nicht zuzustellen ist; nur in den Fällen des § 750 II bedarf es der Zustellung der Klausel.

15 **5. Kosten**. Rechtsanwalt: § 19 I Nr. 15 RVG (keine bes Angelegenheit).

## § 751 ZPO Bedingungen für Vollstreckungsbeginn

**(1) Ist die Geltendmachung des Anspruchs von dem Eintritt eines Kalendertages abhängig, so darf die Zwangsvollstreckung nur beginnen, wenn der Kalendertag abgelaufen ist.**

**(2) Hängt die Vollstreckung von einer dem Gläubiger obliegenden Sicherheitsleistung ab, so darf mit der Zwangsvollstreckung nur begonnen oder sie nur fortgesetzt werden, wenn die Sicherheitsleistung durch eine öffentliche oder öffentlich beglaubigte Urkunde nachgewiesen und eine Abschrift dieser Urkunde bereits zugestellt ist oder gleichzeitig zugestellt wird.**

1 **1. Absatz 1. Anwendungsfälle:** Künftige Mieten, Unterhalt, Raten bei Ratenzahlungsvergleich (§§ 257 bis 259), Räumungsfrist (§ 721). Bei Fälligkeit am 01.04. darf also frühestens am 02.04. vollstreckt werden; ist der 01.04. ein Sonntag usw., ist str, ob erst ab 03.04. vollstreckt werden darf (vgl § 193 BGB; abzulehnen); ist der 02.04. ein Sonntag usw.: § 761. **Ausnahme:** *Vorratspfändung* (Dauerpfändung) bei künftig fällig werdenden Unterhaltsansprüchen; sie ist trotz § 751 zulässig, auch in Kontoguthaben (BGH NJW 2004, 369); vgl § 850d III.

2 **2. Absatz 2:**

**a) Abhängigkeit von Sicherheitsleistung:** §§ 709, 711, 712 II 2. Vgl § 108. Nachweis zB durch Quittung der Hinterlegungsstelle (vgl § 83 GVGA). Zustellung gem **§ 172** an den PrBev. **Nachweis entfällt bei Rechtskraft** des Urteils (§ 706 I), bei Sicherungsvollstreckung (§ 720a), in den Fällen der §§ 537, 565, 718. ZwV wegen Teilbetrag: § 752.

**b) Bürgschaft:** (vgl *Kotzur* DGVZ 1990, 65) Darf eine Partei die SiL durch Bürgschaft erbringen (vgl § 108), genügt es nach **hM**, wenn der Gerichtsvollzieher die Bürgschaftserklärung der Bank (es genügt einfache Schriftform; Unterschriftsbeglaubigung und Nachweis der Vertretungsbefugnis der Unterzeichner sind nur notw, wenn im Urteilstenor verlangt) dem Schuldner bei der ZwV im Original (oder in begl Abschrift, § 192 II, wenn dies nach dem Wortlaut der Bürgschaft genügt, OLG München MDR 1979, 1029) übergibt/zustellt. Ist das VollstrG Vollstr-Organ, ist die Zustellung durch Zustellungsurkunde nachzuweisen (Empfangsbekenntnis des RA genügt, LG Mannheim Rpfleger 1989, 72). Die Zustellungsurkunde muss aber nicht wieder ges zugestellt werden (**hM**; OLG Koblenz MDR 1993, 470). 3

**Materiell-rechtlich** ist Bürgschaft ein Vertrag zwischen dem Bürgen (idR Bank) und dem Vollstr-Schuldner (als bedingtem Gl des Vollstr-Gl), § 765 BGB; der **Vertragsschluss** kommt nach hM dadurch zustande, dass die Bürgschaftserklärung (= Angebot) dem Vollstr-Schuldner (zB dem Bekl, der in erster Instanz verloren hat) zugeht, die Annahmeerklärung wird durch die gerichtl. Zulassung der Bürgschaft als SiL ersetzt (Zwangsvertrag; zB BayObLG Rpfleger 1976, 68; OLG Nürnberg MDR 1986, 241; OLG Hamm WPM 1993, 2050; offengelassen BGH NJW 1967, 823). 4

**3. Kosten**. Ob die Zustellung der Bürgschaftsurkunde die Geb RVG VV 3309 auslöst ist str. Tätigkeit ggü Bank wegen Bürgschaft fällt unter RVG VV 2300, 2302.

## § 752 ZPO Sicherheitsleistung bei Teilvollstreckung

**[1]Vollstreckt der Gläubiger im Fall des § 751 Abs. 2 nur wegen eines Teilbetrages, so bemisst sich die Höhe der Sicherheitsleistung nach dem Verhältnis des Teilbetrages zum Gesamtbetrag. [2]Darf der Schuldner in den Fällen des § 709 die Vollstreckung gemäß § 712 Abs. 1 Satz 1 abwenden, so gilt für ihn Satz 1 entsprechend.**

Eingefügt ab 01.01.1999 durch 2. ZwVollstrNovelle (BGBl 1997, 3039).

**Lit:** *Nies* MDR 2000, 131; ***Rehbein*** Rpfleger 2000, 55; ***Steder*** InVO 2000, 85.

Wenn das Gericht die Sicherheit nach § 709 S. 2 nF bemessen hat, hat § 752 keinen rechten Sinn. **Satz 1:** Beispiel: hat nach dem Urteil der Bekl an den Kl K 20 000 € zu zahlen und ist das Urteil gegen 25 000 € Sicherheit vv (§ 709 S. 1), kann (*vor* Rechtskraft) ohne Sicherheit nur in der Form des § 720a (Sicherungsvollstreckung) vollstreckt werden, sonst nur gegen Leistung der vollen Sicherheit (§ 751 II) oder (bei § 108) gegen Bürgschaft in voller Höhe. Will K nur wegen eines Teilbetrags von 5 000 € vollstrecken, genügt es, wenn er eine Sicherheit von 6 250 € erbringt. Darf der Gl ohne Sicherheit in *vollem* Umfang vollstrecken, ist § 752 nicht anwendbar. Kann der Gl Gegensicherheit nach § 711 S. 1 erbringen, fällt dies unter § 752. 1

**Satz 2:** seltener Ausnahmefall. Das Urteil (über 20 000 € Hauptsache) lautet zB: „Das Urteil ist gegen SiL von 25 000 € vv Der Bekl kann die Vollstreckung durch Sicherheit in gleicher Höhe abwenden.“ Vollstreckt K wegen eines Teils von 5 000 € gegen 6 250 € Sicherheit, kann dies der Bekl durch 6 250 € Sicherheit abwenden. 2

### § 753 ZPO Vollstreckung durch Gerichtsvollzieher

**(1) Die Zwangsvollstreckung wird, soweit sie nicht den Gerichten zugewiesen ist, durch Gerichtsvollzieher durchgeführt, die sie im Auftrag des Gläubigers zu bewirken haben.**

**(2) [1]Der Gläubiger kann wegen Erteilung des Auftrags zur Zwangsvollstreckung die Mitwirkung der Geschäftsstelle in Anspruch nehmen. [2]Der von der Geschäftsstelle beauftragte Gerichtsvollzieher gilt als von dem Gläubiger beauftragt.**

**Lit:** ***H. Schneider***, Die Ermessens- und Wertungsbefugnis des Gerichtsvollziehers, 1989; ***Seip*** ZVI 2006, 329; ***Winterstein/Hippler*** DGVZ 1999, 108; ***Kühn*** DGVZ 2001, 33 (rechtspolitisch).

1 **1. Organe der Zwangsvollstreckung** sind neben dem Gerichtsvollzieher (zuständig zB nach §§ 808 ff, 883 ff, 909) das VollstrG (§§ 764; zuständig zB nach §§ 828 ff), das ProzessG (§§ 887 ff) und das GBA (§§ 866 ff).

2 **2. Der Gerichtsvollzieher** ist Beamter, vgl weiter §§ 154, 155 GVG, die Geschäftsanweisung für Gerichtsvollzieher (**GVGA;** als Verwaltungs-AnO für das Gericht unverbindl.) und die Gerichtsvollzieherordnung (**GVO**; regelt zB die Dienstaufsicht, die der aufsichtführende Richter des AG hat). Bei Einlagerung von gepf Sachen kann der Gerichtsvollzieher privatrechtl. einen Lagervertrag als bevollmächtigter Vertreter des Justizfiskus schließen (BGH NJW 1999, 2597; 1984, 1759). **Haftung des Gerichtsvollziehers:** § 839 BGB, Art 34 GG. **Zuständigkeitsfragen**: bei sachl. Unzuständigkeit (Gerichtsvollzieher pfändet Forderung): Vollstr-Maßnahme nichtig; bei örtl. (zB Pfändung außerhalb des Gerichtsvollzieher-Bezirks): anfechtbar, § 766. **Gebühren des Gerichtsvollziehers:** GvKostG. **Der Gerichtsvollzieher prüft** selbstständig, ob die Voraussetzungen für die Zulässigkeit der ZwV überhaupt sowie der einzelnen Vollstr-Handlungen vorliegen, nicht aber die Rechtmäßigkeit des Titels und der Vollstr-Klausel. **Überprüfung des Verfahrens des Gerichtsvollziehers**: durch VollstrG, §§ 766, 764. Ein Gerichtsvollzieher kann nicht wegen **Befangenheit** abgelehnt werden (BGH NJW-RR 2005, 149; BVerfG NJW-RR 2005, 365). **Reform:** Eine Reform des Gerichtsvollzieherwesens ist in der Diskussion (vgl BR-Drucks 150/07; BT-Drucks 16/5727 v. 20.06.2007).

3 **3. Vollstreckungsantrag** (in Abs. 1 missverständl. „Auftrag" genannt, §§ 662 ff BGB nicht anwendbar), formlos (keine handschriftl. Unterzeichnung notw, § 754 Fassung 2005; BGH DGVZ 2005, 94); § 754; durch ihn entsteht eine **öffentlich-rechtliche Beziehung** zwischen dem Gl und dem Gerichtsvollzieher; daneben kann der Gerichtsvollzieher im Einzelfall **Vertreter** des Gl nach § 164 BGB sein (str; **aA**: immer hoheitl.), vgl § 754 Rz 2. Der Antrag kann auch an die Gerichtsvollzieher-Verteilungsstelle des AG **(Absatz 2)** gerichtet werden. **Informationspflicht**: Der Gerichtsvollzieher hat den Gl über den Ausgang des Vollstr-Verfahrens zu unterrichten, zB weshalb ZwV ohne Erfolg war (BGH NJW-RR 2004, 788).

4 **a) Kleinstbeträge** (bis ca. 3 €): ihre Vollstreckung ist nicht rechtsmissbräuchl. (str, vgl *Buß* NJW 1998, 337; *Sibben* DGVZ 1988, 180), sonst würde jeder ein wenig kürzen. Viele verlangen, dass der Schuldner vorher nochmals erfolglos zur Zahlung aufgefordert wurde (LG Aachen DGVZ 1987, 139; LG Hannover DGVZ 1991, 190). Vgl § 765a Rz 9.

**b) Vollstreckungsantrag nur auf Teilbetrag** der titulierten Forderung: grds kein Rechtsmissbrauch; Vgl ferner § 752. **Vollstreckungsantrag wegen der Restforderung:** str ist, ob der Gl dann eine genaue Berechnung seiner Gesamtforderung (mit Zinsen, Kosten) und eine Aufstellung der vom Schuldner schon geleisteten Teilzahlungen beifügen muss (zutr dafür LG Paderborn DGVZ 1989, 63; **aA** LG Stuttgart DGVZ 1993, 156; LG Frankfurt DGVZ 1988, 95; LG Bad Kreuznach DGVZ 1991, 117; vgl *Behr* NJW 1992, 2738). **Rechtsmissbrauch**, mit der Folge, dass der GV einen Vollstr-Antrag deswegen ablehnen darf, liegt nur in Sonderfällen vor (LG Köln DGVZ 2000, 23). 5

**c) Weisungen des Gläubigers** (vgl § 58 Nr. 2 GVGA): der Gl kann den Vollstr-Antrag bis zur Beendigung der ZwV jederzeit zurücknehmen; er kann den Gerichtsvollzieher anweisen, die ZwV einstweilen einzustellen oder zu beschränken, einen gepf Gegenstand frei zu geben (§ 111 GVGA), bestimmte Gegenstände (zB Sicherungseigentum des Gl) von der Pfändung auszunehmen. Str ist, ob der Gerichtsvollzieher angewiesen werden kann, nur **einen bestimmten Gegenstand** zu pfänden (zutr ablehnend LG Berlin MDR 1977, 146). **Der Gläubiger kann nicht**: unzumutbare (LG Karlsruhe DGVZ 1988, 43) oder missbräuchl. Weisungen erteilen, sie sind unbeachtl. So darf der Gerichtsvollzieher nicht wiederholt mit der Herausgabevollstreckung ansetzen, um Ratenzahlungen zu erzwingen (vgl OLG Köln DGVZ 1965, 55; str); der Gl kann nicht die Zeit der ZwV bestimmen (AG München DGVZ 1985, 62: während der Hochzeitsfeier). Werden wiederholt Anträge gestellt und nach Ratenzahlung zurückgenommen, ist ein zwecks Abpressung von Raten gestellter neuer Antrag unzulässig (str; vgl AG Essen DGVZ 1967, 12). Protokollinhalt § 762 Rz 3. Zum Ganzen vgl *Wieser* NJW 1988, 665. 6

**d) Rechtsbehelfe:** § 766. Bei Nichtbearbeitung etc: Dienstaufsicht, § 101 GVO. 7

## § 754 ZPO Vollstreckungsauftrag

**In dem schriftlichen, elektronischen oder mündlichen Auftrag zur Zwangsvollstreckung in Verbindung mit der Übermittlung der vollstreckbaren Ausfertigung liegt die Beauftragung des Gerichtsvollziehers, die Zahlungen oder sonstigen Leistungen in Empfang zu nehmen, über das Empfangene wirksam zu quittieren und dem Schuldner, wenn dieser seiner Verbindlichkeit genügt hat, die vollstreckbare Ausfertigung auszuliefern.**

§ 754 geändert durch G v. 22.03.2005 (BGBl 2005, 837).

**Lit:** *Nies* MDR 1999, 525.

**Auftrag.** Der Gl erteilt dem Gerichtsvollzieher den Vollstr-Auftrag (s. § 753 Rz 3) und übergibt ihm die vollstr Ausfertigung des Titels (zB Urteil, KfB) und idR auch eine Aufstellung seiner Forderung nach Hauptsache, Zinsen, Kosten. Bei ZwV gegen einen von mehreren Gesamtschuldnern muss der Gl nicht alle gegen die Schuldner erteilten Titel vorlegen (OLG Stuttgart Rpfleger 1983, 161; str). Einfache Ausfertigung des Titels genügt, wenn die Klausel nicht notw ist (§ 724 Rz 4). Zur Quittung usw. § 757. Schecks kann der Gerichtsvollzieher annehmen, § 106 GVGA. 1

**Keine Befugnis hat der Gerichtsvollzieher** zu Stundung, Vergleichsschluss, Annahme von Ersatzleistungen, Entgegennahme einer Aufrechnungserklärung, soweit nicht vom Gl 2 dazu ausdrückl. ermächtigt (dann ist str, ob der Gerichtsvollzieher hoheitl. oder als Bev handelt). Über erlaubte Teilzahlungen vgl §§ 806b, 813a, § 813b, 900 III.

### § 755 ZPO Ermächtigung des Gerichtsvollziehers

**[1]Dem Schuldner und Dritten gegenüber wird der Gerichtsvollzieher zur Vornahme der Zwangsvollstreckung und der im § 754 bezeichneten Handlungen durch den Besitz der vollstreckbaren Ausfertigung ermächtigt. [2]Der Mangel oder die Beschränkung des Auftrags kann diesen Personen gegenüber von dem Gläubiger nicht geltend gemacht werden.**

1 **Satz 1:** Der Gerichtsvollzieher muss die vollstr Ausfertigung nicht bei sich tragen, Besitz (zB im Büro) genügt. **Satz 2:** die unwiderlegbare Vermutung des S. 1 führt dazu, dass der Schuldner durch eine Leistung an den Gerichtsvollzieher auch befreit wird, wenn der Vollstr-Antrag zurückgenommen wurde, der Gerichtsvollzieher aber noch Besitz an der vollstr Ausfertigung hat, § 362 BGB.

### § 756 ZPO Zwangsvollstreckung bei Leistung Zug um Zug

**(1) Hängt die Vollstreckung von einer Zug um Zug zu bewirkenden Leistung des Gläubigers an den Schuldner ab, so darf der Gerichtsvollzieher die Zwangsvollstreckung nicht beginnen, bevor er dem Schuldner die diesem gebührende Leistung in einer den Verzug der Annahme begründenden Weise angeboten hat, sofern nicht der Beweis, dass der Schuldner befriedigt oder im Verzug der Annahme ist, durch öffentliche oder öffentlich beglaubigte Urkunden geführt wird und eine Abschrift dieser Urkunden bereits zugestellt ist oder gleichzeitig zugestellt wird.**

**(2) Der Gerichtsvollzieher darf mit der Zwangsvollstreckung beginnen, wenn der Schuldner auf das wörtliche Angebot des Gerichtsvollziehers erklärt, dass er die Leistung nicht annehmen werde.**

Abs. 2 eingefügt durch 2. ZwVollstr-Novelle (BGBl 1997, 3039)

**Lit:** ***Scheffler*** NJW 1989, 1848; ***Christmann*** DGVZ 1990, 1; ***Goebel*** DGVZ 1998, 161 (§ 756 II); ***Fichtner*** DGVZ 2004, 33.

1 **1. Das Urteil lautet:** Der Bekl wird verurteilt, an den Kl 10 000 € zu zahlen Zug um Zug gegen Übergabe der X-Maschine Typ ... Nr. .... **Die Vollstreckungsklausel** zu diesem Urteil wird vom Urkundsbeamten der Geschäftsstelle grds ohne Nachweis, dass die Leistung erbracht ist, sof erteilt, § 726 II. Diese Überprüfung obliegt deshalb dem Vollstr-Organ (Gerichtsvollzieher: § 753; VollstrG usw.: § 765).

2 **2. Fallgruppen**

**a) Der Gerichtsvollzieher bietet die Leistung an** (Kosten: § 788), idR durch Angebot der Übereignung nach § 929 S. 1 BGB (OLG Köln Rpfleger 1992, 527), der Schuldner nimmt an; der Gerichtsvollzieher kann vollstrecken. Lehnt der Schuldner ab, prüft der

Gerichtsvollzieher, ob der Schuldner in Annahmeverzug (§§ 294 ff BGB) gekommen ist; wenn ja, vollstreckt der Gerichtsvollzieher.

- **Nachbesserungsleistung des Gläubigers:** Hängt die ZwV (Zug um Zug) davon ab, obliegt dem Gerichtsvollzieher die Prüfung, ob der Gl ordnungsgemäß nachgebessert hat (BGH NJW 1973, 1792; OLG Celle NJW-RR 2000, 828; OLG Hamm DGVZ 1995, 182); der Gerichtsvollzieher muss dazu evtl einen SV zuziehen. Bei Mängeln: § 766. 3
- **Mangelfreiheit der Gegenleistung:** Ob sie vorliegen muss, hängt vom Titel ab; bei Gattungssachen (§ 243 BGB) zu bejahen. Bei Mängeln: § 766, Rz 9. 4
- **Bestimmbarkeit:** Ist die Gegenleistung im Titel trotz Auslegung nicht eindeutig bestimmbar, ist der Titel nicht vollstr: „Damenmantel" (OLG Frankfurt JurBüro 1979, 1389); „Software", welche? (OLG Koblenz InVO 2001, 106); Software Nr....: sind nur die Programm-Disketten zurückzugeben oder ist auch das Programm vom Rechner zu löschen ? (LG Koblenz DGVZ 2000, 117); „lotrechte Mauer" (OLG Düsseldorf NJW-RR 1999, 793). Wenn aber der Schuldner eine bestimmte Sache als die geschuldete bezeichnet und der Gl zustimmt, ist trotz unbestimmtem Titel zu vollstrecken. 5

**b) Beweis der Befriedigung des Schuldners durch Urkunden, Halbsatz 2.** §§ 415 ff: Befriedigung kann zB durch notarielle Urkunden bewiesen werden. 6

**c) Beweis, dass der Schuldner in Annahmeverzug ist**: zB durch Ausführungen im Urteil, aus dem vollstreckt werden soll (BGH NJW 1982, 1049), etwa aus einer Feststellung im Tenor oder in den Urteilsgründen (OLG Köln NJW-RR 1991, 383); oder durch ein Gerichtsvollzieher-Protokoll (OLG Köln NJW-RR 1986, 863). **Zustellung:** Diese Urkunde muss in begl Abschrift mindestens gleichzeitig zugestellt werden (Abs. 1 aE), uU zwingend an den PrBev des Schuldners, § 172. 6a

Als öffentl. Urkunde gilt insb der Satz im **Urteilstenor**: „Es wird festgestellt, dass der Bekl in Annahmeverzug ist"; durch diese Urteilsfeststellung können uU erhebl. Transportkosten gespart werden, weil sonst der Gerichtsvollzieher die anzubietende Sache zum Schuldner transportieren lassen muss. Ein solcher Feststellungsantrag (§ 256) ist als zusätzl. Antrag neben dem Zahlungsantrag zulässig (BGH MDR 1989, 732), als *isolierter* Antrag nicht (BGH NJW 2000, 2280 und 2663; dazu *Scherer* JR 2001, 441).

**d) Wörtliches Angebot des Gerichtsvollziehers vor Beginn der Zwangsvollstreckung (Absatz 2**). Kann der Gl zB Zahlung Zug-um-Zug gegen Lieferung einer Maschine fordern, kann der Transport der Maschine zum Gerichtsvollzieher und schließl. zum Schuldner S zu erhebl. Kosten führen, die sich als nutzlos herausstellen, wenn die anschließende ZwV zu keiner vollständigen Befriedigung der Gl führt. In Abweichung von Abs. 1 kann deshalb der Gerichtsvollzieher auch ohne *tatsächl.* Angebot der Gegenleistung die Hauptleistung vollstrecken, **(1)** wenn er dem S die Gegenleistung zuvor nur *wörtl.* angeboten hat, **(2)** und falls der S daraufhin erklärt, er könne sowieso nicht zahlen oder würde die Maschine nicht annehmen. Dies ist zu protokollieren (§ 762 II Nr. 2). Schweigen ist keine Ablehnung. 7

**e) Quittungsfälle**: bei Verurteilung „Zug-um-Zug" gegen Aushändigung des Wechsels usw. liegt keine echte Zug-um-Zug Verurteilung vor; § 756 gilt nicht. Dem Gerichtsvollzieher muss aber der Wechsel vorliegen (OLG Frankfurt OLGZ 1981, 261), ebenso der Scheck (LG Hannover DGVZ 1991, 142). 8

9 **3. Rechtsbehelfe**: § 766, dann § 793. Bei mat-rechtl. Einwendungen (zB Gewährleistungs-, RücktrittsR) § 767 (KG NJW-RR 1989, 638); bei Zweifeln bez der Tragweite des Urteils, der Identität der Sache: Feststellungsklage (BGH MDR 1977, 133).

**Kosten**: Transport-Mehrkosten § 788; Gerichtsvollzieher-Kosten 200 ff, 411 I GvKostG.

## § 757 ZPO Übergabe des Titels und Quittung

**(1) Der Gerichtsvollzieher hat nach Empfang der Leistungen dem Schuldner die vollstreckbare Ausfertigung nebst einer Quittung auszuliefern, bei teilweiser Leistung diese auf der vollstreckbaren Ausfertigung zu vermerken und dem Schuldner Quittung zu erteilen.**

**(2) Das Recht des Schuldners, nachträglich eine Quittung des Gläubigers selbst zu fordern, wird durch diese Vorschriften nicht berührt.**

1 Empfang der Leistung: auch Zinsen, Kosten. Bei Scheckzahlung: erst nach Gutschrift oder Zahlung an Gerichtsvollzieher. Quittung des Gerichtsvollziehers: vgl § 418; 775 Nr. 4. Vom Gl kann Titelherausgabe entspr § 371 BGB verlangt werden. Quittung des Gl § 368 BGB.

## § 758 ZPO Durchsuchung; Gewaltanwendung

**(1) Der Gerichtsvollzieher ist befugt, die Wohnung und die Behältnisse des Schuldners zu durchsuchen, soweit der Zweck der Vollstreckung dies erfordert.**

**(2) Er ist befugt, die verschlossenen Haustüren, Zimmertüren und Behältnisse öffnen zu lassen.**

**(3) Er ist, wenn er Widerstand findet, zur Anwendung von Gewalt befugt und kann zu diesem Zweck die Unterstützung der polizeilichen Vollzugsorgane nachsuchen.**

**Lit:** ***Seip*** NJW 1994, 352; ***Däumichen*** DGVZ 1994, 41; ***Wesser*** NJW 2002, 2138.

1 **Durchsuchung** der Wohnung (Abs. 1) § 758a. Was eine erlaubte Durchsuchung (aufgrund Einverständnis; oder richterl. AnO; oder bei deren Überflüssigkeit) gestattet sagt Abs. 2. Wenn beim Öffnen die Sachen des Schuldners Schäden erleiden, haftet weder der Gl noch für den Gerichtsvollzieher der Staat; anders bei Verschulden (§ 839 BGB). **Gewaltanwendung** gestattet Abs. 3; eine bes richterl. Gestattung ist hierfür nicht erforderl. (anders zB nach § 33 FGG).

## § 758a ZPO Richterliche Durchsuchungsanordnung; Vollstreckung zur Unzeit

**(1) [1]Die Wohnung des Schuldners darf ohne dessen Einwilligung nur auf Grund einer Anordnung des Richters bei dem Amtsgericht durchsucht werden, in dessen Bezirk die Durchsuchung erfolgen soll. [2]Dies gilt nicht, wenn die Einholung der Anordnung den Erfolg der Durchsuchung gefährden würde.**

**(2) Auf die Vollstreckung eines Titels auf Räumung oder Herausgabe von Räumen und auf die Vollstreckung eines Haftbefehls nach § 901 ist Absatz 1 nicht anzuwenden.**

**(3) [1]Willigt der Schuldner in die Durchsuchung ein oder ist eine Anordnung gegen ihn nach Absatz 1 Satz 1 ergangen oder nach Absatz 1 Satz 2 entbehrlich, so haben Personen, die Mitgewahrsam an der Wohnung des Schuldners haben, die Durchsuchung zu dulden. [2]Unbillige Härten gegenüber Mitgewahrsamsinhabern sind zu vermeiden.**

**(4) [1]Der Gerichtsvollzieher nimmt eine Vollstreckungshandlung zur Nachtzeit und an Sonn- und Feiertagen nicht vor, wenn dies für den Schuldner und die Mitgewahrsamsinhaber eine unbillige Härte darstellt oder der zu erwartende Erfolg in einem Missverhältnis zu dem Eingriff steht, in Wohnungen nur auf Grund einer besonderen Anordnung des Richters bei dem Amtsgericht. [2]Die Nachtzeit umfasst die Stunden von 21 bis 6 Uhr.**

**(5) Die Anordnung nach Absatz 1 ist bei der Zwangsvollstreckung vorzuzeigen.**

**(6) [1]Das Bundesministerium der Justiz wird ermächtigt, durch Rechtsverordnung mit Zustimmung des Bundesrates Formulare für den Antrag auf Erlass einer richterlichen Durchsuchungsanordnung nach Absatz 1 einzuführen. [2]Soweit nach Satz 1 Formulare eingeführt sind, muss sich der Antragsteller ihrer bedienen. [3]Für Verfahren bei Gerichten, die die Verfahren elektronisch bearbeiten, und für Verfahren bei Gerichten, die die Verfahren nicht elektronisch bearbeiten, können unterschiedliche Formulare eingeführt werden.**

§ 758a geändert durch G v. 25.06.2001 (BGBl 2001, 1206) und G v. 22.03.2005 (BGBl 2005, 837).

**1. Grundsatz.** § 758a I, II, III, V regeln in Ergänzung von § 758 nur die Wohnungsdurchsuchung. Grds ist hierfür zum Vollstr-Titel ein **zusätzlicher Durchsuchungsbeschluss** des Amtsrichters **erforderlich** (Abs. 1 S. 1); sowohl bei Vollstreckung wegen einer Geldforderung (§§ 803 ff) als auch bei Vollstreckung wegen Herausgabe einer bewegl. Sache (§ 883). § 758a bezieht sich nur auf den Vollstr-Schuldner; für Dritte gilt bei Pfändung § 809, bei Herausgabevollstreckung § 886. § 758a zieht die Konsequenzen aus der Entscheidung BVerfG NJW 1979, 1539 betreffend die Durchsuchung wegen Vollstreckung einer Geldforderung. 1

2 **2. Verfahrensfragen zum Durchsuchungsbeschluss**

**a) Zuständig** ist das AG (Richter), in dessen Bezirk die ZwV vorgenommen werden soll (Abs. 1 S. 1).

3 **b) Ein Antrag** (bezogen auf eine bestimmte Wohnung und Vollstr-Handlung) ist in § 758a nicht vorausgesetzt, wird aber von der hM hineingelesen. Antragberechtigt ist der Gl, der Gerichtsvollzieher kann in Vertretung des Gl den Antrag stellen, auch ohne bes Auftrag des Gl (str, vgl zB LG Bamberg DGVZ 1989, 152; **aA** *Zöller/Stöber* § 758a Rz 23); ob dem Antrag auch der Titel mit Zustellungsurkunde, Nachweis der SiL usw., Protokoll über vergebl. ZwV-Versuch, beigefügt werden muss, ist str (vgl LG München I DGVZ 1983, 43; LG Aschaffenburg DGVZ 1985, 114) und mE nur bez des Titels zu bejahen.

4 **c) Rechtliches Gehör** ist dem Schuldner nach Art 103 GG an sich vor der Entscheidung zu gewähren; idR würde es aber die Gl-Interessen gefährden und kann daher unterbleiben (vgl BVerfG 57, 346; LG Verden JB 1996, 272).

5 **d) Geprüft wird** nur, ob die Voraussetzungen der ZwV vorliegen und ob **Verhältnismäßigkeit** der Vollstr-Maßnahme (BayObLG MDR 1983, 1032) gegeben ist; sie kann zB fehlen bei Krankheit des Schuldners (LG Hannover NJW-RR 1986, 288); sie fehlt grds nicht deshalb, weil es um einen Kleinbetrag geht (LG Düsseldorf NJW 1980, 1171; **aA** LG Hannover NJW-RR 1986, 1256). **Rechtsschutzbedürfnis** besteht idR nur, wenn der Schuldner (oder dessen Angestellte, Ehegatte; LG Berlin DGVZ 1990, 137; str) den Zutritt bereits verweigert hat oder voraussichtl. verweigern wird (vgl KG NJW 1982, 2326); ob es genügt, dass der Gerichtsvollzieher bei versuchter ZwV in der Wohnung niemanden angetroffen hat und ob ein solcher Versuch am Sonntag, oder in frühen Morgen- und Abendstunden, wiederholt werden muss, ist str (vgl OLG Celle Rpfleger 1987, 73; OLG Bremen NJW-RR 1989, 1407); str ist auch, ob „vorsorgl." Beschlüsse zulässig sind (vgl *Bischof* ZZP 1983, 522).

6 **e) Entscheidung durch Beschluss**, der den Gl, den Schuldner, die zu durchsuchenden Räume nach ihrer Örtlichkeit und den Vollstr-Titel bezeichnen muss (OLG Köln JB 1996, 213); Begründung zweckmäßig (KG DGVZ 1983, 73: notw), Zustellung des Beschlusses (vgl *Cirullies* DGVZ 1984, 177), § 329 III (nach *Zöller/Stöber* § 758a Rz 28 wird der Beschluss dem Schuldner überhaupt nicht mitgeteilt). Schon vor Zustellung kann durchsucht werden, Abs. 5. Gerichtsgeb (GKG) fallen nicht an.

7 **f) Rechtsbehelfe:** Gegen Ablehnung und AnO sof Beschwerde, §§ 567, 793 (*Musielak/Lackmann* § 758a Rz 16; **aA** *Zöller/Stöber* § 758a Rz 36: für Schuldner unanfechtbar). Ist die Durchsuchung abgeschlossen und aufgrund der AnO eine nochmalige Durchsuchung nicht zulässig, ist das Verfahren proz überholt, einem Rechtsbehelf fehlt das Rechtsschutzbedürfnis (**aA** zB KG NJW-RR 1987, 126). **Folgen:** ZwV ohne Erlaubnis ist wirksam, nach § 766 anfechtbar mit der Folge, dass sich der Rang (§ 804 III) uU verschlechtert.

8 **g) Vollzug.** Gewaltsame Öffnung der Wohnungstüre wird idR vorher angekündigt (§ 107 Nr. 7 GVGA). Hierzu ist vom Gerichtsvollzieher ein Schlosser zuzuziehen, damit die Schäden gering bleiben. Die Schlosserkosten sind solche der ZwV (§ 788), aber zunächst vom Gl vorzuschießen; Auftraggeber ist der Justizfiskus, vertreten durch den Gerichtsvollzieher. Gewalt: § 758 III; Zeugen: § 759.

**3. Ein richterlicher Durchsuchungsbeschluss ist nicht notwendig:** 9

**a)** wenn **Gefahr im Verzug** besteht (**Absatz 1 Satz 2**); dh wenn die Verzögerung den Erfolg gefährden würde; zB im Einzelfall bei Vollstreckung von im Beschlussverfahren erlassenen eVfg (anders, wenn aufgrund mdl Verh: vgl LG Düsseldorf DGVZ 1985, 60), Arrest (vgl OLG Karlsruhe DGVZ 1983, 139), bei drohender Ausreise ins Ausland (LG Kaiserslautern DGVZ 1986, 62) oder:

**b)** wenn der Schuldner **einwilligt** (**Absatz 1 Satz 1**); falls kein gegenteiliger Wille des (abwesenden) Schuldners anzunehmen ist, genügt die Einwilligung von mitwohnenden erwachsenen Familienangehörigen oder von bevollmächtigten Personen (BT-Drucks. 13/341 S. 16); auf das WeigerungsR muss er vom Gerichtsvollzieher nicht hingewiesen werden (str; vgl *Bischof* ZIP 1983, 522); oder: 10

**c)** wenn **nicht die Wohnung**, sondern andere Räume des Schuldners vom Gerichtsvollzieher durchsucht werden sollen; Rz 7. Oder 11

**d)** wenn **keine** *Durchsuchung* vorliegt, sondern zB nur ein Durchschreiten von Räumen; eine Durchsuchung liegt nur vor, wenn ein Betreten der ziel- und zweckgerichteten Suche nach Personen oder Sachen oder zur Ermittlung eines nicht bereits offenkundigen Sachverhalts, dh dem Aufspüren dessen dient, was der Wohnungsinhaber von sich aus nicht herausgeben oder offen legen will (BVerfG NJW 1979, 1539); Zutritt zur Wohnung, um die Gasversorgung zu sperren, ist deshalb keine Durchsuchung (BGH NJW 2006, 3352). Oder: 12

**e)** wenn ein **Räumungsurteil oder ein Haftbefehl** nach § 901 vollstreckt werden soll (**Absatz 2**); denn im ersteren Fall (§ 885) wird nichts gesucht, sondern jemand aus dem Besitz gesetzt; im zweiten Fall ist die richterl. Durchsuchungserlaubnis inbegriffen (Ausnahme Rz 21). Ebenso ist kein Durchsuchungsbeschluss erforderl. für gerichtl. Räumungsvergleiche oder Zuschlagsbeschlüsse nach § 93 ZVG (BT-Drucks. 13/341 S. 16). Ebenso genügt ein VU, in dem dem Mieter aufgegeben wird, dem Gl den Zutritt zur Wohnung und Sperrung der Gasversorgung zu dulden (BGH NJW 2006, 3352). 13

**Folge:** der Gerichtsvollzieher kann nach § 758 auch ohne richterl. Beschluss in die Wohnung eindringen und sie durchsuchen. Der Schuldner kann Erinnerung einlegen (§ 766); der Gl ebenfalls, wenn er (im Gegensatz zum Gerichtsvollzieher) meint, eine richterl. AnO sei nicht notw.

**4. Einzelfragen**

**a) „Wohnung“** ist weit auszulegen, umfasst auch Arbeits-, Betriebs- und Geschäftsräume (BVerfG NJW 1971, 2299; LG Hamburg NJW 1984, 2898). Garage, Hof, Gewächshaus, Garten usw. sind nach natürl. Verständnis keine „Wohnung“(str). Bei Taschenpfändung außerhalb der Wohnung ist die AnO entbehrl. (OLG Köln NJW 1980, 1531); Geschäftsräume (zB Metzgerei, Gasthaus) sind während der Zeit ihrer öffentl. Zugänglichkeit nicht durch Art 13 GG geschützt; 14

**b) Wohnung mehrerer Personen:** es genügt die AnO, die sich gegen den Schuldner richtet (OLG Stuttgart Rpfleger 1981, 152; LG Hamburg NJW 1985, 72; str); 15

**c) Räume juristischer Personen** sind ebenfalls durch Art 13 II GG geschützt (OLG Hamburg BB 1985, 86; str); 16

17 **d) Anwesenheit des Gläubigers** bei der ZwV ist zulässig (KG DGVZ 1983, 72; LG Stuttgart NJW-RR 1992, 511; **aA** LG Bochum DGVZ 1991, 172; *Wertenbruch* DGVZ 1994, 19 bejaht AnwesenheitsR nur bei Herausgabevollstreckung);

18 **e) Wohnungswechsel** nach Erlass der AnO: str, ob neue AnO notw ist; mE nicht (**aA** LG Köln DGVZ 1985, 91);

19 **f) Mehrere Gläubiger:** Durchsuchung zur Erledigung mehrerer Pfändungsaufträge soll gegen Art 13 I GG verstoßen, wenn für einen Teil der Gl keine Durchsuchungs-AnO vorliegt, der Gerichtsvollzieher sich aber wegen der Vollstreckung für diese Gl *länger in der Wohnung aufhalten muss* (BVerfG NJW 1987, 2499; unpraktisch).

20 **5. Duldungspflicht Dritter, Absatz 3.** Kann (ohne oder mit Durchsuchungsbeschluss) durchsucht werden, können sich Mitbewohner des Vollstr-Schuldners (Ehegatten, Lebensgefährten, Kinder usw.) nicht dagegen wehren; gegen sie sind keine Durchsuchungs-AnO notw; eine andere Regelung wäre unpraktikabel und würde zu Missbrauch führen. Vgl. § 755 S. 1. Allerdings gilt dies nur bez der Wohnung *des Schuldners* und soweit *Mitgewahrsam* besteht. Bei einer Wohnungsgemeinschaft von Studenten kann deshalb zwar die gemeinsame Küche durchsucht werden, nicht aber *ausschließl.* einem anderen Mitbewohner zustehende Wohnräume. Unbillige Härten *sind* vom Gerichtsvollzieher zu vermeiden (Abs. 3 S. 2): zB kann schwere Erkrankung eines Mitbewohners zu einer Verschiebung führen. **Rechtsbehelfe:** der Dritte hat § 766/§ 732 II gegen das Vorgehen des Gerichtsvollzehers, § 793 gegen den Beschluss des Richters. Der Gl, wenn der Gerichtsvollzieher nicht tätig wird: § 766.

21 **6. Vollstreckung in der Nacht usw., Absatz 4.** Dazu *Münzberg* DGVZ 1999, 177. Die Regelung ersetzt den früheren § 761. § 758a IV betrifft alle Vollstreckungshandlungen des Gerichtsvollziehers, nicht nur Wohnungsdurchsuchungen, auch Vollstreckung eines Haftbefehls, § 901 (BGH NJW-RR 2005, 146). *Nachtzeit:* von 21 Uhr bis 6 Uhr früh (Abs. 4 S. 2). *Feiertage:* vgl § 222 Rz 2. **a) in Wohnungen**: hier ist nach dem Schlusssatz immer eine *zusätzl.* richterl. Genehmigung erforderl. (LG Berlin DGVZ 2001, 135; LG Frankfurt/Oder DGVZ 2001, 85). Den Beschluss muss der Gl besorgen. **b) Andere Orte.** Vollstreckungshandlungen des Gerichtsvollziehers an anderen Orten: keine richterl. Genehmigung für Vollstreckung in der, „Nacht" usw. erforderl. (AG Heinsberg DGVZ 1999, 198). Der Gl kann sie beantragen, der Gerichtsvollzieher wird sie (auch ohne Antrag des Gl) durchführen, wenn die Vollstreckung tagsüber erfolglos war und auch künftig keinen Erfolg verspricht (zB weil der Schuldner nur abends zu Hause ist). *Unbillige Härte:* zB bei schwerer Krankheit. *Verhältnismäßigkeit:* bei Kleinbeträgen mag zB die Nachtvollstreckung unangemessen sein. Letztl. kann aber nur eine Verschiebung der Vollstreckung infrage kommen, weil sonst der Titel wertlos wäre.

22 **7. Verfahren.** Der Gerichtsvollzieher muss dem Schuldner den richterl. Beschluss vorzeigen (**Absatz 5**); eine Übergabe ist nicht erforderl. Zustellung wird dadurch nicht ersetzt.

23 **8. Formulare (Absatz 6):** gibt es derzeit nicht.

24 **9. Kosten:** Gerichtsgeb: keine. Rechtsanwaltsgeb: §§ 19 II Nr. 1, 18 Nr. 3, 4 RVG, ggf. RVG VV 3309.

## § 759 ZPO Zuziehung von Zeugen

**Wird bei einer Vollstreckungshandlung Widerstand geleistet oder ist bei einer in der Wohnung des Schuldners vorzunehmenden Vollstreckungshandlung weder der Schuldner noch eine zu seiner Familie gehörige oder in dieser Familie dienende erwachsene Person anwesend, so hat der Gerichtsvollzieher zwei erwachsene Personen oder einen Gemeinde- oder Polizeibeamten als Zeugen zuzuziehen.**

Zweck: Schutz des Gerichtsvollziehers vor Verdächtigung, Beweissicherung. Verstoß macht die Amtshandlung rechtswidrig (BGH NJW 1954, 200), die ZwV aber nicht unwirksam. Dienende Person: § 181 I. Die Entschädigung des Zeugen (JVEG) ist Auslage des Gerichtsvollziehers, 703 GvKostG. Str ist, ob der Gl (als Partei) Zeuge sein kann. 1

## § 760 ZPO Akteneinsicht; Aktenabschrift

**[1]Jeder Person, die bei dem Vollstreckungsverfahren beteiligt ist, muss auf Begehren Einsicht der Akten des Gerichtsvollziehers gestattet und Abschrift einzelner Aktenstücke erteilt werden. [2]Werden die Akten des Gerichtsvollziehers elektronisch geführt, erfolgt die Gewährung von Akteneinsicht durch Erteilung von Ausdrucken, durch Übermittlung von elektronischen Dokumenten oder durch Wiedergabe auf einem Bildschirm.**

§ 760 geändert durch G v. 22.03.2005 (BGBl 2005, 837).

Beteiligte Personen sind die Parteien und Dritte, die in ihren Rechten betroffen sein können (zB Ehegatten, § 739; Berechtigte nach §§ 771, 805). Gl hat Anspruch auf Information durch Gerichtsvollzieher (BGH NJW-RR 2004, 788; § 753 Rz 3). Schreibauslagen vgl 700 GvKostG, keine Vorschusspflicht des Schuldners (AG Berlin-Wedding DGVZ 1985, 173). Bei Ablehnung der Einsicht: § 766. 1

## § 761 ZPO
(weggefallen)
jetzt § 758a IV

## § 762 ZPO Protokoll über Vollstreckungshandlungen

**(1) Der Gerichtsvollzieher hat über jede Vollstreckungshandlung ein Protokoll aufzunehmen.**

**(2) Das Protokoll muss enthalten:**

**1. Ort und Zeit der Aufnahme;**

**2. den Gegenstand der Vollstreckungshandlung unter kurzer Erwähnung der wesentlichen Vorgänge;**

**3. die Namen der Personen, mit denen verhandelt ist;**

**4. die Unterschrift dieser Personen und den Vermerk, dass die Unterzeichnung nach Vorlesung oder Vorlegung zur Durchsicht und nach Genehmigung erfolgt sei;**

**5. die Unterschrift des Gerichtsvollziehers.**

**(3) Hat einem der unter Nummer 4 bezeichneten Erfordernisse nicht genügt werden können, so ist der Grund anzugeben.**

Lit: Wolf InVo 2006, 341.

1 „Vollstreckungshandlung" ist zB nicht die Annahme freiwilliger Zahlung. Einzelheiten vgl GVGA. Beweiskraft: §§ 415, 418 (zB über Annahmeverzug des Schuldners, OLG Köln NJW-RR 1986, 863). Auch bei erfolglosen Pfändungen muss ein aussagekräftiges Protokoll erstellt werden (LG Cottbus JB 2002, 547; aA AG Reinbek DGVZ 1997, 61). Vgl § 135 Nr. 6 GVGA.

2 Vollstreckt der Gerichtsvollzieher gegen einen Schuldner für mehrere Gl gleichzeitig, wird nur *eine* Niederschrift gefertigt (*Holch* DGVZ 1988, 177).

3 Nach **Absatz 2 Nr. 2** sind auf Antrag des Gl im Protokoll die Sachen des Schuldners wenigstens so aufzuführen, dass der Gl ihre Pfändbarkeit beurteilen kann (OLG Bremen DGVZ 1989, 40; LG Hannover MDR 1989, 745; LG Göttingen DGVZ 1994, 89; vgl § 136 GVGA; str, vgl *Krauthausen* DGVZ 1991, 133). Was der Gerichtsvollzieher wegen eindeutigem Dritteigentum nicht pfändet (zB Sicherungsübereignung, Eigentumsvorbehalt) ist ebenfalls aufzuführen (AG Bergen JB 1996, 608).

**Rechtsbehelfe** bei Verstoß des Gerichtsvollziehers: § 766, dann § 793.

## § 763 ZPO Aufforderungen und Mitteilungen

**(1) Die Aufforderungen und sonstigen Mitteilungen, die zu den Vollstreckungshandlungen gehören, sind von dem Gerichtsvollzieher mündlich zu erlassen und vollständig in das Protokoll aufzunehmen.**

**(2) [1]Kann dies mündlich nicht ausgeführt werden, so hat der Gerichtsvollzieher eine Abschrift des Protokolls zuzustellen oder durch die Post zu übersenden. [2]Es muss im Protokoll vermerkt werden, dass diese Vorschrift befolgt ist. [3]Eine öffentliche Zustellung findet nicht statt.**

§ 763 geändert durch G v. 25.06.2001 (BGBl 2001, 1206).

1 Abs. 1 bezieht sich nicht auf andere Aufforderungen usw.; solche sind in der GVGA enthalten.

## § 764 ZPO Vollstreckungsgericht

**(1) Die den Gerichten zugewiesene Anordnung von Vollstreckungshandlungen und Mitwirkung bei solchen gehört zur Zuständigkeit der Amtsgerichte als Vollstreckungsgerichte.**

**(2) Als Vollstreckungsgericht ist, sofern nicht das Gesetz ein anderes Amtsgericht bezeichnet, das Amtsgericht anzusehen, in dessen Bezirk das Vollstreckungsverfahren stattfinden soll oder stattgefunden hat.**

**(3) Die Entscheidungen des Vollstreckungsgerichts ergehen durch Beschluss.**

§ 764 geändert durch G v. 27.07.2001 (BGBl 2001, 1887).

**1. Das Amtsgericht** (Rechtspfleger, § 20 Nr. 17 RPflG, vereinzelt der Richter, § 21 GVG) ist VollstrG, auch bei Vollstreckung des Titels eines FamG (BGH NJW 1979, 1048); das ArrestG nach §§ 930 I, 931 III. Im Rm-Verfahren ist das Rm-Gericht zuständig (Devolutiveffekt). Ausschließl. Zust, § 802. Sonderregelung in § 758a I. Für die Entscheidung, ob ein Gegenstand nach § 36 I 2 InsO der ZwV unterliegt, ist das InsolvenzG zuständig (§ 36 IV InsO). **Sachliche Unzuständigkeit** führt zu Nichtigkeit (str), **örtliche Unzuständigkeit** nur zur Anfechtbarkeit (§§ 766, 793), funktionelle vgl §§ 8 I, IV RPflG. 1

**2. Absatz 2.** Zur Bestimmung eines zuständigen VollstrG bei mehreren Schuldnern vgl §36 Nr.3. Ein *anderes* AG ist zB bezeichnet in §§828 II, 848, 853 bis 855, 872, 899, 902. 2

**3. Absatz 3.** Entscheidung idR ohne mdl Verh (§ 128 IV), ist zuzustellen (§ 329 III). 3

## § 765 ZPO Vollstreckungsgerichtliche Anordnungen bei Leistung Zug um Zug

**Hängt die Vollstreckung von einer Zug um Zug zu bewirkenden Leistung des Gläubigers an den Schuldner ab, so darf das Vollstreckungsgericht eine Vollstreckungsmaßregel nur anordnen, wenn**

1. **der Beweis, dass der Schuldner befriedigt oder im Verzug der Annahme ist, durch öffentliche oder öffentlich beglaubigte Urkunden geführt wird und eine Abschrift dieser Urkunden bereits zugestellt ist; der Zustellung bedarf es nicht, wenn bereits der Gerichtsvollzieher die Zwangsvollstreckung nach § 756 Abs. 1 begonnen hatte und der Beweis durch das Protokoll des Gerichtsvollziehers geführt wird; oder**
2. **der Gerichtsvollzieher eine Vollstreckungsmaßnahme nach § 756 Abs. 2 durchgeführt hat und diese durch das Protokoll des Gerichtsvollziehers nachgewiesen ist.**

§ 765 ist geändert ab 01.01.1999 durch 2. ZwVollstr-Novelle (BGBl 1997, 3039).

§ 756 betrifft ZwV durch den Gerichtsvollzieher (ergänzt § 726 II), **§ 765 betrifft Zwangsvollstreckung durch den Rechtspfleger**, zB in Forderungen; durch GBA, durch ProzessG. Sie können (anders als der Gerichtsvollzieher) die Gegenleistung nicht körperl. anbieten. **Vollstreckungsmaßregel**: zB der Pfändungsbeschluss. **Voraussetzungen** bei Zug-um-Zug Titel u.a.: 1

**a) Nr. 1: der Beweis der Befriedigung** des Schuldners (Bewirkung der Gegenleistung) ist durch bestimmte Urkunden geführt und eine begl Abschrift dieser Urkunde ist schon zugestellt worden; oder

2 **b) Nr. 1: der Beweis des Annahmeverzugs** ist durch bestimmte Urkunden geführt und eine begl Abschrift dieser Urkunde ist schon zugestellt worden;

In beiden Fällen erübrigt sich eine Zustellung der Urkunden, wenn schon dem Gerichtsvollzieher die Befriedigung oder der Annahmeverzug nachgewiesen worden ist (Beweis: Gerichtsvollzieher-Protokoll); zur Zulässigkeit der unbedingten Vollstreckung durch den Gl bedarf es nicht zusätzl. der Zustellung des Gerichtsvollzieher-Protokolls (OLG Köln NJW-RR 1986, 863). Bei Eintragung einer Zwangshypothek muss der Annahmeverzug des Schuldners in der Form des § 29 GBO nachgewiesen werden (OLG Hamm Rpfleger 1983, 393, Anm *Münzberg* Rpfleger 1984, 276).

3 **c) Nr. 2: durchgeführte Gerichtsvollzieher-Zwangsvollstreckung.** Wenn der Gerichtsvollzieher dem Schuldner die Gegenleistung wörtl. angeboten hat und der Schuldner die Annahme abgelehnt hat (§ 756 II) und dies protokolliert ist, genügt das Protokoll auch für das VollstrG; es muss nicht nochmals zugestellt werden.

4 Lautet ein **Wechselurteil** auf Zahlung Zug-um-Zug gegen Herausgabe des Wechsels, ist dies zwar nur eine bes Ausgestaltung des Rechts auf Quittung, sodass Annahmeverzug nicht nachgewiesen werden, dem Vollstr-Organ aber mit dem Urteil auch der Wechsel vorgelegt werden muss (OLG Frankfurt JurBüro 1981, 938).

Ist im Zug-um-Zug-Urteil die Gegenleistung konkret bezeichnet (zB ein bestimmter PKW), ist der Einwand des Schuldners, die Gegenleistung sei mangelhaft (zB PKW nicht fahrbereit), vom Gerichtsvollzieher nicht zu berücksichtigen (BGH MDR 2005, 1311), wenn sich nicht aus dem Urteilsinhalt etwas anderes ergibt; der Schuldner ist auf § 767 ZPO angewiesen.

## § 765a ZPO Vollstreckungsschutz

**(1) [1]Auf Antrag des Schuldners kann das Vollstreckungsgericht eine Maßnahme der Zwangsvollstreckung ganz oder teilweise aufheben, untersagen oder einstweilen einstellen, wenn die Maßnahme unter voller Würdigung des Schutzbedürfnisses des Gläubigers wegen ganz besonderer Umstände eine Härte bedeutet, die mit den guten Sitten nicht vereinbar ist. [2]Es ist befugt, die in § 732 Abs. 2 bezeichneten Anordnungen zu erlassen. [3]Betrifft die Maßnahme ein Tier, so hat das Vollstreckungsgericht bei der von ihm vorzunehmenden Abwägung die Verantwortung des Menschen für das Tier zu berücksichtigen.**

**(2) Eine Maßnahme zur Erwirkung der Herausgabe von Sachen kann der Gerichtsvollzieher bis zur Entscheidung des Vollstreckungsgerichts, jedoch nicht länger als eine Woche, aufschieben, wenn ihm die Voraussetzungen des Absatzes 1 Satz 1 glaubhaft gemacht werden und dem Schuldner die rechtzeitige Anrufung des Vollstreckungsgerichts nicht möglich war.**

**(3) In Räumungssachen ist der Antrag nach Absatz 1 spätestens zwei Wochen vor dem festgesetzten Räumungstermin zu stellen, es sei denn, dass die Gründe, auf**

**denen der Antrag beruht, erst nach diesem Zeitpunkt entstanden sind oder der Schuldner ohne sein Verschulden an einer rechtzeitigen Antragstellung gehindert war.**

**(4) Das Vollstreckungsgericht hebt seinen Beschluss auf Antrag auf oder ändert ihn, wenn dies mit Rücksicht auf eine Änderung der Sachlage geboten ist.**

**(5) Die Aufhebung von Vollstreckungsmaßregeln erfolgt in den Fällen des Absatzes 1 Satz 1 und des Absatzes 4 erst nach Rechtskraft des Beschlusses.**

§ 765a ist geändert ab 01.01.1999 durch 2. ZwVollstr-Novelle (BGBl 1997, 3039).

**1. Absatz 1. Voraussetzungen:** 1

**a) Anwendungsbereich:** jede Art von ZwV, auch bei Zuschlag nach ZVG (BGH NJW 1965, 2107), bei Verfahren der eV (OLG Frankfurt MDR 1981, 412), entspr bei Insolvenzeröffnung (BGH MDR 1978, 37); Teilungsversteigerung nach § 180 ZVG (BGH FamRZ 2007, 1010; aA OLG Koblenz NJW 1960, 828).

**b) Antrag** (Auslegung des Begehrens, OLG Frankfurt Rpfleger 1979, 390) des Schuldners; § 78 V; auf Antragstellung kann nicht durch Vergleich oder sonst wie verzichtet werden (LG Aachen WM 1996, 568). Keine Antragsfrist. Ausnahme: **in Räumungssachen (Absatz 3):** der Gerichtsvollzieher hat dem Schuldner den Räumungstermin mehr als zwei Wochen vor der Räumung mitzuteilen. Der Schutzantrag des Schuldners muss spätestens zwei Wochen vor dem Termin beim AG eingehen, sonst wird er als unzulässig ohne Sachprüfung zurückgewiesen. Beispiel: Räumung am Fr. 20.03.; letzter Eingangstag Fr. 06.03. Schutzanträge, die *nach Ablauf* der Zweiwochenfrist eingehen, sind nur zulässig, wenn **(1)** es sich um *neue* Härtegründe handelt (BGH NJW 2006, 505) oder **(2)** der Gerichtsvollzieher den Räumungstermin zu spät angekündigt hatte oder **(3)** der Schuldner durch Krankheit usw. (vgl § 233) an einer rechtzeitigen Antragstellung gehindert war. Nach dem Gesetzestext („es sei den") hat der Schuldner dies darzulegen. Fristversäumnis liegt vor, wenn er in der Lage gewesen wäre, einen RA zu beauftragen (OLG Köln NJW-RR 2001, 226). 2

**c) Bevorstehende einzelne Maßnahme der Zwangsvollstreckung**, meist Räumung; der Antrag ist unzulässig, wenn die ZwV beendet ist, außer wenn im Einzelfall Maßnahmen fortwirken (KG NJW-RR 1986, 1510); der Antrag kann bei Zwangsversteigerung nur bis zur Verkündung des Zuschlagsbeschlusses gestellt werden (BGH NJW 1965, 2107; OLG Frankfurt Rpfleger 1979, 390), bei § 900 V im Widerspruch (OLG Hamm NJW 1968, 2247). 3

**d) Mit den guten Sitten nicht vereinbare Härte** für den Schuldner (oder nahe Angehörige, BGH NJW 2005 1859; str); die Härte, die *jede* ZwV mit sich bringt, genügt nicht, so, wenn der Schuldner bei Pfändung seines Einkommens Sozialhilfe beantragen müsste (OLG Düsseldorf NJW-RR 1986, 1512); andererseits sind die Wertentscheidungen des GG und die dem Schuldner in der ZwV gewährleisteten GrundR zu berücksichtigen (BVerfG NJW 1979, 2607 + NJW 1992, 1155). 4

5 **e) Wegen ganz (!) besonderer Umstände;** Maßnahmen nach § 765a kommen daher nur in Betracht, wenn die Gesetzesanwendung zu einem untragbaren Ergebnis führen würde (BGH NJW 2005, 1859).

6 **f) Volle (!) Würdigung der Gläubigerinteressen** (Schutz seines Eigentums; Art 14 I GG); notw ist also eine Interessenabwägung.

7 **2. Andere Schuldnerschutzvorschriften:** §§ 721, 794a, 811, 813a, 850 f I, 900 IV ZPO; §§ 30a bis d ZVG; ihr Verhältnis zu § 765a ist teils str. Der Schutzantrag nach § 765a kann wohl auch erst in der Beschwerde gegen eine andere Entscheidung des VollstrG (zB nach § 766) gestellt werden (abw *Zöller/Stöber* Rz 24; vgl KG NJW 1965, 2408), solange das Ziel dasselbe bleibt.

8 **3. Einzelfälle:**

**a) Räumung:** dazu *Weyhe* NZM 2000, 1147. § 765a ist noch nach Erschöpfung des § 721 anwendbar. Hier spielen die Fälle eine Rolle, in denen der Schuldner in hohem Alter (über 80 Jahre) steht (OLG Frankfurt NJW-RR 1994, 81) und kürzere Zeitspannen bis zum Umzug in eine andere Wohnung/Altersheim zu überbrücken sind (**aA** LG Hamburg ZMR 2001, 802) oder der Schuldner/der Angehörige krank ist (vgl OLG Hamm NJW-RR 2001, 1303; *Jung* DWW 1991, 139; *Dorn* Rpfleger 1989, 262); bevorstehende Entbindung (LG Münster DGVZ 2000, 24), Mutterschutz (OLG Frankfurt Rpfleger 1981, 24); Räumung einer Familie mit vier schulpflichtigen Kindern kurz vor Schuljahresende (OLG Köln Rpfleger 1996, 33), kleiner Ertrag für den Gl bei großem Schaden für den Schuldner (OLG Nürnberg MDR 2001, 835); während eines Schuldenbereinigungsverfahrens (LG Itzehoe NZI 2001, 100). Drohende Obdachlosigkeit kann genügen (LG Münster WuM 2000, 314); hier kommt aber ordnungsbehördl. Wiedereinweisung infrage. Dass der Mieter zweimal umziehen muss genügt nicht (OLG Zweibrücken Rpfleger 2002, 37).

Zur **Selbstmorddrohung** des Mieters *Linke* NZM 2002, 205; *Walker/Gruß* NJW 1996, 352; *Schuschke* NJW 2006, 874; KG NJW 1995, 848; BVerfG NJW-RR 2007, 228; 2001, 1523; FamRZ 2005, 1972; ZMR 1998, 481; NJW 1991, 3207; 1994, 1272; 1994, 1719; NJW 1998, 295: der Vortrag darf nicht einfach damit zurückgewiesen werden, dass der Schuldner nach Aktenlage nicht psychisch krank sei (Übersicht bei *Schneider* JB 1994, 321). Andererseits geht es nicht an, dass jedes langjährige Räumungsverfahren allein durch Selbstmorddrohung hinfällig wird. Auch bei konkreter Suizidgefahr ist zu prüfen, ob dieser Gefahr nicht auf andere Weise begegnet werden kann, etwa durch Ingewahrsamnahme des Schuldners nach PolizeiR oder Unterbringung nach dem LandesPsychKG (BGH NJW 2005, 1859). Die Praxis gibt nur einen zeitl. befristeter Aufschub (kritisch *Bindokat* NJW 1992, 2872) und macht ggf zur Auflage, dass sich der Schuldner psychiatrisch behandeln lässt (BGH NJW 2006, 508; 5006, 505; 2005, 1859; OLG Jena NJW-RR 2000, 1251). Suizidgefahr bei einem nahen Angehörigen des Schuldners wird gleich behandelt (BGH NJW 2005, 1859).

9 **b) Kontenpfändung** fällt kaum unter § 765a (LG Rottweil JB 2005, 327; LG Frankenthal JurBüro 2000, 439). **Bagatellforderung** oder Missverh zwischen Restforderung und Kosten allein begründen noch keine sittenwidrige Härte (vgl *Götte* DGVZ 1986, 179; abw OLG Frankfurt InVO 2000, 136). Vgl § 753 Rz 4.

**c) Materiell-rechtliche Einwendungen** gegen den Titel (zB Nichtbestehen der Forderung), Verfahrensmängel, können grds keine Härte begründen (OLG Hamm Rpfleger 2002, 39); dafür ist § 767 gedacht. **d) Tiere:** Abs. 1 S. 2; § 1 S. 1 TierschutzG beachten; vgl § 811c. 10

**4. Verfahren:** 11

**a) Zuständig** ist der **Rechtspfleger** (§ 20 Nr. 17 RPflG) des VollstrG; örtl.: § 764 II.

**b) Anhörung** des Gl ist notw, außer der Antrag wird zurückgewiesen. 12

**c) Entscheidung** durch Beschluss (mit Begründung): einstweilige Einstellung, Aufhebung oder Untersagung (Abs. 1 S. 1), auch in Verbindung mit Zahlungsauflagen. Der Beschluss ist zuzustellen (§ 329 III); idR kommen nur zeitl. befr Regelungen in Betracht; Kosten zulasten des Schuldners (§ 788 I), Ausnahme § 788 III. Zum Wirksamwerden des Beschlusses vgl Abs. 5 und §§ 775 Nr. 2, 776. 13

**d) Rechtsbehelf:** sof Beschwerde, § 11 RPflG; §§ 793, 567 ff. 14

**e) Abänderung des Beschlusses** ist jederzeit mögl. **(Absatz 3)**, auf Antrag oder von Amts wegen, trotz Rechtskraft oder Bestätigung durch LG, allerdings nur bei veränderter Sachlage.

**f) Vorläufige Anordnung (Absatz 1 Satz 2):** Der Einstellungsantrag ist an keine Frist gebunden (Ausnahme: Abs. 3) und hat keine aufschiebende Wirkung. Stellt der Schuldner erst kurz vor der Vollstr-Handlung den Antrag, kann das Gericht den Gl nicht mehr hören und daher nicht endgültig entscheiden; es kann aber analog §§ 766 I 2, 732 II durch eAnO die ZwV einstweilen (also bis zur Entscheidung über den § 765a-Antrag) einstellen. 15

**5. Aufhebung der Pfändung (Absatz 5).** Die Vollstr-Maßregel darf erst nach Rechtskraft des Einstellungs-Beschlusses (usw.) aufgehoben werden (Abs. 5); dadurch kann Rangverlust bei Aufhebung des Beschlusses im Beschwerdeverfahren verhindert werden. 16

**6. Eil-Befugnisse des Gerichtsvollziehers (Absatz 2).** Bei Herausgabe von bewegl. Sachen und Räumung (LG Mannheim MDR 1962, 907; str) kann der Gerichtsvollzieher selbst Aufschub gewähren; auf Geldvollstreckung bezieht sich Abs.2 nicht. Rechtsbehelf: §766. 17

**7. Kosten**: Gericht: GKG KV 2112 (15 €); Beschwerde GKG KV 2121; Rechtsbeschwerde GKG KV 2124. RA: bei § 765a I § 18 I Nr. 8 RVG und RVG VV 3309. Eine erlassene eAnO löst keine bes RA-Geb aus. § 765a II fällt nicht unter § 18 I Nr. 8 RVG. Wert: Interesse an der Schutzmaßnahme (§ 3). Die Kosten eines erfolgreichen Antrags nach § 765a hat grds der Schuldner zu tragen (§ 788 I; Ausnahme § 788 IV). Für die Kosten des Beschwerdeverfahrens gilt § 91 (BGH NJW 1989, 125; str). 18

### § 766 ZPO Erinnerung gegen Art und Weise der Zwangsvollstreckung

**(1) [1]Über Anträge, Einwendungen und Erinnerungen, welche die Art und Weise der Zwangsvollstreckung oder das vom Gerichtsvollzieher bei ihr zu beobachtende Verfahren betreffen, entscheidet das Vollstreckungsgericht. [1]Es ist befugt, die im § 732 Abs. 2 bezeichneten Anordnungen zu erlassen.**

**(2) Dem Vollstreckungsgericht steht auch die Entscheidung zu, wenn ein Gerichtsvollzieher sich weigert, einen Vollstreckungsauftrag zu übernehmen oder eine Vollstreckungshandlung dem Auftrag gemäß auszuführen, oder wenn wegen der von dem Gerichtsvollzieher in Ansatz gebrachten Kosten Erinnerungen erhoben werden.**

**Lit:** ***Brox/Walker*** JA 1986, 57; ***Schmidt*** JuS 1992, 90; ***Wittschier*** JuS 1999, 585.

**1. Übersicht.**

1 **a) Zu unterscheiden ist, wer wie tätig wurde:**

- **Vollstreckungsmaßnahmen des Gerichtsvollziehers**, auch deren Ablehnung: dagegen § 766 (Rz 19);
- **Vollstreckungsgericht:** Gegen *Vollstr-Maßnahmen* des Rechtspflegers oder Richters: § 766; gegen *Entscheidungen* des Rechtspflegers: sof Beschwerde, § 11 RPflG, § 793; gegen *Entscheidungen* des Richters: sof Beschwerde, § 793. hM, OLG Hamm MDR 1974, 239; KG Rpfleger 1973, 222;
- **Prozessgericht**: § 793;
- **Grundbuchamt:** § 11 RPflG, § 71 GBO (zB wenn das GBA die Eintragung einer Zwangshypothek, § 867, ablehnt; LG Essen Rpfleger 2001, 543).
- **Insolvenzgericht:** über Einwendungen gegen die Zulässigkeit der ZwV im eröffneten Insolvenzverfahren entscheidet das InsolvenzG (§ 89 III InsO). Rm-Zug nicht nach §§ 6, 7 InsO, sondern nach allgemeinem VollstreckungsR, dh §§ 567, 793 ZPO (BGH ZIP 2004, 1379). RB nur bei Zulassung.

2 **b) Abgrenzung zwischen Vollstreckungsmaßnahmen** („Art und Weise der ZwV") **und Entscheidungen:** es kommt nach hM darauf an, wie der Beschluss bzw die Maßnahme zustande kamen: „Entscheidungen" liegen vor, wenn: **(1)** eine Abwägung des beiderseitigen Vorbringens erfolgte, also zB, wenn vorher dem Schuldner rechtl. Gehör gewährt wurde; **(2)** wenn der Antrag vom VollstrG abgelehnt wurde, sei es auch ohne vorherige Anhörung des Schuldners.

3 **c) Konsequenz:** gegen denselben Beschluss können verschiedene Rechtsbehelfe gegeben sein; wurde der §§ 829, 835-Beschluss nach Anhörung des Schuldners, aber ohne Anhörung des Drittschuldners getroffen, hat der Schuldner die sof Beschwerde nach § 793 ZPO, § 11 RPflG, der Drittschuldner die Vollstr-Erinnerung nach § 766. Vgl OLG Köln NJW-RR 2001, 69; 1992, 894; *Brox/Walker* Rz 1179; **aA** *Wieser* ZZP 115, 157.

4 **d) Dienstaufsichtsbeschwerde**, wenn zB der Gerichtsvollzieher die Maßnahme verzögert (**aA**: § 766). Rz 19.

**2. Zulässigkeit der Vollstreckungserinnerung**

5 **a) Zuständigkeit:** sachl. VollstrG, §§766 I, 802; örtl. §764 II, funktionell der Richter des AG, §20 Nr.17a RPflG. Die Erinnerung des §766 geht also nicht sogleich zur ZivK des LG (OLG Köln NJW-RR 2001, 69). Auch bei Unwirksamkeit einer Pfändung wegen §114 III InsO nicht das InsolvenzG (BGH ZIP 2004, 1379; LG München I Rpfleger 2000, 467), sondern VollstrG. **b) Keine besondere Form** oder Frist, kein förml. Antrag erforderl.

**c) Anfechtbare Vollstreckungsmaßnahme; Verfahren des Gerichtsvollziehers.** Dazu gehört auch das vom Gerichtsvollzieher bei der eV aufgenommene Vermögensverzeichnis; der PfüB des Rechtspflegers bei § 834 (OLG Köln NJW-RR 2001, 69). Auswahl und Beauftragung eines SV durch das VollstrG nach § 74a V ZVG ist nicht nach § 766 anfechtbar (OLG Stuttgart Rpfleger 2000, 227); wenn der Schuldner mit Kostenerstattungsansprüchen aufrechnen will, kann das nicht mit § 766 geltend gemacht werden (OLG Celle InVO 1999, 398), sondern nach § 767. 6

**d) Rechtsschutzbedürfnis:** idR erst ab Beginn der ZwV (zB Zustellung des Pfändungsbeschlusses) oder wenn eine Vollstr-Maßnahme unmittelbar bevorsteht; bis zur vollständigen Durchführung der Vollstr-Maßnahme (zB Erlösauszahlung an Gl; bei Räumung Übergabe der Schlüssel an den Gl, BGH MDR 2005, 648); später nur, wenn fortdauernde Wirkung besteht (OLG Bamberg JurBüro 1983, 298), etwa für einen Dritten durch eine Fruchtlosigkeitsbescheinigung (LG Düsseldorf JurBüro 1985, 1733). Ein Fortsetzungsfeststellungsantrag (Feststellung nach *beendeter* ZwV, dass Maßnahme unzulässig war) ist nicht mögl. (OLG Köln JurBüro 2001, 213). Sonderfälle in **Absatz 2** und § 777. 7

**e) Beschwer (Erinnerungsbefugnis). Sie ist vorhanden beim:**

- **Schuldner**, wenn eine ZwV-Maßnahme gegen ihn gerichtet wird; Rügen zB: unzureichender Vollstr-Antrag des Gl, Unzust des Vollstr-Organs, Fehlen eines ausreichenden Vollstr-Titels (zB §§ 836, 747; Unbestimmtheit), Fehlen der Klausel (wurde sie zu Unrecht erteilt: §§ 732, 768), Fehlen der Zustellung, verfrühte ZwV (§ 751 I; § 810), Fehlen der SiL (§ 751 II); ZwV trotz Mangelhaftigkeit der angebotenen Zug-um-Zug-Leistung, KG NJW-RR 1989, 638 (§§ 756, 765, 726); Pfändung trotz entgegenstehender Vollstr-Vereinbarung (vgl Rz 16 vor § 704; str). Über Befugnisse des Testamentsvollstreckers vgl *Garlichs* Rpfleger 1999, 60; des Insolvenzverwalters (Vollstreckung durch Gerichtsvollzieher in Unkenntnis der Verfahrenseröffnung) vgl *App* NZI 1999, 138. 8
- **Gläubiger**, wenn der Gerichtsvollzieher eine Vollstreckung ablehnt usw., Abs. 2; Rz 19. 9
- **Dritten.** Die verletzte Verfahrensvorschrift muss auch seinen Interessen zu dienen bestimmt sein, zB wenn die gepf Sache in seinem Gewahrsam war, § 809; Ehegatte bei § 739; dingl. Gl bei §§ 810, 865 II; Drittschuldner (zB weil gepf Forderung nach §§ 850 ff unpfändbar ist), nachpfändende Gl (wegen § 804 III; BGH NJW-RR 1989, 636; sobald §§ 872 ff eingreifen, ist die Erinnerung unzulässig, OLG Koblenz ZIP 1983, 745). 10
- Der **Gerichtsvollzieher** ist nicht beschwert (OLG Düsseldorf NJW-RR 1993, 1280; str), weil er die Stellung einer unteren Instanz hat; Rz 17.

**3. Verfahren**

**a) Abhilfe: (1)** Durch Gerichtsvollzieher, zB kann er die ZwV durchführen, nicht aber eine beanstandete ZwV-Maßnahme aufheben (wegen §§ 775, 776), außer bei Weisung des Gl; der Gerichtsvollzieher kann auf Erinnerung des Gl im Wege der Abhilfe vom Schuldner das unvollständige Vermögensverzeichnis bei eV (§ 807) vervollständigen lassen (*Schmidt* DGVZ 2000, 35). **(2)** durch Rechtspfleger (nur bei § 766, nicht bei § 11 II 1 11

RPflG); Rechtsbehelf gegen die AbhilfeE: § 766 bzw sof Beschwerde (§ 11 RPflG, §§ 793, 567).

12 **b) Rechtliches Gehör** ist dem Gerichtsvollzieher nicht zu gewähren; er ist idR nicht Partei im Rechtsbehelfsverfahren (BGH NJW 2004, 2979).

13 **c) Maßgeblicher Zeitpunkt** für die Beurteilung, ob die Erinnerung zulässig/begr ist, ist der der Entscheidung, sodass Verfahrensfehler inzwischen geheilt sein können.

14 **d) Entscheidung durch Beschluss:** ist die Erinnerung zulässig und begr, kann die ZwV für unzulässig erklärt werden (der Gerichtsvollzieher hebt dann die Maßregel auf, § 776), oder die vom VollstrG erlassene ZwV-Maßnahme kann aufgehoben werden (evtl mit der Maßgabe, dass die *Wirksamkeit der Entscheidung bis zur Rechtskraft hinausgeschoben* wird, entspr § 570 II, weil anderenfalls bei Aufhebung der Entscheidung auf Beschwerde der Gl erneut pfänden muss und er bei anderen Pfändungen in der Zwischenzeit einen **Rangverlust** hat; vgl OLG Köln MDR 1992, 1001), oder der Gerichtsvollzieher in bestimmter Weise angewiesen werden oder eine vom VollstrG verlangte Maßnahme kann selbst angeordnet werden; der Gerichtsvollzieher kann zB angewiesen werden, das Vermögensverzeichnis des Schuldners (abgenommen nach §§ 807, 899) von diesem vervollständigen zu lassen (LG Chemnitz DGVZ 2000, 37; LG Hildesheim DGVZ 2000, 37).

15 **e) Kosten: bei Absatz 1:** erfolglose Erinnerung: § 97 I entspr erfolgreiche Erinnerung §§ 91 ff (BGH NJW-RR 1989, 125); bei **Absatz 2** können dem Schuldner keine Kosten auferlegt werden, wenn zB der Gl Kostenerinnerung eingelegt hat (LG Düsseldorf JurBüro 1984, 1734), auch nicht dem Gerichtsvollzieher (vgl BGH NJW 2004, 2979).

16 **f) Zustellung** des Beschlusses nach § 329 II.

**g) Rechtskraft:** formelle nach Ablauf der Frist des § 569; mat Rechtskraft der ErinnerungsE besteht entspr. § 322 I zwischen dem Erinnerungsführer und dem Gegner, dem rechtl. Gehör gewährt wurde (hM), gegenüber Dritten wohl nicht (str).

17 **h) Rechtsbehelf:** gegen den Beschluss, durch den über die Erinnerung entschieden wurde: sof Beschwerde zum LG, § 793 (bei Beschwerde gegen Kosten vgl § 567 II: Mindestbeschwer 200,01 €); und gegen die BeschwerdeE bei Zulassung RB zum BGH (§ 574). Der Gerichtsvollzieher ist nicht beschwerdeberechtigt, weil er ZwV-Organ ist, untere Instanz gleichsam (hM; vgl OLG Düsseldorf NJW 1980, 1111; NJW-RR 1993, 1280), auch nicht gegen Entscheidungen über Gerichtsvollzieher-Kosten, weil er sie für die Landeskasse vereinnahmt (str, vgl *Geißler* DVGZ 1985, 129; LG Wetzlar DGVZ 1995, 127).

### 4. Einstweilige Anordnung, Absatz 1 Satz 2

18 Das VollstrG (auch Rechtspfleger) kann vor der Entscheidung über die Erinnerung eine eAnO iSv § 732 II erlassen. Anfechtbarkeit der eAnO: wie § 732 Rz 10 (nur sof Erinnerung nach § 11 II RPflG, wenn Rechtspfleger entschieden hat).

19 **5. Tätigkeit und Kosten des Gerichtsvollziehers (Absatz 2).** Verfahren des Gerichtsvollziehers bei der ZwV: § 766 Abs. 1. § 766 Abs. 2 betrifft:

- Gerichtsvollzieher weigert sich, einen Auftrag zu übernehmen; bei Untätigkeit Rz 4. Wenn der Gerichtsvollzieher dagegen den Auftrag zu einer *freiwilligen* Versteigerung ablehnt, wird teils der Rechtsweg nach § 23 EGGVG befürwortet (OLG Köln InVO 2000, 316; vgl OLG Frankfurt DGVZ 1998, 221; str, **aA**: § 766)

- Gerichtsvollzieher weigert sich, die Vollstr-Handlung auftragsgemäß auszuführen; er führt ihn nur teilw aus; er lehnt Verhaftung des Schuldners ab (LG Rostock Rpfleger 2003, 203);
- Kostenansatz des Gerichtsvollziehers, dh die vom Gerichtsvollzieher für sich berechneten Kosten und Auslagen; ferner, wenn der Gerichtsvollzieher vom Gl gem § 788 behauptete Kosten nicht beitreibt; der Schuldner, weil Kosten des Gl zu Unrecht beigetrieben werden. Rechtsschutzbedürfnis entfällt nicht zwingend mit der Beendigung der ZwV (OLG Hamm InVO 2001, 307). Beachte § 5 II GVKostG.

**6. Sonstige Kosten: Gericht**: Beschluss ohne Geb, aber mit Auslagen (GKG KV 9000 ff). 20
Beschwerde: GKG KV 2121, Rechtsbeschwerde 2124. **Rechtsanwalt:** Erinnerungsverfahren RVG VV 3500 (Grenze: VV 3309). Beschwerde: VV 3500, 3513. Rechtsbeschwerde VV 3502. Wert § 23 II 3 RVG. § 766 I 2: keine RA-Geb.

## § 767 ZPO Vollstreckungsabwehrklage

**(1) Einwendungen, die den durch das Urteil festgestellten Anspruch selbst betreffen, sind von dem Schuldner im Wege der Klage bei dem Prozessgericht des ersten Rechtszuges geltend zu machen.**

**(2) Sie sind nur insoweit zulässig, als die Gründe, auf denen sie beruhen, erst nach dem Schluss der mündlichen Verhandlung, in der Einwendungen nach den Vorschriften dieses Gesetzes spätestens hätten geltend gemacht werden müssen, entstanden sind und durch Einspruch nicht mehr geltend gemacht werden können.**

**(3) Der Schuldner muss in der von ihm zu erhebenden Klage alle Einwendungen geltend machen, die er zur Zeit der Erhebung der Klage geltend zu machen im Stande war.**

**Lit:** ***Wittschier*** JuS 1997, 450; Lippross JA 1979, 9; ***Otto*** JA 1981, 606 ff; ***Graba*** NJW 1989, 481; ***Wetzel*** JuS 1990, 198 (Fälle); ***Münch*** NJW 1991, 795 (Beweislast).

**1. Übersicht.** Mat-rechtl. Einwendungen gegen die ZwV können durch Vollstr-Abwehrklage (= Vollstr-Gegenklage), **§ 767**, durch Drittwiderspruchsklage, **§ 771**, durch Klage auf vorzugsweise Befriedigung, **§ 805**, geltend gemacht werden. Die Vollstr-Abwehrklage ist eine proz Gestaltungsklage, sie beseitigt nicht den Titel, sondern nur seine Vollstreckbarkeit (BGH FamRZ 2005, 1832). Ihr StrG ist nur die Vollstreckbarkeit des titulierten Anspruchs (BGH 85, 371; hM), nicht die Feststellung über das Fortbestehen dieses Anspruchs, nicht die Wirksamkeit des Titels (BGH NJW 1992, 2160). Wird die Einwendung ausgetauscht (zB Zahlung statt Aufrechnung), liegt (beim zweigliedrigen StrG-Begriff) eine Klageänderung vor (BGH 45, 232). Durch Zwischenfeststellungsklage, § 256 II, kann der Fortbestand des titulierten Anspruchs zum StrG erhoben und rechtskr geklärt werden (BGH 43, 145; BGH MDR 1985, 138). **Analog § 767** können formell-rechtl. Einwendungen (notarielle Urkunde sei nicht vollstreckungsfähig) mitberücksichtigt werden (BGH NJW-RR 2004, 472); vgl Rz 7a. 1

**2. Verhältnis der Vollstreckungsabwehrklage zu anderen Rechtsbehelfen**

2 **a) Feststellungsklage auf Nichtbestehen des Anspruchs**, § 256, kann neben der Vollstr-Abwehrklage zulässig sein, auch als Hilfsantrag hierzu (OLG München NJW-RR 2001, 130), beseitigt nicht die Vollstreckbarkeit, die Rechtskraft erstreckt sind aber auch auf den mat-rechtl. Anspruch. Verbindung beider Klagen: § 260.

3 **b) Einspruch gegen ein Versäumnisurteil**, § 338, geht der Vollstr-Abwehrklage vor, § 767 II aE. Die Vollstr-Abwehrklage kann daher nur auf solche Einwendungen gestützt werden, die erst nach dem Ablauf der Einspruchsfrist „entstanden" sind (BGH NJW 1982, 1812; str). Vgl § 796 Rz 2 beim VoB.

4 **c) Abänderungsklage**, § 323, blickt in die Zukunft und führt zu einer Durchbrechung der Rechtskraft des früheren Urteils, während die Vollstr-Abwehrklage nur die Vollstreckbarkeit des Titels infolge in der Vergangenheit eingetretener Einwendungen beseitigt; beide Klagen schließen sich gegenseitig aus (BGH NJW 1984, 2826, hM), ihre Anwendungsbereiche sind nicht immer eindeutig abgrenzbar (BGH NJW 1982, 1147), sie können aber nach § 260 als Hauptantrag und Hilfsantrag im Prozess verbunden werden (BGH FamRZ 1979, 575). Eine zeitl. Begrenzung des Unterhaltsanspruchs gem §§ 1573 V, 1578 I 2 BGB kann nicht im Wege einer § 767-Klage geltend gemacht werden (BGH FamRZ 2001, 905).

5 **d) Berufung, Revision:** der Schuldner kann zur Geltendmachung seiner Einwendungen zwischen Ber und Vollstr-Abwehrklage wählen (OLG Frankfurt JurBüro 1983, 413; Umkehrschluss aus § 767 II aE). Da aber die Ber umfassender ist, entfällt für die Vollstr-Abwehrklage das Rechtsschutzbedürfnis, sobald (vgl BAG DB 1985, 2461) Ber eingelegt ist, falls die Einwendung im Ber-Verfahren geltend gemacht werden kann. Einwendungen, welche auf Gründen beruhen, die nach Schluss der letzten mdl Verh in der Tatsachen-Instanz eingetreten sind und im Rev-Rechtszug hätten berücksichtigt werden können, können trotzdem über § 767 geltend gemacht werden (BGH NJW 1998, 2972).

6 **e) Klage auf Herausgabe des Vollstreckungstitels** entspr § 371 BGB: ist zulässig (vgl OLG Nürnberg NJW 1965, 1867); str ist, ob § 767 lex specialis ist. Vertragl. Verpflichtung zur Herausgabe einer vollstr Urkunde ist Einwendung iSv § 767 (BGH NJW-RR 2002, 282).

7 **f) Schadensersatzklage** aus positiver Forderungsverletzung oder § 826 BGB ist denkbar, wenn ein falsches Urteil sittenwidrig erschlichen ist (vgl BGH 74, 9; 83, 280); keine Konkurrenz zu § 767 (da keine nachträgl. Einwendung), str (vgl OLG Köln NJW 1986, 1350). Nicht § 79 II BVerfGG analog bei Angehörigenbürgschaften (OLG Köln NJW-RR 2001, 139; dazu *Wesser* NJW 2001, 475). Über sittenwidrigen Titelmissbrauch *Wesser* ZZP 2000, 161.

7a **g) Gestaltungsklage analog § 767 I:** Ist bei einem Zahlungstitel nicht erkennbar, worüber das Gericht entschieden hat, kann der Schuldner analog § 767 I beantragen, dass die ZwV aus dem Titel für unzulässig erklärt wird; § 767 II, III gelten dabei nicht (BGH NJW 1994, 460; dazu *Vollkommer* Rpfleger 2004, 336; *Foerste* ZZP 1994, 365). Vgl Rz 1. Liegen die Voraussetzungen der **Klauselerinnerung nach § 732** *und* des § 767 vor, hat der Schuldner ein WahlR (BGH NJW-RR 2004, 1718). Formell-rechtl. Einwendungen (Urkunde sei nicht vollstreckungsfähig) können uU analog § 767 mitberücksichtigt werden (BGH NJW-RR 2004, 472).

**h) Vollstreckbarerklärungsverfahren:** §§ 796a, 1061 usw. Ob die Aufrechnung (und andere mat-rechtl. Angriffe) gegen den im Schiedsspruch titulierten Anspruch im Vollstreckbarerklärungsverfahren geltend gemacht werden kann (so OLG Hamm NJW-RR 2001, 1362) oder über § 767 (so BayObLG NJW-RR 2001, 1363; OLG Stuttgart MDR 2001, 595; LG Halle NJW 1999, 3567 zu § 796a) ist str. 7b

**i) Erinnerung nach § 732.** Liegen sowohl die Voraussetzungen des § 732 als auch einer Klage in entspr Anwendung des § 767 vor, hat der Schuldner ein WahlR (BGH NJW-RR 2004, 1718; dazu *Barnert* MDR 2004, 605); vgl Rz 11. 7c

**3. Zulässigkeit**

**a) Zuständigkeit:** Bei Klage gegen gerichtl. Entscheidung oder PV: ProzessG, das bereits mit der Sache befasst war, §§ 767 I, 802, unabhängig vom StrW; hat der Titel eine FamS zum Gegenstand, ist auch die Vollstr-Gegenklage eine FamS (BGH FamRZ 1980, 346; OLG Köln FamRZ 2000, 364; **aA** OLG Hamm FamRZ 1989, 875: Rechtscharakter der Einwendungen sei maßgebend); gegen Unterhaltstitel minderj Kinder (§ 642 ff) das Gericht des ersten Rechtszugs des Verfahrens, das zum Titel führte (BGH NJW 2002, 444); gegen WEG-Beschlüsse aber im WEG-Verfahren (OLG Düsseldorf NJW-RR 1997, 1235). Zust bei vollstr Urkunde: §§ 797 V. 8

**b) Vorliegen eines zur Zwangsvollstreckung geeigneten Titels** (auch wenn er aus mat-rechtl. Gründen unwirksam ist, BGH NJW 1992, 2160; BGH NJW-RR 1987, 1149 ist aufgegeben): zB Urteile (nicht FeststellungsU, GestaltungsU), Titel nach §§ 794, 795 (zB PV bei Streit um die Auslegung, BGH NJW 1977, 583), Unterhaltstitel nach § 642 ff; Insolvenztabellenauszug nach § 201 II InsO (BGH NJW 1985, 271), Schiedssprüche (§ 1063); Leistungsverfügungen (§ 940 Rz 6). **Einstweilige Anordnung auf Unterhalt** (§§ 620 ff): § 767, wenn der Schuldner Erfüllung behauptet (OLG Koblenz FamRZ 2001, 1625; OLG Zweibrücken FamRZ 1997, 1227; oder Übergang auf Sozialhilfeträger, OLG Hamburg FamRZ 1996, 810); Feststellungsklage, wenn nur Rechtskraft des ScheidungsU vorgebracht wird (OLG Celle FamRZ 1980, 610; **aA**: § 767. Vgl § 620 f Rz 3); KfB nach § 45 II WEG (BayObLG NZM 2000, 304). **Nicht**: gegen Titel, gegen die andere Rechtsbehelfe (zB nach KostO) bestehen, wie Notarkostenrechnung (OLG Oldenburg NJW-RR 1998, 72). 9

**c) Drohende Zwangsvollstreckung:** sobald ein Titel vorliegt, bis zur Beendigung der ZwV (BGH NJW-RR 1989, 124). Eine konkrete Vollstreckung muss nicht beabsichtigt sein (OLG Hamm FamRZ 2000, 1166; zw). Von einem Abtretungsempfänger droht die ZwV, sobald ihm eine vollstr Ausfertigung erteilt werden könnte (BGH NJW 1993, 1396). *Nach* Beendigung der ZwV: Klage auf Rückzahlung aus § 812 BGB (sog verlängerte Vollstr-Gegenklage, BGH NJW 1987, 3266). 10

**d) Rechtsschutzbedürfnis:** ein einfacherer Weg darf nicht gegeben sein, zB Vollstr-Erinnerung nach § 766, beim PV die Möglichkeit, den früheren Prozess fortzuführen (BGH NJW 1977, 583; 1983, 997), schon eingelegte Ber, beim Arrest § 927; durch Antrag auf Feststellung des Außerkrafttretens der Unterhalts-eAnO nach § 620 f S. 2 (OLG Köln FamRZ 1999, 1000). 11

Dagegen steht bei Unwirksamkeit des Titels (zB § 794 Nr. 5) dem Schuldner nicht nur § 732 zur Verfügung (BGH NJW-RR 2004, 1718; NJW 1992, 2160; NJW-RR 1987, 1149 ist aufgegeben). Dass die titulierte Forderung teilw erloschen ist, beseitigt idR das Rechtsschutzbedürfnis nicht (BGH MDR 1989, 44); ebenso wenig Vollstr-Verzicht, wenn Gl den Titel noch in Händen hat (BGH NJW 1992, 2148; Ausnahmen bei Unterhaltstiteln: BGH NJW-RR 1989, 124).

12 **e)** Einrede des Schiedsvertrags kann durchgreifen (BGH NJW 1987, 651).

13 **f)** Durch Prozessvertrag kann auf die Erhebung einer Vollstr-Gegenklage verzichtet werden (BGH NJW 1982, 2072).

**4. Begründetheit**

14 **a) Bestehen einer materiell-rechtlichen Einwendung** des Kl gegen den Titel: zB Erfüllung (zur Beweislast bei Darlehen BGH NJW 2001, 2096), Aufrechnung (zB mit Kostenerstattungsanspruch, LG Frankfurt/M JB 1996, 272), zur Aufrechnung vgl BGH NJW 2003, 3143; *Schröcker* NJW 2004, 2203; Erlass, Wegfall der Geschäftsgrundlage, Rücktritt, Sittenwidrigkeit der Titelausnutzung gem § 826 BGB (OLG Düsseldorf FamRZ 1997, 827), Widerruf nach früherem HWiG bzw VerbrKrG (OLG Stuttgart NJW 1994, 1225; **aA** OLG Hamm NJW 1993, 140), Anfechtung; Stundung; Übergang des Anspruchs auf einen Dritten (Gläubigerwechsel); Erlöschen der Prozessstandschaft des § 1629 III BGB (OLG Stuttgart InVO 2001, 256; OLG Hamm FamRZ 2000, 365; **aA**: § 766; OLG Frankfurt FamRZ 1983, 1268); §§ 79 II, 95 III BVerfGG; der Bürge hat den Einwand, die verbürgte Hauptforderung sei nach seiner rechtskr Verurteilung verjährt (BGH NJW 1999, 278).

**Ungenügend**, dass ein Urteil gegen einen Bürgen die neuere Rspr nicht berücksichtigte (OLG Stuttgart NJW 1996, 1683; dazu *Melzer* NJW 1996, 3192; *Hasler* MDR 1995, 1086). Absinken rechtskr titulierter Verzugszinssätze kann nicht nach § 767 geltend gemacht werden, aber evtl nach § 323 (BGH NJW 1987, 3266; Anm *Münzberg* JuS 1988, 345). Nachträgl. Kenntnis des Schuldners, dass Gl den titulierten Anspruch vor Schluss der mdl Verh abtrat, begründet nicht § 767 (BGH NJW 2001, 231); ebenso nicht zeitl. Begrenzung des Unterhaltsanspruchs nach §§ 1573 V, 1578 I 2 BGB (BGH FamRZ 2001, 905); ebenso nicht, dass die im notariellen Grundstückskaufvertrag enthaltene Vollstr-Unterwerfung unwirksam sei (BGH NJW-RR 2004, 1135; richtig: §§ 766, 732).

15 **b) Richtiger Zeitpunkt des Entstehens** dieser Einwendung (**keine Präklusion nach Absatz 2):**

- bei Urteilen **nach der letzten mündlichen Verhandlung** in erster bzw Ber-Instanz, bei VU nach Ablauf der Einspruchsfrist (Abs. 2 aE), ebenso bei VoB (§ 796 II).

16 - **Einschränkung des § 767 II gilt nicht:** bei der Vollstr-Abwehrklage gegen einen KfB (anders aber bei der Vergütungsfestsetzung nach § 11 RVG, BGH MDR 1976, 914; BGH NJW 1997, 743); gegen vollstr Urkunden (§ 797 IV); gegen PV (BGH NJW-RR 1987, 1022), da ohne Rechtskraftwirkung; bei der Klage analog § 767 I gegen einen wegen Wirrheit unwirksamen Unterwerfungstitel (BGH JR 1995, 66). Hier können auch *vor* dem Vergleichsabschluss usw. entstandene Gründe vorgetragen werden (BGH NJW 1993, 1394).

**„Entstanden"** ist die Einwendung, wenn sie rein zeitl.-objektiv im Vorprozess geltend gemacht werden konnte, es kommt nicht darauf an, wann die Einwendungen dem Schuldner bekanntwerden oder ab wann sie, ohne dass ein Verschulden des Schuldners vorliegt, von diesem erstmals mit Erfolg hätten geltend gemacht werden können (BGH NJW 2003, 3134; NJW 1961, 1067; in Lit str, vgl *Brox/Walker* Rz 1345). 17

- **Bei Gestaltungsrechten** (zB **Aufrechnung**, Wandelung, Rücktritt) kommt es ebenfalls nur auf die objektive Möglichkeit der Ausübung an (BGH 42, 39; 94, 34; **aA** auf die Abgabe der Gestaltungserklärung komme es an); bei der Aufrechnung ist daher der Grund zur Einwendung entstanden, sobald sich die Forderungen aufrechenbar ggü standen, nicht erst, wenn die Aufrechnung (nach dem Schluss der mdl Verh) erklärt ist, auch auf die Kenntnis von der Aufrechnungsmöglichkeit kommt es nicht an (BGH NJW 1961, 1067). Eine Präklusion besteht dagegen nicht, wenn zwar die Aufrechnungslage damals nicht bestand, jedoch die Voraussetzungen für die Aufrechnung hätten geschaffen werden können (BGH NJW 2005, 2926; dazu Beck NJW 2006, 336). 18

**c) Bei einer wiederholten Vollstreckungsabwehrklage** (dazu *Burgard* ZZP Bd 106, 23) darf ferner **keine Präklusion nach Absatz 3** vorliegen. Abs. 3 ist auf alle Arten von Titeln anwendbar (§ 797 IV gilt nicht, BGH NJW 1973, 1328; NJW-RR 1987, 59). Einwendungen, die der Schuldner in der ersten Vollstr-Abwehrklage objektiv geltend machen konnte (auf Kenntnis usw. kommt es nicht an, BGH 61, 26), wozu auch die gehören, die während des Verfahrens über eine Vollstr-Abwehrklage entstehen (BGH NJW-RR 1987, 59), sind in einer zweiten § 767-Klage ausgeschlossen. Abs. 3 steht nicht entgegen, wenn die frühere § 767-Klage zurückgenommen wurde oder übereinstimmende Erledigung der Hauptsache erfolgte (BGH NJW 1991, 2280; dazu *Schmidt* JR 1992, 89); Abs. 3 ist missverständl. 19

**5. Verfahren:** 20

**a) Kläger** ist der Schuldner (Bekl des Vorprozesses), Bekl der Gl (bzw der aus der Vollstr-Klausel Begünstigte, BGH NJW 1993, 1396). Es fallen Geb wie bei sonstigen Klagen an (Gericht: GKG KV 1210 ff; RA: RVG VV 3100 ff). Wert: Rz 21. Zur Zustellung der Klage vgl § 172. Die Klage hemmt die ZwV nicht (dafür § 769). Klageantrag: Rz 21.

**b) Tenor:** zB „Die ZwV aus dem Urteil des AG ... vom ... wird für unzulässig erklärt" (evtl nur wegen eines Teilbetrags, BGH NJW-RR 1991, 759); bei Feststellung eines ZurückbehaltungsR ZwV nur Zug um Zug gegen ... zulässig, BGH NJW-RR 1997, 1272). Falsch wäre, nur bestimmte Vollstr-Maßnahmen oder nur „die weitere ZwV" für unzulässig zu erklären (BGH FamRZ 2005, 1832). **Kosten:** §§ 91 ff. **Vorläufige Vollstreckbarkeit** des Urteils nicht nur bez der Kosten, Höhe der Sicherheit nicht nur gleich Kosten (OLG Schleswig SchlHA 2001, 123). 21

**Streitwert:** Nennbetrag des vollstr (Haupt-) Anspruchs (BGH NJW-RR 1992, 190), sofern sich nicht aus den Anträgen oder der Klagebegründung ergibt, dass die ZwV nur wegen eines Teilbetrags für unzulässig erklärt werden soll (BGH NJW-RR 2006, 1146). Zinsen und Kosten des Vorprozesses spielen keine Rolle, ebenso nicht die Realisierbarkeit der Forderung (BGH aaO).

22 **c) Urteilswirkung:** §§ 775 Nr. 1, 776. Die Entscheidung über das Bestehen/Nichtbestehen einer mat-rechtl. Einwendung erwächst nicht in Rechtskraft, Ausnahme: § 322 II (BGH NJW-RR 1990, 48).

23 **d) Einstweilige Einstellung** der ZwV: § 769.

24

**Praxishinweise:**

1. Nur die Vollstr-Abwehrklage kommt in Betracht, wenn der Schuldner zur Zahlung eines Geldbetrages ohne Titulierung von Zinsen verurteilt worden ist und der Gl eingehende Teilbeträge gem § 367 BGB zunächst auf die Zinsen verrechnet. Der Gerichtsvollzieher darf die ZwV nicht wegen fehlender Titulierung des Zinsanspruchs ablehnen (LG Münster DGVZ 1994, 10).

2. Auf einen Aufrechnungseinwand (Rz 18) kann die Vollstr-Abwehrklage nicht gestützt werden, wenn der Einwand bereits im Vorprozess geltend gemacht, dort aber präkludiert worden ist (BGH NJW 1994, 2769).

## § 768 ZPO Klage gegen Vollstreckungsklausel

**Die Vorschriften des § 767 Abs. 1, 3 gelten entsprechend, wenn in den Fällen des § 726 Abs. 1, der §§ 727 bis 729, 738, 742, 744, des § 745 Abs. 2 und des § 749 der Schuldner den bei der Erteilung der Vollstreckungsklausel als bewiesen angenommenen Eintritt der Voraussetzung für die Erteilung der Vollstreckungsklausel bestreitet, unbeschadet der Befugnis des Schuldners, in diesen Fällen Einwendungen gegen die Zulässigkeit der Vollstreckungsklausel nach § 732 zu erheben.**

1 **1. Beispiel:** Der Titel lautet dahin, dass zu zahlen ist, wenn eine bestimmte Bedingung eingetreten ist. Dem Gl wird eine vollstr Ausfertigung des Titels erteilt. Der Schuldner bestreitet, dass die Bedingung eingetreten ist (oder dass die Voraussetzungen für eine Umschreibung der Klausel vorliegen). Es kommen für den Schuldner **Erinnerung nach § 732 oder Klage nach § 768** infrage. Der Anwendungsbereich überschneidet sich teilw; dann hat der Schuldner die Wahl.

2 **2. Abgrenzung zu § 732.** Einwendungen, die nur **formelle** Voraussetzungen für die Erteilung der Klausel betreffen (zB fehlender Nachweis der Fälligkeit oder der Rechtsnachfolge durch öffentl. Urkunden; Fehlen eines wirksamen Vollstr-Titels; Urteil ist weder rechtskr noch vorl vollstr), können nur durch Erinnerung nach § 732 geltend gemacht werden (BGH 22, 65; OLG Koblenz NJW 1992, 378). § 732 betrifft Einwendungen gegen alle Arten von Klauseln, § 768 nur gegen titelergänzende oder -umschreibende Klauseln.

3 **Materielle** Einwendungen gegen die Erteilung der Klausel (zB die Bedingung ist nicht eingetreten; wegen Anfechtung des Abtretungsvertrages hat keine Rechtsnachfolge stattgefunden) können dagegen nach den beiden Verfahren (§§ 732, 768) geltend gemacht werden.

**Unterliegt der Schuldner** im (summarischen) § 732-Verfahren, kann er noch klagen (BGH LM Art. 101 GG Nr. 19; str); unterliegt er bei der § 768-Klage, ist ihm die Erinnerung nach § 732 verschlossen. 4

**3. Verfahren: Klageantrag:** „Die ZwV aus der Vollstr-Klausel zum Urteil vom ... wird für unzulässig erklärt." **Zuständig** ist das ProzessG erster Instanz, **§ 767 I;** §§ 796 III, 797 V. **Gebühren**: wie bei gewöhnl. Klagen (Gericht GKG VV 1210 ff; RA RVG VV 3100 ff). **Streitwert:** nach § 3 zu schätzendes Interesse des Kl an Unzulässigkeit der ZwV. 5

Im Lauf des Verfahrens müssen *alle* förml. Einwendungen vorgebracht werden. **§ 767 III** (sog **Bündelungsgebot**), anderenfalls Ausschluss bei einer zweiten § 768-Klage. Matrechtl. Einwendungen aus § 767 können verbunden werden (BGH DNotZ 1965, 544). Zeitl. Präklusion nach **§ 767 II** gibt es nicht. 6

Hat ein Prozess nach § 731 stattgefunden, kann die Klage aus § 768 nicht auf Einwendungen gestützt werden, die nach § 731 rechtskr zurückgewiesen worden sind. Beweislast ist str. **Urteilstenor:** § 770 beachten. **Einstweilige Einstellung** der ZwV: § 769. 7

## § 769 ZPO Einstweilige Anordnungen

**(1) [1]Das Prozessgericht kann auf Antrag anordnen, dass bis zum Erlass des Urteils über die in den §§ 767, 768 bezeichneten Einwendungen die Zwangsvollstreckung gegen oder ohne Sicherheitsleistung eingestellt oder nur gegen Sicherheitsleistung fortgesetzt werde und dass Vollstreckungsmaßregeln gegen Sicherheitsleistung aufzuheben seien. [2]Die tatsächlichen Behauptungen, die den Antrag begründen, sind glaubhaft zu machen.**

**(2) [1]In dringenden Fällen kann das Vollstreckungsgericht eine solche Anordnung erlassen, unter Bestimmung einer Frist, innerhalb der die Entscheidung des Prozessgerichts beizubringen sei. [2]Nach fruchtlosem Ablauf der Frist wird die Zwangsvollstreckung fortgesetzt.**

**(3) Die Entscheidung über diese Anträge ergeht durch Beschluss.**

§ 769 III geändert durch G v. 27.07.2001 (BGBl 2001, 1887).

**1. Zulässigkeit der Anordnung:** 1

**a) Anwendungsbereich.** Einwendungen nach §§ 767, 768, 771, 785, 786, 805, analog bei § 323 (BGH LM § 323 Nr. 1; OLG Brandenburg FamRZ 1996, 356); analog bei § 826 BGB-Klage gegen Titel (OLG Zweibrücken NJW-RR 1991, 3041; **aA**: OLG Stuttgart NJW-RR 1998, 70: eVfg notw); Titel vgl § 767 Rz 9;

**b) Zuständig** ist nach Abs. 1 das ProzessG, bei dem die Klage (ungenügend ein PKH-Antrag, OLG Frankfurt MDR 1999, 828; str) anhängig ist (nicht notw: Zustellung der Klage, Zust für die Klage); bei Ber entscheidet das Ber-Gericht; bei KfH entscheidet der Vors, § 349 Nr. 10.

**c) Gebührenvorschuss.** Die Gerichtsgeb nach GKG-KV 1210 für die Klage muss einbezahlt sein oder Befreiung nach § 14 GKG oder PKH-Bewilligung sind erforderl. (OLG Saarbrücken InVO 2000, 246); die eAnO nach § 769 ist gerichtsgebührenfrei;

**d) Antrag:** § 78 gilt;

**e) Rechtsschutzbedürfnis:** von Erteilung der vollstr Ausfertigung bis zur Beendigung der ZwV;

**f) Glaubhaftmachung** vgl § 294. **g) Rechtliches Gehör** für den Gegner vor Entscheidung (OLG Köln InVO 2001, 446), außer bei Antragszurückweisung und bei Eilbedürftigkeit. Die eAnO *kann* daher schon vor Klagezustellung erfolgen.

2 **2. Entscheidung: Beschluss**, ohne KostenE (Kosten sind solche der Hauptsache), zB: „Die ZwV aus dem Urteil des ... vom ... wird einstweilen (bis zur Entscheidung des Rechtsstreits erster Instanz) gegen SiL des Kl iHv ... € eingestellt; die SiL kann auch durch unbedingte, unbefr, schriftl., selbstschuldnerische Bürgschaft der ... Bank erbracht werden (HS wegen § 108 I 2 an sich überflüssig)." Es kann ferner angeordnet werden, dass die AnO wieder aufgehoben wird, falls der Kl nicht bis ... den Gerichtskostenvorschuss für die Klage nach §§ 767, 768 einbezahlt (str). Gründe sind bei AnO nicht notw (str, **aA** zB OLG Düsseldorf FamRZ 1989, 89). **Begründung:** nur erforderl., wenn sie sich nicht ohnehin konkludent aus dem vorher in der Akte befindl. Antrag ergibt (**aA** OLG Frankfurt MDR 1999, 504: immer Begründung erforderl.).

3 **Zustellung** nach § 329 III, uU vorher dem Gerichtsvollzieher tel mitzuteilen. **Wirkung:** § 775 Nr. 2, bzw § 751 II bzw § 776 S. 2. Eingestellt soll nur werden, wenn die Klage Aussicht auf Erfolg hat (OLG Stuttgart DAV 1985, 716). Die Sicherheit bemisst sich nach dem Schaden, der dem Gl entstehen kann. Wenn die Aufhebung der Pfändung gegen Stellung einer Prozessbürgschaft erlaubt wird, haftet die Sicherheit anstelle des Pfandgegenstandes insoweit, als der Gl bei Fortbestand der Pfändung aus ihr befriedigt worden wäre (BGH NJW-RR 2004, 1128).

4 **3. Rechtsbehelfe:**

**a) Änderung.** Der Beschluss kann jederzeit geändert oder aufgehoben werden.

**b) Sofortige Beschwerde**, § 793, oder **außerordentliche Beschwerde** wegen greifbarer Gesetzwidrigkeit lehnt BGH NJW 2004, 2224, BGH InVo 2006, 146 (ebenso OLG Naumburg FamRZ 2006, 1289) ab; analog § 707 II 2, selbst wenn die Einstellung *ohne* Sicherheit erfolgt. Jedoch bleiben Gegenvorstellung, § 321a und Verfassungsbeschwerde. Anders variantenreich die vorherige Rspr der OLG. Wie bisher OLG Zweibrücken MDR 2004, 836 und OLG Hamm NJOZ 2005, 1561 (§ 793 bejaht); andere OLG haben ihre Rspr aufgegeben.

5 Soweit Anfechtung bejaht wird, besteht über den **Umfang der Nachprüfbarkeit** Streit: die wohl hM beschränkte früher zutr die Nachprüfbarkeit auf den rechten Ermessensgebrauch, unter Ausschluss der Erfolgseinschätzung der Abwehrklage und Respektierung des Ermessensspielraums des ErstG (OLG Zweibrücken MDR 2004, 836). Vgl *Künkel* MDR 1989, 309; *Lemke* MDR 2000, 13. Jedenfalls darf der Beschluss nicht schon deswegen auf Beschwerde aufgehoben werden, weil er keine Begründung enthält, denn hier könnte ohnehin meist nur der Antrag abgeschrieben werden (OLG Jena InVO 2001, 27; **aA** OLG Köln NJW-RR 2001, 647); oder das rechtl. Gehör nicht beachtet wurde (**aA** OLG Köln InVO 2001, 446).

6 Die **Beschwerdeentscheidung** enthält eine KostenE (OLG Karlsruhe FamRZ 1999, 1000; **aA** LG Frankfurt Rpfleger 1985, 208); StrW der Beschwerde: 20 % des Hauptsachewerts (BGH NJW 1991, 2280).

**4. Haftung:** wird eine Einstellungs-AnO aufgehoben, keine Haftung entspr § 717 II (BGH NJW 1985, 1959), allenfalls nach §§ 823, 826 BGB. 7

**5. Eilentscheidung des Rechtspflegers (Absatz 2):** Zuständig ist das VollstrG (Rechtspfleger; §20 Nr.17 RPflG), in dessen Bezirk die ZwV stattfindet, §764. Der Beschluss enthält die Fristsetzung, verlängerbar nach §224 II, keine KostenE (Kosten fallen unter §788 I 1). 8

**Rechtsbehelf:** die Entscheidung des Richters ist unanfechtbar (**hM**, OLG Hamm MDR 1977, 322; **aA**: § 793), gegen die Entscheidung des Rechtspflegers: befr Erinnerung, § 11 II RPflG, über die der Amtsrichter endgültig entscheidet, § 11 II, also keine „Durchgriffserinnerung" zur LG-Beschwerdekammer (OLG Karlsruhe Rpfleger 1996, 325). 9

**6. Kosten**: Gericht: keine Geb nach GKG. RA: keine bes Angelegenheit, §19 I Nr.11 RVG. 10

## § 770 ZPO Einstweilige Anordnungen im Urteil

**[1]Das Prozessgericht kann in dem Urteil, durch das über die Einwendungen entschieden wird, die in dem vorstehenden Paragraphen bezeichneten Anordnungen erlassen oder die bereits erlassenen Anordnungen aufheben, abändern oder bestätigen. [2]Für die Anfechtung einer solchen Entscheidung gelten die Vorschriften des § 718 entsprechend.**

Die AnO des § 769 treten mit Erlass des Urteils außer Kraft, die AnO im Urteil nach § 770 wirken bis zur Rechtskraft. Kosten: wie § 769 Rz 10. 1

## § 771 ZPO Drittwiderspruchsklage

**(1) Behauptet ein Dritter, dass ihm an dem Gegenstand der Zwangsvollstreckung ein die Veräußerung hinderndes Recht zustehe, so ist der Widerspruch gegen die Zwangsvollstreckung im Wege der Klage bei dem Gericht geltend zu machen, in dessen Bezirk die Zwangsvollstreckung erfolgt.**

**(2) Wird die Klage gegen den Gläubiger und den Schuldner gerichtet, so sind diese als Streitgenossen anzusehen.**

**(3) [1]Auf die Einstellung der Zwangsvollstreckung und die Aufhebung der bereits getroffenen Vollstreckungsmaßregeln sind die Vorschriften der §§ 769, 770 entsprechend anzuwenden. [2]Die Aufhebung einer Vollstreckungsmaßregel ist auch ohne Sicherheitsleistung zulässig.**

**Lit:** ***Prütting/Weth*** JuS 1988, 505; ***Brox/Walker*** JA 1986, 113; ***Geißler*** NJW 1985, 1865; ***Wittschier*** JuS 1998, 926; ***Stadler/Bensching*** Jura 2002, 438.

**1.** Die **Drittwiderspruchsklage** (= Interventionsklage) ist eine proz Gestaltungsklage (hM). Die § 771-Klage schließt als lex specialis Klagen aus §§ 985, 1004 BGB auf Herausgabe des gepf Gegenstandes oder Unterlassung der ZwV aus (vgl BGH 58, 207). 1

**2. Zulässigkeit**

**a) Zuständigkeit:** örtl. ausschließl. nach §§ 771 I, 802 das Gericht, in dessen Bezirk die ZwV begonnen hat (bei Rechten: wo der Pfändungsbeschluss erlassen wurde); sachl. AG/ LG, je nach StrW (§§ 23, 71 GVG), dh Wert der Vollstr-Forderung, höchstens des gepf 2

Gegenstandes, § 6. Auch bei dingl. Arrest aus Strafverfahren (§ 111d StPO), BGH NJW 2006, 65. Gegen eine Teilungsversteigerung aus dem ehel. Güterrecht: das FamG (OLG Bamberg FamRZ 2000, 1167).

3 **b) Rechtsschutzbedürfnis:** bleibt bestehen, wenn nach erfolglosem Pfändungsversuch eine Wiederholung der Vollstreckung in denselben Gegenstand mögl. ist (BGH NJW-RR 2004, 1220); bei Herausgabevollstreckung (§ 883) ab Vollstr-Antrag, bei ZwV wegen Geldforderung idR erst ab Pfändung. Nach Beendigung der Vollstr-Maßnahme (dh Aushändigung des Erlöses an Gl; nicht schon mit Hinterlegung, BGH NJW 1979, 373) ist die § 771-Klage unzulässig, der Dritte hat nun uU Ansprüche gegen den Gl aus § 812 I 1 Alt. 2 BGB Eingriffskondiktion (RG 156, 399) auf Versteigerungserlös abzügl. Vollstr-Kosten (BGH NJW 1976, 1092; str) oder § 823 BGB (Eigentumsverletzung; BGH NJW 1977, 384) oder dem gesetzl. Schuldverh zwischen dem Eigentümer und dem Vollstr-Gl (BGH NJW 1972, 1048; *Brox/Walker* Rz 466; dabei Zurechnung von RA-Verschulden nach § 278 BGB) und kann insoweit den Klageantrag nach § 264 Nr. 3 umstellen. Rechtsschutzbedürfnis fehlt ferner bei eindeutig unwirksamen Vollstr-Maßnahmen sowie, wenn ein einfacherer Weg (zB § 766) sicher zum selben Ziel führen würde.

**3. Begründetheit**

4 **a) Dritter** (dh Kl) ist grds, wer weder Gl noch Schuldner ist, zB der Eigentümer, wenn gegen ihn kein Titel vorliegt; der OHG-Gesellschafter, wenn der Titel nur gegen die OHG lautet; Ein-Mann-GmbH, wenn Titel gegen Alleingesellschafter (BGH NJW 2004, 217); der Nacherbe gem § 773; der Insolvenzverwalter, Nachlassverwalter (§ 1975 BGB), Testamentsvollstrecker, wenn nur die verwaltete Vermögensmasse haftet, aber in das Privatvermögen des Verwalters vollstreckt wird. Bekl ist, wer die ZwV betreibt (Gl).

5 **b) Gegenstand der Zwangsvollstreckung:** eine Sache, ein Recht (zB bei Forderungspfändung).

6 **c) Die Veräußerung hinderndes Recht** (nicht wörtl. gemeint): wenn bei Veräußerung des Gepfändeten ein widerrechtl. Eingriff in den Rechtskreis des Dritten vorläge (BGH 55, 26), zB:

7 - **Anfechtungsrechte** nach § 3 ff, 9 AnfG (nach **aA** nur § 805) oder §§ 129 ff InsO (RG 67, 312); vgl *Schmidt* JZ 1987, 889; 1990, 619; Rz 14.
- **Anwaltsanderkonto.** Hat der Anwalt ein allein für Zahlungen Dritter an seinen Auftraggeber bestimmtes Anderkonto eingerichtet und darf er über das dort vorhandene Guthaben im Innenverhältnis nur nach den Weisungen seines Mandanten verfügen, kann dieser Vollstr-Maßnahmen von Gl des Anwalts in das Konto widersprechen (BGH NJW 1996, 1543).
- **Besitz** (berechtigter, mittelbarer oder unmittelbarer) bei ZwV in bewegl. Vermögen (RG JW 1921, 1246; wohl hM, zw).

8 - **Eigentum** (Hauptfall), auch Mit- oder Gesamthandseigentum. Die Ehefrau muss die Vermutung des § 1362 I BGB widerlegen, Sonderfall § 1362 II BGB.

9 - **Eigentumsvorbehalt:** bei ZwV durch einen Gl des Vorbehaltskäufers hat der Vorbehaltsverkäufer als Eigentümer die § 771-Klage (BGH 54, 218; hM; **aA** § 805); in das **Anwartschaftsrecht** kann der Gl aber vollstrecken (vgl § 857 Rz 3). Bei ZwV durch

einen Gl des Vorbehaltsverkäufers hat der Vorbehaltskäufer wegen seines AnwartschaftsR die § 771-Klage (BGH 55, 26; hM) und kann (nur) der Verwertung widersprechen; vgl ferner § 809.

- **Inhaberschaft an einer Forderung** (zur Ausräumung des Anscheins; vgl BGH WM 1981, 649; NJW 1977, 384). Über Mitinhaber eines Oder-Kontos vgl OLG Stuttgart InVO 2002, 339. 10
- **Herausgabeansprüche**, auch schuldrechtl. Rückgabeansprüche (zB aus Miete, Leihe, Auftrag, auch wenn Vermieter usw. nicht Eigentümer ist).
- **Nacherbfolge:** § 773.
- **Pfandrecht**, wenn der Gl den Besitz (s. oben) hat, sonst § 805.
- **Relative Veräußerungsverbote**, §§ 135, 136 BGB: § 772.
- **Sicherungseigentum**, eigennützige Treuhand: zB der Schuldner (= Sicherungsgeber, Treugeber) übereignet (zur Sicherung eines Anspruchs des Gl gegen ihn) dem Gl (= Sicherungsnehmer, -eigentümer) eine Sache. Betreibt ein Gl dieses Gl die ZwV in das Sicherungsgut, hat der Schuldner die § 771-Klage, aber nur bis zu dem Zeitpunkt, von dem an der Sicherungseigentümer die Sache verwerten darf (BGH NJW 1978, 1859). Betreibt dagegen ein anderer Gl des Schuldners die ZwV in das Sicherungsgut, hat der Sicherungsnehmer die § 771-Klage, solange der zu sichernde Anspruch besteht (BGH 80, 299). 11
- **Treuhandverhältnisse**, die den Zwecken des Treugebers dienen (zB Inkassozession; Anderkonto des Notars; RA, BGH NJW 1971, 559): bei ZwV durch Gl des Treuhänders hat der Treugeber die § 771-Klage (BGH 11, 41); das Treuhand-Verh muss nicht offenkundig sein (BGH NJW 1993, 2622). Bei ZwV durch Gl des Treugebers hat der Treuhänder keine § 771-Klage. Im Prozess gegen den Drittschuldner kann der Bekl grds nicht einwenden, ein Dritter habe an der gepf Forderung ein die Veräußerung hinderndes Recht (BGH Rpfleger 2007, 88). 12
- **Verschaffungsansprüche**, zB auf Eigentumsverschaffung aus Kaufvertrag, Vermächtnis, geben kein WiderspruchsR nach § 771 (BGH NJW 1994, 128); Ausnahme: Kommission, § 383 HGB. 13

**d) Der Beklagte kann zB einwenden** (vgl *Brox/Walker* Rz 1430 bis 1442), die Übertragung sei nur zum Schein erfolgt (§ 117 BGB); sei sittenwidrig (zB bei Sicherungsübereignung; § 138 BGB); der Erwerb sei nach dem AnfG anfechtbar erlangt, § 9 AnfG (Beispiel: Gl hat beim Schuldner eine Sache gepf, welcher dieser zuvor an D bedenkl. sicherungsübereignet hatte; gegen die Klage des D kann Gl sein AnfechtungsR einwenden, *Huber* AnfG § 9 Rz 3); der *Dritte* handele arglistig, weil er nach mat Recht *selbst* für die titulierte Forderung *hafte* (zB § 128 HGB; Bürgschaft; Gesamtschuld; BGH LM § 771 Nr. 2); er habe ein besserrangiges PfandR (RG 143, 277); der Kl habe sein Recht durch eine unerlaubte Handlung erlangt. **Der Beklagte kann nicht einwenden**, ein Dritter habe an der gepf Forderung ein die Veräußerung hinderndes Recht (BGH NJW-RR 2007, 927). 14

**4. Verfahren:** 15

**a) Klagezustellung** an Bekl oder an PrBev des Bekl im Vorprozess (§§ 81, 172).

**b) Urteilstenor** zB: „Die ZwV aus dem Urteil des ... vom ... in (Gegenstand) wird für unzulässig erklärt.“ Ferner sind **Anordnungen** nach § 770, § 771 III 1 mögl. **Kosten** nach

§§ 91 ff, **vorläufige Vollstreckbarkeit** nach §§ 708 ff. **Streitwert** vgl § 6, nach **aA** § 3 (OLG Karlsruhe FamRZ 2004, 1221). **Wirkung:** §§ 775 Nr. 1, 776.

16 **c) Einstweilige Anordnung** nach **Absatz 3.** Erweist sich die Einstellung später als ungerechtfertigt: keine entspr Anwendung von § 717 II (BGH NJW 1985, 1959); nur Haftung nach DeliktsR.

**d) Bei Freigabeerklärung** des Gl: § 91a, evtl § 93.

17 **5. Klage gegen Gläubiger und Schuldner (Absatz 2).** Der Dritte kann den Gl auf Unzulässigkeit der ZwV verklagen *und* den Schuldner *(der das Recht des Dritten bestreitet)* auf Herausgabe der Sache; dann sind die beiden Bekl trotz §§ 59, 60 einfache StrGen.

18 **6. Kosten**: wie bei gewöhnl. Klagen (GKG KV 1210 ff; RVG VV 3100 ff).

## § 772 ZPO Drittwiderspruchsklage bei Veräußerungsverbot

**[1]Solange ein Veräußerungsverbot der in den §§ 135, 136 des Bürgerlichen Gesetzbuchs bezeichneten Art besteht, soll der Gegenstand, auf den es sich bezieht, wegen eines persönlichen Anspruchs oder auf Grund eines infolge des Verbots unwirksamen Rechts nicht im Wege der Zwangsvollstreckung veräußert oder überwiesen werden. [2]Auf Grund des Veräußerungsverbots kann nach Maßgabe des § 771 Widerspruch erhoben werden.**

1 **Beispiel:**

auf Antrag des K ist dem V durch eVfg verboten worden (§ 938 II), eine bestimmte Sache einem anderen zu übereignen. Dies ist ein relatives Veräußerungsverbot nach § 136 BGB. Pfändet ein Gl des V die Sache, kann K den Gl verklagen mit dem Antrag, die Veräußerung (nicht schon die Pfändung) der Sache im Wege der ZwV für unzulässig zu erklären.

2 **Rechtsbehelf des Dritten** bei Verstoß gegen § 772 S. 1: § 766.

## § 773 ZPO Drittwiderspruchsklage des Nacherben

**[1]Ein Gegenstand, der zu einer Vorerbschaft gehört, soll nicht im Wege der Zwangsvollstreckung veräußert oder überwiesen werden, wenn die Veräußerung oder die Überweisung im Falle des Eintritts der Nacherbfolge nach § 2115 des Bürgerlichen Gesetzbuchs dem Nacherben gegenüber unwirksam ist. [2]Der Nacherbe kann nach Maßgabe des § 771 Widerspruch erheben.**

1 Grund: Verwertungsverbot, weil die Verwertung später unwirksam wäre; zulässig ist aber Pfändung. Klageantrag des Nacherben gegen den ZwV-Gl: „Veräußerung des ... (Gegenstand) im Wege der ZwV wird für unzulässig erklärt." Unbeschränkt zulässig ist die ZwV, wenn der Nacherbe keinen Schutz verdient, zB wenn wegen einer Nachlassschuld vollstreckt wird (§ 2115 S. 2 BGB), weil dafür auch der Nacherbe haften würde. Vgl BGH NJW 1990, 1237. Ähnlich: § 83 II InsO.

## § 774 ZPO Drittwiderspruchsklage des Ehegatten

**Findet nach § 741 die Zwangsvollstreckung in das Gesamtgut statt, so kann ein Ehegatte nach Maßgabe des § 771 Widerspruch erheben, wenn das gegen den anderen Ehegatten ergangene Urteil in Ansehung des Gesamtgutes ihm gegenüber unwirksam ist.**

Das Urteil ist ggü dem anderen Ehegatten unwirksam, wenn das Gesamtgut mat-rechtl. nicht haftet, zB weil es sich bei der Forderung nicht um eine Geschäftsschuld handelt (BGH 83, 79), vgl §§ 1438 I; 1460 I, 1431, 1456 BGB. Dies ist das „hindernde Recht" iSd § 771. Die Klage ist keine FamS, wenn der Titel keine FamS betrifft (BGH FamRZ 1979, 215). 1

## § 775 ZPO Einstellung oder Beschränkung der Zwangsvollstreckung

**Die Zwangsvollstreckung ist einzustellen oder zu beschränken:**

1. **wenn die Ausfertigung einer vollstreckbaren Entscheidung vorgelegt wird, aus der sich ergibt, dass das zu vollstreckende Urteil oder seine vorläufige Vollstreckbarkeit aufgehoben oder dass die Zwangsvollstreckung für unzulässig erklärt oder ihre Einstellung angeordnet ist;**
2. **wenn die Ausfertigung einer gerichtlichen Entscheidung vorgelegt wird, aus der sich ergibt, dass die einstweilige Einstellung der Vollstreckung oder einer Vollstreckungsmaßregel angeordnet ist oder dass die Vollstreckung nur gegen Sicherheitsleistung fortgesetzt werden darf;**
3. **wenn eine öffentliche Urkunde vorgelegt wird, aus der sich ergibt, dass die zur Abwendung der Vollstreckung erforderliche Sicherheitsleistung oder Hinterlegung erfolgt ist;**
4. **wenn eine öffentliche Urkunde oder eine von dem Gläubiger ausgestellte Privaturkunde vorgelegt wird, aus der sich ergibt, dass der Gläubiger nach Erlass des zu vollstreckenden Urteils befriedigt ist oder Stundung bewilligt hat;**
5. **wenn der Einzahlungs- oder Überweisungsnachweis einer Bank oder Sparkasse vorgelegt wird, aus dem sich ergibt, dass der zur Befriedigung des Gläubigers erforderliche Betrag zur Auszahlung an den Gläubiger oder auf dessen Konto eingezahlt oder überwiesen worden ist.**

Nr. 5 geändert durch 2. ZwVollstr-Novelle (BGBl 1997, 3039).

**1.** Die ZwV wird vom VollstrG durch Beschluss, vom Gerichtsvollzieher ohne Weiteres (Behandlung als „ruhender Vollstr-Auftrag", § 112 Nr. 6 GVGA) *eingestellt,* wenn bestimmte Unterlagen vorgelegt werden (die bloße Behauptung des Schuldners genügt nicht). 1

**Aufhebungen (Nr. 1):** Ausfertigung (oder Urschrift; nicht genügt eine begl Abschrift); die vollstr Entscheidung kann ein (rechtskr oder vorl vollstr) Urteil oder ein Beschluss (§ 794 Nr. 3) sein, nicht ein Vergleich nach Urteilserlass (hier §§ 732, 767 anzuwenden). Zustellung und Vollstr-Klausel sind nicht notw (RG 84, 203). **Inhalt:**

2 - **Aufhebung** des zu vollstr Titels, zB durch BerufungsU, Urteil im Nachverfahren (§§ 300 IV, 600 II), AbänderungsU (§ 323); Wegfall des noch nicht rechtskr Titels durch anschließende übereinstimmende Erledigung der Hauptsache (BGH NJW 2004, 506);

3 - **Aufhebung der Vollstreckbarkeit**: zB § 717 I, 718 I;

4 - **Zwangsvollstreckung für unzulässig** erklärt: Urteile nach § 767 (ZwV aus bestimmtem Titel unzulässig), § 771 (ZwV in bestimmte Sache unzulässig);

5 - **Zwangsvollstreckung eingestellt**, zB nach §§ 732, 766. Der Beschluss über eine einstweilige Einstellung der ZwV wirkt bereits mit dem Zeitpunkt des ersten Hinausgehens der Entscheidung (BGH NJW 1957, 1480).

6 **Aufhebung der Vollstreckungsmaßregel: (zB Pfändung):** § 776. Fortsetzung der ZwV auf Antrag des Gl, wenn er eine die Einstellung usw. aufhebende Entscheidung vorlegt.

7 **2. Einstweilige Einstellung (Nr. 2):** zB nach §§ 570 III, 707, 719, 732 II, 765a, 766 I 2, 769, 770. Fortsetzung nur gegen Sicherheit: §§ 707 I, 709 S. 2, 719 I, 732 II, 769 II. Nach vorl Einstellung der ZwV darf der Drittschuldner nicht mehr an den Pfändungsgl allein, sondern, solange der PfÜB besteht, nur noch an den Gl und den Vollstr-Schuldner gemeinsam leisten oder die geschuldete Leistung zugunsten beider hinterlegen (BGH NJW 1999, 953). **Aufhebung der Vollstreckungsmaßregel** (zB Pfändung): § 776; Fortsetzung der ZwV wie bei Nr. 1, vgl ferner § 751 II.

8 **3. Nachweis der Sicherheit (Nr. 3):** zB §§ 711, 712 I, 720a III. Öffentl. Urkunde vgl § 415, zB Bescheinigung der Hinterlegungsstelle. Ungenügend öffentl. Beglaubigung.

9 Ist SiL durch **Bürgschaft** mögl. (§ 108), genügt der Nachweis, dass die Bankbürgschaft dem Schuldner im Original oder begl Abschrift übergeben wurde (vgl § 751 Rz 3 und OLG München OLGZ 1965, 292). **Aufhebung der Vollstreckungsmaßregel:** § 776. Fortsetzung der ZwV auf Antrag des Gl bei Nachweis der Rechtskraft oder einer die Fortsetzung gestattenden SiL.

10 **4. Nachweis von Befriedigung, Stundung (Nr. 4):** vgl *Behr* JB 1996, 175. Urteil oder anderer Titel, § 795. Die bloße Behauptung des Schuldners, er habe bezahlt, führt also nicht zur Einstellung der ZwV (Schuldner ist auf § 767 angewiesen). „Nach Erlass" ist nach Verkündung, bei §§ 307 II, 331 III nach Urteilszustellung (§ 310 III), beim VoB nach dessen Zustellung (hM, *Stein/Jonas* Rz 16). Jede Art der Erfüllung genügt.

11 Wurde der Arbeitgeber zur Zahlung des **Bruttolohns** verurteilt und zahlt er dann Lohnsteuer an Finanzamt und Sozialvers, genügen die Quittungen dieser Empfänger. **Aufhebung der Vollstreckungsmaßregel:** § 776; Fortsetzung der ZwV wie bei Nr. 5.

12 **5. Bank- und Sparkassennachweise (Nr. 5):** Bescheinigungen der **Banken** und **Sparkassen** über Einzahlungen und *durchgeführte* Überweisungen genügen, desgleichen Kontoauszüge über Betragsabbuchung mit Zweck- und Empfängerangabe. *Nicht genügen* Nachweise über Absendung von Scheck, Geldbrief. Bei der Neufassung fehlt die Einschränkung „nach Erlass des Urteils", sodass auch Zahlungen nach mdl Verh aber vor Urteilsverkündung darunter fallen; vgl. §§ 767, 796 II. *Erforderl. Summe:* Hauptsache, Nebenforderungen und Kosten.

13 **6. Pfändung.** Bei Einstellung der ZwV bleibt die Pfändung und damit die Rangwahrung bestehen; Aufhebung der Vollstr-Maßregel: § 776.

**7. Fortsetzung der Zwangsvollstreckung** immer, wenn der Gl dies verlangt; der Schuldner kann, wenn er den Gl für befriedigt hält, der Gl dies aber bestreitet, nach § 767 klagen und Einstellung nach § 769 beantragen (vgl OLG Hamm MDR 1973, 857). 14

**8.** Die ZwV wird ferner eingestellt auf **Weisung des Gläubigers.** Ab **Insolvenzeröffnung** über das Vermögen des Schuldners: für Insolvenzforderungen (§ 38 InsO) der Gl: § 89 InsO; Absonderungs-, Aussonderungs- und Masseberechtigte können dagegen weiter vollstrecken. 15

**9. Verfahren:** 16

**a)** Antrag des Schuldners ist nicht erforderl. **b) Rechtsbehelfe:** gegen „Maßnahmen" von Gerichtsvollzieher, VollstrG: § 766; gegen Entscheidungen sof Beschwerde, § 11 I RPflG, § 793 (vgl § 766 Rz 1).

## § 776 ZPO Aufhebung von Vollstreckungsmaßregeln

**[1]In den Fällen des § 775 Nr. 1, 3 sind zugleich die bereits getroffenen Vollstreckungsmaßregeln aufzuheben. [2]In den Fällen der Nummern 4, 5 bleiben diese Maßregeln einstweilen bestehen; dasselbe gilt in den Fällen der Nummer 2, sofern nicht durch die Entscheidung auch die Aufhebung der bisherigen Vollstreckungshandlungen angeordnet ist.**

**Die Aufhebung der Vollstreckungsmaßnahme** (zB der Pfändung durch Entfernen des Pfandsiegels: §171 GVGA) erfolgt durch das zuständige ZwV-Organ, bei Sachpfändung durch den Gerichtsvollzieher. Fällt die AufhebungsE später weg (im Rechtsbehelfsverfahren), **lebt die Zwangsvollstreckungsmaßnahme nicht wieder auf**, kann nur neu vollzogen werden, womit evtl **Rangverlust** (§804 III) eintritt; Ausnahmen §§765a IV; 570 II. 1

Bleiben die Maßregeln bestehen (Nr. 4, 5), kann der Schuldner Aufhebung erreichen durch Klage nach § 767, Vorlage von Entscheidungen nach § 775 Nr. 1, Freigabe des Gl. 2

**Analoge Anwendung.** Hat das ProzessG nach § 888 Zwangsgeld festgesetzt und ist es zurückzuzahlen, kann das ProzessG analog § 776 eine Rückzahlungsanordnung treffen (OLG Zweibrücken InVO 2000, 287). Auch ein Ordnungsmittelbeschluss kann uU analog § 776 aufgehoben werden (KG MDR 2000, 48). 3

## § 777 ZPO Erinnerung bei genügender Sicherung des Gläubigers

**[1]Hat der Gläubiger eine bewegliche Sache des Schuldners im Besitz, in Ansehung deren ihm ein Pfandrecht oder ein Zurückbehaltungsrecht für seine Forderung zusteht, so kann der Schuldner der Zwangsvollstreckung in sein übriges Vermögen nach § 766 widersprechen, soweit die Forderung durch den Wert der Sache gedeckt ist. [2]Steht dem Gläubiger ein solches Recht in Ansehung der Sache auch für eine andere Forderung zu, so ist der Widerspruch nur zulässig, wenn auch diese Forderung durch den Wert der Sache gedeckt ist.**

Ist der **Gläubiger ausreichend gesichert**, soll er die Sicherheiten verwerten; der Schuldner kann uU eine Pfändung anderer Sachen (als Übersicherung; ähnl. § 803 I 2) durch Erinnerung beseitigen. 1

2 **Voraussetzungen:**

**a)** ZwV wegen Geldforderungen; **b)** Besitz (auch mittelbarer) des Gl, auch Mitbesitz; **c)** Sicherung: Vertragspfand nach § 1205 BGB, gesetzl. PfandR nach §§ 592, 647, 704 BGB, PfandR des Vermieters nach § 562 BGB (Konkurrenzklausel in § 562d BGB); ZurückbehaltungsR nach §§ 273, 1000 BGB, 369 HGB; **Sicherungseigentum** erst, wenn die Sache dem Gl zur Verwertung übergeben ist (*Stein/Jonas* Rz 3; str).

3 **§ 777 gilt entsprechend** (da PfandR an Forderung) bei zur Abwendung der ZwV hinterlegtem Geld (vgl OLG Köln OLGZ 1988, 214), nicht bei Sicherheit durch Bürgschaft.

## § 778 ZPO Zwangsvollstreckung vor Erbschaftsannahme

**(1) Solange der Erbe die Erbschaft nicht angenommen hat, ist eine Zwangsvollstreckung wegen eines Anspruchs, der sich gegen den Nachlass richtet, nur in den Nachlass zulässig.**

**(2) Wegen eigener Verbindlichkeiten des Erben ist eine Zwangsvollstreckung in den Nachlass vor der Annahme der Erbschaft nicht zulässig.**

**Lit:** ***Behr*** Rpfleger 2002, 2.

1 **Bis zur Annahme der Erbschaft** (§§ 1943 ff BGB) werden Eigenvermögen des Erben und Nachlass als getrennte Vermögensmassen behandelt. §§ 778 bis 785 ergänzen §§ 747 bis 749. **Fortsetzung einer** zur Zeit des Todes **schon begonnenen Zwangsvollstreckung** erfolgt nach § 779.

2 **Absatz 1: Wegen Nachlassverbindlichkeiten** (§ 1967 II BGB) vor Annahme keine ZwV ins Eigenvermögen des Erben; er kann sich nach § 766 bzw § 771 wehren, Eigengl des Erben nach § 766. Zulässig ist aber ZwV in den Nachlass; ein Prozess oder eine Umschreibung der Klausel ist vorerst nicht mögl., § 1958 BGB, wohl aber kann der Nachlassgl die Bestellung eines Nachlasspflegers beantragen (§ 1961 BGB), gegen ihn klagen bzw die Klausel umschreiben lassen, §§ 727, 749, und dann schon vor Annahme in den Nachlass vollstrecken.

3 **Nach der Annahme** kann in das Eigenvermögen und den Nachlass vollstreckt werden (mit Titel gegen den Erben oder auf ihn umgeschriebenen Titel, § 727), in den Nachlass allein gem § 779.

4 **Absatz 2:** Der Erbe kann die ZwV nach §§ 771 bzw 766 verhindern. Andere, zB Gl, haben Erinnerung, § 766.

## § 779 ZPO Fortsetzung der Zwangsvollstreckung nach dem Tod des Schuldners

**(1) Eine Zwangsvollstreckung, die zur Zeit des Todes des Schuldners gegen ihn bereits begonnen hatte, wird in seinen Nachlass fortgesetzt.**

**(2) [1]Ist bei einer Vollstreckungshandlung die Zuziehung des Schuldners nötig, so hat, wenn die Erbschaft noch nicht angenommen oder wenn der Erbe unbekannt oder es ungewiss ist, ob er die Erbschaft angenommen hat, das Vollstreckungsgericht auf Antrag des Gläubigers dem Erben einen einstweiligen besonderen Vertreter zu**

**bestellen. [2]Die Bestellung hat zu unterbleiben, wenn ein Nachlasspfleger bestellt ist oder wenn die Verwaltung des Nachlasses einem Testamentsvollstrecker zusteht.**

**Absatz 1.** Fortgesetzt wird ohne Klauselumstellung und erneute Zustellung, aber nur die ZwV dieses (nicht auch eines anderen) Titels; andererseits kann die ZwV in den gesamten Nachlass fortgesetzt werden, nicht nur etwa die Versteigerung einer einzelnen Sache. 1

**Absatz 2.** zB wenn eine Zustellung notw ist. Bestellung durch Beschluss, zuständig ist der Rechtspfleger, § 20 Nr. 17 RPflG. Kosten des Bestellten (II 1, nicht II 2) muss der Gl tragen, er kann sie nach § 788 erstattet verlangen. 2

## § 780 ZPO Vorbehalt der beschränkten Erbenhaftung

**(1) Der als Erbe des Schuldners verurteilte Beklagte kann die Beschränkung seiner Haftung nur geltend machen, wenn sie ihm im Urteil vorbehalten ist.**

**(2) Der Vorbehalt ist nicht erforderlich, wenn der Fiskus als gesetzlicher Erbe verurteilt wird oder wenn das Urteil über eine Nachlassverbindlichkeit gegen einen Nachlassverwalter oder einen anderen Nachlasspfleger oder gegen einen Testamentsvollstrecker, dem die Verwaltung des Nachlasses zusteht, erlassen wird.**

**Lit:** *Schmidt* JR 1989, 45.

**1.** Der Gl kann grds **aufgrund eines noch gegen den Erblasser erwirkten Titels** (nach Umschreibung, § 727) die ZwV in das Eigenvermögen des Erben und in den Nachlass betreiben; es ist Sache des Erben, eine evtl Haftungsbeschränkung durch Klage nach §§ 781, 785, 767 geltend zu machen. Zu § 1586b BGB (Unterhaltshaftung) vgl OLG Koblenz NJW 2003, 439. Zu § 1629a BGB (Minderj-Haftung) vgl BGH NJW 2004, 176. 1

Findet dagegen die ZwV **aufgrund eines gegen den Erben wegen einer Nachlassverbindlichkeit erwirkten Titels** statt, kann der Erbe die Haftungsbeschränkung nur dann mit der Vollstr-Gegenklage geltend machen, wenn sie ihm im Titel vorbehalten war, § 780 I, vgl § 767 II. Der Erbe muss also zwei Schritte unternehmen: sich die Beschränkung vorbehalten lassen, dann (wenn der Gl ins Eigenvermögen vollstreckt) nach §§ 781, 785, 767 klagen. Die Beschränkung ist zB dann wichtig, wenn der **Nachlass möglicherweise dürftig** ist (§1990 BGB); der Erbe hat ferner folgende Beschränkungsmöglichkeiten: Antrag auf Nachlassverwaltung (§§ 1975 ff. BGB), Nachlassinsolvenz (§ 1975 BGB), Angebotsverfahren ( §§ 1971 – 1974 BGB), ungeteilter Nachlass (§ 2059 I BGB). Wichtiger Fall: der Erbe erhebt ggü dem **Pflichtteilsergänzungsanspruch** die Einrede der Unzulänglichkeit des Nachlasses. 2

**2. Verfahren.** Der Vorbehalt ist bei Leistungsklage bereits im GrundU erforderl. (OLG Köln VersR 1968, 380), auch im VoB (daher Widerspruch/Einspruch erforderl.). Er wird auf **Einrede**, die bis zum Schluss der letzten Tatsachenverh (in der Ber nur gem § 531 II; OLG Düsseldorf FamRZ 2004, 1222), in der Rev-Instanz nur ausnahmsweise noch (BGH NJW 1970, 1742), zulässig ist, ohne bes Antrag (BGH NJW 1964, 2300) ins Urteil aufgenommen. Aus Haftungsgründen sollte der RA des Bekl immer die Einrede erheben. Macht der Erbe die Beschränkung geltend, kann das Gericht **darüber sachlich entschei-** 3

**den** (also prüfen, ob dem Erben die Haftungsbeschränkung mögl. ist und die Aufnahme des Vorbehalts ggf ablehnen; KG NJW-RR 2003, 941; OLG Koblenz NJW-RR 2006, 377) *oder* den Vorbehalt ins Urteil aufnehmen und so den Streit über die Haftungsbeschränkung in den späteren Prozess nach § 785 verweisen (BGH NJWE-FER 2000, 211; FamRZ 1989, 1075). Wird der Vorbehalt übersehen: § 321, sonst Rm.

4 **3. Urteilstenor:** einzufügen ist zB: „Dem Bekl wird die Beschränkung seiner Haftung auf den Nachlass des ... (Erblasser) vorbehalten.“ Klarzustellen ist ferner, ob der

5 **Vorbehalt auch für Prozesskosten** erfolgt: dies ist nur mögl. für Kosten, die in der Person des Erblassers schon entstanden sind, nicht für Kosten eigener Prozessführung des Erben (OLG Frankfurt JurBüro 1977, 1626); Vorbehalt kommt nur in den KfB, wenn die KostengrundE den Vorbehalt hatte (OLG Koblenz NJW-RR 1997, 1160). UU ist daher *Kostentrennung* notw und Vorbehalt nur für einen Kostenteil. Geltendmachung des Vorbehalts führt noch nicht zu Teilunterliegen, § 92.

6 **4. Kosten**: Der Vorbehalt verursacht keine zusätzl. Gerichts- oder Anwaltsgeb.

Formular 129: Klageerwiderung und Haftungsbeschränkungsvorbehalt

## § 781 ZPO Beschränkte Erbenhaftung in der Zwangsvollstreckung

**Bei der Zwangsvollstreckung gegen den Erben des Schuldners bleibt die Beschränkung der Haftung unberücksichtigt, bis auf Grund derselben gegen die Zwangsvollstreckung von dem Erben Einwendungen erhoben werden.**

1 Im Fall des § 779 kann die ZwV in den Nachlass fortgesetzt werden, im Fall des § 778 kann in den Nachlass vollstreckt werden. Nach Annahme der Erbschaft können die Nachlassgl (aufgrund eines Titels gegen den Erben oder eines gegen ihn nach § 727 umgeschriebenen Titels) in das Eigenvermögen des Erben (trotz Urteilsvorbehalt nach § 780) und in den Nachlass vollstrecken; der Gerichtsvollzieher hat den Vorbehalt nicht zu beachten; nur mit der Vollstr-Gegenklage nach § 785 kann sich der Erbe gegen eine ZwV in sein Eigenvermögen wehren.

2 **Antrag:** „Die Zwangsvollstreckung aus (Titel) in (Gegenstand) wird für unzulässig erklärt.“

## § 782 ZPO Einreden des Erben gegen Nachlassgläubiger

**[1]Der Erbe kann auf Grund der ihm nach den §§ 2014, 2015 des Bürgerlichen Gesetzbuchs zustehenden Einreden nur verlangen, dass die Zwangsvollstreckung für die Dauer der dort bestimmten Fristen auf solche Maßregeln beschränkt wird, die zur Vollziehung eines Arrestes zulässig sind. [2]Wird vor dem Ablauf der Frist die Eröffnung des Nachlassinsolvenzverfahrens beantragt, so ist auf Antrag die Beschränkung der Zwangsvollstreckung auch nach dem Ablauf der Frist aufrechtzuerhalten, bis über die Eröffnung des Insolvenzverfahrens rechtskräftig entschieden ist.**

Geändert ab 01.01.1999 durch EGInsO (BGBl 1994, 2911).

Der Erbe kann in diesen Fällen klagen zB mit dem Antrag, „dass die Verwertung der bei ihm gepf Gegenstände (...) bis zum ... (Datum) für unzulässig erklärt wird". Im Fall des S. 2 muss der Erbe nach § 785 klagen dahin, dass die Beschränkung der ZwV gem Urteil vom ... aufrechterhalten bleibt, bis ... Vgl ferner § 305 I. 1

### § 783 ZPO Einreden des Erben gegen persönliche Gläubiger

**In Ansehung der Nachlassgegenstände kann der Erbe die Beschränkung der Zwangsvollstreckung nach § 782 auch gegenüber den Gläubigern verlangen, die nicht Nachlassgläubiger sind, es sei denn, dass er für die Nachlassverbindlichkeiten unbeschränkt haftet.**

Geltendmachung durch Klage nach § 785; Antrag wie bei § 782. § 783 betrifft nicht Nachlassverbindlichkeiten (dafür § 782), sondern sonstige Verbindlichkeiten des Erben. „Es sei denn ...". Beweislast hat der Gl. 1

### § 784 ZPO Zwangsvollstreckung bei Nachlassverwaltung und -insolvenzverfahren

**(1) Ist eine Nachlassverwaltung angeordnet oder das Nachlassinsolvenzverfahren eröffnet, so kann der Erbe verlangen, dass Maßregeln der Zwangsvollstreckung, die zugunsten eines Nachlassgläubigers in sein nicht zum Nachlass gehörendes Vermögen erfolgt sind, aufgehoben werden, es sei denn, dass er für die Nachlassverbindlichkeiten unbeschränkt haftet.**

**(2) Im Falle der Nachlassverwaltung steht dem Nachlassverwalter das gleiche Recht gegenüber Maßregeln der Zwangsvollstreckung zu, die zugunsten eines anderen Gläubigers als eines Nachlassgläubigers in den Nachlass erfolgt sind.**

Geändert ab 01.01.1999 durch EGInsO (BGBl 1994, 2911).

Der Erbe muss klagen zB mit dem Antrag, dass die ZwV in folgende Gegenstände: ... unzulässig ist; § 785. 1

### § 785 ZPO Vollstreckungsabwehrklage des Erben

**Die auf Grund der §§ 781 bis 784 erhobenen Einwendungen werden nach den Vorschriften der §§ 767, 769, 770 erledigt.**

Die Klage ist beim ProzessG erster Instanz gegen den Gl zu erheben, § 767 II ist nicht anwendbar. Einstweilige Einstellung der ZwV nach § 769. Begr ist die Klage zB, wenn der Vorbehalt nach § 780 besteht und die Erbenhaftung wirksam beschränkt ist (vgl BGH FamRZ 1989, 1070). Wirkung des Urteils: §§ 775, 776. 1

### § 786 ZPO Vollstreckungsabwehrklage bei beschränkter Haftung

**(1) Die Vorschriften des § 780 Abs. 1 und der §§ 781 bis 785 sind auf die nach § 1489 des Bürgerlichen Gesetzbuchs eintretende beschränkte Haftung, die Vor-**

**schriften des § 780 Abs. 1 und der §§ 781, 785 sind auf die nach den §§ 1480, 1504, 1629a, 2187 des Bürgerlichen Gesetzbuchs eintretende beschränkte Haftung entsprechend anzuwenden.**

**(2) Bei der Zwangsvollstreckung aus Urteilen, die bis zum Inkrafttreten des Minderjährigenhaftungsbeschränkungsgesetzes vom 25. August 1998 (BGBl. I S. 2487) am 1. Juli 1999 ergangen sind, kann die Haftungsbeschränkung nach § 1629a des Bürgerlichen Gesetzbuchs auch dann geltend gemacht werden, wenn sie nicht gemäß § 780 Abs. 1 dieses Gesetzes im Urteil vorbehalten ist.**

§ 786 geändert durch G v. 19.04.2006 (BGBl 2006, 866).

1 **§ 1489 BGB:** pers Haftung für die Gesamtgutsverbindlichkeiten; **§ 1480 BGB**: Haftung nach der Gesamtguts-Teilung; **§ 1504 BGB**: Haftung unter Abkömmlingen bei Gesamtgut; **§ 1629a BGB**: Beschränkung der Minderj-Haftung; **§ 2187 BGB**: Haftung des Hauptvermächtnisnehmers. Bei den letzten vier Fällen sind §§ 782 bis 784 (aufschiebende Einreden) nicht anwendbar. § 786 nannte früher auch § 419 BGB (Vermögensübernahme), der ab 01.01.1999 abgeschafft wurde.

## § 786a ZPO See- und binnenschifffahrtsrechtliche Haftungsbeschränkung

**(1) Die Vorschriften des § 780 Abs. 1 und des § 781 sind auf die nach § 486 Abs. 1, 3, §§ 487 bis 487d des Handelsgesetzbuchs oder nach den §§ 4 bis 5m des Binnenschifffahrtsgesetzes eintretende beschränkte Haftung entsprechend anzuwenden.**

**(2) [1]Ist das Urteil nach §305a unter Vorbehalt ergangen, so gelten für die Zwangsvollstreckung die folgenden Vorschriften:**

**1. [1]Wird die Eröffnung eines Seerechtlichen oder eines Binnenschifffahrtsrechtlichen Verteilungsverfahrens nach der Schifffahrtsrechtlichen Verteilungsordnung beantragt, an dem der Gläubiger mit dem Anspruch teilnimmt, so entscheidet das Gericht nach § 5 Abs. 3 der Schifffahrtsrechtlichen Verteilungsordnung über die Einstellung der Zwangsvollstreckung; nach Eröffnung des Seerechtlichen Verteilungsverfahrens sind die Vorschriften des § 8 Abs. 4 und 5 der Schifffahrtsrechtlichen Verteilungsordnung, nach Eröffnung des Binnenschifffahrtsrechtlichen Verteilungsverfahrens die Vorschriften des § 8 Abs. 4 und 5 in Verbindung mit § 41 der Schifffahrtsrechtlichen Verteilungsordnung anzuwenden.**

**2. [1]Ist nach Artikel 11 des Haftungsbeschränkungsübereinkommens (§ 486 Abs. 1 des Handelsgesetzbuchs) von dem Schuldner oder für ihn ein Fonds in einem anderen Vertragsstaat des Übereinkommens errichtet worden, so sind, sofern der Gläubiger den Anspruch gegen den Fonds geltend gemacht hat, die Vorschriften des § 50 der Schifffahrtsrechtlichen Verteilungsordnung anzuwenden. [2]Hat der Gläubiger den Anspruch nicht gegen den Fonds geltend gemacht oder sind die Voraussetzungen des § 50 Abs. 2 der Schifffahrtsrechtlichen Verteilungsordnung nicht gegeben, so werden Einwendungen, die auf Grund des Rechts auf Beschränkung der Haftung erhoben werden, nach den Vorschriften der §§ 767, 769, 770**

**erledigt; das Gleiche gilt, wenn der Fonds in dem anderen Vertragsstaat erst bei Geltendmachung des Rechts auf Beschränkung der Haftung errichtet wird.**

**3. [1]Ist von dem Schuldner oder für diesen ein Fonds in einem anderen Vertragsstaat des Straßburger Übereinkommens über die Beschränkung der Haftung in der Binnenschifffahrt - CLNI (BGBl. 1988 II S. 1643) errichtet worden, so ist, sofern der Gläubiger den Anspruch gegen den Fonds geltend gemacht hat, § 52 der Schifffahrtsrechtlichen Verteilungsordnung anzuwenden. [2]Hat der Gläubiger den Anspruch nicht gegen den Fonds geltend gemacht oder sind die Voraussetzungen des § 52 Abs. 3 der Schifffahrtsrechtlichen Verteilungsordnung nicht gegeben, so werden Einwendungen, die auf Grund des Rechts auf Beschränkung der Haftung nach den §§ 4 bis 5m des Binnenschifffahrtsgesetzes erhoben werden, nach den Vorschriften der §§ 767, 769, 770 erledigt; das Gleiche gilt, wenn der Fonds in dem anderen Vertragsstaat erst bei Geltendmachung des Rechts auf Beschränkung der Haftung errichtet wird.**

**(3) Ist das Urteil eines ausländischen Gerichts unter dem Vorbehalt ergangen, dass der Beklagte das Recht auf Beschränkung der Haftung geltend machen kann, wenn ein Fonds nach Artikel 11 des Haftungsbeschränkungsübereinkommens oder nach Artikel 11 des Straßburger Übereinkommens über die Beschränkung der Haftung in der Binnenschifffahrt errichtet worden ist oder bei Geltendmachung des Rechts auf Beschränkung der Haftung errichtet wird, so gelten für die Zwangsvollstreckung wegen des durch das Urteil festgestellten Anspruchs die Vorschriften des Absatzes 2 entsprechend.**

§ 786a zuletzt geändert durch G v. 25.08.1998 (BGBl 1998, 2489).

## § 787 ZPO Zwangsvollstreckung bei herrenlosem Grundstück oder Schiff

**(1) Soll durch die Zwangsvollstreckung ein Recht an einem Grundstück, das von dem bisherigen Eigentümer nach § 928 des Bürgerlichen Gesetzbuchs aufgegeben und von dem Aneignungsberechtigten noch nicht erworben worden ist, geltend gemacht werden, so hat das Vollstreckungsgericht auf Antrag einen Vertreter zu bestellen, dem bis zur Eintragung eines neuen Eigentümers die Wahrnehmung der sich aus dem Eigentum ergebenden Rechte und Verpflichtungen im Zwangsvollstreckungsverfahren obliegt.**

**(2) Absatz 1 gilt entsprechend, wenn durch die Zwangsvollstreckung ein Recht an einem eingetragenen Schiff oder Schiffsbauwerk geltend gemacht werden soll, das von dem bisherigen Eigentümer nach § 7 des Gesetzes über Rechte an eingetragenen Schiffen und Schiffsbauwerken vom 15. November 1940 (RGBl. I S. 1499) aufgegeben und von dem Aneignungsberechtigten noch nicht erworben worden ist.**

Zuständig ist der Rechtspfleger, § 20 Nr. 17 RPflG. Vgl ferner § 58. 1

## § 788 ZPO Kosten der Zwangsvollstreckung

**(1) [1]Die Kosten der Zwangsvollstreckung fallen, soweit sie notwendig waren (§ 91), dem Schuldner zur Last; sie sind zugleich mit dem zur Zwangsvollstreckung stehen-**

**den Anspruch beizutreiben. [2]Als Kosten der Zwangsvollstreckung gelten auch die Kosten der Ausfertigung und der Zustellung des Urteils. [3]Soweit mehrere Schuldner als Gesamtschuldner verurteilt worden sind, haften sie auch für die Kosten der Zwangsvollstreckung als Gesamtschuldner; § 100 Abs. 3 und 4 gilt entsprechend.**

**(2) [1]Auf Antrag setzt das Vollstreckungsgericht, bei dem zum Zeitpunkt der Antragstellung eine Vollstreckungshandlung anhängig ist, und nach Beendigung der Zwangsvollstreckung das Gericht, in dessen Bezirk die letzte Vollstreckungshandlung erfolgt ist, die Kosten gemäß § 103 Abs. 2, den §§ 104, 107 fest. [2]Im Falle einer Vollstreckung nach den Vorschriften der §§ 887, 888 und 890 entscheidet das Prozessgericht des ersten Rechtszuges.**

**(3) Die Kosten der Zwangsvollstreckung sind dem Schuldner zu erstatten, wenn das Urteil, aus dem die Zwangsvollstreckung erfolgt ist, aufgehoben wird.**

**(4) Die Kosten eines Verfahrens nach den §§ 765a, 811a, 811b, 813b, 829, 850k, 851a und 851b kann das Gericht ganz oder teilweise dem Gläubiger auferlegen, wenn dies aus besonderen, in dem Verhalten des Gläubigers liegenden Gründen der Billigkeit entspricht.**

§ 788 geändert durch 2. ZwVollstNovelle (BGBl 1997, 3039).

**Lit.:** ***Johannsen*** DGVZ 1989, 1; ***Schilken*** DGVZ 1991, 1; ***Schimpf*** DGVZ 1998, 132; ***Lappe*** NotBZ 2000, 321.

1 **1. § 788 regelt** nur, wer im Verh zwischen Gl und Schuldner die ZwV-Kosten zu tragen hat, nicht die Kostentragung im Verh zwischen der Partei und der Gerichtskasse (geregelt im GKG) bzw zwischen der Partei und dem Gerichtsvollzieher (darüber: GVKostG) oder der Partei und ihrem Anwalt (darüber: § 25 RVG; RVG-VV 3309 – 3310), auch nicht die Prozesskosten (darüber ist im Tenor gem §§ 91 ff. entschieden), wozu die Räumungsfristverfahren (§§ 721, 794a) gehören. **Grundsätzlich** hat der Schuldner alle ZwV-Kosten zu tragen. Die Kostenquotelung im Urteil gilt nicht für die ZwV-Kosten. Der Gl bleibt auf „unnötigen" Kosten sitzen (Rz 18 ff). Die Streitfrage ist, ob „notwendig" nur solche Aufwendungen sind, die unmittelbar und konkret zur Vorbereitung und Durchführung der ZwV gemacht werden müssten oder auch anlässl. der ZwV entstandene Aufwendungen, die kausal auf die ZwV zurückzuführen sind. § 788 verweist auf § 91. Jedenfalls darf bei der Notwendigkeit vom Gl nichts Unübliches verlangt werden. § 91a ist nicht anwendbar, wenn der Gl zB zu kurze Fristen zur freiwilligen Erfüllung setzt (OLG Braunschweig JurBüro 1999, 46).

**2. Vom Schuldner zu ersetzende Kosten:** Vorbereitung und Durchführung der ZwV idR:

2 - für **Androhungen** gem § 888 oder 890;

3 - **Anwaltskosten** für VollstrAuftrag (vgl *Krauthausen* DGVZ 1984, 180; *Mümmler* JurBüro 1986, 1121); bei Vollstreckung gegen zwei Gesamtschuldner zwei VollstrGeb (str; *H. Schmidt* AnwBl 1984, 85); die HebeGeb idR nicht (vgl LG Detmold Rpfleger 2003, 36); RA-Kosten für Beschaffung der Bürgschaft idR nicht (OLG München MDR 1989, 364);

4 - **Auskunftskosten** (LG Köln JurBüro 1983, 1571);

- **Avalkosten** → Bürgschaftskosten;
- **Bürgschaftskosten** (Avalkosten) des VollstrGl (OLG Düsseldorf JurBüro 2003, 94; OLG Köln Rpfleger 1995, 520), grds aber nur bis zur Rechtskraft des Titels (KG JurBüro 1985, 1270; bis zur Rückgabe der Bürgschaft: OLG Karlsruhe NJW-RR 1987, 128; OLG Stuttgart JB 1996, 37); in voller Höhe auch dann, wenn im Urteil Kostenquotelung erfolgte (OLG Frankfurt JurBüro 1984, 940). Bürgschaftskosten des Bekl zur Abwendung der ZwV können dagegen nicht nach §§ 103, 788 geltend gemacht werden, sondern nur nach § 717 II (OLG Koblenz Rpfleger 2001, 457; OLG Hamburg MDR 1999, 188; **aA** OLG Karlsruhe Jur Büro 1990, 64); uU können Bürgschaftskosten unter § 91 fallen (OLG München NJW-RR 2000, 517); 5
- **Detektivkosten** zur Ermittlung des unbekannten Aufenthalts des Schuldners (OLG Koblenz JB 1996, 383; LG Freiburg JB 1996, 383);
- **Drittschuldner:** für die Kosten des Drittschuldners (Arbeitgebers), wenn dieser Erklärung nach § 840 anfertigt, gilt § 788 nicht (KG Rpfleger 1977, 178; vgl Rz 19; str); wenn der RA des Gl mit dem Vorgehen gegen den Drittschuldner beauftragt wird, weil dieser die § 840-Erklärung nicht abgibt, fallen die RA-Kosten unter § 788 (LG Bonn JurBüro 2001, 26). Wenn der Gl den Lohnanspruch des Schuldners pfändet etc und dann gegen den Arbeitgeber vor dem ArbG erfolgreich prozessiert, aber auf seinen Anwaltskosten sitzen bleibt (vgl § 12a I ArbGG), können diese Kosten (auch die Anwaltskosten) nach § 788 festgesetzt werden (BGH NJW 2006, 1141). 6
- **Eidesstattliche Versicherung** (*Hansens* JurBüro 1986, 825);
- **Ersatzbeschaffung** bei Austauschpfändung, § 811a II 4;
- **Ersatzvornahmekosten**, § 887: OLG Düsseldorf MDR 1984, 323; OLG Stuttgart Jur Büro 1984, 1421; aber nicht, wenn Ermächtigung des ProzessG (§ 887) fehlte (BGH MDR 2004, 1021);
- **Gerichtsvollzieher-Gebühren** und Auslagen, auch für zugezogene Zeugen (AG Berlin-Neukölln DGVZ 1986, 78) und SV, Gutachten (OLG Frankfurt MDR 1983, 140; OLG Zweibrücken JurBüro 1986, 467); 7
- **Inkassobürokosten**, nur soweit nach Grund und Höhe (maximal fiktive RA-Gebühren) für die ZwV notw, str (vgl *Wedel* JurBüro 2001, 345; *Lappe* Rpfleger 1985, 282; *Hagen* JB 1991, 1431; *Mümmler* JB 1993, 136); § 91 Rz 26; 8
- **Lagerungskosten** (OLG Hamburg MDR 2000, 661; OLG Düsseldorf JB 1996, 89); Transport (keine Ermittlung der billigsten Spedition notw, LG Saarbrücken DGVZ 1985, 92) und Versicherung des Pfandgegenstandes; 9
- **Protokollabschriften** aus ZwV-Akt, § 760;
- **Prozesskosten:** des Gl gegen Arbeitgeber des Schuldners als Drittschuldner vor ArbG (OLG Düsseldorf MDR 1990, 730; OLG Karlsruhe MDR 1994, 95; nach OLG Bamberg JB 1994, 612; LG Flensburg SchlHA 2000, 22; nicht nach § 788 festsetzbar), auch Anwaltskosten (KG MDR 1989, 745; **aA** OLG Schleswig SchlHA 1993, 27); 10
- **Räumungskosten;** zB Kosten des Transportunternehmers, auch als Bereitstellungskosten (LG Mannheim NZM 1999, 956);

- **Ratenzahlungsvereinbarung:** ob ihre (Anwalts-)Kosten (zB Vergleichsgeb) unter § 788 fallen, ist sehr umstritten (vgl *Schmidt* JurBüro 2000, 125; *Lorenz* DGVZ 1997, 129); zutr bejahend OLG Zweibrücken Rpfleger 1992, 408; **aA** LG Bonn DGVZ 2006, 62; OLG Stuttgart Rpfleger 1994, 367, weil nicht „notwendige" ZwV-Kosten. Wenn die Anwaltskosten in der Vereinbarung vom Schuldner übernommen wurden, fallen sie (auch die Vergleichsgeb) unter § 788 (BGH NJW 2006, 1598). Ohne eine solche Vereinbarung gelten die Kosten als gegeneinander aufgehoben (§ 98) und fallen nicht unter § 788 (BGH aao).

11 - **Schuldnermehrheit: (1)** werden mehrere Personen als **Gesamtschuldner** verurteilt, haften sie auch für die Kosten des Prozesses als Gesamtschuldner (§ 100 IV). Das gilt seit 1999 auch für die Kosten der ZwV. Folge: Sind ZwV-Versuche gegen einen Gesamtschuldner erfolglos, hat auch diese Kosten der andere Gesamtschuldner zu tragen (**Absatz 1 Satz 3 Halbs 1**). *Ausnahme:* wenn der eine Gesamtschuldner erfolglos Rm gegen die gegen ihn gerichtete ZwV eingelegt hat, sodass dem Gl weitere Kosten entstanden sind, dann haftet der andere Gesamtschuldner für diese Kosten nicht mit (**Absatz 1 Satz 3 Halbs. 2 mit § 100 III**); ebenso wenn *ein* Schuldner „seinen Teil" bereits freiwillig erfüllt hat (LG Kassel Rpfleger 2000, 402). Vgl *Schimpf* DGVZ 1998, 132. **(2) Teilschuldner:** Jeder einzelne Schuldner trägt wegen § 425 BGB nur die Kosten, die durch die ZwV gegen *ihn* entstanden sind (hM, zB LG Kassel JurBüro 1985, 1271; zur **aA** vgl *Schrimpf* MDR 1985, 102).

12 - **Sicherheitsleistung:** auch RA-Geb für Hinterlegung der Sicherheit (LG Hanau JurBüro 1983, 382; str); Kosten der Kreditbeschaffung für die Sicherheit evtl bis zur Höhe von Bürgschaftskosten (str, vgl OLG Düsseldorf Rpfleger 1981, 121; OLG München AnwBl 1993, 138), Zinsverlust infolge Hinterlegung eigenen Kapitals wohl nicht (OLG Hamm JurBüro 1982, 1419);

- **Steuerberatungskosten** wohl nicht (LG Berlin DGVZ 1985, 43; abw LG München I AnwBl 1987, 99; LG Düsseldorf JB 1991, 130; *Hansens* JurBüro 1985, 1);

- **Teilzahlungsvergleich:** → Ratenzahlungsvereinbarung, Rn 10.

13 - **Transportkosten** bei Räumung (LG Berlin DGVZ 1986, 42; KG NJW-RR 1987, 574; LG Ulm NJW-RR 1991, 190);

- Kosten für **Veröffentlichung** eines Urteils (bei zuerkannter Veröffentlichungsbefugnis OLG Stuttgart Rpfleger 1983, 175);

- **Vollstreckbarerklärung nach AVAG:** für Kostenfestsetzung ist das AG-VollstrGericht zuständig (OLG München NJW-RR 2002, 431), obwohl für die Vollstreckbarerklärung des ausl Titels nach dem AVAG ausschließl. das LG zust ist. Über niederländische Kosten vgl OLG Hamm JurBüro 2001, 212;

- **Vorpfändungskosten**, falls Vorpfändung sinnvoll bzw notw war; OLG Zweibrücken JurBüro 1988, 929; OLG Hamburg MDR 1990, 344; LG Ravensburg DGVZ 1998, 171;

- **Urkunden.** Kosten für notw **Urkunden** (§§ 726 ff.), Zeugnisse (§ 706), Erbscheine;

14 - **Urteilsausfertigung**, -zustellung, § 788 I 2; Kosten der Erteilung einer zweiten vollstr Ausfertigung, wenn Erforderlichkeit nicht vom Gl zu vertreten (OLG Zweibrücken Jur Büro 1998, 160; str, vgl *Hansens* JurBüro 1985, 1121);

- **Zahlungsaufforderung** (zB deren Anwaltskosten) an Schuldner nach Erwirken des Titels (BGH FamRZ 2004, 101); vorherige Zustellung ist nicht notw (BGH aaO; **aA** OLG Bremen JurBüro 1984, 298); wobei zunächst noch einige Tage zuzuwarten ist, BGH NJW-RR 2003, 1581; OLG Köln JurBüro 1986, 1582), und nur falls notw; bei Urteilen nach § 709 erst nach Zustellung des Nachweises der SiL (OLG Koblenz MDR 1985, 943); 15
- bei **Zug-um-Zug-Leistung:** Kosten des Angebots, zB Abschleppkosten (LG Berlin JurBüro 1985, 1581); 16
- **Zustellungskosten**, § 788 I 2. 17

**3. Nicht vom Schuldner nach § 788 zu ersetzen sind:** 18

**a) Kosten, die nicht notwendig** waren, dh die der Gl zur Zeit ihrer Veranlassung objektiv nicht für erforderl. halten durfte; zB Kosten einer offenbar aussichtslosen oder unzulässigen ZwV; Kosten wiederholter ZwV, wenn keine Aussicht auf Erfolg bestand (LG Paderborn JurBüro 1984, 464); nutzlose Zwangsverwaltung (BGH NJW 2005, 2460); wenn Notare wegen ihrer Kosten RAe einschalten (LG Ingolstadt DGVZ 2001, 45); wenn der Schuldner keine Gelegenheit hatte, die Vollstr durch freiwillige Leistung abzuwenden (BVerfG NJW 1999, 778), weshalb uU Fristsetzung angebracht ist. BGH NJW 2006, 1598 gestattet wegen § 91 auch Großunternehmen, für Ratenzahlungsvereinbarung RAe einzuschalten, sodass ein wesentlicher Teil der bisherigen anders lautenden Rspr. überholt ist.

**b) Mittelbare Kosten.** Kosten des Arbeitgebers für die Bearbeitung von Lohnpfändungen werden nicht ersetzt (BAG BB 2007, 221). 19

**c) Kosten nach Beendigung der ZwV:** zB Grundbucheintragungskosten, wenn aufgrund eVfg eine Vormerkung ins Grundbuch eingetragen wird (OLG München MDR 1974, 939; OLG Düsseldorf JurBüro 1990, 531; **aA** OLG Düsseldorf MDR 1985, 770). 20

**4. Verfahren: a) Beitreibung ohne Kostenfestsetzung.** Der Gläubiger gibt die bisherigen ZwV-Kosten an und macht sie glaubhaft zB durch Belegvorlage (entspr. § 104 II). Das VollstrOrgan (Gerichtsvollzieher, VollstrGericht) prüft, ob es sich um Kosten der ZwV handelt und ob sie notw waren; falls ja, werden diese Kosten ohne bes Festsetzung mit dem Anspruch beigetrieben (Abs. 1 S. 1 „sie sind zugleich ...."), ebenso die eigenen Kosten des VollstrOrgans für die gerade durchgeführte Maßnahme (zB Gerichtsvollzieher nach dem GvKostG). **„Zugleich“** heißt nicht, dass dem Gerichtsvollzieher verboten ist, allein wegen der Kosten nochmals zu pfänden (str). **Zinsen auf Vollstreckungskosten** können nicht mitbeigetrieben werden; hier ist eine Festsetzung (Abs. 2) notw. 21

**Rechtsbehelfe:** gegen Ansatz/Nichtansatz: *durch den Gerichtsvollzieher* haben Gl/Schuldner die Erinnerung, § 766 II; *durch VollstrGericht* vgl § 766 Rz 1. 22

**b) Beitreibung aufgrund Kostenfestsetzung:** Der Gl kann die Kosten der ZwV gesondert festsetzen lassen, damit nicht bei langwierigen Vollstreckungen die bisherigen Kosten durch paketweise Vorlage von Unterlagen nachgewiesen werden müssen; das gilt auch bei Titeln von vor 1999 (KG MDR 2000, 1213). **Zuständiges Gericht (Absatz 2 Satz 1)**, vgl *Jüling* MDR 2001, 490: (1) örtl. zuständig ist das VollstrGericht, in dessen Bezirk gerade eine VollstrHandlung anhängig ist; abstellt wird dabei auf den Zeitpunkt des Eingangs der Festsetzungsantrags (OLG München NJW-RR 2000, 517); (2) nach Beendigung der ZwV das „letzte“ VollstrGericht; (3) wenn für die Vollstreckung das ProzessG zuständig war (§§ 887, 23

888, 890), dieses **(Absatz 2 Satz 2).** Unschädl. ist (trotz § 802), wenn das ProzessG anstelle des VollstrGerichts entschied (KG MDR 2000, 1213 zur aF). Auch für die Festsetzung der RA-Geb für die ZwV gegen den eigenen Mandanten (§ 11 RVG) ist das VollstrGericht zuständig (BGH NJW 2005, 1273; **aA** LG Berlin MDR 2001, 533: ProzessG).

Erforderl. ist ein **Antrag des Gläubigers** mit Kostenberechnung, Verzinsungsantrag und Belegen (§ 103 II); nicht nachvollziehbare Computerausdrucke genügen nicht (LG Bonn Rpfleger 2001, 559). Der **Beschluss** (Rechtspfleger, § 21 Nr. 1 RPflG) bildet einen VollstrTitel, § 794 I Nr. 2. **Verzinsung der Vollstreckungskosten** (Basiszins + 5 %-Punkte, § 247 BGB) ist auszusprechen (§ 104); bei Änderung der Streitwertfestsetzung kann die Kostenfestsetzung geändert werden (§ 107). **Praktischer Ablauf:** In diesem Falle vollstreckt also der GV aufgrund von (mindestens) drei Titeln: die Hauptsache nebst Hauptsachezinsen aus dem Urteil; die Prozesskosten nebst Kostenzinsen aus dem 1. KfB; die bisherigen Vollstreckungskosten nebst VollstrKostenzinsen aus dem 2. KfB; seine gegenwärtigen GV-Kosten ohne Festsetzung.

24 **Rechtsbehelf** gegen diesen Kostenfestsetzungsbeschluss des Rechtspflegers: wie bei § 104 III.

25 **5. Aufhebung des Urteils (Absatz 3).** Wird ein Urteil oder sonstiger VollstrTitel in der Hauptsache aufgehoben, nachdem daraus schon vollstreckt wurde, hat der Gl dem Schuldner die VollstrKosten zu erstatten. Absatz 3 betrifft die Kosten der ZwV iSd Absatz 1, auch wenn der aufgehobene Titel ein VU war (OLG Schleswig JurBüro 1984, 140). Wurde aus einem Urteil vollstreckt, in der Berufung der Betrag durch Vergleich herabgesetzt, sind die VollstrKosten so festzusetzen, als wäre von vornherein aus dem herabgesetzten Titel vollstreckt worden (OLG München MDR 1999, 443). Ob Kosten einer Bankbürgschaft des Schuldners zur *Abwendung* der ZwV unter II fallen, ist sehr streitig, vgl Rz 5. Der Schuldner kann diese Kosten nach §§ 103 ff. festsetzen lassen (nach **aA** können sie nach Absatz 1 beim Gl beigetrieben werden), die aufhebende Entscheidung ist der Titel iSd § 103 I; scheitert die Festsetzung: Klage. Weitere Kosten fallen evtl unter § 717 II, III ZPO, § 823 BGB (OLG Koblenz Jur-Büro 1985, 943), die Rückzahlung der Hauptsache erfolgt nach § 812 BGB.

26 **Urteile nach §§ 767, 771** sind keine aufhebenden Urteile iSd Absatz 2. Zur Lage bei teilw Aufhebung s OLG Hamburg MDR 1981, 763.

27 **6. Kostenpflicht des Gläubigers (Absatz 4):** In ganz besonderen Ausnahmefällen (zB wenn eine VollstrMaßnahme objektiv und vorhersehbar sinnlos ist, lediglich dem Kosteninteresse des RA dient) und nur in bestimmten Fallgruppen (Forderungspfändung, zB Lohnpfändung, § 829; § 765a usw) hat nicht der Schuldner die Kosten der ZwV zu tragen, sondern der Gl. In diesem Falle ist eine Kostenentscheidung erforderlich, mit Gründen.

## § 789 ZPO Einschreiten von Behörden

**Wird zum Zwecke der Vollstreckung das Einschreiten einer Behörde erforderlich, so hat das Gericht die Behörde um ihr Einschreiten zu ersuchen.**

1 Einschreiten zB: §§ 758 III (hier stellt der Gerichtsvollzieher den Antrag), 791. Bei Eintragung ins Grundbuch stellt der Gl selbst den Antrag.

## § 790 ZPO Bezifferung dynamisierter Unterhaltstitel zur Zwangsvollstreckung im Ausland

**(1) Soll ein Unterhaltstitel, der den Unterhalt nach § 1612a des Bürgerlichen Gesetzbuchs als Vomhundertsatz des jeweiligen Regelbetrags nach der Regelbetrag-Verordnung festsetzt, im Ausland vollstreckt werden, so ist auf Antrag der geschuldete Unterhalt auf dem Titel zu beziffern.**

**(2) Für die Bezifferung sind die Gerichte, Behörden oder Notare zuständig, denen die Erteilung einer vollstreckbaren Ausfertigung des Titels obliegt.**

**(3) Auf die Anfechtung der Entscheidung über die Bezifferung sind die Vorschriften über die Anfechtung der Entscheidung über die Erteilung einer Vollstreckungsklausel entsprechend anzuwenden.**

§ 790 eingefügt durch G v. 18.08.2005 (BGBl 2005, 2477).

## § 791 ZPO
weggefallen

durch G v. 18.08.2005, BGBl. 2005, 2477

## § 792 ZPO Erteilung von Urkunden an Gläubiger

**Bedarf der Gläubiger zum Zwecke der Zwangsvollstreckung eines Erbscheins oder einer anderen Urkunde, die dem Schuldner auf Antrag von einer Behörde, einem Beamten oder einem Notar zu erteilen ist, so kann er die Erteilung an Stelle des Schuldners verlangen.**

*Zum Zweck der ZwV:* zB zur Erlangung einer VollstrKlausel, § 727; Eintragung einer Zwangshypothek. **Erbschein:** das Verfahren richtet sich nach FGG (das Beschwerdeverfahren nach § 11 RPflG, §§ 19 ff. FGG); der Gl muss für den Schuldner die erforderl. Erklärungen usw. (§§ 2353 ff. BGB) abgeben und den Titel vorlegen (OLG Zweibrücken FamRZ 2007, 160 für GewerbesteuerGl). Erbscheinsgeb §§ 49, 107 KostO (keine zusätzl. Privilegierung, OLG Düsseldorf Rpfleger 2004, 440). Eine **Erbscheinsausfertigung** (Geb § 136 KostO) kann der Gl uU auch gem § 85 FGG erlangen. Zur Anwendung des § 792 im steuerl. Vollstreckungsverfahren (§§ 249 ff. AbgabenO) vgl BayObLG FamRZ 2001, 1737. 1

**Andere Urkunden** zB Testamtentsvollstreckerzeugnis, Zeugnis über Fortsetzung der Gütergemeinschaft, notarielle Urkunden, Registerauszüge (einfachere Wege zB § 34 FGG; § 9 II HGB; § 12 II GBO). Kosten werden nach § 788 erstattet. 2

## § 793 ZPO Sofortige Beschwerde

**Gegen Entscheidungen, die im Zwangsvollstreckungsverfahren ohne mündliche Verhandlung ergehen können, findet sofortige Beschwerde statt.**

§ 793 II gestrichen durch G v. 27.07.2001 (BGBl 2001, 1887).

1 **1.** Die **„Entscheidungen"** sind abzugrenzen von **„Vollstreckungsmaßnahmen"** (vgl § 766 Rz 2):

- gegen Entscheidungen (Beschlüsse des VollstrGerichts oder ProzessG, Haftbefehle nach § 901; nicht gegen Urteile) des Rechtspflegers oder Richters ist die sof Beschwerde statthaft, § 11 I RPflG, § 793.
- gegen Vollstr-Maßnahmen ist die Erinnerung statthaft, § 766. Beispiele: Pfändung durch Gerichtsvollzieher; PfÜB; Zurückweisung des Widerspruchs des Schuldners nach § 900 IV trotz nunmehriger Zust des Gerichtsvollziehers für die Abnahme der eV (OLG Düsseldorf NJW-RR 2001, 68); eAnO des Rechtspflegers nach § 732 II oder nach § 766 I 2 (OLG Köln NJW-RR 2001, 69); Einwendungen gegen Maßnahmen der ZwV während eines Insolvenzverfahrens (§ 89 I, II InsO): grds § 766 (BGH ZIP 2004, 1379).

2 **2. Zulässigkeit der sofortigen Beschwerde:**

- **„Entscheidung"** (§ 766 Rz 2); gegen Entscheidungen des GBA: § 71 GBO.
- **im Zwangsvollstreckungsverfahren** (zB: nicht im vorgeschalteten Klauselerteilungsverfahren; dort §§ 732, 573); Erlaubnis nach § 758a gilt als „im ZwV-Verfahren", obwohl der ZwV an sich vorgeschaltet;
- **Insolvenzverfahren.** Sof Beschwerde auch gegen Beschluss des InsolvenzG betreffend Art und Weise der Herausgabevollstreckung aus einem Eröffnungsbeschluss (§ 148 II InsO; § 766), BGH Rpfleger 2007, 42.
- mdl Verh darf für die Entscheidung nicht *notw* sein;
- **Form** § 569;
- **Frist** § 569 (zwei Wochen);
- **Beschwer;** der Gerichtsvollzieher ist nicht beschwerdeberechtigt (str, vgl § 766 Rz 17); bei Kostenbetroffenheit der Landeskasse ist der Bezirksrevisor uU beschwerdeberechtigt (OLG Düsseldorf DGVZ 1999, 155).
- **Beschwerdewert** bei Kosten usw.: § 567 II;
- **Rechtsschutzbedürfnis** (KG NJW-RR 1987, 126); es fehlt zB, wenn das ZwV-Verfahren beendet ist (OLG Karlsruhe Justiz 1988, 72); wenn bei § 758 die Wohnung schon durchsucht ist (LG Baden-Baden DGVZ 1988, 42; str);
- die sof Beschwerde ist ausgeschlossen zB nach §§ 707 II 2, 719 I, 99.

3 **Verfahren bei der sofortigen Beschwerde:**

- **Zuständigkeit** zur Entscheidung: LG, OLG (§§ 72, 119 GVG). Zur Zust in Auslandssachen vgl § 119 Rz 2.
- **Zuständigkeit des Einzelrichters beim Beschwerdegericht**, wenn der Amtsrichter oder Rechtspfleger entschied (§ 568);

- Abhilfebefugnis und ggf Abhilfepflicht der ersten Instanz (§ 572 I);
- Erlass von eAnO § 570 III;
- Gewährung des rechtl. Gehörs für den Beschwerdegegner vor Erlass einer ihm nachteiligen Entscheidung;
- **Neues** kann vorgetragen werden, § 571 II; es kommt auf die Sach- und Rechtslage zur Zeit der BeschwerdeE an; jedoch Präklusion nach § 571 III.
- **Entscheidung** durch **Beschluss;** die KostenE richtet sich nach §§ 91, 97 I, kein Ausspruch über vorl Vollstr; „Gründe" sind nur notw, wenn ein weiteres Rm in Betracht kommt (str). Zustellung usw. vgl § 329. 4

**3. Erinnerung nach § 11 RPflG.** Die Durchgriffserinnerung wurde am 01.10.1998 abgeschafft; gegen Beschlüsse des Rechtspflegers am AG ist sogleich die sof Beschwerde (zum LG; zum OLG in FamS usw.) gegeben, der Amtsrichter ist damit idR nicht mehr befasst. 5

Die Erinnerung ist nach **§ 11 II RPflG** aber noch statthaft, wenn im Falle einer richterl. Entscheidung keine Beschwerde gegeben wäre. Hauptfall ist das Nichterreichen der Beschwerdewerte der §§ 104 III, 567 II. Beispiel: beträgt die **Kostenbeschwer** bei der Festsetzung der ZwV-Kosten (§ 788 II) bis 200,00 €, ist sof Beschwerde ausgeschlossen, aber sof Erinnerung (Frist: 2 Wochen, § 569; § 11 II 4 RPflG) statthaft. Bei Kostenbeschwer ab 200,01 € ist nur die sof Beschwerde gegeben, nicht die sof Erinnerung. Ferner fällt unter § 11 II RPflG die Entscheidung des Rechtspflegers am OLG. **Entscheidung:** Der Erinnerung kann der Rechtspfleger abhelfen (§ 11 II 2 RPflG); andernfalls erfolgt Vorlage an den Richter (§ 11 II 3 RPflG); der Richter entscheidet dann selbst endgültig; kein Rechtsbehelf, wenn richterl. Entscheidung unanfechtbar. Eine Vorlage an das RmGericht gibt es nicht mehr. 6

**4. Rechtsbeschwerde.** Die weitere (sof) Beschwerde zum OLG ist seit 01.01.2002 abgeschafft. Die Entscheidung des BeschwerdeG ist mit RB zum BGH anfechtbar, wenn das BeschwerdeG sie zugelassen hat (§ 574). 7

**5. Kosten**. Gericht: GKG-KV 2121. RA: § 18 Nr. 5 RVG; RVG-VV 3500, 3513; evtl Ratsgeb nach 2100. Wert § 23 II 3 RVG 8

## § 794 ZPO Weitere Vollstreckungstitel

**(1) Die Zwangsvollstreckung findet ferner statt:**

**1. aus Vergleichen, die zwischen den Parteien oder zwischen einer Partei und einem Dritten zur Beilegung des Rechtsstreits seinem ganzen Umfang nach oder in Betreff eines Teiles des Streitgegenstandes vor einem deutschen Gericht oder vor einer durch die Landesjustizverwaltung eingerichteten oder anerkannten Gütestelle abgeschlossen sind, sowie aus Vergleichen, die gemäß § 118 Abs. 1 Satz 3 oder § 492 Abs. 3 zu richterlichem Protokoll genommen sind;**

**2. aus Kostenfestsetzungsbeschlüssen;**

**2a. aus Beschlüssen, die in einem vereinfachten Verfahren über den Unterhalt Minderjähriger den Unterhalt festsetzen, einen Unterhaltstitel abändern oder den Antrag zurückweisen;**

**2b. (weggefallen)**

**3. aus Entscheidungen, gegen die das Rechtsmittel der Beschwerde stattfindet, dies gilt nicht für Entscheidungen nach § 620 Nr. 1, 3 und § 620b in Verbindung mit § 620 Nr. 1, 3;**

**3a. aus einstweiligen Anordnungen nach den §§ 127a, 620 Nr. 4 bis 10, dem § 621f und dem § 621g Satz 1, soweit Gegenstand des Verfahrens Regelungen nach der Verordnung über die Behandlung der Ehewohnung und des Hausrats sind, sowie nach dem § 644;**

**4. aus Vollstreckungsbescheiden;**

**4a. aus Entscheidungen, die Schiedssprüche für vollstreckbar erklären, sofern die Entscheidungen rechtskräftig oder für vorläufig vollstreckbar erklärt sind;**

**4b. aus Beschlüssen nach § 796b oder § 796c;**

**5. aus Urkunden, die von einem deutschen Gericht oder von einem deutschen Notar innerhalb der Grenzen seiner Amtsbefugnisse in der vorgeschriebenen Form aufgenommen sind, sofern die Urkunde über einen Anspruch errichtet ist, der einer vergleichsweisen Regelung zugänglich, nicht auf Abgabe einer Willenserklärung gerichtet ist und nicht den Bestand eines Mietverhältnisses über Wohnraum betrifft, und der Schuldner sich in der Urkunde wegen des zu bezeichnenden Anspruchs der sofortigen Zwangsvollstreckung unterworfen hat.**

**(2) Soweit nach den Vorschriften der §§ 737, 743, des § 745 Abs. 2 und des § 748 Abs. 2 die Verurteilung eines Beteiligten zur Duldung der Zwangsvollstreckung erforderlich ist, wird sie dadurch ersetzt, dass der Beteiligte in einer nach Absatz 1 Nr. 5 aufgenommenen Urkunde die sofortige Zwangsvollstreckung in die seinem Recht unterworfenen Gegenstände bewilligt.**

§ 794 zuletzt geändert: Nr. 5 ab 01.01.1999 durch 2. ZwVollstrNovelle (BGBl 1997, 3039), Nr. 3, 3a geändert durch G v. 27.07.2001 (BGBl 2001, 1887), Nr. 3a durch G v. 11.12.2001 (BGBl 2001, 3513).

**Übergangsrecht:** Art. 3 Abs. 4: „§ 794 Abs. 1 Nr. 5 der Zivilprozessordnung ist in seiner bisherigen Fassung anzuwenden, wenn die Urkunde vor dem Inkrafttreten dieses Gesetzes (01.01.1999) errichtet wurde." Die alte Fassung ist also noch viele Jahre anzuwenden. Nr. 5 lautete: „Aus Urkunden, die von einem deutschen Gericht oder von einem deutschen Notar innerhalb der Grenzen seiner Amtsbefugnisse in der vorgeschriebenen Form aufgenommen sind, sofern die Urkunde über einen Anspruch errichtet ist, der die Zahlung einer bestimmten Geldsumme oder die Leistung einer bestimmten Menge anderer vertretbarer Sachen oder Wertpapiere zum Gegenstand hat, und der Schuldner sich in der Urkunde der sofortigen Zwangsvollstreckung unterworfen hat. [2]Als ein Anspruch, der die Zahlung einer Geldsumme zum Gegenstand hat, gilt auch der Anspruch aus einer Hypothek, einer Grundschuld, einer Rentenschuld oder einer Schiffshypothek."

**Lit:** ***Michel***, PV in der Praxis, JuS 1986, 41; ***Wolfsteiner***, Vollstreckbare Urkunde, 1978 und DNotZ 1990, 531; ***Bork***, Der Vergleich, 1988; ***W. Gottwald/Treuer***, Vergleichspraxis, 1991; ***Wacke*** AnwBl 1991, 601; ***Eisenreich*** JuS 1999, 797.

**1. Weitere Vollstreckungstitel zB:** Urteile, § 704 I; Auszug aus der Insolvenztabelle, § 201 II InsO; Zuschlagsbeschluss nach § 92 ZVG; Urkunde des Jugendamts nach §§ 59, 60 KJHG; Entscheidung über Zugewinnausgleich und Versorgungsausgleich nach §§ 53a, 53f III FGG, HausratsE nach § 16 III HausratsVO, WohnungseigentumsE nach §§ 43 I, 45 III WEG; nach §§ 84, 204 BRAO; nach § 31 LwVG; landesrechtl. Titel, § 801. 1

**Nr. 1. Prozessvergleich (PV):** 2

**a) Voraussetzungen** insb:

- **vor einem deutschen Gericht** (nicht notw richtig besetzt, BGH 35, 309): ZivilG, Gericht der freiwilligen Gerichtsbarkeit (BGH 14, 381), ArbG, VerwaltungsG, StrafG im Privatklage-, Adhäsionsverfahren. Auch vor ER, beauftr, ersuchtem Richter; Rechtspfleger gem § 4 RPflG.
- **zur Beilegung eines (anhängigen) Rechtsstreits:** also nicht mehr *nach* Rechtskraft des Urteils (BGH 15, 190), wohl aber *zwischen* den Instanzen (PV nimmt dann dem Urteil die Wirkung; wird trotzdem daraus vollstreckt: §§ 732, 768); Beilegung ganz oder teilw, bisher prozessfremde Gegenstände dürfen einbezogen werden (BGH 14, 387; 35, 309; zB Hauptsache beim Arrestprozess, BGH NJW-RR 1991, 1021), aber nicht *nur* geregelt werden (str, **aA** *StJM*Rz 11); der StrG muss der Disposition der Parteien unterliegen (zB Unterhaltsregelung, nicht aber die Scheidung; finanzieller Streit unter den Erben, nicht aber das „Erbrecht" nach dem Erblasser); 3
- nach § 1822 Nr. 12 BGB kann **Genehmigung des Vormundschaftsgerichts (Nachlassgerichts, Familiengerichts)** notwendig sein.
- **Parteien des Prozessvergleichs:** auch zwischen einer Partei und Dritten, § 794 I Nr. 1. 4
- **Anwaltszwang:** für die Parteien nach § 78 I; auch für den Scheidungsfolgenvergleich (§ 78 II; OLG Zweibrücken MDR 1985, 1736); auch vor ER, nicht vor beauftr/ersuchtem Richter (§ 78 V); der ledigl. einem PV **beitretende Dritte** braucht nicht durch einen zugelassenen RA vertreten zu sein (BGH NJW 1983, 1433; str). Für den RA fällt eine **Vergleichsgebühr** an (RVG-VV 1000 oder 1003), für das Gericht nur iFd GKG-KV Nr. 1900. 5
- **Form:** Protokollierung nach § 160 III Nr. 1, Verlesung und Genehmigung, § 162 I, sind notw; andernfalls ist der PV unwirksam (BGH NJW 1984, 1466); nicht nach § 295 heilbar. Zum Abspielen vgl §§ 162, 163; ein von den Parteien schon schriftl. niedergelegter übergebener Vergleich muss vorgelesen, genehmigt und als Anlage zum Protokoll (§ 160 V) genommen werden, um PV zu werden. Oder: PV nach § 278 VI. Bei § 2274 BGB muss der Erklärende den PV pers schließen (dh die Erklärungen sind vom RA *und* der Partei übereinstimmend abzugeben, vgl BGH 35, 309). 6

**b) Inhalt:** 7

- **Bestimmung der Hauptleistung** (zB Zahlung); zu klären ist, ob MwSt inbegriffen ist; bei Wertsicherungsklauseln: Preisangaben- und PreisklauselG beachten (*Palandt/Heinrichs* § 245 Rz 24 ff.; Reul MittBayNot 2005, 265), dazu BGH NJW-RR 2005, 366; Rz 33; bei Ratenzahlung die Verfallsklausel und ob die Kosten auf die Raten angerechnet werden; Zinsen. Anknüpfung an bestimmtes Beamtengehalt genügt (BGH NJW-RR 2006, 148). Gefährl. Klausel: „ ... zahlt zur Abgeltung *aller* gegenseitigen Ansprüche ...", weil diese uU nicht überschaubar sind. **Gegenseitiges Nachgeben**, mat-rechtl. oder proz, sei es auch nur ganz geringfügig (BGH MDR 1974, 567), ist wegen § 779 BGB zwingend nötig, nur einseitiges Nachgeben, zB bloße Klagerücknahme, genügt nicht (**hM**, OLG München MDR 1985, 327).

8 – **Kostenregelung**, meist gequotelt nach dem Verhältnis Obsiegen/Unterliegen (nur dann übernimmt die Rechtsschutzvers Kosten, § 2 IIIa ARB). Zu klären ist, wer die Säumnis-, Verweisungs-, Beweissicherungskosten tragen soll. PKH umfasst die Vergleichskosten; werden weitere Regelungen in den PV einbezogen, ist vorher zusätzl. PKH-Bewilligung erforderl. Fehlt im PV eine Kostenregelung: § 98. Schließen die Parteien ausdrückl. nur einen PV über die Hauptsache, regelt das Gericht die Kosten nach § 91a.

9 Häufig ist ein **Widerrufsvorbehalt** (vgl *Scharpenack* MDR 1996, 883): der zugunsten beider Parteien aufgenommene Vorbehalt, den PV bis zum Ablauf einer bestimmten Frist zu widerrufen, stellt idR (je nach Wortlaut) eine aufschiebende (und nicht eine auflösende) Bedingung für die Wirksamkeit des PV dar (BGH NJW 1984, 312). Die Parteien können die Widerrufsfrist außergerichtl. verlängern und müssen dies nicht vor Fristablauf dem Gericht mitteilen (OLG Karlsruhe MDR 2005, 1368). Das Gericht kann die Frist nicht verlängern.

10 **Fristberechnung** nach § 193 BGB (BGH MDR 1979, 49). Gegen die Versäumung der vereinbarten Widerrufsfrist ist keine WE mögl. (BGH NJW 1974, 107; BAG NJW 1978, 1876). An wen der Widerrufsschriftsatz gerichtet sein muss, können die Parteien frei vereinbaren (BGH NJW 1980, 1754; zB: an auswärtigen OLG-Senat; dann genügt Widerrufseingang beim StammG nicht); idR wird als Empfänger stillschweigend das Gericht vereinbart sein (BGH NJW-RR 2005, 1323; **aA**: der Gegner). Erfolgt der Widerruf *dann* dem Gegner ggü, reicht das nicht aus (BAG NZA 1992, 134; OLG Hamm NJW 1992, 1705; abw BAG NJW 1969, 110).

11 **Widerruf** formfrei, auch telefonisch, wenn nichts anderes (zB stillschweigend) vereinbart; ist Widerruf durch Schriftsatz vereinbart, muss dieser nur nach § 130 I 1 BGB „zugehen", in die Verfügungsgewalt des Gerichts gelangen (BAG NJW 1986, 1373; BGH NJW-RR 1989, 1214: Abholfach), nicht auch „eingereicht" werden (BGH NJW 1980, 1752). Er muss aber unterschrieben sein (BAG NJW 1989, 3055, vgl § 518 Rz 6). Telefax genügt (OLG München NJW 1992, 3042).

12 **Streit über Wirksamkeit des Widerrufs:** Fortsetzung des alten Rechtsstreits (gebührenrechtl. dieselbe Angelegenheit, OLG Naumburg OLG-Report 2005, 855), Entscheidung durch Urteil, nicht ZwischenU (OLG Köln NJW-RR 1996, 122). **Rücknahme (auch einverständliche) des Widerrufs** stellt den PV nicht wieder her (BGH LM Nr. 3), Neuabschluss ist notw (BGH NJW 1982, 2072).

13 **c) Rechtsnatur.** Der PV hat eine **Doppelnatur**: einerseits Prozesshandlung, deren Wirksamkeit sich nach VerfahrensR bestimmt, andererseits privates Rechtsgeschäft, für das die Regeln des mat Rechts gelten. Beide Seiten beeinflussen sich wechselseitig; die Prozessbeendigung entfällt, wenn der PV aus mat-rechtl. Gründen unwirksam ist; kommt hingegen wegen formeller Mängel ein wirksamer PV nicht zustande, führt das nicht ohne Weiteres zur Ungültigkeit der mat-rechtl. Vereinbarung (BGH NJW 1985, 1962). Vgl *Schöpflin* JR 2000, 397.

**d) Wirkung:** 14

**(1) Prozessual:** Beendigung des Rechtsstreits und (auch bei Unwirksamkeit des Vergleichs, BGH MDR 1978, 1019) der Rechtshängigkeit (die Erklärung der Klagerücknahme im PV ist daher überflüssig); er ist nach § 794 VollstrTitel;

**(2) Materiell-rechtlich:** Vgl § 779 BGB. Die notarielle Beurkundung wird ersetzt, § 127a BGB. Zur Auflassung im PV vgl § 925 I 3 BGB; da bedingungsfeindl., kann sie nicht in einem bedingten Vergleich („für den Fall der Scheidung") erklärt werden (BayObLG NJW 1972, 2131). 15

**(3) Vereinbarungen:** Durch außergerichtl. Abänderungsvertrag können die matrechtl. Wirkungen beseitigt werden; die prozessbeendigende Wirkung aber nicht (BGH 41, 312), auch nicht die Vollstr (der Schuldner ist auf Klage nach §§ 795, 767 angewiesen); ebenso wenig kann vereinbart werden, dass sich die Vollstr auf einen anderen Anspruch (zB nachehel. Unterhalt statt Trennungsunterhalt) bezieht (BGH NJW 1982, 2072). 16

**(4) Rechtskraft** erlangt der PV nicht. 17

**(5) Vollstreckungstitel:** Die **Vollstreckungsklausel** wird nach §§ 795, 724 ff. erteilt; hierbei wird ua geprüft, ob ein PV vorliegt (zB gegenseitiges Nachgeben), Beurkundung, fehlender Widerruf usw. Ob der PV Titel für bzw gegen Dritte ist, die beigetreten sind, hängt vom Wortlaut des PV ab (vgl BGH FamRZ 1980, 342; OLG Köln Rpfleger 1985, 305); Unterhaltsvergleiche siehe § 1629 III 2 BGB. Durchsetzung eines durch PV begr Anspruchs auf Abgabe einer Willenserklärung ist auch durch Leistungsklage mögl. (BGH NJW 1986, 2704). 18

**e) Unwirksamkeit des Prozessvergleichs:** (1) Ist ein PV als solcher wegen formeller Mängel unwirksam (zB fehlende Verlesung, keine Vertretung durch RA), so kann die getroffene Vereinbarung gleichwohl **als außergerichtlicher materiell-rechtlicher Vergleich nach § 779 BGB Bestand** haben, wenn dies dem mutmaßl. Parteiwillen entspricht (BGH NJW 1985, 1962). 19

(2) Nichtigkeit des Vergleichs wegen §§ 134, 138 BGB oder **erfolgter Anfechtung** (§§ 119, 123; 142 BGB) oder fehlender Genehmigung (BGH LM Nr. 8 für Devisengenehmigung) führt zum Wegfall der mat-rechtl. und prozessbeendigenden Wirkung (BGH NJW 1985, 1962), der Prozess ist daher fortzuführen (BGH 28, 176; NJW 1983, 2034; OLG Hamburg ZMR 1996, 266), Termin ist anzuberaumen. 20

Erweist sich der PV als wirksam, ergeht **Endurteil**, dass der Rechtsstreit durch den PV erledigt ist (dann kann in einem neuen Rechtsstreit grds nicht mehr die mat-rechtl. Unwirksamkeit des Vergleichs geltend gemacht werden, BGH NJW 1982, 823); Auferlegung der weiteren Kosten auf den, der die Unwirksamkeit geltend machte. Erweist sich der PV als unwirksam, wird das nur als Vorfrage in den Gründen des späteren Urteils erörtert. 21

Zur **Prozessfortsetzung:** Der Fortsetzungsantrag der prozessunfähigen und auch nicht wirksam vertretenen Partei ist als unzulässig abzuweisen (BGH NJW 1983, 996); waren die im PV geregelten Ansprüche *ausschließl.* Gegenstand eines anderen Rechtsstreits, kann die Unwirksamkeit des PV im anderen Verfahren geltend gemacht werden (BGH NJW 1983, 2034; MDR 1974, 567). 22

23 (3) **Rücktritt einer Partei vom Prozessvergleich** nach §323 (nicht als im PV vorbehaltener Rücktritt): keine Entscheidung über die Berechtigung des Rücktritts durch Fortsetzung des (alten) Rechtsstreits, sondern in einem *neuen* (BGH 16, 388). Ebenso bei **Wegfall der Geschäftsgrundlage** (BGH NJW 1966, 1658; 1986, 1348). Bei Streit darüber, ob eine **auflösende Bedingung** eingetreten ist, Fortsetzung des *alten* Verfahrens (BGH NJW 1972, 159).

24 **f) Auslegung des Prozessvergleichs:** Der Streit darüber kann in einer VollstrGegenklage nach § 767 ausgetragen werden (die zeitl. Beschränkung gem § 767 II gilt nicht), auch durch Feststellungsklage, aber nicht durch Fortsetzung des durch den PV beendigten Verfahrens (BGH NJW 1977, 583; **aA** zutr OLG Köln NJW-RR 1996, 637).

Verpflichtet sich ein Unterhaltsschuldner in einem PV zur Zahlung eines bestimmten Unterhalts über einen freiwillig geleisteten Betrag (= Sockelbetrag) hinaus, stellt der PV idR nur für den Spitzenbetrag einen VollstrTitel dar (BGH NJW 1993, 1995); im Einzelnen kommt es mE auf die genaue Formulierung an.

25 **g) Abänderung** vgl §§ 323 IV, 655 ZPO; § 45 IV WEG; § 17 II HausratsVO. **Keine Berichtigung** des PV **wegen Rechenfehler** der Partei (OLG Frankfurt MDR 1986, 152).

26 **h) Der außergerichtliche Vergleich** übt keinen unmittelbaren Einfluss auf den schwebenden Rechtsstreit aus, macht insb das noch nicht rechtskr Urteil nicht hinfällig (BGH LM Nr. 12/13), kann aber zB dazu führen, dass sich die Hauptsache erledigt.

27 **§ 794 Nr. 2. Kostenfestsetzungsbeschlüsse:** §§ 104, 105, 788 II, 795, 795a. Wartefrist § 798. Die SiL (§ 751 II) ist die des Hauptsache-Titels; die SiL entfällt, wenn die zugrunde liegende KostenE rechtskr ist (OLG Naumburg Rpfleger 2002, 38).

**§ 794 Nr. 2a. Unterhaltsbeschlüsse.** §§ 649, 655; Wartefrist § 798.

28 **§ 794 Nr. 3. Beschwerdefähige Beschlüsse** sind VollstrTitel, zB nach §§ 887, 888, 890, Arrest und eVfg, soweit als Beschlüsse ergangen. Beschlüsse auf Herausgabe eines Kindes werden dagegen nach § 33 FGG vollstreckt, Halbsatz 2.

29 **§ 794 Nr. 3a. einstweilige Anordnungen in Familiensachen** wären wegen § 621a an sich nach § 33 FGG zu vollstrecken, werden aber aus Zweckmäßigkeit durch Nr. 3a der ZPO-Vollstr unterworfen. Bei § 127a kann aus der eAnO auch nach Beendigung des Prozesses die ZwV betrieben werden (BGH 94, 316).

30 **§ 794 Nr. 4. Vollstreckungsbescheide.** Vgl §§ 699, 796 (VollstrKlausel). Wird durch ein Urteil ein VoB aufrechterhalten (§ 343), bleibt der VoB der VollstrTitel (LG Koblenz NJW-RR 1998, 1026).

**§ 794 Nr. 4a. Vollstreckbar erklärte Schiedssprüche.** §§ 1060 ff.

**§§ 794 Nr. 4b. Vollstreckbar erklärte Anwaltsvergleiche**. §§ 796b, 796c. Wartefrist § 798.

31 **§ 794 Nr. 5. Vollstreckbare Urkunde:** Ist sie im Besitz des Gl, fehlt einer Leistungsklage aus dem beurkundeten Anspruch das Rechtsschutzbedürfnis, außer es ist sowieso mit Klage nach §§ 767, 768 zu rechnen. Verfahren: § 797. Bei Divergenz zwischen Unterwerfungserklärung und mat Recht ist der Schuldner auf die VollstrAbwehrklage angewiesen, §§ 795, 767, 797 IV (BGH NJW 1985, 2423). Gegen Erteilung der vollstr Ausfertigung: §§ 732, 733, 768 (vgl BGH NJW-RR 1990, 246; zur Abgrenzung § 732/§ 767 *Windel*

ZZP 1989, 175). Gegen Verweigerung durch Notar: § 54 BeurkG. Vgl *v. Rintelen* RNotZ 2001, 2.

**Voraussetzungen:** 32

**a) Zuständig:** AG nur nach §§ 56 IV, 62 BeurkG; sonst deutsche Notare, §§ 1, 20 BNotO, 1 ff. BeurkG.

**b) Bestimmte Leistungspflicht**, nicht nur bestimmbare (BGH NJW 1996, 2165; NJW 1997, 2887): die Höhe des Anspruchs muss ziffernmäßig in der Urkunde nicht angegeben sein, es genügt, wenn sie durch eine *einfache* Berechnung ermittelt werden kann. Wertsicherungsklauseln des Statistischen Bundesamts sind ausreichend bestimmt (BGH FamRZ 2004, 531); wenn der Geldbetrag sich aus für das VollstrOrgan allgemein zugängl. Quellen bestimmen lässt, genügt das (BGH NJW-RR 2005, 366 für Anknüpfung an Preisindex des Statistischen Bundesamts, denn Index wird auf Homepage destatis.de veröffentlicht und ist daher *offenkundig*. Berechenbarkeit aufgrund offenkundiger Daten genügt (BGH NJW 1995, 1162). Anknüpfung an bestimmtes Beamtengehalt kann genügen (BGH NJW-RR 2006, 148). Preisangaben- und PreisklauselG, § 134 BGB, muss VollstrOrgan nicht von Amts wegen prüfen. Unterwerfung „bis zu" einem **Höchstzinssatz** ist ausreichend bestimmt (BGH NJW 1983, 2262). Für Nachholung der Bestimmung im Verfahren nach § 726 I: KG OLGZ 1983, 213 (str). 33

Die Neufassung der Nr. 5 gestattet die Errichtung vollstr notarieller Urkunden nicht nur über Geld bzw vertretbare Sachen, sondern über *alle* Ansprüche, also auch Werkleistungen, Herausgabe von Sachen. **Ausnahmen:** (1) der Anspruch ist keiner vergleichsweisen Regelung zugängl., unterliegt also nicht der Partei-Disposition (zB die Scheidung; für Dritte die Erbenstellung); oder (2) die Urkunde darf nicht auf Abgabe einer Willenserklärung gerichtet sein; vgl § 894; oder (3) die Urkunde darf nicht den Bestand eines *Wohnraum*-Mietverh betreffen, also zB nicht Räumung, Herausgabe, Fortsetzung des Mietverh zulässig dagegen für Mietzinsansprüche. Vgl. § 796a II. 33a

**c) Unterwerfung unter die Zwangsvollstreckung:** ist eine ausschließl. auf das Zustandekommen des VollstrTitels gerichtete einseitige proz Willenserklärung, die ledigl. prozessrechtl. Grundsätzen untersteht; der Bestand der mat-rechtl. Verpflichtung (auf der sie beruht) ist für das Wirksamwerden der Unterwerfungserklärung nicht erforderl.; Vorschriften des BGB, etwa § 139, können grds auf sie nicht angewendet werden (BGH NJW 1985, 2423). Der seit 1999 neue Zusatz „wegen des zu bezeichnenden Anspruchs" stellt klar, dass die neuen Unterwerfungsklauseln nur wirksam sind, wenn sie den betroffenen Anspruch *konkret* bezeichnen; pauschale Unterwerfungen sind unzulässig (BT-Drucks. 13/341 S. 21). Der mat Anspruch bedarf nicht der Form der Nr. 5 (BGH NJW 1979, 928). Unterwerfung wegen Kaufpreisforderung deckt nicht ohne Weiteres die ZwV eines an dessen Stelle tretenden Anspruchs aus § 326 aF/ § 323 nF BGB (BGH NJW 1980, 1050). Nichtigkeit eines Geschäftsbesorgungsvertrages wegen Verstoß gegen das **Rechtsberatungsgesetz** kann die Vollmacht zur Unterwerfung unter die ZwV ergreifen (BGH NJW 2003, 1594). Die Benutzung der Unterwerfung kann durch bes Vereinbarung an Bedingungen geknüpft werden (BGH NJW 1955, 546). Über Unterwerfungserklärung durch vollmachtlosen Vertreter vgl BGH NJW 2004, 59; 2004, 839; über Form der Vollmacht für 34

Unterwerfungserklärung an Geschäftsbesorger vgl BGH NJW 2004, 844; dazu *Vollkommer* NJW 2004, 818.

35 *Unterverbriefung:* aus Nichtigkeit des notariellen Kaufvertrags folgt nicht Unwirksamkeit der Unterwerfungserklärung. Nach Heilung (§ 311 b I 2 nF, § 313 S. 2 aF BGB) keine VollstrAbwehrklage, § 767, mehr (BGH NJW 1985, 2423). Erweiterung des Sicherungszwecks einer vollstr Grundschuld fällt nicht unter Nr. 5, also formfrei wirksam, BGH NJW 1997, 2320. Zur Reichweite der VollstrUnterwerfung vgl BGH 110, 319; *Münch* ZZP 1991, 1041; über Realsicherheiten Zimmer MDR 2006, 306. Zur Fälligkeitsklausel § 797 Rz 2.

36 **d) Urkunde**, nach BeurkG wirksam errichtet.

37 **2. Absatz 2.** Die Verweisung auf Absatz 1 Nr. 5 bezieht sich nur auf die Form für die Aufnahme der Urkunde, der Anspruch muss nicht den Anforderungen der Nr. 5 entsprechen (*StJM* Rz 98).

38

**Praxishinweise**

1. Ein PV ist mögl. zwischen Anhängigkeit und Eintritt der Rechtskraft, also auch noch zwischen den Instanzen vor dem ErstG, und noch nach Erlass eines VU bis zur Einlegung des Einspruchs.

2. Kommt es nicht zur Protokollierung, bleibt der Vergleich mat-rechtl. wirksam und erfüllt die Voraussetzungen einer Vollstr-Gegenklage nach § 767 (BGHZ 5, 251).

3. Ein protokollierter Einigungsvertrag nach RVG-VV Nr 1000 erfüllt in der Regel die Voraussetzungen des § 779 BGB und ist dann auch ein Vergleich. Nur dann ersetzt er die notarielle Beurkundung (§ 127a BGB).

4. Das Haftungsrisiko des Anwalts bei Vergleichsabschlüssen ist groß, insb bei Abfindungsvergleichen (*Vollkommer/Heinemann*, Anwaltshaftungsrecht, Rz 277 ff, 829 ff; *Borgmann/Jungk/Grams*, Anwaltshaftung, Kap. IV Rz 112, 123). Für enttäuschte Erwartungen oder die spätere Erkenntnis einer ungünstigen Regelung ist der Anwalt zwar nicht verantwortl. (OLG Oldenburg NJW-RR 1991, 1499; OLG Hamm FamRZ 1999, 1423). Mandanten neigen jedoch dazu, vergleichsweises Nachgeben nachträgl. zu bereuen, und das ihrem Anwalt anzulasten. Deshalb sollte dieser den Mandanten niemals zu einem Vergleichsabschluss drängen.

5. Bestehen irgendwelche Bedenken hinsichtl. der Wankelmütigkeit des Mandanten oder ist er bei Vergleichsabschluss im Termin nicht anwesend, dann sollte der Anwalt nur unter Widerrufsvorbehalt abschließen. Der Mandant gewinnt dadurch eine Überlegungsfrist, und der Anwalt bekommt eine eindeutige Anweisung, ob widerrufen werden soll oder nicht.

6. Die Frist für den Widerruf setzen die Parteien fest. Der Richter kann sie weder verkürzen noch verlängern. Dazu sind nur die Parteien befugt, und zwar ohne dass es einer ergänzenden Protokollierung bedarf (*Schneider* MDR 1999, 595 m. Nachw.; irrig LG Bonn MDR 1997, 783).

7. Bei der Ausübung des Widerrufs hat der Anwalt für den form- und fristgerechten Eingang bei der vereinbarten Stelle zu sorgen.

8. Soll ein Vergleich die notarielle Beurkundung ersetzen (Rz 15), dann ist zu beachten, das der Vergleichsvertrag denselben Anforderungen wie ein notariell beurkundeter Vertrag genügen muss (BGH MDR 1999, 1150). Geht es um Grundeigentum, muss die GBO berücksichtigt werden. Ist der Anwalt in dieser Hinsicht unsicher – auf Formulierungshilfen des Gerichts darf er sich nicht verlassen! –, sollte er sich auf die Einigungserklärung beschränken, dass ein Vertrag des vereinbarten Inhalts vor einem Notar abgeschlossen werde.

9. Der Vergleich muss von den Parteien genehmigt werden (Rz 6). Darauf können sie nicht verzichten (OLG Zweibrücken Rpfleger 2000, 461). Steht aber fest, dass der Vergleich genehmigt worden ist, dann ist es unschädl., wenn dies versehentl. nicht protokolliert worden ist (BGH VersR 2001, 81).

10. Die Genehmigung der Protokollierung ist gleich der Zustimmung einer Partei zum Vergleichsabschluss. Wird eine Ausgleichsklausel genehmigt („Sämtl. wechselseitigen Ansprüche zwischen den Parteien sind erledigt"), dann ist der Vergleich nicht deshalb anfechtbar, weil die Partei nicht an einen noch anhängigen anderen Rechtsstreit gedacht hat (OLG Hamm MDR 2000, 142). Dazu hätte es eines einschränkenden Zusatzes bedurft.

11. Bei Vergleichsverhandlungen wird viel gesprochen. Kommt es nicht zum Abschluss, dann wird keine Partei durch ihre Erklärungen im Vergleichsgespräch gebunden (BGH MDR 1998, 25 = NJW 1998, 306). Das OLG Koblenz hatte in diesem Fall tatsächl. die Äußerung einer Partei als bindendes deklaratorisches Schuldanerkenntnis gewertet!

12. „Goldene Regeln":

a) Das Gericht ist aufzufordern, seine rechtl. Beurteilung mitzuteilen, damit der „Bewegungsspielraum" erkennbar wird.

b) Nie vergleichsweise ein Recht aufgeben, wenn damit für die Partei kein wesentl. Vorteil verbunden ist.

c) Niemals versuchen, einen Vergleich zu erzwingen, es sei denn, der Mandant wünscht ihn. Steht der Anwalt nicht dahinter, sollte das im Protokoll deutl. gemacht werden: „Auf ausdrückl. Wunsch meines Mandanten ..."

d) Kostenvergleiche nach übereinstimmenden Erledigungserklärungen können risikobehaftet sein, schon wegen einer Rechtsschutzvers (§ 2 III a ARB). Sicherer ist es dann, das Gericht nach § 91a entscheiden zu lassen, zumal es dann noch die sof Beschwerde gibt. Aber keinen „Verzicht auf schriftl. Beschlussgründe" erklären, weil das als RmVerzicht gedeutet werden kann (s § 91a Rz 30, 5).

## § 794a ZPO Zwangsvollstreckung aus Räumungsvergleich

**(1) [1]Hat sich der Schuldner in einem Vergleich, aus dem die Zwangsvollstreckung stattfindet, zur Räumung von Wohnraum verpflichtet, so kann ihm das Amtsgericht, in dessen Bezirk der Wohnraum belegen ist, auf Antrag eine den Umständen nach angemessene Räumungsfrist bewilligen. [2]Der Antrag ist spätestens zwei Wochen vor dem Tag, an dem nach dem Vergleich zu räumen ist, zu stellen; §§ 233 bis 238 gelten sinngemäß. [3]Die Entscheidung ergeht durch Beschluss. [4]Vor der Entscheidung ist der Gläubiger zu hören. [5]Das Gericht ist befugt, die im § 732 Abs. 2 bezeichneten Anordnungen zu erlassen**

**(2) [1]Die Räumungsfrist kann auf Antrag verlängert oder verkürzt werden. [2]Absatz 1 Satz 2 bis 5 gilt entsprechend.**

**(3) [1]Die Räumungsfrist darf insgesamt nicht mehr als ein Jahr, gerechnet vom Tag des Abschlusses des Vergleichs, betragen. [2]Ist nach dem Vergleich an einem späteren Tag zu räumen, so rechnet die Frist von diesem Tag an.**

**(4) Gegen die Entscheidung des Amtsgerichts findet die sofortige Beschwerde statt.**

**(5) [1]Die Absätze 1 bis 4 gelten nicht für Mietverhältnisse über Wohnraum im Sinne des § 549 Abs. 2 Nr. 3 sowie in den Fällen des § 575 des Bürgerlichen Gesetzbuchs. [2]Endet ein Mietverhältnis im Sinne des § 575 des Bürgerlichen Gesetzbuchs durch außerordentliche Kündigung, kann eine Räumungsfrist höchstens bis zum vertraglich bestimmten Zeitpunkt der Beendigung gewährt werden.**

§ 794a geändert durch G v. 27.07.2001 (BGBl 2001, 1887).

**Lit:** Pankow NJW 1994, 1182.

1 § 794a gilt bei **Prozessvergleichen**, nicht bei außergerichtl. Vergleichen (**hM**, *StJM* Rz 3). § 794a entspr dem § 721. **Zuständig** ist das AG, wo der Wohnraum belegen ist; ProzessG, Richter (nicht: VollstrGericht). **Kosten** nach §§ 91 ff., 93b III. **Fristberechnung** bez Zweiwochenfrist wie bei § 721 Rz 5. Die **Räumungsfrist** kann auch gewährt werden, wenn die Parteien schon im Vergleich eine Räumungsfrist (dh einen späteren Auszugstermin) vereinbart haben. Da aber (anders als beim Urteil) der Mieter seine Vorstellungen bez des mögl. Auszugstermins in den PV einbringen konnte, kann in einem solchen Fall eine weitere Räumungsfrist vom Gericht nur zugebilligt werden, wenn unvorhersehbare Umstände eingetreten sind; die allgemeine Wohnungsmarktlage genügt nicht (LG Saarbrücken WuM 1992, 698; LG Freiburg WuM 1993, 204; LG Waldshut-Tiengen WuM 1993, 621; **aA** LG Darmstadt WuM 1993, 472: es müssten keine neuen Ereignisse eingetreten sein; LG Heilbronn Rpfleger 1992, 528: es komme nicht auf unvorhersehbare Umstände an). Auf Anträge nach § 794a kann im PV nicht verzichtet werden, weil soziale Schutzvorschriften, die im öffentl. Interesse liegen (ähnlich wie § 811) nicht verzichtbar sind (**aA** LG Heilbronn DGVZ 1992, 569). Der Mieter muss bei Gewährung von Räumungsschutz die „Miete“ weiterzahlen, § 546a BGB. Hat sich der Mieter auf den PV wegen des Eigenbedarfs des Vermieters eingelassen, lag ein Eigenbedarf aber in Wahrheit nicht vor oder ist er weggefallen, kommen Anfechtung nach § 123 BGB oder Wegfall der Geschäftsgrundlage infrage (*Pankow* NJW 1994, 1182).

**Absatz 2** setzt eine vorherige Entscheidung nach Abs. 1 voraus. Entscheidung durch Beschluss mit KostenE nach §§ 91 ff. **Absatz 3.** Enthält der PV bereits eine Räumungsfrist, wird diese bei der Höchstfrist nach Abs. 3 nicht mitgerechnet, Abs. 3 S. 2 (LG Freiburg WuM 1993, 417). **Absatz 4:** sof Beschwerde, §§ 567, 569. KostenE nach § 97. Zulassung der RB gegen die BeschwerdeE zum BGH denkbar (§ 574). **Absatz 5:** § 549 II Nr. 3 BGB: Wohnraum, von Wohlfahrtspflege usw. angemietet, um ihn Obdachlosen usw. zu überlassen; § 575 BGB: befr Mietvertrag. 2

## § 795 ZPO Anwendung der allgemeinen Vorschriften auf die weiteren Vollstreckungstitel

**[1]Auf die Zwangsvollstreckung aus den in § 794 erwähnten Schuldtiteln sind die Vorschriften der §§ 724 bis 793 entsprechend anzuwenden, soweit nicht in den §§ 795a bis 800 abweichende Vorschriften enthalten sind. [2]Auf die Zwangsvollstreckung aus den in § 794 Abs. 1 Nr. 2 erwähnten Schuldtiteln ist § 720a entsprechend anzuwenden, wenn die Schuldtitel auf Urteilen beruhen, die nur gegen Sicherheitsleistung vorläufig vollstreckbar sind.**

§ 795 geändert durch KindUG (BGBl 1998, 666).

§ 795 betrifft insb notarielle Urkunden, PV. Zur Vollstreckung daraus ist ebenfalls eine vollstr Ausfertigung erforderl. (§ 724). Die vollstr Ausfertigung des PV erteilt grds der Urkundsbeamte der Geschäftsstelle des ProzessG erster Instanz; die vollstr Ausfertigung der notariellen Urkunde erteilt der Notar (§ 797 II). Titel nach § 794 I Nr. 1, 5 hat der Gl vor bzw bei Vollstreckung zustellen zu lassen. Für die Klagen nach §§ 767, 768 ist beim PV das Gericht zuständig, bei dem der erledigte Rechtsstreit anhängig war; die zeitl. Beschränkung nach § 767 II entfällt bei PV (BGH NJW 1977, 584). Zust für Klagen aus § 767 gegen notarielle Urkunde vgl § 797 V. Ist die notarielle Urkunde (= Titel) unwirksam, zB die Unterwerfungsklausel, kann der Schuldner dies dem Gl analog §§ 767 I, 794 I Nr. 5, 795 durch Klage entgegenhalten (OLG Zweibrücken NJW-RR 2000, 548). 1

## § 795a ZPO Zwangsvollstreckung aus Kostenfestsetzungsbeschluss

**Die Zwangsvollstreckung aus einem Kostenfestsetzungsbeschluss, der nach § 105 auf das Urteil gesetzt ist, erfolgt auf Grund einer vollstreckbaren Ausfertigung des Urteils; einer besonderen Vollstreckungsklausel für den Festsetzungsbeschluss bedarf es nicht.**

§ 795a betrifft den seltenen Fall, in dem der KfB auf den Titel gesetzt ist. Gilt auch für vollstr Beschlüsse, PV. Wartefrist, § 798, entfällt. *Andere* (vom Titel gesonderte) KfB: § 798. 1

### § 795b ZPO Vollstreckbarerklärung des gerichtlichen Vergleichs

**Bei Vergleichen, die vor einem deutschen Gericht geschlossen sind (§ 794 Abs. 1 Nr. 1) und deren Wirksamkeit ausschließlich vom Eintritt einer sich aus der Verfahrensakte ergebenden Tatsache abhängig ist, wird die Vollstreckungsklausel von dem Urkundsbeamten der Geschäftsstelle des Gerichts des ersten Rechtszugs und, wenn der Rechtsstreit bei einem höheren Gericht anhängig ist, von dem Urkundsbeamten der Geschäftsstelle dieses Gerichts erteilt.**

§ 795b eingefügt durch G v. 22.12.2006 (BGBI 2006, 3614).

1 § 795b klärt eine alte Streitfrage. Aber *nur* in den in § 795a genannten Fällen gilt das. Vgl § 724 Rz 6. Aus der Verfahrensakte ergibt sich die „Tatsache" zB bei einem Vergleich mit Widerrufsvorbehalt. Der Schlusssatz ist einschlägig, wenn zB ein Teilvergleich geschlossen wurde oder eine Beschwerde gegen eine NebenE vorliegt.

### § 796 ZPO Zwangsvollstreckung aus Vollstreckungsbescheiden

**(1) Vollstreckungsbescheide bedürfen der Vollstreckungsklausel nur, wenn die Zwangsvollstreckung für einen anderen als den in dem Bescheid bezeichneten Gläubiger oder gegen einen anderen als den in dem Bescheid bezeichneten Schuldner erfolgen soll.**

**(2) Einwendungen, die den Anspruch selbst betreffen, sind nur insoweit zulässig, als die Gründe, auf denen sie beruhen, nach Zustellung des Vollstreckungsbescheids entstanden sind und durch Einspruch nicht mehr geltend gemacht werden können.**

**(3) Für Klagen auf Erteilung der Vollstreckungsklausel sowie für Klagen, durch welche die den Anspruch selbst betreffenden Einwendungen geltend gemacht werden oder der bei der Erteilung der Vollstreckungsklausel als bewiesen angenommene Eintritt der Voraussetzung für die Erteilung der Vollstreckungsklausel bestritten wird, ist das Gericht zuständig, das für eine Entscheidung im Streitverfahren zuständig gewesen wäre.**

1 **Absatz 1.** Eine VollstrKlausel (§ 725) ist beim VoB grds nicht nötig; erforderl. aber in den Fällen des Abs. 1, ferner bei ZwV im Ausland nach § 31 AVAG und VollstrAbkommen. Wird durch Urteil der VoB aufrechterhalten oder der Einspruch verworfen, braucht das Urteil keine VollstrKlausel.

2 **Absatz 2:** Erhebt der Schuldner **materiell-rechtliche Einwendungen** (zB Bezahlung), ist er auf Klage nach § 767 angewiesen. Dort ist eine zeitl. Grenze, vgl § 767 II; sie wird beim VoB auf den Ablauf der Einspruchsfrist verschoben; wird die Einspruchseinlegung (§ 700) unterlassen, ist die auf diese präkludierte Einwendung gestützte § 767-Klage somit unbegründet.

**Beispiel:**

Wurde der am 01.02. erlassene VoB (bzw das VU) am 10.02. zugestellt, dann läuft die Einspruchsfrist bis einschließl. 24.02. (§ 339). Zahlt der Schuldner am 15.02. und vollstreckt der Gl später trotzdem aus dem VoB (bzw VU), ist der Schuldner mit der Klage aus §§ 796, 767 II ausgeschlossen, weil er Einspruch hätte einlegen können (BGH NJW 1982, 1812; zur **aA** vgl StJM § 767 Rz 40). Der Schuldner hätte sich den Titel aushändigen lassen sollen oder Einspruch einlegen müssen; evtl hilft ihm Klage aus § 826 BGB; vgl ferner § 775 Nr. 4, 5.

**Absatz 3: Zuständigkeit** bei Klagen gem §§ 731, 767, 768; vgl § 802. Ferner für Kostenfestsetzung (BGH NJW-RR 1988, 186). Bezeichnung im Mahnverfahren bindet nicht (OLG Karlsruhe Justiz 2003, 447). Für die § 767-Klage gegen einen VoB mit über 5 000,00 € ist also das LG zuständig; anders wenn der Schuldner sich nur gegen einen Teilbetrag wendet (OLG Celle NJW-RR 2002, 1079). 3

## § 796a ZPO Voraussetzungen für die Vollstreckbarerklärung des Anwaltsvergleichs

**(1) Ein von Rechtsanwälten im Namen und mit Vollmacht der von ihnen vertretenen Parteien abgeschlossener Vergleich wird auf Antrag einer Partei für vollstreckbar erklärt, wenn sich der Schuldner darin der sofortigen Zwangsvollstreckung unterworfen hat und der Vergleich unter Angabe des Tages seines Zustandekommens bei einem Amtsgericht niedergelegt ist, bei dem eine der Parteien zur Zeit des Vergleichsabschlusses ihren allgemeinen Gerichtsstand hat.**

**(2) Absatz 1 gilt nicht, wenn der Vergleich auf die Abgabe einer Willenserklärung gerichtet ist oder den Bestand eines Mietverhältnisses über Wohnraum betrifft.**

**(3) Die Vollstreckbarerklärung ist abzulehnen, wenn der Vergleich unwirksam ist oder seine Anerkennung gegen die öffentliche Ordnung verstoßen würde.**

Eingefügt ab 01.01.1998 durch SchiedsVfG.

**1.** Der sog **Anwaltsvergleich** (früher § 1044b) ist eine Sonderform des außergerichtl. Vergleichs (§ 779 BGB); aus ihm kann nur vollstreckt werden, wenn daraus geklagt wird oder wenn über §§ 796a-c die Vollstr geschaffen wird. Für den PV (ohne oder mit Anwaltsbeteiligung) gilt § 794 I Nr. 1; für den Schiedsvergleich § 1053. §§ 796a soll die Gerichte entlasten, ist aber zu teuer. **Einwendungen** gegen den Anwaltsvergleich (Erfüllung, Aufrechnung, Stundung, Rücktritt) sind durch Klage nach § 767 geltend zu machen, nicht im Verfahren nach §§ 796a ff. (LG Halle NJW 1999, 3567; **aA** *Deubner* JuS 2000, 579); vgl *Münzberg* NJW 1999, 1357. Fehlende Vollstreckungsfähigkeit, zB weil der Vergleich inhaltl. unbestimmt ist, kann mit Klage analog § 767 geltend gemacht werden (BGH NJW 2006, 695; NJW-RR 2004, 472), wobei §§ 732, 797 III nicht entgegen stehen. 1

**2. Voraussetzungen der Vollstreckbarerklärung. a) Antrag** einer Partei oder des Anwalts einer Partei (Abs. 1 S. 1) beim zuständigen Gericht, § 796b I; **– b) Wirksamer Vergleich** iSv § 779 BGB (gegenseitiges Nachgeben aber in der Praxis kaum nachprüfbar !); Abs. 3. Schriftform. Sonst notw notarielle Form (Grundstücke usw., § 127a BGB) wird nicht ersetzt. Unwirksam sind zB sittenwidrige Vergleiche (§ 138 BGB). 2

**c) Zulässiger Inhalt des Vergleichs:** ***alle*** **Ansprüche, zB Geldzahlung, Lieferung, Werkleistung, Herausgabe von Sachen.** Der Inhalt muss bestimmt genug sein (OLG Saarbrücken NJW-RR 2005, 1302; BGH NJW 2006, 695). **Ausnahmen:** (1) der Anspruch ist keiner vergleichsweisen Regelung zugängl., unterliegt also nicht der Partei-Disposition 3

(§ 794 Rz 33a); (2) die Urkunde darf nicht auf Abgabe einer Willenserklärung gerichtet sein, Abs. 2; vgl § 894; (3) die Urkunde darf nicht den Bestand eines *Wohnraum*-Mietverh betreffen, Abs. 2, also zB nicht Räumung, Herausgabe, Fortsetzung des Mietverh; zulässig dagegen für Mietzinsansprüche und Geschäftsraummiete (*Lebec/Latinovic* NZM 1999, 14), Arbeitssachen (*Voit/Geweke* NZA 1998, 400). Vgl. § 794 I Nr. 5. (4) Verstoß gegen die *öffentl. Ordnung*, Abs. 3. Vgl § 1059 II Nr. 2b.

4 **d) Vertretung der Parteien durch Rechtsanwälte**, die zur Berufsausübung am Ort berechtigt sind. Die Parteien müssen verschiedene Anwälte haben, nicht alle Parteien denselben Anwalt. Sie müssen in Vollmacht ihrer Mandanten handeln, dh die Vollmacht muss wirksam sein und einen ausreichenden Umfang haben. Die Anwälte müssen eigenhändig unterschrieben haben, die Parteien nicht.

5 **e) Unterwerfung:** der Schuldner muss sich im Vergleich „der sof ZwV unterwerfen" haben; vgl §§ 794 I Nr. 5, 800.

6 **f) Niederlegung.** Der Vergleich muss im Original bei einem zuständigen AG (§§ 12, 13, 17 ZPO, nicht §§ 20 ff.; aber WahlR nach § 35) zur Verwahrung zu den Akten eingereicht werden; er muss entweder selbst das Vergleichsdatum enthalten oder das Datum muss im Begleitschreiben (das nicht *alle* Unterschriften braucht, ASt genügt) mitgeteilt werden. Die Niederlegung wird vom AG quittiert.

Verfahren des Gerichts und Entscheidung vgl § 796b.

7 **3. Kosten**. Vgl Enders JurBüro 1998, 337. Gericht GKG-KV 2117; RA RVG-VV 2603.

## § 796b ZPO Vollstreckbarerklärung durch das Prozessgericht

**(1) Für die Vollstreckbarerklärung nach § 796a Abs. 1 ist das Gericht als Prozessgericht zuständig, das für die gerichtliche Geltendmachung des zu vollstreckenden Anspruchs zuständig wäre.**

**(2) [1]Vor der Entscheidung über den Antrag auf Vollstreckbarerklärung ist der Gegner zu hören. [2]Die Entscheidung ergeht durch Beschluss. [3]Eine Anfechtung findet nicht statt.**

Eingefügt 01.01.1998 und geändert durch G v. 27.07.2001 (BGBl 2001, 1887).

1 **1. Verfahren des Gerichts.** Geht ein Antrag auf Vollstreckbarerklärung ein, prüft das Gericht: **a) Zuständigkeit:** ProzessG (dh AG, AG-FamG oder LG-ZivK; LG-KfH; LG-Einzelrichter; nicht der Rechtspfleger), das sonst zuständig wäre, **Absatz 1**. Diese örtl. Zust kann sich aus §§ 12 ff., aber auch aus §§ 20 ff. ergeben. Wahlrecht besteht, § 35. Sachl. Zust §§ 23, 71 GVG. **b) Rechtliches Gehör.** Der Antrag wird dem Gegner (bzw dessen Anwalt) zugestellt; es wird ihm eine Frist von einigen Wochen zur Stellungnahme gesetzt. Abs. 2 S. 1. **c)** Das Gericht prüft, ob die Voraussetzungen einer Vollstreckbarerklärung vorliegen (§ 796a Rz 2). **d)** mdl Verh wäre mögl. (§ 128 IV).

**2. Entscheidung.** Stets durch Beschluss (Absatz 2 Satz 2). 2

**a) Vollstreckbarerklärung:** „I. Der Vergleich vom ..., welcher lautet ... (Text einfügen) ..., wird für vollstreckbar erklärt. II: StrW: ... Euro". Keine KostenE, str (ASt muss die Gerichtsgeb zahlen), keine Feststellung der vorl Vollstr. Gründe sind nicht vorgeschrieben. Die Entscheidung wird beiden Parteien (bzw ihren Anwälten) wegen §329 III zugestellt. Gerichtskosten vgl GKG-KV 2117; RA: RVG-VV 3100ff.

**b) Ablehnung der Vollstreckbarerklärung.** „I. Der Antrag ... wird zurückgewiesen. II: Kosten ... III. StrW: ... Euro". Hier wie auch bei einer Antragsrücknahme sind mE im Beschluss dem ASt die Kosten aufzuerlegen, wenn sich der Gegner schon am Verfahren beteiligt hatte (§§ 91, 269 analog). Formlose Mitteilung genügt. 3

**3. Rechtsmittel.** Nach Absatz 2 Satz 3 soll der Beschluss unanfechtbar sein. Bei greifbarer Gesetzwidrigkeit (§ 567 Rz 7), also schwersten Fehlern, muss aber mE die Beschwerde (zur Abwendung einer Verfassungsbeschwerde) eröffnet sein, zB wenn der Anwalt ohne Vollmacht handelte (der Regress gegen den finanzschwachen RA hilft nicht) oder überhaupt kein Anwalt tätig war. Im Zweifel sollte der Antrag abgelehnt werden; dann muss aus dem Anwaltsvergleich als gewöhnl. außergerichtl. Vergleich geklagt werden, Rm stehen dann zur Verfügung. IÜ bleiben über § 795 die gewöhnl. Rechtsbehelfe, insbes § 767 (ohne die Beschränkung nach § 767 II). 4

## § 796c ZPO Vollstreckbarerklärung durch einen Notar

**(1) [1]Mit Zustimmung der Parteien kann ein Vergleich ferner von einem Notar, der seinen Amtssitz im Bezirk eines nach § 796a Abs. 1 zuständigen Gerichts hat, in Verwahrung genommen und für vollstreckbar erklärt werden. [2]Die §§ 796a und 796b gelten entsprechend.**

**(2) [1]Lehnt der Notar die Vollstreckbarerklärung ab, ist dies zu begründen. [2]Die Ablehnung durch den Notar kann mit dem Antrag auf gerichtliche Entscheidung bei dem nach § 796b Abs. 1 zuständigen Gericht angefochten werden.**

Eingefügt ab 01.01.1998 durch SchiedsVfG.

**Lit:** ***Zimmer*** NotBZ 2000, 175.

**1. Absatz 1 Satz 1.** § 796c stellt eine zweite Möglichkeit (anstatt §§ 796a, 796b) zur Verfügung. Der Vergleich, der alle Voraussetzungen von § 796a Rz 2 erfüllt, wird nicht bei einem bestimmten AG in Verwahrung gegeben, sondern bei einem Notar, der im Bezirk dieses AG seinen Sitz hat. Bei diesem Notar kann die Vollstreckbarerklärung von einer Partei bzw deren Anwalt beantragt werden. 1

**2. Absatz 1 Satz 2.** Der Notar hat vor seiner Entscheidung rechtl. Gehör zu gewähren (§796b Rz 1) und die Voraussetzungen der Vollstreckbarerklärung (§796a Rz 2) zu prüfen. 2

**3. Entscheidung des Notars: a)** Vollstreckbarerklärung (vgl § 796b Rz 2). Unanfechtbar; Ausnahme § 796b Rz 4. **b)** Ablehnung; eine Begr ist notw, Abs. 2 S. 1. Dagegen kann der ASt ohne Frist beim zuständigen AG/LG (§ 796b Rz 1) „Antrag auf gerichtl. Entschei- 3 dung" stellen. Das AG/LG lehnt den Antrag entweder ab oder hebt die Entscheidung des Notars auf und erklärt den Vergleich für vollstr.

4 **4. Gebühren.** Notar: § 148a I 1, II KostO.

## § 797 ZPO Verfahren bei vollstreckbaren Urkunden

**(1) Die vollstreckbare Ausfertigung gerichtlicher Urkunden wird von dem Urkundsbeamten der Geschäftsstelle des Gerichts erteilt, das die Urkunde verwahrt.**

**(2) [1]Die vollstreckbare Ausfertigung notarieller Urkunden wird von dem Notar erteilt, der die Urkunde verwahrt. [2]Befindet sich die Urkunde in der Verwahrung einer Behörde, so hat diese die vollstreckbare Ausfertigung zu erteilen.**

**(3) Die Entscheidung über Einwendungen, welche die Zulässigkeit der Vollstreckungsklausel betreffen, sowie die Entscheidung über Erteilung einer weiteren vollstreckbaren Ausfertigung wird bei gerichtlichen Urkunden von dem im ersten Absatz bezeichneten Gericht, bei notariellen Urkunden von dem Amtsgericht getroffen, in dessen Bezirk der im zweiten Absatz bezeichnete Notar oder die daselbst bezeichnete Behörde den Amtssitz hat.**

**(4) Auf die Geltendmachung von Einwendungen, die den Anspruch selbst betreffen, ist die beschränkende Vorschrift des § 767 Abs. 2 nicht anzuwenden.**

**(5) Für Klagen auf Erteilung der Vollstreckungsklausel sowie für Klagen, durch welche die den Anspruch selbst betreffenden Einwendungen geltend gemacht werden oder der bei der Erteilung der Vollstreckungsklausel als bewiesen angenommene Eintritt der Voraussetzung für die Erteilung der Vollstreckungsklausel bestritten wird, ist das Gericht, bei dem der Schuldner im Inland seinen allgemeinen Gerichtsstand hat, und sonst das Gericht zuständig, bei dem nach § 23 gegen den Schuldner Klage erhoben werden kann.**

**(6) Auf Beschlüsse nach § 796c sind die Absätze 2 bis 5 entsprechend anzuwenden.**

Absatz 6 geändert ab 01.01.1998 durch SchiedsVfG.

1 **1. Absatz 1.** Gerichtl. Urkunden sind nur die des § 794 I Nr. 5 (zB solche nach § 62 BeurkG: Vaterschaft), nicht PV.

2 **2. Absatz 2. Notarielle Urkunden.** Vgl §§ 25, 45 BNotO, § 52 BeurkG. **a) Vollstreckbare Ausfertigung** erteilt der Notar; er hat nur die formellen VollstrVoraussetzungen, nicht aber das Bestehen des mat-rechtl. Anspruchs zu prüfen (BayObLG RnotZ 2004, 414; OLG Frankfurt DNotZ 1990, 105). Unterwerfung, dass Klausel ohne Fälligkeitsnachweis erteilt werden darf, ist wirksam (OLG München NJW-RR 1992, 125; OLG Hamm DNotZ 1993, 244; str, vgl *Rastätter* NJW 1991, 392). Erfolgte die Unterwerfungserklärung durch einen Vertreter, ist die Vollmacht in der Form des § 726 I nachzuweisen (hM, BayObLG MDR 1964, 603; **aA** *StJM* Rz 14). Erteilung einer vollstr Ausfertigung kann nur beanspruchen, wer nach § 51 BeurkG eine einfache Ausfertigung verlangen kann (hM, OLG Schleswig MDR 1983, 761; **aA** *Keidel/Winkler* § 52 BeurkG Rz 27). Verweigert der Notar die Erteilung: § 54 BeurkG; § 731. **b) Weitere vollstreckbare Ausfertigung** (§ 733). Ob sie vom Notar erteilt werden darf, entscheidet das AG (Rechtspfleger), in dessen Bezirk

der Notar seinen Amtssitz hat (**Absatz 3**); antragsberechtigt ist nicht der Gl, sondern nur der Notar; bei Ablehnung durch das AG: Beschwerde nach § 54 BeurkG (BayObLG FGPrax 2000, 42). Ermächtigt der Rechtspfleger den Notar nach Abs. 3, eine weitere vollstr Ausfertigung zu erteilen, hat der Schuldner kein Rm (LG Berlin MDR 1999, 703; § 11 RPflG).

**3. Absatz 3. Einwendungen des Schuldners** gegen Erteilung der vollstr Ausfertigung der Notar-Urkunde: Erinnerung, § 732. Das AG entscheidet. Das AG ist auch für Ersuchen der Zustellung im Ausland und Bewilligung der öffentl. Zustellung zuständig (BayObLG NJW-RR 1990, 64). Unwirksamkeit einer Unterwerfung wegen Unbestimmtheit (zB „Höchstpension") kann nur nach § 732, nicht nach § 767, geltend gemacht werden (BGH 22, 54). 3

**4. Absatz 4. Vollstreckungsgegenklage (§ 767).** Gegen die Urkunde sind alle mat-rechtl. Einwendungen zulässig, keine zeitl. Beschränkung nach § 767 II. Zuständig ist je nach StrW das AG/LG/ArbG, in dessen Bezirk der Schuldner seinen allgemeinen Gerichtsstand (Wohnsitz, §§ 12 ff) hat. 4

**5. Absatz 5. Betrifft Klagen** nach §§ 731, 767, 768. Zuständig AG oder LG (§§ 23, 71 GVG), oder ArbG (OLG Frankfurt MDR 1985, 330) oder FamG (Bay-ObLG FamRZ 1991, 1455) des Schuldners (§§ 12 ff). Wenn der Schuldner in München wohnt ist also (bei entspr Streitwerthöhe) das LG München I ausschließl. (§ 802) zuständig; Besonderheiten bei § 800 III (OLG Hamm NJOZ 2004, 1960; OLG Köln InVo 2004, 460). § 642 wird verdrängt (OLG Hamm FamRZ 2003, 696). Bekl ist die Partei, nicht der Notar/die Behörde. 5

**6. Absatz 6.** Das Klauselerteilungsverfahren bei vollstr erklärten Anwaltsvergleichen folgt dem Verfahren bei vollstr erklärten notariellen Urkunden (§ 794 I Nr. 5). 6

## § 797a ZPO Verfahren bei Gütestellenvergleichen

**(1) Bei Vergleichen, die vor Gütestellen der im § 794 Abs. 1 Nr. 1 bezeichneten Art geschlossen sind, wird die Vollstreckungsklausel von dem Urkundsbeamten der Geschäftsstelle desjenigen Amtsgerichts erteilt, in dessen Bezirk die Gütestelle ihren Sitz hat.**

**(2) Über Einwendungen, welche die Zulässigkeit der Vollstreckungsklausel betreffen, entscheidet das im Absatz 1 bezeichnete Gericht.**

**(3) § 797 Abs. 5 gilt entsprechend.**

**(4) [1]Die Landesjustizverwaltung kann Vorsteher von Gütestellen ermächtigen, die Vollstreckungsklausel für Vergleiche zu erteilen, die vor der Gütestelle geschlossen sind. [2]Die Ermächtigung erstreckt sich nicht auf die Fälle des § 726 Abs. 1, der §§ 727 bis 729 und des § 733. [3]Über Einwendungen, welche die Zulässigkeit der Vollstreckungsklausel betreffen, entscheidet das im Absatz 1 bezeichnete Gericht.**

**Absatz 1:** Zust des Rechtspflegers idF §§ 726 I, 727 bis 729, 733; § 19 Nr. 6 RPflG. Bei Vergleichen entfallen die zeitl. Beschränkungen des § 767 II (vgl BGH NJW 1953, 345). 1

## § 798 ZPO Wartefrist

**Aus einem Kostenfestsetzungsbeschluss, der nicht auf das Urteil gesetzt ist, aus Beschlüssen nach § 794 Abs. 1 Nr. 2a und § 794 Abs. 1 Nr. 4b sowie aus den nach § 794 Abs. 1 Nr. 5 aufgenommenen Urkunden darf die Zwangsvollstreckung nur beginnen, wenn der Schuldtitel mindestens zwei Wochen vorher zugestellt ist.**

1 § 798 nennt vier Fälle: (**1**) Ist der KfB auf das Urteil gesetzt: keine Wartefrist, § 795a (weil beide Titel auf demselben Blatt Papier stehen). (**2**) Minderjährigen-Unterhalt, § 794 I Nr. 2a; dazu § 798a; (**3**) Anwaltsvergleiche, § 794 I Nr. 4b; (**4**) notarielle Urkunden, § 794 I Nr. 5. § 798 enthält eine Ausnahme von § 750.

2 **Fristberechnung** § 222 ZPO, §§ 187, 188 BGB: Zustellung am Dienstag, dann ZwV ab übernächstem Mittwoch (falls Werktag); Rechtsbehelf: § 766. Bei Verstoß wird VollstrMaßnahme mit Fristablauf wirksam (RG 125, 288; OLG Hamm NJW 1974, 1516). Auf die Frist kann nicht im Voraus verzichtet werden (*Schilken* DGVZ 1997, 81).

## § 798a ZPO Zwangsvollstreckung aus Unterhaltstiteln trotz weggefallener Minderjährigkeit

**Soweit der Verpflichtete dem Kind nach Vollendung des 18. Lebensjahres Unterhalt zu gewähren hat, kann gegen den in einem Urteil oder in einem Schuldtitel nach § 794 festgestellten Anspruch auf Unterhalt im Sinne des § 1612a des Bürgerlichen Gesetzbuchs nicht eingewendet werden, dass Minderjährigkeit nicht mehr besteht.**

§ 798a geändert durch KindUG (BGBl 1998, 666).

1 **Zweck:** Das Kind soll über die Vollj hinaus aus einem Unterhaltstitel vollstrecken können, solange, bis der Verpflichtete dies durch eine Abänderungsklage korrigieren kann (§§ 323, 654). § 798a ist nur auf Titel anwendbar, die Ansprüche iSv § 1612a BGB in der seit 01.07.1998 geltenden Fassung feststellen oder gem Art 5 § 3 KindUG auf das seit 01.07.1998 geltende Recht umgestellt wurden (BGH FamRZ 2005, 2066). Nach hM kann das Kind nur aus dynamisierten Titeln auch nach Eintritt der Vollj weiter vollstrecken (OLG Hamm FamRZ 2006, 48 + 1558; OLG Brandenburg FamRZ 2004, 1888; aA Stollenwerk FamRZ 2006, 873):

## § 799 ZPO Vollstreckbare Urkunde bei Rechtsnachfolge

**Hat sich der Eigentümer eines mit einer Hypothek, einer Grundschuld oder einer Rentenschuld belasteten Grundstücks in einer nach § 794 Abs. 1 Nr. 5 aufgenommenen Urkunde der sofortigen Zwangsvollstreckung unterworfen und ist dem Rechtsnachfolger des Gläubigers eine vollstreckbare Ausfertigung erteilt, so ist die Zustellung der die Rechtsnachfolge nachweisenden öffentlichen oder öffentlich beglaubigten Urkunde nicht erforderlich, wenn der Rechtsnachfolger als Gläubiger im Grundbuch eingetragen ist.**

Grund: Dem Eigentümer ist die Eintragung nach § 55 GBO bekannt gegeben worden. Vorlage der Urkunden (§§ 727 ff.) und Zustellung der Klausel ist aber nicht entbehrl. 1

## § 800 ZPO Vollstreckbare Urkunde gegen den jeweiligen Grundstückseigentümer

**(1) [1]Der Eigentümer kann sich in einer nach § 794 Abs. 1 Nr. 5 aufgenommenen Urkunde in Ansehung einer Hypothek, einer Grundschuld oder einer Rentenschuld der sofortigen Zwangsvollstreckung in der Weise unterwerfen, dass die Zwangsvollstreckung aus der Urkunde gegen den jeweiligen Eigentümer des Grundstücks zulässig sein soll. [2]Die Unterwerfung bedarf in diesem Fall der Eintragung in das Grundbuch.**

**(2) Bei der Zwangsvollstreckung gegen einen späteren Eigentümer, der im Grundbuch eingetragen ist, bedarf es nicht der Zustellung der den Erwerb des Eigentums nachweisenden öffentlichen oder öffentlich beglaubigten Urkunde.**

**(3) Ist die sofortige Zwangsvollstreckung gegen den jeweiligen Eigentümer zulässig, so ist für die im § 797 Abs. 5 bezeichneten Klagen das Gericht zuständig, in dessen Bezirk das Grundstück belegen ist.**

**1. Absatz 1.** § 800 hilft dem Gl, wenn der Grundstückseigentümer wechselt. **Voraussetzungen: a) Unterwerfungserklärung;** sie ist keine Vfg über das Grundstück, bedarf keiner Genehmigung des VormundschaftsG, keiner Zustimmung nach § 1365 BGB, keiner Zustimmung nachrangiger Gl bei nachträgl. Unterwerfung (*StJM* Rz 3); auch bei einer Eigentümergrundschuld, § 1196 BGB (BGH NJW 1975, 1356); auch „bis zu" einem Höchstzinssatz (BGH NJW 1983, 2262). Zur Unterwerfung hinsichtl. eines Teilbetrags einer Grundschuld vgl BayObLG NJW-RR 1989, 1467; BGH NJW 1990, 258. Aus Unterwerfungserklärung der BGB-Gesellschafter kann ZwV in Grundstück des Gesellschaftsvermögens betrieben werden (BGH NJW 2004, 3632). 1

**b) Eintragung ins Grundbuch** nach GBO; Bezugnahme auf Eintragungsbewilligung nach § 874 BGB ungenügend; ausreichend ist die Eintragung „vollstreckbar nach § 800" (hM, OLG Köln Rpfleger 1974, 150). 2

**Wirkung:** Der dingl. Anspruch (§ 1147 BGB) ist gegen den Erwerber in das (nicht in ein anderes) Grundstück (vgl §§ 1120 ff BGB) vollstr, aber nicht in das sonstige Vermögen des Erwerbers. Gegen den Erwerber muss eine vollstr Ausfertigung der Urkunde erwirkt und zugestellt werden, §§ 727, 730, 750 I; vgl Absatz 2. 3

**2. Absatz 2.** Ausnahme von § 750 II, vgl § 799. 4

**3. Absatz 3.** AG/LG, je nach StrW, für die Klagen nach §§ 731, 767, 768, dann auch für die Klage auf Unzulässigkeit der ZwV in das *übrige* Vermögen, vgl §§ 24, 25. Die ZustAbgrenzung § 797 V (Schuldnerwohnsitz) – § 800 III (Grundstücksbelegenheit) ist umstritten. Vgl OLG Köln InVo 2004, 460; OLG Karlsruhe NJW-RR 2001, 1728. 5

### § 800a ZPO Vollstreckbare Urkunde bei Schiffshypothek

**(1) Die Vorschriften der §§ 799, 800 gelten für eingetragene Schiffe und Schiffsbauwerke, die mit einer Schiffshypothek belastet sind, entsprechend.**

**(2) Ist die sofortige Zwangsvollstreckung gegen den jeweiligen Eigentümer zulässig, so ist für die im § 797 Abs. 5 bezeichneten Klagen das Gericht zuständig, in dessen Bezirk das Register für das Schiff oder das Schiffsbauwerk geführt wird.**

### § 801 ZPO Landesrechtliche Vollstreckungstitel

**(1) Die Landesgesetzgebung ist nicht gehindert, auf Grund anderer als der in den §§ 704, 794 bezeichneten Schuldtitel die gerichtliche Zwangsvollstreckung zuzulassen und insoweit von diesem Gesetz abweichende Vorschriften über die Zwangsvollstreckung zu treffen.**

**(2) Aus landesrechtlichen Schuldtiteln im Sinne des Absatzes 1 kann im gesamten Bundesgebiet vollstreckt werden.**

ZB Vergleiche vor Schiedsmann (vgl *Drischler* Rpfleger 1984, 308), bei Wild- und Jagdschadensachen. Diese Titel sind im ganzen Bundesgebiet vollstr.

### § 802 ZPO Ausschließlichkeit der Gerichtsstände

**Die in diesem Buch angeordneten Gerichtsstände sind ausschließliche.**

1 Gemeint sind **§§ 704 bis 945.** Grds ist die sachl. und örtl Zust. ausschließl., es kann also kein anderes Gericht angegangen werden; vgl § 40 II. Für § 767-Klagen gegen VollstrTitel minderj Kinder ist Gericht zuständig, das Titel erlassen hat (BGH NJW 2002, 444). Soweit nur die örtl. Zust bestimmt ist (zB §§ 722 II, 771 I, 796 III), richtet sich die sachl. nach §§ 23, 71 GVG oder nach Vereinbarung, § 38.

# Abschnitt 2. Zwangsvollstreckung wegen Geldforderungen

## Titel 1. Zwangsvollstreckung in das bewegliche Vermögen

### Untertitel 1. Allgemeine Vorschriften

#### § 803 ZPO Pfändung

**(1) [1]Die Zwangsvollstreckung in das bewegliche Vermögen erfolgt durch Pfändung. [2]Sie darf nicht weiter ausgedehnt werden, als es zur Befriedigung des Gläubigers und zur Deckung der Kosten der Zwangsvollstreckung erforderlich ist.**

**(2) Die Pfändung hat zu unterbleiben, wenn sich von der Verwertung der zu pfändenden Gegenstände ein Überschuss über die Kosten der Zwangsvollstreckung nicht erwarten lässt.**

**Lit:** ***Winterstein***, Pfändungsverfahren des Gerichtsvollziehers, 1994.

**1. § 803 betrifft nur Zwangsvollstreckung wegen Geldforderungen**, auch in ausl Währung (OLG Düsseldorf NJW 1988, 2185; hM); auch Duldungsansprüche wegen Geldforderungen (vgl § 1147 BGB); nicht Urteile auf Befreiung von einer Verbindlichkeit (BGH 25, 7). Lautet der Titel auf ausl Währung, rechnet der Gerichtsvollzieher nach dem *Verkaufskurs* am VollstrTag um (vgl LG Düsseldorf DGVZ 1989, 140). Alte DM-Titel werden in Euro umgerechnet (1 € = 1,95583 DM) auf zwei Stellen hinter dem Komma. 1

**2. Bewegliches Vermögen im Sinne des Absatz 1 Satz 1:** bewegl. Sachen (§§ 808 – 827) und Rechte (§§ 828 – 863), Früchte nach § 810; *nicht* Grundstückszubehör nach § 865 II. Einbauküchen sind idR kein wesentl. Bestandteil des Hauses (§ 94 II BGB) und daher nach §§ 803 ff. pfändbar (*Holch* DGVZ 1998, 65). 2

**3. Pfändung:** Sie erfolgt bei **Sachen**, indem der Gerichtsvollzieher sie in Besitz nimmt, § 808 I; bei **Rechten**, indem der Pfändungsbeschluss des VollstrGerichts (§ 828) dem Drittschuldner zugestellt wird, §§ 829, 857. Das amtl. Pkw-Kennzeichen unterliegt nicht der Pfändung (AG Bad Sobernheim DGVZ 1998, 173). Bei Software-Paketen kann die Abgrenzung Sache/Recht schwierig sein (*Weimann* DGVZ 1996, 1). Pfändung unwirksam ab Insolvenzeröffnung, § 89 InsO. Zur Pfändung bei Gesamtschuldnern: § 754 Rz 1; Pfändung wegen eines Teilbetrags: § 753 Rz 5. **Tiere** werden wie Sachen gepf, § 90a S. 2 BGB, § 811 c ZPO. 3

**4. Wirkungen der Pfändung:**

**a) Verstrickung** als bes Form der staatl. Beschlagnahme (dh Besitz des Gerichtsvollziehers an der Sache, strafrechtl. Schutz gem § 136 StGB, relatives Veräußerungs- und Verfügungsverbot für den Schuldner gem §§ 135, 136 BGB: Verfügungen des Schuldners sind nur dem vollstreckenden Gl ggü unwirksam). 4

5 **(1) Verstrickung entsteht** durch jede Pfändung, auch wenn sie fehlerhaft ist, nicht aber, wenn sie nichtig ist. Nichtigkeit liegt nur vor bei grundlegenden schweren Mängeln (BGH NJW 1979, 2045), wie Tätigkeit eines funktionell unzuständigen VollstrOrgans (zB Gerichtsvollzieher pfändet Forderung), Fehlen eines VollstrTitels (BGH 70, 317), Sachpfändung ohne Inbesitznahme.

6 **(2) Verstrickung endet:** durch Aufhebung (Entstrickung), bei bewegl. Sachen durch den Gerichtsvollzieher (aufgrund Anweisung durch Gl oder VollstrG, oder Vorliegen von §§ 775, 776), auch wenn der Gerichtsvollzieher dazu (wie zB bei fehlerhafter Pfändung; der Schuldner müsste Erinnerung einlegen, § 766) nicht berechtigt war; durch Abschluss der Verwertung der gepf Sache; durch Freigabeerklärung des Gl analog § 843, wenn der Schuldner mit Zustimmung des Gl das Pfandsiegel an der in seinem Gewahrsam gebliebenen Sache ablöst (BGH KTS 1959, 157; **aA** verlangt noch Vollzug durch Gerichtsvollzieher).

7 **b) Entstehung eines Pfändungspfandrechts**, § 804 I (vgl § 804 Rz 1).

8 **5. Verbot der Überpfändung, Absatz 1 Satz 2.** Verstoß: Pfändung ist trotzdem wirksam; Rechtsbehelf: § 766. Abs. 1 S. 2 greift nicht ein, wenn nur *ein* pfändbarer Gegenstand vorhanden ist. Erkennt der Gerichtsvollzieher, dass er eine Überpfändung vorgenommen hat, ist insoweit die Pfändung aufzuheben (*StJM* Rz 15, 28; **aA** hM: nur auf Erinnerung, § 766). Hat er zu wenig gepf, ist von Amts wegen eine **Nachpfändung** vorzunehmen. § 803 I 2 ist Schutzgesetz für den Schuldner, nicht für den Drittschuldner (BGH NJW 1985, 1155). Ist der Gl mat-rechtl. ausreichend gesichert: § 777.

9 **6. Verbot der nutzlosen Pfändung, Absatz 2.** Es muss bei überschlägiger Berechnung mehr herauskommen, als der Gerichtsvollzieher an Kosten, auch für Ausbau und Transport zB einer Küche, berechnet. Kosten der ZwV: § 788. Verstoß: Pfändung ist trotzdem wirksam. Rechtsbehelfe: § 766 I, II. **Absatz 2 gilt nicht** bei Anschlusspfändung, § 826, da sie Erstpfändung werden kann (hM; vgl *Wieser* DGVZ 1985, 37; *Brehm* DGVZ 1985, 65), nicht im Grundstückszwangsversteigerungsverfahren (BGH MDR 2004, 711), nicht für die ZVG-Zwangsverwaltung (BGH NJW 2002, 3178). Über ZwV wegen Kleinstbeträgen vgl § 753 Rz 4.

## § 804 ZPO Pfändungspfandrecht

**(1) Durch die Pfändung erwirbt der Gläubiger ein Pfandrecht an dem gepfändeten Gegenstande.**

**(2) Das Pfandrecht gewährt dem Gläubiger im Verhältnis zu anderen Gläubigern dieselben Rechte wie ein durch Vertrag erworbenes Faustpfandrecht; es geht Pfand- und Vorzugsrechten vor, die für den Fall eines Insolvenzverfahrens den Faustpfandrechten nicht gleichgestellt sind.**

**(3) Das durch eine frühere Pfändung begründete Pfandrecht geht demjenigen vor, das durch eine spätere Pfändung begründet wird.**

Geändert ab 01.01.1999 durch EGInsO (BGH 1994, 2911).

1 **1. Absatz 1. Pfändungspfandrecht:** Einordnung str: hM gemischte Theorie (vgl RGZ 156, 395; BGH NJW 1992, 2570; **aA** öffentl.-rechtl. Theorie, **aA** privatrechtl. Theorie; vgl

*Brox/Walker* Rz 380 ff.; *Lipp* JuS 1988, 199): das PfändungspfandR entsteht nur, wenn alle wesentl. VollstrVoraussetzungen vorliegen (nur Verletzung von Ordnungsvorschriften ist unschädl.) und wenn die Forderung besteht, dh tituliert ist; es entsteht **nicht an schuldner-**

**fremden Sachen**, allerdings ist § 185 II BGB hier entspr anwendbar; bei Pfändung **gläubigereigener Sachen** wird die Sache nur verstrickt. 2

Grundlage der Verwertung ist die öffentl.-rechtl. Verstrickung; wurde die Sache verstrickt, erwirbt der Ersteher (auch bei Bösgläubigkeit) kraft staatl. Hoheitsaktes Eigentum, auch wenn kein PfändungspfandR besteht; entstand kein PfändungspfandR, hat der Gl den Erlös ohne Rechtsgrund erhalten und muss ihn nach § 812 BGB an den ursprüngl. Eigentümer der Sache herausgeben (vgl § 771 Rz 3). 3

**2. Absatz 2. Rang im Verhältnis zu anderen Rechten:** 4

**a)** Grds wie ein FaustpfandR, also Verweisung auf §§ 1204 ff. BGB (insb §§ 1227, 985 BGB, Herausgabe an Gerichtsvollzieher; § 1004 BGB gegen andere Gl; § 823 I BGB bei Verletzung des PfandR; BesitzschutzR nach §§ 859, 861, 862 BGB: der Gl ist mittelbarer Besitzer; AbsonderungsR im Insolvenzverfahren, § 50 InsO). Verwertung aber nur nach §§ 814 ff., nicht nach BGB.

**b) Bei der Erlösverteilung:** 5

**(1) § 804 II Halbsatz 1:** Grds kommt es **im Verhältnis zu Vertragspfandrechten und gesetzlichen Pfandrechten** (wie Vermieter-, Verpächter-, WerkunternehmerpfandR) auf die Reihenfolge der Entstehung an, das früher begründete geht dem späteren Recht vor (BGH 52, 99), der erste Gl wird vor dem zweiten voll befriedigt (bei Streit zwischen den Gl: §§ 872 ff). Haben mehrere Gl denselben Rang, zB weil der Gerichtsvollzieher gleichzeitig für alle Gl pfändet, wird der Netto-Erlös im Verh der einzelnen Forderungen verteilt (zB zwei Forderungen 4 000 und 2 000 €; Erlös 600 €; jeder Gl erhält 10 %).

**(2) § 804 II Halbsatz 2:** den **„Vorzugsrechten"** (zB **Zurückbehaltungsrecht** nach § 273 BGB, vgl §§ 50, 51 InsO; „PfandR" iSd Halbs. 2 sind nicht bekannt) geht das PfändungspfandR auch vor, wenn es später entstanden ist. 6

**(3)** Später im guten Glauben daran, dass kein PfändungspfandR besteht, erworbene VertragspfandR gehen vor, § 1208 BGB. 7

**3. Absatz 3. Rangverhältnis** zwischen mehreren PfändungspfandR: **Prioritätsprinzip** (= Präventionsprinzip). Unwesentl. ist Reihenfolge der Auftragseingänge beim Gerichtsvollzieher. Wenn bei einer fehlerhaften Pfändung der Vollstr-Mangel nachträgl. geheilt wird, „entsteht" nach der gemischten Theorie (Rz 1) das PfändungspfandR erst im Zeitpunkt der Heilung (keine Rückwirkung). Abweichendes ggü Abs. 3 gilt auch bei Pfändung aufgrund dingl. Titels (§§ 879 ff. BGB). Ist ein besserer Rang rechtsmissbräuchl. erlangt, steht der Ausnutzung § 242 BGB entgegen (BGH 57, 108). 8

**Gleichrang** bei gleichzeitiger Pfändung derselben Sache durch Gerichtsvollzieher für mehrere Titel. Pfändungsaufträge mehrerer Gl gegen denselben Schuldner werden vom Gerichtsvollzieher gleichzeitig behandelt (§ 168 Nr. 1 GVGA, wodurch faktisch Gleichrang entsteht. Über Praxismissbrauch vgl *Knoche/Biersack* NJW 2003, 476. 9

10 Erfolgt Pfändung aufgrund einer Forderung, für die der Gl an der gepf Sache **schon ein gesetzliches oder vertragliches Pfandrecht** hat, erlangt das PfändungspfandR jenen besseren Rang (hM, *StJM* Rz 39).

### § 805 ZPO Klage auf vorzugsweise Befriedigung

**(1) Der Pfändung einer Sache kann ein Dritter, der sich nicht im Besitz der Sache befindet, auf Grund eines Pfand- oder Vorzugsrechts nicht widersprechen; er kann jedoch seinen Anspruch auf vorzugsweise Befriedigung aus dem Erlös im Wege der Klage geltend machen, ohne Rücksicht darauf, ob seine Forderung fällig ist oder nicht.**

**(2) Die Klage ist bei dem Vollstreckungsgericht und, wenn der Streitgegenstand zur Zuständigkeit der Amtsgerichte nicht gehört, bei dem Landgericht zu erheben, in dessen Bezirk das Vollstreckungsgericht seinen Sitz hat.**

**(3) Wird die Klage gegen den Gläubiger und den Schuldner gerichtet, so sind diese als Streitgenossen anzusehen.**

**(4) [1]Wird der Anspruch glaubhaft gemacht, so hat das Gericht die Hinterlegung des Erlöses anzuordnen. [2]Die Vorschriften der §§ 769, 770 sind hierbei entsprechend anzuwenden.**

1 **1. Absatz 1. Abgrenzung:** § 805 ist nur bei Vollstr wegen einer Geldforderung in eine bewegl. Sache einschlägig (zB Klage des Vermieters, der Mietforderungen gegen Mieter M hat, gegen einen Gl, der Forderungen gegen M hat und dessen Möbel gepf hat). Bei ZwV *wegen Herausgabe* (§§ 883 ff.) oder wegen Geldforderung *in ein Recht* kommt nicht § 805, sondern § 771 in Betracht. Ist der **Dritte im Besitz:** §§ 809, 766 oder § 771, der Dritte kann sich auch mit § 805 begnügen. Der **besitzlose Dritte** kann dagegen die ZwV nicht verhindern. AblösungsR, § 268 BGB, besteht daneben.

**2. Verfahren**

2 **a) Zuständigkeit: Absatz 2**, AG oder LG, je nach StrW (Forderung des Kl ohne Zinsen, Kosten, jedenfalls § 6 S. 2); §§ 802, 764 II; Kl ist der Dritte, Bekl der betreibende Gl.

3 **b) Rechtsschutzbedürfnis:** von der Pfändung bis zur Auskehr des Erlöses (nachher: Ansprüche aus §§ 812, 823 BGB; BGH NJW 1986, 2426);

4 **c) Bestehen eines** vorrangigen oder gleichrangigen (§ 804 III) **Pfandrechts** (zB des **Vermieters**, § 562 BGB; Verpächters, § 592 BGB; Gastwirts, § 704 BGB; BesitzpfandR wie nach § 647 BGB, wenn die Sachen abhanden gekommen sind) oder **Vorzugsrechts** (zB bestimmtes ZurückbehaltungsR, §§ 369, 370 HGB. Beispiel: der Gerichtsvollzieher pfändet ein Gemälde für G; der Vermieter macht wegen der Mietrückstände das VermieterpfandR am selben Gemälde geltend).

5 Oder Bestehen eines **Anfechtungsrechts** nach § 13 AnfG (*Brox/Walker* Rz 1425, 1458; Beispiel: Schuldner S 1 hat eine Sache anfechtbar an S 2 gegeben, wo sie von dessen Gl G 2 gepfändet wird; der Gl G 1 des S 1 hat daher einen Nachteil, § 805; dazu *Huber* AnfG § 13 Rz 4). **Einwendungen des Beklagten** vgl § 771 Rz 14. **Beweislast:** Der Kl muss das

behauptete Recht und dessen Rang sowie den Anspruch (nicht auch, dass er nicht erloschen ist) beweisen (BGH NJW 1986, 2426).

**d) Entscheidung:** EndU: „Der Kl ist aus dem Reinerlös des am ... gepf ... bis zur Höhe von ... € (Hauptsache, Zinsen bis zum voraussichtl. Auszahlungstag, Kosten) *vor* dem Bekl zu befriedigen". Bei fehlender Fälligkeit der Forderung des Kl (Dritten) Abzug von Zwischenzinsen, nicht Hinterlegung bis zur Fälligkeit (*StJM* Rz 23; str). 6

**Kostenentscheidung** nach §§ 91 ff. (§ 93: Einwilligung des Bekl in entspr Auszahlung hätte genügt; § 170 GVGA). 7

**Vorläufige Vollstreckbarkeit** auch in der Hauptsache nach §§ 708 ff. Gerichtsvollzieher oder Hinterlegungsstelle zahlt dann an Dritten aus, § 775, § 13 HinterlO. 8

**3. Absatz 3.** Einfache StrGen, § 59. Gleichzeitige Klage nur zweckmäßig, wenn der Schuldner das Recht des Dritten bestreitet. Vgl § 771 II. 9

**4. Absatz 4. Glaubhaftmachung**, § 294, des PfandR und Vorrangs. Nur Verfahren, Zust, Kosten, richten sich nach §§ 769, 770; das ProzessG erlässt eine eAnO. Keine Einstellung der ZwV. 10

**5. Kosten**. Gericht: wie bei gewöhnl. Klagen (GKG-KV 1210 ff.); RA: RVG-VV 3100 ff. AnO nach § 805 IV ist gerichtsgebührenfrei. 11

### § 806 ZPO Keine Gewährleistung bei Pfandveräußerung

**Wird ein Gegenstand auf Grund der Pfändung veräußert, so steht dem Erwerber wegen eines Mangels im Recht oder wegen eines Mangels der veräußerten Sache ein Anspruch auf Gewährleistung nicht zu.**

Gewährleistung §§ 434, 435 BGB. Bei Versteigerung (§ 383 III BGB) ferner § 445 BGB. Anderes als nach § 806 gilt bei Zusicherungen, Garantieversprechen, Amtspflichtverletzung des Gerichtsvollziehers (§ 839 BGB). „Veräußerung" ist auch freihändiger Verkauf und Verwertung nach §§ 820 ff, 825, 844, 857, nicht der nach § 373 HGB. 1

### § 806a ZPO Mitteilungen und Befragung durch den Gerichtsvollzieher

**(1) Erhält der Gerichtsvollzieher anlässlich der Zwangsvollstreckung durch Befragung des Schuldners oder durch Einsicht in Dokumente Kenntnis von Geldforderungen des Schuldners gegen Dritte und konnte eine Pfändung nicht bewirkt werden oder wird eine bewirkte Pfändung voraussichtlich nicht zur vollständigen Befriedigung des Gläubigers führen, so teilt er Namen und Anschriften der Drittschuldner sowie den Grund der Forderungen und für diese bestehende Sicherheiten dem Gläubiger mit.**

**(2) [1]Trifft der Gerichtsvollzieher den Schuldner in der Wohnung nicht an und konnte eine Pfändung nicht bewirkt werden oder wird eine bewirkte Pfändung voraussichtlich nicht zur vollständigen Befriedigung des Gläubigers führen, so kann der Gerichtsvollzieher die zum Hausstand des Schuldners gehörenden erwachsenen Personen nach dem Arbeitgeber des Schuldners befragen. [2]Diese sind zu einer Aus-**

**kunft nicht verpflichtet und vom Gerichtsvollzieher auf die Freiwilligkeit ihrer Angaben hinzuweisen. [3]Seine Erkenntnisse teilt der Gerichtsvollzieher dem Gläubiger mit.**

§ 806a geändert durch G v. 22.03.2005 (BGBl 2005, 837).

1 § 806a bezweckt, § 807-Anträge zu vermeiden. Ein Gl-Auftrag ist nicht erforderl. § 806a wird ergänzt durch § 845 I 2. **Absatz 1:** Dokumente: zB Arbeitsverträge, Abrechnungen, Mietverträge. Der Gl kann dann die Forderungen pfänden usw., §§ 829, 835. **Absatz 2:** Befragt werden können in der Wohnung befindl. Personen, Familienangehörige, Mitbewohner der Wohnung.

## § 806b ZPO Gütliche und zügige Erledigung

**[1]Der Gerichtsvollzieher soll in jeder Lage des Zwangsvollstreckungsverfahrens auf eine gütliche und zügige Erledigung hinwirken. [2]Findet er pfändbare Gegenstände nicht vor, versichert der Schuldner aber glaubhaft, die Schuld kurzfristig in Teilbeträgen zu tilgen, so zieht der Gerichtsvollzieher die Teilbeträge ein, wenn der Gläubiger hiermit einverstanden ist. [3]Die Tilgung soll in der Regel innerhalb von sechs Monaten erfolgt sein.**

§ 806b wurde eingefügt durch 2. ZwVollstrNovelle (BGBl 1997, 3039).

1 **Satz 1** ist ohne rechtl. Inhalt, bringt nur selbstverständl. Ratschläge. **Satz 2:** Findet der Gerichtsvollzieher nichts Pfändbares vor, erklärt er Pfandabstand; der Gl wird dann die Abgabe der eV beantragen bzw die Forderungspfändung betreiben. Der Gerichtsvollzieher kann Geldforderungen ratenweise einziehen, wenn der Schuldner kurzfristige **ratenweise Tilgung** zusichert *und* der Gl damit einverstanden ist (die Abgabe der eV wird dadurch hinausgeschoben); das war schon bisher so. Der Gl kann sein Einverständnis zurückziehen.

2 **Wegegeld des Gerichtsvollziehers** bei Einziehung von Teilbeträgen: GVKostG KV 711 IV.

## § 807 ZPO Eidesstattliche Versicherung

**(1) Der Schuldner ist nach Erteilung des Auftrags nach §900 Abs.1 verpflichtet, ein Verzeichnis seines Vermögens vorzulegen und für seine Forderungen den Grund und die Beweismittel zu bezeichnen, wenn**

**1. die Pfändung zu einer vollständigen Befriedigung des Gläubigers nicht geführt hat,**

**2. der Gläubiger glaubhaft macht, dass er durch die Pfändung seine Befriedigung nicht vollständig erlangen könne,**

**3. der Schuldner die Durchsuchung (§ 758) verweigert hat oder**

**4. der Gerichtsvollzieher den Schuldner wiederholt in seiner Wohnung nicht angetroffen hat, nachdem er einmal die Vollstreckung mindestens zwei Wochen vorher angekündigt hatte; dies gilt nicht, wenn der Schuldner seine Abwesenheit genügend entschuldigt und den Grund glaubhaft macht.**

**(2) [1]Aus dem Vermögensverzeichnis müssen auch ersichtlich sein**

**1. die in den letzten zwei Jahren vor dem ersten zur Abgabe der eidesstattlichen Versicherung anberaumten Termin vorgenommenen entgeltlichen Veräußerungen des Schuldners an eine nahe stehende Person (§ 138 der Insolvenzordnung);**

**2. die in den letzten vier Jahren vor dem ersten zur Abgabe der eidesstattlichen Versicherung anberaumten Termin von dem Schuldner vorgenommenen unentgeltlichen Leistungen, sofern sie sich nicht auf gebräuchliche Gelegenheitsgeschenke geringen Werts richteten.**

**[2]Sachen, die nach § 811 Abs. 1 Nr. 1, 2 der Pfändung offensichtlich nicht unterworfen sind, brauchen in dem Vermögensverzeichnis nicht angegeben zu werden, es sei denn, dass eine Austauschpfändung in Betracht kommt.**

**(3) [1]Der Schuldner hat zu Protokoll an Eides statt zu versichern, dass er die von ihm verlangten Angaben nach bestem Wissen und Gewissen richtig und vollständig gemacht habe. [2]Die Vorschriften der §§ 478 bis 480, 483 gelten entsprechend.**

§ 807 geändert durch 2. ZwVollstrNovelle (BGBl 1997, 3039).

Lit: ***Behr*** JurBüro 2000, 178; ***Seip*** JurBüro 1998, 457; ***Schmidt*** DGVZ 2007, 65.

**1. Absatz 1. Zweck:** der Gl soll erfahren, wo er noch vollstrecken kann. Der Schuldner ist verpflichtet, vor dem Gerichtsvollzieher (bis 1998: vor dem Rechtspfleger des VollstrGerichts) die eidesstattliche Versicherung (eV), früher Offenbarungseid, abzugeben, wenn folgende **Voraussetzungen** vorliegen: 1

**Auftrag** des Gl nach § 900; auch Inkassounternehmen sind antragsberechtigt (str, vgl § 900 Rz 1); weiteres Verfahren vgl §§ 899 – 915. Gerichtsvollziehergeb: Nr. 260, 270 GVKostG.

**Zwangsvollstreckung wegen Geldforderungen** (sonst gilt § 883 II; § 98 InsO); ferner § 836 III 2. 2

**Allgemeine Zulässigkeit der Zwangsvollstreckung:** Als Titel genügt Arrestbefehl, Leistungsverfügung; auch genügt Zulässigkeit der Sicherungsvollstreckung nach § 720a (BGH FamRZ 2007, 210; NJW-RR 2006, 996); bei Vollstr wegen Restbetrag vgl § 753 Rz 5. 3

**Rechtsschutzbedürfnis:** besteht auch, wenn Schuldner schon die eV nach §95 AO abgegeben hat (BGH NJW 2004, 2905); fehlt, wenn Vermögenslosigkeit feststeht, LG Itzehoe Rpfleger 1985, 153; Behauptung des Schuldners genügt nicht, auch nicht außergerichtl. Unterrichtung durch den Schuldner, ungenügend Erklärung vor einem Notar, weil dies nicht strafbewehrt ist und nicht ins Schuldnerverzeichnis eingetragen wird (LG Flensburg DGVZ 2000, 89). Die AnO nach §21 II Nr.3 InsO steht der Erzwingung der eV nicht entgegen (LG Würzburg NJW-RR 2000, 781; **aA** LG Darmstadt NJW-RR 2003, 1493). 4

**a) Absatz 1 Nr. 1: keine vollständige Befriedigung des Gläubigers** bei der Pfändung, also ohne Rücksicht auf unbewegl. Vermögen oder Forderungspfändung. Sie ist nachzuweisen (zB Abschrift des Gerichtsvollzieherprotokolls; Bezugnahme auf die früheren Akten des Gerichtsvollziehers; § 294 genügt nicht). Gl muss uU Pfändung in beiden Woh- 5 nungen oder in Wohnung und Geschäftsraum (LG Wuppertal JurBüro 2000, 493; OLG Köln Rpfleger 2000, 283; **aA** OLG Frankfurt Jur-Büro 1977, 857) versuchen. Oder:

5a **b) Absatz 1 Nr. 2: Aussichtslosigkeit der Pfändung**, glaubhaft gemacht, vgl *Jenisch* Rpfleger 1988, 461 (§ 294), idR durch Unpfändbarkeits-Bescheinigung des Gerichtsvollziehers (§ 63 GVGA). Ältere Bescheinigungen (zB drei Jahre alt) werden idR nicht genügen. Str ist, ob der Hinweis auf noch nicht vollzogene **Haftbefehle** in anderer Sache genügt (bej OLG Oldenburg InVO 1999, 155; LG Magdeburg JurBüro 1999, 103; AG Bochum DGVZ 2000, 141; **aA** AG Neuruppin DGVZ 2001, 124). Oder:

5b **c) Absatz 1 Nr. 3: Verweigerte Durchsuchung der Wohnung.** Vgl *Harnacke* DGVZ 2001, 58. Verweigert der Schuldner (oder sein PrBev, nicht: andere Personen, AG St. Wendel DGVZ 2001, 124; **aA** LG Köln DGVZ 2001, 44) die Wohnungsdurchsuchung, kann der Gl entweder sogleich die Abgabe der eV beantragen oder er kann beim AG eine richterl. DurchsuchungsAnO beantragen (§ 758a) und dann die Mobiliarpfändung weiterbetreiben. Das Bedürfnis für die eV besteht auch dann, wenn der Gerichtsvollzieher über § 806a den Arbeitgeber erfahren hat, weil die eV mehr Auskünfte als nur den Namen des Arbeitgebers bringt. Bei mehreren Wohnungen genügt es, wenn die Durchsuchung *einer* Wohnung verweigert wird (LG Berlin JurBüro 2000, 375). Oder:

5c **d) Absatz 1 Nr. 4: Wiederholt nicht angetroffener Schuldner.** Vgl *Hascher* DGVZ 2001, 105. Auch das rechtfertigt eine richterl. DurchsuchungsAnO (§ 758a I). Der Gerichtsvollzieher hat hier den Schuldner (mindestens) einmal in seiner Wohnung nicht angetroffen; er kündigt dann seinen zweiten Besuch mindestens zwei Wochen vorher an (Einwurf der Mitteilung in den Briefkasten). Trifft er den Schuldner erneut nicht an, kann der Gl die Abgabe der eV beantragen. Abwesenheit des Schuldners ist nur entschuldigt, wenn die Gründe ausreichen *und* glaubhaft gemacht sind (zB Vorlage einer Arbeitgeber-Bescheinigung bei auswärtig Arbeitenden; vgl LG Stuttgart DGVZ 2001, 120), bloße Ausreden genügen nicht. Übersieht der Schuldner beide Gerichtsvollziehertermine, weil er zB drei Monate im Krankenhaus liegt, kann er dies noch im Widerspruchsverfahren nach § 900 V geltend machen. Der Gerichtsvollzieher hat den Zeitpunkt des VollstrVersuchs und der Ankündigung im Pfändungsprotokoll (§ 762) zu vermerken. Die hM (LG Münster Rpfleger 2001, 253; LG Essen DGVZ 2001, 77) wendet Nr. 4 nur an, wenn der Gl mit dem Sachpfändungsauftrag auch den Antrag auf Abnahme der eV stellt (sog. Kombi-Auftrag).

6 **2. Die Offenbarungspflicht trifft:**

- den prozessfähigen **Schuldner** pers;
- beim **prozessunfähigen Schuldner:** gesetzl. Vertreter zur Zeit des eV-Termins, also nicht bei Zustellung der Ladung (daher Rechtsmissbrauch mögl.); der einzige Vorstand eines e.V., der sein Amt erst nach Ladung zur eV niedergelegt hat, ohne dass ein neuer Vorstand bestellt ist, wenn sonst Rechtsmissbrauch vorläge (BGH NJW-RR 2007, 185).

7 - bei **GmbH:** Geschäftsführer zur Zeit des eV-Termins, nicht der Ladungszustellung (hM, OLG Köln Rpfleger 2000, 399; OLG Hamm MDR 1984, 854); bei Geschäftsführerwechsel also grds der neue; bei zweckorientierter Abberufung/Niederlegung (dh Scheinhandlung) der bisherige Geschäftsführer (OLG Hamm Rpfleger 1985, 121; LG Bochum Rpfleger 2001, 442); bei Einzelvertretungsmacht mehrerer der vom Gl oder

vom VollstrGericht bestimmte Vertreter (*Behr* Rpfleger 1988, 4; *Limberger* DGVZ 1984, 129), sonst alle Vertreter.

- bei nach § 141a FGG **gelöschter GmbH:** den letzten Geschäftsführer (OLG Frankfurt Rpfleger 1976, 329; **aA** *Weinbörner* Rpfleger 1984, 261). 8
- bei **OHG, KG:** vertretungsberechtigte Gesellschafter, §§ 125, 161 II HGB; zur GmbH & Co KG vgl OLG Frankfurt NJW-RR 1988, 807.
- **Nachlasspfleger** mit Aufgabe Vermögensverwaltung, §§ 1960, 1961 BGB (LG Düsseldorf JurBüro 1984, 1425).
- **Betreuer**, §§ 1896, 1902 BGB, auch bei Geschäftsfähigkeit des Betreuten, wenn ihm die Vermögensverwaltung obliegt (LG Osnabrück DGVZ 2005, 128); nicht, wenn er zB nur die Gesundheitssorge hat. Es genügt nicht, dass er ohnehin zu den Akten des VormundschaftsG ein Vermögensverzeichnis eingereicht hat (LG Braunschweig FamRZ 2000, 613).

3. **Inhalt des Vermögensverzeichnisses** (vgl *Behr* JB 1996, 401 + 457) ist zB 9

- bei **körperlichen Sachen** auch der Aufbewahrungsort (BGH NJW 1973, 261); Wertloses wie alte Kleidung muss nicht angegeben werden **(§ 807 Absatz 2 Satz 2)**.
- **unbewegliches Vermögen**, Grundstücke, Eigentumswohnungen.
- die **Forderungen**, auch unsichere, zweifelhafte, mit Namen und Anschrift des Drittschuldners (Bank, Sparkasse usw.) und mit Beweismitteln (Abs. 1), auch bei Soll-Salden (LG Kaiserslautern JurBüro 1999, 325); Mietkaution; Sparguthaben, Girokontoguthaben; Ansprüche aus Lebensvers; Forderungen des Arztes (Schuldners) gegen Privatpatienten (AG Mainz DGVZ 2001, 78; *Brötel* NJW 1998, 3387; str).
- bei **Selbstständigen**: Angaben über Aufträge (AG Freudenstadt JB 2005, 49).
- bei künftigen **Rentenansprüchen:** RentenVersTräger und -nummer (LG Aschaffenburg InVO 1999, 121; LG Bonn Rpfleger 1993, 30; LG Köln JurBüro 1996, 51).
- bei Pfändung des Anspruchs auf **Lohnsteuerjahresausgleich:** auch Angaben über die Zeiträume der Arbeitslosigkeit (LG Krefeld MDR 1985, 63; str). 10
- bei **Arbeitseinkommen:** mit Anschrift des Arbeitgebers; auch beendetes Arbeitsverh, wenn noch Ansprüche daraus bestehen (BGH NJW 1968, 1388). Gelegenheitsarbeiter (LG Düsseldorf JurBüro 1986, 940), Aushilfskräfte, unverheiratete „Hausmänner" müssen die regelmäßigen Auftraggeber angeben (LG Frankfurt Rpfleger 1985, 73; LG München I MDR 1984, 764), Empfänger von „Zuwendungen": Details über die Bestreitung des Lebensunterhalts (LG Stuttgart DGVZ 1993, 114); Einkünfte aus Schwarzarbeit (OLG Köln Rpfleger 1995, 469; LG Wuppertal DGVZ 1999, 120). 11
- **Entgeltliche Veräußerungen an Angehörige (Absatz 2 Nr. 1)**, weil dies uU anfechtbare Rechtsgeschäfte gem § 3 II AnfG sind.
- **Unentgeltliche Leistungen (Absatz 2 Nr. 2)**, weil sie uU gem § 4 AnfG anfechtbar sind.
- uU **Einkünfte von Unterhaltsberechtigten** (wegen § 850c; BGH NJW 2004, 2979); Einkünfte des **Ehegatten**, zB wenn Pfändung von Taschengeld infrage kommt (BGH NJW 2004, 2452; **aA** LG Bonn Rpfleger 1993, 30).

12 **4. Ergänzung.** Ist das Verzeichnis unvollständig, unrichtig, ungenau, kann der Gl Ergänzung verlangen (sog **Nachbesserung**), BGH NJW 2004, 2979; *Sturm* JB 2004, 62; *Schmidt* DGVZ 2007, 65. Rechtsbehelf: § 766 (LG Magdeburg ZVI 2006, 57). Konkrete Anhaltspunkte sind erforderl., allg Fragenkataloge des Gl sind nicht zu beantworten (LG Rostock JurBüro 2001, 382). Neue eV: § 903 Rz 3.

13 **5. Absatz 3.** Strafbarkeit der falschen eV: § 156 StGB. BayObLG NJW 2003, 2181.

## Untertitel 2.
## Zwangsvollstreckung in körperliche Sachen

### § 808 ZPO Pfändung beim Schuldner

**(1) Die Pfändung der im Gewahrsam des Schuldners befindlichen körperlichen Sachen wird dadurch bewirkt, dass der Gerichtsvollzieher sie in Besitz nimmt.**

**(2) [1]Andere Sachen als Geld, Kostbarkeiten und Wertpapiere sind im Gewahrsam des Schuldners zu belassen, sofern nicht hierdurch die Befriedigung des Gläubigers gefährdet wird. [2]Werden die Sachen im Gewahrsam des Schuldners belassen, so ist die Wirksamkeit der Pfändung dadurch bedingt, dass durch Anlegung von Siegeln oder auf sonstige Weise die Pfändung ersichtlich gemacht ist.**

**(3) Der Gerichtsvollzieher hat den Schuldner von der erfolgten Pfändung in Kenntnis zu setzen.**

**Lit:** ***Schrader/Steinert***, ZwV in das bewegliche Vermögen.

1 **1. Absatz 1.** Pfändung wird bewirkt, indem der Gerichtsvollzieher die Sache in Besitz nimmt.

**a) Gewahrsam** ist rein tatsächl. Sachherrschaft; zu unterscheiden vom Besitz; der unmittelbare Besitzer hat (Ausnahme uU bei § 857 BGB) Gewahrsam; Besitzdiener und mittelbare Besitzer haben insoweit keinen Gewahrsam.

**b) Der Schuldner muss allein Gewahrsamsinhaber sein:** Hierfür kommt es darauf an, ob die Sachen nach dem äußeren Erscheinungsbild und nach der Verkehrsauffassung der Herrschaft des Schuldners unterliegen.

2 **Beispiele:**

- **Mieter** haben Gewahrsam an den Sachen (auch des Vermieters) in ihrer Wohnung;
- **Besitzdiener** (Hausangestellte, Gewerbegehilfen, Kellner) bez der Sachen des Herrn, § 855 BGB: der Besitzherr ist hier Gewahrsamsinhaber;
- **Eheleute:** § 739; nicht anwendbar auf eheähnl. Lebensgemeinschaft;
- **Minderjährige, Geschäftsunfähige:** Der Gewahrsam des gesetzl. Vertreters an deren Sachen zählt als Schuldnergewahrsam; Widerspruch der Eltern des schuldenden Kindes fällt also nicht unter § 809;
- **Juristische Personen:** Gewahrsam am Gesellschaftsvermögen wird durch ihre Organe ausgeübt; Abgrenzungsprobleme zum Eigengewahrsam der Organe am Eigenvermögen:

Auf die übl. Zuordnung zum Betriebs-/Privatvermögen kommt es an, nicht auf den behaupteten Gewahrsamswillen des Organs;

- **KG, OHG:** Gewahrsam des Geschäftsführers gilt als Gewahrsam der Gesellschaft (BGH JZ 1968, 69); der Gewahrsam des Kommanditisten wird der KG zugerechnet (KG NJW 1977, 1160; str); Abgrenzung Gesellschaftergewahrsam zu Eigengewahrsam wie bei juP;
- **Wohngemeinschaften:** Tatfrage, woran Allein- und Mitgewahrsam besteht; zur eheähnl. Lebensgemeinschaft vgl LG Frankfurt NJW 1986, 729;
- **Mitgewahrsam:** § 809.

**c)** Wird beim **Schuldner** nur **als Verwalter fremden Vermögens** gepf (zB Testamentsvollstrecker) ist Gewahrsam nötig und Feststellung, dass die Sache zu dem der Vollstreckung unterworfenen Vermögen gehört. 3

**d) Ob der Schuldner auch Eigentümer ist**, prüft der Gerichtsvollzieher nicht. Ausnahme bei **evidentem Dritteigentum:** wenn nach Lage der Dinge vernünftigerweise kein Zweifel daran bestehen kann (BGH LM Nr. 2; LG Detmold DGVZ 1996, 120), dass ein Dritter Eigentümer ist, keine Pfändung (zB dem Handwerker zur Reparatur übergebene Sachen, Bücher mit Bibliotheksstempel, Leergut; vgl § 119 GVGA). Der Dritte ist anderenfalls auf Freigabe durch den Gl oder § 771 angewiesen. Auch **gläubigereigene Sachen** kann der Gl pfänden lassen (zB bei Eigentumsvorbehalt): zwar entsteht dann kein PfändungspfandR, aber Verstrickung. 4

**e) Sonderfälle:** Bestimmtes **Zubehör** unterliegt nach § 865 II nicht der Gerichtsvollzieherpfändung. **Wertpapiere:** Inhaberpapiere, Namenspapiere: § 821; Wechsel: § 831. **Sparbuch:** notw Pfändung des Guthabens (§ 829), vorherige Wegnahme des Sparbuches durch sog. **Hilfspfändung** (analog § 836 III 2; § 156 GVGA); **Kfz-Scheine, -Briefe:** Wegnahme entspr § 952 BGB. Über ZwV in **Software** vgl *Franke* MDR 1996, 236; *Paulus* ZIP 1996, 2; *Weinmann* Rpfleger 1996, 12; in **Computer** *Roy/Palm* NJW 1995, 690; in **Fische** im Teich *Röder* DGVZ 1995, 38. 5

**2. Absatz 2.** Die Inbesitznahme durch den Gerichtsvollzieher erfolgt durch Erlangen der tatsächl. Gewalt durch den Gerichtsvollzieher (dadurch wird der Gerichtsvollzieher unmittelbarer Besitzer, der Gl wird mittelbarer Besitzer iSd § 868 BGB): 6

**a) Geld, Kostbarkeiten** (Briefmarkensammlung, BGH LM Nr. 1), Wertpapiere, Wechsel, indossable Papiere, Kraftfahrzeuge mit Brief und Schein (§ 952 BGB entspr) nimmt der Gerichtsvollzieher weg und verwahrt sie anderweitig; lässt er das mit Pfandsiegel versehene Kfz beim Schuldner, ist die Pfändung trotzdem wirksam, LG Darmstadt DGVZ 1999, 92; vgl *App* DAR 2000, 204. Einen Lagervertrag mit einem Dritten schließt der Gerichtsvollzieher insoweit privatrechtl. als bevollmächtigter Vertreter des Justizfiskus (BGH NJW 1999, 2597), sodass bei Insolvenz des Gerichtsvollziehers der Staat die Miete zahlen muss;

**b) sonstige Sachen** werden idR im Gewahrsam des Schuldners belassen und die Pfändung durch das *Pfandsiegel* ersichtl. gemacht (*sonstige Weise:* zB Anbringen von Tafeln, Einbrennen von Marken). *Ersichtl.:* gewisse Auffälligkeit ist notw Verstoß gegen S. 2 macht die Pfändung nichtig (RG 81, 191). Der Schuldner vermittelt nun als unmittelbarer Besitzer dem Gerichtsvollzieher den Besitz und über den Gerichtsvollzieher dem Gl (in zweiter Stufe): bedeutsam für § 935 I BGB. Trotz *Abfallens des Pfandsiegels* besteht die Pfändung fort. 7

8 **c)** Gelangen *gepf* Sachen in den **Besitz eines Dritten**, ist str, ob der Gerichtsvollzieher dem Dritten die Sache gewaltsam wegnehmen darf (sog **Verfolgungsrecht** des Gerichtsvollziehers; abzulehnen, vgl § 758; *Brox/Walker* Rz 372; **aA** LG Stuttgart MDR 1969, 675). Hat der Schuldner *vor* Pfändung seine Sachen weggegeben: Anfechtung nach AnfG.

9 **d)** Eine ausgeführte Pfändung darf der Gerichtsvollzieher nicht eigenmächtig wieder aufheben.

10 **3. Absatz 3** ist nur Ordnungsvorschrift.

11 **4. Rechtsbehelf:** § 766, für den Eigentümer § 771.

12 **5. Kosten.** GerichtsvollzieherGeb nach 205 GVKostG KV; Hilfspfändung ist gebührenfrei; bei Anschlusspfändung neue GerichtsvollzieherGeb. Erfolglose Pfändung: KV 604 (nicht 205, weil nichts „bewirkt" wurde). Ferner Wegegeld nach KV 711 und eventuell Zeitzuschlag nach KV 500, Kopien nach KV 700. RA: RVG-VV 3309, 3310; §§ 18 Nr. 3, 19 II RVG.

## § 809 ZPO Pfändung beim Gläubiger oder bei Dritten

**Die vorstehenden Vorschriften sind auf die Pfändung von Sachen, die sich im Gewahrsam des Gläubigers oder eines zur Herausgabe bereiten Dritten befinden, entsprechend anzuwenden.**

Lit: *Knoche* ZZP 2001, 399.

1 **1. Gewahrsam des (Vollstreckungs-)Gläubigers:** auf dessen Herausgabebereitschaft kommt es nicht an (hM, Nachw. bei *Schilken* DGVZ 1986, 145).

2 **2. Gewahrsam eines Dritten**, Mitgewahrsam genügt: **Dritter ist** jeder, der weder VollstrSchuldner noch VollstrGl (zB ein Gastwirt, bei dem Spielautomaten aufgestellt sind; AG Wiesloch DGVZ 2002, 61; Galerist, bei dem fremde Gemälde ausgestellt sind); Dritter ist aber nicht, wer als Organ juP, Geschäftsführer, Besitzdiener (zur Differenzierung §808 Rz 2) für diese den Gewahrsam ausübt; der Gerichtsvollzieher, der eine Sache aufgrund Titels gegen den Schuldner A gepfändet und weggeschafft hat, kann Dritter iSv §809 sein, wenn zB diese Sache nochmals als angebl. Sache des Schuldners B gepf werden soll: dann kommt es auf die Herausgabebereitschaft des A, nicht des Gerichtsvollziehers, an (*Brox/Walker* Rz 250).

3 **a) Dritter nicht herausgabebereit:** Der Gl muss den angebl. Herausgabeanspruch des Schuldners gegen den Dritten nach §§ 829, 846, 847 pfänden und sich überweisen lassen, dann HerausgabeU gegen den Dritten erwirken, das Urteil gegen den Dritten nach § 883 vollstrecken, nach Wegnahme die Sache pfänden lassen, erst dann darf sie vom Gerichtsvollzieher gegen den Widerspruch weggeschafft werden (BGH NJW-RR 2004, 352; dazu Paulus DGVZ 2004, 65). Str ist, ob die Herausgabebereitschaft entbehrl. ist, wenn Kollusion zwischen Schuldner und Drittem vorliegt (vgl *StJM* Rz 4).

4 **b) Dritter herausgabebereit:** Erklärung (auch stillschweigend oder nachträgl.) ist unwiderrufl. (str). Herausgabebereitschaft setzt voraus, dass Dritter über den Pfändungsakt hinaus mit der Wegnahme der Sache zwecks Verwertung einverstanden ist (BGH NJW-RR 2004, 352); dadurch verliert der Dritte nicht die Klagen nach § 805 (hM), § 771

(Auslegungsfrage, vgl BGH LM Nr. 2; str). Der Dritte darf sie nur an *Bedingungen* (zB Lagerkostenerstattung) knüpfen, wenn alle Beteiligten zustimmen (vgl § 119 Nr. 2 GVGA, str); er kann sie auch nur zugunsten bestimmter Gl erklären (str); für jede weitere Anschlusspfändung, § 826, muss der Dritte wieder herausgabebereit sein (str).

**Belässt der Gerichtsvollzieher die Sache nach Pfändung beim Dritten**, kann der 5
Gerichtsvollzieher als Vertreter des Justizfiskus einen privatrechtl. Verwahrungsvertrag schließen (BGH NJW 1999, 2597).

**3. Rechtsbehelfe**: für den Dritten § 766; für den Schuldner keine Erinnerungsbefugnis. 6

## § 810 ZPO Pfändung ungetrennter Früchte

**(1) [1]Früchte, die von dem Boden noch nicht getrennt sind, können gepfändet werden, solange nicht ihre Beschlagnahme im Wege der Zwangsvollstreckung in das unbewegliche Vermögen erfolgt ist. [2]Die Pfändung darf nicht früher als einen Monat vor der gewöhnlichen Zeit der Reife erfolgen.**

**(2) Ein Gläubiger, der ein Recht auf Befriedigung aus dem Grundstück hat, kann der Pfändung nach Maßgabe des § 771 widersprechen, sofern nicht die Pfändung für einen im Falle der Zwangsvollstreckung in das Grundstück vorgehenden Anspruch erfolgt ist.**

**1. Absatz 1. a) Früchte:** vgl § 99 BGB, aber nur die periodisch zu erntenden wie Getrei- 1
de, Obst; Sträucher einer Baumschule (LG Bayreuth DGVZ 1985, 42); *nicht:* Holz, Torf. Schon getrennte Früchte werden nach § 808 gepf, für ungetrennte gilt § 810.

b) **Pfändung** durch Gerichtsvollzieher nach §§ 808, 809: Ersichtlichmachung durch 2
Pfandtafeln, uU Einzäunung. Unpfändbarkeit aber uU nach § 811 Nr. 2 – 4 oder wenn die Früchte mit Trennung Zubehör würden (§ 865 II entspr, §§ 97, 98 Nr. 2 BGB, zB Rüben fürs eigene Vieh). Verwertung § 824.

c) **Beschlagnahme** erfolgt durch AnO der Zwangsversteigerung oder Zwangsverwaltung, 3
§§ 20, 21 I, 148 ZVG. Auch dann noch können die Früchte für Gl des Pächters gepf werden, aber nur nach § 21 III ZVG, § 956 BGB. Bei Beschlagnahme *nach* Pfändung: § 37 Nr. 4 ZVG.

**2. Absatz 2.** Der nach Abs. 1 zulässigen Pfändung *vor* Beschlagnahme können Grund- 4
pfandgl (§ 1 ZVG) nach § 771 widersprechen, weil ihnen *auch* die Früchte haften; die Klage ist unbegründet, wenn der Anspruch des pfändenden Gl nach § 10 ZVG dem des Kl vorgeht. Statt nach § 771 kann nach § 805 (da minderes Recht) geklagt werden. Bei Pachtgrundstücken: § 21 III ZVG.

## § 811 ZPO Unpfändbare Sachen

**(1) Folgende Sachen sind der Pfändung nicht unterworfen:**

**1. die dem persönlichen Gebrauch oder dem Haushalt dienenden Sachen, insbesondere Kleidungsstücke, Wäsche, Betten, Haus- und Küchengerät, soweit der Schuldner ihrer zu einer seiner Berufstätigkeit und seiner Verschuldung angemessenen, bescheidenen Lebens- und Haushaltsführung bedarf; ferner Gartenhäuser, Wohnlauben und ähnliche Wohnzwecken dienende Einrichtungen, die**

der Zwangsvollstreckung in das bewegliche Vermögen unterliegen und deren der Schuldner oder seine Familie zur ständigen Unterkunft bedarf;

2. die für den Schuldner, seine Familie und seine Hausangehörigen, die ihm im Haushalt helfen, auf vier Wochen erforderlichen Nahrungs-, Feuerungs- und Beleuchtungsmittel oder, soweit für diesen Zeitraum solche Vorräte nicht vorhanden und ihre Beschaffung auf anderem Wege nicht gesichert ist, der zur Beschaffung erforderliche Geldbetrag;
3. Kleintiere in beschränkter Zahl sowie eine Milchkuh oder nach Wahl des Schuldners statt einer solchen insgesamt zwei Schweine, Ziegen oder Schafe, wenn diese Tiere für die Ernährung des Schuldners, seiner Familie oder Hausangehörigen, die ihm im Haushalt, in der Landwirtschaft oder im Gewerbe helfen, erforderlich sind; ferner die zur Fütterung und zur Streu auf vier Wochen erforderlichen Vorräte oder, soweit solche Vorräte nicht vorhanden sind und ihre Beschaffung für diesen Zeitraum auf anderem Wege nicht gesichert ist, der zu ihrer Beschaffung erforderliche Geldbetrag;
4. bei Personen, die Landwirtschaft betreiben, das zum Wirtschaftsbetrieb erforderliche Gerät und Vieh nebst dem nötigen Dünger sowie die landwirtschaftlichen Erzeugnisse, soweit sie zur Sicherung des Unterhalts des Schuldners, seiner Familie und seiner Arbeitnehmer oder zur Fortführung der Wirtschaft bis zur nächsten Ernte gleicher oder ähnlicher Erzeugnisse erforderlich sind;

4a. bei Arbeitnehmern in landwirtschaftlichen Betrieben die ihnen als Vergütung gelieferten Naturalien, soweit der Schuldner ihrer zu seinem und seiner Familie Unterhalt bedarf;

5. bei Personen, die aus ihrer körperlichen oder geistigen Arbeit oder sonstigen persönlichen Leistungen ihren Erwerb ziehen, die zur Fortsetzung dieser Erwerbstätigkeit erforderlichen Gegenstände;
6. bei den Witwen und minderjährigen Erben der unter Nummer 5 bezeichneten Personen, wenn sie die Erwerbstätigkeit für ihre Rechnung durch einen Stellvertreter fortführen, die zur Fortführung dieser Erwerbstätigkeit erforderlichen Gegenstände;
7. Dienstkleidungsstücke sowie Dienstausrüstungsgegenstände, soweit sie zum Gebrauch des Schuldners bestimmt sind, sowie bei Beamten, Geistlichen, Rechtsanwälten, Notaren, Ärzten und Hebammen die zur Ausübung des Berufes erforderlichen Gegenstände einschließlich angemessener Kleidung;
8. bei Personen, die wiederkehrende Einkünfte der in den §§ 850 bis 850b bezeichneten Art beziehen, ein Geldbetrag, der dem der Pfändung nicht unterworfenen Teil der Einkünfte für die Zeit von der Pfändung bis zu dem nächsten Zahlungstermin entspricht;
9. die zum Betrieb einer Apotheke unentbehrlichen Geräte, Gefäße und Waren;
10. die Bücher, die zum Gebrauch des Schuldners und seiner Familie in der Kirche oder Schule oder einer sonstigen Unterrichtsanstalt oder bei der häuslichen Andacht bestimmt sind;

**11. die in Gebrauch genommenen Haushaltungs- und Geschäftsbücher, die Familienpapiere sowie die Trauringe, Orden und Ehrenzeichen;**

**12. künstliche Gliedmaßen, Brillen und andere wegen körperlicher Gebrechen notwendige Hilfsmittel, soweit diese Gegenstände zum Gebrauch des Schuldners und seiner Familie bestimmt sind;**

**13. die zur unmittelbaren Verwendung für die Bestattung bestimmten Gegenstände.**

**(2) [1]Eine in Absatz 1 Nr. 1, 4, 5 bis 7 bezeichnete Sache kann gepfändet werden, wenn der Verkäufer wegen einer durch Eigentumsvorbehalt gesicherten Geldforderung aus ihrem Verkauf vollstreckt. [2]Die Vereinbarung des Eigentumsvorbehaltes ist durch Urkunden nachzuweisen.**

§ 811 Abs. 2 eingefügt durch 2. ZwVollstrNovelle (BGBl 1997, 3039).

**1. Allgemeines**

**a) Gerichtsvollzieher.** Der Gerichtsvollzieher beachtet § 811 **von Amts wegen.** Ob er die für unpfändbar erachteten Gegenstände im Protokoll auflisten muss, ist str (ablehnend AG Altötting DGVZ 2000, 79); jedenfalls wertvollere Sachen wird er notieren müssen, weil sonst der Gl von seinem Recht zur Nachprüfung (§ 766) keinen zumutbaren Gebrauch machen kann. Vgl § 135 Nr. 6 GVGA. 1

**b) Maßgeblicher Zeitpunkt** ist grds der der Pfändung. Wird eine unpfändbare Sache gepf, Erinnerung eingelegt und die Sache dann pfändbar, kommt es auf den Zeitpunkt der Entscheidung an, vgl § 811d; das PfändungspfandR entsteht erst mit Heilung des Verfahrensmangels. Wird die Sache nachträgl. unpfändbar, bleibt nach hM der Zeitpunkt der Pfändung maßgebl. (Gefahr missbräuchl. Herbeiführung der Unpfändbarkeit). 2

**c) Gläubigereigene Sachen**, zB sicherungsübereignete, unter Eigentumsvorbehalt gekaufte Brillen, Bücher usw.: § 811 Nr. 2, 3, 4a, 8 – 11 greift auch dann ein, wenn die gepf Sache dem Gl gehört und dieser unzweifelhaft einen durchsetzbaren Herausgabeanspruch gegen den Schuldner hat (OLG Hamm MDR 1984, 855, hM); hier muss also auf Herausgabe geklagt und dann nach § 883 vollstreckt werden; bei § 883 gilt § 811 nicht. Zu den restl. Nummern des § 811 vgl § 811 II (Rz 25). 3

**d) Verzicht des Schuldners auf Pfändungsschutz:** vor der Pfändung (zB in einem VollstrVertrag) unzulässig (KG NJW 1960, 682; Sozialstaatsprinzip, öffentl. Interessen); bei oder nach Pfändung umstritten (zutr für Zulässigkeit KG NJW 1960, 682; **aA** BayObLG NJW 1950, 698). 4

**e) Anfechtungsgesetz** § 11: für § 811 kommt es auf die Verh des Schuldners, nicht des Anfechtungsgegners an (OLG Hamm NJW 1962, 1827). 5

**f) Verstößt der Gerichtsvollzieher gegen § 811**, ist die Pfändung nicht nichtig. Unpfändbarkeit setzt sich am **Erlös** fort (OLG Kiel JW 1934, 177) bis zur Auszahlung an Gl. **Rechtsbehelfe** des Schuldners (und geschützter Dritter, zB Familienangehöriger): § 766 I, des Gl: § 766 II. 6

**2. Nr. 1 (Haushalts-, Gebrauchsgegenstände).** *„Angemessen“* heißt, dass die konkreten Verh des Schuldners (zB Kinderzahl; Behinderung) zu berücksichtigen sind, wohl auch die Belange des Gl (str). 7

8 Unpfändbar *kann* auch sein: Pkw eines „außergewöhnl. gehbehinderten" Schuldners (BGH NJW-RR 2004, 789); Fahrrad; Armbanduhr (OLG München OLGZ 1983, 325), Kühlschrank (str); immer ein Radio; Schwarzweiß- und älteres Farbfernsehgerät (BFH NJW 1990, 1871; für Pfändbarkeit eines Farbfernsehers LG Gera DGVZ 2001, 9; dazu *Lüke, Beck* JuS 1994, 22; str; § 803 II zu beachten); bei teuren Fernsehgeräten: Austauschpfändung. Vgl ferner § 812.

9 **Pfändbar** ist idR: Gefriertruhe (AG Itzehoe DGVZ 1984, 30; str); Waschmaschine (anders in kinderreicher Familie; str); Bügelmaschine; Geschirrspüler; Stereoanlage; Videorekorder (LG Hannover DGVZ 1990, 60).

10 **Nr. 2 (Vorräte, Haushaltsgeld).** Es kommt auf die häusl. Gemeinschaft an, Unterhaltsberechtigung ist nicht erforderl.

11 **Nr. 3 (Hühner, Schweine).** Gilt auch für Nichtlandwirte. Vgl *Dietz* DGVZ 2001, 81.

12 **Nr. 4 (Landwirte).** Gilt auch für Forstwirtschaft, Obstbau, Baumschulen (BGH 24, 169), Fischzucht (*Röder* DGVZ 1995, 38), uU Pferdezucht (LG Oldenburg DGVZ 1980, 170), auch als Nebentätigkeit. Vgl ferner § 851a, § 810, § 865 II (Zubehör unpfändbar; § 98 Nr. 2 BGB) und § 592 BGB (Vollstreckung gegen Pächter).

13 **Nr. 4a (Landwirtschafts-Arbeitnehmer).** Der Arbeitnehmer muss nicht landwirtschaftl. arbeiten.

14 **Nr. 5 (Bestimmte Berufsgruppen).** Geschützt sind nur natürl. Personen, auch im Nebenberuf, auch der Ehegatte des Schuldners (OLG Hamm OLGZ 1984, 368; LG Siegen NJW-RR 1986, 224; str) und Familienangehörige; Berufsvorbereitung (zB bei Studenten) auf Erwerbstätigkeit genügt; vorübergehende Nichtausübung schadet nicht. Nicht geschützt ist die GmbH (str). Bei OHG, KG kommt es darauf an, ob bei allen Gesellschaftern die pers Tätigkeit vorrangig ist (hM). Der Erwerb der natürl. Person darf nicht überwiegend aus der *Kapitalnutzung* gezogen werden, auch nicht überwiegend aus der Beschäftigung von *Mitarbeitern* (OLG Hamburg DGVZ 1984, 57); die pers Tätigkeit, Leistung, des Schuldners muss im Vordergrund stehen, nicht unternehmerische Tätigkeit.

15 **Beispiele:**

Pfändbar zB: Geld; zum Verkauf bestimmte Waren (LG Düsseldorf JurBüro 1985, 788); Pkw des Arbeitnehmers (anders uU beim Vertreter), wenn der Arbeitsplatz mit öffentl. Verkehrsmitteln (LG Stuttgart DGVZ 1986, 78) oder sonst erreichbar ist (LG Kleve ZVI 2007, 33; LG Stuttgart DGVZ 2005, 42); Fotokopiergerät eines RA (LG Berlin DGVZ 1985, 142; str); uU Computer (AG Kiel JB 2004, 334; LG Frankfurt DGVZ 1994, 28; LG Heilbronn DGVZ 1994, 55); Sonnenbänke des Sonnenstudios (OLG Köln InVO 2000, 397). Unpfändbar zB Anrufbeantworter des Immobilienmaklers (LG Düsseldorf DGVZ 1986, 44); Backofen des Bäckers (OLG Frankfurt InVO 2001, 220); Schreibmaschine, wenn Tätigkeit mit Schreibarbeit verbunden ist; Wechselgeld (ca 50 €) in einer Gaststätte; eventuell Internet-Domain (LG Mönchengladbach NJW-RR 2005, 439); PKW des „außergewöhnl. gehbehinderten" Schuldners (BGH NJW-RR 2004, 789).

15a **Nr.6 (Witwen, Kinder).** Für Witwer wird man die Bestimmung analog anwenden müssen.

**Nr. 7 (Dienstkleidung).** Gemeint ist der öffentl. Dienst, nicht freiwillig getragene „Dienstkleidung" zB des Chauffeurs. Pkw des Zahnarztes ist pfändbar (AG Sinzig NJW-RR 1987, 508). 16

**Nr. 8 (Arbeitslohn).** Für auf eine Bank überwiesene Arbeitseinkommen: § 850k; für Bargeld der Empfänger von Sozialleistungen: § 55 SGB. Zum Eigengeld des U-Häftlings vgl OLG Karlsruhe Justiz 2002, 21; LG Weiden JurBüro 2000, 103. Verfassungsrechtl. Bedenken zu Nr. 8 bei *Hoffmann* Rpfleger 2001, 113. 17

**Nr. 9 (Apotheken).** Auch bei juP als Apothekeninhaber. 18

**Nr. 10 (Bücher).** Bei Schmuckausgaben keine Austauschpfändung (AG Bremen DGVZ 1984, 157 für Bibel). 19

**Nr. 11 (Geschäftsbücher).** Auch Quittungen, Belege, Briefwechsel, Karteien (OLG Frankfurt BB 1979, 136). Familienfotos und Verlobungsringe sind dagegen pfändbar (str). 20

**Nr. 12 (Brillen, Gebisse).** Hilfsmittel des Behinderten kann ein Pkw sein, dann Austauschpfändung zulässig (OLG Köln Rpfleger 1986, 57). 21

**Nr. 13 (Bestattungsmaterial).** Grabsteine sind nach einer Meinung immer pfändbar (*Christmann* DGVZ 1986, 56; LG Stuttgart DGVZ 1991, 59; OLG Köln DGVZ 1992, 116), jedenfalls dann, wenn unter Eigentumsvorbehalt geliefert und der Steinmetz wegen seines Zahlungsanspruchs vollstreckt (BGH NJW-RR 2006, 570; dazu Röder DGVZ 2007, 17); Grabsteine fallen nicht unter Nr. 13 (BGH aaO); **aA** gänzl. unpfändbar: LG Kassel DGVZ 2006, 91); Herausgabebereitschaft der Friedhofsverwaltung uU notw, § 809 (BGH NJW-RR 2006, 570). 22

**Tiere:** vgl §§ 765a I 2, 811c; Wachhunde § 811 Nr. 4 – 7; Blindenhunde § 811 Nr. 12. Dazu *Dietz* DGVZ 2001, 81. 23

Weitere Pfändungsbeschränkungen in Sondergesetzen (dazu *StJM* Rz 74-78). 24

**3. Vorbehaltsverkäufer (Absatz 2).** Dazu *Münzberg* DGVZ 1998, 81. Wenn der Schutz des § 811 auch gilt, wenn die (im Gewahrsam des Schuldners befindl.) Sache, welche wegen einer *Geld*forderung des Gl gepfändet werden soll, nicht im *Eigentum* des Schuldners, sondern des Gl steht (Eigentumsvorbehalt; Sicherungseigentum), dann muss der Gl vom (Darlehens- usw) Vertrag zurücktreten und dann auf Herausgabe klagen; denn auf die Herausgabevollstreckung nach § 883 ist § 811 nicht anwendbar. 25

**Absatz 2 Satz 1** privilegiert nur den Vorbehaltsverkäufer (einfacher Eigentumsvorbehalt) und auch nur bez Sachen nach Nr. 1, 4, 5, 6, 7, also nicht der sonstigen Nummern und nicht bei § 812. Hat V dem K einen Fernseher (§ 811 Nr. 1) unter Eigentumsvorbehalt geliefert, kann V aus dem Zahlungstitel wegen des Kaufpreises in den Fernseher vollstrecken. Auch *der* Verkäufer V kann vollstrecken, der seinerseits die Ware nur unter Eigentumsvorbehalt erworben hat und diesen weitergegeben hat, weil S. 1 nicht auf die Eigentümerstellung des vollstreckenden Gl abstellt (weitergegebener Eigentumsvorbehalt, BT-Drucks. 13/314 S. 24); ebenso der Lieferant des V wegen der ihm abgetretenen Kaufpreisforderung. Auf den erweiterten oder verlängerten Eigentumsvorbehalt (vgl Kommentare zu § 449 I nF BGB) oder das Sicherungseigentum ist das Privileg nicht anzuwenden. **Satz 2:** Der Gl muss dem Gerichtsvollzieher den Eigentumsvorbehalt *durch Urkunden* nachweisen (§ 416); Fotokopien von Kaufverträgen, Lieferscheinen etc genügen. 26

27 **Gerichtsvollzieher:** Er muss prüfen, wegen welcher Forderung der Gl vollstreckt, was schwierig ist, da der abgekürzte Titel (VU, VoB) dazu keine Angaben enthält; ferner, ob Eigentumsvorbehalt besteht (also mat-rechtl. Fragen!). Vollstreckt der Gerichtsvollzieher für mehrere Gl und erlöst er für den Computer (= Nr. 5) *mehr* als der Forderung des privilegierten Gl entspricht, erhalten mE die anderen Gl den Übererlös.

## § 811a ZPO Austauschpfändung

**(1) Die Pfändung einer nach § 811 Abs. 1 Nr. 1, 5 und 6 unpfändbaren Sache kann zugelassen werden, wenn der Gläubiger dem Schuldner vor der Wegnahme der Sache ein Ersatzstück, das dem geschützten Verwendungszweck genügt, oder den zur Beschaffung eines solchen Ersatzstückes erforderlichen Geldbetrag überlässt; ist dem Gläubiger die rechtzeitige Ersatzbeschaffung nicht möglich oder nicht zuzumuten, so kann die Pfändung mit der Maßgabe zugelassen werden, dass dem Schuldner der zur Ersatzbeschaffung erforderliche Geldbetrag aus dem Vollstreckungserlös überlassen wird (Austauschpfändung).**

**(2) [1]Über die Zulässigkeit der Austauschpfändung entscheidet das Vollstreckungsgericht auf Antrag des Gläubigers durch Beschluss. [2]Das Gericht soll die Austauschpfändung nur zulassen, wenn sie nach Lage der Verhältnisse angemessen ist, insbesondere wenn zu erwarten ist, dass der Vollstreckungserlös den Wert des Ersatzstückes erheblich übersteigen werde. [3]Das Gericht setzt den Wert eines vom Gläubiger angebotenen Ersatzstückes oder den zur Ersatzbeschaffung erforderlichen Betrag fest. [4]Bei der Austauschpfändung nach Absatz1 Halbsatz 1 ist der festgesetzte Betrag dem Gläubiger aus dem Vollstreckungserlös zu erstatten; er gehört zu den Kosten der Zwangsvollstreckung.**

**(3) Der dem Schuldner überlassene Geldbetrag ist unpfändbar.**

**(4) Bei der Austauschpfändung nach Absatz 1 Halbsatz 2 ist die Wegnahme der gepfändeten Sache erst nach Rechtskraft des Zulassungsbeschlusses zulässig.**

§ 811a geändert durch 2. ZwVollstrNovelle (BGBl 1997, 3039).

1 **1. Analoge Anwendung** kommt bei § 811 Nr. 12 (Pkw des Gebrechlichen) in Betracht (OLG Köln Rpfleger 1986, 57; str).

2 **2. Zuständig** ist der Rechtspfleger, § 20 Nr. 17 RPflG, § 764. Bindung an Antrag, § 308, besteht. KostenE vgl § 788 III. Abs. 1 gibt **drei Alternativen** des Ersatzes: Ersatzstückübereignung (Leihe ungenügend), Aushändigung des zur Ersatzbeschaffung erforderl. Geldbetrags, Geldbetrag erst aus Versteigerungserlös. Die Sache darf schon *vor* Rechtskraft des Beschlusses gepf werden, Wegnahme nach Übergabe des Ersatzes oder gem Abs. 4.

3 **Hat das Ersatzstück Mängel**, kann der Schuldner entspr §§434ff. BGB Minderung verlangen, dh die Differenz zwischen dem im Beschluss festgesetzten Wert und dem tatsächl.

**Beispiele:** 4

Schwarzweiß-Fernseher für teuren Farbfernseher (LG Bochum Jur-Büro 1983, 301; str); funktionsfähige für goldene Armbanduhr (OLG München OLGZ 1984, 325). Es muss zu erwarten sein, dass der VollstrErlös den Wert des Ersatzstücks erhebl. übersteigt (LG Mainz NJW-RR 1988, 1150).

**3. Rechtsbehelfe:** gegen Beschluss des Rechtspflegers: sof Beschwerde, § 11 I RPflG; §§ 567, 793. Gegen Verfahren des Gerichtsvollziehers: § 766. 5

**Kosten**. Gerichtsvollzieher: GVKostG KV 205; Gericht: keine Geb RA: RVG-VV 3309, 3310; § 18 Nr. 9 RVG. 6

## § 811b ZPO Vorläufige Austauschpfändung

**(1) [1]Ohne vorgängige Entscheidung des Gerichts ist eine vorläufige Austauschpfändung zulässig, wenn eine Zulassung durch das Gericht zu erwarten ist. [2]Der Gerichtsvollzieher soll die Austauschpfändung nur vornehmen, wenn zu erwarten ist, dass der Vollstreckungserlös den Wert des Ersatzstückes erheblich übersteigen wird.**

**(2) Die Pfändung ist aufzuheben, wenn der Gläubiger nicht binnen einer Frist von zwei Wochen nach Benachrichtigung von der Pfändung einen Antrag nach § 811a Abs. 2 bei dem Vollstreckungsgericht gestellt hat oder wenn ein solcher Antrag rechtskräftig zurückgewiesen ist.**

**(3) Bei der Benachrichtigung ist dem Gläubiger unter Hinweis auf die Antragsfrist und die Folgen ihrer Versäumung mitzuteilen, dass die Pfändung als Austauschpfändung erfolgt ist.**

**(4) [1]Die Übergabe des Ersatzstückes oder des zu seiner Beschaffung erforderlichen Geldbetrages an den Schuldner und die Fortsetzung der Zwangsvollstreckung erfolgen erst nach Erlass des Beschlusses gemäß § 811a Abs. 2 auf Anweisung des Gläubigers. [2]§ 811a Abs. 4 gilt entsprechend.**

Die Aufhebung der Pfändung (Abs. 2) erfolgt durch Gerichtsvollzieher, nicht durch VollstrG. Bei Versäumung der Zweiwochenfrist keine WE, § 233. 1

Kosten: § 788 III. Einzelheiten § 124 GVGA. Für den RA keine bes Angelegenheit, vgl § 18 Nr. 9 RVG. 2

## § 811c ZPO Unpfändbarkeit von Haustieren

**(1) Tiere, die im häuslichen Bereich und nicht zu Erwerbszwecken gehalten werden, sind der Pfändung nicht unterworfen.**

**(2) Auf Antrag des Gläubigers lässt das Vollstreckungsgericht eine Pfändung wegen des hohen Wertes des Tieres zu, wenn die Unpfändbarkeit für den Gläubiger eine Härte bedeuten würde, die auch unter Würdigung der Belange des Tierschutzes und der berechtigten Interessen des Schuldners nicht zu rechtfertigen ist.**

1 **Absatz 1:** sonstige Tiere vgl § 811 Nr. 4 ff. Ergänzend § 765a I 2. Beispiel: AG Paderborn DGVZ 1996, 44. Bei Verstoß gegen § 811c: § 811 Rz 6.

2 **Absatz 2:** hoher Wert: erhebl. mehr als 250 €. Die Härteklausel verlangt eine Abwägung. Zulassung erfolgt durch Beschluss, entspr § 811a Rz 2.

## § 811d ZPO Vorwegpfändung

**(1) [1]Ist zu erwarten, dass eine Sache demnächst pfändbar wird, so kann sie gepfändet werden, ist aber im Gewahrsam des Schuldners zu belassen. [2]Die Vollstreckung darf erst fortgesetzt werden, wenn die Sache pfändbar geworden ist.**

**(2) Die Pfändung ist aufzuheben, wenn die Sache nicht binnen eines Jahres pfändbar geworden ist.**

1 Gemeint sind nach § 811 unpfändbare Sachen, deren Schutz (zB wegen Änderung des Berufs) wegfallen wird. Aufhebung der Pfändung durch Gerichtsvollzieher ohne Antrag des Schuldners.

## § 812 ZPO Pfändung von Hausrat

**Gegenstände, die zum gewöhnlichen Hausrat gehören und im Haushalt des Schuldners gebraucht werden, sollen nicht gepfändet werden, wenn ohne weiteres ersichtlich ist, dass durch ihre Verwertung nur ein Erlös erzielt werden würde, der zu dem Wert außer allem Verhältnis steht.**

1 Hausrat, nicht Gewerbe. „Sollen nicht" heißt: „dürfen nicht". „Wert" ist nach hM der Gebrauchswert für den konkreten Haushalt (OVG Saarlois NVwZ-RR 2006, 756). Von Amts wegen vom Gerichtsvollzieher zu beachten. Rechtsbehelf: § 766.

## § 813 ZPO Schätzung

**(1) [1]Die gepfändeten Sachen sollen bei der Pfändung auf ihren gewöhnlichen Verkaufswert geschätzt werden. [2]Die Schätzung des Wertes von Kostbarkeiten soll einem Sachverständigen übertragen werden. [3]In anderen Fällen kann das Vollstreckungsgericht auf Antrag des Gläubigers oder des Schuldners die Schätzung durch einen Sachverständigen anordnen.**

**(2) [1]Ist die Schätzung des Wertes bei der Pfändung nicht möglich, so soll sie unverzüglich nachgeholt und ihr Ergebnis nachträglich in dem Pfändungsprotokoll vermerkt werden. [2]Werden die Akten des Gerichtsvollziehers elektronisch geführt, so ist das Ergebnis der Schätzung in einem gesonderten elektronischen Dokument zu vermerken. [3]Das Dokument ist mit dem Pfändungsprotokoll untrennbar zu verbinden.**

**(3) Zur Pfändung von Früchten, die von dem Boden noch nicht getrennt sind, und zur Pfändung von Gegenständen der in § 811 Abs. 1 Nr. 4 bezeichneten Art bei Personen, die Landwirtschaft betreiben, soll ein landwirtschaftlicher Sachverständiger**

**zugezogen werden, sofern anzunehmen ist, dass der Wert der zu pfändenden Gegenstände den Betrag von 500 Euro übersteigt.**

**(4) Die Landesjustizverwaltung kann bestimmen, dass auch in anderen Fällen ein Sachverständiger zugezogen werden soll.**

§ 813 geändert durch G v. 13.12.2001 (BGBl 2001, 3638) und G v. 22.03.2005 (BGBl 2005, 837).

**Die Schätzung** erfolgt bei den übl. Pfandsachen durch den Gerichtsvollzieher. Einen SV darf der Gerichtsvollzieher nur hinzuziehen bei Kostbarkeiten (*Paschold* DGVZ 1995, 52), auf AnO des VollstrG und bei Abs. 3 und 4 (dazu §§ 150, 152 GVGA: Landwirtschaft). Entgelt des SV vgl §§ 150, 152 GVGA. Ob ein SV hinzugezogen wird, entscheidet der Gerichtsvollzieher nach seinem Ermessen (OLG Köln Rpfleger 1998, 352), nachprüfbar durch Erinnerung (§ 766). **Zweck der Schätzung:** vgl §§ 803 I 2, II, 817a, 825. „Soll" in § 813 heißt jeweils „muss". 1

**Kostbarkeit:** wenn Wert im Verh zum Umfang bes groß ist (BGH LM § 808 Nr. 1), wie bei Schmuck, Kunstwerken, Münzen, Briefmarken, aber auch Orientteppichen (KG NJW-RR 1986, 201, str); alte Möbel aus dem 18. Jahrhundert (OLG Köln Rpfleger 1998, 352). 2

**Rechtsbehelfe:** gegen Zuziehung oder Nichtzuziehung eines SV durch den Gerichtsvollzieher: § 766; gegen Entscheidung des Rechtspflegers sof Beschwerde, § 11 RPflG, §§ 793, 567; gegen Schätzung des SV: § 766, str. Gegen behauptete Schätzungsfehler des Gerichtsvollzieher nur Antrag nach § 813 I 3 (LG Aachen JurBüro 1986, 1256); kein Anspruch aus Staatshaftung, wenn der Schuldner es schuldhaft versäumt hat, gegen die Schätzung vorzugehen (OLG München InVO 1999, 316). 3

## § 813a ZPO Aufschub der Verwertung

**(1) [1]Hat der Gläubiger eine Zahlung in Teilbeträgen nicht ausgeschlossen, kann der Gerichtsvollzieher die Verwertung gepfändeter Sachen aufschieben, wenn sich der Schuldner verpflichtet, den Betrag, der zur Befriedigung des Gläubigers und zur Deckung der Kosten der Zwangsvollstreckung erforderlich ist, innerhalb eines Jahres zu zahlen; hierfür kann der Gerichtsvollzieher Raten nach Höhe und Zeitpunkt festsetzen. [2]Einen Termin zur Verwertung kann der Gerichtsvollzieher auf einen Zeitpunkt bestimmen, der nach dem nächsten Zahlungstermin liegt; einen bereits bestimmten Termin kann er auf diesen Zeitpunkt verlegen.**

**(2) [1]Hat der Gläubiger einer Zahlung in Teilbeträgen nicht bereits bei Erteilung des Vollstreckungsauftrags zugestimmt, hat ihn der Gerichtsvollzieher unverzüglich über den Aufschub der Verwertung und über die festgesetzten Raten zu unterrichten. [2]In diesem Fall kann der Gläubiger dem Verwertungsaufschub widersprechen. [3]Der Gerichtsvollzieher unterrichtet den Schuldner über den Widerspruch; mit der Unterrichtung endet der Aufschub. [4]Dieselbe Wirkung tritt ein, wenn der Schuldner mit einer Zahlung ganz oder teilweise in Verzug kommt.**

Eingefügt durch 2. ZwVollstNovelle (BGBl 1997, 3039).

Lit: *Nies* MDR 1999, 659; *Schilken* DGVZ 1998, 145; *Harnacke* DGVZ 1999, 81.

1 **1. Anwendungsbereich.** Nur bei Vollstreckung wegen Geldforderung durch den Gerichtsvollzieher; nicht, wenn nichts Pfändbares vorgefunden wurde (dann § 806 b S. 2); nicht bei §§ 720a, 730. § 813a bereitet Probleme, wenn der Gerichtsvollzieher für mehrere Gl pfändet, außer bei Einigkeit aller Gl. **Zweck**. Der Schuldner ist aufgrund des Urteils (bzw sonstigen Titels) zur sof und vollständigen Zahlung verpflichtet. Der Gl kann aber davon im VollstrVerfahren absehen und beim Vollstr-Auftrag an den Gerichtsvollzieher folgende **Bestimmungen** treffen:

2 **a) Der Gläubiger verbietet** ausdrückl. eine Zahlung seiner Forderungen in Teilbeträgen (**Raten**); dann hat der Gerichtsvollzieher (wie bisher) die gepf Sachen zu versteigern; der Gl kann die Abgabe der eV (§ 807) beantragen und ggf Lohnpfändung betreiben. Das VollstrG allerdings kann einen Aufschub bewilligen, § 813b.

3 **b)** Der Gl macht **zur Ratenzahlung keine Angaben**; dann „schließt er sie nicht aus“, sodass **Absatz 1 Satz 1** anzuwenden ist; wenn der Gerichtsvollzieher erscheint und irgendetwas gepf hat, erklärt der Schuldner (jetzt oder, *ohne* Frist, noch kurz vor der späteren Versteigerung) einfach, er werde den Schuldbetrag nebst Kosten binnen eines Jahres zahlen (Nachweise des Schuldners verlangt das Gesetz nicht; auch keinen förml. Antrag oder eine sof Mindestbarzahlung; Wert der gepf Sachen im Verh zur Gl-Forderung ohne Bedeutung; Art der Schuld und „Persönlichkeit“ des Schuldners gleichgültig; anders § 813b); der Gerichtsvollzieher wird dann Raten *festsetzen* (der Gerichtsvollzieher vermittelt nicht nur und ist auch nicht nur Vertr des Gl; keine Stundung), zB 12 × monatl. 1/12 der Summe, und hierauf die Verwertung der gepf Sachen aufschieben. Anschließend informiert der Gerichtsvollzieher den Gl über den Aufschub und die Raten **(Absatz 2 Satz 1)**, zB durch Zusendung des Vollstr-Protokolls.

4 Der Gl, der evtl nur aus Unwissenheit Raten nicht verboten hatte, kann nun dem Verwertungsaufschub (gegenüber dem Gerichtsvollzieher, schriftl. oder mdl) widersprechen (**Absatz 2 Satz 2**); das teilt der Gerichtsvollzieher dem Schuldner mit (**Absatz 2 Satz 3**). Damit beginnt die Frist des § 813b II (VollstrAufschub durch das VollstrGericht); zwecks Nachweis des Fristbeginns muss der Gerichtsvollzieher dem Schuldner eine begl Abschrift des Gl-Widerspruchs zustellen oder bei tel Gl-Widerspruch seines Aktenvermerks oder den Schuldner anrufen und dies protokollieren. Nun hat der Gerichtsvollzieher einen Versteigerungstermin zu bestimmen. Ebenso ist ein Versteigerungstermin zu bestimmen, wenn der Schuldner mit *einer* Rate zumindest teilw in Verzug kommt (§ 286 BGB), wobei es auf ein Verschulden des Schuldners nicht ankommt. Hat der Gerichtsvollzieher keine pfändbaren Sachen beim Schuldner vorgefunden, kann er keine Ratenzahlungen festsetzen. Weitere Ratenzahlungsmöglichkeiten: § 806b; im Offenbarungsversicherungsverfahren.

5 **Versteigerungstermin:** Der Gerichtsvollzieher *kann* ihn schon bei der Ratenfestsetzung bestimmen oder verschieben, frühestens nach dem ersten Zahlungstermin (**Absatz 1 Satz 2**): Er kann aber auch davon absehen und ihn erst bei Zahlungsverzug ansetzen. Nun kann der Schuldner (mit Frist) noch einen Verwertungs-Aufschub beim VollstrG beantragen, § 813b.

**Wiederholter Aufschub durch den Gerichtsvollzieher:** § 813a gestattet ihn, soweit die Jahresfrist nicht überschritten wird; aber nicht, wenn der Gl der Teilzahlung von Anfang an oder nach § 813a II 2 oder nach Aufschubsende (durch Verzug, § 813a II 4) widersprach. 6

**c)** Der Gl erklärt sich **ausdrücklich mit Teilzahlungen einverstanden**; dabei kann der Gl angeben, mit welchen Beträgen, welcher Ratenzahl und welchen Fälligkeitsterminen er einverstanden wäre. Die Zustimmung zur Teilzahlung kann der Gl nicht widerrufen (nur „in diesem Fall", §813a II 2). Dann pfändet der Gerichtsvollzieher, setzt Raten fest (falls sich der Schuldner zur Ratenzahlung verpflichten will), wobei er von Vorgaben des Gl nicht abweichen darf, BT-Drucks. 13/341 S.28, (anderenfalls: §766), und schiebt die Versteigerung auf; die weiteren Informationen (Abs. 2) entfallen. Bei Zahlungsverzug: Abs. 2 S. 4. 7

**2. Rechtsbehelfe.** Gegen Maßnahmen des Gerichtsvollziehers § 766; gegen Entscheidungen des Rechtspflegers sof Beschwerde, §§ 11 RPflG, §§ 793, 567. Der Schuldner kann Antrag nach § 813b stellen. 8

**3. Sonstige Fälle von Ratenzahlungen**: § 806b S. 2 (Schuldner ist unpfändbar); § 813b (VollstrGericht); § 900 III (eV). 9

## § 813b ZPO Aussetzung der Verwertung

**(1) [1]Das Vollstreckungsgericht kann auf Antrag des Schuldners die Verwertung gepfändeter Sachen unter Anordnung von Zahlungsfristen zeitweilig aussetzen, wenn dies nach der Persönlichkeit und den wirtschaftlichen Verhältnissen des Schuldners sowie nach der Art der Schuld angemessen erscheint und nicht überwiegende Belange des Gläubigers entgegenstehen. [2]Es ist befugt, die in § 732 Abs. 2 bezeichneten Anordnungen zu erlassen.**

**(2) [1]Wird der Antrag nicht binnen einer Frist von zwei Wochen gestellt, so ist er ohne sachliche Prüfung zurückzuweisen, wenn das Vollstreckungsgericht der Überzeugung ist, dass der Schuldner den Antrag in der Absicht der Verschleppung oder aus grober Nachlässigkeit nicht früher gestellt hat. [2]Die Frist beginnt im Falle eines Verwertungsaufschubs nach § 813a mit dessen Ende, im Übrigen mit der Pfändung.**

**(3) Anordnungen nach Absatz 1 können mehrmals ergehen und, soweit es nach Lage der Verhältnisse, insbesondere wegen nicht ordnungsmäßiger Erfüllung der Zahlungsauflagen, geboten ist, auf Antrag aufgehoben oder abgeändert werden.**

**(4) Die Verwertung darf durch Anordnungen nach Absatz 1 und Absatz 3 nicht länger als insgesamt ein Jahr nach der Pfändung hinausgeschoben werden.**

**(5) [1]Vor den in Absatz 1 und in Absatz 3 bezeichneten Entscheidungen ist, soweit dies ohne erhebliche Verzögerung möglich ist, der Gegner zu hören. [2]Die für die Entscheidung wesentlichen tatsächlichen Verhältnisse sind glaubhaft zu machen. [3]Das Gericht soll in geeigneten Fällen auf eine gütliche Abwicklung der Verbindlichkeiten hinwirken und kann hierzu eine mündliche Verhandlung anordnen. [4]Die Entscheidungen nach den Absätzen 1, 2 und 3 sind unanfechtbar.**

**(6) In Wechselsachen findet eine Aussetzung der Verwertung gepfändeter Sachen nicht statt.**

Eingefügt durch 2. ZwVollstrNovelle (BGBl 1997, 3039).

1 **1.** Nach § 813a kann der Gerichtsvollzieher die Versteigerung der gepf Sachen aufschieben, nach § 813b das VollstrG (Rechtspfleger). **Absatz 1 Satz 1.** Zust ist der Rechtspfleger, § 20 Nr. 17 RPflG; örtl. Zust § 764 II. Art der Schuld: bei laufenden Unterhaltsleistungen zB kein Aufschub. Der Beschluss muss bei Stattgabe (§ 308 beachten) die Verwertung einer bestimmten Sache aussetzen, die Zahlungsfristen und die Raten festsetzen; wegen § 788 IV KostenE (nach § 788 I) notw. Mit Zeitablauf tritt die Aussetzung außer Kraft. Der Beschluss kann auf Antrag vorher aufgehoben werden, zB bei Nichtzahlung.

2 **Absatz 1 Satz 2:** Der Antrag hat keine aufschiebende Wirkung; die Verweisung auf § 732 stellt klar, dass das VollstrG durch eAnO die ZwV, dh die Verwertung einstweilen einstellen kann; vgl § 766 I 2.

3 **2. Absatz 2:** Der Antrag ist befr, die Frist beginnt mit der Pfändung (S. 2), im Falle des § 813a mit dem Ende des vom Gerichtsvollzieher bewilligten Verwertungsaufschubs.

4 **3. Rechtsbehelfe.** Entscheidungen des Rechtspflegers nach Abs. 1, 2, 3 sind nur mit befr Erinnerung anfechtbar (§ 11 II RPflG); als RichterE wären sie unanfechtbar. Aber Anfechtbarkeit der RechtspflegerE mit sof Beschwerde, wenn nicht die Ermessensausübung angegriffen werden soll.

5 **4. Kosten**. Gericht GKG-KV 2113. RA RVG-VV 3309, 3310; § 18 Nr 8 RVG.

## § 814 ZPO Öffentliche Versteigerung

**Die gepfändeten Sachen sind von dem Gerichtsvollzieher öffentlich zu versteigern; Kostbarkeiten sind vor der Versteigerung durch einen Sachverständigen abzuschätzen.**

1 Ausnahmen von Versteigerung: §§ 815, 817a, 821, 825. Öffentl.: jedermann muss zugelassen werden, soweit Raum vorhanden ist; bei Verstoß keine wirksame Versteigerung und kein Eigentumsübergang (*StJM*§ 817 Rz 23). Auch Versteigerung im Internet ist mögl. (*Viertelhausen* DGVZ 2003, 2; Bedenken bei Schnabl NJW 2005, 941). Halbs. 2 gilt nur für das Verwaltungszwangsverfahren (amtl. Anm. zu § 814). Ablauf der Versteigerung: §§ 816 – 819, vgl auch §§ 142 ff. GVGA.

Gerichtsvollzieherauslagen: GVKostG KV 702.

## § 815 ZPO Gepfändetes Geld

**(1) Gepfändetes Geld ist dem Gläubiger abzuliefern.**

**(2) [1]Wird dem Gerichtsvollzieher glaubhaft gemacht, dass an gepfändetem Geld ein die Veräußerung hinderndes Recht eines Dritten bestehe, so ist das Geld zu hinterlegen. [2]Die Zwangsvollstreckung ist fortzusetzen, wenn nicht binnen einer Frist von zwei Wochen seit dem Tag der Pfändung eine Entscheidung des nach § 771 Abs. 1 zuständigen Gerichts über die Einstellung der Zwangsvollstreckung beigebracht wird.**

**(3) Die Wegnahme des Geldes durch den Gerichtsvollzieher gilt als Zahlung von Seiten des Schuldners, sofern nicht nach Absatz 2 oder nach § 720 die Hinterlegung zu erfolgen hat.**

**Lit:** ***Häde*** KTS 1991, 365; ***Geißler*** DGVZ 1991, 166.

**1. Zahlt der Schuldner freiwillig** an den Gerichtsvollzieher, liegt nach einer Meinung eine privatrechtl. Übereignung des Geldes vom Schuldner an den Gl vor; der Gerichtsvollzieher ist Vertreter, nach **aA** Bote, des Gl. Nach zutr **aA** erwirbt der Gl das Geld nicht vom Schuldner, sondern durch öffentl.-rechtl. Ablieferung vom Gerichtsvollzieher. Die Zahlungsannahme ist keine Pfändung; § 815 ist darauf nicht direkt, aber analog anwendbar (*Brox/Walker* Rz 314; **aA** *StJM* Rz 23); der Gl trägt daher die Gefahr, dass das Geld des Schuldners beim Gerichtsvollzieher abhanden kommt (zB dem Gerichtsvollzieher gestohlen wird), §§ 815 III, 819 analog (*Wieser* DGVZ 1988, 129 mwN). Freiwillige Zahlung durch Dritten ist ebenfalls keine Pfändung, sondern ein Fall des § 267 BGB (OLG Naumburg DGVZ 2000, 36). 1

**2. Absatz 1.** Bei Pfändung von (nur inländischem, sonst § 821) Geld behält der Gerichtsvollzieher die Kosten der ZwV (GVKostG) ein, der Rest wird kraft Hoheitsakts an den Gl (bei Nachweis bes Ermächtigung an dessen RA) übereignet, auch durch Überweisung. Bis dahin besteht das Eigentum des ursprüngl. Geldeigentümers, belastet mit dem PfandR, fort. 2

**3. Absatz 2** (und bei **§ 720**): Geldhinterlegung. *Rechte eines Dritten:* zB Eigentum nach § 771, besitzloses PfandR nach § 805. Weiterer Ablauf vgl § 13 HinterlO. „Entscheidung" ist die des ProzessG, §§ 769 I, 771 III. Fristberechnung nach § 222. 3

**4. Absatz 3. Gefahrtragungsregel.** Wird dem Gerichtsvollzieher das **gepfändete Geld gestohlen** oder verliert er es, hat der Gl den Verlust zu tragen; der Vollstr-Titel ist insoweit „verbraucht"; ob auch der mat-rechtl. Anspruch erlischt, richtet sich nach §§ 362 ff. BGB. *Bei Verschulden* des Gerichtsvollzieher Schadensersatzanspruch des Gl aus Amtspflichtverletzung (§ 839 BGB). 4

Nimmt der Gerichtsvollzieher **schuldnerfremdes Geld** weg, ist der Eigentümer zunächst auf § 815 II und Klage nach § 771 angewiesen, nach Geldablieferung an den Gl (der dadurch Eigentum erlangt) hat er mat-rechtl. Ausgleichsansprüche, vgl § 817 Rz 5; § 815 III greift nicht ein (*StJM* Rz 16; str), der Schuldner wird nicht frei, es erfolgt erneute Pfändung (Titelausfertigung gem § 733 zu erlangen). 5

Ob bei **freiwilliger Zahlung** § 815 III analog gilt, ist str, aber zu bejahen (Rz 1). 6

## § 816 ZPO Zeit und Ort der Versteigerung

**(1) Die Versteigerung der gepfändeten Sachen darf nicht vor Ablauf einer Woche seit dem Tag der Pfändung geschehen, sofern nicht der Gläubiger und der Schuldner über eine frühere Versteigerung sich einigen oder diese erforderlich ist, um die Gefahr einer beträchtlichen Wertverringerung der zu versteigernden Sache abzuwenden oder um unverhältnismäßige Kosten einer längeren Aufbewahrung zu vermeiden.**

**(2) Die Versteigerung erfolgt in der Gemeinde, in der die Pfändung geschehen ist, oder an einem anderen Ort im Bezirk des Vollstreckungsgerichts, sofern nicht der Gläubiger und der Schuldner über einen dritten Ort sich einigen.**

**(3) Zeit und Ort der Versteigerung sind unter allgemeiner Bezeichnung der zu versteigernden Sachen öffentlich bekannt zu machen.**

**(4) Bei der Versteigerung gelten die Vorschriften des § 1239 Abs. 1 Satz 1, Abs. 2 des Bürgerlichen Gesetzbuchs entsprechend.**

1 Bei Verstößen: § 766, keine Unwirksamkeit der Versteigerung (außer es ist dadurch mittelbar die Öffentlichkeit ausgeschlossen, § 814 Rz 1). **Verderbliche Waren** vgl *Fleischmann/Rupp* Rpfleger 1987, 8. Erbanteil-Versteigerung vgl *Eickmann* DGVZ 1984, 65. **Versteigerung in der Wohnung** des Schuldners ohne dessen Zustimmung verstößt gegen Art 13 I GG (OLG Hamm NJW 1985, 75).

## § 817 ZPO Zuschlag und Ablieferung

**(1) Dem Zuschlag an den Meistbietenden soll ein dreimaliger Aufruf vorausgehen; die Vorschriften des § 156 des Bürgerlichen Gesetzbuchs sind anzuwenden.**

**(2) Die Ablieferung einer zugeschlagenen Sache darf nur gegen bare Zahlung geschehen.**

**(3) [1]Hat der Meistbietende nicht zu der in den Versteigerungsbedingungen bestimmten Zeit oder in Ermangelung einer solchen Bestimmung nicht vor dem Schluss des Versteigerungstermins die Ablieferung gegen Zahlung des Kaufgeldes verlangt, so wird die Sache anderweit versteigert. [2]Der Meistbietende wird zu einem weiteren Gebot nicht zugelassen; er haftet für den Ausfall, auf den Mehrerlös hat er keinen Anspruch.**

**(4) [1]Wird der Zuschlag dem Gläubiger erteilt, so ist dieser von der Verpflichtung zur baren Zahlung so weit befreit, als der Erlös nach Abzug der Kosten der Zwangsvollstreckung zu seiner Befriedigung zu verwenden ist, sofern nicht dem Schuldner nachgelassen ist, durch Sicherheitsleistung oder durch Hinterlegung die Vollstreckung abzuwenden. [2]Soweit der Gläubiger von der Verpflichtung zur baren Zahlung befreit ist, gilt der Betrag als von dem Schuldner an den Gläubiger gezahlt.**

1 **1. Absatz 1. Verfahrensablauf** vgl §§ 144 ff. GVGA. Ein Gebot erlischt durch ein Übergebot, § 156 BGB. Mitbieten kann jeder, auch der Gl, der Schuldner (§ 816 IV; § 1239 BGB), nicht der Gerichtsvollzieher und seine Angehörigen, Angestellten (§ 141 GVGA; §§ 450, 451 BGB). Mindestgebot § 817a.

2 **Zuschlag:** zwischen dem Meistbietenden und dem Land (vertr. durch Gerichtsvollzieher) kommt ein kaufähnl. öffentl.-rechtl. Vertrag zustande (OLG München DGVZ 1980, 123; str, **aA**: Hoheitsakt); das Gebot kann aber nicht mehr wegen Irrtums (§ 119 BGB) angefochten werden (str); keine Gewährleistung, § 806; Übereignung nicht mit Leistungsklage erzwingbar, nur gem § 766; Zuschlag auf Gebot eines Geschäftsunfähigen ist unwirksam.

**2. Absatz 2. Zuschlag** verschafft dem Ersteher noch kein Eigentum, erst die Ablieferung. Der Ersteher erwirbt (lastenfreies) **Eigentum** aufgrund staatl. Hoheitsakts (BGH NJW 1992, 2570), und zwar auch dann, wenn der Schuldner nicht Eigentümer war, oder wenn kein PfändungspfandR bestand oder der Erwerber bösgl war (hM, BGH NJW 1992, 2570). 3

**Kein Eigentumserwerb** dagegen, wenn Pfandverstrickung nicht fortbestand, Versteigerung nicht „öffentl." war, das Gebot nicht bar beglichen ist (KG DGVZ 1956, 55); zur Einhaltung des Mindestgebots vgl § 817a Rz 1. 4

**3. Bei Verwertung schuldnerfremder Sachen: Ansprüche** des bisherigen Eigentümers (zT str): 5

**a) Gegen den Ersteher** nicht aus § 985 BGB, da er Eigentum erwirbt (Ausnahme: Rz 4), aus §§ 823, 826 BGB bei vorsätzl. sittenwidriger Schädigung (BGH NJW 1979, 163).

**b) Gegen den Vollstreckungsgläubiger:** Zwischen ihm und dem Eigentümer besteht ein ges Schuldverhältnis (vgl BGH NJW 1972, 1049; 1977, 384), der Gl ist verpflichtet, *geltend gemachte* Rechte Dritter gewissenhaft zu prüfen, § 278 BGB (RA!) ist anwendbar. Ansprüche aus **§§ 823, 826 BGB** bei Verschulden usw. Aus **§ 812 I 1 (2)**, Eingriffskondiktion; Erlösempfang ohne Rechtsgrund, da schuldnerfremde Sache (RG 156, 400, hM). *Umfang:* Bruttoerlös abzügl. VollstrKosten (BGH NJW 1976, 1090; *Palandt/Thomas* § 812 Rz 37; **aA**: Bruttoerlös). Nicht aus § 816 I BGB, weil keine Verfügung, sondern hoheitl. Übertragung (RG 156, 399). 6

**c) Gegen den Schuldner** grds nicht; denn er wird nicht von seiner Schuld befreit. 7

**d) Klage aus § 771** bis zur Erlösauskehrung an den Gl; *nach* Versteigerung und *vor* Erlösauskehrung ist der Erlös kraft Surrogation (vgl § 1247 S. 2 BGB) an die Stelle der versteigerten Sache getreten und gehört noch dem Eigentümer. 8

**4. Absatz 3.** Zahlt der Meistbietende, dem zugeschlagen wurde, nicht, hat der Gerichtsvollzieher (Land) keinen Erfüllungsanspruch. Es wird erneut versteigert. Anspruch auf Schadensersatz, S. 2, hat der Geschädigte, das ist je nach Gebotshöhe der VollstrGl oder der Schuldner. 9

**5. Absatz 4.** S. 1 Halbs 2 („sofern nicht"): §§ 711, 712 I, 720; dann Barzahlung. 10

## § 817a ZPO Mindestgebot

**(1) [1]Der Zuschlag darf nur auf ein Gebot erteilt werden, das mindestens die Hälfte des gewöhnlichen Verkaufswertes der Sache erreicht (Mindestgebot). [2]Der gewöhnliche Verkaufswert und das Mindestgebot sollen bei dem Ausbieten bekannt gegeben werden.**

**(2) [1]Wird der Zuschlag nicht erteilt, weil ein das Mindestgebot erreichendes Gebot nicht abgegeben ist, so bleibt das Pfandrecht des Gläubigers bestehen. [2]Er kann jederzeit die Anberaumung eines neuen Versteigerungstermins oder die Anordnung anderweitiger Verwertung der gepfändeten Sache nach § 825 beantragen. [3]Wird die anderweitige Verwertung angeordnet, so gilt Absatz 1 entsprechend.**

**(3) [1]Gold- und Silbersachen dürfen auch nicht unter ihrem Gold- oder Silberwert zugeschlagen werden. [2]Wird ein den Zuschlag gestattendes Gebot nicht abgegeben, so kann der Gerichtsvollzieher den Verkauf aus freier Hand zu dem Preise bewirken,**

**der den Gold- oder Silberwert erreicht, jedoch nicht unter der Hälfte des gewöhnlichen Verkaufswertes.**

1 Auch bei Nichteinhaltung des Mindestgebots erwirbt der Ersteher Eigentum (hM, OLG Frankfurt VersR 1980, 50; **aA** bei willkürl. falscher Festsetzung OLG München NJW 1959, 1832).

2 Auf Einhaltung von Abs. 1, 3 können der Schuldner und alle beteiligten Gl verzichten (hM; vgl § 145 GVGA). Bei wesentl. Änderung der Verh kommt auch eine Nachschätzung und damit Herabsetzung des Verkaufswerts infrage.

## § 818 ZPO Einstellung der Versteigerung

**Die Versteigerung wird eingestellt, sobald der Erlös zur Befriedigung des Gläubigers und zur Deckung der Kosten der Zwangsvollstreckung hinreicht.**

1 Betrifft den Fall, dass zB fünf Sachen versteigert werden sollen und der Erlös schon von drei Sachen ausreicht. Über Tätigkeit eines privaten Auktionators (§ 825 II) vgl BGH WM 2007, 364.

## § 819 ZPO Wirkung des Erlösempfanges

**Die Empfangnahme des Erlöses durch den Gerichtsvollzieher gilt als Zahlung von Seiten des Schuldners, sofern nicht dem Schuldner nachgelassen ist, durch Sicherheitsleistung oder durch Hinterlegung die Vollstreckung abzuwenden.**

1 § 819 enthält (wie § 815 III) eine Gefahrtragungsregel: Der *Schuldner* wird auch dann ggü dem Gl frei, wenn zB der Gerichtsvollzieher das Geld nach Empfang vom Ersteher verliert. Das Eigentum am Erlös geht dagegen erst mit Ablieferung auf den Gl über.

2 Aus dem Erlös entnimmt der Gerichtsvollzieher zunächst die Kosten der ZwV, führt das Übrige an den Gl ab (bei mehreren Gl nach der Reihenfolge der Pfändungen), den evtl Übererlös erhält der Schuldner. Einzelheiten §§ 169, 170 GVGA. Rechtsbehelf: § 766.

## § 820 ZPO

(weggefallen)

## § 821 ZPO Verwertung von Wertpapieren

**Gepfändete Wertpapiere sind, wenn sie einen Börsen- oder Marktpreis haben, von dem Gerichtsvollzieher aus freier Hand zum Tageskurs zu verkaufen und, wenn sie einen solchen Preis nicht haben, nach den allgemeinen Bestimmungen zu versteigern.**

**Lit:** ***Hezel*** Rpfleger 2006, 105, ***Becker*** JuS 2005, 232.

1 In effektiven Stücken vorgefundene Aktien, Pfandbriefe, Kommunalobligationen, Investmentzertifikate, **ausländische Banknoten:** werden zum Tageskurs verkauft. Sind die

Wertpapiere im Bankdepot, muss der Herausgabeanspruch gegen die Bank gepf werden, § 847 bzw § 857 (je nach Verwahrungsart). Nicht an der Börse notierte Wertpapiere, Lotterielose: werden versteigert. **Sparbücher**, Pfandscheine, Gepäckscheine, Schuldscheine: §§ 829, 835.

Gültige (inländische) **Briefmarken**, Stempelmarken: werden vom Gerichtsvollzieher in Geld umgewechselt, falls ohne zusätzl. Sammlerwert; ebenso (übertragbare) Eisenbahnfahrkarten. 2

**Schecks:** werden bei der Bank eingelöst (LG Göttingen NJW 1983, 635); vgl § 831 Rz 1, 3. Wechsel s § 831. 3

## § 822 ZPO Umschreibung von Namenspapieren

**Lautet ein Wertpapier auf Namen, so kann der Gerichtsvollzieher durch das Vollstreckungsgericht ermächtigt werden, die Umschreibung auf den Namen des Käufers zu erwirken und die hierzu erforderlichen Erklärungen an Stelle des Schuldners abzugeben.**

ZB bei in effektiven Stücken (Eigenverwahrung) vorgefundenen Namensakten, § 68 AktG. „Kann" gibt kein Ermessen. Den Antrag kann der Gerichtsvollzieher, der Gl oder der Erwerber stellen. 1

## § 823 ZPO Außer Kurs gesetzte Inhaberpapiere

**Ist ein Inhaberpapier durch Einschreibung auf den Namen oder in anderer Weise außer Kurs gesetzt, so kann der Gerichtsvollzieher durch das Vollstreckungsgericht ermächtigt werden, die Wiederinkurssetzung zu erwirken und die hierzu erforderlichen Erklärungen an Stelle des Schuldners abzugeben.**

Vgl Art 176 EGBGB, § 806 BGB, § 24 II AktG. Es erfolgt also Rückverwandlung in ein Inhaberpapier. 1

## § 824 ZPO Verwertung ungetrennter Früchte

**[1]Die Versteigerung gepfändeter, von dem Boden noch nicht getrennter Früchte ist erst nach der Reife zulässig. [2]Sie kann vor oder nach der Trennung der Früchte erfolgen; im letzteren Fall hat der Gerichtsvollzieher die Aberntung bewirken zu lassen.**

Vgl § 810. Einzelheiten § 153 GVGA. Versteigerung vor Reife gem § 825. 1

## § 825 ZPO Andere Verwertungsart

**(1) [1]Auf Antrag des Gläubigers oder des Schuldners kann der Gerichtsvollzieher eine gepfändete Sache in anderer Weise oder an einem anderen Ort verwerten, als in den vorstehenden Paragraphen bestimmt ist. [2]Über die beabsichtigte Verwertung hat der Gerichtsvollzieher den Antragsgegner zu unterrichten. [3]Ohne Zustimmung des Antragsgegners darf er die Sache nicht vor Ablauf von zwei Wochen nach Zustellung der Unterrichtung verwerten.**

**(2) Die Versteigerung einer gepfändeten Sache durch eine andere Person als den Gerichtsvollzieher kann das Vollstreckungsgericht auf Antrag des Gläubigers oder des Schuldners anordnen.**

Geändert durch 2. ZwVollstrNovelle (BGBl 1997, 3039).

1 **1. Voraussetzungen:** bestimmter Antrag, bei Personenmehrheit genügt der jedes einzelnen. **Zuständig** ist der Gerichtsvollzieher, der gepfändet hat.

2 **Rechtsschutzbedürfnis** fehlt, wenn sich Gl und Schuldner schon auf eine andere Verwertung geeinigt haben (vgl § 816); es fehlt nicht für Zuweisung der Sache an den Eigentümer selbst, weil dadurch Rechte Dritter erlöschen. Dem Antrag darf nur stattgegeben werden, wenn ein höherer Erlös als bei Versteigerung zu erwarten ist.

3 **2. Entscheidung:** der Gerichtsvollzieher weist den Antrag formlos zurück; oder er teilt dem AGegner die beabsichtigte Art der Verwertung (§ 825 I 2) sowie den Mindestpreis mit, weist auf die Zweiwochenfrist und die Folgen hin, mit Zustellung (§ 825 I 3). Einfacher ist es, wenn der Gerichtsvollzieher tel die Zustimmung des Gegners erholt.

4 **a) Verwertung in anderer Weise:** zB freihändiger Verkauf durch den Gerichtsvollzieher (hoheitl., kein BGB-Kaufvertrag, Eigentumsübergang daher auch bei schuldnerfremder Sache; Gewährleistung § 806; Preis: § 817a I beachten); *oder:* Übereignung an den Gl (auf dessen Antrag) zu einem bestimmten Preis (§ 817a I beachten); Eigentumsübergang erfolgt erst mit Ablieferung durch den Gerichtsvollzieher, hoheitl. (OLG Celle NJW 1961, 1730), ist aber nicht mögl. bei Grundstücksbestandteil (Blockhaus mit festem Fundament, § 93 BGB; BGH NJW 1988, 2789; zutr **aA** *Gaul* NJW 1989, 2509).

5 **Abzahlungskauf:** Ablieferung der Sache an den Verkäufer gilt als Rücktritt vom Vertrag, § 503 II 4 BGB.

6 **b) Verwertung an anderem Ort** als nach § 816 II; in der Wohnung des Schuldners nur mit dessen Zustimmung, OLG Hamm NJW 1985, 75.

7 **3. Verwertung durch andere Person (Absatz 2)**, zB ebay (§ 814 Rz 1); Kunstauktionator (dann privatrechtl. Versteigerung, BGH NJW 1992, 2570; §§ 433 ff., 929 ff. BGB anzuwenden; Gewährleistung vgl § 445 BGB, bei freihändigem Verkauf §§ 434 ff. BGB). Der Schuldner kann analog § 818 beim VollstrGericht die Erteilung von Weisungen an den Auktionator beantragen (BGH NJW 2007, 1276). Der Gegner ist zu hören. Zur Entscheidung darüber (Beschluss, ohne KostenE) ist funktionell das VollstrG zust, § 764 II, dort der Rechtspfleger § 20 Nr. 17. Zustellung erforderl. Verwertung muss soweit hinausgeschoben werden, dass ein Rm mögl. ist.

**4. Rechtsbehelfe, a) Absatz 1:** gegen die Entscheidung des Gerichtsvollzieher: Erinnerung nach § 766, danach § 793. Der Beschluss kann geändert werden, auch nach Rechtskraft. **b) Absatz 2:** sof Beschwerde, § 793; § 11 I RPflG. **Streitwert:** voraussichtl. Mehrerlös. 8

**5. Kosten**. Gericht: keine; Gerichtsvollzieher: GVKostG Nr. 300, 310; evtl Zeitzuschlag nach KV 500; RA: § 18 Nr. 10 RVG. 9

## § 826 ZPO Anschlusspfändung

**(1) Zur Pfändung bereits gepfändeter Sachen genügt die in das Protokoll aufzunehmende Erklärung des Gerichtsvollziehers, dass er die Sachen für seinen Auftraggeber pfände.**

**(2) Ist die erste Pfändung durch einen anderen Gerichtsvollzieher bewirkt, so ist diesem eine Abschrift des Protokolls zuzustellen.**

**(3) Der Schuldner ist von den weiteren Pfändungen in Kenntnis zu setzen.**

**1. Bereits gepfändete Sachen** können für einen anderen Gl oder für eine weitere Forderung desselben Gl vereinfacht nach § 826 *oder* nochmals nach § 808 (zweckmäßig, wenn Zweifel an der Wirksamkeit der Erstpfändung bestehen) gepfändet werden. 1

**Voraussetzungen** der Anschlusspfändung sind ua, 2

- dass sie sich gegen denselben Schuldner richtet (hM, OLG Hamm DGVZ 1963, 4),
- die Verstrickung aus der ersten Pfändung wirksam entstanden ist und andauert,
- die Erklärung nach Abs. 1 aufgenommen wird (nicht notw angesichts der Pfandsache, OLG Bremen DGVZ 1971, 4),
- ein Dritter nach § 809 *wiederum* herausgabebereit ist (OLG Düsseldorf OLGZ 1973, 51; str), vgl § 167 GVGA.

Unbeachtlich ist, ob für diesen Gl ein Überschuss zu erwarten ist; § 803 II gilt hier nicht, da die Anschlusspfändung nach Wegfall der Vorpfändung zum Rang einer Erstpfändung vorrücken kann. 3

Auch beim Gerichtsvollzieher noch befindl. **Übererlös** kann noch nach § 826 gepfändet werden. 4

**Doppelpfändung:** Wurde bei ZwV gegen den Ehemann eine Sache gepfändet und soll diese Sache nun bei ZwV gegen die Frau nochmals gepfändet werden, geht das nur nach §§ 808, 809, nicht nach § 826; vgl § 739. 5

**2. Zum Rang des Pfandrechts** vgl § 804 III. **Absatz 2 und 3** sind nur Ordnungsvorschriften (RG 13, 345). **Rechtsbehelf:** § 766. 6

**Sonderregelung** in § 307 AO. 7

**3. Kosten**: Gerichtsvollzieher: GVKostG KV 205, evtl ferner KV 500. 8

### § 827 ZPO Verfahren bei mehrfacher Pfändung

**(1) [1]Auf den Gerichtsvollzieher, von dem die erste Pfändung bewirkt ist, geht der Auftrag des zweiten Gläubigers kraft Gesetzes über, sofern nicht das Vollstreckungsgericht auf Antrag eines beteiligten Gläubigers oder des Schuldners anordnet, dass die Verrichtungen jenes Gerichtsvollziehers von einem anderen zu übernehmen seien. [2]Die Versteigerung erfolgt für alle beteiligten Gläubiger.**

**(2) [1]Ist der Erlös zur Deckung der Forderungen nicht ausreichend und verlangt der Gläubiger, für den die zweite oder eine spätere Pfändung erfolgt ist, ohne Zustimmung der übrigen beteiligten Gläubiger eine andere Verteilung als nach der Reihenfolge der Pfändungen, so hat der Gerichtsvollzieher die Sachlage unter Hinterlegung des Erlöses dem Vollstreckungsgericht anzuzeigen. [2]Dieser Anzeige sind die auf das Verfahren sich beziehenden Dokumente beizufügen.**

**(3) In gleicher Weise ist zu verfahren, wenn die Pfändung für mehrere Gläubiger gleichzeitig bewirkt ist.**

§ 827 geändert durch G v. 22.03.2005 (BGBl 2005, 837).

**Lit:** ***Zwecker/Englert*** JA 2000, 933.

1 **Absatz 1.** Bei Pfändung derselben Sache durch verschiedene Gerichtsvollzieher ist für das weitere ZwV-Verfahren der erste Gerichtsvollzieher zuständig. IÜ sind die ZwV-Verfahren der versch Gl selbstständig. Örtl. zuständiges VollstrG: §764 II; Rechtspfleger, §20 Nr.17 RPflG.

2 **Absatz 2.** Reihenfolge der Pfändungen: § 804 III; Hinterlegung nach der HinterlegungsO; Folge: Verteilungsverfahren nach § 872.

3 **Absatz 3.** Vgl § 804 Rz 8.

4 **Kosten**. Gericht: keine Geb.; GV: § 3 GVKostG; RA: bei § 827 I 1: §§ 19 II Nr. 3, 18 Nr. 3 RVG-VV.

## Untertitel 3.
## Zwangsvollstreckung in Forderungen und andere Vermögensrechte

### § 828 ZPO Zuständigkeit des Vollstreckungsgerichts

**(1) Die gerichtlichen Handlungen, welche die Zwangsvollstreckung in Forderungen und andere Vermögensrechte zum Gegenstand haben, erfolgen durch das Vollstreckungsgericht.**

**(2) Als Vollstreckungsgericht ist das Amtsgericht, bei dem der Schuldner im Inland seinen allgemeinen Gerichtsstand hat, und sonst das Amtsgericht zuständig, bei dem nach § 23 gegen den Schuldner Klage erhoben werden kann.**

**(3) [1]Ist das angegangene Gericht nicht zuständig, gibt es die Sache auf Antrag des Gläubigers an das zuständige Gericht ab. [2]Die Abgabe ist nicht bindend.**

§ 828 III eingefügt durch 2. ZwVollstrNovelle (BGBl 1997, 3039).

**Lit:** ***Stöber***, Forderungspfändung.

1 **1. Ausschließliche Zuständigkeit**, § 802, des AG, auch wenn der Titel von einem FamG oder ArbG erlassen wurde; Rechtspfleger, § 20 Nr. 16, 17 RPflG; teils der Gerichtsvollzieher (§§ 830, 831, 847). Bei Rm tritt anstelle des AG das BeschwerdeG (LG bzw OLG).

2 Bei **Arrestvollziehung** (nicht bei eVfg) ist das ArrestG zuständig, § 930 I 3. **Allgemeiner Gerichtsstand:** §§ 13 ff. Bei mehreren Schuldnern mit verschiedenen allg Gerichtsstand: getrennte Anträge an die jeweiligen AG. Steht die zu pfändende Forderung mehreren Schuldnern (mit verschiedenen Wohnsitzen) gemeinsam zu, zB ein Bankkonto mit zwei Kontoinhabern: § 36 Nr. 3 (OLG Köln InVo 2006, 65; BayObLG Rpfleger 1983, 288; OLG Report München 2005, 851). Wohnt ein Kontoinhaber in München, der andere im Iran und ist das gemeinsame Konto bei der D-Bank in Düsseldorf, ist München und (wegen § 23) Düsseldorf zuständig, dann hilft § 36 Nr. 3. Das deutsche AG ist für den Erlass eines PfÜB auch dann int zuständig, wenn ledigl. der Drittschuldner (zB Bank, Arbeitgeber) seinen Wohnsitz im Inland hat (OLG Saarbrücken IPRax 2001, 456; dazu *Jaestaedt* IPRax 2001, 438). Es besteht keine deutsche int Zust, wenn öffentl.-rechtl. Geb eines ausl Staates (Anspr von Russland aus Einräumung von ÜberflugR) gepf werden sollen (BGH NJW-RR 2006, 198).

3 **Bei Unzuständigkeit (Absatz 3)**: auf Antrag (formlos, auch vorsorgl. und mit Formular), *Abgabe* (ohne vorherige Anhörung des Schuldners; ohne Bindungswirkung, keine bindende Verweisung [vgl § 281] mehr mögl., OLG Zweibrücken NJW-RR 2000, 929; weitere Abgabe zulässig); Schuldner kann örtl. Unzuständigkeit nach § 766 rügen. Fehlt Abgabeantrag, lehnt das unzuständige Gericht die Pfändung ab. Wohnt der **Drittschuldner im Ausland:** Zustellung gem § 183 (Einzelheiten vgl *Schack* Rpfleger 1980, 175) bzw Art 14 VO (EG) Nr. 1348/2000; § 829 Rz 10.

4 **2. Zuständigkeitsverstoß.** Verletzung der funktionellen Zust (zB Gerichtsvollzieher pfändet Forderung) führt zur Nichtigkeit, Verletzung der örtl. Zust nur zur Anfechtbarkeit. Folgen der Verletzung der sachl. Zust sind str: nur anfechtbar.

## § 829 ZPO Pfändung einer Geldforderung

**(1) [1]Soll eine Geldforderung gepfändet werden, so hat das Gericht dem Drittschuldner zu verbieten, an den Schuldner zu zahlen. [2]Zugleich hat das Gericht an den Schuldner das Gebot zu erlassen, sich jeder Verfügung über die Forderung, insbesondere ihrer Einziehung, zu enthalten. [3]Die Pfändung mehrerer Geldforderungen gegen verschiedene Drittschuldner soll auf Antrag des Gläubigers durch einheitlichen Beschluss ausgesprochen werden, soweit dies für Zwecke der Vollstreckung geboten erscheint und kein Grund zu der Annahme besteht, dass schutzwürdige Interessen der Drittschuldner entgegenstehen.**

**(2) [1]Der Gläubiger hat den Beschluss dem Drittschuldner zustellen zu lassen. [2]Der Gerichtsvollzieher hat den Beschluss mit einer Abschrift der Zustellungsurkunde dem Schuldner sofort zuzustellen, sofern nicht eine öffentliche Zustellung erforderlich wird. [3]An Stelle einer an den Schuldner im Ausland zu bewirkenden Zustellung erfolgt die Zustellung durch Aufgabe zur Post.**

**(3) Mit der Zustellung des Beschlusses an den Drittschuldner ist die Pfändung als bewirkt anzusehen.**

**(4) [1]Das Bundesministerium der Justiz wird ermächtigt, durch Rechtsverordnung mit Zustimmung des Bundesrates Formulare für den Antrag auf Erlass eines Pfändungs- und Überweisungsbeschlusses einzuführen. [2]Soweit nach Satz 1 Formulare eingeführt sind, muss sich der Antragsteller ihrer bedienen. [3]Für Verfahren bei Gerichten, die die Verfahren elektronisch bearbeiten, und für Verfahren bei Gerichten, die die Verfahren nicht elektronisch bearbeiten, können unterschiedliche Formulare eingeführt werden.**

§ 829 geändert durch G v. 23.07.2002 (BGBl 2002, 2850) und G v. 22.03.2005 (BGBl 2005, 837).

**Lit:** ***Stöber***, Forderungspfändung.

1 **1. Absatz 1. Voraussetzungen der Pfändung sind:**

**a) Antrag** des Gl (str, ob eigenhändige Unterschrift notw, LG Berlin MDR 1976, 148), Vorlage von Titel mit Klausel, Zustellungsurkunde. Er kann auch nur wegen eines **Teilbetrags** der titulierten Forderung oder wegen eines **Kleinbetrags**

2 gestellt werden, § 753 Rz 4, 5. Drittschuldner und Forderung müssen so genau bezeichnet werden, dass ihre Identität bei verständiger Auslegung feststeht (BGH 80, 181; 86, 338). Mangelhafte Währungsangabe (DM/Euro) rechtfertigt keine Antragsrückweisung (BGH NJW-RR 2003, 1437). Bei Pfändung von Ansprüchen auf *laufende* Sozialleistungen muss der Gl keine Angaben zur Billigkeit nach § 54 II SGB machen. **Vordruckzwang** nach § 829 IV.

3 **b) Geldforderung als Pfandgegenstand**, auch in ausl Währung, auch öffentl.-rechtl. Auch eine bedingte, betagte, noch nicht fällige, von Gegenleistung abhängige, künftige Forderung; es muss aber bei Vollstr-Beginn bereits ein Rechtsverhältnis zwischen dem Schuldner und dem (feststehenden) Drittschuldner (= Schuldner des Schuldners, zB dem Arbeitgeber des Schuldners wegen der Lohnforderung) bestehen und die künftige Forderung ihrer Art nach bestimmbar sein (BGH 20, 131; 53, 32); eine bloße Verdachts- oder Ausforschungspfändung ist unzul (OLG Köln Rpfleger 1987, 28); vgl Rz 8.

4 Die **Geldforderung muss zum Schuldnervermögen gehören:** Pfändung einer gläubigereigenen Forderung soll trotzdem zul. sein (RG 86, 137; str). Ist der Gl selbst Drittschuldner, könnte er aufrechnen, er kann aber auch pfänden (OLG Stuttgart Rpfleger 1983, 409). Besteht die Forderung im Zeitpunkt der Pfändung nicht (auch nicht als künftige) oder steht sie nicht dem Schuldner zu, geht die Pfändung ins Leere und ist nichtig (BGH NJW 2002, 755); das ist auch der Fall, wenn der Schuldner die Forderung *später* erwirbt (BGH 56, 350; erneute Pfändung also notw; **aA** wendet § 185 II BGB entspr an); ebenso, wenn die Forderung vor der Pfändung vom Schuldner **abgetreten** war (BAG NJW 1993, 2701;

2002, 755) und nach der Pfändung wieder zurückabgetreten wird (BGH NJW 1971, 1938; BAG NJW 1993, 2699; str) oder die Abtretung vom VollstrGl erfolgreich wegen

**Gläubigerbenachteiligung** angefochten wird (BGH NJW 1987, 1703; zur Anfechtung dubioser Abtretungen vgl *Tiedtke* JZ 1992, 73 und ZIP 1993, 1452). Der wahre Forderungsinhaber kann durch Klage nach § 771 die Rechtslage klarstellen und Gefährdung seines Rechts durch die Scheinpfändung abwenden (vgl BGH WM 1981, 648). Zahlt bei Pfändung einer in Wahrheit nicht bestehenden Forderung der Drittschuldner irrtüml. an den VollstrGl, kann er die Leistung von ihm aus § 812 BGB zurückverlangen, er muss sich nicht an den Schuldner halten (BGH NJW 1982, 173). 5

**Gemeinschaftliche Forderung** des Schuldners gegen den Drittschuldner: ist der Schuldner insoweit TeilGl oder GesamtGl (§§ 420, 428 BGB), kann der VollstrGl die gem Forderung pfänden; bei Bruchteils- oder Gesamthandsgemeinschaft ist ein Titel gegen alle notw, sonst kann nur der Anteil gepf werden. 6

c) **Pfändbarkeit der Forderung.** Fehlt bei Unübertragbarkeit, § 851, nach § 852, und aus sozialpolitischen Gründen, §§ 850 ff. und Sondergesetze. Vgl auch unten Rz 10 ff. 7

d) **Rechtsschutzbedürfnis:** Existenz der Forderung darf nicht nachgeprüft werden, Rechtsschutzbedürfnis fehlt, wenn die zu pfändende Forderung *eindeutig* erkennbar nicht besteht (OLG Frankfurt OLGZ 1978, 363). Rechtsschutzbedürfnis fehlt nicht, weil Schuldner gerichtsbekannt (eV) vermögenslos ist (BGH NJW-RR 2003, 1650). Benennt der Gl drei Banken am Wohnort des Schuldners als Drittschuldner, ist das keine unzul **Ausforschungs- oder Verdachtspfändung** (BGH NJW 2004, 2096); anders bei Benennung von 200 Banken. 8

e) **Zuständigkeit:** VollstrG, § 828. Ausnahmen: bei Forderungen, auf die sich bei Grundstücken die Hypothek erstreckt (§§ 1123 – 1130 BGB) vgl § 865 II. Forderungen aus indossablen Papieren werden durch den Gerichtsvollzieher gepfändet, § 831. 9

**2. Einzelfälle:**

- **Altersrente**, künftige: nach § 54 SGB I pfändbar, sofern die Ansprüche in einem bereits bestehenden SozialversVerh wurzeln (BGH NJW 2003, 1457). Das noch nicht rentennahe Alter des Schuldners steht grds nicht entgegen (BGH NJW 2003, 1457), er muss also noch nicht 60 – 65 Jahre alt sein. Das gilt auch für eine Rente wegen Erwerbsminderung (BGH NJW 2003, 3774). 10
- **Arbeitslosengeld** nach SGB III (früher AFG), SGB II: beschränkt pfändbar, vgl § 54 SGB I (*v. Gagel* NJW 1984, 715).
- **Arzt.** Die Honorarforderung des Arztes ist zwar uU wegen § 203 StGB, § 134 BGB nicht abtretbar (BGH NJW 1993, 1638), aber trotzdem pfändbar (BGH NJW 2005, 1505; 1999, 1544). § 851 II steht nicht entgegen. Für § 836 III ergeben sich Einschränkungen (keine unbeschränkte Einsicht in Patientenkartei).
- **Ausland.** Wenn der Gl (zB eine Bank) einen deutschen Titel hat, der Arbeitsgeber des Schuldners (Drittschuldner) aber im Ausland (Österreich) seinen Sitz hat (zB Kellner arbeitet im Grenzgebiet), dann könnte der Lohn gepf werden, der PfüB könnte vom deutschen VollstrG erlassen werden, müsste aber im Rechtshilfeweg mittels des österreichischen Bezirksgerichts (§ 183) oder nach Art 14 VO (EG) Nr. 1348/2000 zuge-

stellt werden. Ob der österreichische Arbeitgeber dadurch *gezwungen* werden kann, Lohn an den deutschen Gl abzuführen, ist unklar. Besser ist daher, den deutschen Titel in Österreich mit der Vollstr-Klausel versehen zu lassen (VO (EG) Nr. 44/2001; AVAG; vgl Anhang) und dann nach österreichischem Recht die Lohnpfändung zu betreiben. Zur ZwV in Bankguthaben von Inländern bei Auslandsfilialen vgl *Mülhausen* WM 1986, 957 u. 985.

11 - **Bankkonto:** besteht ein KontokorrentVerh (§355 HGB), sind *pfändbar* der **Zustellungssaldo** (= Guthabensaldo bei Zustellung des Pfändungsbeschlusses an die Bank; BGH NJW 1981, 1611) und die künftigen periodischen (zu den vertragl. oder gesetzl., §355 II HGB, **Abschlusstagen** entstehenden) Aktivsalden (BGH NJW 1981, 1611). Pfändbar ist ferner der Anspruch aus dem Girovertrag auf Auszahlung des sich zwischen den Rechnungsabschlüssen ergebenden **Tagesguthabens** (BGH NJW 1982, 2192 u. 2193; NJW 1997, 1857; die Bank darf dann auch daraus keine Überweisungen des Schuldners an Dritte und keine Barauszahlungen an den Schuldner vornehmen) und der **Anspruch auf Gutschrift aller Geldneueingänge** (BGH WM 1973, 893; NJW 1985, 1218). Zweckmäßig ist, wenn der Gl *alle* diese Pfändungen gleichzeitig beantragt. Der Auskunftsanspruch gegen die Bank (§666 BGB) ist als Nebenanspruch mitgepf und geht nach §§412, 401 BGB auf Gl über (BGH NJW-RR 2003, 1555). Dagegen kann der Anspruch des Kunden auf Erteilung von **Kontoauszügen** und Rechnungsabschlüssen bei Kontopfändung nicht als Nebenanspruch mit der Hauptforderung mitgepfändet werden (BGH NJW 2006, 217). Kennt der Gl die kontoführende Bank nicht: der Formularantrag des Gl, Ansprüche gegen drei Banken am Wohnort zu pfänden (**Verdachtspfändung**), ist nicht rechtsmissbräuchl. (BGH NJW 2004, 2096; dazu Hess NJW 2004, 2350).

12 - Unpfändbar ist die kontokorrentgebundene Einzelforderung, dh der einzelne gutgeschriebene Betrag, vgl § 357 S. 1 HGB (BGH NJW 1982, 2193; 1985, 1219). IÜ ist ein evtl vorgehendes PfandR der Bank aufgrund ihrer AGBs zu beachten (BGH NJW 1985, 863 u. 1220).

13 - Pfändbarkeit der **Kreditlinie** (*erlaubte* Kontoüberziehungen bis zu einem bestimmten Betrag). Der Anspruch des Bankkunden gegen die Bank aus einem vereinbarten Dispositionskredit („offene Kreditlinie") ist, soweit der Kunde den Kredit in Anspruch nimmt, pfändbar (BGH NJW 2001, 1937; str, dazu *Klose* MDR 2002, 186; *Bitter* WM 2004, 1109), dh wenn der Kredit vereinbart und abgerufen ist und nur noch die Auszahlung bevorsteht. Das AbrufR hat nur der Schuldner (BGH NJW 2004, 1444), es ist unpfändbar, da höchstpersönl. Die bloße *Duldung* von Kontoüberziehungen durch die Bank gibt dem Gl jedenfalls keine pfändbare Forderung (BGH NJW 1985, 1219; OLG Frankfurt NJW-RR 1994, 878). Zum Ganzen vgl *Schuschke* ZIP 2001, 1084; *Fritzsche* DStR 2002, 265 und § 851 Rz 5; ferner OLG Saarbrücken ZIP 2006, 2029.

14 **Mehrere Kontoinhaber:** Es kommt nicht darauf an, wem die Forderungen im Innenverh zustehen, sondern ob sie ihnen gegen die Bank als GesamthandsGl oder als GesamtGl (§ 428 BGB) zustehen, dh auf die Regelung im Girovertrag. Ist jeder der mehreren Inhaber allein berechtigt, über das Guthaben selbstständig unbeschränkt Verfügungen zu treffen (sog **Oder-Konto**), unterliegen die Forderungen gegen die Bank auch der ZwV aus Titeln, die sich nur gegen *einen* Kontoinhaber richten (BGH NJW 1985, 1218). Bei Oder-Konten muss das Kreditinstitut (Drittschuldner) den wirksam gepf und überwiesenen Betrag an

den Vollstreckungsgl nach Ablauf der Auszahlungssperre des § 835 Abs. 3 S. 2 ZPO auszahlen. Kontomitinhaber haben nach Zustellung des PfüB an die Bank (Drittschuldnerin) keinen die Rechte des Gl beeinträchtigenden Auszahlungsanspruch mehr (*Behr* JB 1995, 182; zur Auszahlung an den Mitinhaber nach Vorpfändung vgl OLG Dresden MDR 2001, 580). Beim **Und-Konto** dagegen sind nur die mehreren Kontoinhaber gemeinschaftl. verfügungsberechtigt: liegt Bruchteilgemeinschaft vor, ist der Anteil zu pfänden; bei Gesamthand ZwV in Gesamthandsvermögen bzw in Gesellschaftsanteil (vgl LG Nürnberg-Fürth NJW 2002, 973). Zur Kontenpfändung vgl *Behr* JurBüro 1999, 235+458.

- **Berufsunfähigkeitszusatzversicherung:** Unpfändbar, § 850b I Nr. 1 (OLG Oldenburg MDR 1994, 257; *Hülsmann* MDR 1994, 537).
- **Gefangenengelder:** Vgl § 51 IV, V und § 75 III StVollzG; zum Hausgeld vgl OLG Hamm MDR 2001, 1260; zum Eigengeld (grds pfändbar) BGH NJW 2004, 3714 (soweit aus Arbeitsentgelt gebildet, §§ 850c, k nicht anzuwenden). *Stange/Rilinger* Rpfleger 2002, 610. 15
- **Insolvenzgeld:** Nach §§ 188, 189 SGB III pfändbar. 16
- **Internet:** → § 857.
- **Kindergeld:** Beschränkt pfändbar, § 76 EStG. Drittschuldner ist die örtl. zust „Familienkasse", dh idR Agentur für Arbeit, § 70 EstG, vgl *Steder* DAV 1996, 349.
- **Leasing:** Vgl *Behr* JB 1995, 457. 17
- **Lebensversicherung:** Pfändungsbeschränkungen nach §§ 850 III, 850b I Nr. 4; BFH NJW 1992, 572;
- **Lohnpfändung:** §§ 850 ff.
- **Miteigentumsanteil:** Der Gl des Miteigentümers eines Grundstücks kann dessen Anspruch auf Aufhebung der Gemeinschaft sowie auf Teilung und Auszahlung des Erlöses pfänden und überweisen lassen, § 857 (BGH NJW 2006, 849).
- **NATO-Truppen** und Gefolge: Beachte Art 5 des Gesetzes zum Nato-Truppenstatut (BGBl 1961 II 1183) und Art 34 ff. des Zusatzabkommens zum Nato-Truppenstatut (BGBl 1961 II 1219); *Schwenk* NJW 1976, 1564;
- **Nießbrauch:** vgl BGH NJW 2007, 149.
- **Notaranderkonto:** Auszahlungsanspruch pfändbar, evtl § 857 (BGH NJW 1989, 230); wird der Anspruch auf Auskehrung des Hinterlegungsbetrags gepf, ist Drittschuldner der Notar, nicht die Bank (BayObLG NJW-RR 2000, 945);
- **Pflegegeld:** (SGB XI) ist wegen § 54 III Nr. 3 SGB I grds pfändbar (*Sauer/Maiendresch* NJW 1996, 765); 18
- **Post:** Giroguthaben: pfändbar, Drittschuldner ist Dt Postbank AG, Bonn (*Stöber* Rpfleger 1995, 277); Kontonummer muss nicht angegeben werden.
- **Prostituierte:** Forderung gegen die Kunden ist unpfändbar (§ 2 S. 1 ProstG).
- **Rechtsanwaltshonorarforderung:** trotz § 43a II BRAO (Verschwiegenheitspflicht) pfändbar (BGH NJW 2005, 505).
- **Rente** vgl Rz 10.

- **Regressanspruch** gegen Anwalt (BGH NJW 1996, 48; Pfändung erfasst auch den sog Sekundäranspruch); Ersatzanspruch der GmbH gegen Geschäftsführer ist bei masseloser Insolvenz durch GmbH-Gl pfändbar (BGH NJW 2001, 304).
- **Rest:** Ob der Gl eine Gesamtabrechnung vorlegen muss, wenn er nur wegen des Restbetrags einen Pfändungsbeschlus beantragt, ist str, aber grds zu verneinen (LG Stendal JurBüro 2000, 491);
- **Rückerwerbsansprüche** (zB erbrechtl.): vgl BGH NJW 2003, 1858; *Koch/Mayer* ZEV 2007, 55.
- **Rückgabeansprüche:** die zurückzugebende Sache muss im Pfändungsbeschluss konkret bezeichnet werden (BGH NJW 2000, 3218);

19 - **Sozialhilfe:** unpfändbar, §§ 9, 17 I SGB XII (früher BSHG); **Sozialleistungen:** nur beschränkt pfändbar, § 54 SGB I (Text bei § 850 i); dazu *Riedel* NJW 1994, 2812; *Hornung* Rpfleger 1994, 442; *Behr* JB 1994, 521 und JB 1996, 234.

20 - **Sparguthaben:** pfändbar (auch wenn aufgrund SparprämienG festgelegt, LG Bamberg MDR 1987, 243; **aA** LG Karlsruhe MDR 1980, 765); Herausgabe des Sparbuchs § 836 III; vorherige Wegnahme des Sparbuchs durch Gerichtsvollzieher als Hilfspfändung (§ 156 GVGA);
- **Steuerberaterhonorar:** trotz § 64 II 2 StBerG pfändbar (BGH NJW 2005, 505).

21 - **Steuererstattungsansprüche:** vgl *Schmidt* JurBüro 1999, 403 und InVO 2000, 259; *Urban* DGVZ 1999, 104. Der Erstattungsanspruch ist pfändbar (§ 46 I AO). Im Antrag und Beschluss sind Steuerart und Erstattungsgrund zu bezeichnen. Drittschuldner ist die Finanzbehörde, die über den Anspruch zu entscheiden hat, § 46 VII AO (der Arbeitgeber dann, wenn *er* den Jahresausgleich durchführt, § 42b EStG); der Pfändungsbeschluss darf nicht erlassen werden, bevor der Anspruch entstanden ist, § 46 VI AO; Abgabe der Steuererklärung und Erlass des Steuerbescheids sind nicht erforderl. Der Anspruch auf Lohnsteuerjahresausgleich kann grds erst ab 01.01. des Folgejahres gepfändet werden (Ausnahme, wenn vorher unbeschränkte Steuerpflicht wegfällt, zB bei Gastarbeitern); vorher Vorpfändung, § 845. Nach BFH NJW 2001, 462 kann aber der Gl für den Schuldner nicht dessen Steuererklärung abgeben. Das geht nur entspr §§ 836 III 2, 3, 888, 887 (BGH NJW 2004, 954; auch zur Herausgabe der **Lohnsteuerkarte**). Die neue Rspr macht, wenn ein Erstattungsantrag erforderl ist, Steuererstattungsansprüche uU faktisch unpfändbar und belässt das Geld bei verschuldeten Steuerzahlern dem Staat. Zur Pfändung des Umsatzsteuervergütungsanspruchs vgl BFH Rpfleger 2001, 603.
- **Stipendienbeträge:** Nach § 10 GraduiertenFördG unpfändbar.

22 - **Taschengeldanspruch** der Eheleute: str, vgl § 850b Rz 2;
- **Wohngeld:** Pfändbar, § 54 IV SGB I (LG Bielefeld JB 1996, 270; LG Saarbrücken JB 1995, 492).
- **Urlaub:** Anspruch aus § 651f II BGB (*Müller* JurBüro 1986, 1461). Zur Urlaubsvergütung vgl *Hohmeister* BB 1995, 2110.

23 **3. Entscheidung:** Ohne Gehör des Schuldners, § 834, durch Beschluss des Rechtspflegers. Zum Rechtsschutzbedürfnis vgl Rz 8. **Gebühren** vgl Rz 47. Auferlegung auf Gl nach

§ 788 IV denkbar, zB bei sog Verdachtspfändung. Ob die Forderung wirkl. besteht und dem Schuldner zusteht, ist nicht zu prüfen; gepfändet wird die „angebl." Forderung.

**a) Zurückweisung des Antrags**, wenn eine Voraussetzung oben Rz 1 oder allg der ZwV fehlt. „Gründe" sind dann notw. 24

**b) Pfändungsbeschluss.** „Gründe" nur bei Abweichung vom Antrag. Bei Pfändung mehrerer Forderungen an verschiedene Drittschuldner (zB Arbeitgeber) ergehen nicht mehrere Beschlüsse, sondern idR nur *einer*, § 829 I 3, trotz sog. „informationeller Selbstbestimmung". Inhalt: (1) *Ausspruch der Pfändung* mit Angabe von Gl, Schuldner, titulierter Forderung (wegen der die ZwV betrieben wird) nach Höhe mit Zinsen, Kosten; 25

(2) *Bezeichnung der zu pfändenden Forderung* durch Angabe des Rechtsgrundes und des Drittschuldners (= Schuldner des Schuldners). Beides muss so genau sein, dass (auch für andere Personen, zB weitere Gl, BGH NJW 1985, 1031) feststeht, welche Forderung gepfändet ist und sie von anderen Forderungen unterschieden werden kann (BGH ZIP 2007, 983; NJW 2001, 2976; 1985, 1031); sonst ist die Pfändung unwirksam (Unbestimmtheit der Vollstr-Forderung kann zu Unwirksamkeit des Pfändungsbeschlusses führen, BGH NJW 1980, 1755). Der Rechtsgrund der gepf Forderung muss wenigstens in allgemeinen Umrissen angegeben werden (BGH NJW 1983, 886); ungenügend „aus jedem Rechtsgrund" (BGH 13, 42). „Schadensersatz wegen Nichterfüllung" umfasst nicht auch den „Kaufpreis" (BGH NJW 2000, 1268). Der Drittschuldner muss so genau bezeichnet werden, dass er zweifelsfrei feststeht. 26

(3) *Verbot an den Drittschuldner*, an den Schuldner zu zahlen (sog. Arrestatorium); fehlt es, ist die Pfändung unwirksam; 27

(4) *Gebot an den Schuldner*, sich jeder Verfügung zu enthalten (sog Inhibitorium); Fehlen unschädl. 28

**c) Wirksamkeit der Pfändung:** Bei Verstoß gegen funktionelle Zust (§ 828), bei unbestimmter Angabe der zu pfändenden Forderung, fehlendem Arrestatorium, unwirksamer Zustellung an Drittschuldner ist die Pfändung unwirksam; bei sonstigen Mängeln im Pfändungsverfahren ist die Pfändung grds nur anfechtbar, nicht nichtig (BGH Rpfleger 1979, 299). 29

**d) Umfang der Pfändung:** Die (evtl künftige) Forderung, wie sie zur Zeit der Beschlusszustellung an den Drittschuldner besteht, mit den NebenR (§§ 412, 401 BGB; BGH NJW-RR 2003, 1555; Zinsen, akzessorischen SicherungsR wie Bürgschaft, Rechnungslegung), bei fortlaufenden Bezügen vgl §§ 832, 833. Pfändung der „gesamten Rentenbezüge" umfasst nicht die Witwenrentenabfindung (BSG BB 1986, 2132). Zinsrückstände sind nur erfasst, wenn dies im Beschluss aufgeführt ist (OLG Düsseldorf Rpfleger 1984, 473). Bei Pfändung von Bankguthaben wird durch Angabe einer Kontonummer die Pfändung uU nicht auf das Guthaben dieses Kontos beschränkt (BGH NJW 1988, 2543). 30

**Teilpfändung/Vollpfändung:** Beträgt zB die titulierte Forderung des VollstrGl 1 000 €, die Forderung des Schuldners an den Drittschuldner 2 000 €, dann hängt es von der Formulierung des Pfändungsbeschlusses ab, ob die ganze Forderung über 2 000 € gepfändet ist (das wäre nicht unbedingt eine Überpfändung, weil sie evtl nicht voll durchsetzbar ist) oder nur ein Teilbetrag von 1 000 € (BGH NJW 1975: Teilpfändung liegt vor bei einer Pfändung „bis zur Höhe der Schuld", Restbetrag pfandfrei; sonst grds Vollpfändung; str). Bei Überpfändung hat der Schuldner die Erinnerung, § 766. 31

32 **e) Nochmalige Pfändung** einer schon gepf Forderung (wie Anschlusspfändung bei Sachpfändung) erfolgt wie erstmalige Pfändung. Pfändung mehrerer Forderungen im selben Beschluss ist zulässig und aus Kostenersparnis zweckmäßig (KG Rpfleger 1976, 327).

33 **f) Erlöschen der Verstrickung und des PfändungspfandrechtsR:** durch Aufhebung des Pfändungsbeschlusses oder durch Verzicht des VollstrGl, § 843. Sachlichrechtl. Verzicht auf Rechte aus einer Pfändung durch einfache Erklärung des Gl ggü dem Schuldner (BGH NJW 1983, 886).

34 **g) Verwertung der gepfändeten Forderung: Überweisungsbeschluss**, § 935, wird idR auf Antrag **formularmäßig zugleich** mit dem Pfändungsbeschluss erlassen (nicht: bei Arrest, § 930 I; bei SicherungsVollstr, § 720a).

**4. Absatz 2. Zustellung des Pfändungsbeschlusses:**

35 **a) an den Drittschuldner** (dh den Schuldner des Schuldners, zB dessen Arbeitgeber; dessen das Guthaben verwaltende Bank) durch den Gerichtsvollzieher auf Betreiben des Gl; das VollstrG vermittelt auf Antrag die Beauftragung des Gerichtsvollziehers (§§ 192 III, 191 ff.); in der Zustellungsurkunde wird der Zeitpunkt der Zustellung nach Stunde und Minute angeführt, § 173 GVGA, wegen des Rangs der Pfändung. Ist Drittschuldner eine Gesamthandsgemeinschaft (zB Erbengemeinschaft), muss der PfüB *jedem* Gesamthandsschuldner zugestellt werden (BGH NJW 1998, 2904; entscheidend ist die letzte Zustellung); ist Drittschuldner eine BGB-Gesellschaft, kann Zustellung an den geschäftsführenden Gesellschafter uU genügen (BGH NJW 1998, 2904), doch ist Zustellung an jeden Gesellschafter dringend anzuraten. Zum Nachweis der Voraussetzungen für **öffentliche Zustellung** genügt grds Vorlage aktueller Auskünfte des Einwohnermelde- und Postamts des letzten bekannten Wohnorts (BGH NJW 2003, 1530). Zustellung an Drittschuldner ist Wirksamkeitsvoraussetzung der Pfändung, **Absatz 3**, bei Fehlern evtl Heilung nach § 189 (BGH Rpfleger 1980, 183 zur aF). Unzulässig ist Ersatzzustellung für Drittschuldner an Schuldner (BAG NJW 1981, 1399; str) und öffentl. Zustellung an den Drittschuldner. Wohnt der Drittschuldner im Ausland: § 183; Rz 10 „Ausland". Unwirksam ist zB die Zustellung, wenn die zugestellte begl Abschrift des Beschlusses anstelle der Unterschrift des Rechtspflegers ein Fragezeichen aufweist (BGH NJW 1981, 2256);

36 **b) an den Schuldner:** ist für Wirksamkeit der Pfändung belanglos, Abs. 3, erfolgt an den PrBev, §172, im Parteibetrieb (§§829 II 2, 191ff.); im Ausland durch Aufgabe zur Post, §829 II 3 (*Hornung* DGVZ 2004, 85). Zum Nachweis der Voraussetzungen für öffentl. Zustellung genügt Vorlage aktueller Auskünfte des für den letzten bekannten Wohnort des Schuldners zust Einwohnermeldeamtes und Postamtes (BGH NJW 2003, 1530).

37 **c) An den Gläubiger** formlose Aushändigung des Beschlusses, bei Ablehnung Zustellung, § 329 II, III.

38 **5. Rechtswirkungen der Pfändung** (zu den Wirkungen der idR zugleich erfolgenden Überweisung vgl § 836 Rz 1):

**a)** mit Zustellung des Pfändungsbeschlusses an Drittschuldner Beschlagnahme (Verstrickung) der Forderung;

39 **b)** der VollstrGl erlangt ein PfändungspfandR an der Forderung, § 804 I; bei Pfändung durch mehrere Gl Rang nach der zeitl. Reihenfolge der Pfändungen, § 804 III.

**6. Rechtsstellung der Beteiligten nach Pfändung**

**a) Der Vollstreckungsgläubiger** hat die Stellung eines Pfandgl, § 1273 ff. BGB; er kann zB auf Feststellung des Bestehens der Forderung gegen den Drittschuldner **klagen** (RG Warn 1912 Nr 281), den Forderungserwerb Dritter anfechten, bei Fälligkeit Leistung an sich und den Schuldner gemeinsam verlangen (§ 1281 BGB); nicht: die Forderung einziehen, abtreten (das kann er erst nach Überweisung, § 835). 40

**b) Der Schuldner** darf nicht an sich einziehen, an andere abtreten, aufrechnen usw.; eine solche Verfügung wäre ggü dem Gl unwirksam, kein gutgl Erwerb, §§ 135, 136 BGB. Er bleibt aber Forderungsinhaber, kann deshalb grds den Drittschuldner auf Erfüllung der gepf Forderung an den PfändungsGl verklagen (BGH NJW 2001, 2178); er kann sie im Insolvenzverfahren anmelden, das RechtsVerh (Miet-, Arbeitsverh) kündigen, seinen Klageantrag bei einer Zahlungsklage gegen den Drittschuldner muss er umstellen auf Zahlung an sich und den VollstrGl gemeinsam, nach Überweisung (§§ 835, 836) nur noch auf Zahlung an den VollstrGl. 41

**c) Den Drittschuldner** trifft Auskunftspflicht nach § 840 und ein Zahlungsverbot. Zahlt er trotzdem an den Schuldner, muss er nach Erlass des Überweisungsbeschlusses nochmals an den VollstrGl zahlen; dies gilt auch, wenn eine zwischen dem Schuldner und dem Drittschuldner in einem Prozess streitige Forderung gepfändet worden ist, die Pfändung im Prozess nicht beachtet worden ist, daher ein Urteil auf Leistung an den Schuldner ergangen ist und der Drittschuldner aufgrund des Urteils an den Schuldner gezahlt hat (BGH NJW 1983, 886); dies gilt nicht, wenn die Zahlung in Unkenntnis des Pfändungsbeschlusses erfolgte, zB bei Ersatzzustellung, vgl § 407 BGB (BGH 86, 337). Der Drittschuldner ist beweispflichtig (LG Hannover JurBüro 1984, 1259). 42

**7. Rechtsbehelfe:**

**a) gegen abgelehnte Pfändung:** sof Beschwerde, §§ 11 I RPflG, 793, 567. Hat das BeschwerdeG einen PfüB aufgehoben und den Antrag abgelehnt, kann es die RB zum BGH zulassen, § 574; doch ist eine Wiederherstellung des PfÜB unzul (verfahrensrechtl. Überholung), weil das PfändungspfandR erloschen und der Rang verloren ist (OLG Koblenz Rpfleger 1986, 229; ebenso, wenn der Rechtspfleger auf Beschwerde hin den PfüB aufhebt, OLG Köln NJW-RR 1987, 380); eine neue Pfändung kann aber beantragt werden. 43

**b) gegen Pfändungsbeschluss:** (1) Erinnerung nach § 766, auch für den Drittschuldner (BGH 121, 98) und den nachpfändenden Gl (BGH NJW-RR 1989, 636); Abhilfe ist mögl. **AA** *Wieser* ZZP 115, 157. (2) Falls eine „Entscheidung" vorliegt (§ 766 Rz 1), zB weil der Schuldner vorher gehört wurde: sof Beschwerde, §§ 11 I RPflG, 793, 567 (OLG Köln NJW-RR 2001, 69; OLG Frankfurt Rpfleger 1993, 57); ferner Antrag nach § 850k. (3) Das LG kann die RB zum BGH zulassen (§ 574). 44

**c) gegen Ablehnung der Zustellung** durch den Gerichtsvollzieher: § 766 II. 45

**d)** Bei Auslandsbeteiligung ist Beschwerdeinstanz nicht das LG, sondern das OLG wegen § 119 I Nr. 1b GVG (OLG Braunschweig Rpfleger 2005, 150). 46

47 **8. Ausländische Lohnpfändung:** Für eine Wirkungserstreckung der ausl Lohnpfändung auf das Inland durch ArbG fehlt derzeit eine Rechtsgrundlage (BAG MDR 1997, 71). Vgl Rz 10 und § 828 Rz 2.

48 **9. Kosten**. Gericht GKG-KV 2111 (Vorauszahlung § 12 V GKG). RA: RVG-VV 3309, 3310; mitabgegolten ist Überweisungsantrag nach § 835. Wert: § 25 I Nr. 1 RVG. Honorarvereinbarung nach § 4 II RVG mögl.

## § 830 ZPO Pfändung einer Hypothekenforderung

**(1) [1]Zur Pfändung einer Forderung, für die eine Hypothek besteht, ist außer dem Pfändungsbeschluss die Übergabe des Hypothekenbriefes an den Gläubiger erforderlich. [2]Wird die Übergabe im Wege der Zwangsvollstreckung erwirkt, so gilt sie als erfolgt, wenn der Gerichtsvollzieher den Brief zum Zwecke der Ablieferung an den Gläubiger wegnimmt. [3]Ist die Erteilung des Hypothekenbriefes ausgeschlossen, so ist die Eintragung der Pfändung in das Grundbuch erforderlich; die Eintragung erfolgt auf Grund des Pfändungsbeschlusses.**

**(2) Wird der Pfändungsbeschluss vor der Übergabe des Hypothekenbriefes oder der Eintragung der Pfändung dem Drittschuldner zugestellt, so gilt die Pfändung diesem gegenüber mit der Zustellung als bewirkt.**

**(3) [1]Diese Vorschriften sind nicht anzuwenden, soweit es sich um die Pfändung der Ansprüche auf die im § 1159 des Bürgerlichen Gesetzbuchs bezeichneten Leistungen handelt. [2]Das Gleiche gilt bei einer Sicherungshypothek im Falle des § 1187 des Bürgerlichen Gesetzbuchs von der Pfändung der Hauptforderung.**

1 **1. Pfändung bei Briefhypothek, Absatz 1:**

**a) Notwendig sind:**

- **Pfändungsbeschluss** des AG nach §§ 828, 829 (wenn der Grundstückseigentümer nicht der *persönliche* Schuldner (des Vollstr-Schuldners) ist, sind der pers und der dingl. Schuldner Drittschuldner); genaue Bezeichnung der Hypothek wegen Briefwegnahme notw, § 174 GVGA.

2 - **Briefübergabe** an den Gl (oder dessen Besitzmittler); er muss den unmittelbaren Besitz am Brief so erlangen, dass der Schuldner ihn verliert (str); es genügt, wenn er den Brief schon besitzt; oder freiwillige Übergabe; oder Wegnahme des Briefs durch den Gerichtsvollzieher beim Vollstr-Schuldner (durch sog

3 - **Hilfspfändung**, § 156 GVGA) ohne bes Titel (der Pfändungsbeschluss, der zugestellt sein muss, § 750 I, ohne Vollstr-Klausel, ist insoweit Vollstr-Grundlage, BGH NJW 1979, 2045). Damit wird die Pfändung wirksam, die Zustellung des Pfändungsbeschlusses an den Drittschuldner ist (anders als bei § 829 III) keine Wirksamkeitsvoraussetzung.

4 - Ist der **Brief bei einem Dritten**, der ihn nicht freiwillig herausgibt, muss der VollstrGl den Herausgabeanspruch des Schuldners gegen den Dritten aus §§ 985, 952 BGB pfänden (§ 886) und sich zur Einziehung überweisen lassen sowie dann auf Herausgabe klagen. Ist der **Brief beim Grundbuchamt:** vgl *Brox/Walker* Rz 680 ff. Ist der **Brief unauffindbar:** § 883 II, dann evtl § 1162 BGB, 67 GBO.

**b) Verwertung** gem § 837. 5

**c) Pfändung von Grundschuld**, Rentenschuld, Reallast: § 830 entspr anwendbar, § 857 VI.

**2. Pfändung bei Buchhypothek**

**a) Pfändungsbeschluss** (kein *gleichzeitiger* Überweisungsbeschluss, BGH NJW 1994, 3225); 6

**b) Eintragung** im Grundbuch auf Antrag (§ 13 GBO; genaue Grundstückangaben daher notw) des VollstrGl; Pfändungsbeschluss ersetzt die Eintragungsbewilligung (§ 19 GBO), I 3; bei fehlender Voreintragung (§ 39 GBO) des Schuldners (= HypothekenGl) kann der Gl die Berichtigung des Grundbuchs herbeiführen, §§ 14, 22, 29 GBO, Urkunden erlangt er über § 792, § 2264 BGB, §§ 34, 85 FGG.

**3. Absatz 2.** Diese Zustellung hat zur Folge, dass zB der Drittschuldner nur noch gemeinschaftl. an den Gl und Schuldner leisten darf, verschafft aber keinen Vorrang; für den Rang (§ 804 III) kommt es nur auf den Zeitpunkt der Brieferlangung (bei Briefhypothek) bzw Eingang des Eintragungsantrags beim GBA (bei Buchhypothek) an (OLG Düsseldorf NJW 1961, 1266). Um Verfügungen des Schuldners bis zur Pfändung zu verhindern, kann der VollstrGl eine Vorpfändung, § 845, vornehmen oder durch eVfg ein Verfügungsverbot aussprechen, §§ 935, 938 II, und im Grundbuch eintragen lassen. 7

**4. Absatz 3 Satz 1:** in § 1159 BGB bezeichnete Leistungen (zB Rückstände von Hypothekenzinsen): Pfändung nach § 829. **Satz 2:** Pfändung nach § 831 bzw § 821. 8

**5. Rechtsbehelfe:** wie bei § 829; gegen Vfg des GBA: §§ 11 I 1 RPflG, 71 GBO. 9

**6. Kosten**. GBA: für Eintragung der Pfändung § 64 I 1 KostO. Gerichtsvollzieher: für Wegnahme des Briefs GVKostG KV 221; wenn ohne Erfolg KV 604; jeweils evtl KV 500. RA: RVG-VV 3309, aber § 18 Nr. 3 RVG. 10

## § 830a ZPO Pfändung einer Schiffshypothekenforderung

**(1) Zur Pfändung einer Forderung, für die eine Schiffshypothek besteht, ist die Eintragung der Pfändung in das Schiffsregister oder in das Schiffsbauregister erforderlich; die Eintragung erfolgt auf Grund des Pfändungsbeschlusses.**

**(2) Wird der Pfändungsbeschluss vor der Eintragung der Pfändung dem Drittschuldner zugestellt, so gilt die Pfändung diesem gegenüber mit der Zustellung als bewirkt.**

**(3) [1]Diese Vorschriften sind nicht anzuwenden, soweit es sich um die Pfändung der Ansprüche auf die im § 53 des Gesetzes über Rechte an eingetragenen Schiffen und Schiffsbauwerken vom 15. November 1940 (RGBl. I S. 1499) bezeichneten Leistungen handelt. [2]Das Gleiche gilt, wenn bei einer Schiffshypothek für eine Forderung aus einer Schuldverschreibung auf den Inhaber, aus einem Wechsel oder aus einem anderen durch Indossament übertragbaren Papier die Hauptforderung gepfändet wird.**

1 **Absatz 3 Satz 1:** dann Pfändung nach § 829; **Satz 2:** zur Pfändung der Schiffshypothek genügt dann Pfändung der Hauptforderung nach § 821 bzw § 831.

## § 831 ZPO Pfändung indossabler Papiere

**Die Pfändung von Forderungen aus Wechseln und anderen Papieren, die durch Indossament übertragen werden können, wird dadurch bewirkt, dass der Gerichtsvollzieher diese Papiere in Besitz nimmt.**

1 **1. Anwendungsbereich. Wechsel**; kaufmännische Anweisungen, Verpflichtungsscheine, Konnossemente; Lager- u. Ladescheine, § 363 HGB; **Schecks** ohne den Zusatz „oder Überbinger". **Pfändung** durch den Gerichtsvollzieher durch Inbesitznahme (§ 808; ist Dritter nicht herausgabebereit, vgl § 809, §§ 846 ff.), **Verwertung** auf Antrag des Gl nach §§ 835 ff. (Überweisungsbeschluss des VollstrG, evtl AnO der Diskontierung des Wechsels, § 844); vgl § 175 GVGA und *App* DGVZ 1992, 71.

2 Wird bei einem Gut der Herausgabeanspruch gegen einen Dritten durch ein **indossables kaufmännisches Orderpapier** verkörpert, erfolgt die Pfändung durch Inbesitznahme des Papiers und Herausgabe des Guts an den Gerichtsvollzieher; ein entgegen § 831 ergangener (also überflüssiger) Pfändungsbeschluss ist aber grds nicht wirkungslos (BGH MDR 1980, 1016).

3 **Schecks** auf den Zahlungsempfänger „oder Überbringer" (auch Verrechnungsschecks) werden ebenso durch den Gerichtsvollzieher gepf, aber verwertet durch Einlösung bei der Bank (LG Göttingen NJW 1983, 635; **aA** Verwertung gem § 825), vgl **§ 821**.

4 **2.** Ebenso werden **Blankowechsel, Blankoschecks** gepfändet (das AusfüllungsR des Schuldners übt der VollstrGl nach Überweisung aus, *Geißler* DGVZ 1986, 110).

5 Pfändung von **Postsparguthaben** erfolgt ab 01.01.1998 nach § 829 ZPO, § 309 AO, PTNeuOG, *Röder* DGVZ 1996, 169.

6 **Andere Sparguthaben:** §§ 829, 835 (Sparbuch wird vor Pfändungsbeschluss erlangt durch vorläufige Wegnahme durch den Gerichtsvollzieher, sog *Hilfspfändung*, § 156 GVGA; nachher gem § 836 III 2). **Inhaberpapiere** vgl §§ 808, 821; **Rektapapiere** §§ 808, 822.

## § 832 ZPO Pfändungsumfang bei fortlaufenden Bezügen

**Das Pfandrecht, das durch die Pfändung einer Gehaltsforderung oder einer ähnlichen in fortlaufenden Bezügen bestehenden Forderung erworben wird, erstreckt sich auch auf die nach der Pfändung fällig werdenden Beträge.**

1 Wegen § 832 muss bei fortlaufenden Bezügen nicht monatl. gepfändet werden. **Ähnliche Forderungen** sind zB Ruhegehalt, Sozialleistungen (wie Arbeitslosenhilfe, BSG MDR 1989, 187), Unterhaltsrenten, Provisionen eines Handelsvertreters; Abschlagszahlungen der kassenärztl. Vereinigung an Ärzte (OLG Nürnberg JB 2002, 603); aber auch Miete, Pacht, Zinsen (**hM**).

**Kurze Unterbrechung** des ArbeitsVerh usw. schadet nicht (OLG Düsseldorf Betrieb 1985, 1336), vgl § 833 II, wenn nach der Verkehrsauffassung Einheitlichkeit vorliegt; vgl § 833 II. Pfändung erstreckt sich von selbst auf die künftigen Raten, auch ohne Ausspruch im Pfändungsbeschluss. 2

## § 833 ZPO Pfändungsumfang bei Arbeits- und Diensteinkommen

**(1) [1]Durch die Pfändung eines Diensteinkommens wird auch das Einkommen betroffen, das der Schuldner infolge der Versetzung in ein anderes Amt, der Übertragung eines neuen Amtes oder einer Gehaltserhöhung zu beziehen hat. [2]Diese Vorschrift ist auf den Fall der Änderung des Dienstherrn nicht anzuwenden.**

**(2) Endet das Arbeits- oder Dienstverhältnis und begründen Schuldner und Drittschuldner innerhalb von neun Monaten ein solches neu, so erstreckt sich die Pfändung auf die Forderung aus dem neuen Arbeits- oder Dienstverhältnis.**

Absatz 2 eingefügt durch 2. ZwVollstrNovelle (BGBl 1997, 3039).

**Absatz 1** gilt auch für private Dienst- und Arbeitsverh; bei Versetzung usw. ist kein neuer PfÜB notw. **Satz 2: Bei Wechsel des Arbeitgebers** ist ein neuer PfüB notw; keine Änderung liegt vor, wenn nur die Rechtsform wechselt oder bei Betriebsübergang, § 613a BGB (LAG Frankfurt MDR 2000, 232). 1

**Absatz 2:** Wird das ArbeitsVerh nur unterbrochen (zB saisonbedingt, Winterpause des Bauarbeiters) ist *kein* neuer PfÜB erforderl.; die Fortsetzung der Arbeit muss nicht schon bei Beendigung vereinbart worden sein, kann sich auch zufällig ergeben. 2

## § 834 ZPO Keine Anhörung des Schuldners

**Vor der Pfändung ist der Schuldner über das Pfändungsgesuch nicht zu hören.**

**Zweck:** Der Schuldner soll die ZwV nicht vereiteln können. Auch im **Rechtsmittelverfahren** nach abgelehntem Pfändungsantrag keine Anhörung (KG NJW 1980, 1341). Gegen ohne Anhörung erlassenen PfÜB: § 766 (OLG Köln NJW-RR 2001, 69); **aA** *Wieser* ZZP 115, 157: sof Beschwerde. **Bei Verstoß:** UU Amtshaftung, § 839 BGB. **Ausnahmen:** § 850b III; bei von Pfändungsbeschluss getrenntem Überweisungsbeschluss; wenn Gl Anhörung beantragt; nicht mehr bei Pfändung von Sozialleistungen (§ 54 VI SGB ist aufgehoben). 1

## § 835 ZPO Überweisung einer Geldforderung

**(1) Die gepfändete Geldforderung ist dem Gläubiger nach seiner Wahl zur Einziehung oder an Zahlungs statt zum Nennwert zu überweisen.**

**(2) Im letzteren Fall geht die Forderung auf den Gläubiger mit der Wirkung über, dass er, soweit die Forderung besteht, wegen seiner Forderung an den Schuldner als befriedigt anzusehen ist.**

**(3) [1]Die Vorschriften des § 829 Abs. 2, 3 sind auf die Überweisung entsprechend anzuwenden. [2]Wird ein bei einem Geldinstitut gepfändetes Guthaben eines Schuld-**

**ners, der eine natürliche Person ist, dem Gläubiger überwiesen, so darf erst zwei Wochen nach der Zustellung des Überweisungsbeschlusses an den Drittschuldner aus dem Guthaben an den Gläubiger geleistet oder der Betrag hinterlegt werden.**

**Lit:** ***Schur*** KTS 2001, 73; ***Hau*** WM 2002, 325.

1 **1.** Um die gepfändete Geldforderung verwerten zu können, muss der Gl beim VollstrG (Rechtspfleger) einen Überweisungsbeschluss nach Abs. 1 (idR Überweisung zur Einziehung) beantragen; andere Verwertung: § 844. Besonderheiten: §§ 837, 837a. **Formularmäßig** sind **Pfändungs- und Überweisungsbeschluss** in *einem* Beschluss zusammengefasst (nicht bei einer durch Buchhypothek gesicherten Forderung, BGH NJW 1994, 3225), auch der Antrag wird mit dem Pfändungsantrag verbunden (*nur* Pfändung aber bei Arrestvollziehung, § 930, und SicherungsVollstr, § 720a).

2 In den Beschluss müssen die gem § 836 III 2 herauszugebenden Urkunden aufgenommen werden;

3 Ob ein **Vermerk über die Geldempfangsvollmacht** des PrBev des Gl gemacht werden darf, ist str (vgl LG Berlin Rpfleger 1968, 291).

4 **2. Überweisung zur Einziehung. Zustellung** des Beschlusses im Parteibetrieb, §§ 835 III 1 mit § 829 II; Überweisung wird wirksam mit Zustellung an Drittschuldner, § 829 III.

5 Die Forderung gegen den Drittschuldner bleibt Vermögensbestandteil des Vollstr-Schuldners (BGH NJW 1978, 1914). **Zahlt der Drittschuldner nicht freiwillig** an den VollstrGl, muss dieser ihn auf Zahlung verklagen und dann vollstrecken. Verliert er den Prozess, erstreckt sich die Rechtskraft nicht auf den Schuldner, vgl aber §841. Einzelheiten §836.

6 **3. Bei Überweisung an Zahlungs statt** erfolgt Gläubigerwechsel, der VollstrGl hat das Risiko der Beitreibbarkeit, weshalb sie kaum beantragt wird.

7 **4. § 835 III 2.** Zweck: damit der *Schuldner* einen Antrag nach § 850k stellen kann; frühere Zahlung durch Bank an Gl ist ohne Wirkung gegen den Schuldner, wenn ihm Schutz nach § 850k gewährt wird.

8 **5. Rechtsbehelfe:** wie bei § 829.

9 **6. Kosten**: **Rechtsanwalts-Gebühr:** § 18 Nr 3 RVG; Gericht: KV 2111 (nur eine Geb für Pfändung + Überweisung); Vorauszahlung § 12 V GKG.

## § 836 ZPO Wirkung der Überweisung

**(1) Die Überweisung ersetzt die förmlichen Erklärungen des Schuldners, von denen nach den Vorschriften des bürgerlichen Rechts die Berechtigung zur Einziehung der Forderung abhängig ist.**

**(2) Der Überweisungsbeschluss gilt, auch wenn er mit Unrecht erlassen ist, zugunsten des Drittschuldners dem Schuldner gegenüber so lange als rechtsbeständig, bis er aufgehoben wird und die Aufhebung zur Kenntnis des Drittschuldners gelangt.**

**(3) [1]Der Schuldner ist verpflichtet, dem Gläubiger die zur Geltendmachung der Forderung nötige Auskunft zu erteilen und ihm die über die Forderung vorhandenen**

**Urkunden herauszugeben. [2]Erteilt der Schuldner die Auskunft nicht, so ist er auf Antrag des Gläubigers verpflichtet, sie zu Protokoll zu geben und seine Angaben an Eides statt zu versichern. [3]Die Herausgabe der Urkunden kann von dem Gläubiger im Wege der Zwangsvollstreckung erwirkt werden.**

Absatz 3 geändert durch 2. ZwVollstrNovelle (BGBl 1997, 3039).

**1. Wirkung der Überweisung zur Einziehung**

**a) Der Vollstreckungsgläubiger erlangt ein Einziehungsrecht**, der Höhe nach begrenzt durch die titulierte Forderung; er kann die zur Befriedigung notw Handlungen vornehmen (Kosten §788), zB eine Forderung kündigen, aufrechnen; nicht aber mit Wirkung gegen den Vollstr-Schuldner stunden (BGH NJW 1978, 1915; 1982, 174), erlassen, abtreten. 1

**Zahlt der Drittschuldner nicht freiwillig**, muss der Gl ihn im eigenen Namen auf Zahlung an sich verklagen (bei § 839 auf Hinterlegung) und dem Schuldner den Streit verkünden, § 841. 2

**Schwebt ein Rechtsstreit des Schuldners gegen den Drittschuldner:** 3

Antragsänderung, dass der Bekl an den VollstrGl zu zahlen hat; oder § 265 II 2.

**Besteht schon ein Titel:** § 727. Rechtsweg und Zust ändern sich durch die Überweisung nicht, für Arbeitslohn ist daher das ArbG zuständig für Beamtenbezüge das VG. **Klage bei mehrfacher Pfändung** und Überweisung: §§ 856 I, 853. Unterlässt der VollstrGl die Klage: §§ 842, 843. 4

**b) Der Vollstreckungsschuldner bleibt Forderungsinhaber;** er kann den Drittschuldner verklagen mit dem Antrag auf Zahlung an den VollstrGl (BGH NJW 2001, 2178; NJW 1968, 2060); Einzelheiten zum Klageantrag vgl BGH NJW 2001, 2178. Doch hindert der PfüB den Werkunternehmer, aus dem Werkvertrag in Höhe des PfüB Zahlung und Eintragung einer Sicherungshypothek vom Bauherrn zu fordern (BGH BauR 2001, 1421). 5

**c) Der Drittschuldner darf nur noch an den Gläubiger leisten.** Zahlt er an den Schuldner, wird er nur befreit, wenn er Pfändung und Überweisung nicht kannte. Zahlt er nicht und wird er vom VollstrGl verklagt: 6

**(1)** Er kann **Einreden und Einwendungen**, die ihm ggü dem VollstrGl zustehen, geltend machen, zB ihm gewährte Stundung (BGH NJW 1978, 1914); Aufrechnung mit Forderung gegen VollstrGl; 7

**(2)** Er kann Einwendungen und Einreden, die gegen seinen AltGl (= VollstrSchuldner) bestanden, auch dem VollstrGl entgegenhalten, §§ 404 ff. BGB; 8

**(3) Aufrechnung** durch Drittschuldner mit Forderung gegen Vollstr-Schuldner: beschränkt gem §§ 392, 406 BGB; hat der Drittschuldner trotz Pfändung noch an den Vollstr-Schuldner gezahlt (unwirksam, §§ 135, 136 BGB), kann er sich gegenüber der Klage des Gl darauf berufen, dass er gegen den Vollstr-Schuldner hätte aufrechnen können (BGH 58, 27; 86, 338; str). Vor Pfändung getroffene Aufrechnungsvereinbarungen wirken gegen den Drittschuldner (BGH NJW 1968, 835); 9

**(4) Nichtigkeit der Pfändung** oder Überweisung oder einstweilige Einstellung der ZwV kann der Drittschuldner einwenden (BGH 66, 79); Folge Klageabweisung mangels Sachbefugnis. 10

11 **(5) Anfechtbarkeit des Pfändungs- und Überweisungsbeschlusses**, zB wegen Unpfändbarkeit der Forderung nach § 850b, kann der Drittschuldner im Einziehungsstreit nicht vortragen (BGH 66, 79; anders bei mat-rechtl. begründeter Unpfändbarkeit, zB nach § 399 BGB, BGH Rpfleger 1978, 248; str), er ist insoweit auf Erinnerung, § 766, gegen den PfüB angewiesen;

12 **(6)** Auf Einwendungen gegen die titulierte Forderung kann sich der Drittschuldner nicht berufen (BGH 81, 321), nur der Vollstr-Schuldner gem § 767.

13 **(7)** Bei mehrfacher Pfändung: § 853.

**(8)** Wird die ZwV einstweilen eingestellt (§ 775 Nr. 2), darf der Drittschuldner nur noch an VollstrGl und Schuldner *gemeinsam* leisten bzw hinterlegen (BGH NJW 1999, 953).

14 **2. Vertrauensschutz für den Drittschuldner (Absatz 2)**, vgl § 409 BGB. Zu Unrecht erlassen zB weil Forderung unpfändbar (nicht bei *Nichtigkeit* des Überweisungsbeschlusses, BGH NJW 1993, 735, einschränkend BGH NJW 1994, 3225: Ist die zur Einziehung erfolgte Überweisung einer durch eine Buchhypothek gesicherten Forderung unwirksam, weil die Pfändung nicht im Grundbuch eingetragen wurde, kann der an den Gl zahlende Drittschuldner gleichwohl Vertrauensschutz in Anspruch nehmen); „dem Schuldner gegenüber", dh nur, wenn der Schuldner wirkl. Inhaber der Forderung gegen den Drittschuldner ist (BGH NJW 1988, 495); ist Dritter Forderungsinhaber: §§ 407, 408 BGB.

Zahlt der Drittschuldner D aufgrund eines PfüB in Unkenntnis von dessen Aufhebung an Gl, ist D freigeworden; Gl muss nach § 816 II BGB das Geld an den VollstrSchuldner herausgeben.

15 **Ausdehnende Auslegung von Absatz 2:** Es ergeht zB PfüB für Gl 1, dann für Gl 2; der erste PfüB wird aufgehoben; der Drittschuldner zahlt in Unkenntnis der Aufhebung an Gl 1; er hat mit befreiender Wirkung geleistet, wird im Verh zum Schuldner und zu Gl 2 geschützt (BGH 66, 396; str); Gl 2 hat Anspruch aus § 816 II BGB gegen Gl 1.

16 **Beweislast** bez der Kenntnis des Drittschuldners hat, wer die Wirksamkeit der Zahlung des Drittschuldners bestreitet (BGH 66, 398).

17 **3. Absatz 3. a) Auskunftspflicht, Absatz 3 Satz 1**, vgl § 402 BGB: wichtig zB, wenn der Gl einen Anspruch des Schuldners pfändet und mdl *Angaben des Schuldners* braucht, damit die Forderung berechnet werden kann. Erzwingbar seit 1999 durch eV nach §§ 899 – 913, ohne § 900 II, IV, 903; also ggf mit Haft (**Absatz 3 Satz 2**); für Klage auf Auskunft daher idR kein Rechtsschutzbedürfnis. Bei Nichterfüllung ferner Schadensersatzpflicht aus § 286 I BGB.

18 **b) Urkundenherausgabe, Absatz 3 Satz 3**, zB Sparbuch, Versicherungsschein; Mietvertrag; nicht die EC-Karte (BGH NJW 2003, 1256). Die **Lohnsteuerkarte** konnte nach früher hM zwecks Erstattungsantrag herausverlangt werden; das wurde dann irrig abgelehnt vom BFH (Rpfleger 1999, 338), wird aber jetzt grds bejaht vom BGH (NJW 2004, 954): „Wer einen Anspruch auf Erstattung von Einkommensteuer (Lohnsteuer) gepfändet und zur Einziehung überwiesen erhalten hat, kann den Hilfsanspruch auf Abgabe der Steuererklärung aus diesem Titel grds durch Haftantrag gegen den Schuldner vollstrecken. Die Herausgabe der Lohnsteuerkarte und anderer Besteuerungsunterlagen des Schuldners an den VollstrGl darf erst angeordnet werden, wenn der Gl glaubhaft gemacht hat, dass er den Besitz dieser Urkunden aufgrund einer Beteiligung an dem Verfahren zur Festsetzung

der Einkommensteuer des Schuldners eines eigenen Einspruchs oder einer eigenen Klage gegen den Drittschuldner benötigt.“; dazu *Viertelhausen* DGVZ 2004, 161; *Wolf/Müller* NJW 2004, 1775. **Lohnabrechnungen:** Der Schuldner hat außer den laufenden Lohnabrechnungen regelmäßig auch die letzten drei Lohnabrechnungen aus der Zeit vor Zustellung des PfÜB an den Gl herauszugeben (BGH NJW 2007, 606; früher str; Datenschutz steht nicht entgegen, OLG Brauschweig Rpfleger 2005, 150). Schuldschein, Leistungsbescheid des Arbeitsamtes (LG Regensburg Rpfleger 2002, 468; **aA** LG Hannover Rpfleger 1986, 143); Abtretungserklärungen (LG München II JurBüro 2000, 490; **aA** AG Fulda JurBüro 1998, 604); Rentenbescheide (LG Leipzig Rpfleger 2005, 96). Erzwingbar durch Vollstr durch den Gerichtsvollzieher (§§ 883, 886); Titel ist der Überweisungsbeschluss oder ein entspr Ergänzungsbeschluss, der die wegzunehmende Urkunde bezeichnet; sind Urkunden unauffindbar: § 883 II; sind sie bei nicht herausgabebereitem Dritten: Klage gegen diesen.

## § 837 ZPO Überweisung einer Hypothekenforderung

**(1) [1]Zur Überweisung einer gepfändeten Forderung, für die eine Hypothek besteht, genügt die Aushändigung des Überweisungsbeschlusses an den Gläubiger. [2]Ist die Erteilung des Hypothekenbriefes ausgeschlossen, so ist zur Überweisung an Zahlungs statt die Eintragung der Überweisung in das Grundbuch erforderlich; die Eintragung erfolgt auf Grund des Überweisungsbeschlusses.**

**(2) [1]Diese Vorschriften sind nicht anzuwenden, soweit es sich um die Überweisung der Ansprüche auf die im § 1159 des Bürgerlichen Gesetzbuchs bezeichneten Leistungen handelt. [2]Das Gleiche gilt bei einer Sicherungshypothek im Falle des § 1187 des Bürgerlichen Gesetzbuchs von der Überweisung der Hauptforderung.**

**(3) Bei einer Sicherungshypothek der im § 1190 des Bürgerlichen Gesetzbuchs bezeichneten Art kann die Hauptforderung nach den allgemeinen Vorschriften gepfändet und überwiesen werden, wenn der Gläubiger die Überweisung der Forderung ohne die Hypothek an Zahlungs statt beantragt.**

**1. Absatz 1. Briefhypothek:** Bei Zusammenfassung von Pfändung und Überweisung in 1
einem Beschluss (wie idR) tritt die Wirkung der Überweisung erst mit Briefübergabe an den VollstrGl ein, § 830 I. Wird eine Forderung, für die eine **Buchhypothek** besteht, gepfändet und zur Einziehung überwiesen, ist dies so lange unwirksam, als die Pfändung (nicht die Überweisung, BGH 24, 332) nicht in das Grundbuch eingetragen ist. In solchen Fällen dürfen Pfändungsbeschluss und Überweisungsbeschluss deshalb nicht zusammen erlassen werden. Ist die zur Einziehung erfolgte Überweisung einer durch eine Buchhypothek gesicherten Forderung unwirksam, weil die Pfändung nicht im Grundbuch eingetragen wurde, kann der an den Gl zahlende Drittschuldner gleichwohl Vertrauensschutz in Anspruch nehmen (BGH NJW 1994, 3225; krit *Stöber* NJW 1996, 1180).

**2. Absatz 2:** Dann Überweisung nach § 835 bzw § 821. Vgl. § 830 III. 2

**3. Absatz 3:** Allgemeine Vorschriften sind §§ 829, 835; der Gl kann aber auch Forderung 3
*und* Hypothek nach §§ 830, 837 (wie Buchhypothek) pfänden und überweisen lassen.

### § 837a ZPO Überweisung einer Schiffshypothekenforderung

**(1) [1]Zur Überweisung einer gepfändeten Forderung, für die eine Schiffshypothek besteht, genügt, wenn die Forderung zur Einziehung überwiesen wird, die Aushändigung des Überweisungsbeschlusses an den Gläubiger. [2]Zur Überweisung an Zahlungs statt ist die Eintragung der Überweisung in das Schiffsregister oder in das Schiffsbauregister erforderlich; die Eintragung erfolgt auf Grund des Überweisungsbeschlusses.**

**(2) [1]Diese Vorschriften sind nicht anzuwenden, soweit es sich um die Überweisung der Ansprüche auf die im § 53 des Gesetzes über Rechte an eingetragenen Schiffen und Schiffsbauwerken vom 15. November 1940 (RGBl. I S. 1499) bezeichneten Leistungen handelt. [2]Das Gleiche gilt, wenn bei einer Schiffshypothek für eine Forderung aus einer Schuldverschreibung auf den Inhaber, aus einem Wechsel oder aus einem anderen durch Indossament übertragbaren Papier die Hauptforderung überwiesen wird.**

**(3) Bei einer Schiffshypothek für einen Höchstbetrag (§ 75 des im Absatz 2 genannten Gesetzes) gilt § 837 Abs. 3 entsprechend.**

### § 838 ZPO Einrede des Schuldners bei Faustpfand

**Wird eine durch ein Pfandrecht an einer beweglichen Sache gesicherte Forderung überwiesen, so kann der Schuldner die Herausgabe des Pfandes an den Gläubiger verweigern, bis ihm Sicherheit für die Haftung geleistet wird, die für ihn aus einer Verletzung der dem Gläubiger dem Verpfänder gegenüber obliegenden Verpflichtungen entstehen kann.**

1 Das Pfand ist nach §§ 401, 1251 BGB an den Gl herauszugeben; durch Klage erzwingbar, nicht gem § 836 III. Ab Besitzerlangung kann der VollstrGl zB Verwahrungsschäden verursachen, für die der bisherige Pfandgl (VollstrSchuldner) nach § 1251 II 2 BGB haftet. Dafür kann der VollstrSchuldner nach § 838 Sicherheit (nach § 232 BGB, nicht § 108) verlangen.

### § 839 ZPO Überweisung bei Abwendungsbefugnis

**Darf der Schuldner nach § 711 Satz 1, § 712 Abs. 1 Satz 1 die Vollstreckung durch Sicherheitsleistung oder Hinterlegung abwenden, so findet die Überweisung gepfändeter Geldforderungen nur zur Einziehung und nur mit der Wirkung statt, dass der Drittschuldner den Schuldbetrag zu hinterlegen hat.**

1 In den Überweisungsbeschluss ist aufzunehmen, dass zu hinterlegen ist. Schuldner erwirbt eine Forderung gegen die Hinterlegungsstelle, der Gl ein PfandR daran. Auszahlung vgl § 13 HinterlO.

## § 840 ZPO Erklärungspflicht des Drittschuldners

**(1) Auf Verlangen des Gläubigers hat der Drittschuldner binnen zwei Wochen, von der Zustellung des Pfändungsbeschlusses an gerechnet, dem Gläubiger zu erklären:**

**1. ob und inwieweit er die Forderung als begründet anerkenne und Zahlung zu leisten bereit sei;**

**2. ob und welche Ansprüche andere Personen an die Forderung machen;**

**3. ob und wegen welcher Ansprüche die Forderung bereits für andere Gläubiger gepfändet sei.**

**(2) [1]Die Aufforderung zur Abgabe dieser Erklärungen muss in die Zustellungsurkunde aufgenommen werden. [2]Der Drittschuldner haftet dem Gläubiger für den aus der Nichterfüllung seiner Verpflichtung entstehenden Schaden.**

**(3) [1]Die Erklärungen des Drittschuldners können bei Zustellung des Pfändungsbeschlusses oder innerhalb der im ersten Absatz bestimmten Frist an den Gerichtsvollzieher erfolgen. [2]Im ersteren Fall sind sie in die Zustellungsurkunde aufzunehmen und von dem Drittschuldner zu unterschreiben.**

**Lit:** ***Behr*** JurBüro 1998, 626; ***Foerste*** NJW 1999, 904; ***App*** JurBüro 2000, 349; ***Saueressig*** ZZP Bd. 119, 463.

**1. Zweck:** Der Gl soll herausbringen können, welche Abtretungen bzw Pfändungen vorgehen und wie lange er daher auf *seine* Befriedigung warten muss. § 840 I ist mit GG vereinbar (BGH NJW 2000, 651). **Voraussetzungen der Auskunftspflicht: a) Zustellung** eines wirksamen Pfändungsbeschlusses, § 829, eine Überweisung ist nicht erforderl. (BGH NJW 1977, 1199); auch nach Einstellung der ZwV; es genügt Sicherungsvollstreckung (§ 720a); Arrestpfändung; aber *nicht:* Vorpfändung (BGH NJW 1977, 1199); Pfändung gem § 831. 1

**b) Aufforderung durch den Gerichtsvollzieher, Absatz 2 Satz 1.** Der Gerichtsvollzieher muss die Aufforderung dem Drittschuldner zustellen; nicht durch die Post zustellbar (*Jakobs* DGVZ 1987, 1). 2

**2. Erklärung des Drittschuldners** 3

**a) Frist:** binnen zwei Wochen, Abs. 1, § 222; Zugang innerhalb der Frist beim Gl notw (BGH NJW 1981, 990), Drittschuldner hat Fristwahrung zu beweisen. Folgen der Versäumnis: Abs. 2.

**b) Erklärungspflichtig** ist bei mehreren jeder einzelne Drittschuldner, bei JuP der gesetzl. Vertreter; keine Berufung auf „Geheimhaltungspflicht" bei Banken, Rechtsanwälten, Ärzten, Sozialversicherungsträger. 4

**c) Umfang: Absatz 1 Nr. 1**: Verlangt Hinweise auf die Rechte anderer GesamtGl (zB bei „Oder-Konto" der Bank), auf evtl Aufrechnung. **Absatz 1 Nr. 2**: zB dass die Forderung abgetreten wurde. **Absatz 1 Nr. 3**: dass andere Gl sie bereits gepfändet haben (mit Angabe des Gl, der Höhe der Forderung, Aktenzeichen der Pfändung usw.). Zur Vorlage von Belegen (zB Kontoauszügen) ist der Drittschuldner nicht verpflichtet; hat er die Fragen beantwortet und damit Auskunft erteilt, kann der Gl keine Wiederholung oder Ergänzung oder 5

Nachweis der Richtigkeit fordern (BGH NJW 1983, 687). **Form:** Die Erklärung erfolgt schriftl. oder mdl zu Protokoll des Gerichtsvollzieher.

6 **d) Wirkung:** Die Erklärung stellt nur eine rein tatsächl. Auskunft dar, die keine Bindung des Drittschuldners bewirkt, jederzeit widerrufen oder berichtigt werden kann, sie ist kein Anerkenntnis, kein Zahlungsversprechen, keine Willenserklärung; bei Widerruf kehrt sich die Beweislast um, der Drittschuldner hat dann zu beweisen, dass die gepf Forderung nicht besteht (BGH NJW 1978, 44). Als Wissenbezeugung führt sie zum Neubeginn der Verjährung (BGH NJW 1978, 1914 zu § 208 aF BGB).

7 **e) Kosten der Auskunft: (1)** Der Drittschuldner hat uU dadurch Kosten, zB seines Personals, Porto; Anwaltskosten, wenn er sich nicht auskennt. Der Gl hat dem Drittschuldner nach hM diese Kosten nicht zu erstatten (BAG NJW 1985, 1181; str, offen gelassen BGH NJW 1985, 1155; **aA** wendet §§ 261 III, 811 II, 670 BGB an), vgl *Eckert* MDR 1986, 799; *Marly* BB 1999, 1990; auch der Schuldner hat sie dem Drittschuldner nicht zu erstatten (BGH NJW 2000, 651; BVerwG Rpfleger 1995, 261). Klauseln in AGB, wonach eine Bank vom Kunden Geb verlangen kann, wenn sie eine Pfändung gegen den Kunden bearbeitet, sind unwirksam, § 307 BGB (BGH NJW 1999, 2276). In komplizierten Fällen wird man gleichwohl dem Drittschuldner einen Anspruch gegen den Gl geben müssen; der Gl kann diesen Betrag dann über § 788 beim Schuldner wieder eintreiben. **(2)** Der Gl hat uU Kosten, weil er einen RA mit dem Antrag nach § 840 beauftragt; diese Kosten hat der Schuldner nach § 788 zu erstatten.

**3. Unterbleibt die Auskunft** (oder wird sie zu spät, unvollständig oder falsch gemacht, BGH NJW 1978, 45):

8 **a) Pfändungsgläubiger hat keinen einklagbaren Anspruch** auf die Drittschuldnererklärung (da nur Obliegenheit, BGH NJW-RR 2006, 1566; NJW 1984, 1901; vgl *Brüne/Liebscher* BB 1996, 743; str). Unterlässt der Drittschuldner die Auskunft, kann der Gl von der Beitreibbarkeit des gepfändeten Anspruchs ausgehen und diesen ohne Kostenrisiko einklagen; die hierfür nötigen Auskünfte erlangt er gem § 836 III.

9 Ergibt die Einlassung des Drittschuldners im Prozess, dass die Forderung nicht besteht, kann der Gl im selben Prozess auf die Schadensersatzklage übergehen (also kein neuer Prozess nötig) und gem **Absatz 2 Satz 2** erreichen, dass der Drittschuldner verurteilt wird, die bisher entstandenen Kosten, auch die des Erkenntnisverfahrens über die gepf Forderung, in vollem Umfang zu erstatten (BGH NJW 1984, 1902). Bei Berechnungsproblemen kann er insoweit (sachdienl., §263) die Klage auf Feststellung ändern (BGH NJW-RR 2006, 1566; NJW 1981, 991). Zur Anwendung von **§§91a, 93** vgl BGH MDR 1979, 1000 und NJW 1981, 990.

10 **b) Schadensersatzpflicht des Drittschuldners, Absatz 2 Satz 2:**

11 **(1)** Die **Haftung setzt Verschulden** des Drittschuldners (oder Erfüllungsgehilfen, § 278 BGB) **voraus;** dieser trägt die Beweislast dafür, dass er seiner Verpflichtung ohne sein Verschulden nicht bzw nicht rechtzeitig nachgekommen war (BGH NJW 1981, 990). Mitverschulden, § 254 BGB, muss sich der Gl anrechnen lassen (BGH MDR 1983, 308).

12 **(2) Umfang der Haftung:** § 249 BGB; nur der Schaden des Gl, der durch dessen Entschluss verursacht ist, die gepf Forderung gegen den Drittschuldner geltend zu machen oder davon abzusehen (BGH NJW 1987, 64); zB unnütze Prozesskosten (BGH NJW 1981, 990) einschl. RA-Kosten (BAG NJW 1990, 2643). Schweigt der Drittschuldner auf das

Auskunftsbegehren, worauf der Gl das Auskunftsverlangen durch einen RA wiederholen lässt, schuldet der Drittschuldner nicht Ersatz dieser RA-Kosten (BGH NJW-RR 2006, 1566). Wenn die Auskunft, dass die Forderung nicht besteht, richtig gewesen wäre: Schaden, weil andere Vollstreckungsmöglichkeiten gegen den Schuldner versäumt wurden; nicht aber ist der Gl so zu stellen, wie wenn die Forderung bestünde (BGH NJW 1978, 45). Wenn der Drittschuldner zugleich die Voraussetzungen des § 826 BGB erfüllte: Haftung danach (BGH NJW 1987, 64).

**Nicht ersetzbar:** Schaden, der durch Unterlassen einer Pfändung aus weiteren Titeln des Gl entstanden ist (BGH NJW 1987, 64); Kosten des Hauptsacheverfahrens nach Arrestpfändung (BGH NJW 1977, 1199). Haftung aber uU auch aus § 826 BGB (BGH NJW 1987, 64). 13

**(3) Geltendmachung:** beim ordentl. Gericht; beim ArbG, wenn dort die Klage umgestellt wird (str, vgl *Linke* ZZP Bd. 87, 308). 14

**4. Kosten**. Gerichtsvollzieher: für Zustellung mit Aufforderung: GVKostG KV 100, bei Nichterledigung KV 600. RA des Gl für die Aufforderung im PfÜB-Formular keine weitere Geb neben RVG-VV 3309 (§ 18 Nr. 3 RVG). Für spätere Klage gegen Drittschuldner gewöhnl. Geb (RVG-VV 3100 ff). Wenn Drittschuldner einen RA mit der Erteilung der Auskunft beauftragt, str: VV 3309 bzw VV 2300. 15

## § 841 ZPO Pflicht zur Streitverkündung

**Der Gläubiger, der die Forderung einklagt, ist verpflichtet, dem Schuldner gerichtlich den Streit zu verkünden, sofern nicht eine Zustellung im Ausland oder eine öffentliche Zustellung erforderlich wird.**

Gemeint ist die Klage gegen den Drittschuldner. Streitverkündung §§ 72 ff. Unterbleibt Streitverkündung und verliert der Gl den Prozess, kann der Schuldner einen Schadensersatzanspruch gegen ihn haben, wenn bei Streitverkündung gewonnen worden wäre. Zur Abrechnung vgl *App* JurBüro 2000, 349. 1

**Kosten:** für Streitverkündung keine GerichtsGeb, keine RA-Geb.

## § 842 ZPO Schadenersatz bei verzögerter Beitreibung

**Der Gläubiger, der die Beitreibung einer ihm zur Einziehung überwiesenen Forderung verzögert, haftet dem Schuldner für den daraus entstehenden Schaden.**

Verzögerung muss schuldhaft sein, § 276 BGB. Beitreibung ist außergerichtl. Einziehung, Klage und ZwV. Schaden zB, weil der Gl die gepf Forderung verjähren lässt, oder weil Drittschuldner zahlungsunfähig wird. 1

## § 843 ZPO Verzicht des Pfandgläubigers

**[1]Der Gläubiger kann auf die durch Pfändung und Überweisung zur Einziehung erworbenen Rechte unbeschadet seines Anspruchs verzichten. [2]Die Verzichtleistung**

**erfolgt durch eine dem Schuldner zuzustellende Erklärung. [3]Die Erklärung ist auch dem Drittschuldner zuzustellen.**

1 Von der Beitreibungspflicht nach § 842 kann sich der Gl gem § 843 befreien. Ein sachl.-rechtl. Verzicht auf die Rechte aus einer Pfändung kann auch durch einfache Erklärung des Gl ggü dem Schuldner erfolgen, die nicht förml. zugestellt worden ist (BGH NJW 1983, 886); oder durch Rücknahme des Antrags auf PfüB (OLG Köln JB 1995, 387). Nach Verzicht können die Beteiligten Aufhebung des PfüB beim VollstrG beantragen (BGH NJW 2002, 1788). Verzicht unter auflösender Bedingung ist unwirksam (OLG München InVO 2000, 64). Rechte nachrangiger Pfandgl rücken auf.

## § 844 ZPO Andere Verwertungsart

**(1) Ist die gepfändete Forderung bedingt oder betagt oder ist ihre Einziehung wegen der Abhängigkeit von einer Gegenleistung oder aus anderen Gründen mit Schwierigkeiten verbunden, so kann das Gericht auf Antrag an Stelle der Überweisung eine andere Art der Verwertung anordnen.**

**(2) Vor dem Beschluss, durch welchen dem Antrag stattgegeben wird, ist der Gegner zu hören, sofern nicht eine Zustellung im Ausland oder eine öffentliche Zustellung erforderlich wird.**

1 **Zweck:** Die Verwertung der gepf Forderung bzw des gepf Rechts (§ 857) kann schwierig sein, zB weil sie betagt, bedingt, Zug-um-Zug usw. ist, weil GmbH-Anteil gepf (zum Mindestpreis vgl OLG Düsseldorf Rpfleger 2000, 400), weil Erbanteil gepf. Hier will § 844 helfen.

**a) Antrag** des Gl oder Schuldners, nicht des Drittschuldners;

**b) Zuständig:** VollstrG (§ 828), Rechtspfleger (§ 20 Nr. 17 RPflG);

2 **c) AnO sind zB:** Versteigerung (auch im Internet, AG Bad Berleburg Rpfleger 2001, 560), freihändiger Verkauf; Überweisung zum Schätzwert, § 825 (BGH NJW 2005, 3353);

**d) Entscheidung** durch Beschluss mit Angaben: wer veräußern soll, wie, Mindestpreis (Anwendbarkeit von § 817a ist str) usw.; zuzustellen gem § 329 III, Kosten § 788;

**e) Rechtsbehelf:** sof Beschwerde, §§ 793, 567, 569 ZPO, § 11 I RPflG.

## § 845 ZPO Vorpfändung

**(1) [1]Schon vor der Pfändung kann der Gläubiger auf Grund eines vollstreckbaren Schuldtitels durch den Gerichtsvollzieher dem Drittschuldner und dem Schuldner die Benachrichtigung, dass die Pfändung bevorstehe, zustellen lassen mit der Aufforderung an den Drittschuldner, nicht an den Schuldner zu zahlen, und mit der Aufforderung an den Schuldner, sich jeder Verfügung über die Forderung, insbesondere ihrer Einziehung, zu enthalten. [2]Der Gerichtsvollzieher hat die Benachrichtigung mit den Aufforderungen selbst anzufertigen, wenn er von dem Gläubiger hierzu ausdrücklich beauftragt worden ist. [3]Der vorherigen Erteilung einer vollstreckbaren Ausfertigung und der Zustellung des Schuldtitels bedarf es nicht. [4]An Stelle einer an**

**den Schuldner im Ausland zu bewirkenden Zustellung erfolgt die Zustellung durch Aufgabe zur Post.**

**(2) [1]Die Benachrichtigung an den Drittschuldner hat die Wirkung eines Arrestes (§ 930), sofern die Pfändung der Forderung innerhalb eines Monats bewirkt wird. [2]Die Frist beginnt mit dem Tag, an dem die Benachrichtigung zugestellt ist.**

§ 845 I 4 angefügt durch 2. JuMoG v. 22.12.2006 (BGBl 2006, 3416).

**1. Zweck.** Schutz des VollstrGl vor Verzögerung beim Erlass des Pfändungsbeschlusses. 1

**2. Voraussetzungen**

**a) Bestehen eines Vollstreckungstitels** (der Gl muss ihn nicht bereits körperl. in Händen haben, LG Frankfurt Rpfleger 1983, 32), auch Arrest, Leistungsverfügung, **über eine Geldforderung**, ferner nach §§ 846, 857 I; die bevorstehende Pfändung kann eine nach § 720a sein (BGH NJW 1985, 863). Keine Vorpfändung, wenn nach § 831 zu pfänden ist. 2

**Nicht notwendig:** Ablauf der Wartefrist des § 798 (BGH NJW 1982, 1150); Ablauf der Frist des § 750 III (KG MDR 1981, 412; str); Erteilung der vollstr Ausfertigung; Zustellung des Titels und der in § 750 II bezogenen Urkunden, SiL; es genügt also, wenn sich der Gl die Verkündung des Urteils anhört und den Text selbst notiert. 3

**b) Richtiger Inhalt der schriftlichen Benachrichtigung (Absatz 1):** Formulare sind übl.: **(1)** Bezeichnung des Titels mit Aktenzeichen und Forderung des Gl; **(2)** Bezeichnung der zu pfändenden Forderung so genau und eindeutig wie bei § 829 (BGH NJW 2001, 2976); ungenügend „Forderungen aus allen Rechtsgründen"; Identifizierung wegen Sicherheit des Rechtsverkehrs auch notw, wenn nur eine einzige Forderung besteht (BGH NJW-RR 2005, 1361; großzügiger aber noch BGH NJW 1983, 886; BFH NJW 1990, 2645); **(3)** Benachrichtigung, dass Pfändung bevorstehe; **(4)** Aufforderung an Drittschuldner nach § 845 I 1; **(5)** Aufforderung an Schuldner nach § 845 I 1. Der Gl beantragt beim Gerichtsvollzieher die Zustellung der von ihm gefertigten Benachrichtigung. Der Gerichtsvollzieher (der dabei als staatl. ZwV-Organ handelt, hM) kann die Benachrichtigung im Fall **Absatz 1 Satz 2** selbst anfertigen und zustellen, wenn er vom Gl einen entspr Auftrag erhielt (zB wenn der Gerichtsvollzieher bei Sachpfändung von Lohnforderung erfährt, § 806a). Der Gl kann dem Gerichtsvollzieher die Benachrichtigung mit Telefax übermitteln (*Müller* DGVZ 1996, 85). 4

**c) Zustellung durch Gerichtsvollzieher im Parteibetrieb** (§§ 191 ff.; Eilsache) an Drittschuldner (Zustellung an Schuldner kein Wirksamkeitserfordernis, **Absatz 1 Satz 3**); auch Ersatzzustellung; keine öffentl. Zustellung. Sonstige Benachrichtigung ohne Mitwirkung eines Gerichtsvollzieher, zB durch Boten, ist unwirksam (OLG Koblenz DGVZ 1984, 58; LG Hechingen DGVZ 1986, 188; hM). Ins Ausland kann an den Schuldner durch Aufgabe zur Post (§ 184) zugestellt werden **(Satz 4)**. 5

**3. Wirkung.** Ein auflösend bedingtes PfandR entsteht (hM). Unterhält der Schuldner bei einer Bank ein Oder-Konto (zwei Inhaber, jeder kann *allein* abheben), kann die Bank trotz Vorpfändung bis zur Pfändung an den anderen Kontoinhaber befreiend auszahlen (OLG Dresden MDR 2001, 580). 6

**a) Folgt rechtzeitig die Pfändung** (auch nach § 720a, BGH 93, 71) derselben Forderung, hatte die Zustellung an den Drittschuldner die Wirkung einer Arrestvollziehung mit Forderungspfändung, dh die Wirkung der Beschlagnahme im Wege der ZwV (BGH 87, 168); das ArrestpfandR wird zum PfändungspfandR mit dem **Rang** (§ 804 III) des Wirksamwerdens der Vorpfändung. Rangwahrende Arrestwirkung einer Vorpfändung beschränkt sich im Falle einer weitergehenden endgültigen Pfändung auf die vorgepfändeten Forderungen (BGH NJW 2001, 2976). Fristberechnung § 222, Zustellungstag zählt nicht mit; innerhalb der Monatsfrist muss der Pfändungsbeschluss dem Drittschuldner zugestellt worden sein, § 829 III.

**Beispiel:**
01.02. Urteilsverkündung Gl 1 gegen S; Gl 1 beantragt sofort Zustellung der Vorpfändung; Zustellung am 03.02. beim Arbeitgeber des S; am 10.02. Zustellung eines PfüB des Gl 2; am 12.02. Zustellung des PfÜB des Gl 1; Gl 1 hat den besseren Rang.

7 **b) Anderenfalls** rückwirkender Wegfall;

8 **c) Mängel der Vorpfändung** führen idR zu ihrer Nichtigkeit, nicht nur zur Anfechtbarkeit.

9 **4. Wiederholung der Vorpfändung ist zulässig**, wirkt aber nur *neu* nach Abs. 2 (keine Kettenvorpfändung!). Vorpfändung bewirkt **keine Auskunftspflicht** nach § 840. **Kosten** sind nach § 788 erstattungsfähig, soweit notw.

10 **5. Rechtsbehelf:** Jeweils § 766 (zB wenn der Gerichtsvollzieher die Zustellung ablehnt); für Dritte auch § 771. Folgt aber die Pfändung nicht rechtzeitig nach, entfällt Rechtsschutzbedürfnis für Erinnerung; folgt Pfändung rechtzeitig, ist Vorpfändung idR verfahrensmäßig überholt, dann nur noch Erinnerung gegen Pfändung gegeben.

11 **6. Kosten**. Gerichtsvollzieher: für Zustellung GVKostG KV 100, 101; für Selbstanfertigung nach § 845 I 2 zusätzl. KV 200; Auslagenpauschale 713; bei nicht erledigter Zustellung KV 600 (KV 604 dagegen nennt KV 200 nicht mehr). Vgl *Ort* DGVZ 2001, 112. **Rechtsanwalt**: RVG-VV 3309. Verpfändung und folgender Antrag auf PfüB sind eine Maßnahme, § 18 Nr. 3 RVG. **Gericht** erhält keine Geb für Vorpfändung, vgl GKG-KV 2111.

## § 846 ZPO Zwangsvollstreckung in Herausgabeansprüche

**Die Zwangsvollstreckung in Ansprüche, welche die Herausgabe oder Leistung körperlicher Sachen zum Gegenstand haben, erfolgt nach den §§ 829 bis 845 unter Berücksichtigung der nachstehenden Vorschriften.**

1 Diese ZwV **betrifft Zwangsvollstreckung aus einem Zahlungstitel**, sie ist zu unterscheiden von der ZwV aus einem Herausgabetitel nach §§ 883 ff.

2 **Anspruch auf Herausgabe** (schuldrechtl., dingl.): auf Besitzübertragung individuell bestimmter Sachen, zB des Eigentümers aus § 985 BGB, zB auf **Rückübereignung von sicherungsübereigneten Sachen**, Anspruch des Verleihers, Mieters, Hinterlegers. Pfändung des Rückgabeanspruchs ist unwirksam, wenn der Pfändungsbeschluss die Sachen nicht konkret bezeichnet (BGH NJW 2000, 3218).

3 Ist zB bez der vom Schuldner **verliehenen Sache der Dritte herausgabebereit**, kann der Gerichtsvollzieher sie nach §809 pfänden; anderenfalls muss der Gl den Herausgabeanspruch

des Schuldners gegen den Dritten pfänden und sich zur Einziehung überweisen lassen; die Sache selbst ist dem Gl nicht unmittelbar zu leisten, weil er nur eine Geldforderung hat, sondern wird vom Gerichtsvollzieher verwertet, der Gl erhält den Erlös in Höhe seiner Forderung.

**Anspruch auf Leistung von Sachen** ist ein Anspruch auf Übereignung, zB aus § 433 I 1 BGB. Nachstehende Vorschriften sind §§ 847 – 849, 854 – 856. 4

**Kosten**: Gericht GKG-KV 2111. RA: RVG-VV 3309. 5

## § 847 ZPO Herausgabeanspruch auf eine bewegliche Sache

**(1) Bei der Pfändung eines Anspruchs, der eine bewegliche körperliche Sache betrifft, ist anzuordnen, dass die Sache an einen vom Gläubiger zu beauftragenden Gerichtsvollzieher herauszugeben sei.**

**(2) Auf die Verwertung der Sache sind die Vorschriften über die Verwertung gepfändeter Sachen anzuwenden.**

**Beispiel:**

Wegen einer Geldforderung lässt Gl den Anspruch des S gegen D auf Herausgabe einer an D verliehenen Maschine pfänden; denn D ist nicht herausgabebereit.

**1. Pfändung. a) Pfändbar** sind Ansprüche auf Herausgabe und auf Leistung von Sachen und bestimmten Wertpapieren, vgl § 846. Zur Pfändung des Herausgabeanspruchs des Angeklagten gegen Staatsanwaltschaft vgl OLG Frankfurt NStZ-RR 2005, 144. 1

**Nicht pfändbar** sind diese Ansprüche nach §§ 847 ff., wenn der Anspruch ein Recht betrifft (BGH NJW 1998, 2969), wenn die Sache selbst nach § 811 unpfändbar ist; wenn sie als Zubehör der ZwV ins unbewegl. Vermögen unterliegt, § 865; wenn sie nur Beweisurkunde ohne eigenen Vermögenswert ist (Sparbuch, vgl § 836 Rz 18; Kfz-Brief vgl § 808 Rz 5); wenn der Anspruch durch bestimmte indossable Papiere verkörpert ist (dann Pfändung nach § 831; BGH MDR 1980, 1016); 2

**b) Pfändung erfolgt durch Beschluss** des VollstrG (Rechtspfleger, § 20 Nr. 17 RPflG), Inhalt: vgl § 829, dabei Umformulierung des Zahlungsverbots in ein Herausgabe-/Leistungsverbot, ferner die (nachholbare) AnO, dass die bestimmte Sache an einen vom Gl zu beauftragenden Gerichtsvollzieher (ohne Name) herauszugeben bzw zu leisten ist. 3

**c) Zustellung an Drittschuldner** (und Schuldner) wie bei § 829, Wirksamwerden §§ 846, 829 III. 4

**d) Mehrfache Pfändung:** § 854. 5

**e) Rechtsbehelfe** wie bei § 829.

**2. Wirkung der Pfändung. a) Herausgabeanspruch wird beschlagnahmt** und mit PfändungspfandR belastet, die herauszugebende Sache dagegen nicht, sodass sie noch vor- oder nachher selbst gepfändet werden kann; 6

**b) Liefert der Drittschuldner die Sache nicht** an den Gerichtsvollzieher, kann sie der Gerichtsvollzieher nicht einfach wegnehmen, da nur ein angebl. Anspruch gepfändet ist; notw ist Klage des VollstrGl oder Schuldners gegen den Drittschuldner auf Herausgabe der bestimmten Sache an den Gerichtsvollzieher (und bei Pfändung eines Übereignungs- 7 anspruchs ferner auf Übereignung an den Schuldner); Streitverkündung nach § 841; ZwV nach §§ 883, 894.

8 **c) Gibt der Drittschuldner die herauszugebende Sache dem Gerichtsvollzieher**, entsteht durch Surrogation Verstrickung und PfandR an der Sache, vgl § 848 II 2 (BGH 72, 336); ist die Sache schuldnerfremd, entsteht wie sonst Verstrickung, aber kein PfandR; bei der zu übereignenden Sache wird der Schuldner mit Ablieferung an den Gerichtsvollzieher Eigentümer, § 929 BGB. Verstrickung und PfandR entstehen.

9 **3. Verwertung:** nach Überweisung des gepf Anspruchs zur Einziehung (§§ 846, 835; str ob Überweisungsbeschluss noch erforderl.; in der Praxis ergeht formularmäßig *ein* PfüB) idR durch Versteigerung durch den Gerichtsvollzieher, §§ 847 II, 814 ff.

10 **4. Kosten**. Gericht: GKG-KV 2111. RA: RVG-VV 3309. Gerichtsvollzieher: GVKostG 206, 300.

## § 847a ZPO Herausgabeanspruch auf ein Schiff

**(1) Bei der Pfändung eines Anspruchs, der ein eingetragenes Schiff betrifft, ist anzuordnen, dass das Schiff an einen vom Vollstreckungsgericht zu bestellenden Treuhänder herauszugeben ist.**

**(2) [1]Ist der Anspruch auf Übertragung des Eigentums gerichtet, so vertritt der Treuhänder den Schuldner bei der Übertragung des Eigentums. [2]Mit dem Übergang des Eigentums auf den Schuldner erlangt der Gläubiger eine Schiffshypothek für seine Forderung. [3]Der Treuhänder hat die Eintragung der Schiffshypothek in das Schiffsregister zu bewilligen.**

**(3) Die Zwangsvollstreckung in das Schiff wird nach den für die Zwangsvollstreckung in unbewegliche Sachen geltenden Vorschriften bewirkt.**

**(4) Die vorstehenden Vorschriften gelten entsprechend, wenn der Anspruch ein Schiffsbauwerk betrifft, das im Schiffsbauregister eingetragen ist oder in dieses Register eingetragen werden kann.**

## § 848 ZPO Herausgabeanspruch auf eine unbewegliche Sache

**(1) Bei Pfändung eines Anspruchs, der eine unbewegliche Sache betrifft, ist anzuordnen, dass die Sache an einen auf Antrag des Gläubigers vom Amtsgericht der belegenen Sache zu bestellenden Sequester herauszugeben sei.**

**(2) [1]Ist der Anspruch auf Übertragung des Eigentums gerichtet, so hat die Auflassung an den Sequester als Vertreter des Schuldners zu erfolgen. [2]Mit dem Übergang des Eigentums auf den Schuldner erlangt der Gläubiger eine Sicherungshypothek für seine Forderung. [3]Der Sequester hat die Eintragung der Sicherungshypothek zu bewilligen.**

**(3) Die Zwangsvollstreckung in die herausgegebene Sache wird nach den für die Zwangsvollstreckung in unbewegliche Sachen geltenden Vorschriften bewirkt.**

**Beispiel:**
Wegen einer Geldforderung will Gl bei S vollstrecken. S hat ein Grundstück von D gekauft, es ist aber noch nicht aufgelassen. Gl kann daher das Grundstück noch nicht versteigern lassen, er kann aber den Auflassungsanspruch des S gegen D pfänden lassen. Der Sequester nimmt die Auflassung an und das Grundstück entgegen.

**1. Pfändung. a) Anspruch** auf Herausgabe des Besitzes (ohne praktische Bedeutung) oder **auf Übertragung des Eigentums** (Auflassungsanspruch, vgl Rz 6) **an Grundstücken**, Grundstücksanteilen, Wohnungseigentum, Zubehör, vgl §§ 864, 865; 1

**b) Pfändung** durch Beschluss des VollstrG (§ 828 II; Rechtspfleger); Inhalt: wie bei § 829, mit genauer Grundstücksbezeichnung (vgl § 28 GBO) und mit der zusätzl. AnO gem § 848 I; 2

**c) Sequesterbestellung** (zB ein RA) erfolgt anschließend (oder, bei örtl. Zust, im selben Beschluss) durch AG (Rechtspfleger, § 20 Nr. 17 RPflG), aber nur auf Antrag des Gl. Der Rechtspfleger setzt auch Sequestervergütung entspr § 153 ZVG fest (Stundenlohn nach § 19 ZwVwV, BGH NJW-RR 2005, 1283, wenn Grundstück nicht verwaltet wird); für Zahlung haftet zunächst der Gl, dann § 788 I; keine Verpflichtung zur Übernahme des Amtes; Rechtsbehelf gegen Ernennung § 766; gegen Antragszurückweisung sof Beschwerde, § 11 I RPflG, §§ 793, 567, 569. 3

**d) Zustellung** von Pfändungs- und Sequesterbestellungsbeschluss nach § 829 an den Drittschuldner (und Schuldner). 4

**e) Mehrfache Pfändung** § 855. 5

**f) Rechtsbehelfe** wie bei § 829; im GBO-Verfahren §§ 11 RPflG, 71 GBO.

**2. Weitere Durchführung. a) Nach Pfändung (und Überweisung) des Anspruchs auf Grundstücksübereignung** (Auflassungsanspruchs) hat der Drittschuldner vor dem Notar die Auflassung an den Sequester (als Vertreter des Schuldners) zu erklären, **Absatz 2 Satz 1**, §§ 873 I, 925 BGB; auf Antrag (§ 13 GBO) folgt Eintragung *des Schuldners* als Eigentümer im Grundbuch; kraft Gesetzes entsteht dabei (ohne Eintragung) eine Sicherungshypothek (§ 1184 BGB) für den VollstrGl für seine Forderung nebst ZwV-Kosten, **Absatz 2 Satz 2**, und zwar auch für Forderungen unter 750 € (§ 866 III nicht anwendbar); zur Grundbuchberichtigung beantragt der Gl oder Sequester und bewilligt der Sequester deren Eintragung, **Absatz 2 Satz 3**, §§ 13, 19 GBO. Aufgrund dieser Hypothek kann dann der VollstrGl die Zwangsversteigerung des Grundstücks betreiben, 6

**Absatz 3**, § 866 I ZVG. Zum Rang der Hypothek vgl *Hintzen* Rpfleger 1989, 441. 7

**b) Erklärt der Drittschuldner die Auflassung nicht**, muss er vom VollstrGl auf Auflassung und Herausgabe an den Sequester verklagt werden; Vollstreckung des Urteils nach § 894; der Sequester muss noch Annahmeerklärung vor Notar abgeben, kann dann Grundbucheintragung beantragen; vgl ferner § 885 I.

**c) War die Auflassung bereits erklärt** und der Grundbucheintragungsantrag schon gestellt, kann der VollstrGl die Anwartschaft des Auflassungsempfängers nach § 857 pfänden (BGH NJW 1968, 493/1087). 8

**d) Anwartschaftsrecht.** Von der Pfändung des Übereignungsanspruchs ist die Pfändung des dingl. AnwartschaftsR des S (nach § 857) zu unterscheiden, wenn das Grundstück bereits aufgelassen und der S seine Eintragung ins Grundbuch bereits beantragt hat (*Brox/Walker* Rz 713) und (oder) eine Auflassungsvormerkung eingetragen ist.

9 **3. Kosten. Gericht:** GKG-KV 2111; Ernennung des Sequesters ist gerichtsgebührenfrei. **Rechtsanwalt:** Antrag auf Sequesterbestellung ist mitabgegolten durch RVG-VV 3309 (§ 19 II Nr. 3 RVG).

## § 849 ZPO Keine Überweisung an Zahlungs statt

**Eine Überweisung der im § 846 bezeichneten Ansprüche an Zahlungs statt ist unzulässig.**

1 Überweisung zur Einziehung, § 835, ist dagegen zulässig.

## § 850 ZPO Pfändungsschutz für Arbeitseinkommen

**(1) Arbeitseinkommen, das in Geld zahlbar ist, kann nur nach Maßgabe der §§ 850a bis 850i gepfändet werden.**

**(2) Arbeitseinkommen im Sinne dieser Vorschrift sind die Dienst- und Versorgungsbezüge der Beamten, Arbeits- und Dienstlöhne, Ruhegelder und ähnliche nach dem einstweiligen oder dauernden Ausscheiden aus dem Dienst- oder Arbeitsverhältnis gewährte fortlaufende Einkünfte, ferner Hinterbliebenenbezüge sowie sonstige Vergütungen für Dienstleistungen aller Art, die die Erwerbstätigkeit des Schuldners vollständig oder zu einem wesentlichen Teil in Anspruch nehmen.**

**(3) Arbeitseinkommen sind auch die folgenden Bezüge, soweit sie in Geld zahlbar sind:**

**a) Bezüge, die ein Arbeitnehmer zum Ausgleich für Wettbewerbsbeschränkungen für die Zeit nach Beendigung seines Dienstverhältnisses beanspruchen kann;**

**b) Renten, die auf Grund von Versicherungsverträgen gewährt werden, wenn diese Verträge zur Versorgung des Versicherungsnehmers oder seiner unterhaltsberechtigten Angehörigen eingegangen sind.**

**(4) Die Pfändung des in Geld zahlbaren Arbeitseinkommens erfasst alle Vergütungen, die dem Schuldner aus der Arbeits- oder Dienstleistung zustehen, ohne Rücksicht auf ihre Benennung oder Berechnungsart.**

**Lit:** ***Becker*** Jus 2004, 780.

1 **1. Pfändung und Überweisung des Arbeitseinkommens** erfolgt nach §§ 829, 835. Pfändung **künftiger Bezüge** des bestehenden Arbeitsverh: § 832. Pfändung der Bezüge aus **künftigem Arbeitsverhältnis:** § 829 Rz 3. **Arbeitsplatzwechsel:** § 833. Bei Lohn- und Gehaltsforderungen Pfändungsschutz durch § 850 – 850h; sonstige Vergütungen § 850i; wenn auf dem Konto § 850k. Die Kosten der Lohnpfändung kann der Arbeitgeber nicht ersetzt verlangen (Schielke BB 2007, 378). Zur Frage, ob der Arbeitgeber wegen Lohnpfändungen kündigen kann: BAG NJW 1982, 1062. Für die Klage gegen den Drittschuld-

ner (Arbeitgeber) nach Einziehung ist nach §§ 2, 3 ArbGG das ArbG zuständig. Der Schuldner muss die Einziehungskosten nach § 788 erstatten (§ 788 Rz 10).

**§§ 850a – k sind von Amts wegen zu beachten** und unverzichtbar; bei Verstoß ist Pfändung wirksam und nur anfechtbar (§ 766), str. 2

Ist Vergütung nicht in Geld zahlbar **(Sachleistung):** Pfändung nach §§ 846, 847; vgl ferner § 811 Nr. 4a und § 850e Nr. 3. **Bereits ausbezahlte Bezüge:** § 811 Nr. 8. 3

**2. Arbeitseinkommen sind** neben den in Abs. 2, 3 genannten ferner zB: Abfindungen nach §§ 9, 10 KSchG (BAG MDR 1980, 346); Wehrsold (*Mümmler* JurBüro 1988, 1123; Sachbezüge § 850e) und Entlassungsgeld von Soldaten (OLG Hamm OLGZ 1984, 457, str); Abfindung aus Sozialplan, § 112 BetrVG (BAG NZA 1992, 384); Bedienungsgeld des Kellners (BAG NJW 1966, 469; anders das Trinkgeld, OLG Stuttgart FamRZ 2002, 184); Abschlagszahlungen der kassenärztl. Vereinigung (OLG Nürnberg JB 2002, 603). Eigengeld des Strafgefangenen ist kein Arbeitseinkommen (BGH FamRZ 2004, 1717). 4

**Sonstige Vergütungen** für Dienstleistungen im Sinn vom **Absatz 2 Halbsatz 2** (dh mit Pfändungsschutz) sind zB Provisionsanspruch des Handelsvertreters (*Treffer* MDR 1998, 384), Versicherungsvertreters (BAG NJW 1962, 1221), Bezüge des AG-Vorstandmitglieds (BGH NJW 1978, 756; 1981, 2466), des GmbH-Geschäftsführers (OLG Rostock NJW-RR 1995, 173), Ansprüche des Kassenarztes gegen kassenzahnärztl. Vereinigung (BGH NJW 1986, 2362; *v. Glasow*, Rpfleger 1987, 289). 5

**Absatz 3a:** zB § 74 HGB; Handelsvertreterausgleich, § 89b und § 90a HGB (§ 850i!). 6

**Absatz 3b:** zB **Renten** nach betriebl. Altersversorgung; Berufsunfähigkeitsrente; Tagegelder aus Krankenvers; wegen anderer Renten vgl § 850b Nr. 1, 2, wegen Lebensversicherungsrenten vgl *Zöller/Stöber* § 850b Rz 10, wegen Sozialversicherungsrenten vgl *Zöller/Stöber* § 850 i Rz 10. 7

**3. Kein Arbeitseinkommen** (also grds frei pfändbar) sind zB: Sozialleistungen wie Arbeitslosengeld, Insolvenzgeld (§829 Rz 16); Kindergeld (§829 Rz 16); Lohnsteuererstattungsanspruch (§829 Rz 21); Erfindervergütung (*Sikinger* GRUR 1985, 785); Vermögenswirksame Leistungen nach dem VermögensbildungsG: Anspruch ist nach §2 VII des Gesetzes nicht übertragbar und daher nicht pfändbar, das angelegte Geld dagegen ist pfändbar. 8

## § 850a ZPO Unpfändbare Bezüge

**Unpfändbar sind**

1. **zur Hälfte die für die Leistung von Mehrarbeitsstunden gezahlten Teile des Arbeitseinkommens;**
2. **die für die Dauer eines Urlaubs über das Arbeitseinkommen hinaus gewährten Bezüge, Zuwendungen aus Anlass eines besonderen Betriebsereignisses und Treugelder, soweit sie den Rahmen des Üblichen nicht übersteigen;**
3. **Aufwandsentschädigungen, Auslösungsgelder und sonstige soziale Zulagen für auswärtige Beschäftigungen, das Entgelt für selbstgestelltes Arbeitsmaterial, Gefahrenzulagen sowie Schmutz- und Erschwerniszulagen, soweit diese Bezüge den Rahmen des Üblichen nicht übersteigen;**

**4. Weihnachtsvergütungen bis zum Betrag der Hälfte des monatlichen Arbeitseinkommens, höchstens aber bis zum Betrag von 500 Euro;**

**5. Heirats- und Geburtsbeihilfen, sofern die Vollstreckung wegen anderer als der aus Anlass der Heirat oder der Geburt entstandenen Ansprüche betrieben wird;**

**6. Erziehungsgelder, Studienbeihilfen und ähnliche Bezüge;**

**7. Sterbe- und Gnadenbezüge aus Arbeits- oder Dienstverhältnissen;**

**8. Blindenzulagen.**

§ 850a Nr. 4 geändert durch G v. 13.12.2001 (BGBl 2001, 3638).

1 Keine erschöpfende **Regelung der Unpfändbarkeit.** Zugrunde zu legen sind Nettobezüge, § 850e Nr. 1. Bei der Berechnung des Arbeitseinkommens bleiben diese Bezüge außer Betracht. Bei Nr. 1, 2, 4 besteht im Falle § 850d I Pfändbarkeit.

2 **Nr. 1.** Überstundenvergütung: über konkrete vertragl. Arbeitszeit hinaus;

3 **Nr. 2.** Sog Urlaubsgeld. **Urlaubsabgeltung** für nicht genommenen Urlaub ist pfändbar (LG Leipzig JB 2003, 215; nach **aA** fällt sie unter § 851 I, BAG BB 1959, 340). **Urlaubsentgelt** (dh der weiterbezahlte Lohn, der gewöhnl. Arbeitseinkommen ist) ist pfändbar (BAG BB 2001, 2378). Übl. ist, was gleichartige Betriebe zahlen.

4 **Nr. 3.** Aufwandsentschädigungen sind zB Reisekosten, Umzugskosten. Was nach den Lohnsteuerrichtlinien steuerfrei ist (BAG BB 1971, 1197), den steuerl. Erfahrungswerten entspricht (BGH 96, 329), kann als übl. angesehen werden. Zw ist, ob Unpfändbarkeit auch vorliegt, wenn diese Zulagen nicht getrennt vom Verdienst ausgewiesen sind (vgl OLG Hamm BB 1972, 855; BGH 96, 329).

5 **Nr. 4.** Auf Weihnachtsgeld treffende Steuern usw. sind nicht dem übrigen Arbeitseinkommen zu entnehmen (ArbG Aachen FamRZ 2007, 63; str).

6 **Nr. 5.** Soll idR auch für Beihilfeansprüche von Beamten wegen Krankheitsaufwendungen gelten (BGH NJW-RR 2005, 720). Bei Pfändbarkeit Hinzurechnung nach § 850e Nr. 2.

7 **Nr. 6.** zB Erziehungsgeld iSd ErziehungsgeldG, § 54 V SGB (LG Oldenburg Rpfleger 1987, 28); vom Jugendhilfeträger an Pflegeeltern bezahlter „Anerkennungsbetrag" (BGH NJW-RR 2006, 5). Nicht zu Nr. 6 gehören Kindergeld, Kinderzuschläge. Pfändbarkeit von BAföG vgl §§ 18, 54 ff. SGB.

8 **Nr. 7.** Ebenso Sterbegeld der Beamten usw nach BeamtenVG, SoldatenVG.

9 **Nr. 8.** Vgl ferner §§ 54, 55 SGB und Sondergesetze (zB BVersG).

## § 850b ZPO Bedingt pfändbare Bezüge

**(1) Unpfändbar sind ferner**

**1. Renten, die wegen einer Verletzung des Körpers oder der Gesundheit zu entrichten sind;**

**2. Unterhaltsrenten, die auf gesetzlicher Vorschrift beruhen, sowie die wegen Entziehung einer solchen Forderung zu entrichtenden Renten;**

**3. fortlaufende Einkünfte, die ein Schuldner aus Stiftungen oder sonst auf Grund der Fürsorge und Freigebigkeit eines Dritten oder auf Grund eines Altenteils oder Auszugsvertrags bezieht;**

**4. Bezüge aus Witwen-, Waisen-, Hilfs- und Krankenkassen, die ausschließlich oder zu einem wesentlichen Teil zu Unterstützungszwecken gewährt werden, ferner Ansprüche aus Lebensversicherungen, die nur auf den Todesfall des Versicherungsnehmers abgeschlossen sind, wenn die Versicherungssumme 3.579 Euro nicht übersteigt.**

**(2) Diese Bezüge können nach den für Arbeitseinkommen geltenden Vorschriften gepfändet werden, wenn die Vollstreckung in das sonstige bewegliche Vermögen des Schuldners zu einer vollständigen Befriedigung des Gläubigers nicht geführt hat oder voraussichtlich nicht führen wird und wenn nach den Umständen des Falles, insbesondere nach der Art des beizutreibenden Anspruchs und der Höhe der Bezüge, die Pfändung der Billigkeit entspricht.**

**(3) Das Vollstreckungsgericht soll vor seiner Entscheidung die Beteiligten hören.**

Neufassung von § 850 b I Nr. 4 durch G v. 13.12.2001 (BGBl 2001, 3638).

**1. Absatz 1.** Die Pfändung der Bezüge nach Abs. 1 kann durch Blankettbeschluss (§ 850c 1
III 2) bewirkt werden (BGH NJW-RR 2006, 869). **Unpfändbarkeit** wie bei § 850a, außer bei § 850b II.

**Nr. 1.** ZB **Berufsunfähigkeitsrenten** (OLG München VersR 1996, 318), **Haftpflichtrenten** nach § 843 BGB, § 13 StVG; auch bei Gewährung auf vertragl. Grundlage (BGH NJW 1978, 950); Kapitalabfindungen sind unbeschränkt pfändbar, Rückstände sind geschützt. Nr. 1 gilt nicht, wenn Pfändungsschutz bes geregelt, zB § 851 für Schmerzensgeldrente, Sozialversicherungsrenten. Nr. 1 gilt nicht für Unfallruhegehalt nach BeamtVG (OVG Saarlouis NJW 2006, 2873).

**Nr. 2. Unterhaltsrenten** zB des Ehegatten, der Kinder; wegen des ausbezahlten Bargelds 2
vgl § 811 Nr. 8, wegen Kontoguthaben § 850k.

Der **Taschengeldanspruch** der Ehefrau ist als Teil des Unterhalts (§§ 1360, 1360a BGB) 3
nach Nr. 2 unpfändbar, bei Billigkeit (genau zu prüfen!) aber nach Abs. 2 pfändbar (str, BGH NJW 2004, 2450; 2004, 2452; OLG Stuttgart FamRZ 2002, 185; **aA** *Smid* JurBüro 1988, 1105; Pfändung stellt keinen Verstoß gegen Art 6 I GG dar, BVerfG FamRZ 1986, 773); dann ist § 850c zu beachten, Taschengeldanspruch mit dem Naturalunterhalt zusammen zu rechnen, § 850e Nr. 3. Gepfändet wird nur der angebl. Anspruch, über die Höhe wird im Einziehungsprozess des Gl gegen den Ehemann vor dem FamG entschieden. Das Taschengeld beträgt regelmäßig 5 bis 7 % des Nettogesamteinkommens (BGH NJW 2004, 2450), die übl. Ehegattenunterhaltsquote 3/7 vom Nettoeinkommen des Unterhaltspflichtigen nach Abzug des Kinderunterhalts. Übersteigt dieser Betrag die Pfändungsfreigrenze nach der Lohnpfändungstabelle, ist der Taschengeldanspruch mit 7/10 pfändbar (OLG Frankfurt Rpfleger 1996, 77). Die Höhe des Einkommens des Ehegatten hat der Schuldner in der eV (§ 807) anzugeben (BGH NJW 2004, 2452).

4 **Halbsatz 2** meint Schadensersatzrenten wegen Entziehung des Unterhaltsanspruchs durch Tötung des Verpflichteten, zB § 13 II StVG, § 844 BGB.

5 **Nr. 3.** Auch nicht dingl. gesicherte Altenteilsforderungen (BGH NJW 1970, 282); uU festgelegte Bezüge aus einem Nachlass (OLG Frankfurt NJW-RR 2001, 367; abw LG Gießen Rpfleger 2000, 169);

6 **Nr. 4.** ZB Krankengeld, Krankenkassenzusatzvers (LG Hannover Rpfleger 1995, 511), bestimmte Witwenrenten (OLG Celle MDR 1999, 1087). Auch einmalige Leistungen des Krankenversicherers (BGH NJW 1988, 2670; str). Für Leistungen nach den Sozialgesetzen vgl §§ 18 ff. SGB. **Lebensversicherung:** mehrere kleine werden addiert (OLG Hamm MDR 1962, 661; str); überschreitet die Vers den Höchstbetrag, fällt der „Freibetrag" unter Nr. 4, der Mehrbetrag ist pfändbar (OLG Bamberg JurBüro 1985, 1739; str, **aA** folgt Wortlaut). Nr. 4 ist verfassungsgemäß (BVerfG NJW 2004, 2585 zur LebensVers).

7 **2. Billigkeit, Absatz 2.** Dazu *Foerste* NJW 2006, 2945. Der die Pfändung beantragende Gl (OLG München NJW-RR 1988, 894) muss glaubhaft machen (zB durch Fruchtlosigkeitsbescheinigung des Gerichtsvollziehers), dass er sonst nicht befriedigt wird usw. **(Halbsatz 1)** und die Billigkeit **(Halbsatz 2)** darlegen (keine hohen Anforderungen, OLG Hamm Rpfleger 1979, 271).

8 Bestreitet der Schuldner bei der **Anhörung (Absatz 3)** substanziiert die Billigkeit, ist sie vom Gl zu beweisen. **Billigkeitsgesichtspunkte** sind zB Einkommens- und Vermögensverh der Beteiligten, Notlage des Gl (BGH 53, 41; NJW 2004, 2450), Art der Gläubigerforderung, Höhe der Beträge, Zweckbestimmung.

9 **3. Absatz 3. Verfahren:** zust ist VollstrG, § 828 (Rechtspfleger, § 20 Nr. 17 RPflG). Entscheidung durch Erlass des Pfändungsbeschlusses (idR mit Begründung, vgl. *Otto* Rpfleger 1989, 207), Zustellung nach § 829 II 1, oder Antragszurückweisung.

10 **Rechtsbehelfe:** sof Beschwerde gegen Erlass des Beschlusses wie auch gegen die Ablehnung, § 11 I 2 RPflG, §§ 793, 567, 569.

## § 850c ZPO Pfändungsgrenzen für Arbeitseinkommen

**(1) [1]Arbeitseinkommen ist unpfändbar, wenn es, je nach dem Zeitraum, für den es gezahlt wird, nicht mehr als**

*985,15* Euro monatlich,
*226,72* Euro wöchentlich oder
*45,34* Euro täglich,

**beträgt. [2]Gewährt der Schuldner auf Grund einer gesetzlichen Verpflichtung seinem Ehegatten, einem früheren Ehegatten, seinem Lebenspartner, einem früheren Lebenspartner oder einem Verwandten oder nach §§ 1615l, 1615n des Bürgerlichen Gesetzbuchs einem Elternteil Unterhalt, so erhöht sich der Betrag, bis zu dessen Höhe Arbeitseinkommen unpfändbar ist, auf bis zu**

*2.182,15* Euro monatlich,
*502,20* Euro wöchentlich oder
*100,44* Euro täglich,

**und zwar um**

*370,76* Euro monatlich,
*85,32* Euro wöchentlich oder
*17,06* Euro täglich,

**für die erste Person, der Unterhalt gewährt wird, und um je**

*206,56* Euro monatlich,
*47,54* Euro wöchentlich oder
*9,51* Euro täglich

**für die zweite bis fünfte Person.**

**(2) [1]Übersteigt das Arbeitseinkommen den Betrag, bis zu dessen Höhe es je nach der Zahl der Personen, denen der Schuldner Unterhalt gewährt, nach Absatz 1 unpfändbar ist, so ist es hinsichtlich des überschießenden Betrages zu einem Teil unpfändbar, und zwar in Höhe von drei Zehnteln, wenn der Schuldner keiner der in Absatz 1 genannten Personen Unterhalt gewährt, zwei weiteren Zehnteln für die erste Person, der Unterhalt gewährt wird, und je einem weiteren Zehntel für die zweite bis fünfte Person. [2]Der Teil des Arbeitseinkommens, der *3.020,06* Euro) monatlich (*695,03* Euro) wöchentlich, *139,01* Euro) täglich) übersteigt, bleibt bei der Berechnung des unpfändbaren Betrages unberücksichtigt.**

**(2a) [1]Die unpfändbaren Beträge nach Absatz 1 und Absatz 2 Satz 2 ändern sich jeweils zum 1. Juli eines jeden zweiten Jahres, erstmalig zum 1. Juli 2003, entsprechend der im Vergleich zum jeweiligen Vorjahreszeitraum sich ergebenden prozentualen Entwicklung des Grundfreibetrages nach § 32a Abs. 1 Nr. 1 des Einkommensteuergesetzes; der Berechnung ist die am 1. Januar des jeweiligen Jahres geltende Fassung des § 32a Abs. 1 Nr. 1 des Einkommensteuergesetzes zugrunde zu legen. [2]Das Bundesministerium der Justiz gibt die maßgebenden Beträge rechtzeitig im Bundesgesetzblatt bekannt.**

**(3) [1]Bei der Berechnung des nach Absatz 2 pfändbaren Teils des Arbeitseinkommens ist das Arbeitseinkommen, gegebenenfalls nach Abzug des nach Absatz 2 Satz 2 pfändbaren Betrages, wie aus der Tabelle ersichtlich, die diesem Gesetz als Anlage - beigefügt ist, nach unten abzurunden, und zwar bei Auszahlung für Monate auf einen durch 10 Euro, bei Auszahlung für Wochen auf einen durch 2,50 Euro oder bei Auszahlung für Tage auf einen durch 50 Cent teilbaren Betrag. [2]Im Pfändungsbeschluss genügt die Bezugnahme auf die Tabelle.**

**(4) Hat eine Person, welcher der Schuldner auf Grund gesetzlicher Verpflichtung Unterhalt gewährt, eigene Einkünfte, so kann das Vollstreckungsgericht auf Antrag des Gläubigers nach billigem Ermessen bestimmen, dass diese Person bei der Berechnung des unpfändbaren Teils des Arbeitseinkommens ganz oder teilweise unberücksichtigt bleibt; soll die Person nur teilweise berücksichtigt werden, so ist Absatz 3 Satz 2 nicht anzuwenden.**

§ 850c geändert durch G v. 13.12.2001 (BGBl 2001, 3638) und (ab 01.07.2005) durch Bek. v. 25.02.2005 (BGBl 2005, 493). Die oben genannten Beträge bleiben bis 30.06.2009 unverändert (Pfändungsfreigrenzenbekanntmachung 2007, BGBl 2007, 64).

1 **1. § 850c betrifft Pfändung wegen gewöhnlicher Geldforderungen** (also nicht wegen gesetzl. Unterhalt, § 850d; wegen vorsätzl. unerlaubter Handlung, § 850f II). § 850c schützt das **Arbeitseinkommen**, also nicht Mieteinnahmen (dazu § 851b Rz 1), Zinseinnahmen; geschützt sind uU Lizenzeinnahmen (BGH FamRZ 2004, 790); Eigengeld des Strafgefangenen, gebildet aus Beschäftigung, fällt nicht unter § 850c, 850k (BGH NJW 2004, 3714). Versorgungsbezüge der Bezirksschornsteinfeger fallen unter §850c (BGH WM 2007, 1033). Sozialleistungen an nicht erwerbstätige Schuldner iSv § 54 IV SGB I unterliegen den Pfändungsgrenzen des § 850c *ohne* Abschlag für Minderbedarf (BGH NJW-RR 2004, 1439). Berechnung des pfändbaren Arbeitseinkommens erfolgt nach § 850e; vom Nettoeinkommen ist also auszugehen. Ein bestimmter Grundbetrag ist unpfändbar, **Absatz 1;** vom übersteigenden Mehreinkommen ist ein Teil unpfändbar. **Absatz 2;** die Lohnpfändungstabelle (abgedruckt teilw Rz 9) erleichtert die Anwendung. Die Berechnung ist Sache des Arbeitgebers, der dafür keinen Kostenersatz erhält. **Absatz 2a** (eingefügt ab 01.01.2002) bringt eine **Dynamisierung der Lohnpfändungstabelle** im Zweijahrestakt. Derzeit (s. BGBl 2007, 64; Rz 9) ist zB pfändbar:

- bei einem Nettolohn bis 989,99 € monatl.: nichts
- bei einem Nettolohn von 1 300 bis 1 309,99 € monatl. und Unterhaltspflicht für 0 Personen: 220,40 €
- bei einem Nettolohn von 1 360 bis 1 369,99 € monatl. und Unterhaltspflicht für 1 Person: 2,05 €

Abweichung von den so errechneten Beträgen durch **Berücksichtigung des Einzelfalls** nach § 850c IV und den **Härteklauseln** § 850f I, III.

2 **2. Absatz 1. Unterhaltsgewährung:** Nur bei gesetzl. Unterhaltspflicht im konkreten Einzelfall (BAG NJW 1987, 1573; vgl zB § 1603 I BGB), nicht nur vertragl. (vertragl. Ausgestaltung einer gesetzl. Unterhaltspflicht schadet nicht); der Unterhalt muss *tatsächl.* geleistet werden (BAG NJW 1966, 903); wenn die Ehefrau des Schuldners monatl. 5400 € eigene Einkünfte hat, ist dies nicht der Fall (OLG München JurBüro 2000, 47), evtl auch schon bei 866 € Einkommen nicht (LG Heilbronn JurBüro 2000, 597); wenn Eheleute getrennt leben und der Mann tatsächl. nichts zahlt, wird die Frau nicht berücksichtigt (LG Göttingen JB 1999, 271). **Satz 2:** Ist erste Person ein Kind, ist für dieses der erhöhte Freibetrag der *ersten* Stufe maßgebend (BGH NJW-RR 2004, 1370), dh 370 €, nicht nur 206 €. Eigenes Einkommen der Unterhaltsberechtigten wird nach Abs. 4 berücksichtigt. Die erhöhten Pfändungsgrenzen gelten auch, wenn Arbeitseinkommen beider Ehegatten gepfändet wird oder wenn die Eltern gemeinschaftlichen Kindern unterhaltspflichtig sind (BAG MDR 1975, 695); evtl ist Abs. 4 anzuwenden. Eine rechtsmissbräuchl. Wahl der Steuerklasse gilt nicht gegenüber dem Gl (LG Essen JurBüro 2000, 547; AG München JurBüro 1999, 661; **aA** LG Osnabrück NJW-RR 2000, 1216).

**Verwandte** sind die in gerader Linie: Kinder (auch nichtehel.), Enkel, Eltern, Großeltern; nicht: Geschwister, Stiefkinder, Pflegekinder. Lebenspartner sind die registrierten homosexuellen Lebenspartner iSd LPartG, nicht die Verhältnisse Frau/Mann (unverheiratet). 3

**Abs. 1a:** Zum „Vorjahreszeitraum" vgl BGH NJW 2006, 777 (Erhöhung zum 01.07.2005 ist wirksam). 3a

**3. Verfahren:** Der **Pfändungsbeschluss** gibt den pfändbaren Betrag nicht konkret an **(so genannter Blankettbeschluss)**, sondern verweist auf die Tabelle, welche aber nicht beigefügt wird (Abs. 3 S. 2). Berechnung des Arbeitseinkommens: § 850e. Die **Berechnung** des gepfändeten Teils des Arbeitseinkommens hat der Arbeitgeber (Drittschuldner) vorzunehmen: Lohn- und Kirchensteuer sowie Sozialversicherungsbeiträge sind ihm bekannt, ebenso die nach § 850a unpfändbaren Beträge und der Auszahlungszeitraum (idR monatl.); die Zahl der unterhaltspflichtigen Personen ergibt sich idR aus der Lohnsteuerkarte. Angaben des Schuldners über Unterhaltsverpflichtungen muss der Arbeitgeber nicht überprüfen (LAG Frankfurt BB 1985, 2246). Bei Zweifeln kann der Drittschuldner **hinterlegen** (§ 372 BGB) oder eine klarstellende Entscheidung des VollstrGerichts beantragen. 4

**4. Einkünfte von Unterhaltsberechtigten, Absatz 4.** Abs. 1 formalisiert und stellt nicht auf den Einzelfall ab. Ist der Schuldner verheiratet und gewährt er seiner Frau Unterhalt, verdient aber die Frau selbst, dann wäre es unbillig, wenn dem Schuldner gleichwohl der unpfändbare Ehegattenzuschlag von ca. 250-300 € monatl. verbliebe. Der Gl muss einen Antrag auf Abänderung stellen; der Antrag kann zugleich mit dem Pfändungsantrag gestellt werden. Wird er nach Wirksamwerden des Pfändungsbeschlusses gestellt, entscheidet ebenfalls der Rechtspfleger (nach Anhörung des Schuldners) darüber: Beschluss, der den PfÜB ändert, mit Klarstellung ob *Rückwirkung* vorliegt; mit Begründung. Die Berechnung des pfändbaren Betrags ist umstritten. BGH FamRZ 2006, 203: die vom VollstrG zu treffende Ermessensentscheidung hat unter Berücksichtigung aller Umstände des Einzelfalls zu erfolgen; falsch ist eine feste Bezugsgröße (BGH FamRZ 2005, 438; 2005, 1085), wie etwa der doppelte Eckregelsatz (vgl Helwich JurBüro 2005, 174). 5

**Rechtsbehelf:** Sof Beschwerde, § 11 I RPflG, §§ 793, 567, 569, für die Beteiligten; nicht für den Angehörigen mit eigenem Einkommen (**aA** § 766, OLG Stuttgart Rpfleger 1987, 255); ferner Abänderung nach § 850g. 6

Der **Beschluss wirkt** nur für den Gl, der ihn beantragt hat (vgl BAG MDR 1985, 82), nicht für oder gegen andere Gl. 7

**Billiges Ermessen:** Wesentl. ist die Höhe der eigenen Einkünfte und der Lebensbedarf des Angehörigen, ferner die wirtschaftl. Lage des Gl (vgl BAG MDR 1985, 82). 8

9

| Nettolohn | Unterhaltspflichtige Personen | | | | | |
|---|---|---|---|---|---|---|
| von – bis | 0 | 1 | 2 | 3 | 4 | 5 und mehr |
| 0,00 – 989,99 | 0,00 | 0,00 | 0,00 | 0,00 | 0,00 | 0,00 |
| 990,00 – 999,99 | 3,40 | 0,00 | 0,00 | 0,00 | 0,00 | 0,00 |
| 1.000,00 – 1.009,99 | 10,40 | 0,00 | 0,00 | 0,00 | 0,00 | 0,00 |
| 1.010,00 – 1.019,99 | 17,40 | 0,00 | 0,00 | 0,00 | 0,00 | 0,00 |
| 1.020,00 – 1.029,99 | 24,40 | 0,00 | 0,00 | 0,00 | 0,00 | 0,00 |
| 1.030,00 – 1.039,99 | 31,40 | 0,00 | 0,00 | 0,00 | 0,00 | 0,00 |
| 1.040,00 – 1.049,99 | 38,40 | 0,00 | 0,00 | 0,00 | 0,00 | 0,00 |
| 1.050,00 – 1.059,99 | 45,40 | 0,00 | 0,00 | 0,00 | 0,00 | 0,00 |
| 1.060,00 – 1.069,99 | 52,40 | 0,00 | 0,00 | 0,00 | 0,00 | 0,00 |
| 1.070,00 – 1.079,99 | 59,40 | 0,00 | 0,00 | 0,00 | 0,00 | 0,00 |
| 1.080,00 – 1.089,99 | 66,40 | 0,00 | 0,00 | 0,00 | 0,00 | 0,00 |
| 1.090,00 – 1.099,99 | 73,40 | 0,00 | 0,00 | 0,00 | 0,00 | 0,00 |
| 1.100,00 – 1.109,99 | 80,40 | 0,00 | 0,00 | 0,00 | 0,00 | 0,00 |
| 1.110,00 – 1.119,99 | 87,40 | 0,00 | 0,00 | 0,00 | 0,00 | 0,00 |
| 1.120,00 – 1.129,99 | 94,40 | 0,00 | 0,00 | 0,00 | 0,00 | 0,00 |
| 1.130,00 – 1.139,99 | 101,40 | 0,00 | 0,00 | 0,00 | 0,00 | 0,00 |
| 1.140,00 – 1.149,99 | 108,40 | 0,00 | 0,00 | 0,00 | 0,00 | 0,00 |
| 1.150,00 – 1.159,99 | 115,40 | 0,00 | 0,00 | 0,00 | 0,00 | 0,00 |
| 1.160,00 – 1.169,99 | 122,40 | 0,00 | 0,00 | 0,00 | 0,00 | 0,00 |
| 1.170,00 – 1.179,99 | 129,40 | 0,00 | 0,00 | 0,00 | 0,00 | 0,00 |
| 1.180,00 – 1.189,99 | 136,40 | 0,00 | 0,00 | 0,00 | 0,00 | 0,00 |
| 1.190,00 – 1.199,99 | 143,40 | 0,00 | 0,00 | 0,00 | 0,00 | 0,00 |
| 1.200,00 – 1.209,99 | 150,40 | 0,00 | 0,00 | 0,00 | 0,00 | 0,00 |
| 1.210,00 – 1.219,99 | 157,40 | 0,00 | 0,00 | 0,00 | 0,00 | 0,00 |
| 1.220,00 – 1.229,99 | 164,40 | 0,00 | 0,00 | 0,00 | 0,00 | 0,00 |
| 1.230,00 – 1.239,99 | 171,40 | 0,00 | 0,00 | 0,00 | 0,00 | 0,00 |
| 1.240,00 – 1.249,99 | 178,40 | 0,00 | 0,00 | 0,00 | 0,00 | 0,00 |
| 1.250,00 – 1.259,99 | 185,40 | 0,00 | 0,00 | 0,00 | 0,00 | 0,00 |
| 1.260,00 – 1.269,99 | 192,40 | 0,00 | 0,00 | 0,00 | 0,00 | 0,00 |
| 1.270,00 – 1.279,99 | 199,40 | 0,00 | 0,00 | 0,00 | 0,00 | 0,00 |
| 1.280,00 – 1.289,99 | 206,40 | 0,00 | 0,00 | 0,00 | 0,00 | 0,00 |
| 1.290,00 – 1.299,99 | 213,40 | 0,00 | 0,00 | 0,00 | 0,00 | 0,00 |
| 1.300,00 – 1.309,99 | 220,40 | 0,00 | 0,00 | 0,00 | 0,00 | 0,00 |
| 1.310,00 – 1.319,99 | 227,40 | 0,00 | 0,00 | 0,00 | 0,00 | 0,00 |
| 1.320,00 – 1.329,99 | 234,40 | 0,00 | 0,00 | 0,00 | 0,00 | 0,00 |
| 1.330,00 – 1.339,99 | 241,40 | 0,00 | 0,00 | 0,00 | 0,00 | 0,00 |
| 1.340,00 – 1.349,99 | 248,40 | 0,00 | 0,00 | 0,00 | 0,00 | 0,00 |

| | | | | | | |
|---|---|---|---|---|---|---|
| 1.350,00 – 1.359,99 | 255,40 | 0,00 | 0,00 | 0,00 | 0,00 | 0,00 |
| 1.360,00 – 1.369,99 | 262,40 | 2,05 | 0,00 | 0,00 | 0,00 | 0,00 |
| 1.370,00 – 1.379,99 | 269,40 | 7,05 | 0,00 | 0,00 | 0,00 | 0,00 |
| 1.380,00 – 1.389,99 | 276,40 | 12,05 | 0,00 | 0,00 | 0,00 | 0,00 |
| 1.390,00 – 1.399,99 | 283,40 | 17,05 | 0,00 | 0,00 | 0,00 | 0,00 |
| 1.400,00 – 1.409,99 | 290,40 | 22,05 | 0,00 | 0,00 | 0,00 | 0,00 |
| 1.410,00 – 1.419,99 | 297,40 | 27,05 | 0,00 | 0,00 | 0,00 | 0,00 |
| 1.420,00 – 1.429,99 | 304,40 | 32,05 | 0,00 | 0,00 | 0,00 | 0,00 |
| 1.430,00 – 1.439,99 | 311,40 | 37,05 | 0,00 | 0,00 | 0,00 | 0,00 |
| 1.440,00 – 1.449,99 | 318,40 | 42,05 | 0,00 | 0,00 | 0,00 | 0,00 |
| 1.450,00 – 1.459,99 | 325,40 | 47,05 | 0,00 | 0,00 | 0,00 | 0,00 |
| 1.460,00 – 1.469,99 | 332,40 | 52,05 | 0,00 | 0,00 | 0,00 | 0,00 |
| 1.470,00 – 1.479,99 | 339,40 | 57,05 | 0,00 | 0,00 | 0,00 | 0,00 |
| 1.480,00 – 1.489,99 | 346,40 | 62,05 | 0,00 | 0,00 | 0,00 | 0,00 |
| 1.490,00 – 1.499,99 | 353,40 | 67,05 | 0,00 | 0,00 | 0,00 | 0,00 |
| 1.500,00 – 1.509,99 | 360,40 | 72,05 | 0,00 | 0,00 | 0,00 | 0,00 |
| 1.510,00 – 1.519,99 | 367,40 | 77,05 | 0,00 | 0,00 | 0,00 | 0,00 |
| 1.520,00 – 1.529,99 | 374,40 | 82,05 | 0,00 | 0,00 | 0,00 | 0,00 |
| 1.530,00 – 1.539,99 | 381,40 | 87,05 | 0,00 | 0,00 | 0,00 | 0,00 |
| 1.540,00 – 1.549,99 | 388,40 | 92,05 | 0,00 | 0,00 | 0,00 | 0,00 |
| 1.550,00 – 1.559,99 | 395,40 | 97,05 | 0,00 | 0,00 | 0,00 | 0,00 |
| 1.560,00 – 1.569,99 | 402,40 | 102,05 | 0,00 | 0,00 | 0,00 | 0,00 |
| 1.570,00 – 1.579,99 | 409,40 | 107,05 | 3,01 | 0,00 | 0,00 | 0,00 |
| 1.580,00 – 1.589,99 | 416,40 | 112,05 | 7,01 | 0,00 | 0,00 | 0,00 |
| 1.590,00 – 1.599,99 | 423,40 | 117,05 | 11,01 | 0,00 | 0,00 | 0,00 |
| 1.600,00 – 1.609,99 | 430,40 | 122,05 | 15,01 | 0,00 | 0,00 | 0,00 |
| 1.610,00 – 1.619,99 | 437,40 | 127,05 | 19,01 | 0,00 | 0,00 | 0,00 |
| 1.620,00 – 1.629,99 | 444,40 | 132,05 | 23,01 | 0,00 | 0,00 | 0,00 |
| 1.630,00 – 1.639,99 | 451,40 | 137,05 | 27,01 | 0,00 | 0,00 | 0,00 |
| 1.640,00 – 1.649,99 | 458,40 | 142,05 | 31,01 | 0,00 | 0,00 | 0,00 |
| 1.650,00 – 1.659,99 | 465,40 | 147,05 | 35,01 | 0,00 | 0,00 | 0,00 |
| 1.660,00 – 1.669,99 | 472,40 | 152,05 | 39,01 | 0,00 | 0,00 | 0,00 |
| 1.670,00 – 1.679,99 | 479,40 | 157,05 | 43,01 | 0,00 | 0,00 | 0,00 |
| 1.680,00 – 1.689,99 | 486,40 | 162,05 | 47,01 | 0,00 | 0,00 | 0,00 |
| 1.690,00 – 1.699,99 | 493,40 | 167,05 | 51,01 | 0,00 | 0,00 | 0,00 |
| 1.700,00 – 1.709,99 | 500,40 | 172,05 | 55,01 | 0,00 | 0,00 | 0,00 |
| 1.710,00 – 1.719,99 | 507,40 | 177,05 | 59,01 | 0,00 | 0,00 | 0,00 |
| 1.720,00 – 1.729,99 | 514,40 | 182,05 | 63,01 | 0,00 | 0,00 | 0,00 |
| 1.730,00 – 1.739,99 | 521,40 | 187,05 | 67,01 | 0,00 | 0,00 | 0,00 |
| 1.740,00 – 1.749,99 | 528,40 | 192,05 | 71,01 | 0,00 | 0,00 | 0,00 |

| | | | | | | |
|---|---|---|---|---|---|---|
| 1.750,00 – 1.759,99 | 535,40 | 197,05 | 75,01 | 0,00 | 0,00 | 0,00 |
| 1.760,00 – 1.769,99 | 542,40 | 202,05 | 79,01 | 0,00 | 0,00 | 0,00 |
| 1.770,00 – 1.779,99 | 549,40 | 207,05 | 83,01 | 0,29 | 0,00 | 0,00 |
| 1.780,00 – 1.789,99 | 556,40 | 212,05 | 87,01 | 3,29 | 0,00 | 0,00 |
| 1.790,00 – 1.799,99 | 563,40 | 217,05 | 91,01 | 6,29 | 0,00 | 0,00 |
| 1.800,00 – 1.809,99 | 570,40 | 222,05 | 95,01 | 9,29 | 0,00 | 0,00 |
| 1.810,00 – 1.819,99 | 577,40 | 227,05 | 99,01 | 12,29 | 0,00 | 0,00 |
| 1.820,00 – 1.829,99 | 584,40 | 232,05 | 103,01 | 15,29 | 0,00 | 0,00 |
| 1.830,00 – 1.839,99 | 591,40 | 237,05 | 107,01 | 18,29 | 0,00 | 0,00 |
| 1.840,00 – 1.849,99 | 598,40 | 242,05 | 111,01 | 21,29 | 0,00 | 0,00 |
| 1.850,00 – 1.859,99 | 605,40 | 247,05 | 115,01 | 24,29 | 0,00 | 0,00 |
| 1.860,00 – 1.869,99 | 612,40 | 252,05 | 119,01 | 27,29 | 0,00 | 0,00 |
| 1.870,00 – 1.879,99 | 619,40 | 257,05 | 123,01 | 30,29 | 0,00 | 0,00 |
| 1.880,00 – 1.889,99 | 626,40 | 262,05 | 127,01 | 33,29 | 0,00 | 0,00 |
| 1.890,00 – 1.899,99 | 633,40 | 267,05 | 131,01 | 36,29 | 0,00 | 0,00 |
| 1.900,00 – 1.909,99 | 640,40 | 272,05 | 135,01 | 39,29 | 0,00 | 0,00 |
| 1.910,00 – 1.919,99 | 647,40 | 277,05 | 139,01 | 42,29 | 0,00 | 0,00 |
| 1.920,00 – 1.929,99 | 654,40 | 282,05 | 143,01 | 45,29 | 0,00 | 0,00 |
| 1.930,00 – 1.939,99 | 661,40 | 287,05 | 147,01 | 48,29 | 0,00 | 0,00 |
| 1.940,00 – 1.949,99 | 668,40 | 292,05 | 151,01 | 51,29 | 0,00 | 0,00 |
| 1.950,00 – 1.959,99 | 675,40 | 297,05 | 155,01 | 54,29 | 0,00 | 0,00 |
| 1.960,00 – 1.969,99 | 682,40 | 302,05 | 159,01 | 57,29 | 0,00 | 0,00 |
| 1.970,00 – 1.979,99 | 689,40 | 307,05 | 163,01 | 60,29 | 0,00 | 0,00 |
| 1.980,00 – 1.989,99 | 696,40 | 312,05 | 167,01 | 63,29 | 0,88 | 0,00 |
| 1.990,00 – 1.999,99 | 703,40 | 317,05 | 171,01 | 66,29 | 2,88 | 0,00 |
| 2.000,00 – 2.009,99 | 710,40 | 322,05 | 175,01 | 69,29 | 4,88 | 0,00 |
| 2.010,00 – 2.019,99 | 717,40 | 327,05 | 179,01 | 72,29 | 6,88 | 0,00 |
| 2.020,00 – 2.029,99 | 724,40 | 332,05 | 183,01 | 75,29 | 8,88 | 0,00 |
| 2.030,00 – 2.039,99 | 731,40 | 337,05 | 187,01 | 78,29 | 10,88 | 0,00 |
| 2.040,00 – 2.049,99 | 738,40 | 342,05 | 191,01 | 81,29 | 12,88 | 0,00 |
| 2.050,00 – 2.059,99 | 745,40 | 347,05 | 195,01 | 84,29 | 14,88 | 0,00 |
| 2.060,00 – 2.069,99 | 752,40 | 352,05 | 199,01 | 87,29 | 16,88 | 0,00 |
| 2.070,00 – 2.079,99 | 759,40 | 357,05 | 203,01 | 90,29 | 18,88 | 0,00 |
| 2.080,00 – 2.089,99 | 766,40 | 362,05 | 207,01 | 93,29 | 20,88 | 0,00 |
| 2.090,00 – 2.099,99 | 773,40 | 367,05 | 211,01 | 96,29 | 22,88 | 0,00 |
| 2.100,00 – 2.109,99 | 780,40 | 372,05 | 215,01 | 99,29 | 24,88 | 0,00 |
| 2.110,00 – 2.119,99 | 787,40 | 377,05 | 219,01 | 102,29 | 26,88 | 0,00 |
| 2.120,00 – 2.129,99 | 794,40 | 382,05 | 223,01 | 105,29 | 28,88 | 0,00 |
| 2.130,00 – 2.139,99 | 801,40 | 387,05 | 227,01 | 108,29 | 30,88 | 0,00 |
| 2.140,00 – 2.149,99 | 808,40 | 392,05 | 231,01 | 111,29 | 32,88 | 0,00 |

| | | | | | | |
|---|---|---|---|---|---|---|
| 2.150,00 – 2.159,99 | 815,40 | 397,05 | 235,01 | 114,29 | 34,88 | 0,00 |
| 2.160,00 – 2.169,99 | 822,40 | 402,05 | 239,01 | 117,29 | 36,88 | 0,00 |
| 2.170,00 – 2.179,99 | 829,40 | 407,05 | 243,01 | 120,29 | 38,88 | 0,00 |
| 2.180,00 – 2.189,99 | 836,40 | 412,05 | 247,01 | 123,29 | 40,88 | 0,00 |
| 2.190,00 – 2.199,99 | 843,40 | 417,05 | 251,01 | 126,29 | 42,88 | 0,79 |
| 2.200,00 – 2.209,99 | 850,40 | 422,05 | 255,01 | 129,29 | 44,88 | 1,79 |
| 2.210,00 – 2.219,99 | 857,40 | 427,05 | 259,01 | 132,29 | 46,88 | 2,79 |
| 2.220,00 – 2.229,99 | 864,40 | 432,05 | 263,01 | 135,29 | 48,88 | 3,79 |
| 2.230,00 – 2.239,99 | 871,40 | 437,05 | 267,01 | 138,29 | 50,88 | 4,79 |
| 2.240,00 – 2.249,99 | 878,40 | 442,05 | 271,01 | 141,29 | 52,88 | 5,79 |
| 2.250,00 – 2.259,99 | 885,40 | 447,05 | 275,01 | 144,29 | 54,88 | 6,79 |
| 2.260,00 – 2.269,99 | 892,40 | 452,05 | 279,01 | 147,29 | 56,88 | 7,79 |
| 2.270,00 – 2.279,99 | 899,40 | 457,05 | 283,01 | 150,29 | 58,88 | 8,79 |
| 2.280,00 – 2.289,99 | 906,40 | 462,05 | 287,01 | 153,29 | 60,88 | 9,79 |
| 2.290,00 – 2.299,99 | 913,40 | 467,05 | 291,01 | 156,29 | 62,88 | 10,79 |
| 2.300,00 – 2.309,99 | 920,40 | 472,05 | 295,01 | 159,29 | 64,88 | 11,79 |
| 2.310,00 – 2.319,99 | 927,40 | 477,05 | 299,01 | 162,29 | 66,88 | 12,79 |
| 2.320,00 – 2.329,99 | 934,40 | 482,05 | 303,01 | 165,29 | 68,88 | 13,79 |
| 2.330,00 – 2.339,99 | 941,40 | 487,05 | 307,01 | 168,29 | 70,88 | 14,79 |
| 2.340,00 – 2.349,99 | 948,40 | 492,05 | 311,01 | 171,29 | 72,88 | 15,79 |
| 2.350,00 – 2.359,99 | 955,40 | 497,05 | 315,01 | 174,29 | 74,88 | 16,79 |
| 2.360,00 – 2.369,99 | 962,40 | 502,05 | 319,01 | 177,29 | 76,88 | 17,79 |
| 2.370,00 – 2.379,99 | 969,40 | 507,05 | 323,01 | 180,29 | 78,88 | 18,79 |
| 2.380,00 – 2.389,99 | 976,40 | 512,05 | 327,01 | 183,29 | 80,88 | 19,79 |
| 2.390,00 – 2.399,99 | 983,40 | 517,05 | 331,01 | 186,29 | 82,88 | 20,79 |
| 2.400,00 – 2.409,99 | 990,40 | 522,05 | 335,01 | 189,29 | 84,88 | 21,79 |
| 2.410,00 – 2.419,99 | 997,40 | 527,05 | 339,01 | 192,29 | 86,88 | 22,79 |
| 2.420,00 – 2.429,99 | 1.004,40 | 532,05 | 343,01 | 195,29 | 88,88 | 23,79 |
| 2.430,00 – 2.439,99 | 1.011,40 | 537,05 | 347,01 | 198,29 | 90,88 | 24,79 |
| 2.440,00 – 2.449,99 | 1.018,40 | 542,05 | 351,01 | 201,29 | 92,88 | 25,79 |
| 2.450,00 – 2.459,99 | 1.025,40 | 547,05 | 355,01 | 204,29 | 94,88 | 26,79 |
| 2.460,00 – 2.469,99 | 1.032,40 | 552,05 | 359,01 | 207,29 | 96,88 | 27,79 |
| 2.470,00 – 2.479,99 | 1.039,40 | 557,05 | 363,01 | 210,29 | 98,88 | 28,79 |
| 2.480,00 – 2.489,99 | 1.046,40 | 562,05 | 367,01 | 213,29 | 100,88 | 29,79 |
| 2.490,00 – 2.499,99 | 1.053,40 | 567,05 | 371,01 | 216,29 | 102,88 | 30,79 |
| 2.500,00 – 2.509,99 | 1.060,40 | 572,05 | 375,01 | 219,29 | 104,88 | 31,79 |
| 2.510,00 – 2.519,99 | 1.067,40 | 577,05 | 379,01 | 222,29 | 106,88 | 32,79 |
| 2.520,00 – 2.529,99 | 1.074,40 | 582,05 | 383,01 | 225,29 | 108,88 | 33,79 |
| 2.530,00 – 2.539,99 | 1.081,40 | 587,05 | 387,01 | 228,29 | 110,88 | 34,79 |
| 2.540,00 – 2.549,99 | 1.088,40 | 592,05 | 391,01 | 231,29 | 112,88 | 35,79 |

| | | | | | | |
|---|---|---|---|---|---|---|
| 2.550,00 – 2.559,99 | 1.095,40 | 597,05 | 395,01 | 234,29 | 114,88 | 36,79 |
| 2.560,00 – 2.569,99 | 1.102,40 | 602,05 | 399,01 | 237,29 | 116,88 | 37,79 |
| 2.570,00 – 2.579,99 | 1.109,40 | 607,05 | 403,01 | 240,29 | 118,88 | 38,79 |
| 2.580,00 – 2.589,99 | 1.116,40 | 612,05 | 407,01 | 243,29 | 120,88 | 39,79 |
| 2.590,00 – 2.599,99 | 1.123,40 | 617,05 | 411,01 | 246,29 | 122,88 | 40,79 |
| 2.600,00 – 2.609,99 | 1.130,40 | 622,05 | 415,01 | 249,29 | 124,88 | 41,79 |
| 2.610,00 – 2.619,99 | 1.137,40 | 627,05 | 419,01 | 252,29 | 126,88 | 42,79 |
| 2.620,00 – 2.629,99 | 1.144,40 | 632,05 | 423,01 | 255,29 | 128,88 | 43,79 |
| 2.630,00 – 2.639,99 | 1.151,40 | 637,05 | 427,01 | 258,29 | 130,88 | 44,79 |
| 2.640,00 – 2.649,99 | 1.158,40 | 642,05 | 431,01 | 261,29 | 132,88 | 45,79 |
| 2.650,00 – 2.659,99 | 1.165,40 | 647,05 | 435,01 | 264,29 | 134,88 | 46,79 |
| 2.660,00 – 2.669,99 | 1.172,40 | 652,05 | 439,01 | 267,29 | 136,88 | 47,79 |
| 2.670,00 – 2.679,99 | 1.179,40 | 657,05 | 443,01 | 270,29 | 138,88 | 48,79 |
| 2.680,00 – 2.689,99 | 1.186,40 | 662,05 | 447,01 | 273,29 | 140,88 | 49,79 |
| 2.690,00 – 2.699,99 | 1.193,40 | 667,05 | 451,01 | 276,29 | 142,88 | 50,79 |
| 2.700,00 – 2.709,99 | 1.200,40 | 672,05 | 455,01 | 279,29 | 144,88 | 51,79 |
| 2.710,00 – 2.719,99 | 1.207,40 | 677,05 | 459,01 | 282,29 | 146,88 | 52,79 |
| 2.720,00 – 2.729,99 | 1.214,40 | 682,05 | 463,01 | 285,29 | 148,88 | 53,79 |
| 2.730,00 – 2.739,99 | 1.221,40 | 687,05 | 467,01 | 288,29 | 150,88 | 54,79 |
| 2.740,00 – 2.749,99 | 1.228,40 | 692,05 | 471,01 | 291,29 | 152,88 | 55,79 |
| 2.750,00 – 2.759,99 | 1.235,40 | 697,05 | 475,01 | 294,29 | 154,88 | 56,79 |
| 2.760,00 – 2.769,99 | 1.242,40 | 702,05 | 479,01 | 297,29 | 156,88 | 57,79 |
| 2.770,00 – 2.779,99 | 1.249,40 | 707,05 | 483,01 | 300,29 | 158,88 | 58,79 |
| 2.780,00 – 2.789,99 | 1.256,40 | 712,05 | 487,01 | 303,29 | 160,88 | 59,79 |
| 2.790,00 – 2.799,99 | 1.263,40 | 717,05 | 491,01 | 306,29 | 162,88 | 60,79 |
| 2.800,00 – 2.809,99 | 1.270,40 | 722,05 | 495,01 | 309,29 | 164,88 | 61,79 |
| 2.810,00 – 2.819,99 | 1.277,40 | 727,05 | 499,01 | 312,29 | 166,88 | 62,79 |
| 2.820,00 – 2.829,99 | 1.284,40 | 732,05 | 503,01 | 315,29 | 168,88 | 63,79 |
| 2.830,00 – 2.839,99 | 1.291,40 | 737,05 | 507,01 | 318,29 | 170,88 | 64,79 |
| 2.840,00 – 2.849,99 | 1.298,40 | 742,05 | 511,01 | 321,29 | 172,88 | 65,79 |
| 2.850,00 – 2.859,99 | 1.305,40 | 747,05 | 515,01 | 324,29 | 174,88 | 66,79 |
| 2.860,00 – 2.869,99 | 1.312,40 | 752,05 | 519,01 | 327,29 | 176,88 | 67,79 |
| 2.870,00 – 2.879,99 | 1.319,40 | 757,05 | 523,01 | 330,29 | 178,88 | 68,79 |
| 2.880,00 – 2.889,99 | 1.326,40 | 762,05 | 527,01 | 333,29 | 180,88 | 69,79 |
| 2.890,00 – 2.899,99 | 1.333,40 | 767,05 | 531,01 | 336,29 | 182,88 | 70,79 |
| 2.900,00 – 2.909,99 | 1.340,40 | 772,05 | 535,01 | 339,29 | 184,88 | 71,79 |
| 2.910,00 – 2.919,99 | 1.347,40 | 777,05 | 539,01 | 342,29 | 186,88 | 72,79 |
| 2.920,00 – 2.929,99 | 1.354,40 | 782,05 | 543,01 | 345,29 | 188,88 | 73,79 |
| 2.930,00 – 2.939,99 | 1.361,40 | 787,05 | 547,01 | 348,29 | 190,88 | 74,79 |
| 2.940,00 – 2.949,99 | 1.368,40 | 792,05 | 551,01 | 351,29 | 192,88 | 75,79 |

| | | | | | | |
|---|---|---|---|---|---|---|
| 2.950,00 – 2.959,99 | 1.375,40 | 797,05 | 555,01 | 354,29 | 194,88 | 76,79 |
| 2.960,00 – 2.969,99 | 1.382,40 | 802,05 | 559,01 | 357,29 | 196,88 | 77,79 |
| 2.970,00 – 2.979,99 | 1.389,40 | 807,05 | 563,01 | 360,29 | 198,88 | 78,79 |
| 2.980,00 – 2.989,99 | 1.396,40 | 812,05 | 567,01 | 363,29 | 200,88 | 79,79 |
| 2.990,00 – 2.999,99 | 1.403,40 | 817,05 | 571,01 | 366,29 | 202,88 | 80,79 |
| 3.000,00 – 3.009,99 | 1.410,40 | 822,05 | 575,01 | 369,29 | 204,88 | 81,79 |
| 3.010,00 – 3.019,99 | 1.417,40 | 827,05 | 579,01 | 372,29 | 206,88 | 82,79 |
| 3.020,00 – 3.020,06 | 1.424,40 | 832,05 | 583,01 | 375,29 | 208,88 | 83,79 |

## § 850d ZPO Pfändbarkeit bei Unterhaltsansprüchen

**(1) [1]Wegen der Unterhaltsansprüche, die kraft Gesetzes einem Verwandten, dem Ehegatten, einem früheren Ehegatten, dem Lebenspartner, einem früheren Lebenspartner oder nach §§ 1615l, 1615n des Bürgerlichen Gesetzbuchs einem Elternteil zustehen, sind das Arbeitseinkommen und die in § 850a Nr. 1, 2 und 4 genannten Bezüge ohne die in § 850c bezeichneten Beschränkungen pfändbar. [2]Dem Schuldner ist jedoch so viel zu belassen, als er für seinen notwendigen Unterhalt und zur Erfüllung seiner laufenden gesetzlichen Unterhaltspflichten gegenüber den dem Gläubiger vorgehenden Berechtigten oder zur gleichmäßigen Befriedigung der dem Gläubiger gleichstehenden Berechtigten bedarf; von den in § 850a Nr. 1, 2 und 4 genannten Bezügen hat ihm mindestens die Hälfte des nach § 850a unpfändbaren Betrages zu verbleiben. [3]Der dem Schuldner hiernach verbleibende Teil seines Arbeitseinkommens darf den Betrag nicht übersteigen, der ihm nach den Vorschriften des § 850c gegenüber nicht bevorrechtigten Gläubigern zu verbleiben hätte. [4]Für die Pfändung wegen der Rückstände, die länger als ein Jahr vor dem Antrag auf Erlass des Pfändungsbeschlusses fällig geworden sind, gelten die Vorschriften dieses Absatzes insoweit nicht, als nach Lage der Verhältnisse nicht anzunehmen ist, dass der Schuldner sich seiner Zahlungspflicht absichtlich entzogen hat.**

**(2) Mehrere nach Absatz 1 Berechtigte sind mit ihren Ansprüchen in folgender Reihenfolge zu berücksichtigen, wobei mehrere gleich nahe Berechtigte untereinander gleichen Rang haben:**

**a) die minderjährigen unverheirateten Kinder, der Ehegatte, ein früherer Ehegatte und ein Elternteil mit seinem Anspruch nach §§ 1615l, 1615n des Bürgerlichen Gesetzbuchs; für das Rangverhältnis des Ehegatten zu einem früheren Ehegatten gilt jedoch § 1582 des Bürgerlichen Gesetzbuchs entsprechend; das Vollstreckungsgericht kann das Rangverhältnis der Berechtigten zueinander auf Antrag des Schuldners oder eines Berechtigten nach billigem Ermessen in anderer Weise festsetzen; das Vollstreckungsgericht hat vor seiner Entscheidung die Beteiligten zu hören;**

**b) der Lebenspartner und ein früherer Lebenspartner,**

**c) die übrigen Abkömmlinge, wobei die Kinder den anderen vorgehen;**

**d) die Verwandten aufsteigender Linie, wobei die näheren Grade den entfernteren vorgehen.**

**(3) Bei der Vollstreckung wegen der in Absatz 1 bezeichneten Ansprüche sowie wegen der aus Anlass einer Verletzung des Körpers oder der Gesundheit zu zahlenden Renten kann zugleich mit der Pfändung wegen fälliger Ansprüche auch künftig fällig werdendes Arbeitseinkommen wegen der dann jeweils fällig werdenden Ansprüche gepfändet und überwiesen werden.**

§ 850d geändert durch G v. 16.02.2001 (BGBl 2001, 266).

1 **1. Bei der Pfändung bevorzugt sind bestimmte gesetzliche Unterhaltsansprüche**, laufend oder nach Abs. 1 S. 4 rückständig; ebenso der Ersatzanspruch des Trägers der Sozialhilfe (§ 94 SGB XII; BGH FamRZ 2004, 185) und der auf das Land nach § 37 BAföG übergegangene Unterhaltsanspruch; ferner die Kosten der dazugehörigen ZwV, § 788; die Prozesskosten des Unterhaltsrechtsstreits (OLG Hamm Rpfleger 1977, 109; str); zur Pfändung von Sozialleistungen vgl § 54 SGB I. Anspruch auf schuldrechtl. Versorgungsausgleich fällt nicht unter das Privileg Abs. 1 S. 1 (BGH FamRZ 2005, 1564). Lebenspartner (Abs. 1, 2) sind die registrierten homosexuellen Lebenspartner iSd LPartG, nicht die Verhältnisse Frau/Mann (unverheiratet).

2 **Nicht bevorzugt sind:** Zinsen auf Unterhalt; nur vertragl. Unterhalt (vertragl. Ausgestaltung des gesetzl. schadet dagegen nicht, soweit der vertragl. nicht den gesetzl. Anspruch übersteigt); Anspruch auf Prozesskostenvorschuss (LG Essen MDR 1965, 662; str); ob auch die Kosten des Unterhaltsprozesses privilegiert sind, ist str (aber abzulehnen); privilegiert sind aber die Kosten der ZwV (§ 788; str).

2a **Absatz 1 Satz 2:** Der unpfändbare Teil kann entspr § 850g S. 1 neu festgesetzt werden, wenn aufgrund einer erstmaligen **BGH-Grundsatzentscheidung** teilw geänderte Maßstäbe für seine Berechnung gelten (BGH FamRZ 2005, 198).

3 ***Alte* Rückstände: Absatz 1 Satz 4:** Der Gl kann im Antrag absichtl. Entziehung vortragen, dann wird ohne Anhörung des Schuldners dem entsprochen; der Schuldner kann Erinnerung, § 766, einlegen, und dann beweisen, dass er sich nicht absichtl. entzogen hat; Absicht liegt bei Zahlungsfähigkeit idR vor (KG Rpfleger 1986, 394). Schuldner trägt Darlegungs- und Beweislast dafür, dass er sich seiner Zahlungspflicht nicht absichtl. entzogen hat (BGH FamRZ 2005, 440). Zu Satz 4 vgl *Kabath* Rpfleger 1991, 292 und *Landmann* Rpfleger 2005, 75.

4 **2. Umfang der Pfändung, Absatz 1:** dem Schuldner ist zu belassen:

**a)** der notw Lebensunterhalt iSd Kap. 3 und 11 von SGB XII (BGH NJW 2003, 2918); also weniger als der „notw Selbstbehalt" des UnterhaltsR; nicht doppelter Eckregelsatz nach § 28 SGB XII (früher str);

**b)** was er zur Erfüllung bestimmter laufender gesetzl. Unterhaltspflichten benötigt;

**c)** bestimmte Teile der in § 850a Nr. 1, 2, 4 genannten Beträge;

**d)** die in § 850b genannten Beträge voll, außer sie wurden nach § 850b II gepfändet, weiter die Beträge § 850a Nr. 3, 5-8.

**e)** Obergrenze: § 850d I 3.

**3. Mehrere Berechtigte, Absatz 2. Beispiele:** 5

**a) Pfändet das minderjährige Kind** (Gruppe a), dann sind die Ansprüche von Angehörigen der Gruppen c und d bei Bemessung des dem Schuldner zu belassenden Einkommens außer Betracht zu lassen; pfändet anschließend das vollj Kind (Gruppe c), kommt es erst nach voller Befriedigung des ersten Gl zum Zuge. Minderj Geschwister haben Vorrang vor vollj (BGH FamRZ 2003, 1176), trotz § 1603 II 2 BGB.

**b) Hat zuerst das Enkelkind gepfändet**, dann das minderj Kind, geht nach § 804 III die Pfändung des Enkels vor; da aber nach Abs. 2 das Kind (Gruppe a) „vorrangig" vor dem Enkel (Gruppe c) ist (allerdings nur im Bereich des über § 850c hinaus pfändbaren), kann das Kind nach § 850g beantragen, dass das VollstrG den ersten Pfändungsbeschluss abändert, sodass das Kind vor dem Enkel befriedigt wird; für den nach § 850c allgemein pfändbaren Bereich bleibt es aber bei der Priorität des Enkels, weil er sonst schlechter stünde als ein gewöhnl. Gl (*Stöber* Forderungspfändung Rz 1271; str). 6

**c) Hat zuerst ein nichteheliches Kind gepfändet**, dann ein anderes nichtehel. Kind, gilt zunächst § 804 III, Anpassung nach § 850g führt zu gleichmäßiger Befriedigung der Kinder (LG Bamberg MDR 1986, 245; str). 7

**d) Hat ein gewöhnlicher Gläubiger** zuerst das nach § 850c Pfändbare **gepfändet**, bleibt dann dem nach § 850d pfändenden UnterhaltsGl wegen § 804 III nur die Differenz zwischen dem allg Pfändungsfreibetrag (§ 850c) und dem notw Unterhalt (§ 850d). 8

**e) Hat zuerst der Unterhaltsgläubiger gepfändet**, dann ein gewöhnl. Gl, ist der Unterhaltsgläubiger vorrangig (§ 804 III), wird aber nach § 850e Nr. 4 in den Bereich der erweiterten Pfändung (§ 850d) abgedrängt. 9

**Gruppen: a)** der geschiedene Ehegatte kann nach § 1582 BGB dem neuen Ehegatten vorgehen; 10

**b)** homosexuelle Lebenspartner;

**c)** zB vollj/verheiratete Kinder, Enkel;

**d)** zB Vater vor Großvater.

**4. Verfahren:** gem § 850d, dh ggü § 850c erweitert, wird nur auf Antrag gepfändet; der Gl muss im Antrag die weiteren Unterhaltsberechtigten angeben; keine Anhörung des Schuldners, § 834. Entscheidung durch **Beschluss**, der den pfandfreien Betrag beziffert; Bezifferung ist im Einziehungsprozess gegen den Drittschuldner (§ 835) für das ArbG bindend (BAG NJW 1962, 510). **Rechtsbehelf** gegen den Pfändungsbeschluss: § 766 (bei § 834), bei (zB teilw) Ablehnung sof Beschwerde, § 11 I RPflG, §§ 793, 567, 569. 11

**5. Absatz 3** (sog **Vorratspfändung**). Ausnahme von § 751 I, weil der Pfändungsbeschluss schon vor Fälligkeit der Unterhaltsraten ergehen darf. Begünstigt sind nur bestimmte Unterhaltsansprüche und Renten; Vollstreckungsgegenstände sind nur Arbeitseinkommen und bestimmte Sozialleistungen (§ 54 III SGB I), nicht zB Mietzinsen; mindestens eine Rate muss bei Pfändung schon fällig sein. „Kann" heißt „muss". Die Zustellung hat rangwahrende Wirkung (§ 804 III) auch für noch nicht fällige Raten. 12

13 **„Dauerpfändung"** dagegen ist kein Fall des § 850d III, keine Ausnahme von § 751 I: Es wird zB wegen laufender Mietforderungen oder in laufende Mietforderungen aus Vereinfachungsgründen aufschiebend bedingt schon jetzt gepfändet, aber Beschlagnahme wird erst nach jeweiliger Fälligkeit wirksam, kein einheitl. Pfändungsrang entsteht, zwischenzeitl. Pfändungen anderer Gl sind also mögl.; Zulässigkeit im Einzelnen str (vgl *Zöller/Stöber* § 850d Rz 26; LG Flensburg FamRZ 2004, 1224).

## § 850e ZPO Berechnung des pfändbaren Arbeitseinkommens

**[1]Für die Berechnung des pfändbaren Arbeitseinkommens gilt Folgendes:**

1. **[1]Nicht mitzurechnen sind die nach § 850a der Pfändung entzogenen Bezüge, ferner Beträge, die unmittelbar auf Grund steuerrechtlicher oder sozialrechtlicher Vorschriften zur Erfüllung gesetzlicher Verpflichtungen des Schuldners abzuführen sind. [2]Diesen Beträgen stehen gleich die auf den Auszahlungszeitraum entfallenden Beträge, die der Schuldner**
   **a) nach den Vorschriften der Sozialversicherungsgesetze zur Weiterversicherung entrichtet oder**
   **b) an eine Ersatzkasse oder an ein Unternehmen der privaten Krankenversicherung leistet, soweit sie den Rahmen des Üblichen nicht übersteigen.**
2. **[1] Mehrere Arbeitseinkommen sind auf Antrag vom Vollstreckungsgericht bei der Pfändung zusammenzurechnen. [2]Der unpfändbare Grundbetrag ist in erster Linie dem Arbeitseinkommen zu entnehmen, das die wesentliche Grundlage der Lebenshaltung des Schuldners bildet.**

2a. **[1]Mit Arbeitseinkommen sind auf Antrag auch Ansprüche auf laufende Geldleistungen nach dem Sozialgesetzbuch zusammenzurechnen, soweit diese der Pfändung unterworfen sind. [2]Der unpfändbare Grundbetrag ist, soweit die Pfändung nicht wegen gesetzlicher Unterhaltsansprüche erfolgt, in erster Linie den laufenden Geldleistungen nach dem Sozialgesetzbuch zu entnehmen. [3]Ansprüche auf Geldleistungen für Kinder dürfen mit Arbeitseinkommen nur zusammengerechnet werden, soweit sie nach § 76 des Einkommensteuergesetzes oder nach § 54 Abs. 5 des Ersten Buches Sozialgesetzbuch gepfändet werden können.**

3. **[1]Erhält der Schuldner neben seinem in Geld zahlbaren Einkommen auch Naturalleistungen, so sind Geld- und Naturalleistungen zusammenzurechnen. [2]In diesem Fall ist der in Geld zahlbare Betrag insoweit pfändbar, als der nach § 850c unpfändbare Teil des Gesamteinkommens durch den Wert der dem Schuldner verbleibenden Naturalleistungen gedeckt ist.**
4. **[1]Trifft eine Pfändung, eine Abtretung oder eine sonstige Verfügung wegen eines der in § 850d bezeichneten Ansprüche mit einer Pfändung wegen eines sonstigen Anspruchs zusammen, so sind auf die Unterhaltsansprüche zunächst die gemäß § 850d der Pfändung in erweitertem Umfang unterliegenden Teile des Arbeitseinkommens zu verrechnen. [2]Die Verrechnung nimmt auf Antrag eines Beteiligten das Vollstreckungsgericht vor. [3]Der Drittschuldner kann, solange ihm eine**

**Entscheidung des Vollstreckungsgerichts nicht zugestellt ist, nach dem Inhalt der ihm bekannten Pfändungsbeschlüsse, Abtretungen und sonstigen Verfügungen mit befreiender Wirkung leisten.**

§ 850e Nr. 2a S. 3 geändert durch G v. 18.12.1995 (BGBl 1995, 1959).

**1. Nr. 1 (Arbeitseinkommen).** Wesentl. ist das Nettoeinkommen. Berechnung grds durch Drittschuldner (= Arbeitgeber). Abzuziehen zB Lohn- und Kirchensteuer, gesetzl. Kranken-, Renten-, Arbeitslosenvers, auch soweit auf die Bezüge nach § 850a entfallend; uU nicht ausl Steuern (BAG NJW 1986, 2208). 1

**2. Nr. 2 (Doppelverdiener).** Dazu *Wolf* InVo 2002, 128. Wesentl. Grundlage: idR das höhere Einkommen. Notw Antrag des Gl, auch nachträgl., bei mehreren Gl Wirkung nur für ASt (vgl *Grunsky* ZIP 1983, 908). Der Beschluss ordnet an: Zusammenrechnung und welchem Einkommen der unpfändbare Grundbetrag zu entnehmen ist; Berechnung ist Sache der Drittschuldner. Nr. 2 ist auch anwendbar, wenn das andere Einkommen nicht gepfändet ist oder wenn es abgetreten ist, bei § 850d; keine Zusammenrechnung mit Ehegatteneinkommen (aber § 850c IV). Bei Abtretung mehrerer Arbeitskommen entscheidet über Zusammenrechnung das ProzessG, nicht VollstrG (BGH NJW-RR 2004, 494). 2

**3. Nr. 2a (Arbeitseinkommen + Sozialeinkommen).** Pfänden gem §§ 850d, 850f II privilegierte Gl, werden Sozialleistungen gem § 850d I 2 berücksichtigt. Pfänden gewöhnl. Gl: Nr. 2a. Keine Zusammenrechnung aber, wenn diese Leistungen/Einkommen der Pfändung *nicht* unterworfen sind (BGH FamRZ 2005, 1244). 3

**Satz 1: Sozialleistungen**, die mit dem Arbeitseinkommen zusammenzurechnen sind, sind zB Arbeitslosengeld, -hilfe, Krankengeld, Kurzarbeitergeld, Pflegegeld beim Pflegebedürftigen (*Sauer/Meiendresch* NJW 1996, 763), Wohngeld (LG Landshut JurBüro 2000, 436; LG Leipzig Rpfleger 2000, 341), Schlechtwettergeld, SozialversRenten. Sozialleistungen nach § 54 III Nr. 1-3 SGB I sind unpfändbar, sonstige Sozialleistungen sind nach § 54 IV SGB I pfändbar. Bei *einmaligen* Sozialleistungen kommt es auf die Billigkeit an (§ 54 II SGB I), bei *laufenden* Sozialleistungen dagegen nicht. Antrag wie bei Nr. 2. Sozialhilfe darf, da unpfändbar, nicht zusammengerechnet werden. 4

**Satz 2: Unpfändbarer Grundbetrag** vgl § 850c I. **Satz 3: Geldleistungen für Kinder** sind zB Kindergeld, Kinderzuschläge. Keine Zusammenrechnung bei Pfändung durch den Gl einer gewöhnl. Forderung, aber Zusammenrechnung bei Pfändung wegen gesetzl. Unterhaltsansprüche dieses Kindes. Text von § 54 SGB I bei § 850i. 5

**4. Nr. 3 (Arbeitseinkommen + Naturaleinkommen)**, zB wenn das Dienstmädchen zum Lohn noch freie Kost und Wohnung erhält. Bei Naturalleistungen zum Vorzugspreis die Differenz. Zusammenrechnung auch ohne AnO des VollstrG. Bewertung ist zunächst Sache des Drittschuldners; Anhaltspunkt zB SachbezugsVO, bei Soldaten der entspr Erlass (*Zöller/Stöber* § 850e Rz 27), bei Strafgefangenen vgl OLG Frankfurt Rpfleger 1984, 425. Bei Zweifeln Bewertung durch Beschluss des VollstrG (OLG Hamm MDR 1963, 227). 6

**5. Nr. 4 (Zusammentreffen von Unterhaltsansprüchen).** Pfändet zuerst der gewöhnl. Gl Gl, dann der UnterhaltsGl (UGl), ist der Gl vorrangig, § 804 III, und erfasst den nach § 850c pfändbaren Betrag; für UGl bleibt nur die Differenz zwischen dem allgemeinen Pfändungsfreibetrag (§ 850c; zB 985 €) und dem notw Unterhalt usw. (§ 850c; zB 600 7

€). **Pfändet zuerst UGl**, dann Gl, ist nach Nr. 4 der Anspruch des UGl zunächst aus dem Einkommensteil zwischen (zB) 600 und 985 € zu entnehmen (und nicht aus dem Teil über 985 €), damit Gl auch befriedigt werden kann. Der Beschluss stellt eine Berechnung auf. Vgl ferner § 850d Rz 5 ff.

8 **6. Verfahren.** Die Berechnungen führt das VollstrG (Rechtspfleger; § 828; § 20 Nr. 17 RPflG) auf Antrag im Pfändungsbeschluss durch. Im eröffneten Insolvenzverfahren ist der Insolvenzverwalter zur Antragstellung befugt und das InsolvenzG zuständig (LG Rostock Rpfleger 2001, 563).

## § 850f ZPO Änderung des unpfändbaren Betrages

**(1) Das Vollstreckungsgericht kann dem Schuldner auf Antrag von dem nach den Bestimmungen der §§ 850c, 850d und 850i pfändbaren Teil seines Arbeitseinkommens einen Teil belassen, wenn**

**a) der Schuldner nachweist, dass bei Anwendung der Pfändungsfreigrenzen entsprechend der Anlage zu diesem Gesetz (zu § 850c) der notwendige Lebensunterhalt im Sinne des Dritten und Elften Kapitels des Zwölften Buches Sozialgesetzbuch oder nach Kapitel 3 Abschnitt 2 des Zweiten Buches Sozialgesetzbuch für sich und für die Personen, denen er Unterhalt zu gewähren hat, nicht gedeckt ist,**

**b) besondere Bedürfnisse des Schuldners aus persönlichen oder beruflichen Gründen oder**

**c) der besondere Umfang der gesetzlichen Unterhaltspflichten des Schuldners, insbesondere die Zahl der Unterhaltsberechtigten, dies erfordern und überwiegende Belange des Gläubigers nicht entgegenstehen.**

**(2) Wird die Zwangsvollstreckung wegen einer Forderung aus einer vorsätzlich begangenen unerlaubten Handlung betrieben, so kann das Vollstreckungsgericht auf Antrag des Gläubigers den pfändbaren Teil des Arbeitseinkommens ohne Rücksicht auf die in § 850c vorgesehenen Beschränkungen bestimmen; dem Schuldner ist jedoch so viel zu belassen, wie er für seinen notwendigen Unterhalt und zur Erfüllung seiner laufenden gesetzlichen Unterhaltspflichten bedarf.**

**(3) [1]Wird die Zwangsvollstreckung wegen anderer als der in Absatz 2 und in § 850d bezeichneten Forderungen betrieben, so kann das Vollstreckungsgericht in den Fällen, in denen sich das Arbeitseinkommen des Schuldners auf mehr als monatlich *2.985* Euro (wöchentlich *678,70* Euro, täglich *131,25* Euro) beläuft, über die Beträge hinaus, die nach § 850c pfändbar wären, auf Antrag des Gläubigers die Pfändbarkeit unter Berücksichtigung der Belange des Gläubigers und des Schuldners nach freiem Ermessen festsetzen. [2]Dem Schuldner ist jedoch mindestens so viel zu belassen, wie sich bei einem Arbeitseinkommen von monatlich *2.985* Euro (wöchentlich *678,70* Euro, täglich *131,25* Euro) aus § 850c ergeben würde. [3]Die Beträge nach den Sätzen 1 und 2 werden entsprechend der in § 850c Abs. 2a getroffenen Regelung jeweils zum 1. Juli eines jeden zweiten Jahres, erstmalig zum 1. Juli 2003, geändert.**

Geändert durch G v. 24.12.2003 (BGBl 2003, 2954/2985) und G v. 27.12.2003 (BGBl 2003, 3022), Bekanntmachung v. 25.02.2005 (BGBI 2005, 493) und 22.01.2007 (BGBI 2007, 64). Die Beträge gelten bis 30.06.2009.

**Lit:** ***Neugebauer*** MDR 2004, 1223; ***Sturm*** JB 2003, 116.

**1. Erhöhung der Pfändungsfreigrenzen, Absatz 1.** Antrag (zu unterscheiden von Erinnerung nach § 766) des Schuldners und sonstiger beschwerter Personen, nicht des Drittschuldners, auf Erhöhung. Entscheidung durch Beschluss des Rechtspflegers. 1
**a)** Der Schuldner muss beweisen, dass er sonst unter den Sozialhilfesatz nach dem SGB XII Kap. 3 und 11 absinken würde (zur Bemessung bei erwerbstätigen Schuldnern vgl BGH FamRZ 2004, 620; keine Bindung an Empfehlungen des „Deutschen Vereins ...");
**b)** zB bes hohe Miete, Krankheitsmehrbedarf; bes hohe Fahrtkosten (LG Halle Rpfleger 2000, 285; OLG Stuttgart NZI 2002, 52; OLG Köln FamRZ 1989, 966); nicht: Fahrtkosten zur Ausübung des UmgangsR (BGH FamRZ 2004, 873); **c)** zB bei mehr als fünf Unterhaltsberechtigten, weil dies die Lohnpfändungstabelle nicht mehr berücksichtigt
**d)** Belange des Gl: zB Art der Forderung, Notlage des Gl (BGH FamRZ 2004, 621). Ein „Teil" des Betrags muss ihm immer verbleiben (OLG Koblenz JurBüro 1987, 306). § 850f I gilt auch bei Vollstreckung von Unterhaltsforderungen (BGH NJW-RR 2004, 506). § 850f I geht § 850d I 3 vor (BGH FamRZ 2004, 621). Über Erhöhung der pfändbaren Beträge bei Abtretungen vgl *Winter* Rpfleger 2000, 149.

**2. Forderung aus unerlaubter Handlung, Absatz 2.** Dazu *Gaul* NJW 2005, 2894. Ist der Gl vom Schuldner S vorsätzl. verletzt worden und hat er deshalb eine Schadensersatzanspruch gegen den S, soll der Gl wegen Schutzwürdigkeit mehr pfänden können als ein gewöhnl. Gl. Anspruchsgrund muss sich aus dem Titel, zB den Entscheidungsgründen oder der Prozessakte ergeben. Die Angabe im VoB („Forderung aus vorsätzl. unerlaubter Handlung" etc) genügt zum Nachweis nicht (BGH NJW 2005, 1663; **aA** LG München II JurBüro 2004, 673; vgl *Ahrens* NJW 2003, 1371). Der Rechtspfleger hat keine eigene Prüfungskompetenz (**aA** LG Krefeld JurBüro 2000, 217), darf insb keine Beweise erheben (BGH NJW 1990, 834; OLG Stuttgart MDR 2000, 1098; OLG Zweibrücken JurBüro 2000, 267; **aA** Feststellung auch im VollstrVerfahren, *Behr* JB 1995, 8). Ist im Titel keine Anspruchsgrundlage genannt (oder nur Vertrag), kann der Gl *im VollstrVerfahren* ohne Zustimmung des Schuldners nicht mehr nachweisen, dass Anspruch auch auf §§ 823 ff. BGB beruht (BGH NJW 2003, 515). Dann bleibt dem Gl aber eine Feststellungsklage (BGH NJW 1990, 834; OLG Oldenburg NJW-RR 1992, 573; *abw Hager* KTS 1991, 1). Ansprüche zB aus §§ 223, 242, 246, 263 StGB, bedingter Vorsatz und Anspruchskonkurrenz genügen. Nicht privilegiert sind Zinsen und Prozesskosten aus dem Schadensersatzprozess (**hM**; **aA** KG Rpfleger 1972, 66), wohl aber die ZwV-Kosten (§ 788). Dem Schuldner muss jedenfalls der Sozialhilfesatz verbleiben (OLG Stuttgart NJW-RR 1987, 758). 2

**Ratschlag:** Im Ergebnis ist somit das Mahnverfahren in diesen Fällen *nicht* sinnvoll; der Gl soll klagen (Smid JZ 2006, 393); LG Frankenthal Rpfleger 2006, 210 lässt ein VU nicht genügen (bedenkl.). Deshalb sollte der Gl mit dem Leistungsantrag den **Feststellungsantrag** (§ 256 II) verbinden (BGH NJW 2003, 515; Gaul NJW 2005, 2894). Ungenügend ist ein Zahlungsantrag mit Zusatz („3 000 € aus unerlaubter. Handlung").

3 **3. Hohes Einkommen des Schuldners, Absatz 3.** Bei Arbeits-Einkommen des Schuldners von mehr als 2 985 € kann die Pfändungsmöglichkeit erweitert werden (zB weil der Gl selbst in Not ist), doch ist die Regelung wegen des Mindestbetrags (S. 2) ohne nennenswerten Sinn. Bei § 850f II und § 850d ist der Gl bereits privilegiert.

4 **4. Verfahren: Zuständig** ist jeweils der Rechtspfleger des VollstrG, § 20 Nr. 17 RPflG (ggf das InsolvenzG, OLG Köln Rpfleger 2001, 92; OLG Frankfurt NJW-RR 2001, 189; aA: LAG Schleswig-Holstein ZVI 2006, 151: immer VollstrG; ProzessG bei Streit über Umfang der Abtretung einer Lohnforderung, BGH NJW-RR 2003, 1367; nicht das ArbG, BAG NJW 2001, 1443); bei Abs. 1 ist der Gl zum Antrag zu hören, bei Abs. 2, 3 der Schuldner nicht, außer wenn vom Gl beantragt (§ 834; str). Zur Anwendung von § 850f im Restschuldbefreiungsverfahren vgl *Möhlen* Rpfleger 2000, 4.

5 **Rechtsbehelf** ist sof Beschwerde, §§ 11 I RPflG, 793, 567, 569, da immer eine „Entscheidung" vorliegt (OLG Hamm NJW 1973, 1332; str, vgl § 766 Rz 2).

6 **5. Kosten**: Gericht: keine Geb. Der RA als Gl-Vertreter erhält für Anträge nach § 850f II, III keine bes Geb (§ 18 Nr. 3 RVG). Der Feststellungsantrag bei der Klage erhöht den StrW geringfügig (§ 3 Rz 17). Der RA als Schuldner-Vertreter erhält für den Antrag RVG-VV 3309.

## § 850g ZPO Änderung der Unpfändbarkeitsvoraussetzungen

**[1]Ändern sich die Voraussetzungen für die Bemessung des unpfändbaren Teils des Arbeitseinkommens, so hat das Vollstreckungsgericht auf Antrag des Schuldners oder des Gläubigers den Pfändungsbeschluss entsprechend zu ändern. [2]Antragsberechtigt ist auch ein Dritter, dem der Schuldner kraft Gesetzes Unterhalt zu gewähren hat. [3]Der Drittschuldner kann nach dem Inhalt des früheren Pfändungsbeschlusses mit befreiender Wirkung leisten, bis ihm der Änderungsbeschluss zugestellt wird.**

1 Bei von vornherein unrichtigen Bemessungsgrundlagen, schon bei Erlass des Pfändungsbeschlusses: § 766. Ändern sich die Verh (zB Zahl der Unterhaltspflichtigen) nach Erlass: § 850g. § 850g S. 1 ist entspr anwendbar, wenn aufgrund einer erstmaligen BGH-GrundsatzE geänderte Berechnungsmaßstäbe gelten (BGH NJW-RR 2005, 222).

2 **Zuständig** ist der Rechtspfleger (§ 20 Nr. 17 RPflG), örtl. das VollstrG, das den Pfändungsbeschluss erließ, § 828 II (OLG München Rpfleger 1985, 154; str); im eröffneten Insolvenzverfahren ist das InsolvenzG zuständig (OLG Köln NZA-RR 2000, 657). Im Beschluss Klarstellung notw, ob Rückwirkung eintritt und Bezifferung (kein Blankettabschluss, LG Darmstadt Rpfleger 1988, 419).

3 **Rechtsbehelf** gegen Abänderungsbeschluss wie sonst (idR sof Beschwerde, § 11 RPflG, §§ 793, 567, 569; bzw § 766): es kommt darauf an, ob eine „Entscheidung" vorliegt (vgl § 766 Rz 2).

4 **Kosten**: wie § 850f Rz 6.

## § 850h ZPO Verschleiertes Arbeitseinkommen

**(1) [1]Hat sich der Empfänger der vom Schuldner geleisteten Arbeiten oder Dienste verpflichtet, Leistungen an einen Dritten zu bewirken, die nach Lage der Verhältnisse ganz oder teilweise eine Vergütung für die Leistung des Schuldners darstellen, so kann der Anspruch des Drittberechtigten insoweit auf Grund des Schuldtitels gegen den Schuldner gepfändet werden, wie wenn der Anspruch dem Schuldner zustände. [2]Die Pfändung des Vergütungsanspruchs des Schuldners umfasst ohne weiteres den Anspruch des Drittberechtigten. [3]Der Pfändungsbeschluss ist dem Drittberechtigten ebenso wie dem Schuldner zuzustellen.**

**(2) [1]Leistet der Schuldner einem Dritten in einem ständigen Verhältnis Arbeiten oder Dienste, die nach Artund Umfang üblicherweise vergütet werden, unentgeltlich oder gegen eine unverhältnismäßig geringe Vergütung, so gilt im Verhältnis des Gläubigers zu dem Empfänger der Arbeits- und Dienstleistungen eine angemessene Vergütung als geschuldet. [2]Bei der Prüfung, ob diese Voraussetzungen vorliegen, sowie bei der Bemessung der Vergütung ist auf alle Umstände des Einzelfalles, insbesondere die Art der Arbeits- und Dienstleistung, die verwandtschaftlichen oder sonstigen Beziehungen zwischen dem Dienstberechtigten und dem Dienstverpflichteten und die wirtschaftliche Leistungsfähigkeit des Dienstberechtigten Rücksicht zu nehmen.**

**1. Absatz 1. Lohnschiebung**, zB: der Arbeitgeber („Empfänger"; Drittschuldner) hat sich 1
verpflichtet, den Lohn an die Ehefrau („Dritte, Drittberechtigte") des Arbeitnehmers (Schuldners) zu zahlen; Benachteiligungsabsicht ist nicht notw (BGH NJW 1979, 1602). Analog, wenn der Schuldner ohne sachl. Grund Steuerklasse V statt IV wählt (Rz 5). Dagegen lässt Gehaltsumwandlung (statt Lohn wird Direktversicherung bezahlt) insoweit kein Arbeitseinkommen mehr entstehen (BAG VersR 1999, 80). **Verfahren:** Der Gl kann entweder den Anspruch des Drittberechtigten pfänden (wie bei § 829), obwohl er gegen diesen keinen Titel hat **(Satz 1)** oder den Vergütungsanspruch des Schuldners **(Satz 2);** das VollstrG (Rechtspfleger, § 20 Nr. 17 RPflG) prüft nicht, ob § 850h erfüllt ist, das wird erst im folgenden Zivilprozess des Gl gegen den zahlungsunwilligen Dritten untersucht. Pfändung wird mit Zustellung an den Drittschuldner wirksam, § 829 III; **Satz 3** enthält keine Wirksamkeitsvoraussetzungen.

**Rechtsbehelfe** gegen den Beschluss: § 766 für Schuldner (wie bei § 829), Drittschuldner, 2
§ 771 für Drittberechtigten. Zahlt nach Überweisung der Drittschuldner nicht, muss er (idR vor dem ArbG) vom Gl verklagt werden; nun erst (nicht schon vom VollstrG) wird im Prozess geprüft, ob Lohnschiebung vorliegt.

**2. Absatz 2. Lohnverschleierung**, zB: Der Ehemann arbeitet **für Taschengeld** im Betrieb 3
der Frau. Ständiges Verh: Einmalige Tätigkeit genügt nicht. Familienrechtl. Mitarbeitspflicht hindert nicht Anwendung von Abs. 2, beeinflusst nur die Vergütungshöhe (BAG NJW 1978, 343; OLG Düsseldorf NJW-RR 1989, 390). Gepfändet wird in den Grenzen von §§ 850a, 850c, 850d der „angebl. Anspruch" ohne Bezifferung; zahlt nach Überweisung der Drittschuldner nicht, wird im Prozess Gl – Drittschuldner (uU ArbG, vgl § 5 I ArbGG, BGH NJW 1977, 853; bei leitender Stellung ZivilG) Lohnverschleierung und Höhe des Anspruchs (sowie dessen Verjährung, §§ 194 ff. BGB) geprüft. Der Kl hat die

Beweislast (LAG Hamm NZA 1988, 657), Beweiserleichterungen kommen in Betracht (LAG Düsseldorf MDR 1994, 1020). Ob „Rückstände" des fingierten Lohns gepfändet werden können, ist str (**hM** bejaht; vgl *Geißler* Rpfleger 1987, 5). Zur Konkurrenz mehrerer Gl: BGH NJW 1991, 495.

4 **3. Hat der Schuldner seine Forderung** in Benachteiligungsabsicht **abgetreten**, kann nach dem AnfG der nunmehrige Forderungsinhaber auf Duldung der ZwV in die Forderung verklagt werden (vgl LAG Hamm NZA 1992, 855); § 850h ist unanwendbar (LAG Frankfurt DB 1991, 1388).

5 **4. Analoge Anwendung**, wenn der Schuldner missbräuchl. eine dem Gl ungünstige Steuerklasse wählt (BGH NJW-RR 2006, 569; OLG Hamm NJW-RR 2001, 1663; LG Koblenz JurBüro 2004, 335; *Ernst* ZVI 2003, 107).

## § 850i ZPO Pfändungsschutz bei sonstigen Vergütungen

**(1) [1]Ist eine nicht wiederkehrend zahlbare Vergütung für persönlich geleistete Arbeiten oder Dienste gepfändet, so hat das Gericht dem Schuldner auf Antrag so viel zu belassen, als er während eines angemessenen Zeitraums für seinen notwendigen Unterhalt und den seines Ehegatten, eines früheren Ehegatten, seines Lebenspartners, eines früheren Lebenspartners, seiner unterhaltsberechtigten Verwandten oder eines Elternteils nach §§ 1615l, 1615n des Bürgerlichen Gesetzbuchs bedarf. [2]Bei der Entscheidung sind die wirtschaftlichen Verhältnisse des Schuldners, insbesondere seine sonstigen Verdienstmöglichkeiten, frei zu würdigen. [3]Dem Schuldner ist nicht mehr zu belassen, als ihm nach freier Schätzung des Gerichts verbleiben würde, wenn sein Arbeitseinkommen aus laufendem Arbeits- oder Dienstlohn bestände. [4]Der Antrag des Schuldners ist insoweit abzulehnen, als überwiegende Belange des Gläubigers entgegenstehen.**

**(2) Die Vorschriften des Absatzes 1 gelten entsprechend für Vergütungen, die für die Gewährung von Wohngelegenheit oder eine sonstige Sachbenutzung geschuldet werden, wenn die Vergütung zu einem nicht unwesentlichen Teil als Entgelt für neben der Sachbenutzung gewährte Dienstleistungen anzusehen ist.**

**(3) Die Vorschriften des § 27 des Heimarbeitsgesetzes vom 14. März 1951 (BGBl. I S. 191) bleiben unberührt.**

**(4) Die Bestimmungen der Versicherungs-, Versorgungs- und sonstigen gesetzlichen Vorschriften über die Pfändung von Ansprüchen bestimmter Art bleiben unberührt.**

§ 850i zuletzt geändert durch G v. 16.02.2001 (BGBl 2001, 266).

1 **1. Absatz 1.** Wenn der Schuldner nicht Arbeitnehmer ist, sondern unregelmäßige Einnahmen aus bestimmten Tätigkeiten (nicht: aus Zinsen, Miete; vgl § 851b Rz 1) hat, muss ihm gleichwohl ein Pfändungsschutz zustehen, damit sein Lebensunterhalt gesichert ist. **Vergütungen** nach Abs. 1 sind zB einmalige Arbeitsvergütungen von Ärzten, RAen, Handwerkern, auch Abfindungsansprüche nach §§ 9, 10 KSchG (BAG MDR 1980, 346; OLG Stuttgart OLGZ 1985, 69; LG Mainz JB 2000, 157), Sozialplan nach §§ 112, 113 BetrVG, Entlassungsgeld des Wehrpflichtigen (LG Rostock Rpfleger 2001, 439; OLG

Hamm JurBüro 1985, 632), LizenzGeb (BGH NJW-RR 2004, 644); Einkünfte des Selbstständigen *nach* Insolvenzeröffnung (BGH NJW 2003, 2167). Lebenspartner sind die registrierten homosexuellen Lebenspartner iSd LPartG, nicht die Verhältnisse Frau/Mann (unverheiratet). „Gericht" ist das VollstrG (Rechtspfleger; § 828; § 20 Nr. 17 RPflG). **Antrag:** des Schuldners oder eines Unterhaltsberechtigten. **Angemessener Zeitraum:** ca. sechs Wochen (OLG Dresden Rpfleger 1999, 283). **Notwendiger Unterhalt:** zumindest das, was nach § 850c unpfändbar wäre (vgl LG Essen Rpfleger 1998, 297; OLG Hamm OLGR 1984, 457). **Rechtsmittel:** sof Beschwerde, § 11 I RPflG, §§ 793, 567, 569; nicht § 766.

**Absatz 2:** zB bei Zimmervermietung mit Bedienung, Mietwagenfahrer. 2

**Absatz 3:** dh es gilt § 850c; keine generelle Erhöhung des Freibetrags wegen der Selbstständigkeit (LG Halle Rpfleger 2001, 439). 3

**Absatz 4.** Sondervorschriften über Unpfändbarkeit zB in §§ 54, 55 SGB I, § 17 I SGB XII, § 37 BAföG, § 2 VermögensbildungsG. 4

**2. § 54 SGB I lautet:**

***§ 54 Pfändung***

***(1) Ansprüche auf Dienst- und Sachleistungen können nicht gepfändet werden.***

***(2) Ansprüche auf einmalige Geldleistungen können nur gepfändet werden, soweit nach den Umständen des Falles, insbesondere nach den Einkommens- und Vermögensverhältnissen des Leistungsberechtigten, der Art des beizutreibenden Anspruchs sowie der Höhe und der Zweckbestimmung der Geldleistung, die Pfändung der Billigkeit entspricht.***

***(3) Unpfändbar sind Ansprüche auf***

1. ***Erziehungsgeld und vergleichbare Leistungen der Länder sowie Elterngeld bis zur Höhe der nach § 10 des Bundeselterngeld- und Elternzeitgesetzes anrechnungsfreien Beträge,***
2. ***Mutterschaftsgeld nach § 13 Abs. 1 des Mutterschutzgesetzes, soweit das Mutterschaftsgeld nicht aus einer Teilzeitbeschäftigung während der Elternzeit herrührt, bis zur Höhe des Erziehungsgeldes nach § 5 Abs. 1 des Bundeserziehungsgeldgesetzes oder des Elterngeldes nach § 2 des Bundeselterngeld- und Elternzeitgesetzes, soweit es die anrechnungsfreien Beträge nach § 10 des Bundeselterngeld- und Elternzeitgesetzes nicht übersteigt,***

2a. ***Wohngeld, soweit nicht die Pfändung wegen Ansprüchen erfolgt, die Gegenstand der §§ 5 und 6 des Wohngeldgesetzes sind,***

3. ***Geldleistungen, die dafür bestimmt sind, den durch einen Körper- oder Gesundheitsschaden bedingten Mehraufwand auszugleichen.***

***(4) Im Übrigen können Ansprüche auf laufende Geldleistungen wie Arbeitseinkommen gepfändet werden.***

***(5) Ein Anspruch des Leistungsberechtigten auf Geldleistungen für Kinder (§ 48 Absatz 1 Satz 2) kann nur wegen gesetzlicher Unterhaltsansprüche eines Kindes, das bei der***

*Festsetzung der Geldleistungen berücksichtigt wird, gepfändet werden. Für die Höhe des pfändbaren Betrages bei Kindergeld gilt:*

1. *Gehört das unterhaltsberechtigte Kind zum Kreis der Kinder, für die dem Leistungsberechtigten Kindergeld gezahlt wird, so ist eine Pfändung bis zu dem Betrag möglich, der bei gleichmäßiger Verteilung des Kindergeldes auf jedes dieser Kinder entfällt. Ist das Kindergeld durch die Berücksichtigung eines weiteren Kindes erhöht, für das einer dritten Person Kindergeld oder dieser oder dem Leistungsberechtigten eine andere Geldleistung für Kinder zusteht, so bleibt der Erhöhungsbetrag bei der Bestimmung des pfändbaren Betrages des Kindergeldes nach Satz 1 außer Betracht.*
2. *Der Erhöhungsbetrag (Nummer 1 Satz 2) ist zugunsten jedes bei der Festsetzung des Kindergeldes berücksichtigten unterhaltsberechtigten Kindes zu dem Anteil pfändbar, der sich bei gleichmäßiger Verteilung auf alle Kinder, die bei der Festsetzung des Kindergeldes zugunsten des Leistungsberechtigten berücksichtigt werden, ergibt.*

*(6) In den Fällen der Absätze 2, 4 und 5 gilt § 53 Abs. 6 entsprechend.*

5 **§ 54 I:** zB Anspruch auf Krankenpflege, Medikamente; **Absatz 2:** zB Sterbegeld. **Absatz 3:** zB Pflegezulage, Schwerstbeschädigtenzulage nach §§ 31, 35 BVG; **Absatz 4:** zB Ansprüche auf Arbeitslosengeld, -hilfe (Drittschuldner: Arbeitsamt); Insolvenzgeld (§§ 188, 189 SGB III); Kurzarbeitergeld, Schlechtwettergeld; BAföG (Drittschuldner: Amt für Ausbildungsförderung, § 18 SGB); Entschädigung für Gesundheitsschäden nach BVG usw. (Drittschuldner idR Versorgungsamt), Wohngeld (LG München I JurBüro 2001, 436; LG Heilbronn Rpfleger 1999, 455); Leistungen aus der gesetzl. Kranken-, Unfall- und Rentenvers. Sozialhilfe ist unpfändbar, § 17 I SGB XII.

6 **Pfändung wie Arbeitseinkommen:** für gewöhnl. Gl gelten die Pfändungsgrenzen nach § 850c. Antrag und Beschluss müssen die Art der Sozialleistung genau (identifizierbar) angeben (zB: „Arbeitslosengeld"; nicht „Leistung nach SGB ").

**3. § 55 SGB I lautet:**

***§ 55 Kontenpfändung und Pfändung von Bargeld***

***(1)[1]Wird eine Geldleistung auf das Konto des Berechtigten bei einem Geldinstitut überwiesen, ist die Forderung, die durch die Gutschrift entsteht, für die Dauer von sieben Tagen seit der Gutschrift der Überweisung unpfändbar.[2]Eine Pfändung des Guthabens gilt als mit der Maßgabe ausgesprochen, dass sie das Guthaben in Höhe der in Satz 1 bezeichneten Forderung während der sieben Tage nicht erfaßt.***

***(2)[1]Das Geldinstitut ist dem Schuldner innerhalb der sieben Tage zur Leistung aus dem nach Absatz 1 Satz 2 von der Pfändung nicht erfaßten Guthaben nur soweit verpflichtet, als der Schuldner nachweist oder als dem Geldinstitut sonst bekannt ist, dass das Guthaben von der Pfändung nicht erfaßt ist.[2]Soweit das Geldinstitut hiernach geleistet hat, gilt Absatz 1 Satz 2 nicht.***

***(3)[1]Eine Leistung, die das Geldinstitut innerhalb der sieben Tage aus dem nach Absatz 1 Satz 2 von der Pfändung nicht erfaßten Guthaben an den Gläubiger bewirkt, ist dem Schuldner gegenüber unwirksam.[2]Das gilt auch für eine Hinterlegung.***

***(4) Bei Empfängern laufender Geldleistungen sind die in Absatz 1 genannten Forderungen nach Ablauf von sieben Tagen seit der Gutschrift sowie Bargeld insoweit nicht der***

***Pfändung unterworfen, als ihr Betrag dem unpfändbaren Teil der Leistungen für die Zeit von der Pfändung bis zum nächsten Zahlungstermin entspricht.***

Die Bank kann vom VollstrG nicht sogleich verpflichtet werden, für die eingegangenen Sozialleistungen die Pfändungsfreigrenzen zu beachten; der Schuldner muss gegen den Pfändungsbeschluss Vollstr-Erinnerung einlegen (BGH NJW 2004, 3262). Ist das Kontoguthaben gepfändet und wird dann eine Sozialleistung gutgeschrieben, gilt trotzdem die Sozialleistung sieben Tage lang als *nicht* gepfändet (Abs. 1); der Kontoinhaber kann die Sozialleistung abheben, wenn er ihre Rechtsnatur der Bank (zB durch Vorlage des Rentenbescheids) nachweist (Abs. 2). Zahlt die Bank innerhalb der sieben Tage an den Gl, muss sie uU an den Kontoinhaber nochmals zahlen (Abs. 3). Abs. 4 verweist auf §§ 850c, 850d I 2. Vgl ferner § 835 III 2. 7

## § 850k ZPO Pfändungsschutz für Kontoguthaben aus Arbeitseinkommen

**(1) Werden wiederkehrende Einkünfte der in den §§ 850 bis 850b oder § 851c bezeichneten Art auf das Konto des Schuldners bei einem Geldinstitut überwiesen, so ist eine Pfändung des Guthabens auf Antrag des Schuldners vom Vollstreckungsgericht insoweit aufzuheben, als das Guthaben dem der Pfändung nicht unterworfenen Teil der Einkünfte für die Zeit von der Pfändung bis zu dem nächsten Zahlungstermin entspricht.**

**(2) [1]Das Vollstreckungsgericht hebt die Pfändung des Guthabens für den Teil vorab auf, dessen der Schuldner bis zum nächsten Zahlungstermin dringend bedarf, um seinen notwendigen Unterhalt zu bestreiten und seine laufenden gesetzlichen Unterhaltspflichten gegenüber den dem Gläubiger vorgehenden Berechtigten zu erfüllen oder die dem Gläubiger gleichstehenden Unterhaltsberechtigten gleichmäßig zu befriedigen. [2]Der vorab freigegebene Teil des Guthabens darf den Betrag nicht übersteigen, der dem Schuldner voraussichtlich nach Absatz 1 zu belassen ist. [3]Der Schuldner hat glaubhaft zu machen, dass wiederkehrende Einkünfte der in den §§ 850 bis 850b oder § 851c bezeichneten Art auf das Konto überwiesen worden sind und dass die Voraussetzungen des Satzes 1 vorliegen. [4]Die Anhörung des Gläubigers unterbleibt, wenn der damit verbundene Aufschub dem Schuldner nicht zuzumuten ist.**

**(3) Im Übrigen ist das Vollstreckungsgericht befugt, die in § 732 Abs. 2 bezeichneten Anordnungen zu erlassen.**

§ 850k zuletzt geändert durch G v. 26.03.2007 (BGBl 2007, 368).

**1.** Bei Pfändung des **Lohnanspruchs** schützen §§ 850 ff., bei Pfändung des **schon ausbezahlten Lohns** § 811 Nr. 8, bei **Überweisung** auf ein Konto § 850k. Sonderregelung für **Sozialleistungen** in § 55 SGB. 1

**2. Absatz 1.** Ist das Kontoguthaben des Schuldners gepfändet (dh die Bank Drittschuldner) und zur Einziehung überwiesen und wird (zB) Lohn darauf gutgeschrieben, dann darf nach § 835 III 2 erst nach **zwei Wochen** von der Bank an den VollstrGl geleistet werden. In der **Zwischenzeit** kann der Schuldner den (nicht fristgebundenen) Antrag nach Abs. 1 2 stellen. Der Schuldner wird dann so gestellt, wie er stünde, wenn nicht das Guthaben, sondern der Lohnanspruch gepfändet worden wäre (dh der Arbeitgeber noch Drittschuldner wäre), §§ 850c, 850d, 850e, 850f werden nun berücksichtigt. Der pfändungsfreie Betrag wird vom VollstrG (Rechtspfleger, § 20 Nr. 17 RPflG) im Beschluss konkret beziffert (LG Augsburg Rpfleger 1997, 489; LG Osnabrück Rpfleger 1989, 248), die Pfändung insoweit aufgehoben. Das kann auch schon für die **künftigen Lohnzahlungen** (vgl § 832) erfolgen (KG Rpfleger 1992, 307), weil sonst monatl. ein Antrag gestellt werden müsste. Gehen wegen Vorausabtretung auf dem Konto nur pfändungsfreie Bezüge ein, kann sogar eine unbegrenzte Freigabe des Kontos erfolgen (OLG Hamm Rpfleger 2001, 506). Der Kontoinhaber hat keinen Anspruch gegen die Bank auf Auszahlung des unpfändbaren Teils des überwiesenen Arbeitseinkommens, wenn der Kontostand nach der Gutschrift debitorisch ist (BGH NJW 2005, 1863; **aA** LG Heidelberg NJW-RR 1999, 1426). Ist das Girokonto mit 4 000 € im Minus und werden dann 2 000 € gutgeschrieben, kann die Bank verrechnen; der Schuldner ist auf einen Antrag nach § 850k I angewiesen.

3 **Rechtsbehelf:** sof Beschwerde, § 11 I RPflG, §§ 793, 567, 569.

4 **3. Absatz 2.** Schon vorher führt der Antrag des Schuldners (mit Glaubhaftmachung) in **besonderen Eilfällen** (= wenn selbst AnO nach Abs. 3 nicht ausreicht) dazu, dass durch Beschluss ein bestimmter Betrag vorab frei gegeben wird und also von der Bank an den Schuldner ausbezahlt werden kann.

5 **4. Absatz 3.** Wenn die Zweiwochenfrist des § 835 III 2 abzulaufen droht und noch nicht gem Abs. 1 entschieden werden kann: eAnO (Beschluss), idR ohne Sicherheitsleistung, die den **Zustand der Zweiwochenfrist verlängert.**

6 **5. Analoge Anwendung**, wenn auf das Konto des freiberuflich tätigen Schuldners Mieteinnahmen eingehen (LG Kassel Rpfleger 2000, 118). Vgl *Reifner* NZI 1999, 304.

7 **6. Kosten. Gericht:** gerichtsgebührenfrei, im Beschwerdeverfahren GKG-KV 2121, 2124. **Rechtsanwalt** des Schuldners; RVG-VV 3309; § 18 Nr. 3 RVG.

## § 851 ZPO Nicht übertragbare Forderungen

**(1) Eine Forderung ist in Ermangelung besonderer Vorschriften der Pfändung nur insoweit unterworfen, als sie übertragbar ist.**

**(2) Eine nach § 399 des Bürgerlichen Gesetzbuchs nicht übertragbare Forderung kann insoweit gepfändet und zur Einziehung überwiesen werden, als der geschuldete Gegenstand der Pfändung unterworfen ist.**

1 **1. Absatz 1. Unpfändbare Forderungen** (zB §§ 850a, 850c) können nach § 400 BGB nicht abgetreten werden. Unübertragbare Forderungen können nach § 851 nicht gepfändet werden (Nießbrauch ist trotzdem pfändbar, BayObLG ZIP 1997, 1852). „In Ermangelung ..." besagt, dass in Sondergesetzen anderes bestimmt sein kann. **Renten-Ansprüche** der Mitglieder gegen das Versorgungswerk für RA in Baden-Württemberg sind trotz festgelegter Unabtretbarkeit pfändbar, weil sonst das verfassungsrechtl. geschützte Befriedigungsrecht des Gl beeinträchtigt würde (BGH NJW 2004, 3770; **aA** LG Ravensburg NJW

2004, 1538); pfändbar sind auch Versorgungsansprüche der Bezirksschornsteinfeger (BGH WM 2007, 1033).

**Unübertragbarkeit besteht:** 2

**a) kraft Gesetzes** (zB § 54 SGB I; SGB XII) oder

**b) wenn Gläubigerwechsel den Inhalt der Leistung ändern würde** (§ 399 Alt 1 BGB): 3
zB bei höchstpers Forderungen (wie § 1649 II BGB); beim Freistellungsanspruch des Arbeitnehmers (der einen Dritten bei gefahrgeneigter Arbeit geschädigt hat) gegen den Arbeitgeber (BGH 41, 203); dagegen sind pfändbar Honoraransprüche der **Rechtsanwälte** (BGH NJW-RR 2004, 54; BFH NJW 2005, 1308), der **Steuerberater** (BGH Rpfleger 1999, 336), der **Ärzte** (*Berger* NJW 1995, 1588). Oder

**c) wenn die Forderung zweckgebunden ist**, denn dann gehört der Zweck zum Inhalt der 4
Leistung: zB Vorschuss auf Architektenhonorar ausdrückl. zur Deckung von Bürounkosten, BGH MDR 1978, 747; Anspruch auf Prozesskostenvorschuss nach § 1360a IV BGB, BGB NJW 1985, 2264; pfänden kann dann nur das Gericht bzw der RA wegen der Kosten (BGH NJW 1985, 2264). Miet-Nebenforderungen (OLG Celle NJW-RR 2000, 460; **aA** *Schmid* ZMR 2000, 144). Kindesunterhalt kann vom Vater nicht wegen anderer Forderungen gegen die Mutter gepfändet werden (BGH NJW 2006, 2040); § 1629 III BGB. **Zweckbindung** kann (auch stillschweigend) vereinbart sein (zur treuhänderischen Zweckbindung von Zahlungen vgl BGH NJW 2000, 1270) oder (zB bei Subventionen) aus gesetzl. Leistungszweck folgen.

**Keine solche Zweckbindung** bei Untermietzinsen (hM), bei Zahlungsanspruch aus 5
Rechtsschutzvers (OLG Hamm JurBüro 1984, 789); für Gebührenforderungen von Steuerberatern (BGH NJW 1999, 1544); für Ersatzansprüche der GmbH gegen ihren Geschäftsführer aus § 64 II GmbHG (BGH BB 2000, 2274). *Str* ist, ob Kreditansprüche (**Kreditlinien**, Anspruch auf Überziehungskredit) gegen Banken höchstpersönl. (oder jedenfalls zweckgebunden) und damit unpfändbar sind; vgl BGH NJW 2001, 1937, Fritzsche DStR 2002, 265 und § 829 Rz 13.

**Rechtsbehelfe:** Liegt § 851 vor, ist die Pfändung vom Rechtspfleger abzulehnen; hier- 6
gegen sof Beschwerde, § 11 I RPflG; §§ 793, 567, 569. Wird gepfändet, obwohl Abs. 1 entgegenstand: § 766. Wird der Drittschuldner vom Gl auf Zahlung verklagt, kann er die mat-rechtl. begründete Unpfändbarkeit der gepfändeten Forderung einredeweise geltend machen (BGH MDR 1978, 747).

**2. Absatz 2** ist im Wortlaut zu weit gefasst (BGH MDR 1978, 747), bezieht sich nur auf 7
§ 399 Alt 2 BGB (vereinbartes Abtretungsverbot). Für zweckgebundene Ansprüche (oben Rz 4) gilt Abs. 2 nicht (BGH NJW 1985, 2264). Nach § 399 Alt 2 BGB kann Unabtretbarkeit einer Forderung vereinbart werden, somit nach Abs. 1 Unpfändbarkeit; so könnte jeder seine Gl betrügen. **Absatz 2 verhindert** eine solche **Beeinträchtigung des Gläubigerzugriffs** (BGH 95, 102): die Forderung kann trotzdem gepfändet und überwiesen werden, weil der geschuldete Gegenstand (Geld) pfändbar ist; anders zB, wenn eine Sache geschuldet und diese nach § 811 unpfändbar ist. Über Arzthonorare vgl § 829 Rz 10.

### § 851a ZPO Pfändungsschutz für Landwirte

**(1) Die Pfändung von Forderungen, die einem die Landwirtschaft betreibenden Schuldner aus dem Verkauf von landwirtschaftlichen Erzeugnissen zustehen, ist auf seinen Antrag vom Vollstreckungsgericht insoweit aufzuheben, als die Einkünfte zum Unterhalt des Schuldners, seiner Familie und seiner Arbeitnehmer oder zur Aufrechterhaltung einer geordneten Wirtschaftsführung unentbehrlich sind.**

**(2) Die Pfändung soll unterbleiben, wenn offenkundig ist, dass die Voraussetzungen für die Aufhebung der Zwangsvollstreckung nach Absatz 1 vorliegen.**

1 Unter § 851a fällt auch die sog Bullenprämie, nicht aber Kulturausgleichszahlungen (LG Koblenz InVo 2003, 415). Abs. 1 gestattet die Aufhebung der Pfändung; Abs. 2 die Ablehnung des Pfändungsantrags. Kosten § 788. **Rechtsbehelf:** sof Beschwerde, § 11 I RPflG, §§ 793, 567, 569. Wird dann die Aufhebung der Pfändung wieder aufgehoben, ist erneute Pfändung notw.

2 **Kosten:** keine GerichtsGeb, RA § 18 Nr. 8 RVG.

### § 851b ZPO Pfändungsschutz bei Miet- und Pachtzinsen

**(1) [1]Die Pfändung von Miete und Pacht ist auf Antrag des Schuldners vom Vollstreckungsgericht insoweit aufzuheben, als diese Einkünfte für den Schuldner zur laufenden Unterhaltung des Grundstücks, zur Vornahme notwendiger Instandsetzungsarbeiten und zur Befriedigung von Ansprüchen unentbehrlich sind, die bei einer Zwangsvollstreckung in das Grundstück dem Anspruch des Gläubigers nach § 10 des Gesetzes über die Zwangsversteigerung und die Zwangsverwaltung vorgehen würden. [2]Das Gleiche gilt von der Pfändung von Barmitteln und Guthaben, die aus Miet- oder Pachtzahlungen herrühren und zu den in Satz 1 bezeichneten Zwecken unentbehrlich sind.**

**(2) [1]Die Vorschriften des § 813b Abs. 2, 3 und Abs. 5 Satz 1 und 2 gelten entsprechend. [2]Die Pfändung soll unterbleiben, wenn offenkundig ist, dass die Voraussetzungen für die Aufhebung der Zwangsvollstreckung nach Absatz 1 vorliegen.**

§ 851b geändert ab 01.09.2001 durch G v. 19.06.2001 (BGBl 2001, 1149).

**Lit:** ***Ernst*** JurBüro 2005, 231.

1 **Zweck:** dem Vermieter soll so viel von der gepfändeten Miete bleiben, dass der Unterhalt des Gebäudes gesichert ist, nur die „Nettoeinnahme" ist also letztl. pfändbar. Auch wenn der Schuldner nur von Mieteinnahmen lebt, sind die Einkünfte aus Vermietung/Verpachtung außerhalb des von § 851b umfassten Bereichs grds uneingeschränkt pfändbar (BGH NJW 2005, 681; str), auch wenn dadurch der Schuldner sozialhilfebedürftig wird. Das Gleiche gilt für Zinseinnahmen (BGH aaO). Der Aufhebungsantrag muss rechtzeitig gestellt werden, Abs. 2 S. 1 mit § 813a. Pfändung kann von vornherein abgelehnt werden, Abs. 2 S. 2, wenn zB die Mieteinnahme gering ist. Laufender Unterhalt zB laufende Reparaturen, Versicherungsprämien, Strom, Wasser, Heizung, Grundsteuer, Straßenreinigungs-

und MüllabfuhrGeb; nicht: Hausverwalterkosten (AG Berlin-Schöneberg JurBüro 2001, 326). § 10 ZVG: pfändet zB der 2. Hypothekar, sind Zinsen und Tilgungsraten für die 1. Hypothek geschützt. Entscheidung durch **Beschluss** des Rechtspflegers (§ 764; § 20 Nr. 17 RPflG); Kosten § 788; Geb wie bei § 851a. **Rechtsbehelf:** sof **Beschwerde**, § 11 I RPflG, §§ 793, 567, 569.

## § 851c ZPO Pfändungsschutz bei Altersrenten

**(1) Ansprüche auf Leistungen, die auf Grund von Verträgen gewährt werden, dürfen nur wie Arbeitseinkommen gepfändet werden, wenn**

**1. die Leistung in regelmäßigen Zeitabständen lebenslang und nicht vor Vollendung des 60. Lebensjahres oder nur bei Eintritt der Berufsunfähigkeit gewährt wird,**

**2. über die Ansprüche aus dem Vertrag nicht verfügt werden darf,**

**3. die Bestimmung von Dritten mit Ausnahme von Hinterbliebenen als Berechtigte ausgeschlossen ist und**

**4. die Zahlung einer Kapitalleistung, ausgenommen eine Zahlung für den Todesfall, nicht vereinbart wurde.**

**(2) [1]Um dem Schuldner den Aufbau einer angemessenen Alterssicherung zu ermöglichen, kann er unter Berücksichtigung der Entwicklung auf dem Kapitalmarkt, des Sterblichkeitsrisikos und der Höhe der Pfändungsfreigrenze, nach seinem Lebensalter gestaffelt, jährlich einen bestimmten Betrag unpfändbar auf der Grundlage eines in Absatz 1 bezeichneten Vertrags bis zu einer Gesamtsumme von 238.000 Euro ansammeln. [2]Der Schuldner darf vom 18. bis zum vollendeten 29. Lebensjahr 2.000 Euro, vom 30. bis zum vollendeten 39. Lebensjahr 4.000 Euro, vom 40. bis zum vollendeten 47. Lebensjahr 4.500 Euro, vom 48. bis zum vollendeten 53. Lebensjahr 6.000 Euro, vom 54. bis zum vollendeten 59. Lebensjahr 8.000 Euro und vom 60. bis zum vollendeten 65. Lebensjahr 9.000 Euro jährlich ansammeln. [3]Übersteigt der Rückkaufwert der Alterssicherung den unpfändbaren Betrag, sind drei Zehntel des überschießenden Betrags unpfändbar. [4]Satz 3 gilt nicht für den Teil des Rückkaufwerts, der den dreifachen Wert des in Satz 1 genannten Betrags übersteigt.**

**(3) § 850e Nr. 2 und 2a gilt entsprechend.**

§ 851c eingefügt durch G v. 26.03.2007 (BGBl 2007, 368).

Lit.: *Pape* ZAP Fach 14 S. 529; *Flitsch* ZVI 2007, 161; *Holzer* ZVI 2007, 113; *Wimmer* ZInsO 2007, 281.

## § 851d ZPO Pfändungsschutz bei steuerlich gefördertem Altersvorsorgevermögen

**Monatliche Leistungen in Form einer lebenslangen Rente oder monatlicher Ratenzahlungen im Rahmen eines Auszahlungsplans nach § 1 Abs. 1 Satz 1 Nr. 4 des Altersvorsorgeverträge-Zertifizierungsgesetzes aus steuerlich gefördertem Altersvorsorgevermögen sind wie Arbeitseinkommen pfändbar.**

§ 851d eingefügt durch G v. 26.03.2007 (BGBl 2007, 368).

### § 852 ZPO Beschränkt pfändbare Forderungen

**(1) Der Pflichtteilsanspruch ist der Pfändung nur unterworfen, wenn er durch Vertrag anerkannt oder rechtshängig geworden ist.**

**(2) Das Gleiche gilt für den nach § 528 des Bürgerlichen Gesetzbuchs dem Schenker zustehenden Anspruch auf Herausgabe des Geschenkes sowie für den Anspruch eines Ehegatten auf den Ausgleich des Zugewinns.**

**Lit:** ***Keim*** ZEV 1998, 127; ***Klumpp*** ZEV 1998, 123; ***Zeranski*** NotBZ 2001, 19.

1 Betrifft §§ 2303, 2305, 2325, 2329, 1378, 528 BGB. Vertrag: Schriftform nicht notw, Einigung des Erben mit dem Pflichtteilsberechtigten genügt (OLG Düsseldorf FamRZ 2000, 367; dazu *Zeranski* NotBZ 2001, 19). Rechtshängigkeit: § 261. *Vorher* kann der Pflichtteilsanspruch als in seiner zwangsweisen Verwertbarkeit aufschiebend bedingter Anspruch gepfändet werden; bei Eintritt der Verwertungsvoraussetzungen erwirbt der Gl ein vollwertiges PfandR (BGH NJW 1993, 2876; dazu *Kuchinke* NJW 1994, 1769; BGH NJW 1997, 2384; OLG Düsseldorf FamRZ 2000, 367). Zu § 852 II vgl BGH NJW 2007, 60. Bei Verstoß: Pfändung nach § 766 anfechtbar.

### § 853 ZPO Mehrfache Pfändung einer Geldforderung

**Ist eine Geldforderung für mehrere Gläubiger gepfändet, so ist der Drittschuldner berechtigt und auf Verlangen eines Gläubigers, dem die Forderung überwiesen wurde, verpflichtet, unter Anzeige der Sachlage und unter Aushändigung der ihm zugestellten Beschlüsse an das Amtsgericht, dessen Beschluss ihm zuerst zugestellt ist, den Schuldbetrag zu hinterlegen.**

1 Rang bei mehrfacher Pfändung: § 804 III, also je nach dem Zeitpunkt der Zustellung an den Drittschuldner. Zahlt der Drittschuldner irrtüml. an den falschen Gl, wird er nicht befreit, hat aber einen Anspruch aus § 812 gegen diesen Gl (BGH NJW 1982, 173). Der Drittschuldner kann sein Risiko durch

2 **Hinterlegung** nach § 853 vermindern, Hinterlegungskosten darf er abziehen (§ 788). Zuständig für die Entgegennahme der Mitteilung und der Pfändungsbeschlüsse ist der Rechtspfleger (§ 20 Nr. 17 RPflG) des VollstrG, dessen Beschluss zuerst zugestellt wurde. Auszahlung durch Hinterlegungsstelle erfolgt nach § 13 HinterlO; reicht das Geld nicht für alle Gl: § 872. Vgl ferner § 856. Ist zuerst der Pfändungsbeschluss eines LG/OLG zugestellt worden, ist dort anzuzeigen; das LG/OLG gibt an das AG seines Sitzes (str) ab.

3 Bei Konkurrenz Pfändung/Abtretung: Hinterlegung nur nach § 372 BGB (RG 144, 391), nicht § 853.

### § 854 ZPO Mehrfache Pfändung eines Anspruchs auf bewegliche Sachen

**(1) [1]Ist ein Anspruch, der eine bewegliche körperliche Sache betrifft, für mehrere Gläubiger gepfändet, so ist der Drittschuldner berechtigt und auf Verlangen eines Gläubigers, dem der Anspruch überwiesen wurde, verpflichtet, die Sache unter**

**Anzeige der Sachlage und unter Aushändigung der ihm zugestellten Beschlüsse dem Gerichtsvollzieher herauszugeben, der nach dem ihm zuerst zugestellten Beschluss - zur Empfangnahme der Sache ermächtigt ist. [2]Hat der Gläubiger einen solchen Gerichtsvollzieher nicht bezeichnet, so wird dieser auf Antrag des Drittschuldners von dem Amtsgericht des Ortes ernannt, wo die Sache herauszugeben ist.**

**(2) [1]Ist der Erlös zur Deckung der Forderungen nicht ausreichend und verlangt der Gläubiger, für den die zweite oder eine spätere Pfändung erfolgt ist, ohne Zustimmung der übrigen beteiligten Gläubiger eine andere Verteilung als nach der Reihenfolge der Pfändungen, so hat der Gerichtsvollzieher die Sachlage unter Hinterlegung des Erlöses dem Amtsgericht anzuzeigen, dessen Beschluss dem Drittschuldner zuerst zugestellt ist. [2]Dieser Anzeige sind die Dokumente beizufügen, die sich auf das Verfahren beziehen.**

**(3) In gleicher Weise ist zu verfahren, wenn die Pfändung für mehrere Gläubiger gleichzeitig bewirkt ist.**

§ 854 geändert durch G v. 22.03.2005 (BGBl 2005, 837).

Wenn zB der Anspruch des Schuldners auf Herausgabe einer beweg1. Sache von mehreren Gl gepfändet worden ist, §§ 846 ff., kann der Drittschuldner die Sache nach Abs. 1 an den Gerichtsvollzieher herausgeben, vgl § 853. Nach Versteigerung (§§ 847 II; 814 ff.) kommt es zum Verteilungsverfahren, § 872; zu Abs. 2, 3 vgl § 827. 1

**Kosten:** Gerichtsvollzieher GVKostG Nr. 206, bei Nichterledigung 604. **Rechtsanwalt** des Gl: § 19 II Nr. 3, 18 Nr. 3 RVG-VV. **Rechtsanwalt** des Drittschuldners RVG-VV 3309. 2

## § 855 ZPO Mehrfache Pfändung eines Anspruchs auf eine unbewegliche Sache

**Betrifft der Anspruch eine unbewegliche Sache, so ist der Drittschuldner berechtigt und auf Verlangen eines Gläubigers, dem der Anspruch überwiesen wurde, verpflichtet, die Sache unter Anzeige der Sachlage und unter Aushändigung der ihm zugestellten Beschlüsse an den von dem Amtsgericht der belegenen Sache ernannten oder auf seinen Antrag zu ernennenden Sequester herauszugeben.**

Betrifft den Fall, dass der Anspruch auf Herausgabe einer unbewegl. Sache wegen einer titulierten Geldforderung für mehrere Gl gepfändet ist. Ergänzung zu § 848. Voraussetzungen wie bei § 853. Sequesterbestellung erfolgt durch den Rechtspfleger, § 20 Nr. 17 RPflG. 1

**Kosten:** RA der Gl §§ 19 II Nr. 3, 18 Nr. 3 RVG; RA des Drittschuldners RVG-VV 3309. GerichtsGeb keine Sequestervergütung vgl § 848 Rz 3. 2

## § 855a ZPO Mehrfache Pfändung eines Anspruchs auf ein Schiff

**(1) Betrifft der Anspruch ein eingetragenes Schiff, so ist der Drittschuldner berechtigt und auf Verlangen eines Gläubigers, dem der Anspruch überwiesen wurde, verpflichtet, das Schiff unter Anzeige der Sachlage und unter Aushändigung der**

**Beschlüsse dem Treuhänder herauszugeben, der in dem ihm zuerst zugestellten Beschluss bestellt ist.**

**(2) Absatz 1 gilt sinngemäß, wenn der Anspruch ein Schiffsbauwerk betrifft, das im Schiffsbauregister eingetragen ist oder in dieses Register eingetragen werden kann.**

Vgl §§ 855, 847a.

## § 856 ZPO Klage bei mehrfacher Pfändung

**(1) Jeder Gläubiger, dem der Anspruch überwiesen wurde, ist berechtigt, gegen den Drittschuldner Klage auf Erfüllung der nach den Vorschriften der §§ 853 bis 855 diesem obliegenden Verpflichtungen zu erheben.**

**(2) Jeder Gläubiger, für den der Anspruch gepfändet ist, kann sich dem Kläger in jeder Lage des Rechtsstreits als Streitgenosse anschließen.**

**(3) Der Drittschuldner hat bei dem Prozessgericht zu beantragen, dass die Gläubiger, welche die Klage nicht erhoben und dem Kläger sich nicht angeschlossen haben, zum Termin zur mündlichen Verhandlung geladen werden.**

**(4) Die Entscheidung, die in dem Rechtsstreit über den in der Klage erhobenen Anspruch erlassen wird, ist für und gegen sämtliche Gläubiger wirksam.**

**(5) Der Drittschuldner kann sich gegenüber einem Gläubiger auf die ihm günstige Entscheidung nicht berufen, wenn der Gläubiger zum Termin zur mündlichen Verhandlung nicht geladen worden ist.**

1 **1. Absatz 1.** Ist die Forderung des Schuldners gegen den Drittschuldner von mehreren Gl gepfändet und jedem (nach §§ 835, 849) überwiesen worden und kommt der Drittschuldner seiner Hinterlegungspflicht (§ 853) nicht nach, kann ihn jeder Gl (dem der Anspruch nach §§ 835, 849 überwiesen wurde) verklagen: auf Hinterlegung des Geldes, Herausgabe der Sache an den Gerichtsvollzieher/Sequester, bei Übereignungsansprüchen: auf Übereignung an den Schuldner. Dem Schuldner muss der Streit verkündet werden. Klagen mehrere Gl gemeinsam, sind sie notw StrGen, Abs. 4; § 62.

2 **2. Absatz 2.** Der Anschluss erfolgt nach den Regeln des Parteibeitritts, indem ein Schriftsatz zugestellt wird. **Absatz 3.** Die anderen Gl werden dann nach §§ 191 ff. geladen; ob sie sich anschließen (Abs. 2), ist ihre Sache. **Absätze 4, 5** regeln die Rechtskraftwirkung; Abs. 5 steht in Zusammenhang mit Abs. 3.

3 **3. Kosten:** Klage: gewöhnl. Geb (GKG-KV 1210 ff.; RVG-VV 3100 ff.).

## § 857 ZPO Zwangsvollstreckung in andere Vermögensrechte

**(1) Für die Zwangsvollstreckung in andere Vermögensrechte, die nicht Gegenstand der Zwangsvollstreckung in das unbewegliche Vermögen sind, gelten die vorstehenden Vorschriften entsprechend.**

**(2) Ist ein Drittschuldner nicht vorhanden, so ist die Pfändung mit dem Zeitpunkt als bewirkt anzusehen, in welchem dem Schuldner das Gebot, sich jeder Verfügung über das Recht zu enthalten, zugestellt ist.**

**(3) Ein unveräußerliches Recht ist in Ermangelung besonderer Vorschriften der Pfändung insoweit unterworfen, als die Ausübung einem anderen überlassen werden kann.**

**(4) [1]Das Gericht kann bei der Zwangsvollstreckung in unveräußerliche Rechte, deren Ausübung einem anderen überlassen werden kann, besondere Anordnungen erlassen. [2]Es kann insbesondere bei der Zwangsvollstreckung in Nutzungsrechte eine Verwaltung anordnen; in diesem Fall wird die Pfändung durch Übergabe der zu benutzenden Sache an den Verwalter bewirkt, sofern sie nicht durch Zustellung des Beschlusses bereits vorher bewirkt ist.**

**(5) Ist die Veräußerung des Rechts selbst zulässig, so kann auch diese Veräußerung von dem Gericht angeordnet werden.**

**(6) Auf die Zwangsvollstreckung in eine Reallast, eine Grundschuld oder eine Rentenschuld sind die Vorschriften über die Zwangsvollstreckung in eine Forderung, für die eine Hypothek besteht, entsprechend anzuwenden.**

**(7) Die Vorschrift des § 845 Abs. 1 Satz 2 ist nicht anzuwenden.**

**1. Absatz 1. § 857 ist ein Auffangtatbestand. „Andere Vermögensrechte“** usw. was 1
also nicht unter §§ 808 ff. (bewegl. Sachen), §§ 829 ff. (Geldforderungen), §§ 846 ff. (Herausgabeansprüche), §§ 864 ff. (unbewegl. Vermögen) fällt.

**Gepfändet werden können (auch bedingte oder künftige) Vermögensrechte** wie zB: 2

- **Anteile** an GmbH (*Behr* JB 1995, 286; *Heuer* ZIP 1998, 405), OHG, KG (hierzu *Roth*ZGR 2000, 187), Genossenschaft, BGB-Gesellschaft, Erbengemeinschaft (vgl § 859 und *Behr* JB 1995, 233), Miteigentumsanteil an bewegl. Sachen, dazu *App* JB 2000, 289; *sammelverwahrte* WertR + Wertpapiere (*Erk* Rpfleger 1991, 236); Anteile an Geldmarktfonds (*Röder* DGVZ 1995, 110). Ein Grundstücksmiteigentümer (§ 1008 BGB) kann nach § 749 I BGB jederzeit die Aufhebung der Gemeinschaft, insb die Versteigerung des unteilbaren Grundstücks gem § 753 I BGB iVm §§ 180 ff. ZVG verlangen. Der Gl des Miteigentümers kann diesen Anspruch auf Aufhebung der Gemeinschaft (Versteigerung des ganzen Grundstücks) sowie auf Teilung und Auszahlung des Erlöses gem §§ 857, 829 pfänden und sich nach § 835 überweisen lassen (BGH NJW 2006, 849). Ob dem Anspruch in seltenen Ausnahmefällen eine Einwendung aus § 1353 entgegengesetzt werden kann, ist ggf im Einziehungsprozess festzustellen (BGH NJW 2006, 849).
- **Anwartschaftsrecht:** zB das dem Erwerber einer unter Eigentumsvorbehalt übertrage- 3
nen beweglichen Sache zusteht: die hM (BGH NJW 1954, 1325) vertritt die **Theorie der Doppelpfändung** (dh Sach- und Rechtspfändung ist nötig): der Gl muss das AnwartschaftsR nach § 857 I pfänden (Zustellung des Beschlusses an Schuldner und Verkäufer), um Verfügungen (des Schuldners = Käufers) über das AnwartschaftsR (zB Übertragung auf Dritte) zu verhindern und dem Gl das Recht zu geben, den Restkaufpreis selbst an den Verkäufer (= Drittschuldner) zu zahlen (vgl § 267 II BGB) und er muss die beim Schuldner befindl. Sache nach § 808 pfänden, da sich das PfändungspfandR an der Anwartschaft nicht automatisch an der Sache fortsetzt, wenn der Käufer

volles unbedingtes Eigentum erlangt hat. Durch Zahlung des Restes verhindert der Gl die Klage des Veräußerers aus § 771.

4 – **Grund- und Rentenschulden** (§§ 1191 ff. BGB); Reallasten (§§ 1105 ff. BGB); Dienstbarkeiten (§§ 1018 ff. BGB; BGH Rpfleger 2007, 34), Vorkaufsrechte (§§ 1094 ff. BGB; dazu *Hintzen* JB 1991, 755); nicht Hypotheken, vgl § 830; für die Inhabergrundschuld gelten §§ 821, 808;

5 – **Internet-Domain** (dazu Stadler MMR 2007, 71) Gegenstand der Pfändung nach § 857 I ist die Gesamtheit der schuldrechtl. Ansprüche gegen die Vergabestelle (BGH NJW 2005, 3353; detailreich str). Drittschuldner ist als Vergabestelle die DENIC eG Frankfurt/M (**aA** wendet § 857 II an); Verwertung durch Verkauf oder Versteigerung, § 844. Überweisungen an Zahlungsstatt zum Schätzwert (BGH NJW 2005, 3353.

– **Milchanlieferungs-Referenzmenge** (BGH Beck RS 2007, 01803).

– **Nießbrauch** an Grundstück (BGH NJW 2007, 149).

– **Urheber- und Verlagsrechte** gem §§ 113-118 UrhG; übertragbare Lizenzen; JagdpachtR, wenn Weiterverpachtung mögl. (vgl § 3 BJagdG); DauerwohnR (§ 31 WEG); Nießbrauch (Eintragung der Pfändung ins Grundbuch nicht erforderl., BayObLG ZIP 1997, 1852); NutzungsR des Leasingnehmers (OLG Düsseldorf NJW 1988, 1676);

– **Patente;** der Anspruch auf Erteilung des Patents und das Recht aus dem Patent sind pfändbar (§ 15 PatentG; Einzelheiten BGH NJW 1994, 3099).

6 – **Rückforderungsansprüche.** Hat der Schuldner ein Grundstück unentgeltlich auf seine Ehefrau übertragen, sich aber das Recht vorbehalten, es jederzeit ohne Angabe von Gründen zurückzuverlangen, kann ein Gl dieses Recht pfänden und sich zur Einziehung überweisen lassen (BGH NJW 2003, 1858; dazu *Koch/Mayer* ZEV 2007, 55; *Berringer* DNotZ 2004, 245; *Meyer/Burrer* NotBZ 2004, 383). **Ansprüche auf Rückübertragung einer Sicherungsgrundschuld** (OLG Frankfurt JurBüro 1985, 790), auf **Rückgewähr genau bezeichneter Sicherheiten** (vgl *Hein* Rpfleger 1987, 491; OLG Koblenz Rpfleger 1988, 72; LG Aachen Rpfleger 1991, 326); auf **Freistellung**; auf Mitwirkung bei Öffnung eines **Bankschließfachs**; auf Abgabe einer Willenserklärung; auf Abtretung einer Forderung (BGH NJW 1998, 2969); WEG-SondernutzungsR (*Schuschke* NZM 1999, 830).

7 **Nicht nach § 857 sind pfändbar:** Aussichten (zB Erbe zu werden); PersönlichkeitsR (der Name, die Firma des Kaufmanns); was kein selbstständiges Vermögensrecht ist (Recht zur Kündigung, Anfechtung, Rücktritt); öffentl.-rechtl. Arzneimittelzulassung (BGH NJW 1990, 2931); das PfändungspfandR als solches (OLG Nürnberg MDR 2001, 1133); akzessorische Rechte (wie Bürgschaft); Rechte, die nicht übertragbar sind (vgl § 851 I) oder wenigstens zur Ausübung überlassen werden können (Rz 5).

8 **Entsprechende Geltung** „der vorstehenden Vorschriften“: dh die Pfändung erfolgt grds nach § 829 durch Beschluss; Verwertung nach §§ 835, 844.

9 **2. Drittschuldner (Absatz 2)** ist (weiter als in § 829) jeder, der am gepfändeten Recht irgendwie beteiligt ist, zB die anderen Miteigentümer, Miterben (BGH 49, 204), die GmbH bei Pfändung eines GmbH-Anteils, beim AnwartschaftsR an bewegl. Sachen der

Vorbehaltsverkäufer. Ist ein **Drittschuldner vorhanden**, wird die Pfändung mit der Zustellung des Pfändungsbeschlusses an ihn wirksam, § 829 III.

**Kein Drittschuldner** ist vorhanden zB bei Patent-, Urheber-, Gebrauchs- und GeschmacksmusterR. Str bei Internet-Domain (Rz 4). 10

**3. Unveräußerliche Rechte (Absatz 3)**, zB Nießbrauch (§ 1059 S. 2 BGB; dazu BGH NJW 1985, 2827; *Rossak* MittBayNot 2000, 383), dingl. WohnR (§§ 1092 I 2, 1093 BGB), Gebrauchsüberlassungsanspruch aus Leasingvertrag (LG Düsseldorf Rpfleger 1988, 75), Computersoftware (*Breidenbach* CR 1989, 1074). Der **Grundbuchberichtigungsanspruch** ist nicht selbstständig abtretbar, aber zur Ausübung überlassbar und also im Weg der Hilfspfändung pfändbar (BGH 33, 83) und zur Einziehung überweisbar; auf diese Weise kann zB ein Gl erreichen, dass sein Schuldner S im Grundbuch nach § 39 GBO als HypothekenGl eingetragen wird und dann in die durch eine Buchhypothek gesicherte Forderung des S gegen D vollstrecken, § 830 I 3 (vgl *Brox/Walker* Rz 722). 11

**4. Besondere Anordnungen des Vollstreckungsgerichts (Absatz 4)**, zB (*Brox-Walker* Rz 733): aus einem Mietvertrag über einen Lkw folgt ein NutzungsR des Schuldners, nach § 540 BGB überlassbar; der Verwalter könnte beauftragt werden, den Lkw einem Dritten (gegen Entgelt) zur Nutzung zu überlassen. 12

**5. Verwertung (Absatz 5)**, zB Versteigerung, freihändiger Verkauf (§ 844). Eine Überweisung (§ 835) ist nur mögl., wenn auch der Gl anstelle des Schuldners das Recht ausüben kann, zB nicht bei einem GmbH-Anteil. 13

**6. Grundschulden (Absatz 6)** 14

**a) Fremdgrundschuld. (1) Briefgrundschuld:** Pfändungsbeschluss (Zustellung an den Eigentümer) und Übergabe des Grundschuldbriefs sind erforderl. (zur Brieferlangung vgl § 830 Rz 2).

**(2) Buchgrundschuld:** Pfändungsbeschluss und Eintragung der Pfändung im Grundbuch (vgl § 830 Rz 6). Zur Verwertung ist jeweils ein Überweisungsbeschluss erforderl. (vgl §§ 835, 837); nach Überweisung zur Einziehung kann der Gl auf Duldung der ZwV gegen den Grundstückseigentümer klagen (§ 1047 BGB) und aus dem Urteil die ZwV in das Grundstück betreiben. Neben der Grundschuld kann die gesicherte Forderung gepfändet und nach § 835 verwertet werden. Für den Gl empfiehlt sich, beides zu pfänden (vgl *Stöber* Forderungspfändung Rz 1874 ff.). 15

**b) Eigentümergrundschuld. (1) Ist der Grundstückseigentümer** (= Schuldner) **im Grundbuch eingetragen** oder hat er den Brief in Besitz: ZwV wie bei der Fremdgrundschuld (**hM**, BGH NJW 1961, 101; **aA** wendet § 857 II an). 16

**(2) Ist noch ein anderer** (der frühere Gl G) **im Grundbuch eingetragen** bzw im Briefbesitz, aber aus der Fremdgrundschuld bereits wegen Erlöschen der gesicherten Forderung (§§ 1163 I, 1177 I BGB) eine Eigentümergrundschuld geworden, ist dies kompliziert: 17

**aa)** bei der Buchgrundschuld fehlt die Voreintragung des Eigentümers (Schuldners des VollstrGl), § 39 GBO. Der Gl kann uU dem GBA die Unrichtigkeit durch eine löschungsfähige Quittung nachweisen (§ 29 GBO); anderenfalls muss der Gl den Anspruch des Eigentümers gegen den G auf GB-Berichtigung (§ 894 BGB) pfänden, sich zur Einziehung überweisen lassen und gegen G klagen; erst dann kann Gl eingetragen werden. **bb)**

Ist bei der Briefgrundschuld der Brief noch beim früheren Gl G, muss Gl in den Herausgabeanspruch des Eigentümers gegen G (§§ 952, 985 BGB) vollstrecken und dann wegen des Briefs die Herausgabevollstreckung betreiben.

18 (3) Über **Pfändung von Teileigentümerbriefgrundschuld** (der Eigentümer hat erst einen Teil des Darlehens des anderen Gl G getilgt) vgl RG 59, 318; über Pfändung von vorläufiger Eigentümergrundschuld (zB Darlehen, zu dessen Sicherung die Hypothek bestellt wurde, ist noch nicht ausbezahlt) und der **künftigen Eigentümergrundschuld** (die nach Rückzahlung der Hypothekenvaluta entstehen wird) vgl *Brox-Walker* Rz 741, 745 ff.

19 **Verwertung des Eigentümergrundschuld** durch Überweisung zur Einziehung, § 1197 I BGB steht nicht entgegen.

20 **7. Absatz 7.** Bei der **Vorpfändung** darf der Gerichtsvollzieher die Benachrichtigung nicht selbst anfertigen (§ 845 I 2).

21 **8. Kosten**. Gericht: GKG-KV 2111, Vorauszahlung § 12 V GKG. GV: GVKostG Nr. 300. RA: für den Antrag RVG-VV 3309, für die Ausführung nach § 857 IV nochmals RVG-VV 3309 (§ 18 Nr. 11 RVG).

## § 858 ZPO Zwangsvollstreckung in Schiffspart

**(1) Für die Zwangsvollstreckung in die Schiffspart (§§ 489ff. des Handelsgesetzbuchs) gilt § 857 mit folgenden Abweichungen.**

**(2) Als Vollstreckungsgericht ist das Amtsgericht zuständig, bei dem das Register für das Schiff geführt wird.**

**(3) [1]Die Pfändung bedarf der Eintragung in das Schiffsregister; die Eintragung erfolgt auf Grund des Pfändungsbeschlusses. [2]Der Pfändungsbeschluss soll dem Korrespondentreeder zugestellt werden; wird der Beschluss diesem vor der Eintragung zugestellt, so gilt die Pfändung ihm gegenüber mit der Zustellung als bewirkt.**

**(4) [1]Verwertet wird die gepfändete Schiffspart im Wege der Veräußerung. [2]Dem Antrag auf Anordnung der Veräußerung ist ein Auszug aus dem Schiffsregister beizufügen, der alle das Schiff und die Schiffspart betreffenden Eintragungen enthält; der Auszug darf nicht älter als eine Woche sein.**

**(5) [1]Ergibt der Auszug aus dem Schiffsregister, dass die Schiffspart mit einem Pfandrecht belastet ist, das einem anderen als dem betreibenden Gläubiger zusteht, so ist die Hinterlegung des Erlöses anzuordnen. [2]Der Erlös wird in diesem Fall nach den Vorschriften der §§ 873 bis 882 verteilt; Forderungen, für die ein Pfandrecht an der Schiffspart eingetragen ist, sind nach dem Inhalt des Schiffsregisters in den Teilungsplan aufzunehmen.**

1 Schiffspart ist der Anteil des Mitreeders an der Reederei (Schifffahrtsunternehmen). Vgl *Röder* DGVZ 2002, 17. Kosten: GKG-KV 2111. § 18 Nr. 12 RVG.

## § 859 ZPO Pfändung von Gesamthandanteilen

**(1) [1]Der Anteil eines Gesellschafters an dem Gesellschaftsvermögen einer nach § 705 des Bürgerlichen Gesetzbuchs eingegangenen Gesellschaft ist der Pfändung unterworfen. [2]Der Anteil eines Gesellschafters an den einzelnen zu dem Gesellschaftsvermögen gehörenden Gegenständen ist der Pfändung nicht unterworfen.**

**(2) Die gleichen Vorschriften gelten für den Anteil eines Miterben an dem Nachlass und an den einzelnen Nachlassgegenständen.**

**1. Anteil an BGB-Gesellschaft:** Pfändung nach §§ 857 I, 829 (§ 859 I 1 weicht von § 851 I ZPO, § 719 BGB ab); vgl *H. Roth* ZGR 2000, 187. Drittschuldner ist nach **hM** die Gesamthand (BGH 97, 392; *Smid* JuS 1988, 613), nach **aA** alle übrigen Mitgesellschafter. Zustellung an den geschäftsführenden Gesellschafter genügt (BGH 97, 392; vgl. *K. Schmidt* JR 1977, 178; str). Verwertung durch Überweisung (§ 835) zur Einziehung oder durch Verkauf (§§ 844, 857 V). Der Gl wird dadurch nicht Mitgesellschafter, er kann auch das StimmR nicht ausüben (§ 725 II BGB); die GmbH kann trotzdem ein Grundstück veräußern (OLG Stuttgart InVO 2000, 396). Er erlangt aber den Gewinnanspruch und kann sich nach Kündigung (§ 725 I BGB) am Auseinandersetzungsguthaben befriedigen (BGH NJW 1992, 830). Über Fortsetzungsklauseln vgl §§ 736, 738 BGB. 1

**OHG-Anteil:** §§ 105 ff. HGB. Der Gl eines OHG-Gesellschafters kann dessen Anteil pfänden (Drittschuldner ist die Gesamthand, nach **aA** die anderen Gesellschafter, wegen § 124 HGB genügt aber Zustellung des Beschlusses an die OHG, BGH MDR 1986, 825) und sich zur Einziehung überweisen lassen (§§ 857 I, 859, 829, 835; auch wenn der Gesamthand ein Grundstück gehört), dann den Gesellschaftsvertrag kündigen und sich wie bei Rz 1 befriedigen. Das KündigungsR ist aber durch § 135 HGB (Abweichung von § 725 BGB) eingeschränkt. 2

Für den **KG-Anteil** (gleich ob Anteil des Kommanditisten oder des Komplementärs) gilt dasselbe, §§ 161 II, 105 II HGB. 3

Zu unterscheiden von der ZwV in einen Gesellschaftsanteil ist die **Zwangsvollstreckung in das Gesellschaftsvermögen** selbst; dazu ist ein Titel gegen die Gesellschaft erforderl., §124 II HGB. 4

**Stille Gesellschaft:** § 230 HGB. Ein „Anteil" fehlt. Der Gl des Stillen Gesellschafters muss dessen Anspruch auf Auszahlung des Auseinandersetzungsguthabens pfänden und sich zur Einziehung überweisen lassen (§§ 829, 835), die Gesellschaft nach §§ 234, 135 HGB kündigen und sich aus dem Auseinandersetzungsguthaben befriedigen. 5

**GmbH-Anteil:** Er ist kein Wertpapier. Pfändung erfolgt nach § 857 I, 829 ZPO, § 15 GmbHG (Zustellung an die GmbH), wobei Mitpfändung des Anspruchs auf Gewinnauszahlung zweckmäßig ist. Verwertung erfolgt durch den Gerichtsvollzieher: freihändiger Verkauf (Form des § 15 III GmbH zu beachten) oder Versteigerung (vgl *Polzius* DGVZ 1987, 17). 6

Die **Aktie** wird vom Gerichtsvollzieher weggenommen (§ 808) und über eine Bank an der Börse (oder durch Versteigerung) verkauft (§ 821); ist sie im Bankdepot: § 821 Rz 1. Bei 7 der **KGaA** vollstrecken die Gl des pers haftenden Gesellschafters wie beim KG-Anteil (vgl § 289 I AktG), die Gl der Aktionäre wie bei der Aktie.

8 **2. Miterbenanteil, Absatz 2**, auch des Vor- oder Nacherben. Zwischen dem Erbfall und dem Abschluss der Auseinandersetzung (§ 2042 BGB) unterliegt der Anteil des Miterben am Nachlass, nicht aber der „Anteil" an den Einzelgegenständen, der ZwV. Die Pfändung des Anteils erfolgt nach §§ 857, 829 (auch wenn zur Erbschaft ein Grundstück gehört), Zustellung des Beschlusses an die übrigen Miterben (LG Kassel MDR 1997, 1032).

9 **Wirkungen:** Der Gl wird nicht Miterbe, der Schuldner kann noch ausschlagen. Der Gl erlangt ein PfändungspfandR am Anteil, vgl §§ 804 II ZPO, 1276, 1258 BGB (vgl BGH NJW 1968, 2059). Veräußern alle Miterben einen Nachlassgegenstand an einen Gutgläubigen, erwirbt dieser lastenfrei Eigentum (§§ 135 II, 932, 936 BGB); zweckmäßig daher uU AnO nach § 847 bez einiger Nachlasssachen.

10 Gehören **Grundstücke zum Nachlass**, kann der Gl die Eintragung der Anteilspfändung im Grundbuch beantragen (OLG Frankfurt Rpfleger 1979, 205) und sich so vor gutgl Erwerb schützen (Grundbuchberichtigung; Antrag des Gl § 14 GBO; Unrichtigkeitsnachweis nach § 22 GBO durch Vorlage des Pfändungsbeschlusses und der Zustellungsurkunden; ist noch der Erblasser eingetragen, kann der Gl die Voreintragung der Erbengemeinschaft, §§ 39, 47 GBO, durch Antrag nach § 13 II GBO und Unrichtigkeitsnachweis durch Vorlage des Erbscheins nach §§ 22, 35 GBO erreichen; den Erbschein erlangt Gl über § 792 ZPO bzw § 85 FGG).

11 **Verwertung:** §§ 835, 844: **(1)** der Gl kann die Miterben auf Zustimmung zu einem bestimmten Auseinandersetzungsplan verklagen, vgl § 2042; infrage kommt Teilung in Natur, sonst Verkauf des Nachlasses mit Teilungsversteigerung von Grundstücken gem §§ 180 ff. ZVG; **(2)** der Gl kann Vermittlung der Auseinandersetzung nach § 86 II FGG beantragen; **(3)** denkbar ist AnO des freihändigen Verkaufs bzw der Versteigerung des Anteils (nicht der Nachlasssachen), § 857 V.

## § 860 ZPO Pfändung von Gesamtgutanteilen

**(1) [1]Bei dem Güterstand der Gütergemeinschaft ist der Anteil eines Ehegatten an dem Gesamtgut und an den einzelnen dazu gehörenden Gegenständen der Pfändung nicht unterworfen. [2]Das Gleiche gilt bei der fortgesetzten Gütergemeinschaft von den Anteilen des überlebenden Ehegatten und der Abkömmlinge.**

**(2) Nach der Beendigung der Gemeinschaft ist der Anteil an dem Gesamtgut zugunsten der Gläubiger des Anteilsberechtigten der Pfändung unterworfen.**

1 **Absatz 1.** Es kann zwar nicht in den Anteil, aber uU in das Gesamtgut der bestehenden Gütergemeinschaft vollstreckt werden, § 740 ZPO, §§ 1422 ff., 1450 ff. BGB; zur fortgesetzten Gütergemeinschaft vgl § 745 I ZPO, § 1487 I BGB. **Absatz 2.** Vgl § 743. Zustellung des PfüB an die übrigen Mitglieder der Gemeinschaft; Verwertung über §§ 99 I, 86 II FGG oder durch Klage (§§ 1471 ff. BGB).

### §§ 861, 862 ZPO
(weggefallen)

### § 863 ZPO Pfändungsbeschränkungen bei Erbschaftsnutzungen

**(1) [1]Ist der Schuldner als Erbe nach §2338 des Bürgerlichen Gesetzbuchs durch die Einsetzung eines Nacherben beschränkt, so sind die Nutzungen der Erbschaft der Pfändung nicht unterworfen, soweit sie zur Erfüllung der dem Schuldner seinem Ehegatten, seinem früheren Ehegatten, seinem Lebenspartner, einem früheren Lebenspartner oder seinen Verwandten gegenüber gesetzlich obliegenden Unterhaltspflicht und zur Bestreitung seines standesmäßigen Unterhalts erforderlich sind. [2]Das Gleiche gilt, wenn der Schuldner nach §2338 des Bürgerlichen Gesetzbuchs durch die Ernennung eines Testamentsvollstreckers beschränkt ist, für seinen Anspruch auf den jährlichen Reinertrag.**

**(2) Die Pfändung ist unbeschränkt zulässig, wenn der Anspruch eines Nachlassgläubigers oder ein auch dem Nacherben oder dem Testamentsvollstrecker gegenüber wirksames Recht geltend gemacht wird.**

**(3) Diese Vorschriften gelten entsprechend, wenn der Anteil eines Abkömmlings an dem Gesamtgut der fortgesetzten Gütergemeinschaft nach § 1513 Abs. 2 des Bürgerlichen Gesetzbuchs einer Beschränkung der im Absatz 1 bezeichneten Art unterliegt.**

§ 863 geändert durch G v. 16.02.2001 (BGBl 2001, 266).

**Der verschwenderische Erbe** usw. (§ 2338 BGB) wird durch Nacherbeneinsetzung vor sich geschützt (§§ 2111 ff. BGB) und auch vor den eigenen Gl (§ 2115 BGB); § 863 ergänzt den Schutz bez der Nutzungen. Lebenspartner sind die registrierten homosexuellen Partner (LPartG), nicht Mann/Frau. 1

**Absatz 2.** NachlassGl: §§ 1967 – 1969 BGB; wirksames Recht: §§ 2209 ff., 2112 ff. BGB. 2

## Titel 2.
## Zwangsvollstreckung in das unbewegliche Vermögen

### § 864 ZPO Gegenstand der Immobiliarvollstreckung

**(1) Der Zwangsvollstreckung in das unbewegliche Vermögen unterliegen außer den Grundstücken die Berechtigungen, für welche die sich auf Grundstücke beziehenden Vorschriften gelten, die im Schiffsregister eingetragenen Schiffe und die Schiffsbauwerke, die im Schiffsbauregister eingetragen sind oder in dieses Register eingetragen werden können.**

**(2) Die Zwangsvollstreckung in den Bruchteil eines Grundstücks, einer Berechtigung der im Absatz 1 bezeichneten Art oder eines Schiffes oder Schiffsbauwerks ist nur zulässig, wenn der Bruchteil in dem Anteil eines Miteigentümers besteht oder wenn sich der Anspruch des Gläubigers auf ein Recht gründet, mit dem der Bruchteil als solcher belastet ist.**

**Lit:** ***Stöber***, ZwV in das unbewegliche Vermögen; ***Meier*** JuS 1992, 650.

1 **1. Allgemeines.** Die **Zwangsvollstreckung wegen Geldforderungen** erfolgt:

**a) in das bewegliche Vermögen** (§§ 803-863) und zwar:

- **in körperliche Sachen** (§§ 808-827) durch Pfändung und Verwertung durch öffentl. Versteigerung; zuständig ist der Gerichtsvollzieher;
- **in Forderungen und andere Vermögensrechte** (§§ 828-863) durch PfüB; zuständig: AG (VollstrG), Rechtspfleger.

2 **b) in das unbewegliche Vermögen** (§§ 864-871 ZPO; GBO) und zwar durch:

- Eintragung einer **Zwangshypothek** (Sicherungshypothek), §§ 867 ff.; sie verschafft *nur* eine Sicherheit; zuständig: AG (GBA);
- **Zwangsversteigerung** (§§ 15-145 ZVG; § 869 ZPO); sie führt zur Befriedigung des Gl; zuständig: AG (VollstreckungsG);
- **Zwangsverwaltung** (§§ 146-161 ZVG); sie bringt die Grundstücksnutzungen (zB Mieterträge bis zur Versteigerung); zuständig: AG (VollstreckungsG).

3 Die ZwV eines Grundstücks kann auch wegen **Bagatellforderungen** angeordnet werden (nicht aber die Sicherung durch Zwangshypothek, § 866 III), auch, wenn der Gl durch ZwV in bewegl. Vermögen ebenso zum Ziel kommen könnte.

4 **2. Absatz 1.** Die ZwV findet statt in **Grundstücke** und deren wesentl. und nichtwesentl. **Bestandteile** (§§ 93, 94 BGB) sowie die verbundenen **Rechte** (§ 96 BGB, zB JagdR). Früchte (§ 810) und Scheinbestandteile (§ 95 BGB) unterliegen der ZwV ins bewegl. Vermögen. Vgl aber § 865.

5 **„Berechtigungen":** ErbbauR, Recht nach § 30 WEG, Bergwerkseigentum, MineralgewinnungsR (Art 67, 68 EGBGB), FischereiR (Art 69 EGBGB). **Schiffe, Schiffsbauwerke** (wie Dock); uU Luftfahrzeuge.

6 **3. Absatz 2. Grundstücksbruchteile** (und das **Wohnungseigentum**, WEG) unterliegen der ZwV in unbewegl. Vermögen: **(1)** wenn es sich um Miteigentumsanteile handelt (§§ 741, 1008 BGB); aber nicht bei Gesamthandsanteilen wie Gesellschafts/OHG/KG-Anteilen, wenn zum Gesellschaftsvermögen ein Grundstück gehört (dafür § 859 I); beim Miterbenanteil, wenn zum Nachlass ein Grundstück gehört (dafür § 859 II); beim Gesamtgut (dafür §§ 740 ff., 860).

7 **(2)** *oder wenn...*: trotz Alleineigentum des Schuldners kann die ZwV nur einen Bruchteil betreffen, wenn zB das Grundstück früher Miteigentümern gehörte, ein Bruchteil damals mit einem Recht (zB Hypothek) belastet wurde und aus diesem Recht nun vorgegangen wird.

8 **Der Gläubiger eines Miteigentümers eines Grundstücks kann (1)** die Zwangsversteigerung des Miteigentumsanteils betreiben oder **(2)** die Pfändung und Überweisung (§§ 857, 829, 835) der Ansprüche auf Aufhebung der Gemeinschaft und auf Teilung und Auskehrung des Erlöses, dann die Zwangsversteigerung des ganzen (!) Grundstücks (§§ 180 ff. ZVG) betreiben (BGH NJW 1984, 1968) und anteilsmäßige Auszahlung des Erlöses an sich verlangen.

## § 865 ZPO Verhältnis zur Mobiliarvollstreckung

**(1) Die Zwangsvollstreckung in das unbewegliche Vermögen umfasst auch die Gegenstände, auf die sich bei Grundstücken und Berechtigungen die Hypothek, bei Schiffen oder Schiffsbauwerken die Schiffshypothek erstreckt.**

**(2) [1]Diese Gegenstände können, soweit sie Zubehör sind, nicht gepfändet werden. [2]Im Übrigen unterliegen sie der Zwangsvollstreckung in das bewegliche Vermögen, solange nicht ihre Beschlagnahme im Wege der Zwangsvollstreckung in das unbewegliche Vermögen erfolgt ist.**

**1. Absatz 1. Die Zwangsvollstreckung in ein Grundstück umfasst** (auch wenn das Grundstück lastenfrei ist) noch andere Gegenstände; das sind nach §§ 1120 ff. BGB: 1

**a) Grundstückszubehör** (§§ 97, 98 BGB, zB Ackerschlepper für die Landwirtschaft, Hotelbus; Baumaterial und Heizkörper auf dem Grundstück, BGH 58, 312); Heizölvorrat im Gebäude (AG Saarlouis DGVZ 1999, 187): 2

- **nur Zubehör im Eigentum des Grundstückseigentümers** haftet. Dessen Pfändung durch den Gerichtsvollzieher ist stets unzulässig, auch wenn das Grundstück unbelastet ist (**Rechtsbehelf**: § 766; die Pfändung ist anfechtbar, vgl *Brox-Walker* RG 207; nach RG 135, 206 nichtig wegen funktioneller Unzuständigkeit des Gerichtsvollziehers); der Gl kann aber die Versteigerung des Grundstücks mit Zubehör betreiben. Grund ist die Aufrechterhaltung der Wirtschaftseinheit; 3
- **fremdes Zubehör** (zB gemietete Maschinen) kann zwar vom Gerichtsvollzieher gepfändet werden; der Eigentümer kann aber nach § 771 vorgehen. Fremdes Zubehör wird nach § 55 II ZVG von der Grundstückszwangsversteigerung erfasst; der Eigentümer muss sein Recht durch Anmeldung nach § 37 Nr. 5 ZVG geltend machen (Folge: teilw Antragsrücknahme aller Gl, §§ 29, 30 ZVG, oder Einstellung durch das Gericht, § 771); unterlässt er das, erwirbt der Ersteher durch den Zuschlag Eigentum daran, der Anspruch des Eigentümers richtet sich zunächst auf einen entspr Teil des Versteigerungserlöses gegen das Gericht (§ 816 I BGB), später gegen den Gl, der als Rangklassenletzter aus dem Erlös Zahlungen erhalten hat, § 812 I 1 BGB (BGH NJW 1962, 1498) und kann Null betragen, wenn das Zubehör für das Gebot bedeutungslos war. 4
- Ist das **Zubehör unter Eigentumsvorbehalt** angeliefert, erstreckt sich die Haftung auf das AnwartschaftsR (BGH 35, 85). 5
- **Zubehör**, das vor der AnO der Zwangsversteigerung (Beschlagnahme, § 20 ZVG) **veräußert** und vom Grundstück entfernt wurde (also nicht mehr „Zubehör" ist und noch nicht dazu wurde), kann vom Gerichtsvollzieher gepfändet werden, § 1121 BGB, § 865 II 1. 6
- **Zubehör, dessen Zubehöreigenschaft aufgehoben** wurde (§§ 1122 II, 97), zB der stillgelegte Ackerschlepper, kann vom Gerichtsvollzieher gepfändet werden. 7

**b) Erzeugnisse** (§ 99 BGB), zB Bäume, Früchte und sonstige Bestandteile eines Grundstücks (§§ 93-94 BGB), aber nicht die Scheinbestandteile iSd § 95 BGB (§§ 1120-1122 BGB); Miet- und Pachtzinsforderungen (§§ 1123-1125 BGB); Rechte nach §§ 96, 1126 BGB, zB auf ÜberbauR; Versicherungsforderungen (§§ 1127-1130 BGB). 8

9 **2. Absatz 2 Satz 1. Zubehör** iSd Abs. 1 unterliegt nicht der ZwV durch den Gerichtsvollzieher (unzulässige Gerichtsvollzieher-Pfändung ist nach § 766 anfechtbar; nach **aA** nichtig), sondern der Grundstückszwangsversteigerung. **Absatz 2 Satz 2:** die *anderen* mithaftenden Gegenstände (Rz 8) können vom Gerichtsvollzieher usw. gepfändet werden (§§ 803 ff., 808, 829), solange nicht die Zwangsversteigerung des Grundstücks angeordnet ist (Beschlagnahme, §§ 20, 21 ZVG). Zur Pfändbarkeit von Früchten vgl ferner § 810.

## § 866 ZPO Arten der Vollstreckung

**(1) Die Zwangsvollstreckung in ein Grundstück erfolgt durch Eintragung einer Sicherungshypothek für die Forderung, durch Zwangsversteigerung und durch Zwangsverwaltung.**

**(2) Der Gläubiger kann verlangen, dass eine dieser Maßregeln allein oder neben den übrigen ausgeführt werde.**

**(3) [1]Eine Sicherungshypothek (Absatz 1) darf nur für einen Betrag von mehr als 750 Euro eingetragen werden; Zinsen bleiben dabei unberücksichtigt, soweit sie als Nebenforderung geltend gemacht sind. [2]Auf Grund mehrerer demselben Gläubiger zustehender Schuldtitel kann eine einheitliche Sicherungshypothek eingetragen werden.**

In § 866 III 1 ab 01.01.2002: 750 € (G v. 13.12.2001, BGBl 2001, 3638).

1 **1. Absatz 1.** Vgl § 864 Rz 1-2.

2 **2. Absatz 2. Alle Maßnahmen nebeneinander** können zB zweckmäßig sein, wenn der *persönliche* Gl zwar die Zwangsversteigerung des Grundstücks anstrebt, aber auch die Mieten bis zur Versteigerung (durch Zwangsverwaltung) und einen besseren Rang (nämlich vor anderen ungesicherten Gl und vor späteren Rechten am Grundstück, § 879 BGB) bei der späteren Versteigerung (durch Zwangssicherungshypothek).

3 Betreibt der Gl die Zwangsversteigerung wegen einer Hypothek, gehört er zur Rangklasse § 10 I Nr. 4 ZVG; betreibt er dagegen die Zwangsversteigerung wegen einer titulierten Kaufpreisforderung, gehört er zur Rangklasse § 10 I Nr. 5 ZVG. Hat der Gl der Kaufpreisforderung einen Titel erlangt, aufgrund dessen eine Zwangshypothek eintragen lassen, und will er später Geld sehen, musste er **bis 31.12.1998** einen dinglichen Titel gem § 1147 BGB (Duldungstitel) gegen den Schuldner (= Grundstückseigentümer) erwirken, um dann die Zwangsversteigerung aus der Klasse 4 zu betreiben (BGH NJW 1966, 2009; hM); mit dem Zahlungstitel (oder der Zwangshypothek) allein konnte er nur die Vollstreckung aus Klasse 5 betreiben. Seit **01.01.1999** ist dies anders, vgl § 867 III (§ 867 Rz 12).

4 **3. Absatz 3.** Die **Zwangshypothek** ist eine Sicherungshypothek nach § 1184 BGB; sie unterscheidet sich von der BGB-Sicherungshypothek nur dadurch, dass sie aufgrund ZwV entsteht. Mindestbetrag ist 750,01 €.

5 **Zusammengerechnet werden:** Hauptsache (auch mehrerer Titel desselben Gl, Abs. 3 S. 2), festgesetzte Kosten (§ 794 Nr. 2; BayObIG Rpfleger 1982, 466), Nebenforderungen (zB eingeklagte vorprozessuale Mahnkosten, § 4), bisherige ZwV-Kosten (§ 788 I), betragsmäßig geltend gemachte Zinsen („80 € für die Zeit vom ... bis ..."); *nicht:* als

Nebenforderung bezeichnete Zinsen („nebst 6% Zinsen hieraus seit ..."), nicht Eintragungskosten.

Eine **Zwangshypothek unter 750, 01 €** ist nichtig (RG 60, 284; str) und nach § 53 GBO zu löschen. Die Wertgrenze gilt nicht bei § 867 II (RG 84, 276; **aA** *Reuter* Rpfleger 1986, 285); § 848 II 2; § 648 BGB. 6

**4. Kosten.** Gericht GKG-KV 2210, 2220; Wert §§ 54 ff. GKG. RA: RVG-VV 3311 ff., Wert §§ 26, 27 RVG. 7

### § 867 ZPO Zwangshypothek

**(1) [1]Die Sicherungshypothek wird auf Antrag des Gläubigers in das Grundbuch eingetragen; die Eintragung ist auf dem vollstreckbaren Titel zu vermerken. [2]Mit der Eintragung entsteht die Hypothek. [3]Das Grundstück haftet auch für die dem Schuldner zur Last fallenden Kosten der Eintragung.**

**(2) [1]Sollen mehrere Grundstücke des Schuldners mit der Hypothek belastet werden, so ist der Betrag der Forderung auf die einzelnen Grundstücke zu verteilen. [2]Die Größe der Teile bestimmt der Gläubiger; für die Teile gilt § 866 Abs. 3 Satz 1 entsprechend.**

**(3) Zur Befriedigung aus dem Grundstück durch Zwangsversteigerung genügt der vollstreckbare Titel, auf dem die Eintragung vermerkt ist.**

§ 867 II, III geändert ab 01.01.1999 (BGBl 1997, 3039).

**Lit:** ***Hintzen*** ZIP 1991, 474; ***Storz***, Praxis des Zwangsversteigerungsverfahrens; ***Böttcher*** JurBüro 1997, 399; ***App*** JurBüro 2003, 452; ***Dümig*** Rpfleger 2004, 1.

**1. Eintragungsvoraussetzungen der Zwangshypothek;** es müssen sowohl die Voraussetzungen der ZwV wie einer Grundbucheintragung vorliegen: 1

**a) Zwangsvollstreckungsvoraussetzungen:** 2

- **Vorliegen eines vollstreckbaren Titels** (§§ 704, 794 usw.), einschließl. des KfB (§ 794 I Nr. 2), über einen Betrag von mehr als 750 € (§ 866). Ist das Urteil noch nicht rechtskr, ist die SiL zu erbringen und dies nachzuweisen, § 751 II, oder erst nach Ablauf der Wartefrist von zwei Wochen ohne SiL nach §§ 720a I S. 1b, 750 III die Eintragung zu betreiben; noch nicht titulierte bisherige ZwV-Kosten müssen glaubhaft gemacht werden, Form des § 29 GBO ist nicht nötig (LG Regensburg Rpfleger 1979, 147; str);
- **Vollstreckungsklausel**, § 725; nicht bei VoB, § 796 (auch nicht, wenn VoB durch Urteil aufrechterhalten wurde, LG Koblenz NJW-RR 1998, 1026);
- **Zustellung des Titels** (und bei § 750 III auch der Klausel) an den Schuldner, § 750; beachte beim KfB die Wartefrist des § 798.
- **beim WechselU:** Vorlage des Wechsels, § 43 I GBO; §§ 765, 756, 726.

**b) Grundbucheintragungsvoraussetzungen:** 3

- **Antrag** des Gl, formlos, § 13 GBO, § 867 I 1 ZPO, mit Bezeichnung des Grundstücks gem § 28 GBO und des Geldbetrags; die Vollmacht des RA des Gl ergibt sich aus dessen Angabe im Titel oder wird formlos nachgewiesen (vgl OLG Zweibrücken Rpfleger 2001, 174); die (auch teilw) Rücknahme des Antrags ist formbedürftig, § 31 GBO; das BeteiligungsVerh der Gl kann formlos nachgereicht werden (OLG Köln Rpfleger 1986, 91);

- **bei Belastung mehrerer Schuldnergrundstücke:** formlose Verteilung im Antrag, Abs. 2; eine Rangfolge der Teile ist nicht notw (BayObLG NJW 1991, 2022). Früher durften die einzelnen Betragsteile unter 750, 01 € (§ 866 III) liegen; seit 1999 gilt die Mindestbetragsgrenze von 750,01 € auch für die einzelnen Teilforderungen (**Absatz 2 Satz 2**), damit das Grundbuch frei von Kleinsthypotheken ist.
- **Voreintragung des Schuldners**, § 39 GBO. Fehlt sie, kann sie uU vom Gl über § 14 GBO veranlasst werden.

4 **c) Rechtsschutzbedürfnis.** Es fehlt, wenn am Schuldnergrundstück für dieselbe Forderung schon ein mindestens gleichwertiges rechtsgeschäftl. bestelltes GrundpfandR besteht (OLG Köln FGPrax 1996, 13; **aA** BayObLG MDR 1991, 163); es fehlt nicht, wenn die Forderung anderweitig gesichert ist (BayObLG MDR 1991, 163; str) oder wegen hoher Vorbelastungen keine Befriedigung zu erwarten ist (LG Marburg Rpfleger 1984, 406).

5 **2. Eintragung.** Sie erfolgt durch das GBA, Rechtspfleger (§ 3 I Nr. 1h RPflG) in Abt. III; zB: „8 000 € Sicherungshypothek ... im Wege der Zwangsvollstreckung gemäß Urteil des LG ... für ... eingetragen am ..."; von der Eintragung werden Gl und Schuldner verständigt, § 55 GBO. Eingetragen wird, wer im VollstrTitel als Gl ausgewiesen ist (BGH NJW 2001, 3627: Eintragung eines WEG-Verwalters, obwohl er nicht mat-rechtl. Forderungsinhaber war).

6 **Absatz 1 Satz 1 Halbsatz 2** soll die Eintragung weiterer Zwangshypotheken und die Entstehung von Gesamthypotheken verhindern, vgl Abs. 2.

7 **Absatz 1 Satz 2.** Die Zwangshypothek entsteht als Buchhypothek, § 1185 I BGB. Über rückwirkende Entstehung vgl Rz 11. Sie ist privatrechtl. Natur; sie kann, falls die zugrundeliegende Forderung besteht, von einem Dritten durch Rechtsgeschäft gutgl erworben werden (BGH 64, 197).

8 **Absatz 1 Satz 3. Eintragungskosten** (zu unterscheiden von Prozesskosten und früheren ZwV-Kosten) sind die RA-Kosten des Antrags, die GBA-Kosten; sie werden weder betragsmäßig noch sonst eingetragen.

9 **3. Absatz 2. Verteilung.** Gesamthypothek (§ 1132 BGB) ist verboten (außer, die Schuldner haften als Gesamtschuldner, vgl *Groß* BWNotZ 1984, 111). Ist der Schuldner zB Eigentümer der zwei Grundstücke Bestandsverzeichnis Nr. 1 und Nr. 2 und lautet der Titel auf 10 000 €, die festgesetzten Kosten auf 2 400 €, kann der Gl beantragen, dass auf dem Grundstück Bestandsverzeichnis Nr. 1 8 000 € Teilforderung und auf Nr. 2 2 000 € Restforderung und 2 400 € Kosten nebst Zinsen ... gesichert werden sollen.

**4. Mängel**

10 **a) Fehlen Voraussetzungen**, muss der Eintragungsantrag vom GBA **zurückgewiesen werden.** Eine rangwahrende **Zwischenverfügung** nach § 18 GBO (zB weil die Verteilung nach § 867 II fehlt) darf nicht ergehen (BGH 27, 310), weil sonst ein ungerechtfertigter Rang gesichert würde; wird ein Hinweis (entspr § 139) gemacht und dann die Verteilung

nachgeholt (als nicht formbedürftige Antragsergänzung; **aA** verlangt Form der §§ 31, 29 GBO, vgl OLG Hamm Rpfleger 1985, 231), wahrt dies den ursprüngl. Rang (§ 17 GBO) *nicht*, sondern der Rang richtet sich nach dem Eingang des Verteilungsschriftsatzes.

**b)** Die **unzulässig eingetragene Zwangshypothek** ist bei einem *unheilbaren* Mangel (fehlender VollstrTitel; Betrag unter 750,01 €; Eintragung als Gesamthypothek, BayObLG Rpfleger 1986, 372) nicht entstanden; Folge § 53 I 1 bzw 2 GBO. Bei *heilbarem* Mangel entsteht die Zwangshypothek rückwirkend mit ihrer Eintragung (hM, BayObLG Rpfleger 1976, 66). 11

**5. Verwertung der Zwangshypothek** (Sicherungshypothek): **Absatz 3:** Hat der Gl wegen seiner Forderung einen Zahlungs-Titel erlangt, hierauf eine Zwangshypothek eintragen lassen, dann braucht er für die Vollstreckung *aus dieser Hypothek* **keinen zusätzlichen dinglichen Duldungstitel** (§ 1147 BGB) mehr, muss also keinen zweiten Prozess führen. Als Titel gilt vielmehr der erste Zahlungstitel, auf dem gem § 867 I S. 1 HS 1 die Eintragung vermerkt ist. Die VollstrKlausel, die für die Eintragung der Zwangs(Sicherungs-)hypothek erforderl. war, genügt also; der mit dem Vermerk versehene Titel muss nicht nochmals zugestellt werden (BT-Drucks 13/341 S. 38). Einwendungen gegen die schuldrechtl. Forderung kann der Schuldner wegen § 1184 BGB mit der Klage nach § 767 geltend machen. Gegen einen *neuen* Grundstückseigentümer ist (wie bisher) ein Duldungstitel erforderl., vgl § 17 GBO. 12

**6. Rechtsbehelfe**

**a) Gegen die Zurückweisung des Eintragungsantrags** für den Gl die Beschwerde, § 11 RPflG, § 71 I GBO (LG Essen Rpfleger 2001, 543), nicht § 766. 13

**b) Gegen die Eintragung der Zwangshypothek** ist nicht sof Beschwerde nach § 793 ZPO oder Erinnerung nach § 766 gegeben, sondern die unbefr Beschwerde des Schuldners nach § 71 GBO (OLG Zweibrücken Rpfleger 2001, 174; BayObLG 1975, 401; KG NJW-RR 1987, 592; zur **aA** vgl *Weiß* DNotZ 1985, 524). 14

Obwohl die Eintragung auf einer Verfügung des Rechtspflegers beruht, ist die Erinnerung hiergegen nicht statthaft, weil die Zwangshypothek einem gutgl Erwerb durch Dritte zugängl. ist (Rz 7) und somit ein Fall des § 11 III 1 RPflG vorliegt. 15

Die Beschwerde ist als **beschränkte Beschwerde** nach § 71 II 2 GBO zum LG unmittelbar gegeben und hat entweder das Ziel, **(1)** wenn ein gutgl Erwerb rechtl. ausgeschlossen ist (BGH 64, 194): die Eintragung als ihrem Inhalt nach unzulässig von Amts wegen nach § 53 I 2 GBO zu löschen (die Unzulässigkeit der Eintragung muss sich dabei aus dem Eintragungsvermerk und der zulässigerweise in Bezug genommenen Eintragungsbewilligung ergeben); erkennbar unzulässig sind zB Zwangshypotheken unter 750,01 €; Zwangshypotheken als Gesamthypotheken, wenn sich der Verstoß allein aus dem Grundbuch-Blatt des zweiten Grundstücks ergibt (BayObLG Rpfleger 1986, 372); 16

oder **(2)** wenn (wie idR) ein gutgl Erwerb mögl. ist, das GBA anzuweisen, nach § 53 I 1 GBO gegen die Zwangshypothek einen Widerspruch einzutragen (Voraussetzungen: wirksame Eintragung, die am öffentl. Glauben teilnimmt; Verletzung gesetzl. Vorschriften; Unrichtigkeit des Grundbuchs). 17

18 Statt der Beschwerde kann auch eine Anregung an das GBA gegeben werden, einen Widerspruch nach § 53 GBO einzutragen.

19 **c) Der Schuldner** kann Klage nach § 767 erheben (zu § 767 II vgl BGH NJW 1988, 828); Folge § 868 I.

20 **d) Dritte** (zB der wahre Grundstückseigentümer) können nach § 771 klagen.

21 **7. Kosten:** Gericht für Eintragung §§ 62 I, 32 KostO. Bei Verteilung auf mehrere Grundstücke § 63 KostO. **Rechtsanwalt:** § 18 Nr. 13 RVG; RVG-VV 3309 mit dortiger Vorbemerkung 3.3.3.

## § 868 ZPO Erwerb der Zwangshypothek durch den Eigentümer

**(1) Wird durch eine vollstreckbare Entscheidung die zu vollstreckende Entscheidung oder ihre vorläufige Vollstreckbarkeit aufgehoben oder die Zwangsvollstreckung für unzulässig erklärt oder deren Einstellung angeordnet, so erwirbt der Eigentümer des Grundstücks die Hypothek.**

**(2) Das Gleiche gilt, wenn durch eine gerichtliche Entscheidung die einstweilige Einstellung der Vollstreckung und zugleich die Aufhebung der erfolgten Vollstreckungsmaßregeln angeordnet wird oder wenn die zur Abwendung der Vollstreckung nachgelassene Sicherheitsleistung oder Hinterlegung erfolgt.**

1 **1.** Die entstandene **Zwangshypothek** hängt vom zugrundeliegenden Titel ab. Sie **wird zB zur Eigentümergrundschuld**, wenn **a)** der Schuldner bezahlt (§§ 1163, 1177 BGB) oder die Forderung überhaupt nicht bestanden hat; oder wenn (Abs. 1, 2) **b)** der Titel aufgehoben wird (zB das LG-Urteil vom OLG); **c)** die vorl Vollstr aufgehoben wird, § 712; **d)** die ZwV für unzulässig erklärt wird, §§ 732, 767, 771 ff.; **e)** die ZwV eingestellt wird, §§ 707, 719, 769, 771; **f)** SiL nachträgl. erbracht wird, § 711; **g)** die Zwangssicherungshypothek mit Eröffnung des Insolvenzverfahrens unwirksam wird (BayObLG NJW-RR 2001, 47). Wird wegen § 88 InsO (Rückschlagsperre) eine Zwangshypothek unwirksam, entsteht keine Eigentümergrundschuld (BGH NJW 2006, 1286).

2 **2. Die Umschreibung der Hypothek in die Eigentümergrundschuld** erfolgt, wenn der Schuldner die obigen Entscheidungen dem GBA in Ausfertigung vorlegt, § 22 GBO. Wenn aufgrund LG-Urteil eine Zwangshypothek eingetragen wurde, dann das LG-Urteil vom OLG aufgehoben und vom BGH das OLG-Urteil aufgehoben und das LG-Urteil wieder hergestellt wird, verwandelt sich die Eigentümergrundschuld nicht wieder in eine Hypothek zurück (BGH MDR 1976, 830); der Gl kann dann die Eigentümergrundschuld nach § 857 pfänden.

## § 869 ZPO Zwangsversteigerung und Zwangsverwaltung

**Die Zwangsversteigerung und die Zwangsverwaltung werden durch ein besonderes Gesetz geregelt.**

Bei Entstehung der ZPO war das LiegenschaftsR noch zersplittert, was erst durch das BGB behoben wurde; die Regelung wurde daher einem bes Gesetz, dem ZVG, vorbehalten. 1

## § 870 ZPO Grundstücksgleiche Rechte

**Auf die Zwangsvollstreckung in eine Berechtigung, für welche die sich auf Grundstücke beziehenden Vorschriften gelten, sind die Vorschriften über die Zwangsvollstreckung in Grundstücke entsprechend anzuwenden.**

Über solche Berechtigungen vgl § 864 Rz 5 (ErbbauR usw.). 1

## § 870a ZPO Zwangsvollstreckung in ein Schiff oder Schiffsbauwerk

**(1) Die Zwangsvollstreckung in ein eingetragenes Schiff oder in ein Schiffsbauwerk, das im Schiffsbauregister eingetragen ist oder in dieses Register eingetragen werden kann, erfolgt durch Eintragung einer Schiffshypothek für die Forderung oder durch Zwangsversteigerung.**

**(2) § 866 Abs. 2, 3, § 867 gelten entsprechend.**

**(3) [1]Wird durch eine vollstreckbare Entscheidung die zu vollstreckende Entscheidung oder ihre vorläufige Vollstreckbarkeit aufgehoben oder die Zwangsvollstreckung für unzulässig erklärt oder deren Einstellung angeordnet, so erlischt die Schiffshypothek; § 57 Abs. 3 des Gesetzes über Rechte an eingetragenen Schiffen und Schiffsbauwerken vom 15. November 1940 (RGBl. I S. 1499) ist anzuwenden. [2]Das Gleiche gilt, wenn durch eine gerichtliche Entscheidung die einstweilige Einstellung der Zwangsvollstreckung und zugleich die Aufhebung der erfolgten Vollstreckungsmaßregeln angeordnet wird oder wenn die zur Abwendung der Vollstreckung nachgelassene Sicherheitsleistung oder Hinterlegung erfolgt.**

Gegen Ablehnung der Eintragung einer Zwangsschiffshypothek: unbefr Beschwerde nach § 75 I SchRegO (BayObLG JurBüro 1991, 1565). Für nicht eingetragene Schiffe gelten §§ 808 ff. 1

## § 871 ZPO Landesrechtlicher Vorbehalt bei Eisenbahnen

**Unberührt bleiben die landesgesetzlichen Vorschriften, nach denen, wenn ein anderer als der Eigentümer einer Eisenbahn oder Kleinbahn den Betrieb der Bahn kraft eigenen Nutzungsrechts ausübt, das Nutzungsrecht und gewisse dem Betriebe gewidmete Gegenstände in Ansehung der Zwangsvollstreckung zum unbeweglichen Ver-**

**mögen gehören und die Zwangsvollstreckung abweichend von den Vorschriften des Bundesrechts geregelt ist.**

1 Vgl Art 112 EGBGB.

# Titel 3.
# Verteilungsverfahren

## § 872 ZPO Voraussetzungen

**Das Verteilungsverfahren tritt ein, wenn bei der Zwangsvollstreckung in das bewegliche Vermögen ein Geldbetrag hinterlegt ist, der zur Befriedigung der beteiligten Gläubiger nicht hinreicht.**

1 **1. Allgemeines. a)** Wurde eine bewegl. Sache von mehreren Gl gepfändet und reicht das Versteigerungserlös nicht für alle, erfolgt die Auszahlung durch den Gerichtsvollzieher nach dem Rang der PfandR (§ 804 III); **streiten die Gläubiger über die Aufteilung**, hinterlegt der Gerichtsvollzieher den Erlös, § 827 II, III;

2 **b)** Bei Pfändung eines Herausgabeanspruchs durch mehrere Gl, Herausgabe der Sache an den Gerichtsvollzieher und Streit der Gl kann es zur Hinterlegung durch den Gerichtsvollzieher kommen, §§ 846, 847 II, 854 II, III;

3 **c)** Bei Forderungspfändung durch mehrere Gl kann der Drittschuldner Zweifel haben, an welchen Gl er zahlen muss; er kann daher hinterlegen, § 853.

4 In allen Fällen folgt (bei Streit der Gl) ein gerichtl. Verteilungsverfahren, in dem die Rangfolge der Gl geklärt wird. Es tritt kraft Gesetzes (ohne Antrag!) ein; doch wird die Sachlage dem Gericht (§ 873) angezeigt.

5 **Nicht anwendbar sind §§ 872 ff.:** bei Hinterlegung nach §§ 372 ff. BGB (vgl HinterlegungsO); bei Zwangsversteigerung und Zwangsverwaltung von Grundstücken (vgl §§ 105 ff., 156 II, 157 I ZVG).

6 **2. Beteiligte Gläubiger** iSd § 872 sind die, für welche die Pfändung erfolgte, auch ArrestGl (§ 930), Vorpfänder (§ 845). Gl mit gesetzl. oder vertragl. PfandR sind auf **§ 805** (uU § 771) angewiesen.

7 **3. Kosten:** § 788 I. **Gebühren:** GKG-KV 2117; sie sind aus der Masse zu entnehmen (§ 874 II). Keine Antragstellerhaftung, §§ 22, 29 Nr. 4 GKG. **Rechtsanwalt:** RVG-VV 3309, § 18 Nr. 12 RVG.

## § 873 ZPO Aufforderung des Verteilungsgerichts

**Das zuständige Amtsgericht (§§ 827, 853, 854) hat nach Eingang der Anzeige über die Sachlage an jeden der beteiligten Gläubiger die Aufforderung zu erlassen, binnen zwei Wochen eine Berechnung der Forderung an Kapital, Zinsen, Kosten und sonstigen Nebenforderungen einzureichen.**

Örtl. zuständig ist das AG (Rechtspfleger, § 20 Nr. 17 RPflG), an das die Anzeige über die Sachlage zu richten war (vgl §§ 827, 853, 854). 1

## § 874 ZPO Teilungsplan

**(1) Nach Ablauf der zweiwöchigen Fristen wird von dem Gericht ein Teilungsplan angefertigt.**

**(2) Der Betrag der Kosten des Verfahrens ist von dem Bestand der Masse vorweg in Abzug zu bringen.**

**(3) [1]Die Forderung eines Gläubigers, der bis zur Anfertigung des Teilungsplanes der an ihn gerichteten Aufforderung nicht nachgekommen ist, wird nach der Anzeige und deren Unterlagen berechnet. [2]Eine nachträgliche Ergänzung der Forderung findet nicht statt.**

**Absatz 1.** Der **Teilungsplan** ist nach Verh (§ 875) Grundlage der Erlösverteilung: hinterlegter Betrag + Hinterlegungszinsen (OLG Karlsruhe InVo 2007, 79) abzügl. Verfahrenskosten (**Absatz 2:** nur die Gerichtskosten des gemeinschaftl. Verfahrens); **auf welche Gläubiger wie viel entfällt, richtet sich nach dem Rang** (§ 804 III) der Gl; die Kosten der Gl stehen bei ihren jeweiligen Ansprüchen. 1

**Absatz 3.** Anfertigung, dh Unterschrift (str). Anzeige ist die des Gerichtsvollziehers bzw Drittschuldners (§ 872 Rz 1 ff.). Kommt ein Gl der Aufforderung nicht nach, können zB seine im Verteilungsverfahren entstandenen Kosten (RA, Auslagen) nicht im Plan berücksichtigt werden. **Absatz 3 Satz 2** meint Berichtigung und Ergänzung des Plans. 2

## § 875 ZPO Terminsbestimmung

**(1) [1]Das Gericht hat zur Erklärung über den Teilungsplan sowie zur Ausführung der Verteilung einen Termin zu bestimmen. [2]Der Teilungsplan muss spätestens drei - Tage vor dem Termin auf der Geschäftsstelle zur Einsicht der Beteiligten niedergelegt werden.**

**(2) Die Ladung des Schuldners zu dem Termin ist nicht erforderlich, wenn sie durch Zustellung im Ausland oder durch öffentliche Zustellung erfolgen müsste.**

Alle beteiligten Gl und der Schuldner sind zu laden mit Hinweis, wann und wo der Plan zur Einsicht ausliegt. Ladungsfrist drei Tage, § 217. 1

## § 876 ZPO Termin zur Erklärung und Ausführung

**[1]Wird in dem Termin ein Widerspruch gegen den Plan nicht erhoben, so ist dieser zur Ausführung zu bringen. [2]Erfolgt ein Widerspruch, so hat sich jeder dabei beteiligte Gläubiger sofort zu erklären. [3]Wird der Widerspruch von den Beteiligten als begründet anerkannt oder kommt anderweit eine Einigung zustande, so ist der Plan demgemäß zu berichtigen. [4]Wenn ein Widerspruch sich nicht erledigt, so wird der Plan insoweit ausgeführt, als er durch den Widerspruch nicht betroffen wird.**

1 Wird im Termin (nicht öffentl.) **kein Widerspruch** eines Berechtigten gegen den Teilungsplan erhoben, ersucht das Gericht die Hinterlegungsstelle um Auszahlung gem Plan (§ 15 HinterlO).

2 Wird **Widerspruch** durch einen beteiligten Gl erhoben (schriftl. vor dem Termin, mdl im Termin), zB weil ein Gl seine Forderung für vorrangig hält oder eine höhere Zuteilung an sich für rechtmäßig, und können sich die beteiligten Gl nicht einigen (S. 4), bleibt der str Betrag hinterlegt. Vgl § 878.

3 **Widerspruch des Schuldners** ist unbeachtl. (er ist auf §§ 767, 769, 770 angewiesen), ebenso Dritter (sie haben §§ 771, 805) sowie solcher Gl, die kein PfandR iSd §§ 804, 872 haben.

## § 877 ZPO Säumnisfolgen

**(1) Gegen einen Gläubiger, der in dem Termin weder erschienen ist noch vor dem Termin bei dem Gericht Widerspruch erhoben hat, wird angenommen, dass er mit der Ausführung des Planes einverstanden sei.**

**(2) Ist ein in dem Termin nicht erschienener Gläubiger bei dem Widerspruch beteiligt, den ein anderer Gläubiger erhoben hat, so wird angenommen, dass er diesen Widerspruch nicht als begründet anerkenne.**

1 **Absatz 1.** Gleichsteht, dass der erschienene Gl keinen Widerspruch erhebt (RG 166, 252).

2 **Absatz 2.** „Bei dem Widerspruch beteiligt“: zB: von den drei Gläubigern Gl 1, 2, 3 erscheint Gl 2, widerspricht und macht geltend, er müsse vor dem nicht erschienenen Gl 3 befriedigt werden; Gl 3 ist dann am Widerspruch des Gl 2 beteiligt. Die Vermutungen in Abs. 1, 2 sind unwiderlegbar.

## § 878 ZPO Widerspruchsklage

**(1) [1]Der widersprechende Gläubiger muss ohne vorherige Aufforderung binnen einer Frist von einem Monat, die mit dem Terminstag beginnt, dem Gericht nachweisen, dass er gegen die beteiligten Gläubiger Klage erhoben habe. [2]Nach fruchtlosem Ablauf dieser Frist wird die Ausführung des Planes ohne Rücksicht auf den Widerspruch angeordnet.**

**(2) Die Befugnis des Gläubigers, der dem Plan widersprochen hat, ein besseres Recht gegen den Gläubiger, der einen Geldbetrag nach dem Plan erhalten hat, im Wege der Klage geltend zu machen, wird durch die Versäumung der Frist und durch die Ausführung des Planes nicht ausgeschlossen.**

1 **1. Absatz 1. Können sich die beteiligten Gläubiger nicht einigen**, bleibt der Geldbetrag hinterlegt.
**a) Wird innerhalb der Monatsfrist** (zB Terminstag 10.04., Fristende mit dem 09.05.) **Klageerhebung** (dh entgegen §253 I zumindest, dass die Klage mit Gerichtskostenvorschuss eingereicht ist) **nachgewiesen**, erfolgt Erlösverteilung erst nach Prozessbeendigung (Rz 3);

**b) Wird die Klageerhebung nicht rechtzeitig nachgewiesen**, erfolgt Auszahlung nach Plan, **Absatz 1 Satz 2;** durch eVfg kann das nicht mehr verhindert werden (OLG Frankfurt NJW 1961, 787). 2

Für die **Widerspruchsklage** ist Kl der widersprechende Gl (uU der Insolvenzverwalter, BGH NJW 2001, 2477), Bekl der (oder die, dann § 61) Gl (auch säumig gewesene, § 877 II), die vom Widerspruch *betroffen* sind. Die Wahrung der Monatsfrist ist keine Zulässigkeitsvoraussetzung. Der **Klageantrag** muss die begehrte Änderung des Teilungsplans genau bezeichnen: „Der Kl ist im Verteilungsverfahren ... mit seiner Forderung iHv ... € vor der des Bekl iHv ... zu befriedigen“; wird die Klage spät erhoben und der Teilungsplan während des Rechtsstreits ausgeführt, muss der Kl seinen Antrag auf Herausgabe der Bereicherung ändern, § 264 Nr. 3 (vgl **Absatz 2**). Zuständiges Gericht § 879. 3

**Die Klage kann zB begründet sein, (1)** weil der Kl nach gesetzl. Rangordnung bevorrechtigt ist (§ 804 III), **(2)** die für den Bekl vorgenommene Pfändung nichtig war (zB wegen fehlender Inbesitznahme, § 808 I) oder anfechtbar und angefochten (zB fehlende Titelzustellung); bei Heilung von Pfändungsmängeln kann es für die Lösung auf die verschiedenen Pfandrechtstheorien ankommen (vgl *Brox-Walker* Rz 497); **(3)** auch kann der Kl alle Einwendungen erheben, die der Schuldner gegen den Bekl noch hätte (str, BGH 63, 62; vgl § 767 II: zB dass die Forderung nach Urteilserlass weggefallen sei; nicht: dass sie von Anfang an nicht bestanden habe). **Urteilstenor** vgl § 880. Kosten: §§ 91 ff.; vorl Vollstr: §§ 708 ff., 882; StrW: § 879 Rz 1. 4

**2. Absatz 2.** Auch nach Ablauf der Monatsfrist und nach erfolgter Verteilung bleibt dem benachteiligten Gl noch die **Klage aus § 812 BGB** (uU aus § 823 BGB) gegen den Gl, der auf seine Kosten etwas erlangte, und zwar (über den Wortlaut hinaus) auch dann, wenn er nicht widersprochen hat oder im Verteilungstermin nicht erschienen ist (vgl BGH 39, 242); auch Schadenersatzansprüche wegen Amtspflichtverletzung des Rechtspflegers sind denkbar (vgl RG 166, 252). Für die Bereicherungsklage gilt § 879 nicht. 5

**3. Kosten:** gewöhnl. Geb (GKG-KV 1210 ff.; RA: RVG-VV 3100 ff.). 6

## § 879 ZPO Zuständigkeit für die Widerspruchsklage

**(1) Die Klage ist bei dem Verteilungsgericht und, wenn der Streitgegenstand zur Zuständigkeit der Amtsgerichte nicht gehört, bei dem Landgericht zu erheben, in dessen Bezirk das Verteilungsgericht seinen Sitz hat.**

**(2) Das Landgericht ist für sämtliche Klagen zuständig, wenn seine Zuständigkeit nach dem Inhalt der erhobenen und in dem Termin nicht zur Erledigung gelangten Widersprüche auch nur bei einer Klage begründet ist, sofern nicht die sämtlichen beteiligten Gläubiger vereinbaren, dass das Verteilungsgericht über alle Widersprüche entscheiden solle.**

**Absatz 1.** Ausschließl. (§ 802) **zuständig** ist je nach StrW (= vom Kl angestrebte finanzielle Verbesserung) das AG, bei dem das VerteilungsG (§ 873) ist, oder das übergeordnete LG (ZivK); Zust des ProzessG wird durch nachträgl. Umstände nicht berührt (BGH NJW 2001, 2477); ordentl. Rechtsweg auch, wenn die Forderungen teils öffentl.-rechtl. sind (RG 116, 369). 1

2 **Absatz 2.** Über alle Widerspruchsklagen soll von einem einzigen Gericht entschieden werden.

### § 880 ZPO Inhalt des Urteils

**[1]In dem Urteil, durch das über einen erhobenen Widerspruch entschieden wird, ist zugleich zu bestimmen, an welche Gläubiger und in welchen Beträgen der streitige Teil der Masse auszuzahlen sei. [2]Wird dies nicht für angemessen erachtet, so ist die Anfertigung eines neuen Planes und ein anderweites Verteilungsverfahren in dem Urteil anzuordnen.**

1 **Urteilstenor. a)** Die unbegründete Klage wird abgewiesen; dann wird der ursprüngl. Teilungsplan ausgeführt; eine Bereicherungsklage, § 878 II, ist dann ausgeschlossen.

2 **b)** Begründete Klage: „(1) Der Kl ist im Verteilungsverfahren des AG ... mit seiner Forderung iHv ... € vor der Forderung des Bekl iHv ... zu befriedigen; (2) Der Bekl trägt die Kosten; § 91; (3) Das Urteil ist *wegen der Kosten* vorläufig vollstreckbar ...", vgl § 882. Erst nach Rechtskraft wird ausbezahlt.

### § 881 ZPO Versäumnisurteil

**Das Versäumnisurteil gegen einen widersprechenden Gläubiger ist dahin zu erlassen, dass der Widerspruch als zurückgenommen anzusehen sei.**

1 Der Inhalt des Tenors lautet also nicht (wie nach § 330) auf Klageabweisung. Trotzdem ist für den Kl die Bereicherungsklage ausgeschlossen (str, **aA** *Brox-Walker* Rz 498).

### § 882 ZPO Verfahren nach dem Urteil

**Auf Grund des erlassenen Urteils wird die Auszahlung oder das anderweite Verteilungsverfahren von dem Verteilungsgericht angeordnet.**

1 Erst nach Rechtskraft wird ausbezahlt. Vgl § 15 HinterlO.

## Titel 4. Zwangsvollstreckung gegen juristische Personen des öffentlichen Rechts.

### § 882a ZPO Zwangsvollstreckung wegen einer Geldforderung

**(1) [1]Die Zwangsvollstreckung gegen den Bund oder ein Land wegen einer Geldforderung darf, soweit nicht dingliche Rechte verfolgt werden, erst vier Wochen nach dem Zeitpunkt beginnen, in dem der Gläubiger seine Absicht, die Zwangsvollstreckung zu betreiben, der zur Vertretung des Schuldners berufenen Behörde und, sofern die Zwangsvollstreckung in ein von einer anderen Behörde verwaltetes Vermögen erfolgen soll, auch dem zuständigen Minister der Finanzen angezeigt hat.**

**[2]Dem Gläubiger ist auf Verlangen der Empfang der Anzeige zu bescheinigen. [3]Soweit in solchen Fällen die Zwangsvollstreckung durch den Gerichtsvollzieher zu erfolgen hat, ist der Gerichtsvollzieher auf Antrag des Gläubigers vom Vollstreckungsgericht zu bestimmen.**

**(2) [1]Die Zwangsvollstreckung ist unzulässig in Sachen, die für die Erfüllung öffentlicher Aufgaben des Schuldners unentbehrlich sind oder deren Veräußerung ein öffentliches Interesse entgegensteht. [2]Darüber, ob die Voraussetzungen des Satzes 1 vorliegen, ist im Streitfall nach § 766 zu entscheiden. [3]Vor der Entscheidung ist der zuständige Minister zu hören.**

**(3) [1]Die Vorschriften der Absätze 1 und 2 sind auf die Zwangsvollstreckung gegen Körperschaften, Anstalten und Stiftungen des öffentlichen Rechtes mit der Maßgabe anzuwenden, dass an die Stelle der Behörde im Sinne des Absatzes 1 die gesetzlichen Vertreter treten. [2]Für öffentlich-rechtliche Bank- und Kreditanstalten gelten die Beschränkungen der Absätze 1 und 2 nicht.**

**(4) (weggefallen)**

**(5) Der Ankündigung der Zwangsvollstreckung und der Einhaltung einer Wartefrist nach Maßgabe der Absätze 1 und 3 bedarf es nicht, wenn es sich um den Vollzug einer einstweiligen Verfügung handelt.**

§ 882a gilt auch für kirchl. Körperschaften des öffentl. Rechts (Abs. 3), die ZwV ist dann 1
(Abs. 2) insb in res sacrae ausgeschlossen (vgl BVerfG 66, 23); zu hören sind die gesetzl. Vertreter der Kirche. Für **Gemeinden** und **Gemeindeverbände** gilt § 882a nicht, sondern die jeweiligen GemeindeO, LandkreisO usw. der Länder (§ 15 Nr. 3 EGZPO).

## Abschnitt 3.
## Zwangsvollstreckung zur Erwirkung der Herausgabe von Sachen und zur Erwirkung von Handlungen und Unterlassungen

### § 883 ZPO Herausgabe bestimmter beweglicher Sachen

**(1) Hat der Schuldner eine bewegliche Sache oder eine Menge bestimmter beweglicher Sachen herauszugeben, so sind sie von dem Gerichtsvollzieher ihm wegzunehmen und dem Gläubiger zu übergeben.**

**(2) Wird die herauszugebende Sache nicht vorgefunden, so ist der Schuldner verpflichtet, auf Antrag des Gläubigers zu Protokoll an Eides statt zu versichern, dass er die Sache nicht besitze, auch nicht wisse, wo die Sache sich befinde.**

**(3) Das Gericht kann eine der Sachlage entsprechende Änderung der eidesstattlichen Versicherung beschließen.**

**(4) Die Vorschriften der §§ 478 bis 480, 483 gelten entsprechend.**

**Lit:** ***Schilken*** DGVZ 1988, 49.

**1. Absatz 1.** Der VollstrTitel (Urteil, PV usw) muss auf Herausgabe (oder Übereignung, 1
Rückgabe) von bewegl. Sachen lauten (unbewegl.: § 885); die Sachen müssen im Titel

individualisierbar bezeichnet sein (ungenügend zB „Hausrat"); gilt auch für Tiere. **Antrag** des Gl ist nötig. **Örtlich zuständig** ist der GV des Bezirks, in dem sich die Sache befindet. Dem nicht anwesenden Gl sendet der GV die Sache zu (Kosten § 788). Es gelten im Übrigen §§ 757-763; die Wohnung darf bei Weigerung des Schuldners nicht ohne besondere richterl. Anordnung vom GV durchsucht werden (§ 758a). Die Pfändungsschutzbestimmungen §§ 811, 812 sind nicht anzuwenden. Gefahrübergang § 897. Bei Gewahrsam Dritter an der Sache: § 886. Herausgabe an einen GV ist Sequestration (§ 938).

2 **Herausgabe.** § 883 wird von der **hM** auch angewandt, wenn der **Titel auf ein Weniger** als Herausgabe, nämlich auf Hinterlegung, Vorlegung (OLG Köln NJW-RR 1988, 1210), Versendung; (OLG Hamm NJW 1974, 653; **aA** § 888); Einsichtgewährung nach § 51b GmbHG (OLG Frankfurt NJW-RR 1992, 171) lautet; die **Abgrenzung von § 888 ist zT schwierig:** erst noch durchzuführende Tätigkeit des Schuldners (zB Ausfüllen der herauszugebenden Arbeitspapiere) fällt unter § 887 oder § 888; ist der herauszugebende Pkw laut Urteil dem Gl an dessen Wohnsitz zu übergeben, fällt die ZwV unter § 883, nicht § 888 (OLG Frankfurt NJW 1983, 1685). Auf **Herausgabe von Kindern** (zB § 1632 BGB) ist nicht § 883, sondern nur § 33 FGG anzuwenden (*Palandt-Diederichsen* § 1632 Rz 8 mwN). Herausgabe bestimmter **Urkunden**: § 836 III.

3 **2. Sache wird nicht vorgefunden (Absatz 2 bis 4).** Zu Protokoll des GV hat der Schuldner entsprechende Erklärungen abzugeben; Einzelheiten vgl Absatz 4 und §§ 478 ff., §§ 899 ff. Nennt der Schuldner den Verbleib, hat er das auch eidesstattl. zu versichern.

4 **3. Kosten:** § 788; **Gebühren: Rechtsanwalt:** RVG-VV 3309, 3310; § 18 Nr. 18 RVG; GVKostG Nr. 221, 260. **Rechtsbehelfe:** bei Streit, ob die titulierte Sache die vorgefundene ist: § 766; Dritte: § 771. Der Gl kann bei fruchtloser ZwV nach § 893 klagen.

## § 884 ZPO Leistung einer bestimmten Menge vertretbarer Sachen

**Hat der Schuldner eine bestimmte Menge vertretbarer Sachen oder Wertpapiere zu leisten, so gilt die Vorschrift des § 883 Abs. 1 entsprechend.**

1 Vertretbare Sachen: § 91 BGB. Wertpapiere vgl § 821 Rz 1. Auf § 883 II-IV verweist § 884 nicht, sodass der Schuldner zwar bei einer **Stückschuld, Vorratsschuld** (zB Wein aus dem eigenen Weinberg), die eV nach § 883 II abzugeben hat, nicht aber bei einer **Gattungsschuld;** hier kann der Gl Schadensersatz nach § 893 verlangen.

## § 885 ZPO Herausgabe von Grundstücken oder Schiffen

**(1) [1]Hat der Schuldner eine unbewegliche Sache oder ein eingetragenes Schiff oder Schiffsbauwerk herauszugeben, zu überlassen oder zu räumen, so hat der Gerichtsvollzieher den Schuldner aus dem Besitz zu setzen und den Gläubiger in den Besitz einzuweisen. [2]Der Gerichtsvollzieher hat den Schuldner aufzufordern, eine Anschrift zum Zweck von Zustellungen oder einen Zustellungsbevollmächtigten zu benennen. [3]Bei einer einstweiligen Anordnung nach dem § 620 Nr. 7, 9 oder dem § 621g Satz 1, soweit Gegenstand des Verfahrens Regelungen nach der Verordnung über die Behandlung der Ehewohnung und des Hausrats sind, ist die mehrfache Voll-**

**ziehung während der Geltungsdauer möglich. [4]Einer erneuten Zustellung an den Schuldner bedarf es nicht.**

**(2) Bewegliche Sachen, die nicht Gegenstand der Zwangsvollstreckung sind, werden von dem Gerichtsvollzieher weggeschafft und dem Schuldner oder, wenn dieser abwesend ist, einem Bevollmächtigten des Schuldners oder einer zu seiner Familie gehörigen oder in dieser Familie dienenden erwachsenen Person übergeben oder zur Verfügung gestellt.**

**(3) [1]Ist weder der Schuldner noch eine der bezeichneten Personen anwesend, so hat der Gerichtsvollzieher die Sachen auf Kosten des Schuldners in das Pfandlokal zu schaffen oder anderweit in Verwahrung zu bringen. [2]Unpfändbare Sachen und solche Sachen, bei denen ein Verwertungserlös nicht zu erwarten ist, sind auf Verlangen des Schuldners ohne weiteres herauszugeben.**

**(4) [1]Fordert der Schuldner nicht binnen einer Frist von zwei Monaten nach der Räumung ab oder fordert er ab, ohne die Kosten zu zahlen, verkauft der Gerichtsvollzieher die Sachen und hinterlegt den Erlös; Absatz 3 Satz 2 bleibt unberührt. [2]Sachen, die nicht verwertet werden können, sollen vernichtet werden.**

§ 885 geändert durch G v. 11.12.2001 (BGBl 2001, 3510).

1 **1. Absatz 1.** Der Vollstr-Titel muss gerichtet sein auf Herausgabe oder Überlassung oder Räumung eines Grundstücks oder Grundstücksteils, zB einer Wohnung oder eines Geschäftsraums. Titel sind außer Urteilen auch PV, falls sie eine Verpflichtung (und nicht nur eine Erklärung oder Inaussichtstellung) enthalten (zur Auslegung KG MDR 1988, 152), Zuschlagsbeschluss nach § 93 ZVG, Räumungsbeschlüsse nach §§ 149 II, 94 II ZVG; eAnO nach § 620 Nr. 7. Vollstr-Schuldner ist, wer im Titel genannt ist (Titel gegen GmbH-GF genügt nicht zur Räumung der GmbH). – **Analoge Anwendung von § 885** auf Räumung von Wohnungen in Wohnwagen, Schiffen. Herausgabe von nichteingetragenen Schiffen: § 883. Übereignung: § 894.

2 **Titelverbrauch.** Wenn der Schuldner nach erstmaliger Räumung anderntags unberechtigt in die Wohnung zurückkehrt und mit einem Zweitschlüssel wieder eindringt, sieht die **hM** den Titel als verbraucht an und verlangt einen neuen Räumungstitel, was abwegig ist. Für zwei Fälle stellt **Absatz 1 Satz 3** klar, dass eine **mehrfache Vollziehung** mögl. ist: **(1)** § 620 Nr. 7: eAnO betreffend Ehewohnung und Hausrat; **(2)** § 620 Nr. 9: eAnO nach dem GewaltschutzG; die Geltungsdauer der eAnO: § 621g S. 2. Kehrt der Ehemann wieder zurück, kann er ohne neue Titelzustellung (Abs. 1 S. 4) wiederholt aus der Wohnung usw herausgeschafft werden.

3 **Titel bei Wohnungsräumung** (dazu: *Schuschke* DGVZ 1997, 49 und NZM 1998, 58; *Pauly* DGVZ 2000, 17; *Winderlich* ZMR 1990, 125; *Rabl* DGVZ 1987, 38; *Geißler* JurBüro 1987, 1754; *Pawlowski* DGVZ 1988, 97; *Derleder* JB 1994, 1, 450; meist str): Nach § 885 I hat der *Schuldner* die Wohnung herauszugeben, also der im Vollstr-Titel bezeichnete (idR) Bekl, § 750 I. Bez der Personen, die sich ebenfalls in der Wohnung aufhalten bzw dort wohnen, aber im Titel nicht genannt sind, gilt:

3a – **Angehörige** (Geschwister, Eltern usw): ein Titel gegen sie ist nicht erforderl., da sie nur Besitzdiener sind (LG Detmold DGVZ 1999, 27; **hM, aA** *Zöller/Stöber* § 885 Rz 5c).

3b - **Besucher:** kein Titel gegen sie erforderl. (MüKo-*Schilken* § 885 Rz 11).

3c - **Ehegatten:** notw ist ein VollstrTitel gegen die Personen, die Mieter sind: sind beide Eheleute Vertragspartner, ist ein Titel gegen beide erforderl. (unstr, MüKo-*Schilken* § 885 Rz 11 mwN); ist nur ein Teil (zB der Ehemann) Mieter, ist zur Räumung ein Titel auch gegen den anderen Teil (Ehefrau) erforderl., wenn dieser Mitbesitzer ist (BGH NJW 2004, 3041; FamRZ 2005, 269); Grundsatz der Formalisierung der ZwV, Frau keine „Besitzdienerin", keine erweiternde Auslegung des § 885 II. Sehr str (*Schuschke* NZM 2004, 207; *Fallak* ZMR 2003, 803); diese Auffassung ist unpraktisch und lädt den Schuldner zum Missbrauch ein. Falls der Mieter immer wieder neue Lebensgefährten usw in die Wohnung aufnimmt, wovon der Vermieter idR nichts erfährt, ist immer nach einer erfolglosen Vollstr die Feststellung der genauen Personalien des Mitbesitzers erforderl., wieder eine Klage (mit Rm-Verfahren usw) gegen die neuen Mitbesitzer, nach Mitbesitzerwechsel das Ganze nochmals. Der Gl kommt nie zur Vollstr.

3d - **Hausbesetzer:** ob ein Titel „gegen unbekannte Personen" ausreichend ist, ist str (vgl *Raeschke-Kessler* NJW 1981, 663). Hier muss das PolizeiR usw eingreifen.

3e - **Hauspersonal:** kein Titel dagegen erforderl., Besitzdiener (allgM).

3f - **Kinder:** minderj. Kinder sind nicht Mitbesitzer, ein Titel gegen die Eltern genügt (allgM, KG NJW-RR 1994, 714; OLG Hamburg MDR 1991, 453; MüKo-*Schilken* § 885 Rz 8), Volljährige Kinder als Mitbesitzer der Wohnung: nach BGH NJW 2004, 3041 ist ein Titel gegen sie erforderl. (**aA** OLG Hamburg NJW-RR 1991, 909).

3g - **Lebensgefährten** (nichtehel.): Titel gegen ihn erforderl., wenn Mitbesitzer (BGH NJW 2004, 3041; **aA** OLG Hamburg NJW 1992, 3308).

3h - **Untermieter:** Titel gegen ihn ist erforderl., vgl § 546 II BGB; Titel gegen Hauptmieter ungenügend (BGH NJW-RR 2003, 1450).

3i - **Wohngemeinschaften:** ein Titel ist gegen alle Partner des Mietvertrags erforderl..

4 **Weitere Voraussetzungen.** Vollstr-Auftrag des Gl, Klausel; Zustellung. Die gem §§ 721, 794a oder § 765a gewährte Räumungsfrist muss abgelaufen sein. Ist der Mieter zur Wohnungsräumung verurteilt, kann der Vermieter V dem GV unter Zahlung eines geringen Vorschusses (zB 400 €) den Räumungsauftrag dergestalt erteilen, dass der V zugleich an sämtl. in der Wohnung befindl. Gegenständen des Mieters ein **Vermieterpfandrecht** wegen der Mietrückstände etc geltend macht (§ 562 I 1 BGB; sog. Berliner Modell), wozu er keinen Titel braucht. Der GV kann dies nicht ablehnen und den höheren Vorschuss für ein Transportunternehmen (zB 6 500 €) verlangen (BGH NJW 2006, 848; NJW 2006, 3273; aA *Flatow* NJW 2006, 1396). Denn das Vermietungspfandrecht hat Vorrang gegenüber der in § 885 II, KKK 1 bestimmten Entfernung der bewegl. Sachen, die nicht Gegenstand der Zwangsvollstreckung sind. Die Prüfung, ob die bei Durchführung der Herausgabevollstreckung in der Wohnung befindl. Gegenstände vom Vermietungspfandrecht (§ 562 BGB) erfasst werden oder ggf unpfändbar sind, ist vom GV nicht vorzunehmen (BGH NJW 2006, 3273) weil er für materiellrechtl. Fragen nicht zust ist. Vorteil: der Vermieter spart sich hohe Kosten, muss aber die gepfändeten Gegenstände vorrübergehend anderweitig einlagern; § 885 IV.

Eine **richterliche Durchsuchungs-Anordnung** ist bei Vollstr eines Urteils nicht notw (§ 758a II), aus einem PV schon (str, vgl *Bischof* ZIP 1983, 522).

**Durchführung:** die Bestimmung des Räumungstermins liegt im Ermessen des GV; vom Termin ist der Gl zu verständigen, der Schuldner idR (§ 180 GVGA). Aufschub vgl § 765a II. Der Schuldner und die anderen Personen ohne eigenes BesitzR werden, notfalls mit Gewalt, aus den Räumen geschafft; §§ 754-763. **Besitzeinweisung** des Gl erfolgt durch Übergabe der Schlüssel, Auswechseln der Schlösser etc. Die **neue Anschrift** des Schuldners soll der GV erfragen (**Absatz 1 Satz 2**), damit künftig Zustellungen erleichtert werden; weigert sich der Schuldner, hat das keine weiteren Auswirkungen. 5

Wird es zur **Obdachlosigkeit des Schuldners** kommen, verständigt der GV die zust Verwaltungsbehörde (§ 181 GVGA); diese kann dann nach öffentl. Recht den Schuldner (Mieter) wieder in seine Wohnung einweisen, der Besitz an der Wohnung geht auf die Behörde über; nach Ablauf der Einweisungszeit kann der Gl aus dem ursprüngl. Titel wieder die Räumung betreiben (LG Bonn ZMR 1990, 346; LG Wuppertal DGVZ 1991, 26; vgl *Pawlowski* ZZP 1989, 440 und DGVZ 1992, 97; *Ewer/v. Detten* NJW 1995, 353). 6

**2. Mobiliar usw (Absatz 2).** Zubehör des Hauses (§§ 97, 98 BGB) verbleibt im Haus. Andere **bewegliche Sachen des Schuldners** (auch Müll und Unrat) werden vom GV aus den Räumen weggeschafft und außerhalb dem Schuldner wieder zur Verfügung gestellt; „besenrein" muss der GV aber die Wohnung nicht machen (LG Berlin DGVZ 1980, 154); auch vom Schuldner angebrachte Gartenhügel und gepflanzte Sträucher muss der GV nicht entfernen (OLG Düsseldorf NJW-RR 2000, 533; § 887 Rz 4). Behaupten Dritte, sie seien Eigentümer des Räumungsguts, sind sie (bei Bestr durch den Schuldner) auf die Herausgabeklage angewiesen (AG Essen DGVZ 2000, 125). 7

Mietersachen, an denen der Vermieter ein gesetzl. **Vermieterpfandrecht** geltend macht (§§ 562-562d, 578 BGB), hat der GV in der Wohnung zu lassen (BGH NJW 2006, 3273; Rn 4). Sachen, die wegen einer Forderung zu pfänden sind, nimmt der GV in Besitz (§ 808). §§ 811, 812 sind nicht zu beachten (str, vgl *Christmann* DGVZ 1986, 177). Über **Tiere** bei Räumungsvollstr *Braun* JZ 1997, 574 (werden verkauft, § 885 IV, oder dem Gl gegeben, § 885 III), **aA** OLG Karlsruhe NJW 1997, 1789 (verlangt Tätigwerden der Ordnungsbehörden); hierzu *Rigol* MDR 1999, 1363. 8

In die neue Wohnung des Schuldners müssen die Sachen des Schuldners nicht **transportiert** werden. Hat der GV die Wohnung usw geräumt, schafft er die Möbel und sonstigen Sachen (**„Räumungsgut"**) in eine Pfandkammer (zB Lagerhaus). Der Lagervertrag ist privatrechtl. (BGH NJW 1984, 1759; OLG Köln DGVZ 1994, 171), der GV schließt ihn als Vertreter des Justizfiskus (BGH NJW 1999, 2597; str). Kosten für Transport und Lagerung sind idR durch Vorschuss des Gl gedeckt, der Gl haftet dafür (LG Dortmund DGVZ 2001, 7: 113 Kartons mit Akten), letztlich vom Schuldner zu zahlen (§ 788), faktisch falls er solvent ist. Der Gl kann den GV beauftragen, aus dem Räumungsgut so viel zu pfänden, im GV-Gewahrsam zu belassen und später zu verwerten, dass Kosten und Forderungen des Gl gedeckt sind. 9

**Wertloses Gerümpel** wird nicht eingelagert, sondern dem Schuldner auf Verlangen ausgehändigt bzw (nach Hinweis an den Schuldner) zur Mülldeponie gebracht (LG Karlsruhe DGVZ 1980, 14), § 885 IV 2. Für Verschulden des GV haftet der Gl nicht (AG Hannover ZMR 1987, 27). 10

11 **3. Schuldner ist bei Räumung nicht anwesend (Absatz 3).** Ist für den Schuldner niemand anwesend, darf der GV die Sachen nicht einfach auf der Straße stehenlassen. Für ihre sichere Unterbringung (zB in einem Lagerhaus) ist vom GV zu sorgen. Dabei ist der GV nicht *verpflichtet*, aber berechtigt (LG Detmold DGVZ 1996, 171), zur Kostenersparnis die Verwahrung in Räumen des Gl vorzunehmen (LG Wuppertal DGVZ 1987, 12), bzw die Sachen in der geräumten Wohnung zu lassen (AG Berlin-Wedding DGVZ 1986, 123). **Satz 2** bestimmt, dass der GV dem Schuldner unpfändbare Sachen iSv § 811 und wertlose Sachen (vgl § 803 II) jederzeit aushändigen muss; der GV kann sich nicht gegenüber dem Schuldner auf ein ZurückbehaltungsR (§ 273 BGB) wegen seiner Kosten berufen.

12 **4. Verwertung der eingelagerten Sachen (Absatz 4).** Holt der Schuldner nicht binnen zwei Monaten das Räumungsgut beim GV ab (oder will er es zwar abholen, aber die Kosten nicht bezahlen), kann der GV die Sachen verkaufen (oder versteigern). Unpfändbares und Wertloses kann der Schuldner ohne Kostenerstattung abholen. **Satz 2:** Wertloses Gerümpel (alte Möbel, gebrauchte Kleider), aber auch unverkäufl. Unterlagen (Geschäftskorrespondenzen) kann der GV vernichten, allerdings nicht sofort (BT-Drucks. 13/341 S.40), sondern erst nach zwei Monaten. Ein erfolgloser Verwertungsversuch wird nicht vorausgesetzt; der GV hat einen Beurteilungsspielraum bei der Frage, was voraussichtl. verwertbar ist. Lagerkosten können allenfalls für ca drei Monate als notw angesehen werden (LG Koblenz JB 1995, 551). Geschäftsunterlagen, die einer ges Aufbewahrungsfrist unterliegen, sind ggf auf Kosten der Staatskasse zu verwahren (AG Frankfurt DGVZ 1987, 159).

13 **5. Kosten** (vgl *Brosette* NJW 1989, 963). Kosten des GV: Nr.240, 500 GvKostG. Strategie zur Senkung der Räumungskosten vgl Rz 4; *Horst* MDR 2006, 249; *Schuschke* NZM 2005, 681. Kostenschuldner des GV ist der Gl und der Schuldner, §13 GvKostG. Der GV kann vom Gl Vorschuss verlangen, §4 GvKostG, insbes die Spediteurs- und Lagerhauskosten; in der Auswahl des Spediteurs ist der GV frei (LG Düsseldorf Jur-Büro 1987, 464; AG Dillenburg NJW-RR 1998, 82), was unhaltbar ist, wenn zB der Gl selbst eine Spedition betreibt. Endgültig hat der Schuldner diese Kosten zu tragen, §788 I. Der GV hat bei offenen Lagerkosten (auch wenn durch Gl-Vorschuss gedeckt) gegenüber dem Schuldner ein Zurückbehaltungsrecht an den eingelagerten Sachen (§885 III 2, IV). – **Rechtsanwalt:** RVG-VV 3309.

14 **6. Rechtsbehelfe.** § 766, dann sof Beschwerde nach § 793. Ist die Maßnahme der RäumungsVollstr beendet, zB durch Übergabe der Schlüssel an den Vermieter, ist eine Erinnerung unzul. (BGH Rpfleger 2005, 207). Rechte Dritter am Räumungsgut können vom GV nicht berücksichtigt werden, hier ist nach § 771 zu klagen (LG Koblenz DGVZ 1987, 11).

## § 886 ZPO Herausgabe bei Gewahrsam eines Dritten

**Befindet sich eine herauszugebende Sache im Gewahrsam eines Dritten, so ist dem Gläubiger auf dessen Antrag der Anspruch des Schuldners auf Herausgabe der Sache nach den Vorschriften zu überweisen, welche die Pfändung und Überweisung einer Geldforderung betreffen.**

Ist der **Dritte** iFd §§ 883-885 **herausgabebereit**, vollstreckt der GV bei ihm (vgl § 809). Über Herausgabe von Aktien in Girosammelverwahrung vgl BGH NJW 2004, 3340. 1

**Verweigert der Dritte** die Herausgabe, darf aus dem Titel gegen den Schuldner nicht gegen den Dritten vollstreckt werden (geschieht dies trotzdem: § 766, uU § 771); der Gl muss den Herausgabeanspruch des Schuldners gegen den Dritten pfänden und sich zur Einziehung überweisen lassen (§§ 829, 835); dann muss der Gl den Anspruch gegen den Dritten einklagen (§ 836) und aus dem Urteil gegen den Dritten bei ihm nach §§ 883-885 vollstrecken. § 846 dagegen betrifft ZwV wegen Geldforderungen. 2

Bei Rechtsnachfolge nach Rechtshängigkeit kommt Umschreibung des Titels nach § 727 in Betracht. 3

## § 887 ZPO Vertretbare Handlungen

**(1) Erfüllt der Schuldner die Verpflichtung nicht, eine Handlung vorzunehmen, deren Vornahme durch einen Dritten erfolgen kann, so ist der Gläubiger von dem Prozessgericht des ersten Rechtszuges auf Antrag zu ermächtigen, auf Kosten des Schuldners die Handlung vornehmen zu lassen.**

**(2) Der Gläubiger kann zugleich beantragen, den Schuldner zur Vorauszahlung der Kosten zu verurteilen, die durch die Vornahme der Handlung entstehen werden, unbeschadet des Rechts auf eine Nachforderung, wenn die Vornahme der Handlung einen größeren Kostenaufwand verursacht.**

**(3) Auf die Zwangsvollstreckung zur Erwirkung der Herausgabe oder Leistung von Sachen sind die vorstehenden Vorschriften nicht anzuwenden.**

**1. Abgrenzung:** Der Vollstr-Titel kann lauten: 1

- auf **Zahlung:** Vollstr nach §§ 803 ff.;
- auf **Herausgabe** oder Leistung von Sachen: §§ 883-886;
- auf **Vornahme einer Handlung:** kann sie auch ein Dritter ohne Mitwirkung des Schuldner vornehmen: § 887; ist dies nicht mögl.:§ 888.

Vertretbarkeit der Handlung (§ 887) wird angenommen, wenn es aus der Sicht des Gl wirtschaftl. gleichgültig ist, ob die Handlung vom Schuldner selbst oder von einem Dritten vorgenommen wird und die Vornahme durch einen Dritten aus der Sicht des Schuldners rechtl. zul ist. Umdeutung der Anträge § 887/§ 888 ist idR nicht mögl. (OLG Hamm OLGZ 1984, 184); 2

- **auf Duldung oder Unterlassung** einer Handlung: § 890; 3
- **auf Abgabe einer Willenserklärung**: § 894.

Scheidet ZwV danach aus, bleibt Schadensersatz nach § 893.

**2. Absatz 1. Beispiele für vertretbare Handlungen:** 4

Abbruch eines Hauses; Abnahme einer Sache (OLG Köln MDR 1975, 586); Befreiung von einer Schuld (zB Unterhalt; OLG Hamburg FamRZ 1983, 212; OLG Köln FamRZ 1994, 1048; *Bischof* ZIP 1984, 1444); Reparatur einer Sache (OLG Stuttgart NJW-RR 1999, 792); **Beseitigung von Baumängeln** (BGH NJW 1993, 1394; OLG Zweibrücken

JurBüro 1982, 929; *Quadbeck* MDR 2000, 570); Beseitigung von Bauwerken und Anpflanzungen im Rahmen der Herausgabevollstr (BGH MDR 2004, 1021); **Beseitigung von Immissionen** (OLG Saarbrücken MDR 2000, 784; auch wenn der Schuldner dazu verschiedene Möglichkeiten hat, OLG Hamm MDR 1983, 850; OLG Düsseldorf NJW-RR 1998, 1768 bei Feuchtigkeitsimmissionen; OLG Saarbrücken MDR 2000, 784 bei Kuhstallgeruch; str); **Rechnungslegung** durch WEG-Verwalter (OLG Düsseldorf NJW-RR 1999, 1029; dazu *Nies* NZM 1999, 832); Sperrung einer Zufahrt (OLG Bamberg DGVZ 1999, 136); Vermögensermittlung (§ 1379 I 2 BGB) nach Scheidung (OLG Bamberg FamRZ 1999, 312);

5 **Bilanzerstellung** (wenn der Unternehmer nicht mitwirken muss; OLG Zweibrücken JurBüro 1987, 466; OLG Köln VersR 1997, 723); Auskunft nach § 87c III HGB (OLG Hamm NJW-RR 1994, 489); **Buchauszugerteilung;** vgl § 87c II, IV HGB (BGH BB 2007, 1302; OLG Düsseldorf NJW-RR 2000, 1298; OLG Koblenz MDR 1994, 198); Bürgschaft zu stellen (OLG Zweibrücken MDR 1986, 1034; OLG Karlsruhe MDR 1991, 454); Bäume zurückzuschneiden (LG Bochum NuR 2003, 384: nur im Rahmen örtl. Baumschutzsatzung); Dienstleistungen *einfacherer* Art; Lohnabrechnung (LAG Köln MDR 1991, 650); Abrechnungen aufgrund vorhandener Unterlagen (BGH NJW 2006, 2706), Provisionsabrechnung (OLG Köln NJW-RR 1996, 100); Vermieterhandlungen wie Nebenkostenabrechnung (LG Rostock NJW-RR 2003, 373); Einschalten der **Heizung** (OLG Köln MDR 1995, 95); Aufrechterhaltung einer bestimmten Temperatur fällt dagegen unter § 890, LG Kiel SchlHA 1987, 155.

6 **3. Verfahren.** Antrag des Gl nach Abs. 1 (ggf Anwaltszwang, § 78; OLG Köln FamRZ 1995, 312; OLG Koblenz NJW-RR 1988, 1279): **a)** die Maßnahmen, zu denen ermächtigt werden soll, sind vom Gl genau zu bezeichnen (wobei idR die Urteilsformel genügt; ist sie ungenau, Auslegung aus den Entscheidungsgründen, OLG Köln OLGZ 1984, 238), nicht aber die Fachfirma, die sie durchführen soll. Es genügen Angaben wie „Trockenlegung des Kellers" (OLG Hamm MDR 1984, 591). **b)** Behauptung, dass der Schuldner nicht erfüllt hat; **c)** Gerichtskostenvorschuss GKG KV 2111, § 12 V GKG.

7 **Kostenvorschussantrag nach Absatz 2** wird idR gleichzeitig gestellt. Die Höhe der Kosten kann der Gl ggf durch Vorlage eines Kostenvoranschlags oder eines SV-Gutachtens feststellen und darlegen (die SV-Geb sind erstattungsfähige notw ZwV-Kosten, § 788); solange das Verfahren nicht beendet ist, kann weiterer Vorschuss durch neuen Antrag gefordert werden (OLG Hamburg FamRZ 1983, 1253).

8 **Zuständig** ist das ProzessG erster Instanz: AG; FamilienG (OLG Frankfurt OLGZ 1991, 340); ZivK; ER, falls ihm das Ursprungsverfahren übertragen war; KfH; bei eVfg das Gericht der Hauptsache, § 937, auch iFd § 942; welche Kammer usw, ist Frage der Geschäftsverteilung. Die allg Voraussetzungen der ZwV (Titel, Klausel, Zustellung) müssen vorliegen. Über Anhörung des Gegners und mdl Verh vgl § 891.

9 **Erfüllungseinwand des Schuldners:** Behauptet der Schuldner, schon ordnungsgem erfüllt zu haben (zur anderweitigen freiwilligen Erfüllung ist er trotz der Ermächtigung zur Ersatzvornahme berechtigt, BGH NJW 1995, 3189), wird dies, wenn es der Gl bestreitet, beachtet und ggf im Vollstr-Verfahren durch Beweiserhebung auf die Richtigkeit überprüft (BGH NJW 2005, 367; dazu *Kannowski/Distler* NJW 2005, 865; OLG Karlsruhe

MDR 2001, 1191; OLG Zweibrücken NJW-RR 2002, 429; *Bischoff* NJW 1988, 1957); denn prozessökonomisch ist es nicht sinnvoll, die str und also irgendwann klärungsbedürftige Frage der Erfüllung in einen weiteren (späteren) Prozess zu verschieben; dies ins Verfahren nach § 887 vorzuziehen ist billiger und geht schneller; der Wortlaut des § 887 besagt, dass nur, wenn nicht erfüllt ist, eine Vorauszahlung der Kosten angeordnet wird; die Trennung mat Einwendung – Vollstr hat hier kaum Sinn, weil dasselbe Gericht für § 767 wie für § 887 zust ist. – Die Frage ist sehr umstr; die **aA** (OLG München MDR 2000, 907; OLG Rostock InVO 2004, 122) meint, im § 887-Verfahren werde die Erfüllung nicht geprüft, der Schuldner sei auf eine Klage nach § 767 angewiesen: arg. Wortlaut des § 887 („Erfüllt der Sch ... nicht" enthalte nur eine Inhaltsbeschreibung); im VollstrR würden mat Einwendungen grds nicht mehr berücksichtigt; Gefahr widersprüchl. Entscheidungen im Verfahren nach § 887 einerseits, § 767 andererseits.

**Selbsterfüllung.** Ein Gl, der die dem Schuldner obliegende vertretbare Handlung selbst vorgenommen hat, kann die ihm dadurch entstandenen Kosten nicht nachträgl. im Vollstr-Verfahren erstattet verlangen (BGH NJW-RR 2007, 213); er ist auf Klage nach §§ 677 ff., 812 ff. BGB angewiesen.

**Einwendungen des Schuldners:** Verjährung bzw Verwirkung des titulierten Nachbesse- 9a
rungsanspruchs: mit der § 767-Klage (BGH NJW 1993, 1394); er schulde nach dem PV nicht Auswechseln schadhafter Platten, sondern nur Ausspachteln (BGH aaO; der Titel ist also im § 887-Verfahren auszulegen); unzul ist der Einwand des Schuldners, die Handlung sei für ihn unzumutbar geworden, führe nicht zum Erfolg (BGH NJW-RR 2006, 202) Erfüllungseinwand s. oben.

**Höhe des Kostenvorschusses:** Das Gericht hat den Titel auszulegen und die notw Kosten, 9b
falls bestr, ggf mithilfe eines SV-Gutachtens zu ermitteln (BGH NJW 1993, 1394/5; OLG Zweibrücken Rpfleger 1995, 172). Einwendungen gegen die Höhe des Vorschusses oder die Berechtigung einer Anfechtung (zB mit der restl. Werklohnforderung) gegen den Kostenvorschussanspruch können nicht mehr mit der § 767-Klage geltend gemacht werden (BGH NJW 1993, 1394), wenn die durchzuführenden Arbeiten unstr sind.

**Entscheidung durch Beschluss** (mit vollem Rubrum), zB:

**(1)** Der Gl wird ermächtigt, die dem Schuldner im Urteil des LG ... vom ... auferlegte 10
Handlung, den Keller des Hauses ... trocken zu legen, auf Kosten des Schuldners vornehmen zu lassen.**(2)** Der Schuldner wird verurteilt, auf die durch die Vornahme entstehenden Kosten einen Vorschuss von ... € an den Gl zu zahlen.**(3)** Der Schuldner trägt die Kosten des Verfahrens. **(4)** Streitwert: ... Euro. *Gründe:...*

Eine ausdrückl. AnO, dass der Schuldner ggf das Betreten seiner Wohnung zu dulden hat, 11
ist nicht erforderl. (*Guntau* JuS 1983, 690), aber zul (OLG Hamm OLGZ 1984, 184). Die Höhe des Vorschusses bestimmt das Gericht nach billigem Ermessen anhand der vorgelegten Kostenschätzungen (§ 308 I beachten). Zustellung des Beschlusses an den Schuldner (§ 329 III), formlose Mitteilung an den Gl. – Zur Vollstr vgl § 794 I Nr. 3, zu (1) ferner § 892; (2) wird durch den GV nach §§ 803 ff. vollstreckt.

**Oder:(1)** Der Antrag wird zurückgewiesen. **(2)** Dem Gl werden die Kosten auferlegt. **(3)** 12
Streitwert: ... Euro. Gründe: ... Zustellung an den Gl, formlose Mitteilung an den Schuldner.

13 Im Beschluss ist über die **Kosten** zu entscheiden, § 891 S. 3, und zwar nach §§ 91 ff.; die vor Einfügung von § 891 S. 3 hM wandte § 788 an. Wird dann aufgrund des Ermächtigungsbeschlusses die Ersatzvornahme durchgeführt, fallen die weiteren Vollstr-Kosten unter § 788, werden also mitvollstr; zB Finanzierungskosten (OLG Düsseldorf MDR 1984, 323) und die (durch den Vorschuss nicht gedeckten) Kosten der Ersatzvornahme; ihre Festsetzung nach §§ 103 ff. ist zul (OLG Hamm NJW-RR 1986, 420).

14 **4. Herausgabe oder Leistung von Sachen (Absatz 3).** Hier sind §§ 883 ff., 893 anzuwenden, bei Zahlung von Geld §§ 803 ff.

15 **5. Rechtsbehelfe:** Gegen den Beschluss nach Abs. 1: sof Beschwerde, § 793; gegen den Beschluss nach Abs. 2 § 793, falls Beschwerdewert (§ 567 II) erreicht. § 767 für den Schuldner, wenn er Erfüllung behauptet (BGH NJW 1993, 1394).

16 **6. Kosten**. Gericht GKG-KV 2111, Vorauszahlung § 12 V GKG, Beschwerde KV 2121, 2124. RA: RVG VV 3309, 3310; Vollstr der Entscheidung nach § 887 II: § 18 Nr. 14 RVG. GV GVKostG 250.

Formular 76: Klage auf Vornahme einer vertretbaren Handlung

## § 888 ZPO Nicht vertretbare Handlungen

**(1) [1]Kann eine Handlung durch einen Dritten nicht vorgenommen werden, so ist, wenn sie ausschließlich von dem Willen des Schuldners abhängt, auf Antrag von dem Prozessgericht des ersten Rechtszuges zu erkennen, dass der Schuldner zur Vornahme der Handlung durch Zwangsgeld und für den Fall, dass dieses nicht beigetrieben werden kann, durch Zwangshaft oder durch Zwangshaft anzuhalten sei. [2]Das einzelne Zwangsgeld darf den Betrag von 25.000 Euro nicht übersteigen. [3]Für die Zwangshaft gelten die Vorschriften des Vierten Abschnitts über die Haft entsprechend.**

**(2) Eine Androhung der Zwangsmittel findet nicht statt.**

**(3) Diese Vorschriften kommen im Falle der Verurteilung zur Eingehung einer Ehe, im Falle der Verurteilung zur Herstellung des ehelichen Lebens und im Falle der Verurteilung zur Leistung von Diensten aus einem Dienstvertrag nicht zur Anwendung.**

§ 888 geändert durch G v. 13.12.2001 (BGBl 2001, 3638).

1 **1. Abgrenzung** vgl § 887 Rz 1.

**Beispiele** für Handlungen, **die durch einen Dritten nicht vorgenommen werden können:**

Abdruck einer Gegendarstellung nach PresseR (OLG Brandenburg OLG-NL 2000, 91); **Auskunftserteilung** (zB über Bestand des Nachlasses; OLG Koblenz NJW-RR 2005, 160; OLG Celle DNotZ 2003, 62; § 51a GmbHG, OLG Frankfurt NJW-RR 1992, 171; über Namen des nichtehel. Erzeugers eines Kindes, OLG Hamm NJW 2001, 1870; OLG Bremen NJW 2000, 963; **aA** LG Münster NJW 1999, 3787); Gewährung von Akteneinsicht

(BFH BB 2001, 83); Betrieb eines Einzelhandelsgeschäfts (OLG Hamm NJW 1973, 1135; OLG Celle NJW-RR 1996, 585; *Peters/Welkerling* ZMR 1999, 369; str), einer Postfiliale (LG Mainz NJW-RR 2001, 637); Dienstleistung *höherer* Art (wie Gemälde malen) uU; Immissionsbeseitigung kann unter **§ 888 oder § 887** fallen; Mitwirkung bei **Ehegatten-Steuererklärung** idR (LG Zweibrücken MDR 1976, 144; OLG Koblenz FamRZ 2005, 524 will § 894 anwenden); Nebenkostenabrechnungen uU (AG Bad Dürkheim ZMR 1986, 447); **Betriebskostenabrechnung** durch Vermieter fällt unter § 888 (BGH NJW 2006, 2706), weil sie bes Kenntnisse voraussetzt; dazu Timme NJW 2006, 2668; Widerruf ehrverletzender Behauptungen (OLG Zweibrücken NJW 1991, 304; **aA** OLG Hamm NJW-RR 1992, 634: § 894 I 1);

Willenserklärungen können unter **§ 888 oder § 894** fallen (vgl BGH NJW 1986, 2704; 2
OLG Koblenz DGVZ 1986, 138); **Zeugnisausstellung**; Buchauszug, Bucheinsicht (OLG Düsseldorf BB 1995, 143); Abdichtung gegen Nässe (OLG Düsseldorf BauR 1995, 423); Zuweisung der Ehewohnung analog § 18 HausratsVO (OLG Köln FamRZ 1984, 1106). Hat Gl den ESt-Erstattungsanspruch des Schuldners gepfändet und sich überweisen lassen, kann der Schuldner durch Haftantrag gezwungen werden, den Erstattungsantrag beim **Finanzamt** zu stellen (BGH NJW 2004, 954). Vgl § 836 III. Dazu *Schmidt* InVo 2004, 317; Viertelhausen DGVZ 2004, 161.

Die Verpflichtung des Vermieters zum ausreichenden **Betrieb einer Heizung** wird teils 3
unter § 888 eingeordnet (OLG Hamm WM 1996, 568; LG Berlin ZMR 1985, 343), teils unter § 887 (LG Kiel SchlHA 1987, 155) oder § 890 (LG Koblenz NJW-RR 1986, 506); vgl *Mümmler* JurBüro 1985, 506. Bei Titeln auf Ausfüllen und Herausgabe von Arbeitspapieren ist in zwei Stufen Herausgabe nach § 883, Ausfüllen nach § 888 zu vollstr (LAG Düsseldorf JurBüro 1985, 1429). **Mischfälle:** Auskunft und Vorlage von Belegen wird einheitl. nach § 888 vollstreckt (OLG Karlsruhe InVO 2000, 398).

**Handlung hängt nicht allein vom Schuldnerwillen ab:** bei vorübergehender oder dau- 4
ernder (objektiver bzw subjektiver) Unmöglichkeit, zB Krankheit; oder wenn der Schuldner dafür Geld aufwenden müsste, dieses aber nicht hat, auch keine Kreditmöglichkeit und auch nichts vom Gl vorgeschossen erhält; wenn die Vornahme besondere wissenschaftl. oder künstlerische Fähigkeiten erfordert, falls nicht feststeht, dass der Schuldner diese hat; wenn Mitwirkung bestimmter Dritter erforderl. ist und *feststeht*, dass diese nicht mitwirken (BayObLG NJW-RR 1989, 462).

**ZwV nach § 888 kann ferner ausscheiden, wenn** die Durchsetzung gegen GrundR ver- 5
stoßen würde: zB kann bei Widerruf einer Erklärung zum Ausdruck gebracht werden, dass sie in Erfüllung eines Urt. abgegeben werde (BVerfG NJW 1970, 651); Teilnahme an religiöser Zeremonie nicht erzwingbar (Art 4 II GG, OLG Köln MDR 1973, 768).

**2. Verfahren. a) Antrag** des Gl (Anwaltszwang, § 78); die vorzunehmende Handlung ist 6
genau zu bezeichnen (OLG Frankfurt JurBüro 1988, 259); Höhe des gewollten Zwangsgeldes muss nicht abgegeben werden; der Titel muss so bestimmt sein, dass er zur ZwV geeignet ist (OLG Zweibrücken FamRZ 2004, 1224: „in geeigneter Weise zu belegen“ ist zu unbestimmt).

**b)** Gerichtskostenvorschuss; § 12 V GKG, GKG KV 2111; **c) Rechtliches Gehör:** Der 7
Antrag ist dem Schuldner zur Stellungnahme zuzustellen, § 891. Zwangsgeld auch gegen

Prozessunfähigen, der von Betreuer vertreten wird (§ 1902 BGB; OLG Koblenz FamRZ 2003, 1486). – **Zuständig** ist das ProzessG wie bei § 887 Rz 8; es wird einfach das Ursprungsverfahren fortgeführt. Die allg ZwV-Voraussetzungen (Titel, Klausel, Zustellung) müssen vorliegen.

8 **Verschulden des Schuldners** ist nicht erforderl. Die Zwangsmittel können (nach Vollstr des vorherigen) wiederholt werden. Eine **vorherige Androhung** (im Titel oder durch gesonderten Beschluss) ist nicht erforderl. (Abs. 2).

9 **Erfüllungseinwand:** behauptet der Schuldner, die Handlung schon vorgenommen zu haben, ist das, wenn es vom Gl bestritten wird, im § 888-Verfahren beachtl., der Schuldner ist nicht auf § 767 angewiesen (sehr str, BGH NJW 2005, 367 zu § 887; OLG Köln MDR 2003, 894; **aA** OLG Düsseldorf MDR 1996, 309; OLG Köln FamRZ 1992, 1328; vgl § 887 Rz 9); allerdings ist bei Erteilung von Auskünften zu beachten, dass die Auskunft, wenn sie der Schuldner im § 888-Verfahren vorlegt, zumindest *nun* erteilt ist (bei Zweifeln an der Richtigkeit: eV), Erfüllung also *offenkundig* ist und Zwangsgeld damit ausscheidet. Auskunfterteilung kann auch durch einen Bevollmächtigten erfolgen (OLG München NJW-RR 2002, 220).

10 **Entscheidung durch Beschluss, § 891** (mit vollem Rubrum); zB:

**(1)** Gegen den Schuldner wird zur Erzwingung seiner im Prozessvergleich vom ... übernommenen Verpflichtung, ..., ein Zwangsgeld von 3 000 € verhängt, ersatzweise für den Fall, dass dieses nicht beigetrieben werden kann, für je 200 € ein Tag Zwangshaft. **(2)** Die Kosten trägt der Schuldner; § 891 S. 3, § 91. **(3)** Streitwert: ... €, § 3. Gründe: ... – Oder: Der Antrag wird zurückgewiesen, die Kosten trägt der Gl. – Oder: wie (1), aber mit Fristsetzung zur Vornahme zB einer *umfangreichen* Rechnungslegung (BT-Drucks. 13/341 S. 41). **Unzulässig**: *bloße Androhung* des Zwangsmittels, Abs. 2 (anders bei § 890!).

11 **Mindestbetrag** des Zwangsgeldes 5 € (Art. 6 I 1 EGStGB); zur Höhe OLG Karlsruhe NJW-RR 2000, 1312; OLG München NJW-RR 1992, 704: Vollstreckungsinteresse des Gl und Hartnäckigkeit des Schuldners. Grds wird in der Praxis zunächst Zwangsgeld festgesetzt, erst bei weiterem Ungehorsam Zwangshaft. Ist **Schuldner eine juristische Person** (GmbH usw), ist die Zwangshaft dem gesetzl. Vertr anzudrohen („letztere zu vollziehen am Geschäftsführer ...").

12 Bei **Antragsrücknahme** § 269 analog (str, vgl KG NJW-RR 1987, 192). **Streitwert** ist nicht der Betrag des Zwangsgeldes, sondern das zu schätzende Interesse des Gl an der Vornahme der Handlung. **Zustellung** des stattgebenden Beschlusses (Titel nach § 794 I Nr. 3) an den Schuldner (§ 329 III), formlose Mitteilung an den Gl.

13 **Die Vollstreckung des Zwangsgeldes** erfolgt auf Antrag des Gl durch den GV nach §§ 794 I Nr. 3, 803 ff., nicht von Amts wegen nach der JBeitrO (BGH NJW 1983, 1859); ob eine Vollstr Klausel notw ist, ist str. Das Verfahren ist dem Rechtspfleger zugewiesen (§ 31 III RPflG), er beauftragt also den GV. Stundung und **Ratenzahlung** sind (da Beugemittel) nicht zul; die Staatskasse (nicht der Gl) erhält das Geld (BGH NJW 1983, 1859). Die ZwV ist einzustellen, sobald der Schuldner seiner Verpflichtung nachgekommen ist (OLG München OLGZ 1982, 102); wurde trotzdem vollstreckt, ist das Zwangsgeld aufgrund Rückzahlungsanordnung analog § 776 zurückzuzahlen (OLG Zweibrücken In-VO

2000, 287; OLG Frankfurt JB 1991, 1554): Bei späterer Urteilsaufhebung: § 717 II gegen Gl und § 812 BGB gegen die Staatskasse (BAG NJW 1990, 2579).

Die **Haft** wird auf Antrag des Gl vollstr aufgrund Haftbefehls des ProzessG (LG Kiel DGVZ 1983, 155); vgl §§ 904 ff.; Vollzug nach § 171 StVollzG. 14

**3. Absatz 3.** Eingehung einer (zB ausl) Ehe, vgl § 1297 I BGB; (auch mittelbare) Herstellung § 1353 BGB, nur unvertretbare Dienste (Handwerkerleistungen etc vgl § 887). 15

**4. Rechtsmittel etc:** gegen AnO/Zurückweisung: sof Beschwerde, § 793 (keine aufschiebende Wirkung; hierzu Antrag auf einstw Einstellung notw, OLG Köln NJW-RR 2003, 716). Die bloße Androhung ist seit 1999 unzul (**Absatz 2**); geschieht sie trotzdem: anfechtbar nach § 793 (BayObLG NJW-RR 1997, 489; unanfechtbar nach OLG Bremen InVO 2000, 399). Verfahren des GV: § 766; Einwand der Erfüllung vor oder nach Rechtskraft des Beschlusses: § 767. Der Gl kann uU Schadensersatz verlangen nach § 893. 16

**5. Kosten.** 17

Zur **Kostenentscheidung** (§§ 891 S. 3, 91 ff.) vgl § 887 Rz 13. **Gebühren: Gericht:** GKG-KV 2111; Vorauszahlung § 12 V GKG; **Rechtsanwalt:** RVG-VV 3309; § 18 Nr. 15 RVG. **GV:** KV 270. Kosten der Zwangshaft GKG KV 9010. Wert: Interesse nicht Höhe des Zwangsgelds.

## § 888a ZPO Keine Handlungsvollstreckung bei Entschädigungspflicht

**Ist im Falle des §510b der Beklagte zur Zahlung einer Entschädigung verurteilt, so ist die Zwangsvollstreckung auf Grund der Vorschriften der §§887, 888 ausgeschlossen.**

Ebenso für ein entsprechendes Urteil des ArbG, § 61 II ArbGG. 1

## § 889 ZPO Eidesstattliche Versicherung nach bürgerlichem Recht

**(1) [1]Ist der Schuldner auf Grund der Vorschriften des bürgerlichen Rechts zur Abgabe einer eidesstattlichen Versicherung verurteilt, so wird die Versicherung vor dem Amtsgericht als Vollstreckungsgericht abgegeben, in dessen Bezirk der Schuldner im Inland seinen Wohnsitz oder in Ermangelung eines solchen seinen Aufenthaltsort hat, sonst vor dem Amtsgericht als Vollstreckungsgericht, in dessen Bezirk das Prozessgericht des ersten Rechtszuges seinen Sitz hat. [2]Die Vorschriften der §§ 478 bis 480, 483 gelten entsprechend.**

**(2) Erscheint der Schuldner in dem zur Abgabe der eidesstattlichen Versicherung bestimmten Termin nicht oder verweigert er die Abgabe der eidesstattlichen Versicherung, so verfährt das Vollstreckungsgericht nach § 888.**

**1. Absatz 1.** Der Schuldner kann die eV freiwillig abgeben (vgl § 261 BGB, §§ 163, 79 FGG); wird sie verweigert, muss der Gl klagen (vgl § 254), ZwV nach § 889. **Vorschriften des bürgerlichen Rechts:** zB §§ 259, 260, 2028 BGB. Nicht mit § 807 ZPO verwechseln. – **Zuständig** ist der Rechtspfleger (§ 20 Nr. 17 RPflG) der VollstrAbt des AG (LG Bochum Rpfleger 1999, 404), auch bei Unterhaltsauskunft (OLG Frankfurt FamRZ 2004, 129); örtl.: Wohnsitz zur Zeit des Antragseingangs, bei mehreren Wohnsitzen Wahlrecht, 1

§ 35. „Sonst“: wenn kein inl Wohnsitz und Aufenthalt im Ausland. Termin wird auf Antrag des Gl bestimmt. Zur Befugnis des VollstrG, eine Änderung der vom ProzessG angeordneten eV zu beschließen, vgl BGH NJW-RR 2005, 221.

2 **2. Absatz 2.** Auf Antrag des Gl wird dann (wenn die ZwV zul ist, Titel, Klausel, Zustellung vorliegen) vom Richter (§ 4 II Nr. 2 RPflG) im Verfahren nach § 891 der Haftbefehl erlassen, nach §§ 904-913 vollstreckt, der verhaftete Schuldner kann die eV nach § 902 abgeben. Haftvollzug § 171 StVollzG.

3 **3. Kosten.** GKG KV 2114, Vorauszahlung GKG § 12 IV. Zwangshaft: GVG-KV 9010. Bei freiwilliger Abgabe § 124 KosO.

## § 890 ZPO Erzwingung von Unterlassungen und Duldungen

**(1) [1]Handelt der Schuldner der Verpflichtung zuwider, eine Handlung zu unterlassen oder die Vornahme einer Handlung zu dulden, so ist er wegen einer jeden Zuwiderhandlung auf Antrag des Gläubigers von dem Prozessgericht des ersten Rechtszuges zu einem Ordnungsgeld und für den Fall, dass dieses nicht beigetrieben werden kann, zur Ordnungshaft oder zur Ordnungshaft bis zu sechs Monaten zu verurteilen. [2]Das einzelne Ordnungsgeld darf den Betrag von 250.000 Euro, die Ordnungshaft insgesamt zwei Jahre nicht übersteigen.**

**(2) Der Verurteilung muss eine entsprechende Androhung vorausgehen, die, wenn sie in dem die Verpflichtung aussprechenden Urteil nicht enthalten ist, auf Antrag von dem Prozessgericht des ersten Rechtszuges erlassen wird.**

**(3) Auch kann der Schuldner auf Antrag des Gläubigers zur Bestellung einer Sicherheit für den durch fernere Zuwiderhandlungen entstehenden Schaden auf bestimmte Zeit verurteilt werden.**

§ 890 geändert durch G v. 13.12.2001 (BGBl 2001, 3638).

**Lit:** ***Pastor***, Die Unterlassungsvollstr nach § 890; ***Borck*** GRUR 1991, 428.

1 **1. § 890** hat **praktische Bedeutung** bei Wettbewerbsverstößen, im NachbarschaftsR, Namens- und FirmenR, Schutz der Ehre, Ladenbetriebspflicht. Das **Ordnungsgeld** hat (anders als das Zwangsgeld des § 888) eine **Doppelfunktion:** Beugung des Willens und Bestrafung des Schuldners (BayOLG NJW-RR 1995, 1040). Die Abgrenzung zu §§ 887, 888 kann im Einzelfall schwierig sein, weil die Pflicht zur Unterlassung uU aktives Handeln verlangt; vgl § 887 Rz 4.

2 **Voraussetzungen der Verhängung von Ordnungsgeld:**

**a) Antrag des Gl** (Anwaltszwang gem § 78, **hM**, OLG Frankfurt MDR 1989, 459; für die meist zugrundeliegende eVfg besteht dagegen kein Anwaltszwang, §§ 920 III, 936, 78 III); das Ordungsmittel und dessen Höhe braucht nicht angegeben werden; kein Gerichts-Geb-Vorschuss.

3 **b) Ein (rechtskräftiger oder vollstreckbarer) Vollstreckungstitel** (Urteil, eVfg, PV) muss vorliegen, der nach seinem Wortlaut gerichtet ist auf ein Unterlassen (Untätigbleiben; daraus kann sich mittelbar eine Pflicht zum aktiven Tun ergeben, wenn bestehende

Beeinträchtigungen abzustellen sind, BGH NJW-RR 2007, 863, str, vgl *Brehm* ZZP Bd 89, 188) oder ein Dulden (dh Nichtbehinderung von Handlungen); das Verbot muss inhaltl. hinreichend bestimmt sein (ausreichend: Musik nur in „Zimmerlautstärke", LG Hamburg MDR 1996, 312; ungenügend: wenn nur ein Gesetzestext wiederholt wird, BGH MDR 1996, 382; verurteilt „Beleidigungen zu unterlassen"; ein „Wegerecht nicht zu stören"). Ausreichend, wenn der Titel auf eine mit zugestellte Anlage Bezug nimmt (OLG Frankfurt NJW-RR 1996, 750).

c) **Rechtsschutzbedürfnis.** Wird die Hauptsache übereinstimmend und *uneingeschränkt* für erledigt erklärt, bevor der Titel rechtskräftig wurde, fällt der Titel weg und kann nicht mehr Grundlage für § 890 sein, auch nicht wegen Altverstößen (BGH NJW 2004, 506; dazu *Ruess* NJW 2004, 485; **aA** OLG Frankfurt OLGZ 1993, 101; OLG Hamburg NJW-RR 1987, 1024). Bei Wegfall *ex tunc* (zB wegen Klagerücknahme, Aufhebung im Rm-Verfahren; Aufhebung der eVfg im Widerspruchsverfahren, OLG Frankfurt JurBüro 1982, 466; Vergleichsabschluss, OLG Stuttgart NJW-RR 1986, 1255) ist es ebenso. Es kommt hier auf das Wesen des Ordnungsgeldes an: strafähnl. oder nur Beugemittel oder beides (Rz 1). Ein *besonderes* Rechtsschutzbedürfnis ist jedenfalls nicht erforderl. (OLG Karlsruhe MDR 1994, 728). Alles str, vgl *Lindacher* NJW 1980, 1400. 4

Der Antrag kann neben der Geltendmachung des Anspruchs auf eine **Vertragstrafe** gestellt werden (OLG Köln WRP 1987, 265). Zum Verh Vertragsstrafe und § 890 bei Unterlassungsverpflichtung im Prozessvergleich vgl BGH NJW 1998, 1138. 5

d) **Vorliegen der sonstigen Voraussetzungen der ZwV** (Klausel, Zustellung; *Amts*zustellung der UrteilsVfg genügt hier, BGH MDR 1989, 988); Zustellung der Klausel ist nicht notw; eine eVfg bedarf keiner Vollstr-Klausel, §§ 929, 936. 6

e) **Eine entsprechende Androhung muss vorliegen, Absatz 2.** Meist ist sie im Urteil/eVfg schon enthalten (wirksam ist sie nur, wenn die Art des Ordnungsmittels sowie ein bestimmtes Höchstmaß angegeben ist; ungenügend: „gemäß § 890"; „in gesetzlich zulässiger Höhe"; BGH ZIP 1995, 1544); der Rahmen des § 890 II muss bei der Androhung nicht ausgeschöpft werden, VGH Mannheim DÖV 2003, 214). *Andernfalls* muss der Gl einen entspr Antrag stellen, Anhörung des Schuldners dazu nach § 891; eine vollstr Ausfertigung des Titels muss schon zugestellt sein (OLG Stuttgart WRP 1986, 360); Androhung durch Beschluss des ProzessG, Zustellung nach § 329 III. Dann allerdings kann aufgrund des „alten" Verstoßes kein Ordnungsmittel festgesetzt werden. *Kumulative* Androhung von O-Geld *und* O-Haft widerspricht, § 890 II, ist aber nicht unwirksam (BGH NJW 2004, 506). 7

Ein **Prozessvergleich** kann eine wirksame Androhung nicht enthalten (LG Oldenburg VersR 2000, 385); eine Unterwerfungsklausel ist evtl ein Vertragsstrafeversprechen, notw ist auch hier ein besonderer gerichtl. Androhungsbeschluss (OLG Karlsruhe Justiz 1986, 407; OLG Hamm MDR 1988, 506). 8

f) **Zuwiderhandlung des Schuldners gegen das Verbot** (bei juP, OHG, KG ist der Verstoß der gesetzl. Vertr gemeint, vgl BGH NJW 1992, 749): nämlich wörtl. oder sinngem (= solche, die nach der Verkehrsauffassung gleichwertig sind, im Kern damit übereinstimmen, sog **Kerntheorie;** BGH NJW 1989, 2327; OLG Frankfurt NJW-RR 1992, 751; *Borck* WRP 1990, 812; Verpflichtung, Fahrt auf einem Weg zu unterlassen, beinhaltet Pflicht, 9

Dritte daran zu hindern, BGH NJW-RR 2003, 1235; zur Aufführung eines *ähnlichen* Theaterstücks vgl OLG Frankfurt NJW 1995, 892). Der Verstoß muss feststehen, nicht nur glaubhaft gemacht sein (auch wenn eine eVfg zugrundeliegt).

10 Er muss **begangen worden** sein *nach* Wirksamwerden der Androhung und nach Vollstr des Titels; sind beide wie meist zusammengefasst: bei der eVfg (Beschluss) nach deren Zustellung (bei UrteilsVfg genügt Amtszustellung, BGH NJW 1990, 122; Unkenntnis des Schuldners ist über Verschulden zu lösen; **aA** *v. d.Groeben* GRUR 1999, 674), bei einem nur gegen Sicherheitsleistung vorl vollstr Urteils auf Unterlassung kann ein Ordnungsmittel nur verhängt werden, wenn im Zeitpunkt der Zuwiderhandlung die Sicherheitsleistung bereits erbracht und dem Schuldner in formalisierter Form nachgewiesen war (BGH NJW 1996, 397; str); eine im ges Beschlussverfahren ergangene Androhung muss aber noch nicht rechtskr sein (BayObLG ZMR 1999, 777). Der Verstoß darf noch nicht verjährt sein (2 Jahre; Art 9 EGStGB, BayOLG WM 1995, 443; ob für presserechtl. Verstöße die Sechsmonatsfrist des PresseR gilt, ist str; vgl *Ott* NJW 1977, 286).

11 **g) Verschulden** (Vorsatz, Fahrlässigkeit) des Schuldners (BVerfG NJW 1981, 2457), bei juP der für sie verantwortl. handelnden Personen; der Verstoß des Erfüllungsgehilfen kann nicht nach § 278 BGB zugerechnet werden, doch liegt dann idR eigenes Verschulden durch mangelhafte Belehrung und Beaufsichtigung vor (vgl OLG Köln WRP 1987, 265). Verschulden des PrBev wird zugerechnet (OLG Frankfurt WRP 1987, 579). „Fortsetzungszusammenhang" gibt es nicht mehr (OLG Nürnberg MDR 1998, 1498).

12 **Verschulden kann fehlen** zB bei Schuldunfähigkeit, Missverständnis des unklaren Verbots („Beleidigungen zu unterlassen"); der falsche Rat eines RA entlastet grds nicht (OLG Hamburg NJW-RR 1989, 1087; OLG Frankfurt NJW-RR 1996, 1071).

13 **Beweislast** für Verschulden hat grds der Gl (OLG Zweibrücken OLGZ 1978, 372; GRUR 1986, 839); es gelten aber dieselben Erleichterungen wie im Erkenntnisverfahren (KG OLGZ 1993, 339).

14 **3. Verfahren.** Zust ist das ProzessG des ersten Rechtszuges (vgl § 887 Rz 8); die Ursprungsakte wird einfach fortgeführt. Der Schuldner wird nach § 891 angehört. Bestreitet er Zuwiderhandlung oder Verschulden, ist eine Beweisaufnahme nach ZPO-Regeln (nicht StPO) notwendig.

15 **Entscheidung durch Beschluss**, zB **(1)** Gegen den Schuldner wird wegen Zuwiderhandlung gegen das Verbot, ... ein Ordnungsgeld von 3 000 €, ersatzweise für den Fall, dass dieses nicht beigetrieben werden kann, für je 100 € ein Tag Ordnungshaft verhängt. **(2)** Die Kosten trägt der Schuldner; § 891 S. 3, §§ 91 ff.**(3)** Streitwert: ... €. Gründe ... – Oder: Zurückweisung des Antrags; Kosten werden dem Gl auferlegt; Streitwert. Gründe ...

16 **Zustellung** des stattgebenden Beschlusses an Schuldner, formlos an Gl (bei Zurückweisung umgekehrt). **Der Vorsitzende ordnet** dann durch Verfügung die **Vollstreckung** des verhängten Ordnungsmittels **an** und leitet die Akten zur Durchführung an den Rechtspfleger (Rz 23) weiter.

17 Das Gericht hat die **Wahl zwischen Ordnungsgeld und Ordnungshaft;** nach dem Grundsatz der Verhältnismäßigkeit kommt beim ersten Verstoß idR nur Ordnungsgeld infrage. – **Höhe des Ordnungsgeldes:** der Betrag liegt zwischen 5 € und 250 000 € je Zuwiderhandlung, darf das angedrohte Ordnungsgeld und das ggf beantragte (§ 308 I) nicht über-

steigen. Es muss schuldangemessen sein und dem Beugezweck Rechnung tragen (Doppelnatur);

**Richtschnur:** Nach BGH (NJW 1994, 45) scheidet eine schematische Festsetzung auf einen Bruchteil des StrW des UnterlassungsVfg aus. Bemessungskriterien: BGH NJW 2004, 506. **AA:** ca 1/20 des StrW der Hauptsache beim ersten Verstoß (OLG Frankfurt NJW-RR 1990, 639); für mindestens Abschöpfung des Gewinns der unzul Handlung OLG Köln WPR 1987, 569; **aA** *Pastor* WPR 1976, 119. 18

Eine zugleich verwirkte **Vertragsstrafe** ist zu berücksichtigen (OLG Köln NJW-RR 1986, 1191). **Bei mehrfachen Verstößen** kann jeweils bis zum Höchstbetrag festgesetzt werden; mehrere Verstöße können aber (trotz Änderung der BGH-Rspr in Strafsachen hierzu) eine einheitl. Handlung bilden (OLG Bamberg InVO 1999, 400; KG MDR 1998, 676; *Schuschke* WRP 2000, 1008; *Köhler* WRP 1993, 666; **aA** OLG Nürnberg MDR 1998, 1498), auch bei Fahrlässigkeit (BGH 33, 163), dann kommt nur *ein* Ordnungsgeld in Betracht. Unterbrechung des Zusammenhangs durch Zustellung eines Bestrafungsbeschlusses, OLG Stuttgart NJW-RR 1993, 24; OLG Frankfurt JB 1995, 663). 19

Die **Ersatzordnungshaft** (auch ohne Antrag von Amts wegen anzuordnen, BGH NJW-RR 1992, 1453) beträgt einen Tag bis sechs Monate (hM); zwar sind die Tagessatzgrundsätze des § 40 StGB nicht anwendbar, aber die Haftdauer muss dem repressiven und präventiven Zweck des Ordnungsmittels gerecht werden (bei 3900 € nicht nur 3 Tage, OLG Frankfurt JurBüro 1987, 1570). 20

**Ordnungshaft:** ein Tag bis sechs Monate je Zuwiderhandlung, Art 6 II 1 EGStGB. Bei juP, OHG, KG, wird die Ordnungshaft gegen den gesetzl. Vertr verhängt (falls sie ihm angedroht war). 21

**Kostenentscheidung:** nach § 891 S. 3 den §§ 91 ff. zu entnehmen (vor Einfügung von § 891 S. 3 str). Die Vollstr-Kosten nach Erlass des Beschlusses fallen hingegen unter § 788, sind festsetzungsfähig (vgl § 887 Rz 13). Der **Streitwert** entspricht dem Interesse des Gl, nicht der Höhe des Ordnungsgeldes. OLG Hamburg WRP 1994, 42 schätzt auf 20 % des Streitwerts des Unterlassungsantrages. 22

**4. Vollstreckung.** Der Beschluss ist nach § 794 I Nr. 3 vollstr. Über Zust des **Rechtspflegers** (des ProzessG, nicht der StA, OLG München NJW-RR 1988, 1407), vgl §§ 31 III, 4 II Nr. 2a, RPflG. Zur Erledigung bei Tod des Schuldners vgl OLG Hamm MDR 1986, 156. 23

**a) Ordnungsgeld:** von Amts wegen nach der JBeitrO (§ 1 Nr. 3) zugunsten der Staatskasse; Zahlungsfristen und Raten können bewilligt werden (Art 7 EGStGB); Begnadigung ist nicht mögl. Vollstr-Verjährung Art 9 EGStGB (der Lauf der Verfolgungsverjährung endet mit der Festsetzung des Ordnungsmittels, auch soweit diese nicht rechtskr ist; BGH NJW 2005, 509). 24

**b) Ordnungshaft:** von Amts wegen wie eine Ordnungsstrafe, nach StrVollStrO, nicht nach §§ 904 ff. Haftkosten zahlt der Staat (*Baur/Stürner* Rz 695). 25

Ist der Ordnungsgeldbeschluss rechtskr und wird dann der **Unterlassungstitel rückwirkend aufgehoben** oder in der Hauptsache für erledigt erklärt oder der Antrag auf eVfg zurückgenommen, darf das Geld nicht mehr vollstr werden, §§ 775 Nr. 1, 776 (sehr str, 26 vgl *Zierres* NJW 1972, 751; **aA** OLG Frankfurt JurBüro 1982, 466); schon bezahltes Ordnungsgeld ist zurückzuzahlen, §§ 717, 945 (OLG Karlsruhe MDR 1979, 150; str).

27 **5. Absatz 3.** Der Gl-Antrag muss nicht beziffert werden (OLG Frankfurt Rpfleger 1978, 267). Beschlusstenor zB: „Der Schuldner wird zur Bestellung einer Sicherheit iHv 3 000 € für den durch künftige Zuwiderhandlungen entstehenden Schaden verurteilt". Voraussetzung ist, dass weitere Verstöße zu besorgen sind, der Beschluss muss in den Gründen die Zeitspanne angeben (zB sechs Monate) und die Schadensschätzung (zB Gewinnentgang), § 287. Art der Sicherheitsleistung § 108. Vollstreckung durch den Gl nach §§ 794 I Nr. 3, 887. Den Schaden muss der Gl nach § 893 II geltend machen.

28 **6. Rechtsmittel. a)** gegen den isolierten Androhungsbeschluss (Abs. 2) die sof Beschwerde, gegen Ablehnung der Androhung ebenfalls; § 793; **b)** gegen die Verurteilung (Absatz 1, 3) sof Beschwerde, § 793; ebenso gegen Ablehnung; **c)** gegen zu geringe Höhe sof Beschwerde, § 793 (OLG Frankfurt JurBüro 1987, 1570; OLG Hamm NJW-RR 1988, 960). **d)** Wenn der Schuldner vor Androhung erfüllt hat: § 767; ebenso, wenn der Schuldner wegen veränderter Umstände die verbotene Werbung nun nicht mehr für unzul hält (OLG Köln NJW-RR 1987, 1471).

29 **7. Kosten**. Gericht GKG KV 2111; Vorauszahlung § 12 V GKG. Kosten der Haft GKG KV 9011. RA: § 18 Nr. 16 RVG; § 19 II Nr. 5 RVG. RVG VV 3309, 3100.

Formular 90: Antrag auf Androhung von Ordnungsgeld und Ordnungshaft bei Duldungsanspruch (Grundmuster)

Formular 91: Antrag auf Androhung von Ordnungsgeld und Ordnungshaft bei Duldungsanspruch, wenn die Beklagte eine Juristische Person ist

## § 891 ZPO Verfahren; Anhörung des Schuldners; Kostenentscheidung

**[1]Die nach den §§ 887 bis 890 zu erlassenden Entscheidungen ergehen durch Beschluss. [2]Vor der Entscheidung ist der Schuldner zu hören. [3]Für die Kostenentscheidung gelten die §§ 91 bis 93, 95 bis 100, 106, 107 entsprechend.**

§ 891 geändert durch G v. 27.07.2001 (BGBl 2001, 1887).

1 **Verfahren (Satz 1):** Es besteht **Anwaltszwang** gem § 78, auch wenn der Titel, aus dem vollstr wird, eine eVfg ist, die nach §§ 920 III, 936, 78 V ohne Anwaltszwang erging (**hM**, OLG Düsseldorf MDR 1987, 506). Entschieden wird immer durch Beschluss; mdl Verh ist zul (§ 128 IV).

2 **Satz 2:** der Antrag des Gl wird dem Schuldner zur Stellungnahme binnen einer Frist von zwei bis drei Wochen zugeleitet; für seine schriftl. Äußerung besteht kein Anwaltszwang **Satz 3:** Sind Vollstr-Anträge des Gl nur teilweise erfolgreich (Schuldner hat teilweise erfüllt; er hat nicht mehrfach, sondern nur einmal gegen Gebot verstoßen), kann eine differenzierte KostenE ergehen. Wenn aus den in S. 1 genanten Beschlüssen die ZwV durchgeführt wird, gilt für die weiteren Vollstr-Kosten § 788.

## § 892 ZPO Widerstand des Schuldners

**Leistet der Schuldner Widerstand gegen die Vornahme einer Handlung, die er nach den Vorschriften der §§ 887, 890 zu dulden hat, so kann der Gläubiger zur Beseitigung des Widerstandes einen Gerichtsvollzieher zuziehen, der nach den Vorschriften des § 758 Abs. 3 und des § 759 zu verfahren hat.**

Hat der Schuldner zB einen Baum zu versetzen, lässt dies der Gl nach Ermächtigung (§ 887) durch einen Dritten vornehmen; bei Widerstand ist der GV (GVKostG 250) einzuschalten. Vorgehen des GV: § 185 GVGA. Kosten des GV (GVKostG 250) sind solche iSd § 788, falls Widerstand geleistet wurde. Bei Widerstand Dritter gilt § 892 nicht (OLG Hamburg OLGZ 1991, 441). 1

## § 892a ZPO Unmittelbarer Zwang in Verfahren nach dem Gewaltschutzgesetz

**[1]Handelt der Schuldner einer Verpflichtung aus einer Anordnung nach § 1 des Gewaltschutzgesetzes zuwider, eine Handlung zu unterlassen, kann der Gläubiger zur Beseitigung einer jeden andauernden Zuwiderhandlung einen Gerichtsvollzieher zuziehen. [2]Der Gerichtsvollzieher hat nach § 758 Abs. 3 und § 759 zu verfahren. [3]§§ 890 und 891 bleiben daneben anwendbar.**

§ 892a eingefügt durch G v. 11.12.2001 (BGBl 2001, 3513).

Das GewaltschutzG v. 11.12.2001 (BGBl 2001, 3513) erlaubt zB, dass das Gericht (zB FamG, §§ 23a Nr. 7, 23b Nr. 8a GVG) durch eAnO (§§ 620 ff.) oder Urteil oder eVfg jemanden untersagt, bestimmte Wohnungen zu betreten. Der Berechtigte kann dann nach Zustellung (§ 750) einen GV beauftragen (§ 753), der diese Person mit Gewalt aus der Wohnung schafft (§ 758 III). Anstelle der Zuziehung des GV ist auch ZwV mit § 890 (Ordnungsgeld) zul. Zur eVfg vgl § 940a. Kosten: § 788. Gerichtsvollzieher: GVKostG 250. 1

## § 893 ZPO Klage auf Leistung des Interesses

**(1) Durch die Vorschriften dieses Abschnitts wird das Recht des Gläubigers nicht berührt, die Leistung des Interesses zu verlangen.**

**(2) Den Anspruch auf Leistung des Interesses hat der Gläubiger im Wege der Klage bei dem Prozessgericht des ersten Rechtszuges geltend zu machen.**

**Absatz 1.** Der Gl kann, anstatt seinen Titel durchzusetzen (§§ 883-890), Schadensersatz (altertüml. „Interesse“) verlangen. 1

**Absatz 2.** Für diese Schadensersatzklage (gestützt zB auf §§ 280 ff. BGB) ist örtl. (auch intl, BGH NJW 1997, 2245) und sachl. ausschl. (§ 802) zust das Gericht, bei dem die frühere Herausgabeklage anhängig war, zB das FamG (OLG Zweibrücken FamRZ 2006, 431). 2

## § 894 ZPO Fiktion der Abgabe einer Willenserklärung

**(1) [1]Ist der Schuldner zur Abgabe einer Willenserklärung verurteilt, so gilt die Erklärung als abgegeben, sobald das Urteil die Rechtskraft erlangt hat. [2]Ist die Willenserklärung von einer Gegenleistung abhängig gemacht, so tritt diese Wirkung ein, sobald nach den Vorschriften der §§ 726, 730 eine vollstreckbare Ausfertigung des rechtskräftigen Urteils erteilt ist.**

**(2) Die Vorschrift des ersten Absatzes ist im Falle der Verurteilung zur Eingehung einer Ehe nicht anzuwenden.**

1 **1.** § 894 vereinfacht die ZwV (zB gegenüber § 888), indem keine Zwangsmittel eingesetzt werden, sondern eine Fiktion vorgenommen wird. **Voraussetzungen:**

2 **a) Willenserklärung:** zB Bewilligung (§ 19 GBO) zur Eintragung oder Löschung im Grundbuch; Einigungs-, Auflassungserklärung; Annahme eines Vertragsangebots (BGH NJW 1962, 1812; unrichtig ist daher ein Klageantrag auf Verurteilung zum Abschluss eines Kaufvertrags, BGH NJW-RR 2005, 666; NJW 1986, 2820); Zustimmung des Mieters zur **Mieterhöhung** (§ 558b BGB), des Arbeitgebers zur Urlaubsgewährung (BAG NJW 1962, 270), zur Änderung des Gesellschaftsvertrags, zur Auszahlung des hinterlegten Betrages, Verurteilung zur Wiederannahme des Geburtsnamens nach Scheidung (LG München I FamRZ 2000, 1168).

3 **§ 894 I ist nicht anwendbar** auf den Widerruf einer ehrverletzenden Behauptung (dafür § 888, BGH NJW 1962, 1438; Einschränkungen in BVerfG NJW 1970, 651: der Schuldner darf hinzufügen, dass das Urteil Anlass für seine Erklärung ist; **aA** OLG Hamm NJW-RR 1992, 634 [ausführl.]: § 894 analog). **§ 894 II** spielt nur bei ausl Ehen eine Rolle.

4 **b) Formelle Rechtskraft des Titels**, also anwendbar bei Urteilen und Beschlüssen. Bei einem **Prozessvergleich und Urkunden** nach § 794 I Nr. 5 ist § 894 nicht anwendbar; die Verpflichtung zur Abgabe der Willenserklärung wird hier nach § 888 vollstr (wenn sie nicht ohnehin im Vergleich enthalten ist); oder es wird auf Abgabe geklagt (BGH NJW 1986, 2706). Bei eVfg soll § 894 anwendbar sein, wenn sich die Willenserklärung auf eine nur vorl Regelung bezieht (OLG Stuttgart NJW 1973, 908; **aA** *Jauernig*, NJW 1973, 1671: WE gilt erst mit Vollziehung als abgegeben, §§ 929, 936). Vor Rechtskraft: § 895; § 16 HGB.

5 **c) Absatz 1 Satz 2:** die Ausfertigung mit Klausel wird dem Gl erteilt, sobald die Erfüllung der Gegenleistung etc (zB Hinterlegung des Betrags) durch öffentl. Urkunden usw nachgewiesen ist, §§ 726, 730. Ist der Betroffene zur Abgabe der Löschungsbewilligung **Zug um Zug** gegen Erbringung der Gegenleistung verurteilt worden, hat das GBA das Recht zu löschen und darf nicht prüfen, ob die *Klausel* zu Recht erteilt wurde (BayOblG Rpfleger 1983, 480).

6 **2. Wirkung.** Vollstr-Klausel oder Urteilszustellung sind für den Eintritt der Wirkung nicht erforderl.. **a) Ersetzt wird:** die Willenserklärung, auch wenn sie formbedürftig ist, einschließl. einer evtl. erforderl. **vormundschaftsgerichtlichen Genehmigung** (§ 1821 BGB; BayObLG MDR 1953, 561; str).

**b) Nicht ersetzt werden:** Genehmigungen, die nicht die Wirksamkeit der Willenserklärung betreffen (wie die nach dem GrundstücksverkehrsG); der **Zugang** der Willenserklärung an Behörden, Dritte (dem Gl geht sie mit Urteilsverkündung zu, weil sie damit in seinen Machtbereich gerät, § 130 BGB); die **Erklärung des Gl** (bei Verurteilung des Schuldners zur Auflassung eines Grundstücks an den Gl muss der Gl deshalb noch beim Notar unter Vorlage des rechtskr Urteil die „Erklärung" des Schuldners annehmen, er kann anschließend die Eintragung selbst beantragen, § 13 II GBO; BayObLG Rpfleger 2005, 488; 1983, 390); ein Gesellschafterbeschluss (BGH NJW-RR 1989, 1056). Bei Verurteilung zur Übertragung des Eigentums an bewegl. Sachen wird die Einigungserklärung des einen Teils nach § 894 fingiert, die Übergabe nach §§ 883, 897 vollstreckt. 7

**3. Rechtsmittel** scheiden wegen der Rechtskraft aus; infrage kommt Wiederaufnahme, §§ 579, 580. 8

**4. Kosten:** Grundbuchamt §§ 60 ff. KostO. **RA:** Antrag auf Eintragung RVG VV 2300. 9

Formular 74: Antrag auf Abgabe einer Willenserklärung bei Übereignung und Herausgabe eines Pkw

Formular 75: Klage auf Abgabe einer Willenserklärung wegen Zustimmung zu einer ordentlichen Kündigung eines Mietvertrages

## § 895 ZPO Willenserklärung zwecks Eintragung bei vorläufig vollstreckbarem Urteil

**[1]Ist durch ein vorläufig vollstreckbares Urteil der Schuldner zur Abgabe einer Willenserklärung verurteilt, auf Grund deren eine Eintragung in das Grundbuch, das Schiffsregister oder das Schiffsbauregister erfolgen soll, so gilt die Eintragung einer Vormerkung oder eines Widerspruchs als bewilligt. [2]Die Vormerkung oder der Widerspruch erlischt, wenn das Urteil durch eine vollstreckbare Entscheidung aufgehoben wird.**

**1.** § 894 setzt Rechtskraft des Urteils (gerichtet auf Bewilligung einer *Eintragung* usw; nicht: Urteil auf Bewilligung einer *Vormerkung*, BayOLG Rpfleger 1997, 525) voraus. **Schon vor Rechtskraft entfaltet das vorläufig vollstreckbare Urteil nach § 895 Wirkungen**, indem die nach § 19 GBO erforderl. Bewilligung des Schuldners fingiert wird, sobald eine nach §§ 709, 711 angeordnete Sicherheit geleistet ist; es wirkt 1

**a) als Bewilligung einer Vormerkung** (§ 883 BGB), wenn das Urteil auf Einräumung eines dingl. Rechts geht (zB Eintragung einer Auflassung, Hypothek, eines Fahrtrechts) und das Grundbuch richtig ist, sowie 2

**b) als Bewilligung eines Widerspruchs** (§ 899 BGB), wenn das Urteil auf die Bewilligung der Grundbuchberichtigung (§ 894 BGB) lautet, das Grundbuch also unrichtig ist. 3

**Durchführung der Eintragung:** der Gl hat dem GBA eine Ausfertigung des Urteils vorzulegen (vollstr Ausfertigung ist nicht erforderl., BGH Rpfleger 1969, 425), die Sicherheitsleistung nachzuweisen sowie den Eintragungsantrag zu stellen. 4

Die **GBA-Kosten** hat der Gl zu tragen (OLG Celle NJW 1968, 2246). 5

6 **Nach Rechtskraft des Urteils** wird die vorl Eintragung auf Gl-Antrag in die endgültige umgeschrieben.

7 **2. Satz 2:** bei Aufhebung durch eine rechtskr oder vorl vollstr Entscheidung (zB des OLG) kann der Schuldner beim GBA unter Vorlage der Urteilsausfertigung die (berichtigende) Löschung der Eintragung beantragen; Zustimmung des Gl ist nicht erforderl., § 25 GBO. Wird dieses BerU in der Rev aufgehoben, entsteht die Vormerkung nicht von selbst wieder, der Rang ist verloren gegangen.

8 Eine **bloße Einstellung der ZwV** lässt die Eintragung unberührt.

## § 896 ZPO Erteilung von Urkunden an Gläubiger

**Soll auf Grund eines Urteils, das eine Willenserklärung des Schuldners ersetzt, eine Eintragung in ein öffentliches Buch oder Register vorgenommen werden, so kann der Gläubiger an Stelle des Schuldners die Erteilung der im § 792 bezeichneten Urkunden verlangen, soweit er dieser Urkunden zur Herbeiführung der Eintragung bedarf.**

1 Wenn zB der Schuldner zur Auflassung an den Gl verurteilt wurde, als Erbe aber noch nicht im Grundbuch eingetragen ist: dann braucht der Gl einen Erbschein, §§ 35, 40 GBO, § 896 gibt dem Gl das AntragsR.

## § 897 ZPO Übereignung; Verschaffung von Grundpfandrechten

**(1) Ist der Schuldner zur Übertragung des Eigentums oder zur Bestellung eines Rechts an einer beweglichen Sache verurteilt, so gilt die Übergabe der Sache als erfolgt, wenn der Gerichtsvollzieher die Sache zum Zwecke der Ablieferung an den Gläubiger wegnimmt.**

**(2) Das Gleiche gilt, wenn der Schuldner zur Bestellung einer Hypothek, Grundschuld oder Rentenschuld oder zur Abtretung oder Belastung einer Hypothekenforderung, Grundschuld oder Rentenschuld verurteilt ist, für die Übergabe des Hypotheken-, Grundschuld- oder Rentenschuldbriefs.**

1 **1. Absatz 1.** Bei Verurteilung zur Übereignung einer bewegl. Sache wird die Einigungserklärung des Schuldners nach § 894 I fingiert, die Übergabe nach § 883 vollstr. Die Gefahr geht nach § 897 I über, der Schuldner muss nicht nochmals leisten, wenn der GV die Sache dann verliert; der Gl hat Anspruch aus Staatshaftung. – Rechte an bewegl. Sachen: §§ 1032, 1205 BGB.

2 **2. Absatz 2.** Wenn der Schuldner gem Abs. 2 verurteilt ist, ist für den Erwerb des Briefrechts die Briefübergabe erforderl., sie gilt als mit Wegnahme durch den GV erfolgt; vgl §§ 1117 I, 1154 I, 1192, 1274 I BGB.

### § 898 ZPO Gutgläubiger Erwerb

**Auf einen Erwerb, der sich nach den §§ 894, 897 vollzieht, sind die Vorschriften des bürgerlichen Rechts zugunsten derjenigen, die Rechte von einem Nichtberechtigten herleiten, anzuwenden.**

Der Erwerb nach § 894 wird wie ein rechtsgeschäftl. behandelt. Ein Erwerb bewegl. Sachen von einem Nichtberechtigten ist somit mögl., der Gl (nicht der GV) muss bei Rechtskraft des Urteils und bei Wegnahme durch den GV (§ 897) gutgl sein, §§ 929, 932 ff. BGB, § 366 HGB; beim Erwerb eines Grundstücks kommt es auf den Zeitpunkt des Umschreibungsantrags an, §§ 892, 893 BGB. 1

**Kein gutgläubiger Erwerb** einer durch § 895 fingierten Vormerkung (RG 68, 154; **aA** *Brox/Walker* Rz 1122). 2

## Abschnitt 4.
## Eidesstattliche Versicherung und Haft

### § 899 ZPO Zuständigkeit

**(1) Für die Abnahme der eidesstattlichen Versicherung in den Fällen der §§ 807, 836 und 883 ist der Gerichtsvollzieher bei dem Amtsgericht zuständig, in dessen Bezirk der Schuldner im Zeitpunkt der Auftragserteilung seinen Wohnsitz oder in Ermangelung eines solchen seinen Aufenthaltsort hat.**

**(2) [1]Ist das angegangene Gericht nicht zuständig, gibt es die Sache auf Antrag des Gläubigers an das zuständige Gericht ab. [2]Die Abgabe ist nicht bindend.**

Geändert durch 2. ZwVollstrNovelle (BGBl 1997, 3039).

Die **eidesstattliche Versicherung** (eV) als Beweismittel (§ 294) ist in §§ 899 ff. nicht gemeint; sondern: § 807 (Vermögensoffenbarung zwecks ZwV), § 836 (unauffindbare Urkunden), § 883 II (Unauffindbarkeit der herauszugebenden Sache). Über freiwillige Abgabe von eV vgl § 889. – Steuersachen vgl § 284 AO. 1

**Ausschließlich zuständig** ist seit 01.01.1999 nicht mehr das VollstrG (= Rechtspfleger), sondern der **GV** (Abs. 1). Die Abnahme ist wohl kein gerichtl. Verfahren, vgl BVerfG NJW 2002, 285. Örtl.: der GV, in dessen Bezirk der Schuldner zum Zeitpunkt des Eingangs des Gl-Auftrags beim GV (vgl § 753: Auftrag) wohnte (§§ 7-11 BGB; bei mehrfachem Wohnsitz: Wahlrecht des Gl, § 35); bei juP, OHG, KG das AG des Sitzes der Gesellschaft, vgl § 17 (LG Bochum Rpfleger 2001, 442). Bei wohnsitzlosen Personen: Aufenthaltsort maßgebend. Unwesentl. ist also der Wohnsitz des Schuldners bei Zustellung der Ladung zur eV. Diese Zust wird fixiert (vgl § 261 III Nr. 2); späterer Umzug ist unbeachtl. (Rechtshilfe mit Aktenversendung erforderl.). Die von einem örtl. unzust GV abgenommene eV ist voll wirksam, nicht anfechtbar, nicht wiederholungsbedürftig. 2

**a)** Die **Zuständigkeit des AG** wird von Amts wegen vom Gericht geprüft; bei Unzust Hinweis an den Gl; auf dessen Antrag keine bindende Verweisung nach §281 mehr, sondern **Abgabe (Absatz 2 Satz 1)** durch das AG, Rechtspfleger (also nicht: durch den GV! BT- 3

Drucks. 13/9088 S.23) an das örtl. zust AG. Die Abgabe ist nicht bindend (**Absatz 2 Satz 2**). Vorherige Anhörung des Schuldners nicht notw. Wird vom Gl kein Abgabeantrag gestellt, Antragszurückweisung. Die Abgabe ist mit sof Beschwerde anfechtbar, §11 RPflG; §793. **b)** Wird ein GV im richtigen AG-Bezirk, aber außerhalb seines Amtsbezirks, angegangen, gibt er die Sache formlos an den zust GV-Kollegen ab (§185c II 3 GVGA); Streitentscheidet der AG-Direktor. **c)** Im Insolvenzverfahren (§§98, 153 InsO) ist das InsolvenzG (Richter, Rechtspfleger) zust (*Schmerbach* NZI 2003, 538), nicht der GV.

## § 900 ZPO Verfahren zur Abnahme der eidesstattlichen Versicherung

**(1) [1]Das Verfahren beginnt mit dem Auftrag des Gläubigers zur Bestimmung eines Termins zur Abgabe der eidesstattlichen Versicherung. [2]Der Gerichtsvollzieher hat für die Ladung des Schuldners zu dem Termin Sorge zu tragen. [3]Er hat ihm die Ladung zuzustellen, auch wenn dieser einen Prozessbevollmächtigten bestellt hat; einer Mitteilung an den Prozessbevollmächtigten bedarf es nicht. [4]Dem Gläubiger ist die Terminsbestimmung nach Maßgabe des § 357 Abs. 2 mitzuteilen.**

**(2) [1]Der Gerichtsvollzieher kann die eidesstattliche Versicherung abweichend von Absatz 1 sofort abnehmen, wenn die Voraussetzungen des § 807 Abs. 1 vorliegen. [2]Der Schuldner und der Gläubiger können der sofortigen Abnahme widersprechen. [3]In diesem Fall setzt der Gerichtsvollzieher einen Termin und den Ort zur Abnahme der eidesstattlichen Versicherung fest. [4]Der Termin soll nicht vor Ablauf von zwei Wochen und nicht über vier Wochen hinaus angesetzt werden. [5]Für die Ladung des Schuldners und die Benachrichtigung des Gläubigers gilt Absatz 1 entsprechend.**

**(3) [1]Macht der Schuldner glaubhaft, dass er die Forderung des Gläubigers binnen einer Frist von sechsMonaten tilgen werde, so setzt der Gerichtsvollzieher den Termin zur Abgabe der eidesstattlichen Versicherung abweichend von Absatz2 unverzüglich nach Ablauf dieser Frist an oder vertagt bis zu sechsMonaten und zieht Teilbeträge ein, wenn der Gläubiger hiermit einverstanden ist. [2]Weist der Schuldner in dem neuen Termin nach, dass er die Forderung mindestens zu drei Vierteln getilgt hat, so kann der Gerichtsvollzieher den Termin nochmals bis zu zweiMonaten vertagen.**

**(4) [1]Bestreitet der Schuldner im Termin die Verpflichtung zur Abgabe der eidesstattlichen Versicherung, so hat das Gericht durch Beschluss zu entscheiden. [2]Die Abgabe der eidesstattlichen Versicherung erfolgt nach dem Eintritt der Rechtskraft der Entscheidung; das Vollstreckungsgericht kann jedoch die Abgabe der eidesstattlichen Versicherung vor Eintritt der Rechtskraft anordnen, wenn bereits ein früherer Widerspruch rechtskräftig verworfen ist, wenn nach Vertagung nach Absatz 3 der Widerspruch auf Tatsachen gestützt wird, die zur Zeit des ersten Antrags auf Vertagung bereits eingetreten waren, oder wenn der Schuldner den Widerspruch auf Einwendungen stützt, die den Anspruch selbst betreffen.**

**(5) Der Gerichtsvollzieher hat die von ihm abgenommene eidesstattliche Versicherung unverzüglich bei dem Vollstreckungsgericht zu hinterlegen und dem Gläubiger eine Abschrift zuzuleiten.**

Geändert durch G v. 19.12.1998 (BGBl 1998, 3836).

**Lit:** ***Gilleßen/Kühn*** (Kostenfragen) DGVZ 2000, 1.

**1. Verfahrensablauf:** Es gibt zwei Möglichkeiten: 1

**a) Der Gerichtsvollzieher wurde vom Gläubiger nur mit der Abnahme der eidesstattlichen Versicherung** (zB nach § 807, § 836 oder § 883), *nicht mit einer Sachpfändung*, **beauftragt (Absatz 1 Satz 1)**. Den **Auftrag** erteilt der Gl dem GV (§ 899) unmittelbar oder über die GV-Verteilungsstelle des AG; der Gl muss hierzu keinen bestimmten Vordruck verwenden. Der Antrag ist zu unterschreiben; ob eine Faksimileunterschrift ausreicht, ist str (dagegen LG Aurich Rpfleger 1984, 323); ohne Anwaltszwang (§ 78 V); eine Vollmacht, die sich nicht aus dem Rubrum des Titels ergibt, ist beizufügen, §§ 80 I, 88 II. Ein Inkassounternehmen kann für den Gl den Antrag stellen (LG Bremen MDR 2001, 351; **aA** LG Frankfurt Rpfleger 2000, 558 usw; dazu *Nies* MDR 2000, 625; *David* MDR 2000, 15; *Caliebe* NJW 2000, 1623).

Die **Geldforderung** ist anzugeben (hM), der Antrag auf eV kann auch nur wegen eines **Teilbetrags** der Forderung gestellt werden (OLG Schleswig Rpfleger 1976, 224; *Schilken* DGVZ 1989, 33; hM). Der Antrag kann bis zum Ende des Verfahrens (Abgabe der eV oder Erlass des Haftbefehls) zurückgenommen werden (KG MDR 1991, 163); der Termin ist dann aufzuheben; Kosten § 788. 2

**Beizufügen sind:** vollstr Ausfertigung des Vollstr-Titels (§ 724) mit Zustellungsurkunde (§ 750); evtl Nachweis der Sicherheitsleistung (§ 751 II; Zug-um-Zug-Leistung § 765); nicht zu alter Nachweis über Fruchtlosigkeit etc der bisherigen Pfändung (vgl § 807 Rz 5). Angegebene Vollstr-Kosten müssen nicht belegt werden (LG Düsseldorf JurBüro 1987, 1101).

**Der Gerichtsvollzieher prüft:** 3

- seine **Zuständigkeit**, § 899;
- **Wirksamkeit des Antrags**;
- **Rechtsschutzbedürfnis;** es kann fehlen, wenn feststeht (!), dass der Schuldner nichts hat (BVerfG NJW 1983, 559) oder die Erfüllung unstr ist (LG Hamburg Rpfleger 1985, 34); Abgabe der eV vor einem Notar genügt aber nicht (LG Detmold Rpfleger 1987, 165); Geringfügigkeit der Forderung steht nicht entgegen;
- ob die **Voraussetzungen der ZwV** vorliegen (Titel, Klausel, Zustellung; bes Voraussetzungen; aussichts- oder fruchtlose Sicherungsvollstreckung nach § 720a gestattet Antrag auf eV auch ohne Sicherheitsleistung, OLG Hamm JurBüro 1982, 1412; str);
- ob die **besonderen Voraussetzungen** für die Pflicht zur Abgabe der eV vorliegen (vgl §§ 807, 883, 936);
- wenn der Schuldner **innerhalb der letzten 3 Jahre** die eV abgegeben hat (festzustellen durch Einsicht in das Schuldnerverzeichnis, § 915), wird der Gl benachrichtigt; er kann dann den Antrag zurücknehmen, oder nichts tun und die drei Jahre abwarten, oder nach § 903 den Antrag auf Wiederholung der eV stellen.

**Entscheidung des Gerichtsvollziehers: (1)** Wenn die Voraussetzungen nicht vorliegen und beseitigungsfähige Mängel vom Gl trotz Hinweis nicht behoben werden, lehnt der GV den Auftrag ab. **(2)** Andernfalls bestimmt der GV den eV-Termin. Der GV lädt den 4

Schuldner zum Termin (**Absatz 1 Satz 2**) mittels Zustellung (**Absatz 1 Satz 3;** LG Karlsruhe DGVZ 2000, 89), §§ 191 ff.; Ersatzzustellung ist zul. Hat ein gesetzl. Vertr (GmbH-Geschäftsführer, Betreuer) die eV abzugeben, ist dieser (und nicht die GmbH usw) zu laden. Verpflichtet ist derjenigen gesetzl. Vertr, der im Zeitpunkt des eV-Termins gesetzl. Vertr *ist* (OLG Köln Rpfleger 2000, 399); bei mehreren Vertr: einer (LG Mainz Rpfleger 2000, 283). Dem Anwalt des Schuldners wird (entgegen § 172) die Ladung nicht zugestellt, auch nicht mitgeteilt. **Terminsänderung** aus dienstl. Gründen ist auch ohne Zustimmung des Gl mögl. Dem Verlegungsantrag des Gl muss andererseits nicht nachgekommen werden. Vgl ferner § 227. Bei Vertagung ist der Schuldner zum neuen Termin zu laden, § 218 gilt nicht. Der Gl wird vom Termin formlos verständigt (**Absatz 1 Satz 4** mit § 357 II). Zweckmäßig ist, eine Kopie des Gl-Antrags und den Vordruck für das Vermögensverzeichnis beizufügen. Ladungsfrist: 3 Tage (§ 217).

5 **Ort zur Abgabe der eidesstattlichen Versicherung:** Büro des GV oder (zB) Wohnung des Schuldners. **Bei Krankheit**, Gebrechlichkeit etc kann der Termin in der Schuldnerwohnung (LG Nürnberg-Fürth JurBüro 1982, 140) bzw im Krankenhaus stattfinden, § 219 I; über Gesundheitsgefährdung vgl KG MDR 1965, 53. Der Termin ist **nichtöffentlich**; der Gl hat ein Recht auf Anwesenheit; der Schuldner kann einen PrBev mitbringen. Der Schuldner kann die eV entspr § 807, § 836 oder § 883 abgeben; der Gl kann konkrete **Fragen stellen** (LG Marburg DGVZ 2000, 152; *Spring* NJW 1994, 1108), Vorhalte machen. Abgabepflichtig ist bei juP, OHG, KG der, der am Terminstag gesetzl. Vertr ist (OLG Hamm OLGZ 1987, 341; **aA** OLG Stuttgart MDR 1984, 238: Zustellungstag); bei gelöschter GmbH nach OLG Frankfurt Rpfleger 1982, 290 keine Verpflichtung des früheren Geschäftsführers (bedenkl., vgl § 807 Rz 8); **aA** LG Braunschweig NJW-RR 1999, 1265 (Neubestellung eines Liquidators zwecks eV-Abgabe nicht notw). Der Gl kann das Vermögensverzeichnis einsehen, § 299; ebenso andere Gl (Gebühr: GKG-KV 2116); Rz 12.

**Rechtshilfe:** auch ein auswärtiges AG kann um Abnahme der eV ersucht werden, § 479 entspr, §§ 156, 157 GVG. Bestreitet der Schuldner, die eV abgeben zu müssen: Abs. 4.

6 **b) Der Gläubiger hat den Gerichtsvollzieher mit der Sachpfändung beauftragt.** Diese hat zu keiner vollständigen Befriedigung des Gl geführt. Der GV *kann* dann den Schuldner auffordern, die eV sofort an Ort und Stelle abzugeben (bei komplizierteren Vermögensverhältnissen ist dies nicht sinnvoll); **Absatz 2 Satz 1**. Das entfällt, wenn der Schuldner innerhalb der letzten drei Jahre die eV bereits abgab (§ 903).

Der Schuldner hat nun folgende Möglichkeiten:

**(1) Abgabe.** Er kann die eV sofort abgeben. Der GV kann dem Schuldner beim Ausfüllen der Formulare behilfl. sein. Die eV übersendet der GV an das VollstrG, in Abschrift an den Gl (**Absatz 5**).

**(2) Widerspruch.** Der Schuldner kann sich weigern (**Absatz 2 Satz 2**), die eV *sofort* an dem Ort, an dem gepfändet wurde, abzugeben. Auch der Gl hat ein Widerspruchsrecht (weil er bei der Abgabe der eV anwesend sein darf); da er bei der Sachpfändung meist nicht anwesend ist, kann er in der Praxis nicht mdl widersprechen; deshalb ist anzunehmen, dass er schriftl. im Vorhinein bei Stellen des Pfändungsauftrags widersprechen kann. Wird ein Widerspruch erhoben, bestimmt der GV einen Termin und einen Terminsort

**(Absatz 2 Satz 3)** und zwar in den nächsten Wochen **(Absatz 2 Satz 4)**; dies kann, muss aber nicht sofort geschehen. Wenn der GV sofort den Termin bestimmt, kann er die Ladung dem Schuldner sogleich übergeben (= Zustellung, §§ 191, 177); den Gl hat er formlos zu laden **(Absatz 2 Satz 5)**.

**(3) Tilgungsabsicht des Schuldners.** Der Schuldner kann sich weigern, die eV sofort abzugeben und darlegen, dass er voraussichtl. in den nächsten sechs Monaten zahlen kann. Wie diese Frist genau zu errechnen ist, ist str. Glaubhaftmachung: § 294; bloße Zusage genügt aber nicht. Dann setzt der GV sogleich einen Termin zur Abgabe der eV in sechs Monaten und einigen Wochen an **(Absatz 3 Satz 1)**. Das Einverständnis des Gl ist hierzu nicht erforderl. (AG Forchheim DGVZ 2000, 43). Weist der Schuldner im neuen Termin die Zahlung von mindestens 75 % (von Hauptsache, Zinsen, Kosten) nach, kann der GV nochmals um zwei Monate vertagen **(Absatz 3 Satz 2)**.

**(4) Vertagung.** Im Falle 3 kann der GV aber auch ohne Terminsbestimmung vertagen, dh in einem bereits begonnenen Termin einen Fortsetzungstermin bestimmten (§ 227 Rz 2).

**(5) Teilzahlung.** In allen Fällen kann der GV auch Teilbeträge der Forderung beim Schuldner einziehen, wenn der Gl einverstanden ist (*einverstanden* bezieht sich nur auf den Schlusssatz, BT-Drucks. 13/9088 S. 24). Wenn es sich nicht nur um Kleinstbeträge handelt, ist das Einverständnis des Gl zu unterstellen.

**(6) Weigerung.** Der Schuldner kann bestreiten, dass er die eV abgeben muss, Abs. 4.

**2.** Erklärt sich der **Schuldner** für **psychisch nicht in der Lage**, die eV abzugeben, kommt, 7
wenn dies für festgestellt zu erachten ist, Vertagung nach § 227 infrage (vgl OLG Frankfurt NJW 1968, 1194; OLG Köln MDR 1978, 59; ungenügend: schwere Depressionen, LG Berlin Rpfleger 1997, 34). Jedenfalls kann einem **prozessunfähigen Schuldner** die eV nicht abgenommen werden (AG Wuppertal DGVZ 1999, 187). Ob eine Betreuungsanregung zum VormG (§ 1896 BGB) bei langwieriger Erkrankung infrage kommt, hängt vom Einzelfall ab.

**Der Schuldner erscheint nicht**, oder erscheint und verweigert die eV, oder verweigert sie 8
nach Verwerfung seines Widerspruchs: Vorlage an den Richter (§ 4 II, III RPflG), der auf Antrag des Gl die Haft anordnet, §§ 901 ff. oder den Haftantrag ablehnt. Stellt der Gl keinen Haftantrag, kommt das Verfahren zum Stillstand. – Hat der nicht erschienene Schuldner sein **Ausbleiben glaubhaft entschuldigt** (Krankheit usw), ist nach § 227 zu vertagen.

**3. Bestreiten der Verpflichtung zur Abgabe der eidesstattlichen Versicherung (Absatz** 9
**4).** Nur mdl Widerspruch im Termin ist beachtl., ein bloß schriftl. Widerspruch ist unzul (OLG Hamm JurBüro 1983, 1891). Über den Widerspruch wird vom VollstrG (Rechtspfleger, § 20 Nr. 17 RPflG) durch Beschluss entschieden **(Absatz 4 Satz 1)**. Der Widerspruch ist begr, wenn eine Voraussetzung für die Abgabe der eV fehlt, zB ein geeigneter Titel fehlt, die ZwV eingestellt (§ 775) oder der Antrag nach § 765a begr ist, Verfahrensmängel vorliegen, Rechtsschutzbedürfnis fehlt, der Gl auf die eV verzichtet hat. – **Nicht genügen:** Einwendungen gegen die Klauselerteilung (§§ 732, 768); Behauptung der Erfüllung, wenn keine Urkunden nach § 775 Nr. 4, 5 vorgelegt werden (dafür § 767 mit §§ 769, 775 Nr. 1, 2).

**4. Entscheidung des Rechtspflegers.** Beschluss: **a) Verwerfung des Widerspruchs.** 10
Dagegen sof Beschwerde zul (OLG Düsseldorf Rpfleger 2000, 27). Aufschiebende Wir-

kung, vor Rechtskraft der Entscheidung über den Widerspruch muss der Schuldner die eV nicht abgeben. Gibt der Schuldner die eV dann nicht freiwillig ab, wird nach Rechtskraft neuer Termin zur eV bestimmt. **b) Anordnung der Abgabe der eidesstattlichen Versicherung.** Ausnahme: in drei Fällen kann das VollstrG trotz Widerspruch die Abgabe der eV anordnen **(Absatz 4 Satz 2)**: **(1)** früherer Widerspruch wurde bereits rechtskr verworfen (denn sonst gäbe es nie ein Ende); **(2)** Der Schuldner hatte Vertagung erreicht und bringt im neuen Termin Widerspruchsgründe, die er bereits vor der Vertagung hätte vorbringen können; **(3)** Schuldner stützt den Widerspruch darauf, dass das Urt usw falsch sei; oder auf Einwendungen, die er nach § 767 (Folge: § 769 I, § 775 Nr. 2) verfolgen muss. **c) Dem Widerspruch wird stattgegeben**, der Antrag des Gl wird abgelehnt, die eV ist nicht abzugeben. Neuer eV-Antrag des Gl dann nur aufgrund neuer Tatsachen.

Ein **erneuter Widerspruch** kann vom Schuldner nur auf Tatsachen gestützt werden, die *nach* dem früheren Beschluss entstanden sind; andernfalls wird (zur Verhinderung von Verschleppung) sofortige eV-Abgabe angeordnet.

11 **5. Rechtsbehelfe:**

**a) gegen Bestimmung des Termins der eidesstattlichen Versicherung:** unanfechtbar (OLG Zweibrücken DGVZ 2000, 117); nur § 900 IV. **b) gegen Ablehnung der Terminsbestimmung:** für Gl die Erinnerung (§ 766), dann § 793; **c) gegen Vertagungsbeschluss** des GV hat der Gl die Erinnerung (§ 766); **d) gegen Ablehnung der Vertagung** durch GV hat der Schuldner die Erinnerung (§ 766); **e) gegen die Entscheidung des Rechtspflegers über den Widerspruch** (Abs. 4): sof Beschwerde, § 11 RPflG, § 793 (OLG Düsseldorf NJW-RR 2001, 68);

**f) Gegen die Anordnung sofortiger Abgabe** der eV vor Rechtskraft: befristete Erinnerung, § 11 II RPflG. **g) gegen Ablehnung der Verhaftung** durch GV: § 766 (LG Rostock Rpfleger 2003, 203).

12 **6. Kosten: Gerichtsvollzieher:** GVKostG Nr. 260; **Gericht:** Keine Gerichtsgebühr für die Abnahme (GKG KV 2114 betrifft nur § 889). Wenn DrittGl Kopien der eV will: GKG KV 2115; die bloße Einsicht kostet ebenso viel (KV 2116). Fotokopieauslagen werden nicht zusätzl. verlangt, GKG KV 9000 III, 9003. Beschwerdeverfahren: GKG-KV 2121, 2124. **Rechtsanwalt:** RVG-VV 3309, 3310; § 18 Nr. 18 RVG. Gegenstandswert: bei § 807: § 25 I Nr. 4 RVG; bei § 883: Wert der herauszugebenden Sache.

## § 901 ZPO Erlass eines Haftbefehls

**[1]Gegen den Schuldner, der in dem zur Abgabe der eidesstattlichen Versicherung bestimmten Termin nicht erscheint oder die Abgabe der eidesstattlichen Versicherung ohne Grund verweigert, hat das Gericht zur Erzwingung der Abgabe auf Antrag einen Haftbefehl zu erlassen. [2]In dem Haftbefehl sind der Gläubiger, der Schuldner und der Grund der Verhaftung zu bezeichnen. [3]Einer Zustellung des Haftbefehls vor seiner Vollziehung bedarf es nicht.**

Geändert durch 2. ZwVollstrNovelle (BGBl 1997, 3039). Die Novelle beseitigte die Unterscheidung Haftanordnung – Haftbefehl.

**1. Voraussetzungen des Haftbefehls**

**a) Nichterscheinen des Schuldners** trotz **(1)** ordnungsgem Ladung; dh wirksame Zustellung und Einhalten der Frist (drei Tage, § 217) oder § 218; und **(2)** ohne ausreichende Entschuldigung; dies ist zB der Fall, wenn der Schuldner keine Kenntnis vom Termin hatte (KG OLGZ 1993, 359); wenn ärztl. Attest vorgelegt wird (LG Saarbrücken DGVZ 2004, 29); ungenügend bloße Arbeitsunfähigkeitsbescheinigung (LG Stuttgart DGVZ 2004, 44); vgl § 233; oder 1

**Verweigerung der eidesstattlichen Versicherung ohne Grund:** zB kein mdl Widerspruch; Widerspruch nur unzulängl. begr; Verweigerung der eV, nachdem sofortige Abgabe (§ 900 IV 2) angeordnet wurde; Verweigerung der Ergänzung des ungenauen Vermögensverzeichnisses (OLG Düsseldorf JurBüro 1984, 947); kein ausreichender Grund („fühle mich heute nicht wohl“). 2

**b) Antrag des Gläubigers** auf Haftbefehl (ohne Anwaltszwang); kann auch schon mit dem Antrag auf Abgabe der eV gestellt werden. 3

**c) Bestehen der Pflicht zur Abgabe der eV** im Zeitpunkt der HaftAnO nach § 900 Rz 1 ff. (vgl BVerfG 48, 401; 61, 126: keine Haftbefehl, wenn Leistungsunfähigkeit des Schuldners *feststeht;* Berücksichtigung von § 765a bei geringfügigen Forderungen). Eine evtl Haftunfähigkeit wird erst bei Vollstreckung berücksichtigt (OLG Karlsruhe MDR 1999, 567). 4

**2. Entscheidung** (Beschluss des Richters, § 4 II Nr. 2 RPflG). **a)** Ablehnung des Antrags, wenn eine Voraussetzung fehlt (keine Ablehnung durch den *Rechtspfleger*); oder 5

**b)** Beschluss des Richters, durch den die Haft angeordnet wird, dh Erlass des **Haftbefehls.** Hierbei hat der Richter die Vollstr-Voraussetzungen eigenständig zu prüfen, auch beim Antrag des Finanzamts, zB Verhältnismäßigkeit und Säumnis (LG Braunschweig Rpfleger 2001, 506; teils **aA** LG Detmold Rpfleger 2001, 507). **Inhalt (Satz 2):** Bezeichnung von Gl und Schuldner, Datum, Angabe der Höchstdauer der Haft (§ 913), Vollstreckungstitel, Haftgrund (§ 807 oder § 836 oder § 883); keine KostenE (§ 788). Der Haftbefehl wird dem Gl ausgehändigt, der dann dem GV den Auftrag geben kann, den Schuldner zu verhaften (§ 909). **Zustellung** des Haftbefehls an den Schuldner von Amts wegen (oder sonstige Mitteilung an den Schuldner) ist nicht erforderl. **(Satz 3)**, trotz § 329 III (str); die Bekanntmachung erfolgt durch Übergabe bei der Verhaftung. 6

**3. Der Haftbefehl ist aufzuheben** (vom Richter; nach **aA** AG Neuruppin Rpfleger 2004, 617 auch vom Rechtspfleger): wenn der Schuldner leistet, zB zahlt (bei Beschränkung des Gl-Antrags auf einen Teilbetrag: wenn dieser bezahlt ist, LG Bonn DGVZ 1987, 28); wenn der Schuldner glaubhaft macht, dass er schuldlos keine Kenntnis vom Termin hatte, zB wegen Ersatzzustellung (OLG Hamm MDR 1975, 939) oder die Voraussetzungen des § 337 vorliegen, zB wegen nun nachgewiesener Erkrankung des Schuldners (OLG Hamm Rpfleger 1977, 111; KG MDR 1965, 53; LG Koblenz MDR 1985, 418); wenn der Gl den Antrag auf eV zurücknimmt; wenn der Gl die Aufhebung des Haftbefehl beantragt (§ 911); nach sechs Monaten Haftdauer (§ 913); wenn die Drei-Jahresfrist verstrichen ist (§ 909 II). Nach **aA** besteht zT kein Bedürfnis für eine Aufhebung, weil der Gl das Original des Haftbefehls dem Schuldner aushändigen könne (*Zöller/Stöber* § 901 Rz 12). Wenn der verhaftete Schuldner die eV abgibt entfällt wegen § 902 II eine Aufhebung. – Die Auf- 7 hebung des Haftbefehls ist zu unterscheiden von der Aussetzung des Vollzugs, auch durch den GV (§ 902 III); vom Haftaufschub (§ 906).

8 **4. Rechtsbehelfe: a) gegen Ablehnung des Haftbefehls** sof Beschwerde, §§ 793, 567, 569. **b) Gegen Haftbefehl**: sof Beschwerde, § 793 (nicht § 766; LG Münster MDR 1999, 892; OLG München Rpfleger 1987, 319 zur aF). Haftbefehl des Rechtspflegers ist unwirksam (vgl Art 104 II GG). Der Schuldner kann die Aussetzung der Vollziehung des Haftbefehls beantragen, § 572 II.

9 **Beschwerdebegründung:** hat der Schuldner Einwendungen mit dem Widerspruch (§ 900 IV) vorgebracht und ist darüber rechtskräftig entschieden, ist er damit jetzt ausgeschlossen (vgl LG Düsseldorf JurBüro 1985, 1737); hat er den Widerspruch unterlassen, kann er diese Einwendungen noch mit der Beschwerde bringen (KG MDR 1963, 143; str). Einwendungen gegen die Forderung selbst sind ausgeschlossen (LG Göttingen JurBüro 2003, 658). Der Schuldner kann aber zB vorbringen, dass Voraussetzungen der ZwV fehlten, er nicht säumig war.

10 **Fristbeginn** (§ 569 I 2): die **Ablehnung** wird dem Gl von Amts wegen zugestellt (§ 329 III), damit beginnt für ihn die Frist. Bei **Erlass des Haftbefehls** beginnt die Frist bei Anwesenheit des Schuldners im Termin mit der Verkündung, sonst ist zu unterscheiden: wurde der Haftbefehl dem Schuldner nicht vorher zugestellt (weil der Schuldner sonst evtl untertauchen würde), beginnt die Frist mit dem Vorzeigen und der Übergabe des Haftbefehls durch den GV nach § 909 I 2 (OLG München Rpfleger 1987, 319; str); bei Amtszustellung damit.

11 **Kosten:** für GV GVKostG 270, bei Erfolglosigkeit 604. Haftauslagen GKG KV 9010. Der Gl muss einen entspr Haftkostenvorschuss zahlen (§ 17 GKG).

## § 902 ZPO Eidesstattliche Versicherung des Verhafteten

**(1) [1]Der verhaftete Schuldner kann zu jeder Zeit bei dem zuständigen Gerichtsvollzieher des Amtsgerichts des Haftortes verlangen, ihm die eidesstattliche Versicherung abzunehmen. [2]Dem Verlangen ist ohne Verzug stattzugeben. [3]Dem Gläubiger ist die Teilnahme zu ermöglichen, wenn er dies beantragt hat und die Versicherung gleichwohl ohne Verzug abgenommen werden kann.**

**(2) Nach Abgabe der eidesstattlichen Versicherung wird der Schuldner aus der Haft entlassen und der Gläubiger hiervon in Kenntnis gesetzt.**

**(3) [1]Kann der Schuldner vollständige Angaben nicht machen, weil er die dazu notwendigen Unterlagen nicht bei sich hat, so kann der Gerichtsvollzieher einen neuen Termin bestimmen und die Vollziehung des Haftbefehls bis zu diesem Termin aussetzen. [2]§ 900 Abs. 1 Satz 2 bis 4 gilt entsprechend.**

§ 902 geändert durch 2. ZwVollstrNovelle (BGBl 1997, 3039).

1 **Absatz 1 Satz 1:** Der nichtverhaftete Schuldner, gegen den der Haftbefehl ergangen ist, kann jederzeit beim GV einen Termin beantragen und die eV abgeben. Diese Möglichkeit hat auch der verhaftete Schuldner nach Abs. 1 S. 1. Bei § 284 AO Abgabe vor dem Finanzamt. **Satz 2:** *ohne Verzug* bedeutet, so schnell wie (objektiv) mögl. **Satz 3:** Der Gl

ist vom Termin jeweils zu verständigen. Teilnehmen kann auch ein Vertr des Gl. Der Gl darf dem Schuldner gezielt Fragen stellen, Vorhalte machen, damit vollständiges Ausfüllen des eV-Formulares gewährleistet ist. Vom eV-Termin wird der Gl nur noch benachrichtigt, wenn er dies beantragt hat (anders bei § 900 I). Amtspflichtverletzung des GV, wenn er trotz Antrag den Gl nicht informiert. *Ohne Verzug* bedeutet hier, dass der Gl tel oder mit Fax zu verständigen ist und dass es, wenn der Gl erscheinen will, darauf ankommt, ob er in angemessener Zeit erscheinen kann, zB am Tag nach der Verhaftung. **Rechtsbehelf** gegen Maßnahmen des GV (zB Ablehnung der Aussetzung): § 766.

**Absatz 2:** Der GV ordnet die Entlassung an; der Haftbefehl ist damit verbraucht und wird nicht mehr aufgehoben. Die Entlassung wird im Protokoll vermerkt (§ 762 II Nr. 2), Protokoll und Haftbefehl sendet der GV an das AG zu den dortigen ZwV-Akten zurück. 2

**Absatz 3:** Wenn der Schuldner überraschend verhaftet wird, zB auf der Straße, und die Unterlagen nicht dabei hat, kann er sich diese durch Dritte herbeischaffen lassen. Der GV kann dann (muss aber nicht) die Vollziehung des Haftbefehls befristet aussetzen und kurzfristig einen neuen Termin bestimmen (**Satz 1**). Hierzu wird der Schuldner geladen, der Gl wird vom Termin formlos verständigt (**Satz 2**). 3

## § 903 ZPO Wiederholte eidesstattliche Versicherung

**[1]Ein Schuldner, der die in § 807 dieses Gesetzes oder in § 284 der Abgabenordnung bezeichnete eidesstattliche Versicherung abgegeben hat, ist, wenn die Abgabe der eidesstattlichen Versicherung in dem Schuldnerverzeichnis noch nicht gelöscht ist, in den ersten drei Jahren nach ihrer Abgabe zur nochmaligen eidesstattlichen Versicherung einem Gläubiger gegenüber nur verpflichtet, wenn glaubhaft gemacht wird, dass der Schuldner später Vermögen erworben hat oder dass ein bisher bestehendes Arbeitsverhältnis mit dem Schuldner aufgelöst ist. [2]Der in § 807 Abs. 1 genannten Voraussetzungen bedarf es nicht.**

Satz 2 angefügt durch 2. ZwVollstrNovelle (BGBl 1997, 3039).

**1.** Der Gl, der die eV beantragte, und andere Gl können die vom Schuldner abgegebene eV einsehen bzw Kopien verlangen, §§ 299, 915 (OLG Frankfurt MDR 1989, 465; OLG Düsseldorf JB 1993, 550); Geb GKG-KV 2115, 2116. Akten*versendung* erfolgt idR nicht (OLG Hamm Rpfleger 1989, 469; **aA** LG Köln JB 1993, 241). 1

**a)** Diese Gl können in Fortsetzung des alten Verfahrens (dasselbe VollstrG bleibt zust, neue Geb fallen nicht an, neue Fruchtlosigkeitsbescheinigung bzw Unpfändbarkeitsbescheinigung iSv § 807 ist *nicht* erforderl; klargestellt durch S. 2) die **Ergänzung der eidesstattlichen Versicherung beantragen**, wenn sie ungenau oder unvollständig ist (BGH NJW 2004, 2979), was der ASt darzulegen hat; dies **fällt unter §§ 807, 900**, nicht § 903. Rechtsschutzbedürfnis muss bestehen (vgl LG Köln NJW-RR 1988, 695). Bei unrichtiger eV keine Ergänzung, sondern Strafanzeige, § 156 StGB. 2

**b)** Diese Gl können eine **neue eidesstattliche Versicherung nur nach § 903** beantragen: 3

- die Voraussetzungen des § 900 Rz 1 ff. müssen vorliegen; eine **neue Unpfändbarkeitsbescheinigung** neueren Datums (zB aus den letzten sechs Monaten) muss der Gl nicht vorlegen; **Satz 2**; früher sehr str.
- ferner Ablauf der Sperrfrist von drei Jahren (§ 903 S. 1). Schuldnerverzeichnis § 915; Berechnung der drei Jahre (sie müssen bei Antragseingang abgelaufen sein): § 222.
- Oder: wenn nach der Lebenserfahrung anzunehmen ist, dass der Schuldner schon vor Ablauf der drei Jahre Vermögen erworben hat (LG Köln JurBüro 2001, 659); Rz 5, 6. Konkrete Anhaltspunkte sind vorzutragen, bloße Vermutungen genügen nicht. Beispiele: Umzug in neue Wohnung (LG Kassel Rpfleger 2005, 39; str); Auflösung des einzigen Girokontos genügt nicht (BGH NJW-RR 2007, 1007; str); Erlangen einer Erbschaft genügt (AG Lindau DGVZ 2003, 173); Aufgabe einer Nebentätigkeit genügt (LG Schweinfurt DGVZ 2002, 155).

4 Es findet dann ein neues eV-Verfahren statt, der Schuldner muss ein neues vollständiges Vermögensverzeichnis vorlegen und darf nicht nur das frühere ergänzen (LG Krefeld MDR 1986, 1035; str).

5 **2. Späterer Vermögenserwerb:** nur pfändbares Vermögen; zB wenn Sicherungseigentum der Bank weggefallen ist (LG Bielefeld MDR 1987, 416).

6 **3. Auflösung eines Arbeitsverhältnisses** (das zur Zeit der eV bestand): **§ 903** ist **analog** anzuwenden auf alle Fälle, in denen eine neue Erwerbsquelle des Schuldners nahe liegend erscheint; zB: wenn der Schuldner bei Abgabe der eV arbeitslos war, genügt die Darlegung des Gl, dass (nach fast zwei Jahren) anzunehmen ist, dass der Schuldner einen neuen Arbeitsplatz gefunden hat (LG Hannover JurBüro 1987, 942; OLG Karlsruhe DGVZ 1992, 27) oder dass er nun freiberufl. tätig ist (LG Frankenthal Rpfleger 1985, 450); wenn der Schuldner seine Zahnarztpraxis weiter betreibt (LG Köln DGVZ 2005, 182); wenn der Schuldner ein selbständiges Gewerbe aufgegeben hat (LG Hamburg DGVZ 1985, 90); oder die Witwenpension bzw Sozialrente verloren hat (OLG Hamm Rpfleger 1983, 322), oder der Handelsvertreter den Unternehmer gewechselt hat (KG MDR 1968, 674), der Schuldner aus dem Beamtenverhältnis ausgeschieden ist; wenn nach der Lebenserfahrung mit dem Erwerb neuen Vermögens bei einem Gewerbetreibenden zu rechnen ist (LG Heilbronn Rpfleger 2000, 170).

7 **4. Glaubhaftmachung:** die Anforderungen an den Gl dürfen nicht überspannt werden, es kann die Darlegung von Umständen genügen, aus denen nach der Lebenserfahrung bestimmte Schlüsse zu ziehen sind; vgl § 294.

8 **5. Rechtsbehelf** für den Schuldner: Widerspruch nach § 900 IV.

## § 904 ZPO Unzulässigkeit der Haft

**Die Haft ist unstatthaft:**

1. **gegen Mitglieder des Bundestages, eines Landtages oder einer zweiten Kammer während der Tagung, sofern nicht die Versammlung die Vollstreckung genehmigt;**

2. **(weggefallen)**

**3. gegen den Kapitän, die Schiffsmannschaft und alle übrigen auf einem Seeschiff angestellten Personen, wenn sich das Schiff auf der Reise befindet und nicht in einem Hafen liegt.**

Für Bundestagsabgeordnete vgl Art 46 III; IV GG, für Landtagsabgeordnete die Länderverfassungen. Für Mitglieder der alliierten Streitkräfte und deren Familienangehörige vgl Art 34 NATO-Truppenstatut-Zusatzabkommen. 1

## § 905 ZPO Haftunterbrechung

**Die Haft wird unterbrochen:**

**1. gegen Mitglieder des Bundestages, eines Landtages oder einer zweiten Kammer für die Dauer der Tagung, wenn die Versammlung die Freilassung verlangt;**

**2. (weggefallen).**

## § 906 ZPO Haftaufschub

**Gegen einen Schuldner, dessen Gesundheit durch die Vollstreckung der Haft einer nahen und erheblichen Gefahr ausgesetzt wird, darf, solange dieser Zustand dauert, die Haft nicht vollstreckt werden.**

Der Haftbefehl ist auch gegen haftunfähige Schuldner zul (OLG Karlsruhe MDR 1999, 567), auch die Pflicht zur Abgabe der eV besteht. Die Entscheidung über die Haftfähigkeit trifft der GV erst bei der Vollstr aufgrund Offenkundigkeit (**aA** LG Hannover JurBüro 1985, 1747) oder **ärztlichen Attests;** str ist, ob privatärztl. ausreicht oder amtsärztl. notw ist (vgl AG Aachen JurBüro 2005, 551; LG Aachen DGVZ 1999, 43; AG Mönchengladbach DGVZ 1986, 126; allg *Midderhoff* DGVZ 1982, 81). 1

Großzügigkeit ist nicht angebracht, weil der Schuldner (anders als bei Strafhaft) die Haft durch Abgabe der eV (bei Kränklichkeit auch in seiner Wohnung) sofort abwenden kann. Kein Vollzug in Krankenabteilung (OLG Karlsruhe DGVZ 1993, 8). 2

**Rechtsbehelf:** § 766. 3

## §§ 907, 908 ZPO
(weggefallen)

## § 909 ZPO Verhaftung

**(1) [1]Die Verhaftung des Schuldners erfolgt durch einen Gerichtsvollzieher. [2]Dem Schuldner ist der Haftbefehl bei der Verhaftung in beglaubigter Abschrift zu übergeben.**

**(2) Die Vollziehung des Haftbefehls ist unstatthaft, wenn seit dem Tage, an dem der Haftbefehl erlassen wurde, drei Jahre vergangen sind.**

§ 909 geändert durch 2. ZwVollstrNovelle (BGBl 1997, 3039).

1 Der **Gl erhält den Haftbefehl** (Urschrift); er muss beim GV des Ortes, an dem die Verhaftung durchgeführt werden soll, die Verhaftung beantragen, wobei dem GV der Haftbefehl und der VollstrTitel zu übergeben sind. Verfahren des GV bei der Verhaftung: §187 GVGA. Eine begl Abschrift des Haftbefehls wird dem Schuldner bei der Verhaftung vom GV übergeben. Umstr ist, ob dies eine Amts- oder Partei*zustellung* ist und ob die GV-Zustellungs-Geb (100 GvKostG) anfällt (vgl *Kessel* DGVZ 2004, 51; *Blaskowitz* DGVZ 2004, 55; *Winterstein* DGVZ 2004, 54). Ist der Schuldner nun bereit, die eV abzugeben, wird sie ihm abgenommen, evtl nach Bestimmung eines besonderen Termins (§902 III). Andernfalls wird er in die Justizvollzugsanstalt eingeliefert. Er kann jederzeit die eV abgeben (§902 I). -Öffnet der Schuldner nicht, kann der GV einen Schlosser zuziehen (LG Berlin DGVZ 1985, 183); eine richterl. AnO ist unnötig (§758a II). Aber keine **Verhaftung in fremder Wohnung**, wenn der Wohnungsinhaber widerspricht, Art13 GG (vgl *Siegel* DGVZ 1987, 151; *Christmann* DGVZ 1988, 91; *Bittmann* DGVZ 1989, 65). **Kosten:** Haftkosten GKG-KV 9010; Vorschuss: §17 GKG. GV-Kosten GvKostG 270; erscheint der Schuldner freiwillig im Büro des GV um die eV abzugeben: keine Geb nach GvKostG 270, nur nach 604 (*Drumann* JurBüro 2004, 387; **aA** AG Augsburg DGVZ 2003, 191). Anwalt: RVG VV 3309; §18 Nr.18 RVG. Alle Kosten hat der Schuldner letztl. zu tragen, §788 (soweit liquide).

2 **Die Verhaftung unterbleibt:** wenn der Schuldner voll bezahlt; wenn er in Strafhaft ist (AG Essen DGVZ 1995, 28). **Teilbeträge:** der Gl kann den eV-Antrag und/oder den Verhaftungsantrag auf einen Teilbetrag der titulierten Forderung beschränken (LG Frankfurt DGVZ 2000, 171); wird dieser Teil bezahlt, unterbleibt die Verhaftung, der über einen höheren Betrag ergangene Haftbefehl wird dadurch nicht „verbraucht" (LG Stade DGVZ 1988, 28; str). Waren die Anträge betragsmäßig nicht beschränkt, ist str, ob der Gl bestimmen kann, dass die Verhaftung unterbleibt, solange der Schuldner bestimmte **Raten** zahlt (dagegen *Wieser* NJW 1988, 671 mwN); dafür spricht, dass ein bedingter Antrag (geknüpft an innerproz Bedingungen) zul ist, die Dispositionsbefugnis des Gl, die Zweckmäßigkeit (vgl *Schilken* DGVZ 1989, 33).

3 **Alte Haftbefehle (Absatz 2):** Befristung auf drei Jahre. Ob die Vollziehung noch statthaft ist, prüft der GV (§ 186 GVGA). Wenn der Gl den Vollziehungsantrag rechtzeitig stellte, der Schuldner aber dann durch Taktieren (Nichterscheinen, angebl. Erkrankung, Rechtsmittel usw) die Sache mehr als drei Jahre verzögert, wird die Verhaftung nicht unzulässig (BGH NJW 2006, 1290); die gegenteilige aA ist absurd.

4 **Rechtsbehelf** gegen Maßnahmen des GV: § 766. Gegen den Haftbefehl: sof Beschwerde, §§ 793, 567, 569; Antrag auf Aufschub (§ 906); Antrag auf Aussetzung der Vollziehung (§ 902 III).

## § 910 ZPO Anzeige vor der Verhaftung

**[1]Vor der Verhaftung eines Beamten, eines Geistlichen oder eines Lehrers an öffentlichen Unterrichtsanstalten ist der vorgesetzten Dienstbehörde von dem Gerichtsvollzieher Anzeige zu machen. [2]Die Verhaftung darf erst erfolgen, nachdem die vorgesetzte Behörde für die dienstliche Vertretung des Schuldners gesorgt hat. [3]Die Behörde ist verpflichtet, ohne Verzug die erforderlichen Anordnungen zu treffen und den Gerichtsvollzieher hiervon in Kenntnis zu setzen.**

Das Jugendamt ist zu verständigen, wenn minderj Kinder zu versorgen sind (vgl LG Kleve DGVZ 1987, 90). 1

## § 911 ZPO Erneuerung der Haft nach Entlassung

**Gegen den Schuldner, der ohne sein Zutun auf Antrag des Gläubigers aus der Haft entlassen ist, findet auf Antrag desselben Gläubigers eine Erneuerung der Haft nicht statt.**

Der Gl soll die Haft nicht als Druckmittel missbrauchen können. Erneuter Vollzug ist zul: bei *Zutun des Schuldners*, zB Entlassungsantrag des Gl, *weil* der Schuldner Zahlung versprochen hat. Auf Antrag desselben Gl kann auch wegen eines anderen Haftbefehls Verhaftung erfolgen. 1

## § 912 ZPO
(weggefallen)

## § 913 ZPO Haftdauer

**[1]Die Haft darf die Dauer von sechs Monaten nicht übersteigen. [2]Nach Ablauf der sechs Monate wird der Schuldner von Amts wegen aus der Haft entlassen.**

Gemeint ist die Haft aufgrund eines bestimmten Haftbefehls. Für Haftbefehl aufgrund eines anderen Verfahrens desselben Gl gilt § 913 nicht; beachte aber § 914. 1

## § 914 ZPO Wiederholte Verhaftung

**(1) Ein Schuldner, gegen den wegen Verweigerung der Abgabe der eidesstattlichen Versicherung nach § 807 dieses Gesetzes oder nach § 284 der Abgabenordnung eine Haft von sechs Monaten vollstreckt ist, kann auch auf Antrag eines anderen Gläubigers von neuem zur Abgabe einer solchen eidesstattlichen Versicherung durch Haft nur angehalten werden, wenn glaubhaft gemacht wird, dass der Schuldner später Vermögen erworben hat oder dass ein bisher bestehendes Arbeitsverhältnis mit dem Schuldner aufgelöst ist.**

**(2) Diese Vorschrift ist nicht anzuwenden, wenn seit der Beendigung der Haft drei Jahre verstrichen sind.**

Gilt auch bei einem anderen Titel desselben Gl. Vermögenserwerb und Arbeitsverhältnis: wie § 903. Drei Jahre: Antrag und Verfahren können schon vorher laufen. 1

## § 915 ZPO Schuldnerverzeichnis

**(1) [1]Das Vollstreckungsgericht führt ein Verzeichnis der Personen, die in einem bei ihm anhängigen Verfahren die eidesstattliche Versicherung nach § 807 abgegeben haben oder gegen die nach § 901 die Haft angeordnet ist. [2]In dieses Schuldnerverzeichnis sind auch die Personen aufzunehmen, die eine eidesstattliche Versicherung**

**nach § 284 der Abgabenordnung oder vor einer Verwaltungsvollstreckungsbehörde abgegeben haben. [3]Die Vollstreckung einer Haft ist in dem Verzeichnis zu vermerken, wenn sie sechs Monate gedauert hat. [4]Geburtsdaten der Personen sind, soweit bekannt, einzutragen.**

**(2) Wer die eidesstattliche Versicherung vor dem Gerichtsvollzieher eines anderen Amtsgerichts abgegeben hat, wird auch in das Verzeichnis dieses Gerichts eingetragen, wenn er im Zeitpunkt der Versicherung in dessen Bezirk seinen Wohnsitz hatte.**

**(3) [1]Personenbezogene Informationen aus dem Schuldnerverzeichnis dürfen nur für Zwecke der Zwangsvollstreckung verwendet werden, sowie um gesetzliche Pflichten zur Prüfung der wirtschaftlichen Zuverlässigkeit zu erfüllen, um Voraussetzungen für die Gewährung von öffentlichen Leistungen zu prüfen oder um wirtschaftliche Nachteile abzuwenden, die daraus entstehen können, dass Schuldner ihren Zahlungsverpflichtungen nicht nachkommen, oder soweit dies zur Verfolgung von Straftaten erforderlich ist. [2]Die Informationen dürfen nur für den Zweck verwendet werden, für den sie übermittelt worden sind. [3]Nichtöffentliche Stellen sind darauf bei der Übermittlung hinzuweisen.**

§ 915 zuletzt geändert durch G v. 24.08.2004 (BGBl 2004, 2198).

**Lit:** ***Lappe*** NJW 1995, 1657; ***Hornung*** Rpfleger 1995, 233; ***Schreiber*** Jura 2000, 492.

1 **1. Allgemeines.** Das Schuldnerverzeichnis (Neuregelung seit 01.01.1995) wird bei den jeweiligen AG, also dezentral, geführt (nur in Hamburg und Berlin zentral). Es ist wenig ergiebig, weil jeder Umzug in einen anderen AG-Bezirk die Auskunft erschwert. Ergänzend: **SchuldnerverzeichnisVO** (= SchuVVO) v. 15.12.1994 / 13.12.2001 (BGBl 2001, 3638), § 915h.

Es gibt nach §§ 915 ff. verschiedene Informationsketten:

- AG erteilt Einzelauskunft aus dem Schuldnerverzeichnis;
- AG erteilt an bestimmte Stellen „Abdrucke" (= Kopien) aus dem Schuldnerverzeichnis „zum laufenden Bezug" (§ 915d), also quasi im Abonnement. Diese Stelle kann aus den Ausdrucken Einzelauskünfte an Dritte erteilen; sie kann ferner die Abdrucke zu Listen verarbeiten und diese Listen Dritten „zum laufenden Bezug" überlassen (§ 915e).

2 **2. Absatz 1.** Das Schuldnerverzeichnis soll Gl, aber neuerdings auch Schuldner schützen; ein ähnl. Verzeichnis wird nach § 26 II InsO geführt. Die Führung des Verzeichnisses ist Sache der Gerichtsbarkeit (dh des Urkundsbeamten; § 17 Nr. 2 AktO), nicht der Justizverwaltung (OLG Oldenburg Rpfleger 1978, 267).

3 **Einzutragen** sind: (vgl § 1 SchuVVO) Bezeichnung des Schuldners laut Titel; Aktenzeichen der Vollstreckungssache; eV nach § 807; Haft*anordnung* nach § 901; Haft*vollstreckung* im Falle von Abs. 1 S. 3; eV nach § 284 AO. Bei Abgabe der eV durch einen gesetzl. Vertr (zB GmbH-Geschäftsführer) ist der Vertretene einzutragen (dh die GmbH), nicht der Vertreter (§ 1 III SchuldnerverzeichnisVO). Nicht eingetragen wird, wer die eV nach § 883 II abgegeben hat. **Absatz 1 Satz 4:** eine Ermittlungspflicht bez des Geburts-

datums besteht nicht. Die Eintragung durch den Urkundsbeamten ist mit **Erinnerung** anfechtbar (§ 573); die sof Beschwerde ist ausgeschlossen (§ 915c).

**3. Absatz 2.** Wenn der Schuldner nach Eingang des eV-Antrags umzieht, ist die eV vor dem GV eines anderen AG abzugeben. Die eV wird dann in zwei Schuldnerverzeichnisse eingetragen, in das des zweiten AG schon deswegen, weil es für weitere Anträge auf Abgabe der eV zust ist. 4

**4. Absatz 3. Datenschutz.** Früher hatte jedermann Einblick ins Schuldnerverzeichnis. Seit 1995 wird Datenschutzbelangen Rechnung getragen; eine ziellose Einsicht gibt es nicht mehr. Informationen aus dem Schuldnerverzeichnis dürfen nur erteilt und nach S. 1 nur verwendet werden: 5

- zwecks ZwV;
- zur Erfüllung bestimmter *gesetzlicher* Pflichten (zB nach der GewO; InsO);
- zur Prüfung der Voraussetzungen für *öffentliche* Leistungen (zB Bezug von Insolvenzgeld);
- zur Abwendung bestimmter wirtschaftl. Nachteile (Generalklausel; darunter fällt auch der Vermieter, der sich über die Zahlungsfähigkeit seines Mietinteressenten erkundigen will; das Versandhaus, das sich über einen Besteller informieren will; die Bank, die einen Kredit gewähren soll);
- zur Verfolgung von Straftaten.

Der ASt muss diese Tatbestände in seinem Antrag darlegen (§ 915b I 1); der Urkundsbeamte prüft die Erforderlichkeit (§ 915b I 1).

## § 915a ZPO Löschung

**(1) [1]Eine Eintragung im Schuldnerverzeichnis wird nach Ablauf von drei Jahren seit dem Ende des Jahres gelöscht, in dem die eidesstattliche Versicherung abgegeben, die Haft angeordnet oder die sechsmonatige Haftvollstreckung beendet worden ist. [2]Im Falle des § 915 Abs. 2 ist die Eintragung auch im Verzeichnis des anderen Gerichtes zu löschen.**

**(2) Eine Eintragung im Schuldnerverzeichnis wird vorzeitig gelöscht, wenn**

**1. die Befriedigung des Gläubigers, der gegen den Schuldner das Verfahren zur Abnahme der eidesstattlichen Versicherung betrieben hat, nachgewiesen worden ist oder**

**2. der Wegfall des Eintragungsgrundes dem Vollstreckungsgericht bekannt geworden ist.**

§ 915 I 2 eingefügt durch 2. ZwVollstrNovelle (BGBl 1997, 3039).

**1. Regellöschung, Absatz 1.** Sie erfolgt von Amts wegen durch den Urkundsbeamten (bei Ablehnung: § 575). Eine Löschungsanordnung des Rechtspflegers ist nicht erforderl. 1

**2. Vorzeitige Löschung, Absatz 2. Befriedigung** nachgewiesen oder Schuld erlassen; nur in Höhe *der* Forderung muss Befriedigung erfolgt sein, wegen der die eV beantragt wurde, also zB nur ein Teilbetrag der titulierten Forderung. Stundung genügt zur Löschung nicht 2

(LG Tübingen Rpfleger 1986, 24), auch nicht Zustimmung des Gl zur Löschung (LG Freiburg Rpfleger 1986, 17).

3 **Wegfall des Eintragungsgrundes:** zB Aufhebung des Vollstr-Titels (OLG Stuttgart NJW 1980, 1698); wenn die HaftAnO auf Beschwerde aufgehoben wurde; wenn der Widerspruch (§ 900 V) nach Abgabe der eV für begründet erklärt wurde; wenn die Eintragung aus sonstigen Gründen zu Unrecht erfolgte. – Ein Antrag des Schuldners ist nicht erforderl., die Löschung erfolgt von Amts wegen. Der Nachweis der Befriedigung erfolgt wie bei § 775 Nr. 4, 5. Um einen Löschungsgrund herauszufinden, wird nicht von Amts wegen ermittelt. Die Löschung nach Abs. 2 wird vom Rechtspfleger angeordnet (§ 20 Nr. 17 RPflG), der Beschluss wird an Gl und Schuldner mitgeteilt (§ 329 II 1).

## § 915b ZPO Auskunft; Löschungsfiktion

**(1) [1]Der Urkundsbeamte der Geschäftsstelle erteilt auf Antrag Auskunft, welche Angaben über eine bestimmte Person in dem Schuldnerverzeichnis eingetragen sind, wenn dargelegt wird, dass die Auskunft für einen der in § 915 Abs. 3 bezeichneten Zwecke erforderlich ist. [2]Ist eine Eintragung vorhanden, so ist auch das Datum des in Absatz 2 genannten Ereignisses mitzuteilen.**

**(2) Sind seit dem Tage der Abgabe der eidesstattlichen Versicherung, der Anordnung der Haft oder der Beendigung der sechsmonatigen Haftvollstreckung drei - Jahre verstrichen, so gilt die entsprechende Eintragung als gelöscht.**

§ 915b geändert durch G v. 13.12.2001 (BGBl 2001, 3638).

1 **1. Absatz 1.** Eine allg **Einsicht** in das Schuldnerverzeichnis gibt es nicht mehr (§ 915b ist lex spec. gegenüber § 299). Sowohl über Eintragungen vor 1995 wie für spätere Eintragungen kann nur noch **Auskunft** erteilt werden. Der Antrag ist mdl oder schriftl. zu stellen. Der ASt muss einen der in § 915 II genannten Zwecke *darlegen* (dh schlüssig, in sich widerspruchsfrei und überzeugend vortragen, BT-Drucks. 12/193); Glaubhaftmachung (§ 294) ist nicht erforderl. Letztlich genügt eine entsprechende Behauptung. Ein weiteres berechtigtes Interesse an der Auskunft muss nicht dargelegt werden, sie muss auch nicht das letzte Mittel zum Zweck sein. *Erforderlichkeit* liegt vor, „wenn die Einholung der Auskunft angezeigt ist" (BT-Drucks. 12/193 S. 9), im Zweifel also immer. Das in S. 2 genannte Datum ist das der Abgabe der eV. Die Einzelauskunft erteilt der Urkundsbeamte; der Schuldner wird vorher nicht gehört; die Auskunft ist **gerichtsgebührenfrei** (*Lappe* NJW 1994, 3068). Einsicht in das Vermögensverzeichnis ist kostenpflichtig (GKG-KV Nr. 2115, 2116, 9000 III). RA-Gebühren: § 19 RVG. Gegen Ablehnung der Auskunft: § 573; gegen erfolgte Erteilung: kein Rechtsbehelf.

2 **2. Absatz 2.** Auch wenn die Eintragung wegen § 915a I erst im nächsten Jahr zu löschen ist, ist schon nach Ablauf von drei Jahren eine negative Auskunft zu erteilen. Es kommt auf das Datum der Auskunftserteilung, nicht des Antragseingangs, an.

## § 915c ZPO Ausschluss der Beschwerde

**Gegen Entscheidungen über Eintragungen, Löschungen und Auskunftsersuchen findet die Beschwerde nicht statt.**

Gegen die Eintragung durch den Urkundsbeamten sowie gegen die Ablehnung des Auskunftsersuchens durch ihn ist **Erinnerung** an den Richter statthaft, § 573. Gegen den Beschluss des Richters ist keine Beschwerde statthaft, § 915c. – Gegen die AnO vorzeitiger Löschung durch den Rechtspfleger ist befristete Erinnerung nach § 11 II RPflG statthaft. Darüber entscheidet der Richter, § 11 II 3 RPflG; eine Beschwerde dagegen ist nicht statthaft, § 915c. 1

## § 915d ZPO Erteilung von Abdrucken

**(1) [1]Aus dem Schuldnerverzeichnis können nach Maßgabe des § 915e auf Antrag Abdrucke zum laufenden Bezug erteilt werden, auch durch Übermittlung in einer nur maschinell lesbaren Form. [2]Bei der Übermittlung in einer nur maschinell lesbaren Form gelten die von der Landesjustizverwaltung festgelegten Datenübertragungsregeln.**

**(2) Die Abdrucke sind vertraulich zu behandeln und dürfen Dritten nicht zugänglich gemacht werden.**

**(3) Nach der Beendigung des laufenden Bezugs sind die Abdrucke unverzüglich zu vernichten; Auskünfte dürfen nicht mehr erteilt werden.**

**Absatz 1.** Bestimmte Personen (§ 915e), die Inhaber einer entspr *Bewilligung* sind, können Auskünfte aus dem Schuldnerverzeichnis laufend beziehen. Wann diese Bewilligung zu erteilen bzw zu versagen ist, regelt § 2 II, III SchuVVO (BGBl 1994, 3822). Die beziehenden Kammern dürfen aus den Auskünften Listen erstellen und ihren Mitgliedern nach Maßgabe von §§ 17 ff. SchuVVO Auskünfte erteilen. Über Anträge nach § 915d entscheidet der *Präsident* des AG, bei dem das Schuldnerverzeichnis geführt wird, bei kleineren AG der Präsident des LG (§ 3 SchuVVO); „gebunden" (OLG Brandenburg Rpfleger 2003, 201). Rechtsweg gegen deren Entscheidung: § 23 EGGVG (§ 20 SchuVVO). Der Antragsinhalt ist in § 4 SchuVVO geregelt. Die Bewilligung wird für ein bis sechs Jahre erteilt (§ 7 SchuVVO). 1

**Absatz 2:** Ausnahme in § 915 II S. 1. 2

## § 915e ZPO Empfänger von Abdrucken; Auskünfte aus Abdrucken; Listen; Datenschutz

**(1) Abdrucke erhalten**

**a) Industrie- und Handelskammern sowie Körperschaften des öffentlichen Rechts, in denen Angehörige eines Berufes kraft Gesetzes zusammengeschlossen sind (Kammern),**

**b) Antragsteller, die Abdrucke zur Errichtung und Führung zentraler bundesweiter oder regionaler Schuldnerverzeichnisse verwenden, oder**

**c) Antragsteller, deren berechtigtem Interesse durch Einzelauskünfte, insbesondere aus einem Verzeichnis nach Buchstabe b, oder durch den Bezug von Listen (§ 915f) nicht hinreichend Rechnung getragen werden kann.**

**(2) [1]Die Kammern dürfen ihren Mitgliedern oder den Mitgliedern einer anderen Kammer Auskünfte erteilen. [2]Andere Bezieher von Abdrucken dürfen Auskünfte erteilen, soweit dies zu ihrer ordnungsgemäßen Tätigkeit gehört. [3]§ 915d gilt entsprechend. [4]Die Auskünfte dürfen auch im automatisierten Abrufverfahren erteilt werden, soweit diese Form der Datenübermittlung unter Berücksichtigung der schutzwürdigen Interessen der Betroffenen wegen der Vielzahl der Übermittlungen oder wegen ihrer besonderen Eilbedürftigkeit angemessen ist.**

**(3) [1]Die Kammern dürfen die Abdrucke in Listen zusammenfassen oder hiermit Dritte beauftragen. [2]Sie haben diese bei der Durchführung des Auftrages zu beaufsichtigen.**

**(4) [1]In den Fällen des Absatzes 1 Satz 1 Buchstabe b und c gilt für nichtöffentliche Stellen § 38 des Bundesdatenschutzgesetzes mit der Maßgabe, dass die Aufsichtsbehörde auch die Verarbeitung und Nutzung dieser personenbezogenen Daten in oder aus Akten überwacht und auch überprüfen kann, wenn ihr keine hinreichenden Anhaltspunkte dafür vorliegen, dass eine Vorschrift über den Datenschutz verletzt ist. [2]Entsprechendes gilt für nichtöffentliche Stellen, die von den in Absatz 1 genannten Stellen Auskünfte erhalten haben.**

1 **1. Absatz 1. Bezieherkreis. a)** IHK; Handwerkskammer, Rechtsanwaltskammer, Steuerberater-, Ärzte-, Architektenkammer usw. **b)** zB Schufa. Die private Führung von Schuldnerverzeichnissen ist zul. **c)** zB Gewerbeämter, Handelsauskunfteien.

2 **2. Absatz 2. Einzelauskünfte der Bezieher.** Die Kammern (Abs. 1a) dürfen Kammermitgliedern (auch anderer Kammern) Auskunft erteilen, soweit die Zweckbindung nach § 915 II berücksichtigt wird. Die anderen Bezieher (Abs. 1b, c) dürfen Einzelauskünfte an Dritte nur erteilen, wenn dies zu ihrer Tätigkeit gehört (Abs. 2 S. 2). Auch diese Auskünfte sind vertraulich zu behandeln (Abs. 2. S. 3 mit § 915d).

3 **3. Absatz 3.** Die Kammern, nicht die anderen Empfänger, dürfen Listen zur Weitergabe an die Kammermitglieder erstellen. Vgl § 915f.

4 **4. Absatz 4.** Nichtöffentl. Empfänger unterliegen der Kontrolle nach § 38 BDSG.

### § 915f ZPO Überlassung von Listen; Datenschutz

**(1) [1]Die nach § 915e Abs. 3 erstellten Listen dürfen den Mitgliedern von Kammern auf Antrag zum laufenden Bezug überlassen werden. [2]Für den Bezug der Listen gelten die §§ 915d und 915e Abs. 1 Buchstabe c entsprechend.**

**(2) Die Bezieher der Listen dürfen Auskünfte nur jemandem erteilen, dessen Belange sie kraft Gesetzes oder Vertrags wahrzunehmen haben.**

**(3) Listen sind unverzüglich zu vernichten, soweit sie durch neue ersetzt werden.**

**(4) § 915e Abs. 4 gilt entsprechend.**

**1. Absatz 1.** Die von den Kammern erstellten Listen dürfen Kammermitgliedern *laufend* überlassen werden, falls diese Mitglieder ein berechtigtes Interesse usw haben und Einzelauskünfte nicht genügen (§ 915 I c); diese Mitglieder brauchen keine *Bewilligung* der Justizverwaltung; die Kammer prüft die Bezugsberechtigung. Die Listen sind vertraulich zu behandeln (§ 915d); zu vernichten (**Absatz 3**). Die Listenempfänger unterliegen der Aufsicht nach § 38 BDSG (**Absatz 4**). 1

**2. Absatz 2.** Das Kammermitglied darf Dritten aus der Liste Einzelauskünfte nur dann erteilen, wenn es dessen Belange ... wahrzunehmen hat. Beispiel: der RA (= Kammermitglied) darf dem Mandanten aus der Liste eine Einzelauskunft über X erteilen, wenn er den Mandanten bei einer ZwV, Forderungsklage, Vertragsschluss usw mit X berät. 2

## § 915g ZPO Löschung in Abdrucken, Listen und Aufzeichnungen

**(1) Für Abdrucke, Listen und Aufzeichnungen über eine Eintragung im Schuldnerverzeichnis, die auf der Verarbeitung von Abdrucken oder Listen oder auf Auskünften über Eintragungen im Schuldnerverzeichnis beruhen, gilt §915aAbs.1 entsprechend.**

**(2) [1]Über vorzeitige Löschungen (§ 915a Abs. 2) sind die Bezieher von Abdrucken innerhalb eines Monats zu unterrichten. [2]Sie unterrichten unverzüglich die Bezieher von Listen (§ 915f Abs. 1 Satz 1). [3]In den auf Grund der Abdrucke und Listen erstellten Aufzeichnungen sind die Eintragungen unverzüglich zu löschen.**

**Absatz 1.** Die sekundären Aufzeichnungen müssen genauso gelöscht werden wie das primäre Schuldnerverzeichnis. – **Absatz 2** stellt sicher, dass vorzeitige Löschungen ebenfalls in den sekundären Aufzeichnungen gelöscht werden. 1

## § 915h ZPO Verordnungsermächtigungen

**(1) Das Bundesministerium der Justiz wird ermächtigt, durch Rechtsverordnung mit Zustimmung des Bundesrates**

1. **Vorschriften über den Inhalt des Schuldnerverzeichnisses, über den Bezug von Abdrucken nach den §§ 915d, 915e und das Bewilligungsverfahren sowie den Bezug von Listen nach § 915f Abs. 1 zu erlassen,**
2. **Einzelheiten der Einrichtung und Ausgestaltung automatisierter Abrufverfahren nach § 915e Abs. 2 Satz 4, insbesondere der Protokollierung der Abrufe für Zwecke der Datenschutzkontrolle, zu regeln,**
3. **die Erteilung und Aufbewahrung von Abdrucken aus dem Schuldnerverzeichnis, die Anfertigung, Verwendung und Weitergabe von Listen, die Mitteilung und den Vollzug von Löschungen und den Ausschluss vom Bezug von Abdrucken und Listen näher zu regeln, um die ordnungsgemäße Behandlung der Mitteilungen, den Schutz vor unbefugter Verwendung und die rechtzeitige Löschung von Eintragungen sicherzustellen,**

**4. zur Durchsetzung der Vernichtungs- und Löschungspflichten im Falle des Widerrufs der Bewilligung die Verhängung von Zwangsgeldern vorzusehen; das einzelne Zwangsgeld darf den Betrag von 25.000 Euro nicht übersteigen.**

**(2) [1]Die Landesregierungen werden ermächtigt, durch Rechtsverordnung zu bestimmen, dass**

**1. anstelle des Schuldnerverzeichnisses bei den einzelnen Vollstreckungsgerichten oder neben diesen ein zentrales Schuldnerverzeichnis für die Bezirke mehrerer Amtsgerichte bei einem Amtsgericht geführt wird und die betroffenen Vollstreckungsgerichte diesem Amtsgericht die erforderlichen Daten mitzuteilen haben;**

**2. bei solchen Verzeichnissen automatisierte Abrufverfahren eingeführt werden, soweit dies unter Berücksichtigung der schutzwürdigen Belange des betroffenen Schuldners und der beteiligten Stellen angemessen ist; die Rechtsverordnung hat Maßnahmen zur Datenschutzkontrolle und Datensicherung vorzusehen.**

**[2]Sie werden ermächtigt, diese Befugnisse auf die Landesjustizverwaltungen zu übertragen.**

1 **Absatz 1.** Diese RechtsVO ist die SchuldnerverzeichnisVO (SchuVVO) v. 15.12.1994 (BGBl 3822), zuletzt geändert durch G v. 13.12.2001 (BGBl 2001. 3638).

## Abschnitt 5.
## Arrest und einstweilige Verfügung

### § 916 ZPO Arrestanspruch

**(1) Der Arrest findet zur Sicherung der Zwangsvollstreckung in das bewegliche oder unbewegliche Vermögen wegen einer Geldforderung oder wegen eines Anspruchs statt, der in eine Geldforderung übergehen kann.**

**(2) Die Zulässigkeit des Arrestes wird nicht dadurch ausgeschlossen, dass der Anspruch betagt oder bedingt ist, es sei denn, dass der bedingte Anspruch wegen der entfernten Möglichkeit des Eintritts der Bedingung einen gegenwärtigen Vermögenswert nicht hat.**

**Lit:** ***Ahrens/Spätgens***, Einstweiliger Rechtsschutz ... in UWG-Sachen, 1990; ***Dunkl/Moeller/Baur/Feldmeier***, Handbuch des vorläufigen Rechtsschutzes, 1999; ***Gießler***, Vorläufiger Rechtsschutz in Ehe-, Familien- und Kindschaftssachen, 1987; ***Eilers***, Maßn. d. einstweiligen Rechtsschutzes im Europäischen Zivilrechtsverkehr, 1991; ***Heuer*** JA 2005, 202; ***Löhnig*** (FamilienR) FamRZ 2004, 503; ***Schneider*** (MietR) MDR 2004, 319; ***Thümmel***, Einstweiliger Rechtsschutz im Auslandsrechtsverkehr, NJW 1996, 1930; ***Pastor/Ahrens***, Der Wettbewerbsprozess, 4. Aufl. 1999; ***Walker***, Der einstweilige Rechtsschutz im Zivilprozess ..., 1993; ***Berneke***, Die eVfg in Wettbewerbssachen, 1995; ***Wahle*** JA 2003, 791.

1 **1. Abgrenzung.** Der Arrest dient der Sicherung der ZwV wegen Geldforderungen, die eVfG der Sicherung eines Individualanspruchs/der einstweiligen Regelung eines str Rechtsverhältnisses/teils einer vorl Befriedigung des Gl. Sie dienen damit verschiedenen Zwecken und schließen sich grds gegenseitig aus.

Von einem Verfahren kann in das andere **übergegangen** werden; der Antrag auf eVfG Verfügung kann uU in einem Arrestantrag umgedeutet werden. Kein Übergang in den Hauptsacheprozess (**hM**; **aA** OLG Frankfurt FamRZ 1989, 296). 2

**2. Streitgegenstand.** Der Anspruch (zB auf Kaufpreis), der durch den Arrest gesichert werden soll, ist nicht selbst im proz Sinne StrG des Arrestverfahrens (BGH NJW 1980, 191), sondern die zwangsweise Sicherung des Anspruchs. 3

**3. Prüfungsschema:** 4

a) Zuständigkeit, §§ 919, 802.

b) Allgemeine Prozessvoraussetzungen

c) Arrestanspruch (zB § 433 II BGB)

- schlüssig vorgetragen, § 916
- glaubhaft gemacht, § 920 II, andernfalls § 921 II.

d) Arrestgrund (zB bevorstehende Auswanderung)

- schlüssig vorgetragen, §§ 917, 918
- glaubhaft gemacht, § 920 II; andernfalls § 921 II

e) Rechtsschutzbedürfnis (§ 917 Rz 4).

**4. Beispiel** (Beschluss oder EndU, vgl § 922 I): 5

I. Zur Sicherung der Zwangsvollstreckung wegen einer Kaufpreisforderung von 3 000 € aus dem Vertrag vom ... und einer Kostenpauschale von 700 € wird der dingliche Arrest in das bewegliche und unbewegliche Vermögen des Antragsgegners angeordnet.

II. Die Kosten werden dem Antragsgegner auferlegt.

III. Durch Hinterlegung eines Betrages von 3 700 € wird die Vollziehung des Arrests gehemmt und der Antragsgegner zu dem Antrag auf Aufhebung des vollzogenen Arrests berechtigt.

IV. Streitwert: 1 500 €.

*Im Fall des § 921 II 1 zusätzlich:* 6

V. Die Vollziehung des Arrests wird von einer Sicherheitsleistung in Höhe von ... € abhängig gemacht.

*Wenn damit ein Pfändungsbeschluss verbunden wird* (§§ 928, 930 I 3, 829 ZPO): Arrest- und Pfändungsbeschluss: I-IV wie vor, 7

V. In Vollziehung des Arrests wird die Forderung, die dem Antragsgegner gegenüber dem Drittschuldner X zusteht, in Höhe von 3 700 € gepfändet. Insoweit wird dem Drittschuldner verboten, an den Antragsgegner zu leisten und dem Antragsgegner geboten, sich jeder Verfügung über die Forderung, insbes. ihrer Einziehung, zu enthalten.

*Beim Beschluss evtl. zusätzlich* (vgl § 922 Rz 4):

V. Der Antragsteller hat eine Abschrift seines Antrags vom ... dem Antragsgegner mitzuzustellen.

**Erläuterung:** zu (I): Die Aufnahme des Schuldgrundes in den Tenor ist zweckmäßig (RGZ 78, 332). Die **Kostenpauschale** wird aufgenommen, wenn dies beantragt ist. Höhe: 8

Kosten des künftigen Hauptsacheprozesses (OLG München MDR 1957, 238; str, **aA**: nur Arrestprozesskosten; **aA** Hauptsache- und Arrestprozesskosten).

9 Zu (II): **Kosten** nach §§ 91 ff., nicht § 788. Zu (III): **Lösungssumme** nach § 923, von Amts wegen aufzunehmen. Zu (IV): **Streitwert:** § 3, die Kostenpauschale wird wegen § 4 I nicht dazugezählt.

Die Anordnung einer **vorläufigen Vollstreckung** ist überflüssig, weil der Arrestbefehl seinem Wesen nach sofort vollstr ist.

10 **5. Vermögen.** Der Arrest erfasst das bewegl. und unbewegl. Vermögen des Schuldners im In- und Ausland; ob der Arrest auch in das ausl Vermögen vollzogen werden kann, hängt vom Recht des betreffenden Staates und von zwischenstaatlichen Abkommen ab (OLG Karlsruhe OLGZ 1973, 60). Ob der Schuldner überhaupt Vermögen hat, wird nicht geprüft. Der Antrag ist beschränkbar auf Teile oder Einzelstücke des Vermögens (str).

11 **6. Arrestanspruch.** Geldforderung, auch betagt oder bedingt (§ 916 II). Individualanspruch, der in eine Geldforderung übergehen kann: bei Schlechterfüllung, Ansprüchen auf Schadensersatz, Rückgewähr, Bereicherungsherausgabe, Haftungs- und Duldungsansprüchen.

12 **7. § 916 II:** betagt (dh noch nicht fällig), bedingt (aufschiebend/auflösend); Wertlosigkeit ist vom Schuldner glaubhaft zu machen („es sei denn ..."). Nicht: künftig entstehende Ansprüche, vgl § 926.

13 **8. Einzelfälle:** sicherbar ist der Kostenerstattungsanspruch des Gegners nach § 91, der Staatskasse im Strafprozess nach § 111d StPO; mietrechtl. Ansprüche, *Schneider* MDR 2004, 319. Voraussichtliche **Unterhaltsansprüche**, dazu *Menne* FamRZ 2004, 6 (Umfang: beim neunjährigen Kind bis zur Volljährigkeit, KG FamRZ 1985, 730; bei Ehegatten für fünf Jahre, OLG Düsseldorf FamRZ 1994, 111; OLG Hamm FamRZ 1995, 1427). **Zugewinnausgleich:** Sicherung sehr str. Der Kautionsanspruch des § 1389 BGB kann nach einer Meinung (OLG Karlsruhe FamRZ 2007, 410; *Kohler* FamRZ 1989, 797) durch eVfg gesichert werden, nach wohl zutr **hM** durch Arrest (OLG Hamm FamRZ 1985, 71; OLG Düsseldorf FamRZ 1994, 114). Den eigentl. Zugewinnausgleichsanspruch halten einige vor dem in § 1378 III 1 BGB genannten Zeitpunkt weder durch eVfg, noch Arrest, noch eAnO sicherbar; zutr ist, eine Sicherbarkeit durch Arrest zu bejahen (OLG Hamburg FamRZ 2003, 238; OLG Karlsruhe NJW 1997, 1017; OLG Frankfurt FamRZ 1996, 747; **aA** OLG Stuttgart NJW-RR 1996, 961; *Ditzen* NJW 1987, 1807); vgl *Frey*, Sicherung des künftigen Zugewinnausgleichs, 1990. **Ausländisches Recht** § 293 Rz 10; *Heinze* RIW 2003, 922.

14 **9 Kosten**. Gericht: GKG KV 1410 ff., StW § 53 I Nr. 1 GKG; keine Vorauszahlungspflicht (§ 12 I 1 GKG); aber sofortige Fälligkeit, § 6 GKG. **Rechtsanwalt:** §§ 16 Nr. 6, 17 I Nr. 4 RVG, VV 3100 ff. **Vollstreckung** RVG VV 3309; GV GVKostG Nr. 205.

## § 917 ZPO Arrestgrund bei dinglichem Arrest

**(1) Der dingliche Arrest findet statt, wenn zu besorgen ist, dass ohne dessen Verhängung die Vollstreckung des Urteils vereitelt oder wesentlich erschwert werden würde.**

**(2) Als ein zureichender Arrestgrund ist es anzusehen, wenn das Urteil im Ausland vollstreckt werden müsste und die Gegenseitigkeit nicht verbürgt ist.**

§ 917 II geändert durch G v. 04.11.2003 (BGBl 2003, 2166).

**1. Arrestgrund.** Vgl *Mathäser* JuS 1995, 442. Besorgnis der Vereitelung oder wesentl. Erschwerung der Vollstr aus einem vorhandenen oder demnächst ergehenden Vollstr-Titel; sie besteht bei konkreter Gefahr einer bevorstehenden Verschlechterung der Vermögenslage des Schuldners, Verschulden oder Ursächlichkeit des Schuldners ist nicht erforderl. Beispiele: Verschwendung, Verschiebung des Vermögens (OLG München FamRZ 2000, 965), uU bevorstehende Veräußerung (OLG Karlsruhe NJW 1997, 1017) oder Belastung; uU unsteter Aufenthalt (OLG Karlsruhe FamRZ 1985, 508); im Einzelfall auch Straftaten gegen das Gl-Vermögen (OLG Rostock OLG-Report 2005, 969; OLG Dresden MDR 1998, 795; OLG Saarbrücken OLG-Report 2006, 81 und NJW-RR 1999, 143); Auswanderungsvorbereitungen; § 917 II. Konkrete Anhaltspunkte für die Besorgnis sind notw (BGH VersR 1975, 764). 1

**2. Kein Arrestgrund:** schlechte Vermögenslage des Schuldners und die drohende Konkurrenz anderer Gl für sich allein (BGH NJW 1996, 321); der Arrest dient nicht dazu, einem Gl einen Vorsprung vor anderen Gl zu verschaffen (OLG Frankfurt Rpfleger 1995, 468; OLG Karlsruhe FamRZ 1985, 508; **hM**; **aA** *Brox/Walker* Rz 1499); arg: Vergleich mit §§ 710, 720a; § 917 II nennt den typischen Arrestgrund, mit dem Gl-Konkurrenz nicht vergleichbar ist; sonst könnten faktisch gegen jeden, der mehrere Gl hat, Arreste ergehen, was nicht der Sinn des § 917 I ist; gegen diese Gefahr schützt § 921 II nicht ausreichend. Kein Arrestgrund idR: gelegentl. unpünktl. Zahlungen; allg Ungewissheit der künftigen Einkommenslage des Schuldners (OLG Köln FamRZ 1983, 1259); Beruf des Schuldners, bei dem die Vollstr schwierig ist; Vermögensstraftaten des Schuldners (OLG Koblenz NJW-RR 2002, 575; OLG Köln MDR 1986, 595; **aA** OLG Frankfurt WM 1987, 935; vgl. *Fischer* MDR 1995, 988); bisherige unerl Handlungen gegen das Gl-Vermögen (OLG Köln MDR 2000, 49; zw); unbekannt verzogen (OLG Koblenz NJW-RR 2002, 575); es genügt nicht allein die Tatsache, dass der Schuldner sich vertragswidrig verhalten hat, es kommt vielmehr darauf an, ob nach dem Einzelfall das Verhalten des Schuldners die ernsthafte Befürchtung einer Wiederholung vertragswidriger und betrügerischer Maßnahmen rechtfertigt (BGH VersR 1975, 764). – Fehlendes Sicherungsbedürfnis: Rz 4. 2

**3. Auslandsvollstreckung, § 917 II.** Unwiderlegbare Vermutung. Abs. 2 sichert nur die Vollstr inl Titel (OLG Hamburg NJW-1990, 1425; str; dazu *Grunsky* IPRax 1983, 210); trotzdem kein Arrestgrund, wenn in Deutschland ausreichend Vermögen vorhanden ist (OLG Stuttgart NJW-RR 1996, 775). **Auslandsvollstreckung in EG-Ländern:** hier (und bei bestimmten anderen „Drittstaaten", vgl § 328 Nr. 5) gilt wegen der VO (EG) Nr. 44/2001 die erforderl. AuslVollstr nicht als Arrestgrund; in diesen Fällen hilft aber uU § 917 I (OLG Frankfurt FamRZ 1995, 823), denn man kann schwerlich übersehen, dass eine Vollstr eines Urteils in Spanien usw „schwierig" ist (vgl *Fohrer/Mattil* WM 2002, 840). Auch bei Verbürgung der Gegenseitigkeit kann ein Arrestgrund vorliegen (OLG Dresden NJW-RR 2007, 659: Kanada). 3

4 **4. Sicherungsbedürfnis** (Rechtsschutzbedürfnis) des Gl ist erforderl. (BGH NJW 1972, 1045). Es fehlt: **a)** Wenn der Gl anderweitig ausreichend gesichert ist (zB PfandR, Eigentumsvorbehalt). **b)** Wenn der Gl schon einen (vorl) vollstr Titel hat, auch wenn der Gl die Sicherheit nicht leisten kann, vgl § 720a (str, **aA** OLG Hamm NJW-RR 1990, 1536); Einzelheiten *Kannowski* JuS 2001, 482. **c)** bei § 917 II: wenn der Schuldner im Inland ausreichend Vermögen hat (OLG München NJW 1983, 2278); wenn dem Gl Sicherheiten eingeräumt sind, mögen sie sich auch im Ausland befinden, die seinen Anspruch ausreichend decken (BGH NJW 1972, 1044: Verpfändung von Maschinen in Portugal; bedenkl.).

5 **5. Zur Haftung** eines RA bei Nichtbeantragung eines Arrests: BGH NJW 1972, 1044; VersR 1975, 763.

Formular 238: Antrag auf Anordnung eines dinglichen Arrestes

## § 918 ZPO Arrestgrund bei persönlichem Arrest

**Der persönliche Sicherheitsarrest findet nur statt, wenn er erforderlich ist, um die gefährdete Zwangsvollstreckung in das Vermögen des Schuldners zu sichern.**

1 Der pers Arrest kommt zB in Frage, wenn der Schuldner keine oder unzureichende Angaben über den Verbleib wesentl. Vermögens macht (OLG Karlsruhe NJW-RR 1997, 450). Er ist subsidiär gegenüber dem dingl. Arrest (OLG München NJW-RR 1988, 382). Die Maßnahme (Haft, Meldepflicht, Wegnahme von Ausweispapieren) muss **erforderlich** sein. Die **Verhältnismäßigkeit** ist bei Kleinbeträgen problematisch (Art. 2 II 2 GG). Vollzug: § 933. Auch gegen Ausländer, Art 26 HZPrÜbk.

2 **Haftkosten**: GKG KV 9010; GKVKostG 270; GV-Verfahren § 194 GVGA.

Formular 239: Antrag auf Anordnung eines persönlichen Arrestes

## § 919 ZPO Arrestgericht

**Für die Anordnung des Arrestes ist sowohl das Gericht der Hauptsache als das Amtsgericht zuständig, in dessen Bezirk der mit Arrest zu belegende Gegenstand oder die in ihrer persönlichen Freiheit zu beschränkende Person sich befindet.**

1 Beide Gerichtsstände sind ausschl., § 802; der Gl hat die Wahl, § 35.

2 **Gericht der Hauptsache: a) Wenn die Hauptsache noch nicht anhängig ist:** wo nach den allg Zust-Bestimmungen die Hauptsache *anhängig werden könnte*, wobei evtl Schiedsverträge unberücksichtigt bleiben (§§ 1033, 1041; im Anwendungsbereich der VO (EG) Nr. 44/2001 bzw EuGVÜ, LGVÜ kann der Arrest ebenfalls vor dem deutschen Gericht beantragt werden, vgl Art 31 der VO (OLG Düsseldorf NJW 1978, 2034; str; vgl OLG Koblenz IPRax 1991, 241; *Otte* ZIP 1991, 1048). **b) Wenn die Hauptsache schon**

**anhängig ist:** das Gericht, wo der zu sichernde Anspruch im Zeitpunkt der Einreichung des Arrestgesuchs schon anhängig ist (auch im Mahnverfahren), auch bei Unzust.

Im **Berufungsverfahren** entscheidet das BerGer, § 943 I, im Rev-Verfahren das erstinstanzl. Gericht; in Handelssachen die KfH (§ 96 GVG); beim KollegialG nach § 944 der Vorsitzende; bei Zust (§§ 348, 348a) der ER; das FamilienG, wenn die Hauptsache Familiensache ist (BGH NJW 1980, 191). 3

**AG:** ohne Rücksicht auf StrW und Dringlichkeit (anders § 942 I); maßgel. ist der Zeitpunkt der Entscheidung (str); der Arrest erfasst nicht nur den hier belegenen Gegenstand (*Thümmel* NJW 1985, 472; str). 4

## § 920 ZPO Arrestgesuch

**(1) Das Gesuch soll die Bezeichnung des Anspruchs unter Angabe des Geldbetrages oder des Geldwertes sowie die Bezeichnung des Arrestgrundes enthalten.**

**(2) Der Anspruch und der Arrestgrund sind glaubhaft zu machen.**

**(3) Das Gesuch kann vor der Geschäftsstelle zu Protokoll erklärt werden.**

**1. Absatz 1: Inhalt** des „Gesuchs“: Antrag, Begründung, Mittel der Glaubhaftmachung. Beispiel: § 916 Rz 5. **Wirkung:** mit Einreichung wird das Arrestverfahren rechtshängig (Folge: § 261 III Nr. 1); zur Verjährungshemmung vgl § 204 I Nr. 9 BGB. 1

**Rücknahme:** jederzeit, auch in der Ber-Instanz; auch noch nach mdl Verh ohne Einwilligung des Gegners, § 269 I ist unanwendbar (OLG Düsseldorf NJW 1982, 2452: str); Kostenfolge entspr § 269 III 2 (OLG München Rpfleger 1982, 115). 2

**Wiederholung des Gesuchs:** die Entscheidungen haben eine beschränkte mat Rechtskraft (**hM**, OLG Frankfurt NJW 1968, 2112), dh derselbe Antrag kann nach Ablehnung nicht mit *derselben* Begründung erneut gestellt werden (str), wohl aber mit Vortrag neuer Tatsachen für Arrestanspruch oder Grund oder Glaubhaftmachung, mögen diese Tatsachen auch schon bei Ablehnung vorgelegen haben (str), vgl KG NJW-RR 1992, 318; *Bongen/Renaud* NJW 1991, 2886. 3

**Kein Übergang** vom Arrestverfahren zum Hauptprozess (OLG Hamm NJW 1978, 58; str) oder umgekehrt (OLG Düsseldorf FamRZ 1981, 70). 4

**2. Absatz 2:** dazu *van Els* FPR 1998, 121. Glaubhaftmachung nach § 294 von Tatsachen, nicht von Rechtsfragen, zum Anspruch und Arrestgrund (entbehrl. bei § 921 II, § 12 II UWG 2004), zB durch beigefügte eV. Dies genügt auch in der mdl Verh. 5

**Behauptungs- und Beweislast:** wohl hM: **a)** Wenn aufgrund mdl Verh oder nach Anhörung des Gegners entschieden wird: diesselbe wie im Hauptverfahren (OLG Frankfurt FamRZ 1989, 87); **b)** Im Beschlussverfahren: der ASt muss sämtl. Voraussetzungen darlegen und glaubhaft machen, auch das Nichtbestehen von Einwendungen/Einreden, wenn sie nach dem Vortrag bestehen können. Die **aA** wendet immer die Grundsätze wie im Hauptprozess an (vgl *StJG* § 920 Rz 10; *Hirtz* NJW 1986, 110; *Ulrich* GRUR 1985, 201). 6

**3. Absatz 3:** vgl § 78 V; daher kein Anwaltszwang: bei Einreichung beim LG (auswärtige RA können schriftl. einen Arrest beantragen, müssen nicht zu Protokoll erklären); kein 7

Anwaltszwang für Beschwerde gegen Ablehnung, § 569 III Nr. 1 (BGH NJW 1984, 2413; OLG Karlsruhe NJW-RR 1993, 1470; OLG Köln NJW-RR 1988, 254; sehr str, vgl § 569; hilfreich § 571 IV).

## § 921 ZPO Entscheidung über das Arrestgesuch

**[1]Das Gericht kann, auch wenn der Anspruch oder der Arrestgrund nicht glaubhaft gemacht ist, den Arrest anordnen, sofern wegen der dem Gegner drohenden Nachteile Sicherheit geleistet wird. [2]Es kann die Anordnung des Arrestes von einer Sicherheitsleistung abhängig machen, selbst wenn der Anspruch und der Arrestgrund glaubhaft gemacht sind.**

§ 921 I gestrichen durch G v. 27.07.2001 (BGBl 2001, 1887).

1 **1.** Ob mdl Verh stattfindet oder nicht, entscheidet das Gericht (nicht nur der Vors) nach Ermessen; hiergegen gibt es kein Rm (**hM**, **aA**: § 567). Bei der eVfg: § 937 II.

2 Arrestgesuch unter der **Bedingung**, dass ohne mdl Verh entschieden werde: eine solche Bedingung ist unzul und unbeachtl., idR ohnehin nur eine Anregung (str).

3 Bei AnO der mdl Verh gelten die §§ 128 ff. Die **Ladungsfrist**, § 217, ist einzuhalten (Abkürzung: § 226); eine **Einlassungsfrist** gibt es nicht, § 274 III ist unanwendbar. Anwaltszwang besteht vor dem LG, § 78. Zur Glaubhaftmachung vgl § 294 II.

4 **2. Sicherheitsleistung** (vgl *Christmann* DGVZ 1993, 109). Wenn Arrestanspruch und Arrestgrund schlüssig vorgetragen sind, dann kann das Gericht:

5 **a)** den Arrest ohne Sicherheitsleistung erlassen, vgl § 916 Rz 5; **b)** bei fehlender Glaubhaftmachung: den Antrag zurückweisen oder den Arrest erlassen und zugleich die Vollziehung von einer Sicherheitsleistung (Art und Höhe: §§ 108, 945) des ASt abhängig machen, Abs. 2 S. 1, § 751 II, § 916 Rz 6;

6 **c)** selten: durch Beschluss zunächst nur eine Sicherheitsleistung vom ASt verlangen, Abs. 2 S. 2, § 922 III, und nach deren Nachweis erst den Arrest erlassen. – Bei b/c ist uU der Antrag des Gl iÜ zurückzuweisen.

7 **Rechtsbehelf** des Gl bei b/c: sof Beschwerde, § 567 I.

## § 922 ZPO Arresturteil und Arrestbeschluss

**(1) [1]Die Entscheidung über das Gesuch ergeht im Falle einer mündlichen Verhandlung durch Endurteil, andernfalls durch Beschluss. [2]Die Entscheidung, durch die der Arrest angeordnet wird, ist zu begründen, wenn sie im Ausland geltend gemacht werden soll.**

**(2) Den Beschluss, durch den ein Arrest angeordnet wird, hat die Partei, die den Arrest erwirkt hat, zustellen zu lassen.**

**(3) Der Beschluss, durch den das Arrestgesuch zurückgewiesen oder vorherige Sicherheitsleistung für erforderlich erklärt wird, ist dem Gegner nicht mitzuteilen.**

**1. Entscheidung durch EndU**

**a) Antragszurückweisung.** Kosten nach § 91; vorl Vollstr nach §§ 708 Nr. 6, 711; Tatbestand und Entscheidungsgründe nach §§ 313 ff. StrW: § 3. -Rm: uU Ber, keine Rev (§ 542 II). Wenn das LG oder OLG als BerGer den Arrest durch Urteil erlassen hat; kein Rm, auch nicht mittels Zulassung. Instanzenzug in FamS AG → OLG; bei Auslandsbezug nach § 119 Nr. 1b GVG ebenfalls AG → OLG (OLG Düsseldorf NJOZ 2006, 2719). 1

**b) Anordnung des Arrests.** Tenor vgl § 916 Rz 5. Tatbestand und Entscheidungsgründe vgl § 313. Rm: gegen das Urteil, das vAw beiden Parteien zuzustellen ist (§§ 317, 166 II): wie bei Rz 1. Beachte § 119 Nr. 1b GVG. 2

**2. Entscheidung durch Beschluss**

**a) Antragszurückweisung.** Kosten nach §§ 91 ff.; kein Anspruch über die vorl Vollstr (vgl §§ 794 I Nr. 3, 103, 567); „Gründe" sind wegen der Anfechtbarkeit notw. – **Rechtsbehelf: (1)** sof Beschwerde für den ASt, § 567, ohne Anwaltszwang wegen § 569 III Nr. 1 (OLG München NJW 1984, 2414; str). Beachte § 119 Nr 1b GVG (oben Rz 1). **(2)** gegen OLG-Beschluss und gegen LG-Beschluss als BeschwerdeG oder als BerGer der Hauptsache: bei Zulassung Rechtsbeschwerde zum BGH (§ 574). 3

**b) Anordnung des Arrests.** Tenor vgl § 916 Rz 5. Eine Begr ist nicht vorgeschrieben und auch wenig sinnvoll, weil mangels Einlassung des Gegners ohnehin nur der Antrag abgeschrieben würde; das Gericht sollte aber anordnen, dass der ASt eine Abschrift seines Antrags mitzuzustellen zu lassen hat (str, vgl *Lippold* NJW 1994, 1110; *Herr* NJW 1993, 2287); außer bei Geltendmachung im Ausland, vgl Absatz 1 S. 2 und § 30 IV AVAG. – **Rechtsbehelf**: für den Schuldner Widerspruch, § 924. Bei AnO gegen Sicherheitsleistung für Gl insoweit sof Beschwerde. – Wenn zugleich Vollziehungsmaßnahmen angeordnet werden (§ 916 Rz 7), sind hiergegen die dortigen Rechtsbehelfe gegeben (OLG Zweibrücken FamRZ 2000, 966). 4

**c) Verweisung bei Rechtswegstreit?** Wenn das angegangene Gericht einen anderen Rechtsweg für gegeben erachtet (zB ArbeitsG, VerwaltungsG), ist str, ob der Antrag deswegen abgewiesen werden darf oder eine Verweisung nach § 17a GVG erforderl. ist (vgl BAG NJW 2000, 2524); letzteres ist unzweckmäßig, Rücknahme des Antrags sollte angeregt werden. 5

**3. Abs. 2.** Der stattgebende Beschluss wird von Amts wegen dem Antragsteller zugestellt (wegen des Fristbeginns nach § 929 II); dem Gegner nicht. Der ASt kann dann den Beschluss durch den GV dem Gegner zustellen (§ 922 II), falls der Vollzug gewollt ist. Eine eVfg mit dem Inhalt eines Veräußerungsverbots wird erst mit der Parteizustellung an den AGegner wirksam (vgl BGH NJW 2007, 1605), erst damit entsteht die Verfügungsbeschränkung (BayObLG NJW-RR 2004, 736). 6

**4. Haftung**. Die Entscheidung über den Antrag fällt unter das Spruchrichterprivileg des § 839 II 1 BGB (BGH NJW 2005, 436). 7

**5. Kosten: Gericht:** bei Entscheidung (über Arrest, eVfg) durch Beschluss kosten Verf und Beschluss GKG KV 1410 (1,5). Bei Entscheidung durch Urteil kosten Verf und Urteil GKG KV 1412 (3,0). Ber kostet KV 1413, mit Ermäßigungen nach 1414 ff.; Beschwerde kostet KV 1417 mit Ermäßigung in KV 1419. Wird nach Beschluss und Widerspruch mdl 8 verhandelt und dann der Antrag zurückgenommen, keine Verbilligung nach KV 1411, weil bereits der Beschluss nach § 922 vorlag. Wird kein Beschluss erlassen, sondern sogleich mdl Verh angeordnet und hier der Antrag zurückgenommen, tritt die Verbilligung nach KV 1411 ein. **Rechtsanwalt**: §§ 17 Nr. 4, 18 Nr. 6 RVG, VV 3100 ff.; Ber VV 3200 ff.; Beschwerde VV 3500; Vollziehung, wenn sie über die Zustellung hinausgeht, VV 3309 und § 18 Nr. 4 RVG.

## § 923 ZPO Abwendungsbefugnis

**In dem Arrestbefehl ist ein Geldbetrag festzustellen, durch dessen Hinterlegung die Vollziehung des Arrestes gehemmt und der Schuldner zu dem Antrag auf Aufhebung des vollzogenen Arrestes berechtigt wird.**

1 **1. Lösungssumme.** Höhe: Hauptsache + Zinsen + Kosten des Hauptsacheprozesses (Höhe vgl § 709 Rz 2; str), vgl § 108 und § 916 Rz 5, 9. Hinterlegung nach der HO, auch durch Dritte; Nachweis gem §§ 775 Nr. 3, 928.

2 **Wirkung der Hinterlegung:** § 233 BGB. **Folge:** §§ 934, 766. Die Vollstr der KostenE des Arrestbefehls wird durch die Hinterlegung nicht gehemmt (hM). – **Rückzahlung** der Lösungssumme notfalls nach §§ 109, 943 II. – **Fehlt** die Lösungssumme im Titel: § 321 analog.

3 **2. Einstweilige Verfügung:** § 923 ist nicht anwendbar, § 939.

## § 924 ZPO Widerspruch

**(1) Gegen den Beschluss, durch den ein Arrest angeordnet wird, findet Widerspruch statt.**

**(2) [1]Die widersprechende Partei hat in dem Widerspruch die Gründe darzulegen, die sie für die Aufhebung des Arrestes geltend machen will. [2]Das Gericht hat Termin zur mündlichen Verhandlung von Amts wegen zu bestimmen. [3]Ist das Arrestgericht ein Amtsgericht, so ist der Widerspruch unter Angabe der Gründe, die für die Aufhebung des Arrestes geltend gemacht werden sollen, schriftlich oder zum Protokoll der Geschäftsstelle zu erheben.**

**(3) [1]Durch Erhebung des Widerspruchs wird die Vollziehung des Arrestes nicht gehemmt. [2]Das Gericht kann aber eine einstweilige Anordnung nach § 707 treffen; § 707 Abs. 1 Satz 2 ist nicht anzuwenden.**

1 **1. Absatz 1. Rechtsbehelfe gegen Arrestentscheidungen**

**a) Gegen ein Urteil:** Ber, § 511, nicht Rev, § 542 II. Ferner Anträge nach §§ 926 II, 927.

2 **b) Gegen einen Beschluss:**

- Bei **Zurückweisung** des Arrestgesuchs: sof Beschwerde des ASt, § 567; gegen einen LG-Beschluss hierbei kein Anwaltszwang, vgl § 569 III Nr. 1 (str, OLG Köln NJW-RR 1988, 254).

- Bei **Anordnung** des Arrests: Widerspruch (nicht: Beschwerde) des Schuldners, § 924 I, und/oder Antrag nach §§ 926 II, 927.
- Nicht: Klagen nach §§ 767, 323.
- Für Dritte: §§ 771, 766. 3

**Verhältnis der Rechtsbehelfe zueinander.** Str. Sie überschneiden sich teilweise. Grds hat der Schuldner die Wahl (OLG Frankfurt OLG-Report 2006, 266; OLG Köln WRP 1987, 567); er kann die Verfahren auch nebeneinander durchführen (**hM**, **aA***StJG* Rz 6), zB Widerspruch und § 926-Antrag: dann laufen das *einstweilige Verfahren* und die *Hauptsache* parallel, Verbindung ist nicht mögl., aber gleichzeitige Terminierung; vgl § 147 Rz 1. Bei der Wahl sollten die Kostenfolgen und § 945 bedacht werden. 4

**2. Der Widerspruch** ist kein Rm (und hat nichts zu tun mit § 694); er führt nur dazu, dass die damals unterlassene mdl Verh nachgeholt wird, er betrifft *nicht* die Hauptsache (zB die Forderung), sondern nur deren Sicherung etc. Bis zur Rechtskraft der Widerspruchsentscheidung ist er rücknehmbar; auf die KostenE kann er beschränkt werden (sog **Kostenwiderspruch**), trotz § 99 I, was idR Verzicht auf Widerspruch und Antragsrecht aus § 926 darstellt (OLG Hamburg NJW-RR 2000, 1238; OLG Frankfurt NJW-RR 1996, 1535; vgl *Lemke* DRiZ 1992, 339). Vgl § 93 Rz 6; § 99 Rz 10. Auf Kostenwiderspruch ergeht Urteil; dagegen sof Beschwerde (OLG Koblenz NJW-RR 1997, 893). 5

**a) Zuständig** ist das Gericht, das den Arrestbeschluss erlassen hat; das erstinstanzl. Gericht auch dann, wenn erst (auf Beschwerde hin) das BeschwerdeG den Arrest erlassen hat (hM, OLG Düsseldorf MDR 1984, 324; **aA** KG NJW-RR 2004, 1665). 6

**b) Form** § 924 II 3, beim LG Anwaltszwang (§ 78); Inhalt: § 924 II 1 (Darlegung von Gründen) ist nur eine Ordnungsvorschrift, neue Gründe vgl § 926. 7

**c) Keine Frist;** im Einzelfall ist Verwirkung denkbar (zB nach 2 1/2 Jahren, KG GRUR 1985, 237). 8

**d) Verzicht** des Schuldners ist zul (OLG Hamm BB 1981, 521). 9

**3. Absatz 2. Verfahren.** Mdl Verh, Ladungsfrist § 217. Die bisher unterbliebene mdl Verh über den Streitgegenstand „Zwangsweise Sicherung" (nicht über den Anspruch) wird nachgeholt, Glaubhaftmachung genügt daher. Geprüft wird, ob am Schluss der mdl Verh die Voraussetzungen für die Anordnung vorliegen, auch neue Umstände; Erledigterklärung der Hauptsache und sofortiges Anerkenntnis (§ 93) sind zulässig. Die Parteirollen ändern sich nicht. 10

**4. Absatz 3.** Die Vollziehung wird gehemmt durch Sicherheitsleistung nach § 923. Ob § 110 anzuwenden ist, ist str (ja: OLG Köln NJW 1987, 76). 11

**5. Einstweilige Verfügung:** § 924 ist anwendbar; Abs. 3 S. 2 bei einer auf Unterlassung gerichteten eVfg aber nur bei besonderen Umständen (OLG Koblenz NJW-RR 1990, 1535; vgl OLG Celle NJW-RR 1987, 190). 12

**6. Kosten. Gericht**: Gebühr GKG KV 1410 für den Beschluss (Arrest oder eVfg); Widerspruchseinlegung erhöht Geb nicht. Folgt dann die mdl Verh mit Urteil etc, erhöht sich die Geb nach KV 1412 und reduziert sich geringfügig im Falle KV 1411. StrW § 53 GKG, § 3 ZPO. **Rechtsanwalt:** § 922 Rz 8; § 16 Nr 6 RVG. 13

Formular 234: Widerspruch gegen eine einstweilige Verfügung
Formular 241: Widerspruch gegen die Anordnung eines Arrestes

## § 925 ZPO Entscheidung nach Widerspruch

**(1) Wird Widerspruch erhoben, so ist über die Rechtmäßigkeit des Arrestes durch Endurteil zu entscheiden.**

**(2) Das Gericht kann den Arrest ganz oder teilweise bestätigen, abändern oder aufheben, auch die Bestätigung, Abänderung oder Aufhebung von einer Sicherheitsleistung abhängig machen.**

1 **1. EndU:** Gl = Kl, Schuldner = Bekl.

**a) Bestätigung** des Arrests. Auferlegung der weiteren Kosten auf den Bekl, kein Anspruch über die vorl Vollstr (vgl § 916 Rz 9). Damit beginnt nach hM (OLG Zweibrücken NJW-RR 2002, 1657) eine *neue* Vollziehungsfrist (§ 929) zu laufen, nochmalige Parteizustellung also erforderl.

2 **b) Aufhebung** des am ... angeordneten Arrests, Zurückweisung des Antrags des Kl (Gl); die Kosten des Verfahrens werden dem Kl auferlegt; vorl Vollstr nach §§ 708 Nr. 6, 711 S. 1. Folge: §§ 775 Nr. 1, 3, 776, 717 I. Bei Aufhebung bleibt der Arrestbefehl bis zur Rechtskraft des EndU in Kraft (OLG Frankfurt NJW 1982, 1056; str), fällt nicht schon mit Urteilsverkündung weg.

3 **c) Entscheidung** durch Urteil auch beim sog **Kostenwiderspruch** (hier greift der Schuldner nur die KostenE an); zum Prüfungsumfang vgl OLG Karlsruhe NJW-RR 1987, 105.

4 **d) Bei Rücknahme** des Widerspruchs: Beschluss, § 516 III analog, hM.

6 **2. Rechtsmittel:** Ber, nicht Rev (§ 542 II); gegen das VU Einspruch; **bei Kostenwiderspruch** ist gegen das KostenU entsprechend § 99 II sof Beschwerde statthaft (OLG Koblenz NJW-RR 1997, 893; **aA**: wegen § 99 I kein Rm, OLG München NJW 1972, 954). – Der gegen die Aufhebung Ber einlegende Gl sollte die Einstellung der Vollziehung beantragen, §§ 719, 707, weil aufgehobene ZwV-Maßnahmen nicht mehr aufleben (München OLGZ 1969, 196).

7 **3. EVfg:** Abs. 1 ist anwendbar, Abs. 2 durch § 939 eingeschränkt.

8 **4. Kosten. Gericht:** Das Urteil als solches kostet keine zusätzl. GerichtsGeb. **Rechtsanwalt:** entscheidet das Gericht über einen Kostenwiderspruch nach § 128 III ohne mdl Verh durch Urteil, fällt RVG VV 3104 nicht an (OLG Frankfurt NJW-RR 2007, 360).

## § 926 ZPO Anordnung der Klageerhebung

**(1) Ist die Hauptsache nicht anhängig, so hat das Arrestgericht auf Antrag ohne mündliche Verhandlung anzuordnen, dass die Partei, die den Arrestbefehl erwirkt hat, binnen einer zu bestimmenden Frist Klage zu erheben habe.**

**(2) Wird dieser Anordnung nicht Folge geleistet, so ist auf Antrag die Aufhebung des Arrestes durch Endurteil auszusprechen.**

**1. Zweck.** § 926 soll dem Arrest/VerfügungsBekl ermöglichen, den Kl – wenn er seine Rechte aus der Vfg nicht verlieren will – zu zwingen, im ordentl. Verfahren den Verfügungsanspruch nachzuweisen, weil dieser bislang nur summarisch geprüft worden ist (BGH NJW 1973, 1329). 1

**2. Absatz 1. Voraussetzungen der Fristsetzung:** 2

**a) Antrag** des Schuldners, ohne Anwaltszwang (§ 13 RPflG), im sog Kostenwiderspruch kann ein Verzicht darauf liegen (§ 924 Rz 4, 9).

**b) Hauptsache nicht anhängig:** es genügt: ein Mahnverfahren (Köln OLGZ 1979, 118); PKH-Antrag (OLG Frankfurt MDR 1989, 272); Anhängigkeit im Ausland, wenn das ausl Urteil im Inland anzuerkennen ist (OLG Frankfurt Rpfleger 1981, 118), § 328. 3

**c) Rechtsschutzbedürfnis** für die Hauptsacheklage: es fehlt: bei Gl-Verzicht; bei Wegfall des gesicherten Anspruchs, zB wenn der Schuldner erfüllt hat; wenn die Wiederholungsgefahr nicht mehr besteht und der Bekl vor jeder künftigen Inanspruchnahme aus der eVfg sichergestellt ist (BGH NJW 1974, 503). 4

**3. Zuständigkeit für die Fristsetzung.** Rechtspfleger, § 20 Nr. 14 RPflG, § 802. Bei Entscheidung durch den Richter: § 8 RPflG. Immer die erste Instanz, auch wenn der Arrest auf Beschwerde erst in zweiter Instanz erlassen wurde, hM. **Entscheidung** durch Beschluss, zuzustellen an den Gl, § 329 II 2; **Übliche Frist:** zwei bis vier Wochen; **Fristverlängerung** §§ 224 II, 225 III. 5

**Rechtsbehelfe** gegen Rechtspflegerbeschluss: für Gl gegen AnO sof Erinnerung, § 11 II 1RPflG, OLG Köln VersR 1991, 1305 (nicht § 793), für Schuldner gegen Ablehnung oder zu lange Frist (Rz 2-4) sof Beschwerde, § 11 I RPflG, § 567. 6

**4. Notwendig zur Fristwahrung ist:** 7

**a) Hauptsacheklage** auf den unmittelbar gesicherten Anspruch: ist durch eVfg die Eintragung einer Vormerkung zur Sicherung von Bauhandwerkersicherungshypotheken erwirkt (§ 648 BGB), genügt nicht die Zahlungsklage, notw ist die Klage auf Bewilligung der Eintragung der Sicherungshypotheken (OLG Celle NJW-RR 2003, 1529; *Ruland* BauR 1999, 316; OLG Düsseldorf NJW-RR 1986, 322; **aA** OLG Frankfurt MDR 2003, 23). Eine Feststellungsklage kann genügen. Die Aussichten der Klage sind ohne Belang (BGH NJW 1974, 503), ebenso die Unzust des angerufenen Gerichts (OLG Frankfurt MDR 1981, 237). Es reicht ferner aus: Klage vor SchiedsG, vor ausl Gericht uU (Rz 3), Antrag auf Mahnbescheid (Köln OLGZ 1979, 118), vollständiger Antrag auf PKH (**hM**, **aA** OLG Düsseldorf MDR 1987, 771; OLG Hamm OLGZ 1989, 322).

**b) Frist:** Einreichung (nicht auch Zustellung innerhalb der Frist) kann nach § 167 genügen (KG BauR 2004, 122; OLG Hamburg WRP 1978, 907; str); Nachholung der Klageerhebung trotz Versäumung: § 231 II (OLG Düsseldorf JurBüro 1986, 625). Keine WE, da keine Notfrist. 8

**5. Absatz 2. Nach fruchtlosem Fristablauf:** der Schuldner kann die Aufhebung beantragen, Anwaltszwang hierfür gem § 78, mdl Verh ist notw, der Schuldner gilt als Kl iSd Versäumnisvorschriften (§§ 330 ff.). 9

**a) Zuständig** für das Aufhebungsverfahren ist das ArrestG erster Instanz; das BerGer, wenn dort der Arrestprozess anhängig ist (OLG Koblenz NJW-RR 1995, 443); das LG, 10 wenn die eVfg nach § 942 II vom AG erlassen worden ist (OLG Schleswig NJW-RR 1997, 829).

11 **b) Zulässigkeit** des Antrags. Sie fehlt zB, wenn das VfgG im Widerspruchsverfahren durch rechtskr Urteil die eVfg teils aufgehoben, teils für erledigt erklärt hat (BGH NJW 1973, 1329), wenn die Anordnung einer Hauptklage infrage steht, die in diesem Zeitpunkt nach dem beiderseitigen Vorbringen nicht gerechtfertigt ist, sofern der VfgKl den VfgfBekl vor jeder künftigen Inanspruchnahme aus der eVfg sichergestellt hat (BGH NJW 1974, 503; weitere Flugblattverbreitung, Ablauf des Wahltags); wenn allg das Rechtsschutzbedürfnis fehlt.

12 **c) Begründetheit** des Antrags: wenn der Schuldner fruchtlosen Fristablauf glaubhaft macht.

13 **d) Einstweilige Einstellung:** §§ 924 III, 707, 719 analog.

14 **e) EndU. (1) Zurückweisung des Antrags;** KostenE bez des Aufhebungsverfahrens, § 91; vorl Vollstr je nach Kostenhöhe §§ 708 Nr. 11, 711/oder § 709 S. 1.

15 **(2) (Rückwirkende) Aufhebung** des Arrestes; KostenE bez der *gesamten* (auch AnO-, Widerspruchsverfahrens)-Kosten (OLG München MDR 1997, 507); Vorl Vollstr §§ 708 Nr. 6, 711. – **Gebühren:** GKG-KV 1410; **Rechtsanwalt:** § 16 Nr. 6 RVG. **Streitwert:** grds wie AnO-Verfahren (KG JurBüro 2002, 479). **Rechtsmittel:** Ber, keine Rev (§ 542 II). – Das Arrestgesuch kann ferner wiederholt werden.

16 **6. Wird die Hauptsacheklage erhoben** und ihr *stattgegeben*, ändert sich am Arrest grds nichts; wird sie *abgewiesen:* § 927 Rz 3.

17 Für eine Feststellungsklage des Inhalts, dass die auf Unterlassung gerichtete eVfg im Zeitpunkt ihres Erlasses begr war, fehlt idR das Feststellungsinteresse (BGH NJW 1974, 503).

18 **7. Kosten. Gericht**: Fristsetzung (§ 926 I) und deren Verlängerung kosten keine zusätzl. Geb. Das Verfahren auf Aufhebung (§ 926 II sowie §§ 927, 936) sowie Abänderung löst nochmals die Geb KV 1410 aus (Vorb 1.4.1 vor GKG KV 1410), zusammen also 3,0. Erhebt dann der Gl Klage fallen dafür die gewöhnl. Geb nach KV 1210 ff. zusätzl. an. **Rechtsanwalt:** Antrag auf AnO von Arrest bzw eVfg und folgendes Verfahren nach § 926 bildet eine Einheit (§ 16 Nr. 6 RVG). Die Vertretung im folgenden Klageverfahren löst die gewöhnl. Geb nach VV 3100 ff. aus.

Formular 236: Antrag auf Fristsetzung zur Erhebung der Hauptsacheklage gem. § 926 Abs. 1 ZPO

Formular 237: Antrag auf Aufhebung einer einstweiligen Verfügung wegen Nichterhebung der Hauptsacheklage

Formular 242: Antrag auf Fristsetzung zur Erhebung der Hauptsacheklage gem. § 926 Abs. 1 ZPO

Formular 243: Antrag auf Aufhebung eines Arrestes wegen Nichterhebung der Hauptsacheklage gem. § 926 Abs. 2 ZPO

## § 927 ZPO Aufhebung wegen veränderter Umstände

**(1) Auch nach der Bestätigung des Arrestes kann wegen veränderter Umstände, insbesondere wegen Erledigung des Arrestgrundes oder auf Grund des Erbietens zur Sicherheitsleistung die Aufhebung des Arrestes beantragt werden.**

**(2) Die Entscheidung ist durch Endurteil zu erlassen; sie ergeht durch das Gericht, das den Arrest angeordnet hat, und wenn die Hauptsache anhängig ist, durch das Gericht der Hauptsache.**

**1. Absatz 1. Veränderte Umstände.** Verfahrensgegenstand ist die Fortdauer des Arrests. 1
Der Schuldner kann wählen zwischen Rm/Widerspruch/Aufhebungsverfahren nach § 927/§ 926 II/§ 924 (OLG Frankfurt OLG-Report 2006, 266).

Die „Umstände" müssen nicht später entstanden sein, zusätzl. können auch *ursprüngliche* 2
Fehlerhaftigkeitsgründe (für die an sich § 924 gedacht ist) vorgetragen werden (hM).

**Fallgruppen für veränderte Umstände:** 3

- **Beim Arrestanspruch:** Erlöschen des Anspruchs, Entstehen von Einreden; Abweisung der Hauptsacheklage (BGH WRP 1987, 196: die eVfg verliert also nicht automatisch ihre Wirkung), uU schon vor Rechtskraft (OLG Düsseldorf NJW-RR 1987, 993).
- **Beim Arrestgrund:** rechtskr zuerkennendes Urteil in der Hauptsache, weil nun endgültige Vollstr mögl. ist.
- **Ablauf der Frist** des § 929 II ohne Vollziehung (OLG Düsseldorf NJW-RR 2000, 68).
- **Ablauf der Frist** des § 926.
- **Bei Erbieten** zur Sicherheitsleistung: Aufhebung nur unter der Bedingung der fristgem Leistung (Höhe § 108).
- § 89 InsO (Insolvenzverfahren über das Vermögen des Schuldners).

**2. Absatz 2. Verfahren**
**a) Zuständigkeit:** 4

bei anhängiger Hauptsache: das (deutsche, staatl.) HauptsacheG, §§ 802, 943 (nicht notw diesselbe Kammer usw), ab Ber-Einlegung das BerGer. *Sonst:* das ArrestG, das erstinstanzl. Gericht auch dann, wenn erst das BerGer den Arrest erlassen hat (OLG Hamm MDR 1987, 593; str).

**b) Antrag** des Schuldners (Kl), Anwaltszwang nach § 78, mdl Verh nach § 128, der 5
Schuldner muss Veränderung nur glaubhaft machen (§§ 920, II, 294; OLG Frankfurt NJW-RR 2000, 1236); eAnO analog § 924 III 2.

**c) Rechtsschutzbedürfnis:** es fehlt zB, wenn der Gl verzichtet (OLG Frankfurt ZIP 1981, 6
210), wenn bei einmaliger Zahlung diese erbracht ist. Der Antrag kann nicht auf die KostenE der eVfg beschränkt werden (OLG München OLGZ 1987, 452; vgl. KG NJW-RR 1987, 381).

**d) Endurteil:** Zurückweisung des Antrags; oder: Aufhebung des am ... angeordneten 7
Arrests (ohne Rückwirkung); oder: Abänderung, zB AnO einer Sicherheitsleistung.

8 **e) Kostenentscheidung:** nach §§ 91 ff., zB bei Aufhebung: Bekl (Gl) hat die „Kosten des Aufhebungsverfahrens" zu tragen, § 91; auch § 93 ist anwendbar (OLG Frankfurt OLGZ 1985, 442; str); aber: bei Aufhebung wegen Versäumung der Frist des § 929 II werden dem Bekl (Gl) die Kosten des Anordnungs-, Widerspruchs- und Aufhebungsverfahrens auferlegt (OLG Düsseldorf NJW-RR 2000, 68) OLG Hamm NJW-RR 1990, 1214; str). Zur KostenE vgl *Hess* MDR 1994, 438; Rz 10.

9 **f) Vorläufige Vollstreckbarkeit:** bei Aufhebung §§ 708 Nr. 6, 711 S. 1; bei Zurückweisung § 708 Nr. 11 oder § 709 S. 1. **g) Streitwert:** § 3. **h) Rechtsmittel:** Ber; keine Rev, § 542 II. **i.) Folge** der Aufhebung: §§ 776, 775 Nr. 1, 3.

10 **3. Einstweilige Verfügung:** vgl. § 939. Bei der LeistungsVfg auf Unterhalt kann längere freiwillige Zahlung ein Aufhebungsgrund sein (OLG Zweibrücken FamRZ 1983, 415); hier ist auch § 767 (Vollstr-Gegenklage) anwendbar (*StJG* § 938 Rz 41), nicht aber § 323.

Wird die Hauptsacheklage abgewiesen, kann im folgenden Verfahren auf Aufhebung der eVfg auch über die Kosten des eVfgs-Verfahrens zu Ungunsten des VfgGl entschieden werden (BGH NJW 1993, 2685/7).

11 **4. Kosten.** Es fällt nochmals die GerichtsGeb GKG KV 1410 an (Vorbem 1.4.1) für das Verfahren, mit Erhöhung (KV 1412) bei Entscheidung durch Urteil etc, Ermäßigung nach KV 1411. **Rechtsanwalt:** § 16 Nr. 6 RVG.

## § 928 ZPO Vollziehung des Arrestes

**Auf die Vollziehung des Arrestes sind die Vorschriften über die Zwangsvollstreckung entsprechend anzuwenden, soweit nicht die nachfolgenden Paragraphen abweichende Vorschriften enthalten.**

1 **1. Arrestvollziehung.** Die AnO des Arrests gibt den Vollstr-Titel, die Vollstr nach §§ 928 ff. führt zur Sicherung des Gl, darf aber nicht zu seiner Befriedigung führen.

2 **a) Es gelten für die Arrestvollstreckung:** §§ 929-933, ferner zB §§ 811 ff., 850 ff., 845, 764, 775 Nr. 1, 776, 807 (Gl kann eine eV fordern); Unzulässigkeit während des Insolvenzverfahrens, § 89 InsO.

3 **b) Rechtsbehelfe: Für den Schuldner**: §927 (der §767 verdrängt, str), §766 bei Pfändung bewegl. Sachen, §71 GBO bei Arresthypothek (hM), bei Forderungspfändung: §766 bzw §793 (bei Richtertätigkeit), §766 bzw §11 RPflG, §793 (bei Rechtspflegertätigkeit). **Für den Gl:** bei Vollstreckungsmaßnahmen: §766 bzw §793; bei Ablehnung der Arresthypothek: §11 RPflG bzw §71 GBO. **Für Dritte:** §§771, 805. – Vollzugsaufhebung: §934.

4 **c) Einstweilige Einstellung** der ZwV bei Widerspruch, Aufhebungsantrag, Ber, nach § 769 (hM). **d)** Im Arbeitsrecht: § 62 II ArbGG. **e) Kosten:** § 788 entspr.

5 **2. Vollziehung der einstweiligen Verfügung: a) Bei Gebot und Verbot:** vollstr wird nach §§ 887, 888, 890, zust ist idR das Gericht der Hauptsache. **b) Bei Eintragung ins Grundbuch:** §§ 932 III, 929 III entspr. **c) Bei Leistungsverfügung, Geldzahlung:** nach §§ 803 ff., 864 ff., also Pfändung, Verwertung einer Forderung und Erlösverteilung bzw Überweisung, wobei für die Pfändung (entgegen § 930 I 3) das VollstrG (§ 828) zust ist. Zur Vollziehungsfrist des § 929 II s. § 929 Rz 3.

**3. Kosten. Gericht:**. Für Pfändung zB GKG KV 2111. Für Vollziehung der eVfg keine GerichtsGeb. RA: RVG VV 3309; § 18 Nr. 4 RVG. 6

### § 929 ZPO Vollstreckungsklausel; Vollziehungsfrist

**(1) Arrestbefehle bedürfen der Vollstreckungsklausel nur, wenn die Vollziehung für einen anderen als den in dem Befehl bezeichneten Gläubiger oder gegen einen anderen als den in dem Befehl bezeichneten Schuldner erfolgen soll.**

**(2) Die Vollziehung des Arrestbefehls ist unstatthaft, wenn seit dem Tag, an dem der Befehl verkündet oder der Partei, auf deren Gesuch er erging, zugestellt ist, ein - Monat verstrichen ist.**

**(3) [1]Die Vollziehung ist vor der Zustellung des Arrestbefehls an den Schuldner zulässig. [2]Sie ist jedoch ohne Wirkung, wenn die Zustellung nicht innerhalb einer Woche nach der Vollziehung und vor Ablauf der für diese im vorhergehenden Absatz bestimmten Frist erfolgt.**

**Lit:** ***Pohlmann*** KTS 1994, 49; *Gleußner*, Die Vollziehung von Arrrest ..., 1999.

**1. Absatz 1. Die Vollstreckungsklausel** (§ 724) ist nur erforderl. in den Fällen §§ 727 ff. und bei Vollstr im Ausland (§ 31 AVAG). 1

Der Arrest ist sofort vollstr, er enthält daher keinen Ausspruch über die „vorläufige Vollstreckbarkeit". Eine **einstweilige Einstellung** der ZwV kommt nach § 707 infrage bei Widerspruch (§ 924 III), Ber, §§ 926, 927. 2

**2. Vollziehungsfrist beim Arrest (Absatz 2).** Monatsfrist: keine Notfrist, keine WE, keine Verlängerung, nicht verzichtbar, Berechnung nach § 222: zB Verkündung am 02.04., Fristende mit Ablauf des 02.05. (§§ 187 I, 188 II, III BGB). Vgl ferner § 932 Rz 5. Zu § 929 II als Haftungsfall *Heistermann* MDR 2001, 792. 3

**a) Beginn:** beim ArrestU mit der Verkündung (§ 310; der Gl kann nicht das Zustellungsdatum wählen, LAG Bremen Rpfleger 1982, 481), auch wenn die Urteilsausfertigung dem ASt vom Gericht erst nach Fristablauf zugestellt wird (OLG Frankfurt NJW-RR 1987, 764; Problem ist dann über Staatshaftung zu lösen); beim Arrestbeschluss mit Zustellung an den ASt, hilfsweise (formloser) Aushändigung an ihn. 4

**Eine neue Frist** beginnt: wenn auf Widerspruch der Arrest unter wesentl. Veränderungen bestätigt wird, zB bei Anordnung einer Sicherheitsleistung, § 925 II (OLG Frankfurt OLGZ 1980, 258; MDR 1985, 681; OLG Naumburg AfP 2005, 281); wenn das BerGer den Arrest neu erlässt (OLG Düsseldorf NJW-RR 2000, 68; KG Rpfleger 1981, 119); bei einstw Einstellung der ZwV (OLG Düsseldorf FamRZ 1987, 498). Vgl *Grunsky* ZZP 1991, 1. 5

**Keine neue Frist** wird in Lauf gesetzt: durch eine Berichtigung nach § 319 (OLG Düsseldorf ZIP 1981, 540); durch ein Urteil, das den Arrest nach § 925 II bestätigt (**aA** OLG Zweibrücken NJW-RR 2002, 1657; § 925 Rz 1). 6

**b) Zur Fristwahrung** ist die **„Vollziehung"** erforderl. Str ist, was dazu nötig ist. Zu unterscheiden ist: **(1) Zustellung:** beim **Beschluss-Arrest** ist eine Parteizustellung erforderlich (§ 922 II). Beim **Urteils-Arrest** verlangen die einen ebenfalls zusätzl. zur Amtszustellung 7 des Urteils noch eine Parteizustellung (weil sonst der Gl nicht ausreichend klarstellt, dass er vom Titel auch Gebrauch macht, OLG Hamburg WRP 1997, 53; **aA** *Pohlmann* KTS 1994, 51 mwN, weil dies keine Vollziehungsmaßnahme sei, vgl § 750 I; es genügen mE auch vergleichbare, dokumentierte Schritte des Gl), während andere die Amtszustellung genügen lassen, vgl Rz 13. **(2) Notw ist weiter ein ZwV-Vorgang.** Str ist, was hierzu nötig ist: Drei Meinungen: ausreichend ist die bloße *Beantragung* der Vollziehungsmaßnahme durch den Gl (so BGH NJW 1991, 497; OLG Frankfurt NJW-RR 1999, 1446; OLG Oldenburg FamRZ 1989, 880, *Pohlmann* KTS 1994, 50 mwN; denn der Gl dürfe nicht mit einer Frist belastet werden, deren Einhaltung er nicht sichern könne, weil er keinen Einfluss auf rechtzeitiges Tätigwerden der ZwV-Organe habe); nach **aA** ist die *Beendigung* der Vollstr innerhalb der Frist notw (RG 75, 179, 181); nach **aA** ist der *Beginn* des Arrestvollzugs innerhalb der Frist notw (OLG Koblenz NJW-RR 1987, 760; OLG Köln FamRZ 1985, 1063; früher hM). Beginn heißt dabei: irgendein Handeln des ZwV-Organs. Bei der im Arrest enthaltenen Forderungspfändung (§ 916 Rz 7) soll noch die Zustellung an den Drittschuldner erforderl. sein (str), §§ 829 III, 928.

**Auslandsfall:** LG Frankfurt NJW 1990, 652; KG IPRax 2001, 236; *Roth* IPRax 1990, 161; *Mennicke* IPRax 2001, 202. **Strafprozess:** Arrestpfändung des durch eine Straftat Verletzten in von der StA gem § 111b StPO beschlagnahmtes Vermögen des Täters setzt zu ihrer Wirksamkeit nicht voraus, dass innerhalb der Vollziehungsfrist des § 929 II die Arrestvollziehung gem § 111g II 1 StPO zugel oder ein darauf gerichteter Antrag gestellt wird (BGH NJW 2000, 2027).

8 **c) Nach Versäumung der Monatsfrist:** der Schuldner kann durch Widerspruch (§ 924) bzw im Ber-Verfahren oder Aufhebungsantrag (§ 927) den Arrestbefehl aufheben lassen; der Gl kann aber einen neuen Arrest beantragen. – Vollstr-Maßnahmen nach Fristablauf: § 766. Nach Fristablauf beantragte Vollstr-Maßnahmen sind unwirksam (BGH NJW 1991, 496); nach **aA** sollen noch Vollstr-Maßnahmen zul sein, die in irgendeinem sachl. bzw wirtschaftl. Zusammenhang mit den fristgerechten, aber erfolglosen Vollstr-Maßnahmen stehen (OLG München NJW 1968, 708); das ist mangels klarer Abgrenzbarkeit abzulehnen.

9 **3. Vollziehungsfrist bei einstweiliger Verfügung.** Hier ist unklar, worin eine „Vollziehung" bestehen könnte. Abs. 2 ist eine gefährl. Haftungsfalle (*Treffer* MDR 1998, 951; *Knieper* WRP 1997, 815). Zur Fristwahrung ist nötig:

a) **Bei Vornahme von Handlungen**, dh bei Vollstr nach §§ 887, 888, zB auf Gewährung des Zutritts zu einem Praxisraum, auf Abdruck einer Gegendarstellung nach PresseG (OLG München NJW-RR 1989, 180; OLG Jena OLG-NL 1994, 58): sowohl bei der *Urteils-Verfügung* wie bei der *Beschluss-Verfügung* ist die Zustellung im Parteibetrieb notw (BGH NJW 1993, 1076; OLG Karlsruhe NJW-RR 1988, 1469; hM; denn der Gl muss dem Schuldner gegenüber zum Ausdruck bringen, dass er von der eVfg Gebrauch machen will); bei *Beschlüssen* ist das nicht str. Bei *Urteilen* soll nach **aA** die Amtszustellung, § 317 I, genügen (zB OLG Stuttgart NJW-RR 1998, 622; OLG Oldenburg MDR 1992, 903; dafür spricht, dass derjenige, der einen Arrest beantragt, seinen Vollzugswillen bereits ausreichend zum Ausdruck bringt, für eine Abstandnahme gibt es keine Anhaltspunkte, zusätzl. Parteizustellung ist Förmelei). Es muss nicht zusätzl. ein Antrag auf Festsetzung von Zwangsmitteln (§ 888) gestellt werden (OLG München MDR 2003, 53), nach aA (OLG Rostock MDR 2006, 1425) ist zusätzl. zur Parteizustellung binnen der Monatsfrist ein Vollstr-Antrag nach §§ 887, 888 zu stellen. Um Haftung zu vermeiden sollte der RA daher diesen Antrag stellen.

**b) Bei eVfg auf Unterlassung (zB von Wettbewerbsverstößen), Duldung**, Vollstr nach § 890; die Androhung des Ordnungsmittels ist hier idR im Titel enthalten. Für die *Beschluss-Verfügung* ist die Parteizustellung des Titels notw (§ 922 II). Bei anwaltl. Vertretung muss sie an den RA erfolgen (OLG Schleswig MDR 2001, 231). **(1)** Dasselbe gilt bei der *Urteils-Verfügung;* hier ist also zur Amtszustellung die Parteizustellung zusätzl. notw (**hM**, OLG Brandenburg JB 2000, 36; OLG Frankfurt NJW-RR 2000, 1236; OLG Schleswig MDR 2001, 231). **(2)** Andere lassen bei der UrteilsVfg (neben der Parteizustellung) auch sonstige Handlungen des Gl, die seinen Vollziehungswillen *dokumentieren*, genügen, zB den Antrag auf Festsetzung von Ordnungsmitteln innerhalb der VollzFrist (BGH NJW 1990,122; KG NJW-RR 1999, 71; *Altmeppen* WM 1989, 1157/63); ungenügend sei aber eine mdl Leistungsaufforderung des ASt unter Bezugnahme auf den Titel (BGH NJW 1993, 1076; zutr **aA** *Vollkommer* WuB A. § 945 ZPO 1.93). **(3)** Eine dritte Meinung hält die Amtszustellung (§ 317) der UrteilsVfg für ausreichend, eine weitere Tätigkeit des Gl sei nicht notw (OLG Oldenburg MDR 1992, 903; **aA** BGH NJW 1993, 1076); das wird abgelehnt, weil es dem Gl freistehen müsse, zu entscheiden, ob er von der eVfg Gebrauch macht und damit das Haftungsrisiko des § 945 eingeht. 9a

**c) Bei Eintragung einer Vormerkung** (§ 885 BGB), einer Sicherungshypothek oder eines Widerspruchs (§ 899 BGB) im Grundbuch: Eingang des Antrags (des ASt oder des Gerichts) beim GBA (§ 13 GBO) gilt als Vollziehung (OLG Düsseldorf NJW-RR 1997, 781; RGZ 155, 156); vgl. § 932 III. 10

**d) Bei einmaliger Geldzahlung** ist sowohl bei der BeschlussVfg wie bei der UrteilsVfg *Parteizustellung* des Titels *und der Beginn* (also irgendeine Handlung des ZwV-Organs) *der ZwV* (zB Pfändungsanberaumung durch GV, Erlass des PfÜB) binnen Monatsfrist erforderl., §§936, 929 II (**hM**, OLG Celle FamRZ 1984, 1248). Andere wollen bei der UrteilsVfg die Amtszustellung genügen lassen (OLG Oldenburg FamRZ 1989, 879) oder die Amtszustellung jedenfalls dann, wenn fristgerecht eine ZwV-Maßnahme folgt (OLG Hamm NJW-RR 1994, 521) oder halten es bei Partei-Zustellung für ausreichend, wenn innerhalb der Frist bloß der Vollstr-Antrag gestellt ist (zB *Brox/Walker* Zwangsvollstreckungsrecht Rz 1539; *Pohlmann* KTS 1994, 50) oder verlangen (strenger) sogar die Zustellung des PfÜB an den Drittschuldner innerhalb der Frist (OLG Köln FamRZ 1985, 1065). 11

**d) Bei monatlichen Unterhaltszahlungen** bzw ähnl. Leistungsverfügungen: sehr str. Erste Rate: nach **hM** ist Parteizustellung und Beginn der ZwV bez der ersten Monatsrate innerhalb der Monatsfrist erforderl. (Rz 11, Streitfragen wie dort). – Weitere Raten: nach allgM ist nicht notw, dass der Gl innerhalb der (ersten) Monatsfrist auch die ZwV bez der späteren (zweiten, dritten usw) Raten betreibt, weil das idR gar nicht zul wäre. Vielmehr beginnt die Monatsfrist für die weiteren Raten jeweils mit Fälligkeit dieser weiteren Raten, weil es sich letztlich um eine äußere Zusammenfassung mehrerer eVfg für die jeweiligen Monate handelt. – Versäumt der Gl die erste (oder eine spätere) VollzFrist, ist die eVfg bei monatl. Unterhaltsleistungen ihrem ganzen Umfang nach aufzuheben, auch hinsichtl. der noch nicht fälligen Raten (OLG Hamburg FamRZ 1988, 523; OLG Zweibrücken JB 1986, 626; denn damit zeigt der Gl, dass keine Dringlichkeit besteht, keine Notlage, die 12 allein eine UnterhaltsleistungsVfg rechtfertigt), nach **aA** dagegen ist dann nur die Vollstr dieser Monatsrate unstatthaft, nicht der künftig fällig werdenden (so OLG Hamm FamRZ 1991, 583; OLG Koblenz FamRZ 1991, 589).

**Bei zunächst freiwilligen Leistungen** des Unterhaltsschuldners dagegen ist die Vermutung der fortdauernden Notlage nicht entkräftet; monatl. Parteizustellung und Entsenden des GV wären unsinnig, wenn bezahlt wird. Die Vollziehung erfolgt deshalb fristgerecht, wenn sie nach Einstellung der freiwilligen Leistung innerhalb der Monatsfrist erfolgt (OLG Köln FamRZ 1985, 508; OLG Celle FamRZ 1988, 524; sehr str).

12a **f) Bei Sicherstellung von Sachen, Wegnahme, Räumung**, Vollstr nach §§ 883, 885, 886: es soll genügen, wenn der Gl rechtzeitig den Antrag beim GV stellt (OLG Hamm NJW-RR 1991, 959; MDR 1993, 275).

12b **g) Rechtsgestaltende Verfügungen** (zB in gesellschaftsrechtl. Streitigkeiten): bei der UrteilsVfg Wirksamwerden, dh Eintritt der Gestaltungswirkung, mit Parteizustellung des Titels (RGZ 102, 199; **aA** mit Verkündung, *Pohlmann* KTS 1994, 58), bei der BeschlussVfg ebenfalls mit Parteizustellung des Titels an den Schuldner, denn eine ZwV im eigentl. Sinn gibt es hier nicht.

12c **h) Bei einstweiliger Verfügung auf Abgabe einer Willenserklärung:** str, eine Fiktion wie bei § 894 ist notw., alle denkbaren Zeitpunkte (Entscheidungserlass, -verkündung, -zustellung) werden vertreten (vgl *Pohlmann* KTS 1994, 58). ME kommt es bei Urteils- wie BeschlussVfg auf die Parteizustellung an, erst dann weiß der Schuldner, was ihm vom Gericht angesonnen wird und dass der Gl davon Gebrauch machen will.

13 **4. Zustellung:** Die rechtzeitige Einreichung des Zustellungs-Antrags beim VollstrG (GV) ist ausreichend, § 167 (OLG Frankfurt NJW-RR 2000, 1236). Notw ist eine Zustellung an den Verfahrensbevollmächtigten des eVfg-Verfahrens (§ 172; OLG Hamburg WRP 1987, 121). Wer das ist, wenn sich ein Gegner-RA nur in einer Schutzschrift legitimiert hat (OLG Stuttgart WRP 1994, 57) ist str. Zustellung an PrBev nur notw, wenn sich dieser zweifelsfrei für das eVfg-Verfahren meldete (OLG Hamburg MDR 2006, 1183; OLG Oldenburg MDR 2002, 290). Die Zustellung besteht in der Übergabe einer Ausfertigung oder begl Abschrift (§ 166), der Ausfertigungsvermerk ist bei der Beschlussverfügung unerlässlich (BGH NJW 1965, 104), seine Unleserlichkeit aber unschädl. (BGH NJW 1971, 659). **Heilung von Zustellungsmängeln** ist mögl., § 189 nF, dazu *Anders* WRP 2003, 204 (BGH VersR 1985, 358 zur aF; OLG Hamm NJW-RR 1988, 1535; OLG Köln NJW-RR 1987, 575; **aA** OLG Brandenburg JB 2000, 36; durch § 189 nF wohl überholt, *Musielak/Huber* § 929 Rz 9). Nach § 189 nF kann das Unterbleiben der ParteiZust einer durch Urteil erlassenen eVfg durch die formgültige Amtszustellung auch dann geheilt werden, wenn der Vollziehungswille nicht auf andere Weise dem Gegner zur Kenntnis gebracht wurde (OLG München MDR 2005, 1244). Der Nachweis der Kenntnis heilt den Zustellungsmangel auch für die Vollstr von Arrest/eVfg (OLG Dresden NJW-RR 2003, 1721). Zur Wirksamkeit der Parteizustellung bedarf es nicht der gleichzeitigen **Zustellung der Antragsschrift bzw deren Anlagen**, wenn der Beschluss darauf nicht Bezug nimmt und aus sich heraus für den Antragsgegner verständl. ist (OLG München NJW-RR 2003, 1722; OLG Frankfurt ZIP 1981, 324).

**5. Absatz 3, Vollziehung vor Zustellung.** Abweichung von §§ 750, 751. Die Parteizustellung des Arrestbefehls muss innerhalb einer Woche und innerhalb der Monatsfrist (Absatz 2) nachgeholt werden. Während der Monatsfrist kann die Vollziehung wiederholt werden. Bei Arrestvollziehung durch Forderungspfändung wird die Frist des § 929 III 2 erst durch die Zust des PfÜB an den Drittschuldner in Lauf gesetzt (OLG Frankfurt NJW-RR 1999, 1446). Eine aufgrund einer eVfg durchgeführte Vollstreckungsmaßnahme ist unwirksam, wenn der Antragsteller die Zustellungsfrist gem. § 929 III versäumt hat (BGH NJW 1999, 3494). 14

Verstoß gegen Absatz 3: § 766.

## § 930 ZPO Vollziehung in bewegliches Vermögen und Forderungen

**(1) [1]Die Vollziehung des Arrestes in bewegliches Vermögen wird durch Pfändung bewirkt. [2]Die Pfändung erfolgt nach denselben Grundsätzen wie jede andere Pfändung und begründet ein Pfandrecht mit den im § 804 bestimmten Wirkungen. [3]Für die Pfändung einer Forderung ist das Arrestgericht als Vollstreckungsgericht zuständig.**

**(2) Gepfändetes Geld und ein im Verteilungsverfahren auf den Gläubiger fallender Betrag des Erlöses werden hinterlegt.**

**(3) Das Vollstreckungsgericht kann auf Antrag anordnen, dass eine bewegliche körperliche Sache, wenn sie der Gefahr einer beträchtlichen Wertverringerung ausgesetzt ist oder wenn ihre Aufbewahrung unverhältnismäßige Kosten verursachen würde, versteigert und der Erlös hinterlegt werde.**

**1. Absatz 1. Arrestvollziehung** in bewegl. Sachen: durch Pfändung, Abs. 1 S. 1, ohne nachfolgende Verwertung (Ausnahme § 930 III), gem §§ 803 ff. 1

**2. Auswirkungen der Hauptsacheentscheidung: a) Obsiegt der Gläubiger**, wird aus dem ArrestpfandR ein VollstreckungspfandR (eine nochmalige Pfändung ist überflüssig), sobald der Hauptsachetitel (und evtl der Nachweis der Sicherheitsleistung) zugestellt ist (hM): *Rang:* das VollstreckungspfandR hat grds den Rang der vorausgehenden Arrestpfändung (BGHZ 66, 397; BGH NJW 2001, 2976). 2

**b) Verliert der Gl**, bleibt das ArrestpfandR bestehen, der Schuldner kann nach §§ 927, 776 vorgehen. 3

**3. Forderungspfändung, Absatz 1 Satz 3.** Kein Anwaltszwang für den Pfändungsantrag, § 920 III, § 13 RPflG. 4

a) **Ausschließlich zuständig** ist (abw von § 828 II) das (erstinstanzl.) ArrestG, Rechtspfleger § 20 Nr. 16 RPflG.

**b)** Arrestbeschluss und Pfändungsbeschluss können äußerl. zu einer Entscheidung zusammengefasst werden (vgl § 916 Rz 7), bei Anfechtung und Zustellung handelt es sich um zwei selbstständige Entscheidungen (OLG Zweibrücken FamRZ 2000, 966; BayObLG Rpfleger 1985, 59), zust bei Zusammenfassung ist der Richter. 5

c) Eine **Überweisung der gepfändeten Forderung** (§ 835) an den Gl findet nicht statt (BGH NJW 1993, 735); daher ist auch eine Leistungsklage des Arrestgläubigers gegen 6 den Drittschuldner nicht mögl. Die Arrestpfändung wahrt nur den Rang, der später aufgrund eines Hauptsachetitels ergehende Überweisungsbeschluss hat den Rang der vorausgehenden Arrestpfändung (BGHZ 68, 292).

7 **d) Auskunft:** der Gl einer aufgrund eines Arrests gepfändeten Forderung kann die Abgabe einer Drittschuldnererklärung gem § 840 nicht durch eine Auskunftsklage erzwingen (BGHZ 68, 289).

8 **e) Aufhebung:** das ArrestG kann von ihm getroffene Vollziehungsmaßnahmen (zB Forderungspfändung) selbst aufheben, sie sind dann beseitigt (§§ 928, 776, 775), wenn mit der Aufhebung nicht eine AnO nach § 572 II verbunden war; bei Wegfall des Aufhebungsbeschlusses lebt die Vollstr-Maßnahme nicht wieder auf, sondern kann nur neu vollzogen werden, weshalb zwischenzeitl. ein Rangverlust eintreten kann, § 804 III; die Aufhebung der Vollstr-Maßnahme wird sofort wirksam und hängt nicht von der formellen Rechtskraft der aufhebenden Entscheidung ab (BGH NJW 1976, 1453).

9 **f) Stellung des Drittschuldners:** er kann mit befreiender Wirkung nur noch an Gl und Schuldner gemeinsam leisten, vgl § 829.

10 **4. Pfändung eines Auflassungsanspruchs:** §§ 829, 846, 848. Die Pfändung kann bei der im Grundbuch eingetragenen Vormerkung im Wege der Berichtigung, § 22 GBO, vermerkt werden. Das GBA hat den Nachweis der Zustellung gem § 829 III an den Verkäufer zu fordern. Das Gericht hat von Amts wegen im PfB eine Anordnung nach § 848 I zu treffen (BayObLG Rpfleger 1985, 58).

11 **5. Absatz 2.** Verteilungsverfahren: §§ 872 ff.

12 **6. Absatz 3.** Zust: Rechtspfleger, § 20 Nr. 17 RPflG, des VollstreckungsG, § 764 II. Der GV hat kein Antragsrecht (BGHZ 89, 86), nur Gl, Schuldner. Sonst verwahrt der GV die Sachen, zu den Lagerkosten vgl BGHZ 89, 82.

13 **7. Kosten.** Für Pfändung GKG KV 2111; bei § 930 III keine bes GerichtsGeb. RA: RVG VV 3309; § 18 Nr. 4 RVG.

Formular 240: Antrag auf Versteigerung arrestgepfändeter Sachen

### § 931 ZPO Vollziehung in eingetragenes Schiff oder Schiffsbauwerk

**(1) Die Vollziehung des Arrestes in ein eingetragenes Schiff oder Schiffsbauwerk wird durch Pfändung nach den Vorschriften über die Pfändung beweglicher Sachen mit folgenden Abweichungen bewirkt.**

**(2) Die Pfändung begründet ein Pfandrecht an dem gepfändeten Schiff oder Schiffsbauwerk; das Pfandrecht gewährt dem Gläubiger im Verhältnis zu anderen Rechten dieselben Rechte wie eine Schiffshypothek.**

**(3) Die Pfändung wird auf Antrag des Gläubigers vom Arrestgericht als Vollstreckungsgericht angeordnet; das Gericht hat zugleich das Registergericht um die Eintragung einer Vormerkung zur Sicherung des Arrestpfandrechts in das Schiffsregister oder Schiffsbauregister zu ersuchen; die Vormerkung erlischt, wenn die Vollziehung des Arrestes unstatthaft wird.**

**(4) Der Gerichtsvollzieher hat bei der Vornahme der Pfändung das Schiff oder Schiffsbauwerk in Bewachung und Verwahrung zu nehmen.**

**(5) Ist zur Zeit der Arrestvollziehung die Zwangsversteigerung des Schiffes oder Schiffsbauwerks eingeleitet, so gilt die in diesem Verfahren erfolgte Beschlagnahme des Schiffes oder Schiffsbauwerks als erste Pfändung im Sinne des § 826; die Abschrift des Pfändungsprotokolls ist dem Vollstreckungsgericht einzureichen.**

**(6) [1]Das Arrestpfandrecht wird auf Antrag des Gläubigers in das Schiffsregister oder Schiffsbauregister eingetragen; der nach § 923 festgestellte Geldbetrag ist als der Höchstbetrag zu bezeichnen, für den das Schiff oder Schiffsbauwerk haftet. [2]Im Übrigen gelten der § 867 Abs. 1 und 2 und der § 870a Abs. 3 entsprechend, soweit nicht vorstehend etwas anderes bestimmt ist.**

§ 931 VI 2 geändert durch 2. ZwVollstrNovelle (BGBl 1997, 3039).

Eintragung von Schiffen: SchiffsregO v 26.05.1951 (BGBl I 359). Für Seeschiffe s. § 482 HGB. Pfändung von nicht eingetragenen und ausl Schiffen erfolgt nach §§ 808 ff. Vgl *Noack* JurBüro 1982, 165. 1

## § 932 ZPO Arresthypothek

**(1) [1]Die Vollziehung des Arrestes in ein Grundstück oder in eine Berechtigung, für welche die sich auf Grundstücke beziehenden Vorschriften gelten, erfolgt durch Eintragung einer Sicherungshypothek für die Forderung; der nach § 923 festgestellte Geldbetrag ist als der Höchstbetrag zu bezeichnen, für den das Grundstück oder die Berechtigung haftet. [2]Ein Anspruch nach § 1179a oder § 1179b des Bürgerlichen Gesetzbuchs steht dem Gläubiger oder im Grundbuch eingetragenen Gläubiger der Sicherungshypothek nicht zu.**

**(2) Im Übrigen gelten die Vorschriften des § 866 Abs. 3 Satz 1, des § 867 Abs. 1 und 2 und des § 868.**

**(3) Der Antrag auf Eintragung der Hypothek gilt im Sinne des § 929 Abs. 2, 3 als Vollziehung des Arrestbefehls.**

§ 932 II geändert durch 2. ZwVollstrNovelle (BGBl 1997, 3039).

**1. Eintragung einer Sicherungshypothek:** 1

**a) Das Grundbuchamt prüft**, ob die Voraussetzungen der ZwV nach ZPO und der Eintragung nach GBO vorliegen.

- **Formloser Antrag** des Gl, §§ 932 II, 867 I 1, § 13 GBO, mit Bezeichnung des zu belastenden Grundstücks, § 28 GBO; die Vollmacht des RA ist formlos nachzuweisen, kann sich auch aus der Aufführung im Rubrum des Arrestbefehls ergeben; 2
- Vorliegen eines **Arrestbefehls**, wobei Forderung + Zinsen + Kosten (vgl § 923) über 750 € betragen müssen, §§ 866 III 1, 932 I 1; 3
- Der Arrestschuldner muss als **Eigentümer** im Grundbuch voreingetragen sein, § 39 GBO; 4

5 - Einhaltung der **Monatsfrist** des § 929 II, wobei der Eingang des Eintragungsantrags beim AG als Vollziehung gilt, § 932 III (auf § 13 II, III GBO kommt es nicht an, BGH NJW 2001, 1134; anders die früher allgM, die Eingang beim GBA und Besitz des GBA-Beamten verlangte, zB OLG Düsseldorf Rpfleger 1993, 488), und durch Zwischenverfügung des GBA angegebene Eintragungshindernisse binnen der Monatsfrist beseitigt sein müssen; der Gl sollte *zwei* Ausfertigungen des Arrestbefehls beantragen, eine für das GBA, eine für den GV zur Zustellung, damit er die Fristen einhalten kann.

6 - Bei Belastung mehrerer Grundstücke: Forderungsverteilung, § 867 II

7 **Nicht prüft das GBA** die Zustellung des Arrestbefehls (§ 750) und die Einhaltung der Zustellungsfrist des § 929 III 2 (Wochenfrist, BayObLG Rpfleger 1993, 398), auch nicht die Zust des ArrestG.

8 **Rechtsbehelf** gegen die Eintragung: § 71 GBO (**hM**).

9 **b) Entstehung der Arresthypothek:** mit Eintragung, § 867 I 2, nicht schon mit Antragseingang; Höchstbetragshypothek gem § 1190 BGB. Aus der Arresthypothek kann nach **hM** der Gl auf Duldung der ZwV klagen, § 1147 ist anwendbar (BGH NJW 1997, 3230). § 867 III ist *nicht* anwendbar. Der Gl hat aber keinen Löschungsanspruch nach §§ 1179a, b BGB; § 932 I 2 ist nicht verfassungswidrig (*Brox/Walker* Rz 1551; str).

10 **2. Mängel:** wenn die Monatsfrist des § 929 II nicht gewahrt wurde oder nach Antragseingang die Zustellungsfrist des § 929 III 2 versäumt wurde, ist keine Arresthypothek entstanden, das Grundbuch von Anfang an unrichtig (§§ 894, 899 BGB, 22 GBO) und zu berichtigen.

11 **3. Auswirkung der Hauptsacheentscheidung:**

**a) Obsiegt der Gl**, kann er durch formlosen Antrag unter Vorlage des vollstreckbaren Hauptsachetitels die Umschreibung in eine Zwangshypothek (§ 866) betreiben; vgl § 1186 BGB (Folge: Hypothek ist für ZVG nicht mehr bedingt; § 1190 IV BGB); dazu genügt auch ein nur vorl vollstr Urteil (**aA**: dann nur Vormerkung).

12 **b) Verliert der Gl**, erwirbt der Eigentümer die Hypothek als Eigentümergrundschuld, § 868 II, ebenso, wenn der Arrestbefehl aufgehoben oder die ZwV eingestellt wird.

**4. Kosten.** GBA: §§ 62 I, 63, 32 KostO. RA für Eintragungantrag: RVG VV 3309, § 18 Nr. 4 RVG.

## § 933 ZPO Vollziehung des persönlichen Arrestes

**[1]Die Vollziehung des persönlichen Sicherheitsarrestes richtet sich, wenn sie durch Haft erfolgt, nach den Vorschriften der §§ 901, 904 bis 913 und, wenn sie durch sonstige Beschränkung der persönlichen Freiheit erfolgt, nach den vom Arrestgericht zu treffenden besonderen Anordnungen, für welche die Beschränkungen der Haft maßgebend sind. [2]In den Haftbefehl ist der nach § 923 festgestellte Geldbetrag aufzunehmen.**

§ 933 S. 1 geändert durch 2. ZwVollstrNovelle (BGBl 1997, 3039).

**Lit:** ***Schuschke*** DGVZ 1999, 129.

Vgl § 918. Haftbefehl im oder neben dem Arrestbefehl ist notw, § 901. Verhaftung durch den GV; der Schuldner kann sie durch Hinterlegung der Lösungssumme abwenden. Haftvollzug nach §§ 171-175 StVollzugsG. Rechtsbehelf: Erinnerung, § 766, an das VollstrG, § 764. 1

Kosten: wie § 918 Rz 2. 2

## § 934 ZPO Aufhebung der Arrestvollziehung

**(1) Wird der in dem Arrestbefehl festgestellte Geldbetrag hinterlegt, so wird der vollzogene Arrest von dem Vollstreckungsgericht aufgehoben.**

**(2) Das Vollstreckungsgericht kann die Aufhebung des Arrestes auch anordnen, wenn die Fortdauer besondere Aufwendungen erfordert und die Partei, auf deren Gesuch der Arrest verhängt wurde, den nötigen Geldbetrag nicht vorschießt.**

**(3) Die in diesem Paragraphen erwähnten Entscheidungen ergehen durch Beschluss.**

**(4) Gegen den Beschluss, durch den der Arrest aufgehoben wird, findet sofortige Beschwerde statt.**

§ 934 III geändert durch G v. 27.07.2001 (BGBl 2001, 1887).

**1. § 934 betrifft** die Aufhebung des Arrestvollzugs, nicht des Arrestbefehls (hierfür §§ 924-927). 1

**Absatz 1.** Voraussetzung ist ein Antrag des Schuldners, nicht des GV (BGHZ 89, 86), ohne Anwaltszwang. Zust ist das VollstrG, § 764; der Rechtspfleger, § 20 Nr. 15 RPflG; bei Aufhebung der Forderungspfändung ist aber das ArrestG zust, § 930 I 3. – Lösungssumme: § 923. 2

**Absatz 2.** ZB Lagerkosten; Entscheidung durch den Richter, auch von Amts wegen. 3

**Absatz 3.** Entscheidung durch Beschluss, Kosten § 788. Zustellung § 329 III. 4

**2. Rechtsbehelfe.** Gegen Aufhebung: durch Rechtspfleger oder Richter sof Beschwerde, § 11 I RPflG, §§ 567, 569. – Gegen Ablehnung ebenfalls sof Beschwerde, § 567. 5

**3. Kosten**. Gericht: keine Geb, Beschwerde GKG KV 1812. RA: RVG VV 3309; §§ 18 Nr. 4, 19 II Nr. 5 RVG. 6

## § 935 ZPO Einstweilige Verfügung bezüglich Streitgegenstand

**Einstweilige Verfügungen in Bezug auf den Streitgegenstand sind zulässig, wenn zu besorgen ist, dass durch eine Veränderung des bestehenden Zustandes die Verwirklichung des Rechts einer Partei vereitelt oder wesentlich erschwert werden könnte.**

**1. Arten der einstweiligen Verfügung. Regelungsverfügung** (§940: zB mehrere Mieter streiten über die Benutzung des gemeinsamen Waschraums); **Sicherungsvfg** (§935: zB der Verkäufer will die gekaufte Sache einem Dritten übereignen); diese Abgrenzung ist wegen gleicher Voraussetzungen ohne Bedeutung; **Leistungsverfügung** vgl §940 Rz 6. Abgrenzung zum Arrest: §916 Rz 1. 1

**2. Prüfungsschema**

2 **a) Zuständigkeit:** §§ 943, 942, 802. Vorsitzender nach § 944.

Drei Fallgruppen: § 943 Gericht der Hauptsache
§ 942 I AG in dringenden Fällen
§ 942 II AG immer bei Vormerkung/Widerspruch

**b) Allgemeine Prozessvoraussetzungen**

**c) Verfügungsanspruch** (vgl § 935 Rz 4, § 940 Rz 2 und 8)

- schlüssig vorgetragen
- glaubhaft gemacht, §§ 936, 920 II. Andernfalls §§ 936, 921 II.

3 **d) Verfügungsgrund** (vgl § 935 Rz 5, § 940 Rz 3 und 10)

- schlüssig vorgetragen
- glaubhaft gemacht, §§ 936, 920 II. Andernfalls §§ 936, 921 II.

**Glaubhaftmachung** nicht notw bei §§ 885 I 2, 899 II 2 BGB und bei § 1615o BGB, § 61 VI 2 UrhG. Keine Ausnahmen bei § 41 PatG, § 11a GebrMG.

Vortrag *und* Glaubhaftmachung des Verfügungsgrundes entbehrl. bei § 12 II UWG 2004 (Wettbewerbssachen).

4 **e) Rechtsschutzbedürfnis:** es kann fehlen, wenn ein s Beweisverfahren angebracht ist; wenn der ASt schon einen (auch nur vorl., str) vollstr Titel in der Hauptsache hat; wenn die Verfügung im Ausland vollstreckt werden soll. – Teils sind dies auch Fragen des Verfügungsgrundes.

5 **3. Beispiel** (Beschluss oder EndU):

I. Dem AGegner wird verboten, zu behaupten ... Ihm wird für jeden Fall der Zuwiderhandlung die Verhängung eines Ordnungsgeldes bis zu ... Euro ... oder von Ordnungshaft bis zu ... Monaten angedroht.

Oder:

Dem AGegner wird verboten, das Grundstück Flur ..., eingetragen im Grundbuch von ... Band ... Blatt ... zu erwerben.

II. Dem AGegner werden die Kosten auferlegt.

III. Streitwert: ... €.

IV. Eventuell: Fristsetzung nach § 942 I.

Eventuell: Sicherheitsleistung nach §§ 936, 921 II.

6 **Erläuterung:** zu (I): **§ 890;** zu (II): **Kostenentscheidung** nach §§ 91-93. In Wettbewerbssachen kommt § 93 infrage, wenn der AGegner vorher nicht erfolglos abgemahnt wurde. Die Unterlassungsverpflichtung genügt nur, wenn sich der Gegner für jeden Fall der Zuwiderhandlung zur Zahlung einer angemessenen (!) Vertragsstrafe verpflichtet. Zu (III): **Streitwert** § 3; die Anordnung einer **„vorläufigen Vollstreckbarkeit“** wäre überflüssig, weil die eVfg ihrem Wesen nach sofort vollstr ist.

7 **4. Verfügungsanspruch** (Einzelfälle: §§ 938 Rz 4 ff.) ist jeder Anspruch (auch betagt, bedingt) auf Individualleistungen, zB auf Unterlassung (zB von wettbewerbswidrigem

Handeln gem §§ 3, 8, 12 UWG 2004), auf Handlung (zB Abdruck einer Presse-Gegendarstellung), auf Duldung; der ordentl. Rechtsweg muss gegeben sein; auf Geld darf der Anspruch nur bei der LeistungsVfg (§ 940 Rz 6) gerichtet sein, sonst ist dafür zur Sicherung der Arrest gegeben.

**5. Verfügungsgrund** (Einzelfälle: §§ 938 Rz 4 ff.) ist die Besorgnis, die § 935 nennt, zB 8
dass die herauszugebende Sache verarbeitet, schlecht verwahrt, belastet werden soll. Diese **Dringlichkeit** fehlt uU, wenn man 4 Monate wartet (OLG Bremen MDR 2004, 50).

**6. Unzulässig ist die einstweilige Verfügung** im FGG-Bereich, zB in WEG-Sachen (dort: 9
§ 44 III WEG, BayObLG MDR 1975, 934). § 940 Rz 4.

**7. Streitgegenstand** des eVfg-Verfahrens ist die Sicherung/einstweilige Regelung, nicht 10
der gefährdete Anspruch oder das Rechtsverhältnis. Daher besteht nicht im Verhältnis zum Hauptprozess Rechtshängigkeit (auch nicht bei der Leistungsverfügung), sondern nur gegen ein anderes eVfg-Verfahren.

**8.** Die **Verjährung des Anspruchs** wird durch den Antrag auf eVfg uU gehemmt, § 204 11
Nr. 9 BGB, was bei Wettbewerbssachen bedeutsam ist (kurze Verjährung von 6 Monaten, § 11 UWG 2004).

**9.** Die **„Schutzschrift"** hat sich ohne gesetzl. Grundlage in Wettbewerbssachen eingebür- 12
gert. Der Gegner legt bei einem (oder mehreren, § 32) für eine eVfg zust Gericht(en) vorbeugend eine Sachdarstellung nieder, die für den Fall der Antragstellung eine Entscheidung ohne mdl Verhandlung verhindern soll. Wird dann ein eVfg-Antrag eingereicht, können die RA-Schutzschriftkosten erstattungsfähig sein, BGH NJW 2003, 1257; auch wenn der Verfügungsantrag zurückgenommen oder abgelehnt wird, ohne dass eine mdl Verh stattfand, § 91 Rz 23 und § 938 Rz 21. Zum Ganzen vgl *Hilgard*, Die Schutzschrift ... 1985; *Deutsch*, GRUR 1990, 327; *Wilke*, Abmahnung und Schutzschrift ..., 1991; *v. Els* FamRZ 1996, 651.

**10. Kosten.** Gericht GKG KV 1410 (Beschluss) bzw KV 1412 (Urteil). RA § 17 Nr. 4b 13
RVG, VV 3100 ff. Vgl Kroiß RVG-Letter 2005, 18. **Schutzschrift**: wenn sie Gericht eingereicht wird RVG VV 3101 (0,8) bzw 3403 (ebenfalls 0,8; so OLG Hamburg MDR 2005, 1196; so OLG Nürnberg NJW-RR 2005, 941); bei umfassendem Vertretungsauftrag VV 3100 (1,3), OLG Nürnberg aaO. Keine GerichtsGeb.

Formular 230: Antrag auf Erlass einer einstweiligen Verfügung mit Herausgabeanordnung

Formular 231: Antrag auf Erlass einer auf Grundbucheintragung gerichteten einstweiligen Verfügung

Formular 232: Antrag auf Erlass einer einstweiligen Verfügung auf Unterlassung beleidigender Äußerungen

## § 936 ZPO Anwendung der Arrestvorschriften

**Auf die Anordnung einstweiliger Verfügungen und das weitere Verfahren sind die Vorschriften über die Anordnung von Arresten und über das Arrestverfahren entsprechend anzuwenden, soweit nicht die nachfolgenden Paragraphen abweichende Vorschriften enthalten.**

1 **1. Anwendbar sind:** § 916 II, § 920 (wird ergänzt durch § 938, wonach nicht immer ein bestimmter Antrag gestellt werden muss), § 921 II, § 922 (bei § 942 entscheidet das Gericht aber immer durch Beschluss); § 924 (aber nicht in den Fällen des § 942); § 925 (zur Aufhebung gegen Sicherheitsleistung vgl aber § 939); § 926; § 927 (BGH NJW 1978, 2158), eingeschränkt durch § 939; § 928 grds; **§ 929;** § 932 III (hM).

2 **2. Unanwendbar sind:** §§ 916 I, 917 (bei II str), 918 (dafür: §§ 935, 940); § 919 (dafür: §§ 937, 942, 943); § 921 I (dafür: § 937 II); § 923 (wegen § 939); § 930, § 931, § 932 I, II; § 933 (str); § 934 (I durch § 939 ersetzt).

## § 937 ZPO Zuständiges Gericht

**(1) Für den Erlass einstweiliger Verfügungen ist das Gericht der Hauptsache zuständig.**

**(2) Die Entscheidung kann in dringenden Fällen sowie dann, wenn der Antrag auf Erlass einer einstweiligen Verfügung zurückzuweisen ist, ohne mündliche Verhandlung ergehen.**

1 **1. Absatz 1. Zuständigkeit** (ausschl.; örtl. und sachl.): **a) Gericht der Hauptsache** (hier uU der Vors, § 944), dh der zu sichernden Leistung/des zu befriedigenden RVerh; in Familiensachen das FamilienG (zB bei Antrag auf Zahlung eines PKV durch Ehegatten, OLG Hamm FamRZ 2001, 1230); uU das BerGer, § 943; auch Zulässigkeit des Rechtswegs muss vorliegen (BAG NJW 2000, 2524). **b)** das **Amtsgericht** nach § 942. **c) In Wettbewerbssachen:** nach § 14 UWG 2004 Ort der gewerbl. Niederlassung oder Tatort; wird der Verstoß durch eine Druckschrift begangen, ist eine Zust überall dort begründet, wo die Druckschrift bestimmungsgem (und nicht nur zufällig) verbreitet worden ist, sodass der Wettbewerb zum Nachteil des Kl beeinflusst werden kann (OLG Frankfurt NJW-RR 1989, 490; str); sog fliegender Gerichtsstand; vgl § 32 Rz 4; – **d) Bei § 1615o BGB:** Gericht des isoliert geltend gemachten Unterhaltsprozesses (OLG Frankfurt FamRZ 1984, 512; str, **aA** Gericht des Abstammungsprozesses).

2 **2.Absatz 2. Verfahren.** Grds ist (abw von § 921 I) mdl Verhandlung notw. Über Anordnung und Ladungen: § 921 Rz 3.

3 **3. Dringender Fall. a)** Eine solche **„gesteigerte Dringlichkeit"** liegt vor, wenn der Zeitverlust den Zweck der eVfg gefährden würde. Sie muss vom ASt glaubhaft gemacht werden, § 294, und soll vom Gericht im Rubrum der Entscheidung festgestellt werden. Gegen die Anordnung/Ablehnung der mdl. Verh gibt es keinen Rechtsbehelf.

4 **b)** Auch **in Wettbewerbssachen** muss trotz § 12 II UWG 2004 der dringende Fall des II dargelegt und glaubhaft gemacht werden. Eine vom evtl Antragsgegner bei Gericht vor-

beugend niedergelegte **Schutzschrift** (dazu § 935 Rz 12) kann eine Entscheidung ohne mdl Verh faktisch verhindern.

**c) Der Begriff „Dringlichkeit"** bei §§ 917 I, 937 II, 942, 944 ist nicht identisch. 5

**d)** Der Antrag kann ohne mdl Verh durch Beschluss zurückgewiesen werden, wenn das Gericht ihn für unschlüssig, unbegr oder unzul hält (Absatz 2); vgl KG MDR 1991, 1194. 6

## § 938 ZPO Inhalt der einstweiligen Verfügung

**(1) Das Gericht bestimmt nach freien Ermessen, welche Anordnungen zur Erreichung des Zweckes erforderlich sind.**

**(2) Die einstweilige Verfügung kann auch in einer Sequestration sowie darin bestehen, dass dem Gegner eine Handlung geboten oder verboten, insbesondere die Veräußerung, Belastung oder Verpfändung eines Grundstücks oder eines eingetragenen Schiffes oder Schiffsbauwerks untersagt wird.**

**1. Absatz 1 Grenzen des „freien Ermessens". a)** Anordnung muss im Rahmen des gestellten Antrags (§ 308) bleiben. **b)** Sie darf – als vorl Entscheidung – nicht zur endgültigen Befriedigung des Gl führen, die HauptsacheE nicht vorwegnehmen, zB Löschung im Grundbuch/Handelsregister (Ausnahme: LeistungsVfg, § 940 Rz 6). 1

**c)** Sie muss im Rahmen des Hauptanspruchs bleiben, darf nicht mehr als ein obsiegendes HauptsacheU geben, also zB nicht in Rechte Dritter eingreifen, zu grundbuchrechtlich unzul Eintragung führen. 2

**d)** Sie muss sich in den "äußersten Grenzen der Zwangsvollstreckung" halten (keine Haft des Schuldners, wenn nur eine Herausgabe verhindert werden soll). 3

**2. Absatz 2** nennt **Beispiele zulässiger Maßnahmen.**

**Allgemeine Geschäftsbedingungen:** Zur Durchsetzung des Anspruchs auf Unterlassung unwirksamer AGBs ist die eVfg zul, vgl § 5 UnterlassungsklagenG (OLG Düsseldorf NJW 1989, 1487; *Marly* NJW 1989, 1472). 4

**Anfechtung:** der Rückgewährsanspruch nach § 11 AnfG ist duch eVfg sicherbar (OLG Koblenz MDR 1993, 1016).

**Arbeitsrecht** (*Lakies* AuA 1994, 383): vgl § 62 II ArbGG. **a) gegen den Arbeitnehmer:** auf Unterlassung von Konkurrenztätigkeit (vgl § 60, 61 HGB); auf Wiederaufnahme der Arbeit aus Arbeitsvertrag, Vollstr uU nach § 888 II ausgeschlossen; keine eVfg gegen den neuen Arbeitgeber auf Unterlassung der Beschäftigung, da idR Anspruchsgrundlage fehlt (OLG Celle BB 1960, 290); 5

**b) gegen den Arbeitgeber:** auf Urlaubsgewährung (vgl *Dersch/Neumann* BUrlG § 7 Rz 54), Vollstr nach § 894; auf Herausgabe der Arbeitspapiere (BAG DB 1960, 1009), Vollstr nach § 883 I; auf Lohnzahlung während des Prozesses über den Bestand des Arbeitsverhältnisses nach den Grundsätzen der LeistungsVfg § 940 Rz 6 (vgl *Vossen* RdA 1991, 216); auf Weiterbeschäftigung nach § 102 V BetrVG, § 79 BPersVG; außerhalb dieser Regelungen hat der gekündigte Arbeitnehmer einen arbeitsvertragl. Anspruch auf vertragsgem Beschäftigung über den Ablauf der Kündigungsfrist bzw den Zugang der fristlosen Kündigung hinaus bis zum rechtskr Abschluss des Kündigungsprozesses, wenn die Kündigung unwirksam ist und überwiegende schutzwerte Interessen des Arbeitgebers einer solchen Beschäftigung nicht entgegenstehen (BAG NJW 1985, 2968); Vollstr nach § 888 I. **c) Mitbestimmung**, § 23 III BetrVG: *Pahle* NZA 1990, 51; LAG Düsseldorf NZA 1991, 29.

6 **Auskunft:** nur ausnahmsweise als LeistungsVfg (OLG Karlsruhe NJW 1984, 1905); LG Bonn ZIP 1984, 867 (Lieferant); LG Karlsruhe VersR 1982, 1165.

**Bauhandwerkersicherungshypothek** siehe Vormerkung.

**Beförderung:** der unterlegende Bewerber kann die vorl Sicherung begehren (LAG Thüringen NZA-RR 1997, 234).

7 **Belieferungsanspruch:** § 26 II GWB, nur ausnahmsweise (OLG Karlsruhe GRUR 1980, 811; OLG Stuttgart NJW-RR 1990, 940). UU für Strom/Gas/Wasser (LG Rottweil Justiz 1983, 453).

**Buchveröffentlichung:** über Aufbrauchfristen bei Untersagung von Äußerungen vgl *Meyer-Bohl* NJW 2000, 2135.

**Bürgschaften** (Bankgarantie auf erstes Anfordern, eVfg ggn Garantiebegünstigten): BGH NJW 2001, 282. Zur Verhinderung der Inanspruchnahme vgl *Schmidt* BauR 1998, 1159.

**Doppelvermietung:** dem Vermieter kann nicht durch eVfg untersagt werden, die Sache dem anderen Mieter zu überlassen (OLG Schleswig MDR 2000, 1428).

8 **Ehe/Familie:** Schutz des „räumlichgegenständlichen Bereichs" der Ehe vor Eingriffen Dritter (BGH 6, 366); Anspruch eines Ehegatten auf Wirtschaftsgeld (OLG Düsseldorf FamRZ 1983, 1121); Verbot gegen Dritten, mit der 16-jährigen Tochter Umgang zu haben (OLG Frankfurt NJW 1979, 2052). Gewaltschutz: Neufassung des § 940a. Über vorl AnO, eAnO, eVfg vgl § 620 Rz 1-4; über Unterhalt Rz 19.

**E-Mail-Werbung:** OLG Hamburg CR 2000, 183.

9 **Erwerbsverbot:** Der verbotswidrige Erwerb ist analog §§ 135 I 1, 136 BGB unwirksam (Hamm OLGZ 1970, 440).

**Feststellung:** vgl *Vogg* NJW 1993, 1357.

**Freiwillige Gerichtsbarkeit:** dort gibt es kein selbständiges Verfahren des einstweiligen Rechtsschutzes (BGH NJW 2001, 2181); trotzdem kann ein eVfg-Antrag nach § 17a II GVG an das FG-Gericht verwiesen werden.

10 **Gegendarstellung** (*Löffler/Ricker*, Hdb des PresseR; *Seitz/Schmidt/Schoener*, Gegendarstellungsanspruch; *Schmidt/Seitz* NJW 1991, 1009): verankert im jeweiligen LandespresseG, zB § 10 LPG Bayern. Berechtigter ist der Betroffene, Verpflichtete sind der Verleger und der verantwortl. Redakteur als Gesamtschuldner. Der Anspruch besteht nur bei Tatsachenbehauptungen, nicht bei Meinungsäußerungen oder Werturteilen; dabei kommt es auf das Verständnis des unbefangenen Durchschnittslesers an (BGH NJW 1987, 1398). Die Gegendarstellung muss schriftl. niedergelegt sein, handschriftl. unterzeichnet, im Umfang und Aufmachung (Überschrift, Schriftgröße, Platzierung, Aufnahme ins Inhaltsverzeichnis) nicht unangemessen; etwa so wie der Presseartikel. Das Abdruckverlangen muss rechtzeitig sein (OLG München OLGZ 1990, 244), zwei Wochen seit der Veröffentlichung bzw Kenntniserlangung sind immer rechtzeitig, bei späterem Begehren kommt es darauf an, ob noch eine Aktualität besteht; teils gilt als Ausschlussfrist eine 3-Monatsfrist.

– Wird das Abdruckverlangen abgelehnt: für die eVfg ist das LG am Sitz der Verlags zust. Ein Verfügungsgrund (Dringlichkeit) ist nicht erforderl., muss jedenfalls nicht ges dargelegt und glaubhaft gemacht werden; bei spätem Antrag fehlt jedoch der Aktualitätsbezug und der Anspruch ist verwirkt. Liegen die Voraussetzungen vor, ordnet das LG den Abdruck in seinen Modalitäten an; ob es nach § 938 am Text etwas ändern darf, ist str (vgl OLG Frankfurt AfP 1985, 291). Vollstr nach § 888.

11 **GesellschaftsR** (*Damm* ZHR 1990, 413; *Michalski* GmbH-Rdsch 1991, 12; *Zutt* ZHR 1991, 190): **a) Zulässig:** Entziehung der Geschäftsführungs- oder Vertretungsbefugnis, §§ 117, 127 HGB (BGH 33, 105); Verbot, einen Gesellschafterbeschluss zu vollziehen (OLG Koblenz NJW-RR 1986, 1039); Stimmrechtsausübung (OLG Hamburg NJW 1992, 186; OLG Stuttgart GmbHR 1997, 312; OLG Hamm GmbHR 1993, 163; **aA** OLG Koblenz NJW 1991, 1119); Verbot, als GmbH-Geschäftsführer tätig zu werden (OLG Hamm GmbHR 1993, 743). **b) Nicht:** Ausschließung eines Gesellschafters aus der Gesellschaft nach § 140 HGB (dazu OLG Saarbrücken NJW-RR 1989, 1512); Maßnahmen, die zum FGG-Bereich (vgl § 145 FGG) gehören, weil es dort keine eVfg gibt (OLG Frankfurt MDR 1989, 169); Untersagung von Gesellschafterbeschlüssen (OLG Koblenz NJW 1991, 1119; **aA** LG Mainz ZIP 1990, 1271); *Schmitt* ZIP 1992, 1212).

**Gewaltschutz:** vgl GewaltschutzG v 11.12.2001 (BGBl 2001, 3513), kommentiert bei *Palandt*, BGB; § 940a. Zust aufgespalten auf FamG – ZivilAbt., §§ 23a Nr. 7, 23b Nr. 8a GVG.

12 **Grundbuch:** Ein Verbot einer § 1365 BGB widersprechenden Vfg ist eintragbar (OLG Celle NJW 1970, 1882); die Eintragung (vgl § 941) des Veräußerungsverbots hindert nach § 892 I 2 gutgl Erwerb, bewirkt aber keine „Grundbuchsperre"; vor Eintragung muss das GBA ein ihm bekanntes Verbot aber beachten (BayObLG 1954, 97; str, vgl OLG Stuttgart WM 1985, 1371). Vgl ferner § 878 BGB, § 17 GBO. – Ein in einer eVfg gegen den Auflassungsempfänger ausgesprochenes Erwerbsverbot stellt ein vom GBA zu beachtendes Eintragungshindernis dar (BayObLG Rpfleger 1978, 306). – Rückerstattung von **DDR-Grundstücken** vgl *Kohler* DNotZ 1991, 699.

13 **Hausratsverfahren:** Keine eVfg (da FGG-Sache), nur eAnO.

14 **Herausgabe**, § 985 BGB. Bei Gebrauchsgütern kann der Verfügungsgrund schon in der Gefahr der Weiterbenutzung bestehen (OLG Düsseldorf MDR 1984, 411). Bei Bauunterlagen (OLG Frankfurt BauR 1980, 193). Bei Ehewohnung Konkurrenz zur eAnO zu beachten (OLG Zweibrücken FamRZ 1983, 1254; OLG Hamm FamRZ 1980, 999), ferner GewaltschutzG v. 11.12.2001 (BGBl 2001, 3513). **Herausgabe von Kindern** nur durch eAnO (OLG Düsseldorf FamRZ 1982, 431); § 33 FGG.

15 **Künstlerische Werke** (Aufführungsverbot): BGH NJW 1988, 334; OLG Frankfurt NJW 1989, 408.

**Konto:** Weiterführung eines gekündigten NPD-Kontos (LG Leipzig NJW 2001, 80).

**Mietrecht:** Vgl *Schneider* MDR 2004, 319. Bei einer Doppelvermietung kann dem Vermieter nicht im Wege einer eVfg vorgeschrieben werden, an welchen Gl er zu leisten hat (OLG Frankfurt NJW-RR 1997, 77). Weggenommene Sachen, die dem VermieterpfandR unterliegen vgl OLG Rostock MDR 2004, 1109. Zum Anspruch bei Doppelvermietung

OLG Hamm NJW-RR 2004, 521 (dazu *Katzenstein* ZZP 116, 459). Mieter überlässt Mietsache (Räume) unerlaubt an Dritte, LG Hamburg ZMR 2003, 493.

**Patentsachen:** *Schulze-Süchting* GRUR 1988, 571.

16 **Sequestration** (*Nies* MDR 1993, 937; *Stamm* InVO 2002, 349): ist Verwahrung und/oder Verwaltung von Sachen (bewegl., unbewegl.; auch Unternehmen) durch eine hierfür vom Gericht bestimmte Person (zB GV). Festsetzung der Vergütung des Sequesters durch das ProzessG (nicht den Rechtspfleger), das die Sequestration anordnete (OLG Frankfurt NJW-RR 1987, 63). Höhe: entspr §§ 612, 632, 675 BGB, § 153 ZVG und den Vergütungsregeln für Zwangsverwalter; der BGH NJW-RR 2005, 1283 wandte § 26 ZwVwV an im Falle des § 848 II; dazu *Gleußner* DGVZ 1996, 33; zu entnehmen aus den Einkünften; hiergegen sof Beschwerde, § 793 (München OLGZ 1985, 370).

17 **Streik:** Unterlassungsanspruch gegen die Gewerkschaft uU aus §§ 823 I, 1004 BGB, Tarifvertrag (Friedenspflicht). Einzelheiten str, vgl LAG Hamm Betrieb 1984, 1525 und BB 1991, 843; LAG München NJW 1980, 957.

**Titelherausgabe** nach § 826 BGB: *Peglau* MDR 1999, 400.

18 **Unbekannte Antragsgegner:** Keine eVfg zul (Hausbesetzerfälle, vgl OLG Köln NJW 1982, 289; *Lisken* NJW 1982, 1136; *Gerland* DGVZ 1991, 182; **aA** LG Kassel NJW-RR 1991, 381).

19 **Unterhalt: a) Nach § 1605o BGB** für das nichtehel. Kind; während des Vaterschaftsfeststellungsverfahrens als eAnO nach § 641d; nach § 1615o II BGB für die Mutter des nichtehel. Kindes.

**b) Sonst:** bei bestehender Unterhaltspflicht als **Leistungsverfügung** (vgl § 940 Rz 10) mit *Einschränkungen:* vgl § 940 Rz 12.

20 **Vormerkung**, § 885 BGB, Vfg-Grund (Gefährdung) muss nicht glaubhaft gemacht werden. Antrag bei Sicherung einer Bauhandwerkerforderung, § 648 BGB: „Es wird die Eintragung einer Vormerkung zur Sicherung des Anspruchs des ... auf Einräumung einer Sicherungshypothek zu ... € auf dem Grundstück ... des Schuldners, vorgetragen im Grundbuch für ... Band ... Blatt ... angeordnet.“ Ferner sollte beantragt werden, dass das Gericht das GBA um Eintragung der Vormerkung ersucht (§ 941) und eine weitere Ausfertigung der eVfg dem GV zwecks Zustellung an den Schuldner zuleitet (weil die Zustellung binnen Wochenfrist nachgeholt werden muss, § 929 III 2). Das Sicherungsbedürfnis kann im Einzelfall fehlen (OLG Hamm NJW-RR 2004, 379). Bei Mängeln des Bauwerks kann das Gericht den Mindestwert schätzen, § 287 (OLG Celle BauR 2001, 1623). Vgl *Siegburg* BauR 1990, 290; *Quambusch* BauR 2000, 184.

**Werbezetteleinwurf in Hausbriefkasten:** AG Berlin-Charlottenburg MDR 1999, 565.

21 **Wettbewerbssachen:** Unterlassungsansprüche bestehen bei Verstoß gegen UWG, WZG. Vor Beantragung der eVfg ist wegen des Kostenrisikos idR eine **Abmahnung** erforderl. (§ 93 Rz 12); ihr wird (mit angemessener Fristsetzung, idR einige Tage) eine unterschriftsreif vorbereitete Unterlassungsverpflichtung beigefügt, in der sich der andere bei Meidung einer für jeden Fall der Zuwiderhandlung fälligen Vertragsstrafe von ... (üblich 1 -3 000 €) zur Unterlassung der konkreten Verletzungshandlung verpflichtet; andernfalls werden gerichtl. Schritte angedroht. Die Kosten (RA-Kosten; bei Verbandsabmahnung eine Kosten-

pauschale von ca 75 € + MWSt) hat der Verletzer aus §§ 638, 670 BGB zu zahlen (BGH GRUR 1984, 129 „shop-in-the-shop"). Unterschreibt der Gegner, ist die Sache abgeschlossen. Unterschreibt er, schränkt aber die Verpflichtung ein (zB durch Betragsreduzierung), kommt es auf den Einzelfall an, ob die Unterwerfung noch ausreichend ist. Unterschreibt er nicht, sollte er eine **Schutzschrift** (§ 935 Rz 12) einreichen. Der andere kann nun die eVfg (idR bei der KfH) beantragen; örtl. Zust vgl § 14 UWG 2004.

Der Antrag kann auf UWG usw gestützt werden; wurde bereits ein Verstoß begangen, wird Wiederholungsgefahr vermutet (BGH NJW-RR 1987, 288); Erstbegehungsgefahr ist dagegen darzulegen und glaubhaft zu machen (BGH NJW 1986, 2503). § 12 II UWG 2004 befreit von der Darlegung und Glaubhaftmachung des Verfügungsgrundes, nicht des Verfügungsanspruchs, und begr eine **Vermutung der Dringlichkeit/Eilbedürftigkeit.** Diese Vermutung kann widerlegt sein, wenn der ASt in Kenntnis des Wettbewerbsverstoßes mit dem Antrag auf eVfg zu lange wartet (Rspr schwankt zwischen einem und sechs Monaten, vgl OLG München WRP 1984, 644; OLG Hamburg WRP 1987, 481).

Wird die eVfg erlassen, muss sie durch **Parteizustellung** vollzogen werden (Monatsfrist, § 929 II); nimmt der Tenor auf den Antrag Bezug, muss er mit zugestellt werden (OLG Köln NJW-RR 1987, 575). Ist der AGegner durch einen RA vertreten, ist an diesen zuzustellen, § 172; hat sich in einer Schutzschrift ein RA bestellt, ist an diesen jedenfalls zuzustellen, wenn er bei dem LG zugel ist; andernfalls str und Doppelzustellung an Partei und RA ratsam.

Die eVfg unterbricht die Verjährung (§ 11 UWG 2004: sechs Monate!) uU, § 204 Nr. 9 BGB, sichert den ASt nur vorläufig. Der ASt wird daher durch ein sog **Abschlussschreiben** den Gegner veranlassen, bei Meidung der Hauptsacheklage die eVfg als endgültige und materiellrechtl. verbindl. Regelung anzuerkennen und auf jeden Rechtsbehelf gegen die eVfg zu verzichten. Andernfalls trägt er beim Hauptsacheprozess das Kostenrisiko des § 93. Zum **Kostenwiderspruch** des Gegners vgl § 99 Rz 10.

**Widerruf von Presseerklärungen:** mit eVfg nicht durchsetzbar (OLG Celle WRP 1965, 22
237; str). Bei Erklärung der Staatsanwaltschaft vgl *Wasmuth* NJW 1988, 1705; BVerfG NJW 1989, 412; § 23 EGGVG oder § 40 VwGO.

**Widerspruch, § 899 BGB.** „Widerspruch gegen das Eigentum des ... zugunsten des 23
Antragstellers ..., eingetragen aufgrund eVfg ...". Er bewirkt keine „Grundbuchsperre", verhindert aber gutgl Erwerb, §§ 892 I 1, 893 BGB. Da die eVfg die Bewilligung ersetzt, muss sie sich gegen *alle* Betroffenen richten, gegen Eigentümer und HypothekenGl, wenn sie der nachstehend Berechtigte erwirkt (KG JFG 5, 352; *Palandt/Bassenge* § 899 Rz 9).

**Wohnung, Belästigungen:** GewaltschutzG v 11.12.2001 (BGBl 2001, 3513); § 940a.

**Zugewinnausgleich:** Anspruch nach § 1389 BGB, vgl § 916 Rz 13. 24

## § 939 ZPO Aufhebung gegen Sicherheitsleistung

**Nur unter besonderen Umständen kann die Aufhebung einer einstweiligen Verfügung gegen Sicherheitsleistung gestattet werden.**

1 § 939 ersetzt §§ 923, 934 I, 925 II, teilw § 927. Die eVfg wird bei § 939 aufgehoben, nicht nur ihre Vollziehung. Entscheidung nach mdl Verh durch Urteil (vorl Vollstr nach § 708 Nr. 6), Folge §§ 775 Nr. 1, 3; 776. Sicherheitsleistung: § 108. „Besonderer Umstand" ist zB bei § 648 BGB (vgl § 938 Rz 20) die Leistung einer Bankbürgschaft (OLG Köln NJW 1975, 454).

## § 940 ZPO Einstweilige Verfügung zur Regelung eines einstweiligen Zustandes

**Einstweilige Verfügungen sind auch zum Zwecke der Regelung eines einstweiligen Zustandes in Bezug auf ein streitiges Rechtsverhältnis zulässig, sofern diese Regelung, insbesondere bei dauernden Rechtsverhältnissen zur Abwendung wesentlicher Nachteile oder zur Verhinderung drohender Gewalt oder aus anderen Gründen nötig erscheint.**

**Lit:** ***Schilken***, Die Befriedigungsverfügung, 1976; ***Compensis***, Die eVfg auf Unterhaltsleistung, 1991.

1 **1. Regelungsverfügung**, § 940. Zweck: Sicherung des Rechtsfriedens; zB auf Durchbrechung einer Liefersperre (LG Berlin NJWE-WettbR 2000, 251), Räumung gegen den gewerbl. Mieter (*Kluth/Grün* NZM 2001, 1013; nur ausnahmsweise: OLG Brandenburg MDR 2001, 1185), auf Gestattung von Teilzeitarbeit (ArbG Berlin DB 2001, 2727); auf Weiterführung eines NPD-Kontos (LG Leipzig NJW 2001, 80); Durchsetzung der mietvertragl. Betriebspflicht (OLG Hamburg WuM 2003, 641). Die Abgrenzung zur SicherungsVfg (§ 935) und zur LeistungsVfg ist im Einzelnen str, aber praktisch ohne Bedeutung, vgl. § 935 Rz 1.

2 **2. Voraussetzungen der Regelungsverfügung:** vgl § 935 Rz 2.

**a) Verfügungsanspruch** schlüssig vorzutragen und glaubhaft zu machen vom ASt: **(1) Rechtsverhältnis** (vertragl., gesetzl.; nicht nur Dauerverhältnisse; nicht nur vermögensrechtl. Verh; auch absolute Rechte) zwischen den Parteien, aus dem der ASt einen Anspruch haben kann, zB Arbeits-, Gesellschafts-, Mietverhältnis, §§ 823, 1004 BGB. **(2) Str** ist es, wenn es bestr oder verletzt ist.

3 **b) Verfügungsgrund** (schlüssig vorzutragen und glaubhaft zu machen): vgl § 940 HS 2, dh Dringlichkeit/Eilbedürftigkeit/Notw der Regelung. Sie fehlt zB, wenn der ASt trotz Kenntnis des Verstoßes den Antrag auf eVfg erst nach längerer Zeit stellt; bei § 12 II UWG 2004 wird Dringlichkeit vermutet und kann widerlegt sein bei einem Zuwarten von mehr als einem Monat (OLG München WRP 1981, 50; die Rspr ist uneinheitl. und schwankt zwischen vier Wochen und sechs Monaten), ferner bei zögerndem Prozessverhalten des ASt (zB voller Ausschöpfung der Rm-Begründungsfrist). Notw fehlt, wenn bereits ein (auch nur vorl vollstr, OLG Düsseldorf OLG-Report Hamm 2006, 480; str) Titel vorliegt.

**c) Unzulässig** ist die eVfg, wenn eine eAnO nach §§ 620 ff., 644 (Ehe- und Familiensachen, BGH NJW 1979, 1508), nach §§ 621f, 641d oder nach FGG, HausratsVO zul ist; vgl. § 935 Rz 9. 4

**d) Rechtsschutzbedürfnis** fehlt, wenn bei der UnterlassungsVfg keine Wiederholungsgefahr mehr besteht; bei § 12 II UWG, wenn der Verletzer eine ausreichend strafbewehrte Unterlassungserklärung abgegeben hat. § 935 Rz 4. 5

**3. Leistungsverfügung** 6

Zweck: den Gl zu befriedigen. Rechtsgrundlage: richterl Rechtsfortbildung (str, **aA** Sonderfall des § 940). Arrest und SicherungsVfg sollen nur sichern, bei der RegelungsVfg wird die vorl Befriedigung in Kauf genommen, bei der LeistungsVfg wird sie bezweckt. Die Grenzen sind fließend. Beispiele bei § 938.

**Gesetzlich geregelte Fälle** der LeistungsVfg sind: § 1615o BGB; § 12 II UWG 2004, § 11a GebrMG; § 61 VI 2 UrhG. 7

**Voraussetzungen der Leistungsverfügung:** 8

**a) Verfügungsanspruch** (schlüssig vorzutragen und glaubhaft zu machen): jeder matrechtl. Anspruch, zB auf Zahlung (einmalig, fortlaufend) von **Unterhalt**, dazu Rz 12; Rente nach §§ 843, 844 BGB (OLG Frankfurt NJW 2007, 851; OLG Düsseldorf VersR 1988, 803), § 11 StVG; BUZ-Rente; Arbeitslohn (ArbG Frankfurt/M DB 1999, 289); Miete (str); Kurkosten; Schmerzensgeld (selten denkbar; *Spickhoff* VersR 1994, 1155); auf Herausgabe (Arbeitspapiere, Arbeitsgeräte, Bauunterlagen); auf Unterlassung von wettbewerbswidrigen Handlungen (§ 12 UWG; Verletzung eines Patents oder Gebrauchsmusters); auf Unterlassung sonstiger Handlungen (zB rechtswidriger Streik); Untersagung der Verbreitung ehrenrühriger Behauptungen; auf Abdruck einer **Gegendarstellung** (Landespressegesetze); Besichtigung einer vermieteten Wohnung durch Vermieter (LG Duisburg NJW-RR 2007, 85); auf **Lieferung** von Gas, Wasser, Strom; auf Räumung (§ 940a); auf Weiterbeschäftigung eines Arbeitnehmers.

**Keine einstweilige Verfügung** für Stadtwerke, um den Gaszähler sperren zu können, da keine Notlage der Stadtwerke (AG Hamm NZM 2005, 320). **Str** (und vom Einzelfall abhängig) ist, ob eine Verurteilung zur Abgabe einer Willenserklärung und Widerruf einer Behauptung im Wege der eVfg zul ist (vgl OLG Karlsruhe NJW 1984, 1905). Bei **„Doppelvermietung"** hält die hM keine eVfg für zul, vgl *Katzenstein* ZZP Bd 116, 459; *Ulrich* ZMR 2002, 881; OLG Hamm NJW-RR 2004, 521; OLG Schleswig MDR 2000, 1428. 9

**b) Verfügungsgrund** (schlüssig vorzutragen und glaubhaft zu machen) ist die besondere Dringlichkeit einer Regelung, zB weil der ASt das Geld zum Bestr seines Lebensunterhalts benötigt (**Notlage**). Eine solche Notlage fehlt, **(1)** wenn Guthaben vorhanden sind; oder wenn **(2)** die Sozialhilfe schon leistet (OLG Nürnberg FamRZ 1995, 184; OLG Düsseldorf FamRZ 1994, 387; *Kesseler/Klages* FamRZ 2001, 1191; **aA** OLG Koblenz FamRZ 1988, 1190; OLG Köln FamRZ 1996, 1430 wegen der Subsidiarität der Sozialhilfe; zur Streitfrage vgl *Thran* FamRZ 1993, 1395); oder wenn **(3)** ein vorl vollstr Urteil vorhanden ist (str, vgl KG NJW 1969, 2019). (4) OLG Frankfurt NJW 2007, 851 meint, Mitverursachen der Notlage schade uU (bedenklich). 10

Weitere Verfügungsgründe: zur Abwendung seiner Existenzgefährdung, zur Vermeidung eines unverhältnismäßigen (bedeutenden) Vermögensschadens. Wegen dieses Zwecks ist bei Zahlungen eine Beschränkung der Höhe und eine Befristung notw (§ 938 Rz 19).

11 **c) Unzulässig** ist die eVfg, soweit eAnO (Rz 4) zul sind.

12 **d)** Für die **einstweilige Verfügung auf Unterhalt** (dazu *Gaul* FamRZ 2003, 1137) verbleibt nur ein kleiner Anwendungsbereich: **aa**) wenn weder eine Scheidungssache (§ 620a II ZPO) noch eine Vaterschaftsfeststellungsklage (§ 641d ZPO) noch eine Unterhaltsklage (§ 644 ZPO) anhängig ist noch ein PKH-Gesuch zu diesen Hauptsacheverfahren eingereicht ist (vgl OLG München FamRZ 2000, 1580). Teils wird ferner verlangt, dass eine solche Hauptsacheklage unzumutbar sein müsse (OLG Hamm FamRZ 2001, 358). Das zul begonnene eVfg-Verfahren muss aber nicht nach Einreichung des Scheidungsantrags in ein eAnO-Verfahren übergeleitet werden (OLG Düsseldorf FamRZ 1986, 76; str), das eVfg-Verfahren wird dadurch nicht unzul. Vor Anhängigkeit der Scheidung kommt somit eine eVfg zur Regelung des Trennungsunterhalts in Betracht. Ferner hinsichtl. der Unterhaltspflicht gegenüber volljährigen Kindern (soweit nicht § 644 eingreift). Vor dem Vaterschaftsprozess kann eine eVfg auf Antrag der Mutter für den Unterhalt und die Kosten anlässlich der Geburt gemäß § 1615o BGB ergehen, sofern nicht nach der Geburt des Kindes die einstweilige AnO nach § 641d ZPO gewählt wird. Bei anerkannter Vaterschaft kommt eine eVfg zur Regelung des Kindesunterhalts in Betracht (soweit nicht § 644 eingreift). **bb) Verfügungsgrund** ist die „akute Notlage"; sie fehlt, soweit die **Sozialhilfe** schon leistet (OLG Hamm MDR 2000, 847; OLG Düsseldorf FamRZ 1992, 1321; **aA** OLG Stuttgart FamRZ 1989, 198), soweit ein vorl vollstr UnterhaltsU vorliegt (str), soweit ausreichend Zeit für eine Unterhaltsklage bestand (OLG Frankfurt FamRZ 1986, 367; deshalb idR keine zweite eVfg nach Ablauf der 6-Monatsfrist.

**cc) Höhe:** nur zur Sicherung des dringenden Lebensbedarfs, orientiert an Sozialhilfesätzen (OLG Karlsruhe NJW 1995, 1908), nach **aA** Mindestunterhalt nach Unterhaltstabellen (OLG Karlsruhe NJWE-FER 1997, 29), weitere **aA** gibt angemessenen Unterhalt; **dd) Ab wann:** ab Antragseingang (OLG Karlsruhe FamRZ 1989, 80), nach **aA** auch für Rückstände (aber die Notlage ist insoweit überstanden), nach weiterer **aA** erst ab Erlass der eVfg. **ee) Befristet** auf etwa sechs Monate (hM, OLG Hamm FamRZ 1987, 1188).

**4. Einzelfälle** vgl §§ 938 Rz 4 ff.

## § 940a ZPO Räumung von Wohnraum

**Die Räumung von Wohnraum darf durch einstweilige Verfügung nur wegen verbotener Eigenmacht oder bei einer konkreten Gefahr für Leib oder Leben angeordnet werden.**

§ 940a geändert durch GewaltschutzG v. 11.12.2001 (BGBl 2001, 3513).

1 Die Voraussetzungen des § 940a müssen zusätzl. zu denen des § 940 vorliegen. Begriff des Wohnraums: § 721. **a) Verbotene Eigenmacht:** § 858 I BGB (zB Hausbesetzerfälle). Ist der Mieter ausgezogen, kann auf Antrag des Vermieters gegen die in der Wohnung verbliebene Lebensgefährtin keine eVfg ergehen (LG Arnsberg WuM 1999, 418). **b) Kon-**

**krete Gefahr:** betrifft zB den Frau und Kinder prügelnden Mann. Dazu *Schumacher* FamRZ 2001, 953. Hier ist evtl das FamG zust. Eine Räumungsfrist (§ 721) scheidet aus (LG Hamburg DWW 1993, 238). Über Betretungsverbote frühere Rechtslage bei *Helle* NJW 1991, 212 und LG Braunschweig NJW-RR 1991, 832; Sonderfall § 620 Nr. 7.

### § 941 ZPO Ersuchen um Eintragungen im Grundbuch usw.

**Hat auf Grund der einstweiligen Verfügung eine Eintragung in das Grundbuch, das Schiffsregister oder das Schiffsbauregister zu erfolgen, so ist das Gericht befugt, das Grundbuchamt oder die Registerbehörde um die Eintragung zu ersuchen.**

**Beispiele:** Eintragung von Vormerkung, Widerspruch, Veräußerungsverbot. Praktische Hinweise: *Demharter* Rpfleger 1998, 133. 1

Den Eintragungsantrag kann der Gl oder das Gericht im Beschluss stellen (nicht die Geschäftsstelle; § 202 aF unanwendbar, str). Andernfalls stellt der Vors den Antrag, mit Unterschrift und Gerichtssiegel. Der Eingang wahrt die Vollziehungsfrist des § 929 II, § 932 II entspr. Die Zustellung der eVfg muss binnen Wochenfrist noch nachgeholt werden, § 929 III 2. Gegen Ablehnung der Eintragung hat der Gl und das ersuchende Gericht die Beschwerde, § 71 GBO.

**Kosten:** Keine GerichtsGeb für das Ersuchen. **GBA:** §§ 62 I, 32, 69 II 1 KostO. **RA:** Für den Antrag an das Gericht keine zusätzl. Geb. Stellt aber der RA den Eintragungsantrag beim GBA/HReg selbst: wohl RVG VV 3309. 2

### § 942 ZPO Zuständigkeit des Amtsgerichts der belegenen Sache

**(1) In dringenden Fällen kann das Amtsgericht, in dessen Bezirk sich der Streitgegenstand befindet, eine einstweilige Verfügung erlassen unter Bestimmung einer Frist, innerhalb der die Ladung des Gegners zur mündlichen Verhandlung über die Rechtmäßigkeit der einstweiligen Verfügung bei dem Gericht der Hauptsache zu beantragen ist.**

**(2) [1]Die einstweilige Verfügung, auf Grund deren eine Vormerkung oder ein Widerspruch gegen die Richtigkeit des Grundbuchs, des Schiffsregisters oder des Schiffsbauregisters eingetragen werden soll, kann von dem Amtsgericht erlassen werden, in dessen Bezirk das Grundstück belegen ist oder der Heimathafen oder der Heimatort des Schiffes oder der Bauort des Schiffsbauwerks sich befindet, auch wenn der Fall nicht für dringlich erachtet wird; liegt der Heimathafen des Schiffes nicht im Inland, so kann die einstweilige Verfügung vom Amtsgericht in Hamburg erlassen werden. [2]Die Bestimmung der im Absatz 1 bezeichneten Frist hat nur auf Antrag des Gegners zu erfolgen.**

**(3) Nach fruchtlosem Ablauf der Frist hat das Amtsgericht auf Antrag die erlassene Verfügung aufzuheben.**

**(4) Die in diesem Paragraphen erwähnten Entscheidungen des Amtsgerichts ergehen durch Beschluss.**

§ 942 IV geändert durch G. v. 27.07.2001 (BGBl 2001, 1887).

1 **1. Absatz 1.** Dieses AG ist neben dem HauptsacheG (§ 937) zust, aber nur für die AnO, für Abs. 3, für § 941, erweitert zust bei § 24 UWG, § 23 BauforderungsG. Für die Aufhebung, §§ 924-927, 939, ist nur das HauptsacheG zust.

2 a) **Der Streitgegenstand befindet sich**, wo die Handlung/Unterlassung vorgenommen werden soll; bei Forderungen vgl § 23 S. 2. **b) Dringlichkeit** ist vom Gl glaubhaft zu machen; sie liegt vor, wenn (zB bei Ortsverschiedenheit) die Anrufung des HauptsacheG nachteilig verzögern würde.

3 **2. Absatz 2. Vormerkung:** § 885 BGB, **Widerspruch:** § 899 BGB. Dringlichkeit und Gefährdung des Rechts müssen hier nicht glaubhaft gemacht werden. Heimathafen vgl § 480 HGB, § 6 BinnSchG.

4 **3. Verfahren.** Das AG entscheidet bei Abs. 1, 2 immer durch **Beschluss.** Auch bei mdl Verh genügt Glaubhaftmachung, kein Versäumnisverfahren. Wurde die **Fristsetzung übersehen**, Ergänzung nach § 321 (RichterZust).

5 **Rechtsbehelfe:** für Gl gegen Zurückweisung sof Beschwerde, § 567; für Schuldner bei Abs. 1 Widerspruch zum HauptsacheG (str, **aA**: kein Rechtsbehelf; vgl *Jacobs* NJW 1988, 1365), bei Abs. 2 Antrag auf Fristbestimmung. Für Entscheidung nach § 926 I sowie das Verf nach § 926 II ist bei entsprechendem StrW das LG zust (OLG Schleswig MDR 1997, 391).

6 **4. Frist, Absatz 3.** Beginn mit Aushändigung des Beschlusses an Gl, Berechnung nach § 222, keine Notfrist, keine Wiedereinsetzung, verlängerbar nach § 224. Bei Verspätung ist eine Nachholung des Ladungsantrags nach § 231 II möglich. Fristwahrung durch Antragseingang.

7 **a) Beantragt der Gl** beim HauptsacheG, einen Termin anzusetzen, beginnt das Rechtfertigungsverfahren; auch der Schuldner kann nach **hM** den Antrag stellen. Der Gl beantragt die Aufrechterhaltung der eVfg. Zustellung § 172, Ladungsfrist § 217. Mdl Verh ist notw. Das weitere Verfahren verläuft nach § 925 (betrifft also nur die eVfg, nicht die Hauptsache wie bei § 926 I). Entscheidung durch Urteil.

8 **b) Andernfalls** auf Antrag des Schuldners (nach Anhörung des Gläubigers, Art 103 GG) Aufhebung durch Beschluss. Der Gläubiger kann aber den Ladungsantrag noch im Aufhebungsverfahren nachholen, § 231 II (OLG Hamm MDR 1965, 305). Über den Antrag entscheidet das AG, das die eVfg erlassen hat.

9 **Rechtsbehelfe:** Bei Ablehnung des Aufhebungsantrages für den Schuldner sof Beschwerde, § 567; bei Aufhebung der eVfg für den Gläubiger sof Beschwerde analog §§ 934 IV, 567.

10 **5. Kosten**. Gerichtskosten Vorb 1.4.1 Satz 2 und GKG KV 1410.

Formular 235: Antrag auf Ladung zum Rechtfertigungsverfahren

## § 943 ZPO Gericht der Hauptsache

**(1) Als Gericht der Hauptsache im Sinne der Vorschriften dieses Abschnitts ist das Gericht des ersten Rechtszuges und, wenn die Hauptsache in der Berufungsinstanz anhängig ist, das Berufungsgericht anzusehen.**

**(2) Das Gericht der Hauptsache ist für die nach § 109 zu treffenden Anordnungen ausschließlich zuständig, wenn die Hauptsache anhängig ist oder anhängig gewesen ist.**

**1. Gericht der Hauptsache** (vgl §§ 919, 937) ist das BerGer nur von der Einlegung der Ber bis zur Rechtskraft des BerU bzw Einlegung der Rev, sonst das Gericht erster Instanz (vgl BGH Rpfleger 1976, 178); keine Doppelzust (str). 1

**2. Absatz 2.** Sicherheitsleistung. **a)** Des Gl: sichert Ansprüche des Schuldners aus § 945; **b)** Des Schuldners: dient der Abwendung oder Aufhebung der Arrestvollziehung. **c)** AnO vgl §§ 921 II, 925II, 927I. **d)** Andernfalls ist das ArrestG zust, §§ 919, 937, 942. 2

**3. Rechtsanwaltsgebühren:** Vorb 3.2 Abs. 2 Satz 1 RVG VV. 3

## § 944 ZPO Entscheidung des Vorsitzenden bei Dringlichkeit

**In dringenden Fällen kann der Vorsitzende über die in diesem Abschnitt erwähnten Gesuche, sofern deren Erledigung eine mündliche Verhandlung nicht erfordert, anstatt des Gerichts entscheiden.**

Der Vors der ZivK kann also eine eVfg allein erlassen, nicht aber allein ablehnen (*Zöller/Vollkommer* § 944 Rz 1; aA LG Zweibrücken NJW-RR 1986, 151). Wenn für die eVfg kraft Geschäftsverteilung der ER der LG-Kammer zust ist (§§ 348, 348a), tritt bei Unerreichbarkeit des ER der Vertreter an dessen Stelle. Mdl Verh erfordern: §§ 924 II, 925, 926 II, 927, 937, 942 I. **Dringender Fall:** wenn die Zusammenrufung des Kollegiums zu einer nachteiligen Verzögerung führen würde, zB bei der KfH. 1

## § 945 ZPO Schadensersatzpflicht

**Erweist sich die Anordnung eines Arrestes oder einer einstweiligen Verfügung als von Anfang an ungerechtfertigt oder wird die angeordnete Maßregel auf Grund des § 926 Abs. 2 oder des § 942 Abs. 3 aufgehoben, so ist die Partei, welche die Anordnung erwirkt hat, verpflichtet, dem Gegner den Schaden zu ersetzen, der ihm aus der Vollziehung der angeordneten Maßregel oder dadurch entsteht, dass er Sicherheit leistet, um die Vollziehung abzuwenden oder die Aufhebung der Maßregel zu erwirken.**

**Lit:** ***Stolz***, Einstweiliger Rechtsschutz und Schadensersatzpflicht, 1989; ***Gehrlein*** MDR 2000, 687.

**1. Zweck:** Der Gl vollstreckt aufgrund eines nur vorl Vollstr-Titels und daher auf eigene Gefahr (BGHZ 39, 79); er hat daher das Risiko dafür zu tragen, dass das im ledigl. summa- 1 rischen Verfahren zustande gekommene Ergebnis im Hauptverfahren oder im Rm-Zug desselben Verfahrens keinen Bestand hat (BGHZ 62, 11). Ähnlich: § 717 II.

2 **2. Voraussetzungen**

**a) Anordnung** eines Arrests/einer eVfg.

**b) Anordnung war von Anfang an ungerechtfertigt**, weil Arrestanspruch und/oder Arrestgrund fehlten; dagegen sind mangelnde Glaubhaftmachung und Zust unschädl. Zweifelhaft ist, inwieweit der Richter des Schadensersatzprozesses an VorE über den Arrestanspruch/Arrestgrund gebunden ist:

3 **(1)** Das rechtskr Urteil im Hauptsacheverfahren **bindet** im Rahmen der Rechtskraft (BGH NJW 1989, 106; nicht bei VerzichtsU ohne Gründe, BGH MDR 1998, 1428); **(2)** Die Aufhebung von Arrest/eVfg im vorl Verfahren auf einen Rechtsbehelf hin als von Anfang an unbegr bindet; es hilft also dem Gl nichts, wenn das Bestehen von Grund/Anspruch sich später im ordentl. Prozessverfahren doch ergibt (BGH 75, 5; VersR 1985, 335). Bei Bestätigung des Arrests wird der Arrestgrund bindend festgestellt, nicht aber der Arrestanspruch (RGZ 58, 241; 72, 29). Str, die **aA** (OLG Karlsruhe BB 1984, 1390; OLG Frankfurt WRP 2004, 1196) lehnt jede Bindung bei (2) ab. Vgl *Teplitzky* NJW 1984, 850.

4 **c) Oder: Aufhebung der Maßregel** nach § 926 II/ § 942 III (Formaltatbestand, daher Bindung des Schadensersatzrichters, BGH 75, 5); *nicht* bei weiteren Aufhebungsfällen (BGH NJW-RR 1992, 998);

5 **d) Verschulden** des Gl ist nicht erforderl. (BGH 45, 252).

**3. Schadensersatz**

6 **a)** Zu ersetzen ist der durch die **Vollziehung** (schon durch deren Beginn, BGH NJW 1990, 122) verursachte (unmittelbare und mittelbare, BGH NJW 1986, 1107) Schaden. Bei Unterlassungsverfügungen leitet der Gl die Vollstr durch die zur Wirksamkeit der Beschlussverfügung erforderl. ParteiZust (§ 922 II ZPO) ein, wenn der zugest Titel die in § 890 I ZPO vorgesehenen Ordnungsmittel zugleich androht (BGH NJW 2006, 276; 1996, 198). In diesem Fall tritt die Zwangswirkung unabhängig von einer Zuwiderhandlung des VerfügungsBekl ein. Der durch die Anordnung von Ordnungsmitteln durch den VerfügungsKL aufgebaute Vollstr-Druck stellt die innere Rechtfertigung für dessen scharfe, verschuldensunabhängige Haftung dar, wenn sich die eVfG als von Anfang an ungerechtfertigt erweist (BGH NJW 2006, 276). Erweist sich eine UnterlassungsVfg als von Anfang an ungerechtfertigt, reicht es aus, dass der die Ersatzpflichtigkeit des Vfg-KL auslösende Vollstr-Druck bei Verwirklichung des haftungsbegründenden Tatbestands besteht; unerhebl. ist, dass sich der Schaden später konkretisiert (BGH NJW 2006, 276).

Nicht zu ersetzen ist der durch die bloße **Anordnung** oder das Bekanntwerden der Maßregel entstandene Schaden (BGH NJW 1988, 3268); nicht der Schaden durch (freiwillige) Befolgung einer UnterlassungsVfg, die *ohne* Androhung gem § 890 II erging (BGH NJW 1993, 1076; 1996, 198); nicht der nur mittelbar durch die Vollziehung gegen einen anderen ArrestBekl entstandene Schaden (BGH NJW 1994, 1413); deshalb fallen zwar die aufgrund der eVfg beim AGegner beigetriebenen Kosten unter § 945, nicht aber die vom Gegner im Widerspruchsverfahren aufgewendeten Kosten (BGH 45, 252).

**b) Höhe:** §§ 249 ff. Vorteilsausgleichung ist zu berücksichtigen, zB Wertsteigerung der wegen Pfändung nicht verkauften Sache (BGH 77, 151), ferner mitwirkendes Verschulden des Schuldners (§ 254 BGB), zB wenn der Schuldner durch sein Verhalten Anlass zu Sicherungsmaßnahmen gegeben hat (BGH NJW 2006, 2557 illiquider Schuldner überträgt letztes Vermögen auf Angehörige; BGH MDR 1974, 130: eV, ZwV-Versuche), und des Gl (BGH NJW 1990, 2689); Aufwendungen für Schadensminderung (BGH NJW 1993, 2687). 7

**c) Verjährung:** § 195 BGB; die 3-Jahresfrist beginnt im Regelfall erst mit dem Abschluss des Arrestprozesses bzw des eVfg-Verfahrens (BGH NJW 1992, 2297; NJW 2003, 2610: Beginn, falls die eVfg aufgehoben wurde, spätestens dann, wenn der vormalige Antragsgegner im HauptsacheVerf ein noch nicht rkr Urteil zu seinen Gunsten erzielt, das in hohem Maße dafür spricht, dass die eVfg von Anfang an nicht gerechtfertigt war), nicht schon alsbald. 8

**d)** Der Schadensersatzanspruch kann nicht schon im Arrestverfahren (ähnl. § 717 II 2) geltend gemacht werden. Zust für die Klage: § 13 oder § 32. 9

**4. § 945 ist entspr anwendbar:** auf einen Steuerarrest nach § 324 AO (BGH 63, 277); auf eVfg, deren ges Grundlage für verfassungswidrig erklärt wurde (BGH 54, 76; NJW 1989, 106); auf eAnO des VG, § 123 III VwGO (BGH 78, 128; dazu *Grunsky* JuS 1982, 177); auf eAnO nach WEG (BGH NJW 1993, 593); auf presserechtliche Gegendarstellungen (BGH 62, 7); Nichtigerkl eines Patents (BGH NJW RR 2006, 621). 10

**§ 945 ist nicht anwendbar:** wenn aus einer ungerechtfertigten eAO nach § 620 Nr. 6 (Unterhalt) vollstr wurde (BGH NJW 1985, 2095; **aA** *Ditzen* FamRZ 1988, 349); wenn aufgrund einer zu Unrecht erlassenen eVfg außergerichtl. Kosten entstanden sind, bez dieser Kosten (BGH NJW 1993, 2685). 11

**5. Besonderheiten bei der eVfg. – a)** Wird eine mat teilweise begr einstw UnterlassungsVfG gem § 926 II aufgehoben, so sind die Nachteile, die durch die **zu weite Fassung des Unterlassungsgebots** entstanden sind, zu ersetzen (BGH MDR 1981, 560; 1985, 911; BGH 15, 356). – **b)** Bei der **Leistungsverfügung** ist die Abwendung durch freiwillige Erfüllung der Abwendung durch Sicherheitsleistung gleichzustellen (BGH NJW 1974, 644). 12

**c)** Bei der unberechtigten **presserechtlichen Gegendarstellung** kann der Schaden darin bestehen, dass der hierfür benötigte Raum zum Abdruck einer bezahlten Anzeige hätte verwendet werden können (BGH 62, 8).

# Buch 9
# Aufgebotsverfahren

## § 946 ZPO Statthaftigkeit; Zuständigkeit

**(1) Eine öffentliche gerichtliche Aufforderung zur Anmeldung von Ansprüchen oder Rechten findet mit der Wirkung, dass die Unterlassung der Anmeldung einen Rechtsnachteil zur Folge hat, nur in den durch das Gesetz bestimmten Fällen statt.**

**(2) Für das Aufgebotsverfahren ist das durch das Gesetz bestimmte Gericht zuständig.**

1 Die **Voraussetzungen** und Wirkungen eines Aufgebots ergeben sich aus mat Recht; die ZPO (und nicht das FGG, Ausn §§ 13 ff. VerschG) regelt nur das Verfahren.

2 **Systematik:** §§ 946-959 gelten für alle Arten von Aufgebotsverfahren; §§ 977-981a für Ausschließung eines Grundeigentümers; §§ 982-988 für dingl. Berechtigte; §§ 989-1002 für NachlassGl usw; §§ 1003 bis 1023 für Kraftloserklärung von Urkunden.

3 Die **örtliche Zuständigkeit** ist jeweils geregelt (§§ 983, 988, 990, 1001, 1005, 1006), sachl. zust ist das AG (§ 23 Nr. 1 h GVG), funktionell der Rechtspfleger (§ 20 Nr. 2 RPflG).

## § 947 ZPO Antrag; Inhalt des Aufgebots

**(1) [1]Der Antrag kann schriftlich oder zum Protokoll der Geschäftsstelle gestellt werden. [2]Die Entscheidung kann ohne mündliche Verhandlung ergehen.**

**(2) [1]Ist der Antrag zulässig, so hat das Gericht das Aufgebot zu erlassen. [2]In das Aufgebot ist insbesondere aufzunehmen:**

**1. die Bezeichnung des Antragstellers;**

**2. die Aufforderung, die Ansprüche und Rechte spätestens im Aufgebotstermin anzumelden;**

**3. die Bezeichnung der Rechtsnachteile, die eintreten, wenn die Anmeldung unterbleibt;**

**4. die Bestimmung eines Aufgebotstermins.**

1 Der **Antrag** kann zB unzul sein, weil der Antrag nicht den richtigen Inhalt hat, der ASt nicht prozessfähig ist. Zurückweisung des Antrags durch Beschluss, dagegen sof Beschwerde, § 11 RPflG.

2 Ist der Antrag zul, lautet das **Aufgebot** zB: „X hat als Erbe des am ... verstorbenen Y das Aufgebot zum Zweck der Ausschließung von Nachlassgläubigern beantragt. Die Nachlassgläubiger werden daher aufgefordert, ihre Forderungen gegen den Nachlass des Y spätestens in dem Termin, der auf ... vor dem AG ..., Zimmer ..., anberaumt ist, anzumelden." Es folgen die Angaben über die Anmeldungen und die Belehrung nach Nr. 3. **Gebühren:** Gericht: GKG-KV 1630; RA: RVG-VV 3324, 3332, 3337.

## § 948 ZPO Öffentliche Bekanntmachung

**(1) [1]Die öffentliche Bekanntmachung des Aufgebots erfolgt durch Anheftung an die Gerichtstafel und durch einmalige Einrückung in den elektronischen Bundesanzeiger, sofern nicht das Gesetz für den betreffenden Fall eine abweichende Anordnung getroffen hat. [2]Zusätzlich kann die öffentliche Bekanntmachung in einem von dem Gericht für Bekanntmachungen bestimmten elektronischen Informations- und Kommunikationssystem erfolgen.**

**(2) Das Gericht kann anordnen, dass die Einrückung noch in andere Blätter und zu mehreren Malen erfolge.**

§ 948 geändert durch G v. 22.03.2005 (BGBl 2005, 837).

## § 949 ZPO Gültigkeit der öffentlichen Bekanntmachung

**Auf die Gültigkeit der öffentlichen Bekanntmachung hat es keinen Einfluss, wenn das anzuheftende Schriftstück von dem Ort der Anheftung zu früh entfernt ist oder wenn im Falle wiederholter Bekanntmachung die vorgeschriebenen Zwischenfristen nicht eingehalten sind.**

## § 950 ZPO Aufgebotsfrist

**Zwischen dem Tag, an dem die Einrückung oder die erste Einrückung des Aufgebots in den elektronischen Bundesanzeiger erfolgt ist, und dem Aufgebotstermin muss, sofern das Gesetz nicht eine abweichende Anordnung enthält, ein Zeitraum (Aufgebotsfrist) von mindestens sechs Wochen liegen.**

§ 950 geändert durch G v. 22.03.2005 (BGBl 2005, 837).

## § 951 ZPO Anmeldung nach Aufgebotstermin

**Eine Anmeldung, die nach dem Schluss des Aufgebotstermins, jedoch vor Erlass des Ausschlussurteils erfolgt, ist als rechtzeitig anzusehen.**

## § 952 ZPO Ausschlussurteil; Zurückweisung des Antrags

**(1) Das Ausschlussurteil ist in öffentlicher Sitzung auf Antrag zu erlassen.**

**(2) Einem in der Sitzung gestellten Antrag wird ein Antrag gleichgeachtet, der vor dem Aufgebotstermin schriftlich gestellt oder zum Protokoll der Geschäftsstelle erklärt worden ist.**

**(3) Vor Erlass des Urteils kann eine nähere Ermittlung, insbesondere die Versicherung der Wahrheit einer Behauptung des Antragstellers an Eides statt angeordnet werden.**

**(4) Gegen den Beschluss, durch den der Antrag auf Erlass des Ausschlussurteils zurückgewiesen wird, sowie gegen Beschränkungen und Vorbehalte, die dem Ausschlussurteil beigefügt sind, findet sofortige Beschwerde statt.**

1 **Zuständig** ist der Richter, § 20 Nr. 2 RPflG. **Er prüft: a)** den Antrag, Abs. 1. **b)** Zulässigkeit des Aufgebotsverfahrens, vgl § 946. **c)** Begründetheit: die Voraussetzungen richten sich nach dem jeweiligen mat Recht, zB § 927 BGB. Es gilt der Untersuchungsgrundsatz, das Gericht kann Zeugen und SV vernehmen, notfalls kann eV nach Abs. 3 genügen. **d)** Entgegenstehende Anmeldung (§ 953).

2 **Entscheidung:** zB Urteil, zu verkünden, Sachrubrum („In dem Aufgebotsverfahren betreffend ..."). AusschlussU: **(1)** „Folgenden Nachlassgläubiger werden ihre angemeldeten Forderungen gegen den Nachlass des am ... in ... verstorbenen Y vorbehalten: a) dem A...; B) ..."**(2)** Die übrigen NachlassGl können, soweit nicht ihre Rechte nach dem Gesetz unberührt bleiben, unbeschadet des Rechts, vor den Verbindlichkeiten aus Pflichtteilsrechten, Vermächtnissen und Auflagen befriedigt zu werden, von den Erben nur insoweit Befriedigung verlangen, als sich nach Befriedigung der nicht ausgeschlossenen Gl noch ein Überschuss ergibt (vgl § 995). **(3)** Die Kosten hat der ASt (nicht wie bei § 91 der Gegner) zu tragen (aber kein Kostenerstattungsanspruch, LG Weiden Rpfleger 1998, 532). Tatbestand und Entscheidungsgründe. StrW nach dem Interesse des ASt, § 3. Im Übrigen richtet sich der Tenor nach dem jeweiligen mat Recht, vgl zB §§ 927, 1170 BGB.

3 **Rechtsbehelfe: Absatz 4**, sof Beschwerde §§ 567, 569. Gegen das Urteil: § 957 I, II.

## § 953 ZPO Wirkung einer Anmeldung

**Erfolgt eine Anmeldung, durch die das von dem Antragsteller zur Begründung des Antrags behauptete Recht bestritten wird, so ist nach Beschaffenheit des Falles entweder das Aufgebotsverfahren bis zur endgültigen Entscheidung über das angemeldete Recht auszusetzen oder in dem Ausschlussurteil das angemeldete Recht vorzubehalten.**

## § 954 ZPO Fehlender Antrag

**[1]Wenn der Antragsteller weder in dem Aufgebotstermin erschienen ist noch vor dem Termin den Antrag auf Erlass des Ausschlussurteils gestellt hat, so ist auf seinen Antrag ein neuer Termin zu bestimmen. [2]Der Antrag ist nur binnen einer vom Tag des Aufgebotstermins laufenden Frist von sechs Monaten zulässig.**

## § 955 ZPO Neuer Termin

**Wird zur Erledigung des Aufgebotsverfahrens ein neuer Termin bestimmt, so ist eine öffentliche Bekanntmachung des Termins nicht erforderlich.**

## § 956 ZPO Öffentliche Bekanntmachung des Ausschlussurteils

**Das Gericht kann die öffentliche Bekanntmachung des wesentlichen Inhalts des Ausschlussurteils durch einmalige Einrückung in den elektronischen Bundesanzeiger anordnen.**

§ 956 geändert durch G v. 22.03.2005 (BGBl 2005, 837).

## § 957 ZPO Anfechtungsklage

**(1) Gegen das Ausschlussurteil findet ein Rechtsmittel nicht statt.**

**(2) Das Ausschlussurteil kann bei dem Landgericht, in dessen Bezirk das Aufgebotsgericht seinen Sitz hat, mittels einer gegen den Antragsteller zu erhebenden Klage angefochten werden:**

**1. wenn ein Fall nicht vorlag, in dem das Gesetz das Aufgebotsverfahren zulässt;**

**2. wenn die öffentliche Bekanntmachung des Aufgebots oder eine in dem Gesetz vorgeschriebene Art der Bekanntmachung unterblieben ist;**

**3. wenn die vorgeschriebene Aufgebotsfrist nicht gewahrt ist;**

**4. wenn der erkennende Richter von der Ausübung des Richteramts kraft Gesetzes ausgeschlossen war;**

**5. wenn ein Anspruch oder ein Recht ungeachtet der Anmeldung nicht dem Gesetz gemäß in dem Urteil berücksichtigt ist;**

**6. wenn die Voraussetzungen vorliegen, unter denen die Restitutionsklage wegen einer Straftat stattfindet.**

Das AusschlussU kann nur wegen formeller Mängel angefochten werden; wem das Recht in Wahrheit zusteht, ist bedeutungslos. **Zulässigkeit** der Klage: Zust Abs. 2; Anwaltszwang, § 78; klageberechtigt ist jeder, dessen Rechtsstellung durch das AusschlussU betroffen wird (BGH LM Nr. 1); Frist: § 958. **Begründetheit:** Nr. 1-6 sind erschöpfend. Nr. 1 betrifft Fehlen von Vorschriften mat Rechts (BGH NJW 1980, 2529). Nr. 2: § 947 II. Nr. 3: § 950. Nr. 4: § 41 Nr. 5: §§ 951, 953 Nr. 6: § 580 Nr. 1-5, § 581. 1

## § 958 ZPO Klagefrist

**(1) [1]Die Anfechtungsklage ist binnen der Notfrist eines Monats zu erheben. [2]Die Frist beginnt mit dem Tag, an dem der Kläger Kenntnis von dem Ausschlussurteil erhalten hat, in dem Fall jedoch, wenn die Klage auf einem der im § 957 Nr. 4, 6 bezeichneten Anfechtungsgründe beruht und dieser Grund an jenem Tag noch nicht zur Kenntnis des Klägers gelangt war, erst mit dem Tag, an dem der Anfechtungsgrund dem Kläger bekannt geworden ist.**

**(2) Nach Ablauf von zehn Jahren, von dem Tag der Verkündung des Ausschlussurteils an gerechnet, ist die Klage unstatthaft.**

## § 959 ZPO Verbindung mehrerer Aufgebote

**Das Gericht kann die Verbindung mehrerer Aufgebote anordnen, auch wenn die Voraussetzungen des § 147 nicht vorliegen.**

## §§ 960 bis 976 ZPO

(weggefallen)

### § 977 ZPO Aufgebot des Grundstückseigentümers

**Für das Aufgebotsverfahren zum Zwecke der Ausschließung des Eigentümers eines Grundstücks nach § 927 des Bürgerlichen Gesetzbuchs gelten die nachfolgenden besonderen Vorschriften.**

### § 978 ZPO Zuständigkeit

**Zuständig ist das Gericht, in dessen Bezirk das Grundstück belegen ist.**

### § 979 ZPO Antragsberechtigter

**Antragsberechtigt ist derjenige, der das Grundstück seit der im § 927 des Bürgerlichen Gesetzbuchs bestimmten Zeit im Eigenbesitz hat.**

### § 980 ZPO Glaubhaftmachung

**Der Antragsteller hat die zur Begründung des Antrags erforderlichen Tatsachen vor der Einleitung des Verfahrens glaubhaft zu machen.**

### § 981 ZPO Inhalt des Aufgebots

**In dem Aufgebot ist der bisherige Eigentümer aufzufordern, sein Recht spätestens im Aufgebotstermin anzumelden, widrigenfalls seine Ausschließung erfolgen werde.**

### § 981a ZPO Aufgebot des Schiffseigentümers

**[1]Für das Aufgebotsverfahren zum Zwecke der Ausschließung des Eigentümers eines eingetragenen Schiffes oder Schiffsbauwerks nach § 6 des Gesetzes über Rechte an eingetragenen Schiffen und Schiffsbauwerken vom 15. November 1940 (RGBl. I S. 1499) gelten die §§ 979 bis 981 entsprechend. [2]Zuständig ist das Gericht, bei dem das Register für das Schiff oder Schiffsbauwerk geführt wird.**

### § 982 ZPO Aufgebot des Grundpfandrechtsgläubigers

**Für das Aufgebotsverfahren zum Zwecke der Ausschließung eines Hypotheken-, Grundschuld- oder Rentenschuldgläubigers auf Grund der §§ 1170, 1171 des Bürgerlichen Gesetzbuchs gelten die nachfolgenden besonderen Vorschriften.**

### § 983 ZPO Zuständigkeit

**Zuständig ist das Gericht, in dessen Bezirk das belastete Grundstück belegen ist.**

### § 984 ZPO Antragsberechtigter

**(1) Antragsberechtigt ist der Eigentümer des belasteten Grundstücks.**

**(2) Im Falle des § 1170 des Bürgerlichen Gesetzbuchs ist auch ein im Range gleich- oder nachstehender Gläubiger, zu dessen Gunsten eine Vormerkung nach § 1179 des Bürgerlichen Gesetzbuchs eingetragen ist oder ein Anspruch nach § 1179a des Bürgerlichen Gesetzbuchs besteht, und bei einer Gesamthypothek, Gesamtgrundschuld oder Gesamtrentenschuld außerdem derjenige antragsberechtigt, der auf Grund eines im Range gleich- oder nachstehenden Rechts Befriedigung aus einem der belasteten Grundstücke verlangen kann, sofern der Gläubiger oder der sonstige Berechtigte für seinen Anspruch einen vollstreckbaren Schuldtitel erlangt hat.**

### § 985 ZPO Glaubhaftmachung

**Der Antragsteller hat vor der Einleitung des Verfahrens glaubhaft zu machen, dass der Gläubiger unbekannt ist.**

### § 986 ZPO Besonderheiten im Fall des § 1170 des Bürgerlichen Gesetzbuchs

**(1) Im Falle des § 1170 des Bürgerlichen Gesetzbuchs hat der Antragsteller vor der Einleitung des Verfahrens auch glaubhaft zu machen, dass nicht eine das Aufgebot ausschließende Anerkennung des Rechts des Gläubigers erfolgt ist.**

**(2) [1]Ist die Hypothek für die Forderung aus einer Schuldverschreibung auf den Inhaber bestellt oder der Grundschuld- oder Rentenschuldbrief auf den Inhaber ausgestellt, so hat der Antragsteller glaubhaft zu machen, dass die Schuldverschreibung oder der Brief bis zum Ablauf der im § 801 des Bürgerlichen Gesetzbuchs bezeichneten Frist nicht vorgelegt und der Anspruch nicht gerichtlich geltend gemacht worden ist. [2]Ist die Vorlegung oder die gerichtliche Geltendmachung erfolgt, so ist die im Absatz 1 vorgeschriebene Glaubhaftmachung erforderlich.**

**(3) Zur Glaubhaftmachung genügt in den Fällen der Absätze 1, 2 die Versicherung des Antragstellers an Eides statt, unbeschadet der Befugnis des Gerichts, anderweitige Ermittlungen anzuordnen.**

**(4) In dem Aufgebot ist als Rechtsnachteil anzudrohen, dass der Gläubiger mit seinem Recht ausgeschlossen werde.**

**(5) Wird das Aufgebot auf Antrag eines nach § 984 Abs. 2 Antragsberechtigten erlassen, so ist es dem Eigentümer des Grundstücks von Amts wegen mitzuteilen.**

### § 987 ZPO Besonderheiten im Fall des § 1171 des Bürgerlichen Gesetzbuchs

**(1) Im Falle des § 1171 des Bürgerlichen Gesetzbuchs hat der Antragsteller sich vor der Einleitung des Verfahrens zur Hinterlegung des dem Gläubiger gebührenden Betrages zu erbieten.**

**(2) In dem Aufgebot ist als Rechtsnachteil anzudrohen, dass der Gläubiger nach der Hinterlegung des ihm gebührenden Betrages seine Befriedigung statt aus dem Grundstück nur noch aus dem hinterlegten Betrag verlangen könne und sein Recht auf diesen erlösche, wenn er sich nicht vor dem Ablauf von 30 Jahren nach dem Erlass des Ausschlussurteils bei der Hinterlegungsstelle melde.**

**(3) Hängt die Fälligkeit der Forderung von einer Kündigung ab, so erweitert sich die Aufgebotsfrist um die Kündigungsfrist.**

**(4) Das Ausschlussurteil darf erst dann erlassen werden, wenn die Hinterlegung erfolgt ist.**

### § 987a ZPO Aufgebot des Schiffshypothekengläubigers

**[1]Für das Aufgebotsverfahren zum Zwecke der Ausschließung eines Schiffshypothekengläubigers auf Grund der §§ 66, 67 des Gesetzes über Rechte an eingetragenen Schiffen und Schiffsbauwerken vom 15. November 1940 (RGBl. I S. 1499) gelten die §§ 984 bis 987 entsprechend; an die Stelle der §§ 1170, 1171, 1179 des Bürgerlichen Gesetzbuchs treten die §§ 66, 67, 58 des genannten Gesetzes. [2]Zuständig ist das Gericht, bei dem das Register für das Schiff oder Schiffsbauwerk geführt wird.**

### § 988 ZPO Aufgebot des Berechtigten bei Vormerkung, Vorkaufsrecht, Reallast

**[1]Die Vorschriften des § 983, des § 984 Abs. 1, des § 985, des § 986 Abs. 1 bis 4 und der §§ 987, 987a gelten entsprechend für das Aufgebotsverfahren zum Zwecke der in den §§ 887, 1104, 1112 des Bürgerlichen Gesetzbuchs, § 13 des Gesetzes über Rechte an eingetragenen Schiffen und Schiffsbauwerken vom 15. November 1940 (RGBl. I S. 1499) für die Vormerkung, das Vorkaufsrecht und die Reallast bestimmten Ausschließung des Berechtigten. [2]Antragsberechtigt ist auch, wer auf Grund eines im Range gleich oder nachstehenden Rechts Befriedigung aus dem Grundstück oder dem Schiff oder Schiffsbauwerk verlangen kann, sofern er für seinen Anspruch einen vollstreckbaren Schuldtitel erlangt hat. [3]Das Aufgebot ist dem Eigentümer des Grundstücks oder des Schiffes oder Schiffsbauwerks von Amts wegen mitzuteilen.**

### § 989 ZPO Aufgebot von Nachlassgläubigern

**Für das Aufgebotsverfahren zum Zwecke der Ausschließung von Nachlassgläubigern auf Grund des § 1970 des Bürgerlichen Gesetzbuchs gelten die nachfolgenden besonderen Vorschriften.**

1 Dieses Aufgebot (zu unterscheiden vom Erbenaufgebot nach §§ 1965, 2358 II BGB) bezweckt, den Erben über die Notwendigkeit der Haftungsbeschränkung zu informieren, ihm die Erschöpfungseinrede zu geben (§ 1973 BGB), ihn gegen einen Rückgriff zu sichern (§ 1980 BGB), die Gesamthaftung der Erben in Kopfhaftung zu verwandeln (§ 2060 Nr. 1 BGB). Einzelheiten vgl §§ 1971, 2013, 2060 BGB.

### § 990 ZPO Zuständigkeit

**[1]Zuständig ist das Amtsgericht, dem die Verrichtungen des Nachlassgerichts obliegen. [2]Sind diese Verrichtungen einer anderen Behörde als einem Amtsgericht übertragen, so ist das Amtsgericht zuständig, in dessen Bezirk die Nachlassbehörde ihren Sitz hat.**

Zust Nachlassgericht: § 73 FGG. Beim AG ist die ProszessAbt zust, nicht das NachlassG (so aber LG Köln MDR 2003, 714). S. 2 betrifft die Bezirksnotare in Baden-Württemberg. 1

## § 991 ZPO Antragsberechtigter

**(1) Antragsberechtigt ist jeder Erbe, sofern er nicht für die Nachlassverbindlichkeiten unbeschränkt haftet.**

**(2) Zu dem Antrag sind auch ein Nachlasspfleger und ein Testamentsvollstrecker berechtigt, wenn ihnen die Verwaltung des Nachlasses zusteht.**

**(3) Der Erbe und der Testamentsvollstrecker können den Antrag erst nach der Annahme der Erbschaft stellen.**

## § 992 ZPO Verzeichnis der Nachlassgläubiger

**Dem Antrag ist ein Verzeichnis der bekannten Nachlassgläubiger mit Angabe ihres Wohnortes beizufügen.**

## § 993 ZPO Nachlassinsolvenzverfahren

**(1) Das Aufgebot soll nicht erlassen werden, wenn die Eröffnung des Nachlassinsolvenzverfahrens beantragt ist.**

**(2) Durch die Eröffnung des Nachlassinsolvenzverfahrens wird das Aufgebotsverfahren beendigt.**

§ 993 geändert durch EGInsO (BGBl 1994, 2911).

## § 994 ZPO Aufgebotsfrist

**(1) Die Aufgebotsfrist soll höchstens sechs Monate betragen.**

**(2) [1]Das Aufgebot soll den Nachlassgläubigern, die dem Nachlassgericht angezeigt sind und deren Wohnort bekannt ist, von Amts wegen zugestellt werden. [2]Die Zustellung kann durch Aufgabe zur Post erfolgen.**

## § 995 ZPO Inhalt des Aufgebots

**In dem Aufgebot ist den Nachlassgläubigern, die sich nicht melden, als Rechtsnachteil anzudrohen, dass sie, unbeschadet des Rechts, vor den Verbindlichkeiten aus Pflichtteilsrechten, Vermächtnissen und Auflagen berücksichtigt zu werden, von dem Erben nur insoweit Befriedigung verlangen können, als sich nach Befriedigung der nicht ausgeschlossenen Gläubiger noch ein Überschuss ergibt.**

## § 996 ZPO Forderungsanmeldung

**(1) [1]Die Anmeldung einer Forderung hat die Angabe des Gegenstandes und des Grundes der Forderung zu enthalten. [2]Urkundliche Beweisstücke sind in Urschrift oder in Abschrift beizufügen.**

**(2) Das Gericht hat die Einsicht der Anmeldungen jedem zu gestatten, der ein rechtliches Interesse glaubhaft macht.**

§ 997 ZPO Mehrheit von Erben

**(1) [1]Sind mehrere Erben vorhanden, so kommen der von einem Erben gestellte Antrag und das von ihm erwirkte Ausschlussurteil, unbeschadet der Vorschriften des Bürgerlichen Gesetzbuchs über die unbeschränkte Haftung, auch den anderen Erben zustatten. [2]Als Rechtsnachteil ist den Nachlassgläubigern, die sich nicht melden, auch anzudrohen, dass jeder Erbe nach der Teilung des Nachlasses nur für den seinem Erbteil entsprechenden Teil der Verbindlichkeit haftet.**

**(2) Das Aufgebot mit Androhung des im Absatz 1 Satz 2 bestimmten Rechtsnachteils kann von jedem Erben auch dann beantragt werden, wenn er für die Nachlassverbindlichkeiten unbeschränkt haftet.**

§ 998 ZPO Nacherbfolge

**Im Falle der Nacherbfolge ist die Vorschrift des § 997 Abs. 1 Satz 1 auf den Vorerben und den Nacherben entsprechend anzuwenden.**

§ 999 ZPO Gütergemeinschaft

**[1]Gehört ein Nachlass zum Gesamtgut der Gütergemeinschaft, so kann sowohl der Ehegatte, der Erbe ist, als auch der Ehegatte, der nicht Erbe ist, aber das Gesamtgut allein oder mit seinem Ehegatten gemeinschaftlich verwaltet, das Aufgebot beantragen, ohne dass die Zustimmung des anderen Ehegatten erforderlich ist. [2]Die Ehegatten behalten diese Befugnis, wenn die Gütergemeinschaft endet. [3]Der von einem Ehegatten gestellte Antrag und das von ihm erwirkte Ausschlussurteil kommen auch dem anderen Ehegatten zustatten.**

§ 1000 ZPO Erbschaftskäufer

**(1) [1]Hat der Erbe die Erbschaft verkauft, so kann sowohl der Käufer als der Erbe das Aufgebot beantragen. [2]Der von dem einen Teil gestellte Antrag und das von ihm erwirkte Ausschlussurteil kommen, unbeschadet der Vorschriften des Bürgerlichen Gesetzbuchs über die unbeschränkte Haftung, auch dem anderen Teil zustatten.**

**(2) Diese Vorschriften gelten entsprechend, wenn jemand eine durch Vertrag erworbene Erbschaft verkauft oder sich zur Veräußerung einer ihm angefallenen oder anderweit von ihm erworbenen Erbschaft in sonstiger Weise verpflichtet hat.**

§ 1001 ZPO Aufgebot der Gesamtgutsgläubiger

**Die Vorschriften der §§ 990 bis 996, 999, 1000 sind im Falle der fortgesetzten Gütergemeinschaft auf das Aufgebotsverfahren zum Zwecke der nach dem § 1489 Abs. 2 und dem § 1970 des Bürgerlichen Gesetzbuchs zulässigen Ausschließung von Gesamtgutsgläubigern entsprechend anzuwenden.**

### § 1002 ZPO Aufgebot der Schiffsgläubiger

**(1) Für das Aufgebotsverfahren zum Zwecke der Ausschließung von Schiffsgläubigern auf Grund des § 110 des Gesetzes betreffend die privatrechtlichen Verhältnisse der Binnenschifffahrt gelten die nachfolgenden besonderen Vorschriften.**

**(2) Zuständig ist das Gericht, in dessen Bezirk sich der Heimathafen oder der Heimatort des Schiffes befindet.**

**(3) Unterliegt das Schiff der Eintragung in das Schiffsregister, so kann der Antrag erst nach der Eintragung der Veräußerung des Schiffes gestellt werden.**

**(4) Der Antragsteller hat die ihm bekannten Forderungen von Schiffsgläubigern anzugeben.**

**(5) Die Aufgebotsfrist muss mindestens drei Monate betragen.**

**(6) In dem Aufgebot ist den Schiffsgläubigern, die sich nicht melden, als Rechtsnachteil anzudrohen, dass ihre Pfandrechte erlöschen, sofern nicht ihre Forderungen dem Antragsteller bekannt sind.**

### § 1003 ZPO Aufgebot zur Kraftloserklärung von Urkunden

**Für das Aufgebotsverfahren zum Zwecke der Kraftloserklärung einer Urkunde gelten die nachfolgenden besonderen Vorschriften.**

1 Ein solches Verfahren ist zB zweckmäßig, wenn **Urkunden verlorengegangen** sind 1
oder versehentl. vernichtet wurden. Urkunde in diesem Sinne sind zB: **Schuldverschreibungen auf den Inhaber** (§ 799 BGB), Wechsel (Art 90 WG), Schecks (Art 59 ScheckG); Hypotheken-, Grundschuld-, Rentenschuldbriefe (dazu G v. 18.04.1950, BGBl I 88, mit Änd); **Aktien;** Papiere nach § 808 BGB (Sparbücher, Orderlagerscheine usw.; beachte das LandesR, Art 102 II EGBGB, wonach Sparbücher der Sparkassen vereinfacht aufgeboten werden; vgl dazu § 1023 und *Thalmair* Rpfleger 2002, 191).

**2 Nicht:** Scheckkarten, Scheckvordrucke (*Kümpel* NJW 1975, 1549; str); Banknoten; 2
Zins- und Gewinnanteilscheine (§ 799 BGB).

### § 1004 ZPO Antragsberechtigter

**(1) Bei Papieren, die auf den Inhaber lauten oder die durch Indossament übertragen werden können und mit einem Blankoindossament versehen sind, ist der bisherige Inhaber des abhanden gekommenen oder vernichteten Papiers berechtigt, das Aufgebotsverfahren zu beantragen.**

**(2) Bei anderen Urkunden ist derjenige zu dem Antrag berechtigt, der das Recht aus der Urkunde geltend machen kann.**

### § 1005 ZPO Gerichtsstand

**(1) [1]Für das Aufgebotsverfahren ist das Gericht des Ortes zuständig, den die Urkunde als den Erfüllungsort bezeichnet. [2]Enthält die Urkunde eine solche Bezeich-**

**nung nicht, so ist das Gericht zuständig, bei dem der Aussteller seinen allgemeinen Gerichtsstand hat, und in Ermangelung eines solchen Gerichts dasjenige, bei dem der Aussteller zur Zeit der Ausstellung seinen allgemeinen Gerichtsstand gehabt hat.**

**(2) Ist die Urkunde über ein im Grundbuch eingetragenes Recht ausgestellt, so ist das Gericht der belegenen Sache ausschließlich zuständig.**

### § 1006 ZPO Bestelltes Aufgebotsgericht

**(1) [1]Die Landesregierungen werden ermächtigt, durch Rechtsverordnung einem Amtsgericht für die Bezirke mehrerer Amtsgerichte die Zuständigkeit zu übertragen für die Erledigung der Anträge, das Aufgebot zum Zwecke der Kraftloserklärung eines auf den Inhaber lautenden Papiers zu erlassen. [2]Die Landesregierungen können die Ermächtigung durch Rechtsverordnung auf die Landesjustizverwaltungen übertragen. [3]Auf Verlangen des Antragstellers wird der Antrag durch das nach § 1005 zuständige Gericht erledigt.**

**(2) Wird das Aufgebot durch ein anderes als das nach § 1005 zuständige Gericht erlassen, so ist das Aufgebot auch durch Anheftung an die Gerichtstafel oder Einstellung in das Informationssystem des letzteren Gerichts öffentlich bekannt zu machen.**

**(3) Unberührt bleiben die landesgesetzlichen Vorschriften, durch die für das Aufgebotsverfahren zum Zwecke der Kraftloserklärung von Schuldverschreibungen auf den Inhaber, die ein deutsches Land oder früherer Bundesstaat oder eine ihm angehörende Körperschaft, Stiftung oder Anstalt des öffentlichen Rechts ausgestellt oder für deren Bezahlung ein deutsches Land oder früherer Bundesstaat die Haftung übernommen hat, ein bestimmtes Amtsgericht für ausschließlich zuständig erklärt wird.**

§ 1006 geändert durch G v. 22.03.2005 (BGBl 2005, 837) und G v. 19.04.2006 (BGBI 2006, 866).

### § 1007 ZPO Antragsbegründung

**Der Antragsteller hat zur Begründung des Antrags:**

**1. entweder eine Abschrift der Urkunde beizubringen oder den wesentlichen Inhalt der Urkunde und alles anzugeben, was zu ihrer vollständigen Erkennbarkeit erforderlich ist;**

**2. den Verlust der Urkunde sowie diejenigen Tatsachen glaubhaft zu machen, von denen seine Berechtigung abhängt, das Aufgebotsverfahren zu beantragen;**

**3. sich zur Versicherung der Wahrheit seiner Angaben an Eides statt zu erbieten.**

### § 1008 ZPO Inhalt des Aufgebots

**[1]In dem Aufgebot ist der Inhaber der Urkunde aufzufordern, spätestens im Aufgebotstermin seine Rechte bei dem Gericht anzumelden und die Urkunde vorzulegen. [2]Als Rechtsnachteil ist anzudrohen, dass die Urkunde für kraftlos erklärt werde.**

## § 1009 ZPO Ergänzende Bekanntmachung in besonderen Fällen

**[1]Betrifft das Aufgebot ein auf den Inhaber lautendes Papier und ist in der Urkunde vermerkt oder in den Bestimmungen, unter denen die erforderliche staatliche Genehmigung erteilt worden ist, vorgeschrieben, dass die öffentliche Bekanntmachung durch bestimmte andere Blätter zu erfolgen habe, so muss die Bekanntmachung auch durch Einrückung in diese Blätter erfolgen. [2]Das Gleiche gilt bei Schuldverschreibungen, die von einem deutschen Land oder früheren Bundesstaat ausgegeben sind, wenn die öffentliche Bekanntmachung durch bestimmte Blätter landesgesetzlich vorgeschrieben ist. [3]Zusätzlich kann die öffentliche Bekanntmachung in einem von dem Gericht für Bekanntmachungen bestimmten elektronischen Informations- und Kommunikationssystem erfolgen.**

§ 1009 geändert durch G v. 22.03.2005 (BGBl 2005, 837).

## § 1010 ZPO Wertpapiere mit Zinsscheinen

**(1) Bei Wertpapieren, für die von Zeit zu Zeit Zins-, Renten- oder Gewinnanteilscheine ausgegeben werden, ist der Aufgebotstermin so zu bestimmen, dass bis zu dem Termin der erste einer seit der Zeit des glaubhaft gemachten Verlustes ausgegebenen Reihe von Zins-, Renten oder Gewinnanteilscheinen fällig geworden ist und seit seiner Fälligkeit sechs Monate abgelaufen sind.**

**(2) Vor Erlass des Ausschlussurteils hat der Antragsteller ein nach Ablauf dieser sechsmonatigen Frist ausgestelltes Zeugnis der betreffenden Behörde, Kasse oder Anstalt beizubringen, dass die Urkunde seit der Zeit des glaubhaft gemachten Verlustes ihr zur Ausgabe neuer Scheine nicht vorgelegt sei und dass die neuen Scheine an einen anderen als den Antragsteller nicht ausgegeben seien.**

## § 1011 ZPO Zinsscheine für mehr als vier Jahre

**(1) [1]Bei Wertpapieren, für die Zins-, Renten- oder Gewinnanteilscheine zuletzt für einen längeren Zeitraum als vier Jahre ausgegeben sind, genügt es, wenn der Aufgebotstermin so bestimmt wird, dass bis zu dem Termin seit der Zeit des glaubhaft gemachten Verlustes von den zuletzt ausgegebenen Scheinen solche für vier Jahre fällig geworden und seit der Fälligkeit des letzten derselben sechs Monate abgelaufen sind. [2]Scheine für Zeitabschnitte, für die keine Zinsen, Renten oder Gewinnanteile gezahlt werden, kommen nicht in Betracht.**

**(2) [1]Vor Erlass des Ausschlussurteils hat der Antragsteller ein nach Ablauf dieser sechsmonatigen Frist ausgestelltes Zeugnis der betreffenden Behörde, Kasse oder Anstalt beizubringen, dass die für die bezeichneten vier Jahre und später etwa fällig gewordenen Scheine ihr von einem anderen als dem Antragsteller nicht vorgelegt seien. [2]Hat in der Zeit seit dem Erlass des Aufgebots eine Ausgabe neuer Scheine stattgefunden, so muss das Zeugnis auch die im § 1010 Abs. 2 bezeichneten Angaben enthalten.**

### § 1012 ZPO Vorlegung der Zinsscheine

**[1]Die Vorschriften der §§ 1010, 1011 sind insoweit nicht anzuwenden, als die Zins-, Renten- oder Gewinnanteilscheine, deren Fälligkeit nach diesen Vorschriften eingetreten sein muss, von dem Antragsteller vorgelegt werden. [2]Der Vorlegung der Scheine steht es gleich, wenn das Zeugnis der betreffenden Behörde, Kasse oder Anstalt beigebracht wird, dass die fällig gewordenen Scheine ihr von dem Antragsteller vorgelegt worden seien.**

### § 1013 ZPO Abgelaufene Ausgabe der Zinsscheine

**Bei Wertpapieren, für die Zins-, Renten- oder Gewinnanteilscheine ausgegeben sind, aber nicht mehr ausgegeben werden, ist, wenn nicht die Voraussetzungen der §§ 1010, 1011 vorhanden sind, der Aufgebotstermin so zu bestimmen, dass bis zu dem Termin seit der Fälligkeit des letzten ausgegebenen Scheines sechs Monate abgelaufen sind.**

### § 1014 ZPO Aufgebotstermin bei bestimmter Fälligkeit

**Ist in einer Schuldurkunde eine Verfallzeit angegeben, die zur Zeit der ersten Einrückung des Aufgebots in den elektronischen Bundesanzeiger noch nicht eingetreten ist, und sind die Voraussetzungen der §§ 1010 bis 1013 nicht vorhanden, so ist der Aufgebotstermin so zu bestimmen, dass seit dem Verfalltag sechs Monate abgelaufen sind.**

§ 1014 geändert durch G v. 22.03.2005 (BGBl 2005, 837).

### § 1015 ZPO Aufgebotsfrist

**[1]Die Aufgebotsfrist muss mindestens sechs Monate betragen. [2]Der Aufgebotstermin darf nicht über ein Jahr hinaus bestimmt werden; solange ein so naher Termin nicht bestimmt werden kann, ist das Aufgebot nicht zulässig.**

### § 1016 ZPO Anmeldung der Rechte

**[1]Meldet der Inhaber der Urkunde vor dem Aufgebotstermin seine Rechte unter Vorlegung der Urkunde an, so hat das Gericht den Antragsteller hiervon zu benachrichtigen und ihm die Einsicht der Urkunde innerhalb einer zu bestimmenden Frist zu gestatten. [2]Auf Antrag des Inhabers der Urkunde ist zu ihrer Vorlegung ein Termin zu bestimmen.**

### § 1017 ZPO Ausschlussurteil

**(1) In dem Ausschlussurteil ist die Urkunde für kraftlos zu erklären.**

**(2) [1]Das Ausschlussurteil ist seinem wesentlichen Inhalt nach durch den elektronischen Bundesanzeiger bekannt zu machen. [2]Die Vorschriften des § 1009 gelten entsprechend.**

**(3) In gleicher Weise ist nach eingetretener Rechtskraft das auf die Anfechtungsklage ergangene Urteil, soweit dadurch die Kraftloserklärung aufgehoben wird, bekannt zu machen.**

§ 1017 geändert durch G v. 22.03.2005 (BGBl 2005, 837).

## § 1019 ZPO Zahlungssperre

**(1) [1]Bezweckt das Aufgebotsverfahren die Kraftloserklärung eines auf den Inhaber lautenden Papiers, so hat das Gericht auf Antrag an den Aussteller sowie an die in dem Papier und die von dem Antragsteller bezeichneten Zahlstellen das Verbot zu erlassen, an den Inhaber des Papiers eine Leistung zu bewirken, insbesondere neue Zins-, Renten- oder Gewinnanteilscheine oder einen Erneuerungsschein auszugeben (Zahlungssperre); mit dem Verbot ist die Benachrichtigung von der Einleitung des Aufgebotsverfahrens zu verbinden. [2]Das Verbot ist in gleicher Weise wie das Aufgebot öffentlich bekannt zu machen.**

**(2) Das an den Aussteller erlassene Verbot ist auch den Zahlstellen gegenüber wirksam, die nicht in dem Papier bezeichnet sind.**

**(3) Die Einlösung der vor dem Verbot ausgegebenen Zins-, Renten- oder Gewinnanteilscheine wird von dem Verbot nicht betroffen.**

## § 1020 ZPO Zahlungssperre vor Einleitung des Verfahrens

**[1]Ist die sofortige Einleitung des Aufgebotsverfahrens nach § 1015 Satz 2 unzulässig, so hat das Gericht die Zahlungssperre auf Antrag schon vor der Einleitung des Verfahrens zu verfügen, sofern die übrigen Erfordernisse für die Einleitung vorhanden sind. [2]Auf den Antrag sind die Vorschriften des § 947 Abs. 1 anzuwenden. [3]Das Verbot ist durch Anheftung an die Gerichtstafel und durch einmalige Einrückung in den elektronischen Bundesanzeiger öffentlich bekannt zu machen.**

§ 1020 geändert durch G v. 22.03.2005 (BGBl 2005, 837).

## § 1021 ZPO Entbehrlichkeit des Zeugnisses nach § 1010 Abs. 2

**Wird die Zahlungssperre angeordnet, bevor seit der Zeit des glaubhaft gemachten Verlustes Zins-, Renten- oder Gewinnanteilscheine ausgegeben worden sind, so ist die Beibringung des im § 1010 Abs. 2 vorgeschriebenen Zeugnisses nicht erforderlich.**

## § 1022 ZPO Aufhebung der Zahlungssperre

**(1) [1]Wird das in Verlust gekommene Papier dem Gericht vorgelegt oder wird das Aufgebotsverfahren in anderer Weise ohne Erlass eines Ausschlussurteils erledigt, so ist die Zahlungssperre von Amts wegen aufzuheben. [2]Das Gleiche gilt, wenn die Zahlungssperre vor der Einleitung des Aufgebotsverfahrens angeordnet worden ist und die Einleitung nicht binnen sechs Monaten nach der Beseitigung des ihr entgegenstehenden Hindernisses beantragt wird. [3]Ist das Aufgebot oder die Zahlungssperre**

**öffentlich bekannt gemacht worden, so ist die Erledigung des Verfahrens oder die Aufhebung der Zahlungssperre von Amts wegen durch den elektronischen Bundesanzeiger bekannt zu machen.**

**(2) Im Falle der Vorlegung des Papiers ist die Zahlungssperre erst aufzuheben, nachdem dem Antragsteller die Einsicht nach Maßgabe des § 1016 gestattet worden ist.**

**(3) Gegen den Beschluss, durch den die Zahlungssperre aufgehoben wird, findet sofortige Beschwerde statt.**

§ 1022 geändert durch G v. 22.03.2005 (BGBl 2005, 837).

## § 1023 ZPO Hinkende Inhaberpapiere

**[1]Bezweckt das Aufgebotsverfahren die Kraftloserklärung einer Urkunde der im § 808 des Bürgerlichen Gesetzbuchs bezeichneten Art, so gelten die Vorschriften der §§ 1006, 1009, 1017 Abs. 2 Satz 2 und der §§ 1019 bis 1022 entsprechend. [2]Die Landesgesetze können über die Veröffentlichung des Aufgebots und der in § 1017 Abs. 2, 3 und in den §§ 1019, 1020, 1022 vorgeschriebenen Bekanntmachungen sowie über die Aufgebotsfrist abweichende Vorschriften erlassen.**

§ 1023 geändert durch G v. 21.06.2002 (BGBl 2010/2059).

## § 1024 ZPO Vorbehalt für die Landesgesetzgebung

**(1) Bei Aufgeboten auf Grund der §§ 887, 927, 1104, 1112, 1162, 1170, 1171 des Bürgerlichen Gesetzbuchs, des § 110 des Gesetzes betreffend die privatrechtlichen Verhältnisse der Binnenschifffahrt, der §§ 6, 13, 66, 67 des Gesetzes über Rechte an eingetragenen Schiffen und Schiffsbauwerken und der §§ 13, 66, 67 des Gesetzes über Rechte an Luftfahrzeugen können die Landesgesetze die Art der Veröffentlichung des Aufgebots und des Ausschlussurteils sowie die Aufgebotsfrist anders bestimmen, als in den §§ 948, 950, 956 vorgeschrieben ist.**

**(2) Bei Aufgeboten, die auf Grund des § 1162 des Bürgerlichen Gesetzbuchs ergehen, können die Landesgesetze die Art der Veröffentlichung des Aufgebots, des Ausschlussurteils und des im § 1017 Abs. 3 bezeichneten Urteils sowie die Aufgebotsfrist auch anders bestimmen, als in den §§ 1009, 1014, 1015, 1017 vorgeschrieben ist.**

# Buch 10
# Schiedsrichterliches Verfahren

## Vorbemerkung

**Lit:** ***Berger*** Recht der Schiedsgerichtsbarkeit; ***Lachmann*** Handbuch für die Schiedsgerichtspraxis, 1998; ***Lörcher/Lörcher*** Das Schiedsverfahren; SchiedsVZ 2005, 179; ***Schütze*** Schiedsgericht und Schiedsverfahren, 3. Aufl. 1999; ***Lörcher*** DB 1998, 245; ***Habscheid*** JZ 1998, 445; ***Kröll*** NJW 2001, 1173; ***Kröll*** NJW 2005, 194; NJW 2007, 743.

1. Rechtsstreitigkeiten können ganz oder teilw auch von anderen Institutionen als den staatl. Gerichten entschieden werden. Ob das ein Vorteil ist, hängt vom Einzelfall ab. Billiger ist das schiedsrichterl. Verfahren kaum; wenn der Gegner nicht kooperiert ist es wenig hilfreich. Auch fällt eine Rm-Instanz weg. 1

**a) Schiedsgericht**, §§ 1025 ff. Es entscheidet den Rechtsstreit endgültig; zur Vollstreckbarerklärung vgl §§ 1060 ff. Daneben gelten für int Schiedssprüche das UN-Übereinkommen über die Anerkennung und Vollstreckung ausl Schiedssprüche v. 10.06.1958 (BGBl 1961 II, 122) und das Europäische Übereinkommen über die int Handelsschiedsgerichtsbarkeit v 21.04.1961 (BGBl 1964 II, 425); dazu *Schäfer* Jura 2004, 153; *Moller* NZG 2000, 57. Die VO (EG) Nr. 44/2001 klammert Schiedsgerichtsbarkeit aus (Art 1 II d). 2

**Das Schiedsverfahren wurde durch das SchiedsVfG ab 01.01.1998 neu geregelt;** Materialien: BT-Drucks. 13/5274. Die Neuregelung gibt sich europ. Teilw gelten die früheren §§ 1025 ff. weiter (vgl Übergangsrecht). Die **Gerichtsgebühren** bestimmen sich nach GKG-KV Nr. 1620 bis 1629, die **Anwaltsgebühren** nach § 36 RVG. Das **Übergangsrecht** regelt Art 4 des SchiedsVfG v 22.12.1997 (BGBl 1997, 3224):

*(§ 1 Schiedsverfahren)*

*(1) Die Wirksamkeit von Schiedsvereinbarungen, die vor dem Inkrafttreten dieses Gesetzes geschlossen worden sind, beurteilt sich nach dem bisher geltenden Recht.*

*(2) Für schiedsrichterliche Verfahren, die bei Inkrafttreten dieses Gesetzes begonnen, aber noch nicht beendet sind, ist das bisherige Recht mit der Maßgabe anzuwenden, daß an die Stelle des schiedsrichterlichen Vergleichs der Schiedsspruch mit vereinbartem Wortlaut tritt. Die Parteien können jedoch die Anwendung des neuen Rechts vereinbaren.*

*(3) Für gerichtliche Verfahren, die bei Inkrafttreten dieses Gesetzes anhängig sind, ist das bisher geltende Recht weiter anzuwenden.*

*(4) Aus für vollstreckbar erklärten schiedsrichterlichen Vergleichen, die vor dem Inkrafttreten dieses Gesetzes geschlossen worden sind, findet die Zwangsvollstreckung statt, sofern die Entscheidung über die Vollstreckbarkeit rechtskräftig oder für vorläufig vollstreckbar erklärt worden ist.*

**b) Schieds- und Schlichtungsstellen**: zB bei den Industrie- und Handelskammern (für Verbraucherbeschwerden), Handwerkskammern (Streit Auftraggeber – Handwerker), Architektenkammern (Streit Auftraggeber – Architekt), Ärztekammern (Arzthaftpflichtfragen), als Schiedsstellen des Kraftfahrzeughandwerks, meist von der jeweiligen Innung 3 getragen (Streit über Kfz-Reparaturkosten), Schiedsstellen des Gebrauchtwagenhandels, der Textilreinigung. Zum Übereinkommen für US-Streitkräfte vgl *Hök* JurBüro 1987, 961.

4 **c) Verbands- und Vereinsgerichte:** ihre Entscheidungen sind keine Schiedssprüche iSd §§ 1025 ff (BGH NJW 2004, 2226; auch über Ausnahmen). SchiedsG der politischen Parteien (§ 14 ParteienG) fallen nicht unbedingt unter §§ 1025 ff (OLG Düsseldorf NJW-RR 2003, 142). Über Schiedsklauseln in einer Vereinssatzung vgl § 1066 (BGH NJW 2000, 1713; NJW 1984, 1355 aF). Über Sportschiedsgerichte vgl *Deutsch* VersR 1990, 2.

5 **d) Schiedsstellen in den Gemeinden** der ehemaligen DDR; vgl G v. 13.09.1990, DDR-GBl 1990 I 1527. Dazu Anl. II/III/A/I Nr. 3 Einigungsvertrag und *Luther* DtZ 1991, 17; *Müller* DtZ 1992, 18.

6 **2. Schiedsgutachten:** §§ 1025 ff. sind darauf nicht anwendbar, insb gelten die Formvorschriften nicht (BGH NJW 1975, 1556); der Schiedsgutachter ist nicht ablehnbar (bei Bef ist aber uU der Schiedsgutachtenvertrag aus wichtigem Grund kündbar, BGH DB 1980, 967). Das Schiedsgutachten ist oft in Allgemeinen Geschäfts- oder Versicherungsbedingungen vorgesehen. Der Gutachter entscheidet grds keine Rechtsfragen, sondern ermittelt Tatsachen (vgl *Kurth* NJW 1990, 2038); zB die Schadenshöhe bei der Sachvers (§ 64 VVG), Qualitätsabweichungen im Warenhandel, idF §§ 317 bis 319 BGB (zB Feststellung der ortsübl. Miete). Zur Klärung der Rechtsfrage bedarf es noch des Prozesses vor dem ordentl. Gericht. Hier unterliegt das Schiedsgutachten im Rahmen von § 319 BGB, § 64 VVG der Nachprüfung durch das Gericht, während der Schiedsspruch eines SchiedsG grds nicht nachprüfbar ist.

## Abschnitt 1.
## Allgemeine Vorschriften

### § 1025 ZPO Anwendungsbereich

**(1) Die Vorschriften dieses Buches sind anzuwenden, wenn der Ort des schiedsrichterlichen Verfahrens im Sinne des § 1043 Abs. 1 in Deutschland liegt.**

**(2) Die Bestimmungen der §§ 1032, 1033 und 1050 sind auch dann anzuwenden, wenn der Ort des schiedsrichterlichen Verfahrens im Ausland liegt oder noch nicht bestimmt ist.**

**(3) Solange der Ort des schiedsrichterlichen Verfahrens noch nicht bestimmt ist, sind die deutschen Gerichte für die Ausübung der in den §§ 1034, 1035, 1037 und 1038 bezeichneten gerichtlichen Aufgaben zuständig, wenn der Beklagte oder der Kläger seinen Sitz oder seinen gewöhnlichen Aufenthalt in Deutschland hat.**

**(4) Für die Anerkennung und Vollstreckung ausländischer Schiedssprüche gelten die §§ 1061 bis 1065.**

§ 1025 II geändert durch G v. 22.06.1998 (BGBl 1998, 1474).

1 **1. Absatz 1. Anwendungsbereich:** §§ 1025 ff sind auf alle Schiedsverfahren anzuwenden, wenn sich der Sitz des SchiedsG in Deutschland befindet (vgl § 1043 I), nicht nur auf handelsrechtl. usw. Die Anwendung der Verfahrensbestimmungen der §§ 1025 ff ist für

hiesige Verfahren zwingend; das Schiedsverfahrensrecht eines anderen Staates kann nicht vereinbart werden. Dagegen ist nicht verboten, dass in ausl Schiedsverfahren deutsches Verfahrensrecht vereinbart wird.

**2. Absatz 2. Ausländische Schiedsverfahren.** In einigen Fällen sind hierfür die deutschen Gerichte zuständig: § 1032 (Abweisung der Klage zum staatl. Gericht als unzulässig); § 1033 (AnO einstweiliger Maßnahmen durch das staatl. Gericht); § 1050 (gerichtl. Unterstützung bei einer Beweisaufnahme und sonstigen Handlungen). 2

**3. Absatz 3. Ausnahmen von Absatz 1.** Steht bei Konstituierung des SchiedsG der Ort des SchiedsG noch nicht fest, können die genannten staatl. Unterstützungshandlungen von deutschen Gerichten (OLG, § 1062 III) auch dann gewährt werden, wenn entweder der Bekl oder der Kl seinen Wohnsitz, Geschäftssitz oder gewöhnl. Aufenthalt in Deutschland hat. §§ 1034 II, 1035 IV: Schiedsrichterbestellung; § 1037 III: Schiedsrichterablehnung; § 1038: Beendigung des Amts eines Schiedsrichters. 3

**4. Absatz 4. Ausländische Schiedssprüche.** Anerkennung und Vollstreckung nach §§ 1061 bis 1065; völkerrechtl. Verträge sind vorrangig. Inl Schiedssprüche: § 1060. 4

## § 1026 ZPO Umfang gerichtlicher Tätigkeit

**Ein Gericht darf in den in den §§ 1025 bis 1061 geregelten Angelegenheiten nur tätig werden, soweit dieses Buch es vorsieht.**

Mit *Gericht* meinen §§ 1025 bis 1066 immer das *staatl.* Gericht. Das SchiedsG wird immer so genannt. Staatl. Gerichte dürfen während und im Anschluss an ein Schiedsverfahren nur tätig werden, soweit §§ 1025 ff, insb § 1062, dies vorsehen. 1

## § 1027 ZPO Verlust des Rügerechts

**[1]Ist einer Bestimmung dieses Buches, von der die Parteien abweichen können, oder einem vereinbarten Erfordernis des schiedsrichterlichen Verfahrens nicht entsprochen worden, so kann eine Partei, die den Mangel nicht unverzüglich oder innerhalb einer dafür vorgesehenen Frist rügt, diesen später nicht mehr geltend machen. [2]Dies gilt nicht, wenn der Partei der Mangel nicht bekannt war.**

**1. Präklusion von Verfahrensrügen.** Das RügeR kann nicht verlorengehen: **(1)** wenn eine zwingende gesetzl. Vorschrift dieses Buches (= §§ 1025 bis 1066) verletzt wurde; oder: **(2)** wenn der belasteten Partei oder ihrem Anwalt der Verfahrensverstoß nicht bekannt war; „bekannt sein musste" genügt nicht, wie aus dem Vergleich mit § 295 I folgt (im Gesetzentwurf stand noch „bekannt sein musste", BT-Drucks 13/5274 S. 32, was aber nicht Gesetz wurde), eine entspr Würdigung des Verhandlungsablaufs wird dadurch nicht ausgeschlossen. **(3)** Sonderfall § 1040 II 1 (Unzuständigkeit). 1

**2. Das Rügerecht geht verloren: (1)** wenn die Verfahrensvorschrift, die verletzt wurde, verzichtbar ist; oder wenn es sich um ein vereinbartes Erfordernis des schiedsrichterl. Verfahrens handelt; zB Verstöße gegen Einlassungs- oder Ladungsfrist; mangelhafte Zustellung der Schiedsklage; fehlende Unterschrift des Kl; vgl § 295 Rz 7; und **(2)** wenn dieser 2

Verstoß bekannt war (dh sowohl die Tatsache wie, dass das ein Verfahrensverstoß ist); und **(3)** der Verstoß nicht unverzügl. (Definition vgl § 121 BGB) nach Kenntniserlangung bzw innerhalb der vom SchiedsG oder in der Schiedsvereinbarung vorgesehenen Frist gerügt wurde. Auf die „nächste mdl Verh" kommt es nicht an.

3 **Folgen des Verlusts:** der Mangel kann auch im Aufhebungs- und Vollstreckbarerklärungsverfahren nicht mehr geltend gemacht werden.

4 **3. Sondervorschriften:** §§ 1031 VI; 1040 II.

## § 1028 ZPO Empfang schriftlicher Mitteilungen bei unbekanntem Aufenthalt

**(1) Ist der Aufenthalt einer Partei oder einer zur Entgegennahme berechtigten Person unbekannt, gelten, sofern die Parteien nichts anderes vereinbart haben, schriftliche Mitteilungen an dem Tag als empfangen, an dem sie bei ordnungsgemäßer Übermittlung durch Einschreiben gegen Rückschein oder auf eine andere Weise, welche den Zugang an der letztbekannten Postanschrift oder Niederlassung oder dem letztbekannten gewöhnlichen Aufenthalt des Adressaten belegt, dort hätten empfangen werden können.**

**(2) Absatz 1 ist auf Mitteilungen in gerichtlichen Verfahren nicht anzuwenden.**

1 **1. Absatz Zugang von Schriftstücken.** Parteien sind der Schiedskl und der Schiedsbekl. Die zur Entgegennahme berechtigte Person sind zB Bev der Parteien, wie RA. Ist der Aufenthalt (nicht: Wohnsitz, Geschäftssitz) der Partei bekannt, gilt § 1028 nicht; sondern: Mitteilungen gelten als empfangen, wenn sie in den Machtbereich des Empfängers gekommen sind (vgl § 130 BGB). Ist er unbekannt, ist § 1028 anzuwenden. *Unbekannt* ist objektiv zu verstehen (vgl § 185), sodass allgemein unbekannt: wenn dem Absender keine Informationen vorliegen und er sie durch zumutbare Ermittlungen nicht erlangen kann. Vgl Rspr zu § 185. Das SchiedsG hat nicht die Pflicht, den Aufenthalt zu ermitteln (OLG Dresden SchiedsVZ 2006, 166).

2 **Folgen:**

**(1)** wenn die Parteien (zB in der Schiedsvereinbarung) darüber etwas vereinbart haben, gilt diese Regelung. **(2)** Anderenfalls: Möglichkeiten: wenn der Absender die Mitteilung per Einschreiben mit Rückschein aufgab, der Tag, an dem der Brief dem Empfänger zugegangen wäre, dh zurückging; bei sonstigem Brief mit Zugangsbeleg (zB durch Gerichtsvollzieher, Boten) der hypothetische Zugangstag an der letzten Postanschrift oder Niederlassung oder Aufenthaltsort. Der tatsächl. Zugang an diesen *Orten* gilt also als Zugangstag der Mitteilung an die *Person*.

Die Vorschrift hat zB Bedeutung für den Lauf von Fristen. Fristberechnung nach §§ 187 ff BGB.

3 **2. Absatz 2.** Auf **Mitteilungen der staatlichen Gerichte** ist § 1028 I nicht anzuwenden. Hier gilt zB § 167.

# Abschnitt 2. Schiedsvereinbarungen

## § 1029 ZPO Begriffsbestimmung

**(1) Schiedsvereinbarung ist eine Vereinbarung der Parteien, alle oder einzelne Streitigkeiten, die zwischen ihnen in Bezug auf ein bestimmtes Rechtsverhältnis vertraglicher oder nichtvertraglicher Art entstanden sind oder künftig entstehen, der Entscheidung durch ein Schiedsgericht zu unterwerfen.**

**(2) Eine Schiedsvereinbarung kann in Form einer selbständigen Vereinbarung (Schiedsabrede) oder in Form einer Klausel in einem Vertrag (Schiedsklausel) geschlossen werden.**

**1. Absatz 1.** Das neue SchiedsverfahrensR kennt den „Schiedsvertrag" nicht mehr, sondern spricht (laienhaft) von „Schiedsvereinbarung". Das ändert nichts daran, dass es sich bei der Vereinbarung um einen Vertrag handelt. Alle Varianten werden für zulässig deklariert: alle oder einzelne Streitigkeiten aus einem *bestimmten* Rechtsverh; das Rechtsverh kann vertragl. oder nichtvertragl. Art (zB deliktisch) sein; es kann sich um bereits entstandene oder erst künftig entstehende Streitigkeiten handeln. 1

**2. Absatz 2. Schiedsabrede:** selbstständige Vereinbarung, die sonst keine Abreden enthält (in dieser Form schon vor dem 01.01.1998 zulässig, § 1027 aF). 2

**Schiedsklausel:** in einem Vertrag wird ua vereinbart, dass Streitigkeiten von einem SchiedsG entschieden werden sollen. Eine solche Schiedsklausel war vor dem 01.01.1998 nur unter Vollkaufleuten zulässig (§ 1027 II aF); das gilt jetzt nicht mehr. Über Schiedsklauseln in Vereinssatzungen vgl BGH NJW 2000, 1713; über Einbeziehung in notarielle Urkunden *Tröder* MittRhNotK 2000, 379; über Wirkung gegen Rechtsnachfolger (Hauserwerber) BGH NJW 2000, 2346; gegen Insolvenzverwalter BGH DZWir 2004, 161. Mustervereinbarungen: Bundesnotarkammer DNotZ 2000, 401.

## § 1030 ZPO Schiedsfähigkeit

**(1) [1]Jeder vermögensrechtliche Anspruch kann Gegenstand einer Schiedsvereinbarung sein. [2]Eine Schiedsvereinbarung über nichtvermögensrechtliche Ansprüche hat insoweit rechtliche Wirkung, als die Parteien berechtigt sind, über den Gegenstand des Streites einen Vergleich zu schließen.**

**(2) [1]Eine Schiedsvereinbarung über Rechtsstreitigkeiten, die den Bestand eines Mietverhältnisses über Wohnraum im Inland betreffen, ist unwirksam. [2]Dies gilt nicht, soweit es sich um Wohnraum der in § 549 Abs. 2 Nr. 1 bis 3 des Bürgerlichen Gesetzbuchs bestimmten Art handelt.**

**(3) Gesetzliche Vorschriften außerhalb dieses Buches, nach denen Streitigkeiten einem schiedsrichterlichen Verfahren nicht oder nur unter bestimmten Voraussetzungen unterworfen werden dürfen, bleiben unberührt.**

§ 1030 II 2 geändert durch G v. 19.06.2001 (BGBl 2001, 1149).

1 **1. Absatz 1. Schiedsfähig** sind alle vermögensrechtl. Streitigkeiten, seien sie inl oder ausl, zB über Geldzahlung, Pachtverhältnisse, Werkverträge, aber auch Fälle des § 311b BGB, § 89b HGB, §§ 50, 302 II AktG, zwischen GmbH und Gesellschafter (OLG Frankfurt BB 2004, 908), weiter alles was durch öffentl.-rechtl. Vertrag (vgl § 55 VwVfG) erledigt werden kann. Ferner sind schiedsfähig diejenigen nichtvermögensrechtl. Sachen, welche vergleichsfähig sind. Darunter fallen zB Ehrenschutzstreitigkeiten, Gegendarstellungen nach dem PresseG, Vereinsausschluss.

2 **Nicht schiedsfähig** sind nichtvermögensrechtl. Sachen, welche nicht vergleichsfähig sind wie die Ehescheidung (vgl Huber SchiedsVZ 2004, 280), Abstammung, Erbrecht als solches; Nichtigerklärung von Patenten (weil hier ein Verwaltungsakt zugrunde liegt, also eine Disposition der Betroffenen ausgeschlossen ist); Abs. 2; Abs. 3. Letztlich kommt es darauf an, ob ein Bedürfnis für ein Entscheidungsmonopol staatl. Gerichte besteht.

3 **2. Absatz 2. Wohnraummietsachen.** Insoweit ist eine Schiedsvereinbarung unzulässig und unwirksam; der Mieterschutz soll nicht ausgehöhlt werden können, andere viel schutzwürdigere Situationen dagegen lässt der Gesetzgeber schiedsfähig, was nur politisch erklärbar ist. **Zulässig** sind dagegen Schiedsvereinbarungen über ausl Wohnraum, über Geschäftsraum, Pacht, über inl Wohnraum soweit andere Streitpunkte als der Bestand des Rechts betroffen sind, wie zB Schadensersatz wegen Nichterfüllung, Mieterhöhung. Auch Schiedsgutachten über angemessene Miete etc kommen in Betracht (vgl BGH NJW 1975, 1556).

4 **3. Absatz 3. Weitere Einschränkungen.** Schiedsrichterl. Tätigkeit wird zB eingeschränkt in § 1822 Nr. 12 BGB, § 28 BörsenG; §§ 101 bis 110 ArbGG.

## § 1031 ZPO Form der Schiedsvereinbarung

**(1) Die Schiedsvereinbarung muss entweder in einem von den Parteien unterzeichneten Dokument oder in zwischen ihnen gewechselten Schreiben, Fernkopien, Telegrammen oder anderen Formen der Nachrichtenübermittlung, die einen Nachweis der Vereinbarung sicherstellen, enthalten sein.**

**(2) Die Form des Absatzes 1 gilt auch dann als erfüllt, wenn die Schiedsvereinbarung in einem von der einen Partei der anderen Partei oder von einem Dritten beiden Parteien übermittelten Dokument enthalten ist und der Inhalt des Dokuments im Falle eines nicht rechtzeitig erfolgten Widerspruchs nach der Verkehrssitte als Vertragsinhalt angesehen wird.**

**(3) Nimmt ein den Formerfordernissen des Absatzes 1 oder 2 entsprechender Vertrag auf ein Dokument Bezug, das eine Schiedsklausel enthält, so begründet dies eine Schiedsvereinbarung, wenn die Bezugnahme dergestalt ist, dass sie diese Klausel zu einem Bestandteil des Vertrages macht.**

**(4) Eine Schiedsvereinbarung wird auch durch die Begebung eines Konnossements begründet, in dem ausdrücklich auf die in einem Chartervertrag enthaltene Schiedsklausel Bezug genommen wird.**

**(5) [1]Schiedsvereinbarungen, an denen ein Verbraucher beteiligt ist, müssen in einer von den Parteien eigenhändig unterzeichneten Urkunde enthalten sein. [2]Die schriftli-**

**che Form nach Satz 1 kann durch die elektronische Form nach § 126a des Bürgerlichen Gesetzbuchs ersetzt werden. [3]Andere Vereinbarungen als solche, die sich auf das schiedsrichterliche Verfahren beziehen, darf die Urkunde oder das elektronische Dokument nicht enthalten; dies gilt nicht bei notarieller Beurkundung.**

**(6) Der Mangel der Form wird durch die Einlassung auf die schiedsgerichtliche Verhandlung zur Hauptsache geheilt.**

§ 1031 geändert durch G v. 22.03.2005 (BGBl 2005, 837).

**1. Absatz 1.** Die Schiedsvereinbarung muss eine bestimmte **Form** aufweisen, sonst ist sie ungültig. Mdl Vereinbarungen sind unwirksam. Nur eine Vereinbarung, die als Vertrag zu bewerten ist *und* schriftl. dokumentiert ist, ist ausreichend. Nicht verboten ist, dass das Schriftstück weitere Vereinbarungen enthält, vgl § 1029 II (wichtige Ausnahme Abs. 5); es kann also genügen, dass in einem umfangreichen Vertrag irgendwo versteckt eine Schiedsklausel enthalten ist. Alt: **(1)** Schriftstück, das von beiden Parteien handschriftl. unterzeichnet ist (bzw jedenfalls das für den Gegner bestimmte Exemplar, OLG Köln NJOZ 2002, 2479); Datum und Ort sind nicht erforderl. **(2)** Gewechselte Briefe (BayObLG NJW-RR 2003, 719), Faxe; den neuen Formen der Kommunikationstechnik soll hier Rechnung getragen werden. Auch hier müssen die korrespondierenden Schriftstücke (beim Fax die Fax-Vorlage) Unterschriften aufweisen. Telegramme dürften daher nur genügen, wenn ebenfalls etwas handschriftl. Unterzeichnetes existiert; tel Aufgabe von Telegrammen ist mE ungenügend, ebenso E-Mail. 1

**2. Absatz 2.** Schweigen auf ein **kaufmännisches Bestätigungsschreiben** (vgl § 362 HGB) kann genügen. Im privaten Verkehr besteht keine Verpflichtung, auf Briefe etc zu antworten, sodass hier auf diese Weise keine Schiedsvereinbarungen zustandekommen können. Werklohnrechnungen fallen grds nicht unter § 1031 II (BGH NJW 2005, 3499). Beachte Abs. 5. 2

**3. Absatz 3.** Wenn in Verträgen zB auf **AGB** Bezug genommen wird und diese AGB eine Schiedsklausel enthalten, kann eine Schiedsvereinbarung entstehen. Voraussetzung ist ua, dass das AGB-Recht beachtet ist, zB die Schiedsklausel nicht §§ 305, 305a BGB verletzt. Da Abs. 3 auch auf Abs. 2 verweist, ist also denkbar, dass eine Partei tel eine Bestellung aufgibt und die andere mit einem Schreiben bestätigt, das auf AGB verweist, die eine Schiedsklausel enthalten, wodurch eine Schiedsvereinbarung zustandekommt. Beachte Abs. 5. 3

**4. Absatz 4.** Der Chartervertrag ist im **Seerecht** der Vertrag zwischen dem Verfrachter und dem Befrachter; er enthält meist eine Schiedsklausel. Das Konnossement ist eine wertpapierartige Empfangsbescheinigung. Vgl § 557 HGB. 4

**5. Absatz 5. Verbraucherschutz.** Abs. 5 enthält eine Schutzvorschrift für sog Verbraucher: das sind natürl. Personen, deren Geschäft privatbezogen ist (vgl § 13 BGB); also nicht JuP; nicht Personen, die für *ihr* Gewerbe kaufen, handeln usw; nicht „Existenzgründer“ (BGH NJW 2005, 1273; OLG Düsseldorf NJW 2004, 3192); nicht unselbstständig Berufstätige. Kauft ein Arzt einen Computer für seine Praxisabrechnung ist er kein Verbraucher; kauft er ihn zum Spielen, ist er idR Verbraucher. Wenn zumindest eine Partei des der Schiedsvereinbarung zugrunde liegenden Geschäfts ein *Verbraucher* ist, kann die 5

Schiedsvereinbarung nicht in einer der Formen des Abs.1 bis Abs.4 zustandekommen, sondern muss **(1)** schriftl. sein (§126 BGB; §126a BGB; BGH NJW 1994, 2300) und **(2)** von beiden Parteien eigenhändig unterschrieben sein. Verweisung auf AGB usw genügt also nicht. Gleichzeitige Unterschrift ist nicht Voraussetzung. Vertretung ist mE ausgeschlossen. **(3)** Die Urkunde darf *nur* die Schiedsvereinbarung enthalten, sonst keine Vereinbarung. Erforderl. sind zumindest textl. Absonderung und ges Unterschriften (vgl BGHZ 38, 155), nicht zwingend ein bes Blatt; neben Verfahrensregelungen darf die bes Urkunde auch Angaben über den Schiedsrichtervertrag, die Zusammensetzung des SchiedsG uä enthalten. Auf Seiten des Verwenders muss kein bes Bedürfnis für ein Schiedsgericht bestehen (BGH NJW 2005, 1125). Ausnahme: **notarielle Beurkundung** (nicht genügend: notarielle Beglaubigung), weil hier Beratung durch den Notar (§17 I BeurkG) vermutet wird. Vgl *Tröder* MittRhNotK 2000, 379. Sind die drei Kriterien nicht erfüllt, ist der Schiedsvertrag nichtig (§125 BGB). Die Form des §1031 V muss nicht gewahrt werden für Schiedsgutachtenabreden (BGH NJW 1975, 1556); bei Absatz 1 bis 4; bei §1048.

6 **6. Absatz 6. Heilung des Formmangels.** Einlassung ist sachl. Stellungnahme (schriftl. genügt, BGH NJW 1967, 2059) zur Hauptsache. Heilung kann idR nur insoweit stattfinden, als die Streitigkeit durch einen Sachantrag ihre nähere Bestimmung erfahren hat (BGH LM Nr. 5); Heilungsbewusstsein ist entbehrl. (BGH NJW 1967, 2057). **Heilung anderer Unwirksamkeitsgründe** (zB Streit fällt nicht unter die Schiedsabrede) ist insofern mögl., als in der rügelosen Einlassung auf die Schiedsklage bei Vorliegen eines rechtsgeschäftl. Erklärungsbewusstseins ein Erstabschluss des Schiedsvertrags gesehen werden kann (BGH NJW 1984, 1355).

## § 1032 ZPO Schiedsvereinbarung und Klage vor Gericht

**(1) Wird vor einem Gericht Klage in einer Angelegenheit erhoben, die Gegenstand einer Schiedsvereinbarung ist, so hat das Gericht die Klage als unzulässig abzuweisen, sofern der Beklagte dies vor Beginn der mündlichen Verhandlung zur Hauptsache rügt, es sei denn, das Gericht stellt fest, dass die Schiedsvereinbarung nichtig, unwirksam oder undurchführbar ist.**

**(2) Bei Gericht kann bis zur Bildung des Schiedsgerichts Antrag auf Feststellung der Zulässigkeit oder Unzulässigkeit eines schiedsrichterlichen Verfahrens gestellt werden.**

**(3) Ist ein Verfahren im Sinne des Absatzes 1 oder 2 anhängig, kann ein schiedsrichterliches Verfahren gleichwohl eingeleitet oder fortgesetzt werden und ein Schiedsspruch ergehen.**

1 **1. Absatz 1. Vorrang des staatlichen Gerichts.** **(1)** Erhebt der Bekl die Einrede, **(2)** rechtzeitig (Zeitpunkt: bis zum Beginn der mdl Verh zur Hauptsache, dh idR mit dem Stellen des sachl. gemeinten Klageabweisungsantrags, vgl § 39; bei Versäumung Entschuldigung nach 296 III; Abweichung von § 282 III; die Einrede muss nicht innerhalb der Klageerwiderungsfrist erhoben werden, BGH NJW 2001, 2176), **(3)** ist ferner die Erhebung nicht arglistig (BGH NJW 1988, 1215; Arglist zB, wenn Schiedsverfahren nicht durchgeführt werden kann, weil Bekl den Schiedsrichter nicht zahlt, BGH NJW 1999, 647)

und **(4)** unterliegt der Rechtsstreit einer wirksamen Schiedsabrede, wird die Klage vom staatl. Gericht durch EndU als unzulässig abgewiesen (BGH NJW 1999, 647). Eine Verweisung an ein SchiedsG (entspr §281) ist nicht mögl.; auch eine Aussetzung des Verfahrens wegen des Schiedsverfahrens entfällt. „Das Gericht stellt fest" heißt: wenn das Gericht die Vereinbarung für nichtig (zB wegen Formmangel; §138 BGB; §123 BGB), unwirksam oder undurchführbar hält (zB weil der mittellose Kl die Geb des SchiedsG nicht zahlen kann; eine Kündigung des Schiedsvertrags ist nicht notw, BGH NJW 2000, 3720; dazu *Kremer/Weimann* MDR 2004, 181), dann entscheidet das staatl. Gericht und stellt ledigl. in den Gründen als Vorfrage fest, dass die Einrede nicht entgegen steht. Die Parteien können keine Kompetenz-Kompetenz des SchiedsG begründen mit der Folge, dass die Zust-Beurteilung des SchiedsG die staatl. Gerichte bindet (BGH NJW 2005, 1125).

Die Einrede greift auch gegenüber einer § 767-Klage durch, wenn die mit ihr geltend gemachte Einwendung der Schiedsabrede unterliegt (BGH NJW 1987, 651). Kein Durchgriff der Einrede gegenüber einem Antrag auf Arrest, eVfg, selbstständige Beweissicherung, vgl § 1033.

**2. Absatz 2. Zuständigkeitserklärung durch das staatliche Gericht.***Bis zur Bildung des SchiedsG* kann zB der Schiedsverfahrensbekl vor dem staatl. Gericht (OLG; §1062) die Feststellung (§256) beantragen (kein Klageverfahren, BT-Drucks. 13/5276 S.38), dass das Schiedsgerichtsverfahren unzulässig ist (zB weil der Schiedsvertrag unwirksam oder angefochten ist oder den Streit nicht betrifft); negative Feststellung. *Später* kann der SchiedsBekl Unzuständigkeit nur noch nach §1040 II einwenden. Der Kl kann eine positive Feststellung der Zust des SchiedsG beantragen. IÜ können bestimmte Mängel im Aufhebungsverfahren (§1059) geltend gemacht werden bzw im Vollstreckbarerklärungsverfahren. Sind bestimmte Streitigkeiten einer Schiedsvereinbarung unterstellt, schließt dies grds auch den **Urkundenprozess** vor dem staatl. Gericht aus (BGH NJW 2006, 779). 2

**3. Absatz 3. Parallelverfahren.** Auch wenn ein Verfahren vor dem staatl. Gericht schon läuft, kann ein Schiedsverfahren eingeleitet, fortgesetzt und beendet werden. Zweckmäßig allerdings ist, wenn das SchiedsG sein Verfahren aussetzt. Einreden vgl § 1040 II. Eine Klage vor dem staatl. Gericht dagegen ist abzuweisen, wenn die Schiedseinrede erhoben wird (Abs. 1). 3

## § 1033 ZPO Schiedsvereinbarung und einstweilige gerichtliche Maßnahmen

**Eine Schiedsvereinbarung schließt nicht aus, dass ein Gericht vor oder nach Beginn des schiedsrichterlichen Verfahrens auf Antrag einer Partei eine vorläufige oder sichernde Maßnahme in Bezug auf den Streitgegenstand des schiedsrichterlichen Verfahrens anordnet.**

Auch wenn einem Hauptsacheverfahren vor dem staatl. Gericht die Schiedseinrede entgegenstehen würde, kann jede Partei vor dem staatl. Gericht einstweiligen Rechtsschutz begehren (zB eVfg, Arrest; OLG München NJW-RR 2001, 711; Beweissicherung nach § 485 ff; OLG Koblenz MDR 1999, 502); das Gericht muss dem entsprechen, wenn die gesetzl. Voraussetzungen vorliegen. Zum Urkundenprozess vgl § 1032 Rz 2. Aber auch vor dem SchiedsG *kann* eine solche Maßnahme beantragt und erlassen werden (§ 1041). 1

# Abschnitt 3.
# Bildung des Schiedsgerichts

## § 1034 ZPO Zusammensetzung des Schiedsgerichts

**(1) [1]Die Parteien können die Anzahl der Schiedsrichter vereinbaren. [2]Fehlt eine solche Vereinbarung, so ist die Zahl der Schiedsrichter drei.**

**(2) [1]Gibt die Schiedsvereinbarung einer Partei bei der Zusammensetzung des Schiedsgerichts ein Übergewicht, das die andere Partei benachteiligt, so kann diese Partei bei Gericht beantragen, den oder die Schiedsrichter abweichend von der erfolgten Ernennung oder der vereinbarten Ernennungsregelung zu bestellen. [2]Der Antrag ist spätestens bis zum Ablauf von zwei Wochen, nachdem der Partei die Zusammensetzung des Schiedsgerichts bekannt geworden ist, zu stellen. [3]§ 1032 Abs. 3 gilt entsprechend.**

1 **1. Absatz 1. Zahl der Schiedsrichter.** Wie wirksam vereinbart (also *ein*, zwei, drei oder mehr Schiedsrichter), hilfsweise drei.

2 **2. Absatz 2. Überlegenheitsklausel.** Sie liegt zB vor, wenn nach dem Schiedsvertrag eine Partei den *einen* Schiedsrichter bestellen darf oder zwei beim Dreierschiedsgericht. Eine solche Klausel ist nicht unwirksam, sondern gibt dem Unterlegenen die Möglichkeit, beim staatl. Gericht (OLG; § 1062) die Schiedsrichter bestellen zu lassen. Satz 2: Frist: zwei Wochen. Der Einwand des Ungleichgewichts kann im Aufhebungsverfahren (§ 1059 II Nr. 1d) nicht nachgeholt werden (OLG Frankfurt SchiedsVZ 2006, 219). Satz 3: Trotz eines entspr Antrags kann das Schiedsverfahren fortgesetzt werden.

## § 1035 ZPO Bestellung der Schiedsrichter

**(1) Die Parteien können das Verfahren zur Bestellung des Schiedsrichters oder der Schiedsrichter vereinbaren.**

**(2) Sofern die Parteien nichts anderes vereinbart haben, ist eine Partei an die durch sie erfolgte Bestellung eines Schiedsrichters gebunden, sobald die andere Partei die Mitteilung über die Bestellung empfangen hat.**

**(3) [1]Fehlt eine Vereinbarung der Parteien über die Bestellung der Schiedsrichter, wird ein Einzelschiedsrichter, wenn die Parteien sich über seine Bestellung nicht einigen können, auf Antrag einer Partei durch das Gericht bestellt. [2]In schiedsrichterlichen Verfahren mit drei Schiedsrichtern bestellt jede Partei einen Schiedsrichter; diese beiden Schiedsrichter bestellen den dritten Schiedsrichter, der als Vorsitzender des Schiedsgerichts tätig wird. [3]Hat eine Partei den Schiedsrichter nicht innerhalb eines Monats nach Empfang einer entsprechenden Aufforderung durch die andere Partei bestellt oder können sich die beiden Schiedsrichter nicht binnen eines Monats nach ihrer Bestellung über den dritten Schiedsrichter einigen, so ist der Schiedsrichter auf Antrag einer Partei durch das Gericht zu bestellen.**

**(4) Haben die Parteien ein Verfahren für die Bestellung vereinbart und handelt eine Partei nicht entsprechend diesem Verfahren oder können die Parteien oder die**

**beiden Schiedsrichter eine Einigung entsprechend diesem Verfahren nicht erzielen oder erfüllt ein Dritter eine ihm nach diesem Verfahren übertragene Aufgabe nicht, so kann jede Partei bei Gericht die Anordnung der erforderlichen Maßnahmen beantragen, sofern das vereinbarte Bestellungsverfahren zur Sicherung der Bestellung nichts anderes vorsieht.**

**(5) [1]Das Gericht hat bei der Bestellung eines Schiedsrichters alle nach der Parteivereinbarung für den Schiedsrichter vorgeschriebenen Voraussetzungen zu berücksichtigen und allen Gesichtspunkten Rechnung zu tragen, die die Bestellung eines unabhängigen und unparteiischen Schiedsrichters sicherstellen. [2]Bei der Bestellung eines Einzelschiedsrichters oder eines dritten Schiedsrichters hat das Gericht auch die Zweckmäßigkeit der Bestellung eines Schiedsrichters mit einer anderen Staatsangehörigkeit als derjenigen der Parteien in Erwägung zu ziehen.**

**1. Absatz 1.** Die Parteien können das Bestellungsverfahren und als Teil dessen auch vereinbaren, welche Staatsangehörigkeit, Geschlecht, Religionszugehörigkeit usw. die Schiedsrichter haben müssen, wenngleich das bei beiderseits deutschen Parteien wenig sinnvoll ist. 1

**2. Absatz 2.** Über Widerruf vor Zugang vgl § 130 BGB. 2

**3. Absatz 3.** Haben die Parteien nur vereinbart, dass ein Einzelschiedsrichter tätig werden soll, aber nicht wer, wird der Schiedsrichter hilfsweise vom OLG bestimmt (§ 1062). S. 2: haben die Parteien nur vereinbart, dass ein SchiedsG tätig werden soll (§ 1034 I) oder ein SchiedsG mit drei Richtern, bestellt jede Partei *einen* Schiedsrichter; an ihre Benennung ist sie gem Abs. 2 gebunden, kann dann also die Person nicht mehr auswechseln. Weigert sich die andere Partei, einen Schiedsrichter zu benennen, wird er auf Antrag vom OLG (§ 1062) bestellt (S. 3); der Bekl kann seinen Schiedsrichter auch noch nach Ablauf der Monatsfrist benennen, solange, bis der Ersatzbenennungsantrag beim OLG eingeht (BT-Drucks. 13/5274 S. 40); aA OLG München MDR 2006, 1308: mit Fristablauf gehe das Recht verloren. Diese beiden müssen dann versuchen, sich auf einen dritten Schiedsrichter (= Vors) zu einigen; gelingt das nicht, ist auf Antrag einer Partei (nicht: auf Antrag der beiden Schiedsrichter) der Vors vom OLG zu bestimmen (S. 3; § 1062). Die Bestellung durch das OLG ist unanfechtbar, § 1065 I 2. Die Parteien können anstatt der Monatsfristen längere oder kürzere Fristen vereinbaren. 3

**4.** Der Schiedsvertrag zwischen den Parteien ist zu unterscheiden vom **Schiedsrichtervertrag**. Der Schiedsrichtervertrag (zwischen den Parteien und den Schiedsrichtern) ist ein Vertrag eigener Art (BGH NJW 1986, 3077). 4

**a) Zustandekommen:** meist besteht das SchiedsG aus drei Richtern. IdR kommt zunächst durch Angebot und Annahme ein Vertrag zwischen der ernennenden Partei (Kl) und dem Schiedsrichter A zustande; mit Zugang der Ernennung an die andere Partei (Bekl) entsteht das Vertragsverhältnis zur anderen Partei; ebenso kommt der Vertrag mit dem von der anderen Partei (Bekl) benannten Schiedsrichter B zustande, sodass Vertragsverhältnisse jeweils zwischen A und beiden Parteien und zwischen B und beiden Parteien entstehen (BGH 42, 315). Ernennen dann A und B den Vorsitzenden V (Obmann), kommt ein Vertrag zwischen V und beiden Parteien zustande.

5 **b) Auswahl der Schiedsrichter.** Jede natürl. Person kann gewählt werden (vgl § 1032 III); nicht aber JuP (str). Die Partei oder das Mitglied des Vertretungsorgans einer Partei (zB ein Mitglied des Vereinsvorstandes, wenn ein Verein beklagt ist) kann nicht Schiedsrichter sein; dies wäre ein absoluter Aufhebungsgrund nach § 1059 II Nr. 1d (BGH NJW 1976, 109 zu § 1041 aF). Eine Erlaubnis nach dem RBerG ist nicht erforderl. Berufsrichter brauchen eine Genehmigung, § 40 DRiG. Ablehnung: § 1032.

6 **c) Vergütung.** Zweckmäßig ist, dass der Schiedsrichter vor Übernahme des Amtes die Höhe der Vergütung und den Aufwendungsersatz (zB Reisekosten, Porto, Schreibkraft, Miete des Verhandlungsraums), deren Fälligkeit (vgl § 614 BGB) und den Vorschuss (dazu BGH NJW 1985, 1904) vereinbart. Denkbar ist Vergütung nach Zeitaufwand (vgl § 9 JVEG); oder nach Prozenten des StrW (zB 5% bis 50 000 Euro, darüber 3%); oder nach Tabellen, zB der IHK; häufiger ist, dass der Vorsitzende 130% oder 150%, die beisitzenden Schiedsrichter, 100% oder 130% der Geb eines Anwalts (§ 36 RVG; 3100 ff RVG-VV) aus dem jeweiligen StrW (+ MwSt. + Aufwendungen) vereinbaren, gleichgültig, ob Beweis erhoben wird oder das Verfahren mit Vergleich endet oder nicht. Der StrW sollte ebenfalls vereinbart werden; das SchiedsG kann ihn jedenfalls selbst nicht endgültig festsetzen (BGH JZ 1977, 185). Wird nicht bezahlt, müssen die Schiedsrichter gegen die Parteien (als Gesamtschuldner) vor dem ordentl. Gericht auf die übl. Vergütung klagen. Zur Vergütung vgl. *Schwytz* BB 1974, 673; *Breetzke* NJW 1968, 1113.

7 **d) Vorschuss.** Die Schiedsrichter haben Anspruch darauf (gegen die Parteien als Gesamtschuldner, § 427 BGB) in voraussichtl. Höhe des vollen Betrages. Selbst dürfen sie den Vorschuss nicht einklagen noch ihn sich selbst durch Schiedsspruch zubilligen (BGH NJW 1985. 1903); sie können aber bis zur Zahlung ihre Leistung zurückbehalten; die zahlungswillige Partei kann dann vor dem staatl. Gericht die andere auf den Vorschussanteil verklagen (BGH NJW 1985, 1903).

8 **e) Kündigung.** Beide Parteien können jederzeit gemeinsam kündigen, Kündigung durch nur *eine* Partei ist unbeachtl. Der Schiedsrichter kann wegen seiner Verfahrensförderungspflicht nur aus wichtigem Grund kündigen, zB wenn der Vorschuss nicht bezahlt wird.

8a **f) Haftung des Schiedsrichters.** Sie richtet sich nach Vertrags- und Deliktsrecht des BGB. § 839 II BGB gilt als stillschweigend vereinbart (BGH 42, 313), Haftungsausschluss sollte aber ausdrückl. vereinbart werden.

9 **5. Absatz 4.** Wenn das vereinbarte Bestellungsverfahren nicht reibungslos abläuft, bestimmt das OLG (§ 1062) die Maßnahmen, bestellt zB den Schiedsrichter (BayObLGZ 2000, 187); Voraussetzung ist, dass der Schiedsvertrag nicht offensichtl. unwirksam ist (BayObLG MDR 2001, 780).

10 **6. Absatz 5.** Das OLG hat die Vereinbarungen der Parteien zu beachten (wenn zB vereinbart wurde, dass der Schiedsrichter Volljurist sein muss, kann es keinen Maurer bestellen). Außerdem muss auf Unabhängigkeit und Unparteilichkeit geachtet werden; weiter ist zu überlegen, ob es gut ist, wenn die Schiedsrichter dieselbe Staatsangehörigkeit wie nur eine Partei haben oder besser, wenn sie eine andere haben.

## § 1036 ZPO Ablehnung eines Schiedsrichters

**(1) [1]Eine Person, der ein Schiedsrichteramt angetragen wird, hat alle Umstände offen zu legen, die Zweifel an ihrer Unparteilichkeit oder Unabhängigkeit wecken können. [2]Ein Schiedsrichter ist auch nach seiner Bestellung bis zum Ende des schiedsrichterlichen Verfahrens verpflichtet, solche Umstände den Parteien unverzüglich offen zu legen, wenn er sie ihnen nicht schon vorher mitgeteilt hat.**

**(2) [1]Ein Schiedsrichter kann nur abgelehnt werden, wenn Umstände vorliegen, die berechtigte Zweifel an seiner Unparteilichkeit oder Unabhängigkeit aufkommen lassen, oder wenn er die zwischen den Parteien vereinbarten Voraussetzungen nicht erfüllt. [2]Eine Partei kann einen Schiedsrichter, den sie bestellt oder an dessen Bestellung sie mitgewirkt hat, nur aus Gründen ablehnen, die ihr erst nach der Bestellung bekannt geworden sind.**

**Lit:** ***Weigel*** (Befangenheit) MDR 1999, 1360.

**1. Absatz 1. Offenbarungspflicht des Schiedsrichters.** Die Angaben sind den Parteien, mE aber auch den anderen Schiedsrichtern zu machen. Eine bes Form ist nicht vorgeschrieben. Über Bef eines Schiedsrichters vgl *Weigel* MDR 1999, 1360. 1

**2. Absatz 2. Ablehnungsgründe.** Ablehnen kann jede Partei. Satz 1: **(1)** *Berechtigte* Zweifel an seiner Unparteilichkeit, Unabhängigkeit. Gemeint sind §§ 41, 42. An die von den Parteien ernannten Schiedsrichter können dabei nicht dieselben Anforderungen gestellt werden wie an die vom Staat bestellten Schiedsrichter. **(2)** Vereinbarte Voraussetzungen. Wenn zB im Schiedsvertrag vereinbart ist, dass nur Volljuristen Schiedsrichter sein können. S. 2: den selbstbestellten Schiedsrichter kann die Partei nur ablehnen, wenn sie nachträgl. Ablehnungsgründe erfährt. 2

## § 1037 ZPO Ablehnungsverfahren

**(1) Die Parteien können vorbehaltlich des Absatzes 3 ein Verfahren für die Ablehnung eines Schiedsrichters vereinbaren.**

**(2) [1]Fehlt eine solche Vereinbarung, so hat die Partei, die einen Schiedsrichter ablehnen will, innerhalb von zwei Wochen, nachdem ihr die Zusammensetzung des Schiedsgerichts oder ein Umstand im Sinne des § 1036 Abs. 2 bekannt geworden ist, dem Schiedsgericht schriftlich die Ablehnungsgründe darzulegen. [2]Tritt der abgelehnte Schiedsrichter von seinem Amt nicht zurück oder stimmt die andere Partei der Ablehnung nicht zu, so entscheidet das Schiedsgericht über die Ablehnung.**

**(3) [1]Bleibt die Ablehnung nach dem von den Parteien vereinbarten Verfahren oder nach dem in Absatz 2 vorgesehenen Verfahren erfolglos, so kann die ablehnende Partei innerhalb eines Monats, nachdem sie von der Entscheidung, mit der die Ablehnung verweigert wurde, Kenntnis erlangt hat, bei Gericht eine Entscheidung über die Ablehnung beantragen; die Parteien können eine andere Frist vereinbaren. [2]Während ein solcher Antrag anhängig ist, kann das Schiedsgericht einschließlich des**

**abgelehnten Schiedsrichters das schiedsrichterliche Verfahren fortsetzen und einen Schiedsspruch erlassen.**

Lit: *Kröll* ZZP 116, 195.

1 **1. Absatz 1.** Die Parteien können zB bestimmte Fristen vereinbaren oder, dass ein Dritter die Entscheidung über den Ablehnungsantrag trifft.

2 **2. Absatz 2. Satz 1:** Die Partei, die einen Schiedsrichter ablehnen will, hat Antrag und Gründe dem SchiedsG schriftl. (bzw mit Fax) innerhalb von zwei Wochen ab Kenntniserlangung (OLG Frankfurt SchiedsVZ 2006, 329) mitzuteilen. S. 2: drei Möglichkeiten: **(1)** der abgelehnte Schiedsrichter tritt selbst zurück; dann endet sein Amt (§ 1038 I). **(2)** Die andere Partei stimmt der Ablehnung zu; dann ist der Schiedsrichter abgelöst (§ 1038 I). **(3)** Anderenfalls entscheidet das SchiedsG. Der abgelehnte Richter wirkt dabei nicht mit (vgl BayObLG NJW-RR 2000, 360; arg. e. contrario § 1037 III 2; BT-Drucks. 13/5274 S. 41). Ist ein Einzelschiedsrichter abgelehnt, kann er nicht darüber entscheiden (es gilt sofort Abs. 3), aber seinen Rücktritt erklären. Zur Frage, bis wann nachträgl. bekanntgewordene Ablehnungsgründe geltend gemacht werden können vgl BGH NJW 1999, 2370. Rm vgl Abs. 3.

3 **3. Absatz 3. Satz 1:** Weist das SchiedsG die Ablehnung zurück, kann die ablehnende Partei beim staatl. Gericht (OLG; § 1062) eine Entscheidung (Beschluss) beantragen, die unanfechtbar ist (§ 1065 I 2). Abs. 3 kann durch Parteivereinbarung nur bez der Monatsfrist abgeändert werden, sonst nicht (S. 1 HS 2). **Satz 2:** Trotz eines beim OLG anhängigen Ablehnungsverfahrens kann das SchiedsG (einschließl. des abgelehnten Richters) das Schiedsverfahren fortsetzen, damit Verzögerungen vermieden werden (anders als bei § 47). Es kann (sollte aber nicht!) auch den Schiedsspruch erlassen. Wird anschließend die Ablehnung für begr erklärt, ist dem im Aufhebungs- bzw. Vollstreckbarerklärungsverfahren Rechnung zu tragen.

## § 1038 ZPO Untätigkeit oder Unmöglichkeit der Aufgabenerfüllung

**(1) [1]Ist ein Schiedsrichter rechtlich oder tatsächlich außerstande, seine Aufgaben zu erfüllen, oder kommt er aus anderen Gründen seinen Aufgaben in angemessener Frist nicht nach, so endet sein Amt, wenn er zurücktritt oder wenn die Parteien die Beendigung seines Amtes vereinbaren. [2]Tritt der Schiedsrichter von seinem Amt nicht zurück oder können sich die Parteien über dessen Beendigung nicht einigen, kann jede Partei bei Gericht eine Entscheidung über die Beendigung des Amtes beantragen.**

**(2) Tritt ein Schiedsrichter in den Fällen des Absatzes 1 oder des § 1037 Abs. 2 zurück oder stimmt eine Partei der Beendigung des Schiedsrichteramtes zu, so bedeutet dies nicht die Anerkennung der in Absatz 1 oder § 1036 Abs. 2 genannten Rücktrittsgründe.**

1 **1. Absatz 1.** Das Amt des Schiedsrichters endet zB, wenn er von sich aus (aus welchen Gründen auch immer) zurücktritt; wenn er nach einem Ablehnungsantrag zurücktritt. Ferner: wenn die Parteien die Beendigung seines Amtes vereinbaren, was jederzeit (und ohne

Grund) mögl. ist. § 1038 äußert sich nicht dazu, ob der Schiedsrichter durch einen Rücktritt den Schiedsrichtervertrag verletzt (Folge: Haftung zB für Verzögerungsschaden?) und den Honoraranspruch behält. Rechtl. Unmöglichkeit: zB Verlust der Geschäftsfähigkeit. Tatsächl. Unmöglichkeit: zB schwere längere Krankheit. Andere Untätigkeitsgründe: zB Faulheit. Tut der Schiedsrichter nichts, tritt aber nicht zurück, und können sich die Parteien auch nicht auf seine Ablösung einigen, bleibt nur, dass eine Partei beim OLG (§ 1062) die Feststellung der Beendigung seines Amts beantragt.

**2. Absatz 2** soll den Rücktritt bzw die Einigung erleichtern. Wer zurücktritt erkennt damit nicht an, befangen zu sein. 2

### § 1039 ZPO Bestellung eines Ersatzschiedsrichters

**(1) [1]Endet das Amt eines Schiedsrichters nach den §§ 1037, 1038 oder wegen seines Rücktritts vom Amt aus einem anderen Grund oder wegen der Aufhebung seines Amtes durch Vereinbarung der Parteien, so ist ein Ersatzschiedsrichter zu bestellen. [2]Die Bestellung erfolgt nach den Regeln, die auf die Bestellung des zu ersetzenden Schiedsrichters anzuwenden waren.**

**(2) Die Parteien können eine abweichende Vereinbarung treffen.**

**Absatz 1.** In allen Fällen der Beendigung des Schiedsrichteramts ist ein Ersatzschiedsrichter zu bestellen (dh das SchiedsG wird wieder auf die ursprüngl. Zahl von Schiedsrichtern aufgefüllt); der Schiedsvertrag erlischt nicht. Dabei gilt dasselbe Verfahren, das auf die Bestellung des weggefallenen Schiedsrichters anzuwenden war. **Absatz 2.** Die Parteien können sowohl S. 1 wie S. 2 anderweitig regeln. 1

## Abschnitt 4. Zuständigkeit des Schiedsgerichts

### § 1040 ZPO Befugnis des Schiedsgerichts zur Entscheidung über die eigene Zuständigkeit

**(1) [1]Das Schiedsgericht kann über die eigene Zuständigkeit und im Zusammenhang hiermit über das Bestehen oder die Gültigkeit der Schiedsvereinbarung entscheiden. [2]Hierbei ist eine Schiedsklausel als eine von den übrigen Vertragsbestimmungen unabhängige Vereinbarung zu behandeln.**

**(2) [1]Die Rüge der Unzuständigkeit des Schiedsgerichts ist spätestens mit der Klagebeantwortung vorzubringen. [2]Von der Erhebung einer solchen Rüge ist eine Partei nicht dadurch ausgeschlossen, dass sie einen Schiedsrichter bestellt oder an der Bestellung eines Schiedsrichters mitgewirkt hat. [3]Die Rüge, das Schiedsgericht überschreite seine Befugnisse, ist zu erheben, sobald die Angelegenheit, von der dies behauptet wird, im schiedsrichterlichen Verfahren zur Erörterung kommt. [4]Das Schiedsgericht kann in beiden Fällen eine spätere Rüge zulassen, wenn die Partei die Verspätung genügend entschuldigt.**

**(3) [1]Hält das Schiedsgericht sich für zuständig, so entscheidet es über eine Rüge nach Absatz 2 in der Regel durch Zwischenentscheid. [2]In diesem Fall kann jede Partei innerhalb eines Monats nach schriftlicher Mitteilung des Entscheids eine gerichtliche Entscheidung beantragen. [3]Während ein solcher Antrag anhängig ist, kann das Schiedsgericht das schiedsrichterliche Verfahren fortsetzen und einen Schiedsspruch erlassen.**

1 **1. Absatz 1. Satz 1:** Das SchiedsG kann selbst darüber entscheiden, ob die Schiedsklausel gültig ist (vgl § 1059 II Nr. 1a) und ob der Streit unter die Schiedsvereinbarung fällt (vgl § 1059 II Nr. 2a). Die Parteien können nicht wirksam vereinbaren, dass die Zust-Beurteilung des SchiedsG die staatl. Gerichte bindet (BGH NJW 2005, 1125). **Satz 2:** Aus der Unwirksamkeit des Hauptvertrages folgt also noch nicht ohne Weiteres die Unwirksamkeit der Schiedsklausel; ist die Schiedsklausel wirksam, kann deshalb das SchiedsG noch über Rückabwicklungsansprüche entscheiden.

2 **2. Absatz 2. Rügen des Beklagten. Satz 1:** Rüge der Unzuständigkeit, wird sie nicht spätestens in der Klageerwiderung vorgebracht (oder mit Entschuldigung später, S. 4) ist sie verbraucht. Sie kann dann weder im weiteren schiedsgerichtl. Verfahren (unstr) noch im Aufhebungs- oder Vollstreckbarerklärungsverfahren **(hM)** geltend gemacht werden. **Satz 2:** die Partei kann einen Schiedsrichter bestellen und trotzdem später die Unzuständigkeit des SchiedsG rügen. **Satz 3: Kompetenzüberschreitung.** Die Rüge, das SchiedsG werde tätig, obwohl der Streit oder Streitteil nicht unter die Schiedsvereinbarung fällt (vgl § 1059 II Nr. 1c), ist zu erheben, sobald dieser Streitstoff mdl oder schriftl. erörtert wird. Letztlich kann immer erzwungen werden, dass das staatl. Gericht (OLG) die Kompetenz des SchiedsG nachprüft; eine Kompetenz-Klausel iSd früheren Rspr ist nicht mögl. **Satz 4**: Genügende Entschuldigung vgl. § 296 III.

3 **3. Absatz 3. Entscheidung über Rügen. Satz 1:** Hält sich das SchiedsG für *unzuständig*, weist es die Klage durch Schiedsspruch ab (sog. Prozessschiedsspruch); anfechtbar idR nur im Aufhebungsverfahren. Hält sich das SchiedsG für *zuständig*, und sind Rügen nach Abs. 2 erhoben worden, kann das SchiedsG entweder **(1)** einfach weiterverhandeln und den Schiedsspruch erlassen (wobei die Rügen als Vorfragen in den Gründen diskutiert werden). Dann kann diese Kompetenzentscheidung im Aufhebungs- oder Vollstreckbarkeitsverfahren vom OLG überprüft werden (§ 1059 II Nr. 1a, 1c; Frist § 1059 III); bei bloßem Weiterverhandeln kein Anrufen des staatl. Gerichts (OLG München OLG-Report 2006, 767). Oder: **(2)** es kann aber auch durch „Zwischenentscheid" (eine Art ZwischenU) über seine Kompetenz entscheiden und sie bejahen. Dagegen kann jede Partei das staatl. Gericht (OLG; § 1062) anrufen **(Satz 2)**. Wird dieser OLG-Antrag versäumt, kann die Rüge im Aufhebungs- oder Vollstreckbarkeitsverfahren nicht mehr erhoben werden (BGH MDR 2003, 890). Trotz des beim OLG anhängigen Verfahrens kann das SchiedsG weiter verfahren und entscheiden **(Satz 3)**, damit taktische Verzögerungen vermieden werden können.

## § 1041 ZPO Maßnahmen des einstweiligen Rechtsschutzes

**(1) [1]Haben die Parteien nichts anderes vereinbart, so kann das Schiedsgericht auf Antrag einer Partei vorläufige oder sichernde Maßnahmen anordnen, die es in Bezug auf den Streitgegenstand für erforderlich hält. [2]Das Schiedsgericht kann von jeder Partei im Zusammenhang mit einer solchen Maßnahme angemessene Sicherheit verlangen.**

**(2) [1]Das Gericht kann auf Antrag einer Partei die Vollziehung einer Maßnahme nach Absatz 1 zulassen, sofern nicht schon eine entsprechende Maßnahme des einstweiligen Rechtsschutzes bei einem Gericht beantragt worden ist. [2]Es kann die Anordnung abweichend fassen, wenn dies zur Vollziehung der Maßnahme notwendig ist.**

**(3) Auf Antrag kann das Gericht den Beschluss nach Absatz 2 aufheben oder ändern.**

**(4) [1]Erweist sich die Anordnung einer Maßnahme nach Absatz1 als von Anfang an ungerechtfertigt, so ist die Partei, welche ihre Vollziehung erwirkt hat, verpflichtet, dem Gegner den Schaden zu ersetzen, der ihm aus der Vollziehung der Maßnahme oder dadurch entsteht, dass er Sicherheit leistet, um die Vollziehung abzuwenden. [2]Der Anspruch kann im anhängigen schiedsrichterlichen Verfahren geltend gemacht werden.**

**Lit:** ***Bandel***, Einstweiliger Rechtsschutz im Schiedsverfahren, 2000; Schroth SchiedsVZ 2003, 192.

**1. Absatz 1. Einstweiliger Rechtsschutz. Satz 1:** Die Parteien können vor dem staatl. Gericht (AG; LG, je nach StrW; OLG nur im Rm-Zug; kein Fall des § 1062) einstweiligen Rechtsschutz begehren (zB eVfg, Arrest, Beweissicherung nach § 485 ff), auch wenn einer Hauptsacheklage die Schiedsvereinbarung entgegenstehen würde, § 1033. Das Gericht muss dem entsprechen, wenn die Voraussetzungen vorliegen. Die Partei hat aber auch die Möglichkeit (keine Subsidiarität), vor dem SchiedsG solche Maßnahmen zu beantragen (was idR ausscheidet, weil das SchiedsG noch nicht gebildet ist und wegen der zusätzl. erforderl. Vollziehbarerklärung kaum Sinn hat). Ob sie nur nach Gewährung des rechtl. Gehörs (wegen § 1042 I 2) oder schon vorher ergehen können ist str; ob die Überschrift „Beschluss“ oder „vorl Schiedsspruch“ zu lauten hat, ist str. Jedenfalls gibt es gegen die Maßnahme kein Widerspruchsverfahren nach § 924 ff. **Satz 2:** Sicherheiten, zB durch Bankbürgschaften, für die drohenden Schäden. Vgl § 921. 1

**2. Absatz 2. Vollziehbarerklärung durch das OLG. Satz 1:** Das OLG (§ 1062) kann auf Antrag die Vollziehung einer solchen Sicherungsmaßnahme (Arrest usw.) des SchiedsG zulassen (dh sie durch Beschluss für vollziehbar erklären), solange und sofern nicht ein Antrag auf Arrest usw. beim staatl. Gericht (AG; LG) anhängig ist; dadurch soll verhindert werden, dass zwei staatl. Gerichte mit derselben Sache befasst sind. *Kann* heißt: das OLG hat ein Ermessen; hierbei kann das OLG die Gültigkeit der Schiedsvereinbarung nachprüfen und zB bei unverhältnismäßigen AnO die Vollziehbarerklärung ablehnen. Das OLG kann die Vollziehung auch dann anordnen, wenn dies eine Erfüllung darstellt (OLG Frankfurt NJW-RR 2001, 1078), also wie bei einer Leistungsverfügung (§ 940). **Satz 2:** Das OLG kann die Entscheidung des SchiedsG umformulieren, wenn sie zB ungenau, unbestimmt oder sonst ungeeignet zum Vollzug ist. 2

3 **3. Absatz 3. Abänderung durch OLG.** Abs. 3 entspricht § 927. Das OLG kann ferner auf Antrag seinen (nach Abs. 2 gefassten) Beschluss jederzeit aufheben oder ändern, zB wenn der Grund für die vom SchiedsG angeordnete Maßnahme ganz oder teilw entfallen ist oder veränderte Umstände eingetreten sind.

4 **4. Absatz 4. Schadensersatzpflicht.** S. 1 entspricht § 945. S. 2 entspricht § 717 II 2.

## Abschnitt 5. Durchführung des schiedsrichterlichen Verfahrens

### § 1042 ZPO Allgemeine Verfahrensregeln

**(1) [1]Die Parteien sind gleich zu behandeln. [2]Jeder Partei ist rechtliches Gehör zu gewähren.**

**(2) Rechtsanwälte dürfen als Bevollmächtigte nicht ausgeschlossen werden.**

**(3) Im Übrigen können die Parteien vorbehaltlich der zwingenden Vorschriften dieses Buches das Verfahren selbst oder durch Bezugnahme auf eine schiedsrichterliche Verfahrensordnung regeln.**

**(4) [1]Soweit eine Vereinbarung der Parteien nicht vorliegt und dieses Buch keine Regelung enthält, werden die Verfahrensregeln vom Schiedsgericht nach freiem Ermessen bestimmt. [2]Das Schiedsgericht ist berechtigt, über die Zulässigkeit einer Beweiserhebung zu entscheiden, diese durchzuführen und das Ergebnis frei zu würdigen.**

1 **1. Das Verfahren vor dem Schiedsgericht.** Die Parteien können es selbst oder durch Bezugnahme auf eine Schiedsordnung (zB einer IHK) regeln; auch in diesem Fall gelten einige zwingende Vorschriften, zB Abs. 1, 2. Haben die Parteien ein *ständiges* SchiedsG vereinbart, gelten idR dessen jeweilige Verfahrenvorschriften als vereinbart (BGH NJW-RR 1986, 1059).

2 Regeln sie nichts, gelten §§ 1025 ff. Findet sich hier keine Regelung, bestimmt das SchiedsG sein Verfahren nach freiem Ermessen (**Absatz 4 Satz 1**). Eine Anwendung der ZPO ist idR ratsam.

Sind die Schiedsrichter von den Parteien ernannt, der Vors bestimmt und haben die Schiedsrichter die Schiedsrichterverträge mit den Parteien geschlossen, halten die drei Richter üblicherweise eine erste interne Sitzung ab (sog *konstituierende Sitzung*). Hier werden technische Fragen wie Verhandlungsraum und -zeit, Übertragung der Verfahrensleistung auf den Vors, Beiziehung einer Schreibkraft, StrW, Vorschuss geklärt.

3 Die Schiedsklage (§ 1046) sollte etwa § 253 entsprechen; sie wird beim Vors des SchiedsG eingereicht, der sie dem Bekl zuleitet (ohne förml. Zustellung) unter Fristsetzung für die Klageerwiderung. Anwaltszwang besteht nicht. Inl und ausl RA können auftreten und dürfen als Bev nicht ausgeschlossen werden (**Absatz 2**); eine andere Vereinbarung wäre nichtig.

4 Die mdl Verh ist nichtöffentl. Ein Protokoll ist zweckmäßig. Das SchiedsG sollte sich zunächst die Wirksamkeit des Schiedsvertrags, seine Zust und seine richtige Zusammensetzung in der Form des § 1031 von den Parteien bestätigen lassen. Die Parteien sind

gleich zu behandeln (**Absatz 1 Satz 1**), zu hören (**Absatz 1 Satz 2**). Verletzung dieser beiden Prinzipien stellt einen Aufhebungsgrund nach § 1059 II Nr. 1b, d, Nr. 2b und einen Grund für die Versagung der Anerkennung/Vollstreckung dar.

**2. Beweisaufnahme:** Die Sachverhaltsaufklärung erfolgt nicht im Wege der Amtsermittlung, letztere ist aber auch nicht verboten (vgl *Hilger* BB Beil 2000, 82); die Beweisaufnahme hängt nicht von Beweisanträgen ab und Beweismittel sind nicht nur die der ZPO, Freibeweis kann zulässig sein. Das SchiedsG kann die Zeugen und SV selbst laden oder von den Parteien mitbringen lassen. Die Vernehmung erfolgt zweckmäßig nach ZPO-Regeln. Weigert sich ein Zeuge oder SV, zu kommen: § 1050. 5

**Zeugen:** eine Zeugnispflicht besteht nicht, die Falschaussage ist als solche nicht strafbar (kein *staatl.* Gericht). Zweckmäßig gibt das SchiedsG der jeweils beweispflichtigen Partei auf, ihre Zeugen mitzubringen und mit ihnen selbst die Frage der Entschädigung zu regeln oder es wird vorher mit den Parteien und den Zeugen die Entschädigung (Anhaltspunkt: JVEG) vereinbart. Auch schriftl. Aussagen können verwertet werden. **Sachverständige:** vgl. § 1049. 6

## § 1043 ZPO Ort des schiedsrichterlichen Verfahrens

**(1) [1]Die Parteien können eine Vereinbarung über den Ort des schiedsrichterlichen Verfahrens treffen. [2]Fehlt eine solche Vereinbarung, so wird der Ort des schiedsrichterlichen Verfahrens vom Schiedsgericht bestimmt. [3]Dabei sind die Umstände des Falles einschließlich der Eignung des Ortes für die Parteien zu berücksichtigen.**

**(2) Haben die Parteien nichts anderes vereinbart, so kann das Schiedsgericht ungeachtet des Absatzes 1 an jedem ihm geeignet erscheinenden Ort zu einer mündlichen Verhandlung, zur Vernehmung von Zeugen, Sachverständigen oder der Parteien, zur Beratung zwischen seinen Mitgliedern, zur Besichtigung von Sachen oder zur Einsichtnahme in Dokumente zusammentreten.**

§ 1043 geändert durch G v. 22.03.2005 (BGBl 2005, 837).

Der Ort des schiedsrichterl. Verfahrens ist wegen der Erreichbarkeit für die Parteien, der Reisekosten, des anzuwendenden Verfahrensrechts (§ 1025 I), der Qualifikation als inl oder ausl Schiedsspruch (§§ 1059, 1061; OLG Düsseldorf MittdtPatA 2004, 464) und der örtl. Zust des staatl. Gerichts (§ 1062) von Bedeutung. Nach Abs. 1 wird der Ort im Zweifel vom (ganzen) SchiedsG bestimmt. Abs. 2 besagt, dass sich dieser rechtl. Ort nicht ändert, wenn das SchiedsG woanders tagt oder Beweis aufnimmt (zB Schiedsort München ändert sich nicht durch Zeugenvernehmung in Italien). 1

## § 1044 ZPO Beginn des schiedsrichterlichen Verfahrens

**[1]Haben die Parteien nichts anderes vereinbart, so beginnt das schiedsrichterliche Verfahren über eine bestimmte Streitigkeit mit dem Tag, an dem der Beklagte den Antrag, die Streitigkeit einem Schiedsgericht vorzulegen, empfangen hat. [2]Der Antrag muss die Bezeichnung der Parteien, die Angabe des Streitgegenstandes und einen Hinweis auf die Schiedsvereinbarung enthalten.**

1 Wann das Verfahren beginnt ist zB wegen der Verjährungshemmung (§ 204 I Nr. 11 BGB) wichtig. Der hierzu erforderl. *Antrag* (notw Inhalt: S. 2) ist zu unterscheiden von der nachfolgenden *Schiedsklage* (§ 1046). Der Antrag muss die Tatsachen, auf die sich der Anspruch stützt, noch nicht enthalten. *Empfangen* heißt: zugegangen (§ 130 BGB).

## § 1045 ZPO Verfahrenssprache

**(1) [1]Die Parteien können die Sprache oder die Sprachen, die im schiedsrichterlichen Verfahren zu verwenden sind, vereinbaren. [2]Fehlt eine solche Vereinbarung, so bestimmt hierüber das Schiedsgericht. [3]Die Vereinbarung der Parteien oder die Bestimmung des Schiedsgerichts ist, sofern darin nichts anderes vorgesehen wird, für schriftliche Erklärungen einer Partei, mündliche Verhandlungen, Schiedssprüche, sonstige Entscheidungen und andere Mitteilungen des Schiedsgerichts maßgebend.**

**(2) Das Schiedsgericht kann anordnen, dass schriftliche Beweismittel mit einer Übersetzung in die Sprache oder die Sprachen versehen sein müssen, die zwischen den Parteien vereinbart oder vom Schiedsgericht bestimmt worden sind.**

1 § 184 GVG (Gerichtssprache ist deutsch) gilt nur vor staatl. Gerichten. Kosten für nach Abs. 2 angeordnete Übersetzungen sind notw Kosten iSv § 1057 I. Sonstige Übersetzungskosten sind Parteikosten.

## § 1046 ZPO Klage und Klagebeantwortung

**(1) [1]Innerhalb der von den Parteien vereinbarten oder vom Schiedsgericht bestimmten Frist hat der Kläger seinen Anspruch und die Tatsachen, auf die sich dieser Anspruch stützt, darzulegen und der Beklagte hierzu Stellung zu nehmen. [2]Die Parteien können dabei alle ihnen erheblich erscheinenden Dokumente vorlegen oder andere Beweismittel bezeichnen, derer sie sich bedienen wollen.**

**(2) Haben die Parteien nichts anderes vereinbart, so kann jede Partei im Laufe des schiedsrichterlichen Verfahrens ihre Klage oder ihre Angriffs- und Verteidigungsmittel ändern oder ergänzen, es sei denn, das Schiedsgericht lässt dies wegen Verspätung, die nicht genügend entschuldigt wird, nicht zu.**

**(3) Die Absätze 1 und 2 gelten für die Widerklage entsprechend.**

§ 1046 geändert durch G v. 22.03.2005 (BGBl 2005, 837).

1 **1.** Die **Schiedsklage enthält:** den Kl; den Bekl; den Klageantrag; die Begründung (vgl § 253); Unterschrift. Die str Punkte müssen in der Klage nicht bes herausgestellt werden; sie ergeben sich aus dem Vergleich mit der Klageerwiderung. Antrag und Begründung bestimmen den StrG. Die Klage wird beim Vors des SchiedsG mit der erforderl. Zahl von Abschriften (je Bekl mindestens eine, bei anwaltl. Vertretung zwei; für jeden Schiedsrichter eine) und Anlagen eingereicht. Eine Kostenvorschusspflicht ist nicht bestimmt; doch sollte das SchiedsG erst tätig werden, wenn ausreichende Kosten (für Schiedsrichterhonorar usw.) vorausbezahlt sind. Der Vors leitet die Abschriften dem Bekl zu (Zustellung ist nicht notw), § 1047 III, und setzt ihm eine Frist zur Klageerwiderung. Die Zweiteilung

früher erster Termin/schriftl. Vorverfahren (§§ 275, 276) ist dem Schiedsverfahren unbekannt. Jede Partei kann Zeugen, SV, Urkunden, Augenschein, Parteivernehmung als Beweismittel anbieten. Der Bekl sollte dies in der Klageerwiderung, der Kl spätestens in der Replik tun. Der Bekl kann **aufrechnen**; ihr Gegenstand muss von der Schiedsvereinbarung umfasst oder unstr sein (Einzelheiten str, vgl *Zöller/Geimer* § 1029 Rz 73); durch rügelose Einlassung kann darauf verzichtet werden (vgl § 1031 VI).

**2. Klageänderung.** Es ist zulässig, die Schiedsklage zurückzunehmen (vgl §269), zu ändern (vgl §263), zu erweitern, selbstverständl. nur, wenn eine Kompetenz des SchiedsG zur Entscheidung besteht. Ferner können die **Angriffs- und Verteidigungsmittel** (Definition bei §296 Rz 1) ergänzt, nachgeschoben, berichtigt werden. Wird erst nach längerer Zeit ein Zeuge präsentiert usw., kann er nicht als verspätet zurückgewiesen werden, *wenn* er nicht früher benannt werden konnte (zB weil er erst jetzt bekanntwurde), weil dann eine *genügende Entschuldigung* vorliegt, vgl §296 III **(Absatz 2)**. Die rigorose Zurückweisungsregel des §296 I, II gilt nicht unmittelbar. Folgen verspäteter Beweisanträge: §1048 III. 2

3. **Widerklagen** sind zulässig (Abs. 3). Ihr Gegenstand muss von der Schiedsvereinbarung umfasst sein. 3

## § 1047 ZPO Mündliche Verhandlung und schriftliches Verfahren

**(1) [1]Vorbehaltlich einer Vereinbarung der Parteien entscheidet das Schiedsgericht, ob mündlich verhandelt werden soll oder ob das Verfahren auf der Grundlage von Dokumenten und anderen Unterlagen durchzuführen ist. [2]Haben die Parteien die mündliche Verhandlung nicht ausgeschlossen, hat das Schiedsgericht eine solche Verhandlung in einem geeigneten Abschnitt des Verfahrens durchzuführen, wenn eine Partei es beantragt.**

**(2) Die Parteien sind von jeder Verhandlung und jedem Zusammentreffen des Schiedsgerichts zu Zwecken der Beweisaufnahme rechtzeitig in Kenntnis zu setzen.**

**(3) Alle Schriftsätze, Dokumente und sonstigen Mitteilungen, die dem Schiedsgericht von einer Partei vorgelegt werden, sind der anderen Partei, Gutachten und andere schriftliche Beweismittel, auf die sich das Schiedsgericht bei seiner Entscheidung stützen kann, sind beiden Parteien zur Kenntnis zu bringen.**

§ 1047 geändert durch G v. 22.03.2005 (BGBl 2005, 837).

**1. Mündliche Verhandlung, Absatz 1.** Entgegen § 128 ist im Schiedsverfahren eine mdl Verh nicht vorgeschrieben. Nach Abs. 1 S. 2 *muss* eine mdl Verh dann durchgeführt werden, wenn dies eine Partei beantragt. Fehlt ein Antrag, ist es Ermessenssache des SchiedsG, ob und wo mdl verhandelt wird. *In einem geeigneten Abschnitt* (S. 2) soll bedeuten, dass das Schiedsverfahren zT mdl, zT schriftl. durchgeführt werden kann. 1

**2. Benachrichtigung, Absatz 2.** Die Parteien sind zur mdl Verh sowie zur Beweisaufnahme zu laden (eine bes Ladungsfrist ist nicht geregelt; ZPO-Regeln sind hier eine Richtschnur). Wenn sich die Schiedsrichter treffen, um den Fall unter sich zu erörtern, entfällt eine solche Benachrichtigung. 2

3 **3. Rechtliches Gehör, Absatz 3.** SchiedsG haben rechtl. Gehör in wesentl. gleichem Umfang wie staatl. Gerichte zu gewähren (BGH 85, 291); das Gericht muss das Vorbringen zur Kenntnis nehmen und in Erwägung ziehen (BGH NJW 1992, 2299; NJW-RR 1993, 444), die Parteien müssen Gelegenheit haben, sich zu allen tatsächl. Erwägungen des Gerichts zu äußern; an Beweisaufnahmen teilzunehmen. Das, was in den Akten des SchiedsG ist, muss vollständig auch dem Kl und dem Bekl vorliegen, bzw zugeleitet werden. Eine *Zustellung* von Schriftstücken ist nicht vorgeschrieben, formlose Zuleitung genügt.

## § 1048 ZPO Säumnis einer Partei

**(1) Versäumt es der Kläger, seine Klage nach § 1046 Abs. 1 einzureichen, so beendet das Schiedsgericht das Verfahren.**

**(2) Versäumt es der Beklagte, die Klage nach § 1046 Abs. 1 zu beantworten, so setzt das Schiedsgericht das Verfahren fort, ohne die Säumnis als solche als Zugeständnis der Behauptungen des Klägers zu behandeln.**

**(3) Versäumt es eine Partei, zu einer mündlichen Verhandlung zu erscheinen oder innerhalb einer festgelegten Frist ein Dokument zum Beweis vorzulegen, so kann das Schiedsgericht das Verfahren fortsetzen und den Schiedsspruch nach den vorliegenden Erkenntnissen erlassen.**

**(4) [1]Wird die Säumnis nach Überzeugung des Schiedsgerichts genügend entschuldigt, bleibt sie außer Betracht. [2]Im Übrigen können die Parteien über die Folgen der Säumnis etwas anderes vereinbaren.**

§ 1048 geändert durch G v. 22.03.2005 (BGBl 2005, 837).

1 **1.** Das Schiedsverfahren kennt keine notw mdl Verh, also **kein Versäumnis-Schiedsspruch** (§§ 330 ff sind nicht anwendbar). Trotz Säumnis ist daher ein mat Schiedsspruch zu erlassen. Wird die Säumnis (zB fehlende Erwiderung) genügend entschuldigt (vgl § 296 Rz 22), spielt sie überhaupt keine Rolle **(Absatz 4 Satz 1).**

Haben die Parteien in ihrer Schiedsordnung etwas anderes vereinbart, gilt dies **(Absatz 4 Satz 2).**

**2. Hilfsweise gilt:**

2 **a)** Kl reicht seine Schiedsklage *trotz Fristsetzung* nicht ein: Feststellung der Beendigung (**Absatz 1**; § 1056 II Nr. 1a).

**b)** Bekl reicht *trotz Fristsetzung* keine Klageerwiderung ein: das Verfahren wird fortgesetzt und es wird nach Lage der Akten entschieden; die Säumnis darf anders als nach § 331 I 2 zwar nicht automatisch als Zugeständnis gewertet werden (**Absatz 2a**). Allerdings bleibt idR nichts anderes übrig, als vom Vorbringen des Kl auszugehen, wenn es schlüssig und soweit mögl. urkundl. untermauert ist. Beweiserhebung über den Vortrag des Kl bleibt zulässig.

**c)** Erscheint eine Partei *trotz rechtzeitiger Ladung* nicht zu einer mdl Verh, darf kein VU ergehen; das Verfahren wird fortgesetzt und nach Aktenlage entschieden.

**d)** Legt eine Partei *trotz Fristsetzung* ein bestimmtes Beweismittel (zB einen Vertrag, Abrechnung usw.) nicht vor, wird das Verfahren fortgesetzt und nach Aktenlage entschieden.

## § 1049 ZPO Vom Schiedsgericht bestellter Sachverständiger

**(1) [1]Haben die Parteien nichts anderes vereinbart, so kann das Schiedsgericht einen oder mehrere Sachverständige zur Erstattung eines Gutachtens über bestimmte vom Schiedsgericht festzulegende Fragen bestellen. [2]Es kann ferner eine Partei auffordern, dem Sachverständigen jede sachdienliche Auskunft zu erteilen oder alle für das Verfahren erheblichen Dokumente oder Sachen zur Besichtigung vorzulegen oder zugänglich zu machen.**

**(2) [1]Haben die Parteien nichts anderes vereinbart, so hat der Sachverständige, wenn eine Partei dies beantragt oder das Schiedsgericht es für erforderlich hält, nach Erstattung seines schriftlichen oder mündlichen Gutachtens an einer mündlichen Verhandlung teilzunehmen. [2]Bei der Verhandlung können die Parteien dem Sachverständigen Fragen stellen und eigene Sachverständige zu den streitigen Fragen aussagen lassen.**

**(3) Auf den vom Schiedsgericht bestellten Sachverständigen sind die §§ 1036, 1037 Abs. 1 und 2 entsprechend anzuwenden.**

§ 1049 geändert durch G v. 22.03.2005 (BGBl 2005, 837).

1 **1.** Das SchiedsG kann mdl oder schriftl. **Sachverständigengutachten** erholen (Abs. 1), aber nicht gegen den Willen beider Parteien (Kostenvermeidung!). Das SchiedsG muss sich nicht mit Parteigutachten begnügen. Der SV ist zur Begutachtung nicht verpflichtet (hilfsweise: § 1050). Die Anwendung von §§ 402 ff ist zweckmäßig, aber nicht vorgeschrieben. Vor Auftragserteilung an den SV sollte die Vergütung vereinbart werden (das JVEG gilt nicht); es kommt ein Werkvertrag zwischen beiden Parteien (vertreten durch das SchiedsG) und dem SV zustande; eine schriftl. Fixierung der Vertragsbeziehung und Auftragserteilung erst nach Vorschusseingang ist ratsam.

2 Nach **Absatz 1 Satz 2** können die Parteien aufgefordert werden, dem SV die Anknüpfungstatsachen zur Verfügung zu stellen. Weigert sich eine Partei, wird das als Beweisvereitelung gewertet.

3 **2. Mündliche Erläuterung des Gutachtens durch den Sachverständigen, Absatz 2.** Auf Antrag einer Partei *muss* das SchiedsG den SV laden, damit ihm Fragen gestellt werden können. Zu einem solchen Termin können die Parteien selbst ausgewählte Partei-SV mitbringen und aussagen lassen (anders als nach § 402 ff!); deren Aussage hat aber nur die Bedeutung eines Parteivortrages, nicht eines Beweises.

4 **3. Ablehnung des Sachverständigen, Absatz 3.** Sie erfolgt nach den selben Regeln wie die Ablehnung eines Schiedsrichters, §§1036, 1037 I, II. §1037 III ist nicht anwendbar, was bedeutet, dass eine erfolglose Ablehnung eines befangenen SV nicht durch Beschwerde zum staatl. Gericht, sondern nur im Aufhebungs- bzw Vollstreckbarerklärungsverfahren geltend gemacht werden kann. Der *Partei*-SV (Abs.2 S.2) kann nicht abgelehnt werden.

### § 1050 ZPO Gerichtliche Unterstützung bei der Beweisaufnahme und sonstige richterliche Handlungen

**[1]Das Schiedsgericht oder eine Partei mit Zustimmung des Schiedsgerichts kann bei Gericht Unterstützung bei der Beweisaufnahme oder die Vornahme sonstiger richterlicher Handlungen, zu denen das Schiedsgericht nicht befugt ist, beantragen. [2]Das Gericht erledigt den Antrag, sofern es ihn nicht für unzulässig hält, nach seinen für die Beweisaufnahme oder die sonstige richterliche Handlung geltenden Verfahrensvorschriften. [3]Die Schiedsrichter sind berechtigt, an einer gerichtlichen Beweisaufnahme teilzunehmen und Fragen zu stellen.**

1 **1. Absatz 1. Satz 1:** Solche Handlungen sind: Vernehmung von Zeugen und SV, die nicht freiwillig erscheinen wollen oder nicht aussagen; Beeidigung; Ersuchen um Zustellung im Ausland oder öffentl. Zustellung (§ 185 ff); Ersuchen an eine Behörde, eine Urkunde vorzulegen (§ 432); Einholen einer Aussagegenehmigung zur Vernehmung von Beamten, Richtern (§ 376). Das SchiedsG (auch das ausl, § 1025 II) ersucht das staatl. Gericht (immer ein AG; § 1062 IV) um Rechtshilfe; kein Anwaltszwang. Auch die Partei kann das AG ersuchen, aber nur mit Zustimmung des SchiedsG (dadurch soll verhindert werden, dass eine Partei, um das Schiedsverfahren zu verzögern, unerhebl. Beweisthemen weiterverfolgt).

2 **Satz 2:** Das staatl. Gericht entscheidet durch Beschluss (§ 1063), dass Rechtshilfe gewährt wird, ordnet die Beweisaufnahme an und führt (bei Zulässigkeit des Antrags) die Beweisaufnahme nach der ZPO (Kostenvorschusspflicht, Öffentlichkeit usw.) durch; verweigert der Zeuge auch hier sein Erscheinen, wird nach der ZPO weiterverfahren (zB § 380). Terminsnachricht erfolgt an das SchiedsG und an die Schiedsparteien. Der Antrag ist unzulässig und vom AG abzulehnen, wenn der Schiedsvertrag unwirksam ist oder der Streit nicht unter die Kompetenz des SchiedsG fällt, ferner wenn nach der ZPO unzulässige Beweismethoden (zB discovery of documents, BT-Drucks. 13/5274 S. 51; jetzt jedoch: § 142) begehrt werden. § 158 GVG gilt nicht analog. Das Originalprotokoll bleibt beim AG; dem SchiedsG wird eine Abschrift übermittelt.

3 **Satz 3:** Die Beweisaufnahme vor dem AG ist nichtöffentl.; aber die Parteien können als Zuhörer teilnehmen (sog Parteiöffentlichkeit); Fragen an die Zeugen/SV dürfen nur die Schiedsrichter stellen, die Parteien mit Zustimmung des Amtsrichters.

4 **2. Gebühren:** Nr. 1625 GKG-KV; RA: 3327, 3332 RVG-VV; Wert § 12 GKG.

## Abschnitt 6. Schiedsspruch und Beendigung des Verfahrens

### § 1051 ZPO Anwendbares Recht

**(1) [1]Das Schiedsgericht hat die Streitigkeit in Übereinstimmung mit den Rechtsvorschriften zu entscheiden, die von den Parteien als auf den Inhalt des Rechtsstreits anwendbar bezeichnet worden sind. [2]Die Bezeichnung des Rechts oder der Rechtsordnung eines bestimmten Staates ist, sofern die Parteien nicht ausdrücklich etwas**

**anderes vereinbart haben, als unmittelbare Verweisung auf die Sachvorschriften dieses Staates und nicht auf sein Kollisionsrecht zu verstehen.**

**(2) Haben die Parteien die anzuwendenden Rechtsvorschriften nicht bestimmt, so hat das Schiedsgericht das Recht des Staates anzuwenden, mit dem der Gegenstand des Verfahrens die engsten Verbindungen aufweist.**

**(3) [1]Das Schiedsgericht hat nur dann nach Billigkeit zu entscheiden, wenn die Parteien es ausdrücklich dazu ermächtigt haben. [2]Die Ermächtigung kann bis zur Entscheidung des Schiedsgerichts erteilt werden.**

**(4) In allen Fällen hat das Schiedsgericht in Übereinstimmung mit den Bestimmungen des Vertrages zu entscheiden und dabei bestehende Handelsbräuche zu berücksichtigen.**

Sind beide Parteien Deutsche, ist der Rechtsstreit deutschlandbezogen und haben die Parteien nichts anderes vereinbart, sind vom SchiedsG als mat Recht das deutsche BGB, HGB usw. anzuwenden **(Absatz 2)**. Bei int Schiedsstreitigkeiten ist das nicht so eindeutig. Die Frage, welches mat Recht vom SchiedsG anzuwenden ist, richtet sich nach folgender Reihenfolge (wobei **Absatz 4** ledigl. klarstellt, dass Verträge zwischen den Parteien und Handelsbräuche zu berücksichtigen sind, soweit nicht *zwingendes* Recht entgegensteht): 1

**a)** Keine Rechtsordnung, sondern **Billigkeit:** nur zulässig, wenn die Parteien damit *ausdrückl.* einverstanden sind (vgl BGH NJW 1985, 1487). Dieses Einverständnis kann auch auf einzelne Posten, zB Kleinpositionen, beschränkt werden. Das Einverständnis kann im Schiedsvertrag erklärt werden, aber auch nachträgl. bis zur Entscheidung. Nach Erteilung ist es einseitig unwiderrufl. **Absatz 3.** Billigkeit heißt, keine Anwendung von Gesetzen, sondern Entscheidung nach laienhaftem Gutdünken, zB Halbierung des eingeklagten bestr Betrages; staatl. deutschen Gerichten sind Billigkeitsentscheidungen grds verboten. Bei einer Billigkeitsentscheidung sind Verträge zwischen den Parteien sowie Handelsbräuche vom SchiedsG zu berücksichtigen **(Absatz 4)**. 2

**b)** Haben die Parteien eine **bestimmte Rechtswahl** (dazu Art. 27 EGBGB) getroffen (zB bei einem int Rechtsstreit die Anwendung spanischen Rechts) ist dieses mat Recht anzuwenden, **Absatz 1 Satz 1.** Die Parteien müssen nicht die *Gesamt*rechtsordnung eines bestimmten Staates wählen, sie können sich auf Teilrechtsordnungen, auch gemischt aus verschiedenen Staaten, oder int erarbeitete Rechtsordnungen, einigen. Einschränkungen der Rechtswahl zB durch Art 34 EGBGB. S. 2: Die Vereinbarung zB spanischen Rechts bei einem Streit zwischen einem Deutschen und einem Spanier bedeutet, dass spanisches mat Recht anzuwenden ist, nicht etwa deutsches Recht deshalb, weil das spanische int Privatrecht für einen solchen Fall, würde er vor einem staatl. Gericht verhandelt, auf deutsches Recht zurückverweist. Ausnahme: andere Parteivereinbarung. 3

**c)** Haben die Parteien **nichts vereinbart**, gilt **Absatz 2.** Zur Auslegung vgl Art 28 II 2 EGBGB und Art 4 des EG-Schuldrechtsübereinkommens. Es kommt also nicht darauf an, welches Recht das vom SchiedsG für anwendbar erachtete KollisionsR bestimmt; auch steht es nicht im willkürl. Ermessen der Schiedsrichter, eine Rechtswahl vorzunehmen. Für Verbraucherfälle vgl Art. 29 EGBGB. 4

## § 1052 ZPO Entscheidung durch ein Schiedsrichterkollegium

**(1) Haben die Parteien nichts anderes vereinbart, so ist in schiedsrichterlichen Verfahren mit mehr als einem Schiedsrichter jede Entscheidung des Schiedsgerichts mit Mehrheit der Stimmen aller Mitglieder zu treffen.**

**(2) [1]Verweigert ein Schiedsrichter die Teilnahme an einer Abstimmung, können die übrigen Schiedsrichter ohne ihn entscheiden, sofern die Parteien nichts anderes vereinbart haben. [2]Die Absicht, ohne den verweigernden Schiedsrichter über den Schiedsspruch abzustimmen, ist den Parteien vorher mitzuteilen. [3]Bei anderen Entscheidungen sind die Parteien von der Abstimmungsverweigerung nachträglich in Kenntnis zu setzen.**

**(3) Über einzelne Verfahrensfragen kann der vorsitzende Schiedsrichter allein entscheiden, wenn die Parteien oder die anderen Mitglieder des Schiedsgerichts ihn dazu ermächtigt haben.**

1 **1. Verfahrensleitende Anordnungen**, zB über Zuleitung von Abschriften, Reihenfolge der Zeugenvernehmung, weitere Fälle vgl § 273 II, trifft der Vors des SchiedsG allein. AnO des „inneren Verfahrensablaufs" wie Terminsbestimmung, Terminsverlegung, Wahl schriftl./mdl Verfahren, Wahl der Verfahrenssprache, Ladung von Zeugen und SV, darf der Vors nur allein treffen, *falls* er von den anderen Schiedsrichtern (oder den Parteien) hierzu (allgemein oder einzelfallbezogen) ausdrückl. oder stillschweigend ermächtigt wurde. **Absatz 3.** Da beim SchiedsG die beisitzenden Richter nicht ständig zu bestimmten Dienstzeiten am Gerichtsort sind, muss den Beisitzern auch bei solchen technischen Fragen ein Mitspracherecht eingeräumt werden.

2 **2. Entscheidungen aller Art**, zB Zust, Schiedsspruch, trifft das Gericht mit **Stimmenmehrheit, Absatz 1** (ebenso § 196 I GVG). Bei drei Schiedsrichtern also mindestens 2:1; bei vier Schiedsrichtern 3:1; wird hier 2:2 abgestimmt, gibt es keinen Schiedsspruch (es entscheidet nicht etwa die Stimme des Vors); durch Beschluss ist die Beendigung des Verfahrens auszusprechen, § 1056 II Nr. 3. Das Beratungsgeheimnis dürfte auch bei einem privaten Gericht bestehen. Will ein Schiedsrichter an der Abstimmung *betreffend den Schiedsspruch* nicht teilnehmen (erscheint also zum Abstimmungstermin nicht) oder hat er die Stimmabgabe hierbei verweigert, hat der Vors (oder die restl. zwei Schiedsrichter) dies den Parteien mitzuteilen, damit die entspr Partei auf *ihren* Partei-Schiedsrichter Einfluss nehmen kann

3 (**Absatz 2** S. 2). Wenn die Parteien nun nichts anderes vereinbaren (zB einen Stichentscheid des Vors bei Stimmengleichheit), wird nochmals abgestimmt, jetzt ohne den sich weigernden (oder nicht erscheinenden) Schiedsrichter (Abs. 2 S. 1). Zur Unterschrift vgl § 1054 I.

4 Soll über *andere Fragen* als den Schiedsspruch abgestimmt werden (zB welche Zeugen zu vernehmen sind; wer als Gutachter bestellt werden soll; wo und wann getagt werden soll) und verweigert ein Schiedsrichter die Mitwirkung, wird sogleich ohne ihn abgestimmt; die Parteien werden nachträgl. (zB im Schiedsspruch; BT-Drucks. 13/5274, S. 54) von der Abstimmungsverweigerung informiert (Abs. 2 S. 3).

## § 1053 ZPO Vergleich

**(1) [1]Vergleichen sich die Parteien während des schiedsrichterlichen Verfahrens über die Streitigkeit, so beendet das Schiedsgericht das Verfahren. [2]Auf Antrag der Parteien hält es den Vergleich in der Form eines Schiedsspruchs mit vereinbartem Wortlaut fest, sofern der Inhalt des Vergleichs nicht gegen die öffentliche Ordnung (ordre public) verstößt.**

**(2) [1]Ein Schiedsspruch mit vereinbartem Wortlaut ist gemäß § 1054 zu erlassen und muss angeben, dass es sich um einen Schiedsspruch handelt. [2]Ein solcher Schiedsspruch hat dieselbe Wirkung wie jeder andere Schiedsspruch zur Sache.**

**(3) Soweit die Wirksamkeit von Erklärungen eine notarielle Beurkundung erfordert, wird diese bei einem Schiedsspruch mit vereinbartem Wortlaut durch die Aufnahme der Erklärungen der Parteien in den Schiedsspruch ersetzt.**

**(4) [1]Mit Zustimmung der Parteien kann ein Schiedsspruch mit vereinbartem Wortlaut auch von einem Notar, der seinen Amtssitz im Bezirk des nach § 1062 Abs. 1, 2 für die Vollstreckbarerklärung zuständigen Gerichts hat, für vollstreckbar erklärt werden. [2]Der Notar lehnt die Vollstreckbarerklärung ab, wenn die Voraussetzungen des Absatzes 1 Satz 2 nicht vorliegen.**

**Lit:** ***Mankowski*** ZZP 2001, 37; ***Lörcher*** DB 1999, 789; ***Bilda*** DB 2004, 171.

1 **1. Zweck.** Während im Zivilprozess ein Verfahren durch Vergleich beendet wird, hat sich § 1053 deshalb für eine Beendigung durch *vereinbarten* Schiedsspruch (eine Art AnerkenntnisU) entschieden, damit deutsche Schiedsvergleiche im Ausland einfacher vollstreckt werden können. **Arbeitsrecht:** §§ 107, 109 ArbGG.

2 **2. Vergleich:** Es gibt zwei Möglichkeiten: **(1)** die Parteien einigen sich außergerichtl. und teilen dies dem SchiedsG mit; dieses beendet dann sein Verfahren durch Beschluss (§ 1056 II Nr. 2), **Absatz 1 Satz 1.** **(2)** Die Parteien einigen sich vor dem SchiedsG; dann darf nicht etwa ein „Schiedsvergleich" protokolliert werden, sondern auf Antrag der Parteien ein „Schiedsspruch mit vereinbartem Wortlaut", der zwar keiner Begründung bedarf (§ 1054 II), aber jedenfalls einer ausreichenden Bezeichnung des Streitfalls bedarf, **Absatz 2 Satz 1** (Form und Inhalt: § 1054). Ein solcher vereinbarter Schiedsspruch hat bez Vollstr usw. dieselbe Wirkung wie ein str Schiedsspruch **(Absatz 2 Satz 2)**, die Vollstreckbarerklärung richtet sich nach denselben Regeln (BGH NJW 2001, 373). Die Protokollierung kann vom SchiedsG abgelehnt werden, wenn der Schiedsspruch gegen den ordre public verstößt. **Absatz 1 Satz 2** (vgl § 328 Nr. 4; § 796a III; § 1059 II Nr. 2b), zB der Gegenstand nicht vergleichsfähig ist (§ 1030 Rz 1), der Spruch gegen zwingendes Recht verstößt.

3 **3. Ersatz notarieller Form.** Nach **Absatz 3** wird § 127a BGB auf vereinbarte Schiedssprüche für anwendbar erklärt. Für Eintragungen in das Grundbuch und andere öffentl. Register bedarf ein solcher Schiedsspruch allerdings der vorherigen Vollstreckbarerklärung durch das staatl. Gericht (oder einen Notar, Abs. 4), weil der private Schiedsrichter kein Hoheitsträger ist.

4 **4. Vollstreckbarerklärung des Schiedsspruchs mit vereinbartem Wortlaut.**

Str Schiedssprüche werden vom OLG für vollstr erklärt (§§ 1060, 1062); vereinbarte Schiedssprüche können vom OLG oder auf Wunsch *beider* Parteien stattdessen von einem Notar im OLG-Bezirk für vollstr erklärt werden **(Absatz 4 Satz 1)**; dazu *Saenger* MDR 1999, 662; dies, damit ein finanzieller Ausgleich für Notare besteht. Der Notar muss die Vollstreckbarerklärung bei Verstoß gegen den ordre public ablehnen **(Absatz 4 Satz 2)**.

## § 1054 ZPO Form und Inhalt des Schiedsspruchs

**(1) [1]Der Schiedsspruch ist schriftlich zu erlassen und durch den Schiedsrichter oder die Schiedsrichter zu unterschreiben. [2]In schiedsrichterlichen Verfahren mit mehr als einem Schiedsrichter genügen die Unterschriften der Mehrheit aller Mitglieder des Schiedsgerichts, sofern der Grund für eine fehlende Unterschrift angegeben wird.**

**(2) Der Schiedsspruch ist zu begründen, es sei denn, die Parteien haben vereinbart, dass keine Begründung gegeben werden muss, oder es handelt sich um einen Schiedsspruch mit vereinbartem Wortlaut im Sinne des § 1053.**

**(3) [1]Im Schiedsspruch sind der Tag, an dem er erlassen wurde, und der nach § 1043 Abs. 1 bestimmte Ort des schiedsrichterlichen Verfahrens anzugeben. [2]Der Schiedsspruch gilt als an diesem Tag und diesem Ort erlassen.**

**(4) Jeder Partei ist ein von den Schiedsrichtern unterschriebener Schiedsspruch zu übermitteln.**

§ 1054 geändert durch G v. 22.03.2005 (BGBl 2005, 837).

1 **1.** § 1054 regelt **Form und Inhalt des Schiedsspruchs.** Zweckmäßig ist, ihn wie ein EndU (vgl § 313) aufzubauen:

**a)** Überschrift: **Schiedsspruch**;

**b) Rubrum** mit genauer Bezeichnung der Parteien, Angabe der Parteistellung als Schiedskl und -bekl, Bezeichnung der Schiedsrichter mit deren genauer Anschrift,

2 **c)** Angabe des **Tages**, an dem der Spruch erlassen wurde **(Absatz 3)**; da keine *notw* mdl Verh vorgeschrieben ist, auch die Schiedsrichter den Schiedsspruch an verschiedenen Tagen unterschrieben haben können (zB bei Unterzeichnung im Versendungsverfahren), hat die Angabe des Datums nur rechtl. Bedeutung, ist aber andererseits unwiderlegbar;

3 **d)** Angabe des **Schiedsortes** im Sinne von § 1043 I **(Absatz 3)**; selbst wenn der Schiedsspruch tatsächl. an einem anderen Ort oder Tag erlassen wurde, fingiert Abs. 3 S. 2;

4 **e) Tenor**: zB: „Der Bekl hat an die Kl 10 000 € zu zahlen; iÜ wird die Klage abgewiesen. Von den Kosten des Schiedsverfahrens trägt der Kl 1/3, der Bekl 2/3". Kein Ausspruch über die vorl Vollstr, über den StrW, über das Honorar der Schiedsrichter. **Kosten** vgl § 1057;

**f) Tatbestand** wie beim ZivilU;

5 **g) Entscheidungsgründe (Absatz 2)** wie beim ZivilU. Die Gründe entfallen, wenn beide Parteien auf eine Begründung verzichtet haben oder wenn ein Vergleich (dh ein vereinbar-

ter Schiedsspruch nach § 1053) vorliegt. Anzuwenden ist grds deutsches mat Recht, außer die Auslegung ergibt Anwendung ausl Rechts, vgl § 1051. Die Begründung darf nicht offenbar widersinnig sein, sich nicht auf inhaltsleere Wendungen beschränken und muss zu den wesentl. Verteidigungsmitteln der Parteien Stellung nehmen (BGH NJW 1986, 1436; 1990, 2199);

Die **Kostenentscheidung** wird zweckmäßig §§ 91 ff entnommen; das ist aber nicht zwingend (§ 1057). Dem überstimmten Schiedsrichter wird man das Recht einräumen müssen, ein Sondervotum (dissenting opinion) unter die Unterschriften aller Richter setzen zu dürfen, das er nur allein unterschreibt; 6

**h) Unterschriften** aller Schiedsrichter (OLG München OLG-Report 2006, 767); vgl **Absatz 1 Satz 1**. Es genügt die Mehrheit der Unterschriften, wenn die fehlenden Unterschriften nicht zu erlangen sind (zB bei Krankheit, Tod oder Weigerung eines Schiedsrichters; vgl § 1052 und § 315). *Eine* ist wie *jede* zu lesen; weigern sich beim fünfköpfigen SchiedsG zwei Richter, genügen die Unterschriften der restl. drei Richter. Der Verhinderungsgrund ist anzugeben und vom Vors nochmals zu unterschreiben (**Absatz 1 Satz 2**). I 2 unterliegt nicht der Parteidisposition. Die Unterschriften der Parteien oder ihrer Anwälte sind *nicht* erforderl. (auch nicht bei einem Vergleich). 7

**2. Besondere Arten:** 8

**a)** Teilschiedsspruch, entspr § 301; **b)** Schiedsspruch mit Vorbehalt der Aufrechnung, vgl § 302 I, wenn die zur Aufrechnung gestellte Gegenforderung nicht der Schiedsvereinbarung untersteht; **c)** Zwischenschiedssprüche, zB über die Zust, fallen nicht unter § 1054; **d)** Schiedsspruch mit vereinbartem Inhalt (§ 1053); **e)** Ges Schiedsspruch zB über die Kosten (§§ 1056 II, 1057 II, 1058 I Nr. 3); **f)** Versäumnisentscheidungen sind unzulässig.

**3. Bekanntmachung des Schiedsspruchs, Absatz 4.** Eine Verkündung (wie bei Urteil) ist nicht vorgeschrieben und nicht übl.; idR wird im schriftl. Verfahren gearbeitet. An die Parteien wird eine (weitere) Urschrift oder eine die Unterschriften zeigende Ausfertigung (vgl §170) des Schiedsspruchs übersandt (nicht unbedingt zugestellt); §172 ist nicht unmittelbar anwendbar, Zusendung an die PrBev kann aber dem Parteiwillen entsprechen oder von deren Vollmacht gedeckt sein. In der Praxis wird Einschreiben mit Rückschein gewählt. Das Empfangsdatum ist wichtig wegen des Fristbeginns gem §1058, §1059 III. Auch ggü Parteien im Ausland genügt die Zuleitung im Postweg, Auslandszustellung nach §183 ist nicht erforderl. Auftraggeber der Übersendung ist das ganze SchiedsG; ein Schiedsrichter, der einen Schiedsspruch unterschreibt und an den Vors weiterleitet, ermächtigt diesen im Zweifel, den Schiedsspruch auch in seinem Namen zuzustellen (BGH LM §1041 aF Nr.8). 9

Soll zum besseren Nachweis ausnahmsweise (im Parteibetrieb, § 191 ff) zugestellt werden: Das SchiedsG leitet hierzu drei Urschriften des Schiedsspruchs an die Gerichtsvollzieher-Verteilungsstelle des AG, in dessen Bezirk zuzustellen ist, mit der Bitte, die Zustellung an den Kl und den Bekl zu veranlassen und die dritte Urschrift mit Zustellungsurkunde wieder zurückzuleiten.

**4. Niederlegung des Schiedsspruchs** beim staatl. Gericht. Nach dem früheren § 1039 III waren Schiedssprüche niederzulegen, dh dem AG bzw LG zuzusenden. Eine solche *Niederlegung* ist bei den aufgrund der Neuregelung ergehenden Schiedssprüchen *nicht mehr erforderl.* (BT-Drucks. 13/5274 S. 56). 10

## § 1055 ZPO Wirkungen des Schiedsspruchs

**Der Schiedsspruch hat unter den Parteien die Wirkungen eines rechtskräftigen gerichtlichen Urteils.**

1 Formelle Rechtskraft des Schiedsspruchs tritt ein, sobald alle Förmlichkeiten des § 1054 erfüllt sind. § 1055 ist missverständl., denn der Schiedsspruch hat geringere Wirkungen als ein Urteil: die Rechtskraft wird nur auf Einrede beachtet; gegen Dritte wirkt der Schiedsspruch nur im Umfang des Schiedsvertrags. Aus ihm kann nur nach Vollstreckbarerklärung (§ 1060) zwangsvollstreckt werden.

## § 1056 ZPO Beendigung des schiedsrichterlichen Verfahrens

**(1) Das schiedsrichterliche Verfahren wird mit dem endgültigen Schiedsspruch oder mit einem Beschluss des Schiedsgerichts nach Absatz 2 beendet.**

**(2) Das Schiedsgericht stellt durch Beschluss die Beendigung des schiedsrichterlichen Verfahrens fest, wenn**

**1. der Kläger**

**a) es versäumt, seine Klage nach § 1046 Abs. 1 einzureichen und kein Fall des § 1048 Abs. 4 vorliegt, oder**

**b) seine Klage zurücknimmt, es sei denn, dass der Beklagte dem widerspricht und das Schiedsgericht ein berechtigtes Interesse des Beklagten an der endgültigen Beilegung der Streitigkeit anerkennt; oder**

**2. die Parteien die Beendigung des Verfahrens vereinbaren; oder**

**3. die Parteien das schiedsrichterliche Verfahren trotz Aufforderung des Schiedsgerichts nicht weiter betreiben oder die Fortsetzung des Verfahrens aus einem anderen Grund unmöglich geworden ist.**

**(3) Vorbehaltlich des § 1057 Abs. 2 und der §§ 1058, 1059 Abs. 4 endet das Amt des Schiedsgerichts mit der Beendigung des schiedsrichterlichen Verfahrens.**

1 **1. Absatz 1** stellt klar, dass das Schiedsverfahren entweder durch einen Schiedsspruch oder durch einen die Beendigung feststellenden Beschluss beendet wird, also nicht durch Erledigung der Hauptsache, Versäumnisentscheidungen usw.

2 **2. Absatz 2. Beendigung durch Beschluss ohne Entscheidung zur Hauptsache**, ergänzt durch einen Schiedsspruch über die Kosten (§ 1057 I), in folgenden Fällen:

**a)** der Kl hat trotz Fristsetzung keine Klage eingereicht, **Nr. 1a**; dazu § 1048 I, IV 2;

**b)** Klagerücknahme, falls der Bekl nicht widerspricht und das SchiedsG diesen Widerspruch billigt, **Nr.1b**; auf den Beginn der mdl Verh kommt es nicht an, Abweichung von §269!

**c)** die Parteien haben die Beendigung vereinbart, zB wegen Erfüllung, wegen außergerichtl. Vergleich, wegen übereinstimmender Erledigung der Hauptsache. **Nr. 2**;

**d)** die Parteien betreiben das Verfahren (trotz Aufforderung des SchiedsG) nicht weiter, **Nr. 3**;

**e)** Unmöglichkeit einer Fortsetzung des Verfahrens, zB weil die Schiedsvereinbarung angefochten wurde oder von den Parteien aufgehoben wurde oder weil bei allen Abstimmungen nicht behebbare Stimmengleichheit herrscht.

**3. Ende des Schiedsrichteramtes, Absatz 3.** Das Amt endet mit dem Ende der Hauptsache nach Abs. 1 oder 2. Ausnahme: Es muss noch über die Höhe der Kosten entschieden werden (§ 1057 II), ein Berichtigungs-, Auslegungs- oder Ergänzungsschiedsspruch ist nötig (§ 1058), das OLG hat die Sache an das SchiedsG zurückverwiesen (§ 1059 IV). 3

## § 1057 ZPO Entscheidung über die Kosten

**(1) [1]Sofern die Parteien nichts anderes vereinbart haben, hat das Schiedsgericht in einem Schiedsspruch darüber zu entscheiden, zu welchem Anteil die Parteien die Kosten des schiedsrichterlichen Verfahrens einschließlich der den Parteien erwachsenen und zur zweckentsprechenden Rechtsverfolgung notwendigen Kosten zu tragen haben. [2]Hierbei entscheidet das Schiedsgericht nach pflichtgemäßem Ermessen unter Berücksichtigung der Umstände des Einzelfalles, insbesondere des Ausgangs des Verfahrens.**

**(2) [1]Soweit die Kosten des schiedsrichterlichen Verfahrens feststehen, hat das Schiedsgericht auch darüber zu entscheiden, in welcher Höhe die Parteien diese zu tragen haben. [2]Ist die Festsetzung der Kosten unterblieben oder erst nach Beendigung des schiedsrichterlichen Verfahrens möglich, wird hierüber in einem gesonderten Schiedsspruch entschieden.**

**1. Kostengrundentscheidung.** Nach **Absatz 1 Satz 1** hat das SchiedsG im Schiedsspruch zur Hauptsache (oder, wenn übersehen, in einem ergänzenden Schiedsspruch) über die Kosten dem Grunde nach zu entscheiden (Kosten trägt Kl bzw Bekl; oder Quotelung: Kl ... %, Bekl ... %). Bei der KostenE wird nach Ermessen gehandelt (OLG München OLGReport 2006, 906), also ohne Bindung an den strikten Unterliegensgrundsatz der §§91ff. Im Regelfall ist auf §91 ff abzustellen, weil §1057 *insbesondere auf den Ausgang* des Verfahrens abstellt **(Absatz 1 Satz 2)**. Tenor vgl §1054 Rz 4. In den seltenen Fällen, in denen bei Erlass des Schiedsspruchs schon die Kosten der Höhe nach feststehen und außerdem die Schiedsrichterkosten schon durch Vorauszahlung gedeckt sind, kann die Höhe der zu erstattenden Kosten bereits in den Schiedsspruch aufgenommen werden **(Absatz 2 Satz 1)**. 1

**2. Eine nachfolgende Kostenfestsetzung** durch den Rechtspfleger iSd § 103 **gibt es nicht** (BT-Drucks. 13/5274 S. 57). Die Parteien können aber, ggf auf Aufforderung des SchiedsG, ihre Kostenaufstellung beim SchiedsG einreichen (Kosten des SchiedsG; Kosten der beiden Anwälte; eigene Kosten der Parteien; Kosten von Zeugen, SV). Welche Kosten und in welcher Höhe notw sind (zB km-Satz), ist teils nicht geregelt; es sollten dann §§ 103 ff analog angewandt werden. Das SchiedsG erlässt dann einen weiteren **gesonderten Schiedsspruch über die Kosten** (zB: der Bekl hat an den Kl 4 800 € Kosten nebst ... % Zinsen hieraus seit ... zu zahlen). Verzinsung analog § 104. Für seinen Inhalt gilt wiederum § 1054, für die Vollstreckbarerklärung § 1060. Bei Kosten-Quotelung erfolgt eine Kostenausgleichung analog § 106, dh es ergeht nur *ein* verrechnender ges Schiedsspruch über die Kosten. Haben die Parteien an das SchiedsG mehr Vorschuss bezahlt, als ihm zusteht, muss der Mehrbetrag außerhalb des Schiedsverfahrens zurück- 2 gefordert werden, weil sonst das SchiedsG Richter in eigener Sache wäre. Das Problem ist, dass das SchiedsG nicht befugt ist, seine eigenen Geb, die Anwaltsvergütung und die Vergütung des SV *festzusetzen* (vgl BGH 92, 94), weil es sonst Richter in eigener Sache wäre bzw weil RAe und SV der Schiedsvereinbarung nicht unterliegen; auch der StrW kann deshalb vom SchiedsG nicht festgesetzt werden.

## § 1058 ZPO Berichtigung, Auslegung und Ergänzung des Schiedsspruchs

**(1) Jede Partei kann beim Schiedsgericht beantragen,**

**1. Rechen-, Schreib- und Druckfehler oder Fehler ähnlicher Art im Schiedsspruch zu berichtigen;**

**2. bestimmte Teile des Schiedsspruchs auszulegen;**

**3. einen ergänzenden Schiedsspruch über solche Ansprüche zu erlassen, die im schiedsrichterlichen Verfahren zwar geltend gemacht, im Schiedsspruch aber nicht behandelt worden sind.**

**(2) Sofern die Parteien keine andere Frist vereinbart haben, ist der Antrag innerhalb eines Monats nach Empfang des Schiedsspruchs zu stellen.**

**(3) Das Schiedsgericht soll über die Berichtigung oder Auslegung des Schiedsspruchs innerhalb eines Monats und über die Ergänzung des Schiedsspruchs innerhalb von zwei Monaten entscheiden.**

**(4) Eine Berichtigung des Schiedsspruchs kann das Schiedsgericht auch ohne Antrag vornehmen.**

**(5) § 1054 ist auf die Berichtigung, Auslegung oder Ergänzung des Schiedsspruchs anzuwenden.**

1 **1. Absatz 1.** Die Vorschrift gestattet eine Berichtigung von Rechenfehlern usw. (vgl § 319) und Ergänzung des Schiedsspruchs um in der Klage geltend gemachte, aber im Schiedsspruch übersehende Ansprüche (vgl § 321). Abs. 1 Nr. 2 erlaubt ferner eine Klarstellung von missverständl. Teilen (was der ZPO unbekannt ist), zB damit der Spruch vollstreckungsfähig ist (OLG Frankfurt SchiedsVZ 2005, 311); damit die Partei eindeutig bezeichnet ist (OLG München OLG-Report 2006, 242). Nur im Einverständnis mit den Parteien kann das SchiedsG dagegen seine Entscheidung ändern, zB wenn es erkennt, dass die Entscheidung aus sonstigen Gründen falsch war.

2 **2. Absatz 2. Antrag** einer Partei ist erforderl. bei Nr. 2 und Nr. 3, nicht bei Berichtigung (Nr. 1), **Absatz 4. Frist:** innerhalb eines Monats nach Empfang (§ 1054 IV). Spätere Anträge sind als unzulässig zurückzuweisen. **Verfahren:** vgl § 1042; der Antrag ist der Gegenpartei mit Fristsetzung (ca. zwei Wochen) zur Stellungnahme zuzuleiten (oder es ist auf andere Weise rechtl. Gehör zu gewähren). **Absatz 3** empfiehlt dem SchiedsG, schnell zu entscheiden. Der **zweite Schiedsspruch** wird in Form und Inhalt wie ein gewöhnl. Schiedsspruch aufgebaut (**Absatz 5**). Der Berichtigungs- und Auslegungsschiedsspruch (Abs. 1 Nr. 1, 2) ist nur ein Bestandteil des ursprüngl. Schiedsspruchs; zweckmäßig ist, den ergänzenden Spruch mit dem ursprüngl. Schiedsspruch zu verbinden und erneut auszufertigen, vgl § 319 II 2. Der Ergänzungsschiedsspruch dagegen betrifft übersehene

Ansprüche; er macht den ursprüngl. Schiedsspruch nachträgl. zu einem Teilschiedsspruch; ist deshalb selbstständig für vollstr zu erklären.

## Abschnitt 7.
## Rechtsbehelf gegen des Schiedsspruch

### § 1059 ZPO Aufhebungsantrag

**(1) Gegen einen Schiedsspruch kann nur der Antrag auf gerichtliche Aufhebung nach den Absätzen 2 und 3 gestellt werden.**

**(2) Ein Schiedsspruch kann nur aufgehoben werden,**

**1. wenn der Antragsteller begründet geltend macht, dass**

**a) eine der Parteien, die eine Schiedsvereinbarung nach den §§ 1029, 1031 geschlossen haben, nach dem Recht, das für sie persönlich maßgebend ist, hierzu nicht fähig war, oder dass die Schiedsvereinbarung nach dem Recht, dem die Parteien sie unterstellt haben oder, falls die Parteien hierüber nichts bestimmt haben, nach deutschem Recht ungültig ist oder**

**b) er von der Bestellung eines Schiedsrichters oder von dem schiedsrichterlichen Verfahren nicht gehörig in Kenntnis gesetzt worden ist oder dass er aus einem anderen Grund seine Angriffs- oder Verteidigungsmittel nicht hat geltend machen können oder**

**c) der Schiedsspruch eine Streitigkeit betrifft, die in der Schiedsabrede nicht erwähnt ist oder nicht unter die Bestimmungen der Schiedsklausel fällt, oder dass er Entscheidungen enthält, welche die Grenzen der Schiedsvereinbarung überschreiten; kann jedoch der Teil des Schiedsspruchs, der sich auf Streitpunkte bezieht, die dem schiedsrichterlichen Verfahren unterworfen waren, von dem Teil, der Streitpunkte betrifft, die ihm nicht unterworfen waren, getrennt werden, so kann nur der letztgenannte Teil des Schiedsspruchs aufgehoben werden; oder**

**d) die Bildung des Schiedsgerichts oder das schiedsrichterliche Verfahren einer Bestimmung dieses Buches oder einer zulässigen Vereinbarung der Parteien nicht entsprochen hat und anzunehmen ist, dass sich dies auf den Schiedsspruch ausgewirkt hat; oder**

**2. wenn das Gericht feststellt, dass**

**a) der Gegenstand des Streites nach deutschem Recht nicht schiedsfähig ist oder**

**b) die Anerkennung oder Vollstreckung des Schiedsspruchs zu einem Ergebnis führt, das der öffentlichen Ordnung (ordre public) widerspricht.**

**(3) [1]Sofern die Parteien nichts anderes vereinbaren, muss der Aufhebungsantrag innerhalb einer Frist von drei Monaten bei Gericht eingereicht werden. [2]Die Frist beginnt mit dem Tag, an dem der Antragsteller den Schiedsspruch empfangen hat. [3]Ist ein Antrag nach § 1058 gestellt worden, verlängert sich die Frist um höchstens einen Monat nach Empfang der Entscheidung über diesen Antrag. [4]Der Antrag auf**

**Aufhebung des Schiedsspruchs kann nicht mehr gestellt werden, wenn der Schiedsspruch von einem deutschen Gericht für vollstreckbar erklärt worden ist.**

**(4) Ist die Aufhebung beantragt worden, so kann das Gericht in geeigneten Fällen auf Antrag einer Partei unter Aufhebung des Schiedsspruchs die Sache an das Schiedsgericht zurückverweisen.**

**(5) Die Aufhebung des Schiedsspruchs hat im Zweifel zur Folge, dass wegen des Streitgegenstandes die Schiedsvereinbarung wiederauflebt.**

1 **1. Gegen den Schiedsspruch** gibt es keine Ber zum staatl. Gericht. Es kann nur beim staatl. Gericht (OLG, § 1062) die Aufhebung beantragt werden (auch gegen Schiedsspruch, durch den es seine Zust verneint; BGH NJW 2002, 3031). Die beschwerte Partei muss einen **Aufhebungsantrag** (keine Klage) stellen (**Absatz 3 Satz 1**). AGegner ist, wer aus dem Spruch Rechte herleitet, idR die Gegenpartei. Es muss ein inl Schiedsspruch nach §§ 1025 ff (vgl § 1043 Rz 1) vorliegen (BGH NJW 2004, 2226). Der Schiedsspruch muss schon formell wirksam sein. Der ASt muss beschwert sein (zB in den Kosten; str, vgl BGH JZ 1957, 630), ein Rechtsschutzbedürfnis haben. Ab Vollstreckbarerklärung durch ein OLG ist ein Aufhebungsantrag nicht mehr zulässig,

2 **Absatz 3 Satz 4**, weil der Gegner seine Aufhebungsgründe in jenem Verfahren vorbringen konnte. StrW: Hauptsache des schiedrichterl. Verfahrens ohne Zinsen und Kosten (BGH MDR 1957, 95). Bei Nr. 1 trägt der ASt die Behauptungs- und Beweislast.

3 **Frist (Absatz 3 Satz 2)**: drei Monate ab Empfang des schriftl. Schiedsspruchs (§ 1054 IV); eine *Zustellung* ist nicht Voraussetzung. Fristberechnung §§ 221, 222; zB Kl hat den Schiedsspruch am 02.06. empfangen, letzter Tag der Frist für ihn 02.09. Fehlen Empfangsbeweise in jegl. Form, kann mE nicht von Verspätung ausgegangen werden. Bei Berichtigungsantrag usw. (§ 1058) verlängert sich die Frist.

4 **Absatz 3 Satz 3**. Werden die Gründe (zB Restitutionsgründe) erst später bekannt, kann evtl eine Schadensersatzklage erhoben werden (BT-Drucks. 13/5274 S. 60).

5 **2. Entscheidungsmöglichkeiten für das OLG:**

**a)** Aufhebung des Schiedsspruchs (Abs.2), bei Abs.2 Nr.1c evtl nur Teilaufhebung; **b)** Aufhebung und Zurückverweisung an das SchiedsG (**Absatz 4**). Zur Anfechtbarkeit vgl §1065.

6 **3. Aufhebungsgründe, Absatz 2:** Sie sind ausschließl. Eine Inhaltskontrolle des Schiedsspruchs ist nicht zulässig. Die Gründe nach Nr. 1 muss die antragstellende Partei vortragen; die Gründe nach Nr. 2 werden von Amts wegen berücksichtigt (sie sind nicht verzichtbar). Was nach § 1040 gerügt und ggf vom OLG schon überprüft werden konnte, kann nicht mehr Aufhebungsgrund für ein Verfahren nach § 1059 sein. Weiterer Ausschluss uU durch § 1027.

7 **Nr. 1:**

**a)** Fehlen der **subjektiven Schiedsfähigkeit** bei einer Partei („Unfähigkeit“), Nr. 1a.

**b)** Ungültigkeit der **Schiedsvereinbarung**, Nr. 1a; auch: Schiedsvereinbarung fehlte, war unwirksam (zB wegen Geschäftsunfähigkeit), erloschen, gekündigt, durch Zeitablauf gegenstandslos geworden. Einwand der Ungültigkeit ausgeschlossen, wenn Antrag nach § 1040 III 2 versäumt wurde (BGH MDR 2003, 890).

**c)** Mangelhafte **Kenntnis** der Partei von der Schiedsrichterbestellung, Nr. 1b.

**d)** Mangelhafte Kenntnis der Partei vom Schiedsverfahren, Nr. 1b.

**e)** Sonstige **Behinderung in den Angriffs- und Verteidigungsmitteln**, Nr. 1b.

**f)** Schiedsspruch erfasst eine Streitigkeit, die nicht von der **Schiedsvereinbarung** erfasst ist, dem SchiedsG fehlte also die Kompetenz, Nr. 1c.

**g)** bei **Bildung des Schiedsgerichts** Verstoß gegen ein gesetzl. Verbot oder eine Vereinbarung der Parteien, *falls eine Auswirkung* auf die Entscheidung *anzunehmen ist* (Kausalität); Nr.1d; zB wenn das SchiedsG nicht ordnungsgem besetzt war, zB wegen mangelhaften Ernennungsverfahrens (BGH NJW 1973, 98) oder wenn bei Besetzung gegen den Grundsatz überparteilicher Rechtspflege verstoßen wurde (vgl. BGH NJW 1986, 3079). 8

**h)** Beim **schiedsrichterlichen Verfahren** Verstoß gegen ein gesetzl. Verbot oder eine Vereinbarung der Parteien, *falls eine Auswirkung* auf die Entscheidung *anzunehmen ist* (Kausalität); Nr.1d. Ein Verfahren ist unzulässig, wenn das SchiedsG zu ihm nach den Vereinbarungen der Parteien oder den ergänzend eingreifenden gesetzl. Bestimmungen oder einer institutionellen Verfahrensordnung, der sich die Parteien unterworfen haben (zB Verfahrensordnung der Int Handelskammer, Paris), nicht befugt war (BGH NJW 1986, 1436), zB wenn der Rechtsstreit nach einer anderen als der verbindl. vorgegebenen Rechtsordnung entschieden wurde (zB nach englischem statt deutschem Recht); wenn ohne Ermächtigung durch die Parteien eine Billigkeits- statt einer RechtsE getroffen wurde; wenn das SchiedsG über die Ablehnung eines Schiedsrichters selbst entschied (BayObLG NJW-RR 2000, 360); 9

wenn der **Schiedsspruch keine Begründung** enthält (vgl § 1054 II; BT-Drucks. 13/5274 S. 60; ob der Schiedsspruch inhaltl. falsch ist, wird iÜ nicht überprüft); wenn das SchiedsG gegen das Verbot verstoßen hat, Richter in eigener Sache zu sein (BGH NJW 1985, 1903: Beweisaufnahme wurde vom Einzahlen des Schiedsrichterhonorars abhängig gemacht); bei Europarechtswidrigkeit (EuGH WPM 2000, 38). Nichtgewährung des rechtl. Gehörs. Die Rüge muss nach § 1027 rechtzeitig erhoben worden sein. 10

**Nicht genügen** dagegen: Unwirksamkeit des Schiedsrichtervertrags; unwesentl. Verfahrensverstöße wie Übergehen eines Beweisantrags (BGH NJW 1966, 549); Verstöße, auf denen der Schiedsspruch nicht beruhen kann; verzichtbare Mängel, die durch rügelose Einlassung geheilt sind (vgl § 295); fehlende Genehmigung nach § 40 DRiG (OLG Stuttgart NJW-RR 2003, 495). 11

**Nr. 2:** 12

**a) Fehlende objektive Schiedsfähigkeit** (Vorrang ggü Nr. 1a), vgl § 1030, zB Scheidung durch Schiedsspruch.

**b) Verstoß gegen ordre public**, vgl § 328 Nr. 4; § 796a III. Gemeint ist die öffentl. Ordnung der Bundesrepublik Deutschland. Rspr bei *Trappe* BB Beil 2000, 87. Insb ein Verstoß gegen die GrundR, das Vorliegen von Restitutionsgründen (§§ 580 Nr. 1 bis 6, 581, 582), fehlende gesetzl. Vertretung einer Partei iSv §§ 551 Nr. 5, 579 Nr. 4 wesentl. Verstoß gegen das rechtl. Gehör (= Unterfall des verfahrensrechtl. ordre public); Schiedsspruch durch Betrug erwirkt (BGH NJW 2001, 373). Nichtgewährung des rechtl. Gehörs nur hinsichtl. abgrenzbarer Teile (zB einer Rechnungsposition) führt lediglich. zur Teilaufhebung des Schiedsspruchs (BGH NJW 1986, 1436 zur aF). Verletzung von §§ 139, 278 III aF fällt nicht unter Nr. 2b (BGH NJW 1983, 867 zur aF).

13 **4. Weitere Folge der Aufhebung (Absatz 5):** Es muss nun nicht etwa vor dem staatl. Gericht geklagt werden, sondern die Schiedsgerichtsbarkeit besteht fort. Da das Amt des alten SchiedsG erloschen ist (§ 1056 III), muss ein neues SchiedsG gebildet werden.

## Abschnitt 8. Voraussetzungen der Anerkennung und Vollstreckung von Schiedssprüchen

### § 1060 ZPO Inländische Schiedssprüche

**(1) Die Zwangsvollstreckung findet statt, wenn der Schiedsspruch für vollstreckbar erklärt ist.**

**(2) [1]Der Antrag auf Vollstreckbarerklärung ist unter Aufhebung des Schiedsspruchs abzulehnen, wenn einer der in § 1059 Abs. 2 bezeichneten Aufhebungsgründe vorliegt. [2]Aufhebungsgründe sind nicht zu berücksichtigen, soweit im Zeitpunkt der Zustellung des Antrags auf Vollstreckbarerklärung ein auf sie gestützter Aufhebungsantrag rechtskräftig abgewiesen ist. [3]Aufhebungsgründe nach § 1059 Abs. 2 Nr. 1 sind auch dann nicht zu berücksichtigen, wenn die in § 1059 Abs. 3 bestimmten Fristen abgelaufen sind, ohne dass der Antragsgegner einen Antrag auf Aufhebung des Schiedsspruchs gestellt hat.**

1 **1. Allgemeines.** Aus dem ordnungsgem unterschriebenen und zugestellten Schiedsspruch (auch: mit vereinbartem Inhalt) kann noch nicht (wie bei einem staatl. Urteil) vollstreckt werden, dazu ist vielmehr eine Vollstreckbarerklärung durch das staatl. Gericht (OLG, § 1062) erforderl., § 1060 I: **Vollstreckungstitel** ist dann nicht der Schiedsspruch, sondern der Vollstreckbarerklärungsbeschluss des OLG, § 794 Nr. 4a.

2 Über Vollstreckung ausl Schiedssprüche in der Bundesrepublik: § 1061. Inl sind alle Schiedssprüche, die in der Bundesrepublik Deutschland ergangen sind. Über Vollstreckung deutscher Schiedssprüche im Ausland: vgl Länderübersicht bei *Schütze/Tscherning/Wais*, Handbuch des Schiedsverfahrens Rz 644 ff,

3 **2. Verfahren:** vgl dazu §1063. Erforderl. ist ein Antrag (Einzelheiten §1064) an das nach §§1062 zuständige OLG. Es besteht idR *kein* Anwaltszwang (§78, §1063 IV). Das OLG prüft:

4 **a) Zulässigkeit des Antrags**, dh die allgemeinen Prozessvoraussetzungen (zB Zust, Partei- und Prozessfähigkeit); Vorliegen einer Endentscheidung iSd § 1054 (nicht nur einer Zwischenentscheidung zB über die Zust). Ein Schiedsspruch eines SchiedsG nach §§ 1025 ff muss vorliegen; problematisch bei VereinsschiedsG (BayObLG MDR 2003, 1132). Einen vollstreckungsfähigen Inhalt muss der Schiedsspruch nicht haben (auch eine Feststellung kann daher vollstr erklärt werden), BGH NJW-RR 2006, 995; BayObLG BB 1999, 1948, das wird erst bei der Erteilung der Vollstr-Klausel geprüft.

**Fehlt die Zulässigkeit**, wird der Antrag (ohne Anhörung des Gegners) durch Beschluss als unzulässig verworfen, mit KostenE; ohne Ausspruch über vorl Vollstr (§§ 1064 II; 794 I Nr. 3). Dagegen ggf RB zum BGH, § 1065.

**b) Begründetheit des Antrags**, dh es darf kein Aufhebungsgrund iSd §1059 II Nr.1+2 vorliegen und keine vorsätzl. sittenwidrige Schädigung iSv §826 BGB (BayObLG NJW 2001, 373). Liegen zwar Aufhebungsgründe nach §1059 II Nr.1 vor, ist aber die Dreimonatsfrist verstrichen, spielen sie keine Rolle mehr (§1060 II 3). Aufhebungsgründe nach §1059 II Nr.2 sind noch nach Fristablauf von Amts wegen zu berücksichtigen (BGH NJW 2001, 373). Liegen Aufhebungsgründe nach §1059 Nr.1 oder 2 vor, ist aber ein auf sie gestützter Aufhebungsgrund schon rechtskr abgewiesen, dürfen sie ebenfalls nicht mehr berücksichtigt werden. Bedenkl. sind die Fälle, in denen Restitutionsgründe (zB Urkunden, §580 Nr.7b) erst *nach* Ablauf der Dreimonatsfrist und im Vollstreckbarkeitsverfahren bekanntwerden; hier wird man zumindest mit einer Klage nach §826 BGB helfen müssen. Ob beachtl., nach Abschluss des Schiedsverfahrens entstandene (vgl §767 II) mat-rechtl. Einwendungen (wie Erfüllung; Erlass; Aufrechnung) zulässig sind, ist str und eher zu verneinen (BayObLG NJW-RR 2001, 1363; OLG Stuttgart MDR 2001, 595; **aA** OLG Hamm NJW-RR 2001, 1362; zum Problem *Wagner* JZ 2000, 1171; *Peters* JZ 2001, 59), weil eine Klage nach §767 besser passt, das OLG nur ein eininstanzl. Beschlussverfahren durchführt. 5

Zum vermutl. zulässigen Antrag wird der Gegner gehört (§ 1063 I 1) dh der Antrag wird ihm mit Äußerungsfrist (idR mindestens zwei Wochen) *zugestellt*; für den Gegner besteht idR *kein* Anwaltszwang (§ 78 V; § 1063 V).

**aa)** Sodann wird (idR) ohne mdl Verh **durch Beschluss (§ 1063 I) entschieden: (1)** Zurückweisung des Antrags, uU mit gleichzeitiger Aufhebung des Schiedsspruchs, § 1060 II 1; wie Rz 3; dagegen ggf RB, § 1065. **(2)** bei Stattgabe: (I) Das SchiedsG ... hat am ... folgenden Schiedsspruch erlassen: ... Dieser Schiedsspruch wird für vollstr erklärt. (II) Die Kosten werden dem AGegner auferlegt. (III) Der Beschluss ist vorl vollstr (§ 1064 II). Der Beschluss wird dem ASt formlos mitgeteilt, dem Gegner zugestellt (§ 329). Zur ZwV ist *Vollstr-Klausel* erforderl. Gegen den Beschluss: ggf RB, § 1065. 6

**bb)** Bei aufklärungsbedürftigen Einwendungen wird zweckmäßig mdl Verh angesetzt (§ 1063 II) und durch Beschluss (wie a, b) entschieden. 7

**cc) Kosten und Gebühren:** Nr. 1620 GKG-KV; RA: 3100 ff RVG-VV. StrW ist der Betrag, bez dessen Vollstreckung beantragt wird, ohne Zinsen und Kosten. 8

## § 1061 ZPO Ausländische Schiedssprüche

**(1) [1]Die Anerkennung und Vollstreckung ausländischer Schiedssprüche richtet sich nach dem Übereinkommen vom 10. Juni 1958 über die Anerkennung und Vollstreckung ausländischer Schiedssprüche (BGBl. 1961 II S. 121). [2]Die Vorschriften in anderen Staatsverträgen über die Anerkennung und Vollstreckung von Schiedssprüchen bleiben unberührt.**

**(2) Ist die Vollstreckbarerklärung abzulehnen, stellt das Gericht fest, dass der Schiedsspruch im Inland nicht anzuerkennen ist.**

**(3) Wird der Schiedsspruch, nachdem er für vollstreckbar erklärt worden ist, im Ausland aufgehoben, so kann die Aufhebung der Vollstreckbarerklärung beantragt werden.**

1 **1. Absatz 1.** Anerkennung und Vollstreckung *ausl* Schiedssprüche (vgl §1025 IV; §1060 Rz 2) richtet sich nach dem UN-Übereinkommen v. 10.06.1958 (BGBl II 1961, 121), falls sie in einem anderen Vertragsstaat ergangen sind. Ausl sind alle Schiedssprüche, die im Ausland ergangen sind, gleichgültig ob dort ausl oder deutsches VerfahrensR angewandt wurde.

2 **2. Absatz 2.** Entscheidung ergeht durch Beschluss; zuständiges Gericht: OLG (§ 1062). Eine Aufhebung des ausl Schiedsspruchs entspr § 1059 II scheidet aus.

3 **3. Absatz 3.** Antrag auf Aufhebung zum OLG (§ 1062 I Nr. 4), keine Klage.

## Abschnitt 9.
## Gerichtliches Verfahren

### § 1062 ZPO Zuständigkeit

**(1) Das Oberlandesgericht, das in der Schiedsvereinbarung bezeichnet ist oder, wenn eine solche Bezeichnung fehlt, in dessen Bezirk der Ort des schiedsrichterlichen Verfahrens liegt, ist zuständig für Entscheidungen über Anträge betreffend**

**1. die Bestellung eines Schiedsrichters (§§ 1034, 1035), die Ablehnung eines Schiedsrichters (§ 1037) oder die Beendigung des Schiedsrichteramtes (§ 1038);**

**2. die Feststellung der Zulässigkeit oder Unzulässigkeit eines schiedsrichterlichen Verfahrens (§ 1032) oder die Entscheidung eines Schiedsgerichts, in der dieses seine Zuständigkeit in einem Zwischenentscheid bejaht hat (§ 1040);**

**3. die Vollziehung, Aufhebung oder Änderung der Anordnung vorläufiger oder sichernder Maßnahmen des Schiedsgerichts (§ 1041);**

**4. die Aufhebung (§ 1059) oder die Vollstreckbarerklärung des Schiedsspruchs (§§ 1060 ff.) oder die Aufhebung der Vollstreckbarerklärung (§ 1061).**

**(2) Besteht in den Fällen des Absatzes 1 Nr. 2 erste Alternative, Nr. 3 oder Nr. 4 kein deutscher Schiedsort, so ist für die Entscheidungen das Oberlandesgericht zuständig, in dessen Bezirk der Antragsgegner seinen Sitz oder gewöhnlichen Aufenthalt hat oder sich Vermögen des Antragsgegners oder der mit der Schiedsklage in Anspruch genommene oder von der Maßnahme betroffene Gegenstand befindet, hilfsweise das Kammergericht.**

**(3) In den Fällen des § 1025 Abs. 3 ist für die Entscheidung das Oberlandesgericht zuständig, in dessen Bezirk der Kläger oder der Beklagte seinen Sitz oder seinen gewöhnlichen Aufenthalt hat.**

**(4) Für die Unterstützung bei der Beweisaufnahme und sonstige richterliche Handlungen (§ 1050) ist das Amtsgericht zuständig, in dessen Bezirk die richterliche Handlung vorzunehmen ist.**

**(5) [1]Sind in einem Land mehrere Oberlandesgerichte errichtet, so kann die Zuständigkeit von der Landesregierung durch Rechtsverordnung einem Oberlandesgericht oder dem obersten Landesgericht übertragen werden; die Landesregierung kann die Ermächtigung durch Rechtsverordnung auf die Landesjustizverwaltung übertragen. [2]Mehrere Länder können die Zuständigkeit eines Oberlandesgerichts über die Ländergrenzen hinaus vereinbaren.**

**Lit:** *Sachs* BB Beil 1999, 114.

1 **1. Das OLG ist zuständig** für die in § 1062 bezeichneten Maßnahmen der staatl. Gerichte im Zusammenhang mit Schiedsverfahren (**Absatz 1**), nicht aber für die gerichtl. Entscheidungen bez Vollstr-Titel, die von einer „anerkannten Gütestelle" (§ 797a) geschaffen wurden (OLG Brandenburg NJW-RR 2001, 645). Keine Überprüfung des Schiedsspruchs auf sachl. oder mat-rechtl. Fehler (BayObLG DB 2003, 2545). **Örtlich** ist das OLG zuständig

- in dessen Bezirk der Ort liegt, der im Schiedsspruch als Ort des Schiedsverfahrens bezeichnet ist;
- wenn kein deutscher Schiedsort besteht oder der Schiedsort noch unbestimmt ist: hier bietet § 1062 **Absatz 2** mehrere OLG-Zust an. Der ASt kann wählen (§ 35). Vermögensgerichtsstand: § 23;
- iFd § 1025 vgl § 1062 **Absatz 3**;
- Konzentrationsermächtigungen, **Absatz 5**.

Zum Verfahren des OLG vgl § 1063 (das OLG muss tatsächl. Feststellungen festhalten, BGH NJW 1999, 2974), zum Antrag auf Vollstreckbarerklärung ferner § 1064.

2 **2. Das Amtsgericht ist zuständig** für Rechtshilfe, **Absatz 4**, zB wenn sich ein Zeuge weigert, vor dem SchiedsG zu erscheinen oder einen Eid abzulegen. Die örtl. Zust des AG ist unklar: tagt das SchiedsG in Berlin und wohnt der Zeuge in München, wird das AG Berlin zuständig sein, das seinerseits das AG München im Wege der Amtshilfe einschalten kann; oder unmittelbar das AG München.

## § 1063 ZPO Allgemeine Vorschriften

**(1) [1]Das Gericht entscheidet durch Beschluss. [2]Vor der Entscheidung ist der Gegner zu hören.**

**(2) Das Gericht hat die mündliche Verhandlung anzuordnen, wenn die Aufhebung des Schiedsspruchs beantragt wird oder wenn bei einem Antrag auf Anerkennung oder Vollstreckbarerklärung des Schiedsspruchs Aufhebungsgründe nach § 1059 Abs. 2 in Betracht kommen.**

**(3) [1]Der Vorsitzende des Zivilsenats kann ohne vorherige Anhörung des Gegners anordnen, dass der Antragsteller bis zur Entscheidung über den Antrag die Zwangsvollstreckung aus dem Schiedsspruch betreiben oder die vorläufige oder sichernde Maßnahme des Schiedsgerichts nach §1041 vollziehen darf. [2]Die Zwangsvollstreckung aus dem Schiedsspruch darf nicht über Maßnahmen zur Sicherung hinausgehen. [3]Der Antragsgegner ist befugt, die Zwangsvollstreckung durch Leistung einer Sicherheit in Höhe des Betrages, wegen dessen der Antragsteller vollstrecken kann, abzuwenden.**

**(4) Solange eine mündliche Verhandlung nicht angeordnet ist, können zu Protokoll der Geschäftsstelle Anträge gestellt und Erklärungen abgegeben werden.**

§ 1063 I geändert durch G v. 27.07.2001 (BGBl 2001, 1887).

**Lit:** *Sessler/Schreiber* SchiedsVZ 2006, 119.

1 **1. Verfahren bei der Entscheidung des OLG** nach § 1062: Anträgen ist die erforderl. Zahl von Abschriften beizufügen (§ 133 I). **Anwaltszwang** besteht nicht (**Absatz 4** mit § 78 V); anders ist es, wenn das OLG mdl Verh angeordnet hat. Das OLG *kann* eine **mündliche Verhandlung** anordnen; es *muss* dies tun in den Fällen des **Absatz 2** (Antrag auf Aufhebung des Schiedsspruchs nach § 1059 II; drohende Ablehnung eines Antrags auf Vollstreckbarerklärung wegen § 1059 II); Einzelheiten: BGH NJW 1999, 2974. Ist der ASt säumig, ist § 330 nicht anwendbar (BGH NJW 2007, 772). Entschieden wird immer durch **Beschluss**, nie durch Urteil.

2 **2. Einstweilige Anordnung des OLG. Absatz 3.** Der Beschluss des Senatsvors sollte die S. 2 und 3 enthalten.

### § 1064 ZPO Besonderheiten bei der Vollstreckbarerklärung von Schiedssprüchen

**(1) [1]Mit dem Antrag auf Vollstreckbarerklärung eines Schiedsspruchs ist der Schiedsspruch oder eine beglaubigte Abschrift des Schiedsspruchs vorzulegen. [2]Die Beglaubigung kann auch von dem für das gerichtliche Verfahren bevollmächtigten Rechtsanwalt vorgenommen werden.**

**(2) Der Beschluss, durch den ein Schiedsspruch für vollstreckbar erklärt wird, ist für vorläufig vollstreckbar zu erklären.**

**(3) Auf ausländische Schiedssprüche sind die Absätze 1 und 2 anzuwenden, soweit Staatsverträge nicht ein anderes bestimmen.**

1 **1. Absatz 1.** Zusätzl. zu § 1063 bestimmt die Vorschrift, dass dem Antrag auf Vollstreckbarerklärung eine begl Abschrift des Schiedsspruchs beizufügen ist. Die Beglaubigung muss die Unterschriften der Schiedsrichter erfassen (BGH NJW 1974, 1383), zB indem eine Fotokopie des vollständigen Schiedsspruchs begl wird. Eine Niederlegung des Schiedsspruchs beim LG gibt es seit 1998 nicht mehr. Ein Anwalt, der beim OLG den Antrag stellt, kann selbst beglaubigen, § 1064 I 2.

2 **2. Absatz 2.** Da der Beschluss grds der RB unterliegt, muss er für *vorläufig* vollstr erklärt werden, auch wenn im Einzelfall wegen des geringen StrW keine solche Beschwerde zulässig ist.

3 **3. Absatz 3.** Vorrangig gelten Staatsverträge; der Vorbehalt des günstigeren AnerkennungsR ist zu beachten. Beifügung einer Übersetzung kann gefordert werden, ist aber keine Zulässigkeitsvoraussetzung (BGH NJW-RR 2004, 1504; BayObLG JurBüro 2001, 50).

### § 1065 ZPO Rechtsmittel

**(1) [1]Gegen die in § 1062 Abs. 1 Nr. 2 und 4 genannten Entscheidungen findet die Rechtsbeschwerde statt. [2]Im Übrigen sind die Entscheidungen in den in § 1062 Abs. 1 bezeichneten Verfahren unanfechtbar.**

**(2) [1]Die Rechtsbeschwerde kann auch darauf gestützt werden, dass die Entscheidung auf einer Verletzung eines Staatsvertrages beruht. [2]Die §§ 707, 717 sind entsprechend anzuwenden.**

§ 1056 geändert durch G v. 27.07.2001 (BGBl 2001, 1887). Die frühere Fassung gilt weiter für vor dem 01.01.2002 der Geschäftsstelle übergebenen Beschlüsse, § 26 Nr. 10 EGZPO.

**1.** Die Entscheidungen des OLG nach § 1062 Nr. 1, 3 (Schiedsrichterbestellung und -ablehnung usw.) sind grds **unanfechtbar, Absatz 1 Satz 2.** 1

**2.** Mit **Rechtsbeschwerde zum BGH** (und Anschluss-RB, § 574 IV), einzulegen durch einen beim BGH zugelassenen RA, binnen Monatsfrist (§ 575), sind die Beschlüsse des OLG nur in folgenden Fallgruppen anfechtbar (**Absatz 1 Satz 1**): 2

- Feststellung der (Un- oder) Zulässigkeit eines schiedsrichterl. Verfahrens, § 1032; § 1062 I Nr. 2;
- Zust-Feststellung (Kompetenz) des SchiedsG, § 1040; § 1062 I Nr. 2;
- Aufhebung des Schiedsspruchs, § 1059; § 1062 I Nr. 4;
- Vollstreckbarerklärung des Schiedsspruchs, § 1060 ff; § 1062 I Nr. 4;
- Aufhebung der Vollstreckbarerklärung, § 1061; § 1062 I Nr. 4.

**3. Prüfungsumfang des BGH, Absatz 2 Satz 1.** Verletzung des BundesR (BGH NJW 1999, 2974), ferner Staatsverträge. Eine spätere Entscheidung des Erlass-Staats über die Verbindlichkeit des Schiedsspruchs kann berücksichtigt werden (BGH NJW 2001, 1730). **Absatz 2 Satz 2** verweist auf §§707, 717; die ZwV kann also einstweilen eingestellt werden. 3

## Abschnitt 10.
## Außervertragliche Schiedsgerichte

### § 1066 ZPO Entsprechende Anwendung der Vorschriften des Buches 10

**Für Schiedsgerichte, die in gesetzlich statthafter Weise durch letztwillige oder andere nicht auf Vereinbarung beruhende Verfügungen angeordnet werden, gelten die Vorschriften dieses Buches entsprechend.**

AnO durch letztwillige Verfügung: zB durch **Testament** für Streitigkeiten zwischen den Erben über die Erbauseinandersetzung (abzugrenzen von Einsetzung eines Testamentsvollstreckers), vgl *Bandel* NotBZ 2005, 381; *Haas* ZEV 2007, 49; *Pawlytta* ZEV 2003; 89; *Schulze* MDR 2000, 314. AnO durch andere Vfg, zB Stiftung, Auslobung (§657 BGB); **Satzung** (eines Vereins oder Verbands für Streitigkeiten zwischen den Mitgliedern, vgl BGH NJW 2004, 2226; NJW 1984, 1355; OLG Hamm NJW-RR 1993, 1535; OLG München NZG 1999, 780 und NJW-RR 2001, 711; *Ebbing* NZG 1999, 754), Satzung von AG, GmbH. Die Regelung bedarf *nicht* der Form des 1031 (BGH NJW 1980, 1049 zu §1027 aF). Über Schiedsklauseln in KG-Verträgen *K. Schmidt* JZ 1989, 1077; GmbH Rdsch 1990, 16. 1

# Buch 11
# Justizielle Zusammenarbeit in der Europäischen Union

## Abschnitt 1.
## Zustellung nach der Verordnung (EG) Nr. 1348/2000

### § 1067 ZPO Zustellung durch diplomatische oder konsularische Vertretungen

**Eine Zustellung nach Artikel13 Abs.1 der Verordnung (EG)Nr.1348/2000 des Rates vom 29.Mai2000 über die Zustellung gerichtlicher und außergerichtlicher Schriftstücke in Zivil- oder Handelssachen in den Mitgliedstaaten (ABl.EGNr.L160S.37), die in der Bundesrepublik Deutschland bewirkt werden soll, ist nur zulässig, wenn der Adressat des zuzustellenden Schriftstücks Staatsangehöriger des Übermittlungsmitgliedstaats ist.**

### § 1068 ZPO Zustellung durch die Post

**(1) [1]Eine Zustellung nach Artikel 14 Abs. 1 der Verordnung (EG) Nr. 1348/2000 in einem anderen Mitgliedstaat der Europäischen Union ist unbeschadet weiterer Bedingungen des jeweiligen Empfangsmitgliedstaats nur in der Versandform des Einschreibens mit Rückschein zulässig. [2]Zum Nachweis der Zustellung genügt der Rückschein.**

**(2) [1]Eine Zustellung nach Artikel 14 Abs. 1 der Verordnung (EG) Nr. 1348/2000, die in der Bundesrepublik Deutschland bewirkt werden soll, ist nur in der Versandform des Einschreibens mit Rückschein zulässig. [2]Hierbei muss das zuzustellende Schriftstück in einer der folgenden Sprachen abgefasst oder es muss ihm eine Übersetzung in eine dieser Sprachen beigefügt sein:**

**1. Deutsch oder**

**2. die Amtssprache oder eine der Amtssprachen des Übermittlungsmitgliedstaats, sofern der Adressat Staatsangehöriger dieses Mitgliedstaats ist.**

**(3) Ein Schriftstück, dessen Zustellung eine deutsche Empfangsstelle im Rahmen von Artikel 7 der Verordnung (EG) Nr. 1348/2000 zu bewirken oder zu veranlassen hat, kann ebenfalls durch Einschreiben mit Rückschein zugestellt werden.**

### § 1069 ZPO Zuständigkeiten nach der Verordnung (EG) Nr. 1348/2000

**(1) Für Zustellungen im Ausland sind als deutsche Übermittlungsstelle im Sinne von Artikel 2 Abs. 1 der Verordnung (EG) Nr. 1348/2000 zuständig:**

**1. für gerichtliche Schriftstücke das die Zustellung betreibende Gericht und**

**2. für außergerichtliche Schriftstücke dasjenige Amtsgericht, in dessen Bezirk die Person, welche die Zustellung betreibt, ihren Wohnsitz oder gewöhnlichen Aufenthalt hat; bei notariellen Urkunden auch dasjenige Amtsgericht, in dessen Bezirk der beurkundende Notar seinen Amtssitz hat; bei juristischen Personen tritt an die Stelle des Wohnsitzes oder des gewöhnlichen Aufenthalts der Sitz; die Landes-**

**regierungen können die Aufgaben der Übermittlungsstelle einem Amtsgericht für die Bezirke mehrerer Amtsgerichte durch Rechtsverordnung zuweisen.**

**(2) [1]Für Zustellungen in der Bundesrepublik Deutschland ist als deutsche Empfangsstelle im Sinne von Artikel 2 Abs. 2 der Verordnung (EG) Nr. 1348/2000 dasjenige Amtsgericht zuständig, in dessen Bezirk das Schriftstück zugestellt werden soll. [2]Die Landesregierungen können die Aufgaben der Empfangsstelle einem Amtsgericht für die Bezirke mehrerer Amtsgerichte durch Rechtsverordnung zuweisen.**

**(3) [1]Die Landesregierungen bestimmen durch Rechtsverordnung die Stelle, die in dem jeweiligen Land als deutsche Zentralstelle im Sinne von Artikel 3 Satz 1 der Verordnung (EG) Nr. 1348/2000 zuständig ist. [2]Die Aufgaben der Zentralstelle können in jedem Land nur einer Stelle zugewiesen werden.**

**(4) Die Landesregierungen können die Befugnis zum Erlass einer Rechtsverordnung nach Absatz 1 Nr. 2, Absatz 2 Satz 2 und Absatz 3 Satz 1 einer obersten Landesbehörde übertragen.**

### § 1070 ZPO Annahmeverweigerung auf Grund der verwendeten Sprache

**[1]Für Zustellungen im Ausland beträgt die Frist zur Erklärung der Annahmeverweigerung durch den Adressaten nach Artikel 8 Abs. 1 der Verordnung (EG) Nr. 1348/2000 zwei Wochen. [2]Sie ist eine Notfrist und beginnt mit der Zustellung des Schriftstücks. [3]Der Adressat ist auf diese Frist hinzuweisen.**

### § 1071 ZPO Parteizustellung aus dem Ausland

**Eine Zustellung nach Artikel 15 Abs. 1 der Verordnung (EG) Nr. 1348/2000 ist in der Bundesrepublik Deutschland unzulässig.**

## Abschnitt 2.
## Beweisaufnahme nach der Verordnung (EG) Nr. 1206/2001

### § 1072 ZPO Beweisaufnahme in den Mitgliedstaaten der Europäischen Union

**Soll die Beweisaufnahme nach der Verordnung (EG) Nr. 1206/2001 des Rates vom 28. Mai 2001 über die Zusammenarbeit zwischen den Gerichten der Mitgliedstaaten auf dem Gebiet der Beweisaufnahme in Zivil- oder Handelssachen (ABl. EG Nr. L 174 S. 1) erfolgen, so kann das Gericht**

1. **unmittelbar das zuständige Gericht eines anderen Mitgliedstaats um Aufnahme des Beweises ersuchen oder**
2. **unter den Voraussetzungen des Artikels 17 der Verordnung (EG) Nr. 1206/2001 eine unmittelbare Beweisaufnahme in einem anderen Mitgliedstaat beantragen.**

### § 1073 ZPO Teilnahmerechte

**(1) [1]Das ersuchende deutsche Gericht oder ein von diesem beauftragtes Mitglied darf im Geltungsbereich der Verordnung (EG) Nr. 1206/2001 bei der Erledigung des**

**Ersuchens auf Beweisaufnahme durch das ersuchte ausländische Gericht anwesend und beteiligt sein. [2]Parteien, deren Vertreter sowie Sachverständige können sich hierbei in dem Umfang beteiligen, in dem sie in dem betreffenden Verfahren an einer inländischen Beweisaufnahme beteiligt werden dürfen.**

**(2) Eine unmittelbare Beweisaufnahme im Ausland nach Artikel 17 Abs. 3 der Verordnung (EG) Nr. 1206/2001 dürfen Mitglieder des Gerichts sowie von diesem beauftragte Sachverständige durchführen.**

### § 1074 ZPO Zuständigkeiten nach der Verordnung (EG) Nr. 1206/2001

**(1) Für Beweisaufnahmen in der Bundesrepublik Deutschland ist als ersuchtes Gericht im Sinne von Artikel 2 Abs. 1 der Verordnung (EG) Nr. 1206/2001 dasjenige Amtsgericht zuständig, in dessen Bezirk die Verfahrenshandlung durchgeführt werden soll.**

**(2) Die Landesregierungen können die Aufgaben des ersuchten Gerichts einem Amtsgericht für die Bezirke mehrerer Amtsgerichte durch Rechtsverordnung zuweisen.**

**(3) [1]Die Landesregierungen bestimmen durch Rechtsverordnung die Stelle, die in dem jeweiligen Land**

**1. als deutsche Zentralstelle im Sinne von Artikel 3 Abs. 1 der Verordnung (EG) Nr. 1206/2001 zuständig ist,**

**2. als zuständige Stelle Ersuchen auf unmittelbare Beweisaufnahme im Sinne von Artikel 17 Abs. 1 der Verordnung (EG) Nr. 1206/2001 entgegennimmt.**

**[2]Die Aufgaben nach den Nummern 1 und 2 können in jedem Land nur jeweils einer Stelle zugewiesen werden.**

**(4) Die Landesregierungen können die Befugnis zum Erlass einer Rechtsverordnung nach den Absätzen 2 und 3 Satz 1 einer obersten Landesbehörde übertragen.**

### § 1075 ZPO Sprache eingehender Ersuchen

**Aus dem Ausland eingehende Ersuchen auf Beweisaufnahme sowie Mitteilungen nach der Verordnung (EG) Nr. 1206/2001 müssen in deutscher Sprache abgefasst oder von einer Übersetzung in die deutsche Sprache begleitet sein.**

§§ 1067 bis 1075 wurden eingefügt durch G v. 04.11.2003 (BGBl 2003, 2166).

## Abschnitt 3.
## Prozesskostenhilfe nach der Richtlinie 2003/8/EG

### § 1076 ZPO Anwendbare Vorschriften

**Für die grenzüberschreitende Prozesskostenhilfe innerhalb der Europäischen Union nach der Richtlinie 2003/8/EG des Rates vom 27. Januar 2003 zur Verbesserung des Zugangs zum Recht bei Streitsachen mit grenzüberschreitendem Bezug durch Festlegung gemeinsamer Mindestvorschriften für die Prozesskostenhilfe in derartigen**

**Streitsachen (ABl. EG Nr. L 26 S. 41, ABl. EU Nr. L 32 S. 15) gelten die §§ 114 bis 127a, soweit nachfolgend nichts Abweichendes bestimmt ist.**

Lit: *Rellermeyer* Rpfleger 2005, 61.

## § 1077 ZPO Ausgehende Ersuchen

**(1) [1]Für die Entgegennahme und Übermittlung von Anträgen natürlicher Personen auf grenzüberschreitende Prozesskostenhilfe ist das Amtsgericht zuständig, in dessen Bezirk der Antragsteller seinen Wohnsitz oder gewöhnlichen Aufenthalt hat (Übermittlungsstelle). [2]Die Landesregierungen können die Aufgaben der Übermittlungsstelle einem Amtsgericht für die Bezirke mehrerer Amtsgerichte durch Rechtsverordnung zuweisen. [3]Sie können die Ermächtigung durch Rechtsverordnung auf die Landesjustizverwaltungen übertragen.**

**(2) [1]Das Bundesministerium der Justiz wird ermächtigt, durch Rechtsverordnung mit Zustimmung des Bundesrates die in Artikel 16 Abs. 1 der Richtlinie 2003/8/EG vorgesehenen Standardformulare für Anträge auf grenzüberschreitende Prozesskostenhilfe und für deren Übermittlung einzuführen. [2]Soweit Standardformulare für Anträge auf grenzüberschreitende Prozesskostenhilfe und für deren Übermittlung eingeführt sind, müssen sich der Antragsteller und die Übermittlungsstelle ihrer bedienen.**

**(3) [1]Die Übermittlungsstelle kann die Übermittlung durch Beschluss vollständig oder teilweise ablehnen, wenn der Antrag offensichtlich unbegründet ist oder offensichtlich nicht in den Anwendungsbereich der Richtlinie 2003/8/EG fällt. [2]Sie kann von Amts wegen Übersetzungen von dem Antrag beigefügten fremdsprachigen Anlagen fertigen, soweit dies zur Vorbereitung einer Entscheidung nach Satz 1 erforderlich ist. [3]Gegen die ablehnende Entscheidung findet die sofortige Beschwerde nach Maßgabe des § 127 Abs. 2 Satz 2 und 3 statt.**

**(4) [1]Die Übermittlungsstelle fertigt von Amts wegen Übersetzungen der Eintragungen im Standardformular für Anträge auf Prozesskostenhilfe sowie der beizufügenden Anlagen**

**a) in eine der Amtssprachen des Mitgliedstaats der zuständigen Empfangsstelle, die zugleich einer der Amtssprachen der Europäischen Union entspricht, oder**

**b) in eine andere von diesem Mitgliedstaat zugelassene Sprache.**

**[2]Die Übermittlungsstelle prüft die Vollständigkeit des Antrags und wirkt darauf hin, dass Anlagen, die nach ihrer Kenntnis zur Entscheidung über den Antrag erforderlich sind, beigefügt werden.**

**(5) [1]Die Übermittlungsstelle übersendet den Antrag und die beizufügenden Anlagen ohne Legalisation oder gleichwertige Förmlichkeiten an die zuständige Empfangsstelle des Mitgliedstaats des Gerichtsstands oder des Vollstreckungsmitgliedstaats. [2]Die Übermittlung erfolgt innerhalb von 14 Tagen nach Vorliegen der gemäß Absatz 4 zu fertigenden Übersetzungen.**

**(6) [1]Hat die zuständige Stelle des anderen Mitgliedstaats das Ersuchen um Prozesskostenhilfe auf Grund der persönlichen und wirtschaftlichen Verhältnisse des Antragstellers abgelehnt oder eine Ablehnung angekündigt, so stellt die Übermitt-**

**lungsstelle auf Antrag eine Bescheinigung der Bedürftigkeit aus, wenn der Antragsteller in einem entsprechenden deutschen Verfahren nach § 115 Abs. 1 und 2 als bedürftig anzusehen wäre. [2]Absatz 4 Satz 1 gilt für die Übersetzung der Bescheinigung entsprechend. [3]Die Übermittlungsstelle übersendet der Empfangsstelle des anderen Mitgliedstaats die Bescheinigung der Bedürftigkeit zwecks Ergänzung des ursprünglichen Ersuchens um grenzüberschreitende Prozesskostenhilfe.**

## § 1078 ZPO Eingehende Ersuchen

**(1) [1]Für eingehende Ersuchen um grenzüberschreitende Prozesskostenhilfe ist das Prozessgericht oder das Vollstreckungsgericht zuständig. [2]Die Anträge müssen in deutscher Sprache ausgefüllt und die Anlagen von einer Übersetzung in die deutsche Sprache begleitet sein. [3]Eine Legalisation oder gleichwertige Förmlichkeiten dürfen nicht verlangt werden.**

**(2) [1]Das Gericht entscheidet über das Ersuchen nach Maßgabe der §§ 114 bis 116.[2]Es übersendet der übermittelnden Stelle eine Abschrift seiner Entscheidung.**

**(3) Der Antragsteller erhält auch dann grenzüberschreitende Prozesskostenhilfe, wenn er nachweist, dass er wegen unterschiedlich hoher Lebenshaltungskosten im Mitgliedstaat seines Wohnsitzes oder gewöhnlichen Aufenthalts einerseits und im Geltungsbereich dieses Gesetzes andererseits die Kosten der Prozessführung nicht, nur zum Teil oder nur in Raten aufbringen kann.**

**(4) [1]Wurde grenzüberschreitende Prozesskostenhilfe bewilligt, so gilt für jeden weiteren Rechtszug, der von dem Antragsteller oder dem Gegner eingeleitet wird, ein neuerliches Ersuchen um grenzüberschreitende Prozesskostenhilfe als gestellt. [2]Das Gericht hat dahin zu wirken, dass der Antragsteller die Voraussetzungen für die Bewilligung der grenzüberschreitenden Prozesskostenhilfe für den jeweiligen Rechtszug darlegt.**

§§ 1076 bis 1078 wurden eingefügt durch G v. 15.12.2004 (BGBl 2004, 3392).

1 §§ 1076 ff. gelten nur für PKH „innerhalb der EU“, also nicht, wenn andere Ausländer PKH beantragen (dafür bleibt es bei §§ 114 ff.). Es gibt bes Vordrucke (§ 1077 II), vgl EG-PH-VordruckVO v. 21.12.2004 (BGBl 2004, 3538).

Zur Zust des Rechtspflegers vgl § 20 Nr. 6 RPflG.

# Abschnitt 4.
# Europäische Vollstreckungstitel nach der Verordnung (EG) Nr. 805/2004

## Titel 1.
## Bestätigung inländischer Titel als Europäische Vollstreckungstitel

### § 1079 ZPO Zuständigkeit

**Für die Ausstellung der Bestätigungen nach**

**1. Artikel 9 Abs. 1, Artikel 24 Abs. 1, Artikel 25 Abs. 1 und**

**2. Artikel 6 Abs. 2 und 3der Verordnung (EG) Nr. 805/2004 des Europäischen Parlaments und des Rates vom 21. April 2004 zur Einführung eines Europäischen Vollstreckungstitels für unbestrittene Forderungen (ABl. EU Nr. L 143 S. 15) sind die Gerichte, Behörden oder Notare zuständig, denen die Erteilung einer vollstreckbaren Ausfertigung des Titels obliegt.**

Kosten GKG KV 1513 für Bestätigung. Rm: KV 1523. RA: RVG VV 3309 bzw § 19 I Nr. 9 RVG. 1

### § 1080 ZPO Entscheidung

**(1) [1]Bestätigungen nach Artikel 9 Abs. 1, Artikel 24 Abs. 1, Artikel 25 Abs. 1 und Artikel 6 Abs. 3 der Verordnung (EG) Nr. 805/2004 sind ohne Anhörung des Schuldners auszustellen. [2]Eine Ausfertigung der Bestätigung ist dem Schuldner von Amts wegen zuzustellen.**

**(2) Wird der Antrag auf Ausstellung einer Bestätigung zurückgewiesen, so sind die Vorschriften über die Anfechtung der Entscheidung über die Erteilung einer Vollstreckungsklausel entsprechend anzuwenden.**

### § 1081 ZPO Berichtigung und Widerruf

**(1) [1]Ein Antrag nach Artikel 10 Abs. 1 der Verordnung (EG) Nr. 805/2004 auf Berichtigung oder Widerruf einer gerichtlichen Bestätigung ist bei dem Gericht zu stellen, das die Bestätigung ausgestellt hat. [2]Über den Antrag entscheidet dieses Gericht. [3]Ein Antrag auf Berichtigung oder Widerruf einer notariellen oder behördlichen Bestätigung ist an die Stelle zu richten, die die Bestätigung ausgestellt hat. [4]Die Notare oder Behörden leiten den Antrag unverzüglich dem Amtsgericht, in dessen Bezirk sie ihren Sitz haben, zur Entscheidung zu.**

**(2) [1]Der Antrag auf Widerruf durch den Schuldner ist nur binnen einer Frist von einem Monat zulässig. [2]Ist die Bestätigung im Ausland zuzustellen, beträgt die Frist zwei Monate. [3]Sie ist eine Notfrist und beginnt mit der Zustellung der Bestätigung, jedoch frühestens mit der Zustellung des Titels, auf den sich die Bestätigung bezieht.**

**[4]In dem Antrag auf Widerruf sind die Gründe darzulegen, weshalb die Bestätigung eindeutig zu Unrecht erteilt worden ist.**

**(3) § 319 Abs. 2 und 3 ist auf die Berichtigung und den Widerruf entsprechend anzuwenden.**

1 **Kosten:** Gericht GKG KV 1523 Nr. 3; RA § 19 I Nr. 9 RVG; Rechtsmittel VV 3500, 3513.

## Titel 2.
## Zwangsvollstreckung aus Europäischen Vollstreckungstiteln im Inland

### § 1082 ZPO Vollstreckungstitel

**Aus einem Titel, der in einem anderen Mitgliedstaat der Europäischen Union nach der Verordnung (EG) Nr. 805/2004 als Europäischer Vollstreckungstitel bestätigt worden ist, findet die Zwangsvollstreckung im Inland statt, ohne dass es einer Vollstreckungsklausel bedarf.**

### § 1083 ZPO Übersetzung

**Hat der Gläubiger nach Artikel 20 Abs. 2 Buchstabe c der Verordnung (EG) Nr. 805/2004 eine Übersetzung vorzulegen, so ist diese in deutscher Sprache zu verfassen und von einer hierzu in einem der Mitgliedstaaten der Europäischen Union befugten Person zu beglaubigen.**

### § 1084 ZPO Anträge nach den Artikeln 21 und 23 der Verordnung (EG) Nr. 805/2004

**(1) [1]Für Anträge auf Verweigerung, Aussetzung oder Beschränkung der Zwangsvollstreckung nach den Artikeln 21 und 23 der Verordnung (EG) Nr. 805/2004 ist das Amtsgericht als Vollstreckungsgericht zuständig. [2]Die Vorschriften des Buches 8 über die örtliche Zuständigkeit des Vollstreckungsgerichts sind entsprechend anzuwenden. [3]Die Zuständigkeit nach den Sätzen 1 und 2 ist ausschließlich.**

**(2) [1]Die Entscheidung über den Antrag nach Artikel 21 der Verordnung (EG) Nr. 805/2004 ergeht durch Beschluss. [2]Auf die Einstellung der Zwangsvollstreckung und die Aufhebung der bereits getroffenen Vollstreckungsmaßregeln sind § 769 Abs. 1 und 3 sowie § 770 entsprechend anzuwenden. [3]Die Aufhebung einer Vollstreckungsmaßregel ist auch ohne Sicherheitsleistung zulässig.**

**(3) [1]Über den Antrag auf Aussetzung oder Beschränkung der Vollstreckung nach Artikel 23 der Verordnung (EG) Nr. 805/2004 wird durch einstweilige Anordnung entschieden. [2]Die Entscheidung ist unanfechtbar.**

## § 1085 ZPO Einstellung der Zwangsvollstreckung

**Die Zwangsvollstreckung ist entsprechend den §§ 775 und 776 auch dann einzustellen oder zu beschränken, wenn die Ausfertigung einer Bestätigung über die Nichtvollstreckbarkeit oder über die Beschränkung der Vollstreckbarkeit nach Artikel 6 Abs. 2 der Verordnung (EG) Nr. 805/2004 vorgelegt wird.**

## § 1086 ZPO Vollstreckungsabwehrklage

**(1) [1]Für Klagen nach § 767 ist das Gericht ausschließlich örtlich zuständig, in dessen Bezirk der Schuldner seinen Wohnsitz hat, oder, wenn er im Inland keinen Wohnsitz hat, das Gericht, in dessen Bezirk die Zwangsvollstreckung stattfinden soll oder stattgefunden hat. [2]Der Sitz von Gesellschaften oder juristischen Personen steht dem Wohnsitz gleich.**

**(2) § 767 Abs. 2 ist entsprechend auf gerichtliche Vergleiche und öffentliche Urkunden anzuwenden.**

§§ 1079 bis 1086 wurden eingefügt durch G v. 18.08.2005 (BGBl 2005, 2477).

**Lit:** ***Wagner*** NJW 2005, 1157.

Vgl Erläuterung vor VO (EG) 805/2004 im Anhang. In Kraft getreten am 21.10.2005.

# Anhang

## 1.
## Gerichtsverfassungsgesetz

**1. Gerichtsverfassungsgesetz (GVG)**

1 **Gerichtsverfassungsgesetz (GVG)** vom 27.01.1877 (RGBl 41) in der Fassung vom 9.05.1975 (BGBl 1077), zuletzt geändert durch G v. 13.04.2007 (BGBl 2007, 509).

## Erster Titel.
## Gerichtsbarkeit

### § 1 [Richterliche Unabhängigkeit]

**Die richterliche Gewalt wird durch unabhängige, nur dem Gesetz unterworfene Gerichte ausgeübt.**

1 Zahlreiche weitere Regelungen über die „Gerichtsverfassung" sind enthalten im DRiG, RPflG, FGG, BRAO ua. Zur Unabhängigkeit der Richter vgl Art 97 I GG. Die Rechtsstellung der Richter ist im DRiG und den RichterG der Länder geregelt, die der Rechtspfleger im RPflG. Über Dienstaufsicht vgl § 26 DRiG.

### §§ 2-9
(weggefallen)

### § 10 [Referendare]

**[1]Unter Aufsicht des Richters können Referendare Rechtshilfeersuchen erledigen und außer in Strafsachen Verfahrensbeteiligte anhören, Beweise erheben und die mündliche Verhandlung leiten. [2]Referendare sind nicht befugt, eine Beeidigung anzuordnen oder einen Eid abzunehmen.**

1 Aufsicht: dh ständige Anwesenheit des Richters ist erforderl. Rechtshilfeersuchen: zB Zeugenvernehmungen, vgl § 156 GVG. Anhörungen: zB im FGG- Verfahren, Verh (in amtsgerichtl. und LG-ER-Sachen) leiten: § 136 ZPO.

### § 11
(weggefallen)

### § 12 [Ordentliche Gerichte]

**Die ordentliche streitige Gerichtsbarkeit wird durch Amtsgerichte, Landgerichte, Oberlandesgerichte und durch den Bundesgerichtshof (den obersten Gerichtshof des Bundes für das Gebiet der ordentlichen Gerichtsbarkeit) ausgeübt.**

Auch wesentl. **Teile der freiwilligen Gerichtsbarkeit** sind diesen Gerichten zugewiesen, vgl §§ 19, 28, 30 FGG. Das BayObLG wurde 2004/2005 „abgeschafft". In Berlin heißt das OLG **Kammergericht.** 1

## § 13 [Zuständigkeit der ordentlichen Gerichte]

**Vor die ordentlichen Gerichte gehören alle bürgerlichen Rechtsstreitigkeiten und Strafsachen, für die nicht entweder die Zuständigkeit von Verwaltungsbehörden oder Verwaltungsgerichten begründet ist oder auf Grund von Vorschriften des Bundesrechts besondere Gerichte bestellt oder zugelassen sind.**

**1.** Es bestehen **fünf Zweige der Gerichtsbarkeit** (Art 95 GG): Verwaltungs-, Finanz-, Arbeits-, Sozial- und ordentl. Gerichtsbarkeit. „Ordentliche" Gerichtsbarkeit wird durch AG, LG, OLG, BGH ausgeübt; sie zerfällt in Zivil-, Straf- und Freiwillige Gerichtsbarkeit. Die „freiwillige" Gerichtsbarkeit ist vielgestaltig: teils Verwaltung, teils Rechtsprechung; den ordentl. Gerichten zugewiesen sind zB Betreuungs-, Vormundschafts-, Nachlass-, Register-, Grundbuchsachen; für das Verfahren gilt nicht die ZPO, sondern eigene Verfahrensordnungen (zB FGG, GBO, LwVG). 1

**Besondere Gerichte für bürgerliche Rechtsstreitigkeiten:** ArbG (Verfahrensordnung: ArbGG; hilfsweise ZPO); ihr Verhältnis zu den ordentl. Gerichten ist seit dem 4. VwGO-ÄndG nicht mehr das der sachl. Zust, sondern des Rechtswegs (*Mayerhofer* NJW 1992, 1604; str). BundespatentG. SchiffahrtsG. Vgl § 14 GVG. 2

**Vor die ordentlichen Gerichte gehören** somit: 3

- Strafsachen;
- bürgerl. Rechtsstreitigkeiten ohne ArbG-Sachen;
- ein Teil der FGG-Sachen;
- den ordentl. Gerichten durch Sondergesetze zugewiesene Sachen (Zusammenstellung: *Herrmann* ZZP 78, 346) zB Art 34 GG (Amtspflichtverletzungsschaden); Art 14 III 4 GG (Enteignungsentschädigung); § 217 BauGB (Baulandsachen). Art 19 IV 2 GG hat kaum mehr Anwendungsfälle.

**2. Zuständigkeit von Verwaltungsbehörden** für bürgerl. Rechtsstreitigkeiten: ist nach Art 92 GG nicht mögl.; nur ein **Vorverfahren** vor Anrufung des ordentl. Gerichts kann solchen Behörden zugewiesen werden, zB § 3 III HinterlO. Zust der VerwaltungsG: § 40 VwGO. 4

**3. Prozessuale Behandlung.** Die Frage des richtigen **Rechtswegs** ist in jeder Lage des Verfahrens, auch noch in der Rev, **von Amts wegen** zu prüfen (vgl aber § 17a Rz 5); durch Parteivereinbarung kann ein unzul Rechtsweg nicht zul werden. Die Zulässigkeit ist Prozessvoraussetzung; innerhalb der einzelnen Prozessvoraussetzungen ist der Rechtsweg dort zu prüfen, wo es ökonomisch ist. Ergibt die Prüfung, dass der Rechtsweg gegeben ist, ist dies (wenn problematisch) in den Entscheidungsgründen zu erörtern; ist der Zivilrechtsweg nicht gegeben, sind die Parteien darauf hinzuweisen; zur Verweisung von Amts wegen vgl § 17 GVG (die Klage darf keinesfalls – wie früher – als unzul abgewiesen werden). 5

6 **4. Bürgerlich-rechtliche Sachen.** Ob eine Streitigkeit öffentl. – oder bürgerl.-rechtl. ist, richtet sich – wenn eine ausdrückl. Rechtswegzuweisung fehlt – nach der **Natur des Rechtsverhältnisses**, aus dem der Klageanspruch hergeleitet wird. Dabei kommt es regelmäßig darauf an, ob die Beteiligten zueinander in einem hoheitl. Verhältnis der Über- und Unterordnung stehen und sich der Träger hoheitl. Gewalt der besonderen Rechtssätze des öffentl. Rechts bedient (BGH NJW 1986, 2359). Keine Rolle spielt, welche **Einwendungen** der Bekl erhebt (BGH NJW 1984, 1622). Letztlich kommt es darauf an, welche Gerichte für die str Materie **Sachnähe** besitzen, auf welche Rechtssätze (privatrechtl. oder öffentl.-rechtl.?) es entscheidend ankommt (BGH NJW 1993, 1799/ 1800) und welche Rechtsfolgen angestrebt werden.

7 **Einzelfragen** (die Rspr ist uneinheitlich, oft str, es gibt über 200 BGH-Entscheidungen; Kasuistik bei *Kissel* Rz 301 ff.):

8 - **ArbeitsR:** Beschäftigungsvertrag Frachtführer/Spediteur grds ZivRechtsweg (BGH NJW 1999, 648); Franchiseverträge vgl BGH NJW 1999, 218; *Boemke* JuS 1999, 14. Zwangsarbeiterentschädigung 2.Weltkrieg: ZivRWeg (BAG NJW 2000, 1438);
- **Aufrechnung:** Rechnet der Bekl mit einer Forderung auf, die als Hauptsache in einem anderen Rechtsweg geltend gemacht werden müsste (zB im Zivilprozess mit einer arbeitsrechtl. oder öffentlrechtl. Forderung), dann ist die Aufrechnungs*erklärung* wirksam (vgl BGH NJW 1955, 497); wenn die Gegenforderung unstr oder rechtskräftig festgestellt ist, kann dies vom ZivilG berücksichtigt werden; andernfalls ist eine eigene Entscheidung verboten, das Verfahren ist nach § 148 ZPO auszusetzen (vgl BGH NJW 1985, 2820); diese Rechtslage hat sich durch § 17 II GVG nicht geändert (BAG NZA 2001, 1158; str.), vgl § 145 Rz 8;

9 - **Auskunftsklage** des LohnpfändungsGl nach § 840 ZPO: nicht ArbeitsG, sondern ZivilG zust (BGH NJW 1985, 1181);

10 - **Ausschluss des ordentl Rechtswegs** durch Vertrag ist grds mögl. (OLG Celle NJW 1971, 288); §§ 134, 138 BGB sind zu beachten;

11 - **Behandlungskosten in der Psychiatrie** bei freiwilliger Unterbringung ZivRWeg (VG Stuttgart MedR 2000, 424);
- **Bürgschaft** für Sozialversicherungsbeiträge: ZivRWeg (BGH NJW 1984, 1622);
- **Culpa in contrahendo**, bei Anbahnung eines öffentl.-rechtl. Vertrages, wenn typischerweise auch Ansprüche aus Amtshaftung in Frage kommen können: ZivRWeg (BVerwG NJW 2002, 2894).
- **Darlehensrückzahlung**, wenn das Bankdarlehen öffentl. gefördert war: ZivRWeg (BGH NJW 2000, 1042);
- **Erlösauskehr** nach § 15 InVorG: ZivRWeg (BGH NJW 2000, 437);
- **Fernstraßen-Folgekosten:** ZivRWeg (BGH NJW 2001, 3059);
- **Gentechnik/**Freilandversuch/Nachbarrecht: grds ZivRWeg (OLG Stuttgart VersR 2001, 70);

12 - **Haupt-/Hilfsanspruch:** der Rechtsweg richtet sich nur nach dem Hauptanspruch (BGH NJW 1956, 1358; OLG Brandenburg VIZ 2000, 180);

- **Insolvenzrechtl Anfechtungsanspruch:** vor die ordentl. Gerichte (BGH NJW-RR 2005, 1138).
- **Kirche:** kein staatl. Rechtsweg bei innerkirchl. Angelegenheiten, Art 140 GG, 137 III WRV (BVerfG NJW 1983, 2569). Kirchl. Glockengeläut, Unterlassung: VerwRWeg (BVerwG NJW 1984, 989; NJW 1994, 956). Kirchl. Kindergarten: BVerwG NVwZ 1987,677; *Müller-Volbehr* JuS 1987, 869; Abwehr von Äußerungen des Sektenbeauftragten der evangelischen/katholischen Kirche: VerwR (BGH NJW 2001, 3537; für ZivRWeg OLG Bremen NVwZ 2001, 957). Zum Rechtsschutz allg vgl *Weber* NJW 1989, 2217;
- **Mehrere mögliche Anspruchsgrundlagen:** sind sie verschiedenen Rechtswegen zuge- 13
geordnet, muss das ZivilG die Sache unter dem bürgerl.-rechtl. und dem anderen Gesichtspunkt prüfen, § 17 II 1 GVG;
- **Mietgarantie der Sozialhilfeträger:** ZivRWeg (BVerwG NJW 1994, 1169);
- **Partei:** Sparkasse kündigt der NPD-Partei den Kontovertrag: ZivRWeg (VG Hannover 14
NJW 2001, 3354);
- **Persönlichkeitsrechtsverletzung** durch Rundfunk, Fernsehen: ZivRWeg (BGH NJW 1976, 1198; BVerwG NJW 1994, 2500);
- **Post:** beachte Dreiteilung Postdienst, Postbank, Telekom (PostverfassungsG v 1989); 15
idR ZivRWeg; vgl §§ 7, 16 PostG. Auszahlung des Postsparguthabens: ZivRWeg (*Stöber* Rpfleger 1995, 277); ebenso Klage auf Postbeförderung (*Gramlich* NJW 1994, 985; OLG Frankfurt NJW 1994, 1226); über Telekom-Gebührenstreitigkeiten vgl *Schwonke* NVwZ 1991, 149;
- **Steuererklärung:** auf/aus gemeinsame/r Veranlagung der Ehegatten: ZivRWeg (OLG Naumburg FamRZ 2000, 165; OLG Düsseldorf NJW-RR 1990, 1027);
- **Subventionsrückforderung:** Verwaltungsrechtsweg bei einstufiger öffentl.-rechtl. Re- 16
gelung (BGH WM 1999, 150; BGH MDR 1985, 1001; OLG Naumburg NVwZ 2001, 354); bei zweistufiger Regelung grds ZivRWeg; str, dazu *Leinenbach/Jurszyk* LKV 2001, 450.
- **Vertrag:** es kommt darauf an, ob er bürgerl.-rechtl. oder öffentl.-rechtl. ist; das hängt 17
nicht von den Parteien ab, sondern davon, ob der Vertragsgegenstand öffentl.-rechtl. geregelt ist (BGH NJW 1986, 1109); Vorfinanzierungsvereinbarung mit Gemeinde über Erschließung: VerwR (BGH MDR 2000, 1270).
- **Vorfragen:** das ZivilG muss Vorfragen, die als Hauptsache in einen anderen Rechtsweg 18
fielen, selbst entscheiden, § 17 II 1 GVG; die Entscheidung über die Vorfrage erwächst nicht in Rechtskraft (*Kissel* Rz 17);
- **Wettbewerbsrechtliche Ansprüche** gegen juP des öffentl. Rechts: grds ZivRWeg 19
(BGH NJW 1976, 1794; NJW 1988, 1752 u 2295; NJW 1993, 1659: Zeltplatz).
- **Zusatzversorgung:** ZivRWeg (*Stürmer* NJW 2004, 2480).

### § 13a [Zuständigkeitsänderung durch Landesrecht]

**Durch Landesrecht können einem Gericht für die Bezirke mehrerer Gerichte Sachen aller Art ganz oder teilweise zugewiesen sowie auswärtige Spruchkörper von Gerichten eingerichtet werden.**

§ 13a eingefügt durch G v. 19.4.2006 (BGBl 2006, 866).

1 § 13a ist ein Beitrag zur Rechtzersplitterung. Dem RA, der in anderen Bundesländern klagt etc wird zugemutet, das Landesrecht von 16 Ländern zu erkunden, um das örtl. zust Gericht zu finden. Andernfalls keine WE (OLG Zweibrücken NJW 2005, 1439).

### § 14 [Besondere Gerichte]

**Als besondere Gerichte werden Gerichte der Schiffahrt für die in den Staatsverträgen bezeichneten Angelegenheiten zugelassen.**

1 Das sind (nach der Rheinschiffahrtsakte idF v 11.03.1969, BGBl II 597) die Rheinschifffahrtsgerichte.

### § 15

(weggefallen)

### § 16 [Ausnahmegerichte]

**[1]Ausnahmegerichte sind unstatthaft. [2]Niemand darf seinem gesetzlichen Richter entzogen werden.**

1 AusnahmeG sind in Abweichung von der gesetzl. Zust zur Entscheidung einzelner Fälle gebildete Gerichte (BVerfG 8, 182). Der gesetzl. Richter ist der nach der Geschäftsverteilung berufene Richter.

Vgl iÜ Kommentierungen bei Art 101 I GG.

### § 17 [Zulässigkeit des Rechtswegs]

**(1) [1]Die Zulässigkeit des beschrittenen Rechtsweges wird durch eine nach Rechtshängigkeit eintretende Veränderung der sie begründenden Umstände nicht berührt. [2]Während der Rechtshängigkeit kann die Sache von keiner Partei anderweitig anhängig gemacht werden.**

**(2) [1]Das Gericht des zulässigen Rechtsweges entscheidet den Rechtsstreit unter allen in Betracht kommenden rechtlichen Gesichtspunkten. [2]Artikel 14 Abs. 3 Satz 4 und Artikel 34 Satz 3 des Grundgesetzes bleiben unberührt.**

**Lit:** *Kissel* NJW 1991, 945.

**1. Absatz 1.** Die Zulässigkeit des vom Kl eingeschlagenen Rechtswegs ist von Amts wegen zu prüfen. Ändern sich die den Rechtsweg regelnden Vorschriften usw nach Rechtshängigkeit (vgl § 261 I ZPO), entfällt nach S.1 der Rechtsweg nicht (vgl § 261 III Nr. 2 ZPO). **Satz 2:** eine anderweitige Klage wäre unzul. 1

**2. Absatz 2 Satz 1.** Keine Spaltung des Rechtswegs **bei gemischten Rechtsverhältnissen.** 2
Kann der Klageanspruch (zB Unterhalt eines Wasserlaufs) auf BGB-Vertrag und öffentl.-rechtl. Verpflichtung gestützt werden, kann das LG nicht nur (wie früher) den zivilrechtl. Gesichtspunkt behandeln, sondern hat *alle* Klagegründe mitzuentscheiden. Zur Aufrechnung vgl § 145 Rz 6. Bei obj Klagenhäufung gilt Abs. 2 S.1 nicht (BGH NJW 1991, 1686), hier bleibt es bei der beschränkten Kompetenz des Gerichts. **Satz 2:** in diesen Fällen (Enteignungsentschädigung; Amtshaftung) ist durch das GG der ordentliche Rechtsweg angeordnet, hier kann ein Gericht eines anderen Rechtswegs diese Klagegründe nicht mitentscheiden.

## § 17a [Rechtswegverweisung]

**(1) Hat ein Gericht den zu ihm beschrittenen Rechtsweg rechtskräftig für zulässig erklärt, sind andere Gerichte an diese Entscheidung gebunden.**

**(2) [1]Ist der beschrittene Rechtsweg unzulässig, spricht das Gericht dies nach Anhörung der Parteien von Amts wegen aus und verweist den Rechtsstreit zugleich an das zuständige Gericht des zulässigen Rechtsweges. [2]Sind mehrere Gerichte zuständig, wird an das vom Kläger oder Antragsteller auszuwählende Gericht verwiesen oder, wenn die Wahl unterbleibt, an das vom Gericht bestimmte. [3]Der Beschluß ist für das Gericht, an das der Rechtsstreit verwiesen worden ist, hinsichtlich des Rechtsweges bindend.**

**(3) [1]Ist der beschrittene Rechtsweg zulässig, kann das Gericht dies vorab aussprechen. [2]Es hat vorab zu entscheiden, wenn eine Partei die Zulässigkeit des Rechtsweges rügt.**

**(4) [1]Der Beschluß nach den Absätzen 2 und 3 kann ohne mündliche Verhandlung ergehen. [2]Er ist zu begründen. [3]Gegen den Beschluß ist die sofortige Beschwerde nach den Vorschriften der jeweils anzuwendenden Verfahrensordnung gegeben. [4]Den Beteiligten steht die Beschwerde gegen einen Beschluß des oberen Landesgerichts an den obersten Gerichtshof des Bundes nur zu, wenn sie in dem Beschluß zugelassen worden ist. [5]Die Beschwerde ist zuzulassen, wenn die Rechtsfrage grundsätzliche Bedeutung hat oder wenn das Gericht von der Entscheidung eines obersten Gerichtshofes des Bundes oder des Gemeinsamen Senats der obersten Gerichtshöfe des Bundes abweicht. [6]Der oberste Gerichtshof des Bundes ist an die Zulassung der Beschwerde gebunden.**

**(5) Das Gericht, das über ein Rechtsmittel gegen eine Entscheidung in der Hauptsache entscheidet, prüft nicht, ob der beschrittene Rechtsweg zulässig ist.**

**Lit:** ***Ressler*** JZ 1994, 1035; ***Hoffmann*** ZZP 1994, 3; ***Jauernig*** NZA 1995, 12.

1 **1. Erste Instanz.** Hält das ordentl. Gericht den zu ihm beschrittenen Rechtsweg (§ 13 GVG) für zweifelhaft, dann kann nicht nur vom Sachvortrag des Kl ausgegangen werden, wenn er vom Bekl bestr wird; vielmehr sind die hierfür erhebl. Tatsachen durch Beweisaufnahme zu klären, außer bei doppelrelevanten Tasachen (KG NJW-RR 2001, 1509; **aA** OLG Schleswig SchlHA 2004, 105: nur Klagevortrag und unstr Sachverhalt seien maßgebend); sodann ist zu unterscheiden:

**a) Das Gericht nimmt Zulässigkeit des Zivil-Rechtswegs an:**

- **bei Zulässigkeitsrüge durch eine Partei** *ist* die Zulässigkeit des Rechtswegs durch **Beschluss** auszusprechen (Abs. 3 S. 2). Formalien des Beschlusses: **Absatz 4** S. 1, 2.

**Anfechtung des Beschlusses: (1)** Beschluss des AG: sof Beschwerde (§§ 567, 569 ZPO) zum LG, Abs. 4 S. 3 (§ 72 GVG; zum OLG bei § 119 GVG); dagegen bei Zulassung Rechtsbeschwerde zum BGH, § 17a IV 4, 5; § 574 ZPO; BGH NJW 2003, 2913. Der ER des LG kann nicht wegen Grundsätzlichkeit die RB zulassen, nur die ZivK (BGH NJW-RR 2006, 286). **(2)** Beschluss des LG: sof Beschwerde zum OLG; dagegen (bei Zulassung) RB zum BGH, § 17a IV 4, 5; § 574; BGH NJW 2003, 433. Keine NZB (BAG NJW 2003, 1069). Die Divergenz kann sich aus Entscheidungen des BGH, BAG, BVerwG, BSG, BFH ergeben, nicht: des BVerfG, EuGH. Keine weitere Beschwerde zum BVerwG in verwaltungsgerichtl. Verfahren des vorl Rechtschutzes (BVerwG DÖV 2007, 127). **Entscheidung des Beschwerdegerichts:** bejaht es Zulässigkeit des Rechtswegs, weist es die Beschwerde zurück (Kosten: § 97 ZPO entspr); verneint es dagegen die Zulässigkeit des Rechtswegs, kann es den Rechtsstreit an das zust Gericht verweisen, vgl Rz 3.

2 - **ohne Parteirüge** *kann* das Gericht einen solchen Beschluss erlassen (Abs. 3 S. 1); es kann die Zulässigkeit aber auch als Vorfrage in den Entscheidungsgründen der Hauptsache erörtern oder den Rechtsweg inzident (stillschweigend) bejahen (das ist der Regelfall). Rm: Abs. 5. Die Ermessensentscheidung, eine VorabE zu treffen, ist nicht zu überprüfen (BGH NJW-RR 2005, 142).

**b) Das Gericht nimmt Unzulässigkeit des Rechtswegs an:**

3 Auf eine Rüge kommt es nicht an, weil der Rechtsweg von Amts wegen zu prüfen ist. Ein Verweisungsantrag ist (anders als bei § 281 ZPO) nicht nötig. Rechtl. Gehör ist vorher zu gewähren (Absatz 2 Satz 1), auch schriftl. Das Gericht beschließt zB: "(I) Der Rechtsweg zu den ordentlichen Gerichten wird für unzulässig erklärt. (II) Der Rechtsstreit wird an das VG Regensburg verwiesen.“ Eine Begründung ist notw. Keine KostenE, keine vorl Vollstr (Abs. 2 S. 1; Beschlussformalien Abs. 4 S. 1, 2; Anfechtung Abs. 4 S. 3-6). Der Verweisungsbeschluss ist zuzustellen (BAG MDR 1993, 57), dann wird abgewartet, ob sof Beschwerde (Frist: zwei Wochen, § 569 ZPO) eingelegt wird, denn das abgebende Gericht darf die Akten erst nach Rechtskraft des Beschlusses an das zust Gericht übersenden (BAG NZA 1992, 1047). **(1)** wenn sof Beschwerde eingelegt wird: Erlass eines Nichtabhilfebeschlusses (§ 572 ZPO); dann Vorlage an das BeschwerdeG. **(2)** Wenn der Beschluss rechtskräftig wurde: Versendung der Akten an das zust Gericht. Bei unterbliebener Zustellung ist § 517 analog anzuwenden (BAG NZA 1992, 1047).

**Verweisung:** Sind mehrere Gerichte örtl. oder sachl. zust: Abs. 2 S. 2. Will der Kl keine Verweisung, kann er die Klage uU zurücknehmen. Keine Verweisung an ein ausl Gericht, an ein kirchliches Gericht (VGH München NJW 1999, 378). **Teilverweisung:** Bei Klagehäufung und Widerklage ist denkbar, dass das Verfahren getrennt wird (§ 145 ZPO) und dann nur ein Teilverfahren verwiesen wird. Bei Haupt-/Hilfsantrag wird zwar der gesamte Rechtsstreit verwiesen, wenn der Hauptanspruch zum anderen Rechtsweg gehört. Das EmpfangsG kann, wenn die Entscheidung des Hilfsanspruchs ansteht, insoweit zurück- oder weiterverweisen, weil die Bindungswirkung nur den Hauptanspruch erfasst (*Zöller/Gummer* § 17a GVG Rz 13a).

**PKH:** § 17a GVG gilt auch im PKH-Verf (OVG Bautzen NJW 1999, 517; VGH Mann- 3a
heim NJW 1992, 707; *Gsell/Mehring* NJW 2002, 1991; str).

**Einstweilige Verfügung:** ob § 17a auch hier anzuwenden ist, ist zweifelhaft, weil durch das monatelange Vorschaltverfahren der Eilbedürftigkeit nicht Rechnung getragen werden kann. Die hM wendet gleichwohl § 17a an (BGH NJW 1999, 3785; BAG NJW 2000, 2524; KG NJW 2002, 1504; VGH München NVwZ-RR 2003, 74; für § 123 VwGO OVG Hamburg NVwZ-RR 2000, 842; **aA** OVG Greifswald NVwZ 2001, 446).

**FGG-Sachen.** Hält das ZivilG die Sache für eine **FGG-Sache:** Die Abgrenzung ist keine 3b
Frage der Zulässigkeit des Rechtswegs oder der sachl. Zust, sondern der Anwendung verschiedenen VerfahrensR (FGG oder ZPO), str. Wird eine Sache vom ProzessG behandelt, obwohl es eine FGG-Sache ist (zB § 156 KostO), ist sie von Amts wegen an das zust Gericht zu verweisen; die Klage darf nicht als unzul abgewiesen werden (BGH NJW-RR 2005, 721). Es gelten Sondervorschriften: §§ 11, 18 HausratsVO; § 12 LwVG; § 621 III ZPO; hilfsweise ist auf das Verhältnis zwischen den FGG-Gerichten beim AG und den Prozessgerichten § 17a GVG analog anzuwenden (BayObLG NJW-RR 2000, 1540). Wird die Zust-Rüge in erster Instanz erhoben, muss also ein Vorab-Beschluss entspr § 17a ergehen; ist dies nicht der Fall, ist das BeschwerdeG in der Zust-Frage nicht gebunden, weil § 17a V dann nicht eingreift. Zur Verweisung nach § 17a vgl ferner OLG Köln NJW-RR 1999, 1440; OLG Naumburg NZM 2000, 194; OLG Frankfurt NJW-RR 1994, 447.

**Rechtsmittel:** der Beschluss des ZivilG unterliegt der sof Beschwerde nach § 567 ZPO. 3c
Vgl Rz 1. Kosten nach §§ 91 ff. ZPO (BGH NJW 1993, 2541). Wer selbst die Verweisung beantragte, dem fehlt allerdings die formelle Beschwer (LG Stuttgart Justiz 1999, 327). Beschwerdewert: str: wie Hauptsachewert (OLG Köln NJW-RR 1993, 639); **aA** 1/3 bis 1/5 (OLG Karlsruhe ZMR 2001, 145). Vgl § 3 ZPO. Wird die RB trotz Grundsätzlichkeit nicht zugel (Abs. 4 S. 4), gibt es gleichwohl **keine Nichtzulassungsbeschwerde** (BAG MDR 2000, 538; BVerwG NVwZ 1994, 782).

**Bindung:** Der Beschluss ist nach **Absatz 2 Satz 3** für das EmpfangsG **doppelt bindend:** 4
es kann nicht zurückverweisen; es kann nicht an ein Gericht eines anderen Rechtswegs weiterverweisen (aufdrängende, nicht mehr abdrängende Verweisung); wohl aber innerhalb des Rechtswegs an das örtl./sachl./funktionelle Gericht (BAG NZA 1994, 478; BayObLG ZMR 2004, 130); in der int Zust ist das EmpfangsG nicht gebunden. Bindend ist auch der unrichtige Beschluss; wenn ihm „jede rechtliche Grundlage" fehlte, soll keine Bindung bestehen (BayObLG NZM 2000, 338; BVerwG ZfBeamtR 1999, 286; zweifelhaft). Wenn eine gesetzwidrige Rückverweisung rechtskr wird, entfaltet sie Bindungswirkung nach § 17a II 3 (BGH NJW 2000, 1343).

**Fehlerhafte Entscheidungen:** Wenn das Gericht § 17a II übersieht und die Klage als 4a
unzul abweist (statt zu verweisen), weil der Rechtsweg nicht gegeben sei, oder wenn das

Gericht trotz Rüge der Partei (§ 17a III 2) nicht vorab durch Beschluss, sondern die Zulässigkeit des Rechtswegs erst im Urteil bejaht (zwei nicht seltene Fehler), ist das Urteil mit Ber usw anfechtbar, ohne die Beschränkung in Abs. 5, also auch hinsichtl. der Rechtswegfrage (BGH 119, 247); das BerGer hebt ggf durch Beschluss das Urteil auf und verweist in den zul Rechtsweg (BGH NJW-RR 2005, 721; NJW 1999, 651; NJW 1998, 2057); Aufhebung und Zurückverweisung zwecks Erlass des Vorab-Beschlusses kommt nur in Frage, wenn das OLG wegen der Grundsätzlichkeit die Beschwerde zum BGH zulassen würde (OLG Celle NVwZ 1999, 1376).

5 **2. Zweite/dritte Instanz.** Die Rechtsmittelgerichte dürfen, wenn sie in der Hauptsache angerufen werden, nach Abs. 5 die Zulässigkeit des Rechtswegs nicht mehr prüfen, weder auf Rüge noch von Amts wegen. Die Parteien sind also auf die Anfechtung der Vorabentscheidung über den Rechtsweg (Beschluss nach Abs. 4) angewiesen. Das RmG hat aber die richtigen mat-rechtl. Bestimmungen anzuwenden (vgl § 17 II GVG). Die eingeschränkte Nachprüfbarkeit der Rechtswegfrage in den höheren Instanzen gem Abs. 5 setzt voraus, dass § 17a I iÜ beachtet wurde, also früher eine Klärung des Zwischenstreits durch Rm gegen den Beschluss mögl. war. **Absatz 5 ist** deshalb **nicht anzuwenden**, wenn das Gericht in erster Instanz entgegen Abs. 3 S. 2 über die Zulässigkeit des Rechtswegs nicht vorab durch Beschluss, sondern erst im Urteil entschieden hatte (BGH NJW 1993, 1799; 1993, 470; 1993, 389); vgl Rz 4a. § 17a V gilt nicht im Verh staatl. – kirchl. Gericht. **Absatz 5 ist anzuwenden:** Wenn der Bekl die Zulässigkeit des Rechtswegs beim LG (bzw AG) nicht gerügt hat, so dass eine Vorabentscheidung nicht geboten war, liegt kein Verstoß gegen Abs. 3 S. 2 vor; das OLG (bzw LG) darf dann die Rechtswegfrage nicht inhaltl. überprüfen (BGH NJW 1994, 387).

6 **3. Abgrenzung** zu anderen Bestimmungen über die Entscheidung von Zust-Streit: § 36 ZPO; § 5 FGG; Streitentscheidung durch Präsidium (§ 21e GVG).

## § 17b [Folgen der Verweisung]

**(1) [1]Nach Eintritt der Rechtskraft des Verweisungsbeschlusses wird der Rechtsstreit mit Eingang der Akten bei dem im Beschluss bezeichneten Gericht anhängig. [2]Die Wirkungen der Rechtshängigkeit bleiben bestehen.**

**(2) [1]Wird ein Rechtsstreit an ein anderes Gericht verwiesen, so werden die Kosten im Verfahren vor dem angegangenen Gericht als Teil der Kosten behandelt, die bei dem Gericht erwachsen, an das der Rechtsstreit verwiesen wurde. [2]Dem Kläger sind die entstandenen Mehrkosten auch dann aufzuerlegen, wenn er in der Hauptsache obsiegt.**

1 **1. Absatz 1** spricht die Folgen der Verweisung aus. **Satz 1** meint keine neue Anhängigkeit beim EmpfangsG, sondern stellt nur die neue Zuordnung der Sache fest. **Satz 2:** eine Fristwahrung wirkt fort, zB Klagefristen, Verjährungshemmung (bis 31.12.2001: Verjährungsunterbrechung).

2 **2. Absatz 2** entspricht § 281 III ZPO. Zur KostenE vgl § 281 Rz 26-28. Wird zB vom ArbG an das LG verwiesen, enthält der Beschluss keine KostenE, keine StrW-Festsetzung. Weist das LG die Klage dann ab, werden alle Kosten dem Kl auferlegt (§ 91 ZPO), keine

Kostentrennung. Wird der Klage beim LG stattgegeben: die Kosten, die durch die Anrufung des ArbG entstanden sind, werden dem Kl auferlegt; die übrigen Kosten dem Bekl. Die Aussortierung ist Sache des Kf-Verfahrens. Die beim ArbG angefallenen RA-Kosten werden nicht erstattet (§§ 12a I 1, 46 II 1 ArbGG; OLG Brandenburg MDR 2000, 788). Wird vom LG an das ArbG verwiesen, kann der obsiegende Bekl die Erstattung seiner RA-Kosten verlangen; §§ 12a I 3, 46 II 1 ArbGG (BAG NZA 2005, 429).

## § 18 [Mitglieder der diplomatischen Missionen]

**[1]Die Mitglieder der im Geltungsbereich dieses Gesetzes errichteten diplomatischen Missionen, ihre Familienmitglieder und ihre privaten Hausangestellten sind nach Maßgabe des Wiener Übereinkommens über diplomatische Beziehungen vom 18. April 1961 (BGBl 1964 II S. 957 ff) von der deutschen Gerichtsbarkeit befreit. [2]Dies gilt auch, wenn ihr Entsendestaat nicht Vertragspartei dieses Übereinkommens ist; in diesem Falle findet Art 2 des Gesetzes vom 6. August 1964 zu dem Wiener Übereinkommen vom 18. April 1961 über diplomatische Beziehungen (BGBl 1964 II S 957) entsprechende Anwendung.**

Auf die Immunität kann verzichtet werden. Urteil, Mahn- und Vollstr-Bescheide gegen 1
Immune hält die hM für nichtig. Zustellungen sind grds nur im int Rechtsverkehr zul; vgl ferner § 185 Nr. 3 ZPO; anders, wenn sie entgegengenommen werden, wie zB Zustellungen an den Drittschuldner nach § 829 ZPO (AG Bonn MDR 1966, 597; *Steinmann* MDR 1965, 798). Zur ZwV in ein Grundstück, das für diplomatische Zwecke genutzt wird, vgl BGH NJW-RR 2003, 1218.

## § 19 [Mitglieder der konsularischen Vertretungen]

**(1) [1]Die Mitglieder der im Geltungsbereich dieses Gesetzes errichteten konsularischen Vertretungen einschließlich der Wahlkonsularbeamten sind nach Maßgabe des Wiener Übereinkommens über konsularische Beziehungen vom 24. April 1963 (BGBl 1969 II S 1585 ff) von der deutschen Gerichtsbarkeit befreit. [2]Dies gilt auch, wenn ihr Entsendestaat nicht Vertragspartei dieses Übereinkommens ist; in diesem Falle findet Artikel 2 des Gesetzes vom 26. August 1969 zu dem Wiener Übereinkommen vom 24. April 1963 über konsularische Beziehungen (BGBl 1969 II S 1585) entsprechende Anwendung.**

**(2) Besondere völkerrechtliche Vereinbarungen über die Befreiung der in Absatz 1 genannten Personen von der deutschen Gerichtsbarkeit bleiben unberührt.**

## § 20 [Staatsgäste etc]

**(1) Die deutsche Gerichtsbarkeit erstreckt sich auch nicht auf Repräsentanten anderer Staaten und deren Begleitung, die sich auf amtliche Einladung der Bundesrepublik Deutschland im Geltungsbereich dieses Gesetzes aufhalten.**

**(2) Im übrigen erstreckt sich die deutsche Gerichtsbarkeit auch nicht auf andere als in Absatz 1 und in den §§ 18 und 19 genannten Personen, soweit sie nach den all-**

**gemeinen Regeln des Völkerrechts, auf Grund völkerrechtlicher Vereinbarungen oder sonstige Rechtsvorschriften von ihr befreit sind.**

1 Über Immunität ausl Staaten vgl *Geiger* NJW 1987, 1124; *Kronke* IPRax 1991, 141; *v. Schönfeld* NJW 1986, 2890. Ausl Zentralbanken: *Krauskopf* WM 1986, 89. Zwischenstaatliche Organisationen *Wenckstern* NJW 1987, 1113. NATO-Truppen *Sennekamp* NJW 1983, 2733.

### § 21

1 *(betrifft Strafsachen)*

## Zweiter Titel
## Allgemeine Vorschriften über das Präsidium und die Geschäftsverteilung

### § 21a [Präsidium]

**(1) Bei jedem Gericht wird ein Präsidium gebildet.**

**(2) Das Präsidium besteht aus dem Präsidenten oder aufsichtführenden Richter als Vorsitzenden und**

**1. bei Gerichten mit mindestens achtzig Richterplanstellen aus zehn gewählten Richtern,**

**2. bei Gerichten mit mindestens vierzig Richterplanstellen aus acht gewählten Richtern,**

**3. bei Gerichten mit mindestens zwanzig Richterplanstellen aus sechs gewählten Richtern,**

**4. bei Gerichten mit mindestens acht Richterplanstellen aus vier gewählten Richtern,**

**5. bei den anderen Gerichten aus den nach § 21 b Abs. 1 wählbaren Richtern.**

Neugefasst ab 01.01.2000.

1 **Absatz 2.** Die Zahl der Planstellen ergibt sich aus dem Haushaltsplan; ob die Stellen besetzt sind, spielt keine Rolle. Bei Nr. 1 besteht das Präsidium aus 11 Mitgliedern (Präsident, zehn Mitglieder). Beim AG gibt es je nach Größe aufsichtsführende Richter (Direktor des AG) oder AG-Präsidenten; bei den höheren Gerichten Präsidenten. Bei kleinen AG besteht das Präsidium aus dem LG-Präsidenten und den Amtsrichtern des AG (Abs. 2 Nr. 5).

### § 21b [Wahl zum Präsidium]

**(1) [1]Wahlberechtigt sind die Richter auf Lebenszeit und die Richter auf Zeit, denen bei dem Gericht ein Richteramt übertragen ist, sowie die bei dem Gericht tätigen Richter auf Probe, die Richter kraft Auftrags und die für eine Dauer von mindestens drei Monaten abgeordneten Richter, die Aufgaben der Rechtsprechung wahrnehmen.**

**[2]Wählbar sind die Richter auf Lebenszeit und die Richter auf Zeit, denen bei dem Gericht ein Richteramt übertragen ist. [3]Nicht wahlberechtigt und nicht wählbar sind Richter, die für mehr als drei Monate an ein anderes Gericht abgeordnet, für mehr als drei Monate beurlaubt oder an eine Verwaltungsbehörde abgeordnet sind.**

**(2) Jeder Wahlberechtigte wählt höchstens die vorgeschriebene Zahl von Richtern.**

**(3) [1]Die Wahl ist unmittelbar und geheim. [2]Gewählt ist, wer die meisten Stimmen auf sich vereint. [3]Durch Landesgesetz können andere Wahlverfahren für die Wahl zum Präsidium bestimmt werden; in diesem Fall erläßt die Landesregierung durch Rechtsverordnung die erforderlichen Wahlordnungsvorschriften; sie kann die Ermächtigung hierzu auf die Landesjustizverwaltung übertragen. [4]Bei Stimmengleichheit entscheidet das Los.**

**(4) [1]Die Mitglieder werden für vier Jahre gewählt. [2]Alle zwei Jahre scheidet die Hälfte aus. [3]Die zum ersten Mal ausscheidenden Mitglieder werden durch das Los bestimmt.**

**(5) Das Wahlverfahren wird durch eine Rechtsverordnung geregelt, die von der Bundesregierung mit Zustimmung des Bundesrates erlassen wird.**

**(6) [1]Ist bei der Wahl ein Gesetz verletzt worden, so kann die Wahl von den in Absatz 1 Satz 1 bezeichneten Richtern angefochten werden.[2]Über die Wahlanfechtung entscheidet ein Senat des zuständigen Oberlandesgerichts, bei dem Bundesgerichtshof ein Senat dieses Gerichts.[3]Wird die Anfechtung für begründet erklärt, so kann ein Rechtsmittel gegen eine gerichtliche Entscheidung nicht darauf gestützt werden, das Präsidium sei deswegen nicht ordnungsgemäß zusammengesetzt gewesen. [4]Im übrigen sind auf das Verfahren die Vorschriften des Gesetzes über die Angelegenheiten der freiwilligen Gerichtsbarkeit sinngemäß anzuwenden.**

Neugefasst ab 01.01.2000.

**1. Absatz 1 Satz 1.** Wahlberechtigt ist, wer bei „dem" Gericht ein Richteramt hat usw, 1
auch wenn er nur Ausbildungs- oder Verwaltungsaufgaben wahrnimmt. *Nicht:* ehrenamtl. Richter, Handelsrichter, Verwaltungsrichter der Baulandkammern (BGH NJW 1977, 1821), dort abgeordnete Richter die nur Verwaltungsaufgaben wahrnehmen. **Satz 2:** Im Gegensatz zu früher müssen nicht eine bestimmte Zahl vors Richter dem Präsidium angehören, denkbar ist, dass keiner im Präsidium ist. Wählbar ist auch der Vizepräsident.

**2. Absatz 2.** Es besteht Wahlpflicht (BVerwG DRiZ 1975, 375); bei Verstoß: § 26 DRiG. 2
Wie viele Richter zu wählen sind, hängt von §§ 21a ff. GVG ab; grds ist nur die Hälfte der Mitglieder jeweils neu zu wählen, Abs. 4 S. 2. Stimmenhäufungen sind unzul.

**3. Absatz 3, 4, 5.** Annahme der Wahl durch den Gewählten ist nicht erforderl.; das Amt 3
kann nicht abgelehnt werden (BVerwG DRiZ 1975, 375), auch nicht niedergelegt usw. Einzelheiten (zB Briefwahl, ungültige Stimmen) vgl WahlO für die Präsidien der Gerichte v. 19.09.1972 (BGBl 1821).

**4. Absatz 6.** Wahlanfechtung. Verletztes Gesetz ist zB die WahlO. Eine Frist ist nicht 4
bestimmt. Über Anfechtung der Wahl beim AG, LG, OLG entscheidet ein OLG-Senat; dagegen keine Beschwerde nach § 19 FGG zum BGH (BGH NJW 1983, 2945). FGG ist

zB wegen der Kosten (§ 13a FGG) anzuwenden (OVG Münster NJW 1988, 724). Die Anfechtung hat nur Erfolg, wenn sich der Verstoß auf das Wahlergebnis ausgewirkt haben kann; ist die Anfechtung erfolgreich, muss neu gewählt werden.

## § 21c [Vertretung der Mitglieder des Präsidiums]

**(1) [1]Bei einer Verhinderung des Präsidenten oder aufsichtführenden Richters tritt sein Vertreter (§ 21 h) an seine Stelle. [2]Ist der Präsident oder aufsichtführende Richter anwesend, so kann sein Vertreter, wenn er nicht selbst gewählt ist, an den Sitzungen des Präsidiums mit beratender Stimme teilnehmen. [3]Die gewählten Mitglieder des Präsidiums werden nicht vertreten.**

**(2) Scheidet ein gewähltes Mitglied des Präsidiums aus dem Gericht aus, wird es für mehr als drei Monate an ein anderes Gericht abgeordnet oder für mehr als drei Monate beurlaubt, wird es an eine Verwaltungsbehörde abgeordnet oder wird es kraft Gesetzes Mitglied des Präsidiums, so tritt an seine Stelle der durch die letzte Wahl Nächstberufene.**

Neugefasst ab 01.01.2000.

1 **1. Absatz 1.** Wird zB der Präsident durch den (gewählten) Vizepräsidenten vertreten, wird letzterer nicht vertreten (S. 3), die Zahl der Mitglieder schrumpft.

2 **2. Absatz 2.** Ein Gewählter wird kraft Gesetz Mitglied, wenn er zum Präsidenten ernannt wird. Bei Rückkehr nach Abordnung lebt das Amt nicht wieder auf (**hM**; vgl *Kissel* Rz 6). Nächstberufener: es kommt auf die Stimmenzahl bei der letzten Wahl an. Bei Streit darüber wird nach § 21b VI GVG entschieden (BGH 112, 330).

## § 21d [Größe des Präsidiums]

**(1) Für die Größe des Präsidiums ist die Zahl der Richterplanstellen am Ablauf des Tages maßgebend, der dem Tage, an dem das Geschäftsjahr beginnt, um sechs Monate vorhergeht.**

**(2) [1]Ist die Zahl der Richterplanstellen bei einem Gericht mit einem Präsidium nach § 21 a Abs. 2 Nr. 1 bis 3 unter die jeweils genannte Mindestzahl gefallen, so ist bei der nächsten Wahl, die nach § 21 b Abs. 4 stattfindet, die folgende Zahl von Richtern zu wählen:**

**1. bei einem Gericht mit einem Präsidium nach § 21 a Abs. 2 Nr. 1 vier Richter,**

**2. bei einem Gericht mit einem Präsidium nach § 21 a Abs. 2 Nr. 2 drei Richter,**

**3. bei einem Gericht mit einem Präsidium nach § 21 a Abs. 2 Nr. 3 zwei Richter.**

**[2]Neben den nach § 21 b Abs. 4 ausscheidenden Mitgliedern scheidet jeweils ein weiteres Mitglied, das durch das Los bestimmt wird, aus.**

**(3) [1]Ist die Zahl der Richterplanstellen bei einem Gericht mit einem Präsidium nach § 21 a Abs. 2 Nr. 2 bis 4 über die für die bisherige Größe des Präsidiums maßgebende Höchstzahl gestiegen, so ist bei der nächsten Wahl, die nach § 21 b Abs. 4 stattfindet, die folgende Zahl von Richtern zu wählen:**

**1. bei einem Gericht mit einem Präsidium nach § 21 a Abs. 2 Nr. 2 sechs Richter,**

**2. bei einem Gericht mit einem Präsidium nach § 21 a Abs. 2 Nr. 3 fünf Richter,**

**3. bei einem Gericht mit einem Präsidium nach § 21 a Abs. 2 Nr. 4 vier Richter.**

**[2]Hiervon scheidet jeweils ein Mitglied, das durch das Los bestimmt wird, nach zwei Jahren aus.**

Neugefasst ab 01.01.2000.

§ 21e [Aufgaben und Befugnisse des Präsidiums; Geschäftsverteilung]

**(1) [1]Das Präsidium bestimmt die Besetzung der Spruchkörper, bestellt die Ermittlungsrichter, regelt die Vertretung und verteilt die Geschäfte. [2]Es trifft diese Anordnungen vor dem Beginn des Geschäftsjahres für dessen Dauer. [3]Der Präsident bestimmt, welche richterlichen Aufgaben er wahrnimmt. [4]Jeder Richter kann mehreren Spruchkörpern angehören.**

**(2) Vor der Geschäftsverteilung ist den Richtern, die nicht Mitglied des Präsidiums sind, Gelegenheit zur Äußerung zu geben.**

**(3) [1]Die Anordnungen nach Absatz 1 dürfen im Laufe des Geschäftsjahres nur geändert werden, wenn dies wegen Überlastung oder ungenügender Auslastung eines Richters oder Spruchkörpers oder infolge Wechsels oder dauernder Verhinderung einzelner Richter nötig wird. [2]Vor der Änderung ist den Vorsitzenden Richtern, deren Spruchkörper von der Änderung der Geschäftsverteilung berührt wird, Gelegenheit zu einer Äußerung zu geben.**

**(4) Das Präsidium kann anordnen, daß ein Richter oder Spruchkörper, der in einer Sache tätig geworden ist, für diese nach einer Änderung der Geschäftsverteilung zuständig bleibt.**

**(5) Soll ein Richter einem anderen Spruchkörper zugeteilt oder soll sein Zuständigkeitsbereich geändert werden, so ist ihm, außer in Eilfällen, vorher Gelegenheit zu einer Äußerung zu geben.**

**(6) Soll ein Richter für Aufgaben der Justizverwaltung ganz oder teilweise freigestellt werden, so ist das Präsidium vorher zu hören.**

**(7) [1]Das Präsidium entscheidet mit Stimmenmehrheit. [2]§ 21i Abs. 2 gilt entsprechend.**

**(8) [1]Das Präsidium kann beschließen, daß Richter des Gerichts bei den Beratungen und Abstimmungen des Präsidiums für die gesamte Dauer oder zeitweise zugegen sein können. [2]§ 171 b gilt entsprechend.**

**(9) Der Geschäftsverteilungsplan des Gerichts ist in der von dem Präsidenten oder aufsichtführenden Richter bestimmten Geschäftsstelle des Gerichts zur Einsichtnahme aufzulegen; einer Veröffentlichung bedarf es nicht.**

Neugefasst ab 01.01.2000.

1 **1. Absatz 1.** Die Justizverwaltung bestimmt (nach LandesR) die Zahl der Spruchkörper (Kammern, Senate), die Zahl der Richterplanstellen und die Stelleninhaber; beim BGH vgl § 130 GVG. Das Präsidium bestimmt die **Geschäftsverteilung: a)** Es grenzt die Zust der einzelnen Abteilungen (AG) bzw Kammern (LG), Senate (OLG) voneinander ab; zweckmäßige Schlüssel sind zB der Anfangsbuchstabe des Bekl, der zeitl. Eingang (dazu BGH 40, 91), räuml. Bereich, Sachgebiet; dies muss so sein, damit auf die Verteilung niemand unzul Einfluss nehmen kann. **b)** Es wird jedem Vors Richter der Vorsitz in einem oder mehreren Spruchkörpern übertragen; ein Vors kann zusätzl. Beisitzer in einem anderen Spruchkörper sein (BGH NJW 1984, 130). **c)** Die Beisitzer werden bestimmt.

2 **Überbesetzung** der Kammern und Senate ist begrenzt zul: Beim LG, OLG können bis zu vier ständige Beisitzer zugewiesen werden, vgl Art 101 I 2 GG (BVerfG 17, 294; BGH NJW 1965, 1434), wohl jetzt auch mehr als vier (vgl BVerfG NJW 1997, 1497; durch die neue ER-Regelung gibt es ohnehin keine „Senatsrechtsprechung" mehr, der frühere Sinn ist entfallen); welche zwei Beisitzer bei den konkreten Verfahren mitzuwirken haben, wird nach § 21 g GVG geregelt. Der KfH können zehn und mehr Handelsrichter zugewiesen werden. Über Mitwirkung von Richtern auf Probe vgl § 29 DRiG. Der Zust-Bereich des einzelnen Richters wird Referat bzw Dezernat genannt. **d)** Die Vertretung des Vors (vgl § 21f GVG) und der Beisitzer ist zu regeln.

3 **Satz 4.** Bei Zuweisung zu mehreren Spruchkörpern ist der Vorrang zu regeln (BGH NJW 1973, 1291).

4 **2. Absatz 2.** Anspruch auf schriftl. oder mdl Äußerung gegenüber dem Präsidium (nicht nur gegenüber dem Präsidenten). Unterlassene Anhörung macht den Plan nicht mangelhaft.

5 **3. Absatz 3.** Die Geschäftsverteilung darf nur insoweit geändert werden, als dies mit dem Anlass zusammenhängt (vgl BGH NJW 1978, 1444).

6 **4. Absatz 4.** Grundsätzl. werden auch die anhängigen Sachen von der Änderung der Geschäftsverteilung erfasst.

7 **5. Absatz 5.** Vgl Abs. 2. Bei Schwerbehinderten vgl § 22 IV SchwBehG.

8 **6. Absatz 6.** zB Tätigkeit in der Verwaltungsabteilung, als Leiter von Referendar-Arbeitsgemeinschaften.

9 **7. Absatz 7.** Beschlussfassung erfolgt idR in mdl Sitzungen (Führung eines Protokolls ist zweckmäßig), zul ist nach hM aber auch das schriftl. Umlaufverfahren (bedenkl. und str; vgl § 21 i GVG). Das Präsidium kann sich eine Geschäftsordnung geben. An Beratung und Abstimmung (§§ 192-197 GVG gelten dafür nicht) dürfen die Mitglieder (und der Vertr nach § 21c I 2 GVG) teilnehmen, uU auch andere Richter (**Absatz 8**; dazu *Hillmann* SchlHA 2006, 69); ob Stimmenthaltung zul ist, ist str (vgl *Kissel* § 21e Rz 66). Ablehnung wegen Befangenheit ist unzul (**hM**; **aA** *Wömpner* DRiZ 1982, 404). Für die Mitglieder besteht richterl. Schweigepflicht (entspr § 43 DRiG; str).

10 **8. Absatz 9.** Der Plan ist schriftl. abzufassen und von den mitwirkenden Präsidiumsmitgliedern zu unterschreiben.

**9. Einzelfragen:** 11

- **Anfechtung:** Die Prozessparteien können den Plan nicht anfechten (Bay-VerfGH NJW 1986, 1673). Beteiligte Richter können den Plan in Sonderfällen auf den Verwaltungsrechtsweg anfechten (vgl BVerfG NJW 1976, 325; BVerwG NJW 1976, 1224; BayVerfGH NJW 1978, 1515; BGH NJW 1991, 425; zur Streitfrage vgl *Kissel* Rz 109).
- **Bereitschaftsdienst:** Einrichtung und Zuteilung dazu hat durch das Präsidium zu erfolgen (BGH NJW 1987, 1198). 12
- **Nichtrichterliche Geschäftsverteilung** (dh die der Beamten, Angestellten, Rechtspfleger) bestimmt der Präsident oder aufsichtsführende Richter gesondert, dafür gilt § 21e GVG nicht. 13
- **Mängel bei der Anwendung der Geschäftsverteilung** können die Parteien mit Rechtsmitteln geltend machen, wenn das Gericht nicht ordnungsgem besetzt war (§§ 538 II Nr. 1, 547 Nr. 1 ZPO); ferner Verfassungsbeschwerde wegen Art 101 GG (dazu BVerfG NStZ 2005, 643). 14
- **Rechtsnatur des Plans:** str; jedenfalls ist er kein Justizverwaltungsakt und nicht Rspr (vgl BayVerfGH NJW 1986, 1673). Man kann ihn wohl keinem der bekannten Rechtsinstitute zuordnen. 15
- **Streit über Auslegung des Plans**, zB welche ZivK für eine Sache zust ist, entscheidet das Präsidium (BGH DRiZ 1978, 249). Ob eine Sache dagegen zur Zust einer KfH (oder der ZivK) bzw des FamG (oder der ZivAbt) gehört, entscheidet nicht das Präsidium (weil es nicht um Auslegung des Geschäftsverteilungsplans geht), sondern dieser Spruchkörper zunächst selbst, dann das Obergericht nach **§ 36 Nr. 6 ZPO** (BGH NJW 1978, 1531). 16
- **Vertretung:** Bei Offensichtlichkeit der Verhinderung (Krankheit, Urlaub, Dienstbefreiung) ist eine förml. Feststellung nicht nötig; wenn str ist, ob ein Vertretungsfall vorliegt (zB bei Verhinderung durch andere Dienstgeschäfte, BGH NJW 1974, 1572; Lehrveranstaltung, BGH DRiZ 1983, 234; allg Überlastung) entscheidet der Präsident oder Aufsichtsrichter (BGH NJW 1988, 1922; hM), nicht das Präsidium; ein Aktenvermerk ist zweckmäßig. Ist der Spruchkörper mit mehr als zwei Beisitzern besetzt und wird bei Vertretung kein Beisitzer aus einem anderen Spruchkörper benötigt, stellt der Vors den Vertretungsfall fest (§ 21 g GVG; BGH DRiZ 1983, 234). 17

## § 21f [Vorsitz in den Spruchkörpern]

**(1) Den Vorsitz in den Spruchkörpern bei den Landgerichten, bei den Oberlandesgerichten sowie bei dem Bundesgerichtshof führen der Präsident und die Vorsitzenden Richter.**

**(2) [1]Bei Verhinderung des Vorsitzenden führt den Vorsitz das vom Präsidium bestimmte Mitglied des Spruchkörpers. [2]Ist auch dieser Vertreter verhindert, führt das dienstälteste, bei gleichem Dienstalter das lebensälteste Mitglied des Spruchkörpers den Vorsitz.**

1 **1. Absatz 1.** Spruchkörper beim LG sind die ZivK, KfH, kleine und große Strafkammer, Schwurgerichtskammer, Jugendkammer usw. Beim OLG, BGH: Senate. Grds übernehmen der Präsident und die Vors Richter in jeweils einem Spruchkörper den Vorsitz; mögl. ist auch gleichzeitiger Vorsitz in mehreren Spruchkörpern (BGH NJW 1967, 1566), solange der richtungsweisende Einfluss des Vors gewährleistet ist (dh dann, wenn er sich nicht zu mehr als 25 % vertreten lassen muss, BGH NJW 1962, 1570).

2 **Hilfskammern, Ferienkammern** brauchen nicht mit einem Vors Richter besetzt sein (BGH NJW 1983, 2952; str). In Sonderfällen kann der Vorsitz vorübergehend unbesetzt bleiben (BVerfG NJW 1983, 1541; BVerwG NJW 1986, 1366; über haushaltsrechtliche Besetzungssperren vgl BGH NJW 1985, 2336 und 2337). Dauernde Vakanz im Vorsitz ist aber kein Verhinderungs- und Vertretungsfall (BDiszG ZfBeamtR 2001, 336).

3 **2. Absatz 2.** Die dauernde oder für ein unabsehbare Zeit erfolgende Vertretung des Vors ist unzulässig (BGH NJW 2006, 154), etwa wenn er ein Jahr krank ist. Das Präsidium muss nicht den dienstältesten Richter zum Vertreter bestimmen. Vertreter des Vors der KfH muss kein Vors Richter sein (BGH VersR 1978, 460). Der Spruchkörper kann in den Mitwirkungsgrundsätzen (§ 21g II GVG) anordnen, dass der Vors in Sachen mit bestimmter Endziffer nicht mitwirkt, dh insoweit verhindert ist (BGH NJW 1995, 335).

## § 21g [Geschäftsverteilung innerhalb der Spruchkörper]

**(1) [1]Innerhalb des mit mehreren Richtern besetzten Spruchkörpers werden die Geschäfte durch Beschluß aller dem Spruchkörper angehörenden Berufsrichter auf die Mitglieder verteilt. [2]Bei Stimmengleichheit entscheidet das Präsidium.**

**(2) Der Beschluß bestimmt vor Beginn des Geschäftsjahres für dessen Dauer, nach welchen Grundsätzen die Mitglieder an den Verfahren mitwirken; er kann nur geändert werden, wenn es wegen Überlastung, ungenügender Auslastung, Wechsels oder dauernder Verhinderung einzelner Mitglieder des Spruchkörpers nötig wird.**

**(3) Absatz 2 gilt entsprechend, soweit nach den Vorschriften der Prozeßordnungen die Verfahren durch den Spruchkörper einem seiner Mitglieder zur Entscheidung als Einzelrichter übertragen werden können.**

**(4) Ist ein Berufsrichter an der Beschlußfassung verhindert, tritt der durch den Geschäftsverteilungsplan bestimmte Vertreter an seine Stelle.**

**(5) § 21 i Abs. 2 findet mit der Maßgabe entsprechende Anwendung, daß die Bestimmung durch den Vorsitzenden getroffen wird.**

**(6) Vor der Beschlußfassung ist den Berufsrichtern, die von dem Beschluß betroffen werden, Gelegenheit zur Äußerung zu geben.**

**(7) § 21e Abs. 9 findet entsprechende Anwendung.**

Neu gefasst ab 01.01.2000.

1 **Absatz 1.** Die kammerinterne (senatsinterne) Geschäftsverteilung wird von allen Richtern der Kammer usw mit Mehrheit beschlossen (früher wurde sie vom Vors allein bestimmt); BGH NJW 2004, 2992; Schriftform ist notw. Dazu gehört die Bestimmung des jeweiligen ER und in Kammersachen des Berichterstatters; bei überbesetztem Spruchkörper die

Bestimmung der mitwirkenden Beisitzer, zB bei der KfH der Handelsrichter. Der **spruchkörperinterne Geschäftsverteilungsplan** regelt zB bei drei Beisitzern, dass bei Sachen mit den Endziffern 1, 2, 7, 10, 40, 70, 00 die Beisitzer A/B, bei Endziffern 3, 4, 8, 20, 50, 80 die Beisitzer A/C, bei Endziffern 5, 6, 9, 30, 60, 90 die Beisitzer B/C mitwirken.

**Absatz 2.** Änderungen des internen Plans. Zu dessen Voraussetzungen vgl BGH NStZ 2001, 611. Ob Überlastung vorliegt bestimmt nicht allein der Vors. 2

**Absatz 3.** Der Einzelrichter des Spruchkörpers (vgl § 348 ZPO) muss im Vorhinein im Regelfall abstrakt bestimmt sein, auch wenn die Kammer nicht überbesetzt ist; ob das Verfahren dem ER übertragen wird, entscheidet die Kammer, die Person des ER bestimmt der Spruchkörper im abstrakten Plan vor Beginn des Jahres. **Satz 2:** was „angemessen" ist, hängt vom Umfang der ER-Übertragung nach § 348 ab. 3

**Absatz 4.** Bei Verhinderung eines regelmäßigen Beisitzers stimmt sein Vertreter für ihn ab. 4

**Absatz 5.** In Eilfällen kann der Vors Ersatzanordnungen treffen. 5

**Absatz 6.** Vor der Beschlussfassung werden die Betroffenen angehört. 6

**Absatz 7.** Der interne Plan, schriftl. abgefasst und zweckmäßigerweise von allen unterschrieben steht zur Einsichtnahme zur Verfügung, zB auf der Geschäftsstelle. 7

## § 21h [Vertretung des Präsidenten und des aufsichtführenden Richters]

**[1]Der Präsident oder aufsichtsführende Richter wird in seinen durch dieses Gesetz bestimmten Geschäften, die nicht durch das Präsidium zu verteilen sind, durch seinen ständigen Vertreter, bei mehreren ständigen Vertretern durch den dienstältesten, bei gleichem Dienstalter durch den lebensältesten von ihnen vertreten. [2]Ist ein ständiger Vertreter nicht bestellt oder ist er verhindert, wird der Präsident oder aufsichtführende Richter durch den dienstältesten, bei gleichem Dienstalter durch den lebensältesten Richter vertreten.**

Die Vorschrift betrifft Geschäfte im Rahmen des Präsidiums (zB Vorsitz, § 21c I 1 GVG; § 22a GVG; Vertretung durch den Vizepräsidenten), nicht die Vertretung in Rechtsprechungs- oder Justizverwaltungsaufgaben. 1

## § 21i [Beschlussfähigkeit des Präsidiums]

**(1) Das Präsidium ist beschlußfähig, wenn mindestens die Hälfte seiner gewählten Mitglieder anwesend ist.**

**(2) [1]Sofern eine Entscheidung des Präsidiums nicht rechtzeitig ergehen kann, werden die in § 21 e bezeichneten Anordnungen von dem Präsidenten oder aufsichtführenden Richter getroffen. [2]Die Gründe für die getroffene Anordnung sind schriftlich niederzulegen. [3]Die Anordnung ist dem Präsidium unverzüglich zur Genehmigung vorzulegen. [4]Sie bleibt in Kraft, solange das Präsidium nicht anderweit beschließt.**

1 **1. Absatz 1.** Der Vors oder sein Vertr (§ 21 h GVG) müssen immer anwesend sein; wie sich die anwesende Hälfte zusammensetzt, ist gleichgültig. Trotz des Wortlauts von Abs. 1 ist **schriftliches Umlaufverfahren** zul., wenn alle Mitglieder damit einverstanden sind (BVerwG NJW 1992, 254); aber bedenkl.

2 **2. Absatz 2** betrifft Eilanordnungen. Dienstaufsichtführender Richter ist der Direktor des AG.

### § 21j [Errichtung neuer Gerichte]

**(1) [1]Wird ein Gericht errichtet und ist das Präsidium nach § 21a Abs. 2 Nr. 1 bis 4 zu bilden, so werden die in § 21e bezeichneten Anordnungen bis zur Bildung des Präsidiums von dem Präsidenten oder aufsichtführenden Richter getroffen. [2]§ 21i Abs. 2 Satz 2 bis 4 gilt entsprechend.**

**(2) [1]Ein Präsidium nach § 21a Abs. 2 Nr. 1 bis 4 ist innerhalb von drei Monaten nach der Errichtung des Gerichts zu bilden. [2]Die in § 21b Abs. 4 Satz 1 bestimmte Frist beginnt mit dem auf die Bildung des Präsidiums folgenden Geschäftsjahr, wenn das Präsidium nicht zu Beginn eines Geschäftsjahres gebildet wird.**

**(3) An die Stelle des in § 21d Abs. 1 bezeichneten Zeitpunkts tritt der Tag der Errichtung des Gerichts.**

**(4) [1]Die Aufgaben nach § 1 Abs. 2 Satz 2 und 3 und Abs. 3 der Wahlordnung für die Präsidien der Gerichte vom 19. September 1972 (BGBl. I S. 1821) nimmt bei der erstmaligen Bestellung des Wahlvorstandes der Präsident oder aufsichtführende Richter wahr. [2]Als Ablauf des Geschäftsjahres in § 1 Abs. 2 Satz 2 und § 3 Satz 1 der Wahlordnung für die Präsidien der Gerichte gilt der Ablauf der in Absatz 2 Satz 1 genannten Frist.**

§ 21j eingefügt durch G v. 19.04.2006 (BGBl 2006, 866).

## Dritter Titel
## Amtsgericht

### § 22 [Richter beim Amtsgericht]

**(1) Den Amtsgerichten stehen Einzelrichter vor.**

**(2) Einem Richter beim Amtsgericht kann zugleich ein weiteres Richteramt bei einem anderen Amtsgericht oder bei einem Landgericht übertragen werden.**

**(3) [1]Die allgemeine Dienstaufsicht kann von der Landesjustizverwaltung dem Präsidenten des übergeordneten Landgerichts übertragen werden. [2]Geschieht dies nicht, so ist, wenn das Amtsgericht mit mehreren Richtern besetzt ist, einem von ihnen von der Landesjustizverwaltung die allgemeine Dienstaufsicht zu übertragen.**

**(4) Jeder Richter beim Amtsgericht erledigt die ihm obliegenden Geschäfte, soweit dieses Gesetz nichts anderes bestimmt, als Einzelrichter.**

**(5) [1]Es können Richter kraft Auftrags verwendet werden. [2]Richter auf Probe können verwendet werden, soweit sich aus Absatz 6, § 23b Abs. 3 Satz 2 oder § 29 Abs. 1 Satz 2 nichts anderes ergibt.**

**(6) Ein Richter auf Probe darf im ersten Jahr seiner Erneuerung Geschäfte in Insolvenzsachen nicht wahrnehmen.**

**1. Absatz 1.** Beim AG gibt es keine „Kammern“; es entscheiden „Einzelrichter“ (nicht im Sinne von § 348). AG-Zweigstellen sind unselbständige Teile des Hauptgerichts. 1

**2. Absatz 2.** Doppelernennung. Das weitere Richteramt gibt zB Wahlrecht nach § 21b I 1 GVG. 2

**3. Absatz 3.** Dienstvorgesetzter der Richter am AG ist (je nach Landesrecht) der LG-Präsident oder (bei großen AG) der AG-Präsident, also nicht der AG-Direktor. Vgl § 15 der VO v 20.3.1935 (RGBl I 403); § 20 II 2 BayAGGVG. 3

**4. Absatz 4.** Beim AG gibt es keine Kammern; Sonderregelungen in Landwirtschaftssachen (LwVG) und beim SchöffenG. Es werden aber Abteilungen gebildet. Der AG-Einzelrichter hat mit dem des § 348 ZPO nichts zu tun. 4

**5. Absatz 5.** Vgl §§ 12, 14 DRiG; § 23b III 2 GVG. 5

## § 22a [Vorsitzender des Präsidiums beim AG]

**Bei Amtsgerichten mit einem aus allen wählbaren Richtern bestehenden Präsidium (§ 21a Abs. 2 Satz 1 Nr. 5) gehört der Präsident des übergeordneten Landgerichts oder, wenn der Präsident eines anderen Amtsgerichts die Dienstaufsicht ausübt, dieser Präsident dem Präsidium als Vorsitzender an.**

§ 22a zuletzt geändert durch G v. 22.12.1999.

Betrifft kleine AG mit weniger als acht Richterplanstellen; der Präsident ist auch dann Vors des Präsidiums, wenn ein aufsichtführender Richter (AG-Direktor) ernannt ist. Für die Eilregelung nach § 22 i GVG ist ebenfalls der Präsident zust (*Kissel* Rz 5; str). 1

## § 22b [Vertretung der Richter]

**(1) Ist ein Amtsgericht nur mit einem Richter besetzt, so beauftragt das Präsidium des Landgerichts einen Richter seines Bezirks mit der ständigen Vertretung dieses Richters.**

**(2) Wird an einem Amtsgericht die vorübergehende Vertretung durch einen Richter eines anderen Gerichts nötig, so beauftragt das Präsidium des Landgerichts einen Richter seines Bezirks längstens für zwei Monate mit der Vertretung.**

**(3) [1]In Eilfällen kann der Präsident des Landgerichts einen zeitweiligen Vertreter bestellen. [2]Die Gründe für die getroffene Anordnung sind schriftlich niederzulegen.**

**(4) Bei Amtsgerichten, über die der Präsident eines anderen Amtsgerichts die Dienstaufsicht ausübt, ist in den Fällen der Absätze 1 und 2 das Präsidium des anderen Amtsgerichts und im Falle des Absatzes 3 dessen Präsident zuständig.**

1 Die Vertretung der Richter bei AG richtet sich grds nach § 21e GVG. Abs. 1 betrifft Einmanngerichte. Abs. 2 setzt voraus, dass so viele Verhinderungsfälle vorliegen, dass die Vertretungsregelung ausgeschöpft ist. Durch einen Geschäftsverteilungsplan kann nicht bestimmt werden, dass Richter eines fremden AG alternierend Reihendienst leisten (VGH München NJW 1994, 2308). Abs. 3: Eilfall: wenn die Entscheidung des Präsidiums nicht mehr eingeholt werden kann.

### § 22c [Bereitschaftsdienst]

**(1) [1]Die Landesregierungen werden ermächtigt, durch Rechtsverordnung zu bestimmen, dass für mehrere Amtsgerichte im Bezirk eines Landgerichts ein gemeinsamer Bereitschaftsdienstplan aufgestellt wird oder ein Amtsgericht Geschäfte des Bereitschaftsdienstes ganz oder teilweise wahrnimmt, wenn dies zur Sicherstellung einer gleichmäßigeren Belastung der Richter mit Bereitschaftsdiensten angezeigt ist. [2]Zu dem Bereitschaftsdienst sind die Richter der in Satz 1 bezeichneten Amtsgerichte heranzuziehen. [3]In der Verordnung nach Satz 1 kann bestimmt werden, dass auch die Richter des Landgerichts heranzuziehen sind. [4]Über die Verteilung der Geschäfte des Bereitschaftsdienstes beschließt nach Maßgabe des § 21e das Präsidium des landgerichts im Einvernehmen mit den Präsidien der betroffenen Amtsgerichte. [5]Kommt eine Einigung nicht zu Stande, obliegt die Beschlussfassung dem Präsidium des Oberlandesgerichts, zu dessen Bezirk das Landgericht gehört.**

**(2) Die Landesregierungen können die Ermächtigung nach Absatz 1 auf die Landesjustizverwaltungen übertragen.**

§ 22c I geändert durch G. v. 23.07.2002 (BGBl 2850).

### § 22d [Handlungen eines unzuständigen Richters]

**Die Gültigkeit der Handlung eines Richters beim Amtsgericht wird nicht dadurch berührt, daß die Handlung nach der Geschäftsverteilung von einem anderen Richter wahrzunehmen gewesen wäre.**

1 § 22d bedeutet nur noch, dass die Entscheidung etc. nicht nichtig ist. Sie ist aber daher mit den ordentl. Rm anfechtbar. Vgl ferner § 16 GVG, Art 101 GG; ähnl. § 7 FGG. Die Beschränkung auf das AG ist unklar. Vgl BGH NJW 1962, 1396; NJW 1980, 2365; NJW 1986, 144.

### § 23 [Sachliche Zuständigkeit des AG in Zivilsachen]

**Die Zuständigkeit der Amtsgerichte umfaßt in bürgerlichen Rechtsstreitigkeiten, soweit sie nicht ohne Rücksicht auf den Wert des Streitgegenstandes den Landgerichten zugewiesen sind:**

**1. Streitigkeiten über Ansprüche, deren Gegenstand an Geld oder Geldeswert die Summe von fünftausend Euro nicht übersteigt;**

**2. ohne Rücksicht auf den Wert des Streitgegenstandes:**

a) **Streitigkeiten über Ansprüche aus einem Mietverhältnis über Wohnraum oder über den Bestand eines solchen Mietverhältnisses; diese Zuständigkeit ist ausschließlich;**

b) **Streitigkeiten zwischen Reisenden und Wirten, Fuhrleuten, Schiffern oder Auswanderungsexpedienten in den Einschiffungshäfen, die über Wirtszechen, Fuhrlohn, Überfahrtsgelder, Beförderung der Reisenden und ihrer Habe und über Verlust und Beschädigung der letzteren, sowie Streitigkeiten zwischen Reisenden und Handwerkern, die aus Anlaß der Reise entstanden sind;**

c) **Streitigkeiten nach § 43 Nr. 1 bis 4 und 6 des Wohnungseigentumsgesetzes; diese Zuständigkeit ist ausschließlich;**

d) **Streitigkeiten wegen Wildschadens;**

e) ***(weggefallen)***

f) ***(weggefallen)***

g) **Ansprüche aus einem mit der Überlassung eines Grundstücks in Verbindung stehenden Leibgedings-, Leibzuchts-, Altenteils- oder Auszugsvertrag;**

h) **das Aufgebotsverfahren.**

§ 23 Nr. 2c wieder eingefügt durch G v. 26.03.2007 (BGBl 2007, 370).

1 **Allgemeines.** § 23 regelt die sachl. Zust (die örtl. Zust regeln §§ 12 ff. ZPO), aber nur in Nr. 2a ausschl. bürgerl. Rechtsstreitigkeiten: § 13 GVG. Ohne Rücksicht auf den Wert dem LG zugewiesen: § 71 II, III GVG. Weitere Zust des AG vgl §§ 23a, 23b, 27 GVG, Sondergesetze. Beachte daneben die sachl. Zust des ArbeitsG (ArbGG). Seit 01.01.2002 beträgt der Wert in Nr. 1: 5 000 €, vorher 10 000 DM, vor 1993 6 000 DM.

2 **Nr. 1. Streitigkeiten.** Ob sie vermögensrechtl. sind oder nicht, spielt seit 01.03.1993 keine Rolle mehr. Bei StrW ab 5 000,01 € ist das LG zust (Berechnung § 3 ZPO, keine Berücksichtigung von Zinsen etc, § 4 ZPO). Für Sachen mit einem LG-Streitwert können aber die Parteien die Zust des AG vereinbaren (§§ 38, 40 ZPO) oder durch rügelose Einlassung herbeiführen (§ 39 ZPO); zur Belehrungspflicht vgl § 504 ZPO. Ebenso können Sachen mit AG-StrW nach §§ 38-40 ZPO vor dem LG verhandelt werden.

3 **Nr. 2b, 2d bis 2h.** Zust ist nicht ausschließl., §§ 38-40 ZPO sind anwendbar. Werden 3 000 € nach Nr. 1 und 10 000 € nach Nr. 2 zusammen eingeklagt (§ 260 ZPO), ist das AG zust; bei jeweils 15 000 € nach Nr. 1 und Nr. 2 ist abzutrennen und Nr. 1 auf Antrag an das LG zu verweisen, §§ 281, 504 ZPO.

4 **Wohnraum-Mietverhältnis, Nr. 2a:** Hier muss beachtet werden, dass **§ 29a ZPO** eine ausschließl. *örtliche* Zust enthält; § 23 Nr. 2a bringt eine ausschließl. *sachliche* Zust. Für einen Wohnraumstreit (auch Kündigung, Räumung, Mietschulden, Zustimmung zur Mieterhöhung usw) mit einem StrW in beliebiger Höhe (auch mehr als 5 000 Euro) ist also das AG am Wohnraum ausschl. örtl. und sachl. zust. Für Pacht gilt § 23 Nr. 2a nicht. Für **Streitigkeiten über gewerbliche Räume** (Läden, Büros, Geschäftsräume, Gasthäuser, Lager, Fabrikhallen usw) in Köln ist der Gerichtsort Köln örtl. ausschließl. zust (§ 29a ZPO), bei einem StrW bis 5 000,00 € das AG (aber nicht ausschließlich, also nach §§ 38-40 ZPO das LG), bei einem StrW ab 5 000,01 € das LG (§§ 23 Nr. 1,,71 GVG

nicht ausschließl., also nach §§ 38-40 ZPO das AG). – Über **Mischmietverhältnisse** (Gasthaus mit Wohnung) vgl Kommentierung bei § 29a ZPO. *Sonderregelungen* für Werkwohnungen (§ 2 III ArbGG); Wohnungseigentum vgl Nr. 2c; Landpachtsachen (LwVG; FGG-Sache); ehem DDR-Datschen § 55 SchuldRAnpG; Wohnung im Ausland: Art 22 Nr. 1 VO(EG) Nr. 44/2001 (ab 1.3.2002) bzw Art 16 EuGVÜ.

5 **Nr. 2b:** nicht: Bestellung von Konferenzräumen für Tagung (LG Frankfurt BB 1965, 268). **Nr. 2c:** örtl. und sachl. ausschl. Für § 43 Nr. 5 WEG (Klagen Dritter) ist je nach Strw das AG oder LG zust; diese Zust ist nur örtl. ausschl. Berufung: beachte § 72 II GVG. **Nr. 2d:** §§ 29 ff. BJagdG (Vorverfahren uU notw). **Nr. 2 g:** Art. 96 EGBGB. **Nr. 2 h:** §§ 946 ff. ZPO.

## § 23a [Zuständigkeit in Kindschafts-, Unterhalts- und Ehesachen]

**Die Amtsgerichte sind in bürgerlichen Rechtsstreitigkeiten ferner zuständig für**

1. **Streitigkeiten in Kindschaftssachen;**
2. **Streitigkeiten, die eine durch Ehe oder Verwandtschaft begründete gesetzliche Unterhaltspflicht betreffen;**
3. **Ansprüche nach den §§ 1615 m, 1615 m des Bürgerlichen Gesetzbuchs;**
4. **Ehesachen;**
5. **Streitigkeiten über Ansprüche aus dem ehelichen Güterrecht, auch wenn Dritte am Verfahren beteiligt sind;**
6. **Lebenspartnerschaftssachen;**
7. **Streitigkeiten nach dem Gewaltschutzgesetz, wenn die Parteien einen auf Dauer angelegten gemeinsamen Haushalt führen oder innerhalb von sechs Monaten vor der Antragstellung geführt haben.**

§ 23a zuletzt geändert durch G v. 11.12.2001 (BGBl 2001, 3513).

1 Auf den StrW kommt es nicht an; die Sachen des § 23a sind teilweise dem FamG beim AG zugewiesen (§ 23b GVG).

2 **Nr. 1:** Abstammungsprozesse (zB nichtehel. Väter), § 640 II Nr. 1-3 ZPO.

3 **Nr. 2:** Gesetzl. Unterhaltspflicht nach §§ 1360 ff. BGB. Darunter fallen auch Streitigkeiten aus vertragl. Unterhaltspflicht, wenn der Vertrag den gesetzl. Anspruch nur der Höhe nach regelte und konkretisierte (BGH NJW 1979, 2517), aber nicht zB Unterhaltsvereinbarungen nur *aus Anlass* einer Praxisübernahme. „Betreffen“: also fallen unter Nr. 2 auch Prozesskostenvorschuss, Auskunftsprozesse, gesetzl. Forderungsübergang, Überleitung, Erstattung zB aus Bereicherung (BGH NJW 1978, 1531). Für diese Sachen ist das FamilienG zust (§ 23b I Nr. 5, 6 GVG), seit 01.07.1998 auch bei *nichtehelichen* Kindern.

4 **Nr. 3:** zB Entbindungskosten.

**Nr. 4:** vgl § 23b I Nr. 1 GVG.

**Nr. 5:** vgl § 23b I Nr. 9 GVG.

**Nr. 6:** vgl § 661 ZPO (nichtehel. gleichgeschlechtl. registrierte Partnerschaften);

**Nr. 7:** vgl GewaltschutzG v. 11.12.2001 (BGBl. 2001, 3513). Bei Überschreitung der 6-Monatsfrist: Zust von AG (Zivilabt., nicht FamG) bzw LG je nach StrW (OLG Nürnberg MDR 2003, 336); vgl *Schulz* FuR 2002, 97.

### § 23b [Familiengerichte]

**(1) [1]Bei den Amtsgerichten werden Abteilungen für Familiensachen (Familiengerichte) gebildet. [2]Familiensachen sind:**

**1. Ehesachen;**

**2. Verfahren betreffend die elterliche Sorge für ein Kind, soweit nach den Vorschriften des Bürgerlichen Gesetzbuchs hierfür das Familiengericht zuständig ist;**

**3. Verfahren über die Regelung des Umgangs mit einem Kind, soweit nach den Vorschriften des Bürgerlichen Gesetzbuchs hierfür das Familiengericht zuständig ist;**

**4. Verfahren über die Herausgabe eines Kindes, für das die elterliche Sorge besteht;**

**5. Streitigkeiten, die die durch Verwandtschaft begründete Unterhaltspflicht betreffen;**

**6. Streitigkeiten, die die durch Ehe begründete gesetzliche Unterhaltspflicht betreffen;**

**7. Verfahren, die den Versorgungsausgleich betreffen;**

**8. Verfahren über Regelungen nach der Verordnung über die Behandlung der Ehewohnung und des Hausrats;**

**8a. Verfahren nach dem Gewaltschutzgesetz, wenn die Beteiligten einen auf Dauer angelegten gemeinsamen Haushalt führen oder innerhalb von sechs Monaten vor der Antragstellung geführt haben;**

**9. Streitigkeiten über Ansprüche aus dem ehelichen Güterrecht, auch wenn Dritte am Verfahren beteiligt sind;**

**10. Verfahren nach den §§ 1382 und 1383 des Bürgerlichen Gesetzbuchs;**

**11. Verfahren nach den §§ 10 bis 12 sowie nach § 47 des Internationalen Familienrechtsverfahrensgesetzes vom 26. Januar 2005 (BGBl. I S. 162);**

**12. Kindschaftssachen;**

**13. Streitigkeiten über Ansprüche nach den §§ 1615l, 1615 m des Bürgerlichen Gesetzbuchs;**

**14. Verfahren nach § 1303 Abs. 2 bis 4, § 1308 Abs. 2 und § 1315 Abs. 1 Satz 1 Nr. 1, Satz 3 des Bürgerlichen Gesetzbuchs;**

**15. Lebenspartnerschaftssachen.**

**(2) [1]Sind wegen des Umfangs der Geschäfte oder wegen der Zuweisung von Vormundschafts-, Betreuungs- und Unterbringungssachen mehrere Abteilungen für Familiensachen zu bilden, so sollen alle Familiensachen, die denselben Personenkreis betreffen, derselben Abteilung zugewiesen werden. [2]Wird eine Ehesache rechtshän-**

**gig, während eine andere Familiensache nach Absatz 1 Satz 2 Nr. 6 bis 10 bei einer anderen Abteilung im ersten Rechtszug anhängig ist, so ist diese von Amts wegen an die Abteilung der Ehesache abzugeben; für andere Familiensachen nach Absatz 1 Satz 2 Nr. 2 bis 5 gilt dies nur, soweit sie betreffen**

1. **in den Fällen der Nummer 2 die elterliche Sorge für ein gemeinschaftliches Kind einschließlich der Übertragung der elterlichen Sorge oder eines Teils der elterlichen Sorge wegen Gefährdung des Kindeswohls auf einen Elternteil, Vormund oder Pfleger,**
2. **in den Fällen der Nummer 3 die Regelung des Umgangs mit einem gemeinschaftlichen Kind der Ehegatten nach den §§ 1684 und 1685 des Bürgerlichen Gesetzbuchs oder des Umgangs des Ehegatten mit einem Kind des anderen Ehegatten nach § 1685 Abs. 2 des Bürgerlichen Gesetzbuchs,**
3. **in den Fällen der Nummer 4 die Herausgabe eines Kindes an den anderen Elternteil,**
4. **in den Fällen der Nummer 5 die Unterhaltspflicht gegenüber einem gemeinschaftlichen Kind.**

**[3]Wird bei einer Abteilung ein Antrag in einem Verfahren nach den §§ 10 bis 12 des Internationalen Familienrechtsverfahrensgesetzes vom 26. Januar 2005 (BGBl. I S. 162) anhängig, während eine Familiensache nach Absatz 1 Satz 2 Nr. 2 bis 4 bei einer anderen Abteilung im ersten Rechtszug anhängig ist, so ist diese von Amts wegen an die erstgenannte Abteilung abzugeben; dies gilt nicht, wenn der Antrag offensichtlich unzulässig ist. [4]Auf übereinstimmenden Antrag beider Elternteile sind die Regelungen des Satzes 3 auch auf andere Familiensachen anzuwenden, an denen diese beteiligt sind.**

**(3) [1]Die Abteilungen für Familiensachen werden mit Familienrichtern besetzt. [2]Ein Richter auf Probe darf im ersten Jahr nach seiner Ernennung Geschäfte des Familienrichters nicht wahrnehmen.**

§ 23b zuletzt geändert durch G v. 26.01.2005 (BGBl 2005, 162/172).

1 **1. Absatz 1.** Beim AG bestehen verschiedene Abteilungen: Zivil-, Strafabteilung, GBA, InsolvenzG, FamG usw; ein FamG muss immer bestehen (Ausnahme § 23c GVG); wie viele und welche Richter ihm zugewiesen werden, ist Sache des Präsidiums. In die Zust des FamG kann das Präsidium nicht eingreifen, also nicht Familiensachen der ZivilAbt übertragen, wohl aber zB *denselben* Richter für beide Abt einteilen. § 23b sagt, welche Sachen Familiensachen sind; der ähnliche § 621 ZPO, dass für bestimmte Familiensachen das FamG ausschließlich zust ist. Das FamG ist aber nicht für alle vermögensrechtl. Auseinandersetzungen zwischen Ehegatten nach gescheiterter Ehe zust (vgl *Wever* FamRZ 2001, 268), was mE auch nicht wünschenswert wäre.

2 **Nr. 1:** vgl § 606 ZPO;

**Nr. 2 ff.** vgl § 621 I Nr. 1 ff. ZPO.

**Nr. 8a:** vgl § 23a Rz 4.

**Nr. 11:** betrifft int Ehe- und Sorgerechtssachen gemeinsamer Kinder (vgl Anhang).

**Nr. 12:** vgl § 621 ZPO, Abstammungssachen, § 640 II ZPO.

**Nr. 13:** zB Entbindungskosten und Beerdigungskosten der verstorbenen nichtehel Mutter;

**Nr. 14:** zB Ehemündigkeit, Eheverbote;

**Nr. 15**: § 661 ZPO (nichtehel. homosexuelle registrierte Partnerschaften).

**2. Absatz 2 Satz 1** betrifft eine Empfehlung für die Geschäftsverteilung durch das Präsidium bei mindestens zwei Familienrichtern. **Satz 2:** Abgabe bezweckt, den Verbund (§ 623 ZPO) zu gewährleisten; vgl § 621 II ZPO. **Satz 3:** ist zB bei Abt 1 des FamG eine Sorgerechtsstreit anhängig und wird dann bei Abt 2 des FamG die Anerkennung einer französischen Umgangsentscheidung für dieses Kind anhängig, wird letzteres Verfahren an die Abt 1 abgegeben, damit Konzentration eintritt. Weitere Konzentration: § 64a FGG; § 5 AdoptionswirkungsG (BGBl 2001, 2953; ausl Kinder betr). 3

**Zuständigkeitsstreit**

- zwischen FamG und ZivilAbt oder FamG und VormundschaftsG ist nach § 36 Nr. 6 ZPO zu entscheiden (BGH NJW 1981, 126; OLG Rostock FamRZ 2004, 956); 4
- zwischen zwei Familienrichtern entscheidet dagegen das Präsidium, wenn eine FamS vorliegt
- hält das AG-FamG die LG-ZivK für zust: § 281 ZPO. 5
- verweist ein AG oder LG an das AG-FamG, ist die Zuweisung *an das FamG* von der Bindungswirkung des § 281 II 2 ZPO nicht erfasst (BGH NJW 1980, 1282); das FamG kann an die Zivilabteilung weitergeben;
- bindende Abgabe an das FamG: §§ 621 II ZPO; 64 II FGG; 11 III HausratsVO. 6

**3. Absatz 3.** Entgegen dem Wortlaut gibt es kein Berufsbild des Familienrichters und keine spezielle Ausbildung hierzu. Familienrichter ist der RiAG (auch: Direktor des AG), den das Präsidium einem FamG zuweist. Richter auf Probe: § 12 DRiG. 7

## § 23c [Gemeinsames AG in Familien- und Vormundschaftssachen]

**[1]Die Landesregierungen werden ermächtigt, durch Rechtsverordnung einem Amtsgericht für die Bezirke mehrerer Amtsgerichte die Familiensachen sowie ganz oder teilweise die Vormundschafts-, Betreuungs- und Unterbringungssachen zuzuweisen, sofern die Zusammenfassung der sachlichen Förderung der Verfahren dient oder zur Sicherung einer einheitlichen Rechtsprechung geboten erscheint. [2]Die Landesregierungen können die Ermächtigungen auf die Landesjustizverwaltungen übertragen.**

## §§ 24-26

*(betreffen Strafsachen)*

### § 27 [Sonstige Zuständigkeit des AG]

**Im übrigen wird die Zuständigkeit und der Geschäftskreis der Amtsgerichte durch die Vorschriften dieses Gesetzes und der Prozeßordnungen bestimmt.**

1 ZB § 29a ZPO (Miete), § 689 ZPO (Mahnverfahren), § 764 ZPO (VollstrG); § 157 GVG (Rechtshilfe); §§ 35, 72, 125 FGG; § 2 InsO; § 1 GBO; HinterlO; § 1 LwVG; Freiheitsentziehungs G; int Rechtsverkehr.

## Vierter Titel
## Schöffengerichte

### §§ 28-58

*(betreffen Strafsachen)*

## Fünfter Titel
## Landgerichte

### § 59 [Besetzung der Landgerichte]

**(1) Die Landgerichte werden mit einem Präsidenten sowie mit Vorsitzenden Richtern und weiteren Richtern besetzt.**

**(2) Den Richtern kann gleichzeitig ein weiteres Richteramt bei einem Amtsgericht übertragen werden.**

**(3) Es können Richter auf Probe und Richter kraft Auftrags verwendet werden.**

1 Der **Präsident des Landgerichts** ist Richter (in Notarkostenbeschwerdeverfahren darf er wegen § 92 BNotO nicht mitwirken, BayObLG NJW-RR 1988, 254) und hat zugleich Aufgaben der Justizverwaltung (zB Dienstaufsicht) und der gerichtl. Selbstverwaltung (§§ 21a, e, i GVG). Vertretung: § 21h GVG. **Vorsitzende Richter:** § 21f GVG.

2 **Weitere Richter** sind die Richter am LG, Richter auf Probe (§ 12 DRiG). Über Richter kraft Auftrags vgl § 14 DRiG. Die Zahl der vors und beisitzenden Richter bestimmt die Landesjustizverwaltung. Wenn die Wiederbesetzung einer freien Stelle ungebührlich lange (mehr als sechs bis acht Monate, BGH NJW 1960, 542) verzögert wird, kann das Recht auf den gesetzl. Richter verletzt sein.

### § 60 [Zivil- und Strafkammern]

**Bei den Landgerichten werden Zivil- und Strafkammern gebildet.**

1 Die Justizverwaltung (Landes-Justizministerium) bestimmt die Zahl der Kammern. Ferner gibt es uU KfH (§ 94 GVG), Kammern für Baulandsachen (§ 220 BauGB).

## §§ 61-69
(weggefallen)

## § 70 [Vertretung der Kammermitglieder]

**(1) Soweit die Vertretung eines Mitgliedes nicht durch ein Mitglied desselben Gerichts möglich ist, wird sie auf den Antrag des Präsidiums durch die Landesjustizverwaltung geordnet.**

**(2) Die Beiordnung eines Richters auf Probe oder eines Richters kraft Auftrags ist auf eine bestimmte Zeit auszusprechen und darf vor Ablauf dieser Zeit nicht widerrufen werden.**

**(3) Unberührt bleiben die landesgesetzlichen Vorschriften, nach denen richterliche Geschäfte nur von auf Lebenszeit ernannten Richtern wahrgenommen werden können, sowie die, welche die Vertretung durch auf Lebenszeit ernannte Richter regeln.**

**Absatz 1** betrifft eine Notsituation zB infolge Häufung von Krankheitsfällen. „Geordnet“: die Landesjustizverwaltung kann zB einen Richter auf Probe beiordnen; die Beigeordneten werden häufig als „Hilfsrichter“ bezeichnet. **Absatz 3** hat keine prakt Bedeutung. 1

## § 71 [Zuständigkeit in Zivilsachen in 1. Instanz]

**(1) Vor die Zivilkammern, einschließlich der Kammern für Handelssachen, gehören alle bürgerlichen Rechtsstreitigkeiten, die nicht den Amtsgerichten zugewiesen sind.**

**(2) Die Landgerichte sind ohne Rücksicht auf den Wert des Streitgegenstandes ausschließlich zuständig**

**1. für die Ansprüche, die auf Grund der Beamtengesetze gegen den Fiskus erhoben werden;**

**2. für die Ansprüche gegen Richter und Beamte wegen Überschreitung ihrer amtlichen Befugnisse oder wegen pflichtwidriger Unterlassung von Amtshandlungen.**

**3. für Schadensersatzansprüche auf Grund falscher, irreführender oder unterlassener öffentlicher Kapitalmarktinformationen.**

**(3) Der Landesgesetzgebung bleibt überlassen, Ansprüche gegen den Staat oder eine Körperschaft des öffentlichen Rechts wegen Verfügungen der Verwaltungsbehörden sowie Ansprüche wegen öffentlicher Abgaben ohne Rücksicht auf den Wert des Streitgegenstandes den Landgerichten ausschließlich zuzuweisen.**

§ 71 II Nr. 3 eingefügt durch das KapMuG v. 16.08.2005 (BGBl 2005, 2437).

**Zuständigkeit des AG:** §§ 23, 23a GVG. 1

**Das LG ist zuständig** für bürgerl. (§ 13 GVG Rz 6) Streitigkeiten (zur Kammer für Handelssachen; §§ 94, 95 GVG):

- Vermögensrechtl. Sachen ab 5 000,01 € StrW (Ausnahmen § 23 Nr. 2 GVG); die Parteien können aber stattdessen die Zust des AG vereinbaren (§§ 38 ff. ZPO). 2

3 - Auch bei StrW bis 5 000 € ist das LG zust: im Falle des **§ 71 II Nr. 1** (ohne prakt Bedeutung, weil dafür nach §§ 126 BRRG, 172 BBG, 46, 71 III DRiG der Verwaltungsrechtsweg gegeben ist) und **§ 71 II Nr. 2** (betrifft § 839 BGB, Art 34 GG; aber nicht Haftung aus § 7 StVG); hat zB die Gemeinde die Streupflicht verletzt und der Fußgänger oder Pkw-Eigentümer daher einen Schaden von 420 € ist dafür das LG zust. Keine Zust-Vereinbarung mögl.

4 - Nichtvermögensrechtl. Sachen mit über 5 000 DM € (Neuregelung seit 01.03.1993); schwierige Abgrenzung, denn was hat eine Beleidigung für einen genauen StrW? Ausnahme § 23a.

- Landesrechtl. Zuweisungen (Abs. 3), zB Art 9 BayAGGVG.

5 - Bundesrechtl. Zuweisungen, zB § 6 UnterlassungsklagenG (früher § 14 AGBG), § 19 BNotO, § 13 StrEG, § 51 GenG, § 208 BEG, § 49 BörsG, § 3 HinterlO, § 246 AktG usw.

- In zweiter Instanz vgl § 72 GVG. Besonderheiten in § 119 III GVG.
- In FGG-Sachen idR als BeschwerdeG, § 19 II FGG, § 72 GBO.

## § 72 [Zuständigkeit in Zivilsachen in 2. Instanz]

**1 Die Zivilkammern, einschließlich der Kammern für Handelssachen, sind die Berufungs- und Beschwerdegerichte in den vor den Amtsgerichten verhandelten bürgerlichen Rechtsstreitigkeiten, soweit nicht die Zuständigkeit der Oberlandesgerichte begründet ist.**

**2 In Streitigkeiten nach § 43 Nr. 1 bis 4 und 6 des Wohnungseigentumsgesetzes ist das für den Sitz des Oberlandesgerichtes zuständige Landgericht gemeinsames Berufungs- und Beschwerdegericht für den Bezirk des Oberlandesgerichts, in dem das Amtsgericht seinen Sitz hat. Dies gilt auch für die in § 119 Abs. 1 Nr. 1 Buchstabe b und c genannten Sachen. Die Landesregierungen werden ermächtigt, durch Rechtsverordnung anstelle dieses Gerichts ein anderes Landgericht im Bezirk des Oberlandesgerichts zu bestimmen. Sie können die Ermächtigung auf die Landesjustizverwaltungen übertragen.**

§ 72 geändert ab 01.01.2002; § 72 II eingefügt durch G v. 13.04.2007 (BGBl 2007, 5099).

**Lit.:** *Elzer* ZAP Fach 7 Seite 325 vom 01.08.2007.

1 Gegen AG-Urteile und AG-Beschlüsse ist für Ber (§§ 511 ff. ZPO) bzw Beschwerde (§§ 567 ff. ZPO, § 19 II FGG, § 72 GBO und weitere Nebengesetze) das LG zuständig: in gewöhnl. Sachen die LG-ZivK (uU KfH; die KfH ist zB BeschwerdeG in Handelsregistersachen); in Familiensachen das OLG (§ 119 GVG); in Sachen mit Auslandsbezug das OLG (§ 119 I Nr. 1b, 1c GVG); immer ist das OLG (und nicht das LG) die zweite Instanz, wenn das LandesR dies vorsieht (§ 119 III GVG).

2 **Absatz 2 Satz 1**: für § 43 Nr. 5 WEG (Klagen Dritter) bleibt es bei § 72 I GVG. In den Fällen § 43 Nr. 1 – 4, 6 WEG dagegen ist zB für eine Ber gegen ein Urteil des AG Passau nicht das örtl. LG Passau zust, sondern das LG München I. **Satz 2**: die Regelung des Sat-

zes 1 gilt auch für Sachen nach § 43 Nr. 1 - 4, 6 WEG mit Auslandsbezug; auch wenn ein WEG-Eigentümer in Österreich wohnt, ist also nicht das OLG zust. Anders uU bei § 43 Nr. 5 WEG: AG -> örtl. LG; bzw. AG -> OLG nach § 119 I Nr. 2 GVG; LG -> OLG nach 119 I Nr. 2 GVG. **Satz 3, 4**: das LandesR kann ein anderes LG als zust bestimmen (Haftungsfalle).

**Revision**: § 62 II WEG 2007 bzw § 26 Nr. 8 EGZPO.

### §§ 73-74e

*(betreffen Strafsachen)*

### § 75 [Besetzung der Zivilkammern]

**Die Zivilkammern sind, soweit nicht nach den Vorschriften der Prozeßgesetze an Stelle der Kammer der Einzelrichter zu entscheiden hat, mit drei Mitgliedern einschließlich des Vorsitzenden besetzt.**

Die ZivK ist (bei einer Entscheidung) grds mit dem Vors und zwei Beisitzern besetzt; über 1
Besetzung im Geschäftsverteilungsplan mit drei und mehr Beisitzern (sog Überbesetzung, wobei aber an der konkreten Entscheidung nur 1+2 mitwirken) vgl § 21e GVG. Meist werden aber nicht Kammern, sondern (seit 2002) ER tätig, §§ 348, 348a ZPO.

### §§ 76-78b

*(betreffen Strafsachen)*

### §§ 79-92

*(aufgehoben)*

## Siebenter Titel
## Kammern für Handelssachen

### § 93 [Bildung der Kammer für Handelssachen]

**(1) [1]Die Landesregierungen werden ermächtigt, durch Rechtsverordnung bei den Landgerichten für deren Bezirke oder für örtlich abgegrenzte Teile davon Kammern für Handelssachen zu bilden. [2]Solche Kammern können ihren Sitz innerhalb des Landgerichtsbezirks auch an Orten haben, an denen das Landgericht seinen Sitz nicht hat.**

**(2) Die Landesregierungen können die Ermächtigung nach Absatz 1 auf die Landesjustizverwaltungen übertragen.**

§ 93 neu gefasst durch G v. 19.04. 2006 (BGBl 2006, 866).

Die KfH ist eine SpezialZivK des LG; sie besteht nicht bei jedem LG; sie ist anders als die 1
ZivK besetzt (§ 105 GVG); dazu § 106 GVG. Ihre geschäftsverteilungsmäßige Zust ist

festgelegt; beim AG, OLG besteht ein entspr Spruchkörper nicht, durch die Geschäftsverteilung kann aber zB ein Spezialsenat für Handelssachen beim OLG gebildet werden.

## § 94 [Zuständigkeit der KfH]

**Ist bei einem Landgericht eine Kammer für Handelssachen gebildet, so tritt für Handelssachen diese Kammer an die Stelle der Zivilkammern nach Maßgabe der folgenden Vorschriften.**

1 Das Verhältnis zwischen ZivK und KfH ist keine Frage der sachl. Zust, sondern der **gesetzlichen Geschäftsverteilung.** Die Zust der KfH kann daher nicht vereinbart werden; wenn die eine Kammer anstatt der anderen entschieden hat, rechtfertigt dies kein Rm.

2 Nur in den **FGG-Sachen** (§§ 30, 125 ff. FGG) ist die Zust der KfH ausschließl. (Folge: § 27 FGG; § 547 Nr. 1 ZPO). Bei **Streit, ob die KfH oder eine ZivK zuständig** ist, entscheidet nicht das LG-Präsidium, sondern es ist § 36 Nr. 6 anzuwenden (BGH NJW 1978, 1532).

## § 95 [Begriff der Handelssachen]

**(1) Handelssachen im Sinne dieses Gesetzes sind die bürgerlichen Rechtsstreitigkeiten, in denen durch die Klage ein Anspruch geltend gemacht wird:**

**1. gegen einen Kaufmann im Sinne des Handelsgesetzbuchs, sofern er in das Handelsregister oder Genossenschaftsregister eingetragen ist oder auf Grund einer gesetzlichen Sonderregelung für juristische Personen des öffentlichen Rechts nicht eingetragen zu werden braucht, aus Geschäften, die für beide Teile Handelsgeschäfte sind;**

**2. aus einem Wechsel im Sinne des Wechselgesetzes oder aus einer der im § 363 des Handelsgesetzbuchs bezeichneten Urkunden;**

**3. auf Grund des Scheckgesetzes;**

**4. aus einem der nachstehend bezeichneten Rechtsverhältnisse:**

**a) aus dem Rechtsverhältnis zwischen den Mitgliedern einer Handelsgesellschaft oder Genossenschaft oder zwischen dieser und ihren Mitgliedern oder zwischen dem stillen Gesellschafter und dem Inhaber des Handelsgeschäfts, sowohl während des Bestehens als auch nach Auflösung des Gesellschaftsverhältnisses, und aus dem Rechtsverhältnis zwischen den Vorstehern oder den Liquidatoren einer Handelsgesellschaft oder Genossenschaft und der Gesellschaft oder deren Mitgliedern;**

**b) aus dem Rechtsverhältnis, welches das Recht zum Gebrauch der Handelsfirma betrifft;**

**c) aus den Rechtsverhältnissen, die sich auf den Schutz der Marken und sonstigen Kennzeichen sowie der Geschmacksmuster beziehen;**

**d) aus dem Rechtsverhältnis, das durch den Erwerb eines bestehenden Handelsgeschäfts unter Lebenden zwischen dem bisherigen Inhaber und dem Erwerber entsteht;**

**e) aus dem Rechtsverhältnis zwischen einem Dritten und dem, der wegen mangelnden Nachweises der Prokura oder Handlungsvollmacht haftet;**

**f) aus den Rechtsverhältnissen des Seerechts, insbesondere aus denen, die sich auf die Reederei, auf die Rechte und Pflichten des Reeders oder Schiffseigners, des Korrespondentreeders und der Schiffsbesatzung, auf die Haverei, auf den Schadensersatz im Falle des Zusammenstoßes von Schiffen, auf die Bergung und auf die Ansprüche der Schiffsgläubiger beziehen;**

**5. auf Grund des Gesetzes gegen den unlauteren Wettbewerb;**

**6. aus den §§ 44 bis 47 des Börsengesetzes (Reichsgesetzbl. 1908 S. 215).**

**(2) Handelssachen im Sinne dieses Gesetzes sind ferner die Rechtsstreitigkeiten, in denen sich die Zuständigkeit des Landgerichts nach § 246 Absatz 3 Satz 1 oder § 396 Absatz 1 Satz 2 des Aktiengesetzes, nach § 51 Abs. 3 Satz 3 oder § 81 Abs. 1 Satz 2 des Genossenschaftsgesetzes sowie nach § 10 des Umwandlungsgesetzes, § 2 des Spruchverfahrensgesetzes, § 87 des Gesetzes gegen Wettbewerbsbeschränkungen und § 13 Abs. 4 des EG-Verbraucherschutzdurchsetzungsgesetzes richtet.**

Letzte Änderung durch G v. 21.12.2006, (BGBI 2006, 3367).

**1.** Bürgerl. Rechtsstreitigkeiten vgl § 13 GVG. Maßgebend für die Beurteilung, ob eine **Handelssache** vorliegt, ist der Tatsachenvortrag in der Klage und die sich daraus ergebende rechtl. Beurteilung; auf die Rechtsansicht der Parteien kommt es nicht an (vgl BGH NJW 1955, 707). Es genügt, dass *ein* Klagegrund unter § 95 fällt (*Brandi-Dohm* NJW 1981, 2453). Auch Arreste und eVfg in Bezug auf Handelssachen sind Handelssachen, ebenso alle Anhangsverfahren (wie StW-Bestimmung, Zeugenentschädigung; § 767 ZPO-Klagen (BGH LM § 767 ZPO Nr. 42). 1

**Bei mehreren Bekl bzw mehreren Anträgen** muss die Zust der KfH für alle Ansprüche bestehen, sonst ist die ZivK zust (vgl *Gaul* JZ 1984, 57). Zur Zust bei Klage gegen den Hauptschuldner (KfH zust) und den Bürgen (KfH nicht zust) vgl OLG Düsseldorf MDR 1996, 524 (§ 36 Nr. 3 ZPO!). 2

**Zu prüfen ist:** 2a

- Liegt eine Handelssache vor, § 95?
- Antrag gestellt; von der richtigen Person? (Kl § 96; Bekl §§ 97, 98, uU § 99);
- Antrag zum zulässigen Zeitpunkt? § 102.

**Die KfH ist zuständig:** 3

**Nr. 1:** Gegen einen Kaufmann: vgl §§ 1-3, 5-7 HGB; Handelsvertreter vgl § 5 III ArbGG. Es genügt nach der Sinn der Spezialregelung, dass die Kaufmannseigenschaft bei Anspruchsentstehung vorlag (str). Ist von mehreren Bekl einer nicht Kaufmann, ist für den ganzen Prozess die ZivK zust. Der Kl muss nicht Kaufmann sein. – Geschäft für beide Teile ein Handelsgeschäft: vgl §§ 343, 344 HGB. Widerklage vgl § 98 GVG.

4 **Nr. 2:** Wechselsachen zB Wechselklagen (§§ 602 ff ZPO); Kaufleute müssen nicht beteiligt sein.

**Nr. 3:** Schecksachen.

**Nr. 4a:** Handelsgesellschaften sind OHG, KG, KGaA, AG, GmbH, GmbH & Co KG, stille Gesellschaft, ausl Gesellschaft; Genossenschaft; nicht: BGB-Gesellschaft. Vorsteher sind die Geschäftsführer, Vorstandsmitglieder, Aufsichtsratsmitglieder.

5 **Nr. 4b:** Gebrauch der Handelsfirma: §§ 17-37 HGB.

**Nr. 4c:** Ansprüche aus MarkenG, GeschmMG. Nicht: Gebrauchsmuster, Sortenschutz, Patentstreitigkeiten.

**Nr. 4d:** nicht Ansprüche der Gl aus § 25 HGB.

**Nr. 4e:** §§ 179 BGB; 48, 54 HGB.

6 **Nr. 4f:** Seerecht, soweit bürgerl. Rechtsstreitigkeit, das LG und nicht das AG, ArbG oder ein Schiffahrtsgericht zust ist.

**Nr. 5:** UWG; es genügt, dass § 1 UWG *mit* verletzt ist.

**Nr. 6:** Prospekthaftung nach BörsenG.

7 **Absatz II: AktG**, zB Anfechtungsklagen gegen Hauptversammlungsbeschlüsse.

8 **§ 87 II GWB:** Wettbewerbsbeschränkungen. Anfechtung von Genossenschaftsbeschlüssen; Verschmelzungsprüfer nach UmwG. Abfindung von Aktionären nach SpruchverfG. Beschwerde gegen Verwaltungsmaßnahmen in Verbraucherschutzsachen.

9 **FGG-Sachen** (§§ 30, 125 ff. FGG), zB Handelsregisterbeschwerdesachen.

## § 96 [Antrag auf Verhandlung vor der KfH]

**(1) Der Rechtsstreit wird vor der Kammer für Handelssachen verhandelt, wenn der Kläger dies in der Klageschrift beantragt hat.**

**(2) Ist ein Rechtsstreit nach den Vorschriften der §§ 281, 506 der Zivilprozeßordnung vom Amtsgericht an das Landgericht zu verweisen, so hat der Kläger den Antrag auf Verhandlung vor der Kammer für Handelssachen vor dem Amtsgericht zu stellen.**

1 **Absatz 1. Der Antrag** muss nicht ausdrücklich gestellt oder ausformuliert werden (OLG Brandenburg NJW-RR 2001, 429) und liegt zB darin, dass die Klage an die KfH adressiert wird; es genügt ein der Klage beigefügter Antrag in einem gesonderten Schriftsatz; eine an „das Landgericht“ adressierte Klage geht zur ZivK; der Antrag kann nicht zurückgenommen oder später nachgeholt werden (wichtig, wenn der Richter den Kl darauf hinweist, dass eine Handelssache vorliege). Im Mahnverfahren kann der Antrag im Mahnantrag angekreuzt werden, aber auch noch in der **Anspruchsbegründung** gestellt werden (OLG Frankfurt NJW 1980, 2202; § 696 ZPO Rz 5). Liegt eine Handelssache vor und fehlt der Antrag: § 97 GVG.

2 **Absatz 2.** Das AG prüft nicht, ob eine Handelssache vorliegt. Ob dies der Fall ist, wird beim LG nach §§ 97 ff. geklärt.

## § 97 [Verweisung von KfH an Zivilkammer wegen ursprünglicher Unzuständigkeit]

**(1) Wird vor der Kammer für Handelssachen eine nicht vor sie gehörige Klage zur Verhandlung gebracht, so ist der Rechtsstreit auf Antrag des Beklagten an die Zivilkammer zu verweisen.**

**(2) [1]Gehört die Klage oder die im Falle des § 506 der Zivilprozeßordnung erhobene Widerklage als Klage nicht vor die Kammer für Handelssachen, so ist diese auch von Amts wegen befugt, den Rechtsstreit an die Zivilkammer zu verweisen, so lange nicht eine Verhandlung zur Hauptsache erfolgt und darauf ein Beschluß verkündet ist. [2]Die Verweisung von Amts wegen kann nicht aus dem Grund erfolgen, daß der Beklagte nicht Kaufmann ist.**

**1. Absatz 1.** Wird eine Sache vor die KfH gebracht, die keine Handelssache ist, kann der Kl keine Verweisung beantragen, das Gericht kann nur iFd Abs. 2 von Amts wegen verweisen. **Auf Antrag** (Frist: § 101 GVG; § 297 ZPO gilt nicht) **des Beklagten** kann aber an die ZivK verwiesen werden (unanfechtbar, § 102 GVG). Bei mehreren Bekl ist ggf abzutrennen (§ 145 ZPO); ist von mehreren Ansprüchen nur einer keine Handelssache, ist der ganze Prozess an die ZivK zu verweisen. Widerklage vgl § 99 GVG. Als WiderBekl hat der Kl kein Antragsrecht (*Kissel* Rz 4). 1

Fehlte der KfH-Antrag in der Klage und wurde sie von der Geschäftsstelle irrig dem KfH-Vors vorgelegt, wird formlos an die ZivK abgegeben.

**2. Absatz 2. Verweisung von KfH an ZivK von Amts wegen:**

- wenn die Sache keine Handelssache ist; wenn gegen die Handelssachen-Klage beim AG eine Nichthandelssachen-Widerklage erhoben wurde und dann ans LG verwiesen. 2
- **Absatz 2 Satz 2:** Wenn aber die Sache bei § 95 I Nr. 1 nur deswegen keine Handelssache ist, weil der Bekl nicht Kaufmann *ist*, darf nicht nach Abs. 2 verwiesen werden. § 97 II 2 steht aber nicht entgegen, wenn Verweisung auf fehlende *Eintragung* des Bekl im Handelsregister gestützt wird (OLG Nürnberg MDR 1999, 1219; **aA** OLG Düsseldorf NJW-RR 2001, 1220).
- es darf noch kein Beschluss (zB Beweisbeschluss, Bestimmung eines Verkündungstermins) als Ergebnis der Verhandlung verkündet worden sein; Verhandlung allein schadet noch nicht.
- Ermessenssache („befugt").

## § 98 [Verweisung von Zivilkammer an KfH]

**(1) [1]Wird vor der Zivilkammer eine vor die Kammer für Handelssachen gehörige Klage zur Verhandlung gebracht, so ist der Rechtsstreit auf Antrag des Beklagten an die Kammer für Handelssachen zu verweisen. [2]Ein Beklagter, der nicht in das Handelsregister oder Genossenschaftsregister eingetragen ist, kann den Antrag nicht darauf stützen, daß er Kaufmann ist.**

**(2) Der Antrag ist zurückzuweisen, wenn die im Falle des § 506 der Zivilprozeßordnung erhobene Widerklage als Klage vor die Kammer für Handelssachen nicht gehören würde.**

**(3) Zu einer Verweisung von Amts wegen ist die Zivilkammer nicht befugt.**

**(4) Die Zivilkammer ist zur Verwerfung des Antrags auch dann befugt, wenn der Kläger ihm zugestimmt hat.**

1 **1.Absatz 1. Bei der ZivK ist eine Handelssache,** der umgekehrte Fall des § 97 I (häufig). Der Kl kann keinen nachträgl. KfH-Antrag stellen; er kann allenfalls die Klage zurücknehmen und bei der KfH neu einreichen. Von Amts wegen kann (anders als nach § 97 II) nicht verwiesen werden, **Absatz 3.** Nur der Bekl hat ein **Antragsrecht** (Zeitraum § 101); aber nicht bei jeder Handelssache: ist eine Sache deshalb Handelssache, weil der Bekl Kaufmann ist (§ 95 I Nr. 1), muss er auch ins Handelsregister eingetragen sein; sonst bleibt die Sache bei der ZivK. Der Antrag muss nicht ausdrückl. gestellt oder ausformuliert werden (OLG Brandenburg NJW-RR 2001, 429); rügt er nur die Unzuständigkeit der ZivK, weil die KfH zust sei, ist dies ein Verweisungsantrag (*van den Hövel* NJW 2001, 345; **aA** *Zöller/Gummer* § 98 Rz 2), denn was sollten diese Worte sonst bedeuten, außer Unkenntnis von § 98 GVG? **Antragsfrist:** § 101 GVG.

2 **2. Absatz 2.** Wenn gegen die beim AG erhobene Handelssachen-Klage eine Nichthandelssachen-Widerklage mit LG-StrW erhoben wird und der Prozess dann ans LG (ZivK) verwiesen wird, darf die ZivK nicht an die KfH verweisen.

3 **3. Absatz 4.** Wenn nach Abs. 1 S. 2 oder Abs. 2 nicht verwiesen werden darf, ändert die Zustimmung des Kl nichts; die KfH kann nicht vereinbart werden. Unrichtige Verweisung ist aber bindend, § 102.

Formular 50: Antrag des Beklagten auf Verweisung an die Kammer für Handelssachen

### § 99 [Verweisung an Zivilkammer wegen nachträglicher Unzuständigkeit der KfH]

**(1) Wird in einem bei der Kammer für Handelssachen anhängigen Rechtsstreit die Klage nach §256 Abs.2 der Zivilprozessordnung durch den Antrag auf Feststellung eines Rechtsverhältnisses erweitert oder eine Widerklage erhoben und gehört die erweiterte Klage oder die Widerklage als Klage nicht vor die Kammer für Handelssachen, so ist der Rechtsstreit auf Antrag des Gegners an die Zivilkammer zu verweisen.**

**(2) [1]Unter der Beschränkung des § 97 Abs. 2 ist die Kammer zu der Verweisung auch von Amts wegen befugt. [2]Diese Befugnis tritt auch dann ein, wenn durch eine Klageänderung ein Anspruch geltend gemacht wird, der nicht vor die Kammer für Handelssachen gehört.**

1 Bei der KfH wird als **Widerklage eine Nichthandelssache** erhoben. Abs. 1 wird von der **hM** analog auf **nachträgliche objektiven Klagenhäufung** (§ 260) und **Parteierweiterung** angewandt, nicht aber bei Aufrechnung. „Gegner" ist bei der Widerklage der Kl, sonst der Bekl. Antrag: § 101.

**Absatz 2.** Bei § 97 II 2 kommt es auf die fehlende Kaufmannseigenschaft des Gegners an. 2

## § 100 [Zuständigkeit der Kammer für Handelssachen in 2. Instanz]

**Die §§ 96 bis 99 sind auf das Verfahren im zweiten Rechtszuge vor den Kammern für Handelssachen entsprechend anzuwenden.**

Die **Berufung gegen ein AG-Urteil in einer Handelssache** kann an die LG-ZivK oder (selten) an die LG-KfH gerichtet werden. Der Antrag (§ 95 GVG) muss schon in der Ber-Sschrift gestellt werden (*Schneider* NJW 1997, 992; **aA** LG Köln NJW 1996, 2737: noch in der Begr); bei den späteren Verweisungen kommt es für §§ 95 I Nr. 1, 97 II 2, 98 I 2 GVG auf die Parteirolle in erster Instanz an, iÜ entspricht der Kl dem Ber-Führer. Entgegen dem Wortlaut **gelten nach hM auch §§ 101, 102.** 2

## § 101 [Verweisungsantrag]

**(1) [1]Der Antrag auf Verweisung des Rechtsstreits an eine andere Kammer ist nur vor der Verhandlung des Antragstellers zur Sache zulässig. [2]Ist dem Antragsteller vor der mündlichen Verhandlung eine Frist zur Klageerwiderung oder Berufungserwiderung gesetzt, so hat er den Antrag innerhalb der Frist zu stellen. [3]§ 296 Abs. 3 der Zivilprozeßordnung gilt entsprechend; der Entschuldigungsgrund ist auf Verlangen des Gerichts glaubhaft zu machen.**

**(2) [1]Über den Antrag ist vorab zu entscheiden. [2]Die Entscheidung kann ohne mündliche Verhandlung ergehen.**

**Absatz 1.** Der Verweisungsantrag nach §§ 97-100 ist befristet; § 297 gilt für ihn nicht. **Satz 1:** Die „Verhandlung zur Sache“ hat noch nicht begonnen, wenn nur die Anträge gestellt sind, über Vertagung oder Richterablehnung verhandelt wird; mit Erörterungen über örtl., sachl. Zust, Zulässigkeit der Klage hat sie dagegen schon begonnen. **Satz 2:** Bei Setzen einer Klageerwiderungsfrist ist der Antrag innerhalb der Frist zu stellen; wurde die Frist verlängert, innerhalb der verlängerten Frist (LG Düsseldorf MDR 2005, 709; aA LG Heilbronn MDR 2003, 321). **Satz 3:** Wird der Antrag später gestellt, ist er bei ausreichender Entschuldigung trotzdem rechtzeitig, § 296 III ZPO. – Vor Verweisung ist dem Gegner **rechtliches Gehör** zu gewähren. Verweisung von der KfH erfolgt durch Beschluss des Vors der KfH, § 349 II Nr. 1; Verweisung von der ZivK durch Beschluss der Kammer bzw des ER; jeweils ohne KostenE. 1

**Absatz 2.** Vorab: dh vor Verh über Zulässigkeit und Begründetheit. 2

## § 102 [Unanfechtbarkeit der Verweisung]

**[1]Die Entscheidung über Verweisung eines Rechtsstreits an die Zivilkammer oder an die Kammer für Handelssachen ist nicht anfechtbar. [2]Erfolgt die Verweisung an eine andere Kammer, so ist diese Entscheidung für die Kammer, an die der Rechtsstreit verwiesen wird, bindend. [3]Der Termin zur weiteren mündlichen Verhandlung wird von Amts wegen bestimmt und den Parteien bekanntgemacht.**

1 **Satz 1.** Unanfechtbar sind **Verweisungen** von der ZivK an die KfH oder umgekehrt, ebenso Antragszurückweisung, gleichgültig, weshalb sie fehlerhaft ist. Vgl Rz 4. **Formlose Abgaben** (bei Eingang der Sache, ohne Gehör des Gegners) fallen nicht unter § 102.

2 **Satz 2:** die Verweisung ist für die Kammer, an die verweisen wurde, bindend insofern, als nicht zurückverwiesen werden darf; es kann aber zB die ZivK, an die verwiesen wurde, an die nach der Geschäftsverteilung tatsächl. zust ZivK weitergeben.

3 Bei **Streit, ob die ZivK oder die KfH zuständig** ist, entscheidet das OLG, § 36 Nr. 6 ZPO (OLG Koblenz NJW 1977, 1735).

4 **Anfechtbarkeit** und mangelnde Bindung besteht iÜ ebenso wie bei § 281 ZPO (vgl *Gaul* JZ 1984, 64). Bei Verweisung trotz *verspätetem* Verweisungsantrag (§ 101 I 2) idR trotzdem Bindungswirkung (OLG Brandenburg NJW-RR 2001, 63; **aA** OLG Nürnberg NJW 1993, 3208), aber keine Bindung mehr, wenn die Frist schon längst abgelaufen war (OLG Karlsruhe MDR 1998, 558). Bei Verweisung ohne Antrag keine Bindung (*Zöller/Gummer* § 102 Rz 4), anders wohl wenn der Kl (anstatt des Bekl) den Antrag stellte. Bei (richtiger) Verweisung ohne rechtl. Gehör des Gegners Bindung (OLG Bremen OLGZ 1975, 475; **aA** OLG Düsseldorf OLGZ 1973, 243).

## § 103 [Hauptintervention]

**Bei der Kammer für Handelssachen kann ein Anspruch nach § 64 der Zivilprozeßordnung nur dann geltend gemacht werden, wenn der Rechtsstreit nach den Vorschriften der §§ 94, 95 vor die Kammer für Handelssachen gehört.**

## § 104 [Verweisung in Beschwerdesachen]

**(1) [1]Wird die Kammer für Handelssachen als Beschwerdegericht mit einer vor sie nicht gehörenden Beschwerde befaßt, so ist die Beschwerde von Amts wegen an die Zivilkammer zu verweisen. [2]Ebenso hat die Zivilkammer, wenn sie als Beschwerdegericht in einer Handelssache mit einer Beschwerde befaßt wird, diese von Amts wegen an die Kammer für Handelssachen zu verweisen. [3]Die Vorschriften des § 102 Satz 1, 2 sind entsprechend anzuwenden.**

**(2) Eine Beschwerde kann nicht an eine andere Kammer verwiesen werden, wenn bei der Kammer, die mit der Beschwerde befaßt wird, die Hauptsache anhängig ist oder diese Kammer bereits eine Entscheidung in der Hauptsache erlassen hat.**

1 **Absatz 1. Beschwerden gegen Entscheidungen des AG** gehören vor die KfH, wenn der zugrundeliegende Rechtsstreit eine Handelssache (§ 95 GVG) ist. „Befasst" ist die Kammer, sobald die Beschwerde dem Vors vorgelegt wird. Es wird von Amts wegen durch Beschluss verwiesen (§ 340 II Nr. 1 ZPO).

2 **FGG-Sachen** fallen nicht unter § 104 GVG; sie werden formlos an die zust Kammer abgegeben. Die KfH (in Kammerbesetzung, BayObLG NJW-RR 1987, 1206) ist BeschwerdeG zB in Handelsregistersachen (§ 30, §§ 125 ff. FGG), nicht aber in Vereinsregistersachen.

3 **Absatz 2** will den Sachzusammenhang fördern; zB: die Ber war schon bei der ZivK anhängig, nach Zurückverweisung werden Beschwerden eingelegt. Abs. 2 betrifft nicht die Zust der einzelnen ZivK nach der Geschäftsverteilung.

## § 105 [Besetzung der KfH]

**(1) Die Kammern für Handelssachen entscheiden in der Besetzung mit einem Mitglied des Landgerichts als Vorsitzenden und zwei ehrenamtlichen Richtern, soweit nicht nach den Vorschriften der Prozeßgesetze an Stelle der Kammer der Vorsitzende zu entscheiden hat.**

**(2) Sämtliche Mitglieder der Kammer für Handelssachen haben gleiches Stimmrecht.**

**(3) (aufgehoben)**

§ 105 geändert ab 01.01.2002.

1 **Befugnisse des Vors** vgl § 349 und § 944 ZPO. Auch in ZPO- oder FGG-Beschwerdesachen entscheidet also der Vors nicht allein. Vors ist ein Vors Richter am LG (oder sein Stellvertreter), die Beisitzer heißen Handelsrichter (§ 45a DRiG), auch sie unterschreiben die Entscheidungen (anders als die Schöffen), können aber nicht ER gem § 348 sein. Welche Handelsrichter an der jeweiligen Sitzung teilnehmen, richtet sich nach § 21g II GVG; einer KfH können etwa zehn Handelsrichter zugeteilt werden, Überbesetzung ist insoweit zul. Wird der Vors der KfH abgelehnt, entscheidet darüber der Vertreter des Vors laut Geschäftsverteilungsplan und die beiden Handelsrichter.

## § 106 [Auswärtige Kammer für Handelssachen]

**Im Falle des § 93 Abs. 1 Satz 2 kann ein Richter beim Amtsgericht Vorsitzender der Kammer für Handelssachen sein.**

§ 106 geändert durch G v. 19.04.2006 (BGBI 2006, 866).

## § 107 [Entschädigung der Handelsrichter]

**(1) Die ehrenamtlichen Richter, die weder ihren Wohnsitz noch ihre gewerbliche Niederlassung am Sitz der Kammer für Handelssachen haben, erhalten Tage- und Übernachtungsgelder nach den für Richter am Landgericht geltenden Vorschriften.**

**(2) Den ehrenamtlichen Richtern werden die Fahrtkosten in entsprechender Anwendung des § 5 des Justizvergütungs- und -entschädigungsgesetzes ersetzt.**

## § 108 [Dauer der Ernennung]

**Die ehrenamtlichen Richter werden auf gutachtlichen Vorschlag der Industrie- und Handelskammern für die Dauer von vier Jahren ernannt; eine wiederholte Ernennung ist nicht ausgeschlossen.**

### § 109 [Voraussetzungen der Ernennung]

**(1) Zum ehrenamtlichen Richter kann ernannt werden, wer**

**1. Deutscher ist,**

**2. das dreißigste Lebensjahr vollendet hat und**

**3. als Kaufmann, Vorstandsmitglied oder Geschäftsführer einer juristischen Person oder als Prokurist in das Handelsregister oder das Genossenschaftsregister eingetragen ist oder eingetragen war oder als Vorstandsmitglied einer juristischen Person des öffentlichen Rechts aufgrund einer gesetzlichen Sonderregelung für diese juristische Person nicht eingetragen zu werden braucht.**

**(2) [1]Wer diese Voraussetzungen erfüllt, soll nur ernannt werden, wenn er**

**1. in dem Bezirk der Kammer für Handelssachen wohnt oder**

**2. in diesem Bezirk eine Handelsniederlassung hat oder**

**3. einem Unternehmen angehört, das in diesem Bezirk seinen Sitz oder seine Niederlassung hat.**

**[2]Darüber hinaus soll nur ernannt werden**

**1. ein Prokurist, wenn er im Unternehmen eine der eigenverantwortlichen Tätigkeit des Unternehmers vergleichbare selbständige Stellung einnimmt,**

**2. ein Vorstandsmitglied einer Genossenschaft, wenn es hauptberuflich in einer Genossenschaft tätig ist, die in ähnlicher Weise wie eine Handelsgesellschaft am Handelsverkehr teilnimmt.**

**(3) Zum ehrenamtlichen Richter kann nicht ernannt werden, wer zu dem Amt eines Schöffen unfähig ist oder nach § 33 Nr. 4 zu dem Amt eines Schöffen nicht berufen werden soll.**

### § 110 [Ehrenamtliche Richter an Seeplätzen]

**An Seeplätzen können ehrenamtliche Richter auch aus dem Kreis der Schiffahrtskundigen ernannt werden.**

### § 111

(weggefallen)

### § 112 [Rechte und Pflichten der Handelsrichter]

**Die ehrenamtlichen Richter haben während der Dauer ihres Amts in Beziehung auf dasselbe alle Rechte und Pflichten eines Richters.**

### § 113 [Amtsenthebung]

**(1) Ein ehrenamtlicher Richter ist seines Amtes zu entheben, wenn er**

**1. eine der für seine Ernennung erforderlichen Eigenschaften verliert oder Umstände eintreten oder nachträglich bekanntwerden, die einer Ernennnung nach § 109 entgegenstehen, oder**

**2. seine Amtspflichten gröblich verletzt hat.**

**(2) Ein ehrenamtlicher Richter soll seines Amtes enthoben werden, wenn Umstände eintreten oder bekannt werden, bei deren Vorhandensein eine Erneuerung nach § 109 Abs. 3 Satz 2 nicht erfolgen soll.**

**(3) [1]Die Entscheidung trifft der erste Zivilsenat des Oberlandesgerichts durch Beschluß nach Anhörung des Beteiligten. [2]Sie ist unanfechtbar.**

**(4) Beantragt der ehrenamtliche Richter selbst die Entbindung von seinem Amt, so trifft die Entscheidung die Landesjustizverwaltung.**

### § 114 [Entscheidung der KfH auf Grund eigener Sachkunde]

**Über Gegenstände, zu deren Beurteilung eine kaufmännische Begutachtung genügt, sowie über das Bestehen von Handelsgebräuchen kann die Kammer für Handelssachen auf Grund eigener Sachkunde und Wissenschaft entscheiden.**

§ 114 ist unklar; denn wann genügt eine „kaufmännische Begutachtung"? In bestimmten Fällen müsste die KfH nach § 114 kein SV-Gutachten einholen, sondern könnte aufgrund eigener Sachkunde entscheiden. Das kann aber nur gelten, wenn (wie in anderen Fällen eigener Sachkunde des Berufsrichters) diese angebliche Sachkunde den Parteien eröffnet wird und wenn im Urteil dargelegt wird, woher sie stammt; ob ein Stoff einwandfrei ist, kann ein Obsthändler wohl nicht schon deswegen entscheiden, weil er Handelsrichter ist. 1

## Achter Titel
## Oberlandesgerichte

### § 115 [Besetzung]

**Die Oberlandesgerichte werden mit einem Präsidenten sowie mit Vorsitzenden Richtern und weiteren Richtern besetzt.**

Die weiteren Richter sind die Richter am OLG. Vorübergehend können als Hilfsrichter Richter am LG oder am AG an das OLG abgeordnet werden, zB zur Erprobung. Auch Professoren können im Nebenamt als Richter tätig sein (§§ 9, 7 DRiG). 1

### § 116 [Zivil- und Strafsenate]

**(1) [1]Bei den Oberlandesgerichten werden Zivil- und Strafsenate gebildet. [2]Bei den nach § 120 zuständigen Oberlandesgerichten werden Ermittlungsrichter bestellt;**

**zum Ermittlungsrichter kann auch jedes Mitglied eines anderen Oberlandesgerichts, das in dem in § 120 bezeichneten Gebiet seinen Sitz hat, bestellt werden.**

**(2) [1]Die Landesregierungen werden ermächtigt, durch Rechtsverordnung außerhalb des Sitzes des Oberlandesgerichts für den Bezirk eines oder mehrerer Landgerichte Zivil- oder Strafsenate zu bilden und ihnen für diesen Bezirk die gesamte Tätigkeit des Zivil- oder Strafsenats des Oberlandesgerichts oder einen Teil dieser Tätigkeit zuzuweisen. [2]Ein auswärtiger Senat für Familiensachen kann für die Bezirke mehrerer Familiengerichte gebildet werden.**

**(3) Die Landesregierungen können die Ermächtigung nach Absatz 2 auf die Landesjustizverwaltungen übertragen.**

§ 116 geändert durch G v. 19.04.2006 (BGBI 2006, 866).

## § 117 [Vertretung der Senatsmitglieder]

**Die Vorschrift des § 70 Abs. 1 ist entsprechend anzuwenden.**

## § 118 [Musterverfahren]

**Die Oberlandesgerichte sind in bürgerlichen Rechtsstreitigkeiten im ersten Rechtszug zuständig für die Verhandlung und Entscheidung über Musterverfahren nach dem Kapitalanleger-Musterverfahrensgesetz.**

§ 118 eingefügt durch KapMuG v. 16.08.2005 (BGBl 2005, 2437).

## § 119 [Zuständigkeit in Zivilsachen]

**(1) Die Oberlandesgerichte sind in bürgerlichen Rechtsstreitigkeiten ferner zuständig für die Verhandlung und Entscheidung über die Rechtsmittel:**

**1. der Berufung und der Beschwerde gegen Entscheidungen der Amtsgerichte**

**a) in den von den Familiengerichten entschiedenen Sachen;**

**b) in Streitigkeiten über Ansprüche, die von einer oder gegen eine Partei erhoben werden, die ihren allgemeinen Gerichtsstand im Zeitpunkt der Rechtshängigkeit in erster Instanz außerhalb des Geltungsbereichs dieses Gesetzes hatte;**

**c) in denen das Amtsgericht ausländisches Recht angewendet und dies in den Entscheidungsgründen ausdrücklich festgestellt hat;**

**2. der Berufung und der Beschwerde gegen Entscheidungen der Landgerichte.**

**(2) § 23b Abs. 1 und 2 gilt entsprechend.**

**(3) [1]Durch Landesgesetz kann bestimmt werden, dass die Oberlandesgerichte über Absatz 1 hinaus für alle Berufungen und Beschwerden gegen amtsgerichtliche Entscheidungen zuständig sind. [2]Das Nähere regelt das Landesrecht; es kann von der Befugnis nach Satz 1 in beschränktem Umfang Gebrauch machen, insbesondere die Bestimmung auf die Entscheidungen einzelner Amtsgerichte oder bestimmter Sachen beschränken.**

**(4) Soweit eine Bestimmung nach Absatz 3 Satz 1 getroffen wird, hat das Landesgesetz zugleich Regelungen zu treffen, die eine Belehrung über das zuständige Rechtsmittelgericht in der angefochtenen Entscheidung sicherstellen.**

**(5) Bestimmungen nach Absatz 3 gelten nur für Berufungen und Beschwerden, die vor dem 1. Januar 2008 eingelegt werden.**

**(6) [1]Die Bundesregierung unterrichtet den Deutschen Bundestag zum 1. Januar 2004 und zum 1. Januar 2006 über Erfahrungen und wissenschaftliche Erkenntnisse, welche die Länder, die von der Ermächtigung nach Absatz 3 Gebrauch gemacht haben, gewonnen haben. [2]Die Unterrichtung dient dem Zweck, dem Deutschen Bundestag die Prüfung und Entscheidung zu ermöglichen, welche bundeseinheitliche Gerichtsstruktur die insgesamt sachgerechteste ist, weil sie den Bedürfnissen und Anforderungen des Rechtsverkehrs am besten entspricht.**

§ 119 völlig geändert ab 01.01.2002 und erneut durch G v. 18.08.2005 (BGBl 2005, 2477).

Lit: ***v. Hein*** ZZP 116 335; IPRax 2004, 90 + 418; ***Abramenko*** Rpfleger 2004, 473; ***Heidemann*** NJW 2002, 494; ***Brand/Karpenstein*** NJW 2005, 1319.

**Absatz 1. Zuständigkeit des OLG:** 1

**Nr. 1a. Familiengerichtliche Entscheidungen.** Ber (§§ 511 ff. ZPO) bzw Beschwerde (§§ 567 ff. ZPO), wenn das AG Abteilung FamG entschieden hat (sog formelle Anknüpfung: es kommt nicht darauf an, ob tatsächl. eine Familiensache vorliegt, sondern nur darauf, dass ein FamG entschieden hat, mag es sich auch in Wahrheit um eine Nichtfamiliensache gehandelt haben); ebenso, wenn das FamG anstelle des VormundschaftsG entschied (OLG Stuttgart NJW 2003, 3643). Das LG wird hier übersprungen, es handelt sich um einen ersten Schritt zum politisch teils gewollten sog dreistufigen Gerichtsaufbau (AG-OLG-BGH). Hat das AG-ZivAbt eine Familiensache entschieden, ist nicht das OLG, sondern das LG als Berufungs- und BeschwerdeG zust (BGH NJW 1991, 231).

**Nr. 1b. Allgemeiner ausländischer Gerichtsstand einer Partei.** Dazu *Brand/Karpenstein* NJW 2005, 1319. Wenn Kl oder Bekl, ASt oder AGegner, bei Rechtshängigkeit (dh Klagezustellung; BGH NJW 2003, 2686) ihren allgemeinen Gerichtsstand (zB Wohnsitz, §§ 12,13 ZPO; Art 59, 60 VO (EG) Nr. 44/2001; dazu *Zöller/Gummer* § 119 Rz 14; umstritten ist, was bei Doppelwohnsitz in Deutschland + Ausland gilt) im Ausland hatten; späterer Umzug ins Ausland ändert nichts mehr (§ 261 III Nr. 2 ZPO; BGH NJW 2006, 2782). Nr. 1b ist für den RA eine gefährliche Haftungsfalle. Grds keine Wiedereinsetzung (OLG Düsseldorf MDR 2004, 830). Im BerVerfahren ist regelmäßig der im Verfahren vor dem AG unangegriffen gebliebene (zB inländische) Gerichtsstand zugrunde zu legen und einer Nachprüfung durch das BerGer grds entzogen (BGH NJW-RR 2004, 1073). War der Wohnsicht bestritten geblieben, kann sich der Ber-Führer dem Vortrag des Gegners aus erster Instanz nun anschließen (BGH NJW 2006, 1808). Andernfalls hat der Ber-Führer die Beweislast für die Zust des von ihm angerufenen BerGer (BGH NJW 2006, 1808). Das OLG ist auch dann zust, wenn im Einzelfall int bzw ausl Recht *nicht* zur Anwendung kommt (BGH NJW 2003, 1672). 2

Nr. 1b ist auch bei einfacher oder notw **Streitgenossenschaft** anwendbar (BGH NJW 2003, 2686). Wenn auch nur eine von mehreren Parteien Auslandswohnsitz hat, ist die Ber beim OLG einzulegen (BGH NJW 2006, 3715); also keine Prozesstrennung. Wird dann die Berufung gegen diesen „Auslands-" StrGen nach Ablauf der BerBegrFrist zurückgenommen, bleibt es bei der Zust des OLG (BGH NJW 2003, 2686).
Nr. 1b gilt auch bei **Mietstreitigkeiten** (BGH NJW 2003, 3278). Auf Beschwerdeverf in **Zwangsvollstreckungssachen**, zB Beschwerde gegen PfÜB, findet Nr. 1b keine Anwendung (BGH GE 2007, 48; aA OLG Köln InVo 2004, 512).
Im Zweifel sollte die Ber beim LG *und* beim OLG eingelegt werden (§ 519 ZPO); vgl BGH NJW 2004, 1049 (Meistbegünstigungsgrundsatz). Das LG und OLG muss nicht unmittelbar nach Eingang der Ber seine Zust prüfen, um Fehler des RA ausgleichen zu können (BGH NJW 2005, 3776). Die fälschlich beim LG eingelegte Ber ist „im Rahmen des üblichen Geschäftsgangs" (BVerfG NJW 2006, 1579) an das OLG weiterzuleiten (ob sie dort noch rechtzeitig eingeht, ist das Risiko des Ber-Führers). Keine Verweisung vom LG an das OLG analog § 281 oder § 17a GVG (vgl BGH NJW 2003, 1672). Über Exterritoriale vgl § 15 und BGH NJW 2006, 1810. Zu **WEG-Sachen**: vgl § 72 II GVG.

Wird die Klage zugestellt, zieht dann der Kl ins Ausland und erhebt hierauf der Bekl **Widerklage**, die dem Kl-PrBev zugestellt wird, ändert dies nichts mehr an der RmZust, sie fällt nicht für Klage und Widerklage auseinander (BGH NJW 2006, 2782).

3 **Nr. 1c. Anwendung ausl Rechts durch das AG.** Das ist das Recht ausl Staaten (zB das österreichische ABGB), also nicht EG-Vertrag, EG-Verordnungen, von Deutschland ratifizierte Staatsverträge. Es genügt, dass das AG ausl Recht in einer Nebenfrage oder bez eines Teils des Klaganspruchs angewandt hat. Entscheidend ist, dass das AG irgendwie ausl Vorschriften zitiert und nach seiner Argumentation anwendet (dh den Anspruch deshalb zuspricht oder ablehnt), denn Sinn ist, das ausl Recht in 2.Instanz beim OLG zu konzentrieren. Zu WEG-Sachen: § 72 II GVG.

4 **Nr. 2. Landgerichtliche Entscheidungen.** Berufung bzw Beschwerde hiergegen führt zum OLG.

5 **BayObLG:** in Bayern bestand ein Oberstes Landesgericht, dh ein OLG mit Sonderaufgaben (zB FGG): es wurde 2004/2005 „abgeschafft".

6 **FGG-Sachen:** Erste Instanz ist hier idR das AG, zweite Instanz das LG (§ 19 II FGG), für die weitere Beschwerde in FGG-Sachen ist nach § 28 I FGG das OLG zust (in Bayern das OLG München).

7 **Zusätzlich** bestehen zahlreiche weitere Zust des OLG: zB § 23 EGGVG; Zust-Bestimmung nach § 36 ZPO; den Rechtsentscheid in Mietsachen gibt es seit 2002 nicht mehr.

8 **Absatz 2.** Die Verweisung besagt, dass für Familiensachen beim OLG besondere Senate (sog. Familiensenate) einzurichten sind und dass die Geschäftsverteilung auf § 23b II Rücksicht nehmen muss.

9 **Absatz 3.** Jedes der 16 Länder kann ein LandesG erlassen, worin die Zust des LG in zweiter Instanz abgeschafft und der sog dreistufige Gerichtsaufbau eingeführt wird (Rechtszug AG-OLG-BGH). Die Regelung erfolgte, weil die völlige Abschaffung der LG als zweite Instanz politisch nicht durchsetzbar war. Bisher hat kein Land davon Gebrauch gemacht; Folge wäre eine neuerliche Rechtszersplitterung wie vor 1900 bzw 1877.

**Absatz 4.** Sollte ein Bundesland ein Gesetz nach § 119 III erlassen, dann müssen die AG-Entscheidungen in diesem Land eine Rechtsmittelbelehrung enthalten, des Inhalts, dass für die Ber bzw Beschwerde das OLG ...zust ist, weil sich sonst Anwälte aus anderen Bundesländern, die vor jedem AG auftreten dürfen, sich nicht mehr auskennen. Unterbleibt eine solche Belehrung, beginnt die Frist nicht zu laufen. 10

**Absatz 5.** Die sog Experimentierklausel (Abs. 3, 4) gilt nur für die Zeit vom 01.01.2002 bis 31.12.2007. 11

**Absatz 6** enthält politische Ankündigungen und hat mit dem GVG nichts zu tun. 12

### §§ 120-121

*(betreffen Strafsachen)*

### § 122 [Besetzung der Senate]

**(1) Die Senate der Oberlandesgerichte entscheiden, soweit nicht nach den Vorschriften der Prozeßgesetze an Stelle des Senats der Einzelrichter zu entscheiden hat, in der Besetzung von drei Mitgliedern mit Einschluß des Vorsitzenden.**

**(2) (betrifft Strafsachen)**

## Neunter Titel
## Bundesgerichtshof

### § 123 [Sitz des BGH]

**Sitz des Bundesgerichtshofes ist Karlsruhe.**

### § 124 [Richter]

**Der Bundesgerichtshof wird mit einem Präsidenten sowie mit Vorsitzenden Richtern und weiteren Richtern besetzt.**

### § 125 [Ernennung der Richter]

**(1) Die Mitglieder des Bundesgerichtshofes werden durch den Bundesminister der Justiz gemeinsam mit dem Richterwahlausschuss gemäß dem Richterwahlgesetz berufen und vom Bundespräsidenten ernannt.**

**(2) Zum Mitglied des Bundesgerichtshofes kann nur berufen werden, wer das 35. Lebensjahr vollendet hat.**

### §§ 126-129

(weggefallen)

## § 130 [Zivil- und Strafsenate]

**(1) [1]Bei dem Bundesgerichtshof werden Zivil- und Strafsenate gebildet und Ermittlungsrichter bestellt. [2]Ihre Zahl bestimmt der Bundesminister der Justiz.**

**(2) Der Bundesminister der Justiz wird ermächtigt, Zivil- und Strafsenate auch außerhalb des Sitzes des Bundesgerichtshofes zu bilden und die Dienstsitze für Ermittlungsrichter des Bundesgerichtshofes zu bestimmen.**

## §§ 131-131a
(weggefallen)

## § 132 [Große Senate; Vereinigte Große Senate]

**(1) [1]Beim Bundesgerichtshof werden ein Großer Senat für Zivilsachen und ein Großer Senat für Strafsachen gebildet. [2]Die Großen Senate bilden die Vereinigten Großen Senate.**

**(2) Will ein Senat in einer Rechtsfrage von der Entscheidung eines anderen Senats abweichen, so entscheiden der Große Senat für Zivilsachen, wenn ein Zivilsenat von einem anderen Zivilsenat oder von dem Großen Zivilsenat, der Große Senat für Strafsachen, wenn ein Strafsenat von einem anderen Strafsenat oder von dem Großen Senat für Strafsachen, die Vereinigten Großen Senate, wenn ein Zivilsenat von einem Strafsenat oder von dem Großen Senat für Strafsachen oder ein Strafsenat von einem Zivilsenat oder von dem Großen Senat für Zivilsachen oder ein Senat von den Vereinigten Großen Senaten abweichen will.**

**(3) [1]Eine Vorlage an den Großen Senat oder die Vereinigten Großen Senate ist nur zulässig, wenn der Senat, von dessen Entscheidung abgewichen werden soll, auf Anfrage des erkennenden Senats erklärt hat, daß er an seiner Rechtsauffassung festhält. [2]Kann der Senat, von dessen Entscheidung abgewichen werden soll, wegen einer Änderung des Geschäftsverteilungsplanes mit der Rechtsfrage nicht mehr befaßt werden, tritt der Senat an seine Stelle, der nach dem Geschäftsverteilungsplan für den Fall, in dem abweichend entschieden wurde, zuständig wäre. [3]Über die Anfrage und die Antwort entscheidet der jeweilige Senat durch Beschluss in der für Urteile erforderlichen Besetzung; § 97 Abs. 2 Satz 1 des Steuerberatungsgesetzes und § 74 Abs. 2 Satz 1 der Wirtschaftsprüferordnung bleiben unberührt.**

**(4) Der erkennende Senat kann eine Frage von grundsätzlicher Bedeutung dem Großen Senat zur Entscheidung vorlegen, wenn das nach seiner Auffassung zur Fortbildung des Rechts oder zur Sicherung einer einheitlichen Rechtsprechung erforderlich ist.**

**(5) [1]Der Große Senat für Zivilsachen besteht aus dem Präsidenten und je einem Mitglied der Zivilsenate, der Große Senat für Strafsachen aus dem Präsidenten und je zwei Mitgliedern der Strafsenate. [2]Legt ein anderer Senat vor oder soll von dessen Entscheidung abgewichen werden, ist auch ein Mitglied dieses Senats im Großen Senat vertreten. [3]Die Vereinigten Großen Senate bestehen aus dem Präsidenten und den Mitgliedern der Großen Senate.**

**(6) [1]Die Mitglieder und die Vertreter werden durch das Präsidium für ein Geschäftsjahr bestellt. [2]Dies gilt auch für das Mitglied eines anderen Senats nach Absatz 5 Satz 2 und für seinen Vertreter. [3]Den Vorsitz in den Großen Senaten und den Vereinigten Großen Senaten führt der Präsident, bei Verhinderung das dienstälteste Mitglied. [4]Bei Stimmengleichheit gibt die Stimme des Vorsitzenden den Ausschlag.**

## § 133 [Zuständigkeit in Zivilsachen]

**In bürgerlichen Rechtsstreitigkeiten ist der Bundesgerichtshof zuständig für die Verhandlung und Entscheidung über die Rechtsmittel der Revision, der Sprungrevision und der Rechtsbeschwerde.**

§ 133 geändert ab 01.01.2002.

Rev § 542 ZPO; SprungRev § 566 ZPO; RB § 574 ZPO; aber auch für die NZB, § 544 ZPO, § 7 II EGZPO. 1

## §§ 134-134a
(weggefallen)

## § 135
*(betrifft Strafsachen)*

## § 136-137
*(aufgehoben)*

## § 138 [Verfahren vor den Großen Senaten]

**(1) [1]Die Großen Senate und die Vereinigten Großen Senate entscheiden nur über die Rechtsfrage. [2]Sie können ohne mündliche Verhandlung entscheiden. [3]Die Entscheidung ist in der vorliegenden Sache für den erkennenden Senat bindend.**

**(2) [1]Vor der Entscheidung des Großen Senats für Strafsachen oder der Vereinigten Großen Senate und in Rechtsstreitigkeiten, welche die Anfechtung einer Todeserklärung zum Gegenstand haben, ist der Generalbundesanwalt zu hören. [2]Der Generalbundesanwalt kann auch in der Sitzung seine Auffassung darlegen.**

**(3) Erfordert die Entscheidung der Sache eine erneute mündliche Verhandlung vor dem erkennenden Senat, so sind die Beteiligten unter Mitteilung der ergangenen Entscheidung der Rechtsfrage zu der Verhandlung zu laden.**

Zuletzt geändert durch G v. 16.02.2001.

### § 139 [Besetzung der Senate]

**(1) Die Senate des Bundesgerichtshofes entscheiden in der Besetzung von fünf Mitgliedern einschließlich des Vorsitzenden.**

**(2) *(betrifft Strafsachen)***

### § 140 [Geschäftsordnung]

**Der Geschäftsgang wird durch eine Geschäftsordnung geregelt, die das Plenum beschließt; sie bedarf der Bestätigung durch den Bundesrat.**

### §§ 140a-152

*(betreffen Strafsachen)*

## Elfter Titel
## Geschäftsstelle

### § 153

**(1) Bei jedem Gericht und jeder Staatsanwaltschaft wird eine Geschäftsstelle eingerichtet, die mit der erforderlichen Zahl von Urkundsbeamten besetzt wird.**

**(2) [1]Mit den Aufgaben eines Urkundsbeamten der Geschäftsstelle kann betraut werden, wer einen Vorbereitungsdienst von zwei Jahren abgeleistet und die Prüfung für den mittleren Justizdienst oder für den mittleren Dienst bei der Arbeitsgerichtsbarkeit bestanden hat. [2]Sechs Monate des Vorbereitungsdienstes sollen auf einen Fachlehrgang entfallen.**

**(3) Mit den Aufgaben eines Urkundsbeamten der Geschäftsstelle kann auch betraut werden,**

**1. wer die Rechtspflegerprüfung oder die Prüfung für den gehobenen Dienst bei der Arbeitsgerichtsbarkeit bestanden hat,**

**2. wer nach den Vorschriften über den Laufbahnwechsel die Befähigung für die Laufbahn des mittleren Justizdienstes erhalten hat,**

**3. wer als anderer Bewerber (§ 4 Abs. 3 des Rahmengesetzes zur Vereinheitlichung des Beamtenrechts) nach den landesrechtlichen Vorschriften in die Laufbahn des mittleren Justizdienstes übernommen worden ist.**

**(4) [1]Die näheren Vorschriften zur Ausführung der Absätze 1 bis 3 erlassen der Bund und die Länder für ihren Bereich. [2]Sie können auch bestimmen, ob und inwieweit Zeiten einer dem Ausbildungsziel förderlichen sonstigen Ausbildung oder Tätigkeit auf den Vorbereitungsdienst angerechnet werden können.**

**(5) [1]Der Bund und die Länder können ferner bestimmen, daß mit Aufgaben eines Urkundsbeamten der Geschäftsstelle auch betraut werden kann, wer auf dem Sachgebiet, das ihm übertragen werden soll, einen Wissens- und Leistungsstand aufweist, der dem durch die Ausbildung nach Absatz 2 vermittelten Stand gleichwertig ist. [2]In**

**den Ländern Brandenburg, Mecklenburg-Vorpommern, Sachsen, Sachsen-Anhalt und Thüringen dürfen solche Personen weiterhin mit den Aufgaben eines Urkundsbeamten der Geschäftsstelle betraut werden, die bis zum 25. April 2006 gemäß Anlage I Kapitel III Sachgebiet A Abschnitt III Nr.1 Buchstabe q Abs.1 zum Einigungsvertrag vom 31. August 1990 (BGBl. 1990 II S.889, 922) mit diesen Aufgaben betraut worden sind.**

§ 153 geändert durch G v. 19.04.2006 (BGBI 2006, 866).

## Zwölfter Titel
## Zustellungs- und Vollstreckungsbeamte

### § 154 [Gerichtsvollzieher]

**Die Dienst- und Geschäftsverhältnisse der mit den Zustellungen, Ladungen und Vollstreckungen zu betrauenden Beamten (Gerichtsvollzieher) werden bei dem Bundesgerichtshof durch den Bundesminister der Justiz, bei den Landesgerichten durch die Landesjustizverwaltung bestimmt.**

1 Diese Bestimmungen sind getroffen in der **Gerichtsvollzieherordnung** (GVO) und der **Geschäftsanweisung** für die GV (GVGA), von den Ländern bundeseinheitl. erlassen und in den Landesverkündungsblättern veröffentlicht. Die Kosten bestimmen sich nach dem GVKostG.

Reformvorhaben vgl BR-Drucks 150/07.

### § 155 [Ausgeschlossene Gerichtsvollzieher]

**Der Gerichtsvollzieher ist von der Ausübung seines Amts kraft Gesetzes ausgeschlossen:**

**I. in bürgerlichen Rechtsstreitigkeiten:**

**1. wenn er selbst Partei oder gesetzlicher Vertreter einer Partei ist oder zu einer Partei in dem Verhältnis eines Mitberechtigten, Mitverpflichteten oder Schadensersatzpflichtigen steht;**

**2. wenn sein Ehegatte oder Lebenspartner Partei ist, auch wenn die Ehe oder Lebenspartnerschaft nicht mehr besteht;**

**3. wenn eine Person Partei ist, mit der er in gerader Linie verwandt oder verschwägert, in der Seitenlinie bis zum dritten Grad verwandt oder bis zum zweiten Grad verschwägert ist oder war;**

**II. in Strafsachen: [...]**

Zuletzt geändert durch G v. 16.02.2001.

1 Ein GV kann nicht wegen Befangenheit abgelehnt werden (BGH NJW-RR 2005, 149).

## Dreizehnter Titel
## Rechtshilfe

### § 156 [Rechtshilfe]

**Die Gerichte haben sich in bürgerlichen Rechtsstreitigkeiten und in Strafsachen Rechtshilfe zu leisten.**

1 Prakt häufigste Rechtshilfe: Beweisaufnahme durch ein anderes AG, §§ 355, 362 ff. ZPO. Vgl auch Art 35 GG. Wegen Rechtshilfe im Ausland vgl die RechtshilfeO für Zivilsachen (ZRHO) v. 19.10.1956 (BAnz 1957 Nr. 1).

### § 157 [Rechtshilfegericht]

**(1) Das Ersuchen um Rechtshilfe ist an das Amtsgericht zu richten, in dessen Bezirk die Amtshandlung vorgenommen werden soll.**

**(2) [1]Die Landesregierungen werden ermächtigt, durch Rechtsverordnung die Erledigung von Rechtshilfeersuchen für die Bezirke mehrerer Amtsgerichte einem von ihnen ganz oder teilweise zuzuweisen, sofern dadurch der Rechtshilfeverkehr erleichtert oder beschleunigt wird. [2]Die Landesregierungen können diese Ermächtigung durch Rechtsverordnung auf die Landesjustizverwaltungen übertragen.**

### § 158 [Ablehnung der Rechtshilfe]

**(1) Das Ersuchen darf nicht abgelehnt werden.**

**(2) [1]Das Ersuchen eines nicht im Rechtszug vorgesetzten Gerichts ist jedoch abzulehnen, wenn die vorzunehmende Handlung nach dem Recht des ersuchten Gerichts verboten ist. [2]Ist das ersuchte Gericht örtlich nicht zuständig, so gibt es das Ersuchen an das zuständige Gericht ab.**

1 Das Ersuchen darf nur bei schlechthin unzul Amtshandlungen abgelehnt werden, *nicht* zB, weil die Frage nicht beweiserhebl. ist (BayObLG FamRZ 1994, 639), die Beweiserhebung unzweckmäßig ist (BGH NJW 1990, 2936), § 375 I Nr. 3 ZPO verkannt wurde (BGH NJW 2001, 2196), Vernehmung durch das ersuchende Gericht billiger wäre, das ersuchte AG überlastet ist, die Beweisfrage flüchtig formuliert ist (OLG Oldenburg NJW-RR 1992, 64), die wiederholte Vernehmung eines Zeugen begehrt werde (OLG Frankfurt OLG-Report 2006, 840) usw. Auf derartige Bedenken kann aber hingewiesen werden und die Erledigung einstweilen zurückgestellt werden. Über Rechtshilfe durch ein *grenznahes AG* (zul) vgl OLG Schleswig NStZ 1989, 240.

### § 159 [Beschwerde bei Ablehnung]

**(1) [1]Wird das Ersuchen abgelehnt oder wird der Vorschrift des § 158 Abs. 2 zuwider dem Ersuchen stattgegeben, so entscheidet das Oberlandesgericht, zu dessen Bezirk das ersuchte Gericht gehört. [2]Die Entscheidung ist nur anfechtbar, wenn sie**

**die Rechtshilfe für unzulässig erklärt und das ersuchende und das ersuchte Gericht den Bezirken verschiedener Oberlandesgerichte angehören. [3]Über die Beschwerde entscheidet der Bundesgerichtshof.**

**(2) Die Entscheidungen ergehen auf Antrag der Beteiligten oder des ersuchenden Gerichts ohne mündliche Verhandlung.**

### § 160 [Vollstreckungen, Ladungen, Zustellungen]

**Vollstreckungen, Ladungen und Zustellungen werden nach Vorschrift der Prozeßordnungen bewirkt ohne Rücksicht darauf, ob sie in dem Land, dem das Prozeßgericht angehört, oder in einem anderen deutschen Land vorzunehmen sind.**

### § 161 [Vermittlung eines Gerichtsvollziehers]

**[1]Gerichte, Staatsanwaltschaften und Geschäftsstellen der Gerichte können wegen Erteilung eines Auftrags an einen Gerichtsvollzieher die Mitwirkung der Geschäftsstelle des Amtsgerichts in Anspruch nehmen, in dessen Bezirk der Auftrag ausgeführt werden soll. [2]Der von der Geschäftsstelle beauftragte Gerichtsvollzieher gilt als unmittelbar beauftragt.**

### §§ 162-163

*(betreffen Strafsachen)*

### § 164 [Kosten der Rechtshilfe]

**(1) Kosten und Auslagen der Rechtshilfe werden von der ersuchenden Behörde nicht erstattet.**

**(2) Gebühren oder andere öffentliche Abgaben, denen die von der ersuchenden Behörde übersendeten Schriftstücke (Urkunden, Protokolle) nach dem Recht der ersuchten Behörde unterliegen, bleiben außer Ansatz.**

### § 165

(weggefallen)

### § 166 [Amtshandlungen außerhalb des Gerichtsbezirks]

**Ein Gericht darf Amtshandlungen im Geltungsbereich dieses Gesetzes auch außerhalb seines Bezirks vornehmen.**

Die Befugnisse enden nicht mehr an der Gerichtsbezirksgrenze (aber an der deutschen 1
Grenze). Beweisaufnahmen in einem anderen Bezirk werden idR im Weg der Rechtshilfe vorgenommen; will das Gericht dort selbst die Amtshandlung (zB Augenschein) vornehmen, ist keine Zustimmung notw (§ 166).

### § 167

*(betrifft Strafsachen)*

### § 168 [Mitteilung von Akten]

**Die in einem deutschen Land bestehenden Vorschriften über die Mitteilung von Akten einer öffentlichen Behörde an ein Gericht dieses Landes sind auch dann anzuwenden, wenn das ersuchende Gericht einem anderen deutschen Land angehört.**

## Vierzehnter Titel
## Öffentlichkeit und Sitzungspolizei

### § 169 [Öffentlichkeit]

**[1]Die Verhandlung vor dem erkennenden Gericht einschließlich der Verkündung der Urteile und Beschlüsse ist öffentlich. [2]Ton- und Fernseh-Rundfunkaufnahmen sowie Ton- und Filmaufnahmen zum Zwecke der öffentlichen Vorführung oder Veröffentlichung ihres Inhalts sind unzulässig.**

1 Öffentl. sind auch Verhandlungen in WEG-Sachen, vgl Art. 6 MRK (BayObLG NJW-RR 1989, 1293). Sonstige FGG-Sachen dagegen sind nicht öffentl., § 8 FGG. Über **Fernsehen** im Gerichtssaal *Gerhardt* ZRP 1993, 377; zum Fernsehen beim BVerfG zutr *Wolf* NJW 1994, 681; **aA** *Eberle* NJW 1994, 1637. § 169 S. 2 ist verfassungsgem (BVerfG NJW 2001, 1633; dazu *Stürner* JZ 2001, 699; *Huff* NJW 2001, 1622; *Dieckmann* NJW 2001, 2451). Über Augenschein an beengten Orten vgl BGH NJW 2006, 1220. Über Öffentlichkeit bei Verkündung im Büro vgl BVerfG NJW-RR 2006, 1653 (Aushang, unverschlossenes Zimmer). S. 2 bezieht sich nicht auf die Zeit vor Aufruf der Sache, Sitzungspausen sowie nach Beendigung der Verh. Insoweit kann der Vors (bzw die Justizverwaltung) gem § 176 GVG Fernsehaufnahmen zulassen (über angebl. Ansprüche der Medien vgl BVerfG NJW 1995, 184; 1992, 3288).

### § 170 [Keine Öffentlichkeit in Familien- und Kindschaftssachen]

**[1]Die Verhandlung in Familiensachen ist nicht öffentlich. [2]Dies gilt nicht für die Familiensachen des § 23b Abs. 1 Satz 2 Nr. 13 und für die Familiensachen des § 23b Abs. 1 Satz 2 Nr. 5, 6, 9 nur, soweit sie mit einer der anderen Familiensachen verhandelt werden.**

### § 171

*(weggefallen)*

### § 171a

*(betrifft Strafsachen)*

### § 171b [Gründe für Ausschluss]

**(1) [1]Die Öffentlichkeit kann ausgeschlossen werden, soweit Umstände aus dem persönlichen Lebensbereich eines Prozeßbeteiligten, Zeugen oder durch eine rechtswidrige Tat (§ 11 Abs. 1 Nr. 5 des Strafgesetzbuches) Verletzten zur Sprache kommen, deren öffentliche Erörterung schutzwürdige Interessen verletzten würde, soweit nicht das Interesse an der öffentlichen Erörterung dieser Umstände überwiegt. [2]Dies gilt nicht, soweit die Personen, deren Lebensbereiche betroffen sind, in der Hauptverhandlung dem Ausschluß der Öffentlichkeit widersprechen.**

**(2) Die Öffentlichkeit ist auszuschließen, wenn die Voraussetzungen des Absatzes 1 Satz 1 vorliegen und der Ausschluß von der Person, deren Lebensbereich betroffen ist, beantragt wird.**

**(3) Die Entscheidungen nach den Absätzen 1 und 2 sind unanfechtbar.**

### § 172 [Gründe für Ausschluss]

**Das Gericht kann für die Verhandlung oder für einen Teil davon die Öffentlichkeit ausschließen, wenn**

**1. eine Gefährdung der Staatssicherheit, der öffentlichen Ordnung oder der Sittlichkeit zu besorgen ist,**

**1a. Gefährdung des Lebens, des Leibes oder der Freiheit eines Zeugen oder einer anderen Person zu besorgen ist,**

**2. ein wichtiges Geschäfts-, Betriebs-, Erfindungs- oder Steuergeheimnis zur Sprache kommt, durch dessen öffentliche Erörterung überwiegende schutzwürdige Interessen verletzt würden,**

**3. ein privates Geheimnis erörtert wird, dessen unbefugte Offenbarung durch den Zeugen oder Sachverständigen mit Strafe bedroht ist,**

**4. eine Person unter 16 Jahren vernommen wird.**

### § 173 [Öffentliche Urteilsverkündung]

**(1) Die Verkündung des Urteils erfolgt in jedem Falle öffentlich.**

**(2) Durch einen besonderen Beschluß des Gerichts kann unter den Voraussetzungen der §§ 171b und 172 auch für die Verkündung der Urteilsgründe oder eines Teils davon die Öffentlichkeit ausgeschlossen werden.**

### § 174 [Verhandlung über Ausschluß der Öffentlichkeit]

**(1) [1]Über die Ausschließung der Öffentlichkeit ist in nicht öffentlicher Sitzung zu verhandeln, wenn ein Beteiligter es beantragt oder das Gericht es für angemessen erachtet. [2]Der Beschluß, der die Öffentlichkeit ausschließt, muß öffentlich verkündet werden; er kann in nicht öffentlicher Sitzung verkündet werden, wenn zu befürchten ist, daß seine öffentliche Verkündung eine erhebliche Störung der Ordnung in der**

**Sitzung zur Folge haben würde. [3]Bei der Verkündung ist in den Fällen der §§ 171b, 172 und 173 anzugeben, aus welchem Grund die Öffentlichkeit ausgeschlossen worden ist.**

**(2) Soweit die Öffentlichkeit wegen Gefährdung der Staatssicherheit ausgeschlossen wird, dürfen Presse, Rundfunk und Fernsehen keine Berichte über die Verhandlung und den Inhalt eines die Sache betreffenden amtlichen Schriftstücks veröffentlichen.**

**(3) [1]Ist die Öffentlichkeit wegen Gefährdung der Staatssicherheit oder aus den in §§ 171b und 172 Nr. 2 und 3 bezeichneten Gründen ausgeschlossen, so kann das Gericht den anwesenden Personen die Geheimhaltung von Tatsachen, die durch die Verhandlung oder durch ein die Sache betreffendes amtliches Schriftstück zu ihrer Kenntnis gelangen, zur Pflicht machen. [2]Der Beschluß ist in das Sitzungsprotokoll aufzunehmen. [3]Er ist anfechtbar. [4]Die Beschwerde hat keine aufschiebende Wirkung.**

### § 175 [Versagung des Zutritts zur Verhandlung]

**(1) Der Zutritt zu öffentlichen Verhandlungen kann unerwachsenen und solchen Personen versagt werden, die in einer der Würde des Gerichts nicht entsprechenden Weise erscheinen.**

**(2) [1]Zu nicht öffentlichen Verhandlungen kann der Zutritt einzelner Personen vom Gericht gestattet werden. In Strafsachen soll dem Verletzten der Zutritt gestattet werden. [2]Einer Anhörung der Beteiligten bedarf es nicht.**

**(3) Die Ausschließung der Öffentlichkeit steht der Anwesenheit der die Dienstaufsicht führenden Beamten der Justizverwaltung bei den Verhandlungen vor dem erkennenden Gericht nicht entgegen.**

### § 176 [Sitzungspolizei]

**Die Aufrechterhaltung der Ordnung in der Sitzung obliegt dem Vorsitzenden.**

### § 177 [Maßnahmen zur Aufrechterhaltung der Ordnung]

**[1]Parteien, Beschuldigte, Zeugen, Sachverständige oder bei der Verhandlung nicht beteiligten Personen, die den zur Aufrechterhaltung der Ordnung getroffenen Anordnungen nicht Folge leisten, können aus dem Sitzungszimmer entfernt sowie zur Ordnungshaft abgeführt und während einer zu bestimmenden Zeit, die 24 Stunden nicht übersteigen darf, festgehalten werden. [2]Über Maßnahmen nach Satz 1 entscheidet gegenüber Personen, die bei der Verhandlung nicht beteiligt sind, der Vorsitzende, in den übrigen Fällen das Gericht.**

### § 178 [Ordnungsmittel bei Ungebühr]

**(1) [1]Gegen Parteien, Beschuldigte, Zeugen, Sachverständige oder bei der Verhandlung nicht beteiligte Personen, die sich in der Sitzung einer Ungebühr schuldig machen, kann vorbehaltlich der strafgerichtlichen Verfolgung ein Ordnungsgeld bis zu 1 000 € oder Ordnungshaft bis zu einer Woche festgesetzt und sofort vollstreckt**

**werden. ²Bei der Festsetzung von Ordnungsgeld ist zugleich für den Fall, daß dieses nicht beigetrieben werden kann, zu bestimmen, in welchem Maße Ordnungshaft an seine Stelle tritt.**

**(2) Über die Festsetzung von Ordnungsmitteln entscheidet gegenüber Personen, die bei der Verhandlung nicht beteiligt sind, der Vorsitzende, in den übrigen Fällen das Gericht.**

**(3) Wird wegen derselben Tat später auf Strafe erkannt, so sind das Ordnungsgeld oder die Ordnungshaft auf die Strafe anzurechnen.**

§ 178 geändert ab 01.01.2002.

**Absatz 1.** Der ungebührl. Vorgang (**Verschulden** ist notw) muss zunächst im **Protokoll** detailliert festgehalten werden. Dann ist dem Betroffenen **rechtliches Gehör** zu gewähren (OLG Koblenz MDR 1987, 433), dh ihm ist mitzuteilen, was beanstandet wird und dass eine Ordnungsmaßnahme verhängt werden soll; die Äußerung des Betroffenen ist zu vermerken. Es entscheidet das Gericht (Kammer usw), bei *Zuhörern* der Vors allein (**Absatz 2**): „Gegen den Zeugen X wird ein Ordnungsgeld von 150 €, ersatzweise drei Tage Ordnungshaft, verhängt, weil ... "; Verkündung in der Sitzung (OLG Köln MDR 1993, 906); die Gründe müssen ins Protokoll aufgenommen werden (OLG Koblenz VRS Bd 72,189). Rm-Belehrung ist entbehrl. 1

**Beispiel** für Ungebühr: Erscheinen in kurzer schmutziger Hose (OLG Düsseldorf NJW 1986, 1505), angetrunken (OLG Düsseldorf NJW 1989, 241); Bezeichnung des Gerichts als Volksgerichtshof (OLG Koblenz VRS Bd 72, 189). **Nicht:** wenn geringes Verschulden vorliegt (OLG Köln NJW 1986, 2525); Weigerung, aufzustehen (OLG Stuttgart Justiz 1986, 228); das Wort „Scheißgesetz“ (OLG Düsseldorf NJW 1986, 2516; bedenkl.). 2

## § 179 [Vollstreckung der Ordnungsmittel]

**Die Vollstreckung der vorstehend bezeichneten Ordnungsmittel hat der Vorsitzende unmittelbar zu veranlassen.**

Nach dem Ende der Sitzung und dem Aufruf der nächsten Sache kann der Beschluss nicht mehr verkündet werden (OLG Nürnberg NStZ-RR 2006, 308). Vollstr durch den Rechtspfleger, § 31 III RPflG. Zwangsweise Entfernung einer Person erfolgt, indem der Vors den Gerichtswachtmeister dazu anweist. 1

## § 180 [Befugnisse außerhalb der Sitzung]

**Die in den §§ 176 bis 179 bezeichneten Befugnisse stehen auch einem einzelnen Richter bei der Vornahme von Amtshandlungen außerhalb der Sitzung zu.**

## § 181 [Beschwerde gegen Ordnungsmittel]

**(1) Ist in den Fällen der §§ 178, 180 ein Ordnungsmittel festgesetzt, so kann gegen die Entscheidung binnen der Frist von einer Woche nach ihrer Bekanntmachung**

**Beschwerde eingelegt werden, sofern sie nicht von dem Bundesgerichtshof oder einem Oberlandesgericht getroffen ist.**

**(2) Die Beschwerde hat in dem Falle des § 178 keine aufschiebende Wirkung, in dem Falle des § 180 aufschiebende Wirkung.**

**(3) Über die Beschwerde entscheidet das Oberlandesgericht.**

### § 182 [Protokollierung der Ordnungsmittel]

**Ist ein Ordnungsmittel wegen Ungebühr festgesetzt oder eine Person zur Ordnungshaft abgeführt oder eine bei der Verhandlung beteiligte Person entfernt worden, so ist der Beschluß des Gerichts und dessen Veranlassung in das Protokoll aufzunehmen.**

### § 183 [Straftaten in der Sitzung]

**[1]Wird eine Straftat in der Sitzung begangen, so hat das Gericht den Tatbestand festzustellen und der zuständigen Behörde das darüber aufgenommene Protokoll mitzuteilen. [2]In geeigneten Fällen ist die vorläufige Festnahme des Täters zu verfügen.**

1 „Behörde" ist die Staatsanwaltschaft.

## Fünfzehnter Titel
## Gerichtssprache, Verständigung mit dem Gericht

### § 184 [Gerichtssprache]

**[1]Die Gerichtssprache ist deutsch. [2]Das Recht der Sorben, in den Heimatkreisen der sorbischen Bevölkerung vor Gericht sorbisch zu sprechen, ist gewährleistet.**

§ 184 geändert durch G v. 19.04.2006 (BGBl 2006, 866).

1 In fremder Sprache abgefasste **Rechtsmittelschriften** wahren die Frist nicht (BGH MDR 1981, 949; BayObLG NJW-RR 1987, 379; BSG MDR 1987, 436). Die deutsche Rm-Belehrung setzt die Frist auch gegenüber Ausländern in Lauf (BSG NJW 1987, 2184). Gerichtl. Entscheidungen gegenüber Ausländern müssen nicht übersetzt werden (BayObLG NJW 1977, 1596; OLG Stuttgart MDR 1983, 256). In Teilen der ehem. DDR (zB Ober- und Niederlausitz, Bautzen, Kamenz, Lübben) kann *sorbisch (polnisch/tschechisch)* gesprochen werden (EV Abschnitt III 1 r).

### § 185 [Dolmetscher]

**(1) [1]Wird unter Beteiligung von Personen verhandelt, die der deutschen Sprache nicht mächtig sind, so ist ein Dolmetscher zuzuziehen. [2]Ein Nebenprotokoll in der fremden Sprache wird nicht geführt; jedoch sollen Aussagen und Erklärungen in fremder Sprache, wenn und soweit der Richter dies mit Rücksicht auf die Wichtigkeit der Sache für erforderlich erachtet, auch in der fremden Sprache in das Protokoll**

**oder in einer Anlage niedergeschrieben werden. [3]In den dazu geeigneten Fällen soll dem Protokoll eine durch den Dolmetscher zu beglaubigende Übersetzung beigefügt werden.**

**(2) Die Zuziehung eines Dolmetschers kann unterbleiben, wenn die beteiligten Personen sämtlich der fremden Sprache mächtig sind.**

## § 186 [Taube, Stumme]

**(1) [1]Die Verständigung mit einer hör- oder sprachbehinderten Person in der Verhandlung erfolgt nach ihrer Wahl mündlich, schriftlich oder mit Hilfe einer die Verständigung ermöglichenden Person, die vom Gericht hinzuzuziehen ist. [2]Für die mündliche und schriftliche Verständigung hat das Gericht die geeigneten technischen Hilfsmittel bereit zu stellen. [3]Die hör- oder sprachbehinderte Person ist auf ihr Wahlrecht hinzuweisen.**

**(2) Das Gericht kann eine schriftliche Verständigung verlangen oder die Hinzuziehung einer Person als Dolmetscher anordnen, wenn die hör- oder sprachbehinderte Person von ihrem Wahlrecht nach Absatz 1 keinen Gebrauch gemacht hat oder eine ausreichende Verständigung in der nach Absatz 1 gewählten Form nicht oder nur mit unverhältnismäßigem Aufwand möglich ist.**

§ 186 geändert durch G v. 23.07.2002 (BGBl 2850).

## § 187

*(weggefallen)*

## § 188 [Eide von Ausländern]

**Personen, die der deutschen Sprache nicht mächtig sind, leisten Eide in der ihnen geläufigen Sprache.**

## § 189 [Dolmetschereid]

**(1) [1]Der Dolmetscher hat einen Eid dahin zu leisten: daß er treu und gewissenhaft übertragen werde. Gibt der Dolmetscher an, daß er aus Glaubens- oder Gewissensgründen keinen Eid leisten wolle, so hat er eine Bekräftigung abzugeben. [2]Diese Bekräftigung steht dem Eid gleich; hierauf ist der Dolmetscher hinzuweisen.**

**(2) Ist der Dolmetscher für Übertragungen der betreffenden Art im allgemeinen beeidigt, so genügt die Berufung auf den geleisteten Eid.**

Nichtvereidigung kann durch Rügeverzicht nicht heilen, der Zeuge muss erneut vernommen werden (BGH NJW 1987, 206). **Absatz 2.** Hier ist LandesR maßgebend (AGGVG, DolmetscherG usw); der Dolmetscher muss *sich selbst* hierauf berufen, was im Protokoll so festzuhalten ist. 1

### § 190 [Urkundsbeamter als Dolmetscher]

**[1]Der Dienst des Dolmetschers kann von dem Urkundsbeamten der Geschäftsstelle wahrgenommen werden. [2]Einer besonderen Beeidigung bedarf es nicht.**

### § 191 [Ausschließung und Ablehnung des Dolmetschers]

**[1]Auf den Dolmetscher sind die Vorschriften über Ausschließung und Ablehnung der Sachverständigen entsprechend anzuwenden. [2]Es entscheidet das Gericht oder der Richter, von dem der Dolmetscher zugezogen ist.**

### § 191a [Blinde oder Sehbehinderte]

**(1) [1]Eine blinde oder sehbehinderte Person kann nach Maßgabe der Rechtsverordnung nach Absatz 2 verlangen, dass ihr die für die bestimmten gerichtlichen Schriftstücke auch in einer für sie wahrnehmbaren Form zugänglich gemacht werden, soweit dies zur Wahrnehmung ihrer Rechte im Verfahren erforderlich ist. [2]Hierfür werden Auslagen nicht erhoben.**

**(2) Das Bundesministerium der Justiz bestimmt durch Rechtsverordnung, die der Zustimmung des Bundesrates nicht bedarf, unter welchen Voraussetzungen und in welcher Weise die in Absatz 1 genannten Schriftstücke und Schriftstücke, die von den Parteien zur Akte gereicht werden, einer blinden oder sehbehinderten Person zugänglich gemacht werden, sowie ob und wie diese Person bei der Wahrnehmung ihrer Rechte mitzuwirken hat.**

§ 191a geändert durch G v. 23.07.2002 (BGBl 2850).

## Sechzehnter Titel
## Beratung und Abstimmung

### § 192 [Mitwirkende Richter]

**(1) Bei Entscheidungen dürfen Richter nur in der gesetzlich bestimmten Anzahl mitwirken.**

**(2) Bei Verhandlungen von längerer Dauer kann der Vorsitzende die Zuziehung von Ergänzungsrichtern anordnen, die der Verhandlung beizuwohnen und im Falle der Verhinderung eines Richters für ihn einzutreten haben.**

**(3) Diese Vorschriften sind auch auf Schöffen anzuwenden.**

### § 193 [Anwesenheit von auszubildenden Personen und ausländischen Juristen; Geheimhaltungsverpflichtung]

**(1) Bei der Beratung und Abstimmung dürfen außer den zur Entscheidung berufenen Richtern nur die bei demselben Gericht zu ihrer juristischen Ausbildung beschäftigten Personen und die dort beschäftigten wissenschaftlichen Hilfskräfte zugegen sein, soweit der Vorsitzende deren Anwesenheit gestattet.**

(2) [1]Ausländische Berufsrichter, Staatsanwälte und Anwälte, die einem Gericht zur Ableistung eines Studienaufenthaltes zugewiesen worden sind, können bei demselben Gericht bei der Beratung und Abstimmung zugegen sein, soweit der Vorsitzende deren Anwesenheit gestattet und sie gemäß den Absätzen 3 und 4 verpflichtet sind. [2]Satz 1 gilt entsprechend für ausländische Juristen, die im Entsendestaat in einem Ausbildungsverhältnis stehen.

(3) [1]Die in Absatz 2 genannten Personen sind auf ihren Antrag zur Geheimhaltung besonders zu verpflichten. [2]§ 1 Abs. 2 und 3 des Verpflichtungsgesetzes vom 2. März 1974 (BGBl. I S. 469, 547 – Artikel 42) gilt entsprechend. [3]Personen, die nach Satz 1 besonders verpflichtet worden sind, stehen für die Anwendung der Vorschriften des Strafgesetzbuches über die Verletzung von Privatgeheimnissen (§ 203 Abs. 2 Satz 1 Nr. 2, Satz 2, Abs. 4 und 5, § 205), Verwertung fremder Geheimnisse (§§ 204, 205), Verletzung des Dienstgeheimnisses (§ 353b Abs. 1 Satz 1 Nr. 2, Satz 2, Abs. 3 und 4) sowie Verletzung des Steuergeheimnisses (§ 355) den für den öffentlichen Dienst besonders Verpflichteten gleich.

(4) [1]Die Verpflichtung wird vom Präsidenten oder dem aufsichtsführenden Richter des Gerichts vorgenommen. [2]Er kann diese Befugnis auf den Vorsitzenden des Spruchkörpers oder auf den Richter übertragen, dem die in Absatz 2 genannten Personen zugewiesen sind. [3]Einer erneuten Verpflichtung bedarf es während der Dauer des Studienaufenthaltes nicht. [4]In den Fällen des § 355 des Strafgesetzbuches ist der Richter, der die Verpflichtung vorgenommen hat, neben dem Verletzten antragsberechtigt.

## § 194 [Ablauf der Beratung]

(1) Der Vorsitzende leitet die Beratung, stellt die Fragen und sammelt die Stimmen.

(2) Meinungsverschiedenheiten über den Gegenstand, die Fassung und die Reihenfolge der Fragen oder über das Ergebnis der Abstimmung entscheidet das Gericht.

## § 195 [Keine Verweigerung der Abstimmung]

Kein Richter oder Schöffe darf die Abstimmung über eine Frage verweigern, weil er bei der Abstimmung über eine vorhergegangene Frage in der Minderheit geblieben ist.

## § 196 [Mehrheit]

(1) Das Gericht entscheidet, soweit das Gesetz nicht ein anderes bestimmt, mit der absoluten Mehrheit der Stimmen.

(2) Bilden sich in Beziehung auf Summen, über die zu entscheiden ist, mehr als zwei Meinungen, deren keine die Mehrheit für sich hat, so werden die für die größte Summe abgegebenen Stimmen den für die zunächst geringere abgegebenen so lange hinzugerechnet, bis sich eine Mehrheit ergibt.

(3)–(4) (betreffen Strafsachen)

## § 197 [Reihenfolge der Stimmabgabe]

**[1]Die Richter stimmen nach dem Dienstalter, bei gleichem Dienstalter nach dem Lebensalter, ehrenamtliche Richter und Schöffen nach dem Lebensalter; der jüngere stimmt vor dem älteren. [2]Die Schöffen stimmen vor den Richtern. [3]Wenn ein Berichterstatter ernannt ist, so stimmt er zuerst. [4]Zuletzt stimmt der Vorsitzende.**

§ 198
(weggefallen)

## Siebzehnter Titel
## Gerichtsferien

§§ 199-202 wurden durch G v. 28.10.1996 (BGBl 1996, 1546) ab 1997 aufgehoben.

# 2.
# Gesetz, betreffend die Einführung der Zivilprozessordnung (EGZPO)

Einführungsgesetz zur Zivilprozessordnung (EGZPO) vom 30.01.1877 (RGBl 244), zuletzt geändert durch G. v. 26.03.2007 (BGBl 2007, 358).

## § 1
(weggefallen)

## § 2
(weggefallen)

## § 3 [Geltungsbereich der ZPO]

**(1) Die Zivilprozessordnung findet auf alle bürgerlichen Rechtsstreitigkeiten Anwendung, welche vor die ordentlichen Gerichte gehören.**

**(2) Insoweit die Gerichtsbarkeit in bürgerlichen Rechtsstreitigkeiten, für welche besondere Gerichte zugelassen sind, durch die Landesgesetzgebung den ordentlichen Gerichten übertragen wird, kann dieselbe ein abweichendes Verfahren gestatten.**

## § 4 [Kein Ausschluss des Rechtsweges]

**Für bürgerliche Rechtsstreitigkeiten, für welche nach dem Gegenstand oder der Art - des Anspruchs der Rechtsweg zulässig ist, darf aus dem Grunde, weil als Partei der Fiskus, eine Gemeinde oder eine andere öffentliche Korporation beteiligt ist, der Rechtsweg durch die Landesgesetzgebung nicht ausgeschlossen werden.**

## §§ 5 – 6
(gegenstandslos)

## § 7 [Besonderheiten]

**(1) [1]Ist in einem Land auf Grund des § 8 des Einführungsgesetzes zum Gerichtsverfassungsgesetz für bürgerliche Rechtsstreitigkeiten ein oberstes Landesgericht eingerichtet, so entscheidet das Berufungsgericht, wenn es die Revision zulässt, oder das Gericht, das die Rechtsbeschwerde zulässt, gleichzeitig über die Zuständigkeit für die Verhandlung und Entscheidung über das Rechtsmittel. [2]Die Entscheidung ist für das oberste Landesgericht und den Bundesgerichtshof bindend.**

**(2) [1]Die Nichtzulassungsbeschwerde, der Antrag auf Zulassung der Sprungrevision oder die Rechtsbeschwerde im Falle des § 574 Abs. 1 Nr. 1 der Zivilprozessordnung ist bei dem Bundesgerichtshof einzureichen. [2]Betreffen die Gründe für die Zulassung der Revision oder der Rechtsbeschwerde im Wesentlichen Rechtsnormen, die in den Landesgesetzen enthalten sind, so erklärt sich der Bundesgerichtshof durch Beschluss zur Entscheidung über die Beschwerde oder den Antrag für unzuständig und übersendet dem obersten Landesgericht die Prozessakten. [3]Das oberste Landesgericht ist**

**an die Entscheidung des Bundesgerichtshofes über die Zuständigkeit gebunden. [4]Es gibt Gelegenheit zu einer Änderung oder Ergänzung der Begründung der Beschwerde oder des Antrags.**

Geändert ab 01.01.2002 durch G v. 27.7.2001 (BGBl 2001, 1887). Übergangsrecht: § 26 Nr. 7 EGZPO.

1 Nur in Bayern war ein Oberstes Landesgericht errichtet, das BayObLG; vgl § 8 EGGVG. Es wurde 2005 „abgeschafft", seine Aufgaben auf die OLGe München, Nürnberg und Bamberg verteilt.

### § 8
(aufgehoben seit 01.01.2002)

### § 9 [Bestimmung des zuständigen Gerichts]

**Das oberste Landesgericht für bürgerliche Rechtsstreitigkeiten bestimmt das zuständige Gericht auch dann, wenn nach § 36 Abs. 2 der Zivilprozessordnung ein in seinem Bezirk gelegenes Oberlandesgericht zu entscheiden hätte.**

**Amtl. Anm.: § 9: Bundesgerichtshof vgl. Art. 8 III Nr. 88 G v. 12.09.1950 300-6 (Übergang der Aufgaben des Reichsgerichts auf den Bundesgerichtshof)**

### § 10
(gegenstandslos)

### § 11 [Landesrechtliche Aufgebotsverfahren]

**Die Landesgesetze können bei Aufgeboten, deren Zulässigkeit auf landesgesetzlichen Vorschriften beruht, die Anwendung der Bestimmungen der Zivilprozessordnung über das Aufgebotsverfahren ausschließen oder diese Bestimmungen durch andere Vorschriften ersetzen.**

### § 12 [Gesetz im Sinne der ZPO]

**Gesetz im Sinne der Zivilprozessordnung und dieses Gesetzes ist jede Rechtsnorm.**

### § 13
(weggefallen)

### § 14 [Prozessrechtliche Vorschriften der Landesgesetze]

**(1) Die prozessrechtlichen Vorschriften der Landesgesetze treten für alle bürgerlichen Rechtsstreitigkeiten, deren Entscheidung in Gemäßheit des § 3 nach den Vorschriften der Zivilprozessordnung zu erfolgen hat, außer Kraft, soweit nicht in der Zivilprozessordnung auf sie verwiesen oder soweit nicht bestimmt ist, dass sie nicht berührt werden.**

**(2) (gegenstandslos)**

§ 15 [Landesrechtliche Vorbehalte]

**Unberührt bleiben:**

1. **die landesgesetzlichen Vorschriften über die Einstellung des Verfahrens für den Fall, dass ein Kompetenzkonflikt zwischen den Gerichten und den Verwaltungsbehörden oder Verwaltungsgerichten entsteht;**
2. **die landesgesetzlichen Vorschriften über das Verfahren bei Streitigkeiten, welche die Zwangsenteignung und die Entschädigung wegen derselben betreffen;**
3. **die landesgesetzlichen Vorschriften über die Zwangsvollstreckung wegen Geldforderungen gegen einen Gemeindeverband oder eine Gemeinde, soweit nicht dingliche Rechte verfolgt werden;**
4. **die landesgesetzlichen Vorschriften, nach welchen auf die Zwangsvollstreckung gegen einen Rechtsnachfolger des Schuldners, soweit sie in das zu einem Lehen, mit Einschluss eines allodifizierten Lehens, zu einem Stammgute, Familienfideikommiss oder Anerbengute gehörende Vermögen stattfinden soll, die Vorschriften über die Zwangsvollstreckung gegen einen Erben des Schuldners entsprechende Anwendung finden.**

§ 15a [Einigungsversuch vor Gütestelle]

(1) [1]**Durch Landesgesetz kann bestimmt werden, dass die Erhebung der Klage erst zulässig ist, nachdem von einer durch die Landesjustizverwaltung eingerichteten oder anerkannten Gütestelle versucht worden ist, die Streitigkeit einvernehmlich beizulegen**

1. **in vermögensrechtlichen Streitigkeiten vor dem Amtsgericht über Ansprüche, deren Gegenstand an Geld oder Geldeswert die Summe von 750 € nicht übersteigt,**
2. **in Streitigkeiten über Ansprüche aus dem Nachbarrecht nach §§ 910, 911, 923 des Bürgerlichen Gesetzbuchs und nach § 906 des Bürgerlichen Gesetzbuchs sowie nach den landesgesetzlichen Vorschriften im Sinne des Artikels 124 des Einführungsgesetzes zum Bürgerlichen Gesetzbuche, sofern es sich nicht um Einwirkungen von einem gewerblichen Betrieb handelt,**
3. **in Streitigkeiten über Ansprüche wegen Verletzung der persönlichen Ehre, die nicht in Presse oder Rundfunk begangen worden sind,**
4. **in Streitigkeiten über Ansprüche nach Abschnitt 3 des Allgemeinen Gleichbehandlungsgesetzes.**

[2]**Der Kläger hat eine von der Gütestelle ausgestellte Bescheinigung über einen erfolglosen Einigungsversuch mit der Klage einzureichen.** [3]**Diese Bescheinigung ist ihm auf Antrag auch auszustellen, wenn binnen einer Frist von drei Monaten das von ihm beantragte Einigungsverfahren nicht durchgeführt worden ist.**

(2) [1]**Absatz 1 findet keine Anwendung auf**

1. **Klagen nach §§ 323, 324, 328 der Zivilprozessordnung, Widerklagen und Klagen, die binnen einer gesetzlichen oder gerichtlich angeordneten Frist zu erheben sind,**

**2. Streitigkeiten in Familiensachen,**

**3. Wiederaufnahmeverfahren,**

**4. Ansprüche, die im Urkunden- oder Wechselprozess geltend gemacht werden,**

**5. die Durchführung des streitigen Verfahrens, wenn ein Anspruch im Mahnverfahren geltend gemacht worden ist,**

**6. Klagen wegen vollstreckungsrechtlicher Maßnahmen, insbesondere nach dem Achten Buch der Zivilprozessordnung.**

**[2]Das Gleiche gilt, wenn die Parteien nicht in demselben Land wohnen oder ihren Sitz oder eine Niederlassung haben.**

**(3) [1]Das Erfordernis eines Einigungsversuchs von einer von der Landesjustizverwaltung eingerichteten oder anerkannten Gütestelle entfällt, wenn die Parteien einvernehmlich einen Einigungsversuch vor einer sonstigen Gütestelle, die Streitbeilegungen betreibt, unternommen haben. [2]Das Einvernehmen nach Satz 1 wird unwiderleglich vermutet, wenn der Verbraucher eine branchengebundene Gütestelle, eine Gütestelle der Industrie- und Handelskammer, der Handwerkskammer oder der Innung angerufen hat. [3]Absatz 1 Satz 2 gilt entsprechend.**

**(4) Zu den Kosten des Rechtsstreits im Sinne des § 91 Abs. 1, 2 der Zivilprozessordnung gehören die Kosten der Gütestelle, die durch das Einigungsverfahren nach Absatz 1 entstanden sind.**

**(5) Das Nähere regelt das Landesrecht; es kann auch den Anwendungsbereich des Absatzes 1 einschränken, die Ausschlussgründe des Absatzes 2 erweitern und bestimmen, dass die Gütestelle ihre Tätigkeit von der Einzahlung eines angemessenen Kostenvorschusses abhängig machen und gegen eine im Gütetermin nicht erschienene Partei ein Ordnungsgeld festsetzen darf.**

**(6) [1]Gütestellen im Sinne dieser Bestimmung können auch durch Landesrecht anerkannt werden. [2]Die vor diesen Gütestellen geschlossenen Vergleiche gelten als Vergleiche im Sinne des § 794 Abs. 1 Nr. 1 der Zivilprozessordnung.**

§ 15a eingefügt ab 01.01.2000, geändert durch G v. 13.12.2001 und 14.08.2006.

Lit: ***Unberath*** JR 2001, 355; ***Fricke*** VersR 2000, 1192; ***Deckenbrock*** JA 2004, 913; ***Lauer*** NJW 2004, 1280; ***Nickl*** AnwBl 2004, 12; ***Rüssel*** JuS 2003, 360; ***Bitter*** NJW 2005, 1235.

1 **Landesrecht:** Nur in einigen Bundesländern kommt § 15a zum Zug. Schlichtungsgesetze haben erlassen: Bayern (GVBl 2000, 268); Baden-Württemberg (GVBl 2000, 470); Brandenburg (GVBl 2000, 134); Hessen (GVBl 2001, 98); Nordrhein-Westfalen (GVBl 2000, 476); Saarland (ABl 2001, 532); Sachsen-Anhalt (GVBl 2001, 174); Schleswig-Holstein (GVBl 2001, 361). Die Landesrechte sind ganz unterschiedlich: manche setzen eine Grenze von 600 € (Bayern), andere von 750 € (Baden-Württemberg); die Regelung hat kaum praktische Bedeutung; die Hürde des § 15a kann leicht überwunden werden, weil dem Mahnverfahren keine Schlichtung vorausgehen muss. Wird aus einem Land ohne Güterecht an ein Land mit einem solchen Recht verwiesen (§ 281 ZPO), muss der Güteversuch nicht nachgeholt werden (*Zöller/Gummer* § 15a Rz 18). Bei Klageerweiterung

muss für den Erhöhungsbetrag nicht ein neues Güteverfahren durchgeführt werden (AG Halle NJW 2001, 2099). Die Einleitung hemmt die Verjährung (§ 204 I Nr. 4 BGB).

**Gleichbehandlungsgesetz** §§ 19 ff. AGG, etwa Unterlassungs- und Schadensersatzklagen. Frist § 21 V AGG beachten. 2

**Gütestelle:** zahlreiche Anwälte und Notare haben sich zB in Bayern als „Gütestelle" bestellen lassen. Die Durchführung des Güteversuchs ist eine **Prozessvoraussetzung**; fehlt sie, ist die Klage als unzulässig abzuweisen (BGH NJW 2005, 437); Nachholen während des Prozesses ist nicht möglich (BGH NJW 2005, 437; **aA** OLG Hamm MDR 2003, 387); Klageerweiterung über den Betrag von 600/750 € hilft nicht mehr (AG München NJW-RR 2003, 515); bei Klageerweiterung muss kein neues Schlichtungsverfahren durchgeführt werden (BGH NJW-RR 2005, 501). Durch Wahl des Mahnverfahrens erübrigt sich das Schlichtungsverfahren (Abs.2 Nr.5); in NRW entfällt es, wenn die Parteien in versch LG-Bezirken wohnen (AG Lüdenscheid NJW 2002, 1279). Die **Kosten** der Gütestelle sind Prozesskosten des nachfolgenden Prozesses (Abs.4) und also zu erstatten (LG Mönchengladbach AnwBl 2003, 312). Höhe der Gebühr: LandesR; dafür gibt es uU Beratungshilfe. **RA-Gebühr:** RVG-VV 2303, 1000. Die **Vergleiche** vor der Gütestelle sind Titel (§794 ZPO). 3

## § 16
(weggefallen)

## § 17
(weggefallen)

## § 18
(gegenstandslos)

## § 19 [Rechtskraft]

**(1) Rechtskräftig im Sinne dieses Gesetzes sind Endurteile, welche mit einem ordentlichen Rechtsmittel nicht mehr angefochten werden können.**

**(2) Als ordentliche Rechtsmittel im Sinne des vorstehenden Absatzes sind diejenigen Rechtsmittel anzusehen, welche an eine von dem Tage der Verkündung oder Zustellung des Urteils laufende Notfrist gebunden sind.**

## § 20 Übergangsvorschriften zum Sechsten Gesetz zur Änderung der Pfändungsfreigrenzen

**(1) [1]Eine vor dem Inkrafttreten des Sechsten Gesetzes zur Änderung der Pfändungsfreigrenzen vom 1. April 1992 (BGBI. I S. 745) am 1. Juli 1992 ausgebrachte Pfändung, die nach den Pfändungsfreigrenzen des bis zu diesem Zeitpunkt geltenden Rechts bemessen worden ist, richtet sich hinsichtlich der Leistungen, die nach dem 1. Juli 1992 fällig werden, nach den seit diesem Zeitpunkt geltenden Vorschriften. [2]Auf Antrag des Gläubigers, des Schuldners oder des Drittschuldners hat das Vollstreckungsgericht den Pfändungsbeschluss entsprechend zu berichtigen. [3]Der Dritt-**

**schuldner kann nach dem Inhalt des früheren Pfändungsbeschlusses mit befreiender Wirkung leisten, bis ihm der Berichtungsbeschluss zugestellt wird.**

**(2) [1]Soweit die Wirksamkeit einer Verfügung über Arbeitseinkommen davon abhängt, dass die Forderung der Pfändung unterworfen ist, sind die Vorschriften des Artikels 1 des Sechsten Gesetzes zur Änderung der Pfändungsfreigrenzen vom 1. April 1992 (BGBI. I S 745) auch dann anzuwenden, wenn die Verfügung vor dem 1. Juli 1992 erfolgt ist. [2]Der Schuldner der Forderung kann nach Maßgabe der bis zu diesem Zeitpunkt geltenden Vorschriften so lange mit befreiender Wirkung leisten, bis ihm eine entgegenstehende vollstreckbare gerichtliche Entscheidung zugestellt wird oder eine Verzichtserklärung desjenigen zugeht, an den der Schuldner auf Grund dieses Gesetzes weniger als bisher zu leisten hat.**

§ 20 eingefügt durch G v. 19.04.2006

### § 21 Übergangsvorschriften zum Siebten Gesetz zur Änderung der Pfändungsfreigrenzen

**(1) [1]Für eine vor dem 1. Januar 2002 ausgebrachte Pfändung sind hinsichtlich der nach diesem Zeitpunkt fälligen Leistungen die Vorschriften des § 850a Nr. 4, § 850b Abs. 1 Nr. 4, § 850c und § 850f Abs. 3 der Zivilprozessordnung in der ab diesem Zeitpunkt geltenden Fassung anzuwenden. [2]Auf Antrag des Gläubigers, des Schuldners oder des Drittschuldners hat das Vollstreckungsgericht den Pfändungsbeschluss entsprechend zu berichtigen. [3]Der Drittschuldner kann nach dem Inhalt des früheren Pfändungsbeschlusses mit befreiender Wirkung leisten, bis ihm der Berichtigungsbeschluss zugestellt wird.**

**(2) [1]Soweit die Wirksamkeit einer Verfügung über Arbeitseinkommen davon abhängt, dass die Forderung der Pfändung unterworfen ist, sind die Vorschriften des § 850a Nr. 4, § 850b Abs. 1 Nr. 4, § 850c und § 850f Abs. 3 der Zivilprozessordnung in der ab dem 1. Januar 2002 geltenden Fassung hinsichtlich der Leistungen, die nach diesem Zeitpunkt fällig werden, auch anzuwenden, wenn die Verfügung vor diesem Zeitpunkt erfolgt ist. [2]Der Drittschuldner kann nach den bis zum 1. Januar 2002 geltenden Vorschriften solange mit befreiender Wirkung leisten, bis ihm eine entgegenstehende vollstreckbare gerichtliche Entscheidung zugestellt wird oder eine Verzichtserklärung desjenigen zugeht, an den der Schuldner nach den ab diesem Zeitpunkt geltenden Vorschriften weniger zu leisten hat.**

### § 22 Überleitungsvorschriften zum Zweiten Gesetz zur Änderung zwangsvollstreckungsrechtlicher Vorschriften (2. Zwangsvollstreckungsnovelle)

**(1) [1]§ 708 Nr. 11 der Zivilprozessordnung ist in seiner bis zum 1. Januar 1999 geltenden Fassung (Inkrafttreten der 2. Zwangsvollstreckungsnovelle vom 17. Dezember 1997 (BGBI. I S. 3039, 1998 I S. 583), die durch Artikel 8 des Gesetzes vom 19. Dezember 1998 (BGBI S. 3836) geändert worden ist) anzuwenden, wenn die mündliche Verhandlung, auf die das Urteil ergeht, vor dem 1. Januar 1999 geschlossen worden ist. [2]Im schriftlichen Verfahren tritt an die Stelle des Schlusses der mündlichen Verhandlung der Zeitpunkt, bis zu dem Schriftsätze eingereicht werden können.**

**(2) § 765a Abs. 3 der Zivilprozessordnung in der Fassung des Artikels 1 Nr. 9 Buchstabe c der 2. Zwangsvollstreckungsnovelle gilt nicht, wenn die Räumung binnen einem Monat seit Inkrafttreten der 2. Zwangsvollstreckungsnovelle am 1. Januar 1999 stattfinden soll.**

**(3) § 788 Abs. 1 Satz 3 der Zivilprozessordnung in der Fassung des Artikels 1 Nr. 11 Buchstabe a der 2. Zwangsvollstreckungsnovelle gilt nur für Kosten, die nach Inkrafttreten der 2. Zwangsvollstreckungsnovelle am 1. Januar 1999 entstehen.**

**(4) § 794 Abs. 1 Nr. 5 der Zivilprozessordnung ist in seiner bis zum 1. Januar 1999 geltenden Fassung anzuwenden, wenn die Urkunde vor dem Inkrafttreten der 2. Zwangsvollstreckungsnovelle am 1. Januar 1999 errichtet wurde.**

**(5) § 807 Abs. 1 Nr. 3 und 4 der Zivilprozessordnung in der Fassung des Artikels 1 Nr. 14 Buchstabe a der 2. Zwangsvollstreckungsnovelle gilt nicht für die Verfahren in denen der Gerichtsvollzieher die Vollstreckung vor dem Inkrafttreten der 2. Zwangsvollstreckungsnovelle am 1. Januar 1999 versucht hatte.**

**(6) § 833 Abs. 2 der Zivilprozessordnung in der Fassung des Artikels 1 Nr. 23 Buchstabe a der 2. Zwangsvollstreckungsnovelle gilt nicht für Arbeits- oder Dienstverhältnisse, die vor dem Inkrafttreten der 2. Zwangsvollstreckungsnovelle am 1. Januar 1999 beendet waren.**

**(7) § 866 Abs. 3 Satz 1 und § 867 Abs. der Zivilprozessordnung in der Fassung des Artikels 1 Nr. 26 und 27 Buchstabe a der 2. Zwangsvollstreckungsnovelle gelten nicht für Eintragungen, die vor dem Inkrafttreten der 2. Zwangsvollstreckungsnovelle am 1. Januar 1999 beantragt worden sind.**

**(8) Die Frist des § 885 Abs. 4 Satz 1 der Zivilprozessordnung in der Fassung des Artikels 1 Nr. 28 Buchstabe b der 2. Zwangsvollstreckungsnovelle beginnt nicht vor dem Tage des Inkrafttretens der 2. Zwangsvollstreckungsnovelle am 1. Januar 1999.**

**(9) Auf Anträge auf Bestimmung eines Termins zur Abnahme der eidesstattlichen Versicherung, die vor dem 1. Januar 1999 gestellt worden sind, finden die §§ 807, 899, 900 der Zivilprozessordnung und § 20 Nr. 17 des Rechtspflegergesetzes in der jeweils bis zum 1. Januar 1999 geltenden Fassung Anwendung.**

### § 23
(gegenstandslos)

### § 24 [Übergangsvorschrift zum Mietrecht]

**Auf einen Räumungsrechtsstreit, der vor dem 1. September 2001 rechtshängig geworden ist, finden § 93b Abs. 1 und 2, § 721 Abs. 7 sowie § 794a Abs. 5 der Zivilprozessordnung) in der bis zu diesem Zeitpunkt geltenden Fassung Anwendung.**

### § 24a
(am 01.07.2002 außer Kraft getreten)

## § 25 [Rechtsbeistände]

**Der in die Rechtsanwaltskammer gemäß § 209 der Bundesrechtsanwaltsordnung aufgenommene Erlaubnisinhaber steht im Sinne der § 88 Abs. 2, § 121 Abs. 2, § 133 Abs. 2, §§ 135, 157 Abs. 1 Satz 1 und Abs. 2 Satz 1, § 169 Abs. 2, §§ 174, 178 Abs. 1 Nr. 2, §§ 195, 317 Abs. 4 Satz 2, § 397 Abs. 2, § 811 Nr. 7 der Zivilprozeßordnung einem Rechtsanwalt gleich.**

Geändert ab 01.07.2002.

1 Rechtsbeistände sind uU auf Antrag in die Anwaltskammer aufzunehmen (§ 209 BRAO). Sie sind dann in vielen Fällen dem Anwalt gleichgestellt; zB können sie beim AG in PKH beigeordnet werden (§ 121 II ZPO), auch bei Zustellungen sind sie Anwälten gleichgestellt. Trotzdem können sie nicht als Anwalt vor dem LG, OLG, BGH auftreten (§ 78 ZPO).

## § 26 [Übergangsvorschriften zum ZPO-Reformgesetz 2001]

**Für das Gesetz zur Reform des Zivilprozesses vom 27. Juli 2001 gelten folgende Übergangsvorschriften:**

1. (aufgehoben)
2. **Für am 1. Januar 2002 anhängige Verfahren finden die §§ 23, 105 Abs. 3 des Gerichtsverfassungsgesetzes und § 92 Abs. 2, §§ 128, 269 Abs. 3, §§ 278, 313 a, 495 a der Zivilprozessordnung sowie die Vorschriften über das Verfahren im ersten Rechtszug vor dem Einzelrichter in der am 31. Dezember 2001 geltenden Fassung weiter Anwendung. Für das Ordnungsgeld gilt § 178 des Gerichtsverfassungsgesetzes in der am 31. Dezember 2001 geltenden Fassung, wenn der Beschluss, der es festsetzt, vor dem 1. Januar 2002 verkündet oder, soweit eine Verkündung nicht stattgefunden hat, der Geschäftsstelle übergeben worden ist.**
3. **Das Bundesministerium der Justiz gibt die nach § 115 Abs. 3 Nr. 2 Satz 1 vom Einkommen abzusetzenden Beträge für die Zeit vom 1. Januar 2002 bis zum 30. Juni 2002 neu bekannt. Die Prozesskostenhilfebekanntmachung 2001 ist insoweit nicht mehr anzuwenden.**
4. **Ist die Prozesskostenhilfe vor dem 1. Januar 2002 bewilligt worden, gilt § 115 Abs. 1 Satz 4 der Zivilprozessordnung für den Rechtszug in der im Zeitpunkt der Bewilligung geltenden Fassung weiter.**
5. **Für die Berufung gelten die am 31. Dezember 2001 geltenden Vorschriften weiter, wenn die mündliche Verhandlung, auf die das anzufechtende Urteil ergeht, vor dem 1. Januar 2002 geschlossen worden ist. In schriftlichen Verfahren tritt an die Stelle des Schlusses der mündlichen Verhandlung der Zeitpunkt, bis zu dem Schriftsätze eingereicht werden können.**
6. **§ 541 der Zivilprozessordnung in der am 31. Dezember 2001 geltenden Fassung ist nur noch anzuwenden, soweit nach Nummer 5 Satz 1 über die Berufung nach**

**den bisherigen Vorschriften zu entscheiden ist, am 1. Januar 2002 Rechtsfragen zur Vorabentscheidung dem übergeordneten Oberlandesgericht oder dem Bundesgerichtshof vorliegen oder nach diesem Zeitpunkt noch vorzulegen sind.**

**7. Für die Revision gelten die am 31. Dezember 2001 geltenden Vorschriften weiter, wenn die mündliche Verhandlung auf die das anzufechtende Urteil ergeht, vor dem 1. Januar 2002 geschlossen worden ist. In schriftlichen Verfahren tritt an die Stelle des Schlusses der mündlichen Verhandlung der Zeitpunkt, bis zu dem Schriftsätze eingereicht werden können.**

**8. § 544 der Zivilprozessordnung in der Fassung des Gesetzes zur Reform des Zivilprozesses vom 27. Juli 2001 (BGBl. I S. 1887) ist bis einschließlich 31. Dezember 2011 mit der Maßgabe anzuwenden, dass die Beschwerde gegen die Nichtzulassung der Revision durch das Berufungsgericht nur zulässig ist, wenn der Wert der mit der Revision geltend zu machenden Beschwer zwanzigtausend Euro übersteigt. Dies gilt nicht, wenn das Berufungsgericht die Berufung verworfen hat.**

**9. In Familiensachen finden die Bestimmungen über die Nichtzulassungsbeschwerde (§ 543 Abs. 1 Nr. 2, §§ 544, 621 e Abs. 2 Satz 1 Nr. 2 der Zivilprozessordnung in der Fassung des Gesetzes zur Reform des Zivilprozesses vom 27. Juli 2001, BGBl. I S. 1887) keine Anwendung, soweit die anzufechtende Entscheidung vor dem 1. Januar 2010 verkündet oder einem Beteiligten zugestellt oder sonst bekannt gemacht worden ist. Dies gilt nicht, wenn das Berufungsgericht die Berufung verworfen hat.**

**10. Für Beschwerden und für die Erinnerung finden die am 31. Dezember 2001 geltenden Vorschriften weiter Anwendung, wenn die anzufechtende Entscheidung vor dem 1. Januar 2002 verkündet oder, soweit eine Verkündung nicht stattgefunden hat, der Geschäftsstelle übergeben worden ist.**

**11. Soweit nach den Nummern 2 bis 5, 7 und 9 in der vor dem 1. Januar 2002 geltenden Fassung Vorschriften weiter anzuwenden sind, die auf Geldbeträge in Deutscher Mark Bezug nehmen, sind diese Vorschriften vom 1. Januar 2002 an mit der Maßgabe anzuwenden, dass die Beträge nach dem Umrechnungskurs 1 € = 1,95583 Deutsche Mark und den Rundungsregeln der Verordnung (EG) Nr. 1103/97 des Rates vom 17. Juni 1997 über bestimmte Vorschriften im Zusammenhang mit der Einführung des Euro (ABl. EG Nr. L 162 S. 1) in die Euro-Einheit umgerechnet werden.**

§ 26 eingefügt durch G v. 26.11.2001 (BGBl 2001, 1887; 3138) geändert durch G v. 24.08.2004 (BGBl 2004, 2198), 22.12.2006 (BGBI 2006, 341) und 26.03.2007 (BGBl. 2007, 358).

**Nr. 2.** Für am 01.01.2002 anhängige Altverfahren gelten grds die alten Vorschriften, von den neuen ZPO-Vorschriften aber die §§ 139, 142, 144, 156, 371, 428 ZPO. 1

**Nr. 3, 4.** Für PHK-Bewilligungen bis 31.12.2001 bleibt es auch nach 2002 bei den alten Raten laut Bewilligungsbeschluss (gemeint ist § 115 I 3 Nr. 2 ZPO), die aber in DM (1 DM = 1,95583 Euro) umzurechnen sind (Nr. 11).

**Nr. 5.** Für die Berufung gegen EndU der AG, LG, bei denen die mdl Verh bis 31.12.2001 stattfand, gilt altes BerufungsR, zB § 543 nF und nicht § 540. Wenn die mdl Verh vor dem BerG bis 31.12.2001 stattfand, gilt auch altes RevisionszulassungsR.

2 **Nr. 6.** Betrifft den aufgehobenen Rechtsentscheid in Mietsachen.

**Nr. 7.** Für Altverfahren mit Schluss der mdl Verh vor dem OLG bis 31.12.2001 gilt altes RevR.

**Nr. 8.** Wird die Rev vom OLG/LG nicht zugelassen, dann kann eine **Nichtzulassungsbeschwerde** zum BGH (§ 544) eingelegt werden. Bis 31.12.2011 (Frist wurde durch G v. 22.12.2006 verlängert) ist das aber nur zulässig, wenn der Wert der Beschwer 20 000 € übersteigt; damit soll die Belastung des BGH verringert werden. Letztlich bleibt es also bei der Wertrev. Der BGH entscheidet selbst, ob dieser Betrag erreicht ist. Die Wertgrenze nach Nr. 8 gilt nicht für die Rechtsbeschwerde, wenn eine Berufung durch Beschluss als *unzulässig* verworfen wurde (BGH FamRZ 2007, 206)

In bestimmten **WEG-Sachen** beachte § 62 II WEG 2007 (NZB zT unzulässig).

**Nr. 9.** Wird die Rev vom OLG/LG nicht zugelassen, dann gibt es in **Familiensachen** bis 31.12.2009 (Frist wurde durch G v. 22.12.2006 verlängert) keine Zulassungsbeschwerde; damit soll die Belastung des BGH verringert werden. Dadurch bleibt es (trotz Änderung des § 621e II) faktisch beim alten Recht: Rev bis 2009 nur bei Zulassung. Nr. 9 ist nicht verfassungswidrig (BGH FamRZ 2005, 1902).

**Nr. 10.** Für Beschwerden und Erinnerungen in Altverfahren gilt die frühere ZPO fort.

**Nr. 11.** Alte DM-Beträge sind in Euro umzurechnen.

### § 27 [Übergangsvorschriften]

**Auf Vereinfachte Verfahren über den Unterhalt Minderjähriger (§§ 645 bis 660 der Zivilprozessordnung), in denen der Antrag auf Festsetzung von Unterhalt vor dem 1. Januar 2002 eingereicht wurde, finden die Vorschriften über das Vereinfachte Verfahren über den Unterhalt Minderjähriger in der am 1. Januar 2002 geltenden Fassung weiter Anwendung.**

### § 28 [Übergangsvorschriften]

**(1) Das Mahnverfahren findet nicht statt für Ansprüche eines Unternehmers aus einem Vertrag, für den das Verbraucherkreditgesetz gilt, wenn der nach dem Verbraucherkreditgesetz anzugebende effektive oder anfängliche effektive Jahreszins den bei Vertragsschluss geltenden Basiszinssatz nach § 247 des Bürgerlichen Gesetzbuchs um mehr als zwölf Prozentpunkte übersteigt.**

**(2) §690 Abs.1 Nr.3 der Zivilprozessordnung findet auf Verträge, für die das Verbraucherkreditgesetz gilt, mit der Maßgabe Anwendung, dass an die Stelle der Angabe des nach den §§492, 502 des Bürgerlichen Gesetzbuchs anzugebenden effektiven oder anfänglichen effektiven Jahreszinses die Angabe des nach dem Verbraucherkreditgesetz anzugebenden effektiven oder anfänglichen effektiven Jahreszinses tritt.**

§ 28 gilt für Altverträge, für die noch das Verbraucherkreditgesetz (aufgehoben ab 01.01.2002) gilt; zur Weitergeltung beachte Art. 229 § 5 EGBGB. 1

### § 29 [Übergangsvorschriften 1. JuMoG]

**Für das 1. Justizmodernisierungsgesetz vom 24. August 2004 (BGBl. I S. 2198) gelten folgende Übergangsvorschriften:**

1. **Auf Verfahren, die am 1. September 2004 anhängig sind, findet § 91a der Zivilprozessordnung in der vor dem 1. September 2004 geltenden Fassung Anwendung.**
2. **§ 91 in der seit dem 1. September 2004 geltenden Fassung ist auch auf Verfahren anzuwenden, die zu diesem Zeitpunkt anhängig oder rechtskräftig abgeschlossen worden sind; einer Kostenrückfestsetzung steht nicht entgegen, dass sie vor dem 1. September 2004 abgelehnt worden ist. Haben die Parteien etwas anderes vereinbart, bleibt es dabei.**
3. **Auf Verfahren, die am 1. September 2004 anhängig sind, findet § 411a der Zivilprozessordnung keine Anwendung.**

### § 30 [Übergangsvorschriften JustizKommG]

**Für Artikel 1 Nr. 2a und 3a des Justizkommunikationsgesetzes vom 22. März 2005 (BGBl. I S. 837) gilt folgende Übergangsvorschrift:**

**Ist einer Partei vor dem Inkrafttreten dieses Gesetzes für einen Rechtszug Prozesskostenhilfe bewilligt worden, so ist für diesen Rechtszug insoweit das bisherige Recht anzuwenden. Maßgebend ist das Datum des Bewilligungsbeschlusses. Eine Maßnahme der Zwangsvollstreckung gilt als besonderer Rechtszug.**

### § 31 [Übertragungsvorschriften KapMuG]

**Für das Gesetz zur Einführung von Kapitalanleger-Musterverfahren vom 16. August 2005 (BGBl. I S. 2437) gilt folgende Übergangsvorschrift:**

**Auf Verfahren, die nach dem 31. Oktober 2005 anhängig werden, findet § 32b der Zivilprozessordnung keine Anwendung, wenn zu diesem Zeitpunkt bereits bei einem anderen Gericht mindestens zehn Verfahren anhängig sind, in denen die Voraussetzungen für ein Musterverfahren ebenso wie bei dem neu anhängig werdenden Verfahren vorliegen. In den Verfahren nach Satz 1 richtet sich die Zuständigkeit der Gerichte nach den bisher geltenden Vorschriften.**

§ 31 eingefügt durch KapMuG v. 16.08.2005 (BGBl 2005, 2437).

### § 32 Überleitungsvorschriften zum Gesetz zur Entlastung der Rechtspflege

**(1) [1]Wenn vor dem Inkrafttreten des Gesetzes zur Entlastung der Rechtspflege vom 11. Januar 1993 (BGBI. I S.50) am 1. März 1993 die mündliche Verhandlung, auf die das anzufechtende Urteil ergeht, geschlossen worden ist, gelten für die Zulässigkeit der Berufungen die bis dahin geltenden Vorschriften. [2]Im schriftlichen Verfahren tritt an**

**die Stelle des Schlusses der mündlichen Verhandlungen in den Fällen des §128 Abs.2 der Zivilprozessordnung der Zeitpunkt, bis zu dem Schriftsätze eingereicht werden können, im Übrigen der Zeitpunkt, zu dem die Geschäftsstelle zum Zwecke der Zustellung die anzufechtende Entscheidung an die Parteien hinausgegeben hat.**

**(2) Für anhängige Verfahren in der Zivilgerichtsbarkeit gelten die Vorschriften über das Verfahren vor dem Einzelrichter, die §§ 9, 29a Abs. 1, § 128 Abs. 3 Satz 1 und § 495a Abs. 1 Satze 1 der Zivilprozessordnung, § 23 Nr. 1 und 2 Buchstabe a und § 23 b Abs. 3 Satz 2 des Gerichtsverfassungsgesetzes in der bis zum 1. März 1993 geltenden Fassung.**

§ 32 eingefügt durch G v. 19.04.2006.

## § 33 Überleitungsvorschriften zum Schiedsverfahrens-Neuregelungsgesetz

**(1) Die Wirksamkeit von Schiedsvereinbarungen, die vor dem Inkrafttreten des Schiedsverfahrens-Neuregelungsgesetzes vom 22. Dezember 1997 (BGBI. I S. 3224) am 1. Januar 1998 geschlossen worden sind, beurteilt sich nach dem bis zu diesem Zeitpunkt geltenden Recht.**

**(2) [1]Für schiedsrichterliche Verfahren, die am 1. Januar 1998 noch nicht beendet waren, ist das bis zu diesem Zeitpunkt geltende Recht mit der Maßgabe anzuwenden, dass an die Stelle des schiedsrichterlichen Vergleichs der Schiedsspruch mit vereinbartem Wortlaut tritt. [2]Die Parteien können jedoch die Anwendung des neuen Rechts vereinbaren.**

**(3) Für gerichtliche Verfahren, die bis zum 1. Januar 1998 anhängig geworden sind, ist das bis zu diesem Zeitpunkt geltende Recht weiter anzuwenden.**

**(4) [1]Aus für vollstreckbar erklärten schiedsrichterlichen Vergleichen, die vor dem 1. Januar 1998 geschlossen worden sind, findet die Zwangsvollstreckung statt, sofern die Entscheidung über die Vollstreckbarkeit rechtskräftig oder für vorläufig vollstreckbar erklärt worden ist. [2]Für die Entscheidung über die Vollstreckbarkeit gilt das bis zum Inkrafttreten des Schiedsverfahrens-Neuregelungsgesetzes vom 22. Dezember 1997 (BGBl. I S. 3224) geltende Recht.**

§ 33 eingefügt durch G v. 19.04.2006.

## § 34 Überleitungsvorschriften zum Gesetz zur Vereinfachung und Beschleunigung gerichtlicher Verfahren

**In ihrer bis zum Inkrafttreten des Gesetzes zur Vereinfachung und Beschleunigung gerichtlicher Verfahren vom 3. Dezember 1976 (BGBI S. 3281) geltenden Fassung sind weiter anzuwenden:**

**1. Vorschriften über die Aufforderung an den Beklagten, es dem Gericht anzuzeigen, wenn er sich gegen die Klage verteidigen wolle, über die Fristen zur schriftlichen Klageerwiderung, zu schriftlichen Berufungserwiderung und zur schriftlichen Stellungnahme auf diese, über die Begründung des Einspruchs gegen ein Versäumnisurteil sowie über die Folgen einer Verletzung dieser Vorschriften durch die**

**Parteien, wenn vor dem 1. Juli 1977 die Klage oder das Versäumnisurteil zugestellt oder die Berufung eingelegt wurde;**

**2. sonstige Vorschriften über die Nichtzulassung nicht rechtzeitig vorgebrachter Angriffs- und Verteidigungsmittel, wenn das Angriffs- oder Verteidigungsmittel in einer vor dem 1. Juli 1977 abgehaltenen mündlichen Verhandlung vorgebracht wurde;**

**3. Vorschriften über die Nichtzulassung neuer Angriffs- und Verteidigungsmittel im Berufungsrechtszug, die bereits in der ersten Instanz vorzubringen waren, wenn die mündliche Verhandlung im ersten Rechtszug vor dem 1. Juli 1977 geschlossen wurde;**

**4. Vorschriften über das Urteil, wenn der Termin, in dem die mündliche Verhandlung geschlossen wurde, vor dem 1. Juli 1977 stattgefunden hat;**

**5. Vorschriften über die Zustellung und Ausfertigung des Urteile, wenn das Urteil vor dem 1. Juli 1977 verkündet worden ist oder, wenn es ohne mündliche Verhandlung ergangen ist, der Geschäftsstelle übergeben wurde;**

**6. Vorschriften über die Fristen zur Einlegung von Rechtsmitteln und des Einspruchs, wenn die anzufechtende Entscheidung vor dem 1. Juli 1977 verkündet oder statt einer Verkündung zugestellt worden ist;**

**7. Vorschriften über das Mahnverfahren, wenn der Mahnantrag vor dem 1. Juli 1977 gestellt wurde.**

§ 34 eingefügt durch G v. 19.04.2006.

## § 35 [Überleitung 2. JuMoG]

**Auf Verfahren, die vor dem 31. Dezember 2006 rechtskräftig abgeschlossen worden sind, ist § 580 Nr. 8 der Zivilprozessordnung nicht anzuwenden.**

§ 35 eingefügt durch G v. 22.12.2006.

# 3.
# Einführungsgesetz zum Gerichtsverfassungsgesetz (EGGVG)

Einführungsgesetz zum Gerichtsverfassungsgesetz (EGGVG) vom 27.01.1877 (RGBl 77), zuletzt geändert durch G v. 17.12.2006 (BGBI 2006, 3171).

## Erster Abschnitt
## Allgemeine Vorschriften

### § 1
(aufgehoben)

### § 2 [Anwendungsbereich]

**Die Vorschriften des Gerichtsverfassungsgesetzes finden nur auf die ordentliche streitige Gerichtsbarkeit und deren Ausübung Anwendung.**

### § 3 [Übertragung der Gerichtsbarkeit]

**(1) [1]Die Gerichtsbarkeit in bürgerlichen Rechtsstreitigkeiten und Strafsachen, für welche besondere Gerichte zugelassen sind, kann den ordentlichen Landesgerichten durch die Landesgesetzgebung übertragen werden. [2]Die Übertragung darf nach anderen als den durch das Gerichtsverfassungsgesetz vorgeschriebenen Zuständigkeitsnormen erfolgen.**

**(2) (aufgehoben)**

**(3) Insoweit für bürgerliche Rechtsstreitigkeiten ein von den Vorschriften der Zivilprozessordnung abweichendes Verfahren gestattet ist, kann die Zuständigkeit der ordentlichen Landesgerichte durch die Landesgesetzgebung nach anderen als den durch das Gerichtsverfassungsgesetz vorgeschriebenen Normen bestimmt werden.**

### § 4
(aufgehoben)

### § 4a [Berlin, Hamburg]

**(1) [1]Die Länder Berlin und Hamburg bestimmen, welche Stellen die Aufgaben erfüllen, die im Gerichtsverfassungsgesetz den Landesbehörden, den Gemeinden oder den unteren Verwaltungsbezirken sowie deren Vertretungen zugewiesen sind.** [2](betrifft Schöffen).

**(2) (aufgehoben)**

### § 5
(gegenstandslos)

### § 6
(betrifft im Wesentlichen Schöffen)

### § 7
(gegenstandslos)

### § 8 [Oberstes Landesgericht]

**(1) Durch die Gesetzgebung eines Landes, in dem mehrere Oberlandesgerichte errichtet werden, kann die Verhandlung und Entscheidung der zur Zuständigkeit des Bundesgerichtshofes gehörenden Revisionen und Rechtsbeschwerden in bürgerlichen Rechtsstreitigkeiten einem obersten Landesgericht zugewiesen werden.**

**(2) Diese Vorschrift findet jedoch auf bürgerliche Rechtsstreitigkeiten, in denen für die Entscheidung Bundesrecht in Betracht kommt, keine Anwendung, es sei denn, daß es sich im wesentlichen um Rechtsnormen handelt, die in den Landesgesetzen enthalten sind.**

Nur in Bayern gab es ein Oberstes Landesgericht; das BayObLG wurde 2005 „abgeschafft"; BayObLGAuflG v. 25.10.2004, BayGVBl 2004, 400. 1

### § 9
(betrifft Strafsachen)

### § 10 [Vorschriften für oberste Landesgerichte]

**(1) Die allgemeinen sowie die in § 116 Abs. 1 Satz 2, §§ 124, 130 Abs. 1 und § 181 Abs. 1 enthaltenen besonderen Vorschriften des Gerichtsverfassungsgesetzes finden auf die obersten Landesgerichte der ordentlichen Gerichtsbarkeit entsprechende Anwendung; ferner sind die Vorschriften der §§ 132, 138 des Gerichtsverfassungsgesetzes mit der Maßgabe entsprechend anzuwenden, dass durch Landesgesetz die Zahl der Mitglieder der Großen Senate anderweitig geregelt oder die Bildung eines einzigen Großen Senats angeordnet werden kann, der aus dem Präsidenten und mindestens acht Mitgliedern zu bestehen hat und an die Stelle der Großen Senate für Zivilsachen und für Strafsachen sowie der Vereinigten Großen Senate tritt.**

**(2) Die Besetzung der Senate bestimmt sich in Strafsachen, in Grundbuchsachen und in Angelegenheiten der freiwilligen Gerichtsbarkeit nach den Vorschriften über die Oberlandesgerichte, im übrigen nach den Vorschriften über den Bundesgerichtshof.**

### § 11
(aufgehoben)

## Zweiter Abschnitt
## Verfahrensübergreifende Mitteilungen von Amts wegen

### § 12 [Anwendungsbereich]

**(1) [1]Die Vorschriften dieses Abschnitts gelten für die Übermittlung personenbezogener Daten von Amts wegen durch Gerichte der ordentlichen Gerichtsbarkeit und Staatsanwaltschaften an öffentliche Stellen des Bundes oder eines Landes für andere Zwecke als die des Verfahrens, für die die Daten erhoben worden sind. [2]Besondere Rechtsvorschriften des Bundes oder, wenn die Daten aus einem landesrechtlich geregelten Verfahren übermittelt werden, eines Landes, die von den §§ 18 bis 22 abweichen, gehen diesen Vorschriften vor.**

**(2) Absatz 1 gilt entsprechend für die Übermittlung personenbezogener Daten an Stellen der öffentlich-rechtlichen Religionsgesellschaften, sofern sichergestellt ist, dass bei dem Empfänger ausreichende Datenschutzmaßnahmen getroffen werden.**

**(3) Eine Übermittlung unterbleibt, wenn ihr eine besondere bundes- oder entsprechende landesgesetzliche Verwendungsregelung entgegensteht.**

**(4) Die Verantwortung für die Zulässigkeit der Übermittlung trägt die übermittelnde Stelle.**

**(5) [1]Das Bundesministerium der Justiz kann mit Zustimmung des Bundesrates allgemeine Verwaltungsvorschriften zu den nach diesem Abschnitt zulässigen Mitteilungen erlassen. [2]Ermächtigungen zum Erlass von Verwaltungsvorschriften über Mitteilungen in besonderen Rechtsvorschriften bleiben unberührt.**

### § 13 [Erlaubte Datenübermittlung]

**(1) Gerichte und Staatsanwaltschaften dürfen personenbezogene Daten zur Erfüllung der in der Zuständigkeit des Empfängers liegenden Aufgaben übermitteln, wenn**

**1. eine besondere Rechtsvorschrift dies vorsieht oder zwingend voraussetzt,**

**2. der Betroffene eingewilligt hat,**

**3. offensichtlich ist, dass die Übermittlung im Interesse des Betroffenen liegt, und kein Grund zu der Annahme besteht, dass er in Kenntnis dieses Zwecks seine Einwilligung verweigern würde,**

**4. die Daten auf Grund einer Rechtsvorschrift von Amts wegen öffentlich bekanntzumachen sind oder in ein von einem Gericht geführtes, für jedermann unbeschränkt einsehbares öffentliches Register einzutragen sind oder es sich um die Abweisung des Antrags auf Eröffnung des Insolvenzverfahrens mangels Masse handelt oder**

**5. auf Grund einer Entscheidung**

**a) bestimmte Rechtsfolgen eingetreten sind, insbesondere der Verlust der Rechtsstellung aus einem öffentlich-rechtlichen Amts- oder Dienstverhältnis, der Ausschluss vom Wehr- oder Zivildienst, der Verlust des Wahlrechts oder der Wählbarkeit oder der Wegfall von Leistungen aus öffentlichen Kassen, und**

**b) die Kenntnis der Daten aus der Sicht der übermittelnden Stelle für die Verwirklichung der Rechtsfolgen erforderlich ist;**

**dies gilt auch, wenn auf Grund der Entscheidung der Erlass eines Verwaltungsaktes vorgeschrieben ist, ein Verwaltungsakt nicht erlassen werden darf oder wenn der Betroffene ihm durch Verwaltungsakt gewährte Rechte auch nur vorläufig nicht wahrnehmen darf.**

**(2) [1]In anderen als in den in Absatz 1 genannten Fällen dürfen Gerichte und Staatsanwaltschaften personenbezogene Daten zur Erfüllung der in der Zuständigkeit des Empfängers liegenden Aufgaben einschließlich der Wahrnehmung personalrechtlicher Befugnisse übermitteln, wenn eine Übermittlung nach den §§ 14 bis 17 zulässig ist und soweit nicht für die übermittelnde Stelle offensichtlich ist, dass schutzwürdige Interessen des Betroffenen an dem Ausschluss der Übermittlung überwiegen. [2]Übermittelte Daten dürfen auch für die Wahrnehmung der Aufgaben nach dem Sicherheitsüberprüfungsgesetz oder einem entsprechenden Landesgesetz verwendet werden.**

## § 14
(betrifft Strafsachen)

## § 15 [Datenübermittlung, Zivilsachen, FGG]

**In Zivilsachen einschließlich der Angelegenheiten der freiwilligen Gerichtsbarkeit ist die Übermittlung personenbezogener Daten zulässig, wenn die Kenntnis der Daten aus der Sicht der übermittelnden Stelle erforderlich ist**

1. **zur Berichtigung oder Ergänzung des Grundbuchs oder eines von einem Gericht geführten Registers oder Verzeichnisses, dessen Führung durch eine Rechtsvorschrift angeordnet ist, und wenn die Daten Gegenstand des Verfahrens sind, oder**
2. **zur Führung des in § 2 Abs. 2 der Grundbuchordnung bezeichneten amtlichen Verzeichnisses und wenn Grenzstreitigkeiten Gegenstand eines Urteils, eines Vergleichs oder eines dem Gericht mitgeteilten außergerichtlichen Vergleichs sind.**

## § 16 [Übermittlung ins Ausland]

**Werden personenbezogene Daten an ausländische öffentliche Stellen oder an über- oder zwischenstaatliche Stellen nach den hierfür geltenden Rechtsvorschriften übermittelt, so ist eine Übermittlung dieser Daten auch zulässig**

1. **an das Bundesministerium der Justiz und das Auswärtige Amt,**
2. **in Strafsachen gegen Mitglieder einer ausländischen konsularischen Vertretung zusätzlich an die Staats- oder Senatskanzlei des Landes, in dem die konsularische Vertretung ihren Sitz hat.**

§ 16a [Kontaktstellen]

**(1) Das Bundesamt für Justiz nach Maßgabe des Absatzes 2 und die von den Landesregierungen durch Rechtsverordnung bestimmten weiteren Stellen nehmen die Aufgaben der Kontaktstellen im Sinne des Artikels 2 der Entscheidung 2001/470/EG des Rates vom 28. Mai 2001 über die Einrichtung eines Europäischen Justiziellen Netzes für Zivil- und Handelssachen (ABl. EG Nr. L174 S. 25) wahr.**

**(2) Das Bundesamt für Justiz stellt die Koordinierung zwischen den Kontaktstellen sicher.**

**(3) [1]Die Landesregierungen werden ermächtigt, durch Rechtsverordnung die Aufgaben der Kontaktstellte einer Landesbehörde zuzuweisen. [2]Sie können die Befugnis zum Erlass einer Rechtsverordnung nach Absatz 1 einer obersten Landesbehörde übertragen.**

§ 16a eingefügt durch G v. 23.07.2002 (BGBl 2850), geändert durch G v. 17.12.2006

§ 17 [Weitere Fälle der Übermittlung]

**Die Übermittlung personenbezogener Daten ist ferner zulässig, wenn die Kenntnis der Daten aus der Sicht der übermittelnden Stelle**

**1. zur Verfolgung von Straftaten oder Ordnungswidrigkeiten,**

**2. für ein Verfahren der internationalen Rechtshilfe,**

**3. zur Abwehr erheblicher Nachteile für das Gemeinwohl oder einer Gefahr für die öffentliche Sicherheit,**

**4. zur Abwehr einer schwerwiegenden Beeinträchtigung der Rechte einer anderen Person oder**

**5. zur Abwehr einer erheblichen Gefährdung Minderjähriger**

**erforderlich ist.**

§ 18 [Verbundene Daten]

**(1) [1]Sind mit personenbezogenen Daten, die nach diesem Abschnitt übermittelt werden dürfen, weitere personenbezogene Daten des Betroffenen oder eines Dritten so verbunden, dass eine Trennung nicht oder nur mit unvertretbarem Aufwand möglich ist, so ist die Übermittlung auch dieser Daten zulässig, soweit nicht berechtigte Interessen des Betroffenen oder eines Dritten an deren Geheimhaltung offensichtlich überwiegen. [2]Eine Verwendung der Daten durch den Empfänger ist unzulässig; für Daten des Betroffenen gilt § 19 Abs. 1 Satz 2 entsprechend.**

**(2) [1]Die übermittelnde Stelle bestimmt die Form der Übermittlung nach pflichtgemäßem Ermessen. [2]Soweit dies nach der Art der zu übermittelnden Daten und der Organisation des Empfängers gebotenen ist, trifft sie angemessene Vorkehrungen, um sicherzustellen, dass die Daten unmittelbar den beim Empfänger funktionell zuständigen Bediensteten erreichen.**

## § 19 [Verwendung der Daten]

**(1) [1]Die übermittelten Daten dürfen nur zu dem Zweck verwendet werden, zu dessen Erfüllung sie übermittelt worden sind. [2]Eine Verwendung für andere Zwecke ist zulässig, soweit die Daten auch dafür hätten übermittelt werden dürfen.**

**(2) [1]Der Empfänger prüft, ob die übermittelten Daten für die in Absatz 1 genannten Zwecke erforderlich sind. Sind die Daten hierfür nicht erforderlich, so schickt er die Unterlagen an die übermittelnde Stelle zurück. [2]Ist der Empfänger nicht zuständig und ist ihm die für die Verwendung der Daten zuständige Stelle bekannt, so leitet er die übermittelten Unterlagen dorthin weiter und benachrichtigt hiervon die übermittelnde Stelle.**

## § 20 [Ausgang des Verfahrens]

**(1) [1]Betreffen Daten, die vor Beendigung eines Verfahrens übermittelt worden sind, den Gegenstand dieses Verfahrens, so ist der Empfänger vom Ausgang des Verfahrens zu unterrichten; das Gleiche gilt, wenn eine übermittelte Entscheidung abgeändert oder aufgehoben, das Verfahren, außer in den Fällen des § 153a der Strafprozessordnung, auch nur vorläufig eingestellt worden ist oder nach den Umständen angenommen werden kann, dass das Verfahren auch nur vorläufig nicht weiter betrieben wird. [2]Der Empfänger ist über neue Erkenntnisse unverzüglich zu unterrichten, wenn dies erforderlich erscheint, um bis zu einer Unterrichtung nach Satz 1 drohende Nachteile für den Betroffenen zu vermeiden.**

**(2) [1]Erweist sich, dass unrichtige Daten übermittelt worden sind, so ist der Empfänger unverzüglich zu unterrichten. [2]Der Empfänger berichtigt die Daten oder vermerkt ihre Unrichtigkeit in den Akten.**

**(3) Die Unterrichtung nach Absatz 1 oder 2 Satz 1 kann unterbleiben, wenn sie erkennbar weder zur Wahrung der schutzwürdigen Interessen des Betroffenen noch zur Erfüllung der Aufgaben des Empfängers erforderlich ist.**

## § 21 [Auskunft an Betroffene]

**(1) [1]Dem Betroffenen ist auf Antrag Auskunft über die übermittelten Daten und deren Empfänger zu erteilen. [2]Der Antrag ist schriftlich zu stellen. [3]Die Auskunft wird nur erteilt, soweit der Betroffene Angaben macht, die das Auffinden der Daten ermöglichen, und der für die Erteilung der Auskunft erforderliche Aufwand nicht außer Verhältnis zu dem geltend gemachten Informationsinteresse steht. [4]Die übermittelnde Stelle bestimmt das Verfahren, insbesondere die Form der Auskunftserteilung, nach pflichtgemäßem Ermessen.**

**(2) [1]Ist der Betroffene bei Mitteilungen in Strafsachen nicht zugleich der Beschuldigte oder in Zivilsachen nicht zugleich Partei oder Beteiligter, ist er gleichzeitig mit der Übermittlung personenbezogener Daten über den Inhalt und den Empfänger zu unterrichten. [2]Die Unterrichtung des gesetzlichen Vertreters eines Minderjährigen, des Bevollmächtigten oder Verteidigers reicht aus. [3]Die übermittelnde Stelle bestimmt die Form der Unterrichtung nach pflichtgemäßem Ermessen. [4]Eine Pflicht**

**zur Unterrichtung besteht nicht, wenn die Anschrift des zu Unterrichtenden nur mit unvertretbarem Aufwand festgestellt werden kann.**

**(3) Bezieht sich die Auskunftserteilung oder die Unterrichtung auf die Übermittlung personenbezogener Daten an Verfassungsschutzbehörden, den Bundesnachrichtendienst, den Militärischen Abschirmdienst oder, soweit die Sicherheit des Bundes berührt wird, andere Behörden des Bundesministers der Verteidigung, ist sie nur mit Zustimmung dieser Stellen zulässig.**

**(4) [1]Die Auskunftserteilung und die Unterrichtung unterbleiben, soweit**

**1. sie die ordnungsgemäße Erfüllung der Aufgaben der übermittelnden Stelle oder des Empfängers gefährden würden,**

**2. sie die öffentliche Sicherheit oder Ordnung gefährden oder sonst dem Wohle des Bundes oder eines Landes Nachteile bereiten würden oder**

**3. die Daten oder die Tatsache ihrer Übermittlung nach einer Rechtsvorschrift oder ihrem Wesen nach, insbesondere wegen der überwiegenden berechtigten Interessen eines Dritten, geheim gehalten werden müssen**

**und deswegen das Interesse des Betroffenen an der Auskunftserteilung oder Unterrichtung zurücktreten muss. [2]Die Unterrichtung des Betroffenen unterbleibt ferner, wenn erhebliche Nachteile für seine Gesundheit zu befürchten sind.**

**(5) Die Ablehnung der Auskunftserteilung bedarf keiner Begründung, soweit durch die Mitteilung der tatsächlichen und rechtlichen Gründe, auf die die Entscheidung gestützt wird, der mit der Auskunftsverweigerung verfolgte Zweck gefährdet würde.**

## § 22 [Überprüfung der Rechtmäßigkeit]

**(1) [1]Ist die Rechtsgrundlage für die Übermittlung personenbezogener Daten nicht in den Vorschriften enthalten, die das Verfahren der übermittelnden Stelle regeln, sind für die Überprüfung der Rechtmäßigkeit der Übermittlung die §§ 23 bis 30 nach Maßgabe der Absätze 2 und 3 anzuwenden. [2]Hat der Empfänger aufgrund der übermittelten Daten eine Entscheidung oder andere Maßnahme getroffen und dies dem Betroffenen bekannt gegeben, bevor ein Antrag auf gerichtliche Entscheidung gestellt worden ist, so wird die Rechtmäßigkeit der Übermittlung ausschließlich von dem Gericht, das gegen die Entscheidung oder Maßnahme des Empfängers angerufen werden kann, in der dafür vorgesehenen Verfahrensart überprüft.**

**(2) [1]Wird ein Antrag auf gerichtliche Entscheidung gestellt, ist der Empfänger zu unterrichten. [2]Dieser teilt dem nach § 25 zuständigen Gericht mit, ob die Voraussetzungen des Absatzes 1 Satz 2 vorliegen.**

**(3) [1]War die Übermittlung rechtswidrig, so spricht das Gericht dies aus. [2]Die Entscheidung ist auch für den Empfänger bindend und ist ihm bekanntzumachen. [3]Die Verwendung der übermittelten Daten ist unzulässig, wenn die Rechtswidrigkeit der Übermittlung festgestellt worden ist.**

# Dritter Abschnitt
# Anfechtung von Justizverwaltungsakten

## § 23 [Anfechtung von Justizverwaltungsakten]

**(1) [1]Über die Rechtsmäßigkeit der Anordnungen, Verfügungen oder sonstigen Maßnahme, die von den Justizbehörden zur Regelung einzelner Angelegenheiten auf den Gebieten des bürgerlichen Rechts einschließlich des Handelsrechts, des Zivilprozesses, der freiwilligen Gerichtsbarkeit und der Strafrechtspflege getroffen werden, entscheiden auf Antrag die ordentlichen Gerichte. [2]Das Gleiche gilt für Anordnungen, Verfügungen oder sonstigen Maßnahmen der Vollzugsbehörden im Vollzug der Jugendstrafe, des Jugendarrestes und der Untersuchungshaft sowie derjenigen Freiheitsstrafen und Maßregeln der Besserung und Sicherung, die außerhalb des Justizvollzuges vollzogen werden.**

**(2) Mit dem Antrag auf gerichtliche Entscheidung kann auch die Verpflichtung der Justiz- oder Vollzugsbehörde zum Erlass eines abgelehnten oder unterlassenen Verwaltungsaktes begehrt werden.**

**(3) Soweit die ordentlichen Gerichte bereits aufgrund anderer Vorschriften angerufen werden können, behält es hierbei sein Bewenden.**

**1.** Durch § 23 EGGVG werden ein Teil der Verwaltungsakte der Überprüfung durch das VG (§ 40 VwGO) entzogen und wegen der Sachnähe dem OLG im FGG-Verfahren (§ 29 II EGGVG) zugewiesen. Kosten: KostO, § 30 EGGVG. 1

**Nicht unter § 23 EGGVG fallen zB:** Akte der Rechtsprechung (wie Urteile, Beschlüsse, dazugehörige richterliche Verfügungen); Akteneinsicht nach § 299 ZPO, falls der Vors oder das Gericht entschieden haben; Grundbucheinsicht nach § 12 GBO; Akte der Gerichtsverwaltung (Geschäftsverteilung, Sach- und Personalbedarf); Tätigkeit des Gerichtsvollziehers (wegen § 766 ZPO), Mitteilungen über Eingangsstempel (KG NJW-RR 1994, 571). Sonderverfahren nach Art 7 FamRÄndG bei Anerkennung ausl Ehescheidungen. 2

**Unter § 23 EGGVG fallen:** Maßnahmen usw der Justizbehörden (nicht notw Verwaltungsakte im technischen Sinn), zB der Gerichte und Staatsanwaltschaften (sog Justizverwaltungsakte), mit unmittelbarer Außenwirkung; wie: Verweigerung der Akteneinsicht durch den Gerichtspräsidenten; Verweigerung von Presseauskünften; Nichtaufnahme eines Bewerbers in die Vorauswahlliste für Insolvenzverwalter (BVerfG NJW 2004, 2725). 3

**2. Verfahrensvoraussetzungen:** a) Zulässigkeit des Antrags nach § 23 I; b) kein Ausschluss nach § 23 III, zB Art 7 FamRÄndG; c) Anderweitige Rechtswegerschöpfung, § 24 II; d) schlüssiger Vortrag nach § 24 I; e) Frist und Form nach § 26 I. 4

## § 24 [Zulässigkeit des Antrages]

**(1) Der Antrag auf gerichtliche Entscheidung ist nur zulässig, wenn der Antragsteller geltend macht, durch die Maßnahme oder ihre Ablehnung oder Unterlassung in seinen Rechten verletzt zu sein.**

**(2) Soweit Maßnahmen der Justiz- oder Vollzugsbehörden der Beschwerde oder einem anderen förmlichen Rechtsbehelf im Verwaltungsverfahren unterliegen, kann der Antrag auf gerichtliche Entscheidung erst nach vorausgegangenem Beschwerdeverfahren gestellt werden.**

## Dritter Abschnitt. Anfechtung von Justizverwaltungsakten

### § 25 [Zuständigkeit des OLG]

**(1) [1]Über den Antrag entscheidet ein Zivilsenat oder, wenn der Antrag eine Angelegenheit der Strafrechtspflege oder des Vollzugs betrifft, ein Strafsenat des Oberlandesgerichts, in dessen Bezirk die Justiz- oder Vollzugsbehörde ihren Sitz hat. [2]Ist ein Beschwerdeverfahren (§ 24 Abs. 2) vorausgegangen, so ist das Oberlandesgericht zuständig, in dessen Bezirk die Beschwerdebehörde ihren Sitz hat.**

**(2) Ein Land, in dem mehrere Oberlandesgerichte errichtet sind, kann durch Gesetz die nach Absatz 1 zur Zuständigkeit des Zivilsenats oder des Strafsenats gehörenden Entscheidungen ausschließlich einem der Oberlandesgerichte oder dem Obersten Landesgericht zuweisen.**

1 § 25 II: Das BayObLG wurde 2005 „abgeschafft".

### § 26 [Frist des Antrags]

**(1) Der Antrag auf gerichtliche Entscheidung muss innerhalb eines Monats nach Zustellung oder schriftlicher Bekanntgabe des Bescheides oder, soweit ein Beschwerdeverfahren (§ 24 Abs. 2) vorausgegangen ist, nach Zustellung des Beschwerdebescheides schriftlich oder zur Niederschrift der Geschäftsstelle des Oberlandesgerichts oder eines Amtsgerichts gestellt werden.**

**(2) War der Antragsteller ohne Verschulden verhindert, die Frist einzuhalten, so ist ihm auf Antrag Wiedereinsetzung in den vorigen Stand zu gewähren.**

**(3) [1]Der Antrag auf Wiedereinsetzung ist binnen zwei Wochen nach Wegfall des Hindernisses zu stellen. [2]Die Tatsachen zur Begründung des Antrags sind bei der Antragstellung oder im Verfahren über den Antrag glaubhaft zu machen. [3]Innerhalb der Antragsfrist ist die versäumte Rechtshandlung nachzuholen. [4]Ist dies geschehen, so kann die Wiedereinsetzung auch ohne Antrag gewährt werden.**

**(4) Nach einem Jahr seit dem Ende der versäumten Frist ist der Antrag auf Wiedereinsetzung unzulässig, außer wenn der Antrag vor Ablauf der Jahresfrist infolge höherer Gewalt unmöglich war.**

### § 27 [Antragstellung bei Untätigkeit der Behörde]

**(1) [1]Ein Antrag auf gerichtliche Entscheidung kann auch gestellt werden, wenn über einen Antrag, eine Maßnahme zu treffen, oder über eine Beschwerde oder einen anderen förmlichen Rechtsbehelf ohne zureichenden Grund nicht innerhalb von drei**

**Monaten entschieden ist. [2]Das Gericht kann vor Ablauf dieser Frist angerufen werden, wenn dies wegen besonderer Umstände des Falles geboten ist.**

**(2) [1]Liegt ein zureichender Grund dafür vor, dass über die Beschwerde oder den förmlichen Rechtsbehelf noch nicht entschieden oder die beantragte Maßnahme noch nicht erlassen ist, so setzt das Gericht das Verfahren bis zum Ablauf einer von ihm bestimmten Frist, die verlängert werden kann, aus. [2]Wird der Beschwerde innerhalb der vom Gericht gesetzten Frist stattgegeben oder der Verwaltungsakt innerhalb dieser Frist erlassen, so ist die Hauptsache für erledigt zu erklären.**

**(3) Der Antrag nach Absatz 1 ist nur bis zum Ablauf eines Jahres seit der Einlegung der Beschwerde oder seit der Stellung des Antrags auf Vornahme der Maßnahme zulässig, außer wenn die Antragstellung vor Ablauf der Jahresfrist infolge höherer Gewalt unmöglich war oder unter den besonderen Verhältnissen des Einzelfalles unterblieben ist.**

### § 28 [Entscheidung über den Antrag]

**(1) [1]Soweit die Maßnahme rechtswidrig und der Antragsteller dadurch in seinen Rechten verletzt ist, hebt das Gericht die Maßnahme und, soweit ein Beschwerdeverfahren (§ 24 Abs. 2) vorausgegangen ist, den Beschwerdebescheid auf. [2]Ist die Maßnahme schon vollzogen, so kann das Gericht auf Antrag auch aussprechen, dass und wie die Justiz- oder Vollzugsbehörde die Vollziehung rückgängig zu machen hat. [3]Dieser Ausspruch ist nur zulässig, wenn die Behörde dazu in der Lage und diese Frage spruchreif ist. [4]Hat sich die Maßnahme vorher durch Zurücknahme oder anders erledigt, so spricht das Gericht auf Antrag aus, dass die Maßnahme rechtswidrig gewesen ist, wenn der Antragsteller ein berechtigtes Interesse an dieser Feststellung hat.**

**(2) [1]Soweit die Ablehnung oder Unterlassung der Maßnahme rechtswidrig und der Antragsteller dadurch in seinen Rechten verletzt ist, spricht das Gericht die Verpflichtung der Justiz- oder Vollzugsbehörde aus, die beantragte Amtshandlung vorzunehmen, wenn die Sache spruchreif ist. [2]Andernfalls spricht es die Verpflichtung aus, den Antragsteller unter Beachtung der Rechtsauffassung des Gerichts zu bescheiden.**

**(3) Soweit die Justiz- oder Vollzugsbehörde ermächtigt ist, nach ihrem Ermessen zu handeln, prüft das Gericht auch, ob die Maßnahme oder ihre Ablehnung oder Unterlassung rechtswidrig ist, weil die gesetzlichen Grenzen des Ermessens überschritten sind oder von dem Ermessen in einer dem Zweck der Ermächtigung nicht entsprechenden Weise Gebrauch gemacht ist.**

### § 29 [Unanfechtbarkeit der Entscheidung; Verfahren]

**(1) [1]Die Entscheidung des Oberlandesgerichts ist endgültig. [2]Will ein Oberlandesgericht jedoch von einer auf Grund des § 23 ergangenen Entscheidung eines anderen Oberlandesgerichts oder des Bundesgerichtshofes abweichen, so legt es die Sache diesem vor. [3]Der Bundesgerichtshof entscheidet an Stelle des Oberlandesgerichts.**

**(2) Im übrigen sind auf das Verfahren vor dem Zivilsenat die Vorschriften des Gesetzes über die Angelegenheiten der freiwilligen Gerichtsbarkeit über das Beschwerdeverfahren, auf das Verfahren vor dem Strafsenat die Vorschriften der Strafprozessordnung über das Beschwerdeverfahren sinngemäß anzuwenden.**

**(3) Auf die Bewilligung der Prozesskostenhilfe sind die Vorschriften der Zivilprozessordnung entsprechend anzuwenden.**

§ 30 [Kosten]

**(1) [1]Für die Kosten des Verfahrens vor dem Oberlandesgericht gelten die Vorschriften der Kostenordnung entsprechend. [2]Abweichend von § 130 der Kostenordnung wird jedoch ohne Begrenzung durch einen Höchstbetrag bei Zurückweisung das Doppelte der vollen Gebühr, bei Zurücknahme des Antrags eine volle Gebühr erhoben.**

**(2) [1]Das Oberlandesgericht kann nach billigem Ermessen bestimmen, dass die außergerichtlichen Kosten des Antragstellers, die zur zweckentsprechenden Rechtsverfolgung notwendig waren, ganz oder teilweise aus der Staatskasse zu erstatten sind. [2]Die Vorschriften des § 91 Abs. 1 Satz 2 und der §§ 102 bis 107 der Zivilprozessordnung gelten entsprechend. [3]Die Entscheidung des Oberlandesgerichts kann nicht angefochten werden.**

**(3) [1]Der Geschäftswert bestimmt sich nach § 30 der Kostenordnung. [2]Er wird von dem Oberlandesgericht durch unanfechtbaren Beschluss festgesetzt.**

§ 30a [Verwaltungsakte betr. Kosten]

**(1) [1]Verwaltungsakte, die im Bereich der Justizverwaltung beim Vollzug des Gerichtskostengesetzes, der Kostenordnung, des Gerichtsvollzieherkostengesetzes, des Justizvergütungs- und -entschädigungsgesetzes oder sonstiger für gerichtliche Verfahren der Justizverwaltung geltender Kostenvorschriften, insbesondere hinsichtlich der Einforderung oder Zurückzahlung ergehen, können durch einen Antrag auf gerichtliche Entscheidung auch dann angefochten werden, wenn es nicht ausdrücklich bestimmt ist. [2]Der Antrag kann nur darauf gestützt werden, dass der Verwaltungsakt den Antragssteller in seinen Rechten beeinträchtige, weil er rechtswidrig sei. [3]Soweit die Verwaltungsbehörde ermächtigt ist, nach ihrem Ermessen zu befinden, kann der Antrag nur darauf gestützt werden, dass die gesetzlichen Grenzen des Ermessens überschritten seien, oder dass von dem Ermessen in einer dem Zweck der Ermächtigung nicht entsprechenden Weise Gebrauch gemacht worden sei.**

**(2) [1]Über den Antrag entscheidet das Amtsgericht, in dessen Bezirk die für die Einziehung oder Befriedigung des Anspruchs zuständige Kasse ihren Sitz hat. [2]In dem Verfahren ist die Staatskasse zu hören. [3]§ 14 Abs. 3 bis 9 und § 157a der Kostenordnung gelten entsprechend.**

**(3) [1]Durch die Gesetzgebung eines Landes, in dem mehrere Oberlandesgerichte errichtet sind, kann die Entscheidung über das Rechtsmittel der weiteren Beschwerde nach Absatz 1 und 2 sowie nach §§ 14, 156 der Kostenordnung, der**

**Beschwerde nach § 66 des Gerichtskostengesetzes, nach § 14 der Kostenordnung und nach § 4 der Justizvergütungs- und -entschädigungsgesetzes einem der mehreren Oberlandesgerichte oder anstelle eines solchen Oberlandesgerichts einem obersten Landesgericht zugewiesen werden. [2]Dies gilt auch für die Entscheidung über das Rechtsmittel der weiteren Beschwerde nach § 33 des Rechtsanwaltsvergütungsgesetzes, soweit nach dieser Vorschrift das Oberlandesgericht zuständig ist.**

**(4) Für die Beschwerde finden die vor dem Inkrafttreten des Kostenrechtsmodernisierungsgesetzes vom 5. Mai 2004 (BGBl. I S. 718) am 1. Juli 2004 geltenden Vorschriften weiter Anwendung, wenn die anzufechtende Entscheidung vor dem 1. Juli 2004 der Geschäftsstelle übermittelt worden ist.**

§ 30a eingefügt durch G v. 19.04.2006.

### §§ 31 – 38a
(betreffen Strafsachen)

### § 39
(betrifft Insolvenzstatistik)

# 4.
# EG-Verordnung Nr. 44/2001

**Verordnung (EG) Nr. 44/2001 des Rates vom 22. Dezember 2000**
**über die gerichtliche Zuständigkeit und die Anerkennung und Vollstreckung von Entscheidungen in Zivil- und Handelssachen**

(auch genannt: EuGVVO; Brüssel I-Verordnung), berichtigt 24.11.2001, Abl Nr. L 12 vom 16.01.2001 S. 1, und L 307 vom 24.11.2001 S. 28, geändert durch VO Nr. 1496/2002 vom 21.08.2002 , VO Nr. 1937/2004 vom 09.11.2004, VO Nr. 2245/2004 vom 27.12.2004, VO Nr. 1791/2006 vom 20.11.2006.

1 **Geltungsbereich der Verordnung Nr. 44/2001.** Vgl *Piltz* NJW 2002, 789. **Zeitlich:** Die VO gilt ab 01.03.2002 (Art 66). **Sachlich:** vgl Art 1 und 71: Zivil- und Handelssachen; nicht: alle Ehesachen (dafür: VO Nr. 1347/2000), Vormundschaft, Betreuung, Pflegschaft, Nachlasssachen, Sorgerechtsstreit, Hausratssachen, Erbrecht, Erbschein, Insolvenzen (dafür: VO Nr. 1346/2000), soziale Sicherheit, Schiedsgerichtsbarkeit. **Räumlich:** im Vertragsgebiet der EG (Art 299 EG), ausgenommen Dänemark (Art 69; Erwägung 21), also insb in Belgien, Bulgarien (01.01.2007), Deutschland, Estland, Finnland, Frankreich, Griechenland, Großbritannien, Irland, Italien, Lettland, Litauen, Luxemburg, Malta, Niederlande, Österreich, Polen, Portugal, Rumänien (01.01.2007), Schweden (dazu *Firsching* ZfRV 2003, 4), Slowakei, Slowenien, Spanien, Tschechien, Ungarn, Zypern; über überseeische Departments, Kanalinseln, Hoheitszonen usw vgl Art 299 EG. Über Aussetzung der justiziellen Zusammenarbeit in Bulgarien, Rumänien vgl *Thomas/Putzo/Hüßtege* Rz 1 der Vorbem. Das Abkommen v. 17.01.2005 mit Dänemark ist noch nicht in Kraft

2 **Auslegung der Verordnung Nr. 44/2001:** Sie obliegt dem EuGH, sodass ein deutsches Gericht, das letztinstanzlich entscheidet, bei Zweifeln vorzulegen hat (Art 68, 234 Ib EG), zB ein LG oder OLG als BerufungsG (wenn es die Rev nicht zulässt), der BGH.

3 **Verhältnis zum EuGVÜ:** (Brüsseler EWG-Übereinkommen v. 27.09.1968): im zeitlichen und räumlich Anwendungsbereich geht die VO Nr. 44/2001 vor (Art 66, 68). Im Verhältnis zu Dänemark und für Altfälle ist daher das EuGVÜ in der jeweils einschlägigen Fassung weiterhin anzuwenden.

4 **Verhältnis zum LGVÜ** (Luganer Übereinkommen v. 16.09.1988): im Verhältnis zu den Vertragsstaaten, die nicht Mitglied der EU sind (Island, Norwegen, Schweiz), ist das LGVÜ weiterhin anzuwenden.

5 **Verhältnis zur EG-VO Nr. 805/2004:** Art 27 der VO; die VO Nr. 44/2001 wird nicht verdrängt.

6 Ausführungsbestimmungen: vgl AVAG (im Anhang).

DER RAT DER EUROPÄISCHEN UNION -

gestützt auf den Vertrag zur Gründung der Europäischen Gemeinschaft, insbesondere auf Artikel 61 Buchstabe c und Artikel 67 Absatz 1, auf Vorschlag der Kommission,

nach Stellungnahme des Europäischen Parlaments,

nach Stellungnahme des Wirtschafts- und Sozialausschusses,

in Erwägung nachstehender Gründe:

(1) Die Gemeinschaft hat sich zum Ziel gesetzt, einen Raum der Freiheit, der Sicherheit und des Rechts, in dem der freie Personenverkehr gewährleistet ist, zu erhalten und weiterzuentwickeln. Zum schrittweisen Aufbau dieses Raums hat die Gemeinschaft unter anderem im Bereich der justiziellen Zusammenarbeit in Zivilsachen die für das reibungslose Funktionieren des Binnenmarkts erforderlichen Maßnahmen zu erlassen.

(2) Die Unterschiede zwischen bestimmten einzelstaatlichen Vorschriften über die gerichtliche Zuständigkeit und die Anerkennung von Entscheidungen erschweren das reibungslose Funktionieren des Binnenmarkts. Es ist daher unerlässlich, Bestimmungen zu erlassen, um die Vorschriften über die internationale Zuständigkeit in Zivil- und Handelssachen zu vereinheitlichen und die Formalitäten im Hinblick auf eine rasche und unkomplizierte Anerkennung und Vollstreckung von Entscheidungen aus den durch diese Verordnung gebundenen Mitgliedstaaten zu vereinfachen.

(3) Dieser Bereich fällt unter die justizielle Zusammenarbeit in Zivilsachen im Sinne von Artikel 65 des Vertrags.

(4) Nach dem in Artikel 5 des Vertrags niedergelegten Subsidiaritäts- und Verhältnismäßigkeitsprinzip können die Ziele dieser Verordnung auf der Ebene der Mitgliedstaaten nicht ausreichend erreicht werden; sie können daher besser auf Gemeinschaftsebene erreicht werden. Diese Verordnung beschränkt sich auf das zur Erreichung dieser Ziele notwendige Mindestmaß und geht nicht über das dazu Erforderliche hinaus.

(5) Am 27. September 1968 schlossen die Mitgliedstaaten auf der Grundlage von Artikel 293 vierter Gedankenstrich des Vertrags das Übereinkommen von Brüssel über die gerichtliche Zuständigkeit und die Vollstreckung gerichtlicher Entscheidungen in Zivil- und Handelssachen, dessen Fassung durch die Übereinkommen über den Beitritt der neuen Mitgliedstaaten zu diesem Übereinkommen geändert wurde (nachstehend "Brüsseler Übereinkommen" genannt). Am 16. September 1988 schlossen die Mitgliedstaaten und die EFTA-Staaten das Übereinkommen von Lugano über die gerichtliche Zuständigkeit und die Vollstreckung gerichtlicher Entscheidungen in Zivil- und Handelssachen, das ein Parallelübereinkommen zu dem Brüsseler Übereinkommen von 1968 darstellt. Diese Übereinkommen waren inzwischen Gegenstand einer Revision; der Rat hat dem Inhalt des überarbeiteten Textes zugestimmt. Die bei dieser Revision erzielten Ergebnisse sollten gewahrt werden.

(6) Um den freien Verkehr der Entscheidungen in Zivil- und Handelssachen zu gewährleisten, ist es erforderlich und angemessen, dass die Vorschriften über die gerichtliche Zuständigkeit und die Anerkennung und Vollstreckung von Entscheidungen im Wege eines Gemeinschaftsrechtsakts festgelegt werden, der verbindlich und unmittelbar anwendbar ist.

(7) Der sachliche Anwendungsbereich dieser Verordnung sollte sich, von einigen genau festgelegten Rechtsgebieten abgesehen, auf den wesentlichen Teil des Zivil- und Handelsrechts erstrecken.

(8) Rechtsstreitigkeiten, die unter diese Verordnung fallen, müssen einen Anknüpfungspunkt an das Hoheitsgebiet eines der Mitgliedstaaten aufweisen, die durch diese Verordnung gebunden sind. Gemeinsame Zuständigkeitsvorschriften sollten demnach grundsätzlich dann Anwendung finden, wenn der Beklagte seinen Wohnsitz in einem dieser Mitgliedstaaten hat.

(9) Beklagte ohne Wohnsitz in einem Mitgliedstaat unterliegen im Allgemeinen den nationalen Zuständigkeitvorschriften, die im Hoheitsgebiet des Mitgliedstaats gelten, in dem sich das angerufene Gericht befindet, während Beklagte mit Wohnsitz in einem Mitgliedstaat, der durch diese Verordnung nicht gebunden ist, weiterhin dem Brüsseler Übereinkommen unterliegen.

(10) Um den freien Verkehr gerichtlicher Entscheidungen zu gewährleisten, sollten die in einem durch diese Verordnung gebundenen Mitgliedstaat ergangenen Entscheidungen in einem anderen durch diese Verordnung gebundenen Mitgliedstaat anerkannt und vollstreckt werden, und zwar auch dann, wenn der Vollstreckungsschuldner seinen Wohnsitz in einem Drittstaat hat.

(11) Die Zuständigkeitsvorschriften müssen in hohem Maße vorhersehbar sein und sich grundsätzlich nach dem Wohnsitz des Beklagten richten, und diese Zuständigkeit muss stets gegeben sein außer in einigen genau festgelegten Fällen, in denen auf Grund des Streitgegenstands oder der Vertragsfreiheit der Parteien ein anderes Anknüpfungskriterium gerechtfertigt ist. Der Sitz juristischer Personen muss in der Verordnung selbst definiert sein, um die Transparenz der gemeinsamen Vorschriften zu stärken und Kompetenzkonflikte zu vermeiden.

(12) Der Gerichtsstand des Wohnsitzes des Beklagten muss durch alternative Gerichtsstände ergänzt werden, die entweder auf Grund der engen Verbindung zwischen Gericht und Rechtsstreit oder im Interesse einer geordneten Rechtspflege zuzulassen sind.

(13) Bei Versicherungs-, Verbraucher- und Arbeitssachen sollte die schwächere Partei durch Zuständigkeitsvorschriften geschützt werden, die für sie günstiger sind als die allgemeine Regelung.

(14) Vorbehaltlich der in dieser Verordnung festgelegten ausschließlichen Zuständigkeiten muss die Vertragsfreiheit der Parteien hinsichtlich der Wahl des Gerichtsstands, außer bei Versicherungs-, Verbraucher- und Arbeitssachen, wo nur eine begrenztere Vertragsfreiheit zulässig ist, gewahrt werden.

(15) Im Interesse einer abgestimmten Rechtspflege müssen Parallelverfahren so weit wie möglich vermieden werden, damit nicht in zwei Mitgliedstaaten miteinander unvereinbare Entscheidungen ergehen. Es sollte eine klare und wirksame Regelung zur Klärung von Fragen der Rechtshängigkeit und der im Zusammenhang stehenden Verfahren sowie zur Verhinderung von Problemen vorgesehen werden, die sich aus der einzelstaatlich unterschiedlichen Festlegung des Zeitpunkts ergeben, von dem an ein Verfahren als rechtshängig gilt. Für die Zwecke dieser Verordnung sollte dieser Zeitpunkt autonom festgelegt werden.

(16) Das gegenseitige Vertrauen in die Justiz im Rahmen der Gemeinschaft rechtfertigt, dass die in einem Mitgliedstaat ergangenen Entscheidungen, außer im Falle der Anfechtung, von Rechts wegen, ohne ein besonderes Verfahren, anerkannt werden.

(17) Auf Grund dieses gegenseitigen Vertrauens ist es auch gerechtfertigt, dass das Verfahren, mit dem eine in einem anderen Mitgliedstaat ergangene Entscheidung für vollstreckbar erklärt wird, rasch und effizient vonstatten geht. Die Vollstreckbarerklärung einer Entscheidung muss daher fast automatisch nach einer einfachen formalen Prüfung der vorgelegten Schriftstücke erfolgen, ohne dass das Gericht die Möglichkeit hat, von Amts wegen eines der in dieser Verordnung vorgesehenen Vollstreckungshindernisse aufzugreifen.

(18) Zur Wahrung seiner Verteidigungsrechte muss der Schuldner jedoch gegen die Vollstreckbarerklärung einen Rechtsbehelf im Wege eines Verfahrens mit beiderseitigem rechtlichen Gehör einlegen können, wenn er der Ansicht ist, dass einer der Gründe für die Versagung der Vollstreckung vorliegt. Die Möglichkeit eines Rechtsbehelfs muss auch für den Antragsteller gegeben sein, falls sein Antrag auf Vollstreckbarerklärung abgelehnt worden ist.

(19) Um die Kontinuität zwischen dem Brüsseler Übereinkommen und dieser Verordnung zu wahren, sollten Übergangsvorschriften vorgesehen werden. Dies gilt auch für die Auslegung der Bestimmungen des Brüsseler Übereinkommens durch den Gerichtshof der Europäischen Gemeinschaften. Ebenso sollte das Protokoll von 1971 auf Verfahren, die zum Zeitpunkt des In-Kraft-Tretens dieser Verordnung bereits anhängig sind, anwendbar bleiben.

(20) Das Vereinigte Königreich und Irland haben gemäß Artikel 3 des 3 und dem Vertrag zur Gründung der Europäischen Gemeinschaft beigefügten Protokolls über die Position des Vereinigten Königreichs und Irlands schriftlich mitgeteilt, dass sie sich an der Annahme und Anwendung dieser Verordnung beteiligen möchten.

(21) Dänemark beteiligt sich gemäß den Artikeln 1 und 2 des dem Vertrag über die Europäische Union und dem Vertrag zur Gründung der Europäischen Gemeinschaft beigefügten Protokolls über die Position Dänemarks nicht an der Annahme dieser Verordnung, die daher für Dänemark nicht bindend und ihm gegenüber nicht anwendbar ist.

(22) Da in den Beziehungen zwischen Dänemark und den durch diese Verordnung gebundenen Mitgliedstaaten das Brüsseler Übereinkommen in Geltung ist, ist dieses sowie das Protokoll von 1971 im Verhältnis zwischen Dänemark und den durch diese Verordnung gebundenen Mitgliedstaaten weiterhin anzuwenden.

(23) Das Brüsseler Übereinkommen gilt auch weiter hinsichtlich der Hoheitsgebiete der Mitgliedstaaten, die in seinen territorialen Anwendungsbereich fallen und die auf Grund der Anwendung von Artikel 299 des Vertrags von der vorliegenden Verordnung ausgeschlossen sind.

(24) Im Interesse der Kohärenz ist ferner vorzusehen, dass die in spezifischen Gemeinschaftsrechtsakten enthaltenen Vorschriften über die Zuständigkeit und die Anerkennung von Entscheidungen durch diese Verordnung nicht berührt werden.

(25) Um die internationalen Verpflichtungen, die die Mitgliedstaaten eingegangen sind, zu wahren, darf sich diese Verordnung nicht auf von den Mitgliedstaaten geschlossene Übereinkommen in besonderen Rechtsgebieten auswirken.

(26) Um den verfahrensrechtlichen Besonderheiten einiger Mitgliedstaaten Rechnung zu tragen, sollten die in dieser Verordnung vorgesehenen Grundregeln, soweit erforderlich, gelockert werden. Hierzu sollten bestimmte Vorschriften aus dem Protokoll zum Brüsseler Übereinkommen in die Verordnung übernommen werden.

(27) Um in einigen Bereichen, für die in dem Protokoll zum Brüsseler Übereinkommen Sonderbestimmungen enthalten waren, einen reibungslosen Übergang zu ermöglichen, sind in dieser Verordnung für einen Übergangszeitraum Bestimmungen vorgesehen, die der besonderen Situation in einigen Mitgliedstaaten Rechnung tragen.

(28) Spätestens fünf Jahre nach dem In-Kraft-Treten dieser Verordnung unterbreitet die Kommission einen Bericht über deren Anwendung. Dabei kann sie erforderlichenfalls auch Anpassungsvorschläge vorlegen.

(29) Die Anhänge I bis IV betreffend die innerstaatlichen Zuständigkeitsvorschriften, die Gerichte oder sonst befugten Stellen und die Rechtsbehelfe sind von der Kommission anhand der von dem betreffenden Mitgliedstaat mitgeteilten Änderungen zu ändern. Änderungen der Anhänge V und VI sind gemäß dem Beschluss 1999/468/EG des Rates vom 28. Juni 1999 zur Festlegung der Modalitäten für die Ausübung der der Kommission übertragenen Durchführungsbefugnisse zu beschließen -

HAT FOLGENDE VERORDNUNG ERLASSEN:

## Kapitel I
## Anwendungsbereich

### Art. 1

(1) Diese Verordnung ist in Zivil- und Handelssachen anzuwenden, ohne dass es auf die Art der Gerichtsbarkeit ankommt. Sie erfasst insbesondere nicht Steuer- und Zollsachen sowie verwaltungsrechtliche Angelegenheiten.

(2) Sie ist nicht anzuwenden auf:

a) den Personenstand, die Rechts- und Handlungsfähigkeit sowie die gesetzliche Vertretung von natürlichen Personen, die ehelichen Güterstände, das Gebiet des Erbrechts einschließlich des Testamentsrechts;

b) Konkurse, Vergleiche und ähnliche Verfahren;

c) die soziale Sicherheit;

d) die Schiedsgerichtsbarkeit.

(3) In dieser Verordnung bedeutet der Begriff "Mitgliedstaat" jeden Mitgliedstaat mit Ausnahme des Königreichs Dänemark.

# Kapitel II
# Zuständigkeit

## Art. 2

(1) Vorbehaltlich der Vorschriften dieser Verordnung sind Personen, die ihren Wohnsitz im Hoheitsgebiet eines Mitgliedstaats haben, ohne Rücksicht auf ihre Staatsangehörigkeit vor den Gerichten dieses Mitgliedstaats zu verklagen.

(2) Auf Personen, die nicht dem Mitgliedstaat, in dem sie ihren Wohnsitz haben, angehören, sind die für Inländer maßgebenden Zuständigkeitsvorschriften anzuwenden.

## Art. 3

(1) Personen, die ihren Wohnsitz im Hoheitsgebiet eines Mitgliedstaats haben, können vor den Gerichten eines anderen Mitgliedstaats nur gemäß den Vorschriften der Abschnitte 2 bis 7 dieses Kapitels verklagt werden.

(2) Gegen diese Personen können insbesondere nicht die in Anhang I aufgeführten innerstaatlichen Zuständigkeitsvorschriften geltend gemacht werden.

## Art. 4

(1) Hat der Beklagte keinen Wohnsitz im Hoheitsgebiet eines Mitgliedstaats, so bestimmt sich vorbehaltlich der Artikel 22 und 23 die Zuständigkeit der Gerichte eines jeden Mitgliedstaats nach dessen eigenen Gesetzen.

(2) Gegenüber einem Beklagten, der keinen Wohnsitz im Hoheitsgebiet eines Mitgliedstaats hat, kann sich jede Person, die ihren Wohnsitz im Hoheitsgebiet eines Mitgliedstaats hat, in diesem Staat auf die dort geltenden Zuständigkeitsvorschriften, insbesondere auf die in Anhang I aufgeführten Vorschriften, wie ein Inländer berufen, ohne dass es auf ihre Staatsangehörigkeit ankommt.

## Art. 5

Eine Person, die ihren Wohnsitz im Hoheitsgebiet eines Mitgliedstaats hat, kann in einem anderen Mitgliedstaat verklagt werden:

1.

a) wenn ein Vertrag oder Ansprüche aus einem Vertrag den Gegenstand des Verfahrens bilden, vor dem Gericht des Ortes, an dem die Verpflichtung erfüllt worden ist oder zu erfüllen wäre;

b) im Sinne dieser Vorschrift - und sofern nichts anderes vereinbart worden ist - ist der Erfüllungsort der Verpflichtung

- für den Verkauf beweglicher Sachen der Ort in einem Mitgliedstaat, an dem sie nach dem Vertrag geliefert worden sind oder hätten geliefert werden müssen;
- für die Erbringung von Dienstleistungen der Ort in einem Mitgliedstaat, an dem sie nach dem Vertrag erbracht worden sind oder hätten erbracht werden müssen;

c) ist Buchstabe b) nicht anwendbar, so gilt Buchstabe a);

2. wenn es sich um eine Unterhaltssache handelt, vor dem Gericht des Ortes, an dem der Unterhaltsberechtigte seinen Wohnsitz oder seinen gewöhnlichen Aufenthalt hat, oder im Falle einer Unterhaltssache, über die im Zusammenhang mit einem Verfahren in Bezug auf den Personenstand zu entscheiden ist, vor dem nach seinem Recht für dieses Verfahren zuständigen Gericht, es sei denn, diese Zuständigkeit beruht lediglich auf der Staatsangehörigkeit einer der Parteien;
3. wenn eine unerlaubte Handlung oder eine Handlung, die einer unerlaubten Handlung gleichgestellt ist, oder wenn Ansprüche aus einer solchen Handlung den Gegenstand des Verfahrens bilden, vor dem Gericht des Ortes, an dem das schädigende Ereignis eingetreten ist oder einzutreten droht;
4. wenn es sich um eine Klage auf Schadensersatz oder auf Wiederherstellung des früheren Zustands handelt, die auf eine mit Strafe bedrohte Handlung gestützt wird, vor dem Strafgericht, bei dem die öffentliche Klage erhoben ist, soweit dieses Gericht nach seinem Recht über zivilrechtliche Ansprüche erkennen kann;
5. wenn es sich um Streitigkeiten aus dem Betrieb einer Zweigniederlassung, einer Agentur oder einer sonstigen Niederlassung handelt, vor dem Gericht des Ortes, an dem sich diese befindet;
6. wenn sie in ihrer Eigenschaft als Begründer, *trustee* oder Begünstigter eines *trust* in Anspruch genommen wird, der auf Grund eines Gesetzes oder durch schriftlich vorgenommenes oder schriftlich bestätigtes Rechtsgeschäft errichtet worden ist, vor den Gerichten des Mitgliedstaats, in dessen Hoheitsgebiet der *trust* seinen Sitz hat;
7. wenn es sich um eine Streitigkeit wegen der Zahlung von Berge- und Hilfslohn handelt, der für Bergungs- oder Hilfeleistungsarbeiten gefordert wird, die zu Gunsten einer Ladung oder einer Frachtforderung erbracht worden sind, vor dem Gericht, in dessen Zuständigkeitsbereich diese Ladung oder die entsprechende Frachtforderung
   a) mit Arrest belegt worden ist, um die Zahlung zu gewährleisten, oder
   b) mit Arrest hätte belegt werden können, jedoch dafür eine Bürgschaft oder eine andere Sicherheit geleistet worden ist;

   diese Vorschrift ist nur anzuwenden, wenn behauptet wird, dass der Beklagte Rechte an der Ladung oder an der Frachtforderung hat oder zurzeit der Bergungs- oder Hilfeleistungsarbeiten hatte.

### Art. 6

Eine Person, die ihren Wohnsitz im Hoheitsgebiet eines Mitgliedstaats hat, kann auch verklagt werden:

1. wenn mehrere Personen zusammen verklagt werden, vor dem Gericht des Ortes, an dem einer der Beklagten seinen Wohnsitz hat, sofern zwischen den Klagen eine so enge Beziehung gegeben ist, dass eine gemeinsame Verhandlung und Entscheidung geboten erscheint, um zu vermeiden, dass in getrennten Verfahren widersprechende Entscheidungen ergehen könnten;

2. wenn es sich um eine Klage auf Gewährleistung oder um eine Interventionsklage handelt, vor dem Gericht des Hauptprozesses, es sei denn, dass die Klage nur erhoben worden ist, um diese Person dem für sie zuständigen Gericht zu entziehen;
3. wenn es sich um eine Widerklage handelt, die auf denselben Vertrag oder Sachverhalt wie die Klage selbst gestützt wird, vor dem Gericht, bei dem die Klage selbst anhängig ist;
4. wenn ein Vertrag oder Ansprüche aus einem Vertrag den Gegenstand des Verfahrens bilden und die Klage mit einer Klage wegen dinglicher Rechte an unbeweglichen Sachen gegen denselben Beklagten verbunden werden kann, vor dem Gericht des Mitgliedstaats, in dessen Hoheitsgebiet die unbewegliche Sache belegen ist.

### Art. 7

Ist ein Gericht eines Mitgliedstaats nach dieser Verordnung zur Entscheidung in Verfahren wegen einer Haftpflicht auf Grund der Verwendung oder des Betriebs eines Schiffes zuständig, so entscheidet dieses oder ein anderes an seiner Stelle durch das Recht dieses Mitgliedstaats bestimmtes Gericht auch über Klagen auf Beschränkung dieser Haftung.

### Art. 8

Für Klagen in Versicherungssachen bestimmt sich die Zuständigkeit unbeschadet des Artikels 4 und des Artikels 5 Nummer 5 nach diesem Abschnitt.

### Art. 9

(1) Ein Versicherer, der seinen Wohnsitz im Hoheitsgebiet eines Mitgliedstaats hat, kann verklagt werden:

a) vor den Gerichten des Mitgliedstaats, in dem er seinen Wohnsitz hat,
b) in einem anderen Mitgliedstaat bei Klagen des Versicherungsnehmers, des Versicherten oder des Begünstigten vor dem Gericht des Ortes, an dem der Kläger seinen Wohnsitz hat, oder
c) falls es sich um einen Mitversicherer handelt, vor dem Gericht eines Mitgliedstaats, bei dem der federführende Versicherer verklagt wird.

(2) Hat der Versicherer im Hoheitsgebiet eines Mitgliedstaats keinen Wohnsitz, besitzt er aber in einem Mitgliedstaat eine Zweigniederlassung, Agentur oder sonstige Niederlassung, so wird er für Streitigkeiten aus ihrem Betrieb so behandelt, wie wenn er seinen Wohnsitz im Hoheitsgebiet dieses Mitgliedstaats hätte.

### Art. 10

Bei der Haftpflichtversicherung oder bei der Versicherung von unbeweglichen Sachen kann der Versicherer außerdem vor dem Gericht des Ortes, an dem das schädigende Ereignis eingetreten ist, verklagt werden. Das Gleiche gilt, wenn sowohl bewegliche als auch unbewegliche Sachen in ein und demselben Versicherungsvertrag versichert und von demselben Schadensfall betroffen sind.

### Art. 11

(1) Bei der Haftpflichtversicherung kann der Versicherer auch vor das Gericht, bei dem die Klage des Geschädigten gegen den Versicherten anhängig ist, geladen werden, sofern dies nach dem Recht des angerufenen Gerichts zulässig ist.

(2) Auf eine Klage, die der Geschädigte unmittelbar gegen den Versicherer erhebt, sind die Artikel 8, 9 und 10 anzuwenden, sofern eine solche unmittelbare Klage zulässig ist.

(3) Sieht das für die unmittelbare Klage maßgebliche Recht die Streitverkündung gegen den Versicherungsnehmer oder den Versicherten vor, so ist dasselbe Gericht auch für diese Personen zuständig.

### Art. 12

(1) Vorbehaltlich der Bestimmungen des Artikels 11 Absatz 3 kann der Versicherer nur vor den Gerichten des Mitgliedstaats klagen, in dessen Hoheitsgebiet der Beklagte seinen Wohnsitz hat, ohne Rücksicht darauf, ob dieser Versicherungsnehmer, Versicherter oder Begünstigter ist.

(2) Die Vorschriften dieses Abschnitts lassen das Recht unberührt, eine Widerklage vor dem Gericht zu erheben, bei dem die Klage selbst gemäß den Bestimmungen dieses Abschnitts anhängig ist.

### Art. 13

Von den Vorschriften dieses Abschnitts kann im Wege der Vereinbarung nur abgewichen werden:

1. wenn die Vereinbarung nach der Entstehung der Streitigkeit getroffen wird,
2. wenn sie dem Versicherungsnehmer, Versicherten oder Begünstigten die Befugnis einräumt, andere als die in diesem Abschnitt angeführten Gerichte anzurufen,
3. wenn sie zwischen einem Versicherungsnehmer und einem Versicherer, die zum Zeitpunkt des Vertragsabschlusses ihren Wohnsitz oder gewöhnlichen Aufenthalt in demselben Mitgliedstaat haben, getroffen ist, um die Zuständigkeit der Gerichte dieses Staates auch für den Fall zu begründen, dass das schädigende Ereignis im Ausland eintritt, es sei denn, dass eine solche Vereinbarung nach dem Recht dieses Staates nicht zulässig ist,
4. wenn sie von einem Versicherungsnehmer geschlossen ist, der seinen Wohnsitz nicht in einem Mitgliedstaat hat, ausgenommen soweit sie eine Versicherung, zu deren Abschluss eine gesetzliche Verpflichtung besteht, oder die Versicherung von unbeweglichen Sachen in einem Mitgliedstaat betrifft, oder
5. wenn sie einen Versicherungsvertrag betrifft, soweit dieser eines oder mehrere der in Artikel 14 aufgeführten Risiken deckt.

### Art. 14

Die in Artikel 13 Nummer 5 erwähnten Risiken sind die folgenden:

1. sämtliche Schäden

a) an Seeschiffen, Anlagen vor der Küste und auf hoher See oder Luftfahrzeugen aus Gefahren, die mit ihrer Verwendung zu gewerblichen Zwecken verbunden sind,

b) an Transportgütern, ausgenommen Reisegepäck der Passagiere, wenn diese Güter ausschließlich oder zum Teil mit diesen Schiffen oder Luftfahrzeugen befördert werden;

2. Haftpflicht aller Art, mit Ausnahme der Haftung für Personenschäden an Passagieren oder Schäden an deren Reisegepäck,

   a) aus der Verwendung oder dem Betrieb von Seeschiffen, Anlagen oder Luftfahrzeugen gemäß Nummer 1 Buchstabe a), es sei denn, dass - was die letztgenannten betrifft - nach den Rechtsvorschriften des Mitgliedstaats, in dem das Luftfahrzeug eingetragen ist, Gerichtsstandsvereinbarungen für die Versicherung solcher Risiken untersagt sind,

   b) für Schäden, die durch Transportgüter während einer Beförderung im Sinne von Nummer 1 Buchstabe b) verursacht werden;

3. finanzielle Verluste im Zusammenhang mit der Verwendung oder dem Betrieb von Seeschiffen, Anlagen oder Luftfahrzeugen gemäß Nummer 1 Buchstabe a), insbesondere Fracht- oder Charterverlust;

4. irgendein zusätzliches Risiko, das mit einem der unter den Nummern 1 bis 3 genannten Risiken in Zusammenhang steht;

5. unbeschadet der Nummern 1 bis 4 alle "Großrisiken" entsprechend der Begriffsbestimmung in der Richtlinie 73/239/EWG des Rates, geändert durch die Richtlinie 88/357/EWG und die Richtlinie 90/ 618/EWG, in der jeweils geltenden Fassung.

## Art. 15

(1) Bilden ein Vertrag oder Ansprüche aus einem Vertrag, den eine Person, der Verbraucher, zu einem Zweck geschlossen hat, der nicht der beruflichen oder gewerblichen Tätigkeit dieser Person zugerechnet werden kann, den Gegenstand des Verfahrens, so bestimmt sich die Zuständigkeit unbeschadet des Artikels 4 und des Artikels 5 Nummer 5 nach diesem Abschnitt,

a) wenn es sich um den Kauf beweglicher Sachen auf Teilzahlung handelt,

b) wenn es sich um ein in Raten zurückzuzahlendes Darlehn oder ein anderes Kreditgeschäft handelt, das zur Finanzierung eines Kaufs derartiger Sachen bestimmt ist, oder

c) in allen anderen Fällen, wenn der andere Vertragspartner in dem Mitgliedstaat, in dessen Hoheitsgebiet der Verbraucher seinen Wohnsitz hat, eine berufliche oder gewerbliche Tätigkeit ausübt oder eine solche auf irgend einem Wege auf diesen Mitgliedstaat oder auf mehrere Staaten, einschließlich dieses Mitgliedstaats, ausrichtet und der Vertrag in den Bereich dieser Tätigkeit fällt.

(2) Hat der Vertragspartner des Verbrauchers im Hoheitsgebiet eines Mitgliedstaats keinen Wohnsitz, besitzt er aber in einem Mitgliedstaat eine Zweigniederlassung, Agentur oder sonstige Niederlassung, so wird er für Streitigkeiten aus ihrem Betrieb so behandelt, wie wenn er seinen Wohnsitz im Hoheitsgebiet dieses Staates hätte.

(3) Dieser Abschnitt ist nicht auf Beförderungsverträge mit Ausnahme von Reiseverträgen, die für einen Pauschalpreis kombinierte Beförderungs- und Unterbringungsleistungen vorsehen, anzuwenden.

### Art. 16

(1) Die Klage eines Verbrauchers gegen den anderen Vertragspartner kann entweder vor den Gerichten des Mitgliedstaats erhoben werden, in dessen Hoheitsgebiet dieser Vertragspartner seinen Wohnsitz hat, oder vor dem Gericht des Ortes, an dem der Verbraucher seinen Wohnsitz hat.

(2) Die Klage des anderen Vertragspartners gegen den Verbraucher kann nur vor den Gerichten des Mitgliedstaats erhoben werden, in dessen Hoheitsgebiet der Verbraucher seinen Wohnsitz hat.

(3) Die Vorschriften dieses Artikels lassen das Recht unberührt, eine Widerklage vor dem Gericht zu erheben, bei dem die Klage selbst gemäß den Bestimmungen dieses Abschnitts anhängig ist.

### Art. 17

Von den Vorschriften dieses Abschnitts kann im Wege der Vereinbarung nur abgewichen werden:

1. wenn die Vereinbarung nach der Entstehung der Streitigkeit getroffen wird,
2. wenn sie dem Verbraucher die Befugnis einräumt, andere als die in diesem Abschnitt angeführten Gerichte anzurufen, oder
3. wenn sie zwischen einem Verbraucher und seinem Vertragspartner, die zum Zeitpunkt des Vertragsabschlusses ihren Wohnsitz oder gewöhnlichen Aufenthalt in demselben Mitgliedstaat haben, getroffen ist und die Zuständigkeit der Gerichte dieses Mitgliedstaats begründet, es sei denn, dass eine solche Vereinbarung nach dem Recht dieses Mitgliedstaats nicht zulässig ist.

### Art. 18

(1) Bilden ein individueller Arbeitsvertrag oder Ansprüche aus einem individuellen Arbeitsvertrag den Gegenstand des Verfahrens, so bestimmt sich die Zuständigkeit unbeschadet des Artikels 4 und des Artikels 5 Nummer 5 nach diesem Abschnitt.

(2) Hat der Arbeitgeber, mit dem der Arbeitnehmer einen individuellen Arbeitsvertrag geschlossen hat, im Hoheitsgebiet eines Mitgliedstaats keinen Wohnsitz, besitzt er aber in einem Mitgliedstaat eine Zweigniederlassung, Agentur oder sonstige Niederlassung, so wird er für Streitigkeiten aus ihrem Betrieb so behandelt, wie wenn er seinen Wohnsitz im Hoheitsgebiet dieses Mitgliedstaats hätte.

### Art. 19

Ein Arbeitgeber, der seinen Wohnsitz im Hoheitsgebiet eines Mitgliedstaats hat, kann verklagt werden:

1. vor den Gerichten des Mitgliedstaats, in dem er seinen Wohnsitz hat, oder
2. in einem anderen Mitgliedstaat

a) vor dem Gericht des Ortes, an dem der Arbeitnehmer gewöhnlich seine Arbeit verrichtet oder zuletzt gewöhnlich verrichtet hat, oder

b) wenn der Arbeitnehmer seine Arbeit gewöhnlich nicht in ein und demselben Staat verrichtet oder verrichtet hat, vor dem Gericht des Ortes, an dem sich die Niederlassung, die den Arbeitnehmer eingestellt hat, befindet bzw. befand.

**Art. 20**

(1) Die Klage des Arbeitgebers kann nur vor den Gerichten des Mitgliedstaats erhoben werden, in dessen Hoheitsgebiet der Arbeitnehmer seinen Wohnsitz hat.

(2) Die Vorschriften dieses Abschnitts lassen das Recht unberührt, eine Widerklage vor dem Gericht zu erheben, bei dem die Klage selbst gemäß den Bestimmungen dieses Abschnitts anhängig ist.

**Art. 21**

Von den Vorschriften dieses Abschnitts kann im Wege der Vereinbarung nur abgewichen werden,

1. wenn die Vereinbarung nach der Entstehung der Streitigkeit getroffen wird oder
2. wenn sie dem Arbeitnehmer die Befugnis einräumt, andere als die in diesem Abschnitt angeführten Gerichte anzurufen.

**Art. 22**

Ohne Rücksicht auf den Wohnsitz sind ausschließlich zuständig:

1. für Klagen, welche dingliche Rechte an unbeweglichen Sachen sowie die Miete oder Pacht von unbeweglichen Sachen zum Gegenstand haben, die Gerichte des Mitgliedstaats, in dem die unbewegliche Sache belegen ist.

   Jedoch sind für Klagen betreffend die Miete oder Pacht unbeweglicher Sachen zum vorübergehenden privaten Gebrauch für höchstens sechs aufeinander folgende Monate auch die Gerichte des Mitgliedstaats zuständig, in dem der Beklagte seinen Wohnsitz hat, sofern es sich bei dem Mieter oder Pächter um eine natürliche Person handelt und der Eigentümer sowie der Mieter oder Pächter ihren Wohnsitz in demselben Mitgliedstaat haben;
2. für Klagen, welche die Gültigkeit, die Nichtigkeit oder die Auflösung einer Gesellschaft oder juristischen Person oder die Gültigkeit der Beschlüsse ihrer Organe zum Gegenstand haben, die Gerichte des Mitgliedstaats, in dessen Hoheitsgebiet die Gesellschaft oder juristische Person ihren Sitz hat. Bei der Entscheidung darüber, wo der Sitz sich befindet, wendet das Gericht die Vorschriften seines Internationalen Privatrechts an;
3. für Klagen, welche die Gültigkeit von Eintragungen in öffentliche Register zum Gegenstand haben, die Gerichte des Mitgliedstaats, in dessen Hoheitsgebiet die Register geführt werden;
4. für Klagen, welche die Eintragung oder die Gültigkeit von Patenten, Marken, Mustern und Modellen sowie ähnlicher Rechte, die einer Hinterlegung oder Registrierung

bedürfen, zum Gegenstand haben, die Gerichte des Mitgliedstaats, in dessen Hoheitsgebiet die Hinterlegung oder Registrierung beantragt oder vorgenommen worden ist oder auf Grund eines Gemeinschaftsrechtsakts oder eines zwischenstaatlichen Übereinkommens als vorgenommen gilt.

Unbeschadet der Zuständigkeit des Europäischen Patentamts nach dem am 5. Oktober 1973 in München unterzeichneten Übereinkommen über die Erteilung europäischer Patente sind die Gerichte eines jeden Mitgliedstaats ohne Rücksicht auf den Wohnsitz der Parteien für alle Verfahren ausschließlich zuständig, welche die Erteilung oder die Gültigkeit eines europäischen Patents zum Gegenstand haben, das für diesen Staat erteilt wurde;

5. für Verfahren, welche die Zwangsvollstreckung aus Entscheidungen zum Gegenstand haben, die Gerichte des Mitgliedstaats, in dessen Hoheitsgebiet die Zwangsvollstreckung durchgeführt werden soll oder durchgeführt worden ist.

## Art. 23

(1) Haben die Parteien, von denen mindestens eine ihren Wohnsitz im Hoheitsgebiet eines Mitgliedstaats hat, vereinbart, dass ein Gericht oder die Gerichte eines Mitgliedstaats über eine bereits entstandene Rechtsstreitigkeit oder über eine künftige aus einem bestimmten Rechtsverhältnis entspringende Rechtsstreitigkeit entscheiden sollen, so sind dieses Gericht oder die Gerichte dieses Mitgliedstaats zuständig. Dieses Gericht oder die Gerichte dieses Mitgliedstaats sind ausschließlich zuständig, sofern die Parteien nichts anderes vereinbart haben. Eine solche Gerichtsstandsvereinbarung muss geschlossen werden

a) schriftlich oder mündlich mit schriftlicher Bestätigung,

b) in einer Form, welche den Gepflogenheiten entspricht, die zwischen den Parteien entstanden sind, oder

c) im internationalen Handel in einer Form, die einem Handelsbrauch entspricht, den die Parteien kannten oder kennen mussten und den Parteien von Verträgen dieser Art in dem betreffenden Geschäftszweig allgemein kennen und regelmäßig beachten.

(2) Elektronische Übermittlungen, die eine dauerhafte Aufzeichnung der Vereinbarung ermöglichen, sind der Schriftform gleichgestellt.

(3) Wenn eine solche Vereinbarung von Parteien geschlossen wurde, die beide ihren Wohnsitz nicht im Hoheitsgebiet eines Mitgliedstaats haben, so können die Gerichte der anderen Mitgliedstaaten nicht entscheiden, es sei denn, das vereinbarte Gericht oder die vereinbarten Gerichte haben sich rechtskräftig für unzuständig erklärt.

(4) Ist in schriftlich niedergelegten *trust*-Bedingungen bestimmt, dass über Klagen gegen einen Begründer, *trustee* oder Begünstigten eines *trust* ein Gericht oder die Gerichte eines Mitgliedstaats entscheiden sollen, so ist dieses Gericht oder sind diese Gerichte ausschließlich zuständig, wenn es sich um Beziehungen zwischen diesen Personen oder ihre Rechte oder Pflichten im Rahmen des *trust* handelt.

(5) Gerichtsstandsvereinbarungen und entsprechende Bestimmungen in *trust*-Bedingungen haben keine rechtliche Wirkung, wenn sie den Vorschriften der Artikel 13, 17 und 21

zuwiderlaufen oder wenn die Gerichte, deren Zuständigkeit abbedungen wird, auf Grund des Artikels 22 ausschließlich zuständig sind.

**Art. 24**

Sofern das Gericht eines Mitgliedstaats nicht bereits nach anderen Vorschriften dieser Verordnung zuständig ist, wird es zuständig, wenn sich der Beklagte vor ihm auf das Verfahren einlässt. Dies gilt nicht, wenn der Beklagte sich einlässt, um den Mangel der Zuständigkeit geltend zu machen oder wenn ein anderes Gericht auf Grund des Artikels 22 ausschließlich zuständig ist.

**Art. 25**

Das Gericht eines Mitgliedstaats hat sich von Amts wegen für unzuständig zu erklären, wenn es wegen einer Streitigkeit angerufen wird, für die das Gericht eines anderen Mitgliedstaats auf Grund des Artikels 22 ausschließlich zuständig ist.

**Art. 26**

(1) Lässt sich der Beklagte, der seinen Wohnsitz im Hoheitsgebiet eines Mitgliedstaats hat und der vor den Gerichten eines anderen Mitgliedstaats verklagt wird, auf das Verfahren nicht ein, so hat sich das Gericht von Amts wegen für unzuständig zu erklären, wenn seine Zuständigkeit nicht nach dieser Verordnung begründet ist.

(2) Das Gericht hat das Verfahren so lange auszusetzen, bis festgestellt ist, dass es dem Beklagten möglich war, das verfahrenseinleitende Schriftstück oder ein gleichwertiges Schriftstück so rechtzeitig zu empfangen, dass er sich verteidigen konnte oder dass alle hierzu erforderlichen Maßnahmen getroffen worden sind.

(3) An die Stelle von Absatz 2 tritt Artikel 19 der Verordnung (EG) Nr. 1348/2000 des Rates vom 29. Mai 2000 über die Zustellung gerichtlicher und außergerichtlicher Schriftstücke in Zivil- oder Handelssachen in den Mitgliedstaaten, wenn das verfahrenseinleitende Schriftstück oder ein gleichwertiges Schriftstück nach der genannten Verordnung von einem Mitgliedstaat in einen anderen zu übermitteln war.

(4) Sind die Bestimmungen der Verordnung (EG) Nr. 1348/2000 nicht anwendbar, so gilt Artikel 15 des Haager Übereinkommens vom 15. November 1965 über die Zustellung gerichtlicher und außergerichtlicher Schriftstücke im Ausland in Zivil- und Handelssachen, wenn das verfahrenseinleitende Schriftstück oder ein gleichwertiges Schriftstück nach dem genannten Übereinkommen zu übermitteln war.

**Art. 27**

(1) Werden bei Gerichten verschiedener Mitgliedstaaten Klagen wegen desselben Anspruchs zwischen denselben Parteien anhängig gemacht, so setzt das später angerufene Gericht das Verfahren von Amts wegen aus, bis die Zuständigkeit des zuerst angerufenen Gerichts feststeht.

(2) Sobald die Zuständigkeit des zuerst angerufenen Gerichts feststeht, erklärt sich das später angerufene Gericht zu Gunsten dieses Gerichts für unzuständig.

**Art. 28**

(1) Sind bei Gerichten verschiedener Mitgliedstaaten Klagen, die im Zusammenhang stehen, anhängig, so kann jedes später angerufene Gericht das Verfahren aussetzen.

(2) Sind diese Klagen in erster Instanz anhängig, so kann sich jedes später angerufene Gericht auf Antrag einer Partei auch für unzuständig erklären, wenn das zuerst angerufene Gericht für die betreffenden Klagen zuständig ist und die Verbindung der Klagen nach seinem Recht zulässig ist.

(3) Klagen stehen im Sinne dieses Artikels im Zusammenhang, wenn zwischen ihnen eine so enge Beziehung gegeben ist, dass eine gemeinsame Verhandlung und Entscheidung geboten erscheint, um zu vermeiden, dass in getrennten Verfahren widersprechende Entscheidungen ergehen könnten.

**Art. 29**

Ist für die Klagen die ausschließliche Zuständigkeit mehrerer Gerichte gegeben, so hat sich das zuletzt angerufene Gericht zu Gunsten des zuerst angerufenen Gerichts für unzuständig zu erklären.

**Art. 30**

Für die Zwecke dieses Abschnitts gilt ein Gericht als angerufen:

1. zu dem Zeitpunkt, zu dem das verfahrenseinleitende Schriftstück oder ein gleichwertiges Schriftstück bei Gericht eingereicht worden ist, vorausgesetzt, dass der Kläger es in der Folge nicht versäumt hat, die ihm obliegenden Maßnahmen zu treffen, um die Zustellung des Schriftstücks an den Beklagten zu bewirken, oder
2. falls die Zustellung an den Beklagten vor Einreichung des Schriftstücks bei Gericht zu bewirken ist, zu dem Zeitpunkt, zu dem die für die Zustellung verantwortliche Stelle das Schriftstück erhalten hat, vorausgesetzt, dass der Kläger es in der Folge nicht versäumt hat, die ihm obliegenden Maßnahmen zu treffen, um das Schriftstück bei Gericht einzureichen.

**Art. 31**

Die im Recht eines Mitgliedstaats vorgesehenen einstweiligen Maßnahmen einschließlich solcher, die auf eine Sicherung gerichtet sind, können bei den Gerichten dieses Staates auch dann beantragt werden, wenn für die Entscheidung in der Hauptsache das Gericht eines anderen Mitgliedstaats auf Grund dieser Verordnung zuständig ist.

## Kapitel III
## Anerkennung und Vollstreckung

**Art. 32**

Unter "Entscheidung" im Sinne dieser Verordnung ist jede von einem Gericht eines Mitgliedstaats erlassene Entscheidung zu verstehen, ohne Rücksicht auf ihre Bezeichnung wie Urteil, Beschluss, Zahlungsbefehl oder Vollstreckungsbescheid, einschließlich des Kostenfestsetzungsbeschlusses eines Gerichtsbediensteten.

## Art. 33

(1) Die in einem Mitgliedstaat ergangenen Entscheidungen werden in den anderen Mitgliedstaaten anerkannt, ohne dass es hierfür eines besonderen Verfahrens bedarf.

(2) Bildet die Frage, ob eine Entscheidung anzuerkennen ist, als solche den Gegenstand eines Streites, so kann jede Partei, welche die Anerkennung geltend macht, in dem Verfahren nach den Abschnitten 2 und 3 dieses Kapitels die Feststellung beantragen, dass die Entscheidung anzuerkennen ist.

(3) Wird die Anerkennung in einem Rechtsstreit vor dem Gericht eines Mitgliedstaats, dessen Entscheidung von der Anerkennung abhängt, verlangt, so kann dieses Gericht über die Anerkennung entscheiden.

## Art. 34

Eine Entscheidung wird nicht anerkannt, wenn

1. die Anerkennung der öffentlichen Ordnung (*ordre public*) des Mitgliedstaats, in dem sie geltend gemacht wird, offensichtlich widersprechen würde;
2. dem Beklagten, der sich auf das Verfahren nicht eingelassen hat, das verfahrenseinleitende Schriftstück oder ein gleichwertiges Schriftstück nicht so rechtzeitig und in einer Weise zugestellt worden ist, dass er sich verteidigen konnte, es sei denn, der Beklagte hat gegen die Entscheidung keinen Rechtsbehelf eingelegt, obwohl er die Möglichkeit dazu hatte;
3. sie mit einer Entscheidung unvereinbar ist, die zwischen denselben Parteien in dem Mitgliedstaat, in dem die Anerkennung geltend gemacht wird, ergangen ist;
4. sie mit einer früheren Entscheidung unvereinbar ist, die in einem anderen Mitgliedstaat oder in einem Drittstaat zwischen denselben Parteien in einem Rechtsstreit wegen desselben Anspruchs ergangen ist, sofern die frühere Entscheidung die notwendigen Voraussetzungen für ihre Anerkennung in dem Mitgliedstaat erfüllt, in dem die Anerkennung geltend gemacht wird.

## Art. 35

(1) Eine Entscheidung wird ferner nicht anerkannt, wenn die Vorschriften der Abschnitte 3, 4 und 6 des Kapitels II verletzt worden sind oder wenn ein Fall des Artikels 72 vorliegt.

(2) Das Gericht oder die sonst befugte Stelle des Mitgliedstaats, in dem die Anerkennung geltend gemacht wird, ist bei der Prüfung, ob eine der in Absatz 1 angeführten Zuständigkeiten gegeben ist, an die tatsächlichen Feststellungen gebunden, auf Grund deren das Gericht des Ursprungsmitgliedstaats seine Zuständigkeit angenommen hat.

(3) Die Zuständigkeit der Gerichte des Ursprungsmitgliedstaats darf, unbeschadet der Bestimmungen des Absatzes 1, nicht nachgeprüft werden. Die Vorschriften über die Zuständigkeit gehören nicht zur öffentlichen Ordnung (*ordre public*) im Sinne des Artikels 34 Nummer 1.

### Art. 36

Die ausländische Entscheidung darf keinesfalls in der Sache selbst nachgeprüft werden.

### Art. 37

(1) Das Gericht eines Mitgliedstaats, vor dem die Anerkennung einer in einem anderen Mitgliedstaat ergangenen Entscheidung geltend gemacht wird, kann das Verfahren aussetzen, wenn gegen die Entscheidung ein ordentlicher Rechtsbehelf eingelegt worden ist.

(2) Das Gericht eines Mitgliedstaats, vor dem die Anerkennung einer in Irland oder im Vereinigten Königreich ergangenen Entscheidung geltend gemacht wird, kann das Verfahren aussetzen, wenn die Vollstreckung der Entscheidung im Ursprungsmitgliedstaat wegen der Einlegung eines Rechtsbehelfs einstweilen eingestellt ist.

### Art. 38

(1) Die in einem Mitgliedstaat ergangenen Entscheidungen, die in diesem Staat vollstreckbar sind, werden in einem anderen Mitgliedstaat vollstreckt, wenn sie dort auf Antrag eines Berechtigten für vollstreckbar erklärt worden sind.

(2) Im Vereinigten Königreich jedoch wird eine derartige Entscheidung in England und Wales, in Schottland oder in Nordirland vollstreckt, wenn sie auf Antrag eines Berechtigten zur Vollstreckung in dem betreffenden Teil des Vereinigten Königreichs registriert worden ist.

### Art. 39

(1) Der Antrag ist an das Gericht oder die sonst befugte Stelle zu richten, die in Anhang II aufgeführt ist.

(2) Die örtliche Zuständigkeit wird durch den Wohnsitz des Schuldners oder durch den Ort, an dem die Zwangsvollstreckung durchgeführt werden soll, bestimmt.

### Art. 40

(1) Für die Stellung des Antrags ist das Recht des Vollstreckungsmitgliedstaats maßgebend.

(2) Der Antragsteller hat im Bezirk des angerufenen Gerichts ein Wahldomizil zu begründen. Ist das Wahldomizil im Recht des Vollstreckungsmitgliedstaats nicht vorgesehen, so hat der Antragsteller einen Zustellungsbevollmächtigten zu benennen.

(3) Dem Antrag sind die in Artikel 53 angeführten Urkunden beizufügen.

### Art. 41

Sobald die in Artikel 53 vorgesehenen Förmlichkeiten erfüllt sind, wird die Entscheidung unverzüglich für vollstreckbar erklärt, ohne dass eine Prüfung nach den Artikeln 34 und 35 erfolgt. Der Schuldner erhält in diesem Abschnitt des Verfahrens keine Gelegenheit, eine Erklärung abzugeben.

### Art. 42

(1) Die Entscheidung über den Antrag auf Vollstreckbarerklärung wird dem Antragsteller unverzüglich in der Form mitgeteilt, die das Recht des Vollstreckungsmitgliedstaats vorsieht.

(2) Die Vollstreckbarerklärung und, soweit dies noch nicht geschehen ist, die Entscheidung werden dem Schuldner zugestellt.

### Art. 43

(1) Gegen die Entscheidung über den Antrag auf Vollstreckbarerklärung kann jede Partei einen Rechtsbehelf einlegen.

(2) Der Rechtsbehelf wird bei dem in Anhang III aufgeführten Gericht eingelegt.

(3) Über den Rechtsbehelf wird nach den Vorschriften entschieden, die für Verfahren mit beiderseitigem rechtlichen Gehör maßgebend sind.

(4) Lässt sich der Schuldner auf das Verfahren vor dem mit dem Rechtsbehelf des Antragstellers befassten Gericht nicht ein, so ist Artikel 26 Absätze 2 bis 4 auch dann anzuwenden, wenn der Schuldner seinen Wohnsitz nicht im Hoheitsgebiet eines Mitgliedstaats hat.

(5) Der Rechtsbehelf gegen die Vollstreckbarerklärung ist innerhalb eines Monats nach ihrer Zustellung einzulegen. Hat der Schuldner seinen Wohnsitz im Hoheitsgebiet eines anderen Mitgliedstaats als dem, in dem die Vollstreckbarerklärung ergangen ist, so beträgt die Frist für den Rechtsbehelf zwei Monate und beginnt von dem Tage an zu laufen, an dem die Vollstreckbarerklärung ihm entweder in Person oder in seiner Wohnung zugestellt worden ist. Eine Verlängerung dieser Frist wegen weiter Entfernung ist ausgeschlossen.

### Art. 44

Gegen die Entscheidung, die über den Rechtsbehelf ergangen ist, kann nur ein Rechtsbehelf nach Anhang IV eingelegt werden.

### Art. 45

(1) Die Vollstreckbarerklärung darf von dem mit einem Rechtsbehelf nach Artikel 43 oder Artikel 44 befassten Gericht nur aus einem der in den Artikeln 34 und 35 aufgeführten Gründe versagt oder aufgehoben werden. Das Gericht erlässt seine Entscheidung unverzüglich.

(2) Die ausländische Entscheidung darf keinesfalls in der Sache selbst nachgeprüft werden.

### Art. 46

(1) Das nach Artikel 43 oder Artikel 44 mit dem Rechtsbehelf befasste Gericht kann auf Antrag des Schuldners das Verfahren aussetzen, wenn gegen die Entscheidung im Ursprungsmitgliedstaat ein ordentlicher Rechtsbehelf eingelegt oder die Frist für einen solchen Rechtsbehelf noch nicht verstrichen ist; in letzterem Fall kann das Gericht eine Frist bestimmen, innerhalb deren der Rechtsbehelf einzulegen ist.

(2) Ist die Entscheidung in Irland oder im Vereinigten Königreich ergangen, so gilt jeder im Ursprungsmitgliedstaat statthafte Rechtsbehelf als ordentlicher Rechtsbehelf im Sinne von Absatz 1.

(3) Das Gericht kann auch die Zwangsvollstreckung von der Leistung einer Sicherheit, die es bestimmt, abhängig machen.

### Art. 47

(1) Ist eine Entscheidung nach dieser Verordnung anzuerkennen, so ist der Antragsteller nicht daran gehindert, einstweilige Maßnahmen einschließlich solcher, die auf eine Sicherung gerichtet sind, nach dem Recht des Vollstreckungsmitgliedstaats in Anspruch zu nehmen, ohne dass es einer Vollstreckbarerklärung nach Artikel 41 bedarf.

(2) Die Vollstreckbarerklärung gibt die Befugnis, solche Maßnahmen zu veranlassen.

(3) Solange die in Artikel 43 Absatz 5 vorgesehene Frist für den Rechtsbehelf gegen die Vollstreckbarerklärung läuft und solange über den Rechtsbehelf nicht entschieden ist, darf die Zwangsvollstreckung in das Vermögen des Schuldners nicht über Maßnahmen zur Sicherung hinausgehen.

### Art. 48

(1) Ist durch die ausländische Entscheidung über mehrere mit der Klage geltend gemachte Ansprüche erkannt und kann die Vollstreckbarerklärung nicht für alle Ansprüche erteilt werden, so erteilt das Gericht oder die sonst befugte Stelle sie für einen oder mehrere dieser Ansprüche.

(2) Der Antragsteller kann beantragen, dass die Vollstreckbarerklärung nur für einen Teil des Gegenstands der Verurteilung erteilt wird.

### Art. 49

Ausländische Entscheidungen, die auf Zahlung eines Zwangsgelds lauten, sind im Vollstreckungsmitgliedstaat nur vollstreckbar, wenn die Höhe des Zwangsgelds durch die Gerichte des Ursprungsmitgliedstaats endgültig festgesetzt ist.

### Art. 50

(1) Ist dem Antragsteller im Ursprungsmitgliedstaat ganz oder teilweise Prozesskostenhilfe oder Kosten- und Gebührenbefreiung gewährt worden, so genießt er in dem Verfahren nach diesem Abschnitt hinsichtlich der Prozesskostenhilfe oder der Kosten- und Gebührenbefreiung die günstigste Behandlung, die das Recht des Vollstreckungsmitgliedstaats vorsieht.

(2) Der Antragsteller, der die Vollstreckung einer Entscheidung einer Verwaltungsbehörde begehrt, die in Dänemark in Bezug auf die Anordnung von Unterhaltsleistungen ergangen ist, kann in dem ersuchten Mitgliedstaat Anspruch auf die in Absatz 1 genannten Vorteile erheben, wenn er eine Erklärung des dänischen Justizministeriums darüber vorlegt, dass er die finanziellen Voraussetzungen für die vollständige oder teilweise Bewilligung der Prozesskostenhilfe oder für die Kostenbefreiung erfüllt.

### Art. 51

Der Partei, die in einem Mitgliedstaat eine in einem anderen Mitgliedstaat ergangene Entscheidung vollstrecken will, darf wegen ihrer Eigenschaft als Ausländer oder wegen Fehlens eines inländischen Wohnsitzes oder Aufenthalts eine Sicherheitsleistung oder Hinterlegung, unter welcher Bezeichnung es auch sei, nicht auferlegt werden.

### Art. 52

Im Vollstreckungsmitgliedstaat dürfen im Vollstreckbarerklärungsverfahren keine nach dem Streitwert abgestuften Stempelabgaben oder Gebühren erhoben werden.

### Art. 53

(1) Die Partei, die die Anerkennung einer Entscheidung geltend macht oder eine Vollstreckbarerklärung beantragt, hat eine Ausfertigung der Entscheidung vorzulegen, die die für ihre Beweiskraft erforderlichen Voraussetzungen erfüllt.

(2) Unbeschadet des Artikels 55 hat die Partei, die eine Vollstreckbarerklärung beantragt, ferner die Bescheinigung nach Artikel 54 vorzulegen.

### Art. 54

Das Gericht oder die sonst befugte Stelle des Mitgliedstaats, in dem die Entscheidung ergangen ist, stellt auf Antrag die Bescheinigung unter Verwendung des Formblatts in Anhang V dieser Verordnung aus.

### Art. 55

(1) Wird die Bescheinigung nach Artikel 54 nicht vorgelegt, so kann das Gericht oder die sonst befugte Stelle eine Frist bestimmen, innerhalb deren die Bescheinigung vorzulegen ist, oder sich mit einer gleichwertigen Urkunde begnügen oder von der Vorlage der Bescheinigung befreien, wenn es oder sie eine weitere Klärung nicht für erforderlich hält.

(2) Auf Verlangen des Gerichts oder der sonst befugten Stelle ist eine Übersetzung der Urkunden vorzulegen. Die Übersetzung ist von einer hierzu in einem der Mitgliedstaaten befugten Person zu beglaubigen.

### Art. 56

Die in Artikel 53 und in Artikel 55 Absatz 2 angeführten Urkunden sowie die Urkunde über die Prozessvollmacht, falls eine solche erteilt wird, bedürfen weder der Legalisation noch einer ähnlichen Förmlichkeit.

## Kapitel IV
## Öffentliche Urkunden und Prozessvergleiche

### Art. 57

(1) Öffentliche Urkunden, die in einem Mitgliedstaat aufgenommen und vollstreckbar sind, werden in einem anderen Mitgliedstaat auf Antrag in dem Verfahren nach den Artikeln 38 ff. für vollstreckbar erklärt. Die Vollstreckbarerklärung ist von dem mit einem

Rechtsbehelf nach Artikel 43 oder Artikel 44 befassten Gericht nur zu versagen oder aufzuheben, wenn die Zwangsvollstreckung aus der Urkunde der öffentlichen Ordnung (*ordre public*) des Vollstreckungsmitgliedstaats offensichtlich widersprechen würde.

(2) Als öffentliche Urkunden im Sinne von Absatz 1 werden auch vor Verwaltungsbehörden geschlossene oder von ihnen beurkundete Unterhaltsvereinbarungen oder -verpflichtungen angesehen.

(3) Die vorgelegte Urkunde muss die Voraussetzungen für ihre Beweiskraft erfüllen, die in dem Mitgliedstaat, in dem sie aufgenommen wurde, erforderlich sind.

(4) Die Vorschriften des Abschnitts 3 des Kapitels III sind sinngemäß anzuwenden. Die befugte Stelle des Mitgliedstaats, in dem eine öffentliche Urkunde aufgenommen worden ist, stellt auf Antrag die Bescheinigung unter Verwendung des Formblatts in Anhang VI dieser Verordnung aus.

### Art. 58

Vergleiche, die vor einem Gericht im Laufe eines Verfahrens geschlossen und in dem Mitgliedstaat, in dem sie errichtet wurden, vollstreckbar sind, werden in dem Vollstreckungsmitgliedstaat unter denselben Bedingungen wie öffentliche Urkunden vollstreckt. Das Gericht oder die sonst befugte Stelle des Mitgliedstaats, in dem ein Prozessvergleich geschlossen worden ist, stellt auf Antrag die Bescheinigung unter Verwendung des Formblatts in Anhang V dieser Verordnung aus.

## Kapitel V
## Allgemeine Vorschriften

### Art. 59

(1) Ist zu entscheiden, ob eine Partei im Hoheitsgebiet des Mitgliedstaats, dessen Gerichte angerufen sind, einen Wohnsitz hat, so wendet das Gericht sein Recht an.

(2) Hat eine Partei keinen Wohnsitz in dem Mitgliedstaat, dessen Gerichte angerufen sind, so wendet das Gericht, wenn es zu entscheiden hat, ob die Partei einen Wohnsitz in einem anderen Mitgliedstaat hat, das Recht dieses Mitgliedstaats an.

### Art. 60

(1) Gesellschaften und juristische Personen haben für die Anwendung dieser Verordnung ihren Wohnsitz an dem Ort, an dem sich

a) ihr satzungsmäßiger Sitz,

b) ihre Hauptverwaltung oder

c) ihre Hauptniederlassung

befindet.

(2) Im Falle des Vereinigten Königreichs und Irlands ist unter dem Ausdruck "satzungsmäßiger Sitz" das *registered office* oder, wenn ein solches nirgendwo besteht, der *place of incorporation* (Ort der Erlangung der Rechtsfähigkeit) oder, wenn ein solcher nirgendwo besteht, der Ort, nach dessen Recht die *formation* (Gründung) erfolgt ist, zu verstehen.

(3) Um zu bestimmen, ob ein *trust* seinen Sitz in dem Vertragsstaat hat, bei dessen Gerichten die Klage anhängig ist, wendet das Gericht sein Internationales Privatrecht an.

**Art. 61**

Unbeschadet günstigerer innerstaatlicher Vorschriften können Personen, die ihren Wohnsitz im Hoheitsgebiet eines Mitgliedstaats haben und die vor den Strafgerichten eines anderen Mitgliedstaats, dessen Staatsangehörigkeit sie nicht besitzen, wegen einer fahrlässig begangenen Straftat verfolgt werden, sich von hierzu befugten Personen vertreten lassen, selbst wenn sie persönlich nicht erscheinen. Das Gericht kann jedoch das persönliche Erscheinen anordnen; wird diese Anordnung nicht befolgt, so braucht die Entscheidung, die über den Anspruch aus einem Rechtsverhältnis des Zivilrechts ergangen ist, ohne dass sich der Angeklagte verteidigen konnte, in den anderen Mitgliedstaaten weder anerkannt noch vollstreckt zu werden.

**Art. 62**

(1) Bei den summarischen Verfahren *betalningsföreläggande* (Mahnverfahren) und *handräckning* (Beistandsverfahren) in Schweden umfasst der Begriff „Gericht" auch die schwedische *kronofogdemyndighet* (Amt für Beitreibung).

(2) In Unterhaltssachen umfasst der Begriff 'Gericht' auch die dänischen Verwaltungsbehörden.

**Art. 63**

(1) Eine Person, die ihren Wohnsitz im Hoheitsgebiet Luxemburgs hat und vor dem Gericht eines anderen Mitgliedstaats auf Grund des Artikels 5 Nummer 1 verklagt wird, hat die Möglichkeit, die Unzuständigkeit dieses Gerichts geltend zu machen, wenn sich der Bestimmungsort für die Lieferung beweglicher Sachen oder die Erbringung von Dienstleistungen in Luxemburg befindet.

(2) Befindet sich der Bestimmungsort für die Lieferung beweglicher Sachen oder die Erbringung von Dienstleistungen nach Absatz 1 in Luxemburg, so ist eine Gerichtsstandsvereinbarung nur rechtswirksam, wenn sie schriftlich oder mündlich mit schriftlicher Bestätigung im Sinne von Artikel 23 Absatz 1 Buchstabe a) angenommen wurde.

(3) Der vorliegende Artikel ist nicht anwendbar auf Verträge über Finanzdienstleistungen.

(4) Dieser Artikel gilt für die Dauer von sechs Jahren ab In-Kraft-Treten dieser Verordnung.

**Art. 64**

(1) Bei Streitigkeiten zwischen dem Kapitän und einem Mitglied der Mannschaft eines in Griechenland oder in Portugal eingetragenen Seeschiffs über die Heuer oder sonstige Bedingungen des Dienstverhältnisses haben die Gerichte eines Mitgliedstaats zu überprüfen, ob der für das Schiff zuständige diplomatische oder konsularische Vertreter von der Streitigkeit unterrichtet worden ist. Sie können entscheiden, sobald dieser Vertreter unterrichtet ist.

(2) Dieser Artikel gilt für die Dauer von sechs Jahren ab In-Kraft-Treten dieser Verordnung.

### Art. 65

(1) Die in Artikel 6 Nummer 2 und Artikel 11 für eine Gewährleistungs- oder Interventionsklage vorgesehene Zuständigkeit kann in Deutschland, Österreich und Ungarn nicht geltend gemacht werden. Jede Person, die ihren Wohnsitz in einem anderen Mitgliedstaat hat, kann vor Gericht geladen werden

a) in Deutschland nach den §§ 68 und 72 bis 74 der Zivilprozessordnung, die für die Streitverkündung gelten,

b) in Österreich nach § 21 der Zivilprozessordnung, der für die Streitverkündung gilt,

c) in Ungarn nach den §§ 58 bis 60 der Zivilprozessordnung (Polgári perrendtartás), die für die Streitverkündung gelten.

(2) Entscheidungen, die in den anderen Mitgliedstaaten auf Grund des Artikels 6 Nummer 2 und des Artikels 11 ergangen sind, werden in Deutschland, Österreich und Ungarn nach Kapitel III anerkannt und vollstreckt. Die Wirkungen, welche die in diesen Staaten ergangenen Entscheidungen nach Absatz 1 gegenüber Dritten haben, werden auch in den anderen Mitgliedstaaten anerkannt.

## Kapitel VI
## Übergangsvorschriften

### Art. 66

(1) Die Vorschriften dieser Verordnung sind nur auf solche Klagen und öffentliche Urkunden anzuwenden, die erhoben bzw. aufgenommen worden sind, nachdem diese Verordnung in Kraft getreten ist.

(2) Ist die Klage im Ursprungsmitgliedstaat vor dem In-Kraft-Treten dieser Verordnung erhoben worden, so werden nach diesem Zeitpunkt erlassene Entscheidungen nach Maßgabe des Kapitels III anerkannt und zur Vollstreckung zugelassen,

a) wenn die Klage im Ursprungsmitgliedstaat erhoben wurde, nachdem das Brüsseler Übereinkommen oder das Übereinkommen von Lugano sowohl im Ursprungsmitgliedstaat als auch in dem Mitgliedstaat, in dem die Entscheidung geltend gemacht wird, in Kraft getreten war;

b) in allen anderen Fällen, wenn das Gericht auf Grund von Vorschriften zuständig war, die mit den Zuständigkeitsvorschriften des Kapitels II oder eines Abkommens übereinstimmen, das im Zeitpunkt der Klageerhebung zwischen dem Ursprungsmitgliedstaat und dem Mitgliedstaat, in dem die Entscheidung geltend gemacht wird, in Kraft war.

# Kapitel VII
# Verhältnis zu anderen Rechtsinstrumenten

### Art. 67

Diese Verordnung berührt nicht die Anwendung der Bestimmungen, die für besondere Rechtsgebiete die gerichtliche Zuständigkeit oder die Anerkennung und Vollstreckung von Entscheidungen regeln und in gemeinschaftlichen Rechtsakten oder in dem in Ausführung dieser Akte harmonisierten einzelstaatlichen Recht enthalten sind.

### Art. 68

(1) Diese Verordnung tritt im Verhältnis zwischen den Mitgliedstaaten an die Stelle des Brüsseler Übereinkommens, außer hinsichtlich der Hoheitsgebiete der Mitgliedstaaten, die in den territorialen Anwendungsbereich dieses Übereinkommens fallen und auf Grund der Anwendung von Artikel 299 des Vertrags zur Gründung der Europäischen Gemeinschaft von der vorliegenden Verordnung ausgeschlossen sind.

(2) Soweit diese Verordnung die Bestimmungen des Brüsseler Übereinkommens zwischen den Mitgliedstaaten ersetzt, gelten Verweise auf dieses Übereinkommen als Verweise auf die vorliegende Verordnung.

### Art. 69

Diese Verordnung ersetzt unbeschadet des Artikels 66 Absatz 2 und des Artikels 70 im Verhältnis zwischen den Mitgliedstaaten die nachstehenden Abkommen und Verträge:

- das am 8. Juli 1899 in Paris unterzeichnete belgisch-französische Abkommen über die gerichtliche Zuständigkeit, die Anerkennung und die Vollstreckung von gerichtlichen Entscheidungen, Schiedssprüchen und öffentlichen Urkunden;
- das am 28. März 1925 in Brüssel unterzeichnete belgisch-niederländische Abkommen über die Zuständigkeit der Gerichte, den Konkurs sowie die Anerkennung und die Vollstreckung von gerichtlichen Entscheidungen, Schiedssprüchen und öffentlichen Urkunden;
- das am 3. Juni 1930 in Rom unterzeichnete französisch-italienische Abkommen über die Vollstreckung gerichtlicher Urteile in Zivil- und Handelssachen;
- das am 18. Januar 1934 in Paris unterzeichnete britisch-französische Abkommen über die gegenseitige Vollstreckung gerichtlicher Entscheidungen in Zivil- und Handelssachen mit Protokoll;
- das am 2. Mai 1934 in Brüssel unterzeichnete britisch-belgische Abkommen über die gegenseitige Vollstreckung gerichtlicher Entscheidungen in Zivil- und Handelssachen mit Protokoll;
- das am 9. März 1936 in Rom unterzeichnete deutsch-italienische Abkommen über die Anerkennung und Vollsteckung gerichtlicher Entscheidungen in Zivil- und Handelssachen;

- das am 25. Oktober 1957 in Wien unterzeichnete belgisch-österreichische Abkommen über die gegenseitige Anerkennung und Vollstreckung von gerichtlichen Entscheidungen und öffentlichen Urkunden betreffend Unterhaltsverpflichtungen;
- das am 30. Juni 1958 in Bonn unterzeichnete deutsch-belgische Abkommen über die gegenseitige Anerkennung und Vollstreckung von gerichtlichen Entscheidungen, Schiedssprüchen und öffentlichen Urkunden in Zivil- und Handelssachen;
- das am 17. April 1959 in Rom unterzeichnete niederländisch-italienische Abkommen über die Anerkennung und Vollstreckung gerichtlicher Entscheidungen in Zivil- und Handelssachen;
- den am 6. Juni 1959 in Wien unterzeichneten deutsch-österreichischen Vertrag über die gegenseitige Anerkennung und Vollstreckung von gerichtlichen Entscheidungen, Vergleichen und öffentlichen Urkunden in Zivil- und Handelssachen;
- das am 16. Juni 1959 in Wien unterzeichnete belgisch-österreichische Abkommen über die gegenseitige Anerkennung und Vollstreckung von gerichtlichen Entscheidungen, Schiedssprüchen und öffentlichen Urkunden auf dem Gebiet des Zivil- und Handelsrechts;
- das am 14. Juli 1960 in Bonn unterzeichnete deutsch-britische Abkommen über die gegenseitige Anerkennung und Vollstreckung von gerichtlichen Entscheidungen in Zivil- und Handelssachen;
- den am 14. Juli 1961 in Wien unterzeichneten britisch-österreichischen Vertrag über die gegenseitige Anerkennung und Vollstreckung gerichtlicher Entscheidungen in Zivil- und Handelssachen und das am 6. März 1970 in London unterzeichnete Protokoll;
- den am 4. November 1961 in Athen unterzeichneten Vertrag zwischen der Bundesrepublik Deutschland und dem Königreich Griechenland über die gegenseitige Anerkennung und Vollstreckung von gerichtlichen Entscheidungen, Vergleichen und öffentlichen Urkunden in Zivil- und Handelssachen;
- das am 6. April 1962 in Rom unterzeichnete belgisch-italienische Abkommen über die Anerkennung und Vollstreckung von gerichtlichen Entscheidungen und anderen vollstreckbaren Titeln in Zivil- und Handelssachen;
- den am 30. August 1962 in Den Haag unterzeichneten deutsch-niederländischen Vertrag über gegenseitige Anerkennung und Vollstreckung gerichtlicher Entscheidungen und anderer Schuldtitel in Zivil- und Handelssachen;
- das am 6. Februar 1963 in Den Haag unterzeichnete niederländisch-österreichische Abkommen über die gegenseitige Anerkennung und Vollstreckung von gerichtlichen Entscheidungen und öffentlichen Urkunden auf dem Gebiet des Zivil- und Handelsrechts;
- das am 7. Februar 1964 in Rom unterzeichnete britisch-italienische Abkommen über die gegenseitige Anerkennung und Vollstreckung gerichtlicher Entscheidungen in Zivil- und Handelssachen und das am 14. Juli 1970 in Rom unterzeichnete Zusatzprotokoll;

- das am 15. Juli 1966 in Wien unterzeichnete französisch-österreichische Abkommen über die Anerkennung und die Vollstreckung von gerichtlichen Entscheidungen und öffentlichen Urkunden auf dem Gebiet des Zivil- und Handelsrechts;
- das am 17. November 1967 in Den Haag unterzeichnete britisch-niederländische Abkommen über die gegenseitige Anerkennung und Vollstreckung gerichtlicher Entscheidungen in Zivilsachen;
- das am 28. Mai 1969 in Paris unterzeichnete französisch-spanische Abkommen über die Anerkennung und Vollstreckung von gerichtlichen Entscheidungen und Schiedssprüchen in Zivil- und Handelssachen;
- das am 29. Juli 1971 in Luxemburg unterzeichnete luxemburgisch-österreichische Abkommen über die Anerkennung und die Vollstreckung von gerichtlichen Entscheidungen und öffentlichen Urkunden auf dem Gebiet des Zivil- und Handelsrechts;
- das am 16. November 1971 in Rom unterzeichnete italienisch-österreichische Abkommen über die Anerkennung und Vollstreckung von gerichtlichen Entscheidungen in Zivil- und Handelssachen, von gerichtlichen Vergleichen und von Notariatsakten;
- das am 22. Mai 1973 in Madrid unterzeichnete italienisch-spanische Abkommen über die Rechtshilfe und die Anerkennung und Vollstreckung gerichtlicher Entscheidungen in Zivil- und Handelssachen;
- das am 11. Oktober 1977 in Kopenhagen unterzeichnete Übereinkommen zwischen Dänemark, Finnland, Island, Norwegen und Schweden über die Anerkennung und Vollstreckung gerichtlicher Entscheidungen in Zivilsachen;
- das am 16. September 1982 in Stockholm unterzeichnete österreichisch-schwedische Abkommen über die Anerkennung und die Vollstreckung von Entscheidungen in Zivilsachen;
- den am 14. Novembe 1983 in Bonn unterzeichneten deutsch-spanischen Vertrag über die Anerkennung und Vollstreckung von gerichtlichen Entscheidungen und Vergleichen sowie vollstreckbaren öffentlichen Urkunden in Zivil- und Handelssachen;
- das am 17. Februar 1984 in Wien unterzeichnete österreichisch-spanische Abkommen über die Anerkennung und die Vollstreckung von gerichtlichen Entscheidungen, Vergleichen und vollstreckbaren öffentlichen Urkunden in Zivil- und Handelssachen;
- das am 17. November 1986 in Wien unterzeichnete finnisch-österreichische Abkommen über die Anerkennung und die Vollstreckung von Entscheidungen in Zivilsachen; und, insoweit als er in Kraft ist,
- den am 24. November 1961 in Brüssel unterzeichneten belgisch-niederländisch-luxemburgischen Vertrag über die gerichtliche Zuständigkeit, den Konkurs, die Anerkennung und die Vollstreckung von gerichtlichen Entscheidungen, Schiedssprüchen und öffentlichen Urkunden.

(Zahlreiche weitere Ersetzungen durch die VO Nr. 1791/2006 vom 20.11.2006. Vom Abdruck wird abgesehen.)

### Art. 70

(1) Die in Artikel 69 angeführten Abkommen und Verträge behalten ihre Wirksamkeit für die Rechtsgebiete, auf die diese Verordnung nicht anzuwenden ist.

(2) Sie bleiben auch weiterhin für die Entscheidungen und die öffentlichen Urkunden wirksam, die vor In-Kraft-Treten dieser Verordnung ergangen oder aufgenommen sind.

### Art. 71

(1) Diese Verordnung lässt Übereinkommen unberührt, denen die Mitgliedstaaten angehören und die für besondere Rechtsgebiete die gerichtliche Zuständigkeit, die Anerkennung oder die Vollstreckung von Entscheidungen regeln.

(2) Um eine einheitliche Auslegung des Absatzes 1 zu sichern, wird dieser Absatz in folgender Weise angewandt:

a) Diese Verordnung schließt nicht aus, dass ein Gericht eines Mitgliedstaats, der Vertragspartei eines Übereinkommens über ein besonderes Rechtsgebiet ist, seine Zuständigkeit auf ein solches Übereinkommen stützt, und zwar auch dann, wenn der Beklagte seinen Wohnsitz im Hoheitsgebiet eines Mitgliedstaats hat, der nicht Vertragspartei eines solchen Übereinkommens ist. In jedem Fall wendet dieses Gericht Artikel 26 dieser Verordnung an.

b) Entscheidungen, die in einem Mitgliedstaat von einem Gericht erlassen worden sind, das seine Zuständigkeit auf ein Übereinkommen über ein besonderes Rechtsgebiet gestützt hat, werden in den anderen Mitgliedstaaten nach dieser Verordnung anerkannt und vollstreckt.

   Sind der Ursprungsmitgliedstaat und der ersuchte Mitgliedstaat Vertragsparteien eines Übereinkommens über ein besonderes Rechtsgebiet, welches die Voraussetzungen für die Anerkennung und Vollstreckung von Entscheidungen regelt, so gelten diese Voraussetzungen. In jedem Fall können die Bestimmungen dieser Verordnung über das Verfahren zur Anerkennung und Vollstreckung von Entscheidungen angewandt werden.

### Art. 72

Diese Verordnung lässt Vereinbarungen unberührt, durch die sich die Mitgliedstaaten vor In-Kraft-Treten dieser Verordnung nach Artikel 59 des Brüsseler Übereinkommens verpflichtet haben, Entscheidungen der Gerichte eines anderen Vertragsstaats des genannten Übereinkommens gegen Beklagte, die ihren Wohnsitz oder gewöhnlichen Aufenthalt im Hoheitsgebiet eines dritten Staates haben, nicht anzuerkennen, wenn die Entscheidungen in den Fällen des Artikels 4 des genannten Übereinkommens nur in einem der in Artikel 3 Absatz 2 des genannten Übereinkommens angeführten Gerichtsstände ergehen können.

# Kapitel VIII
# Schlussvorschriften

**Art. 73**

Die Kommission legt dem Europäischen Parlament, dem Rat und dem Wirtschafts- und Sozialausschuss spätestens fünf Jahre nach In-Kraft-Treten dieser Verordnung einen Bericht über deren Anwendung vor. Diesem Bericht sind gegebenenfalls Vorschläge zur Anpassung der Verordnung beizufügen.

**Art. 74**

(1) Die Mitgliedstaaten notifizieren der Kommission die Texte, durch welche die Listen in den Anhängen I bis IV geändert werden. Die Kommission passt die betreffenden Anhänge entsprechend an.

(2) Aktualisierungen oder technische Anpassungen der in den Anhängen V und VI wiedergegebenen Formblätter werden nach dem in Artikel 75 Absatz 2 genannten Beratungsverfahren beschlossen.

**Art. 75**

(1) Die Kommission wird von einem Ausschuss unterstützt.

(2) Wird auf diesen Absatz Bezug genommen, so gelten die Artikel 3 und 7 des Beschlusses 1999/468/EG.

(3) Der Ausschuss gibt sich eine Geschäftsordnung.

**Art. 76**

Diese Verordnung tritt am 1. März 2002 in Kraft.

Diese Verordnung ist in allen ihren Teilen verbindlich und gilt gemäß dem Vertrag zur Gründung der Europäischen Gemeinschaft unmittelbar in den Mitgliedstaaten.

(Die Anhänge I-VI sind hier nicht abgedruckt [geändert durch VO NR. 1496/2002 vom 21.08.2002, VO Nr. 2245/2004 vom 27.12.2004 undVO Nr. 1791/2006 vom 20.11.2006]).

# 5. EG-Verordnung Nr. 2201/2003

**Verordnung (EG) Nr. 2201/2003 des Rates vom 27. November 2003 über die Zuständigkeit und die Anerkennung und Vollstreckung von Entscheidungen in Ehesachen und in Verfahren betreffend die elterliche Verantwortung und zur Aufhebung der Verordnung (EG) Nr. 1347/2000**

(ABl Nr. L 338 v. 23.12.2003, S. 1 ff.; geändert durch VO (EG) Nr. 2116/2004 v. 02.12.2004 ABl Nr. L 367 v. 14.12.2004)

1 **Verhältnis zur Verordnung Nr. 1347/2000**, auch „Brüssel II – Verordnung" genannt (dazu *Kohler* NJW 2001, 10; *Hau* FamRZ 2000, 1333; *Gruber* FamRZ 2000, 1129). Die VO Nr. 1347/2000 wurde zum 28.02.2005 aufgehoben (Art 71 Nr. 2201/2003); ab 01.03.2005 gilt stattdessen die VO Nr. 2201/2003.

2 **Anwendungsbereich der VO Nr. 2201/2003**, auch Brüssel IIa – Verordnung genannt (dazu *Solomon* FamRZ 2004, 1409): – **Zeitlich:** die VO gilt ab 01.03.2005 (Art. 72). Altfälle: Art. 64. – **Sachlich**: vgl Art 1. Ehescheidung; elterliche Verantwortung für Kinder; für Kindesentführung vgl Art 10. Nicht: Unterhalt (dafür VO Nr. 44/2001 Art 5; bzw Haager Übereinkommen v. 02.10.1973); Abstammung; Güterrecht, Versorgungsausgleich, Hausratsteilung, Ehewohnung. – **Räumlich**: im Vertragsgebiet der EG (Art 299 EG), ausgenommen Dänemark.

3 **Verhältnis zu Staatsverträgen:** Die VO geht in ihrem Anwendungsbereich u.a. dem Minderjährigenschutzabkommen (MSA) von 1961 und dem Europäischen Sorgerechtsübereinkommen von 1980 vor (Art 60), ebenso dem Haager Kindesentführungsübereinkommen (HKÜ) von 1980 (Art 60). Der Anwendungsbereich der VO Nr. 2201/2003 ist in der VO Nr. 44/2001 ausgeklammert, ebenso im EuGVÜ und LGVÜ, sodass insoweit keine Überschneidung möglich ist.

4 **Anerkennung und Vollstreckung.** Die VO geht in ihrem zeitlichen, räumlichen usw Anwendungsbereich §§ 328, 722, 723 ZPO und § 16a FGG vor. **Ehescheidungen** aus den Mitgliedstaaten (ohne Dänemark) werden nach der VO anerkannt; hier ist Art 7 § 1 FamRÄndG nicht mehr einschlägig. Für die Anerkennung einer USA-Scheidung zB bleibt es dagegen bei Art 7 § 1 FamRÄndG.

5 **Auslegung:** sie obliegt dem EuGH, sodass ein deutsches Gericht, das letztinstanzlich entscheidet, bei Zweifeln vorzulegen hat (Art 68, 234 Ib EG), zB ein LG oder OLG als Berufungsgericht (wenn es die Revision nicht zulässt), der BGH.

6 **Ausführungsbestimmungen:** Hierfür gilt nicht das AVAG (§ 1 AVAG wurde geändert), sondern das Internationale FamilienverfahrensG v. 26.01.2005 (BGBl 2005, 162); § 1 IntFamRVG. Zentrale Behörde nach Art 53 VO Nr. 2201/2003, Art 6 des Kindesentführungsübereinkommens und Art 2 des Sorgerechtsübereinkommens ist seit 01.01.2007 das Bundesamt für Justiz in Bonn (§ 3 IntFamRVG). Örtlich zuständig für die Zwangsvollstr nach Art 41, 42 der VO 2201/2003 ist ein bestimmtes FamG (§ 10 IntFamRVG); Konzentration beim FamG am Sitz des OLG (§ 12 IntFamRVG). Die Vollstreckungsklausel wird nicht (wie nach AVAG) vom Vors der Zivilkammer erteilt, sondern vom FamG (§ 16 Int-

FamRVG); zur Zwangsvollstr § 44 IntFamRVG. Gerichtsgebühren: idR 200 €, § 51 ff. IntFamRVG.

DER RAT DER EUROPÄISCHEN UNION -

gestützt auf den Vertrag zur Gründung der Europäischen Gemeinschaft, insbesondere auf Artikel 61 Buchstabe c) und Artikel 67 Absatz 1,

auf Vorschlag der Kommission,

nach Stellungnahme des Europäischen Parlaments,

nach Stellungnahme des Europäischen Wirtschafts- und Sozialausschusses,

in Erwägung nachstehender Gründe:

(1) Die Europäische Gemeinschaft hat sich die Schaffung eines Raums der Freiheit, der Sicherheit und des Rechts zum Ziel gesetzt, in dem der freie Personenverkehr gewährleistet ist. Hierzu erlässt die Gemeinschaft unter anderem die Maßnahmen, die im Bereich der justiziellen Zusammenarbeit in Zivilsachen für das reibungslose Funktionieren des Binnenmarkts erforderlich sind.

(2) Auf seiner Tagung in Tampere hat der Europäische Rat den Grundsatz der gegenseitigen Anerkennung gerichtlicher Entscheidungen, der für die Schaffung eines echten europäischen Rechtsraums unabdingbar ist, anerkannt und die Besuchsrechte als Priorität eingestuft.

(3) Die Verordnung (EG) Nr. 1347/2000 des Rates vom 29. Mai 2000 enthält Vorschriften für die Zuständigkeit und die Anerkennung und Vollstreckung von Entscheidungen in Ehesachen sowie von aus Anlass von Ehesachen ergangenen Entscheidungen über die elterliche Verantwortung für die gemeinsamen Kinder der Ehegatten. Der Inhalt dieser Verordnung wurde weitgehend aus dem diesbezüglichen Übereinkommen vom 28. Mai 1998 übernommen.

(4) Am 3. Juli 2000 hat Frankreich eine Initiative im Hinblick auf den Erlass einer Verordnung des Rates über die gegenseitige Vollstreckung von Entscheidungen über das Umgangsrecht vorgelegt.

(5) Um die Gleichbehandlung aller Kinder sicherzustellen, gilt diese Verordnung für alle Entscheidungen über die elterliche Verantwortung, einschließlich der Maßnahmen zum Schutz des Kindes, ohne Rücksicht darauf, ob eine Verbindung zu einem Verfahren in Ehesachen besteht.

(6) Da die Vorschriften über die elterliche Verantwortung häufig in Ehesachen herangezogen werden, empfiehlt es sich, Ehesachen und die elterliche Verantwortung in einem einzigen Rechtsakt zu regeln.

(7) Diese Verordnung gilt für Zivilsachen, unabhängig von der Art der Gerichtsbarkeit.

(8) Bezüglich Entscheidungen über die Ehescheidung, die Trennung ohne Auflösung des Ehebandes oder die Ungültigerklärung einer Ehe sollte diese Verordnung nur für die Auflösung einer Ehe und nicht für Fragen wie die Scheidungsgründe, das Ehegüterrecht oder sonstige mögliche Nebenaspekte gelten.

(9) Bezüglich des Vermögens des Kindes sollte diese Verordnung nur für Maßnahmen zum Schutz des Kindes gelten, das heißt i) für die Bestimmung und den Aufgabenbereich einer Person oder Stelle, die damit betraut ist, das Vermögen des Kindes zu verwalten, das Kind zu vertreten und ihm beizustehen, und ii) für Maßnahmen bezüglich der Verwaltung und Erhaltung des Vermögens des Kindes oder der Verfügung darüber. In diesem Zusammenhang sollte diese Verordnung beispielsweise für die Fälle gelten, in denen die Eltern über die Verwaltung des Vermögens des Kindes im Streit liegen. Das Vermögen des Kindes betreffende Maßnahmen, die nicht den Schutz des Kindes betreffen, sollten weiterhin unter die Verordnung (EG) Nr. 44/2001 des Rates vom 22. Dezember 2000 über die gerichtliche Zuständigkeit und die Anerkennung und Vollstreckung von Entscheidungen in Zivil- und Handelssachen fallen.

(10) Diese Verordnung soll weder für Bereiche wie die soziale Sicherheit oder Maßnahmen allgemeiner Art des öffentlichen Rechts in Angelegenheiten der Erziehung und Gesundheit noch für Entscheidungen über Asylrecht und Einwanderung gelten. Außerdem gilt sie weder für die Feststellung des Eltern-Kind-Verhältnisses, bei der es sich um eine von der Übertragung der elterlichen Verantwortung gesonderte Frage handelt, noch für sonstige Fragen im Zusammenhang mit dem Personenstand. Sie gilt ferner nicht für Maßnahmen, die im Anschluss an von Kindern begangenen Straftaten ergriffen werden.

(11) Unterhaltspflichten sind vom Anwendungsbereich dieser Verordnung ausgenommen, da sie bereits durch die Verordnung (EG) Nr. 44/2001 geregelt werden. Die nach dieser Verordnung zuständigen Gerichte werden in Anwendung des Artikels 5 Absatz 2 der Verordnung (EG) Nr. 44/2001 in der Regel für Entscheidungen in Unterhaltssachen zuständig sein.

(12) Die in dieser Verordnung für die elterliche Verantwortung festgelegten Zuständigkeitsvorschriften wurden dem Wohle des Kindes entsprechend und insbesondere nach dem Kriterium der räumlichen Nähe ausgestaltet. Die Zuständigkeit sollte vorzugsweise dem Mitgliedstaat des gewöhnlichen Aufenthalts des Kindes vorbehalten sein außer in bestimmten Fällen, in denen sich der Aufenthaltsort des Kindes geändert hat oder in denen die Träger der elterlichen Verantwortung etwas anderes vereinbart haben.

(13) Nach dieser Verordnung kann das zuständige Gericht den Fall im Interesse des Kindes ausnahmsweise und unter bestimmten Umständen an das Gericht eines anderen Mitgliedstaats verweisen, wenn dieses den Fall besser beurteilen kann. Allerdings sollte das später angerufene Gericht nicht befugt sein, die Sache an ein drittes Gericht weiterzuverweisen.

(14) Die Anwendung des Völkerrechts im Bereich diplomatischer Immunitäten sollte durch die Wirkungen dieser Verordnung nicht berührt werden. Kann das nach dieser Verordnung zuständige Gericht seine Zuständigkeit auf Grund einer diplomatischen Immunität nach dem Völkerrecht nicht wahrnehmen, so sollte die Zuständigkeit in dem Mitgliedstaat, in dem die betreffende Person keine Immunität genießt, nach den Rechtsvorschriften dieses Staates bestimmt werden.

(15) Für die Zustellung von Schriftstücken in Verfahren, die auf der Grundlage der vorliegenden Verordnung eingeleitet wurden, gilt die Verordnung (EG) Nr. 1348/2000 des Rates

vom 29. Mai 2000 über die Zustellung gerichtlicher und außergerichtlicher Schriftstücke in Zivil- oder Handelssachen in den Mitgliedstaaten.

(16) Die vorliegende Verordnung hindert die Gerichte eines Mitgliedstaats nicht daran, in dringenden Fällen einstweilige Maßnahmen einschließlich Schutzmaßnahmen in Bezug auf Personen oder Vermögensgegenstände, die sich in diesem Staat befinden, anzuordnen.

(17) Bei widerrechtlichem Verbringen oder Zurückhalten eines Kindes sollte dessen Rückgabe unverzüglich erwirkt werden; zu diesem Zweck sollte das Haager Übereinkommen vom 24. Oktober 1980, das durch die Bestimmungen dieser Verordnung und insbesondere des Artikels 11 ergänzt wird, weiterhin Anwendung finden. Die Gerichte des Mitgliedstaats, in den das Kind widerrechtlich verbracht wurde oder in dem es widerrechtlich zurückgehalten wird, sollten dessen Rückgabe in besonderen, ordnungsgemäß begründeten Fällen ablehnen können. Jedoch sollte eine solche Entscheidung durch eine spätere Entscheidung des Gerichts des Mitgliedstaats ersetzt werden können, in dem das Kind vor dem widerrechtlichen Verbringen oder Zurückhalten seinen gewöhnlichen Aufenthalt hatte. Sollte in dieser Entscheidung die Rückgabe des Kindes angeordnet werden, so sollte die Rückgabe erfolgen, ohne dass es in dem Mitgliedstaat, in den das Kind widerrechtlich verbracht wurde, eines besonderen Verfahrens zur Anerkennung und Vollstreckung dieser Entscheidung bedarf.

(18) Entscheidet das Gericht gemäß Artikel 13 des Haager Übereinkommens von 1980, die Rückgabe abzulehnen, so sollte es das zuständige Gericht oder die Zentrale Behörde des Mitgliedstaats, in dem das Kind vor dem widerrechtlichen Verbringen oder Zurückhalten seinen gewöhnlichen Aufenthalt hatte, hiervon unterrichten. Wurde dieses Gericht noch nicht angerufen, so sollte dieses oder die Zentrale Behörde die Parteien entsprechend unterrichten. Diese Verpflichtung sollte die Zentrale Behörde nicht daran hindern, auch die betroffenen Behörden nach nationalem Recht zu unterrichten.

(19) Die Anhörung des Kindes spielt bei der Anwendung dieser Verordnung eine wichtige Rolle, wobei diese jedoch nicht zum Ziel hat, die diesbezüglich geltenden nationalen Verfahren zu ändern.

(20) Die Anhörung eines Kindes in einem anderen Mitgliedstaat kann nach den Modalitäten der Verordnung (EG) Nr. 1206/2001 des Rates vom 28. Mai 2001 über die Zusammenarbeit zwischen den Gerichten der Mitgliedstaaten auf dem Gebiet der Beweisaufnahme in Zivil- oder Handelssachen erfolgen.

(21) Die Anerkennung und Vollstreckung der in einem Mitgliedstaat ergangenen Entscheidungen sollten auf dem Grundsatz des gegenseitigen Vertrauens beruhen und die Gründe für die Nichtanerkennung auf das notwendige Minimum beschränkt sein.

(22) Zum Zwecke der Anwendung der Anerkennungs- und Vollstreckungsregeln sollten die in einem Mitgliedstaat vollstreckbaren öffentlichen Urkunden und Vereinbarungen zwischen den Parteien „Entscheidungen“ gleichgestellt werden.

(23) Der Europäische Rat von Tampere hat in seinen Schlussfolgerungen (Nummer 34) die Ansicht vertreten, dass Entscheidungen in familienrechtlichen Verfahren "automatisch unionsweit anerkannt“ werden sollten, „ohne dass es irgendwelche Zwischenverfahren oder Gründe für die Verweigerung der Vollstreckung geben“ sollte. Deshalb sollten Entscheidungen über das Umgangsrecht und über die Rückgabe des Kindes, für die im

Ursprungsmitgliedstaat nach Maßgabe dieser Verordnung eine Bescheinigung ausgestellt wurde, in allen anderen Mitgliedstaaten anerkannt und vollstreckt werden, ohne dass es eines weiteren Verfahrens bedarf. Die Modalitäten der Vollstreckung dieser Entscheidungen unterliegen weiterhin dem nationalen Recht.

(24) Gegen die Bescheinigung, die ausgestellt wird, um die Vollstreckung der Entscheidung zu erleichtern, sollte kein Rechtsbehelf möglich sein. Sie sollte nur Gegenstand einer Klage auf Berichtigung sein, wenn ein materieller Fehler vorliegt, d.h., wenn in der Bescheinigung der Inhalt der Entscheidung nicht korrekt wiedergegeben ist.

(25) Die Zentralen Behörden sollten sowohl allgemein als auch in besonderen Fällen, einschließlich zur Förderung der gütlichen Beilegung von die elterliche Verantwortung betreffenden Familienstreitigkeiten, zusammenarbeiten. Zu diesem Zweck beteiligen sich die Zentralen Behörden an dem Europäischen Justiziellen Netz für Zivil- und Handelssachen, das mit der Entscheidung des Rates vom 28. Mai 2001 zur Einrichtung eines Europäischen Justiziellen Netzes für Zivil- und Handelssachen eingerichtet wurde.

(26) Die Kommission sollte die von den Mitgliedstaaten übermittelten Listen mit den zuständigen Gerichten und den Rechtsbehelfen veröffentlichen und aktualisieren.

(27) Die zur Durchführung dieser Verordnung erforderlichen Maßnahmen sollten gemäß dem Beschluss 1999/468/EG des Rates vom 28. Juni 1999 zur Festlegung der Modalitäten für die Ausübung der der Kommission übertragenen Durchführungsbefugnisse erlassen werden.

(28) Diese Verordnung tritt an die Stelle der Verordnung (EG) Nr. 1347/2000, die somit aufgehoben wird.

(29) Um eine ordnungsgemäße Anwendung dieser Verordnung sicherzustellen, sollte die Kommission deren Durchführung prüfen und gegebenenfalls die notwendigen Änderungen vorschlagen.

(30) Gemäß Artikel 3 des dem Vertrag über die Europäische Union und dem Vertrag zur Gründung der Europäischen Gemeinschaft beigefügten Protokolls über die Position des Vereinigten Königreichs und Irlands haben diese Mitgliedstaaten mitgeteilt, dass sie sich an der Annahme und Anwendung dieser Verordnung beteiligen möchten.

(31) Gemäß den Artikeln 1 und 2 des dem Vertrag über die Europäische Union und dem Vertrag zur Gründung der Europäischen Gemeinschaft beigefügten Protokolls über die Position Dänemarks beteiligt sich Dänemark nicht an der Annahme dieser Verordnung, die für Dänemark nicht bindend oder anwendbar ist.

(32) Da die Ziele dieser Verordnung auf Ebene der Mitgliedstaaten nicht ausreichend erreicht werden können und daher besser auf Gemeinschaftsebene zu erreichen sind, kann die Gemeinschaft im Einklang mit dem in Artikel 5 des Vertrags niedergelegten Subsidiaritätsprinzip tätig werden. Entsprechend dem in demselben Artikel genannten Verhältnismäßigkeitsprinzip geht diese Verordnung nicht über das für die Erreichung dieser Ziele erforderliche Maß hinaus.

(33) Diese Verordnung steht im Einklang mit den Grundrechten und Grundsätzen, die mit der Charta der Grundrechte der Europäischen Union anerkannt wurden. Sie zielt insbeson-

dere darauf ab, die Wahrung der Grundrechte des Kindes im Sinne des Artikels 24 der Grundrechtscharta der Europäischen Union zu gewährleisten -

HAT FOLGENDE VERORDNUNG ERLASSEN:

# KAPITEL I
# ANWENDUNGSBEREICH UND BEGRIFFSBESTIMMUNGEN

## Art. 1
## Anwendungsbereich

(1) Diese Verordnung gilt, ungeachtet der Art der Gerichtsbarkeit, für Zivilsachen mit folgendem Gegenstand:

a) die Ehescheidung, die Trennung ohne Auflösung des Ehebandes und die Ungültigerklärung einer Ehe,

b) die Zuweisung, die Ausübung, die Übertragung sowie die vollständige oder teilweise Entziehung der elterlichen Verantwortung.

(2) Die in Absatz 1 Buchstabe b) genannten Zivilsachen betreffen insbesondere:

a) das Sorgerecht und das Umgangsrecht,

b) die Vormundschaft, die Pflegschaft und entsprechende Rechtsinstitute,

c) die Bestimmung und den Aufgabenbereich jeder Person oder Stelle, die für die Person oder das Vermögen des Kindes verantwortlich ist, es vertritt oder ihm beisteht,

d) die Unterbringung des Kindes in einer Pflegefamilie oder einem Heim,

e) die Maßnahmen zum Schutz des Kindes im Zusammenhang mit der Verwaltung und Erhaltung seines Vermögens oder der Verfügung darüber.

(3) Diese Verordnung gilt nicht für

a) die Feststellung und die Anfechtung des Eltern-Kind-Verhältnisses,

b) Adoptionsentscheidungen und Maßnahmen zur Vorbereitung einer Adoption sowie die Ungültigerklärung und den Widerruf der Adoption,

c) Namen und Vornamen des Kindes,

d) die Volljährigkeitserklärung,

e) Unterhaltspflichten,

f) Trusts und Erbschaften,

g) Maßnahmen infolge von Straftaten, die von Kindern begangen wurden.

## Art. 2
## Begriffsbestimmungen

Für die Zwecke dieser Verordnung bezeichnet der Ausdruck

1. „Gericht" alle Behörden der Mitgliedstaaten, die für Rechtssachen zuständig sind, die gemäß Artikel 1 in den Anwendungsbereich dieser Verordnung fallen;
2. „Richter" einen Richter oder Amtsträger, dessen Zuständigkeiten denen eines Richters in Rechtssachen entsprechen, die in den Anwendungsbereich dieser Verordnung fallen;
3. „Mitgliedstaat" jeden Mitgliedstaat mit Ausnahme Dänemarks;
4. „Entscheidung" jede von einem Gericht eines Mitgliedstaats erlassene Entscheidung über die Ehescheidung, die Trennung ohne Auflösung des Ehebandes oder die Ungültigerklärung einer Ehe sowie jede Entscheidung über die elterliche Verantwortung, ohne Rücksicht auf die Bezeichnung der jeweiligen Entscheidung, wie Urteil oder Beschluss;
5. „Ursprungsmitgliedstaat" den Mitgliedstaat, in dem die zu vollstreckende Entscheidung ergangen ist;
6. „Vollstreckungsmitgliedstaat" den Mitgliedstaat, in dem die Entscheidung vollstreckt werden soll;
7. „elterliche Verantwortung" die gesamten Rechte und Pflichten, die einer natürlichen oder juristischen Person durch Entscheidung oder kraft Gesetzes oder durch eine rechtlich verbindliche Vereinbarung betreffend die Person oder das Vermögen eines Kindes übertragen wurden. Elterliche Verantwortung umfasst insbesondere das Sorge- und das Umgangsrecht;
8. „Träger der elterlichen Verantwortung" jede Person, die die elterliche Verantwortung für ein Kind ausübt;
9. „Sorgerecht" die Rechte und Pflichten, die mit der Sorge für die Person eines Kindes verbunden sind, insbesondere das Recht auf die Bestimmung des Aufenthaltsortes des Kindes;
10. „Umgangsrecht" insbesondere auch das Recht, das Kind für eine begrenzte Zeit an einen anderen Ort als seinen gewöhnlichen Aufenthaltsort zu bringen;
11. „widerrechtliches Verbringen oder Zurückhalten eines Kindes" das Verbringen oder Zurückhalten eines Kindes, wenn
    a) dadurch das Sorgerecht verletzt wird, das auf Grund einer Entscheidung oder kraft Gesetzes oder auf Grund einer rechtlich verbindlichen Vereinbarung nach dem Recht des Mitgliedstaats besteht, in dem das Kind unmittelbar vor dem Verbringen oder Zurückhalten seinen gewöhnlichen Aufenthalt hatte,

       und

    b) das Sorgerecht zum Zeitpunkt des Verbringens oder Zurückhaltens allein oder gemeinsam tatsächlich ausgeübt wurde oder ausgeübt worden wäre, wenn das Verbringen oder Zurückhalten nicht stattgefunden hätte. Von einer gemeinsamen Ausübung des Sorgerechts ist auszugehen, wenn einer der Träger der elterlichen

Verantwortung auf Grund einer Entscheidung oder kraft Gesetzes nicht ohne die Zustimmung des anderen Trägers der elterlichen Verantwortung über den Aufenthaltsort des Kindes bestimmen kann.

# KAPITEL II
# ZUSTÄNDIGKEIT

## ABSCHNITT 1
## Ehescheidung, Trennung ohne Auflösung des Ehebandes und Ungültigerklärung einer Ehe

### Art. 3
### Allgemeine Zuständigkeit

(1) Für Entscheidungen über die Ehescheidung, die Trennung ohne Auflösung des Ehebandes oder die Ungültigerklärung einer Ehe, sind die Gerichte des Mitgliedstaats zuständig,

a) in dessen Hoheitsgebiet
   - beide Ehegatten ihren gewöhnlichen Aufenthalt haben oder
   - die Ehegatten zuletzt beide ihren gewöhnlichen Aufenthalt hatten, sofern einer von ihnen dort noch seinen gewöhnlichen Aufenthalt hat, oder
   - der Antragsgegner seinen gewöhnlichen Aufenthalt hat oder
   - im Fall eines gemeinsamen Antrags einer der Ehegatten seinen gewöhnlichen Aufenthalt hat oder
   - der Antragsteller seinen gewöhnlichen Aufenthalt hat, wenn er sich dort seit mindestens einem Jahr unmittelbar vor der Antragstellung aufgehalten hat, oder
   - der Antragsteller seinen gewöhnlichen Aufenthalt hat, wenn er sich dort seit mindestens sechs Monaten unmittelbar vor der Antragstellung aufgehalten hat und entweder Staatsangehöriger des betreffenden Mitgliedstaats ist oder, im Fall des Vereinigten Königreichs und Irlands, dort sein „domicile" hat;

b) dessen Staatsangehörigkeit beide Ehegatten besitzen, oder, im Fall des Vereinigten Königreichs und Irlands, in dem sie ihr gemeinsames „domicile" haben.

(2) Der Begriff „domicile" im Sinne dieser Verordnung bestimmt sich nach dem Recht des Vereinigten Königreichs und Irlands.

### Art. 4
### Gegenantrag

Das Gericht, bei dem ein Antrag gemäß Artikel 3 anhängig ist, ist auch für einen Gegenantrag zuständig, sofern dieser in den Anwendungsbereich dieser Verordnung fällt.

### Art. 5
### Umwandlung einer Trennung ohne Auflösung des Ehebandes in eine Ehescheidung

Unbeschadet des Artikels 3 ist das Gericht eines Mitgliedstaats, das eine Entscheidung über eine Trennung ohne Auflösung des Ehebandes erlassen hat, auch für die Umwandlung dieser Entscheidung in eine Ehescheidung zuständig, sofern dies im Recht dieses Mitgliedstaats vorgesehen ist.

**Art. 6**
**Ausschließliche Zuständigkeit nach den Artikeln 3, 4 und 5**

Gegen einen Ehegatten, der

a) seinen gewöhnlichen Aufenthalt im Hoheitsgebiet eines Mitgliedstaats hat oder

b) Staatsangehöriger eines Mitgliedstaats ist oder im Fall des Vereinigten Königreichs und Irlands sein „domicile" im Hoheitsgebiet eines dieser Mitgliedstaaten hat,

darf ein Verfahren vor den Gerichten eines anderen Mitgliedstaats nur nach Maßgabe der Artikel 3, 4 und 5 geführt werden.

**Art. 7**
**Restzuständigkeit**

(1) Soweit sich aus den Artikeln 3, 4 und 5 keine Zuständigkeit eines Gerichts eines Mitgliedstaats ergibt, bestimmt sich die Zuständigkeit in jedem Mitgliedstaat nach dem Recht dieses Staates.

(2) Jeder Staatsangehörige eines Mitgliedstaats, der seinen gewöhnlichen Aufenthalt im Hoheitsgebiet eines anderen Mitgliedstaats hat, kann die in diesem Staat geltenden Zuständigkeitsvorschriften wie ein Inländer gegenüber einem Antragsgegner geltend machen, der seinen gewöhnlichen Aufenthalt nicht im Hoheitsgebiet eines Mitgliedstaats hat oder die Staatsangehörigkeit eines Mitgliedstaats besitzt oder im Fall des Vereinigten Königreichs und Irlands sein „domicile" nicht im Hoheitsgebiet eines dieser Mitgliedstaaten hat.

**ABSCHNITT 2**
**Elterliche Verantwortung**

**Art. 8**
**Allgemeine Zuständigkeit**

(1) Für Entscheidungen, die die elterliche Verantwortung betreffen, sind die Gerichte des Mitgliedstaats zuständig, in dem das Kind zum Zeitpunkt der Antragstellung seinen gewöhnlichen Aufenthalt hat.

(2) Absatz 1 findet vorbehaltlich der Artikel 9, 10 und 12 Anwendung.

**Art. 9**
**Aufrechterhaltung der Zuständigkeit des früheren gewöhnlichen Aufenthaltsortes des Kindes**

(1) Beim rechtmäßigen Umzug eines Kindes von einem Mitgliedstaat in einen anderen, durch den es dort einen neuen gewöhnlichen Aufenthalt erlangt, verbleibt abweichend von Artikel 8 die Zuständigkeit für eine Änderung einer vor dem Umzug des Kindes in diesem Mitgliedstaat ergangenen Entscheidung über das Umgangsrecht während einer Dauer von drei Monaten nach dem Umzug bei den Gerichten des früheren gewöhnlichen Aufenthalts des Kindes, wenn sich der laut der Entscheidung über das Umgangsrecht umgangsberech-

tigte Elternteil weiterhin gewöhnlich in dem Mitgliedstaat des früheren gewöhnlichen Aufenthalts des Kindes aufhält.

(2) Absatz 1 findet keine Anwendung, wenn der umgangsberechtigte Elternteil im Sinne des Absatzes 1 die Zuständigkeit der Gerichte des Mitgliedstaats des neuen gewöhnlichen Aufenthalts des Kindes dadurch anerkannt hat, dass er sich an Verfahren vor diesen Gerichten beteiligt, ohne ihre Zuständigkeit anzufechten.

### Art. 10
### Zuständigkeit in Fällen von Kindesentführung

Bei widerrechtlichem Verbringen oder Zurückhalten eines Kindes bleiben die Gerichte des Mitgliedstaats, in dem das Kind unmittelbar vor dem widerrechtlichen Verbringen oder Zurückhalten seinen gewöhnlichen Aufenthalt hatte, so lange zuständig, bis das Kind einen gewöhnlichen Aufenthalt in einem anderen Mitgliedstaat erlangt hat und

a) jede sorgeberechtigte Person, Behörde oder sonstige Stelle dem Verbringen oder Zurückhalten zugestimmt hat

   oder

b) das Kind sich in diesem anderen Mitgliedstaat mindestens ein Jahr aufgehalten hat, nachdem die sorgeberechtigte Person, Behörde oder sonstige Stelle seinen Aufenthaltsort kannte oder hätte kennen müssen und sich das Kind in seiner neuen Umgebung eingelebt hat, sofern eine der folgenden Bedingungen erfüllt ist:

   i) Innerhalb eines Jahres, nachdem der Sorgeberechtigte den Aufenthaltsort des Kindes kannte oder hätte kennen müssen, wurde kein Antrag auf Rückgabe des Kindes bei den zuständigen Behörden des Mitgliedstaats gestellt, in den das Kind verbracht wurde oder in dem es zurückgehalten wird;

   ii) ein von dem Sorgeberechtigten gestellter Antrag auf Rückgabe wurde zurückgezogen, und innerhalb der in Ziffer i) genannten Frist wurde kein neuer Antrag gestellt;

   iii) ein Verfahren vor dem Gericht des Mitgliedstaats, in dem das Kind unmittelbar vor dem widerrechtlichen Verbringen oder Zurückhalten seinen gewöhnlichen Aufenthalt hatte, wurde gemäß Artikel 11 Absatz 7 abgeschlossen;

   iv) von den Gerichten des Mitgliedstaats, in dem das Kind unmittelbar vor dem widerrechtlichen Verbringen oder Zurückhalten seinen gewöhnlichen Aufenthalt hatte, wurde eine Sorgerechtsentscheidung erlassen, in der die Rückgabe des Kindes nicht angeordnet wird.

### Art. 11
### Rückgabe des Kindes

(1) Beantragt eine sorgeberechtigte Person, Behörde oder sonstige Stelle bei den zuständigen Behörden eines Mitgliedstaats eine Entscheidung auf der Grundlage des Haager Übereinkommens vom 25. Oktober 1980 über die zivilrechtlichen Aspekte internationaler Kindesentführung (nachstehend „Haager Übereinkommen von 1980" genannt), um die Rückgabe eines Kindes zu erwirken, das widerrechtlich in einen anderen als den Mitgliedstaat verbracht wurde oder dort zurückgehalten wird, in dem das Kind unmittelbar vor

dem widerrechtlichen Verbringen oder Zurückhalten seinen gewöhnlichen Aufenthalt hatte, so gelten die Absätze 2 bis 8.

(2) Bei Anwendung der Artikel 12 und 13 des Haager Übereinkommens von 1980 ist sicherzustellen, dass das Kind die Möglichkeit hat, während des Verfahrens gehört zu werden, sofern dies nicht auf Grund seines Alters oder seines Reifegrads unangebracht erscheint.

(3) Das Gericht, bei dem die Rückgabe eines Kindes nach Absatz 1 beantragt wird, befasst sich mit gebotener Eile mit dem Antrag und bedient sich dabei der zügigsten Verfahren des nationalen Rechts.

Unbeschadet des Unterabsatzes 1 erlässt das Gericht seine Anordnung spätestens sechs Wochen nach seiner Befassung mit dem Antrag, es sei denn, dass dies auf Grund außergewöhnlicher Umstände nicht möglich ist.

(4) Ein Gericht kann die Rückgabe eines Kindes auf Grund des Artikels 13 Buchstabe b) des Haager Übereinkommens von 1980 nicht verweigern, wenn nachgewiesen ist, dass angemessene Vorkehrungen getroffen wurden, um den Schutz des Kindes nach seiner Rückkehr zu gewährleisten.

(5) Ein Gericht kann die Rückgabe eines Kindes nicht verweigern, wenn der Person, die die Rückgabe des Kindes beantragt hat, nicht die Gelegenheit gegeben wurde, gehört zu werden.

(6) Hat ein Gericht entschieden, die Rückgabe des Kindes gemäß Artikel 13 des Haager Übereinkommens von 1980 abzulehnen, so muss es nach dem nationalen Recht dem zuständigen Gericht oder der Zentralen Behörde des Mitgliedstaats, in dem das Kind unmittelbar vor dem widerrechtlichen Verbringen oder Zurückhalten seinen gewöhnlichen Aufenthalt hatte, unverzüglich entweder direkt oder über seine Zentrale Behörde eine Abschrift der gerichtlichen Entscheidung, die Rückgabe abzulehnen, und die entsprechenden Unterlagen, insbesondere eine Niederschrift der Anhörung, übermitteln. Alle genannten Unterlagen müssen dem Gericht binnen einem Monat ab dem Datum der Entscheidung, die Rückgabe abzulehnen, vorgelegt werden.

(7) Sofern die Gerichte des Mitgliedstaats, in dem das Kind unmittelbar vor dem widerrechtlichen Verbringen oder Zurückhalten seinen gewöhnlichen Aufenthalt hatte, nicht bereits von einer der Parteien befasst wurden, muss das Gericht oder die Zentrale Behörde, das/die die Mitteilung gemäß Absatz 6 erhält, die Parteien hiervon unterrichten und sie einladen, binnen drei Monaten ab Zustellung der Mitteilung Anträge gemäß dem nationalen Recht beim Gericht einzureichen, damit das Gericht die Frage des Sorgerechts prüfen kann.

Unbeschadet der in dieser Verordnung festgelegten Zuständigkeitsregeln schließt das Gericht den Fall ab, wenn innerhalb dieser Frist keine Anträge bei dem Gericht eingegangen sind.

(8) Ungeachtet einer nach Artikel 13 des Haager Übereinkommens von 1980 ergangenen Entscheidung, mit der die Rückgabe des Kindes verweigert wird, ist eine spätere Entscheidung, mit der die Rückgabe des Kindes angeordnet wird und die von einem nach dieser Verordnung zuständigen Gericht erlassen wird, im Einklang mit Kapitel III Abschnitt 4 vollstreckbar, um die Rückgabe des Kindes sicherzustellen.

## Art. 12
## Vereinbarung über die Zuständigkeit

(1) Die Gerichte des Mitgliedstaats, in dem nach Artikel 3 über einen Antrag auf Ehescheidung, Trennung ohne Auflösung des Ehebandes oder Ungültigerklärung einer Ehe zu entscheiden ist, sind für alle Entscheidungen zuständig, die die mit diesem Antrag verbundene elterliche Verantwortung betreffen, wenn

a) zumindest einer der Ehegatten die elterliche Verantwortung für das Kind hat

und

b) die Zuständigkeit der betreffenden Gerichte von den Ehegatten oder von den Trägern der elterlichen Verantwortung zum Zeitpunkt der Anrufung des Gerichts ausdrücklich oder auf andere eindeutige Weise anerkannt wurde und im Einklang mit dem Wohl des Kindes steht.

(2) Die Zuständigkeit gemäß Absatz 1 endet,

a) sobald die stattgebende oder abweisende Entscheidung über den Antrag auf Ehescheidung, Trennung ohne Auflösung des Ehebandes oder Ungültigerklärung einer Ehe rechtskräftig geworden ist,

b) oder in den Fällen, in denen zu dem unter Buchstabe a) genannten Zeitpunkt noch ein Verfahren betreffend die elterliche Verantwortung anhängig ist, sobald die Entscheidung in diesem Verfahren rechtskräftig geworden ist,

c) oder sobald die unter den Buchstaben a) und b) genannten Verfahren aus einem anderen Grund beendet worden sind.

(3) Die Gerichte eines Mitgliedstaats sind ebenfalls zuständig in Bezug auf die elterliche Verantwortung in anderen als den in Absatz 1 genannten Verfahren, wenn

a) eine wesentliche Bindung des Kindes zu diesem Mitgliedstaat besteht, insbesondere weil einer der Träger der elterlichen Verantwortung in diesem Mitgliedstaat seinen gewöhnlichen Aufenthalt hat oder das Kind die Staatsangehörigkeit dieses Mitgliedstaats besitzt,

und

b) alle Parteien des Verfahrens zum Zeitpunkt der Anrufung des Gerichts die Zuständigkeit ausdrücklich oder auf andere eindeutige Weise anerkannt haben und die Zuständigkeit in Einklang mit dem Wohl des Kindes steht.

(4) Hat das Kind seinen gewöhnlichen Aufenthalt in einem Drittstaat, der nicht Vertragspartei des Haager Übereinkommens vom 19. Oktober 1996 über die Zuständigkeit, das anzuwendende Recht, die Anerkennung, Vollstreckung und Zusammenarbeit auf dem Gebiet der elterlichen Verantwortung und der Maßnahmen zum Schutz von Kindern ist, so ist davon auszugehen, dass die auf diesen Artikel gestützte Zuständigkeit insbesondere dann in Einklang mit dem Wohl des Kindes steht, wenn sich ein Verfahren in dem betreffenden Drittstaat als unmöglich erweist.

### Art. 13
### Zuständigkeit auf Grund der Anwesenheit des Kindes

(1) Kann der gewöhnliche Aufenthalt des Kindes nicht festgestellt werden und kann die Zuständigkeit nicht gemäß Artikel 12 bestimmt werden, so sind die Gerichte des Mitgliedstaats zuständig, in dem sich das Kind befindet.

(2) Absatz 1 gilt auch für Kinder, die Flüchtlinge oder, auf Grund von Unruhen in ihrem Land, ihres Landes Vertriebene sind.

### Art. 14
### Restzuständigkeit

Soweit sich aus den Artikeln 8 bis 13 keine Zuständigkeit eines Gerichts eines Mitgliedstaats ergibt, bestimmt sich die Zuständigkeit in jedem Mitgliedstaat nach dem Recht dieses Staates.

### Art. 15
### Verweisung an ein Gericht, das den Fall besser beurteilen kann

(1) In Ausnahmefällen und sofern dies dem Wohl des Kindes entspricht, kann das Gericht eines Mitgliedstaats, das für die Entscheidung in der Hauptsache zuständig ist, in dem Fall, dass seines Erachtens ein Gericht eines anderen Mitgliedstaats, zu dem das Kind eine besondere Bindung hat, den Fall oder einen bestimmten Teil des Falls besser beurteilen kann,

a) die Prüfung des Falls oder des betreffenden Teils des Falls aussetzen und die Parteien einladen, beim Gericht dieses anderen Mitgliedstaats einen Antrag gemäß Absatz 4 zu stellen, oder

b) ein Gericht eines anderen Mitgliedstaats ersuchen, sich gemäß Absatz 5 für zuständig zu erklären.

(2) Absatz 1 findet Anwendung

a) auf Antrag einer der Parteien oder

b) von Amts wegen oder

c) auf Antrag des Gerichts eines anderen Mitgliedstaats, zu dem das Kind eine besondere Bindung gemäß Absatz 3 hat.

Die Verweisung von Amts wegen oder auf Antrag des Gerichts eines anderen Mitgliedstaats erfolgt jedoch nur, wenn mindestens eine der Parteien ihr zustimmt.

(3) Es wird davon ausgegangen, dass das Kind eine besondere Bindung im Sinne des Absatzes 1 zu dem Mitgliedstaat hat, wenn

a) nach Anrufung des Gerichts im Sinne des Absatzes 1 das Kind seinen gewöhnlichen Aufenthalt in diesem Mitgliedstaat erworben hat oder

b) das Kind seinen gewöhnlichen Aufenthalt in diesem Mitgliedstaat hatte oder

c) das Kind die Staatsangehörigkeit dieses Mitgliedstaats besitzt oder

d) ein Träger der elterlichen Verantwortung seinen gewöhnlichen Aufenthalt in diesem Mitgliedstaat hat oder

e) die Streitsache Maßnahmen zum Schutz des Kindes im Zusammenhang mit der Verwaltung oder der Erhaltung des Vermögens des Kindes oder der Verfügung über dieses Vermögen betrifft und sich dieses Vermögen im Hoheitsgebiet dieses Mitgliedstaats befindet.

(4) Das Gericht des Mitgliedstaats, das für die Entscheidung in der Hauptsache zuständig ist, setzt eine Frist, innerhalb deren die Gerichte des anderen Mitgliedstaats gemäß Absatz 1 angerufen werden müssen.

Werden die Gerichte innerhalb dieser Frist nicht angerufen, so ist das befasste Gericht weiterhin nach den Artikeln 8 bis 14 zuständig.

(5) Diese Gerichte dieses anderen Mitgliedstaats können sich, wenn dies auf Grund der besonderen Umstände des Falls dem Wohl des Kindes entspricht, innerhalb von sechs Wochen nach ihrer Anrufung gemäß Absatz 1 Buchstabe a) oder b) für zuständig erklären. In diesem Fall erklärt sich das zuerst angerufene Gericht für unzuständig. Anderenfalls ist das zuerst angerufene Gericht weiterhin nach den Artikeln 8 bis 14 zuständig.

(6) Die Gerichte arbeiten für die Zwecke dieses Artikels entweder direkt oder über die nach Artikel 53 bestimmten Zentralen Behörden zusammen.

## ABSCHNITT 3
## Gemeinsame Bestimmungen

### Art. 16
### Anrufung eines Gerichts

(1) Ein Gericht gilt als angerufen

a) zu dem Zeitpunkt, zu dem das verfahrenseinleitende Schriftstück oder ein gleichwertiges Schriftstück bei Gericht eingereicht wurde, vorausgesetzt, dass der Antragsteller es in der Folge nicht versäumt hat, die ihm obliegenden Maßnahmen zu treffen, um die Zustellung des Schriftstücks an den Antragsgegner zu bewirken,

oder

b) falls die Zustellung an den Antragsgegner vor Einreichung des Schriftstücks bei Gericht zu bewirken ist, zu dem Zeitpunkt, zu dem die für die Zustellung verantwortliche Stelle das Schriftstück erhalten hat, vorausgesetzt, dass der Antragsteller es in der Folge nicht versäumt hat, die ihm obliegenden Maßnahmen zu treffen, um das Schriftstück bei Gericht einzureichen.

### Art. 17
### Prüfung der Zuständigkeit

Das Gericht eines Mitgliedstaats hat sich von Amts wegen für unzuständig zu erklären, wenn es in einer Sache angerufen wird, für die es nach dieser Verordnung keine Zuständigkeit hat und für die das Gericht eines anderen Mitgliedstaats auf Grund dieser Verordnung zuständig ist.

## Art. 18
## Prüfung der Zulässigkeit

(1) Lässt sich ein Antragsgegner, der seinen gewöhnlichen Aufenthalt nicht in dem Mitgliedstaat hat, in dem das Verfahren eingeleitet wurde, auf das Verfahren nicht ein, so hat das zuständige Gericht das Verfahren so lange auszusetzen, bis festgestellt ist, dass es dem Antragsgegner möglich war, das verfahrenseinleitende Schriftstück oder ein gleichwertiges Schriftstück so rechtzeitig zu empfangen, dass er sich verteidigen konnte, oder dass alle hierzu erforderlichen Maßnahmen getroffen wurden.

(2) Artikel 19 der Verordnung (EG) Nr. 1348/2000 findet statt Absatz 1 Anwendung, wenn das verfahrenseinleitende Schriftstück oder ein gleichwertiges Schriftstück nach Maßgabe jener Verordnung von einem Mitgliedstaat in einen anderen zu übermitteln war.

(3) Sind die Bestimmungen der Verordnung (EG) Nr. 1348/2000 nicht anwendbar, so gilt Artikel 15 des Haager Übereinkommens vom 15. November 1965 über die Zustellung gerichtlicher und außergerichtlicher Schriftstücke im Ausland in Zivil- und Handelssachen, wenn das verfahrenseinleitende Schriftstück oder ein gleichwertiges Schriftstück nach Maßgabe des genannten Übereinkommens ins Ausland zu übermitteln war.

## Art. 19
## Rechtshängigkeit und abhängige Verfahren

(1) Werden bei Gerichten verschiedener Mitgliedstaaten Anträge auf Ehescheidung, Trennung ohne Auflösung des Ehebandes oder Ungültigerklärung einer Ehe zwischen denselben Parteien gestellt, so setzt das später angerufene Gericht das Verfahren von Amts wegen aus, bis die Zuständigkeit des zuerst angerufenen Gerichts geklärt ist.

(2) Werden bei Gerichten verschiedener Mitgliedstaaten Verfahren bezüglich der elterlichen Verantwortung für ein Kind wegen desselben Anspruchs anhängig gemacht, so setzt das später angerufene Gericht das Verfahren von Amts wegen aus, bis die Zuständigkeit des zuerst angerufenen Gerichts geklärt ist.

(3) Sobald die Zuständigkeit des zuerst angerufenen Gerichts feststeht, erklärt sich das später angerufene Gericht zu Gunsten dieses Gerichts für unzuständig.

In diesem Fall kann der Antragsteller, der den Antrag bei dem später angerufenen Gericht gestellt hat, diesen Antrag dem zuerst angerufenen Gericht vorlegen.

## Art. 20
## Einstweilige Maßnahmen einschließlich Schutzmaßnahmen

(1) Die Gerichte eines Mitgliedstaats können in dringenden Fällen ungeachtet der Bestimmungen dieser Verordnung die nach dem Recht dieses Mitgliedstaats vorgesehenen einstweiligen Maßnahmen einschließlich Schutzmaßnahmen in Bezug auf in diesem Staat befindliche Personen oder Vermögensgegenstände auch dann anordnen, wenn für die Entscheidung in der Hauptsache gemäß dieser Verordnung ein Gericht eines anderen Mitgliedstaats zuständig ist.

(2) Die zur Durchführung des Absatzes 1 ergriffenen Maßnahmen treten außer Kraft, wenn das Gericht des Mitgliedstaats, das gemäß dieser Verordnung für die Entscheidung in der Hauptsache zuständig ist, die Maßnahmen getroffen hat, die es für angemessen hält.

# KAPITEL III
# ANERKENNUNG UND VOLLSTRECKUNG

## ABSCHNITT 1
## Anerkennung einer Entscheidung

### Art. 21
### Anerkennung einer Entscheidung

(1) Die in einem Mitgliedstaat ergangenen Entscheidungen werden in den anderen Mitgliedstaaten anerkannt, ohne dass es hierfür eines besonderen Verfahrens bedarf.

(2) Unbeschadet des Absatzes 3 bedarf es insbesondere keines besonderen Verfahrens für die Beschreibung in den Personenstandsbüchern eines Mitgliedstaats auf der Grundlage einer in einem anderen Mitgliedstaat ergangenen Entscheidung über Ehescheidung, Trennung ohne Auflösung des Ehebandes oder Ungültigerklärung einer Ehe, gegen die nach dem Recht dieses Mitgliedstaats keine weiteren Rechtsbehelfe eingelegt werden können.

(3) Unbeschadet des Abschnitts 4 kann jede Partei, die ein Interesse hat, gemäß den Verfahren des Abschnitts 2 eine Entscheidung über die Anerkennung oder Nichtanerkennung der Entscheidung beantragen.

Das örtlich zuständige Gericht, das in der Liste aufgeführt ist, die jeder Mitgliedstaat der Kommission gemäß Artikel 68 mitteilt, wird durch das nationale Recht des Mitgliedstaats bestimmt, in dem der Antrag auf Anerkennung oder Nichtanerkennung gestellt wird.

(4) Ist in einem Rechtsstreit vor einem Gericht eines Mitgliedstaats die Frage der Anerkennung einer Entscheidung als Vorfrage zu klären, so kann dieses Gericht hierüber befinden.

### Art. 22
### Gründe für die Nichtanerkennung einer Entscheidung über eine Ehescheidung, Trennung ohne Auflösung des Ehebandes oder Ungültigerklärung einer Ehe

Eine Entscheidung, die die Ehescheidung, die Trennung ohne Auflösung des Ehebandes oder die Ungültigerklärung einer Ehe betrifft, wird nicht anerkannt,

a) wenn die Anerkennung der öffentlichen Ordnung des Mitgliedstaats, in dem sie beantragt wird, offensichtlich widerspricht;

b) wenn dem Antragsgegner, der sich auf das Verfahren nicht eingelassen hat, das verfahrenseinleitende Schriftstück oder ein gleichwertiges Schriftstück nicht so rechtzeitig und in einer Weise zugestellt wurde, dass er sich verteidigen konnte, es sei denn, es wird festgestellt, dass er mit der Entscheidung eindeutig einverstanden ist;

c) wenn die Entscheidung mit einer Entscheidung unvereinbar ist, die in einem Verfahren zwischen denselben Parteien in dem Mitgliedstaat, in dem die Anerkennung beantragt wird, ergangen ist; oder

d) wenn die Entscheidung mit einer früheren Entscheidung unvereinbar ist, die in einem anderen Mitgliedstaat oder in einem Drittstaat zwischen denselben Parteien ergangen ist, sofern die frühere Entscheidung die notwendigen Voraussetzungen für ihre Anerkennung in dem Mitgliedstaat erfüllt, in dem die Anerkennung beantragt wird.

## Art. 23
## Gründe für die Nichtanerkennung einer Entscheidung über die elterliche Verantwortung

Eine Entscheidung über die elterliche Verantwortung wird nicht anerkannt,

a) wenn die Anerkennung der öffentlichen Ordnung des Mitgliedstaats, in dem sie beantragt wird, offensichtlich widerspricht, wobei das Wohl des Kindes zu berücksichtigen ist;

b) wenn die Entscheidung – ausgenommen in dringenden Fällen – ergangen ist, ohne dass das Kind die Möglichkeit hatte, gehört zu werden, und damit wesentliche verfahrensrechtliche Grundsätze des Mitgliedstaats, in dem die Anerkennung beantragt wird, verletzt werden;

c) wenn der betreffenden Person, die sich auf das Verfahren nicht eingelassen hat, das verfahrenseinleitende Schriftstück oder ein gleichwertiges Schriftstück nicht so rechtzeitig und in einer Weise zugestellt wurde, dass sie sich verteidigen konnte, es sei denn, es wird festgestellt, dass sie mit der Entscheidung eindeutig einverstanden ist;

d) wenn eine Person dies mit der Begründung beantragt, dass die Entscheidung in ihre elterliche Verantwortung eingreift, falls die Entscheidung ergangen ist, ohne dass diese Person die Möglichkeit hatte, gehört zu werden;

e) wenn die Entscheidung mit einer späteren Entscheidung über die elterliche Verantwortung unvereinbar ist, die in dem Mitgliedstaat, in dem die Anerkennung beantragt wird, ergangen ist;

f) wenn die Entscheidung mit einer späteren Entscheidung über die elterliche Verantwortung unvereinbar ist, die in einem anderen Mitgliedstaat oder in dem Drittstaat, in dem das Kind seinen gewöhnlichen Aufenthalt hat, ergangen ist, sofern die spätere Entscheidung die notwendigen Voraussetzungen für ihre Anerkennung in dem Mitgliedstaat erfüllt, in dem die Anerkennung beantragt wird;

oder

g) wenn das Verfahren des Artikels 56 nicht eingehalten wurde.

## Art. 24
## Verbot der Nachprüfung der Zuständigkeit des Gerichts des Ursprungsmitgliedstaats

Die Zuständigkeit des Gerichts des Ursprungsmitgliedstaats darf nicht überprüft werden. Die Überprüfung der Vereinbarkeit mit der öffentlichen Ordnung gemäß Artikel 22 Buchstabe a) und Artikel 23 Buchstabe a) darf sich nicht auf die Zuständigkeitsvorschriften der Artikel 3 bis 14 erstrecken.

## Art. 25
## Unterschiede beim anzuwendenden Recht

Die Anerkennung einer Entscheidung darf nicht deshalb abgelehnt werden, weil eine Ehescheidung, Trennung ohne Auflösung des Ehebandes oder Ungültigerklärung einer Ehe nach dem Recht des Mitgliedstaats, in dem die Anerkennung beantragt wird, unter Zugrundelegung desselben Sachverhalts nicht zulässig wäre.

### Art. 26
### Ausschluss einer Nachprüfung in der Sache

Die Entscheidung darf keinesfalls in der Sache selbst nachgeprüft werden.

### Art. 27
### Aussetzung des Verfahrens

(1) Das Gericht eines Mitgliedstaats, vor dem die Anerkennung einer in einem anderen Mitgliedstaat ergangenen Entscheidung beantragt wird, kann das Verfahren aussetzen, wenn gegen die Entscheidung ein ordentlicher Rechtsbehelf eingelegt wurde.

(2) Das Gericht eines Mitgliedstaats, bei dem die Anerkennung einer in Irland oder im Vereinigten Königreich ergangenen Entscheidung beantragt wird, kann das Verfahren aussetzen, wenn die Vollstreckung der Entscheidung im Ursprungsmitgliedstaat wegen der Einlegung eines Rechtsbehelfs einstweilen eingestellt ist.

## ABSCHNITT 2
## Antrag auf Vollstreckbarerklärung

### Art. 28
### Vollstreckbare Entscheidungen

(1) Die in einem Mitgliedstaat ergangenen Entscheidungen über die elterliche Verantwortung für ein Kind, die in diesem Mitgliedstaat vollstreckbar sind und die zugestellt worden sind, werden in einem anderen Mitgliedstaat vollstreckt, wenn sie dort auf Antrag einer berechtigten Partei für vollstreckbar erklärt wurden.

(2) Im Vereinigten Königreich wird eine derartige Entscheidung jedoch in England und Wales, in Schottland oder in Nordirland erst vollstreckt, wenn sie auf Antrag einer berechtigten Partei zur Vollstreckung in dem betreffenden Teil des Vereinigten Königreichs registriert worden ist.

### Art. 29
### Örtlich zuständiges Gericht

(1) Ein Antrag auf Vollstreckbarerklärung ist bei dem Gericht zu stellen, das in der Liste aufgeführt ist, die jeder Mitgliedstaat der Kommission gemäß Artikel 68 mitteilt.

(2) Das örtlich zuständige Gericht wird durch den gewöhnlichen Aufenthalt der Person, gegen die die Vollstreckung erwirkt werden soll, oder durch den gewöhnlichen Aufenthalt eines Kindes, auf das sich der Antrag bezieht, bestimmt.

Befindet sich keiner der in Unterabsatz 1 angegebenen Orte im Vollstreckungsmitgliedstaat, so wird das örtlich zuständige Gericht durch den Ort der Vollstreckung bestimmt.

### Art. 30
### Verfahren

(1) Für die Stellung des Antrags ist das Recht des Vollstreckungsmitgliedstaats maßgebend.

(2) Der Antragsteller hat für die Zustellung im Bezirk des angerufenen Gerichts ein Wahldomizil zu begründen. Ist das Wahldomizil im Recht des Vollstreckungsmitgliedstaats nicht vorgesehen, so hat der Antragsteller einen Zustellungsbevollmächtigten zu benennen.

(3) Dem Antrag sind die in den Artikeln 37 und 39 aufgeführten Urkunden beizufügen.

### Art. 31
### Entscheidung des Gerichts

(1) Das mit dem Antrag befasste Gericht erlässt seine Entscheidung ohne Verzug und ohne dass die Person, gegen die die Vollstreckung erwirkt werden soll, noch das Kind in diesem Abschnitt des Verfahrens Gelegenheit erhalten, eine Erklärung abzugeben.

(2) Der Antrag darf nur aus einem der in den Artikeln 22, 23 und 24 aufgeführten Gründe abgelehnt werden.

(3) Die Entscheidung darf keinesfalls in der Sache selbst nachgeprüft werden.

### Art. 32
### Mitteilung der Entscheidung

Die über den Antrag ergangene Entscheidung wird dem Antragsteller vom Urkundsbeamten der Geschäftsstelle unverzüglich in der Form mitgeteilt, die das Recht des Vollstreckungsmitgliedstaats vorsieht.

### Art. 33
### Rechtsbehelf

(1) Gegen die Entscheidung über den Antrag auf Vollstreckbarerklärung kann jede Partei einen Rechtsbehelf einlegen.

(2) Der Rechtsbehelf wird bei dem Gericht eingelegt, das in der Liste aufgeführt ist, die jeder Mitgliedstaat der Kommission gemäß Artikel 68 mitteilt.

(3) Über den Rechtsbehelf wird nach den Vorschriften entschieden, die für Verfahren mit beiderseitigem rechtlichen Gehör maßgebend sind.

(4) Wird der Rechtsbehelf von der Person eingelegt, die den Antrag auf Vollstreckbarerklärung gestellt hat, so wird die Partei, gegen die die Vollstreckung erwirkt werden soll, aufgefordert, sich auf das Verfahren einzulassen, das bei dem mit dem Rechtsbehelf befassten Gericht anhängig ist. Lässt sich die betreffende Person auf das Verfahren nicht ein, so gelten die Bestimmungen des Artikels 18.

(5) Der Rechtsbehelf gegen die Vollstreckbarerklärung ist innerhalb eines Monats nach ihrer Zustellung einzulegen. Hat die Partei, gegen die die Vollstreckung erwirkt werden soll, ihren gewöhnlichen Aufenthalt in einem anderen Mitgliedstaat als dem, in dem die Vollstreckbarerklärung erteilt worden ist, so beträgt die Frist für den Rechtsbehelf zwei - Monate und beginnt mit dem Tag, an dem die Vollstreckbarerklärung ihr entweder persönlich oder in ihrer Wohnung zugestellt worden ist. Eine Verlängerung dieser Frist wegen weiter Entfernung ist ausgeschlossen.

## Art. 34
## Für den Rechtsbehelf zuständiges Gericht und Anfechtung der Entscheidung über den Rechtsbehelf

Die Entscheidung, die über den Rechtsbehelf ergangen ist, kann nur im Wege der Verfahren angefochten werden, die in der Liste genannt sind, die jeder Mitgliedstaat der Kommission gemäß Artikel 68 mitteilt.

## Art. 35
## Aussetzung des Verfahrens

(1) Das nach Artikel 33 oder Artikel 34 mit dem Rechtsbehelf befasste Gericht kann auf Antrag der Partei, gegen die die Vollstreckung erwirkt werden soll, das Verfahren aussetzen, wenn im Ursprungsmitgliedstaat ein ordentlicher Rechtsbehelf gegen die Entscheidung eingelegt wurde oder die Frist für einen solchen Rechtsbehelf noch nicht verstrichen ist. In letzterem Fall kann das Gericht eine Frist bestimmen, innerhalb deren der Rechtsbehelf einzulegen ist.

(2) Ist die Entscheidung in Irland oder im Vereinigten Königreich ergangen, so gilt jeder im Ursprungsmitgliedstaat statthafte Rechtsbehelf als ordentlicher Rechtsbehelf im Sinne des Absatzes 1.

## Art. 36
## Teilvollstreckung

(1) Ist mit der Entscheidung über mehrere geltend gemachte Ansprüche entschieden worden und kann die Entscheidung nicht in vollem Umfang zur Vollstreckung zugelassen werden, so lässt das Gericht sie für einen oder mehrere Ansprüche zu.

(2) Der Antragsteller kann eine teilweise Vollstreckung beantragen.

# ABSCHNITT 3
# Gemeinsame Bestimmungen für die Abschnitte 1 und 2

## Art. 37
## Urkunden

(1) Die Partei, die die Anerkennung oder Nichtanerkennung einer Entscheidung oder deren Vollstreckbarerklärung erwirken will, hat Folgendes vorzulegen:

a) eine Ausfertigung der Entscheidung, die die für ihre Beweiskraft erforderlichen Voraussetzungen erfüllt,

und

b) die Bescheinigung nach Artikel 39.

(2) Bei einer im Versäumnisverfahren ergangenen Entscheidung hat die Partei, die die Anerkennung einer Entscheidung oder deren Vollstreckbarerklärung erwirken will, ferner Folgendes vorzulegen:

a) die Urschrift oder eine beglaubigte Abschrift der Urkunde, aus der sich ergibt, dass das verfahrenseinleitende Schriftstück oder ein gleichwertiges Schriftstück der Partei, die sich nicht auf das Verfahren eingelassen hat, zugestellt wurde, oder

b) eine Urkunde, aus der hervorgeht, dass der Antragsgegner mit der Entscheidung eindeutig einverstanden ist.

**Art. 38**
**Fehlen von Urkunden**

(1) Werden die in Artikel 37 Absatz 1 Buchstabe b) oder Absatz 2 aufgeführten Urkunden nicht vorgelegt, so kann das Gericht eine Frist setzen, innerhalb deren die Urkunden vorzulegen sind, oder sich mit gleichwertigen Urkunden begnügen oder von der Vorlage der Urkunden befreien, wenn es eine weitere Klärung nicht für erforderlich hält.

(2) Auf Verlangen des Gerichts ist eine Übersetzung der Urkunden vorzulegen. Die Übersetzung ist von einer hierzu in einem der Mitgliedstaaten befugten Person zu beglaubigen.

**Art. 39**
**Bescheinigung bei Entscheidungen in Ehesachen und bei Entscheidungen über die elterliche Verantwortung**

Das zuständige Gericht oder die Zuständige Behörde des Ursprungsmitgliedstaats stellt auf Antrag einer berechtigten Partei eine Bescheinigung unter Verwendung des Formblatts in Anhang I (Entscheidungen in Ehesachen) oder Anhang II ( Entscheidungen über die elterliche Verantwortung) aus.

**ABSCHNITT 4**
**Vollstreckbarkeit bestimmter Entscheidungen über das Umgangsrecht und bestimmter Entscheidungen, mit denen die Rückgabe des Kindes angeordnet wird**

**Art. 40**
**Anwendungsbereich**

(1) Dieser Abschnitt gilt für

a) das Umgangsrecht

und

b) die Rückgabe eines Kindes infolge einer die Rückgabe des Kindes anordnenden Entscheidung gemäß Artikel 11 Absatz 8.

(2) Der Träger der elterlichen Verantwortung kann ungeachtet der Bestimmungen dieses Abschnitts die Anerkennung und Vollstreckung nach Maßgabe der Abschnitte 1 und 2 dieses Kapitels beantragen.

**Art. 41**
**Umgangsrecht**

(1) Eine in einem Mitgliedstaat ergangene vollstreckbare Entscheidung über das Umgangsrecht im Sinne des Artikels 40 Absatz 1 Buchstabe a), für die eine Bescheinigung nach Absatz 2 im Ursprungsmitgliedstaat ausgestellt wurde, wird in einem anderen

Mitgliedstaat anerkannt und kann dort vollstreckt werden, ohne dass es einer Vollstreckbarerklärung bedarf und ohne dass die Anerkennung angefochten werden kann.

Auch wenn das nationale Recht nicht vorsieht, dass eine Entscheidung über das Umgangsrecht ungeachtet der Einlegung eines Rechtsbehelfs von Rechts wegen vollstreckbar ist, kann das Gericht des Ursprungsmitgliedstaats die Entscheidung für vollstreckbar erklären.

(2) Der Richter des Ursprungsmitgliedstaats stellt die Bescheinigung nach Absatz 1 unter Verwendung des Formblatts in Anhang III (Bescheinigung über das Umgangsrecht) nur aus, wenn

a) im Fall eines Versäumnisverfahrens das verfahrenseinleitende Schriftstück oder ein gleichwertiges Schriftstück der Partei, die sich nicht auf das Verfahren eingelassen hat, so rechtzeitig und in einer Weise zugestellt wurde, dass sie sich verteidigen konnte, oder wenn in Fällen, in denen bei der Zustellung des betreffenden Schriftstücks diese Bedingungen nicht eingehalten wurden, dennoch festgestellt wird, dass sie mit der Entscheidung eindeutig einverstanden ist;

b) alle betroffenen Parteien Gelegenheit hatten, gehört zu werden,

   und

c) das Kind die Möglichkeit hatte, gehört zu werden, sofern eine Anhörung nicht auf Grund seines Alters oder seines Reifegrads unangebracht erschien.

Das Formblatt wird in der Sprache ausgefüllt, in der die Entscheidung abgefasst ist.

(3) Betrifft das Umgangsrecht einen Fall, der bei der Verkündung der Entscheidung einen grenzüberschreitenden Bezug aufweist, so wird die Bescheinigung von Amts wegen ausgestellt, sobald die Entscheidung vollstreckbar oder vorläufig vollstreckbar wird. Wird der Fall erst später zu einem Fall mit grenzüberschreitendem Bezug, so wird die Bescheinigung auf Antrag einer der Parteien ausgestellt.

## Art. 42
## Rückgabe des Kindes

(1) Eine in einem Mitgliedstaat ergangene vollstreckbare Entscheidung über die Rückgabe des Kindes im Sinne des Artikels 40 Absatz 1 Buchstabe b), für die eine Bescheinigung nach Absatz 2 im Ursprungsmitgliedstaat ausgestellt wurde, wird in einem anderen Mitgliedstaat anerkannt und kann dort vollstreckt werden, ohne dass es einer Vollstreckbarerklärung bedarf und ohne dass die Anerkennung angefochten werden kann.

Auch wenn das nationale Recht nicht vorsieht, dass eine in Artikel 11 Absatz 8 genannte Entscheidung über die Rückgabe des Kindes ungeachtet der Einlegung eines Rechtsbehelfs von Rechts wegen vollstreckbar ist, kann das Gericht des Ursprungsmitgliedstaats die Entscheidung für vollstreckbar erklären.

(2) Der Richter des Ursprungsmitgliedstaats, der die Entscheidung nach Artikel 40 Absatz 1 Buchstabe b) erlassen hat, stellt die Bescheinigung nach Absatz 1 nur aus, wenn

a) das Kind die Möglichkeit hatte, gehört zu werden, sofern eine Anhörung nicht auf Grund seines Alters oder seines Reifegrads unangebracht erschien,

b) die Parteien die Gelegenheit hatten, gehört zu werden, und

c) das Gericht beim Erlass seiner Entscheidung die Gründe und Beweismittel berücksichtigt hat, die der nach Artikel 13 des Haager Übereinkommens von 1980 ergangenen Entscheidung zu Grunde liegen.

Ergreift das Gericht oder eine andere Behörde Maßnahmen, um den Schutz des Kindes nach seiner Rückkehr in den Staat des gewöhnlichen Aufenthalts sicherzustellen, so sind diese Maßnahmen in der Bescheinigung anzugeben.

Der Richter des Ursprungsmitgliedstaats stellt die Bescheinigung von Amts wegen unter Verwendung des Formblatts in Anhang IV (Bescheinigung über die Rückgabe des Kindes) aus.

Das Formblatt wird in der Sprache ausgefüllt, in der die Entscheidung abgefasst ist.

## Art. 43
## Klage auf Berichtigung

(1) Für Berichtigungen der Bescheinigung ist das Recht des Ursprungsmitgliedstaats maßgebend.

(2) Gegen die Ausstellung einer Bescheinigung gemäß Artikel 41 Absatz 1 oder Artikel 42 Absatz 1 sind keine Rechtsbehelfe möglich.

## Art. 44
## Wirksamkeit der Bescheinigung

Die Bescheinigung ist nur im Rahmen der Vollstreckbarkeit des Urteils wirksam.

## Art. 45
## Urkunden

(1) Die Partei, die die Vollstreckung einer Entscheidung erwirken will, hat Folgendes vorzulegen:

a) eine Ausfertigung der Entscheidung, die die für ihre Beweiskraft erforderlichen Voraussetzungen erfüllt,

und

b) die Bescheinigung nach Artikel 41 Absatz 1 oder Artikel 42 Absatz 1.

(2) Für die Zwecke dieses Artikels

- wird der Bescheinigung gemäß Artikel 41 Absatz 1 eine Übersetzung der Nummer 12 betreffend die Modalitäten der Ausübung des Umgangsrechts beigefügt;
- wird der Bescheinigung gemäß Artikel 42 Absatz 1 eine Übersetzung der Nummer 14 betreffend die Einzelheiten der Maßnahmen, die ergriffen wurden, um die Rückgabe des Kindes sicherzustellen, beigefügt.

Die Übersetzung erfolgt in die oder in eine der Amtssprachen des Vollstreckungsmitgliedstaats oder in eine andere von ihm ausdrücklich zugelassene Sprache. Die Übersetzung ist von einer hierzu in einem der Mitgliedstaaten befugten Person zu beglaubigen.

## ABSCHNITT 5
## Öffentliche Urkunden und Vereinbarungen

### Art. 46

Öffentliche Urkunden, die in einem Mitgliedstaat aufgenommen und vollstreckbar sind, sowie Vereinbarungen zwischen den Parteien, die in dem Ursprungsmitgliedstaat vollstreckbar sind, werden unter denselben Bedingungen wie Entscheidungen anerkannt und für vollstreckbar erklärt.

## ABSCHNITT 6
## Sonstige Bestimmungen

### Art. 47
### Vollstreckungsverfahren

(1) Für das Vollstreckungsverfahren ist das Recht des Vollstreckungsmitgliedstaats maßgebend.

(2) Die Vollstreckung einer von einem Gericht eines anderen Mitgliedstaats erlassenen Entscheidung, die gemäß Abschnitt 2 für vollstreckbar erklärt wurde oder für die eine Bescheinigung nach Artikel 41 Absatz 1 oder Artikel 42 Absatz 1 ausgestellt wurde, erfolgt im Vollstreckungsmitgliedstaat unter denselben Bedingungen, die für in diesem Mitgliedstaat ergangene Entscheidungen gelten.

Insbesondere darf eine Entscheidung, für die eine Bescheinigung nach Artikel 41 Absatz 1 oder Artikel 42 Absatz 1 ausgestellt wurde, nicht vollstreckt werden, wenn sie mit einer später ergangenen vollstreckbaren Entscheidung unvereinbar ist.

### Art. 48
### Praktische Modalitäten der Ausübung des Umgangsrechts

(1) Die Gerichte des Vollstreckungsmitgliedstaats können die praktischen Modalitäten der Ausübung des Umgangsrechts regeln, wenn die notwendigen Vorkehrungen nicht oder nicht in ausreichendem Maße bereits in der Entscheidung der für die Entscheidung der in der Hauptsache zuständigen Gerichte des Mitgliedstaats getroffen wurden und sofern der Wesensgehalt der Entscheidung unberührt bleibt.

(2) Die nach Absatz 1 festgelegten praktischen Modalitäten treten außer Kraft, nachdem die für die Entscheidung in der Hauptsache zuständigen Gerichte des Mitgliedstaats eine Entscheidung erlassen haben.

### Art. 49
### Kosten

Die Bestimmungen dieses Kapitels mit Ausnahme der Bestimmungen des Abschnitts 4 gelten auch für die Festsetzung der Kosten für die nach dieser Verordnung eingeleiteten Verfahren und die Vollstreckung eines Kostenfestsetzungsbeschlusses.

### Art. 50
### Prozesskostenhilfe

Wurde dem Antragsteller im Ursprungsmitgliedstaat ganz oder teilweise Prozesskostenhilfe oder Kostenbefreiung gewährt, so genießt er in dem Verfahren nach den Artikeln 21, 28, 41, 42 und 48 hinsichtlich der Prozesskostenhilfe oder der Kostenbefreiung die günstigste Behandlung, die das Recht des Vollstreckungsmitgliedstaats vorsieht.

### Art. 51
### Sicherheitsleistung, Hinterlegung

Der Partei, die in einem Mitgliedstaat die Vollstreckung einer in einem anderen Mitgliedstaat ergangenen Entscheidung beantragt, darf eine Sicherheitsleistung oder Hinterlegung, unter welcher Bezeichnung es auch sei, nicht aus einem der folgenden Gründe auferlegt werden:

a) weil sie in dem Mitgliedstaat, in dem die Vollstreckung erwirkt werden soll, nicht ihren gewöhnlichen Aufenthalt hat, oder

b) weil sie nicht die Staatsangehörigkeit dieses Staates besitzt oder, wenn die Vollstreckung im Vereinigten Königreich oder in Irland erwirkt werden soll, ihr „domicile" nicht in einem dieser Mitgliedstaaten hat.

### Art. 52
### Legalisation oder ähnliche Förmlichkeit

Die in den Artikeln 37, 38 und 45 aufgeführten Urkunden sowie die Urkunde über die Prozessvollmacht, falls eine solche erteilt wird, bedürfen weder der Legalisation noch einer ähnlichen Förmlichkeit.

## KAPITEL IV
## ZUSAMMENARBEIT ZWISCHEN DEN ZENTRALEN BEHÖRDEN BEI VERFAHREN BETREFFEND DIE ELTERLICHE VERANTWORTUNG

### Art. 53
### Bestimmung der Zentralen Behörden

Jeder Mitgliedstaat bestimmt eine oder mehrere Zentrale Behörden, die ihn bei der Anwendung dieser Verordnung unterstützen, und legt ihre räumliche oder sachliche Zuständigkeit fest. Hat ein Mitgliedstaat mehrere Zentrale Behörden bestimmt, so sind die Mitteilungen grundsätzlich direkt an die zuständige Zentrale Behörde zu richten. Wurde eine Mitteilung an eine nicht zuständige Zentrale Behörde gerichtet, so hat diese die Mitteilung an die zuständige Zentrale Behörde weiterzuleiten und den Absender davon in Kenntnis zu setzen.

## Art. 54
## Allgemeine Aufgaben

Die Zentralen Behörden stellen Informationen über nationale Rechtsvorschriften und Verfahren zur Verfügung und ergeifen Maßnahmen, um die Durchführung dieser Verordnung zu verbessern und die Zusammenarbeit untereinander zu stärken. Hierzu wird das mit der Entscheidung 2001/470/EG eingerichtete Europäische Justizielle Netz für Zivil- und Handelssachen genutzt.

## Art. 55
## Zusammenarbeit in Fällen, die speziell die elterliche Verantwortung betreffen

Die Zentralen Behörden arbeiten in bestimmten Fällen auf Antrag der Zentralen Behörde eines anderen Mitgliedstaats oder des Trägers der elterlichen Verantwortung zusammen, um die Ziele dieser Verordnung zu verwirklichen. Hierzu treffen sie folgende Maßnahmen im Einklang mit den Rechtsvorschriften dieses Mitgliedstaats, die den Schutz personenbezogener Daten regeln, direkt oder durch Einschaltung anderer Behörden oder Einrichtungen:

a) Sie holen Informationen ein und tauschen sie aus über
   i) die Situation des Kindes,
   ii) laufende Verfahren oder
   iii) das Kind betreffende Entscheidungen.
b) Sie informieren und unterstützen die Träger der elterlichen Verantwortung, die die Anerkennung und Vollstreckung einer Entscheidung, insbesondere über das Umgangsrecht und die Rückgabe des Kindes, in ihrem Gebiet erwirken wollen.
c) Sie erleichtern die Verständigung zwischen den Gerichten, insbesondere zur Anwendung des Artikels 11 Absätze 6 und 7 und des Artikels 15.
d) Sie stellen alle Informationen und Hilfen zur Verfügung, die für die Gerichte für die Anwendung des Artikels 56 von Nutzen sind.
e) Sie erleichtern eine gütliche Einigung zwischen den Trägern der elterlichen Verantwortung durch Mediation oder auf ähnlichem Wege und fördern hierzu die grenzüberschreitende Zusammenarbeit.

## Art. 56
## Unterbringung des Kindes in einem anderen Mitgliedstaat

(1) Erwägt das nach den Artikeln 8 bis 15 zuständige Gericht die Unterbringung des Kindes in einem Heim oder in einer Pflegefamilie und soll das Kind in einem anderen Mitgliedstaat untergebracht werden, so zieht das Gericht vorher die Zentrale Behörde oder eine andere zuständige Behörde dieses Mitgliedstaats zu Rate, sofern in diesem Mitgliedstaat für die innerstaatlichen Fälle der Unterbringung von Kindern die Einschaltung einer Behörde vorgesehen ist.

(2) Die Entscheidung über die Unterbringung nach Absatz 1 kann im ersuchenden Mitgliedstaat nur getroffen werden, wenn die zuständige Behörde des ersuchten Staates dieser Unterbringung zugestimmt hat.

(3) Für die Einzelheiten der Konsultation bzw. der Zustimmung nach den Absätzen 1 und 2 gelten das nationale Recht des ersuchten Staates.

(4) Beschließt das nach den Artikeln 8 bis 15 zuständige Gericht die Unterbringung des Kindes in einer Pflegefamilie und soll das Kind in einem anderen Mitgliedstaat untergebracht werden und ist in diesem Mitgliedstaat für die innerstaatlichen Fälle der Unterbringung von Kindern die Einschaltung einer Behörde nicht vorgesehen, so setzt das Gericht die Zentrale Behörde oder eine zuständige Behörde dieses Mitgliedstaats davon in Kenntnis.

### Art. 57
### Arbeitsweise

(1) Jeder Träger der elterlichen Verantwortung kann bei der Zentralen Behörde des Mitgliedstaats, in dem er seinen gewöhnlichen Aufenthalt hat, oder bei der Zentralen Behörde des Mitgliedstaats, in dem das Kind seinen gewöhnlichen Aufenthalt hat oder in dem es sich befindet, einen Antrag auf Unterstützung gemäß Artikel 55 stellen. Dem Antrag werden grundsätzlich alle verfügbaren Informationen beigefügt, die die Ausführung des Antrags erleichtern können. Betrifft dieser Antrag die Anerkennung oder Vollstreckung einer Entscheidung über die elterliche Verantwortung, die in den Anwendungsbereich dieser Verordnung fällt, so muss der Träger der elterlichen Verantwortung dem Antrag die betreffenden Bescheinigungen nach Artikel 39, Artikel 41 Absatz 1 oder Artikel 42 Absatz 1 beifügen.

(2) Jeder Mitgliedstaat teilt der Kommission die Amtssprache(n) der Organe der Gemeinschaft mit, die er außer seiner/ seinen eigenen Sprache(n) für Mitteilungen an die Zentralen Behörden zulässt.

(3) Die Unterstützung der Zentralen Behörden gemäß Artikel 55 erfolgt unentgeltlich.

(4) Jede Zentrale Behörde trägt ihre eigenen Kosten.

### Art. 58
### Zusammenkünfte

(1) Zur leichteren Anwendung dieser Verordnung werden regelmäßig Zusammenkünfte der Zentralen Behörden einberufen.

(2) Die Einberufung dieser Zusammenkünfte erfolgt im Einklang mit der Entscheidung 2001/470/EG über die Einrichtung eines Europäischen Justiziellen Netzes für Zivil- und Handelssachen.

## KAPITEL V
## VERHÄLTNIS ZU ANDEREN RECHTSINSTRUMENTEN

### Art. 59
### Verhältnis zu anderen Rechtsinstrumenten

(1) Unbeschadet der Artikel 60, 61, 62 und des Absatzes 2 des vorliegenden Artikels ersetzt diese Verordnung die zum Zeitpunkt des In-Kraft-Tretens dieser Verordnung beste-

henden, zwischen zwei oder mehr Mitgliedstaaten geschlossenen Übereinkünfte, die in dieser Verordnung geregelte Bereiche betreffen.

(2)

a) Finnland und Schweden können erklären, dass das Übereinkommen vom 6. Februar 1931 zwischen Dänemark, Finnland, Island, Norwegen und Schweden mit Bestimmungen des internationalen Verfahrensrechts über Ehe, Adoption und Vormundschaft einschließlich des Schlussprotokolls an Stelle dieser Verordnung ganz oder teilweise auf ihre gegenseitigen Beziehungen anwendbar ist. Diese Erklärungen werden dieser Verordnung als Anhang beigefügt und im *Amtsblatt der Europäischen Union* veröffentlicht. Die betreffenden Mitgliedstaaten können ihre Erklärung jederzeit ganz oder teilweise widerrufen.

b) Der Grundsatz der Nichtdiskriminierung von Bürgern der Union aus Gründen der Staatsangehörigkeit wird eingehalten.

c) Die Zuständigkeitskriterien in künftigen Übereinkünften zwischen den in Buchstabe a) genannten Mitgliedstaaten, die in dieser Verordnung geregelte Bereiche betreffen, müssen mit den Kriterien dieser Verordnung im Einklang stehen.

d) Entscheidungen, die in einem der nordischen Staaten, der eine Erklärung nach Buchstabe a) abgegeben hat, auf Grund eines Zuständigkeitskriteriums erlassen werden, das einem der in Kapitel II vorgesehenen Zuständigkeitskriterien entspricht, werden in den anderen Mitgliedstaaten gemäß den Bestimmungen des Kapitels III anerkannt und vollstreckt.

(3) Die Mitgliedstaaten übermitteln der Kommission

a) eine Abschrift der Übereinkünfte sowie der einheitlichen Gesetze zur Durchführung dieser Übereinkünfte gemäß Absatz 2 Buchstaben a) und c),

b) jede Kündigung oder Änderung dieser Übereinkünfte oder dieser einheitlichen Gesetze.

## Art. 60
## Verhältnis zu bestimmten multilateralen Übereinkommen

Im Verhältnis zwischen den Mitgliedstaaten hat diese Verordnung vor den nachstehenden Übereinkommen insoweit Vorrang, als diese Bereiche betreffen, die in dieser Verordnung geregelt sind:

a) Haager Übereinkommen vom 5. Oktober 1961 über die Zuständigkeit der Behörden und das anzuwendende Recht auf dem Gebiet des Schutzes von Minderjährigen,

b) Luxemburger Übereinkommen vom 8. September 1967 über die Anerkennung von Entscheidungen in Ehesachen,

c) Haager Übereinkommen vom 1. Juni 1970 über die Anerkennung von Ehescheidungen und der Trennung von Tisch und Bett,

d) Europäisches Übereinkommen vom 20. Mai 1980 über die Anerkennung und Vollstreckung von Entscheidungen über das Sorgerecht für Kinder und die Wiederherstellung des Sorgeverhältnisses

und

e) Haager Übereinkommen vom 25. Oktober 1980 über die zivilrechtlichen Aspekte internationaler Kindesentführung.

**Art. 61**
**Verhältnis zum Haager Übereinkommen vom 19. Oktober 1996 über die Zuständigkeit, das anzuwendende Recht, die Anerkennung, Vollstreckung und Zusammenarbeit auf dem Gebiet der elterlichen Verantwortung und der Maßnahmen zum Schutz von Kindern**

Im Verhältnis zum Haager Übereinkommen vom 19. Oktober 1996 über die Zuständigkeit, das anzuwendende Recht, die Anerkennung, Vollstreckung und Zusammenarbeit auf dem Gebiet der elterlichen Verantwortung und der Maßnahmen zum Schutz von Kindern ist diese Verordnung anwendbar,

a) wenn das betreffende Kind seinen gewöhnlichen Aufenthalt im Hoheitsgebiet eines Mitgliedstaats hat;

b) in Fragen der Anerkennung und der Vollstreckung einer von dem zuständigen Gericht eines Mitgliedstaats ergangenen Entscheidung im Hoheitsgebiet eines anderen Mitgliedstaats, auch wenn das betreffende Kind seinen gewöhnlichen Aufenthalt im Hoheitsgebiet eines Drittstaats hat, der Vertragspartei des genannten Übereinkommens ist.

**Art. 62**
**Fortbestand der Wirksamkeit**

(1) Die in Artikel 59 Absatz 1 und den Artikeln 60 und 61 genannten Übereinkünfte behalten ihre Wirksamkeit für die Rechtsgebiete, die durch diese Verordnung nicht geregelt werden.

(2) Die in Artikel 60 genannten Übereinkommen, insbesondere das Haager Übereinkommen von 1980, behalten vorbehaltlich des Artikels 60 ihre Wirksamkeit zwischen den ihnen angehörenden Mitgliedstaaten.

**Art. 63**
**Verträge mit dem Heiligen Stuhl**

(1) Diese Verordnung gilt unbeschadet des am 7. Mai 1940 in der Vatikanstadt zwischen dem Heiligen Stuhl und Portugal unterzeichneten Internationalen Vertrags (Konkordat).

(2) Eine Entscheidung über die Ungültigkeit der Ehe gemäß dem in Absatz 1 genannten Vertrag wird in den Mitgliedstaaten unter den in Kapitel III Abschnitt 1 vorgesehenen Bedingungen anerkannt.

(3) Die Absätze 1 und 2 gelten auch für folgende internationalen Verträge (Konkordate) mit dem Heiligen Stuhl:

a) Lateranvertrag vom 11. Februar 1929 zwischen Italien und dem Heiligen Stuhl, geändert durch die am 18. Februar 1984 in Rom unterzeichnete Vereinbarung mit Zusatzprotokoll,

b) Vereinbarung vom 3. Januar 1979 über Rechtsangelegenheiten zwischen dem Heiligen Stuhl und Spanien.

c) Vereinbarung zwischen dem Heiligen Stuhl und Malta über die Anerkennung der zivilrechtlichen Wirkungen von Ehen, die nach kanonischem Recht geschlossen wurden, sowie von diese Ehen betreffenden Entscheidungen der Kirchenbehörden und -gerichte, einschließlich des Anwendungsprotokolls vom selben Tag, zusammen mit dem zweiten Zusatzprotokoll vom 6. Januar 1995.

(4) Für die Anerkennung der Entscheidungen im Sinne des Absatzes 2 können in Spanien, Italien oder Malta dieselben Verfahren und Nachprüfungen vorgegeben werden, die auch für Entscheidungen der Kirchengerichte gemäß den in Absatz 3 genannten internationalen Verträgen mit dem Heiligen Stuhl gelten.

(5) Die Mitgliedstaaten übermitteln der Kommission

a) eine Abschrift der in den Absätzen 1 und 3 genannten Verträge,

b) jede Kündigung oder Änderung dieser Verträge.

# KAPITEL VI
# ÜBERGANGSVORSCHRIFTEN

## Art. 64

(1) Diese Verordnung gilt nur für gerichtliche Verfahren, öffentliche Urkunden und Vereinbarungen zwischen den Parteien, die nach Beginn der Anwendung dieser Verordnung gemäß Artikel 72 eingeleitet, aufgenommen oder getroffen wurden.

(2) Entscheidungen, die nach Beginn der Anwendung dieser Verordnung in Verfahren ergangen sind, die vor Beginn der Anwendung dieser Verordnung, aber nach In-Kraft-Treten der Verordnung (EG) Nr. 1347/2000 eingeleitet wurden, werden nach Maßgabe des Kapitels III der vorliegenden Verordnung anerkannt und vollstreckt, sofern das Gericht auf Grund von Vorschriften zuständig war, die mit den Zuständigkeitsvorschriften des Kapitels II der vorliegenden Verordnung oder der Verordnung (EG) Nr. 1347/2000 oder eines Abkommens übereinstimmen, das zum Zeitpunkt der Einleitung des Verfahrens zwischen dem Ursprungsmitgliedstaat und dem ersuchten Mitgliedstaat in Kraft war.

(3) Entscheidungen, die vor Beginn der Anwendung dieser Verordnung in Verfahren ergangen sind, die nach In-Kraft-Treten der Verordnung (EG) Nr. 1347/2000 eingeleitet wurden, werden nach Maßgabe des Kapitels III der vorliegenden Verordnung anerkannt und vollstreckt, sofern sie eine Ehescheidung, Trennung ohne Auflösung des Ehebandes oder Ungültigerklärung einer Ehe oder eine aus Anlass eines solchen Verfahrens in Ehesachen ergangene Entscheidung über die elterliche Verantwortung für die gemeinsamen Kinder zum Gegenstand haben.

(4) Entscheidungen, die vor Beginn der Anwendung dieser Verordnung, aber nach In-Kraft-Treten der Verordnung (EG) Nr. 1347/2000 in Verfahren ergangen sind, die vor In-Kraft-Treten der Verordnung (EG) Nr. 1347/2000 eingeleitet wurden, werden nach Maßgabe des Kapitels III der vorliegenden Verordnung anerkannt und vollstreckt, sofern sie eine Ehescheidung, Trennung ohne Auflösung des Ehebandes oder Ungültigerklärung einer Ehe oder eine aus Anlass eines solchen Verfahrens in Ehesachen ergangene Entscheidung über die elterliche Verantwortung für die gemeinsamen Kinder zum Gegenstand haben und Zuständigkeitsvorschriften angewandt wurden, die mit denen des Kapitels II

der vorliegenden Verordnung oder der Verordnung (EG) Nr. 1347/2000 oder eines Abkommens übereinstimmen, das zum Zeitpunkt der Einleitung des Verfahrens zwischen dem Ursprungsmitgliedstaat und dem ersuchten Mitgliedstaat in Kraft war.

## KAPITEL VII
## SCHLUSSBESTIMMUNGEN

### Art. 65
### Überprüfung

Die Kommission unterbreitet dem Europäischen Parlament, dem Rat und dem Europäischen Wirtschafts- und Sozialausschuss spätestens am 1. Januar 2012 und anschließend alle fünf Jahre auf der Grundlage der von den Mitgliedstaaten vorgelegten Informationen einen Bericht über die Anwendung dieser Verordnung, dem sie gegebenenfalls Vorschläge zu deren Anpassung beifügt.

### Art. 66
### Mitgliedstaaten mit zwei oder mehr Rechtssystemen

Für einen Mitgliedstaat, in dem die in dieser Verordnung behandelten Fragen in verschiedenen Gebietseinheiten durch zwei oder mehr Rechtssysteme oder Regelwerke geregelt werden, gilt Folgendes:

a) Jede Bezugnahme auf den gewöhnlichen Aufenthalt in diesem Mitgliedstaat betrifft den gewöhnlichen Aufenthalt in einer Gebietseinheit.

b) Jede Bezugnahme auf die Staatsangehörigkeit oder, im Fall des Vereinigten Königreichs, auf das „domicile" betrifft die durch die Rechtsvorschriften dieses Staates bezeichnete Gebietseinheit.

c) Jede Bezugnahme auf die Behörde eines Mitgliedstaats betrifft die zuständige Behörde der Gebietseinheit innerhalb dieses Staates.

d) Jede Bezugnahme auf die Vorschriften des ersuchten Mitgliedstaats betrifft die Vorschriften der Gebietseinheit, in der die Zuständigkeit geltend gemacht oder die Anerkennung oder Vollstreckung beantragt wird.

### Art. 67
### Angaben zu den Zentralen Behörden und zugelassenen Sprachen

Die Mitgliedstaaten teilen der Kommission binnen drei Monaten nach In-Kraft-Treten dieser Verordnung Folgendes mit:

a) die Namen und Anschriften der Zentralen Behörden gemäß Artikel 53 sowie die technischen Kommunikationsmittel,

b) die Sprachen, die gemäß Artikel 57 Absatz 2 für Mitteilungen an die Zentralen Behörden zugelassen sind,

und

c) die Sprachen, die gemäß Artikel 45 Absatz 2 für die Bescheinigung über das Umgangsrecht zugelassen sind.

Die Mitgliedstaaten teilen der Kommission jede Änderung dieser Angaben mit.

Die Angaben werden von der Kommission veröffentlicht.

## Art. 68
## Angaben zu den Gerichten und den Rechtsbehelfen

Die Mitgliedstaaten teilen der Kommission die in den Artikeln 21, 29, 33 und 34 genannten Listen mit den zuständigen Gerichten und den Rechtsbehelfen sowie die Änderungen dieser Listen mit.

Die Kommission aktualisiert diese Angaben und gibt sie durch Veröffentlichung im *Amtsblatt der Europäischen Union* und auf andere geeignete Weise bekannt.

## Art. 69
## Änderungen der Anhänge

Änderungen der in den Anhängen I bis IV wiedergegebenen Formblätter werden nach dem in Artikel 70 Absatz 2 genannten Verfahren beschlossen.

## Art. 70
## Ausschuss

(1) Die Kommission wird von einem Ausschuss (nachstehend „Ausschuss" genannt) unterstützt.

(2) Wird auf diesen Absatz Bezug genommen, so gelten die Artikel 3 und 7 des Beschlusses 1999/468/EG.

(3) Der Ausschuss gibt sich eine Geschäftsordnung.

## Art. 71
## Aufhebung der Verordnung (EG) Nr. 1347/2000

(1) Die Verordnung (EG) Nr. 1347/2000 wird mit Beginn der Geltung dieser Verordnung aufgehoben.

(2) Jede Bezugnahme auf die Verordnung (EG) Nr. 1347/2000 gilt als Bezugnahme auf diese Verordnung nach Maßgabe der Entsprechungstabelle in Anhang V.

## Art. 72
## In-Kraft-Treten

Diese Verordnung tritt am 1. August 2004 in Kraft.

Sie gilt ab 1. März 2005 mit Ausnahme der Artikel 67, 68, 69 und 70, die ab dem 1. August 2004 gelten.

Diese Verordnung ist in allen ihren Teilen verbindlich und gilt gemäß dem Vertrag zur Gründung der Europäischen Gemeinschaft unmittelbar in den Mitgliedstaaten.

(Vom Abdruck der Anhänge wird abgesehen)

# 6.
# EG-Verordnung Nr. 1348/2000

**Verordnung (EG) Nr. 1348/2000 des Rates vom 29.5.2000**
**über die Zustellung gerichtlicher und außergerichtlicher Schriftstücke in Ziviloder Handelssachen in den Mitgliedstaaten**

(Abl L 160 S. 37)

1 **Geltungsbereich der Verordnung Nr. 1348/2000.** Nur in Zivil- und Handelssachen (Art 1) und im Vertragsgebiet der EG (Art 299 EG), ausgenommen Dänemark (Erwägung 18), also insb in Belgien, Deutschland, Finnland, Frankreich, Griechenland, Großbritannien, Irland, Italien, Luxemburg, Niederlande, Österreich, Portugal, Schweden, Spanien; über überseeische Departments, Kanalinseln, Hoheitszonen usw vgl Art 299 EG.

2 **Deutsches ZustDG.** Die VO wird ergänzt durch das Gesetz zur Durchführung gemeinschaftsrechtlicher Vorschriften über die Zustellung gerichtlicher und außergerichtlicher Schriftstücke in Zivil- oder Handelssachen in den Mitgliedstaaten (ZustDG) vom 09.07.2001 (BGBl 2001, 1536).

DER RAT DER EUROPÄISCHEN UNION -

gestützt auf den Vertrag zur Gründung der Europäischen Gemeinschaft, insbesondere auf Artikel 61 Buchstabe c) und Artikel 67 Absatz 1,

auf Vorschlag der Kommission,

nach Stellungnahme des Europäischen Parlaments,

nach Stellungnahme des Wirtschafts- und Sozialausschusses,

in Erwägung nachstehender Gründe:

(1) Die Union hat sich zum Ziel gesetzt, einen Raum der Freiheit, der Sicherheit und des Rechts, in dem der freie Personenverkehr gewährleistet ist, zu erhalten und weiterzuentwickeln. Zum schrittweisen Aufbau dieses Raums erlässt die Gemeinschaft unter anderem im Bereich der justiziellen Zusammenarbeit in Zivilsachen die für das reibungslose Funktionieren des Binnenmarkts erforderlichen Maßnahmen.

(2) Für das reibungslose Funktionieren des Binnenmarkts muss die Übermittlung gerichtlicher und außergerichtlicher Schriftstücke in Zivil- oder Handelssachen, die in einem anderen Mitgliedstaat zugestellt werden sollen, zwischen den Mitgliedstaaten verbessert und beschleunigt werden.

(3) Dieser Bereich unterliegt nunmehr Artikel 65 des Vertrags.

(4) Nach dem in Artikel 5 des Vertrags niedergelegten Subsidiaritäts- und Verhältnismäßigkeitsprinzip können die Ziele dieser Verordnung auf der Ebene der Mitgliedstaaten nicht ausreichend erreicht werden; sie können daher besser auf Gemeinschaftsebene erreicht werden. Diese Verordnung geht nicht über das für die Erreichung dieser Ziele erforderliche Maß hinaus.

(5) Der Rat hat mit Rechtsakt vom 26. Mai 1997 ein Übereinkommen über die Zustellung gerichtlicher und außergerichtlicher Schriftstücke in Zivil- oder Handelssachen in den Mitgliedstaaten der Europäischen Union erstellt und das Übereinkommen den Mitgliedstaaten zur Annahme gemäß ihren verfassungsrechtlichen Vorschriften empfohlen. Dieses Übereinkommen ist nicht in Kraft getreten. Die bei der Aushandlung diese Übereinkommens erzielten Ergebnisse sind zu wahren. Daher übernimmt die Verordnung weitgehend den wesentlichen Inhalt des Übereinkommens.

(6) Die Wirksamkeit und Schnelligkeit der gerichtlichen Verfahren in Zivilsachen setzt voraus, dass die Übermittlung gerichtlicher und außergerichtlicher Schriftstücke unmittelbar und auf schnellstmöglichem Wege zwischen den von den Mitgliedstaaten benannten örtlichen Stellen erfolgt. Die Mitgliedstaaten müssen jedoch erklären können, dass sie nur eine Übermittlungs- oder Empfangsstelle oder eine Stelle, die beide Funktionen zugleich wahrnimmt, für einen Zeitraum von fünf Jahren benennen wollen. Diese Benennung kann jedoch alle fünf Jahre erneuert werden.

(7) Eine schnelle Übermittlung erfordert den Einsatz aller geeigneten Mittel, wobei bestimmte Anforderungen an die Lesbarkeit und die Übereinstimmung des empfangenen Schriftstücks mit dem Inhalt des versandten Schriftstücks zu beachten sind. Aus Sicherheitsgründen muss das zu übermittelnde Schriftstück mit einem Formblatt versehen sein, das in der Sprache des Ortes auszufüllen ist, an dem die Zustellung erfolgen soll, oder in einer anderen vom Empfängerstaat anerkannten Sprache.

(8) Um die Wirksamkeit dieser Verordnung zu gewährleisten, ist die Möglichkeit, die Zustellung von Schriftstücken zu verweigern, auf Ausnahmefälle beschränkt.

(9) Auf eine schnelle Übermittlung muss auch eine schnelle Zustellung des Schriftstücks in den Tagen nach seinem Eingang folgen. Konnte das Schriftstück nach Ablauf eines - Monats nicht zugestellt werden, so setzt die Empfangsstelle die Übermittlungsstelle davon in Kenntnis. Der Ablauf dieser Frist bedeutet nicht, dass der Antrag an die Übermittlungsstelle zurückgesandt werden muss, wenn feststeht, dass die Zustellung innerhalb einer angemessenen Frist möglich ist.

(10) Um die Interessen des Empfängers zu wahren, erfolgt die Zustellung in der Amtssprache oder einer der Amtssprachen des Orts, an dem sie vorgenommen wird, oder in einer anderen Sprache des Übermittlungsmitgliedstaats, die der Empfänger versteht.

(11) Auf Grund der verfahrensrechtlichen Unterschiede zwischen den Mitgliedstaaten bestimmt sich der Zustellungszeitpunkt in den einzelnen Mitgliedstaaten nach unterschiedlichen Kriterien. Unter diesen Umständen und in Anbetracht der möglicherweise daraus entstehenden Schwierigkeiten sollte diese Verordnung deshalb eine Regelung vorsehen, bei der sich der Zustellungszeitpunkt nach dem Recht des Empfangsmitgliedstaats bestimmt. Müssen jedoch die betreffenden Schriftstücke im Rahmen von Verfahren, die im Übermittlungsmitgliedstaat eingeleitet werden sollen oder schon anhängig sind, innerhalb einer bestimmte Frist zugestellt werden, so bestimmt sich der Zustellungszeitpunkt im Verhältnis zum Antragsteller nach dem Recht des Übermittlungsmitgliedstaats. Ein Mitgliedstaat kann jedoch aus angemessenen Gründen während eines Übergangszeitraums von fünf Jahren von den vorgenannten Bestimmungen abweichen. Er kann diese Abwei-

chung aus Gründen, die sich aus seinem Rechtssystem ergeben, in Abständen von fünf - Jahren erneuern.

(12) In den Beziehungen zwischen den Mitgliedstaaten, die Vertragsparteien der von den Mitgliedstaaten geschlossenen bilateralen oder multilateralen Übereinkünfte oder Vereinbarungen sind, insbesondere des Protokolls zum Brüsseler Übereinkommen vom 27. September 1968 und des Haager Übereinkommens vom 15. November 1965, hat diese Verordnung in ihrem Anwendungsbereich Vorrang vor den Bestimmungen der Übereinkünfte oder Vereinbarungen mit demselben Anwendungsbereich. Es steht den Mitgliedstaaten frei, Übereinkünfte oder Vereinbarungen zur Beschleunigung oder Vereinfachung der Übermittlung von Schriftstücken beizubehalten oder zu schließen, sofern diese Übereinkünfte oder Vereinbarungen mit dieser Verordnung vereinbar sind.

(13) Die nach dieser Verordnung übermittelten Daten müssen angemessen geschützt werden. Diese Frage wird durch die Richtlinie 95/46/EG des Europäischen Parlaments und des Rates vom 24. Oktober 1995 zum Schutz natürlicher Personen bei der Verarbeitung personenbezogener Daten und zum freien Datenverkehr und die Richtlinie 97/66/EG des Europäischen Parlaments und des Rates vom 15. Dezember 1997 über die Verarbeitung personenbezogener Daten und den Schutz der Privatsphäre im Bereich der Telekommunikation geregelt.

(14) Die zur Durchführung dieser Verordnung erforderlichen Maßnahmen sollten gemäß dem Beschluss 1999/468/EG des Rates vom 28. Juni 1999 zur Festlegung der Modalitäten für die Ausübung der der Kommission übertragenen Durchführungsbefugnisse erlassen werden.

(15) Diese Maßnahmen umfassen auch die Erstellung und Aktualisierung eines Handbuchs unter Verwendung geeigneter moderner Mittel.

(16) Spätestens drei Jahre nach In-Kraft-Treten dieser Verordnung hat die Kommission die Anwendung der Verordnung zu prüfen und gegebenenfalls erforderliche Änderungen vorzuschlagen.

(17) Das Vereinigte Königreich und Irland haben gemäß Artikel 3 des dem Vertrag über die Europäische Union und dem Vertrag zur Gründung der Europäischen Gemeinschaft beigefügten Protokolls über die Position des Vereinigten Königreichs und Irlands mitgeteilt, dass sie sich an der Annahme und Anwendung dieser Verordnung beteiligen möchten.

(18) Dänemark wirkt gemäß den Artikeln 1 und 2 des dem Vertrag über die Europäische Union und dem Vertrag zur Gründung der Europäischen Gemeinschaft beigefügten Protokolls über die Position Dänemarks an der Annahme dieser Verordnung nicht mit. Diese Verordnung ist daher für diesen Staat nicht verbindlich und ihm gegenüber nicht anwendbar -

HAT FOLGENDE VERORDNUNG ERLASSEN:

# Kapitel I
# Allgemeine Bestimmungen

## Art. 1
## Anwendungsbereich

(1) Diese Verordnung ist in Zivil- oder Handelssachen anzuwenden, in denen ein gerichtliches oder außergerichtliches Schriftstück von einem in einen anderen Mitgliedstaat zum Zwecke der Zustellung zu übermitteln ist.

(2) Diese Verordnung gilt nicht, wenn die Anschrift des Empfängers des Schriftstücks unbekannt ist.

## Art. 2
## Übermittlungs- und Empfangsstellen

(1) Jeder Mitgliedstaat benennt die Behörden, Amtspersonen oder sonstigen Personen, die für die Übermittlung gerichtlicher und außergerichtlicher Schriftstücke, die in einem anderen Mitgliedstaat zuzustellen sind, zuständig sind, im Folgenden "Übermittlungsstellen" genannt.

(2) Jeder Mitgliedstaat benennt die Behörden, Amtspersonen oder sonstigen Personen, die für die Entgegennahme gerichtlicher und außergerichtlicher Schriftstücke aus einem anderen Mitgliedstaat zuständig sind, im Folgenden "Empfangsstellen" genannt.

(3) Die Mitgliedstaaten können entweder eine Übermittlungsstelle und eine Empfangsstelle oder eine Stelle für beide Aufgaben benennen. Bundesstaaten, Staaten mit mehreren Rechtssystemen oder Staaten mit autonomen Gebietskörperschaften können mehrere derartige Stellen benennen. Diese Benennung ist für einen Zeitraum von fünf Jahren gültig und kann alle fünf Jahre erneuert werden.

(4) Jeder Mitgliedstaat teilt der Kommission folgende Angaben mit:

a) die Namen und Anschriften der Empfangsstellen nach den Absätzen 2 und 3,

b) den Bereich, für den diese örtlich zuständig sind,

c) die ihnen zur Verfügung stehenden Möglichkeiten für den Empfang von Schriftstücken und

d) die Sprachen, in denen das Formblatt im Anhang ausgefüllt werden darf.

Die Mitgliedstaaten teilen der Kommission jede Änderung dieser Angaben mit.

## Art. 3
## Zentralstelle

Jeder Mitgliedstaat benennt eine Zentralstelle, die

a) den Übermittlungsstellen Auskünfte erteilt;

b) nach Lösungswegen sucht, wenn bei der Übermittlung von Schriftstücken zum Zwecke der Zustellung Schwierigkeiten auftreten;

c) in Ausnahmefällen auf Ersuchen einer Übermittlungsstelle einen Zustellungsantrag an die zuständige Empfangsstelle weiterleitet.

Bundesstaaten, Staaten mit mehreren Rechtssystemen oder Staaten mit autonomen Gebietskörperschaften können mehrere Zentralstellen benennen.

# Kapitel II
# Gerichtliche Schriftstücke

## Abschnitt 1
## Übermittlung und Zustellung von gerichtlichen Schriftstücken

### Art. 4
### Übermittlung von Schriftstücken

(1) Gerichtliche Schriftstücke sind zwischen den nach Artikel 2 benannten Stellen unmittelbar und so schnell wie möglich zu übermitteln.

(2) Die Übermittlung von Schriftstücken, Anträgen, Zeugnissen, Empfangsbestätigungen, Bescheinigungen und sonstigen Dokumenten zwischen den Übermittlungs- und Empfangsstellen kann auf jedem geeigneten Übermittlungsweg erfolgen, sofern das empfangene Dokument mit dem versandten Dokument inhaltlich genau übereinstimmt und alle darin enthaltenen Angaben mühelos lesbar sind.

(3) Dem zu übermittelnden Schriftstück ist ein Antrag beizufügen, der nach dem Formblatt im Anhang erstellt wird. Das Formblatt ist in der Amtssprache des Empfangsmitgliedstaats oder, wenn es in diesem Mitgliedstaat mehrere Amtssprachen gibt, der Amtssprache oder einer der Amtssprachen des Ortes, an dem die Zustellung erfolgen soll, oder in einer sonstigen Sprache, die der Empfangsmitgliedstaat zugelassen hat, auszufüllen. Jeder Mitgliedstaat hat die Amtssprache oder die Amtssprachen der Europäischen Union anzugeben, die er außer seiner oder seinen eigenen für die Ausfüllung des Formblatts zulässt.

(4) Die Schriftstücke sowie alle Dokumente, die übermittelt werden, bedürfen weder der Beglaubigung noch einer anderen gleichwertigen Formalität.

(5) Wünscht die Übermittlungsstelle die Rücksendung einer Abschrift des Schriftstücks zusammen mit der Bescheinigung nach Artikel 10, so übermittelt sie das betreffende Schriftstück in zweifacher Ausfertigung.

### Art. 5
### Übersetzung der Schriftstücke

(1) Der Verfahrensbeteiligte wird von der Übermittlungsstelle, der er das Schriftstück zum Zweck der Übermittlung übergibt, davon in Kenntnis gesetzt, dass der Empfänger die Annahme des Schriftstücks verweigern darf, wenn es nicht in einer der in Artikel 8 genannten Sprachen abgefasst ist.

(2) Der Verfahrensbeteiligte trägt etwaige vor der Übermittlung des Schriftstücks anfallende Übersetzungskosten unbeschadet einer etwaigen späteren Kostenentscheidung des zuständigen Gerichts oder der zuständigen Behörde.

**Art. 6**
**Entgegennahme der Schriftstücke durch die Empfangsstelle**

(1) Nach Erhalt des Schriftstücks übersendet die Empfangsstelle der Übermittlungsstelle auf schnellstmöglichem Wege und so bald wie möglich, auf jeden Fall aber innerhalb von sieben Tagen nach Erhalt des Schriftstücks, eine Empfangsbestätigung unter Verwendung des Formblatts im Anhang.

(2) Kann der Zustellungsantrag auf Grund der übermittelten Angaben oder Dokumente nicht erledigt werden, so nimmt die Empfangsstelle auf schnellstmöglichem Wege Verbindung zu der Übermittlungsstelle auf, um die fehlenden Angaben oder Schriftstücke zu beschaffen.

(3) Fällt der Zustellungsantrag offenkundig nicht in den Anwendungsbereich dieser Verordnung oder ist die Zustellung wegen Nichtbeachtung der erforderlichen Formvorschriften nicht möglich, sind der Zustellungsantrag und die übermittelten Schriftstücke sofort nach Erhalt zusammen mit dem Formblatt im Anhang für die Benachrichtigung über Rücksendung an die Übermittlungsstelle zurückzusenden.

(4) Eine Empfangsstelle, die ein Schriftstück erhält, für dessen Zustellung sie örtlich nicht zuständig ist, leitet dieses Schriftstück zusammen mit dem Zustellungsantrag an die örtlich zuständige Empfangsstelle in demselben Mitgliedstaat weiter, sofern der Antrag den Voraussetzungen in Artikel 4 Absatz 3 entspricht; sie setzt die Übermittlungsstelle unter Verwendung des Formblatts im Anhang davon in Kenntnis. Die örtlich zuständige Empfangsstelle teilt der Übermittlungsstelle gemäß Absatz 1 den Eingang des Schriftstücks mit.

**Art. 7**
**Zustellung der Schriftstücke**

(1) Die Zustellung des Schriftstücks wird von der Empfangsstelle bewirkt oder veranlasst, und zwar entweder nach dem Recht des Empfangsmitgliedstaats oder in einer von der Übermittlungsstelle gewünschten besonderen Form, sofern dieses Verfahren mit dem Recht des Empfangsmitgliedstaats vereinbar ist.

(2) Alle für die Zustellung erforderlichen Schritte sind so bald wie möglich vorzunehmen. Konnte die Zustellung nicht binnen einem Monat nach Eingang des Schriftstücks vorgenommen werden, teilt die Empfangsstelle dies der Übermittlungsstelle unter Verwendung der Bescheinigung mit, die in dem Formblatt im Anhang vorgesehen und gemäß Artikel 10 Absatz 2 auszustellen ist. Die Frist wird nach dem Recht des Empfangsmitgliedstaats berechnet.

**Art. 8**
**Verweigerung der Annahme eines Schriftstücks**

(1) Die Empfangsstelle setzt den Empfänger davon in Kenntnis, dass er die Annahme des zuzustellenden Schriftstücks verweigern darf, wenn dieses in einer anderen als den folgenden Sprachen abgefasst ist:

a) der Amtssprache des Empfangsmitgliedstaats oder, wenn es im Empfangsmitgliedstaat mehrere Amtssprachen gibt, der Amtssprache oder einer der Amtssprachen des Ortes, an dem die Zustellung erfolgen soll, oder
b) einer Sprache des Übermittlungsmitgliedstaats, die der Empfänger versteht.

(2) Wird der Empfangsstelle mitgeteilt, dass der Empfänger die Annahme des Schriftstücks gemäß Absatz 1 verweigert, setzt sie die Übermittlungsstelle unter Verwendung der Bescheinigung nach Artikel 10 unverzüglich davon in Kenntnis und sendet den Antrag sowie die Schriftstücke, um deren Übersetzung ersucht wird, zurück.

**Art. 9**
**Datum der Zustellung**

(1) Unbeschadet des Artikels 8 ist für das Datum der nach Artikel 7 erfolgten Zustellung eines Schriftstücks das Recht des Empfangsmitgliedstaats maßgeblich.

(2) Wenn jedoch die Zustellung eines Schriftstücks im Rahmen eines im Übermittlungsmitgliedstaat einzuleitenden oder anhängigen Verfahrens innerhalb einer bestimmten Frist zu erfolgen hat, ist im Verhältnis zum Antragsteller als Datum der Zustellung der Tag maßgeblich, der sich aus dem Recht des Übermittlungsmitgliedstaats ergibt.

(3) Ein Mitgliedstaat kann aus angemessenen Gründen während eines Übergangszeitraums von fünf Jahren von den Absätzen 1 und 2 abweichen.

Dieser Übergangszeitraum kann von einem Mitgliedstaat aus Gründen, die sich aus seinem Rechtssystem ergeben, in Abständen von fünf Jahren erneuert werden. Der Mitgliedstaat teilt der Kommission den Inhalt der Abweichung und die konkreten Einzelheiten mit.

**Art. 10**
**Bescheinigung über die Zustellung und Abschrift des zugestellten Schriftstücks**

(1) Nach Erledigung der für die Zustellung des Schriftstücks vorzunehmenden Schritte wird nach dem Formblatt im Anhang eine entsprechende Bescheinigung ausgestellt, die der Übermittlungsstelle übersandt wird. Bei Anwendung von Artikel 4 Absatz 5 wird der Bescheinigung eine Abschrift des zugestellten Schriftstücks beigefügt.

(2) Die Bescheinigung ist in der Amtssprache oder in einer der Amtssprachen des Übermittlungsmitgliedstaats oder in einer sonstigen Sprache, die der Übermittlungsmitgliedstaat zugelassen hat, auszufüllen. Jeder Mitgliedstaat hat die Amtssprache oder die Amtssprachen der Europäischen Union anzugeben, die er außer seiner oder seinen eigenen für die Ausfüllung des Formblatts zulässt.

**Art. 11**
**Kosten der Zustellung**

(1) Für die Zustellung gerichtlicher Schriftstücke aus einem anderen Mitgliedstaat darf keine Zahlung oder Erstattung von Gebühren und Auslagen für die Tätigkeit des Empfangsmitgliedstaats verlangt werden.

(2) Der Verfahrensbeteiligte hat jedoch die Auslagen zu zahlen oder zu erstatten, die dadurch entstehen,

a) dass bei der Zustellung eine Amtsperson oder eine andere nach dem Recht des Empfangsmitgliedstaats zuständige Person mitwirkt;

b) dass eine besondere Form der Zustellung eingehalten wird.

## Abschnitt 2
## Andere Arten der Übermittlung und Zustellung gerichtlicher Schriftstücke

### Art. 12
### Übermittlung auf konsularischem oder diplomatischem Weg

Jedem Mitgliedstaat steht es in Ausnahmefällen frei, den nach Artikel 2 oder Artikel 3 benannten Stellen eines anderen Mitgliedstaats gerichtliche Schriftstücke zum Zweck der Zustellung auf konsularischem oder diplomatischem Weg zu übermitteln.

### Art. 13
### Zustellung von Schriftstücken durch die diplomatischen oder konsularischen Vertretungen

(1) Jedem Mitgliedstaat steht es frei, Personen, die ihren Wohnsitz in einem anderen Mitgliedstaat haben, gerichtliche Schriftstücke unmittelbar durch seine diplomatischen oder konsularischen Vertretungen ohne Anwendung von Zwang zustellen zu lassen.

(2) Jeder Mitgliedstaat kann nach Artikel 23 Absatz 1 mitteilen, dass er eine solche Zustellung in seinem Hoheitsgebiet nicht zulässt, außer wenn das Schriftstück einem Staatsangehörigen des Übermittlungsmitgliedstaats zuzustellen ist.

### Art. 14
### Zustellung durch die Post

(1) Jedem Mitgliedstaat steht es frei, Personen, die ihren Wohnsitz in einem anderen Mitgliedstaat haben, gerichtliche Schriftstücke unmittelbar durch die Post zustellen zu lassen.

(2) Jeder Mitgliedstaat kann nach Artikel 23 Absatz 1 die Bedingungen bekannt geben, unter denen er eine Zustellung gerichtlicher Schriftstücke durch die Post zulässt.

### Art. 15
### Unmittelbare Zustellung

(1) Diese Verordnung schließt nicht aus, dass jeder an einem gerichtlichen Verfahren Beteiligte gerichtliche Schriftstücke unmittelbar durch Amtspersonen, Beamte oder sonstige zuständige Personen des Empfangsmitgliedstaats zustellen lassen kann.

(2) Jeder Mitgliedstaat kann nach Artikel 23 Absatz 1 erklären, dass er die Zustellung gerichtlicher Schriftstücke nach Absatz 1 in seinem Hoheitsgebiet nicht zulässt.

## Kapitel III
## Außergerichtliche Schriftstücke

### Art. 16
### Übermittlung

Außergerichtliche Schriftstücke können zum Zweck der Zustellung in einem anderen Mitgliedstaat nach Maßgabe dieser Verordnung übermittelt werden.

## Kapitel IV
## Schlussbestimmungen

### Art. 17
### Durchführungsbestimmungen

Die zur Durchführung dieser Verordnung erforderlichen Maßnahmen in Bezug auf die nachstehenden Sachbereiche sind nach dem Beratungsverfahren des Artikels 18 Absatz 2 zu erlassen:

a) die Erstellung und jährliche Aktualisierung eines Handbuchs mit den von den Mitgliedstaaten nach Artikel 2 Absatz 4 mitgeteilten Angaben;

b) die Erstellung eines Glossars in den Amtssprachen der Europäischen Union über die Schriftstücke, die nach Maßgabe dieser Verordnung zugestellt werden können;

c) die Aktualisierung oder technischen Anpassungen des Formblatts im Anhang.

### Art. 18
### Ausschuss

(1) Die Kommission wird von einem Ausschuss unterstützt.

(2) Wird auf diesen Absatzes Bezug genommen, so gelten die Artikel 3 und 7 des Beschlusses 1999/468/EG.

(3) Der Ausschuss gibt sich eine Geschäftsordnung.

### Art. 19
### Nichteinlassung des Beklagten

(1) War ein verfahrenseinleitendes Schriftstück oder ein gleichwertiges Schriftstück nach dieser Verordnung zum Zweck der Zustellung in einen anderen Mitgliedstaat zu übermitteln und hat sich der Beklagte nicht auf das Verfahren eingelassen, so hat das Gericht das Verfahren auszusetzen, bis festgestellt ist,

a) dass das Schriftstück in einer Form zugestellt worden ist, die das Recht des Empfangsmitgliedstaats für die Zustellung der in seinem Hoheitsgebiet ausgestellten Schriftstücke an dort befindliche Personen vorschreibt, oder

b) dass das Schriftstück tatsächlich entweder dem Beklagten persönlich ausgehändigt oder nach einem anderen in dieser Verordnung vorgesehenen Verfahren in seiner Wohnung abgegeben worden ist, und dass in jedem dieser Fälle das Schriftstück so rechtzeitig ausgehändigt bzw. abgegeben worden ist, dass der Beklagte sich hätte verteidigen können.

(2) Jeder Mitgliedstaat kann nach Artikel 23 Absatz 1 mitteilen, dass seine Gerichte ungeachtet des Absatzes 1 den Rechtsstreit entscheiden können, auch wenn keine Bescheinigung über die Zustellung oder die Aushändigung bzw. Abgabe eingegangen ist, sofern folgende Voraussetzungen gegeben sind:

a) Das Schriftstück ist nach einem in dieser Verordnung vorgesehenen Verfahren übermittelt worden.

b) Seit der Absendung des Schriftstücks ist eine Frist von mindestens sechs Monaten verstrichen, die das Gericht nach den Umständen des Falles als angemessen erachtet.

c) Trotz aller zumutbaren Schritte bei den zuständigen Behörden oder Stellen des Empfangsmitgliedstaats war eine Bescheinigung nicht zu erlangen.

(3) Unbeschadet der Absätze 1 und 2 kann das Gericht in dringenden Fällen einstweilige Maßnahmen oder Sicherungsmaßnahmen anordnen.

(4) War ein verfahrenseinleitendes Schriftstück oder ein gleichwertiges Schriftstück nach dieser Verordnung zum Zweck der Zustellung in einen anderen Mitgliedstaat zu übermitteln und ist eine Entscheidung gegen einen Beklagten ergangen, der sich nicht auf das Verfahren eingelassen hat, so kann ihm das Gericht in Bezug auf Rechtsmittelfristen die Wiedereinsetzung in den vorigen Stand bewilligen, sofern

a) der Beklagte ohne sein Verschulden nicht so rechtzeitig Kenntnis von dem Schriftstück erlangt hat, dass er sich hätte verteidigen können, und nicht so rechtzeitig Kenntnis von der Entscheidung erlangt hat, dass er sie hätte anfechten können, und

b) die Verteidigung des Beklagten nicht von vornherein aussichtslos scheint.

Ein Antrag auf Wiedereinsetzung in den vorigen Stand kann nur innerhalb einer angemessenen Frist, nachdem der Beklagte von der Entscheidung Kenntnis erhalten hat, gestellt werden.

Jeder Mitgliedstaat kann nach Artikel 23 Absatz 1 erklären, dass dieser Antrag nach Ablauf einer in seiner Mitteilung anzugebenden Frist unzulässig ist; diese Frist muss jedoch mindestens ein Jahr ab Erlass der Entscheidung betragen.

(5) Absatz 4 gilt nicht für Entscheidungen, die den Personenstand betreffen.

## Art. 20
## Verhältnis zu Übereinkünften oder Vereinbarungen, die die Mitgliedstaaten abgeschlossen haben

(1) Die Verordnung hat in ihrem Anwendungsbereich Vorrang vor den Bestimmungen, die in den von den Mitgliedstaaten geschlossenen bilateralen oder multilateralen Übereinkünften oder Vereinbarungen enthalten sind, insbesondere vor Artikel IV des Protokolls zum Brüsseler Übereinkommen von 1968 und vor dem Haager Übereinkommen vom 15. November 1956.

(2) Die Verordnung hindert einzelne Mitgliedstaaten nicht daran, Übereinkünfte oder Vereinbarungen zur weiteren Beschleunigung oder Vereinfachung der Übermittlung von

Schriftstücken beizubehalten oder zu schließen, sofern sie mit dieser Verordnung vereinbar sind.

(3) Die Mitgliedstaaten übermitteln der Kommission

a) eine Abschrift der zwischen den Mitgliedstaaten geschlossenen Übereinkünfte oder Vereinbarungen nach Absatz 2 sowie Entwürfe dieser von ihnen geplanten Übereinkünfte oder Vereinbarungen sowie
b) jede Kündigung oder Änderung dieser Übereinkünfte oder Vereinbarungen.

**Art. 21**
**Prozesskostenhilfe**

Artikel 23 des Abkommens über den Zivilprozess vom 17. Juli 1905, Artikel 24 des Übereinkommens über den Zivilprozess vom 1. März 1954 und Artikel 13 des Abkommens über die Erleichterung des internationalen Zugangs zu den Gerichten vom 25. Oktober 1980 bleiben im Verhältnis zwischen den Mitgliedstaaten, die Vertragspartei dieser Übereinkünfte sind, von dieser Verordnung unberührt.

**Art. 22**
**Datenschutz**

(1) Die Empfangsstelle darf die nach dieser Verordnung übermittelten Informationen – einschließlich personenbezogener Daten – nur zu dem Zweck verwenden, zu dem sie übermittelt wurden.

(2) Die Empfangsstelle stellt die Vertraulichkeit derartiger Informationen nach Maßgabe ihres nationalen Rechts sicher.

(3) Die Absätze 1 und 2 berühren nicht das Auskunftsrecht von Betroffenen über die Verwendung der nach dieser Verordnung übermittelten Informationen, das ihnen nach dem einschlägigen nationalen Recht zusteht.

(4) Die Richtlinien 95/46/EG und 97/66/EG bleiben von dieser Verordnung unberührt.

**Art. 23**
**Mitteilung und Veröffentlichung**

(1) Die Mitgliedstaaten teilen der Kommission die Angaben nach den Artikeln 2, 3, 4, 9, 10, 13, 14 und 15, Artikel 17 Buchstabe a) und Artikel 19 mit.

(2) Die Kommission veröffentlicht die Angaben nach Absatz 1 im *Amtsblatt der Europäischen Gemeinschaften*.

**Art. 24**
**Überprüfung**

Die Kommission legt dem Europäischen Parlament, dem Rat und dem Wirtschafts- und Sozialausschuss spätestens am 1. Juni 2004 und danach alle fünf Jahre einen Bericht über die Anwendung dieser Verordnung vor, wobei sie insbesondere auf die Effizienz der in Artikel 2 benannten Stellen und auf die praktische Anwendung von Artikel 3 Buchstabe c) und Artikel 9 achtet. Diesem Bericht werden erforderlichenfalls Vorschläge zur Anpassung dieser Verordnung an die Entwicklung der Zustellungssysteme beigefügt.

## Art. 25
## In-Kraft-Treten

Diese Verordnung tritt am 31. Mai 2001 in Kraft.

Diese Verordnung ist in allen ihren Teilen verbindlich und gilt gemäß dem Vertrag zur Gründung der Europäischen Gemeinschaften unmittelbar in den Mitgliedstaaten.

(Vom Abdruck des Anhangs wird abgesehen)

# 7.
# EG-Verordnung Nr. 1206/2001

**Verordnung (EG) Nr. 1206/2001 des Rates vom 28. Mai 2001 über die Zusammenarbeit zwischen den Gerichten der Mitgliedstaaten auf dem Gebiet der Beweisaufnahme in Zivil- oder Handelssachen**

(ABl EG Nr. L 174 v. 27.06.2001, S.1).

1 Vgl §§ 363 III, 1072 ff. ZPO. Zentralstelle nach Art. 3 I der Verordnung Nr. 1206/2001 ist zB in Hessen der Präsident des OLG Frankfurt/Main (Hess.VO v. 15.12.2004, GVBl 2004, 452).

DER RAT DER EUROPÄISCHEN UNION -

gestützt auf den Vertrag zur Gründung der Europäischen Gemeinschaft, insbesondere auf Artikel 61 Buchstabe c) und Artikel 67 Absatz 1,

auf Initiative der Bundesrepublik Deutschland,

nach Stellungnahme des Europäischen Parlaments,

nach Stellungnahme des Wirtschafts- und Sozialausschusses,

in Erwägung nachstehender Gründe:

(1) Die Union hat sich zum Ziel gesetzt, einen Raum der Freiheit, der Sicherheit und des Rechts, in dem die Freizügigkeit gewährleistet ist, zu erhalten und weiterzuentwickeln. Zum schrittweisen Aufbau dieses Raums erlässt die Gemeinschaft unter anderem im Bereich der justiziellen Zusammenarbeit in Zivilsachen die für das reibungslose Funktionieren des Binnenmarkts erforderlichen Maßnahmen.

(2) Für das reibungslose Funktionieren des Binnenmarkts sollte die Zusammenarbeit zwischen den Gerichten auf dem Gebiet der Beweisaufnahme verbessert, insbesondere vereinfacht und beschleunigt werden.

(3) Der Europäische Rat hat auf seiner Tagung vom 15. und 16. Oktober 1999 in Tampere daran erinnert, dass neue verfahrensrechtliche Vorschriften für grenzüberschreitende Fälle, insbesondere im Bereich der Beweisaufnahme, auszuarbeiten sind.

(4) Dieser Bereich fällt unter Artikel 65 des Vertrags.

(5) Da die Ziele dieser Verordnung – die Verbesserung der Zusammenarbeit zwischen den Gerichten auf dem Gebiet der Beweisaufnahme in Zivil- oder Handelssachen – auf der Ebene der Mitgliedstaaten nicht ausreichend erreicht werden können und daher besser auf Gemeinschaftsebene erreicht werden können, kann die Gemeinschaft diese Maßnahmen im Einklang mit dem in Artikel 5 des Vertrags niedergelegten Grundsatz der Subsidiarität annehmen. Entsprechend dem in demselben Artikel niedergelegten Verhältnismäßigkeitsprinzip geht diese Verordnung nicht über das für die Erreichung dieser Ziele erforderliche Maß hinaus.

(6) Bislang gibt es auf dem Gebiet der Beweisaufnahme keine alle Mitgliedstaaten bindende Übereinkunft. Das Haager Übereinkommen vom 18. März 1970 über die Beweis-

aufnahme im Ausland in Zivil- oder Handelssachen gilt nur zwischen elf Mitgliedstaaten der Europäischen Union.

(7) Da es für eine Entscheidung in einem bei einem Gericht eines Mitgliedstaats anhängigen zivil- oder handelsrechtlichen Verfahren oft erforderlich ist, in einem anderen Mitgliedstaat Beweis erheben zu lassen, darf sich die Tätigkeit der Gemeinschaft nicht auf den unter die Verordnung (EG) Nr. 1348/2000 des Rates vom 29. Mai 2000 über die Zustellung gerichtlicher und außergerichtlicher Schriftstücke in Zivil- oder Handelssachen in den Mitgliedstaaten fallenden Bereich der Übermittlung gerichtlicher und außergerichtlicher Schriftstücke in Zivil- und Handelssachen beschränken. Daher muss die Zusammenarbeit der Gerichte der Mitgliedstaaten auf dem Gebiet der Beweisaufnahme weiter verbessert werden.

(8) Eine effiziente Abwicklung gerichtlicher Verfahren in Zivil- oder Handelssachen setzt voraus, dass die Übermittlung der Ersuchen um Beweisaufnahme und deren Erledigung direkt und auf schnellstmöglichem Wege zwischen den Gerichten der Mitgliedstaaten erfolgt.

(9) Eine schnelle Übermittlung der Ersuchen um Beweisaufnahme erfordert den Einsatz aller geeigneten Mittel, wobei bestimmte Bedingungen hinsichtlich der Lesbarkeit und der Zuverlässigkeit des eingegangenen Dokuments zu beachten sind. Damit ein Höchstmaß an Klarheit und Rechtssicherheit gewährleistet ist, müssen die Ersuchen um Beweisaufnahme anhand eines Formblatts übermittelt werden, das in der Sprache des Mitgliedstaats des ersuchten Gerichts oder in einer anderen von diesem Staat anerkannten Sprache auszufüllen ist. Aus denselben Gründen empfiehlt es sich, auch für die weitere Kommunikation zwischen den betreffenden Gerichten nach Möglichkeit Formblätter zu verwenden.

(10) Ein Ersuchen um Beweisaufnahme sollte rasch erledigt werden. Kann das Ersuchen innerhalb von 90 Tagen nach Eingang bei dem ersuchten Gericht nicht erledigt werden, so sollte dieses das ersuchende Gericht hiervon unter Angabe der Gründe, die einer zügigen Erledigung des Ersuchens entgegenstehen, in Kenntnis zu setzen.

(11) Um die Wirksamkeit dieser Verordnung zu gewährleisten, ist die Möglichkeit, die Erledigung eines Ersuchens um Beweisaufnahme abzulehnen, auf eng begrenzte Ausnahmefälle zu beschränken.

(12) Das ersuchte Gericht sollte das Ersuchen nach Maßgabe des Rechts seines Mitgliedstaats erledigen.

(13) Die Parteien und gegebenenfalls ihre Vertreter sollten der Beweisaufnahme beiwohnen können, wenn dies im Recht des Mitgliedstaats des ersuchenden Gerichts vorgesehen ist, damit sie die Verhandlungen wie im Falle einer Beweisaufnahme im Mitgliedstaat des ersuchenden Gerichts verfolgen können. Sie sollten auch das Recht haben, die Beteiligung an den Verhandlungen zu beantragen, damit sie an der Beweisaufnahme aktiver mitwirken können. Die Bedingungen jedoch, unter denen sie teilnehmen dürfen, sollten vom ersuchten Gericht nach Maßgabe des Rechts seines Mitgliedstaats festgelegt werden.

(14) Die Beauftragten des ersuchenden Gerichts sollten der Beweisaufnahme beiwohnen können, wenn dies mit dem Recht des Mitgliedstaats des ersuchenden Gerichts vereinbar ist, damit eine bessere Beweiswürdigung erfolgen kann. Sie sollten ebenfalls das Recht haben, die Beteiligung an den Verhandlungen zu beantragen – wobei die vom ersuchten

Gericht nach Maßgabe des Rechts seines Mitgliedstaats festgelegten Bedingungen zu beachten sind -, damit sie an der Beweisaufnahme aktiver mitwirken können.

(15) Damit die Beweisaufnahme erleichtert wird, sollte es einem Gericht in einem Mitgliedstaat möglich sein, nach seinem Recht in einem anderen Mitgliedstaat mit dessen Zustimmung unmittelbar Beweis zu erheben, wobei die von der Zentralstelle oder der zuständigen Behörde des ersuchten Mitgliedstaats festgelegten Bedingungen zu beachten sind.

(16) Für die Erledigung des Ersuchens nach Artikel 10 sollte keine Erstattung von Gebühren und Auslagen verlangt werden dürfen. Falls jedoch das ersuchte Gericht die Erstattung verlangt, sollten die Aufwendungen für Sachverständige und Dolmetscher sowie die aus der Anwendung von Artikel 10 Absätze 3 und 4 entstehenden Auslagen nicht von jenem Gericht getragen werden. In einem solchen Fall hat das ersuchende Gericht die erforderlichen Maßnahmen zu ergreifen, um die unverzügliche Erstattung sicherzustellen. Wird die Stellungnahme eines Sachverständigen verlangt, kann das ersuchte Gericht vor der Erledigung des Ersuchens das ersuchende Gericht um eine angemessene Kaution oder einen angemessenen Vorschuss für die Sachverständigenkosten bitten.

(17) Diese Verordnung sollte in ihrem Anwendungsbereich Vorrang vor den Bestimmungen zwischen den Mitgliedstaaten geschlossener internationaler Übereinkommen haben. Es sollte den Mitgliedstaaten freistehen, untereinander Übereinkünfte oder Vereinbarungen zur weiteren Vereinfachung der Zusammenarbeit auf dem Gebiet der Beweisaufnahme zu treffen, sofern diese Übereinkünfte oder Vereinbarungen mit dieser Verordnung vereinbar sind.

(18) Die nach dieser Verordnung übermittelten Daten müssen geschützt werden. Da die Richtlinie 95/46/EG des Europäischen Parlaments und des Rates vom 24. Oktober 1995 zum Schutz natürlicher Personen bei der Verarbeitung personenbezogener Daten und zum freien Datenverkehr und die Richtlinie 97/66/EG des Europäischen Parlaments und des Rates vom 15. Dezember 1997 über die Verarbeitung personenbezogener Daten und den Schutz der Privatsphäre im Bereich der Telekommunikation Anwendung finden, sind entsprechende spezielle Bestimmungen in dieser Verordnung über Datenschutz nicht erforderlich.

(19) Die zur Durchführung dieser Verordnung erforderlichen Maßnahmen sollten gemäß dem Beschluss 99/468/EG des Rates vom 28. Juni 1999 zur Festlegung der Modalitäten für die Ausübung der der Kommission übertragenen Durchführungsbefugnisse erlassen werden.

(20) Um eine einwandfreie Anwendung dieser Verordnung sicherzustellen, sollte die Kommission deren Durchführung prüfen und gegebenenfalls die notwendigen Änderungen vorschlagen.

(21) Das Vereinigte Königreich und Irland haben gemäß Artikel 3 des dem Vertrag über die Europäische Union und dem Vertrag zur Gründung der Europäischen Gemeinschaft beigefügten Protokolls über die Position des Vereinigten Königreichs und Irlands mitgeteilt, dass sie sich an der Annahme und Anwendung dieser Verordnung beteiligen möchten.

(22) Dänemark beteiligt sich gemäß den Artikeln 1 und 2 des dem Vertrag über die Europäische Union und dem Vertrag zur Gründung der Europäischen Gemeinschaft beigefügten Protokolls über die Position Dänemarks nicht an der Annahme dieser Verordnung, die daher für Dänemark nicht bindend und Dänemark gegenüber nicht anwendbar ist -

HAT FOLGENDE VERORDNUNG ERLASSEN:

# Kapitel I
# Allgemeine Bestimmungen

## Art. 1
## Anwendungsbereich

(1) Diese Verordnung ist in Zivil- oder Handelssachen anzuwenden, wenn das Gericht eines Mitgliedstaats nach seinen innerstaatlichen Rechtsvorschriften

a) das zuständige Gericht eines anderen Mitgliedstaats um Beweisaufnahme ersucht, oder

b) darum ersucht, in einem anderen Mitgliedstaat unmittelbar Beweis erheben zu dürfen.

(2) Um Beweisaufnahme darf nicht ersucht werden, wenn die Beweise nicht zur Verwendung in einem bereits eingeleiteten oder zu eröffnenden gerichtlichen Verfahren bestimmt sind.

(3) Im Sinne dieser Verordnung bezeichnet der Ausdruck „Mitgliedstaat" die Mitgliedstaaten mit Ausnahme Dänemarks.

## Art. 2
## Unmittelbarer Geschäftsverkehr zwischen den Gerichten

(1) Ersuchen nach Artikel 1 Absatz 1 Buchstabe a) (nachstehend „Ersuchen" genannt) sind von dem Gericht, bei dem das Verfahren eingeleitet wurde oder eröffnet werden soll (nachstehend „ersuchendes Gericht" genannt), unmittelbar dem zuständigen Gericht eines anderen Mitgliedstaats (nachstehend „ersuchtes Gericht" genannt) zur Durchführung der Beweisaufnahme zu übersenden.

(2) Jeder Mitgliedstaat erstellt eine Liste der für die Durchführung von Beweisaufnahmen nach dieser Verordnung zuständigen Gerichte. In dieser Liste ist auch der örtliche Zuständigkeitsbereich und gegebenenfalls die besondere fachliche Zuständigkeit dieser Gerichte anzugeben.

## Art. 3
## Zentralstelle

(1) Jeder Mitgliedstaat bestimmt eine Zentralstelle, die

a) den Gerichten Auskünfte erteilt;

b) nach Lösungswegen sucht, wenn bei einem Ersuchen Schwierigkeiten auftreten;

c) in Ausnahmefällen auf Ersuchen eines ersuchenden Gerichts ein Ersuchen an das zuständige Gericht weiterleitet;

(2) Bundesstaaten, Staaten mit mehreren Rechtssystemen oder Staaten mit autonomen Gebietskörperschaften können mehrere Zentralstellen bestimmen.

(3) Jeder Mitgliedstaat benennt ferner die in Absatz 1 genannte Zentralstelle oder eine oder mehrere zuständige Behörden als verantwortliche Stellen für Entscheidungen über Ersuchen nach Artikel 17.

## Kapitel II
## Übermittlung und Erledigung der Ersuchen

### Abschnitt 1
### Übermittlung des Ersuchens

#### Art. 4
#### Form und Inhalt des Ersuchens

(1) Das Ersuchen wird unter Verwendung des im Anhang enthaltenen Formblattes A oder gegebenenfalls des Formblattes I gestellt. Es enthält folgende Angaben:

a) das ersuchende und gegebenenfalls das ersuchte Gericht;

b) den Namen und die Anschrift der Parteien und gegebenenfalls ihrer Vertreter;

c) die Art und den Gegenstand der Rechtssache sowie eine gedrängte Darstellung des Sachverhalts;

d) die Bezeichnung der durchzuführenden Beweisaufnahme;

e) bei einem Ersuchen um Vernehmung einer Person:
   - Name und Anschrift der zu vernehmenden Personen;
   - die Fragen, welche an die zu vernehmenden Personen gerichtet werden sollen, oder den Sachverhalt, über den sie vernommen werden sollen;
   - gegebenenfalls einen Hinweis auf ein nach dem Recht des Mitgliedstaats des ersuchenden Gerichts bestehendes Zeugnisverweigerungsrecht;
   - gegebenenfalls den Antrag, die Vernehmung unter Eid oder eidesstattlicher Versicherung durchzuführen, und gegebenenfalls die dabei zu verwendende Formel;
   - gegebenenfalls alle anderen Informationen, die das ersuchende Gericht für erforderlich hält;

f) bei einem Ersuchen um eine sonstige Beweisaufnahme die Urkunden oder die anderen Gegenstände, die geprüft werden sollen;

g) gegebenenfalls Anträge nach Artikel 10 Absätze 3 und 4, Artikel 11 und Artikel 12 und für die Anwendung dieser Bestimmungen erforderliche Erläuterungen.

(2) Die Ersuchen sowie alle dem Ersuchen beigefügten Unterlagen bedürfen weder der Beglaubigung noch einer anderen gleichwertigen Formalität.

(3) Schriftstücke, deren Beifügung das ersuchende Gericht für die Erledigung des Ersuchens für notwendig hält, sind mit einer Übersetzung in die Sprache zu versehen, in der das Ersuchen abgefasst wurde.

## Art. 5
## Sprachen

Das Ersuchen und die auf Grund dieser Verordnung gemachten Mitteilungen sind in der Amtssprache des ersuchten Mitgliedstaats oder, wenn es in diesem Mitgliedstaat mehrere Amtssprachen gibt, in der Amtssprache oder einer der Amtssprachen des Ortes, an dem die beantragte Beweisaufnahme durchgeführt werden soll, oder in einer anderen Sprache, die der ersuchte Mitgliedstaat zugelassen hat, abzufassen. Jeder Mitgliedstaat hat die Amtssprache bzw. die Amtssprachen der Organe der Europäischen Gemeinschaft anzugeben, die er außer seiner bzw. seinen eigenen für die Ausfüllung des Formblatts zulässt.

## Art. 6
## Übermittlung der Ersuchen und der sonstigen Mitteilungen

Ersuchen und Mitteilungen nach dieser Verordnung werden auf dem schnellstmöglichen Wege übermittelt, mit dem der ersuchte Mitgliedstaat sich einverstanden erklärt hat. Die Übermittlung kann auf jedem geeigneten Übermittlungsweg erfolgen, sofern das empfangene Dokument mit dem versandten Dokument inhaltlich genau übereinstimmt und alle darin enthaltenen Angaben lesbar sind.

## Abschnitt 2
## Entgegennahme des Ersuchens

## Art. 7
## Entgegennahme des Ersuchens

(1) Das ersuchte zuständige Gericht übersendet dem ersuchenden Gericht innerhalb von sieben Tagen nach Eingang des Ersuchens eine Empfangsbestätigung unter Verwendung des Formblatts B im Anhang; entspricht das Ersuchen nicht den Bedingungen der Artikel 5 und 6, so bringt das ersuchte Gericht einen entsprechenden Vermerk in der Empfangsbestätigung an.

(2) Fällt die Erledigung eines unter Verwendung des Formblatts A im Anhang gestellten Ersuchens, das die Bedingungen nach Artikel 5 erfüllt, nicht in die Zuständigkeit des Gerichts, an das es übermittelt wurde, so leitet dieses das Ersuchen an das zuständige Gericht seines Mitgliedstaats weiter und unterrichtet das ersuchende Gericht unter Verwendung des Formblatts A im Anhang hiervon.

## Art. 8
## Unvollständiges Ersuchen

(1) Kann ein Ersuchen nicht erledigt werden, weil es nicht alle erforderlichen Angaben gemäß Artikel 4 enthält, so setzt das ersuchte Gericht unverzüglich, spätestens aber innerhalb von 30 Tagen nach Eingang des Ersuchens das ersuchende Gericht unter Verwendung des Formblatts C im Anhang davon in Kenntnis und ersucht es, ihm die fehlenden Angaben, die in möglichst genauer Weise zu bezeichnen sind, zu übermitteln.

(2) Kann ein Ersuchen nicht erledigt werden, weil eine Kaution oder ein Vorschuss nach Artikel 18 Absatz 3 erforderlich ist, teilt das ersuchte Gericht dem ersuchenden Gericht dies unverzüglich, spätestens 30 Tage nach Eingang des Ersuchens unter Verwendung des

Formblatts C im Anhang mit; es teilt dem ersuchenden Gericht ferner mit, wie die Kaution oder der Vorschuss geleistet werden sollten. Das ersuchte Gericht bestätigt den Eingang der Kaution oder des Vorschusses unverzüglich, spätestens innerhalb von 10 Tagen nach Erhalt der Kaution oder des Vorschusses unter Verwendung des Formblatts D.

**Art. 9**
**Vervollständigung des Ersuchens**

(1) Hat das ersuchte Gericht gemäß Artikel 7 Absatz 1 auf der Empfangsbestätigung vermerkt, dass das Ersuchen nicht die Bedingungen der Artikel 5 und Artikel 6 erfüllt, oder hat es das ersuchende Gericht gemäß Artikel 8 davon unterrichtet, dass das Ersuchen nicht erledigt werden kann, weil es nicht alle erforderlichen Angaben nach Artikel 4 enthält, beginnt die Frist nach Artikel 10 Absatz 1 erst mit dem Eingang des ordnungsgemäß ausgefüllten Ersuchens beim ersuchten Gericht zu laufen.

(2) Sofern das ersuchte Gericht gemäß Artikel 18 Absatz 3 um eine Kaution oder einen Vorschuss gebeten hat, beginnt diese Frist erst mit der Hinterlegung der Kaution oder dem Eingang des Vorschusses.

**Abschnitt 3**
**Beweisaufnahme durch das ersuchte Gericht**

**Art. 10**
**Allgemeine Bestimmungen über die Erledigung des Ersuchens**

(1) Das ersuchte Gericht erledigt das Ersuchen unverzüglich, spätestens aber innerhalb von 90 Tagen nach Eingang des Ersuchens.

(2) Das ersuchte Gericht erledigt das Ersuchen nach Maßgabe des Rechts seines Mitgliedstaats.

(3) Das ersuchende Gericht kann unter Verwendung des Formblatts A im Anhang beantragen, dass das Ersuchen nach einer besonderen Form erledigt wird, die das Recht seines Mitgliedstaats vorsieht. Das ersuchte Gericht entspricht einem solchen Antrag, es sei denn, dass diese Form mit dem Recht des Mitgliedstaats des ersuchten Gerichts unvereinbar oder wegen erheblicher tatsächlicher Schwierigkeiten unmöglich ist. Entspricht das ersuchte Gericht aus einem der oben genannten Gründe nicht dem Antrag, so unterrichtet es das ersuchende Gericht unter Verwendung des Formblatts E im Anhang hiervon.

(4) Das ersuchende Gericht kann das ersuchte Gericht bitten, die Beweisaufnahme unter Verwendung von Kommunikationstechnologien, insbesondere im Wege der Videokonferenz und der Telekonferenz, durchzuführen.

Das ersuchte Gericht entspricht einem solchen Antrag, es sei denn, dass dies mit dem Recht des Mitgliedstaats des ersuchten Gerichts unvereinbar oder wegen erheblicher tatsächlicher Schwierigkeiten unmöglich ist.

Entspricht das ersuchte Gericht aus einem dieser Gründe dem Antrag nicht, so unterrichtet es das ersuchende Gericht unter Verwendung des Formblatts E im Anhang hiervon.

Hat das ersuchende oder das ersuchte Gericht keinen Zugang zu den oben genannten technischen Mitteln, können diese von den Gerichten im gegenseitigen Einvernehmen zur Verfügung gestellt werden.

## Art. 11
## Erledigung in Anwesenheit und unter Beteiligung der Parteien

(1) Sofern im Recht des Mitgliedstaats des ersuchenden Gerichts vorgesehen, haben die Parteien und gegebenenfalls ihre Vertreter das Recht, bei der Beweisaufnahme durch das ersuchte Gericht zugegen zu sein.

(2) Das ersuchende Gericht teilt in seinem Ersuchen unter Verwendung des Formblatts A im Anhang dem ersuchten Gericht mit, dass die Parteien und gegebenenfalls ihre Vertreter zugegen sein werden und dass gegebenenfalls ihre Beteiligung beantragt wird. Diese Mitteilung kann auch zu jedem anderen geeigneten Zeitpunkt erfolgen.

(3) Wird die Beteiligung der Parteien und gegebenenfalls ihrer Vertreter an der Durchführung der Beweisaufnahme beantragt, so legt das ersuchte Gericht nach Artikel 10 die Bedingungen für ihre Teilnahme fest.

(4) Das ersuchte Gericht teilt den Parteien und gegebenenfalls ihren Vertretern unter Verwendung des Formblatts F im Anhang Ort und Zeitpunkt der Verhandlung und gegebenenfalls die Bedingungen mit, unter denen sie teilnehmen können.

(5) Die Absätze 1 bis 4 lassen die Möglichkeit des ersuchten Gerichts unberührt, die Parteien und gegebenenfalls ihre Vertreter zu bitten, der Beweisaufnahme beizuwohnen oder sich daran zu beteiligen, wenn das Recht des Mitgliedstaats des ersuchenden Gerichts dies vorsieht.

## Art. 12
## Erledigung in Anwesenheit und unter Beteiligung von Beauftragten des ersuchenden Gerichts

(1) Sofern mit dem Recht des Mitgliedstaats des ersuchenden Gerichts vereinbar, haben die Beauftragten des ersuchenden Gerichts das Recht, bei der Beweisaufnahme durch das ersuchte Gericht zugegen zu sein.

(2) Der Begriff „Beauftragte“ im Sinne dieses Artikels umfasst vom ersuchenden Gericht nach Maßgabe des Rechts seines Mitgliedstaats bestimmte Gerichtsangehörige. Das ersuchende Gericht kann nach Maßgabe des Rechts seines Mitgliedstaats auch andere Personen wie etwa Sachverständige bestimmen.

(3) Das ersuchende Gericht teilt in seinem Ersuchen unter Verwendung des Formblatts A im Anhang dem ersuchten Gericht mit, dass seine Beauftragten zugegen sein werden und gegebenenfalls, dass ihre Beteiligung beantragt wird. Diese Mitteilung kann auch zu jedem anderen geeigneten Zeitpunkt erfolgen.

(4) Wird die Beteiligung der Beauftragten des ersuchenden Gerichts an der Beweisaufnahme beantragt, legt das ersuchte Gericht nach Artikel 10 die Bedingungen für ihre Teilnahme fest.

(5) Das ersuchte Gericht teilt dem ersuchenden Gericht unter Verwendung des Formblatts F im Anhang Ort und Zeitpunkt der Verhandlung und gegebenenfalls die Bedingungen mit, unter denen die Beauftragten daran teilnehmen können.

**Art. 13**
**Zwangsmaßnahmen**

Soweit erforderlich, wendet das ersuchte Gericht bei der Erledigung des Ersuchens geeignete Zwangsmaßnahmen in den Fällen und in dem Umfang an, wie sie das Recht des Mitgliedstaats des ersuchten Gerichts für die Erledigung eines zum gleichen Zweck gestellten Ersuchens inländischer Behörden oder einer beteiligten Partei vorsieht.

**Art. 14**
**Ablehnung der Erledigung**

(1) Ein Ersuchen um Vernehmung einer Person wird nicht erledigt, wenn sich die betreffende Person auf ein Recht zur Aussageverweigerung oder auf ein Aussageverbot beruft,

a) das nach dem Recht des Mitgliedstaats des ersuchten Gerichts vorgesehen ist oder

b) das nach dem Recht des Mitgliedstaats des ersuchenden Gerichts vorgesehen und im Ersuchen bezeichnet oder erforderlichenfalls auf Verlangen des ersuchten Gerichts von dem ersuchenden Gericht bestätigt worden ist.

(2) Die Erledigung eines Ersuchens kann über die in Absatz 1 genannten Gründe hinaus nur insoweit abgelehnt werden, als

a) das Ersuchen nicht in den Anwendungsbereich dieser Verordnung nach Artikel 1 fällt oder

b) die Erledigung des Ersuchens nach dem Recht des Mitgliedstaats des ersuchten Gerichts nicht in den Bereich der Gerichtsgewalt fällt oder

c) das ersuchende Gericht der Aufforderung des ersuchten Gerichts auf Ergänzung des Ersuchens gemäß Artikel 8 nicht innerhalb von 30 Tagen, nachdem das ersuchte Gericht das ersuchende Gericht um Ergänzung des Ersuchens gebeten hat, nachkommt oder

d) eine Kaution oder ein Vorschuss, die gemäß Artikel 18 Absatz 3 verlangt wurden, nicht innerhalb von 60 Tagen nach dem entsprechenden Verlangen des ersuchenden Gerichts hinterlegt bzw. einbezahlt werden.

(3) Die Erledigung darf durch das ersuchte Gericht nicht allein aus dem Grund abgelehnt werden, dass nach dem Recht seines Mitgliedstaats ein Gericht dieses Mitgliedstaats eine ausschließliche Zuständigkeit für die Sache in Anspruch nimmt oder das Recht jenes Mitgliedstaats ein Verfahren nicht kennt, das dem entspricht, für welches das Ersuchen gestellt wird.

(4) Wird die Erledigung des Ersuchens aus einem der in Absatz 2 genannten Gründe abgelehnt, so setzt das ersuchte Gericht unter Verwendung des Formblatts H im Anhang das ersuchende Gericht innerhalb von 60 Tagen nach Eingang des Ersuchens bei dem ersuchten Gericht davon in Kenntnis.

### Art. 15
### Mitteilung über Verzögerungen

Ist das ersuchte Gericht nicht in der Lage, das Ersuchen innerhalb von 90 Tagen nach Eingang zu erledigen, setzt es das ersuchende Gericht unter Verwendung des Formblatts G im Anhang hiervon in Kenntnis. Dabei sind die Gründe für die Verzögerung anzugeben sowie der Zeitraum, der nach Einschätzung des ersuchten Gerichts für die Erledigung des Ersuchens voraussichtlich benötigt wird.

### Art. 16
### Verfahren nach Erledigung des Ersuchens

Das ersuchte Gericht übermittelt dem ersuchenden Gericht unverzüglich die Schriftstücke, aus denen sich die Erledigung des Ersuchens ergibt, und sendet gegebenenfalls die Schriftstücke, die ihm von dem ersuchenden Gericht zugegangen sind, zurück. Den Schriftstücken ist eine Erledigungsbestätigung unter Verwendung des Formblatts H im Anhang beizufügen.

## Abschnitt 4
## Unmittelbare Beweisaufnahme durch das ersuchende Gericht

### Art. 17

(1) Beauftragt ein Gericht eine unmittelbare Beweisaufnahme in einem anderen Mitgliedstaat, so übermittelt es der nach Artikel 3 Absatz 3 bestimmten Zentralstelle oder zuständigen Behörde in diesem Staat unter Verwendung des Formblatts I im Anhang ein entsprechendes Ersuchen.

(2) Die unmittelbare Beweisaufnahme ist nur statthaft, wenn sie auf freiwilliger Grundlage und ohne Zwangsmaßnahmen erfolgen kann.

Macht die unmittelbare Beweisaufnahme die Vernehmung einer Person erforderlich, so teilt das ersuchende Gericht dieser Person mit, dass die Vernehmung auf freiwilliger Grundlage erfolgt.

(3) Die Beweisaufnahme wird von einem nach Maßgabe des Rechts des Mitgliedstaats des ersuchenden Gerichts bestimmten Gerichtsangehörigen oder von einer anderen Person wie etwa einem Sachverständigen durchgeführt.

(4) Die genannte Zentralstelle oder die zuständige Behörde des ersuchten Mitgliedstaats teilt dem ersuchenden Gericht unter Verwendung des Formblatts J im Anhang innerhalb von 30 Tagen nach Eingang des Ersuchens mit, ob dem Ersuchen stattgegeben werden kann und, soweit erforderlich, unter welchen Bedingungen nach Maßgabe des Rechts ihres Mitgliedstaats die betreffende Handlung vorzunehmen ist.

Die Zentralstelle oder die zuständige Behörde kann insbesondere ein Gericht ihres Mitgliedstaats bestimmen, das an der Beweisaufnahme teilnimmt, um sicherzustellen, dass dieser Artikel ordnungsgemäß angewandt wird und die festgelegten Bedingungen eingehalten werden.

Die Zentralstelle oder die zuständige Behörde fördert den Einsatz von Kommunikationstechnologie, wie Video- und Telekonferenzen.

(5) Die Zentralstelle oder die zuständige Stelle kann die unmittelbare Beweisaufnahme nur insoweit ablehnen, als

a) das Ersuchen nicht in den Anwendungsbereich dieser Verordnung nach Artikel 1 fällt,

b) das Ersuchen nicht alle nach Artikel 4 erforderlichen Angaben enthält oder

c) die beantragte unmittelbare Beweisaufnahme wesentlichen Rechtsgrundsätzen ihres Mitgliedstaats zuwiderläuft.

(6) Unbeschadet der nach Absatz 4 festgelegten Bedingungen erledigt das ersuchende Gericht das Ersuchen nach Maßgabe des Rechts seines Mitgliedstaats.

### Abschnitt 5
### Kosten

### Art. 18

(1) Für die Erledigung des Ersuchens nach Artikel 10 darf die Erstattung von Gebühren oder Auslagen nicht verlangt werden.

(2) Falls jedoch das ersuchte Gericht dies verlangt, stellt das ersuchende Gericht unverzüglich die Erstattung folgender Beträge sicher:

- der Aufwendungen für Sachverständige und Dolmetscher und
- der Auslagen, die durch die Anwendung von Artikel 10 Absätze 3 und 4 entstanden sind.

Die Pflicht der Parteien, diese Aufwendungen und Auslagen zu tragen, unterliegt dem Recht des Mitgliedstaats des ersuchenden Gerichts.

(3) Wird die Stellungnahme eines Sachverständigen verlangt, kann das ersuchte Gericht vor der Erledigung des Ersuchens das ersuchende Gericht um eine angemessene Kaution oder einen angemessenen Vorschuss für die Sachverständigenkosten bitten. In allen übrigen Fällen darf die Erledigung eines Ersuchens nicht von einer Kaution oder einem Vorschuss abhängig gemacht werden.

Die Kaution oder der Vorschuss wird von den Parteien hinterlegt bzw. einbezahlt, falls dies im Recht des Mitgliedstaats des ersuchenden Gerichts vorgesehen ist.

## Kapitel III
## Schlussbestimmungen

### Art. 19
### Durchführungsbestimmungen

(1) Die Kommission sorgt für die Erstellung und regelmäßige Aktualisierung eines Handbuchs, das auch in elektronischer Form bereit gestellt wird und die von den Mitgliedstaaten nach Artikel 22 mitgeteilten Angaben sowie die in Kraft befindlichen Übereinkünfte oder Vereinbarungen nach Artikel 21 enthält.

(2) Die Aktualisierung oder technische Anpassung der im Anhang wiedergegebenen Formblätter erfolgt nach dem Beratungsverfahren gemäß Artikel 20 Absatz 2.

### Art. 20
### Ausschuss

(1) Die Kommission wird von einem Ausschuss unterstützt.

(2) Wird auf diesen Absatz Bezug genommen, so gelten die Artikel 3 und 7 des Beschlusses 1999/468/EG.

(3) Der Ausschuss gibt sich eine Geschäftsordnung.

### Art. 21
### Verhältnis zu bestehenden oder künftigen Übereinkünften oder Vereinbarungen zwischen Mitgliedstaaten

(1) In den Beziehungen zwischen den Mitgliedstaaten, die Vertragsparteien einschlägiger, von den Mitgliedstaaten geschlossener bilateraler oder multilateraler Übereinkünfte oder Vereinbarungen sind, insbesondere des Haager Übereinkommens vom 1. März 1954 über den Zivilprozess und des Haager Übereinkommens vom 18. März 1970 über die Beweisaufnahme im Ausland in Zivil- oder Handelssachen, hat diese Verordnung in ihrem Anwendungsbereich Vorrang vor den Bestimmungen, die in den genannten Übereinkünften oder Vereinbarungen enthalten sind.

(2) Diese Verordnung hindert die Mitgliedstaaten nicht daran, dass zwei oder mehr von ihnen untereinander Übereinkünfte oder Vereinbarungen zur weiteren Vereinfachung der Beweisaufnahme schließen oder beibehalten, sofern sie mit dieser Verordnung vereinbar sind.

(3) Die Mitgliedstaaten übermitteln der Kommission

a) zum 1. Juli 2003 eine Abschrift der zwischen den Mitgliedstaaten beibehaltenen angeführten Übereinkünfte oder Vereinbarungen nach Absatz 2,

b) eine Abschrift der zwischen den Mitgliedstaaten geschlossenen Übereinkünfte oder Vereinbarungen nach Absatz 2 und den Entwurf von ihnen geplanter Übereinkünfte oder Vereinbarungen sowie

c) jede Kündigung oder Änderung dieser Übereinkünfte oder Vereinbarungen.

### Art. 22
### Mitteilungen

Jeder Mitgliedstaat teilt der Kommission bis zum 1. Juli 2003 Folgendes mit:

1. die Liste nach Artikel 2 Absatz 2 sowie eine Angabe des örtlichen und gegebenenfalls fachlichen Zuständigkeitsbereichs der Gerichte;
2. den Namen und die Anschrift der Zentralstellen und zuständigen Behörden nach Artikel 3 unter Angabe ihres örtlichen Zuständigkeitsbereichs;
3. die technischen Mittel, über die die in der Liste nach Artikel 2 Absatz 2 aufgeführten Gerichte für die Entgegennahme von Ersuchen verfügen;
4. die Sprachen, die für die Ersuchen nach Artikel 5 zugelassen sind.

Die Mitgliedstaaten teilen der Kommission alle späteren Änderungen dieser Angaben mit.

## Art. 23
## Überprüfung

Bis zum 1. Januar 2007 und danach alle fünf Jahre legt die Kommission dem Europäischen Parlament, dem Rat und dem Wirtschafts- und Sozialausschuss einen Bericht über die Anwendung dieser Verordnung vor, wobei sie insbesondere auf die praktische Anwendung des Artikels 3 Absatz 1 Buchstabe c) und Absatz 3 und der Artikel 17 und 18 achtet.

## Art. 24
## In-Kraft-Treten

(1) Diese Verordnung tritt am 1. Juli 2001 in Kraft.

(2) Diese Verordnung gilt ab dem 1. Januar 2004, mit Ausnahme der Artikel 19, 21 und 22, die ab dem 1. Juli 2001 gelten.

Diese Verordnung ist in allen ihren Teilen verbindlich und gilt gemäß dem Vertrag zur Gründung der Europäischen Gemeinschaft unmittelbar in den Mitgliedstaaten.

(Vom Abdruck des Anhangs wird abgesehen)

# 8.
# EG-Verordnung Nr. 805/2004

**Verordnung (EG) Nr. 805/2004 des Europäischen Parlaments und des Rates vom 21. April 2004 zur Einführung eines europäischen Vollstreckungstitels für unbestrittene Forderungen**

(ABl vom 30.04.2004 Nr. L 143, S. 15; Anhänge geändert durch Abl EU Nr. L 300 vom 17.11.2005)

Die VO Nr. 805/2004, auch VTVO genannt, (dazu *Wagner* NJW 2005, 1157; IPRax 2005, 189) trat am 21.10.2005 in Kraft. Die VO Nr. 805/2004 verdrängt die VO 44/2001 nicht, sie tritt daneben (Art 27). Der Gläubiger hat also die Wahl, ob er die eine oder andere VO anwendet. Der zeitliche und gegenständliche Anwendungsbereich der VO 805/2004 ist aber enger (dann besteht natürlich keine Wahlmöglichkeit, es bleibt nur die VO 44/2001; zB bei einem Herausgabeurteil, bei einem streitigen Endurteil über Geldforderungen). – **VO 44/2001:** Hat der Gläubiger K in Deutschland ein Versäumnisurteil über Geldzahlung erwirkt, das in Frankreich vollstreckt werden soll, dann hat sich K zunächst beim deutschen Gericht eine Bescheinigung zu besorgen (Art 54 VO 44/2001), diese zusammen mit einer Ausfertigung des Urteils dem zuständigen französischen Gericht vorzulegen, das dann hierfür die Vollstreckungsklausel erteilt. Hat K in Österreich ein Versäumnisurteil über Geldzahlung erwirkt, das in Deutschland vollstreckt werden soll, dann hat sich K zunächst beim österreichischen Gericht diese Bescheinigung zu besorgen (Art 54 VO 2201/01), die Bescheinigung zusammen mit einer Ausfertigung des Urteils dem zuständigen deutschen Gericht (LG-Zivilkammer, dort der Vors; vgl AVAG) vorzulegen, das dann die Vollstreckungsklausel erteilt. Nun kann der Gerichtsvollzieher usw beauftragt werden. – **VO 805/2004:** Der Gläubiger K muss sich seinen Titel im Ursprungsstaat (im Beispiel Deutschland bzw Österreich) auf einem bestimmten Formular als „Europäischen Vollstreckungstitel" bestätigen lassen. Mit diesem Titel kann dann direkt im anderen Mitgliedsstaat vollstreckt werden, die Erteilung der Klausel entfällt (Art 5; das AVAG ist nicht anwendbar), der Gerichtsvollzieher usw kann sogleich beauftragt werden. Der Schutz des Schuldners und auch jegliche Kontrolle im Staat, in dem vollstreckt wird, entfallen faktisch (die Forderung war allerdings „unbestritten"). Es handelt sich (entgegen der Überschrift) um keinen „europäischen" Titel, sondern (wie bisher) um einen nationalen Titel. 2

**Sachlicher Anwendungsbereich:** Art 2. Also nicht familien- und erbrechtliche Entscheidungen. Ferner nicht alle Entscheidungen, sondern nur solche über Geldsummen und dabei nur fällige „unbestrittene Forderungen"; was das ist regelt Art 3 I: Anerkenntnisurteile, Versäumnisurteile, Prozessvergleich usw. – **Räumlicher Anwendungsbereich:** EG-Mitgliedstaaten, aber ohne Dänemark; Art 2 III. – **Zeitlicher Anwendungsbereich:** Titel, auch Prozessvergleiche, öffentliche Urkunden, die ab 21.01.2005 ergangen sind bzw geschlossen wurden (Art 26, 33). 3

**Voraussetzungen der Bestätigung im Ursprungsstaat:** Art 6. Sie erfolgt auf einem Formblatt. Wichtig ist der Verbraucherschutz nach Art 6 (1) d. – **Rechtsbehelfe:** wenn zB das zuständige deutsche Gericht die Erteilung der Bestätigung ablehnt: wohl sof Beschwerde für den Gläubiger nach § 567 ZPO; wenn die Bestätigung erteilt wird: der Schuldner kann nur Berichtigung oder Widerruf verlangen (Art 10); eine „sof Beschwer- 4 de" (an die nächste Instanz) ist nicht vorgesehen (Art 10 IV). Wird dann im Vollstreckungsstaat mit der ZwV begonnen, hat der Schuldner wenig eigene Rechtsbehelfe: Art 21 ff. Daneben treten die jeweiligen nationalen Bestimmungen: wird also in Deutschland vollstreckt, § 766 ZPO, § 767 ZPO. Wird aus dem österreichischen Titel in Deutschland in das Radio des Schuldners vollstreckt (entgegen § 811 ZPO), bleibt ihm die Erinnerung nach § 766 ZPO.

5 **Deutsche Durchführungsbestimmungen**: §§ 1082 ff. ZPO.

DAS EUROPÄISCHE PARLAMENT UND DER RAT DER EUROPÄISCHEN UNION -

gestützt auf den Vertrag zur Gründung der Europäischen Gemeinschaft, insbesondere auf Artikel 61 Buchstabe c) und Artikel 67 Absatz 5 zweiter Gedankenstrich,

auf Vorschlag der Kommission,

nach Stellungnahme des Europäischen Wirtschafts- und Sozialausschusses,

gemäß dem Verfahren des Artikels 251 des Vertrags,

in Erwägung nachstehender Gründe:

(1) Die Gemeinschaft hat sich zum Ziel gesetzt, einen Raum der Freiheit, der Sicherheit und des Rechts, in dem der freie Personenverkehr gewährleistet ist, zu erhalten und weiterzuentwickeln. Dazu erlässt die Gemeinschaft unter anderem im Bereich der justiziellen Zusammenarbeit in Zivilsachen die für das reibungslose Funktionieren des Binnenmarkts erforderlichen Maßnahmen.

(2) Am 3. Dezember 1998 nahm der Rat den Aktionsplan des Rates und der Kommission zur bestmöglichen Umsetzung der Bestimmungen des Amsterdamer Vertrags über den Aufbau eines Raums der Freiheit, der Sicherheit und des Rechts an (Wiener Aktionsplan).

(3) Auf seiner Tagung vom 15. und 16. Oktober 1999 in Tampere bekräftigte der Europäische Rat den Grundsatz der gegenseitigen Anerkennung gerichtlicher Entscheidungen als Eckpfeiler für die Schaffung eines echten europäischen Rechtsraums.

(4) Am 30. November 2000 verabschiedete der Rat ein Programm über Maßnahmen zur Umsetzung des Grundsatzes der gegenseitigen Anerkennung gerichtlicher Entscheidungen in Zivil- und Handelssachen. Dieses Programm sieht in seiner ersten Phase die Abschaffung des Vollstreckbarerklärungsverfahrens, d.h. die Einführung eines Europäischen Vollstreckungstitels für unbestrittene Forderungen vor.

(5) Der Begriff "unbestrittene Forderung" sollte alle Situationen erfassen, in denen der Schuldner Art oder Höhe einer Geldforderung nachweislich nicht bestritten hat und der Gläubiger gegen den Schuldner entweder eine gerichtliche Entscheidung oder einen vollstreckbaren Titel, der die ausdrückliche Zustimmung des Schuldners erfordert, wie einen gerichtlichen Vergleich oder eine öffentliche Urkunde, erwirkt hat.

(6) Ein fehlender Widerspruch seitens des Schuldners im Sinne von Artikel 3 Absatz 1 Buchstabe b) liegt auch dann vor, wenn dieser nicht zur Gerichtsverhandlung erscheint oder einer Aufforderung des Gerichts, schriftlich mitzuteilen, ob er sich zu verteidigen beabsichtigt, nicht nachkommt.

(7) Diese Verordnung sollte auch für Entscheidungen, gerichtliche Vergleiche und öffentliche Urkunden über unbestrittene Forderungen und solche Entscheidungen gelten, die nach Anfechtung von als Europäischer Vollstreckungstitel bestätigten Entscheidungen, gerichtlichen Vergleichen und öffentlichen Urkunden ergangen sind.

(8) Der Europäische Rat hat in seinen Schlussfolgerungen von Tampere die Auffassung vertreten, dass der Zugang zur Vollstreckung einer Entscheidung in einem anderen Mitgliedstaat als dem, in dem die Entscheidung ergangen ist, durch den Verzicht auf die dort als Voraussetzung einer Vollstreckung erforderlichen Zwischenmaßnahmen beschleunigt und vereinfacht werden sollte. Eine Entscheidung, die vom Gericht des Ursprungsmitgliedstaats als Europäischer Vollstreckungstitel bestätigt worden ist, sollte im Hinblick auf die Vollstreckung so behandelt werden, als wäre sie im Vollstreckungsmitgliedstaat ergangen. So erfolgt beispielsweise im Vereinigten Königreich die Registrierung einer bestätigten ausländischen Entscheidung nach den gleichen Vorschriften wie die Registrierung einer Entscheidung aus einem anderen Teil des Vereinigten Königreichs und darf nicht mit einer inhaltlichen Überprüfung der ausländischen Entscheidung verbunden sein. Die Umstände der Vollstreckung dieser Entscheidung sollten sich weiterhin nach innerstaatlichem Recht richten.

(9) Dieses Verfahren sollte gegenüber dem Vollstreckbarerklärungsverfahren der Verordnung (EG) Nr. 44/2001 des Rates vom 22. Dezember 2000 über die gerichtliche Zuständigkeit und die Anerkennung und Vollstreckung von Entscheidungen in Zivil- und Handelssachen einen erheblichen Vorteil bieten, der darin besteht, dass auf die Zustimmung des Gerichts eines zweiten Mitgliedstaats mit den daraus entstehenden Verzögerungen und Kosten verzichtet werden kann.

(10) Auf die Nachprüfung einer gerichtlichen Entscheidung, die in einem anderen Mitgliedstaat über eine unbestrittene Forderung in einem Verfahren ergangen ist, auf das sich der Schuldner nicht eingelassen hat, kann nur dann verzichtet werden, wenn eine hinreichende Gewähr besteht, dass die Verteidigungsrechte beachtet worden sind.

(11) Diese Verordnung soll der Förderung der Grundrechte dienen und berücksichtigt die Grundsätze, die insbesondere mit der Charta der Grundrechte der Europäischen Union anerkannt wurden. Sie zielt insbesondere darauf ab, die uneingeschränkte Wahrung des Rechts auf ein faires Verfahren, wie es in Artikel 47 der Charta verankert ist, zu Gewähr leisten.

(12) Für das gerichtliche Verfahren sollten Mindestvorschriften festgelegt werden, um sicherzustellen, dass der Schuldner so rechtzeitig und in einer Weise über das gegen ihn eingeleitete Verfahren, die Notwendigkeit seiner aktiven Teilnahme am Verfahren, wenn er die Forderung bestreiten will, und über die Folgen seiner Nichtteilnahme unterrichtet wird, dass er Vorkehrungen für seine Verteidigung treffen kann.

(13) Wegen der Unterschiede im Zivilprozessrecht der Mitgliedstaaten, insbesondere bei den Zustellungsvorschriften, müssen die Mindestvorschriften präzise und detailliert definiert sein. So kann insbesondere eine Zustellungsform, die auf einer juristischen Fiktion beruht, im Hinblick auf die Einhaltung der Mindestvorschriften nicht als ausreichend für die Bestätigung einer Entscheidung als Europäischer Vollstreckungstitel angesehen werden.

(14) Alle in den Artikeln 13 und 14 aufgeführten Zustellungsformen sind entweder durch eine absolute Gewissheit (Artikel 13) oder ein hohes Maß an Wahrscheinlichkeit (Artikel 14) dafür gekennzeichnet, dass das zugestellte Schriftstück dem Empfänger zugegangen ist. In der zweiten Kategorie sollte eine Entscheidung nur dann als Europäischer Vollstreckungstitel bestätigt werden, wenn der Ursprungsmitgliedstaat über einen geeigneten Mechanismus verfügt, der es dem Schuldner unter bestimmten Voraussetzungen ermöglicht, eine vollständige Überprüfung der Entscheidung gemäß Artikel 19 zu verlangen, und zwar dann, wenn das Schriftstück dem Empfänger trotz Einhaltung des Artikels 14 ausnahmsweise nicht zugegangen ist.

(15) Die persönliche Zustellung an bestimmte andere Personen als den Schuldner selbst gemäß Artikel 14 Absatz 1 Buchstaben a) und b) sollte die Anforderungen der genannten Vorschriften nur dann erfüllen, wenn diese Personen das betreffende Schriftstück auch tatsächlich erhalten haben.

(16) Artikel 15 sollte auf Situationen Anwendung finden, in denen der Schuldner sich nicht selbst vor Gericht vertreten kann, etwa weil er eine juristische Person ist, und in denen er durch eine gesetzlich bestimmte Person vertreten wird, sowie auf Situationen, in denen der Schuldner eine andere Person, insbesondere einen Rechtsanwalt, ermächtigt hat, ihn in dem betreffenden gerichtlichen Verfahren zu vertreten.

(17) Die für die Nachprüfung der Einhaltung der prozessualen Mindestvorschriften zuständigen Gerichte sollten gegebenenfalls eine einheitliche Bestätigung als Europäischer Vollstreckungstitel ausstellen, aus der die Nachprüfung und deren Ergebnis hervorgeht.

(18) Gegenseitiges Vertrauen in die ordnungsgemäße Rechtspflege in den Mitgliedstaaten rechtfertigt es, dass das Gericht nur eines Mitgliedstaats beurteilt, ob alle Voraussetzungen für die Bestätigung der Entscheidung als Europäischer Vollstreckungstitel vorliegen, sodass die Vollstreckung der Entscheidung in allen anderen Mitgliedstaaten möglich ist, ohne dass im Vollstreckungsmitgliedstaat zusätzlich von einem Gericht nachgeprüft werden muss, ob die prozessualen Mindestvorschriften eingehalten worden sind.

(19) Diese Verordnung begründet keine Verpflichtung für die Mitgliedstaaten, ihr innerstaatliches Recht an die prozessualen Mindestvorschriften in dieser Verordnung anzupassen. Entscheidungen werden in anderen Mitgliedstaaten jedoch nur dann effizienter und schneller vollstreckt, wenn diese Mindestvorschriften beachtet werden, so dass hier ein entsprechender Anreiz für die Mitgliedstaaten besteht, ihr Recht dieser Verordnung anzupassen.

(20) Dem Gläubiger sollte es frei stehen, eine Bestätigung als Europäischer Vollstreckungstitel für unbestrittene Forderungen zu beantragen oder sich für das Anerkennungs- und Vollstreckungsverfahren nach der Verordnung (EG) Nr. 44/2001 oder für andere Gemeinschaftsrechtsakte zu entscheiden.

(21) Ist ein Schriftstück zum Zwecke der Zustellung von einem Mitgliedstaat in einen anderen Mitgliedstaat zu versenden, so sollte diese Verordnung, insbesondere die darin enthaltenen Zustellungsvorschriften, zusammen mit der Verordnung (EG) Nr. 1348/2000 des Rates vom 29. Mai 2000 über die Zustellung gerichtlicher und außergerichtlicher Schriftstücke in Zivil- oder Handelssachen in den Mitgliedstaaten, und insbesondere mit

deren Artikel 14 in Verbindung mit den Erklärungen der Mitgliedstaaten nach deren Artikel 23, gelten.

(22) Da die Ziele der beabsichtigten Maßnahmen auf Ebene der Mitgliedstaaten nicht ausreichend erreicht werden können und daher wegen ihres Umfangs und ihrer Wirkungen besser auf Gemeinschaftsebene zu erreichen sind, kann die Gemeinschaft im Einklang mit dem in Artikel 5 des Vertrags niedergelegten Subsidiaritätsprinzip tätig werden. Entsprechend dem in demselben Artikel genannten Verhältnismäßigkeitsprinzip geht diese Verordnung nicht über das zur Erreichung dieser Ziele erforderliche Maß hinaus.

(23) Die zur Durchführung dieser Verordnung erforderlichen Maßnahmen sollten gemäß dem Beschluss 1999/468/EG des Rates vom 28. Juni 1999 zur Festlegung der Modalitäten für die Ausübung der der Kommission übertragenen Durchführungsbefugnisse erlassen werden.

(24) Gemäß Artikel 3 des dem Vertrag über die Europäische Union und dem Vertrag zur Gründung der Europäischen Gemeinschaft beigefügten Protokolls über die Position des Vereinigten Königreichs und Irlands haben diese Mitgliedstaaten mitgeteilt, dass sie sich an der Annahme und Anwendung dieser Verordnung beteiligen möchten.

(25) Dänemark beteiligt sich gemäß den Artikeln 1 und 2 des dem Vertrag über die Europäische Union und dem Vertrag zur Gründung der Europäischen Gemeinschaft beigefügten Protokolls über die Position Dänemarks nicht an der Annahme dieser Verordnung, die für Dänemark somit nicht bindend oder anwendbar ist.

(26) Gemäß Artikel 67 Absatz 5 zweiter Gedankenstrich des Vertrags ist für die in dieser Verordnung geregelten Maßnahmen ab dem 1. Februar 2003 das Mitentscheidungsverfahren anzuwenden -

HABEN FOLGENDE VERORDNUNG ERLASSEN:

## Kapitel 1
## Gegenstand, Anwendungsbereich und Begriffsbestimmungen

### Art. 1
### Gegenstand

Mit dieser Verordnung wird ein Europäischer Vollstreckungstitel für unbestrittene Forderungen eingeführt, um durch die Festlegung von Mindestvorschriften den freien Verkehr von Entscheidungen, gerichtlichen Vergleichen und öffentlichen Urkunden in allen Mitgliedstaaten zu ermöglichen, ohne dass im Vollstreckungsmitgliedstaat ein Zwischenverfahren vor der Anerkennung und Vollstreckung angestrengt werden muss.

### Art. 2
### Anwendungsbereich

(1) Diese Verordnung ist in Zivil- und Handelssachen anzuwenden, ohne dass es auf die Art der Gerichtsbarkeit ankommt. Sie erfasst insbesondere nicht Steuer- und Zollsachen, verwaltungsrechtliche Angelegenheiten sowie die Haftung des Staates für Handlungen oder Unterlassungen im Rahmen der Ausübung hoheitlicher Rechte ("acta jure imperii").

(2) Diese Verordnung ist nicht anzuwenden auf

a) den Personenstand, die Rechts- und Handlungsfähigkeit sowie die gesetzliche Vertretung von natürlichen Personen, die ehelichen Güterstände, das Gebiet des Erbrechts einschließlich des Testamentsrechts;

b) Konkurse, Vergleiche und ähnliche Verfahren;

c) die soziale Sicherheit;

d) die Schiedsgerichtsbarkeit.

(3) In dieser Verordnung bedeutet der Begriff "Mitgliedstaaten" die Mitgliedstaaten mit Ausnahme Dänemarks.

### Art. 3
### Vollstreckungstitel, die als Europäischer Vollstreckungstitel bestätigt werden

(1) Diese Verordnung gilt für Entscheidungen, gerichtliche Vergleiche und öffentliche Urkunden über unbestrittene Forderungen.
Eine Forderung gilt als "unbestritten", wenn

a) der Schuldner ihr im gerichtlichen Verfahren ausdrücklich durch Anerkenntnis oder durch einen von einem Gericht gebilligten oder vor einem Gericht im Laufe eines Verfahrens geschlossenen Vergleich zugestimmt hat oder

b) der Schuldner ihr im gerichtlichen Verfahren zu keiner Zeit nach den maßgeblichen Verfahrensvorschriften des Rechts des Ursprungsmitgliedstaats widersprochen hat oder

c) der Schuldner zu einer Gerichtsverhandlung über die Forderung nicht erschienen oder dabei nicht vertreten worden ist, nachdem er zuvor im gerichtlichen Verfahren der Forderung widersprochen hatte, sofern ein solches Verhalten nach dem Recht des Ursprungsmitgliedstaats als stillschweigendes Zugeständnis der Forderung oder des vom Gläubiger behaupteten Sachverhalts anzusehen ist oder

d) der Schuldner die Forderung ausdrücklich in einer öffentlichen Urkunde anerkannt hat.

(2) Diese Verordnung gilt auch für Entscheidungen, die nach Anfechtung von als Europäischer Vollstreckungstitel bestätigten Entscheidungen, gerichtlichen Vergleichen oder öffentlichen Urkunden ergangen sind.

### Art. 4
### Begriffsbestimmungen

Im Sinne dieser Verordnung gelten folgende Begriffsbestimmungen:

1. "Entscheidung": jede von einem Gericht eines Mitgliedstaats erlassene Entscheidung ohne Rücksicht auf ihre Bezeichnung wie Urteil, Beschluss, Zahlungsbefehl oder Vollstreckungsbescheid, einschließlich des Kostenfestsetzungsbeschlusses eines Gerichtsbediensteten.

2. "Forderung": eine Forderung auf Zahlung einer bestimmten Geldsumme, die fällig ist oder deren Fälligkeitsdatum in der Entscheidung, dem gerichtlichen Vergleich oder der öffentlichen Urkunde angegeben ist.
3. "Öffentliche Urkunde":
   a) ein Schriftstück, das als öffentliche Urkunde aufgenommen oder registriert worden ist, wobei die Beurkundung
      i) sich auf die Unterschrift und den Inhalt der Urkunde bezieht und
      ii) von einer Behörde oder einer anderen von dem Ursprungsmitgliedstaat hierzu ermächtigten Stelle vorgenommen worden ist;

   oder
   b) eine vor einer Verwaltungsbehörde geschlossene oder von ihr beurkundete Unterhaltsvereinbarung oder -verpflichtung.
4. "Ursprungsmitgliedstaat": der Mitgliedstaat, in dem eine Entscheidung ergangen ist, ein gerichtlicher Vergleich gebilligt oder geschlossen oder eine öffentliche Urkunde ausgestellt wurde und in dem diese als Europäischer Vollstreckungstitel zu bestätigen sind.
5. "Vollstreckungsmitgliedstaat": der Mitgliedstaat, in dem die Vollstreckung der/des als Europäischer Vollstreckungstitel bestätigten Entscheidung, gerichtlichen Vergleichs oder öffentlichen Urkunde betrieben wird.
6. "Ursprungsgericht": das Gericht, das mit dem Verfahren zum Zeitpunkt der Erfüllung der Voraussetzungen nach Artikel 3 Absatz 1 Buchstaben a), b), und c) befasst war.
7. Bei den summarischen Mahnverfahren in Schweden (betalningsföreläggande) umfasst der Begriff "Gericht" auch die schwedische kronofogdemyndighet (Amt für Beitreibung).

## Kapitel 2
## Der europäische Vollstreckungstitel

### Art. 5
### Abschaffung des Vollstreckbarerklärungsverfahrens

Eine Entscheidung, die im Ursprungsmitgliedstaat als Europäischer Vollstreckungstitel bestätigt worden ist, wird in den anderen Mitgliedstaaten anerkannt und vollstreckt, ohne dass es einer Vollstreckbarerklärung bedarf und ohne dass die Anerkennung angefochten werden kann.

### Art. 6
### Voraussetzungen für die Bestätigung als Europäischer Vollstreckungstitel

(1) Eine in einem Mitgliedstaat über eine unbestrittene Forderung ergangene Entscheidung wird auf jederzeitigen Antrag an das Ursprungsgericht als Europäischer Vollstreckungstitel bestätigt, wenn

a) die Entscheidung im Ursprungsmitgliedstaat vollstreckbar ist, und

b) die Entscheidung nicht im Widerspruch zu den Zuständigkeitsregeln in Kapitel II Abschnitte 3 und 6 der Verordnung (EG) Nr. 44/2001 steht, und

c) das gerichtliche Verfahren im Ursprungsmitgliedstaat im Fall einer unbestrittenen Forderung im Sinne von Artikel 3 Absatz 1 Buchstabe b) oder c) den Voraussetzungen des Kapitels III entsprochen hat, und

d) die Entscheidung in dem Mitgliedstaat ergangen ist, in dem der Schuldner seinen Wohnsitz im Sinne von Artikel 59 der Verordnung (EG) Nr. 44/2001 hat, sofern

- die Forderung unbestritten im Sinne von Artikel 3 Absatz 1 Buchstabe b) oder c) ist,
- sie einen Vertrag betrifft, den eine Person, der Verbraucher, zu einem Zweck geschlossen hat, der nicht der beruflichen oder gewerblichen Tätigkeit dieser Person zugerechnet werden kann und
- der Schuldner der Verbraucher ist.

(2) Ist eine als Europäischer Vollstreckungstitel bestätigte Entscheidung nicht mehr vollstreckbar oder wurde ihre Vollstreckbarkeit ausgesetzt oder eingeschränkt, so wird auf jederzeitigen Antrag an das Ursprungsgericht unter Verwendung des Formblatts in Anhang IV eine Bestätigung der Nichtvollstreckbarkeit bzw. der Beschränkung der Vollstreckbarkeit ausgestellt.

(3) Ist nach Anfechtung einer Entscheidung, die als Europäischer Vollstreckungstitel gemäß Absatz 1 bestätigt worden ist, eine Entscheidung ergangen, so wird auf jederzeitigen Antrag unter Verwendung des Formblatts in Anhang V eine Ersatzbestätigung ausgestellt, wenn diese Entscheidung im Ursprungsmitgliedstaat vollstreckbar ist; Artikel 12 Absatz 2 bleibt davon unberührt.

## Art. 7
## Kosten in Verbindung mit dem gerichtlichen Verfahren

Umfasst eine Entscheidung eine vollstreckbare Entscheidung über die Höhe der mit dem gerichtlichen Verfahren verbundenen Kosten, einschließlich Zinsen, wird sie auch hinsichtlich dieser Kosten als Europäischer Vollstreckungstitel bestätigt, es sei denn, der Schuldner hat im gerichtlichen Verfahren nach den Rechtsvorschriften des Ursprungsmitgliedstaats der Verpflichtung zum Kostenersatz ausdrücklich widersprochen.

## Art. 8
## Teilbarkeit der Bestätigung als Europäischer Vollstreckungstitel

Wenn die Entscheidung die Voraussetzungen dieser Verordnung nur in Teilen erfüllt, so wird die Bestätigung als Europäischer Vollstreckungstitel nur für diese Teile ausgestellt.

## Art. 9
## Ausstellung der Bestätigung als Europäischer Vollstreckungstitel

(1) Die Bestätigung als Europäischer Vollstreckungstitel wird unter Verwendung des Formblatts in Anhang I ausgestellt.

(2) Die Bestätigung als Europäischer Vollstreckungstitel wird in der Sprache ausgestellt, in der die Entscheidung abgefasst ist.

### Art. 10
### Berichtigung oder Widerruf der Bestätigung als Europäischer Vollstreckungstitel

(1) Die Bestätigung als Europäischer Vollstreckungstitel wird auf Antrag an das Ursprungsgericht

a) berichtigt, wenn die Entscheidung und die Bestätigung auf Grundauf Grund eines materiellen Fehlers voneinander abweichen;

b) widerrufen, wenn sie hinsichtlich der in dieser Verordnung festgelegten Voraussetzungen eindeutig zu Unrecht erteilt wurde.

(2) Für die Berichtigung oder den Widerruf der Bestätigung als Europäischer Vollstreckungstitel ist das Recht des Ursprungsmitgliedstaats maßgebend.

(3) Die Berichtigung oder der Widerruf der Bestätigung als Europäischer Vollstreckungstitel können unter Verwendung des Formblatts in Anhang VI beantragt werden.

(4) Gegen die Ausstellung einer Bestätigung als Europäischer Vollstreckungstitel ist kein Rechtsbehelf möglich.

### Art. 11
### Wirkung der Bestätigung als Europäischer Vollstreckungstitel

Die Bestätigung als Europäischer Vollstreckungstitel entfaltet Wirkung nur im Rahmen der Vollstreckbarkeit der Entscheidung.

## Kapitel 3.
## Mindestvorschriften für Verfahren überunbestrittene Forderungen

### Art. 12
### Anwendungsbereich der Mindestvorschriften

(1) Eine Entscheidung über eine unbestrittene Forderung im Sinne von Artikel 3 Absatz 1 Buchstabe b) oder c) kann nur dann als Europäischer Vollstreckungstitel bestätigt werden, wenn das gerichtliche Verfahren im Ursprungsmitgliedstaat den verfahrensrechtlichen Erfordernissen nach diesem Kapitel genügt hat.

(2) Dieselben Erfordernisse gelten auch für die Ausstellung der Bestätigung als Europäischer Vollstreckungstitel oder einer Ersatzbestätigung im Sinne des Artikels 6 Absatz 3 für eine Entscheidung, die nach Anfechtung einer Entscheidung ergangen ist, wenn zum Zeitpunkt dieser Entscheidung die Bedingungen nach Artikel 3 Absatz 1 Buchstabe b) oder c) erfüllt sind.

### Art. 13
### Zustellung mit Nachweis des Empfangs durch den Schuldner

(1) Das verfahrenseinleitende Schriftstück oder ein gleichwertiges Schriftstück kann dem Schuldner wie folgt zugestellt worden sein:

a) durch persönliche Zustellung, bei der der Schuldner eine Empfangsbestätigung unter Angabe des Empfangsdatums unterzeichnet, oder

b) durch persönliche Zustellung, bei der die zuständige Person, die die Zustellung vorgenommen hat, ein Dokument unterzeichnet, in dem angegeben ist, dass der Schuldner das Schriftstück erhalten hat oder dessen Annahme unberechtigt verweigert hat und an welchem Datum die Zustellung erfolgt ist, oder

c) durch postalische Zustellung, bei der der Schuldner die Empfangsbestätigung unter Angabe des Empfangsdatums unterzeichnet und zurückschickt, oder

d) durch elektronische Zustellung wie beispielsweise per Fax oder E-Mail, bei der der Schuldner eine Empfangsbestätigung unter Angabe des Empfangsdatums unterzeichnet und zurückschickt.

(2) Eine Ladung zu einer Gerichtsverhandlung kann dem Schuldner gemäß Absatz 1 zugestellt oder mündlich in einer vorausgehenden Verhandlung über dieselbe Forderung bekannt gemacht worden sein, wobei dies im Protokoll dieser Verhandlung festgehalten sein muss.

## Art. 14
## Zustellung ohne Nachweis des Empfangs durch den Schuldner

(1) Das verfahrenseinleitende Schriftstück oder ein gleichwertiges Schriftstück sowie eine Ladung zu einer Gerichtsverhandlung kann dem Schuldner auch in einer der folgenden Formen zugestellt worden sein:

a) persönliche Zustellung unter der Privatanschrift des Schuldners an eine in derselben Wohnung wie der Schuldner lebende Person oder an eine dort beschäftigte Person;

b) wenn der Schuldner Selbstständiger oder eine juristische Person ist, persönliche Zustellung in den Geschäftsräumen des Schuldners an eine Person, die vom Schuldner beschäftigt wird;

c) Hinterlegung des Schriftstücks im Briefkasten des Schuldners;

d) Hinterlegung des Schriftstücks beim Postamt oder bei den zuständigen Behörden mit entsprechender schriftlicher Benachrichtigung im Briefkasten des Schuldners, sofern in der schriftlichen Benachrichtigung das Schriftstück eindeutig als gerichtliches Schriftstück bezeichnet oder darauf hingewiesen wird, dass die Zustellung durch die Benachrichtigung als erfolgt gilt und damit Fristen zu laufen beginnen;

e) postalisch ohne Nachweis gemäß Absatz 3, wenn der Schuldner seine Anschrift im Ursprungsmitgliedstaat hat;

f) elektronisch, mit automatisch erstellter Sendebestätigung, sofern sich der Schuldner vorab ausdrücklich mit dieser Art der Zustellung einverstanden erklärt hat.

(2) Für die Zwecke dieser Verordnung ist eine Zustellung gemäß Absatz 1 nicht zulässig, wenn die Anschrift des Schuldners nicht mit Sicherheit ermittelt werden kann.

(3) Die Zustellung nach Absatz 1 Buchstaben a) bis d) wird bescheinigt durch

a) ein von der zuständigen Person, die die Zustellung vorgenommen hat, unterzeichnetes Schriftstück mit den folgenden Angaben:

i) die gewählte Form der Zustellung und

ii) das Datum der Zustellung sowie,

iii) falls das Schriftstück einer anderen Person als dem Schuldner zugestellt wurde, der Name dieser Person und die Angabe ihres Verhältnisses zum Schuldner,

oder

b) eine Empfangsbestätigung der Person, der das Schriftstück zugestellt wurde, für die Zwecke von Absatz 1 Buchstaben a) und b).

**Art. 15**
**Zustellung an die Vertreter des Schuldners**

Die Zustellung gemäßArtikel 13 oder Artikel 14 kann auch an den Vertreter des Schuldners bewirkt worden sein.

**Art. 16**
**Ordnungsgemäße Unterrichtung des Schuldners über die Forderung**

Um sicherzustellen, dass der Schuldner ordnungsgemäßüber die Forderung unterrichtet worden ist, muss das verfahrenseinleitende Schriftstück oder das gleichwertige Schriftstück folgende Angaben enthalten haben:

a) den Namen und die Anschrift der Parteien;

b) die Höhe der Forderung;

c) wenn Zinsen gefordert werden, den Zinssatz und den Zeitraum, für den Zinsen gefordert werden, es sei denn, die Rechtsvorschriften des Ursprungsmitgliedstaats sehen vor, dass gesetzliche Zinsen automatisch der Hauptforderung hinzugefügt werden;

d) die Bezeichnung des Forderungsgrundes.

**Art. 17**
**Ordnungsgemäße Unterrichtung des Schuldners über die Verfahrensschritte zum Bestreiten der Forderung**

In dem verfahrenseinleitenden Schriftstück, einem gleichwertigen Schriftstück oder einer Ladung zu einer Gerichtsverhandlung oder in einer zusammen mit diesem Schriftstück oder dieser Ladung zugestellten Belehrung muss deutlich auf Folgendes hingewiesen worden sein:

a) auf die verfahrensrechtlichen Erfordernisse für das Bestreiten der Forderung; dazu gehören insbesondere die Frist, innerhalb deren die Forderung schriftlich bestritten werden kann bzw. gegebenenfalls der Termin der Gerichtsverhandlung, die Bezeichnung und die Anschrift der Stelle, an die die Antwort zu richten bzw. vor der gegebenenfalls zu erscheinen ist, sowie die Information darüber, ob die Vertretung durch einen Rechtsanwalt vorgeschrieben ist;

b) auf die Konsequenzen des Nichtbestreitens oder des Nichterscheinens, insbesondere die etwaige Möglichkeit einer Entscheidung oder ihrer Vollstreckung gegen den Schuldner und der Verpflichtung zum Kostenersatz.

## Art. 18
## Heilung der Nichteinhaltung von Mindestvorschriften

(1) Genügte das Verfahren im Ursprungsmitgliedstaat nicht den in den Artikeln 13 bis 17 festgelegten verfahrensrechtlichen Erfordernissen, so sind eine Heilung der Verfahrensmängel und eine Bestätigung der Entscheidung als Europäischer Vollstreckungstitel möglich, wenn

a) die Entscheidung dem Schuldner unter Einhaltung der verfahrensrechtlichen Erfordernisse nach Artikel 13 oder Artikel 14 zugestellt worden ist, und

b) der Schuldner die Möglichkeit hatte, einen eine uneingeschränkte Überprüfung umfassenden Rechtsbehelf gegen die Entscheidung einzulegen, und er in oder zusammen mit der Entscheidung ordnungsgemäßüber die verfahrensrechtlichen Erfordernisse für die Einlegung eines solchen Rechtsbehelfs, einschließlich der Bezeichnung und der Anschrift der Stelle, bei der der Rechtsbehelf einzulegen ist, und gegebenenfalls der Frist unterrichtet wurde, und

c) der Schuldner es versäumt hat, einen Rechtsbehelf gegen die Entscheidung gemäß den einschlägigen verfahrensrechtlichen Erfordernissen einzulegen.

(2) Genügte das Verfahren im Ursprungsmitgliedstaat nicht den verfahrensrechtlichen Erfordernissen nach Artikel 13 oder Artikel 14, so ist eine Heilung dieser Verfahrensmängel möglich, wenn durch das Verhalten des Schuldners im gerichtlichen Verfahren nachgewiesen ist, dass er das zuzustellende Schriftstück so rechtzeitig persönlich bekommen hat, dass er Vorkehrungen für seine Verteidigung treffen konnte.

## Art. 19
## Mindestvorschriften für eine Überprüfung in Ausnahmefällen

(1) Ergänzend zu den Artikeln 13 bis 18 kann eine Entscheidung nur dann als Europäischer Vollstreckungstitel bestätigt werden, wenn der Schuldner nach dem Recht des Ursprungsmitgliedstaats berechtigt ist, eine Überprüfung der Entscheidung zu beantragen, falls

a)

i) das verfahrenseinleitende oder ein gleichwertiges Schriftstück oder gegebenenfalls die Ladung zu einer Gerichtsverhandlung in einer der in Artikel 14 genannten Formen zugestellt wurden, und

ii) die Zustellung ohne Verschulden des Schuldners nicht so rechtzeitig erfolgt ist, dass er Vorkehrungen für seine Verteidigung hätte treffen können,

oder

b) der Schuldner auf Grund höherer Gewalt oder auf Grund außergewöhnlicher Umstände ohne eigenes Verschulden der Forderung nicht widersprechen konnte,

wobei in beiden Fällen jeweils vorausgesetzt wird, dass er unverzüglich tätig wird.

(2) Dieser Artikel berührt nicht die Möglichkeit der Mitgliedstaaten, eine Überprüfung der Entscheidung unter großzügigeren Bedingungen als nach Absatz 1 zu ermöglichen.

# Kapitel 4
# Vollstreckung

## Art. 20
## Vollstreckungsverfahren

(1) Unbeschadet der Bestimmungen dieses Kapitels gilt für das Vollstreckungsverfahren das Recht des Vollstreckungsmitgliedstaats.

Eine als Europäischer Vollstreckungstitel bestätigte Entscheidung wird unter den gleichen Bedingungen vollstreckt wie eine im Vollstreckungsmitgliedstaat ergangene Entscheidung.

(2) Der Gläubiger ist verpflichtet, den zuständigen Vollstreckungsbehörden des Vollstreckungsmitgliedstaats Folgendes zu übermitteln:

a) eine Ausfertigung der Entscheidung, die die für ihre Beweiskraft erforderlichen Voraussetzungen erfüllt, und

b) eine Ausfertigung der Bestätigung als Europäischer Vollstreckungstitel, die die für ihre Beweiskraft erforderlichen Voraussetzungen erfüllt, und

c) gegebenenfalls eine Transkription der Bestätigung als Europäischer Vollstreckungstitel oder eine Übersetzung dieser Bestätigung in die Amtssprache des Vollstreckungsmitgliedstaats oder – falls es in diesem Mitgliedstaat mehrere Amtssprachen gibt – nach Maßgabe der Rechtsvorschriften dieses Mitgliedstaats in die Verfahrenssprache oder eine der Verfahrenssprachen des Ortes, an dem die Vollstreckung betrieben wird, oder in eine sonstige Sprache, die der Vollstreckungsmitgliedstaat zulässt. Jeder Mitgliedstaat kann angeben, welche Amtssprache oder Amtssprachen der Organe der Europäischen Gemeinschaft er neben seiner oder seinen eigenen für die Ausstellung der Bestätigung zulässt. Die Übersetzung ist von einer hierzu in einem der Mitgliedstaaten befugten Person zu beglaubigen.

(3) Der Partei, die in einem Mitgliedstaat eine Entscheidung vollstrecken will, die in einem anderen Mitgliedstaat als Europäischer Vollstreckungstitel bestätigt wurde, darf wegen ihrer Eigenschaft als Ausländer oder wegen Fehlens eines inländischen Wohnsitzes oder Aufenthaltsorts eine Sicherheitsleistung oder Hinterlegung, unter welcher Bezeichnung es auch sei, nicht auferlegt werden.

## Art. 21
## Verweigerung der Vollstreckung

(1) Auf Antrag des Schuldners wird die Vollstreckung vom zuständigen Gericht im Vollstreckungsmitgliedstaat verweigert, wenn die als Europäischer Vollstreckungstitel bestätigte Entscheidung mit einer früheren Entscheidung unvereinbar ist, die in einem Mitgliedstaat oder einem Drittland ergangen ist, sofern

a) die frühere Entscheidung zwischen denselben Parteien wegen desselben Streitgegenstands ergangen ist und

b) die frühere Entscheidung im Vollstreckungsmitgliedstaat ergangen ist oder die notwendigen Voraussetzungen für ihre Anerkennung im Vollstreckungsmitgliedstaat erfüllt und

c) die Unvereinbarkeit im gerichtlichen Verfahren des Ursprungsmitgliedstaats nicht geltend gemacht worden ist und nicht geltend gemacht werden konnte.

(2) Weder die Entscheidung noch ihre Bestätigung als Europäischer Vollstreckungstitel dürfen im Vollstreckungsmitgliedstaat in der Sache selbst nachgeprüft werden.

### Art. 22
### Vereinbarungen mit Drittländern

Diese Verordnung lässt Vereinbarungen unberührt, durch die sich die Mitgliedstaaten vor In-Kraft-Treten der Verordnung (EG) Nr. 44/2001 im Einklang mit Artikel 59 des Brüsseler Übereinkommens über die gerichtliche Zuständigkeit und die Vollstreckung gerichtlicher Entscheidungen in Zivil- und Handelssachen verpflichtet haben, Entscheidungen insbesondere der Gerichte eines anderen Vertragsstaats des genannten Übereinkommens gegen Beklagte, die ihren Wohnsitz oder gewöhnlichen Aufenthalt im Hoheitsgebiet eines Drittlands haben, nicht anzuerkennen, wenn die Entscheidungen in den Fällen des Artikels 4 des genannten Übereinkommens nur in einem der in Artikel 3 Absatz 2 des genannten Übereinkommens angeführten Gerichtsstände ergehen können.

### Art. 23
### Aussetzung oder Beschränkung der Vollstreckung

Hat der Schuldner

- einen Rechtsbehelf gegen eine als Europäischer Vollstreckungstitel bestätigte Entscheidung eingelegt, wozu auch ein Antrag auf Überprüfung im Sinne des Artikels 19 gehört, oder
- die Berichtigung oder den Widerruf einer Bestätigung als Europäischer Vollstreckungstitel gemäß Artikel 10 beantragt,

so kann das zuständige Gericht oder die befugte Stelle im Vollstreckungsmitgliedstaat auf Antrag des Schuldners

a) das Vollstreckungsverfahren auf Sicherungsmaßnahmen beschränken oder

b) die Vollstreckung von der Leistung einer von dem Gericht oder der befugten Stelle zu bestimmenden Sicherheit abhängig machen oder

c) unter außergewöhnlichen Umständen das Vollstreckungsverfahren aussetzen.

## Kapitel 5
## Gerichtliche Vergleiche und öffentliche Urkunden

### Art. 24
### Gerichtliche Vergleiche

(1) Ein Vergleich über eine Forderung im Sinne von Artikel 4 Nummer 2, der von einem Gericht gebilligt oder vor einem Gericht im Laufe eines Verfahrens geschlossen wurde,

und der in dem Mitgliedstaat, in dem er gebilligt oder geschlossen wurde, vollstreckbar ist, wird auf Antrag an das Gericht, das ihn gebilligt hat oder vor dem er geschlossen wurde, unter Verwendung des Formblatts in Anhang II als Europäischer Vollstreckungstitel bestätigt.

(2) Ein Vergleich, der im Ursprungsmitgliedstaat als Europäischer Vollstreckungstitel bestätigt worden ist, wird in den anderen Mitgliedstaaten vollstreckt, ohne dass es einer Vollstreckbarerklärung bedarf und ohne dass seine Vollstreckbarkeit angefochten werden kann.

(3) Die Bestimmungen von Kapitel II (mit Ausnahme von Artikel 5, Artikel 6 Absatz 1 und Artikel 9 Absatz 1) sowie von Kapitel IV (mit Ausnahme von Artikel 21 Absatz 1 und Artikel 22) finden entsprechende Anwendung.

### Art. 25
### Öffentliche Urkunden

(1) Eine öffentliche Urkunde über eine Forderung im Sinne von Artikel 4 Absatz 2, die in einem Mitgliedstaat vollstreckbar ist, wird auf Antrag an die vom Ursprungsmitgliedstaat bestimmte Stelle unter Verwendung des Formblatts in Anhang III als Europäischer Vollstreckungstitel bestätigt.

(2) Eine öffentliche Urkunde, die im Ursprungsmitgliedstaat als Europäischer Vollstreckungstitel bestätigt worden ist, wird in den anderen Mitgliedstaaten vollstreckt, ohne dass es einer Vollstreckbarerklärung bedarf und ohne dass ihre Vollstreckbarkeit angefochten werden kann.

(3) Die Bestimmungen von Kapitel II (mit Ausnahme von Artikel 5, Artikel 6 Absatz 1 und Artikel 9 Absatz 1) sowie von Kapitel IV (mit Ausnahme von Artikel 21 Absatz 1 und Artikel 22) finden entsprechende Anwendung.

## Kapitel 6
## Übergangsbestimmungen

### Art. 26
### Übergangsbestimmung

Diese Verordnung gilt nur für nach ihrem In-Kraft-Treten ergangene Entscheidungen, gerichtlich gebilligte oder geschlossene Vergleiche und aufgenommene oder registrierte öffentliche Urkunden.

## Kapitel 7
## Verhältnis zu anderen Rechtsakten der Gemeinschaft

### Art. 27
### Verhältnis zur Verordnung (EG) Nr. 44/2001

Diese Verordnung berührt nicht die Möglichkeit, die Anerkennung und Vollstreckung einer Entscheidung über eine unbestrittene Forderung, eines gerichtlichen Vergleichs oder einer öffentlichen Urkunde gemäß der Verordnung (EG) Nr. 44/2001 zu betreiben.

### Art. 28
### Verhältnis zur Verordnung (EG) Nr. 1348/2000

Diese Verordnung lässt die Anwendung der Verordnung (EG) Nr. 1348/2000 unberührt.

## Kapitel 8
## Allgemeine und Schlussbestimmungen

### Art. 29
### Informationen über Vollstreckungsverfahren und -behörden

Die Mitgliedstaaten arbeiten zusammen, um der Öffentlichkeit und den Fachkreisen folgende Informationen zur Verfügung zu stellen:

a) Informationen über die Vollstreckungsverfahren und -methoden in den Mitgliedstaaten und

b) Informationen über die zuständigen Vollstreckungsbehörden in den Mitgliedstaaten,

insbesondere über das mit der Entscheidung 2001/470/EG des Rates eingerichtete Europäische Justizielle Netz für Zivil- und Handelssachen.

### Art. 30
### Angaben zu den Rechtsbehelfen, Sprachen und Stellen

(1) Die Mitgliedstaaten teilen der Kommission Folgendes mit:

a) das in Artikel 10 Absatz 2 genannte Berichtigungs- und Widerrufsverfahren sowie das in Artikel 19 Absatz 1 genannte Überprüfungsverfahren;

b) die gemäß Artikel 20 Absatz 2 Buchstabe c) zugelassenen Sprachen;

c) die Listen der in Artikel 25 genannten Stellen;

sowie alle nachfolgenden Änderungen.

(2) Die Kommission macht die nach Absatz 1 mitgeteilten Informationen durch Veröffentlichung im *Amtsblatt der Europäischen Union* und durch andere geeignete Mittel öffentlich zugänglich.

## Art. 31
## Änderungen der Anhänge

Änderungen der Formblätter in den Anhängen werden gemäß dem in Artikel 32 Absatz 2 genannten Beratungsverfahren beschlossen.

## Art. 32
## Ausschuss

(1) Die Kommission wird von dem in Artikel 75 der Verordnung (EG) Nr. 44/2001 vorgesehenen Ausschuss unterstützt.

(2) Wird auf diesen Absatz Bezug genommen, so gelten die Artikel 3 und 7 des Beschlusses 1999/468/EG unter Beachtung von dessen Artikel 8.

(3) Der Ausschuss gibt sich eine Geschäftsordnung.

## Art. 33
## In-Kraft-Treten

Diese Verordnung tritt am 21. Januar 2005 in Kraft.

Sie gilt ab dem 21. Oktober 2005 mit Ausnahme der Artikel 30, 31 und 32, die ab dem 21. Januar 2005 gelten.

Diese Verordnung ist in allen ihren Teilen verbindlich und gilt gemäß dem Vertrag zur Gründung der Europäischen Gemeinschaft unmittelbar in den Mitgliedstaaten.

(Vom Abdruck der Anhänge wird abgesehen)

# 9.
# AVAG

**Gesetz zur Ausführung zwischenstaatlicher Verträge und zur Durchführung von Verordnungen der Europäischen Gemeinschaft auf dem Gebiet der Anerkennung und Vollstreckung in Zivil- und Handelssachen (Anerkennungs- und Vollstreckungsausführungsgesetz – AVAG)**

vom 19. Februar 2001 (BGBl. 288, 436), geändert durch G v. 30.01.2002 (BGBl 2002, 564), G v. 26.01.2005 (BGBl 2005, 162/173), G v. 26.03.2007 (BGBl 2007, 358), G v. 17.04.2007 (BGBl 2007, 529) und Bek v. 12.07.2007 (BGBl 2007, 1058). Reform: BT-Drucks. 16/2857

1 Die **Anerkennung und Vollstreckung ausl Entscheidungen** richtet sich im Verhältnis zu den EG-Ländern nach dem AVAG, sonst nach Staatsverträgen, hilfsweise nach §§ 722, 723 ZPO. Die Anerkennung ausl Ehescheidungen richtet sich im Verhältnis zu den EG-Ländern nach der VO Nr. 2201/2003, im Verhältnis zu anderen Ländern nach Art 7 § 1 FamRÄndG. Die VO 2201/2003 wird nicht nach dem AVAG durchgeführt, sondern nach dem **Internationalen Familienrechtsverfahrensgesetz** v. 26.01.2005 (BGBl 2005, 162). Die Anerkennung von FGG-Entscheidungen richtet sich nach Staatsverträgen, hilfsweise nach § 16a FGG. Zum Vorgehen nach der VO Nr. 805/2004 vgl Anhang 8.

2 **Bsp:** Hat ein Gl in Österreich nach dem 01.03.2002 ein Urteil auf Zahlung von Kaufpreis erstritten und will er daraus in Deutschland gegen den Schuldner vollstrecken, dann ist darauf die VO (EG) Nr. 44/2001 anwendbar (Art 1 VO), also auch das AVAG. Das VU ist anerkennungsfähig (Art 33 VO) und wird in der materiellrechtlichen Richtigkeit grds nicht nachgeprüft (Art 36 VO). In Deutschland kann das VU nach Vollstreckbarerklärung anerkannt werden (Art 38 VO). Der Antrag ist vom Gl (ohne Anwaltzwang, § 6 III AVAG) an den Vors einer Zivilkammer bei einem deutschen LG zu richten (Art 39 VO); örtliche Zuständigkeit: § 3 II AVAG. Die Ausfertigung des Titels (Original) ist beizufügen (§ 4 IV AVAG). Ferner ist eine Bescheinigung des österreichischen Bezirksgerichts beizufügen (Art 54 VO), dass die Klage in Österreich ordnungsgemäß zugestellt wurde (wegen Art 34 Nr. 2 VO). Ein Zustellungsbevollmächtigter muss nicht benannt werden (§ 5 AVAG). Das LG hört den Schuldner nicht an (§ 6 I AVAG); der Vors der Zivilkammer ordnet nach Prüfung der Unterlagen (§ 7 II AVAG) an, dass das österreichische Urteil mit der Vollstreckungsklausel zu versehen ist (§ 8 AVAG). Der Beschluss enthält keine Kostenentscheidung, für die **Kosten** (auch der österreichischen Zustellungs-Bescheinigung) gilt § 788 ZPO (§ 8 I 4 AVAG). Jedoch kann beim AG eine Kostenfestsetzung beantragt werden (§ 788 II ZPO; OLG München FamRZ 2002, 408).

3 **Gerichtsgebühren** (streitwertunabhängig): GKG-KV 1510 ff.; **RA-Gebühren** (streitwertabhängig): RVG-VV 3100 ff. (ob beim StrW die ausländischen Kosten mitzählen oder nicht, ist str, vgl § 4 ZPO). Die Klausel erteilt der Urkundsbeamte (§ 9 AVAG).

# Teil 1
# Allgemeines

## Abschnitt 1
## Anwendungsbereich; Begriffsbestimmungen

### § 1
### Anwendungsbereich

(1) Diesem Gesetz unterliegen

1. die Ausführung folgender zwischenstaatlicher Verträge (Anerkennungs- und Vollstreckungsverträge):
   a) Übereinkommen vom 27. September 1968 über die gerichtliche Zuständigkeit und die Vollstreckung gerichtlicher Entscheidungen in Zivil- und Handelssachen (BGBl. 1972 II S. 773);
   b) Übereinkommen vom 16. September 1988 über die gerichtliche Zuständigkeit und die Vollstreckung gerichtlicher Entscheidungen in Zivil- und Handelssachen (BGBl. 1994 II S. 2658);
   c) Haager Übereinkommen vom 2. Oktober 1973 über die Anerkennung und Vollstreckung von Unterhaltsentscheidungen (BGBl. 1986 II S. 825);
   d) Vertrag vom 17. Juni 1977 zwischen der Bundesrepublik Deutschland und dem Königreich Norwegen über die gegenseitige Anerkennung und Vollstreckung gerichtlicher Entscheidungen und anderer Schuldtitel in Zivil- und Handelssachen (BGBl. 1981 II S. 341);
   e) Vertrag vom 20. Juli 1977 zwischen der Bundesrepublik Deutschland und dem Staat Israel über die gegenseitige Anerkennung und Vollstreckung gerichtlicher Entscheidungen in Zivil- und Handelssachen (BGBl. 1980 II S. 925);
   f) Vertrag vom 14. November 1983 zwischen der Bundesrepublik Deutschland und Spanien über die Anerkennung und Vollstreckung von gerichtlichen Entscheidungen und Vergleichen sowie vollstreckbaren öffentlichen Urkunden in Zivil- und Handelssachen (BGBl. 1987 II S. 34);
2. die Durchführung folgender Verordnungen und Abkommen der Europäischen Gemeinschaft:
   a) der Verordnung (EG) Nr. 44/ 2001 des Rates vom 22. Dezember 2000 über die gerichtliche Zuständigkeit und die Anerkennung und Vollstreckung von Entscheidungen in Zivil- und Handelssachen (ABl. EG 2001 Nr. L 12 S. 1);
   b) des Abkommens vom 19. Oktober 2005 zwischen der Europäischen Gemeinschaft und dem Königreich Dänemark über die gerichtliche Zuständigkeit und die Anerkennung und Vollstreckung von Entscheidungen in Zivil- und Handelssachen (ABl. EU Nr. L 299 S. 62).

(2) [1]Die Regelungen der in Absatz 1 Nr. 2 genannten Verordnungen und Abkommen werden als unmittelbar geltendes Recht der Europäischen Gemeinschaft durch die Durch-

führungsbestimmungen dieses Gesetzes nicht berührt. [2]Unberührt bleiben auch die Regelungen der zwischenstaatlichen Verträge; dies gilt insbesondere für die Regelungen über

1. den sachlichen Anwendungsbereich,
2. die Art der Entscheidungen und sonstigen Titel, die im Inland anerkannt oder zur Zwangsvollstreckung zugelassen werden können,
3. das Erfordernis der Rechtskraft der Entscheidungen,
4. die Art der Urkunden, die im Verfahren vorzulegen sind, und
5. die Gründe, die zur Versagung der Anerkennung oder Zulassung der Zwangsvollstreckung führen.

### § 2
### Begriffsbestimmungen

Im Sinne dieses Gesetzes sind

1. unter Mitgliedstaaten die Mitgliedstaaten der Europäischen Union und
2. unter Titeln Entscheidungen, gerichtliche Vergleiche und öffentliche Urkunden, auf welche der jeweils auszuführende Anerkennungs- und Vollstreckungsvertrag, die jeweils durchzuführende Verordnung oder das jeweils durchzuführende Abkommen Anwendung findet,

zu verstehen.

## Abschnitt 2
## Zulassung der Zwangsvollstreckung aus ausländischen Titeln

### § 3
### Zuständigkeit

(1) Für die Vollstreckbarerklärung von Titeln aus einem anderen Staat ist das Landgericht ausschließlich zuständig.

(2) [1]Örtlich zuständig ist ausschließlich das Gericht, in dessen Bezirk der Verpflichtete seinen Wohnsitz hat, oder, wenn er im Inland keinen Wohnsitz hat, das Gericht, in dessen Bezirk die Zwangsvollstreckung durchgeführt werden soll. [2]Der Sitz von Gesellschaften und juristischen Personen steht dem Wohnsitz gleich.

(3) Über den Antrag auf Erteilung der Vollstreckungsklausel entscheidet der Vorsitzende einer Zivilkammer.

### § 4
### Antragstellung

(1) Der in einem anderen Staat vollstreckbare Titel wird dadurch zur Zwangsvollstreckung zugelassen, dass er auf Antrag mit der Vollstreckungsklausel versehen wird.

(2) Der Antrag auf Erteilung der Vollstreckungsklausel kann bei dem zuständigen Gericht schriftlich eingereicht oder mündlich zu Protokoll der Geschäftsstelle erklärt werden.

(3) Ist der Antrag entgegen § 184 des Gerichtsverfassungsgesetzes nicht in deutscher Sprache abgefasst, so kann das Gericht dem Antragsteller aufgeben, eine Übersetzung des Antrags beizubringen, deren Richtigkeit von einer

1. in einem Mitgliedstaat der Europäischen Union oder in einem anderen Vertragsstaat des Abkommens über den Europäischen Wirtschaftsraum oder
2. in einem Vertragsstaat des jeweils auszuführenden Anerkennungs- und Vollstreckungsvertrags

hierzu befugten Person bestätigt worden ist.

(4) Der Ausfertigung des Titels, der mit der Vollstreckungsklausel versehen werden soll, und seiner Übersetzung, soweit eine solche vorgelegt wird, sollen zwei Abschriften beigefügt werden.

## § 5
## Zustellungsempfänger

(1) Hat die antragstellende Person in dem Antrag keinen Zustellungsbevollmächtigten im Sinn des § 184 Abs. 1 Satz 1 der Zivilprozessordnung benannt, so können bis zur nachträglichen Benennung alle Zustellungen an sie durch Aufgabe zur Post (§ 184 Abs. 1 Satz 2 und Abs. 2 der Zivilprozessordnung) bewirkt werden.

(2) Absatz 1 gilt nicht, wenn die antragstellende Person einen Verfahrensbevollmächtigten für das Verfahren bestellt hat, an den im Inland zugestellt werden kann.

## § 6
## Verfahren

(1) Das Gericht entscheidet ohne Anhörung des Verpflichteten.

(2) [1]Die Entscheidung ergeht ohne mündliche Verhandlung. [2]Jedoch kann eine mündliche Erörterung mit dem Antragsteller oder seinem Bevollmächtigten stattfinden, wenn der Antragsteller oder der Bevollmächtigte hiermit einverstanden ist und die Erörterung der Beschleunigung dient.

(3) Im ersten Rechtszug ist die Vertretung durch einen Rechtsanwalt nicht erforderlich.

## § 7
## Vollstreckbarkeit ausländischer Titel in Sonderfällen

(1) [1]Hängt die Zwangsvollstreckung nach dem Inhalt des Titels von einer dem Berechtigten obliegenden Sicherheitsleistung, dem Ablauf einer Frist oder dem Eintritt einer anderen Tatsache ab oder wird die Vollstreckungsklausel zu Gunsten eines anderen als des in dem Titel bezeichneten Berechtigten oder gegen einen anderen als den darin bezeichneten Verpflichteten beantragt, so ist die Frage, inwieweit die Zulassung der Zwangsvollstreckung von dem Nachweis besonderer Voraussetzungen abhängig oder ob der Titel für oder gegen den anderen vollstreckbar ist, nach dem Recht des Staates zu entscheiden, in dem der Titel errichtet ist. [2]Der Nachweis ist durch Urkunden zu führen, es sei denn, dass die Tatsachen bei dem Gericht offenkundig sind.

(2) [1]Kann der Nachweis durch Urkunden nicht geführt werden, so ist auf Antrag des Berechtigten der Verpflichtete zu hören. [2]In diesem Falle sind alle Beweismittel zulässig. [3]Das Gericht kann auch die mündliche Verhandlung anordnen.

## § 8
## Entscheidung

(1) [1]Ist die Zwangsvollstreckung aus dem Titel zuzulassen, so beschließt das Gericht, dass der Titel mit der Vollstreckungsklausel zu versehen ist. [2]In dem Beschluss ist die zu vollstreckende Verpflichtung in deutscher Sprache wiederzugeben. [3]Zur Begründung des Beschlusses genügt in der Regel die Bezugnahme auf die durchzuführende Verordnung der Europäischen Gemeinschaft oder den auszuführenden Anerkennungs- und Vollstreckungsvertrag sowie auf von dem Antragsteller vorgelegte Urkunden. [4]Auf die Kosten des Verfahrens ist § 788 der Zivilprozessordnung entsprechend anzuwenden.

(2) [1]Ist der Antrag nicht zulässig oder nicht begründet, so lehnt ihn das Gericht durch mit Gründen versehenen Beschluss ab. [2]Die Kosten sind dem Antragsteller aufzuerlegen.

## § 9
## Vollstreckungsklausel

(1) [1]Auf Grund des Beschlusses nach § 8 Abs. 1 erteilt der Urkundsbeamte der Geschäftsstelle die Vollstreckungsklausel in folgender Form:

„Vollstreckungsklausel nach § 4 des Anerkennungs- und Vollstreckungsausführungsgesetzes vom 19. Februar 2001 (BGBl. I S. 288). Gemäß dem Beschluss des .......................... (Bezeichnung des Gerichts und des Beschlusses) ist die Zwangsvollstreckung aus ...................... (Bezeichnung des Titels) zu Gunsten .......................... (Bezeichnung des Berechtigten) gegen .................. (Bezeichnung des Verpflichteten) zulässig.

Die zu vollstreckende Verpflichtung lautet: .......... (Angabe der dem Verpflichteten aus dem ausländischen Titel obliegenden Verpflichtung in deutscher Sprache; aus dem Beschluss nach § 8 Abs. 1 zu übernehmen).

Die Zwangsvollstreckung darf über Maßregeln zur Sicherung nicht hinausgehen, bis der Gläubiger eine gerichtliche Anordnung oder ein Zeugnis vorlegt, dass die Zwangsvollstreckung unbeschränkt stattfinden darf.“

[2]Lautet der Titel auf Leistung von Geld, so ist der Vollstreckungsklausel folgender Zusatz anzufügen:

„Solange die Zwangsvollstreckung über Maßregeln zur Sicherung nicht hinausgehen darf, kann der Schuldner die Zwangsvollstreckung durch Leistung einer Sicherheit in Höhe von .................. (Angabe des Betrages, wegen dessen der Berechtigte vollstrecken darf) abwenden.“

(2) Wird die Zwangsvollstreckung nur für einen oder mehrere der durch die ausländische Entscheidung zuerkannten oder in einem anderen ausländischen Titel niedergelegten Ansprüche oder nur für einen Teil des Gegenstands der Verpflichtung zugelassen, so ist die Vollstreckungsklausel als „Teil-Vollstreckungsklausel nach § 4 des Anerkennungs- und Vollstreckungsausführungsgesetzes vom 19. Februar 2001 (BGBl. I S. 288)" zu bezeichnen.

(3) [1]Die Vollstreckungsklausel ist von dem Urkundsbeamten der Geschäftsstelle zu unterschreiben und mit dem Gerichtssiegel zu versehen. [2]Sie ist entweder auf die Ausfertigung des Titels oder auf ein damit zu verbindendes Blatt zu setzen. [3]Falls eine Übersetzung des Titels vorliegt, ist sie mit der Ausfertigung zu verbinden.

### § 10
### Bekanntgabe der Entscheidung

(1) Im Falle des § 8 Abs. 1 sind dem Verpflichteten eine beglaubigte Abschrift des Beschlusses, eine beglaubigte Abschrift des mit der Vollstreckungsklausel versehenen Titels und gegebenenfalls seiner Übersetzung sowie der gemäß § 8 Abs. 1 Satz 3 in Bezug genommenen Urkunden von Amts wegen zuzustellen.

(2) [1]Muss die Zustellung an den Verpflichteten im Ausland oder durch öffentliche Bekanntmachung erfolgen und hält das Gericht die Beschwerdefrist nach § 11 Abs. 3 Satz 1 nicht für ausreichend, so bestimmt es in dem Beschluss nach § 8 Abs. 1 oder nachträglich durch besonderen Beschluss, der ohne mündliche Verhandlung ergeht, eine längere Beschwerdefrist. [2]Die Bestimmungen über den Beginn der Beschwerdefrist bleiben auch im Falle der nachträglichen Festsetzung unberührt.

(3) [1]Dem Antragsteller sind eine beglaubigte Abschrift des Beschlusses nach § 8, im Falle des § 8 Abs. 1 ferner die mit der Vollstreckungsklausel versehene Ausfertigung des Titels und eine Bescheinigung über die bewirkte Zustellung, zu übersenden. [2]In den Fällen des Absatzes 2 ist die festgesetzte Frist für die Einlegung der Beschwerde auf der Bescheinigung über die bewirkte Zustellung zu vermerken.

## Abschnitt 3
## Beschwerde, Vollstreckungsgegenklage

### § 11
### Einlegung der Beschwerde; Beschwerdefrist

(1) [1]Die Beschwerde gegen die im ersten Rechtszug ergangene Entscheidung über den Antrag auf Erteilung der Vollstreckungsklausel wird bei dem Beschwerdegericht durch Einreichen einer Beschwerdeschrift oder durch Erklärung zu Protokoll der Geschäftsstelle eingelegt. [2]Beschwerdegericht ist das Oberlandesgericht. [3]Der Beschwerdeschrift soll die für ihre Zustellung erforderliche Zahl von Abschriften beigefügt werden.

(2) Die Zulässigkeit der Beschwerde wird nicht dadurch berührt, dass sie statt bei dem Beschwerdegericht bei dem Gericht des ersten Rechtszuges eingelegt wird; die Beschwerde ist unverzüglich von Amts wegen an das Beschwerdegericht abzugeben.

(3) [1]Die Beschwerde des Verpflichteten gegen die Zulassung der Zwangsvollstreckung ist innerhalb eines Monats, im Falle des § 10 Abs. 2 Satz 1 innerhalb der nach dieser Vorschrift bestimmten längeren Frist einzulegen. [2]Die Beschwerdefrist beginnt mit der Zustellung nach § 10 Abs. 1. [3]Sie ist eine Notfrist.

(4) Die Beschwerde ist dem Beschwerdegegner von Amts wegen zuzustellen.

## § 12
## Einwendungen gegen den zu vollstreckenden Anspruch im Beschwerdeverfahren

(1) Der Verpflichtete kann mit der Beschwerde, die sich gegen die Zulassung der Zwangsvollstreckung aus einer Entscheidung richtet, auch Einwendungen gegen den Anspruch selbst insoweit geltend machen, als die Gründe, auf denen sie beruhen, erst nach dem Erlass der Entscheidung entstanden sind.

(2) Mit der Beschwerde, die sich gegen die Zulassung der Zwangsvollstreckung aus einem gerichtlichen Vergleich oder einer öffentlichen Urkunde richtet, kann der Verpflichtete die Einwendungen gegen den Anspruch selbst ungeachtet der in Absatz 1 enthaltenen Beschränkung geltend machen.

## § 13
## Verfahren und Entscheidung über die Beschwerde

(1) [1]Das Beschwerdegericht entscheidet durch Beschluss, der mit Gründen zu versehen ist und ohne mündliche Verhandlung ergehen kann. [2]Der Beschwerdegegner ist vor der Entscheidung zu hören.

(2) [1]Solange eine mündliche Verhandlung nicht angeordnet ist, können zu Protokoll der Geschäftsstelle Anträge gestellt und Erklärungen abgegeben werden. [2]Wird die mündliche Verhandlung angeordnet, so gilt für die Ladung § 215 der Zivilprozessordnung.

(3) Eine vollständige Ausfertigung des Beschlusses ist dem Berechtigten und dem Verpflichteten auch dann von Amts wegen zuzustellen, wenn der Beschluss verkündet worden ist.

(4) [1]Soweit nach dem Beschluss des Beschwerdegerichts die Zwangsvollstreckung aus dem Titel erstmals zuzulassen ist, erteilt der Urkundsbeamte der Geschäftsstelle des Beschwerdegerichts die Vollstreckungsklausel. [2]§ 8 Abs. 1 Satz 2 und 4, §§ 9 und 10 Abs. 1 und 3 Satz 1 sind entsprechend anzuwenden. [3]Ein Zusatz, dass die Zwangsvollstreckung über Maßregeln zur Sicherung nicht hinausgehen darf, ist nur aufzunehmen, wenn das Beschwerdegericht eine Anordnung nach diesem Gesetz (§ 22 Abs. 2, § 40 Abs. 1 Nr. 1 oder § 45 Abs. 1 Nr. 1) erlassen hat. [4]Der Inhalt des Zusatzes bestimmt sich nach dem Inhalt der Anordnung.

## § 14
## Vollstreckungsgegenklage

(1) Ist die Zwangsvollstreckung aus einem Titel zugelassen, so kann der Verpflichtete Einwendungen gegen den Anspruch selbst in einem Verfahren nach § 767 der Zivilprozessordnung nur geltend machen, wenn die Gründe, auf denen seine Einwendungen beruhen, erst

1. nach Ablauf der Frist, innerhalb deren er die Beschwerde hätte einlegen können, oder
2. falls die Beschwerde eingelegt worden ist, nach Beendigung dieses Verfahrens

entstanden sind.

(2) [1]Die Klage nach § 767 der Zivilprozessordnung ist bei dem Gericht zu erheben, das über den Antrag auf Erteilung der Vollstreckungsklausel entschieden hat. [2]Soweit die

Klage einen Unterhaltstitel zum Gegenstand hat, ist das Familiengericht zuständig; für die örtliche Zuständigkeit gelten die Vorschriften der Zivilprozessordnung für Unterhaltssachen.

## Abschnitt 4
## Rechtsbeschwerde

### § 15
### Statthaftigkeit und Frist

(1) Gegen den Beschluss des Beschwerdegerichts findet die Rechtsbeschwerde nach Maßgabe des § 574 Abs. 1 Nr. 1, Abs. 2 der Zivilprozessordnung statt.

(2) Die Rechtsbeschwerde ist innerhalb eines Monats einzulegen.

(3) Die Rechtsbeschwerdefrist ist eine Notfrist und beginnt mit der Zustellung des Beschlusses (§ 13 Abs. 3).

### § 16
### Einlegung und Begründung

(1) Die Rechtsbeschwerde wird durch Einreichen der Beschwerdeschrift bei dem Bundesgerichtshof eingelegt.

(2) [1]Die Rechtsbeschwerde ist zu begründen. [2]§ 575 Abs. 2 bis 4 der Zivilprozessordnung ist entsprechend anzuwenden. [3]Soweit die Rechtsbeschwerde darauf gestützt wird, dass das Beschwerdegericht von einer Entscheidung des Gerichtshofs der Europäischen Gemeinschaften abgewichen sei, muss die Entscheidung, von der der angefochtene Beschluss abweicht, bezeichnet werden.

(3) Mit der Beschwerdeschrift soll eine Ausfertigung oder beglaubigte Abschrift des Beschlusses, gegen den sich die Rechtsbeschwerde richtet, vorgelegt werden.

### § 17
### Verfahren und Entscheidung

(1) [1]Der Bundesgerichtshof kann nur überprüfen, ob der Beschluss auf einer Verletzung des Rechts der Europäischen Gemeinschaft, eines Anerkennungs- und Vollstreckungsvertrags, sonstigen Bundesrechts oder einer anderen Vorschrift beruht, deren Geltungsbereich sich über den Bezirk eines Oberlandesgerichts hinaus erstreckt. [2]Er darf nicht prüfen, ob das Gericht seine örtliche Zuständigkeit zu Unrecht angenommen hat.

(2) [1]Der Bundesgerichtshof kann über die Rechtsbeschwerde ohne mündliche Verhandlung entscheiden. [2]Auf das Verfahren über die Rechtsbeschwerde sind § 574 Abs. 4, § 576 Abs. 3 und § 577 der Zivilprozessordnung entsprechend anzuwenden.

(3) [1]Soweit die Zwangsvollstreckung aus dem Titel erstmals durch den Bundesgerichtshof zugelassen wird, erteilt der Urkundsbeamte der Geschäftsstelle dieses Gerichts die Vollstreckungsklausel. [2]§ 8 Abs. 1 Satz 2 und 4, §§ 9 und 10 Abs. 1 und 3 Satz 1 gelten entsprechend. [3]Ein Zusatz über die Beschränkung der Zwangsvollstreckung entfällt.

## Abschnitt 5
## Beschränkung der Zwangsvollstreckung auf Sicherungsmaßregeln und unbeschränkte Fortsetzung der Zwangsvollstreckung

### § 18
### Beschränkung kraft Gesetzes

Die Zwangsvollstreckung ist auf Sicherungsmaßregeln beschränkt, solange die Frist zur Einlegung der Beschwerde noch läuft und solange über die Beschwerde noch nicht entschieden ist.

### § 19
### Prüfung der Beschränkung

Einwendungen des Verpflichteten, dass bei der Zwangsvollstreckung die Beschränkung auf Sicherungsmaßregeln nach der durchzuführenden Verordnung der Europäischen Gemeinschaft, nach dem auszuführenden Anerkennungs- und Vollstreckungsvertrag, nach § 18 dieses Gesetzes oder auf Grund einer auf diesem Gesetz beruhenden Anordnung (§ 22 Abs. 2, §§ 40, 45) nicht eingehalten werde, oder Einwendungen des Berechtigten, dass eine bestimmte Maßnahme der Zwangsvollstreckung mit dieser Beschränkung vereinbar sei, sind im Wege der Erinnerung nach § 766 der Zivilprozessordnung bei dem Vollstreckungsgericht (§ 764 der Zivilprozessordnung) geltend zu machen.

### § 20
### Sicherheitsleistung durch den Verpflichteten

(1) Solange die Zwangsvollstreckung aus einem Titel, der auf Leistung von Geld lautet, nicht über Maßregeln der Sicherung hinausgehen darf, ist der Verpflichtete befugt, die Zwangsvollstreckung durch Leistung einer Sicherheit in Höhe des Betrages abzuwenden, wegen dessen der Berechtigte vollstrecken darf.

(2) Die Zwangsvollstreckung ist einzustellen und bereits getroffene Vollstreckungsmaßregeln sind aufzuheben, wenn der Verpflichtete durch eine öffentliche Urkunde die zur Abwendung der Zwangsvollstreckung erforderliche Sicherheitsleistung nachweist.

### § 21
### Versteigerung beweglicher Sachen

Ist eine bewegliche Sache gepfändet und darf die Zwangsvollstreckung nicht über Maßregeln zur Sicherung hinausgehen, so kann das Vollstreckungsgericht auf Antrag anordnen, dass die Sache versteigert und der Erlös hinterlegt werde, wenn sie der Gefahr einer beträchtlichen Wertminderung ausgesetzt ist oder wenn ihre Aufbewahrung unverhältnismäßige Kosten verursachen würde.

### § 22
### Unbeschränkte Fortsetzung der Zwangsvollstreckung; besondere gerichtliche Anordnungen

(1) Weist das Beschwerdegericht die Beschwerde des Verpflichteten gegen die Zulassung der Zwangsvollstreckung zurück oder lässt es auf die Beschwerde des Berechtigten

die Zwangsvollstreckung aus dem Titel zu, so kann die Zwangsvollstreckung über Maßregeln zur Sicherung hinaus fortgesetzt werden.

(2) [1]Auf Antrag des Verpflichteten kann das Beschwerdegericht anordnen, dass bis zum Ablauf der Frist zur Einlegung der Rechtsbeschwerde (§ 15) oder bis zur Entscheidung über diese Beschwerde die Zwangsvollstreckung nicht oder nur gegen Sicherheitsleistung über Maßregeln zur Sicherung hinausgehen darf. [2]Die Anordnung darf nur erlassen werden, wenn glaubhaft gemacht wird, dass die weiter gehende Vollstreckung dem Verpflichteten einen nicht zu ersetzenden Nachteil bringen würde. [3]§ 713 der Zivilprozessordnung ist entsprechend anzuwenden.

(3) [1]Wird Rechtsbeschwerde eingelegt, so kann der Bundesgerichtshof auf Antrag des Verpflichteten eine Anordnung nach Absatz 2 erlassen. [2]Der Bundesgerichtshof kann auf Antrag des Berechtigten eine nach Absatz 2 erlassene Anordnung des Beschwerdegerichts abändern oder aufheben.

## § 23
## Unbeschränkte Fortsetzung der durch das Gericht des ersten Rechtszuges zugelassenen Zwangsvollstreckung

(1) Die Zwangsvollstreckung aus dem Titel, den der Urkundsbeamte der Geschäftsstelle des Gerichts des ersten Rechtszuges mit der Vollstreckungsklausel versehen hat, ist auf Antrag des Berechtigten über Maßregeln zur Sicherung hinaus fortzusetzen, wenn das Zeugnis des Urkundsbeamten der Geschäftsstelle dieses Gerichts vorgelegt wird, dass die Zwangsvollstreckung unbeschränkt stattfinden darf.

(2) Das Zeugnis ist dem Berechtigten auf seinen Antrag zu erteilen,

1. wenn der Verpflichtete bis zum Ablauf der Beschwerdefrist keine Beschwerdeschrift eingereicht hat,
2. wenn das Beschwerdegericht die Beschwerde des Verpflichteten zurückgewiesen und keine Anordnung nach § 22 Abs. 2 erlassen hat,
3. wenn der Bundesgerichtshof die Anordnung des Beschwerdegerichts nach § 22 Abs. 2 aufgehoben hat (§ 22 Abs. 3 Satz 2) oder
4. wenn der Bundesgerichtshof den Titel zur Zwangsvollstreckung zugelassen hat.

(3) Aus dem Titel darf die Zwangsvollstreckung, selbst wenn sie auf Maßregeln der Sicherung beschränkt ist, nicht mehr stattfinden, sobald ein Beschluss des Beschwerdegerichts, dass der Titel zur Zwangsvollstreckung nicht zugelassen werde, verkündet oder zugestellt ist.

## § 24
## Unbeschränkte Fortsetzung der durch das Beschwerdegericht zugelassenen Zwangsvollstreckung

(1) Die Zwangsvollstreckung aus dem Titel, zu dem der Urkundsbeamte der Geschäftsstelle des Beschwerdegerichts die Vollstreckungsklausel mit dem Zusatz erteilt hat, dass die Zwangsvollstreckung auf Grund der Anordnung des Gerichts nicht über Maßregeln zur Sicherung hinausgehen darf (§ 13 Abs. 4 Satz 3), ist auf Antrag des Berechtigten über Maßregeln zur Sicherung hinaus fortzusetzen, wenn das Zeugnis des Urkundsbeamten der

Geschäftsstelle dieses Gerichts vorgelegt wird, dass die Zwangsvollstreckung unbeschränkt stattfinden darf.

(2) Das Zeugnis ist dem Berechtigten auf seinen Antrag zu erteilen,

1. wenn der Verpflichtete bis zum Ablauf der Frist zur Einlegung der Rechtsbeschwerde (§ 15 Abs. 2) keine Beschwerdeschrift eingereicht hat,
2. wenn der Bundesgerichtshof die Anordnung des Beschwerdegerichts nach § 22 Abs. 2 aufgehoben hat (§ 22 Abs. 3 Satz 2) oder
3. wenn der Bundesgerichtshof die Rechtsbeschwerde des Verpflichteten zurückgewiesen hat.

## Abschnitt 6
## Feststellung der Anerkennung einer ausländischen Entscheidung

### § 25
### Verfahren und Entscheidung in der Hauptsache

(1) Auf das Verfahren, das die Feststellung zum Gegenstand hat, ob eine Entscheidung aus einem anderen Staat anzuerkennen ist, sind die §§ 3 bis 6, 8 Abs. 2, die §§ 10 bis 12, § 13 Abs. 1 bis 3, die §§ 15 und 16 sowie § 17 Abs. 1 bis 3 entsprechend anzuwenden.

(2) Ist der Antrag auf Feststellung begründet, so beschließt das Gericht, dass die Entscheidung anzuerkennen ist.

### § 26
### Kostenentscheidung

[1]In den Fällen des § 25 Abs. 2 sind die Kosten dem Antragsgegner aufzuerlegen. [2]Dieser kann die Beschwerde (§ 11) auf die Entscheidung über den Kostenpunkt beschränken. [3]In diesem Falle sind die Kosten dem Antragsteller aufzuerlegen, wenn der Antragsgegner nicht durch sein Verhalten zu dem Antrag auf Feststellung Veranlassung gegeben hat.

## Abschnitt 7
## Aufhebung oder Änderung der Beschlüsse über die Zulassung der Zwangsvollstreckung oder die Anerkennung

### § 27
### Verfahren nach Aufhebung oder Änderung des für vollstreckbar erklärten ausländischen Titels im Ursprungsstaat

(1) Wird der Titel in dem Staat, in dem er errichtet worden ist, aufgehoben oder geändert und kann der Verpflichtete diese Tatsache in dem Verfahren der Zulassung der Zwangsvollstreckung nicht mehr geltend machen, so kann er die Aufhebung oder Änderung der Zulassung in einem besonderen Verfahren beantragen.

(2) Für die Entscheidung über den Antrag ist das Gericht ausschließlich zuständig, das im ersten Rechtszug über den Antrag auf Erteilung der Vollstreckungsklausel entschieden hat.

(3) [1]Der Antrag kann bei dem Gericht schriftlich oder durch Erklärung zu Protokoll der Geschäftsstelle gestellt werden. [2]Über den Antrag kann ohne mündliche Verhandlung ent-

schieden werden. [3]Vor der Entscheidung, die durch Beschluss ergeht, ist der Berechtigte zu hören. [4]§ 13 Abs. 2 und 3 gilt entsprechend.

(4) [1]Der Beschluss unterliegt der Beschwerde nach den §§ 567 bis 577 der Zivilprozessordnung. [2]Die Notfrist für die Einlegung der sofortigen Beschwerde beträgt einen Monat.

(5) [1]Für die Einstellung der Zwangsvollstreckung und die Aufhebung bereits getroffener Vollstreckungsmaßregeln sind die §§ 769 und 770 der Zivilprozessordnung entsprechend anzuwenden. [2]Die Aufhebung einer Vollstreckungsmaßregel ist auch ohne Sicherheitsleistung zulässig.

### § 28
### Schadensersatz wegen ungerechtfertigter Vollstreckung

(1) [1]Wird die Zulassung der Zwangsvollstreckung auf die Beschwerde (§ 11) oder die Rechtsbeschwerde (§ 15) aufgehoben oder abgeändert, so ist der Berechtigte zum Ersatz des Schadens verpflichtet, der dem Verpflichteten durch die Vollstreckung des Titels oder durch eine Leistung zur Abwendung der Vollstreckung entstanden ist. [2]Das Gleiche gilt, wenn die Zulassung der Zwangsvollstreckung nach § 27 aufgehoben oder abgeändert wird, sofern die zur Zwangsvollstreckung zugelassene Entscheidung zum Zeitpunkt der Zulassung nach dem Recht des Staats, in dem sie ergangen ist, noch mit einem ordentlichen Rechtsmittel angefochten werden konnte.

(2) Für die Geltendmachung des Anspruchs ist das Gericht ausschließlich zuständig, das im ersten Rechtszug über den Antrag, den Titel mit der Vollstreckungsklausel zu versehen, entschieden hat.

### § 29
### Aufhebung oder Änderung ausländischer Entscheidungen, deren Anerkennung festgestellt ist

Wird die Entscheidung in dem Staat, in dem sie ergangen ist, aufgehoben oder abgeändert und kann die davon begünstigte Partei diese Tatsache nicht mehr in dem Verfahren über den Antrag auf Feststellung der Anerkennung (§ 25) geltend machen, so ist § 27 Abs. 1 bis 4 entsprechend anzuwenden.

## Abschnitt 8
## Vorschriften für Entscheidungen deutscher Gerichte und für das Mahnverfahren

### § 30
### Vervollständigung inländischer Entscheidungen zur Verwendung im Ausland

(1) [1]Will eine Partei ein Versäumnis- oder Anerkenntnisurteil, das nach § 313b der Zivilprozessordnung in verkürzter Form abgefasst worden ist, in einem anderen Vertrags- oder Mitgliedstaat geltend machen, so ist das Urteil auf ihren Antrag zu vervollständigen. [2]Der Antrag kann bei dem Gericht schriftlich oder durch Erklärung zu Protokoll der Geschäftsstelle gestellt werden. [3]Über den Antrag wird ohne mündliche Verhandlung entschieden.

(2) Zur Vervollständigung des Urteils sind der Tatbestand und die Entscheidungsgründe nachträglich abzufassen, von den Richtern besonders zu unterschreiben und der Geschäfts-

stelle zu übergeben; der Tatbestand und die Entscheidungsgründe können auch von Richtern unterschrieben werden, die bei dem Urteil nicht mitgewirkt haben.

(3) [1]Für die Berichtigung des nachträglich abgefassten Tatbestands gilt § 320 der Zivilprozessordnung entsprechend. [2]Jedoch können bei der Entscheidung über einen Antrag auf Berichtigung auch solche Richter mitwirken, die bei dem Urteil oder der nachträglichen Anfertigung des Tatbestands nicht mitgewirkt haben.

(4) Die vorstehenden Absätze gelten entsprechend für die Vervollständigung von Arrestbefehlen, einstweiligen Anordnungen und einstweiligen Verfügungen, die in einem anderen Vertrags- oder Mitgliedstaat geltend gemacht werden sollen und nicht mit einer Begründung versehen sind.

### § 31
### Vollstreckungsklausel zur Verwendung im Ausland

Vollstreckungsbescheide, Arrestbefehle und einstweilige Verfügungen, deren Zwangsvollstreckung in einem anderen Vertrags- oder Mitgliedstaat betrieben werden soll, sind auch dann mit der Vollstreckungsklausel zu versehen, wenn dies für eine Zwangsvollstreckung im Inland nach § 796 Abs. 1, § 929 Abs. 1 und § 936 der Zivilprozessordnung nicht erforderlich wäre.

### § 32
### Mahnverfahren mit Zustellung im Ausland

(1) [1]Das Mahnverfahren findet auch statt, wenn die Zustellung des Mahnbescheids in einem anderen Vertrags- oder Mitgliedstaat erfolgen muss. [2]In diesem Falle kann der Anspruch auch die Zahlung einer bestimmten Geldsumme in ausländischer Währung zum Gegenstand haben.

(2) Macht der Antragsteller geltend, dass das Gericht auf Grund einer Gerichtsstandsvereinbarung zuständig sei, so hat er dem Mahnantrag die erforderlichen Schriftstücke über die Vereinbarung beizufügen.

(3) Die Widerspruchsfrist (§ 692 Abs. 1 Nr. 3 der Zivilprozessordnung) beträgt einen Monat.

## Abschnitt 9
## Verhältnis zu besonderen Anerkennungsverfahren; Konzentrationsermächtigung

### § 33
### Verhältnis zu besonderen Anerkennungsverfahren

Soweit nicht anders bestimmt, bleibt Artikel 7 des Familienrechtsänderungsgesetzes vom 11. August 1961 (BGBl. I S. 1221), zuletzt geändert durch Artikel 3 § 5 des Gesetzes vom 25. Juni 1998 (BGBl. I S. 1580), unberührt.

### § 34
### Konzentrationsermächtigung

(1) [1]Die Landesregierungen werden für die Ausführung von Anerkennungs- und Vollstreckungsverträgen nach diesem Gesetz und für die Durchführung der in § 1 Abs. 1 Nr. 2

genannten Verordnungen und Abkommen ermächtigt, durch Rechtsverordnung die Entscheidung über Anträge auf Erteilung der Vollstreckungsklausel zu ausländischen Titeln in Zivil- und Handelssachen, über Anträge auf Aufhebung oder Abänderung dieser Vollstreckungsklausel und über Anträge auf Feststellung der Anerkennung einer ausländischen Entscheidung für die Bezirke mehrerer Landgerichte einem von ihnen zuzuweisen, sofern dies der sachlichen Förderung oder schnelleren Erledigung der Verfahren dient. [2]Die Ermächtigung kann für die Übereinkommen über die gerichtliche Zuständigkeit und die Vollstreckung gerichtlicher Entscheidungen in Zivil- und Handelssachen vom 27. September 1968 (BGBl. 1972 II S. 773) und vom 16. September 1988 (BGBl. 1994 II S. 2658), die Verordnung (EG) Nr. 44/2001 sowie das Abkommen vom 19. Oktober 2005 zwischen der Europäischen Gemeinschaft und dem Königreich Dänemark über die gerichtliche Zuständigkeit und die Anerkennung und Vollstreckung von Entscheidungen in Zivil- und Handelssachen jeweils allein ausgeübt werden.

(2) Die Landesregierungen können die Ermächtigung durch Rechtsverordnung auf die Landesjustizverwaltungen übertragen.

# Teil 2
# Besonderes

## Abschnitt 1
## Übereinkommen über die gerichtliche Zuständigkeit und die Vollstreckung gerichtlicher Entscheidungen in Zivil- und Handelssachen vom 27. September 1968 und vom 16. September 1988

### § 35
### Sonderregelungen über die Beschwerdefrist

[1]Die Frist für die Beschwerde des Verpflichteten gegen die Entscheidung über die Zulassung der Zwangsvollstreckung beträgt zwei Monate und beginnt von dem Tage an zu laufen, an dem die Entscheidung dem Verpflichteten entweder in Person oder in seiner Wohnung zugestellt worden ist, wenn der Verpflichtete seinen Wohnsitz oder seinen Sitz in einem anderen Vertragsstaat dieser Übereinkommen hat. Eine Verlängerung dieser Frist wegen weiter Entfernung ist ausgeschlossen. [2]§ 10 Abs. 2 und 3 Satz 2 sowie § 11 Abs. 3 Satz 1 und 2 finden in diesen Fällen keine Anwendung.

### § 36
### Aussetzung des Beschwerdeverfahrens

(1) [1]Das Oberlandesgericht kann auf Antrag des Verpflichteten seine Entscheidung über die Beschwerde gegen die Zulassung der Zwangsvollstreckung aussetzen, wenn gegen die Entscheidung im Ursprungsstaat ein ordentliches Rechtsmittel eingelegt oder die Frist hierfür noch nicht verstrichen ist; im letzteren Falle kann das Oberlandesgericht eine Frist bestimmen, innerhalb deren das Rechtsmittel einzulegen ist. [2]Das Gericht kann die Zwangsvollstreckung auch von einer Sicherheitsleistung abhängig machen.

(2) Absatz 1 ist im Verfahren auf Feststellung der Anerkennung einer Entscheidung (§§ 25 und 26) entsprechend anzuwenden.

## Abschnitt 2
## Haager Übereinkommen vom 2. Oktober 1973 über die Anerkennung und Vollstreckung von Unterhaltsentscheidungen

### § 37
### Einschränkungen der Anerkennung und Vollstreckung

(1) Die Anerkennung und Vollstreckung von öffentlichen Urkunden aus einem anderen Vertragsstaat findet nur statt, wenn der andere Vertragsstaat die Erklärung nach Artikel 25 des Übereinkommens abgegeben hat.

(2) Die Anerkennung und Vollstreckung von Entscheidungen aus einem anderen Vertragsstaat in Unterhaltssachen zwischen Verwandten in der Seitenlinie und zwischen Verschwägerten ist auf Verlangen des Verpflichteten zu versagen, wenn nach den Sachvorschriften des Rechts des Staates, dem der Verpflichtete und der Berechtigte angehören, eine Unterhaltspflicht nicht besteht; dasselbe gilt, wenn sie keine gemeinsame Staatsangehörigkeit haben und nach dem am gewöhnlichen Aufenthaltsort des Verpflichteten geltenden Recht eine Unterhaltspflicht nicht besteht.

### § 38
### Sonderregelungen für das Beschwerdeverfahren

(1) Die Frist für die Beschwerde des Verpflichteten gegen die Zulassung der Zwangsvollstreckung beträgt zwei Monate, wenn die Zustellung an den Verpflichteten im Ausland erfolgen muss.

(2) § 10 Abs. 2 Satz 1 ist nur auf die Zustellung durch öffentliche Bekanntmachung anzuwenden.

(3) Die Vorschriften über die Aussetzung des Verfahrens vor dem Oberlandesgericht und die Zulassung der Zwangsvollstreckung gegen Sicherheitsleistung (§ 36 Abs. 1) sind entsprechend anzuwenden.

### § 39
### Weitere Sonderregelungen

Die Vorschriften über die Feststellung der Anerkennung einer Entscheidung (§§ 25 und 26), über die Aufhebung oder Änderung dieser Feststellung (§ 29 in Verbindung mit § 27) sowie über das Mahnverfahren (§ 32) finden keine Anwendung.

## Abschnitt 3
## Vertrag vom 17. Juni 1977 zwischen der Bundesrepublik Deutschland und dem Königreich Norwegen über die gegenseitige Anerkennung und Vollstreckung gerichtlicher Entscheidungen und anderer Schuldtitel in Zivil- und Handelssachen

### § 40
### Abweichungen von § 22

(1) Weist das Oberlandesgericht die Beschwerde des Verpflichteten gegen die Zulassung der Zwangsvollstreckung zurück oder lässt es auf die Beschwerde des Berechtigten die Zwangsvollstreckung aus dem Titel zu, so entscheidet es abweichend von § 22 Abs. 1

zugleich darüber, ob die Zwangsvollstreckung über Maßregeln zur Sicherung hinaus fortgesetzt werden kann:

1. Ist bei einer auf eine bestimmte Geldsumme lautenden Entscheidung der Nachweis, dass die Entscheidung rechtskräftig ist, nicht geführt, so ordnet das Oberlandesgericht an, dass die Vollstreckung erst nach Vorlage einer norwegischen Rechtskraftbescheinigung nebst Übersetzung (Artikel 14 Abs. 1 Nr. 2 und 6 und Abs. 2 des Vertrags) unbeschränkt stattfinden kann.
2. Ist der Nachweis, dass die Entscheidung rechtskräftig ist, geführt oder ist der Titel ein gerichtlicher Vergleich, so ordnet das Oberlandesgericht an, dass die Zwangsvollstreckung unbeschränkt stattfinden darf.

(2) § 22 Abs. 2 und 3 bleibt unberührt.

### § 41
### Abweichungen von § 23

(1) Die Zwangsvollstreckung aus dem Titel, den der Urkundsbeamte der Geschäftsstelle des Landgerichts mit der Vollstreckungsklausel versehen hat, ist auf Antrag des Berechtigten auch dann über Maßregeln zur Sicherung hinaus fortzusetzen (§ 23 Abs. 1), wenn eine gerichtliche Anordnung nach § 40 Abs. 1 Nr. 1 oder § 22 Abs. 2 und 3 vorgelegt wird und die darin bestimmten Voraussetzungen erfüllt sind.

(2) [1]Ein Zeugnis gemäß § 23 Abs. 1 ist dem Berechtigten auf seinen Antrag abweichend von § 23 Abs. 2 Nr. 1 nur zu erteilen, wenn der Verpflichtete bis zum Ablauf der Beschwerdefrist keine Beschwerdeschrift eingereicht hat und wenn

1. der Berechtigte bei einer auf eine bestimmte Geldsumme lautenden Entscheidung nachweist, dass die Entscheidung rechtskräftig ist (Artikel 14 Abs. 1 Nr. 2 und 6 und Abs. 2 des Vertrags),
2. die Entscheidung nicht auf eine bestimmte Geldsumme lautet oder
3. der Titel ein gerichtlicher Vergleich ist.

[2]§ 23 Abs. 2 Nr. 2 bis 4 findet keine Anwendung.

(3) § 23 Abs. 3 bleibt unberührt.

### § 42
### Abweichungen von § 24

[1]Die Zwangsvollstreckung aus dem Titel, zu dem der Urkundsbeamte der Geschäftsstelle des Oberlandesgerichts die Vollstreckungsklausel erteilt hat, ist abweichend von § 24 Abs. 1 auf Antrag des Berechtigten nur im Rahmen einer gerichtlichen Anordnung nach § 40 oder § 22 Abs. 2 und 3 fortzusetzen. [2]Eines besonderen Zeugnisses des Urkundsbeamten der Geschäftsstelle bedarf es nicht.

### § 43
### Folgeregelungen für das Rechtsbeschwerdeverfahren

(1) Auf das Verfahren über die Rechtsbeschwerde sind neben den in § 17 Abs. 2 Satz 2 aufgeführten Vorschriften auch die §§ 40 und 42 sinngemäß anzuwenden.

(2) [1]Hat der Bundesgerichtshof eine Anordnung nach Absatz 1 in Verbindung mit § 40 Abs. 1 Nr. 1 erlassen, so ist in Abweichung von § 17 Abs. 3 Satz 3 ein Zusatz aufzunehmen, dass die Zwangsvollstreckung über Maßregeln zur Sicherung nicht hinausgehen darf. [2]Der Inhalt des Zusatzes bestimmt sich nach dem Inhalt der Anordnung.

### § 44
### Weitere Sonderregelungen

(1) Hat der Verpflichtete keinen Wohnsitz im Inland, so ist für die Vollstreckbarerklärung von Entscheidungen und gerichtlichen Vergleichen auch das Landgericht örtlich zuständig, in dessen Bezirk der Verpflichtete Vermögen hat.

(2) Ist die Entscheidung auf die Leistung einer bestimmten Geldsumme gerichtet, so bedarf es für die Zulassung zur Zwangsvollstreckung nicht des Nachweises, dass die Entscheidung rechtskräftig ist (Artikel 10 Abs. 2 und Artikel 17 Abs. 1 Satz 2 des Vertrags).

(3) [1]Auf das Verfahren über die Beschwerde des Verpflichteten gegen die Zulassung der Zwangsvollstreckung findet § 12 Abs. 2 keine Anwendung. [2]§ 12 Abs. 1 gilt für die Beschwerde, die sich gegen die Zulassung der Zwangsvollstreckung aus einem gerichtlichen Vergleich richtet, sinngemäß.

(4) Die Vorschriften über die Feststellung der Anerkennung einer Entscheidung (§§ 25 und 26) und über die Aufhebung oder Änderung dieser Feststellung (§ 29 in Verbindung mit § 27) finden keine Anwendung.

## Abschnitt 4
## Vertrag vom 20. Juli 1977 zwischen der Bundesrepublik Deutschland und dem Staat Israel über die gegenseitige Anerkennung und Vollstreckung gerichtlicher Entscheidungen in Zivil- und Handelssachen

### § 45
### Abweichungen von § 22

(1) Weist das Oberlandesgericht die Beschwerde des Verpflichteten gegen die Zulassung der Zwangsvollstreckung zurück oder lässt es auf die Beschwerde des Berechtigten die Zwangsvollstreckung aus dem Titel zu, so entscheidet es abweichend von § 22 Abs. 1 zugleich darüber, ob die Zwangsvollstreckung über Maßregeln zur Sicherung hinaus fortgesetzt werden kann:

1. Ist der Nachweis, dass die Entscheidung rechtskräftig ist, nicht geführt, so ordnet das Oberlandesgericht an, dass die Vollstreckung erst nach Vorlage einer israelischen Rechtskraftbescheinigung nebst Übersetzung (Artikel 15 Abs. 1 Nr. 2 und 7 des Vertrags) unbeschränkt stattfinden darf.
2. Ist der Nachweis, dass die Entscheidung rechtskräftig ist, erbracht oder hat die Entscheidung eine Unterhaltspflicht zum Gegenstand oder ist der Titel ein gerichtlicher Vergleich, so ordnet das Oberlandesgericht an, dass die Zwangsvollstreckung unbeschränkt stattfinden darf.

(2) § 22 Abs. 2 und 3 bleibt unberührt.

## § 46
## Abweichungen von § 23

(1) Die Zwangsvollstreckung aus dem Titel, den der Urkundsbeamte der Geschäftsstelle des Landgerichts mit der Vollstreckungsklausel versehen hat, ist auf Antrag des Berechtigten auch dann über Maßregeln zur Sicherung hinaus fortzusetzen (§ 23 Abs. 1), wenn eine gerichtliche Anordnung nach § 45 Abs. 1 Nr. 1 oder § 22 Abs. 2 und 3 vorgelegt wird und die darin bestimmten Voraussetzungen erfüllt sind.

(2) [1]Ein Zeugnis gemäß § 23 Abs. 1 ist dem Berechtigten auf seinen Antrag abweichend von § 23 Abs. 2 Nr. 1 nur zu erteilen, wenn der Verpflichtete bis zum Ablauf der Beschwerdefrist keine Beschwerdeschrift eingereicht hat und wenn

1. der Berechtigte den Nachweis führt, dass die Entscheidung rechtskräftig ist (Artikel 21 des Vertrags),
2. die Entscheidung eine Unterhaltspflicht zum Gegenstand hat (Artikel 20 des Vertrags) oder
3. der Titel ein gerichtlicher Vergleich ist.

[2]§ 23 Abs. 2 Nr. 2 bis 4 findet keine Anwendung.

(3) § 23 Abs. 3 bleibt unberührt.

## § 47
## Abweichungen von § 24

[1]Die Zwangsvollstreckung aus dem Titel, zu dem der Urkundsbeamte der Geschäftsstelle des Oberlandesgerichts die Vollstreckungsklausel erteilt hat, ist abweichend von § 24 Abs. 1 auf Antrag des Berechtigten nur im Rahmen einer gerichtlichen Anordnung nach § 45 oder § 22 Abs. 2 und 3 fortzusetzen. [2]Eines besonderen Zeugnisses des Urkundsbeamten der Geschäftsstelle bedarf es nicht.

## § 48
## Folgeregelungen für das Rechtsbeschwerdeverfahren

(1) Auf das Verfahren über die Rechtsbeschwerde sind neben den in § 17 Abs. 2 Satz 2 aufgeführten Vorschriften auch die §§ 45 und 47 sinngemäß anzuwenden.

(2) [1]Hat der Bundesgerichtshof eine Anordnung nach Absatz 1 in Verbindung mit § 45 Abs. 1 Nr. 1 erlassen, so ist in Abweichung von § 17 Abs. 3 Satz 3 ein Zusatz aufzunehmen, dass die Zwangsvollstreckung über Maßregeln zur Sicherung nicht hinausgehen darf. [2]Der Inhalt des Zusatzes bestimmt sich nach dem Inhalt der Anordnung.

## § 49
## Weitere Sonderregelungen

(1) Hat der Verpflichtete keinen Wohnsitz im Inland, so ist für die Vollstreckbarerklärung von Entscheidungen und gerichtlichen Vergleichen auch das Landgericht örtlich zuständig, in dessen Bezirk der Verpflichtete Vermögen hat.

(2) [1]Auf das Verfahren über die Beschwerde des Verpflichteten gegen die Zulassung der Zwangsvollstreckung findet § 12 Abs. 2 keine Anwendung. [2]§ 12 Abs. 1 gilt für die Beschwerde, die sich gegen die Zulassung der Zwangsvollstreckung aus einem gerichtlichen Vergleich richtet, sinngemäß.

## Abschnitt 5

## §§ 50-54

(weggefallen)

## Abschnitt 6

## Verordnung (EG) Nr. 44/2001 des Rates vom 22. Dezember 2000 über die gerichtliche Zuständigkeit und die Anerkennung und Vollstreckung von Entscheidungen in Zivil- und Handelssachen und Abkommen vom 19. Oktober 2005 zwischen der Europäischen Gemeinschaft und dem Königreich Dänemark über die gerichtliche Zuständigkeit und die Anerkennung und Vollstreckung von Entscheidungen in Zivil- und Handelssachen

### § 55

### Abweichungen von Vorschriften des Allgemeinen Teils; ergänzende Regelungen

(1) Die §§ 3, 6 Abs. 1, § 7 Abs. 1 Satz 2 und Abs. 2, § 11 Abs. 1 Satz 2 und Abs. 3 Satz 1 erster Halbsatz und Satz 2 sowie § 18 finden keine Anwendung.

(2) [1]Die Beschwerde gegen die Zulassung der Zwangsvollstreckung ist einzulegen

1. innerhalb eines Monats nach Zustellung, wenn der Verpflichtete seinen Wohnsitz im Inland hat;
2. innerhalb von zwei Monaten nach Zustellung, wenn der Verpflichtete seinen Wohnsitz im Ausland hat.

[2]Die Frist beginnt mit dem Tag, an dem die Vollstreckbarerklärung dem Verpflichteten entweder persönlich oder in seiner Wohnung zugestellt worden ist. [3]Eine Verlängerung dieser Frist wegen weiter Entfernung ist ausgeschlossen. [4]Dementsprechend finden § 10 Abs. 2 und 3 Satz 2 sowie § 11 Abs. 3 Satz 1 zweiter Halbsatz keine Anwendung, wenn der Verpflichtete seinen Wohnsitz im Ausland hat.

(3) [1]In einem Verfahren, das die Vollstreckbarerklärung einer notariellen Urkunde zum Gegenstand hat, kann diese Urkunde auch von einem Notar für vollstreckbar erklärt werden. [2]Die Vorschriften für das Verfahren der Vollstreckbarerklärung durch ein Gericht gelten sinngemäß.

### § 56

### Bescheinigungen zu inländischen Titeln

[1]Die Bescheinigungen nach den Artikeln 54, 57 und 58 der Verordnung werden von dem Gericht, der Behörde oder der mit öffentlichem Glauben versehenen Person ausgestellt, der die Erteilung einer vollstreckbaren Ausfertigung des Titels obliegt. [2]Soweit danach die Gerichte für die Ausstellung der Bescheinigung zuständig sind, wird diese von dem Gericht des ersten Rechtszuges und, wenn das Verfahren bei einem höheren Gericht anhängig ist, von diesem Gericht ausgestellt. [3]Funktionell zuständig ist die Stelle, der die Erteilung einer vollstreckbaren Ausfertigung des Titels obliegt. [4]Für die Anfechtbarkeit der Entscheidung über die Ausstellung der Bescheinigung gelten die Vorschriften über die Anfechtbarkeit der Entscheidung über die Erteilung der Vollstreckungsklausel sinngemäß.

# 10.
# Euro-Gebührentabelle ab 1.1.2002

| Wert bis zu ... Euro | § 13 RVG volle Gebühr | Beigeordneter RA § 49 RVG | § 34 GKG volle Gebühr |
|---|---|---|---|
| 300 | 25 | 25 | 25 |
| 600 | 45 | 45 | 35 |
| 900 | 65 | 65 | 45 |
| 1 200 | 85 | 85 | 55 |
| 1 500 | 105 | 105 | 65 |
| 2 000 | 133 | 133 | 73 |
| 2 500 | 161 | 161 | 81 |
| 3 000 | 189 | 189 | 89 |
| 3 500 | 217 | 195 | 97 |
| 4 000 | 245 | 204 | 105 |
| 4 500 | 273 | 212 | 113 |
| 5 000 | 301 | 219 | 121 |
| 6 000 | 338 | 225 | 136 |
| 7 000 | 375 | 230 | 151 |
| 8 000 | 412 | 234 | 166 |
| 9 000 | 449 | 238 | 181 |
| 10 000 | 486 | 242 | 196 |
| 13 000 | 526 | 246 | 219 |
| 16 000 | 566 | 257 | 242 |
| 19 000 | 606 | 272 | 265 |
| 22 000 | 646 | 293 | 288 |
| 25 000 | 686 | 318 | 311 |
| 30 000 | 758 | 354 | 340 |
| 35 000 | 830 | 391 | 369 |
| 40 000 | 902 | 391 | 398 |
| 45 000 | 974 | 391 | 427 |
| 50 000 | 1046 | 391 | 456 |
| 65 000 | 1123 | 391 | 556 |
| 80 000 | 1200 | 391 | 656 |
| 95 000 | 1277 | 391 | 756 |
| 110 000 | 1354 | 391 | 856 |
| 125 000 | 1431 | 391 | 956 |
| 140 000 | 1508 | 391 | 1056 |
| 155 000 | 1585 | 391 | 1156 |
| 170 000 | 1662 | 391 | 1256 |
| 185 000 | 1739 | 391 | 1356 |
| 200 000 | 1816 | 391 | 1456 |

| Wert bis zu ... Euro | § 13 RVG volle Gebühr | Beigeordneter RA § 49 RVG | § 34 GKG volle Gebühr |
|---|---|---|---|
| 230 000 | 1934 | 391 | 1606 |
| 260 000 | 2052 | 391 | 1756 |
| 290 000 | 2170 | 391 | 1906 |
| 320 000 | 2288 | 391 | 2056 |
| 350 000 | 2406 | 391 | 2206 |
| 380 000 | 2524 | 391 | 2356 |
| 410 000 | 2642 | 391 | 2506 |
| 440 000 | 2760 | 391 | 2656 |
| 470 000 | 2878 | 391 | 2806 |
| 500 000 | 2996* | 391 | 2956** |

* RVG: Von dem Mehrbetrag über 500 000 € für je angefangene 50 000 € um 150 Euro.
** GKG: Von dem Mehrbetrag über 500 000 € für je angefangene 50 000 € um 150 Euro.

# Sachverzeichnis

**Fette** Ziffern verweisen auf **Paragrafen,** magere Ziffern auf Randziffern.